《纪念王锺翰先生百年诞辰学术文集》

编委会名单

纪念王锺翰先生百年诞辰學術文集

蔡美彪敬题

中央民族大学出版社
China Minzu University Press

图书在版编目（CIP）数据

纪念王锺翰先生百年诞辰学术文集/编委会选编．—北京：中央民族大学出版社，2013.7

ISBN 978-7-5660-0476-5

Ⅰ.①纪…　Ⅱ.①编…　Ⅲ.①中华民族—民族历史—文集②中国历史—清代—文集　Ⅳ.①K28-53　②K249.07-53

中国版本图书馆 CIP 数据核字（2013）第 158548 号

纪念王锺翰先生百年诞辰学术文集

主　　编　编委会
责任编辑　黄修义
封面设计　汤建军
出 版 者　中央民族大学出版社
　　　　　北京市海淀区中关村南大街 27 号　邮编：100081
　　　　　电话：68472815（发行部）传真：68932751（发行部）
　　　　　　　　68932218（总编室）　　　　68932447（办公室）
发 行 者　全国各地新华书店
印 刷 厂　北京宏伟双华印刷有限公司
开　　本　787×1092（毫米）　1/16　印张：65
字　　数　1540 千字
版　　次　2013 年 8 月第 1 版　2013 年 8 月第 1 次印刷
书　　号　ISBN 978-7-5660-0476-5
定　　价　300.00 元

目　录

王锺翰先生的学术成就和地位

（代序）

今年是著名历史学家王锺翰先生的百年诞辰。先生已于5年前辞世，但他的著作犹在，风骨长存。

自上世纪30年代末投身于史学，直至本世纪初以90岁高龄撰写最后一篇学术论文，先生在清史、满族史和民族史等领域中辛勤耕耘近70年，作出了许多开创性的贡献。他独特的学术风格与成就，给世人留下一笔丰厚而珍贵的遗产。

“诵其诗，读其书，不知其人可乎？”今天我们纪念先生，不仅仅是敬佩其学术成就，更应学习他的为人。

从湘南偏僻之区的农家子，成为著名学者，与先生的人生态度有莫大的关系。最直接可见的原因，当然要数他那天生坚忍顽强的性格，先生确实一生都在艰苦奋斗。而乐观豁达的生活态度，不拘泥一时一事是非得失的宽广襟怀，以及与时俱进的精神，紧紧追随进步的思潮，也是成就先生极为重要的因素。

纵观先生一生，不论时局如何变化，环境如何艰难，遭际如何困窘，先生始终对祖国和民族抱有坚定的信念，深信必有光明的前途；深信唯有通过一代又一代人的坚守，方能有学术繁荣的未来。正是人生境界的不断提升，先生的学术境界也日益拓展，从当初具体微观的考证，经过将清史研究与满族史相互贯通，最后立足于从民族史的宏观来看待中国多民族统一的分合熔铸，实已臻于博综群科的通方之道。

文如其人。文字与为人的关系，不止限于表象或所谓的风格，更在于文字所体现的内在精神，即对于外部人世的态度与内心的自我约束。

先生就是文章与道德结合的典范。先生的文章凝练饱满，这是他从老师那里得到的要诀，也是他对自己的期许。先生的文章考证严谨、议论风发，向为学者所称颂。严谨的考证固然是求是求真的基本准则，但在先生看来，考据必须服从于历史深层原因的探索，故文章必须就此发议论，有裁断。这当然有招致毁誉的风险，但他认为做学问如同做人，应该有一种担当精神。

先生奉信“行己有耻”，有严格的道德操守。国难当头，他坚持民族气节，于颠沛流离中，不屈身，不隳志，且一经承诺，即斧钺不避，故深为前辈师长所激赏与信任。先生于师长教诲，点滴涌泉，终身服膺，不因人事兴替稍失弟子之礼。他之所以能承袭传统学术的精髓，即在于学术传承不单是一种知识授受，而且是情感与理性的交融。

尤为难能的是，先生毕生浸透着一种平民本色。他承认个人所有的成就皆为社会之所赐，故以尽力回报社会作为自己的人生鞭策。由是我们又可以理解，先生从未讲求过养生之道，而生命力何以竟能如此旺盛，何以在进入古稀之后的二十余年，尚能激发那么巨大的学术活力。先生为人率真谦和，平易可亲。与后辈、学生交，皆视之如同怀，绝无矜持倨傲之态。甚而脱略形骸，杯酒交欢，寓薪火相传于春风笑语之中。先生这种特殊的人格魅力，与其文字中蕴含的智慧和风雅一样令人景仰。

下面我们就来简略地回顾先生的学术历程。

一、从投身清史到学术研究的前沿

20 世纪 20 年代初，中国史学正处于由传统史学向现代史学转型的阶段，许多领域都产生了成就卓越的大师，斗艳争辉，形成一派空前繁荣的气象。然而，民国初年设馆纂修的《清史稿》，代表的仍是清史研究的古典史学①。国内史学界对清史的系统研究，尚属一片空白，落后于日本学者。首先出来改变这一局面者，当属萧一山和孟森。萧著《清代通史》即明揭欲与日本学者稻叶君山的《清代全史》一争短长；而孟森则主要致力于清朝开国和前期史的研究，《明元清系通纪》的辑录即其结晶，《清史讲义》亦是影响深远的清代通史。二三十年代，萧、孟二人以各自的成就，为现代清史学的发展开辟了道路。他们作为“中国清史研究的奠基者”，是当之无愧的②。

但在孟森去世之后相当长的一段时期内，清史学的后继者似乎未能推出足以继往开来的成果，将清史学推向另一个高峰。究其原因，显然是受到学术发展必要条件与自身规律之制约。一个学科成熟之重要条件之一，即基本史料之发掘、整理与积累。而当时的清史研究恰恰缺少这样一个阶段。所以，中国清史研究的开创者必须承担起这项使命，孟森先生便是典型。但仅凭一二学者的努力，这项繁重的任务自是无法完成。孟森的学术成绩主要体现在清朝先世及开国史上，这又恰恰是他的研究最为精到的领域。然而在清史的其他领域，尚缺少这种开拓性的耕耘工作。这也为孟森之后中国清史研究者留下了广阔的发展空间。同时，史学研究发展的规律，无论是通史还是断代史，往往显示出综合与分析这两大要求交替主导着研究的趋向和风气。在萧、孟二人之清代通史问世之后，必然会出现转入清代专门史及具体问题分析式的研究阶段，而不可能是清代通史的层出不穷。也就是说，清史研究要朝着深入细致即微观的研究方向发展。这也预示着清史研究将会出现多极化的展开，而不可能在短时期内形成定于一尊的局面。只有在清史的几大主要领域和诸多专门史研究取得一定成绩之后，才有可能在新的基础上产生更深一步的综合研究。

王锺翰先生的清史研究，恰好适应了当时学术发展的内在要求。他的为学次第及治学路径，不但带有鲜明的个性，同时也给中国清史学的发展打上了深刻的烙印。

先生开始习学研究清史已是 30 年代末期，在他稍前，郑天挺先生和谢国桢先生的研究已经显示出这一时代特征。郑先生对于清代先世、清皇室血系及清初社会和宫廷风俗的研究，已非孟先生清前期史所能藩篱。而谢先生则从私家野史笔记资料的清理中结集为《晚明史籍考》一书，重启南明史研究的新局面。而先生步入清史虽在之后，却

---

① 参见王戎笙：《赵尔巽与中国古典史学的终结》，载《庆祝王锺翰先生八十寿辰论文集》，辽宁大学出版社 1993 年版。又，1918 年许国英编撰的《清鉴易知录》流传颇广，具体裁仿朱熹《通鉴纲目》。

② 参见何龄修：《中国近代清史学科的一位杰出奠基人》，王戎笙：《萧一山和他的清史研究》，均载《清史论丛》第八辑，中华书局，1991 年版。

非谨循孟、郑门径①。他为学伊始，即在治学途径和规模上显示出自成一家之气象。这实有其得天独厚的条件。燕京大学历史系虽未有专治清史的名家，但邓文如（之诚）先生谙熟清代掌故文献，鲜有人能出其右；张孟劬先生更是《清史稿》的修撰人之一。正是他们将王锺翰先生引入清史研究之门。洪煨莲（业）先生的引得编纂与顾颉刚先生的古史辨，皆为中国现代史学的奠基性的工作②。他们先进的学术思想和科学的研究方法，不能不对王锺翰先生日后的清史研究产生巨大影响。先生重视清代官书和正史，除《实录》之外，更重视会典、则例以及政书中的典章制度。他的学士论文《清三通之研究》及硕士论文《清代则例与政法关系之研究》，均展现出这一特点。而晚年所撰《清代官制》实为多年积思久虑的结晶，故备受学者推崇。正因如此，他的清史研究具有坚实基础，绝无可能在一些重大问题的论述中发生误会，同时也使他的学术论文具有极大的厚实感。达到这一点，似易实难。即使在一些具体研究相当深入的当今，也很难有人对清代基本政治制度的掌握达到先生那样的程度。据先生讲，他之所以重视典章制度，乃得益于邓文如师的指点。

典章制度的研究，又显示出先生治清史的出发点，已不仅局限于单纯事实层面的考证，而必然要求深入到研究问题本质性的联系。由于命运的驱遣，先生后来未能静心从事清代制度史尤其是官制的研究，确实给清史学留下一大遗憾。但时代风气及燕大历史系诸位导师的熏陶，使先生治学思维得以超越单纯的考据，则是必然。

1948 年发表的《清世宗夺嫡考实》一文，是先生的成名作。文章引征繁富，考证精确，剪裁得体，行文流畅，为史学界所公论③。但这绝非仅仅是一篇纯考证的文章。从文章标题所揭，即知此文乃针对孟森《清世宗入承大统考实》而发，“从来论世宗事者，疑似之间，不免依违”一语，正为孟森胶葛于“嫡”之一义。兹所欲论者，非欲判定孟、王二文之高低得失，而在于《夺嫡》一文之立意。“以允礽再立再废始，以阿、塞、年、隆终”，即将围绕胤禛继位前后所有重大疑问皆与夺嫡相联系，伏因后果皆由夺嫡一以贯之。仅此而论，《夺嫡考》的基本思维取向就不是分析，而是基于分析之上的综合，这恰与孟森《入承大统考实》形成鲜明对照。按先生自己的说法，孟森认为“将世宗之嗣位，与雍正间之戮诸弟，张皇年羹尧及隆科多罪案，皆意其并为一事，遂坠入五里雾中，莫能瞭其实状。”④ 先生于《夺嫡考》指出，孟森将各案分离，乃去真愈远，“此则适得其反。故与本文结论迥乎不同。”后来先生在《自选集·序言》

---

① 何龄修：《悼谢国桢先生》，载《清史论丛》第五辑，中华书局 1984 年版。文中以王锺翰先生列为“第二代的清史学家”，而以郑天挺、谢国桢“是第一、第二代清史学家之间的承先启后的学者”。据先生生前言谈，似并不认可这一定位。

② 余英时：《顾颉刚、洪业与中国现代史学》，见《文化传统与文化重建》，生活·读书·新知三联书店 2004 年版。

③ 杨启樵在《雍正帝及其密折制度研究》（上海古籍出版社 2003 年版，第 54 页）一书中说：“王锺翰先生的雍正篡立说，共有两文：《清世宗夺嫡考实》和《胤祯西征纪实》。这两篇似较孟文影响更深：孟文间有剪裁失当处，如上谕、传记整篇照抄，以致散漫芜杂，眉目不清。王文则以丰富的史料作后注，使本文精炼可读，是不可多得的佳构。”杨先生又在《康熙遗诏与雍正篡立》一文（《清史论丛》，辽宁人民出版社 1992 年版）中说，先生“四十余年前有关雍正夺嫡的两篇宏文，时至今日，依旧是探讨这个问题的必读之作”。

④ 孟森：《清世宗入承大统考实》，载孟森：《明清史论著集刊》，中华书局 1959 年版，第 519 页。

中自道：《夺嫡考》是“将雍正诸弟与隆、年诸案综合起来研究，是从问题发展的必然联系来思考的。”不论《夺嫡考》的一些具体结论将会受到何种质疑和挑战，但其体现的思想方法，已完全具备了现代史学的特征，这是毋庸置疑的。就上述意义而论，《夺嫡考》是将考据与史论结合的典范，对后人的研究产生了巨大的影响。

尤可注意的是，先生在后来改定的短序中对此文的宗旨所作的明确提示，其云：“尝读清史，总觉有同于元史者一点，即由帝位继承而起纠纷。盖满洲风俗似蒙古，多立爱立少，不立嫡长，与之不无关系。康熙为清最隆盛之时代，而夺嫡之争最烈。父子兄弟之间，视同敌国。后来引为殷鉴，不立太子。然乾隆以后，每当爰立，则有龃龉。关系爱新觉罗一家盛衰者甚大。”① 可见此文虽仅就世宗夺嫡一事始末而作，实则以此为关键，进而探明清代皇位继承制度演变及纷争之根由。而文章的附注对康熙朝太子预教礼仪考证尤详，列举有关史料甚至有今日之专著所未及者。世人论清代国祚较元长久，往往归诸秘密建储之制，于此多有溢词，以为胜出中原王朝传统储贰制度多矣。王先生综观清代历朝更替史实，对此说不以为然，他特于注中指出：“其实密建之制，自乾隆以后，并未见诸施行。”“嘉庆、道光、咸丰、同治、光绪诸帝之立，并未预建，自是事实。”换言之，清代以秘密预立而得位者，乾隆一人而已。足见世宗惩康熙末年之失，创秘建之制，乃一时救急之策，实未形成世世相承的家法。以今日所见档案，先生的结论或过于斩截，但其基本观点，则依然无可动摇。在先生看来，清代入关之后的传位之制，既未能固守祖宗家法一成不变，然亦绝未幡然改从汉制。这是他以深刻的通观得出的结论。可以说，先生很早就准确把握住清政权中的满族性质。这一点恰恰是时下清史研究中所忽视的地方。

一般而言，由正史官书入手以治清史，其利在易于掌握一朝兴衰大势；而其弊则在治史者应有的批判立场易为统治观念所夺。孟森治清史之所以成功，原因之一即在以《东华录》质疑《实录》②。然孟森论著中于清朝地位颇持回护，于其历史弊端忽视甚多，也是显而易见的，恐不能仅将此归结为力矫当时排满之风所致。而先生治清史所表现出的质疑批判精神无疑更为彻底。从《夺嫡考》及稍后发表的姊妹篇《胤祯西征纪实》来看，先生对有清一代的质疑和批判，已经不仅限于对官书文献，而是透过纸面文字直逼出清王朝必然于官书作伪的本质，乃在于清政权的基本性质和民族特征。由此可见，先生治清史之所以成功，首先在于思想上的超越之处，而手段固在其次也。他不取以满洲统治者个人气质决定王朝幽明的帝王史观，实已步入异质文明的冲突融合的现代观念，并以此来承接二十年代史学新思潮。我们不能不说，这既得自燕大邓、洪、顾诸位前辈的教诲和熏染，也是其赴美两年之后思想更新的结果。《夺嫡考》一文以附注来承载大量的铺述、考证，使正文于繁富中求简练，于曲折的史实中体现思路的畅达，正文与附注，相得益彰。从中明显看出受到洪业先生所作引得各序的影响，这也正是西方伯希和一派的风格。

---

① 《王锺翰学术论著自选集》，中央民族大学出版社 1999 年版，第 298 页。

② 前引《清世宗入承大统考实》一文云：“清之改实录，乃累世视为家法。人第知清初国故，皆高宗所删汰仅存，殊不知清列朝实录，直至光绪间犹修改不已。其经蒋氏《东华录》所录者，固已异于王《续录》时所见之本，而王《录》成于光绪十年，偶一与《实录》库中之官本对勘，又删去重要史实甚多。”

自燕大本科期间首次发表《辨纪晓岚手书四库简明目录》到《夺嫡考》、《西征纪实》，先生投身清史研究已十年有余。其间虽因战乱颠沛流离、辗转求生而被迫一度中辍，而先生以承担清史为职志、为民族争荣誉之心却未曾稍息，云其坚韧卓绝，实非过誉之辞。十余年潜心浸淫，他继承了传统史学必备的版本目录训诂考据手段，还掌握了满族语言及英语、日语，这是他日后得以超出中国清史奠基一辈的优越之处。利用满语系统地研究清史，并能与海外学者进行学术对话者，国内当推先生为第一人。而更重要之处在于，他的研究思想不仅继承中国史学求实的传统，也融入了西方史学求真的精神，即要求在更高的意义层面上来重构历史的价值取向。先生是孟森之后重新将清史研究与国际学术接轨的先驱。《夺嫡考》发表后，受到国内的叶遐庵和远在美国的洪煨莲师的一致激赏，恰恰说明先生的清史研究不独为国内学者所推崇，同时也为海外汉学界所接受①。

先生后来因国内大学院系调整转入满族史研究，就个人主观而言，应属颇不情愿。但先生却能迅速在满族史上取得进展，则不能不归结到其史学思想的先进和对历史理解的深刻。史学研究的多元性及历史构成的多重性，实际早已植根于其思想之中。孟森离去之后的十余年，正是先生从起步到崛起的阶段。毫不夸张地说，此时的先生已站在清史学的最前沿。如果不是改而研究民族史，如果不是后来的政治风波，我们完全可以预料，以先生的学术积累和思想高度，极有可能在五十年代，就会由他来将清史研究推向一个新的高峰。遗憾的是，这样的局面并未出现。以行政手段强行干预学术，对先生个人而言固然是一种伤害，对中国清史学的发展，又何尝不是一大损失。

二、唯物史观与清前期史的新探索

新中国建立之后不久，掀起学习马克思列宁主义的热潮，开展对旧知识分子的思想改造运动。与全国大多数知识分子一样，王锺翰先生以极大的热忱来接受新的世界观，积极学习掌握历史唯物论，并以此指导自己的史学研究②。就先生个人而言，有两种因素影响着他在五十年代的清史研究：其一是对全国少数民族的普查，其二是以马克思主义的社会形态学说为指导，对中国历史，包括各少数民族的历史进行研究。1957 年结集的《清史杂考》，除上述《夺嫡考》、《西征纪实》之外，都是他在新形势和新思潮下的研究成果。

必须说明的是，“反右”运动之前，学术界的政治空气虽日益浓厚，但尚未至于对正常的学术研究进行横加干预、野蛮禁锢的程度。中央民族学院研究部人才荟萃，仍保持着彼此探讨切磋，相互激励的良好学风。洪煨莲先生虽远在美国，然音讯尚未断绝；邓文如先生依然健在，存问如常。此一时期，先生情绪激昂，自我期许甚高，这在他的

① 前引余英时《顾颉刚、洪业与中国现代史学》写道：“洪先生晚年对他在燕京大学所培养出来的几位史学家常常称道不置，如齐思和先生的春秋战国史、聂崇岐先生的宋史、翁独健先生的元史、王锺翰先生的清史，都是洪先生所激赏的。”

② 参见《王锺翰手写日记》，中央民族大学图书馆 2005 年印制。

《甲丁日记》中反映得至为明显①。正因先生是以一种积极的姿态来适应新的政治和学术环境，同时旧日的优良学术传统仍得以继续保持，所以在短短的几年内，依然能取得令人瞩目的成果。这是一个对环境变化持抵触或适应度较差的学者所无法想象的。从先生身上也反映出那一代知识分子的单纯、勤奋与执著。

这一时期，先生的研究成果主要体现在《明代女真人的分布》（作于1955年，未收入《清史杂考》而收入《清史新考》）、《满族在努尔哈齐时代的社会经济形态》、《皇太极时代满族向封建制的过渡》三篇论文之中。正是这三篇论文，代表先生在学术上的一个重大转折：使其清史研究从以往所谓传统的正史、政治史而转入满族史；从正统的王朝史上溯到清开国的前期史。就先生个人而言，当然是对于过去研究领域的拓展，但其意义并不止于此。

明代女真的分布和满族社会形态的研究，同时也使先生置身于当时史学界所共同面临的重大课题，即中国多民族统一国家之内中央王朝与周边民族的关系问题。这是任何一位史学工作者，不论其具体研究属于何种领域，都不能不加关注的历史主题。借用王国维的说法，我们可以说，一代有一代之史学，每一时代皆有其成为热点的学术主题。那么，新中国建立的新的政治体制，多元一体的民族格局，周边少数民族空前的向心力，必然会将民族学、语言学、历史地理学等学科推向一个新的阶段。而作为基本奠定中国现在疆域的最后一个专制帝国的清王朝，对它的研究，在当时势必也将置于这样一种大学术背景之中来发展。那种认为先生自五十年代即脱离了“正宗”清史研究的看法，不能不说是固守旧习的成见。

清代开国前期史是孟森先生开辟的学术领域。他的《明元清系通纪》，和另一位政治观点不同的史学家吴晗后来所辑录的《朝鲜李朝实录中的中国史料》，不约而同地注意到系统整理满族入关前的文献记载，恐怕不是偶然的巧合，而恰恰反映了从不同的角度认识到清前期史对于整个清史研究的重要性。孟森在《清史讲义》中，将他对清前期史的研究归结为两点：其一，“明之惠于属夷者，以建州女真所被为最厚”；其二，“前史无论何朝，其开国以前祖先之事实，未有如清之先世，彰彰可考，既详且久者也。”② 这确是最基础的，但也是具有前瞻性、开创性的工作。欲想在此基础上实现超越，实非易事。先生从事清史研究以来，之所以迟迟未能进入此一领域，或许与此有关。另一方面，孟森和后来的学者也都从明史研究中确认一个事实，即明朝自宣德以后，已将奴儿干都司从辽远的黑龙江入海口撤回至开原，并从正统年间开始沿山海关至开原向北修筑边墙③。那么，明中期以来对建州女真及其以外的其他东北女真的统辖范围如何，便成为亟须进一步解决的问题。王锺翰先生所撰《明代女真人的分布》一文正为此而发。故此文开宗明义：“在清王朝的奠基人努尔哈齐兴起以前的女真诸部，从

① 参见《王锺翰手写甲丁日记》。

② 孟森：《明清史讲义》，中华书局1986年版，第372—373页。

③ 孟森《女真源流考略》一文即云：“女直自正统后，止有亡失故官，无更置新职之事。且建州渐横，明无驭边之方，奴儿干都司已撤至开原以南，领土之名系虚有，又何从增置卫所。”载《明清史论著集刊续编》，中华书局1986年版。明修边墙一事参见张维华《明辽东边墙建置沿革考》一文，作于1934年，载《晚学斋论文集》，齐鲁书社1986年版。

14 世纪末到 16 世纪末大约 200 年的时间，他们究竟分布在今天东北一些什么地方，这是我们很想知道的一个问题。（这）不但对当时女真诸部所处的社会阶段，而且对以后满族的形成和发展等问题的研究都是有很大帮助的。”从先生的《甲丁日记》中所记载有关此文的思考和撰写过程，我们可以确知，此一问题的研究只是先生宏大的满族史及清前期史的一个基础性的工作。

明朝在东北所设置的 300 余卫所的名称、时间，需从史籍中重加检索，本自不易，要一一确定其与今天地名相吻合的地理位置，则更为困难。日本学者和田清在其名著《东亚史研究·满洲篇》中，对此问题已有开拓性探讨。在此基础上，先生重检《明实录》，而且以《辽东志》、《全辽志》、《满洲源流考》相互对勘，从而将明朝约二百年间于东北设置的卫所系统在时间和空间上的演变过程作了更为系统、全面的概括。我们仅据该文附着的《明代女真卫所简表》可知，明正统以后陆续于东北地区设置凡 174 卫，充分说明即使奴儿干都司撤至开原之后，明朝仍在东北广大区域内行使统辖权。无独有偶，较先生此文早一年，美国学者亨利·赛瑞思（Herry Serruys）发表《永乐时期中国与女真的关系》一文。从两文的标题可知，彼此的立意迥然有别。先生是着眼有明一代 200 余年对周边少数民族区域建立统辖的历史事实。《分布》一文以确凿考证进一步澄清历史事实，“从而粉碎了清统治者以及受了清王朝封建影响的民族主义者倾向认为明的势力未能越过今开原、铁岭以北一步，而满族的前身女真却是与汉族从未发生过直接关系的另一部族国家的传统说法。”诚然，这一结论在孟森那里已经出现，但孟森的结论强调的是满洲开国者爱新觉罗一姓之世系及与明廷的关系，而先生则更突出明廷对整个东北疆域及生活其中的全体女真人的统辖。二者的差异是不难体察的。

必须指出的是，这篇论文是先生的未完成稿，而不是最后的定本。他于 30 年之后为此文写的《再记》中说：“当时所据仅限于《明实录》及明清的官私汉文史料。”及至“1959 年秋赴沈阳，参加辽宁省少数民族社会历史调查组《满族简史》的编纂工作，三年期间，曾翻阅朝鲜《李朝实录》一遍，辑录有《朝鲜李朝实录中的女真史料选编》约 20 万字；又曾用罗马拼音过录文谟阁所藏《满文老档》全部 108 卷。阅读辑录，目的在于为编纂《简史》搜集补充资料，而对明代女真卫所的建置、迁徙与损益因革，亦稍稍注意及之。但重新改写，固未遑为之一详考也。（中略）此则敝帚自珍，新篇期诸它日耳。”[①] 遗憾的是，由于后来年事渐高，先生再也无此精力为我们写出新篇了。

《形态》与《过渡》两篇论文，对满族入关前的社会形态及其发展作了深入的探讨。从文章标题即可知，这是以马克思主义历史唯物论为指导的研究。今天，五种社会形态说早已被学界弃之如敝屣，因为它在解释中国历史的演进时确实表现出枘凿不合。但问题是，历史唯物论是否已成为历史研究的一种桎梏？能否由此将国内学者几十年在此观念下所进行的努力探索彻底否定，认为毫无价值呢？五种形态说本身还有无合理的内核？历史唯物论对历史研究还能否作为借鉴？谁曾证明，纯粹的考据和现代层出不穷

① 王锺翰：《清史新考》，辽宁大学出版社 1990 年版，第 21 页。

的各种方法论就一定高出历史唯物论的方法论一大截？这些恐怕都需要平心静气的讨论①。就满族入关前的历史而言，日本学者的研究早于中国，其细致程度确实亦非国内研究所能及。但日本学者对清前期史的研究就是不易之论吗？中国学者的研究一定要遵循他们的路径才是正确的吗？须知马克思的历史唯物论在日本学者中也曾是风行一时的流派，何以中国学者尝试以此进行研究就会遭致眼下如此轻蔑的否定呢？这难道不同样是虚无主义的表现吗？

我们今天回顾老一辈学者的经历和成就，不能不考虑到一个基本事实，即他们在尝试以历史唯物论指导历史研究时，并没有抛弃自己实事求是的优良传统，而借空洞的理论代替踏实研究的毕竟是极少数。尽管以今日的眼光来看，老一辈学者当时的研究留下了种种不尽如人意的地方，但绝不能因此而将他们的研究全盘否定。这是我们现在认识先生《形态》和《过渡》两文所应持的态度，因为这两篇文字实不愧为当时一批明清史及满族史学者对此一问题研究的代表作。两文所利用的史料包罗明朝、朝鲜的官私记载以及清朝所修《实录》和《满文老档》。如此丰富的史料，为作者提供了进行细致分析的坚实前提。这是先生首次在研究中运用满文史料。

两文每论一朝，必先述满族所具备的生产力水平，生产生活状况，生产关系包括对生产资料和劳动力的来源、占有，继而论及分配关系，然后进而论述建立在物质关系之上的社会阶级结构以及法律关系。我们尤其应该注意到，历史唯物论对先生虽是一种尝试，但显然已超越了中国学者在二三十年代运用马克思主义的水平。这反映在先生论述满族由部落制迈入文明社会阶段时，更强调满族前身所处的独特的历史环境，也就是说，他更强调“外部”因素对满族进入文明社会的作用。这与所谓外因必以内因起作用的简单化、概念化的理解，与强求各个民族社会形态完全一致而抹杀各民族独自特征的作法，是截然有别的。虽然奴隶制、封建化及阶级这些概念影响了作者本可达到的更合理的理论提升，如对诸申的社会地位的判断，但不可否认，先生已经给我们描述出当时所能见到的最丰富的满族社会发展史。我们仅举《形态》中对奴隶阿哈的来源为例，先生写道：“阿哈的第二个来源，也是比较重要的一个来源，是阿哈被允许结婚后所生的子女。满文中有‘乌津’（ujin）一字译作‘家生子’，此外又有 futahi（一辈奴）、furna（二辈奴）、bolhosu（三辈奴）、genggiyesu（四辈奴）等字。均系阿哈而言。”没有能力利用满文史料，简单以概念代替史料分析，无论如何是不能获得如此深入的认识的。而先生的历史分析，又显然是一般满族学研究所无法企及的。

还可值得注意的是，先生这两篇文章的立意。探明满族入关前的社会形态，意义不仅在于清前期史本身，更重要的是对日后进入中原建立大清一统王朝的统治者主体的发展阶段有一个准确而清晰的判断，为清承明制或中华民族历史发展的统绪奠定一个可靠的基础。简言之，满族的社会转型及与汉族的初步融合，是满族入关后与中原王朝统绪接榫的基础。为此，先生在《过渡》一文中写道：“但也只有在进入到辽沈地区以后大

① 即以目前中国最权威的《中国经济通史》（经济日报出版社 2000 年版）为例，吴承明先生在该书总序中写道：“各卷都以马克思主义基本原理为指导，有基本一致的世界观和历史观。”“本书认为中国经历了原始社会、奴隶制社会和封建社会的嬗递。”可见历史唯物论在中国史学研究中仍有很大影响。

约20年期间，满族社会由于它本身发展的固有因素，再加上不由人们意志所能自由改变得了的外来影响，所有这一切，才能促进它大踏步地、加速度地转向封建化这一历史过程。”又说：“将这两方面（指内外因素）综合起来加以研究和分析，可以肯定满族之所以能够进行统治全中国竟达三百年的局面，不是什么不可以理解的偶然现象，而是有它自己的经济基础和社会根源的。”无可置疑，先生的满族史研究，一开始就是将其作为清史的一个起源来对待的。清朝在中国历史中的地位，非但不同于辽、金，即使元朝亦不能与之相埒。对一个统一中国近300年的王朝的前期史缺乏充分的把握，是无法对有清一代的历史地位和作用有深刻理解的。先生后来反复对他的学生强调，不论研究清代哪一个具体方面，都要求熟习清前期史。清史的开山大师孟森曾云：“金一代自有正史位置。”[①] 既然如此，对清前期史、满族史的研究，怎么会从正宗的清史研究中筛选出去呢？恰恰相反，对清前期史研究的深入化，不仅开辟了先生个人研究清史的新阶段，其将清史满族史融为一体的独特的研究，正是以此为起点，同时也应视为是新中国成立以来清史学新发展的一个标志。

需要补充的是，清社既屋和随之而起的民族主义排满风潮，确实对清史研究产生过影响。可能仅除孟森之外，对清代三百年的统治，史学界都曾一度有否定过当的倾向，但这并未长期妨碍中国史学家们理性的清明。1941年，困守北平的陈垣先生在《南宋初河北新道教考》一书序言中写道：“自永嘉以来，河北沦于左衽者屡矣，然卒能用夏变夷，远而必复，中国疆土乃愈拓而愈广，人民愈生而愈众，何哉？此固先民千百年之心力艰苦培植而成，非幸致也。”[②] 如何以超越夷夏的传统观念，用现代民族和国家理论来解释中国多民族国家分合的历史，将历史的理性与批判精神相结合，重建新的历史价值系统，在五十年代，这一任务显然应当是由先生这一代的学者来承担的。不幸的是，从1957年的“反右”运动开始，中国清史学的发展不断受到各种政治运动的干扰和冲击。结果是浩如烟海的史料无人去系统整理，加上意识形态的影响和极“左”的学风，使清史研究成果异乎寻常贫乏，甚至长期荒芜。中国清史学的发展不得不走上一条崎岖而艰难的道路。

三、晚年学术新境界：融满族史清史研究于一体

《清史杂考》面世未久，先生即因“反右”运动受到株连，此后20年未能发表一篇论文。即便在极端困难的条件下，先生仍钻研不息，积极为后来的学术研究进行积累。这20年间，有3件事特别值得一提：1959年参加辽宁少数民族历史调查组，在此期间完成了前述20万字的《朝鲜李朝实录中之女真史料选编》，其后接任通纂完成《满族简史》一书；1971年至1976年参与《清史稿》的点校；最后是1976年至1980年独力完成80卷《清史列传》的点校[③]。正是多年的亲身社会实践和基本史料的沈潜

① 孟森：《明清史讲义》下册，中华书局1986年版，第268页。

② 陈垣：《明季滇黔佛教考·外宗教史论著八种》，列入《二十世纪中国史学名著》下册，河北教育出版社2000年版，第568页。

③ 详见《王锺翰学述》一书相关章节，浙江大学出版社1999年版。

浸淫，为日后的学术飞跃积淀了雄厚的基础。可以说，他将满族史清史熔铸一炉的创造性研究，就酝酿于这一时期。1978年右派问题平反后，先生多年学术积累终于迎来丰厚的回报。从此笔耕不辍，新作迭出。他晚年追述："从这一年（1978年）开始直到最近2000年，平均每年至少有一篇，多则两三篇。"1990年第二部论文集《清史新考》问世，1993年第三部论文集《清史续考》出版，2001年，先生88岁高龄，又出版了第四部论文集《清史余考》。2004年，中华书局结集为《王锺翰清史论集》全四册，洋洋200万言。而先生的大部分论述是在65岁之后完成的，其生命力和学术创造力令人惊叹。

（一）现代满族史研究的奠基人和开拓者

今天的满族，与清朝的旗人并不完全等同。1636年，清太宗皇太极定族号为"满洲"，从此八旗制度中主要由建州、海西、东海诸部女真人构成的核心部分，就以"八旗满洲"之名行之于世。有清一代，他们与八旗蒙古和八旗汉军一起，被统称为"旗人"，以与汉地广大"民人"相区别，享有法律、政治与经济各方面的特权。1911年辛亥革命之后，这个共同体经历了急剧的动荡和变迁，或被称为满洲，或被称为旗族，莫衷一是。直到1949年以后，作为诸多少数民族之一，才由国家民族事务委员会正式予以确定的族称：满族。这是满族史作为中国民族史的一个组成部分的独立学科发展的必要前提，这个学科也正是从这时才开始起步发展的。

先生亲历了这个学科从初建到发展的全过程。这使他的研究在继承了孟森、郑天挺等先生重视清朝史中满族因素的传统之上，考察的深度和视角，都有了长足的进步。而在当时从事这个新学科的众多学者之中，像先生这样已经具备了深厚的断代史研究功底并卓然有成的学者毕竟不多。先生将对清代文献、清代典章制度史的深刻体会和对考据方法的熟练掌握引入满族史，这是他成为这个领域的奠基者和开拓者的必要条件，而且在半个世纪的漫长岁月中，无论学界有什么样的起落沉浮，始终是该领域的领军人物。先生学术生涯虽自清史起步，然在满族史领域，毕生用力之多、贡献之巨大且影响之深远，亦不亚于清史。

先生曾在《清心集》中回忆，直到建国时为止，史学界有关满族史的研究，除孟森《八旗制度考实》及郑天挺先生的几篇有分量的文章外，大量领域仍是一片荒芜。他认为原因有三：一是满族史文献资料既繁且散，明人和朝鲜人的记载又因记载满族先世隶属明朝的事实，以及颇多污蔑不实之词，在清朝便被多方销毁；二是由于清朝满族统治者人为地自我掩盖；三是语言的限制。另外还有一个原因，就是中国正统史学一向以汉族为中心，造成长期以来对少数民族历史研究的轻视。先生的分析切中问题的要害。

先生在满族史这一学科建设上的开拓表现在如下几个方面：

第一，满文史料的整理与运用。

史学研究的基础是史料，民族史的研究同样如此。先生研究满族史，正是从史料的搜集整理入手的。① 清史满族史文献浩如烟海，对其中最为原始的档案首先是满文档案

① 王锺翰：《清心集》，新世界出版社2002年版，第110—111页。

的重视，是研究原创性的基础，也是贯穿先生学术生涯始终的一个特色。他多次强调，不懂满文，不利用满文档案，研究清史问题万难深入。每一个民族都有其特定的、与其他民族相异的文化，而每一种文化，都有自己特有的表达方式，其中最重要的，就是语言。正因如此，每种民族语言背后特定的语境、所表达的特定的概念，往往不是其他语言可直接替代的。也就是说，无论哪两种语言之间，都不存在完全对应的关系，因而不可能“直译”。更何况清朝文献中充斥的满文名词，早在清朝覆亡之初，就已令人不解并令史家望而生畏。郑天挺先生曾说：“读史之难，难于熟知史乘用语之当时含义，其杂有异文殊俗者为尤甚。清社之覆，去今仅三十年，然读《史稿·礼志》‘堂子祭天’、‘坤宁宫祀神’所述，已不识所谓。吾侪生长清季，颇闻其典章往事，且复如此，他莫论矣。”① 郑先生受陈寅恪先生启发，作《清史语解》，取清史习见满语加以诠释，欲明其本义，申其蕴潜，却因不谙满语，在对词语的诠释上，亦有不尽如人意之处。而先生早在燕大学习期间，即到圆明园随一清宫太监学习满文。抗战中到成都燕大，对满文文献，复有新的认识。先生在美国哈佛大学留学时，师从著名学者克利夫教授学习满文。以后到中央民族学院，对满语满文进一步深造，从而达到直接利用满文原始资料进行专题研究的水平。先生在研究中，凡是涉及满族史中关键名词和概念的阐释，乃至对一些重大专题的讨论，都努力从满文档案入手，以期达到事半功倍的效果。先生对满语满文的掌握和重视程度，在他那一辈学者中是相当突出的。立足于坚实的文献基础，这使先生能够在满族史研究领域取得一系列开拓性成果。

第二，厘清诸多基本概念。

将一个民族的历史作为学科来研究，迎头遇到的便是这个民族该如何定义的问题。满族的问题尤为复杂。简言之，女真、满洲、旗人、旗族、满族这些族称，本来是各有各的特定意义的，对这些名称、概念缺乏准确、科学的定义，势必造成许多混乱。但厘清这些名称，虽然是研究满族史的前提和起点，对于研究者来说，也是最难于处理的问题。先生对满族史这个学科的突出贡献也恰在这里。对于满族史中诸多基本概念的定义，迄今为止，几乎还无人能比他做得更清楚、更明确也更令人信服。可以说，如今满族史的立论，很多都是在他奠定的基础上发展的。

在这些名称中，首先便是“民族”的概念。我国的历史学和民族学工作者经过认真探讨，抛弃了苏联界定的民族四要素的僵死概念，正确地认识到，“民族概念、民族定义、民族形成、民族同化、民族融合等理论，必须结合着对各国民族情况以及各民族形成和发展的具体过程进行综合分析研究，纔能得出比较切合实际的结论。”先生赞同这样的态度，在《关于满族形成中的几个问题》一文中强调：“民族是历史范畴，是历史上形成的具有很大稳定性的人们共同体。”先生从对满族历史和现状的长期研究中，得出这样的结论：即“满族作为民族的长期存在，有过它的共同地域、共同语言、共同经济和共同文化这些条件，虽然这些条件今天早已大部分消失甚至全部消失，它仍能靠共同的民族意识和民族感情来维持。中外学者从来没有提出过不同意见和怀疑。”② 这

① 郑天挺：《清史语解》，载《探微集》，第136页。

② 王锺翰：《清史新考》，辽宁大学出版社1990年版，第44—58页。

是先生在“右派”问题改正后发表的一系列满族史论文中最重要的一篇。这些话尽管今天看来已经是常识，但在当初却是学者们经过激烈争论纔获得的理论飞跃。我们切不可忽视，正是以这种发展的历史的观念为基础，纔使得先生的满族史研究一开始就走向科学合理的道路。先生后来有关满族本身的演化及满汉关系的许多结论，都是在此基础上逐渐形成的。

其次便是“女真”与“满洲”二者的概念与区别。先生在对明代女真人进行深入分析的基础上指出，满族主要来源于具有血缘关系的建州、海西女真人，他们在新的情况下紧密结合，形成满族的主体。他论证了海西女真人的融入对满族崛起与建国的重要意义，并强调说，正是有大量不具有血缘关系的外族成员加入进来，从而形成了新的共同体——满族。他认为，只有承认满族这个新的共同体汇集了不同血缘成分这一事实，才有可能对后来源源不断加入这个共同体的各种非满洲成分如汉军旗人、内务府旗人的民族从属问题作出合理的解释。先生进而以“新满洲”形成为例，详细考证了散处于东北沿边地区的女真诸部如何一步一步被满洲统治者吸收融合的过程。关于满族中为数最多的汉族来源，先生作了开拓性研究，除了在《满族形成中的几个问题》一文中专章探讨“汉军旗人的从属问题”与“内务府旗人的旗籍问题”外，又于1979年作《清代八旗中的满汉民族成份问题》一文[①]，从投充与逃人、通婚与过继为嗣、入旗改旗与逃旗、冠汉字姓与改汉姓、入旗与出旗为民五个方面，对汉人融入满族的过程和具体途径做了更为详尽的阐述。先生对于女真、满族的概念，从历史进程入手进行了论据充分的论述，迄今为止，仍不失为最扎实严谨有说服力、为学术界广为接受的观点。

三是“旗人”与“满族”二者的同异。先生通过对这二者间关系的考察，来阐述这些最基本的、在人们头脑中却混淆不清的名称。其中最核心的内容，就是旗人与满族是否等同，尤其是其中的汉军旗人能否与满族等同的问题。对这一问题的论述，散见于《关于满族形成中的几个问题》、《国语骑射与满族的发展》、[②]《清代八旗中的满汉民族成份问题》等文章中。先生认为八旗制度的三个组成部分，即八旗满洲、八旗汉军和八旗蒙古，既然同处于八旗制度之下，享有与八旗满洲同等的社会地位，其中的汉军旗人当然可以自称为旗人即满族人。先生并对今天的民族成分如何划分提出自己的标准，即按照清亡以前是否出旗为民为线，凡是已出旗为民或已改回民籍的，就应该算作汉族成员，否则就应该把他们作为满族看待。而八旗蒙古的成员愿意报蒙古族也是合理的。[③]先生认为凡在清代未曾出旗的汉军旗人都可作为满族对待的说法，在学界引起很大争论，至今仍有异议。正像对待任何一个重要历史问题，学术界的看法不可能千篇一律，对满族的族属和认同问题产生分歧也是很正常的。然而先生以满族史为例，反复指出，民族是不断变化发展的，满族作为一个历史范畴的民族，与其他民族不断进行人员的交流，进而促进彼此关系的发展与融合，对于后人的研究富于启迪。

---

① 本文初载《社会科学战线》，1981年第1期。后收入《满族史研究集》，中国社会科学出版社1987年版，第1—16页。并见《清史续考》，华世出版社1993年版，第43—79页。

② 王锺翰：《清史新考》，辽宁大学出版社1990年版，第59—70页。

③ 这一说法初见于《关于满族形成中的几个问题》中第四节“汉军旗人的从属问题”，见《清史新考》，第53页。

第三，在厘清诸多基本概念的基础上，先生与当时诸多学者共同努力，在满族史研究中开拓了许多重要的研究领域。

关于满族社会性质的研究。20 世纪 50 年代以后，我国民族史学界掀起了对各民族社会形态问题的研究。在满族史、清史学界，同样掀起了对入关前满族社会性质问题研究的高潮，出现了满族社会当时处于原始公社父系家长制解体、阶级社会刚刚形成时期及奴隶制时期和封建社会等不同意见。前述《满族在努尔哈齐时代的社会经济形态》，从努尔哈齐时代满族奴隶制形成的物质基础和阶级结构方面进行了具体分析，认为满族在努尔哈齐时期的社会经济形态还处在奴隶制占有阶段，先生因此成为满族入关前为奴隶占有制说的代表。而《皇太极时代满族向封建制的过渡》一文，从满族当时的生产力水平、大庄园制经济和租佃关系、社会变革中的阶级关系、政治制度等方面，对皇太极时期满族社会的发展情况作进一步讨论，认为在进入辽沈地区以后大约 20 年间，满族社会大踏步地、加速度地转向封建化，故至皇太极统治时期，满族社会发展开始向封建制转化，并逐渐占据主导地位。这两篇论文虽可属于清前期史范畴，但同样可视为满族早期社会史研究，对满族史研究产生较大影响。

1987 年，先生发表《满文老档中计丁授田商榷》一文①，这是先生对 30 年之前研究满族入关前社会经济形态之续作。先生细审《满文老档》“计丁授田”谕令原文，与各种版本的汉文译文进行详加比勘考校，检讨各种译文的利弊得失，最后得出自己的结论。先生认为，努尔哈赤在海州、辽阳等地征来的 30 万垧土地，是按每丁授田 6 垧，同时分给驻扎辽东地区的满族贵族所属人丁和八旗兵丁的。分给八旗兵丁者为“份地”，给八旗贵族属人的地亩则多设置庄园，从而否定了那种未对旗人授田的观点。就其土地所有制而言，直至皇太极时期，份地仍然是土地公有制或土地国有制；而贵族庄园与在赫图阿拉时的农庄一样，是奴隶制庄园。《商榷》修正了先生过去的结论，进一步确认入关前满族社会处于奴隶制阶段的观点。先生认为，土地制度的变化，最可体现某一时期的社会形态。

先生对入关后满族社会经济形态的研究，主要侧重于对旗地的探讨，认为旗地的发展过程最能表现满族社会性质的变化情况。1978 年，先生发表《清代旗地性质初探》一文②。从各种旗地的不同形态、旗地中的主导形式地主土地所有制及庄园中存在的地主所有制成分三个方面，对顺、康、雍、乾时期旗地从领主经济向地主经济转化过程进行考证。后又根据康、雍、乾时的房地契，作《康雍干三朝满汉文京旗房地契约四种》一文③，分别考释了各朝房地契约的特点和旗地的交易情况。两篇论文的结论是：从清初顺治年间起，占旗地绝大多数的八旗兵丁的份地很快向地主租佃制转化。满族统治者虽然主观上极力维护皇庄、王庄等农奴制庄园的经营方式，但它不能不受到一般旗地及汉人地主制及租佃关系的冲击和影响。经过百余年，各种旗地的经营方式发生了改变，大约到 18 世纪后期，地主土地所有制成为旗地的主导形式，满族社会已步入封建化社

① 王锺翰：《清史续考》，华世出版社 1993 年版，第 198—217 页。
② 王锺翰：《清史新考》，华世出版社 1993 年版，第 71—86 页。
③ 王锺翰：《清史续考》，华世出版社 1993 年版，第 218—232 页。

会。先生关于旗地研究，从入关前“计丁授田”，到清代中叶各种旗地制的演变，深刻地揭示满族社会生活逐步冲破统治者的种种禁令，终于融入地主制封建经济的发展潮流。这些研究，不仅反映了满族历史性的飞跃，同时也丰富了清史研究的内容。

关于八旗制度。满族作为中国历史上统治中原时间最长也最成功的少数民族，有清一代具有明显不同于汉族历代王朝的统治特征。八旗制是满族统治者赖以维持其统治的根本。为了防止满族汉化，坚持“国语骑射”是清代历朝皇帝奉行不渝的家法。在这一宗旨之下，清代实行旗民分治。清代的人口按照户籍大分为“旗人”与“民人”两类，这并不仅仅是一种民族间的区分（旗人并不完全是今天所说的满族，民人包括清代其他各族，也不完全是汉族）。旗民之间在法律上、政治地位上和经济待遇上不平等，甚至不可以通婚，这是清朝统治最重要的特点之一，并在社会各方面产生深刻影响。孟森曾对八旗制度的形成、特征及其与皇权的关系，有过精辟的论述。继孟森之后，先生在资料挖掘、专题开拓、研究深度等方面都大大超越了前人。大量利用满文文献研究八旗问题，利用旗人契书来研究旗地和旗民关系，先生实开风气之先。他对内务府旗人研究，拓宽了八旗史研究的领域。

关于满汉关系的论述。先生对这一问题的突出贡献，不止在于对具体问题的阐述，还在于他完全超越了旧史学沿袭已久的那种“落后的少数民族进入中原后被文明的汉族同化”的思路，明确提出在有清一代，不仅存在满人“汉化”问题，同时也存在汉人“满化”问题。满、汉两个民族相互融合的结果，是“双方面的成长壮大而不是单方面的被吸收同化”①。总之，先生这种讨论汉族“满化”过程的逆向思维方式，为旧日学者不屑为、不敢为，却从一个全新的视角，揭示了满汉等民族多源多流，相互融合，形成你中有我、我中有你密切关系的历史进程。这不仅是满族形成发展的重要特点，大而言之，也是中华民族发展的一个共同特点。因此，先生的这一研究，不仅对满族史研究，对彰显中华民族形成历程、中国历史发展的特点（这明显有别于其他东西方国家）都是有贡献的。

第四，也是最重要的，先生将他在满族史方面的研究与心得引入清史，将二者的研究融为一体。这使他在清史研究的领域中无论视野还是角度，在国内清史学界中都别具一格，从而在满族史与清史两方面，都开创了研究的新局面，也是他形成自己独特的学术风格和成就的决定性因素。在此仅以《释马法》、《释汗依阿玛》两文为例，以见先生如何运用满文名称诠释清史谜案。

德国人魏特根据汤若望回忆录着成《汤若望传》一书，曾风靡一时。1938 年杨丙辰汉译本出版，立即受到学者高度重视②。由于《汤若望传》中记载孝庄太后尊汤若望为“义父”，而福临（顺治皇帝）更“惯以玛法 Mafa 二字称呼汤若望”。故使学者以为福临“称若望为玛法，玛法犹汉语爷爷也”。西方汉学权威费正清等对玛法亦作此解。

---

① 对这一论点，先生在《清心集》的第八节“千虑一得”中阐述得最为清楚，见第 125—126 页。

② 陈垣先生《汤若望与木陈忞》一文《引言》：“杨丙辰先生视我新译德人魏特着汤若望传，凡十四章，四十余万言，余读而善之，中引汤若望回忆录载顺治朝轶事甚多，足以补国史之阙略。尝以与北游集对读，所言若合符节，间有差异，亦由宗教观念之不同，事实并无二致。”见《陈垣学术论文集》第一集，中华书局 1980 年版，第 484 页。

此虽一称呼之微，然关系当时宫廷风俗及中国帝王对待西方传教士的态度，不容含糊。诚如陈寅恪先生所说："满文名字之考证，殊与推求事实有关，治史者不得置而不究。"① 为此，先生特撰《释玛法》一文。

先生据《御制增订清文鉴·人伦类》，玛法可译为汉文"祖"字；而据《老少类》，则为汉文之"老翁"、"老爷子"、"老爷爷"的意思。如何解决语源学上的歧义，唯有凭借历史事实的考据。先生指出，汤若望见福临，虽免除三跪九叩大礼，但依然须行跪拜礼。这与将玛法释为"爷爷"是说不通的。先生更追溯满族先世，以《明实录》、朝鲜《李朝实录》、明人私家著述以及《清太祖武皇帝实录》、《清史稿》大量记载为证，皆有以玛法作"酋长"解之惯例，或"年高者"、"长老"之通释，又引宋史专家聂崇岐《满官汉译》以玛法释为"老翁"为据，证明福临之称汤若望为玛法，亦只能于此求解。进而指出，所谓孝庄称若望为"义父"，乃"出之一蒙妇之口"，非孝庄所亲言，不足为训。至此，强以福临称汤若望为玛法即尊其为祖父之说，实不足以成立。值得注意的是，乾隆末年，满人中竟仍有以玛法称呼皇帝之余风，但为正统观念所不容。先生此文不但澄清对清初史实的误解，而且通过玛法一词的历史变迁，折射出满族入关前后礼法、风气的差异。

《释汗依阿玛》一文发表于1990年，是先生的得意之作。"汗依阿玛"，满文，即汗之父，或皇父。孝庄太后下嫁一事，猜测纷纭，实由多尔衮"皇父摄政王"称号而来。孟森先生《清初三大疑案考实》一书，首即《太后下嫁考实》。孟森力辟张煌言《建夷宫词》，以太后下嫁多尔衮为传闻污蔑之辞。而蒋氏《东华录》顺治五年冬至覃恩大赦诏书，明载加"皇叔父摄政王"为"皇父摄政王"，对此，孟森认为"盖为覃恩事项之首，由报功而来，非由乱伦而来，实符古人尚父、仲父之意。"孟森的基本思路是，既然称"皇父摄政王"不为清廷所讳，则太后下嫁若果有其事，则必无可讳之理，"必以太后下嫁明告天下"②。然而遍检清朝官书及朝鲜实录，皆无太后下嫁之诏。于是孟森断定绝无太后下嫁一事。孟森的这一结论，胡适曾明确表示不满意③。孟森论证的逻辑，实际上是"证"无有，即"事"无有；进而言之，既然下嫁之事无有，则"皇父"之称只能"报功而来"。无可讳言，孟森在这里既体现出一个史学家无征不信的严肃态度，却也反映他对满族社会内部关系的某种隔膜。继孟森之后，郑天挺于1936年推出《多尔衮称皇父之由来》一文，考证"皇父摄政王之一切体制均下于皇帝，与太上皇固不同也。"郑先生并结合满洲旧俗，认定"皇父摄政王既为当时之最高爵秩，多尔衮之称皇父摄政王复由于左右希旨阿谀，且其称源于满洲旧俗，故绝无其他不可告人

---

① 见《姚薇元北朝胡姓考序》一文，载《金明馆丛稿二编》。

② 见该文《附录二·作者答胡适之君书》，载《明清史论著集刊续编》，第168页。

③ 见《附录一·胡适之君来书》，胡适颇不客气指出："惟读后终不免一个感想，即是终未能完全解释'皇父'之称之理由。""终嫌'皇父'之称似不能视为与'尚父'、'仲父'一例。"载《明清史论著集刊续编》，第167页。胡适自是严谨的态度，而孟森的答书实不足以释胡适之疑。

之隐晦原因在。"[①] 王锺翰先生对郑先生的文章给予高度评价[②]。但显然，孟、郑两先生皆以皇帝与"皇父摄政王"的关系是君臣关系，这才是问题的关键，也正是先生《释汗依阿玛》一文需要辨明和突破的地方。

先生从满汉文语法结构上对"皇父摄政王"进行分析，指出：这一称谓的"汉文只能是分成'皇父'与'摄政王'两个词组，满文也只能是分成'Han iama'与'Doro be aliba wang'两个词组。"先生之意，旨在说明"皇父摄政王"这一称谓不是一个逐渐提升的爵位，它必须有"皇父"这层关系才能成立。先生根据第一历史档案馆所藏顺治五、六、七年刑部题本发现"大量写有'皇父摄政王'与'皇上'并列抬头或批红'皇父摄政王'的题本。"其中以顺治五年十一月初三日和七年九月二十五日的两份题本尤其值得注意。因为前者比五年冬至日早五天，而后者距多尔衮之卒日仅差两月。这充分证明从顺治五年以来，多尔衮"皇父摄政王这一称谓，未之或改"。这在考察的精确性上已经超过前人[③]。更重要的在于，对"皇父摄政王"这一称谓如何作出解释，也就是说，其地位如何？清廷正式加封"皇父摄政王"的诏旨，迄今为止并未发现，这确实给判断"皇父摄政王"的地位、性质带来困难。但蒋《录》中所载多尔衮死后十二月己亥日的葬礼诏旨，恰能弥补此一缺憾[④]。诏旨中仍称多尔衮为"皇父摄政王"，且明文宣称"中外丧仪，合依帝礼"。这足以推翻酬功报德一说。先生犹恐未能尽释前人之疑，又以蒋《录》所载数日后甲辰诏书，"追尊摄政王为懋德修道广业定功安民立政诚敬义皇帝，庙号成宗"与之相印证。至此疑雾尽散，报功一说、最高爵秩一说，皆无能成立。"皇父摄政王"就是一代帝王，确凿无疑。

最后的问题只剩下福临与多尔衮的关系，彼此间地位如何判断。日本学者神田信夫参加第一历史档案馆60年馆庆之际携来《明清档案存真选辑》一部相赠先生。先生从中检得顺治八年正月追尊皇父摄政王为成宗义皇帝祔享太庙恩诏，发现其中原文书写格式，"皇帝"低于"皇父摄政王"一格。先生最后得出结论："足证'皇父摄政王'低于'皇上'与'太上皇亦不相同'之说不能成立；相反，适足以证成'皇父摄政王'高于'皇上'，与'太上皇'正相同。"[⑤] "皇父摄政王"问题历经半个世纪之久，自孟、郑二位先生之后，终于在先生之手获得彻底解决。

由此可见，一个历史问题欲获得确解，需要多么艰辛的努力，有时甚至需要几代人的积累。没有脚踏实地细致缜密的阅读与思考，仅凭一点小聪明，浮光掠影，甚至想当

① 文载《探微集》，中华书局1980年版；后改名《多尔衮称皇父之臆测》，收入《清史探微》，北京大学出版社1999年版。

② 《清史新考》第96页，"郑先生特别注意档案材料的重要性"，"郑先生的考订缜密，取材翔实，有许多地方可以补孟先生的不足，并有所前进"。

③ 孟森《太后下嫁考实》云："顺治四年以后，内外奏疏中亦多称'皇父'。"但未注明根据。郑天挺先生于《多尔衮称皇父摄政王之由来》文尾特地注明，史语所清代档案均由李光涛先生检示，北大文科所档案均杨向奎先生检示，故宫文献馆所藏《清实录》由刘官谔、单士元两先生检示；满文均由李永年先生音释。

④ 蒋氏《东华录》所载诏旨不全，先生藏有"韩玉田于六十年代初从北京故宫博物院钞出寄我"之全文。

⑤ 先生于《释汗依阿玛》一文附注中指出：顺治二年的"三件档案中均有'皇上'与'皇叔父摄政王'字眼，均并写抬头，又适在加封'皇叔父摄政王'一个月之后。'皇叔父'既可以与'皇上'并列抬头，则亦可为'皇父'高于'皇上'一格之佐证，其'皇父'不啻等于'太上皇'无疑。"

然地对待历史研究，是无法得到真知灼见的。太后下嫁，以及雍正继位这类疑案，表面看来是一些个案，或者是一类历史趣题，实则包含极为丰富复杂的内容，其间往往寓含着统治集团内部的重要关系，对当时的政治舞台予以极大的影响。对这些问题的研究，需要超乎想象的付出。我们必须充分尊重历史研究先行者的探索和成果。正是他们的艰苦努力，在为后人的研究开路奠基。

在先生看来，清史与满族史是互相关联又不尽相同的两个学术领域。满族史既是清史中不可或缺的重要组成部分，又是“满学”的重要内容。就研究方法而言，满族史既可以从民族学的角度进行研究，又可以将其置于清史研究的框架下来探讨。近十年来，在欧美学界的中国史研究领域中出现了所谓的“新清史”（New Qing History），并迅速成为近年来美国中国学中最重要的研究趋势之一。事实上，“新清史”提出的要重视清朝统治中的满洲因素以及满语在清史研究中的重要性两点，并非全新之物①。先生的研究方法与特点，其独特之处恰在于此。这种不谋而合，体现了先生在研究方法及其成果的前瞻性，也是他的研究可以在国内外清史、满族史学界居于领先地位的原因。

（二）清史研究的新境界

先生晚年清史研究的重点之一，即继续对雍正夺嫡问题进行探讨，发表了一系列文章。但与原来不同的是，此时先生更加重视利用存世的满汉文档案史料。首先值得关注的是《清圣祖遗诏考辨》一文，先生就仅存的满汉文合璧的《遗诏》原件，将其与《上谕内阁》、《实录》中所载《遗诏》、《面谕》及《起居注》详加比勘，证实雍正即位时所颁《遗诏》确系其本人伪造，同时也使伪造《遗诏》的具体过程展现得细致入微。先生证明，玄烨死去当日隆科多所宣遗诏，及三日后对诸王廷臣宣读的遗诏皆为满文诏，仅有传位之语。而迟至二十三日以后，才由数年之前的《面谕》抄写成汉文诏，而后又有满文诏。此一过程的彻底澄清，雍正伪造遗诏一案即可定谳，其功当首推先生。与此相关的是《胤祯与抚远大将军王奏档》一文。先生为撰写此文，收罗了国内外五个版本：即北大藏满汉文《王抚远大将军奏档》，此为“近三百年来唯一幸存的孤本，洵为胤祯奏稿各本所从出之祖本”；北大藏汉译抄本《抚远大将军奏疏》；北大藏《抚远大将军奏议》；吴丰培先生编译的《抚远大将军奏稿》；日本东洋文库藏《抚远大将军奏折》。通过先生的努力，胤祯奏稿这一重要文献的版本源流获得清理。此文对五十年前撰写的《胤祯西征纪实》作了较大补充，对考察康熙帝晚年招抚蒙古、进军西藏，与用人得失、施政成败，以及康熙诸皇子夺嫡成败等问题，至为有关。胤祯本爵为贝子，其称“王大将军”究竟系自称还是他称，关系到玄烨晚年传嗣属谁。先生原撰

① “新清史”学派强调两点：第一点，强调清朝统治与历代汉族王朝的区别、强调清朝统治中的满洲因素，他们认为清朝能够成功地将如此众多的民族、文化统一在一个政权之内的重要原因之一，就是满族统治者的“非汉因素”，是他们与东北、西北诸族在血缘、文化上的联系，以及这些民族对满洲而非汉族存在的那种认同。第二点，“新清史”的学者深刻感受到，对于这些清朝新征服的少数民族地区，对于这些被“大一统”统进中国的新臣民，他们如何记录、如何看待清朝的统治，仅仅凭借由汉人记载的汉文史料是远远不够的，非要从他们自己的文献中才能得到较为真实和客观的答案，而他们的文献，大多数采用的是他们自己的文字。何况清朝统治者与他们来往的官方档案文书，直到清朝中叶甚至以后，也多用满文书写，所以“新清史”的学者特别强调对于满文、蒙古文和藏文等少数民族史料的运用（引自 Mark Elliott：Manchu Studies in Europe and the United States：Past，Present，and Future for International Symposium，Frontiers of East Asian Studies，Gakushuuin University，Tokyo，未刊稿）。

有《满族贝子称王考》一文，以为“抚远大将军王为自称，奏之于君父之前，当非俗称，而为乃父圣祖玄烨所默许。”此次又据第一历史档案馆藏玄烨亲笔所写《给抚远大将军王胤祯敕书稿》满汉文敕书，发现玄烨于敕书中直称胤祯为“抚远大将军王胤祯”，从而使这一疑问烟消云散。正因玄烨以此称呼胤祯，故先生云：“朝野臣工，从而效尤，称之为王，名正而言顺，又何僭妄之有?”

先生研究问题，擅长见微知著，从一些看似普通或旁人习焉不察的细节中，挖掘历史的真相。雍正夺嫡一案，又连带引出康熙帝第八子胤禩、第九子胤禟的改名问题。自来对胤禩之改名为“阿其那”、胤禟之改名为“塞思黑”，世俗相传“阿其那”、“塞思黑”即是狗、猪之意。陈寅恪早已指出：“其说至为不根。无论阿其那、塞思黑非满文猪、狗之音译，且世宗亦绝无以猪、狗名其同父之人之理。”① 真是入木三分。但阿其那、塞思黑究系何意，史学界争论已久，长期没有定论。为此，先生先后撰写了《释阿其那与塞思黑》、《再释阿其那塞思黑与满族传统文化》、《三释阿其那与塞思黑》三篇文章。明确指出，胤禩之改名“阿其那”为自改，并改其子弘旺名为“菩萨保”；而胤禟之改名“塞思黑”系出自诸王，为他改。但两者均得到雍正皇帝的认可。关于“阿其那”、“塞思黑”的含义，先生利用新发现满文档案并综合他人研究成果，进而指出：阿其那、塞思黑的满文书写形式是 akina 和 seshe，而不是 acina 和 seche。阿其那作为人名，很可能源于 akiyan，意为夹冰鱼。胤禩因在储位之争中失败，自喻为俎上之鱼，任凭乃兄胤禛处置。塞思黑 seshe 的本意为“讨厌”，亦即以胤禟为“令人讨厌之人”；与胤禟同时改名的还有他的第八子，而所改名字也含有讨厌之意。又如皇十四子胤禵，本名胤祯，与世宗胤禛音同。“祯”、“禛”二字，治清史者多不细审，落笔即误。张采田先生《清列朝后妃传稿》，据弘旺《皇清通志纲要》首先指出这一点。先生则从《圣祖仁皇帝御制文集第三集》四十八年对宗人府的上谕中，再次证实胤禵本名确为胤祯，“此为现存官书中仅可考见者”。玄烨的上谕自比私家记载更加有力，即使海外最挑剔的史学家亦承认此说为先生的一大贡献②。先生的这些研究都是围绕雍正夺嫡而展开的，与五十年前的《夺嫡考》、《西征纪实》相比，对雍正夺嫡这一重大历史问题的认识无疑是更为丰富而深化，显然，这得力于先生满族史、满文的研究功底。

先生常说，清史学科的一个特点，就是新史料的不断发现，使过去的研究重新受到检验，原来的观点，或被否定，或被验证，或需进一步修订。他谈道：“哪怕是一个改名的小问题，一旦只要有新材料、新见解，我还是愿意继续钻研下去的，问题讨论不厌其详，如果结论经不起时间的检验，翻案不但可能而且是完全允许的。”③ 20 世纪 50 年代，先生关于皇太极时期满族开始向封建制过渡的结论，在史学界曾产生广泛影响，但 30 年之后，重新审视，决定“正式予以自我摒弃”。正是这种严格的求实精神，使先生不断与时俱进，不断自我完善。这种科学求真的态度，贯穿于治学的全部历程，足以矜式后学。

---

① 见《姚薇元北朝胡姓考序》一文。

② 杨启樵：《雍正帝及其密折制度研究》“胤禵易名说”一节，上海古籍出版社 2003 年版，第 57 页。

③ 见《满族研究中的几个问题》一文，载《清史新考》。

20世纪20年代《清史稿》修成之后，曾引起极大非议，甚至连有清一代是否应该享有正史的地位，亦有争论。经孟森以来学者力辨，清代为继明之后一正统王朝已无疑义①。但究竟如何认识清王朝的历史地位，学者之间却因时代和见识不同，而不尽一致。这里关涉诸如清承明制、清代的文治武功、康乾盛世等重大问题的评价。先生从多民族统一国家形成的视角出发，彻底摒弃中原王朝的正统观念下的华夷之辨，肯定清代是超越汉、唐以及元代的一个兴盛的封建王朝。他在《清代民族宗教政策》一文中写道："平心论之，清代的民族宗教政策，不但超周、秦、汉三代，甚且连煊赫一时、地跨欧亚二洲的大元帝国亦瞠乎其后。何者，元享年未过百，蒙古宗室崇佛而自弱，终趋分崩，忽兴忽亡，悄返北土，几不能自保，以视清代远远望尘莫及。"换言之，先生认为清代之所以兴盛，其中极为重要的原因，即在于民族宗教政策的成功。他之所以肯定清朝，甚至也承认"康乾盛世"②，乃是基于清朝前期的国家稳定，民族融合的加强，有利于多民族统一国家的巩固。这与某些学者仅从清朝凭借武力、帝王权术，而得以"绥服"各族，以达于极盛，或者炫惑于清代帝王的种种惠政，立意显然不同。同时，先生又予历史事实以充分尊重，由此出发，他既承认每一民族都应享有平等的权力，同时也对由一个相对落后的少数民族在统一中国的过程中所带来的危害，对清代民族宗教政策中的消极反动因素，进行毫不掩饰的揭露和批判。

先生于1985年发表的《论袁崇焕与皇太极》一文，尤其值得注意。在此他对明清之间战争的性质及其转化，有明确的表述："今天祖国民族大家庭的成员中，在历史上曾多次出现过兄弟阋于墙，甚至彼此间以兵戎相见的不愉快局面。这是历史事实。""当然，兄弟交恶和相争，是家庭间内部的事，但是也有个谁是谁非的问题。"我们知道，先生是坚决反对"说满族是外来民族"③ 的。他在《满族先世的发祥地》一文中，就日本学者和田清"已提出而未置论的清朝满族先世的肇祖孟特穆居地即满族先世发祥地问题"，对原始文献、历史地理及神话传说进行相互论证。认为肇祖孟特穆（即猛哥铁木耳）与始祖布库里英雄实为一人，即元末明初三万户之一的斡朵怜万户首领。并指出"满族爱新觉罗氏先世的发祥地，是以长白山为中心而展开活动的。"他曾在《试论理藩院与蒙古》一文中论及中华民族各个民族成员时写道："不管哪个民族的成员充当全国的最高统治者，他们都是中国人。这是一个独立的主权内部的事，并不存在向外扩张、侵占别人的土地，或统治别国人民的情况。"

承认满族是中华民族大家庭中的一员，但先生也绝未因强调民族融合就置历史事实及是非于不顾，也绝未因清朝后来完成统一，即堕入成王败寇的旧套，以掩盖历史上的是非。先生研究满族，也热爱满族，甚至在研究中出现个别明显失误，亦是由此，这是毋庸讳言的。但对于清王朝满族统治的历史功过，他认为必须予以历史学家的严厉的审视。或以为今天的现实计，不欲重新纠缠历史旧账。先生不以为然，他认为只有将历史是非彻底辨明，才能真正总结历史经验吸取教训。先生曾明确地告诫他的学生说："写

① 见《明清史讲义》下册，第三编"总论"，第一章"清史在史学上之位置"；《清史稿应否禁锢之商榷》一文，载《明清史论著集刊续编》。

② 见《清圣祖遗诏考辨》一文结尾，载《王锺翰学术论著自选集》。

③ 《满族形成中的几个问题》一文，《清史新考》，第56页。

作切忌平稳，平稳就是平庸，不要怕犯错误。”这就是基于他的历史责任感。从《袁崇焕与皇太极》一文可知，先生不为正统王朝的观念所囿，承认清朝先世为明朝属民，同时指出：“须知在封建社会里，一般地说，历代王朝的统治阶级是压迫者，各兄弟民族是被压迫者。明王朝也不例外。”“我们就应当承认明代女真各部的统一，后金政权的建立，努尔哈齐的反对明王朝民族压迫是绝对正确的。”“后金国的出现，既与明王朝没有君臣隶属关系，我们就应当承认它是一个与明王朝同时并存的独立政权，而这个后金政权仍然是属于祖国民族大家庭中的成员之一。”先生虽然没有直接参加过有关中国史定义、历史上的中国等问题的讨论，却以自己对明清关系的研究丰富着中国历史这一概念的基本内涵。他进而又指出，到皇太极时期，明清之间的战争性质已发生根本逆转。“皇太极多次发动围攻辽西走廊的八城，甚至跨独石口、喜峰口、杀虎口等处，深入长城以南，俘掠人畜以数十万计，大量役为奴隶。在这些军事活动中，满族统治者成为压迫者，汉族人民及其上层统治者即明王朝则全都退居于被压迫地位。”可见先生论明清嬗代，是将政治斗争与经济形态所决定的社会性质，民族融合中的对立与统一，彼此的地位转化等方面联系起来予以综合考查。他的某些具体结论，或许还有可商之处，但先生的研究态度和方法，无疑给人以宝贵的启迪。

正是由于先生对历史客观事实的高度尊重，才有可能对明清嬗代之际以及满族统治者建立的清王朝保持清醒的认识和严格的批判态度。这对于当前的清史研究尤其值得借鉴。正因具备了历史学者的严谨缜密和正直良知，使先生绝不肯以曲学阿世。他赞扬袁崇焕等民族英雄，斥责洪承畴之流为背叛民族气节的败类。他积极评价康熙在重建全国统治政权中的历史作用，同时对郑成功坚持沿海抗清和收复台湾给予高度赞赏①。先生没有明确论证清承明统的具体时间断限，我们无从得知先生对清初从民族压迫和民族征服，到缓和民族矛盾、建立满汉联合统治体制这一历史转化的完整论断。但从他的一些论述来看，我们有理由推测，先生是将清初社会主要矛盾的转变断在康熙八年的玄烨亲政。先生继承明、清以来的优秀传统，但绝不固守统绪相承的历史观念。他钟爱考据，却能不断接受先进思潮以更新自己的历史观，更能时时体现他作为历史学家的严格。同样，先生肯定清朝的历史地位，但对满洲贵族落后和反动的统治却有着深刻的认识。他承认满族对蒙古的统治成功有利于国家的统一和民族融合，但他又多次强调，清朝实行旗、盟制度，分而治之，使广大蒙古族人民“付出巨大的代价”。他肯定清朝继明朝之后的改土归流，但又指出在这一过程中，清廷“始终施以军治。谓其未能脱‘军事征服’四字之讥，谁曰不宜?”对清廷在西藏统治的分析，亦持此种态度②。

清代的满汉关系，先生认为是有清一代最重要的关系之一。他从民族融合的角度，研究满汉两个民族相互渗透的事实；从旗地性质的演变，证明满族进入中原之后，在汉族先进制度影响下社会形态所发生的飞跃；他肯定清朝统治者的汉化政策，又从清代官制、财政政策、内务府世家等多个侧面的探讨，充分指出满族贵族始终居于统治地位，八旗兵丁腐化衰颓的事实。总之，清王朝是继明之后的中国正统王朝，但又不同于汉族

① 见《清政府对台湾郑氏关系之始末》一文，撰于1982年，载《清史新考》。

② 参见《试论理藩院与蒙古》、《雍正西南改土归流始末》、《清代民族宗教政策》等文。

统治下的传统王朝，满族统治的特征渗透于社会的各个方面，并极大地影响着中国社会的发展。这是他对满族进行多年研究之后所获得的认识。就此而言，满学与清史学是合一的。缺乏对满学的深入研究，对清史的理解很难达到如此境界。他始终坚信，满学的发展必将使清史研究得到进一步的拓展和深入。然而，从另一角度而言，他又看到满学有自己特定的内涵，满文、满族文学、满族的社会结构、满族的风俗、宗教及文化心理，又将极大地丰富人类文化学、社会学的内容。这显然又不是一般的历史研究和清史研究所能取代的。他是守己有度的学者，鄙夷那种游移无根的学问稗贩。满学和清史学相结合的研究，诚然不自先生始，陈寅恪先生，甚至更早的老一辈学者，都注意到这种结合的必要。但真正为这种结合开辟出一条研究之路的，当首推郑天挺先生，而之后成就卓然，蔚为大观者，则属先生。这恐怕是无可否认的。他在清史研究领域的地位，同样是无可取代的。

世纪之交整理出版的《四库禁毁书丛刊》及其《补编》，是一项巨大艰辛的学术和出版工程，也是清史学发展中值得大书特书的一页。学术界和出版界公推先生担任主编。先生在修改编委会《编纂缘起》初稿时，以极大的使命感写道："兢兢业业地工作，临深履薄，夙兴夜寐，以期无负于禁毁书的原作者和当年冒死收藏者，无负于现在的读者以及国内外学术文化界，更无负于高明来哲。"① 先生的话对全体编委是一种极大的鼓励。自 1991—1999 年，历时 8 年，由于全体编委辛勤努力，《丛刊》终于在 20 世纪末出版面世。全书辑收禁毁书 634 种，凡 311 册。继此之后，全体编委又奋斗 6 年，于 2005 年完成《补编》，收禁毁书 290 种，集为 90 册。《丛刊》及《补编》都 401 册，共收禁毁书 924 种，几将全国现存可以整理成篇的禁毁书收罗殆尽。《四库禁毁书丛刊正补编》与《续修四库全书》、《四库全书存目丛书》、《四库全书》四者"构成一个完整的体系，比较清晰地显露出从当时到清末中国古典文献的庐山面目。"②《四库禁毁书丛刊正补编》的整理出版，编委们和出版界同仁付出无数心血，这是对学术界一件功德无量的奉献，必将推动清史研究的深入发展。

乾隆一朝素称盛世，《四库全书》及其他许多大型丛书的编纂从来被视为文治昌明、稽古右文的见证。但乾隆朝又是文字狱最为猖獗的时代，《四库全书》的编纂，实质上是一场寓禁于修的文化普查运动。如何认识乾隆朝的时代特征，是颇不易把握的。简单的两分法，优劣并举，实际上毫无意义。为此，先生特撰《四库禁毁书与清代思想文化普查运动》一文。文章不长，但内涵却甚为深刻，其中对清初以来的政治文化趋向的判断，值得细细体味。先生指出："修书、禁书互为表里并时时伴之以文字狱，如此严密而成熟的思想文化手段，绝不是一种发明，也就是说，不是哪一朝统治者想这么做就能做得到的。它是清朝立国百余年来社会矛盾，特别是满汉民族矛盾的产物。除了种种物质、人力条件之外，清廷统治者在思想文化上支配地位的取得，同样是社会矛盾推进的结果，也是统治者政治经验积淀的结果。"由是指明了文化发展与政治的关系。《四库全书》的编纂是在最高统治者弘历直接干预下进行的。所以，先生说："与其他

① 《四库禁毁书研究》，北京出版社 1999 年版，第 16 页。

② 《四库禁毁书研究》，北京出版社 1999 年版，第 5 页。

任何官方主持的文化活动一样，目的首先在于维护其统治，而不是其他的。离开这一基本点，将无法对《四库全书》及其编纂活动进行准确评价。”“《四库全书》的编纂和禁毁，都是严格按照最高统治者乾隆的意志进行的，既不是自由的学术活动，也不是文化长河自然演进的结晶。《四库禁毁书丛刊》的出版，不仅会极大扩充我们的眼界，也会在最大限度内将乾隆盛世内发生的那场文化清查运动的实质暴露出来。”评价一个历史时代，不能仅仅停留在对那一时期所发生的事件的外在描述，尤其不能被统治者自我宣扬的正统观念所迷惑，相反，我们必须对该时代的物质世界及精神生活的价值取向作出一种批判性的审视，并指出这种取向是否符合人类文明发展的潮流，这才是历史学家所应具备的眼光。先生的可贵之处，正在于他的史学研究始终保持着这种求真的批判精神。他的研究思想，与他独特的研究方法及其成就一样，都是对现代清史学的宝贵贡献。

四、中国民族史研究的新贡献

在漫长的史学研究过程中，先生以满族史的研究为重点，逐渐拓展开来，对其他民族如蒙古、达斡尔、锡伯以及西南地区的民族史乃至整个中国民族史进行了一系列研究，作出了引人瞩目的贡献。

《清史杂考》中《达斡尔人出于索伦部考》和《清初八旗蒙古考》两篇论文，是先生50年代民族学研究的代表作。1956年，为在学术上有针对性地配合当时国家开展的大规模中国少数民族社会历史调查，先生发表了《达斡尔人出于索伦部考》一文。此文运用《清太宗实录》、《清圣祖实录》等文献，详细考察了历史上达斡尔人与呼尔哈部及索伦部的关系，得出了达斡尔族出自索伦部的科学结论，彻底澄清了学术界久争不绝的达斡尔族族源问题，修正了前人认为达斡尔人来源于黑水国、来源于白鞑靼部或来源于蒙古、来源于契丹以及日本学者提出的达斡尔人来源于呼尔哈部等诸多不确切的观点。20余年之后，先生发表《沈阳锡伯家庙碑文浅释》一文①。研究的对象只是一方碑文，似乎称不上大作。然先生在篇中首先将锡伯碑文全部转写成拉丁文，再将锡伯文对译成准确的汉文，给研究者提供了第一手资料，使研究具有可靠的依凭。先生通过对该碑文的研究，弄清了锡伯人原住地“札兰绰罗毕喇”应在今内蒙古海拉尔市东南扎兰屯市西南一带的绰尔河。这是锡伯族历史研究中的基本问题。先生的研究，订正了自清后期以来一些国内学者和日本学者岛田好等认为锡伯人原住地在伯都讷即今黑龙江扶余县的错误观点，并进而解决了锡伯人原住地和迁徙活动基本线索等重大问题。

先生结合对清代八旗制度的研究，撰写了《清初八旗蒙古考》一文，重点研究八旗蒙古的建立过程和建制等问题，首次指出八旗蒙古的前身是八旗满洲之下的蒙古牛录。先生指出，努尔哈齐时期归附于后金的蒙古人就已经被编入八旗之下，但当时的编制只有“蒙古牛录”，并没有单独的“八旗蒙古”；至迟到1633年（清皇太极天聪七

① 文载《清史论丛》第二辑，中华书局1980年；后改名为《沈阳太平寺锡伯碑文浅释》，收入《清史新考》。

年)，已有“蒙古二旗”存在；而单独编制“蒙古八旗”是在1635年，当时编制喀拉沁壮丁为十一旗，其中的八旗与原八旗下的“旧蒙古”合并成立八旗，基本厘清蒙古八旗建立的全过程。先生又通过“八旗满洲”和“满洲八旗”等称谓的差异，指出衹有前者才反映了旗制关系的实质；而后者系俗称，相沿成习，学者不察，遂导致对八旗中满、蒙、汉关系的误解。

先生于80年代发表了《试论理藩院与蒙古》、《蒙古世系谱作者及其它》两篇文章。《蒙古世系谱》本名《蒙古家谱》，又名《蒙古博尔济忒氏族谱》，是一部以蒙古文手抄本来形式流传至今的稀见文献。在此之前，关于这件珍本文献的版本流传情况不甚明了，甚至连该《世系谱》的作者也曾有所混淆。先生利用邓文如师所藏清人博西斋旧抄本来、内蒙古图书馆藏清乾隆四年抄本来、德国波恩大学海西希教授私藏本和第一历史档案馆藏本四本对勘，结合雍正《上谕八旗》档案，证明该抄本来的作者为罗密，矫正了台湾学者张兴唐认为该书作者是博西斋（博明）的错误。同时，先生将《世系谱》与《汉译黄金史纲》相校，将两书中的人名、官名、地名、部落名之同名异译一一勘同列表，为后来的研究者提供了可靠的参考资料。

《试论理藩院与蒙古》是一篇开创性的文章，它研究的问题是清政府对蒙古政策的得失。理藩院在崇德元年（1636）所设蒙古衙门的基础上，于崇德三年正式更名理藩院。理藩院与六部都察院合称六部二院八衙门。较之明代七卿，反映清初对于北方蒙古族的重视。后来，理藩院的管辖范围逐渐扩大到藩部（西藏）和回部（新疆），不仅是中央管理少数民族的行政机构，也直接负责蒙古地区的立法工作，并掌管蒙古地区王公的封爵、会盟、户丁、刑狱、宗教、朝觐等诸多事务。先生从中国数千年历史的宏观角度评价理藩院，认为是中国历代封建王朝所绝无仅有的机构，并总结清代统治蒙古的策略是“修其教，不易其俗；齐其政，不移其宜”、“重建蒙旗，分而治之”。在这一策略之下，中国北部边疆长治久安达百年之久，在中国历史上是少见的。先生在文章中对蒙古盟旗制度的建立过程和作用、对清朝在蒙古、西藏地区大力提倡喇嘛教的意义和影响等方面的分析，丝丝入扣，令人信服，其观点至今仍被大学教科书所采纳。

进入上个世纪八九十年代，先生在以上研究的基础上，将视野扩大到清代对全国各民族的统辖政策。1980年发表《雍正西南改土归流始末》一文，首先介绍了西南三省民族的分布，接着详述了清代对西南的用兵次第、设治先后、列表分述流官的设置情况，明确指出，西南改土归流的直接执行者是鄂尔泰、发号施令则是清世宗胤禛。该政策表面看来是“剿”、“抚”并用，实际上却是以剿为主，先剿后抚，清军是通过残酷杀戮西南少数民族人民来推行“改土归流”政策的。从长远的历史发展趋势来看，通过该政策的实施，打通了西南三省的水陆交通线，加强了中央政府对三省的直接控制。改土官为流官以后，革去了三省大部分地区割据称雄的土官、土司，有利于国家的稳定，加速了三省少数民族社会封建化的过程，有利于三省少数民族经济文化的发展。

1992年，先生于《中国社会科学》杂志发表《论清代民族宗教政策》，通过对清代在东北地区、蒙古地区、新疆地区、西藏地区、西南地区所实行的各种民族、宗教政策进行宏观而细致的分析，认为清代的民族宗教政策是清代满族统治者在中国民族地区开创的一整套适合当时国情、有利于多民族国家统一的成功政策。文章基于清代三百年周边各民族发展的大趋势，实事求是，其中诸多深刻而富有创建性的见解，令学术界耳目一新。譬如，先生认为努尔哈齐在东北地区对各民族实行的招纳、吸收、融合的政策，具有兼容并包和一定的开放性；对于蒙、汉八旗，先生认为："表面上看被编入八旗者都享有同等的权利和义务，但实质上满族统治者实行的政策却是与元朝划分蒙古、色目、汉人、南人四个等级相类似的满洲、蒙古、汉军、汉人四个等级的民族政策相吻合，不但不以平等对待汉人，且亦不以平等对待汉军、蒙古和其他族人。"与此前认为蒙古人、汉人一旦入旗即为满族的观点相比，先生的认识无疑又深入一层，使满汉融合问题及民族认定问题有了更丰富的内涵。又如满族统治者没有将东北边缘地区的索伦（今鄂温克族）、达呼尔（今达斡尔族）、鄂伦春、锡伯、赫哲等编入八旗，使其仍然保持本民族的族名，从而分别成为今天祖国民族大家庭的成员之一。在宗教信仰方面，满族自古以来信奉萨满教，但从后金时期就开始建立了藏传佛教寺院，皇太极一直保持着与藏传佛教上层的往来，说明满族贵族的宗教政策是开明的。先生认为，清朝在新疆所采取的民族宗教政策，在平定了准噶尔部噶尔丹和回部大小和卓木叛乱之后，对天山南北两路采取的是旗治与民治的双重政策，凡在北疆的土尔扈特、杜尔伯特、和硕特部之人皆编入八旗，设有札萨克，设置伊犁将军及塔尔巴哈台副都统，实行军事统治。南疆回部则分建喀什噶尔、英吉沙尔等八城，设置办事和领队大臣等，实行民治。清代在新疆的宗教政策也是比较开明的。清朝统一南疆后，沿用其宗教信仰习俗，支持当时业已成为新疆统治教派的伊斯兰教白山派，禁止黑山派活动。先生在研究清朝对西藏和青海地区的民族宗教政策时指出，清代统治者一直高度尊崇藏传佛教，因此在康、雍、乾三朝，西藏地方与中央王朝和睦共处，七世达赖和六世班禅都曾晋京，备受礼遇。使得西藏、青海民族地区基本稳定，有利于祖国的统一。

先生这些有关清代民族宗教政策的真知灼见，很快被学术界所接受，不久即收入高等学校研究生的专业教科书之中。《论清代民族宗教政策》的全文也于1993年被译成英文在《中国社会科学》上发表，引起了国内外广大学者的极大关注。当年，先生恰好80岁高龄。

老骥伏枥，壮心不已。1994年底，由先生主编的鸿篇巨制150余万言的《中国民族史》由中国社会科学出版社正式出版。此着乃由14位学者共同撰写，先生最后删定成书。《中国民族史》是在科学的历史理论与民族理论指导下集体撰写而成的，集中了先生许多的学术思想和研究成果。自从20世纪之初梁启超首先提出"中国民族史"的概念以来，1934年北平文化学社出版了王桐龄的《中国民族史》，同年，世界书局出版吕思勉的《中国民族史》。但到20世纪80年代中期，还没有一部真正涵盖整个中国各个民族、一直贯穿到新中国成立前的通史。于是国家民族事务委员会决定邀请先生担纲主编一部大型的《中国民族史》。

先生主编的《中国民族史》，体大思精，多发前人所未发。所谓体大，即全面而贯通。全面是指本书包含了中国56个民族的历史，贯通则在表现中国各民族从古至今（中华人民共和国建立）的完整历程。最值得注意的是此书的宗旨，乃在于打破以汉民族为中心的王朝体系，而以民族融合为主线，按历史发展阶段谋篇布局。既承认汉族在中华民族大家庭中的主体地位，对其他各民族亦能平等相待，肯定他们在中华民族发展壮大中的贡献和作用。全书枝繁而不蔓，经纬分明。之前的中国民族史专著，多是研究某个民族或某个地区、某个朝代的民族历史，即使有通史之称的中国民族史，也多为古代民族史，而于近现代则很少涉及。先生主编的《中国民族史》则填补了这一空白。全面、贯通的思想和体例，是中国史学的优秀传统，从司马迁的“通古今之变”，到近代梁启超提出“中国民族史”概念的初衷，无不在致力于历史的贯通，只有贯通，才能“鉴前世之兴衰，考当今之得失”。先生的《中国民族史》在民族史研究领域做出了表率。

该书的思精之处，体现为判断和行文的细致和慎重。首先，在民族史研究的概念上，本书不但避免了历史上具有诬蔑性质的族称，如“猺”、“苗子”、“汉狗”等，而且对于边疆民族建立的政权或王朝，则避免使用“地方政权”、“民族国家”、“民族政权”等尚有争议而有待完善的概念。再如对于历史上民族之间的战争的性质，正义与非正义的标准，历来说法不一。有人认为统治阶级发动的征服、镇压其他民族的战争都是非正义的，被压迫民族的反抗斗争都是正义的；统一全国的战争和反对民族分裂的战争都是正义的，反之则都是非正义的。先生的《中国民族史》以科学的理论为指导，具体问题具体分析，绝不笼统地“一刀切”。其原则是具体分析每一场战争的起因、后果及影响是积极的还是消极的。比如，唐代对突厥和对南诏的战争，表面看来都是中央王朝发动的对地方少数民族的战争，但是，前者是维护统一、制止掠夺的战争，是正义的；而后者是唐王朝掠夺云南少数民族的战争，则是非正义的。历史上的“民族英雄”也是一个容易引起争议的问题。先生与编纂组成员反复深入讨论，认为所有的“民族英雄”都是历史上著名的英雄人物，但是，并非所有的英雄人物都是民族英雄。先生在《中国民族史》中明确界定：“民族英雄”一定要有“民族因素”，所谓的民族因素，即在民族关系或民族战争中反映出来。按照这个标准，岳飞、戚继光、郑成功、松赞干布、骨力裴罗、完颜阿骨打、侬智高、成吉思汗、努尔哈齐等，都是民族英雄；而刘邦、项羽、曹操、李世民则不能称为民族英雄。历史上汉族出身的民族英雄，不能仅称之为“汉族英雄”，同样，少数民族出身的民族英雄，也不能仅称为“本民族的英雄”，他们既是本民族的英雄，也是中华民族的英雄。先生对于这些科学理论的成熟运用，不仅使《中国民族史》的各具体章节的写作充满着闪光的亮点，而且为今后的中国民族史乃至世界民族史的研究，确立了原则，提供了范式。先生主编的这部《中国民族史》，数次获得国家级社会科学成果的大奖，如今已成为民族相关学科广大学者的必读书目。先生在中国民族史学术研究领域所作出的贡献正在并将永久泽被后世。

王锺翰先生近七十年的研究生涯，在清史、满族史、民族史及文献整理方面取得丰硕的成果，也给后人留下宝贵的治学经验，值得认真总结。这份遗产是属于整个学术界的。名也者，天下之公器。真正的学术成就必定是能经得起时间检验的，也只有时间才能给予一个学者的研究以最公正的评价。我们相信，王锺翰的名字必定会在清史学、满族史、民族史发展的丰碑上获得他的应有之地，永垂不朽。

（本文撰写得到先生的故友徐蘋芳先生的鼓励，何龄修先生自始至终热情支持，郭松义先生答疑解惑，在此一并致谢。）

明清职官别称条目的增补问题

——读《中国历代官制大辞典》商榷（二）

何龄修（中国社会科学院历史研究所）

《中国历代官制大辞典》的《凡例》云：本书收历代中央、地方官名、官署名，“包括主要的别称、俗称、简称、合称等”，列为词条，进行诠释。我特别留意其中“主要的”三个字，因为这三个字表明本书编者就官制别称入书制定的收词标准、原则，可以名之为“择要录取”的标准（原则）。我对此点，颇有不同看法。因为工具书是读者手中的一把钥匙，读者藉其力打开问题之锁，进入知识世界，以求知索解，探索和认识自然、社会种种事物的广泛的或专项的书籍。它们记录和总结人类已有的知识，为人类在解决寻求新知识过程中遇到的困难提供帮助。“工欲善其事，必先利其器。”器，就是工具。它们归结为统名“工具书”的一类，它们所具有的继往开来的巨大作用，突出了它们的重要性。为了它们能够较好地完成工具书的任务、起到继往开来的作用，对它们的内容都有严格的要求，有的还有特殊的要求。对其中某些内容，不但要求准，要求正确无误，而且要求多而全，内容以多而全为上。

回想当年我们与中华书局合作执行国家“六五”规划《清代人物传稿》（上编）项目时，中华书局总编辑、史学家李侃先生就人物传的工具书性质给我写信说：“此类书籍贵在准确、平实，非专在供人赏析、阅读，而在供人查阅。当然，‘可查性’、‘可用性’与‘可读性’三者得兼，更为上乘，然颇不易。其次要‘以多取胜’、‘以冷取胜’，积累多了，影响必大。冷僻而鲜为人知之人物（当然是有一定历史作用的人物），别书查而不获，可于此书得之，即可获得赞赏。”① 李侃先生此论，对《清代人物传稿》有值得吸取、参考的意义，也有不同的理解，而对历史人物大辞典一类的工具书，却绝对是明见卓识。读者在实际工作中碰到的疑问和难题多不相同，而且往往涉及广泛的方面，倘查所疑所缺而不得，就会削弱对此书的信任度。几次失望之余，甚至可能得出完全否定其书知识性、有用性的结论。可见，《凡例》中以择要录取为原则的条文，对工具书多么不适宜。所谓“主要的”，其标准也实在不易把握，需要广博的阅读知识和经验并长期关注此事，才能做出判断。比如“大参”一词，本书不收，显然是因其“次要”而被摒弃。但此词在明、清人著作中使用频率极高，而现时学者中不知此词含义者恐非很少，不过我们不求甚解，囫囵吞枣，积习很深，不到刺刀见红时不易发现而已。归为次要一类予以摒弃，显然不妥。无心之失也是不好的，应该补救。所以，我认为《凡例》中择要录取的宣示，需要删除，必须对内容进行不止一次的修订、增补，求全责备固非易办，精益求精急应实行。增补的方面有二：一为条目的增补，选取过去视为

---

① 1986 年 9 月 2 日李侃先生《致何龄修》（原件）。

次要而摒弃的词条和成书后新得的词条补撰入书，以解决别称研释中第一方面的问题；二为释义的增补，把已有条目中释义有遗漏的增补入书，以解决明清职官别称（包括尊称、简称、合称、戏称等）条目第二方面的问题。

这两个方面的增补问题都很重要，不能因为它只涉及机关的称谓，无损规范名称的应用，就采取无所谓的态度。宋人洪迈指出："唐人好以它名标榜官称。"① 可见使用别称是士大夫兴趣所在。有了这种兴趣，必然造成别称的复杂和泛滥，成为清理史事的大障碍。这是要注意的。

现在略举例证，就一些重要的别称进行讨论。

一、大参、少参

明永乐间在各省布政使下置左、右参政，分司户口、钱粮等财税系统诸道；又设左、右参议，分司军事、工程等军事系统诸道。参政和参议品级较高（明参政从三品，参议从四品，清有所下降），地位较崇，权力较大，在地方官中较活跃。清初沿明旧制，续设此二官职。大参是参政的尊称，少参是参议的尊称。

例一："陆大参致江右政，归……陆元量，名万钟，号敬斋。嘉靖乙丑进士，司李杭州。授刑部主事，改浙江道御史，出按浙西。陞江西参政，以病允归。居家廉谨，绝迹公府。"②

当时习俗，二人写信或对话，称呼对方或他人时，一般要用其人官衔，取其历任各职中品级最高者，以代表其人。于是媚俗之风，适时兴旺起来，种种官职原来没有的尊称，也都逐渐出笼。此一史料反映出这种情形。其首句提的大参，就是江西参政。

例二："送吴汤日游闽，兼讯曹大参能始园居。"③

"曹学佺，字能始，侯官人。万历乙未进士，授户部主事。历南京大理寺丞、户部郎中、四川参政，升按察使……天启初，左迁广西参议，旋转陕西副使。"④

此一诗文中，四川参政虽不是曹学佺最后最高的官职，但因随后他任过的按察使、参议、按察副使的品级与参政相差不是很大，而且他在按察使任上被贬官，遂有意避开他这段伤心的历史，改用在正常情况下升迁而担任的参政一职来称呼他大参。这样，大参在这里仍是称参政的。

例三："大参王公，名凭，别号月滨，济南之临邑人……江陵拟特旨用公，盖中朝所未有。公在淮扬理济益茂，以［考］最加陕西大参致政。"⑤

据史籍记载，王凭"以累资致陕西参政，仕宦二十年，清节一致"⑥，则王凭最后最高的官职就是陕西参政。此史料首句标出的大参即指陕西参政。

---

① 洪迈：《容斋四笔》第15卷，《官称别名》。

② 李延昰：《南吴旧话录》卷下，上海古籍出版社《瓜蒂庵藏明清掌故丛刊》本，第175页。

③ 阮大铖：《咏怀堂诗集》，《咏怀堂诗》卷3，《五言律》，黄山书社，2006年，第81页。

④ 温睿临：《南疆逸史》上册，卷17，列传第13，《曹学佺》，中华书局，1959年，第114页。

⑤ 李讷：《四品稿》卷5，《传》，《月滨王大参公传》。

⑥ 沈淮：道光《临邑县志》卷9，《文苑》，《王凭》。

以上三位都是讲明代以大参作为参政尊称的情形。

例四："公讳进美，字嶷叔，别字韫退，先世蒙阴人…… [康熙] 乙巳，补陕西分守关西道布政使司参政……寻复奉裁，遂里居养亲不出。"①

"梦赵韫退大参相过，同海木坐谈。"②

此处用两条不同史源的史料合证一事，即赵进美最后最高的官职，是陕西参政分守关西道。因而这里的大参，仍是赵进美担任分守道职上挂着陕西参政衔的缘故。这是清朝史料，证明清朝继续沿明俗以大参称参政。

少参亦然。例如，清初，毛奇龄有排律，题为《夜饮施少参邸舍，同诸征士作》③，施少参即江南宣城人施闰章，顺治时举进士得官，官至江西参议分守湖西道，从此即可称他为少参。康熙初奉旨裁缺，他被迫还乡。其后，东山再起，改官春明④，膺职侍读，但因侍读的品级并不比布政使司参议为高，这个清朝官员便一劳永逸地获得了长享少参称呼的权利；而这是照着明朝的模样画清朝葫芦的结果。

二、政府

我们都知道政府，《现代汉语词典》解说：政府是"国家权力机关的执行机关，即国家的行政机关。"⑤《辞海》补充了对它的阶级性的介绍。在中国历史上，曾有过若干机构，有很强的专制性和行动能力，很明显就是国家最高的议政、决策和行政机构，也就是最高的地主阶级封建统治机关。

这样强力的机关，例如，唐朝的政事堂曾否被人称为政府，值得研究。目前可以肯定的是，宋人编写的唐史和记述的唐事，出现将政事堂、相府称为政府的实例。例如《资治通鉴》记载，唐玄宗天宝二年正月：

"李林甫领吏部尚书，日在政府，选事悉委侍郎宋遥、苗晋卿。"⑥

但这里表现的，毕竟只是北宋人的笔意。唐人的事，还得唐代文献说话。宋元之际，著名学者胡三省为政府一词加简单的注，云："政府，谓政事堂。"⑦ 胡三省卒于元成宗大德二年（1298），去宋亡未远，入元不二十年，而政府这一在宋政界、学界广泛行用过的词语，其时人们已对之不甚了了，酌加注释似乎有了必要。实际上南宋继续使用此词，并没有禁用停用的事。例如，李焘《续资治通鉴长编》是一部有五百二十卷的大书，其中用政府指称国家最高行政机关的例证极多，尤其是引述北宋人的言论时更是

---

① 赵执信：《饴山文集》卷10，《行实行状行略》，《中大夫福建提刑按察使司按察使先叔祖韫退赵公暨元配张淑人合葬行实》。

② 赵执信：《饴山文集》卷10，《行实行状行略》，《中大夫福建提刑按察使司按察使先叔祖韫退赵公暨元配张淑人合葬行实》。

③ 《全清词（顺康卷）补编》，第2册，唐梦赉，南京大学出版社，2000年，第953页。

④ 《全清词（顺康卷）补编》，第2册，唐梦赉，南京大学出版社，2000年，第953页。

⑤ 毛奇龄：《西河合集》，《西河文集》，《排律》五，《万有文库》本，第12册。

⑥ 《现代汉语词典》第5版，第1741页。

⑦ 《资治通鉴》卷215，天宝二年春正月。又同书卷232，贞元三年六月，有"胡客皆诣政府诉之"语，胡三省加注云："政府，谓相府也。"

如此。例证不赘。其他小本零册使用政府一词也不罕见。如南宋人韩淲《涧泉日记》写道："范文正公丁忧中，上书政府"①，即是其例。至于用政府一词指称执政个人，则例子还不是非常明显，大致也可以纳入这个类型。

例如，据《续资治通鉴长编》记载，北宋仁宗在位逾40年，临死无子继承，取濮安懿王允让子宗实为子，继承引发了朝廷的一场大辩论、大斗争，即新皇帝应尊谁为皇考的问题。这是新皇帝北宋英宗朝的事，类似明世宗嘉靖初的大礼议，称为濮议。帝位，接续皇绪，解决了皇位继承人的大问题，但司马光却发言道：

而政府之意，料独欲尊濮王为皇考。巧饰辞说，误惑圣听……政府言：仪礼、令文、五服年月敕皆云为人后者为其父母，即出继之子于所生皆称父母……此乃政府欺罔天下之人，谓其皆不识文理也……政府前以二帝不加尊号于其祖，以为法则可矣，若谓皇考之名亦可施于今日，则事恐不侔……今举朝之臣，自非挟奸佞之心，欲附会政府误惑陛下者，皆知濮王称皇考为不可，则众志所欲，亦可知矣。②

这里反对派司马光等的批判性言论，其矛头所向，显系暗指长时间担任同平章事的韩琦。韩琦，国家重臣，朝廷倚赖。反对派有意避免直指其名，改用"政府"代替。这似乎可以归入政府可指执政个人的较早的例证。

宋朝情况大体如此。事情发展到明朝，政府一词被广泛利用，而以明中叶以后随阁权的加重而益甚，并且有扩大使用的趋势。《明史》上政府一词用得就很频繁。

例一：隆庆时，刘奋庸上疏道：

"今政府所拟议，百司所承行，非不奉诏旨而其间从违之故，陛下曾独断否乎？"③

刘奋庸的话实际上突出显示了内阁拟议的决定作用。明末阁权之重，在当时官场礼仪中生发出一种微妙的反映，低微官员、下属为取悦任职大学士的高官、上司，纷纷用政府称呼或明指他们个人，以致这种情况成为浓厚的社会风气。

例二：瞿式耜为他父亲写的《行状》道：

"蕲州诸生有与荆府香火僧构难者，群而噪于荆府。府君怒而斥之。其父走京师遍控，台省请于政府福清公……"④

在政府一词后接用福清公一词，说明它们的含义是，政府就是福清公。此福清公指时任文渊阁大学士的叶向高，福建福清人，故作福清公。

例三：天启四年（1624）五月：

"杨副院《二十四大罪疏》上，政府韩爌亟称之，而首辅叶顿足，以为事从此不可为矣。"⑤

此时明内阁叶向高为中极殿大学士（首辅），其余大学士还有韩爌、顾秉谦、朱国祯、朱延禧、魏广微、孙承宗。韩爌以中极殿大学士非首辅而称政府，首辅反而不以政

---

① 韩淲：《涧泉日记》卷上。

② 《续资治通鉴长编》卷205，治平二年六月濮议。

③ 《明史》，第19册，卷215，列传第103，《刘奋庸》，中华书局首次标点本，第5688—5689页。

④ 《瞿式耜集》卷4，《杂文》，《显考江西布政使司右参议达观瞿府君行状》。

⑤ 计六奇：《明季北略》下册，卷24，《五一朝大事总论神宗、光宗、熹宗、思宗弘光》，《门户杂志》中华书局标点本，第699页。

府称，似乎政府还略低于首辅，这一点可以注意。但这里政府指个人还是明显的。

例四："吴昌时之为吏部郎也，私寓不一而足，政府及他要人所在，吴必于其邻近置别馆焉。时国家多事，主上励精，阁臣入直，往经至深更乃出，固已困倦，庶僚之求见者，伺候既久，亦饥疲欠伸，于是相见不过数语即起多不详。惟吴则于别馆饮食坐卧自如，候政府初出更衣之时，輙于小门先入密语，满堂大僚未及接宰相之颜，而吴已得其要领矣。"①

此例中政府指执政大学士个人，再明显不过了。如果政府指一个机关，何来政府更衣？这种风气还波及农民军政权。大家知道李自成建立的政权把六部称为六政府，吏部为吏政府，户部为户政府等。后来也用政府称个人。

例五：李自成政权户政府侍郎张嶙然，写的贺李自成登极表有"尧舜汤武等语"，他说："偶为此语，不意为政府、皇上所见赏。"② 这里政府指牛金星，皇上指李自成。牛金星任李自成政权的天祐殿大学士，这里政府指执政的大学士个人也是很明显的。

清初继续这种风气。谈迁在北京活动时，曾记录吕宫担任内翰林弘文院大学士一事，写道"吕宫且超拜政府矣。"③ 随着清朝内阁实际上不是执政机关，更不像明朝内阁那样威权张扬，这种风气也就日益淡薄。人们越来越冷落终至拒绝继承明朝传统，抛弃谈迁记录吕宫事时对政府一词的用法，使此词回归它最初指最高行政机构的轨道，发展丰富起来。我们只看到《明史》和《四库全书》继承明朝使用政府一词的传统，保留许多使政府一词表述相关事项的例证。那也不过是记录前朝史事时使用，是回光返照、余音袅袅而已。

三、师相 、阁师

本《大辞典》有师傅条目，其中说到师傅卿相，指有学识的长者受聘为行政官员的人，受聘的人与统治者有密切的关系。我在这里说的师相是另一种意思，说的是官员间交往时使用的称呼，指对方实际为或愿承认为己方老师，而这位老师又是时任或曾任大学士的人。

例一：邝露有五古，题曰《与香山何师相邂逅白门，招游具区，泛钱塘，献别》④，何师相为何吾驺，崇祯朝任大学士。

例二：孙延钊有诗句云："襄樊围溃遂凌城，师相巍巍并受兵。"⑤ 此师相指崇祯滞子朝大学士杨嗣昌。张献忠困襄阳，嗣昌督师抵抗。张献忠破襄樊后，嗣昌以兵败致亲王遇害，被崇祯皇帝杀害，是所谓师相"并受兵"也。

---

① 《归庄集》下册，卷10，《杂著》，《随笔二十四则》（之四），上海古籍出版社，1984年新1版，第514页。

② 吴伟业：《吴梅村全集》下册，卷58，《诗话》，《梅村诗话》，上海古籍出版社，1990年，第1141页。

③ 谈迁：《北游录》，《纪闻》下，《陈名夏》，中华书局，1960年，第390页。

④ 邝露：《峤雅》卷2，《五言古诗》，广东高等教育出版社，1990年，第119页。

⑤ 孙延钊：《明季温州抗清事纂》，六《诗文辑览》，丙《诗内编》，李象坤：《感时十六首（删四）》，载《明清之际温州史料集》，上海社会科学出版社，2005年，第92页。

例三：王之桢有题为《跋史师相乞闲咏叙》文①，史师相指弘光朝学士史可法。

例四：计六奇记唐王闽事："大学士黄道周愤师不前，因请以师相募兵江西"②，黄道周是南明隆武朝大学士。

以上是明朝情况。清初继续保有这种现象。如，毛奇龄有记事，云："益都师相尝率同馆官集万柳堂，言宋诗之弊，谓历国全盛，自有气象。"③ 益都师相指康熙朝文华殿大学士冯溥。

阁师的意义与师相全同。林增志在诗中都曾称崇祯朝大学士贺逢圣、何吾驺为阁师，即是其例。另有馆师称呼，如林增志云：崇祯十四年（1641），"时宜兴周公复为首揆，贺馆师亦再入相。"④ 即是其例。进一步情况待考。

四、老佛爷、佛爷

世人多知慈禧被称为老佛爷，我原以为是她的专称、特称，其后读书稍多，始知全是一场误会。嘉庆时有记述乾隆时事者，谓其时丫髻山碧霞元君之神极有灵验，上自宫廷，下至庶民，争相前往，拈香敬礼，"五更鸡鸣时即上殿拈香者，谓之上头香。"头香必得让给有大权势之人，"他人罔敢僭越"。乾隆时有一年，"有中涓魏公者，奉皇太后旨，往降头香。"魏公到时，见已有人捷足先登，大怒，斥责庙主道："老佛爷香犹未降，何得令他人预焚于此！"⑤ 云云。这是一则杜撰的神怪故事的情节，或者说是被添油加醋改造了的传说的情节，但在旁证支持下，它反映出老佛爷、佛爷等称呼在清宫中通行的实际。老佛爷，像佛一样统御六合，主宰万民，长生不死，法力无边，就是权势无边，永远保持富贵寿考，永远统治和奴役人民。所以老佛爷是最尊贵的一种称呼，当然首先用于最尊贵的宫廷主人，则非皇太后莫属。

可见这是在清宫中形成的对皇太后的一种尊称，是清宫的"特产"，但不是慈禧的专利、特权，清以前宫中如何称呼皇太后，待考，不过不见有用老佛爷代替的迹象。

有了皇太后老佛爷，在位的皇帝自然地成了佛爷，因为他是老佛爷之子。老佛爷之子为佛爷，依理推理可得。但很可笑，因为老佛爷也好、佛爷也好，中国佛神和出家人都是没有配偶的，也就不可能有子女。且不管它，只讲清朝宫俗。

且看陈康祺记乾隆时事："一日，警跸出宫，上偶于舆中阅边报，有奏要犯脱逃者，上微怒，诵《论语》'虎兕出于柙'三语。扈从诸校尉及期门羽林之属，咸愕眙互询天语云何。和珅独曰：'爷谓典守者不得辞其责耳'（凡内臣称上皆曰老爷子，或曰佛爷）。"⑥

---

① 《史可法集》附录，上海古籍出版社，1984 年，第 131—132 页，逐录自王之桢《射州文存》。

② 计六奇：《明季南略》卷 8，《黄道周不屈》，中华书局，1984 年，第 314 页。

③ 毛奇龄：《西河合集》，《西河文集》，《诗话》五，《万有文库》。

④ 林增志：《林任先自订年谱》，载孙延钊：《明清之际温州史料集》，上海社会科学出版社，2005 年，第 186 页。

⑤ 和邦额：《夜谈随录》卷 3，《孝女》，岳麓书社，1986 年，第 208—209 页。

⑥ 陈康祺：《郎潜纪闻初笔》上册，卷 4，《和珅蒙恩眷之缘》，中华书局，1984 年，第 88 页。

这是佛爷用于称呼皇帝的书证。此外，我猜想，皇太后在时，占有老佛爷的称呼，皇帝只能安心当他的佛爷，皇太后一旦归天，内臣拍马屁见缝插针，有把老佛爷称呼用于皇帝的可能。但这是我的推测，目前我不掌握证据。

老佛爷一词，人们感觉很生疏、很眼生，而且它代表男神却用于称呼妇女，也嫌不伦不类，且不管它。只是皇太后、皇帝并非官职，收入官制辞典，是否适合，值得考虑。

五、父母

父母二字出现在讲官制的文章中，倒也别致，多少叫人有些意外。但明清时，父母二字，曾经成为知县的重要尊称之一，却是不争的事实。当时就有不少文人指出这个事实。

茅元仪说："今呼县令及州守之自辖曰父母"，"不知始于何时，亦太滥矣。"① 康熙时王士禛说："今乡官称州县官曰父母"，这种称呼是"沿明世之旧也。"② 刘廷玑也说："近日士大夫称知县曰父母。"③ 刘没有说用了多久，据茅、王的话分析，定为明清两代有此风习，当与实际相去不远。其时文坛领军人物钱谦益等在其文集尤其在书信中，广泛使用父母一词。官绅、庶民在许多场合使用此词称呼官长（主要是对知县）。父母一词公然被挪作此种用途，而且社会上不仅乐意接受了，更恰当地说是热情欢迎了父母一词的政治性作用。这种情况突出反映了人们对官府的敬畏。知县固然品级不高，地位低下，却是官僚体系中别称、尊称、戏称等最多的官职之一，像县尹、大尹、令尹、县令、邑侯、邑宰、大爷、太爷、太父师、明府、令君、芝麻官等，或干脆就是指知县，或可作指知县用，而以即是知县者居多。其所以至此，原因在于知县管事宽，权力大，而且集中。县是行政系统的底层，也就是封建统治的基础、基石，设置强有力的官员，守护这个基础、基石，封建统治者认为是绝对有利的。因此，作为县的长官，既主管一县的行政、财务、兵事、文教，又控制和影响一县民人甚至绅衿的生业、家产、交往、言行。有的知县抓紧在任的时机，滥用权力，迫害绅民，吞财杀人，尽情展现了知县万恶不赦的淫威，被称为"破家县令"④。这样的县令可怕不可怕？可怕就是畏。畏则敬而远之，避免不必要的"照顾"。老百姓如不起而造反，便没有多少可以反抗官府迫害的手段。追着屁股喊父母，是表示敬畏少避锋芒的方法。不妨说，父母作为对知县的称呼，难得形象而又深刻地揭示了紧张的官民关系。

下面引证数例，以见知县称父母之一斑：

例一：陈璧，字昆良，苏州府常熟人，有七律若干首，中有题为《客丘瑞之志在誉帚在聚星楼，楼壁有万允康父母、顾端木社友诗，有感，吊之。用顾原韵怨字并吊钱希

① 茅元仪：《掌记》卷2。

② 王士禛：《池北偶谈》下册，卷26，《谈异》七，《曾祖父母》，中华书局，1982年，第627页。

③ 刘廷玑：《在园杂志》卷3，一七九《老爷奶奶》，中华书局，2005年，第122页。

④ 抱瓮老人：《今古奇观》第15卷，《卢太学诗酒傲王侯》，陕西旅游出版社，第206页。

声父母》。诗题提及万曰吉（字允康）、钱肃乐（字希声）二人，皆称之为“父母”①。因为万曰吉于崇祯十四年始知昆山县，钱肃乐也在崇祯中以太仓州知州摄昆山县事，而陈璧本人正是昆山籍诸生（他的籍与贯分离，分属两地）。

例二：广平府曲周人刘佑：“以选拔生授蕲水知县”，“以绩最擢泰州知州”，又因安定人民，做了减免赋税，释放欠税户二百余家，力争免除害民的岁修号船的旧役，“御史俞铎以真父母颂之。”② 真是敬畏到无以复加了。

例三：直隶柏乡人魏裔介，顺治三年进士，历官工、兵科给事中、太常寺少卿、吏部、礼部尚书等职，曾作诗《赠藁城罗蘋州父母》、《赠南和沈颐仙父母》③，即致正定府藁城知县罗某、顺德府南和知县沈某，以知县为亲民之官，抚字小民为其职任所在，故以“父母”称之，期之泽惠百姓，造福一方。

在知县众多的别称中，有的还带来派生物。知县称大爷，则佐贰也得沾光，县丞称二爷，主簿称三爷，典史称四爷。④ 一人得道，鸡犬升天嘛。

社会上的风气，自然地反映在文艺作品中。《今古奇观》、《醉醒石》、《娱目醒心编》等都有所表现。

官制别称条目的增补，是一个需要研究，特别是需要发掘、积累的问题。这里不过略举数例，自作明白，勉为解说，尽可能从来历、意义、流行等方面有所说明，仅供参考而已。近年来，老、病交侵，走、读、想、写的能力迅速大幅度下降。本课题我设想已久，本拟按部就班，一二三四，逐步写出，因而也未急于收集史料。今年适值王锺翰先生百龄冥寿，中央民族大学拟举行学术纪念会，约写一文参加，因忆先生在世时，对我关怀多方，不仅视如弟子，实际看同子弟（侄。我小于先生20岁，实为两代人），指导教诲，耳提面命，亲切详尽，不厌其烦。写一文，表示我永不忘记先生待我之厚。但缺乏成熟的课题，是个现实问题。只得将本课题拿出进行加工研究，明清以前的情况不大清楚（过去自己读过一些书，请教过陈智超先生，略有基础），这都不是看几种十几种书就可以补救的问题。于是有的史事请教同班同学梁太济先生，梁兄很快就寄来了唐宋有关资料数纸数千字，我只取用了其中一小部分，其余更深入的内容，过多地超越了我的学识水平，不宜使用，梁兄自己还可以用来进行专题研究。本文中谈及唐宋情况有误的由作者本人负责。最后向梁太济先生表示感谢。

① 江村等：《陈璧诗文残稿笺证》（原卷4），上海古籍出版社，1998年，第40页。

② 徐世昌：《大清畿辅先哲传》上册，第19，《文学传》，《刘佑》，北京古籍出版社，1993年，第609页。

③ 魏裔介：《兼济堂文集》下册，卷19，《五言律》，中华书局，2007年，第521、第524页。

④ 古吴金木散人：《鼓掌绝尘》月集第三十二回，《腐头巾拦路说人情　醉典史私衙通贿赂》，江苏古籍出版社，1990年，第391页。东鲁古狂生：《醉醒石》第三回，《假淑女忆夫失节　兽同袍冒姓诓妻》，上海古籍出版社，1985年，第40页。二书以知县为堂尊、大爷，又皆以典史为四爷，则依府属官员知府为一守、一府，府同知为二守、二府，通判为三守、三府，推官为四守、四府为序的例来看，则可知县丞为二爷、主簿为三爷。又县属官员虽为二爷、三爷、四爷，有时也能叨大爷的光，被人们称呼为“老父母”（《醉醒石》，第40页）。

在制度和现实之间：清代的太监

郭松义（中国社会科学院历史研究所）

与明代相比，清代的太监虽然基本职司无大变化，但在权力掌控和人员数量方面，都较前大大缩减了。在清代，一切宫禁事务的管理，都掌之于总管内务府衙门，“收阉宦之权，归之旗下”，[①] 设敬事房以约束太监，并受辖于掌仪司。根据《大清会典事例》、《宫中现行则例》以及《国朝宫史》和《国朝宫史续编》等文献记载，朝廷对太监的设官、编制、选验、月饷等待遇都有严格的规定，又制订了制约太监行为的有关禁令。“会典”、“宫史”中载录的条规、禁令，尽管中间也会有所变动，可那只是对某个细节的完善，并不触及制度本身。

笔者通过中国第一历史档案馆所藏有关档案，共辑录了46个有名有姓的太监资料，其年代绝大多数属于乾隆朝，另有少数几件是嘉庆朝和光绪朝。这46份个人样本，对于清代数以万计的太监来说，可算无足称道，但若能通过这些个案例子，与“会典”等所订的规例相比照，还是可以看到现实和制度间的同和异。

一、有关太监制度

先说太监的选验。按照最早规定，凡投充太监由礼部负责报名记档，再送内务府，由会计司协同掌仪司官员监督老年太监检验确实，交总管太监分派各处充役。乾隆四十一年（1776），皇帝弘历鉴于报名充役太监人数有所减少，怀疑部中胥役苛于需诈，致人们观望不前，特下谕：“本朝内廷诸务，既有内务府大臣管辖，其收录太监一节，自应总归内务府大臣画一办理”，废除了先经礼部报名咨送这一程序。[②] 清朝依照明代旧规，对于民人自阉，定例甚严。如“敢有私自净身者，本身并下手之人处斩，全家发边远充军，两邻及歇家不举首者问罪，有司里老人等仍要时常查访，但有此等之徒，即行捉拿送官，如或容隐，一体治罪”。又定：“民间有四五子以上，愿以一子报官阉割者，听有司造册送部，候收补之日选用”。[③] 此本沿袭于明代的旧例，到后来有所松动。康熙二十三年（1684），经修改确认，“嗣后有诓骗及强勒阉割者仍照律治罪外，其父母情愿将伊子阉割，及本身情愿阉割者免治罪”。[④]

太监当差分为“内廷当差行走”和“在外当差行走”两个部分。[⑤] 按照清朝的传统规制，紫禁城内的皇宫有内外之别，内廷，指皇帝和后妃起居活动场所，另外也处理日

---

① 王庆云：《石渠余纪》，北京古籍出版社，1985年，第99页。

② 《国朝宫史续编》，北京古籍出版社，1994年，第676页。

③ 《大清律例通考校注》，中国政法大学出版社，1992年，第979页。

④ 光绪《大清会典事例》卷1216，第12页。

⑤ 光绪《大清会典事例》卷1216，第2页。

常政务；与此相对便是外朝，是皇帝和官员们举行典礼及各种政治活动的地方。内廷当差由敬事房总管，内宫殿监督领侍、宫殿监正侍太监统管，除负责宫内各处外，另如景山、雍和宫、圆明园等西郊各圆苑及承德避暑山庄亦属内廷当差。在外当差包括内务府所属有关各司、外朝三大殿（太和殿、中和殿、保和殿）、文华、武英、奉先各殿等，另有礼部、工部、太常寺所属诸处需用太监者都归在列。清代的王公和一二品大臣府第也准许使用太监，它既有从宫中拨划的，也有自行挑选招募者，而且因为旧无定额，于是投充私宅者多，竟至造成“宫中使令不给，转向王公大臣取用”的状况。① 嘉庆四年（1799）首先规定自亲郡王起至入八分公止、一品以上文武大臣、公主额驸使用太监的额数，接着十三年（1808）又定，拣选太监，“若年岁过大或系别省之人，即奏明给予亲王、郡王家内使用，另将该王内二十岁以内太监送进当差，按照王等次序办理，每太监四名作为一次，周而复始，永著为例”。②

以上都是从制度层面介绍有关太监的拣选、当差等情况，下面便结合我们的样本资料考察制度规定和实际行使之间的同和可能出现的差异。

（一）太监的籍贯

清代在检选太监中，对于籍贯并无明确的规定，开初禁旗人不得自阉投充为太监，又禁满洲家仆及内监家仆有逃走在外私自阉者入宫充数。嘉庆十三年，皇帝曾下旨斥责总管大臣在选择太监时把关不严，致多有二三十岁之外和“别省”之人被挑进宫。这里的别省，是指接邻京师的直隶以外各省份。据溥佳《清宫回忆》称，宫中太监“绝大部分都是河北沧县、河间一带的人”。③ 也有说的更具体的，李光《清季的太监》更说：“清代的太监，大部分是河北省青县、静海、沧县、任丘、河间、南皮、涿县、枣强、交河、大城、霸县、文安、庆云、东光和现在京郊昌平、平谷等县的人，也有少数是山东乐陵等县和蒙古人”。④ 从我所辑40个注有籍贯的太监来看，共涉及22个州县，其属直隶者即后来河北的有17个州县。其中顺天府7人，分别是文安2人，武清2人，大城2人，东安1人，霸州1人；保定府5人，分别为新安1人，雄县2人，安肃1人，另1人只说是保定府人；天津府8人，内沧州3人，庆云1人，静海3人，青县1人；河间府12人，内河间3人，任丘4人，献县5人，肃宁1人；承德府滦平县1人，直隶深州饶阳县1人。若将笔者所列22个州县和李光举出的16个州县作比较，前者少了南皮、涿县、枣强、交河、东光、昌平、平谷7个州县，却多出武清、东安、新安、雄县、安肃、献县、肃宁、饶阳、滦平9个州县。由于我的样本量太少，不足以推论李光的说法不够全面，但有一点可以肯定，即清代的太监，在直隶主要集中于京东南的天津、河间以及顺天府所属的一些州县。至于溥佳讲清代太监绝大部分是沧县、河间一带人，更有言称“阉宦类多河间人”，⑤ 这也没有错。在我的样本中，出自河间府的有13人，若把雍正年间天津、深州分府和单置直隶州前，其辖属关系都归在河间府之下的历

① 吴振棫：《养吉斋丛录》，北京古籍出版社，1983年，第266页。

② 光绪《大清会典事例》卷1216，第3页。

③ 《清宫回忆》，《晚清宫廷生活见闻》，文史资料出版社，1982年，第26页。

④ 《清季的太监》，《晚清宫廷生活见闻》，文史资料出版社，1982年，第169页。

⑤ 《清稗类钞》第1册，中华书局，1986年，第439页。

史事实，那么统共就有22人，占了40人统计数的55%。

太监中的别省人毕竟只是少数，李光说的山东乐陵人，在地理上与直隶河间府紧相接邻，他们有人自阉为太监，可能是受河间府人的影响，故不足为怪。而我样本中的山东人，一是历城、一是齐东，属济南府。此外还有河南长葛县1人，云南昆明县1人。有记载言："太监为畿辅产，向无南人"，然该书又举出江苏青浦县的一位叫唐宪臣的人，因行商折亏，于康熙四十四年（1705）"北走京师，自阉为寺人"，不过他认为这只是特例。①

（二）太监净身时的年龄

就制度层面而言，清代并没有对太监的净身年龄作出划一的规定，但从皇帝所下谕旨中，还是倾向于岁数偏小者，如雍正元年（1723）奉旨："嗣后十七岁以上内监不必收"；二年（1724）又奉旨："嗣后新进内监，查明不系旗人，年二十五六岁以下者，著掌仪司会同会计司官并首领内监验明引见"。到了乾隆元年（1736），再奉旨将"新进内监在二十岁以内者，著改为十五岁以内"。大概因为"年幼之人"数量不足，新进太监"多有在二三十岁之外"者，故嘉庆十三年（1808），又奉旨将拣选太监的年龄定在二十岁上下。②

清朝内宫愿意选用"年幼"太监，原因是年少心理比较单纯，便于训练调教。当时，内务府还在万善殿设置学舍，拣送年幼太监十余人，教其读书识字，并派汉教习一员专司监督学习。后因鉴于"前明阉竖擅政，司礼秉笔惟所欲为"的教训，设置学舍，派出教习专司学业的事例，于乾隆三十四年（1769）十一月奉旨停止，但并无废除让年幼太监"粗辩字画"的培养活动，而且确定由内务府笔帖式负责课读。③ 愿选十五六岁或二十岁以下净身男子进宫的另一个原因，是他们大都单身尚未结婚，家庭牵挂较少，可安心在宫中当差干活。不像年岁大者，已经娶妻生子，为养家谋生计，才阉割投进，常常身在应役，心里却不时想念老婆子女，无法安静。不过说是"年幼"太监，也非岁数越小越好，因为他们毕竟是为当差而来的，首先必须能生活自理，再会服侍于人才是。

在我所见的样本中，有21个记录了净身时的年龄。他们中年岁最小的是七八岁，最大的39岁，还有两个37岁，都已是中年人了。若按年龄组进行排列，便是：10岁以下4人，11—15岁3人，16—20岁3人，21—25岁4人，26—30岁3人，31岁以上4人。另有几例无净身时具体年岁，但据自述"自幼净身"、"自幼当太监"推测，当时年龄不会超过十五六岁。照此来看，符合宫中意愿20岁以下净身进宫的太监，似略多于21岁以上净身者。在一般情况下，七八岁或十五六岁净身的太监，多由父母等长辈决定，送往实施的，像直隶新安县人刘五，在京卖胰子为生，因穷难以度日，经与妻子商量，狠心将小儿子刘贵净身送南府当差。当时一起被挑的还有云南昆明人刘进朝。进朝的父亲叫刘陞，雍正七年（1729）与妻子一起进京，亦因谋生不易，于乾隆元年

① 《清稗类钞》第1册，第443页。

② 光绪《大清会典事例》卷1216，第4、第12、第14页。

③ 《国朝宫史续编》，第675页。

(1736)，将年纪不大的进朝净身投进备选。[①] 在众多送进少年中，甚至还有由族祖做主，送非嫡生孙辈净身的。乾隆四十二年（1777），直隶河间县人梁绍先，64 岁，“因家穷，将本家孙子净身了，送会计司转掌仪司”。[②] 从样本看，一般到了二十多岁，净身的决定多半出自本人，有妻儿家室的，事先亦须与他们商量，更得征询妻儿的意见，像张尤通，28 岁由老家直隶沧州进京，37 岁净身。当时他已娶妻张氏，还生有儿子张成和女儿大格、二格；还有像直隶静海县人王明，30 余岁上净身，在京住地安门外银锭桥，有妻子张氏，还有被卖到某旗人家为奴的儿子王大保。[③] 姜大，直隶河间人，29 岁，与妻贾氏来京，居干面胡同，因度日艰难，阉割为太监。[④] 他们 3 人在净身前都要得到妻子首肯，或与儿女作些沟通。

（三）净身原因

净身需自残身体，尤其对尚未娶妻生子的男子，更事关将来承续香火的大问题，这在当时社会里是最被看重的，即使已有妻儿，非到万不得已，也不会去做此事，因受人们轻视。促使他们净身的根本原因，还是家里穷困，企望以此谋条出路，正像清末太监马德清自述他父亲之所以要送其净身进宫，是因为“那年头，穷人恨有钱的，也羡慕有钱的。比如我父亲，他厌烦自己的卖膏药的营生，骂地主吃人饭，拉狗屎。但是他也常常想，用什么法子，一朝变成一个有钱的”。马德清家的“青县，在清朝是个出太监的地方。当太监真正‘出息’了的，千里挑一，可是人总是往‘亮’的地方看啊！我父亲便下了狠心，决定让我走李玉廷（指马德清的远房兄弟，因进宫当太监，十几年后发了家）的那条路了。”[⑤] 穷又竭力挣扎着，期盼脱贫求富，也许是很多净身者及家人们聊以胜无的心愿。据马德清说，在净身者中还有歹人拐骗别人家孩子，送到专干这营生人那里以各得好处，以及有人犯了重罪，拿净身来逃避刑罚的。[⑥] 不过后两种情况应是少数。

在我的样本中见到的净身原因，绝大部分都是家穷无法活生，像张玉，河南开封府许州长葛县东五里铺人，“因穷无赖”，于 18 岁上净身，康熙五十四年（1715）进京当太监，父亲与妻子韩氏仍在家受苦。[⑦] 直隶安肃人王成，“因家贫穷”，11 岁时便被净身。另如任丘人王六、大城人王进宝、青县人王七，原在京结伙行窃，39 岁的献县人陈凤鸣，石匠营生，以及 32 岁的王盛武，以上 5 人，均因生活困顿，饭食难继，先后起意净身的。[⑧] 还可一说的是乾隆四十九年（1784），有庆云县人丁永太、滦平县人张八宝和肃宁县人赵庭檁，“均因贫难度，私行阉割”。[⑨]

在净身当太监的例子中，笔者还见到一名叫诸葛松的男子，直隶武清人，原训蒙度

① 档案：“刑科题本·婚姻奸情类“，乾隆三年九月初十日尹继善题。

② 档案“内务府来文”2134 号。

③ 档案“内务府来文”2114 号、2153 号。

④ 档案“内务府来文”2170 号。

⑤ 《清宫太监回忆录》，《晚清宫廷生活见闻》，第 173—174 页。

⑥ 《清宫太监回忆录》，《晚清宫廷生活见闻》，第 176 页。

⑦ 档案“内务府来文”2112 号。

⑧ 档案“内务府来文”2150 号。

⑨ 档案“内务府来文”2148 号。

日，是个乡村塾师，小知识分子。可因他“教读怠惰，学徒散去，不能度日，取刀自净”。[①] 作为农村教师，虽然生活仍显苦涩，但地位会略高于一般村民，被尊称为先生。不是因为“教读怠惰”，何致非自净选择当太监，应属少数情况者之一。

（四）宫中太监和王府太监

前面说过，人们自净后投充当太监，多需通过礼部、内务府会计司、掌仪司拣选途径以实现吃粮当差的目的。至入选太监，除大部分收在宫中，也有少数人准许在王府当差。在我抄录的30名太监当差情况样本中，有19人是内廷当差，其中包括寿宁宫（太皇太后、太后以及太妃、太嫔等居所）、英华殿（皇太后、皇后以及妃嫔等礼佛之所，专由太监司香烛、焚修香火）、御膳房（司皇上膳馔、各宫馔品及各处供献、节令宴席，随侍、坐更）、水火处（负责供水、柴炭、烧炕）、四执事库（掌上用冠袍带履、铺陈寝宫帷幔、坐更等事）、内右门（司内右门启闭、关防、洒扫、坐更，兼查茶膳房人等、众太监等出入，每晚起更时，于宫内等处报无事）、南府（即后来的昇平署，康熙中，玄烨令太监等在此处演奏音乐、排练戏文，作为“国家岁令时宴会”之用。至乾隆时，人数多达一二百名）、掌仪司司乐（专肆中和乐器）等处当差，以及在西郊圆明园、清漪园（即后来的颐和园）、静宜园（香山行宫）和承德避暑山庄行宫轮值。他们在身份上都是一般太监，无首领、副首领以上一级人，所以均属下层，只是进入南府和掌仪司司乐的几名太监，因学习戏文和训练吹打稍有些专长。挑选他们，一是面相端正又手脚机灵，再就是年岁不能太大，否则就不好培训了。比如进入南府的直隶新安人刘贵和云南昆明人刘进朝，都是乾隆元年（1736）分别由其父亲刘五和刘陞将年幼的儿子净身后送往被挑的，而在掌仪司学习吹打的直隶大城人徐起林，净身时虚岁才7岁，[②] 正是施教可塑之年。至于御茶膳房，“系办理御用口味之地，尤关重要”，在此日值者都是进宫年久，老实勤慎之人，要经过考核，得到信任才行。

归于王府当差的有11人，他们是刘进喜，乾隆二年（1737）13岁时净身，由太监于贵引进到庄亲王府当差。这里的庄亲王当指玄烨第十六子允禄。他以太宗第五子硕塞嗣孙名义于雍正元年（1723）袭爵庄亲王，乾隆三十二年（1770）去世。另一个叫王俗的，也在庄亲王府服过役，不过那是道光年间的事情，其爵位已由允禄曾孙辈绵课或绵课子奕賨所承袭。“萧丰稔是侍候五王爷的太监”。根据档案年代乾隆六年（1741），该五王爷为玄烨第五子允祺的儿子弘晊。弘晊，雍正十年（1733）袭恒亲王，乾隆四十年（1775）卒，正是萧丰稔的服役时期。白奇，9岁时净身进宫，随后派到怡亲王府当太监，又转宁郡王府，直到乾隆十九年（1754）60岁时离开王府。按：首任怡亲王允祥，圣祖第十三子，康熙六十一年（1732）胤禛继位后始封爵。由此推定，白奇刚开始服役时，允祥可能还是个未分府的皇十三子，至随后转到宁郡王府，也是因为宁郡王是允祥的第四子弘晈，是家庭内部调派太监时被分去的。弘晈，雍正八年（1730）封郡王，乾隆二十九年（1764）病逝，白奇遭裁出府，或出自弘晈的旨意。宗朝栋，道光年间服役于怡亲王府。此时袭封怡亲王的叫载垣。咸丰十一年（1861）七月文宗

① 档案“内务府来文”2141号。

② 档案“刑科题本·婚姻奸情类”，乾隆三年九月初十日尹继善题；档案“内务府来文”2020号。

奕（言宁）去世前，曾诏令载垣与肃顺等八大臣共同辅政。九月，太后慈禧伙同恭亲王奕䜣发动政变，指称肃顺等擅权，载垣亦被夺爵职，赐自尽。道光中，宗朝栋的年岁已60多岁，估计没能经历夺爵查封王府的这场政治风暴。王五，直隶雄县人，乾隆时系十四王爷府上的太监。所谓十四王爷，即圣祖十四子允禵。康熙五十七年（1718）以贝子授抚远大将军王讨伐准噶尔部策妄阿拉布坦，镇守西宁。世宗即位后，以其“无知狂悖”，又“不能悔悟”被禁锢于寿皇殿，待高宗即位才获释，乾隆十三年（1748）进封恂郡王。王五服役时，是允禵已逃脱厄难受爵王位以后的事。霍进忠，直隶饶阳人，自幼净身，投入康亲王府当差。霍，乾隆三十八年（1773）时已38岁，依照自述，年幼净身进府，累计当差时间长达30年，正是年华正茂又久经历练的老资格太监了。提到的康亲王，那是太祖努尔哈赤第二子礼亲王代善派系门下的皇族子孙，其中有孙子杰书，顺治时袭封康亲王。霍入王府，先后侍奉过杰书子巴尔图和孙子永恩两任王爷。乾隆四十三年（1778）高宗为表彰其先祖代善的勋绩，诏将康亲王封爵，改归礼亲王称号，这样的家族盛事，霍很可能是个亲历者。倪进口，直隶安东县民，20岁自净后投在公永珊家，后由公府送进宫内，拨在清漪园当差。永珊系圣祖第三子允祉孙，乾隆四十二年（1777）袭镇国公，嘉庆二年（1797）卒。前述嘉庆十三年（1808）曾奉旨规定将宫中年岁过大太监拨出，以更换王府所用年轻太监。永珊府内当值的倪进口，早在乾隆时已被进奉到内廷，此中不管出于公府主动或由宫中示意调遣，至少说明，早在嘉庆十三年条规出台之前，已有王公府第在这么做了。另如直隶河间人李幅顺，道光年间在惠亲王府佛堂当差。惠郡王是仁宗第五子绵愉，嘉庆二十五年（1820）七月，宣宗即位，封惠郡王，道光九年（1839）进亲王，同治三年（1864）去世。佛堂一般设于后宅，为内眷如亲王福晋等礼佛之所，属于私密或较私密地，李幅顺能被派在佛堂当差，侍奉女眷，没有得到主人一定的信任，是不可能的。最后两位，一是在愉郡王门下服役的薛进，再一叫高禄，服役府第不详。关于他们的情况，下面还会提到。

二、太监的待遇和对外逃者的责罚

太监当差，既有宫内和王府之别，因此在生活待遇上也会有所差别，原因是他们的俸禄来源各有不同，按照“会典”和《国朝宫史》的记载，凡在内廷或在外当差太监，均照服役部门和职务，按月发给银钱米粮，由月银、月米和公费三部分组成，其中公费一项发的是制钱，另有恩加银，主要是赏给服役年久、忠实勤劳的太监，不过一些在内务府所属掌仪司、营造司、銮仪卫以及各殿、院、苑、局服役太监，按例不发公费钱。至于具体俸禄数，总管、副总管、首领、副首领等有品级太监不计，多数普通太监是月银2两、米1.5斛，公费制钱600文，加上有的部门利用采购或主子赏赐等途径分得的好处，一般情况下，生活尚能过得去。[①] 比较起来，俸禄低且常无保障的是一些在王公

① 《国朝宫史续编》，第677—700页。又据《清季的太监》称：“无官衔品级的太监，俸禄按三等发：一等每月月银三两，米三斗，公费制钱六百；二等每月月银二两五钱，米二斗五升；公费制钱六百；三等每月月银二两，米二斗，公费制钱六百。”

府第服役的太监。据李光《清季的太监》一文称：虽然他们也有官衔品级，但因其俸禄出自各所属府第，而府有大府小府、穷府阔府之分，所以同官衔品级乃至一般太监的俸禄就极不一致，大府阔府就多，小府穷府就少，有的小府穷府发不出俸禄，只给些饭钱，甚至连生活都难以为继。①

从笔者所见的一些样本中，有人净身当了太监后，不但能养活自己，还可以接济家庭，像河南长葛县的张玉，18岁净身前已娶妻韩氏。在其进京当太监、立住脚跟后，他的父母先认领一个远房族人张成柱，过继为张玉的儿子，接着又给成柱娶妻辛氏，雍正十一年（1733），成柱一家来到京师，使张玉可享天伦之乐。② 王二、王五是兄弟俩，一个在宫里当差，一个在十四王爷府服役。他们的母亲（父亲早故）、姐姐原住直隶新安县乡下，当了太监后，有了条件，便把母亲和出嫁的姐姐一家接上京城居住。③ 更有如太监哈元臣，还于乾隆十九年（1774）用身价银3.5两租得（五年为期）天津府民钟文杰，改名钟杰，专门供其使唤。使哈于宫内下差回家后，可不再为生活琐事操劳。④

按照规定，太监患病告假，按时间长短，需退还一定数量的钱粮。若一年以上仍未痊愈，就退归为民。所以生病，特别是得了慢性病，对于一些没有家底的普通太监，无疑是面临灾难。沧州人张尤通，自净身投进后，十多年来一直兢兢业业在宁寿宫当差，为此，内务府还给他妻子张氏、女儿二格、儿子张成，配给景山西门一间官房供其居住。乾隆二十年（1775）二月初，张尤通突患噎食，无法正常吞咽，只好请假调养。多月总不见好，张既因月银减少，家人生计拮据而犯愁，更怕由此遭到革退，下场就更难堪了。于是，他先把儿子张成打发回沧州老家种地，然后选择日子，要妻子张氏、二女儿二格，领到已经出嫁、却得了半身不遂症的大女儿家里，亲自替她梳了头，最终自己上吊死了。⑤ 张尤通的例子，也许显得悲惨，但确说明对于很多普通太监，本来就因生理缺陷受到社会上不少人的误解歧视，一旦遭到革退，失去工作，处境难堪，其打击亦可能是致命的。

前面曾提到，有丁永太等3人，因贫难度，私自阉割被官府抓获，照律例应拟斩监候。但此案经刑部上报，被乾隆帝得知，正好当时宫中正为太监缺额，补充困难而犯愁，于是奉旨令加恩释放，发往热河充当太监，每月发一两钱粮。⑥ 该制度本来是针对犯有过错太监的一项处罚措施，而今又由皇帝下旨推广到私阉人身上，这对于朝廷，既可借着赦免罪行的名义让丁永太等感激涕零，同时又满足了它对太监的需求，而且在钱粮开支上比最低一等的太监还少了一半，说明在宫中服役的太监中，待遇上也有比定例更低的人。

在内务府奉旨认定的“内监犯罪”规例中，对于太监外逃，有严厉的处罚条文，

---

① 《晚清宫廷生活见闻》，第161—162页。
② 档案“内务府来文”2112号。
③ 档案“内务府来文”2113号。
④ 档案“内务府来文”2116号。
⑤ 档案“内务府来文”2114号。
⑥ 档案“内务府来文”2148号。

但仍不能阻止有人不顾宫禁森严而甘冒风险的。有关太监外逃，曾有学者通过对乾隆年间16个外逃太监的实例，撰文做过分析。虽然他们的出逃原因各色各样，但差务繁复，又屡受重责应是主要的。[①] 在文中，作者还列举了两例因思念家乡父母，又听说他们有病，铤而走险出逃者。这样的事例，在笔者掌握的样本中也有见到，像王三，净身进宫时年岁尚小，不习惯宫里的规矩，想家得紧，禁不住便跑回雄县老家了，这让母亲惊吓不已，赶快将其送回京师，投到首领太监那里，结果被首领一顿责打，改发掌仪司当差。[②] 通过样本，这些出逃的太监，不管是在宫中或王府服役，其结果差不多都很悲惨。这可能与他们长期生活于宫中、府内，与社会隔绝，不能立时适应社会上的复杂环境，而外界亦因他们来自内廷或权势家庭，害怕引起麻烦，不敢随便接纳，致其行止很快被官府得知而遭到拘捕。且举数例：例一：薛进，献县人，原是愉郡王门下太监。愉郡王系圣祖第十五子允（示禺）爵位，雍正八年（1730）进封，第二年便去世了，改由他的第三子弘庆承爵。薛进就是在弘庆在位时期在那里当值的。允（示禺）的生母王氏初封密嫔，后进密妃，但在圣祖众多的嫔妃中算不得是个得宠者，追世宗继位，亦只按例称太妃，所生二子，一子允禄被出继，再就是允（示禺）封郡王。按照这样的情况，愉郡王府谈不上是个地位显赫的府第。薛进所以出逃，是因为王府财政拮据，不能按时发给月银，穷困不堪所致。不过他在外面混得也不好，又想再回王府，结果遭到拒绝，于是只好与同样从王府逃出来的太监、霸州人高禄勾搭一起，从事拐卖人口的黑勾当，案发后被流放到黑龙江充当苦差。[③] 例二：刘进喜，11岁净身进庄亲王府服役，因为年岁太小，虽处处小心，还免不了出错。一次失手打碎茶钟，害怕受到追查，便出逃在卢沟桥附近替人放驴打零工，结果碰到坏人，不但驴子被当卖，人还遭受鸡奸，并被遣送回王府，受到重责。[④] 例三：孟国祥，他早在雍正二年（1724）11岁时就净身进宫，因年龄太小，常受同伴欺凌，便出逃修行。乾隆十六年（1751）正月，他躲到西山晾马淀地方的天仙庙里落发，起名界明。不过因其身份敏感，仍得时时防备，先后在房山县西域寺和任丘县红福寺等多处寺庙栖身，直到最后被查出。[⑤] 还有一个例子是白奇，前面曾介绍他9岁净身进宫，直到60岁因患腿病被宁郡王府革去钱粮，离开太监职务。他虽不是个出逃者，但人身仍受到内务府监视。白奇离府后，有人看中他过去的身份，邀请他做管理乞丐的小头头（叫做杆儿的棍头），却被官府认定与民人勾串，招摇撞骗，由内务府咨送兵部即发宁古塔当差。[⑥] 例子诚然不多，但足可说明，他们只要入了太监的门槛，等于套上枷锁，很难轻易摆脱了。

以上笔者只是通过几十个实例，结合当时的制度规定，就清代太监服役等方面内容作了些简单介绍。尽管它不全面，但可窥见制度规例和在实际行施之间所存在的大处不能变，具体小节却常有松动的情况。看清这一点，对我们研究制度史，也许会有所裨益。

---

① 罗崇良：《从档案材料看乾隆年间太监的出逃》，《清史研究通讯》1986年第4期。

② 档案“内务府来文”2114号。

③ 档案“宗人府来文”2116号。

④ “刑科题本·婚姻奸情类”乾隆四年四月二十五日，刑部尚书来保题。

⑤ 档案“内务府来文”2117号。

⑥ 档案“内务府来文”2114号。

明遗民与清初碑传纪年

——以黄宗羲为中心

姚念慈（中央民族大学）

小引、清初重年号

《魏叔子文集·外篇》卷18《黄乐玄翁墓表》：

翁讳嘉缙，字季振，别号乐玄。生万历甲申四月十五日，卒丙戌正月十七日，享年六十有三。郡兵破新城，翁正衣冠端坐堂上。兵入，索宝物，翁笑曰："架上书皆吾宝也。"兵以刀斫之，伤。翁曰："君子不以变乱易其志。"复正衣匡坐而卒。

甲申闻闯贼之变，翁素服悲号，谓所亲曰："吾生为圣朝民，死为圣朝鬼，死后得题'明故'二字于墓，幸矣！"至丙戌，而翁果行其言以死。

夫乐玄翁之死，可谓从容矣！丙戌正月，去甲申三月明崇祯之亡，已近两年，去乙酉五月南明弘光倾覆，亦半年有余，于清则为顺治三年。"郡兵"者，乃降清之地方军，是乐玄翁死于清军甚明，讳言之耳。①

顾炎武曰："古人谓所事之国为本朝。"② 叔子为明人作墓铭，生卒年皆书明朝年号，以示其为本朝人。③ 而乐玄翁卒后二十余年，叔子表其墓，于卒年用丙戌，且不书作年为康熙七年，盖以顺治、康熙非本朝欤？果尔，则非唯谨遵乐玄翁之志，以其不曾入清，即叔子自视，亦明之遗民也。

---

① 《清世祖实录》卷18，顺治二年闰六月癸卯，清军攻占南京之后，即遣明降臣招抚南方各省，赴江西者为孙之獬。卷20，九月丁丑，招抚江南大学士洪承畴奏报，江西各府俱平，包括新城所在之建昌府。然当年年底，明唐王隆武政权谋画北征，江西在在响应。建昌府东南接壤福建，首当其冲；而西北毗邻抚州府，接受唐王官职，则建昌府处在隆武政权影响之下可知。参见《爝火录》卷13、《小腆纪年附考》卷11顺治二年十二月条下。《清世祖实录》卷22，顺治二年十二月乙酉洪承畴奏，癸巳江西总兵金声桓奏报。清军以"四路进剿"，各路告捷。卷23，顺治三年正月辛酉，金声桓奏报于抚州"擒伪永宁王，斩获无算。余党奔据建昌，我兵追及，复弃城而遁"云云。此"建昌"即指建昌府，而非赣北南康府之建昌县。新城在建昌府治东南百十里，势必遭到清军镇压。乐玄翁即很可能死于随后地方军的威逼勒索，则其政治倾向不难判断，故叔子得以表其忠于"故明"之夙志。至于清军再破抚州等地，南明所命新城知县李翔拒战而死，则在当年四月，乃隆武所遣郑采之师溃于广信所致，属另一事，与乐玄翁之死无涉。又，《清世祖实录》卷27，顺治三年八月己卯，清廷始定江西官军经制。是知此前江西各地方军虽已降清，尚未纳入清军正式编制，叔子以"郡兵"称之，亦实录也。今检得《新城县志》，台湾成文出版社《中国方志丛书》影印清同治九年刊本，卷10《人物志六·黄嘉缙》，别号乐元，显避清圣祖玄烨讳。其中嘉缙被难一节，照录叔子《墓表》，唯于"郡兵破新城"一语改作"丙戌，大兵临新城"。所谓"大兵"者，清初多用以称八旗兵，此泛指清军。是本文推测乐玄翁死于清军之手，又获一旁证也。

② 黄汝成：《日知录集释》卷13《本朝》条，并参《集释》："宋胡三省注《资治通鉴》，书成于元至元时，注中凡称宋，皆曰'本朝'，曰'我朝'。"岳麓书社，1994年点校本。

③ 《魏叔子文集·外篇》卷18《明云南右参议杨公墓表》，"公生万历丁丑，卒崇祯戊寅"，《明知分宜县黄公墓表》，"生嘉靖丁酉，卒天启辛酉"，皆遵其例，中华书局，2003年点校本。

向读《江天一传》，体会甚浅。今重温其文，至萧伦拜金声之薄棺，泫然曰："此岂足卧公者？吾有善棺，值百数十金，其伐材而下，上关税，环铜文漆，皆在明时，此乃我公所安寝者也!"① 因恍然而悟，益信叔子断不肯以清朝年号加诸明朝志节义士之身也。

明清之际，士大夫著书作文采用何种王朝纪年，往往因崇奉政权的不同而异。然而无论争论于庙堂之上，抑或存留于方寸之间，自中国人看来，要之为一种内心信仰或认同，非必如国外学者那样以"不同时空"来表述。

自汉以来，中国古代王朝建立，年号即与国号相联。新王继位，必建新元；事有更始，或天降祥瑞，亦多改元。年号作为统治王朝的标志，具有顺天应时的意味。是否承认前朝年号，即与视其政权是否合法或正统有关。晋亡入宋，陶渊明不用刘宋年号，以明其为晋遗民②，然亦止个人心曲而已。至司马光《资治通鉴》用曹魏黄初以下各年号以统三国，客观上即带有官方褒贬历史的意味③。后世以为正朔所在，由是聚讼繁兴。元末修宋辽金三史，于孰为正统争论不决，正统观念更含有浓厚的华夷之辨的色彩。边疆少数族入主中原，其政权是否能承中原之统，以及如何继统，又与前朝年号纠缠在一起，议者各执一词，殊难定论。而属国之与宗主国，不书其年号，即意味不奉为正朔④。凡此皆中国历史所特有正统观念的反映。明代各朝皆用一个年号（英宗一朝为特例不论）；靖难之后革除建文，英宗复辟景泰不帝，使二朝合法与否成为疑问，起而争之者代不乏人⑤，王朝年号所赋予的政治意义愈益深入人心。明清更迭，士大夫承其余风，自于二者年号格外敏感。

明清嬗代之所以不同于以前的王朝更替，乃有其特定的历史原因：其一，满洲自来为明朝边疆属夷，自称世世为明朝看边。其起兵反明自立，在明朝士大夫看来则属蛮夷猾夏；迨清王朝窃取全国统治，心理上更难承认其为正统。其二，清入主中原之前，在东北一隅建立政权长达二十余年；而清廷定鼎北京之后，南明三藩又相继与之对峙近二十年。当时投靠清政权者固不乏其人，而始终崇奉南明为正朔以至殉死者，亦史不绝书，两者阵线分明。而其间的大量人群，包括从被迫仕清者到明遗民的各类层次，其思想倾向仍不免以代表中原正朔的明朝为归依。其三，清初建立全国统治依恃暴力，且实行剃发改衣冠之野蛮政策以泯灭汉人的反抗，反而更激发汉人种族意识的觉醒。凡此，

---

① 见《魏叔子文集·外篇》卷17。

② 《宋书》卷93《隐逸·陶潜》："所著文章，皆题其年月，义熙以前则书晋氏年号；自永初以来唯云甲子而已。"中华书局，1974年点校本。并参《日知录集释》卷13《书前代官》条。

③ 至于司马光本意，参《资治通鉴》卷69《魏纪一》文帝黄初元年下"臣光曰"，中华书局，1956年点校本。

④ 《明神宗实录》卷308，万历二十五年三月己酉，明廷以日本平秀吉表文"字迹欠恭，书丙申纪年而不奉正朔。"台湾"中央研究院"历史语言研究所校印本。日本非明之属国。然明廷之许封，实欲以属藩视之。

⑤ 参《日知录集释》卷20《史书一年两号》条。《行朝录》隆武二年四月条下："上谓国家元气之削由于靖难，命礼臣追复建文年号。"《黄宗羲全集》第二册，浙江古籍出版社，1986年版。顾炎武《亭林余集·庙号议》："建文君未追谥，二百年以来臣子之情有遗痛焉。"并"请敕廷臣会议，景皇帝宜从成化之谥，建文君可别上尊谥。"《四部丛刊》影印诵芬楼刊本。

皆使清廷统治难以为汉族士民所接受；是否使用清朝年号，即成为清初汉人士大夫著书作文的一种心理障碍。

清初统治者血腥镇压汉人的武装反抗之后，随即伴之以文字狱，企图根除汉人缅怀故国以及与新朝对立的思想感情。早在顺治五年的“坊刻制艺序案”，即以不用清朝年号为“心无本朝，阳顺阴逆，罪犯不赦之条”①，揭开了文字是非的端绪。康熙元年庄廷鑨“明史案”，因书中存有“忌讳语”，被杀竟至七十余人②，亦为明史典籍的一场劫难③。此案于汉人心理上造成巨大阴影，可于冯苏《见闻随笔》略见一斑。该书卷2《纪西南往事序》云：

甲申流寇犯阙，我朝大兵入正天讨，涣号改朔，以顺治纪年。是胜国之亡，断自崇祯十七年三月止矣。乃江表遗臣心存故社，所在立君，皆不及期而败，故知天命有归，非人力所能竞也。惟肇庆自戊子窃号，逮己亥遁缅，为时稍延。

甲申以后，凡假前朝名号以抗我颜行者，皆于令甲称罪人矣。

可见清军定鼎北京之后，一切在明朝旗号之下与清廷对立者，皆为罪人，此乃清廷官方论调。是以汉士大夫欲在朝廷与社会立足，必称清廷为“我朝”，而于南明诸帝，皆不得书其年号。冯苏任职于清廷，此书歆动于清廷“福、唐、鲁、桂四王许附怀宗纪年”之命，作于康熙十八年之后④，然于桂王一朝亦止书“肇庆”而不书国号，以干支纪年而不敢用“永历”年号，其心惕厉若此。

康熙五十年戴名世《南山集》一案，刑部题：

查戴名世书内欲将本朝年号削除，写入永历大逆等语，据此戴名世照律凌迟处死。方孝标身受国恩，尊崇弘光、隆武、永历年号，大逆已极，依律凌迟。⑤

证明终康熙一朝，文人著书以使用南明年号为大忌⑥。只有充分估计这种文化专制对汉人思想与心理上的震慑⑦，才能了解当时人的处境之难以及撰文纪实的用心之苦。

---

① 此为汉人大学士冯铨、宋权疏中语。二人以坊间八股文集，“其序止写丁亥干支，并无顺治年号”，疏请禁厉。转引自何冠彪《戴名世研究》，作者指出：“清廷以不书年号，当作不尊一统，目无清朝。”又曰：“顺治、康熙两朝的文网，虽较雍正、乾隆朝为宽，但当时统治者对南明和清朝之间正统问题的重视，并不亚于胤禛和弘历二帝。”皆是富有洞见的观察。台湾稻乡出版社，1988年版，第265—267页。

② 顾炎武：《亭林文集》卷5《书吴潘二子事》，《四部丛刊》影印清康熙刊本。今见手抄本庄廷鑨《明史抄略》篇末有张元济《跋》，云：“其涉及清室，并无讪谤语，仅偶见‘建夷’及‘夷氛’、‘夷寇’等字，不意竟触宸怒，酿成惨狱。”

③ 朱彝尊：《曝书亭集》卷35《曝书亭著录序》：“客永嘉时，方起《明书》之狱，凡涉明季事者，争相焚弃。比还，问囊所储书，则并椟亡之矣。”《四部丛刊》影印清康熙五十三年刊本。

④ 邵廷采：《思复堂文集》卷5《谒毛西河先生书》，浙江古籍出版社，2010年版。

⑤ 王树民辑：《戴名世集》附录《记桐城方戴两家书案》，中华书局，1986年版。

⑥ 清廷自多尔衮《与史可法书》即以弘光朝为僭越，鲁监国以下更不待言。直至乾隆朝方承认弘光一朝，而鲁监国至永历南明各朝仍不予承认。参见拙文《再评“自古得天下之正莫如我朝”》，载中国社科院历史所编《清史论丛》2009年号。

⑦ 全祖望：《鲒埼亭集外编》卷33《书毛检讨（奇龄）忠臣不死节辨后》：“京师有戴名世之祸，检讨惧甚，以手札属镇远（卢宜）之子，曰：‘吾师所表诸忠臣，有干犯令甲者，急收其书弗出也。’其子奉其戒惟谨。乃检讨惧未止，急作此辨。”《全祖望集彙校集注》本，上海古籍出版社，2000年版。可见毛奇龄闻知戴名世《南山集》以得罪之惊惶状，故其否认曾为镇远《续表忠记》作序，又特作《忠臣不死节》一文以洗清己身。其所谓“干犯令甲”者，即《续表忠记》表彰南明死节之士，乃至诋为“不识名义”。仅此即可知清廷异族专制淫威于士大夫之思想心理及其观念影响之巨。

汉人士大夫思想感情的巨大波澜毕竟掩抑不住，势必通过文字有所反映。最适用的形式当属于诗。作者可以在诗句中尽情运用典故，以想象和隐喻曲折表达自己的心声，因此引起后来学人的浓厚兴趣。而另一种形式碑传文字，则显然没有这样的自由。然而与诗词不同的是，碑传文却无法绕开纪年，因而不得不与年号这一当时极为敏感的问题发生纠缠。士大夫撰写碑传文，也习惯于通过如何选择年号来表达其政治信仰，这在明清之际可以说是不言而喻的通则。而时过境迁，后世读者对当时的语境日渐淡漠，于年号中所具有的政治含义以及作者的倾向，遂在不经意间轻易放过。由于当时作者政治立场或态度的不同，对于同一类人物的碑传纪年即可能有不同的选择；又因人的思想感情的复杂性，于某些传主、墓主或关系密切，或欲寄以同情，故同一作者往往对同类人物亦采取不同的表达，从而使这一问题更趋隐晦。即或察觉到其中端倪，也似乎觉得无章可循。但通过对碑传文纪年仔细体察，我们今天依然可以寻觅到当时作者的某些思想印迹①。

一、碑传生卒纪年类别举例②

碑铭作为特殊体裁，其要求之一，即必须对传主的生卒年有所交代。③ 因此为明清之际，尤其是为那些由明入清的人物作碑传，势难避免明清嬗代的背景。由于清廷令甲禁止使用南明年号，而明遗民则往往拒绝使用清朝年号，于是碑传文字中的纪年便产生以下四种类型。

（一）明清两朝年号并用

清统治者自称得天下乃承明之统，故于有明一代无法避讳，其年号亦无从禁止。然而既称明朝年号，则若涉及入清之事，自不得不用清朝纪元。明清两代年号同时出现于一篇传记中，确实可以反映改朝换代的客观历史真实。如《曝书亭集》卷71《刑部尚

① 本文所引碑传皆据现行文集通行版本，其中如陈乃乾编：《黄梨洲文集》不分卷，中华书局，2009年第二版，于各篇不同版本文字改补，均予标明，颇便利用，故于各书流传版本异同未及核检。倘蒙博雅君子补正阙失，有幸多矣。

② 钱谦益：《有学集》卷30《乐安唐君合葬墓志铭》："余闻古之人，所为志其人者，不知其为人，则取征于《行状》。苏明允曰：所恃以作铭者，止在其《行状》耳。而《状》又不可信，嗟夫，难哉！"上海古籍出版社，1996年标校本。可见文集中许多碑铭，多应墓主后人之请而作。作者若不知墓主，则只能据请者事先所备《行状》之类稍加改订串缀而成。故于墓主之生卒纪年难免受《行状》影响，即有可能尊重《行状》原意而不加改动，这就造成判断作者倾向的困难。如《高古处府君墓表》，即据清朝御史顾季蔚所著《行状》而成。传主本学社中人物，入清后隐居讲学，终身未仕。而卒年用康熙年号，是否出自《行状》，不得而知。又如《都督裘君墓志铭》，传主裘永明投身鲁王军中，清军渡钱塘江，兵败而死。却书"卒于顺治丙戌九月十四日"，以清年号加诸明人。梨洲作此，乃据永明之子清国子生裘琏之《状》，不知"顺治"二字出自何手。但凡此类，引用皆须留意。

另一种情况是，作者于墓主之生卒年不用年号，只云"某年"。如《黄梨洲文集·王征南墓志铭》："生于某年丁巳三月五日，卒于某年己酉二月九日，年五十三。"其他如《高旦中墓志铭》、《陕西巡抚玄若高公墓志铭》皆如此。年月日知之既确，而特于干支之前留下"某年"字样，即欲俟请者勒石之际自定。因此，文集中的碑传纪年与现存实物碑石上的纪年便有可能出现差异。本文主要探讨碑传文作者的趣向，不涉及碑石上出现的差异。而文集中同一篇碑传文中的前后之异，则不属此类。至如《蒋万为墓志铭》"生于天启二年三月二十七日，卒于康熙三十一年六月二十六日。"前后明清年号无疑是梨洲所书。

③ 《魏叔子文集·外篇》卷18《墓表志铭引》："志与传，大同而小异。志必载生没、子孙、祖父、葬地。"

书李公（化熙）神道碑》：“故兵部侍郎长山李公方退居闾阎，顺治元年起自田间，召至阙下，授工部右侍郎。”九年冬，“拜刑部尚书”，墓题所标职名得之于此。后文“公以天启四年举于乡，崇祯七年进士出身”，则所谓“故兵部侍郎”者，明崇祯朝所授之职也。墓主先仕于明，后改仕清朝甚明，无所隐讳。《碑傳集》卷18，宋荦《王士祯墓志铭》：“公生于明崇祯甲戌闰八月二十日亥时，薨于康熙辛卯五月十一日酉时，享年七十有八。”卷14赵士麟《李之芳传》：“公生于前明天启壬戌年八月十八日卯时，卒于康熙甲戌年十一月初二日未时，寿七十有三。”[①] 传主生于明卒于清，读者开卷便知。

此类纪年，可视为清廷认可的一种惯例[②]。传主为贰臣，或入清后方得官职，成为清朝臣子，如此纪年倒无大碍。而那些与故国无关痛痒、积极拥戴新朝的作者，也自必乐于遵从。但作为明遗民来撰写碑传，则不当如此。同时，传主若属入清不仕的明遗民或抗清而死的志士，用清朝年号以表其生卒，则与其生平志节相违，适足以见作者之态度。

魏象枢《寒松堂全集》所载墓表碑铭，多为仕清者而作，使用清朝年号无可苛责，然动辄称“我大清”、“皇清”、“世祖皇帝”，开卷酸气逼人。其撰《征君孙钟元墓表》首句即“康熙十有四年”，入清则曰“国朝顺治初”，恰似朝廷口吻，与奇逢身份行事甚不相合。《碑傳集》所录徐乾学所撰碑铭，于传主生卒年明清年号并用，此皆为出仕清廷者而作，自当如此。而《憺园全集》卷33，乾学为其父开法所作《先考坦斋府君行述》，亦曰：“府君生于万历甲寅三月廿五日，殁于康熙五年三月廿一日，享年五十有三。”既云“本朝定鼎，府君绝意进取”，则坦斋并未入仕清朝，所谓“本朝”者，为乾学所事之本朝。乾学如此书法，或以乙酉清军南下，“府君用特荐为明经”耶？或乾学本人效忠清廷，亦不欲人视其父为遗民？其述顺治十七年，“府君至都门，元文迎拜潞上。慰劳毕，言不及他，问所习国书若何。”特点明坦斋虽身在草野，而心归朝廷，以康熙年号表其父卒年，亦不足多怪。然而其后序钱澄之文集，又不用清朝年号而用干支[③]，或因澄之尚在人世，坚守遗民本色不可夺耶。可见如何采用年号，不仅与作者态度有关，亦与对象之立场有关。

（二）单书清朝年号，于明则用干支

此类纪年，于清廷官方自无所违碍。若传主入清方得功名，也与其身份相符。倘传主明清两代均有官职，则掩盖其为贰臣，历史真相因此而隐晦。倘传主身份为明遗民，以清朝年号加于其身，则有违其信仰。

《碑傳集》卷4李霨《范文程墓志铭》，记文程卒于康熙五年八月初二日，“距生年丁酉正月二十二日亥时，享年七十。”则文程生年为明万历二十五年，时清太祖尚未建元，其用干支，隐讳文程生于明朝者，或意在讳其以明朝生员于抚顺被俘入建州。卷9魏象枢《刑部尚书刘楗行状》，云其父蓼生公汉儒“以壬戌（明天启二年）进士，官至

---

① 《康熙起居注》二十二年八月初十日，上又谕曰：“凡历朝俱应称某代，必称‘故明’，深觉未当。”中华书局1984年整理本。此玄烨表示尊重明朝。赵士麟此处仍用贬称“前明”，虽有违上谕，却不属犯忌。

② 清康熙朝某些汉族大臣的碑铭尚须人主过目，故于生卒年之年号使用，尤不得马虎半分。参拙文《魏象枢独对与玄烨的反思》，载中国社科院历史所清史研究室编《清史论丛》2008年号。

③ 参徐乾学：《憺园全集》卷20《田间全集序》，清光绪九年重刻本。

左副都御史，直节有声。”樾“丁巳十一月二十五日生，康熙己未五月十三年日卒，年六十有三。”则樾生年为明万历四十五年。《行状》于传主父子均不敢明言其为明朝人。卷15李黻代李光地作《吴英墓志铭》云：“公生前丁丑十月初七日，得年七十有六。”吴英卒于康熙五十二年癸巳，则生年为明崇祯十年，亦讳言之也。

而可注意者为《黄梨洲文集·陈夔献墓志铭》。夔献于康熙六年创立甬上讲经会，且于梨洲为讲友。① 然其云“康熙庚申（十九年）以贡士入都廷试。当时天子留心文治，招才琴钓之上，取士歌牧之中，士之闲一艺者，莫不锁厅而出。”此与梨洲抵制博学鸿儒之高下判然。“康熙”二字于此点出，非止因夔献实改前节，即梨洲作此《铭》时亦未必以为不然。

此类碑传作者颇为复杂，其中固不乏忘却故国，专奉新朝者；抑或有过于谨慎，唯恐触犯忌讳；或欲讳言传主曾事二姓，故意隐去明朝年号；不宜一概指责作者特意献媚清廷。可见碑铭纪年方式相同，而作者立身处世之道或异，未可一概而论。

钱仪吉辑录《碑傳集》在嘉道间，去清初已百有余年，文字狱之风亦渐消歇，而所存明清之际碑铭，仍以上述两类居多，孰云文字之存亡与政治专制无关。

（三）单用明朝年号，入清则用干支

碑版文字中墓主为明遗民者，以此方式纪年最多，而作者亦多为明遗民；即非遗民，亦大抵有其心迹可寻。作者于故国尚怀黍离之悲，雅不欲逢迎新主，书写清朝年号，实有违其本心。如何表述传主的行实，既不触犯当局禁忌，亦可寄托故国之思，便不得不特加措意。其中的一种选择，即摒弃清朝年号不用。清廷虽禁止书写南明年号，却未规定必书清朝年号。采用这种方式，倒确实可以说是堂而皇之地利用文字封禁的缝隙。

就所见清初文集，此类以钱谦益、张履祥、顾炎武、魏禧诸家最为严格。所作传记、碑铭，绝少清朝年号掺杂其间。

张履祥，字考夫，浙西桐乡人，学者称杨园先生。其为人淡薄声名，深恶明末结社讲学之风，隐居乡里潜心著述。师从刘宗周而不依傍门户，以至全祖望定蕺山诸弟子配享，乃屏履祥而不入。② 履祥虽学宗程、朱，而于蕺山执弟子礼甚恭。其作《同学纪略》，所谓“肥遯洁身，守贞没齿，虽名姓不闻于世，而实无玷于师门者”，即自明其志也。《杨园文集》中所载碑传文不多，皆为亲友同学而作，无名公巨卿。履祥以为有官守者，“事在国史，草茅贱士”，不敢有述。③ 又或因履祥文字平实，故其碑传易为人所忽。实则履祥生有至性，于故国独有深憾，见诸碑传，有足多者。清军南下，士人死节者多，履祥自视有愧：“予懦不立，事不能死。历生之艰难，处白日如永夜。”同门王毓蓍投水殉国，履祥作文吊之，以为“勇于取义，卓然不回”。云：“在我不能不曰生不如死，使人不能不曰死贤于生，是则所为深悲。而凡未死之日，不敢不惧，不敢不勉者也。”④ 故履祥家世虽于明朝并无功名，而持守遗民典则惟谨。其所作碑传，皆用

---

① 并参《黄梨洲文集》中《陈夔献五十寿序》、《寿张奠夫八十序》、《翰林院编修怡庭陈君墓志铭》。

② 参《鲒埼亭集》卷24《子刘子祠堂配享碑》“其有负盛名而不得豫配享”句下严元照、杨凤苞注。

③ 张履祥：《杨园先生全集》卷21《张公节烈事略》，中华书局，2002年点校本。

④ 分见《杨园先生全集》卷22《吊李石友文》、《吊王玄趾文》。

明朝年号，入清则用干支纪年。如《吴子哀仲墓志铭》："遂以己亥正月五日卒于丧次，距生崇祯辛未十月朔，年止二十有九。"[①] 他碑传文皆类此，要之以用清朝年号为戒。

钱谦益于明则为东林翘楚，热衷仕进，是非漩涡中人。南明弘光覆亡，屈膝降清，即成众矢之的，"玷辱乡党，俯仰惭愧"[②]，自觉颜面丧尽。然自顺治三年南归，居家著述，暗中参与复明活动，陈寅恪《柳如是别传》多发其覆。是钱氏为明臣，虽不能尽其臣节，而息影林泉，却能归心于遗民。

钱氏于明末诋斥满洲尤不堪，《初学集》不止一见[③]，华夷之别何其鲜明。入清之后所辑《有学集》、《牧斋杂著》，不敢明斥清朝，却摒弃清朝年号不用。[④] 其于元朝称"胜国"[⑤]，则明无疑仍为其"本朝"。更可注意者，钱氏于碑传中不顾禁忌，大量采用南明年号，如"弘光南渡"，如称"唐王即位于福州，改元隆武"，明书"永历"年号，称"天子"[⑥]，比比皆是，隐然与清廷禁令抗衡。

钱氏所撰碑传，不独于明朝死节诸臣及明遗民专用明年号，即于不得已而改仕清廷的汉人士大夫，多能原其心曲而铭其墓。如与钱氏一同迎降的王铎，明蓟辽总督降清后任清户、吏二部尚书的王永吉，一则叹其"既入北庭，颓然自放，悲歌间作"；一则慨其"楚材晋用，国士所以长嗟；秦智虞愚，贤哲为之永叹。"[⑦] 盖以虞山之身世，故特能谅之。二王既已降清，则清朝实为其本朝，然不用清朝年号者何？非钱氏心目中之本朝也。又如《有学集》卷29《孙长君（之澇）墓志铭》，之澇为孙承宗之孙，随其父铨之官高宛县。崇祯十一年，清军陷高阳，承宗一家阖门遇难。铨、之澇父子因在外得免。"天地崩坼，风雨飘摇，□以宗祊大故，勉出就官于闽。壬寅□月，卒于都司之公署，年四十有五。"则之澇分明接受清廷官职。昔人言"死者报国，存者全宗"。承宗

① 见《杨园先生全集》卷21。同卷《太学钱先生墓志铭》、《吴子仲木墓志铭》皆此类。

② 钱谦益：《牧斋杂著·外集》卷22《与邑中乡绅书》，上海古籍出版社，2007年标校本。

③ 如称"狗奴"、"杂种小丑"，见钱谦益：《初学集》卷44《莱阳姜氏一门孝忠记》；称"臊狗奴"，见卷47《宋稽勋司哀辞》；称"羯狗奴"，见卷50《鹿善继墓志铭》；上海古籍出版社，1985年标校本。

④ 以其碑传文为例：《有学集》卷29《王奕昌合葬墓志铭》，奕昌为永历朝广西右参政，己丑（永历三年，清顺治六年）清军攻入广西，奕昌死难。己亥年其夫人卒，与奕昌合葬。《铭》作于是年，通篇用干支纪年。他如同卷《明五经进士谭君权厝志》，传主贞良任职南明，卒于军中，属其子曰："我死，题墓名曰明五经进士谭某之墓。"事在戊子岁，即清顺治五年。《志》中用崇祯、弘光年号，以后则用干支。又如卷30《朱日爕墓志铭》，日爕为明臣，弘光后复职任福建右参政，未行而国变作，不仕。辛卯二月卒，《铭》讳言清顺治八年。同卷《乐安唐君合葬墓志铭》，于唐氏伉俪生卒表年颇有意思："君讳映奎，字聚升。卒于癸巳，距生万历辛巳，年七十有三。黄孺人卒于崇祯甲申，年五十有三。"孺人书卒于用崇祯，生于明朝不言自明；而唐映奎书生于明万历，乃因其卒于入清之后，总之在于避免使用清朝年号。再如卷31《萧伯玉墓志铭》，伯玉为作者好友，《铭》云其万历丙戌进士，历任南京吏部郎中，弘光朝太常寺卿。国变后，"自屏草野，嘻嘻咄咄，野哭祈死。辛卯四月十三日卒。"《铭》作于戊戌，并不书顺治八年、十五年。他不备举。惟卷35《赠太孺人赵氏墓表》，云其长子钱延宅"举顺治壬辰（九年）进士"，偶为例外。何以云例外？答曰：有卷49《书南城徐府君行实后》一篇可证。其末云"岁在辛丑"，不书顺治十八年也。府君于"南渡日，弘光改元，岁时家祭，称崇祯年如故。嗟乎！称弘光犹不忍，况忍改王氏腊耶？"徐氏不改汉腊一节，牧斋特表而出之，则牧斋本人又岂忍改腊耶？可知前书"顺治壬辰"一语，断非作者本怀。

⑤ 《有学集》卷17《叶九来锄经堂诗序》。

⑥ 分见《有学集》卷31《周安期墓志铭》，卷34《文贞路公（振飞）神道碑》，卷33《一品太夫人田氏墓志铭》。

⑦ 《有学集》卷30《故宫保大学士孟津王公墓志铭》、《吏部尚书铁山王公墓志铭》。

为虞山座师，推为一代伟人，不屈而死，其孙乃忍辱含辛至此，不忍言之也。壬寅为康熙元年，《铭》作于次年癸卯，通篇皆以干支表年。又如清初贰臣，以建议多尔衮于“叔父摄政王”之前加一“皇”字而名载《实录》的赵开心，为其夫人求铭于钱氏。钱氏却用己亥表其卒年，而不书顺治十六年①，至于是否符合赵开心之心理，置弗顾也。

尤有意思者，钱氏为辽东汉军作碑銘，亦止用明万历、天启、崇祯年号，入清则用干支，不用年号。如《有学集》卷29《明故山东登莱监军道按察司佥事佟公（卜年）墓志铭》，佟氏“世官开原三万卫指挥使”。“自开国以来，结发从戎，大小数百战，亡者多国殇之鬼，存者为羽林之儿。涂地膏野，东故赖之以存。”熊廷弼巡按辽东，卜年“为诸生，与同舍杨生昆仁，筹边料敌，画灰聚米，慨然有扫犁之志。江夏深知之，以是故号呴叫呼，援以助我。而公自以世受国恩，谙知辽事，盱衡抵掌，乐为之用”②。后因党祸，牵连入狱，于天启五年九月冤死。卜年属明人，篇中用明代历朝年号，固其宜也。然其子国器任清朝官员，卜年死后二十年，国器请谦益为卜年作《墓志铭》，则在清初，而《铭》述国器事亦不用顺治年号。卷33《佟母陈氏墓志铭》：“崇祯甲申，（陈氏携全家）避兵迁甬东。中丞（国器）受新命，以兵宪治嘉兴。”亦仅“新命”二字，下文并不用清朝年号。卷30《辽东王府君（可登）墓志铭》，传主为江宁清军副使王言之父，则王言当为从龙入关之人。可登卒于顺治五年戊子年，十四年丁酉，王言请铭于虞山。《铭》中亦不用顺治年号，足见虞山有意为之。

与佟氏同籍辽东，初事于明，而后又从清者，尚有李秀东。卷23《李秀东六十寿序》：

秀东李君，辽左豪杰士也。崇祯丁丑（十年），谒余于贯索之中。与之规舆图，讲战守，画沙聚米，方略井然。慷慨订交，以悬车束马相期许。余放还久之，君亦蒙恩东归。既而山河陵谷，执手两都，追理昔梦，如令威化鹤归语时，相顾潸然泣下也。

君故与怀顺为肺腑交，合府以尚父礼之。粤藩初开，军府草创，经营干办，役不告劳。干戈载地，创残满目，君推广德意，夺民庶于剑芒刀尖之下而与之项领。待士大夫有恩礼，官岭表者，以怀藩为冬日，君有助焉。余衰病里居，数千里问遗者三。族孙为粤宪。君以余故，提携补救，俾得迁除以去，而卒不使余知，其为长者如此。

按：不知此文作于清初何年。秀东其自号，而不见名字。其人在明末，与明臣擘画灭清，而入清之后，依附怀顺，暗中护惜遗民士夫。明清更替人物身世复杂，于此可见。怀顺王为耿仲明，顺治六年率军至江西，以藏匿逃人奉严旨诘责，自杀。其子耿继茂袭职，继领其众，开府福建。钱氏称明士夫遗民“以怀藩为冬日”，此一评价今不多闻。清初汉军既编入八旗，则属于征服者统治民族，社会身份与汉人相去甚远。明清之际，彼此既为敌国，则汉军在国人眼中为叛国投敌之人。而以上汉军则明识义理，不忘故土，不幸身陷异国，实非得已，与借势腾飞、心肝全失者不可同列。钱氏不用清朝年号表其生卒，以其有失国之羞欤，抑以其所附非国耶？

总之，牧斋集中摒弃清朝年号，乃其一惯作法，并非偶然。读其晚年《后秋兴》

① 《有学集》卷33《长沙赵夫人张氏墓碑》。

② 《有学集》卷16《佟氏忧愤录序》。

诸诗，即知其心香终在南明。一时偷生失节，实不足以概其终身①。

魏禧于明清两朝均不取功名，晚年拒应博学鸿儒科，为遗民典型。叔子时称文章大家，于各类文体并有讲求，其碑传文字于明清两朝年号取舍分明，不愧遗民本色。《魏叔子文集·外篇》卷17《明遗臣姜公（埰）传》，埰为明崇祯朝名臣，因强谏几杖死。《传》中备书明万历、崇祯、弘光年号。南京失陷，埰避地隐居，祝发，拒绝清朝山东巡抚之召，返回崇祯时谪遣故地，自号“宣州老兵”。“癸丑夏，公疾病，呼二子谓曰：‘吾受命谪戍，今遭世变，流离异乡，生不能守先墓，死不正丘首，抱恨于中心。’”至死以明遗臣自居。故《传》于丁亥之后概用干支，不记顺治某某年。埰暮年寄居吴门，叔子兄弟客此，与埰“晨夕过从，情文款洽”②。以此推之，叔子必获睹埰自撰《年谱》，故此《传》最为得实。同卷《明御史何公（弘仁）家传》，记甲申、乙酉之后，“会浙东□□起，□□闻公名，特授御史。丙戌夏，江上师溃。弘仁投崖未死，有以大义责公者曰：‘今□□航海入闽，事成败未可知，岂以一死塞责哉？’”③ 弘仁求死不得，云：“吾从亡已后，余息偷生，万一身名俱辱，虽百死莫赎矣，今当寻赵家一片干净土耳。”遂入山为僧。“赵家一片干净土”，宋遗民俗语。清廷定鼎，故明一片干净土唯存于心中耳。故叔子只用明朝年号。康熙十一年，为姜垓及孺人傅氏合葬撰《墓表》，垓为埰之弟，崇祯末年清军破关劫掠山东，姜氏一门多死难不屈者，垓父及“家属死者二十余人。”南都立，垓为执政者所不容，逃亡隐居浙江雁荡山，自号“明室潜夫”。卒于顺治十年。孺人为其继室，明大节，晚垓十年卒。叔子不用清朝年号，分别书癸巳、癸卯，即视墓主人仍为明人，故前文用明崇祯年号。④

非独明士大夫，即为有德行之平民作墓铭，叔子书法亦如此。如卷18《封环溪翁墓志铭》，作于康熙九年，云：“世为南丰人，以医名于时。尝有德于人而不言，乡里称曰长者。以弘光乙酉九月病卒，距其生万历戊寅十一月，享年六十有八。”乙酉九月，弘光覆亡已四阅月。二十年后，叔子仍用其年号。

其后，为家兄魏祥所作墓铭颇可注意。“甲申国变，丙丁间，禧、礼并谢诸生”，不取清朝功名。而“兄踌躇久之，抚心叹曰：‘吾为长子，祖宗祠墓，父母尸饔，将谁

---

① 《牧斋杂著·投笔集下·后秋兴之十》：辛丑（清顺治十八年）二月初四日作。其二：“而今建女无颜色，夺尽燕支插奈花。”其五：“整束交南新象马，恢张辽左旧河关。”其六：“而今好击中流楫，已有先声达豫州。”其七：“扫荡沉灰元夕火，吹残朔气早春风。”其八：“日吉早时论北伐，月明今夕稳南枝。”殆得闻清世祖驾崩，亟盼永历整装北上，恢复明时旧河山也。《后秋兴之十二》自注：壬寅（清康熙元年）三月二十三日以后，大临无时，啜泣而作。其一：“皇天那有重开眼，上帝初无悔乱心。”殆获悉永历死讯，顿觉恢复无望，痛心疾首，溢于言表。又，《有学集》卷1《秋槐诗集·次韵那子偶成之作》：“春日田园新甲子，岁寒灯火旧庚申。”甲子谓清朝所改新元，而庚申则似以元末退居漠北的庚申君喻逃亡中的南明永历皇帝，巧妙赋予干支以新意。卷2《秋槐支集·己丑元日试笔二首》：“春王正月史仍书，上日依然芳草初。”似仍用明大统历，不遵清初时宪历。与顾炎武“反以晦为元”意同，并见下注。

② 《姜贞毅先生自著年谱》壬子年下，北图珍本年谱丛刊第63册。

③ 三处阙文，其一当为“义师”，后二处为“鲁王”，或刊刻时有意空阙。

④ 《魏叔子文集·外篇》卷18《莱阳姜公偕继室傅孺人合葬墓表》，并参《初学集》卷44《莱阳姜氏一门忠孝记》。《鲒埼亭集外编》卷4《明兵部尚书兼东阁大学士孙公（嘉绩）神道碑铭》：“公又言（于鲁王）故御史姜埰及其弟垓之贤，近闻其避地天台，乞主上特敕召之。埰知事不可为，以疾辞不至，垓亦从公幕而不受官。”据此，则垓曾在嘉绩军中。

责乎?’乃慨然贬服以出。”事在顺治四年丁亥[①]。魏祥未能谨守遗民立场，实已婉转道出[②]。“伯以贡士试北雍，满汉诸贵人多暱就，伯名动长安。”三藩之乱中康熙十六年，为清军招降吴将韩大任被杀。魏祥服事清廷，实出不得已，故进退有度，叔子不为之讳。而述其出生行事，于明书万历，崇祯，入清后之事，则用干支，不杂清朝年号[③]，其碑传义例之严也如此。叔子不为清朝贵人作传志，乃固守遗民本份，而钱澄之讥其妄应人请，过矣[④]。

孙奇逢为遗民之佼佼者，然与魏禧不同，其集中不排斥清朝年号。其为人作传，因传主身份不同，纪年也因之而异。《夏峰集》卷5《李完一传》，完一明诸生，入清出仕。明清年号并用，甚合传主身份。《孙节妇张氏传》张氏死于顺治六年，故书清年号。而《李逸士传》传主明诸生，用明年号，入清不仕，用干支。称完一为“逸士”。且于《传》末特书：

《传》称逸士者，以其不系籍于士而欲遗之，遗所以成其逸也，遗其名正欲逸其心也。士必先遗声利而后能逸。遗声利矣，稍有愤激于贫贱之念，而心已为贫贱所役，是亦不得逸也。逸士当出门时固以不忘沟壑为志，即死贫死旅，心安往而不逸哉！苏门以贫旅死者，有新城张果中，以熹宗恩选士，四十年不谋一官，困穷厄塞以死。蠡县诸生彭之灿耻为苟食，竟饿死于公和啸台。逸士尝往来苏门，过两人之墓，低徊凭吊不忍去。嗟乎，是可以知逸士之心矣。

宁贫以死亦不移其志，不逐声利，此为逸民，是亦可以知奇逢之心。奇逢入清后三十余年，屡拒清廷征召，辗转流徙，讲学不辍，可谓真逸民。故其于明遗民不用清年号，当非偶然。他如《马玉壶传》，玉壶名洁，明诸生，崇祯十年丁丑死于清军。“洁死逾三十年，余今且八十有四，犹得吮秃颖，纪生平，窃以为洁慰云。”知《传》作于康熙六年，而不书“康熙丁未”。《夏峰集》中许多碑传文可用清朝年号者，亦不用。如《汤母节烈传》传主为清代名臣汤斌之母，明崇祯十五年以拒农民军而死，固明人也。而逾七年，提学使为之建祠，又十二年巡按御史表其闾，皆清顺治间事。其时汤斌已在清廷崭露头角，又问学于奇逢，有师弟子之谊。故奇逢不必客气，《传》不书顺治年号，乃贵其母之节而不重其子之爵又可知。奇逢于《传》纪年且谨慎如此，碑铭之类当不至轻用清朝年号，观其为傅山母陈氏所作墓铭[⑤]，余可推知。

不独奇逢，即清初大学士柏乡魏裔介亦然。柏乡虽厕身清廷，而以理学相标榜，颇

---

① 《魏叔子文集·外篇》卷11《季弟五十述》。

② 关于魏祥何以“污身”以出，详见《魏叔子文集·外篇》卷20《告玄帝文》。

③ 《魏叔子文集·外篇》卷18《先伯兄墓志铭》。

④ 《魏叔子文集·外篇》卷8《赖古堂集序》：“禧窃见古今当代贵人传志之文，皆非布衣所作。往年家伯子以疾召禧于浙江之幕，大中丞范公（承谟）极谦下之，尝属禧为其太傅公（文程）传，禧逡巡以草野辞。常州太守骆公（忠麟）与禧交，卒，其子以志铭请，亦辞。”《黄梨洲文集》附录22《钱澄之致书》：“敬恳者，亡妻方氏以乙酉秋殉节于吴江之震泽。归葬已久，传志缺然，诚欲得大贤一言以为不朽耳。敝乡郡邑志书皆不欲载，惟其言不足信，不欲与伪者同传也。往者魏叔子许为之，弟见其在吴门有求辄应，未免真伪相乱，故不敢请。弟生平不肯妄誉一人，肯徼人妄誉耶”云云。澄之另求梨洲，原因恐不在是。

⑤ 钱仪吉：《碑传集》卷149《贞髦君陈氏墓志铭》：“生于万历丁丑十月十七日，寿至八十四岁，至庚子十一月二十八日卒于松庄之侨舍。”卒年不书顺治十七年。中华书局，1993年标点本。

为南方遗民心仪①。其为清初诸人所作诸碑铭，凡不避清朝年号者，多以墓主任职清廷之故。而其《申凫盟（涵光）传》则不用清朝年号，云涵光卒于丁巳年六月，则讳言康熙十六年。涵光为柏乡好友，而处身之道有异。“时朝廷有诏，郡县辟举孝行，有司欲以凫盟名应，力辞之。”不以清朝年号加诸涵光身后，是尊重其故志。柏乡作《清故孝廉公仪张公（来凤）墓志铭》，传主中明崇祯九年丙子乡试，入清后未仕。卒于壬子闰七月，而不言康熙十一年。崇祯十一年清军入关，来凤之父及亲人多死于难，实不忍以清年号加其棺盖②。

可见清初名家碑传，于年号皆有讲究。是否采用清朝年号，亦需视传主身份而定，盖当时士大夫风气如此。为遗民志士作碑传，传主既不曾曲事新朝，即使作者志趣有所不同，亦须尊重传主生前取向，若率意妄加清朝年号于其身，则诬之矣。

（四）明清年号均不用，全用干支

明清两朝年号概不采用，一以干支纪年。朱彝尊云：“从来易姓之际，孤臣节士不见载于朝野史者，何可胜数？其偶然著述，或隐姓名，或仅书甲子。”③ 岂独谓遗民隐士之书，即名家著述亦有不得不然。其中有因不欲用清朝年号者，故于明朝年号一并不用；亦颇有欲于仕清之友人曲加体谅者。

《黄梨洲文集·王征南墓志铭》即属前类。征南以内家拳技击名家，投身钱肃乐军中，“屡立战功”。“事败，犹与华兵部勾致岛人，药书往复。兵部受祸，仇首未悬。征南终身菜食，以明此志，识者哀之。”固忠义之士也。“高辰四状其行，求予志之。生于某年丁巳三月五日，卒于某年己酉二月九日。”梨洲显不欲书其卒于康熙，故于其生年万历一并不书。又如《魏叔子文集·外篇四》卷18《通判谢君墓志铭》，作于顺治十八年。墓主谢大茂投身南明隆武朝军中，有古大臣风烈，任分守湖东道，荐授监纪通判。“庚寅，以暴疾卒于翠微山中。”不书顺治六年，故亦不用南明年号。皆此类。

后一类如钱谦益《陆孟凫墓志铭》，铭其友陆铣，先叙其功名官职，继云：“致仕，

---

① 陆世仪出自钱忠介公肃乐之门，“以名节树立于易代之际”，见《鲒埼亭集》卷7《明故兵部尚书兼东阁大学生忠介钱公神道第二碑铭》。陆世仪：《陆子遗书·诗集》卷9《丁未仲春送四子北游兼呈魏柏乡先生》，康熙六年，世仪弟子四人北游，求魏裔介为引荐而作。《小引》：“独洙泗一灯，在若断若续之间。恭闻柏乡魏先生振兴绝业，远承授受之正。”诗有“东阁宏开有大儒”，以公孙弘期许魏裔介。清光绪二十五年刻本。

② 以上诸篇均魏裔介：《兼济堂文集》卷11。唯《孙征君先生传》书“康熙乙卯四月二十一日终于夏峰，享年九十有二”，中华书局，2007年点校本。柏乡于奇逢备极推崇，而冠以康熙年号，显与题目征君不合，似不当如此。而魏象枢《征君孙钟元先生墓表》亦以康熙年号表奇逢卒年，作者皆身在朝廷，不知是否有代清廷表彰隐逸之意。或柏乡以奇逢生前于清年号不甚避讳耶？今本孙奇逢《夏峰集》中碑传纪年确有可疑之处，如《蓝田知县乾行杨君墓志铭》：“二十五岁登崇祯乙卯乡试”，“乾行之卒也，为顺治己亥八月。”卷7《中丞生洲王公暨配李孺人墓志铭》，传主历仕明崇祯、南明弘光两朝，入清隐居不出，为遗民，且为奇逢亲家。而云：“公生于万历丁亥，终于康熙戊申。”这类清朝年号，究竟出自奇逢原稿，抑或后来窜入，颇难确定。仅举一例，卷6，奇逢为乡贤崔庚作《兵马司西星崔公墓志铭》开篇云：“予以康熙甲辰，自共城归扫先垄，儿童老大，戚友凋零，不能不令人今昔之感。因忆公殁二十余年，怀念芳规，宛如昨日。”甲辰为康熙三年，则传主死于明末，未曾入清。《铭》中无生卒年，亦不具享年。奇逢欲以甲辰倒推其卒年，确甚疏忽。奇逢自云：“予与公三十余年，姻亲道谊”，则不宜以康熙年号以表墓主卒年。然读其《清故孝廉玉屏孙君墓志铭》，开篇一句，与前《铭》同一句式，却止云“岁甲辰”；又《凤翔府贵一王公墓志铭》首句“忆余甲辰入郡”，亦未书康熙二字，皆可作为旁证。中华书局，2004年点校本。当然，这类问题的最终定谳，只能有待于文献版本上的发现和考证。

③ 《曝书亭集》卷36《天愚山人诗集序》。

甲午八月二十二日，卒于虞山里，年七十有四。”全篇中纪年唯此一见。若不知钱氏所处之时代，单读此篇，遽难知其为清顺治十一年。下文“孟凫长余一岁，并游郡学。余登甲科，官禁近。孟凫久次诸生。余罢枚卜，孟凫始入官。”分别指明万历三十八年事与崇祯元年事。而接下来“孟凫仕而归，余亦释累囚还里，乱后握手，有梵志出家之叹”，与前文“以岁贡授无锡教谕，除广西浔州府推官，升养利州知州，致仕”对读，则似孟凫入清之后曾被迫出仕，不忍明言之也。又如《夏峰集·汀州府同知赵君墓志铭》，传主赵申宠历仕两代，然《铭》于明清年号俱不用。作者与传主家为世谊，不忍明其为贰臣也。《孝廉颐庵李君墓志铭》：“甲申寇陷京师，（其父）授潞城令”，颐庵“丁酉举顺天京兆榜”，则父子官职功名俱得之于清廷。《铭》唯用干支，传主为奇逢之友也。《吏部郎中玉笋马公墓志铭》，传主马光裕清初以工部都水司主事督理卫河。奇逢于苏门创建百泉书院，光裕“以夏峰田庐为余子若孙躬耕之地。二十年道义殷切，不时寓书商所学”，是为奇逢道义交。《铭》中专用干支，不书明清两朝年号。光裕“辛亥十月卒于家”，“卒年六十有一”。则其生年为明万历三十九年，入清已三十有四年。《清史列传》卷66本传，列为《儒林》，清顺治四年进士。魏象枢称：“交光裕二十年，其反躬实践，往往自愧弗逮，可谓醇儒。”[①] 除却朝廷冠服，固奇逢一流人物也。

然甲子一周仅六十年，碑传文纯用干支，对于不明背景的读者而言，有时遽难断定其年代。偶遇两干支相同，若其一标明年号，则其二可知。如魏禧铭顾柔谦，“君生万历乙巳十月十有九日，再乙巳，逾所生二月有十日而卒。”[②] 讳言卒于康熙四年甚明，此作者细致处。而更习见者为干支前不附加年号。譬如《夏峰集·王念南传》，通篇不见年号。“自失怙至登贤书十八年”，“戊午举于乡。”纪年只此一见。前后戊午分别为明万历四十六年和清康熙十七年，且皆乡试之年，不参阅他书，无以知传主为何朝人。钱氏作门生毛子晋墓铭，“生于己亥岁之正月五日，卒于己亥岁之七月二十日”[③]，亦类此。《夏峰集·玉屏孙君墓志铭》云，传主年齿远逊于作者，明崇祯癸酉举人，“甲申后困乏益甚”。至于其生卒年、享年几何，一无所知。又如《黄梨洲文集·周云渊先生传》，虽指明传主为明嘉靖时人，而后文述获睹其遗书一节：“甲戌，余邂逅其诸孙周仲，架上堆云渊《神道大编》数十册。……丙戌乱后，于故书铺得《中经》、《测图》地理数种。丙午，见其《历宗通议》。庚戌九月，坐证人书院，有帅其弟子升阶再拜者。”云云。自甲戌以至庚戌，前后三十七年，对于作者同时代之人，自能明其所指。而对于后世读者，设非预知“丙戌之乱”及证人书院，否则，从何知其已跨越明清两代。此专用干支之弊。

（五）特例

除以年号和干支表年之外，更有一种汉族特有的表年，即岁阳岁阴纪年，文多见于寿序、题跋，如钱谦益《李香岩蕊香幢阁稿序》、《顾行之七十寿序》、《（钱）君鸿七十寿序》、《黄柱源八十序》、《（冯定远班）牧豕集序》、《题（行者）南云集》、《书邵

---

① 魏象枢：《寒松堂全集》卷11《吏部考功司郎中玉笋马公暨元配宜人吴氏墓表》，中华书局，1996年点校本。

② 《魏叔子文集》卷18《常熟顾耕石先生墓志铭》。

③ 《有学集》卷31《隐湖毛君墓志铭》。

北虞筑城议后》等，魏禧《黄母六十寿叙》，亦如此。[①] 碑传文中则有钱谦益《有学集》卷29《明福建道监察御史谥忠毅李公墓志铭》篇末“上章困敦之岁春王正月望日石渠旧史某撰文”，则作年为庚子，即清则顺治十七年。卷31《周安期墓志铭》篇末铭曰：“岁在敦牂兮，三人以降”，以照应开篇周安期、周季侯，“与余俱壬午生”一句。张履祥《杨园先生全集》卷21《钱先生（涛）遗事》，篇末署“岁在柔兆”，参开首“甲乙再周”，则作年当指清顺治十三年丙申。

顾炎武特行独立，后世称“遗民风节播远者无过宁人”[②]。炎武曾受职于南明弘光、隆武两朝，其诗文中称“臣”者，以示南明为其本朝。惜其吝啬碑铭文字，“无关于经术政理之大则不作”[③]，故《亭林文集》、《余集》所载《行状》、《墓铭》仅寥寥数篇。其中凡明人生卒皆用明朝年号，卒于入清之后者亦不用清朝年号。炎武一生立节行事，受其母影响至深。《余集·先妣王硕人行状》记硕人大节甚详，闻清兵破昆山、常熟，“遂不食绝粒”，临终命炎武“无为异国臣子”。故书硕人卒年“弘光元年”，篇末“今将以□□三年十月丁亥合葬于先考之兆，在先曾王考兵部右侍郎公赐茔之东”，所缺二字似为“隆武”[④]。《从叔父穆庵府君行状》云：“以昭阳赤奋若（清康熙十二年癸卯）之春二月甲寅弃我而逝。”即用岁阳岁阴表其卒年。《亭林诗集》标年及诗序则多用此。甚至历法亦遵明朝旧历，不用清朝新历。[⑤] 皆以文明志，示其不承认清朝得天下为继统。

朱彝尊留恋故国，却应召清廷博学鸿儒科[⑥]，又任日讲起居注官，周旋于清主左

---

① 分见《有学集》卷16，《牧斋杂著·有学集文集补遗》、《牧斋外集》、《牧斋集补》；《魏叔子文集·外篇》卷11。

② 《思复堂文集》卷3《明遗民所知传》。

③ 《亭林文集》卷4《与人书十八》。

④ 顾炎武：《亭林诗集》卷1《十月二十日奉先妣葬于先曾祖兵部侍郎公墓之左》、《墓后结庐三楹作》二首，皆系于疆圉大渊献即丁亥年。时弘光已亡，隆武乙酉七月建元，至丁亥正好三年。唐王虽于丙戌十一月遇难，而臣下散失或未知。《四部丛刊》影印清康熙刊本。王冀民：《顾亭林诗笺释》卷2《路舍人家见东武四先历》云：“原抄本题曰：隆武二年八月，上出狩，未知所之。其先桂王即位于肇庆府，改元永历。时太子太师吏部尚书武英殿大学士路振飞在厦门造隆武四年大统历，用文渊阁印颁行之。”中华书局1988年版。《有学集》卷34《路公神道碑》亦云：振飞“造隆武四年历，用文渊阁印颁行。所以系人心，存大统也。”皆可见是时东南仍用隆武历。鲁监国建元在丙戌，丁亥则为二年。

⑤ 《顾亭林诗笺释》卷1，屠维赤奋若（己丑，为隆武四年、永历三年、清顺治六年。）《元日》“东夷扰天纪，反以晦为元”句，《笺释》：实指清顺治六年正月庚申朔。明季犹用旧大统历，清顺治二年改用钦天监汤若望所定时宪历。先生辛丑岁《元日诗》自注：“夷历元日先大统一日。”即以去年十二月晦为本年正月朔。卷2，柔兆涒滩（永历十年，清顺治十三年）《三月十九日依韵奉和陈生芳绩》其三：“祭祢不从王氏腊，朝正犹用汉家春。”

⑥ 嘉定黄陶庵淳耀，中崇祯十六年进士，未谒选而归。乙酉六月，清军攻嘉定城破，逃至城郊僧舍，人劝其可以不死，淳耀以“城亡与亡，岂以出处贰心！”毅然自裁殉国。见《陶庵年谱》，北图珍本年谱丛刊第63册。《曝书亭集》卷36《黄先生遗文序》，许其“毅然有不可夺之节，蒙难不失其正，顺道而死。”而于腼颜仕清之辈，则曰：“其进也不以礼，其禄也非其道。几微祸福之不明，进退出处死生之未能信，善道之谓何？无他，诚未立于中，宜所守之易夺矣。”持论甚正。然日后应清廷之征，又当何说？

右，立身处世与亭林、梨洲大相径庭[①]。《曝书亭集》诗集分卷标年，亦效仿亭林；《赋》、《记》中岁阳岁阴屡见不一，颇失遗民之本意[②]。

与明遗民态度截然对立者，乃清初大学士王熙。《碑传集》卷18王熙《吏部尚书郝惟讷墓志铭》末云：

公生于天命癸亥九月二十七日，得年六十有一。

惟讷死于康熙二十二年七月，当即此《铭》之作年。而天命癸亥年即天命七年，于明为天启三年，距明之亡尚有二十余年。《铭》于惟讷父郝杰云，“明崇祯进士，入国朝为户科给事中”，不讳其为两朝人。惟讷固待入清方释褐，而其生长于明朝则不可掩，亦不必讳。乃以天命年号纪其生年，岂以其生于后金耶？后金偏居东北一隅，与明朝乃为敌国，以惟讷生于天命，则以明人而为他国人，其于墓主人亦诬之甚矣！惟讷直隶霸州产，即以其出自元臣郝经，亦不必引喻失义至此。当时玄烨虐威未著，乃王熙自我附昵清廷。究其生平，一则以习学满语第一为清主所赏识，得以授命记录清世祖遗诏；一则首倡诛吴应熊，得以厕身满洲贵族的议政会议：蒙恩之殊，汉人中绝无仅有。其铭郝惟讷，既不惜认敌国为皇天后土，则其自视出生如何，即可推知。非止不能与顾炎武比，即与当时出仕清廷者如冯溥、李霨之流亦相去悬远，真有如同时而隔世之人！

同卷次年作《赵之符墓志铭》，又云：

生于天命乙丑年（天命九年）二月九日，卒于康熙丙寅年六月十一日，享年六十有二。

赵之符入清时年已二十，生长于明。而书其生年仍用天命，是知非偶然，固属王熙之本意。用后金年号以纪明人，亦唯王熙一人而已。

而其稍后所作墓铭，又不尽如此类。同书卷4《李霨墓志铭》云：“康熙二十三年六月乙巳，大学士李公以疾薨于邸第，年六十。”篇首即明书康熙年号，隐去传主生于明天启五年，却也未书生于天命乙丑。卷18《沈荃墓铭》，又明书“公生于明天启甲子九月二十四日”，亦不云生于天命八年。康熙二十四年作《高辛传墓志铭》：“生于前万历四十一年癸丑七月初三日”。皆一反故态，直以明朝年号表墓主生年，或为人所讥，稍知愧悔？然郝、赵两《铭》已勒于碑石，不能追灭。

---

① 《曝书亭集》卷11《夏日瀛台侍直纪事》，作于重光作噩辛酉，即清康熙二十年，有句：“暗水三桥出，明星万户开。玉堂铃索动，宣唤入瀛台。朦胧深树里，忽露九支灯。丽草云根润，风花舄下香。”以景寓情，适见其受宠若惊，心潮歆动，难以掩抑。又，《十三日乾清宫赐宴》，作于昭阳大渊献癸亥正月，即康熙二十二年，有句：“梦游真不到，今夕奉恩私。”《是夜赐内苎表二里一》：“风光今岁早，春服最宜人。”皆其得意之笔。《二十日召入南书房供奉》：“愿为温室树，相映上林春。”《二月初二日赐居禁垣》：“承恩还自哂，报国只文章。”则其志可见。昔时遗民意气，早已烟消云散。卷12《自禁垣徙居宣武门外》，即次年谪迁出宫而作，对清主恋恋不舍，“谁怜春梦断，犹听隔城钟。”失落之情跃然纸上。或以为竹垞既置身宫禁，奉命诵圣，乃不得不作。此正竹垞不如顾、黄之处。大节不明，不善自我区处，岂能免一失足而成千古恨！

② 《曝书亭集》卷66，为宋荦作《西陂记》：“今岁旃蒙作噩，天子复书‘鱼麦堂’以赐。”则康熙四十四年乙酉事，今天子谓清圣祖玄烨也。卷67《古南禅院重建方丈记》：主其事者为牧云禅师再传弟子岷源。“工既毕，而岷源之力殚矣，竟以疾谢世，岁在屠维赤奋若”。则似为顺治六年己丑。

二、《黄梨洲文集》碑传纪年

顾炎武与王熙，可谓汉族士人中的两种极端。然而人是复杂的，思想感情更复杂。当时汉族士人，无论其出仕清廷与否，绝大多数游移于两端之间。而其中又有不同层次之别。鄙弃清朝年号，自是表明内心不承认清政权为正朔。本此态度，自当坚守明遗老立场，必不出仕清廷。然而处在各种压力之下，人们的行为与其思想信仰往往又不尽一致。明清之际人物的复杂性不仅反映在两极端之间的层次众多，更体现在同一人前后思想的变化，其中又以黄宗羲最为典型。

梨洲早年自矢反清，追随鲁王，颠沛流离于山林海涛之间，自谓“自北兵南下，濒于十死者矣。”① 其著《弘光实录抄》自署“古藏室史臣”，《行朝录》自署“左副都御史”，全不顾清廷禁令，备书弘光以下南明各年号，称“思文皇帝”、“绍武皇帝”、“监国鲁王”、“永历皇帝”。迨晚年声名益盛，乃称清廷为“国朝”。梨洲这一转化，于其所作碑铭纪年中亦有明显反映。

（一）梨洲特重碑传义法

清初作者，唯梨洲自称特重铭法。其云：

夫铭者，史之类也。史有褒贬，铭则应其子孙之请，不主褒贬。而其人行应铭法则铭之，其人行不应铭法则不铭，是亦寓褒贬于其间。后世不能概拒所请，铭法既亡，犹幸一二大人先生一掌以堙江河之下。

大凡古文传世，主于载道，而不在区区之工拙。故贤子孙之欲不死其亲者，一则曰宜得直而不华者，铭传于后；再则曰某言可信，以铭属之。苟欲诬其亲而已，又何取直与信哉？亦以诬则不可传，传亦非其亲矣，是皆不可为道。

今日古文一道，几于坠地，所幸浙河以东二三君子得其正路而由之，岂宜复徇流俗，依违其说？弟欲一以古人为法，宁不喜于今人，毋贻议于后人耳。②

梨洲有感于明清兴亡之际，“殊多贤者，其事亦多卓荦可书。二十年以来，风霜销铄，日久芜没”。故痛心疾首，以为“国可灭，史不可灭！后之君子，能无遗憾耶?”③是知梨洲志向所在，即欲“一以古人为法”，“一掌以堙江河之下”自许。梨洲又为文献大家，以碑铭之属视之为史，其主张不妨直书，并寓褒贬于铭中，此所谓“铭法”即史法。否则，即无取于直与信，乃诬其所亲。铭法不存，何足为训。

然而仅据此，我们只能得出结论说，梨洲所重铭法在于秉笔直书，无须隐恶扬善而已。关于铭法义例，梨洲曾云：“凡书出仕于前代，称其国号，当代称皇。柳州柳浑、

① 《黄梨洲文集·怪说》。
② 《黄梨洲文集·与李杲堂陈介眉书》。
③ 《黄梨洲文集·户部清吏司主事董守谕墓志铭》。

陈京《状》是也。”至于碑铭中所用前代年号是否即可代表其国号，尚有待进一步认定。①

梨洲自道其不妄作应酬之文，故非止独重墓铭，即于行状亦不肯稍有宽假。其安人叶氏之丧，儿子百家书《行实》以呈，梨洲嫌琐碎铺张，斥之曰：“恶！汝欲以是不死其母乎？抑徇世俗而为之乎？”并亲作一通以示其子孙，以为万不得已，只可如此，并题为《庭诰》，存之《文集》。其云：

安人余姚叶氏，嘉靖戊戌进士工部郎选之曾孙，嘉靖乙丑进士郧阳知府逢春之孙，万历己未进士按察使宪祖之女，黄氏忠端公之子妇，梨洲山人之妇也。山人以职方兼御史征，例封安人。生于万历己酉，卒年六十有八。子三人。……安人年十七来归，时天启五年十二月，得奉事忠端公三月。忠端公就逮，留《家训》一章，中言‘汝妇贤孝’。是安人生而得忠端之谥也，余亦不敢复加优劣。汝曹即极力模写，有能增益此二字乎？后世即不信今人之文章，其有不信忠端公之言乎？不须妄为蛇足。

按：《庭诰》旨在警示其子孙于先人墓铭行状力求平实简练，不得务为饰美，未曾论及王朝年号。然其述叶安人《行实》，实已着意于此。万历己酉，即三十七年，叶安人得年六十八，则卒于康熙十五年丙辰。然梨洲仅书其生于万历，来归时为天启，而独不言其卒年为康熙，绝不是偶然遗漏。《庭诰》作年未详，要之在康熙十五年之后。时距清初已三十余年，其家训、庭诰仍谨守遗民典则。梨洲自云“余以危叶冲风，滨于十死”，而“不敢负《庭诰》”。② 可知梨洲于碑传文字极其讲究，不止谓秉笔直书，且必须于行文中年号之取舍以寓褒贬，以此表达自己的立场。

关于这一点，《前乡贡进士董天鉴墓志铭》可谓范例。其云：

余观宁海陈大有，以宋咸淳乙丑进士，入元七十有四，重就乡试，摧折困踣于场屋，老死而不悔。有不当出而出者，以较可以出而不出者之为何如耶？近时之不赴公车者，于吾友中，吴有徐昭法，西浙有汪魏美、巢端明、徐兰生，东浙有万履安、颜叙伯、董天鉴。此数子者，其亦可以出而不出耶？抑不当出而不出耶？由是而言，隐逸之为名节，岂不信夫！

历史上易代之际，前朝有功名而重新应试新朝科举者多矣，而梨洲独举宋元更替时之陈大有，岂偶然耶？清军定江南，旋即开设科举，按籍征辟明代冠盖出任地方官职。“异时宦为大官者皆自削去。举人则复求会试”，时人讥之为“还魂举人”③。梨洲特为此而发也。其以为属于可以出而不出如陶渊明者，“此是自甘淡薄，亦复何关天下事？”

---

① 见《金石要例·书国号例》，《黄宗羲全集》第二册。按《柳河东集》两《状》，宗元于柳浑，述其先世“晋永嘉年，有济南太守卓者，去其土，代仕江左”；又“自卓至公，十有一代，为士林盛族，著于南朝历代史及柳氏《家牒》”云云；及浑，只书玄宗开元、德宗贞元等年号。陈京《状》仅及其本人，唯见代宗大历、德宗贞元年号。则梨洲所谓“前代称其国号”者，即晋、南朝是也；而“当代称皇”，则代之以年号可也。按此例，述明清之际人物，必书明明朝，入清则仅用年号。梨洲所撰《孝廉子孟卓君墓志铭》述其先世云“明让皇帝逊位，成祖诛朝臣之不附者，以忠贞卓敬为首”；至其考，则书“登顺治丁亥进士第”，即遵此例。而考梨洲其他碑传，又多不尽然。若稍作引申，是否可以说：不书明朝国号，其国固已无存，然不书清朝年号，则又意味不以其为“皇”耶？

② 《黄梨洲文集·寿徐兰生七十序》。

③ 《户部主事兼经筵日讲官次公董公（守谕）墓志铭》。

梨洲之所谓隐逸，则专重“不当出而不出者”。而其之所以不当出，即与“名节”有关者，又必关涉“天下事”。梨洲云：“夫名节，非关生死利害之际不可得见。”① 梨洲又云：“士之报国，各有分限”②，所谓名节者，又非谓在野之士夫其必以死，然易代之际，在毁弃衣冠伦常的异族统治之下，则必不可出，是为尤难③。明乎此，方可知梨洲之意。故其《铭》董天鉴，南都覆亡之后，“屏迹海上，箪瓢晏如，酒阑发语，危苦凄切。盖如是者十有六年而卒，则辛丑四月二十二日也。上溯癸卯三月二十四日，享年五十九。”前文用明年号嘉靖、万历、崇祯，以示墓主人为明朝人，而卒年不书顺治十八年，视其为明朝之遗民也，未曾改仕清廷。毫无疑问，此天鉴之名节，即梨洲之义例。

至此可以断言，梨洲为人作墓铭，于墓主纪年或用干支，或用明清年号，亦应自有义例，必不滥用。由此我们又不妨进而推断，梨洲晚年所作墓铭，多用清朝年号，当非从俗，或漫不经心，而实为其思想转变之表征。

（二）梨洲自相违戾

《梨洲文集》所载碑传凡一百四十余篇，传主类别不一。以下选择身历明清两代各类人物碑传中特可注意者若干篇，标明如何纪年，附以作年，以见梨洲政治态度及立场演变之迹。至若于明未曾任官，入清之后得功名出仕者，多用清年号，或改仕贰姓，生卒年分用明清年号，皆无可厚非，略而不论。

（甲）入清抗节不屈，兵败后或死或隐

《钱忠介公（肃乐）传》，康熙十六年作，专用明朝及南明弘光、鲁监国、隆武年号，如丁亥为隆武三年，卒年戊子用鲁三年。且特揭明忠介孤心苦节，“臣自举义而来，大耻未雪，终不敢归安庐墓”。其漂泊海上而信念弥坚：“独不闻有宋末年，二王不在海上，文、陆不在船中乎！后世卒以正统归之。而况于不为宋末者乎？”桴亭诗“绝岛君臣留正朔，瘴天风雨葬忠魂”二句即咏此。④ 梨洲于《传》通篇不用清年号，此与忠介身份最相符合。同年所作《兵部左侍郎苍水张公墓志铭》表彰抗清名臣张煌言。述其先世及煌言得功名，用明朝年号。而“东江建义”以下，直至康熙三年甲辰煌言被俘就义，前后十九年，则专用干支，以示传主始终坚持民族气节，不曾屈从清朝。篇末云：“余与公，则两世之交也。念昔周旋鲸背蛎滩之上，共此艰难，今公已为千载人物，比之文山，人皆信之。余屈身养母，戋戋自附于晋之处士，未知后人其许我否也。”⑤ 可知至康熙十六年，梨洲虽有愧于亡友，而于碑传中尚能严守自家义例，遗民立场未曾动摇。

---

① 《寿徐兰生七十序》。

② 《宪副郑平子七十寿序》。

③ 《陆汝和七十寿序》云：“屈指危亡事始，一时名存身丧者，固不让丁宋。而慨然记‘甲子’，蹈东海之人，未几已怀铅椠入贵人之幕矣；不然，则索游而伺阍人之颜色也。其逃之方外者，可谓勇矣，而挝鼓上堂，而竟忘其始之何以为是也。自吾友沈、徐、汪、巢数子而外，可以登汐社之堂者，寥寥盖不数人。”“向使先生死文、谢之幕下，烈则烈矣，何如以今日所少者，留之作一榜样乎！”

④ 《陆子遗书·诗集》卷4《遥哭希声钱公》。

⑤ 《鲒埼亭集》卷11《梨洲先生神道碑文》：“公之从亡也，太夫人尚居故里。而中朝诏下，以胜国遗臣不顺命者，录其家口以闻。公闻而叹曰：‘主上以忠臣之后仗我，我所以栖栖不忍去也。今方寸乱矣，吾不能为姜伯约矣。’乃陈情监国，得请，变姓名，间行归家。”梨洲之心所慊慊者指此。

康熙四年所作《董公（守谕）墓志铭》，表彰浙江鲁王政权中众志士辗转撑拄。传主兵败后隐居著书，不与官府相往还。直至“滃洲（即舟山）破，张相国之俘入，其孤欲还里，无有为之保者。公作而曰：‘此吾事也。’入言于监司。公之干涉当道者，二十年中，唯此而已。”铭中书明天启、崇祯年号，称鲁王曰“王”，称崇祯亡后为“思陵”①，于传主生卒用干支。《王仲撝（正中）墓表》云“行（在）初建，进□所著《监国鲁元年大统历》”，缺字为“某”，梨洲自谓也。② 仲撝在江上，与梨洲生死与共。丁未“八月十九日仲撝卒，年六十九”，不书康熙六年，亦类此。他如《瑞棠杨公（士杰）传》，瑞棠任职南明弘光朝，未著生卒年，通篇不用年号。《陈齐莫（士京）传》，士京自东浙建义，先后于南明鲁王、唐王、桂王政权任事，顺治十六年病卒于军中。专用南明监国、隆武、永历年号，大书“颁隆武四年大统历”。未具作年，而篇末云：“余读君《海年录》而悲之，《赐姓经略本末》略具，不为删去，使知海外别有天地也。”则为梨洲早年所著南明诸史之篇目。其时梨洲心胸何等壮阔，何曾为清廷禁令所拘束。

此类人物，至死以明臣自居，不仕贰姓，不赘举。要之梨洲能自守铭法，不书清朝年号。然其后梨洲竟多有违之者。

其中《硕肤孙公（嘉绩）墓铭》甚不可解。其云“顺治丙戌六月二十四日，孙公硕肤卒于海外之滃洲。滃洲寻为界外，殊绝内地。康熙乙丑，还滃洲于定海，其孙讷渡海载公柩归葬烛湖。盖公墓之不作寒食者四十年矣。”嘉绩随鲁王赴海上一年而殁，而灵柩归故土，已在康熙二十四年。《铭》当作于此时。关于鲁监国的历史地位，梨洲予以充分肯定：“东浙因之立国一年，顾不可谓无益兴亡之数。血路心城，岂论修短？陈寿即仇诸葛，不能不纪蜀汉；弘范虽逼崖山，未尝不称二王。从来亡社，亦关国脉。”至于与墓主之关系，梨洲自云：“余与公共事时，膂力方刚。今癃残顽鄙不死，始得铭公之墓。”嘉绩之子延龄，“中书舍人，从亡海外。”“孙女几，其一嫁太学生黄正谊，即余子也。”《铭》未交代受何人之请，以梨洲与嘉绩之交谊姻亲，固可不待请托而作也。唯嘉绩生前不曾践清廷之土，食清廷之毛，何至于一书顺治，再书康熙？实有玷于

① 萧奭：《永宪录》卷1，康熙六十一年四月庚午：“我朝以明臣中允李明睿为礼部左侍郎，议故君后谥号，议上怀宗端皇帝，后曰烈皇后。以与朝谥前代之君，理不称宗，改为庄烈愍皇帝。至思宗烈皇帝，则伪弘光所谥。国初人文集多误称，或曰庄烈陵固名思陵也。”中华书局1959年点校本。是知“思陵”为弘光朝所上庙号。然非止清初士大夫著书多所沿用，清修《明史》卷114《庄烈帝愍周皇后传》亦称“思陵”。黄宗羲：《弘光实录抄》卷1，崇祯十七年六月辛酉，“上大行皇帝谥曰烈皇帝，庙号思宗”。卷3，弘光元年二月庚辰，“改谥先帝毅宗烈皇帝。知北亦谥思，于是改定，以修实录”。似以清廷谥崇祯曰思，故改庙号为“毅宗”。《黄宗羲全集》第二册。谈迁《国榷》卷104，系于元年二月甲戌，“改先帝庙号毅宗。本朝谥号不相犯。今犯武宗谥，非也”。改谥理由又不同，而庙号改为毅宗则一。中华书局1958年校点本。《清世祖实录》惟称“崇祯帝”，不见有“思宗”、“思陵”字样；中华书局1985年影印本。于敏中《钦定日下旧闻考》卷136，引清世祖章皇帝谕修明崇祯帝陵诏，亦云“维有明庄烈愍皇帝”，仍不称宗。北京古籍出版社，1981年标点本。乾隆《御制过清河望明陵各题句》论列明朝各帝，及崇祯有“就寝饰终经早备”，句下注：“议加谥庄烈帝。”下句“起楼设主更重培”，注：“顺治年间，改建思陵。”台湾影印清文渊阁《四库全书》本。据此，清廷于崇祯陵似确称“思陵”，乃以谥号称陵寝。

② 《鲒埼亭集外编》卷29《残明东江丙戌历书跋》载正中表文，称《大明监国鲁元年丙戌大统历》，云：“（南明）四王迭起，其自为正朔者尚十余年，节气、正闰、晦朔互有不同。”并参《鲒埼亭集》卷11《梨洲先生神道碑文》。

墓主人。抑梨洲此时思想上南明鲁王政权虽仍有一席之地，而斗转星移，自忖此身已脱胎换骨，可以改奉清廷为正朔耶？

又，《纪九峰墓志铭》，纪五昌，字衷文，九峰其号。为钱忠介公肃乐弟子，东江起事，九峰入其幕府，授行人司行人，分明抗清志士，事败隐居太白山中。梨洲此《铭》竭力表彰，云："盖忠义者，天地之元气。当无事之日，则韬为道术，发为事功，漠然不可见；及事变之来，则郁勃迫隘，流动而四出，贤士大夫歘起收之，甚之为碧血穷磷，次之为土室牛车：皆此气之所凭依也。金石变声，余所记录者亦多矣。而吾友高辰四为纪衷文丐幽堂之志，亦其一人也。"① 此虽因人请托而作，然高辰四为遗民②。《铭》中叙传主及其先世，概不用明朝年号，亦不见干支。唯篇尾云"康熙辛酉八月十一日卒，正君所期之年也。"岂非欲令改作清朝人？实为败笔。辛酉为康熙二十年，正梨洲歆动于清廷《明史》馆开张之时。

他如《大学士朱公（天麟）墓志铭》，传主为明崇祯翰林编修，南都失守，先任职隆武朝，永历朝官至大学士，《铭》实为永历朝之史，极具其颠沛流离之状。天麟于壬辰八月病殁，即永历六年，清顺治九年，分明为明朝人物，故于《明儒学案》特备一章。然此《铭》竟云"康熙壬寅，丧车还里"。梨洲自云《铭》作于癸丑之后十年，则在康熙二十二年癸亥，无怪如此。此皆用清朝年号以志明朝志士，与上述钱肃乐等传、铭大异其趣。

（乙）入清不出，终身为遗民者

梨洲曾自道其入清之后坚守遗民志向不移。《前乡进士泽望黄君圹志》：

余兄弟二十年以来，家道丧失，风波震撼。虽为论者所甚惜，然读书谈道，穷岩冷屋，要复人间推排所不下，则嫣然相对于霜落猿啼之夕者，自信有不以彼而易此也。

泽望者，其弟宗会也，作于康熙二年癸卯，不用清年号表年。"二十年以来"之"霜落猿啼"明指故国覆亡之痛。而梨洲兄弟早年均积极参与复明，始终相互勉励，自信不改奉新朝，可谓铁胆石心，筋骨峥峥者矣。

梨洲又讥儒者相率逃禅，不能以道统自任。《七怪》：

近年以来，士之志节者多逃之释氏，盖强者销其耿耿，弱者泥水自蔽而已。有如李燮避仇，变姓名为佣保，非慕佣保之业也。亡何而棒篦以为仪仗，鱼螺以为鼓吹，寺院以为衙门，语录以为簿书。挝鼓上堂，拈香祝圣。不欲为异姓之臣者，且甘心为异姓之子矣，忘其逃禅之始愿也。是避仇之人而夸鼓刀屦豨之技也。

亡国之大夫，更欲求名于出世，则盗贼之归而已矣。

何其皎皎耿耿，誓不为异姓子民，掷地有声，读罢令人不胜欣慕向往之至。

其中"不欲为异姓之臣者，且甘为异姓之子矣"一语颇可玩味。士大夫逃禅之本意，在不作清廷之臣。梨洲意谓既身披缁衣，则不当"拈香祝圣"；既已颂祝大清天子，则实为清廷子民。与其逃禅初衷大相径庭。此意甚显。而从另一方面而言，梨洲此

① 并参《鲒埼亭集外编》卷24《钱忠介公葬录题词》。

② 《李杲堂先生墓志铭》："绝意人世，穿窜草石，与失职之徒万悔庵、徐霜皋、高辰四诸君，缘情绮靡，音调凄凉。"《鲒埼亭集》卷14《明故兵部员外郎檗庵高公（宇泰）墓石表》："都御史（斗枢），诸弟斗权字辰四，斗魁字旦中，皆遗民之苦节者，时人并公称为'四高'。"

语又表明，若拒绝祝圣，于内心不承认清廷统治，即无须逃禅，亦可保存遗民立场。

梨洲这一看法，在其后所作《王义士（台辅）传》仍有迹可寻。王氏世代为农，至台辅始为诸生，尚不属士大夫。清军南下，台辅以“义不食周粟”自誓，曰：“吾为谁氏之民也，而可使食他粟!”顺治四年丁亥，自家粟尽，乃自尽死。梨洲曰：

太史公谓伯夷义不食周粟者，盖伯夷先时归周，禄以养老，隐于首阳，始不受禄，故谓之不食周粟。若以率土之粟即为周粟，则薇与粟何择焉？台辅之法伯夷，无乃误乎！……虽然，血性流行，新陈百变。古之所无，不妨有之；古之所虚，不妨实之。不恨今人不见古人，而恨古人不见今人也！抑可谓善学古人者矣。

此《传》作于丁亥之后三十余年，则在康熙十六年之后。梨洲虽不赞成效法台辅，却对其予以高度评价。可见梨洲仍以观念上不承认清廷为遗民之准则，百姓身在草野田间，衣食住行无不与现行统治相关涉，岂能一一断绝。唯有思想上不承认异姓统治，即可称为遗民。反之，若在内心思想感情上接受清廷统治，则无论在行为上如何标榜，亦不能视为真遗民。然而，梨洲后来思想认识，与此观念渐渐背离，这一点下面还要谈到。

梨洲为遗民作碑传，多能自守遗民立场。诸如《征君沈耕岩先生（寿民）墓志铭》，述其在明朝事则大书国号“有明”、年号“崇祯”，入清则用干支，不用年号。南都覆亡，“耕岩不返故园，东迁西徙，入山唯恐不深”。弘光初，耕岩于陈名夏有庇护之恩，俾其北返。名夏后仕清官至大学士，“将特疏荐之，专使寓书。耕岩不开封，对使焚之。”并寄书以绝名夏之望：“龚胜、谢枋得，其智非不若皋羽、所南也，而卒以陨厥躯者，缘多此物色故耳。故凡今之欲征仆者，直欲死仆者也。”语气斩截，毫无转环之余地。及述耕岩之死：“乙卯五月属疾，门人吴肃公侍。耕岩命其载笔曰：‘以此心还天地，以此身还父母，以此学还孔孟。’语毕而卒，是月之三日也，年六十九。”此《铭》作于康熙十四年之后不久，乃梨洲“泫然和泪”而作，倘若书卒于康熙某年某月，岂非大负死友？

又如《佩于李君（振玘）墓志铭》，历述明天启、崇祯年号，“君用（其父）尚书恩授前军都督府都事，未仕而国亡。与其兄振玑多与失职者游。壬寅正月，振玑被诬入狱。君悉其有以出之，遂亦郁郁而死，盖癸卯十一月某日也，五十有一。”是知传主兄弟为清廷迫害而死。壬寅、癸卯，康熙元、二年。他如《申自然传》、《吴前僧先生传》、《陈乾初先生墓志铭》等，及康熙二十四年作《邓起西墓志铭》，卒年皆不书清年号，以免有污故人。

可惜亦有不尽如是者。如《陈定生先生墓志铭》：“生于万历甲辰十二月九日，卒于顺治丙申五月十九日。”传主生前为作者至友。“国亡之后，残山剩水，无不戚戚可念，埋身土室，不入城市者十余年。先生即甚贫乎？而遗民故老时时犹向阳羡山中一问生死，流连痛饮，惊离吊往，恍然如月泉吟社也。”梨洲自道此作原委，定生之子“维崧以先生卒后六年十一月葬于亳村新阡，又后十有八年，从京师函币寄余，求铭幽石。维崧以博学鸿儒征入史局，天下方藉以发潜德之幽光，而况于其先公乎！”而维崧乞铭之文云“先大人亦修所南、皋羽之节，茹恨黄墟”①，则定生生前持守遗民之节甚苦，岂能预料二十年后其子应召清廷？更何曾料到梨洲表其卒年曰顺治丙申。如此相类者，尚有《赠编修弁玉吴君墓志铭》。吴梦寅，字弁玉，明末澄社领袖，入清未仕。以其子吴涵入清翰林，赠编修，《铭》即应吴涵之请而作。涵致梨洲书：“先君子幼罹孤苦，孝友倍笃。长更乱离，谢弃场屋，闭门扫轨，唯以训子读书为事。涵虽叨一第，风木衔悲，鲜民之痛，百死莫赎”云云。② 是弁玉固不待沾其子之余荣以重也，而梨洲竟以“卒于康熙丁巳”加之。

陈、吴二人墓铭卒年书顺治、康熙，尚可说梨洲顾及传主有子在清廷为官。而《顾麟士先生墓志铭》，麟士其字，讳梦麟，明末创立应社。“桑海以后，断迹城市”。乃癸亥年麟士之子顾湄“以所作《行略》丐余为《志》，迟之二年，余虽衰病，不敢负此一诺也。”则作于康熙二十四年乙丑。顾氏父子皆遗民，而书麟士“生于万历乙酉，卒于顺治癸巳十一月二十日”。梨洲或以时文选家目麟士，故如此，实未照顾其心迹③。又，《顾玉书墓志铭》乃乙丑梨洲于吴舫周氏座上见玉书之子顾宗俊“流落可怜，且以其父墓志铭为请”，亦作于康熙二十四年。又如《雪蓑闵君墓志铭》，墓主闵声于“金石声变，隐闭不关人事，以遗民自置。监司慕而请见，辞阻再三，乃以幅巾请谒”。曾因庄廷鑨明史案牵连下狱。梨洲大生感叹，“夫所谓穷者，失禄不仕，憔悴江湖之上耳。亦何至交臂历指，与囚徒为伍，其穷者转而为祸乎？”原其情，论其事，皆不可书卒年曰康熙庚申。其子“紫澜清苦自持，颇疑其特立独出。”具《行略》以请，《铭》云：“康熙庚申三月十七日病将革”，则作于康熙十九年之后。又如《万公择墓志铭》，墓主万斯选为万泰第五子，斯同之兄，禀承履安遗民气节，入清后不求功名，终身隐居著书。梨洲云：“知公择者，家人未必如余，故不俟其请而铭。”然大书“卒于康熙甲戌”，即康熙三十三年，为梨洲辞世之前一年。

以上传主皆以明遗民自守，其子并不显。即或所据之《行状》上有清年号，梨洲若能守正而置之不理，何为不可？而以清年号书墓主卒年，实为梨洲自作多情。

（三）梨洲所持遗民准则

梨洲云：

天地之所以不毁，名教之所以仅存者，多在亡国之人物。血心流注，朝露同晞，史于是而亡矣。犹幸野制遥传，苦语难销。此耿耿者，明灭于烂纸昏墨之余，九原可作，地起泥香，庸讵知史亡而后诗作乎！

以余所见者，石斋、次野、介子、霞舟、希声、苍水、密之十余家，无关受命之笔，然故国之铿尔，不可不谓之史也。④

---

① 《黄梨洲文集·附录》22 陈维崧致书。《附录》所录书二十六通，为《文定》刻成之时梨洲所自选定，故知甚为看重。

② 《黄梨洲文集·附录》20 吴涵致书。

③ 《陆子遗书·诗集》卷4《和顾麟士瓶中落梅诗》有：“似将劲质标南国，不是冰心畏北风。憔悴已将春意减，飘零犹有暗香通。”“天意以谢未能回，零乱随风点翠苔。幸得移藏云母幌，那堪垂落单于台。闻道岭南消息好，可能重寄一枝来。”则顾麟士至死心系南明，可见一斑。

④ 《万履安先生诗序》。

这是梨洲的夫子自道。虽“无关受命之笔”，亦当继石斋以后，以成一代完史。问题是，梨洲既视碑传为亡国之史，则自应视传主为故国遗民。梨洲为志士遗民作碑传，本意固在表彰民族气节，不肯降身屈志，苟且偷生。然而以清朝年号以表故国遗民，既不符合故主生前意愿，亦与梨洲自定义例相违戾。此种矛盾，绝非梨洲漫不经心，实与其遗民态度转变有关。质言之，即在如何看待新朝统治这一点上，梨洲态度前后有异。梨洲思想演化之迹，本文不具论，下仅就梨洲集中碑传文略微涉及。

顺治十六年己亥作《万悔庵先生（履安）墓志铭》，于墓主生卒年云：“生于万历戊戌二月十三日，卒于丁酉十月初六日。”即讳其卒年为顺治十四年。万泰为梨洲挚友，素所钦仰，入清后拒绝出仕。“大兵渡浙，一时士人讳言受职，皆改头换面，充赋有司。而公车之征，先生独不行。”谓清初顺治三年清军占领浙江之后，曾于弘光、鲁王下任职者，纷纷抛弃旧桃以换新符，效力清廷。而履安卓然不为动。在梨洲看来，墓主之可贵者，尤在其不为清廷粉饰文治所迷惑。“先生既无心于当世，庙堂著作，坊瓦摸勒，凡士林之所矜贵者，一不以寓目。”顺治十四年之前，清廷除实行科举以笼络士子之外，并无多少新气象，谈不上什么庙堂著作，然而“草上之风必偃”，观瞻所在，功名诱人，士林云从景行，履安视为蔑如。而“有传吴霞舟先生遗稿自海外者，用故名纸书之，半页千言，漫漶漏夺。先生摩挲细视，手抄件系，遂为完书。”① 霞舟先生，即殉节翁洲之明礼部尚书吴锺峦别字稚山者也，则履安之心香实在海外鲁王君臣。霞舟之遗稿即遗臣之心血，赖履安得以存留人间。梨洲故特为标出。

梨洲此番议论，与前文所引论隐逸名节一段相关联，其意义即在于对遗民提出了一个更高的准则：是否承认满洲新朝，不独在仕之与不仕，更在于其心之许与不许。此乃真伪遗民之准则。吴锺峦云：“尺地莫非其有，吾方寸之地终非其有也!”② 此与梨洲最相契合。以今天的话来说，即对于满洲新政权之立场，必须同时从思想和实践两方面来要求。或心理上虽有抵触，行为上却不能坚守，腼颜出仕，此固不得视作遗民；而更有进之者，即行为上拒绝为清廷效力，而思想上却渐接受者，在梨洲眼中，亦不得称之为遗民。梨洲提出的后一准则，实已超出当时一般士大夫的观念。但不能否认，梨洲在立场转化之前，确然以此自持。苟明乎此，我们才能理解梨洲何以会对士大夫逃禅予以严厉斥责。才能理解上引“挝鼓上堂，拈香祝圣，不欲为异姓之臣者，且甘心为异姓之子”的真实含义。《董巽子墓志铭》：“木陈之召而归也，欲造楼以藏御书，巽子谐之云：‘一自云飘去北游，归来便建御书楼。而今不作新蒲哭，一任煤山花鸟愁。’嗣法木陈者持刀欲杀之，巽子跳而免。”木陈忞于清初眷念故国，倡导忠义，其为士大夫排难解纷，不惜挺身与地方官质对。牧斋云其“孤撑单出，流连涕泗于陆沉沧海之余，斯尤难矣。”迨其应清世祖之召，御敕国师，气焰熏天，甚为南方遗民与逃禅者所不齿。③ 梨洲于缁流持论之严如此，其于士类当更不轻许则又可知；梨洲既以此责人，则自视又当何如。

---

① 《鲒埼亭集外编》卷24《稚山先生残集序》云：“稚山先生殉节翁洲，其遗集在补陀三元寺中，浮屠敬中藏之，以故纸反书，磨糊汗漫，不可识别。万农部履安求而手抄之，共四册。”

② 《鲒埼亭集外编》卷9《明礼部尚书仍兼通政使武进吴公事状》。

③ 《有学集》卷21《山翁禅师文集序》，并参陈垣：《清初僧诤记》。

清廷定鼎，终成无可扭转的现实。然而在当时的遗民眼中，其治统并不符合道统，这是明遗民排斥满洲统治的思想依据，也是其感情上赖以寄托的基点。梨洲云：

儒者之学，经纬天地。世道以是潦倒泥腐，遂使尚论者以为立功建业别是法门，而非儒者之所与也。①

学者是否依附政权，须视其是否合于道统而转移，此何其分明。故士大夫必须身肩道统之任，倡明正学，以待明王，或用夏变夷。梨洲作《留书》，作《明夷待访录》，皆出此宗旨。

所以，士大夫非但逃禅，即逃于山水，逃于诗酒，亦梨洲所不许。其云：

若夫身当君父之变，天道不言，孤苦风雨，至情悖战于胸中，九裂不恨，奚有此醉乡之沾沾者乎？使当其时，而若颜氏子操瓢与箪，曾参歌声若出金石，孔子宁许之乎？此如黄河一泻千里，及至积石、龙门，浊浪驾山，鱼龙掀舞，而责之以平流安澜也。②

天崩地解，落然无与吾事，犹且说同道异，自附于所谓道学者，岂非逃之者愈巧乎？③

对于明遗民背离本性，逃避士大夫所肩负的责任，梨洲于《郑平子七十寿序》大发感慨：

余见今之亡国大夫，大略三等：或齷齪治生，或丐贷诸侯，或法乳济、洞，要皆胸中扰扰，不胜富贵利达之想，分床同梦。此曹岂复有性情！

而梨洲的理想则是“以气节发为文章”，以此砥柱中流，与士风，进而与朝廷相抗衡。

梨洲自标可谓高矣，持论可谓严矣。而清初的现实问题是，满洲统治者既以剃发改衣冠来毁弃华夏衣冠礼乐，又以屠刀和文字狱以镇压汉族人民的反抗。苟活在这样一个异族统治之下，梨洲借用郑元澄的话来说：“终日视息人寰，为所不欲为，言所不欲言，见所不欲见。慧命将绝，安用躯命为？”④ 慧命佛家语，在此显然可以泛指信仰和感情寄托。凡有良知的士大夫无不觉得艰于呼吸视听，思想情感窒息如此，是否还能寄希望将满洲政权变夷为夏，人们在思想上不能不存在极大的忧虑和疑问。然而，当清廷征召隐逸，乃至开博学鸿儒科以及明史馆相标榜时，是否又歆动了遗民士大夫用夏变夷的希望？正是在这一点上，梨洲晚年的思想发生了极大的动摇。

孙奇逢曰：“士不宜过自恃，不惟宜让古人，并宜让今人。”⑤ 说的是学术，我们亦可引申到历史研究中的知人论世。清初遗民处境艰难竭绝，后人立论，当尽量体会当时的历史环境和氛围，多予谅解。梨洲亦云：“事以征实为贵，言以原情而定。”⑥ 所以，我们在评议梨洲遗民态度转化这一点上，即当以其本人所揭之原则立论，而不应以外来之标准相苛求。

① 《赠编修弁玉吴君墓志铭》。

② 《郑元澄墓志铭》。

③ 《流别海昌同学会序》。

④ 《郑元澄墓志铭》。

⑤ 黄宗羲：《明儒学案》卷57《诸儒学案下·征君孙钟元先生奇逢·岁寒集》，中华书局，1985年点校本。

⑥ 《曹氏家录续略序》。

《余若水周唯一两先生墓志铭》是一篇极可注意的文字。清军攻下南京，即于全国推行剃发改衣冠。千百年礼乐衣冠毁于一旦，激起汉族人民强烈愤慨。这种无颜以见地下先人的巨大心理刺激并非独存在于士大夫之间，举凡知书识字者乃至普通民众无不皆然。[①] 于是以“头可断，发不可剃”相号召，掀起大规模的抗清斗争。但在清廷的屠刀铁蹄之下，广大汉人终于只能含羞忍垢，接受这一空前屈辱的历史命运。《墓铭》写得极为深沉，开篇即发感慨：

嗟乎！名节之谈，孰肯多让？生此天地之间，不能不与之（按：谓生计家室）相干涉。有干涉则有往来。陶靖节不肯屈身异代，而江州之酒，始安之钱，不能拒也。靖节所处之时，葛巾篮舆，无钳市之恐，较之今日，似为差易。

《两异人传》写得更为悲愤：

自髡发令下，士之不忍受辱者，之死而不悔。乃有谢绝世事，托迹深山穷谷者，又有活埋土室，不使闻于比屋者，然往往为人告变，终不得免。即不然，苟延蟒晷，亦与死者无异。

数百年之后读来，仍可感受到清初剃发令之残酷严厉，直令人迫于呼吸。屠刀加乎颈上，无人能免；留头留发，仅在瞬息转念之间。对于任何讲求良心的汉人来说，其心理承受力无疑是一次极为严峻考验。除逃禅一途之外，只能投身人迹罕至的僻野荆莽之中，否则即有杀身灭门之惨。“谁道孤臣心似铁，可怜新鬼发如银。”[②] 以抛弃乡梓田庐、甘冒风险的隐居来抗拒剃发，该是何其艰苦。设非心志卓绝，断难坚持。若水、唯一即选择这一条道路，以存祖先所留肤发衣冠。

若水字谦贞，会稽人，其兄煌为鲁监国礼部尚书，浙江溃败，“正衣冠赴水死”[③]。若水崇祯十六年进士，任宝应知县。弘光初，以刘泽清开镇，弃官归，后任鲁监国礼部郎中。事败，不剃发，逃隐山中。“冬夏皂巾，未尝科头，终身不离城南一步。疾革不药，曰：‘身二十年前死矣，今何为哉！’”“遗令勿求文士为铭状。越中称故老者推为第一”。[④] 唯一鄞县人，崇祯九年进士，以诗名，与万履安等“咸高不事之节”[⑤]。梨洲

---

① 李天根：《爝火录》卷11，乙酉六月甲子，长洲诸生顾所受赴水之前，所书：“自非同于匹夫匹妇之谅，实不忍为被发左衽之人。”即视剃发为灭绝伦常之变。浙江古籍出版社，1984年点校本。计六奇：《明季南略》卷4《江阴续记·难民口述》记载江阴人民答复清军劝降，通邑公议：“江阴礼乐之邦，忠义素著。止以变革大故，随时从俗。方谓虽经易代，尚不改衣冠文物之旧，岂意剃发一令，大拂人心。是以城乡老幼誓死不从，坚持不二。”中华书局1984年点校本。这是特殊环境中出现的中国历史上罕见的全民公决，比起其他史料更能反映民众的意志，故尤可注意。《有学集》卷35《和州鲁氏先茔神道碑铭》述崇仁公鲁一连拒绝剃发，于“弥留之际，循其发而语曰：‘此种种者，幸留以下见先人，可以瞑矣！’”又，《魏叔子文集·外篇》卷17《许秀才（王家）传》：“乙酉八月下剃发令，王家慨然太息曰：‘父母冠我时，祝我为何如人？此发岂复可毁伤耶？’……乃整衣冠赴河水而死。”剃发不止关乎礼乐，更关乎是否背弃祖宗。在文化心理上，后者的意义无疑要胜于前者。梨洲《海外恸哭记》所载苏兆人绝命词：“保发严胡夏，扶明一死生。孤忠惟是许，义重此身轻。”则更将反剃发与国家民族存亡相联系起来，义之所在，死生不辞。《黄宗羲全集》第2册。

② 《陆子遗书·诗集》卷7《闻文介石归途卒于湖广之桃源县遥哭四首》。

③ 《明季南略》卷6《余煌赴水》，并参《思复堂文集》卷2《余陈陈三公传》。

④ 《思复堂文集》卷2《余金二公传》，卷3《明遗民所知传》。朱彝尊以若水与刘汋并称，见《曝书亭集》卷41《刘高士寿序》。

⑤ 见《曝书亭集》卷75《知伏羌县事蒋君墓志铭》。

死前一年，仍称其“能兴起于学，使蕺山之流风余韵北渐而不坠”①。《两先生墓志铭》对若水、唯一以隐居抗拒剃发钦佩至极：

夫断发之令，屈以威武，惟死足以拒断。若水拒断而不死，非幸也，其心固拼乎一死也。唯一尽断其余，不能拒也，然尽断其余，非令之有，则犹之乎拒也。其时为僧者多矣，而嗣僧之法，则无与乎此也。所谓威武不能屈者，两先生庶几近之。

《铭》作于康熙十六年，为梨洲精心撰构。其中明书天启、崇祯年号，而于若水卒年曰“己酉岁”，讳康熙八年；唯一卒于“辛亥岁”，讳康熙十年。非如此不足以报墓主，而亦不失作者遗民本色。四年之后，梨洲仍视若水为遗民典型，感叹至深。② 其所持之准则，即心理上不承认满洲新政权的统治。

迨此《铭》收入《南雷文定五集》、《南雷文约》，已是康熙二十七年之后③。据陈乃乾先生校注，上引九十一字尽行删去，而改写一段中有云：

若水行在《孝经》，义理迫隘；唯一之途稍宽，世之君子往往由之。然不欲为异姓之臣者，顾反为异姓之子，无乃自相矛盾乎？唯一寄身释氏……

梨洲此番改动，非同小可，实大有深意。若水之行如何义理迫隘，《铭》中未加明指，是否谓其为保存父母遗留肤发而忽视其他孝道，无从知晓，也不必置辩。要之在论其剃发不剃发。原稿曰“若水拒断而不死”，即抗拒剃发令而未曾剃发也。唯恐有人揭发，故“冬夏一皂帽，虽至昵者不见其科头。”唯一乃“尽断其余”，则不似满人于头上盘辫，故“非令之有”，又明谓其非为僧，否则，何得谓之威武不能屈？今乃以其“寄身释氏”，“自相矛盾”者正梨洲本人。而尤可注意者，梨洲以“不欲为异姓之臣者，顾反为异姓之子”相责一语，则非单指唯一，乃并连及若水，亦非止谓逃禅一途，实已包举“世之君子往往由之”的隐逸。此前讥讽逃禅者拈香颂圣，是名曰不为异姓之臣，而实为异姓之子。如前所述，此乃梨洲所持遗民气节，不在披缁剃度与否，而在是否颂圣，即其内心是否承认异姓之统治。而今则隐喻若水、唯一虽内心不承认清廷，然足既不能不践清廷之土，口亦不能不食清廷之毛，即以普天之下莫非王土，率土之滨莫非王臣，总之无所逃于天地之间。披发也罢，隐居也罢，“薇”之与“粟”既无差别，即凡不欲绝食而死者，则终不免为清廷之子。至此，内心之信念，拒绝承认清廷统治与否，实已被置于无关紧要。进而言之，既为清廷之子民，又何碍于臣之与不臣？

此时梨洲内心如何看待遗民态度，如何看待满洲异姓统治，实已和盘托出，未加丝毫掩饰。其以二先生昨是而今非，即当自以为今是而昨非。然则是耶？非耶？其谁知之？二先生早已作古，其为人行事，人之相视如何，生前已无关于心，何况其身后？唯

---

① 《万公择墓志铭》。

② 《黄梨洲文集·宪副郑平子先生七十寿序》作于康熙二十年辛酉，其云：“渊明元嘉，晋亡已九年，朱子犹书‘晋处士’。是典午一星之火寄之渊明之一身也。年来汐社诸君子，汪魏美、余若水、万履安、沈眉生、巢端明，徐昭法、阎古古皆确然免于疑论者。”所举皆著名遗民。《鲒埼亭集外编》卷6《薛高士塚阙文》推“同时遗民之高节者”六人，余若水、周唯一与焉。

③ 据《黄梨洲文集》所附陈乃乾《黄梨洲文集旧本考》，《南雷文定》11卷本，刻于康熙二十七年。《五集》“生前未及写定，卒后，子百家校录为三卷，附谥议行略，改称《南雷文定五集》，藏稿于家。”《文约》更在其后。则收入《五集》之《余周两先生墓志铭》，距其初作已不止十余年。

梨洲生前看重名声，更在乎身后毁誉[①]，此番改作，果真由衷之言乎？抑其自悔前后颠蹶，以预防后人相诘难耶？

（四）梨洲对清廷之态度

梨洲现存文集，虽不似钱谦益于清廷显加诋丑，然其所谓“天崩地解”，实与亭林之“亡天下”同义。[②]梨洲云：“天下之治乱，不在一姓之兴亡，而在万民之忧乐。秦政、蒙古之兴，乃所以为乱也。”又云：“夫古今之变，至秦而一尽，至元而又一尽。经此二尽之后，古圣王之所恻隐爱人而经营者，荡然无具。”[③]然秦、元两代虽无道，尚无剃发改衣冠，故梨洲云：“秦虽暴，何至人人不能保有其身体发肤？”[④]据此完全有理由推测其下省略的隐语，即“满洲之兴，乃所以为乱也！”、“古今之变，至清而又一尽。”梨洲最初参与反清，于清政权竭力排斥，其著《海外恸哭记》于鲁王书“大明”，书“王师”，斥清军曰“虏”，称清摄政王多尔衮为“虏主”，其所持立场无需怀疑。

既然如此，即或烽烟消息之后，出于为生命计，不得不与入仕清廷者相干涉，相往还，乃至为之作碑传文使用清朝年号，都并非不能予以谅解。以梨洲曾任职鲁王，故“唯有活埋躬耕一法”，似过于苛刻。唯其早年崖岸甚峻，风裁过严，而至晚年称颂清廷之词，实出人意表，似非尽出于不得已。

《机山钱公神道碑铭》乃为明崇祯朝大学士钱龙锡而作。龙锡因保举袁崇焕获罪，遣戍九年之后还家。卒于乙酉春三月，在南明弘光朝，即是说，此《铭》乃为明人而作。而其插叙己巳之役清人使反间计一段，竟云：

先是，崇焕守宁远，大兵屡攻不得志。太祖患之，范相国文程时为章京，谓太祖曰云云，太祖善之。

此不属个别年号问题上的疑惑，而是插叙的一段背景，故绝非后来者所能窜改。将皇太极误作努尔哈赤，姑不论。钱龙锡为明人，且通篇皆是明朝年号，前文既未交待满洲立国，而此时距清廷得天下尚十余年，天下自是明朝之天下。于皇太极即使不用“虏主”，云“满洲主”，“建州贝勒”可矣。却忽来一“太祖”、一“范相国”，此明朝之太祖、相国耶，抑清朝之太祖、相国耶？梨洲如此书法，直欲承认大清朝廷为正统，实已呼之欲出。此与《明史》馆臣叙明朝事但凡涉及满洲辄称“我大清”何异？即梨洲复作，恐亦无以自解。《铭》作于康熙三十年辛未，应龙锡之孙柏龄之请而作。龙锡以完节终于明朝[⑤]，柏龄未必敢数典忘祖，梨洲大加发挥以向清廷表明心迹耳，颇类朱彝

---

① 《南雷文定·凡例》梨洲自道：“欧阳公晚年，于平生之文多所改窜。太夫人呵之曰：‘汝畏先生耶？’公答曰：‘非畏先生，畏后生耳。’余于旧本间有改削者，非敢比欧阳，而畏后生之意则同也。”《四库全书存目丛书》影印清康熙二十七年靳治荆刻本，集部第205册。

② 《日知录》卷13《正始》条：“有亡国，有亡天下。亡国与亡天下奚辨？曰：易姓改号谓之亡国；仁义充塞，而至于率兽食人，人将相食，谓之亡天下。”质言之，二者区别在一家一姓之兴替与种族文化之存亡。观其上下文，“国亡于上，教沦于下。羌戎互僭，君臣屡易”，以及“魏晋之清谈何以亡天下”，知顾氏必以清入关为亡天下甚明。至其以“匹夫与有责焉”，投袂而起，参与筹划抗清，终身不与清朝以共戴天，则以清之所兴即天下之亡，又甚明。今人蔡仲德乃有以顾氏亡天下之说旨在捍卫封建纲常，实不足辩。

③ 分见黄宗羲《明夷待访录》中《原臣》、《原法》篇，中华书局，1981年标点本。

④ 《黄梨洲文集·两异人传》。

⑤ 《曝书亭集》卷53《题十五完人墨迹》：“机山阁老终于江南，未入皇朝版图之前，皭然无滓，当时幸免东市之祸。晚节益为正人所依归。”

尊所作《高承埏墓表》①。然朱氏为钱龙锡作传，述及崇焕被崇祯收逮，即略去此段传闻。至弘光朝臣为龙锡辩诬，则云“崇祯十七年九月，巡抚都察院右佥都御史祁彪佳上言于福王”②，以此时北都虽亡，而弘光改元尚待次年，远较梨洲妥帖。

再看为清廷官员所作碑传。《郑振华神道碑》：“闽地内附，山贼王和尚窥建宁薄劣，攻城陷之，日事搜牢。王师至境，烬党谋以狂刃加民，乘烟电灭。公初已出重围，以夫人之病，入就医药，遂不能复出。公念身陷贼中，非死不足以自明；逮为狂刃所及，即死亦不足以自明，于是血书末命，穴墙藏之，举火自焚。夫人从焉。”据其文，为顺治五年事，当年金声桓、李成栋反正归永历，谋图江西，打通福建。建宁地处闽东北，毗邻赣南，上年鲁监国的南明义师恢复福建三府，建宁即其一。③ 是郑振华之死，乃为清廷而死，书之“卒顺治戊子四月三日”即可矣。梨洲竟许之以“死操”，且于书法比附于朱子《纲目》“死之”之例，以为“在古与今，百不得一”，“当大书特书者也！”反观梨洲当初著《行朝录》所署“左副都御史余姚黄宗羲梨洲氏书”，鲁监国之官职也。其时梨洲“心悬落日”，故大书鲁王此举为“上亲征”，于清军自不能书“王师”而曰“北师”，鲁王得建宁书“复”，后失守书“陷”，斑斑俱在。今何至为区区一清廷故员，而自失其本性哉！此篇未具作年，然其云“郑司寇从京师寄其先公《行状》，丐余一言”。郑重“顺治戊戌进士，历官刑部左侍郎”。据《清职官年表·部院汉侍郎年表》，郑重于康熙二十七年至三十三年任是职，则梨洲作此不早于康熙二十七年。篇末云：“余既叙次，复为长歌以哀之。”哀词中再申郑振华之死为“得正”。此类字眼，绝非郑重所敢自道，适见梨洲情不自已，不是应景文字。

汉军李荫祖《兵部尚书李公传》，于各地抗清义师无不称贼：山西五台、恒、代之间为“山贼高鼎”，“直隶、山东诸贼，或擒或降，次第就平”。归顺南明之鄂西大顺余部，亦称“贼”称“寇”。而于清军则称“王师”，于福临则反复称“世祖”。顺治末年清军入滇征剿永历，则曰“王师进取滇黔”。则其立场全然站在清廷一方。叛徒洪承畴，时人所不齿，《传》称“阁部”，称“洪公”，不知梨洲下笔时作何感想？李荫祖死于康熙三年，《传》因其子长白先生之请，可惜不知作年。又如汉军靳辅《兵部职方郎中太垣靳公传》，称清廷则为“国朝”。八旗圈地，剥夺汉人地产以为庄园，畿辅嚣然，民不聊生，投充、逃人由此转烈。梨洲居然比附为唐代府兵制，与清初入仕的汉人官员阿谀满洲主子同一腔调。《传》作于康熙二十年之后，梨洲如此措辞，无足多怪。《许三礼先生墓志铭》，云其在海宁，“盗贼出没，多事优容。先生以沉命之法靖之。筑土城于尖山、凤凰山之间，土兵守之，以防窃发。”许三礼康熙十二年知海宁县，梨洲云：“余自丙辰至庚申五年，皆在海宁奉先生之教。”即康熙十五年至十九年，正值三藩之乱。许三礼为清廷靖守一方，剿除沿海乘势起事的民众，固其本职，然不惜用沉命之

① 《曝书亭集》卷72《前进士高公墓表》，成埏为明崇祯末年知迁安县，屡抗入犯清军。入清隐居不仕。《表》用明朝年号，不用清朝年号。然述清军入犯畿辅，则称“太宗皇帝”，“王师”，却又书明崇祯曰“庄烈皇帝”，甚不类。

② 《曝书亭集》卷64《文渊阁大学士钱公传》。

③ 参顾诚：《南明史》，中国青年出版社，1997年版，第384—385页。据《行朝录》，明郧西王得建宁在鲁监国二年，即丁亥年二月。失陷在戊子年三月。《海外恸哭记》以失建宁在闰三月。

法，实有效法清廷逃人法的味道，梨洲亦为之首肯！《铭》作于康熙三十一年，此时梨洲或早已心存魏阙。此前康熙二十五年，梨洲作《山西右参政吁之丘公墓碑》，述清初多铎率清军南下，不如以前曰“北师”、“大兵”①，或如《弘光实录抄》曰“北兵”，而曰“王师下江南”。此时梨洲笔下，南明弘光已成僭越，而正朔自然归于清廷。此清廷尚不便明言者，竟由梨洲言之。

即或此类为应酬之作，或据《行状》加以减裁，但亦无法掩盖梨洲掩借题发挥的痕迹。凡此，只能说明梨洲在通过这类碑传曲折地向满洲朝廷表明自己态度的转化，恐怕不能单以“应亲朋门旧之请，以谀墓掩真色”来解释②。梨洲晚年，名声骎骎然大有驾越牧斋之势，梨洲本人于钱氏亦不无微词。然就此而论，实有愧于钱氏多矣。

在梨洲为出仕清廷诸人所作碑传中，《姜定庵先生（希辙）小传》颇值得注意。定庵卒于康熙三十七年，晚于梨洲三年，则《小传》作于定庵生前，述及定庵康熙三十年辛未之后事。末云：“先生自此远矣。病榻之中，此心耿然，故以生平所见闻者真实书之，不敢妄语自欺，以欺先生也。”梨洲大病在康熙三十一年，其时断绝一切文字因缘③，独于病榻之上作此《小传》，欲为定庵作生前定论也。然定庵分明曾入仕清廷，按例应以清年号表其卒年，梨洲却通篇不用明清年号，唯用干支表年。

姜氏姚江世家，定庵入蕺山之门，为梨洲同门讲友，梨洲编纂《明儒学案》，助手之一便是定庵。“子刘子梦奠之后，及门之士多归忠节，海内遂无知其学者。先生于故牍理其绪言，刻之行世，使海内知子刘子之学。”“先生表章忠节，不遗余力。”定庵仕清一节，梨洲之所以能原之，即在此两点。定庵不得已而仕清，本属可怜，又非贪恋禄位之徒，终以故里讲学为归依，谁忍苛责？然既已原之，亦何必为之讳，更不必借此以颂清廷。

梨洲既要肯定清廷统治，又要极力为定庵隐讳辩解。故其开篇即发议论：“道无定体，学贵适用。道不能达之事功，论其学则有，适于用则无，讲一身之行则似是，救国家之急难则非也，岂真儒哉！”梨洲所言，无处不在道理，然于历史背景，却含糊其辞。事功为谁尽力，国家为何姓朝廷，一概不明。如云希辙“中壬午举人，解褐温州府教谕。”似以定庵出仕在明崇祯十五年，而所任教谕为明朝教谕。这是不用明清年号的便利。毛奇龄《姜君行状》、《姜公神道碑铭》，作于梨洲《小传》之后，乃据实直书。一则曰：“会鼎革，举人循例敕受职以杜规避，除温州府学教授。”一则曰：“岁丙戌，王师下江东，大将军贝勒檄公出，授监司，而公辞之，乃循故例补温州教授，摄县事。”④即谓定庵之出仕，实非得已。清初为身家性命计，被迫出仕者多矣。设非自甘腼颜事

① 分见《陈齐莫传》记永历朝之史，不知作年，用明年号，收入《南雷余集》、《手写稿本》，当是梨洲早年之作。《天津巡抚冯元飏神道碑铭》，作于顺治十一年，有明确交待；《王义士传》，作于康熙十六年至十八年，收入《吾悔集》，《四部丛刊》影印清康熙本。

② 《鲒埼亭集外编》卷44《奉九沙先生论刻南雷全集书》。

③ 《明儒学案序·改本》：“壬申七月，余病几革，文字因缘一切屏除。”

④ 见《碑傳集》卷54，毛奇龄《定庵姜公神道碑铭》，以下并参毛奇龄：《奉天府丞前礼科都给事中姜君希辙行状》、《姜司谏治外事状》。

敌，或为虎作伥之辈，时人多能谅之①。然定庵之顶戴为清廷所授，则不可掩。《小传》述及定庵摄瑞安县事，击溃"海舶攻城"，不明何所指。毛奇龄《行状》、《事状》称"海寇"、"贼"，事在戊子五六月间。则梨洲所谓"海舶"者，鲁王之师也，亦梨洲当年之君父之师②，实无颜明书其事，然亦不忍称之为贼为寇。《小传》又云"壬辰，王师徇地元城"，指顺治九年清军南下征永历道经元城事，依时人之例，称之为"大兵"可矣，"王师"云者，忒梨洲向清廷表明心迹也。定庵为清廷整顿赋税，供饷转输不误，即梨洲所谓"学贵适用"，"救国家之急难"。定庵建议清廷允许抚臣设标兵，梨洲乃至叹为"使从先生之议，则三藩之乱可预销。"可谓为清廷设身处地。梨洲晚年心事，实与其初衷背道而驰。虽身未作异姓之臣，而心却不啻以异姓之子自许。以梨洲自树之准则视之，似若早已翻然悔悟，放弃遗民立场而心归朝廷。

顺便提及一下《紫环姜公墓表铭》。定庵之父名天枢，号紫环，明崇祯时任工部都水司主事，员外郎。后"落然世事，壮怀远识一寄之于诗酒"，则入清后分明为逸民。然梨洲表其墓云："公生于万历己亥，卒于康熙（十一年）壬子，年七十五。"并点明次子"希辙，奉天府府丞，即定庵先生也。"文中有"丁巳"字样，则作于康熙十六年之后。据毛奇龄《姜希辙神道碑铭》，希辙于康熙九年"补顺天府丞，以忧归。又八年，奉天府丞阙，就家起视事。三年母疾予终养归，旋丁内忧，服阙不起，自十八年至三十七年凡十九年，无疾卒"。则定庵任奉天府丞一职在康熙十六年至十八年间。梨洲《姜希辙小传》云其"及外艰归，服阙未出，即以奉天督学起用田间，皆近例所无也"，或奉天府丞兼督学，或梨洲晚年误记。要之梨洲铭天枢之墓在希辙任奉天府丞期间，其云："当公之葬，庙堂金石之文已备，复询之草野者，以其闻见之真也。"即是说，天枢葬后，清廷以其子希辙有官守，又特推恩赐以碑铭③。梨洲此《铭》之作，即与此有关，或朝廷欲以此核校钦敕碑铭底本。梨洲以康熙年号表天枢卒年，即以希辙在职，或不得不然。

（五）梨洲碑传文纪年前后变化

梨洲晚节，时人与后人多有訾议。④其对清廷的态度转化，既有现实根源，亦有其思想根源，皆非一朝一夕之事，问题复杂，不属本文范围。在思想史的研究中，总是希望找到某些标志性的时间，以此将某人的思想发展划分为前后两个或几个不同的阶段。这种方法是有益而且必要的。然而是否能找到这样一个标志性时间，则有赖于史料是否

---

① 《思复堂文集》卷10《陈执斋先生墓表》云："於乎，出处之际难矣！士不幸遭革命之运，迫于事会，不获守其初服，惟有爱民循职，苟可以免清议。"又云："不得已纡节以应新朝遴辟，洎乎服官临政，和平恺悌，使遗黎得蒙更生之泽，当途犹见儒者之功。因时顺流，为福匪细。讵谓金仁山、谢皋羽外，遂无正人端士声流于后哉?"诚可谓宽恕谅直之论。

② 据《行朝录》，此事当在戊子年四月至七月，鲁王失掉福建据地福安，沿海北走经营浙江。温州瑞安正当其冲。并参顾诚《南明史》，第十二章第三节《鲁监国在浙闽的抗清活动》。

③ 《曝书亭集》卷70《诰封朝议大夫国子监祭酒新城王公墓碑》，墓主为王士祯父与敕，云南平定，推恩立碑。云："古之葬令曰：'五品以上立碑，降五品立碣。'祭酒四品，得立碑，螭首龟趺，重九尺。"奉天府丞正四品，即同此例。

④ 《鲒埼亭集外编》卷44《答诸生问南雷学术帖子》，严元照注云："（朱彝尊）《明诗综》入晦木而置梨洲，其去取固甚审矣。"又评曰："梨洲晚年潦倒，至使海宁有公愤文字相诋。"

充分和明确。那么，梨洲的碑传文纪年是否可以发现这种转化的痕迹呢？

通检《文集》有关碑传文凡123篇，其中冯元飏、钱龙锡、徐石麒、姜应麟、魏子一等5人为明人，因涉及碑传中书法及对清廷之称谓，也包括进来。《巡抚天津留仙冯公（元飏）神道碑铭》，作于清顺治十一年。崇祯十七年三月，元飏在天津巡抚任上，使其子入京迎天子南下不果。未几，京师陷，元飏誓师入讨，旋失兵柄，不得已而南下。《铭》云："值弘光帝即位，言讨贼者绌之，公遂郁郁而死。"于弘光帝即不加避讳。而表其卒年云"甲申之九月朔日"①，以弘光尚未改元也，如此甚合义法。《钱机山墓志铭》作于康熙三十年，虽未用清朝年号，却称清"太祖"，已如前述。而《姜应麟墓志铭》作于清顺治十四年，而称明朝为"本朝"。两篇虽均未用清朝年号，而立意各殊。《子一魏先生墓志铭》作于康熙二十二年，子一即学濂，魏大中之子。崇祯十七年四月二十九日自缢死，则李自成放弃北京之日也。子一死前受大顺朝官职，故颇受南朝人訾议②。梨洲于四十年后特发覆其大节，辩解不遗余力，甚无谓，以惜其密友也欤?③且既以子一为明人，则子当从父，何须书其子允枚"顺治戊子举人"？岂不畏人言子一父子皆善变，父为前代之鬼，子作新朝之臣？徐石麒见下。画家李因死于崇祯十六年，与本文无关。实则由明入清者凡117人。

以下着重分析采用清朝年号者。墓主卒年书清朝年号者为56人，其中不当书而书，或可不书而书者共31人。

不当书而书者，指明人与抗清死节之士。如《纪九峰墓志铭》康熙二十一年，《都督裘君墓志铭》作年未详，永历朝大学士《朱天麟先生墓志铭》康熙二十二年，及上述魏子一墓铭，共4篇。皆不当附以清朝年号。

可不书而书者，最多为明遗民志士。前文所举之外，尚有《朱康流先生墓志铭》康熙十六年。《朱人远墓志铭》作于康熙三十二年。万氏兄弟《万充宗墓志铭》、《万祖绳墓志铭》、《万公择墓志铭》分别作于康熙二十四、三十二、三十三年。《瘦庵徐君墓志铭》康熙二十四年。周顺昌之子《周子佩先生墓志铭》作于康熙二十五年以后。《张元岵先生墓志铭》作于康熙十八年之后。《高古处先生墓表》作于康熙十九年。皆著名遗民。《千秋王府君墓志铭》康熙三十二年。

其中如《董巽子墓志铭》作于康熙二十八年，巽子谨守其父守谕之道不仕，笑傲诗酒间，前引其讥刺木陈诗，则其志可知。书其"卒于康熙己巳"，不符巽子本怀。又云"其在甬上诸子，词致翩翩。然人所指目者，为杲堂、巽子二人，都无异词。杲堂不踏省门。巽子尚牵挽糊名易书之列"，巽子既不当用康熙年号，则铭李杲堂文胤之墓更

① 据《有学集》卷28《巡抚天津慈溪冯公墓志铭》，元飏卒于九月初十日。

② 梨洲为子一降顺辩护，详见《顾玉书墓志铭》。《思复堂文集·明遗民所知传》云其"以约唐通兵兴复迟死"，即承梨洲之说。《爝火录》卷1，崇祯十七年三月二十六日条下，李自成进北京之后，魏学濂为"领班朝贺最先"者之一。同为梨洲好友的方密之，亦"授伪编修"。弘光朝追论出仕大顺者，于项煜、周钟、魏学濂最严。卷3，五月二十四日条下，有"浙江绅士公讨伪户司务魏学濂檄"。

③ 《翰林院庶吉士子一魏先生墓志铭》："余束发交游，所见天下士，才分与余不甚悬绝而为余之所畏者：桐城方密之、秋浦沈昆铜、余弟泽望及子一四人。"又，《鲒埼亭集》卷17《阁学临川李公神道碑铭》，严元照评："子一降贼四十日而死，不可谓之殉国。而梨洲之文，力为回护，述其临死之言，特援佐证之人，以为分谤之地耳。"

不当用。《李杲堂先生墓志铭》云："先生虽不逃禅，而酒痕墨迹多在僧寮野庙。木陈、悟留、山晓、天岳皆结忘年之契。"杲堂之父李棡为"五君子"而死。杲堂亦屡罹牢狱，而不改其初志，唯"不大声色，以泯其相"，实则于善类"所保护尤多"。杲堂辑《甬上耆旧诗》，发扬遗民之潜德幽光不以淹没，亦可谓杲堂之《心史》。杲堂于清廷博学鸿儒之荐"以死力辞"①，岂偶然哉！梨洲《铭》书其卒年云"康熙庚申"，甚是不妥。前举《顾麟士先生墓志铭》康熙二十四年作。《时禋谢君墓志铭》乃康熙二十七年之后为亡友谢泰臻而作。南京失陷，时禋"尝著书一卷，秘不示人，曰'持此以遇圣主，伊、吕事业不难致也。'故社既屋，入先师庙，伐鼓恸哭，解巾服焚于庭。"脱然隐入天童山，踪迹不定。"或囊其所著书挂于项，登深崖绝巘而读之。"乃逃于隐而仍不能忘世情者，终于"顺治庚寅八月六日，蹈海而死"。顺治二字，与时禋生平志向行事实不相匹。以上皆洁身不污，至死不忘故国者，梨洲竟以清朝年号加之。

又如《朱止溪先生墓志铭》康熙二十三年作。朱止溪嘉征为古文名家，明末坊社中巨擘。"两都寻没，先生亦无意于功名。而名高为累，学使者檄署会稽学教谕。"即迫于形势不得已而出仕。后任四川叙州府推官，"守其初志，终不敢以政事自见，激发宦情。"在官六年，自免归。《铭》应其子之请而作。梨洲自云："余自丙辰得交先生，剪烛论文，亦且五年，而先生每歉然不自得。夫先生隐约前朝，际此亨运，亦稍稍有以及物。乃若多此一出者，岂亦鲁斋不欲立碑之意欤！"许衡当元世祖之时，应征赴朝，不合则去。观其疏陈亟行汉法，甚且未许元得正统，不陈伐宋之谋，临死不欲子孙以所得元官爵题墓，可知未曾曲学阿世，故甚为后人推重。② 张履祥与梨洲同学于蕺山，持论严峻，而于鲁斋仕元一节特能谅之。③ 止溪任地方微员数年，岂鲁斋庙堂特召之可比？然其耻于为异国臣子，则与鲁斋同。梨洲之交止溪，在其归田之后多年，既知其晚年有此悔意，又何必书"生于万历壬寅，卒于康熙甲子"，以见其为两朝人？止溪夫人《吴孺人墓志铭》亦可不书。若谓此乃铭法义例所在，则《姜定庵小传》何不然？

再如《移史馆先妣姚太夫人事略》，作于康熙十九年之后。陈乃乾先生注云，《吾悔集》初稿题上无"移史馆"三字。《事略》首段即云："生于万历甲午十二月初二日，卒于康熙庚申正月初十日，享年八十有七。"末云"监修徐立斋先生为之特传于《列女》，是吾母屈于生，顾得伸于死，子孙当世世不忘也。"则开首"康熙"二字，特为入《明史·列女传》而加。梨洲之爱其母可谓深矣！唯其如此，故特标出其母卒于康熙，以为明史馆诸臣以及天子所瞩目。然既入《明史》，则当为明人。加上康熙年号，画蛇添足，不伦不类。梨洲将视其先妣于先忠端公为如何人？又视《庭诰》中其先忠端公所作《叶安人状》为如何？梨洲第四子亡于顺治十三年，是年作《亡儿阿寿圹志》

① 分见《鲒埼亭集外编》卷5《故仪部韦庵李公阡表》，卷11《李杲堂先生轶事状》。

② 《鲁斋遗书》卷1《语录上》："三代盛时，分别中夏夷狄，君子小人各安其分，所以大治。"卷7《时务五事·立国规摩》："必若今日形势，非用汉法不可也。以北方之俗，改用中国之法，非三十年不可成功。在昔金国初亡，便常议此，此而不务，诚为可惜。顾乃宴安逸豫垂三十年，养成尾大之势。祖宗失机于前，陛下继其难于后，规摩之定，又难于向时矣。"故鲁斋如何视元初不难知矣。《附录一》薛文清（瑄）公《读书录》："鲁斋不对伐宋之谋，其志大矣。""鲁斋以王道望其君，不合则去，未尝少贬以徇世，真圣人之学也。"《许衡集》，吉林文史出版社，2010年《元代别集丛刊》本。

③ 参《杨园先生全集》卷19《许鲁斋论》。

通篇用干支，不用清朝年号。康熙元年其女孙亡，五年作《女孙阿迎墓砖》亦如是。是时梨洲以遗民自视，故以其子其孙从父从祖也，然此时顾以其先妣不从先考耶？与《先妣事略》同时所上者，尚有《移史馆熊公雨殷行状》，《移史馆吏部左侍郎章格庵先生（正宸）行状》两篇。雨殷历仕崇祯、弘光，于乙酉首建义旗，奉鲁王之海上，后为郑采所杀。用明、南明年号，无所忌讳。正宸为梨洲同门友。历仕崇祯、弘光、鲁王三朝，兵败归隐，不知其卒年。故先用明年号，甲申后用干支，不用清年号。如此书法，方符合《明史》义例。乃于其先妣多加一康熙年号，梨洲终身探究心学，岂不知方寸一摇，差之毫厘，即谬以千里！

又如《余恭人传》作于康熙三十一年，墓主为谢三宾之子宣子之妇。三宾降清，终致起事“五君子”以死，无耻之尤。梨洲于《钱忠介公传》中斥之为“鄙夫”，全祖望斥之为“夫已氏”，是矣。柴德庚先生令人叹为观止的名篇早有定案。[①] 然宣子“登崇祯癸未进士第，明年宣子殉难”，则其殉节在甲申清军入关前。“南渡，哀荣死事，宣子赠太仆寺少卿，谥忠节。（余氏）于是得封恭人”。梨洲或不以此为然乎？[②] 然昔人有言“子圣焉能盖父凶”，而时人亦知“不以祖宗之不善，累其子孙之善者”。于妇从夫，则余氏当从宣子，其封恭人既得自弘光，卒年不书清朝年号乃宜。况人之生卒于何代，另有讲究，又何必与宣子之人品洁污强生瓜葛。

他如《东星鉴禅师塔铭》作于康熙二十七年，《清化唯岑隐禅师塔铭》作于康熙二十年，和尚既已出家，则何必再书清朝年号。此前《吴山益然大师塔铭》，大师为汪沐日，历仕明崇祯、弘光、隆武、鲁王，“国亡祝发于闽之吴山”。梨洲云：“师虽出世，然胸中有不可括磨者，灯灺夜阑，无故痛哭。”又云：“志士仁人，兴亡之数，鸿纤亿刹，常如视诸掌，琐琐身事，岂乞灵于异教乎？”即大慧杲禅师所谓“虽学佛者，然爱君忧国之心，与忠义士大夫等”[③]。吴山卒于己未，梨洲铭之，不书康熙十八年，则仍以明忠义士大夫视之，甚宜。所云“国亡”，明朝之亡也，则梨洲不以清朝为吴山之国又甚明，其自视亦为明遗民。而《张仁庵先生墓志铭》与《东星塔铭》作于同一年。仁庵即张秀初，明末读书社人物，国变后逃禅，称仁庵禅师，颇热衷于宗门之争。梨洲不用清朝年号，或以仁庵出家前为昔日契友乎？[④] 则于释氏固不当讲世俗人情也。故凡明遗民之逃禅，即与吴山、仁庵同为释氏之子。东星、清化皆自幼出家，弃世如敝屣，即非吴山、仁庵之流，亦无所谓国与不国。而加以康熙年号，则以清朝为其国，适见梨洲此时意识如此。

《谢时符先生墓志铭》作于康熙二十四年。谢泰阶，时符其字，时禋之弟。“金衡委御，玉斗宵亡。君遂灭影桂庭，躬耕于柴楼之野。云间徐闇公、张子退避地海滨，与

---

① 见《鲒埼亭集谢三宾考》，收入氏著《史学丛考》一书，中华书局，1982年版。

② 《弘光实录抄》卷3，崇祯十七年十月甲子，“谢三宾请恤其子于宣”条下，“三宾为其子谋翰林，以万金赍之而行。故于宣遂死于赀。于宣之丧归，三宾杀其同行者谢三资，以三资隐其赀而不能救之也。于宣果慷慨死节，三宾何以出此？”亦揣度之词也。此于宣当即宣子。据《鲒埼亭集外编》卷34《题崇祯遗诏事实后》，谢于宣死于大顺军之拷掠。

③ 《有学集》卷21《山翁禅师文集序》。

④ 并参《张仁庵古本大学说序》、《查逸远墓志铭》、《轮庵禅师语录序》。

柴楼左近，款狎相过，抵掌指画，继之以章皇痛哭”。顺治四年冬，迎接鲁王海上之师几死。“君虽不为世用，而燃脂暝写，弄墨晨书，藏之绨秩，不以示人。临卒，悉括所著撰火之。”梨洲拟之郑思肖《心史》，亦以泰阶为遗民典型，却书“生于万历丁未，卒于顺治庚寅”。《铭》应其子归昌及友人万斯选之请而作，归昌虽“历知固始、砀山、德化三县”，任清朝地方官，当是后事。清顺治八年，即时符死后次年，清军攻破滃洲。鲁王相国张肯堂殉节于读书之所雪交亭，从死者凡二十七人，“骸骨撑柱。归昌（渡海）捃摭，置大甕中埋之，立石书‘张相国墓’。归而告于君庙，所以承君之志也”①。则归昌亦身不忘故国者。谢氏兄弟心系海外，赴死前后仅去数月，皆不忍见滃洲之覆亡也。梨洲皆用清朝年号表其卒年，实大为不当。《铭》中一段文字富有深意：

嗟乎！亡国之戚，何代无之！使过宗周而不悯黍离，陟北山而不忧父母，感阴雨而不念故夫，闻山阳而不怀旧友，是无心之人矣！故遗民者，天地之元气也。然士各有分，朝不坐，宴不与，士之分亦止于不仕而已。所称宋遗民王炎午者，尝上书速文丞相之死，而已亦未尝废当世之务。是故种瓜卖卜，呼天抢地，纵酒祈死，穴垣通饮馔者，皆过而失中者也。君之所处，为得中矣。

《心史》断手，其余年三十有五，亦不闻别有著撰也。自有宇宙，只此忠义之心维持不坠。但令凄楚蕴结，一往不解，原不必以有字无字为成亏耳。

揆梨洲之意，遗民之所以为遗民，原在心存故国之思，这与梨洲往昔之准则并不相悖。至于对新朝是否可以接受，梨洲并未明言。但有一点可以肯定，即忠于故国的情感，大可不必通过文字表达出来，更不必流传后世。梨洲心中之“失中”与“得中”，即在于此。既然文字已不成其表达忠于故国的必要，那么，使用新朝年号也就自然不必成为其心理上不可逾越的障碍，梨洲的思想转化实已委婉道出。

《杨士衡先生墓志铭》墓主杨时俨，为明末几社中翘楚。弘光立国不赴，以“遯于荒郊”，清军南下免遭屠戮。“江南内附，诸生之系于博士者，按籍而试之，不至者罪。先生数徙以避之，终不出也。及事定，弹琴赋诗，温厚和平，人世尘坌之处，未尝一迹”。时俨固不失遗民本色，而把玩全篇，梨洲之意则重在“其可谓之忘世者”，即丧乱之际，以远祸全躯为上。而前所斥“自甘淡薄，亦复何关天下事”，“天崩地解，落然无与吾事”者，今则竟许之以“得遗民之正”。由此而论，坚守遗民气节之如谢皋羽“不占故土之一畴”，如郑思肖“悲饥鬼之蓁蓁”，似皆大可不必，故梨洲曰：“何必汗漫而远游兮，方为故国之遗民？”时俨临殁赋遗诗三首，其中有“盖棺我已无余恨，耕读从今任汝曹”之句，实谓其本人虽以遗民自许，然于其子孙则不妨进取清廷功名。②其子廷显，为清朝州同知。墓铭即应廷显之请，作于康熙三十年辛未。此时梨洲之意

① 并参《思复堂文集》卷3《明遗民所知传》；《鲒埼亭集》卷10《明太傅吏部尚书文渊阁大学士华亭张公（肯堂）神道碑铭》。

② 梨洲同年所作《郑兰皋先生八十寿序》，盛赞其“令子登朝，加封翰苑；（而兰皋）以故国遗老，羽仪当世”，为一时之荣。此与杨时俨墓铭之格调，颇为相近。

境，与十年前序郑平子七十寿辰相比，暮气已甚浓。① 其于时俨卒年书“康熙甲子”，即不足惊异。

确定碑传的作年，最可靠的当然是根据作者在文中的交代。但仍有少数几篇的具体作年尚有疑问，其补救之方，只能是从各篇所在文集的编定时间上作出大致推断。其中未交代作年而最早使用清朝年号的有《吴处士（兴武）墓碣铭》和《敬槐诸君（允遴）墓志铭》两篇。吴处士“康熙己酉正月卒”，即康熙八年。此篇初载《吾悔集》，据万斯大康熙二十一年序，此《集》编辑于十八年己未，则所收之文作于此前；后收入《南雷文定四集》，则更在之后的康熙三十年。诸敬槐“康熙戊午八月十九日，年八十三卒”，应其长子来聘之请而作，又载入《吾悔集》，当作于康熙十七年八月之后不久。这是可以明确地采用清朝年号最早的时间。而此前《诸敬槐八十寿序》作于康熙十四年乙卯，却不用年号，亦可作为梨洲文字中纪年变化恰发生在此后几年之一旁证。② 其余几篇作年不明而用清朝年号的，大致可认为是晚年之作。③ 真正无法断定的只有《吴处士墓碣铭》一篇。如果我们不将其作为例外，而假设其中康熙年号为后来收入《文定四集》时所附，则可作如下判断：梨洲于康熙十八年之后，可用而不用清朝年号者，确然有之；而康熙十七年之前，不当用而用清朝年号者，则未之有也。据此，我们不妨把梨洲思想转化的发端断在康熙十七八年两年间。

但人的意识转变并非一朝一夕，梨洲的思想又特富于感情，千丝万缕，前后相联，绝非一刀可以斩截。为此，我们仍须补充说明，梨洲文集中碑传文不书清朝年号的61人中，并非尽属遗民，其中亦有可书而不书者。

如《王孝女碑》卒年书丁巳，而不书康熙十六年。《唐烈妇曹氏墓志铭》，墓主为清廷表彰之烈妇，卒年可书康熙十五年，却书丙辰。又如《节妇陈母沈孺人墓志铭》、《张节母叶孺人墓志铭》，分别作于康熙十六、十七年，二孺人皆朝廷所赠，故可书康熙年号，却通篇用干支。以上皆康熙十八年之前。

康熙十九年以后所作不书清朝年号者虽然不多，然有颇可注意者。遗民汪沨享有盛名，《汪魏美先生墓志铭》云：“魏美不入城市，不设伴侣”，“匡床布被之外，残书数卷。锁门而出，或返或不返，莫可踪迹”，称之为“高士”。而又以一段文字特辩明其心迹：“气象潇洒，尘事了不关怀。然夜观乾象，昼习壬遁，知其耿耿犹未下也。”梨洲以汪沨方之于宋末郑思肖，“遗民之中，又为其所甚难者”。凡此，皆胜于魏禧《高士汪沨传》多矣。其交待所作之由云：“汪魏美之卒，徐兰生属余志铭，曰‘吾当先之以《状》也。’荏苒十六年，《状》不可得。顷见兰生《十哀诗》，略具魏美事实，又见金道隐《汪孝廉传》，因采两家之言而志之，以覆兰生，使授其子。”则知作于康熙

① 《宪副郑平子先生七十寿序》作于康熙二十年辛酉，其云：“江湖憔悴，（明遗民）星火之寄，殆将无人，非先生而谁乎？灌浦故四明山之翠竭也，梅子真尝避地焉，相传子真犹在。先生采药弄水之暇，得无遇之而伤古吊今欤？”其子禹梅“传其家学，以气节发为文章，照烂卷轴，砥艺苑之横流。”其中“星火之寄”与“羽仪当世”，“砥横流”与“封翰苑”，恰成鲜明对照。

② 梨洲看重自己所作寿序，参见《张母李夫人六十寿序》、《施恭人六十寿序》两篇，分别作于康熙十年、十三年。其于寿序中采用年号，见康熙十二年作《诸硕庵六十寿序》，三十年所作《郑兰皋八十寿序》。

③ 如《兵部尚书李公（荫祖）传》收入《南雷文定三集》，《都督裘君（永明）墓志铭》收入《四集》，《振华郑公（国佐）神道碑》收入《四集》，皆可视为作于康熙二十七年之后。

二十年，并非全因请托而作也。梨洲《寿徐兰生七十序》："吾友兰生先生，与汪魏美、万履安、巢端明，盖皆有大名于时。改革之际，皆不赴公车，抱道而不仕者也。浙人之称四先生以节"。"数十年栖迟困辱，坏褐破袍，沛然满箧王霸之略，汩没于柴水尘土之中，曾不知悔，而歌声嗷然，若出金石。嗟乎，所谓临大节而不可夺者，非其人欤！"《铭》书汪沨卒年曰"乙巳七月三十日终，年四十八"，不书康熙四年，通篇用干支，可谓不负亡友。

《吏部尚书谥忠襄徐公（石麒）神道碑铭》，乃应其孙功燮之请作于康熙二十年辛酉。石麒历仕于明天启、崇祯，弘光朝为吏部尚书，受马士英排挤，回籍家居。清军临城，"公在城外，至城下呼曰：'吾大臣，不可野死，当与城存亡。'越宿而城陷。公朝服自缢死，闰六月二十六日也。"实死于清军。通篇用明年号，生卒年大书："公生于万历戊寅，殁于弘光乙酉，年六十八。"石麒为梨洲父尊素之门人①，天启朝尊素下狱，石麒因营救而削籍，可谓生死交，于梨洲则为世兄。梨洲于《铭》中特意交代："余覆巢孤露，公以稚弟畜之，所不至陨越于沟壑者，系公是赖。且少不知学，泛滥无根，公每训之。"则石麒于梨洲实有抚育之恩兼师友之谊。石麒殉国而死，其子趾生亦能坚守遗民之节。② 而三十七年之后，梨洲为之《铭》，非独特标其死于"弘光"，且于作年不标清朝年号，此乃梨洲精心之作，其缅怀故国名臣也如此。可知梨洲后来虽承认清廷统治，而与故国之情仍交战于心中。

他如《吴节母墓志铭》，节母方氏，其夫为明天启知固安县，死难。应其子吴苑之请而作，吴苑中康熙二十一年进士，官翰林院检讨，故节母之《铭》是否书清朝年号，原在两可之间，而梨洲书明朝年号，入清用干支，以其从夫而不从子也。《桐城方烈妇墓志铭》作于康熙二十七年戊辰，应钱澄之之请。云"大兵渡江，所在起兵。安人抱幼女，亦投水而死，时乙酉八月十七日也。安人生于万历壬子十月二十八日，享年三十四。"方氏死于清军南下，澄之为遗民，不用清朝年号甚合。

《安丘张母李孺人墓志铭》是梨洲晚年的一篇应酬之作，作于康熙二十九年。请者张贞为清朝翰林，之前曾请魏叔子为其母作传，固一善请者也。③ 梨洲于《铭》中使用清朝年号甚宜。而开首却曰：

> 余老病濒危，幸而得生，反出意外。方将断弃文字，一洗胸中书卷，为空然无一字之人。

此与前引《谢时符墓志铭》中"原不必以有字无字为成亏"恰相照应。至于这种"断弃文字"是否含有碑传文中清朝纪年的使用，我们不必强凿，然梨洲晚年颇生悔意，则毋庸置疑。前述《姜定庵小传》于好友仕清一节极力隐讳，既知为其讳，则梨

---

① 《初学集》卷50《山东道监察御史赠太仆寺卿黄公墓志铭》。

② 《魏叔子文集·外篇》卷18《一品恩荫太学徐君（趾生）墓志铭》："尚书公殉节围城，君冒险求公遗骸。时杀人如麻，横尸流血于路。君徒步窜身其间，昼伏夜行，奉公柩归葬。君既痛尚书死忠，益闭户不出。不逞之徒，动以义士顽民相诮让，撼君于风波者垂三十年始定。"则趾生持节甚是不易。功燮即趾生之子。

③ 《魏叔子文集·外篇》卷17《安丘张夫人家传》："安丘张君贞哀其母之苦节，以《状》来乞《传》，禧以疾辞。贞再拜流涕曰：'吾之至于金陵非有他也，闻君调疾于此，故来乞君文。文五日不就，请待十日；十日不就，请旬月。"

洲本人在内心感情上依然无法完全认可清廷，又可知也。《小传》可书清朝年号而不书，其有意耶？无意耶？

通过以上对梨洲文集碑传纪年的粗略考察，可以看出梨洲晚年思想中确有过徘徊动摇，这是不必为之隐讳的。徘徊动摇，正是中国古代以来士大夫的特点，尤其在时局动荡的朝代交替之际，更是如此。在当时的著名学者中，梨洲并非摇摆幅度最大的人。正因他曾严守遗民气节，将遗民的准则提升到内心信仰的高度，并为此确定碑传文纪年的严格义例，才使得我们现在判断其碑传中所传达的政治态度时有据可依；也因为如此，他晚年的思想变化才有迹可寻。

至于那些政治立场摇摆得更为剧烈，思想感情更为隐晦的作者，如朱彝尊①，则自难在碑传文纪年上建立严格的义例，即有违戾，不足为怪。② 又如晚年痛悔失节的吴伟业，其黍离之悲洋溢于诗篇，而文章则闪烁其词。集中所载碑传可传者不多。其于清廷多称本朝，为明遗民作碑传，亦以清朝年号加之③，一如其政治上之两截人。而更晚出的作者如邵廷采，表彰遗民甚力，然但凡涉及清廷，动辄称“我朝”，即其集中《明遗民所知传》亦多用顺治、康熙年号。作者既生于清朝，即为清人，亦无须通过纪年排斥清朝年号来表达自己的立场。昔人所谓“遗民不世袭”者④，殆指此乎？凡此皆不能简单以碑传中的年号取舍来判断作者的旨趣，这是必须声明的。

诸君子已矣！而其言则在。吴锺峦于《岁寒松柏集》拟“答客难”曰：

子不见朱子《纲目》之书法乎？书曰“晋处士陶潜卒，在宋元嘉四年”，是靖节千

---

① 《有学集》卷29《明五经进士谭君（贞良）权厝志》与《曝书亭集》卷72《五经进士谭先生墓表》，墓主为同一人，前篇作于顺治七年，后篇作于康熙元年。牧斋明指贞良任职弘光、隆武，于其抗清一节大书特书；而贞良为彝尊姑父，彝尊虽不用清朝年号，然于贞良事迹则隐约其辞，全然看不出其死于南明军中。钱、朱二氏作文立意，差异显然。又，严元照云：“梨洲暮年潦倒颓唐，遗民一席，难于位置。考竹垞《明诗综》录其弟晦木之诗，而不及梨洲，可以了然矣。”见《鲒埼亭集》卷11《梨洲先生神道碑文》篇末“严评”。然彝尊身预博学鸿儒科，顾有慊于梨洲乎！

② 今检得《曝书亭集》有关明清之际人物碑传文凡79篇，对于明遗民或隐逸处士，大多不用清朝年号。唯少数几篇违例，如卷64《李无垢传》云“顺治十三年”；卷74《孝子长洲刘君墓志铭》卒年用康熙年号；而《处士文君墓志铭》，开篇即云：“康熙四十有三年夏四月，处士长洲文君点以疾卒。”点父秉，参与吴昜起事抗清被杀，见《明季南略》卷4，而彝尊云“经乱隐居不仕”。皆不可解。然《集》中亦有可用清朝年号而不用者：如卷70王士祯之父《诰封国子监祭酒新城王公墓表》，卷76徐釚之父《赠翰林院检讨征士郎徐先生墓志铭》，与卷76潘耒之父潘凯《赠翰林院检讨贞靖潘先生墓志铭》同例，皆清朝推恩，而后者用清朝年号。至于卷74《桃源知县张君墓志铭》，墓主曾任职清廷，却用明朝年号，入清用干支；同卷《殷先生（岳）墓志铭》亦类此。彝尊寄予同情，皆不忍以清官员视之也。赘列于此，以备参考。

③ 《吴梅村全集》，上海古籍出版社，1990年版，卷40《湖州岘山九贤祠碑记》云：“本朝康熙中，广陵吴公由工部郎守此郡，亟命属徒鸠工，重作其事。”此记入清后之事也。卷41《少保大学士王文通公神道碑铭》于王永吉降清，曰“初入本朝”，此记贰臣也。皆无可厚非。然卷45《工部都水司主事兵科给事中天愚谢公墓志铭》，墓主天愚山人谢泰宗，字时望者，时符、时禋之堂兄弟也，与梅村同从黄宗周学。题中所列职官，明之职官也。天愚入清后不仕，实为明之遗民也。梅村方之以南宋谢皋羽，并欲以此《铭》顺记黄先生事。而表天愚卒年却用清年号，生年用干支，曰：“君卒于康熙纪元丙午，上距其生戊戌，为年六十有九。”且通篇不用明朝年号，岂非以其为清人耶！

④ 语出明遗民徐狷石介，见钱穆：《中国近三百年学术史·自序》，商务印书馆，1997年版。其原始出处，或得自《鲒埼亭集外编》卷30《题徐狷石传后》。狷石谏应潜斋曰：“吾辈不能永锢其子弟世袭遗民也。”又，《鲒埼亭集外编》卷5《明监察御史退山钱公墓石盖文》，载其子浚恭言：“先君临终戒不肖兄弟：故国故君之感，此吾辈所当没身而已者也。若汝辈，则不容妄有逆天之念存于其中。”亦“遗民不世袭”之意。

古存，而晋未始亡也。故商亡而首阳《采薇》之歌不亡，则商亦不亡；汉亡而武侯《出师》之表不亡，则汉亦不亡；宋亡而《零丁》、《正气》诸篇什不亡，则宋亦不亡。子谓空言无补，将谓《春秋》之作曾不足以存周乎?①

历史主体的核心价值，竟由此一语道破。心存故国，宁与之偕亡，亦绝不屈从于异族征服者的野蛮暴行。这在以客观述事为宗旨的史家眼中，不过是一种“虚幻的英雄主义”②。然而，征服者如果不能征服被统治者的心理，就不能算真正成功，而被征服者也就没有最后失败。历史若不探求其意义，即不成其为历史。已经消亡的历史真实，唯有存在于后世的记忆中，才不致彻底消亡。以往的历史证明，一个民族的复兴非独有赖于物质基础，而尤在于精神不灭。尔后全祖望之铭冯元飂，止书其生于万历乙卯，而不书其卒年，岂非当年遗民之余绪不绝如线也哉!③

赘　言

笔者平日读文集碑传，发现纪年上颇有差异，曾顺手摘录若干条，今敷衍成文，自知难免仓促，题曰“清初碑传纪年”，颇属冒昧。在此主要是想提出问题，以期引起研习者的重视。至于所言是否成立，则有赖于先进时贤的检验。

特别需说明的是，碑传纪年中的年号选择反映出作者的政治信仰，固然不容忽视，但更重要的无疑还是碑传文的内容。我们绝不可因为发现作者在纪年问题上赋予某些含义，即以此来概括整篇碑传文的思想内涵。梨洲于碑传文中处处浸透着对时代更替的无比深沉的感慨和发人深省的议论，其中不止是对过去的惋惜，更有意义的是对士大夫身上承担的历史责任的思考，这是梨洲留给我们的宝贵精神遗产，是不能因其曾有过某些疑惑与动摇而一笔加以抹杀的。

同时我们也不能忘记，清初顺治康熙两朝虽然标榜开明，骨子里却是严厉实行文字封禁的年代。生活在政治高压下的作者，不一定非得冒着文字狱的危险去犯禁不可，清初士人为此付出的代价毕竟太大了。相反，倒可以打着承认清朝年号的幌子，对清廷的民族压迫和极端专制予以尖锐的批判，使民族精神得以保存和发扬。而且，珍惜民族精神的优秀传统，对所处的时代进行批判，亦非必纠缠于前朝故国的追忆和眷念之中。梨洲划时代的著作《明夷待访录》，作于清初异族专制和民族压迫最黑暗的年代；不仅对中国历史上的皇权专制予以极其透辟明快的批判，并且为未来的政治制度设计出一幅理想的蓝图。梨洲的超越之处也正在于此。如果我们对明朝士大夫及思想家如何在皇权专制的罗网中痛苦挣扎这一点缺乏深切的同情和理解，便完全无法想象该书何以会带给当时和后世思想界闪电般的启迪。

---

① 《鲒埼亭集外编》卷9《吴锺峦事状》，《外编》卷31《跋吴稚山岁寒集》以《采薇》作《易暴》。

② ［美］魏斐德：《洪业——清朝开国史》，江苏人民出版社，1993年中译本，第20页。

③ 《鲒埼亭集外编》卷5《明故太仆寺少卿眉仙冯公神道阙铭》，《集注》于此下载严元照评：“古人志墓书卒，书葬，而不书生。元明人始生卒并书。从未有书生而不书卒如此文者。”又载其按语：“此殆以冯公卒于清，故讳之，以示遗民之志，未可遂以文体论谢山也。”而检《有学集》卷33《侯母一品夫人田氏墓志铭》，即云：“太夫人生于万历□年□月□日，享年□□岁。”则严氏所云全氏意在“示遗民之志”固当，然不书卒年，钱氏已有先例。又载冯贞群注：“《冯氏家乘》，公卒于顺治丙戌七月二十一日。文当作‘卒于监国六年’，从公志也。”按：“六年”当作“元年”。

史学研究的目的不但在于继往，更在于开来。但不论如何去开来，一个无法逾越的任务始终横亘在我们面前，即如何善于继往。中国传统文化的积淀显然过于沉重，其中潜藏的精华需要耐心下工夫去剥离。如果找不到传统文化和民族精神的本质之所在并准确地把握其流向，一味优劣杂陈，以祖宗当作招牌，此与昔人所谓“架大屋养闲汉”何殊，诚不足荣耀；而唯新是求，以新为胜，则难免失去民族文化的根基与归宿。这是历史研究给予我们的昭示。“颠狂最是溪边柳，逐日随风到处斜。”[①] 桴亭的这两句诗寓意精辟，值得我们品味把玩。

① 《陆子遗书·诗集》卷5《乙未改岁漫兴和陆彦修》。

清代北京的俄罗斯旗人与中俄文化的交流

刘小萌（中国社会科学院近代史研究所）

前记：30年前的1982年，笔者慕名报考锺翰师的硕士研究生。时锺翰师已近古稀，初次招收研究生，原拟招收1名，外语考试定为英语。后得知笔者报考，且粗通满文，有意提携，将招生名额增为2名，并将俄语增入考试科目。终使笔者得遂所愿，乃欣欣然与定宜庄师姐同入王门。若无锺翰师当年知遇之恩，则无笔者从事清史满族史研究之缘。饮水思源，无以为报。多年来，笔者的俄文早已荒疏，值此恩师百年诞辰之际，乃重拾中俄史料撰为是文，作为对恩师的永久怀念。

17世纪40—80年代，中国的清朝与沙皇俄国在黑龙江中游雅克萨（俄国称阿尔巴津，Албазин）[①] 等地发生了一系列军事冲突。在此过程中，一些被清军俘虏或投诚的俄罗斯人被陆续送到京师（北京）安置，编为八旗满洲下的“俄罗斯佐领”。这些被编入八旗的俄罗斯人，被清朝人称为“俄罗斯旗人”，也即俄国史籍中的“阿尔巴津人”（Албазинцы）。俄罗斯旗人人数很少，文献中亦乏记载，但以其经历为经纬，却编织了中俄关系史中一段非常重要的篇章。俄罗斯旗人在北京是怎么生活的？他们的到来对中俄文化的交流产生了哪些影响？这两个问题是本文考察的重点[②]。

一、俄罗斯旗人在北京

明万历四十四年（1616），新兴的满洲族在中国东北建立了大金国（史称后金），清崇德元年（1636）改称大清（清朝）。在此期间，满洲统治者多次用兵黑龙江、乌苏里江流域，将其纳入自己的版图。

顺治元年（1644），清朝军队由万里长城最东端的山海关进占北京，建立起对全中国的统治。与此同时，不断向东方扩张的沙俄势力进入黑龙江流域。随即，清朝军队与沙俄势力在黑龙江流域发生武装冲突。在此过程中，一些被清军俘虏或投诚的俄罗斯人

---

① 阿尔巴津，在中国文献中称“雅克萨”（Якса）。在通古斯语（满语）中，意指河流冲刷形成的河湾。雅克萨位于黑龙江左岸，黑龙江湍急的江水在雅克萨城西冲刷出半月形的陡岸，雅克萨因而得名。雅克萨木城，原是索伦部达斡尔人的居地。清崇德五年（1640），在清太宗皇太极对索伦部的远征中，木城曾遭战火焚毁（见《清太宗实录》第51卷，第8页下）。不久，索伦部达斡尔族首领阿尔巴西在其址建城居住。顺治八年（1651），沙俄哥萨克进占该城，并以城主阿尔巴西之名称为“阿尔巴津”（Албазин）。清朝政府认为雅克萨（阿尔巴津）是中国领土，在康熙二十二年（1683）、二十四年（1685）、二十五年多次派兵进剿，最终包围雅克萨城，并拔除了这个据点。

② 关于俄罗斯佐领的先行性研究，有清人俞正燮：《俄罗斯佐领考》，载《癸巳类稿》第9卷，上海商务印书馆，1957年，第332—334页；吴洋：《清代“俄罗斯佐领”考略》，载《历史研究》1987年5期；拙文：《关于清代北京的俄罗斯人——八旗满洲俄罗斯佐领寻踪》，载《清史论丛》2007年号，中国广播电视出版社，2006年。

陆续迁入北京，并编为八旗满洲镶黄旗第四参领第十七佐领，即俄罗斯佐领。

关于俄罗斯佐领的形成，清朝官修史书记载说："第四参领第十七佐领，系康熙二十二年（1683）将尼布绰（尼布楚）地方取来鄂罗斯三十一人及顺治五年（1648）来归之鄂罗斯伍朗各里、康熙七年（1668）来归之鄂罗斯伊番等编为半个佐领，即以伍朗各里管理。后二次又取来鄂罗斯七十人，遂编为整佐领。"① 据此记载，最早归附的俄人有顺治五年（1648）的伍朗各里②，其次是康熙七年（1666）归附的伊番等人。第三批的人数较多，即上引文中所称康熙二十二年（1683）"将尼布绰（尼布楚，俄称涅尔琴斯克，Нерчинск）等地方取来鄂罗斯三十一人"。这年七月，雅克萨城（阿尔巴津城）俄罗斯人六十七人在梅勒尼克带领下分乘六只船沿黑龙江顺流而下，企图进入牛满河地区。当他们行至精奇里江口时，被驻守该地的清军兵船截获，三十一名俄人被俘。

俄人被送抵北京后，首先遇到的一个问题是如何安置。户部曾建议，将他们分散编入八旗满洲正白旗下各佐领，而康熙帝考虑到罗刹（俄罗斯）归顺人颇多，提出把他们集中编为一佐领，"令其彼此相依，庶有资济。"③ 结果，将其编为镶黄旗满洲第四参领第十七佐领，并任命三十五年前（1648）归附清朝的俄罗斯人伍朗各里负责管理④。

前引文又称，初期因俄罗斯人丁较少，不足以编为一个整佐领，康熙二十二年（1683）编设的只是"半个佐领"。直到"后二次又取来鄂罗斯七十人，遂编为整佐领"。那么，这后二次具体是什么时间呢？引文中并未明言。检以相关史料，应为以下二次：一次，康熙二十三年（1684）正月。俄罗斯降人宜番受命进入雅克萨一带沙俄据点，招抚米海罗等二十一人。康熙帝命将米海罗等送北京安置⑤。再一次，康熙二十四年（1685）五月。三千余名清军在彭春、林兴珠率领下攻克雅克萨城，俄人首领战败求降。除遣返六七百人外，有副头目巴什里等四十人（一说四十五人）表示不愿回国，于是也安置在北京⑥。在此前后，还有若干零散俘获者⑦。合计这二次取来俄罗斯七十人，加上原先在京者，总数约有百人（这里指壮丁，不包括妇女儿童）⑧。康熙年间，八旗满洲佐领的标准丁额为一百人。在北京的俄罗斯人达到百人，正好符合编设一个佐领的条件。由此可见，俄罗斯佐领的编设，经历了一个过程，即康熙二十二年（1683）

---

① 《钦定八旗通志》第3卷《旗分志三》，吉林文史出版社，2002年点校本，第1册，第44—45页。

② ［俄］尼·伊·维谢洛夫斯基：《俄国驻北京传道团史料》第1册也认为，阿尔巴津人首次被俘是顺治皇帝（康熙皇帝的父亲）在位的时候。杨诗浩等译，商务印书馆，1978年，第19页。

③ 中国第一历史档案馆整理：《康熙起居注》，中华书局，1984年，第1074页。

④ 伍朗格里，俄名阿纳尼亚·乌鲁斯拉诺夫，原信伊斯兰教，后改皈东正教，归附清廷前为沙俄雅库特军政长官弗兰斯别科夫的仆人，见［俄］尼古拉·阿多拉茨基：《东正教在华两百年史》，阎国栋、肖玉秋译，广州人民出版社，2007年，第290页。

⑤ 《清圣祖实录》第114卷，台湾华文书局出版社影印本，第18页。

⑥ 中国第一历史档案馆编：《清代中俄关系档案史料选编》第1编上册，中华书局，1981年，第56页。参见《八旗通志初集》第153卷，东北师范大学出版社，1985年点校本，第3885页。

⑦ 俞正燮：《俄罗斯佐领考》。

⑧ 俄国文献的说法，这些人并不都是纯种俄罗斯人，其中包括皈依东正教的布里亚特人、卡尔梅克人和混血儿，Татьяна Манакова：《КРАСНАЯ ФАНЗА РОССИЙСКОГО ПОСОЛЬСТВА В ПЕКИНЕ——ОСТРОВОКПРАВОСЛАВИЯВ КИТАЕ》（［俄］塔季扬娜·马纳科娃：《俄罗斯驻北京大使馆的红房子——在中国东正教的小岛》），Издание Православного Братства Святых Апостолов Петра и Павла в Гонконге（香港圣彼得圣保罗东正教兄弟会出版），Пекин - Москва，2007，С.5。

先编成半个佐领，两年后（1685）始成一整佐领①。

对于俄罗斯俘虏和降人，康熙皇帝一再谕命给予宽大，妥善安置，赐给房屋、土地、仆人；对其中地位较高者，授给官职②。宜番，授给骁骑校；鄂噶番、席图颁、机里郭礼（吉礼过里）、鄂佛那西、马克西木，俱授七品官。伍朗各里身为佐领的长官（亦称佐领），官居四品。康熙帝优待俄罗斯人，并非简单的宽大为怀，在很大程度上，是着眼于黑龙江流域对沙俄作战的需要。事实上，这些俄罗斯人在编入八旗后，至少其中的一部分，很快又被送返黑龙江前线③。在前线，他们的主要任务是侦察敌情和招降。如前面提到的骁骑校宜番，先曾招降俄罗斯人，后受命进入雅克萨城侦察敌情④。

他们在阵地前向自己的同胞喊话，号召他们投降博格达汗（指清朝皇帝）⑤。这种攻心战在康熙二十五年（1686）第二次雅克萨之战中取得奇效。正是在他们的招降下，固守雅克萨的哥萨克最终决定放下武器："阿尔巴津人看到敌营中已有自己的同伴，又看到对方兵力雄厚，所以非常害怕此时如不自动投降，就必然会遭到覆灭的下场；而且他们还设想，如不抵抗就投降，也许会得到中国皇帝的赦免。于是他们便听从了叛变投敌者的话。就这样，他们把自己的全部武器都集中起来，运至指定的地点。郎谈（满洲军队的将领）收缴了武器以后，即下令烧城。"⑥ 可见，俄罗斯旗人不仅参加了雅克萨之战，而且在关键时刻还立有殊功。⑦ 若干年以后，当一位俄国使节来到北京时，有些俄罗斯人曾要求把他们带回俄国，这位使节给他们的答复却很干脆："把你们带回俄国？除非是要把你们当作叛国者押赴边界绞死，才能把你们带回俄国去。"⑧ 联系前述事实，对俄使的这种严厉态度也就不难理解。所以，在俄国史籍中，这些俄罗斯人一般被称为"阿尔巴津人"，但在某些特定场合，又被称作"逃人"、"叛徒"、"叛变投敌者"甚至"俄奸"。

通过前面的考察还可得知，俄罗斯人的来源，除了雅克萨（阿尔巴津）之战的俘虏和投诚者，也包括其他时间来自其他地区的一些人员。因此，俄国文献中把他们称为"阿尔巴津人"，只能理解为是一种便于表述的泛称，却不应据此认为，他们都来自"阿尔巴津"一地。

---

① 俄方档案，有俄罗斯佐领设于顺治五年（1649）的记载，见［俄］尼古拉·阿多拉茨基：《东正教在华两百年史》，第30页，误。

② 《清圣祖实录》第111卷，第7页；《清代中俄关系档案史料选编》第1编上册，第50页。参见［法］白晋：《康熙皇帝》，赵晨译，黑龙江人民出版社，1981年，第10页。

③ 《清圣祖实录》第113卷，第9页下10页上。

④ 《八旗通志初集》第153卷，第3887页。

⑤ 《历史文献补编——十七世纪中俄关系档选译》，郝建恒等译，商务印书馆，1989年，第335—336页。

⑥ ［俄］尼·伊·维谢洛夫斯基：《俄国驻北京传道团史料》第1册，第21页。该书又记：在记事本手稿中，对于中国人战胜阿尔巴津人的经过所作的如下的描述，我认为是最符合实际情况的："当时曾经有五个人，即斯捷凡、阿加方、雅基姆、塔塔林，还有一个不知是谁（记事本中只提到三个人的名字，没有提到另外两个人的名字），在投向满洲人以后，就开始劝说其它阿尔巴津人，要他们不要去冒风险，不要再对抗优势的兵力。如果他们还珍惜自己的生命，就应该放下武器，归顺围城者。只要他们按照这样的忠告去做，不仅可以得到宽恕，而且自己愿意到哪里去，还有完全的自由。"

⑦ ［英］约·弗·巴特莱：《俄国、蒙古、中国》下卷，吴持哲等译，商务印书馆，1981年第2册，第1526—1527页。

⑧ ［俄］尼·伊·维谢洛夫斯基：《俄国驻北京传道团史料》第1册，第30页。

康熙二十八年（1689），中俄两国签订《尼布楚条约》，条约划定了两国疆界，又规定凡定约以前，已在中国的俄国人和已在俄国的中国人均不必遣返。[①] 从此，这批俄罗斯人便在中国世代定居下来。[②]

清代北京城分内外两城，内城在北（又称北城），外城在南（又称南城）。清朝入关，定都北京，把内城的民人（主体是汉人）驱往外城，腾出地方安置“从龙入关”的八旗官兵（主体是满人）。内城的八旗驻防，各有一定方位。前面提到，招降的俄罗斯人被编入八旗中的镶黄旗满洲。镶黄旗位于京城东北部[③]，这样，俄罗斯佐领就顺理成章地被安置在属于镶黄旗地面的东直门内胡家园胡同（ворот Дунчжимэнь в переулке Хуцзяцюань），紧挨着城墙。

按照清代制度，中国的社会成员被分为旗人与民人两大部分。民人即隶属各级政府（省、府、州、县）的普通百姓，主体是人数众多的汉人；旗人则是被编入八旗军队之人。八旗内部，又分为八旗满洲（即满洲人）、八旗蒙古（来源于早期归附的蒙古人）、八旗汉军（来源于早期归附的汉人）。一般说来，旗人的地位优于民人。而在旗人内部，满洲人的地位又优于蒙古和汉军。来自遥远异国的俄罗斯人，不仅被编入八旗满洲，而且还是皇帝亲领的上三旗中的镶黄旗[④]。这表明，在清朝多民族等级架构中，他们被置于与满洲人基本同等的地位[⑤]。

清朝政府给予俄罗斯人等同于满洲人的待遇。他们初到北京，得到了住房、服装、粮饷。同时分得一块耕地作为坟地，坟地位于城郊，在东北城楼之外。政府还将步军统领衙门收押的女犯配予他们为妻，还给其中一些人匹配了大户人家的妇女[⑥]。

他们与满人一样，以当兵为基本职业。除参与对俄罗斯的征战外，至少还参加了对新疆穆斯林（回人）的战争[⑦]。他们基本生活在北京，一些人被授予官职，一些人则在衙门中担任翻译工作。清朝内阁档案多次提到：将“俄文书交罗刹人希图班、鄂果番、侍卫罗多浑等翻译”[⑧]；或者将致俄罗斯国文书，交俄罗斯佐领小领催库西玛、雅稿、伊凡、尼坎等译成俄文。[⑨] 康熙十五年（1676），俄国使臣尼古拉·斯帕法里访问北京后，曾回忆说：“目前在中国有十三名俄国人，其中仅有两名是在阿穆尔河（黑龙江）

---

① 俄国谈判代表戈洛文曾明确表示：“那些叛变的俄罗斯人，竟不怕亵渎上帝，忘记东正教的信仰和大君主沙皇陛下对他们的隆厚恩典，叛离俄国，如今居于汗殿下（康熙皇帝）境内。由于他们这种罪恶的强盗图谋，已没有必要让他们回到沙皇陛下方面来。”苏联科学院远东研究所等编：《十七世纪俄中关系》第2卷，黑龙江大学俄语系翻译小组译，商务印书馆，1978年，第830页。

② 俄罗斯人除了被安置在北京，还有一部分安置在盛京（沈阳），见《清圣祖实录》第121卷，第14页。但他们后来的命运无从知晓。

③ 《钦定八旗通志》第30卷《八旗方位图》。

④ 在满洲人的八个旗中，镶黄旗、正黄旗、正白旗为上三旗，为皇帝所领属；其余镶白旗、镶红旗、正红旗、镶蓝旗、正蓝旗为下五旗，为王公贵族领有。

⑤ ［俄］尼·伊·维谢洛夫斯基：《俄国驻北京传道团史料》第1册，第31页。

⑥ ［俄］尼古拉·阿多拉茨基：《东正教在华两百年史》，第31页；［俄］尼·伊·维谢洛夫斯基：《俄国驻北京传道团史料》第1册，第26页；［英］约·弗·巴特莱：《俄国、蒙古、中国》上卷，第487页。

⑦ Татьяна Манакова：《КРАСНАЯ ФАНЗА РОССИЙСКОГО ПОСОЛЬСТВА В ПЕКИНЕ——ОСТРОВОКПРАВОСЛАВИЯВ КИТАЕ》，С. 6。

⑧ 《清代中俄关系档案史料选编》第1编上册，第78页。

⑨ 《清代中俄关系档案史料选编》第1编上册，第318页。

上被俘的，其余的都从边境城堡特别是阿尔巴津（雅克萨）逃来中国的……汗（康熙皇帝）录用了他们，发给他们薪俸，并让他们成了家。”他们还负责训练清军使用火枪。有些人既能读写俄文，又掌握了满文、汉文，成为衙门中高水平译员①。

与其他被编入八旗满洲的异族人一样，俄罗斯人的文化风俗首先受到满洲文化的影响。

其一，发型。明朝时汉人男子蓄长发、梳髻。满洲传统是男子剃发，即将头顶四周头发剃去寸余，中间长发分三绺编成一条长辫垂于脑后，叫做“薙（剃）发”。满洲人统治中国，强迫被征服的各族剃发，改从满洲发式，作为降顺的重要标志。俄罗斯旗人当然不能有例外②。

其二，服饰。清代满洲人装束仍基本保持渔猎时代传统。男子穿袍褂，袖口窄狭，袍两侧开襟，腰束布带。清朝在强迫被征服民剃发留辫的同时，规定他们（主要指男性）必须服用满式衣冠。俄罗斯人似乎很快就适应了这种改变。不管怎么说，北京的物质生活远优于当初在黑龙江流域拓荒时的艰苦条件。于是，这些昔日的猎人脱下原色的粗呢外衣，换上绸衣和棉衣，脱下兽皮靴，换上中国式缎鞋③。

其三，语言和姓氏。俄罗斯人被编入满洲旗后，无论公私事务，都与满人频繁交往，一些俄罗斯人很快掌握了满文、满语。这一点，成为他们出任公职（担任翻译、当兵或做官）的有利条件。在这种环境下，他们相继为自己取了满洲名。第一任俄罗斯佐领伍朗格里的儿子，满洲名叫罗多珲（又作罗多浑）。19世纪初的一份档案，记载了俄罗斯佐领领催（佐领下的基层军官）乌凌阿，及其堂叔德英额、德昌、德住，堂弟明泰，表弟丰伸泰、和伸太等一系列满洲式名字④。清末的一份档案则提到俄罗斯佐领荣辉、骁骑校（佐领下的基层军官）全凌、领催全秀⑤。都是一些典型的满洲名。俄国传教团文献也提到：俄人伊万的满洲名叫德成、格里戈里叫友发、帕维尔叫民泰⑥。这些例子说明：俄罗斯人后代按照通行于八旗内部的惯例，相继使用了满洲名。与此同时，他们的母语却走向退化⑦。

如果说清朝前期俄罗斯人曾较多濡染满洲文化的话，那么随着时间推移，他们亦如

---

① ［英］约·弗·巴特莱：《俄国、蒙古、中国》下卷，第1528页。

② 康熙年间清廷曾命令俄国人出征。文献记载说：临出发时他们把司祭的头剃光，只在后脑勺留下一条像满洲人那样的辫子，带着他一块儿出征去了。见［俄］尼·伊·维谢洛夫斯基：《俄国驻北京传道团史料》第1册，第29页。

③ ［俄］尼·伊·维谢洛夫斯基：《俄国驻北京传道团史料》第1册，第28页。季姆科夫斯基：《俄国使团赴华情况》（1827年，伦敦）也提到：“他们（指阿尔巴津人）同满洲人的关系是如此密切，以致难以将他们区别开了。他们说中国话，穿着和满洲人一样，生活方式完全像该国士兵”。载［英］约·弗·巴特莱：《俄国、蒙古、中国》下卷，第1608页。

④ 中国第一历史档案馆藏：《录副奏折》档号03—2191—002，董诰等：《奏报审拟京城俄罗斯领催乌凌阿家失火一案事》，嘉庆十年七月初四日。

⑤ 中国第一历史档案馆藏：《录副奏折》档号03—7399—006，那彦图等：《奏为解任俄罗斯佐领荣辉畏罪脱逃请旨先行革职由臣咨行严拿等事》，光绪三十年十一月十八日。

⑥ ［俄］尼·伊·维谢洛夫斯基：《俄国驻北京传道团史料》第1册，第72、74页。

⑦ 雍正十三年十二月十七日，多尔济奏陈派遣学童学习俄罗斯语文一折称：俄罗斯馆中两名俄罗斯文教习，“虽系俄罗斯血统，但生于京城，原对俄罗斯语文不甚精通”（中国第一历史档案馆译编：《雍正朝满文朱批奏折全译》，黄山书社，1998年，第2492页）。这两名教习，应即俄罗斯佐领下人。

周围的众多满人一样，在日常生活中日益承受到汉文化的熏陶。一个明显标志：他们的俄罗斯姓氏逐渐根据谐音改成了汉姓（即根据俄国姓氏中的第一个字母，取一个发音接近的汉姓）——罗曼诺夫（Романов）改为罗姓、哈巴洛夫（Хабаров）改为何姓、雅克甫列夫（Яковлев）改成姚姓、杜必宁（Дубинин）改为杜姓、贺洛斯托夫（Холостов）改为贺姓①。

与此同时，俄罗斯人在宗教信仰和婚丧习俗诸方面，也发生明显转变。

总之，在入居北京并编入八旗满洲后，俄罗斯人由表及里，都发生了深刻变化。这种变化，足以令来到北京的俄罗斯使臣深感惊愕。道光二十五年（1845），俄国外交官叶·彼·科瓦列夫斯基造访北京。事后，他这样回忆与俄罗斯人会面的情景："中午前我们来到了南馆，大司祭和传教士团成员们已在恭候我们，还有阿尔巴津的男女老少近百人，几乎都来了。看到这些俄罗斯人的后裔有种很奇怪的感觉，他们的服饰、语言、容貌一点都不像俄罗斯人……"②。

然而，对于清朝人来说，对此却不会感到有什么奇怪。因为在八旗这个多民族的"大熔炉"里，除满人外，其他许多民族成员包括汉人、蒙古人、锡伯人、朝鲜人（高丽人）、回人（维吾尔人）、番子（藏人）、达斡尔人、鄂温克人、鄂伦春人、赫哲人等，几乎经历过同样"脱胎换骨"的改造。

除了八旗制度的陶熔以外，俄罗斯人自定居北京时起即娶中国妇女为妻，一些人还抱养中国养子。如此代代相传，只能加速与异民族的融合。

作为旗人的一部分，俄罗斯人始终受着八旗制度的严格约束。由于种种原因，其中的一些人似乎并不本分，还因此受到严厉惩处。乾隆四十三年（1778）前后，俄罗斯旗人箧抡轱素勒操、依斯特班，因罪被发遣到福州给当地旗人为奴，随即相继脱逃③。光绪三十年（1904），又发生解任俄罗斯佐领荣辉畏罪潜逃之案④。

二、对中俄文化交流的影响

俄罗斯人初到北京时不过百余人。尽管他们人数很少，对清代以来中俄关系的发展，却产生了深远影响。

俄罗斯人与中国人的交往至少可以上溯到元代。13 世纪，蒙古人西征，屡次入侵

① 杜立福、罗荣禄：《俄国东正教在北京的兴衰》，载《北京市东城区文史资料选编》第 4 辑，1993 年。另据天津东正教大司祭杜远回忆，俄罗斯人原有七姓，除上述五姓外，另两姓绝嗣，姓氏不传。Ду Иоанн:《Распространение Русской Православной Церкви в Тяньцзине и его окрестностях》, перевод Д. И. Петровского, Публикуется по просьбе сына автора настоящей статьи в память о его отце, последнем православном священнике г. Тяньцзиня, протоиерее Иоанне Ду（1983г.）（杜远：《俄罗斯东正教在天津及周边地区的传播》，Д. И. 彼得罗夫斯基译，附注称：本文根据作者之子的请求发表，以纪念其父——天津最后的东正教神甫、大司祭杜远，1983 年）。据网络下载。

② ［俄］叶·科瓦列夫斯基：《窥视紫禁城》，阎国栋等译，北京图书馆出版社，2004 年，第 116 页。

③ 台湾中央研究院历史语言研究所藏内阁大库档案，档号 096200，《兵部为移会事》，乾隆四十三年四月二十三日。

④ 中国第一历史档案馆藏：《朱批奏折》，档号 03—7399—006，那彦图等奏：《为解任俄罗斯佐领荣辉畏罪潜逃请旨先行革职由臣咨行严拿等事》（光绪三十年十一月十八日）。

俄罗斯。在长达数十年的征服战争中，蒙古人每到一地，都要从当地居民中补充兵员。西征军中就有俄罗斯籍士兵。其中一部分，后来随军来到中国本土，参与了元朝灭亡金朝和南宋的战争。《元史》卷34记载，至顺二年（1331），元朝政府在北京（大都）设置“宣忠扈卫亲军都万户府，秩正三品，总斡罗思（俄罗斯）军士”。这一时期来华的俄籍士兵，数量不会很少。随着元帝国版图的拓展，中西交通日愈便利，交流更为密切，俄罗斯传教士、商人、工匠等各色人等，因各种原因来华者应该有所增长。在《元史》中，就有西域宗王献纳斡罗斯人口的记载。14世纪中，随着元帝国的覆亡和明朝建立，中俄交流一度停滞。

明万历四十六年（1618）一批俄罗斯人在伊万·佩特林率领下来到明朝首都北京。明朝皇帝尽管未接见俄罗斯使团，但颁给它一封诏书，允许俄罗斯人前来建使馆、做买卖。清顺治十二年（1655）以来，费多尔·巴伊可夫（1656）、伊万·佩尔菲利耶夫（1660）、伊格纳季·米洛瓦诺夫（1670）、尼古拉·斯帕法里（1676）分别率团拜访清朝都城[①]，做买卖的商队亦络绎于途。这些交往，使俄国更多地了解了中国，同时还宣传了自己。

俄罗斯使团真正常驻中国首都，是以康熙年间俄罗斯人（雅克萨人）从黑龙江迁来北京为契机的。自康熙年间以迄咸丰年间，俄国东正教会传教团，一直兼为俄国政府驻华代表。这也使俄国成为清咸丰十年（1860）以前，唯一在中国首都保持外交使团的国家。

咸丰十年（1860）以后，随着北京出现更多的外国使馆，俄罗斯宗教使团的地位发生变化。同治三年（1864），俄罗斯使团最终分成宗教使团和外交使团。宗教使团返回北馆，靠近原阿尔巴津人教区；外交使团则安置在南馆。俄罗斯外交使团长期安顿在这里，民国九年（1920），中国政府宣布终止使团职能。随即，使团被苏联大使馆取代。

俄罗斯人入居北京，对中俄关系带来了深远影响。这种影响主要反映在三个方面：其一，使东正教传入中国；其二，促进俄国中国学（汉学）研究的兴起；其三，促进两国在文化等方面的交流。

（一）东正教传入中国

清朝统治者一向把旗人视为“国家的根本”，严禁他们皈依西方“洋教”（主要指基督教、天主教）。但是，对俄罗斯旗人的东正教信仰，统治者却采取了异乎寻常的宽容态度。在康熙二十四年（1685）来归的雅克萨人中，有一教堂司祭马克西姆·列昂季耶夫（Максим Леонтьев）。当康熙帝把胡家园胡同内一处关帝庙赐给他们作为临时教堂时，还授给列昂季耶夫七品官衔，由他主持教堂活动。教堂建立不久，即有到北京的俄罗斯商人前往拜谒，参加弥撒。他们记载说：“新建教堂在中国北京城东右方的城墙角下。教堂附近为在中国的俄国人建立了一个居住区。该区同中国居民的庭院相连……该教堂由马克西姆神甫主持弥撒，但据说他因年老眼弱，已无力主持其事。”[②] 当

① 中国第一历史档案馆藏：《朱批奏折》，档号04—01—30—0513—045，《呈查俄罗斯通商及住京学艺年份清单》（乾隆五十八年），对历次交往有详细记载。

② 《历史文献补编——十七世纪中俄关系档选译》，第313—314页。

时，中国人把俄罗斯人称为“罗刹”。在《乾隆京城全图》中，这座小教堂的格局清晰可见，下方注有“罗刹庙”三字①，也即俄罗斯庙的意思。列昂季耶夫曾从雅克萨城带来一幅圣尼古拉神像，所以，这座教堂又称尼古拉教堂，即俄罗斯北馆的前身，是北京的第一座东正教教堂②。

康熙二十八年（1689），中俄签订《尼布楚条约》，划定两国在黑龙江流域的边界，由此掀开和平睦邻的新篇章。康熙五十年（1711），胡佳科夫率领俄国商队来到北京，以列昂季耶夫年老为由，要求理藩院准许俄国另派教士来京接替，康熙帝同意了他的要求。四年后（1715），俄国派遣的第一个传教团到达北京。雍正五年（1727），中俄订立《恰克图条约》。条约规定，传教团每十年（后改五年）轮换一次，每次由六名神职人员和四名学习满、汉、蒙文的世俗人员组成。条约还规定，允许东正教会在北京建立新教堂。新教堂地址在北京城南东江米巷（后称东交民巷）玉桥河西，称“奉献节教堂”（后称俄罗斯南馆），传教团随即由胡家园胡同的北馆迁入南馆。南馆前身，是建于明代的会同馆。明会同馆有南北两馆，清初，南会同馆分置鞑子馆和高丽馆。康熙三十三年（1694）拨高丽馆为俄罗斯馆，供俄国商队来京临时住宿③。及南馆建成，这里成为东正教北京传教团的长驻之地。至此，俄国东正教终于实现在中国政治中心建立一个长期稳定的传教据点的夙愿。

从康熙五十四年（1715）至咸丰十年（1860），传教团先后派遣了十四批。俄国政府派遣传教团到北京，寓有多重目的：一是维持北京俄罗斯人的东正教信仰；二是履行俄国政府的外交任务；三是培养留学生；四是开展对中国历史与现状研究；五是对来华的俄罗斯商队提供必要帮助。在宗教事务方面，传教团归俄国东正教最高会议领导；在政治方面，则接受俄国外交部指示④。

为减少清廷疑忌，传教团采取了一些适合中国传统的宣传方式。他们把东正教称为“天主教”，把教堂对外称为“庙”（罗刹庙）；把天主称为“佛”（Fo）；把教士称为“喇嘛（Lama，藏传佛教僧人的专称）”⑤。在他们的努力下，一些中国人开始皈依东正教，有满人也有汉人⑥。

不过，总体来看，传教团在中国人中传播福音的活动并不顺利。1723 年（雍正元年）的一份俄国档案载称：在北京城内，最初接受传教士洗礼的只有几十人，大部分是给传教团挑水的水夫。他们表示皈依东正教，只是为了接受某些礼物或一个银质十字

① “罗刹”一词的含义，历来聚讼纷纭，一说来自佛经中的梵文“Raksasa”，意思为“邪气、恶鬼”。中国人曾用这个词称呼 17 世纪侵入黑龙江流域的沙俄哥萨克；一说源于俄语“猎人”（ловцы）。见蔡鸿生：《俄罗斯馆纪事》，中华书局，2006 年，第 29 页注 3。

② ［荷］伊兹勃兰特·伊台斯、［德］亚当·勃兰德：《俄国使团使华笔记（1692—1695）》，北京师范学院俄语翻译组译，商务印书馆，1980 年，第 224 页下注引俄国人亚金甫《北京概况》（圣彼得堡，1828 年，第 62 页）。

③ 蔡鸿生：《俄罗斯馆纪事》，第 17 页。

④ Ду Иоанн：《Распространение Русской Православной Церкви в Тяньцзине и его окрестностях》。

⑤ ［意大利］马国贤：《清廷十三年——马国贤在华回忆录》李国纲译，上海古籍出版社 2004 年，第 78—79 页。乾隆三十三年（1768）九月初一日刻写尔伊墓碑（碑原在北京安定门外东正教公墓），把已故神甫写尔伊称作“天主教三喇嘛”，亦可为证。引自《北京图书馆藏历代石刻拓片汇编》第 72 册，中州古籍出版社，1990 年，第 189—190 页。

⑥ ［俄］尼古拉·阿多拉茨基：《东正教在华两百年史》，第 35、100、167、174—175、215、262 页。

架，赠品到手后，他们仍旧信仰中国的传统宗教[①]。

多数俄罗斯人定居北京不久，也丧失了宗教热情，一旦娶了中国姑娘，这种变化更加明显。这些妇女不仅教他们汉语和中国的风俗习惯，还向他们灌输中国的传统宗教。据说她们指着偶像教训自己的丈夫说："连皇帝本人也得尊敬它，向它磕头，何况全国人民都信它。你是一个在森林里长大的野人，难道你认为你比皇帝还要聪明?"[②] 这样一来，俄罗斯人就不再与司祭来往，完全按照妻子的话行事。他们严格遵守中国的生活方式，模仿他们的风俗习惯，改奉他们的宗教（佛教与道教），家中供奉偶像，向其顶礼膜拜。第一任教堂司祭马克西姆·列昂季耶夫的孙子扎哈尔，一生中甚至没有进过一次教堂。

这些人既不到教堂中领洗，也不去做忏悔，领圣餐。一位在俄罗斯佐领当过差的俄罗斯人，当有人把他称作领过洗的人时，他感到是一种羞耻，并对那些人说：一个婴儿当然一点也不知道他的父母为他做过什么。我的父亲就是在我还在吃奶的时候给我领洗的，所以我不记得这件事。[③] 他们改以中国婚礼娶妻，临终前，也不再请东正教司祭做祷告。家人死后，按照中国风俗请和尚诵经安葬[④]。一位俄罗斯人为其兄弟举办中国式葬仪，受到教堂司祭干预。他理直气壮地告诉后者："我们有自己的皇帝，我们是领取皇饷的，因此应当像靠皇上恩典生活的人一样行事。"[⑤] 长辈去世，晚辈依照中国传统披麻戴孝。子孙为长辈守制，满汉习俗不同，汉人守制三年，满人则守制百日。在这方面，隶属满洲旗的俄罗斯人依从满俗。[⑥]

一直延续到19世纪中期，东正教在中国的境遇才出现明显转机。咸丰八年（1858）天津条约签订后，包括俄国东正教在内的各国教会获得在中国自由传教的特权。1864年（同治三年），俄罗斯驻北京团彻底一分为二，一个作为东正教团由南馆迁往北馆，一个则作为外交使团留驻南馆。此后，东正教团不再承担外交使命。很快的，传教活动有了起色。据1886年（光绪十二年）教徒名册统计，北京的东正教徒共有459人，其中雅克萨人裔149人，中国人（汉人）310人[⑦]。为什么俄罗斯后裔重新皈依东正教?除了宗教感情外，很大程度上应是基于实际生活的需要。晚清以来，清朝国势日衰，各国教会因有西方列强做后盾，在中国的势力和影响迅速扩大。入教之人不仅可得到教会庇护，在就业、就医以及子女就学等方面也有更多机会。在这一点上，北京俄罗斯人与中国其他教民的需求应是一样的。

光绪二十六年（1900）爆发的义和团之乱，一度打断了东正教的发展。俄罗斯北

---

① ［法］葛斯顿·加恩：《早期中俄关系史》（1689—1730），江载华译，商务印书馆，1965年，第211页。

② ［俄］尼·伊·维谢洛夫斯基：《俄国驻北京传道团史料》第1册，第28—29页。

③ ［俄］尼·伊·维谢洛夫斯基：《俄国驻北京传道团史料》第1册，第71页。

④ ［俄］尼·伊·维谢洛夫斯基：《俄国驻北京传道团史料》第1册，第70页。

⑤ ［俄］尼·伊·维谢洛夫斯基：《俄国驻北京传道团史料》第1册，第72页。

⑥ 中国第一历史档案馆藏：《录副奏折》，档号03—2191—002，董诰等：《奏报审拟京城俄罗斯领催乌凌阿家失火一案事》，嘉庆十年七月初四日。

⑦ ［俄］阿·马·波兹德涅耶夫：《蒙古及蒙古人》第2卷，刘汉明等译，内蒙古人民出版社，1983年，前言第18页。

馆包括图书馆、学校、救济院均被义和团烧毁，附近的俄罗斯墓地也被毁坏[①]。数百名中国东正教徒，包括妇女和儿童，遭到野蛮杀戮，事后，找到并且能够识别的有222人。教会获得了清廷赔款白银1万8千两，随即将旧北馆附近的民房、土地以及四爷府（履亲王府）的土地统统购买过来，形成东起东城墙，北至北城墙的北官厅、南到东羊管胡同、西到四爷府的西墙及针线胡同，方圆三百亩（三顷地）的一大片教会用地。教会用地墙外设立石碑为界，墙内建立一座“教众致命堂”，把被义和团杀害的中国东正教徒222具遗骸收殓在六具石制棺材里，埋在该堂“圣所”地下[②]。

教会在当地陆续建起圣母安息堂、圣伊诺肯提依堂、钟楼、图书馆、天文台、男女修道院、男女学堂、神品学堂，以及俄国坟地（今青年湖公园内）的圣些拉肥木教堂和在西山昌化寺的小教堂（主教避暑时用）。开设了面粉厂（机器磨）、铁工厂、印刷厂、牛奶场、装订房、造纸作坊、织布厂、养蚕室、养蜂场、地毯作坊、菜地、果园以及小型发电所。在东单北大街新开路口购置一所公寓式三层楼房供出租用，开设了天福号米面庄。

这一时期，北京的东正教徒很快达到3000—3500人[③]。民国七年（1918），北京东正教会辖下有男女修道院各一，司祝（祭司）寓所一，庙堂五，礼拜堂（大小教堂）三十有二，包括俄罗斯后裔在内的中国洗礼信徒多达5587人[④]。1917年（民国六年）俄国十月革命后，大批白俄涌入中国避难。这是东正教会在中国的鼎盛时期，东正教以北京为起点，迅速向全国各地扩张，中国东正教徒迅速增加。据说，到1918年，有近1万名中国人皈依了东正教。另有记载称，在20世纪的前10年，在中国共计有将近3万东正教徒[⑤]。北京郊区西山、通县、房山，河北永平、古北口、遵化、涿县、张家口、保定、北戴河，天津，山东青岛、烟台、崂山，华东上海，华中汉口，广东石浦，东北沈阳、长春、哈尔滨、旅顺、大连、齐齐哈尔，内蒙古海拉尔、满洲里，新疆乌鲁木齐、伊宁等地，都设有东正教分会和教堂或传道所。各分会和教堂的主管神职人员，由北京俄国东正教总会派遣。

（二）俄罗斯中国学的兴起

俄国的中国学（汉学、东方学）研究，是随着俄国传教团进驻北京兴起的。而传教团的到来，则缘于俄罗斯人定居北京。不妨说，正是俄罗斯人定居北京，带动了俄国中国学的兴起。

---

① 俄罗斯墓地位于安定门外今青年湖公园内的山坡上，建于18世纪初，面积不超过10亩，葬有约350人。义和团乱后，清政府拨款重修，1906年10月1日举行了献祭仪式。墓地四周围以高墙，建有石头门楼和圣些拉肥木教堂。1962年，教堂举行了最后一次仪式。以后，教堂被改为仓库，在1986年被拆毁。

② 关于该事件，详见［俄］克谢尼亚·凯宾《北京教众致命堂》，汉译本据《中国东正教》网下载，译者不详；迪奥尼西·波兹德尼耶夫（Dionisy Pozdnyaev）：《东正教会在义和团事件中的殉道史》，汉译本据《中国东正教》网下载，陈爱洁译。

③ 杜立福、罗荣禄：《俄国东正教在北京的兴衰》；肖玉秋：《俄国东正教驻北京传教团在华活动的历史评价》认为，1911年，中国东正教徒有1167人，1917年已达6310人。载［俄］尼古拉·阿多拉茨基：《东正教在华两百年史》附录，第302—303页。

④ 吴廷燮主编：《北京市志稿·宗教志》，北京燕山出版社，2003年，第8册，第392页。

⑤ Татьяна Манакова：《КРАСНАЯ ФАНЗА РОССИЙСКОГО ПОСОЛЬСТВА В ПЕКИНЕ——ОСТРОВОКПРАВОСЛАВИЯВ КИТАЕ》，С. 10。

俄国传教团既是宗教团体，也是外交、商务、文化机构。在每届来华传教士团中，除了神职人员，都包括来华学习的留学生。从康熙五十四年（1715）第一届东正教传教团来华，以迄咸丰十年（1860），传教团共有十四届150余人次来北京，其中包括世俗人员60余名（学生、医生、画家、科学家）和神职人员80余名。以这些人员为基础，形成俄国中国学研究的基本队伍。

他们系统学习汉、满、蒙、藏等语文，开展对中国历史与现状的研究。他们的研究领域广泛，涉及语言、文学、哲学、风俗、宗教、历史、哲学、地理、法律、教育、图书、医学、美术、天文、农业诸多方面。他们编纂多语种词典辞书课本，为俄罗斯中国学的奠基与发展，作出了突出贡献。据中国国家清史编委会编译组《清代入华传教士文献收集与整理》课题组统计，俄国东正教驻北京使团成员用俄文出版的有关中国论著，有218种之多①。罗索欣（И. К. Россохин，1707—1761年）、列昂季耶夫（А. Л. Леонтиев，1716—1786年）、比丘林（Н. Я. Бичурин，1777—1853年）、科瓦列夫斯基（О. М. Ковалевский，1800—1878年）、扎哈罗夫（И. И. Захаров，1814—1885年）、巴拉第（О. Паладий，1817—1878年）、瓦西里耶夫（В. П. Васильев，1818—1900年），就是其中的佼佼者。

罗索欣，第二届传教团随团学员。1729年（雍正七年）到达北京，在北京度过12个年后回到俄罗斯，在彼得堡皇家科学院担任满汉语翻译与教学工作，直至去世。罗索欣熟通满、蒙、汉语，他出色的语言天赋引起清朝官员的注意，先后被聘为理藩院通译和俄罗斯文馆老师。为解决文馆教材问题，他与馆内一位满人合作，将斯莫特利茨基（约1578—1633）《俄语语法》译成满语，称作《俄罗斯翻译捷要全书》。这是中国人学习俄语的第一部教科书。在教授俄语过程中，他意识到确定俄汉译音规则的必要性，制订出第一个译音方案《俄汉语发音转写》。

罗索欣翻译的满汉文献很多，能够确认的译稿约有30部，有编年体史书，地理类书，儒学类书。其中最有名的一部，是他与第三届传教团学员列昂季耶夫合译的清朝官修《八旗通志初集》（Обстоятельное описание происхождения и состояния Манджурского народа и войска, осми знаменах состоящего. т. 1—17，СПб，1784，译称《满族与八旗军之起源与现状详述》），是研究八旗制度和满族史的一部重要典籍。罗索欣按照《八旗通志初集》中八志（旗分、土田、营建、兵制、职官、学校、典礼、艺文）和八表（封爵、世职、八旗大臣、宗人府、内阁大臣、部院大臣、直省大臣、选举），将俄译本分成16卷。他生前只译成一、二、三、六、七卷，其余各卷由列昂季耶夫译出。列昂季耶夫整理增补的第十七卷即注释卷，具有很高学术价值，其中大部分内容出自罗索欣笔下。

罗索欣译有满洲人图理琛的著名旅行记《异域录》，俄译本名为《1714年前往伏尔加河地区晋见卡尔梅克阿玉奇中国使团旅俄记》（1764）。康熙五十一年（1712）内阁侍读图理琛奉命随团出使游牧于伏尔加河流域的蒙古土尔扈特部，五十四年（1715）

① 张西平：《俄国东正教驻北京使团已出版论著目录》，据《中华文史网·中国国家清史编纂委员会编译组海外清史研究资源数据库》。该目录系根据俄罗斯东正教驻华第1—18届使团成员名单、苏联和俄罗斯出版的有关中国书目编成。

返抵北京。《异域录》雍正元年（1723）刊行，分上下两卷，上卷述出使缘由，及沿途所经漠北蒙古、俄罗斯之山川、地理、城镇、民族、风土、人情，下卷述在土尔扈特部之见闻。为中国第一部实地考察蒙古、俄罗斯地理历史的专著，弥足珍贵。《异域录》有汉文满文两种版本。其满文本词句优美，是考察清前期满文发展的珍贵数据，内容也较汉文本完整准确。近代以来，《异域录》引起西方学者的关注，先后有法、德、俄、英等文译本问世。其中，法、英、德译本均出自汉文本，两个俄文译本（分别由罗索欣和列昂季耶夫翻译）则由满文本译出，因此具有较高的学术价值①。

罗索欣在彼得堡科学院开办了一所满汉语学校。他选用中国教材，将《三字经》和《千字文》译成俄文。后来，他的学生沃尔科夫翻译了《四书》，是为俄国人翻译中国儒学典籍的最初尝试。

罗索欣是18世纪来华留学生中第一个学有所成者。他是最早从事中国典籍译介和满汉语教学的俄国人，由此掀开俄国汉学史的第一页，因此被誉为俄国汉学第一人。

列昂季耶夫，1743年作为第三届驻北京传教团学员来京学习。由于他在满汉语言翻译上表现出色，很快被清政府理藩院认定为接替罗索欣的合适人选，担任满语通译和俄罗斯文馆教师。1755年离京回国，受命协助罗索欣翻译《八旗通志初集》，并编辑第十七卷——注释卷。1784年《八旗通志初集》出版，代表了18世纪俄国对华研究的最高水平。

列昂季耶夫先后发表译作20余种，内容广泛，涉及中国历史、地理、刑法、伦理、哲学、民族、行政制度、文化艺术、国家关系，如《大清会典》、《大清律例》、《中国思想》、《中国宗教》、《中国戏剧》、《中国象棋棋法》、《中国书〈易经〉中的阴阳》、《四书解义译注》、《三字经名贤集合刊本》、《圣谕广训》、《名臣奏议》、《中国宫殿》、《雍正帝传子遗诏》、《中国历史纪年表》、《雍正朱批谕旨》、《俄中尼布楚谈判的前前后后》等。《中国思想》是一部译文集，首次出版于1772年，收录历代皇帝和大臣治国论道的谕旨和奏章，因内容丰富，引起其他欧洲国家的关注，出版有德文和法文译本。儒家经典《大学》、《中庸》的俄译本亦出自其手。

列昂季耶夫的译作，不仅在俄国思想界产生了影响，同时也为中国文化的传播以及俄国汉学的建立和发展作出了重要贡献，因此他被视为18世纪俄罗斯最重要的汉学家之一。

比丘林，俄国东正教驻北京第九届传教团领班，大司祭。1807—1821年在北京居留14年，他掌握拉丁语、法语，又学习汉、满、蒙、藏语。其汉学研究从18世纪初开始，持续了半个世纪。编纂有多部双语和多语辞典、汉语语法书；把《三字经》译成俄文。他在中国边疆民族史地研究中，广泛使用汉、蒙文献，编译了大量典籍文献，撰有《蒙古志》、《西藏志》、《西藏青海史》、《十五世纪至今厄鲁特人或卡尔梅克人史评》、《准噶尔和东突厥古今志》、《古代中亚各民族资料选集》。给他带来盛誉的还有《中华帝国详志》（Статистические описание Китайской империи）。比丘林当之无愧地

① 后续研究有：[日] 今西春秋訳注、羽田明編訳：《異域録——清朝使節のロシア旅行報告》，平凡社，1985年；庄吉发：《满汉异域录校注》，台湾文史哲出版社，1983年。

被视为18世纪俄罗斯中国学家（东方学家）的巨擘。①

比丘林在研究同时，重视实地考察。他经常易换中国服装，对北京进行深入考察，撰有《北京志》（Описание Пекина）。记载了北京城墙的高度和宽度（墙高33.5英尺，顶部宽50英尺，墙基宽62英尺），城门数及城门间距。当时北京有16条主要街道，384条胡同，370座桥梁，700座庙宇。所有这些，在他的书中都有记载。他详细描述了民俗、节日、饮食、服装以及市民生活。所绘北京城图，准确程度令人叹服。比丘林对自己的成就颇为自诩。他的墓碑镌有俄汉两种文字。俄文是亡者姓名和生卒年代——"雅金夫·比丘林，1777年生，1853年亡"；汉文是8个工整楷书——"无时勤劳垂光史册"。

瓦西里耶夫，东正教第十二届传教团随团学生。1840年来华，1850年返国。在北京生活10年之久。其间，深入研究梵、藏、汉、满、蒙等文字，广泛涉猎佛教典籍。回国后任喀山大学汉语满语教研室教授、圣彼得堡大学东方系教授。他是俄罗斯佛教研究的泰斗，著述颇多，留下大量手稿。他还是俄国第一个中国文学史专家，所著《中国文学史》，首次向俄人评介了中国古代诸子百家，重点介绍儒家学说。还评论了中国文学，包括诗文、戏曲和小说。

他在汉语研究方面取得了瞩目成就，代表作《汉字解析》、《汉字的字形体系，第一部大学汉语词典试编》。他对俄国汉语教学的重大贡献在于，率先进行系统的汉语教学，编写《汉语学习导论》、《汉语文选》（内容包括：《诗经》、《论语》、中国谚语、笑话、康熙家训、聊斋故事等）。他对东方语言的深刻理解，为在研究中使用比较语言学方法提供了条件。在《汉语与中亚各语言之关系》一文中，他将满语、蒙古语、鞑靼语及其他语言同汉语进行对比，指出彼此的相互影响和词汇的相互渗透与补充。他编写了两部重要的满语教材《初级满语文选》与《满俄词典》（1866年）。

他研究中国历史地理亦取得很高成就。《清初对蒙古人的安抚》（译自魏源《圣武记》）、《军机大臣马思哈出巡北部边疆日记》、《满洲志》、《宁古塔纪略》、《西藏地理》等书，构成他清朝史研究和翻译著作的系列。他认为，地理与历史是不可分割的两个学科，在考察地理现象时，必须要探究历史，反之，在论述历史问题时，必须兼顾地理。博士论文《元明两朝满洲人的资料》，虽然是研究满族早期历史的专著，也含有丰富的地理资料。由于成就突出，1886年被选为俄罗斯科学院院士。

第十二届传教团留学生扎哈罗夫在学术上也有突出成就。1840年至1849年在北京生活。著有《满俄大词典》（Полный маньчжурско－китайский словарь. 1875）和《满语语法》（Грамматика маньчжурского языка. 1879）。他不仅是著名的满语学者，对中国史研究也颇有造诣，两篇著名论文为：《中国人口历史概述》和《中国的土地所有制》。这两篇综贯今古视野宏大的论文，后被译成德文和英文。

巴拉第，原名卡法罗夫（П. И. Каваров），自愿参加第十二届传教团为助祭，1840年到北京，以后出任第十三届、第十五届传教团领班（修士大司祭）。先后三次来华，在北京居住30年。他的中国学研究成就斐然：宗教方面，从汉、蒙、藏文献中翻译大

① Ду Иоанн：《Распространение Русской Православной Церкви в Тяньцзине и его окрестностях》。

量佛教经典，撰有《佛陀传》、《古代佛教史纲》；对伊斯兰教文献有专门研究，撰有《中国的穆斯林》；中国边疆史方面，侧重元朝蒙古史，据明《永乐大典》中辑出《元朝秘史》（《蒙古秘史》）汉文本译为俄文，又译《皇元圣武亲征录》（部分）、《长春真人西游记》。所译诸书撰有大量注释，奠定了俄国研究蒙古史基础。

他致力于编写汉俄大辞典，生前未完，手稿留北京，后由波波夫完成，1888 年北京同文馆出版，题称《汉俄合璧韵编》。是俄国在中国境内印刷的第一部大型汉俄辞典，在国际汉学界享有盛誉。

他担任第十五届传教士团领班期间，主持编写《俄国驻北京布道团人员论著集刊》，全书四卷二十八篇论文，是俄罗斯学者中国学研究成果的集大成者[①]。该书内容包括，戈尔斯基（В. В. Горский）的论文《满洲王朝的崛起与最初的事业》、《论当今统治中国的清朝始祖与满洲一名的起源》，是研究满族早期历史的名篇。中国学者研究满族史，约始于 20 世纪 30 年代，邻国日本早于中国，始于 20 世纪初。俄罗斯学者则起步于 19 世纪中叶，在国际学术界为时最早。该书还收有戈什克维奇（И. Гошкевич）的《中国人制造墨、香粉和胭脂的方法》、《中国算盘》、《山药的培植》、《“御稻米”或“香稻米”》、《蚕业》；塔塔林诺夫的（А. Татаринов）《中国医学》、《试评中国手术中应用的止痛水和水疗法》；古里亚（О. Гурий）的《中国佛教徒的戒律及传戒仪式》；伊拉里翁（О. Иларион）的《中国与西藏交往史概述》；赫拉波维茨基（М. Храповицкий）的《明朝灭亡时期北京大事记》；茨韦特科夫（П. Цветков）的《中国人关于长崎的笔记》、《七世纪的景教碑》，内容涉及历史、宗教、文化、农业、医学等多个领域，反映了 19 世纪中叶俄国东方学研究的最高水平。

如上所述，北京传教团成员留下的丰富著述略见一斑，足见其在中俄文化交流中扮演的重要角色。正是由于他们薪火相传的努力，使俄国的中国学研究走在世界前沿。

传教团成员不仅把中国的文化传入俄罗斯，同时还辗转影响到当时的欧洲。他们的一些著作被译成英、法、德等文字，在更大范围内得到传播。共产主义创始人马克思在其巨著《资本论》第一卷论述“货币或商品”时，提到一位中国人——王茂荫（1798—1865）。王茂荫，咸丰初年任户部右侍郎，因奏请发行可兑换钞币受到皇帝申斥，但他的主张却受到远在天边的马克思的重视。马克思对王茂荫的了解，来自卡尔·阿伯尔博士和 F. 阿·梅克伦堡的德文译作《帝国驻北京公使馆关于中国的著述》（1958 年柏林版），而后者所依据的，则是巴拉第主编《俄国驻北京布道团人员论著集刊》中叶夫拉姆皮（Е. Евлампий）所撰《内阁关于纸币的奏折》一文[②]。

（三）中俄两国的文化交流

传教团驻京近 200 年间，中俄两国的政治、经济、文化等方面关系均获得长足发展，具体就文化而言，除了宗教、学术的影响，在教育、图书、医疗、绘画等方面均有交流。

---

① 曹天生：《前言》，载曹天生主编、张琨等译：《19 世纪中叶俄罗斯驻北京布道团人员关于中国问题的论著》，中华书局，2004 年。

② 曹天生：《前言》，载曹天生主编、张琨等译：《19 世纪中叶俄罗斯驻北京布道团人员关于中国问题的论著》，第 1—3 页。

为了发展对俄关系，康熙三十三年（1694），清政府设俄罗斯馆于京城中玉河桥西，接待俄罗斯来使和商队。俄罗斯馆隶理藩院。雍正五年（1727）《恰克图条约》签订后，准俄罗斯学生在馆居住，由国子监选满汉助教各一人，组成俄罗斯学，教习清汉文。在1864年（同治三年）以前，前后有48名留学生在华学习。他们回国后，大多从事与中国有关的研究和教学①。

在以后的年代里，俄国的中国学研究，经历了由域外到本土的发展历程，同时逐步建立起专门的学术研究机构。1831年，比丘林在恰克图开办第一所汉语学校，喀山大学成立汉语教研室；1855年，彼得堡大学成立东方学系；1898年，海参崴成立东方学院。到19世纪末20世纪初，俄国中国学研究人才的培养，已逐渐由北京传教团转移到国内大学和科学院，研究机构也完成了由域外向本土的转移②。

清政府为造就俄语人才，于乾隆二十二年（1757）创办内阁俄罗斯文馆。选15岁以内学习满文之八旗官学生、义学生等，专习俄罗斯文字，聘请俄罗斯佐领下和传教团习满文人员协同教授。传教团先后有6名神甫和3名学生受理藩院之聘，到馆任教，教授俄语。何秋涛《朔方备乘》卷13“俄罗斯学考”，记其学生来源和创设宗旨：内阁衙门别设八旗学生专习俄罗斯文字，以备翻译，亦谓之俄罗斯学。入学名额24人，学制5年。至嘉庆八年（1803），订出一套考核任用制度。

清政府虽兴办俄罗斯学，但一直不重视俄语教师的培养和教材编纂，因此该馆的教学成效不佳。道光四年（1824），大学士托律奏称：“俄罗斯学官生，诵习俄罗斯文字，乾隆二十九年以前，有在京学习满文之俄罗斯协同教授，迨后仅用本学人员。迄今日久，俄罗斯来文颇有支离，承翻事件无从考查。请仍于驻京学习满文俄罗斯内，挑取一名，协同教授，以资校正。”③ 说明在校学生根本无法胜任翻译工作，只好依靠在京学习的俄罗斯学生。后来的情况变得更糟，同治元年（1862），发现全馆只有一名助教稍通俄语，学生的日常作业与五年一考的试卷内容完全一样，评阅试卷的标准竟然是满文书写得工整与否，学生的俄语程度则不加过问。俄罗斯学开办100年之久，至咸丰十年（1860）《中俄北京条约》签订，根据总理各国事务衙门之请，它结束了单一语种教学，开始增设其他外国语文，两年后并入新创立的外国语文学校——京师同文馆。

从第十届开始，传教团开始设置随团医生。第一位随团医生沃伊采霍夫斯基（О. П. Войцеховский），因治愈礼亲王弟弟病知名。第十一届随团医生有四人，波尔菲里·基里洛夫（П. Е. Кирилов）的医术最高。他在华多年，治愈满洲贵族多人④。随团医生多是莫斯科医学院毕业生，医术精湛，能讲汉语，因此在京城享有盛名。

从第十一届开始，传教团有随团画师来华。他们通过写生和素描记录中国的风土人情。他们为达官显贵作画，很得后者尊崇。首位来华的画家列加舍夫（А. М. Легашев）曾为贝勒奕绘作画，奕绘《明善堂文集·流水编》卷四《自题写真寄容斋且约他日同

① 曹天生：《前言》，载曹天生主编、张琨等译：《19世纪中叶俄罗斯驻北京布道团人员关于中国问题的论著》，第298页。

② 黄定天 彭传勇：《论俄（苏）的中国东北史研究》，载《史学集刊》2007年第3期。

③《清宣宗实录》第74卷，第20页。

④ 蔡鸿生：《俄罗斯馆纪事》，第106页。

画》一诗，赞其画技精湛和彼此交谊之深笃。其一云：“北极寒洋俄罗斯，教风颇近泰西规；十年番代新游学，百年重来好画师。图我衣冠正颜色，假君毫素见威仪；神巫何术窥壶子，地壤天文各一时”；其二云：“忆昔与君同咏遨，虚亭共坐石床高；何时贱子侍末座，重倩此公挥健毫。听水看云同入定，据梧挟策各分劳；且令后世传佳话，殊胜登台享太牢”①。

传教团和留学生还在沙俄政府资助下，通过购买、抄写或接受私人馈赠，在中国搜集了大量文献。第一批收藏始于1796年至1808年。按照沙皇的旨意，每年拨给传教团500银卢布，专门用于购置书籍。这些书籍包括中国学、地理学、医学等内容，约1万卷，其中许多是珍贵的善本，有一些在中国已经失传。这使俄罗斯成为当时藏有满汉文典籍最丰富的国家之一。在19世纪，一部分收藏被运往伊尔库茨克。可惜的是，留在北京传教团图书馆的部分珍贵典籍、稿本在义和团之乱中毁于一旦②。比丘林在北京期间搜集了大量文献资料，回国时所带文献材料重达1.4万磅，其中汉、满文书籍有12箱，超过前八届传教团带归之总和。第十一届学员库尔良得佐夫带回红楼梦抄本《脂评石头记》，为中国国内所无之珍本。第十二届瓦西里耶夫收藏中国古籍善本最多，是著名的藏书家。

道光二十五年（1845），在传教团成员瓦西里耶夫、戈尔斯基等人直接参与下，中俄两国政府进行过一次大型互赠图书活动。清廷应沙皇尼古拉一世之请，将雍和宫的藏传佛教经典《丹珠尔》、《甘珠尔》八百余册，赠送俄国。以后，俄国回赠清政府图书357种，800余册，由第十二届传教团带致北京③。这些书多是新版的文化、科学、地理名著，如法国柯士所著《贴斐叶楞齐数书》，后译《微集分》，是当时彼得堡大学的教材；《眼科》一书，是最新的西方眼科医学书籍，对多种眼病的症状和治疗方案有详细阐述；《医法新编》后改译《医术新编》，是西方最新的医学著作；《天下东西地理图》包括彩色世界总图、俄罗斯地图以及一些专业地图。

但是，对于这批珍贵图书，清政府却不知如何安置，最后决定存放在理藩院。从此束之高阁，少有问津。以后几次搬迁，陆续损毁，同治八年（1869）转移到总理衙门时，只剩682册。同文馆设立后，洋文总教习美国人丁韪良同馆内俄文馆教习班铎率领学生对剩下的图书进行编目。光绪二十六年（1900），八国联军攻入北京城，总理衙门遭到破坏，这批书基本上散落殆尽。中华民国建立后，检点书籍只剩80多册。这样，中国人又一次失去了了解、学习俄罗斯和西方的宝贵机会④。

总体来看，中俄双方以传教团为中介展开的文化交流影响深远。俄国传教团成员留下的大批学术著作，保留着关于中国首先是清代的丰富信息，值得中国学者高度重视与研究。但显而易见的一个情况是，中俄间的文化交流，无论从范围、规模、水平、还是成效来看，都极不对称。俄国政府基于政治、经济、外交等方面的考虑，极重视通过传

① 张璋编校：《顾太清奕绘诗词合集》，上海古籍出版社，1998年，第496页。

② Татьяна Манакова：《КРАСНАЯ ФАНЗА РОССИЙСКОГО ПОСОЛЬСТВА В ПЕКИНЕ——ОСТРОВОК ПРАВОСЛАВИЯВ КИТАЕ》，С. 10。

③ 蔡鸿生：《俄罗斯馆纪事》，第42—45页。

④ 《百年前中俄互赠图书，科学书籍被清朝束之高阁》，载《环球时报》2007年4月2日。

教团的管道获取有关中国的信息，并致力于培养这方面人才，开展相关研究。正是通过这种交往，俄国涌现了一批杰出的中国学家，他们在推动俄国中国学研究发展的同时，也为19世纪后半期沙俄对华侵略扩张提供了有效服务。与此同时，在传统“华夷观”支配下的清朝政府，则沉溺于“中央帝国”的虚骄，长期缺乏对外部世界了解的动力，对俄国国情同样疏于了解，懵然无知，除了何秋涛通过与俄人交往，撰为《朔方备乘》一书，中国的对俄研究简直乏善可陈。这种状况所导致的消极影响，不言而喻。

三、近代以来的变迁

俄罗斯旗人长期定居北京，虽然给中俄关系带来深远影响，但他们的自身命运却并未因此改观。不仅如此，进入近代以来，随着清朝国势日衰，他们的状况也每况愈下。人口长期没有增长。繁华都市环境和奢华风气的侵蚀，使一些俄罗斯人习于酗酒和挥霍浪费。他们是八旗兵丁，但身无长技，眼高手低，为了打发时光，经常走街串巷，逛戏园，吸鸦片，热衷赌博。有人死于酗酒和斗殴。尽管俸饷优厚，却债台高筑，成为街头巷尾的笑柄。一些人赤贫如洗，甚至死于饥饿。这些因素均制约了人口的发展①。

晚清时期，满洲统治者日益衰朽，政治腐败，官贪吏黩，八旗制度出现种种流弊。旗人子弟为了争取当兵食饷的资格，必须向长官行贿，这种现象在俄罗斯佐领中同样愈演愈烈。“俄罗斯佐领中如果有谁死了，他的儿子不能立刻被接受为俄罗斯佐领的士兵。要想使自己能补上父亲的遗缺，非花费很大力气和大量银钱不可。为此，必须向领催（佐领下基层官员）和其他五位副领催求情送礼，求他们把谋求遗缺的人推荐给主管长官，因为主管长官总是根据他们的推荐来批准谋缺者的请求的。”②

进入民国，八旗制度被废除，俄罗斯人断了粮饷。一些人靠做小生意、当工人、任巡捕，维持生计。为了谋生，不断有人离开世代居住的东直门内一带地方。到20世纪五六十年代，罗、何、姚、杜、贺等姓后裔，已散布到北京、上海、天津、哈尔滨，海拉尔等地。

1949年中华人民共和国成立。1950年杜荣臣（Ду Жунь Чэнь，杜比宁姓后人）经莫斯科东正教总会任命，成为上海教区大主教，也是第一位中国人主教。1957年，北京的姚富安（Яо Фу Ань，雅可夫列夫姓后人）同样经莫斯科东正教总会任命，成为第二位中国人主教，自主管理北京教区。自此，结束了俄罗斯人控制中国东正教的历史③。

1951年中国政府进行民族识别时，所有的阿尔巴津后代被归入满族。

1955年，东正教教会中止了在中国的活动。北馆连同建筑和财产转为苏联国家财产。很快，这里建起大型现代建筑，成为苏联驻中国大使馆（现为俄联邦大使馆）。南馆则移交给中国政府。但阿尔巴津人后裔（至少是其中一部分老人）对东正教的信仰

① ［俄］尼·伊·维谢洛夫斯基：《俄国驻北京传道团史料》第1册，第27页；［俄］尼古拉·阿多拉茨基：《东正教在华两百年史》，第32页。

② ［俄］尼·伊·维谢洛夫斯基：《俄国驻北京传道团史料》第1册，第31页。

③ Ду Иоанн：《Распространение Русской Православной Церкви в Тяньцзине и его окрестностях》。

并未泯改，宗教活动地点就在前苏联大使馆内的教堂。“文革”期间（1966—1976），东正教亦如其他宗教，遭受灭顶之灾。2000年8月，俄罗斯东正教大主教把义和团之乱中殉难的222名北京东正教徒封为“圣徒”（称“封圣”）。在各处东正教堂悬挂有他们的画像，包括妇女儿童，一律清代辫发袍服的满洲式打扮①。

近年来，阿尔巴津人后裔中的东正教信仰似乎有所复兴，这一趋势得到俄罗斯政府的支持和鼓励。前些年在俄罗斯学习东正教的中国学生中，至少有6位是阿尔巴津人后代。一些阿尔巴津人后裔，抱着对宗教的执著和对“母国”的留恋，前往俄罗斯“寻根”。2004年（即雅克萨战役320年后）6月，阿尔巴津人后裔一行16人，组成寻根团，经由中国黑龙江省黑河对岸的俄罗斯阿穆尔州首府布拉戈维申斯克，前往北部的阿尔巴津村（雅克萨遗址），探访远祖生活战斗的地方。他们随身带有一幅祖先传下来的圣像，因历经“文革”劫难而弥足珍贵。他们的寻根问祖活动，把中俄边界的历史恩怨，化为两国人民亲切交往的一段情愫。

迄今为止，东正教会在中国的境况不佳。首先，没有神职人员负责教会，信徒们只能进行最基本的宗教活动；再者，东正教没有得到中国政府承认，官方只是默许教会进行活动。2005年5月，北京阿尔巴津人后裔借用一座天主教堂，举行了首次东正教活动。据莫斯科东正教会对外关系事务部提供的数据，目前，中国大陆共有大约13000名东正教徒。其中400多名教友，生活在首都北京。

附录：俄罗斯大使馆内历史遗迹的考察（2012年10月4日）

由于研究清史和八旗史的关系，俄罗斯旗人的历史命运曾引起笔者的关切。2004年8月30日，笔者与日本东北学院大学细谷良夫教授专门对俄罗斯旗人在北京的历史遗迹进行了初步考察。考察对象包括北京城东北角的俄罗斯大使馆（原俄罗斯北馆）、南馆公园、安定门外的青年湖公园（原俄罗斯坟地）。俄罗斯大使馆（前苏联大使馆），就是原俄罗斯佐领的所在地，占地16万平方米，据称是世界上面积最大的使馆。但那次考察，我们无缘进入大使馆内部，不能不留下很大的遗憾。事隔八年，2012年10月4日，通过张建博士的联系，终于得以进入俄罗斯大使馆，就相关史迹进行了考察，了结了一个多年的夙愿。

10月4日是“国庆”长假的第四天，上午8时45分，我与张建在东直门地铁站出口处会合，步行前往俄罗斯大使馆。19时20分，在使馆正门（南门）外稍等片刻，有张建的朋友、使馆商务处官员谢尔盖博士开车来接，载着我们由正门驶入，省去了办理手续的诸多麻烦。车子进大门后先向右拐，再左拐，就来到使馆主楼东侧商务处的停车场。略事寒暄后，谢尔盖问我们想看什么，得知想看历史遗迹后便带着我们绕过使馆主楼，开始了短暂的考察之旅。主楼后面是一个郁郁葱葱的大花园，花园里绿树成荫，有

---

① 即《中华殉道圣徒圣像》，圣像中第一排穿祭衣老者为圣弥托罗梵神父，旁边戴白色头巾的妇人是他妻子圣塔蒂亚，她所扶男孩是他们的幼子圣约安，再旁边穿青色衣服的青年女子是神父儿媳妇圣玛利亚。第二排中穿清朝士兵服装的男子，为神父长子伊萨。

槐树还有杨树；阳光照射下的草坪生机盎然，这里那里还点缀着花坛、喷泉、西式观景亭。四周空寂无人，只有树叶间的小鸟唧唧啾啾。真想不到，在使馆的高墙背后，居然有这么一处“世外桃源”。我们沿着步道由东向西行，首先映入眼帘的，是道边横放的一对上马石，上马石造型粗陋，中间还放着一个青石柱础，鼓镜（柱础凸出于地面的部分）平面呈圆形，上刻莲花瓣，线条圆润。无文字，来源和年代不明，或为清代遗物。

大约行至花园中部，健身场的东侧，在几棵槐树的阴影遮蔽下，有一红砖铺地的小空场，即著名的“教众致命堂”原址（图1）。空场西侧，坐西向东，矗立着一尊白色玉石雕刻的“纪念十字架（Поклонный Крест）”。十字架高约180厘米（建于2007年4月3日），上端中央，浮雕为东正教特有的十字造型，即在十字的横杠上下，各加一长度较小的横杠，其中，底下的横杠左面向上倾斜（图2）。十字架上附有耶稣受难像。最长的横杠上下左右各镌两个缩写字母，含义不详。在十字架的两侧，各置有一方形碑石，长宽约30厘米。左侧碑石上镌汉文：“荣耀的殉道者在东方舍生取义，如旭日东升，光照寰宇。他们的肉躯虽然安眠于黄土，灵魂却憩息于永光之中”。右侧碑石镌旧俄文，应系旧碑文的复制品（译文从略）。在十字架右手，一个砖砌的靠座前还斜倚着一通俄式白玉石纪念碑，碑呈东正教教堂穹顶造型，碑上部浮雕教众致命堂轮廓，下部镌俄文碑铭（图3）。兹将碑铭逐译如次：

17世纪末，在此地，哥萨克—阿尔巴津人建立了在中国的第一座东正教堂。尔后在此地盖起圣尼果来耶夫斯基教堂。教堂于1900年义和团起义期间被毁，俄罗斯教团领地亦被其占领。在起义过程中殉难的222名中国东正教圣徒被葬入了一座集体公墓。1903年至1904年，在墓地之上修建了教众致命堂（1904年6月10日（俄历23日）举行圣礼）。1938年，罗曼诺夫家庭成员——1918年阿拉帕耶夫斯克事件中的受害者、亲王谢尔盖·米哈伊洛维奇、皇族公爵伊沃安·康斯坦丁诺维奇、康斯坦丁·康斯坦丁诺维奇、伊果尔·康斯坦丁诺维奇和管理宫廷大臣费多罗·米哈伊洛维奇·列篾兹改葬此教堂。他们从俄罗斯迁至北京逗留，从1920年起陆续葬入城中的东正教墓地。教堂中还有第十八届、十九届教团首脑米特罗波立特·英诺肯提依（费古洛夫斯基）（1931），阿尔西耶宾思阔普·西蒙（维诺葛拉多夫）（1933）的长眠地。在教堂边葬有中东铁路（КВЖД）管理者、将军德米特里·列昂尼多维奇·霍尔瓦特（1937）。永远怀念他们。

据此看来，此处即俄罗斯人在华第一座东正教教堂——尼古拉教堂（圣尼果来耶夫斯基教堂）的遗址，也即康熙帝赐予雅克萨人的关帝庙的原址（图4）。据俄方记载，上述纪念碑建于2005年1月24日，用以纪念义和团之乱中死难的222名中国东正教徒。他们的遗体，曾被抛入传教团领地的一口古井，后集体安葬在此教堂祭坛下的地穴。碑文中提到的“1918年阿拉帕耶夫斯克事件”，系指1918年红军在远东的乌拉尔阿拉帕耶夫斯克屠杀沙皇一家老小的惨案，亲王谢尔盖·米哈伊洛维奇等皇室贵族，在这次事件中侥幸逃脱，以后经哈尔滨辗转来京，死后葬在安定门外的俄罗斯墓地，以后改葬此地。葬入此地的还有东正教大主教、中东铁路长官等历史人物。不分国籍，不分身份，他们的人生足迹无论长短，最后都归结于这块碑石的字里行间中。为了给凭吊者留下直观的印象，使馆还在空场西边一侧砖地上，专门铺设了一排呈“L”形的钢化玻璃。玻璃下面保存着教堂砖石等遗物。

图 1　教众致命堂碑
（引自塔季扬娜·马纳科娃：《俄罗驻北京大使馆的红房子——在中国东正教的小岛》）

图 2　教众致命堂“纪念十字架”

图 3　教众致命堂碑

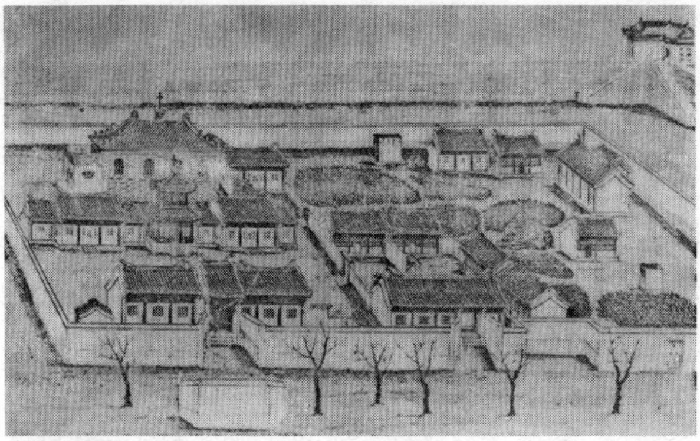

图4 北馆图

（引自尼·伊·维谢洛夫斯基编《俄国驻北京传道团史料》）

继续前行，在游戏场旁边，矗立着一个典型的中国亭子（图5）。六角攒尖顶，顶端立圆形宝顶，显得沉稳大方。从宝顶向下辐射出六条垂脊，每条脊端立有五种神兽（望兽）：仙人、龙、凤、狮子……宝顶及琉璃板瓦、筒瓦、琉璃勾头、琉璃滴水均为黄色。亭檐用六根红柱支撑。亭子的建筑年代不详，整体结构与外观也算中规中矩，但精美不足，似为仿清代皇家建筑。

不远处的草坪上平放着一扇长方形青石板，中心部位被凿开一个半圆形的洞，笔者推测石板原来应有两扇，两扇合并构成井台，两个半圆形的洞拼合在一起就是井口。但另一扇石板已不知所终。据文献记载，大使馆内原先确有一口古井，内部人员曾以此井水维生。半圆形洞口边还凿有一铜钱形带把手的洞孔，疑为拴马之用。在花园中还看到一个做工精巧的石质花几。平面呈圆形，内部凿空。花几高约1米，顶部平台较宽，颈部内缩，腰部呈鼓形向外延伸，表面刻云纹。腰部以下四足粗壮，内敛，底部各雕一蟾蜍（狮子）仰头向上。无论从哪个角度观察，花几都极尽线条屈曲之美。石墩上方置一鼓形花坛，似由门墩改造。绿叶衬红花，焕发着生气。

在花园西侧，矗立着另一座“纪念十字架”（图6），建于1997年4月19日，用于纪念俄罗斯传教团、中国的东正教徒、俄国的中国学家。十字架高约1.5米，带有东正教的特殊标记（上下两横杠）。十字架脚下嵌着一个铜牌，上面镌有俄文，汉译：“为了纪念和回忆长眠和安葬于此的同胞们（В ЧЕСТЬ И ПАМЯТЬ СООТЕЧЕСТВЕННИКОВ，В СТРАНЕ СЕЙ ПОЧИВШИХ И ПОГРЕБЕННЫХ）。

我们继续前行，来到大使馆院墙最西端，看到了著名的“红房子”。“红房子”其实是一栋典型的清代大殿（图7），其称，盖缘于大殿四周的红色廊柱。红房子正门（南门）前，摆放着一尊铸铁香炉。三足鼎立，粗壮沉稳，肩部两侧向上各伸出一长方形立耳。炉敞口直颈，上镌：“大清康熙拾玖年歲次庚申叁月望日造”（图8）。腹部圆鼓，平行两行字，镌“信士”38人题名（其中1人有姓无名，均略）。在题名的后面，竖行镌“發心弟子劉允晋延工誠造謹獻”。炉旁立一俄文铜质铭牌，称香炉（чаша，樽）出现在俄罗斯教团领地上的时间和状况不明。笔者按，康熙十九年为1680年，在康熙帝赠予俄罗斯旗人关帝庙之前，但此炉是否关帝庙旧物抑或其他寺庙的遗物，已无从查考。但不管怎么说，香炉为大使馆中历史最久远的清代遗物，应无疑义。

图5　花园中的中国式亭子

图6　纪念十字架

图7　清代古建——红房子
（引自俄罗斯大使馆网站）

图8　康熙朝香炉

“红房子”的起始年代不详。按俄文文献记载，初为清朝王府建筑，二十世纪初由大主教圣伊尔库茨克·英诺肯提依改造为住宅式教堂和高级神父住宅。关于王府土地落入教团领地的背景，有两说：一说义和团为乱期间，大主教英诺肯提依一度避难于与传教团临近的雍和宫。八国联军进城后，一队德国兵到雍和宫试图抢劫，英诺肯提依把他们挡在门外并声称，自己住在庙内，不允许他们放抢，雍和宫得以保全。事后，清廷出于对他的感谢，赠与履王府的土地。又一说，1901 年秋，传教团用位于南城的房产、店铺等换取了毗邻北馆的履王府土地和房产。为此，王府还得到了 5000 两白银，以及在南城和顺义县的土地①。履亲王允祹，康熙帝第十二子，初封贝子，雍正八年封履郡王，乾隆十三年进封履亲王。死后以高宗第四子永珹为嗣，此即“四爷府”之由来。履王府子孙依次降袭，至镇国公而止。比照清代不同时期北京城图，履王府原在北馆西邻。1900 年以后的城图则显示，履王府的原址已划入扩大的传教团领地。崇彝《道咸以来朝野杂记》：“闻当年履亲王府之园亦甚美，以地处东北隅，荒废已久，后遭回禄，

① Татьяна Манакова：《КРАСНАЯ ФАНЗА РОССИЙСКОГО ПОСОЛЬСТВА В ПЕКИНЕ——ОСТРОВОК ПРАВОСЛАВИЯ В КИТАЕ》，С. 12。

一切皆毁，久付之荒烟蔓草中，其地在东直门内羊馆胡同东口外，邻于俄罗斯教堂”。说明履王府经过一场大火，府邸基本残毁，这应是转手俄罗斯教团的一个重要原因。而“红房子”作为履王府的残余建筑，应该也是在这一时期转入传教团之手。1901年，红房子被分为平行的两个部分。右边的部分作为主教住宅，左边的部分作为圣英诺肯提依教堂。

几十年来，随着北京城市建设的迅疾发展，东正教教堂先后被拆除，俄国墓地也被平毁。50年代中期，在无神论的驱使下，前苏联大使馆内的东正教建筑也受到不同程度破坏。如前面提及的教众致命堂，1954年被关闭，改为苏联使团驻地；1957年，根据苏联驻华大使尤金（П. Ф. Юдин）的指令，该教堂被彻底拆毁。位于“红房子”的圣母安息堂则被改为大使车库，圣伊诺肯提依堂也被撤除。使馆南门的钟楼则毁于1956年（图9）。同年，红房子重新进行了大修，主教住宅和教堂被改为使馆接待处和礼堂。几十年来，红房子又经过多次重修①。如今，它是使馆内仍基本保持原貌的唯一清代建筑。

图9　使馆南门的塔楼（图片来源同图1）

红房子的外观为悬山式两面坡顶，上面覆设绿色琉璃瓦，外檐下有多层斗拱，以蓝绿相间为底色，勾以闪亮的金边，展示着大殿的华丽堂皇。雀替、额枋、藻头均施以色彩缤纷的彩绘，有花草、法轮、宝珠等造型。不过，经过历次重修的红房子在建筑风格上已有明显改动，主要体现在屋顶正脊两端的大吻，以及四条垂脊顶端装饰的神兽（望兽），均非中国式传统造像，而是鸽子造型（图10）：正脊两端的大鸽子做展翅欲飞状，垂脊顶端的五只鸽子则依次排列，形态各异，应系后来重修时的改造。或可视为中俄文化交融的一个具体事例。红房子正门（南门）外两侧，各蹲一尊小石狮，狮子是中国传统的保护神，与屋脊上的神兽，都有驱赶恶煞的作用。如今的红房子，是俄罗斯大使馆的接待大厅，同时，还是北京东正教团体举行礼拜的场所。显然，由俄罗斯旗人在300多年前开启的中俄交流史还在这里延续、发展。

① Татьяна Манакова：《КРАСНАЯ ФАНЗА РОССИЙСКОГО ПОСОЛЬСТВА В ПЕКИНЕ——ОСТРОВОК ПРАВОСЛАВИЯ В КИТАЕ》，С. 18—20。

图 10　屋顶上的“鸽子”
（图片来源同图 1）

清代的高墙制度

黄　培（美国扬斯敦州立大学）

高墙制度是明清两代的一种特别监狱制度，起自明代，为前代所无。清朝借用此一名称，发展成一个新制度。两种制度都与禁锢上层统治阶级，尤其是皇族人员有关，有独特的运作规则，与普通的监狱不同。但在它们之间也有许多不同之处，明代高墙制度的规格很严，集中在明太祖朱元璋的出生地，即今安徽之凤阳一带，如不获君主特赦，被拘者都是终身监禁，并不许亲属探望。因为君主的信任，太监在明代高墙制度的运作中负有重要责任，他们参与罪证之搜集，犯人之押送及管理。清代高墙制度的规定和运作颇有弹性，自皇太极到康熙初期，官方文件很少提到"高墙"一词，但如对案情细加分析，则知高墙的存在。直到雍正帝当政（1723—1735），高墙一词始常见于官方记载。雍正以后，它出现的次数大为减少。清代的高墙虽以北京为中心，但也旁及其他地方。圈禁之人犯，除宗室及觉罗外，尚包括八旗官员和太监等，本文则只以宗室及觉罗为重心。在家圈禁也是清代圈禁皇族和其他权贵的一种方式，因它与高墙圈禁终究有不同之处，并且也缺乏相关资料，所以本文不予讨论。自乾隆以后，清代的高墙制度渐趋衰落。因为我对高墙一词的来源，以及历代君主对付宗室的方式，早在《明代的高墙制度》一文中提到过了，所以在此不再重复。[①] 本文即径以清代高墙制度的起源、演变、格局、分类和运作为研究之重心。

一、起　源

清初的高墙制度是满文 den hashan i boo 的意译。den 有高大、高峻之意，hashan 则是栅篱或篱笆，boo 是指屋、家或室而言，并无墙或牢之意。[②] 满文中的墙是 fu，监牢则是 gindana，或用中文牢字的音译，"loo"。因此就字义而言，den hashan i boo 似该译作"有高栅或高篱笆的屋或室。"但清初史料如《实录》、《起居注》等，都译为高墙，想来是沿袭明朝会典等书中用语的结果，本文也就跟着采用。

满族的祖先与森林有关，是个森林民族，早期在林中穴居或半穴居。大概在 10 世纪左右，他们开始在地面建屋，并围以木栅（hashan）以防野兽的侵袭。这种以木栅围绕房屋的方式，逐渐成为传统。1596 年朝鲜李朝的宣祖（在位，1568—1608）派申忠一出使努尔哈赤在费阿拉（Fe Ala，今辽宁省新宾附近）的总部，他见到女真人家家有木栅，并说这种木栅很像朝鲜人家的垣篱。努尔哈赤在新京（赫图阿拉，Hetu Ala，距

---

① 《明代的高墙制度》一文见于《中国文化研究所学报》，44（2004）：61—80。

② Den hashan 两字的原意，各见于《满汉大辞典》，安双城主编，（沈阳：辽宁民族出版社，1993），页 676 及 333。满文 gindana 和 loo 的原意，各见于同前书，页 957 及 731。

新宾不远）附近的住宅也有木栅围绕。徐梦莘在《三朝北盟会编》中曾提到女真人监禁罪犯，“其狱掘地数丈，置囚于其中。”① 这种掘地为狱当与穴居或半穴居有关，掘地数丈之深是防犯人逃跑的措施。后来大家在平地上居住，监牢也随着搬上地面，当然，在屋子外更应筑有高的木栅防止犯人逃走。因此把这种以高大木栅——即 den hashan——围绕的房子，译作拘禁特别人犯的高墙也是合理之事。

清代的高墙制度，在太祖努尔哈赤（在位 1616—1626）初期就已开始运作。例如，万历三十八年（1610），努尔哈赤指责海西女真乌拉部主布占泰（大约卒于 1619 年），曾把嫁给他的两个女儿囚禁于有高栅的屋中。这种囚禁方式不是布占泰的发明，而是女真传统的继续，想来其他女真部落早已运用同样方式禁锢重罪之人。在建州女真中，努尔哈赤曾多次利用围以高栅的房屋幽禁有罪之人，包括自己的子侄和亲信。长子褚英（1580—1615）勇敢善战，被封为阿尔哈图土门贝勒，一般译为广略贝勒，但他欺侮诸弟，凌虐高级官员，任意妄为，甚至诅咒其父。努尔哈赤终于在万历四十一年（1613），把他幽禁于这种有木栅围绕的屋中，两年后又把他处死。1620 年，努尔哈赤把侄子宰桑古和孙子硕托拘禁在有木栅的屋中，因为他们受到父兄的苛待，打算投奔明朝。翌年他用同样方式囚禁亲信阿敦阿哥，并缚以铁索，因为后者在他诸子中挑唆生事，并诋毁国政。努尔哈赤也把这种囚禁方式施诸战俘，朝鲜李朝官员李民寏，于 1619 年被派随军援助明朝，进攻萨尔浒城，战败被俘，送到界藩山（接近新宾）一带，拘禁之处都围以木栅，日夜有人看守，“锁拘牢甚”，共经 17 个月之久始被释回国。他写成《栅中日录》一文，描写被俘经过和囚居的生活。上述各例，虽然只是高栅或木栅围绕的房子，但应该是清代高墙制度的雏形。② 等到努尔哈赤建立政权后，这种女真人囚禁犯人的传统，便被转化成清代的一个特别禁锢制度。

二、演　变

清代的高墙制度随努尔哈赤统治之结束而开始演变，继承他的君主，由于当时的政治环境、社会状况，以及个人性格的不同，因而对待宗室有宽严之分，影响他们对高墙的运用。努尔哈赤是创业之主，因政治和社会之需要，实施严刑峻法，对宗室控制较

① 申忠一出使的见闻载于《朝鲜王朝实录》，国史编纂委员会编，（汉城：太白山版，1955—1958 年，48 册），册 22，卷 71，页 640，宣祖 29/1/丁酉。努尔哈赤在新京（赫图阿拉，Hetu Ala）附近住宅的木栅，见《清太祖武皇帝弩尔哈赤实录》，（北平：故宫博物院，1932），卷 1，页 5 下。

关于女真人的木栅传统，见徐梦莘，《三朝北盟会编》，（台北：文海出版社，1962 年，4 册），册 2，卷 3，页 3 上。女真掘地为牢之事，见同书，同卷，页 6 下。宇文懋昭，《大金国志》，（台北：广文书局，1968 年，2 册），在册 2，卷 36，页 2 上，对掘地为牢事，也有相同记载。

② 布占泰囚禁努尔哈赤女儿之事见《清太祖老满文原档》，广禄、李学智译注，（台北：中央研究院历史语言研究所，1970—1971 年，2 册），册 1，页 20。褚英的囚禁见同上书，同册，页 29；也见日本学者鸳渊一，《褚英の死に就つぃて》，《史林》，18.2（1933 年 4 月）：77—112。宰桑古和硕托之处分，见《清太祖老满文原档》，册 2，页 251。有关阿敦阿哥之事，可参考《*Mambun rōtō* 满文老档》，（东京：东洋文库，1955—1963 年，7 册），册 1，卷 27，页 391—92；也见刘小萌，《满族的部落与国家》，（长春：吉林文史出版社，1995），页 284。李民寏的记载，见于他的《紫严先生文集》，（无出版地址：跋于 1866 年，3 册），册 1，卷 2 上，李朝政府的两篇报告，页 5 下；8 下；册 2，卷 5，《西行录上》：《栅中日录》，页 21 下，27 下。

严，无人敢于挑战他的权威。皇太极（在位 1627—1643）虽然继承父业，但时移势迁，他需要与族中大小贝勒妥协，以维持政权的安定，有时尚得忍受其他贝勒的粗暴举动，他控制宗室不如其父之严。因此清代官方记录中难得提到高墙这个名称，他在位 17 年之中，禁锢阿敏贝勒（卒于 1640），算是比较重大的案件，因为后者在保卫永平城（位于河北省近长城）时不战而退，甚至屠杀抢掠，对上级的计划造成重大损害。皇太极宣布阿敏的十六大罪，加以禁锢，阿敏即死于狱中。顺治（1644—1661）初期，摄政王多尔衮（1612—1650）压抑强宗，清除了行使皇权的障碍，也方便了自己的专权。多尔衮死后，福临亲政，对待宗室尚无严刻之处。受他重处的只有阿济格（1605—1651）一人，阿济格是努尔哈赤第十二子，是多尔衮之同母兄，作战于关内外，所向有功，被封为英亲王。但他性情暴躁，容易树敌。多尔衮死后，他竞争所遗的摄政之位，致被政敌下狱。在圈禁期间，他不服管制，私藏武器，又放言烧毁囚房之门，终于被迫自杀。①

康熙朝（1661—1722）是清代高墙制度的一个重要转折点，由沉寂而趋活跃。玄烨亲政初期对宗室和权臣的结党营私，采容忍态度，只要他们不威胁皇权，即让他们之间的斗争抵消彼此的势力，所以有史书评论他："遇宗人厚"。他这种政策日后导致政令松弛，官员失职，尤其因皇储问题，诸子结党，皇室分裂，许多高官都被卷入。因此康熙改采严厉方式，拘禁高官、宗室、甚至皇子，以整饬官常。例如，索额图（死于 1703）曾是康熙朝权倾一时的重臣，虽然并非出于宗室，但他的侄女是皇太子允礽（1674—1725）之生母，因此他是太子党的谋主，康熙先把他送入宗人府幽禁，最后下令处死。至少有三个比较年长的皇子，包括允禔（1672—1734），允礽，允祥（1686—1730）在内，曾被短期幽禁宗人府中。允礽第一次失去太子地位后又遭禁锢，第二次被废后，即被永远囚禁在咸安宫。尚有宗人因其他事情被幽禁的例子，不需在此一一列举。②

以上及其他一些事例，虽未明说是拘禁在高墙之内，但就被囚者的身份，案情的内容，及圈禁的状况而言，尤其君主在批示中有"严行圈禁"或"严行锁禁"等用词，应当属于高墙圈禁一类。再以上述阿敏为例，他是四大贝勒之一，任性而为，不尊重皇

---

① 太祖晚年曾告诫诸子，他死后要八王共理国政，皇太极即位之初，即照此理念，以四大贝勒为主，四小贝勒为辅，共同治国。在此期间，因口头争执，位居第三的大贝勒莽古尔泰曾拔刀对皇太极，小贝勒岳托则违命不参加校射。阿敏是舒尔哈齐之次子，勇于作战，在清初四大贝勒中，位居第二，他屡犯严重错误，永平不战而退，只是其中之一。阿敏之遭禁锢，见《大清历朝实录》，（台北：华联出版社，1964 年，以后简称为《清实录》，再以年号如康熙、雍正、乾隆等以资分别），天聪朝，卷 7，页 10 下—22 上，4/6/乙卯。皇太极对宗室的各种规定，可参考刘世哲，《清太宗时期宗室犯罪的量刑原则和处罚方式》，《民族研究》，5（1993）：84—96，77。

有关英亲王的禁锢，见《清实录》，顺治朝，卷 54，页 10，8/闰 2/壬戌；卷 55，页 3，8/3/壬午。由于敌对原因，多尔衮把皇太极之子豪格（1609—1648）加以禁锢，后者即死于狱中，顺治亲政后给予平反。

② 康熙厚待宗人的评语，见于《清史稿校注》，（台北：国史馆，1991 年，16 册），册 10，页 7865。康熙中晚期的政治状况及他对待官员的方式，见 Pei Huang, *Autocracy at Work: A Study of the Yung - cheng Period*, 1723 - 1735 (Bloomington, IN and London: 1975), 89—90, 242—43, 246—47, 259—260. 索额图之囚禁及被处死，见《清史稿校注》，册 11，页 8612。

允禔，允礽及允祥之遭囚禁，见弘旺，《皇清通志纲要》（北京：北京大学图书馆，1749，手抄本），卷 4 下，页 54 下。允礽二次被废后，囚禁于不同之地，第二次废后即被永远禁锢于咸安宫，见《清史稿校注》，册 10，页 7824—7826。

太极之君权，后者乃借弃守永平之事，动员其他贝勒及大臣，议定阿敏各种罪状，命系狱以养之，后来即死于禁所。因此我们有理由相信，他所受到的该是一种高墙囚禁。再如阿济格因在囚禁之处搜出私藏之刀，于是从原来的牢房，迁入另一处拘禁，其饭食自外传入，显然，这也该是高墙囚禁。上文提到的索额图，为康熙所痛恨，因他帮助允礽潜谋大事，案情既然如此重大，应当是在宗人府的高墙拘禁。①

雍正朝是清代高墙制度发展的高峰，高墙这个名词经常在许多官方记载中出现，上文已提及，并且因为需要的增加，雍正于在位的第五年（1727）10月间，命令宗人府在其旁建造新的高墙，以便拘禁有罪的宗室，接着又下令八旗将入官房屋修筑为高墙，用来囚禁有罪的八旗高官。他甚至通令各省修葺监狱，高筑墙垣，并注重卫生。雍正所以重视高墙制度的原因，该与当时的政治情势和他的性格有关。他虽已继承皇位，但当初争储的弟兄：允禩（1681—1726），允禟（1683—1726），允禵（1688—1755）等及他们的党羽仍然存在，对新政权形成一种无形的威胁。为巩固皇权及革除政治弊端计，他改革中央行政体制，统一八旗的人事和办事规则，推广密奏制度的运作，也强化高墙制度。经过他多年的努力，各级官员不敢懈怠、随而提高了政府的行政效率，清除了主要政敌及他们的党羽。在上述三个争储弟兄中，以允禩的能力和党羽为最强，所以成为被打击的主要对象。雍正利用一切政治手腕对付他，然后革去他的爵位，改掉他的名字，把他逐出宗籍，又送入高墙，连他的妻子也被囚禁，允禩受尽挫折，不久即在高墙死去。②

允禟是允禩的忠实支持者，雍正即位后就把他们两人拆散，令允禟出驻西宁，没收他的财产，不久借故把他就地拘禁，终于因他用改造的拉丁字母与在北京的家人通信，雍正派人把他押解至保定，于四年（1726）6月交直隶总督李绂（1675—1750）加以禁锢，李绂为奉承上意起见，把允禟囚在总督衙门前特别改造的高墙中，并在他身上加以铁索，同年八月病死于牢中。允禟之妻也被严密禁锢。允禵虽然也是政敌，但与雍正同母，所以始终被幽禁在康熙下葬的景陵一带，所受折磨较轻。康熙第十子允䄉（1683—1741）支持允禟，故遭到永远拘禁的处分。皇三子允祉（1677—1732）仅大雍正一岁，虽曾参与争储活动，但并未形成强大派系，雍正制造理由把他幽禁于北京景山之永安

① 阿敏的案件除见前页注释②外，更可参考中文版《满文老档》，中国第一历史档案馆译注，（北京：中华书局，1990年，2册），下册，页1057。阿济格的藏刀被发现后的处分，除顺治朝《清实录》外（见上页注解②最后一段）外，也可参考《清初内国史院满文档案译编》，中国第一历史档案馆译注，（北京：光明日报出版社，1989年，3册），册下，页163。索额图之案，见本页注①。

② 雍正令宗人府在其旁建造禁所之谕旨，见《雍正朝起居注册》，中国第一历史档案馆 编，（北京：中华书局，1993年，5册），册2，页1524，5/10/8。将八旗内入官房屋修改为高墙之令，见《清实录》，雍正朝，卷62，页19下—20上，5/10/丙申。雍正对全国监狱的重视，可参考《雍正朝起居注册》，册1，页752—753，4/8/27。雍正对中央政府及八旗组织的改革，见 Huang，*Autocracy at Work*，chs. 5—7。雍正对政敌的清算，见 Huang，*Autocracy at Work*，ch. 4。允禩遭受清算之过程见 Huang，*Autocracy at Work*，96—98；也见《清史稿校注》，册10，页7829—7832。

亭，其子弘晟则交宗人府严行锁禁。①

受到雍正禁锢的尚有许多远房宗室人员。苏努（1648—1725）是努尔哈赤长子褚英之曾孙，全家支持允禩和允禟，雍正即位后他们仍未改变立场，因此全家被拆散，分别囚禁于江苏、浙江、河南、山东、山西、甘肃等地临时设立之高墙。延信是豪格之孙，是康熙帝赏识的一个军事人才，被派出任抚远大将军允禵的主要助手，曾统兵进入西藏平定乱事。但后来雍正怀疑他以前与允禩等有密切关系并挪用公款，于1728年初，把他囚禁在位于畅春园外的高墙中，这所高墙原为禁锢隆科多（卒于1728年）所特造。隆科多之姑母是康熙之生母，所以是皇亲国戚，曾是雍正初年的权臣，失宠后即被判41条大罪而遭永远禁锢，不久隆科多死，该所高墙即成延信的专用禁所，日后他也死于此一监牢。具有贝子爵位的鲁宾，不肯当众做证反对允禩，因而被判监禁高墙。另有傅尔逊，原在工部任职，因钻营允禩并亏欠窑户之钱，所以也被圈禁高墙。②

乾隆帝（在位1736—1795）一改其父之政策，以抚平创伤、协和宗室为主，促使高墙制度的衰落。他即位后释出允禵，翌年他又放出允䄉。但是他最重要的平反命令发布于乾隆四十三年（1778）正月，他指出允禩和允禟虽曾参与储位之争，但他们在雍正登位后，没有明显的叛逆行为，并且雍正于晚年有后悔之意，他已即位43年之久，如果现在不采取行动，则以后无人敢于重提此事，所以他恢复两位皇叔的原名，把他们和他们的后代重新收入皇室宗谱，这件平反事例，正可说明雍正当年用法的不当。乾隆在位共有60年之久，但他很少运用高墙制度禁锢宗室。乾隆四年（1739），他下令将同辈弘升永远拘禁，因为后者钻营结党，不知感恩。同年底，允礽子允皙屡犯过失，终因向人探问准噶尔蒙古何时可打到北京及"上（即乾隆）寿算如何"，惹怒乾隆，也被判永远拘禁。③

乾隆，尤其嘉庆（1796—1820）以后，清代之高墙制度起了实质上的变化，不过高墙这一名词不易找到，只在极少数史料上出现，北京不再是高墙禁锢之中心，宗室或觉

---

① 允禟之被整肃经过，见于 Huang, *Autocracy at Work*, 98—100；《清史稿校注》，册10，页7832—7833。有关李绂处理允禟的实情，见《文献丛编》，（台北：国风出版社，1964），册1《允禩允禟案》，页7—8。允禟妻的被禁锢，见《雍正朝起居注册》，册1，页864，4/11/25。有关允禵之被禁押，见萧奭，《永宪录》，（北京：中华书局，1959），卷4，页285，雍正4/5/丙辰；《清实录》，雍正朝，卷6，页3下，1/4/辛亥；《清史稿校注》，册10，页7839。

② 苏努的英文传记，见于 *Eminent Chinese of the C h' ing Period*, ed. Arthur W. Hummel, (Washington, D. C. : US Government Printing Office, 1943—44, 2 vols.), vol. 2, pp. 692—694. 苏努有子、孙子及曾孙共40多人，其中多数经耶苏会士之介绍而受洗为天主教徒，但是他们之遭受处分与宗教无关，可参考 A. Thomas, *Histoire de la mission de Pékin: Depuis les origins jusqu' ál ' arrivée des lazaristes*, (Paris: Imprimerie de la Presse Françoise, 1923), 351. 也可参考矢泽利彦，《苏努一家について》，在《和田博士古稀纪念东洋史论丛》，（东京：讲谈社，1960），981—991。也可参考浙江巡抚李卫囚禁苏努之孙库张阿的报告，见《宫中档：雍正朝奏折》，（台北：国立故宫博物院，1977—1980，27册），册7，页54，4/12/2。延信之英文传记，见于 *Eminent Chinese of the C h' ing Period*, vol. 2, pp. 907—908；延信之判罪及拘禁，见《雍正朝起居注册》，册2，页1642，5/12/6。隆科多及延信死于同一禁所，见萧奭，《永宪录》，卷4，页374—375。贝子鲁宾之案，见《清实录》，雍正朝，卷41，页8下，4/2/癸酉。史料虽未直接指出傅尔逊与宗室的关系，但从案情看来，他该是宗室，他之案件见《雍正朝汉文谕旨汇编》，中国第一历史档案馆编，（桂林：广西师范大学出版社，1999年，10册），册4，页182，7/12/19。

③ 有关乾隆的平反命令，可参考《清史稿校注》，册10，页7832。对弘皙的拘禁见同前书，册1，《乾隆本纪》，页352，4/12/戊寅。关于弘升的被处分，见《清实录》，乾隆朝，卷103，页3—4下，4/10/已丑。

罗犯有重罪，被移送盛京（沈阳），由该处将军执行。至于这一转变的原因，应该与君主之素质有关，嘉庆尚勉可守成，其后之君主都是才具平庸。同时，国内外情势改变，例如西方殖民势力之东来，国内各种乱事此起彼落，因此这些君主，不遑多顾，对待宗室之处分也趋于松弛。嘉庆十八年（1813），宗室海康拜民人为师，从习“邪教”，嘉庆从宗人府及刑部之建议，将海康及其三子，革去黄带子，发往盛京，严行圈禁，永远不赦。另有宗室斌静，曾在新疆最西处之喀什噶尔（今之喀什）出任参赞大臣，因行止不端，造成民变，数年后始被发觉，道光七年（1827）被判在宗人府永远圈禁。奕经（卒于1853年）是乾隆之曾孙，因鸦片战争（1839—1842），英兵进攻定海、宁波等地，出任扬威将军以阻止英军，但他无法达成任务，被逮送北京，论死，结果只圈禁逾年，旋又出任重要工作。奕山（卒于1878年）是上文所提允禵之玄孙，鸦片之战期间，道光委他为靖逆将军以阻止英军，他讳败为胜，不敢进攻英军，这是重罪，但道光只把他在宗人府空室圈禁一年光景，释出后又担任各种要职，可谓法纪荡然。因此，高墙制度已不复雍正时代之状况。①

清自道光以后，内忧外患增多，国势日衰，救亡图存唯恐不及。再加咸丰（1851—1861）和同治（1862—1875）两帝在位都短，无法重启高墙之门以惩治有罪之宗室，最后又实行政体改革，高墙制度终于成了一个历史名词。

三、格局和分类

在讨论高墙制度运作以前，似该对高墙的本身作一描述，例如高墙的高度和墙内的格局等，但是清代的官方史料几乎没有此类消息，现在只能就私家记述配合一些有关个案，勾划出一个粗浅的轮廓。清代高墙中的墙有两种含意，一种是囚室之墙，例如雍正、乾隆间的萧奭，曾在他的《永宪录》上留有很简洁的记载，根据他的描写：“圈禁之制（即高墙制度）。为屋数间。宽不满丈。高倍之。墙之厚数尺”，又说墙上开了一个洞，作为传送食物之用，因此萧奭所说之墙，当指囚室之墙，而非室外之围墙。直隶总督李绂的奏折也透露了一些有用的消息，当允禟自西宁被押赴北京时，李绂受命圈禁允禟，他即在河北保定总督衙门前预备小房三间，加砌围墙安顿来客。他在另一奏折上指出“房小墙高”再加天热，致允禟中暑昏迷，并说在囚禁允禟的墙或前门上也开有洞口，以便把食物送入，浙江巡抚李卫（1687—1738）负责圈禁苏努的孙子库张阿，他在墙上也开了个洞，有一尺光景大小。这里所说传送食物的洞，应该是开在囚室之墙上，

① 这里所说邪教可能是白莲教。有关海康之事，可参考《清实录》，嘉庆朝，卷276，页21下—22上，18/10/甲辰。斌静的罪状，见同上书，道光朝，卷128，页16下—17上，7/10/乙未。奕经及奕山之英文传记，见于 *Eminent Chinese of the C h' ing Period*, vol. 1, pp. 377—378 及 391—393；他们之被处分及以后出任之职务，各见《清史稿校注》，册12，页9787及9784。

否则便不合理了。①

高墙一词中墙的另一含意是囚室四周的围墙，这也正是满文 den hashan iboo 的原意，努尔哈赤即用围以高栅的房屋圈禁重罪之人，前已述及。嘉庆及道光增建监房的情形也可资证明，嘉庆二十年（1815）11 月下令将宗人府空室（即囚房）西北两面之墙加高 2 尺并增建监房七间。道光十八年（1838 ）底则明令修葺宗人府囚室，并将室外围墙加高 5 尺，以防犯人爬出囚室再越墙外逃。因此这里所说的墙，是指环绕监房四周的墙，而不是囚室本身的墙，这也该是清代高墙中多数之墙的原意。总之，上面论及的两种含意虽有不同，但可并存不悖，都是清代高墙制度防止犯人越狱的措施。从上面所提围墙的增高，约略可见其高度当在 1 丈以上，因为一般之围墙当有 7 或 8 尺之高，加上 5 尺后该是 1 丈 2 或 3 尺之谱。这个推算，更可从雍正五年 9 月的上谕中获得证明，雍正下令八旗将入官房屋修筑高墙三处，墙高 1 丈 3 尺。②

高墙之内究有多少囚房，房间多大，都无统一规定，如果是君主直接下令禁锢之特别犯人，似乎是 1—3 个房间。上述李绂受命圈禁允禟时，他预备了三间小房，后来雍正下令在畅春园外空地造房三间，作为永远圈禁隆科多之用。就此两例而言，一间当然是牢房，另两间可能是给服侍或看管人员所用。八旗高墙则有较多房间，共有四个部分：重犯五间，轻犯十间，女犯三间，另有看守及伙房五间，共 23 间。八旗高墙只有一个大门，供必要人员出入之用。嘉庆时宗人府高墙原有十四个房间，其中 11 间半作为圈禁之用，其他两间半由各种工作人员，包括章京、笔帖式、兵丁等占用，嘉庆二十一年又新造七个房间，共为二十一间，平时都称为“空房”或“空室”。至于囚房之大小，也无统一规定，想来不会太大，在没有找到更详细记载前，我们可暂以萧奭《永宪录》的说法：“为屋数间。宽不满丈”作为参考。③

清代高墙的牢房分散于北京各地，如宗人府、雍和宫附近、景山（旧称煤山，今北京市区中心）等地。雍正处分苏努，因其子孙众多，所以除北京外，先后把他们监禁在江苏、浙江等地，前已提到。清代的高墙大致可分为三种类型：宗人府，八旗，和特定。宗人府高墙以宗室及觉罗为圈禁之对象，偶尔禁锢皇亲国戚，例如索额图。清代宗人府成立于顺治九年（1652），以宗令为主管，例由亲王或郡王出任，对族员有宣谕和教化之责，并负责宗室和觉罗之出生、婚姻、爵秩，和死亡之登记，承君主之命，也可圈禁族员。清代史料虽未明确指出宗人府高墙之开始日期，但我们有理由相信它始于康

---

① 萧奭是扬州人，原名萧奭龄，想来当初他的稿本流传时最后一字被漏抄，所以后来各种刊行本都作萧奭。现在只有北京大学图书馆的一部抄本留有他的原名。他对囚室的大小和墙的高度之叙述，见他的《永宪录》，卷 4，页 296。李绂的两个奏折，均见于《文献丛编》，册 1《允禩允禟案》，页 7［13 上］，页 8［15 下］。他所说墙上开小洞之事，见于《文献丛编》，册 1《允禩允禟案》，页 7［13 上］。李卫的描写，见《宫中档：雍正朝奏折》，（台北：国立故宫博物院，1977—1980 年，27 册），册 7，页 51，4/12/2。

② 有关宗人府增高围墙之事，见《钦定宗人府则例》，故宫博物院编，（海口市：海南出版社，2000 年，2 册，在故宫珍本丛刊，第 278 及 279 册），册 2，页 322—323 及 328。有关八墙高墙的高度，见《上谕旗务议覆》在《文渊阁四库全书》电子版《史部，诏令奏议类，诏令之属》，卷 5，页 23 下，雍正 5/9/17。

③ 因圈禁隆科多所造的牢房，见于《清实录》，雍正朝，卷 62，页 10 上，5/10/丁亥。八旗高墙的房间数日，见《上谕旗务议覆》，卷 5，页 23 下，雍正 5/9/17。有关宗人府高墙之房间数目，见《钦定宗人府则例》，册 2，页 323 及 327。牢房宽不满丈的记载，见萧奭《永宪录》，卷 4，页 296。

熙之中或晚期，当时大多数成年皇子参与了储位竞争，并牵连到不少宗室和觉罗，因此宗人府成为一个合适的圈禁地。不过宗人府高墙要到雍正时才发挥了它的最大作用。允禩和允祉之子弘晟，可能还有允䄉，都曾在宗人府的高墙圈禁过。雍正五年（1727）宗人府奉令加盖空房以拘禁有罪之宗室。宗人府高墙的圈禁有短期和长期之分，两者都以上述的空房或空室为圈禁之牢房。这种空房之原有目的有二，一个是为宗室或觉罗犯有枷、徒、流、军等罪名以圈禁代替之地，例如，初次犯被判徒刑三年或两年半者，可折算成圈禁一年，令其悔过自新，圈禁期满即放出，这个规定早在雍正前就已开始了，直到清末为止。另一种目的是把空房作为有罪宗室或觉罗等待审问、取证和判决的地方。上面两种情形可算是暂时性的散禁。但是这些空房在不同情形下也可作为长期圈禁之地，现在先举一例以资佐证，雍正十年（1732）规定：应发遣宁古塔、黑龙江的有罪觉罗，改在宗人府空房永远圈禁。①

八旗高墙实际是八个个别旗分高墙的总称，有时也称八旗内务府高墙，因为内务府负建筑、经费、管理之责。八旗高墙成立于雍正五年，以监禁审结定罪，缓决候审，亏空官银待追之八旗人犯，以免他们在刑部牢中，受奸险重罪人犯之影响，加深恶习致不能悛改自己所犯之罪。八旗高墙本与宗室或觉罗无关，但到雍正十年底时，下令自后因罪该发边远地区之觉罗及家属，可永远拘禁在本旗高墙之内。雍正死后未久，乾隆宣布恩赦，释放很多罪人，其未得恩赦之八旗重犯仍归刑部监狱，但与民人重犯分开，因而结束了八旗高墙八年光景之历史。②

特定高墙是高墙中最复杂的一种类型，包括很多个案，大都发生于雍正一朝，且与政治有关。从雍正观点而言，如让他所反对之人继续自由活动，会影响皇权的行使，所以当作重案处理。他们之受到高墙禁锢的处分，既含惩罚性质，也有防范作用。上文提到的允禩、允禟和他们昔日的支持者，例如苏努一家，虽无明显抗拒或叛逆之行为——其实他们已无力作此等活动，但雍正心中不安，念兹在兹，处处提防，连篇累牍申斥他们，朝中官员必须同声附和，直到斗臭为止，然后加以圈禁。允祉是康熙诸子中最有学问之一人，当年虽曾参加储位之争，但无党羽，更不具任何政治危险性，也遭罗织而被

① 苏努及其子孙监禁于各地的情形，见 *Eminence Chinese of the Ch' ing Period*, vol. 2, p. 693. 有关清代宗人府的设置及组织，见《历代职官表》，纪昀等编纂，（台北：四部备要版，1965 年，第 313—316 册），卷 1，页 3 上—4 上；也见李鹏年，朱先华等编著，《清代中央国家机关概述》，（哈尔滨：黑龙江人民出版社，1983），页 89。索额图之圈禁可能是宗人府高墙始于康熙中后期的一个证据。允禩和允祉之子弘晟，可能还有允䄉，都曾在宗人府的高墙圈禁过，各见《清实录》，雍正朝，卷 41，页 8 下—9 上，4/2/癸酉，卷 70，页 13 上，6/6/己亥及卷 94，页 19 上—22 下，8/5/辛卯，卷 18，页 23，2/4/己巳。雍正下令在宗人府增建房子之事，可参考《雍正朝起居注册》，册 2，页 1524，5/10/8。

空房的两个目的，见《钦定宗人府则例》，册 2，页 304—305、313。这本则例上的许多有关规定，虽然列于道光甚至光绪时代，事实上是沿袭以前的规定。雍正十年的规定，可参考同上书，册 2，页 307。有关这些空房之作用，也见李鹏年，朱先华等，《清代中央国家机关概述》，页 94—96。

② 八旗高墙的成立及其与内务府之关系，可查阅《清实录》，雍正朝，卷 62，页 19 下—20 下，5/10/丙申；《上谕旗务议覆》，卷 5，页 22 下—23 下，雍正 5/9/17。有关觉罗可在八旗高墙永远圈禁之令，见于《清实录》，雍正朝，卷 126，页 18 下—19 上，10/12/癸酉。此一条例与同年之另一规定，即因罪发遣宁古塔和黑龙江之觉罗，可改发宗人府空室永远囚禁，似有相混之处，但二者出于不同之来源。八旗高墙之结束，见《清实录》，乾隆朝，卷 5，页 9 下，雍正 13/10/壬午。

禁锢，最后被拘禁于景山之永安亭，直至病死。因为这些人的案情特别，有不同的圈禁之地，不以宗人府高墙为限。苏努及其子孙分别圈禁于北京和许多省的首府，其中吴尔陈（也作乌尔陈，卒于1727年）的事例颇为特殊，他是苏努第十二子，原在北京圈禁，雍正把他交给九门提督（类似北京卫戍司令）阿齐图，令带锁圈禁于牢固之处。允禩最先在宗人府看守，因其全无恐惧之心，乃移另一处圈禁，但未说明其地址，允礽之子允晳虽被永远圈禁，也未指明其地址。由上述数例看来，圈禁这些人之高墙都是特别的地方，任由君主决定。①

四、运　作

清代高墙制度的运作遵循一定的规则。君主虽然握有最后决定之权，但也有一定的司法程序，要经过审讯和判决的过程。这种过程因时代及政治情况而不同。努尔哈赤是清朝的奠基人，制度草创，所有重要案件都由他决定，他对舒尔哈齐、褚英、和阿敦阿哥的处分，全出于他一人之手。皇太极继位之初，国事由四大贝勒处理，甚至小贝勒们对某些事也有参与之权。上文已提及，皇太极命诸贝勒、大臣议定阿敏之罪，他们议定十六大罪，并判死刑，皇太极只把阿敏圈禁。皇太极在先期执政十年中，积极集中权力，改善政府组织，终在1636年称帝并封有功贝勒为亲王或郡王，从此建立了一套由诸王、贝勒及大臣等参与大政的制度，包括处分宗室、觉罗等事务在内。崇德二年（1637），岳托违命不参加校射，即由诸王、贝勒、贝子、固山额真（后称都统）、议政大臣，以及刑部承政（后改称尚书）会审，建议处死，皇太极认为判得太重，从轻发落。顺治五年（1648）摄政王多尔衮借故陷害豪格（1609—1648），诸王贝勒承意拟死罪，顺治决定幽禁豪格，剥夺其所属人员。英亲王阿济格之罪刑，也由诸王、固山额真、议政大臣等会审定罪。康熙对待宗室较为宽厚，所以早年时他禁锢的人不多，以后诸子争储，因事关皇位继承，大都由他亲手处理。雍正时期除诸王及有关官员外，又增加了军机大臣，参与这种定罪的司法程序。执行这种程序的王大臣，往往建议重刑，因为这样可以避免包庇纵容之嫌，并且还可阿谀君主，使其有从轻发落，恩自上出的机会。但顺治帝于八年（1651）时，曾令诸王大臣重议阿济格之刑罚，因为他们初次议得太轻。乾隆四十七年（1782），奉国将军伊冲殴死雇工，宗人府及刑部只判圈禁80日，乾隆不同意，判令圈禁一年。这些是难得的例外。②

宗人府既是处理宗室及觉罗事务的单位，当然也有议定他们罪刑的责任，何况它的

---

① 允祉之最后圈禁处，见《清实录》，雍正朝，卷119，页11下—12上，10/闰5/甲辰。吴尔陈之带锁圈禁，见《雍正朝起居注册》，册2，页1210，5/4/19。允禩移禁之原因，见《清实录》，雍正朝，卷41，页8下—9上。有关允晳之圈禁，见《清史稿校注》，册1，乾隆本纪，页352，4/12/戊寅。

② 关于清代宗室、觉罗的审判制度，见郑秦，《清代旗人的司法审判制度》，《清史研究通讯》，1（1989）：23—24。皇太极处分阿敏的司法过程，见《清实录》，天聪朝，卷7，页10下—22上，4/6/乙卯。处分岳托的经过也见《清实录》，崇德朝，卷38，页10，2/8/癸丑。豪格之处刑，可参考《清实录》，顺治朝，卷37，页15，5/3/辛丑。有关阿济格之罪刑，见《清实录》，顺治朝，卷54，页10，8/闰2/壬戌。奉国将军伊冲之案件，见李鹏年，朱先华等，《清代中央国家机关概述》，页93。康熙对待宗室宽厚事，上文已述及。雍正帝设立军机处，所以军机大臣也有参与这种司法程序的机会，见《清实录》，雍正朝，卷126，页18上—19上，10/12/癸酉。

主管一般都是亲王或郡王，本来就具有参与司法程序的资格。《钦定宗人府则例》曾有规定，凡宗室或觉罗犯刑事案件，宗人府会同刑部审讯，由刑部主稿；如牵涉田产纠纷，则会户部审讯，而由户部主稿。这个规定可能由雍正制定，他因为集权之需要而提高刑部功能，俾便打击权贵。在他支持之下，宗人府及刑部对宗室和觉罗之判罪定刑起了相当大的作用。例如，雍正打算处分苏努一家时，宗人府建议把苏努及其子富尔臣等交山西右卫将军监禁。在处理允䄉之罪时，宗人府先举发他在禁所埋藏魇魅之物，继而查出他与允禩的密切关系，然后建议立刻处死，但雍正未同意。乾隆帝因宗室弘昇有罪，采纳宗人府之建议，把后者永远圈禁。贝勒延信有罪，即由宗人府及刑部会查定罪。雍正五年（1727）冬，刑部曾奏请把苏努全家处死，雍正以人数众多而未准许。①

上述三类高墙都有类似狱官的专职人员，执行君主命令并料理受刑人之事务，其中以八旗及宗人府高墙较为制度化。八旗高墙设有狱官，例由六品官担任，倘若六品官内无可用之人，则从旗下官员内选取。宗人府高墙则有司官及笔帖式各二人负责，他们由本府堂官于理事官、副理事官、经历、主事等官员内委派，一年更换，尚有士兵巡查。特定高墙的管理人员则不拘一格，名称和人数并不一定。英王阿济格在高墙最后阶段的主要管理人是章京毛海。康熙末期囚禁皇长子允禔及废太子允礽，他们之囚禁处虽无正式高墙之名，但在皇城深处，崇屋峻墙，不同于一般之监禁，有高墙之实。据当时担任步军统领之隆科多向康熙之报告，允禔处有内派之掌仪司太监龚锦钟和銮仪卫太监于达华供驱使，允礽初时被拘禁于咸安宫，派具有公爵的宗室吴尔占看守，但他不奉行康熙交办之事，后来改由隆科多本人担任看守之职。允礽生病时，隆科多找医生诊病并报告雍正。允禩在禁锢高墙后，有两名太监服侍。综上所述，在高墙中的工作者，不论其来源或以什么名义出现，都有监视并上报受刑人一切生活状况的责任。上述的章京毛海是个最有力的证明，由于他举报阿济格想烧毁狱门，因此后者被迫自尽。再以宗人府为例，每届年终，必奏报被囚宗室及觉罗在监之行为。②

高墙中的受刑人，如非君主特许，都是单独囚禁，家人探望，也要按照规定办理，不能逾越。因为雍正的许可，皇三子允祉得带妻子进入高墙。宗室鲁宾是允禩死党，已判死刑，雍正念其尚无子嗣，免去死刑，令在高墙永远禁锢，且准带家眷同往。允禩和允禟是雍正所最痛恨之宗室，故独居囚房，妻子被分别逐回外家，另行囚禁。苏努子孙鲁尔金（也作鲁尔斤）等分发山东等省禁锢，地方官员及驻守将军任其私带家人出入

① 这个规定未明指时间，见《钦定宗人府则例》，册2，页319。宗人府对苏努及其子的处分建议，见《雍正朝起居注册》，册1，页329，2/10/初四。宗人府对允䄉罪的举发、勘问、及定罪，见《雍正朝起居注册》，册2，页1185—1186，5/4/12。乾隆接受宗人府建议，永远圈禁弘升之事，见《清实录》，乾隆朝，卷103，页3—4，4/10/已丑。宗人府及刑部会勘延信之罪并建议判刑事，见萧奭，《永宪录》，卷4，页374—375。刑部对苏努全家的处刑建议，见萧奭，《永宪录》，卷4，页296—297。

② 八旗高墙设有狱官之根据，见《雍正朝起居注册》，册3，页2089—90，6/6/28。宗人府高墙之章京和笔帖式，见《钦定宗人府则例》，册2，页323—24；李鹏年，朱先华等，《清代中央国家机关概述》，页96。阿济格之管理人章京毛海，见《清实录》，顺治朝，卷61，页3上，8/10/庚申。有关允礽处之看守和允禔囚禁处的管理人员，见隆科多之奏报，《康熙朝满文朱批批奏折全译》，页1610（无上奏时间）。吴尔占负责看守允礽之事，可参考萧奭，《永宪录》，卷2上，页118。隆科多担任允礽看守之人，见于《雍正朝起居注册》，册1，页392，2/12/13。宗人府的年终报告，见《钦定宗人府则例》，册2，页312。

禁所，因而被判徇庇，拟革职及秋后处绞。八旗高墙虽有囚房二十多间，只有一个大门供出入，以防闲杂人等。八旗高墙准许受刑人家属每逢初二及十六日探监。宗人府高墙之门初时自早到晚开放，致家属，差役、及闲人等随意出入，难于稽查。后来，大概在嘉庆二十年（1815）光景，规定早上辰刻开门，晚上申刻关闭，同时把宗室和觉罗的探监日期分开，宗室的家族在每月初二及十六日探监，觉罗的家族各晚一天，即每月之初三和十七。特定之高墙则并没有固定之探监时间。①

高墙圈禁有锁禁和散禁之分，带铁链圈禁和带锁圈禁同属一类，都用于重犯。宗室或觉罗犯罪之轻重，虽有某种标准，但很难有绝对之原则，一切由君主决定，审判定罪之官员则揣摩君主的意旨而作建议。雍正把允禟当作重犯看待，所以李绂仰承上意，把允禟圈禁在小房间内，身上再加铁索，致手足痉挛，夏天炎热，房小墙高，通风不良，允禟昏晕过去，用冷水喷醒。在相似情况下，浙江巡抚李卫接收兵部押来苏努之孙子库张阿后，即在巡抚衙门内特辟囚室，把九条铁链加在犯人身上，致库张阿不能任意起卧，需人抬扶。允祉之子弘晟判交宗人府严行锁禁，因为雍正认定他是导致其父悖逆行为之主角。皇太极时的阿敏，康熙时的允禔，允礽，雍正时的允禩、允禵、隆科多、延信等之圈禁，都可归入高墙散禁一类，他们并无锁链在身，在囚居范围内可以活动，照顾自己的日常生活。不论锁禁或散禁，犯人入监，甚或入监以后，似乎要经过搜查所带物品的手续，英亲王阿济格的案件早已提到，他属于散禁，因查获藏刀四把，被加重罪状。允禟入监时，李绂特加搜查，去其刀刃等物，“既防其钻穴窜逸，亦不欲其速尽，以仰体皇上如天之仁”②。

高墙圈禁人犯的伙食供应因时因人而异。八旗高墙之伙食由内务府供应，宗人府早期高墙之食物，由犯人自备，家属及亲友纷纷送进食物，致囚居处之门户洞开，造成管理上的困难。可能是从嘉庆时代开始，宗人府获准从八旗官员赏俸所余利息中拨银 2 万两交长芦盐商生息，由在宗人府高墙工作之章京设立厨房，派定厨役办理犯罪者之伙食，每犯每天饭食费银 2 钱。从此家属不需每日送饭。后来沈阳成为圈禁宗室和觉罗之中心，于道光元年（1821），盛京将军获得君主授权，从人参余银中借支 2 万两交典当商人生息，作为高墙圈禁宗室、觉罗所需饭食炉火之用。春夏两季照每人每日银 2 钱计，秋冬时则每人每日 3 钱。圈禁在特定高墙的宗室及觉罗大都自备伙食，根据隆科多之报告，允礽由太监送饭，允禔也有太监供驱使，想来他们会送饭。允祉及眷属被圈禁

① 允祉带同眷属之事，见于《清实录》，雍正朝，卷 119，页 11 下—12 上，10/闰 5/甲辰。鲁宾的例子，可参考同上书，卷 41，页 8 下，4/2/癸酉。允禩之妻被革去福晋之称号且被逐回外家，另给房子数间居住严加看守。此事可参考《雍正朝起居注册》，册 1，页 683，4/1/28。允禟之妻也被逐回外家严加禁锢，见《雍正朝起居注册》，册 1，页 864，4/11/25。八旗高墙受刑人之家属准于每月初二及十六探监，见《清实录》，雍正朝，卷 62，页 20 下，5/10/丙申。《钦定宗人府则例》第 2 册所常提到的空房或空室，事实上就是囚居人犯的高墙。这些空房之门，初时自早到晚开着，后来定下开放时间，并家属探监时间，见《钦定宗人府则例》册 2，页 323。

② 李绂仰承雍正之意严厉对待允禟，以致后者昏厥过去，见李之奏折，《文献丛编》，册 1《允禩允禟案》，页 8—9［15 下—16 上］。苏努孙子之情况，见李卫奏折，雍正 4/12/初二，在《宫中档：雍正朝奏折》，册 7，页 54。弘晟之被锁禁，见《雍正朝起居注册》，册 3，页 2075，6/6/21。阿济格藏刀四把之记载，见《清实录》，顺治朝，卷 55，页 2 上—3 上，8/3/壬午。李绂搜查允禟之行李及引文，可参考，《文献丛编》，册 1《允禩允禟案》，页 8［15 下］。

在景山之永安亭，应该也会有人预备饭食。允禟则由李绂照一般重囚供应伙食，毫无优待之处。苏努之孙库张阿在李卫的特别囚室中，身上既被加以九条铁链，我们有理由相信，他的三餐也当由巡抚衙门供给。①

高墙圈禁人犯如有病痛，则由太医院派出医生诊治。雍正六年（1728），太医院建议：派出医生前往八旗包衣等各高墙为犯人治病，医生须自备药物，每次轮值两年。雍正帝以为药物该由太医院供应，医生每次轮值半年。史料并未明白提到宗人府高墙治病之事，但宗室和觉罗出自皇族，自不应例外。至于特定高墙的人犯一旦生病，视被囚者之身份而定。雍正二年底，允礽生病，当时隆科多正担任看守之职，即带同医生前往诊治，但病势太重，翌年初允礽病死。苏努之子鲁尔金分发至山东圈禁，先患伤寒，再转疟疾，巡抚塞楞额派医生治病，未能治好，即死于禁所。②

五、结　论

清代的高墙制度主要出于女真人的传统，经努尔哈赤的推行以及皇太极父子的继续，又经康熙中、晚期的扩大，再经雍正帝的大力执行，终于达到顶峰。它的运作，自开始到雍正时期，都与巩固皇权有关，皇权至上，不容任何直接或间接的挑衅。乾隆，尤其嘉庆以后，高墙圈禁大都和渎职或个人行为有关。雍正时，清代高墙曾发展成三种类别：宗人府高墙处理罪状较轻的皇族人犯；八旗高墙格局最大，圈禁旗中犯罪官员；以及特定高墙主要用以圈禁昔日参与争储的劲敌及其死党，例如允禩、允禟和苏努一家。自乾隆以后，因政治需要的不同，高墙制度趋于衰落，上述之八旗及特定高墙逐渐消失，只有宗人府高墙仍能维持到清末。

清代对高墙一词的解释缺乏精确性，并且在实用方面也颇具弹性，结果演变成一个具有清朝特色的圈禁制度。被圈禁者不限于宗室及觉罗，尚包括八旗官员，甚至太监及内务府包衣等。清代高墙虽集中在北京，但以后为盛京所替代，受盛京将军管理。如与明代的高墙相比，清代高墙制度具有相当人道考虑。例如罪犯患病，太医院派医生诊治并供给药物。大概在嘉庆时期，规定宗人府高墙每月开放两次，以供亲属探监之需。

总之，清代的高墙制度虽每被忽略，但它具有许多特色，是清代刑法的一章，它是个值得研究的历史课题，更可与明朝的高墙制度作比较研究。

---

① 八旗高墙由内务府供应米粮、柴炭等项，见于《清实录》，雍正朝，卷62，页19下—20，5/10/丙申。宗人府人犯自备伙食所造成之纷扰以及其改变，见《钦定宗人府则例》第2册，页322。“盛京高墙每人每日伙食及炉火之费”，见阙名，《盛京通鉴》在沈云龙主编，《近代中国史料丛刊》，第6辑，（台北：文海出版社，1968年），册57，卷1，《宗室事例》，页30。隆科多有关允礽及允禔之报告，见《康熙朝满文朱批奏折全译》，第4007件，页1610。允禟之伙食，见李绂之奏，《文献丛编》，册1《允禩允禟案》，页8［15下］。库张阿之囚禁生活，前已述及，见《宫中档：雍正朝奏折》，册7，页54，李卫奏折，4/12/初二。

② 太医院之报告及雍正帝之批示，见《雍正朝起居注册》，册3，页1845，6/3/5。这里所提到的医生治病，应当包括囚禁在八旗高墙中的宗室及觉罗。允礽生病医治事，见同上书，册1，页392，2/12/13。鲁尔斤生病及死亡事，见塞楞额奏折，《宫中档：雍正朝奏折》，册8，页813，5/9/3。

关于清朝遣俄使节的几个问题

柳泽明（日本早稻田大学）

前言——遣俄使节的大略

1729年（雍正七年）5月，清朝理藩院为了派遣使节团祝贺俄罗斯沙皇彼得二世的登基，同时为了让遣往在伏尔加河下游游牧的土尔扈特的使节团与之同行，给俄罗斯元老院发送了通知的公文。这个第一次遣俄使节团于1731年1月①抵达莫斯科，但是因为彼得二世已于前一年死去，所以使节团谒见了继承帝位的安娜·伊凡诺夫娜。另一方面，遣往土尔扈特的使节团同行到莫斯科后，去往土尔扈特，于1731年6月会见了土尔扈特汗策零敦多布。另外，在第一次使节团回国前的1731年（雍正九年）1月，已经知道安娜·伊凡诺夫娜继承帝位情况的清朝，为了表示祝贺，表明再次派遣使节。第二次遣俄使节团于1732年4月在圣彼得堡谒见了安娜·伊凡诺夫娜。第二次遣俄使节团出发后，清朝向土尔扈特也派出了第二次使节团，但是俄罗斯方面拒绝让其入境。

关于以上各使节团的成员及行程，已经基本上被各先行研究理清。下面将其列成表格，予以整理。

表　使节团的成员与行程②

		主要成员	到达清俄国境日期	谒见（会见）	返程
第一次	遣俄	原任侍郎 Tosi 原任副都统 Guwangsi 原任参领 Jaisan	1729年8月11日到达恰克图	1731年1月26日于莫斯科	1732年3月左右
	遣土尔扈特	原任副都统 Mantai 原任副都统 Budasi 原任副都统 Ashai	同上	1731年6月14日于萨拉托夫东方	同上
第二次	遣俄	内阁学士 Desin 侍读学士 Bayantai	1731年4月21日到达恰克图	1732年4月28日于彼得堡	1733年3月左右
	遣土尔扈特	内阁学士 Bandi 总管内务府大臣 Laiboo 原任侍郎 Selengge	1731年10月到达恰克图	（拒绝入境）	

不仅是清朝，包括所有的中国王朝向欧洲、而且是以祝贺君主登基为名目派遣使节的事情是很稀有的。因此，利用相对较丰富的俄罗斯方面的史料，对这两次的遣俄使节团进行的研究已有很多。很早，班蒂什—卡缅斯基的《俄中两国外交文献集成》当中

① 本稿中，西历的年月日根据儒略历。

② 使节名字的满语拼缀是根据文书（档案）史料的内容，在此不一一列举出处。另，谒见（会见）之处，是指与俄罗斯皇帝或土尔扈特的汗初次见面时的日期。

就有有关遣俄使节团的系统记载。① 还有，近年的俄罗斯（苏联）也有相关的专门研究，比如格鲁式科娃的研究论文。② 在日本，野见山温、吉田金一对使节团的成员与行程进行过考证。③ 台湾的李齐芳在著作当中对遣俄使节也进行了大量的叙述。④ 可是在清朝方面的编纂史料当中几乎没有留下任何关于使节团的记录，所以，从清朝方面的视点对派遣使节的目的与意义进行描述，在以前几乎是不可能的。但是，20 世纪 80 年代以后变得利用可能的满文档案当中，含有一些有关遣俄使节团的情报。所以，近年出现了同时利用清朝方面的史料进行的研究。例如，中国的张维华和孙西二位的著作，虽然是一部概述性的作品，但是对清俄双方的史料进行对比的同时，对使节团派遣的来龙去脉进行了探索。⑤ 在日本，近几年也有很多考证遣俄使节团的研究问世。野田仁指出了第一次使节团在莫斯科与俄罗斯方面会谈的内容对后来的俄罗斯对清、对中亚政策的影响。⑥ 涩谷浩一在探究雍正朝至乾隆朝初期的清与准噶尔的关系变迁时，对遣土尔扈特使节的活动也予以了关注。⑦ 松浦茂最近的论考即充分利用了从来未被利用过的俄罗斯方面的史料，又使用了清朝方面的史料，对使节团的行动和俄罗斯方面的对应作了详细的再构成，可以说，这也是迄今为止，最为从正面对使节团进行总括性的专门研究。⑧ 还有，中国的陈维新的最近著作，对遣俄使节团的礼仪问题进行了相当深入的考察。⑨

如此，关于遣俄使节团的研究，近年有了显著的进展，对基本的事实关系已经很难提出新的问题。但是，有关使节团的清俄双方的文书（档案）史料当中，还有很多未被充分利用的部分。所以，虽然略有拾遗之感，本文试着对双方史料作以对比的同时，主要对使节团派遣的背景、俄罗斯方面的对应、礼仪问题这三点，进行重新考证。

---

① Бантыш – Каменский, Н. Дипломатическое собрание дел между российским и китайским государствами с 1619 по 1792 – й год. Казань, 1882。

② Глушкова, О. А. Посольство цинского Китая в России в 1730 – 1731 гг. *XIX научная конференция ? Общество и Государство в Китае ?* . Москва, 1988: 183—191。

③ 野见山温：《清雍正朝对俄遣使考》，《福冈大学法学论丛》6 - 1 · 2，1961（后来被收载于《俄清外交研究》，酒井书店，1977 年）；吉田金一：《关于雍正年间清国向俄罗斯派遣的两次使节》，《纪要》（埼玉县立川越高等学校图书馆）2，1965。

④ 李齐芳：《中俄关系史》，联经出版事业公司，2000 年，第 111—139 页。

⑤ 张维华、孙西：《清前期中俄关系》，山东教育出版社，1997 年，第 308—323 页。

⑥ 野田仁：《18 世纪在中亚的俄清关系——从准噶尔政权崩溃到哈萨克、阿尔泰诸族的归属问题》，《史学杂志》116—9，2007（《俄清帝国与哈萨克汗国》，东京大学出版会，2011：第三章“哈萨克的归属问题与在中亚的俄清关系”）。

⑦ 涩谷浩一：《关于 1723—1726 年的清与准噶尔的讲和交涉——18 世纪前半期的中央欧亚地区的国际关系》，《满族史研究》7，2008；《关于 1734—40 年的清与准噶尔的讲和交涉——恰克图条约缔结后的中央欧亚地区的国际关系》，《东洋史研究》70—3，2011。

⑧ 松浦茂：《清朝的遣俄使节与俄罗斯的外交姿态》，《亚细亚史学论集》4，2011。

⑨ 陈维新：《清代对俄外交礼仪体制及藩属归属交涉：1644—1861》，黑龙江教育出版社，2012 年，第 142—152 页。

一、派遣使节的背景与目的

1. 第一次使节团

直接而且详细叙述计划向俄罗斯派遣使节的背景与经过的史料，至今尚未发现。但是，那很可能与对准噶尔战争有关，这种看法已被广泛认同。清朝与准噶尔之间的对抗，在雍正帝即位后一时中止，虽然双方进行了和谈交涉，但根本看不到解决的迹象，一直持续着紧张状态①。1727 年（雍正五年）末，准噶尔的策旺拉布坦死后，噶尔丹策零继承了汗位，并通知了清朝。对此，雍正帝表示弔问之意的同时，严厉要求引渡在青海受到清朝的追讨而逃到准噶尔的罗布藏丹津。② 从这一时期的雍正帝与川陕总督岳锺琪、云南总督鄂尔泰等进行的讨论当中，可以看出雍正帝已经开始构想对准噶尔的战争。③ 1728 年 6 月（雍正八年五月），准噶尔使节来访时，清朝让他们带回了可以说是最后通牒的书信④，接着，于 1729 年 2 月 25 日（雍正七年二月八日）正式宣布征讨准噶尔⑤，3 月 29 日（3 月 12 日），作为北路军指挥官的傅尔丹被任命为靖边大将军，作为西路军指挥官的岳锺琪被任命为宁远大将军。⑥ 而理藩院预告遣俄罗斯、土尔扈特使节派遣的公文日期却是同年 5 月 22 日（5 月 6 日）。⑦ 从这种时间关系来看，清朝向俄罗斯、土尔扈特派遣使节是在布控好对准噶尔开战之后，而使节团负有和俄罗斯、土尔扈特进行协调的目的，这一点是无可置疑的。事实上，遣俄罗斯使节在与俄罗斯方面的会谈当中，预告了清军对准噶尔的攻势，同时表明了镇压准噶尔之后，可以将其领土的一部分割让给俄罗斯。另一方面，遣土尔扈特使节也在与土尔扈特的会谈当中，提醒其注意准噶尔难民向土尔扈特流入的可能性。⑧

虽然以上事实已被各先行研究进行过种种讨论，可以说基本上达成了理解上的共识，但是，这里再一次将年代向前追溯一下，想重新探讨征讨准噶尔计划与派遣使节团之间的关系。值得注意的是亡命到土尔扈特的，噶尔丹策零的异母兄弟罗卜藏索诺的存在。如上文所述，雍正帝于 1728 年初计划征讨准噶尔时，已经知道罗卜藏索诺的情况，并表示担心将来清军进攻准噶尔时，准噶尔人会投奔罗卜藏索诺，亡命到土尔扈特的可能性。⑨ 可以说，正是因为有这种担心的背景，才有了向土尔扈特派遣使节的计划。事实上，到访伏尔加河河畔的遣土尔扈特使节会见了罗卜藏索诺，呼吁他与清朝合作。⑩

---

① 宫胁淳子：《最后的游牧帝国——准噶尔部的灭亡》，讲谈社，1995；涩谷 2008。

② 《世宗实录》卷 64，雍正五年十二月甲午〔13 日〕（1728 年 1 月 12 日）条。

③ 柳静我：《康济鼐暗杀与清朝的对应——雍正期对藏政策的一个侧面》，《满族史研究》7，2008 年。

④ 涩谷 2011。

⑤ 《平定准噶尔方略》前编卷 18，雍正七年二月癸巳条。

⑥ 《平定准噶尔方略》前编卷 18，雍正七年三月丙辰条。

⑦ АВПРИ（俄罗斯帝国外交文书馆）：Фонд 62：Опись 1：1729 г. дело 1：лл. 2－3（原本）；中国第一历史档案馆编《清代中俄关系档案史料选编》第一编（中华书局，1981），223 号文书。

⑧ 野田 2007/2011。

⑨ 柳 2008。

⑩ 回国后的雍正十年三月五日（1732 年 3 月 19 日），满泰等详细报告了与罗卜藏索诺会见的情况（中国第一历史档案馆藏《月折档》编号 3（二）：019－040），好像因俄方监视较严，未能深入会谈。

另一方面，看看同时期清朝的对俄关系，正如众所周知的那样，包括蒙古、俄罗斯间的国境划定在内的各种悬案，已经在1727年（雍正五年）8月之前与俄方基本上达成了合意，正在对条约的措辞调整进行着交涉。在此过程当中，俄罗斯将通知彼得二世即位的国书于1728年3月18日（雍正六年二月十九日）交给了在恰克图的清朝方面的代表（策凌等），然后国书被转送到了北京。① 虽然并不清楚当时清朝向土尔扈特派遣使节的计划进展到何种程度，但可以想象的到，国书的到来成为契机，才有了同时派遣遣土尔扈特使节和遣俄罗斯使节的构想。向俄罗斯派遣使节的主要目的，当然是窥探俄罗斯对清朝征讨准噶尔的反应，同时，如果清朝单独向土尔扈特派遣使节的话，可以预料到俄罗斯方面会示以难色，所以使节团此行的目的当中也有缓和双方关系的成分。于是，由于恰克图条约的形成②，对俄交涉告以结束，并等到远征准噶尔的准备完毕之后，派遣使节团一事才被正式表明。

2. 第二次使节团

清朝向俄罗斯派遣第二次使节团的直接起因是，俄罗斯方面派遣书信使索洛维约夫通知了清朝彼得二世去世和安娜·伊凡诺夫娜继位的消息。③ 索洛维约夫于1730年12月到达北京后提交了元老院的公文，清朝以1731年1月14日（雍正八年十二月十八日）的理藩院公文表达了哀悼和祝贺之意。④ 然后，理藩院发送了通知派遣第二次遣俄使节团的公文，公文日期为2月27日（2月3日）。另一方面，看看这期间清朝对准噶尔战争的进展，1731年1月17日（雍正八年十二月二十一日）的报告称，准噶尔方面袭击了西路军的卡伦（哨所），双方开始了小规模的摩擦。⑤ 可以认为，日益紧迫的形势，也是促成清朝政府决定再度向俄罗斯派遣使节的原因之一。但是，从第二次使节团在圣彼得堡等地的言行上看，好像他们并没收到进行关于准噶尔问题新的提案的指示。

另外，派遣第二次遣土尔扈特使节团一事，在日期为1731年5月22日（雍正九年四月二十八日）的理藩院公文中被首次提及，这是因为土尔扈特的策零敦多布的使者在那之前刚刚到达北京。⑥ 这时的前线，虽有准噶尔军袭击吐鲁番的行动，但两军之间还未发生真正的冲突。所以，向土尔扈特派遣使节一事，至少在计划阶段时与对准噶尔战争的最新动态没有特别的联系。可是，到了同年7月，清朝的北路军在和通淖尔与准噶尔军会战，结果大败。清军放弃其前线基地科布多进行撤退，外蒙古一时陷入混乱。清朝中央政府知道战败情况是在1731年8月上旬（雍正九年七月上旬）。⑦ 此时，遣土尔扈特使节很可能已经从北京出发了，由于前线局势的急剧变化，使节团取得土尔扈特协作的使命，应该变得更加重要了。如下文所述，虽然遣土尔扈特使节团被俄罗斯方面拒绝入境，但是清朝很长一段时间并未让其撤离恰克图，而是继续向俄方要求入境，其背

---

① Бантыш－Каменский，1882：149—150；《清代中俄关系档案史料选编》第一编，219号文书。

② 1728年6月14日（雍正六年五月十八日）举行了条约文的交换（Бантыш－Каменский，1882：154—155）。

③ Бантыш－Каменский，1882：170。

④ 《清代中俄关系档案史料选编》第一编，231号文书。

⑤ 《平定准噶尔方略》前编卷20，雍正八年二月乙卯条。

⑥ 据说土尔扈特使节是于1731年4月28日到达北京的（Бантыш－Каменский，1882，187）。

⑦ 《月折档》2（一）：0059－0064，雍正九年7月6日奏览的衮泰的奏折。

景当中应该有上述的原因。

第一次遣俄罗斯、土尔扈特使节团归国后，理藩院于1732年3月26日（雍正十年三月十二日）给俄罗斯元老院发送了公文①，但是，这是有关第一次遣俄罗斯、土尔扈特使节团归国的公文。在第一次使节团带回的俄方公文内，俄罗斯强调了土尔扈特臣属于他们，而且提出，今后清朝如有向土尔扈特传达之事，希望事先通知俄罗斯。对此，清朝在上述的公文当中，并未反驳俄罗斯的关于土尔扈特所属问题的见解，也未强烈要求被禁止入境的遣土尔扈特使节的通行，而是要求俄罗斯向土尔扈特转达，如果土尔扈特有进攻准噶尔的想法的话，现在是最佳时机，这一信息。如此露骨地怂恿土尔扈特出兵的方针，是此时刚刚形成的？还是已经给遣土尔扈特使节下达过那样的指示？无从知晓。但不论如何，在很难想象俄罗斯会答应的情况下，清朝却提出如此要求，可以从中理解到当时清朝的焦虑。另一方面，被停止在国境上的遣土尔扈特使节，其后也继续进行了入国交涉，但是俄罗斯方面的态度未发生转变，到了1734年（雍正十二年），最终雍正帝放弃了向土尔扈特派遣使节的想法。②

二、俄罗斯方面的对应

1. 第一次使节团

清朝预告派遣第一次使节团的公文，于1729年6月到达了色楞金斯克。③ 当时驻于色楞金斯克统辖国境问题的布赫利茨大佐，在公文上添附了自己的报告书后将其转送莫斯科。这些于9月29日到达莫斯科后，俄罗斯政府立即着手讨论对应方策。当时，1719—1721年赴清的伊兹马伊洛夫使节团的报告书，1726—1728年的符拉迪斯拉维奇使节团的报告，还有，1723年对到访圣彼得堡的波斯使节的应对前例等，都被作以参考。④ 其中，起到重要作用的是，与清朝交涉缔结恰克图条约后刚刚回国的萨瓦·符拉迪斯拉维奇的意见。他于10月8日提出共十三条内容的意见书⑤，其主要内容如下：

- 郑重接待清朝使节团，并将此宗旨迅速通知清朝方面。
- 派遣高级别的人物到国境，使其迎接、护送使节团。
- 上述人物要详细探知使节团来访的目的。
- 制止使节团与俄罗斯国内异民族的接触。

意见书内，关于向使节团的食物供给、在西伯利亚各地城市的迎接方法等，作了详细的提案。这些都基于与符拉迪斯拉维奇自身作为使节去清朝时所受到的待遇同等的原则。另外，关于去往土尔扈特⑥的使节团，在意见书的第二项有如下的叙述：

---

① 《清代中俄关系档案史料选编》第一编，242号文书。

② 在《世宗实录》卷百四十三，雍正十二年五月己亥〔24日〕（1732年6月14日）条中有，来保、塞楞额在该地也无事可干，委任其他工作的记述。

③ 使节团到达恰克图是同年8月11日（Бантыш－Каменский，1882：166）。

④ АВПРИ：Фонд 62：Опись 1：1729 г. дело 8：лл. 18－22，28－37。

⑤ АВПРИ．Фонд 62：Опись 1：1729 г. дело 8：лл. 38－41。

⑥ 在俄罗斯方面的史料当中一直被写作卡尔梅克（калмыки），本文为了避免混乱，除了直接引用的史料以外，统一称作土尔扈特。

我认为，无法拒绝接纳被派往卡尔梅克的大使。因为，无论如何，俄国方面屡屡向臣属于他们（中国）的汗、将军等派遣使者，还有，以前也有过中国向卡尔梅克派遣使者的事情。

但同时，符拉迪斯拉维奇在第十项中叙述到，如果使节团不事先说明欲与土尔扈特方面协商的内容，应该采取不准其通过的态度。颇有意思的是，意见书末尾有如下的叙述：

以上，我陈述了自己的意见，其中有些部分反映了中国宫廷将我和我的随员引导到北京时所给与的待遇与惯例……我认为，非常谨慎、而且郑重地接待并送走他们为好。无论如何，中国人为了祝贺皇帝陛下继承了统治全俄罗斯的帝权，派遣了大使，这是极为破例的，因为这是对谁都未曾做过的事情。我想，这个使节团会在全欧洲引起惊人的注目，会被看作是皇帝陛下的伟大荣誉。

符拉迪斯拉维奇充分认识到了清朝祝贺使节来访的特殊性，并考虑有效地将此事做成宣传材料，向欧洲各国宣传。

得到此意见书，10 月 15 日，俄方召开了最高枢密会议，基本上根据符拉迪斯拉维奇意见的对应方针被确定下来。曾作为书记官随行符拉迪斯拉维奇使节团的九等文官格拉祖诺夫被指派为护送使节团的迎接使。① 收到 11 月 12 日的外务参议会训令的格拉祖诺夫于 1730 年 3 月 3 日抵达色楞金斯克，会见了停留在当地的清朝使节团。② 其后，于第二年的 1731 年 1 月 9 日到达了莫斯科。他与使节团同行，进行了接待和情报收集的工作。

2. 第二次使节团

第二次遣俄使节团于 1731 年 4 月 21 日抵达恰克图，关于此事布赫利茨（当时在伊尔库茨克）5 月 26 日的报告，于 1731 年 8 月 14 日到达了莫斯科。③ 对此，外务参议会于 8 月 20 日指示护送遣土尔扈特使节团的巴库宁将遣土尔扈特使节送到归途的托博尔斯克之后，与第二次使节团汇合，将第二次使节团护送到圣彼得堡。④ 结果，第一次使节团过了托博尔斯克后继续东行，1732 年 1 月 8 日与第二次使节团相见了。第二次使节团于 2 月 18 日抵达托博尔斯克，4 月 27 日到达了圣彼得堡。⑤

另一方面，要求对第二次遣土尔扈特使节团予以通行的清朝公文，于 1731 年 7—8 月份被送到了色楞金斯克，于 1732 年 1 月 4 日到达了圣彼得堡。⑥ 但是，对此，俄罗斯政府根据 1 月 12 日的敕令，将拒绝通行的方针传达给了新任的伊尔库茨克副总督若洛鲍夫。⑦ 关于拒绝通行的理由，敕令作了如下叙述：

---

① АВПРИ：Фонд 62：Опись 1：1729 г. дело 8：лл. 47 – 53。但是，实际上出席会议的只有宰相（最高文官）戈洛夫金与副宰相奥斯特曼，其他成员缺席了会议，后来在巡回审议时表示了同意。

② Бантыш – Каменский, 1882：166。

③ АВПРИ：Фонд 62：Опись 1：1731 г. дело 6：лл. 125 – 128。

④ АВПРИ：Фонд 62：Опись 1：1731 г. дело 14：лл. 35 – 36；Бантыш – Каменский, 1882：186。

⑤ Бантыш – Каменский, 1882：191 – 192, 200。

⑥ Бантыш – Каменский, 1882：187。

⑦ АВПРИ：Фонд 62：Опись 1：1732 г. дело 6：лл. 1 – 6об。……在 3 月 30 日的文书当中，将此事通知给了清朝（Бантыш – Каменский, 1882：193）。

针对中国方面的让［他们还想要派遣的］使节们通过西伯利亚，去往作为女皇陛下臣下的卡尔梅克领主所在地的要求，即使他们到达了国境，贵官也不能让其通行。因为，……上述的卡尔梅克领主们多年以来臣属于女皇陛下而生活，所以没有女皇陛下的敕令和许可，既不能接纳他国的任何使节，也不能擅自采取任何行动。的确，去年从博格达汗陛下那里去往当地的使节们，被允许通行并到达了上述的卡尔梅克领主的所在地，但是，那只是因为当时女皇陛下缘于和博格达汗陛下之间的友谊，完全出于对他的尊敬，而且因为那是来访女皇陛下宫廷的最初的使节团，所以下达了那样的命令。关于那些，会谈时，俄罗斯的大臣们应该向他们〔使节团〕作了如下的、详细的回答与说明。

松浦茂指出，若洛鲍夫的报告称，如果清朝成功驱使土尔扈特、哈萨克等参与到对准噶尔战争的话，可能导致准噶尔灭亡，所以让使节通行是危险的，这个报告成为俄罗斯政府拒绝通行的背景原因。的确，在若洛鲍夫的传达清朝方面的公文到达的报告（日期为1731年10月16日）当中有那样的叙述[①]，但是，事实上，若洛鲍夫在同一天给外务参议会发送了别的报告，汇报了清军在蒙古西部与准噶尔军发生冲突，而且败北的事实。[②] 也就是说，清与准噶尔的战争已经不是有可能的问题，而是现实，并且俄罗斯方面已经探知了清朝方面在苦战的情报，这些给拒绝遣土尔扈特使节通行的方针的决定带来了影响，这是毋庸置疑的。

3. 向各国的宣传

如前所述，第一次使节团来访时，符拉迪斯拉维奇曾考虑将其作为向欧洲各国的宣传材料利用起来。那么，他的愿望得到了多大程度的实现呢？保存于俄罗斯帝国外交文书馆（АВПРИ）的1731年1月26日第一次使节团谒见安娜女皇的仪式程序当中，有此次仪式程序被发送给了各外国驻在官（在各外国的俄罗斯驻在官?）的注记。[③] 还有，据松浦茂称，英国大使伦多（C. Rondeau）的夫人，将第二次使节团与安娜女皇的会话内容书送给了本国[④]。如此，有关清朝使节的情报，好像确实由各种渠道被传到了各国。

表明清朝使节的俄罗斯访问在各国引起某种程度反响且颇有意思的史料在日本。这是在日本史领域已被大家所知道的事情，1732（享保十七）年的《和兰风说书》中可以看到有关清朝遣俄使节的记事。兹引该记事全文如下：

听说，前不久英国船停靠咬噹吧时讲到，“莫斯科国王向中国遣送使者，提出今后想和睦相处之意，中国敷衍性地接待之后送走了使者。因此莫斯科国王愤怒，传言至蒙古，‘简陋地接待后送回了使者，是出于何等考虑？欲知其理由’，此事由蒙古告知给了中国。为此，中国重新向莫斯科国派送使者申述道，‘在不知详情之下做了简陋接待，有失于礼’”。[⑤]

---

① АВПРИ：Фонд 62：Опись 1：1731 г. дело 6：лл. 133 – 134об。

② АВПРИ：Фонд 62：Опись 1：1731 г. дело 6：лл. 135 – 136об。

③ АВПРИ：Фонд 62：Опись 1：1731 г. дело 9：л. 177об。

④ 松浦茂，2011。

⑤ 日兰学会·法政兰学研究会编《和兰风说书集成》上卷，吉川弘文馆，1977年。另，参照志水速雄《日本人的俄罗斯情结》，中央公论社（中公新书），1984年，第9—10页。

有关使节派遣经过的说明与事实有很大的出入，成了俄罗斯因清朝简陋地接待了他们派遣的使者而质问原因，为此清朝派出了使者进行解释的故事。所谓被简陋接待的使者，当然是指符拉迪斯拉维奇，可以想象这种故事或许就出自符拉迪斯拉维奇本人的周围，很有趣。另外，还可以知道这个消息是由停靠到巴达维亚（咬嚁吧）的英国船只带来的。可以说，这种情报传播的速度与扩大，展示出清朝使节的俄罗斯访问在当时的欧洲各国成了热门话题。

三、关于礼仪问题

1. “邻国”

关于遣俄使节团礼仪上的各类问题，已有各式各样的议论，概括地说，清朝方面为了回避纠纷下了种种功夫，这一点已被广泛认知。

笔者曾在别文中提到过，第一次遣俄使节团带来的理藩院给元老院的公文（日期为1729年6月3日/雍正七年五月十八日）当中，有如下的叙述：

以我中国的惯例，如果向各国派遣使节，都要写“下达敕书”。因为我国与你等俄罗斯国自古以来就是邻国，所以不能下达敕书。因此，本次只派送使节。①

可以理解，清朝方面未提出以皇帝名义的国书（敕书），是出于礼仪上的考虑。但是饶有兴趣的是，文中的“邻国”（adaki gurun）这种措辞。“adaki”一词，不仅有邻接的意思，还有“并列”、“并肩”之意，所以，在这里清朝方面大体上将俄罗斯认同为对等国家。与遣土尔扈特使节团携带的敕书中所写的“奉天承运皇帝敕曰，土尔扈特汗无恙”。这种通常的敕书格式相比较，清朝对俄罗斯的特殊顾虑有着显著的特点。

2. 一跪三叩头

谒见安娜·伊凡诺夫娜时，使节团所采取的礼仪也值得注目。在俄罗斯方面的史料中，能看到第一次使节团在1731年1月26日的最初谒见时“叩头三次”的记述。当时的情况，已被详细记载于班蒂什—卡缅斯基的《俄中两国外交文献集成》当中，也已被诸多的先行研究所介绍、探讨。但是，为了论述上的方便，从同时代的俄罗斯方面的记录②中作以重新引用。

进入大厅的大使们走到中央，看到皇帝陛下后停了下来。宰相、伯爵戈洛夫金［该人与副宰相奥斯特曼一起站在玉座右侧］对着女皇陛下跪下，被赐与皇言后，从玉座那边走出来，来到了大使们跟前。首席大使拿着国书跪着，宰相走近后从大使接过国书走向玉座那边，放在事先准备好的盖着金襕的桌子上。

其后，宰相返回玉座旁边，又从那边走出来，告诉他们靠近些。他们靠近几步后停下，首席大使叙说了他们博格达汗的如下的话语，三等翻译官斯捷潘诺夫朗读了译文。

“充溢着光辉、拥有至高权利的大君主·女皇陛下啊：

---

① АВПРИ：Фонд 62：Опись 1：1731 г. дело 2：лл. 23－25；《清代中俄关系档案史料选编》第一编，234号文书。另，参照拙文《关于围绕1768年“恰克图条约追加条项”的清俄交涉》（《东洋史研究》62－3，2003）。

② АВПРИ：Фонд 62：Опись 1：1731 г. дела 9：лл. 171－177об。

博格达汗陛下将我等大使派遣到陛下跟前，是为了祝贺陛下继承了俄罗斯的帝位，约定自己永恒不变的友情，还将从自己的土地上得到的东西作为礼物送给皇帝陛下。还有，博格达汗陛下命令问候皇帝陛下的健康。〔博格达汗〕陛下祝愿陛下有如太阳永远照射光芒那样，永葆健康。”

宰相根据女皇陛下的话，对他们作了如下回答。

“女皇陛下将你等祝贺使节的派遣，作为博格达汗的特殊友情的标志，予以接受，自己也向博格达汗约定不变的友情与愉悦和睦的维持。”

一得到宰相的回答，那时，他们一起跪下表示对女皇陛下的祝贺之意，叩头三次，他们如下的口述在被女皇陛下前的三等文官斯捷潘诺夫朗读期间，一直跪着。

“我等大使托时等，伏在皇帝陛下的脚下献上微薄祝贺的同时，还因为被派遣为博格达汗陛下的使节，而获得瞻仰尊容的机会，感到至高无上的光荣。”

宰相从玉座旁走近他们，回答如下：“女皇陛下愉快地接受了你们的祝贺，并命令向你们约定陛下的最高恩宠。”

其后，宰相说，为大使们准备了女皇陛下的赐宴。大使们站起来，未改变面向，倒退着出了大厅。但是，在从他们接过国书的、原来的位置上停了下来，跪下三叩头后离去。

关于使节的三叩头，陈维新解释为相当于清朝礼制中的“一跪三叩头”①。虽然笔者也同意此说，但是，将其根据略作详细展示。《清代中俄关系档案史料选编》中收录有雍正九年六月下达给第二次使节团的、相当于“训令”的内容。其中有谒见俄罗斯皇帝时，允许以清朝的“按拜见我王爷等之礼”谒见的记述。陈维新将此认作为一跪三叩头之礼，并认为第一次使节团也被下达了同样的指示。的确，第二次使节团于1732年4月28日（雍正十年四月十五日）谒见安娜·伊凡诺夫娜时行了一跪三叩头之礼（emu jergi niyakūrafi ilanggeri hengkilehe）一事，使节团回国后自身作有报告②，这毫无疑问。可是，因为还没有发现第一次遣俄使节团的详细报告，所以他们是否也采用了同样的礼仪？无法作出直接的确认。但是，笔者同陈维新一样，认为第一次使节团也被指示了行一跪三叩头之礼。那是因为上述的“训令”并不是派遣第二次使节团时新起草的，而是以派遣第一次使节团之前写成的内容为基础而形成的。笔者并未确认“训令”的原本，只是根据《清代中俄关系档案史料选编》所载的汉译内容，其开头有俄罗斯女皇的即位等等语句，看上去确实像是针对第二次使节团的内容。但是，继续往下读，会出现几个可疑之处。首先，“训令”明显是以遣俄使节团与遣土尔扈特使节团同行为前提而作成的。但是，如前所述，第二次使节团的情况是，两组的派遣有一定的时间差。所以，如果这个“训令”真是交给第二次使节团的“训令”的话，那么对于已经上路的遣俄使节来讲，只能是遣土尔扈特使节的派遣被决定之后，追赶上遣俄使节团，将“训令”交付给他们。但是，如果考虑遣土尔扈特使节的派遣被决定时，遣俄

① 陈维新，2012年，第146—148页。松浦茂2011年也推测为是一跪三叩头，但未作出断定。

② 中国第一历史档案馆藏《月折档》编号6（二）：331－337，雍正十一年二月十日Desin〔德新〕等的奏折。

罗斯使节团已经抵达了恰克图这一事实的话，很难想象会有上面的情况。总而言之，“训令”的内容，如果除去涉及女皇的部分的话，其内容与当初就被决定两组同行的第一次使节团更相称。还有，“训令”中可以看到土尔扈特君主阿玉奇汗的名字，这也是不可理解的。那是因为雍正帝让第一次遣土尔扈特使节团携带的敕书，提及了阿玉奇汗已经死去。[①] 假如，即使把那看做是给第一次使节团的训令，其中出现阿玉奇的名字也是奇怪的，更难以想象第二次使节团的训令当中会出现他的名字。虽然没有决定性的证据，但根据以上几点，笔者仍想推定这个“训令”的主旨，在第一次使节团派遣之前就已经成立了。

其次，想对使节们施一跪三叩头礼的时机作以探讨。第一次使节团谒见时的礼仪，在他们到达莫斯科后，经过与负责接待的三等文官斯捷潘诺夫（在上面引用的史料中也出现过）交涉后，被仔细地制定下来。如果看有关交涉的记录，可以知道，关于进入谒见大厅之前的对应，使节团同意了俄罗斯方面的提案，但是对进入谒见大厅后的礼仪，使节团提出了种种要求，结果他们的要求基本上被全盘采纳。例如，如果根据在上文中引用的谒见程序，从使节团进入谒见大厅开始，到呈上国书之间，不进行跪拜，只是在托着将国书交给戈洛夫金时跪拜而已，这是因为使节们在事先交涉时，要求手持国书时不能跪拜。[②] 以此推理的话，使节团在说出第一次言词时是保持站立的，听到安娜·伊凡诺夫娜对他们的言词予以回答之后，他们才跪下叩头，这是显而易见的。也就是说，第一次的言词是转告雍正帝的话语，所以在说此言词时不能跪下，但第二次的言词是使节们自身的话语，所以即使跪下也没问题。虽然对外国君主施一跪三叩头之礼是极为破例的，但绝对没有将俄罗斯皇帝与清朝皇帝放在同列的意思，这在上述的“训令”内容当中十分明了。还可以看出，为了不损害清朝皇帝的威信，使节们对跪拜的时机考虑得相当周全。

结　语

从当时清朝的对外关系的构造来看，两次向俄罗斯派遣使节是极其破例的事情。祝贺俄罗斯皇帝即位这一名目本身就很例外，而且使节们谒见时行了叩头之礼，这虽然未将俄罗斯皇帝与清朝皇帝作以同列，但仍是通常不可想象的事情。正如已经被指出的那样，向俄罗斯派遣使节这一事实，几乎完全被以《世宗实录》为首的清朝官方的历史记录中所抹掉，这意味着清朝本身也对这件事情的破格程度有充分的认识。即便那样，还是向俄罗斯派遣了使节，从这当中可以领会到雍正帝为了取得对准噶尔战争的胜利而不择手段的现实主义外交方式。

---

① 所以，敕书的收信人姓名不是人名，只是“土尔扈特的汗”。《中国档案文献遗产名录》，中国档案出版社，2002 年，第 76 页（原本的照片）。第一次遣俄使节团携带的理藩院公文（雍正七年五月十八日）也言及了阿玉奇已经死去。

② АВПРИ：Фонд 62：Опись 1：1731 г. дело 9：лл. 147 – 151об。使节团携带的并不是真正的国书，而是理藩院给元老院的公文，但是俄罗斯方面的史料一贯将其称为“грамота”（国书，敕书），可以知道公文是按照国书的标准被对待的。

另一方面，俄罗斯也非常清楚清朝派遣使节是极为破例的事情，考虑将此事作为向欧洲各国的宣传材料。实际上，清朝使节的来访，某种程度上好像在欧洲各国之间成为话题，这可以从有关清朝使节的消息于第一次使节团到达莫斯科后的第二年就被传到长崎，这一事实中看得出来。

使节团回国后，俄罗斯方面想知道他们是怎样对俄罗斯进行报告的。1736—1737年，监督俄罗斯商队来到北京的劳伦茨·朗格，在1737年1月9日发给外务参议会的报告[①]当中，作了如下的叙述：

最近，去女皇陛下宫廷的中国大使们回到当地后，在他们中间或在同事之间，对俄罗斯宫廷予以赞赏，但在自己的汗面前却显得迥异，与其他事情夹杂起来，进行恶骂，报告说到处都有女性自由地与男性交往，等等。从这件事当中可以明白的是，在中国及其周边国家，谁也没有勇气将真实情况报告给汗，那是因为不想伤害所谓的除了中国人之外没有文明民族的认识。

我用尽手段想得到他们的日记，但现在还是徒劳。因为那还未被印刷。

只有前后6次到访北京，精通清朝情况的朗格才能尖锐地指出，在言论的公众场合，对俄罗斯的认识被极度歪曲的状况。还有，正如朗格所说，可以想象遣俄使节团很可能回国后，将有关自己在俄罗斯的行动及见闻作了详细的报告，遗憾的是，那些至今还未被发现。

虽然上述的内容缺乏连贯性与统一性，但也对关于清朝遣俄使节团的几个问题，提示了笔者自己的看法。但是，正如在前言中也曾提到的那样，关于两次使节团还有很多未被利用的史料。今后如有机会，还想做更深入的考察。

（吴忠良 译）

---

① АВПРИ：Фонд 62：Опись 1：1737 г. дела 5：лл. 23－48об。

关于朱批奏折制度起源的再思考

欧立德（美国哈佛大学）

多年来，朱批奏折的最早出现被认为是在1693年8月，当时康熙皇帝命包衣李煦和曹寅为他提供某些省份的一些最新消息而呈上来的密信。但是，随着对清代满文档案研究的深入，我们看到满文的朱批奏折事实上在此前二十年就已经出现了[①]。本文将根据早期满文文献来探究朱批奏折制度的起源。

一、关于朱批奏折制度起源的辩论

关于朱批奏折制度的出现问题，以前的观点着重它是一种崭新的具有高度机密性的通信方式。[②] 相比之下，常规题本的上奏方式较为缺少机密性，其递送是通过驿站并经过各种翻译程序；而朱批奏折则是通过私人信使直接递送于上奏者与皇帝之间，私人信使通常是上奏者的包衣亲信。在递送期间，奏折或者是装入严防篡改的带锁木匣，或者是用胶粘住并加蜡封的信封。[③] 一旦入宫，朱批奏折立即送往位于内廷乾清门附近的奏事处（baita wesimbure ba），而不是紫禁城外的通政司。这一革命性的处理通信的手段使得私人信件在皇帝与上奏人之间的往返传递成为可能。这些上奏人必须亲自缮写折子，不得假手他人，因而加强了其私密性。皇帝也亲自用朱笔批复，而经过朱批的奏折又发还到上奏人的手中。

朱批奏折制度所保证的机密性（起码在早期如此—到乾隆朝时期其机密性已远不如

---

① 这一观点的第一次提出分别见于关孝廉的两篇文章：《清康熙朝满文朱批奏折刍议》，第84—90页，以及《再论奏折起源及其特点》，载《第二届明清档案与历史研究研讨会——庆祝中国第一历史档案馆成立70周年》，北京，1995年10月。

② 参见John K. Fairbank and Ssu - yu Teng，"On the Transmission of Ch' ing Documents，" *Harvard Journal of Asiatic Studies*（1940），2 - 71；Silas H. L. Wu，"The Memorial Systems of the Ch' ing Dynasty，1644 - 1911，" *Harvard Journal of Asiatic Studies* 27（1965），7 - 75 and *Communication and Imperial Control in China*：*Evolution of the Palace Memorial System*，1693—1795（Cambridge：Harvard Council on East Asian Studies，1970），Chuang Chi - fa，*Qingdai zouzhe zhidu*（Taipei：Guoli gugong bowuyuan，1979）；and Beatrice S. Bartlett，"Ch' ing Palace Memorials in the Archives of the National Palace Museum，" *National Palace Museum Bulletin* 13.6（January - February 1979）. 亦参见Bartlett，*Monarchs and Ministers*. 奏折是写在高度为8—24厘米不等、长度不限的纸上，折叠成册，宽度在4—12厘米之间（标准折叠尺寸为24×12厘米）。奏折与题本在外观和格式上的最大区别或许是后者盖有衙门奏报人的印章，而前者则无，吴秀良前引书（第28—29页）以及庄吉发《清代奏折制度》（第25—26页）对此均有概述。满文jedz是汉语借词，远早于"土语"的bukdari（词根为bukdambi，"折叠"之意），乾隆时的时兴造词。满文和汉文奏折，除了所用文字不同，汉文奏折从左向右翻、满文奏折从右向左翻以外，二者在形式上没有区别。

③ 在白彬菊（Bartlett）的《清朱批奏折》（*Ch' ing Palace Memorials*）第5页有一张这种木匣的图片。

前）使得上奏人与皇帝之间互通敏感信息受到鼓励，无疑有助于被清廷迅速加以采用。[①] 构建一个覆盖面既广又具机密性的情报网络对于满族统治者尤为重要，作为异族统治者，他们对于安全事项极为关注。白彬菊（Bartlett）指出，还有一点同样重要，宫中奏折制度使得统治者能够做出某些决策而无需顾及会因此造成一个让他的决策自由权在以后可能受到限制的先例。[②] 到19世纪，朱批奏折制度几乎完全取代了常规的题本制度——这是一个具有讽刺意味的发展，因为题本原为明朝的发明，比起之前元朝遗留下来的奏本制度，题本能够提供更有效的与中央沟通的方式[③]——到了1901年题本完全停止了使用。

关于清代朱批奏折制度机密性的问题看起来得到了解决，然而这项制度的确切起源问题似乎比较棘手。如上所述，1693年李煦和曹寅的奏折长期以来一直被认为是最早的朱批奏折，因此，作为朱批奏折制度的起始，那些线索已经被仔细地分析过。由于李煦和曹寅常常在请安折内附上有关天气和粮价的消息，因此史景迁（Jonathan D. Spence）推测这个制度始于一个事后的巧合，而康熙皇帝当时即刻抓住了这类机密报告的潜在优点，下令他们继续这样做，同时警告他们："万不可与人知道。"[④] 吴秀良（Silas H. L. Wu）的推测稍有不同。像史景迁一样，在台北故宫博物院影印本出版之前（以及十年前第一历史档案馆的翻译本），吴秀良接受了1693年8月李煦的奏折是最早的朱批奏折的观点。像史景迁一样，吴秀良也提到是康熙皇帝首先想到的用"私人"信件来作为获取各省情报的一种方式。也像史景迁一样，吴秀良强调来自李煦和曹寅的这些最早的奏折不过是在请安折上偶尔附上一点地方上的最新消息而已。但吴秀良比史景迁更进了一步，他提出请安折的使用来自满洲给旗主或皇帝请安的古老做法，即在过生日或新年等喜庆的场合正式地问候健康或表示祝福。[⑤]

他这个推测存在两个问题。第一，呈递正式的书面问候这样的做法其实在旗人当中似乎不大可能很常见，因为在清早期大多数旗人都不识字。这样的做法即使到了18世纪也不常见，因为高官们往往很难写出合乎语法的满文来（也有一些人向来不屑于学习汉文）。[⑥] 因此很难想象普通旗人在17世纪早期就普遍会用满文书写。不仅如此，假如人们有写请安折的习惯，那么可以期望其中一些可能会被保留下来的，或者这个习俗会

① 宫崎市定曾提出朱批奏折制度获得推广和流行也是因其快捷（"*Shinchō ni okeru kokugo mondai no ichimen*," 清朝における国語問題の一面 *Tōhōshi ronsō* 东方史论丛 1（1947），1—56）。但是，似乎不都是这样。普通文书应在四天内处理，至少在1728年以前，它们从各省抵达京城的速度往往更快。参见 Wu，*Communication and Control*，28—32，and Bartlett，*Monarchs and Ministers*，54—55。

② 白彬菊："Ch'ing Palace Memorials，" 4.

③ 白彬菊："Ch'ing Palace Memorials，" 2—3；Sakurai Toshirō 樱井敏郎，"Mindai daisōhon seido no seiritsu to sono henyō，" 明代題奏本制度の成立とその変容 *Tōyōshi kenkyū* 东洋史研究 52.2（September 1992），1 - 29。源于京外的奏本称为本章。

④ 史景迁："*Ts'ao Yin and the K'ang-hsi Emperor: Bondservant and Master*，"（New Haven：Yale University Press，1966），225。

⑤ 吴秀良："The Memorial Systems of the Ch'ing Dynasty，" 38 - 41，*Communication and Control*，36。史景迁未提呈递请安折是满族的习俗。

⑥ 参见1780年全德（Cuwande）的例子，他对汉文的无知，使他没有能力查出抗清的激烈文字。《大清高宗纯皇帝实录》（台北：华文书局，重印本），卷1118：17b - 18a。

被注意到的。既然这些都没有，那么朱批奏折制度源于早期满族传统的想法应当放弃。[①]

另外还有人基于其他一些原因不同意吴秀良的推测。庄吉发指出："奏请安折是一项义务，不论满洲旗人，还是政府官员，不论满洲、蒙古抑或汉族。"他还指出："奏请安折是明代的惯例"，"这些文件通常是奏本的典型形式。"上奏明朝皇帝的两种形式当中，奏本更为私人化，而题本则用于奏报公务。庄吉发的分析当中最能说明问题的一点是他发现清代的奏折和明代的奏本非常相似。通过对比一些细节，如字符的高度、每行的字数、官场套语以及官印的缺少等，庄吉发令人信服地指出：明朝奏本是清朝朱批奏折的模板。他继而提出关于朱批奏折的另一个起源：朱批奏折是有意识地结合半官方的'奏本'与所谓的'折子'（即非正式的'清单'）所产生出来的。据他讲，'奏折'这个名称就是结合了'奏'与'折'的证据。他认为最早的朱批奏折是在1686年。[②]

如果找出更多的附有折子清单的请安折来作为实证，那么庄吉发的说法会更加有力；而他提供的例子都出于奏折已经得到广泛使用的时期。另外，清单（通常是名单）也很难与朱批奏折所显示出的机密类型相比拟。与此类似，在强调单纯的请安折与朱批奏折之间的区别时，庄吉发所引用的例子也是来自奏折制度发展的后期阶段，当时皇帝已经例行要求奏事人应把请安折、谢恩折和奏报重要信息的机密奏折区分开来。

这里列举的关于朱批奏折制度起源的争论并不能清楚地说明它的起源，朱批奏折究竟是像史景迁和吴秀良所说的那样，从请安折演变而来，还是像庄吉发所说的那样，它是在形式和内容上对礼仪性的奏本与含有附件的折子的两种类型的合并。朱金甫对上述两个观点都不同意，虽然他在《起居注》记载中发现的有关折子的史料看来是有利于庄吉发的观点的，他认为朱批奏折制度始于1681年，这类文件最早是在那年出现的。然而他也承认这些折子在性质上不同于后来的奏折，它们是'公开'的朝廷文件，不具备朱批奏折的机密性。[③] 关孝廉提出的起源时间就更早了，他根据《大清历朝实录》中的一段记载，认为朱批奏折在1656年就已经开始使用。那条记载是这样写的："向来科道及在京满汉各官奏折，俱先送内院，今后悉照部例，径送宫门陈奏。"[④]

然而，由于朱批的原文肯定是用的满文，所以，对于此处"奏折"一词的准确含义，我们还不大可能做出明确的结论。关孝廉认为，这个词就是指我们所知的康熙朝"朱批奏折"。他说，《实录》的译者不会随意选择所用的词汇。但是，这还不够有说服力，因为我们不能确定此处的"奏折"一词不是后来的译者的误用。而且，关孝廉关于17世纪50年代满汉官员都已经习惯于呈送朱批奏折了的说法也不具说服力，因为没

① 这也是庄吉发的结论，见《清代奏折制度》，第23页。

② 庄吉发：《清代奏折制度》，第24—33页。

③ 朱金甫：《清代奏折制度考源及其他》，《明清档案与历史研究》，第520—523页。

④ 《大清世祖章皇帝实录》（顺治朝实录），（台北：华文书局，重印本，1964年），卷102：3a（SZ13.6.7）。

有这个时期这方面的满汉文献的记载。①

二、基于满文档案对朱批奏折制度的新思考

那么朱批奏折制度到底始于何时？鉴于朱批奏折是满族的创新，那么从逻辑上来看，它是与皇帝私人通信渠道的重要扩充，不应当是从与汉族官员或满汉相混的包衣打交道开始，而应当是从与使用满文的满族官员打交道开始的。事实上，最近的研究证实了这个推测，因为在第一历史档案馆的满文档案中发现了100多件早于李煦和曹寅的朱批奏折（表8）。对这些档案进行仔细研究，我们有以下几点观察。第一，具奏者的人数极其有限。除去1689年之前的残件，重要的只有三个人：伊桑阿（Isangga）、佛伦（Foron）和傅拉塔（Fulata）。虽然可以肯定还有丢失的其他奏折，但是仍然可以得出这样的结论：早期递呈朱批奏折的特权很有可能是一个完全由满族官员组成的小精英群持有，他们只用满文书写（仅有的极少例外之一是1689年伊桑阿的双语奏折）。1693年以后，这个小圈子扩大，包括汉军旗人、包衣以及皇族子弟等其他人在内。又过了10年才允许普通的汉族官员呈递奏折。

第二，那些称为是最早的奏折的性质还存在问题。以下是一封来自内库郎中尚吉图（Sanggitu）的奏书，日期是康熙十二年十一月二十九日。我把满文译为英文如下（中译者将英译翻成中文）：

奏。

内库郎中臣尚吉图等谨奏，为奏闻事。十月初八日，太监杨撤奉旨领银鼠皮八十张。十一日，随侍幼丁纳尔泰奉旨领银四十两。十五日，太监杨撤遣太监李世玉奉旨领懋勤殿使用之铜盆一。十八日，顾太监奉上谕：著造等语，造领黄铜粗制圆转熏炉一只。二十九日，太监杨撤遣太监刘文生奉旨领肾形铜提炉一。为此恭谨奏闻。

康熙十二年十一月二十九日

银库皮库郎中臣尚吉图、郎中降一级臣马尔岱。

朱批（朱批原文是汉字，写在奏书的前面）：知道了。②

---

① 关孝廉：《再论奏折起源及其特点》，第3—4页。一般来说，庄吉发、鞠德源和朱金甫对这个有争议的谕旨的解释仍然具有说服力。见庄吉发《清代奏折制度》，第26页；鞠德源：《清代题奏文书制度》，《明清档案论文选编》（北京：档案出版社，1985年），第1004—1005页；朱金甫《清代奏折制度考源及其他》，第517—518页。根据“密封奏折”一词出现在1661年一个年谱上，杨启樵也较早提出了朱批奏折始于顺治时期这样一种看法。见其重要研究成果《雍正帝及其密折制度研究》（香港：三联书店，1985年），第156—157页。

② 第一历史档案馆藏：康熙朝满文朱批奏折机构包第26号，原本尺寸6.5×15厘米。满文原文如下：wesimburengge. dorgi ku－i icihiyara hafan amban Šanggitu sei gingguleme wesimburengge. donjibume wesimbure jalin. juwan biyai ice jakūn de. taigiyan Yang Ce. dergi hese seme. šanggiyan ulhu jakūnju gamaha. . juwan emu de. haha juse Nartai. dergi hese seme. menggun dehi yan gamaha. tofohon de. taigiyan yang ce. taigiyan li ši oi be takūrafi. dergi hese seme. mao kin diyan de baitalara teišun－i obokū emke gamaha. . juwan jakūn de. gu taigiyan. dergi hese weile seme. teišun－i teile muwašame. muhaliyan fuhešere. hiyūn lu emke weilefi gamaha. . orin uyun de. taigiyan Yang Ce. taigiyan Lio Wen Šeng be takūrafi. dergi hese seme. bosho durun－i teišun－i tilu emke gamaha. . erei jalin gingguleme donjibume wesimbuhe. . elhe taifin－i juwan juweci aniya omšon. biyai orin uyun. menggun. furdehe jurgan－i icihiyara hafan amban Šanggitu. icihiyara hafan bime. emu jergi wasimbuha amban Martai.

出版的汉文翻译稍有不同：

（朱批）知道了

内库郎中臣尚吉图等谨奏，奏为闻事。

窃照十月初八日·太监杨撤指称上谕，领银鼠皮八十张以去。十一日，男童纳两泰指称上谕，领银四十两以去。十五日，太监杨撤派太监李世玉指称上谕，领懋勤殿所用铜洗脑盆一个以去。十八日，顾太监指称上谕，制造铜粗圆转熏炉一个带去。二十九日，杨太监派太监刘文生指称上谕，领钢腰提炉一个。为此谨具奏闻。

银库皮库郎中臣尚吉图，郎中降一级大臣马尔岱。①

这份档案没有盖印章（笔者于1999年11月核实），显然不是题本。它不只是清单，因此也不是折子。而且，由于这份档案来自京官，而非省官，因此也不可能是本章。但是，仅凭版式很难断定它是奏本还是奏折。鉴于这份奏书来自内务府，那么它通过奏事处转递（这是奏本的正常流程）的机会是很少的；更有可能的是，它从未离开宫中而直接送到了皇帝的手中，在这种情况下我们有理由称其为奏折。但它的内容却一点也不像是人们预想中的奏折。我们在此看到的既不是对健康的祝愿也不是对国家机密的讨论，而是宫廷库房的更新目录：银鼠皮、银两、盥洗盆、香炉和炉子。皇帝为什么对这种似乎很寻常的信息感兴趣呢？这类报告是否要定期上交？如果是的，这又始于何时？为什么没有更多的这类报告？

人们不禁要问，如果它就是一份奏折，那么为什么尚吉图的奏折没有跟其他朱批奏折绑在一起保存（它是跟康熙朝的题本、请安折，以及乾隆朝的各种祭祀文件一并归档的）。基于这些原因，很难肯定这份特殊的文件到底属于哪一类。把它定为朱批奏折只能是试探性的，仍有待于档案中其他相似文件的发现才可以给出肯定的答案。然而，尚吉图的奏折和其他早期的奏折可以让我们确定一点，那就是直接呈递给皇帝的私人报告可能最早出自内务府，最早的八份奏折之中有四份来自内务府。从内务府开始，后来推广到政府的其他部门，如京城的官员（如大学士、尚书）和各省的官员（如总督、巡抚、驻防将军）等。所以，朱批奏折制度很可能并不是源于皇帝为了让自己了解京城以外的情况而采用的手段，而是不管皇帝在哪里，都要让他了解一切的这样一种方式。

我们在看伊桑阿的七份奏折时，这种印象还会加深。② 这七份奏折都是在1689年2月中旬至3月末康熙皇帝第二次南巡期间呈递的，说明皇帝依赖这种通信方式至少是来获得尽可能多的关于京城以内以及京城以外各省的情报。下面是这些奏报当中的第一份，日期1689年2月17日（KX28. 1. 27），它很清楚地说明了这一点：

大学士臣伊桑阿谨奏，为奏闻事。窃在京城闻得，山东省数百里之民，皆星夜前来

---

① 这个翻译出自第一历史档案馆编《康熙朝满文朱批奏折全译》（北京，1996年），第3页。有人可能对几处汉文翻译有疑问，但是这里我只指出一点。haha juse 这个词组，译为男童，显然是复数形式，但是文本中只给出一个名字（纳尔泰 Nartai）。很可能此处的 haha juse 不是文字上的意思（男孩们），而是用其特殊的意思“随侍幼丁”或“男伴童”。清初汉文档案经常把不熟悉的满文词语音译为汉文，并且当“随侍”明显是其本义时，有时会见到把这个特殊的表达写作“哈哈柱子”或“哈哈柱赛”。

② 对于伊桑阿所知甚少。正黄旗满洲人，1655年获进士，1688年之前为礼部尚书，后被任命为大学士，直至1702年卒。

迎驾。降旨蠲免山东省来年钱粮。通省之民皆闻古之尧舜为明君耳，谁曾见之？今仰蒙殊恩，得瞻天颜。沿途货物，丰于常市。喜闻皇上德超尧舜。在京官民听闻皇上之奇迹，亦莫不欢忭。今岁上元，百姓仍戏放花炮。奉旨：皇上启行之时，严察街道，以防火灾，钦此。皇太子谨遵皇父训谕复降旨，各自严防街道，无火灾、偷盗案件。为此恭谨奏闻。康熙二十八年正月二十七日，大学士臣伊桑阿。（朱批）知道了。①

皇帝从这样的奏折中或许感到可以消除疑虑、得到保证，这促使他鼓励其他官员也呈送朱批奏折，不久之后奏折的数量似乎就增加了（至少保存下来的奏折数目更多了）。山东巡抚（后川陕总督）佛伦（Foron）以及仅几年之后的总督傅拉塔（Fulata）都在第二次南巡期间就开始写朱批奏折了。李煦和后来的曹寅也是大约于此时开始呈递他们自已的特殊信件的。

尽管日期很早，但伊桑阿（Isangga）的奏折似乎不大可能就是最早的朱批奏折。原因之一，他的奏折采用的格式完全是标准化的：尺寸相同，每一折页的列数亦相同，且无官印。另外，如果伊桑阿是按照特定的谕旨亲自写奏折呈送皇上，那么我们应当在他的奏折文本中看到相关的语句，而实际却没有这样的迹象。皇帝的反应又是如何呢？伊桑阿十一份奏折中的八份全部都是简短批示“知道了。”如果这就是最早的奏折，那么人们有理由希望皇帝的批复会做更大的发挥来表达他的吃惊（“这是何种通信？”）或者赞许（“服从旨意，甚好”），或许还有更进一步的指示。仅用一个无关痛痒的词语“知道了”，这显示了满族官员与皇帝之间往来的私人奏折到了1689年已经常规化，伊桑阿的奏折只是受到“通常的”待遇。加之表面形式的规则化，这似乎在证实庄吉发的观点：朱批奏折是采用了已经用于非官方的呈递附带各种消息的请安折转变而来的。但之前的文献，如在外观上与伊桑阿的奏折非常相似的1674年尚吉图的奏折表明，这个采用过程的时间要比庄吉发所推测的还要早十年。

在这一点上，1679—1681年间皇帝与盛京将军安珠瑚（Anjuhū）之间的通信往来似乎尤为重要。引起我们关注的这组通信往来共有七份：五份谕旨和两份朱批奏折。②第一份谕旨涉及八旗的人事，日期为1679年2月15日（KX18.1.5），是连同“口传”（anggai hese）一并由皇帝的信使下达的。第二份谕旨的日期为1679年10月22日（KX18.9.18），令安珠瑚调查盛京地区金、银、铜、锡、铅等矿藏以及开矿的可能性。

---

① 原文：aliha bithei da. amban isangga – i gingguleme wesimburengge. donjibume wesimbure jalin. ging hecen de donjihangge. šandung – ni goloi ududu tanggū ba – i irgen. gemu dobori dulime jifi. ejen be okdoko. šandung – ni goloi ishun aniyai ciyanliyang be guwebuhe seme hese wasimbuha. goloi gubci irgen. gemu julge yoo šun be sain han seme donjiha dabala. we sabuha bi. te ferguwecuke kesi be aliha bime. abkai cira be bahafi hargašaha. jugūn – i unduri uncara jaka irgen – i an – i hūda ci gemu fulu baha. ejen. yoo šun ci dulekebi seme urgunjendumbi seme donjiha. ejen – i ferguwecuke yabun be. ging hecen de bisire hafan irgen donjifi inu urgunjerakūngge akū. . ere aniya hacin – i ucuri irgen an – i poo ciralakū sindame efiyehe. . dele genere de. jugūn giya be cirala. tuwa – i baita be seremše seme hese wasimbure. hūwang taidz. han ama – i tacibuha hese be dahame. geli hese wasimbure jakade. jugūn giya be teisu teisu ciralame seremšehebi. . tuwa. hūlhai baita akū. erei jalin gingguleme donjibume wesimbuhe. . elhe taifin – i orin jakūci aniya. aniya biyai orin nadan de. aliha bithei da. amban isangga. Rescript：saha. 见第一历史档案馆“康熙朝满文朱批奏折”包83，伊桑阿/内政/礼仪，康熙28.1.27. 皇上的批示写于奏折的前面。

② 这些档案都收于故宫博物院编：《宫中档康熙朝奏折》，第8册（8，9，10，11，12，14，15号）；《康熙朝满文朱批奏折全译》（9，10，11，12，14，15号）。

这封信件的用语全都强调它非同寻常的性质和保密的重要：皇帝首先注明此批复为“密谕”（*narhū？ ame wasimbuha*），如同之前安珠瑚呈递的奏折（我们没有这份奏折）没有加盖官印，所以他不能在上面批复并送回发出。他也提到当得知盛京可能有贵重的金属后，他命令盛京将军“秘密探查”（*narhūšame fujurulame*）并写信回复提出建议来。在谕旨的结尾处皇帝的用词是“特谕”（*cohome wasimbuha*）。

安珠瑚的回奏约在一个月之后，日期是1679年11月24日（KX18.10.22）。安珠瑚上奏说明这是在回复他于九月二十三日（1679年10月27日）接到下达给他的口谕，他自由地使用了同一动词“秘密”（*narhūšambi*），[①] 也强调这份奏折的机密性。由此我们了解到谕旨是由特使带到盛京的（此案笔帖式名叫法尔萨 Farsa）——说明全部通信往来都是即兴发生的。皇帝在这份奏折上没有批示，而是选择另外下一道谕旨（KX18.11.10/1679年12月12日），命安珠瑚将其所知道的矿藏情况全部告知吉林将军，当然是要秘密执行。在大约一个月以后的1680年1月18日（KX18.12.17），安珠瑚又给皇帝写了一份奏折，这次不是采矿事宜，而是关于八旗的行政管理。他首先引述几个月前接到的一道谕旨—也是口谕，也是强调机密性—安珠瑚继而说明他遵旨采取的行动，结尾是“谨此密奏”的字样。这份奏折背面有墨、朱两个批复。[②] 墨笔批示：令将奏折发回给上奏人；朱笔批示：一道谕旨将与奏折一并发回，由包衣官保（Guwamboo）之子塔布库（Tabku）带给安珠瑚，令安珠瑚“亲自拆看”（*galai neifu tuwa*）。那道谕旨的内容我们无从得知，但是我们可以肯定，这些通信继续由私人信使往返传送。

这组通信的最后几份也是谕旨。第一道谕旨（KX20.12.8/1682年1月16日）说，随着三藩之乱的平定，国家恢复和平，皇帝欲赴盛京谒陵祭祖，望安珠瑚从旁辅助：

著尔密遣副都统副都统及贤能章京等，将御路、行宫、应经之地，并自佛阿拉（Fe Ala）通往乌喇（Ula）之路，详察绘图，由同往章京内简选晓事者一员来京上奏。

皇帝接下来又说：一旦事定，他将拟旨公布。他不愿出行的消息事前泄露，“故特密谕”（*cohome umesi narhūšame hese wasimbuha*）。结尾处是私人的问候：“将军身体可好？”（*jiyanggiyūn－i beye saiyūn*）[③] 现存的最后一道皇帝写给安珠瑚的谕旨是在此两个月之后的1682年3月10日（KX21.2.2），用词也照样直率、简短而机密：

谕将军安珠瑚。尔所奏朕已逐条阅览，尔言虽是，今祭告平定云南大喜之事，不宜推迟，朕在此详议，定于二月十五启程。其余事宜，口谕奏事人毕遣之。[④]

不断地强调保密、任用私人信使、不加盖官印、快速批复，以及对安珠瑚身体健康的亲密问候关心，所有这些都表明这一通信往来是作为一个独立的、非正式交流网络部

---

① Narhū？ ambi 还有一个意思是“仔细地、详尽地做”，第一历史档案馆的翻译者一般选择此意来理解。但是根据语境（以及安珠瑚害怕人们会得到他调查的风声），这里的意思似乎可以肯定是一切都秘密地去做，而不是详细地去做。

② 很可能这两个批复当中只有一个是实际上的批复。还没听说皇帝在同一份奏折上用两种不同的颜色来批复。正如已经指出的，黑颜色只用于服丧期，此时不能用红颜色。所以，这两个批复或者是在两个场合下分别写的（一个正好在服丧期内，另一个在服丧期之外），或者朱批是皇帝写的，另有他人用墨笔写了其他的评语。在这一点上，我尤其得益于与白彬菊的讨论。

③ 转引自：《宫中档康熙朝奏折》，第8册，14号。

④ 转引自：《宫中档康熙朝奏折》，第8册，15号。

分的特征。尽管将这一早期的网络定为"制度"为期尚早，但是，此处依赖奏折作为与皇帝之间秘密传递来往信息的手段，表明朱批奏折至少在17世纪70年代的后半期就开始出现。安珠瑚的奏折在版式上与尚吉图1674年的奏折大致相似，似乎属于一个过渡的阶段，也显示了这类通信形式发展中的一些步骤。例如，在皇帝批复奏折的那部分存在着明显的犹豫，如皇帝1679年的批语中说到，由于奏折未钤印，他不能直接在奏折上进行批示，因此会另发一道谕旨。但仅仅几个月之后，皇帝就取消了繁文缛节，直接在奏折上批示——这是使得奏折私密、高效、机密的一个重要步骤，因为否则的话，谕旨一般是要由大学士草拟的。另一个线索是重复说明有皇上的口传谕旨。这都证实了朱批奏折始于内务府的说法，但也特别表明了这个起源不仅包括非正式的书面报告，而且包括口传，由于这些谕旨命令是如此机密，以至于它们的传递宁愿通过可信赖的传递人的记忆而非通过纸张。

如果内务府的事务近在咫尺，而且也符合康熙皇帝喜欢直接行动的心愿，那么绕过这些正式的通信传递渠道可能不会被视为严重的违规。同时，这些内部捷径大体上很适于对官僚机构保密，但大规模的口头网络的缺乏效率无疑地也很快显现出来。甚至最机密的情报在某些时候也必须要写下来，因为假如这条情报非常详细，而传递人的记忆力并非总是那么可靠。这就解释了为什么我们看到口谕在康熙后期没有广泛使用，为什么书面密信亦即奏折逐渐取代了口谕，最终成为全国范围传递机密情报的最佳渠道选择。

当然，即使这些早期的档案也不能最终解决朱批奏折制度创立的确切时间的问题。很可能根本就没有确切的日期。但是，直到在发现早于1693年的汉文朱批奏折以前，最明智的推测是，递送奏折的习惯始于17世纪70—80年代，当时奏折使用的语言是满文，一开始只是在皇帝的少数亲信当中，逐渐得以发展。[①] 至17世纪90年代早期，奏折的实用性一旦得到认可，更多的官员（主要仍是满族官员）开始呈递奏折，朱批奏折网络稳定地得以常规化和规范化了。最初的演变到了1722年发布的谕旨抵达高峰，雍止皇帝卜令官员们必须在年终将其持有的所有带有朱批的奏折归还到宫中。至此，才能说朱批奏折真正形成了"制度"。[②] 康熙皇帝没有要求归还奏折，这就很好地说明了在那时朱批奏折仍被视为一种非正式的交换机密情报的工具，在那时仍未被视为属于政府公务交流的正常通道。这也是康熙时期的许多满文的和汉文的奏折都遭到遗失的原因之一，造成我们想要了解其起源的努力更加艰难。

结　语

清史的研究在传统的汉学中勉强被当作其中的一个专业领域。清史研究的显著发展很大程度上是在20世纪后半叶，不仅依靠学者们的开创性研究，如王锺翰教授，而且也由于有了大量出版的汉文资料（影印和排印）可以利用。台湾大约从1970年、北京

① 这也曾是关孝廉1994年的结论。《清康熙朝满文朱批奏折刍议》，第90页。但是，他在1995年发表的《再论奏折起源及其特点》一文中将其观点修订为始于1656年。这个时间我以为过早，原因如上所述。

② 杨启樵持相同观点，参见《雍正帝》，第158页。1722年12月29日的谕旨颁布于雍正帝登基后两周，见杨启樵《雍正帝》，第162页，以及关孝廉《再论奏折起源及其特点》，第10页。

大约从 1980 年开始将越来越多未出版的档案对外开放，进一步促进了清史的研究。在此过程中，档案改变了许多史学家工作和思考的方式。没有什么比对待满文文献的态度更加明显的了。档案的开放曾被认为只与入关前的研究有关，现在已经很清楚满文材料对整个清代的学术研究是多么重要。以前人们相信满文文献不过是对已经成文的汉文资料的复制，现在我们知道了满文档案占现存清代档案总数的 15%—20% 之多，是对汉文档案的重要补充，尤其是 17—18 世纪。本文试图说明，如果不仔细利用满文资料，那么就不可能理解清代早期的制度创新过程。

尚吉图、安珠瑚和伊桑阿的奏折揭示了朱批奏折制度发展的最初阶段，就是上述原则的一个很好的例证。朱批奏折的出现不仅远早于先前人们所推测的时间，而且其起源也另有原因，即让皇帝能随时了解宫廷和都城的发展情况，最开始使用的人是满族官员而非包衣。而也有与先前的推测相同的一点，那就是朱批奏折制度最初似乎很可能源于与内务府的通信。对满文档案尤其是内务府满文档案进行更深入的研究，可能会发现更多的证据来支持这一结论，也会进一步证明利用满文资料在清史研究中的益处。

（顾松洁　译）

清代的京控与叩阍

柏　桦（南开大学）

越诉是越级控诉，它不同于上控和直诉，更不同于申诉。按照现代法律，申诉是指“诉讼当事人或其他有关公民对已发生法律效力的判决或裁定不服时，依法向法院或检察机关提出重新处理的要求。亦指国家机关工作人员或政党、社团成员对所受处分不服时，向原机关（组织）或上级机关（组织）提出自己的意见”①。在古代则是向上级或上属机关申述情由，“今冤民仰希申诉，而令长以神自畜（难见如神也），百姓废农桑而趋府廷者，相续道路，非朝餔不得通，非意气不得见”②，是指向县令长申述情由。隋代“有枉屈县不理者，令以次经郡及州，至省仍不理，乃诣阙申诉。有所未惬，听挝登闻鼓，有司录状奏之”③。则属于向上属机关申述情由，与上控意义相同。因此弄清上控和直诉的概念，有利于对清代诉讼制度的理解。

一、上　控

现代法学意义上的上诉是指“诉请上级法院复审下级法院判决，或者要求法院复审行政机关的命令”④。上诉的典型特点就是审判等级制，在等级制的基础上，由当事人提出的一种意思自治来引领案件继续进行。传统中国法律没有现代法学的审级概念，而且案件审理程序并不能由当事人主导或决定，因此，不存在现代法学意义上的上诉，但是，在不同级别审理的过程中，当事人如不满审理或判决结果，可以向上控诉，称之为上控。因此，本文中使用上控的概念，以避免与现代法学中上诉概念的混同。

中国早在西周时期就已经建立了相应的上控制度，并根据里程的远近确定了明确的上控期限：“凡士之治有期日，国中一旬，郊二旬，野三旬，都三月，邦国期（一年），期内之治听，期外不听”。郑玄注曰：“在期内者听，期外者不听，若今时徒论决满三月不得乞鞫。”（《周礼·秋官·朝士》）由此可知，上控在汉代被称为“乞鞫”。“乞鞫”是否到上一级，在先秦两汉的史料中，还不能明确反映，“至于重审机构是原审判机构还是上一级审判机关，抑或是中央最高审级，尚难见明确的法律规定”⑤。

魏晋南北朝上控制度在不断完善过程中，既有因循，又有草创，至隋唐始为定制。隋文帝诏令云：“有枉屈县不理者，令以次经郡及州，至省仍不理，乃诣阙申诉。有所

---

① 编委会：《汉语大词典》，汉语大词典出版社，1991年，第7册第1295页。

② ［南朝］范晔：《后汉书》卷49《王符传》，中华书局点校本，1965年，第1640页。

③ ［唐］魏征等：《隋书》卷25《刑法志》，中华书局点校本，1973年，第712页。

④ 编审委员会：《简明大不列颠百科全书》，中国大百科全书出版社，1985年，第7册第101页。

⑤ 李交发著：《中国诉讼法史》，中国检察出版社，2001年，第185页。

未惬，听挝登闻鼓，有司录状奏之”①，明确规定上控必须逐级进行。唐代规定的上控程序是：“凡有冤滞不申，欲诉理者，先由本司本贯，或路远而踬碍者，随近官司断决之。即不伏，当请给不理状，至尚书省，左右丞为申详之。又不伏，复给不理状，经三司陈诉。又不服者，上表。受者又不达，听挝登闻鼓”②。这种制度为宋代所承袭，并放宽上控的时限，最宽时曾经5年，少亦半年，一般是3年，反映出掌有最终裁判权，具有“以敕代律”的特点。元代的上控除因循前代之外，对上控的程序规定更加严格，“诸陈诉有理，路府州县不行，诉之省部台院，省部台院不行，经乘舆诉之。未诉省部台院，辄经乘舆诉者，罪之”③。上控要求逐级，而不允许越级，乃至于直控。

明清两代是上控制度规定的较为完备时期，其上控程序有了一些变化，不但明确了上下的审理级别，还规定了上控的时限，并且根据上控案件情节轻重不同来确定受理机关。据《清史稿》记载：“凡审级，直省以州县正印官为初审。不服，控府、控道、控司、控院，越诉者笞。”④ 严格规定必须逐级（县、府、道、司、院）上控而不允许越诉。上控人必须在状内将控过的衙门、审过的情节开列明白，上级司法机关才能受理。对于上控案件，上级审判机关既可以提审，也可以发回原初审衙门重审，或转委所属其他州县审理。其规定的上控程序虽然详细具体，但实践中，上控案件往往发回原审判衙门审理，上控的真正意义则很难体现出来。

上控时，上控人必须于状内将控过衙门审过情形叙述明白。因此，上控案件的处理，上司衙门应该分别情形处理，通常有下列两种情形：

第一，应有诉讼未经本管官吏陈告，及诉讼虽陈告，但未结案者，是不允许上控的。如《大清律例·刑律·诉讼·告状不受理》条规定：“若各部院、督抚、监察御史、按察使，及分司巡历去处，应有词讼，未经本管官司陈告，及［虽陈告而］本宗公事未结绝者，并听［部院等官］置簿立限，发当该官司追问，取具归结缘由勾销。若有迟错，［而部院等官］不即举行改正者，与当该官吏同罪。［轻者，依官文书稽程十日以上，吏典笞四十。重者，依不与果决，以致耽误公事者，杖八十。］”也就是说，要先经本管官司审理，如果没有审理就上控，还是要发回本管官司审理，因为置簿立限，等于是接受了上控，因此部院等官已经有了监督本管官司审理的责任，而本管官司审理也要承担迟错的责任。《大清律例·刑律·断狱·辨明冤枉》条附例规定：“若命盗等案尚未成招，寻常案件尚无堂断，而上控呈词内又无抑勒画供，滥行羁押，及延不讯结，并书吏诈赃舞弊各等情，应即照本宗公事未结绝者发当该官司追问律，仍令原问官审理。该管上司，仍照例取具归结缘由勾销”。按照清代法律规定，上控不应该控告己事，所以凡是不涉及官吏作弊，依然发回本管官司审理，如果有官吏作弊，接到上控的长官就要审理了。

第二，已经在本管官吏那里陈告，本管官吏不为受理，以及本宗公事已经裁决，当事人认为理断不当，而称诉冤枉者。《大清律例·刑律·诉讼·告状不受理》条规定：

---

① ［唐］魏征等：《隋书》卷25《刑法志》，中华书局点校本，1973年，第712页。

② ［唐］玄宗御撰：《唐六典》卷6《刑部》，扫叶山房本，该卷第14页。

③ ［明］宋濂等：《元史》卷105《刑法志四》，中华书局点校本，1976年，第2671—2672页。

④ 赵尔巽等撰：《清史稿》卷144《刑法志三》，中华书局，1977年点校本，第4211页。

“其已经本管官司陈告，不为受理，及本宗公事已绝，理断不当称诉冤枉者，各［部院等］衙门即便勾问。若推故不受理，及转委有司，或仍发原问官司收问者，依告将不受理律论罪”。此种情形，则督、抚、司、道、府、州应亲行审办或发交下级衙门审办。

依照《大清律例·刑律·断狱·辨明冤枉》条附例规定：凡是事关重大，案涉疑难，应行提审要件，或奉旨发交审办，以及民人控告官员营私枉法滥刑毙命各案。如在督抚处具控，各省督抚，俱令率同司道等亲行研审。如在司道处具控，司道等官应亲提审办，与在督抚处具控同。其余上控之件，讯系原问各官，业经定案，或案虽未定，而有抑勒画供，滥行羁押，及延不讯结，并书役诈赃舞弊情事。也就是说，有官吏舞弊情节者，其审理程序是：（1）如在督抚处具控，即发交司道审办；或距省较远，即发交该管处巡道审办。（2）如在司道处具控，即分别发交本属知府，或邻近府州县审办。（3）如在府州处具控，即由该府州亲提审办。（4）概不复交原问官，并会同原问官办理。（5）审明后，按其罪名系例应招解者，仍照旧招解；系例不招解者，即由委审之员详结。（6）其有委审之后，复经上控者，即令各上司衙门亲提研鞫，不得复行委审。

在这里涉及如何区别上控与越诉的问题。陈宏谋认为：“赴上控告者，查系原未在县控告，即系越控，或予责处，或批赴县具告”[①]。也就是说，凡是没有在县提出诉讼者，来到上司衙门告状，都算是越诉。“已告而未审者，上司察核月报册内，如捏造已结，立即指名行提县承究处”。对于这种情况，虽然有越诉之罪，但要发回所属州县追究责任。“至于已审断结之事，如所告情事已无可疑，即可指明批驳不准；如尚有可疑，未甚平允，止仰某县送卷查阅”。这种情况可以定为上控，具体处理则因人而异，陈宏谋提出批驳或送回所属州县办理，是希望能够层层责成，以为这样便可以“官无滥准批查之烦，民难施呈捏词翻告之计矣”[②]。

二、直诉（叩阍）

直诉是中国古代法律规定中的一项特殊的诉讼制度，即某些案情重大、冤抑莫伸及本地司法审判不受理者，可以打破审理级别的限制，直接向皇帝、钦差直接控诉。直诉和越诉不是同一个概念，可以说广义的越诉概念包括直诉，但律例里的“越诉”概念则是狭义的，违法的，因为它打破了逐级审理的制度。直诉是允许的，按照允许直诉的规定进行直诉，如果属实，是无罪的。因为其包含该审判等级不便受理或不能受理以及不受理的因素，在某些程度上，还有统治者督察官吏，打击不法行为等政治原因。狭义的越诉则不包括直诉，因为越诉有罪，是对逐级审理制度的破坏。不过，直诉不实与不该直诉事件而直诉，也是有罪的，比附多依照越诉罪处置。因此在研究清代诉讼问题时，无论如何也不能够回避直诉问题。

---

① 陈宏谋（1696—1771），字汝咨，广西临桂人，雍正元年［1723］恩科进士，历官布政使、巡抚、总督、吏部尚书、工部尚书、协办大学士、东阁大学士，其著《五种遗规》，多是辑录前贤笔记书札而成，也反映他的看法。

② ［清］徐栋辑：《牧令书》卷18《刑名中》引陈宏谋《越告》，载《官箴书集成》，黄山书社，1995年，第7册第405页。

一般认为直诉起源于“欲谏之鼓”、“诽谤之木”、“司过之士”、“戒慎之鞀”以及肺石、路鼓、登闻鼓等。

唐时在东、西两京王城门外置有赤石，名曰“肺石”；亦有登闻鼓，凡老幼不能挝登闻鼓者，则可立于肺石之上。立于肺石诉者由左监门卫负责奏闻，这可能是古代传说对唐代制度的影响。宋代时还有人见过“长安故宫阙前有唐肺石尚在，其制如佛寺所击响石而甚大，可长八九尺，形如垂肺，亦有款志，但漫剥不可读”①。这些款志是否写明在什么情况下可以立肺石，抑或是有明确的规定，现在已经难以得知。北京故宫及前门前的石狮子，也有肺石的寓意，故清人诣阙告状，常常有拍打“长安门内石狮鸣冤”，或“打正阳门外石狮”，但此时的石狮已经不是诉冤的肺石，拍打者要照损坏御桥例治罪。

挝登闻鼓。登闻鼓源于“建路鼓于大寝之门外，而掌其政，以待达穷者与遽令，闻鼓声，则速逆御仆与御庶子”（《周礼·夏官·太仆》）。郑玄注：“穷谓穷冤，失职则来击此鼓以达于王者。今时上变事击鼓矣。遽，传也。若今时驿马军书当急问者，亦击此鼓，令闻此鼓声，则速逆御仆与御庶子也，太仆主令二官，使速逆穷遽者”。可见这是建在宫殿门外便于投诉的鼓，还有专人看管。晋武帝年间，始悬鼓于朝堂和都城内，百姓可以击鼓鸣冤，有司闻而上奏，自此以后，登闻鼓遂成为历代直诉的一种重要方式。登闻鼓制度一直沿袭到清代，不过登闻鼓是设在通政使司门前，挝鼓的限制愈加严格。如顺治十七年（1660）颁布《木榜条例》，是针对当时“刁风日炽”，常常有人“持刀抹项”，因此要求对于这类人，“本人按法究惩，其妻子流尚阳堡”。之后附有5条例：一是状内事情，必关军国重务，大贪大恶，奇冤异惨，方许击鼓。户婚田土斗殴等细事及未经告理与已经告理尚未结案，则不允许击鼓，否则，除不受理之外，还要重责三十板，而职官、举人、监生、生员等按有关规定折赎责治。二是关于无赖棍徒妄行直诉，有“希图报复”、“劈鼓抹项”、“持刀诈害”等行为者，定性为“无赖刁徒”，对这类人，“除原状不准外，将本人送刑部责四十板，照例于长安门外枷一月示众”。三是针对被革被降职官直诉进行限制，同时对民人假托条陈直诉进行规定。四是对告鼓状进行规范，要求必开明情节，不许粘列款单，而状后必须写明代书人姓名，否则均不与准受理。五是民间冤抑，必亲身赴告，如果本身被羁押，其直系亲属可以抱告，如果不是直

① ［宋］沈括：《梦溪笔谈》卷19《器用》，岳麓书社，2002年，第138页。

系亲属，则视为“奸人”，要按照光棍例治罪①。

因为《木榜条例》的治罪严厉，也有不便执行之处，更何况登闻鼓衙门只是接受诉状，有讯取口供之责，而无实施处罚之权。所以在康熙七年（1668）申明：“以后内外官民，果有冤抑事情，著照例于通政使司登闻鼓衙门告理，叩阍之例，永行停止。”②这段话前面的“照例”，就是按照则例规定，后面的“叩阍之例”则是指《木榜条例》，而该条例后来曾经刻为石牌。

康熙十一年（1672），还对官员去登闻鼓厅击鼓直诉做出特殊限制，即凡官员向通政使提起鼓状，审无冤枉者，罚俸六个月，若再称冤具告，降一级调用；若已经革职之官虚称冤枉诉状，交刑部议罚查办③。这种直诉如果不关军国重务，已经具有犯罪的性质。

迎车驾，也称为邀车驾，是皇帝出巡时，于车驾行处申诉。《大清律例·兵律·宫卫·冲突仪仗》条规定：“若有申诉冤抑者，止许于仗外俯伏以听。若冲入仪仗内，而所诉事不实者，绞。[系杂犯，准徒五年。] 得实者，免罪。”而条例规定：“圣驾出郊，冲突仪仗，妄行奏诉者，追究主使教唆捏写本状之人，俱问罪，各杖一百，发近边充军。所奏情词，不分虚实，立案不行。”要求提交诉状人远离皇帝的仪仗队，跪在护卫能够看到的地方，将状纸举过头顶，口呼“冤枉”，护卫接过状纸，在适当的机会交与皇帝，而告状人则要交该地衙门受杖罚并关押，等待皇帝批示处理。律内规定伏在边上喊冤是可以的，但要看所诉是否属实，而条例是加重处罚，不分虚实，也就除去皇帝必须审理所告御状的义务。比如康熙帝南巡到达宿迁，“夹道叩阍者甚众”，康熙帝不是没有听见，但他嘱咐身边的侍卫说：“此断不可收览。民人果有冤抑，地方督抚等官尽可申诉。今因朕巡幸，纷纭控告，不过希图幸准，快其私怨，一经发审，其中事理未必皆实。地方官奉为钦件，转转驳讯，则被告与原告皆致拖累，以小忿而破身家，后悔无

---

① [清] 官修：光绪《大清会典事例》卷1042《通政使司》，台北新文丰出版公司据光绪二十五年原刻本影印，第17497页载：顺治十七年谕刑部：民间果有冤抑，自当据实呈告，以求伸理。乃近来刁风日炽，常有持刀抹项，故为情急，以图幸准，深为可恶。以后再有此等，除所告不与准理，本人按法究惩，其妻子流尚阳堡。尔部即遵谕传饬。

凡状内事情，必关系军国重务，大贪大恶，奇冤异惨，方许击鼓。其户婚田土斗殴等细事，及在内未经该衙门告理，在外未经督抚按三处告理，与已经告理尚未结案者，均不准封进，仍重责三十板。如系职官，送刑部折赎。举人送礼部、监生送国子监、生员送顺天府责治。

凡登闻之设，原以伸辨冤枉，近有无赖棍徒，本无冤枉，或希图报复，或受主使，劈鼓抹项，持刀诈害者，明系无赖刁徒。嗣后如有此等，除原状不准外，将本人送刑部责四十板，照例于长安门外枷一月示众。

凡设鼓原恐民间受屈于贪官污吏，及官民被陷重罪，冤枉无伸，俾得直达天听。近见辩复官职者，纷纷见告，事多虚罔，不惟长嚣陵之风，且原非国家设鼓之初意也。嗣后凡官员被革被降者，既系职官，均应赴通政使司具奏，庶蝇营之徒，不致日集都门，觊仕宦之捷径矣。至于奸民假托条陈，希图幸进，尤可痛恨，并应严禁。

凡告鼓状，必明白开具情节，不许黏列款单。如列款单，不与准理。状后仍书代书人姓名，如不书代书人姓名，亦不与准理。

凡民间冤抑，必亲身赴告，果本身羁禁，亦应的亲正身，确具籍贯、年貌保结，方准抱告，违者不准。其有奸徒代人击鼓挟骗者，即令直鼓官即时拿送五城，严讯的实，照光棍例治罪。

② 《清圣祖实录》卷25，康熙七年三月辛酉条。

③ 《吏部处分例·呈辩》：“处分官员，控告注考官受贿侵勒者，将所告不准行，有冠带者革职，无冠带者交刑部议罪。如止呈辩本身冤抑，将所告亦不准行，有冠带者，初次罚俸九月，复控降二级调用。其控告通政使司鼓厅者，初次罚俸六月，复控降一级调用，无冠带者交刑部议罪”。

及矣”。以他的观点，皇帝收受御状，实际上破坏现行的司法体制，应该以德化民，无讼才是统治者的追求，“若以多讼为喜，开争竞之风，俗疲民困，皆由于此”①。由此可见，君主对待迎车驾、告御状的态度之一斑。

历代直诉的形式很多，有些为清代所因循，有些则加以禁止，而随着社会经济的发展，还出现新的直诉形式。

如诣阙上书，是汉代的直诉制度，百姓蒙受冤狱可直接上书中央司法机关申冤。汉文帝时缇萦上书诉父冤，终于得到昭雪一事便是显例。据《汉书》卷30《艺文志》载，“吏民上书，字或不正，辄举劾”，则可见这一时期的直诉也不是任何人都可以使用的。杜延年以给事中辅佐大将军霍光处理刑罚事务，“吏民上书言便宜，有异，辄下延年平处复奏。言可官试者，至为县令，或丞相、御史除用，满岁以状闻，或抵其罪法，常与两府及廷尉分章”。颜师古认为：“抵，至也。言事之人有奸妄者，则致之于罪法”②。可见上书不但要严查格式，如果有虚妄，还要处以刑罚。此外还有公车上书及上封事，也是统治者采取的临时措施，并非定制。清代臣民也可以上书陈言，如果想通过上书陈言而达到个人目的，也有刑罚处置，《大清律例·礼律·仪制·上书陈言》规定：

凡国家政令得失，军民利病，一切兴利除害之事，并从六部官面奏区处，及科道、督抚各陈所见，直言无隐。

若内外大小官员，但有本衙门不便事件，许令明白条陈，合题奏之。本管官实封进呈，取自上裁。若知而不言，苟延岁月者，在内从科道，在外从督抚纠察［犯者，以事应奏不奏论］。

其陈言事理，并要直言简易，每事各开前件，不许虚饰繁文。

若纵横之徒，假以上书，巧言令色，希求进用者，杖一百。

若称诉冤枉，于军民官司，借用印信封皮入递者，及借与者，皆斩［杂犯］。

除此之外，在条例里还规定：“不许虚文泛言”违者治罪，生员不准上书陈言，犯罪官民不许上书陈言，以至于在事例里还规定末职下僚不许上书陈言，这样一般百姓更没有资格上书陈言了。

再有武则天创建的投匦状。垂拱二年（686），“有鱼保宗者，上书请置匦以受四方之书，乃铸铜匦四，涂以方色，列于朝堂：青匦曰‘延恩’，在东，告养人劝农之事者投之。丹匦曰‘招谏’，在南，论时政得失者投之。白匦曰‘申冤’，在西，陈抑屈者投之。黑匦曰‘通玄’，在北，告天文、秘谋者投之”③。此种方式盛开告密之门，并伴随着使用酷吏以坏法，最终以破坏现有的法制为代价，但有唐一代没有废除。清代虽然没有这种理匦使的设置，但类似的制度却经常为地方官所采用，如自封投柜，在县衙门的院落里摆上几只特制的木柜，柜门用封条封上，顶部开有一个小孔，“纳户自封袋口，柜吏于银袋上填明某图里某人，完纳某项某限银若干，某年月日某字第几号，收役某人。随照式登记流水收簿，眼同纳户穿连入柜，随填串票，付纳户收执”④。这是用于

① 《清圣祖实录》卷117，康熙二十三年冬十月辛亥条。

② ［东汉］班固：《汉书》卷60《杜周传附子延年传》，中华书局点校本，1962年，第2664页。

③ ［宋］欧阳修等：《新唐书》卷47《百官志二》，中华书局点校本，1975年，第1206页。

④ ［清］黄六鸿：《福惠全书》卷6《钱谷部·催征》，康熙三十八年（1699）种书堂刊本。

收税，为的是不让经手人从中牟利。依据这种道理，有些部门长官也设立这样的柜子，许下属与庶民揭发检举不法事。如户部衙门“有人在大堂供奉斋戒牌案上，庋置包封事件，该部堂官即将原封进呈”①。再如清初福建巡按御史李少文（字嗣京），针对所属衙蠹、土豪把持衙门，所以发下牌票，要各州县“即便密加体访，将见役蠹恶，开具事实，星速揭报”②。这些庋置、柜子的设置，犹如现代的揭发箱、检举箱之类，王朝虽然没有明确规定，但使用相当普遍，也为皇帝所赞许。

还有封章密奏制，即控告人将所写诉状采用奏章的形式封口后，奏闻皇帝。按照不同的处理方式，可区分为直接封奏与间接封奏。前者是由控告人将奏章密封后径直上呈报告给皇帝，完全避开其他机构或人员的开封启阅，以达到完全保密的目的。这种方式更多地运用在弹劾官吏的不当行为以及渎职违法犯罪，甚至于谋逆行径。而后一种方式，则必须由有关官员代为呈奏，不能由上奏章者直接上呈皇帝，清律规定只有五品以上的地方督抚、司、道官和朝内九卿、台谏官，方可采用此种方式奏报，而一般的官吏及平民百姓，则是绝对不允许采用的，否则，即便其所告属实，对他本人仍要“照冲突仪仗律拟断”。二者虽然在封好诉状和呈递皇帝方面是相通的，但在适用的范围及其程序上则有着明显的区别。嘉庆四年（1799），为了“广开言路”，嘉庆帝“曾有封章言事，即以原封呈览之旨。原以在官而言，防壅蔽而达民隐，非谓民间寻常讼狱，及无稽浮言，皆可直达朕前也”。但他没有想到因此产生弊端，以致“人情险诈万端，于琐屑讼案，不向该管官吏控诉，辄匿名告讦，以期封章上闻。甚至将呈词封固投递，挟制接受官员不敢拆阅，原封入奏”。许多人蔑视官府，动辄以“封章”要挟，“实为刁诈之尤”，“情节尤为可恶”，便勒定新例加以制止，即便是所告得实，也要“照冲突仪仗妄行奏诉例加一等，发边远充军”③。如果所控虚诬，则必死无疑，“封章”制度也就淡出直诉的行列。

此外还有密折制度。杨启樵曾经对清代密折制度的效用归纳为：“一、官员间相互牵制，彼此监视。二、督抚等大员不能擅权。三、人人存戒心，不敢妄为，恐暗中被检举。四、露章有所瞻顾，不敢直言，密折无此顾虑。五、有所兴革，君臣间预先私下协议，不率尔具题，有缓冲余地。六、以朱批为教育工具，藉此训诲，开导臣工。七、臣工得朱批之鼓励，益自激励上进。八、人材之登进、陟黜，藉密折预作安排。九、自奏折中见臣工之居心制作。十、广耳目，周见闻，洞悉庶务”④。因为密折带有一定的机密性，有资格上密折都是皇帝特许的部院大臣、九卿、科道和各省藩臬、总兵以上者，因此有清一代的不少大案要案，就是通过密折而加以立案审理的。这种密折虽然不应该属于直诉范畴，但也有直诉的内涵，因为其更有利于皇帝掌控全国的司法审判事务。

另外清代对于叩阍的定义是：“其投厅击鼓，或乘舆出郊，迎驾申诉者，名曰叩阍”⑤。叩阍是有严格限制的，只有出现“有机密重事或有重大冤抑，本管官不为受理

① 《清仁宗实录》卷46，嘉庆四年六月戊子朔条。

② ［清］李渔：《资治新书初集》，浙江古籍出版社，1990年，第45页。

③ 《清仁宗实录》卷263，嘉庆十七年十一月壬申条。

④ 杨启樵：《雍正帝及其密折制度研究》，香港三联书店，1981年，第179页。

⑤ 赵尔巽等撰：《清史稿》卷144《刑法志三》，中华书局，1977年点校本，第4211页。

者”；“其事干碍州县本官，不便控告者”；“词状经州县官无故不受理者”① 等特殊情况，才允许采用此种直诉方式。

总之，清代在承袭以前各代的直诉制度之后，又有所创新。到了近代，由于报纸、杂志及电报的出现，利用这些以达到直诉目的，最终影响到案件裁决的事例逐渐增加，既扩大了直诉的内涵，也使更多的人知情，舆论监督的效用逐渐显现。

三、京　控

清代关于京控的定义是：“其有冤抑赴都察院、通政司或步军统领衙门呈诉者，名曰京控”②。当代的研究将之与叩阍并列，甚至讲：“叩阍，又称京控，俗称告御状”③。不但将京控纳入直诉来论述，而且不加区别，其误解是明显的。因为《清史稿》已经将叩阍与京控分别定义，如果仔细分析，就可以发现二者有本质上的区别。

首先，叩阍是直接告到皇帝之处，无论是邀车驾、登闻鼓、上封章，还是建言、密奏，都是要直达最高统治者。京控则是要经过司法程序，经过有关部门审理以后再“奏闻请旨查办”，不是直接告到皇帝，也就不在直诉范围内，当然也不能够称之为叩阍或告御状。

其次，诉讼方式不同。“叩阍奏牍，果系奇冤异枉，曾经督抚问理失实，通政使司、都察院扶同蒙蔽者，当与申雪”④。从这里可以看出，叩阍是直诉到皇帝，而接受京控的通政使司、都察院，乃是一个程序，所以有“直隶各省，民有冤抑，许赴原问衙门及部院等控告。如不准行，方许叩阍”的规定⑤。按照乾隆三十四年（1769）议准的事例：“外省民人赴京控诉事件，如州县判断不公，曾赴该管上司暨督抚衙门控告，仍不准理，或批断失当，及虽未经在督抚衙门控告有案而所控案情重大，事属有据者，刑部都察院等衙门，核其情节，奏闻请旨查办。其命盗等案，事关罪名出入者，即将呈内事理行知各该管督抚秉公查审，分别题咨报部。如地方官审断有案，即提案核夺，或奏或咨，分别办理。若审系刁民希图陷害、捍词妄控、报复私仇，即按律治罪。其仅止户婚田土细事，则将原呈发还，听其在地方官衙门审理”⑥。可见京控案件须经督抚以下各级衙门控告，各衙门或不受理，或审理不公，当事人可以赴京控诉。“如未经在籍地方及该上司先行具控，或现在审办未经结案，遽行来京控告者，交刑部讯问，先治以越诉之罪”⑦。显然这是一个司法程序，应该属于上控性质，而不是直诉。

再次，京控案件要由都察院、步军统领衙门接收呈词。因此每年由都察院会同步军

① 张伟仁：《清代法制研究》，台北 中央研究院历史语言研究所，专刊之七十六，1983 年，第 306 页。

② 赵尔巽等撰：《清史稿》卷 144《刑法志三》，中华书局，1977 年点校本，第 4211 页。

③ 张晋藩主编：《清朝法制史》，中华书局，1998 年，第 602 页。

④ 《清世祖实录》卷 85，顺治十一年秋七月庚戌条。

⑤ 《清圣祖实录》卷 11，康熙三年三月庚午条。

⑥ ［清］官修：光绪《大清会典事例》卷 1013《都察院·宪纲·陈奏》，台北新文丰出版公司据光绪二十五年原刻本影印，第 17218 页。

⑦ ［清］官修：光绪《大清会典事例》卷 815《刑部·刑律·诉讼·越诉》，台北新文丰出版公司据光绪二十五年原刻本影印，第 15326 页。

统领衙门，“两次将咨交未结各案，汇开清单奏催”。光绪九年（1883），鉴于仅步军统领衙门“每两月将京控咨交数目具奏”，“其都察院京控之案，并不知照刑部”，因此议准：“都察院及步军统领衙门每年接收京控之案，无论奏咨交审，均一律开单咨部，以凭稽核”[①]。显然接受京控以后，要咨刑部与上奏皇帝。正因为如此，容易造成京控与叩阍的混淆，更何况有些皇帝本着“凡有赴京控告者，无不钦派大臣前往审办”的态度，虽然这些钦差“间有骚扰之事，亦不肯因噎废食，不行派遣，致小民含冤莫愬也”[②]。所以许多学者将京控与叩阍等同，甚至根本不加区别，但毕竟二者存在很大的差异。

此外，京控与叩阍案件在处理程序上存在差异。除了上述讲到京控案件派遣钦差大臣前往审理之外，按照程序，有“该衙门有具折奏闻者，有咨回各省督抚审办者，亦有径行驳斥者”[③]。而叩阍则不同，如嘉庆帝出巡盛京，“跸途往返，旗民人等在道旁叩阍呈诉者，不一而足。当交军机大臣会同行在刑部，审讯录供具奏”[④]。显然处理程序也不同，因此不能够将京控与叩阍等同来论。

最后，京控与叩阍的刑罚处置不同。以投递封章而言，《大清律例·刑律·诉讼·越诉》条例规定：“军民人等控诉事件，俱令向该管官露呈投递，倘敢呈递封章挟制入奏，无论本人及受雇代递者，接收官员一面将原封进呈，一面将该犯锁交刑部收禁”。薛允升认为：“此条诬控之罪轻，呈递封章之罪重，故所告得实，亦拟军罪”，也就是“不准呈递之意，接收官员一概驳回可也”[⑤]。另外，条例还规定：“擅入午门、长安等门内叫诉冤枉，奉旨勘问得实者，枷号一个月，满日，杖一百。若涉虚者，杖一百，发边远地方充军。其临时奉旨止拿犯人治罪者，所诉情词，不分虚实，立案不行，仍将本犯枷号一个月发落”。“凡跪午门、长安等门，及打长安门内石狮鸣冤者，俱照擅入禁门诉冤例治罪。若打正阳门外石狮者，照损坏御桥例治罪”。而假以谏言为名，突入鼓厅，妄行击鼓等，都是比附其他的罪名处罚，并没有按照越诉处置。京控则不同，《大清律例·刑律·诉讼·越诉》条例规定外省民人赴京控诉案，如果“仅止户婚田土细事，则将原呈发还，听其在地方官衙门告理，仍治以越诉之罪”。军民人等“如未经在本籍地方及该上司先行具控，或现在审办未经结案，遽行来京控告者，交刑部讯明，先治以越诉之罪”。显然是按照越诉罪来处置，即便是可以比附其他罪名，也是因为在京控过程中有过激的行为。

总之，清代律例允许京控，在一定程度上给予百姓申诉的途径，而民告官的胜诉，更加激起百姓京控的热情，也使各级司法官吏知有所畏，不敢过分地胡作非为，起到缓和社会矛盾，维护社会秩序稳定的效用。然而，统治者对于京控的偏见，以及官吏们的

---

① ［清］官修：光绪《大清会典事例》卷815《刑部·吏律·公式·照刷文卷》，台北新文丰出版公司据光绪二十五年原刻本影印，第14715—14716页。

② 《清高宗实录》卷1368，乾隆五十五年十二月庚申条。

③ ［清］官修：光绪《大清会典事例》卷815《刑部·吏律·公式·事应奏不奏》，台北新文丰出版公司据光绪二十五年原刻本影印，第14704页。

④ 《清仁宗实录》卷150，嘉庆十年九月己未条。

⑤ ［清］薛允升：《读例存疑》卷39《刑律·诉讼·越诉》，光绪三十一年（1905）京师刊本。

不作为，在京控案件日益增多的情况下，所造成官民两困，也成为难以解决的社会问题。①

① ［清］盛康辑：《皇朝经世文续编》卷19《吏政·吏论》引包世臣《山东东西司事宜条略》："良由州县专以钱漕为意，于听断大都怠慢，而佐理之友更多不谙条例，玩视民瘼，虽雀角细故，常至拖延岁月，迫成上控。上控则发回本县，又迫成京控。京控又发回本省，委员与发审之友商同置之高阁，每有原告瘐毙押店，具文销息，积习至牢，交恶弥甚，及征收钱漕时，绅民连名控讦，轻则发府，重则提省，原被数十百人，拖累经年，官民两困。"光绪二十三年（1897）思刊楼刊本。

组织、官号与明末清初的满族社会

祁美琴（中国人民大学）

在中国古代历史上，对北方少数民族所建立的政权或国家所处的社会发展阶段，到底应该如何认识和如何定性的问题，曾是马克思主义史学界最为关注的问题。那些从20世纪五六十代开始讨论的“奴隶制”、“封建制”等结论，随着90年代以来学术思想的开放和历史解释的多元化而逐渐淡出了人们的视线。但是，理论的多元和观念的改变，并不会自然地消解这些问题。就明末清初的女真社会而言，在努尔哈赤建立后金国家政权之前，女真社会的结构、社会属性、社会特征如何，在前国家发展阶段，除了酋长的战争、从部落向国家的转变之外，其社会还在发生哪些变化，呈现出怎样的面貌，这些仍然是需要通过具体历史现象的研究，来进一步解决和回答的问题。

本文拟从被学界忽视的早期满族社会中普遍存在的组织称谓和职官称谓入手，考察努尔哈赤建立金国之前女真社会的结构和面貌，以期加深对满族早期社会的认识。限于考察的时间段，本文依据的史料主要是《满洲实录》、《武皇帝实录》、《满文老档》。在满人自己的早期历史书写中，最值得重视的就是这三种文献。“老档”的记载最早始于丁未年（万历三十五年，1607），即努尔哈赤起兵24年后才开始的记录。而在《满洲实录》和《武皇帝实录》中，不仅有万历十一年（1583）努尔哈赤起兵以后连续不断的记载，还有对努尔哈赤始祖的记述。目前学界基本上认同《满洲实录》满文版本，应来自《武皇帝实录》的满文部分。学界对《武皇帝实录》的成书年代无异议，故可认为《满洲实录》的“满文”记述，能够反映天命、天聪年代满人对自己历史的认识和把握。

一、政治共同体与社会组织问题

“政治共同体”是指以政治关系和政治权力为纽带构建起来的社会组织结构，本文使用这一概念，是为了与以血缘联系为纽带而形成的社会组织结构——“氏族共同体”相区别。笔者同意罗新的观点：“进入历史学研究范畴的北方民族，都是一个又一个的政治集团，而不是通常理解的一个又一个在‘种族’意义上彼此区别的‘族群’。”[①] 这里的所谓社会组织，也是指构成社会分级管理和建置的行政组织，而非一般意义上的社会群体中的生产、经济或认同、识别单位。

在以往对明末清初女真社会性质的研究中，学者多从哈拉、穆昆以及在此基础上形成的部落组织入手，探讨满族早期社会诸问题。笔者在记载清初历史的满文文本中，看到当时女真社会用于指代各级首领（即“额真”）所在辖区的称谓，除了隶属于明朝的

① 罗新：《中古北族名号研究》前言，北京大学出版社，2009年。

卫所管理系统外（实际上这类概念在满文中很少见到），在其社会内部，存在着自己的一套行政建置和管辖系统，这就是满文记载中的固伦（汉义国）、艾蛮（汉义部）、高勒（汉义路）、霍屯（汉义城）、噶栅（汉义寨）以及托克索等，并以为这些组织名称有特殊意义。下面的探讨说明，我们以往对于这些组织概念的认识可能过于抽象化了，它们的实际意义或许远比我们知道和想象的丰富且更有建设性。

（一）固伦

固伦（gurun）是努尔哈赤建立金国之前女真社会的最高政治共同体的名称。努尔哈赤起兵之时，在建州女真和海西女真的属地，有“固伦”名号的政治共同体有五个，即满洲、哈达、乌拉、叶赫、辉发；其中满洲实际上是建州女真的固伦，也是以爱新觉罗姓氏为统治贵族的政治共同体的称谓；其他四固伦则是由“纳喇氏”为统治贵族的“扈伦固伦”分裂后形成，又称海西四部。这一点，从《满洲实录》在述及努尔哈赤起兵前的女真各地形势的满文记载中可以见证：

manju gurun i suksuhu birai goloi aiman /hunehe birai goloi
满洲 国 的 苏克苏护 河 路的 部 浑河 河 路的
aiman /wanggiyai goloi aiman / donggoi goloi aiman / jecen
部 王佳 路的 部 董鄂 路的 部哲陈
i baiaiman/ Šanggiyan alin i goloi neyen/ yalu giyang ni
的 地 部 长白 山 的 路 的纳殷 鸭绿江 的
aiman/ dergi mederi goloi weji waraka kurkai aiman//
部 东 海 路的窝集 瓦尔喀 库尔喀的 部
hulun gurun i ulai goloi aiman /hadai goloi aiman/
扈伦 国 的 乌拉的 路的 部 哈达的 路的 部
yehei goloi aiman / huifai goloi aiman babade ……//①
叶赫的 路的 部辉发的 路的 部 处处在

在这一段描述文字中，有以下几点值得关注：（1）满洲固伦与扈伦固伦对应，说明二者性质、地位相当，也说明后来的海西四“固伦”本是扈伦固伦的组成部分②；（2）固伦下属单位，有部，如满洲的苏克素护、浑河、王佳、董鄂，扈伦的乌拉、哈达、叶赫、辉发四部；（3）此处的路，也是固伦的下属单位，如上文直译的“长白山路的纳殷、鸭绿江部”，在万历十九年的记事中，则写为 Šanggiyan alin i aiman i yalu giyang ni golo；路和部的顺序又反过来了，说明这里的“部”与“路”的性质相同，故可互换称谓；（4）从哲陈的描述看，与“路部”近似的称谓还有“地部”。

上述满文版本中提示的固伦、高勒、艾蛮之间关系的描述，在汉文版本中则被简略了，即使是在与《满洲实录》的满文内容最为接近的《武皇帝实录》中的记载，也与满文的含义有所出入。《武录》的汉文本中记为：

---

① 《满洲实录》卷1，第20页。

② 海西四部又称扈伦固伦，其中哈达、乌拉均出自纳喇氏，属于兄弟立而来，辉发是萨哈连·乌拉，应是乌拉的另一支系。叶赫、辉发则是由异姓而改姓纳喇，所以一定意义上均属纳喇氏的分支，扈伦固伦是部落联盟的名称，所属四部由于各自势力的发展，联盟内部各部疏离，遂有发展成“固伦”，其长则曰贝勒。

时各部环满洲国扰乱者，有苏苏河（苏克素护河）部、浑河部、王家（完颜）部、东果（栋鄂）部、哲陈部、长白山内阴（纳殷）部、鸭绿江部、东海兀吉（窝集）部、斡儿哈（瓦尔喀）部、虎儿哈（库尔喀）部，胡笼（扈伦）国中兀喇（乌拉）部、哈达部、夜黑（叶赫）部、辉发部。各部蜂起，皆称王争长，互相战杀，甚且骨肉相残，强凌弱，众暴寡。①

对比满汉文记载可知，满文中的“路”“地”等地域性指代在汉文记载中被省略了，“部”所具有的“路”（或地）的属性被模糊了，成为均质意义上“部落”单位。这一点，也直接体现在学界关于满洲“固伦”性质的认识上。学界普遍认为“固伦”是原始社会末期的“部落”或部落联盟，故而在研究中将其直接对译为“部”。

所谓国者，实当时诸夷之一部落耳，若满洲、长白山诸部，实即附近努尔哈赤氏所居赫图阿拉之诸小部落，非有戎马城郭堪成一国之强也。②

由此产生的问题是，作为“固伦”的“部”和作为“艾蛮”的“部”如何区别？通古斯研究专家史禄国说：“（固伦）一般来说，它指‘人民’和‘世界’，但是从来不用以指‘氏族’。它也可以指那些小型政治单位（部落性的除外!），这种单位组成了满族的政权（满洲固伦）。这也说明‘满洲’不是一个氏族或部落的名称，因为如果是这样，这一新政治单位就不能被赋予一个氏族或部落的名称。”与此同时，史氏还指出：部落，满语为aiman，行政与政治单位。③ 这一结论以及上述部与路的关系提醒我们，在早期有关女真社会史料中出现的“部”，并非传统意义上所理解的原始社会末期具有浓厚的血缘色彩的氏族共同体，而是具有地缘性质的政治单位。

实际上，在满文记载中，“固伦”和“艾蛮”的关系是明确的，“固伦”是政治共同体，“艾蛮”是一级地区组织，决不可以互相代替。女真社会的“固伦”的存在，说明了满族早期政治共同体的发育和国家雏形，与作为社会组织单位的“艾蛮”有质的区别。因此，汉文记载中用同一称谓——“部”对译的结果，不仅混淆了二者的差异，也势必给研究者带来更多的问题。

一般认为《龙飞御天歌》中所谓的斡朵里、胡里改、托温三万户，应是元末明初建州女真的组织单位；同时三万户也就是传说中的三姓人的组织单位。而《满洲实录》中的三姓人和满洲始祖的传说，则说明“满洲”名号的来源，是与三万户的合并统一为前提的；而作为外姓的布库里英雄（《满洲实录》汉文译为雍舜，使其看起来更像人名；《武录》记为英雄，应更符合原意）之所以能够成为“固伦”的贝勒（汉义王，一般认为贝勒源自金代官职勃极烈④），也与历史上国家雏形出现时的英雄时代（又称王政时代）的特征一样，外姓军事首领总是成为“王”权的掌握者。而关于努尔哈赤祖先是斡朵里的后代的历史传说，反映的是努尔哈赤的祖先以“养子”或改姓的方式，成为三姓之一的“斡朵里”的后裔的过程。正如学界已有的认识那样，这一传说：“反

① 《武皇帝实录》卷1，《清人关前史料选辑》第一辑，第301页。

② 谢国桢：《清开国史料考叙论订补编》，载《明清史料丛书八种》第六册，第168页。

③ ［俄］史禄国：《满族的社会组织——满族氏族组织研究》第21页、第177页，高丙中译，刘小萌校，商务印书馆，1997年版。

④ 滕绍箴：《满族发展史初编》，第10页。

映的应是满洲始祖从遥远北方溯松花江下游南迁并加入到三姓部落的经历。"[①] 所以，"满洲"名号的出现与固伦的形成是一对孪生兄弟，反映出随着外部落人的加入，"三姓"（宁古塔贝勒）政治生活发生实质性改变的结果，标志着满族早期社会的第一个政治共同体的诞生。

（二）高勒与艾蛮

高勒（Golo），本义应为山谷，河心；清代"高勒"一词，主要用于表示行政区划中的一级单位，汉译为省、路；《满洲实录》中对应的汉语也译为"路"。满语中艾蛮（aiman）一词，汉译为"部"。笔者认为明末女真社会中路、部的划分，应受元明以来的地理区划及其相应的隶属关系的影响。

在满文史料中，"高勒"的用法有三种：一是在"艾蛮"之前，即如前文所揭，为"goloi aiman"（路部）。二是在"艾蛮"之后，如万历三十八年十一月，努尔哈赤命额亦都率兵征窝集部（aiman）那木都鲁、绥芬、宁古塔、尼玛察四路（duin golo），其中窝集部绥芬路，即写为"aiman i suifun i golo"；三十九年七月，又派阿巴泰等讨窝集部内"urgucen/muren juwe golo"（乌尔古宸、木伦二路）。三是不直接与地名连用，如万历三十五年，努尔哈赤派兵征东海窝集部赫希赫、鄂谟河、苏鲁佛讷赫"托克索"（tokso）之后，有"tere ilan golo be gemu gaifi"（汉译为"将此三处都取来"）记载。[②] 说明"golo"有"地方"、"处"之意。[③]

总的来看，艾蛮和高勒是固伦的基本构成单位，在建州和海西女真中，高勒和艾蛮的指代具有同一性，路部同名；在长白山和东海女真中，情况比较复杂，高勒下有艾蛮，艾蛮下又分为不同的高勒；但又因各部相对集中居住，艾蛮和高勒有时又难以区分，有的名称既可以称部，又可以称路。如呼尔哈路也称呼尔哈部。[④] 高勒更多地出现在长白山和东海女真地区，二者实际上是满洲固伦的附部，长白山鸭绿江部，主要有朱舍里和讷殷二路。东海包括窝集、瓦尔喀、呼尔哈、萨哈连诸部，《满洲实录》中出现的隶属于窝集的路有：呼尔哈路、瑚叶、绥芬、雅兰、那木都鲁、宁古塔、尼玛察、乌尔古宸、木伦、西林、音达珲塔库喇喇、诺磊、实喇忻、图勒伸、额勒伸、扎库塔等路；以及赫席赫、鄂谟河、苏噜三处托克索。却很少有霍屯的记载，仅见一处东额赫库伦城，为木城。攻城时，"拆其栅，越三层壕，攻取其城"。[⑤]

这种路部组织的同一性，再次说明艾蛮和高勒的性质一样，也是地域组织单位。"部落"并不必然是血缘组织的代名词，北方游牧民族在国家建立后仍然以"部落"作为行政区划组织名称是常见的现象。众所周知，元代的"万户"就是成吉思汗重新编组部民后赋予的新的编户单位名称，是地域性质的社会组织，明代以后这些万户成为众多蒙古部落的源头。明代以三姓为核心的鄂多里城和女真诸部，作为元代万户的延续，与建立在血缘基础上的原始社会组织的"部落"，已不可同日而语。尤其是明末女真社

① 刘小萌：《满族从部落到国家的发展》，第 4 页。
② 《满洲实录》卷 3，第 133 页。
③ 《满洲实录》卷 3，第 142—144 页。
④ 《满洲实录》卷 3，第 146 页。
⑤ 《满洲实录》卷 4，第 179 页。

会的“艾蛮”，正如老一辈的学者曾经指出的那样，早已不是原始的部落时代的组织了：以斡朵里（又称吾都里）为例，内含吾弄草、吾音会、会宁近旁、下甫乙下、下多加舍、上东良六部，并其他散居人户等。其中不仅存在同族而异姓、异族而同姓的情况，更有广泛存在的异族杂居、同族离散的事实。① 这种状况，与其内部存在的城、寨等居住方式相映证，说明女真社会的“艾蛮”，是经过辽金元时期部众重组后的“地理”单元，是与内地省县区划性质相同的地域组织概念。

（三）霍屯与噶栅

艾蛮和高勒，分别由霍屯（hoton）、噶栅（gaŠan）或托克索等构成，并逐级形成相对的隶属关系。满语中关于“城”的称谓有两个，一是和城（hecen），一是霍屯（hoton）。但是在使用上二者是有区别的。在女真属地，具有“和城”称号的城有：（1）《满洲实录》记载布库里雍顺被三姓推为国主时记为：gurun de beile obuhan（在国中成为贝勒），其所居之处为鄂多里“和城”。②（2）在记述六祖分居六处，其中先祖都督孟特木、祖父觉昌安所居的赫图阿拉被称为“和城”，赫图阿拉最初由董山和凡察所建，是建州左卫的世居城，努尔哈赤就出生在这里。（3）董鄂部主阿海巴颜所居城为“和城”。满洲固伦内部，董鄂部的势力较强，并直接导致六祖势力衰落、依附哈达，属满洲诸部中崛起的新的实力集团，有特殊地位。③（4）乌拉大城，努尔哈赤谓：且将所属城郭尽削平之，独存其都城。④ 这里的“都城”就是“和城”。在扈伦四部中，乌拉居首，是纳喇姓的鼻祖所在部落，若是推测不缪的话，乌拉大城是“扈伦固伦”的祖城。（5）明朝的辽东诸城如抚顺等。这里若是抛开明朝的因素不考虑，在女真内部，“和城”显然不仅体现的是建筑规模，更暗示了居住者应该拥有的特殊身份。可以肯定：和城应是“固伦”之城，故而只有几处记载；而霍屯则为“额真”之城，遂普遍存在于女真社会。

在女真世居地普遍存在的“霍屯”，一般汉译为城，但此城并不具有非内地城市的含义，而是指那些以部主、路主、寨主等酋长首领为核心而形成的城堡。努尔哈赤的六祖分六处，每人筑一城而居，长子居觉尔察城、次子居阿哈伙洛城，三子居河洛噶善城，四子居赫图阿拉，五子居玛兰城，六子居章嘉城。各城距赫图阿拉远者不过20里，近者五六里。根据《满洲实录》的记载，从努尔哈赤父祖到灭叶赫统一女真各部的1619年，期间出现的仅隶属苏于克素护河的霍屯就有：图伦、古勒、夏吉、萨尔浒、安图瓜儿佳、俄勒浑、扎喀、赫济格、尼玛兰、届凡、东佳、巴尔达、洞等。其他有托漠河、齐吉达、嘉哈、阿尔泰、嘉班、兆佳、杭嘉、扎库穆、巴尔达、翁鄂洛等。即使在内地，如此密集的城市布局也难以置信，何况是偏僻的东北边疆。所以，有些汉文文献将其记载为“山城”，突出了“霍屯”多为依山而筑、便于军事防御的特征，实际与汉语语境中的“城堡”含义更为接近。这一点，也被清初“祖城”考古成果所证实。

考古学者们通过对赫图阿拉周围一带古城遗址的勘测，基本上可以确定六祖城址。

① 莫东寅：《满族史论丛》，第26—30页。

② 《满洲实录》卷1，第8页。

③ 《满洲实录》卷1，第49页。

④ 《满洲实录》卷3，第149—150页。

如其中保存较好的阿哈伙洛山城，被认为是二祖刘阐所居。此城地处苏子河南，北部较为开阔，城址处于开阔地之“凸”出部位，东西均有山峦阻隔，山城只能北视苏子河。城的结构，分内外二城，外城东西长51米，南北宽42米，周长146米，设南北二门。城墙为人工土石筑成，现存高度1米至3米不等。内城东西长23米，南北宽18米，周长84米，也设南北二门，但与外城门的位置错开。外城东连山冈处有一圆形高台。①

其建筑格局和规模说明，“山城”主要是屯、寨首领或部族酋长及其族众所在的建筑，是当时满族社会动荡、征伐和家族势力强盛的象征。与一般的村寨相比，其防御功能更加突出，故有“掘壕筑城”之谓。② 如辉发在依附满洲还是叶赫之间首鼠两端，摇摆不定，最终选择投靠叶赫的原因，是“恃城垣已固，遂绝亲”。③ 努尔哈赤攻乌拉时，曾在乌拉河附近的依玛呼山上“以木为城”，留兵一千驻守。④ 凸显出霍屯在敌我势力较量中的重要性。“霍屯”的规模和内部人户情况大同小异，如努尔哈赤开始居住的佛阿拉城，除了其兄弟亲族外，“诸将一百五十余，小酋将四十余，皆以各部酋长为之，而率居城中。”⑤

努尔哈赤父祖遇害之“古勒城”，《满洲实录》记载城被李成梁军围困，“其城依山险，阿太御守甚坚，屡屡亲出，远城冲杀，围兵折伤甚多，不能攻克。”最后还是城内人听信尼堪外兰诱骗，杀阿太降城。⑥ 《建州私志》也谓古勒寨“三面壁立，壕堑深固”，城破后斩千余首级。从这些记载看，这是一座能够容纳上千军民、并有完备的防御设施的大型城堡。

研究早期满族历史可以发现，正是这种大量的作为一级辖区的霍屯，成为基层社会组织的重要构成单位。霍屯的周围是屯寨。如代善取斐优城时，先“收四周屯寨约五百户”。⑦ 攻叶赫城时，“民皆惊惶，其屯寨之民，近者入城，远者避于山谷”。⑧《满文老档》记载万历四十一年（1613）九月，努尔哈赤以叶赫收留布占泰为由，征讨叶赫，“是役共取璋城、吉当阿城、乌苏城、雅哈城、赫尔苏城、和敦城、喀布齐赖城、俄吉岱城等，大小寨十九处”，并记叶赫因失19寨，遂向明廷告状。⑨ 说明寨、城一体，并非寨是寨、城是城，城在寨中，应是寨的核心建筑部分。

从《李朝实录》的记载看，明初“霍屯”的建造和功能应该与女真社会大量存在的卫所官员有关，如建州卫指挥侯史家奴（李满住之父，又作释家奴）等于斡朵里开设衙门之说，概即与造城有关。⑩ 又如，朝鲜曾授猛哥帖木儿镜城等处万户职事，“造

---

① 傅波主编：《抚顺地区清前遗址考察纪实·六祖城》，辽宁人民出版社，1994年。

② 《满文老档》上册，第29页。

③ 《满洲实录》卷3，第137页。

④ 《满洲实录》卷3，第155页。

⑤ 《申忠一建州图录》，参见《兴京二道河子旧志城》，页102。

⑥ 《满洲实录》卷1，第27页。

⑦ 《满洲实录》卷3，第129页。

⑧ 《满洲实录》卷6，第273页。

⑨ 《满文老档》上册，第24—25页。

⑩ 王锺翰辑录：《朝鲜〈李朝实录〉中的女真史料选编》，李朝太宗七年（明朝永乐五年），三月己巳。

给公廨，以致使唤人口、鞍马、衣粮，并皆给与抚恤。"[①] 不过，明初汉文史料记载中的"城"并不多见，出现最多的是李满住所居的"兀喇山城"。[②]《李朝实录》记载，在斡朵里遭到兀狄哈的攻击时，斡朵里曾"请入高岭城"躲避，朝鲜担心兀狄哈报复，拒绝了斡朵里，李朝世祖称："斡朵里自有土城，不纳可也。"[③] 即是指李满住所在的兀喇山城。此外如兀良哈地方有剑天城，"城中部落十五家。"[④] 明后期出现的大量的"霍屯"的记载说明，经过明前中期的迁徙分合，动荡的社会环境造成了各部都建有大量的防御性城池和屯寨，已经成为女真社会中最重要的行政单位。

"噶栅"在汉文文献中记为"寨"，寨是四周有栅栏、围墙或壕沟的村子。"霍屯"之主与"噶栅"之主相比，既有分工的差异，也有地位的高下；从《满洲实录》的记载看，"霍屯"之主多为"章京"（janggin），噶栅之主则多为按班（amban）；章京一般认为是汉语"将军"的谐音，主要的职责应是防御和军事；按班则是满语"臣"或"官"之意，主要的任务是管理事务。虽然也有例外，如萨尔浒城主诺米纳、卦喇的头衔就是按班，但是却未发现有噶栅之主称"章京"者，说明二者的差异确实存在。努尔哈赤起兵之初所居之地为"瑚齐寨"，尚非"霍屯"之主，这也说明了他在当时权威有限和势力弱小，他的反抗行为被族人所误解和打压的原因概由于此。

二、社会性质和官号的意义

社会性质一词主要用于描述社会的发展阶段和社会成员的阶级属性，官号则是指社会成员所获得的能够体现其政治身份的正式称号。官号占有者虽拥有管理社会的权利，但其身份的获得，主要是靠世袭和强权[⑤]，与国家制度下职官的选举考核和明确分工有质的不同。官号的存在是官制确立之前社会上层履行管理社会责任和政治生活日趋复杂的体现。努尔哈赤建国之前，女真社会的阶级和阶层已经十分明确，通过对官号的来源、种类和占有者身份的考察，可以探寻其在前国家阶段，社会资源的分配和社会的发育程度，以及主导和建立社会秩序的动力问题。《满洲实录》中，除了开篇记载始祖布库里英雄有"贝勒"号外，直至哈达万汗时代，期间各部上层的官号，除了都督等来自明廷的卫所官号和朝鲜的一些封号外，还有伴随女真自身政治生活不断发展而出现的具有民族特色的官号，主要有汗、贝勒、章京、按班等。

谢国桢先生在《清开国史料考叙论订补编》中有一节"奴酋名号"，谓："号憨者主也，贝勒者子侄也；号恰者总督也；号娥夫者驸马爷；号姑娌者女婿也；号孤山者总兵也；号牛鹿者将官也；号獐鹰者千把也；号摆言者好汉也。"[⑥] 这是笔者所见史料中

---

① 《朝鲜〈李朝实录〉中的女真史料选编》，李朝世宗二十三年（明朝正统六年），正月丙午。

② 《朝鲜〈李朝实录〉中的女真史料选编》，李朝世宗十九年（明朝正统二年），六月己巳，七月乙巳。

③ 《朝鲜〈李朝实录〉中的女真史料》，李朝世祖十年（明朝天顺八年）正月丙辰。

④ 《朝鲜〈李朝实录〉中的女真史料选编》，李朝成宗五年（明朝成化十年）二月戊寅。

⑤ 哈斯巴根在讨论清初满蒙关系时，将达尔汉、巴图鲁也列入官号的提法，值得商榷。达尔汉、巴图鲁应是名号。见其博士后出站报告《蒙元遗产与后金的继承：从制度史的角度考察清初满蒙关系演变》。

⑥ 《明清史料丛书八种》第六册第186页，北京图书馆出版社。

对早期满族社会官名号最集中的表述。但这种解释基本上停留在语词含义上，本文希望能通过解读史料，理解其称谓中所蕴涵的政治文化意义。

(一) 早期官号

毋庸置疑，从明初到明末，女真社会经历了从“他治”为主到“自治”为主的过程。明朝初年，随着明朝对东北故元统治地域的接管和一系列羁縻卫所的设置，女真社会主要由被委任卫所官职的部族头人的管辖，这一点，可以从有关满族祖先世职官号的记载和以都督等明朝卫所官号为荣的记述中得到证明。如努尔哈赤的六世祖猛哥帖木儿，被称之为“都督孟特木”。永乐十年（1412）猛哥帖木儿以都指挥使分立建州左卫的首领，宣德元年（1426）明廷晋升其为都督佥事，七年，晋其职为右都督，八年被害。天顺二年（1458）猛哥帖木儿之子董山袭父职，为建州左卫右都督，第二年，又以左都督名义入贡京师。成化三年（1467）被明廷所害。成化十五年（1479），董山长子妥罗升任左卫都督，正德元年（1506）其子脱原保袭父职为都督，直至嘉靖初年。后继承其位的是董山三子石报奇的儿子福满。嘉靖初年以后，建州左卫的“大酋长”已经是都督福满。但是福满之六子，即六祖，并未再袭都督职，只有祖父觉昌安为都指挥使。努尔哈赤出生前，具有都督职位的是其外祖父阿古。如称努尔哈赤的生母为阿古都督（agu dudu）之女。总体上看，明朝中叶以后，随着明廷和朝鲜对女真各部的征讨剿杀，女真势力衰落，不再成为明廷的上宾，所以到哈达万汗（王台）的叔父王忠时，虽为哈达部长，其官号却仅为外郎，满语汉译音为“旺住外兰”（wangju wailan）。从这一点可以看出，为什么“尼堪外兰”在努尔哈赤的父祖时代，会成为满洲诸部中最受明廷宠信和各部追随的首领，也说明卫所统治的弱化。①

与上述有同样意义的事实是，这一时期，朝鲜也在建州女真中大授官号。今天我们仍可通过这些官号与其受职者的身份，分析当时女真社会的发育程度和文明程度。李朝端宗（鲁山君）三年（明景泰六年，1455），朝鲜为分等赏赐近边诸部，对建州女真所属的兀良哈、斡朵里、骨看兀狄哈三部酋长、官员及其子弟、属众等做了详细的调查，涉及的职务有都万户、万户、副万户，大护军、上护军、护军（个别有兼上京侍卫者），司直、副司直，司正、副司正，指挥、都指挥、指挥佥使，千户等；涉及的人数，略作统计如下②：

官职	人数	官职	人数	官职	人数	官职	人数	官职	人数
都万户	22	司直	53	副司正	17	大护军	7	都指挥	1
万户	33	副司直	6	副里正	1	上护军	10	指挥佥使	1
副万户	12	司正	45	都司	2	护军	39	指挥	52
千户	9								

从这些官称可以看出，有些是来自明朝卫所系统的，如都指挥、指挥等，有些如

① 谢国桢言：“尼堪外兰，尼堪者汉人之谓，外兰者外郎之意也”。《明清史料丛书八种》第六册第170页。《武录》记“尼堪外兰”为“尼康外郎”。

② 《朝鲜〈李朝实录〉中的中国史料》，李朝端宗（鲁山君）三年（明景泰六年）三月条。

“万户”、“护军”等则是朝鲜封授的。李朝世祖五年四月，朝鲜遣使明朝，奏称：建州三卫都督“董山父猛哥帖木儿率领弟凡察及管下人民，世居本国镜城阿木河地面……其余散处野人前来，和顺者或给米、布、盐酱，或给衣服、鞍马等物；愿授职者，或都万户，或副万户，分等除授，厥数甚多，其来已久。”① 在这些官号中，“都万户”是最高称号，在出现的22名有关记载中，有10人明记其为酋长，其他则或记已故“都万户”，或是述及其子弟时提到，由此可以看出，“都万户”必由酋长出任，列为一等。而在33名“万户”当中，其实际地位和等级虽不一样，但无一人记名是酋长出任的。而“护军”的职责主要是入侍朝鲜王庭。但是，李满住死后，建州卫部落残亡、离散，其社会政治生活的发展走向低谷，与朝鲜的关系也逐渐疏离，上述官号再很少出现在史籍中，直至朝鲜燕山君时期，建州卫的势力又引起了朝鲜的高度关注。此时《李朝实录》中出现的建州卫的主要头领名号则主要是酋长、稗将、里将。② 与上述官号已经相去甚远，显示出女真社会自治因素的成长。

总之，无论其官名来自何方，都说明在明前中期的女真社会中，各种“官人”名分的存在并发挥着实际的作用，成为他们区分身份、划分等级的标准。此后，随着努尔哈赤祖父一代的崛起，建州女真才又开始活跃在当地政治生活的舞台上，并产生了明显有别于上述官称的官号。

（二）汗号

“汗”（han）号是北方民族国家统一过程中出现的政治领袖的“官号”。明末清初之前，即使在封建领主林立的蒙古社会，汗号也只属于成吉思汗的直系后裔、黄金家族名义上的“盟主”。但是，大约从16世纪中叶以后，随着宗教势力的影响和蒙古社会的四分五裂，以“汗”号名世的领主已经不限于大汗一系了。在努尔哈赤及其后裔统一蒙古各部的过程中，通过封赐汗号，分化蒙古贵族，混淆视听，更使汗号下降为清代的“封爵”，不再具有“盟主”和“国主”的意义。满族受蒙古文化传统影响至深，已有研究者指出，汗、扎尔固齐、巴克什、达尔汉、巴图鲁等称谓，是从蒙古借用和发展过来的，“这是满蒙关系中体现出满洲蒙古化迹象”的证明。③ 在蒙古文字盛行于女真社会的时代，借用蒙古现有词语反映本族社会事物是再正常不过的了，也说明当时的女真社会形态与蒙古社会的相似性和可比拟性。因此，考察“汗号”在明末清初满族社会中的变化，可以从一个角度，透视当时女真社会的发展状况、各部关系以及努尔哈赤家族兴盛引发的社会剧变。

满文早期文书中，称明朝的万历皇帝、朝鲜国王、察哈尔林丹汗等为“固伦汗”，说明“汗”号拥有者所具有的崇高地位；而对扈伦以及后来的海西四部、满洲等，虽亦名之“固伦”，但仅有哈达王台称“万汗”（疑是王汗，《满洲实录》汉译为“万”），其他则称“贝勒”，说明当时对这些官号的使用是慎重的，也是有特定的含义的。海西女真从由哈达、乌拉、叶赫、辉发四部为基础构成的扈伦固伦，分裂为哈达、乌拉、叶

① 《朝鲜〈李朝实录〉中的中国史料》，李朝世祖五年（明朝天顺三年）四月丁卯。

② 《朝鲜〈李朝实录〉中的女真史料选编》，李朝燕山君二年（明朝弘治九年）十一月甲辰。

③ 见哈斯巴根《蒙元遗产与后金的继承：从制度史的角度考察清初满蒙关系演变》的汉文摘要部分。

赫、辉发四固伦的事实，说明了明代女真社会政治共同体裂变与重组的过程。扈伦固伦分裂为四固伦后，其内部仍然是唇齿相依的关系，分离与联合并存，他们内部虽有斗争，但在对抗努尔哈赤的过程中，仍时常结成联盟。哈达万汗时期，是四部再次走向联合的时期，叶赫、乌拉、辉发及其满洲固伦的浑河部皆归附的事实，证明万汗已是海西诸部共主——这是“万”之所以称为“汗”的原因，即取得了盟主地位；各部酋长称贝勒。刘小萌在讨论哈达“万汗”时期女真政治生活特征时指出：王台将控制范围从海西扩大到建州，实现了跨地域的联合，而这种联合是建立在兼并和不平等的政治关系上的，包括努尔哈赤六祖所在的宁古塔部。贝勒为汗所控制。[①] 这正是哈达“固伦汗”的实质。

努尔哈赤建金国之前，整个女真地区有关“汗号”的记载有以下几种情况。

首先是哈达的万汗，史载其“远者招来，近者攻取，其势愈盛，遂自称哈达汗”。[②] 根据其意，强者可自称汗号。不过，万历二十七年努尔哈赤灭乌拉后，史载“灭乌拉国数世相传之汗业”[③]，再结合上述乌拉大城的地位，说明哈达崛起之前，“乌拉”才是扈伦固伦的核心部落。万汗死后，哈达衰落，扈伦诸部中势力最强的是叶赫、乌拉，女真社会内部形成建州、叶赫、乌拉三足鼎立的局面。此时叶赫得到明朝的支持，辉发、哈达受其控制，乌拉则在满洲和叶赫之间周旋，企图保持自立的地位。但叶赫不甘坐视满洲崛起对其地位构成的威胁，故在万历十七年（1589），叶赫贝勒纳林布禄遣使对努尔哈赤说：“乌拉、哈达、夜黑、辉发、满洲总一国也，岂有五王之理？尔国人众，我国人寡，可将额儿泯、架孔木二处，择一让我”[④]。而努尔哈赤却说：“我乃满洲，尔乃扈伦，尔国虽大，我不得取，我国虽大，尔亦不得取。”[⑤] 说明努尔哈赤势力的不断拓展，开始威胁到了纳林布禄统一扈伦甚至统一女真的政治野心，故而强调女真内部不能出现“五王”（sunja han，五汗）的局面。显示出后“万汗”时代，女真诸“固伦”为争夺新的“盟主”展开了激烈斗争，这一回合正是纳林布禄企图逼迫满洲努尔哈赤承认其“汗”的地位而采取的行动。

扈伦四部是个大的部落联盟集团，一段时期，女真诸部皆受其治，四部之内互结婚媾，连兵结盟，共推盟主，成为明代女真中强大势力……扈伦四部形成后期，建州卫努尔哈赤势力日盛海西扈伦四部，在盟主叶赫卜寨、那林布禄统率下，乌拉、哈达、辉发等九部共同兴师讨伐，三万大军会战于建州古勒山下。[⑥]

万汗之后，第二个有关汗号的记载是关于满洲的尼堪外兰的。万历十一年，努尔哈赤起兵之时，正是满洲境内有明廷要扶植尼堪外兰为满洲之汗的传闻广布之时，但是由于努尔哈赤的迅速崛起，明朝最终放弃了尼堪外兰，有关他将成为满洲汗的传闻也就仅仅是传闻而已。——这里有一点值得注意，就是明朝要扶植尼堪外兰为“汗”之事，

---

① 《满族从部落到国家的发展》第 105 页。
② 《满洲实录》卷 1，第 23 页汉文。
③ 《内阁藏本满文老档 · 太祖朝》（汉文译文）第 6 页。
④ 《武皇帝实录》卷 1，第 313 页。
⑤ 《满洲实录》卷 2，第 78 页汉文。
⑥ 《满族史初编》第 49 页。

正是发生在万汗死后，显然是要填补“万”死后的“汗”位空缺，说明当时“汗”已是女真社会最高统治者的官号的事实。只是由于尼堪外兰实在“不争气”，而努尔哈赤等群雄并起、谁也不服谁的局面，已经不是衰败的明廷所能左右的。

第三个汗号是属于努尔哈赤的。哈达万汗死于万历十年，在女真群龙无首的情况下，努尔哈赤于万历十一年起兵，称号“疏勒贝勒”。万历三十三年（1605），蒙古喀尔喀巴约特部达尔汉巴图鲁贝勒之子恩格德尔谒拜努尔哈赤，次年又引喀尔喀部五贝勒之使来贡，并上努尔哈赤“昆都仑汗”号。这是努尔哈赤有“汗号”之始。所以，从万历三十五年始，《满洲实录》记述努尔哈赤时，不再用“淑勒贝勒（sure beile）”，而是用“昆都仑汗（kundulen han）”[①]。努尔哈赤以“汗号”称世，标志着建州女真的重新统一和努尔哈赤在满洲固伦政治共同体中最高统治者地位的最终确立，明人苕上愚公谓之为“窃名号”[②]。

不过，作为“昆都仑汗”的努尔哈赤，还只是满洲“一国之汗”；如他对是年败乌拉兵后，仍附乌拉布占泰的瓦尔喀赫席赫、佛讷赫路人说：“今我一国之汗，已兴师击败乌拉兵矣”[③]。这一称号一直用到1616年正月，诸王大臣上尊号“养育众国庚寅汗”(geren gurun be ujire genggiyen han)[④]，又译作“天任抚育列国之英明汗”，这是努尔哈赤统一全体女真人确立“共主”地位后所得到的官号。努尔哈赤从他族部众赠与的“昆都仑汗”到由臣属推举的有建元年号的“庚寅汗”的汗号的变化，正与满洲政治共同体由“一国”向“王朝”的转变相呼应，反映了满族政治和社会发生的巨大变革。“从其后金国号来看，也隐含继承原金朝事业这层含义。”[⑤] 从此，关于努尔哈赤的言论，不再是后继者赋予的“太祖说”，而是“帝曰”；《满洲实录》记努尔哈赤事时，也不再用“昆都仑汗”，开始了“庚寅汗”的时代。

（三）贝勒

如果说汗号是北方民族共同的政治共同体领袖的称号，贝勒（汉义，执政者、王；官人）则相对体现了女真人自己的民族传统称谓。[⑥] 完颜阿骨打从其长兄那里继承王位的时候，称为“都勃极烈”，“勃极烈”女真语就是bogile，“都”疑为满语“da”（头、首、长之意）的汉译，明代女真中的都万户中的“都”应与其意思一致。《满洲实录》中最先出现的“贝勒”（beile）称号，就是给其始祖布库里英雄的。根据记载，布库里英雄后数世子孙为凡察，凡察之孙为孟特木，孟特木之孙是石报奇，石报奇之孙就是六祖，也就是努尔哈赤祖父觉昌安辈；这样从布库里英雄到努尔哈赤出生的嘉靖三十八年(1559)，期间约经历了12—15世，每世以20年计，则有250—300年。说明始祖出现的时代大概在元末明初，正是女真诸部脱离元朝行政管辖之后“群龙无首”之时，为

---

① 《满洲实录》卷3，第126—127页。与“满文老档”满文部分的书写一致，大陆学者的汉文译文为“聪睿恭敬汗”。

② 《明清史料丛书八种》第六册，第67页。

③ 《内阁藏本满文老档》（汉文译文），第2页。

④ 《满洲实录》卷4，第186页。

⑤ 哈斯巴根：《蒙元遗产与后金继承：从制度史的角度考察清初满蒙关系演变》，第19页。

⑥ 蒙语中与“贝勒”同样身份的官号为那颜或诺颜。如努尔哈赤开始称sure beile（疏勒贝勒），蒙古语则为seĉen noyan（车臣诺颜）。

“三姓”等本民族贵族势力的崛起提供了契机。

换句话说，三仙女传说反映的是努尔哈赤之前约300年前后的历史，其时，“满洲国”始祖布库里英雄被推举成为“贝勒”，从此他的后代就具有承袭“贝勒”名号的资格。但是在《满洲实录》及相关史料中，从布库里英雄到“六祖”期间，努尔哈赤的祖先们中最荣耀的名号只有一个，就是“都督”。说明在这一段时间里，明朝卫所建制的影响力很大。直到“六祖”分居六处，始称六贝子。

六祖初期，第六祖宝实次子阿哈纳，欲聘萨克达部长巴斯翰巴图鲁之妹为妻，遭到拒绝，其理由是“尔虽宁古塔贝子，但家已贫，吾妹必不给你”①，说明“六祖子孙”虽具有贵族身份，但因势力弱小，不被尊重。“六祖”满文称为“宁古塔贝子 ninggutai beise”,《武录》记为“六王”②。他们以“贝勒”的子孙而共称为“宁古塔贝子”，应是遵循了当时社会的既有成规。如《满洲实录》记载乌拉固伦的“beisei da mafa”（贝子的始祖），也用了“贝子”，因为是概指纳齐布禄的第七代子孙。从当时“贝勒”仅是少数“固伦”首领的名号看，“贝子”应是贵族后裔的一般性称谓，与“固伦”之主无关，因此《武录》中“六王”的译写和学界称其为“六贝勒”的说法，仍值得商榷。因为此时的“宁古塔部”涣散衰微，缺乏统一的发号施令的领袖，也就不可能有贝勒。

努尔哈赤出生的时代，正是“各部蜂起，皆称王争长”的时代。除满洲努尔哈赤称“贝勒”外，另称“贝勒”者，均是当时有“立固伦”之功的首领。如统一乌拉、筑城称贝勒的是补烟，死后，其子补干、孙满太继“贝勒”位，满太死后，其叔尼雅、弟布占泰相继称贝勒（布占泰在位时，其弟喀尔喀玛也称贝勒③）。统一哈达及邻近诸部的万汗死后，哈达势力衰落，之前依附的叶赫、乌拉等离去，在其子胡里干袭位后，复称贝勒（继任者蒙格布禄也一样）。这就进一步说明，“汗号”不是世袭的，而是靠实力和威望获得的。叶赫称雄的兄弟二人，即卿家奴（子布斋）、杨吉奴（子纳林布禄），招抚部众后，分别筑城，称贝勒，故叶赫与乌拉一样，也有二贝勒。这种一“固伦”二主现象，在努尔哈赤起兵之初的女真社会具有普遍性，反映了当时各政治集团内部缺乏强有力的领导者的状况。辉发始筑城称贝勒者为往机奴（王家奴），其孙（拜音达里）继位后，仍称贝勒。

但是，随着女真社会的剧烈动荡和“固伦”内部实力强弱的变化，“贝勒”称号在女真社会开始泛滥，称“贝勒”者不仅有所谓的“固伦主”，也有其兄弟子侄。努尔哈赤家族，从万历二十四年（1596）十二月布占泰送妹与舒尔哈齐为妻开始，《满洲实录》记舒尔哈齐事时，起用“贝勒”称号。二十五年，记叶赫与满洲联姻事时，称代善为贝勒，三十五年，远征赫席赫等路时，幼弟巴雅喇已称卓里克图贝勒。此时，不仅满洲有众贝勒，在乌拉等其他固伦也一样。万历三十五年（1607）时，乌拉除了“国主”布占泰贝勒及其弟胡里布贝勒外，同时存在的还有博克多贝勒、常柱贝勒。与叶赫的锦台什同在的有布扬古、布尔杭古贝勒，故时有叶赫诸贝勒之谓。灭叶赫后，谓叶赫

① 《满洲实录》卷1，第13页。
② 而非“六贝勒”。
③ 《满洲实录》卷3，第154页。

诸贝勒“四世相袭之基业被毁”。[①] 可见贝勒作为仅次于“汗”的官号，在满族社会普遍使用了。

以上贝勒官号的身份变化说明，在16世纪末17世纪初，女真社会因缺乏权威导致分裂抗衡的局面，不仅存在于各“固伦”之间，也存在于各“固伦”内部的贵族之间。

（四）章京、按班及其他

除“汗”、“贝勒”称号外，执掌各部、各路、各城、各寨的“额真”，其官号以章京（janggin）和按班（amban）为主，但是情况也比较复杂。根据笔者对《满洲实录》记载中出现的各类“额真”（限于1583—1616年间）所做的粗略统计，各处“额真”的官号可以分为以下三种情况：

1. “艾蛮”之主——部长。部长的情况有三种：第一种是章京，如兆佳城部长宁古亲章京；第二种是按班，如苏完部部长索尔果；第三种是巴颜，如董鄂部部长阿海巴颜。

2. “霍屯”之主——城主。城主的情况也有三种：第一种是章京，如满洲固伦的古勒城主阿太章京、夏吉城主阿海章京；第二种是按班：如满洲的萨尔浒城主诺米纳、卦喇、兆佳城主理岱、洞城城主扎海，瓦尔喀部斐优城主策穆特赫，叶赫乌苏城主繖坦、扈实木；第三种是名号，如图伦城主尼堪外兰（wailan）、完颜城主岱度墨尔根（mergen）。

3. “高勒”之主——路长。路长的情况可分为二种：第一种是章京，如长白山部朱舍里路主裕楞额章京；第二种为按班，如窝集部呼尔哈路长张格、王格，中路长博济里等，那木都鲁路、宁古塔路、绥芬路、尼玛察路各路长康古礼、喀克都礼、昂古、明噶图、乌鲁喀、僧格、尼喀里、瑚松噶、葉克舒等。

4. “噶栅”之主——寨长。寨长的情况，分两种：第一种是按班，洞尼寨主叶臣、雅尔古寨扈拉瑚；第二种是名号，如嘉木湖寨主噶哈善哈色呼（hashu 是名号）。

综上，“艾蛮”、“霍屯”、“高勒”的官号多为章京的事实，说明城主、路长与部长级别和职责近似，凸显其主要是军事首领的身份。而大量的“按班”官号的存在，则说明当“汗”、“贝勒”等统治者从社会中分离出来的时候，专门为其服务的阶层——按班，也同时脱离日常生活，成为维护统治者特权的公众人物。只不过，起初拥有按班身份者，未必能与日后坐在衙门里办事的堂官相对应，而应是当时一些承担基层管理事务的首领。努尔哈赤祖父时代，各“固伦”除亲族弟兄外，均有“按班”为各贝勒所用。努尔哈赤最早的“按班”是被其计杀的诺米纳、鼐喀达兄弟二人，以及与其“合谋”的噶哈善哈色呼、常书、扬书三人。万历十六年（1588）苏完部长索尔果（按班）率部来归，努尔哈赤授予其子费英东“头等大臣”（uju jergi amban），这是史料记载中第一次在“按班”中分别等第；此次授予官职“头等大臣”的，还有董鄂部长克撤巴颜（按班）之孙和和理，雅尔古寨的扈拉瑚（按班）之子扈尔汉。[②] 此处“头等大臣”在万历三十五年的汉文中，记为“大将”；但之前多处在费英东名后冠以“扎尔固齐”，

---

① 《内阁藏本满文老档》（汉文译文）第40页。

② 《满洲实录》卷2，第72页。

说明扎尔固齐就是大臣中的最高称号。万历四十一年，因乌拉布占泰毁约，要将儿女与“十七大臣”之子往叶赫为质，重修旧好，遭努尔哈赤大军围城攻伐“亡国”。说明“按班”作为一个阶层的地位已经确立。

《满洲实录》中记载努尔哈赤授官，第二种是牛录额真。万历二十九年（1601），努尔哈赤正式改编牛录，定牛录额真为官称。第三次授官之举是在万历四十三年，“国内各地安台设关，实行兵民分居。遴选审理国政之公正贤能之人，派八大臣，继派四十名审事官，不食酒肴，亦不贪金银。每五日集诸贝勒大臣入衙门一次会议，公断是非，着为常例。聪睿恭敬汗将收拢之诸多国人加以清点均齐，每三百丁为一牛录，每牛录设额真一人，牛录额真下设代子二人，章京四人，村拨什库四人……委大臣十六名、巴克什八人，掌记库粮、赈济事宜……史无前例之法，均由心定。”① 如此系统、规范、分工具体的官职的出现，标志着满洲社会官僚化体制的逐渐确立。原有官号在语词上虽仍留存于新的官职名称中，但其身份和含义已经不能同日而语。

结　语

本文的讨论，意在强调以下三点认识：

首先，中国周边民族和地区从秦汉以来就已经参与到中国历史的进程当中，受中原汉文明影响深远，有些民族或地区的发展虽有断裂，但在总体上呈现出不断熔融和发展的趋势，在社会组织、等级安排、官称名号等方面，同源民族之间、不同民族之间的相互继承和发展与受汉制影响并行不悖，只不过在模仿、继承与发展中，适应了民族的语言和习惯。本文正是从这个特性出发，以满族为例，研究其早期社会组织的发育程度。

其次，中国北方少数民族在经历了长期的历史发展，特别是元朝以后，社会组织结构和政治制度走向成熟，并与汉制存在很多不能对应的地方，但在汉语翻译中，特别是现代汉语翻译中，不能准确反映这种社会组织结构的成熟度和民族特点，从而影响了我们准确认识北方少数民族社会的发展程度和性质，以及少数民族入主中原和建立地方政权的民族国家意义。

最后，本文的研究说明，政治共同体及其意义以及因社会分层而出现的官号、名号等，是我们分析前国家阶段社会发展程度的重要因素，因此是否能够准确把握有关的组织特征和称谓含义，将直接影响我们的研究结论。

---

① 《内阁藏本满文老档·太祖朝》（汉文译文）第12页。

东征故将与山阴世家

——关于吴宗道的研究

杨海英（中国社会科学院历史研究所）

缘起

明亡于万历，此说自明末清初起已深入人心。但理由是否充分、证据是否确凿，却仍有探讨余地。尤其自万历以后，政治生活空前活跃，但随之出现的改朝换代及清朝对明代史料的严厉禁毁，形成诸多空白和历史谜团，使人对此结论难以放心。顷读熊廷弼奏疏，其任辽东巡按时弹劾的“游徒骗子”中，有位浙江山阴人吴宗道，在为民除害的表象下难掩朝堂上明争暗斗的深隐。特为此文，以透视万历后期党派、家族、朝政、利益和外交间的复杂关系，以及援朝抗倭东征战争的部分关节，提供一个考察明代社会转型的典型个案。

一、东征崛起的山阴将

吴宗道，浙江山阴人，通过万历援朝东征战争博得出身。这一点，在时任辽东巡按、湖广江夏人氏熊廷弼的眼里却不光彩。他总结说：“辽左数十年来，将官世职为四方游徒骗去者，不啻百数”①，其中点名批评的一位即吴宗道。随着建州女真兴起，明朝辽东危机陡现，也使当地短期内集中了大量人才。熊廷弼在万历三十九年（1611）弹劾了一批辽东卫所的将领，吴宗道就是他眼里的“游徒”之一，利用边疆危机得到不体面出身的一位军官。

那么，吴宗道是如何“游”得将官世职的呢？

万历二十一年（1593），东征经略宋应昌题：“随征策士吴宗道、吕永明，术数可征，兵机多验，文学堪充记室，权谋可备将材，亦应并叙，授以应得武职者也。”② 东征之初，吴宗道为随征策士，任经略宋应昌标下参谋官，此时尚无世职。汉城收复后，他与黄应旸、余俊彦等“分投给散免死帖万余纸”③，很快就以“指挥”身份与经历、守备等官持令行事，或称“都指挥使”——获得经略题授的武职流官。

---

① 熊廷弼：《按辽疏稿》卷6，《营驿穷军受害疏》，北京出版社，2000年版，《四库禁毁书丛刊》，史部第9册，第637页。

② 宋应昌：《经略复国要编》卷7，《叙恢复平壤开城战功疏》（万历二十一年三月初四日），台湾华文书局，据万历刊本影印本，第577页。

③ 《经略复国要编》卷7，《辩杨给事论疏》（万历二十一年三月十一日），第620页。

他的第一个任务是，到朝鲜王京汉城宣谕日军退兵，并押解一批被俘日军“到关白处讨其降书”[1]。对比其他几位策士的表现，吴宗道显得更加冷静。

他的第二个任务是，在总兵查大受等人的护卫下到达朝鲜南原，有参将骆尚志、游击宋大斌、高策、相公吕永明等同行。七八月间，吴宗道在参将骆尚志、游击宋大斌等护卫下往来顺天、南原，以“都司”（都指挥使）身份，参与第一次明日和谈，居中联络。[2]

同年九月，吴宗道作文祭奠在晋州战役中死难的朝鲜守城将领金千镒，七年之后（万历二十八年，1600）再作祭文：“昔曾识面，寤寐公灵。劻勷东事，幸扫鲵鲸。今统浙师，奏凯明廷。”[3] 当时他已二次东征，握有兵权，统率浙营水兵，防汛巨济，归国途经晋州。

整个东征期间，他的职衔渐次为大明“指挥”、“都司”或“都指挥使”，但非世职官。战事第二阶段，为“总督经略军门标下坐营都司”——从宋应昌、顾养谦、孙鑛到万世德、邢玠，作为经略标下佐贰官的“坐营都司”，吴宗道都是接近明军统帅核心的人物，常住顺天，或捕俘日军，侦探敌情，或奔走联络，传递文书，作为明日和谈首席谈判官沈惟敬的助手，常与李大谏同行，所带家丁即有32名。[4] 万历二十四年四月初八日，他最早报告了明日和谈的册封使李宗城逃出釜山之事[5]；也不时对朝鲜内政提出见解[6]；更重要的是，他能给朝鲜提供如“督抚议战，司马议封”[7] 之类的内幕。

万历二十五年春，二次东征明军尚未渡过鸭绿江，他与李大谏等已进入日军行长、清正、正成营中联络，准备与日使相会顺天，了解关白情况，“用间之中少寓权衡”[8]，与主战的杨镐似不同调，显示明廷内部意见分歧，前线将领也各有阵营。

万历二十六年五月六日，吴宗道致信宣祖：

从事于贵邦者，已历五六霜……行长近虽帖耳，然狙猿不可使冠带，虎豹不可使羁縻。昔年东封之役，非殷鉴乎？故用间退兵，道常授成算于柄东事者，此外，道非所知也。道之所为，道之所言，皆三年之共耳目者，可以对天地，可以对君亲，可以对愚夫愚妇，堂堂正正，未尝敢作蹑足附耳状，大王必闻之熟矣。兹倭使至王京，此诚东事喫紧功夫也……大王可利图之，不悉（总督经略军门标下坐营都司吴宗道顿首拜）。[9]

信中谈到从自己从事朝鲜事务已达五六年之久，日军小西行长部虽较安静，而明军的羁縻和谈只是“用间退兵”的方式之一，三年经营已到关键时刻。这不可能是他个

---

① 《朝鲜宣祖实录》（以下简称《宣录》日本东京学习院东洋文化研究所1962年刊本）卷37，宣祖二十六年四月丙戌条，2日。

② 《宣录》卷41，宣祖二十六年（万历二十一年）八月癸巳，2日；己丑，8日。

③ ［朝鲜］金千镒：《健斋先生文集》附录卷二，《皇明指挥使吴公宗道祭文》、《再祭文》，《韩国文集丛刊》（以下简称《韩集》，民族文化推进会，1996年再版）第47册，29页。

④ 《宣录》卷99，宣祖三十一年四月戊午，4日；戊寅，24日。

⑤ ［朝鲜］李好闵：《五峰集》卷十二，《请兵粮奏文（册封天使李宗诚逃遁后奏请文，丙申四月）》，《韩集》第59册，第501—502页。

⑥ 《宣录》卷78，宣祖二十九年八月丁酉，2日。

⑦ 《宣录》卷83，宣祖二十九年十二月己卯，1日。

⑧ 《宣录》卷97，宣祖三十年二月丙寅，11日。

⑨ 《宣录》卷100，宣祖三十一年五月庚寅，6日。

人的意见，至少代表了明廷中有力者或东征军统帅核心的意思，说明此时明廷占上风的意见是不希望朝鲜介入，这为朝鲜君臣制定国策、筹划对应提供了有用的内幕消息。

吴宗道早期与李大谏等以策士身份，同侍经略宋应昌——其武职当即经略宋应昌便宜题授后所得，东征成为他的仕途起点。正如后来熊廷弼弹劾他“起家书佣，夤冒将领”①，一语道出其出身。吴宗道后协同沈惟敬从事与日和谈工作，多次前往日军营中奔走、联络。在《朝鲜宣祖实录》中有很高的曝光率，显示出他与朝鲜王室的关系非同一般。

二、与朝鲜的特殊关系

在韩国江华岛上的碑林博物馆里，留有吴宗道的记功碑一通——《钦差都司石楼吴公宗道清白保民去思碑》（图中左侧第一碑即是）。碑文提到他是浙江绍兴府山阴县人，字汝行，号石楼，武举出身，万历二十年以钦差官到朝鲜，万历二十五年再随邢玠入朝，“仍统水兵，久住江华，抚绥岛众，一境安堵”②。另一位朝鲜大臣申钦记载其过朝鲜3次：除万历二十年、二十五年两次外，“己亥（万历二十七年）又来”③，应是东征军中与朝鲜联系最多的一位将领——事实上还不止3次。

《宣祖实录》中留下吴宗道致朝鲜君臣书帖17通④，时间从万历二十四年三月至三十七年四月，内容涵盖其充都指挥使到实任镇江游击十余年间参与的各项事务，显示了吴宗道与朝鲜拥有一种特殊的关系。

这种关系的特殊性，在于双方都在努力发展、维护、保持与高层交往的关系。

万历二十四年三月，吴宗道致书安慰因祖陵被日军焚毁的宣祖；这对甚信风水堪舆

① 熊廷弼：《按辽疏稿》卷1，《重海防疏》，《四库禁毁书丛刊》史部9册，第381页。

② ［朝鲜］李宜显：《钦差都司石楼吴公宗道清白保民去思碑》，原碑藏韩国江华博物馆，碑文转引自배성수:《조선후기강화도吳宗道去思碑의건립 배경과 의미》（A study on Oh – Jongdo Geosabi in Ganghwa Island during the late Chosun Dynasty），《仁川学研究》第4辑，2005年2月，第79—108页。参《宣录》卷121，宣祖三十三年正月辛酉，16日。

③ ［朝鲜］申钦：《象村稿》卷39，《李提督以下诸官一时往来衙门》，《韩集》第72册，第275页。

④ 按：最早一通书帖见载《宣录》卷73，宣祖二十九年（万历二十四年）三月丙子（9日），最晚一通见《光海君日记》卷15，天启三年四月乙卯（4日），其余15通分见《宣录》卷78，宣祖二十九年八月丁酉；卷83，宣祖二十九年十二月己卯、丙戌；卷84，宣祖三十年正月庚申；卷97，宣祖三十一年二月丙寅；卷100，宣祖三十一年五月庚寅；卷102，宣祖三十一年七月丙申；卷109，宣祖三十二年二月庚午；卷121，宣祖三十三年正月辛亥；乙卯；卷131，宣祖三十三年十一月戊辰；卷135，宣祖三十三年三月庚子；卷136，宣祖三十四年四月庚午；卷209，宣祖四十年三月戊辰。

学说的宣祖来说[①]，是一贴很好的心理安慰剂。宗道善于利用机会，与朝鲜王室建立亲密关系。

吴宗道还称东征期间在朝鲜留下最佳口碑的南兵将领吴惟忠为“家兄”[②] ——吴宗道籍贯浙江绍兴山阴，为州山吴氏二支三分第九世[③]，吴惟忠籍贯浙江金华义乌，虽同浙籍，实不同族，他们之间并无血缘关系。但吴惟忠在朝鲜甚得爱戴，宗道与之攀亲论眷，当有加强政治资本的考虑，希望宣祖美言于明廷，以避免自己不会有吴惟忠那样的坎坷命运[④]。

最说明问题的莫过于万历二十七年二月初四日，吴宗道教导朝鲜都监官员，应对东征军撤留之事的谈判[⑤]。这段史料透露吴宗道与朝鲜关系之深，其为朝鲜出谋献策，已达不遗余力的地步。言谈中涉及的问题，包括如何要求粮饷、军费、留军数量等有关东征军留撤的关键细节，甚至具体到视当事各大臣（如经理万世德、总督邢玠、御史陈效等）的态度及动向，如何商谈、措辞的地步，吴宗道俨然成为朝鲜安插在明廷的耳目——如此，东征期间明朝当局对战事的指画、倾向及决策，对朝鲜已无秘密。与这些实质性内容相比，吴宗道书帖所显露的文采，实微不足道。

在明、日和谈的早期，吴宗道曾作为沈惟敬的助手，助其联络奔走。至战事第二阶段，吴宗道的地位已大大超出沈惟敬。如万历二十五年九月，朝鲜左议政金应南上箚言东征经略邢玠“已令吴宗道躬诣贼营，以为缓兵之计。此人言论、信义，亦足以回犬羊之心，而比诸沈之只为身谋，而归罪我国者，何啻天壤?”吴宗道若持军门之令而不得成事，则“虽有百沈，亦何为哉？”[⑥] 显示出朝鲜希望由吴宗道主持明、日议和谈判的倾向，比起沈惟敬，他们对吴宗道寄予了更多期望。

而此时的吴宗道，不仅建立了自己的“信义”体系，办事才能也得到充分认可，在府邸中还赡养着身怀绝技的朝鲜家丁，如“顺天保人白飞虎”，战时哨探埋伏杀贼，招徕被掳朝鲜人投出日营，潜入日军积粮小岛焚烧仓库，宗道甚为得力，至言“若得此汉三百，可当一万”[⑦]，故将其随带回国，熊廷弼弹劾疏中也提到宗道拥有“丽人家丁”的罪状。

万历二十七年回国前，吴宗道给宣祖开出太平方：“道行役贵邦七八霜许，沐大王之恩最深厚。今随经略相公西归，启行有日。自兹别去，后会难期。虽见山川草木，亦觉依依不忍舍也。赠以别言，莫忘薪胆。”[⑧] 不仅显示其与宣祖的个人私交，也透露他心系朝鲜的衷情，尚不止于公务。

---

① 参见杨海英：《万历援朝战争期间的术士》，载《纪念郑天挺先生诞辰110周年中国古代社会高层论坛论文集》，中华书局，2011年8月版。

② 《宣录》卷100，宣祖三十一年五月庚寅，6日。

③ 吴国梁：《山阴州山吴氏族谱》第二十部，二支三分四世至九世，道光十九年刊本第15、第33、第63页。

④ 吴惟忠万历二十二年春，初次东征回国后，即被削职赋闲，到二十五年二次东征被重新启用，任副总兵，领南兵入朝参战，战后亦未得酬功。

⑤ 《宣录》卷109，宣祖三十二年二月甲寅，4日。

⑥ 《宣录》卷92，宣祖三十年九月癸卯，十六日。

⑦ 《宣录》卷101，宣祖三十一年六月癸酉条，二十日。

⑧ 《宣录》卷109，宣祖三十二年二月庚午，二十日。

万历二十八年春，吴宗道以水兵备倭都司受命率三千水兵，参与朝鲜的春季防讯。[①] 十月，完成任务归国，途经釜山遇飓风，“所领船军卒太半溺死”[②]，损失惨重。为修补船只，休整队伍，留驻江华岛半载余，历经缺饷断粮的考验，次年春汛后回国。[③]

正是在驻守江华岛期间，吴宗道生有一子，其母为朝鲜县妓兰生。万历三十五年三月，吴宗道遣其“同生”兄弟吴贵道率家丁三人到朝鲜，为“镇江吴游击所生儿存没探问事”[④]。（图即吴宗道驻江华岛的碑文文字）

具体情形是：“游击巨济防汛时，果率县妓兰生娠有，游击在瓮津时，委送家丁专探兰生怀孕与否；及其弥串鎮临别时，流涕致嘱于（林）欢，如果生男，幸须庇护生长云，委曲说道。游击过江后，厥上典专人探问兰生产子与否，则果为生子，未踰年，遽为夭絶。”[⑤] 吴贵道此行的目的，就是寻找宗道留养朝鲜的儿子。“吴宗道还朝之日，亦托以遗腹子”[⑥] 于朝鲜文化县监林欢（曾任吴宗道的接伴官），可惜此子产后夭折。查对吴氏族谱，宗道子一鳞，生于万历丙午年（即万历三十四年）九月初七[⑦]。可见，宗道在朝鲜所生子为长，时已年近半百，升任镇江游击后，即派家人前往寻找，吴宗道与朝鲜的关系已深及血缘。

吴宗道万历十三（1585）年中辽东武举，二十七（1599）年以征倭授钦依守备，管两浙水师，三十年论功世袭绍兴卫中所百户，次年补辽东守备，三十四年升镇江城守游击[⑧]。可见，驻守江华期间，宗道是以钦依守备的身份管理两浙水师的，万历三十一年实授辽东守备，三年后升任游击——从履历看，宗道在朝鲜所任指挥使、都司等均为武职散官。

但吴宗道在朝鲜朝野的影响却非泛泛。万历三十五年春，吴宗道驻扎盖州，曾请朝鲜大臣宣扬其外祖母、外姑及母亲三世守寡之节，得到以朝鲜相国李德馨为首的朝野缙绅回应：李山海题贞烈轴“奕世贞烈”，题宗道东征劳绩轴“请缨奏凯”，而沈喜寿、

---

① 参见《宣录》卷121，宣祖三十三年正月辛亥（六日）；《明神宗实录》卷344，万历二十八年二月乙酉，中央研究院历史语言研究所1966年刊本，第6401—6402页；李廷龟《月沙先生集》卷22，《请留兵奏（庚子春）》，《韩集》69册，第494页。

② 《宣录》卷126，宣祖三十三年六月丙申，二十五日。

③ 参见《宣录》卷127，宣祖三十三年七月甲辰，三日；卷131，十一月戊申（八日）、戊辰（二十八日）；卷135，宣祖三十四年三月庚子（二日）等条。

④ 《宣录》卷209，宣祖四十年三月丁卯，四日。

⑤ 《宣录》卷210，宣祖四十年四月庚申，二十八日。

⑥ ［朝鲜］李恒福：《白沙集》卷2，《前文化县监林公墓志铭》，《韩集》第62册，第213页。

⑦ 吴国梁：《山阴州山吴氏族谱》第二十部，二支三分四世至九世，道光十九年刊本，第63页。

⑧ 《山阴州山吴氏族谱》第二十部，第15、第33、第63页；第一部，《诰敕上》，第54页。

再次，李枋、金始焕别单所记康熙帝传位遗诏内容与清朝传讣敕使所宣遗诏一致，也与清朝其他文献记载一致，有核对后者的意味。

另外，李混、李万选别单［A］段末尾提到，鉴于继位的情形，当时人即有“秘不发丧”、“矫诏袭位”的议论。这一记载，比雍正七年《大义觉迷录》提到的矫诏传言要早近七年。这一点值得注意。《大义觉迷录》所载上谕，提出了康熙帝召见七位皇子宣布传位遗命的事，为什么要到这个时候才出此说呢？冯尔康先生认为，这并不是出于弥补篡夺皇位的谎言，而是出于针对曾静（张熙）投书案供词中谋父篡位言论所做的说明。① 但是，据李混、李万选别单的记载，“矫诏篡位”的传言在雍正帝即位不久就已出现，那么雍正帝当时为何不加以说明呢？是因为没有合适机缘？还是因为以不同的方式做过说明呢？这一问题值得进一步探讨。

李混、李万选别单［B］段，是使臣认为可以构成“矫诏袭位”证据的康熙帝第十四子胤祯（允禵）的事迹。这些事迹的记述，与清朝文献的记载基本一致。但有数点仍值得注意。

第一，“赐玉玺”之说未见于清朝文献，可能属于对“抚远大将军印信”的误听误解。

第二，康熙帝染病之初有密召胤祯之旨，不见于清朝文献。假定密召之旨发于初八日，到十三日晚康熙帝逝世，则已行六日，若按紧急军务件驿递，再过三日则抵达当时胤祯的驻地甘州②。因此，即使雍正帝在康熙帝逝世的同一刻发出追回密召之旨的命令，该密旨也已到胤祯之手。但从目前能见到的清朝文献看，没有任何胤祯曾接到密召之旨的直接证据。但是，经过对清朝相关记载的仔细分析，就会发现，别单中的这一说法绝非空穴来风。

召回胤祯的诏书，《清世宗实录》卷1，康熙六十一年十一月乙未（十四日）记载：

谕总理事务王大臣等：“西路军务，大将军职任重大，十四阿哥允禵，势难暂离。但遇皇考大事，伊若不来，恐于心不安。著速行文大将军王，令与弘曙二人驰驿来京。军前事务，甚属紧要，公延信著驰驿速赴甘州，管理大将军印务。并行文总督年羹尧，于西路军务粮饷，及地方诸事，俱同延信管理。年羹尧或驻肃州，或至甘州办理军务，或至西安办理总督事务，令其酌量奏闻。至现在军前大臣等职名，一并缮写进呈。尔等会议具奏。”寻议：“谕旨甚属周详，应速行文大将军王，将印敕暂交平郡王讷尔素署理，即与弘曙来京。”得旨：“副都统阿尔纳，著随大将军王来京；副都统阿林保，著随弘曙来京。”

上文已指出，据《上谕内阁》，指定四位“总理事务王大臣”是十五日的事情，则抚远大将军职权移交谕旨在十四日下于“总理事务王大臣”，要么是篡改了日期，要么是篡改了诏书的内容。据满文奏折、传教士书信及《永宪录》等文献记载的印证，可以肯定，雍正帝召回允禵之旨利用“廷寄密旨”的形式假借了康熙帝的名义，属于

① 《雍正帝继位新探》，第90页。

② 北京与甘州快递军务文书往来片道约九日。如署理抚远大将军延信雍正元年六月（大）十五日的军务奏折，获朱批后于七月初三日返回到甘州。（见《雍正朝满文朱批奏折全译》第174、第436折，上册，第174、第238页，）

"矫诏"无疑（参见笔者《雍正帝矫诏召回抚远大将军王允禵考》）。

四、雍正帝位的合法性危机

李枋、金始焕别单详细记载了康熙六十一年十一月康熙帝"大渐"到雍正元年三月间与雍正帝继位、康熙帝葬礼、雍正帝即位后所面临政治局势的各项事宜，大部分的资料，当来源于当时的邸抄，而且大部分内容与《清世宗实录》、《上谕内阁》所载相符。其中监察御史柴谦所上谏雍正帝"六失"疏，到目前为止，未在清朝文献找到原文。该疏所透露的信息，饶有兴味：

监察御史柴谦上疏曰：历观两月，内有六事，试为我皇上直谏之。祀典最重，初祭务必躬亲行礼，而陛下登极以来，委遣代祭，殆不敬天，一也。民为邦本，直隶、河南、山东连年歉收，饥民四散，而陛下登极以来，不实行赈济，致民不聊生，二也。昆季一本，同母共乳，较同父更切，而陛下登极以来，遇贝子胤祯，无异陌路。不和手足，三也。年老大臣，俱系信任辅弼，久被优崇。而陛下登极以来，轻意谪降，使彼危不自安。其轻辅政，四也。富有四海，万国共球（赇），仓藏丰盈，不宜科敛。而陛下登极以来，滥行科派，而或勒银十万两，或勒银五十万两，渐加勒银百万两。不知财聚民散，五也。自古罪大恶极，法难宽宥，始行籍没，何有訾议。而陛下登极以来，忆居藩位非顺心人，即抄没其家。忍心害理，六也。臣以驽棐之性，展布忠悃，六失昭彰，不敢稍讳。①

据疏中"历观两月"之语，则此疏上于雍正元年正月中或二月初。柴谦，字南屏，杭州人，为康熙五十六年十一月二十三日公疏合请举行东宫典礼八御史之一②。雍正元年三月十六日，坐"不端"同当年公疏署名的吴镐、邵璿两御史被罚充军。③ 后于雍正帝四年七月获赦，放归原籍。④ 此疏是否确为柴谦所撰，到目前为止，笔者未找到直接证据。但柴谦"不端"罪名的确切内容既然需要隐去，那么可以肯定其中必有不利于尊者颜面的情节。

雍正元年八月，为吊慰仁寿皇太后崩逝，朝鲜派出礼曹判书吴命峻为主使、户曹参判洪重禹为副使的"陈慰兼进香行"使团。使臣在北京"又得见皇帝传谕诸王大臣等说话誊本"⑤。这份"说话誊本"记录在吴命峻、洪重禹的别单里：

九月二十八日，皇帝御午门，传诸王满汉大臣并八旗满洲蒙古汉军都统，面谕："朕自登极以来，览阅各部奏本，都写得好。只有工部廉亲王八阿哥总理，其奏本抄写甚是不好。贴补涂注甚多，轻忽不敬如此。当初圣祖仁皇帝未宾天之日，诸王大臣都保举八阿哥可承大统。大学士马齐亦保举八阿哥君临天下。去年十一月十三日，圣祖仁皇帝龙驭上宾，将大统托付朕躬，你们俱不心服，道我暗窃大宝。我若将你们诸王议处，

① 《同文汇考》补编卷4《使臣别单（四）》，第12册，第656—658页。
② 故宫博物院：《文献丛编》第4辑《康熙建储案》。
③ 《雍正朝汉文谕旨汇编》第133谕，第1册，第48页。
④ 《清世宗实录》卷46，雍正四年七月癸巳。
⑤ 黄晸：《癸卯燕行录》，林集中编：《燕行录全集》第37卷，第282页。

又恐伤手足，必定坏我名声。我想诸王阿哥们原系妃嫔所出，朕亦是妃嫔所生之子。朕自登极以来，有说不尽苦楚。每日无一刻安时，都不如我在旧王府时，娇妻美妾，并为（未）拘束。朕自去年十一月至今，并无一日快活，吃的未有好东西，穿的并无好衣服。我想起来，做皇帝有甚好处！如八阿哥要做皇帝，我情愿让做他，何如？”诸王大臣俱叩头谢罪。又谕马齐等云：“你们若能劝与诸王敦伦和睦，使我兄弟各无猜嫌，共理大事，圣祖仁皇帝在天之灵必欣悦矣。”诸王大臣又谢罪而出。①

除宣布律典、受俘外，明清无皇帝“御午门”颁布诏谕之礼。但该别单所记谕旨内容却并非杜撰。相似的内容在后来公布的雍正帝上谕中赫然醒目。如雍正二年四月初七日切责允禩的上谕里说：“尔诸臣内但有一人或明奏或密奏谓允禩贤于朕躬，有足取重之处，能有益于社稷国家，朕即让以此位，不少迟疑。为君非易事，若只图一身逸乐，亦复何难。”② 这段文字与别单所记谕旨后段意思基本一致。查《雍正朝起居注册》，雍正元年九月二十六日，大学士等“复请宗人府议处廉亲王等一疏，上曰：‘允禩着从宽免其永停亲王俸米，余依议。’”十月十一日，又复议“吏部所议奏本字画草率，应将廉亲王等罚俸一疏”，雍正帝做相同指示。③ 可见别单里记载雍正帝责备允禩“奏本抄写甚是不好”并非无据。

可以说，以上“别单”中不完全见于清朝文献的记载是真实可信的，从中可以看到雍正初年雍正帝皇位合法性所面临的挑战以及雍正帝对允禩等人的斗争。

五、雍正帝的迷信与内心紧张

雍正六年五月，朝鲜以“缉扑逆党”移咨清廷，遣“赍咨行”使团赴北京。④ 此行宪书赍咨官卞昌和手本记载了一段雍正的君臣对话和一首谶语：

序班金超得圆明宫说话一张，誊示曰：

［A］七月十一日，十三王、十六王同内府总管大人查弼纳在圆明苑内宫门上，皇上问十三王：今年水利营田收成可好否？

十三王回奏：“有九分收成……此皆皇上洪福所致也。”

［B］皇上云：“荒熟乃天道循环，非朕之福。实由圣祖余荫，所以朕耿耿留心，唯恐不如圣祖政令，常自日夜思维，兢兢不忘。想先帝欲图久远，见《推背图》云‘胡人二八秋’，即行扯仙，求大仙明示何谓‘胡人二八秋’，朕当重修庙宇？仙批云：‘不用修来不用修，谁识胡人二八秋。红花落尽黄花发，五月干戈八月休。’先帝欲明此语，终不能明，一惟从宽省刑薄税，从天听命。所以刑部每停秋决，广膳（善）库设法借俸。有官弁家贫不力者，预借俸银，三五年扣除清完。即如康熙六十一年间借俸三年，扣至康熙六十四年扣完。谁知六十一年一朝驾崩，何能至于六十四年！朕每见扣除俸银册内有扣至六十四年者，未尝不涕泣三四也。今朕效先帝所谓（为），将各省每年钱粮

① 《同文汇考》补编卷4《使臣别单（四）》，第12册，第663—664页。

② 《雍正朝汉文谕旨汇编》第1册，第70页。

③ 《雍正朝起居注册》第1册，中华书局，北京：1993年，第106、115页。

④ 见《同文汇考》补编卷7《使行录》，第12册，第979页；《清世宗实录》卷74，雍正六年十月庚子。

解送户部者，除动用外，尚有余剩八百万两，欲放给八旗官弁兵丁，未得总管之人，所以八旗各设收卖米局，以便兵民。宗人府借俸，并无苛刻。至于刑罚，皆人自惹，不得已而行诛戮，亦必着诸王大臣详议真情。即如年羹尧、隆科多辈，朕贷（待）他殊恩，尔等之所共知。孰意他欺君罔上，最（罪）大莫逭，即朕不诛，天亦不赦。就如查弼纳，你为两江总督时，犯罪来京，在朕面前自改前非，朕即宥罪擢用。皆由你自知前愆，自勉自励，小心供职，朕亦优待。若诸臣中能如此者，岂肯舍之而不用乎？”

查大人叩头回奏：“臣蒙主子洪恩，赦罪擢用，虽粉身碎骨，莫报隆恩。愿求皇上寿登千百，臣子子孙孙生生世世，永报不尽而已。”

［C］皇上大笑云：“人岂有千百岁在生之理。今年仓（昌）平州掘碑一座，碑上诗语，朕甚不解，未知是何应兆。欲将明年七月起，不必写出年号，只写己酉、庚戌、辛亥。尔等详议，传示各衙门知之。”钦此。

十三王等回奏：“皇上以孝治天下，仁德化民心，虽古圣贤君，无以复加。况我朝定鼎以来，四民咸服，五谷丰登，皆天赋久祚于大清。碑文解语，何足凭信。若据碑上之诗，不写年号，一若外扬，反为惶惑。若有借俸一二年者，可只写年份，不写年号。其现年历日文书稿案，仍照旧例。至于各衙门启奏事内有字眼不好者，请为改正。即如‘年终尽数’四字，以臣愚见，改为‘岁底全数’，未知可否，伏乞圣裁。”

奉旨：“甚是。‘年终’改为‘岁底’，‘尽数’改为‘全数’，传示各衙门知道。”钦此。

……

更问其仓（昌）平州碑上诗语，则金超又誊示一张，曰：皇上筑万年吉地，差官到仓（昌）平州取土，掘至丈余，见碑一座，长一丈六尺，宽七尺，厚四尺，明刘伯温所立。有句八联，曰：红花落尽放黄花，遍地胡儿乱似麻。东来西去归藏土，南上北下返牛家。七九之年虎哺兔，一人骑马踢双猢。八六家鸡夜宿粮，十个孩儿九哭娘。①

手本A段所记查弼纳官衔为内务府总管，不确，应是兵部尚书。查弼纳任内务府总管在雍正四年五月至七月间。但A段所说直隶水利营田事及B段所说查弼纳改过擢用事，与清朝官方文献所记相符。B段所说官弁广善库“借俸”事及雍正帝动用官帑设立八旗“米局”事，俱与清官方文献记载合。

手本C段记载雍正帝欲改雍正七、八、九的三年为干支纪年的说法，乍看很玄，是否可信呢？翻检《雍正朝起居注册》雍正六年七月十一日并无相同记载。难道是序班金超杜撰以图贿赂？再细查，发现该书六年六月初九日戊子有这么一条记载：

内阁奉谕旨：“朕从前曾降谕旨，不必写雍正七、八、九年，缮写己酉、庚戌、辛亥年。此旨下于何人之处，着查明。”②

清朝文献里的相关记载，目前就找到这么一条。在该起居注册内也找不到此谕旨的执行情况。但是，《雍正朝起居注册》这条简单记载却已足以证明朝鲜使臣手本的记载并非凭空捏造，或者出于序班金超图谋贿赂的杜撰。与清朝文献过于简单的记载相比

① 《同文汇考》补编卷4《使臣别单（四）》，第12册，第700—704页。

② 《雍正朝起居注册》第3册，北京：中华书局，1993年，第2046页。

较，朝鲜使臣的手本提供了雍正帝改变纪年方法的详细背景、动机及实际执行情况。

去雍正年号改用干支的直接动机是为了避免童谣预言的应验。该童谣的寓意，据手本的记载，雍正帝以为“甚不解”。但是实际上他还是做了解释。从回避“雍正”年号、改“年终”为‘岁底’、“尽数”为“全数”来看，雍正帝将昌平碑上所刻童谣与“国祚长久”做了联系，这反映了他内心对于“国祚长久”所怀的紧张和疑虑，也从一个侧面提供了解读雍正帝大搞祥瑞、宣扬“天人感应”的内视视角。

其实，这种紧张心态并非雍正帝的虚幻感觉，而是有着现实的依据。卫拉特蒙古准噶尔部的威胁在康熙年间变得严重，从北、西、西南三面对清政权构成压力。早在康熙二十六年（丁卯），朝鲜使臣在北京就听到过类似的童谣：“白塔一身孝，四塔都修到。西犭達子若要来，东犭達子就跪倒。”[①] 这首童谣寓意清朝将亡于准噶尔蒙古，虽不能排除其中含有某种内地人民的反清情绪，但所传递的准噶尔威胁信号却是毫无疑义的。经过康熙年间三征噶尔丹、驱准安藏、雍正二年平定青海罗卜藏丹津叛乱，清廷在与准部的博弈中变得主动，然而准部一日不亡，青藏与喀尔喀甚至内地就难以长久安宁。因此，雍正五年二月始，雍正帝接受川陕总督岳钟琪的建议，做直捣准部的秘密备战。这一备战，到六年七月已是一年有半，西征大计已定。从后来公布的计划看，七年是北西两路出征之期，八年直捣伊犁，那么九年就是善后之期。[②] 那么，将七、八、九三年改用干支纪年，目的就不外是祈求西征奏凯。

当然，限于信息来源的局限，朝鲜使臣有时候也会得到假情报。例如康熙五十五年，朝鲜使臣从辽东驿丞处获得一份“西犭達讲和表文”，录入别单中。回国后，他们听说此“表文”实为明末琉球国讲和表文，于是查核文献，发现“表文”出自刻本《燕居笔记》，有字句增删，但全篇大体相同。[③] 此事益发可见朝鲜使臣记录“别单”的谨慎。另外，官名、人名等，或因译音，讹误多有。由于是闻见，所记述的有些事件发生时间与实际发生时间有出入。但是，这些闻见记述并非凭空捏造，并且朝鲜使臣在记述时力图做到真实可信，与《承政院日记》中朝鲜君臣的评论有着不同的性质。如上引雍正六年卞昌和手本记载康熙时官弁的广善库借俸一事，手本原文记叙非常清楚，但是到朝鲜君臣议论此事时，却被理解为雍正帝“借百官之俸禄以为祈祷之需”，[④] 把时间和内容都搞错了。反过来说，我们不能因为《承政院日记》、《朝鲜王朝实录》里面所记载的朝鲜君臣评论有误解、误断而否定“别单”等朝鲜使臣闻见记录的可信性及史料价值。

总之，尽管朝鲜使臣的见闻记述，与清朝的官方文献一样，也存在局限，但如果能参证以清朝官方文献的相关记载，就如本文就有限的史事记述事例考述所见，朝鲜使臣

---

① 《同文汇考》补编卷2《使臣别单（二）》，第11册，第531页。

② 参见岳钟琪雍正六年十二月十四日奏折，《雍正朝汉文朱批奏折汇编》第14册，南京：江苏古籍出版社，1990年，第220—222页。

③ 《肃宗实录》肃宗四十三年（康熙五十六年）五月戊午，《朝鲜王朝实录》第40册，第648页。据《同文汇考》补编卷7《使行录》，康熙五十五年十月三十日朝鲜派出以砺山君李枋为正使、礼曹判官李大成为副使的“谢恩兼三节年贡行”使团。见该书第12册，第970页。

④ 《承政院日记》雍正六年十一月二十七日，第37册，第161页。

以清朝历史见证者的身份所提供的相关记述具有颇高的可信度，是一种可以拓展对清史认识的珍贵历史文献，是一个尚未得到充分开发利用的宝藏，值得清史纂修者予以更多的注意。

清初降臣柳同春的旌赏之路

彭　勇（中央民族大学）

明清易代之际，明朝官绅的政治立场面临多重选择。清军入关前，他们中有的人加入了起义军队伍，有的人为崇祯帝殉了葬，有的人彷徨四顾。清入关后，有的转投南明政权，有的随农民军转战各地，更多的人则投靠新主——清政府。王锺翰先生点校《清史列传》之“贰臣传”记载的就是这样一批“望风归附”明季官绅。起初，降清明臣不论以何种方法降清，不论统治者对待汉官的态度疏阔或严苛，他们大多都得到了清廷的封官赏爵，但百年之后，又被他们的“主子”乾隆帝钉在“贰臣”的“耻辱柱”上①。

对清初中央招降之策及相应的封赠措施，学界既有宏观政策的分析，也有对诸多名臣的个案研究②。本文所关注的柳同春就是数以千计降清明臣中的一位，其地位并不是很高，《清史列传》、《清史稿》等史籍并无只言片语，其事迹如果不是他本人请旌求赏的奏疏《天念录》传世，他可能也会像绝大部分降臣一样，湮灭在历史的长河之中，但他的经历和事迹又颇为生动曲折，是清初降臣的一个缩影。柳同春的事迹目前仍无专文研究，其不足万言的著作，如果不是顾诚先生在《南明史》一书首次引用，后人对他几乎无所了解。

关于柳同春个人传记，雍正《河南通志》的记载较为全面：

> 柳同春，字太和，太康人，明末任繁塔千总，升山西守备。壬午闯寇屠城，父殉难，同春手刃数贼，驰去。国初，论归命功，授江西都司。金声桓叛，同春夜越城，变僧服，昼夜驰三百里，启大将军谭泰统兵进援。同春身为军锋，恢复全省。先是，妻子留省城，俱被害。贼平，妻安氏建坊旌表。升江南江北狼山总兵，坐镇六年，海寇无警。礼乡贤。③

这段河南地方官府给柳同春的“盖棺定论”，除“论归命”三字委婉表达了他“顺应天命”由明降清的历史外，主要塑造的是他的英雄形象和丰功伟绩。其实，历史的真实过程并不像官样履历记载的那么简洁、明了。柳同春从壬午（1642）到国初（甲申，1644）两年的“事迹”在这里被抹掉了；国初“功授江西都司”，他的“功”在何处也只字未提；“贼平，妻安氏建坊旌表，升江南江北狼山总兵，坐镇六年”，从文字上看，似乎柳同春既然有“恢复全省”的卓越功绩，他和他死难的妻子稍后即刻获得旌表和

---

① 王锺翰校注：《清史列传》，中华书局，1987 年。

② 姚念慈：《清初政治史探微》（辽宁民族出版社。2008 年），杨海英：《洪承畴与明清易代研究》（商务印书馆。2006 年）、陈永明：《清代前期的政治认同与历史书写》（上海古籍出版社，2011 年）和雷炳炎：《清代八旗世爵世职研究》（中南大学出版社，2006 年）的研究对该问题多有涉及，对本文多有启发，特此致谢。其他相关研究不一一列举。

③ 王士俊：雍正《河南通志》卷 57《人物一》。

升迁，实际情况远非如此。那些缺失和被隐匿的历史，还需要我们逐一探讨。

一、柳同春生平事迹考略

柳同春的主要功业记载在他本人编撰的奏议《天念录》之中，该书现收藏于中国国家图书馆。《天念录》一书除顾诚先生撰写《南明史》时引用，并以书前插图“御览异惨图”作为《南明史》封面外，至今未见其他学者征引。①

《天念录》，清初刻本，八行二十字，白口，四周单边，仅见中国国家图书馆收藏。是书两集各一卷，每卷各4篇，“集一”收录的奏疏分别为《顺治九年六月浙江按院杜果题疏》、《顺治十年八月自陈疏》、《顺治十二年二月自陈疏》和《顺治十二年兵部覆知照浙江等处提刑按察使司为微臣请兵有据全家死难堪怜等事》等，记录了柳同春认为自己在平定江西金声桓、王得仁反清归明事件中有巨大贡献且家人惨遭屠戮，却因种种原因，官职不升反降，故而一次又一次代陈、自陈，请求予以旌表赏功的全过程。“集二”一卷收录2份兵部“札付”、2份柳同春奏疏，记载了柳同春请旌求表圆满解决及升职、谢恩等史事。

柳同春请旌求封的经过稍后再加详细分析。这里首先通过分析有限的史籍，勾勒出柳同春在明清易代之际，在明、顺、清和南明等四个政权逐鹿中原之时，他的政治立场转变的基本史实，为揭示他的心路历程变化提供纵向线索。

柳同春，河南太康人，早年经历不详。从《河南通志》看，明末时局动荡，柳同春因自身条件和差役性质等原因，由应募或应役“仗策从戎”，加入地方民兵武装。乾隆《太康县志》说他“体貌魁梧，胆略过人。明末盗贼蜂起，仗策从戎，立战功，守备繁塔，调山西游击，与贼战，屡有斩获。”② 柳同春最初戍守的地点，如果确实是“繁塔”的话，当是河南省城开封（明太康县属开封府管辖）的古老佛教寺建筑。柳同春何时、何故从开封抽调到山西，并升任到“游击”一职，还不甚清楚，但明末从河南往陕西、山西调兵的情况确实比较多。按说，明代游击一职属中级武官，位在参将之下，但制称“将军”，柳同春何以能升职如此之快，存疑。不过，从甲申之年柳同春在大顺、清政权下率兵数量和任职看，他在明末时已位居参将是有可能的。

一六四四年的中华大地，正在上演着惊心动魄、血雨腥风的王朝更迭，黄河以北的传统中国版图上的每一位官绅都受到这场巨大变革的影响，柳同春以一介武将，更是必须面对多重选择。然而，无论是《河南通志》还是《太康县志》都回避了柳同春从任守备山西游击到率兵“投诚”或“归命”清政权的这段史事。前引雍正《河南通志》的记载直接从壬午年（1642）跳到了国初（1644），刻画的还是一个勇于杀敌的英雄形象：“闯寇屠城，父殉难，同春手刃数贼，驰去”。

对柳同春的归降，清朝官方正史《清世祖实录》有如此简短记载：

① 参见顾诚：《南明史》，光明日报出版社，2011年，第345—355页。另见顾诚：《明末农民战争史》，光明日报出版社，2012年，第387页。

② 武昌国、胡彦昇修，宋铨纂：《太康县志》卷5《人物上》，乾隆二十六年刻本。道光《太康县志》卷5《人物》和民国《太康县志》卷10《人物下》中柳同春事迹与乾隆本完全相同，民国本增补了柳同春儿子的事迹。

（顺治元年十一月）己丑。伪将柳同春率马步兵五百余人来归。

“伪将”是清初对农民政权大顺、大西官员的称谓。那么，本为明朝武官的柳同春何时摇身变为农民政权的将领呢？在柳同春曾任职的山西地方志书中，我们找到了蛛丝马迹。

据道光《阳曲县志》记载：

崇祯癸未冬十月，贼李自成据秦，太原戒严……甲申正月，贼渡黄河而东，所过都邑，望风降逆，毒刑逼饷，宗室乡官裔富民苦死者不计其数。二月初，贼至大佛寺，巡抚蔡公懋德使小将柳同春率所部兵探贼。同春未见贼兵，同众溃散。初六日，贼至城下。①

这里清楚表明，1642 年时因父亲死于李自成部下的柳同春“手刃数贼”，突出重围，但仍然留在明朝武官队伍里。1643 年（崇祯十六年）时，柳同春已作为游击驻守在平阳府（今临汾）城，他率兵杀掉 2 名起义军的侦察兵②。1644 年初，他作为山西巡抚蔡懋德手下的一员武将，当李自成大军进逼太原时（阳曲县地近太原）柳同春奉命率兵打探消息，但他选择当了逃兵，“同众溃散”！二月初六，李自成大顺军抵达太原城下，初八日凌晨守军开城投降，前过只有两日。③ 尽管太原城投降的官员为数众多，但像柳同春这样以率兵“溃散”的形式，先于太原城守军向李自成大顺军投诚的做法，还是显得特立独行，固被后世史官单独记载下来，这也说明柳同春是主动投降大顺政权的。

投降大顺军的柳同春手里有兵，受到重用，他应该是被就地授官，驻守太原以北的忻州，兼辖定襄。据康熙《定襄县志》记载：

顺治元年，襄邑密迩五台，张五桂引众贼攻城，村落震惊。四五月间，闯兵逃窜，奔驻省城，伪将柳同春窃据忻州，兼辖定襄，闻国朝已拔代州等邑，伪将溃走定襄，破堡寨，掳妇女，自南山一带多至蹂躏。抚院飞檄招抚。时同春引众赴省，所掳妇女，索钱听赎。我国朝定鼎三四年间，贼氛稍息。④

从“引众赴省”看，由于此时的太原城仍然控制在大顺军的手里，说明李自成退出北京之初，柳同春仍然在追随大顺军。只不过，身为大顺军守忻州、定襄一地的柳同春在此政权迭变的时代继续采取他“走为上策”的路线，周旋于地方，以保存实力。大约是为了供养自己的军队，他采取抢掠妇女、索取财物的做法，给当地百姓带来极大的祸害，故“事迹”也被记录在《灾祥志》之中。

顺治元年（1644）六月以后的山西是大顺和清廷争夺最激烈的地区。李自成尝试以山西、河南为反攻的主战场，故他在退回西安前后，在这里采取了一些积极的防御和

---

① 《阳曲县志》卷 16《志余·明末纪事》，道光二十三年修，民国二十一年重印。中国方志丛书，华北地区，第 396 号，台北成文出版社，第 1301—1302 页；另见康熙二十一年《阳曲县志》卷 13《丛纪》。

② 刘玉玑，关世熙修，张其昌等纂：《临汾县志》卷 6《杂记类》，民国二十二年铅印本。

③ 顾诚：《明末农民战争史》，第 230 页。

④ 《定襄县志》卷 7《灾祥志》，康熙五十一年刊本，雍正五年增修，中国方志丛书，华北地区第 413 号，台北成文出版社，第 485—486 页。

反攻措施，也受到部分成效。[①] 清廷也从六月开始向山西派出了招抚官员。也许是因为清军初入关内，群情汹汹，时势难料，也许是这一时期大顺政权在山西打击反叛活动的力度还较为有效，即便清廷势力已介入晋北和晋中地区，柳同春并没有选择迅速投降，他采取了割据自雄、以察时变的措施。

柳同春降清的时间诸记载不甚一致。前引《清世祖实录》卷十一说他降清的时间在顺治元年甲申十一月“己丑”日，即初五。但在柳同春本人的《天念录》“顺治九年六月浙江按院杜果题疏”和自陈疏中都宣称是“于顺治元年七月内，在潞安地方，带领将官陈节、祝有德等二十七员、马步兵丁三千余名投诚”，时间要远远早于实录的记载。柳同春在顺治十年八月的“自陈疏”中更是提供了降清时的详细情形：

臣于顺治元年七月内带领兵马三千投诚，叶青[②]固山给总兵札书、晋抚臣马国栋具题奉旨，策励报效，授以河堡营参将，此归顺之来历也。

笔者认为，柳同春最早投降的时间当在七月份，最终上报到清廷可能已到十一月初了，究其原因，概清初时局动荡，明朝官员和大顺官员叛服无常，加之事务繁多，像柳同春这样的中级官员归降信息不大可能及时上报。降清的地点在潞安，说明柳同春等人从忻州、定襄出逃后南下，迫于形势，最终在潞安选择了降清。至于投诚的人数，柳同春所说有三千人，而实录仅说有五百人，前者应该包括陈节和祝有德等 27 名官员共有的步兵，柳同春在自陈疏中报三千人，有夸大自己功绩之嫌。

从顺治元年六月开始，在山西，“平定山西固山额真”叶臣、巡抚马国柱正在艰难推行招抚政策。七月份，清廷还下令：“平定山东固山额真觉罗巴哈纳、石廷柱等移师，会固山额真叶臣军平定山西。”[③] 柳同春选择这一时期在潞安降清，既有清廷以优厚的政策全力招抚的大背景，也有清廷在山西的打击力度加大所致。

降清之后的柳同春遂即被纳入清政权的武装秩序，走向昔日“主人”和“战友”的对立面，善于“溃败”和“投诚”的他从此坚定不移地站在维护清朝统治的立场上。入清之后的柳同春其政治命运和人生经历像清初统治者的命运一样，起伏跌宕，但最终过上安怡富足的生活。

入清后的柳同春履历大致如下。

顺治元年（1644）七月，柳同春被固山叶臣、山西巡抚马国柱授予河堡营参将。[④]

二年，柳同春参与了统一山西的战斗，“或剿或抚，收服许林堡、曹子堡、岚县等处逆贼数万，悉奏荡平”。[⑤]

---

① 顾诚：《明末农民战争史》，第 294—299 页。

② “叶青”当为“叶臣”。据《清世祖实录》卷 5，顺治元年六月庚午条，遣固山额真叶臣、率将士平定山西路地方。直到次年秋七月壬了，因战事需要叶臣才被调往江南（见《清世实实录》卷 19），此前他一直以“平定山西固山额真”身份组织山西的战事。

③ 《清世祖实录》卷 5，顺治元年六月庚午条；《清世祖实录》卷 6，顺治元年七月戊子条。

④ 查：河堡营，位于晋北，新降清廷的唐通获任保德州总兵官，招抚了河堡营、唐家会下营、黄甫川、清水营、木瓜园、孤山镇、永兴、神木、大柏油堡、葭州（佳县）等处农民军余部，柳同春即任职于此。参见《明清史料》丙编，第 5 册，第 497 页。

⑤ 《天念录》集一，顺治十年八月柳同春“自陈疏”。

三年四月，柳同春被推为“江西都司”①，职任“操捕都司”。

五年正月二十七日，原明朝总兵官、时任江西总兵官的金声桓和游击王德仁等人在南昌“反清归明”，柳同春深夜越城，变僧服，昼夜驰三百里，到南京向清大将军谭泰报告。稍后，他身为乡导和先锋，还献上行军路线图，清军遂顺利兵困南昌城。柳同春的妻子家人三十二口，也因此被害。事见《天念录》。

六年三月，南昌城陷，清军屠城，进而据有江西全省。六月，清廷论功行赏。柳同春却被以“既系命官，不能殚力图贼，乃装僧脱逃”为由革职。不久，兵部官员认为“念其虽系逃官，未经从贼，且妻子家口尽死于贼，情亦可矜”，又下令恢复原职。②

七年二月己亥，“补原任江西都司柳同春为浙江掌印都司”③。柳同春以都司佥事管浙江掌印都司事，实权稍有提高。

九年六月，柳同春通过浙江巡按御史杜果代为上奏，请求旌赏，但兵部未予批准。

十年八月，柳同春第一次上“自陈疏”，并绘“御览异惨图”，顺治皇帝批复“深为可念”，让兵部核查，兵部仍维护原判。

十一年内，因“汛地失防”，柳同春被降二级。后因缉贼有功，官复原职。

十二年，柳同春再上自陈疏，指责兵部“含糊议覆”。顺治皇帝批复“投诚功绩，情词甚功”，要求详查再奏。兵部改判，认定他出城请援而非脱离职守。八月辛巳，柳同春获升职为密云石匣营副将④。次年六月初二日到任。

十三年十一月戊申，柳同春妻子终获旌表。据《清世祖实录》：“旌表烈妇。江西都司佥书柳同春妻安氏，给银，建坊如例。”⑤

十七年七月，柳同春因“微臣吁请陛见”等事，被降三级，仍分管原事。⑥

十八年闰七月，柳同春被推为镇守江北（狼山）等处地方总兵官，署都督佥事，撤销原降三级处分。柳同春上疏请求面见顺治皇帝，以谢皇恩，被拒绝。八月二十八日，柳同春到狼山任总兵。⑦

康熙元年（1662），柳同春为其弟生春奏请，获补御前三等侍卫，升二等拜他喇布勒哈番。⑧

康熙六年康熙元年，柳同春自陈不职请辞，获准，遂解职回家。据载，他在狼山任总兵六年，“海寇无警”。后入乡贤祠。⑨

---

① 《天念录》集一，顺治十年八月柳同春“自陈疏”。

② 《天念录》集一，“顺治十二年兵部覆知照浙江等处提刑按察使司为微臣请兵有据全家死难堪怜等事”。

③ 《清世祖实录》卷47。

④ 《清世祖实录》卷93。《天念录》集二，《兵部札付》记载九月，可能是公文时差的原因。

⑤ 《清世祖实录》卷104。

⑥ 《天念录》集二《兵部札付》。

⑦ 《天念录》集二。另见《清圣祖实录》卷4，顺治十八年闰七月庚子条。

⑧ 乾隆二十六年《太康县志》卷5（上）《人物》。

⑨ 《清圣祖实录》卷24，康熙六年十一月乙丑条；雍正《河南通志》卷57《人物一》。按：“自陈不职”系官员考察时的程序之一，官员先自陈并按惯例题请免职，若皇帝认可该官员的政绩，会批复留任，按制升调迁转；若不堪任职，会借此解职。解职官员原来享受的政治荣誉、经济待遇和社会地位不受影响。

二、柳同春的请旌求封

生活在明清之际的柳同春，面对群雄逐鹿、政权更迭，他有选择自己政治立场的权力。作为明朝的武臣，在走投无路之时，他先投向农民军队伍，再迫于清军的压力而选择"投诚"，但当南昌城出现反清归明时，他却不惜全家性命，毅然决然坚持站在清政权一边，由此也引发了一段悲惨的家国情仇。

入关之初，清统治者为完成统一中国的愿望，加大了招降纳叛的力度，以争取各种可以利用的力量。这与大顺、南明政权采取的措施有很大不同。值此国破家亡之际，作为众多降清文武官员中的一位，柳同春还算是幸运的，他不仅押对了胜利的一方，而且他的请旌求封目的最终实现了。柳同春个人的历史命运，其实是那个时代的缩影，透过他的旌封之路，我们可以清楚地了解清初降臣的心路历程以及清初封赠制度的实际运行情况，对明清易代也有更为鲜活的了解。

柳同春的请旌求封是从顺治九年才开始的，按说在顺治六年南昌城、江西全境安定之后，就应该着手的。柳同春在三年后才选择执著的请求，肯定是有原因的，其中不排除他在南昌之变后的惊魂未定，也可能是因为他在顺治初年业已降清，不符合初降授职的条件，但分析《天念录》他请求旌赏时陈述的理由，我们能够发现，在他曲折的旌赏背后，是清初更为复杂的政治环境和恶劣的生存环境。

（一）清初的招降纳叛措施

借助汉人以达到控制"汉地"的目的，早在努尔哈赤时期已有先例。天命六年(1621)、八年，努尔哈赤两次颁布优待来降的命令，"凡人无分主仆贵贱，但厌其本国，来附于我，竭力勉为，尽其所能，则不念其卑贱，即行擢拔，任职录用"。[①] 当然，直到晚年，努尔哈赤仍在大肆屠杀辽东汉人，把汉人分给女真贵族为奴，推行民族压迫政策，性质极其恶劣。皇太极和多尔衮也都采取过降官封授世职的做法。在大凌河之役前，皇太极就针对投诚归降制订比此前稍稍明确的措施，提出了具体封赏的基本标准："倘官员降，子孙世袭罔替；倘小民杀官吏来降，则量功授职；孑身来归，则恩养之；率众来众，量所携之人数，计功授职，并恩养之"[②]。虽然这种封赏在当时更多是出于瓦解、利用的目的，却也为入关后的封赏提供了重要的参考依据。

清朝统治者明白，一旦入主中原，他们其实是与"流贼角天下"，举替汉人"复君父仇"之旗，把笼络明朝宗室和官绅定为"国策"，包括柳同春这样由明降顺的文武官员也都在招抚的范围。虽然清初欢迎投诚、招降封赠的政策还带有强烈的民族歧视色彩，[③] 但它确实为清统治者争取了一批或坚定不移或貌合神离的追随者，或者说，虽然许多时候所谓的替天行道、顺天保民就是个幌子，实际上在多方政治力量博弈之时捞到

① 《满文老档》，天命六年六月初八日，中华书局，1990年，第210页。

② 《满文老档》，天聪五年十月二十三日，中华书局，1990年，第1162页。

③ 笔者曾撰文《试论多尔衮与汉族知识分子的关系》分析清初统治者与汉臣关系的不确定性及其可能产生的严重后果，见《南都学坛》1997年第4期。

了实实在在的政治资本，毕竟，清统治者借此统一中国、延绵国祚的目的达到了①。

顺治元年四月二十三日，多尔衮明确表达了大顺官军投降可以享受与原明朝官员同样的保护并予以优待的规定，“流贼属下官兵来投者，亦尊其官爵，准其子孙世袭罔替，共享太平”②。此时，清廷多次明确宣谕明朝、大顺官员，欢迎投诚建功，“前朝勋臣及子弟有倡先投顺，仍立功绩责，与本朝诸臣一体叙录，应给封诰照例颁给。其见有官职，已经来朝者，仍准授原职”，确定了封赏的原则和标准③。从《清世祖实录》记载看，从冬十月此令颁布，到十一月柳同春等率众来归的消息纷纷报到中央，说明这一规定对曾经或正在饱受大顺政权沉重打击的明朝旧官来讲，无疑具有极大的诱惑。

（二）柳同春的请旌求赏

如前述，归顺清廷后的第五个年头，柳同春在南昌又一次来到人生的十字路口，他必须在政治立场上再次艰难抉择，这一次他似乎没有犹豫。柳同春最初愿意从明入顺，再从顺入清，这一次他却不愿意再从清入南明，这说明，他已对明朝的腐朽统治表示绝望，即便看到金声桓的反叛，他也决定把自己的政治命运交给清政权。然后，这不能表明他不知道自己赌命运的风险，他以自己的身家性命为代价，越城搬兵，围困南昌城，前途难料。柳同春事后一再强调自己在应对南昌“反清归明”事件中的重大作用，似乎他对时局有自己的判断，他说：一旦南昌与广东李成栋、南明政权联手，颠覆清朝在这里的统治不是没有可能。这种说法很大程度上综合了顺治六年及以后的形势做出的判断。但这足以让柳同春认定，他的功劳远在诸投诚人士之上。报定此坚定的信念，他一而再，再而三要求属于自己的“酬劳”。

1. 第一次请封（杜果代请）

顺治九年六月，浙江巡按监察御史杜果上疏，题以“为仰遵诏旨察叙之典、备述异惨苦绩，代题以彰臣节、以励后效事”，呈上为柳同春请封的第一次奏疏。杜果代题的理由是“仰遵圣旨”，这也是巡按御史职责所系。杜果所仰遵的“圣旨”，在柳同春奏请旌表的缘由中说得更清楚：“太祖配天恩诏内一款，自元年五月以来，各地方归顺文武官员人等，除已叙外，凡未经叙录者，归顺来历及归后劳绩，该部察明叙升，给与世袭诏敕，钦此”。柳同春认为，自己归顺以来“服官尽瘁，分所宜然，但阖门死难，独职最惨，下情未由上达，不得不沥血泣陈”，请求予以旌表。

柳同春的第一次请求旌表缘自“太祖配天恩诏”。经查，“太祖配天”颁诏，事在顺治五年十一月，据《清世祖实录》卷41：

乙丑。以奉太祖配天、四祖入庙，遣官祭告天地、太庙、社稷。祭圜丘文曰：（下略）

辛未。以奉太祖武皇帝配天，及追尊四祖、考妣、帝后尊号，礼成，诸王群臣上表称贺。是日，大赦天下。诏曰……（中略）

一、自顺治元年五月以来，各地方归顺有功文武官员人等，除已叙外，凡未经叙录

① 谢国桢有《清初利用汉族地主集团所施行的统治政策》可参阅，载《明末清初的学风》，上海书店出版社，2006年，第69—85页。

② 《清初内国史院满文档案译编》（中册），光明日报出版社，1989年，第7页。

③ 《清世祖实录》卷9，顺治元年冬十月甲子条。

者，将归顺来历及归后劳绩，该部察明叙升，给与世袭诰敕。（下略）

在这份多达37项的“太祖配天恩诏”中，对入关之后降清人员的封赠问题排到了第五，也说明它的重要性。

然而，尽管此诏在顺治五年末就已颁行，但检校《清实录》，最早以“太祖配天诏”为据的封赠是顺治六年五月，“癸酉。朝鲜国王李倧以太祖配天覃恩，遣陪臣郑太和等表谢兼贡方物，宴赉如例”①。而对归降汉官大规模的封赠更晚，时间在顺治八年五月，这时距多尔衮去世、顺治亲政不到半年的时间。据载：

辛卯。兵部会同内院，遵奉太祖配天恩诏，议有功汉人，大小世袭武职，俱以銮仪卫，外卫所用，照新入八旗官员例，给与世袭敕书，酌定汉名品级：一等精奇尼哈番，称为銮仪卫都指挥使，正一品……（下略）

以太祖配天恩诏，叙投诚官员功，各授世职。浙江提督田雄为一等精奇尼哈番……②

以“太祖配天恩诏”为由、对降臣大规模的封赏到顺治九年六月持续进行，这次受封的是一批文臣。③ 也许是这批近百名授封降清投诚官员刺激了柳同春，他认为自己符合“太祖配天恩诏”封赏的精神，功绩又在别人之上，故于此时提出了旌封请求。在请求旌赏的程序上，他“兹以遵旨，不敢叩阍，援引诏旨，详请代题”④，故选择了由巡按御史代为上奏。

杜果的奏疏转呈了柳同春的原状，陈述了柳同春自顺治元年以降的功绩，尤其是在顺治五年平定金声桓等人南昌叛变中的贡献和付出的代价，以请旌赏。顺治皇帝批复“着兵部确察虚实具奏”。但兵部回覆，“本官不肯从贼，妻子死难，已经题覆原职，无庸更议”⑤。

2. 第二次请封（自陈）

收到“部履”意见，柳同春的期望落了空，他有些疑惑和愤懑：“臣职原系兵部误革，复职自是臣之故物。若今日议臣加升为是，则当日议臣革职为非，只此不肯认错四字，遂抹尽臣一段忠忱，是以臣之功次愈言而愈泯然。”于是他本人依据“太祖配天恩诏”的精神，再次上疏，这一次他选择了“自陈”。由于本次陈述更为详细，而且附上亲手绘制的“御览异惨图”，故本文将上次代陈和两次自陈的理由一并分析⑥。

柳同春“自陈疏”请赏的依据仍是“太祖配天恩诏”，所以，他开篇首先陈述了自己“归顺来历及归后劳绩”：

臣于顺治元年七月内带领兵马三千投诚……策励报效，授以河堡营参将，此归顺之来历也；二年，或剿或抚，收服许林堡、曹子堡、岚县等处逆贼数万，悉奏荡平，一一题叙在部未覆，此归后之劳绩也。

---

① 《清世祖实录》卷44。

② 《清世祖实录》卷57，

③ 《清世祖实录》卷65，顺治九年六月丙寅条。

④ 《天念录》集一，“顺治九年六月浙江按院杜果题疏”。

⑤ 《天念录》集一，“顺治十二年兵部覆知照浙江等处提刑按察使司为微臣请兵有据全家死难堪怜等事”。

⑥ 参见附录（三），柳同春自陈疏全文。

接下来，他详细陈述了“归后劳绩”之最突出者。

顺治五年正月二十七日，江西省城内金声桓、王得仁“反叛”，一时文武百臣“尽弃顶带而换冠裳”。只有柳同春不失其忠，“发指眦裂，止为朝廷社稷而不顾身家性命，即抛妻弃子越城而出，穷日夜之力，驰百八十里，奔至吴城，托僧月静披剃以便行走”。南昌城内金、王二人得知柳同春出城报信搬兵，一边令人追赶，一边把柳同春全家三十二口杀害于城门之上。

柳同柳一路狂奔，经吴城，至九江，经彭泽县，一直奔向江宁（今南京）疾报南昌惊变，此时清廷“始知警变”，一边发兵安庆、池州防御，一边请中央拨重兵援救。固山谭泰统兵前去南昌围剿时，柳同春又“献里图，首先乡导。因得从湖口、九江抵至，南昌克复”。不仅如此，在平定南昌的过程中，柳同春又斩获新功：

又招徕总兵邓云龙、收服宁武奉静新高六州县，悉正版图，再擒伪监国瑞昌二王朱统鋆、朱统鏧，伪总督胡大臣等七名，及伪玺伪印解交军前正法收贮。

应该说，柳同春在平定南昌叛变、巩固清廷在江西的统治，乃至扑灭轰轰烈烈的反清运动时，进而巩固清朝在江南的统治过程中，都起到了巨大作用。柳同春对当时紧张形势的分析很有道理，他说：“维时二贼煽乱，邻封悉皆顺从，塘报业已绝响，而江西又踞江宁上游，万一顺流而下，不大可为忧?”柳同春的贡献没有得到时人的正面评价，后世史学对此却有充分的认识，顾诚先生在《南明史》中如是表述：

江西反正之后很短时间里，湖北、安徽反清浪潮的高涨，说明金声桓、王得仁以主力出兵北上，在长江中下游会合各地义师共图恢复是唯一正确的方针。尽管由于柳同春逃往南京告警，清方已有戒备，不可能假冒清兵旗号偷袭南京，但是，金、王主力北进可以同武昌至南京之间的广阔地区内复明势力联成一片，对清朝对南方的统治必然构成极大的威胁，清廷由北京遣发的援军也不可能顺利进入江西……

从当时的情况来看，江西反正后紧接而来的是李成栋的叛清归明（见下节），龟缩于赣州等少数城池的清军只能固守待援或观风察势，不足以对反正明军构成重大威胁……

“江西、两广的相继反正，骤然改变了明清相持的格局”，他有可能带来南明永历朝廷的“中兴”，只是金、王二人战略部署出现重大失败，而永历帝与广东李成栋的无能，导致缺乏全局战略眼光，中兴很快幻灭。①

姚念慈先生认为金声桓在南昌举兵叛变，以及随之广东提督李成栋倒戈，奉明桂王永历为正朔，大顺军经喘息之后又活跃在湖广广大地区。“南方形势已十分严峻，多尔衮才开始缓和统治集团的内部斗争”。不过，姚氏同时认为，江西、广东的系列叛乱事件并没有真正动摇多尔衮的篡权决心，“就在多尔衮篡逆达到巅峰之际，五年十二月初，山西大同姜瓖的叛乱，直接震撼了清廷在北方的统治，使清廷陷于极度的恐慌，同时也彻底打乱了多尔衮的篡逆步骤……顺治五年至六年的抗清高潮及姜瓖的叛乱，对清初的历史进程发生了重大的影响。它教训了多尔衮为首的满族统治者，不能肆无忌惮地实行

① 顾诚：《南明史》，第342—370页。

民族高压政策"①。

柳同春本人在奏请旌赏时对这一时期江南反清归明形势加以分析，借以说明他在平定南昌，乃至两广拥明势力中的作用，不无道理。尽管我们现已无法断定是南昌反正之初他本人的判断，抑或是事后诸葛。柳同春的告密在清军提前准备、加强防御和平定叛变中的重要作用，不言而喻。

柳同春"请援以保东南半壁"的卓越贡献，却没有得到他想象中的相应表彰。据柳同春本人讲，南昌平定之时，"因公议臣以廷抚，后部推有人；又议臣以左布政，臣悉力辞"，说明当时他有可能获得很高的封赏。柳同春实际的处理结果却与他所说的事实大相径庭：

臣部覆经查明题覆，内议柳同春职任都司，合当与城存亡，遇变脱逃，革职实当其罪等因。其妻子俱死于难，故议还职。②

原来，清廷并不认为柳同春从南昌城逃出是英勇之举，而是临阵脱逃，故当革职治罪，但念在其妻子死难的份上，才以原职留任。这是柳同春及其家室未获旌表的最重要原因。至于柳同春由杜果代请旌赏，以及他本人的两次自陈求旌，兵部也给出了明确的答复，"妄求恤典，于理不合"，

未有逃官家口被叛兵杀害，议加赠恤之理，相应不准，仍严加申饬。复有柳同春妄求恤典，于理不合，首饬行之旨。臣部钦遵在案。③

如此说来，柳同春在自陈疏里继续讲述自己"功绩"的大前提就不存在了。对此，他辩解说，自己并非临阵脱逃，而是冒死求援，况且与其他留守在南昌城先"归明"后"降清"的蒋显捷、邓云龙等百余人官员相比，一是自己"越城乞师"的价值更大，二是说明他们的"降"远不如自己的"逃"更有价值。

设令臣出奔稍后，被贼羁縻，势日张大，谁实请援以保东南半壁？乃枢部误疑脱逃，竟行革职，曾不思逃于何处？见何人隔省请兵？埋何名而隐何姓？嗟乎痛哭！请师为国忘家，致妻子惨死于万刀之下者，而竟不得与全躯保妻子！

已经贼用，直待筑城挖壕之后，方出投降，如蒋显捷等百余人反而升擢三四级不等；即臣招降之邓云龙等，亦受旗下甲喇章京。独臣孤忠未白，初时反行革职，今虽复职而血战恢复全家死难之功，竟置不录，顾与众逆之人较若天渊矣。

进而，柳同春尝试分析了自己有功而未受封的原因，除字里行间透露他本人"语言过激"和"不肯认错"的主观原因外，他求赏之高明处在于他把多尔衮（墨勒根王）擅权与顺治亲政结合在了一起，既痛批了多尔衮，把自己的蒙冤之误归于皇帝的对手和诸位大臣，又热情讴歌了顺治，给顺治"拨乱反正"找到恰当的台阶，其心术和手段不可谓不高明。

犹忆王师凯旋，携臣复命，其时墨勒根王号令不一，唯凭枢部抑功而扬罪，臣语言过激，且有同征各固山皆云功不小改，勉令郑库讷、能吐送至兵部录用。时明阿达里

---

① 姚念慈：《清初政治史探微》，第304—305页。另：该书将"姜瓖"误印为"姜壤"。

② 《天念录》集一，"顺治十二年兵部覆知照浙江等处提刑按察使司为微臣请兵有据全家死难堪怜等事"。

③ 《天念录》集一，"顺治十二年兵部覆知照浙江等处提刑按察使司为微臣请兵有据全家死难堪怜等事"。

云：汝这昂邦功该与汝什么官？又有汉尚书刘余佑云：汝这些好处，论明季叙功，当封侯伯。言犹在耳凿凿可质，乃俺留半载，仍复原职，不解何故……

恭遇皇上亲政以来励精图治，嘉兴维新。又正月初旬，连按圣谕：一以进奉本章参同诣前以备顾问商酌，一许诸臣宜陈无隐，钦此。臣伏念宸衷浩荡，大道为公，洞悉壅隔情弊，太虚无我，方且纳谏言，是微臣自陈，度必蒙皇上之鉴宥……

柳同春一再强调有官员认为按“明委叙功”他“当封侯伯”，这些话应该不是他本人的杜撰。那么，柳同春的旌赏何以会屡次报送兵部录用或部推时被“抑功而扬罪”呢?！他把原因归结于多尔衮的“号令不一”，归结于枢部的“误疑”。问题是：南昌之变后像蒋显捷、薛柱、邓云龙这样的反复无常之人都“升擢三四级不等”[①]，为何清廷单单“为难”一个功劳更大的柳同春呢？是双方解读政策出现了歧异，还是另有蹊跷，尚不也妄加揣测。

自陈疏最后，柳同春打的是情感牌，他说：“臣父为流寇所伤，臣母今七旬，年老得遂初服适，以慰移孝作忠之诚，孤臣虽死，可以不朽，使天下后世知有一代之明圣，即有一代之忠良，当时无毫发之欺，青史留可传之誉耳”，请旌封赏是“孝父母、忠帝王”，甚至移孝作忠之举。为了增加悲壮色彩，他还亲绘《御览异惨图》，希望达到“虽铁石心肠，亦且伤感”的目的。

顺治皇帝对柳同春自陈疏的批复也颇为动情——“深为可念”！这也是柳自春自拟《天念录》书名之由来。

浙江都司柳同春带兵投顺，归后着劳。当江西贼乱之日，越城请兵，至妻孥亲属惨被屠害，果如所陈，深为可念。着即详察议奏，该部知道。

柳同春这次自陈请赏同样无果而终。兵部维持了原来判决，认为柳同春的要求“于理不合”。执著的柳同春也并未善罢甘休。

3. 第三次请封（自陈）

这次请封时间在顺治十二年二月，距上次已愈一年。柳同春为自己的请封寻找的借口是“叩阙陈情”：

为微臣请兵有据，全家死难堪怜，下情未能上达，不得不再渎宸聪，仰恳之睿鉴查验印信执照，并问江西同征满臣，以明臣绩事。窃照臣遐方末弁，谬膺阃寄，恭逢皇上万寿赉表庆贺，获觐天颜于咫尺，正外臣得叩阙陈情之日也。切虑有惨难未伸，孤忠未白，不得不吁闻。

柳同春认为，兵部一再维持原判，存在事实认定不清的问题。他说：

枢部只以督臣马国柱塘报为辞，不知臣犹有督臣确给之印照可据，并未问同征满臣，亦未查清字塘报，含糊议覆，前功未叙，使亡者不能瞑目，生者不能甘心。

柳同春这次自陈的突出特点，除继续重复投诚归顺之后的功绩外，更多的是突出自己在南昌之变中所发挥的重要作用，继续打“情感”，动之以情，晓之以理。

---

① 顺治七年七月癸丑，吉安府同知蒋显捷为本省按察使司佥事管分守湖西道事；南昌府通判薛柱为本省按察使司佥事分巡九江道瑞州府推官，见《清世祖实录》卷49。“故明副使”庄应会初在顺治四年降清，南昌之变后一路高升，他先由原江西湖西道参政升为本省右布政使、管按察使事，顺治十一年升广西左布政使，次年补四川左政政使，十三年升为刑部右侍郎（参见《清世祖实录》卷32、卷45、卷58、卷80、卷82、卷101）。

首先，他在上次自陈“事实”的基础上评估自己“越城请兵”的功绩，高度推测和褒扬了自己在江南战局中的卓越贡献，并以申包胥自比。

当逆贼彼猖之日，江西文武尽降，满地皆贼，两广邻封，无非贼踞。设使贼从上游飞渡，江南半壁何以支撑？非臣越城请兵，何以知虚实之情形，为战守之胜算？且贼困赣州，城民自皆残食，若非援兵早至，赣岂能全？而广东李成栋数万劲贼直犯江西，又岂能一朝歼灭？如以驰报为非，殉难为正，则昔年之申包胥何以表扬于史册？

其次，他又详细开列了一批在南昌之变“降贼而后归者”均得到升赏，唯独劳苦功高的自己“不降贼而请兵诛贼者反不得相同”，“未蒙宠眷”，这实在有失公平。由此反观，在那个“文武尽降”的时代，清廷旌赏的范围是相当广泛，招降纳叛的力度虽大，却没有统一的标准。

最后，柳同春以其家室的悲惨遭遇请求旌赏。他说，“乃今未蒙天鉴”，“此臣所以仰天泣血痛心疾首者也”，故“沥血吁陈，罄纸难书”，恳乞朝廷再查，并保证“一字涉虚，罪甘寸磔”。

面对柳同春的一而再，再而三的请旌求赏，顺治皇帝认为“投诚功绩，情同甚切”，兵部也不再固执成见，对柳同春的功绩做了重新认定，并拿出了“优升”方案：

臣等不敢确执成见，查原疏内有满州大臣伊尔邓等逐一详问，具得其扮僧请兵、妻子为贼所戮，仍招伪总兵邓云龙等是实。本官不系破敌之功，世袭自难允从。当贼陷江右省城，城内无不从逆，本官冒死潜出，弃妻子不顾，扮僧请救，卒能信达江南督臣，其忠义与劳绩俱着，不独全家屠戮可怜，招抚伪弁，足纪相应优升，以实授参将管副将事，遇缺推补。

在这里，兵部不再坚持柳同春既系命官，当与城守，“越城请兵”有逃脱之嫌，原来的复职只是可怜其家室惨死的说法。既然“逃脱”之名不存，“冒死潜出”的忠义和劳绩，以及招降、家破之功“足纪相应优升”了。最后建议“以实授参将管副将事”，但要等到有空缺时再行推补（实际很快就兑现了）。柳同春的请旌求赏愿望最终实现。

（三）柳同春家人的相关旌赏

在柳同春的投诚、战功等基本史实获得认定后，他和家人的旌表等奖赏也随后展开。

他本人从浙江都司掌印官提升为“实授参将管副将事”，职任密云石匣营副将，到京畿地区担任要职。都司、参将之职称源于明朝中后期普遍推行的营兵制①，清人关之初照旧录用前朝旧官时，沿用了明朝卫所制与营兵制交叉并行之制，只是在战局稍缓和时即着手变更。

就各省级都司而言，其级别和地位是一降再降，而且数量也大幅度削减，直到至被取消②。顺治十年时新修订的武职品级是“省城掌印都司从二品，参将正三品，游击都司佥书、省屯操都司、行掌印都司、行屯操都司俱从三品，守备正四品，署守备从四

① 相关研究可参阅王莉：《明代营兵制初探》，载《顾诚先生纪念暨明清史研究文集》，中州古籍出版社，2005 年，第 218—234 页。

② “都司”在明代既是“都指挥使司”的简称，又是营伍制下中级武官的称谓，二者性质不同。

品，守御所千总正五品，卫千总从五品”[①]，这一规定承袭了明朝卫所制与营兵制并存做法，但品级多有变更。顺治十三年时，省级掌印都司、副将的品级再次变更，都司的职权更低。

兵部等衙门会题：武官自一品至四品俱有署衔，应与实衔同品，以便循序升转，其降调亦照此例。今改正品级，以左、右都督为正一品；都督同知、署都督同知为从一品；銮仪使、都督佥事为正二品；副将、署副将为从二品；冠军使、参将、署参将、掌印都司为正三品；游击、署游击、行掌印都司、省管屯都司佥书、行管屯都司佥书、营都司佥书、署都司佥书为从三品；云麾使、守备、署守备为正四品；守备所千总为从四品；治仪正、牺牲所所牧、卫千总为正五品；牺牲所所副为从五品；整仪尉为正六品。从之。[②]

柳同春从掌印都司到参将的品级虽然未变，但他的实权大大提高，一是“实授参将”掌有实权，二是“管副将事”属从二品。第三，从长远发展看，掌印都司地位日趋低下，而实授、管副将事权力日隆。时至顺治十八年，清廷再次调整卫所制度，柳同春实权的提升更为明显。此时，他再升为江北狼山总兵官，在清初，已属汉族武官中的高级武员了：

兵部题：凡掌印都司、行掌印都司、屯局、都司佥书、卫守备、守御所千总、卫千总，虽系武官，不管兵马，止司钱谷，仍照旧听巡抚统辖，撰入巡抚敕内。至漕粮船沿河拨兵护送之事，撰入沿河总督提督敕内。从之。[③]

当然，已实行近三百年的明代卫所制度要想完全废除需要一个漫长的过程[④]。雍正二年（1724）前后，山西、江西、浙江、山东掌印都司等才相继废除[⑤]。

柳同春妻子的旌表也随即展开。顺治十三年十一月戊申，柳同春妻子安氏终获旌表为“烈妇”，官府如例给银、建坊[⑥]。清初旌表需要个人或基层官府提出，后层层上报，逐级审批。我们注意到，安氏旌表是以“江西都司佥书柳同春妻”的名义申报，即她事迹最初的实际发生地。在柳同春家乡的地方志书，有如下记载，“安氏，适骠骑将军柳同春，随任江西，金声桓叛，被杀，事闻旌表”[⑦]，也是以柳同春当时的职位来记录的，说的是安氏事迹发生时的情况，并没有体现柳同春时任新职。旌表最终以皇帝的名义批准，笔者尚未发现安氏旌表过程的详细记载。

此外，虽然兵部在旌赏柳同春的批复中特别提到“不系破敌之功，世袭自难允从”，但柳同春的儿子、弟弟还是通过别的途径得到了相应的旌赏。康熙元年，柳同春上奏为弟弟柳生春请得“御前三等侍卫升二等拜他喇布勒哈番”[⑧]。柳同春之子柳毓芳

---

① 《清世祖实录》卷77，顺治十年八月甲申条。

② 《清世祖实录》卷103，顺治十三年八月戊戌条。

③ 《清圣祖实录》卷5，顺治十八年十一月辛巳条。

④ 相关研究可参阅顾诚：《卫所制度在清代的变革》，载《卫所制度与明帝国》，光明日报出版社，2012年，第33—47页。

⑤ 《清世宗实录》卷23，雍正二年甲辰丁酉条。

⑥ 《清世祖实录》卷104。

⑦ 乾隆《太康县志》卷6《列女》；另见民国《太康县志》卷11《列女传》，第710页，二志仅一字不同。

⑧ 《太康县志》卷5《人物上》，乾隆二十六年刻本。

也获得“世荫”资格[①]。至此，柳同春的请旌求赏终得到了圆满的结果。

三、清初降臣命运浅议

明清鼎革，江山易主，柳同春一介武臣，他像众从随波逐流的前明官员一样，一而再，再而三的改变政治立场，他靠手中为数不多的武装力量博取政治资本，这里无需从道德层面予以剖析。倒是柳同春及其《天念录》生动地展示了请封受赏的具体程式，为我们深入了解那个时代、这一群体的生存状态及相关制度提供了鲜活的材料。

当大顺军进入北京城时，战死的武官故复不少，而以死殉国难者极其有限，数千大小臣工，也只有二十余人，“三面环顾，曾有谁不降贼?”[②] 这批人降顺之后很快就发现大顺政权并不是他们理想的归宿，只是迫于大顺政权的得势，怒在心中却不敢公开反抗，所以，当清军打着为崇祯复仇和“吊民伐罪”的旗帜入关时，给他们投靠新主提供了“理论依据”，大批汉族官员急于投降清廷，以寻求新的政治依靠。由此也造就了入关后的第一批降清“贰臣”。柳同春也正是在时降清的。

第二拨降清“贰臣”出现在清廷南下统一进程中，面对清军强大的攻势，以及南明中兴无望，大顺和大西余部偏居一隅，汉官多选择降清并得到了相应的封赠。他们降清的具体情况虽千差万别，但所谓的“顺应天命”和“保全万民”的责任或使命是共识的“体面的借口”。这一时期，柳同春已经成为清廷攻城拔寨、镇戍一方武装力量，他再度卷入旌赏，固然与新一批降清汉官不同，但旌赏的背景仍然是“降清”，只是这一次他显得很特别。

我们注意到，柳同春请赏时一再自比“申包胥”[③]，这种类比常是清初汉官降清的理论依据，即“投效入关的满洲政权，以借其力报君父之仇，不过是仿效申包胥‘义哭秦庭’的做法而已”[④]。其实，柳同春在南昌“越城班师”行为比清初第一批降臣以“申包胥”自居更不靠谱。如果说明臣在入关之初降清是在清廷“义师”形象下自比申包胥尚为类似之处，柳同春原本是由朱明降大顺的官员，在“反清归明”背景下的“越城搬师”与申包胥乞师的性质已不相同。如果说有相似之处的话，柳同春为向清廷通风报信，吃的苦，流的血，以及付出全家32口被杀的惨重代价，真不亚于申包胥。

明朝灭亡后，汉官急于寻找出路，清廷亟须补充大批官员以稳定其统治，对归降的汉族文官武将更是求之不得。为此，清廷制订了优厚的封赏政策，由于一些降清官员先后在明朝、大顺为官，官阶高低不一，清廷决定按较高的官职录用。“这种高价收买的办法，大大消除了汉族官绅的疑惧，从而出现了一片倒戈的形势。就目前掌握的材料来

① 民国《太康县志》卷10《人物传下》。

② 顾诚：《明清易代史事探微》，光明日报出版社，2012年，第254页。

③ 申包胥，春秋时楚国大夫。公元前506年，吴国攻入楚都，楚王出逃。申包胥入秦国乞师，秦不答应，他便在秦城墙外痛哭七日，秦师遂出。楚复国后，申包胥拒绝封赏，举家逃入山中。后世视其为忠臣典范。事见《左传·定公四年》。

④ 陈永明：《清代前期的政治认同与历史书写》，第51—52页。

看，原先归附大顺政权的明朝武将几乎毫无例外地先后降清。文官的情况也相去不远。"[①] 从《清实录》的大量记载看，即便是在多尔衮时代，清廷结汉官也是尽可能拉笼、利用，对降清汉官的接纳与封赏连篇累牍。

应当指出，多尔衮当国期间对降清者的使用确实出现了严重倒退或反复，满汉关系仍然相当紧张，许多封赠措施也是迫于无奈。他推行的屠城等政策产生了极其恶劣的影响，直接导致反清运动此伏彼起，使清朝统一进程多次出现反复，甚至有被颠覆政权的危险。顺治三年时多尔衮也曾下令对"降叛反覆"的汉族官军全部处死，他说：

故明废藩宗姓，有献地投诚者，俱着免死，携来京师。若穷迫降顺，或叛而复归，及被执献者，无少长，尽诛之。其英王已招降之贼党，一经释放，复聚为乱，肆行扰民，甚为失计。如闯贼李自成之弟李孜，及贼官田见秀张耐、李友、吴汝义，及副将参将等官并贼之兵丁，穷而来归，降叛反覆者，俱斩。倘有诚心迎降者，着免死携来，凡归顺良民，勿得扰害。[②]

柳同春在他的"自陈疏"中把自己没有得到相应的旌赏原因之一归罪于多尔衮。的确，顺治亲政之后，为稳固皇权、清除多尔衮影响的需要，他致力于建构"满汉联合体制"，急欲任用汉官，所以，无论是降清汉官的使用数量，还是汉官政治地位都已明显提高，尽管他本人在对待汉官的态度上同样出现过很大的反复[③]。这也是柳同春能够顺利获得旌赏的重要背景。"降臣"柳同春在顺治五年面对"反清归明"新一轮的"投降"浪潮，他本人却拒绝投降。然而，清初的柳同春始终被打上了"降清"的政治标签，他请旌求赏的理论依据也都是在"降清投诚"名义下展开的。

与清廷大力招徕明朝旧臣形成鲜明对比的是，惊魂稍定的南明政权，不知急事为何，竟然沿用朱明王朝各种顽劣的思维定式，费尽心思重翻旧案。比如重颁《三朝要典》，再掀起党争，搞得官员离心离德，将帅失知。更为恶劣的是南明朝廷大兴"顺案"（"从贼案"）[④]。在权臣马士英、阮大铖等人的操纵下，他们把曾经投降过大顺政权的明朝官员（"从贼伪官"）分六等定罪，既有兴党狱之嫌，又把众多汉官逼向清政权。因为明朝官员先后降大顺、大西政权的很是不少，南明政权旧调重弹、另立新案，让众多汉族官员看不到任何希望。"从贼案"的性质之恶劣在于它几乎断绝了那些大批曾归降大顺政权的汉族官员的政治前途，迫使他们投向正在张开怀抱的清政府。

稍后一段时间，在对待"投诚"势力的态度上，南明与清廷的态度有天壤之别。南明政权面对大顺、大西农民军余部的联合抗清，一直心存疑虑，多方牵制，难以精诚合作。在孙可望、李定国等人的封爵问题上斤斤计较，远不如清廷那样慷慨大度。兹不例证。南明与清初政权对待降臣的不同态度，从一个侧面反映了清、明、顺争夺天下之时谋略与智慧的差异，这在很大程度上影响明清易代的最终走向。这正是本文从柳同春一人的请旌求赏，管窥明清易代走势的思考所在。

---

① 顾诚：《明清易代史事探微》，第 262 页。

② 《清世祖实录》卷 25，顺治三年四月。

③ 姚念慈：《清初政治史探微》，第 386—397 页。

④ 参见附录（二）。关于"顺案"的相关研究，可参阅毛佩琦：《'顺案'考略》，载《明史研究》（第五辑）（纪念李洵先生 75 诞辰专辑），黄山书社，1997 年版。

回归本文开篇所讲的王锺翰先生点校、清高宗乾隆下诏编修的《清史列传》。关于清初满洲贵族招降纳叛、厚封重赏的根本目的，百年之后，乾隆在“命国史馆编列明季贰臣传”时，终于赤裸裸地呈现给世人了。他说：

在思我朝开创之初，明末诸臣望风归附……盖开创大一统之规模，自不得不加之录用，以靖人心而明顺逆。今事后平情而论，若而人者，皆以胜国臣僚，乃遭际时艰，不能为其主临危受命，辄复畏死幸生，靦颜降附，岂得复谓之完人？即或稍有片长足录，其瑕疵自不能掩……朕思此等大节有亏之人，不能念其建有勋绩，谅于生前，亦不因其尚有后人，原于既死。①

从清初降臣的心路历程看，即便在清初，柳同春们也许早就意识到“贰臣”之恶名他们生前身后必须面对，但为了自身和家族的私利，只能选择归降新主。此举亦无可大加鞭挞。在对待这批降清明臣的态度上，乾隆之前的清廷都能予以旌赏、标榜。直到《清史列传·贰臣传》将他们打入另册，他们的地位发生了实质性变化。笔者检索清朝“遗老”编纂的《清史稿》，柳同春的事迹未见著录，《清史稿·列女传》旌表贞节烈妇617名，“殉烈”占到了57.53%，② 惨死殉国的柳同春之妻安氏的事迹，并没有被采择于其中。乾隆编订《贰臣传》这种卸磨杀驴的做法，我们只能理解成为政治家们一贯的手法，这种赤裸裸地反覆云雨的行为，既是对清朝列祖列宗既定国策的否定，是对传统中国的“尊祖敬宗”政治传统的颠覆，这也从一个侧面揭示了专制皇权到乾隆时代已达到前所未有的高度。

附录一　清初降臣（原明朝和大顺官）简表

按：本表资料来源一是王锺翰先生点校《清史列传》之“贰臣传”、“逆臣传”，二是顾诚先生《明末农民战争史》（光明日报出版社2012年）第339—378页所列大顺、大西政权各级官员简表。本表只列举与柳同春经历相同的降臣，即作为明朝官员先降大顺，再降清朝。在他们看似简单的“履历”背后，多少都有一段与柳同春相似的“复杂”的经历，表格内容或有助于丰富论文主题，故附录于此。本表和附表二《入“从贼案”的降清明臣》均由明清史研究生钟慧杰编制，笔者审订。

姓名	明朝官职	大顺任职	入清官职	资料来源
宋权	归德府人，顺天巡抚	顺天节度使	清任命“巡抚如故”	《清史列传》卷78《贰臣传甲》
龚鼎孳	兵科给事中	直指使职，巡视北城	授吏科右给事中，寻改礼科	《清史列传》卷79《贰臣传乙》
李元鼎	光禄寺少卿	光禄寺少卿	太仆寺少卿	《清史列传》卷79《贰臣传乙》

① 《清高宗实录》卷1022，乾隆四十一年十二月庚子条。

② 统计数字参见衣若兰：《旌表制度、传记体例与女性史传——论〈清史稿·列女传〉贤母传记之复兴》，载《台大历史学报》（第41期）2008年6月。

续表

姓名	明朝官职	大顺任职	入清官职	资料来源
傅景星	监察御史	政府侍郎，掌职方司	授原官	《清史列传》卷79《贰臣传乙》
张若麒	兵部主事，寻迁郎中	山海防御史	顺天府丞	《清史列传》卷79《贰臣传乙》
唐通	密云总兵	定西伯	总兵官镇守保德州	《清史列传》卷79《贰臣传乙》
董学礼	花马池副将	总兵，驻扎怀庆	署凤翔总兵，后部议凤翔例不设镇，令来京另用，入京隶汉军正黄旗	《清史列传》卷79《贰臣传乙》
陈之龙	三边监军道	宁夏节度使	初委署三边总督，后进京授都察院右佥都御使	《清史列传》卷79《贰臣传乙》
柳寅东	御史	直指使	授原官	《清史列传》卷79《贰臣传乙》
白广恩	蓟州总兵	桃源伯	隶汉军镶黄旗	《清史列传》卷79《贰臣传乙》
南一魁	副将	参将	功授宁夏总兵，敕来京另用，隶镶红旗汉军	《清史列传》卷79《贰臣传乙》
周伯达	关西道	甘肃节度使	甘肃、江宁巡抚	《清世祖实录》卷25、卷31
李之纲	河南郏县生员	襄阳防御使	湖广勋阳兵备道	《清世祖实录》卷19
牛佺	河南宝丰生员，牛金星之子	襄阳府尹	黄州知府、湖广粮储道	《绥寇纪略》卷9。
任芳	山西平阳府稷山县生员	平阳府知州	河南汝州知州	《清初内国史院满文档案详编》中册，第95页。
蒋天麟	永寿知县	淳化知县	淳化知县	乾隆四十八年《淳北县志》卷16，《职官》
丁国昌	西安府咸宁县人	巩昌府清水县知县	照旧任原职	《明清档案》第十册，A10—8号。
杜生辉	西安府长安县贡生	知县	河南府宜阳县知县	《清初内国史院满文档案详编》中册，第95页。
曹汉国	山西平阳府蒲县廪生	知县	河南府嵩县知县	《清初内国史院满文档案详编》中册，第95页。
陈虎	山西平阳府吉州贡生	知县，后持印来降清	河南府孟津县知县	《清初内国史院满文档案详编》中册，第95页。
王国勋	山西平阳府汾西县廪生	知县	河南府汝州伊阳县知县	《清初内国史院满文档案详编》中册，第95页。
宁碧	山西平阳府稷山县生员	知县	河南府洛阳县知县	《清初内国史院满文档案详编》中册，第95页。
刘达	临汾知县	两河巡按御史	巡按御史	《清世祖实录》，卷25

附录二 入“从贼案”的降清明臣

姓名	原明时任职	大顺政权	入清任职	资料来源
刘昌	户科给事中	入从贼案	授原官	《清史列传》卷79《贰臣传乙》
孙承泽	刑科都给事中	入从贼案	吏科都给事中	《清史列传》卷79《贰臣传乙》
熊文举	吏部侍郎	入从贼案	仍原官	《清史列传》卷79《贰臣传乙》
薛所蕴	国子监司业	入从贼案	授原官	《清史列传》卷79《贰臣传乙》
党崇雅	户部侍郎	入从贼案	授原官	《清史列传》卷79《贰臣传乙》
叶初春	工部左侍郎	入从贼案	授原官	《清史列传》卷79《贰臣传乙》
骆养性	左都督加太子太傅	从贼	仍原官	《清史列传》卷79《贰臣传乙》
张缙彦	兵部尚书	投贼	授布政使	《清史列传》卷79《贰臣传乙》
方大猷	直隶井陉道	入从贼案	顺治元年五月投诚授盐运道，七月擢山东巡抚	《清史列传》卷79《贰臣传乙》
陈名夏	翰林修撰兼户、兵二科都给事中	入从贼案	顺治元年七月投诚，复原官，旋擢吏部左侍郎兼翰林院侍读学士	《清史列传》卷79《贰臣传乙》
高尔俨	编修	入从贼案		《清史列传》卷79《贰臣传乙》
张忻	太常寺卿	从李自成	兵部左侍郎兼右副都御史	《清史列传》卷79《贰臣传乙》
张瑞	庶吉士	从李自成	考试例授科道，编纂乏人，奏授弘文院检讨，充《明史》编纂官	《清史列传》卷79《贰臣传乙》
梁清标	庶吉士	入从贼案	仍原官	《清史列传》卷79《贰臣传乙》
卫周祚	户部郎中	入从贼案	吏部郎中	《清史列传》卷79《贰臣传乙》
戴明说	兵科都给事中	从李自成	起原官	《清史列传》卷79《贰臣传乙》
刘馀祐	累迁河南布政使、应天府尹，工部侍郎	定从贼案	授原官	《清史列传》卷79《贰臣传乙》

附录三 柳同春《自陈疏》

按：柳同春《大念录》基本情况已如正文所述，该书内容仅二集，字数八千余。由于该文献典藏中国国家图书馆，目前尚未见任何形式的影印或整理公开，考虑到版权问题，在此仅附录柳同春的第一份《自陈疏》（原书页七至十五），这是他请旌求赏阐述理由最为充分的一份，时间在顺治十年。《自陈疏》由历史文献学研究生覃巧云抄录核对，本人点校。

自陈奏疏

浙江都使司掌印都司臣柳同春谨奏，为仰遵诏旨察叙之典，部覆未悉难自孤忠，谨沥血陈恳祈圣鉴哀悰，以全忠孝事。切惟竭忠尽瘁，臣分宜然功赏罪罚劝惩攸系，未有察议惨情之俞旨炳如星月，而无容更议之。部覆视出鸿毛，如臣之遭逢不幸者也。臣请得备悉而陈之。

臣伏查太祖配天恩诏内一款，自元年五月以来，各地方归顺文武官员等除已叙外，凡未经叙录者，将归顺来历、归后劳绩该部察明叙升，给予世袭诰敕，钦此。臣于顺治元年七月内带领兵马三千投诚，叶青固山给总兵札书，晋抚臣马国柱具题，奉旨策励报效，授以河堡营参将，此归顺之来历也；二年或剿或抚，收服许林堡、曹子堡、岚县等处逆贼数万，悉奏荡平，一一题叙在部未覆，此归后之劳绩也。

三年四月，推改江西都司。会五年正月二十七日，江省金、王二贼反叛，一时文武从逆，诸臣尽弃顶带而换冠裳，即抚臣如章于天者，受命方镇，兼为从龙旧人，亦伪称大司马，嗟乎！此何等时？独臣孤忠，自矢谓死封疆分也。唯念申包胥痛哭秦庭，以复楚社，亦不失其为忠。维时二贼煽乱，邻封悉皆顺从，塘报业已绝响，而江西又踞江宁上游，万一顺流而下，不大可为忧。臣乃发指眦裂，止为朝廷社稷而不顾身家性命，即抛妻弃子，越城而出，穷日夜之力，驰百八十里，奔至吴城，托僧月静披剃以便行走。二逆觉臣不在，将臣家口尽执，水陆分追。臣幸脱虎口，潜至九江，欲会冷总兵以图恢复，讵料已授伪职，随至彭泽县，密闻湖口守备张会迈飞递塘报至太平密报，按臣窦蔚急咨部院，臣知势迫，遂露宿霜行，奔至江宁，密报总督臣马国栋、提督臣巴山等。斯时江宁始知警变，一面奏请大兵，一面发兵安庆、池州堵御。此铨部朱马喇目击臣足血泡臃肿，流离苦状，以为之堕泪者。后固山谭太统大兵至江，臣又献里图，首先乡导，因得从湖口、九江抵至。南昌克复，二贼恨臣请援，将臣妻安氏、子任儿并亲属三十二口寸磔莫留，伤惨已极。

先是，月静将臣须辫来验，内院郑库讷取户部银伍拾两给赏。因公议臣以廷抚，后部推有人；又议臣以左布政，臣悉力辞。且又招徕总兵邓云龙，收服宁、武、奉、静、新、高六州县，悉正版图，再擒伪监国瑞、昌二王朱统［汲上金下］、朱统鑿，伪总督胡大臣等七名，及伪玺、伪印解交军前正法收贮。及开城生擒渠魁王得仁，内院诸臣与臣公审，臣云：何仇杀我妻子？仁云：众皆说你去请满兵剿灭我们，故把你妻子尽杀了。此皆同征之伊兔、能吐、土垓、郑库讷等所亲见者，佥谓臣功不可小，臣自谓何功？不过愤全城若辈丧心从逆，独臣甘弃家口间关请兵，卒至恢复，盖由社稷有灵，亦见圣朝培养之有人也。设令臣出奔稍后，被贼羁縻，势日张大，谁实请援以保东南半壁？乃枢部误疑脱逃，竟行革职，曾不思逃于何处？见何人隔省请兵？埋何名而隐何姓？嗟乎！痛哭请师，为国忘家，致妻子惨死于万刀之下者，而竟不得与全躯保妻子。已经贼用，直待筑城挖壕之后，方出投降，如蒋显捷等百余人，反而升擢三四级不等；

即臣招降之邓云龙等，亦受旗下甲喇章京。独臣孤忠未白，初时反行革职，今虽复职，而血战恢复、全家死难之功，竟置不录，顾与众逆之人较若天渊矣。犹忆王师凯旋，携臣复命，其时墨勒根王号令不一，唯凭枢部抑功而扬罪。臣语言过激，且有同征各固山皆云功不小，故勉令郑库讷、能吐送至兵部录用。时明阿达里云：汝这昂邦功，该与汝什么官？又有汉尚书刘余佑云：汝这些好处，论明季叙功，当封侯伯。言犹在耳凿凿可质，乃俺留半载，仍复原职，不解何故？

越九年秋，浙按臣杜果家世江西惨情颇悉，具题前事，奉有据奏，柳同春报效惨情，着兵部确察虚实议奏之旨，乃部覆只云复臣之职，足酬前劳，毋容更议等语，不思臣职原系兵部误革，复职自是臣之故物，若今日议臣加升为是，则当日议臣革职为非，只此不肯认错四字，遂抹尽臣一段忠忱，是以臣之功次愈言而愈泯然。查覆臣之劳绩报效，应该世袭，而举家死难应议恤典，虽铁石心肠，亦且伤感，乃前此本部押住不行，将孤臣报效惨情错误埋没到底，岂将朝廷旨意以错误乎？

虽经按臣杜果具题，已蒙皇上悯怜惨情，而部覆未悉、下情犹未上达也。今复呈详该管督抚按衙门请其保奏，虽批在案，而有鉴于按臣杜果之疏部覆偏执，皆尚逡巡，未即拜疏。臣惨极冤极，不得不叩九阍而哀吁也。恭遇皇上亲政以来励精图治，嘉兴维新，又正月初旬，连按圣谕：一以进奉本章参同诣前，以备顾问商酌，一许诸臣宜陈无隐，钦此。

臣伏念宸衷浩荡，大道为公，洞悉壅隔情弊太虚无我，方且纳谏言，是微臣自陈，度必蒙皇上之鉴宥。夫龙兴拥戴固多，未有如臣之报效惨苦，念臣一人不足惜，如天下公道何？一身不足惜，如妻子惨难何？其殉惨难亦无非为社稷耳。乃依然埋没，能不含怨九泉？谨绘成《异惨全图》呈上御览，伏乞圣鉴。微臣自陈惨情，敕下江西同征满臣伊兔、能吐、土垓、郑库讷、张克庚、朱马喇、八旗图长缨东摆、伊尔邓等梅勒章京，马光辉、木清等公同咨询，便知有无目击，报效根由，所有隐情，俟着臣赴阙面质之日，沥血悉陈，如有一字虚言，立正大法。盖幸圣明剔弊奸，振刷旧习，此臣子今日方敢冒昧渎陈痛。臣父为流寇所伤，臣母今七旬，年老得遂初服适，以慰移孝作忠之诚，孤臣虽死，可以不朽，使天下后世知有一代之明圣，即有一代之忠良，当时无毫发之欺，青史留可传之誉耳。

伏念皇上悯怜报效君之思也，未得枢部优议臣之命也。臣安命戴恩，不敢不备陈明白，俾皇上知微臣之报国如此，而锡玦休归以谢忌者，庶免怨怀孤免假手中伤，臣即退老乡井，仰沐皇恩，曷其有既。臣因备沥先后实绩，字多愈格，并乞鉴宥。为此具个，专差家人宋议赍捧奏闻，伏候圣鉴。

顺治十年八月十九日奉圣旨：浙江都司柳同春带兵投顺，归后着劳。当江西贼乱之日，越城请兵，至妻孥亲属惨被屠害。果如所陈，深为可念。着即详察议奏，该部知道。

皇太极即位新考

滕绍箴（中国社会科学院民族学与人类学研究所）

关于皇太极夺嗣问题，数十年来中外史学家多有论述①。但这诸多著作大体都根据有限材料，或后者引用前者，视角虽有差异，但大体一致。个别学者不赞同“夺嗣”论。本文在前辈研究的基础上，将从宏观和微观两个方面，对于努尔哈赤建储思想和皇太极“夺嗣”问题拟进一步详细加以探讨，以求教于同仁。

一、两申建储

努尔哈赤是否建储与皇太极是否夺嗣是相互关联，不可分割的问题。建储与夺嗣之争，贯穿于满洲贵族入关前整个宫廷生活。精通汉族封建文化的努尔哈赤，始终没有放弃建储思想。然而，史书的有关记载却相互矛盾，这究竟是怎么一回事呢？现在我们逐一加以分析。

（一）史实分歧

一般治史者多以“实录”，所谓“正史”为重要史料根据，顺手拈来即用。但在清史中有时是“正史”不正，而“野史”不野的情况，很值得注意。清初的建储问题就有这种情况，史称：太祖死后，关于继嗣问题因为“平日皆预定告诫”，故“崩临遂不言及”②。这个“预定告诫”是什么？回答说：太祖初“未尝定建储继立之议”③。众所周知，《清太祖实录》是天聪十年（1636）纂修告成，《清太宗文皇帝实录》是从顺治九年（1652）至乾隆四年（1739）陆续修订完成，纂修指导思想当然按皇太极及其继承者的意愿。多尔衮试图修改两个实录原稿，未能如愿。从他“删改”太祖实录，并从太宗实录档中“抄录秘书罪状二册”④ 看，他们之间对史实有严重分歧。其中，皇太极否定太祖有建储之议，而强调汗“预定八家”，似有掩盖他所谓“夺嗣”之嫌。著名清史专家李光涛先生明确指出：“令八家”⑤，“根本也不是什么遗训，而是后来皇太极的一己之见”。而“不立储君之遗训，当然也正是皇太极的一己之见”⑥。目前，在清史学界对这一观点仍有分歧。特别是所谓“奴儿（哈）赤临死，谓贵永介曰：九王当立而年幼，汝可摄位，后传于九王”的遗言，是很值得研究的重大疑难问题。⑦ 而这个意

---

① 前岛文次的《清初之继嗣问题》，李光涛的《清太宗夺位考》，见《明清史论集》下，第421页。

② 《清太祖高皇帝实录》卷10，天命十一年八月丙午条，三一斋藏版（下同）。

③ 《清太宗实录》卷1，天命十一年九月庚午条。三一斋藏版（下同）。

④ 中国第一历史档案馆：《清初内国史院满文档案译编》（下），光明日报社，1986年，第176页（下同）。

⑤ 《清太祖高皇帝实录》卷10，天命十一年六月乙未条。

⑥ 李光涛：《清太宗夺位考》，见《清史及近代史研究论集》，第1辑，第7册，第60—62页。大陆杂志社印行大陆杂志史学丛书。

⑦ 《清入关前史料选辑》，中国人民大学出版社，1984年，第437页。

见正是努尔哈赤初次建储与否的关键问题之一。

（二）褚英被杀

众所周知，努尔哈赤长子褚英之死，具体地表明所谓太祖“未尝定建储继立之议”不是事实。因为努尔哈赤起兵后的第十个年头，内部权力之争已经揭开序幕。即万历二十一年（1593），建州部击败以扈伦四部为代表的九部联军；万历二十三年（1595），努尔哈赤被明朝封为龙虎将军期间，与其弟舒尔哈齐之间权力之争，日渐明显。此后，努尔哈赤与其子褚英、代善父子先后控制黄、白、黑（后为红）三旗，而舒尔哈齐父子仅仅掌管蓝色一旗。舒尔哈齐因为不平，加上兄弟之间相互出现政治分歧，而弟弟被努尔哈赤幽禁。万历三十九年（1611）八月十九日，舒尔哈齐被努尔哈赤杀害，即所谓“太祖胞弟打喇汉把土鲁薨，年四十八岁”[①]。

（1）立长为嗣

在兄弟残酷地权力之争中，努尔哈赤为不给舒尔哈齐抢班夺权之机，决定立长子为嗣。褚英（1578—1615）号为洪巴图鲁（勇士之意）阿尔哈图图门（谋略、广略之意），所以又称“广略贝勒”。长子褚英和代善是努尔哈赤元妃佟佳氏哈哈纳扎青所生。佟佳氏是满洲大姓，而哈哈纳扎青之父塔本巴颜亦出自满洲名门。努尔哈赤推行长子继承制，所谓“焉能弃其兄而令其弟执政”[②] 的话，无疑是对汉族儒家传统文化的认同。当然，这里所谓的“立嗣”是取口头习惯法的形式。

为使长子按照自己的意愿“掌政”，努尔哈赤冒着“年老不能从戎征战，或不能审理国务”，抑或“诸子弃其父，而主国当政”的不利社会舆论，采取重要保证措施和规定基本执政条件。其一，给与褚英、代善兄弟“各国人五千户，牧群八百、银一万两，敕书八十道”，其中占有的户口已经是“国人过半”。作为掌政的经济和政治基础，十分牢固。努尔哈赤认为，经济方面兄多弟少，如果诸位弟弟有困难，可以求救于兄长。反之，兄长如果分得太少，乞求弟弟于情面上将很难堪。其二，给褚英同母兄弟相同数量的户口和财富，目的是令代善协助褚英掌政，故有“二子执政”之说。其三，要求“掌政”的兄长必须“宽大为怀，秉公治国”。在这种思想指导下，努尔哈赤立长子为嗣的基本模式初次确定。其中强调褚英“继承大业，执全国之政”之语不是建储是什么？[③]

（2）囚杀长子

褚英失信于其汗父主要表现在三个问题上。其一，不能“宽大为怀，秉公治国”，即“自幼心胸狭窄，并无治国宽大之心怀”，结怨于五大臣费英东、额亦都、何和理、扈尔汉、安费扬古，“使之彼此不睦”并“施虐于聪睿恭敬汗爱如心肝之四子”即代

---

① 《清太祖高皇帝实录》卷3，明万历三十九年八月丙戌条；辽宁省档案馆藏《明档》（屏风档）003号；《满文老档》第1册，中华书局，1990年，第7页（下同）。

② 唐邦治等：《清皇室四谱》卷2，癸亥冬十月上海聚珍仿宋印书局排印，第3页上；《满文老档》第3册，第20页。

③ 《满文老档》第3册，第20、21—22页。

善、阿敏、莽古尔泰[①]、皇太极四贝勒，逼迫四位弟弟发誓听自己的话，不准许将自己的话告诉汗父，宣称待汗父死了之后，将诛戮与自己不和睦的诸弟及五大臣，并剥夺他们的财产。其二，四弟五大臣揭露其事实后，努尔哈赤当面指责褚英的错误。从此，努尔哈赤不相信长子还能治国理政，认为“不可置信”。万历四十一年（1613）春、秋两次出兵乌拉部都没有派他出征，并且安排代善、莽古尔泰和皇太极等驻守监护。其三，褚英“遭汗父斥责”和不信任之后，“心怀不满”。他竟然乘汗父出征之机，书写“咒文，望天地焚之”，且扬言：“愿出战之我军为乌拉击败。被击败时，我将不容父及诸弟入城。”鉴于长子“仍怀恶意，拒不反省，唯恐日后危害国政”的严重情况，努尔哈赤于万历四十一年（1613）三月二十六日，将34岁的长子褚英逮捕监禁，所谓置于“木栅高墙内以居”。其四，褚英被囚禁还有另外一个原因，那就是他不同意汗父处置叔父的做法和企图反对大明中央王朝，即“数谏勿杀弟，且勿负中国”。于是，努尔哈赤“怒而囚之”，[②] 或称褚英“一语罢兵，遂夺其兵柄，囚之于狱”[③]。褚英是如何死的，清朝档案掩盖事实真相，说是“汗欲杀长子，又恐后生诸子引以为例，故未杀之”，是“自缢而死”。从后来努尔哈赤反省这件事时，证明明朝人揭露的“以罪伏诛”、“老奴怒杀之”[④] 的话，当时事实。

（三）重申建储

努尔哈赤的建储观念相当牢固。当初冒着不利的社会舆论，立长子为嗣已很说明问题。长子死后，继嗣者代善是当仁不让的人物。而从努尔哈赤的思想到言论，乃至外间的舆论都表明这是无可辩驳的事实，这里有五件事可以得到证实。

（1）当初在立长子褚英为嗣的时候，努尔哈赤曾经说：“使尔同母所生之二子执政。”此话表明褚英为主，代善为辅，有共同执政之意。褚英既死，代善接续，顺理成章。

（2）在进入辽沈前夕，努尔哈赤鉴于随身老将和兄弟先后去世，曾经对乌拉大妃，即大福晋阿巴亥说：“吾身殁后，大阿哥须善养幼子和大福晋[⑤]。”这真实而确切地证明褚英死后，代善在努尔哈赤心目中，是名副其实的即位嗣子。

（3）天命五年（1620）九月十三日，大贝勒代善曾经供认：“父汗使我作主管理僚友、国人等”，如果自己不称职，“汗父使我掌管之政，我应当回避退让”。[⑥] 由此证明代善确实被努尔哈赤立为储君。

（4）正因为诸贝勒、大臣知道努尔哈赤立嗣意向，当发现大贝勒和大福晋的问题时，都“惧怕大贝勒、大福晋而弗敢上达”[⑦]，即生怕努尔哈赤死后，大贝勒掌政之后，

① 《满文老档》第3册，第20—23页。皇太极说莽古尔泰当初“并未授以产业”，1620年2月后曾经抚养于“德格类家”。可见四弟中的莽古尔泰应当是德格类（参见同书第40册，第1138页）。

② 黄道周：《博物典汇》卷20，第16页上。

③ 茅瑞征：《东夷考略·建州》，第18页。见《清初史料四种》卷上。

④ 《满文老档》第3册，第23页；王锺翰点校：《清史列传》卷3，中华书局，第115页；陈仁锡：《无梦圆初集》卷3，第24页下。

⑤ 《满文老档》第3册，第21页；第14册，第135页。

⑥ 《满文老档》第16册，第158页。

⑦ 《满文老档》第14册，第135页。

对自己进行报复。

(5) 萨尔浒大战之后，对后金社会情况了解最详细的，莫过于朝鲜君臣。当时的朝鲜人曾经说："酋（努尔哈赤）死之后，则贵盈哥（代善）必代其父，胡中皆称其宽柔，能得众心云[①]。"毫无疑问，朝鲜人得到的消息，肯定是后金社会上层和民众舆论的真实反映。

以上的事实充分反映出天命五年（1620），即褚英死后的五年间，努尔哈赤已经重申过他的建储之意，所谓努尔哈赤未曾建储的记载，不是事实。

二、储位之争

伴随后金军向辽沈推进和努尔哈赤年龄的增长，其诸子侄之间争嗣斗争，愈演愈烈。特别是大贝勒代善和四贝勒皇太极之间的争斗，日渐白热化。致使努尔哈赤在锁定的嗣子问题上发生动摇。

（一）代善之自责

天命五（1620）至七年（1622）是努尔哈赤在建储人选问题上，发生动摇的重要时期。这里既有嗣子代善本身的问题，亦有八子皇太极争权夺势的问题。就代善来说，主要是三件大事毁了自己的声誉，即大福晋案件、争宅问题和二子硕讬案件。

(1) 大福晋案

天命五年（1620）上半年，在努尔哈赤后宫出现两大案件。二月，原大福晋，俗称"继妃富察氏名衮代"者，"以窃藏金帛，迫令大归"。后被其子莽古尔泰杀死[②]；三月初十日，以汗宫内一名近身闲散侍女秦太与乌拉大福晋阿巴亥侍女纳扎发生口角为导火线，又以努尔哈赤小福晋塔音察于十五日将事件状告于汗为爆发点，揭开了打击大贝勒代善与大福晋阿巴亥的序幕。这个案件集中攻击两个问题。其一，抓住代善与阿巴亥的关系，大做文章。一是说："大福晋曾二次备办饭食，送与大贝勒，大贝勒受而食之。又一次送饭给四贝勒，四贝勒受而未食。且大福晋一日二三次差人至大贝勒家，如此来往，谅有同谋也。福晋自身深夜出院亦二三次之多。"二是说，"每当诸贝勒、大臣于汗屋聚会时，大福晋即以金珠妆身献媚于大贝勒。诸贝勒大臣已知觉，皆欲报汗责之。又因惧怕大贝勒、大福晋而弗敢上达。"意思是说，大贝勒代善与其继母关系不清，而且有其他"同谋"。其二，在经济问题上集中攻击大福晋阿巴亥。因为努尔哈赤曾经给内宫规定："诸凡福晋，若不经汗允，即以一庹布，一块缎给与女人，则被诬为欺夫；若与男人者则被诬为已有外心。"而大福晋违背汗约，大量散财和隐匿财物，特别是通过侍女纳扎，将"蓝布二疋"给与巴克什达海，令汗不能容忍。所以，努尔哈赤大骂阿巴亥："该福晋奸诈虚伪，人之邪恶彼皆有之，我以金珠妆饰尔头尔身，以人所未见之佳缎，供尔服用，予以眷养。尔竟不爱汗夫，蒙我耳目，置我于一边，而勾引他人"，只是看在多尔衮、多铎等还小，需要母亲抚养，阿巴亥才保住了性命，而"大福晋"

① 李民寏：《建州闻见录》，见《清初史料丛刊》第八、九种，辽宁大学历史系，1978年，第45页。

② 《清皇室四谱》卷2，第3页上。

名号却被废弃。并与汗分居。尽管努尔哈赤“不欲加罪其子大贝勒”[①]，但代善在诸贝勒、大臣中的威信受到严重影响。这件事使大贝勒代善作为汗位承继人遭到重创。而努尔哈赤对于代善嗣位与否，不能不有所掂量。

（2）代善争宅

在萨尔哈大战胜利的八门击鼓声中，努尔哈赤没有被胜利的喜悦冲昏头脑。他告诫官兵“勿以屡捷为可恃”，我们“必得辽然后可以生活”，希望大家要有“尽死于辽东城下”的决心。[②] 为减少调兵遣将疲劳，他于天命四年（1619）四月初三日，决定在界凡筑城，作为临时首都，将指挥中心向明朝辽东腹地移动，“牧马于边”。当年六月初十日，筑城完毕，迎接内眷迁入。第二年十月，根据形势发展，又决定自界凡迁往萨尔浒，于是再“建军民房舍”，十一月大工告成[③]。在这次汗及诸贝勒进入新居过程中，大贝勒代善觉得为自己所建的贝勒府，不如长子岳讬的好。内心想与长子调换。但他不直接说出来，而是以关心汗父内宫狭窄为词，希望父亲搬入自己的贝勒府。努尔哈赤视察后，认为代善的贝勒府确实比汗宫宽敞，决定与代善调换。然而，代善本意是将汗宫让给长子岳讬，自己便可进入心中所喜欢的岳讬府第。汗宫既然让出来，代善却迟迟不肯进入，无人知道他在想什么。莽古尔泰、阿敏先后向汗请示为代善重修府第。这么一折腾，弄得努尔哈赤无可奈何，只好又重新搬回自己当初的汗宫[④]。这件事表明大贝勒代善目光短浅，明知道这种移都具有临时性质，何必计较。况且看中长子宅第，父子协商有何不可。结果“偷鸡不成失把米”，弄得里外不够人。自然给汗、诸贝勒以较坏影响，进一步使自己的威信丧失。

（3）硕讬案件

天命五年（1620）九月，后金将从界凡迁往萨尔浒之时，发生一起重大案件，即代善第二子硕讬与二贝勒阿敏之弟宰桑古等欲逃往明朝。硕讬为什么有如此举动，主要是大贝勒代善偏听后妻之言，“不给儿子僚友、国人，甚而家里的奴仆、马匹、牛只、牧群等”，不令其主持管理。与受阿敏虐待的宰桑古等多人合谋出走。这件事对代善的冲击十分严重，以致威胁到他的执政地位。努尔哈赤一怒之下，“革除代善继承人及大贝勒的爵位，并夺取部众，贬为庶民”。所幸代善“知错必改，向汗父请罪”。他在九月二十八日，向汗父检讨、发誓说：“我不恪守汗父教导之善言，不听三位弟弟一位虾阿哥之言，而听信妻言，以致丧失汗父委托于我指挥之大政，我乃杀掉我的妻子，手刃我的过恶，日后若仍以是为非，以恶为善，怀抱怨恨和敌意，我愿受天地谴责，不得善终”，结果“得到汗父宽宥，归还部众，并恢复大贝勒爵位，但不再是汗位的继承人”[⑤]。代善尽管因为三大案件，失去继嗣地位。但事实再次证明所说的努尔哈赤“未尝定建储继立之议”的记载，纯属后世执政者的谎言。

---

① 《满文老档》第 14 册，第 134—135 页。

② 《建州闻见录》，见《清初史料丛刊》第八、九种，第 46 页。

③ 《清太祖高皇帝实录》卷 6，天命四年六月辛酉条；天命五年十月甲辰朔条。

④ 《满文老档》第 14 册，第 137 页—138 页。

⑤ 《旧满洲档・昃字档》，第 2 册，第 247—255 页。引自《多尔衮全传》，吉林文史出版社，1986 年，第 7 页（下同）；孟昭信：《神秘的孝庄皇后》，中国社会科学出版社，2008 年，第 14 页。

（二）皇太极争位

褚英、代善兄弟相继失去嗣子地位，不完全是他们自己的过错。而其中伴随着兄弟之间激烈的明争暗斗。他们的直接竞争对手就是皇太极。皇太极尽管是第八子，但他有天生的优势。

（1）先天之优势

在社会发展到部落和部落联盟时代，各部酋长为扩大自己的政治势力，常常通过政治联姻达到自己目的。努尔哈赤在征服建州本部时，与满洲大族元妃佟佳氏和继妃富察氏家族联姻。再相继与扈伦四部中的名门大族叶赫、乌拉纳拉氏先后结缘。这种联姻致成后宫出现等次、贵贱之分。因此，元妃佟佳氏，继妃富察氏，中宫皇后叶赫纳拉氏和大妃乌拉纳拉氏等地位最重。而这四人尽管先后受到努尔哈赤器重，但地位最高的莫过于元妃佟佳氏，中宫皇后叶赫纳拉氏和大妃乌拉纳拉氏。从历史事实看，继妃富察氏的儿子莽古尔泰、德格类只能位居贝勒等级。而元妃儿子褚英、代善，中宫皇后儿子皇太极、大妃儿子阿济格、多尔衮和多铎均有争夺汗位条件，此即子以母贵所致。至于努尔哈赤的4子汤古岱、6子塔拜母亲钮钴禄氏身为庶妃，所以两个儿子终身处在镇国将军和辅国将军等级。5子阿拜之母兆佳氏亦身为庶妃，故只授为公爵。7子阿巴泰母亲伊尔根觉罗氏，地位稍高于庶妃而为侧妃，所以其子位居贝勒、郡王地位。后因子孙颇有作为而追封为亲王[①]。

皇太极的母亲是叶赫著名大酋长贝勒杨吉砮之女，名孟古姐姐。明万历十六年（1588），十四岁嫁给努尔哈赤。万历二十年（1592）十月二十五日申时，生皇太极。不久，取代继妃富察氏地位，升为大妃中宫皇后。孟古姐姐不仅出自名门，而且颇“允孚太祖之心”，受到努尔哈赤特殊钟爱。万历三十一年（1603）九月二十七日，不幸逝世，年仅29岁。由于努尔哈赤爱而难舍，竟厝梓宫三载不葬。后封为孝慈高皇后。天聪三年（1629），合葬于沈阳福陵[②]。皇太极天生的优越地位便缘之于此。

（2）与褚英暗争

皇太极以母贵，加上个人文武全才受到父亲特殊偏爱，正因为“恃其父之偏爱”[③]，虽在兄弟中排行第八，但在努尔哈赤分析家产时，除长兄褚英、代善、德格类外，唯有他独得一份。连三兄莽古尔泰也没有分到。他刚刚16岁，就梦想觊觎汗位。时刻窥视大阿哥褚英的行为。在告发褚英案件中，他是积极参加者。他善于笼络人才，拉帮结派。努尔哈赤在批评巴克什额尔德尼时，指出“昔大阿哥在时”，额尔德尼、吴巴泰等“曾进谗言”。当时，额尔德尼、吴巴泰都属于满洲正黄旗，按照当时法令，不准越旗交往。然而，额尔德尼和本旗的伊逊经常到正白旗贝勒皇太极那里去。努尔哈赤看在眼里，记在心中。最后明确指出，他们“去四贝勒巡察之处，往而不问，归而不告其所往。如此之举，不唯挑唆，岂有他哉?”[④] 换句话说，额尔德尼等已结成团伙，与皇太极串联谋取汗位。他们甚至暗中监视努尔哈赤周围人员的动向。天命七年（1622）正

① 《清皇室四谱》卷2，第3页上—4页上。

② 《清太宗实录》卷5，天聪三年二月丙午条；《清皇室四谱》卷2，第2页上。

③ 《李朝实录·光海君日记》卷169，第728页。

④ 《满文老档》第51册，第477页；福格：《听雨丛谈》卷9，《清代笔记史料丛刊》，第217页。

月十三日，额尔德尼被其牛录人塔布兴阿告发。为了摆脱困境，他马上找到皇太极说：这是“雅荪、乌纳格挑唆塔布兴阿，告发我二人”。然后，两个人详细研究，并设法“令雅荪、乌纳格辞离于汗”，[①] 手已申到汗的身边，其气焰何等嚣张。

（3）与代善角斗

褚英死后，代善成为汗位当然继承者。皇太极则将代善视为自己的竞争对手。在进入辽沈前夕，兄弟之争已有明显表现。其中有三件事可以得到证明：其一，在萨尔浒大战的特殊时期，皇太极一刻也没有忘记事事与代善攀比。当八旗兵消灭西路马林部后，向东部战场转移。代善征得汗父同意，率领20人，扮作小卒，前往探寻消息。而皇太极赶到汗父面前时，代善已经动身。他急不可待地说：“大王果然前去，吾欲与同之！”帝曰：“汝兄扮作哨探，前听消息，汝可随我同行。”皇太极说：“大兄既已独往，吾等何故留后？”[②] 表面看很有积极性，而深思之，并联系其往日行为，完全可以断定大有与之相争之意。其二，第二年，天命五年（1620）三月十五日，在大福晋阿巴亥案件中，其藏匿财产之罪，令人不解。固然，大福晋违背汗的约法，动用财产没有通过汗。然而，其藏匿财产完全没有方向，藏匿其母家、阿济格家尚可认定出于私心，给与达海和村民可谓济贫。而大量藏匿在巴笃里、孟阿图、达尔汗虾等的家里就令人难解了。因为这些人都是皇太极所属正白旗人，她何以对他们那样信任？更为奇怪的是，参加调查的四位大臣达尔汗虾、额尔德尼、雅逊、孟阿图四个人，除额尔德尼是皇太极争夺汗位集团成员，属于正黄旗外，其他三人都是正白旗的人。可以说，整个案件都操控在皇太极手中。难怪有的学者认定：“这是一件有人精心策划的一次政治阴谋案件，其目的是陷害大福晋、大贝勒，以争夺后金最高统治权。”[③] 其三，对朝鲜李朝方针政策有严重分歧。大贝勒代善认为，后金国家“四面受敌，仇怨甚多，则大非自保之理，极力主和”，特别是主张萨尔浒大战中的李朝俘虏，认为“阵上之约不可负”，反对杀害李朝投降官兵。而皇太极“主战”，常常劝说父亲出兵李朝，莽古尔泰积极支持皇太极的主张。这种战争方略分歧，与汗位争夺有密切关系。所以，李朝使者说“和战异议，所见相左，且其兄弟位次相逼”[④]。

（4）汗父的默认

从天命四年（1619）九月至六年（1621）九月的两年中，努尔哈赤在嗣子选择方面，已有新思路。他认为皇太极可以代替大贝勒成为合意继承人。理由有四点：其一，努尔哈赤特殊“偏爱”皇太极，在攻克沈阳的战斗中，由于将领雅松败走，致使皇太极追击明朝总兵李秉诚、朱万良逃兵。事后努尔哈赤责备雅松时说：“吾子皇太极，父兄依赖如眸子”，然而由于“汝败走而杀入众军中，万一有失，罪应凌迟汝”。[⑤] 从用词中，不难看出所爱之深。其二，皇太极的能力和社会影响，远远超过大贝勒代善。史赞

---

① 《满文老档》第33册，第299页。

② 《清太祖高皇帝实录》卷6，天命四年二月己巳条。

③ 《满文老档》第14册，第133—135页；《多尔衮全传》，第15页。

④ 《李朝实录·光海君日记》卷168，第724页。学习院东洋文化研究所刊印（下同）；卷147，第608页。《栅中日录》，见《清初史料丛刊》第八、九种，第24页；李肯翊编《燃藜室记述》卷3（姜弘立别录日月录）。

⑤ 《清太祖高皇帝实录》卷7，天命六年三月壬子条；《李朝实录·光海君日记》卷169，第728页。

其“勇力绝伦”、“英勇超人”。因此，在战场上“颇有战功”，并且所部正白旗训练有素，“所领将卒皆精”。故社会舆论有，所谓；“智勇双全，人皆称道”之誉，表明现时社会的口碑颇佳。相反，大贝勒代善的声誉下降，从“宽厚，能得众心”，变成“特寻常一庸夫”①。其三，正因为兄弟之间出现如此变化，原本代善的嗣子地位发生动摇。而聪明的大福晋阿巴亥，亦不知道将来鹿死谁手。于是送饭时给代善送三次，给皇太极送两次。重点虽然仍在代善，而皇太极的威胁已经逼近。其四，大福晋案件发生后，努尔哈赤明显地不信任代善，更亲近皇太极。他将准备分给诸子的“绌、缎各三棱”② 不是放在代善的库房，而是送在皇太极的库房保存。在这段时期，努尔哈赤实际上已经默认嗣子将由皇太极继承。所以，这才出现天命六年（1621）九月，努尔哈赤与其叔兄弟阿敦一段对话，“酋尝密问曰：‘诸子中谁可以代我者。’阿斗（敦）曰：‘知子莫如父，谁可有言？’酋曰：‘递言之。’阿斗曰：“智勇双全，人皆称道者。”酋曰：‘吾知汝意之所在也。’盖指弘太主（皇太极）也。”③ 很明显，这是对皇太极嗣子地位的默认。

三、皇太极即位

历史事实表明，努尔哈赤并不是“未尝建储”，而是坚持不懈地想做好这件事。但由于诸位子侄争夺激烈，常常不能如愿，陷于难产境地。进入辽沈初期，对于八子皇太极刚刚寄予厚望，然而转瞬之间，风云突变，最终导致皇太极作了皇帝。

（一）蠢蠢欲动

天命六年（1621）至八年，后金阶级矛盾和民族矛盾普遍上升，形势对满洲贵族是个严峻考验。在这种情况下，努尔哈赤忧心忡忡。然而，他更担心嗣子问题会雪上加霜。正在这时，恰恰是他所爱“如眸子”的皇太极，令他坐立不安。

（1）争嗣矛盾激化

众所周知，努尔哈赤已经年迈，回首弑弟杀子令其心中常常忐忑不安。刚刚迁居萨尔浒城时，他对诸贝勒、大臣说：“凡有恶罪之人等不得由我等亲杀之，当囚于木栅高墙之内。”特别对于“昆弟中若有作乱者”，请求“神祇”，导化其“愚顽”，主张“不咎既往，唯见将来”④。这是他地道的自我反省，表明他对当初做法大有悔意；展望未来，甚至不寒而栗。

摆在努尔哈赤面前的争嗣矛盾，无法回避。这主要表现在三个问题上：其一，围绕皇太极的矛盾增多。刚刚进入辽沈时，宗室中除诸位贝勒之外，最有威望的要数努尔哈赤从弟阿敦阿哥，此人文武全才，史称其“勇而多智，超出诸将之右”，为努尔哈赤掌管满洲正黄旗，出谋划策，战绩辉煌，故有“前后战胜皆其功也”的良好业绩。同时，

① 《建州闻见录》，见《清初史料丛刊》第八、九种，第 45 页；《李朝实录·光海君日记》卷 169，第 728 页。

② 《清太宗实录》卷 46，崇德四年五月辛巳条。

③ 《李朝实录·光海君日记》卷 169，第 728—729 页。

④ 《满文老档》第 27 册，第 241—242 页；《清太祖高皇帝实录》卷 7，天命六年正月甲申条。

具有经济头脑，“若论行商贸易等事，乃其所长”，在相当长的时期得到努尔哈赤重用和信任。正因为他有如此资本，对皇太极正白旗的错误敢于揭露。天命六年（1621）九月，他站出来批评皇太极属下总兵官巴都里在戍守地侵犯汉人利益，战场不守军纪，“藉势欺人”① 等等。其中这“藉势欺人”之句，明显是矛头指向皇太极，且反映他内心的不平。其二，自从大贝勒代善失政，四大贝勒“按月分直”后，皇太极“恃其父之偏爱”，对兄长代善仍不放心，“内多猜忌”，咄咄逼人，连外国人都说：“洪太主把兵权，则贵永哥何处去乎，虽生存而如此云乎？”其三，就在此时，阿敦阿哥发现皇太极和莽古尔泰、阿巴泰等人阴谋危害其兄长，便悄悄地告诉代善说：他们“将欲图汝。事机在迫”，你要做好准备。代善虽然是勇敢善战的一员虎将，而在政治斗争方面，却十分庸懦。他将叔父阿敦的话，到汗父面前哭着告状。努尔哈赤传皇太极等三人对质，当然没有一个人承认。结果阿敦便以“交媾两间”罪入狱。阿敦是个人才，李朝人也为努尔哈赤借机除掉阿敦感到惋惜，责之曰：“是自坏其长城也②。”显然，此时后金内部争嗣矛盾已经激化。

（2）汗教训皇太极

大贝勒嗣位被废和阿敦事件，对于努尔哈赤建储是个很大震撼。按照崇德元年（1636）十一月十五日告成的《太祖武皇帝实录》所载，天命七年（1622）三月初三日，努尔哈赤在建储问题上提出“八人可为八固山之王”，主张“八王理国政”，选择国君标准是反对“倚强持势”、“强势之人”，要求“能受谏者可继我之位”，用“子弟中贤者”更换不贤者。五年之后，即天命十一年（1626）五月二十四日，他再次强调“预定八家，但得一物八家均分公用，毋得分外私取”。他说如果我还活着，将“使朕观尔等措置。泰然自得可也”③。著名清史专家李光涛先生认为，《清太祖实录》是“修饰原文，使真相不存”。所谓的“‘预定八家，但得一物，八家均分公用，毋得分外私取’。此话根本也不是什么遗训，而是后来皇太极一己之见”④。并且举《明清史料》原档事例，加以证明“八家均分”并非事实。然而，揆之大贝勒嗣位被废、阿敦事件和多尔衮日后的相关言论表明，上述事实并非完全伪造。“八王理国政”和反对“倚强持势”之人为君一事，当有所指。其一，大贝勒代善嗣位被废时，定阿敏、莽古尔泰、皇太极、德格类、岳托、济尔哈朗、阿济格、多铎、多尔衮“八贝勒为和硕额真”，明确规定“任何一位和硕额真，若欲为恶，扰乱政务，其余七位和硕额真集会议处，若该辱则辱之；若该杀则杀之”⑤。这是努尔哈赤取消代善嗣子地位后，鉴于四大贝勒之间争斗而提出的制约措施，即“客观上将在一定程度上提高了诸小贝勒的地位，分散、削弱四大贝勒实力，反映出努尔哈赤拟使八和硕贝勒相互牵制的意图”⑥。一年之后，即天命八年（1623）二月初七日，他又在八旗中“设都堂八员，每旗设审事官二员、蒙古

① 《满文老档》第 26 册，第 233 页；《李朝实录·光海君日记》卷 169，第 728—729 页。
② 《李朝实录·光海君日记》卷 169，第 728—729 页。
③ 《清太祖高皇帝实录》卷 10，天命十一年六月乙未条。
④ 《清太宗夺位考》，见《清史及近代史研究论集》，第 7 册，第 62 页。
⑤ 《旧满洲档·昃字档》，见《多尔衮全传》，第 7 页。
⑥ 杨珍：《清朝皇位继承制度》，学苑出版社，2001 年，第 39 页（下同）。

审事官八员、汉审事官八员，为贝勒挂文启示者四人”，加强对诸位和硕贝勒权力的控制和行为监督，特别是设“为贝勒挂文启示者”，几乎是近身监督。再联系四个月后的六月份，努尔哈赤教训皇太极说：“对诸兄弟皆须互相敬慕，独以汝诚而越他人，岂置诸兄于不顾，而欲汝坐汗位乎。集于衙门离去时，汝若送诸兄，诸兄之子弟等，报汝送汝至家礼也。汝不曾送诸兄，诸兄之子送汝，何故默受，是汝贤明乎。德格类、济尔哈朗、岳讬汝等何故置父兄于不顾而行，汝等之越行，皆谗恶詈了，有何益哉。第四贝勒，汝是父我爱妻所生嗣子，不胜爱之也。汝之贤德聪明，何故那样愚昧而生”。他责备皇太极处事不公平，不宽宏，拉帮结派，真是恨铁不成钢。特别提出“欲汝坐汗位乎”① 的指责，反映出一种失望情绪。上述事实说明四个问题，其一，努尔哈赤从天命五年（1620）九月至八年（1623）六月期间，针对四大贝勒的内耗，提出八分格局，企图以提高诸位小贝勒地位的办法，制约四大贝勒权限。其二，在立储问题上否定皇太极继承汗位。特别是反对“倚强持势”、“强势之人”的意见，当是针对皇太极咄咄逼人的做法而发。其三，定“八贝勒为和硕额真”，抬高诸位小贝勒地位，具有双重意义，它既起到制约四大贝勒作用，又为从诸小贝勒中选择嗣子铺平了道路。其四，“欲汝坐汗位乎”一语，是努尔哈赤直接对未来国君推举意见的否定，证明决定权仍然操在他自己手中，他并没有放弃立嗣。同时也证明，李光涛先生对清初“实录”的看法之启示作用，应当受到重视。

（二）嗣子内定

目前史学界，对于努尔哈赤是否曾经立多尔衮为嗣，皇太极是否“夺立”，有很大分歧。现就努尔哈赤最后立嗣、皇太极和大福晋的关系等问题，作以简单分析。

（1）选择了多尔衮

努尔哈赤晚年是否选择多尔衮为嗣，怀疑者的主要根据有两点。其一，天命七年（1622）努尔哈赤既然推行八王共理国政，不可能再立嗣子。有关这个问题前文已经分析过，那是皇太极修改太祖实录时，参进自己的意见，掩饰其夺位真相。其二，根据《旧满洲档·昃字档》记载：“此后，阿敏台吉、莽古尔泰台吉、皇太极、德格类、岳托、济尔哈朗、阿济格阿哥、多铎多尔衮八贝勒为和硕额真”。从“多铎多尔衮”中间无标点，有人认为是“多尔衮未被父亲赐予全旗成为旗主贝勒”，只是拥有十五牛录的“闲散贝勒”，在“整个天命年间，他并未真正进入军政要人行列”，明确指出“汗死无遗诏”②。这个分析不完全正确，天聪元年（1627）十二月初八日，皇太极说过：多尔衮等“皆系皇考分给的全旗之子”③。显然，多尔衮具有全旗。至于多尔衮是否是“闲散贝勒”亦大有疑问。如果承认努尔哈赤死前多铎主旗排名在前，多尔衮为“闲散”居后，为什么努尔哈赤刚死的八月十一日，在“兄弟共议”立君时，多尔衮又排在多铎之前④。所以，单凭孤证难断多尔衮与多铎当时的地位。然而，上述资料却告诉我们，作为“小贝勒”，多尔衮等已经成为“和硕额真”，具有不可否认的八和硕贝勒地

① 《满文老档·太祖》第45册，第411页。
② 《多尔衮全传》，第7页。
③ 《清太宗实录》卷3，天聪元年十月辛丑条。
④ 《清太宗实录》卷1，天命十命十一年八月庚戌条。

位和竞争国主资格。正因为如此，努尔哈赤在天命十一年（1626）五月十四日，在强调所谓“预为八家”的同时，又有“谓贵永介曰：‘九王当立而年幼，汝可摄位，后传于九王’”[1]的话，具有很大的真实性。这种内定的汗位继承者与对皇太极的失望，正反映努尔哈赤老年储位难定的矛盾心理。

努尔哈赤命代善暂时“摄位”，待传于多尔衮的“遗命”应当是内定的历史事实。根据大体有五点：其一，这条消息来自朝鲜李朝。李光涛先生认为李朝所“记建州之事亦皆翔实可信”。笔者亦有同感。李朝的信息有三个途径，一是所谓“察问小胡处”得知。这些小胡多半是原来居住在李朝境内钟城、会宁、稳城等六镇的女真人，叫做“六镇藩胡”。他们曾经受过李朝国王“职贴”[2]，慕恋李朝“久而不衰，凡虏中所为，尽情密言”，他们是为努尔哈赤“昼夜守直寓所”的“藩胡仁必、遏道舍、末介等”[3]近身侍卫，消息灵通。二是萨尔浒大战中，为后金俘虏的李朝士兵逃回所报情况，如李朝军官副元帅金景瑞病死；都元帅姜弘立不剃头；“韩润兄弟变姓投奴”等消息都是定州随营士兵金进逃回后所报告。三是被俘的李朝军官都元帅姜弘立等送来的秘密“书状”[4]。其二，多尔衮的母亲是乌拉之女，进入辽沈后已恢复大福晋地位，不影响多尔衮承继汗位。其三，多尔衮作为“和硕额真”，率领15牛录，是“全旗之子”。其四，皇太极自供“皇考无立我为君之命”。[5]因此，暂令代善“汝可摄位”，临时长控权柄，当是事实。所以，努尔哈赤死后，皇太极首先是与代善争夺政权，当时的社会舆论亦是如此。明朝的《东江报》称“且侦大王子已居老奴之位”；明朝政府又得报“四子与长子争继未定”等，[6]都说明代善暂时摄政是奉遗命。清朝入关之后，代善供认他把汗父交给他的“摄位”权，“情愿让位给他一位幼弟”，即皇太极[7]。这进一步证明，代善在努尔哈赤死后，处于掌控政柄的主动地位，接受摄位遗命完全可信。其五，代善的做法违背了汗父将汗位将来“传于九王”的遗命。这就是多尔衮数十年耿耿于怀，与代善的关系长期不协调的根本所在，亦是他权势大增之后，怒谓“太宗文皇帝之位，原系夺立”的根本原因。此事于顺治八年（1651）八月二十二日，被揭露出来，传到国外。李朝使臣将消息报告给国王称：摄政王“以为太宗文皇帝之位，原系夺立，以挟制皇上侍臣[8]。”顺治七年（1650）十二月二十八日，顺治帝在《皇父摄政王香册文》中，表彰多尔衮有：“摄政王天纵聪明，性成仁让，坚辞□（大）宝”之句，就是承认皇太极的皇位是多尔衮“辞让”的结果。当然，此话是多尔衮党羽刚林、祁充格秉承多尔衮生前的旨意，亦是郑亲王济尔哈朗等诸贝勒为稳定时局妥协的结果。然而，若是根本就无此事，郑亲王济尔哈朗等当然不会承认这种无中生有的重大政治事件。日本著名清史专

---

① 《明清史论集》下册，第438页；《清入关前史料选辑》，第437页。
② 《明清史论集》下册，第438页；《李朝实录·光海君日记》卷169，第731页。
③ 李民寏：《栅中日录》（校释），第12页，见《清初史料丛刊》第八、九种，辽宁大学历史系1978年。
④ 《李朝实录·仁祖》卷3，第705页；《李朝实录·光海（鼎）》卷66，第706页。
⑤ 《清太宗实录》卷1，天命十一年八月庚戌条。
⑥ 贾乃谦点校：《东江疏揭唐报节抄》卷5，第82页；《明熹宗实录》卷71，第18页上。江苏手抄本。
⑦ 魏特（杨丙辰译）：《汤若望传》第1册，商务印书馆发行，1960年，第20页。
⑧ 《明清史料》丙编，第4本，第306页；吴晗：《朝鲜李朝实录中的中国史料》第9册，第3813页。

家稻叶君山先生，研究这段史实，亦认为“彼多尔衮者太祖有传位之遗命”。[①] 从上述的事实中不难看出，努尔哈赤死前曾遗命将立多尔衮为嗣子之事，大体可以肯定。

（2）皇太极的手段

皇太极在阿敦事件中，联合莽古尔泰、阿巴泰，曾向大贝勒代善发难，被叔叔阿敦发觉。尽管努尔哈赤为稳定其父子家天下，借机将阿敦除掉。而八子皇太极的野心，他不是不知道。所以，公开否定他继承汗位。然而，皇太极并未就此收敛。当初，岳讬、济尔哈朗、德格类等，因为送皇太极归家，而不顾其他贝勒，汗父曾批评他们之间不过是“谗恶罢了”。实际上是批评他们拉帮结派。而两年之后，都堂乌尔古岱额驸接受汉官馈赠黄金，“按月分直”的皇太极还是与德格类、济尔哈朗、岳讬“三小贝勒知悉”之后，将事实真相隐瞒起来，搞什么“以待事发”。努尔哈赤批评皇太极“愚昧而生”。事实表明，皇太极为争夺汗位，不惜采取笼络手段，努力争取蓝旗和红旗诸位小贝勒的支持。有的学者总结他的行为说：“这件事反映，代善丧失继承人地位后，皇太极在后金最高统治层内部的实力逐渐增长，并以争取到三大贝勒的子弟，即代善之子岳讬，阿敏之弟济尔哈朗，莽古尔泰之弟德格类”等的支持[②]。

（3）大福晋的势力

后金军进入辽沈之后，犯有罪过的阿巴亥，作为“前汗之大福晋”，同“众福晋”一起被迎接到辽阳城。表明她已经得到努尔哈赤的谅解。

自从叶赫灭亡后，努尔哈赤的岳母，满泰之妻及其第三子阿布泰都来到后金都城居住。努尔哈赤以阿布泰是妻弟、和硕额驸，给予重用。先后出兵旅顺口，戍边蒙古，带兵征服挂勒察部。天命七年（1622）正月十三日，已升为都堂总兵官，与汤古岱阿哥、达尔汉侍卫、栋鄂额驸、巴都里、杨古利、穆哈莲、索海、车尔格依、达尔汉额驸、戴姆布、乌纳格、喀克都里、布尔杭古额驸、阿布图、巴都里、乌尔古岱额驸等齐名。并与汤古岱阿哥、博尔晋侍卫、穆哈连、苏巴海、栋额额驸、阿巴泰阿哥并列为领旗的八大固山额真之一[③]。

这时的阿巴亥姐弟操纵阿济格、多尔衮和多铎三位皇子的两黄旗，60 个牛录兵力。如果大贝勒代善父子的两红旗能够合作，按照汗父遗嘱代善“摄位”，多尔衮的嗣子地位有一定的稳固性。然而，“有机变”的大福晋何尝不知道代善庸懦，两白旗、两蓝旗、镶红旗等几乎全都被皇太极争取过去，诸子尚在年幼，与久经战阵，饱经风霜的皇太极斗法谈何容易。

然而，阿巴亥姐弟明知山有虎，偏向虎山行。认为不打败皇太极，便不能争取大贝勒代善，多尔衮嗣位亦无希望。于是姐弟“合谋”实施其所谓“欲谄太宗，阴行奸恶”的计划。这件事郑亲王济尔哈朗说：“墨勒根王之母及阿布泰夫妇谄太宗所行诸恶事，臣等尽知”。表明大福晋曾经为多尔衮继承皇位尽过最大努力。皇太极逝世时，在硕讬、阿达礼案件中，“阿布泰夫妇，怙恶不悛，乃欲成其前谋”，就是想“迁皇上而立墨勒

① 《明清史论集》上册，第 180 页；《清朝全史》，中华书局，1915 年，第 42 页。

② 《清朝皇位继承制度》，第 41 页。

③ 《清太祖高皇帝实录》卷 8，天命七年正月庚申条；《满文老档·太祖》第 60 册，第 572 页；第 29 册，第 267 页；第 33 册，第 297 页；第 38 册，第 351—352 页。

根王”。可见，努尔哈赤死时，皇太极和阿巴亥两种势力曾经进行过针锋相对地斗争[①]。

（三）众推为帝

努尔哈赤生前留有遗训，本文肯定无疑。而其死后留下诸多疑点。诸如他生前何时留下遗训？大贝勒如何变计？等等，都值得研究。

（1）汗父遗训时间

《清实录》中说，努尔哈赤死前“早有明训，临终遂不言”。近年来有的学者猜测说：“努尔哈赤在其临死，很可能向诸贝勒中首领，即大贝勒代善、“帝后”大福晋交待了让多尔衮继立，并由代善摄政的意愿，或者于弥留之际，也有可能出于多尔衮生母的谋略，促成努尔哈赤留此遗言。”这就提出两个时间问题，其一，在死前很久已经有所安排。根据前文的探讨，这个时间当在天命十一年（1626）五月十四日，重申“预定八家”前后。其二，所谓“弥留之际”，即从“八月丙午”，即天命十一年八月初七到十一日去世期间。有人说努尔哈赤“共四天同阿巴亥在一起”，[②] 有可能留下“遗训”。这后一种意见不太可能。这里有两个理由：一是史料没有记载代善前往清河温泉和到浑河迎接汗父。二是努尔哈赤与阿巴亥最后相会，亦没有机会交代这一类问题。因为努尔哈赤七月二十三日“患疾，前往清河之温泉”，即在“威宁堡狗儿岭汤泉洗疮”。三十日，“大渐，欲还京”，但并没有启程。因为病情发生突变，“病势渐重”，八月初十日，仍在温泉。而“病体虚弱”，以至于昏迷。毛文龙得到消息，派遣千总石景选、毛承科带兵150名于当天夜里在狗儿岭鸣“枪炮喊呐”，致使努尔哈赤被“枪炮一惊，死而复醒”。十一日早晨，匆忙登船启程，顺浑河而下。从温泉的威宁营经清河城再至沈阳有约80里之遥，结果船行一半路程，刚到爱鸡堡，正当“午时”（11至12点）或未时（下午1至2点），努尔哈赤已经“命绝”。[③] 而当十一日“大妃来迎，入浑河”不久，或称“相遇至叆鸡堡，离沈阳四十里”时，老汗已经西归。可见，通知阿巴亥前来迎接时，是在四天前温泉病危期间的初七日，而阿巴亥启程当在十一日清晨。所以，努尔哈赤遗训的时间，不可能在弥留之际。这就不难断定努尔哈赤的遗训是在当年五月。

（2）代善何以变计

前文已经谈到，努尔哈赤临死前后代善“摄位”之事，在国内外有相当的呼声。然而，在关键时刻，他改变了态度。史称：“贵永介嫌逼以为，遂立洪太氏。”[④] 这个“嫌逼”当是事实。主要来自三个方面：其一，皇太极具有两白旗，莽古尔泰的正蓝旗紧跟其后。这位兄长曾说：皇太极具“大有为之姿，故臣等兄弟，共相推戴，以嗣君位，谊同休戚”，[⑤] 其中包括其弟贝勒德格类等在内，早就追随皇太极。镶蓝旗的阿敏贝勒尽管有条件地拥护皇太极，但亦比较主动地“与诸贝勒议立尔（皇太极）为主”，[⑥] 其弟济尔哈朗贝勒一直是皇太极夺位的同盟者。特别是镶红旗旗主岳讬早为皇太极所笼

① 罗福颐：《国朝史料拾零》卷1，第39页上—40页下。

② 许作荣等：《多尔衮评传》，东北师范大学出版社，1993年，第63页。

③ 《东江疏揭唐报节抄》卷5，第82页。

④ 李格：《关于多尔衮拥立福临问题的考察》，见《清史论丛》第2辑，中华书局，1980年，第268页。

⑤ 谈迁：《北游录·纪闻下》，中华书局，1960年，第368页；《清太宗实录》卷8，天聪五年三月乙亥条。

⑥ 《清太宗实录》卷1，天命十一年八月庚戌条。

络，而关键时刻代善第三子正红旗的萨哈廉亦占到皇太极一边。这样一来，大贝勒代善已成孤家寡人。皇太极在八旗中的优势十分明显。其二，阿巴亥与阿布泰姐弟矛头直接指向皇太极。如果得手，代善即使“摄位”，亦无安宁之日。其三，代善知道皇太极“智勇”胜于自己。所以，当岳讬、萨哈廉劝他拥立皇太极时，他只好顺水推舟地说：“此吾夙心也”；在皇太极面前他主动提出：“汝须代立。”而皇太极更是求之不得，即“略不辞让而立”[①]。

（3）大福晋之殉葬

政治斗争的残酷性，以常人心态无法理解。努尔哈赤灵柩入宫后，发生宫廷政变。这场政变基于两大因素，导致大福晋悲惨地成了殉葬品。其一，政变者突然袭击。天命十一年（1626）八月十一日未时（下午1至2点）大福晋阿巴亥匆忙见到努尔哈赤。这时代善等诸位皇子无人到场。大福晋陪同“群臣轮班以肩帝柩”，经过八九个小时努力，直到“夜初更”（8至9点钟）才将灵柩运回沈阳，放在宫中。大福晋在悲痛中尚未清醒，时钟刚到五更天，即卯时（清晨五点钟），大贝勒代善、皇太极等诸贝勒便召开紧急会议。会上首先拿出已经准备好的所谓汗父“遗言”：“俟吾终必令（大福晋）殉之。”矛头直指阿巴亥，责备她：心“怀嫉妬，每致帝不悦。虽有机变，终为帝之明所制。留之恐后为国乱”。众所周知，“有机变”的大福晋当然不会放弃多尔衮嗣位问题，担心“恐后为国乱”者正是以皇太极为代表的诸贝勒。他们的目的就是突然袭击，打掉大福晋，不让她有搞“机变”的任何机会。强行逼迫她：“先帝有命，虽欲不从，不可得也！”逼迫得大福晋只好哀求地说：“吾二幼子多儿哄（多尔衮）、多躲（多铎），当恩养之。”所以，卯时召开会议，刚到辰时，只有两个小时，大福晋阿巴亥便被迫“自尽”，年仅37岁。有的学者说“这是代善、皇太极等人策动的突然政变”[②]，不无道理。其二，皇权弱势。大福晋阿巴亥、阿布泰姐弟“欲谄太宗”，从思想上说，主要依靠三个因素。即有努尔哈赤的皇权；有大贝勒代善为依托；有两黄旗为靠山。然而，在现实行动中，三者却无一可靠。因为努尔哈赤死后其皇权移位。代善是否“摄位”，他自主之。阿巴亥无皇权支持而强行干预，所以对皇太极只能“阴行奸恶”，不敢公开斗争。况且阿济格、多尔衮和多铎尚未完全成立，在两黄旗中没有形成足够的凝聚力。从其后正黄旗杨古利舒穆禄氏家族，镶黄旗费英东瓜尔佳氏家族，正黄旗希福赫舍里氏家族，毫无反抗地转移到皇太极名下。镶黄旗额亦都钮钴禄氏家族改为镶白旗，仍然跟随阿济格等情况看，这支皇权卫士，在宫廷政变中毫无作为。所以，大福晋阿巴亥殉葬是老汗死后皇权势力太弱，夺位实力过于强大所致。

从上述事实中不难看出四个问题：其一，努尔哈赤致力于建储的思想和做法是一贯的，所谓“未尝定建储”的记载不符合历史事实。以代善“摄位”，传位于多尔衮当有其事。其二，皇太极谋夺皇位的思想和行为亦是一贯的，当努尔哈赤晚年，以他为中心已经形成较强大的凝聚力和后金政权发展趋势，除汗父以外没有任何力量能够改变。但他的意愿能否实现，也不完全取决于他个人。其三，多尔衮“取阅太祖实录，令删去伊

① 《清太宗实录》卷1，天命十一年八月庚戌条；谢国桢：《清初史料四种》卷下，1911年，第11页下。

② 永根冰齐等：《清三朝实录採要》卷2，江户伍石书轩刊本，第25页上下；《多尔衮全传》，第47页。

母事”。又将“太宗史册，在在改抹”，并且“抄录密书二册”，作为皇太极的“罪状”,[①] 这些事实证明内定多尔衮继承未来的皇位，有可信性。其四，从皇太极即位的过程看，除两黄旗贝勒外，其他六旗大小贝勒全部在代善主持下，支持皇太极。虽然不是“八家共议”，也是多数共议，故有“共相推戴”之说。应该说有一定的合理、合法性，是水到渠成，大势所趋。况且在太祖生时，多尔衮将来即位问题，并未公布于众，亦未与诸贝勒达成共识。所以咬定皇太极继承皇位是“夺立”，确实有点牵强。而斗争的残酷性亦不可否定。

① 《清初内国史院满文档案译编》(中)，第173—174页。

皇太极设立都察院时间考析

韦　泽（安徽医科大学）

都察院始设于明①，与六部并称七卿等合称九卿②，是明清时期一个重要的中央机构。“至六部以外，都察院最重，诚以风宪之臣，固国家耳目所寄也。”③ 故左右都御史又与六部尚书并称七卿。④ 本文拟梳理皇太极设立都察院的相关史实，探求都察院设置的时间，透视都察院建立相对迟缓的背景，希冀有助于管窥有清一代都察院的演进过程，蠡测皇太极时期的政治生态。

一、问题的提出：设立时间记述不一

关于清入关前都察院设立的时间，相关史籍记载不一：《清太宗实录》未明确记录都察院的设置时间；《皇朝文献通考·职官考一》记载崇德元年（1636）设都察院；《皇朝通典·职官》未明确指出具体时间；《皇朝通志·职官略一》云，天聪十年（1636）三月设内三院，其都察院、理藩院等次第分置；《皇清开国方略》仅记载崇德元年五月丁巳设都察院官，未言都察院设置的具体时间。⑤

由于相关史籍记载的不明确，加之现存档案资料的不完备，目前学界对都察院的设立时间众说纷纭。简而言之，主要有天聪十年四月，崇德元年，崇德元年四月、五月、

---

① “初，吴元年置御史台……（洪武，笔者注）十五年更置都察院……（建文，笔者注）二年改为御史府……成祖复旧制。”《明史》卷73《职官二》，北京：中华书局，1974年，第1771—1772页。

② 明清两代，九卿有大小九卿的区别。都察院与六部、通政司、大理寺为大九卿。小九卿一般指詹事府、太常寺、光禄寺、太仆寺、顺天府、鸿胪寺、国子监、翰林院，尚宝司。（王锺翰：《清代官制简述》，《王锺翰清史论集》第四册，北京：中华书局，2004年，第2107页）九卿也可代指六部、都察院、通政司、大理寺的主管官员。（王道瑞：《清代九卿小考》，《故宫博物院院刊》1983年第2期，第88页）关于九卿，另见郭松义、李新达、杨珍：《中国政治制度通史·清代》，北京：人民出版社，1996年，第3页。

③ 《内阁中书王宝田等条陈立宪更改官制之弊呈》，故宫博物院明清档案部编：《清末筹备立宪档案史料》上册，北京：中华书局，1979年，第159页。

④ 《明史》卷111《七卿年表一》。

⑤ 五朝会典未明确记载设置时间，但有天聪十年皇太极对都察院的上谕。《清史稿》卷115《职官二》（北京：中华书局，1977年）收录此谕。

六月等几种说法，其中以主张崇德元年五月和崇德元年者较多。[①]

上述几种观点的主要分歧在于都察院设置的月份。皇太极于天聪十年四月接受宽温仁圣皇帝尊号，[②] 建元崇德。[③] 因此就都察院设置的年份而言，各观点都认为是在1636年（丙子），似无疑义，问题的关键是确定都察院建于当年的何月。

二、皇太极设立都察院时间考实

都察院的设置时间不迟于天聪十年。《康熙会典·风宪总例》收录皇太极天聪十年的一条谕令，“凡有政事背谬及贝勒大臣等有骄肆慢上、贪酷不法、无礼妄行者，许都察院直言无隐”。[④] 此条为后来续修的会典及《钦定台规》收入，因而此条谕令应不虚妄。

都察院的设立时间不早于天聪十年四月己卯（初五）日。天聪九年（1635）十二月，张存仁曾请求皇太极多置谏官，并擢数人为科道。翌年二月，各部诸臣被授冠饰时，无都察院官员之记载。天聪十年四月己卯日，诸贝勒、固山额真、六部大臣、都元帅孔有德、总兵官耿仲明等恭请皇太极称尊号时，仍未见都察院官员列于其中。由此可知，都察院的设置时间不应早于天聪十年四月己卯日。

都察院设立的时间约在天聪十年四月己卯日至壬午（初八）日间。天聪十年四月己卯日，皇太极决定受尊号。自壬午日起，因受尊号祭告天地，皇太极率诸贝勒大臣斋戒三日。壬午日后，都察院官员的活动频现于史书：“四月初九日，汗于斋戒祭天期内，在院中射矢，都察院满、蒙、汉承政及参政等谏曰：斋戒之际，恐不宜射矢，汗曰：‘所谏甚是’。”[⑤] 丁亥（十三）日，诸贝勒大臣因皇太极祭告天地，受尊号，追尊列祖暨太祖、太后，建立太庙礼成而上表祝贺。迨宣谕各官后，“满洲、蒙古、汉人执事文

---

① 邱雪静的论文《清入关前文馆、内三院述论》（博士学位论文，中央民族大学历史系，2007年，第41—42页）根据《清太宗实录》天聪十年四月丁亥条内容，提出天聪十年四月设，并列举几种不同观点，譬如《清入关前国家法律制度史》（张晋藩、郭成康，沈阳：辽宁人民出版社，1988年，第111页）认为建于崇德元年四月等，似未对不同观点作深入辨析。此外，《清国行政法》（织田万撰，李秀清、王沛点校，北京：中国政法大学出版社，2003年，第206页）、《中国政治制度通史·清代》（第352页）等著作认为设立于崇德元年。《清代通史》（萧一山，上海：华东师范大学出版社，2006年，第194页）、《清代全史》第一册（李洵、薛虹，沈阳：辽宁人民出版社，1991年，第334页）、《清朝典制》（郭松义等，长春：吉林文史出版社，1993年，第406页）、《清代国家机关考略》（张德泽，北京：学苑出版社，2001年，第112页）、《清代都察院之研究》（古鸿廷，《国史馆馆刊》1993年复刊第14期，第32页）等论著认为崇德元年五月设。《简明清史》（戴逸主编，北京：人民出版社，1980年，第81页）、《清朝开国史略》（李鸿彬，济南：齐鲁书社，1997年，第143页）认为建于崇德元年六月。

② 皇太极受尊号之际，并没有再度“即位”，也没有“改汗称帝”。参见赵志强：《清太宗称帝考》，陈捷先、成崇德、李纪祥主编：《清史论集》，人民出版社，2006年，第29页。

③ “在1636年建元崇德以前，金国文献只是以汗号纪年，实际并无年号。”参见蔡美彪：《大清国建号前的国号、族名与纪年》，《历史研究》1987年第3期，第144页。

④ 《大清五朝会典·康熙会典》，北京：线装书局影印（康熙二十九年内府刻本）卷146，2006年，第1页。（全书第1877页）

⑤ 中国第一历史档案馆、中国社会科学院历史研究所译注：《满文老档》第十二函第七册，中华书局，1990年，第1425页。《清太宗实录》仅记皇太极率诸贝勒大臣斋戒，未载其他内容。

官、都察院官、赞礼官各行三跪九叩头礼。"[①] 四月癸巳（十九）日有人献雀时，皇太极拒收道，"此雀有好音，闻之诚可悦耳。然玩物丧志。都察院诸臣知而责之，此事与义不合。"[②] 由此推知，都察院设立于乙酉（十一）日皇太极受尊号，建元崇德前，具体时间约在四月己卯日至壬午日之间。[③]

综上可见，都察院设置于天聪十年四月应该是可信的。

三、皇太极设立都察院相对迟缓及其原因探析

（一）都察院的设立相对迟缓

"统帅和启迪历史研究的是'理解'",[④] 史学工作者应在尊重历史的基础上进行研究。皇太极设置都察院是客观存在，其时间本无迟早之分。本文所谓的相对迟缓，主要指皇太极在天聪五年（1631）仿明制建置六部之后，一度不接受臣工意见，迟至天聪十年四月才设立都察院的过程。

努尔哈赤天命元年（1616）称汗时，仅"置八旗总管大臣、佐管大臣董统军旅，置议政五大臣、理事十大臣釐治政刑，任用者止亲贵数臣。"[⑤] 天命八年（1623）实行八王共治时，努尔哈赤曾任命每固山四人为"将诸贝勒之文书系于颈上以观其言者"，即将诸贝勒的誓书系于颈上，以便"随时稽考其言行有无相悖，并以劝谏、监督、纠举为职志。"[⑥] 努尔哈赤虽然注意对诸贝勒进行监督，但当时政权草创，事简职专，并无独立的监察机构。

天聪年间，部分汉族知识分子积极主张渐就汉制，倡导效法明典，设置监察机构等。宁完我曾数次上疏，"请设六部，立谏臣，更馆名，置通政，辨服制等事。"[⑦] 马国柱、高鸿中、鲍承先、范文程等亦上疏称："言官当立。"[⑧] 然皇太极天聪五年七月爰定官制时，仅设六部，不立言官，未建都察院衙门。一些汉官对此不解，上疏陈其弊病，要求设言官、置都察院等机构。兹将六部设立后请设言官、置都察院机构的建策撮举如次：

---

① 《清太宗实录》卷28，天聪十年四月丁亥条，北京：中华书局，1985年。

② 《满文老档》第九册，第1439页。《清太宗实录》未记"都察院诸臣知而责之"内容。

③ 笔者关于都察院建立时间的推断，还有待相关史料的进一步证明。

④ 马克·布洛克，黄艳红译：《历史学家的技艺》，中国人民大学出版社，2011年，第131页。

⑤ 《清史稿》卷114《职官一》，第3263页。

⑥ 刘小萌：《满族从部落到国家的发展》，沈阳：辽宁民族出版社，2001年，第332页。

⑦ 《清太宗实录》卷10，天聪五年十二月壬辰条。

⑧ 《天聪朝臣工奏议·马国柱请更养人旧例及设言官奏》，潘喆、孙方明、李鸿彬编：《清入关前史料选辑》(二)，北京：中国人民大学出版社，1989年，第49页。另，明朝言官主要包括六科给事中系统的都给事中、左右给事中、给事中以及都察院系统的都御史、佥都御史、十三道监察御史等。他们拥有诸如谏诤、建言、弹劾等职权。"明代言官是明朝官僚集团中负有言责、司职监察的一个特殊群体，又称台谏官、科道官。"参见蔡明伦：《论明朝中后期言官的蜕变》，载《辽宁大学学报》(哲社版) 2005年第5期，第101页。

天聪年间请设言官、置都察院建策表

时间	官员	奏疏名	主张	不立言官弊端	设立言官益处	史料来源
五年十二月	宁完我	宁完我为设官未备、立法不周奏（笔者自拟）	设立言官	大臣唯诺成风、无抗颜劾罪者	官必自敛；帝王明目达聪，寡过修省	《清太宗实录》卷10，十二月壬辰
六年十一月	马光远	马光远敬献愚忠奏	立八道言官	群下办事者率多欺谎；有法如无法也	忠良进步，狐鼠潜踪，而国家事无不大治	《清入关前史料选辑》（二），41页
七年正月	马国柱	请更养人旧例及设言官奏	言路官员宜设	言者私而不公；官员欺隐成风，朋党搏击，善恶混淆，真假莫辨	千古帝王之美意良法；汗之过失得闻，贝勒是非不掩，国中善恶可辨，小民冤苦得伸	同上，49页
七年十二月	扈应元	扈应元条陈七事奏	置谏官衙门；立谏官	无谏官衙门，不免有作弊之事；朝无谏官，奸佞不去，国无谏官，民害不除	使贪酷不干国事者，亦胆战心惊矣	同上，90页
八年二月	徐明远	徐明远条陈时事奏	宜立言官	人无言责，不为己为情，孰肯上言！汗不能备悉隐情，以昭圣明之治	剔奸弊；历朝之君，莫不遵法尧舜以立言官	同上，95—96页
九年二月	许世昌	许世昌敬陈四事奏	朝廷言路宜开。立中丞、都御史总其纲；设东西台，御史司其职	群小欺罔	宣上意，达下情，内而纠弹奸邪，外而缉访民隐，有裨于国家、社稷	同上，111页
九年三月	仇震	仇震条陈五事奏	设台谏以振私邪	国有万事，（汗）岂能尽知，及至事犯然后刑之，则已迟矣	国之有谏臣，犹人之有耳目。国有谏官，则是非明白，欺诈难隐	同上，115页
九年十二月	张存仁	张存仁条陈时事奏（笔者自拟）	多置谏官，擢数人为科道，专司参劾		广耳目，布仁政，彰国法，伸官、民冤抑	《清太宗实录》卷26，十二月丁酉

（二）都察院设立相对迟缓的原因

1. 力矫明弊，不可设立

在马国柱、高鸿中、鲍承先、宁完我、范文程等人疏请置言官时，皇太极以“我国人人得以进言，何必另立言官？”“南朝（明朝，笔者注）多设言官，竟致败坏若此！”①为由加以拒绝。在皇太极看来，多设言官，会败坏朝政，况且后金人人可以进言，不设言官，可以避免明朝的弊政。

皇太极认为，明末言官卷入门户之争，党同伐异，视若水火，使得国家机构效率低下。即便在都察院设立后，他对明朝都察院的稗政仍念念不忘，“明国陋规，都察院衙

① 《天聪朝臣工奏议·马国柱请更养人旧例及设言官奏》，第49页。另见《清太宗实录》卷10，天聪五年十二月壬辰条。

门亦通行贿赂之所。尔等当互相防检，有即据实奏闻，若以私仇诬劾，朕察出定加以罪。”① 告诫官员要引以为鉴，秉公行事。

“天命时八旗属人，上自大臣，下至诸申，皆有告主之权……阿哈和汉人亦得告主。”② 天聪五年颁布的《离主条例》也有利于监督各级官员。此外，当时后金仍保留集议遗风，皇太极常鼓励诸贝勒大臣等直谏自己的过失，譬如天聪五年三月，他以御书三函交与两大贝勒、议政十贝勒、八大臣，令其直陈国政及汗、诸贝勒的得失。③ 六部设立后，皇太极曾数次鼓励大臣直谏，不过直谏者并不多。④

皇太极所言缘由是他不设都察院的一个原因，但这些并不足以说明都察院长期不置的现象。天聪五年十二月，宁完我在奏疏中对皇太极的解释作了辨析，理直且气壮，皇太极表示，“此本说的是，朕方裁决幾务，俟事毕以次举行。”⑤ 然而，面对此后诸臣的数次建策，皇太极仍不为所动，这似乎还有其他原因。

2. 机构简陋，不需设立

天聪四年（1630），皇太极对孟乔芳等人说，“朕不似尔明朝之君，与臣下情意隔绝。凡我臣僚，皆令侍坐，各吐衷曲，饮食同之”。⑥ 此言表明后金处于“国俗淳壹”⑦ 状态，皇太极还持有军事民主制的遗风。同时也可看出，当时的国家机构比较简陋。

天聪时期，后金战事不止。以文事太宗的文馆诸臣，亦“时常授以兵权，领命出战。”⑧ 六部官员“最初并非专职，一定程度上仍带有军政不分的特点。”⑨

后金国家机构简陋，官僚系统不发达，且兵兴未暇。都察院以纠劾百司为职，故皇太极对其需求并不强烈。⑩

3. 汗权受制，不便设立

天聪年间，皇太极结束了八王共治制，逐步向君主集权制过渡。但加强汗权有一个过程，建立集权机构不能一蹴而就。

后金政权以八旗为基础，天聪五年六部初建时，各部设管部贝勒一人。八旗贝勒掌管各部“是在议政会议为八旗贝勒所垄断的局限下所能实行集权统治的唯一方式。”⑪ 在此情况下，恢复旧制的风险依然存在。宁完我疏称，“万一有乱政者，言汉制不宜行于我朝，又不免将开创嘉谟中道废止矣，此臣所为痛惜而早虑者也。”⑫ 六部由贝勒主

---

① 《清太宗实录》卷29，崇德元年五月丁巳。

② 姚念慈师：《清初政治史探微》，沈阳：辽宁民族出版社，2008年，第143页。

③ 《清太宗实录》卷8，天聪五年三月乙亥条。

④ 《清太宗实录》卷9，天聪五年七月庚辰条；卷14，天聪七年六月丁亥；卷22，天聪八年十二月丙午。

⑤ 《清太宗实录》卷10，天聪五年十二月壬辰条。

⑥ 《清太宗实录》卷6，天聪四年正月戊子条。

⑦ 《清史稿》卷114《职官一》，第3263页。

⑧ 邱雪静：《清人关前文馆、内三院述论》，第39—40页。

⑨ 刘小萌：《满族从部落到国家的发展》，第332页。

⑩ 天聪八年，牛录章京刘学诚奏请设通政司，皇太极曾言，“设通政司一事，朕心久欲行之，但以兵兴未暇耳。”（《清太宗实录》卷22，天聪八年十二月甲辰）皇太极对掌受内外章疏，敷奏封驳之事的通政司态度，亦可为其对都察院态度之旁证。

⑪ 姚念慈师：《清初政治史探微》，第213页。

⑫ 《清太宗实录》卷10，天聪五年十二月壬辰条。

之，尚且如此，再设置下饬官方、上参国是的都察院，无疑将加大改制的阻力。

汉官们要求仿效明朝建立中央官制，既适应后金发展的客观需要，也符合皇太极强化汗权的主观意图。但在汗权受到诸多因素制约时，设置为汗服务的机构只能循序渐进，都察院不便遽设。

4. 已置启心郎，不必设立

启心郎即“使得心之官”或“使会意之官”，起源于上述天命时期的挂文四大臣，初为六部下设一职，多由出身文馆的笔帖式等担任。

启心郎“不得干预部事，但坐于各贝勒之后，傥有差谬，则启其心。”① 其主要任务是启迪，“如各部诸贝勒凡有过失，尔等见之，即明言以启迪其心，俾知改悔。”② 皇太极还赋予他们匡谏的权力，“朕与诸贝勒或不理国政，贪货利，耽酒色，贻误机务，尔等言之。”③

“我皇上所设启心郎者，原为检举不公不法事。”④ 启心郎充当汗之耳目，在六部贝勒身边启迪其心，开导其智，能起到一定的监督和约束作用，似没有必要再设立彰善瘅邪、整纲饬纪的都察院。

虽然启心郎“职务近似各贝勒之顾问，更兼有明代御史之职务”⑤，但他们不是完全意义上的风宪官员。启心郎职责不一，充任“贝勒之文案助手，而其另一职责是随事规谏……最主要的作用是充当翻译。”⑥ 在本部贝勒有过失时，启心郎不能立即上奏，直接弹劾，只能规劝。言之不从，“当再三言之”⑦，终不见从，方可奏与汗闻。其监察功能微弱。“各处用启心郎，以言公道。谁知启心郎不参启奏，又不敢谏诤，畏首畏尾，都缄口不言，只看人趋亦趋，人诺亦诺，更无超群出众、抗上直言者也。”⑧ 因此启心郎不能完全承担汗耳目之司的重任。“想国中之事，皇上亦时得闻知。然所闻知者，不过如古之告密，岂是拜疏阙下，扬言殿陛，兴利除害，堂堂伟伟之举动耶！”⑨

尽管启心郎有许多局限，但它的设置仍有重要意义。皇太极称汗后，为提高汗权，需要加强对八旗贝勒等的监督与控制。启心郎“代表皇太极对分管各部的王贝勒的制约”⑩，在一定意义上适应了这一要求，可谓是后金监察官员从无到有的过渡形式。随着后金政权的进一步发展，监察机构因势而需，都察院应运而生。

---

① 《清太宗实录》卷16，天聪七年十月己巳条。

② 《清太宗实录》卷12，天聪六年八月癸酉条。

③ 《清太宗实录》卷16，天聪七年十月己巳条。

④ 《天聪朝臣工奏议·鲍承先等议考察启心郎优劣奏》，第39页。

⑤ 李学智：《明清档案存真（二）解题》，李光涛、李学智：《明清档案存真二集》，台湾：中央研究院历史语言研究所，1973年，第31页。

⑥ 邸永君：《启心郎考》，《历史研究》2006年第1期，第175—176页。

⑦ 《清太宗实录》卷16，天聪七年十月己巳条。

⑧ 《天聪朝臣工奏议·扈应元条陈七事奏》，第89页。

⑨ 《清太宗实录》卷10，天聪五年十二月壬辰。

⑩ 姚念慈师：《清初政治史探微》，第222页。

四、赘 言

皇太极时期，后金由八王共治制过渡到君主集权制，“国家机构呈现出新旧交织、承先启后的特征。”① 在构建君主集权制的国家机构过程中，皇太极最初不置职司谏诤，“唯以圣躬为重”② 的都察院，且迟迟不接受汉官们的建议，最终于天聪十年四月方才设立。我们应如何正确看待这一历史现象呢?

皇太极认为国家承天创业，各有制度。他借鉴明朝典章制度，但并非单纯模仿，而是参汉酌金，有所损益。都察院肇建的过程，即是明证。“满族统治者对本族固有的文化特点和当时存在的历史特点，是不愿轻易抛弃的。相反的，他们更愿意把这些特点和进步的汉人制度结合在一起，而使其继续保存下来。”③ 对皇太极由开始抵触到后来设立都察院的历史现象，我们不能简单地视为狭隘、落后、倒退，“只能看做是满族为了企图继续保持住自己的‘民族形式’而脱胎换骨地接受了汉人的封建制度的精神实质的一种表现。”④

---

① 姚念慈师：《清初政治史探微》，第177页。

② 《清太宗实录》卷63，崇德七年十月甲子条。

③ 王锺翰：《皇太极时代满族向封建制的过渡》，《王锺翰清史论集》第一册，北京：中华书局，2004年，第265页。

④ 王锺翰：《皇太极时代满族向封建制的过渡》，第266页。

论顺治朝科道官与清初弊政

刘丽君（北京社会科学院）

清初，满洲人入关不久即强制推行五大弊政——剃发、易服、圈地、投充以及严厉的逃人法，这些具有强烈民族征服色彩的弊政在整个社会引发了动荡不安，产生了巨大影响。朝堂之上，居于主导地位的满洲统治集团与广大汉官为五大弊政应否执行而产生分歧，激烈争辩，尖锐对立。职司言路的科道官①目睹弊政的种种不良后果，亦纷纷进言。

一、科道官主张缓行剃发令

五大弊政中，首当其冲的就是剃发、易服两项，这里侧重谈谈与剃发相关的一些情况。

满洲人发式、服制与内地汉人迥然不同，其以异族入主中原后这种差异尤为突出，触目所及的明代束发和宽袍大袖时刻刺激着满族统治者的敏感神经，促使他们寻求一种途径去掩盖这一事实。满洲统治者迫切希望在不断扩大的统治区域内做到满汉趋同混一，至少在表面上实现这一目标。然而却不是以人口较少的满洲人汉化，相反却是欲以众多汉人彻底满化的方式来实现。这完全是落后少数民族的文化心理在作祟。对于满洲统治者而言，借助武力和法令使得原明臣民在发式、服制上遵行满洲制度，不仅仅是对异族实现了征服的外在体现形式，更是其精神支柱所在。

正是这样，自清军入关伊始剃发令就不断发布。② 然而形势的发展并不顺利，与清廷“彼立国之始，以此定人心而辨奸细”的预期目标相去甚远，“一时人情恐怖，逃去者不下几千万人。”③ 甚至因此激起了强烈反抗。现实迫使清廷不得不暂停强制推行剃

---

① 清承明制，设立都察院及六科执行重要的监察职能。都察院主要官员名为“御史”，包括堂官左都御史、左副都御史和左佥都御史以及监察御史等；六科主要官员则名为“给事中”，曾设有都给事中、左给事中、右给事中和给事中等职。通常各道御史及六科给事被合称为科道官。本文运用这一合称，并采用其广义涵义，将都察院堂官也包含其中。

② 《清世祖实录》卷4，顺治元年四月己卯条；卷5，五月戊子、庚寅、辛卯、戊戌条。顺治元年四月己卯，清军刚到山海关，就“令山海城内军人各剃发”。五月戊子，清摄政王多尔衮率师至通州，也“谕令剃发”。五月庚寅，谕令兵部：“各处城堡，着遣人持檄招抚。檄文到日，剃发归顺者，地方官各升一级，军民免其迁徙，其为首文武官员，即将钱粮册籍，兵马数目，亲赍来京朝见；有虽称归顺，而不剃发者，是有狐疑观望之意，宜核地方远近，定为限期，届时到京，酌量加恩，如过限不至，显属抗拒，定行问罪，发兵征剿”。多尔衮到北京后，“又谕明内外官民人等曰……凡投诚官吏军民，皆着剃发，衣冠悉遵本朝制度”。五月辛卯，清廷重申“官民俱遵制剃发”的命令。五月戊戌，再次申明：“谕到，俱即剃发”，“倘有故违，即行诛剿”。北京：中华书局，1985年。

③ 故宫博物院掌故部编《掌故丛编》，《赵开心参李若琳本》，北京：中华书局，1990年。

发令。①

顺治二年（1646）清军取下南京、占领江南地区后，多尔衮错误地认为形势已尽在掌控之中，最终置大学士等众官员“王上一向怜爱臣民，尽皆感仰，况指日江南混一，还望王上宽容”的婉言劝阻于不顾，② 迫不及待地在江南地区抛出了剃发令，敕谕统军南征的和硕豫亲王多铎等人“各处文武军民，尽令剃发，倘有不从，以军法从事!”③ 接着清廷又谕礼部：“京城内外，限旬日；直隶各省地方，自部文到日，亦限旬日，尽令剃发。遵依者为我国之民，迟疑者同逆命之寇，必置重罪。若规避惜发，巧辞争辩，决不轻贷！该地方文武各官，皆当严行察验。”④

对于清廷的剃发令，少数原明降清官僚表现出了极大的热情，谄媚响应。孙之獬、李若琳之流闻风而动，各上奏章请求依照满洲国俗辫发，孙之獬甚至说其妻女亦已辫发，且其家男妇并改满装，以此邀宠于新主，“遂拜兵部右侍郎”。⑤ 然而，由于“身体发肤受之父母，不敢毁伤”的传统观念根深蒂固，更多的民众则强烈排斥满洲发式、服制，拒绝做出任何改变。他们坚决固守原有礼制，在全国大范围内掀起了激烈的反抗斗争。人们“为保护他们的头发和服装所表现出的悲愤和战斗勇气，甚于保护国家和皇帝。他们往往宁愿掉脑袋也不愿遵从鞑靼风俗”。⑥ 在这些反抗斗争中，江阴和嘉定人民的反剃发斗争尤为惨烈。史书记载清军攻破江阴城后尽杀满城方才封刀，对嘉定城更是三次大规模屠杀，史称“嘉定三屠”。而那些踊跃响应剃发令的原明官僚亦为百姓所不齿。一年后，孙之獬因故被罢官居乡，在土寇攻打淄川城时为其所执。“土寇詈之曰：‘尔贪一官，编天下人之发，我当种尔发。’锥其巅，插发数茎，惨死。”⑦ 可见民人对剃发令痛恨已极。

当孙之獬、李若琳之辈积极响应剃发令之时，陕西道监察御史臣赵开心即上本参劾李若琳。赵开心痛斥“有种贪位固宠之辈，垂涎内院一席，辄借剃头为先资”，质问朝廷之内院“取其希怜取宠、毁冠裂冕而用之为佞臣乎”，指出此际不宜“令臣民去冠裳而伤发肤”，委婉提醒多尔衮对于发式、服制的问题不应出尔反尔，以免造成“功令之不信”的恶劣影响，且“江南在观化之初”，如果贸然推行剃发令恐怕会“阻人归顺之想”。对李若琳的行为，赵开心一语中的，斥为“误国希宠”。多尔衮根本未重视赵开心此奏，反而振振有词地批驳说：“尧舜仁义之道，仁义自是正理，但不知纱帽圆领即可为仁义否？今愿学本朝服制的反说謟佞，将欲使通国官民不遵清制而终为明代人物乎？”并且安抚李若琳，称其因“首先剃头为众所恶”，所以“不必求罢”。⑧

---

① 《清世祖实录》卷5，顺治元年五月辛亥条。谕曰：“予前因归顺之民无所分别，故令其剃发，以别顺逆。今闻甚拂民愿，反非予以文教定民之本心矣。自兹以后，天下臣民，照旧束发，悉从其便。”

② 北平故宫博物院：《多尔衮摄政日记》，顺治二年五月二十九日。民国二十四年（1935）再版。

③ 《清世祖实录》卷17，顺治二年六月丙辰条。

④ 《清世祖实录》卷17，顺治二年六月丙寅条。

⑤ （清）谈迁：《北游录 纪闻上》83《孙之獬》，北京：中华书局，1960年；《清史稿》卷245《孙之獬传》，北京：中华书局，1976年。

⑥ 杜文凯编：《清代西人见闻录》，卫匡国《鞑靼战纪》，北京：中国人民大学出版社，1985年，第31页。

⑦ （清）谈迁：《北游录 纪闻下》14《辫发》。

⑧ 《掌故丛编》，《赵开心参李若琳本》，《李若琳被赵开心参求罢职本》。

尚在南京未下之前，刑科给事中孙襄就曾经上本言明江南为朝廷财赋收入的重要来源，且“南人率多文弱，素不知兵”，中肯地建议多尔衮对这一地区主要应采取“抚绥安定”政策，在战乱造成统治区内大部分地区凋敝荒残的状况下，更应该“护惜江南一块土，以备上供于亿万年”。[①] 多尔衮对此毫无兴趣，孙襄“抚绥江南、安定江南”的良好愿望很快就在江南首先小试的一纸剃发令下化为乌有。

至全国剃发令下达，清廷已坚定了其大规模推行剃发令的决心，为了彻底堵塞言路，谕令中即明确规定：“若有复为此事渎进章奏，欲将朕已定地方人民，仍在明制，不随本朝制度者，杀无赦!”[②] 用决绝而又杀气腾腾的法令威慑尚存一线进言希望的科道等官，使之对此问题望而却步。

由于剃发令严重违背民意，致使清廷的“天下大定”的愿望迟迟无法实现。尽管剃发令最终伴随着浓浓的血腥得以贯彻执行，但它给社会造成了巨大的负面影响，激化了民族矛盾，在被压迫者心中形成了长期无法弥合的创伤。

二、科道官呼吁减轻失地百姓的痛苦

清军入关后，大批满洲人口的生计问题随之而来，亟待解决。清廷为此开始了大规模的圈地。

顺治元年（1644）十二月，清廷下达首次圈地令。[③] 在这一圈地令中，清廷提出了其日后对满汉居民在管理上的构想，即“满汉分居，各理疆界，以杜异日争端”。清廷从一开始就意欲将满洲人保护起来，杜绝满汉杂居。这就意味着将对民人和土地进行重新安置，打乱汉族民众原有的生活秩序，此举势必成为引发不安定的诱因。首次圈地令中，清廷对圈占田地做了一定限制，按其所言仅为“近京各州县民人无主荒田”，以及死于战乱中原明皇亲、驸马、公、侯、伯、太监的无主田地。次年，又下令将圈占范围扩大到河间、滦州、遵化等府州县。“凡无主之地，查明给与八旗下耕种”。[④] 如果这些圈占果真如政令中所讲，仅限于无主荒地，可能造成的影响还会小些，然而事实却并非如此。

顺治三年（1646）二月，吏科都给事中向玉轩对圈地的状况进行了真实的揭露。“今三百里内不足则远及五百里，无主之地不足因概及于有主，以致民众失业，苦不忍言。”“民间辗转流离”，而被圈占的土地却由于占有者的不识稼穑大量抛荒。对于大量

---

① 国立中央研究院历史语言研究所：《明清史料》丙编，第五本，《刑科给事中孙襄揭帖》，台北：商务印书馆。

② 《清世祖实录》卷17，顺治二年六月丙寅条。

③ 《清世祖实录》卷12，顺治元年十二月丁丑。“我朝建都燕京，期于久远。凡近京各州县民人无主荒田，及明国皇亲、驸马、公、侯、伯、太监等死于寇乱者，无主田地甚多，尔部可概行清查。若本主尚存，或本主已死而子弟存者，量口给与；其余田地，尽行分给东来诸王、勋臣、兵丁人等。此非利其地土，良以东来诸王、勋臣、兵丁人等，无处安置，故不得不如此区画。然此等地土，若满汉错处，必争夺不止，可令各府州县乡村，满汉分居，各理疆界，以杜异日争端。今年从东先来诸王各官兵丁及现在京各部院衙门官员，俱着先拨给田园。其后到者，再酌量照前与之。至各府州县无主荒田，及征收缺额者，着该地方官查明造册送部，其地留给东来兵丁。”

④ 《清世祖实录》卷20，顺治二年九月甲子条。

被圈占之地，尽管朝廷有令准予兑补，但“一应家伙器用谁为之兑补者？况所补之地力不任开垦，则西成无收获之望；即任开垦，则将来有再占之忧。”向玉轩痛心地说：“夫今日之游魂乱贼，即前日皇上之织婢耕奴也。”指出了良民何以成为不安定因素的原因。此外，向玉轩还前瞻性地指出这种扩大化的圈占对日后国家财赋必将造成不良影响。向玉轩深知这番进言触及当时讳莫如深的满汉关系，因此强调声明“非不欲朝廷安插满洲也”，只是为了民生起见，希望不再攫取民间之田，这就是造福百姓的“厚幸”之事了。[1]

科道官的直言进谏没能制止住清廷圈占土地的欲念，圈占的规模进一步扩大。顺治三年（1646）九月，清廷再次下令扩大圈占范围。[2] 四年正月，又以种种理由提出“于近京府州县内，不论有主无主地土，拨换去年所圈薄地，并给今年东来满洲”。[3] 圈占已经无论土地的有主无主，可谓变本加厉。其圈占的方式也极其野蛮，“凡圈民地……所至村庄，相度畎亩，两骑前后，牵部颁绳索，以记周四围而总积之。每圈共得几百十垧。”所谓“垧者，折一绳之方广，其法捷于弓丈。圈一定，则庐舍场圃，悉皆屯有”。[4] 对土地的疯狂掠夺，给社会生产造成了巨大的破坏，同时也迫使更多失去土地家园的百姓铤而走险。鉴于此，为了稳固统治，顺治四年（1647）三月一度颁发停圈令，规定“自今以后，民间田屋，不得复行圈拨，着永行禁止”。此后，又先后几次下令停圈。但是这些政令的执行却非常不力，停圈令只是一纸空文。直至康熙八年（1669）六月的停圈令下达，持续了20余年的大规模圈地活动才算基本停止。

圈地是以满洲利益当先为原则的，科道官无法改变这一原则，因此也就不能真正彻底阻止圈地的进行。于是，科道官转而为减轻被圈占区百姓的痛苦、改善他们的状况积极进言。刑科都给事中李士焜与礼科给事中梁维本先后提出应对被圈占土地的百姓适当蠲免钱粮，兵科左给事中刘楗、户科给事中周体观分别在纳粮和赈济方面提出相应建议。顺治八年（1651）闰二月，兵科都给事中李运长则恳请停止户部再行圈占良、涿等州县十三处。这也是停圈令下达后圈占仍旧合理合法的有力佐证。尤其值得一提的是，作为满洲中的有识之士，都察院掌院承政满洲土赖（屠赖）陈说满洲兵丁出征导致“地土空闲”的事实，认为“兵丁所赖者止月粮非地土也”，建议“查壮丁四名以下，地土尽数退出，量加钱粮月米”，退出土地中的膏腴者先在满洲内部分配，允许先前分得瘠地之人调换，然后其余退还民间。他认为“地乃民所素知，断不致于荒芜，而民亦得欢欣。在满洲既有钱粮可望，莫不乐于披甲”。[5] 科道官的这些建议，对于改善被圈占土地的百姓生存状况而言还是起到了些微作用，毕竟聊胜于无。

科道官看到圈地给百姓带来的灾难痛苦和由此衍生的社会动荡，恳切上疏劝止却难以收到实效，质言之，造成这种局面的根本原因在于满洲政权本身的特殊性。圈地是统

---

① 《掌故丛编》，《向玉轩畿地圈拨将尽本》。

② 《清世祖实录》卷20，顺治二年九月甲子条。

③ 《清世祖实录》卷30，顺治四年正月辛亥条。

④ （清）贺长龄等编：《皇朝经世文编》卷31，姚文燮《圈占记》，北京：中华书局，1972年。

⑤ 中国第一历史档案馆编：《清代档案史料丛编》第四辑，第48、第54、第67、第114、第115、第116页，北京：中华书局。

治者为其所关注的核心——征战四方的满洲官兵和从龙入关的满洲人提供生活、发展之有力保障的重要手段，因此他们是不会轻易就妥协和放弃的。

三、科道官要求禁止投充

清廷圈占田地建起满洲人的庄田。然满洲人素来不以农事为业，多投身军伍，效命疆场，因此庄田主要依靠奴仆进行生产。其中，奴仆的一个重要来源就是所谓“投充人”。

清初的投充系指民人为求得权贵庇护，投靠内务府、八旗贵族或八旗官兵门下为奴。① 普通百姓投充的缘由不外两种。首先就是当时圈占频繁，“圈田所到，田主登时逐出，室中所有，皆其有也”，② 大量失去产业的百姓不得不依附满洲门下以求生存。其次就是一些小土地所有者则“或恐圈地，而以地投”。③ 他们为了保住微薄的产业，只能主动投身八旗权贵之家以求护佑。投充之后，原来意义上的自由民就转变为满洲人掌控之下奴仆，失去了人身自由。可以说清初的投充是时局变化、社会动荡的产物，某种程度上也是圈地导致的直接后果之一，其中赤裸裸的民族压迫性和百姓的被动无奈是显而易见的。

顺治二年（1645），清廷宣布出征所获人口的“祖父、父母及伯叔兄弟、亲子、伯叔之子并元配妻未经改适……情愿入满洲家与兄弟同处”者及“贫民无衣无食，饥寒切身”，“不能资生”者准许“投入满洲家为奴”。④ 尽管谕令中申明将“情愿”作为前提条件，且要求对投充之人需加以甄别区分，似乎是有意要防止投充的推广和被滥用，但由于仅仅是停留在文字上的虚浮表述而缺乏相应的严厉制裁，在真正的执行中也就从未得到切实贯彻。更多的投充者完全是被“逼勒投充，不愿者即以言语恐吓，威势迫胁；各色工匠，尽行搜索，务令投充”的。⑤ 所以此类谕令根本不能起到对投充强有力的限制作用，相反，其中准许投充的条款却起到了进一步将投充合法化的作用，为投充大开方便之门，使之成为满洲集团占有人口、掠夺土地的又一重要手段。

投充的百姓大多并非心甘情愿地充当满洲人的奴仆，纯粹是出于被迫。但也有一些并非如此，属于主动投充者，他们皆是些狼藉乡里之徒或作奸犯科之人，企图借此牟利、报复甚至逃避刑罚。这些人的存在导致投充人的成分复杂化，不可避免地会对社会安定造成不利影响。科道官江南道监察御史苏京即敏锐地发现了其弊端，顺治三年（1646）四月他奏言“投充名色不一，率皆无赖游手之人，身一入旗，夺人之田，攘人之稼，其被攘夺者，愤不甘心，亦投旗下，争讼无已，刁风滋甚，祈救部严禁滥投。”⑥科道官将不良投充人对社会秩序造成的危害及时地汇报给朝廷，吁请顺治帝令户部对滥

① 赵令志：《论清初畿辅的投充旗地》，载《河北学刊》2002 年第 1 期。
② （清）史惇：《恸余杂记》，《圈田》，都公钟室抄本。
③ （清）吴振棫：《养吉斋丛录》卷 1，北京：中华书局，1959 年。
④ 《清世祖实录》卷 15，顺治二年三月戊申条。
⑤ 《清世祖实录》卷 15，顺治二年四月辛巳条。
⑥ 《清世祖实录》卷 25，顺治三年四月辛卯条。

投严格限制，以从源头上杜绝投充所引发的纷争。然而，科道官的合理奏请并未受到统治者的重视，只是将该建议发于户部讨论，却没有迅速出台相关禁令及有力的落实措施。又延至四年（1647）三月，清廷才不得不开始明令禁止投充。[①] 但是严禁投充的命令与停圈令一样不过一纸空言，投充仍旧屡禁不止。

顺治八年（1651），兵科给事中王廷谏再次指出投充者“非大奸巨恶，即无赖棍徒，始冒人地为投充，既倚投充而肆虐”。尤其是冒人之地投充者竟然隐占大量地亩数额，甚至又强行霸占接壤民地，罪恶滔天，不容姑息。他请令严惩恶徒，彻查隐占归还原主，以丰裕朝廷正供。[②] 次年，户部尚书刘余佑等也提出应革止投充，认为投充人中的不善之辈常常借端生事，且投充人的存在严重损害了国家赋役。[③] 顺治十年（1653）正月，顺治帝令会议讨论投充之事，与议者为六部、内院、都察院、通政司、大理寺科道等衙门的满汉官员。在会议中，满臣试图以种种理由保留投充。都察院及科道官员参与其中的与议汉官则认为投充的革除关系朝廷的财赋民生，主张在考虑满洲实际情况的前提下，严查冒带他人地土的投充人以及顺治四年禁令后的投充者，将这部分投充人退出旗下。对于满汉臣工的两议，顺治帝最终选择站在满官一方，遵从其议。[④] 投充带来的弊端因之亦继续泛滥，愈演愈烈。

两年后，都察院满左都御史屠赖等再次为投充引发的危害上奏，深刻揭露说“八旗投充之人，自带本身田产外，又任意私添，或指邻近之地，据为已业；或连他人之产，隐避差徭。被占之民，既难控诉，国课亦为亏减。上下交困，莫此为甚。”[⑤] 可见，虽早有投充禁令，但投充依旧存续数年且颇为盛行，其所带来的负面影响也是非常巨大的。

投充与八旗贵族的利益密切相关，为其经济生活不可或缺的重要内容，去之，不可避免地会使其经济利益受到损害，因此尽管包括都察院及科道官在内的广大汉官已经尖锐地揭露了投充弊端，对其损害民生及朝廷财赋深恶痛绝，并提出了适当的解决办法，但代表整个满洲集团的最高统治者顺治帝为确保其集团利益却对此并未予以支持，仍旧默许投充的继续存在。即使有个别满洲臣僚能注意到投充所造成的恶劣后果并为此发出担忧的呼吁，毕竟也只是凤毛麟角的极少数有识之士，力量极其微弱，根本起不了决定性作用。就满洲统治集团整体而言，他们必然要坚决维护自身利益。由此可见，投充之难以禁止、投充旗地之难以退出有其深刻根源所在，局面绝非包括都察院及科道官在内的汉官所能轻易改变的。直至清中期的乾隆初年，朝廷仍有禁止投充的政令发布，投充持续之久由此可见一斑。

---

① 《清世祖实录》卷31，顺治四年三月己巳条。

② 《清代档案史料丛编》第四辑，第69页。

③ （清）琴川居士辑：《皇清奏议》卷5，刘余佑《请革投充疏》，都城国史馆琴川居士排字本。

④ 《清代档案史料丛编》第四辑，第79页。

⑤ 《清世祖实录》卷88，顺治十二年正月丙午条。

四、科道官对逃人问题的关注

满洲入关前奴隶制残余仍旧存在，其在明末多次深入内地与明军交锋的战役中，除大肆掠夺财物外，还大规模掳掠人口，分赏满洲为奴。入关初期，这种掠民为奴的现象依然持续。当时诗人描述了清兵俘获大批汉族平民为奴的情形："西风古道黄埃起，队队行装逐鞭弭。好男好女是谁家？何处驱来若羊豕？乡音呕哑不成言，龆龀悲啼孩稚喜，车儿载人营中去，从此爷娘千万里。"①惨恻非常，令人痛心。这些被掠为奴者承担着极其繁重辛苦的劳役，但得到的待遇却是家主的"任情困辱"、"非刑拷打"，许多人不堪被驱使、受辱，于是想方设法逃亡。除了这些被俘获人口，前述被迫投充之人也因受到沉重剥削屡有逃亡倾向。而在满洲的传统观念中，奴隶与物质财物一样均为私有财产，同样意味着财富。为保护满洲对人口的占有权，维护满洲的既得利益，统治者针对逃人问题制定了严苛的法律条令，甚至于顺治十年（1653）十二月决定在兵部设立督捕衙门，专司缉捕逃人之事。

严厉追捕逃人，制裁的不仅仅是逃亡的奴仆，出于怜悯或不知情由收留、隐匿逃人者会受到比逃亡者本身更为严厉的制裁，在严刑峻法之下，只要稍与逃人牵连，无辜者也会遭到家破人亡的厄运。非但百姓人心惶惶，甚至许多官员也自危不安。各地方官员苦于"无良法之稽查逃人"，为避免累及自身只好采取万无一失的极端做法，根本就不敢收留流民，索性将其"尽行驱逐，以故颠连转徙，日积日多。"这种情况使得流民"衣不掩胫，食不充腹，流离沟壑"，凄惨无依。②顺治六年（1649），功劳卓著的靖南王耿仲明因被查出其属下隐匿满洲逃人而受到诘责，即于十一月往征广东的途中自尽身亡。③七年（1650），广西巡抚郭肇基等因擅带五十三名逃人而被论死罪并籍没其家。④当时逃人法之严酷由此可见一斑。只要触犯了满洲的利益，与逃人问题相涉，即使王侯及地方大员也自身难保。正是在这种背景下，包括科道官在内的许多汉官猛烈抨击逃人问题，希望可以通过其大声疾呼引起统治者的思考，从而实现对逃人法一定的调整。

早在摄政王多尔衮时期，即有科道官开始对逃人的处置办法提出异议。顺治六年（1649）六月出现月食，如历次异象出现时一样，臣工纷纷进言以弥天变。刑科给事中臣杨璜亦借此时机为逃人问题进言，他说："近日惟九家连坐用法太重，行路伤心，而深宫不闻……月食示警，端必因此。"然多尔衮却用汤若望对此次月食早经推算，九家连坐之法至五月初五日始下，二者并无关联予以反驳。他斥责杨璜提出这一问题纯属沽名钓誉，悖慢妄言，"簧鼓是非，莫此为甚"，"好生可恶"。⑤科道官对逃人问题较早地提出了质疑，但其真正得到解决却任重而道远。

顺治帝亲政后，吏科给事中魏裔介曾奏言："往昔墨勒根王之时，隐匿逃人，其法

---

① （清）邓之诚：《清诗纪事初编》卷7，上海古籍出版社，1984年，第779页。

② 《皇清奏议》卷7，龚鼎孳《敬陈民困疏》、《再陈民困疏》。

③ 《清世祖实录》卷46，顺治六年九月己巳，十一月壬午条。

④ 《清世祖实录》卷49，顺治七年六月己亥条。

⑤ 《掌故丛编》，杨璜《议狱以弥天变本》。

甚严，凡有犯者，家长坐斩，时天下嚣然，丧其乐生之心，盗贼蜂起，几成燎原之势。后因言官陈说，始宽其禁，定为责成州县之条，法至善也。”[①] 说明曾经在科道等官的努力之下，对于匿逃的处罚有所减轻。但是这种局面并没有一直持续下来，至十年（1653）底又成立了督捕衙门专司缉逃。对此科道官迅速作出反应，次年正月工科右给事中许作梅立即上疏，坚决反对专门设官督理缉捕逃人，他认为“律令莫重于谋逆，其次莫重于强盗人命，皆未尝别设一官也”，逃人何以例外？且“在朝廷多一官，则多一官之费；在百姓多一官，则多一官之扰”，“设一衙署则添一衙署吏胥，此辈衣食于斯，保无作奸犯科罗织无辜者乎？其流弊何可胜言也？”[②] 表面上看许作梅此疏是为督捕衙门是否应该设立发表意见，实际上曲折表达了许多汉官对逃人法的不满，但是这一呼声显然与当权满洲贵胄的思想无法合拍，格格不入。此后，曾任科道官、时任督捕右侍郎的魏琯又针对逃人法的重惩窝主先后两次上奏，请求予以放宽。但魏琯的奏请已然触怒了顺治帝，在时隔不久发生的德州生员吕煌隐匿逃人被发觉并行贿求免案中遭到牵连，其之前的累次奏请被指专为吕煌之事而发，魏琯就此被革职流徙盛京。[③] 九月，议政王会议大臣进一步制定了入关以来最为详密的逃人法，规定窝主正法，其家产入官，两邻杖责流徙，十家长亦要被杖责。[④] 然而，面临满洲贵族集团的打击和反击，科道等官为逃人问题的上疏并未就此戛然而止。

顺治十一年（1654）底，顺治帝接连下诏，敕命中央及地方各级官吏忠直进言。十二年（1655）正月，顺治帝特别谕言吏部、都察院及科道官员，鼓励他们大胆建言，并且许诺“如有未当，必不加罪”。[⑤] 在顺治帝迫切求言的促使下，都察院左都御史、身为满洲人的屠赖首先应诏上疏，其所奏涉及逃人，直言“逃人三次始绞，而窝主一次即斩，又将邻佑流徙，似非法之平也”。[⑥] 紧继其后，兵科右给事中李裀就上了著名的“七可痛心者”奏疏，列举了逃人法七大弊端：其一，立法过重，株连太多；其二，以逃人为货，纵令吓诈；其三，破一家即耗朝廷一家之供赋，杀一人即伤朝廷一人之培养；其四，不以恩义维系其心，而欲以法穷其所往，法愈峻，逃愈多；其五，捕获以后起解、质审，道途骚扰，冤陷实繁；其六，饥民流离，地方官以逃人之故闭关不纳，无异于迫而毙之；其七，强有力者势必铤而走险，本我赤子乃驱之作贼。[⑦] 李裀之言也凿凿，其情也切切。但是“七可痛心者”一经抛出即激怒了满洲权贵，尽管李裀所行于律并无可以治罪之条，还是终被处以流徙尚阳堡的重责。[⑧] 对于臣下的这些奏言，顺治帝认为是“但知汉人之累，不知满洲之苦”，“若使法不严而人不逃，岂不甚便？尔等

---

① （清）魏裔介：《魏文毅公奏议》卷1《查解宜责州县疏》，北京：中华书局，1985年。

② 《清代档案史料丛编》第四辑，第65页。

③ 《皇朝经世文编》卷92，魏琯《请停籍没窝逃之令疏》；《清世祖实录》卷84，顺治十一年六月甲子、庚午；卷85，顺治十一年八月辛未、甲戌；卷86，九月庚寅。

④ 《清世祖实录》卷86，顺治十一年九月壬辰条。

⑤ 《清世祖实录》卷88，顺治十二年正月甲辰条。

⑥ 《清世祖实录》卷88，顺治十二年正月丙午条。

⑦ 《清世祖实录》卷88，顺治十二年正月庚戌条。

⑧ 《清世祖实录》卷90，顺治十二年三月辛亥条。

又无此策，将任之逃而莫之禁乎?”① 时隔一日之后，顺治帝终于无可忍耐，将自己对逃人问题的态度彻底示于臣下，明确严谕此后“凡章奏中再有干涉逃人者，定置重罪，绝不轻恕”。② 以图钳制言者之口，就此杜绝臣下再谈及此事。

顺治十五年（1658），根据本年正月发出恩诏中的赦免因公诖误官员条款，四川道御史李森先建议顺治帝宽言路之罚，赦免包括李裀在内的若干获罪言官，结果这一侧方面牵扯到了逃人问题的奏请使顺治帝极为反感。他驳斥说这些官员的获罪“原非诖误”，认为李森先“代求赦免，明系市恩徇情”，令吏部对其从重议处。两个多月后，吏部对其作出杖赎并与之前李裀一样流徙尚阳堡的惩处。尽管最终还是由顺治帝定夺予以宽免，使之官复原职，但对于李森先主张赦免李裀等官的一个建议就如此大动干戈也再次表明顺治帝在逃人问题上的坚决态度。③ 一方面，顺治帝拒绝宽宥以往因此获罪官员，无疑向臣下暗示了自己在逃人问题上的立场不可更改；另一方面，借对请求赦免这些官员的御史李森先进行斥责和拟以重处，也必定会向诸官传达出强悍有力的威慑和警示信息。

这场关于逃人问题的争论，科道官不屈不挠，积极参与其中，但是依旧以失败宣告结束。十二年正月顺治帝不罪建言者的许诺，在对科道等官进行严厉处分的事实比照下显得分外苍白无力。以威天子之尊，却如此言而无信，出尔反尔，究其实质不外如下两点：其一，满洲贵族和八旗兵丁视所据有人口为生存基础，是其整个满洲集团的切身利益所关，因此任何涉及逃人并为之加以辩护都是不能被其相容的。其二，入关后的少数民族统治者对满汉关系一直极度敏感，即使在某些具体事务的处理上倾向汉人方面是有利而且正确的，也同样会令统治者疑忌不安。总之，是科道等官的进言触动了满洲利益和满汉关系这两根敏感神经的必然结果。

对于逃人问题，尽管正确处理对缓和民族矛盾、阶级矛盾都是有益的，但因其与满洲传统相违背并损害了满洲的经济利益，同时还掺杂着复杂的满汉关系因素，一直都是统治者的一块心病，是其极为避讳的。然而以科道官为代表的汉官们并未放弃努力，逃人问题被他们一再提出，迫使统治者不断面对这个颇为棘手的难题。事实上统治者对大部分为此进言的科道等官之汉人身份本来就心存疑虑，当他们为逃人问题而疾呼时也就不可避免地染上了无视满洲的嫌疑。正是由于这样的原因，虽然科道等官指陈逃人法流弊的根本目的是为稳固满洲政权，却始终为推崇关外旧制的满洲集团所排斥，是他们难以理解和无法接受的。因此不仅顺治一朝的逃人问题难以得到解决，整个清代对逃人的缉捕也一直存在，只是各个时期的宽严程度有所不同。大体而言，顺治朝的逃人法最为严厉，康雍时期才开始日益缓和，发展到清末则最为懈怠。

综上所述，科道官对于清初弊政积极进言，然而收到的效果并不显著。他们为缓行剃发令而大声疾呼，主张新朝初入关内当以争取民心、安抚地方为要务，却因违拗统治者的意愿屡屡遭受斥责和忽视；他们目睹圈地造成的严重危害，在进言谏阻却不见实效

① 《清世祖实录》卷90，顺治十二年三月壬辰条。

② 《清世祖实录》卷90，顺治十二年三月甲午条。

③ 《清世祖实录》卷117，康熙十五年五月壬寅、壬子条；卷120，八月庚午条。

的情况下不得已退而求其次，改变策略为纾缓民困极尽己身微薄之力；他们要求禁革投充，以稳定民生、丰裕国家财赋，然而这种建议却始终无法获得统治者的认可和支持；他们洞彻逃人法危害之烈，数次吁请对残酷的缉逃法令做出相应调整，却遭到满洲集团的坚决抵制，并罹遇严厉制裁和打击。之所以出现这种局面，归根结底在于其中始终牵扯着满汉关系、满洲利益等诸多方面的因素，而这些都是科道官在其能力范围之内无法解决改变的。

清代河工贪冒考论

刘志松（天津社会科学院）

水者，生命之源，江河所流经之地也因之成为人类最早的繁衍生息之所。黄河作为最重要的一条。水系在中国大地上蜿蜒流过，她因哺育了亿万中华儿女而被称为母亲河，也曾频繁决溢而给人民带来无尽的灾难。据记载，自公元前2000年到1911年，受灾人口在百万以上、死亡人口在数千以上的特大的黄河决溢就有721次①。治理黄河成为历代执政者必须面对的重要课题，大量的财力和人工被投入到河工工程中去。

纵观有清一代，河工工程款项在国家财政预算和投入中所占的比例越来越大，然而除了在极少的几个时期内河水安澜之外，河患并未因动辄以百万银两计的投入而取得多大的成效，这是天灾，更是人祸。河工工程中，大小臣工侵欺挪移、因循苟且，从官员到工匠，堪称巨万的河银被他们以无所不用其极的各式手法贪污冒破、中饱私囊，上以欺国社，下以渎万民。河患频仍给河员们带来的是真金白银和极度奢华的生活，而给百姓带来的却是无尽的苦难。清人何栻在《河决中牟纪事》一诗中揭露了河员贪婪：

黑云压堤蒙马头，河声惨捷云中流。淫霖涝沛风飕飕，蚊螟跋扈鼋鼍愁。
稿竹捷石数不售，公帑早入私囊收。白眼视河无一筹，飞书惊倒监河侯。
一日夜驰四百里，车中雨渍衣如洗。暮望中牟路无几，霹雷一声河见底。
生灵百万其鱼矣，河上官僚笑相视。鲜车怒马迎新使，六百万金大工起。

诗中所言是道光间黄河于中牟县决口的景象，可以看出官员上下勾结，夤缘舞弊，侵吞入己；胥吏朋比作奸，左突右入，多加啮啃的历史现实。然而，尽管有清一代河工工程贪污冒破之事史无停笔，但总体而言，河工贪冒现象的严重程度还是存在较为明显的阶段性的。伴随着清代相关律例和工程管理制度的逐步完善，其实施状况逐步走上正轨，自清初至乾隆末期基本上表现出较好的效果，但也存在一定的贪冒现象，而嘉道以降，不但工程管理弊端丛生，而且河工贪冒为数之巨也令人咋舌。

一

顺治初年，由于国基未稳，统治者的大部分精力被投入到如何剪除内忧外患，恢复社会生产上，国家的大部分钱粮都投入到战争中去，没有精力和足够的财力修建大型的工程，即使是不得不修的河工，也是在勉强地维持，并没有大规模的修筑。这也使河工贪冒的机会少之又少。

黄河下游河道，从河南经江苏北部入海，在淮阴附近于淮河、运河交汇，清初，由于黄淮失修，运河堵塞，从顺治元年（1644）到康熙初年，水患连续不断，顺治年间

① 参见宋正海等：《中国古代自然灾害动态分析》，安徽教育出版社，2002年，第255—263页。

黄河大的决口有15次，康熙元年至十六年（1662—1677），大的决口有67次之多。《清史稿》载，“顺治十六年，归仁堤决口，大水月余不退”，“康熙六年，黄河桃源决口，水高几二丈”①。即使水患如此严重，清王朝还顾不上治理黄河，直到康熙十六年，在“平定三藩”的战争中取得了优势，康熙才决心治理黄河，任命水利专家靳辅为河道总督，河银由30万两增至300万两。还有一个重要的原因，那就是河工工程兴建中官吏网络尚未形成，利益集团尚未形成，所以大规模的贪冒案件也不容易发生，即使出现了贪冒案件，涉案金额也比较少。

顺治六年三月二十五日，河道总督杨方兴揭报：

淮安府胥吏侵渔河银一案，共侵分河银三千余两，郑宏道、张知伦等收监候审，原知府索荣究、现知府牟廷选，隐匿不报，并行议处。②

贪冒三千两河银即被河道总督揭参，与嘉道以后动辄贪墨百万河银的巨贪比起来，可知顺治时期河工贪冒现象尚不是很严重。但河工贪冒案件的发案数量和涉案金额不断增加，以致河道总督杨方兴称：“河工之弊，太矣。料物虚浮，徒饰粉饰。制作潦草，不堪适用，估计河工，剋减工食，物料等项，交收指索。”③ 面对这些不法行为，朝廷也采取了一些措施，企图制止侵欺物料的行为。顺治十一年，谕：

频年治河、旋塞旋决。夫役埽料、民累不堪。或地方有司、借端加派。或滥用委官、侵冒诈索。该督抚监司、严加清厘禁戢。仍须讲求长策、刻期竣工。勿得延缓滋害。④

顺治十六年议准：河工各官，遇有升迁降调事故，将任内修防事宜造册交代，离任后有堤岸冲决者，该管官参处⑤。顺治十七年题准：修筑堤岸，工完令承修官出具伏秋无虞印结，同册奏销，本年冲决者，即指名参处⑥。顺治采取的这些零散的措施，起到了一定的作用，但总的指导思想还是针对某一个特定的案件的令甲令乙，不成系统。这一时期整个朝廷所关注的重点也不在于此。可以看出，这一阶段的措施还是因人、因事而随时处置，具有偶然性和随意性，没有形成一种整体的制度性导向。所以这一阶段的河工工程管理尚处于从明代承袭过来以后的恢复阶段，制度化的特征并不明显，只是一些零散的措施。

康熙初年，几乎和顺治时期一样，为处理“侵欺冒破”现象进行着零散的努力：

康熙元年题准，黄河堤岸冲决，在一年内者，参处修筑之官，在一年外者参处防守之官，运河堤岸冲决，在三年内者，参处修筑之官，在三年外者，参处防守之官。如黄河工未至一年，运河工未至三年，修筑官于保固限内去任，防守官不为料理，致被冲决者，将防守官一并参处。⑦

---

① 《清史稿》卷126《河渠志一》，第3716页。

② 张伟仁主编：《明清档案》，第10册，第60件，台北联经出版事业公司，1986年。

③ 张伟仁主编：《明清档案》，第33册，第132件，台北联经出版事业公司，1986年。

④ 《清世祖实录》卷84，顺治十一年六月庚辰条。

⑤ 《清会典则例》卷133《工部·河工》。

⑥ 《清会典则例》卷133《工部·河工》。

⑦ 《清会典则例》卷133《工部·河工》。

康熙八年，工部议覆，河道总督杨茂勋估计封邱岁修钱粮一疏，相应如议。得旨，河工每年修筑，重劳民力，糜费钱粮。此皆河臣不亲身料理，委诸下属，吏胥包揽冒破，草率塞责，以致民生困苦，殊属不合。嗣后凡修筑处，务须坚固，以图永久。若仍前弊，该管大小官员，定行重处不贷。①

康熙十一年，山西陕西总督罗多、以前任河道总督时、堤工冒破钱粮、降二级调用。②

可以看出，其中更多地仍然是对工程管理进行一些零散的规定，但其措施往往较顺治朝的规定更加抽象，也因而表现出制度化的倾向。至康熙十六年，清朝在“平定三藩”的战争中取得了优势之后，康熙开始腾出手来，治理黄河，兴修水利，将河银的投入提高了十倍，试图使这次黄河治理能一劳永逸。在大规模兴修水利工程之始，康熙为了防止“侵欺冒破”现象的发生，一方面选派贤明忠诚之人督察工程，一方面加大对侵没案件的惩处力度。此时的规定已从对具体案件的严惩转变为对河工工程的保固，及完工数年之内出现了质量问题仍要追究责任的保固制度。相对顺治时期而言，这些政策更加系统，使得在整个黄河治理工程当中，并未出现大的贪没案件。此后，虽也有几次大雨、大水之年，但黄河很少决口，基本稳定，出现了“四十年安澜的局面”。这也证明在黄河治理过程中，钱粮基本归于实用，修筑较为坚固。这与这一时期的工程管理制度初步恢复有重要关系。但康熙朝中后期，情况发生了变化，把持工程的官员中利益集团形成，以“冒破物料”为攻击手段的官吏之间的斗争开始了。

康熙三十九年到四十三年，两江总督阿山与河道总督张鹏翮互相揭告对方贪冒系列案；康熙三十九年，浙江道御史廖腾煃参奏原任河道总督董安国糜费岁修及各案大工帑金案；康熙四十年，刑部议覆王新命浮冒永定河河银案；康熙四十八年，两江总督噶礼参巡抚于准等扣剋河银案等一系列大案不断发生。从这些案件可见一些共同之处，那就是“侵欺浮冒”的网络已经形成，而且已经形成了一种模式，这一现象的出现使治理这一问题难上加难。到康熙末年的时候，河工贪冒现象已经相当严重了。这也给后继者雍正帝留下了很大的压力。因为其所面对的不是一个单独的案件，某一个单独的官员，而是一张网，一旦这张网一揭开，所有的问题都会显露出来。这样，皇帝就会面临两难境地，如果承办贪冒者，河工就会瘫痪，因为这些人掌握着治河的知识，如果不惩办他们，就会使“侵欺浮冒”之风愈刮愈严重。如在上述康熙四十三年案和康熙四十八年案中，明显有多人通同行弊，上下夤缘，各自分工，而且数额巨大。面对这样一张网络，皇帝也只能认为即使有少量的侵冒，亦无关大碍，而最为重要的是如何把河堤修好。从中可以看出，此时的康熙皇帝对此类案件是比较宽仁的，这种宽仁的态度对康熙后期河工贪冒之风的盛行起到了放纵的作用。

河臣靳辅面对这一积弊，曾经上《经理河工第八疏》，其中对工程修建中各种情弊进行了披露。他认为官、民、夫役皆有罪，首先，官之罪在于利于多事，希图乘机侵蚀。故薄者不填，而缺者不补，以致溃决废坏，不可收拾。而民之罪在于或与近堤之人

① 《清圣祖实录》卷30，康熙八年七月丙辰条。
② 《清圣祖实录》卷38，康熙十一年三月壬申条。

有雠而盗决以淹之，或因己巳田干旱而盗泄以溉之。而夫役之罪在于利于动而不利于静，乐于有事而苦于无事。是以百计阴坏之耳[①]。可见，当时的当政者已经认识到工程兴建过程中“制度”设立的重要性，而靳辅将这一建议提供给康熙皇帝，并以明朝的制度得失、经验教训来说明，应该对皇帝有一定的启示作用。所以康熙皇帝已经开始在工程管理方面颁布一些谕旨，这一点可以从《清会典则例》和《清会典事例》以及《实录》当中得到印证。实际上康熙三十九年六月十七日，张鹏翮上过一个奏折，奏陈河工九事，就成为一个河工工程管理规范的雏形，而且实际上康熙皇帝很赏识张鹏翮上述条。奏中的河工九款，并且很快批准了张鹏翮将此九款立石于黄河堤旁的请求，随后康熙四十年，便立石于安徽砀山城东北四十五里田楼村故黄河大堤旁，称为《治河条例碑》。其中记载了河工虚冒钱粮之事，这实际上是康熙时期工程管理的一个缩影，具有重要的意义。

二

雍正是一位励精图治的君主，在惩处河工贪冒行为的过程中，雍正时期是最重要的阶段，从《大清律例》所载相关条例中即可看出，半数是定于雍正朝。此外，其他有关河工贪冒的事例更是举不胜举。雍正即位之初，面对的即是“侵欺冒破，相因成习”的局面。雍正元年（1723），齐苏勒在河南查看河工时向皇帝指出，前于河南武陟起程，查看黄运两河工程，甚属残废，更有应行预防之要地，而河员置若罔闻。必至十分危迫，方行抢救，其于防微杜渐之道，全然不讲，殊不思少失机宜，则一丈之险顿成百丈千金之费，糜至万金[②]。雍正四年，他在上奏中进一步向皇帝道出了河工中已形成的不良风气与恶劣现象，他指出，“河员有领去帑银而物料工程并无实据者甚多，及至参出，所亏已至数十万两，历经前任各河臣催追二十余年，多属人亡产尽，至今毫无完解。臣细察其由，无非指称办料名色，将领去帑银营私肥己，兼以请银之时转详之道员、批发之总河各扣十分之一二，以致领银入手已耗十分之五六”[③]。于是在雍正初年，便集中对河工贪冒行为进行了大力度的处理，使雍正一朝的贪冒大为收敛。但雍正末年以后，确切地说是雍正十一年以后，这一问题又开始严重起来。

雍正元年正月二十二日，马尔赤哈奏报豫省河工百姓苦景之情。河南连年荒旱，民间乏食，致食糠秕，巡抚杨宗义将河工应办物料派之州县，州县派之里民，每草一斤各给官价一厘，已属有名无实。又令自备车脚运至工所，其弗止十倍，加以司料之人重称强收，以致短少，勒令补足，故一当此役，多致破家。甚至无料可办，拆毁草房以供应者，巡抚尚嫌其污秽不中用，征收钱粮火耗之外，又加三钱，名曰“河费”，民怨入骨，人情慌恐，朝不谋夕。[④] 对此，雍正初年即对此采取了一系列的措施，多次申饬各官，同时著定事例，贤明之士亦纷纷上言献策，以“汰劣员，清浮冒”。

---

① ［清］靳辅《文襄奏疏》卷1《治河方略·经理河工第八疏》。

② 《朱批谕旨》卷2上《朱批齐苏勒奏折》。

③ 《朱批谕旨》卷2下《朱批齐苏勒奏折》。

④ 中国第一历史档案馆：《雍正朝汉文朱批奏折汇编》，江苏古籍出版社，1986年。

雍正四年发生了两起“侵欺浮冒”大案。其中，郎逵侵蚀河银一案最早是由怡亲王允祥揭露出来的，当时允祥总理户部事务，谋划督察河工，发现之后便向皇帝参奏了郎逵。《清实录》载：

总理户部事务怡亲王允祥，参奏河工效力之候选知州郎逵。侵蚀帑银，捏报被窃，请交部审究。得旨：朕因直隶频罹水患，思除害兴利，以厚民生，不惜多发帑金，特令怡亲王经画察理，无非爱养斯民之至意。凡属效力人员，皆当仰体朕心，畏法怀德，勤慎效力，乃郎逵竟忍侵蚀帑银，捏报被窃，似此劣员，不得照常例处分。著交刑部严审定拟具奏。①

很快，在九月刑部作出了处理意见。雍正四年九月，刑部等衙门遵旨议覆：河工效力知州郎逵侵蚀帑币一案，查定例，侵欺钱粮数满一千两以上者，拟绞监候。郎逵虽未满一千两之数，但此等劣员，不应照常例拟罪，应拟斩立决。可见，刑部等衙门没有按照法律来拟刑，而是加重了三级，拟为“斩立决”。雍正批示道：郎逵暂改为应斩监候，倘直隶河工水利效力人员，再有如郎逵侵盗钱粮者，发觉之日与郎逵一同正法。雍正皇帝给予从轻一级发落，实际上比法定刑还要高两级。可见当时对河工侵冒案是要重判的，以见雍正帝誓杜此弊的决心。

再有李世彦、孙国瑜一案是由齐苏勒参奏的，李世彦、孙国瑜把已经修好的河堤故意损坏，希图从中侵冒。被参奏后，雍正皇帝十分生气。当即颁布上谕：

河工关系国计民生，朕宵旰焦劳，屡颁谕旨，向来河员之怠忽不堪，朕所悉知，每谆谆训饬，齐苏勒仰体朕意，实心料理。李世彦、孙国瑜二人，以旗员而膺河工之任，理当黾勉效力，今仍怠玩若此，应加重惩，以为怙恶不悛者戒，著将李世彦、孙国瑜即于工所用重枷枷号示众，俟伏秋水汛过后请释。着齐苏勒查明，李世彦、孙国瑜在工几年，揆其力量，酌令出赀效力，向闻河工不肖之员，竟有将完固堤工故行毁坏，希图兴修，侵蚀钱粮者，此等罪恶尤可痛恨，着交与齐苏勒时加访察，倘再有此等不法之员，着即奏闻于工程处，正法示众。②

此二人被在河堤上重枷枷号示众，但此事并没有完结，此后便命他们和其他贪冒之员，赔修河工。但第二年，也就是雍正五年，齐苏勒再次疏参革职同知李世彦等分赔江南睢宁县朱家口漫坍工程银两。但这次雍正皇帝一改去年的气愤口吻，意图开恩。之所以对李世彦这样一个小小的已被革职的同知如此开恩，是因为他意识到，即使命其分赔，偌大的工程也是于事无补。于是下旨：

河工追赔之项，其中情由不一，有该员侵蚀入已者，有修筑草率，本不坚固，易致冲决，应当赔修者。有当溃决之时，该员预知例当赔修，而以少报多，先留地步者，甚至有故意损坏工程，以便兴修开销者，种种积弊，不可枚举。但亦有经手之员，本无情弊，而照例则应分赔者，在该员情稍可原。而承追之时，无力全完，亦于国帑无益。朕意欲开恩，稍为变通，其如何酌量分别定例之处，著九卿详议具奏。

经过九卿议复，最后定例：嗣后除侵蚀浮冒损坏工程等弊，仍照定例遵行外，至黄

① 《清世宗实录》卷46，雍正四年七月壬辰条。

② 《世宗宪皇帝上谕内阁》卷58，雍正五年六月。

河一年之内，运河三年之内，堤工实系坚固，已经题报，而陡遇冲决者，止令承修官赔修四分。如该员修筑已完，未及题报，陡遇冲决者，该总河督抚，查无浮冒，据实保题，亦令赔修四分。其余六分，俱准开销。其黄河一年，运河三年之外，堤工陡遇冲决，而防守各员实无疏虞懈弛者，该总河督抚查明，令防守道厅千把等官共赔四分。其余六分，准其开销。所有承修防守各员，俱令革职留任，戴罪效力，工完准其开复。总河督抚保题不实者，查出严加议处。①

从中可以看出雍正态度的变化，从严惩贪冒者到更加务实，严惩贪冒的风格没有变。从史料记载案件的涉罪数额来看，许多甚至不过百两之数，与前朝后朝动辄千万计无法相提并论。无论是前朝还是后朝，史载之侵冒之案均为大案、要案，涉罪数额以千万两计，似以上案件，不过百两，史官多不着笔墨，而且只有大案、要案才交刑部，按照刑律惩处。通过比较可知，雍正朝对河工贪冒的犯罪行为惩处是相当严厉的。另一方面，雍正慢慢地改变了其父康熙帝一案一论的办法，而是积极地制定章程，制定条例、事例、则例，使形成规范，一有类似案件发生，即按照规程处理。

至雍正十一年开始，主要从海塘工程方面开始出现一些新的情况。程元章、阿里衮、隆昇等从雍正十一年开始主持修建浙江海宁塘工，由此引发了一场大案，该案的内幕在李绂给河道总督嵇曾筠的一封信中说得很清楚，这封信就是著名的《与大学士兼管浙江巡抚嵇公书》。信中所谈到的罪魁祸首就是程元章，而那位力挽危局的老先生就是七旬老臣朱轼。可以看出，所有的争斗与欺骗都是由利益而起，这一点更充分地说明在后文中将要谈到的，河、塘工程，实为"金穴"。侵欺浮冒的出现自不可免，但如何去控制它，使它被限定在一个可控的范围之内，不至于影响了河工，使大河决口，人民被灾，就是一个困扰雍正皇帝的关键问题。他选择了订立更多的规范，于是，在雍正晚年，其所颁布的上谕中有上百个是关于河工、塘工的，他反复地劝谕河臣不要"侵欺浮冒"，否则会严惩。有清一代，所有的关于河工贪冒的规定中有大概一半是在雍正朝设立的，并使清代工程管理制度逐步走向完善。

三

雍正末到乾隆初，雍正帝全力打造的良好局面被逐渐打破了，河工侵欺冒破现象又开始渐趋严重起来。乾隆即位后，在最初几年里，对河工冒破现象采取了积极的措施。《大清律例》中关于河工贪冒之例亦有半数定于乾隆初年，可见他是决心严惩冒破行为的。

乾隆对河工积弊尤为深悉，河员大多为考职、捐职并贡监人员，不应选用之人，藉为晋身之阶，其奉有差委者，经手钱粮，必希图浮冒，而未有差委者，坐守河干，渐滋怨望，其弊不可胜言。乾隆十七年，乾隆皇帝感叹河工之腐败，指出："从来河员在工，乐于兴作，每于不急之处，建筑大工，无非籍以开销之意。而工程既竣，又议岁修，辗

① 《清世宗实录》卷61，雍正五年九月丙辰条。

转徒滋靡费，及至盛涨，漫溢者仍复漫溢，冲决者仍复冲决，于实用毫无裨补。”[①] 面对这些相沿成习的积弊，乾隆五年（1740）在系统修订《大清律例》的时候，对此前各朝所定有关河工贪冒之例，进行详细考察，根据当时的现实情况进行了修改，增入《大清律例》内的条例达六条之多，此外所定事例、则例也相当多。此后的数十年间，乾隆皇帝还是像他父亲那样经常会训喻臣工们，力戒“侵欺浮冒”。

乾隆对冒破现象很有洞察力，对冒破手段也颇为了解：

朕访闻得，各省营缮修筑之类，其中弊端甚多，难以悉数。或胥役侵渔、或土棍包揽、或昏庸之吏限于不知、或不肖之员从中染指，且有夫头扣克之弊，处处皆然。即如挑浚河道一事，民夫例得银八分者，则公然扣除二分，应做工一丈者，则暗中增加二尺，或分就工程，用夫一千名者，实在只有八九百人。以国家惠养百姓之金钱，饱贪官污吏、奸商豪强之溪壑，其情甚属可恶。是不可听其积弊相沿，而不加意厘剔者。嗣后凡有兴作之举，著该督抚转饬该管官员，实力稽查，务使工价全给民夫，无丝毫克扣侵欺之弊，倘该管官员稽查不力，督抚即行严参，如徇庇属员，或失于觉察，朕必于该督抚是问。[②]

清代历有料估后奏报加价之例，因为例价与时价之间的差异，所以要加价本业正常，但工程承办官员往往以此为“浮冒”的机会，借机贪冒。乾隆十四年，针对一起“浮估”案，乾隆帝指出，今以一堤而前后估计，自四万而减至六千。屡易其说，正恐六千之数，亦尚未为确核。该督等始则听信属员，以兴工为冒帑之计，及奉驳核实，亦不过随意减估。具此折奏，以见其详慎节省，而工程之实应修筑与否，以无定见。外省办事，概多迁就虚浮，河工尤甚。总其大要，无非为在工人员希图开销耳。此案着高斌、张师载再行详悉查明，切实具奏，不得支吾掩饰，仍蹈锢习[③]。从中可以看出“浮估”的比例非常大。

乾隆二十二年到乾隆三十一年，有大量的相关谕旨颁布，从这一系列的上谕中，可以连续看出，乾隆皇帝对这一问题还是很细心的，他通过常识性的分析，推测河工、营弁尽事侵渔的实际。连续不断地对之进行软硬兼施的劝诫。从整个时段来看，由于乾隆五年修订了律例，使之有律可议，有章可循。可以说到乾隆时期，关于河工工程的相关管理制度已经基本体系化，工程管理制度趋于成熟。其实际效果也是显而易见的。

乾隆后期，一直到嘉庆年间，河工贪冒问题再次严重。《啸亭杂录》载：

乾隆中，自和相秉政后，河防日见疏懈。其任河帅者，皆出其私门，先以钜万纳其帑库，然后许之任视事，故皆利水患充斥，借以侵蚀国帑。而朝中诸贵要，无不视河帅为外府，至竭天下府库之力，尚不足充其用[④]。

昭梿从中谈到两位河员，并将之进行了对比。可知，在当时河员侵欺国帑已经是非常普遍的现象，而且已经形成风气。徐端清正廉洁，实心任事，也曾想向皇帝建议清除河工积弊，产出侵冒河银的蠹虫，但还是考虑到株连甚广，而没能上达天听。这种株连

---

① 《清高宗实录》卷424，乾隆十七年十月上癸巳条。

② 《清高宗实录》卷94，乾隆四年六月上己卯条。

③ 《清高宗实录》卷338，乾隆十四年四月上乙酉条。

④ ［清］昭梿：《啸亭杂录》卷7《徐端》。

很可能是涉及朝廷大员，甚至诸王。最终也只得忧抑而死，“至贫无以殓”。究其根本原因，就是当时的河员圈子里已经形成了风气，洁身自好的人身处其中，只能被排挤倾轧。可见当时的情形之恶。《清史稿·黎世序传》载：“自乾隆季年，河官习为奢侈，帑多中饱，寝致无岁不决。又以漕运牵制，当其事者，无不蹶败。”① 亦可见当时侵冒河工之严重。由于乾隆中期以后河工费用大增，此后规定每年的河防开支每年额解银60万两、冬令岁料120万两、大汛冬需150万两，共计330万两，这只是固定预算。此外，还有荡柴作价20至30万两。如遇大水之年，又另请续拨400至500万两抢修银。又有另案工程，分常年和专款两种，常年另案在上述的150万两内报销，专款另案则自行报销，不入年终清销单②。这其中有巨大的侵渔现象存在，乾隆皇帝对此自然心知肚明。乾隆五十九年上谕：

浙省修筑土坝，原为保护堤根，但逐渐接长，有碍河流，此等接筑土坝，皆由工员等意图侵冒，以修筑坝工为名，禀报开销，可资沾润，系向来河员通弊。该河督不加详查，殊非慎重，著交部议处。③

嘉庆一朝河患频发，较大的水患就发生了17次。为治理水患，清廷投入了大量的资金和人力。据统计，从嘉庆元年（1796）到十六年清廷就投入治河款达3000万两，河道两岸人民岁岁有役。可是，由于治河官吏偷工减料，侵吞银两，许多工程刚刚竣工就在大汛之中纷纷坍塌。以至于新的工程尚未结束，旧的工程又再次毁塌。为了彻底清查治河官吏贪污一事，嘉庆皇帝特派钦差予以查处，但核对账簿均无差错。在皇帝的严饬之下，经深入详查，反复核对旧账，才发现所有账目都经过篡改、编造。最后，他们深入治河工段，对各年旧账一一查验，对所有印鉴文卷反复核对，终于查出自乾隆五十七年到嘉庆十四年的18年间，有60万两治河款不知去向。其中嘉庆十四、十五年治理黄河、运河的河款，共计10.6万余两始终没有报账，至于其他贪占侵吞事例更是不胜枚举。包世臣在《安吴四种》中记载，乾隆三十九年八月，黄河在清江浦东北五里老坝口决口，一夜之间，口门“塌宽至一百二十丈，跌塘深五丈，全黄入运，板闸关署被冲，滨运之淮、扬、高、宝四城官民皆乘屋”，形势十分严重。当时的南河总督吴嗣爵，“恇惧无所措”，在无可奈何的情况下，亲自登门，坚请幕僚郭大昌出来主持堵塞决口，条件是：“钱粮五十万两，限期五十日。”郭大昌毅然答应，其知吴嗣爵欲借堵口从中侵渔钱粮，便对吴说，一定要我来堵口，工期可缩至20天，工款可减至10万两左右，但要求施工期间，你只调文武汛官各一人，维持工地秩序，此外，不要任何官员到工，否则我就不干了。对于料物钱粮，也要由我负责支配。吴嗣爵恐怕堵口不成，皇帝发怒，不得已一一答应。在郭大昌的主持和劳动群众的努力下，结果如期堵复决口，仅用银10.2万两。受到乾隆帝嘉奖。嘉庆初年，黄河又在丰县决口，工员请拨帑努金120万，河督议减其半，与郭大昌商量，不料郭大昌认为，“再半之足矣”。河督面有难色。郭大昌说，“以十五万办工，十五万与众工员共之，尚以为少乎?”河督怫然不悦。河

① 《清史稿》卷360《黎世序传》，第11378页。

② ［清］欧阳兆熊，金安清：《水窗春呓》卷下《河防巨款》。

③ 《清会典事例》卷887《工部·营建通例》。

道总督之所以不高兴，究其原因，是因为郭氏熟悉工程开销，没有给贪污侵蚀留有更多的余地。当然，郭大昌虽以“老坝工”知名，一旦河防有警，则为当事者所倚重，但最终还是触犯了河臣的利益，遭到众怒[①]。可见当时河工侵渔现象有何等严重。

这一时期的河工贪冒行为在手段上更加技术化，不细心考察根本查不出破绽，稍不留神，即被其蒙蔽。考察乾嘉时期的河工积弊，不能不谈一个人，即黎世序，清代治河名臣，他写过一篇文章，即《复奏河工诸弊疏》[②]。首先是御史畲文铨向皇帝揭发了一些作弊的技巧。皇帝阅后很气愤，便命黎世序与严烺前去查核。指出，黄河保障，全恃堤防之坚与不坚，视土工之实与不实，每岁择要估办，动需银数十万两。若如该御史所奏，岁修土工，浮冒朦混，弊窦丛生，工程不固，实由于此。着黎世序、严烺，随时密查前项兴筑土工，是否有此等弊混。一经查出，既严参惩办。总期工归实用，帑不虚糜，方为不负委任。这篇《复奏河工诸弊疏》就是这次核查的调查报告。在其中，黎世序把更多的河工弊窦揭露了出来，“搜根”、“坯头”、“螳腰”、“戴帽”、“架肩”、“耸肩”、“花礅”、“泥墙”等等，这些偷工的方法举不胜举。

黎世序对这些偷工冒破的手段，虽一一制定了对策，但一人之力，也难以制止多年以来的积弊。工程侵冒现象仍很严重，尽管君主对这一现象仍然保持清醒。连发数道谕旨，并指出，物价随时涨落，原无一定，近日物料昂贵人所共知，偿嗣后物价已就平减，而报部之数仍按价贵时报销，则系承办之员蒙混侵蚀。必当严参惩办。嘉庆十五年，工部上了一个《严核河工经费疏》，这是在对每年岁修、抢修工程调查、核销的基础上作出的，全面制定了严禁积弊的规划与制度，可以说，适合一起到实际效果的，但实际上，从后来的情况来看，并没有得到很好的实施。

乾隆末年一直到嘉庆年间，河工工程冒破现象非常严重。从历史维度上来考察，有清一代至嘉庆朝，河员中逐渐形成一种尽人皆知的“习尚繁华，以奔走趋承为能事”的“河工习气”。南河河督宴请宾客时，“一席所需，恒毙三四驼，五十余豚，鹅掌猴脑无数。食一豆腐，亦需费数百金，他可知已。骄奢淫逸，一至于此，而于工程方略，无讲求之者”,[③] 这在许多文献中得到了印证。

四

自道光始以至后世，吏治腐败已重。由于道光朝的国家财政尚属充足，这一方面为贪污侵冒提供了可能，另一方面，河工工程管理制度的废弛使贪冒现象更是相当普遍。嘉庆二十五年九月十七日，刚刚登上皇帝宝座不久的道光皇帝即降谕，“河防关系国计民生，至为重大。若工银则克扣虚浮，物料则偷减缺少，该河员等又复奉行不力，培护堤根，易致懈弛，修筑夯破，不能如式，安能使堤工巩固，捍御洪流?”并要求江南、河东两河道总督“遵照所议，申明例禁，各率各属道将厅营，湔除锢刁，实力修守”[④]。

---

① ［清］包世臣：《安吴四种》卷2《中衢一勺·郭君传》。

② ［清］李绂：《与大学士兼管浙江巡抚嵇公书》，《清经世文编》卷120《工政26海塘》。

③ ［清］黄鸿寿：《清史纪事本末》卷45，《咸丰时政》。

④ 《清宣宗圣训》卷122《河道》，嘉庆二十五年十月戊寅。

尽管皇帝的期望如此，但还是不能遏制工程贪蠹之风的愈演愈烈。

道光六年（1826），贺熙龄上有著名的《请禁盐务河工侈靡锢习疏》，他向皇帝指出：

是以挑河筑坝，既无不浮估冒销，防险办工一委于家人幕友。以岁入有限之金钱，徒供河员之浪费，縻帑耗工，伊于何底，是国家之一大出项，又坏于奢而已见其多也。①

包世臣在《论治河优劣》指出：

然而溯查统计，凡钱粮节省之时，河必稍安。钱粮糜费之时，河必多事。工拙之效，智愚共见。糜费之时，必各工并举而无一归实。上最苞苴，下贤筐篚，堤加而河身随之并高，工生而水势因之更险，引盗入室，隳败为期，防之不能，尚安望其治哉。②

这一时期，河工工程侵冒的手段也又有加增，包世臣曾详述河工虚冒之手段，涉及料堆的重量与体积，工例与部例不同的换算，名目繁多。实际上，至道光朝，合共工程积弊已远远不能遏制。之所以道光一朝贪冒之风最盛，关键在于之前虽国帑充盈，但制度完备，制度实施的保障有力，河员没有太多的机会贪冒巨款，而道光以后，虽则制度败坏，贪冒之风已盛，但国库已渐至空虚，无帑可贪。所以独道光一朝，国帑尚且充足，贪蠹之风已然形成，才造成这一阶段贪冒最为严重的结果。当时的文献多处记载了此时河臣的贪冒豪奢之风。《清朝野史大观》载，方道光中业，天下无事，物力丰厚，南河奢侈之风，实有出于吾人想象之外者。南河岁修经费，每年五六百万金，然实用之工程者，不及十分之一，其余以供文武员弁之挥霍，大小衙门之酬应，过客游士之余润。凡饮食衣服车马玩好之类，莫不斗奇竞巧，务极奢侈。从当时河臣几近变态的“奢侈”生活中可以看出当时工程侵冒之严重。

魏源在作《筹河篇》，其中对道光时的河工工程进行了透彻的分析，首先他认识到了河工的投入已经非常之大，“人知国朝以来，无一岁不治河，抑知乾隆四十七年以后之河费，既数倍于国初；而嘉庆十一年之河费，又大倍于乾隆；至今日而底高淤厚，日险一日，其费又浮于嘉庆，远在宗禄、名粮、民欠之上。其事有由于上者，有由于下者”。通过深入地分析，魏源不禁道出“河工者，国帑之大漏卮也”的感叹。

兴建工程往往是各级官吏贪污的良机。工程愈大，期限愈长，舞弊愈严重。“欲图侵蚀，往往虚报工程事，府州循情批准，恃为护符。后任见前任有此办法，亦复效尤，”日渐积累，侵吞已成巨款，造成工程赔累。在具体的工程中，管工者偷工减料积习相沿，有“文官吃草、武官吃土”的说法，前者指文职在采办物料时贪污中饱，后者指武职在堤工中中饱私囊。咸丰四年，有大臣向皇帝奏参河工道员营私，玩视要工，指出河南开归陈许道周煦徵于河工拨给之款，拨多发少，擅将现银抵换官票。所发官票，折算制钱，并将办工要需，扣除厅员节寿陋规，及幕友节敬，家丁门包等名目。竟有要工一处，应发帑银三千两，除所扣外，祗余数两者。厅员不肯具领，在道署公堂争论，众目共睹，并信任幕友孙姓、沈姓在外招摇生事，以致物议沸腾。咸丰皇帝降谕：

① ［清］贺熙龄：《请禁盐务河工侈靡锢习疏》，《清经世文编续集》卷27《户政2 理财下》。

② ［清］包世臣：《论治河优劣》，《清经世文编》卷102《工政8 河防7》。

河员浮冒，积习已深，当此库款支绌之时，宜如何洁己奉公，力图撙节。乃以监司大员，似此骫法营私，实堪痛恨。著英桂按照所参各情，秉公确查，据实参奏，毋稍徇隐。①

至光绪间，此情形更是一发不可收拾。光绪八年，宝廷、许应骙联名上《查悉工程积弊请饬部妥议章程疏》，宝廷单独上《工程积弊请核实酌给公费疏》，所言之工程侵冒积弊已经达到不可终止的地步。

道光以后之冒破侵贪，河工是最严重的一项。因为河银投入巨大，道光以后，河工支出动辄六百万两以上，三河每年开支常在七百至八百万两，计划外的另案开支也日趋频繁，堵决口、启闭塘坝等大工程费用呈逐年增加趋势。道光二十一年，东河祥工用六百万两，道光二十四年，修筑东坝一千一百九十万两，咸丰初年丰工四百万两，光绪二十四年（1898），郑工一千九十六万两。就清政府的财政收入来看，道咸时期是四千万两左右，同光以后也不过七千至八千万两，而"河工几耗三分之一"，② 几乎是"竭天下之财赋以事河"。③ 然而开支越大，黄河决口的次数越多，原因就在于大量河防经费并没有真正用于河防，而是被河官侵吞掉了，《清史记事本末》载："南河岁费五、六百万金，然实用工程者，什不及一，余悉以供官吏之挥霍"。④ 历史这样记载当时南河的情景，据载："大工一举，集者数十万人，至使四方游士、滑商、倡优、无赖之流，无不夺走辐辏于河干。""新点翰林，有携朝贵一纸书谒河帅者，河帅为之登高而呼，万金可立致，举人拔贡有携京官一纸书谒库道者，千金可立致"，"京官过浦（清江浦）者馈遗甚厚"。可见晚清时期河防中的虚报浮冒极为严重，"夸大险情、多请公款"已是司空见惯。

由此可以想见，河防经费浮冒的严重程度。当时流传着这样一句民谣，"黄河决口，黄金万斗"。贪官污吏为了侵吞中饱，甚至希望黄河决口，"以有险工有另案为己幸"，"久不溃决，则河员与书办及丁役，必从水急处私穿一小洞，不出一月，必决矣，决则彼辈私欢，谓从此侵吞有路矣"。⑤

清末，国库不敷支付河银，各有堤州县便从人民身上加征一项名为"堤费"的征摊项目，不论丰歉，依钱粮派征。全省每年征收堤费无从知道确数，在征收堤费的过程中，经手人如粮书、堤书、首士、户首等徇私舞弊、贪污中饱，对有钱有势的大户不敢征收，对小户则勒收重收，种种弊端，层出不穷，这给不肖者带来贪污中饱的良机，而给贫苦小民增加的是沉重的负担。⑥ 河臣一任河工瘫痪，黄河决堤，人民被水。自己却在花天酒地里，肆意挥霍。可知，自道光以后，冒破物料现象达到清代最严重的时期，工程管理制度名存实亡，制度的衰败也成为清王朝覆亡的前兆。

① 《清文宗实录》卷72，咸丰四年十二月辛亥条。
② ［清］周馥：《河防杂著四种》之《黄河工段文武兵夫记略》序。
③ ［清］魏源：《魏源集》上册《筹河篇》，中华书局，1976年，第388页。
④ ［清］黄鸿寿：《清史记事本末》卷45《咸丰时政》。
⑤ ［清］魏源：《魏源集》上册《筹河篇》，中华书局，1976年，第388页。
⑥ ［清］林则徐：《林则徐集（奏稿）》中册，中华书局，1985年，第421—427页。

清代畿辅地区内务府皇庄的征纳

邱源媛（中国社会科学院历史研究所）

畿辅地区的庄园，建立于清军入关圈地之后。皇室、贵族、八旗官员均有自己的庄园，其管理系统相互独立、互不干涉。专门服务于皇室的“庄”、“园”，由内务府管理，种类繁杂、数量甚多，不同“庄”、“园”之间，有着严格的界定和区分。就“庄”而言，大多数“庄”，尤其是广储司所属的各专业庄，分布在盛京。畿辅地区，除了本文将要重点论述的老圈庄与投充庄之外，或有果园，或有丁户，却一概不称为庄，也不设庄头与壮丁。也就是说，清代畿辅地区，属于内务府管理的“皇庄”，其实只有会计司下设的老圈庄和管理三旗银两庄头处所属的投充庄。此二者，亦即本文的论述主体。

会计司所属的老圈庄头，是指最早“从龙入关”的包衣庄头。清军入关，大量庄头和壮丁随同入关，这种做法一直持续到顺治四年、五年（1647、1648）甚至更晚的时间仍未止息。在这些人中，有些是其主人已经先随清军入关，而他的包衣、仆人是事后才被陆续派遣前往，以与其主人合居的；也有一些，是包衣跟随主人先行，然后他的家人又被派入关内与他会合。尤为有趣的，是这些人前来北京之时，还赶着自己的全部牲畜。可知尽管经过了大规模的战争、动荡与迁徙，但奴仆、属人各归各主的状况仍然如故，原来归属皇室、贝勒和大臣的诸多“拖克索”（满语的“庄”）应该也不例外，不仅他们本人，就是他们的动产，也仍然是各归各自的系统。

专为皇室耕种田庄的庄头、壮丁等人，被划归内务府，由其下七司三院[①]中的会计司负责管理。这就是在官方文献中被称为“自盛京随从来京圈地充当庄头者”亦即“老圈庄头”的那部分人，他们特定的身份是“盛京随来陈壮丁”，也称为“东来人”，这是官方对他们的明确认定[②]。在清代官方史书中，这部分人又常常被称为“大粮庄头”。

管理三旗银两庄头处庄头，则指清初的投充庄头。说起清初投充，但凡对清史略知一二的人都不会陌生，大略来说，就是勒逼民人投靠八旗旗下为奴，是清初八旗贵族掠夺旗地、占有人口的重要手段。民人在投充之后，尤其是带地投充者，往往会被委任为庄头，以管理投充之地。因此，清入关后的各种庄园中，除了原有的“盛京随从来京圈地充当庄头者”，即“老圈庄头”之外，还有了“国初带地投充庄头”，即投充庄头，又被称为“纳银庄头”。

对于投充庄头，入关初年，清廷未专设管理机构，由各汉军佐领向这批庄头征收钱粮阜束。康熙三年（1664）改由三旗官员掌管，这里说的三旗，指掌管皇族事务的内务府所属的上三旗。康熙十六年（1677），三旗经管钱粮官员从属于内务府会计司。雍

---

① 内务府属下设置七司三院，七司为广储司、会计司、掌仪司、都虞司、慎刑司、营造司和庆丰司，三院为武备院、上驷院和奉宸院。

② 《钦定内务府现行则例》卷1会计司。

正元年，正式成立管理三旗银两庄头处，具体负责投充庄头相关事务。

“老圈庄头”和“投充庄头”，是研究清代“庄园”时，常常被提到的名称。但在具体论述中，研究者却往往忽略二者的区别，眉毛胡子一把抓地将二者混为一谈。实际上，这两类人群是完全不一样的，前者来源于关外，后者则是畿辅本地人，他们从耕作方式、耕作品种、生活习惯到人群构成、从属机构、管理体制、身份地位以及各种具体行政措施上都有很大区别，可以说这是有着根本差别的不同类型的两种人群。①

内务府设立粮庄目的是纳粮，交纳粮草是老圈庄头和投充庄头的主要职责。由此，缴纳粮草的形式、缴纳贡赋的多少、是否完成缴纳任务，直接关系到了庄头个人及其家族生活的方方面面，也很自然成为直接影响两种庄头群体行为的决定性因素。本文对老圈庄头、投充庄头缴纳粮草的相关事宜做了梳理，尝试从该角度分析两个人群的差异，并由此探讨旗人内部人群多样化的问题。

一、顺康时期老圈庄的征纳品种及数量

1. 正粮征纳

庄是由官府配给的，在康熙初期将老圈庄划分四个等第之前，有整庄、半庄之分，规定整庄给地 130 晌（因设立场园与马馆，另给田四晌），半庄给地 65 晌。② 畿辅地区的老圈庄，每庄每年需纳粮 100 石。按照当时的一晌为 6 亩计③，130 晌为 780 亩，畿辅位于北方，当时每亩的谷产量大约是每亩一石左右或略多，则 780 亩，应该可收获 800 石粮，官府征收的粮食，应占每个庄园收获量的八分之一。

康熙八年（1669），按照土地数量的不同，各个庄园被分编为头等、二等、三等、四等。清廷以等第为标准，向各庄园征纳粮草。④ 实际上，在分编初期，该制度并不完善，据雍正《会典》记载，康熙三十九年（1700），每庄报满额 100 斤石，合仓石 360 石。可见，虽时隔三十年，就所纳之“粮”而言，仍未以等第差别进行交纳。但某些物品的征纳量却很早就以庄园的等级为标准了，比如下文将介绍的豆、草、谷草、羊草等。为何“粮”的征纳迟迟不以此为准则，这还有待进一步讨论。

此后，各种物品的征纳逐渐规范。康熙五十年（1711），清廷明文规定了不同等级的纳粮标准：头等庄，报仓石 250 石；二等庄，报仓石 220 石；三等庄，报仓石 190 石；末等庄，报仓石 120 石。同时还规定，“所报之粮，俱系谷石，每谷一石，折小米五斗。”⑤《总管内务府会计司现行则例》中也记录了该规定，前半部分相同，最后一句

---

① 定宜庄、邱源媛：《旗民与满汉之间：清代“随旗人”初探》，载《清史研究》2011 年第 1 期，第 69—77 页。

② 整庄、半庄之分始自顺治二年，该年题准：“给诸王、贝勒、贝子、公等，大庄每所地一百三十晌（或一百二十晌，到七十晌不等）。半庄每所地六十五晌（或六十晌至四十晌不等），园每所地三十晌（或二十五晌至十晌不等）”（见《八旗通志初集》卷 18“土田志一”，第 311 页），可知不惟皇庄如此。

③ 见《八旗通志初集》卷 19“土田志二”：“国初诸王、勋戚及八旗臣工，俸糈之外既赐园地，复按所属壮丁，拨给晌亩，六亩为一晌”，第 336 页。

④ 雍正《大清会典·内务府三》卷 228 会计司。参见第一章“皇粮庄头”的第三部分“顺康时期的大粮庄头”。

⑤ 雍正《大清会典·内务府三》卷 228 会计司。

话是“所纳俱粗穀，每石折米五斗”[①]。二者都明确指出所纳之粮系谷，需要折换后再行交纳，前者折为小米，而后者折为米。乾隆《大清会典则例》也作：“每石折米五斗”[②]，看来折米的可能性大一些。无论是哪一种折换方式，都示意内务府大量庄园每年交纳的“粮”，是涵盖了多种农作物的混合称呼，并非“米”或其他任何一种单一物品。至于“粮”的具体内容是什么，无论是官方史书，还是野谈杂记，均没有详细而明确的指代，其交纳种类和交纳量，随着皇室需求量的不同而不断调整。我们只能从零散的史料中，推测出“粮”所包含的一部分物品，其中豆、谷草、草、杂粮等是相对重要而固定的几项内容。

豆、谷草、草的交纳，主要用于喂养群马，由所纳粮内派出。顺治至康熙初年，头等庄，派豆40石、谷草4000束、草10000束；二等庄，豆35石、谷草3500束、草8750束；三等庄，豆30石、谷草3000束、草7500束；三等末庄，豆15石、谷草1500束、草3750束。[③] 康熙二十七年，重新规定了草束的征纳量，除头等、二等不减外，三等减草800束，末等减草1000束。到了雍正元年（1723），随着马群的减少，清廷又对征纳量做出了调整，将此项草束减半，节省草66万束，送厩馆33万束。同时，还节省黑豆3024石派送厩馆。[④]

2. 杂粮征纳

与此同时，老圈庄头还需交纳多种杂粮。杂粮征缴的种类和数量相当繁杂，而且各种史料的记载也互有差异。比如，有的史料记载，每年每名庄头固定要交纳鹅10只、鸡104只、三种蛋1476个、秫秸100捆。而《总管内务府会计司则例》中却又说：“康熙五十年二月奏准……无论等第，每名额交鸡蛋1622个”[⑤]，两条史料差异很大。此外，杂粮征纳中，有的“准于报粮内抵除”，即占据内务府所纳之“粮”的份额；但有的却“不准扣抵”。比如康熙五十一年规定，每名庄头需交纳苏子24石3斗，谷子4石8斗6升，这些“俱准于报粮内抵除”；而茜草50斤，线麻18斤，小根菜16斤，蒌蒿菜16斤，黄花菜16斤，却“不准扣抵”。[⑥] 由此可见，要想对杂粮进行精准的统计，是一项非常困难，几乎不可能做到的事情。然而，即便仅仅做一个大致了解，我们也能感受到杂粮征纳物品的丰富。

据康熙五十年（1711）二月的规定，头等、二等庄，每年每名交纳官三仓杂粮33石1斗2升，其中芝麻2石1斗6升，苏子3石6升，麦子16石2斗，绿豆1石9斗8升，黄豆1石4斗4升，黏穀1石8斗，穀1石4斗4升，高粱1石2斗6升，小豆5斗9升4合，荞麦7斗2升，油麦1斗8升，黍子3斗6升，稗子5斗4升，豇豆3升6合，烧酒1瓶半，折粮8斗1升。三等、四等庄，每年每石交纳官三仓杂粮29石5斗2升，其中芝麻2石1斗6升，苏子1石8斗，麦子14石4斗，绿豆1石9斗8升，黄豆

① 《总管内务府会计司现行则例》卷1粮庄纳粮定额。

② 乾隆《大清会典则例·内务府》卷160会计司“征输”。

③ 康熙《大清会典·内务府二》卷150会计司。

④ 雍正《大清会典·内务府三》卷228会计司。

⑤ 《总管内务府会计司则例》卷1粮庄纳粮定额。

⑥ 雍正《大清会典·内务府三》卷228会计司。

1石4斗4升，黏榖1石8斗，榖1石4斗4升，高粱1石2斗6升，小豆5斗9升4合，荞麦7斗2升，油麦1斗8升，黍子3斗6升，稗子5斗4升，豇豆3升6合，烧酒1瓶半，折粮8斗1升，“俱准于额粮内抵除外”。[①] 仅据这一条史料，庄头就必须交纳芝麻、苏子、麦子、绿豆、黄豆、黏榖、榖、高粱、小豆、荞麦、油麦、黍子、稗子、豇豆、烧酒等15种物品，其丰富程度可见一斑。

3. 杂征

各种名目的杂征，也须由老圈庄头来交纳。杂征的临时性很强，皇家需要什么，需要多大数量，常常随时摊派给各个庄头。

杂征中，较为固定的交纳物品要数猪口和羊草。编设等第之后，关内一、二等庄，在额粮之外每名每年额交祭祀用大猪2口，或者常用猪4口；三、四等庄头，每名每年额交常用猪3口。[②] 从题本提供的记录看，在编立等第之前，庄头是根据年成，年成好时纳常用猪4口，不好时则纳3口。据当时材料称，每口猪折粮15石，4口猪折60石粮，如果这里指的是石而非仓石，应该是不小的负担。

羊草的征纳，是我们现在查到的，最早实物折银的一项。顺、康初年定例，头等庄交纳羊草10000束，二等庄8750束，三等庄7500束，四等庄3500束。康熙八年（1669），头等、二等、三等庄，俱减半派交，即5000束、4375束、3750束，惟四等庄派2500束。此时羊草已经有了折银的标准，据雍正《会典》记载，每羊草1束，折银1分。[③] 老圈庄其他征纳物品的实物折银，最早始于雍正初年，直到乾隆时期才开始普遍缴纳货币地租，唯独羊草在康熙八年就折银了，早了半个世纪，而且还有精确的折银标准。为何如此？这也是有待我们解答的问题。

除以上固定应交的贡赋之外，各庄头还要轮班交纳宫廷需用的物品，如康熙十八年（1679）档案中记，有芥菜籽1斗、鹰飘翎2、鹅9、鸡35、大担帚1、小担帚5等。[④] 又如《会典》记，每庄岁输广储司红花8两、扫帚28把、笤帚30把，瓢19块、蘖芽1升。总之所有宫中所用生产、生活、娱乐所需器物，例如“鹰鹞房所需飘翎，花爆作所用麻秸、造佛处所用麦麸、广储司所用麦秸”，无一不出自老圈庄。此外，皇家车驾巡幸时，沿途庄头还需向尚膳房交纳鸡子、庆丰司随往乳牛、上驷院驾车骡以及草豆等等，可知庄头的任务之繁杂琐碎。[⑤]《红楼梦》第五十三回谈到黑山村庄头乌进孝向贾府进供的年货时，曾列了一个清单，当然不无小说的夸张笔法，而且贾府的庄头也不属于皇室庄园，但贾珍所说“不和你们要，找谁去！”也确实道出庄头与皇室的主奴关系与交纳实物贡赋的某些特点。

每个老圈庄庄头，在交纳完各种物品之后，所收获的粮食和其他物品还需供养庄头

---

① 《总管内务府会计司现行则例》卷1粮庄纳粮定额。

② 乾隆《大清会典则例·内务府》卷160会计司“征输”。

③ 雍正《大清会典·内务府三》卷228会计司。

④ “康熙十八年五月二十一日吐巴等为查办不法庄头的题本”，《清代内阁大库散佚满文档案汇编》皇庄上，第16页。

⑤ 乾隆《大清会典则例》卷160“会计司·征输”。

自己和属下壮丁的家庭，据档案提供的线索，每庄口粮“一庄至多不过四、五十石”①，与交纳的贡赋相比，只是区区小数而已。

表1 顺治、康熙年间畿辅老圈庄的征纳物

<table>
<tr><td rowspan="2">征纳实物</td><td colspan="4">正粮②</td><td rowspan="2">杂粮⑤</td><td colspan="2">杂征⑥</td></tr>
<tr><td>豆③</td><td>谷草</td><td>草④</td><td>其他</td><td>羊草⑦</td><td>猪口⑧</td></tr>
<tr><td rowspan="2">一等庄</td><td>40 石</td><td>4000 束</td><td>顺治—康熙初年 10000 束
康熙二十七年 10000 束</td><td>由正粮内派出的杂粮，以及史料中未提到的物品。</td><td rowspan="8">杂粮征纳的种类大致有苏子、谷子、茜草、线麻、小根菜、蒌蒿菜、黄花菜、鸡蛋芝麻、麦子、绿豆、黄豆、黏榖、榖、高粱、小豆、荞麦、油麦、黍子、稗子、豇豆、烧酒等等，征纳数量变动较大，此处只能有一个大概的了解。</td><td rowspan="2">顺治—康熙初年 10000 束康熙八年 5000 束</td><td rowspan="2">岁输大猪 2，或常用猪 4</td></tr>
<tr><td colspan="4">粮⑨：顺治—康熙初年 100 石
康熙 39 年 360 石
康熙 50 年 250 石</td></tr>
<tr><td rowspan="2">二等庄</td><td>35 石</td><td>3500 束</td><td>顺治—康熙初年 8750 束
康熙二十七年 8750 束</td><td>由正粮内派出的杂粮，以及史料中未提到的物品。</td><td rowspan="2">顺治—康熙初年 8750 束康熙八年 4375 束</td><td rowspan="2">岁输大猪 2，或常用猪 4</td></tr>
<tr><td colspan="4">粮：顺治—康熙初年 100 石
康熙 39 年 360 石
康熙 50 年 220 石</td></tr>
<tr><td rowspan="2">三等庄</td><td>30 石</td><td>3000 束</td><td>顺治—康熙初年 7500 束
康熙二十七年 6700 束</td><td>由正粮内派出的杂粮，以及史料中未提到的物品。</td><td rowspan="2">顺治—康熙初年 7500 束康熙八年 3750 束</td><td rowspan="2">岁输常用猪 3</td></tr>
<tr><td colspan="4">粮：顺治—康熙初年 100 石
康熙三十九年 360 石
康熙五十年 190 石</td></tr>
<tr><td rowspan="2">四等庄</td><td>15 石</td><td>1500 束</td><td>顺治—康熙初年 3750 束
康熙二十七年 2750 束</td><td>由正粮内派出的杂粮，以及史料中未提到的物品。</td><td rowspan="2">顺治—康熙初年 3500 束康熙八年 2500 束</td><td rowspan="2">岁输常用猪 3</td></tr>
<tr><td colspan="4">粮：顺治—康熙初年 100 石
康熙三十九年 360 石
康熙五十年 120 石</td></tr>
<tr><td>备注</td><td colspan="7">据雍正《大清会典·内务府三》卷 228“会计司”记载，康熙八年，羊草已经有了折银的标准，每羊草 1 束，折银 1 分。这是我们现在查到的，最早实物折银的一项。</td></tr>
</table>

① “康熙二十八年十二月初二日费扬古等为遵旨查议玉泉山稻庄庄头的题本”，《清代内阁大库散佚满文档案汇编》皇庄上，第 194 页。

② 内务府大粮庄所纳之“正粮”，无论是官方史书，还是野谈杂记，都没有详细而明确的指代，只能从零散的史料中，推测出“正粮”所包含的部分物品，如豆、谷草、草、杂粮等等。但这绝不是所有的“正粮”，部分杂粮也属于“正粮”征收范围。

③ 豆、谷草、草资料摘自康熙《大清会典·内务府二》卷 150“会计司”。至雍正元年，定节省黑豆 3024 石派送厩馆。（雍正《大清会典·内务府三》卷 228 会计司。）

④ 到了雍正元年，随着马群的减少，清廷又对征纳量做出了调整，将此项草束减半，节省草 66 万束，送厩馆 33 万束。同时，又节省黑豆 3024 石派送厩馆。（雍正《大清会典·内务府三》卷 228 会计司。）

⑤ 杂粮的征纳种类繁多，相关记载较为简略，各个阶段的差异也很大。同时，有的杂粮由正粮内抵除，有的杂粮却不准扣抵。故而无法做出精准的统计，只能大概归纳。

⑥ 庄头需要交纳的杂征类物品，并不仅仅是表格中列出的 2 种（羊草、猪口），还有诸如扫箒、笤箒、瓢、芥子、蔓芽菜子，鹰鹞房所用飘翎、花爆作所用麻秸、造佛处所用麦麸、广储司所用麦秸等，均“交各庄轮流输纳”；此外，皇家车驾巡幸时，沿途庄头还需向尚膳房交纳鸡子、庆丰司随徃乳牛、上驷院驾车骡以及草豆等等，种类繁多（乾隆《大清会典则例》卷 160“会计司·征输”）。但各种史料对此类物品的交纳数量，均未作明确记载。

⑦ 雍正《大清会典·内务府三》卷 228“会计司”。

⑧ 乾隆《大清会典则例》卷 160 内务府“会计司·征输”。

⑨ 雍正《大清会典·内务府三》卷 228 会计司。

二、雍、乾时期老圈庄的征纳品种及数量

顺治、康熙时期，老圈庄头需交纳的贡赋均以实物为主，杂七杂八，非常繁复。这种情况到雍正以后有了根本改变。据会计司档案记载，雍正元年（1723）十二月奏准，将口内粮庄额纳粮石，每年委官二员，分东、西二路赴该地方，按每石折银五钱征收，交纳广储司。① 除了康熙八年（1669）的羊草折银，这是老圈庄所纳各种贡赋，包括粮食、猪口、草束和一应物品都陆续改为折变银两缴纳的开始。雍正四年（1726）将各庄头所交猪口折银，雍正七年（1729）将杂粮、秫秸折银。乾隆十七年（1752），将每年向庄头额派的草豆折银等等。此后，山海关内庄头的贡赋逐渐全部以银两缴纳。实物地租向货币地租的转变，是庄头制度中一次重要的变局。

从经济学的角度来说，货币地租由实物地租转化而来，该转化是以社会生产力进一步发展，农业和手工业进一步分离，商品生产和货币关系有了比较显著的发展为前提的。在货币地租形式下，农民能够自由支配自己一家人的劳动时间，自由地决定种植作物的品种，自由地调整自家生产中农业与各种家庭副业，他们独立经营的自由程度扩大了。实物地租向货币地租的转变，一方面体现的整体经济实力的增长，一方面也体现了农户人身依附性的减弱。

雍、乾时期，老圈庄由交纳实物地租转化为货币地租，是一步步逐渐完成的，并非一蹴而就。继雍正元年（1723），纳粮（正粮）每石折银五钱后，第二年（1724），清廷还因造办祭神糕点，需要红黏榖，下令挑出二十个较好的庄园，每庄交纳29石5斗2升。应用白黏榖，也挑出六个较好庄园，各庄纳榖3斗6升。此外，每年八月祭神，还专门指派朝阳门外及房山县庄头各一人，交纳苏子2斗，白小豆2升，红黏榖3斗6升。若遇奉先殿荐新，及内廷进鲜，所需大黄米、粟米、糜米、粱米、大麦米，均令朝阳门外庄头八人交进。②

以上这些红黏榖、白黏榖、苏子、大黄米、粟米、糜米、粱米、大麦米等，都属于杂粮。可见，虽然纳粮（正粮）已经逐渐开始折银，但诸多的杂粮却还是以实物的方式进呈朝廷。上文谈到，顺、康时期，杂粮征纳的品种繁多，有苏子、谷子、茜草、线麻、小根菜、蒌蒿菜、黄花菜、鸡蛋、芝麻、麦子、绿豆、黄豆、黏榖、榖、高粱、小豆、荞麦、油麦、黍子、稗子、豇豆、烧酒等等。征纳数量也不少，其中向官三仓交纳的杂粮，头、二等为33石1斗2升，三、四等为29石5斗2升。以康熙五十年（1711），额粮的征纳量计算（头等250石、二等220石、三等190石、四等120石），杂粮分别占据了庄园纳粮量的1/4到1/8。这仅仅是较为固定的、常规的征纳量，并不包括诸如以上提到的红、白黏榖等，应不时之需的额外增加。这样加起来，杂粮交纳量在整个征纳中应占据了不小的比例。

---

① 《总管内务府会计司现行则例》卷1收粮事宜。

② 乾隆《大清会典则例》卷160内务府“会计司·征输”。

杂粮征纳的实物折银，始于雍正七年（1729）。据《会典》记载，经朝廷议准，停止各老圈庄向官三仓交纳杂粮实物，关内一、二等粮庄，每庄折银68两8钱，三、四等庄折银60两2钱。[①] 再来看看口内粮庄“粮”的折银量，如果实物量以康熙五十年（1711）为准，即头等庄园250石，二等庄园220石，三等庄园190石，四等庄园120石，折银数目以雍正元年（1723）规定的每石折银五钱来计算的话，头等庄园需交纳125两银子，二等庄园110两，三等庄园95两，四等庄园60两。比较各等级庄园杂粮与粮的折银量，头等庄园杂粮折银量占据了粮的1/2，二等超过1/2，三等庄园接近粮折银量的2/3，四等甚至超过了粮折银总量。虽然，《会典》、《总管内务府会计司现行则例》提供的这一数据让人看上去有些疑惑，毕竟除了杂粮外，粮中还包含了豆、谷草、草等物品，他们折银量也不小，粮折银量似乎不应该如此之低。但无论如何，杂粮交纳量在老圈庄头的征纳任务中所占的比例不算小，这一点是可以肯定的。

清廷为什么会对杂粮的需求较大？杂粮折银又为何比纳粮折银晚了整整7年？这是一个很值得讨论的问题。

老圈庄的服务对象是内务府，它向皇室提供各类物品，保证了皇室的日常之需。这些特点决定了老圈庄所交纳的物品种类一定是皇室所需要的。清代入关后，从南方运来的漕米，成为京城内旗人食粮的主要来源。漕粮在京的积储事务，由户部设仓场衙门掌管。北京与通州两地共设“十三仓”，各省漕粮运抵通州后，按粮石种类与支放用途，分别储入京、通十三仓。其中禄米、南新、旧太、海运、北新、富新、兴平、太平、储济、本裕、丰益十一仓在北京，中仓、西仓在通州，总计13个。每仓各设满、汉监督二人管理。苏、浙两省征收的“白粮”（粳米、糯米），仅供皇室内府及王公、百官食用。其他漕粮支放八旗官俸兵米及养马饲料。“漕粮”支出有严格规定，一般不许平民食用。

漕粮支放的是南方的大米，而清代统治阶层却来自东北，这一点不容忽视。南北方的饮食习惯，即便在交通如此便捷的当今社会，都依然存在不小的差异，更别说数百年前的清朝了。刚入关的满洲民众，必然还保留着很多原来的生活习惯，饮食则是其中重要的一项。以粮米为主的漕运，不可能完全满足清廷的饮食需求，这种情况下，内务府粮庄便理所当然地承担起了这项任务。上文提到的苏子、黏穀、高粱、黍子等各种杂粮，在北方更为普遍，也更符合满洲人的饮食习惯，内务府对此类物品的需求量较大，也是情理之中的事情。因此，除了属于户部的“十三仓”外，清室内务府还单设了“恩丰仓”和“官三仓”。前者用于储存太监的米石，与本文无关，不论；后者则负责管理各项内廷用度。顺治初年，清廷设米盐库管理专供内廷之需的米粮、盐、蜜、蜡、烛等物品。雍正三年（1725），裁汰米盐库，将内廷所用的三色老米、水稻、黏稻、盐、蜜、蜡、烛等划归官三仓管理，设直年内管领，属内务府会计司管辖。[②]

康熙中后期，随着国家统治的逐渐稳定，经济也有所发展，这为雍、乾时期实物地

---

① 乾隆《大清会典则例》卷160内务府“会计司·征输”。《总管内务府会计司现行则例》卷1“收粮事宜”也有相同记载。

② 乾隆《大清会典则例》卷160内务府“会计司·官三仓”。

租转变为货币地租，打下了经济与社会等多方面的基础。雍正元年（1723），首先实现实物折银的是正粮，杂粮稍晚。之所以出现这种情况，一方面，是地租形式转变需要一定时间的客观规律所致，另一方面，也与清朝皇室仍需大量杂粮以满足日常所需直接相关。吃南方漕米的八旗官兵，在入关初期，就已经不可能固守祖先的饮食方式。满洲皇室、贵族靠着各类庄园，仍保留了诸多的关外习惯。但雍正中期距离入关之时毕竟已将近百年，环境的变化对人的影响是潜移默化的，饮食习惯上的需求，逐渐从一种自然的生理需要，向亲近传统的心理需要倾斜。

猪口折价是老圈庄征纳中另一个重要的内容。乾隆之前，头等、二等庄头每年每名需交纳祭祀大猪 2 口，或常用猪 4 口；三等、四等庄头每年每名需交纳常用猪 3 口。雍正四年（1726）三月，规定口内各庄所交猪口，每口折粮 15 石，每石折银 5 钱，每口常用猪折银 7 两 5 钱。但春秋二季祭祀所用的大猪较少，所以，家境较殷实头等、二等庄头每年每名仍需交纳祭祀大猪 2 口或 30 两银子，三、四等庄头每年每名折银 22 两 5 钱。乾隆四十二年（1777），定春秋二季祭祀大神应用牙猪（阉过的公猪）78 口，坤宁宫应用白猪 518 口，所交猪口全行折色，白猪一口折价 13 两，牙猪一口折价 26 两。两年后，即四十四年七月，又重新规定，头等、二等庄头每年每名需交纳常用猪 3 口，每口折银 13 两，共计 39 两；三等、四等庄头每年每名需交纳常用猪 2 口，每口折银 13 两，共计 26 两。[①]

猪口折价的过程很有意思，雍正初年，由于祭祀大猪较少，所以，只有常用猪可以折银，头、二等庄园仍需交纳祭祀大猪，实物与货币地租相互混杂。到了乾隆四十二年（1777），虽然全行折银，但还是有牙猪折银和白猪折银之分。两年后统一，均以常用猪计算。这一过程有趣地展现出实物地租如何有层次、有选择地转变为货币地租。

喂养马群的豆、草，在诸种征纳物品中折银最晚。雍正九年（1731），怀来、保安等处居住的庄头喂养群马，因路途遥远，停止交纳草束，每束折价交银 1 分 1 厘，交至广储司。[②] 此后，乾隆十七年（1752）十一月，又将庄头等喂养的上驷院群马裁汰，黑豆折银，每石 5 钱，草束蠲免一半，剩余一半折征银两。[③] 三十四年（1769），又规定停止各大庄头给上驷院、庆丰司交纳豆草等项，黑豆每石折银 1 两 2 钱，其余谷草、秫秸、灯油，照各圈随时采买实价征交广储司银库。[④] 由此三条史料可以看出，豆、草的折银是一个逐渐扩散的过程。雍正时期，仅仅对一些居住偏僻，运输豆、草困难的庄头实行。乾隆初，是由于上驷院群马裁汰而折银。再至乾隆中期，则进一步发展为各大庄头均可折银。这一发展轨迹，与马群的数量以及朝廷对豆、草需求量的减少直接相关。

---

① 《总管内务府会计司现行则例》卷 1 “收粮事宜”。

② 《总管内务府会计司现行则例》卷 1 “收粮事宜”。

③ 《总管内务府会计司现行则例》卷 1 “收粮事宜”。

④ 《总管内务府会计司现行则例》卷 1 “收粮事宜”。

表 2：雍正、乾隆年间畿辅老圈庄头每年每名交纳实物及折银表

实物／折银 庄头等级	粮（每名庄头每年应交纳量）									杂征（每名庄头每年应交纳量）[i][①]										每名庄头每年应交纳银两及杂物总计
	杂粮[ii]		黑豆[iii]		谷草[iv]		草[v]		其他	羊草[vi]		常用猪[vii]		秫秸[viii]		鸡蛋[ix]		红花[x]		
	实物量	折银量/石	实物量	折银量/石	实物量	折银量/石	实物量	折银量/束	由正粮内派出的杂粮，以及史料中未提到的物品。	实物量	折银量/束	实物量	折银量/口	实物量	折银量/束	实物量	折银量/个	实物量	折银量	
头等庄头	33石	2两8分[xi]	40石	5钱	4000束	未注明	10000束	1分1厘		5000束	1分	3口猪	13两	223束	3分1厘[xii]	162 2个	未注明	8两	未注明	294两6钱8分（或220两8钱8分）[xiv]及诸杂物
小计	68两8钱		20两		未注明		110两		未注明	50两		39两		6两8钱8分		未注明		未注明		
	粮[xiii]：实物量250石，折银量每石5钱，折银125两																			
二等庄头	33石	2两8分	35石	5钱	3500束	未注明	8750束	1分1厘	同上	4375束	1分	3口猪	13两	223束	3分1厘	162 2个	未注明	8两	未注明	272两1钱8分（或199两6钱3分）及诸杂物
小计	68两8钱		17.5两		未注明		96两2钱5分		未注明	43两7钱5分		39两		6两8钱8分		未注明		未注明		
	粮：实物量220石，折银量每石5钱，折银110两																			
三等庄头	29石	2两8分	30石	5钱	3000束	未注明	6700束	1分1厘	同上	3750束	1分	2口猪	13两	223束	3分1厘	162 2个	未注明	8两	未注明	219两2钱8分（或165两3钱8分）及诸杂物
小计	60两2钱		15两		未注明		73两7钱		未注明	37两5钱		26两		6两8钱8分		未注明		未注明		
	粮：实物量190石，折银量每石5钱，折银95两																			
四等庄头	29石	2两8分	15石	5钱	1500束	未注明	2750束	1分1厘	同上	2500束	1分	2口猪	13两	223束	3分1厘	162 2个	未注明	8两	未注明	155两8钱3分（或117两8钱8分）及诸杂物
小计	60两2钱		7.5两		未注明		30两2钱5分		未注明	25两		26两		6两8钱8分		未注明		未注明		
	粮：实物量120石，折银量每石5钱，折银60两																			

1. 庄头需要交纳的杂征类物品，并不仅仅是表格中列出的4种（猪口、秫秸、鸡蛋、红花），还有诸如扫箒、笤箒、瓢、芥子、蔓芽菜子，鹰鹞房所用飘翎、花爆作所用麻秸、造佛处所用麦麸、广储司所用麦秸等，均“交各庄轮流输纳”；此外，皇家车驾巡幸时，沿途庄头还需向尙膳房交纳鸡子、庆丰司随牲乳牛、上驷院驾车骡以及草豆等等，种类繁多（乾隆《大清会典则例》卷160“会计司·征输”）。但各种史料对此类物品的交纳数量，均未作明确记载。同时，经估算，此类物品并不占庄头每年交纳物品的主体。所以，我们未将此类物品列入表格当中。

2. 乾隆《大清会典》卷87“会计司”；乾隆《大清会典则例》，卷160“会计司·征输”。杂粮包括芝麻、苏子、麦子、绿豆、黄豆、黏谷、谷、高粱、小豆、荞麦、油麦、黍子、稗子、豇豆、烧酒等（《总管内务府会计司现行则例》卷1“粮庄纳粮定额”）。

3. 每名庄头每年需交纳的黑豆数量，仅在康熙、雍正《大清会典》中有规定，乾隆之后没有详细定制。因此，黑豆交纳数量以康熙、雍正《大清会典》为准。但黑豆的折银量，康熙时期却没有记载，直到乾隆十七年十一月才出现“黑豆折银，每石征银五钱”的规定；而乾隆三十四年十二月，又“酌定黑豆每石折银一两二钱”（《总管内务府会计司现行则例》卷1“收粮事宜”）。此处，折银量以乾隆十七年定五钱为准。

4. 谷草实物交纳量，载于康熙《大清会典》卷150“会计司”；折银量，未见诸各种史料。此处，折银量按照草束折银惯例，每束折银1分估算。

5. 雍正《会典》卷228“会计司”。

6. 雍正《会典》卷228“会计司”。

7. 乾隆之前，头等、二等庄头每年每名需交纳祭祀大猪2口，或常用猪4口；三等、四等庄头每年每名需交纳常用猪3口。祭祀大猪不能折银，常用猪每口猪折粮15石，每石折银5钱，每口猪折银7两5钱。因此，头等、二等庄头每年每名交纳祭祀大猪2口或折银30两银子；三等、四等庄头每年每名折银22两5钱。乾隆四十四年七月，重新规定，头等、二等庄头每年每名需交纳常用猪3口，每口折银13两，共计39两；三等、四等庄头每年每名需交纳常用猪2口，每口折银13两，共计26两（《钦定总管内务府会计司现行则例》卷1“交纳猪口”）。此处，猪口交纳量及折银数，按乾隆四十四年规定计算。

8. 乾隆《大清会典则例》卷160“会计司·征输”。

9. 《总管内务府会计司现行则例》卷1“粮庄纳粮定额”。

10. 《总管内务府会计司现行则例》卷1“粮庄纳粮定额”。

11. 史料仅记载了杂粮的实物量及折银总数，没有每石折银量。此处，每石折银量由折银总数/实物量而得。下同。

12. 史料仅记载了秫秸的实物量及折银总数，没有每石折银量。此处，每石折银量由折银总数/实物量而得。下同。

13. 乾隆《大清会典则例》卷160“会计司·征输”。但《会典》记载的杂粮、黑豆、草的折银量，实际上已经超出了粮折银量，让人疑惑，当前还无法解答，有待进一步探讨。

14. 由于粮折银量与杂粮、黑豆、草等实际折银量不相符合，所以，此处保留两个数据，第一个是杂粮、黑豆、草等实际折银量，括号中为粮折银量。

三、投充庄征纳

投充庄头与老圈庄头虽然同属庄头，但从来源、性质与所属机构上并不相同，二者也互不相干。为投充人设立管理三旗银两庄头处，一个原因就是久居汉地的农民，即使他们的身份有所下降，但却已经很难再倒退回那种交纳实物和劳役的方式中。因此，隶属于管理三旗银两庄头处的投充庄头，从清入关初期，就征纳货币地租，其间并未经历由实物地租向货币地租转化的过程，这与老圈庄头非常不同，二者的负担也有一定差别。

顺、康时期，老圈庄头均以实物形式缴纳地租，需要将其折换成银两，才能比较投充庄与老圈庄负担孰轻孰重。实物折银并不完全等同于市场价格，顺、康时期，还没有折价的相关规定。因此，我们无法对当时各种物品的折银价做出精确的判断，只能就其大概做一个估算。

老圈庄的征纳主要分三个部分：粮、杂粮、杂征。粮里面又包含了豆、谷草、草以及部分杂粮等物，十分繁杂，无法一一计算。在此，我们暂且以雍正元年（1723）规定的纳粮折银5钱为准[①]，对康熙五十年（1711）的实物交纳进行换算：头等庄交粮250石，约合银125两；二等庄交粮220石，约合银110两；三等庄交粮190石，约合银95两；末等庄交粮120石，约合银60两。其余杂粮、杂征部分，只有羊草有着较为明确的折银量，康熙八年（1669）定例，每羊草1束，折银1分。[②] 即头等庄交羊草5000束，折银50两；二等庄交4375束，折银43两7钱5分；三等庄交3750束，折银37两5钱；末等庄交2500束，折银25两。

由此可以得到老圈庄每年应缴纳量大概估算：

公式：

每粮庄应纳粮概数 = 粮（包含“豆 + 谷草 + 草 + 部分杂粮”） + 杂粮 + 羊草 + 猪口 + 其他

即：

头等庄：125两 + 杂粮 + 50两 + 猪口 + 其他

二等庄：110两 + 杂粮 + 43两7钱5分 + 猪口 + 其他

三等庄：95两 + 杂粮 + 37两5钱 + 猪口 + 其他

四等庄：60两 + 杂粮 + 25两 + 猪口 + 其他

至于投充庄，顺康时期，不分等次，每庄每年征收银200两。[③]

经过非常粗略地比较，可以看到，入关初期，一等老圈庄的征纳负担应高于投充庄，二等老圈庄与投充庄的征纳负担差距不大，三、四等老圈庄的征纳负担小于投充庄。总的来讲，二者的差别并不太大。

雍乾时期，实物折银逐渐完善。根据表2，可以得出不同等级庄园的大致缴纳量：

头等庄头，地36顷[④]，缴纳294两6钱8分（或220两8钱8分）及诸杂物。

二等庄头，地32顷，缴纳272两1钱8分（或199两6钱3分）及诸杂物。

三等庄头，地28顷，缴纳219两2钱8分（或165两3钱8分）及诸杂物。

四等庄头，地18顷，缴纳155两8钱3分（或117两8钱8分）及诸杂物。

该时期，投充庄的缴纳情况与顺、康时期有所不同，不再统一缴纳赋税，而是依据各庄园不同情况，征纳不同银两。据乾隆《大清会典则例》记载，投充庄一共有132座，其中占有28顷土地的庄头1名，每年纳银700两；占地21顷的庄头1名，每年纳银400两；占地27顷的庄头1名，每年纳银300两；占畦地2顷38亩的庄头1名，每

---

① 乾隆《大清会典则例》卷160“会计司·征输”。

② 雍正《大清会典·内务府三》卷228会计司。

③ 康熙《大清会典·内务府二》卷150会计司。

④ 嘉庆《大清会典则例》卷904“内务府”：嘉庆十七年题准，关内一等庄头每名地36顷。二等庄头每名地32顷。三等庄头每名地28顷。四等庄头，每名地18顷。

年纳银250两；占地18顷的庄头29名，每年各纳银200两；占地9顷的庄头2名，每年各纳银100两；占地7—8顷不等的庄头共97名，按1亩纳银1钱1分计算，每年各庄纳银70、80两。[①]

表3 雍、乾时期投充庄头缴纳银两

交纳人	庄户所占地亩数	庄头数（个）	缴纳银两数目（/每名庄户每年）
银两庄头	上地28顷	1	700两
银两庄头	上地21顷	1	400两
银两庄头	下地27顷	1	300两
银两庄头	畦地2顷38亩	1	250两
银两庄头	地18顷	29	200两
银两庄头	地9顷	2	100两
银两庄头	地7顷、8顷不等	97	70两、80两不等。

ⅰ本表格以乾隆《大清会典则例》卷160“内务府”之“纳银庄”条为主，参考乾隆《大清会典》卷87“内务府”之“纳银庄”条、光绪《大清会典事例》卷1197“内务府”之“屯庄”条。

ⅱ众庄头还需每年还需缴纳白柳条、青柳条、线麻、苘麻、细绳、粗绳、大鸡毛箒、小鸡毛箒等杂物。但各种史料对此类物品的交纳数量，均未作明确记载。同时，经估算，此类物品并不占庄头每年缴纳物品的主体。所以，我们未将此类物品列入表格当中。

ⅲ管理三旗银两庄头处除了以上列出的银两庄头外，其他带地投充不立庄者、绳地人、蜜户、苇户、棉户、靛户等，未列入此表。

虽然，我们无法一一计算老圈庄中各种杂物的缴纳量，但通过粗略地比较，还是能明显看出，投充庄的负担大于老圈庄。比如，占有28顷上地的投充庄头，每年需纳银700两；而占有36顷土地的头等老圈庄头，每年缴纳量不到300两，虽然还有其他一些杂物，但无论如何也不可能超过700两价银，其悬殊显而易见。投充庄与老圈庄的贡赋，从入关初期的差别不大，至雍、乾时期的明显悬殊，前后的变化在某种程度上说明了老圈庄头地位的提高。

四、余　论

内务府属下的老圈庄头，从努尔哈赤编立拖克索之日起，地位就一直低于披甲作战的其他正身旗人。这一状况，在入关之后直到康熙前期，并没有多少改善，康熙后期始有转变。经济负担的减轻，人身自由度的提高，即是庄头身份提高的重要表现之一。

老圈庄头地位的提高，是一个整体性的变化，除了缴纳赋税上，其他行政措施，诸如庄头子弟可以参加科举等也成为该转变的重要反映。康熙之后，老圈庄头及其亲丁可以参加科举、同时加封顶戴，这是改变身份地位的重要途径，说明该群体上下流动的渠道逐渐畅通。

反之，对于投充庄头及其亲丁，情况却大为不同。相对而言，投充庄头从清初开始就缴纳货币，人身较为自由，但赋税较重，经济压力大。在其他行政措施上，清廷一直

① 乾隆《大清会典则例》卷160“会计司·征输”。

从制度上禁止他们参加科举，笔者也未见对他们授予顶戴的记载。严格来说，他们很难改变自己的身份地位。虽然，在实际生活行为中，投充庄头子弟亲丁参加科举的不在少数，不仅民间不以为怪，官方也习以为常，并没有加以禁止。对此问题，笔者将另撰文讨论，在此不赘。

老圈庄头与投充庄头，即便同属内务府，即便同样为皇帝供应粮米，二者在清代却有着甚为悬殊的差别。老圈庄头地位明显高于投充庄头，他们得到的朝廷庇护更多，获得的特权也更多。相应的，人身束缚也更大，清廷对他们的人口行为、社会行为有着强有力的钳制。投充庄头则相反，清廷对他们的要求就是缴纳赋税，因此，他们的经济压力大。同时，因为他们的地位低下，朝廷从未允许他们参加科举。即便实际上官府并没有严厉禁止投充人的科考行为，但相关的官员也会在上呈文书中写明："虽编为三旗，并无佐领、管领兼管"① 等语。也就是说民间和官方对老圈、投充是两类不同人群，有着较为清晰的概念。

正是这句"虽编为三旗，并无佐领、管领兼管"一语中的道出了老圈与投充本质上的不同。投充庄头及其家属、亲丁是一群既不属于佐领、又非管领，介于旗人与民人之间的边缘群体。此类身份模糊的并不仅仅只有投充人一种，入关后内务府建立的庄、园人户中，很多都与管理三旗银两庄头处属下的庄头、壮丁一样：

> 嘉庆二年坐办堂郎中兼骁骑参领佐领董楷呈准各司比丁章程内开，都虞司、掌仪司、营造司所属牲丁、园头、煤、炭、炸军各丁，与庄头又觉有间，向无佐领、管领兼摄，在档者为旗，不在档者为民。②

清廷对这群游离于旗人与民人之间的管理并未如正身旗人那般严格，从而导致该群体有着众多既异于民人、又异于正身旗人的行为，这在赋税缴纳、科举考试等方面都有着诸多的反映。

八旗人群中，存在地位悬殊、身份各异的不同群体。以往研究较为关注，诸如满洲、蒙古、汉军，或者佐领、管领等人群的划分和差异。但对于介于旗人与民人之间的中间群体，研究者却未给予充分重视。应该说，这是八旗研究中一个不小的盲点。正是这些为数不少的边缘人群，成为旗人与民人之间的流质，也模糊了旗人与民人之间原本森严的界限。

---

① 嘉庆元年二月二十日庄头处呈稿，转引自《清代的旗地》，第535页。

② 嘉庆十四年五月初三日都虞司呈稿，转引自《清代的旗地》，第608页。

康熙帝诗词中治边思想透析

余梓东（中央民族大学）

中国诗歌是中国文学大观园中的秀木，中国诗歌的历史源远流长。在古代，诗歌曾经占有非常重要的社会地位，当时对国家来说，天子祭祀、君主会盟、外交往来等需要诗；对民间来说，友人交往、宴请游戏、男女婚恋也需要诗，以致达到了“不学诗，无以言”的情境。以诗抒怀，以诗言志，以诗表意，以诗达情，是中国古代文人墨客之传统，也是中国封建政治家之常习。历朝历代相继相承；此帝彼帝，相因相袭。古往今来，其作品洋洋洒洒，颇具特色，气象万千，蔚为壮观。由于作者特殊的社会政治地位和非凡的人生阅历，其诗作中自然融入了大量的治国思绪和治边的情怀，是为中国文学宝库之璀璨瑰宝，中国智慧大海之壮阔波澜。

中国自汉以降帝王能诗善词者不乏其人，其诗作“帝王之气，于斯呈现。”① 时至清代，康熙“帝以雄大之气宇，与秀拔之智能，生平志愿，大半告成，此实清朝光辉之事业。”②，其以“文治而兼武功，守成而寓创业，开创了绵延一个世纪的同‘文景’、‘贞观’之治并美争雄的‘康乾盛世’。”③ 实际上，“康乾盛世，不但是中国发展的一个高峰，而且也是人类发展的一次高峰。它标志着占当时人类六分之一的人口，过着世界上最富裕的日子，而且这种富裕是平均的，即贫富的差异比较小。”④ 康熙帝是享誉中外的一代明君，又是“才华横溢、独具特色的诗人”⑤，目前传世的诗作有1147首⑥，是中国历朝历代帝王中诗作数量名列前茅者，其诗词“魄力沈雄，能融铸前代名家之长于一治，自开生面……前代帝王能诗者，见之得无瞠目。”⑦ 而康熙帝的诗词，不仅是其文学才华展露，也是其诗人情怀的抒发，还是其政治作为的写照，更是其治国方略的阐释，而治边思想也自然沁润在其诗的字里行间，熔铸在其词的韵中句内，珠玑联缀，佳作迭出。可谓展治边气魄于恢宏，抒固国豪情于壮美，体真实民情于细微，鉴古今兴替于卓识。因此，康熙帝诗词既是清代文化精髓的组成部分，也是清代重要历史的组成部分。研读康熙帝诗词，不仅给我们带来审美愉悦，也给我们带来历史借鉴，还给我们带来情操陶冶，更给我们带来智慧启迪。

---

① 王志民：《康熙诗词集注》前言，内蒙古人民出版社，1994年版，第1页。

② 稻叶君山：《清朝全史》，上海社会科学院出版社，2006年版，第104—105页。

③ 王志民：《康熙诗词集注》前言，内蒙古人民出版社，1994年版，第1页。

④ 韩毓海：《天下——包纳四夷的中国》，九州出版社，2011年版，第156页。

⑤ 王志民：《康熙诗词集注》钱仲联序，内蒙古人民出版社，1994年版，第1页。

⑥ 王志民：《康熙诗词集注》钱仲联序，内蒙古人民出版社，1994年版，第1页。

⑦ 王志民：《康熙诗词集注》钱仲联序，内蒙古人民出版社，1994年版，第1页。

一

“明朝为数不多的几个明君都很短命，而清朝的康熙和乾隆这两个明君的治世都达到了六十年。明出现了荒唐无道的昏君……而到了清代，没有出现过可称为昏君的皇帝。”① 清朝在“建立和运作之初，国势一度蒸蒸日上，呈现一片欣欣向荣之势。康熙正是这个盛世局面的开创者……在中国古代的帝王史上，掐指算来，康熙算是一位勤政爱民、有所作为的皇帝。”② 康熙帝的“汉学与蒙文、满文水平都是极高的。”③ 他“能言善辩，通晓汉族的诗词，无论是汉文还是满文撰写的文章，他都善于品鉴，给出恰当的评价。对于汉、满两种语言，他不仅比所有的王侯说得都好，而且能够用它们写出优美的文章。”④ 其诗词“带有鲜明的民族特征、地方色彩，具有独特的美学价值。”⑤ 作为清代“北方诗派”的杰出代表。康熙帝的诗词，以特殊的文字组合，通过意象化的诗歌形式，抒发了他治国理政的情感思绪，具有他人不及的独特风貌、胸怀天下的磅礴气势、极为丰厚的文化底蕴和政诗交融的豪迈意境而独步清代诗坛。康熙帝诗词包括了其领悟的人类普遍情感，又浓缩了其实践的治国理念，还彰显了其剖析的社会现实。康熙帝诗词在治国理政方面的主要内容可以概括为以下几点：

首先，以民为本的治国理念。康熙帝自5岁起就受到非常良好的汉文化教育，他不仅是汉文化的学习者、认同者和继承者，还是汉文化传播者、弘扬者与创新者。其“勤学，前古所无，坐处环列皆书籍，尤好性理、五经四书。”⑥ 中国封建政治家一再强调为君者“大足以容众，德足以怀远。”⑦ 康熙帝一方面系统接受了汉族传统的“民惟邦本”的治国理念，另一方面他在当政过程中全面实践了上述治国理念。他在《示江南大小诸吏》诗中强调：“民者国之本，生计在畎亩。”⑧ 一方面体现了其诗作情景交融，政诗一体的诗词特色；另一方面体现了他关心民生，体察民情，了解民困，解决民苦的政治作为。他在《去岁八、九月雨最多，民间俗说‘封地雨’。故一冬少雪，犹可支持。自交立春，复不见云，所以望雨甚殷。昨晚密云四起，深夜甘霖即霈。田间老幼，无不举手加额，欢声载道。朕以民食为天，喜均一体，故赋七言近体以示群臣》中写道：“立政刚柔符造化，体仁宽裕得人和。”⑨ 深刻体现了其诗作的高远立意与现实写照交融，通过喜降甘霖的聚像，抽象到“刚柔符造化，宽裕得人和”的治国理念，把枯燥的治国理念赋予了诗词的灵秀与柔美。他在《宫门听政示阁部诸臣》诗作中认为：

---

① 陈舜臣著，陈亚坤译：《中国历史风云录》，广西师范大学出版社，2009年版，第361页。

② 吴倩：《康熙十讲》导言，哈尔滨出版社，2006年版，第1页。

③ 韩毓海：《天下——包纳四夷的中国》，九州出版社，2011年版，第152页。

④ ［法］白晋等著，徐志敏、路洋译：《老外眼中的康熙大帝》，人民日报出版社，2008年版，第27页。

⑤ 王志民：《康熙诗词集注》前言，内蒙古人民出版社，1994年版，第13页。

⑥ 余金：《熙朝新语》卷2，上海书店出版社，2009年版，第18页。

⑦ 刘安：《淮南子》，北京燕山出版社，1995年版，第534页。

⑧ 王志民：《康熙诗词集注》，内蒙古人民出版社，1994年版，第234页。

⑨ 王志民：《康熙诗词集注》，内蒙古人民出版社，1994年版，第635页。

“得人邦乃昌，此事谅非偶。”① 他在《五言排律》诗作中指出“人安为国瑞，谷熟是民天。”② 他在《康熙五十五年正月元旦书怀》诗作中强调“每绎晦翁真乐处，早知天意即民生。”③ 可见，在康熙帝的诗作中闪烁着民本思想的夺目光辉，展示着治国理念的卓越智慧，标志着君民关系的正确认识，象征着执政行为的非凡才华。

其次，维护国家大一统思想。维护国家大一统是中国历朝历代封建帝王治国理政的第一要务，“是中国古代政治家追求的最高理想，也是中华民族的情节。经过数千年的蕴蓄积累，经过一代又一代人的开拓进取，到了清朝康乾时期，终于实现了稳定的国家大一统的局面，奠定了今天中国的版图。这个成就来之不易，堪称超越千古。”④ 康熙帝一生南讨、西征与北伐，临危不惧，运筹帷幄；调兵遣将，战绩辉煌，有效维护了国家“大一统”局面，切实巩固了统一多民族国家。他在第一次亲征噶尔丹时的《瀚海》诗作中写到“四月天山路，今朝瀚海行。积沙流绝塞，落日度连营。战伐因声罪，驰驱为息兵。敢云黄屋重，辛苦事亲征。”⑤ 一方面是康熙帝辛苦亲征真情实感的尽情表达，另一方面是康熙帝维护国家大一统的坚定决心和保持社会稳定的坚韧毅力的充分体现。他在《示平藏将士》的诗作中写道“去年藏里凯歌回，丹陛今朝宴赏陪。万里辛勤瞬息过，欢声载道似春雷。”⑥ 充分抒发了他对维护国家大一统所取得成就的无比喜悦心情，不仅给我们带来了诗歌的美感，同时，也给我们带来了治国的思索。上述思想在《出塞》、《出古北口》、《塞外偶述》、《山海关》等诗作中也有充分展示。

再次，普施德政的治国方针。中国古代政治智慧一再推崇“君人者以百姓为天。百姓与之则安，辅之则强，非之则危，背之则亡”⑦ 的为君之道和执政之要，这是对中国历朝历代兴替经验教训的精辟总结和深刻概括。而康熙帝非常重视和深刻领悟上述的经验教训，他在《古北口》一诗中指出：“断山逾古北，石壁开峻远。形胜固难凭，在德不在险。”⑧ 可见，康熙帝作为杰出的封建君主深刻体会到难以凭借险关形胜治理国家与维护统治，而普施德政对国家强本固基才是至关重要的。此外，在《固关口号》、《入居庸关》等诗作中也不同程度地表达了普施德政的治国方针。康熙帝的座右铭是“以爱己之心爱人，以责人之心责己。”⑨ 康熙帝对臣民充满爱心。“康熙十七年，诏举博学宏词。十一月初一日奉旨‘各大臣官员题举才学之诸人，俟全到之日考试，其中恐有贫寒难支者，交与户部酌量给与衣食，用副朕求贤重文之意，钦此。’户部议酌给俸廪并柴炭银两，真旷典也。”⑩ “康熙二十一年六月，上谕部院诸臣：‘朕因天气炎热遗驻瀛台今幸天下少安，四方无事，然每人侵晨御门听政未尝暂辍，卿等各勤职掌，时来

① 王志民：《康熙诗词集注》，内蒙古人民出版社，1994 年版，第 109 页。
② 王志民：《康熙诗词集注》，内蒙古人民出版社，1994 年版，第 675 页。
③ 王志民：《康熙诗词集注》，内蒙古人民出版社，1994 年版，第 674 页。
④ 郭成康等著：《康乾盛世历史报告》，中国实言出版社，2002 年版，第 4 页。
⑤ 王志民：《康熙诗词集注》，内蒙古人民出版社，1994 年版，第 331 页。
⑥ 王志民：《康熙诗词集注》，内蒙古人民出版社，1994 年版，第 704 页。
⑦ 刘 向：《说苑选注释本》，福建教育出版社，1986 年版，第 44 页。
⑧ 王志民：《康熙诗词集注》，内蒙古人民出版社，1994 年版，第 173 页。
⑨ 余 金：《熙朝新语》卷 2，上海书店出版社，2009 年版，第 18 页。
⑩ 余 金：《熙朝新语》卷 2，上海书店出版社，2009 年版，第 26 页。

启奏……今于桥畔悬设罾网以待卿等游钓，可于奏事之暇，各就水次举网得鱼，随其大小多寡携归邸舍，以见朕一体燕适之意。”①

当然，以上内容不能涵盖康熙帝诗词的整体成就，仅仅摘取其诗词在治国理政方面的锦绣华章。

二

在中国，导致改朝换代的重要原因主要是两个，一个是农民问题，一个是民族问题。有时，两个原因相互交织，进一步激化了社会矛盾，加大了社会震荡的烈度。由于中国当时是典型的农业国，所以，农民问题直接涉及治国之本，治国必须妥善解决农民问题；由于长期以来治国是多民族国家，少数民族主要分布在边疆地区，边疆问题与少数民族问题往往是密不可分。千百年来，由边患导致中央王朝的衰败或者解体的实例不胜枚举，而民族问题直接涉及治边之基。因此，上述两个问题导致形成了中国治国与治边是执政统治根本问题这样的政治传统，即所谓的“安近而绥远”，中国古代政治家孜孜以求的国家“大一统”局面就是由对内地与边疆实施有效统治两部分构成，二者缺一不可。唐玄宗李隆基就认为：“朕以虚薄，君临寓县。上奉天道，务在生育，下顺民心，无隔于夷夏，柔服四裔，底绥万邦，慕义向风，尽为臣妾，纳贡述职，咸赴阙庭。”② 由此可见，在中国古代，形成的“上奉天道”、“下顺民心”、“无隔于夷夏”、“柔服四裔”的政治传统，是成功统治经验的结晶，在当时，封建政治家往往将治国与治边合为一体进行决策。在中国历朝历代，哪个朝代真正遵循了这个政治传统，哪个朝代就能够比较妥善解决农民问题与民族问题，其统治时期就会延长，且版图辽阔。反之，其统治时期就会缩短，版图狭小。清朝统治者遵循了上述政治传统，并且进一步发扬光大，其统治期近300年，其版图超过1200万平方公里。顾颉刚、史念海先生认为：“清自世主入关，建都北京，奠定华夏，下至高宗，臻于极盛，版图所至，较之明代抑或过矣。”③ 实际上，清朝的“疆域西跨葱岭，西北达巴尔喀什湖北岸，北接西伯利亚，东北至外兴安岭和库页岛，东临太平洋，东南到台湾及钓鱼岛、赤尾屿等，南到万里长沙、千里石塘，成为亚洲东部最大的国家。清朝以生龙活虎的冲击力，开拓了890万平方公里的国土，几乎超过明朝350万平方公里的3倍，使当时的中国疆域达到了1240万平方公里。”④

边疆具体是指靠近边界的领土。⑤ 我们可以进一步理解为是主权国家国界内侧特定的地理区域，是国土的边缘地带，具有非常明显的特定时空关系组合特征，是“内地”的对称。“所谓的‘边疆’及其纵深，基本上是由主权国家在其领土边界范围之内，根据政治、经济、军事等方面的需要，按特定的自然地理或行政区划以及历史、文化特点

---

① 余金：《熙朝新语》卷2，上海书店出版社，2009年版，第25页。

② 李隆基：《命备吐蕃制》《全唐文》卷286，中华书局，1983年影印本，第255页。

③ 顾颉刚、史念海：《中国疆域沿革史》，商务印书馆，2009年版，第207页。

④ 高洪雷：《另一半中国史》，文化艺术出版社，2011年版，第210—211页。

⑤ 《现代汉语词典》，商务印书馆，1996年版，第74页。

予以确定的。"[①] 治边具体是指政治实体治理边疆的思想观念、政策策略、措施办法等，是治边观念与治边行为的统一体。治边思想，具体是指客观存在的边疆问题反映在人们意识中经过系统思维活动所产生的结果，其内容为社会制度的性质和人们物质生活条件及认识水平所决定。清朝治边思想，具体是指在清朝时期客观存在的边疆问题反映在统治阶级意识中经过系统思维活动所产生的结果，其内容为当时社会制度的性质和政治实体物质生活条件及认识水平所决定。

作为主权国家对其领土的管理权限不能超越国界，从这种意义上说边界主要体现为政治疆界；相邻的国家边防部队执行戍边任务也不能超越国界，边界也体现为军事疆界；当边界是在农业与牧业两种生产方式之间划定时，边界又可成为经济疆界；当边界是在两个民族之间划定时，边界又可成为文化疆界；当边界在同一个民族聚集地内划定时，边界又可成为同一种文化不同部分的互动疆界；当边界在国民认同领域划定时，边界就成为一种心理疆界；当边界在不同地理单元之间划定时，边界又成为一种地理疆界；当边界在不同生态功能区之间划定时，边界又成为一种生态环境疆界。从这种意义上说，边界不是简单的平面体，而是复杂的多面体，既包括国家与国家、国家与边民、边民与边民，还包括人与自然。

在"古代中国的领土范围是一个动态概念，而不是固定不变的。不过，到了清朝康熙、乾隆年间，中国的疆域终于稳定下来，此后的几百年里，这片国土就基本没有过大的变动。"[②] "康熙皇帝以八岁即位，在位达六十一年之久，在历史上留下前所未有的长久纪录。他在位期间，讨平三藩之乱，将台湾收入版图，打败准噶尔，经营西藏，平定外蒙古，巩固了清朝的统治基础。"[③] 正是由于康熙帝具有上述的治国与治边的丰富政治阅历，也形成了他超越前人、符合时代发展要求的治边思想。边疆威胁的多米诺骨牌效应，在中国历史上长期存在。当年康熙皇帝认为："昔秦兴土石之工，修筑长城。我朝施恩于喀尔喀，使之防备朔方，较长城更为坚固。"[④] 这种用人心而不是用砖石固边御敌的思想是具有超越古人的划时代意义，康熙帝看重的不是用砖石修筑的"长城"所划定的边界，他更加看重的是边民对国家认同的心理边界。康熙帝在《古戍三绝》的诗作中写道"隐隐山头皆古戍，中原民力尽边城。曾闻父老经年战，回首生灵血泪盈。"[⑤] 深刻指出了古人戍边的艰辛与惨烈以及劳民伤财的败象和窘境。

清朝逐步形成了幅员辽阔的版图，奠定了今天中华人民共和国版图的基础，这是不争的历史事实。一方面，这是清朝各民族官兵披坚执锐、浴血奋战的结果；另一方面，也是清朝统治者治边思想的演变与超越的结果。康熙帝在其诗词中所体现的治边思想主要为以下几个方面：

第一，康熙帝治边思想的核心争取民心。这正像古代政治家管子所指出的"政之所

① 孙建民：《中国历代治边方略研究》引论，军事科学出版社，2004 年版，第 1 页。
② 赫蓝息：《大国的疤痕》前言，群言出版社，2012 年版，第 1 页。
③ 庄吉发：《清史拾遗》，台湾学生书局，1997 年版，第 9 页。
④ 《清圣祖实录》卷 151，康熙三十年五月壬辰条，中华书局，1985 年版，第 677 页。
⑤ 王志民：《康熙诗词集注》，内蒙古人民出版社，1994 年版，第 482 页。

行，在顺民心；政之所废，在逆民心。"[①] 康熙帝在《入居庸关》的诗作中深刻指出"须识成城惟众志，称雄不独峙群山。"[②] 可见康熙帝的治边思想的重要理念是众志成城胜过群山雄关，因此，他彻底否定了时任古北口总兵蔡元所提出的维修长城的建议。他主张"帝王治天下，自有本原，不专恃险阻。秦筑长城以来，汉、唐、宋亦常修理，其时岂无边患？明末我太祖统大兵，长驱直入，诸路瓦解，皆莫敢当。可见守国之道，唯在修德安民。民心悦服，则邦本得而边境自固，所谓众志成城者是也。如古北口、喜峰口一带，朕皆巡阅，概多损坏，今欲修之，兴工劳役，岂能无害百姓。且长城延袤数千里，养兵几何，方能分守？蔡元见未及此，其言甚属无益，谕九卿知之。"[③] 他在《蒙恬所筑长城》的诗作中明确写道"万里经营到海涯，纷纷调发逐浮夸。当时用尽民生力，天下何曾属尔家。"[④] 这是他对当时秦朝耗费国力修筑长城而导致"中国内竭，以丧社稷"惨痛教训的经典总结。康熙帝在《入山海关》的诗文中又进一步总结道"长城尽处海山奇，守险无劳百万师。寰宇苍生归历数，当年指顾定鸿基。"[⑤] 他在《出古北口》的诗文中强调在妥善治边得人心的基础上才能达到"沙漠名王皆属国，但留形胜壮山河"[⑥] 的境界。他在《出畿东观秋成》的诗作中写道"戍楼息烽火，险岂借长城。"[⑦] 深刻揭示了古人在治边方面过度依赖长城的弊端，体现了一个有作为的封建皇帝的治国睿智。他在《固关口号》的诗作中认为"关固须凭人守，城高所赖兵防。若非威德恩惠，恃险何曾世长。"[⑧] 而威德恩惠的根本就是争取民心，民心所向，决定国家的稳固，决定统治时期的长短。他在《山海关》诗作中写道"重关称第一，扼险倚雄边。地势长城接，天空沧海连。戍歌终岁苦，插羽不时传。作镇隆三辅，征输困百年。笳寒龙塞月，甲冷雉楼烟。历数归皇极，纲维秉化权。漫劳严锁钥，空自结山川。在德诚非易，临风更慨然。"[⑨] 康熙帝指出为避免"戍歌苦"与"征输困"，必须"在德"，才能"更慨然"。

第二，康熙帝治边思想的终极目标是天下一统。"大一统"是中国千百年来早已深入人心的政治观念，也是古往今来政治家一生追求的最高政治目标。"古代中国4次大一统局面，其中有两次（汉、唐）是由汉族统治者完成的，而另外两次（元、清）则是由边疆民族入主中原后实现……而由满族建立的清王朝对统一多民族国家的奠定做出的历史贡献更加突出，中国历史上任何时期的疆域版图及其有效控制均未到达过清朝的规模和程度。"[⑩] 康熙帝在《出塞》诗文中强调"天下一家无内外，烽销堠罢不论

---

① 《管子注释》上册，广西人民出版社，1982年版，第118页。
② 王志民：《康熙诗词集注》，内蒙古人民出版社，1994年版，第376页。
③ 章梫撰：《康熙政要》，中央党校出版社，1994年版，第6页。
④ 王志民：《康熙诗词集注》，内蒙古人民出版社，1994年版，第125页。
⑤ 王志民：《康熙诗词集注》，内蒙古人民出版社，1994年版，第392页。
⑥ 王志民：《康熙诗词集注》，内蒙古人民出版社，1994年版，第380页。
⑦ 王志民：《康熙诗词集注》，内蒙古人民出版社，1994年版，第379页。
⑧ 王志民：《康熙诗词集注》，内蒙古人民出版社，1994年版，第489页。
⑨ 王志民：《康熙诗词集注》，内蒙古人民出版社，1994年版，第124页。
⑩ 邸永君：《清代边疆民族政策思考》，法律史学术网。

兵。"[①] 可见，"大一统"观念在其心目中极为重要的地位。康熙帝在《塞外偶述》诗文中写道"时平疆域远，万里尽庭扉。"[②] 尽情抒发了强国固边英雄气概与开疆拓土的豪杰壮志。他在《六十一年秋出哨》诗作中认为"行武原齐备，屏藩任指挥。薄来厚往义，远近普恩施。"[③] 可见达到"屏藩任指挥"的重要前提条件是"薄来厚往义，远近普恩施。"他在《望贺兰山》的诗作中写道"金戈夜火长征地，尽属西陲界域中。"[④] 表达了诗人不辞长征辛劳，是为了"西陲界域中"的决心与毅力。

第三，康熙帝治边思想的有效途径是充分尊重少数民族。康熙帝"年富力强，风华正茂……决断大政方针的魄力，国家面临危难时的从容镇定，建功立业之后的不虚夸、不张扬，能够清醒地公开承认存在的深层次问题。"[⑤] 康熙帝出身于少数民族，因此，他比汉族皇帝更愿意、更能够、更详细了解少数民族的心理状态与迫切需求。当年见证康熙帝多伦会盟的法国传教士张诚（热比雍）在日记中详细记载了康熙帝接见大喇嘛呼图克图和土谢图汗的情景："他恩免了他二人的跪礼，亲自将二人扶起。"在会盟过程中，大喇嘛呼图克图和土谢图汗对康熙帝免行三拜九叩大礼。在设宴款待蒙古王公时"由皇帝陛下亲自把酒送给大喇嘛，然后是三位喀尔喀汗，再就是二十位台吉首领。"[⑥] 这种充分尊重少数民族上层人物的作法收到了非常显著的实际效果。康熙帝在《赐宴诸蒙古》诗作中写道"羽林列队宴行宫，内外绥怀一体中。霜杖辉煌明塞日，晴旓宛转卷边风。人沾挏酒群情恰，乐合羌笳率舞同。卉服狨裘无老幼，欢然尽识化钧公。"[⑦] 可见，上述诗词中所描写的"内外绥怀一体中"的基础是彼此相互尊重与信任，而不是相互敌视与仇恨。他在《外藩诸部落络绎来贺宴赉》诗作中强调"诸部名王集，扶携绕御营。皆言清朔漠，从此乐生成。喜溢车书会，欢腾鼓角声。朕怀勤抚恤，所志在休兵。"[⑧] 充分展示了康熙帝通过"抚恤"途径达到"休兵"目的卓越的政治智慧和博大的政治胸怀。他在《至廓尔沁部落与众蒙古宴》诗作中写道"大野支黄幄，长筵借软莎。恩膏宣塞下，部落列山阿。法酒沾人醉，椎牛飨众多。提携皆妇稚，千帐动欢歌。"[⑨] 在康熙帝看来，只有"恩膏宣塞下"，才能"千帐动欢歌。"康熙帝在《塞外寒夜书怀》的诗中指出"帐殿深沉夜未眠，静思筹略听羌弦。金瓯更辟千千里，瀚海无波万万年。"[⑩] 体现了他精心筹略治边理想状态是"金瓯千里"，"瀚海无波"。

第四，康熙帝治边思想的总体要求是勤于政务。当年曾经与康熙帝朝夕相处的法国传教士白晋，详细记载了康熙帝木兰秋狝的经过，他"经常穿着十分粗糙的装束，在山

① 王志民：《康熙诗词集注》，内蒙古人民出版社，1994 年版，第 368 页。

② 王志民：《康熙诗词集注》，内蒙古人民出版社，1994 年版，第 383 页。

③ 王志民：《康熙诗词集注》，内蒙古人民出版社，1994 年版，第 723 页。

④ 王志民：《康熙诗词集注》，内蒙古人民出版社，1994 年版，第 370 页。

⑤ 郭成康等著：《康乾盛世历史报告》，中国实言出版社，2002 年版，第 2 页。

⑥ ［法］白晋等著，徐志敏、路洋译：《老外眼中的康熙大帝》，人民日报出版社，2008 年版，第 155—157 页。

⑦ 王志民：《康熙诗词集注》，内蒙古人民出版社，1994 年版，第 350 页。

⑧ 王志民：《康熙诗词集注》，内蒙古人民出版社，1994 年版，第 340 页。

⑨ 王志民：《康熙诗词集注》，内蒙古人民出版社，1994 年版，第 384 页。

⑩ 王志民：《康熙诗词集注》，内蒙古人民出版社，1994 年版，第 353 页。

林中纵马奔驰，不时射取猎物。他就这样从早到晚在马上度过，以至于一天之中竟要更换九至十四坐骑。在不得不步行的时候，他常常徒步走上很长一段时间。傍晚回到驻跸处后，他也不会休息，不管达到何地，他都像在北京那样勤奋地处理政务，孜孜不倦。他不断批阅奏章，决定要事，当天的政务决不拖延到第二天，为此，他常常工作到深夜。"① 有学者对康熙帝日常起居进行了详细的研究，发现他治国有方，勤于政务，"康熙年间的封印期，或在十二月二十日，或在十二月二十一日。其开印期，或在正月十七，或在正月十八，年假平均有二十七天。在公休期间，康熙皇帝仍然忙着赐宴，款待属邦贡使，以及藩部王公大臣，还要参加各种祭祀大典。"② 康熙帝在《口外中秋》的诗作中强调"荒塞天低夜有霜，一轮明月照苍凉。不贪玉宇琼楼看，独在遐陬理外疆。"③ 可见，在各种诱惑面前具有很强克制力的康熙帝眼中，"外疆"重于"琼楼"，因此，他一生多次不辞辛劳前往"外疆"，以致中秋佳节都不能在皇宫中与亲人度过。"康熙三十五年（一六九六），用兵准噶尔期间，康熙皇帝在口外时，每天五更启程，日中驻劄，每日一餐，但是，从不昼寝，当夏暑热，也不用扇。"④ 他在《怀来示皇太子》的诗作指出"只为敉宁筹远驭，不辞烦苦历征途。"⑤ 他谆谆教诲皇太子们为了"筹远驭"，绝不能"辞烦苦"。康熙帝在《诸皇子来迎》的诗作中写道"只须勤俭思无逸，说与艰难远道情。"⑥ 也表达了上述的观点。他在《冬夜偶成》其二的诗作中强调"安危最系在君心，待旦殷勤化理寻。鹤发多愁犹警惕，长思时弊若临深。"⑦ 可见，政绩辉煌的康熙帝，不仅勤于政务，而且在辉煌政绩面前，仍然能够"长思时弊"，如临深渊，保持清醒的认识，是非常难能可贵的。康熙帝在《赋得恩光日边来》诗作中认为"冬藏待春发，艮止佐东升。八极分仁政，诸方拱向明。车书同内外，民物望丰享。敬奉无私义，殷勤宵旰情。"⑧ 可见，为了"车书同内外"，必须"殷勤宵旰情"。他在《晾鹰台集蒙古诸部落，慰劳遣之》诗作中表明"秋尽高原霁景清，远人马首颂巡行。九经自重怀柔意，欲使遐陬识治平。"⑨ 以"秋尽高原"的远景与"马首颂巡行"近况相结合的手法，展现了诗作意境的广阔感。同时，将"怀柔意"与"识治平"相对应，表达了诗作意境的深邃感。

以上归纳的仅仅是康熙帝诗词中治边思想的部分重要内容，不可避免顾此失彼。要全面、系统概况康熙帝诗词中治边思想的精华，还有待大家进一步深入研究。尽管如此，康熙帝诗词中所蕴含的治边思想是非常宝贵的精神财富，正像王锺翰先生指出的那样"康熙之所以能成为一个大有作为的封建帝王，奠定下了有清一代近三百年的一统江山，是因为他适应了当时社会发展的趋势，客观上符合了全国各民族人民共同愿望才取

① ［法］白晋等著，徐志敏、路洋译：《老外眼中的康熙大帝》，人民日报出版社，2008 年版，第 24 页。
② 庄吉发：《清史拾遗》，台湾学生书局，1997 年版，第 10—11 页。
③ 王志民：《康熙诗词集注》，内蒙古人民出版社，1994 年版，第 382 页。
④ 庄吉发：《清史拾遗》，台湾学生书局，1997 年版，第 13 页。
⑤ 王志民：《康熙诗词集注》，内蒙古人民出版社，1994 年版，第 376 页。
⑥ 王志民：《康熙诗词集注》，内蒙古人民出版社，1994 年版，第 378 页。
⑦ 王志民：《康熙诗词集注》，内蒙古人民出版社，1994 年版，第 671 页。
⑧ 王志民：《康熙诗词集注》，内蒙古人民出版社，1994 年版，第 646—647 页。
⑨ 王志民：《康熙诗词集注》，内蒙古人民出版社，1994 年版，第 211 页。

得的。”①

三

“在这个世界上，每一个大国都存在边疆问题。而且，每一个大国边疆问题都关乎国家兴盛、国家认同、国家稳定的一个带有关键性的问题。”② 中国是一个统一的民族的国家，中华民族的伟大复兴已经到了非常关键时期，而与此同时，中国的周边环境也日益复杂与恶化，“自1949年以来，中国强大起来了，中国人民富裕起来了，但是，我们中国在局部地区仍然面临着继续解决好民族问题、宗教问题、认同问题、防卫问题的艰巨任务。”③ 实际上，当前中国的民族问题、宗教问题许多是历史上民族问题、宗教问题在今天的延续与发展，因此，我们要正确认识与妥善处理中国现存的民族问题与宗教问题，必须，而且只能从中国相关历史中寻求政治智慧与汲取成功经验。这是因为，中国的历史是中国人的历史，中国的现实是中国人的现实，中国的现实问题只能靠中国人来解决。

“清朝是帝制中国的最后一个朝代，也是中国专制与民主政体的分水岭，因此清朝在整个中国历史中具有承先启后的地位与作用，这是毋庸置疑的。在历史长河中，清朝确实也是中国由强变弱、由先进变为落后、由主权独立变为半殖民地的转折时刻，而日后的中国政治、经济、军事、外交、文化、民族等等的问题，又大多与清朝有着分割不了的关系。不是清朝演化的，就是清朝延伸的，这就使得清史研究至今仍具有其学术与实用价值的主要原因。”④ “18世纪中国出现的康乾盛世，是人类发展道路上的一个楷模，其规模之大、涉及人口之巨、持续时间之长，都是空前的，康乾盛世的发展模式对于未来的启示，依然值得我们更深入的研究和评价。”⑤

“康熙是我国历代君王中较少的圣明之主。他不但在位时间长达六十一年，而且还是一位极有政治眼光与卓越才华的政治家。清朝经过他在治理，出现了国泰民安的局面，史称‘康乾盛世’。”⑥ “清前期，满族统治者对内剪除三藩，收复台湾，勘定西北，平定西藏，励精图治，发展经济，采取一系列缓和阶级矛盾和民族矛盾，促进了各民族之间的经济、文化交流及发展；对外则采取保卫国家主权和领土完整的政策，维护国家的统一，出现了历史上罕见的‘康乾盛世’。”⑦ 中国古人的政治智慧告诉我们：“地广人众，不足以为强；坚甲利兵，不足以为胜；高城深池，不足以为固；严令繁刑，不足以为威。为存政者，虽小必存；为亡政者，虽大必亡。”⑧

“历史是财富，不是包袱；历史是智慧，不是避讳；历史是动力，不是阻力；历史

① 王锺翰：《康熙生平大事略》，《王锺翰清史论集》第二卷，中华书局，2004年版，第822页。
② 陈 霖：《中国边疆治理研究》前言，云南人民出版社，2011年版，第1页。
③ 陈 霖：《中国边疆治理研究》前言，云南人民出版社，2011年版，第2页。
④ 陈捷先 主编：《康熙事典》主编的话，台湾远流出版事业股份有限公司，2006年版，第1页。
⑤ 韩毓海：《天下——包纳四夷的中国》，九州出版社，2011年版，第158页。
⑥ 张 国：《中国治国思想史》，新华出版社，2002年版，第407页。
⑦ 王锺翰 主编：《中国民族史》，中国社会科学出版社，2006年版，第761页。
⑧ 刘 安：《淮南子》，华夏出版社，2000年版，第319页。

是借鉴，不是避见。历史的启示实际上是时代价值的高度浓缩，是社会经验的准确总结，是政治智慧的直接汲取，是兴替教训的精确概括。尊重历史，敬重伟人，借重智慧，看重品德是中华民族的光荣传统。我们必须彻底砸碎历史虚无主义、时代功利主义和主观唯心主义的枷锁。"① 正确对待历史，正确对待古人，正确对待古人留给我们的宝贵精神财富，认真汲取古人的政治智慧，我们才能够正确认识与妥善处理中国现实的民族问题与宗教问题，才能够有效避免重蹈历史的覆辙。因为，正确认识与妥善处理中国的民族问题与宗教问题，不仅依靠经济、军事等硬实力，还依靠文化、教育等软实力，更依靠智慧、谋略等巧实力。

① 余梓东：《满族历史地位再识》，《云南民族大学学报》2012 年第 5 期，第 83 页。

康熙的“中和”之道与康熙朝政治

成积春（曲阜师范大学）

就治理之道而言，大概清朝的最高统治者更多地从儒家思想尤其是程朱理学之中汲取了智慧。正如何炳棣先生所言：“在早先的中国历史上我们还未发现儒家思想的标准、价值比在清代渗透得更深、接受得更广的朝代。”① 譬如康熙皇帝（以下称玄烨），极力标榜朱子学，以理学正宗自居，被后人称为“庙堂儒学”之代表。从玄烨的治国指导思想来看，大体可以分为两个阶段：初期实践了以“理”治国，中后期奉行了“中和”之道。笔者曾就前者撰专文论述，本文拟再就玄烨“中和”之道的形成及其对康熙朝政治之正反两个方面影响作粗浅研究，以期就教于方家。

一、康熙“中和”之道的形成

玄烨“自幼好读书”，从两三岁始即在祖母孝庄皇太后的安排下，由苏麻喇姑教习满语满文，“赖其训迪，手教国书”②。五岁时，依照清制，习练随众站班当差，并入书房读书。他读书十分认真，“间有一字未明，必加寻绎，务至明惬于心而后已。”③ 这为他在辅政时期诵读经书打下了一定基础。八岁即位后，玄烨已不再满足于读蒙童读物而开始学习《四书》中的内容，自言：“八龄践阼，辄以学、庸、训诂询之左右，求得大意而后愉快。日所读者，必使字字成诵，从来不肯自欺。”④ 此时的经书学习基本属自学性质，身边的太监成了他的辅导老师。他曾回顾这段经历说：“朕八岁登极即知黾勉学问。彼时教我句读者有张、林二内侍，俱系明时多读书人。其教书唯以经书为要，至于诗文，则在所后。”⑤ 清除鳌拜集团为康熙帝全面、系统地学习儒家学说扫清了障碍，此后他更是如饥似渴地学习儒学。康熙九年（1670 年）七月，玄烨召熊赐履至瀛台试讲“道千乘之国”一章，继讲“务民之义”。⑥ 十月，改内三院为内阁，设立翰林院，任命熊赐履为汉官掌院学士，并批准了礼部遵旨议复经筵日讲有关事宜，确定日讲从康熙九年（1670 年）十一月二十一日开讲（后延至十年四月初十开讲），经筵于次年二月十七日首讲后，每年春秋二季照例举行。⑦ 作为帝王教育最重要方式的经筵日讲至此正式恢复，它必然成为康熙帝学习儒家政治和伦理学说的最主要、最有效的途径，玄烨的

---

① 何炳棣：《清代在中国历史上的重要性》，载《清史译文》1980 年第 1 期。

② ［清］昭梿：《啸亭杂录》（续录）卷 4，“苏麻喇姑”条，北京：中华书局，1980 年，第 476 页。

③ 《圣祖仁皇帝庭训格言》，清光绪三十四年排印本，第 5—6 页。

④ 《康熙起居注》第 2 册，北京：中华书局，1984 年，第 1249 页。

⑤ 《圣祖仁皇帝庭训格言》，第 2 页。

⑥ ［清］王士祯：《池北偶谈》卷 1《经筵日讲》，北京：中华书局，1982 年。

⑦ 《清圣祖实录》卷 34，康熙九年十月甲午、乙未、丙辰，北京：中华书局，1985 年。

儒学修养日益精进。

“三藩之乱”对玄烨的震动是巨大的，它不仅强化了玄烨对汉人的防范意识，还陡然增强了他重树伦理纲常观念尤其是忠君观念的愿望。何以树立纲常观念以挽救世道人心？玄烨自然而然地会想到充分利用那个他已熟知了的、比任何其他学派更加强调伦理规范的思想学说——理学。随着平叛战争的节节胜利，玄烨以“理”治国的思想正在付诸实施。从战争中后期到康熙二十六年（1687 年），各项事务按照以“理”治国的基本方略陆续开展。康熙十七年（1678 年）正月，诏开“博学鸿儒科”，康熙二十年（1681 年）后连续数年整顿吏治，打击浮冒钱粮奏销、迟延刑狱，严惩贪官，大力提拔重用于成龙、汤斌等清廉官员。在诸多政治活动中最能体现玄烨以“理”治国思想的莫过于任用理学名臣汤斌为江宁巡抚一事，它鲜明地体现了玄烨以“理”治国的理想化倾向及其思想转型的原因。

玄烨擢用汤斌的原因是他“精通道学”，且“颇有实行”，“操守甚善”。他本想让汤斌这样一个理学“醇儒”在江苏这个特殊地区实践自己“厚风俗、正人心”、“端本清源、源清流洁”的治国思想，从而为各省树立一个以“理”治国的典型。但为官清正、不屈事权贵的汤斌很快被当权者明珠、余国柱等人视之为眼中钉，莫须有的诬蔑和流言接踵而来。在他们的诋毁下，玄烨一步步改变了对这个昔日极端信任的理学大臣的看法，终于在康熙二十六年（1687 年）总爆发，对汤斌进行了公开而又严厉的批评，致使汤斌在忧愤中死去。①

汤斌事件成为玄烨治国思想的转折点。对汤斌政绩、学问尤其是人品的怀疑和不公正评价不仅导致了他对理学臣僚言行的批判和否定，而且引发了他对清初理学和以“理”治国的思考。正是在这一反思的过程中，“中和”之道逐渐成为玄烨治国和行政的主导思想。

玄烨的“中和”之道源于孔子的中庸思想特别是朱熹的“中为至德”理论。他曾经对“中和”做过这样的阐释：“凡人于事，贵能中正和平。能合乎中，即是合理。朱子曰：所谓中者，在在皆有。如房室有房室之中，庭园有庭园之中，床有床之中。惟中为难得，得中，则诸德悉备矣。”② 以朱子的中为至德理论来阐明“中和”之道的合理性和至上性。在康熙的政治实践中，“中和”主要体现为与民休息以爱养百姓、以安静为善而不更张生事、宽大为政而不事烦苛。它体现了玄烨强烈的民生意识和经世思想，标志着玄烨治国思想的重大转折。

玄烨对外任官员陛辞时的训谕集中反映了他的“中和”之道，兹简其要者列举如下：

康熙二十七年三月，甘肃巡抚依图陛辞，上曰：“尔到地方，当洁己率属，修守成例，若纷更一次，则民受一次之累。如有甚不便民之处，方可更改。”③

康熙二十八年二月，浙江巡抚张鹏翮陛辞，上曰：“今地方宁静无事，最要者在兵

① 详见拙文：《论康熙“以理治国”的理论与实践》，载《齐鲁学刊》2006 年第 2 期。

② 《清圣祖实录》卷 246，康熙五十年六月癸亥。

③ 《康熙起居注》第 3 册，第 1757 页。

民相安耳……尔其益务辑睦兵民，要之，凡事从公，则得其平矣。”①

康熙二十九年九月，江苏巡抚郑端陛辞，上曰：“尔只须公尔忘私，亦不必吹毛求疵，在地方务以安静为善。”②

康熙四十五年四月，云南巡抚郭瑮陛辞，上曰：“云南粮食丰足，地方太平，尔但当加意爱恤兵民，不得生事。”③

康熙四十八年十月，四川巡抚年羹尧陛辞，上谕之曰：“比年湖广百姓多往四川开垦居住，地方渐以殷实。为巡抚者，若一到任即欲清丈地亩，增加钱粮，即不得民心矣。湖南因丈量地亩，反致生事扰民……尔不可学从前汉军行事，总之以安静为要耳。”④

康熙五十年三月，偏沅巡抚潘宗洛陛辞，上谕之曰：“今天下太平无事，以不生事为贵，兴一利即生一弊，古人云‘多事不如少事’，职此意也。驭下宜宽，宽则得众，为大吏者，若偏执己见，过于苛求，则下属何以克当。”⑤

可见，玄烨提出的地方治理目标已不是初期的“厚风俗”、“正人心”，而是“地方太平”、“宁静无事”，“百姓相安”、“地方殷实”；对督抚等地方大吏也不再要求“以教化为先”、“化民成俗”，而是谆谆叮嘱要“爱养百姓”、“无事更张”、“辑睦兵民”、“以不生事为贵”。“中和”之道跃然纸上。

二、“中和”之道与休养民生、“培固元气”

玄烨奉行“中和”之道，营造“安静”、“宽平”、“适中”的政治生活，保障了休养民生、培固元气的治理目标顺利实施。他认为，百姓安居乐业、家给人足以及由此带来的社会安定是国家的“元气”所在，也是国家昌盛的根本保证。曾谕曰：“朕念切民生，时廑宵旰，或在宫禁之中，或经巡省之地，务以编氓疾苦，倍悉咨询……比年以来，因国家经费尚充，遂将各省地丁额赋及旧欠钱粮，节次蠲免，即从前未经停征之漕粮，亦逐年免征。总欲使海隅苍生，培固元气，庶臻于家给人足之风。”⑥

“中和”之道是康熙中后期玄烨治理思想的主流，几十年之间，他务求“安静”、“宽平”，致力于“培固元气”，其间虽因噶尔丹叛乱一度影响了这一治理思想的施行，但平乱后他能很快转向息兵安民，⑦终使治下的清朝社会呈现出一派治平之象。康熙四十二年（1703 年）初，玄烨在南巡途中发现，百姓生活较前富裕，“民生俱已乐业”，“蒸蒸然有治平之象，康乐之风”。⑧康熙四十四年（1705 年）和四十六年（1707 年）春的两次南巡使他接连感受到治理的成效和百姓的感戴之情。在总结出现治理局面的原

① 《康熙起居注》第 3 册，第 1840 页。
② 《清圣祖实录》卷 149，康熙二十九年九月乙卯条。
③ 《康熙起居注》第 3 册，第 1968 页。
④ 《清圣祖实录》卷 239，康熙四十八年十月己酉条条。
⑤ 《清圣祖实录》卷 245，康熙五十年三月乙卯条。
⑥ 《清圣祖实录》卷 161，康熙三十二年十一月甲子条。
⑦ 《圣祖仁皇帝御制文》第 2 集，卷 30，《论息兵安民》，清光绪五年内府印本。
⑧ 《清圣祖实录》卷 211，康熙四十二年三月癸亥条。

因时，玄烨很自然地将其归之于他的“中和”之道，他对随行大学士等说：“观近日南方风景，民间生殖，较之康熙三十八年南巡时，似觉丰裕。大约任地方督抚者，安静而不生事，即与民生有益，倘徒恃才干，不体下情，以此争先出众，民必受其殃矣。”① 又说：“编氓皆朕赤子，休息培养已数十年，民虽至愚，亦所深悉。”② 此后，玄烨继续奉行“中和”之道，颁布“盛世滋生人丁永不加赋”政策，加大蠲免钱粮和赈救灾荒的力度，使“培固元气”落到了实处。

三、“中和”之道与康熙朝政治风尚

“中和”之道成为康熙中后期玄烨政治生活中的普遍行为准则。康熙三十年（1691年）十一月，针对内外诸臣“间有彼此倾轧”，甚或株连蔓延落职乡居之人的现象，玄烨及时表明自己的观点，期望“与中外臣民共适于宽大和平之治”，要求大小诸臣“咸思恩礼下逮，曲全始终，即或因事放归，或罹眚罢斥，仍令各安田里，乐业遂生”。③ 康熙三十二年（1693年）十月，给事中彭鹏建议皇帝亲自审理顺天乡试案并“一一穷究”涉案人员，玄烨批评说：“治天下不在拘执小节，当敦崇大体，以和平御之……彭鹏既系言官，当劝朕宽大和平，乃请亲行刑讯，朕实不解也。”④ 康熙四十二年（1703年）二月，玄烨在南巡中访知，浙江巡抚赵申乔居官虽清，但“好收词讼，民多受累”，因谕大学士等曰：“大凡居官，固贵清廉，尤必和平，始为尽善。如果好受词讼，刁民兴讼者必多，纵使即为审理，其被讼之人，一家产业已荡然矣。如此，民何以堪。闻阿山亦喜受民词。总之为督抚者，以安静不生事为贵耳。”⑤ 在同年殿试制策中再次就清廉与宽平的关系作了论述：“从来治有大体，贵在适中。若或矫饰以邀名，深刻以表异，虽复矢志洁清，而民不被其泽，岂非务综核则人受烦苛之扰，尚宽平则人蒙休养之福?”⑥ 康熙四十九年（1710年）四月，玄烨对署理偏沅巡抚印务王度昭以“和静”治理楚地的做法十分满意，在密折中批示：“这奏的是，前任巡抚（指赵申乔——笔者注）做官虽有清名，众论不服。所以如此，地方只以安静自然，百姓受福。”⑦

“中和”之道催生了康熙中后期官员的“和平”为政之道。“上有所好，下必效之”，玄烨倡导“中和”之道，百官群僚必然亦步亦趋争相效仿，为官“和平”而不生事成为普遍遵守的从政法则。如安徽巡抚刘光美在密折奏闻地方情形时表示，要谨遵圣意，做“不苛刻”、“不生事”的好巡抚：“奴才凡待属员百姓，只就大端整理，不敢苛刻。上江地方无甚势豪恶绅，有等刁讼之徒，专以小事装点大题，拖累良善，奴才亦不敢轻准词状，总期仰副圣主休养民生至意。”玄烨鼓励他说：“自古有治人无治法，大

① 《清圣祖实录》卷211，康熙四十二年二月丁酉条。
② 《清圣祖实录》卷219，康熙四十四年三月壬戌条。
③ 《清圣祖实录》卷153，康熙三十年十一月己未条。
④ 《清圣祖实录》卷160，康熙三十二年十月壬申条。
⑤ 《清圣祖实录》卷211，康熙四十二年二月乙未条。
⑥ 《清圣祖实录》卷212，康熙四十二年四月己卯条。
⑦ 《康熙朝汉文朱批奏折汇编》第2册，《署理偏沅—巡抚王度昭奏报地方情形折》（康熙四十九年四月二十日），北京：档案出版社，1984年，第832—834页。

官廉则小官守，不必多虑，只宜得人为要。”① 上引王度昭的密奏也表达了同样的从政理念。正因为此，康熙朝涌现出一批以张鹏翮、李光地、徐潮等为代表的精于“和平”为政之道的名臣。玄烨曾经在批评赵申乔“多事”时表扬了张鹏翮等人：“赵申乔居官诚清，但性喜多事，所以小民反致受累，较之张鹏翮、李光地、徐潮，则赵申乔甚为褊浅矣。”② 尤其是张鹏翮，经玄烨训示③后“专讲和平”，李光地《榕村续语录》记录了张鹏翮讲和平的情形：“张运青（鹏翮——笔者）自从入为尚书，专讲和平。许嗣兴为闽抚，运青举荐他，频频教许时庵写字与他，教他和平。许嗣兴先从一点操守上和平起，弄得不成样，以之为龙又无角，以之为蛇又有足，以至于败。前日，见顺天府尹屠沂，又劝他和平，屠对我述其言，我云：‘从来不听见年兄你有不和平处，不知这和平之药可对年兄之症否？’”④ 在官僚普遍讲和平的大气候下，张鹏翮走了极端——“专讲和平”，以至于引起了以和平著称的大学士李光地的反感，可见“和平”之风何等炽烈。

四、“中和”之道与康熙的用人标准

以“和平”标准裁量官员，严苛地批评清官不讲“和平”成为康熙朝后期的一大政治特点。这种批评最早是针对赵申乔的，随后张鹏翮、彭鹏、张伯行、陈瑸、施世纶等也先后受到过或一时或经常的激烈批评。大体说来，批评的内容主要集中于以下四个方面：

一是居官不安静，好收词讼，生事扰民。康熙四十二年南巡时对赵申乔的批评即是针对他清廉而不和平、“好收词讼”而发的。郭琇在湖南清丈地亩也是得到玄烨肯定的，但康熙四十八年却责其“因丈量地亩，反致生事扰民”。⑤

二是“行事偏执，惟务沽名”。康熙曾评论说：“彭鹏、赵申乔行事偏执，惟务沽名，所以事皆背谬。”面责张鹏翮“饮食菲薄，自表廉洁”；责赵申乔“凡事尚气，专与人争，殊非大臣之体……性苛急，不能容人，必致人无地自容而后快”；言施世纶“居官声名甚好，但过于偏执。即如百姓告秀才，百姓必胜。秀才告官，秀才必胜。所行不度事理，唯以己所知者为是”；言张伯行“偏执任性，务报私仇……每苛责富民，如富民家有堆积米粟，张伯行必勒行贱卖，否则治罪”。⑥

三是过于苛刻，参劾属员和武官太多。这一点主要是针对赵申乔的。赵申乔前来南

---

① 《康熙朝汉文朱批奏折汇编》第1册，《安徽巡抚刘光美奏闻地方情形折》（康熙四十三年四月十九日），第112—113页。

② 《清圣祖实录》卷211，康熙四十二年二月丁酉条。

③ 如康熙四十四年四月，玄烨在南巡时面谕张鹏翮：“朕非不知尔在河工能任劳苦，但听信属员，流于刻薄。从来大儒持身接物，当如光风霁月。尔平时亦讲理学，乃一味苛刻严厉，岂所谓光风霁月乎？”（《清圣祖实录》卷220，康熙四十四年四月壬辰）

④ ［清］李光地：《榕村续语录》卷18《治道》，北京：中华书局，1995年。

⑤ 《清圣祖实录》卷239，康熙四十八年十月己酉条。

⑥ 《清圣祖实录》卷212，康熙四十二年四月戊戌条；卷220，康熙四十四年四月壬辰条；《康熙起居注》第三册，第2132、2217页。

巡行在朝见时，玄烨曾申谕说，要严厉整顿加派和火耗，对那些“蔑法不遵，重为民害者，即据实纠参，从重治罪，决不轻宥”。申乔回到湖南后，先建上谕碑亭，勒石通衢，后疏劾巴陵知县李可昌等勒派苛敛，皆革职治罪，康熙四十八年（1709年）八月再参劾提督俞益谟侵吞空额兵粮，使其休致。[①] 不久，玄烨谕大学士等曰：“赵申乔为人苛刻，参劾武官甚多。”后又曰：“赵申乔任浙江巡抚时，民多怨之，后任湖南巡抚，大小官员无不被参，岂一省之内，无一好官耶？”[②] 总之，他认为，清官大多不讲求“和平”，居官不安静，为人苛刻偏执，好参属官，好生事端。

四是清官行事“琐屑”，不识大体。既然认为那种既非清廉又非大贪之为官安静不生事者为“好官”，那么洁身自好、一介不取的清官就必然被看成是缺乏大臣风范的行事琐屑、不识大体之人。康熙末年的著名清官陈瑸的遭遇很能说明这个问题。康熙五十四年（1715年）十月，偏沅巡抚陈瑸疏奏“禁加耗以苏民困”等十款，玄烨批评道：“陈瑸为封疆大吏，兴利除弊，乃伊分内事。火耗应革则竟革之，何用申奏？伊请禁之意，特欲自表其清，以前官为不足算耳。”意在责其妄生事端、多此一举。不久，以其条奏“甚为张皇（惶）”为由，调补福建巡抚，大概是怕其在湖南禁革火耗等弊政时生出诸多是非吧。康熙五十五年（1716年）冬，陈瑸奏请将公费银一万五千两办军饷，不久又奏请以所得司库余平项下银六千五百两为赏兵、给役公用银，对这样的廉洁奉公之举，玄烨非但没有大力表彰，反而生气地对大学士等说：“此等皆系督、抚应得之项，如此琐屑之事，亦来奏闻，有关大体，非庙堂之上所当议者。”[③] 虽然玄烨在陈瑸去世时曾对其旷古未有的清廉给予了高度评价，但他在心底里潜藏的“清官多事”、不识大体的认识仍然时有流露，如康熙六十年（1721年）八月，在江南提督高其位的密折里有这样的朱批：“如陈瑸之清，留祸于后官，以至台湾之反，其来有自。作大官者，需要得体，宽严和中、平安无事方好。”[④]

应当看到，玄烨对清官的态度和情感是矛盾的。初年即形成的“长吏贤，则百姓安”、“察吏即为安民”的基本认识并没有完全改变，否则很难理解康熙朝后期对赵申乔、张伯行、陈瑸、施世纶等人的提拔重用，以及在赵申乔与俞益谟、张伯行与噶礼两件互参案中的最终决断。他在处理张伯行与噶礼互参案时说的一段话反映了玄烨还在一定程度上尚有察吏安民的自觉：“语云：‘文官不要钱，武官不惜命，然后天下乂安。’又云：‘清官不累民。’朕为天下主，自幼学问、研究性理等书，如此等清官，朕不为保全，则读书数十年何益？而凡为清官者亦何所倚恃以自安乎……如萧永藻、富宁安、张鹏翮、赵申乔、施世纶、殷泰、张伯行，此数人皆清官，朕皆爱惜保全。”[⑤] 清官廉吏在康熙朝后期继续得到任用，除了玄烨有用以调和满汉关系的意图外，还与其察吏安

---

① 《清圣祖实录》卷211，康熙四十二年二月丁亥条；《清史列传》卷12《赵申乔》。

② 《清圣祖实录》卷239，康熙四十八年十月丙午条；卷245，康熙五十年三月庚寅条。

③ 《康熙起居注》第3册，第2215、第2220、第2224、第2230、第2337、第2368页；《清史列传》卷11《陈瑸》。

④ 《康熙朝汉文朱批奏折汇编》第8册，《江南提督高其位奏陈整顿营伍留用兵粮折》（康熙六十年八月初一日），第831页。

⑤ 《清圣祖实录》卷251，康熙五十一年十月丙辰条。

民的思想意识有很大关系。

但是，作为社会的清流，清官们仗义执言、打击贪官、为百姓申冤等行为与玄烨后期的“以不生事为贵”、“多事不如少事”的“和平”思想相背离，其结果必然是要求清官改变敢于直言、疾恶如仇的禀性以使其纳入自己的“中和”轨道。此一时期，对于一般的督抚大吏，玄烨的要求标准是较低的，他一再指出，像山西巡抚苏克济、直隶巡抚赵弘燮这样的官员，“未闻清名，亦无贪迹，而地方安静，年岁丰稔。此等便是好官。”① 相反，对清官的要求则显得苛刻。

那么，玄烨期待的清官形象是怎样的呢？

简而言之，他希望清官做“清而能宽”、“宽严适中”、“居官安静”的官员。康熙四十二年（1703 年）二月，在批评赵申乔好收词讼的同时指出：“大凡居官固贵清廉，尤必和平，始为尽善。”② 并多次说：“清官每多残酷，清而能宽，斯为善矣。”③ 具体说来，玄烨对清官提出过以下三点要求：一是不偏不倚、雍容大度。曾对张鹏翮说，大臣“持身接物，当如光风霁月”，必须为国为民，事事皆有实济，不可“徒饮食菲薄，自表廉洁”。④ 又谕赵申乔：“凡事皆有理在，不可尚气。君子惩忿窒欲，此语最宜详思。”⑤ 一是洁己率属，宽以待人。玄烨认为，“清廉不专在一己，必使布按以下一并为廉吏，始能有益于民”，但要想使所有官员都变成廉吏是不现实的，因而他提出，督抚大吏自己应“洁己为下属表率”，但“驭下宜宽”，不可苛求，为大吏者“若偏执己见，过于苛求，则下属何以克当？”在徐元梦、施世纶陛辞时曾再三叮嘱：“尔等务宜每事宽恕，以体恤下属为念。”⑥ 一是己清但不可自恃其清。曾谕赵申乔：“尔居官虽清，不可自恃。”又对大学士评说：“清而宽，莫善于是。过恃其清，可乎？宋朱子云，居官人清，而不自以为清，始为真清。”⑦

五、治吏与和平：“中和”之道对吏治的消极影响

（一）“中和”之道与吏治整顿

纵观康熙一朝，大规模整顿吏治共有两次，第一次发生于康熙十八年（1679 年）至二十七年（1688 年），第二次发生于康熙三十六年（1697 年）至四十二年。两次整顿各具特点，但都不同程度地受到康熙“中和”之道的影响。

以康熙十八年七月京城大地震为契机，玄烨拉开了整顿吏治的序幕。在这次吏治整顿过程中，玄烨循着“正人心、端本源”的思路，以“剔除源本，使弊端永绝”为最终目标，侧重于中央和地方衙门行政秩序的整治，力求树立良好的官衙风气；既切实惩

① 《康熙起居注》第 3 册，第 2203、第 2217、第 2313 页。

② 《清圣祖实录》卷 211，康熙四十二年二月乙未条。

③ 《清圣祖实录》卷 229，康熙四十六年三月戊寅条；《康熙起居注》第 3 册，第 2135 页。

④ 《清圣祖实录》卷 220，康熙四十四年四月壬辰条。

⑤ 《康熙起居注》第 3 册，第 2132 页。

⑥ 《清圣祖实录》卷 239，康熙四十八年九月乙未条；卷 245，康熙五十年三月乙卯条；《康熙起居注》第 3 册，第 2136—2137 页。

⑦ 《康熙起居注》第 3 册，第 2132、第 2135 页。

贪又注重奖廉，即所谓“治天下以惩贪奖廉为要，廉洁者奖一以劝众，贪婪者惩一以儆百。”①

但随着“中和”之道开始实施，第一次吏治整顿也渐近尾声。康熙二十六年（1687 年）底，湖广巡抚张汧贪贿案宣告了这次吏治整顿的结束。当奉命审理该案的于成龙等人临行时，玄烨叮嘱说：“尔等往审此事，须就款鞠问，不可蔓延，若蔓延，则牵累者多矣。”又对学士齐色等言：“至于受贿贪赃之辈，朕未尝不知，但从宽大而已。”当张汧案审结后，玄烨再次表示不欲牵累众人，并批评于成龙有借机排陷他人的企图。② 可见，正在形成的“和平”思想使玄烨的惩贪力度大打折扣。在随后的大约十年时间里，玄烨不断谴责诸如武弁吃空粮、扣兵饷、官员空头捐助、加征火耗、科道官徇私卖本、近臣植党招摇、刑部监禁丛弊等腐败现象，但是并没有采取切实可行的措施予以严禁或严惩，他常说：“如此等弊，朕皆洞悉，但不究耳。”③ 从严治吏尚且有人铤而走险，稍有宽纵必然会群起效尤，玄烨对待官场流弊的温和态度必然会助长官员的腐败。

推行“中和”之道的本意是以“宽和”、“安静”之法，与民休息，“培养元气”。但不幸的是，“中和”之道行之十年，元气尚未完全培固而吏治先已败坏，在有些地区，贪贿与苛派肆行，民不聊生。这是玄烨始料未及的。在西征噶尔丹的过程中，他不仅亲眼目睹了山西、陕西等地民生艰难困苦的景象，而且访知了地方官员恣意横索的实情。因此，西征战争一结束，玄烨便开始了旨在“察吏安民”、“培滋元气”的第二次吏治整顿。④

康熙三十六年（1697 年）五月十六日，征讨噶尔丹凯旋的第二天，玄烨谕大学士及九卿等曰：“顷由大同历山西、陕西边境，以至宁夏，观山陕民生，甚是艰难。交纳钱粮，其火耗有每两加至二三钱不等者……至于山西，特一小省，闻科派竟至百万，民何以堪?”他认为，正是由于“地方有司奉行不善，不能使实惠及民，所以小民虽怀爱戴之诚，而朝廷恩泽，卒未下沉。”因令大学士、九卿、詹事、科道等会同确议“永革横派，严禁贿赂，以察吏安民”的办法。⑤

玄烨对这次吏治整顿曾下了很大决心，谕大学士等：“今噶尔丹已平，天下无事，唯以察吏安民为要务。然官吏之贤否，民生之休戚所关……朕恨贪污之吏更过于噶尔丹，此后澄清吏治如图平噶尔丹则善矣!”⑥ “当今凡事俱可缓图，惟吏治民生最难刻缓。”⑦ 准备立即着手打一场像平定噶尔丹一般的治吏“战争”。整顿主要包括以下两个方面：

其一，惩治贪污官员。令逮治“服官污浊，朘削小民”的山西巡抚温保及布政使

---

① 《康熙起居注》第 2 册，第 1080、第 1386 页。

② 《康熙起居注》第 3 册，第 1726、第 1768—1769 页。

③ 《康熙起居注》第 3 册，第 1875、第 1809、第 1812、第 1817、第 1899、第 1901、第 1918 页。《清圣祖实录》卷 155，康熙三十一年四月甲申，卷 166，康熙三十四年二月戊戌。

④ 《清圣祖实录》卷 183，康熙三十六年四月甲戌条。《圣祖仁皇帝御制文》第 2 集，卷 30，《论息兵安民》。

⑤ 《清圣祖实录》卷 193，康熙三十八年四月辛丑、五月丙戌条。

⑥ 《清圣祖实录》卷 183，康熙三十六年五月壬寅条。

⑦ 《清圣祖实录》卷 193，康熙三十八年六月戊戌条。

甘度等贪官。

其二，信任并重用清官廉吏，这是该阶段最显著的特点。康熙朝的清官除前期的于成龙、汤斌、傅拉塔、陆陇其已死，后期的张伯行、陈瑸、陈鹏年、施世纶尚未崭露头角外，其他著名清官如张鹏翮、郭琇、彭鹏、李光地、赵申乔、徐潮等皆在此间受到赏识和重用。这些清廉的督抚在五六年的时间里备受青睐，玄烨极其信用他们且利用各种机会表彰他们的廉洁事迹，企图以大胆举用清廉的办法一改地方和部院衙门的贪贿之风，从而震刷每况愈下的吏治局面。

在封建社会的官场中，清官是极易遭人嫉妒的，他们自然也不例外。保守、腐败官僚视清官为眼中钉，群起而攻之。李光地曾针对当时的风气深有感触地说：“如今最苦，是朝廷用一清洁自好不要钱人，便群起而谤议之，造为蜚语。闻其善则疑，闻上意不然之则喜。如赵申乔到湖南，果将数十年积弊剔除，而京师人预言赵某一到，楚中必然逼反。今幸而一年，楚中尚贴然。”① 从康熙四十年（1701 年）起，彭鹏、郭琇、赵申乔先后受到弹劾或攻击，② 种种流言蜚语和无休止的参劾，必然会对注重“安静”“无事”的玄烨产生影响，玄烨对清官的看法正在悄然发生变化。康熙四十二年（1703 年）玄烨南巡至浙江，有人告发原任浙江巡抚赵申乔滥收词讼、“生事扰民”，这成为其思想转变的一个关节点。对比史料人们会发现，就在南巡行在召见赵申乔并鼓励他整饬湖南吏治的第七天，玄烨的态度忽然发生转变，严厉地批评赵申乔“好收词讼、民多受累”。同时指出，任地方督抚者，只有“安静而不生事”才于民生有益。③ 第二次吏治整顿随之结束。从此，“中和”思想得到张扬，“和平”、“安静”成为新的察吏标准。

通过以上分析可见，“中和”之道一旦行之于吏治，必然会影响治吏的力度和效果。如上所述，第一次吏治整顿至康熙二十六年（1687 年）后便在一片“不生事”、“不蔓延”、“不牵累”声中沉寂下来；第二次整顿也在玄烨的清官“生事扰民”，而“安静而不生事”方为好官的认识形成后宣告了终结，此后再没有大张旗鼓地整顿过吏治。

（二）火耗、亏空、空粮、规礼：“中和”下的官场腐败

康熙四十二年（1703 年）南巡后，玄烨在批评和抑制清官的同时，对地方官加征火耗、亏空钱粮、收受规礼以及武弁冒领空额兵粮等种种官场弊端的普遍存在表现出极大的忍耐和宽容。这些腐败现象由来已久，最高统治者一般都采取严厉措施加以禁止，而对其采取坦然甚至近乎纵容态度的帝王却不多见，毕竟它与统治者的根本利益是背离的。玄烨的做法不仅给他辉煌的一生增添了污点，也使晚年的他面对积重难返的官僚腐败而无措手足。对腐败现象的漠视和宽容是“中和”思想在吏治上的体现，当然也是

---

① ［清］李光地：《榕村续语录》卷 18《治道》。

② 康熙四十年八月，御史王度昭疏劾彭鹏庇护属官亏空、浮冒，玄烨令明白回奏。彭鹏在回奏中称，此事实系王度昭受人指示有意诬陷，玄烨责其“回奏反复渎陈，辞气不胜忿激，粗戾已极”。（《清史列传》卷 10《彭鹏》）康熙四十年九月，御史左必蕃劾郭琇不能弹压闹事县民，次年九月，给事中宋骏业再劾琇“向骛虚声，近益衰废，持禄养痈”，终将郭琇罢归。（《清史列传》卷 10《郭琇》）康熙四十二年二月，有人趁玄烨南巡之机谮毁赵申乔“好收词讼，民多受累”，（《清圣祖实录》卷 211，康熙四十二年二月甲午）终使玄烨改变了对赵申乔等人的看法，也改变了任用清官以肃官风的初衷。

③ 《清圣祖实录》卷 211，康熙四十二年二月甲午条。

由玄烨历来于制度变革方面的特有惰性、立储方面的极度困扰以及晚年得过且过、文过饰非的心态等因素共同作用的结果。

玄烨对腐败现象的宽容体现于行政生活的各个方面，反映了“中和”之道对其治国行政尤其在吏治方面的巨大影响。

第一，维护官员体面。玄烨认为，“大臣则有大臣之体”，朝廷应注意维护他们的形象，保全他们的体面，“为数千两银何拘提之?”①

第二，放任地方官加收火耗、亏空钱粮。四十二年南巡后，随着吏治主导思想的改变，玄烨开始公开谈论如何收取火耗问题。他认为“所谓廉吏者，亦非一文不取之谓，若纤毫无所资给，则居官日用及家人胥役，何以为生?”公开说：“居官但在地方安静，即于火耗些微取之，有何不可？即如大学士萧永藻（任巡抚时稍征火耗——笔者），居官清廉，中外皆知。”② 这意味着将征收火耗合法化。与火耗一样，亏空钱粮也是各级地方官衙的普遍现象。康熙五十三年（1714年）十二月，浙江巡抚徐元梦陛辞，谕曰：“浙江钱粮亏空不甚多，即略有之，尔宜担承。”③ 曹寅、李煦的织造衙门和所管两淮盐差亏空钱粮额数达一百八十余万两，④ 玄烨不仅加以包庇且通过继续委以盐差设法弥补亏空。⑤

第三，以“规礼”为官员应得之物。玄烨认为：“为官之人，凡所用之物，若皆取诸其家，其何以济?”因此，他对官员“一意从宽不察察于细故也”。⑥ 这样，下级官员馈送的“规礼”必然可视作上级官员必不可少的可取之物了。在直隶总督赵弘燮的密折里批曰：“外边汉官有一定规礼，朕管不得。”⑦

第四，反对“苛求”武官，默许坐吃“空粮”。玄烨认为，武官固当勿令生事，但也应“稍留余地”，“不可责之过于清”，以便“使伊等养给其家”。当赵申乔参劾提督俞益谟时，他批评说：“赵申乔为人苛刻，参劾武官甚多。武官与文官不同，即尔等文官，能一无所取乎?”武官敛取银两的方法主要是坐吃“空粮”（虚额兵丁的钱粮）和克扣兵饷。对于吃“空粮”这种害兵误国行为，玄烨也表现出了极大的宽容。

第五，庇护贪赃官员。早在第二次整顿吏治之时，玄烨即对贪官污吏处理偏轻，第四次南巡后，轻处甚至庇护贪官的趋向愈加明显。盖既以火耗、规礼、空粮为可取，亏空为惯常，自然不以官员受赃为大过。康熙五十三年（1714年），原户部尚书希福纳侵

---

① 《康熙起居注》第3册，第2230页。

② 《清圣祖实录》卷239，康熙四十八年九月乙未；《康熙起居注》第3册，第2463页。

③ 《康熙起居注》第3册，第2136页。

④ 《康熙起居注》第3册，第2109页。

⑤ 需要说明的是，玄烨对曹寅、李煦的纵容还有其他原因。康熙四十三年后，这两位皇帝的家奴在掌管江宁、苏州织造之外轮流担任两淮巡盐御史，说白了是在替主子收敛盐税和余钱，以便为织造衙门提供源源不断的经费或直接供主子取用，他们二人的密折为我们提供了众多这方面的例证，而玄烨对两江总督噶礼关于揭发曹、李等人亏空库银的密折批示更引人注意：“尔这奏的是。皇太子、诸阿哥用曹寅、李煦等银甚多，朕知之甚悉，曹寅、李煦亦没办法……”（《康熙朝满文朱批奏折全译》，《两江总督噶礼查报库银亏欠情形折》，第656页）原来，曹、李的库银成了皇家的私房钱。这样，康熙更加不便对他们加以惩处了。

⑥ 《康熙起居注》第3册，第2135页。

⑦ 《康熙朝汉文朱批奏折汇编》第7册，《直隶总督赵弘燮奏为病已稍愈拟送章文鑛回京供职折》（康熙五十六年二月二十五日），第739页。

盗库银多达9.7万两，刑部将希福纳拟斩监候，秋后处决，玄烨令从宽免死，只追取侵盗银两。[①] 另外，对工部的贪污问题也仅仅将司官查处了事。[②] 如此处置显系包庇。

到康熙末年，整个王朝的行政秩序已经无法回到有序运行的轨道，文官大肆加派、亏空钱粮，武官坐吃“空粮”、克扣军饷，部院衙门侵蚀或冒消帑银，贿赂公行，时有兵丁和百姓因不堪刻剥而哗变或起义。某些省份不仅火耗甚重，且钱粮亏空数目巨大，据康熙六十年（1721年）八月川陕总督年羹尧密奏，陕西省亏空现象极其严重，仅西安、延安、凤翔、汉中四府与兴安一州亏空正项银即达90余万两。[③] 具有讽刺意味的是，他树立的督抚楷模——山西巡抚苏克济、直隶总督赵弘燮所管省份都出现严重亏空现象。康熙六十一年（1722年）正月，新任山西巡抚德音密奏山西各府州县亏空达140—150万两，且巡抚衙署雇用超编衙役260余名。[④] 直隶亏空也十分严重，赵弘燮死后，其子侄赔补数年也未能完结。

玄烨的“中和”之道是在对清初理学反思过程中逐渐形成的。在国家元气未苏、民困兵乏的特殊社会背景下，玄烨将“中和”之道施行于地方统治，要求督抚大僚“不生事”、“不扰民”，与民休息，培固国家之元气，一度出现了“天下粗定，四海承平”的治理局面。但一旦玄烨将其施行于吏治，则产生了极其消极的影响。康熙朝中期以来，特别是第四次南巡后，玄烨将“中和”之道应用于吏治，极力强调“多一事不如少一事”，认为“凡事不可深究者极多”，不能严禁浮费和规银，宽纵州县火耗和亏空，至康熙晚年，整个清王朝吏治废弛，贪贿公行，个别地区出现暴动和骚乱，统治秩序奏出了不和谐音符，亟须一番整治。

---

① 《清圣祖实录》卷243，康熙四十九年七月丁亥、戊子条；卷259，康熙五十三年五月丙子条；《康熙起居注》第3册，第2092页。

② 康熙四十三年，工部侵蚀河工帑金案发，仅将工部郎中费仰嘏等处理，然后把满洲尚书、侍郎等集合起来训谕说：“今工部弊端发露，尔等亦知愧否？工部之弊，朕屡降严旨切责，并不悛改，以至于此……今部院诸弊，尔等岂果不知？但恐结怨于人，隐忍不言。”玄烨何尝不知，若深究下去，堂官们都少不了干系。（《清圣祖实录》卷216，康熙四十三年五月壬寅条）

③ 《康熙朝汉文朱批奏折汇编》第8册，《川陕总督年羹尧奏报陕西亏空情由折》（康熙六十年八月初一日），第837页。

④ 《康熙朝满文朱批奏折全译》，《山西巡抚德音奏报各府州县亏空银两等情形折》，第1492页；《山西巡抚德音奏衙署留革值班人员等事折》，第1504页。

从“民情”到“恨官”：18—19世纪山东绅民抗粮动因的转变

崔 岷（中央民族大学）

在清代的各类官民冲突中，“抗粮”——绅民抗拒官府的田赋（地丁及有漕州县的漕粮）征收，大概是“叛乱”之外对官府威胁最大的一类。① 早在顺治元年，清廷便谕令各省，“凡绅民有抗粮不纳者，著该抚按察处”②；三年后颁行的《大清律》中亦有专门针对绅士抗粮的惩治条例。③ 顺治十八年，清廷发现因“绅衿藐法，抗粮不纳”而致“各省钱粮逋欠甚多，征比难完”，遂将绅民抗粮列入地方四大“钱粮之弊”。④ 其时江宁省苏、松、常、镇四府属并溧阳县“未完钱粮文武绅衿共一万三千五百一十七名”，被康熙帝斥为“殊为可恶”。⑤ 至清中期，皇帝仍时常为绅民抗粮而烦恼。乾隆十五年的一道上谕即抱怨“顽户抗粮，虽在丰收，有心拖欠，实乃莠民蠹政”⑥，十余年后更是认定“劣绅恃符抗粮，最为地方恶习”⑦。之所以痛恨若此，除担心田赋流失外，清廷亦颇为警惕绅士抗粮对民众的不良导向，所谓“士子读书明理，为庶民坊表。若昧于急公奉法之义，抗粮逋赋，是导民为非，不止亏缺国课而已”⑧。

---

① 有学者将绅士的“包揽”视为“抗粮”的一种形式（孔飞力著，谢亮生等译：《中华帝国晚期的叛乱及其敌人：1796—1864年的军事化与社会结构》，中国社会科学出版社，1990年，第98—100、175页）。不过，至少在时人眼中，绅士的“抗粮”和“包揽”被明确区分为两种不同的行为。《清圣祖实录》第3卷，顺治十八年六月己未，中华书局，1985年；《清世宗实录》第67卷，雍正六年三月己未，中华书局，1985年；《清仁宗实录》第123卷，嘉庆八年十一月戊戌，中华书局，1986年。关于清代“包揽”现象的出色论述，参见Kung - Chuan Hsiao, *Rural China: Imperial Control in the Nineteenth Century*, Seattle: University of Washington Press, 1960, pp. 132—139.

② 《清世祖实录》第12卷，顺治元年十二月丁丑，中华书局，1985年。

③ 《清世祖实录》第31卷，顺治四年三月乙丑。大清律·户律·仓库上·收粮违限条中条例1言：“应纳钱粮，以十分为率。欠至四分以下者，举人问革为民；贡监生员并黜革，杖六十。欠至七分以下者，举人问革为民，杖八十；贡监生员黜革，枷号一个月，杖一百。欠至十分以下者，举人问革为民，杖一百；贡监生员俱黜革，枷号两个月，杖一百”。条例6言：“凡绅衿所欠分数，各州县逐户开出，另册详报，指名题参。无论文武乡绅，进士、举人、生员并贡监，及有顶带人员已任未任，俱按未完分数，已任者革职，未任者去顶带衣衿，按例枷责治罪”。田涛、郑秦点校：《大清律例》第11卷，法律出版社，1998年，第218、220页。

④ 《清圣祖实录》第2卷，顺治十八年三月戊午；《清圣祖实录》第3卷，顺治十八年六月己未。

⑤ 《清圣祖实录》第3卷，顺治十八年六月庚辰。

⑥ 《清高宗实录》第359卷，乾隆十五年二月己丑，中华书局，1986年。

⑦ 《清高宗实录》第639卷，乾隆二十六年六月甲午。

⑧ 《清世宗实录》第79卷，雍正七年三月乙丑。

国内外学界对清代绅民抗粮现象已有较多探讨，或旨在描述某一事件的原委①，或借抗粮现象揭示清代国家与社会的关系。② 本文对 18—19 世纪山东绅民抗粮动因的考察属于后一取向，惟更注重国家与社会间关系变动的一面。需要说明的是，这里无意涵括当时山东绅民抗粮的所有动因，仅关注其中最为官方所重视者。具言之，在山东绅民的抗粮动因这一问题上，18—19 世纪的官方认知经历了从乾隆时期较少追责州县官吏而认定源于该省民情具有既“晓文”又“刚狠”的地方特质，到咸同时期将团练的抗粮风潮归根于州县“吏道之堕”，绅民自身原因反而得到容忍的显著转变。这一转变在一定程度上深刻地反映出 18 世纪晚期以后山东日趋严重的吏治危机和官民冲突，或可为观察清王朝如何由盛转衰提供一个地方性的视角。③

一、“山东民情，习惯抗粮”

可以说，山东绅民从一开始便没有给清帝留下好印象。康熙二十八年九月的一道上谕曾这样表达了对山东绅士的不满：“山东绅衿最称桀骜，且好结朋党”，故“巡抚宜简用风力之人”。④ 十余年后，康熙帝甚至将这种不满扩大到全体山东人，认为“山东人性多偏执，好胜挟仇”⑤；“山东人性强悍，轻生为盗者颇多”，故务须“不时训诲教养”⑥。

大至在雍正年间，山东绅民的“桀骜”和“强悍”开始突出地表现为抗拒钱粮的征收。雍正六年，山东布政使费金吾清查出近五年来山东拖欠未完的钱粮累计达三百五十余万两，不仅与河南钱粮“连年通完”的情况相去悬殊，其他省份也少有“如此疲顽者”。布政使认为，山东钱粮积欠的主要原因即在于“愚民身戴尧天，不知一饮一食之由于帝力。近年又屡荷皇仁赐赈，并将旧欠钱粮分年带征。遂沐浴于恩波浩荡之中，

① 伍仕谦、李祖桓：《一八七五年四川东乡县人民的抗粮斗争》，《四川大学学报》（社会科学版）1956 年第 2 期；横山英：《咸丰期山东の抗粮风潮と民团》，《历史教育》第 12 卷第 9 期，1964 年；罗丽达：《道光年间的崇阳抗粮暴动》，《清史研究》1992 年第 2 期；郑剑顺：《清代咸同年间同安、马巷的抗粮与械斗》，《中国社会经济史研究》1997 年第 2 期；王澈：《光绪初年四川东乡抗粮案述论》，《徐州师范大学学报》（哲社版）1998 年第 3 期；张小也：《史料、理论、方法：历史人类学视野下的“钟九闹漕”》，《河北学刊》2004 年第 6 期；梁勇：《局绅、盐枭与团民：四川东乡抗粮研究》，《历史档案》2009 年第 3 期。

② 傅衣凌：《太平天国时代的全国抗粮潮》，《明清社会经济史论文集》，人民出版社，1982 年，第 397—417 页；裴宜理著，章克生、何锡蓉译：《晚清抗粮斗争：上海小刀会和山东刘德培》，《史林》1988 年第 2、4 期；白凯著，林枫译：《长江下游地区的地租、赋税与农民的反抗斗争（1840—1950）》，上海书店出版社，2005 年，第 84—86、第 95—104、第 111—116、第 222—225 页；陈支平：《清末民间抗粮与乡族势力》，载《厦门大学学报》2006 年第 1 期；张小也：《社会冲突中的官、民与法：以“钟九闹漕”事件为中心》，载《江汉论坛》2006 年第 4 期；吴琦、肖丽红：《清代漕粮征派中的官府、绅衿、民众及其利益纠葛——以清代抗粮事件为中心的考察》，载《中国社会经济史研究》2008 年第 2 期。

③ 以往关于清中期以后王朝衰落趋势的论著多从全国的视角进行宏观性论述，较少将这一趋势落实到地方。最近从地方社会观察王朝衰落的一项尝试参见崔岷：《洗冤与治吏：嘉庆皇帝与山东京控》，中央民族大学出版社，2012 年。

④ 《清圣祖实录》第 142 卷，康熙二十八年九月戊寅。

⑤ 《清圣祖实录》第 204 卷，康熙四十年四月丙子。

⑥ 《清圣祖实录》第 220 卷，康熙四十四年闰四月癸丑。

而忘乎国课之宜早完，抗粮之有罪谴矣”。在他看来，欲清除山东绅民抗粮不完这一恶习，“全在经征州县不畏强悍，不务虚名，随时随地设法征输。庶可化愚蠢而惩顽梗，清夙逋以济饷需”①。征收钱粮尚需州县“不畏强悍”，颇能说明山东绅民在缴纳钱粮问题上缺乏合作态度。

乾隆元年四月，即位不久的乾隆帝也在一次清查后了解到，山东“自康熙五十八年至雍正十二年，带征未完积欠通计三百余万两。内有纳户已完而被书役侵蚀者，竟至八万余两，而豪绅劣衿力能全完，有心抗欠者，亦正复不少”。当乾隆帝将山东与邻省河南加以对比后，山东绅民给他留下的恶劣印象变得更为强烈了。因为河南绅民“皆知早完国课，每年岁底全完者有五六十县，及至奏销届期，尾欠无几”。他还回想起自己“上年御极之初，特沛新恩，将直省雍正十二年以前民欠悉行豁免。山东积欠未完之一百二十余万两，亦概予蠲除。而豫省所豁免者，惟祥、郑州、陈留、考城四州县民欠七千余两，其余通省悉皆无欠”。相比之下，“两省风俗之淳漓，官吏董率之勤惰，亦大概可见”。更有甚者，山东当时已开始流传“不欠钱粮，不成好汉”的“恶谚”。这让乾隆帝难以容忍：“若果遇水旱不齐，租赋无出，自应邀免。如其屡丰之年，故为抗欠，殊非良善之辈”。他严厉警告道：若“仍踵顽抗之故智”，“朕当加以重惩，必不姑贷”②。

鉴于乾隆帝整治山东抗粮之风的坚决态度，当年十二月，新任山东巡抚法敏奏称，在到任后六类“已行事宜”中，“严禁绅衿抗粮”被他放在了首位。不过，巡抚的表态并未使乾隆帝感到宽慰，在他看来，这不过是流行于官场中的“作秀”：“凡外省督抚，以至藩臬司道，数年以来，谁不折奏？谁不各出已见？要之于到任时，皆有一番经济，而日久则懈焉”。因此，“汝折中所奏，朕亦不敢全信。要之，日久行与朕看”③。

事实证明乾隆帝的担心并非多余。到乾隆十四年，山东钱粮积欠竟增至二百四十余万两。面对这一结果，乾隆帝不得不在上谕中承认：“山东民情，习惯抗粮”。如果说即位之初，年轻气盛的乾隆帝曾抱有彻底整治山东抗粮之风的希望，如今则意识到，山东绅民的抗粮已成为难以逆转的“刁风”。④

至于山东民情缘何“习惯抗粮”，乾隆帝首先将之归咎于山东人的强悍性格。乾隆十六年九月的一道上谕透露了他对山东人性格特征的观察：“东省民情与豫省迥别，中州俗尚淳朴，而山左则人多好勇斗狠。又自负略能识字，遂至玩法逞奸，无所不为。”由于认识到问题源于并非旦夕形成的民风，乾隆帝一面要求东抚“留心体察，加意整顿”，一面提醒说：“但积习沉痼之余，若一时骤加禁遏，或致操之已蹙，转恐于事无益。务须徐徐剀切化导，俾愚顽渐知觉悟。则一二年内，即不能尽革浇风，亦必大有起

① 据费金吾查核，雍正二、三、四年山东累计积欠银736690两，雍正五年未完银651650两，雍正六年未完银2136470两，而山东当时每年应起解司库银数为267万余两。费金吾：《奏报地方事宜折》（雍正六年八月二十七日），《宫中档雍正朝奏折》第11辑，台北“国立故宫博物院”，1979年，第197—198页。

② 《清高宗实录》第17卷，乾隆元年四月庚辰，中华书局，1985年。

③ 《清高宗实录》第33卷，乾隆元年十二月己丑。

④ 《清高宗实录》第335卷，乾隆十四年二月丁未。

色”。总之，“既不可姑息养奸，亦不可失之欲速”①。

此外，乾隆帝尤为重视对山东士习的整治。当时山东文武生员人数在各省中名列次席，仅低于直隶。② 若绅士群体不能自我约束，势必将民风引至危险的方向。乾隆十七年四月，东抚鄂容安在奏折中指责山东“各属生监，颇多不守卧碑”，以致“东省风俗未醇”。故“欲振民气，先端士习”。他计划对绅士“随时晓谕，有犯必惩，并责成有司、教职化导约束”。巡抚还特别看重学臣对改变士习的关键作用，称其为“提纲挈领之人”。对此，乾隆帝认为山东士习“颇不佳”的原因在于其“晓文在北省中为最，而加以北省刚狠之气”，仍归结到民风上，因而再次向巡抚强调须“大应留心，而非一日所能顿革，亦非仅一学臣之力”③。

不难看出，清中期的山东抗粮现象主要源自“民情”，即山东绅民兼具“刚狠”和“晓文”的地方特质，从而易于抗拒官府的田赋征收。这种较少涉及官府行为的认知大致也适用于当时的其他省份。雍正七年三月一道劝导各省士子切勿抗粮的上谕便将其原因表述为“故意抗违”④，乾隆十五年一道责令各省督抚整顿钱粮积欠的上谕亦断定那些抗粮的“顽户”是“有心拖欠”。即使偶尔提及州县官吏的责任，也仅指责其面对绅民抗粮时“往往因循瞻徇，以致逋负累累，愈积愈重”⑤。乾隆二十六年的一道上谕即宣称，近年“地方恶习”以“绅恃符抗粮”为最，“此皆近年以来，地方官未免瞻徇情面，有意优容，遂致酿成若此”⑥。总之，在乾隆末年以前，官府在征收钱粮问题固然有过，却并非绅民抗粮的主要动因，表明那时官民之间的矛盾尚未达到令后者铤而走险的程度。不过，随着王朝逐渐由盛世走向衰落，不论是山东还是其他省份，绅民抗粮均从主动抗欠转向了被动反抗，其动因则是州县官吏征收田赋时各种大肆侵害绅民利益的行为。

二、田赋征收诸弊与绅民的“京控”

当嘉庆帝开始接手帝国时，摆在他面前的无疑是个烂摊子：除了“白莲教匪”仍在川、陕、鄂流动外，通货膨胀、人口压力、吏治废弛这些18世纪晚期逐渐困扰王朝的问题此时已更为严重。难能可贵的是，困境中的嘉庆帝不仅决心恢复帝国往日的繁盛，还清醒地认识到问题的关键在于是否能了解地方社会的真实状况。

为此，嘉庆帝一面惩办和珅并肃清其朋党，一面通过“广开言路”来鼓励官员条

---

① 山东巡抚鄂容安：《覆奏交办豫省灾务及整顿东省民风折》（乾隆十六年九月十四日），台北“国立故宫博物院”藏军机处录副奏折，档号：007236；《清高宗实录》第398卷，乾隆十六年九月丁卯。

② 张仲礼著，李荣昌译：《中国绅士：关于其在十九世纪中国社会中作用的研究》，上海社会科学院出版社，1991年，第166页。下面的事实也有助于说明山东生员数量之多。1741年山东乡试前夕，巡抚发现省城聚集的应试人数达1.1万余人，原有号舍无法容纳，不得不请求添建号舍675间。《清高宗实录》第148卷，乾隆六年八月乙未。

③ 《清高宗实录》第413卷，乾隆十七年四月庚申。

④ 《清世宗实录》第79卷，雍正七年三月乙丑。

⑤ 《清高宗实录》第359卷，乾隆十五年二月壬辰。

⑥ 《清高宗实录》第639卷，乾隆二十六年六月甲午。

陈时政，希望借此改变从前为和珅擅权所造成的政治“壅蔽”局面，及时发现有关吏治民情的弊病并加以治理，从而恢复往昔的“盛世”[①]。同时，嘉庆帝还调整京控制度以鼓励士民赴京上控。这一举措不但旨在向士民提供更多洗清自身冤屈的机会，更被嘉庆帝寄予了获取地方实情的希望。

嘉庆四年八月二十八日，一道旨在保证“下情”能够充分“上达”的重要上谕宣称：

向来各省民人赴都察院步军统领衙门呈控案件，该衙门有具折奏闻者，有咨回各该省督抚审办者，亦有径行驳斥者，办理之法有三。似此则伊等准驳，竟可意为高下。现当广开言路，明目达聪，原俾下情无不上达。若将具控之案擅自驳斥，遇有控告该省督抚贪黩不职及关涉权要等事，或瞻顾情面，压搁不办，恐启贿嘱消弭之渐，所关非小。嗣后都察院步军统领衙门遇有各省呈控之案，俱不准驳斥。其案情较重者，自应即行具奏。即有应咨回本省审办之案，亦应于一月或两月，视控案之多寡，汇奏一次，并将各案情节于折内分晰注明，候朕披阅。傥有案情较重，不即具奏，仅咨回本省办理者，经朕看出，必将各堂官交部严加议处。[②]

与乾隆时期的区别在于，这道上谕为防止“督抚贪黩不职及关涉权要等事”被人为地壅蔽，规定都察院和步军统领衙门今后不得驳回京控案件，从而将京控的处理办法从乾隆时期的三种变为“奏交”与“咨交”两种。[③] 前者为事关命盗、案情较重者，需将案情概要缮折“即行”具奏，由皇帝审阅后再通过上谕交由督抚审办。后者事关户婚田土钱债等细务，案情较轻，无需奏报皇帝，由都察院直接咨回原告本省，由督抚调集人证案卷后组织藩臬审理，但需要一月或两月向嘉庆帝汇奏一次。

此举表明，嘉庆帝旨在通过受理所有京控以达到掌握更多有关地方吏治民情的信息对在地方官府遭遇不公的士民而言，这道上谕无疑将增加他们洗清冤屈的机会。[④] 事实上，不到一年，嘉庆帝即注意到“近日来京呈诉之案，殆无虚日”[⑤]。

在开放京控仅数年后，来自山东的京控案便超过了其他所有省份。嘉庆十二年五月，嘉庆帝惊诧地发现，“都察院近日所奏外省控案，惟山东为最多”。这一状况的奇特之处在于，“若云东省距京较近，民间控案便于赴诉，则直隶为畿辅近地，即山西、河南亦均密迩都城。该三省虽亦间有赴控之案，然总不至如山东一省之多。岂直隶等三省遇有上控之案，该地方官竟预为拦阻，不使来京申诉乎”？他判断，一定是“山东州

---

① 关于嘉庆帝惩治和珅和广开言路的情形，参见关文发：《清帝列传・嘉庆帝》，吉林文史出版社，1993年，第59—86、第228—251页；崔岷：《洗冤与治吏：嘉庆皇帝与山东京控》，第8—23页。

② 嘉庆四年八月二十八日上谕，中国第一历史档案馆编：《嘉庆朝上谕档》第4册，广西师范大学出版社，2000年，第310—311页。

③ 有学者认为“嘉庆以后，各省民人京控案件处理方式有三”，似未注意到嘉庆帝此次对京控制度的调整。那思陆：《清代中央司法审判制度》，北京大学出版社，2004年，第215页。

④ 美国学者欧中坦将此上谕解读为嘉庆帝的“开禁”京控，似未考虑到之前乾隆帝对待京控态度的背景。此外，他还将这道上谕误认为发布于1800年。欧中坦著，谢鹏程译：《千方百计上京城：清朝的京控》，高道蕴等编：《美国学者论中国法律传统》，中国政法大学出版社，1994年，第574—575页。近年仍有人将嘉庆帝这道上谕的目的解读为“开放京控”，胡震：《最后的“青天”：清代京控制度研究》，载《中国农业大学学报》2009年第2期，第46页。

⑤ 嘉庆五年六月二十四日上谕，《嘉庆朝上谕档》第5册，第320页。

县官于民间词讼案件怠惰偷安，竟不及时审理，全置民事于不问。以至小民冤抑莫伸，不得不赴京呈控”。[①]

但让嘉庆帝愤怒的还不止于此。在来自山东的京控案件中，相当一部分控诉的是州县官吏在漕粮征收时的舞弊行为。[②] 还在八年前，嘉庆帝便曾警告过山东官员，称他已听闻“东省收漕一事，颇有烦言”[③]。如今，山东征漕弊端依然存在并引发绅民千里迢迢赴京上控，这令正积极整饬吏治的嘉庆帝难以容忍。[④] 因此，当都察院将一起山东莘县民人京控漕书重征案咨回东抚查办时，当即遭到嘉庆帝的严厉申斥：“外省州县书吏舞弊重征，最为闾阎之害”，都察院本应将案情立即专折奏报，“以便交该抚作速审办，或交钦差就近审讯，加以惩创”。眼下却漠然处之，完全没有虑及“奸胥猾吏胆玩营私，既可将伊一家漕粮重征舞弊，则其余花户又安能保其不勒索苛求？何得以一咨完事”？这不仅违反了制度，甚至是荒谬的：“此等重征之案尚不具奏，岂专待谋反大逆之事始行具奏邪？”[⑤]

但不久济南府平原县便发生了二十余位民人抗议知县浮收漕粮，旋因发起者被羁押致死，引发亲属京控的事件。更骇人听闻的是，同属济南府的德平县竟有连续四任知县浮收漕粮、勒折钱文，以致民人两度京控。该案缘于德平“前任知县周宗华、李藩征收滋弊，曾经该县民人在本省控告”，抚藩均“不为审办，以致该民人前来叩阍”。后经嘉庆帝“特派钦差”赴山东审结。不料“未及一年，而该县复蹈前辙”。先是新任周姓知县“恣意浮收，而接任之夏姓知县浮收益甚”，以致民人再度赴京控诉。对此，嘉庆帝在上谕中再次警告“州县勒折浮收，大干例禁”，除下令严惩德平两任知县外，并将济南知府及山东抚藩一并处分。[⑥]

然而对山东大吏的惩处仍不能阻止事态的恶化。嘉庆十九年八月，御史何彤然在一份揭露各省州县重征的奏折中特别指出，“此事山东为甚”[⑦]。半个月后，御史贾声槐的访查支持了同僚的判断。他说：州县浮收之风“相沿已久，各省皆然，而山东江南为甚”。当时山东虽然“兖州、曹州、东昌等府收成较丰”，然上年冬间刚刚经历八卦教“叛乱”的“蹂躏”，“元气未复”；“青、莱二府间被虫灾，收成尚有六七分；武定府得雨已晚，虫灾更甚，收成不过四分”，他担心“若漕粮再有浮收，恐小民更致拮据”，因而奏请敕令山东巡抚“确实查勘各府收成丰歉，行令各州县漕粮征收，善为经理，不

① 《清仁宗实录》第179卷，嘉庆十二年五月癸卯。

② 在当时山东十府二直隶州中，除沂州、登州、莱州、青州四府外，曹州、济南、武定、东昌、兖州、泰安、济宁、临清等六府二直隶州均需缴纳漕粮。张玉法：《中国现代化的区域研究——山东省，1860—1916》，（台北）中央研究院近代史研究所，1982年，第72—76页。

③ 《清仁宗实录》卷38，嘉庆四年正月戊子。

④ 有关嘉庆帝亲政后整饬吏治的情形，参阅关文发：《清帝列传·嘉庆帝》，第251—288页；白新良：《乾隆皇帝传》，第499—507页。

⑤ 《清仁宗实录》第178卷，嘉庆十二年四月癸巳。

⑥ 《清仁宗实录》第213卷，嘉庆十四年六月辛卯、嘉庆十四年六月戊戌；《清仁宗实录》第237卷，嘉庆十五年十二月丁酉。

⑦ 《清仁宗实录》第295卷，嘉庆十九年八月丁亥。

得任听官亲书吏等浮收滋弊”。[①] 这些评论表明山东州县征税舞弊已成为普遍现象，且较他省更为严重。若考虑到当时山东京控案数量亦多于其他省份[②]，更可看出山东州县征税舞弊与绅民京控之间的因果关系。事实上，嘉庆二十五年五月广西道监察御史程伯鉴便注意到：“近年来，各直省以命盗征收各件赴京具控，惟山东为最多。”[③]

可想而知，道光帝同样要面对来自山东的烦扰。当道光元年二月都察院奏报济南府长山县一名监生因户书多征银两而京控，其兄亦被“任意浮收”，“历经在藩司巡抚衙门具控，未蒙审办”而京控时，道光帝即承认“东省吏治，废弛已久”，“现当力加整顿之时”。就在道光帝因长山京控案而谕令“严行究办”山东州县“任意浮收勒派”后不足4个月，东昌府堂邑县即发生一名生员控告州县浮收，并在巡抚衙门自缢身死的事件。[④]

更能说明问题的是，与嘉庆年间德平县连续四任知县“恣意浮收”的情形类似，道光八年登州府黄县也出现连续两任知县擅自加征钱粮，且情节更为严重。该县钱粮“每两向折京钱三千四百文”，知县李肇敏于道光八年三月“又欲每两加二百文。有乡间百姓进署恳求照旧完纳，该县痛加杖责。是日正值市期，赶集人多，遂哄至大堂，将屏门等物挤倒”。登莱青道派兵前往弹压，拿获数人。其后数月间，“差役纷纷四出，搜拿不止。或竟黹夜入人住屋，吓诈扰害，至不堪言。其拿获之人，已有在府城拖毙者”。而“黄县滋事以后，接任知县仍逼令照新漕之数完纳，百姓竭力输将，莫之敢违”。一个多月后，都察院接到黄县民人诉状，控告“该县李知县本年夏间因加征丁银将乡保锁禁，并诈嚷民叛劫夺，会营查办；迨委莱阳县濮知县署任，依旧加征，并借民叛为名恣意查拿。伊父阎浩，务农安分，忽被捆拿解府，以致被刑殒命”[⑤]。

三个月后御史王兆琛的访查结果显示，类似黄县这样大幅提高银钱比价的情形在山东已成为普遍现象。他发现：“山东省近年征收钱粮，折钱日加日多，如宁海州每银一两，折收京钱四千二百。诸城县每银一两，折收京钱四千二百六十。本年黄县以加增钱粮滋事，则借银价昂贵为辞。现在他州县亦皆持此说，巧为掩饰。”[⑥]

其后，即使道光帝在上谕中严厉警告“山东近年以来，屡有京控浮收勒折之案”[⑦]，仍有御史不断上奏揭露山东州县钱粮征收之弊。道光十年一月，御史王玮庆奏称道光八年琦善查办黄县知县李肇敏一案时，黄县征收钱粮向来每两折京钱三千四百文，“现在

---

① 《湖广道监察御史贾声槐奏为山东莱青等府被灾请禁浮收漕粮以肃吏治事》（嘉庆十九年九月十四日），中国第一历史档案馆藏军机处录副奏折，档号：03—1760—055。有关嘉庆十八年的八卦教起义，参见韩书瑞著，陈仲丹译：《千年末世之乱：1813年八卦教起义》，江苏人民出版社，2010年。

② 关于嘉庆年间山东京控远多于其他省份的原因以及嘉庆帝为此采取的对策，参见崔岷：《洗冤与治吏：嘉庆皇帝与山东京控》。

③ 《广西道监察御史程伯鉴奏为严惩京控诬告之罪事》（嘉庆二十五年五月二十五日），中国第一历史档案馆藏军机处录副奏折，档号：03—2176—021。

④ 《清宣宗实录》第13卷，道光元年二月戊子，中华书局，1986年；《清宣宗实录》第19卷，道光元年六月癸未。

⑤ 《清宣宗实录》第139卷，道光八年七月辛酉；《清宣宗实录》第142卷，道光八年九月癸卯、道光八年九月辛亥。

⑥ 《清宣宗实录》第149卷，道光八年十二月癸未。

⑦ 《清宣宗实录》第163卷，道光九年十二月丁丑。

山东银价，约京钱二千七百余文”，“乃各州县竟有加至四千有零者”。[①] 次年七月，王玮庆再次上奏，指控自三年前李肇敏因擅自加钱二百文被奏参革职，“以后自应悉照此次奏明章程，划一办理。乃各州县仍不遵办，有加无已，弊端百出。若上司访问，则私嘱同官，以多报少，掩饰蒙蔽。即如莱阳县向系收钱折银，从无自封投柜之说。其邻邑黄县每两折钱三千四百文，招远县每两折钱三千六百文，而该县骤加至四千之多，以致愚民情急，群赴县堂分诉”。更令他担忧的是，“恐山东州县，不独莱阳一县为然”[②]。

不同于嘉庆年间的漕粮浮收和重征，道光年间山东州县征税之弊主要表现为随意提高银钱比价。在这一差异的背后，是嘉庆末年开始出现的“银贵钱贱”趋势至道光年间已遍及各省，且直接影响着国计民生和官民关系。[③] 但御史们的指控表明即使有这样的背景，仍不能掩盖山东州县在折收京钱时的严重舞弊行为，“银贵钱贱”不过是州县肆意加征的借口。正如王兆琛所言：“年来通省银价，库平一两值京钱二千五六七百文不等，时盈时绌，无甚悬殊，并非近年独昂。且如果银价昂贵，倾解不敷，何不恪遵定例收银？即不肯收银，即照旧收之数折钱，亦可安于无事。乃日加日多，靡有底止。”州县官吏的这种行为极大地侵害了绅民的利益。因为“官不足而朘削诸民，民不足又将谁朘削？且此官一加，后之贤者，亦必不复减；其不贤者，更照此加增。官之获利，只在莅任之数年；民之受困，即数十百年而不能复去”[④]。

可以说，嘉道年间山东州县在田赋征收过程中存在着难以清除的积弊，不但引起绅民的频繁京控，也令皇帝和官僚系统意识到问题的严重性。此种情形固然也见于其他省份[⑤]，然而无论是州县征税舞弊的程度还是绅民京控的频次，山东都表现得颇为突出，反映出这一地区官民关系已相当紧张，从而为咸同之际绅民借助团练之力来反抗官府埋下了伏笔。

---

① 《清宣宗实录》第 164 卷，道光十年正月乙卯。

② 《清宣宗实录》第 193 卷，道光十一年七月乙亥。

③ 关于嘉道年间“银贵钱贱”的影响，参见杨端六：《清代货币金融史稿》，北京三联书店，1962 年，第 209—214 页；叶世昌：《鸦片战争前后我国的货币学说》，上海人民出版社，1963 年，第 5—12 页；林满红：《明清的朝代危机与世界经济萧条：十九世纪的经验》，（台北）《新史学》第 1 卷第 4 期（1990 年）。关于嘉道年间“银贵钱贱”现象的主要成因，经济史学界大体有三种观点：一为世界金银减产引发的世界性经济萧条及鸦片大量输入导致中国的白银外流日渐增多（严中平等编：《中国近代经济史统计资料选辑》，科学出版社，1955 年，第 27—30 页；魏建猷：《中国近代货币史》，上海群联出版社，1955 年，第 4—10 页；杨端六：《关于清朝银钱比价变动的问题》（上），载《武汉大学学报》1957 年第 1 期；林满红：《明清的朝代危机与世界经济萧条：十九世纪的经验》，（台北）《新史学》第 1 卷第 4 期（1990 年））；一为铜价下跌与制钱质量下降的结果（马士著，张汇文等译：《中华帝国对外关系史》第 1 卷，商务印书馆，1963 年，第 232—233 页；王宏斌：《晚清货币比价研究》，河南大学出版社，1990 年，第 38—56 页；王德泰：《试论白银外流与鸦片战争前的银贵钱贱问题》，载《中国经济史研究》2000 年 4 期；谢杭生：《鸦片战争前银钱比价的波动及其原因》，载《中国经济史研究》1993 年 2 期）；此外则为兼重上述两方面原因者（汤象龙：《道光时期的银贵问题》，氏著：《中国近代财政经济史论文选》，西南财经大学出版社，1987 年，第 1—29 页；张馨保著，徐梅芬等译：《林钦差与鸦片战争》，福建人民出版社，1989 年，第 41—49 页）。

④ 《清宣宗实录》第 149 卷，道光八年十二月癸未。

⑤ 例如，嘉道光年间江浙地区的田赋征收也存在严重的浮收现象，参见 Polachek. James Montel. *Literati Groups and Literati Politics in Early Nineteenth - Century China*, Ph. D. Dissertation, University of California (Berkeley), 1976, pp. 286 - 302；崔岷：《洗冤与治吏：嘉庆皇帝与山东京控》，第 167—173 页。

三、“民之恨官久矣，团练兴，民乃得而反之”

咸丰三年一月，面对难以遏制的太平叛乱，清廷决定将此前于广西湖南实施的团练战略迅速向各省推广，以求再现其嘉庆年间平定“白莲教匪”时的作用，[①] 由此造就了清代最具规模的一次民众动员。不过，举办团练既承载着清廷平定叛乱的希望，同时也是一个危险的信号——民众将经历由“散”到“聚”、由“静”到“动”的转变。如果像团练这样的民间武力不能被置于官方的有效控制之下，王朝自身的安全将受到威胁。

事实上，被清廷视为办团圭臬的《乡守辑要》和《坚壁清野议》均将地方官视为团练不容置疑的领导[②]，早些时候也有官员主张团练“非官为督办，难望合宜，务使官民联为一体”。[③] 更何况还在清廷倡导各省办团之初，湖南浏阳便已发生了一次团练“抗官”事件——“征义堂”之乱。[④] 此事件发生后，清廷特地发布上谕告诫各省地方官务须加强对团练的监督：“各乡团练，原以保卫身家”，“若但名为团练，不能稽察约束，以致奸匪混迹其中，恃众抗官，不但无益于事，且为地方之害”[⑤]。

随后军事上的一再挫败让清廷断定，各省地方官的办团过程很少能达到其有效控制团练的要求。咸丰三年九月的一道上谕即责问道：“自粤匪肆扰以来，曾迭次谕令各直省地方官，劝谕绅民举行团练，并颁给《坚壁清野议》疏及《乡守辑要》，俾资效法。如各地方官果能实力奉行，何至任贼到处窜扰？”[⑥] 三个月后，本以为“训诫再三，地方官谅不敢视为具文，有名无实”的咸丰帝得知奉天府竟然“州县办者十一，不办者十九”，更是担忧地方官若皆如此办团，“将何以保卫乡闾，绥靖地方耶？”[⑦]

---

① 《谕内阁本月上辛祈穀大祀朕引咎自责著该部及各直省刊刻謄黄宣示中外》（咸丰三年正月初八日），中国第一历史档案馆编：《清政府镇压太平天国档案史料》第4册，社会科学文献出版社，1992年，第363—364页；《谕内阁著将本年正月初八日谕旨并此旨刊刻颁发各直省广为刊布分饬官绅遵办》（咸丰三年正月三十日），《清政府镇压太平天国档案史料》第4册，第647页。

② 孔飞力著，谢亮生等译：《中华帝国晚期的叛乱及其敌人：1796—1864年的军事化与社会结构》，第45—47、第59页。

③ 《国子监祭酒胜保奏陈力行坚壁清野之法折》（咸丰元年二月初二日），《清政府镇压太平天国档案史料》第1册，社会科学文献出版社，1992年，第193页。

④ 关于浏阳“征义堂”事件，参见孔飞力著，谢亮生等译：《中华帝国晚期的叛乱及其敌人：1796—1864年的军事化与社会结构》，第181—183页；杨奕青：《浏阳征义堂及其与太平军的关系》，载《湘潭大学学报》（社会科学版）1989年第4期。

⑤ 《谕内阁著张亮基俟事竣保奏剿捕出力人员并著会同曾国藩妥筹团练事宜》（咸丰三年正月初三日），《清政府镇压太平天国档案史料》第4册，第348页。

⑥ 《清文宗实录》第107卷，咸丰三年九月戊辰，中华书局，1986年。

⑦ 《谕内阁著再申谕各直省督抚督率所属认真劝导绅民办理团练》（咸丰三年十二月十三日），《清政府镇压太平天国档案史料》第11册，社会科学文献出版社，1994年，第517页。

其间，在势处“畿辅屏障”、办团紧迫的山东[①]，团练兴起的过程同样缺乏官府的掌控。山东州县官中固有“轻财劳力，日与绅民讲求而切究之”者，更不乏“深居简出，若无所事事”，将团练事务“一以委之绅民”者。后者在办团问题上的不作为遂使官府从一开始便失去了对团练的控制，甚而形成团练凌驾于官府之上的局面：“绅民乐其易与也，捐资教练，诘奸捕盗，致之于官，曰：‘挞之’！官则挞之；曰：‘杀之’！官则杀之。”[②]

不久，清廷对部分团练的奖励又加剧了这一趋势。咸丰四年三月，太平军于临清州战败后南撤，沿途遭兖州、沂州、曹州三府团练截杀者达三四千人。清廷为此特别嘉奖，向当地数百位团长授予名誉官衔。随之山东各地“绅民欣动，百七州县僒然办团。不烦牧令询言，穷乡僻壤，矛戟如林”。其间，绅民往往“自充团长，出而把持”，“私立名号，曰‘尚义’，曰‘效忠’之类，不可胜记”，“一县中或区为四五团，或析为十数团，数十团，亦不可胜记”。[③] 到咸丰六年七月，巡抚崇恩承认，山东自“军兴以来，通省各州县莫不举行团练”，但各地团练大多由“在籍大小诸绅”控制，州县官“未能尽操其权”。[④]

不受控制的团练大量兴起对官府意味着自不待言，雪上加霜的是，另一同样由太平叛乱引发的变化即将成为山东绅民反抗官府的催化剂。自咸丰三年一月太平军进入长江下游地区后，清廷“丁银漕米岁入大减，仅赖东、豫漕粮”[⑤]，山东与河南遂取代长江下游的皖、赣、苏、浙等省而成为王朝新的“财赋之区”，其田赋收入与国家财政状况关系极重。咸丰四年八月，当巡抚崇恩奏称山东自“上年逆锋渐近，道路梗阻，南北商贾不通，银价日昂，粮价日贱”，“廛市萧条，农商兼病”，以致“百姓困于生计，无力完粮”时，清廷承认崇恩所奏“司库短绌亦属实情”，却仍以“惟东省尚为完善之区，额赋系属正供，岂容任意亏短”为由，严令崇恩督饬州县官实力催征当年“所有下忙正杂钱粮。总期比较上忙为数增多，方见起色”[⑥]。这意味着，山东州县官欲在绅民“无力完粮”的情况下完成税额，唯有加重对后者的需索。

在此背景下，嘉道年间常以京控方式抗议征税诸弊的山东绅民很自然地借助团练之

---

① 关于山东在咸丰三年初的办团形势，用礼科掌印给事中毛鸿宾的话说：“逆匪现陷皖省，必将窥伺江宁，各处土匪恐有纷起之势。山东一省为北方屏障，最为紧要之区，而界连江南处所屡有捻匪滋事之案。且丰工合龙后，遣散夫役、被难穷民纷纷从集者难以数计，设镇抚稍有不合宜，在在可虞。此时惟有实行团练以资保卫”。毛鸿宾：《请密饬山东抚臣实行团练片》（咸丰三年二月初一日），孙葆田等编：《毛尚书奏稿》第1卷，《清末民初史料丛书》第42种，台北成文出版社，1969年，第213页。

② 《山东军兴纪略》第22卷，中国史学会主编：《中国近代史资料丛刊：捻军（以下简称《捻军》）》第4册，上海人民出版社，1957年，第419页。

③ 《山东军兴纪略》第22卷，《捻军》第4册，第422页。

④ 崇恩：《接奉廷寄筹办团练由》（咸丰六年七月十三日），中国第一历史档案馆藏军机处录副奏折，档号：3-8560-8；《山东军兴纪略》第22卷，《捻军》第4册，第425页。

⑤ 周祖培：《筹兵裕饷敬陈管见由》（咸丰十一年二月二十九日），中国第一历史档案馆藏军机处录副奏折，档号：3-8327-41。

⑥ 《山东巡抚崇恩奏陈司库短绌情形折》（咸丰四年八月初四日），《清政府镇压太平天国档案史料》第15册，社会科学文献出版社，1994年，第343页；《寄谕崇恩著饬地方实力催征各项钱粮并设法倡导捐输》（咸丰四年八月十一日），《清政府镇压太平天国档案史料》第15册，第403页。

力来抗拒官府不合理的银钱比价和钱粮浮收。[①] 结果，愈演愈烈的团练抗粮之风导致山东官府的田赋收入远低于清廷的预期。咸丰四年八月，巡抚崇恩向清廷奏报山东“地方官催征钱粮，缓之则借口灾荒，多方延欠；急之则聚众抗拒，别酿事端”，“全省十府二州，前惟省东之登、莱、青三府尚称完善，近亦风气渐漓，输将之诚迥非昔比”。经其“通查司库近年出入总数”，发现山东“咸丰二年正杂完解尚有二百三十三万余两，上年则已较二年短征八十万两，本年上忙又较上年短征三十万余两”[②]。到咸丰十年十一月时，山东十府二直隶州更是“只登州一府未据报有抗粮情弊。其余九府二州，钱漕多半延抗”。当年地丁银“自下忙开征起截至现在，仅收正杂等款三十三万两有奇，较之上年下忙收数尚不及半，而应解京协及本省各饷已将库款搜括一空，无从设措”。虽经巡抚文煜“暗访明察，各州县亦尚知委婉奖劝，期于钱漕无误。无如百姓借团恃众任意抗延，各地方官劝导不从，征收乏术。漕期已近，不及十分之二”[③]。

在极大妨碍官府田赋征收的同时，团练的抗粮行动还动摇了官府的权威，从而引发了官民关系的显著变动。除巡抚文煜在奏报中惶恐于山东“几有官弱民强之势”，三口通商大臣崇厚也提醒清廷，山东“多有团练抗粮，是国家之正供因团练将化为乌有，已成民强官弱之势”[④]。最能反映山东“民强官弱”这一变动的是咸丰十年十二月武定知府接到的一份“八县会禀”，内称“今则刁民愈骄，愚民愈惑，团民愈聚。劝之不闻，惩之不服。粮差地保所到之处，鸣锣聚众，捆殴差保，焚屋掠物。良民进城纳粮，辄遭截夺。或则一日之间纠众万千，担糠负稗入城，塞署哄堂，不加耗脚，逼官收纳；或则执持枪械，名为晾团，入城入署，日夜喧哗，意在恫吓。各县情形不一，而蓄意聚众抗粮则无二致”。其中乐陵县的一次团练抗粮事件竟至出现团民入知县“内室取印自印之，哄然鼓掌而散”的情形。[⑤] 总之，在咸丰十年冬的山东，“各处奸民以筹团费为名，纷纷抗纳漕米。或则拥众围城，逞强要挟；或则传单纠约，依势抗阻；甚至施放枪炮，劫狱放囚，敢与兵役对敌。虽未必皆团练之人，实每凭团练之势。以致到处良民相率效尤，抗不交纳”[⑥]。在团练的抗粮行动面前，州县官往日的权威可谓荡然无存。

对于缘何发生如此激烈而普遍的团练抗粮现象，巡抚文煜颇为不解：“如谓民间之抗粮由于地方官办理不善，地方牧令贤否固有不同，然未必尽属不肖，而钱漕之抗延则遍省如出一辙”。在“反复推求，虚衷采访”后，文煜认定问题出自山东“自办团以来，一邑之中充当大小团长团总者多则数百人，少亦数十人。人数既多，贤愚不一，其

① 详见崔岷：《“靖乱适所以致乱”：咸同之际山东的团练之乱》，《近代史研究》2011 年第 3 期。

② 《山东巡抚崇恩奏陈司库短绌情形折》（咸丰四年八月初四日），《清政府镇压太平天国档案史料》第 15 册，第 343—344 页。

③ 文煜：《刁民借团抗粮现办征收掣肘情形》（咸丰十年十一月二十二日），中国第一历史档案馆藏军机处录副奏折，档号：3－8910－46。

④ 文煜：《刁民借团抗粮现办征收掣肘情形》（咸丰十年十一月二十二日），中国第一历史档案馆藏军机处录副奏折，档号：3－8910－46；崇厚：《通筹理财用兵事宜》（咸丰十一年十月二十六日），中国第一历史档案馆藏军机处录副奏折，档号：3－8910－46。

⑤ 《山东军兴纪略》卷 22，《捻军》第 4 册，第 429—430 页。

⑥ 文煜：《刁民借团抗粮现办征收掣肘情形》（咸丰十年十一月二十二日），中国第一历史档案馆藏军机处录副奏折，档号：3－8910－46。

中公正无私者固不乏人，而藉团生事者亦复不少”[①]。

对于文煜将山东团练抗粮归咎于团长团总的看法，清廷表示了审慎的认可：既承认山东“各州县中充当大小团长、团总者人数既多，贤愚不一，难保无借团生事、抗拒钱粮之人。若不及早办理，深恐酿成巨患”，因而谕令督办山东团练大臣杜乔“剀切晓谕各该处团长等，毋得抗欠国课，自干罪戾”；同时也提醒说：“乡民藉团抗粮，固属事所必有，地方官浮收勒折因而激成事端，亦不能保其必无”，并为此要求文煜“严饬各该州县妥为办理，倘有不肖之员任意加耗，以致人心不服，即著查明严参”。[②]

不过，稍后御史任兆坚递交的访查报告令清廷态度发生了明显转变。据称：“山东省各州县征收钱粮，大率用钱折银，而折价之法各处不同。如银价增，则官不得不议增，而民不便，于是民与官争；银价减，则民不得不请减，而官不利，于是官与民争”，而“民与官争”和“官与民争”的结果便是山东团练“抗粮滋事之案屡见迭出”。这份报告对清廷触动颇大，当即表示地方官“若能一秉至公，随银价涨落征收，何至官民交困”？因此，“东省近来多有抗粮之案，皆由地方官办理不善”，并要求文煜于征收咸丰十一年上忙时务必“通随银价增减，出示晓谕百姓，一体遵行”。[③] 数月后，新任巡抚谭廷襄亦将州县官的在征收田赋过程中的“办理不善”视为山东团练抗粮的诱因。他说：“山东自咸丰五年黄水漫溢以来，民力愈困，而征漕本色折价，仍循旧章。近年银米价皆减，而州县所收本折未能随时递减，以致民间借口办团，抗粮聚众。”[④]

相比之下，户部尚书、大学士周祖培没有停留于田赋征收，而是对山东州县官的日常执政进行了全面抨击。他在咸丰十一年十二月递上的奏折中写道：“北省近畿各处，渐多藐视官长，倚恃团众抗粮拒捕之事。其故由于州县不得其人，平日临财贪墨，办事武健，为民深仇疾视。甚至积久赏罚不信，告令不遵”。清廷对这一分析深表认同，表示“该大学士所奏情形，亦复早有所闻。总由官吏不肖，有激而成，诚堪痛恨”，遂令“各该督抚于所属州县，务各秉公遴选洁己爱民之员，俾膺民社”。清廷并警告说：“如有贪声劣迹、平时不得民心者，立即严参重惩，毋稍徇隐。经此训谕之后，倘有地方牧令奉职无状，以致民间怨毒，酿成聚众抗粮之案，滋生事端者，必将该管督抚上司各官一律重惩，决不宽贷。”[⑤]

继谭廷襄后任职东抚的阎敬铭对“官吏不肖”与团练抗粮间的关系有着更为深入的阐发。同治二年十二月，阎敬铭以刚刚平定的淄川信和团之乱为例，在一件发给新任淄川知县的批牍中告诫说：“催科之法，唯有尽心民事，输将自然踊跃”，“吏道之堕，

① 文煜：《刁民借团抗粮现办团练掣肘情形》（咸丰十年十一月二十二日），中国第一历史档案馆藏军机处录副奏折，档号：3－8910－46。

② 《清文宗实录》第 336 卷，咸丰十年十一月乙卯，中华书局，1987 年。

③ 《清文宗实录》第 341 卷，咸丰十一年正月庚戌。

④ 《山东军兴纪略》第 22 卷，《捻军》第 4 册，第 437 页。

⑤ 《清穆宗实录》第 12 卷，咸丰十一年十二月己未，中华书局，1987 年。

心术之坏，至今已极。刘逆之乱，何尝非官酿成之？”①

不但如此，阎敬铭更是颇为痛心地将“吏道之堕，心术之坏”视为当时整个山东团练之乱的根源：“细察东省致乱之由，固属民情刁悍，易于煽动，然究其始，实由地方官不能以身率教以折服其心。迨至激成事端，遂皆诿罪于民。该地方官试扪心自问，其果能事事无愧于吾民乎？”正因为“官不自重，民乃益骄。禁以令，谓不足听；示以威，谓不足畏。骚然群动，变益加厉。始则抗纳钱漕，继则挟制官长。不可驾御，不可收拾，浸至酿为叛逆，至于今日。为民上者安能辞咎？”总之，山东绅民固然罪无可辞，但州县官委实应负首要责任：“东省团总固有强横者，要未必无忠信。民之恨官久矣，团练兴，民乃得而反之。”②

结　语

巡抚阎敬铭关于山东“民之恨官久矣”的观察不但在团练的抗粮之风与嘉道年间州县征税积弊之间建立起因果联系，还深刻地昭示出清廷眼中18—19世纪中期山东绅民抗粮动因的转变。18世纪，山东绅民的抗粮常被清廷认为缘自其“民情”兼具“刚狠”和“晓文”的特质，而较少与官府行为联系在一起。这一认知自然不应遮盖清廷对“盛世”期间山东也存在官府征收舞弊导致绅民抗粮情形的洞察。但本文的论述表明，与后者相比，山东“民情”确给清廷留下了更为深刻的印象。

然而，随着州县官吏在田赋征收中盘剥程度的加重，山东绅民被迫通过京控渠道进行抗议。但因清廷的整饬始终不见成效，绅民对官府的仇怨持续发酵。至咸丰年间，在州县官因税收压力倍增而继续加重对乡村的盘剥，又未能有效掌控团练的情况下，“恨官久矣”的山东绅民遂借团练之力，频繁而激烈地反抗州县的田赋征收。耐人寻味的是，正是官方自身相信，“吏道之堕”实为团练抗粮的根源，绅民的原因反而获得理解和宽容，提示出当时的吏治危机已相当严重。在一定程度上，山东绅民抗粮动因从“民情”向“恨官”的转变既折射出清王朝自18世纪末开始日渐凸显的吏治危机与官民对立，也预示着晚清以降国家与社会之间的种种冲突。

---

① 阎敬铭：《批淄川张令禀》（同治二年十二月二十二日），台湾大学图书馆藏《阎中丞批牍》，同治年间刊，第7页。批牍中所称“刘逆”即刘德培，淄川文生，咸丰十年发动乡民抗议官府漕粮征收中的“合勺成升”（“合”、“勺”零数一律按“升”交纳）积弊，其后联合二十余名绅士组建“信和团”，并迅速发展成淄川势力最大的一支团练。同治元年闰八月，在袭击了邻县博山北乡太河庄并杀死一名拒绝提供团练经费的团长后，“信和团”走上了公开叛乱之路。他们凭据淄川城，同清军进行了十个月的武装对抗，最终演变为咸同年间影响最大的三起团练叛乱事件之一。此事件的始末详见神户辉夫：《山东省淄川县刘德培抗粮始末》，《大分大学教育学部研究纪要》（人文社会科学B集）4-4，1974年；裴宜理著，章克生、何锡蓉译，《晚清抗粮斗争：上海小刀会和山东刘德培》，《史林》1988年第4期；陈华：《清代咸同年间山东地区的动乱（咸丰三年至同治二年）》，台湾大学历史学研究所博士学位论文，1981年，第219—230页。清廷眼中另外两起重要的团练叛乱事件的领导人分别为河南的李瞻及安徽的苗沛霖。《清穆宗实录》第86卷，同治二年十一月乙丑。

② 阎敬铭：《通饬整顿吏治》（同治二年十一月初九日），《阎中丞批牍》，第4—5页；阎敬铭：《批费县土令禀》（同治二年十二月二十二日），《阎中丞批牍》，第9页。关于咸同时期山东的团练之乱，参见崔岷：《“靖乱适所以致乱”：咸同之际山东的团练之乱》，《近代史研究》2011年第3期；陈华：《清代咸同年间山东地区的动乱（咸丰三年至同治二年）》，第158—165、第215—218页。

清末中等社会与民族国家建构

徐永志　李　硕（中央民族大学）

20世纪初期，随着轰轰烈烈的拒俄运动的兴起，中国传统的社会结构出现重大分化与组合，一个以新知识阶层和绅商为主体的“中等社会”迅速崛起。他们先是基于“实行爱国主义”，通过结社、集会、抗议、通电、创办报刊等形式广泛动员民众抗俄；继而在清政府压制拒俄运动后，由其中的青年学生为主体改为“实行民族主义”，提出以“提挈下等社会以矫正上等社会”和“破坏上等社会以卵翼下等社会”① 为己任，转向旨在以推翻清朝统治、建立“中华共和国”为社会理想的启蒙宣传和革命实践，“很快成为推进中国近代社会新陈代谢的决定性力量”。本文在以往学者有关“中等社会”研究的基础上②，拟着重对清末10年间“中等社会”的群体构成与特征，特别是其关于中国近代民族国家建构的思想主张和实践，略述浅见，恳请方家指正。

一、“中等社会”的“差序”与“融溶”

“中等社会”登上政治舞台的首要之役是发动拒俄运动，并在其中显现了巨大的社会动员力量和政治号召力。然而，清政府压制拒俄运动的行径激发了以学生为主体的中等社会的集体觉醒，使得其对清政府的政治态度发生急剧变化。由此，原本是康有为、梁启超保皇、立宪信徒的“中等社会”却转而手执民族主义之纛，由爱国走向资产阶级民主革命，成为建立近代民族国家的先导。

由于“中等社会”“是19世纪下半叶以来中国社会变迁过程中产生和累积起来的一种力量”，是多元社会成分“融溶”而成的一个复杂的社会实体，其内部的革命性力量分配也自然显现出“差序”的结构特征。其中“自居于士类者”为主要的一部分，“出入商与士之间者”为其附属，“出入于方术技击与士类之间”又“附属焉”。

首先，从参与革命的动机来看，“自居于士”者大多是没有获取功名的下层士人转变而来的“浮动性知识分子”，他们被李泽厚称为“近代中国第一批学生知识分子”。这样的知识分子在这一社会实体中占据了革命序列的最上端，他们既具有传统知识根基又有现代价值观，而其中的留日学生和在国内新式学堂毕业或学习的学生又是最活跃、

---

① 杨笃生：《新湖南》第2篇，1903年。

② 陈旭麓先生的《近代中国的新陈代谢》（上海人民出版社，1992年版）一书，以专章论述了清末十年间的“中等社会”，开“中等社会”学术研究之端绪。桑兵的论文《拒俄运动与中等社会的自觉》（载《近代史研究2004年4期》进一步梳理了“中等社会”从集体意识萌芽与阶层意识觉醒、自我认同形成的历程。其他研究成果有：杨小辉：《觉醒与呐喊——20世纪初新知识阶层的“中等社会”论说》，载上海市社会科学界联合会主编：《生命、知识与文明：上海市社会科学界第七届学术年会文集（2009年度）哲学·历史·文学学科卷》，上海人民出版社，2009年；赖海平、周少华：《〈大公报〉与清末不缠足运动——兼论中等社会之使命》，载《大观周刊》2011年第7期。

最关键的部分，起到了主导作用。“学生生于二十世纪之竞争中心点……而所以恃以生存国民何在？学生诸君非其代表耶！”① 学生之所以走在民主革命建国的前沿，一方面是由于当时民族危机的加重，另一方面也由于清政府实行新政导致国家、地方社会和民众的冲突日趋激烈，知识分子被排挤在利益格局之外。因此，社会变革中“本应是动力的青年学生反而成为包袱累赘，变革结果的错位反映了性质的虚伪，旧势力抵拒成功，说明他们与社会协调适应，而学生落魄失所，则不仅显示社会变动幅度甚微，而且曲折地显示出统治者的主观意向只是把近代化当成自保自救的手段。尖锐的地位矛盾强化了他们对现实的不满情绪。如果不甘于自生自灭，就必须彻底改造社会。② 商人阶层的革命行为则多出于对于自身利益的维护，其革命立场会出现摇摆，处于序列结构的中部。其他具有一定革命思想的社会阶层则多是在知识分子的动员下所进行的政治参与，虽然数量庞大，但是缺乏主动的革命动机，处于序列的底端。

其次，“中等社会”的革命目的和手段也表现出“差序”与“融溶”的结合。在“上层已腐，下层尚愚”的“差序性”的社会结构认识下，“中等社会”采取了不同的革命策略，即“破坏上等社会”与“提携下等社会”，明确以清朝统治集团为代表的上层社会为革命对象，认为他们“丰其苞苴厚其贿赂，暮夜乞怜而不知耻，大廷唾面而不知羞，畏洋如虎，视民若仇”③，并通过各种渠道进行政治宣传，使民众对上层社会有清醒的认识，将其与中等、下等社会区别开来。

最后，“中等社会”对待以劳动者、士兵、会党、广大民众等组成的数量庞大的下层社会群体，其“融溶”的思想意识贯穿始终。虽然“中等社会”并没有完全认识到蕴含在下层社会之中的强大的政治力量，但是已经懂得对他们进行必要的启蒙和引导，认为破坏旧有政治体系的前提和基础是“提携下等社会”。“下等社会者，革命事业之中坚也，中等社会者，革命事业之前列也。故今日言革命教育者，必在两等社会。”④ “我们大家协心，动起公愤，不要说他们做官的害怕，就是外国人也须害怕的哩。”⑤ “下等社会”是进行革命的潜在动力，但是他们“往往把国家当作皇帝的产业，随便什么事都不去管理。”⑥ 因此，希望能开民智、广动员，促进他们政治参与行为的转变。“融溶”的思想改变了晚清以来尤其是戊戌变法时期知识分子与民众的分离状态，将民众的力量纳入政治变革的轨道。这样的“差序”与“融溶”也是“中等社会”处于社会过渡时代的具体体现，初步具有现代特征。

上述“中等社会”的演化与融合体现了三重历史特征：其一，传统社会中相对隔离的“四民”社会走向了一种融合“四民”的国民社会，在一定程度上体现了国民意识的觉醒；其二，各种社会阶层在民族危机不断加剧的情况下，积极寻找革命的同路

① 未署名：《敬告同乡学生》，载《湖北学生界》1903 年第 5 期。

② 桑兵：《1905—1912 年的国内学生群体与中国近代化》，载《近代史研究》1989 年第 5 期。

③ 未署名：《国耻篇》，载《东方杂志》1904 年第 10 期。

④ 未署名：《民族主义之教育》，转引自张枬、王忍之编：《辛亥革命前十年间时论选集》，第 1 卷（上册），上海：三联书店，1960 年，第 409 页。

⑤ 未署名：《做百姓的身份》，载《中国白话报》1903 年第 1 期。

⑥ 未署名：《做百姓的身份》，载《中国白话报》1903 年第 1 期。

人，社会集团内部的紧张与冲突出现了一定程度的消解，新的交往关系开始发展；其三，社会集团力量对权力的诉求也反映了政治正当性的基础开始从原有的“德性”转向“权利”，对于民族国家的呼唤也正是这种权利意识自觉的体现。

二、“中等社会”视域中的民族国家

在20世纪初这个转变的时代里，一方面，民族危机日益深重，诉诸民族主义成为一种历史的必然；另一方面，要寻求新的能够凝聚与整合社会人心的新权威合法性资源，成为时代的召唤。二者交相激荡，逐步演进为构建现代民族国家建构所需的意识形态。

最初对民族主义这一思想进行宣传的是改良派的代表人物梁启超。他在1901年所写的《国家思想变迁异同论》中，着眼于抵抗帝国主义的侵略以求中国之生存，对民族主义进行旗帜鲜明的歌颂：“民族主义者，世界最光明正大公平之主义也，不使他族侵我之自由，我亦毋侵他族之自由”，“今欧美列强皆挟其方刚之膂力以与我竞争，而吾国于所谓民族主义者，犹未胚胎焉”，“知他人以帝国主义来侵之可畏，而速养成我所固有之民族主义以抵制之，斯今日我国民所当汲汲者也。”① 其后，他又公开表述了“民族的国家”这一观念，“近四百年来民族主义日渐发生，日渐发达，遂至磅礴郁积，为近世史之中心点，顺兹者兴，逆兹者亡。”“故能建造民族的国家声施烂然，苟反抗此大势者，虽有殊才异能，卒归败衄。”② 然而，以梁启超为代表的改良派很快地就抛弃了民族主义一说，因为在他们看来，民族主义这一思想一旦勃兴，就自然同种族主义相融合，进而演生成为“排满”，正如严复所说，民族主义的目的在于“人人而自立”，并非合群而反满，梁启超后来也专注于国家思想而较少谈民族主义了。③

此后，以留学生和国内新式学堂学生为主体的革命派从改良派手中接过民族主义之纛，成为其革命的动力与依据，在不断与后者划清界线的同时，将民族主义这一思想通过革命报刊进行广泛宣传。同时，他们自称“中等社会”，言论宣传的同时将民族主义与革命建国相统一，认为“由于帝国主义列强争霸世界的竞争日益激烈，中国势将继非、澳、拉美之后，成为帝国主义列强侵略攘夺之首要目标，中国的民族危亡已迫在眉睫。为谋救亡图存，中国唯一可为倚恃的武器，厥为民族主义”④。这样的思想伴随着强烈的民族主义和国家主义意识形态的召唤，并开始审视自身在近代国家建构中的角色扮演，充满激情的宣扬“学生社会”与“中等社会”，将其置于社会变革的最前沿：“二十世纪竞争之大活动场也，今日中国之负此资格者，果谁属乎？吾得而断言之曰：学生哉，学生哉……位置上于学生者无望矣……位置下于学生者更无望矣”，“呜呼美哉学生之位置，呜呼重哉学生之位置，学生介于上等社会、下等社会之中间，为过渡时

---

① 梁启超：《饮冰室文集类编》（上），上海：广益书局，1948年，第424、第426、第478页。
② 梁启超：《饮冰室文集类编》（上），上海：广益书局，1948年，第517页。
③ 金冲及：《辛亥革命和中国近代民族主义》，载《近代史研究》2001年第5期。
④ 沈松侨：《近代中国民族主义的发展》，载《政治社会哲学评论》（台北）2002年第3期。

代最不可少之人。"① 在这里，被推崇备至的学生不仅仅是一种身份，而是成为一个独立的社会群体。

但是，单靠学生群体是无法构成革命的动力来源的，仅仅"中等社会"的自醒也是远远不够的，更重要的是带动"下层社会"，启蒙其心智，转变其为具有现代意识的"国民"。"下等社会为一国之主人，如何使完其人格，如何使尽其天职，必养其独立自营之精神，而后能为世界之大国民立于万马奔腾、潮声汹涌之竞争场而不碚今日之学生，即下等社会之指向也。"② 而何所谓之国民？"中等社会"知识分子对其也有清醒的认识，"凡为一国之民，其身即为国之一分子，不放弃一分子之责任者，即可谓之国民。理言之，非有独立之精神，有合群之性质，有自主之品格，有进取之能力，有协图公利之思想，有不受外界抑制之气魄，不足以为国民。"③ 他们认为培养这样的国民的作用在于"以国民程度之高低为其国民族帝国主义发达与否之比例差"④。从而将民族主义的发达程度与国民意识的提高紧紧联系在一起。

在培育"整体之国民"的时代命题之下，"中等社会"知识分子形成了具有时代特色的民族观与国家观。首先，拉近民族主义与国家主义之间的亲缘关系，将政治单位同民族单位相契合，倡导国家民族主义。"中等社会"知识分子认为"合同种异异种，以建立一民族的国家，是曰民族主义……凡立于竞争世界之民族而欲自存者，则当以建民族的国家为独一无二。"⑤ "唯有国家主义盛行，则上下一心，遐迩一体，国人皆互相团结，壮其合群之魄力，发其爱国之精神，然后众志成城，急公仇而缓私仇 ，先国事而后家事，其国未有不盛，其种未有不昌者。"⑥ 国家民族主义的实现首先就是推翻清政府，而"破旧"却只是开始，"立新"才是目的，"吾辈主张真正之国家主义，将以建设新中华国"，这样的"新中华国"的建立必然需要打败两个敌人，"第一之敌之满洲则国家之，于第二之敌之他国乃仇雠之也。"⑦ 而究竟何所谓之"新中华国"？一方面，它必以民族主义为精神，以国民利益为福祉。"政治家以民族主义为方针法律，以民族主义为精神"，"政府必由全国国民所组织而以全国国民为政府之实体；政府必为全国国民之机关而以全国公共事务为政府之职掌；政府必以全国国民为范围而专谋全社会幸福为目的。"⑧ 另一方面，以政党为政府的组织形式。"一国之政治家而多出于阀阅之中则常成为官僚之政治，若多出于平民之中则常为政党之政治……今日中国欲使朝野之间各呈活泼之气象，必也使国家之政治成为政党政治，而欲使政党政治之发生，则必有平民的政治家出现。"⑨

---

① 未署名：《敬告同乡学生》，载《湖北学生界》1903 年第 5 期。

② 李书城：《学生之竞争》，载《湖北学生界》1903 年第 2 期。

③ 万声扬：《中国当重国民教育》，载《湖北学生界》1903 年第 2 期。

④ 万声扬：《中国当重国民教育》，载《湖北学生界》1903 年第 2 期。

⑤ 未署名：《民族主义论》，转引自张枬、王忍之编：《辛亥革命前十年间时论选集》第一卷（下），上海：三联书店，1960 年，第485 页。

⑥ 未署名：《论平民主义与国家主义之废兴》，载《东方杂志》1907 年第 8 期。

⑦ 朱执信：《心理的国家主义》，载《民报》，1908 年 6 月 10 日，第 21 号。

⑧ 汉驹：《新政府之建设》，载《江苏》1903 年第 6 期。

⑨ 柳隅：《阀阅的之政治家与平民的之政治家》，载《中国新报》1907 年第 5 期。

其次，形成一种自下而上的社会民族主义。“二十世纪中，必现出一完全无缺之民族的共和国耳。欲达此目的，必先合莫大之大群；而欲合大群，必有可以统一大群之主义，使临事无涣散之忧，事成有可久之势。吾向欲觅一主义而不可得，今则得一最宜于吾国人性质之主义焉，无他，即所谓民族主义是也。”① 这里的“合群”就是将具有分散性的民众力量不断集结、组织化。在这一过程中，以“中等社会”为核心的政治主导力量必然站在时代的前列，面临着“自身之行动”与“下层之提携”双重历史任务。

三、“中等社会”的组织化、政党化与改造“下等社会”

“中等社会”作为清末建构近代民族国家的主导力量，首先要实现的是培养“自身独立之精神与合群之性质”，实现内部空间结构的扩展，在“国”与“民”之间形成组织化的结构，进而实现政党化，同时“提携”、改造“下等社会”。

“中等社会”的组织化是在这一社会实体较为积极活跃的城市公共领域的扩展中实现的。这主要体现为城市中学校、学会、报刊形成的一种有效的“三维结构”的组织化模式，将“中等社会”中的主要阶层成员衔接起来并能随时形成一种有效的革命组织动员。这也是“中等社会”内在组成部分以及结构要素随着革命形势的发展而不断变动演进的必然结果。

在城市中，近代学堂不仅将具有新思想以及具有现代知识的青年知识分子聚拢起来，而且成为革命思想宣传的重要阵地，其中一些新式学堂甚至托办学之名，而行革命之实，实际上成为变相的政治性的联络、集会之所。学社独立于学堂之外，但是也多由学生组织，与学堂存在着千丝万缕的联系。在学堂或者学社当中，学生也往往更易于组织，易于发动，成为革命的先锋，如拒俄运动中发挥巨大作用的军国民教育会。城市中“中等社会”中的部分新型知识分子还通过出版发行大量的报纸、杂志和书籍，在言论与舆论上，开辟一种新文化的内部公共空间。报刊舆论形成的具有一定公共性质的批评空间为革命组织化提供了宣传的基础，并形成推进组织化舆论传播的渠道。

“中等社会”内部的“三维结构”在上海表现得最为突出。上海在20世纪初建有爱国女学堂、健行公学、中国公学、锐俊学社等诸多新式学堂或学社，成为群众组织的基础或公开的革命联络机关。同时期的上海的报刊业也日渐发达，仅1905年到1911年间，革命派在上海就先后出版了15家报刊，如《国粹学报》、《神州日报》、《中国公报》、《民立报》、《大陆报》等，其中13种报刊都是以时事政治评论为主的综合性报刊，阅读对象十分广泛。② 因此，20世纪初上海报刊舆论的公开宣传在社会中产生了一种较为自由的空间，形成了社会舆论领域的开放与公开化。

“中等社会”内部空间结构的组织化以及内部批评性公共空间的形成，催生了具有现代意义的政党。1905年，孙中山在日本东京领导建立了第一个资产阶级革命政党——中国同盟会。同盟会的领导骨干多为留日学生，他们也是“中等社会”这一主

① 未署名：《论中国必革政治始能维新》，载《东方杂志》1904年第1期。
② 方汉奇：《中国近代报刊史》（下），太原：山西人民出版社，1983年，第475页。

张的首议之士。同盟会成立以后，革命知识分子显著增多。据统计，1905—1907年间加入同盟会，现在可以查出本人成分的379人中，留学生和学生354人，占93%以上，为绝大多数。官僚、有功名的知识分子10人，教师、医生8人，各占2%多一些。资本家、商人6人，占1%多一些。贫农1人，占不到1%。参加同盟会筹备会的66人（内田良平、宫崎寅藏、末永节3名日本人除外），目前能查到家庭经济状况的十几人中，有华侨商人、资本家、自由职业者、塾师、官僚等；他们本人的成分除商人1人，全都是知识分子、留学生[①]。同盟会的主要成员除了留学海外学生以及知识分子以外，也开始吸纳商人、医生等其他社会成分，这也正体现了社会阶层的一种融溶之势。此外，在20世纪初成立的革命组织如华兴会、光复会等，也初具现代政党的形态。

“中等社会”的主要阶层都被纳入政党的范畴里来，逐渐成为辛亥革命的领导者与发动者，正如邱钱牧所说：“以中国同盟会为代表的革命政党，明确提出了资产阶级民主革命的纲领，并组织领导反清革命群众，发动了一次又一次的武装起义，终于推翻清朝政府的反动统治，结束了延续两千多年的封建君主专制制度，对中国革命做出了不可磨灭的贡献，如果没有革命政党的领导，辛亥革命的胜利是不可能的。”[②]

“中等社会”对“下等社会”的“提携”、改造主要采取了“走进去”和“拉出来”两种策略，即通过自身成员的加入或直接将其成员引导入民主革命的道路。其具体途径，如同盟会骨干杨笃生所言，主要就是“与秘密社会为伍”，“与军人社会为伍”。

一是以“秘密社会”为对象，推进“下等社会”内部组织的“新陈代谢”。这里的“秘密社会”即会党，其“成员主要是破产农民和手工业者、小商贩、兵丁差役、穷苦读书人及无业游民等”[③]。秘密会社之所以成为“中等社会”改造的主要对象以及革命利用的重要力量之一，主要是因为“中等社会”的民族主义思想同“反清复明”的会党的种族主义之间存在着一种继承关系，加之秘密社会本身长期在下层民众中活动，已经具有深厚的社会基础，容易与反清革命运动合流。因此，中等社会或积极的“走进”会党，有效地改变传统会党的内部成员结构，或以“拉出来”的方式，领导其为着同一目标进行革命斗争，以致在近代中国民族国家建构的革命历程中，虽然有许多革命领袖重视对学生以及知识分子的联络，但是重要的革命起事，仍多联络和利用会党发动。

二是运动“军人社会”，促进新军部分人员的革命性转变。新军是清政府为巩固其封建专制统治而效仿西方国家军队建设的新型军队，其成员来源比以往军人更加广泛，而在建立的军官学校中“同时有农民子弟和文人后裔，但是着重选的仍是缙绅世家的青年”。“到1911年，在部队中服役的军官已经有八百名左右到日本留学”[④]。“中等社会”对于这些具有西学思想的军人的改造，也就是“拉出来”的策略的实现必然也是从对这些留学军官的思想鼓动开始的。在民族主义同尚武精神的感召下，一些“中等社会”的成员开始进入在传统社会中被认为地位低下的军人集团，与其为伍，他们通过报刊以

---

① 刘大年：《辛亥革命的性质》，北京：商务印书馆，2006年，第77页。

② 邱钱牧主编：《中国政党史》，太原：山西人民出版社，1991年，第7页。

③ 秦宝琦、孟超：《秘密结社与清代社会》，天津：天津古籍出版社，2008年，第380页。

④ ［美］拉尔夫·尔·鲍威尔著，陈泽宪、陈霞飞译：《中国军事力量的兴起1895—1912》，载《中华民国史资料丛稿译稿》第一辑，北京：中华书局，1978年，第175页。

及各种小册子深入军人内部进行积极的革命宣传，用新的社会理想改变他们，促使他们进行“有价值之破坏”和“有秩序之革命”。在“中等社会”的改造策略之下，新军燃起了对于清政府的反抗革命情绪，也正是这样的新军，成为日后辛亥革命之火的助燃之薪。

晚清时期满族“国家认同”刍议

定宜庄（中国社会科学院历史研究所）

近年来，有关满族“国家认同”的问题，成为清史研究中的一个热点。正如有学者指出的“清朝满人是否认同与如何认同‘中国’，这在以往的国内学术界似乎不成问题，至少不是什么有意义的问题”①，而事实上，国内学术界没有意识到的“不成问题”，恰恰表明了这是以往学术研究中一个不应该被忽视的空白和盲点。这个问题首先由美国“新清史”学者提出来，被国内学界视为一种挑战，并由此而引发深入的思考和积极的回应，所谓“经历过‘新清史’挑战之后重新在新的高度回归的“国家认同”，已经成为清史研究的一种‘新’的视角，”② 这正是学术研究走向深入的表现，也是美国“新清史”为中国清史研究所做的一个重大贡献。

讨论满族的“国家认同”，事实上涉及两个概念，一个是对满洲作为“民族”的认识；第二个是对“中国”这一名词的理解。这两个问题都涉及了清朝从建国到覆亡及其以后漫长历史阶段中诸多的本质问题，不可能在一篇小文中进行全面具体的阐释。本文选择晚清到辛亥革命之前这一特定时段，讨论满族在面对这场重大变革时的国家认同，我认为这是讨论满族从有清一代直至如今，其“国家认同”的一个重要的关节点，却也是往往被或有意或无意地忽略的问题。

一、近代以来中国知识分子对“民族”、“国家”的构建与思考

在美国的新清史学者看来，所谓“中国”的概念只是一种设想、一个过程。作为一个不断演变的具有不同形式、实践和理念的合成体，“中国”的概念一直在发生变化。他们认为从来不曾有过，也永远都不会有任何纯粹的中国或纯粹的“中国性”。所谓“中国”和“中国性”是历史的产物，而历史是多样性的，而非一贯统一的。③

对“中国”等名词的这种认识，是新清史诸多理论的基本出发点，他们对清朝的很多解释，都是从这个基点上阐发出来的，却也是受到国内学界最多质疑之处。如刘凤云、刘文鹏在《“新清史”研究：不同凡响的学术争鸣》④ 一文中所称，新清史的代表

---

① 参见黄兴涛：《清朝满人的“中国认同”——对美国“新清史”的一种回应》，载《清代政治与国家认同》，社会科学文献出版社，2011 年版，第 16 页。

② 常建华：《国家认同：清史研究的新视角》，载《清史研究》2010 年第 4 期。

③ 参见欧立德：《关于“新清史”的几个问题》，载《清代政治与国家认同》，社会科学文献出版社，2011 年版，第 3—15 页。

④ 《中国社会科学报》第 130 期 4 版“争鸣”。

人物，“其背后有一个以西方近代民族国家的既定发展框架来裁量评判中国历史的威权倾向。否认中国认同，还来自欧美的后现代史学对现代民族国家正当性的质疑。所以，‘新清史’在重新审视和重组古代中国历史时，未必完全是根据历史资料的判断，有可能是来自某种理论的后设观察。”

该文进而又提出：他们对“中国”、“中国人”以及“中国民族主义”的基本概念和基本准则提出挑战，并对“中华民族”及国家的认同提出质疑，这些理论倾向，已经对中国这个“国家”产生了潜在的颠覆性。

既然提到了“对中国这个‘国家’产生了潜在的颠覆性”的高度，问题便变得严重起来，乃至引起国内许多学者的政治警觉和反击。

美国“新清史”学者究竟存在着何种政治目的和居心，并不是本文打算评判的问题。我想说的只是，事实上，美国“新清史”学者提到的有关“国家”、“民族”的诸多名词，未必如上述引文所说，是来自欧美学界的某种理论或框架，而恰恰相反，这是中国人自己在清末直至民国初期曾经历时十数年甚至更多时间，经历反复探索求证之后建构出来的基本概念。晚清时期的知识分子，无论革命党人还是君主立宪派，他们撰述的大量文章、专著，以及登载在各种报刊、时论和官方文献等历史资料，都可以用来证实这一点。梁启超对此，说得再明白不过：

吾人所最惭愧者，莫如我国无国名之一事。寻常通称，或曰诸夏、或曰汉人、或曰唐人，皆朝名也；外人所称，或曰震旦、或曰支那，皆非我所自命之名也。以夏汉唐等名吾史，则戾尊重国民之宗旨；以震旦、支那等名吾史，则失名从主人之公理。

且我中国畴昔岂尝有国家哉？不过有朝廷耳。我黄帝子孙聚族而居，立于此地球之上者既数千年，而问其国之为何名？则无有也。夫所谓唐虞夏商周秦汉魏晋宋齐梁陈隋唐宋元明清者，则皆朝名耳。朝也者，一家之私产也；国也者，人民之公产也……然则吾中国者，前此尚未出现于世界，而今乃始萌芽云尔。①

在这两段话中，梁任公明确指出的，就是我国从来都没有“国家”，也没有“国名”，有的，只是朝廷而已。因为所谓“国家”、“国族”，乃至与之相伴随的“民族”、“种族”的概念，都是近代才出现的，都是直到18世纪晚期，随着法国大革命、工业革命等天翻地覆的政治、经济、社会大变革，这些名词才充分概念化，成为西方社会区分人群、解释世界的主要框架。而这些论述发展成为全球性的概念范畴，更要到19世纪以后。在中国，这些名词和概念应运而生更有着特定的历史背景，这就是其一，西方各种思想观念已经涌入中国，并对晚清知识分子产生了深刻的影响；其二，西方世界的思想文化都是伴随着洋枪大炮侵入中国的，这些知识分子正是在面对西方世界的步步紧逼，感受到“亡国灭种”威胁时，才自觉展开了构筑“国族”等一系列活动的。这种其实是晚清以后才被建构出来的“中国”、“中华民族”等概念，其影响之深入人心，以至直到如今，在普通百姓乃至诸多学者心中，都成了“自古以来就是如此”的不替之论。

由于这些名词所具有的特定的近代性，迄今仍未受到中国清史学界的充分关注，对

① 梁启超：《少年中国说》，《饮冰室合集》之五，中华书局，1989年版，第9页。

于西方的民族理论/族群理论，往往也是一头雾水，这便使站在这一理论基础上说话的“新清史”学者很难相互理解。① 很多学者一谈到清朝皇帝，就以他们多次地、不断地谈到“中国”为证，强调他们对“中国”的认同，孰不知在清帝心目中的“中国”或者指代他们的朝廷，或者指代他们占据的领土（亦称“天下”），而全无近代“中国”之含义，与清晚期革命党人或立宪派所称的“中国”风马牛不相及。梁启超在上述引文中指出“朝也者，一家之私产也；国也者，人民之公产也”，一语破的地指出了共和政体与帝制的区别，指出了公民与国家的关系，与帝制之下的臣民与朝廷之间的关系的本质区别，可惜的是，有些学者迄今还无法达到当年梁启超等人的认识高度，以至于不断有将清朝与国家的概念混淆不分的现象产生。对此就不更多举例了。这里要说的是，只有清楚“国”、“族”指代的究竟是什么，才有可能讨论“认同”这个随之而来的问题，也就是说，满族对“中国”是否认同的问题，是一定要置于近代这个特定的语境下，才可能有相互对话的可能性。

二、辛亥革命时期有关满汉关系之争

革命派之所以极力宣扬排满，清廷的腐败无能和对抵抗外敌入侵的软弱消极，固然是主要原因，但另一个重要原因也不容忽视，那就是正当欧洲经历民族主义转型时期，西方“一个民族一个国家”的民族主义造成的影响。即如盖尔纳（Emest Gellner）在《民族与民族主义》（Nation and Nationalism）中所言：“民族主义首先是一条政治原则，它认为政治的和民族的单位应该是一致的。”② 他们认为一个民族就应该有一个自己的国家，任何一群人只要自认为是一个民族，便有权在他们居住的领土上享有独立的国家主权，并拥有自己的政府，全权治理这个国家。而中国当时以满洲这个少数民族统治占据多数汉族的清朝，却恰恰违反了建立单一民族国家的原则，这也正如盖尔纳提到的：“违反民族主义有关国家和民族合一的原则，会深深伤害民族主义情绪……对这种情绪伤害最深的，是统治者和被统治者之间的种裔差异。”③ 革命党人既然要建立一个单一民族（汉族）的中华国，驱逐其他民族，尤其是占据统治地位的满洲，便成为理所当然之事，至于这样的纲领和主张，到底有多少真的是出于三百年来对满洲统治的民族仇恨，倒反而位居其次了。

要建立单一民族国家既然成为纲领，成为原则，那么首先要做的，就是缔造这个“单一民族”，也就是当时人所称的“国族”。始发轫者并不是革命党人，而是主张君主立宪制的梁启超。早在清亡之前的1901年，他撰写《国家思想变迁异同论》，就呼吁“中国苟欲图存于生存竞争之大潮，其唯‘速养成我所固有之民族主义’一途可循。”得到知识界的群起呼应。以西方“国族国家”（nation－state）为典范，着手从事于中国“国族”的塑造，包括提出一套以黄帝为中心的“符号政治”，打造出一个新的国

① 参见定宜庄、胡鸿保：《被译介的“新清史”》，载《清代政治与国家认同》，社会科学文献出版社，2011年版，第145页。

② ［英］厄内斯特·盖尔纳著，韩红译：《民族与民族主义》，中央编译出版社，2002年版，第172页。

③ 同上，第1页。

族——汉族，进而构建起近代中国国族意识的活动，就此而轰轰烈烈地兴起。这一过程曲折复杂且内涵丰富，叙述这一过程又不是本文重点，好在已有不少学者进行过相关研究并有大量成果出现，这里就不拟多谈了。①

既然建立以黄帝为先祖的单一“国族”已经成为当时的共识，进一步的关键，便是对这个“单一民族”如何解释。晚清知识群体思维活跃，代表不同政见的报纸杂志、社团组织迭出，大分起来，不外乎主张共和和立宪两种，但在建构国族的一系列问题上，见解却大同小异。

最激进的是革命党人的言论，他们显然是将满洲排除于这个单一的国族之列的，于是才会有以“驱除鞑虏、恢复中华”为纲领的《同盟会宣言》提出：

今之满洲，本塞外东胡，昔在明朝，屡为边患；后乘中国多事，长驱入关，灭我中国，据我政府，迫我汉人为其奴隶，有不从者，杀戮亿万。我汉人为亡国之民者二百六十年于斯！满洲政府穷凶极恶，今已贯盈，义师所指，覆彼政府，还我主权。其满洲汉军人等，如悔悟来降者，免其罪；敢有抵抗，杀无赦！汉人有为满奴以作汉奸者，亦如之。

中国者，中国人之中国，中国之政治，中国人任之，驱除鞑虏之后，光复我民族的国家。敢有为石敬瑭吴三桂之所为者，天下共击之！②

更极端者如邹容，在《革命军》第 6 章“革命独立之大义”中提出“一、中国为中国人之中国。我同胞皆须自认自己的汉种中国人之中国。”“一、不许异种人沾染我中国丝毫权利。”“一、驱逐住居中国中之满洲人，或杀以报仇。”“一、诛杀满洲人所立之皇帝，以做万世不复有专制之君主。”其中尤以“驱逐住居中国中之满洲人，或杀以报仇”一条为甚。③

立宪派的立场和态度，可以以梁启超与杨度等人的主张为代表。立宪派既然鼓吹君主立宪，而君主偏偏又是革命党人所谓的异族，是应该被革命、被驱逐的对象，只要革命党人的说法成立，满洲君主就只有被推翻而绝无再为君主的理由。因此，梁启超等人与革命党人的争辩，针对的就是汉族单一建国论。梁启超认为：“国家须有人民，此理之至易明者。但其人民不必有亲族血统之关系，徒以同栖息于一地域，故利害相共，而自然结合，谓之国民。”按照他的意思，只要是同栖息于一个共同地域，利害相共，那么不一定有亲族血统的关系，也可以是一个国家的休戚与共的国民。他认为当时国民所最当努力的是保国，至于保种（汉种）和保教，并非当务之急。同样地，张君劢也说：“国族者，何物耶？凡人类之一部相互间以共同之感情而受治于自主的政府之下者也。”

既然按照梁启超等人的说法，“国民”包括了栖息于该地域的所有人，那么，被革命党人排斥于国民之外的“鞑虏”，也就是满、蒙、回等少数民族，是不是也应该列入“国民”之列，又是以何种理由列入呢？这是他们面临的一个难题。在以黄帝为先祖的

① 其中尤以沈松侨先生的《我以我血荐轩辕——黄帝神话与晚清的国族建构》（载《台湾社会研究季刊》第 28 卷 1977 年）和《近代中国民族主义的发展：兼论民族主义的两个问题》（载《政治社会哲学评论》第 3 期。台北，2002 年）最为详尽并最具说服力。

② 引自《孙中山选集》上卷，第 68—70 页。

③ 《革命军》于 1903 年 6 月由上海大同书局出版。

国族构建呼声几乎压倒一切的时候，梁启超等人也只有在这个大前提之下，设法为自己的主张寻找根据，而根据的出发点，就是要证明满人与汉族一样，也是中国国民的一部分，这就是“满汉同源论”产生的背景。他们意图将这块领土之上的少数民族也纳入“中国”这个共同体之中，即他们所谓的“大民族主义”，以与革命党人主张汉族独立建国的“小民族主义”相对，甚或提倡将“中华民族”而不是“汉族”作为这个国族的族名，如杨度①。对于晚清保皇立宪诸人不能自圆其说的理论，学者虽然多所批评，却认为他们力主满汉融合的主要理由，是反对革命，遂使这种批评难以深入。而这一理论真正的自相混淆之处，是在于他们并没有脱离“单一民族建立国家”的窠臼，只不过将这个“单一民族”加以扩大而已，而未曾意识到，他们的“大民族主义”仍然以汉族为主体，其他少数民族如果留在这个国家之中，是只能“同化”于汉族而没有其他出路的。他们既以“汉化”解释历代少数民族进入中原后成为中华民族成员的历史，也视“汉化”为他们想象出来的“中国”建国的唯一前途。不可否认的是，这种影响之至深且远，是直到今日仍潜移默化于国人甚至学界中的。

“满人是不是中国人”的激烈争论，正是在这样的特定背景下发生的。这直接关系到本文的主题即“满族是否有中国认同”，同时也提示给我们，讨论满族的国家认同，并不是一个简单的问题，满族人对“中国”的认同，也不可能是理所当然的、无须讨论的问题。至少在晚清到民国时期，在汉族的“国家”、“国族”建构紧锣密鼓地进行过程中，满族曾有过不被认同为中国人，即使想要加入中国，也必须经历“汉化”之后才会被接受的阶段。

三、辛亥革命前后满族对“中国”的认同

辛亥革命时期革命派的民族主义是学界研究的重点，研究成果颇多，本文提到的有关辛亥革命前后知识阶层对“中国”、“国族”的建构过程，内容亦未超出国内外学界近年来的研究范围。而我之所以要不惮篇幅地陈述这些概念和过程，是因为若非如此，便无法说清本文以下要重点阐述的问题，那就是，在清朝统治被颠覆的前夜，革命也好，保皇也罢，针对的目标都是一个，那就是满洲的皇室及其臣民，也包括他们的知识分子。而随之而来的以排满为中心并最终推翻清朝的运动，殃及最深的，无疑更是革命的对象、也就是被革命驱逐的“鞑虏”。那么，在这场翻天覆地的变革中，满人究竟有何反应？有何表现？他们怎么认识这个问题？或者说，他们是否发出了他们的声音？这本来应该是一个很值得关注、值得探讨的问题。

遗憾的是，许多年来，这个问题却并没有受到充分的注意，作为被革命、被推翻的一方，尤其是要将其“驱逐”出中国的革命宣传占据压倒优势的被动一方，很少人会

① 梁启超1903年发表《政治学大家伯伦知理之学说》一文，清晰地对大民族、小民族赋予了较为科学的内涵。其称：“吾中国言民族者，当于小民族主义之外，更提倡大民族主义。小民族主义者何？汉族对于国内他族是也。大民族主义者何？合国内本部属部之诸族以对于国外之族是也……合汉合满合蒙合回合苗合藏，组成一大民族。”载《饮冰室合集》之十三，中华书局，1989年版，第71—76页，并参见沈松侨：《我以我血荐轩辕——黄帝神话与晚清的国族建构》，载《台湾社会研究季刊》第28卷（1977年）。

倾听满人的声音，很少人会关心他们对待这样宣传的态度、立场，包括他们对这个强烈要求将他们驱赶出去的“中国”是否还存在“国家认同”的问题。总之，讨论晚清时期满族一方对国族建构、对立宪保皇乃至对“中华民族”问题的立场和表现，是讨论晚清时期满族对中国“国家认同”问题的关键，也正是本文的主旨。

讨论满人在晚清国族建构中的态度和立场，最可靠的途径是倾听他们自己的声音，但在辛亥革命前，可以看到的相关史料很少，本文拟选取几例，对这一问题作一粗浅探寻。

1. 宗室盛昱的诗

晚清时期的满洲宗室亲贵以保皇党派居多，诸如载涛、毓朗、载泽、善耆、铁良等等，但盛昱可能是个特例。[①] 说他是个特例，缘于他写的一首如今学者多引用来证实满人认同中国的长诗。在这首长诗中，有“起我黄帝胄，驱彼白种贱。大破旗汉界，谋生皆任便”之句，当下有学者称：

这清楚地表明，不但满族人，就连觉罗宗室也心甘情愿地向汉族人的祖先黄帝认祖归宗，向着与汉族同化融合的方向发展。

盛昱强调与汉族同化融合的动因之一，是出于驱逐侵略中华的“白种”异族的政治需要，隐含着明确的近代民族意识。康有为、梁启超大倡融满汉畛域，满汉一家，除了其依靠清帝变法维新的政治立场外，同样具有将国内满、汉、蒙、回、藏等“小民族”合为“大民族”，共同抵御他国异族侵略，保中国，保中华民族免遭灭绝的近代民族意识。[②]

此时清朝尚未灭亡，盛昱何以竟会如此“心甘情愿地向汉族人的祖先黄帝认祖归宗”？何以会有如此前卫的“近代民族意识”？如果不细读全诗，恐怕无法获得一个完整而合理的解释，故不惮烦琐，将全诗引录如次：

题廉惠卿（泉）补万柳堂图[③]

北人入中土，始自黄炎战。营卫无常处，行国俗未变。
淳维王故地，不同不窋窜。长城绝来往，哑哑南北雁。
耕牧风俗殊，壤地咫尺判。李唐一代贤，代北般士裸。
辽金干戈兴，岛索主奴怨。真人铁木真，一怒九州奠。
畏吾廉孟子，秀出中州彦。烟波万柳堂，裙屐新荷讌。
《诗》《书》泽最长，胡越形无间。色目多贤才，耦俱散州县。

① 盛昱（1850—1899），字伯熙，肃武亲王豪格七世孙。光绪三年（1877）进士，授编修、文渊阁校理、国子监祭酒。史称他“因直言进谏，不为朝中所喜，遂请病归家。讨测经史、舆地及本朝掌故，皆能详其沿革。”

② 王开玺：《晚清的满汉官僚与满汉民族意识》，《中华文史网》（http://www.historychina.net/qsyj/ztyj/ztyjzz/2009-11-13/14934.shtml）。

③ 《郁华阁遗集》卷2，第5—6页。按“小万柳堂”旧称廉庄，位于浙江省杭州市西湖区，是著名的金石、书画收藏家、无锡人廉惠卿所建，是廉惠卿夫妇的隐居之地。

中州《石田集》[1]，淮上《廷心传》。终怜右榜人[2]，不敌怯薛健。[3]
台阁无仁贤，天下遂畔乱。沙顿亦名家，凄凉归旧院。
文正孔子戒，哲人有先见。至今食旧德，士族江南冠。
孝廉尤绝特，翩翩富文翰。薄宦住京师，故国乔木恋。
堂移柳尚存，憔悴草桥畔。当年歌骤雨，今日车飞电。
绘图属我题，使我生健羡。捉笔意酸辛，铺卷泪凝霰。
我朝起东方，出震日方旦。较似却特家，文治尤纠缦。
岂当有彼我？柯叶九州遍。小哉洪南安，强兮满蒙汉。
阛阓生齿繁，农猎本业断。计臣折扣余，一兵钱一串。
饮泣持还家，当差赎弓箭。乞食不宿饱，弊衣那蔽骭？
壮夫犹可说，市门娇女叹。奴才恣挥霍，一筵金大万。
津门德国兵，镶辉八两半。从龙百战余，幽絷同此难。
异学既公言，邪会真隐患。兴凯入彼界，铁轨松花岸。
北归与南渡，故事皆虚愿。圣人方在御，草茅谁大谏？
起我黄帝胄，驱彼白种贱。大破旗汉界，谋生皆任便。
能使手中宽，转可头目捍。易世不可言，当时亦清晏。
越肃坟上松，百亩垂条干。万柳补成阴，春城绿一片。
载酒诗人游，嘉树两家擅。”

该诗蕴涵的思想、感情都十分复杂。首先，盛昱的确将“中土”视为自己的国家并且认同，而且将“胡越形无间”、“大破旗汉界”作为自己的政治理想。但通篇最突出的却是一种感伤情怀，而不是“起我黄帝胄，驱彼白种贱”之句表现出的豪情。与盛昱同时代的陈衍在《石遗室诗话》说这首诗是在“借他人之酒杯，浇自己之垒块”，显然深解作者之意。

说该诗复杂，首先就表现在“认同”的复杂性。按陈衍所谓“他人”，指的是盛昱所题诗的万柳堂主、以金石书画的收藏家著称的无锡人廉惠卿。廉惠卿曾参加“公车上书”，算得上是个维新派人物，而他之引人瞩目，是因他的妻子吴芝瑛是秋瑾的挚友，也是在秋瑾死后为之营葬的人。但若不是盛昱诗中提到“畏吾廉孟子，秀出中州彦”之句，谁也想不到这个廉惠卿，会是元代著名政治家、畏吾人（约略言之，可说是今维吾尔族的先人）廉希宪的后人。由于廉希宪自幼熟读经书，深通儒家之道，故有“廉孟子”之称。盛昱不仅在诗中点明此事，而且由此而追溯元朝时进入中原的那些色目文人最终未能再归故乡的命运。“终怜右榜人，不敌怯薛健”，按元代选举制度，凡中选的举人和进士都分列二榜：蒙古、色目人一榜，称右榜；汉人、南人一榜，称左榜。右榜人，这里指的就是像廉惠卿和《石田集》作者、蒙古汪古部人马祖常等蒙古、色目

---

① 《石田集》15 卷，马祖常（1279—1388）撰。祖常字伯庸，先世为雍古部人。

② 元代选举制度，凡中选的举人和进士都分列二榜：蒙古、色目人一榜，称右榜；汉人、南人一榜，称左榜。

③ 怯薛，蒙古和元朝的禁卫军。起源于草原部落贵族亲兵，后来发展成为封建制的宫廷军事官僚集团，元代官僚阶层的核心部分。

文人，他们当时没有“怯薛”也就是蒙古武士、元朝皇室禁卫军的得势，日后散落中原，“薄宦住京师，故国乔木恋”，也仍然保持着对故国的眷恋。盛昱描述他们命运时虽未明言，却用“捉笔意酸辛，铺卷泪凝霰”极言自己酸楚哀伤的心情，他将这些色目文人作为“自己人”来认同并为之洒泪，虽然彼时清朝尚未覆亡，但盛昱似乎已经预感到结局。

该诗后半段直接进入主题，尽述入关后清室由盛转衰的经历，陈衍的评论称：“‘农猎本业断’、‘市门娇女叹’、‘故事皆虚愿’、‘草茅谁大谏’诸韵，皆伤哉言之。”句句讲的都是八旗生计，而八旗生计问题，正是清朝武力衰退的显著征象，可见陈衍是深懂诗人伤痛之所在的。①

至于被当下学者多方引用的“起我黄帝胄，驱彼白种贱”二句，陈衍评说是“仍拘墟之见、过当之言矣”。拘墟，系指井底之蛙，多用来形容见识的浅薄狭隘，显然对盛昱这两句口号式的说法不以为然，或亦如革命派那样痛诋其“彼以异种，自惭形秽，乃托于炎黄之裔，觊觎神州”② 亦不可知。但从全诗表达的情感来看，盛昱对于向汉人祖先黄帝的认祖归宗，至少并不像今天有人所看到的那样“心甘情愿”，但是否如沈松侨先生所说，是“企图从‘黄帝’身上，寻得或虚构出一套新的满族祖源记忆，以期消弭满汉畛域于无形”，并且是“假黄帝之符号，启动‘结构性失忆’之机制，试图创造一套新的满族祖源记忆，其目的当然都是在融合满汉，以铸造一个超越满汉族群界限的更大的认同对象中国国族认同”，我认为也未必有这样明确的意识。总之，此诗并非慷慨激昂的爱国诗，而表现出一种彷徨、无奈和对自己民族命运的深切伤感，反映了一部分满人当时的思想状态，把这种状态说成是心甘情愿地向汉族人的祖先黄帝认祖归宗，未免过于简单，用“找不到北”来形容，也许更确切些。

2. 赴日满洲留学生的《大同报》

《大同报》是1907年（光绪三十三年）由留日满洲旗人恒钧、乌泽声等人在东京创刊的，在当时造成一定影响，如今论及辛亥革命前后满人中国认同问题者，无不援引此例，这里似乎已毋庸赘言。

《大同报》的发刊词声称，他们的宗旨有四，一为主张建立君主立宪政体；二为主张开国会以建设责任政府；三为主张满汉人民平等；四为主张统合满汉蒙回藏为一大国民。③ 在该报存在的短短一年仅出的7期（该报于1908年3月停刊）中，最具代表性也最为现今学者关注并引述的，是乌泽声的长文《满汉问题》。这篇长文中要点有三：

其一，认为满汉已经同化为一个民族。证据是“满与汉，既然在同一块土地上生活了数百年之久，操同一语言、同一土地居住生活、信仰同一宗教，又属于同一种族。”

---

① 陈衍：《石遗室诗话》卷7，台湾商务印书馆，1961年版，第10页。

② 黄节：《黄史·种族书第一》，《国粹学报》，1年1号，第4页。

③ 《大同报》颇为学界关注，研究成果甚为丰富，参见孙静、李世举：《大同报与晚清满汉融合思想》，载《新闻爱好者》2010年10期；邓丽兰：《种族政治压力下的政治现代性诉求——从《大同报》看满族留日学生的政治认同》，载《华中科技大学学报（社会科学版）》2011年第6期；李龙：《另类视野中的满与汉——以满族留日学生为中心的考察》，载《钦州学院学报》2007年4期等。亦见于沈松侨：《我以我血荐轩辕——黄帝神话与晚清的国族建构》，载《台湾社会研究季刊》第28期。

他虽然承认二者间仍然存在某种区别，但这是“同民族异种族”的问题，而“满汉两种人之关系，只问民族，不必问种族，民族既同，斯无种族问题以生也”。

其二，声称反对革命党人的排满，也同样反对清朝廷中某些人的排汉，认为凡居一国土地者，即为一国之国民，继属人主义为属地主义（此语很有趣，属人，即属于某君主或某政权，属地则看居于哪片领土）。鼓吹满汉平等：“故请先求满汉自由、满汉平等……吾所主张之满汉平等分为三类：一军事上平等，二经济上平等，三政治上平等。”

其三，明确主张君主立宪，宣称只有君主立宪才是中国最适宜的国体：“中国国体，中央权重，幅员辽远，各省不适于生存；中央权微，各省散漫，不适于统一。且蒙古回藏，地僻民僿，不能以自治，必融于中央地方，两权不可偏重。是即中国最适宜之国体而吾所谓单纯统一国体者，即统一内部各行省、外藩蒙回藏成一立宪大帝国之谓也。”乌泽声并特别强调：“即使不辞流血革命，涂炭国民，设立共和政体，势不得不抛弃蒙古回藏，缩小幅员，而后能行民主，是不啻先自瓜分一次，而后建设共和。要知蒙古回藏为中国之土地，其存也可为中国之屏蔽，其亡也能召中国之瓜分，伤一发牵动全身，割一地祸连全体……”

“统一内部各行省、外藩蒙回藏成一立宪大帝国”既是《大同报》的，也是当时鼓吹君主立宪的满汉知识分子的政治理想。从乌泽声的表述来看，他的基本观念与梁启超、杨度等汉族的立宪派是相同的，其无法自圆其说之处，也与其他立宪章派并无二致。本来，《大同报》诸君就是奉杨度为精神领袖的，杨度在为《大同报》的题词中，也赞誉该报“尤为自有旗人以来所无之事”，称他们是“旗人中之同志”，可见他们联系之紧密和思想上、政治上表现出的一致性。

不过，如果细察之，在《大同报》的一些文章中，也有不同的表达，可以《中国之排外与排内》一文为例，该文宣称：

统一国者，又谓之联合国，其主义在兼容并包，以张大其国家，异族之来也不排斥之而收容之，岂惟其既来而始收容之，即其未来处于国外之异种人民，且将用手段以牢笼之，用兵力以兼并之，种族虽不纯，而国势固张大无比矣。

至我朝则经略塞外，征回征准，取台湾，数万年相沿相袭，皆挟帝国主义，以联合各异族共立于一国之下，故我中国能合二十一行省蒙古回藏，而占地球上五大洲独一无二之亚东大帝国。使当上古时代，循单一国成例，以严斥外族人为主义如黄帝者，只有保守直隶、山峡河南四省，凡此外之人民土地皆以外国视之，皆以夷狄斥之，匪第不能扩其疆宇，恐其固有之疆宇亦不能保守，且日渐剥削，若以之立于今日之优胜劣败之竞争世界中，其必不足以立国也，可断言矣……大国即强国，强国亦即大国。

今欲排内，是欲以原有之复成国而反欲分离乖隔为一单一国，外人不瓜分我，而我乃自为瓜分，且欲以瓜分召外人，是真不可思议毫无意识之举动也。

该文刊登在1908年第2号上，撰文者佩华，也是《大同报》的主要撰稿人之一，但这篇文章在研究《大同报》的诸文中却较少为人提到，它的尖锐程度，已经超出了其他立宪派人物宣称的满汉融合、满汉同化的比较温和的立场。佩华明确提出，国家若要其张大，就必须兼容并包，如果遵循“单一国”成例，以严斥外族人为主义如黄帝者，将直隶等四省之外的人民土地均以“外国”、“夷狄”视之，在如今的世界上，根本就不能立足。笔者认为，如果谈论《大同报》，这篇文章是不能忽略的。

3. 分析

如果仅从《大同报》来看，这些年轻的满洲留日学生对“中国”是有明确的认同感的，他们在当时建构单一民族国家的呼声成为全社会最强音的时期，急切地想得到各种政治势力的接纳和承认，极力想将自己的民族纳入这个“中国”之中，为此而希图缩小和淡化满汉间民族差别的存在。然而必须注意的是，这种现象的出现，是有重要前提的，那就是清朝尚未垮台，而这些满洲年轻的知识分子，是将这个朝廷视为自己的国家、是站在这样的立场来谈论满汉关系的。说到底，这些满族知识分子尽管在一定程度上意识到了“汉族”的建构对于清朝统治的危险性，但他们能够拿来与之抗衡的唯一的救命稻草，就只有“君主立宪”而已，只有立宪，只有维持满洲皇帝的统治，才能使这个多元的“中国”帝国免于崩溃，沈松侨先生评价说“他们渴望民族振兴而又不愿失去自身的特权与利益”，可谓一语中的。

《大同报》的创办者，毕竟是一批政治上未必成熟的年轻人，他们的主张，也未必就能代表当时大多数满洲人的意见和态度，杨度在题词中也说：“大同报社诸同志以少数之人，孤危寡助，力排异议而为之，较吾人之事业尤难。”清亡之后，这些人的立宪理想破灭，他们也各自踏上不同的政治道路，其中乌泽声和穆都哩（亦名穆儒丐、宁裕之）都曾供职于伪满洲国，穆儒丐的代表作《福昭创业记》追溯祖先的英雄业绩，表现出强烈的满洲民族意识①，我们对这些人在清朝灭亡之后对于“中国”和“黄帝”是否仍然认同、对“满汉同族”说是否仍然坚持，已经无法肯定。至少他们中的一部分人，其政治立场和态度，已经与清朝未覆亡之前迥异，这深刻地揭示了满族国家认同问题的复杂性和多变性。总之，不顾及特定的时间和在特定语境下的政治立场，来一概而论地对满人的“国家认同”做评价，往往会产生诸多歧义，这是需要引起警惕的。

再者，即使在清朝未亡之前，在构建单一民族的声音成为主旋律的时候，这些接受维新思想最快的满人中的“开明”者，虽然不得不附和主旋律而高唱民族融合、满汉同源的调子，甚至像盛昱那样将黄帝认作自己的祖宗，但对于“汉化”也仍是有保留的，《大同报》诸君主张满汉同族、满汉平等，但更向往的还是兼容并包的“大帝国”，他们心目中的“中国”与汉族知识分子心目中的中国，是有差异的。

纵观以上所举盛昱和《大同报》诸君的例子，可以清晰看出的是，当汉族建构自己“民族”的活动风起云涌之时，虽然清朝尚未解体、满洲皇室也还占有话语霸权，“满洲”或曰“旗人”却既没有建构自己民族的自觉，更没有这种行动。面对汹涌而来的革命浪潮，满族知识分子显然既无防备之心，亦无还手之力，表现出来的，是对历史和现实政治在认识上的混乱和叙述上的漏洞百出，他们对“国家”、“民族”的认同，呈现出模糊和不确定的特点，一旦朝廷覆亡，他们的那些理论主张，顷刻间便烟消云散。下面拟重点讨论的，就是满人之所以会有如此表现的原因。

---

① 可参见刘大先：《民国旗人对于清初历史的一种想象》，载《满族研究》2011 年第 2 期。

四、对满族“中国认同”的几点历史思考

1. “满族”构成的复杂性

清朝覆亡之前，革命党人曾力倡汉族独立建国，复兴单一民族的中国，我们可以设想一下，这种主张如果成为事实，其结果必然是庞大的清帝国解体，留下一个“主权真空”。至于这个真空由谁填补，从理论上说，是存在多种可能性的，其中一个就是满人也像汉人一样，提出自己的建国纲领，脱离中国而独立。但事实上，尽管在清朝覆亡之后，也有肃亲王等满洲王公贵族妄图效法蒙古这样行事，但就满人的大多数而言，却既不具备自己独立建构民族的条件，也没有这一意识，所以也不存在以分离自立的方式填补这一真空的可能性。何以会出现这样的现象，从满族这个民族的“内因”来看，也许与从初兴时期始就是一个混杂了众多族群和部落、入关后建立的清朝作为一个“帝国”，所具有的多族群、多文化的特点有着直接的关系。从这样的角度探讨满族形成的历史，或可对这个民族的“民族性”有深一步的了解，是一个很有挑战性的问题。

首先要说明一点，满族与清代的“满洲”（Manchu）不能等同。“满洲”是1635年清太宗皇太极所定的族号，而“满族”则是1949年以后，作为中国境内诸多少数民族之一，才由全国人民代表大会民族事务委员会正式予以确立的名称。在此期间，或称“旗人”，或称“旗族”，莫衷一是，且各有各自的特定含义，如果将今天通行的说法运用以清代或者民国时期，都会产生混乱和误解。但为表达简要起见，我们这里也不得不沿用“满族”一称，来指代这个特定的人们共同体。

从历史上看，满族从初兴时期起，就具有特别的复杂性。满族的复杂性，从内部说，在于它的构成。努尔哈齐建立八旗制度，将所有归附人众纳入八旗之下，“以旗统人，即以旗统兵”，这些人众的构成不仅包括了建州、海西等女真部落，还包括了分布于黑龙江和乌苏里江流域广阔地带的众多“野人女真”部落，以及辽东汉人、蒙古诸部人和朝鲜人等各种人口。皇太极时期又先后建立八旗蒙古、八旗汉军，待1635年定族号为满洲时，八旗已经是一个囊括了当时东北地区几乎所有不同族群的组织，也使满族这个共同体从建立伊始就具有特别多元的特征。

历经清代，“满族”的成分愈加复杂。八旗制度下的人丁，既有八旗满洲、八旗蒙古和八旗汉军之分，又有内务府包衣旗人和被纳入旗籍的庄头壮丁，满族的各种不同成分，对于被纳于其间（甚或未曾进入）的八旗组织、乃至创造和掌控这个组织的清朝朝廷究竟有没有、又是有着什么样的族群认同，是有很大区别的。举例来说，有清一代被编入八旗户籍的旗地上的庄头、壮丁，保守统计有数10万之众，他们无论居住在辽东还是京畿，都众口 词地自称为“随旗人”，如今也基本上自报汉族，表明了他们不肯认同于满族的明确立场，是为介乎于满与汉之间的边缘群体。曾参加同盟会，与革命党人一同举行抗清行动的张榕，就属于这个群体。[①] 再如清朝覆亡之后八旗制度随之解

① 参见定宜庄、郭松义、李中清、康文林：《辽东移民中的旗人社会：历史文献、人口统计与田野调查》，上海社会科学出版社，2004年版。

体，八旗蒙古的成员大多数认同蒙古族，认同满族的相当罕见。再如很多在清朝曾任显赫高官的汉军旗人后裔，如今也不肯承认自己为满族。所以，在讨论满族的国家认同问题时，是不好泛泛而论的。

尽管从康熙朝以降，满人也曾建构过自己的始祖神话和世系，“三仙女传说”和《满洲源流考》、《八旗满洲氏族通谱》的问世，就是他们所作一系列努力的起点，但这种努力在乾隆朝之后似乎便呈时断时续之势，究其原因，与“满洲”在八旗内的人数并不呈优势，满洲贵族的统治必须依靠八旗内部非“满洲”血统的各种力量的支持有直接关系。清末维新人士所谓的“汉族”概念，最初就是一个以血缘传承为主的“种族”，满人面对这种建构，处于“找不到北”的状态而呈寂寂无声之势。与这个人群从构成之日起在血缘、地域乃至语言文化上就都具有的多元特点，应该有直接关系。

2. 清帝国的多元性

然而，以上征引的《大同报》中佩华的文章，毕竟还是能给我们一些启发，该文鼓吹“以联合各异族共立于一国之下，故我中国能合二十一行省蒙古回藏，而占地球上五大洲独一无二之亚东大帝国。”鼓吹“统一国者，又谓之联合国，其主义在兼容并包，以张大其国家，异族之来也不排斥之而收容之，岂惟其既来而始收容之，即其未来处于国外之异种人民，且将用手段以牢笼之，用兵力以兼并之，种族虽不纯，而国势固张大无比”，这样的话，很难想象会出自一个当时的汉人之口，而从满人口中说出却自然而然，事实上，这正是清帝国立国原则的写照。

从女真—满初兴时期的外部环境看，建州女真崛起于辽东之时，周边的环境就不单纯。努尔哈齐接受的，固然有来自明朝的汉族儒家文化的影响，但更多的，恐怕还是来自蒙古、朝鲜的各种观念和文化。蒙古的语言、文化和社会制度对女真—满在文化上的影响源远流长，史有明证，而女真与朝鲜的关系，也早就为王锺翰教授所注意并有所阐述：“在漫长的两个世纪之中，原先在蒙古统治者统治下受过‘万户’封号的居住在当时辽远的依兰地方的这一个女真集团，由于几经迁徙，先去朝鲜，后回中国，不能不受到各方面来的影响”。① 这些固然是史学界公认的事实，但他们从初兴时期起就面对各种政体、各种文化的情况，使他们与生长在中原汉地儒家社会相对单一环境的汉人存在“先天”的差别，这对他们后来能够建立起多元帝国而不是明朝那样单纯儒家的朝廷所产生的深远影响，往往被学界忽略。

在晚清的革命党人和立宪派中，固然也出现了是以文化还是血缘来分辨“民族”的争论，但清代满洲的“文化”与他们的血缘相比，甚至还更多元。盛行于满族初兴时期的萨满信仰早在入关之前就已势微，创建于努尔哈齐和皇太极在位时的满文满语，到乾隆朝以后也已衰落。于是他们的文化，便表现在汉地拜祭孔庙，尊奉儒家学说；在蒙藏地区，又以藏传佛教的虔诚弟子自居。对清政府这种在和不同族群交往中使用不同模式的作法，美国学者柯娇燕将其描述为“并存的皇权”（“simultaneous emperorship”）②，这种宗教上和文化上的多元性，固然使他们在统治的巅峰时期，可以成功地

---

① 王锺翰：《满族在努尔哈齐时代的社会经济形态》，载《清史杂考》，人民出版社，1957 年版，第 3—4 页。

② Pamela Crossley, ATranslucent Mirror: History and Identity in Qing Ideology, pp10 - 11, 296 - 336.

笼络中原和边疆地区的上层分子，以维持统治的稳定，却也令人产生了疑问，那就是什么才是他们自己？他们又是凭借什么，来维系这样一个有着众多不同信仰、不同文化、不同语言的帝国中，不同族群对他们的认同？这正是美国"新清史"学者所提出并试图解答的问题，也是他们的着力之点。对此，欧立德（Mark Elliot）的论述有一定的代表性：

尽管满洲皇帝展示出各种各样的姿态，每种都有同样的真实性，却代表着不同的权威来源，以及不同的帝国臣民，但归根结底，只有一个满洲皇帝，才能代表这些多元政权，汉人皇帝是无法实现这一点的。正是满洲皇帝的皇统，成为将中国各族群联结在一起的纽带。一旦解纽，满洲族群主权归于终结。

他认为维系这个帝国统治的，是能够代表这些多元文化的皇统，也就是说，皇权是将中国各族群联结在一起的纽带。①

尽管目前中国清史学界对美国"新清史"在政治上构成的"潜在的颠覆性"多所警惕和批判，但如果将"帝国"（empire）作为一个学术名词而非政治术语，清朝是一个帝国而且具有帝国的多元特性，却是不争的历史事实。而如果承认这个事实，便也无法无视至高无上的皇统在清朝统治中的作用。总之，满族作为一个民族，即使能够想象出一个共同祖先，却并不像汉族或者蒙古族、甚至藏族那样，依靠悠久历史和延续几千年的文化来维系，有清一代三百年，维系这个特殊群体存在的，是由皇权统治给予他们在政治上、经济上和社会上的优越地位，是由此而产生的特殊的生活方式，皇权一旦垮台，政治经济基础一旦丧失，茫然不知其所，他们的"认同"也就缺少了一个载体，清末满洲贵族中一部分人拼命鼓吹"立宪"和满汉一家的主要原因，倒未必是这些人特别"开明"所致。

文章写到这里，可以做一个简短但明确的结语，那就是，首先，讨论满族的国家认同，是一个很有必要也很有意义的问题。但只有对两个基本概念达成共识，才有平等对话的可能性，这两个概念，一是何为"民族"尤其是何为"满族"；二是对"中国"的解释，其中又尤以后者最为关键。应该承认的是，在清朝、中华民国和中华人民共和国的不同历史时期，"中国"指代的并非同一概念，尤以清朝与以后的区别为最大，这本应是一个常识。

其次，本文的主旨，是从满族的角度讨论他们对中国的认同问题，选取的则是晚清这个特定时期，在这个特定时期，满人心目中的"中国"与朝廷多少还是重合的，他们对这个中国有着确定无疑的认同，当改良派和革命派众口一词地鼓吹建立单一的民族国家的时候，他们中一些人的反应，是急切地想加入到这个国家中来，甚至不惜附和汉人而认黄帝为祖，但从切身利害考虑，确实也只有保存皇统、鼓吹"立宪"一途。

总之，对大多数满人来说，清朝的"中国"和清朝被推翻之后的"中国"在他们心目中不可能是同一个概念，也就是说，在从此"中国"到彼"中国"的认同之间的过渡，未必是自然而然发生的，而是也曾有过痛苦艰难的选择过程，讨论这个过程，是探讨中国现今这个统一多民族国家形成过程的重要的、在某种程度上甚至是关键的一个方面。

---

① Mark C. Elliott, The Manchu Way: The Eight Banners and Ethnic Identity in Late Imperial China, 2001, p. 5.

清末民国时期“旗族”内涵之初探

赵志强（北京社会科学院）

作为一个虚拟民族共同体的名称，旗族称谓发轫于清光绪初年，盛行于清末民初，详见拙文《清末民初旗族称谓的产生与流行》。[①] 而其内涵，稽考文献记载，综观学者论述，可谓歧旨异词不一而足，爬梳剔抉，可大致归纳为四种说法：一为泛指旗人，二为仅指某些（个）旗人，三为特指满洲人（又称满人、满族），四为特指由满洲、蒙古、汉军旗人融合而成的所谓民族共同体。在第一、第二种意义上，旗族称谓虽不科学，却有追求时尚、与时俱进的意味。在第三种意义上，以建制名称“旗”指代民族名称“满洲”，显然出于蒙混避嫌之无奈，情有可原而名不副实。在第三种意义上，尽管表现出联络所有旗人以维护自身利益的强烈愿望，却无视满洲、蒙古、汉军旗人的民族属性，企图把三者杂糅捏合，使其成为一个民族共同体，因而纯属荒谬的空想。笔者不揣浅陋，在既有研究成果的基础上，试作阐释。不妥之处，祈读者批评指正。

一、旗族称谓源于旗制

作为专有名词，旗族称谓源于旗制，是“旗人”的变通称呼。清太祖崛起辽左，在女真族狩猎组织的基础上创建“牛录”制度，继而扩为“固山”之制，以统所属。案“牛录”，又作“牛禄”、“柳累”，乃女真（满洲）语 ZirU（niru）[②] 的音译，意为“披箭”[③]，或谓“大披箭。射兽者，比射把子的披子箭大”。[④] “固山”，又作“高山”、“高沙”，乃女真（满洲）语 Go - isA（gūsa）的音译，意为“诸股”，实即汉语借词“股”的复数形式[⑤]。

据清朝文献记载，清太祖先建四固山，后因周边各族归附日众，增设四固山，合为八固山，是为后来的八个满洲固山。每固山各建大旗一面，以为标识。先建四固山，旗色分别为正黄、正红、正蓝、正白，后设四固山，旗色分别为镶黄、镶红、镶蓝、镶白，共八种颜色。因此，在汉语中，除“固山”等音译借词之外，又以“旗”指称固山。清太宗即位后，励精图治，招徕益众，因而先后建立蒙古八旗和汉军八旗，制度与满洲八旗相同。八旗制度延续二百余年，直至民国前期才被废止。

---

① 详见拙文《清末民初旗族称谓的产生与流行》，载《满学论丛》第二辑，辽宁民族出版社，2012 年。

② 本文中出现的满文，包括老满文词语，均按新满文读音书写，并依 P · G · von Möllendorff（穆麟多夫）氏 *A Manchu Grammar*（满洲语法）转写法，以拉丁字母转写，置于后面的括号内。例句则省略满文，只用拉丁字母转写，以省篇幅。

③ （乾隆）《五体清文鉴》卷 9，武功部 2，军器类 4，第 1050 页，（北京）民族出版社影印本，1957 年。

④ 李延基编：《清文汇书》卷 2，第 26 页，乾隆十六年新刊，京都英华堂藏板。

⑤ 详见拙文《八旗满汉称谓解读》，载《满语研究》2006 年第 1 期。

八旗之制，起初“每三百人设一牛录额真，五牛录设一甲喇额真，五甲喇设一固山额真，固山额真左右设两梅勒额真”，① 后来牛录及其所属人丁数目时有变化，满洲、蒙古、汉军八旗之间也略有差异。凡编入旗籍者，满洲（女真）语称之为 Go - isaI ZiYalmA（gūsai niyalma），其意直译为“固山之人”。与之相对，未编入旗籍者，满洲（女真）语称之为 yirqa1A（irgen），意为民、民人。这个词，在现存《旧满洲档》（即《无圈点档》）里，最早见于乙卯年（1615）追记的清太祖往年言论之中②，而在满文体《清太祖武皇帝实录》里，最早见于追述布库里雍顺后世子孙不善抚其国民而国民暴动的历史事件之中。③ 由此可见，在满洲（女真）语中，yirqa1A（irgen）这个词先于 Go - isaI ZiYalmA（gūsai niyalma）而存在。

清朝入关后，又有索伦（今鄂温克）、达斡尔、锡伯、卦尔察、赫哲、鄂伦春、蒙古、汉、藏、维吾尔、高丽（今朝鲜）、俄罗斯等族人众陆续被编入八旗，旗人的民族成分较前增多。然而，在满语中，凡隶属旗籍者，仍称之为 Go - isaI ZiYalmA（gūsai niyalma）。与之相对，凡隶属省府州县者，称之为 yirqa1A（irgen），意为民。在汉语中，前者称之为“旗人”，又称为“旗下”、“旗下人”、“在旗的”或“旗民”等等，后者称之为民、民人以及黔首、众庶等等。终清之世，旗人与民人成为社会成员的基本分野，未尝或移。

由于以上原因，旗人、民人称谓作为清代的通行用语，历时颇久，文献中不乏记载。例如：《旧满洲档》天命四年（1619）三月记事，内有 nikan be juwe aniya dailarade jakūn ing i coohade afarade gūsai niyalmabe gaifi isinahakū seme [han i uksun i deo] dobi (gebungge) [beile be] gūsai ejen be nakabuha④ 之言，意为：征明二年、战八营之兵时，汗之族弟铎弼贝勒未率领旗人到达，遂罢其固山额真之职。其中满文 Go - isaI ZiYalmaI (gūsai niyalma)，汉译本《满文老档》作“旗下之人”，⑤ 亦通。又如：《上谕档》记载，乾隆二十一年（1756）二月初二日，清高宗谕：jakūn gūsai encu dangse de ejche niyalma, daci dangse faksalaha booi aha, holtome encu boigon de dosimbufi, amala beye getukeleme tucibuhe, jai gūsai niyalma irgen i jui be gaifi ujihengge be gemu encu dangsede ejebuhebi. dangse faksalaha booi aha oci gemu gūsai niyalmai dangkan i aha …… ese beye banjire babe kiceki seci, geli gūsai niyalma ofi, cihai yabume banjinarakū. ⑥ 此谕之汉文，《清高宗实录》有记载，其文曰：“谕：八旗另记档案之人，原系开户家奴，冒入另户，后经自行首明，及旗人抱养民人为子者。至开户家奴，则均系旗下世仆……而伊等欲自行谋生，则又以身隶旗籍，不能自由。”⑦ 此句中，满文 Go - isaI ZiYalmA（gūsai niyalma）凡两见，分别与汉文“旗人”、“身隶旗籍”对应；Go - isaI ZiYalmaI（gūsai niyalmai）

① 《清实录·太祖实录》卷5，第62页，中华书局影印本，1986年版。

② 《旧满洲档》（一），台湾故宫博物院影印本，1969年版，第133页。

③ 中国第一历史档案馆藏：满文《清太祖武皇帝实录》卷1，第8页。

④ 《旧满洲档》（一），台湾故宫博物院影印本，1969年版，第421页。

⑤ 中国第一历史档案馆、中国社会科学院历史研究所译注：《满文老档》（上），中华书局，1990年版，第86页。

⑥ 中国第一历史档案馆藏：《上谕档》03—14（二）。

⑦ 《清实录·高宗实录》卷506，中华书局影印本，1986年版，第379页。

与“旗下”对应；yirqa1A（irgen）与“民人”对应。

在汉文档案文献中，为了行文简约起见，往往把旗人、民人合称“旗民”。例如，光绪元年（1875）十月十八日，清德宗谕旨内称：“无论旗民，凡认地开垦者，一体编入户口册籍。”二年十一月二十五日（1877. 1. 9），署盛京将军崇厚奏折内称：“添设州县，旗民兼理。”十五年十二月二十八日（1890. 1. 18），“又谕：本日，户部奏旗民交产请规复旧制一折。宗室及京屯八旗从前所得田产，允宜永远世守。查照旧例，本不准民人典买。咸丰年间，因违例典买，涉讼繁多，量为弛禁。兹据该部奏称，开禁以来，民人置买甚多，将来旗产势必日见其少，仍请申明例禁等语。所奏甚是，已依议行矣。旗人户口日繁，亟宜筹久远之谋，俾资生计，以培元气而固根本。嗣后，宗室八旗京屯田产，无论老圈自置，永远不准卖与民人。如有违例私自买卖，即行照例惩办……用副朝廷惠爱旗民至意。”① 此例中，旗民、民人、旗人称谓同时出现。将旗人和民人合称为旗民，取决于汉语文的特点。

此外，有清一代，隶属于省府州县的民人以人数众多的汉人为主体，旗人与民人的关系在很大程度上表现为旗人与汉人的关系。因此，人们往往又把旗人与汉人相提并论，合称“旗汉”。例如：光绪三十三年（1907）七月十六日，两江总督端方奏均满汉以策治安拟办法四条折，内称：“从前旗人依光日下，仕进多途，选补升转之迟速，考试录取之易难，旗人均较汉人为优。今则在京在外，等于齐民，官缺不分，无所系恋。”② 是月十八日，直隶冀州南宫县举人董芳三呈文内称：“往年已弛旗汉结亲之禁，特视为具文，未见实力奉行。诚以八旗子女悉与汉人联婚配，则往来既稔，声气交通……自粤匪削平而后，汉人之居侯爵者数人，其伯、子、男又数倍之，督抚又屡授之，勋业之尊崇，已与旗人并重矣。比年又以旗人之优缺易以汉人，然则昔日之重夫旗人者，亦汉人之无特色耳，此则气运之故，非有偏徇于其间也……惟君子循分自守，至于勋业可传，固不以旗汉而掩也。”③ 将旗人和汉人合称为旗汉，也取决于汉语文的特点。

迨至晚清，正当西风劲吹之际，“民族”二字作为民族共同体的概念被输入中国，并简称为“族”。于是，在汉语中，“旗人”之称几乎为“旗族”称谓所取代，“旗族”俨然成为“旗人”的代名词或变通称呼，且在清末民初风行一时。与之相应，民族、汉族称谓也一度成为民人、汉人称谓的代名词或变通称呼。然而，所不同的是，旗族称谓的内涵因人因时而异，自始至终都不是统一的、明确的。

二、旗族泛指所有旗人

作为旗人称谓的代名词或变通称呼，旗族称谓被用作统称，泛指所有旗人。这是清末民初文献中所见旗族称谓的基本内涵。例如，光绪二十年（1894）六月，国子监司

① 《清实录·德宗实录》卷20第315页、卷43第614页、卷279第728页，中华书局影印本，1987年版。
② 故宫博物院明清档案部编：《清末筹备立宪档案史料》（下册），中华书局，1979年，第930页。
③ 故宫博物院明清档案部编：《清末筹备立宪档案史料》（下册），中华书局，1979年版，第931—932页。

业瑞洵奏称："恭查《会典事例》，雍正十三年奏准，民人冒入旗籍者，照过继民人为嗣例，入于另记档案内，嗣后永不许民人冒入旗籍，违者除本人治罪外，报保之该管官一并交部议处等语……道光初年，复经立限清查，并定另册章程，通饬遵办……若不亟行清查，任令良贱混淆，孱乱旗族，何以别流品而除宿弊。"[①] 同月二十日，清德宗"又谕：国子监司业瑞洵奏，请清查民人冒入旗籍，以别流品一摺。民人假冒旗籍，本干例禁，若如该司业所奏窜名报捐送考等弊，诸多蒙混，该管参、佐、管领各官从不举发，殊属不成事体。著八旗都统、内务府大臣按照原奏各节，确切查明，参酌成案，奏明办理……"[②] 又如：宣统三年（1911）八月二十五日，京畿道监察御史崇芳奏称："惟臣闻此等乱党确系种族革命，所树伪帜有复汉灭满等字。该省新军内全数旗兵均被残害。情形狂悖。凡属旗族无不闻之发指。"[③] 显然，瑞洵所谓"旗族"，属于统称，泛指八旗都统、内务府大臣管辖的所有旗人。崇芳所谓"旗族"也是统称，泛指所有旗人。

从民人、汉人称谓的变化，也能明了旗族与旗人称谓的变化。

先看民人称谓的变化，既然旗族是旗人的代名词或变通的称呼，那么与旗人相对应的民人可否称为民族，并与旗族相对应呢？根据文献记载，答案是肯定的。例如：光绪初年《永吉县公署查报乡土志资料要项》"省城官兵"条记载："满洲八旗、蒙古八旗、鸟枪营八旗、四边门等兵制……以军治为民治，政简刑轻，不改淳朴旧习。近年始流于文弱，失却尚武精神，国运沦胥，旗族亦与民族同化矣。"[④] 在此，军（治）、民（治）并举，民族与旗族对应。又如：民国年间纂修的《宝清县志》记载："祭祀一事，俗各不同。有清时代约分旗、民两种。民族祭祀，惟供用三牲、香楮、酒果等物，行跪拜之礼而已，此外并无其他仪式。惟旗族祭祀礼节繁多……"[⑤] 在这里，旗、民并举，民族也对应于旗族。

再看汉人称谓的变化，既然旗人可以称为旗族，那么，与旗人相对应的汉人可否称为汉族，并对应于旗族？根据文献记载，答案也是肯定的。例如，光绪三十一年（1905年）十月，啙窳（即文谦，爱新觉罗氏）以《同命鸟》为题发表演说，内称："如今却好有一比，就如同我们大清国，旗汉两族一齐生在极乐世界，相爱的就是佛性，相忌的就是魔心。"[⑥] 在这里，所谓"旗汉两族"，对今人而言，应该就是"旗族和汉族"的同义语。又如：《永吉县公署查报乡土志资料要项》"祭礼"条记载："满洲汉族丧事祭礼，均重冥镪，于灵柩前，设桌罗供燃烛，并焚化香纸奠酒享神，行跪拜礼，旁有赞礼

---

① 王延熙、王树敏辑：《皇朝道咸同光奏议》（户政类·八旗生计）卷31，光绪壬寅（二十八年）秋上海久敬斋石印本，第1页。

② 《清实录·德宗实录》卷343，中华书局影印本，1987年版，第389页。

③ 中国史学会主编：《中国近代史资料丛刊·辛亥革命（五）》，上海人民出版社，1957年版，第413页。

④ 《永吉县公署查报乡土志资料要项》，见李澍田主编《长白丛书》（二集）之《打牲乌拉志典全书 打牲乌拉地方乡土志》所附王利英整理《永吉县乡土资料》，吉林文史出版社，1988年版，第34页。

⑤ 齐耀瑹修、韩大光纂：《宝清县志》，1964年黑龙江省图书馆据民国二十八年（1939年）铅印本油印。丁世良、赵放主编：《中国地方志民俗资料汇编》（东北卷），书目文献出版社，1986年版，第481页。

⑥ 啙窳：《同命鸟》。《京话日报》第436号，"演说"，光绪三十一年（1905年）十月。此条材料，由本所王鸿莉博士提供，谨致谢悃。

生，按次呼唱。旗族则有祭祖礼，于室内西壁木龛，设椅机供神牌，张帘幕，列香盘，春秋择日举行……”① 在这里，满洲与汉族并列，而所谓旗族祭祖之礼，按其后文叙述，皆为满洲之俗。可见其所谓旗族，即为满洲（关于这一点，后文将专门论述），亦对应于汉族。

由于旗族是旗人的代名词或变通称呼，所以旗人、旗族称谓曾同时并存。例如，光绪三十三年（1907）九月二十日，吉林省调查旗务处关于奉旨变通旗制另筹旗人生计据情陈请代奏的禀文内称：“今既钦奉统筹旗人生计，按口授田之旨，亟宜养彼自食其力之性，能免致徒劳无补……拟请通饬各省督抚、将军、都统、副都统，将旗族丁户数目确切查明，据实奏报……” 民国三年（1914）十二月二十七日，吉林巡按使公署关于将各城旗务分处裁归各县接管事的饬文，内称：“各旗务分处裁撤机关改隶县署，设置一科，即名曰某县旗务科。”其职责是：“筹划旗人生计、调查旗族人丁户口，分析极贫，次贫，毋稍冒滥。汇造清册呈送，以便核办。”② 再如：“今奉天旗族尚多，除官僚外，只自知为旗人，不知为满州人。”③ 以上三例中，旗族、旗人称谓都同时出现，且所指对象相同。显然，在这里，旗族即旗人，旗人即旗族，两者属于等义词，本质上毫无区别。

综上所述，所谓旗族无疑是旗人的代名词或变通称呼，泛指所有旗人。值得注意的是，从旗人与民人称谓相互对应，到旗族与民族、汉族称谓相互对应，只是不同时期对清代社会成员二元构成的不同表述，而旗族之与旗人，以及民族之与民人、汉族之与汉人，虽然都是同义词，即分别是同一群体的不同名称，但其间的变化却体现出社会的发展和时代的变化，尤其民族之与民人，其意义更有天壤之别。特别应该注意的是，上述引文中所谓“族”和“民族”不完全等同于我们今天所理解的民族共同体的概念。

三、旗族仅指部分旗人

文献中，旗人以及与之对应的民人称谓除用作专有名词外，还可以用作普通名词，分别指某些旗人和民人，即旗人或民人中的某一部分，甚至单个旗人或民人。例如，光绪元年（1875）四月二十九日，“又谕：步军统领衙门奏，天津县民人毛兰，遣抱陈林，以宗室纠众吓殴乡民，逼立欠券等词，赴该衙门呈诉……”同年六月初三日，“又谕：御史陈彝奏，江苏高邮州医士郭咸宜、民人朱长春孝行纯笃，诸生韦弼谐安贫乐道，请饬查奖等语……”七年（1881）闰七月二十九日，谕内阁，内称：“刑部主事邓文藻，于旗人善英额所种地亩，捏指黑地……”二十年（1894）五月二十日，“谕军机大臣等：有人奏，内务府员外郎庆宽，本非旗人，身家不清。同治年间，曾充崇文门监

---

① 《永吉县公署查报乡土志资料要项》，见李澍田主编《长白丛书》（二集）之《打牲乌拉志典全书 打牲乌拉地方乡土志》所附王利英整理《永吉县乡土资料》，吉林文史出版社，1988 年版，第 18 页。

② 吉林省档案馆、吉林省少数民族古籍整理办公室编：《吉林旗务》，天津古籍出版社，1990 年版，第 5、第 144 页。

③ 章太炎：《与吴承仕论满州旧事书四》。载《华国月刊》第 2 卷，第 2 期。

督验货家丁，冒入内务府汉军旗籍……”① 诸如此类，旗人和民人称谓被用作普通名词的事例，在清代以及民国时期的文献中举不胜举。

旗族作为旗人的代名词或变通称呼，和旗人称谓一样，也可以用作普通名词，仅指某些旗人，即旗人中的某一部分，甚至单个旗人。例如，光绪六年（1880）四月二十九日，呼兰副都统依克唐阿为呼兰旗、营、屯、站丁户自垦祖遗生熟地亩无力交纳额粮等事，咨文黑龙江将军衙门，内称：“窃查黑龙江一省地处东北偏僻之隅，自国初开辟以来，迄今二百余年之久，向系养兵之地，所有额设旗、营、屯、站丁户分扎六城驻防，渥蒙我列祖列宗厚泽深仁，垂悯我旗族官兵及该营，屯、站丁户人等穷荒苦戍，枵腹荷戈，所得钱粮往往不敷养命，向准各城兵丁，屯站人等，每年于春操秋猎之暇，听其就地务农，以资糊口……今若照部文所指各节，援照本省开垦公田及奉天旗民耕种余地按亩征租三分各例，一体追求征租，又追找私开花利银两，不特呼兰查出属内旗、营、屯、站丁户无力交纳，即本省各城旗族、营屯站丁人等，亦皆大失所依。”② 在这里，所谓“旗族官兵”、“本省各城旗族”，显然指黑龙江将军所属的旗人，包括官兵及其眷属。再如：“桂春为旗族，在清帝逊位前，报纸多载其署理民政部侍郎时……”③

旗族作为普通名词，指称某些旗人，从理论上讲，可以指任何一部分旗人。但从文献记载来看，指称某地旗人、某族旗人者居多。例如：“北京地面，方圆号称四十里……惟内城居民甚多，故住户一项，平均计算，旗人盖居十之六七……此种旗民，既系一大部分……考旗人组织之分子，系合八旗、汉军各旗而成……旗族生活，与此适反。前四五年生活本易于今日一倍，而旗族经济反充裕于今日。今日生活愈窘，而可恃之收入，则少于前四五年一倍……今日旗族生计，约可分为四派：贵官派。满清虽亡，有待条件仍在。若亲贵宗室及旗族上辈或已身为官者，今日虽无进款，仍不脱养尊处优积习……谋生派。民国建元，旗族中之识见稍远者，早料其有今日，遂逐年改革向来之积弊，勤求有强……此派为旗族中之尚佳者，且逐渐可与其他各族同化。劳动派。旗族既属分子至杂，表面上虽依饷银，而内容另有生计，则汉军旗人居多数……待死派。脑筋灵性，有新有旧，思沐皇恩之旗族，率皆世爵职之一般老人……由此以观，则又劳动者居于多数。旗族衣食住之一般，已可概见。”④ 此段引文中，旗人、旗民、旗族称谓互见，而旗族称谓出现九次之多，均指北京旗人。另外，前引《永吉县公署查报乡土志资料要项》、呼兰副都统依克唐阿咨文等文献中所见旗族称谓，也是如此，分别指吉林、黑龙江等地旗人。再如，光绪三十三年（1907）七月初十日，掌江南道监察御史贵秀奏请化除满汉畛域的奏折内称：“宗室出自天潢，系本亲贵，原不可等于齐民。其外若

---

① 《清实录·德宗实录》卷8第182页，卷11第208页，卷133第928页，卷341第364页，中华书局影印本，1987年版。

② 中国第一历史档案馆满文部、黑龙江省社会科学院历史研究所合编：《清代黑龙江历史档案选编（光绪朝元年—七年》第327页，黑龙江人民出版社，1988年版。

③ 马芷痒编、张恨水审定：《北平旅行指南》，第115页，北平经济新闻社，民国二十六年（1937）四月四版。又，《老北京旅行指南》（《北平旅行指南》重排本），第120页，北京燕山出版社，1997年版。

④ 佚名：《今日之旗人生活状况》，载1920年5月23日上海《民国日报》。引自流云等选编：《老新闻·百年老新闻系列丛书·民国旧事卷·1920—1923》，第55—57页，天津人民出版社，1998年版。该书将“汉军旗人”断为“汉军、旗人”，疑误。

满、蒙、汉均是臣子，旗族何贵，汉族何贱，亦奚用轩轾为耶。如化裁存乎变，推行存乎通，或化汉为满，或化满为汉，风同道一，纳满汉于轨物之中，民莫能名，是唯在执两用中，大而能化之圣人，非奴才所能妄拟。”[①] 在这里，与“汉族”相提并论的“旗族”，仅指爱新觉罗氏宗室之外的所有满洲人。再如，《宝清县志》记载：“惟旗族祭祀礼节繁多，且亦满、汉各异，兹述满、汉祭祀如下……”[②] 该书接下来所述“满、汉祭祀”的内容，分别是“汉军旗人”和“满人”的祭祀礼仪。显然，该书所谓旗族，仅指宝清县的汉军旗人和满人。又如，民国年间，《良友画报》以《蒙人阿拉善旗族之生活》为题，刊登了记者张沅恒等人访问定远营时拍摄的照片。据其文字说明，“定远营又称做王爷府，是内蒙阿拉善旗和硕亲王的驻在地”。[③] 显然，其标题所谓“蒙人”与“阿拉善旗族”是同位语。换言之，在这里，所谓旗族，仅指内蒙阿拉善旗和硕亲王所属的蒙古人（在清代，阿拉善旗属于盟旗系统，与蒙古八旗不同）。

四、旗族特指满洲人

相对来说，在民国时期的文献中，多以“旗族”特指满洲人（又称满人、满族），似乎满洲人更名为“旗族”一般。例如，民国初年，郭熙楞在其所著《吉林汇征》一书中谈及旗人姓氏变化时，认为：“又满洲旗内之高丽姓，有金、韩、李、朴等四十三姓。又满洲旗内之汉军，有张、李、高、雷一百六十余姓。其姓字大抵系满音译成，以别汉族。前清季年，许满汉通婚姻，化除种族界限，然语言隔阂，则情意难通，姓名睽殊，则习尚亦异，今则汉军俱复旧姓，即旗族亦各冠汉姓，五族一家，共趋大同，十年以后绝无满、汉名义矣。”[④] 再如，《永吉县公署查报乡土志资料要项》“祭礼”条记载：“满洲汉族丧事祭礼，均重冥镪，于灵柩前，设桌罗供燃烛，并焚化香纸奠酒享神，行跪拜礼，旁有赞礼生，按次呼唱。旗族则有祭祖礼，于室内西壁木龛，设椅机供神牌，张帘幕，列香盘，春秋择日举行。期前酿米儿酒，煮打糕，蒸苏叶饽饽，宰纯黑猪，于祭日黎明置神龛前。主祭者先一日斋戒领牲，献白供阿玛尊肉，行三跪三献礼，男先女后，受胙，行工祝，晚复献牲，曰避灯肉，邀人会食。又祭天，于墙院东南竿之前，曰献牲，祭之三日，曰换锁。”[⑤] 这种情况的发生，应当取决于两个因素：一是在清代满洲人为旗人的主体，人多势众，地位特殊。二是在清末民初社会剧变之际，满洲人处于风口浪尖，格外引人注目。

以“旗族”指称满洲，影响最大者，莫过于民国十八年（1929年）芙萍在《世界日报》副刊上连载的长文《旗族旧俗志》。该文从明清更替起笔，主要讲述八旗事务

① 故宫博物院明清档案部编：《清末筹备立宪档案史料》（下册），中华书局，1979年版，第922页。

② 齐耀珹修、韩大光纂：《宝清县志》，1964年黑龙江省图书馆据民国二十八年（1939年）铅印本油印。丁世良、赵放主编：《中国地方志民俗资料汇编》（东北卷），书目文献出版社，1986年版，第481页。

③ 张沅恒：《蒙人阿拉善旗族之生活》。载《良友画报》第97期，民国二十三年（1934）十一月一日出版。

④ 郭熙楞撰：《吉林汇征》，民国六年（1917）印行。见李澍田主编《长白丛书》（五集）所录杨立新整理《吉林纪略》，吉林文史出版社，1993年版，第209页。

⑤ 《永吉县公署查报乡土志资料要项》，见李澍田主编《长白丛书》（二集）之《打牲乌拉志典全书 打牲乌拉地方乡土志》所附王利英整理《永吉县乡土资料》，吉林文史出版社，1988年版，第18页。

(其中，关于上三旗、下五旗，所述有误，时人已予以纠正）和满洲文化，即满洲人语言文字、姓名制度以及衣食住行、生老病死等方面的传统习俗。据成扶平之子成善卿先生追忆：“张恨水对满族的遗风很感兴趣，于是便约成扶平（满族镶黄旗人）撰写有关满人生活习俗的文章。不久，以《旗族旧俗志》为题的长文，便在张恨水主编的《世界日报》副刊上连载。”① 芙萍即成扶平，是清末满洲镶黄旗人，也是民国时期京华著名报人。在《旗族旧俗志·序言》中，他自称“作者是一个地道的满州旗人，（然而头脑绝对是新的)”。② 显然，芙萍既不隐瞒自己的民族成分，也不认为“满洲”是腐朽没落的，表现出强烈的民族自尊和自信。至于这篇长文冠以“旗族”二字，除表明他“头脑绝对是新的”之外，似乎也是时代潮流使然。

在清代，满洲有 FX MaajU（fe manju）和 yicX MaajU（ice manju）之别。按满语，FX（fe）意为“新”、yicX（ice）意为“旧”，均为形容词。在汉语中，FX（fe）或被音译为“佛”，或被意译为“陈”、“旧”；yicX（ice）或被音译为“伊齐”、“一气”、“义气”、“衣扯”、“异齐”、“伊车”等，或被意译为“新”，故有“佛满洲”、“陈满洲”、“旧满洲”和“伊齐满洲”、“一气满洲”、“义气满洲”、“衣扯满洲”、“异齐满洲”、“伊车满洲”、“新满洲”等称谓。唯其如此，后来以“旗族”泛指满洲时，依然区分新旧满洲。例如，《吉林乡土志·永吉县·旗族》记载：“本县旗族，有佛满洲（原注：旧满洲族)、义气满洲（原注：新满洲族）之别。佛满洲有跳家神之特俗，义气满洲有春秋祭祖之惯例。”③ 又如，民国《长春县志·满族》记载：“满洲一族，清代有新、陈之分。满洲人谓陈为佛，新为伊彻。开国时编入旗者为佛满洲，此为纯粹之女真族，其品最贵。伊彻满洲有库雅喇、锡伯等族之分，不尽为女真族，以其入旗晚，故称伊彻满洲，以别之。《清通志·氏族略》所载满洲旗内有蒙古姓氏博尔济吉特 230 余姓，又有高丽金、韩、李、朴等 43 姓，又汉军张、李、高、雷等 160 余姓（此谓之陈汉军）亦入满洲旗，此皆属于新满洲者，故一闻满洲之名，即称为女真遗裔，此实大误。”④ 由此可见，所谓陈满洲和新满洲都是清代特有的政治概念或术语，泛指特定的社会群体，虽然它们与某些民族有密切关系，但本身并不是民族共同体的称谓。⑤

① 萧乾主编：《新笔记大观》，上海书店，1996 年版，第 346 页。

② 芙萍：《旗族旧俗志》，光明日报出版社，2000 年复印本。

③ 伪满吉林省公署民生厅编：《吉林乡土志》第 270 页，见李澍田主编：《长白丛书》初集之《吉林地志、鸡林旧闻录、吉林乡土志》，吉林文史出版社，1986 年版。

④ 张书翰等修：《长春县志》卷之五，第 111 页，见凤凰出版社编撰：《中国地方志集成·吉林府县志辑》，第 324 页。凤凰出版社（原江苏古籍出版社），2006 年版。

⑤ 关于“新满洲”，可参阅：杨余练《简论清代康熙时期的“新满洲”与“布特哈八旗”》（《社会科学战线》1980 年第 4 期)、刘景宪、郭成康、刘建新《清太宗时期的“新满洲”问题》（《历史档案》1981 年第 4 期)、吴智超《略论“新满洲”》（《满族研究》1987 年第 1 期)、刘小萌《关于清代“新满洲”的几个问题》（《满族研究》1987 年第 3 期)、麻晓燕、那晓波《清初墨尔哲勒氏新满洲考述》（《黑龙江民族丛刊》1994 年第 2 期)、张杰《清初招抚新满洲述略》（《清史研究》1994 年第 1 期)、《清初招抚赫哲人入旗考论——清代新满洲研究之二》（《东北史地》2007 年第 2 期)、《清初锡伯人编入八旗考论——清代新满州研究之三》（《东北史地》2008 年第 5 期)、张杰、安晓颖《清入关前新满洲入旗考论——新满洲研究之四》（《东北史地》2009 年第 5 期)、陈鹏《清前期东北赫哲“新满洲”的形成》（《史学集刊》2007 年第 6 期)、《清代东北地区库雅喇新满洲形成初探》（《民族研究》2008 年第 1 期)、《清代东北地区“新满洲”研究（1644—1911)》（东北师范大学 2008 年博士论文）等文。

五、旗族特指所谓满蒙汉三族融合而成的新民族

民国三年（1914）四月，汉军旗人章福荣创办《旗族》月报，并以子伟为笔名，发表《旗族解》一文，阐释“旗族”的含义，主张“旗族”是由满族、蒙古族、汉族组织而成的新民族。其文云：

“八旗之种族就概括言之，既由满族、蒙古族、汉族组织而成，故其民族之名义不得谓之满族，亦不能谓之蒙古族，又不得谓之汉族，自当另有名义，始合人种学之公例。往昔人士以皇帝为满族，八旗中又有满族之一部，遂误认八旗之种族为满族，此等解释，固不适于事实衷于理论矣，然我族岂可自误用其名义耶？顾八旗制度虽分满洲、蒙古、汉军，其所享之权利、所处之阶级亦各有不同，然相视莫逆，无异本支，式相好矣，无相尤也。融三族为一冶，已别成新民族之一种。其同化之原来，由于旗制；其民族之衰微，综厥于饷糈。”①

继而，章福荣仍以子伟为笔名，在《旗族》月报发表《再论旗族与立法院》一文。其中以旗族取代满族，与其他四族即汉、蒙、回、藏族相提并论。如：“俾五族人民，程度相等，权利相等，则此五族共和之中华民国乃得谓之完全无缺，否则二十世纪中华民国之共和，在我旗族未免少留遗憾耳”、“唯我旗族人民，既无省籍之可归，更无营业地点之可认，终使此立法院中彼四族人民发表政见，而我旗族人民，常此唯唯诺诺服从他人之言论，永无建议之权力矣”、“盖今日之旗族较彼四族，在经济界、学识界，其才力均似薄弱，立法界上，再使无旗族专额，则旗族人民唯有坐食听命之特能，较前此之列于军籍者，相去又几何也……惟是五族共和，而旗族人民，永立于坐食唯命之地位，是不仅为吾族人民羞，亦且为国家之累也。”②

事实上，在清代以及民国时期并没有形成“旗族”这样一种新民族。章福荣过分强调旗人的自我认同并把旗人的社会身份与族别混为一谈，企图把满、蒙、汉三族捏成一个新民族，完全脱离了当时的实际情况（其中“误认八旗之种族为满族”之言可取，因为旗人是由多民族组成的社会群体，满洲只是其中的一个民族）。

不可否认，满洲、蒙古、汉军旗人经过世代通婚与融合，彼此之间差异缩小，共性增加，但终清之世，既有联系又有区别的旗籍和族别泾渭自明，从未混同。从整体情况来看，满蒙汉三族远没有融为一体，无论在最高统治者眼里，还是在普通旗人的心目中，民族畛域始终存在。天命八年（1623 年）二月“初七日，八旗设都堂八员，每旗设（诸申）审事官各二员，蒙古审事官八员，尼堪（即汉人）审事官八员”。③ 天聪五年（1631 年）七月设立六部时，官止二等，每部委任诸申、蒙古、尼堪（即汉人）承政三至五员，其余皆为参政，亦分诸申、蒙古、尼堪（即汉人）。④ 清朝入关以后，在一定范围内长期实行满汉复职制度，任用满洲、蒙古和汉军旗人。满洲八旗（固山）、

① 刘小萌：《清代北京旗人社会》，中国社会科学出版社，2008 年版，第 840—841 页。

② 子伟：《再论旗族与立法院》。《旗族》第六期，中华民国三年（1914 年）版，第 3—4 页。

③ 《旧满洲档》（三），台北：台湾故宫博物院影印，1969 年版，第 1341—1342 页。

④ 《清太宗文皇帝实录》卷 9，北京：中华书局影印，1986 年版，第 124 页。

蒙古八旗（固山）和汉军八旗（固山）的设立并作为八旗制度的三大支柱而长期存在便是明证。

八旗之中，满洲、蒙古、汉军作为三个主要民族非但没有融为一体，而且彼此之间始终存在民族畛域，特别是满汉之间。唯其如此，光绪三十三年（1907 年）六月二十二日，两江总督端方代奏李鸿才条陈化除满汉畛域办法八条折，其中建议“京营宜改混成旗”，因为“京营二十四旗，向分满洲、蒙古、汉军三部，不特满汉显分畛域，即满蒙亦界限分明，殊难为大同表率”。其具体办法是，“应请改为混成旗，于正黄、镶黄名称之下，编为左、右、中三营，不分满蒙汉军名目，仍合二十四旗之制，所有官缺不分满蒙汉军，一体升转”。① 继而朝廷为“化除满汉畛域”，颁布谕旨，征询臣工意见，并有所采纳，如准许满汉通婚等。

显然，所谓“满蒙一家”、“不分满汉，只问旗民”等等并没有普适性，只不过是在特殊时期（如民族矛盾尖锐时期）、特殊领域（如政治领域、宣传领域）、特殊人群（如帝王将相等统治阶级）中适用罢了。

另外，“八旗之种族”除满、蒙、汉之外，还有索伦（今鄂温克族）、达斡尔、锡伯、朝鲜、回众（今维吾尔族）、吐伯特（今藏族）以及俄罗斯等。只是平常无需强调族别时，笼统地称之为旗人，若涉及各民族权利，则不厌其烦，强调族别。例如：光绪三十四年（1908 年）八月《吉林全省旗务处各股承办事宜清册·军衡股承办事宜》记载：“吉林蒙古协领一员缺出，由蒙古巴尔虎锡伯瓜勒岔佐领内拣选”、“吉林原系世管佐领，改为公中佐领二员缺出，由本翼内满洲锡伯瓜勒岔骑都尉、防御等官内拣选”、“宁古塔地方公中佐领八员，伯都讷地方公中佐领十员，三姓地方公中佐领十三员，富克锦地方公中佐领四员，阿勒楚喀地方公中佐领八员，珲春地方公中佐领六员，拉林地方公中佐领八员，乌拉地方公中佐领八员，额穆赫索罗地方公中佐领一员缺出，由各该翼内满洲锡伯瓜勒岔骑都尉、防御等官内拣选”、“吉林蒙古旗巴尔虎佐领六员缺出，由蒙古各翼内骁骑校等拣选”、“伯都讷地方蒙古佐领二员缺出，由该蒙古两佐领下骁骑校内拣选”、“伯都讷地方蒙古骁骑校二员缺出，由本佐领下委官、领催、前锋内拣选”、“吉林满洲镶黄、正白两旗，有陈汉军佐领二员，鸟枪营有新汉军佐领八员缺出，由各翼陈汉军骁骑校拣选，如不得人，再咨调都京该旗人员拣选”、“吉林地方防御二十二员，宁古塔地方防御八员，伯都讷地方防御八员，三姓地方防御八员，富克锦地方防御二员，阿勒楚喀地方防御八员，珲春地方防御四员，拉林地方防御四员，乌拉地方防御四员，伊通地方防御二员，额穆赫索罗地方防御一员缺出，由各该翼内满洲锡伯瓜勒岔云骑尉、骁骑校等官内拣选”、“五常堡协领一员缺出，由左右两翼满蒙汉佐领拣选”。② 这种情况，在民人社会里同样存在。

从身份认同的角度来看，满洲人一般来说既认同满洲又认同旗人，自不待言。而其他民族，无论人数众寡，旗龄长短，只认同旗人而不认同满洲。例如：民国年间，有人

---

① 故宫博物院明清档案部编：《清末筹备立宪档案史料》（下册），中华书局，1979 年版，第 917 页。

② 吉林省档案馆、吉林省少数民族古籍整理办公室编：《吉林旗务》，天津古籍出版社，1990 年版，第 94—95 页。

说“新疆的满洲人大概分为（1）老满洲（2）新满洲（3）锡伯（4）索伦四种”，并说“我们现在对于老满洲、新满洲、锡伯、索伦四种人统称之为满洲人，在新疆地方对于前二种称为满洲人，后两种仍以锡伯、索伦称之”。[①] 当今我国56个民族中，有鄂温克族、锡伯族、朝鲜族、维吾尔族、藏族、俄罗斯族，而这些民族莫不源渊有自，更是不争的事实。这是一方面。另一方面，清朝统治者对八旗内部的民族构成以及亲疏、远近、顺逆、忠佞等情况，洞若观火，自有定见。他们平常标榜一视同仁，甚至在某些场合，出于某种目的，堂而皇之地宣扬一些“同祖”、“一家”之类的言论，然而，每当满洲人的切身利益受到损害或他们认为受到损害时，也落入“非我族类，其心必异”的窠臼，此疆彼界划得一清二楚，同时把那些冠冕堂皇的言论抛到九霄云外，毫无顾忌。因此，光绪三十三年（1907年）七月初十日，掌江苏道监察御史贵秀奏称：“宗室出自天潢，系本亲贵，原不可等于齐民。其外若满、蒙、汉均是臣子，旗族何贵，汉族何贱，亦奚用轩轾为耶。”[②] 同月二十八日，民政部右侍郎赵秉钧奏请“旗汉升途亦宜酌改，以免偏歧”，他说：“查旗汉升途未能划一，亦有碍立宪之一端，且细核各部升转则例，不独旗员与汉员不同，即旗员与旗员亦各有不同，甚至满、蒙、汉军亦有专缺。既隘登进之途，无当抡才之用，立法之始或出权宜，沿袭至今，若惟限籍贯之同异，而不问材具之如何，以较宪政各邦待国民者，迥不相侔，似于圣朝任官唯贤之本意，亦难脗合。”进而提议：“拟请饬下吏部、陆军部，酌拟满汉文武官员升途画一办法，其满、蒙、汉军分缺者，尤嫌取材过隘，亦宜统同补用，则取材之路广，抡官之量公，庶于宪政少所背戾矣。”[③] 因此，章福荣所谓“新民族”之说纯属主观臆断，难以成立。

六、余　论

综上所述，在清末民国时期，旗族称谓源于旗制，既用做普通名词，泛指所有旗人或部分旗人，又作为专有名词，特指满洲人或所谓满蒙汉三族融合而成的新民族。

从文献记载情况来看，旗族二字多被用做普通名词，用做专有名词者少之又少。

事实上，旗族称谓作为旗人的变通称谓，产生于清末，盛行于民国年间，而作为满族的代名词，未能延续下来，更没有成为一个公认的或法定的名称。在满洲族称发展演变的历史中，没有“旗族”作为公认的或法定名称的空间。

如前所述，有清一代，凡被编入八旗者，统称曰旗人，满洲人亦在其中。满洲一名，在汉语中又被简称为满，犹如蒙古被简称为蒙、汉军被简称为汉。直至清末，未尝或移。兹据《清德宗实录》、《宣统政纪》，开列如下：

---

① 宫碧澄：《新疆的满洲人》，载《边事研究》第3卷，第5期。

② 故宫博物院明清档案部编：《清末筹备立宪档案史料》（下册），中华书局，1979年版，第922页。

③ 故宫博物院明清档案部编：《清末筹备立宪档案史料》（下册），中华书局，1979年版，第938页。

名称	《德宗实录》	《宣统政纪》	名称	《德宗实录》	《宣统政纪》
满族	0	1	满汉蒙俄	1	
旗族	2	0	满汉蒙（古）	2	
满洲	845①	36	满蒙	26	16
满员	6	2	满蒙汉	9	5
满缺	1	0	满蒙汉回藏	0	1
满人	2	0	满蒙回藏	0	8
满汉	136	58			

由此可见，“满洲”及其简称“满”用之最多。至于《宣统政纪》满族之名，见于宣统三年（1911 年）十月初四日附录美国使馆转交上海电一件，即伍廷安、张謇、唐文治、温宗尧致摄政王载沣的电文。其文云：“摄政王殿下。川鄂事起。罪已之诏甫颁。杀人之祸愈烈。以致旬日之内。望戚离异者。十有余省。大势所在。非共和无以免生灵之涂炭。保满汉之和平。国民心理既同。外人之有识者。持论亦无异致。是君主立宪政体。断难相容于此后之中国。为皇上殿下计。正宜以尧舜自待。为天下得人。倘能幡然改悟。共赞共和。以世界文明公恕之道待国民。国民必能以安富尊荣之礼报皇室。不特为安全满族而已。否则战祸蔓。积毒弥甚。北军既惨无人理。大位又岂能□存。廷芳等不忍坐观。敢为最后之忠告。声嘶泪竭。他无可言。伍廷安。张謇。唐文治。温宗尧叩。”② 满族之名，在《宣统政纪》中仅此一见。

《德宗实录》中两次出现的“旗族”二字，与后来的“旗族”称谓不同。其中，光绪三年（1877 年）九月初九日记事所见“旗族”，系指西宁办事大臣统辖的青海 29 旗蒙古和 40 族番子（今藏族）；光绪二十二年（1896 年）三月十二日记事所见“旗族”，则泛指青海蒙古旗人和西番部族之人。③

据《清末筹备立宪档案史料・第二编・五・满汉关系》统计，情况如下：

名称	满族	满人	满洲	满员	满缺	满文	满汉	旗族	旗汉	旗人	旗员	旗兵
次数	0	79	19④	5	5	3	157	1	10	30	10	6

此表统计中，不见满族之名，而旗族之称仅见一处，即上述光绪三十三年（1907）七月初十日掌江南道监察御史贵秀奏请化除满汉畛域的奏折内称“旗族何贵，汉族何贱”，从其前后文可知，此所谓旗族，乃指满洲、蒙古、汉军旗人而言。与之相比，满洲或简称满、统称旗人或简称旗者，占绝对多数。

据《民国档案史料汇编》二辑载录，在南京临时政府政策法令文件中，除使用一

① 其中，有 1 处用作国名、4 处用作地名。

② 《大清宣统政纪》卷 65，中华书局影印本，1987 年版，第 1204 页。

③ 详见抽文《清末民初旗族称谓的产生及流行》，载《满学论丛》第二辑，辽宁民族出版社，2012 年版。

④ 其中，有 4 处用作地名。

些逆胡、北寇、北虏等词语外，均用满、满人、满州（洲）等名称，详见如下：

序号	文件名称	日期	原文摘录	页码
1	临时大总统誓词	1912.1.1	颠覆满清专制政府，巩固中华民国……	1
2	临时大总统就职宣言书	1912.1.1	国家之本，在于人民，合汉、满、蒙、回、藏诸地为一国，即合汉、满、蒙、回、藏诸族为一人。是曰民族之统一	1
3	临时大总统告海陆军将士文	1912.1.1	同一军也，为汉战则奋，为满战则溃。同一舰也，为汉用则勇，为满用则怯	3
4	临时大总统劝告北军将士宣言书	1912.1.1	凡我籍隶北军诸同胞，同为汉族，同是军人，举足轻重，动关大局，……以满人窃位之私心，开汉族仇杀之惨祸，操戈同室，贻笑外人。	4
5	临时大总统为各族团结一心防俄侵蒙致喀尔沁亲王等电	1912.1.28	今全国同胞见及于此，群起解除专制，并非仇满，实欲合全国人民，无分汉、满、蒙、回、藏，相与共享人类之自由。究之政体虽更，国犹是国。故稍有知识之满人，亦莫不赞同恐后。	16
6	唐彦保等为强国筹边防杜外人致驻京蒙古王公电	1912.1.28	方今革故鼎新，合汉、满、蒙、回、藏五大民族为一共和国家，各省民志已趋于同，惟蒙藏地阻情歧，尚未联合。	16
7	临时大总统关于限期剪辫致内务部令	1912.3.5①	满虏窃国……今者满廷已覆……以除虏俗，而壮观瞻。	32
8	临时大总统与袁内阁切商清帝退位办法致王占元等电	1912.1.29	近与袁内阁切商清帝退位办法，已有成言，而为满州少数皇族所把持挟制，遂令内阁为难，陷于危困。	64

此外，在大成老旧刊全文数据库中，以“旗族”为题名检索，只有民国二年（1913）七月政府公报第449期所刊“共和旗族生计同仁会代表张文凯等呈大总统乞饬财政部取消归并三旗粮饷前议俾八旗粮饷一体发放请批示并批”和民国二十三年（1934年）《良友画报》第97期该报记者采写《蒙人阿拉善旗族之生活》一文及图片，其中所谓旗族显系旗人的代名词。而以“满人”、“满族”、“旗人”为题名检索，则除了官方文书之外，仅学者撰写的文章就有13篇之多，详见下表：

序号	题名	作者	刊名	年/卷/期
1	国会与旗人（一曰撤旗私案）	杨度	中国新报	1907年第1卷第7号
2	国会与旗人（续第七号）	杨度	中国新报	1907年第1卷第8期
3	由坤宁宫得到的几种满人旧风俗（一）	庄严	歌谣	1925年第77期
4	由坤宁宫得到（的）几种满人旧风俗（二）	尚（庄?）严	歌谣	1925年第78期
5	由坤宁宫得到（的）几种满人旧风俗（三）	尚（庄?）严	歌谣	1925年第80期
6	满人婚姻风俗	乃一译	时事月报	1930年第2卷第2期
7	旗人之处女观	瑶子	玲珑	1934年第4卷第7期
8	满族未入关前的经济生活	马奉琛	食货	1935年第1卷第6期
9	满族未入关前的俘虏与降人	陶希圣	食货	1935年第2卷第12期

① 此系临时政府公报刊载日期。

续表

序号	题名	作者	刊名	年/卷/期
10	“满人”并非食米民族	（辽宁）	抗战周刊	1940 年第 50 期
11	中华民族与所谓满族	萧一山	四川青年	1944 年第 1 卷第 2 期
12	满族新女性唐石霞	自在	永安月刊	1948 年第 109 期
13	清初旗人生计考	马小进	经济论坛	1949 年第 1 卷第 6 期

此表中杨度的文章，在 1907 年《大同报》上亦刊登。

浏览这些文章，可知“旗人”皆在本义上使用，即泛指旗下之人而非单指满洲人，满人和满族则是满洲的简称。由此可见，民国时期的学者不以“旗族”指称旗人或满洲人，使用旗人和满人、满族概念都准确无误，绝不混淆。

中华人民共和国成立后，于 20 世纪 50 年代中期开展大规模的“少数民族社会历史大调查”时，由全国人民代表大会民族事务委员会正式确立“满族”族称，[①] 实际上是把清末以来使用的“满族”称谓作为汉语中的法定族称了。

---

① 定宜庄、胡鸿保：《寻找满族——思考“少数民族社会历史大调查”及其影响》，《清华大学学报》（哲学社会科学版）2009 年第 2 期。

清代外藩蒙古会盟制度浅探

达力扎布（中央民族大学）

集会或会盟是古代游牧民族政权施政的重要方式之一。蒙古族的会盟在蒙元时期称作“忽里台”，明清时称作č iɣulɣan（楚固兰）。清代外藩扎萨克旗是蒙古的基本行政和军事单位，辅以会盟形成了盟旗制度。以往对会盟制度的专门研究较少，而且多以清代史籍和典志为据，近年有些学者利用满、蒙文档案进行研究，取得了新进展，[①] 本文拟吸收最新的研究成果，利用满蒙文档案资料对会盟制度作一次较为全面的考察。

一、清军入关前的会盟

会盟是清朝管理外藩蒙古的重要制度。康熙皇帝称：“会盟之事，肇自太宗文皇帝，三年一次遣大臣会盟，朕遵行已久。”[②] 据史籍档案记载，天聪三年正月，科尔沁土谢图汗奥巴来朝表示顺从之后，清太宗强化了对归附蒙古的管理。三月“上敕廓儿沁、敖汉、奈满、胯儿胯、胯喇沁五国，尽遵满洲法”[③]。同月派遣大臣与科尔沁（指嫩科尔沁部）十个执政台吉会盟，议定和颁布了有关出征、驿递及审案等方面的规定。[④] 这是清太宗首次派大臣组织科尔沁部诸台吉会盟议事，并通过立法进行管理。鉴于蒙古各部分散居住，后金（清朝）沿用蒙古原有的楚固兰形式，通过派遣大臣召集各部首领集会处理政务，如颁布诏令、议定法规，比丁、审理案件等，清代称之为会盟。

天聪五年三月，清太宗亲自率大军与外藩蒙古会兵出征察哈尔。由于外藩蒙古各部派兵甚少，马不堪用，清太宗接受科尔沁土谢图汗奥巴的建议，取消此次出征，与外藩各部首领会盟议定法规。天聪五年四月，天聪汗与科尔沁土谢图汗为首十个扎萨克台吉商定小法规，划定牧界。[⑤] 同月又与新归附的阿鲁部孙杜棱、达赖楚虎尔等会盟议定法规，颁行于阿鲁诸部。[⑥]

天聪五年十二月，后金遣使分赴除科尔沁以外各部，命令各部于天聪六年正月初六

---

① N. 哈斯巴根：《清代伊克昭的会盟》，载《内蒙古大学学报》蒙古文版，2006 年第 6 期；乌云毕力格、宋瞳：《关于清代内扎萨克蒙古盟的雏形——以理藩院题本为中心》，载《清史研究》，2011 年第 4 期。

② 《清圣祖实录》卷 242，康熙四十九年四月乙巳条。

③ 顺治初纂本《清太宗实录》卷 4，天聪三年正月辛未条。转引自岛田正郎：《明末清初蒙古法之研究》——东洋史论集第六，第三部，清入关前对蒙古之法，第 383 页。

④ 李保文编辑整理：《十七世纪蒙古文文书（1600—1650）》，内蒙古少年儿童出版社出版，1997 年，第 49 页；汉译文见拙著《明清蒙古史论稿》，民族出版社，2003 年，第 400—401 页。

⑤ 冯明珠主编：《满文原档》第七册，天聪五年四月十一日，台北：故宫博物院，2006 年，第 358—359 页。

⑥ 《满文原档》第 7 册，天聪五年四月十二日，第 354—357 页。

日带犯人至四子部会盟，由钦差大臣审理案件。[①]

天聪六年十月，后金刑部尚书贝勒济尔哈朗、礼部尚书贝勒萨哈廉赴西日勒吉太地方，召集科尔沁以外诸部会盟，颁布法律。[②] 为翁牛特、巴林、敖汉、奈曼及扎鲁特等部落划定牧界。[③]

天聪七年八月："遣国舅阿什达尔汉等颁钦定法律于科尔沁国土谢图济农。"[④] 十月，又"遣舅阿什达尔汉、塔布囊达雅齐等往外藩蒙古诸国，宣布钦定法令"[⑤]，此次是往科尔沁以外诸部落颁布法令。天聪七年，扎赖特部台吉海赖以会盟不至，罚马七匹。[⑥]

天聪八年十月，国舅阿什达尔汉、达雅齐塔布囊往外藩蒙古（除科尔沁部以外诸部）与诸贝勒在硕翁科尔地方会盟，统计户口，划分牧地，会审奈曼部巴图鲁衮出斯等罪。[⑦]

崇德元年，清廷颁布了外藩蒙古接待皇帝钦派大臣的礼仪，其中规定会盟时钦派大臣携盖有玉玺的敕书前往。[⑧] 外藩接待钦差大臣礼仪体现了蒙古诸部对清朝的臣属关系。

崇德元年十月十六日，"遣员往外藩蒙古诸贝勒大臣处会盟，审议民间奸盗邪乱之事，并颁法律。都察院承政国舅阿什达尔汉、蒙古衙门承政达雅齐塔布囊往察哈尔、喀尔喀诸贝勒处；弘文院大学士希福、蒙古衙门承政尼堪往科尔沁部诸贝勒处。"[⑨] 此次在各部编审壮丁，设立了佐领。[⑩]

崇德二年七月，派遣都察院承政国舅阿什达尔汉、蒙古衙门承政塞冷、尼堪等往古尔班察罕地方颁赦诏，并会集外藩蒙古科尔沁国亲王、郡王、贝勒，清理刑狱。[⑪]

崇德二年八月，又派遣国舅阿什达尔汉、尼堪、塞冷等往外藩蒙古巴林、扎鲁特、喀喇沁、土默特、阿禄诸部落，会诸王、贝勒等颁赦诏，审理刑狱。[⑫]

---

① 中国第一历史档案馆、中国社会科学院历史研究所译注：《满文老档》（以下称汉译《满文老档》），下册，天聪五年十二月二十一日，中华书局，1990 年，第 1184—1185 页。

② 汉译《满文老档》下册，天聪六年十月初十日记："先是，济尔哈郎贝勒、萨哈廉贝勒奉汗命指授归顺外蒙古诸贝勒牧地，申明约法，至是还。"第 1345 页。《清初内国史院满文档案译编》上册记："先是，遣贝勒济尔哈郎、贝勒萨哈廉往外蒙古审事定制。"第 23 页。

③ 《满文原档》第 8 册，天聪六年十月初五日，第 322—325 页。

④ 《清太宗实录》卷 15，天聪七年八月癸酉条，中华书局影印本，1985 年。又见中国第一历史档案馆编：《清初内国史院满文档案译编》上册，第 32 页，光明日报出版社，1989 年。

⑤ 《清太宗实录》卷 16，天聪七年十月壬戌条；又见《清初内国史院满文档案译编》，上册，第 40 页。

⑥ 《清太宗实录》卷 16，天聪七年十月丙寅条。

⑦ 《清太宗实录》卷 21，天聪八年十一月壬戌条。

⑧ 崇德元年十月十六日《崇德帝钦定迎接钦差大臣及圣旨之礼仪》，载《清内秘书院蒙古文档案汇编》，第一辑，第 93—98 页；崇德二年七月十六日《崇德帝钦定外藩官员迎领圣旨迎送颁赏钦差大臣礼仪及呈进奏折等诸事条例》，第 181—189 页；亦收入《康熙六年增定蒙古律书》第一条。

⑨ 汉译《满文老档》崇德元年十月十六日，下册，第 1627 页。

⑩ 这两部人丁数在天聪九年已有统计，而其户数则见于崇德二年十一月的档案，参见拙文《清初"外藩蒙古十二旗"杂考》，《明清蒙古史论稿》第 275—276 页。

⑪ 《清太宗实录》卷 37，崇德二年七月癸未条。

⑫ 《清太宗实录》卷 38，崇德二年八月己未条。

崇德四年，清廷派遣大臣审理崇德三年出征明济南府、中后所时外藩各部少派兵之罪。科尔沁部十旗在滔里河波洛代刚甘地方会盟，敖汉、奈曼、三吴喇忒、二扎鲁特、阿鲁科尔沁、四子部、二巴林、二翁牛特等十三旗在西拉木伦河乌兰布尔噶苏地方会盟；喀喇沁、土默特四旗在迈赖滚俄罗木地方会盟。① 这是哲里木、昭乌达、卓索图三盟会的滥觞。②

崇德七年，会盟颁布有关隐丁的法规。七月传谕喀喇沁及土默特两部，九月传谕于其他各旗。③ 会盟情况不明。崇德八年理藩院编定《蒙古律书》，其中应有钦派大臣赴外藩会盟及接待礼仪、会盟已示王等不到等内容，这些内容见于《康熙六年增定蒙古律书》。④

清廷派遣大臣赴外藩蒙古会盟办理政务始自天聪三年，最初科尔沁十旗在一处会盟，其他各旗在另一处会盟，至崇德四年外藩蒙古分三处会盟。规定了外藩接待钦差大臣的礼仪，会盟由大臣主持，处理外藩蒙古各项事务，如颁布诏令、议定法规、审理案件、统计人口、划分牧界、编设旗、佐等。清太宗时期外藩蒙古会盟制度已初步形成，由于是草创时期，再加战事频繁，往往因事召集，没有固定的会盟时间和地点。

二、顺治朝的盟会

清朝定都北京之后，在外藩蒙古继续实行会盟制度。康熙朝《大清会典》记载："国初定外藩蒙古三年一会，清理刑狱，编审壮丁。"⑤ 在《清朝前期理藩院满蒙文题本》中提到了顺治九年、十二年、十四年、十七年的会盟。⑥ 而在《清内秘书院蒙古文档案汇编》中收有顺治五年、九年、十二年、十四年、十七年皇帝为会盟颁发的敕谕。⑦ 乌云毕力格和宋瞳以《清朝前期理藩院满蒙文题本》为据，指出三年一次会盟至少顺治九年已成定例，"不过彼时为'自前次会盟结束后次年开始之第三年'，而顺治十七年正式更改为'隔一年一盟'，此时理解为'自前次会盟开始后第三年'，表述为'三年一会'但实则时间已有差异。"⑧ 据史籍记载，顺治四年题准：审丁时数目开载不全，后虽声明仍以隐丁论。⑨ 重申了崇德七年的规定。顺治四年十月，"谕外藩诸王、

---

① 《清太宗实录》卷46崇德四年五月戊午条、卷48八月庚寅条、卷49十一月丙寅条。

② 《清代内扎萨克六盟和蒙古衙门设立时间蠡测》，载《明清蒙古史论稿》，第283页。

③ 《理藩院尚书喀兰图等题议嗣后外藩蒙古各扎萨克王贝勒等隐丁口崇德七年谕处置等情本》，《清前期理藩院满蒙文题本》卷一，第267—269页。

④ 中国第一历史档案馆、内蒙古大学蒙古学学院编：《清内阁蒙古堂档》，第22卷，内蒙古人民出版社，2005年，第263—360页。

⑤ 康熙朝《大清会典》卷142《理藩院一·会集》，台北：文海出版社出版影印本，1993年，第7035页。

⑥ 乌云毕力格、宋瞳：《关于清代内扎萨克蒙古盟的雏形——以理藩院题本为中心》，载《清史研究》，2011年第4期。

⑦ 从有关会盟的谕书来看，三年一次会盟从顺治四年就已开始，见达力扎布：《〈清内秘书院蒙古文档案汇编〉评介》，《蒙古史研究》第十辑，内蒙古大学出版社，2010年8月，第334页。

⑧ 乌云毕力格、宋瞳：《关于清代内扎萨克蒙古盟的雏形——以理藩院题本为中心》，第31—32页。

⑨ 乾隆朝《大清会典则例》卷140《理藩院·比丁》，《景印文渊阁四库全书》第634册，台湾商务印书馆，1982年，第425页。

贝勒、贝子曰，比闻盗贼繁兴，自固山额真、梅勒章京、甲喇章京、牛录章京以至十家长俱有管领，尔等各能尽职严查，盗贼何由起。向使盗风少息，悯恤群生，伙盗止诛渠首一人，独行攘窃者，三犯始诛。以后伙盗诛其尤者二人，独行攘窃者，即行（诛）无赦。"① 顺治五年四月又将此谕颁给八旗察哈尔。② 这件关于弭盗之谕应为颁给会盟的敕书，顺治四年可能是外藩会盟之年。

理藩院尚书沙济达喇等于顺治十二年十月的题本中称，"至于赴乌珠穆沁和鄂尔多斯等处会盟之左侍郎席达礼今欲前往，在三处集会。依例，请内阁撰写往三处宣谕之敕书三份交给"。③ 乌云毕力格、宋瞳指出此三处会盟应该就是后世的锡林郭勒、乌兰察布和伊克昭盟。顺治十二年七月初十日《理藩院尚书沙济达喇等题请科尔沁等十一旗于固伦伦额附阿布鼐处会盟本》记载：

wesimburengge

tulergigolo be dasara jurgan i aliha amban šacidara sei gingguleme wesimburengge culgan isara ba i jalin：daci korcin i ergide culgan isabumbihete korcin i juwan gūsa be tusiyetu cin wang ni jakade. Cahar juwe jarud, juljaga efu jiyūn wang, juwe barin, juwe ongniyod, aohan, naiman, kesigten, ere juwe emu gūsa be bai dulibade. Juwe karcin, juwe tumed be ineku bai dulimbade isabumbihe：ijisahūn i dasan i uyuci aniya. Cahar i gurun i efu abunai cin wang be hesei culgan isarade isakini sehe be dahame. Te ere culgan de ere juwan emu gūsa be ujulaha wang be dahame gurun i efu abunai cin wang ni jakade isabureu erei jalin gingguleme wesimbuhe. Hese be baimbi：ijishūn i dasan i juwan juweci aniya nadan biyai juwan：

Aliha amban šajidara, ashan i amban sidari, ashan i amban šašadir, ejeku hafan mala.

Ere culgan de isara juwan emu gūsa abunai cin wang ni jakade isakini. ④

汉译为：

理藩院尚书沙济达喇等谨奏，为会盟之地事。向来科尔沁十旗在土谢图汗亲王处会盟，察哈尔、二扎鲁特、珠勒扎干额附郡王（阿鲁科尔沁）、二巴林、二翁牛特、敖汉、奈曼、克什克腾此十一旗在其适中地点会集，二喀喇沁、二土默特亦仍在其适中地点会集。顺治九年奉旨，准察哈尔固伦额驸阿布鼐亲王赴盟会，今此会集之十一旗随其为首之王于固伦额驸亲王之处会盟，为此谨奏。顺治十二年七月初十日。奉旨：此次会盟十一旗，于阿布鼐亲王处会集。

崇德六年，林丹汗子扎萨克和硕亲王额哲去世后察哈尔扎萨克旗由固山额真琐诺木

---

① 《清世祖实录》卷34，顺治四年十月丙戌条。亦见中国第一历史档案馆编：《清初内国史院满文档案译编》，顺治四年十月二十日，中册，光明日报出版社，1989年，第394页。

② 顺治五年四月初二日，《顺治帝令察哈尔八旗游牧蒙古诸苏鲁克等严惩盗贼之诏书》，《清内秘书院蒙古文档案汇编》第三辑，第8—9页。

③ 顺治十二年十月初三日《理藩院尚书沙济达喇等题为派员至请科尔沁、乌珠穆沁、鄂尔多斯各部会盟请令内阁草拟敕谕本》。《清朝前期理藩院满蒙文题本》卷一，第124页。

④ 乌云毕力格、吴元丰、宝音德力格尔主编：《清朝前期理藩院满蒙文题本》，呼和浩特：内蒙古人民出版社，2010年，120—121页。

卫宰桑管理旗务，参加会盟。[①] 顺治五年，额哲弟阿布鼐袭扎萨克和硕亲王爵。[②] 顺治九年获准参加盟会，故理藩院题请顺治十二年将察哈尔等十一旗的会盟地点改在阿布鼐亲王旗境内举行，并获得允准。[③]

科尔沁十旗，喀喇沁及土默特四旗，察哈尔等旗三处会盟始自崇德四年。此题本中没有提到四子部旗和乌喇特三旗，可证此时已形成另一个盟会（顺治十年增喀尔喀右翼一旗），即后来的乌兰察布盟。[④] 此外新增乌珠穆沁等部落组成的一个盟会，即后来的锡林郭勒盟；鄂尔多斯六扎萨克旗形成的一个盟会，即后来的伊克昭盟。顺治九年形成六个盟会。

题本中称土谢图亲王和阿布鼐亲王为"为首之王（ujulaha wang）"，实为盟长（čuγulaγan－u terigün）。当时盟长对本盟会各旗扎萨克没有管辖权，只是会盟的召集人，乾隆初年仍称之为"大扎萨克"。清廷钦派大臣多以理藩院及各部尚书或侍郎为首，主持会盟和向皇上题报。

顺治年间，清廷派大臣分两路参加会盟，一路赴大兴安岭迤南三盟，即后来的哲里木、昭乌达、卓索图三盟会。一路赴岭北三个盟会，即后来的锡林郭勒、乌兰察布、鄂尔多斯三盟。[⑤] 归化城土默特二旗当时被视同外藩，从北路会盟仅颁发三份敕书来看，似乎与四子部等旗在一处会盟。顺治元年题准，钦差大臣带往会盟处的敕谕由内阁撰写。[⑥] 钦差大臣先后赴两路会盟，理藩院分两次题报，内阁也分两次撰写，敕谕内容相同。如顺治十二年七月十七日和十月初七日分别撰写；[⑦] 顺治十四年于四月、八月分别撰写；[⑧] 顺治十七年于三月和八月分别撰写。[⑨]

顺治年间皇帝给会盟的敕书对会盟内容有所反映。顺治九年的敕书中曰：

quwangdi－yin jarlaγ（jarliγ）. γadaγadu ayimaγ－un wang－ud：noyad tayiji－nar güng－üd－dür baγulγaba：edüge sonosbasu ulus－dur qulaγai qudal bui genem：yerü qosiγun buri wang－ud. noyad tayiji－nar güng－üd－dür qosiγun－u ejen. meiren－i jang-

① 康熙四年二月初八日《理藩院尚书喀兰图等题议嗣后外藩蒙古各扎萨克贝勒等隐匿丁口依崇德七年谕处置本》，《清前期理藩院满蒙文题本》卷一，第267—269页。

② 《清世祖实录》卷36，顺治五年二月丙寅条。

③ Four Manchu Official Memorials on the *čaqar jasaγ qosiγu*, QUAESTIONES ONGOLORUM DISPUTATAE, VII, Ed. B. OYUNBILIG, Tokyo. pp21－29.

④ 本人未能细审在察哈尔处会盟各旗的旗名和数字，故在前引 Four Manchu Official Memorials on the *čaqar jasaγ qosiγu* 一文中认为乌兰察布盟设于康熙初年，误。见 p29。

⑤ 乌云毕力格、宋瞳前引文。

⑥ 乾隆朝《大清会典则例》卷140《理藩院·会盟》，《景印文渊阁四库全书》第634册，第418页。

⑦ 顺治十二年七月十七日《顺治帝以外藩蒙古会盟派遣钦差谕蒙古王公诸颜台吉之敕谕》；顺治十二年十月初七日《顺治帝以外藩蒙古会盟派遣钦差谕蒙古王公诸颜台吉之敕谕》，分见《清内秘书院蒙古文档案汇编》第四辑，第189页、第192页。

⑧ 顺治十四年四月初九日《顺治帝以外藩会盟事宜谕诸王贝勒贝子公等敕谕》；顺治十四年八月初一日《顺治帝以外藩会盟事宜谕诸王贝勒贝子公等大臣之圣旨》，分见《清内秘书院蒙古文档案汇编》第五辑，第221—223、第244—246页。

⑨ 顺治十七年三月，《顺治帝以军备防盗之事给外藩蒙古诸王贝勒贝子等圣旨》；顺治十七年七月十六日，《顺治帝以军备防盗之事给外藩蒙古诸王贝勒贝子等圣旨》，《清内秘书院蒙古文档案汇编》第六辑，第56—57、第58—59页。

gin. jalan－i janggin bui bisiü：öber－ün öber－ün qosiγun－iyan sayitur ki č iyen jakirbasu qulaγai qudal yakin oladaqu bui. basa er－e doγa č aqui－dur öber－ün öber－ün qariy－a－du er－e－yin toγ－a－yi sayitur ki č iyen ilγaju toγala büü darudqun：ker－be daruqula qoyin－a gere č ilebesü. yala inü kündü bui：ey－e ber jasqa č i－yin yisüduger on：qabur－un dumdadu sara－yin qorin yisün－e：①

皇帝敕谕：谕外藩诸王、贝勒、贝子曰，比闻盗贼繁兴，自固山额真、梅勒章京、甲喇章京、牛录章京等，比闻盗贼繁兴，各旗都有王、贝勒、贝子、固山额真、梅勒章京、甲喇章京、牛录章京等，若尔等各尽其职谨慎地管理好本旗事务，盗贼何由繁兴。再比丁时将所属壮丁谨慎检核，不得隐丁，若隐丁后被首告，从重罪之。顺治九年二月二十九日。

顺治十二年，给外藩会盟的敕书曰：

č iγulγan－du ab č u odoγsan bi č ig：

quwangdi－yin jarlaγ（jarliγ）. γadaγadu ayimaγ－un wang－ud. noyad tayiji－nar güng－üd－dür baγulγaba：č erig－ün jer jebes－i nigen on－dur qabur namur qoyar jerge üjejü jasaγul toγtaγaγsan yosobar qarbuγul：er－e büü daru：kerbe er－e daruγsan yala－yi gere č ilebesü. er－e kemjiyelegsen on gere č ile：qoyaduγar γurbaduγar on－dur gere č ilebesü. nigen qoyar quruγu kemjiyen－dür ese kürügsen keküöd sjü ülü medegdekü－yin tula. gere č i－yi ülü yabuγulumu：qulaγai qudal－i öber öber－ün qosiγun ba sumun－dur－iyen kürtelen sayitur kinaju ilγ－a：tuslaju baγulγaba：namur－un terigün sara－yin arban doloγan－a：②

给会盟带去的敕谕。

皇帝敕谕：谕外藩诸王、贝勒、贝子、公等，每年春、秋两季两次查验兵器，依例进行校射。不得隐丁、若首告隐丁，在比丁之年首告。差一两指高的孩子在一二年内长高后，不易区分，故于比丁之年后，不予审理。在各自的旗、佐之内对盗贼严加稽查。特谕。七月十七日。

顺治十四年，给外藩会盟颁布的敕书内容为：

jun－uterigün sara－yin sin－e－yin yisün

č ulγan（č iγulγan）－du ilegegsen bi č ig：egüni manju mongγol bi č ig－tai sir－a ejeken－dü bi č ijü ögbe：

quwangdai－yin jarlaγ：γadaγadu ayimaγ－un wang－ud. noyad. qosiγun－u tayijinar. güng－üd－dür baγulγaba：edüge qalq－a ögeled－i daγaju törö elsebe gemen. č erig－ün jer jebes－i ülü jasaju osoldaqu boloqujai. mön kü üridu toγtaγaγsan yosoγar xabur namur xoyar üy－e č erig－ün jer jebes－i üjeged. üridu yosoγar qarbuγul：basa qulaγai qudal oladaju gememu：ene bügüd jakiruγ č i kümün－ü osoldaγsan－u siltaγan buyu：öber－ün öber－ün jasaγ－un wang－ud noyad qosiγun－u tayijinar güng－üd basa dorodun－dur bolbasu öber－

① 顺治九年二月二十九日，《顺治帝令外藩王贝勒贝子等严惩盗贼细加编查壮丁之敕谕》，《清内秘书院蒙古文档案汇编》第三辑，第316页。此谕前没有注明是给会盟的敕书，不过从内容判断应为给会盟的敕书。

② 顺治十二年七月十七日，《顺治帝以外藩蒙古会盟派遣钦差谕蒙古王公诸颜台吉之敕谕》，《清内秘书院蒙古文档案汇编》第四辑，第189—190页。

ün öber – ün jakiruγ č i qosiγun – u ejen meyiren – i janggin jalan – i janggin sumu – u janggin arban ger – un terigün bui busuqu uu: č ingda č aγajilan kinan ilγaju kesegbesü yaγun – dur qulγai qudal oladamu: egün – e č e qoyiγasi sayitur č ingda č aγajilan büü osoldadqun: basa mongγol – un tayiji – nar bügüde – yi jerge – yi inü toγtaγaju. er – e qab č iγuluγad ülegsen er – e – yi inü γurban er – e – dür nigen quyaγ emüsgegsen – ü tula quyaγ emüsügsen kümün öber – ün bey – e ben tayiji – nar – un qariy – a – tu ulus busu bolγaju qab č iγuluγsan er – e – yi tayiji – nar – un qariy – a – du ulus bolγaju yabumu kememü: tayiji – nar gemeg č i bügüd ulus ab č u iregsen č ula – du arad bui: taiyiji – nar – dur er – e qab č iγuluγsan inü nigedüger bolbasu ner – e č ula – ba kündü könggen – i ilγaγsan buyu: nögüge bolbasu quyaγ emüsügsen kümün – i č erig ayan – dur ilegebesü taiyiji – nar – dur daγaqu nököd ülü kürü boluqujai gemegsen bolai: edüge egün – e č e qoyiγasi quyaγ emüsügsen kümün öber – ün öber – ün ejed – iyen ülü kündülen yabuγ č id bui bolbasu darui – dur jasaγ – un wang – ud noyad – dur ügüleged ünen qudal – i inü ilγaju yalala: basa er – e kemjileküi – dür er – e büü daru: ker ber er – e daruγsan yala – yi gere č ilebesü er – e kemjilegsen on gere č ile: qoyaduγar on γurbaduγar on – dur gere č ilebesü nigen qoyar quruγu kemjiyen – dür ese kürügsen keküd üskü – yin tula gere č i – yi ülü yabuγulumu: tuslaju baγlγaba: jun – u terigün sara – yin sin – e – yin yisün. ①

译为汉文：

四月初九日，给会盟敕书，将此用满文、蒙古文撰写于黄色敕书纸上交付。

皇帝敕谕外藩诸王、贝勒、贝子、公等。今不得以喀尔喀、厄鲁特已归顺，天下太平而疏于整治武器。应仍如前例，每年春、秋两次查检兵器，依例较射。又闻盗贼繁兴，此乃管领人之过，扎萨克王、贝勒、贝子、公等各自诫告其属下之固山额真、梅勒章京、扎兰章京、苏木章京、十家长，严查审理，盗贼如何繁兴。此后严加稽查诫谕，不得疏忽。再，蒙古台吉皆定有等级，给予随丁，余丁三丁披一副甲。披甲人或以为己非台吉之属人，而随丁是台吉属人。台吉是率部属来归而有爵位之人，给予台吉随丁，首先是为分别其名爵高低与等次；其次，是因征调彼甲出征之后，台吉下随从之人不敷使用。嗣后若有披甲不尊从其主人，即向扎萨克王、贝勒禀报，详审其真伪后治罪。再，比丁之时不得隐丁，若首告隐丁，在比丁之年首告。过二三年后首告，原差一两指高的孩子在一二年内即可长高，故不予审理。特谕。四月初九日。

从敕书来看顺治年间会盟主要内容是比丁、审理案件。还要求各旗每年春秋两次检验兵器和较射。

三、康熙朝的盟会

顺治十七年清廷规定，三年一盟（即隔一年一会盟）。据《内阁蒙古堂档》和《清

① 顺治十四年四月初九日，《顺治帝以外藩会盟事宜谕诸王贝勒贝子公等敕谕》，《清内秘书院蒙古文档案汇编》第五辑，第221—223页。

圣祖实录》记载康熙元年、三年、五年、七年、九年、十二年、十五年、十七年都进行过会盟，正符合三年一盟之制。[①] 康熙五年以后颁给四十九旗会盟的敕书是满、蒙文各七份，盖玺印十四下,[②] 也就是说康熙年间有七处会盟。康熙四十五年颁给内地五十扎萨克（包括归化城土默特二旗）并八旗察哈尔敕书七份。[③] 结合前述顺治五年颁给八旗察哈尔敕书的记载，可证顺治年间边外游牧八旗察哈尔单独会盟。

康熙三十年，喀尔喀来归，清廷令内扎萨克与喀尔喀各部共同会盟于多伦诺尔，此后两部分别会盟。康熙四十五年以后，因蒙古地方安定无案可审，令每五年举行一次盟会。后来依例于康熙四十九年举行了会盟,[④] 康熙五十四年是会盟之年，但该年内扎萨克蒙古地区发生雪灾，理藩院奏准暂停会盟，令各旗自行比丁上报。[⑤] 同年准噶尔部策妄阿喇布坦遣兵袭击哈密，清朝派西、北两路大军准备出征准噶尔。[⑥] 康熙五十六年，策妄阿拉布坦派兵入据西藏，清准战争开始。据道光七年的一份理藩院文文记载：

理藩院致鄂尔多斯扎萨克固山贝子察克都尔色楞，为札饬事。由本院谨奏：请旨：照定例，外藩蒙古每隔三年举行会盟，由朝廷派遣大臣前去检阅披甲、登记壮丁、审理案件。自康熙五十五年后，由于战事奏免于会盟，改为向所属扎萨克行文指令，准其内部会盟，检阅并登记彼甲，后造具清册呈报理藩院审核并奏闻皇上。[⑦]

光绪十七年理藩院公文中亦记载：

理藩院札伊克昭盟备兵扎萨克扎那济尔迪，为札饬事。本院具奏请旨事，依例，外藩蒙古每三年会盟一次，并派大臣审案、比丁。自康熙五十一年来，凡军务均以呈报为主，停派大员会盟。由扎萨克等自行比丁后，造册上报理藩院。[⑧]

以上两文反映从康熙四十九年会盟之后没有再派大臣赴蒙古会盟，由各扎萨克自行比丁，造册上报理藩院。若有大案，呈请理藩院遣大臣或理事司员审理。漠北喀尔喀各部于康熙三十年以后分三处会盟，清朝与准噶尔的战争爆发之后亦停派大臣会盟。

康熙年间会盟仍沿袭顺治朝旧制，略举康熙元年和四十五年的会盟敕书为例：

č ulγan （č iγulγan） – du ilegegsen jarlaγ – un bi č ig：

---

① 参见《清圣祖实录》卷6康熙元年二月辛亥条；卷11康熙三年四月己亥条；卷18康熙五年二月庚辰条；卷25康熙七年二月戊戌条；卷33康熙九年四月乙未条；卷60康熙十五年四月癸酉条；卷72康熙十七年三月乙丑条；康熙十二年三月二十日《给外藩蒙古王、贝勒、贝子、公等诏书》，《内阁蒙古堂档》第1册，第11条，第111—113页。

② 康熙五年四月初五日，《康熙帝以统计兵丁严惩盗贼加强卡伦等事教谕外藩蒙古会盟之诸王贝勒贝子公》《清内秘书院蒙古文档案汇编》第7辑，第63—66页；康熙五年四月初三日，《康熙帝教谕会盟王公之敕谕草拟过程之记录》，《清内秘书院蒙古文档案汇编》第七辑，第66—67页。

③ 《清内阁蒙古堂档》，第17册，康熙四十五年四月二十二日《给会盟颁布的敕书》，内蒙古人民出版社，2005年，第22—27页。康熙五十四年停派大臣后，八旗察哈尔由在京八旗派官员三年一次比丁和检阅。

④ 《清圣祖实录》卷244，康熙四十九年十一月丙申条。

⑤ 康熙五十五年正月理藩院给翁牛特扎萨克郡王文，见翁牛特扎萨克旗档案，号1.1.21.1。雪灾和派官赈灾事见《清圣祖实录》卷262，康熙五十四年三月己亥条、壬子条、庚申条。

⑥ 《清圣祖实录》卷263，康熙五十四年四月己卯条、己丑条。

⑦ 道光七年九月《理藩院为会盟检阅披甲、兵器并登记造册一事札饬准格尔旗贝子》，见金海等译编《准格尔旗扎萨克衙门档案译编》第1辑，内蒙古人民出版社，2007年，第203页。

⑧ 光绪十七年九月二十七日《理藩院为比丁事札伊克昭盟长文》，《准格尔旗扎萨克衙门档案译编》第3辑，内蒙古人民出版社，2010年，第416页。

quwangdai – yin jarlaγ: γadaγadu ayimaγ – un wang – ud. noyad. qosiγun – u tayiji – nar. güng – üd – dür baγulγaba: edüge γadaγa – du ayimaγ – dur qadal qulaγi masi oladaju nigen nigen e č gen qulaγaikiju aju türükü iregen amur – i ese oljuqu gememü: ene yerü jakiruγ č id – un osoldaγsan – u siltaγan – iyer qulaγi qudal oladamu y – a: jasaγ – un wang – ud noyad qosiγun – u tayiji – nar güng – üd öber – ün öber – ün qosiγun – u ejen meyiren – i janggin jalan – i janggin sumu – u janggin boöoqu – nar – ud – i č ingda č aγajilan tus tus – iyar qulaγai č in – i kinan ilγaju kesegebesü qulγai qudal yaγun – dur oladamu: edüge öber – ün öber – ün qosiγun kiged sumun – dur qulaγai qudal – i č ingda ilγan bariju kesege: edüge deleki dekin – i engke bolba gemen č erig – ün jer jebes – i jasaqui ban osoldadqu bolqujai: mön kü ijaγur – un yosoγar jasaγ – un wang – ud noyad qosiγun – u tayiji – nar güng – üd öber – ün öber – ün qosiγun – u jer jebes – i üjeged: qabur namur qoyar üy – e uridu yosoγar qarbuγul: urida tayiji – nar – un jerge – yi toγtaγaqui – dur oroju iregsen güng kiged ayan č erig – dür kü č ün ög č ü yabuγsan kiged yabuq – a deüi tayiji – nar – ud – i ilγal ügei nigen adali terigün jerge dede jerge – dür bolγajuqu: dakiju ilγ – a: jerge oloq – a edüi tayiji – nar – ud – i basa ilγaju abuγdun: tuslaju baγulaγaba: engke amuγulang – un terigün on qabur – un segül sar – a – yin arban türben:

汉译为:

为会盟颁发之敕书。

皇帝敕谕外藩诸王、贝勒、贝子、公等，据闻外藩蒙古盗贼繁兴，互相偷盗，民不安生。此因管领人之过，而盗贼兴起。扎萨克王、贝勒、贝子、公等各自诫告属下固山额真、梅勒章京、扎兰章京、苏木章京、骁骑校，各自严加诫敕，查治盗贼，盗诈何由兴起。此后在各旗、各佐领严加稽查，惩治盗贼。今不得以天下太平而疏于整治武器。仍如前定之例，扎萨克王、贝勒、贝子、公等各自查检本旗兵器，每年春、秋两季依例较射。原定台吉等级时，未区分其来归时功劳，征战之功绩，以及未有功绩之台吉，一律封以一等、二等爵位。重新分级，将未获爵之台吉亦遴选上报。特谕。康熙元年三月十四日。①

康熙四十五年三月，“理藩院题请差大臣往内地五十扎萨克并八旗察哈尔、喀尔喀左翼车臣汗等十七旗会盟。得旨，今年惟内地会盟，著巴浑德、安布禄、伊道、拉都浑去。其喀尔喀会盟著停止。”② 给会盟的敕书中曰:

quwangdai – yin jarlaγ: γadaγadu mongγol – yin wang. noyad. qosiγun – u tayiji güng – üd – dür baγulγaba: bi deleki dekin – i nigdegen jasqui – dur bükü γajar – un irgen – i č üm engke amuγulang – iyar aju türüdügei kememü edüge deleki dakin engke irgen tus tus daγan č üm aqu türüdü – yi oljoqui: wang – ud – e č e doroγsi tayiji – a č a degeγsi alba bariqu siltaγan – dur ilegüü abun ulus – i jobaγaγ č id bui bolbasu qosiγun – i jakiruγ č i arad darui γarγaju

---

① 康熙元年三月十四日《康熙帝以防盗军备之事颁给外藩蒙古诸王贝勒贝子等圣旨》，《清内秘书院蒙古文档案汇编》第6辑，第81—82页。

② 《清圣祖实录》卷224，康熙四十五年三月壬戌条。

yabudal – un yamun – dur medegül. qosiγun – u ejen meyiren – ü jangginar sayin ügei bolbasu bayilγaju sayin č idaldu kümün – i sungγuju talbiγdun engke amuγulang – un dü č in nigedüger on nasun – dur kürügsen tayiji – i doγa č aju abuγsan – a č a inaγsi edüge ene č iγulγan – dur ilγaju abuγ – a edüi arban nayiman nasun – dur kürügsen tayiji – i qariy – a – du jasaγ – un wang noyad batulγaγulju abuγdun ker ber nasun – dur kürugsen ügei tayiji – i ögkü ba esbesü nasun – dur kürügsen tayiji – i daruju ögkü ügei bolbasu batulju öggügsen kiged daruγsan jasaγ – un wang noyad – i yalalaγdun basa öber öber – ün qosiγun – u qoyidu jaq – a – yin γajar – dur sergeyilen saγulaγsan tayiji kiged tüsimed č erig – i büü qosodaγu: č iγulγan – dur oduγsan sayid ba č iγuluγsan wang noyad jasaγ – ud – a č a doroγsi bügüd neyilejü aliba kereg – i ilγaju baraqu – yin tula minü γadaγ – a – du – yi oldon örösiyeküi tuyil – un sedkil – dür neyileküljü esergü tesergü γuyi č ilaqu ügei saγar ügei č ing ünen siduryu – bar kinan ilγaju sigüjü bariγdun: tuslaju baγulγaba: engke amuγulang – un dü č in tabuduγar on – u jun – u terigün sar – a – yin qorin qoyar – a. ①

汉译为:

皇帝敕谕:敕谕外藩王、贝勒、贝子、公等。朕一统海内而治,使天下之民皆得平安生活。今海内平安,人民安生。王以下,台吉以上以上贡为名,多收租赋,扰害人民。嗣后旗内官员即刻来院首告。固山额真、梅勒章京不称职则罢其职,选贤能之人任之。康熙四十一年将成年台吉统计以来,此次会盟将未统计之及十八岁之台吉,所属扎萨克王、贝勒担保上报。若将未及岁台吉上报或者隐匿及岁台吉,将作保之人及隐匿之扎萨克王、贝勒治罪。又各旗北界驻防台吉、官员不得使哨兵旷职。此盟会所遣大臣与王、贝勒扎萨克以下全部集议审断所有事情,合我宽待外藩至极之心,勿徇情包庇,务必公正诚实地审结案件。特此颁谕。康熙四十五年四月二十二日。(七份敕书,盖玺十四下。)

康熙朝也有遣大臣往蒙古地方审理专案之例。"康熙四十三年十一月,差刑部右侍郎常绶、内阁学士拉都浑往阿禄科尔沁察审盗案。上谕之曰,尔等到彼,会同扎萨克等查审盗贼。如台吉、都统、副都统有为盗者尔等可请旨。其余则尔等照例为首者正法,为从者俱解京,不可留于其地。至喇嘛为盗者,亦正法。尔等往宣朕旨,各旗俱无盗,但一旗有盗,以至众蒙古之马畜不得牧放,尔等若不查盗贼惩治,则众人皆不得安居矣。"② 钦差大臣对庶人命盗等案有终审权,可以立即执行。

四、雍正朝备兵与盟会名称的出现

雍正皇帝即位后,清朝出兵统一青海蒙古,随后出征准噶尔,一直处于战争状态,没有恢复派大臣会盟之制。雍正八年末,西路清军兵败阔舍图卡伦,清朝开始征调内扎萨克兵驻防归化城,以备调遣。

① 《给外藩蒙古王、贝勒、贝子、公等诏书》,《内阁蒙古堂档》第17册,第22—24页。

② 《清圣祖实录》卷218,康熙四十三年十一月癸丑条。

"雍正九年正月，又谕喀喇沁三旗、土默特二旗，着派兵一千名，于二月间起程到张家口外形胜之地方居住……预备军营调遣。"① 这是后来的卓索图盟之兵。

雍正九年正月"又谕，西北两路或尚有应拨兵丁之处，朕思归化城乃通行两路之地，着理藩院传谕四十九旗扎萨克等，按旗均算，派出精兵五千名，由各该游牧处于二三月间前后起程，沿途牧放马驼，至归化城会齐，择形胜地方驻扎，以备调遣……寻议，科尔沁等十旗应派兵一千八百一十五名，乌朱穆秦等十旗派兵五百六十九名，翁牛特等十一旗派兵一千三百二十四名，四子部落等六旗派兵二百三十二名，鄂尔多斯等六旗派兵一千六十名，共兵五千名。"②

所谓科尔沁等十旗、乌朱穆秦等十旗、翁牛特等十一旗、四子部等六旗、鄂尔多斯等六旗分别指后来的哲里木、锡林郭勒、昭乌达、乌兰察布和伊克昭等盟。

雍正九年七月"谕大学士等，四十九旗扎萨克游牧之地甚属紧要。今派京城八旗满洲、蒙古兵六千，右卫归化城兵二千，自乌朱穆沁以及吴喇忒数扎萨克处派兵三千，共派兵一万一千名，着于八月起程，九月间绕吴喇忒游牧地方后瀚海前适中处驻扎，令其防护游牧地方……科尔沁等旗派六千兵，盛京派兵五千，俱绕至科尔沁迤西游牧地后方驻扎"。③

七月，北路清军傅尔丹部在和通脑儿战败。④ 八月，清世宗"谕大学士等，四十九旗扎萨克游牧之地，甚属紧要。科尔沁等处游牧兵丁，着派数千名驻扎图拉、克尔伦等处……寻议，选派科尔沁十旗兵二千名，敖汉等十一旗兵一千名，乌朱穆秦十一旗兵一千名……委员管辖，照例赏给银两口粮，往驻克尔伦地方捍御。得旨，此等处丁兵俱行选派，暂在该处预备，听候调遣。"⑤ 所谓科尔沁、敖汉、乌朱穆秦等三处，即后来的哲里木、昭乌达、锡林郭勒三盟。

雍正十年八月，清军在厄尔得尼招大败准噶尔军，⑥ 清廷继续派内扎萨克兵驻防喀尔喀和内扎萨克游牧地北边。雍正十二年六月，"所有内扎萨克及乌兰查卜兵丁三百七十余名，调赴推河驻防。"⑦ 达里刚爱地方驻防之西林果尔兵二千名。⑧ 九月，"集鲁穆会盟兵、四子部落兵驻扎扎布韩河地方。"⑨ 乌兰查卜等三盟名称首次见于史籍。

雍正十三年十一月，理藩院奉旨查核从内扎萨克六盟所购军马及其损失情况时称：

臣等查得，雍正十一年内扎萨克六盟奉旨，遣蒙古王、额驸、御前台吉等，所购骟马共三万七千五百匹，骡马一万二千五百匹，羊、山羊二万只，续将鄂尔多斯一盟所购马、羊送往西路，又于哲里木等五盟补购骟马一万四千六百匹，骡马五千四百匹，羊、山羊四万五千七百五十只，以上共购骟马五万二千一百匹，骡马一万七千九百匹，羊、

① 《清世宗实录》卷102，雍正九年正月庚午条。
② 《清世宗实录》卷102，雍正九年正月乙亥条。
③ 《清世宗实录》卷108，雍正九年正月戊辰条。
④ 《清世宗实录》卷108，雍正九年七月癸酉条。
⑤ 《清世宗实录》卷109，雍正九年八月辛卯条。
⑥ 《清世宗实录》卷122，雍正十年八月壬申条。
⑦ 《清世宗实录》卷144，雍正十二年六月庚戌条。
⑧ 《清世宗实录》卷144，雍正十二年六月庚申条。
⑨ 《清世宗实录》卷147，雍正十二年九月丁酉条。

山羊二十四万五千七百只。此内由鄂尔多斯一盟购买解往西吉里木达里图之马羊内，收取一千匹马，二万一千余只羊、山羊外，损失之马羊，鄂尔多斯扎萨克等，情愿照原购数赔偿，暂存于牧场。今年七月，依大行皇帝旨，此项马羊暂免偿还，各自任意放牧养殖，后若有需用之处，按照谕旨，再予偿还。等因，遵行不议外。将哲里木等五盟所购马羊，送往北路，将二十万只羊俱交之，六万三百匹马内，沿途损失及越冬看护，为补送损失之马缺，按大将军平郡王年行文，哲里木一盟十旗，倒毙马二千九百六十匹，昭乌达一盟十一旗倒毙二千七百八十五匹，卓索图一盟五旗，倒毙马一千三百十四匹，锡林郭勒一盟十旗，倒毙马九百二十四匹，乌兰察布一盟六旗，倒毙马一千一百三十五匹，共倒毙马九千一百一十八匹。俱照数赔偿，解往军营，等因俱奏施行。将解送此项马匹，选用后所余者，复行退回。中途退回及原解送之马未用完而退回者亦有，俱存留各牧场。嗣后若有需用之处，照谕解送。①

鄂尔多斯盟即伊克昭盟。《清高宗实录》乾隆二年五月丁未条中六盟名称全部同时出现。雍正十二年盟名出现于史籍，显然是由于此次内扎萨克以盟会为单位出兵驻防，故以盟名称之。不过雍正九年至十二年的记载为何不以盟名称之呢？有待查考。据档案记载后来有些盟的会盟地点有变化，乾隆年间伊克昭盟已不在伊克昭会盟，改在白塔地方会盟。② 光绪年间昭乌达盟在昭乌达西面的塔尔根布拉格会盟。③ 显然盟名早已固定，不会因此更名。据梁冰《鄂尔多斯历史管窥》记载："盟长佩有朝廷颁发的，重五十二两的银质方印，印的上面是一只黑狼，印文'伊克昭盟盟长之印'几个字，是蒙满两种文字刻上去的，背面刻有'康熙二十一年铸'等字样。"④ 若有此实物，记载可靠，至少在康熙二十一年伊克昭盟就有名称了，不过为何迟至乾隆初年才见于文字记载？档案中又为何称作鄂尔多斯盟？有待考察。不能排除盟名早已有之，只是很较晚见于公文。

雍正二年，清朝统一青海蒙古，"雍正三年议准：向例内扎萨克与外三路之喀尔喀等三年一次奏遣大臣前往会盟，办理一切刑名、将丁数开造细册送部，由院具题。今办理青海事务蒙古事务大臣见在西宁居住，每届三年，不必由京师特简大臣，止令各旗核明丁数，呈驻扎西宁大臣转送到院，照例具题。再，一切刑名事件，著各旗讯明，呈报驻扎西宁大臣。如寻常事酌量遣官，会同扎萨克办理，若系大事，令驻扎西宁大臣约定地方，与扎萨克等会盟议结。"⑤ 清廷此时已停派大臣会盟，因此，令驻西宁办事大臣主持青海蒙古各旗会盟，三年一次比丁，只令各旗核明丁数，呈西宁大臣转送到院，照例具题。八旗察哈尔的三年一次会盟比丁，在雍正年间已变为由各总管自行比丁上报。

---

① 雍正十三年十一月初三日，《雍正朝满文朱批奏折全译》第4885条《理藩院奏报于各盟购买及损失马匹情形折》，黄山书社，1998年，第2439页。

② N. 哈斯巴根.《清代伊克昭的会盟》，第56页。

③ 光绪元年九月初一日《翁牛特右旗协理台吉为准备比丁会盟事给达鲁嘎台吉及四扎兰章京札》，藏赤峰市档案馆，档案号：1.1.542.3.2。

④ 梁冰：《鄂尔多斯历名管窥》，内蒙古大学出版社，1989年，第221页。N. 哈斯巴根《清代伊克昭的会盟》(《内蒙古大学学报》蒙古文版，2006年第6期）一文中根据梁冰另一篇论文的记载指出此时已有伊克昭盟的名称。

⑤ 乾隆朝《大清会典则例》，《景印文渊阁四库全书》，第624册，第490页。

三年一次检阅军容仍派京官查看。①

五、乾隆朝及以后的盟会

乾隆年间，按清廷规定外藩蒙古有两种会盟，一是自国初以来实行的会盟，一是乾隆初年新增的检阅防秋兵（常备兵）会盟。②

自康熙五十四年因战事暂停派大臣会盟后，一直由各盟自行举行会盟。乾隆十六年，理藩院曾奏请恢复派遣大臣会盟，其奏文曰：

……乾隆十六年为会盟事由理藩院上奏：因无战事，理应照旧例派遣大臣前去会盟地督办。谕旨：照旧例，每三年会盟之际理应派遣大臣前往会盟地督办，今年尚无战事，理应依理藩院之议派遣大臣前往为宜，然此例已久未实行，各旗扎萨克恐难以适应。又，如派遣大臣前去督办，蒙古又须准备乌拉驼马及往来食宿等，如此耗损人力物力，朕于心不忍，故明年暂停派遣大臣一事，依照旧例内部会盟，将须审理之案件等呈报理藩院审核后再行上奏。如遇检验兵器马驼之年，或所属扎萨克等呈请派遣大员审理要案，则呈报理藩院另行派遣大臣前去处理。喀尔喀四部兵器照例由军营钦差验收。会盟之例虽不能长久保持，但务必晓谕各扎萨克朕之宽宏仁慈之心，责令一切须秉公处理，不得为难百姓；兵器、军用马驼等登记造册事，无需派遣大臣前去督办。如各扎萨克推诿各旗公务，为难坑害百姓，所备保养之兵器皆不合规，即时朕有宽恕之心，恐国法难容。如有违背朕意之事，届时派大臣前去即可。将朕之此意宣谕内外各扎萨克，责令其务必恪守尽职管理旗务。③

清高宗未允准。道光朝《理藩院则例》记载：“内扎萨克六盟外扎萨克四部落于乾隆十六年奉旨停止特派大臣会盟，仍令各扎萨克等于各该盟部落内会集办理，将所办事件报院查核。”④

据准格尔旗档案记载每逢会盟之年理藩院给各盟下文举行会盟。伊克昭盟自道光至光绪年间，隔三年会盟一次即自会盟结束后从次年开始之第四年举行（见附表），实为五年一盟。由各旗自行比丁，造册呈报盟长，盟长与各旗扎萨克在查干苏巴尔嘎（白塔）会盟审核丁册后，将丁册发回各旗，各旗填写于理藩院发给的红格薄（预印空白档册）直接上报理藩院，档案中未见集合全盟箭丁检阅核实或检阅常备兵的记载。乾隆年间有检阅常备兵会盟之后，成为以比丁为主，遇到与检阅常备兵（防秋兵）重合之年则检阅常备兵，例如道光七年、光绪二十五年检阅了常备兵，不过比丁会盟与检阅会

① 《清世宗实录》卷8，雍正元年六月丙子条。

② N. 哈斯巴根《清代伊克昭的会盟》，第52—54页。

③ 道光七年九月《理藩院为会盟检阅披甲、兵器并登记造册一事札饬准格尔旗贝子》，见金海等译编《准格尔旗扎萨克衙门档案译编》第一辑，第203页。

④ 道光朝《理藩院则例》卷30《会盟·停止特派大臣会盟》，第300册，第87页。

盟分别举行。[①] 据翁牛特旗档案记载，光绪元年、二十九年是会盟比丁之年。该盟长下令统计丁数、台吉数，以便会盟审核，并同时检阅防秋兵。[②]

清廷停派钦差大臣以后，外藩蒙古案件由各旗审理，上报理藩院。若有重案则上报理藩院，奏请派大臣来审理。据准格尔旗档案记载，审理案件已不是会盟的内容。其实早在顺治、康熙年间，除三年一次派遣大臣会盟审理案件外，各旗案件由扎萨克审理，大案或命案与邻近别旗扎萨克会审，并不是所有案件都等到会盟时审理。清廷规定由附近二三旗合为一组审理案件，一般庶民的命盗之案可以终审。《理藩院律书》记载："康熙十四年八月定，凡命案，太宗皇帝定例：管旗扎萨克王、贝勒与别旗扎萨克王、贝勒合议审定。不与别旗扎萨克王、贝勒合议审结而处决，以故（擅）杀罪论。小台吉、平人、阿勒巴图之家奴有罪处死，向各自扎萨克王、贝勒禀明，王、贝勒与别旗扎萨克王、贝勒合议审结处决。集会审结之死罪囚犯，即于集会之处依审结之罪处死。"[③] 这是恢复太宗和顺治十四年前的旧规。顺治十四年察哈尔亲王阿布鼐在审理本旗一起行刺案件时未遵照规定与别旗扎萨克会审，自行审理处决犯人，被罚马千匹。阿不鼐因此八年不朝觐，被削爵禁锢于沈阳。阿布鼐事件后清廷把太宗朝以来的会审规定修订为："停王、扎萨克贝勒、贝子、公等审理各自犯人，报别旗扎萨克贝勒及所属扎萨克贝勒等处决。"[④] "死罪之人，若为会盟所审，即于彼处完结。两旗会审案件，请旨候决。"以上规定见《康熙六年增定蒙古律书》。[⑤] 至康熙十四年又恢复旧例。

康熙六年及之前的各旗审案组合是："察哈尔之固伦额驸阿布鼐亲王、珠勒扎噶郡王二扎萨克会审案件；[⑥] 巴林固伦额驸色布腾郡王、满珠习礼贝子、克什克腾之玛纳瑚

---

① 道光七年六月十五日《盟长处为通告伊克昭盟各旗会盟检阅兵丁时间、地点札准格尔旗贝子文》，《准格尔旗扎萨克衙门档案译编》第一辑，第198—199页；道光七年九月十八日《盟长处为转发理藩院发放之登记披甲红格纸及公文札准格尔旗贝子》，第202页。光绪二十五年九月二十八日《乌审旗贝子察克都尔色楞等上报该旗官兵已接受检阅事呈盟长处文》，《准格尔旗扎萨克衙门档案译编》第三辑，第684页；光绪二十五年十月初二日《扎萨克贝子图们巴雅尔、协理台吉等为上报该旗丁数呈盟长处文》，《准格尔旗扎萨克衙门档案译编》第三辑，第685页；光绪二十五年十一月初六日《盟长扎那济尔迪、副盟长喇什扎木苏为检阅官兵事呈理藩院文》，《准格尔旗扎萨克衙门档案译编》第三辑，第689页。

② 光绪元年十月初一日《翁牛特旗扎萨克杜棱郡王占布拉诺尔布旗协理台吉阿拉坦仓等呈盟长敖汉旗多罗郡王之文》。《翁牛特右旗档案》，1.1.542.53。光绪元年十月初一日《翁牛特旗扎萨克杜棱郡王占布拉诺尔布旗协理台吉阿拉坦仓等为准备防秋兵呈盟长敖汉旗多罗郡王之文》。《翁牛特右旗档案》，1.1.542.7.1。光绪二十九年十月《翁牛特旗扎萨克占布拉诺尔布等给盟长阿鲁科尔沁扎萨克之文》，《翁牛特右旗档案》，1.1.946.1。光绪三十一年正月《穆昆依达额尔德尼桑给翁牛特旗扎萨克呈文》，《翁牛特右旗档案》，1.1.946.12。

③ 见拙文《康熙三十五年〈蒙古律例〉研究》，汉译文第70条，中央民族大学历史系主办：《民族研究》第五辑，民族出版社，2004年，第132—133页。又见康熙朝《大清会典》记载："（康熙），十四年题准：凡审定死罪犯人，扎萨克王、贝勒等在附管扎萨克王、贝勒等处说明，审过处决。不与附管扎萨克王等说明审过处决，以私杀论。会集所审死罪人，即于会集处处决。"见第145卷《理藩院四·刑例》，第7086页。

④ 后一句"报各自扎萨克贝勒处决"是指旗内官员、庶人处决犯罪的私属奴仆。

⑤ 见《康熙三十五年〈蒙古律例〉研究》，汉译文第70条，第132页注5。

⑥ 察哈尔亲王阿布鼐，亦译阿布奈，顺治五年二月袭爵，康熙八年五月革爵监禁。见《清世祖实录》卷36顺治五年二月丙寅条；《清圣祖实录》卷29康熙八年五月己未条。珠勒扎干，阿鲁科尔沁部贝勒穆章子，扎萨克郡王，顺治五年袭贝勒，八年晋多罗郡王。康熙十七年卒。

台吉等三扎萨克会审案件；[①] 乌珠穆沁车辰亲王、色棱额尔德尼贝勒二扎萨克会审案件；[②] 浩齐特之阿赖充额尔德尼郡王、阿喇布坦郡王二扎萨克会审案件；阿巴噶卓哩克图郡王、[③] 沙克沙僧格郡王二扎萨克会审案件；苏尼特萨穆扎额驸郡王、杜棱郡王二扎萨克会审案件；[④] 四子之达尔汉卓哩克图郡王、喀尔喀达尔汉亲王、扎萨克一等台吉僧格[⑤]等三扎萨克会审案件；鄂尔多斯固噜郡王、色棱贝子、固噜斯希布贝子等三扎萨克会审案件；索诺木贝勒、达尔扎贝子、扎木素公等三扎萨克会审案件；彼等入官罚畜，依例入官。[⑥]

康熙十四年平定察哈尔布尔尼之乱后，察哈尔旗被削，又新增若干旗，故改为：

"巴林鄂齐尔王、阿鲁科尔沁两扎萨克王会审案件；敖汉、奈曼两扎萨克会审案件；二翁牛特扎萨克王、贝勒会审案件；二土默特贝勒、贝子会审案件。二巴林、克什克腾扎萨克王、贝子、台吉等会审案件：二扎鲁特扎萨克贝勒会审案件；二乌珠穆沁扎萨克王、贝勒会审案件；二浩齐特扎萨克王会审案件；二阿巴噶扎萨克王会审案件；二苏尼特扎萨克王会审案件。四子部、喀尔喀达尔罕亲王、茂明安扎萨克台吉诺尔布等三扎萨克王、台吉等会审案件；三乌喇特扎萨克公等会审案件。鄂尔多斯郡王固噜、贝子色棱、固噜斯希布等三扎萨克王、贝子等会审案件。贝勒索诺木、贝子达尔扎、公都棱等三扎萨克贝勒、贝子、公会等审案件。[⑦] ……臣等议定：据查自喀尔喀投诚之阿巴哈纳尔色棱默尔根贝勒、贝子栋伊斯喇布已编为两旗，因彼乃新附之人，与阿巴噶合四旗王、贝勒、贝子等会审案件。"

雍正三年，理藩院侍郎鄂赖在青海编设旗佐时指出，"丹衷属民不愿归任何人兼管，有事则伊等旗内办理，有不能了断之事则依照内扎萨克、喀尔喀之例与相邻扎萨克一同办理，再有大事则由驻西宁大臣办结即可"。[⑧] 此时仍实行与相邻扎萨克审案之制。

外藩蒙古平常案件由各旗会审，重大案件或涉及多旗的案件，由盟长奏报理藩院，请派大臣审理。从康熙末年开始，清廷陆续派遣理藩院理事司员驻扎内扎萨克旗境内，审理蒙古案件及蒙古与民人交涉案件。从《清前期理藩院满蒙文题本》可以看出，乾隆年间的命盗案件都是由各旗扎萨克、盟长，或由派驻各旗的理事司员初审拟罪，由理

---

① 色布腾郡王，巴林右翼旗扎萨克。顺治五年封扎萨克辅国公。七年，晋多罗郡王，康熙六年三月卒。见《钦定蒙古回部王公表传》（以下简称《王公表传》）卷三《巴林部》，《清圣祖实录》卷21康熙六年三月己亥，第298页。满珠习礼，巴林左翼旗扎萨克，顺治五年封扎萨克固山贝子，康熙十一年卒。克什克腾旗扎萨克一等台吉玛纳瑚，顺治十三年袭一等台吉，康熙十年卒。

② 乌珠穆沁右翼旗车臣亲王，此时应为素达尼，顺治十五年袭扎萨克和硕车臣亲王。康熙二十九年卒；左翼色棱额尔德尼贝勒，顺治三年封扎萨克多罗额尔德尼贝勒，康熙十年卒。见《王公表传》卷四《乌珠穆沁部》。

③ 阿巴噶扎萨克多罗卓哩克图郡王，此时为塞尔珍，顺治二年袭爵，康熙八年卒。

④ 苏尼特扎萨克杜棱郡王，此时为沙希岱，顺治四年袭爵，康熙九年卒。《王公表传》卷四《苏尼特部》。

⑤ 四子部扎萨克多罗达尔汉卓哩克图郡王，此时为沙克都尔，康熙三年袭爵，十六年卒。茂明安旗扎萨克一等台吉僧格，康熙三年封，十一年卒。以上见《王公表传》卷五《四子部落》、《茂明安部》。

⑥ 科尔沁十旗分左、右翼审案。这里没有提及乌喇特三旗，喀喇沁、土默特等四旗，扎鲁特旗、敖汉、奈曼、阿巴哈纳尔等旗。也许这些旗的组合没有变动，而提到的各旗是康熙六年后重新组合的审案单位。此法规的修订时间在康熙六年。

⑦ 《理藩院律书》此条，没有提到喀喇沁二旗，此二旗应为共同审案之邻旗，后增为三旗。

⑧ 雍正三年四月二十八日《理藩院侍郎鄂赖等奏请青海蒙古编旗管理等事折》，中国第一历史档案馆译编：《雍正朝满文朱批奏折全译》上册，2011条，黄山书社，1998年，第1115页。

藩院题报；或由派驻各地驻防将军、大臣衙署的理藩院司员审理，由将军、大臣题报。没有见到与相邻旗扎萨克会审上报的案件。

据准格尔旗档案记载，伊克昭盟偶尔在会盟或检阅常备兵时共同审理涉及本盟数旗的案件，如道光十年决定在白塔检阅披甲之际审理放租地亩、贡马作弊等案。[①] 除清廷规定的两种三年一次的会盟外，盟长也可以随时召集各旗扎萨克会盟处理政务。例如伊克昭盟于乾隆三十二年为皇帝热河行围备用驼之事，举行会盟。[②] 道光九年，为皇帝东巡盛京，会盟检视所献马匹之优劣。[③] 商议祭礼成吉思汗八白室事务等。[④] 有牵涉本盟诸旗事务的亦请理藩院派大臣或由驻蒙古地区的理藩院理事司员来主持处理。例如，乾隆五年十二月，清廷派遣乾清门二等侍卫来伊克昭盟勘定各旗边界。[⑤] 乾隆四年十一月十五日，伊克昭盟在囊苏庙会盟，神木理事司员与七旗议定牧界。[⑥] 在喀尔喀，乾隆四十年对各盟长自己召集的会盟已有所限制，“四部落盟长。向例会盟办事。属下科派马匹牲畜糇粮等项种种浮费，请嗣后如有必须会盟者俱先报理藩院，由院示覆，余则概令停止。”[⑦] 嘉庆七年，以驻库伦蒙古办事大臣喀尔喀土谢图汗部蕴端多尔济郡王所请，令于会盟比丁之年，赛因诺颜、扎萨克图汗二部落事务即就近在乌里雅苏台会集，与定边左副将军一同办理。土谢图汗、车臣汗二部落事务即就近在库伦会集，与办事大臣一同办理。旋奏准，喀尔喀四部落会盟等事件不准乌里雅苏台将军、库伦办事大臣等分部落会盟，仍交各盟长照旧办理。[⑧]

乾隆朝及以后，检阅常备兵（或称防秋预备兵）成为各盟三年一次的重要会盟。雍正年间内扎萨克六盟派兵驻防边境。乾隆元年十二月，总理事务王大臣等议覆平郡王、庆复等称“内地扎萨克沿碛南而居，与喀尔喀接壤，亦令发兵防秋，与喀尔喀互相接应，应如所请，令内扎萨克等每岁量拨兵二三千人防秋。又果亲王请，预令内扎萨克等各以拨兵预备之数及率兵之王台吉等名次，某处兵由某路进，悉行定议，造册报部，亦应如所请办理。”[⑨]

乾隆二年五月丁未，“……策凌等奏游牧处所拨防秋兵丁应令各游牧所在预备。每年六月该管盟长、扎萨克等各令兵丁整顿器械，候京城遣贤能大员七月初间往勘。再令六盟长属下拨兵分二队，每队以大衙扎萨克一人统之，以西林郭勒、乌兰察布、伊克昭三盟长兵为首队，招乌达、哲里木、卓索图三盟长兵为次队，缓急有事，一面具奏，一

① 道光十年七月二十六日《盟长处为会盟之际审理扎萨克贝子被协理台吉状告一案札准格尔贝子文》，《准格尔旗扎萨克衙门档案译编》，第一辑，第247—248页。

② 乾隆三十二年三月二十七日《盟长喇什色棱为木兰行围之事札扎萨克贝子纳木扎勒多尔济文》，《准格尔旗扎萨克衙门档案译编》第一辑，第25—26页。

③ 道光九年三月二十八日《盟长处为饬令各旗按约定日期会盟验收所贡骏马之事札准格尔旗贝子文》，《准格尔旗扎萨克衙门档案译编》，第一辑，第221页。

④ N. 哈斯巴根《清代伊克昭的会盟》，第54页。

⑤ 乾隆五年十二月十五日《神木理事司员刘智、巴雅尔、伊克昭盟盟长齐旺班珠尔等为勘界存档之事札扎萨克协理台吉札布、华兴文》，《准格尔旗扎萨克衙门档案译编》第一辑，第3—4页。

⑥ 同上，《准格尔旗扎萨克衙门档案译编》，第一辑，第3—4页。

⑦ 《清高宗实录》卷1118，乾隆四十五年十一月甲申条。

⑧ 光绪朝《大清会典则例》卷983《理藩院二十一・会盟》，第10册，中华书局，1991年，第1172页。

⑨ 《清高宗实录》卷33，乾隆元年十二月戊寅条。

面调遣，令统领之人迅速率往……王大臣等议覆，应如所请，其请遣大臣往勘，每队应遣大臣一员，章京一员……得旨。内扎萨克等游牧处预备兵丁最为紧要，着今年即派大臣官员等往勘，余依议。寻命永兴等前往查勘。”①

大兴安岭北面（西面）的三盟为第一班，距离较远的岭南三盟为第二班，这是为防备准噶尔侵袭。乾隆朝《大清会典则例》记载：

六会秋防，科尔沁六旗、扎赉特旗、杜尔伯特旗、郭尔罗斯二旗，共十旗，于哲里穆地方为一会。喀喇沁三旗，土默特二旗，共五旗，于卓索图地方为一会。敖汉旗、翁牛特二旗、奈曼旗、巴林二旗、扎鲁特二旗、阿禄科尔沁旗、克西克腾旗，喀尔喀左翼，共十一旗，召乌达地方为一会。乌珠穆秦二旗、蒿齐忒二旗、苏尼特二旗、阿霸垓二旗、阿霸哈纳尔二旗，共十旗，于锡林郭尔地方为一会。四子部落旗、吴喇忒三旗、毛明安旗、喀尔喀右翼、共六旗，于乌兰察布地方为一会。鄂尔多斯七旗，于伊克召地方为一会。②

乾隆五年，把每年派遣大臣察阅改为间二三年后由理藩院奏请委派大臣检阅。③ 准格尔旗档案所载理藩院来文记载：

理藩院致伊克昭盟长鄂尔多斯贝子纳木扎勒多尔济，为札饬事。本院呈奏请旨事。据查，为检验内扎萨克六盟各旗常备兵与兵器事，乾隆十五年呈奏，奉旨：第一班派侍郎札日图，第二班派侍郎赵惠（兆惠）点验。臣院为乾隆十八年至二十二年，盛京、吉林将军所辖各扎萨克等向军营捐赠马匹以充军备，上奏请旨暂停派大臣点验。俟一两年后再行派出。嗣后，为六盟各旗将铠甲（gisugur quyag）改绵甲（mindasun olbug）一事，呈奏请旨。然，铠甲更为绵甲一事尚未完结，仍在办理中。故待各扎萨克旗改毕后，再行检验。呈奏请旨。奏旨：不必检验。乾隆三十一年，六盟各旗铠甲均更换为绵甲，并将此事报来时，臣院为照例派大臣检验事呈奏请旨。奉旨：不必检验。乾隆三十四年、三十七年，臣院在皇上秋狩返回时，仍就照例是否派大臣检验之事，呈奏请旨。奉旨：不必检验。谨遵谕旨，钦遵在案。据查，为检验哲里木等六盟备兵，兵器事宜，三十七年奏请旨。现又逾三年，理应为是否派大臣检验之事呈奏请旨。臣等窃查，哲里木等六盟之备兵，均系各自旗内兵，现均已改用绵甲，若现即派人检验，将于事无益。徒使彼等受累。臣等伏乞此后停派大臣检验，交各自所属盟长，检验各旗兵数、兵器，并三年一次造册报院入档。若有残缺不齐，将该各管盟长等一并报院议处。臣等愚见是否妥当，俟令下之日谨遵照办。为此，谨奏请旨。乾隆四十年九月十三日，交由蒙古事侍卫史喜六等转奏。奉旨：依议。钦此。为此札行。④

道光朝《理藩院则例》记载：“乾隆四十年议奏停止由京专派大臣前往，饬各该盟长每届三年查验一次，造册报院备核。”“内扎萨克六盟各旗兵丁军装器械，每三年一次

① 《清高宗实录》卷43，乾隆二年五月下丁未条。

② 乾隆朝《大清会典则例》，第624册，第418—419页，此条亦见其稿本，见姜亚沙、经莉、陈湛绮主编《理藩院公牍则例三种》，第一册，全国图书馆文献缩微复制中心，2010年，第363—364页。

③ 乾隆朝《大清会典则例》，第624册，第420页。

④ 乾隆四十年十月十三日《理藩院为检阅兵丁札伊克昭盟长文》，《准噶尔旗扎萨克衙门档案译编》第一辑，第45—46页。

该盟长等会集点验有无残缺及兵丁驼马数目造具细册，声明报院查核办理。”①

又据乾隆五十六年伊克昭盟盟长为会盟检阅兵丁所发文记载：

盟长扎萨克多罗贝勒栋罗补色棱致札萨克旗贝子色旺喇什、协理台吉等，为会盟检阅兵丁事。查案，乾隆四十年，理藩院所定文内开：哲里木等六盟常备兵丁、兵器等，奉旨停止特派大臣会盟检阅，交各该管盟长等，将所有各旗兵丁数目、兵器是否有残缺之事一一查明，每三年一次造册报院记档。遵旨办理。乾隆四十三年、四十七年、五十年、五十三年，每次均由本盟长与扎萨克等一同会盟，对本盟常备兵丁及其兵器等进行检阅，查明人数是否足额、器械是否锋利，齐全后，报部鉴核。此事均记录在案。现因遇检阅验年，故定于今年七月初二日，盟长、扎萨克等一同在查干苏布日干会盟，检阅所有兵丁及其兵器。为此，贵贝子、协理台吉等将该旗常备兵丁、兵器精选备齐后，等候检阅。届时即按约定日期、地点携印前来。为此札行。乾隆五十六年五月二十一日。②

据以上记载，乾隆十五年，清廷派大臣检阅常备兵之后，理藩院屡次奏请派大臣检阅都未获准。乾隆四十年理藩院奏请此后停止派大臣检阅，获准。实际上从乾隆十五年以后就没有再派大臣检阅，由各盟自行检阅。乾隆二年命“各以大扎萨克为盟长，各于会内均齐预备”，③ 后来称作“备兵扎萨克”，统领全盟常备兵。④ 在喀尔喀于雍正年间设立各部（盟）副将军负责军事事务。⑤

在喀尔喀，乾隆元年清廷规定喀尔喀四部兵丁由驻防军营参赞大臣会同喀尔喀各部副将军、参赞、贝勒、公等每年会盟一次检验。乾隆八年，定边左副将军额驸策凌奏，“查阅喀尔喀四部落军容器械向经臣处派参赞大臣二员前往，今年实届比丁审事大盟会之期，既经盟会，又派大臣前往查阅，众蒙古须两次预备，不胜劳费，请查阅军容即交四部落之副将军与盟长办理，分别优劣具报，无庸另遣大臣。从之。”⑥ 两个会盟年重合，策凌申请不派检阅大臣，由各盟比丁时检阅。乾隆十年，改由各部副将军查验，参赞大臣隔一年往验，即三年一次会盟检验。乾隆十六年，议准青海扎萨克蒙古等停止每年会盟，著间年一次举行。⑦ 乾隆二十八年二月，“军机大臣等议奏，查西宁特派大臣驻劄原为噶斯一路蒙古兵柴达木等处立卡及照料青海蒙古会盟。今准夷回部平定，西域各卡兵裁撤，青海蒙古番子安静多年，除会盟外平日无事，查西宁向系一年一次会盟，后经都统众佛保奏请改为二年。青海蒙古等游牧地方距会盟处远者颇多，如改为三年事体

① 道光朝《理藩院则例》卷29《查阅内扎萨克防秋兵丁》、《盟长点验军装器械》，载《故宫珍本丛刊》第300册，第76—77页。

② 乾隆五十六年五月二十一日《盟长栋罗补色棱为会盟检阅兵丁札扎萨克旗贝子色旺喇什文》，《准格尔旗扎萨克衙门档案译编》第一辑，第69页。

③ 乾隆朝《大清会典则例》《理藩院则例》初稿本，见姜亚沙、经莉、陈湛绮主编《理藩院公牍则例三种》，第1册，第364页。

④ N. 哈斯巴根《清代伊克昭的会盟》，第55页。乾隆三十八年七月二十五日《副盟长纳木扎勒多尔济为管理地方常备兵之事札多罗郡王车凌多尔济文》，《准格尔旗扎萨克衙门档案译编》第一辑，第39页。

⑤ 冈洋树著：《清代モンゴル盟旗制度の研究》，东方书店，2007年，第91—101页。

⑥ 《清高宗实录》卷192卷，乾隆八年五月丙申条。

⑦ 乾隆朝《大清会典则例》，第624册，第491页。

并无贻误，蒙古等亦可省往返费。应遵旨裁西宁办事大臣，交理藩院，至三年会盟之年开列在京侍郎副都统。御前侍卫、乾清门侍卫、职名具奏，恭候钦派驰驿至西宁。由西宁出口，令彼处总兵道员照会明例，所需赏项、筵宴、缎疋等物拨发派官兵随往，再，查西宁除办事大臣外尚有理藩院章京一员笔帖式三员，转递青海蒙古报部事件，迎送藏内来使来京，承办玉舒番子事件，不可无人，请仍留办事章京一，其笔帖式裁二。从之。"① 青海蒙古也是三年一次会盟。

据准格尔旗档案记载，每三年一次会盟检阅，即自前次会盟结束后次年开始之第三年举行（见附表）。检验常备兵的人数、器械、马匹等，造册上报理藩院。每遇检验常备兵之年，各旗扎萨克选定常备兵丁，先行检阅，准备好器械、马驼，带往查干苏布日干（白塔）会盟，由盟长与诸扎萨克共同检阅。据乾隆三十二年准格尔旗档案记载：

扎萨克贝子纳木扎勒多尔济、协理台吉等致副盟长。据查，本旗地方常备兵名额，协理台吉一名，随从十人、骑乘三十四，骆驼十峰；管旗章京一名，随从八人、骑乘十五匹、骆驼六峰；参领一名、随从六人，骑乘十三匹、骆驼五峰；佐领一名、随从四人、骑乘十匹、骆驼四峰；骁骑校一名，随从三人，骑乘七匹、骆驼三峰；协理台吉弓两把，箭一百支，其他官吏每人弓两把，箭七十支；从兵丁奴隶中选出兵卒二百二十八人。兵丁二人，配一随从。兵丁每人备马四匹，兵丁六人备骆驼五峰。随从每人备马两匹、兵丁四人备一帐篷。兵丁每人弓两把、箭五十支、铠甲、箭壶、矛、枪、刀、锅、锅撑、勺、锹、锤、针、槽等具全。协理台吉、官吏、兵丁之随从共一百五十人，骑乘共一千三百二十七匹、骆驼二百二十七峰。上述兵器、帐篷、锅灶等，具锐利、崭新，骆驼马均肥壮，如数备全。为此呈行。乾隆三十二年。②

准格尔旗有六千余箭丁③，若按三丁内一人披甲，准旗应有二千披甲，而常备兵加上随从不过三百八十多人，显然是从各旗选派的少量精锐披甲。道光元年准格尔旗禀报："今已遵盟长处指令，对本旗所属披甲进行初步检阅，其中官兵、随从均为青壮年；军用马匹骆驼俱年岁适当、膘肥体壮，武器装备数量齐全、俱已符合要求。准备妥当后，照约定于今年九月十二日前往查干苏布日嘎处会盟，接受盟长及各扎萨克检阅。并将本旗官兵姓名、职位及马匹骆驼之数额逐一明确，并造具载册，为此咨呈。"④ 在翁牛特右旗档案中称作防秋预备兵（namur - i sergyilen belüdügsen č irig)，据该旗光绪元年预备兵名册，其人数也不多。防秋预备兵由各盟备兵扎萨克（sergyilen belüdügsen tüsimel č irig - i jakirükü jasaγ）统领。⑤ 防秋预备兵是乾隆二年正式确定和沿袭下来的，都在本旗内预备。

哈斯巴根推测三年一次会盟和每年一次检阅常备兵（或秋防兵）的会盟后来可能

① 《清高宗实录》卷680，乾隆二十八年二月壬寅条。

② 乾隆三十二年《贝子纳木扎勒多尔济为备兵事呈盟长文》，载《准格尔旗扎萨克衙门档案译编》第1辑，第27—28页。

③ 《准噶尔旗贝子为报所属旗检阅箭丁统计情况呈理藩院文》，载《准格尔旗扎萨克衙门档案译编》第1辑，第104页。乾隆年间及以后历年查验都在六千人左右。

④ 道光元年十月二十五日《准格尔旗协理台吉等为禀报所属旗披甲武器装备事呈盟长处文》，载《准格尔旗扎萨克衙门档案译编》第1辑，第130页。

⑤ 光绪元年十月初六日《翁牛特王占布拉诺尔布旗防秋备兵名册》，赤峰市档案馆，档案号1.1.542.18.36。

合二为一了。[①] 但是，在准格尔旗档案记载中两个会盟的时间不同，道光年间开始原来的三年一次比丁会盟已经改为五年一次（隔三年一次）。检阅常备兵的会盟是三年一次，二个会盟是分别举行（请见附表）。检阅防秋兵会盟是检阅常备兵人员、军器装备和马驼，而比丁会盟是由各旗自行比丁上报丁册，盟长与各旗扎萨克等官员在白塔会盟审核丁册，再由各旗正式将丁数填写于理藩院所发红格薄内上报理藩院。从准格尔旗档案记载来看乾隆年间及以后的会盟比丁只是核实各旗丁册，由各旗官员保结上报，并不是集合全盟箭丁进行检阅，也没有见到检阅常备兵的记载，检阅常备兵的会盟另外一类会盟。

六、盟　长

乾隆朝《大清会典则例》记："国初定每会设盟长一人，各于所属三年一次会盟，清理刑名，编审丁籍。"[②] 设盟长的时间很早，至少顺治年间的阿布鼐、土谢图亲王等为首之王即为盟长。前引梁冰的记载若准确，康熙二十一年就已给盟长颁发了印信。据《钦定蒙古回部王公表传》记载，车臣汗部扎萨克多罗郡王纳木扎勒于康熙三十年归附，寻授盟长。[③] 扎萨克图汗部扎萨克多罗郡王朋素克喇布坦康熙三十六年来朝，寻授盟长。[④] 鄂尔多斯扎萨克多罗贝勒达什喇布坦于康熙三十七年担任盟长。[⑤] 赛音诺颜部善巴长子达什敦多布于康熙四十六年袭和硕亲王，寻授盟长，[⑥] 科尔沁达尔汉巴图鲁亲王罗卜藏衮布于康熙四十九年任盟长。[⑦] 清廷于雍正六年，"定内扎萨克及喀尔喀之扎萨克等每会著选一人为副盟长，协同盟长办事。"[⑧] 同年，定喀尔喀四会每会设正副盟长各一人。[⑨] 雍正朝没有恢复派大臣会盟的制度，增设了一个副盟长，协助盟长办理军政事务。乾隆朝《大清会典则例》记载：乾隆十二年议准喀尔喀四盟长均给与印信，与内扎萨克六盟长同。[⑩] 道光二年，因为垦务事繁在哲里木盟增设帮办盟务两人，在卓索图、昭乌达、伊克昭等盟各设帮办盟务一人，协同正、副盟长办理阖盟事务。[⑪]

综上所述，清代外藩蒙古会盟始于天聪三年，顺治九年形成内扎萨克六盟会。康熙年间将会盟制度推行于漠北喀尔喀，雍正、乾隆年间又推行于青海、新疆蒙古各部。从天聪三年到康熙四十九年清廷派遣大臣主持会盟，主要是处理政务，比丁、清理刑狱。康熙五十四年停派大臣，由蒙古各盟自行会盟。乾隆二年始设各盟防秋预备兵，每年派

---

① N. 哈斯巴根：《伊克昭盟的会盟》，第56页。

② 乾隆朝《大清会典则例》第624册，第418页。

③ 包文汉、奇·朝克图整理《蒙古回部王公表传》（以下简称《王公表传》）卷55《车臣汗部扎萨克多罗郡王纳木扎勒传》，第一辑，内蒙古大学出版社，1998年，第391页。

④ 《王公表传》卷62，《扎萨克多罗郡王朋素克喇布坦列传》，第一辑，第431页。

⑤ 《王公表传》卷43，《扎萨克固山贝子额琳沁列传》，第一辑，第330页。

⑥ 《王公表传》卷69，《扎萨克和硕亲王善巴列传》，第一辑，第477页。

⑦ 《王公表传》卷18，《扎萨克和硕达尔汉巴图鲁满珠习礼列传》，第一辑，第150页。

⑧ 乾隆朝《大清会典则例》第624册，第419页。

⑨ 乾隆朝《大清会典则例》第624册，第490页。

⑩ 乾隆朝《大清会典则例》第624册，第491页。

⑪ 光绪朝《大清会典则例》卷983《理藩院二十一·会盟》，第10册，第1170页。

大臣检阅一次，乾隆五年改为三年一次会盟检阅，乾隆十六年停派大臣，由各盟自行会盟检阅。喀尔喀和青海蒙古常备兵分别于乾隆十年、十五年改为三年一次检阅。自乾隆初年开始外藩蒙古有比丁和检阅常备兵（即防秋兵）两种会盟，前者以比丁为主，后者以检阅常备兵及其军器和马驼为主。康熙后期停止派大臣会盟之后，外藩会盟制度发生了一些变化，乾隆年间开始检阅常备兵成为清廷规定的主要会盟。

附表　伊克昭盟会盟比丁和检阅防秋兵情况统计表

朝代	年代（纪年）	隔年数	辑、页码
	38	37 年报常备兵数，因灾 38 年检阅、比丁	1：38
	40	隔一年	1：45—46
	43	隔二年	1：69
	47	隔三年	1：69、113
	50	隔二年	1：69
	53	隔二年	1：69
	56	隔二年 56 年上报比丁数	1：69、79
嘉庆	12		1：113
道光	1（元年）		1：129
	3、3	隔二年、隔三年	1：203
	7、7	隔三年，9 月检阅披甲，10 月报丁册。	1：202—204
	10	隔二年	1：248、250
	13	隔二年	1：286
	16、	隔二年	1：325
	19、19	隔二年（19 年同时比丁）	1：439
	22	隔二年	1：422
	23	隔三年	1：439
	27	隔三年	1：502、504
	28	隔二年	1：519—521
咸丰	1（元年） 1	隔二年 隔三年	2：42 2：17、29
	4	隔二年	2：83
	7	隔二年	2：142
同治	5		2：480
	6		2：561
	10	隔三年	

续表

朝代	年代（纪年）	隔年数	辑、页码
光绪	1、[1]（元年）	隔[三年]	3：14
	4	隔二年	3：59
	[5]	隔[三年]	3：74—76
	7	隔二年	3：154
	10	隔二年	3：153—155 163、168
	13、[13]	隔二年 隔[三年]	3：290、293 296、311， 3：416
	16	隔二年	3：377—378、 385、389
	[17]	隔[三年]	3：416—417
	19	隔二年	3：444、456
	[21]	隔[三年]	3：519、521、 523、527
	22	隔二年	3：552
	25、[25]	隔二年　9月检阅 隔[三年]　8月报丁册	3：684、689 3：685、687
	28	隔二年	3：770
	34	隔二年	3：859—860
宣统	3	隔二年	3：914—915

据《准格尔旗扎萨克档案译编》制作，表中年代有方框者为比丁之年，无方框为检阅防秋兵之年。

清入关前对外藩蒙古所制杀害逃亡者处罚规定杂考

冈洋树（日本东北大学）

清朝蒙古例研究中，采用蒙古游牧民习惯法所反映出的问题意识，对清代史料中有关蒙古例中的刑事案件相关条款进行逐条研究的学者是岛田正郎。① 作为清朝蒙古例研究的开拓者，岛田从《满文老档》、《旧满洲档》及顺治初纂本《太宗实录》中网罗性的搜集，并与后世蒙古例相关条款进行了比较研究和逐条考察，开拓了清初有关蒙古"法律措施"方面的研究②。然而岛田氏的研究，虽然在对蒙古例的汉文文本进行细致批判和考证方面具有一定价值，但几乎都以汉文文本为对象，没有参照相关的满文和蒙古文文本。③

岛田氏的研究，以论证原本欧亚大陆北方法系的存在为目的。如果是这样，对以满文和蒙古文作为原文的 17 世纪初期法令的解释，应该结合原文的意义，以原文来进行研究。另外为达其目的，对同时期蒙古地区制定的法典进行比较研究也是必要的。其实，该氏对《阿拉坦汗法典》这样的蒙古法典也有所关注，其书中除利用 Sh. 毕拉氏的新蒙古文字译文来进行条文研究外，还参照了 1640 年制定的《卫拉特法典》的田山茂译文。这样，岛田氏的研究，对 17 世纪前半期的蒙古文法典也加以关注，探讨了清朝蒙古例的渊源，是个充满雄心的研究。但他未能利用原文本，由此留下了很多的课题。

本文对岛田氏所解释的天聪年间律（caGaja）中所出现的杀害逃亡者（bosqaGul）的一个相关规定进行重新探讨，同时，试图阐明这一规定在当时蒙古政治局势中的位置。这便是岛田氏所留下的诸多课题之一。

一、天聪二年（1628）十月和五年五月的杀害逃亡者相关处罚规定

岛田氏在巨著《明末清初的蒙古法研究》第三部《清朝入关前的蒙古法》中，抽出清初对蒙古的《法律措施》时，利用了以下方法：首先，从《古今图书集成》卷 95《祥刑典 · 律令部汇考 · 皇清部》至顺治元年的记事中抽出相关条款，并作成表格。然后，针对每个条款分别指出《大清会典》（康熙朝）理藩院及《蒙古律例》所收录的诸条款的相关部分和该氏抽出的《满文老档》、顺治初纂本《太宗实录》的相应记事。本文中引用的有关逃亡者的规定是表中的 26 号条文，如下所示：

---

① 岛田正郎：《清朝蒙古例研究》，东京，创文社，1982 年。

② 岛田正郎：《明末清初的蒙古法研究》，东京，创文社，1986 年，第三部《清朝入关前对蒙古的法》第 365—717 页。

③ 二木博史：《岛田正郎著〈明末清初的蒙古法研究〉》，《法制史研究》37，1988 年，第 238—242 页。

又定，擅杀投来逃人者，王等隐匿罚十户。扎萨克贝勒贝子公，罚七户。台吉等，罚五户。被人首告者，王罚马十匹，扎萨克贝勒贝子公，罚马七匹，台吉，罚马五匹，给出首人，命赴愿往旗分。其为首杀人者，斩。仍罚牲畜三九。余免死，罚三九，俱给所来投王贝勒等。若不知所投，则以一半给出首人，余入官。①

与这个条文对应的《大清会典》（康熙朝）规定如下：

国初定，擅杀投来逃人者，王等隐匿罚十户。扎萨克贝勒贝子公，罚七户。台吉等，罚五户。被人首告者，王罚马十匹，扎萨克贝勒贝子公，马七匹，台吉马五匹，给出首人，命赴愿往旗分。其为首杀人者，斩。仍罚牲畜三九。余免死罚三九，俱给所来投王贝勒等。若不知所投，则以一半给出首人，余入官。②

另外，表中岛田氏认为《蒙古律例》相关条款的汉文及其蒙古文 mongGul caGajin – u bicig 条文如下所示：

一，已未管旗王贝勒贝子公台吉塔布囊等，若将杀来投逃人之人隐匿者，各罚俸一年。无俸台吉塔布囊等，罚五九牲畜。以杀死出首之人，王等罚马十匹，贝勒贝子公等罚马七匹，台吉塔布囊等罚马五匹，给出首者。遣往伊愿往之处。若不承认，令其伯叔发誓。③

ireku bosqagul – i alagsan kumun – i wang – ud daruqu anu. /

nigen juil. ireku bosqagul – i alagsan kumun – i jasag ba, / jasag busu wang, beyile, beyise, gung, tayiji, tabunang – ud / darubasu, nijeged jil – un punglu tasulugtun. punglu ugei tayiji, tabunang – ud bolbasu tabugad yisun mal ab. / alaba kemen gerecilegsen kumun – dur wang – ud bolbasu / arban mori, beyile, beyise, gung – ud bolbasu dolugan / mori, tayiji, tabunang – ud bolbasu tabugad mori abugad / gereci – dur ogcu, tegun – u duralagsan gajar – tur ilege. kuliyeju ese abubasu, yeke bag – a abag – a nar – i inu / siqagtun.

首先，《会典》和《蒙古律例》的上述条文是对“来投逃人”杀害犯的隐匿行为的惩罚条例。从惩罚条例来看，与《大清会典》中隐匿者王罚没十户，札萨克贝勒、贝子、公罚没七户，头等至四等台吉罚没五户的惩罚相比，《蒙古律例》中管旗王公台吉、塔布囊者罚俸一年，无俸者罚五九牲畜。隐匿行为被人告发而暴露时，会典、律例处以同样惩罚（王马十匹，贝勒、贝子公马七匹，台吉、塔布囊马五匹），使告发者“命赴愿往旗分”。另外对杀害逃亡者的处罚规定在《蒙古律例》中看不到，只在《大清会典》中能看到，主犯被斩首，并罚三九，主犯以外免除死刑，罚三九，作为惩罚所没收的家畜和被免除死刑的从犯，给予“来投王贝勒等”。如果投来者不明时，告发者取一半，其余“入官”。

岛田氏认为这一规定的原定例是《满文老档》中所看到的两条记载。

第一个记载是，《满文老档》太宗天聪二（1628）年十月九日条中所见杀害逃亡者

① 《明末清初的蒙古法研究》，第414—415页。

② 《大清会典》卷42，理藩院1，抚辑逃人，13上。岛田正郎《明末清初的蒙古法研究 东洋法史论集第六》东京，创文社，1986年，第414—415页。

③ 《蒙古律例》卷9，捕亡，6上（中国社会科学院中国边疆史地研究中心编《蒙古律例·回疆则例》全国图书馆文献缩微中心，1988年）。

的相关规定，下面列出相应的《旧满洲档》的文本（译文是根据《满文老档》研究会的译文）[①]：

iceuyun de（插入 han）aohan，naiman，barin，jarut i（抹消 beise fakcaha，fakcara de toktobume gisurehe gisun）.（插入 beise de joo bithe bume fafulame hendume），yay－a ergici / jidere ukanju be（插入 suwe）heturefi wambi sere. ereci amasi jidere ukanju be，/ beise same waci juwan boigon（插入 i jušen）gaimbi. beise sarkū buya niyalma waci / beyebe wambi. sargan juse be olji arambi. hetu niyalma gercileme / alanjici gerci be singgebumbi.

（抹消 beise）插入 jai）suweni gurun i šurdeme karun saikan sinda. henduhe gisumbe jurceme karun sindarakūci sunja ihan gaimbi. tucibuhe karun i niyalma generekū jurceci emte ihan gaimbi seme /（抹消 šajilafi unggihe）（订正 fafulaha）.

九日，Han 颁发诏书禁止 Aohan，Naiman，Barin，Jarut 诸王，曰“据说汝等杀害诸方来的逃亡者，但今后如有逃来逃亡者，诸王明知故杀，罚隶民十户。若诸王不知而小人杀害，杀之小人，俘虏其妻。若有第三者告发，使告发者入内地。另外汝等国之周围严设哨探。若违背此言不设哨探，罚牛五头。若已设之哨探违背不去者，各罚牛一头”。

这一条文，由前段的如果 beise 知道杀害逃亡者行为时，没收十户，不知时，斩死杀害犯，俘虏他的妻子，因第三者告发而暴露时，使告发者入内地这一规定与后段所述的要求设置卡伦的条文和惩罚条例组成。另外，画线部分“使入内地”这个用语，正如岛田氏所指出的那样，《满文老档》研究会译注时，是利用后世《会典》中所看到的记载来意译的。

还有一件是，《满文老档》天聪五年五月四日条中所看到的以下规定。这也同样提示相关《旧满洲档》的文本和《满文老档》的译文[②]。

（p. 364）ineku tere inenggi oohan naiman，barin，jarut gurun i šajin toktobuha bithei gisun. yay－a ergici jidere ukanju be beise waci juwan boo i / jusen gaimbi. bai niyalma waci beye be wafi juse sargan，ulha be / gaifi olji arambi. ukanju be waha seme yay－a niyalma gercileci / gerci be singgebume gaimbi. karun de beise tuciburakū－ci sunja ihan /（p. 365）gaimbi. bai niyalma tucirakūci emte ihan gaimbi. /

同样那天，制定 Aohan，Naiman，Barin，Jarut 国的法令之言。“若诸王残杀诸方投来者，罚隶民十户。若普通人杀害，杀其人，收取家畜，俘虏其妻子。若谁来告发杀害逃来者之事，与告发者一起收取。若诸王不出哨探，罚牛五头，若普通人不出者，各罚牛一头。

一目了然，虽然有字句的差别，但这两个规定的宗旨与内容是相同的。也就是说从天聪二年十月到天聪五年五月，皇太极对敖汉、奈曼、巴林、扎鲁特诸王，两次发布了

① 《旧满洲档》（六），1969 年，2845 页．满文老档研究会译注《满文老档》IV，太宗 1，东京；东洋文库，1959 年，第 180 页。

② 《旧满洲档》（七），台北国立故宫博物院，1969 年，第 3431—3432 页；《满文原档》第七册，台北国立故宫博物院，2005 年，第 364—365 页；满文老档研究会译注《满文老档》V，太宗 2，东京东洋文库，1961 年，第 514 页。

同样的命令[①]。只是，与天聪二年十月的规定对诸王处罚因是否知道杀害逃亡者而不等相比，天聪五年五月的规定中，则以诸王亲自杀害，还是属下平民杀害来区别。这恐怕不是诸王是否亲自杀害的问题，而是在诸王的命令或他们知道的情况下进行杀害，还是诸王不知道的时候属民杀害的区别吧。如果能够如此解释，那么这两个规定说的就是同一个事情。

《旧满洲档》中所看到的同一内容的这两个规定，与前述《大清会典》（康熙朝），《蒙古律例》相关条文相比较，前者是规定投降者杀害犯的处罚，而后者是隐匿杀害犯的处罚，这一点是不同的。另外，前者对于诸王（noyan）和平民（buya niyalma 或 bai niyalma）的处罚轻重不一，而后者是根据王公的爵位高低，把王公、台吉的处罚分为三个等级，平民则分主犯和从犯来规定惩罚条例的。这样的惩罚条例等级化，后世也许表现为根据爵制和主犯、从犯的不同来分别处罚。

可是，岛田氏对天聪二年和五年规定中含有设置哨探 karun 命令保留了判断[②]。这恐怕是没能很好地说明处罚杀害逃亡者和设置哨探的关系所致。但这里含有哨探相关规定的事，将是理解此规定的关键。关于此问题的论述详下。

二、天聪五年四月十二日律中所看到的杀害逃亡者处罚规定

岛田氏，关于《满文老档》日期为天聪五年四月十二日的“sure han 为首，tusiyetu han · sun dureng · dalai cūhur · sengge hošooci，大小台吉等商定的法令 secen qan ekilen，tusiy－e－tu qagan，sun dugureng，dalai cogekur，sengge qosiguci，yeke bag－a noyad－un kelelcegsen cagaja.”27 条，进行内容研究。这个“法令”中，第 15，16，17，18，19 条是有关逃亡者的规定。以下以其文本的《旧满洲档》的蒙古文文本为序，并附记《满文老档》同日条的相关记载的满文文本及日译文本[③]。

15：noyan kumun bosqagul－i alaqula arban ger abqu.

taijiniyalma aika ukanju be waci，juwan boo gaimbi.

若作为台吉杀害逃亡者，罚十户。

16：noyad alaba geji mon qosigun－i kumun mori tonug－aca abcu gerecileju irekule，gerecilegci kumun－i mon arban ger－tu bagtagaqu.

taijiwaka bime kemuni gūsai niyalma morin i ton ci gaifi gercileme jici，gerecilehe niyalma be ineku juwan boode baktambumbi.

台吉杀害，仍旗人拿马数告发时，使告发者计入十户内。

17：alagci noyad meljebesu torultei－yi siq－a. bucaqula mon cagaja－bar abqu.

wara taijisa meljeci，mukūn i urse de fonji，aika maraca inu fafun i songkoi gaimbi.

① 岛田氏对同样的法令出现两次方面，推测后者是“误入”，《明末清初的蒙古法研究》，第 509 页。

② 《明末清初的蒙古法研究》，第 445 页。

③ 《旧满洲档》（七），3422 页。《满文原档》第 7 册，第 356 页。

杀害之台吉等若有争吵，问其族人。若拒绝依法没收。

18：qaracu kumun alaqula gurban jagun anju abqu.

harangga albatu niyalma waci，ilan tanggū anju gaimbi.

若属下人杀害，罚三百。①。

19：ireku bosqagul - i aliba kumun ucaraqula jorigsan noyad - tu kurgeju og. kurgegsen qoyin - a ter - e bosqagul - un mal - aca qoyar - aca degegsi arban - aca dogugsi nige ab. nige bolusa bugse ab. arban buda - aca nige，qorin buda - aca qoyar mon teguber togalaju ab.

jidere ukanju be yaya niyalma ucaraci，joriha ejen de beneme bu. benehe manggi，tere ukanju ci juwe ci wesihun juwan ci fusihūn emke gaisu，emke oci uthai gaisu，juwan jaka ci emke，orin jaka ci juwe，ton i songkoi tolome gaisu.

无论谁遇到逃亡者，送至其指示的主人。送去后，逃亡者家畜若多于二少于十者取一。若一取之，十内取一，二十内取二，依次收取。

这个规定的内容，也与前面所述的天聪二年和五年五月发布的关于敖汉、奈曼、巴林、扎鲁特诸王的规定有相同的宗旨。只是这次的规定，针对图什业吐汗，即科尔沁部奥巴、翁牛特（逊杜稜）、阿鲁科尔沁（达赉）、僧格和硕齐（四子王旗）的台吉等，其发布对象不同。当时太宗皇太极收服这些阿鲁诸部，似乎均是通过哈萨尔系的科尔沁部汗奥巴来进行的。出现奥巴名字是其做出推测的理由。

岛田氏认为这5条内容，由台吉杀害“在自己管辖内来自其他管辖之逃亡者”时的惩罚条例（10户），台吉杀害逃亡者的事情被属下人告发时的处罚，台吉之间因杀害逃亡者的事情而有争论时的处理措施，平民杀害时的处罚，把逃亡者“送至其主人之处”等命令组成。

此规定也与天聪二年、天聪五年五月的规定一样，不是《大清会典》与《蒙古律例》规定中所含的有关于隐匿杀害逃亡者的处罚，而是对杀害逃亡者行为自身的处罚规定。

三、岛田氏对杀害隐匿逃亡者行为处罚规定的解释

岛田氏提出的清初有关杀害逃亡者的规定有三件，这里总结一下岛田氏对这些规定的解释。岛田氏对这个规定中所看到的“逃亡者（满：ukanju，蒙：bosqagul）”方面，论天聪二年的规定时解释为：“不用说，这里所说的逃亡者，是当时社会关系中，因主从关系而结成的，负担各种义务的平民”，平民是“因为被约束在首领占有的游牧地内，私自离开那里被看做为逃亡，因而无非就是那个当事者”。然后，还说到发现逃亡者的话，根据相关原则，发现或捉拿逃亡者的人“应该把他送至原首领之处，这是他们的惯例”。也就是说岛田氏把这一规定理解为，这是对杀害应该遣返原主人的逃亡者事件的相关处罚规定。因此，氏对上述诸规定中的逃亡者理应被遣返原来主人的“应该能

① 据二木博史《关于白桦法典》，《亚洲·非洲语言文化研究》21，1981年，第64页。anju在《白桦法典》和《qalq - a jirum》中也有实例。

够实现的行为规范”在这个条文中没有出现而质疑，并提出“我认为应该遣送至原首领之处是当时的惯例，但这条文没有出现是因为委以惯例就可以”的推测。岛田氏论述天聪五年四月十二日对阿鲁诸部规定的解释时，仍说道“若有擅自脱离所属关系逃往别处的人，无论发现或捉拿的人是谁，应该把他遣送至原主人之处。所以对隐藏逃亡者或杀害逃亡者，进行问罪是他们的惯例”①。那个时候岛田氏在该书第一部第十二章中附注解释了《阿拉坦汗法典》的逃亡者相关规定。于是岛田氏引用了法典第 112 条的“带来他人（所属的）逃亡者之人，必须遣送至原（主人之处）”，和第 113 条“若诺颜（的属下人—领民—）的脱离者逃走，无论（该逃亡者的）爱马克，家属是谁，必须追捕（该逃亡者）”的规定，还有“卫拉特法典”的“无论是谁的地方来逃亡者，取（他所带物品的）一半，遣送至（原来的地方）”等规定。

岛田氏的这些辩论，有很大的疑问。正如岛田氏自己也不可思议，天聪二年十月九日和天聪五年五月四日两条规定中，不含使逃亡者归还原来主人的指示。虽然认为这是作为惯例已定型的东西，但没有明确的依据，是个推测而已。值得注意的问题是，天聪五年四月十二日发布于阿鲁诸部规定的第 19 条中，含有 ireku bosqagul - i aliba kumun ucaraqula jorigsan noyad - tu kurgeju og. 的条文。该部分的《满文老档》满文文本是，jidere ukanju yaya niyalma ucaraci，joriha ejen de beneme bu. 满文老档研究会对这一部分的日文翻译是，“やってくる逃亡者に出遇った者は谁も，指示した主に差し出し送れ”。岛田氏把这个“指示した主”（满：joriha ejen，蒙：jorigsan noyad），理解为逃亡者的原主人。这个解释有疑问。原本解释“指示した主”究竟“指示した”是什么呢，不理解他的意思。既然这个规定的原文是蒙古文，所以有必要结合蒙古文的意思来理解。joriqu 一词，不能用作“指示”的意思，其意为“目标”、“企图”，而作为“指示”意来使用的是 jigaqu 或 jigaburilaqu 吧。如果把这个词理解为“目标”的意思来读的话，这个逃亡者被遣送的，不是逃出来的原主人，而应该是逃亡想去的“目标”地的诺颜。

顺便说一下同样的规定，在康熙六年的律书中也能发现②。即：

与来自各方逃亡者，凡诺颜遇见，两天内使逃亡者之头目紧急上交。超出两天，王罚马十匹，贝勒罚马七匹，小诺颜罚马五匹。听取逃亡者供述后，给予所目标之诺颜。

aliba jug - ece ireku bosqagul - i aliba noyad ucirabasu，/ teriguleju iregsen bosqagul - i qoyar qonug - un dotur - a yagaraju degegsi /（p. 314）kurgegul. qoyar qonug - aca onggeregulbesu，wang - ud bolbasu arban adugu，/ jasag - un noyad bolbasu dolugan mori，bag - a noyad bolbasu tabun mori / abumu. bosqagul - yin uge abugsan - uqoyin - a，tuslaju iregsen noyan - dur / oggumu.

这里翻译成“所目标之诺颜”，相当于蒙古文文本的 tuslaju iregsen noyan③。

考虑到以上解释的可能性，下一章利用《旧满洲档》中，岛田氏未提出的其他规定，重新探讨一下杀害逃亡者规定的意义。

---

① 《明末清初的蒙古法研究》，第 496—496 页。

② 中国第一历史档案馆、内蒙古大学蒙古学院编：《清内阁蒙古堂档》22，第 313—314 页。

③ 另外，被视为康熙三十五年的理藩院律书中也能够看到相关条文，但在那里的康熙六年律书中，把逃亡者目的地的 degegsi（上）看作 yabudal - un yamun - dur（衙门），并且缺少末尾的给予所投诺颜的字句。

四、天聪六年两个律例中有关隐匿杀害逃亡者之规定

如上所述，我认为岛田氏收集有关清初对蒙古的法律措施的记载时，首先检索了《满文老档》及顺治初纂本《太宗实录》并提取相关条文，在《满文老档》的文本与《旧满洲档》的相关部分进行对照的基础上，对条文的内容进行了解释。那时的满文史料，岛田氏似乎首先利用《满文老档》（日文翻译）提取相关事项，然后参照《旧满洲档》相关部分，确认字句的差别，再把满文史料中没有的规定，从汉文顺治初纂本《太宗实录》中抽出事例这样顺序来进行的。因此，虽然收录在《旧满洲档》中，但《满文老档》中看不到的记载却没有成为研究的对象。但与上述天聪二年和五年规定一样，关于隐匿杀害逃亡者的规定，天聪六年还存在两个。这两个规定与《旧满洲档》（八）（《满文老档》第八册）中以千字文的形式加注编号的档册不同，是以“满附二”的形式被收录在题记为“天聪六年壬申年，记载年月的档册。服属之蒙古贝勒来叩拜，接受，给予，送行，举行宴会之书 sure han i ningguci sahaliyan bonio aniya，aniya biya ejehe dangse. dahaha monggo beise i hengkileme jihe，gaiha，buhe，fudehe sarilaha bithe.”（以下简称为“天聪六年档册”）的档册[①]中。这个档册的记载，《满文老档》没有收录，也没有日文翻译，所以岛田氏的研究没有参照。

（1）天聪六年正月十八日律

“天聪六年档册”天聪六年正月三日条中，有：

那天，（插入：asidarhan，kosibu，nomtu，nikan 这四大臣）因商议察哈尔，喀尔喀，巴林贝子之罪而赴往。

○tere inenggi cahar kalka barin i beise de（插入 asidarhan，kosibu，nomtu，nikan ere duin amban）uile beideme genehe. /的记载[②]，另外正月二十一日条中，有：

二十一日去往察哈尔、喀尔喀、巴林商议罪情的 asidarhan，nikan，nomto，hosibo 已到达。

○orin emude，cahar，kalka，barin de / uile beideme genehe asidarhan，nikan，nomto，hosibo isinjiha.[③]

这恐怕是指阿什达尔汗等人，从天聪六年正月三日至二十一日之间，为了“商罪”而参加察哈尔、喀尔喀系诸部一同举行的会盟之事吧。然后在同月日期为十八日的“根据汗的谕旨，申年春天的第一个月的十八日规定的律”为起首的律，在该档册中以蒙古文收录[④]。这个律，由①对逃亡者 bosqul 杀害行为的处罚规定，②隐匿盗贼的相关规定，③十家长的设置，④证人的保护，⑤作为惩罚而罚取家畜数的规定等五个条款组成。那么第 1 条的杀害逃亡者相关规定如下：

noyad ireku bosqul－i alaqula arban ayil abqu. qaracu kumun alaqula kedun

---

① 《旧满洲档》（八），第 3905—3955 页；《满文原档》第八册，第 295—445 页。

② 《旧满洲档》（八），第 3910 页；《满文原档》第八册，第 298 页。

③ 《旧满洲档》（八），第 3912 页；《满文原档》第八册，第 300 页。

④ 《旧满洲档》（八），第 3914—3916 页；《满文原档》第八册，第 302—304 页。

若诺颜杀害投来之逃亡者，罚十户。若平民杀害，

alagci kumun – i bugude – yi alaqu.

斩所有杀害者。

noyan – i alagci kumun – i gargaji ogkule tere alagci / kumun – i mal – i noyan – i abqu.

若诺颜交出杀害者，诺颜取杀害者家畜。

gereci – ber garqula tere alagci kumun – i mal – i ni bosqul – yin jorigsan noyan, /

若证言而暴露，杀害者之家畜由逃亡者来所投之诺颜和

gerecilegci kumun qoyar qagas abtugai. jorigsan noyan – i ese garqula, / qagan abqu.

证人各取一半。不知所投之诺颜，汗取之。

gerecilegci kumun – du qagas – yin – i ogku.

给予证人一半。

这个规定，与上述三件规定同样不是针对隐匿杀害逃亡者，而是对逃亡者的杀害行为本身的处罚规定。这里，规定诺颜自己杀害逃亡者罚十户，平民杀害逃亡者死罪，诺颜亲自交出犯人，则把犯人的家畜给了诺颜，因别人告发而暴露，“逃亡者所投之诺颜”和证人各取一半，“所投之诺颜”不明时，汗即太宗皇太极，把一半给予告发者。

（2）天聪六年十月五日律

同一个档册中也能看得到另一个是，济尔哈朗贝勒，萨哈廉贝勒被派往蒙古时，天聪六年十月五日在 siraljitai 地方举行的蒙古诸部会盟上发布的规定。“天聪六年档册”九月二十九日条中，有：

tere inenggi beidere jurgan i jirgalang beile, dorolon i jurgan i sahaliyan beile tulergi / dahaha monggo beisede weile beideme, šajin ilibume nuktere babe toktobume genehe.

那天，刑部济尔哈朗贝勒，礼部萨哈廉贝勒，因审理罪情，制定律的同时，划定牧地而前往外藩蒙古贝子之处[①]的记载，指示会盟的目的是审理犯罪案件，制定律，划定牧地。这时所定律的内容，在同档册中仍用蒙古文收录[②]。其有关条规有：

ireku bosqul – i noyad alaqula, arban ayil abqu. qaracu kumun alaqula kedun/ alagci

若诺颜杀害投来之逃亡者，罚十户。若平民杀害，

kumun – i bugude – yi alaqu. em – e keguked ger mal – i ni jorigsan noyan – i abtugai. /

斩所有杀害者。所投之诺颜取（逃亡者的）妻子，房屋，家畜。

noyad alagci kumun – i gargaji ogkule tegun – i em – e keguked ger mal – i gargagci noyan abtugai. /

若诺颜交出杀害者，由诺颜取杀害者之妻子，房屋，家畜。

jorigsan noyan – du oru qolbag – a ogtugei.

给所投之诺颜两倍的赔偿。

gereci – ber garqula tere alagci kumun – i em – e keguked / ger mal – i bosqul – yin jorig-

---

① 《旧满洲档》（八），第 3935 页；《满文原档》第 8 册，第 321 页。

② 《旧满洲档》（八），第 3940 页；《满文原档》第 8 册，第 325 页。

san noyan

若证言而暴露，杀害者之家畜由逃亡者所投之诺颜和

gerecilegci kumun qoyar qagas abtugai.

证人各取一半。

本条款的宗旨，是把杀害逃亡者的惩罚条例，诺颜和平民分别规定的同时，根据发现杀害者的经过，制定杀害者的家畜没收办法。这里仍然规定有杀害逃亡者被没收的家畜，因证言而暴露时，"逃亡者所投诺颜 bosqul - yin joriGsan noyan" 和证人各分一半。这条律与正月十八的律相比，后者只规定了杀害者是平民时，斩死杀害者全员的事情，但本律中添加了平民杀害者的家产给予逃亡目标的诺颜，另外诺颜交出杀害者时，其家产给予逃亡者所投诺颜的规定。还有十八日的规定中含有的逃亡地不明的情况下汗与告发者各取一半罚畜的规定，在本规定中看不到。但无论在哪里，如果把 bosqul - yin joriGsan noyan 理解为他逃来之前的旧主人，那么这个逃亡者逃出来之后被杀害时，以旧主人作为逃亡的目的地"目标"，就令人难以释解了，故在此还是应理解为逃亡者作为逃亡目的地的诺颜的意思吧。

如果把这些规定理解为阻止或杀害向所投诺颜逃亡的处罚，即当然不包含归还旧主人的相关内容。也就是说，此处逃亡者不归还旧主人是该规定的前提。

五、有关杀害逃亡者规定的意义

那么，为什么这些规定中出现的逃亡者不归还旧主人呢？

岛田氏引用了与天聪二年杀害逃亡者规定有关联的《卫拉特法典》第 86 条。他所引用的条款是"杀害投来之逃亡者，罚家畜五九"。他利用的是，1981 年 C. Д. Дылыков 所转抄的俄文翻译的维吾尔文文本，其原文如下所示①。

gadan - a - aca oruju iregsen bosqagul - i alaqula tabun isu ab. kurgeju irekule kedun sagadag bogesu tedui kol mori - yi inu ab. gadagsi garqu bosqagul - i bariqula amin - aca busu - yi qagaslay - a.

若杀害外来逃亡者，取五九。若带来，只取以箙数之马。若捉拿外出逃亡者，除自身以外取一半。

这就是岛田氏所说的杀害逃亡者的相关规定，但这里的逃亡者指的是"从外面进来"者。而且这里也没有规定归还逃亡者原主人的事情。这里特意把逃亡者形容为"从外面进来"是有所示意吧。其实，《卫拉特法典》第六条中，另有

ken ken - dubosqagul irebesu qagaslaju abugad, qarigulju og. kumun alabasu yeke keb - iyer minggan qoni abqu. mal - un yala naiman yisu gereci - du nige yisu og. 无论逃亡者来自何处，取一半，使送回。若杀害者重罚取羊千头。罚家畜八九。给予证人一九。

的规定，这个规定，区别于外敌的逃亡者，因为规定的是彼此同伙之间的逃亡者归

---

① 岛田氏利用了以下文本. Их цааз.（賧 Великое уложение 赈）. Памятник монгольского феодального права XVII в. Москва, 1981. стр. 108.

还义务的①。众所周知，《卫拉特法典》是 1640 年在 tarbaGatai 地召开的会盟上，由札萨克图汗为首的喀尔喀左右翼王族与额尔德尼巴图尔珲台吉等卫拉特诸王族规定的东西。法典既然以两者和睦为前提为背景制定的，因此应该把“外 Gadan - a”理解为参加制定法典的王族以外的国。

同样的规定，在同时期的《白桦法典》中也能够发现。所谓的《白桦法典》是，从 16 世纪末至 17 世纪初，喀尔喀左右翼的王族们制定的，收录一系列法令的文献，文本由蒙古国研究者 Kh. 丕尔烈出版。在《白桦法典》的“丙辰年的小法典（1616 年）”第 4 条中，有：

ken ken - dubosqagul irebesu qagaslaju abugad, qarigulju og. kumun alabasu yeke keb - iyer minggan qoni abqu. mal - un yala naiman yisu gereci - du nige yisu og.

四和硕内若有外部来之外阿勒巴图（Gadagadu alba - tu）时抓获并交给对方，罚三九。

若损害家畜，予以赔偿。若杀害那个人，使抓获并交给者交出罚畜之一半。杀害者（规定）交出所有罚畜（dung yal - a）。使他（=杀害者）带至其主人身处收取一切罚畜②的规定，规定了对“从外部来”的逃亡者交给外敌者的惩罚规定。还有申年的大法典（1620 年）第 55 条中，有：

Gadanasa noyad - i suraji iregsen bosqagul - du jolgagsan komun kurgeji og - tugei. nigei - ni idetugei.

遇到寻找诺颜的外来逃亡者之人送至。取一人。是“从外”来逃亡者相关的规定。另外第 56 条中，有：

dolugan qosigun jagur - a eciku bosqagul - aca qagaslaju idetugei.

去往七和硕内之逃亡者取一半。

还有第 57 条中，看到

dayisun - du eciku bosqagul - aca bukuli ide.

去往敌人之逃亡者取全部。

而且也另有亲属内部之间的逃亡者的相关规定③。可以理解这个规定是，把外敌逃来者送到他所投降的诺颜之处，另外从喀尔喀七和硕内部的逃亡者取家畜的一半，要逃亡到敌人的人取全部家畜。明确区别外部逃亡者和亲属内部逃亡者的这一点，与上述诸规定和蒙古例是同样的。

这样，同时代的喀尔喀和卫拉特的法典中，把“外”来的逃亡者，不交给旧主人，而送到逃亡者所投诺颜之处成为“惯例”。正因为如此，杀害逃亡者被没收的家畜，给予逃亡者所“目标”的诺颜。至此，我们应该理解天聪年间的满洲规定中所看到的杀

① Их цааз.（賧 Великое уложение 赈）. стр. 75.

② Монгол ба Tšв Азийн орнуудын соёлын tšхэнд холбогдох хоёр ховор сурвалж бичиг. Monumenta Historica Tomus VI, Fasc. 1, Улаанбаатар, 1974. 94 - р тал. 汉译参照了二木博史〈译注白桦法典（III）〉《蒙古研究》14，1983 午，16 页.

③ Монгол ба Tšв Азийн орнуудын соёлын tšхэнд холбогдох хоёр ховор сурвалж бичиг. 94 - р тал. 汉译参照了二木博史〈译注白桦法典（Ⅲ）〉《蒙古研究》14，1983 年，16 页.

害逃亡者规定是，对“来”或“来投”的逃亡者，即，对于满洲交结盟约关系的察哈尔系敖汉，奈曼，喀尔喀系的巴林，扎鲁特，或者阿鲁系诸部，禁止杀害与满洲没有同盟关系的外部逃亡者的规定。还有把外部来投者交给逃亡地诺颜的规定，在上述康熙六年的律书中也是一样的。那么，这些逃亡者“来投”的外部势力会是怎样的呢？

六、天聪二年至六年的形势

这里回顾一下天聪二年至六年前后制定这些规定时蒙古诸部和满洲的形势。

众所周知，满洲的努尔哈赤，1616 年被推举为 sure genggiyen han，建立了满洲国。1619 年他征服了扈伦四部中最后剩下的叶赫部，而且攻略铁岭城之际擒获了来支援明军的内喀尔喀弘吉剌部斋赛等人，以此作为人质与内喀尔喀五部缔结了盟约。天命七年（1622）明安率领的察哈尔乌鲁特鄂托克投降努尔哈赤。天聪初察哈尔的两大鄂托克敖汉、奈曼投降了皇太极。这期间察哈尔的林丹对科尔沁和喀尔喀予以攻击，这样的强行统一策略招致了包括察哈尔内部鄂托克的蒙古诸部反对。继敖汉、奈曼两部之后，游牧于呼伦贝尔的阿鲁系诸部投降了努尔哈赤。天聪元年八月，察哈尔南部的阿喇克绰忒鄂托克的巴尔巴图尔、图尔济叶尔登等一部分王族相继服属。

天聪二年二月，喀喇沁的塔布囊苏布地杜稜等归附，向皇太极通报了林丹袭击蒙古右翼土默特、喀喇沁的情况。同时皇太极攻击了察哈尔南部的阿喇克绰忒、多罗特部牧地。同年九月皇太极亲自远征察哈尔。天聪五年皇太极动员蒙古诸部想要征讨察哈尔，但是因为接受奥巴的劝告而中止。至天聪五年，察哈尔南部诸鄂托克，即乌鲁特、敖汉、奈曼、阿喇克绰忒进入了满洲和其同盟关系的蒙古诸部统治之下。

还有，天聪六年的 siraljitai 会盟时，翁牛特、巴林、敖汉、奈曼、四子部落、阿鲁科尔沁和扎鲁特等各部被指定牧地。

muncug – aca bag – a sar – tu kurtele sun dugureng,

从 muncug 至 bag – a sar 是逊杜稜（翁牛特部）

bag – asar – aca qutaci / – du kurtel – e bagarin,

从 bag – asar 至 qutaci 是巴林

qutaci – aca quwadang – du kurtel – e auqan naiman,

从 qutaci 至 quwadang 是敖汉，奈曼

qauwadang – aca birugu / – tu qanggan – du kurtel – e dorben keguked dalai,

从 quwadang 至 birugu – tu qanggan 是四子部落，达赉（阿鲁科尔沁）

birugu – tu qanggan – aca targun – du kurtel – e / jaragud,

从 birugu – tu qanggan 至 targun 是扎鲁特

jisiyan – i nutug – aca bisi kumun – i nutug – tu noyad oruqula arban adugu, / qaracu kumun oruqula darug – a – aca nige mori abqu.

从分地进入他人之牧地，若诺颜取马 10 头，若平民，向达如嘎取马 1 头。

sira muran – i garqula dayisun – i yosu / – bar kiku.

若越过西拉木伦当作敌人处理[1]。

这里有“若越过西拉木伦当作敌人处理”，这无非就是因为当时西拉木伦以北仍属于察哈尔的游牧地。

《旧满洲档》天聪五年四月十一日条中，有涉及在此之前的有关满洲控制地的西境位置。

baragun jaq - a - yin qaragul auqan - i dugureng - yin sum - i ulagan qada - du, tegun - ece jegun - te qoyar qaljan - du, cinun - yin goul - yin quraqu - du, corji - yin sum - e - yin abjiqa - du, miratu goul - un goul, tuur - yin goul, nige sara - yin kunesu, qosigun - i tabin kumun qaragul qarqu. tabin kumun - ece dutaqula kumun - i nige mori abqu. boljiyan - i gajar - a ese irekule tabu qonug - aca dogugsi uker abqu. tabu qonug - aca degegsi mori abqu.

西境卡伦，在敖汉杜稜庙之 ulaGanqda。从此向东两个 qaljan。cinun 河之 quraqu。corji 庙之 abjiqa。miratu 河，tuur 河。备一个月之食物，派出旗内哨兵 50 名。若不足 50 人，每人取马一头。若未来至约定之处，五日内取牛。五日以上取马[2]。

这里所说的乌兰哈达是现在的赤峰市，qaljan、quraqu 相当于后来的翁牛特东北部，巴林东南部，夹着西拉木伦的地区。在这个西境内，每旗哨探 50 名，即设置哨探的事情已有规定。

也就是说，本文所讨论的制定杀害逃亡者相关规定的天聪二年至六年期间，满洲对察哈尔采取攻势，察哈尔的很多鄂托克在王族的率领下陆续前来投降。满洲命令与察哈尔临界的敖汉、奈曼、巴林、扎鲁特，还有阿鲁系诸部设置哨探，警备境界。我认为杀害逃亡者规定中出现的哨探是出于防备察哈尔而置的。并且杀害逃亡者的规定与设置哨探以不可分割的形式规定是因为，这一规定很有可能是禁止杀害来自察哈尔的逃亡者。然而逃亡者是来自敌国察哈尔的“亡命者”，而且经过满洲的数次远征林丹的统治逐渐瓦解，满洲的胜利将要实现的同时，将来自察哈尔的“亡命者”归还林丹是绝无可能的事情。这些投降者，首先把同族的蒙古诸王的地方作为目的地。皇太极，在规定中命令不许途中杀害来自察哈尔的投降者，让他们前往自己同伙的蒙古诸王之处。

天聪八年（1634）十月，敖汉、奈曼、巴林、翁牛特、扎鲁特、四子部落、阿鲁科尔沁、乌拉特、喀喇沁、土默特诸部的诸王与八旗官员一同在 ongqur 举行会盟。此时察哈尔林丹已去世，其遗子额尔克孔果尔额哲为首的整个察哈尔投降了满洲。此后，到天聪六年为止反复发布于蒙古诸部的对杀害逃亡者行为处罚的规定不再出现了。这也表示着这个规定是以杀害察哈尔的逃亡者为对象的。

结　语

以上，从岛田氏所进行的条文研究中有关杀害逃亡者规定的历史性意义方面，重新探讨了氏对清初有关“法律措施”的解释，并加以考察。岛田氏所解释的关于一般杀

---

① 《旧满洲档》（八），第 3937 页；《满文原档》第八册，第 322 页。

② 《旧满洲档》（七），第 3426—3427 页；《满文原档》第八册，第 359—360 页。

害逃亡者（或杀害犯的隐匿）行为处罚规定的天聪二年至五年的规定，可以视为当时满洲向同盟者的蒙古诸部发布的禁止杀害来自敌对国察哈尔的投降者的规定。不归还来自敌对国的逃亡者，将他送到所目标的王族的规定，不限于满洲律，在《卫拉特法典》和喀尔喀《白桦法典》等几乎同时代的法典中同样能够看到。这个事实，也证明了本报告中所探讨的规定是针对满洲敌对国察哈尔的投降者的规定。同时，也可以说，限于有关对外来逃亡者的应对方面，清初满洲的法规与蒙古是拥有相同“惯例”的。只是，清朝中期以后，这个规定不仅适用于敌国的投降者，对清朝统治下的诸部相互之间的逃亡者是否也适用呢，为了弄清这个有必要研究这一规定的适用事例。但此问题超出本文的范围，需留待他日，另外探讨。

清初满洲八旗朝鲜通事官述略

任桂淳（韩国汉阳大学）　俞海燕（韩国国立文化财研究所）

早在努尔哈赤时期，就有移居东北地区的朝鲜人跟随后金差使到朝鲜传达汗之书信。而据《朝鲜王朝实录》记载，“丁卯之役”时期，在朝鲜和后金的谈判中，朝鲜士兵出身的通事朴仲男出任翻译。《八旗满洲氏族通谱》也记载，正黄旗包衣人金氏新达理，于“天聪元年，率子弟来归，授为通事官”等内容。① 这些在满洲担任翻译的朝鲜人和其他归附的朝鲜人一起被编入八旗组织，并作为满洲民族共同体的成员载入《通谱》。本文拟就清初朝鲜通事官的出身背景、通事官制度，及其作用加以考察，解析朝清关系的一些问题。②

一、清代朝鲜通事官制度建立

（一）朝鲜通事官的出身背景

后金在与明朝的战争中接连取得胜利，俘获了大量的战俘，还出现了许多自愿归附的人。起初，努尔哈赤将这些俘虏和归附之人分配给各部首领和将士作奴仆。后来随着战争的不断扩大，他们中只有一小部分被编入牛录，以自由旗人身份出征作战，大部分则成为为旗人耕作土地的奴仆阿哈（Aha，又称作阿哈包衣），或者在旗人家里从事家务劳动的家奴（一般被称作包衣 Booi）。从 1615 年开始，努尔哈赤不再把奴仆分配给旗人，而是将他们组织成包衣八旗，编入八旗体制。③

1629 年，后金将一部分归附的朝鲜人组织起来，编立正黄旗包衣第四参领第二高丽佐领。④ 此外，在其他八旗包衣满洲佐领内，也有一些被分散安置的朝鲜人。这些隶属于八旗包衣旗分佐领的朝鲜人，一部分成为军人，或护卫皇城和王府，或跟随将帅出征在外，有的建立军功被封为世袭贵族；一部分则入仕为官，或任职御前大臣、内务府

---

① 《朝鲜王朝实录》（以下称《实录》）卷 15，仁祖五年三月二十一日，卷 18，仁祖六年一月九日条；［清］弘昼：《八旗满洲氏族通谱》（以下称《通谱》），辽海书社，2002 年版，第 790 页。

② 研究朝鲜通事官的论文有白玉敬的和杨海英的两篇。参阅白玉敬：《仁祖朝清朝译官郑命守》，《研究论集》，1992 年；杨海英：《朝鲜通事古尔马浑（郑命寿）考》，《民族史研究》第 3 辑，2002 年。俞海燕：《清初朝鲜通事官作用研究》，汉城：汉阳大学硕士论文，2009 年。

③ 《大清满洲实录》卷 3，台湾华文书局，1969 年版，第 20 页；任桂淳：《清史》，韩国新书苑，2001 年版，第 31—32、第 38、第 41—42 页。

④ ［清］鄂尔泰等：《八旗通志初集》卷 4《旗分志》四，东北师范大学出版社，1985 年版，第 38 页；徐凯：《朝鲜佐领考》，《韩国学论文集》第七辑，1998 年，第 316 页。

总管等高官，或成为如领催、笔帖式、通事官等下级官吏。① 在八旗包衣旗分佐领内朝鲜人中选拔通事官的理由如下：②

首先，清廷对入选为通事官的朝鲜人包衣是予以信任的。这些人尽管来归的理由各不相同，但大部分都是与朝鲜统治集团内部的政治斗争有关联，或对朝鲜抱有不满而自愿归附的人，加之清初包衣和所属旗主间有很强的隶属关系，③ 所以汗（皇帝）和负责朝鲜事务的户部承政英俄尔岱将八旗包衣佐领内朝鲜人任用为通事官是自然之事。清初包衣出身通事官大多属于当时汗所指挥的旗，这证明了他们已经完全得到清廷信任的事实。④

其次，与满洲旗人重武轻文、崇尚武力的背景也有关联。即在清入关前和入关初期，八旗子弟人数有限，他们大部分都要出征作战。满洲贵族担心八旗子弟出任文官会削弱八旗士气，因此任用不出征作战的朝鲜人包衣中的知识分子做了通事官。⑤

最后，朝鲜人可以在较短时间内掌握满语。明朝中叶以后，在女真人聚居区、明辽东都司境内、朝鲜平安道和咸镜道境内都有朝鲜人和女真人混居。而根据《通谱》记载，除了没有记载原籍的5个家系之外，通事官都世居易州（疑为平安道义州）、得州（疑为德州，即咸镜道德源，现江原北道元山）、辉宁（疑为咸镜北道会宁）、嘉山堡（平安南道嘉山）、博州（现隶平安北道）、开州（别称开城）、望京（疑为王京，现首尔）、平安道（现平安道）、恩山（平安道殷山）、噶山（隶平安北道）、黄河套（待考）等地。毋庸置疑，这些来自朝鲜北部边境地区的朝鲜人在归附后金之前或之后，利用与女真人混居的条件和环境在很短时间内学会了满语。⑥

（二）朝鲜通事官制度建立

1. 朝鲜通事官制度的形成

根据《实录》记载，早在1619年“萨尔浒战役”以后，给后金传达公文的信差中出现了担任翻译的朝鲜人。《通谱》中有关于正黄旗包衣人金氏新达理于“天聪元年，

---

① 《通谱》，第790—802页；徐凯：《八旗满洲旗分佐领内高丽姓氏》，《故宫博物院院刊》2000年第5期，第68—69页。

② 《通谱》中只有通事官张萨克什理的旗籍记为正蓝旗，是一例外。参阅《通谱》，第794页。

③ 徐凯：《八旗满洲旗分佐领内高丽姓氏》，《故宫博物院院刊》2000年第5期，第65页。英俄尔岱（1596—1648），他塔喇氏，满洲正白旗人。1639年任命为固山额真。1631年任命为户部承政，掌管户部达十年之久。见赵尔巽等：《清史稿》卷228《英俄尔岱传》，中华书局，1977年版，第9263页。

④ 1615年清朝组织八旗开始，到多尔衮死前，清汗（皇帝）作为八旗最高统帅，亲将两黄旗。皇太极继位以后，更换镶黄旗旗纛为正白旗，正黄旗旗纛为镶白旗。1636年，他把正蓝旗编入正黄、镶黄两旗，重新组织正蓝旗。接着在1643年9—11月间，镶白旗更换旗纛为正白旗。1649年多铎死后，多尔衮将多铎指挥的镶白旗旗纛改为正蓝旗。1650年多尔衮死后，世祖福临将多尔衮指挥的正白旗归入皇帝指挥。从顺治时期开始，始有皇帝统帅的正黄旗、镶黄旗、正白旗为“上三旗”，其余五旗为“下五旗”之说法。八旗包衣也使用这种称呼，加以区分，称作“包衣上三旗”、“包衣下五旗”。由此可推，努尔哈赤和皇太极所统领的两黄旗为后来的正黄、镶黄、正白、正蓝旗。参阅任桂淳：《清史》，韩国新书苑，2001年版，第34页；李鸿彬、郭成康：《清入关前八旗旗主贝勒的演变》，《社会科学战线》1982年第1期；杜家骥：《清初两白旗旗主多尔衮与多铎换旗问题的考察》，《清史研究》1998年第3期。

⑤ 白新良：《顺康雍时期八旗教育述评》，《中央民族大学学报》2000年第2期，第85、第87页。

⑥ 滕绍箴：《满族发展史初编》，天津古籍出版社，1990年版，第203页；《通谱》，第790—802页；徐凯：《八旗满洲旗分佐领内高丽姓氏》，《故宫博物院院刊》2000年第5期，第66页。

率子弟来归，授为通事官”的记录，表明迟至1627年（天聪元年），清朝已经给负责翻译的朝鲜人授予通事官职衔。①

关于通事官隶属问题，在通事官职位出现之初，他们隶属于掌管朝鲜事务的“书房”、后来又隶属于文馆和内三院的推断是比较合理的。努尔哈赤的“书房”内有一个受到努尔哈赤宠爱的文臣巴克什古尔马浑，他就是后来做了通事官的正红旗包衣郑命寿。1629年，皇太极改“书房”为文馆。1636年，又将文馆改称为内三院、由内国史院掌管将邻国远方往来书札编辑成史册的任务。这一时期，“书房”的巴克什郑命寿变成了文馆里掌管文书翻译的笔帖式，后来文馆被改编成内三院以后，又成了内国史院的副理笔帖式；因为他精通朝鲜语，从1631年开始，在主管朝鲜事务的户部承政英俄尔岱属下兼任通事官。②

仅就清代掌管朝鲜事务的外交机构的变迁及通事官郑命寿的隶属情况来看，通事官在“书房”、文馆和内三院负责与朝鲜的外交事务。但是1631年清朝设立六部，由礼部主管朝鲜使团的接待任务，而掌管朝鲜事务的英俄尔岱和马福塔③隶属于户部，所以通事官的办公场所应设在礼部和户部。

清初通事官的定员为6人，开始时没有品阶。据《钦定大清会典事例》载，清朝从1634年开始每三年对官员实行考课。有关通事官的考课记录，始见于1643年。在考课中被评价为称职和平常，如果无重大过失就可以晋升为大通官。入关以后，随着朝清交流变得频繁，通事官最多时增至16人。从1651年开始，清朝实施京察，主要从“守、才、政、年”四个方面考核官员，通事官也在京察之列。通事官的品级分为六品、七品、八品和无品级。④

1644年，清朝设立会同馆和四译馆掌管朝贡事务。这时，通事官隶属于掌管教习各国文字、翻译朝贡国外交文书的四译馆。⑤但朝鲜的朝贡表章是用汉字写成的，无需在四译馆翻译。因此，朝鲜通事官的任职地点在礼部会同馆，他们在礼部主客司满人或汉人主事的领导下，负责朝鲜语口译、接待朝鲜使团及随同清朝使行出使朝鲜等任务。

---

① 《实录》卷139，光海十一年四月二日条；《通谱》，第790页。

② 郑命寿，史料中又名郑命守、gulmahun、古尔马浑、顾尔马浑、孤儿马洪、谷儿马红。曾是朝鲜义州殷山的官奴，后归附后金。他历任努尔哈赤“书房”的巴克什、皇太极文馆的笔帖式、内国史院副理笔帖式、在清入关前后任“户部主事”、“户部副理事官”、“户部理事官”等职。他从1631年开始，担任通事，从1643年到1653年期间，他或以通事身份，或以敕使身份被派遣到朝鲜，在朝清交涉中发挥了重要作用。参阅杨海英：《朝鲜通事古尔马浑（郑命寿）考》，《民族史研究》2002年第3辑；《承政院日记》（以下称《日记》）32册，仁祖九年四月二日条。

③ 马福塔，满达尔汉弟也。初授牛录额真，与满达尔汉分辖所属人户。天聪五年，授户部参政。八年三月，与户部承政英俄尔岱如朝鲜互市。寻擢户部承政。九年，与参政博尔惠使朝鲜。自是通使朝鲜，马福塔辄与。参阅赵尔巽等：《清史稿》卷228《马福塔传》，第9267页。

④ 〔清〕昆冈：（光绪）《钦定大清会典事例》（七），第5781下页；（光绪）《大清会典》（一），台北新文丰出版股份有限公司，1976年版，第0414上页、第0125上页。按：评价的标准为称职、平常、不称职三个等级。1637年的考课中，如果被评为勤勉称职，并无大的过失，则予以晋升。参阅林基中编：《燕行录全集》（以下称《燕录》）26，韩国东国大出版社，第271页。

⑤ 会同馆是接待朝贡使团的场所。清朝朝贡使团的接待工作由礼部主客清吏司掌管。四译馆隶属翰林院，掌管朝贡国（回回、缅甸、百夷、西番、高昌、西天、八百、暹罗）文字翻译。参阅〔清〕纪昀等撰：《历代职官表》上，上海古籍出版社，1989年版，第204下b、第205上a页。

至1748年，清朝以琉球、安南的表章使用汉字书写，无需在四译馆翻译为由，将四译馆隶属于礼部会同馆后，称其为会同四译馆。由此，朝鲜人通事官也归属于会同四译馆，隶鸿胪寺少卿衔礼部郎中管理。①

2. 朝鲜通事官的选拔和教育

入关前后，清承明制，而朝鲜通事官的选拔和教育制度却是清之独创。因为在明与朝鲜的朝贡往来中，朝鲜自1388年开始进献的“火者”逐渐把持明朝的出使大权，这个局面直至万历年间朝鲜战争以后才有所扭转。② 当时明代负责十八个外藩语言翻译的通事共有六十名，但在《史料四编·四夷馆考》、《明会典》、《实录》等文献资料中都无法找到这一时期与朝鲜语通事相关的记载。

对于入关以前清代朝鲜通事官的选拔制度，相关记载甚少，可以确定的是通事官精通朝、满、汉三种语言，而且根据《通谱》记载可知在八旗包衣中地位较高的正黄旗包衣佐领培养出的通事官人数最多。顺治时期，朝鲜通事官的缺员，在离职通事官所属旗内朝鲜人包衣中通过礼部的考试选拔通事官。朝鲜人包衣首先要参加礼部实施的通事官选拔考试，其中成绩优秀的两人，其档案被送至吏部，由吏部堂官拣选一名补授为通事官，或凤凰城无品级通事。③

当时清朝因战事无暇顾及八旗子弟教育的条件下，有志于做通事官的包衣旗分佐领所属朝鲜人要自觉努力地自学语言，这样对清朝来说选拔精通朝鲜语的通事官就没有太大的难处。

清代八旗包衣子弟的教育起步较晚。1670年，包衣首次可以入学国子监，但实际上上三旗包衣佐领子弟的满语和汉语教育，主要是在1686年设立的景山官学和1736年设立的咸安宫官学中进行的。1695年，清朝规定在内务府所属佐领中，每佐领选出八名10—18岁子弟入景山官学。而此时的高丽佐领数已增至两个，因此至少有十六名以上从两个高丽佐领和其他内务府所属包衣佐领内选出的朝鲜人后裔在内务府官学学习满语和汉语。④

清前期，多数朝鲜人包衣的朝鲜语教育是在私学中进行的，有的家庭非常重视朝鲜语教育，家中只允许使用朝鲜语，甚至役使的奴婢都是买来的朝鲜人。通事官后裔和聚

---

① 《清史稿》卷114《职官一》，第3283—3284页；《清会典事例》卷514《礼部·朝贡·象译》；李云泉：《明清朝贡制度研究》，暨南大学博士论文，2003年，第88—89页。

② 林杏荣：《明代通事研究》，暨南大学硕士论文，2006年，第32页；王薇：《中朝关系史》，世界知识出版社，2002年版，第94—97、第100—101页。按：火者，蒙元通称阉宦为“火者”，高丽及朝鲜亦循其习。参阅陈学林：《明代人物与史料》，香港中文大学出版社，2001年版，第Ⅶ页。

③ 《文佳氏谱书》中有如下内容：“始祖文瑞（前略），自公30岁，由前清顺治年间，蒙恩选来中国，增入新满洲都京镶白旗（包衣），注册考试，入四译馆当差，拨归奉天省凤凰城，充朝鲜通官，（管）迎送岁贡差务……”。参见《凤城县文、徐氏谱书初探》，《延边文史资料》1985年 第3辑，第177页。按：这样的内容，证明清朝顺治年间，礼部通过简单的翻译考试，选拔四译馆朝鲜通事官。

④ 《清史稿》卷106《选举一》，第3113页；（光绪）《钦定大清会典》（一），第0996上、第0997上页；《清会典事例》卷1200《内务府三一》，中华书局，1991年版；李国钧：《中国教育制度史》，山东教育出版社，2000年版，第108—111页。高丽佐领，隶正黄旗满洲包衣第四参领所辖。第一高丽佐领，康熙三十四年编立，第二高丽佐领，系国初编立。参阅徐凯：《朝鲜佐领考》，《韩国学论文集》，1998年第七辑，第316页；《八旗通志初集》卷4《旗分志》四，第37—38页。

族而居的高丽佐领内朝鲜人后裔的朝鲜语水平要高于其他朝鲜人包衣。但随着时间的推移，朝鲜人包衣的朝鲜语水平普遍有所下降，特别是分散编制在下五旗满洲佐领的朝鲜人包衣的情况尤其如此。通事官的水平亦“如小儿学语”，更有甚者已经到了“不能讲朝鲜语”的地步。[①] 于是在1751年，清礼部设立朝鲜译学，在下五旗包衣佐领内每旗选出4名、共20名译学生，对他们进行朝鲜语教育，为会同四译馆培养朝鲜通事官人才。礼部让朝鲜译学生参加考试，优秀者入会同四译馆当差，或拨凤凰城充无品级通事。在朝鲜译学学习多年仍不能使用朝鲜语者遣回原旗，然后在该旗中再选出其他朝鲜人子弟入学译学。[②]

如上所述，清代朝鲜通事官制度是在少数民族满族建立的政权这一特殊背景下形成的。清朝从努尔哈赤时期开始就与朝鲜有书信往来，而皇太极两次用兵朝鲜以后，朝清之间的往来变得越发频繁，清人和朝鲜人之间需要翻译人员。清代由归附的朝鲜人充任翻译，并授予他们通事官之职衔。但是由于缺少相关资料，无法确知入关前朝鲜通事官所隶属的机构，只能从通事官的职责和活动来推断他们应依次隶属于“书房”、文馆、内三院，而在设立六部以后，通事官的任职场所则转移到了礼部和户部。入关之初，通事官先是隶属于翰林院的四译馆，但是他们的任职场所仍是接待朝贡使团的会同馆。后来清朝合并四译馆和会同馆，通事官则隶属于会同四译馆，由鸿胪寺少卿衔礼部郎中管理。通事官虽是中下级官吏，但其选拔要通过礼部和吏部的考试和拣选。通事官的定员根据所需时有变化，通事官也和清朝的其他官员一道接受考课，品阶分为六品、七品、八品和无品级。作为通事官要精通三种语言，在清初八旗教育尚未开始的情况下，为了应试礼部主持的朝鲜通事官选拔考试，八旗包衣佐领内朝鲜人包衣要开设私学教习子弟学习语言。纵观清代朝鲜通事官制度，其发展是渐进式的；尽管此后也有一些变化，但至1650年顺治亲政时期随着朝贡制度的发展和完善，通事官制度也逐渐发展成为定制。

二、清初朝鲜通事官的作用

皇太极两次用兵朝鲜、朝清两国先后结成兄弟之盟和君臣之盟至清入关之初，是两国关系最为紧张、使节派遣最为频繁的时期。在朝清外交中，清朝任用八旗包衣旗分佐领内的朝鲜人为朝鲜通事官。这些通事官，作为朝鲜人具有其特殊性，他们不仅活跃在正式的外交场合为朝鲜使团和清国使者担任翻译，还参与朝清关系的所有事件，周旋其间，有时还倚仗清朝之威势恣意越权行为，特别是在朝贡关系尚未发展成定式的入关以前和入关初期，情况尤为严重。

（一）朝鲜通事官在朝鲜的作用

据《通文馆志》记载，清朝出使朝鲜的钦差大臣，随行人员中有4名通事官。但是实际上，清朝派遣的通事官人数随着使臣人数的增减而发生变化，有时达8名之多。通

---

① 《燕录》32，第41—42页。

② 杜家骥、秦贤宝：《清代八旗学校中地外语教育》，《满族教育》2007年第1期，第77页；并见《大清会典事例》（六）卷33、卷31。

事官在朝鲜的基本任务是陪同使臣并在两国交涉过程中担任翻译。朝鲜国王接见清使之时，清朝的通事官和朝鲜的御前通事出任翻译。朝鲜国王的话经由御前通事和通事官最后传至清使；相反，清使的话则经由通事官和御前通事传达至朝鲜国王。[①] 在清使与朝鲜进行交涉谈判之时，通事官在其间周旋；还在查使受权之下直接负责查问之事。通事官在完成出使任务的过程中，还凭借宗主国势力恣行越权行为。其具体活动主要包括如下几个方面：

1. 接待礼仪

从“丁卯之役”以后，到达朝鲜的后金使者要求与明使等同的使臣接见之礼。1627 年 5 月，奉送汗之书信和礼物的后金差使刘海、英俄尔岱先派朴仲男来询问朝鲜是否有慰问礼。到朝鲜以后，要求“亲呈礼物”，还要求朝鲜国王行接见之礼。[②] 不仅如此，1628 年 12 月，派遣到朝鲜的通事官朴仲男要求朝鲜“（朝鲜）使臣去時，汗自设宴。今差人等亦宜赐宴”。[③] 1635 年 1 月，两名清人和通事官金乭屎、郑命寿传达清使之意，要求朝鲜以后金接待朝鲜使臣的规格宴请清使。对于赏赐，朝鲜在上年夏与英俄尔岱等达成约定，此后往来朝鲜的敕使，除了例赠，不再要求其他银两礼物，因而没有准备使行的别赐。但后金使臣的别单和别赐之请，却没有因此停止。通事官郑命寿则极力为此周旋，并提议朝鲜采取折中之法只给予部分别单，别赐事件才告结束。[④]

在两国围绕外交礼仪问题展开拉锯战的过程中，接待通事官的礼仪问题也被提上议事日程。1628 年正月，后金差使传言：“汗以为仲男、高化逢、高倍等有往来两国之劳，授以职名。接遇之际，虽不可坐于交椅，亦宜别铺红毯，而赠物差别于他人，使渠知有职之荣，则汗闻之，亦必嘉悦。”要求朝鲜礼遇通事官。朝鲜认为，接待通事官之事，应与接待金差之例，“有所差别，如饮食等事，虽不可过为减损，如接待之礼，则降等麻鍊”。[⑤] 1635 年，陪同清使到达朝鲜的通事官金乭屎与郑命寿，在初到朝鲜时还为清使的礼单问题积极地进行周旋，但当他们得知朝鲜根据上年的约定也没有给他们准备别赠之后，凡事都从中作梗。朝鲜也深知“彼此传语”时，要“专赖此人（通事官）”的道理，于是在万般无奈之下，给通事官也赠送了别赐，并答应“汝（通事官）之所求，虽不可尽副，而不至大段，则可以觅给”。[⑥] 从此，给通事官别赠遂成为定例。

接待后金使者的礼仪及赏赐是关涉齿朝鲜对后金的态度，后金极为重视，不仅要求朝鲜提高接见后金使臣的礼仪规格，还要求礼遇通事官。通事官在传达要求之时，向朝鲜施加压力迫使朝鲜就范或进行周旋调停，并由此索取别赠。

2. 议和和册封

1636 年 2 月，后金要求朝鲜推戴后金“汗”为皇帝，但是朝鲜没有接受推戴之请，

---

① 朝鲜古书刊行会编：《通文馆志》（朝鲜群书大系续第十七辑），第 86、第 95、第 91 页。从 1845 年开始，清朝敕使随员中通事官的人数减为 1 人。参阅《同文汇考》，国史编纂委员会，1994 年版，第 1749—1752 页。

② 《日记》18 册，仁祖五年五月二十七日条；《实录》卷 16，仁祖五年五月二十八日条。

③ 《实录》卷 19，仁祖六年十二月三日条。

④ 《日记》46 册，仁祖十三年一月四日、七日条。

⑤ 《实录》卷 18，仁祖六年一月一日条；《日记》21 册，仁祖六年六月十六日条。

⑥ 《日记》46 册，仁祖十三年一月五日、六日条。

后金再度用兵朝鲜。朝鲜为了尽快与清议和减少战乱造成的危害，多次派遣重臣前往清营传达国书谢罪请和，但是清朝没有欣然应允。朝鲜在情急之下不得不请求通事官为议和之事周旋，并于1637年1月13日赠送英俄尔岱和马福塔白银各3000两、郑命寿白银1000两后，才迅速达成议和之事。①

在朝贡关系建立之初，清朝为了巩固其宗主国地位、章显其宗主权，围绕朝鲜王室册封问题，采取了极其强硬的态度，所以在这一时期，朝鲜通事官的活动和作用显得尤为重要。惟其如此，以“丙子之役”时期向通事官行贿为开端，朝鲜为了博得通事官的欢心，除了给跟随清使来到朝鲜的通事官赐予密赠以外，还赐予“求请”以满足其贪欲。至此，通事官在朝鲜收受贿赂亦成为公然之举。

1637年11月20日，清朝派遣的册封（仁祖）敕使英俄尔岱、马福塔、达云来到朝鲜以后，要求朝鲜提供房妓。朝鲜尽管为推迟提供房妓的期限，贿赂了通事官郑命寿，但是在妓女没有按时到达的情况下，两个通事官仍然进行催促，朝鲜被迫以医女代之。29日，英俄尔岱和马福塔要求朝鲜国王给受皇帝宠爱的敕使达云别赐青布、缎子、水獭皮等礼物。郑命寿在传达敕使的别赐之请时，也趁机要求朝鲜给他的妻兄奉永云赐予官职。② 早在天聪年间，清廷已明令禁止赠送敕使别赐，但朝鲜为了谢恩册封仍赠送三名敕使白银各1000两。而赠给通事官郑命寿和金乭屎的白银则多达3000两（一说为2600两），另有7驮的别赐之物，远远超出赠送敕使的礼物数量。此次受贿之事，由于清朝通事官金爱守告发，事情败露。但是，当时朝鲜世子虑及郑命寿是主管朝鲜事务的英俄尔岱的心腹，故意隐匿实情，告发之人金爱守受到割耳之刑。③ 之后，沈天老等几名归附清朝的朝鲜人再次揭发此事，其结果通事官郑命寿和金乭屎仍被判处无罪，而揭发此事的沈天老、证人姜孝元和郑雷卿，则以谋害通事官之罪被处以死刑。郑命寿即使在接受刑部调查期间，也在英俄尔岱的庇护之下出任通事官等职。④

此后，随同清使出使的通事官的地位和作用日益得到重视，朝鲜对通事官提出的要求是有求必应。1638年12月，马福塔暗地里通过通事官张孝礼责问拘禁在沈阳的朝鲜世子、朝鲜至今不请求册封世子的原因，并会意朝鲜如果奏请册封、皇帝定会应允之意。英俄尔岱也通过郑命寿向世子传达了清朝要予以册封之意。于是朝鲜派出奏请使，清朝于1639年7月派出册封敕使。⑤ 跟随册封使到达朝鲜的通事官郑命寿在传达上使之意，要求朝鲜依照惯例将户曹礼单中的油芚、雨笼、长箭、鸣箭替换成白纸、把弓子换成弓角的同时，还要求依照1637年的旧例，给三名敕使提供毛被、豹皮方席等物。朝鲜依旧例“别赠”通事官郑命寿白银200两，金乭屎白银100两，韩甫龙白银50两，户曹馆伴也依照旧例赠送了礼物。此外，郑命寿在传达第三使10斗蜂蜜之“求请”时，

---

① 《清太宗文皇帝实录》卷33，中华书局，1985年版，第403页；《满蒙史料》14，韩国景仁文化社，1982年版，第368、第391—393页。

② 《日记》61册，仁祖十五年十一月十四日；62册，二十日、二十二至二十四日、二十七至二十九日条。

③ 《燕录》19，第31页。

④ 吴晗：《朝鲜王朝实录抄中国史料》（以下称《吴录》）9，首尔景仁文化社，1982年版，第3633—3637页；《满蒙史料》14，第422页；《燕录》19，第30、第35、第41—42页；《燕录》25，第162、第164页。

⑤ 《沈阳状启》，首尔新书苑，1987年版，第123—124页；《吴录》9，第3646—3647页。1639年9月22日，昭显世子在通事官的引领之下，在沈阳领受册封诰命。参阅《燕录》25，第216—217页。

也请求朝鲜赠送他同等数量的蜂蜜，以作赠送固山额真之礼。郑命寿利用这次出使之机，还向朝鲜提出了免除他的妹夫成川正兵林复昌兵役的请求，朝鲜加授郑命寿为1628年的同知中枢府事，也给金乭屎的亲戚授予了官职。①

不仅如此，通事官还利用这种机会恣意妄为越权行为。1649年10月，为册封（孝宗）、吊祭（仁祖）派遣到朝鲜的敕行中，以通事官身份来到朝鲜的郑命寿，则对朝鲜不与他商议派遣谢恩使之事而恼火，从前一天起就绝食以示不满，在馆所督促三公、馆伴和户判派遣谢恩使的同时，还依照册封昭显世子时的旧例，向朝鲜译官提出这次是为册封、吊祭和问安而来，责任重大，礼单也应增加2—3倍。而当朝鲜提出麟坪大君患病，派遣仁兴君为谢恩使之时，不肯予以周旋，只建议朝鲜派中使向敕使请示。接着朝鲜问及国王是否要送敕使至郊外之时，他却擅自作主说本来约好国王不必送至郊外，但是谢恩乃是大事，国王应当亲自相送。此外，郑命寿还向迎接督监询问，朝鲜是否授予其义子郑善广梁佥使之职衔，当朝鲜备局传达将给予任命之意时，他要求确认朝廷的“官教”。随行通事官李伦善也向迎接督监提出，给他的亲族乾川权管李复兴授予万户之职。②

如上，“丙子之役”通过通事官的周旋活动迅速达成议和之事以后，至顺治亲政初期，通事官向朝鲜传达清廷的册封之意，并迫使朝鲜派使奏请；首次随同册封使出使到朝鲜以后，要求朝鲜别赐敕使，此后别赐遂成惯例。通事官在朝清议和中得到朝鲜的重视和认可，之后历次出使都受到朝鲜礼遇，特别是在清廷有意纵容他们在朝鲜索取别赠、密赠、求请的情况下，朝鲜对他们更是有求必应，对他们的越权之举也只能任由其摆布。

3. 情报搜集和军援

“丁卯之役”以后，朝清两国虽然结成兄弟之盟，但是后金始终担心朝鲜与明军联合起来进行报复，于是探察朝鲜的国情成了通事官在朝鲜的又一重要任务。1627年5月，后金派遣朝鲜人朴庆龙到朝鲜探察军情。1627年10月，为送还向化人和汉人问题被派遣到朝鲜的通事官朴仲男和高牙夫等，兼有搜集朝鲜情报的任务。1628年6月21日，后金以解决逃回朝鲜的俘虏问题为借口，再次派遣朴仲男监视朝鲜的举动。朴仲男逾期不归，后金以迎接朴仲男为由三次派遣士兵密探朝鲜军事活动。③

“丙子之役”以后，在清朝邀请军援的过程中，通事官除了负责监督朝鲜军的军粮运输、援军交替④以外，在朝鲜军官派遣问题上，他们在收受朝鲜军官的贿赂之后，向朝鲜施压要求另遣他人。1639年11月，黄海兵使申景琥贿赂郑命寿白银600两，郑命寿则以申景琥患病不适合担任副将为由，不准予以派遣。朝鲜朝廷不得不改近侍李浣为副将。李浣亦如申景琥贿赂郑命寿。由于郑命寿从中弄奸，最后朝鲜代替申景琥和李

① 《日记》70册，仁祖十七年七月四日条。

② 《日记》108册，孝宗即位年十月十一日、十二日、十五日条。

③ 《满蒙史料》14，第181—195页；《吴录》9，第3348、第3369页。

④ 《燕录》25，第92—93、第483—484、第498、第516、第539—549页；《燕录》26，第30、第54、第530—531页。

浣，晋升定州牧使李溭为副将后派遣到清朝。①

如上所述，丁卯以后，出使到朝鲜的通事官兼有探察朝鲜军情、搜集军事情报的任务，特别是丙子以后的军援中，他们还收受军官贿赂、干预朝鲜的军官任命。

4. 随查使弹压反清活动

在“丙子之役”以后，清朝为了抑制朝鲜臣僚的反清活动处置了一批斥和之臣，而朝鲜的反清活动仍有继续，于是派遣查使到朝鲜进行搜查，把持有反清言论的官员押送到义州和沈阳进行惩治。② 清朝在镇压朝鲜的反清活动的过程中，主管朝鲜事务的英俄尔岱、马福塔的属下通事官郑命寿等起到了重要作用。首先，他们向朝鲜施压使他们的亲戚亲信进入朝鲜官界。1639 年 1 月郑命寿向朝鲜国王提出，将他的结义兄弟金汝老推荐的崔得男任命为西路的郡守就是一例。通事官利用他们的亲戚和心腹搜集朝鲜情报。③ 清廷则以通事官提供的情报为线索，派遣查使调查朝鲜军民的反清活动。入关以前，围绕对使用年号和送元孙至沈阳为人质、派兵和入送军饷、筑城、潜通明朝、与明朝商人暗地交易、起用反清罪臣、漂汉和送还走回人等问题，从 1640 年到 1643 年，清朝每年都要向朝鲜派出查使调查，镇压朝鲜的反清活动。④

1640 年 11 月 8 日，为调查朝鲜征兵误期、不刷送逃回朝鲜人、擅修南汉、送六卿（假）质子欺瞒、不禁断越境采参、接济汉船等“十二件事”，到达义州的英俄尔岱等三名查使和通事官郑命寿，威胁都承旨申得渊揭发了崔鸣吉、金尚宪、曹汉英和咸昌儒生蔡以恒等朝鲜官员的反清活动，并要求他们在规定期限之内到义州接受审查。作为“活命”的条件，郑命寿收取申得渊的赂银 1000 两。⑤

随同查使到达朝鲜的郑命寿，其行为的残忍苛刻程度较之查使更胜一筹，把朝鲜朝廷推向了恐怖的深渊。1641 年，义部府尹黄一皓与汉船接触之事被发觉后，随同查使到达朝鲜的通事官郑命寿，每有所言必称是皇帝之命，甚至擅自决定处死黄一皓以及与之相关的人员，之后还执意要求在查使馆所附近的大路上，将黄一皓等 11 人依次斩首示众，并要求朝鲜自领议政以下官员全员出席参观。黄一皓等被处以极刑之后，郑命寿还建议查使依照仪典及旧例，要求朝鲜赏赐七次宴会和别宴。朝鲜虑及日后与清朝的关系，不仅答应宴会之请，还加赠郑命寿贿赂。⑥

1641 年 11 月，明朝商人潜入朝鲜进行交易，但宣川府使李烓只对潜商处以轻罚。于 1642 年，为调查通明、潜商事件到达朝鲜的通事官郑命寿，提审了李烓。李烓与其母舅申得渊密议后，向郑命寿吐露朝鲜通明事实。⑦ 郑命寿通过李烓提供的情报，拘捕参与反清复明活动的前政丞李敬舆（1585—1659）、前判书李明汉（1595—1645）、前参判许启（1594—?）、东阳尉申翊圣（1588—1644），前正言申翊全（1605—1660）等

---

① 《吴录》9，第 3652、第 3659 页。

② 《实录》卷 34、仁祖十五年一月二十日，卷三五、仁祖十五年六月八日条。

③ 《燕录》19，第 34 页；《吴录》9，第 3644、第 3823、第 3783 页。按：西路指朝鲜平安道和黄海道一带。

④ 《吴录》9，第 3674、第 3687、第 3697、第 3710 页。

⑤ 《满蒙史料》14，第 451—452 页；《实录》卷 41，仁祖十八年十二月十五日条。

⑥ 《吴录》9，第 3688 页；《日记》80 册，仁祖十九年十一月九日条。

⑦ 刘家驹：《清初朝鲜潜通明朝始末》，《劳贞一先生八秩荣庆论文集》，1986 年 1 月，第 143 页；《吴录》9，第 3701、第 3705、第 3689、第 3697 页。

“五臣”，并于1642年12月将他们押送至沈阳。朝鲜赠给查使英俄尔岱和通事官郑命寿白银5000两，黄金各10两。[①] 此后，1643年3月，随同清朝查使到达朝鲜的通事官郑命寿晋升为大通官。朝鲜得知郑命寿晋升消息以后，把只赏赐给敕使的馆伴礼单赏赐给了郑命寿。朝鲜还虑及以后郑在朝清之间周旋之事会增多，要赏赐他一匹无鞍马匹，而郑命寿也认为不应该接受与敕使同等级别的赏赐，遂予以回绝。[②]

朝鲜孝宗继位以后，清朝加大了对朝鲜的监视力度。1649年11月，随同吊祭仁祖敕使来到朝鲜的郑命寿等五名通事官，为了探察孝宗继位以后朝鲜的变化，长时间在边境逗留。[③] 为了抑制孝宗即位后朝鲜的反清活动，1650年3月，清朝派遣巴讫乃（固山额真，觉罗，巴哈），祁充格（祁青古，？—1651）和通事官郑命寿诘问朝鲜推迟岁贡、隐匿漂汉、修筑城池、起用清议论者、不赍送谢恩方物等事件，史称“六使诘责”。在查问过程中，郑命寿厉声斥责，使得朝鲜廷臣不得申辩。其结果发配李景奭、赵丝炯于义州白马城。[④]

据《通文馆志》记载，在入关前后清朝疑心朝鲜亲明反清时期，随同查使到达朝鲜的通事官与清朝负责书记的中书坐在查使之后，根据查使的指示，同朝鲜国王、三公六卿、禁府刑官，以及司宪府和司谏院的长官一道，审问进行反清活动的朝鲜人。[⑤] 通事官利用亲信提供的情报和在审讯中用恐吓手段获取的情报，拘捕审讯反清之罪人，遏制了朝鲜反清活动的进一步发展。在这一过程中，通事官利用职务之便攫取了巨额贿赂。

5. 开市和互市贸易

后金因为与明朝的战争，边境互市断绝，经济极度困窘。因此急需从朝鲜获得大米、棉布、农具、盐、耕牛、水果、蔬菜等生活物资。“丁卯之役”后，清朝向朝鲜提出赍送岁币、边境开市、派遣使行时允许商人跟随交易的要求。随同敕使到达朝鲜的通事官在推进边境开市方面，态度也是比较积极的。1628年3月，朝鲜得知通事官朴仲男和清人要为开市出来，事先叫来仲男的父兄谕以不可开市事，但“仲男和者胡同恶，顿无动听之理”，朝鲜送给他们贿赂，仍“终日强争发怒”，“固请开市”。[⑥] 丁卯以后，朝清间的交易由朝鲜的平市署、勾管所共同管理。勾管所的官员与通事官共同商议决定交易价格、交换商人情报。[⑦] 但边境互市对朝鲜而言从一开始就是不公平的交易，朝鲜商人不愿意参加。1630年2月30日，到达义州的朴仲男看到朝鲜商人没有来交易，于是恐吓朝鲜为其提供马匹，并带领随行的50余清人越过龙川，企图深入内地。这一时期，后金以交易为借口对朝鲜民间进行掠夺，其弊害无穷。[⑧]

使行贸易，对朝鲜而言，亦“为莫大之患”。1639年7月，清朝派遣的马福塔等册

---

① 《吴录》9，第3710页；《燕录》26，第250页；《满蒙史料》14，第476页。
② 《日记》84册，仁祖二十一年四月五日条。
③ 《吴录》9，第3763、第3816—3817页。
④ 《吴录》9，第3780、第3788—3790、第3783页。
⑤ 《吴录》9，第3791—3792页；《通文馆志》，第99页。
⑥ 《实录》卷18，仁祖六年三月五日、二十三日条
⑦ 《日记》46册，仁祖十三年一月二日条。
⑧ 《实录》卷18，仁祖六年三月五日、十二月五日、十二月二十四日；卷22，仁祖八年二月二十七日条。

封敕使，在其归还之时只支付银2400余两，带去的铁物、毛皮、米、蜜等礼物多达500驮。敕使带走的礼物除了朝鲜朝廷公开赠与的约60驮礼物之外，其余大部皆是从官衙和民间掠夺去的。这意味着较之朝鲜国王和朝廷正式赠与敕使一行人员的礼物，敕使以交易为名对民间和地方官署进行的掠夺是惊人的。交易时，通事官郑命寿“使译官辈不得与于其间”，“不惟不听，加之以鞭扑”，市民难以承受损失，纷纷逃避。朝鲜朝廷则规劝逃避市民返回集市继续交易，不返还者，依律定罪。①

入关以后，清朝为了解决东北地方官员和人民的生活用品之需，要求朝鲜再开互市贸易。从1646年开始，两国在中江、庆源和会宁互市。② 其中中江互市一年开市两次，会宁互市一年开市一次，庆源互市两年开市一次。清人交易去的商品有棉布、麻布、盐、纸、南草等生活必需品，以及农耕用牛马和各种农具。清朝派出两名通事官、一名骁骑校、一名笔帖式到互市监市。交易期间通事官和章京与朝鲜的译学训导共同商定交易价格。交易时间长达20日之久。③ 朝鲜在这时也赠与两名监市通事官例赠。不仅如此，通事官借助清朝势力提出无理要求，朝鲜的地方守令不得不对他们进行贿赂，其密赠为每邑布5000匹、谷类约1万石，而且数额每年呈上升趋势。会宁、钟城、稳城、庆源的百姓因不堪重赋，逃者甚众。④

通事官在边境互市和使行贸易任意规定交易价格，互市监市时除例赠以外还收取密赠，还直接参加朝清间的交易，甚至违反规定深入朝鲜内地强行交易。这类不公正的交易和掠夺给朝鲜商人和百姓带来了巨大损失。

总之，在“丁卯之役”以后至朝清间建立朝贡关系之前，跟随后金使者出使到朝鲜的通事官就曾向朝鲜传达后金之意，要求以接待明使的礼仪迎接后金使臣，并胁迫朝鲜就范；“丙子之役”以后，朝清关系转变为朝贡关系。在两国交涉中，清廷通过通事官向朝鲜施加压力，强迫朝鲜接受清朝的册封、军援、开市等要求，还授权通事官搜捕刑讯朝鲜的反清人士。清廷对通事官越权干涉朝鲜内政外交、公然收受贿赂采取放任、纵容的态度。这里有清廷欲利用通事官、由通事官出面遏制朝鲜的反清活动于未然的意图在里面。朝鲜认识到通事官的重要性，不仅给他们赏赐例赠、给予密赠和求请、赐予名誉官职，还根据通事官的请求给他们的亲戚和心腹之人授予了官职。⑤

---

① 《吴录》9，第3646—3647、第3815页；《日记》72册，仁祖十七年十一月二十七日条。参阅礼曹（朝鲜）编《颁赦敕远接使别人情》可知朝鲜赠与清朝皇帝和敕使一行人员例赠。初期数额较多，崇德和顺治年间，有部分削减。为吊祭昭显世子派遣到朝鲜的敕使，朝鲜赠与的例赠总额约为60驮。参阅礼曹（朝鲜）编，《颁赦敕远接使别人情》卷1、奎1312-v.1-8；《吴录》9，第3751—3752页；《通文馆志》，第28—32页；《日记》69册、仁祖十七年六月二十七日，70册、七月一日条。

② 《吴录》9，第3761页；《实录》卷46，仁祖二十三年四月十九日条。

③ 《通文馆志》，第79、第81页；《日记》46册，仁祖十三年一月二日条。

④ 崔槿默：《朝清贸易小考——以17世纪开市为中心》，《论文集》，1967年，第115页。《万机要览·财用篇》，北关开市条，交市杂录。赠与监市通事官的例赠如下：大通官五升布三匹、白纸三卷、大米一石、盐一石、南草十贴、烟竹一个，巡营加赠六升布四十匹、海参二十斗、红蛤十斗、代海参十斗、兵营加赠海参十四斗。次通官五升布三匹、白纸二卷、大米一石、盐一右、南草十贴、烟竹一个、巡营加赠六升布三十匹、海参十五斗、红蛤十斗、代海参十斗、兵营加赠 海参十四斗。参阅崔槿默文，第116页。

⑤ 《沈阳状启》，第469—470页。

（二）朝鲜通事官在清朝的作用

从1629年到1636年，朝鲜每年向后金派遣春、秋信使以外，当后金向朝鲜派遣使者以后，朝鲜还要向后金派遣回答使。①“丙子之役”以后，清朝根据《丁丑条约》要求朝鲜派遣朝贡使团。朝鲜从1637年到1645年间，每年派遣四度固定使行，即圣节、正朝、冬至、岁币，还要派遣庆吊等临时使行。1645年以后，清朝令朝鲜将正朝、冬至、岁币三行与圣节使合为一行。除了按照定例派遣的使行以外，临时派遣的使行有谢恩、陈奏（奏请）、陈贺、陈慰、进香、辨诬、告讣、问安、参劾等别使，以及赍咨行（赍奏行）、历行、进荐使等略使。② 清入关前，一岁之中，朝鲜赴清廷使团甚至多至10余次，清入关后，每年平均也有两次以上。在朝鲜使团到达清朝时，通事官的活动如下：

1. 引领和翻译

朝鲜使团往来于凤凰城与北京（入关以前为沈阳）之时都有通事官陪行。在朝鲜使团到达清朝之时，通事官主要任务为翻译，还负责接待、引领使团的任务。“丙子之役”以后作为朝鲜臣服的象征，1637年2月，清朝派遣通事官将昭显世子护送到沈阳以后，通事官往来于世子馆所和清朝的礼部、户部衙门，负责传达双方的要求事项；在昭显世子随同皇帝亲征和狩猎、归省、从龙入关至京，及送还回朝鲜之时，都有通事官随行左右。

清入关之初，朝清之间的朝贡制度逐渐得到完善，通事官的职责也成为定式。据《通文馆志》记载，清朝驻屯凤凰城的通事官负责引领满、汉将军和章京、迎送官、笔帖式、（主客司）外郎、税官、拨什库（或领催）等官员，以及数十名（或百余名）甲军，在距离凤凰城10里之外的（柳条边）栅门，确认使团的人数、驮载货物的马匹数，检查使团一行是否携带违禁物品。当朝贡使团来往于凤凰城和北京之时，清朝派一名通事官和若干名负责安排使团行期的麻贝，管理文书和粮食的拨什库，10—20名（或者40—50名）甲军人马一路陪同。③ 清朝在使团经过的山海关、牛庄、连山关衙门各配置一名通事官交替陪行。④

使团到达北京当日，若干名通事官到东岳庙迎接，然后引领到会同馆，与总管会同馆庶务的大使、担当杂役的序班安排使行人员入住以后，负责管理一行的日常活动。⑤ 会同馆实施门禁，日出之后，会同馆提督率通事官和甲军来开门，午后未时或者申时关

---

① 《实录》卷17，仁祖五年八月六日，卷20，七年二月二十二日，卷21，七年八月九日条。.

② 金圣七：《燕行小考——朝中交涉史之一折》，《历史学报》1960年第12辑，第8—9页；《燕录》26，第244页。

③ 《燕录》29，第264页；《燕录》23，第341、第353页；《通文馆志》，第62页。

④ 《燕录》22，第62、第72页；《燕录》24，第171、第174页。

⑤ 《燕录》29，第29、第36页；《燕录》61，第45页；《燕录》58，第185页；《通文馆志》，第62页。关于朝贡使团停留的会同馆，清初（1644—724年）在与翰林院相邻的玉河馆。后来，俄国使节入住玉河馆，朝鲜朝贡使团移住智化寺。1724—1736年入住干鱼胡同（现甘雨胡同）的会同馆，或者玉河馆；1736年以后，随着使团人数的增加，在乾隆初年入住位于安定门外、被称为北馆的外馆和位于交通比较便利的东交米巷南侧、被称为高丽馆的南小馆。参阅《中国古代中央宾馆制度研究》，黑龙江教育出版社，2002年版，第211—212页。

闭大门。如果朝清关系进入紧张状态，门禁森严，即使是在白天，使臣也不得随意出入。①

通事官还负责引领朝贡使臣朝参。在朝参之前，通事官和会同馆提督一同引领使臣到鸿胪寺练习三跪九叩头等觐见礼仪。如果使臣行礼时出现了差错，通事官与使臣就要回到会同馆继续练习。朝参时，三名使臣、二十七名军官和译官由通事官引领至太和殿前；使团根据两名胪唱官的指引行觐见之礼、皇帝和使臣进行问答之时，通事官立于使臣左侧负责翻译任务。② 此外，通事官还负责引领使团进呈表章和方物、受领赏赐，以及举行下马宴和上马宴等任务。③

2. 进献岁币和方物

丙子以后，清朝要求朝鲜纳岁币。清廷对朝鲜赍送岁币一事及其重视，岁币米、布中有霉烂变质、品质低劣的，清廷往往通过通事官传达退换劣质岁币、赍送优质岁币的要求；对反对赍送岁币的朝鲜廷臣，还派出查使进行调查。至顺治时期，清朝则为了笼络朝鲜，采取怀柔政策，屡次减免岁币。1646 年，朝鲜谢恩使向郑命寿提出减免岁币，他允诺为此事周旋。1647 年，他以第三使的资格派遣到朝鲜时，对郑太和言及岁币米入送凤凰城乃是先帝所定，现在清朝已经到了北京，与过去大有不同，如果朝鲜派遣译官陈请，清朝定会应允等语，为朝鲜出谋划策。在郑命寿的建言之下，于当年 8 月减岁贡米 900 石、木棉 2100 匹、棉绸 200 匹、弓角 200 桶、顺刀 10 柄、胡椒 10 斗；方物中代替白细苎布的黑细麻布永远予以减免，米由于在清朝难求，保留 100 石，其中 70 石以黏米代之。在这次岁币减免中，郑命寿作出贡献，得到朝鲜国王赏赐的白银多达 2300 两。④

引领朝贡使臣交纳岁币、方物之时，与清人进行周旋也是通事官的主要任务之一。朝鲜呈纳的岁币和方物，或在皇宫内使用，或赏赐给王公贵戚，因此如果被认定为质劣，内务府官员就会对使团进行百般刁难。而使团大多只能依靠通事官从中周旋，做说服工作。《燕录》中载 1642 年 12 月 26 日午后使团交纳方物时，清朝衙门指责纸张过薄，通事官郑命寿说明了纸张中薄者为上品的道理，使团才得以顺利完成方物进献任务。不仅如此，部分通事官在进献方物之前事先与内务府库和各司进行协调、周旋，以免从中生梗。因此，在收纳方物时，有时清人甚至免去方物检查之环节。⑤

朝鲜使团到达清朝以后，通事官主要承担的工作是翻译和引领使团完成朝贡等任务。史料中零星载有通事官在履行这些职责之时，向朝鲜使臣索要密赠的记录。1649 年 11 月 24 日，谢恩兼冬至、正朝、圣节、岁币使在出使途中，赠凤城衙门通事官文金黍皮等物。12 月 2 日，到达牛家庄，赠守堡将、护行将、博氏、衙门通事官黍皮和纸

---

① 《燕录》32，第 564 页；《燕录》37，第 280 页；《吴录》9，第 3778 页。

② 《燕录》23，第 476 页；《燕录》28，第 530、第 543—544 页。

③ 《通文馆志》，第 64、第 67—68 页。

④ 《燕录》25，第 231 页；《吴录》9，第 3767 页。1643 年 10 月顺治帝即位诏、1645 年 6 月吊祭（世子）敕书和 1651 年 2 月清朝追封顺治帝生母为太后的诏书中都有减免岁币的内容。参阅《吴录》9，第 3750、第 3718—3719、第 3809 页。

⑤ 《燕录》19，第 564 页；《燕录》23，第 492 页。

张等物。1650年1月4日，郑命寿获得使团赠与的烟1盒、金烟竹1个、马1匹。此外，衙门通事官李一善和李梦善也根据旧例得到礼物。25日通事官韩甫龙、李仁杰和卞兰也收到礼物。① 在负责与朝贡相关事务过程中，通事官向朝鲜要求密赠被发觉处以刑罚之事也偶有发生。1641年2月，通事官向到达清朝的陈奏使索取纸张、黍皮等物被发觉，其中除了郑命寿和李仁杰之外的河士男、金山、梁敬仁、韩巨源、韩甫龙等五人承认了受赂之事实。3月，英俄尔岱下令处河士男以贯耳鼻，笞百杖，解职，韩甫龙等四人以笞八十杖的刑罚。②

3. 赎还俘虏和送还逃回人

在清朝两次用兵朝鲜以后，朝清之间为赎还俘虏、送还朝鲜逃回人等展开了交涉。丁卯以后，赎还俘虏之事因朝鲜无力赎回而不了了之。③ 丙子以后，从1638至1639年间，清朝因朝鲜没有在期限内派遣援军曾一度中断俘虏赎还，直至1639年4月朝鲜派出赎还使以后，清廷才同意重开赎还之事。但是，在朝鲜尚未派出赎还使之前的1639年1月，通事官屡次催促朝鲜使臣交付前虞侯权濮之妻的赎银，甚至要抢夺使臣所乘之马匹，以充其用度。尽管使臣说明不应由使臣、而应由其女婿赵壤负担赎银的道理，但是通事官仍进行胁迫，使臣不得已从使团成员处借银支付赎金。④

通事官一方面催促朝鲜赎还俘虏，一方面还监督朝鲜人俘虏的赎还。在清廷禁止赎还俘虏的1638年9月，兵曹使令辛成会为赎回其子辛孝永，秘密贿赂清人45两白银。此事被通事官发觉以后，郑命寿以皇命为由，索取赎银600两。1640年3月，清户部先是同意由赍咨官李应征作担保，遣返辛孝永回朝鲜，但是，英俄尔岱认为此决定终不稳妥，让郑命寿督促朝鲜使团缴付赎银。5月，由负责赎还任务的朝鲜译官金俊吉借银200两，缴纳了赎银以后，使团才得以返还。通事官还以为赎还周旋之名从朝鲜获取银两，甚至还直接参与赎还俘虏从中谋利。⑤ 这些都无形中加重了朝鲜的经济负担。

对于送还朝鲜逃回人之事，后金先是送来书信，1628年7月，又出送朴仲男进行督促。后金要求送还的人数多达一千三百名。朝鲜迫于后金压力先送还了五名逃回人，以示其和好之诚意。之后，后金亦派遣通事官督促和恐吓，但朝鲜都以无从搜捕等为由婉拒。⑥ 丙子以后，在清朝的强要之下，朝鲜也先后送还了数百名逃回人。在清入关以后，送还逃回人则变成了徒有其名的规定。⑦ 入关以后，通事官还负责检查朝贡使团是否携带人参、南草等违禁之物。违禁之物一旦被发现，就将之没收，还要问责于违禁之

① 《燕录》19，第523、第535—536、第583—585页；《通文馆志》，第72—75页。

② 《通文馆志》，第76页；《沈阳状启》，第272、第274页。

③ 《实录》卷15，仁祖五年三月九日；卷18，仁祖六年二月二十八日条。

④ 《实录》卷34，仁祖十五年四月二十一日、闰四月二十八日条；《沈阳状启》，第36、第70、第130—131页。

⑤ 《日记》68册，仁祖十七年三月八日、十日；72册，十一月十九日条。

⑥ 《日记》，仁祖七年二月三十日条；《实录》卷19，仁祖六年七月六日、十二月四日；卷22，八年六月七日条。

⑦ 《实录》卷35，十五年十月二十二日，卷39，十七年十二月九日，卷42，十九年一月四日，卷48，二十五年五月八日条；《日记》141册，孝宗七年八月二十五日条。

人。[①] 此外，通事官还为朝鲜使团不触犯清朝禁忌、顺利完成朝贡任务做出了努力。[②]

综观上述，通事官主要负责接待朝鲜使团、引领朝鲜使团完成朝贡使命的任务。随着朝清之间的朝贡制度逐渐完善，通事官的任务也逐渐发展成为定例。朝鲜使团从柳条边栅门到北京的全部行程都有通事官陪行，使团到达之日，通事官要迎接、引领使团入住会同馆；在使团一行行朝参之礼、进呈表章和方物、受领赏赐等时，负责引领和翻译任务。通事官在担任引领和翻译任务的同时，在进献方物、减免岁币等方面为朝鲜建言献策，并在朝清之间进行周旋，最终为朝鲜使团得以顺利完成朝贡使命，减轻朝鲜岁币负担，进而为清朝笼络朝鲜人心做出了贡献。在朝鲜俘虏和逃回人的赎买和送还问题上，通事官对朝鲜进行督促；而清朝则通过赎还俘虏，取得了巨大的经济利益的同时，还通过送还走回人，迫使朝鲜屈从于其强权之下。[③] 通事官在完成与朝贡等相关任务的时候，不仅向朝鲜使团要求密赠，还利用参与赎还、督促送还走回人、调查违禁等可乘之机向朝鲜索取贿赂谋取私利。由此可见，清初活跃在朝清外交舞台上的朝鲜通事官，尽管在语言等方面保有朝鲜民族的某些特征，但他们不是以朝鲜人身份；而是作为被“满洲化”了的八旗满洲旗分佐领所属的官吏中的一员，在确立和发展朝清朝贡关系方面发挥了应有的作用。

---

① 《燕录》18，第157页；《燕录》25，第226页；《燕录》19，第205页。

② 《燕录》19，第147、150、564页；《燕录》23，第492页。

③ 赎还之价，丁卯时，每口曾以青布六十疋酌定。丙子之后，增至10两，但1640年3月，朝鲜使团为赎回辛孝永实际支付白银600两。参阅《实录》卷34，仁祖十五年四月二十一条；《日记》72册，十一月十九日条。

清初满蒙关系建立中的重要人物达雅齐考略

杜家骥（南开大学历史学院）

绥服与利用蒙古，是入关前满族政权政治中的重大事务。满族与蒙古之间，经常需要交涉、沟通，语言便成了一大问题。在当时的满蒙关系中，满族政权一方是主要的主动经营者，因而通晓满蒙两民族语言之人，在当时起到了重要政治作用，其中一个重要人物，便是满族政权中的蒙古人达雅齐。遗憾的是，清入关后的国史馆，并没有为他作传，其原因，大概是因为他曾因罪革职，从宽免死，此后虽复起用，但并无官职，身份地位不高，达不到当时王朝时期的入传标准与资格，以致此人湮没无闻。鉴于其事迹比较重要，因而将《满文老档》、《内国史院档》、《清太宗实录》中有关达雅齐的资料作初步钩稽，以见其事迹之大概。

达雅齐的生平简况，由于没有正规传记，内容缺略。只在《八旗通志》初集中的简要小传中有如下100余字的记述：

达雅齐，满洲正黄旗人，初任部院官，以才能称。崇德元年，奉遣同塔布囊等往察哈尔、喀尔喀、科尔沁诸国查户口、编牛录，会同外藩诸王台吉等审罪犯，颁法律，禁奸盗，并有功。寻以事罢官。复以废官奉命遣至明宣府北张家口，与明人创议开立布市，有裨国计。四年议叙，授牛录章京世职。①

这一小传，没有达雅齐的来历，重要事迹缺略甚多，也有错误之处，如称达雅齐“同塔布囊等往察哈尔……”其实“塔布囊”并非另外一个人，而是达雅齐的尊称（见后述），文献中常称达雅齐为“塔布囊达雅齐”或“达雅齐塔布囊”。到乾隆再修《钦定八旗通志》时，人物传中就已无达雅齐其人了。

乾隆初所修《八旗满洲氏族通谱》的蒙古姓氏部分，有关于达雅齐的记载，与上述《八旗通志》初集达雅齐小传有内容相同处，但提供了另外一些信息，在“附载满洲旗分内之蒙古姓氏”的翁阿理氏之下，列有达雅齐：

翁阿理氏，系隶满洲旗分之蒙古一姓，其氏族世居阿霸垓地方。

达雅齐，正黄旗人，世居阿霸垓地方。国初来归，由废员奉差往张家口与明议互市，于国计大有裨益，授骑都尉。三遇恩诏，优授一等轻车都尉。卒，其子达尔马袭职。②

《满文老档》有记名为达雅齐者，封其世职时附述有以下情况：

达雅齐，尔原系蒙古乌鲁特部贝勒明安之婿，明安贝勒率部来归，尔从之来，又不负委任，克尽其职，勤勉可嘉，授为牛录章京，准再袭二次。③

---

① 《八旗通志》（初集），第7册，卷203，东北师范大学出版社，1986年标点本，第4709—4710页。

② 《八旗满洲氏族通谱》卷67，辽海书社，2002年影印本，第739页。

③ 《满文老档·太宗崇德朝》，崇德元年五月初七日。

由于蒙古人中同名者不少，《满文老档》这条材料所记的乌鲁特部贝勒明安之婿的达雅齐，与前述《八旗通志》初集小传所记达雅齐是否同一人？有必要稍作辨别。笔者初步推测，《满文老档》所记述的达雅齐，可能就是本文所说的达雅齐。理由是，在《满文老档》及《清太宗实录》中，本文所说的达雅齐，往往是称为“达雅齐塔布囊”或“塔布囊达雅齐”，这塔布囊，是女婿、驸马之意，昔日娶成吉思汗之女，或娶成吉思汗后裔领主贵族之女者，称塔布囊。塔布囊，在清代又是作为喀喇沁蒙古、东土默特蒙古左翼旗贵族子弟的身份性尊称，与成吉思汗博尔济吉特氏后裔子孙之台吉称号同，类似爵位。达雅齐之称塔布囊，应与后者无关，因为，塔布囊作为爵位性尊称，是用于满族清政权之外的藩部蒙古喀喇沁等部，而本文所说的达雅齐是满族清政权内部之人。所以，达雅齐被称塔布囊，应该是他娶成吉思汗后裔领主贵族明安之女的尊称。另外，本文所说的达雅齐，在封牛录章京以前就总被称为塔布囊（见后述），也屡次被委任重要差事，圆满完成。这些又都与《满文老档》所记封其牛录章京的敕文中，称其“不负委任，克尽其职”的事迹相符。因而，这明安贝勒之婿的达雅齐，当是本文所说的达雅齐。既然达雅齐在天聪朝就称塔布囊，而其时尚无塔布囊作为喀喇沁蒙古等的爵位性尊称之制。因而，又可断定，作为非黄金家族的达雅齐，并非喀喇沁蒙古或东土默特左翼蒙古人。

这里仍不无疑问之处，就是，本文所说的达雅齐，按照《八旗满洲氏族通谱》的说法，是“氏族世居阿霸垓地方”，或“世居阿霸垓地方”，这阿霸垓地方究竟是何处，是蒙古阿霸垓部的原居地抑或后来的定居地，或者是此外的其他所指地名？而明安贝勒的乌鲁特蒙古，投附清朝前所居地是明朝广宁北边镇靖、镇边、镇远三堡三百余里，大约在今内蒙古库伦旗一带①，此前，明安的乌鲁特部是否就在此地，此地与达雅齐世居的阿霸垓相距多远？世居阿霸垓的达雅齐被乌鲁特部明安贝勒招为女婿的可能性怎样？尚无其他资料证明。鉴于本文所说的达雅齐，也即当时后金称塔布囊的达雅齐仅一人，且作为成吉思汗后裔的博尔济吉特氏明安之女婿就名达雅齐，此达雅齐在后金中的从政事迹与塔布囊达雅齐相符，明安与其子孙是编入正黄满洲旗，本文所说的塔布囊也是编入正黄满洲旗，故初步判断为同一人。

按乌鲁特蒙古明安等贝勒，是天命七年投附后金政权，曾被编为领主蒙古旗，以明安贝勒等仍为领主，统领旧属，与后金中的八旗平等并列，是当时后金中的特殊领主旗。后于天聪六年拆散，编入满洲八旗。② 如果本文所说的达雅齐属于明安女婿这一观点成立的话，那么，他在天命七年至天聪六年这段时间应是在后金中的乌鲁特蒙古旗下，天聪六年编入正黄满洲旗。

综合以上资料，可对达雅齐的身世、来历作以下简要推测：

达雅齐，蒙古翁阿理氏，世居阿霸垓地方。为蒙古乌鲁特部贝勒明安之婿。天命七年明安率部归附后金，达雅齐随从而成为满族政权之人，隶乌鲁特蒙古旗下，天聪六年

---

① 达力扎布：《明代漠南蒙古历史研究》，内蒙古文化出版社，1998 年，第 128 页。

② 以上这一过程，见张晋藩、郭成康：《清入关前国家法律制度史》，辽宁人民出版社，1988 年，第 263—269 页；杜家骥：《八旗与清朝政治论稿》，人民出版社，2008 年，第 106—107 页。

编入正黄满洲旗。

达雅齐在后金——清的政治活动，大致可分为崇德二年六月前、后两个时期。

崇德二年六月前，主要是天聪五年以后，达雅齐被频繁差委，办理与蒙古有关事务。又可分为以下几方面。

1. 迎接蒙古来使、来降者，并担任汗皇太极与蒙古来者之间的翻译。

现在所见到的达雅齐在后金的初次较重要的政治活动，是天聪元年六月，其时，察哈尔蒙古辖下的敖汉、奈曼二部欲投附后金，派乌木萨忒绰尔济喇嘛前往联系。皇太极派“阿什达尔汉同达雅齐率八人往迎”①。这位喇嘛的具体情况不详，可能是蒙古人，派达雅齐前去迎接，当是因为他会蒙古语，熟悉蒙古礼俗。同去的阿什达尔汉，原是女真叶赫部人，而祖先源自蒙古，姓纳喇氏，与皇太极生母之兄金台石属同族，在努尔哈赤攻灭叶赫部时率属归附后金。皇太极时被称为“国舅”，此人大概也通蒙古语，因而此后也常与达雅齐一起被委任办理蒙古事务②，见后述。

天聪七年十二月，科尔沁蒙古的土谢图济农巴达礼，以赐号土谢图济农，与其叔扎萨克图杜棱来谢恩。恰蒙古阿禄部落杜棱济农也来后金。皇太极遂率大贝勒代善及诸贝勒至五里外演武场迎接，居间任翻译的，便是达雅齐。因双方互相问安，档案及实录还专门将这一细节记录下来：“土谢图济农率侍卫桑噶尔寨进前跪，令桑噶尔寨请汗安。塔布囊达雅齐奉汗命答曰：‘安’，亦致问土谢图济农安。”③

天聪八年闰八月，察哈尔蒙古四大寨桑率众归降后金，先派使者联系。这是后金壮大势力的重大事件，皇太极非常重视，乃命达雅齐率四十人星夜起行相迎，并了解情况。④ 又命八旗每旗出护军校一员、护军五名中途驻扎，等候达雅齐的来信以回报。几日后，达雅齐将来归的察哈尔各首领、官员百余人一一造册，遣卫征带册送来。随即带领察哈尔蒙古诸贵族、林丹汗妻室及部众来后金。皇太极闻讯，率诸贝勒、官兵前往，于中途设御营，以隆重礼仪、盛宴相迎。⑤

2. 出使蒙古，传达后金政令，或会盟、办理具体事务。

天聪五年，后金征喀尔喀五部之扎鲁特部蒙古，收其部分部众，有一部分逃往其亲戚蒙古卫征贝勒处。皇太极遂命达雅齐与阿什达尔汉前往卫征贝勒处，告以不宜收容。卫征贝勒遂将此部分蒙古交给后金。⑥

同年三月，喀喇沁蒙古领主苏布地杜棱病重，皇太极派达雅齐、诺穆图前往看望。⑦

天聪七年十月，达雅齐奉命与国舅阿什达尔汉等，前往蒙古各部落宣布后金

---

① 《满文老档·太宗天聪朝》，天聪元年六月十七日。

② 关于阿什达尔汉的研究，见齐木德道尔吉：《“蒙古衙门”及其首任承政阿什达尔汉》，载《内蒙古大学学报》2007年第7期。

③ 《清初内国史院满文档案译编》上册，光明日报出版社，1989年，第47页。

④ 《清初内国史院满文档案译编》上册，第102—103页。

⑤ 《清初内国史院满文档案译编》上册，第106—107页。

⑥ 《满文老档·太宗天聪朝》，天聪五年二月二十六日。

⑦ 《满文老档·太宗天聪朝》，天聪五年三月二十六日。

法令。①

崇德元年三月，赏从征蒙古诸贝勒及所从兵丁，由阿什达尔汉、达雅齐至西拉木仑之乌兰布尔噶苏分给。②

赴各部蒙古传达征兵谕令，以配合后金重要军事活动，是达雅齐等出使蒙古的较重要事项。如皇太极称帝后，欲联合诸部蒙古兵大举进攻朝鲜。崇德元年十月，皇太极在派阿什达尔汉、达雅齐等赴诸部蒙古编审户丁的同时，令他们向各部蒙古首领宣布："今河冰冻合，即当出师。凡欲来朝及探亲者，俱着暂行停止。"③

调查并审谳违犯政令的蒙古部落首领，也是赴蒙古所办较重要事务。

先是，奈曼部蒙古首领衮出斯，在随后金征大同宣府时，争夺俘获，又砍伤喀喇沁蒙古琐诺木部下之人。还有，达赖吴巴什等五人不以其事赴告于会审之所，乃私于达赖吴巴什家议罚。均属违犯后金律令。天聪八年十月，达雅齐与阿什达尔汉奉皇太极之命，在划分诸蒙古牧地的同时，审理此案。经会审，议衮出斯、达赖吴巴什等均应论死，妻子入官。

同时审理的还有两案。奈曼的另一首领俄齐尔，私杀别人属下的牲畜，经会审罚其马、驼。又，翁牛特蒙古部落的塔喇海、班第，越所限地界，私至别处，也判罚马、驼。

审判结果上报，皇太极以事属外藩，应从宽宥。衮出斯、达赖吴巴什等均仅罚马驼等牲畜。俄齐尔、塔喇海、班第等概减等罚马驼。④

崇德元年十月，达雅齐等赴蒙古各部编审，也另有"审罪犯、颁法律、禁奸盗"方面的重要事项。⑤

去蒙古地区所办最重要的政务，是为各部蒙古划分牧地，组编札萨克旗。

《清太宗实录》记述：天聪八年十月，皇太极"遣国舅阿什达尔汉、塔布囊达雅齐往外藩蒙古，与诸贝勒分画牧地"，他们与敖汉、奈曼、喀喇沁、土默特等十个蒙古部落的"管事大小诸贝勒，大会于硕翁科尔地方，分给蒙古诸贝勒地"其中被划界涉及的藩部蒙古，有敖汉、奈曼、巴林、扎鲁特、翁牛特、四子部落等，同时规定："既分之后，傥有越此定界者，坐以侵犯之罪。至于往来驻牧，务彼此会齐，同时移动，不许参差。"⑥

崇德元年十月，清政权派阿什达尔汉、达雅齐至蒙古诸部编审户口，按满洲制度组为牛录，编为藩部蒙古札萨克旗，十一月初六日返回，历时近二十天。此次编审，将漠南蒙古大部分蒙古部落都组编为札萨克旗。⑦ 此次组编，正式将漠南蒙古纳入清政权的统辖体系之中，成为清廷的藩部，并成为以后归附清廷之蒙古的组编与统辖模式，所以

---

① 《清太宗实录》卷16，天聪七年十月壬戌。
② 《满文老档·太宗崇德朝》，崇德元年三月二十日。
③ 《清太宗实录》卷31，崇德元年十月丁亥。
④ 《清太宗实录》卷21，天聪八年十一月壬戌。
⑤ 《清太宗实录》卷31，崇德元年十月丁亥。
⑥ 《清太宗实录》卷21，天聪八年十一月壬戌。
⑦ 《满文老档·太宗崇德朝》，崇德元年十一月初六日。

达雅齐与阿什达尔汉的这次在蒙古的编审组旗，是满蒙关系史、清朝发展史上具有重大意义的事件。

3. 随军出征，并办理与蒙古有关事务。

天聪六年四月，皇太极亲统大军征察哈尔蒙古，林丹汗逃遁。皇太极兵至归化城附近，派兵去各处收取逃散的察哈尔蒙古人。塔布囊达雅齐与科尔沁蒙古的吴克善、满朱习礼等往略明沙河堡①附近之柏兴一带。六月初一日，达雅齐派人奏报，当地的蒙古部民皆逃入沙河堡内。于是皇太极修书一封给明朝沙河堡各官，说明讨取逃入沙河堡内蒙古人之意。遣护军纛额真杨善率精兵六十人，偕所俘获察哈尔通事顾禄古，将此书信交给达雅齐、吴克善等，令他们向明人索取。② 初十日，沙河堡官员将蒙古三百余丁口、一千多头牲畜及林丹汗遗留的大批缎、布等交给后金。③

崇德二年二月，清军攻打朝鲜得胜班师，皇太极恐官兵懈怠、掠略降民，特发布敕谕，令苏尔德赍敕传谕满洲领兵将帅和硕睿亲王多尔衮等，遣蒙古衙门承政达雅齐赍敕传谕从征蒙古王贝勒。④

由于达雅齐多次奉命办理蒙古事务，且圆满完成，皇太极称帝后，于崇德元年五月封其世职牛录章京，相当于后世的爵名骑都尉。随后，又于同年即崇德元年十月前，被任命为蒙古衙门承政⑤，这承政，相对于入关后的部院尚书，是较高级的文官，专门办理蒙古事务。

但好景不长，达雅齐担任蒙古衙门承政不到一年，便遭到严厉惩处，并罢官。

崇德二年六月，论诸将征朝鲜、皮岛违犯军律之罪，达雅齐被连带以前之事。称其此前“率察哈尔蒙古前来，私带南褚厮卒三人，三人匿取降民之妻，其夫告于马福塔，马福塔以妇人还给其夫，执厮卒三人付达雅齐，达雅齐私释之。又南褚家人赴和硕睿亲王多尔衮处，首告达雅齐隐匿人口十九名，审实，十九人方行释遣。上曾两次亲问达雅齐曰，尔若明知带来，则以实告，伊坚以不知诳奏。达雅齐私携厮卒，抢掠降民，又隐匿人口，蒙上两次亲问，仍敢欺罔，应论死”。皇太极两次询问达雅齐，达雅齐都隐瞒其罪行，乃欺君之罪，罪上加罪。最后判决：达雅齐免死赎身，俘获赏赐俱入官。⑥ 次年七月，以达雅齐有罪，又解其蒙古衙门承政任，以塞冷代之。⑦

崇德二年六月获罪后的达雅齐，主要政治活动是被派遣与明朝官员交涉互相贸易等事。

---

① 《清太宗实录》作沙河堡，《满文老档》作 surgei 城，准确地名待考，有可能是沙城堡。今暂依《清太宗实录》作沙河堡。

② 《满文老档·太宗天聪朝》，天聪六年六月初一日。

③ 《满文老档·太宗天聪朝》，天聪六年六月初十日。

④ 《清初内国史院满文档案译编》上册，第250页。并见《清太宗实录》卷34，崇德二年二月乙酉。

⑤ 《满文老档·太宗崇德朝》卷（册）31，崇德元年十月十六日，记有遣“蒙古衙门承政达雅齐塔布囊往察哈尔、喀尔喀部诸贝勒处”之语。说明在此之前，达雅齐已被任命为蒙古衙门承政。而此前的崇德元年五月封其为牛录章京的敕文中，尚未提到他担任蒙古衙门承政一职，同时册封的希福、范文程、刚林，则都提到他们在内三院的职务。因而，达雅齐任蒙古衙门承政的时间，当在崇德元年五月至十月之间。有可能是崇德元年六月阿什达尔汉任都察院承政之时，达雅齐被任命为蒙古衙门承政。

⑥ 《清太宗实录》卷36，崇德二年六月甲子。

⑦ 《清太宗实录》卷37，崇德二年七月庚午。

达雅齐有外交才能，大概也会汉语，因而在褫职后近一年的崇德三年六月，便被派遣带人往张家口与明朝互市。此前，达雅齐也曾受命与明朝守边官员打交道。天聪六年皇太极亲统大军征察哈尔蒙古，兵至归化城附近时，曾修书与明沙河堡官员，表达后金愿与明朝和好之意。并馈送该处明官兵羊、酒、食品，命达雅齐等一并送去。[①] 当时，皇太极修书多封与明宣化等处守将，说明其愿与明朝修好和睦，希望将逃往之蒙古人及所带牲畜、财物等交给后金，派达雅齐等多人致送。[②] 随后，后金与明朝守边官员又进行商谈，并举行隆重的和好盟誓，刑白马乌牛誓告天地，燔书而盟。明朝一方是宣府巡抚沈某等人，后金一方的代表是阿什达尔汉、达雅齐、龙什、卫寨桑四人。盟誓后，达雅齐又奉命与巴克什库尔阐、穆成格向巡抚沈某等回赠礼物。皇太极对这次与明边官达成的和议甚感满意，特赐四人缎匹等物。[③] 随后，皇太极又命将盟誓文书另作一份，由达雅齐率护军官兵送至明张家口守边官将。[④]

崇德三年六月的这次与明人互市，与达雅齐同去的，还有另一人旗蒙古人卫寨桑。[⑤] 同年七月，达雅齐再次受命，带领归附清廷之喀喇沁蒙古贵族至张家口，与明朝守边官员谈判岁币及开关互市之事，《清太宗实录》记为：

七月壬申（初十日），遣达雅齐塔布囊率喀喇沁部落毕喇什、喇什希布等，往明张家口，与明镇守官议岁币，一如与喀喇沁贝勒之数，兼议开关互市。[⑥]

此次达雅齐办理与明开关互市达3个月，十月初十日“达雅齐、卫寨桑、多罗额驸毕喇西、喇斯希布等，自张家口贸易还”[⑦]。

与明人开关贸易，是当时解决与调剂满族清政权经济生活的重要事项，因而达雅齐等人与明朝守边官员谈判开关贸易成功，“有裨国计”而获得清廷嘉奖，均授牛录章京世职。给达雅齐的封授敕文写道：“尔达雅齐，原系废官，因奉遣至明宣府北张家口，与明人创议开市，有裨国计，授为牛录章京，准再袭二次。”[⑧]

崇德八年八月，清廷内部经过激烈的明争暗斗，皇太极之子福临继承皇位，皇帝所领两黄旗官员集体盟誓，效忠幼主，达雅齐名列盟誓人员之中。此后，清兵入关，达雅齐也当参加了统一中原的战争。顺治年间，被授为一等阿达哈哈番（后称轻车都尉）世职[⑨]，属于男爵之下、骑都尉（拜他喇布勒哈番）之上的爵等。达雅齐大概卒于顺治十五年，这一年的九月，《清世祖实录》有顺治十五年九月壬寅日，以故一等阿达哈哈番达雅齐子达尔玛袭职的记载。[⑩]

---

① 《满文老档·太宗天聪朝》，天聪六年六月十一日。

② 《满文老档·太宗天聪朝》，天聪六年六月十三日。

③ 以上见《满文老档·太宗天聪朝》，天聪六年六月二十三至二十六日。天聪六年六月二十八日，天聪六年六月三十日。

④ 《满文老档·太宗天聪朝》，天聪六年七月初一日。

⑤ 季永海、刘景宪译：《崇德三年满文档案译编》，辽沈书社，1988年，第113页。并见《清太宗实录》卷42，崇德三年六月辛丑。

⑥ 《清太宗实录》卷42，崇德三年七月壬申。并见季永海、刘景宪译：《崇德三年满文档案译编》，第133页。

⑦ 《清太宗实录》卷44，崇德三年十月己亥。并见季永海、刘景宪译：《崇德三年满文档案译编》，第226页。

⑧ 《清太宗实录》卷46，崇德四年五月庚辰。

⑨ 《清世祖实录》卷62，顺治九年正月戊戌。

⑩ 《清世祖实录》卷120，顺治十五年九月壬寅。

古尔布什家系与事迹补证

——以满文《古尔布什家传》为中心

张永江　关　康（中国人民大学）

古尔布什（1597—1661），博尔济吉特氏，原系蒙古巴约特部台吉。天命六年率所部投顺后金国，尚公主，赐号青卓里克图，授总兵官衔，三等子，统领属民，隶镶黄旗满洲。其后参与围攻锦州、松锦之战、入关之战、对李自成作战，晋爵一等子。顺治十八年殁，谥敏襄。

有关古尔布什的生平事迹，清代形成的各类史料都有记载。编年体史料包括《满文原档》、《满文老档》、《天聪八年档》、《天聪九年档》、《内国史院档》、前三朝"实录"；纪传体史料包括《八旗通志初集》、《钦定八旗通志》、《八旗满洲氏族通谱》、《清国史》以及民初完成的《清史稿》等书，都有内容简略而大体相同的记载。而现存日本的满文《古尔布什家传》①，包括《康熙四十四年兵部查钞实录档册》、《额驸出征事迹稿》、《蒙古喀尔喀巴约特贝子始祖人名档》等，所记内容与上列举史书相较多有异同而细节更加丰富。对比研究，可收互相印证、补充之效果。这份满文档册1962年、1985年两次见于收藏机构日本天理大学图书馆馆藏目录中，但真正得到学界重视并加以利用则是在日本东北大学冈洋树教授的《关于内喀尔喀巴约特鄂托克的世系》中。②作者综合明朝方面、清朝八旗方面和蒙文编年史书的相关记载并引用《顾尔布什驸马事迹稿》（日本著录名，即《古尔布什家传》），讨论了"巴约特部世系"、"巴约特王族"、"清代巴约特王族与满洲宗室"三问题，重点是恩格德尔和古尔布什两枝的世系传承，在此基础上复原了巴约特部蒙古"黄金家族"的世系表。但因为焦点在于整个巴约特部的博尔济吉特家族上，一些具体问题并未涉及。本文在冈洋树教授研究的基础上，拟以《古尔布什家传》为主体，其他史料为辅，分别从古尔布什家系、归降后金时间、所管佐领情形、参战经历、爵位承袭等诸问题入手，检讨家传与其他史料之关系及其价值。同时将这部重要史料转写、翻译，公之于世，以飨学界同仁。

一、古尔布什家族与内喀尔喀五部的黄金家族

有关古尔布什世系，清代汉文史料皆语焉不详。较早的《八旗通志初集》所载本传仅寥寥二百余字，首称：

---

① 原件现藏于日本天理大学图书馆，满文写本。该档册的复制得到天理大学朱鹏教授的帮助，谨致谢意。

② 见该氏著作《清代蒙古盟旗制度之研究》，东方书店，2007年，第249—265页。。

古尔布什，姓博尔济吉特氏，世居萨喇木兰地方，原系蒙古喀尔喀贝子。① 而乾隆以后编辑的官书则作了统一，如来自国史馆的《满汉名臣传》本传谓：

古尔布什，姓博尔济吉特氏，世居西喇木楞，本蒙古喀尔喀台吉也。②

嘉庆初年修定的《钦定八旗通志》完全同上：

古尔布什，姓博尔济吉特氏，世居西喇木楞，本蒙古喀尔喀台吉也。③

其他史料，如《清国史》之《古尔布什列传》、《清史稿》之《古尔布什传》称传主“亦元裔”，④ 其含义与《钦定八旗通志》等书并无区别。至于《八旗满洲氏族通谱》仅称与恩德格尔同族，皆为博尔济吉特氏。以上各书皆未提及其祖先之名。但家传之《蒙古喀尔喀巴约特贝子始祖人名档》，不但将古尔布什始祖追溯至达延汗之子阿勒（尔）楚博罗忒，且将其后裔详细开列：

始祖阿勒楚博罗忒，长子哈萨里诺彦，名虎尔哈齐。生五子，长子伟征诺彦，名吴巴什，住扎鲁特。次子名苏巴海，住巴林。三子名吴班，住弘吉剌特。四子塔奔，住巴约特。五子名杭哈勒，住乌济埒特（ujilt）。四子塔奔生四子。长子布尔海，隶正黄旗。次子青巴图鲁，在正白旗。三子布尔汉，在镶白旗。四子额色，在镶黄旗。额色生三子，长子古尔布什，天命六年以最先率属民归顺太祖功，尚公主，受封子爵。后，古尔布什额驸三弟承袭。七年，以达赖来归之功，封骑都尉。古尔布什二弟囊努克。⑤

这段史料中包含着不少重要信息。首先，满文史料中第一次出现了喀尔喀五部落的名字和对应的部主名。清朝史料，包括最古老的《满文原档》（其重抄本为《满文老档》）、各种《太祖实录》和《蒙古回部王公表传》中，从未完整地披露过喀尔喀五部（即蒙文“鄂托克”）的名字。比较常见的有扎鲁特（札鲁特）、巴林和巴约特（巴岳特）。经过各国学者，如苏联的符拉基米尔佐夫，日本和田清、田中克己，以及我国的敖登、达力扎布等学者的不懈努力，挖掘各语种史料，并加以比勘，终于搞清了其部落构成、牧地分布、归属清朝始末等重要问题。⑥ 但在各部的世系传承和具体人名问题上，仍未完全解决。目前的研究已经揭明，内喀尔喀五部的领主都是达延汗的第五子（部分蒙文文献记为第六子，如《黄金史纲》）阿勒楚博罗忒（al č ubolud）之子虎剌哈赤（和尔朔齐、呼尔哈齐，quraqa č i）的5个儿子，各领一部。在解决这一问题上，蒙汉文史料各有贡献。蒙文史书如《水晶数珠》、《恒河之流》、《金轮千辐》提供了五子及对应的部名，明朝汉文史料如《登坛必究》、《开原图说》和《辽夷略》则提供了更详尽的领主世系表（尽管个别人的位序有误）和各部驻牧地望。综合起来，表示如下：

---

① 《八旗通志》卷143，古尔布什》，东北师范大学出版社，第3733页。

② 《满汉名臣传》卷7《古尔布什列传》，黑龙江人民出版社，第177页。

③ 《钦定八旗通志》卷136《古尔布什》，吉林文史出版社，2002年，第2269页。

④ 《清史稿》卷229《古尔布什》，中华书局，1977年，第9278页。

⑤ 据满文译出，译名用字采用清代习惯。详见据此整理的世系表附录，第3页。

⑥ 详见前揭冈洋树书，第250页。

位序	汉文名及出处	蒙文名及出处	所领部落名
长子	乌巴什卫征（《王公表传》） 委正（《辽夷略》记为四子） 惟正（《开原图说》） 兀把赛（《登坛必究》）	Ubaši üyijing（《金轮千辐》）	扎鲁特 jarud
次子	苏巴海（《王公表传》） 速把亥（《辽夷略》记为长子、《开原图说》、《登坛必究》）	Sobohai darqan（同上）	巴林 ba γarin
三子	兀班（《辽夷略》记为五子、《开原图说》、《登坛必究》）	Uban buyimu toγšin	弘吉剌特 qonggirad
四子	答补（《开原图说》、《登坛必究》） 歹青伯要儿（《辽夷略》记为三子） 索凝（《清太祖实录》）	Sonin dayi Čing	巴约特 bayod
五子	粆花（《辽夷略》记为次子、《登坛必究》） 粆花爪儿兔（《开原图说》）	Šoo γaa jori γtu	乌齐耶特、乌济埒特 Ü Čiyed < Üjiyed

上述汉文史料中歧异之处有三：其一是五子的位序不同。最明显的是《辽夷略》的记载。这大概可从两方面解释，一是作者得到的情报不准确；二是五子有嫡庶之别，故排序不同。《开原图说》清楚地载明速把亥为嫡长子而兀把赛为庶长子。其二是《辽夷略》所记歹青伯要儿的本名。奥登论断，伯要儿即 bayod 巴约特，是把部名混为了人名。本名应为歹青，是 sonin dayi čing 的简称。其三是答补和歹青难以勘同，这是最困扰学者之处。奥登根据两人诸子名相同断定为同一人，可信。现在满文的《古尔布什家传》也明确记载 tabun，显然明人所记的答补是有所本的，这样一来，歹青是否为本名就有了疑问。也有可能答补为本名，蒙文的 Sonin dayi čing 是他的称号。

冈洋树教授比对了明朝方面关于答补五子记载与《家传》中《蒙古喀尔喀巴约特贝子始祖人名档》的异同，指出 burahai、burgan、esei 可以对应汉文的布儿亥、卜儿罕骨、额参（孙）大，但 cing baturu 不知是对应耳只革还是老思。这不仅是人名发音差距大，还因为《人名档》记载塔奔有四子，而汉文史料记为五子。清朝方面史料中勉强可以把 burahai 对应为“达尔汉巴图鲁贝勒”，[①] 因为《金轮千辐》中记 sogin dai čing 之子为 burqai darqan。《满文原档》之《张字档》天命六年十二月二十四日条记 Bayot bai esei beilei jui gurbusi taiji[②]。汉译为“巴约特地方贝勒额色之子古尔布什台吉”。此处所记古尔布什之父为额色，与家传一致。此外，著名的 1619 年满洲与喀尔喀五部会盟仪式上喀尔喀的贝勒中出现了“厄参”是 esei 的一个译名。[③] 耳只革，可以还原为蒙文 eljige。会盟仪式上也出现了一个“额尔济格”，有可能是这个人。老思，清初史料中看不到任何消息。困难的是古尔布什一辈。明人记载额参（孙）大有四子，分别是那速户、所宁（迷）、那兔和撒哈儿寨（撒哈儿）。《人名档》中记额色有三子，古尔布什之外，还有囊努克和达赖。二者无法勘同。或许明人所记为另一系的古尔布什的同父异母

① 《清太祖实录》卷 3，乙巳年三月乙亥条记“达尔汉巴图鲁贝勒之子台吉恩格德尔来朝”，中华书局影印本，1986 年。

② 《满文原档·张字档》，天命六年十二月二十四日条，第二册，台北故宫，2005 年，第 327 页。

③ 《清太祖实录》卷 6，天命四年十一月庚辰。

兄弟。明人所记虎剌哈赤四世孙辈中有两人名字接近撒哈儿寨，分别是卜儿亥之子“哈儿寨”、额孙大之子“撒哈儿寨”。二人在前述会盟仪式上都出现了，分别记为“桑阿拉寨”和“桑阿喇寨”，这是乾隆时修改过的译名，更早的清初本中为“桑阿里寨”和“阿力寨”,① 更接近明人的译写。这也许提示我们，明人的记载也不能轻易否定。

古尔布什一枝的世系，《家传》有清楚的记载，《八旗满洲氏族通谱》也记载有历辈爵位的传承，冈洋树教授作了系统整理，这里就不再赘述。

二、古尔布什归降后金国

古尔布什于天命六年归顺后金，此事无论对于后金国或是古尔布什家族，都是重大事件，照理无缺载、漏写、错误之可能性。但若比较各种史料，可以发现其中问题颇多。这里分别从来归年月、带来人口数、尚公主、受赏赐四个问题试做比较。

1. 来归年月

《家传》记古尔布什归附后金国时间为天命六年十一月。其他史料，如《太祖高皇帝实录》、《满洲实录》、《钦定八旗通志》、《清国史》等书，皆作天命六年十一月。《八旗满洲氏族通谱》记为“国初”，其范围过宽，因此没有讨论的意义。但《满文原档》与《家传》等记载出入较大。《满文原档》之《张字档》天命六年十二月二十四日条下有：

bayot bai esei beilei jui gurbusi taiji jakūnju boigon, emu tanggū tofohon haha, juwe tanggū ninju morin, emu minggan ihan, juwe minggan honin gajime ubašame jihe, han yamun de tucifi, jihe taiji be hengkileme acabufi sarin sarilaha, (manggol taiji de)② orin duin de, han i uksun i deo jiberi dujihoi sargan jui be manggol taiji de sargan buhe. ③

笔者汉译：

巴约特地方额色贝勒之子古尔布什台吉，带八十户、丁一百十五名，马二百六十匹、牛千头，叛逃前来。汗御殿，令前来之台吉叩拜，赐宴。（莽果尔）二十四日，汗以族弟吉百伯里兑虎之女赐莽果尔台吉。

对比可知，二者对古尔布什归顺后金国之月份记载不同。《家传》称归顺年月为天命六年十一月，其他史料与之相同。但《满文原档》记事在同年十二月二十四日。因《满文原档》形成早于《家传》及其他史料，故该档称古尔布什来归为天命六年十二月二十四日，较《家传》所记可信。

2. 带来人口数

《家传》称古尔布什兄弟率所部600户归顺后金国。④ 其他史料与此记载相同。若按照每户两名男丁计算，其带来之男丁约为1200人。但《满文原档》称仅有80户、男丁115名。户、丁数目差异极大。考虑到古尔布什带来的属民被编为一佐领，若仅有80

① 《清太祖实录》卷6；《清太祖武皇帝弩儿哈齐实录》卷3，台北藏本。

② 括号内文字为原文删去者。

③ 《满文原档·张字档》，天命六年十二月二十四日条，第327页。

④ 附录，第1页。

户、115 丁，正好可以组建一个完整佐领。若带来 600 户，则人口过多，必然要形成多个佐领。但各种史料都显示，古尔布什的属民仅编成一个佐领。还有，《开原图说》记额孙大一营“部落八百余，精兵六百骑”，这是包括了四个儿子所领的全部属众。他个人所属应该远远少于此数。因此笔者认为《满文原档》的 80 户、115 丁较为可信。至于为何会有如此大的差别，笔者怀疑《家传》等史料所说的600 户既包括古尔布什带来人口，也包括之前巴约特部叛逃投顺后金国之人口。但检索《满文原档》，将两种来源之人口相加，亦不过 200 户，仍与 600 户有较大差别。因此笔者认为，《家传》将古尔布什带去人口记为 600 户，或系后人编写传记时故意夸大；或系将其带来及之前投顺后金国人口相加，而《满文原档》并未将之前所有投顺人口一一记录清楚，以致有 80 户、600 户之悬殊。

3. 尚公主

古尔布什归顺后金国后，清太祖嫁以亲生女。《家传》中《康熙四十四年兵部查钞实录档册》记有：

帝以亲生女赐古尔布什台吉，赐号青卓里克图。①

其他史料与此记载一致。但是，这些史料皆未提及清太祖所赐公主之名，且若从行文判断，似乎古尔布什甫归顺即尚公主。但查《满文原档》天命六年十一月二十四日条记古尔布什归顺事，并未提及此事，仅有清太祖以族女妻莽果尔一事与其他史料相符。因古尔布什尚公主事情重大，《满文原档》不可能缺载。因此笔者认为古尔布什并非于天命六年十一月二十四日，与一同归顺之莽果尔分别尚公主。检《满文原档》之《收字档》在天命十年正月十六日条提到其尚公主事。原文如下：

juwan ninggun de, han i jui songgotu gege monggoci ubašame jihe gurbusi taiji de buhe. ②

可汉译为：

十六日，汗以女松额图格格赐蒙古逃来之古尔布什台吉。

由此可知古尔布什所娶女子为清太祖之女松额图（老满文写作 songgoto，其所对应之新满文可能为 songgoto 或 songgotu。）格格，时间为天命十年，即古尔布什归顺后金国三年之后。《满洲实录》天命六年十一月十八日条亦有该公主之名，汉文作“聪古图”，满文为 songgotu。③

古尔布什在蒙古地区所娶原配之名无考，仅知古尔布什长子鄂齐尔、四子松江为其所生。次子古鲁、三子色楞为公主所出。

4. 受赏赐

《家传》及各其他史料均提到清太祖给与古尔布什、莽果尔之大量赏赐。其中《家传》记载最为详尽：

各赏貂皮端罩三、猞猁孙皮端罩二、虎皮端罩二、貉皮端罩二、狐皮端罩一、镶貂

① 附录，第 1 页。

② 《满文原档·收字档》，天命十年正月十六日条，第 4 册，第 260 页。

③ 《满洲实录》卷 7，天命六年十一月十八日条，中华书局影印本，1986 年。

皮袄五、水獭皮袄二、镶银鼠皮袄三、蟒衣九、蟒缎六、绸缎三十五、毛青布各五百、金十两、银五百两、雕鞍一、鲨鞍一、雕花撒带一、撒带插满弓箭八、盔甲各十、奴仆、马、牛、房、地、农夫所用物件皆照足赏给。①

《清太祖实录》相关部分记载如下：

各赐貂裘三，猞狸狲裘二，虎裘二，貉裘二，狐裘一，貂镶朝衣五，镶獭裘二，镶青鼠裘三，蟒衣九，蟒缎六，缎三十五，布五百，金以两计者十，银以两计者五百，雕鞍一，沙鱼皮鞍七，玲珑撒袋一，撒袋兼弓矢者八，甲胄十，僮仆、牛、马、房舍、田亩及一切器具等物毕备。②

比较以上两段文字，实际内容一致，只是《家传》之“奴仆”在《清太祖实录》中改为“僮仆”，“农夫所用物件”改为“一切器具等物”。后者虽然文雅，但与《家传》有所差异，反而表达不清。

此外，《满文原档》、《八旗通志初集》、《钦定八旗通志》、《八旗满洲氏族通谱》对此没有记载。应为编纂史书时，史官认为不合体例，直接省略所致。

此外，《家传》提到清太祖赏赐古尔布什家族满洲管领、汉人庄头、壮丁等。这一内容不见于其他史料，颇为珍贵：

赐公主时，太祖所送首领完布，司库阿海、阿勒虎里、仓长谭泰谭和尚、尹达珲、buda de situku 蓝布、cai de gaha 五十八、管家内杂务 muhada 沙珲、满洲庄头孙渣爱泰、米拉珲、宫古珲、文图默萨哈连，此十八氏之满洲及管领佐领王旗鼓、崔把总、孙把总、高把总、缠把总等为首，汉人庄头十五名，汉人壮丁五百名。③

三、古尔布什所管佐领

古尔布什归降后金国后，即有佐领。但各种史料所记初编佐领情况描述参差，颇有含糊之处。

《清太祖实录》天命六年十一月乙卯条记：

给以满洲牛录一，凡三百人，并蒙古牛录一，授为总兵。④

可知古尔布什归顺后即拥有满蒙两个佐领。但该蒙古佐领是否为其带来的属民，无从判断。成书较早之《八旗通志初集》未记录编定佐领之事。⑤ 稍后成书的《八旗满洲氏族通谱》提及此事，但记载简单：

将率来部属，编佐领，使统之。⑥

仅据此句，似乎古尔布什所属佐领皆为属民。而《钦定八旗通志》则谓：

---

① 附录，第1页。

② 《清太祖实录》，天命六年十一月十八日条。

③ 附录，第2页。

④ 《清太祖实录》，天命六年十一月乙卯条。

⑤ 《八旗通志初集》卷143，东北师范大学，1985年，第3733页。

⑥ 《八旗满洲氏族通谱》卷66，辽海出版社，2002年，第718页。

予古尔布什满洲、蒙古各三百人，俾任佐领，尚公主为额驸。①

又仿佛古尔布什手下各有满洲、蒙古一个佐领，人丁皆为赏赐，且自任佐领。后出之《清国史》的《古尔布什列传》与《钦定八旗通志》该处文字完全一致。《清史稿》之《古尔布什传》有：

畀满洲、蒙古牛录各一，授伊等总兵官世职，隶满洲镶黄旗。②

其实际内容与前两种资料没有区别。

根据《家传》，古尔布什归顺后，清太祖以其属民编一佐领，另外赏赐满洲 300 丁编一佐领：

八旗三百满洲丁编一佐领，以喀尔松阿任佐领。再将带来蒙古人丁编一佐领。后顺治二年姨母福晋薨，该户悉给公主。顺治五年公主薨，将姨母福晋之家户收回。再，前来京城时，先前跟来之喀尔松阿佐领人丁令各退回原佐领，现有剩余满洲、奴仆、家户，皆系尚公主时所赏之满洲佐领，公主、额驸亲送之奴仆、家户、一切物件皆留给未动，以原带来蒙古人丁内之拜虎赉管带佐领。③

可知古尔布什原有两佐领，其满洲佐领，实为公主陪嫁。故公主歿后即被收回。蒙古佐领为最初带来之属众。值得注意的是，拜虎赉并非古尔布什家族成员，而是其属民。家传内“原带来之蒙古人丁内之拜虎赉”（满文：da monggoso be gajime jihe niyalmai dorigi baihūlei）此处用语比《八旗通志初集》之“始以其人拜虎赉管理”更为明了。最初三任佐领皆为古尔布什属民，从第四任佐领开始，才由古尔布什家族直接管理。其具体情况，参考《钦定八旗通志》卷 3《旗分志三》，镶黄旗满洲第四参领第十佐领为古尔布什属民所编佐领。以下为最初三任佐领承袭情况如下：

拜虎赉——萨虎——桑赛④

桑赛之后，古尔布什家族成员担任佐领情况如下：

禅保——松江——赫姿——讷图——阿什坦——兑亲——国柱——文亮——阿奇兰⑤

康熙十三年，又以古尔布什之孙禅保佐领下半个佐领人丁、佐领内滋生人丁，与英亲王门上行走察哈尔地方人丁合编一佐领，即镶黄旗满洲第四参领第十一佐领。但该佐领以巴尔巴图鲁后人管理，已与古尔布什家族无关。⑥

《古尔布什家传》记载的佐领承袭情况较《钦定八旗通志》等其他史料更为详细。

首先，作为陪嫁赏给古尔布什的满洲佐领，于顺治五年被收回。因《八旗通志初集》、《钦定八旗通志》成书较晚，故缺载。有关内容仅见于《家传》。

其次，古尔布什带来人丁所编佐领承袭情况与《钦定八旗通志》所记略有差异。具体承袭顺序如下：

---

① 《钦定八旗通志》卷 136，人物志 16，第 2296 页。
② 《清史稿》卷 229，列传 16《古尔布什》，第 9278 页。
③ 附录，第 2 页。
④ 《钦定八旗通志》卷 3《旗分志三》，第 42 页。
⑤ 《钦定八旗通志》卷 3《旗分志三》，第 42 页。
⑥ 《钦定八旗通志》卷 3《旗分志三》，第 43 页。

拜虎赉——桑赛——禅保——松江——赫姿——讷图——阿什坦①

此处拜虎赉与桑赛之间缺少萨虎，应为《家传》漏载。其余记录与《钦定八旗通志》一致。

四、爵位承袭

古尔布什归顺后金国后，受封三等子，其后因功、因恩诏，受封一等子世袭。据《八旗通志初集》之《古尔布什传》：

先众来归……授三等总兵官世职……顺治元年，从大兵入山海关击流贼，俱有功，加世职为二等昂邦章京。遇恩诏，加为一等精奇尼哈番。②

昂邦章京，顺治四年改称精奇尼哈番，即子爵。后成书之《钦定八旗通志》之《古尔布什传》记载同，仅在恩诏问题上记为两次恩诏：

七年、九年，两遇恩诏，晋一等子世袭。③

但《八旗满洲氏族通谱》之《古尔布什》在记载其爵位情况时与以上两种文献不同：

国初，率部属首先来归，授三等子……后围锦州、击宁远兵有功，授为二等子。遇恩诏，授为一等子。④

据此，《八旗满洲氏族通谱》记古尔布什因围攻锦州有功受封二等子，与《八旗通志初集》、《钦定八旗通志》所记因围剿李自成有功受封二等子不同。

查考《家传》，共有两处与此相关。第一处是记载镶黄旗满洲左翼第四佐领承袭情况部分，专门提到古尔布什受封子爵情况：

初任三等子……五任，入山海关，以剿灭流贼各处效力，败敌英勇，自二等子升任一等子……天聪八年五月初七日，以抚有天下，上乃法古代圣王之例，昭示太祖武圣皇帝功德，祭祀天坛，陪同行礼各官原皆世代劳苦效力，加一级世袭罔替。⑤

是知古尔布什初封三等子，此后任二等子，天聪八年改为世袭，入关后升任一等子。其受封二等子时间见于康熙四十四年十一月镶黄旗满洲都统特克慎等奏闻核查古尔布什受封、尚公主情况奏折：

太祖恩赏青卓里克图封号，初任三等子。二任出兵锦州未克，以同宁远兵战英勇，赏二等子……入关剿灭流贼，以各处效力，交战败敌英勇，由二等子晋一等子。⑥

综合《家传》两处记载，古尔布什归顺后受封三等子，围攻锦州时受封二等子，入关后因围剿李自成受封一等子。较之官书，应该是最权威、最可信的。值得注意的是，《古尔布什家传》中记载受封一等子是因战功，而非其他史料中的恩诏。其受封二

---

① 附录，第2页。

② 《八旗通志初集》卷143，《古尔布什》，第3733页。

③ 《钦定八旗通志》卷136，《古尔布什》，第2269页。

④ 《八旗满洲氏族通谱》卷66，第718页。

⑤ 附录，第1页。

⑥ 同上，第3页。

等子时间、原因与《八旗满洲氏族通谱》记录一致。

古尔布什殁后，由其后裔承袭子爵情况见于《钦定八旗通志》：

色楞—多尔济—善巴—阿世坦—沙进—伽蓝保—景文—托喜①

其中，阿世坦为善巴伯父之子，因善巴无嗣，故得以承袭爵位。② 康熙四十七年削去恩诏所得，袭二等子。《家传》记古尔布什子爵承袭至沙进为止：

色楞—多尔济—善巴—阿世坦—沙进③

该部分内容与《钦定八旗通志》吻合。

五、古尔布什之弟囊努克、达赖爵位承袭

古尔布什二弟囊努克，事迹不显，《家传》中有一处记载：

七年，以达赖来归之功，封骑都尉。古尔布什二弟囊努克，察哈尔破，从察哈尔投太祖时归顺之古尔布什额驸，曾归入额驸佐领恩养。④

据此知囊努克曾进入察哈尔阵营，天命七年后才归附后金。其他情况，史料无更多记载。

古尔布什三弟达赖，原系巴约特贝子，后亦因归顺后金国受封。据《八旗满洲氏族通谱》：

以来归功，授骑都尉。后围锦州，攻宁远，击贼有功，授为三等轻车都尉。⑤

《家传》记载与此类似：

古尔布什额驸之弟达赖，原系巴约特贝子。后来归太祖，受封骑都尉。攻锦州未获时，徒步战宁远城兵，受封三等轻车都尉。⑥

可知其初封骑都尉，后因战功升三等轻车都尉。以上列举的史料皆未说明达赖归降后金年月，亦未明说其是否与兄长古尔布什同时归顺。《钦定八旗通志》记在天命六年，则有可能二人同时归顺。但《家传》另有一处提到：

七年，以达赖来归之功，封骑都尉。

此处之七年为天命七年无疑，但该句是以达赖来归于天命七年，或是于是年受封，因《满文原档》等史料无记录，因此难以考证。但是有关达赖三等轻车都尉的承袭情况还是有据可查的。《钦定八旗通志》记载自达赖开始八次承袭：

达赖—索尔和—赫色—长福寿—格墨尔—玛色—扎拉芬—哈丰阿⑦

《家传》中的承袭情况如下：

达赖—索尔和—赫色—长福寿—格门⑧

---

① 《钦定八旗通志》卷275，第5224。

② 《八旗满洲氏族通谱》卷66，第718页。

③ 附录，第4页。

④ 附录，第3页。

⑤ 《八旗满洲氏族通谱》卷66，《达赖》，第718页。

⑥ 附录，第5页。

⑦ 《钦定八旗通志》卷278，第5421页。

⑧ 附录，第4页。

除第五代承袭人《家传》写作格门（gemen），《八旗通志初集》、《钦定八旗通志》皆写作格墨尔外，三种史料记载的达赖家族前五代承袭人情况一致。

六、《古尔布什家传》之特点及价值

《古尔布什家传》未留款识，亦无序跋，因此无从考证作者姓名及成书时间。但《家传》对古尔布什三兄弟事迹、世系记载有所侧重，即对古尔布什本人经历及其直系后裔记载详细，而对古尔布什后裔事迹又以长子鄂齐尔为细致。笔者认为，这一现象说明《家传》作者应为鄂齐尔后人。至于《家传》写作年代虽亦无明确记录，甚至很难说《家传》是否是不同时期写成的。冈洋树教授据其中有明确时间的特克慎奏折，认为作成年代可能在康熙四十四年十一月前后。就整体内容看，可能过早。我们可以根据其记载的世系、爵位承袭情况作出大致判断。《家传》记古尔布什后裔至曾孙一代，与《八旗满洲氏族通谱》下限一致，因《八旗满洲氏族通谱》成书于乾隆九年，可初步断定有关世系的部分成书于乾隆九年之前。再考《家传》记载古尔布什子爵承袭，以沙进为下限，而《八旗通志初集》记到沙进下一代伽蓝保，这说明《家传》有关古尔布什一等子承袭部分写成于《八旗通志初集》成书之前，即乾隆四年之前。此外没有其他证据可以证明《家传》之形成年代。因此笔者认为，《古尔布什家传》的世系、爵位承袭部分成书时间分别不晚于乾隆九年和乾隆四年。此外，《家传》中古尔布什从征履历部分的“总兵官”写作老满文的sumingguwan，而非dzung bing guwan，这说明该部分可能抄录自老满文或新满文刚开始推行时期形成的档案，但其具体写作时间仍难考定。大体上，其形成应不晚于乾隆初年。

作为由古尔布什家族成员，依据家藏书册撰写的《家传》[①]，从理论上讲，其真实性、可靠性都应超过其他史料。但是通过与《满文原档》、《清太祖实录》、《清太宗实录》、《八旗通志初集》、《钦定八旗通志》、《八旗满洲氏族通谱》、《满汉名臣传》、《清国史》的比较，笔者认为，这部《家传》有其价值特殊之处，也有很多不可靠的地方。例如本文已经考证出来的古尔布什归顺后金国时间、携归人口、尚公主时间等重要问题。《家传》所记与属于第一手材料的《满文原档》有较大出入。这说明作为后人追述的史料，《家传》的某些内容可能因年代较为久远，文献不足，其后人也不能一一弄清。此外，《家传》也有明显的缺陷。例如从《实录》等其他史料可以看到，古尔布什曾参与对朝鲜战争，生前屡次受到处分，但《家传》只字未提，这对研究古尔布什本人以及加入八旗满洲的蒙古贵族的情况是十分不利的。

从相反的角度讲，古尔布什《家传》也有其特殊的价值。最突出的一点在于其对古尔布什家族世系、爵位承袭情况记载得相当详细，与其他史料对比亦相符合。此外，《家传》有关古尔布什之弟达赖、其长子鄂齐尔的记载更可补充其他史料之不足。

① 《镶黄旗满洲都统特克慎等奏核查古尔布什尚公主等情形事折》有“窃查古尔布什额驸家藏书册内称”（附录，第2页），说明古尔布什后裔保存与祖先事迹有关的文字材料，但具体是内容等尚不清楚。

附录:《古尔布什家传》转写并汉译

elhe taifin i dehi duici aniya yargiyan kooli coohai jurgan ci baicafi sarkiyaha dangse

abkai fulingga ningguci aniya omšon biyade, amargi monggo gurun i sunja tatan i kalkai gurbusi taiji, mangkol taiji beye jušen irgen uhereme ninggun tanggū boigon be adun ulga yooni gajime dahame jihe, han yamun de tucifi tefi, juwe taiji niyakū – rame acame wajiha manggi, amba sarin sarilafi, sekei dahū ilata, silun i dahū juwete, tashai dahū juwete, elbihe dahū juwete, dobihi dahū emte, sekei hayaha i jibca sunjata, hailun jibca juwete, ulhui hayaha i jibca ilata, gecuheri etuku uyute, gulhun gecuheri ninggute, sunja gūsin sunjata, mocin samsu sunjata tanggū, aisin juwan yan, menggun sunjata tanggū yan, foloho enggemu emte, wehe nimahai enggemu nadata, foloho jebele emte, jakūta jebele de beri niru sisihai yooni, uksin saca juwanta, aha, morin, ihan, boo, usin niyalma i baitalara jaka be gemu jalukiyame buhe, gurbusi taiji de han beyei sargan jui gege be bufi hojihon obufi, cing joriktu seme gebu bufi, jušen ilan tanggū hahai emu niru, monggo emu niru, juwe niru jušen salibufi, dzung bing guwan hergen obuha, manggol taiji de uksun i deo jiberi duihoi sargan jui be bufi hojihon obufi, dzung bing guwan hergen buhe.

康熙四十四年兵部查钞实录档册

天命六年十一月，北蒙古五塔坦喀尔喀古尔布什台吉、莽果尔台吉亲率属民六百户，携牲畜，全数来归。帝出殿坐，两台吉跪拜毕，大宴。各赏貂皮端罩三、猞猁孙皮端罩二、虎皮端罩二、貉皮端罩二、狐皮端罩一、镶貂皮袄五、水獭皮袄二、镶银鼠皮袄三、蟒衣九、整蟒六、绸缎三十五、毛青布各五百、金十两、银五百两、雕鞍一、鲨鞍一、雕花撒带一、撒带插满弓箭八、盔甲各十、奴仆、马、牛、房、地、农夫所用物件皆照足赏给。

帝以亲生女赐古尔布什台吉，赐号青卓里克图，属民三百丁编一佐领，管蒙古佐领一、管诸申佐领二，赏总兵官衔。将族弟吉伯里兑虎之女赐莽果尔台吉，赏总兵官衔。

dashūwanmeiren duicin nirui

gurbusi efu dade bayut beise jargūci bihe, abkai fulingga nigguci aniya omšon biyade, fukjin yaya monggo i harangga jušen be gajime taidzu ejen be baime dahame jihe manggi, taidzu ejen gosime beye de banjiha gungju bufi hošoi efu obuha, jakūn g – ūsai manju ilan tanggū šuwame bufi, emu nirui banjibuha, beye gajiha harangga jušen be emu nirui banjibufi, juwe niru obume salibufi buhe, taidzu ejen gosime cing joriktu seme colo bufi, sucungga tušan ilaci jergi jingkini hafan obuha, jaišahūn meihe aniya, amba haji aniya ofi, gurun mohoro de isinaha manggi, ilaci tušan, coohai jurgan i aliha amban sindaha, tuici tušan ineku jurgan i ashan i amban obuha, sunjaci tušan dešanahai be dosifi, iodzei be mukiyebuhe mudan babade hūsun tucime afaha ucaraha bata be gidaha sain seme, jai jergi jingkini hafan be uju jergi jingkini hafan obuha, sure han i jakūci aniya sunja biyai nadan de abkai fejergi uhe obuha manggi, julgei enduringge han sei kooli be alhūdame taidzu horonggo enduringge hūwangdi gung erdemu be tucibume abkai tan de weceme adabuha doroi fe geren hafasa be daci jalan jalan i hūsun bume jobohū seme emu jergi nonggiha jalan halame lashalarakū sirambi, gurbusi nimeme akū oho manggi, banjiha jui sereng de ineku ujui jergi jingkini hafan siraha, sereng nimeme akū oho manggi, banjiha jui dorji, ineku ujui jergi jingkini hafan siraha, dorji nimeme akū oho manggi, ilan mudan kesi joo de nonggiha jergi be argiyafi, banjiha amji i jui asitan de jai jergi jingkini hafan siraha, asitan nimekulefi nakaha manggi, banjiha deošajin de siraha.

左翼第四佐领

古尔布什额驸，原系巴约特贝子扎尔固齐。天命六年十一月，初次率全蒙古所属来投太祖。太祖赐以亲生公主，为和硕额驸。给八旗满洲三百名，编一佐领。带来属民编一佐领，共给两佐领管辖。恩赏青卓里克图号。初任三等子。二任，辛巳年，大饥，穷促前来。三任，授兵部承政。四任，授该部参政。五任，入山海关，以剿灭流贼各处效力，败敌英勇，自二等子升任一等子。天聪八年五月初七日，以抚有天下，上乃法古代圣王之例，昭示太祖武圣皇帝功德，祭祀天坛，陪同行礼各官原皆世代劳苦效力，加一级世袭罔替。古尔布什殁后，子色楞承袭一等子。色楞殁后，子多尔济承袭一等子。多尔济殁后，削去三次恩诏所加等次，以亲伯父之子阿喜塔承袭二等子。阿喜塔因病革退，亲弟沙进承袭。

efu i coohalame yabuha jise

gurbusi efu mergen wang ni emgi ginjeo be kaha sucungga mudan de dashuwan galai be gaifi, ginjeo i moringga yafahan cooha be gidaha de, bayarai emgi dosika.

gurbusi efu mergen wang ni emgi ginjeo be kaha sucungga mudan de, sungsan i yafahan cooha be gaifi inenggi, geli singsan i moringga cooha be gidaha de, araha tui janggin subai emgi gidaha.

gurbusi efu mergen wang ni emgi ginjeo be kaha mudan de wang ni emgi bihe, singsan cooha be gidaha de wang de alahaku, araha dui janggin subai emgi dosiha.

gurbusi efu mergen wang ni emgi, be ging be duleme Sandung ni golo de genehe mudan de, hoo sumingguwan i cooha de, dorgi amban turgei emgi gidaha.

gurbusi efu mergen wang ni emgi amba cooha gaifi, ming gurun i doro be baha mudan de šanaha be dosiha inenggi liodzei cooha be gidaha de doroi baturu giyun wang ni emgi bihe.

gurbusi efu mergen wang ni emgi amba cooha be gaifi, ming gurun be baha mudan, liodzei be farkaha genefi, cing du hiyan de amcanafi, hulha be gidaha de doroi baturu giyun wang ni emgi bihe.

gurbusi efu doroi baturu giyun wang ni emgi cooha be gaifi, iodzi be coohalaha mudan de kubuhe suwayan i aisilaku hafan nikan, kubuhe fulgiyan i janggin sibari, ilaci jergi hiya amurtu, emu tanggu ninju cooha be, minde afabufi, liodzei i cuwan cargi cikin be burulambi, aikabade ebergi dalin de burulara be ucaraci jafa seme unggihe de, bi genefi jakunju cuwan morin losa juwan juwe baha.

gurbusi efu doroi baturu giyun wang cooha be gaifi, beging hoton be gaime coohalaha mudan de hulha be gidaha wang ni emgi yabuha.

额驸出征事迹稿

古尔布什额驸同睿王初次围锦州，率左翼兵，同巴雅喇败锦州马步兵。

古尔布什额驸同睿王初次围锦州，率松山步兵，又同委护军参领索拜败杏山马兵。

古尔布什额驸曾同睿王围锦州。败杏山之敌时，未禀告睿王，同委护军参领索拜往攻。

古尔布什额驸同睿王过北京前往山东时，同内大臣图尔格败郝总兵官之兵。

古尔布什额驸同睿王率大兵灭明时，于入山海关之日同多罗武英郡王击败流贼。

古尔布什额驸同睿王率大军灭明时，同多罗武英郡王追击流贼，追至庆都县败之。

古尔布什额驸同多罗武英郡王率兵征讨游贼时，流贼乘船渡河而逃，与镶黄旗员外郎尼堪、镶红旗章京西巴里、三等侍卫阿穆尔图同言，交我一百六十兵马，若敌逃亡此处，即截杀之。我即前往，得船八十艘、马骡十二匹。

多罗武英郡王率兵攻克北京城时败贼，古尔布什额驸同王进兵。

kubuhe suwayan i manju gūsai gūsai ejen amban uksun i teksin sei gingguleme wesimburengge, elhe taifin i dehi duici aniya omšon biyai ice jakūn de hese gurbusi efu de buhengge, eici gungju eici gege buhe babe baicafi wesimbu sehebe gingguleme dahafi baicaci, gurbusi efu i boode asaraha bithede abkai fulingga ningguci aniya omšon biyade amargi monggo gurun i sunja tatan i kalkai gurbusi taiji, manggol taiji sei beye jušen irgen uhereme ninggun tanggū boigon be adun i ulga be suwaliyame yooni gajime dahame jihe manggi, han yamun de tucifi tefi, juwe taiji niyakūrame acame wajiha manggi, amba sarin sarilafi, sekei dahū ilata, silun i dahū juwete, tashai dahū juwete, elbihe dahū juwete, dobihi dahū emte, sekei hayaha i jibca sunjata, hailun i jibca juwete, ulhui i hayaha i jibca ilata, gecuheri etuku uyute, gulhun gecuheri ninggute, suje gūsin sunjata, mocin samsu sunjata tanggū, aisin juwan yan, menggun sunjata tanggū yan, foloho enggemu emte, wehe nimaha i enggemu nadata, foloho jebele emte, jakūta jebele de beri niru sisihai yooni, uksin saca juwete, aha, morin, ihan, boo, usin, niyalma i baitalara jaka be gemu jalukiyame šangname buhe, gurbusi taiji de taidzu ejen i banjiha sargan jui gege be bufi, cing joriktu seme gubu bufi, efu obuha, gungju be burede taidzu ejen fudeme buhengge, da wambu, ulin i da ahai, alhūri tsang ni da tantai tan hosang, indahūn, buda de situku lambu, cai de gaha usiba, booi dorgi buyarame kadalara muhada šahun, manju juwangturi sunja aitai, milahūn gungg' uhūn, untumo sahaliyan, ere juwan jakūn mukūn i manju, jai hontoho nirui janggin wang ci gu, tsui badzung, sun badzung, g' o badzung, can badzung sebe da obufi, nikan juwangturi tofohon nikan haha sunja tanggū be dahabbuha, jai jakūn gūsade, ilan tanggū manju haha be šufafi, karsungga be nirui janggin obufi, emu niru banjibufi dahabuha, jai gajime jihe monggoso be emu niru banjibuha, sirame ijisihūn dasan i jai aniya ambu fujin urihe manggi, ere boigon be yooni gungju de buhe, gungju i beye ijishūn dasan i sunjaci aniya bederehe manggi, amala salibuha ambu fujin i boo boigon be amasi tatame gaiha, jai ging hecen de isinjifi, neneme dahabume karsungga niru be meni meni da nirude bederebuhe, ne bisire funcehe manju, aha boigon gemu gungju I sasa ejen i fudeme buhe mangju niru, gungju efu beye sasa fudehe aha boigon yaya jaka be acinggiyahakū bibufi, da monggoso be gajime jihe niyalmai dorigi baihūlei be niru boš－obuha bihe, baihūlei akū oho manggi, sangsai be bošobuha bihe, sangsai akū oho manggi, efu i omolo cangboo be bošobuha bihe, cangboo nimekulefi nakaha manggi, efu i jui sunggiyang be bošobuha bihe, sunggiyang nakaha manggi, efu i mukūn i omolo hedz be bošobuha bihe, hedz nimekulefi nakaha manggi efu i omolo netu de bošobuha, gungju de banjiha haha jui guru, sereng, guru jai jergi hiya bifi, nimekulefi seme hiya ci nakaha amala gungju i ce be jafafi dele niyakūraha manggi, duici jergi hafan i funglu ulebumbihe, nimekulehe niyalma be funglu ilibure de, gūsin uyuci aniya funglu ilibuha, guru i beye ne nimekulehebi, guru i amba haha jui asitan ne ilaci jergi hiya debi, jacin haha jui aisilame jafaha giyan šeng šajin, ne indahūn debi, sereng ini ama gurbusi efu i uju jergi jingkini hafan be siraha bihe, akū oho manggi, erei jui šamba jingkini hafan sirafi, ne ilaci jergi hiya debi, gurbusi efu i da sargan de banjiha amba haha jui ocir meiren i janggin bihe, ede banjiha haha jui nadan, ocir akū oho manggi, erei adaha hafan be ini sunjaci haha jui netu de sirafi, ne niru bošombi, erei jalin gingguleme donjibume wesimbuhe, taidzu gosime cing joriktu seme colo bufi, sucungga tušan ilaci jergi jingkini hafan obuha, jai tušan jingjeo cooha de genefi bahakū mudan de, ning yuwan i cooha de afaha sain seme, jai jergi jingkini hafan obuha, ilaci tušan coohai jurgan i aliha amban sindaha, tuici tušan ineku jurgan i ashan i amban sindaha, sunjaci tušan de šanahai be dosifi lio dzei be mukiyebuhe mudan babade hūsun tucime afame ucarame bata be gidaha sain seme jai jergi jingkini hafan be uju jergi jingkini hafan obuha, ere baicaha de jingkini hafan šamba be uju jergi hiya obuha, elhe taifin i dehi duici aniya omšon biyai

镶黄旗满洲都统特克慎等奏核查古尔布什尚公主等情形事折①

镶黄旗满洲都统臣宗室特克慎等谨奏。康熙四十四年十一月初八日，奉旨：赐古尔布什额驸系公主，或系格格之处，著查明具奏。钦此。钦遵。窃查古尔布什额驸家藏书册内称：天命六年十一月，北蒙古五塔坦喀尔喀古尔布什台吉、莽果尔台吉亲率属民共计六百户，携全部牲畜来归。帝出殿坐，两台吉跪拜毕，大宴。各赏貂皮端罩三、猞猁孙皮端罩二、虎皮端罩二、貉皮端罩二、狐皮端罩一、镶貂皮袄五、水獭皮袄二、镶银鼠皮袄二、蟒衣九、整蟒六、绸缎三十五、毛青布各五百、金十两、银五百两、雕鞍一、鲨鞍一、雕花撒带一、插满弓箭撒带各八、盔甲各十、奴仆、马、牛、房、地、农夫所用物件皆照足赏给。太祖将亲生格格赏古尔布什台吉，赐号青卓里克图。赐公主

① 原无题目，该题目由译者拟。

时，太祖所送首领完布、司库阿海、阿勒虎里、仓长谭泰谭和尚、尹达珲、buda de situku 蓝布、cai de gaha 五十八、管家内杂务 muhada 沙珲、满洲庄头孙渣爱泰、米拉珲、宫古珲、文图默萨哈连，此十八氏之满洲及管领佐领王旗鼓、崔把总、孙把总、高把总、缠把总等为首，汉人庄头十五名，汉人壮丁五百名。再，八旗三百满洲丁编一佐领，以喀尔松阿任佐领。再将带来蒙古人丁编一佐领。后，顺治二年姨母福晋薨，该户悉给公主。顺治五年公主薨，将姨母福晋之家户收回。再，前来京城时，先前跟来之喀尔松阿佐领人丁令各退回原佐领，现有剩余满洲、奴仆、家户，皆系尚公主时所赏之满洲佐领，公主、额驸亲送之奴仆、家户、一切物件皆留给未动，以原带来蒙古人丁内之拜虎雷管带佐领。拜虎雷殁后，以桑赛管带佐领。桑赛殁后，以额驸孙常保管带佐领。常保病退，以额驸子松江管带佐领。松江革退后，以额驸族孙赫姿管带佐领。赫姿病退，以额驸孙讷图管带佐领。

公主生古鲁、色楞。古鲁任二等侍卫，因病革退侍卫，后持公主册叩拜圣上，给食四品官俸。以患病之员停俸，于三十九年停俸。古鲁现生病。古鲁长子阿喜坦，现任三等侍卫。次子捐纳监生沙进，现在尹达珲。色楞曾袭伊父古尔布什额驸一等子。殁后，其子善巴承袭，现任三等侍卫。

古尔布什额驸原配亲生长子鄂齐尔，原任副都统。生子七。鄂齐尔殁后，由第五子讷图承袭伊父轻车都尉，现管带佐领。为此谨具奏闻。

太祖恩赏青卓里克图封号，初任三等子。二任出兵锦州未克，以同宁远兵战英勇，赏二等子。三任，授兵部承政。四任，兼任本部参政。五任，入关剿灭流贼，以各处效力，交战败敌英勇，由二等子晋一等子。此次核查时，子爵善巴任头等侍卫。康熙四十四年十一月。

monggo kalka i bayot beise i da mafari sei gebu I dangse

kubuhe suwayan i duicin nirui gurbusi efu dade monggo gurun i bayot beile bihe, sira murun bai niyalma, da mafa ama juse omosi i jalan jalan i gebu dangse

gurbusi efu da mafa alacubolot, erei ahūngga jui hasari noyan, gebu hūrhaci, ede sunja haha jui banjiha, ahūngga jui weijeng noyan, gebu ubasai, jarut debi, jacin haha jui gebu subahai, barin debi, ilaci haha jui gebu uban, gunggeret de bi, duici haha jui tabun, bayot de bi, sunjaci haha jui gebu hanghal uret debi, duici haha jui tabun de duin haha jui banjiha, ahūngga jui gebu burhai, gulu suwayan debi, jacin haha jui cing baturu, gulu šanggiyan debi, ilaci haha jui šurgan, kubuhe šanggiyan debi, duici haha jui esei, kubuhe suwayan debi, esei ilan haha jui banjiha, ahūngga jui gurbusi yaya onggolo harangga jušen be gajime abkai fulingga ningguci aniya taidzu ejen be baime dahame jihe gung de taidzu ejen beye de banjiha gungju be bufi, jingkini hafan obuha, sirame gurbusi efu i ilaci deo sirame nadaci aniya, dalai baime dahame jihe gung de baitalabure hafan buhe, gurbusi i jacin deo nangnuk cahar gurun efujefi, taidzu ejen i fonde cahar emgi gurbusi efu be baime jihe turgun de, efu harangga nirui de kamcibume ujibuha bihe, gurbusi efu de duin haha jui banjiha, monggo tala de gaiha da sargan de banjiha ahūngga jui ocir meiren I janggin de bihe, jacin haha jui guru duici jergi hafan de bihe, ilaci haha jui sereng, jingkini hafan de bihe, ere juwe gemu gungju de banjihangge, gungju bederehe amala banjiha duici haha jui sunggiyang, nirui janggin bime ilaci jergi hiya de bihe, ocir de nadan haha jui banjiha, ahūngga jui camboo, nirui janggin bime hiya de bihe, jacin haha jui uge, nadaci jergi hafan bihe, ilaci haha jui nertu, hiya de bihe, duici haha jui nemu, jakūci jergi giyan š – eng bihe, sunjaci haha jui netu, adaha hafan bime, nirui janggin de bihe, ningguci haha jui neju juwan i da de bihe, nadaci haha jui fiyanggū, juwan i da de bihe, camboo de banjiha sunja haha jui, ahūngga jui maha, ne bithesi debi, jacin haha jui foboo, bayara de bihe, ilaci haha jui foju, ne adun I meiren debi, duici haha jui atu, ne bayara debi, sunjaci haha jui aju, bayara de bihe, nemu de banjiha haha jui udari, ne sula, netu de banjiha haha jui bekitu, ne baitalabure hafan debi, fiyanggū de banjiha juwe haha jui, ahūngga jui cisieu, jakūci jergi giyan šeng bihe, jacin haha jui gimbooju, bayara de bihe, ilaci haha jui asitan, jingkini hafan bime nirui janggin jai jergi hiya bihe, duici haha jui šajin, ne jingkini hafan bime ilaci jergi hiya debi, sunjaci haha jui jarhū bayara bihe, ningguci haha jui saibitu, bayara bihe, cišieu de ninggun haha jui banjiha, ahūngga jui jootba, ne in šeng de bi, jacin haha jui forun, uksin de bihe, ilaci haha jui sandase, ne sula debi, duici haha jui duicin, ne nirui janggin bime ilaci jergi hiya guwan i da de bi, sunjaci haha jui udadz, ne uksin de bi, ningguci haha jui singju, ne sula debi, gimbooju de juwe haha jui banjiha, ahūngga jui dahai, jacin jui bahai, asitan de emu haha jui banjiha surebu, sereng de ilan haha jui banjiha, ahūngga jui yatu, sula bihe, jacin haha jui dorji, jingkini hafan be siraha bihe, ilaci haha jui šamba, jingkini hafan bime uju jergi hiya bihe, sunggiyang de juwe haha jui banjiha, ahūngga jui donju, tuwašara hafan bime lamun funggala de bi, jacin jui dondai, ne uksin de bi, donju de juwe haha jui banjiha, ahūngga jui sektu, jacin jui laidai, dondai de juwe haha jui banjiha, ahūngga jui tusangga, jacin jui basangga, cišieu I ilaci haha jui sandase banjiha haha jui sanggatu, duici haha jui duicin banjiha haha jui guwang sioi, dalai I jui solho, adaha hafan bime uju jergi hiya bihe, solho de banjiha jui hedz, adaha hafan bime ilaci jergi hiya bihe, hedz de sunja haha jui banjiha, ahūngga jui booju, nadaci jergi hiyan šeng bihe, jacin haha jui cangfušeo, adaha hafan bime ilaci jergi hiya bihe, ilaci haha jui boošeo, ne bayara debi, duici haha jui cidadz, ne bayara debi, sunjaci haha jui harani, cangfušeo de ilan haha jui banjiha, ahūngga jui gemen, ne adaha hafan bime ilaci jergi hiya debi, jacin haha jui mandz, ilaci haha jui udadz, boošeo de juwe haha jui banjiha, ahūngga jui dadz, jacin haha jui siyool, gemen de banjiha juwe haha jui, ahūngga jui batu, jacin jui balung, nangnuk de emu haha jui banjiha, gebu kitat, juwan i da de bihe, kitat de ilan haha jui banjiha, ahūngga jui soju, bithesi de bihe, jacin haha jui laitai, bayara de bihe, ilaci haha jui haiboo, bayara de bihe, soju de banjiha emu haha jui cangming, haiboo de banjiha emu haha jui jišeo.

蒙古喀尔喀巴约特贝子始祖人名档

镶黄旗第四佐领：

古尔布什额驸原系蒙古巴约特贝勒，西拉穆伦地方人。

始祖、父、诸子孙历代人名档：

古尔布什额驸始祖阿拉楚博罗忒，长子哈萨里诺彦，名虎尔哈齐。生五子，长子伟征诺彦，名吴八十，住扎鲁特。次子名苏巴海，住巴林。三子名吴班，住弘吉剌。四子塔奔，住巴约特。五子名杭哈勒，住翁牛特。四子塔奔生四子。长子布尔海，在隶正黄旗。次子青巴图鲁，在正白旗。三子布尔汉，在镶白旗。四子额色，在镶黄旗。额色生三子，长子古尔布什，天命六年以最先率属民归顺太祖功，尚公主，受封子爵。后，古尔布什额驸三弟承袭。七年，以达赖来归之功，封骑都尉。古尔布什二弟囊努克，察哈尔破，从察哈尔投太祖时归顺之古尔布什额驸曾归入额驸佐领恩养。

古尔布什额驸生四子。在蒙古地方所娶原配所生长子鄂齐尔，原任副都统。次子古鲁，原任四品官。三子色楞原任子爵。此二人为公主所生。公主薨，四子松江原任佐领兼三等侍卫。

鄂齐尔生七子，长子常保，原任佐领兼侍卫。次子五格，原任七品官。三子讷尔图，原任侍卫。四子讷穆，原任八品监生。五子讷图，原任轻车都尉兼佐领。六子讷珠，原任护军校。七子费扬古，原任护军校。常保生五子。长子马哈，现任笔帖式。次子佛宝，原任护军。三子佛珠，现任牧厂翼长。四子阿图，现任护军。五子阿珠，原任护军。讷穆生吴达里，现为闲散。讷图生伯奇图，现任骑都尉。费扬古生二子，长子文殊保，次子穆成额。

古鲁生六子，长子七十五，原任八品监生。次子金保住，原任护军。三子阿喜坦，原任子爵兼佐领、二等侍卫。四子沙进，现任子爵兼三等侍卫。五子札尔虎，原任护军。六子赛碧图，原任护军。七十五生六子，长子卓忒巴，现为荫生。次子佛伦，原为披甲。三子三鞑子，现为闲散。四子对秦，现任佐领兼三等侍卫厩长。五子五鞑子，现为披甲。六子兴住，现为闲散。金保住生二子，长子大海，次子巴海。阿喜坦生一子，名苏勒布。

色楞生三子，长子雅图，原为闲散。次子多尔济，曾袭子爵。三子善巴，原任子爵兼头等侍卫。

松江生二子，长子敦住，任云骑尉兼蓝翎。次子敦代，现为披甲。敦住生二子，长子色克图，次子来代。敦代生二子，长子图桑阿，次子巴桑阿。

七十五之三子三鞑子生桑阿图，四子对秦生光秀。

达赖之子索尔和，原任轻车都尉兼头等侍卫。索尔和生赫色，原任轻车都尉兼三等侍卫。赫子生五子，长子保住，原任七品监生。次子长福寿，原任轻车都尉兼三等侍卫。三子保寿，现任护军。四子七鞑子，现任护军。五子哈拉奈。长福寿生三子，长子格门，现任轻车都尉兼三等侍卫。次子蛮子。三子五鞑子。保寿生二子，长子鞑子，次子小儿。格门生二子，长子巴图，次子巴隆。囊努克生一子，名齐塔忒，原任护军校。齐塔忒生三子，长子索住，原任笔帖式。次子来泰，原任护军。三子海宝，原任护军。索住生一子常名。海宝生一子伊寿。

kubuhe šanggiyan i gūsai ejen junta cooha gajifi genehe mudan de, hūwang ho, hūwai ho juwe bira i ice de lio se cing ni yafahan moringga duin tumen cooha de ocir bi, meiren i janggin emgi dofi, jakūn bayara janggin emgi gūsai bayara be gaifi, mini teisu bata be gidaha, temen orin duin, morin uyun tanggū orin uyun, cuwan sunja tanggū ninju duin, hūng i poo susai nadan baha, kubuhe šanggiyan i gūsai ejen junta cooha gaifi genehe mudan de, meiren i janggin tambu i emgi dung jeo de genehe de tiyan jiyūn men i dzu sumingguwan, hū fujan, tang fujan, ming ioigi, ilan minggan yafaha cooha gaifi, hu kiyoo de juwe jergi kalka faidafi, aliha be meiren i janggin tambu, kangkali nerai esei, deltei emgi gūsai bayara be gaifi, teisu bata be yafahalafi kalka be efuleme gidaha, kubuhe šanggiyan i gūsai ejen junta cooha gaifi genehe mudan de, meiren i janggin tambu i emgi dung jeo de genehe de, tiyan giyūn men i ju somingguwan, jang fujan, hūwang fujan, ma fujan, can ioigi jakūn minggan yafahan cooha be gaifi, san li kiyoo i bira juwe dalin de, duin ing iliha be galai fakcafi, bayara jalan i janggin esei, yongšeo undurakū, gūsai bayara be gaifi, mini emgi teisu bata be gidaha, ere mudan de gūsin morin baha, kubuhe šanggiyan i untuhun janggin ocir, gūsai ejen junta cooha gaifi genehe mudan de, meiren i janggin tambu i emgi, dung jeo de genehe de, tiyan jiyūn men i sumingguwan, cin dzumingguwan, jang su mingguwan, moo fujan, wang fujan, li fujan, g' o fujan, fang tscanjiyang, moo ioigi, fan ioigi, nadan minggan yafaha cooha bi gaifi hai nan de iliha be, ocir bi emgi gūsai bayara be gaifi mini teisu bata be gidaha, ere jakūnju cuwan baha, junta gūsai ejen i emgi gidaha bihe, kubuhe šanggiyan i jalan i janggin ocir, gūsai ejen junta cooha gaifi genehe de meiren i janggin tambu emgi dung jeo de genehe de tiyan jiyūn men be dahame seme takūraha, boo fujan be man dzan gio de iliha emu minggan cooha wambi seme juwe niyalma alanjiha de, bi niyalma be gamame genefi tuwaci, boo fujan i emu niyalma be waha bi, fujan i uju be langduhabi, tuhalame gidalahabi, tere fujan be ocir bi tucibuhe, coohai teisu babe gidaha, kubuhe šanggiyan i gūsai ejen junta, cooha gaifi genehe mudan de, meiren i janggin tambu dung jeo de genehe de tai siyang de meiren i janggin tambu genehede, ioi kio cuwan tuwakiyame emu galai emte janggin aliha juwanta werihe, tede ocir bi feye bahafi tehe bihe, dahaha fujan be weile arafi, loo de horiha, fujan loo ci jiyang si unggifi, ubade tutaha cooha gemu feye bahambi ere be muse waki seme tulergi irgen de giyan si unggifi, hūlha i juwe minggan cooha jihe bihe, ocir i feye bahacibe, fan janggin undurakū gulu fulgiyan i emu janggin gidaha, jingsi janggin acafi, emu minggan bata be gidaha jingsi unggihe fujan be be waha, jai emu minggan bata be hoton i hafan gidaha, kubuhe šanggiyan i sangsai nirui ocir hiya sungsan be afafi bahakū mudan de, sung hoo baru tabcin weksihe de ocir bi emu moringga niyalma be hoton i jakade amcanafi waha, ere morin be minde buhe, kubuhe šanggiyan i sangsai nirui ocir hiya ginjeo de tuwa sindaha genehe mudan de, ocir bi jase de buksifi emu moringga guwan dui be weihun jafaha, ere morin be minde buhe, kubuhe šanggiyan i sangsai nirui ocir hiya sungsan be afaha mudan de arsalan i gidaha cooha geren baime jihe, juwan ilan niyalma buyan tabuhai emgi gida de buksifi emu yafaha monggo be weihun jafaha, kubuhe šanggiyan i sangsai nirui ocir hiya, doroi baturu giyūn wang ni singsan be kame genefi, monggo tuwame genefi singsan i horon be sabufi baša seme, bi baš – ame genefi, ocir bi emu moringga hūlha be amcanafi, hoton i dade waha, morin be minde buhe, kubuhe šanggiyan i sangsai nirui ocir hiya hošo ujen cin wang ni jin jeo i baha mudan de amba janggin siteku emgi helen jafa seme, juwan niyalama be sungsan de buksime unggifi, ocir bi emu moringga niyalma be weihun jafaha, kubuhe šanggiyan i ocir hiya gin jeo be baha mudan de sungsan de gabsihiyan baran i emgi tabcin faksihe de juleri be isinafi sungsan de dosimbume kamara morin i adun be amcanafi, adun i dalire niyalma be gabtame tuhebufi daliha gaire de mendu morin gabtabuci yafahalafi bi, juwe tanggū isire yafaha cooha hoton ci tucifi, mendu baru yarume jimbi, tere yafaha ci gūsin isire moringga tucifi, mendu de afanjiha be ocir mini hoki sunja niyalma gaifi dosifi duin niyalma be tuhebufi bata be bederebuhe mendu be tucibuhe, mimbe sain haha seme waha niyalma i morin jai mendu ci emu nikan gaifi minde buhe, yoota nirui be emu niyalma be burulaha seme tanggū šusiha tantaha.

gurbusi efu i deo dalai dade bayot beise bihe, amala taidzu ejen be baime dahame jihe turgun de baitalabure hafan obuha, gin jeo be bahakū mudan de ning yuwan hoton I cooha de yafahala fi dosika seme ilaci jergi adaha hafan obuha.

鄂齐尔出征履历①

镶白旗都统准塔率兵征讨时，于黄河、淮河、清河，初一日，对阵刘泽清马步兵四万，我鄂齐尔同副都统□渡河，同八护军章京率领护军败敌，获驼二十四峰，马九百二十九匹，船五百六十四艘，红衣炮五十七门。

镶白旗都统准塔率兵攻剿时，同副都统谭布前往通州，田军门之祖总兵官、何副将、唐副将、明游击率三千步兵，于河桥列盾两层，厄尔齐与副都统谭布、康喀赖、讷来、额赛、德勒特同率护军，徒步冲敌，毁其盾败之。

镶白旗都统准塔率兵征讨时，同副都统谭布前往通州，田军门之祖总兵官、张副将、黄副将、马副将、陈游击率步兵八千，于三里桥两岸建立四营，分队，我厄尔齐同护军参领额色、永寿、温度拉库，率护军败之。此次获马三十匹。

镶黄旗空衔章京鄂齐尔同都统准塔率兵征讨时，田军门之□总兵官、秦总兵官、张总兵官、毛副将、王副将、李副将、郭副将、方参将、毛游击、樊游击，率步兵七千，于海南立营。我同都统率护军败敌。此次缴获船八十艘。同都统准塔败敌。

镶白旗参领鄂齐尔同都统准塔率兵征讨，同副都统谭布前往通州，时有二人来报，在满赞沟立营之一千兵丁将杀派往跟随田军门之鲍副将。我带人前往看得，鲍副将之一人被杀。副将头部肿大，内脏刺伤。我将该副将救出，败敌。

镶白旗都统准塔率兵征讨，副都统谭布前往东通州，副都统谭布前往泰兴（tai siyang），看守 ioi kio cuwan（玉口船），每翼各留章京一名、骁骑护军校十名。我因伤休养。将跟随之副将治罪，囚禁牢房。副将从牢房往派遣奸细，蛊惑外民，曰：以此地所留兵丁皆受伤，我等可杀之。贼兵二千前来。我虽有伤，仍同范章京、温都拉库、正红旗一章京败之。奸细来见章京，击败一千之敌。杀派遣奸细之副将。城内官员又败敌兵一千。

---

① 原无题目，该题目由译者拟。

镶白旗桑赛佐领下鄂齐尔侍卫攻松山未获，向松河劫掠时，我追马兵一名，至城下杀之。此马给我。

镶白旗桑赛佐领下鄂齐尔侍卫前往锦州放火时，我生擒埋伏于栅栏内乘马管队一名。此马给我。

镶白旗桑赛佐领下鄂齐尔侍卫攻松山时，阿尔萨兰之败兵来投，十三人同布彦塔布海藏于帘内，活捉徒步蒙古一名。

镶白旗桑赛佐领下鄂齐尔侍卫，随多罗武英郡王往围杏山时，蒙古前往探察，见杏山有卡伦，当驱赶之。我前往驱赶，追马兵一名，于城下杀之。马给我。

镶白旗桑赛佐领下鄂齐尔侍卫，随和硕郑亲王攻取锦州时，同大章京席特库前往捉拿活口。派十人前往松山埋伏，我活捉马兵一名。

镶白旗桑赛佐领下鄂齐尔侍卫攻取锦州时，同前锋巴兰前往松山劫掠，抵前，驱入松山，追堵马群，射死掌管马群之人，夺取时，门都之马中箭，步行，两百余步兵自城冲出，向门都而来。步兵外尚有马兵三十余，来袭门都。我率领五人进攻，杀四人，退敌。救出门都。因我英勇，将被杀之人马匹及门都所属汉人一名给我。耀塔佐领下一人逃走，鞭一百。

古尔布什额驸之弟达赖，原系巴约特贝子。后来归太祖，受封骑都尉。攻锦州未获时，徒步战宁远城兵，受封三等轻车都尉。

噶尔丹与五世达赖关系刍探

蔡家艺（中国社会科学院民族学与人类学研究所）

在卫拉特蒙古史上，噶尔丹是一位声名显赫的重要人物。因为他不仅创建了准噶尔汗国，还出兵挺进天山南路，统一了新疆全境，从而结束了自17世纪初以来天山南北各地封建主长期分立割据、经常混战的局面，使社会得到了相对安定，这显然是一种进步现象。有关这方面，目前从事研究的学者很多，并不断有新作问世，其于深化噶尔丹历史活动的研究，无疑有着很大帮助。不过，大多数学者研究的重点，都集中于其对卫拉特各部、天山南北的统一及与清朝政府的关系等方面，而对其与西藏格鲁派寺院集团，特别是与五世达赖喇嘛的关系，则鲜有人进行深入探讨。个人以为，如果不了解噶尔丹与五世达赖及其所属格鲁派寺院集团的关系，就不可能真正了解噶尔丹。本文拟将个人所见资料，在此作一初步考察，以为抛砖引玉。

一、进藏师事达赖喇嘛

噶尔丹是准噶尔部长巴图尔珲台吉第六子，1644年（顺治三年）生。因降生时适逢西藏高僧尹札胡土克图圆寂，遂被确认为尹札胡土克图转世活佛。

尹札胡土克图一名，在汉籍文献中最早见于清崇德三年（1638）。据《皇朝藩部要略》记载，他曾于当年十二月遣其属下额尔格布什格隆等人到盛京献贡。[①] 有关此事，与俞正燮《癸巳类稿》，所说大体相同。尹札胡土克图，诸书称呼不一，有的又译称尹咱胡土克图、印藏胡土克图、温萨胡土克图、恩萨胡土克图、安萨胡土克图。据有关学者研究，“尹札”或“温萨”，原为西藏日喀则附近的一座小寺院，世称为“恩萨贡巴”，汉籍文献称为“安贡寺”，它是二世和三世班禅的诞生地，为萨迦派寺院。二世班禅索南确朗返回故乡后，因住其地，招收僧徒，传习格鲁派黄教，寺院始改奉格鲁派。[②] 这就是说，尹札胡土克图是这座寺院坐床活佛。

有的学者认为，尹札胡土克图是卫拉特人认定的活佛，而在西藏格鲁派中并未确认他是活佛。其说实是一种误解。因为在《五世达赖喇嘛传》的1644年条下，明载有“温萨活佛在札什伦布突然亡故”[③] 一语，这说明达赖喇嘛此前已知道“尹札”是活佛了，否则他绝不会这样说，这是其一。其二，在《咱雅班第达传》中，载有尹札胡土克图于1640年夏，在塔尔巴哈台的乌孙·呼吉尔阿巴赖诺颜母亲的纪念塔上主持法事之事。在这次法会上，“尹札”不但盛赞了咱雅班第达的广博学识，还尊称其为“拉让

① 祁韵士：《皇朝藩部要略》卷2《内蒙古要略二》，道光十九年刊本，第16页。

② 牙含章：《班禅额尔德尼传》，拉萨：西藏人民出版社，1987年，第9页。

③ 五世达赖喇嘛阿旺罗桑嘉措著，陈庆英、马连龙、马林译：《五世达赖喇嘛传》（上），北京：中国藏学出版社，2006年，第208页。

巴呼图克图"。[①] 如果"尹札"不是西藏确认的胡土克图，我相信，他也不可能这样做。其三，据乌云毕力格《关于尹咱库图克图》一文考证，"温萨活佛系统始于三世班禅的徒弟、四世班禅的师傅海都布·桑杰伊西。"[②] 噶尔丹前世胡土克图名罗卜藏丹津扎木措，是其三世活佛。

有关噶尔丹成为尹札胡土克图的转世活佛事，史籍曾有过二则不同的传说。一说在17世纪前期，当西藏红教势盛时，由于格鲁派黄教一度受到其排挤与打压。班禅额尔德尼和达赖喇嘛为保护格鲁派，便派遣尹札胡土克图到卫拉特蒙古地区请兵护教。卫拉特蒙古各部首领经过研究，遂派遣30000军队前往。因他们非常敬重尹札胡土克图，故当胡土克图临走时，各部首领都向他奉献大量供品，巴图尔珲台吉也向他献了布施。其妻玉木阿合则拉住了胡土克图的马镫恳求道，我只有一个儿子，请再赐给我一个儿子吧！尹札胡土克图说，我只是一个出家的格隆，无法给你儿子。玉木阿合说：你既身为格隆，无法给我儿子，那么你年事已高，难道你不能托生为我的儿子吗？尹札胡土克图说："好吧！"及尹札胡土克图身故，玉木阿合便喜结珠胎，并于当年降生一子，是即为噶尔丹。[③]

一说在巴图尔珲台吉为卫拉特蒙古四部盟主时，其妻（玉木阿合）有一次突然夜梦"身毒（印度）僧"，寄灵于其身。后有孕，金山（阿尔泰山）顶上便经常有彩云缭绕。巴图尔珲台吉以为是神明附体，甚为高兴。及噶尔丹生，果与众迥异。稍长，即"喜奉释氏，有大志好立奇功"，巴图尔珲台吉深爱之，欲立为珲台吉。噶尔丹云有"阿哥在"，辞不肯受，"乃尽髡其发，独身往乌思藏"，"师事达赖喇嘛，著黄衣帽。"[④]

噶尔丹何时进入西藏？根据《五世达赖喇嘛传》记载，是在1656年初。《传》中云：火猴年（1656），闰正月"十二日，我们在哲蚌寺吉康举行了新年庆宴。宴会后，我绕道前往法轮之地大昭寺，在按例举行的祈愿大法会上，我接受了温萨活佛和土尔扈特衮布伊勒丁（登）等新客人呈献的供养以及百份、千份礼品。我给诸位新客人传授了三部怙主随许法、长寿灌顶与马头明王随许合一之加持法"。[⑤] 根据以上记载，噶尔丹显然是在12岁时进藏的。据说噶尔丹在接受达赖喇嘛传授的戒法后，不久便去后藏跟随四世班禅学习经典。1662年，四世班禅圆寂后，便至拉萨师从达赖喇嘛学习经典。

达赖喇嘛以其为温萨活佛转世，于次年四月又给他"传授了文殊教法的几种随许法，六臂观音、阎罗王、多闻子的随许法，轨范师班禅仁波且所著六十食子的教法等"。[⑥] 接着，于六月给其传授"具足戒"。"具足戒"俗称"大戒"。按佛教规矩，"具足戒"一般不授予未满二十岁之人。因为未满二十岁，大都不堪忍受寒热、饥渴与恶

---

① 喇特纳巴德拉著，成崇德译：《咱雅班第达传》，第4页，中国社会科学院中国边疆史地研究中心编：《清代蒙古高僧传译辑》（蒙古卷），北京：全国图书馆文献缩微复制中心出版，1990年；[日] 若松宽著，马大正等编译：《清代蒙古的历史与宗教》，哈尔滨：黑龙江教育出版社，1994年，第241页。

② 乌云毕力格：《关于尹咱库图克图》，载《内蒙古大学学报》1994年第1期，第2页。

③ 特克第：《蒙古溯源史》，载《蒙古学》1989年第1期。

④ 梁份著，赵盛世、王子贞、陈希夷校注：《秦边纪略》卷6《嘎尔旦传》，西宁：青海人民出版社，1987年，第419页。

⑤ 五世达赖喇嘛阿旺洛桑嘉措：《五世达赖喇嘛传》（上），第292页。

⑥ 五世达赖喇嘛阿旺洛桑嘉措：《五世达赖喇嘛传》（上），第388、第390页。

言，难以继续持戒。达赖喇嘛为噶尔丹授“具足戒”，此时他已十九岁，但未满二十岁，大概是由于其身份特殊，故达赖便提前为他受戒，正式接收其为自己的门徒。

二、受命返回准噶尔

噶尔丹自成为达赖喇嘛的门徒后，一直享受着与众不同的特殊眷顾，史载“达赖喇嘛之徒遍西域，而特重嘎尔旦。所语密，虽大宝法王、二宝法王不得与闻”。① 噶尔丹虽然遁入佛门，但因自幼生长在草原，过着事畜牧逐水草的生活，故虽居西藏日久，仍“不甚学梵书，惟取短枪摩弄”，日以弯弓驰射为乐。不少喇嘛都对此表示不解，对他冷嘲热讽。噶尔丹非但不恼怒，反而笑着说：“安知护法不生今日?”② 噶尔丹的行动，达赖喇嘛显然有所了解，但并未对他严加约束。

在达赖喇嘛看来，噶尔丹虽然不是一位出色的僧人，但却是一位前途远大的首领。因此，当他在给噶尔丹授予“具足戒”等教法数年之后，便要他返回准噶尔，此事在《五世达赖喇嘛传》中说得很清楚。1666 年，当达赖喇嘛再次接见噶尔丹时，除了向其“传授珠杰派的长寿灌顶”法外，又向他“赠送了僧人用具，素色氆氇等送别用品”，教导他“为了政教利益，各方面要尽职尽责”。又在即将分手时，亲手交给他一串念珠，“详尽地吩咐了如何为佛法服务等眼前利益与长远的利害得失等事”。此外，还以赐坐、派人护送等方式，对他“表示嘉奖”。③

达赖喇嘛为什么要这样匆忙派遣噶尔丹返回准噶尔？据我估计，这与其时卫拉特蒙古各部的混乱局面有关。

众所周知，卫拉特蒙古各部自 17 世纪初以后，由于缺乏强有力首领以统摄，一直处于各自为部，各有首领以雄踞的分散状态之中。各部之间虽然有一个松散的联盟维系着，但它只是在对付外敌入侵时才起作用，平时则大都仍各行其是，以致不但部落与部落间经常发生战争，即使在部落内部，叔伯兄弟之间也不时发生战争。和硕特部的鄂齐尔图与阿巴赖、准噶尔部的车臣、卓特巴巴图尔与僧格的纷争，就是其中的突出事例。类似情况在杜尔伯特与土尔扈特部中，也不鲜见。这些纷争，短的往往延续数年，长的则多达数十年，给各部落人民带来了巨大灾难。车臣、卓特巴巴图尔与僧格的纷争，最后甚至演变为卫拉特蒙古各部的全面内战。咱雅班第达虽然多次出面为之调停，但斗争非但没有因此而止息，反而愈演愈烈。1660 年，达赖喇嘛为了劝其和解，曾派热振寺堪布丹巴达吉（又称热振诺门汗）前往进行斡旋，④ 也没有奏效。于是达赖喇嘛便把希望寄托在噶尔丹身上。对于达赖喇嘛的决定，噶尔丹显然心领神会，因而在即将离开西藏时，便将其在札什伦布“新建的一座寺院”呈献。达赖喇嘛对噶尔丹的明智表现极为赞赏，云“我高兴地接受了”。⑤

---

① 梁份著，赵盛世、王子贞、陈希夷校注：《秦边纪略》卷 6《嘎尔旦传》，第 419 页。
② 梁份著，赵盛世、王子贞、陈希夷校注：《秦边纪略》卷 6《嘎尔旦传》，第 419 页。
③ 五世达赖喇嘛阿旺罗桑嘉措：《五世达赖喇嘛传》（上），第 448 页。
④ 五世达赖喇嘛阿旺洛桑嘉措：《五世达赖喇嘛传》（上），第 343 页。
⑤ 五世达赖喇嘛阿旺洛桑嘉措：《五世达赖喇嘛传》（上），第 449 页。

在达赖喇嘛的精心安排下，噶尔丹很快便踏上了返归准噶尔之路。为拓展势力，他四出活动，等待时机，以求一逞。

不久，车臣、卓特巴巴图尔与僧格的纷争又起。1670 年，卓特巴巴图尔与车臣两人乘僧格不备，以兵袭击僧格。噶尔丹时在准噶尔，得知情况后，便打着达赖喇嘛的旗号，招集僧格旧部众，杀车臣，逐卓特巴巴图尔。

有关噶尔丹返回准噶尔之事，梁份《秦边纪略·嘎尔旦传》载，言系僧格被杀后，其妻阿努派人间道至西藏告知噶尔丹，噶尔丹遂告别达赖喇嘛后返归。而特克第《蒙古溯源史》则说是噶尔丹生母玉木阿合在僧格被杀后，亲至西藏告知噶尔丹，要求噶尔丹要为其兄僧格复仇。[①] 上述两种说法，现在看来，俱系讹传。

噶尔丹杀车臣，逐卓特巴巴图尔后，接着又把打击的矛头指向其堂兄弟巴噶班第。巴噶班第是楚琥尔乌巴什长子。因前与僧格有过矛盾，噶尔丹遂引兵杀之，并侵入楚琥尔乌巴什的兀鲁思，把他的领地“连同耕地和属民完全摧毁了”。[②] 楚琥尔乌巴什时在西藏熬茶，得知情况后，派人请求达赖喇嘛派遣甘丹赤巴前往调解。达赖喇嘛知一时难以解决，不想派人，因碍于情面，不得已将仲尼达达派去。为了稳妥起见，又请吉雪活佛罗卜藏胡土克图（楚琥尔乌巴什子）一同前往。罗卜藏胡土克图说：我“为了父母而修心”，“打算居住在西藏”。达赖指出：“在现在这个悲痛时候，你应该像患难知己一样，使他能得到安慰和裨益，因此还是应该去准噶尔。”罗卜藏胡土克图说，他“不愿从寂乐的道路上返回”。[③] 意思是说，不愿再行介入世俗之事。

据有关学者研究，罗卜藏胡土克图自幼留学西藏，先进入扎什伦布寺闻思洲院从阿阇梨活佛根敦雅贝学习显教。随后又从阿阇梨活佛多杰金巴恭却坚赞学习密教。20 岁（1658）时，从班禅确吉坚赞受比丘戒，是班禅额尔德尼的门徒。[④]

罗卜藏胡土克图之所以不愿随仲尼达达返回准噶尔，显然他知道，站在噶尔丹身后的是达赖喇嘛，而站在自己身后的是班禅额尔德尼，他即使去了，也无补于事。

噶尔丹虽然出身佛门，但却是一个工于心计而又险狠好斗之人。他深知夺取了准噶尔部政权，只是跻身于卫拉特社会的开始，而在四卫拉特联盟中，仍然不会有什么地位。因此，当他掌握准噶尔部统治大权后，便一面打着达赖喇嘛的旗号，四处招兵买马，积极扩充实力。杜尔伯特部阿勒达尔台什，和硕特部的丹津珲台吉，就是在这种背景下相继麕集于其旗下的。阿勒达尔台什是谁？据《皇朝藩部要略》记载，他是达赖台什曾孙，其祖、父“世为杜尔伯特部长”，[⑤] 而丹津珲台吉则是昆部伦乌巴什长子迈玛达赖乌巴什之子。在巴图尔珲台吉为卫拉特四部盟长之时，他一直是四卫拉特联盟的重要支持者之一。1646 年时，他曾与准噶尔部的丹津珲台吉密切配合，共同出兵夹击其祖昆都仑乌巴什，把昆都仑乌巴什打得大败。[⑥] 此后又在鄂齐尔图率领下，在爱古斯

---

① 特克第：《蒙古溯源史》，载《蒙古学》1989 年第 1 期。

② 兹拉特金著，马曼丽译：《准噶尔汗国史》，北京：商务印书馆 1980 年，第 246 页。

③ 五世达赖喇嘛阿旺洛桑嘉措：《五世达赖喇嘛传》（下），第 54 页。

④ 若松宽：《清代蒙古的历史与宗教》，第 253 页。

⑤ 祁韵士：《皇朝藩部要略》卷 9《厄鲁特部要略一》，第 7 页。

⑥ 喇特纳巴特喇：《咱雅班第达传》，第 8 页。

河畔，击败了阿巴赖的军队，在卫拉特各部中拥有很大的声望与崇高的政治地位。因而阿勒达尔台什和丹津珲台吉的加入，促使噶尔丹势力很快得到了增强。

另一方面，又积极加强与达赖喇嘛的联系。据初步统计，从1671年起，他每年都派人进藏熬茶布施，并给达赖喇嘛送去“书信及压函礼品”。这些礼品，大都是金银制品和绸缎等物。例如1671年由定结措索巴等人带去的礼品就有“黄金一千钱，僧格扎都取自于白头人税而托交的黄金一千钱。”。达赖喇嘛为了僧格的孩子则“回赠了珍珠一包，并写了话语很多的回信”。[①] 1672年，噶尔丹又派曼兰木嘉措向僧众发放布施，在经院中举行诵经仪式；派措索克热降巴向达赖赠送了“五十两重的银锭十四块，重约七十五两的银茶桶，黄金、绸缎等大批礼品”，又“向僧众发放了布施礼品”。[②]

随着噶尔丹势力的扩大，与鄂齐尔图车臣汗的矛盾又开始突出，此事当与其出兵进犯楚琥尔乌巴什有关。楚琥尔乌巴什在准噶尔卫拉特各部中，一直是鄂齐尔图汗的积极支持者。噶尔丹集兵进犯楚琥尔乌巴什，在鄂齐尔图汗看来，则无异于公开向自己挑战。于是双方矛盾逐渐加剧，并演变为战争。达赖喇嘛得知情况后，为了调和双方关系，于1675年初分别给鄂齐尔图、噶尔丹和丹津珲台吉派往西藏熬茶布施的代表带去礼品与书信，“告诫他们要为教法的利益和声誉着想”。[③] 此外，又根据噶尔丹要求，派遣居麦热降巴罗桑强巴和医生墨竹仁钦林罗桑官却两人一起去准噶尔。

达赖喇嘛的所谓“告诫”，实际上只是一种敷衍，骨子里则巴不得噶尔丹能迅速将鄂齐尔图汗击败，尽快完成对卫拉特各部的统一。因他派遣噶尔丹返回准噶尔，根本目的正是为此。故其所说，完全是为了佯装公正而已。

战争是如何引起的？或者说是谁首先发动的？《咱雅班第达传》认为是鄂齐尔图汗首先挑起了战争。书中云：“兔年（1675）夏天，车臣汗出兵攻打博硕克图汗”，他遣“楚库尔、阿勒达尔和硕齐率七千兵出战，俘获阿勒达尔吉什”。[④] ［法］耶稣会传教士张诚在他所著《对大鞑靼的历史考察概述》中则说：是噶尔丹首先发动了战争。导致战争的原因是“他们的臣属之间发生了争端，这给予噶尔丹一个发动战争的借口。他带了军队进入鄂齐尔图的国家，鄂齐尔图带领着他的军队出来迎战”。[⑤] 两种说法，究竟孰是孰非？目前尚难以断定，有待进一步查证。

据说战争爆发后，噶尔丹便集中兵力，于1676年春自斋尔特莫尔火柱发起攻击，鄂齐尔图汗由于缺乏充分准备，被迫慌忙逃走。噶尔丹率军乘胜追击。双方在哈拉塔拉、库克乌苏和图斯库勒湖等地发生鏖战。鄂齐尔图兵败，其众纷纷四散逃走。有的提出要往西藏，有的说要往南疆，有的则想随鄂齐尔图妻多尔济拉布坦前往伏尔加河土尔扈特部。鄂齐尔图因年迈无法远遁，最后在沙喇伯勒地方为噶尔丹所俘。[⑥]

---

① 五世达赖喇嘛阿旺洛桑嘉措：《五世达赖喇嘛传》（下），第56页。

② 五世达赖喇嘛阿旺洛桑嘉措：《五世达赖喇嘛传》（下），第108页。

③ 五世达赖喇嘛阿旺洛桑嘉措：《五世达赖喇嘛传》（下），第168页。

④ 喇特纳巴德喇：《咱雅班第达传》，第47页。

⑤ ［法］张诚：《对大鞑靼的历史考察概述》，杜文凯编《清代西人闻见录》，北京：中国人民大学出版社，1985年，第97页。

⑥ 喇特纳巴德喇：《咱雅班第达传》，第47—51页。

噶尔丹在击败鄂齐尔图汗统一四卫拉特后，为了向达赖喇嘛报喜，不久又遣人进藏熬茶。据《五世达赖喇嘛传》记载，此次遣人进藏熬茶所带礼物特别多，除了各种“会供的资具”外，还有一部分珍玩物品。其中最令达赖喇嘛高兴的是，“有派遣毕齐依齐格隆前去汉地贸易时花了三千两白银才设法买来的被称为‘娱客箱’的箱子，里面有用檀香木、菩提树、金、银、玉石等制造的大厦，还有水流、山崖、树木、庄稼、民居等，前面有一个轮子转动，下面四周的水面上有小人驾船，中层的房子里有鼓、铙钹、号角等器乐奏响，房顶上立有伞盖、幢、飞幡等，为能工巧匠所造，精妙绝伦，神幻无比，此种物品在西藏从没有听说过，为一奇迹”。①

三、荣获博硕克图汗号

随着准噶尔地区卫拉特各部统一的实现，噶尔丹势力从此大为增强。他为了扩张实力，曾阴图举兵进攻清军，与平西王吴三桂等发动的“三藩之乱”相呼应，后由于达赖喇嘛派人阻止，遂作罢。但他不久又把斗争的矛头指向青海。大家知道，青海是准噶尔进入卫藏地区的重要通道，17 世纪 40 年代以后，一直为固始汗裔和硕特人所盘踞。与此同时，又是噶尔丹异母兄卓特巴巴图尔逃亡之地。其弟卓哩克图和硕齐和班达哩因不满其所为，也避居于此。② 因此，夺取青海便成为噶尔丹扩张计划中不可分割的一部分。时因清军于甘、凉边外实施严密戒备，计划始被迫取消。③

噶尔丹拟兴兵夺取青海，五世达赖喇嘛肯定知道，噶尔丹每年派人进藏熬茶，向达赖送信并奉献大量礼品，说他根本不知道，于情于理，都说不过去。即使事前不清楚，在噶尔丹出兵前，曾派人进藏布施，他也应当有所了解。但他一直都未表示过态度，明眼人一看就明白，这是在故意装聋作哑。

更为有趣的是，当噶尔丹拟出兵青海时，达赖喇嘛为了表彰噶尔丹的功绩，还于1678 年（藏历五月十二日），派遣甲尔波哇、多吉旺秋前往准噶尔，赠噶尔丹以“丹增博硕克图汗”号印章和全套衣物等礼品。此外，又给他带去“一箱纸写信函，并让他传达详细口信，以设法使施主们获得平安”。④

“博硕克图汗”，意为“天命汗”。在卫拉特各部中，向来只有和硕特部有汗号，而准噶尔部则从未见有汗号者。达赖喇嘛此举用意何在？我以为目的主要有二：一是想树噶尔丹权威以慑服准噶尔地区的卫拉特各部，二则是用以牵制卫藏地区的和硕特人。因为卫藏地区的和硕特人自固始汗以后，达延汗和达赖汗都是极少过问政事的庸懦之辈。在达赖喇嘛心目中，他们已完全成为摆设。

正当甲尔波哇、多吉旺秋出发前往准噶尔之时，噶尔丹则遣温穷等为使，送信给达

---

① 五世达赖喇嘛阿旺洛桑嘉措：《五世达赖喇嘛传》（下），第 218 页。

② 祁韵士编纂，包文汉、奇·朝克图整理：《蒙古回部王公表传》卷 86《扎萨克辅国公阿喇布坦列传》，呼和浩特：内蒙古人民出版社，1998 年，第 585 页；张穆《蒙古游牧记》卷 12。

③ 《清圣祖实录》卷 72，康熙十七年三月己未；《清圣祖实录》卷 83，康熙十八年八月己丑。

④ 五世达赖喇嘛阿旺洛桑嘉措：《五世达赖喇嘛传》（下），第 291 页。

赖喇嘛，随信还带去了噶尔丹妻子①献给达赖喇嘛的大量礼品。达赖喇嘛收到礼品后，非常高兴。其中最让他爱不释手的是：俄罗斯金丝缎和玻璃筒（可以看到筒内有马、羊、狗、野兽等多种动物在互相追逐嬉戏）、玻璃箱子（透过箱子的空隙，可以看到无限广阔的奇妙景象等物）。② 达赖喇嘛为了感谢温穷等的到访，特地接见了他们并向其馈赠了赆仪。③

四、遵嘱驰师进援阿帕克和卓

根据《咱雅班第达传》记载，当温穷等返回准噶尔后不久，达赖喇嘛接着又遣加尔布尼出使准噶尔。④ 加尔布尼前往准噶尔的使命是什么？从有关历史文献记述来看，当与天山南路白山派与黑山派的斗争有关。

白山派又称“白山宗”“白帽回”，主要活动于以喀什噶尔为中心的维吾尔地区；黑山派又称“黑山宗”“黑帽回”，主要活动于今新疆阿图什、乌什以及伊塞克湖周围等地，两派虽然在穿戴上有所区别，但宗教观点并没有很大不同。由于他们分别得到叶尔羌汗国内部各个相互对立派别的支持，故其斗争，实际上是叶尔羌汗国统治集团内部争权夺利斗争的反映。⑤

两派之间的斗争，在17世纪初就已存在，但矛盾之激化则是在17世纪中叶以后，由于叶尔羌汗王阿布杜拉与其子尧乐巴斯发生的摩擦。时白山派和卓玉素甫与其子啊帕克和卓为了扩大势力，乘机支持尧乐巴斯夺取政权。于是，一场由白山派引起的战争序幕便逐渐拉开了。

据史料记载，尧乐巴斯自取得政权后，不但终日不恤政事，大肆吃喝玩乐，且任意草菅人命，镇压黑山派群众。尧乐巴斯的倒行逆施，引起了广大人民群众的强烈不满。1670年（康熙九年），黑山派首领率领泽浦、叶城等地人民举行暴动，进逼叶尔羌，推翻尧乐巴斯的统治，拥立阿布杜拉汗弟伊斯玛依勒为汗。伊斯玛依勒执政以后，又大肆迫害白山派徒众，将其首领玉素甫杀害。玉素甫子阿帕克和卓被迫流亡于中亚、甘肃、青海等地。他为了东山再起，遂于1678年经克什米尔（一说经甘、青）地区前往西藏投靠达赖喇嘛，请求达赖给予帮助。达赖喇嘛对他的不幸遭遇深表同情，便为他写了一封致噶尔丹的推荐信。信的内容大致如下：“和卓阿帕克是一位伟大的人物，他的国土（故乡）是叶尔羌和喀什噶尔。他是那个国家的穆斯林和卓，伊斯美尔汗强占了他的国家，把他赶出来了。你应该派支军队，收复他的国家，并交还给他”。⑥ 阿帕克得到信后，立刻带着它返回新疆。但他途径青海、甘肃时，又于肃州拜会了当地的佛教高僧。

---

① 据史料记载，噶尔丹曾先后娶过三位妻子。一是阿努，二是阿海，三曰布林。此处 所说，当指阿努。

② 五世达赖喇嘛阿旺洛桑嘉措：《五世达赖喇嘛传》（下），第294页。

③ 五世达赖喇嘛阿旺洛桑嘉措：《五世达赖喇嘛传》（下），第295页。

④ 喇特纳巴德喇：《咱雅班第达传》，第51—52页。

⑤ 马大正、蔡家艺：《准噶尔贵族对南疆的统治》，《新疆大学学报》1981年第2期。

⑥ ［英］罗伯特·沙敖著，陈俊谋、钟美珠汉译：《〈和卓传〉摘要注释》，载中国社会科学院民族研究所历史研究室编译《民族史译文集》第8期，1980年，第124页。

这位高僧在阿帕克要求下，也为他写了一封信给噶尔丹，请他设法帮助阿帕克夺回失去的政权。①

通过以上事实，我们不难看出，加尔布尼的使命，显然是为了传达达赖喇嘛给噶尔丹的口谕。

据说噶尔丹接到达赖喇嘛给他的口谕后，即调集大军，在阿帕克和卓的引导下向喀什噶尔和叶尔羌进军，俘伊斯玛依勒汗，将其押往伊犁。阿帕克和卓为了报答噶尔丹恩情，则“下令六城地方为他们收集各种土布，送给他们以表寸心”。② 至此，延续160多年的叶尔羌国宣告终结。

噶尔丹虽然夺取了喀什噶尔和叶尔羌，但他并未亲自进行统治，而是扶植原吐鲁番的统治者阿布都里什特为他的代理人，自己则满足于每年收取10万腾格的贡赋。③

自从噶尔丹取得博硕克图汗号后，他每年都先后两次派人进藏熬茶，送信达赖喇嘛向其奉献礼品。负责送信及携带礼物之人，如色康活佛、嘉央活佛、措索然坚巴、热振寺堪布瓦布多、喇布坦、啊旺曲札、阿旺嘉措等，这些人基本上都是有名的大喇嘛或噶尔丹亲信。所送礼品亦名目繁多，花样百出，其中数量最多的是各种金银制品与珠宝之类。在其所送物品中，令达赖喇嘛最为兴奋与自豪的是其1681年收到的两次礼品。

第一次，是在藏历新年到来的最初几天。首先是初二日的“南疆地区疆域图及其档册”。据云：这一天噶尔丹“把以鸭儿看（按：即叶尔羌异译）为主的一千五百座城镇、二百万户人口奉献给我”，我令罗卜藏喜饶在庆祝新年宴会上当众宣布：“‘这些地方过去属于准噶尔蒙古，时至今日，任何国王都未作过治理。现在顺利收归于治下，又毫不吝惜地奉献出来’。并将文册交到我手中。这种转大力法轮进行统治的事业值得称颂。我写信感谢，并为三位施主及其代表献了哈达。”④ 接着，于正月五日又收到其呈献的“丰富的会供曼荼罗物品，有镶有金刚石、蓝宝石、绿宝石、红宝石、珍珠等各值数百钱黄金的许多宝饰的用纯金打造的缠头人的帽子、金银、上部霍尔的大批器物以及内外衣服等无数礼品，给每个僧人布施金印哈达一条，黄金各二十八厘，面子薄绫各一幅。在经院中举行了与光明寿主的彩云坛场有关的祈寿仪轨，祝我寿如不坏金刚”。初六日，噶尔丹代表“又像第一天那样正式献礼，以哈达代替黄金，举行祈寿仪轨”。初八日，他们又“像第二天那样呈献会供曼荼罗和礼品，高颂寿词”。⑤

第二次，是当年的三月二日，收到了噶尔丹为其铸造的“一尊银质身像”，内装“有如来佛舍利，印度、尼泊尔和西藏具有加持力的圣物若干件”，以及达赖自己的破旧衣服等。“整个身像内从头到脚都装满了莲花经咒等物，使之与誓言尊和智慧尊没有区别”。⑥

---

① 李进新：《新疆宗教演变史》，乌鲁木齐：新疆人民出版社，2005年，第415页。

② 毛拉·木萨·赛拉米：《伊米德史》，新疆少数民族社会历史调查组编译，1959年油印本（上），第95页。

③ ［英］罗伯特·沙敖：《〈和卓传〉摘要》，中国社会科学院民族研究所历史研究室编译《民族史译文集》第8期，第100页。

④ 五世达赖喇嘛阿旺洛桑嘉措：《五世达赖喇嘛传》（下），第422页。

⑤ 五世达赖喇嘛阿旺洛桑嘉措：《五世达赖喇嘛传》（下），第423页。

⑥ 五世达赖喇嘛阿旺洛桑嘉措：《五世达赖喇嘛传》（下），第431页。

无论在卫拉特蒙古还是东部蒙古人中，除噶尔丹外还未见有任何别的首领或胡土克图能与达赖喇嘛保持着如此密切的联系，也未见有任何人能像噶尔丹那样，把如此众多的珍贵礼物奉献给达赖喇嘛。噶尔丹之所以这样做，道理很简单，因为达赖喇嘛不仅是他宗教上的老师，同时又是他的军师、旗帜与靠山。噶尔丹每次派人进藏熬茶并给达赖喇嘛送信时，达赖喇嘛总是不厌其烦地进行详细答复。这些信的内容虽然至今尚不清楚，但不难想见，它实际上是在为噶尔丹出谋划策。在噶尔丹看来，自己的前途与荣显，都是达赖喇嘛的赐予，没有达赖喇嘛的支持与指点，就没有他现在所拥有的一切。故凡是自己能够找到的东西，都要拿来献给达赖喇嘛。

1682 年，达赖喇嘛圆寂，这时由于噶尔丹忙于进征中亚哈萨克等国，而第巴桑结嘉措为保护自己的权势，采取秘不发丧办法，故有关达赖喇嘛的死讯，噶尔丹显然并不知情，但桑结嘉措究竟是如何瞒过噶尔丹并与之进行联系的，因个人尚没有这方面资料，故文章只好就此作结。

通过以上事实，我们不难看出，在噶尔丹的历史活动中，其与五世达赖喇嘛的关系，具有不可忽视的重要地位。噶尔丹之所以能够统一准噶尔地区诸卫拉特，称雄于西北各族，五世达赖喇嘛功不可没。因此，我们完全有理由这样说，如果没有达赖喇嘛的支持与帮助，噶尔丹要在卫拉特蒙古各部的斗争中取得政权，估计是相当困难的。

回眸蒙藏关系中的几位著名学问高僧

乌力吉巴雅尔（中央民族大学）

在漫长的蒙藏交往历程中，为他们架起桥梁作用的历史人物很多，其中包括赫赫有名的达赖喇嘛、班禅额尔德尼系统、章嘉呼图克图系统、哲布尊丹巴呼图克图系统以及其他转世活佛系统。本文仅以博大精深的佛教学问，为蒙藏关系的建立和发展作出贡献的几位著名高僧，略作介绍。

一、藏族高僧

元代开始渗透蒙古地区的藏族高僧，大致有受蒙古宫廷邀请和自愿游历两种形式。在应邀至蒙古朝廷的藏族高僧中有任国师、帝师者，也有受朝廷邀请而从未至朝廷者，但他们却以各自独特方式为蒙藏关系做出了不可磨灭的贡献。

1. 噶玛拔希·却吉喇嘛（krma pkshi chos kyi bla ma 1204—1283），却吉，应该是他的实名，藏传佛教噶举派黑帽系一名僧。蒙哥汗曾赐其帝师称号并赏一顶金边黑帽，故又有“黑帽系”之说，当然还免不了奉送众多供品。黑帽系活佛传承实际上开始于此人，但后人却称都松勤巴为第一世，称他为第二世。据《红史》载，“噶玛拔希之父为楚查加旺，母亲为森日萨朗吉，其俗名为却真，六岁识字。九岁至十岁时对所有经典浏览一遍即能晓悟，自然而然地即会禅定”。[①] 不仅如此，《红史》对他的主要经历也有概述。按《红史》的说法，噶玛巴希先遇见忽必烈并得到邀请，但他犹豫不决，未能成行。然后遇见蒙哥并且也得到邀请，这次他赴蒙古传法，引起已登基的忽必烈汗不满，并且还遭受了“施行火烧、抛入水中、用兵器砍、喂毒、头上钉铁钉等刑罚”。他的这些遭遇，《黄金史》、《蒙古源流》、《金鬘》和《水晶鉴》等蒙文文献记述则比较模糊，也和藏文记载有所出入。一般说他是蒙哥汗供奉的大喇嘛。当忽必烈向八思巴受戒时，提到噶玛拔希的修行成就超众，担心八思巴比不过他。在忽必烈后察必夫人的精心安排下两位高僧展开了一场非同寻常的比拼，于是，噶玛拔希在忽必烈面前飞檐走壁，八思巴砍掉四肢等比试修行的场面。结果八思巴神通技高一筹，成为忽必烈供奉喇嘛，被称为国师和帝师。据蒙文记载，似乎不可一时的这两个藏僧，在《红史》却有：“此时怙主八思巴任皇帝之帝师，由朝廷返回西藏，在楚普寺二人会见，二人法座相平，不分上下。噶玛拔希对八思巴说，以前我任蒙哥汗之应供喇嘛时，我看到你是菩萨降世，是多么高兴。”之类的交谈，可见他们的关系并非紧张到不可开交的地步。另据藏文文献说：“噶玛黑帽系的噶玛拔希是邦扎巴弟子，有人说他是都松勤巴的转世，或者说他是天竺萨罗诃的化身。关于他是都松勤巴转世的说法，却没有什么史实根据。但是噶玛派计算

---

① 蔡巴·贡噶多吉著，陈庆英、周润年译：《红史》，西藏人民出版社，1988 年，第 78 页。

其世系时，却以拔希为二世。”[①] 看来有关涉及噶玛拔希的很多问题仍有继续探究的空间。在藏传佛教史上黑帽活佛相传十六世，其中第三世攘迥多吉（rang byung rdo rje 1284—1339）和第四世乳必多吉（rol pavi rdo rje 1340—1383）也与蒙古朝廷曾有过短暂而密切交往。攘迥多吉于“一三三一年在前藏得到元文宗的诏书，召他进京；一三三二年，又得到催促他进京的诏书，在这一年的十月，到了北京。这时文宗已死。他曾为宁宗帝后灌顶，并为皇帝燕帖古思授戒。他在京时曾嘱咐其弟子扎巴僧格常住德钦登寺，此人就是噶玛噶举红帽系第一世。一三三四年，攘迥多吉返藏途中，曾朝五台山，并至宁夏传法；……一三三六年元顺帝再召他进京，一三三八年他来到北京，封为灌顶国师并赐玉印，一三三九年死在北京”。乳必多吉曾“于一三六零年至大都为顺帝父子授金刚亥母灌顶，讲《那饶六法》，并传方便道（方便道有时专指密教中的男女双身修法，元宫丑闻虽前此已播于朝野，乳必多吉奉诏进京，或亦与此有关），又为太子讲攘迥多吉所著《本生百事》，……他在大都一共住了五年，约在一三六四年启程返藏。”[②] 他们不仅为元廷皇帝而且也为皇后皇太子讲经说法传授灌顶，赢得了他们的信任与供奉。

2. 萨迦班智达·贡噶坚赞（sa skya panti ta kun dgav rgyal mtshan 1182—1251），原名贝丹顿珠，三岁随伯父扎巴坚赞出家取法名贡噶坚赞。精通佛学大小五明学的大学者。著名萨迦派五代师祖之第四位，被简称“萨班”，与其侄子第五代师祖八思巴被称为“红衣师祖”。蒙古僧人出身的史学者在追述成吉思汗与西藏的关系时，有人说成吉思汗与贡噶宁波、有人说成吉思汗与索南孜摩、有人说成吉思汗与扎巴坚赞从遥远建立了施主与福田关系。这虽与事实不符，但在其背后却暗示着蒙古和萨迦派非同一般的关系，这一点是毫无疑问的。萨班于1244年应蒙古朝廷驻甘肃阔端的邀请，携带两个侄子和一些随从，经过一年多的远行，1247年与阔端会晤在凉州。他用自己的生命和行为，完成了和平归属蒙古统辖大事。他从蒙古向所有藏区僧俗发出的《萨迦班智达致蕃人书》是件极为重要的历史文献，其深远意义，首先在于避免藏区一场兵马交融、刀光剑影、生命涂炭的战乱，“它表现了自13世纪40年代起，乌斯藏地方即已经处于蒙古汗国——元中央的统治之下了；同时他还证明萨班以细腻委婉、循循善诱的笔法，以富有感召力和向心力的一纸文书，历书统一美好前程，劝导说服了乌斯藏诸部落持不同政见的首领归顺祖国。由于他的努力，结束了乌斯藏地区几百年分裂割据的局面、使人民正常的生产和生活得以保证，为建立乌斯藏政教合一的封建农奴制度奠定了基础。”[③] 萨班在蒙古期间除了劝解蒙古和西藏关系问题之外，还曾收徒、传法、修寺和著书。其历史编年法、声明学著作和文学作品对蒙古历史语言文学产生了深远影响。譬如《萨迦格言》，有多种蒙译本和注释，迄今仍被蒙古人广泛阅读和研讨。

3. 八思巴·洛追坚赞（vphags pa blo gros rgyal mtshan 1235—1280），自幼聪慧故被称“八思巴”——圣者，以此称被蒙古人家喻户晓。火马年（1246）随伯父萨班赴蒙

---

① 土观·洛桑却吉尼玛著，刘立千译：《土观宗教渊流》，民族出版社，2000年，第65页。

② 王森：《西藏佛教发展史略》，中国社会科学出版社，1987年，第106页。

③ 曾国庆、郭卫平编：《历代藏族名人传》，西藏人民出版社，1996年，第111页。

古，便于蒙古结下不解之缘。起先驻锡在凉州阔端身边，向伯父学法。铁猪年（1251）首次遇见忽必烈汗，二人结成施主与福田关系。水牛年（1253）八思巴和忽必烈再次相见，“薛禅皇帝年庚三十九岁，帝师八思巴年庚十九岁，（二人）首见于杜山（应是六盘山）。薛禅皇帝大喜，以一百名蒙古骑兵与阔端阿合交换，留下八思巴，拜（八思巴）为薛禅皇帝的应供喇嘛”。[①] 八思巴根据忽必烈的要求为他和皇后传授金刚乘密法灌顶。忽必烈受灌顶后封其为国师，授予玉印，并令其统领全国所有僧众和掌管乌斯藏地区的最高首领。接着蒙古朝廷派人对西藏进行人口普查，设立十三万户，建立二十七个驿站等。木鼠年（1264）元朝设立总制院后改称宣政院，令八思巴领总制院事。土蛇年（1269）八思巴奉命完成创制蒙古新字（hor yig），一套以梵、藏文字母为基础，结合蒙古语发音特征，拼写蒙古语的一种文字系统问世了，俗称“方块字”。“元世祖为酬答八思巴灌顶之恩和造字之功，将西藏三区赐予八思巴作为供礼，还将八思巴晋封为“大宝法王”，其封号从“国师”升为“帝师”赐诏文曰“普天之下，大地之上，西天佛子，化身佛陀，创制文字，护持国政，精通五明班智达八思巴帝师。”[②] 八思巴与忽必烈家族关系很友好，尤其与皇太子真金的关系可谓更胜一筹。八思巴曾接受真金太子的要求撰写了一部佛典《彰所知论》，该著在元代就由其弟子沙罗巴译成汉文，收录于频伽精舍校刊《大藏经》。《蒙古源流》写到真金曾护送八思巴进藏，当时忽必烈问诸子，“谁愿意送八思巴回萨迦，就立谁为太子，两个兄长表示不去，真金表示愿往，以此报答父恩，于是率军护送八思巴至藏，逝于此。”[③]《蒙古佛教史》则说，“忽必烈在位的火鼠年（1276）当八思巴再次返回吐蕃时，真金护送到萨迦，得父皇欢心，下令以后由此子继承皇位，但真金先于父皇去世，后来即由真金的幼子铁木耳继位、称谓完择笃合罕。”[④] 八思巴于铁龙年（1280）在本寺萨迦圆寂，“上闻不胜震悼，追怀旧经，命建大窣堵波于京师，实藏真身舍利，转换金碧无俦”。“当八思巴的骨灰由曲本扎巴俄色护送到大都，元世祖更是痛苦之极，他将骨灰罐高高举过头顶，充分显示出了对八思巴的崇敬之情。”[⑤] 八思巴生前，特别是在进藏办事逗留期间向忽必烈所致信函有多份，但被译成蒙古文的却不多，发现其《彰所知论》的蒙译本还是近些年的事情。

4. 布顿·仁钦朱（bu ston rin chen grub 1290—1364）是西藏夏鲁派大师，曾以撰写《佛教史大宝藏论》和编订藏文大藏经《丹珠尔》而著称于世的，蒙古人对他并不陌生。布顿从小开始在父母指引下跟随当时高僧大德学习佛法和佛学大小五明，逐渐成为精通五明学的学者、译师和大师。元英宗硕德八剌二年（1322）完成其佛教史书，元顺帝至正四年（1344）“元顺帝派金册使者来藏清他赴京，他考虑再三，认为赴京没有多大必要，故未成行。又将纳塘版《甘珠尔》和《丹珠尔》大藏经重新修订编纂。”[⑥] 后来编订的藏文大藏经大都是以

---

① 大司徒·绛求坚赞著，赞拉·阿旺、余万治译：《朗氏家族史》，西藏人民出版社，1989 年，第 303、第 128 页。

② 杨贵明、马吉祥编译：《藏传佛教高僧传略》，青海人民出版社，1992 年，第 70 页。

③ 萨囊彻辰：《蒙古源流》，内蒙古人民出版社，1983 年，第 246 页。

④ 陈庆英：《元朝帝师八思巴》，中国藏学出版社，1992 年，第 176 页。

⑤ 曾国庆、郭卫平编：《历代藏族名人传》，西藏人民出版社，1996 年，第 111 页。

⑥ 杨贵明、马吉祥编译：《藏传佛教高僧传》，青海人民出版社，1992 年，第 168 页。

此版本为根据的。布顿大师《佛教史大宝藏论》（亦称《善逝教法源流》Sayitur Oduhsan－u Shashin－i Todut’han Uyildehu Erdini Sayin Jarlig un Sang Nom un Garlug－aOrshibai）的蒙译文，[①] 以手抄残本留存情形，在前些年才被世人所知。他编撰的《狱主阎罗王朵玛仪轨》（Uhul un Ejen Erlig un Hahan －u Baling un Jang Uyile Oroshiba）、《吉祥阎曼的迦六十四朵玛仪轨》（Chogtu Yamandaga yin Baling un Jang Uyile Jiren Durbetu）等，曾被译成蒙古文，现存有竹笔抄本。通过这些文本的研究，可以进一步了解这一高僧。

5. 宗喀巴（tsong kha pa 1357—1419）生于青海今湟中县塔尔寺附近，“父名鲁布木格（klu vbum dge），元末官达鲁花赤（da ru kha che \ \ Darugaci）母名阿却（a chos），属藏族之兴（shing）族。兄弟六人，宗喀巴居第四。”[②] 他三岁受近事戒，得名贡噶宁布，七岁出家，受沙弥戒，名罗桑扎巴，后以出生地名“宗喀巴”闻名。十六岁进藏学佛法，从此未归故土。“1379年，宗喀巴二十三岁（当时尚未成名），远在卫藏，顺帝之孙曾亲自蒙古致书。”宗喀巴恢复信函称其为“弥亦旺布（mi yi dbang po）”[③] 有学者认为元帝和宗喀巴之间有彼此联络，和宗喀巴特殊家族有关，不无道理。宗喀巴在二十五岁往返西藏贡塘寺、桑耶寺、孜塘寺，依照《量释论》、《集论》、《俱舍论》和《戒经》进行立宗答辩，逐渐成名。1388年三十二岁“约于此时宗喀巴改戴黄色僧帽（宗喀巴所创黄教，藏人称为格鲁派，是由甘丹寺寺名而来。意为甘丹寺派。）”[④] 1401年宗喀巴在热振寺开始撰写《菩提道次第广论》、1406年完成《密宗道次第广论》的写作，然后继续进行他的著书立说传播佛法活动，直到1419年在甘丹寺圆寂。宗喀巴著作甚丰，其文集有三十九函。宗喀巴的一部传记《至尊一切智宗喀巴大师传·易知录》（rje thams cad mkhyen pa tsong kha pa chen povi rnam thar go sla bar brjod pa bde legs kun gyi vbyung gnas），是由蒙古高僧察哈尔格西撰写的。察哈尔格西于“土猪年（1792）秋，前往北京刊刻《宗喀巴全传》。”“六十三岁，遵阿嘉活佛旨意，将蒙文《宗喀巴全传》译成藏文。”[⑤] 蒙古高僧察哈尔格西的这些努力似乎暗示着他和宗喀巴之间某些鲜为人知的关系。

6. 东科尔满珠室利呼图克图·云丹嘉措（Dongkur Manjusiri yon brtan rgya mtsho 1557—1587），据《三世达赖喇嘛传》，蒙古俺答汗和西藏索南嘉措在青海会晤期间，“东科尔法王云丹嘉措前来请求索南嘉措为他传授比丘戒和教法，他的要求得到了满足”。[⑥] 俺答汗和索南嘉措临别之际，“福田施主商议决定，为了发展汉藏金桥关系，将火洛赤青巴图尔及某部众留居青海驻牧，并把东科尔法王云丹嘉措派往蒙古地方，暂时作为达赖喇嘛的代表”。[⑦] 由此这位青海僧人以达赖喇嘛代言人的身份走进了蒙古草原。

---

① 乌力吉巴雅尔：《蒙藏文化关系研究》，中国藏学出版社，2004年，第311页。

② 王森：《西藏发展史略》，中国社会科学出版社，1987年，第283、第283、第291、第297页。

③ 王森：《西藏发展史略》，中国社会科学出版社，1987年，第283、第283、第291、第297页。

④ 王森：《西藏发展史略》，中国社会科学出版社，1987年，第283、第283、第291、第297页。

⑤ 民族图书馆：《藏文典籍目录》（2），民族出版社，1989年，第22、第21页。

⑥ 中国边疆史地资料丛刊 西藏卷《达赖喇嘛三世、四世传》，全国图书馆文献缩微复制中心出版，1992年，第176、第180页。

⑦ 中国边疆史地资料丛刊 西藏卷《达赖喇嘛三世、四世传》，全国图书馆文献缩微复制中心出版，1992年，第176、第180页。

据蒙古文献说法，当时还向功绩卓著的东科尔之转世喇嘛赐予“满珠室利呼图克图”封号，而向宽宏的索南扎巴之转世喇嘛给予“迈达里呼图克图”名号。① 另据《蒙古源流》载，云丹嘉措在蒙古期间虔诚其教而忠于俺答汗，为传播格鲁派教义而竭尽全力，深得信徒崇敬。俺答汗归西，他返回了故里，土虎年（1587）圆寂，其舍利置于青海东科尔寺。妙舟在其《蒙藏佛教史》中对此活佛系统有概要介绍，相传二十一世（其中对第十二世自顺治十六年起至民国九年转世有简述，据说第二十世于宣统二年转世于察哈尔，经雍和宫金瓶掣签认定，坐床于察哈尔。）不过他讲“自初世转世至十一世以前，向在西宁洞阔尔地方化俗度众，番蒙归心，驻锡西宁洞阔尔寺、察哈尔之多伦、达模沁、阿尔呼尔沁等各处，均有隶属寺宇。清代任职京师，驻锡北京雍和宫之洞阔尔仓。”② 清代驻锡于北京的著名活佛还有：敏珠尔呼图克图、噶尔丹锡埒图呼图克图、拉果呼图克图、察汉达尔罕呼图克图、土观呼图克图、阿嘉呼图克图等，妙舟法师的《蒙藏佛教史》有记载。

7. 迈达尔呼图克图·根敦贝桑嘉措（Maidari Hutugtu dge ldan dpal bzang rgya mtsho），蒙古文献虽然提到这位高僧，但对他生平经历没有给予详细描述。据清代汉译本《蒙古源流》载，“由是图伯特地方之胡图克图与墨尔根喇嘛等共议以蒙古地方尽无继续达赖喇嘛掌教座床之喇嘛乃拣择巴特玛三博斡巴克什之高徒大慈津巴扎木苏之呼必勒罕根敦巴藏扎木苏实哩巴达喇嘛系壬辰年十二岁遣往蒙古地方岁次甲辰年十三岁到彼即坐圣识一切斡齐尔达喇达赖喇嘛索纳木扎木苏于蒙古地方所设之床普众遂称为大慈迈达哩胡图克图。”③ 事实上这一记载在《蒙古佛教史》里描述得更清晰一些，“达赖喇嘛云丹嘉措前往西藏后，委派强巴嘉措的转世根敦贝桑嘉措为达赖喇嘛自己的代理。前往蒙古地方，护持达赖喇嘛索南嘉措的法座。被称为迈达里呼图克图。”④ 在《阿拉坦汗传》中也有“派如自身般的慈悲迈达里扶助宗教”等字样，对此所加的注释又提供了一些相关信息，说他是“莲花生师之高徒大慈津巴扎木苏的化身。名根敦巴勒藏扎木苏实哩巴达。万里三十一年（1603）十二岁，奉四世达赖喇嘛之命前来蒙古。次年到达呼和浩特，袭坐三世达赖喇嘛之床，称“大慈迈达里呼图克图”。四十二年（1614），应鄂尔多斯博硕克图济农之请，为所修释迦牟尼佛十二岁之等身像散花开光，被尊为“大慈诺们汗”（大慈法王）。”⑤ 对蒙古历史文化产生影响的藏族高僧还有很多，在此不一一列举 。

二、蒙古族高僧

在元朝初创期，虽然有一些蒙古人已经和藏族社会有了接触，但他们尚未完全接受藏传佛教，他们当中还没有正式出家的僧人，当然还没有来得及诞生学问高僧。在蒙古真正意义上的学问高僧是从明末清初才开始涌现的。

---

① 珠荣嘎校注：《阿拉坦汗传》，民族出版社，1984 年，第 123、第 176、第 121 页。

② 妙舟：《蒙藏佛教史》下册，上海佛学书局，1935 年，第 139 页。

③ 萨囊彻辰著，道润梯步译校：《新译校注 蒙古源流》，内蒙古人民出版社，1981 年，第 428 页。

④ 固始噶居巴·洛桑泽培著，陈庆英、乌力吉译注：《蒙古佛教史》，天津古籍出版社，1990 年，第 77 页。

⑤ 珠荣嘎校注：《阿拉坦汗传》，民族出版社，1984 年，第 123、第 176、第 121 页。

1. 却吉斡节尔（CHoijiodsar）也有写成却吉敖色尔和却古敖色尔，原本是一人，两种称谓中前者是他出家时得到的名字，而后者是他的导师之一八思巴赐予的，然而被后人牢记的确是他出家时获得的戒名。这一元代人应属于西藏萨迦派，曾在蒙古可汗完泽笃与海山在位期间，成为他们的供奉师，遵命承担弘法译经事宜。至于他的生平与族属问题，如果上述文献记载无误的话，他应该是活跃于13世初至14世纪初蒙藏佛教文化舞台上的一位历史人物，其早年生活在西藏，晚年主要活动在蒙古。却吉敖色尔曾经从藏文翻译成蒙古文或用蒙古文写作的作品，流传至今的大概有十来种。其中有些作品还是不完整的，譬如大家所熟悉的佛陀释迦牟尼传《Arban Hoyar Johiyangui》（《十二因缘》，仅存其后几章）、《Jiruhen Tolitu》（《心之鉴》，遗矢）、《Mahagala yin Mahtagal》（《摩哈噶喇赞》，残存）、《菩提行论》（也称《入菩萨行论》、《入行论》）的译文及其注释，也仅存其最末一品。《入菩提行论》全文十品，我们现在能看到蒙译文为最后一品即发愿品，大约有58首诗。其译著还有《圣秒吉祥真实名经》（Hodugtu Manjushiri - yin Nere yi Unen yier Ugulemu 朱砂与墨混合竹笔抄本）等等。东噶·罗桑赤烈在他《东噶藏学大辞典》中给我们提供了两个重要信息，他指出“衮乾”却古敖色尔这个人的著述不少，其文集之量约等于广、中、略《中观论》之合。除此之外，还有两个人为他撰写过传记，一是拉杰却央的《上师却古敖色尔传》（lha rje chos dbyangs mdzad pa bla ma chos sku vod zer gyi rnam thar），另一是衮邦祥的《遍知却古敖色尔传》（kun spangs zhang mdzad pa kun mkhyen chos sku vod zer gyi rnam thar），他说这些书目是在国家图书馆馆藏目录中看到的。倘若能够使用这些传记，有关却吉敖色尔族属等问题兴许会得到解决。

2. 锡埒图·固始·满珠室利·却尔济瓦（SHiregetu guushi manjushiri chorjiw - a）生活于16世纪末至17世纪初叶人，著名的蒙古族佛学翻译家、文学家和史学家。其译著跋文中的自称有锡热图固始、班第达锡热图固始、呼和浩特因满珠室利、西日西鲁色勒巴等多种。他与蒙古黄金家族后裔有着密切关系，多个作品的翻译是在他们提议和倡导下着手完成的。其主要译著有：《圣威德罗叉吉祥庄严发起次第》、《大吉祥金刚威德发起次第》、《达到只好彼岸十万颂》、《达到智慧彼岸大乘经一万颂》、《本义必用经》、《木莲托因报母恩经》、《极乐之根本说》、《诸菩提道次第之纲》、《如意宝珠》、《故事海》、《嘛呢噶本》、《米拉传》、《米拉道歌》等。锡埒图·固始·满珠室利·却尔济瓦在翻译一些经典的过程中很可能与藏族学者有过合作。譬如翻译《大般若经》12卷后跋文中提到，该译经的重新校订者有多尔吉扎和莫尔根岱青台吉二人参与。多尔吉扎这位藏僧单独翻译成蒙古文的佛典有《怖畏金刚现证法如意宝藏》（Wcir Ayuhuluhchi yin Ile Onul Sedhilchilen Sang Hemegdehu）、《大吉祥怖畏金刚持害大圆满深密法部》（Chogtu Yehe Wcir Ayuhuluhci Hoor un Erhetu Delgerenggui Dahun un Gun Narin Nom un Ayimag Orushiba）等密教经典。蒙古和西藏高僧一起译经的实践活动在清代翻译大藏经的过程中展现的极为突出 。

3. 阿尤什（Ayushi），是与明代蒙古史和宗教史上赫赫有名的政教领袖人物俺答汗和索南嘉措达赖喇嘛为同一时代或稍晚的人物。我们知道当俺答汗和索南嘉措在青海会晤，彼此建立亲密的施主与福田关系，与此同时，他们和亲信们根据前世因缘，模仿忽必烈和八思巴的关系，互赠名号的时候，蒙方亲信中就有阿尤什固什，他被“……赐巴格什阿优希以阿难答满珠锡里固什之号使为诸师之首”。[①] 珠荣嘎译注《阿勒坦汗传》内蒙古人民出版社 1991 年 121 页阿尤什与阿优希为同一人的不同拼写。珠荣嘎先生对这段文字所作的注释为：“在本段第三行中又名巴格什阿优希（长寿师、无量师）。万里十五年（1587），陪同三世达赖喇嘛夫喀喇沁部。同年十二月，创制“阿利伽力字”（阿利为元音字母，伽力为辅音字母），用以音写《五部经》之陀罗尼咒。现存其编撰《梵文十六元音与三十四辅音》（Enedheg un Arban Jirhuhan Egshig Higed Hucin Durben Geigulugchi Usug – un Geshigun Luge Selde Oroshiba）和译著有《五守护神大乘经》、（Tabun Sahiyan Neretu Yehe Hulgen Sudur Orshibai）、《佛顶大白伞盖陀罗尼经》（HudugtuTegunchilen Iregsen – u Oroi ece Haruhsan Chahan Shihurtei Busud ta Ulu Ilagdahu Yehede Harihuluhchi Tegedu Bubugsen Neretu Tarni）、《梦的回遮》（Jiguden – u Harihulh – a Oroshiba）、《圣八明经》（Hudugtu Ogturhui Hajar un Nayiman Gegegen Yehe Hulgen Sudur）等，可能还不至于这些。他的阿利伽力字”，这一转写体系为梵藏文经典的翻译书写和刻印提供了很大的方便。

4. 乃济托因·阿毕达（Naici Toin Abida 1556—1653 ）是西部蒙古厄鲁特土尔扈特部军事首领摩尔根特木讷之子。自幼具有慈悲怜悯之心，他在青壮年时丢下年迈父母与妻儿离家出走，悄然走进西藏扎什伦布寺，在四世班禅罗桑却吉坚赞跟前出家、受戒、学法。由于勤奋刻苦好学，不久被众人称“乃济托因”，逐渐以此称闻名遐迩。他受班禅教诲，明白了自己使命在于到东方传教。于是他从西藏向东方启程，经过厄鲁特和漠南蒙古诸地来到呼和浩特，在阴山周围修行长达三十五年，其间乃济托因与一位在青城西山山洞修行的西藏禅师拜见。他在那里常以诵经、修行、收徒为业，然后再向东进发。他在携带弟子东行途中经过翁牛特、穆格丹（沈阳）、土谢图、乌珠穆沁、嫩河、郭尔罗斯、察哈尔、喀喇沁、科尔沁、傲寒、土默特、乃曼、扎鲁特、阿鲁科尔沁、巴林等地，一路继续进行传教、收徒，到达土谢图后停留时间较长，并在那里兴建了巴音和硕寺，该寺成为使用蒙语诵经的最早寺庙之一。乃济托因除了鼓励东部蒙古信徒背诵佛典、雕凿佛像和抄写《甘珠尔》之外，还以其自身医术、占术、法术和威望，为当地民众传播佛法的同时还尽力治病救人、排忧解难，以此不断扩了大佛法影响。与此相反，对蒙古民众传统信仰所供奉的——翁衮加以搜罗和烧毁，对他们古老的精神支柱“卜额”、“伊都干”即萨满，给予了沉重的打击。乃济托因在晚年曾拜见过应顺治皇帝邀请而在京城的五世达赖喇嘛，并受顺治皇帝旨令到呼和浩特居住。不久，受宾都哈敦之邀，再度赴东蒙途中圆寂。据说，乃济托因的传承，相继出现九个转世，除第一、第二世有传记外，其余的尚未发现。

5. 扎雅班智达·南木海嘉措（Zay – a Bandida nam mkhavi rgya tsho 1559—1662）和硕特部人。其祖父为四部卫拉特著名的珲贵吉雅齐，其长子巴巴翰。巴巴翰有八子，扎雅班智达属老五，小名锡拉哈波格。他十七岁顶替拜巴噶思之子出家，在满珠室利呼图克图跟前受比丘戒，获戒名为南木海嘉措。火龙年（1616）到青海，次年进藏入学。

① 珠荣嘎校注：《阿拉坦汗传》，民族出版社，1984 年，第 123、第 176、第 121 页。

先学显教，能举一反三，众人惊叹其智，在因明扎仓学习十年，通过辩论经典的考核，获饶迥巴名号。后任密宗喇嘛，适逢五世达赖向四世班禅受比丘戒时，他成为当场十名见证者，喇嘛格隆之一。他在藏从师念佛二十二年后，聆听达赖班禅授记，替他们到蒙古传播佛法、翻译经典，其功德无量。于是土虎年（1638）扎雅班智达返回故土。铁龙年（1640）接受喀尔喀札萨克图汗的邀请而前往，同年还参加了喀尔喀蒙古与卫拉特僧俗高层代表会盟。该会盟制定的法典中明确规定了限制萨满而推崇佛法的条款。随着佛法三宝地位的依法提高，传统萨满信仰逐渐失去了众多追随者。土鼠年（1648）他根据卫拉特方言区别老蒙古文的托忒蒙文。南木海嘉措自土虎年（1638）开始讲授《菩提道次第》、《父法》等经论并用托忒蒙文翻译《子法》、《嘛呢噶本》等佛典，到铁虎年（1650）所译佛经数目已超180部，其弟子补充翻译的佛典还有40多部。铁兔年（1651）他赴青海拜见达赖喇嘛，然后西行进藏并为哲蚌寺供奉大量财产，返回故里之后继续传播佛法。水虎年（1662）他在应邀再度进藏途中不幸圆寂。于是将其尸首运到西藏置于布达拉宫南部祥瑞林苑之中，并不断向大赖喇嘛领受祈愿祷告。《扎雅班智达传》对他转世灵童阿旺罗桑丹必坚赞（1671—1703）的记载很少，“除了龙年（1676）出现在唐兀特，七岁出家被护送到哲蚌寺学习之外，没有交代其后的事迹。”①自扎雅班智达·南木海嘉措之后其转世相传六世。

6. 扎雅把智达·洛桑赤列（Zay – a Bandida \ \ dza ya pndi ta blo bzang vphrin las 1642—1715）出生于喀尔喀蒙古杭盖省之呼基尔图。火狗年（1646）开始学习蒙古文和藏文。水蛇年（1653）叩见喀尔喀哲布尊丹巴呼图克图聆听其讲经说法，并在领经师喜饶仁亲等喇嘛带领下学习诸多显密经典。铁鼠年（1660）赴塔尔寺然后西行至卫藏，在五世达赖喇嘛跟前接受沙弥戒。“木龙年（1664）三月，于布达拉宫日光殿内，以五世达赖喇嘛为亲教师与规范师，杰·强巴仁钦为屏教师，在足数之善知识中受比丘戒，又向五世达赖求闻《慈氏五论》等少许正法。三十七岁，于五世达赖喇嘛尊前，又再受居士、沙弥、比丘戒，复返扎什伦布寺，不仅长期博闻广习显密经论，而且究习医药、历算、等共同学处。”②他在西藏居住长达十八年，逐渐成为精通显密宗和大小五明学的大学者，被五世达赖喇嘛赐予“扎雅班智达”名号和印章。土羊年（1679）离开雪域返回草原，便穿梭与漠北和漠南蒙古的宗教圣地库伦、青城、多伦诺尔等地，时常拜会哲布尊丹巴、章嘉呼图克图等当时宗教领袖，聆听其教为佛法在蒙古传播奉献了毕生的精力。他学识渊博，精通佛法，兼通蒙文和藏文，他用藏文撰写的文集就有六函，其中占四函的《闻法录》（zab pa dang rgya che bavi dam pavi chos kyi thob yig gsal bavi me long）在蒙藏学界具有很高的学术价值。

7. 赛赤活佛·罗桑丹必尼玛（gser khri rin po che blo bzang bstan pavi nyi ma 1689—1772），是青海和硕特蒙古卫津台吉的儿子，1692年，经章嘉呼图克图阿旺罗桑却丹和察罕姆诺门汗认定，嘉纳巴阿旺罗追嘉措（1635—1688）的转世，次年被迎入拉穆德钦

① 乌力吉巴雅尔：《蒙藏关系史大系·宗教卷》，西藏人民出版社 外语教学与研究出版社，2001年，第327、第303、第301页。

② 民族图书馆：《藏文典籍目录》(3)，民族出版社，1997年，第179页。

寺，确立为第一世赛赤活佛。他于1722年进入卫藏，拜谒第七世达赖喇嘛和第五世班禅额尔德尼，并在班禅跟前受比丘戒，次年返回拉穆德钦寺，1726年任该寺法台。1734年受清雍正皇帝召请进京，“皇帝敕封为慧觉禅师噶尔丹锡锊图呼图克图，长期住在北京栴檀寺觉阿拉章，撰著论述很多。后移居蒙古措敦寺（mtsho bdun dgon多伦诺尔寺）”。[①] 1742年奉乾隆皇帝之命，同第二世章嘉呼图克图若必多吉一起主持组织蒙藏地区著名学者将藏文《丹珠尔》译成蒙古文的工作。1744年奉乾隆皇帝之令，再次同章嘉一起主持和参与改建雍和宫的事宜。随后继续为传播佛法、建立寺院、培育教徒和著述而不懈地忙碌，察哈尔格西罗桑楚勒特木“二十岁，于土兔（1759）年夏，抵措敦寺，赤钦·洛桑丹白尼玛活佛为其授比丘戒。”[②] 点到了他们的师徒关系。水马年（1772）卒于拉穆德钦寺。赛赤活佛·罗桑丹必尼玛的藏文文集有三函，系北京木刻版，关于该高僧的研究还有待加强。

三、其他民族的高僧

藏传佛教向蒙古传布过程中，除了藏族高僧外，谙熟于释教的西域高僧也起到一定推波助澜的作用，我们应当铭记他们为蒙藏文化关系作出的贡献。近人的研究也表明：“蒙元时代，藏族佛教也成为回鹘佛教的一个重要来源，因为至少有16部佛经是从藏语翻译为回鹘语的。元代是喇嘛教快速发展的时期，尤其是萨迦派的发展达到了辉煌阶段。元代皈依喇嘛教的畏兀儿上层人物不少，其中著名的有：叶仙鼐、阿鲁浑萨理、必兰纳识里、舍蓝蓝、迦鲁纳答思、搠思吉斡节儿等，他们几乎都曾将藏语佛典译成回鹘语。”[③] 下面我们对相关人物做一扼要介绍。

1. 迦鲁纳答思（？—1331）回鹘翻译家。据《元史》记载：“迦鲁纳答思，畏兀儿人，通天竺及诸国语。翰林学士承旨安藏扎雅答思荐于世祖，召入朝，命与国师讲法。国师西番人，语言不相通。帝因命迦鲁纳答思从国师习其法，及言与字，期年皆通。以畏兀字译《西天、西番经论》，既成，进其书，帝命锓版，赐诸王大臣”。[④] 意思是精通印度语的畏兀儿人迦鲁纳答思，经人推荐拜见世祖，与其身边的国师——应该是八思巴，讲法，因语言不通，无法沟通。于是世祖令他向国师学习教法与语言文字，经一年学成，使用畏兀字——可能是回鹘式蒙古字，翻译印度和西藏经论，上呈世祖。世祖命令将其雕版印制颁发给诸大臣。据说迦鲁纳答思在元成宗时仍受人尊重，至仁宗即位年去世。

2. 阿鲁浑萨理，西域北庭回鹘人。据载“……以父字为全氏，幼聪慧，受业于国师八哈思巴，既通其学，且解诸国语。世祖闻其材，俾学中国之学，于是经史百家及阴阳、历数、图纬、方技之说皆通习之。后事裕宗，入宿卫，深见器重。至元二十年，有西域僧自言能知大象，译者皆莫能通其说，帝问左右，谁可使者，侍臣脱烈对曰：阿鲁

---

① 民族图书馆：《藏文典籍目录》（1），民族出版社，1984年，第295页。

② 民族图书馆：《藏文典籍目录》（2），民族出版社，1989年，第22、第21页。

③ 牛汝极：《回鹘佛教文献》，新疆大学出版社，2000年，第7页。

④ 《元史》卷134，第3260页。

浑萨理可，即召与论难，僧大屈服，帝悦，令宿卫内朝。”从上述记载看，阿鲁浑萨理充当了口头翻译的角色，可见其与众不同的学识和能力。①

3. 安藏（？—1293）回鹘人。据载“安藏熟悉佛教经典，精通回鹘、汉、蒙、藏等种语文，在京中颇有盛名。集贤殿大学士陈颢在未任之前，初游京师，即登门拜安藏为师，学习西域诸民族语言。……安藏翻译的《大藏内径》中的《圣救度母二十一种礼赞经》成为传世之作。他在译写古代文化典籍方面，显示了非凡才华，做出了光辉的成就。他本着“亲历史以知古今之乱，正心术以示天下之向背”的目的，先后将《尚书无逸》、《贞观政要》、《申鉴》、《尚书》、《资治通鉴》、《难经本草》等汉文典籍译成蒙文，为西域民族文化与汉族文化交流做出了积极的贡献。安藏于元世祖忽必烈时任翰林承旨，负责译写表章奏议、诏令史册等工作，并为忽必烈翻译。”②

4. 必兰纳识里（？—1332）北庭回鹘人。原名只剌瓦弥的理，1302 年奉旨代帝出家。据载：“元皇庆年间（1312—1313），奉令翻译诸梵经典。必兰纳识里自幼熟悉回鹘与西域诸种书籍，以后贯通诸国语和众多佛经。他一生中以惊人的毅力，用汉文翻译了《楞伽经》，用西天字翻译了《大乘庄严宝度经》、《乾陀般若经》、《大涅槃经》、《称赞大乘功德经》，用西番字翻译了《不思议禅观经》。这些梵文佛教经典的译传，无疑对当时各种民族之间的文化交流也起到了一定作用。历任光禄大夫，开府仪同三司兼领功德司事，沙津爱护持（汉译为总统）、诸国引进使等职。1331 年，加号普觉圆明广照弘辩三藏国师。翌年与安西王子月鲁帖木儿等谋叛受诛。”③ 蒙古学者策·达木丁苏荣认为，必兰纳识里大约在 1328 年左右把《北斗七星经》翻译成蒙古文刻印，后来叫阿邻帖木儿的人翻译成畏兀儿语刻印，再后来 1337 年又从蒙古文翻译成藏文，其译文收录于藏文《摄集经》与《甘珠尔经》之中。④

5. 暗白，元代西夏人，翻译家。据《元史》载：“暗白，唐兀特人。祖僧吉陀，迎太祖于不伦答儿哈纳之地。太祖嘉其效顺，命为秃鲁哈必阇赤，兼怯里马赤”。我们对于这为高僧还知之甚少。据引文中的称谓“秃鲁哈必阇赤”似蒙古语（Tulhu bichigchi，可靠的秘书），“怯里马赤”为蒙古语（Helemechi，通事、翻译），毋庸置疑，成吉思汗时期已经有人承担翻译和秘书工作了。”⑤ 实际上，成吉思汗征服西夏后，身边聚集了一些西夏人，暗白应是其中的一员，专门担任文字和口头翻译工作者，至于其他人，我们尚未具备足够的认识。

总之，在蒙藏关系的产生发展过程中，有相当数量的蒙古西藏包括其他民族的学问高僧，为这两个民族的历史文化从精神文明层面所架起的桥梁是坚实持恒而不可替代的。迄今为止，我们对他们的认识还不够全面和深刻。

---

① 乌力吉巴雅尔：《蒙藏关系史大系·宗教卷》，西藏人民出版社 外语教学与研究出版社，2001 年，第 327、第 303、第 301 页。

② 魏长洪等著：《西域佛教史》，新疆美术摄影出版社，1998 年，第 160、第 162 页。

③ 魏长洪等著：《西域佛教史》，新疆美术摄影出版社，1998 年，第 160、第 162 页。

④ 策·达木丁苏荣编著：《蒙古古典文学一百篇》，乌兰巴托，1959 年，第 131 页。

⑤ 乌力吉巴雅尔：《蒙藏关系史大系·宗教卷》，西藏人民出版社 外语教学与研究出版社，2001 年，第 327、第 303、第 301 页。

满文档案所见噶尔丹死后清廷、蒙古王公及藏传佛教的关系

楠木贤道（日本筑波大学）

本论文为利用笔者近年来翻阅之《清内阁蒙古堂档》、《康熙朝满文朱批奏折》，分析噶尔丹死后清朝如何推动其同蒙古王公及西藏的关系时，所探讨的必须留意的几个要点。

一、拉藏汗杀害桑结嘉措事件

担任五世达赖喇嘛（1617—1682）及六世达赖喇嘛（1683—1706）摄政的桑结嘉措（1653—1705），被青海和硕特部的拉藏汗（？—1717）杀害。康熙帝（1654—1722，1661—1722在位）通过多条途径获悉了这一情报。

第一条途径是蒙古藏传佛教僧人商南多尔济（1641—?）的奏折。商南多尔济出身于归化城的席力图召，作为康熙帝幼时的同窗在宫廷内被抚养长大。其后不久，商南多尔济便成为康熙帝的亲信，于康熙二十九年（1690）以康熙帝副使的身份被派遣至准噶尔部首领噶尔丹（1644—1697，1670—1697在位）身边。此时的正使为藏传佛教的转世僧人伊拉古克三呼图克图，其因援助噶尔丹，于噶尔丹死后被送还清朝，并最终于康熙三十六年（1697）在北京的黄寺被处以极刑[①]。

因昭莫多之战的败局，噶尔丹大势已去。其后，康熙帝逐渐将目光更多地转向西藏等地。为监视青海和硕特部动向并从该部处搜集达赖喇嘛政权的相关情报，商南多尔济遵照康熙帝的命令移住于西宁。从中国第一历史档案馆馆藏的商南多尔济的满文朱批奏折来看，至少从康熙三十六年闰三月二十一日起至康熙四十六年八月二十五日之间，其驻扎于西宁以搜集情报，并相继将情报以密折形式送抵康熙帝处。商南多尔济向康熙帝报告的有关桑结嘉措被害事件的情报，也是通过和硕特部王公搜集到的情报之一，以下通过史料进行具体的说明：

首先，商南多尔济康熙四十四年八月九日的奏折（案卷号282，缩微胶卷4，画面号码919—922）内容如下：

本年八月初三日，贝勒岱青和硕齐[②]遣部下车尔贝斋桑前来告称：吾等贝勒遣往西土（西藏）之达尔汉哈什哈于七月二十五日抵达。其告知云，吾来时曾中途前往拉藏

---

① 池尻陽子：《北京の黄寺について——黄寺訪問と清初の黄寺に関する覚書》，《満族史研究》4，2005年，第192—194页。

② 固始汗第五子依勒都齐之次子博硕克图济农的第三子察罕丹津的称号。其曾于康熙四十年来朝，被封为多罗贝勒。参照《钦定外藩蒙古回部王公表传》卷82《扎萨克和硕亲王察罕丹津列传》，及佐藤長：《青海オイラット諸部落の起源》，《中世チベット史研究》，同朋舎，1986年，第461—465页。

汗宅邸，拉藏汗尚驻于喀喇乌苏。拉藏汗告知于达尔汉哈什哈，汝归后，向汝主贝勒岱青和硕齐告知吾攻召之缘由。第巴行破坏佛教政治之事，诳吾至此，使吾代父即汗位。本全无理由，却使吾之颜面尽失，罢吾汗位，将吾驱逐。行此等大事，吾理应向圣主奏闻。然第巴将吾彻底置于绝境，迫不得已方才如此行事。望汝贝勒向商南多尔济告知，我因陷入绝境而行此不正之事，或可转奏之，等语。贝勒岱青和硕齐特以望将此转奏之等因，遣人来告。为此谨奏。

从商南多尔济的奏折可以看出，拉藏汗决意攻打桑结嘉措，并希望在事前得到康熙皇帝的许可。然而，由于汗位被剥夺及从拉萨被驱逐的窘境，拉藏汗将迫不得已出兵的情由向清朝单方面进行了通告。此通告恰巧被由拉萨返程的察罕丹津的属下达尔汉哈什哈，从拉藏汗处获悉。从拉藏汗仍然驻留喀喇乌苏来看，拉藏汗与达尔汉哈什哈这次会面的时间最迟应在七月一日以前。此通告于七月二十五日送抵察罕丹津处，嗣后，察罕丹津遣部下车尔贝斋桑于八月三日送交商南多尔济，进而由商南多尔济于八月九日奏报于康熙帝。由于康熙帝写入朱批的奏折是九月十三日送抵商南多尔济处的，或可推测，康熙帝是在八月末收到了此奏折并记入了朱批。此奏折的朱批内容如下：

若拉藏已击毙第巴事确属实情，汝宜急遣人员，以理应将达赖喇嘛及第巴送抵陛下处，并具奏情由。其等若留彼地（拉萨），必成汝日后之忧患，终将悔恨等语，晓谕利害。以达赖喇嘛乃第巴之子，此为众人所知。第巴虽系封王之人，然陛下唯以汝征讨第巴，合乎情理，绝不责难等言，记而告之。钦此。

从“拉藏已击毙第巴”使用过去时态形式来看，或可认为，康熙帝通过其他途径已经知晓了桑结嘉措被害的情报。由于从桑结嘉措实际被害的时间算起已一月有余，这一推断的可能性很高。虽然只有拉藏汗单方面的通告，但是康熙帝认为事后通告亦可接受，仅令商南多尔济紧急前来报告情况，不见对拉藏汗的责难之状，而商南多尔济则奉命将记入“陛下唯以汝征讨第巴，合乎情理，绝不责难”之言的书信送抵拉藏汗处。这一系列的决策或源于康熙帝此时已有“若六世达赖喇嘛和桑结嘉措身在拉萨，日后必成大患”的考量。在这一背景下，康熙帝对多年来一直隐匿五世达赖喇嘛死讯的桑结嘉措产生了极强的不信任感。“达赖喇嘛乃第巴之子，此为众人所知。”等带有否定六世达赖喇嘛正统性感情色彩的语言，也很好地表现出了这一不信任感。

接着，被引用到康熙四十四年十月二十一日的奏折（案卷号282，缩微胶卷4，画面号码931—937）中的，为验视拉藏汗情况，贝勒朋苏克派遣的褚胡拉向商南多尔济提交的同日期的报告内容如下：

吾亲自抵达拉藏处后，拉藏即率兵征讨第巴，到达由召向此一日行程，名谓浪荡①之地，拉藏交付兵马于台吉准塔尔、达尔济布等，遣其等征讨第巴。台吉准塔尔等率兵抵达，视之，西藏兵皆列队迎击，故准塔尔等迎战之，未久，西藏兵即败逃。第巴闻属下之兵业已败逃，亲自携妻子前往名曰日喀尔公喀尔②之城避难。为此，拉藏即率五百兵士，携策妄阿拉布坦之使察罕丹津本人及吾等同往日喀尔公喀尔城，捕获第巴。其

① 拉萨之东北偏北30公里处的地名。

② 拉萨之西南偏南40公里处的地名。

后，将第巴本人交付辉特台吉贝巴、达尔济布等。因委其等送交拉藏之妻次仁扎西，贝巴等向此押送之时，于召之附近名曰南齐之地，会见了拉藏之妻次仁扎西。于是，次仁扎西告知贝巴等斩杀第巴。其等割下第巴之首、心、肝及股骨两块，现收于拉藏身边。虽有达赖喇嘛呼毕勒罕亲率三四百人，阻于途中，由台吉准塔尔处接收第巴之子之言，然若视此状而言，所谓接收或为诳语，实为抢夺耳。吾至之时，主上所遣使者等尚未到达。询之，于九月十日由班禅处抵于拉藏处。抵达后，拉藏欲以部下辉特之厄尔克台吉为使，遣其与使者等共至陛下处。此外，将部下特古思寨桑遣往策妄阿拉布坦处，亦遣人至青海兄弟处，等语。

此奏折送返商南多尔济之日期虽未记录，但奏折往来大约需花费二十日至一月的时间。因此，或可推测该奏折需用十日至半个月的时间送抵康熙帝处，即此奏折于十月末十一月初送达康熙帝处。对商南多尔济此封奏折的朱批如下：

源于西土（西藏）之商人、僧侣，本往来无数，今缘何不行矣？吾等使者似略迟，然若获取诸种消息，急报之事关系甚重。拉藏甚惧吾等，对策妄阿拉布坦伺机之忧，亦非全无，虽不能揣测其意，安能料其持有恶意乎？无论如何，宜尽力获悉情报。钦此。

由此可见，康熙帝除通过派驻西藏的官员及在西宁搜集情报的商南多尔济以外，还通过与西藏往来密切的商人和藏传佛教僧人等多条途径搜集相关情报。此外，此处所说的“吾等使者”是指内阁侍读学士荐良（？—1710）。在拉藏汗与桑结嘉措的关系日益紧迫之时，康熙帝特意将荐良遣往日喀则的五世班禅额尔德尼处，并命其往返皆经由拉萨，从而搜集相关情报。荐良的奏折被引用在康熙四十四年十二月二十六日的议政王大臣兼领侍卫内大臣宗室鄂飞等的奏折中①。与商南多尔济的奏折相比虽时间略晚，但内容更为全面②。

由此可见，康熙帝通过西宁的商南多尔济，派驻西藏的荐良，同西藏往来密切的商人、藏传佛教僧人等多条途径，获取了拉藏汗杀害桑结嘉措事件的相关情报。

然而，如此颇费周折获得的有关桑结嘉措被害事件的原委及其具体情况的情报，在实录等清朝的编纂史书中，却几乎未有记载，为何会如此呢？桑结嘉措之死是噶尔丹战争后西藏形势发展的归结之一，与此同时，该事件亦可被看做是从康熙末年至雍正初年逐渐发展形成的，清朝对西藏支配的起点。认为因该事件对清朝来说不重要，故而其未在编纂史料中被记载的推论是不成立的。笔者认为，这一现象是由实录等史书所带有的，中央王朝正式编纂物的性质所决定的，即实录是记载皇帝事迹的史料。因此，即便该事件对清朝来说十分重要，清朝亦针对该事件极为周密地搜集了相关情报，但限于清朝政府没有直接采取具体的行动，故而在实录中很难将其信息记录在内。实录中未被记载的事件并不能直接等同于中央王朝未察知的事件，即不能简单说成是中央王朝不重视

① 中国第一历史档案馆所藏：《宫中档满文朱批奏折》机构包，议政大臣（案卷号 29，缩微胶卷 9，画面号码 829—896）。汉语译编为，中国第一历史档案馆编：《康熙朝满文朱批奏折全译》，广西师范大学出版社，1996 年，第 399—404 页。

② 白新良：《关于拉藏汗的满文史料及其价值》，《清史考辨》，人民出版社，2006 年，第 250—260 页；乌云毕力格：《鄂飞满文奏折笺注》*Quaestiones Mongolorum Disputatae* III，2007 年，第 73—108 页，楠木賢道：《清朝档案史料からみたサンゲ・ギャムツォ殺害》，《清朝史の新たな地平線》，山川出版社，2008 年，第 163—187 页。

的事件。实录中未加记载的事件中，中央王朝十分重视，细致地进行情报收集，积累和分析的事件也是存在的。

二、皇太子的废黜及复立

康熙帝面对皇太子多年的不轨行径，于康熙四十七年（1708）决意将其废黜。该决策亦曾向蒙古王公处送达。在《清内阁蒙古堂档》17册，第412—428页中有如下记载：

奉天承运，皇帝谕曰。朕承天眷命，绍祖宗弘图，四十八年于兹，宵旰孳孳，不敢暇逸，所敬惟天，所重惟民。每念天生民而立之君，无非欲其爱养黎元，俾无失所，故于天下闾阎情形，周咨博访，纤悉罔遗。凡有可以拯民困者，不惜数千万帑藏，以溥施济。累岁减免谳狱，所全活者，不下数千百人。良以君道在于爱民，此帝王之常经，祖宗之家法，亦用以垂示后人，使知所则傚也。胤礽自立为皇太子，时勤教谕，并简名望大臣，为之讲明性理历有年，所顾秉性乖戾，罔体朕心，违背朕训。虽愆尤日积，尚冀其悔悟自新，屡次南巡江浙，西巡秦晋，皆命胤礽随行，原望其谙习地方风俗，民间疾苦。乃辄强勒督抚大吏及所在官司，索取财贿。所用宵小匪类，尤恣意诛求，肆行攘夺。夫地方物力，皆属小民脂膏。朕屡谕胤礽，宜加节俭。伊乃穷奢纵欲，逞恶不悛。既已苛索外吏，复夺取外藩入贡马匹等物。私用内外库帑，为数甚多。流毒臣民，安所底极。迩来暴虐慆淫，过端弥著，自诸王以及大臣官员，悉被非礼凌辱，横加捶挞。向因索额图、常泰交通设谋，朕洞觉其情，置索额图于死，而胤礽时蓄忿于心。近复有逼近幔城，裂缝窥伺，中怀叵测之状。凡此举动，类为鬼物所凭，狂易成疾。书曰，天视自我民视，天听自我民听。人心所恶，天必厌之。宗社事重，何以承祧。朕图维再三、万不获已，于康熙四十七年九月十八日，奉皇太后慈命，告祭天地、太庙、社稷，特废黜拘禁，所以仰安宗祏，俯慰臣民也。兹历指废黜之由，宣示中外。又因胤礽贪暴纵恣，被累者多，深切轸念，爰敷宽恤之深仁，并布普施之德意，用弘怀保，丕被寰区。于戏，澄清国本，谨万年久远之图；诞沛恩膏、涣九重惇大之旨。布告天下，咸使闻知。康熙四十七年九月二十四日。

康熙四十七年九月二十四日，理藩院为向蒙古各扎萨克送达诏书事请旨，奉旨：大学士等会议具奏。钦此。同日，大学士马齐、温达、尚书公阿灵阿、侍郎满笃、荐良等口奏：曾有向外藩蒙古送诏之例，亦有不送之例。因蒙古等有贡纳之义务，此次之诏，望削（恩养之）条目后送之，等语。其时，钦遵著译之，削条目送之之上谕，委侍读学士诺木齐岱、主事博寿等，会同唐古特学司业阿尔必特祜译为蒙古语，于十月朔日交付礼部仪祭司员外郎拜善。同月（二）十六日，理藩院复请旨，奏请禁止前往送诏官员收取扎萨克等献上之物，等因。奉上谕：青海、哈密编设旗佐领前，著止送达。其他诸地，勿‘诏’之形式，改以‘颁谕’方式送之。钦此。同月（十月）初七日，侍读学士诺木齐岱、主事博寿、华善等领之，将其“满蒙诏”之文字改写为“颁谕”，交大学士马齐、温达阅之。其后，即交付礼部堂主事和顺。

该史料是清朝向各蒙古王公宣布废黜皇太子的旨意。因《清圣祖仁皇帝实录》卷二百三十四，康熙四十七年九月丁酉（二十四日）条与上述部分记载了同一内容，笔者参照实录记载内容，将上述满语史料译为汉语。此外，《清圣祖仁皇帝实录》同条以“以废皇太子允礽，颁诏天下”开始，《清圣祖仁皇帝实录》同条及《清内阁蒙古堂档》均以“布告天下咸使闻之”作结。如后段的文件处理说明记述的那样，首先由接到康熙帝指示的理藩院长官、次官以及内阁大学士将满文的文稿进行整理，紧接着由负责翻译的侍读学士等将文稿译为蒙古语。与此同时，虽然已经表达了归顺之意，但由于编设扎萨克旗和佐领的工作尚未完成，对青海和硕特部王公和哈密回部王公等不予送达，而对其他蒙古王公亦不再以“诏”的形式送达，而是改用“旨”的表达形式。遵照康熙帝的这一指示，侍读学士等于十月七日将文稿进行了改写，由大学士确认后，通过礼部送达蒙古诸王公。也就是说，“以废皇太子允礽，颁诏天下”和“布告天下咸使闻之”中的“天下”并不包括尚未完成扎萨克旗和佐领编设的青海和硕特部王公及哈密回部王公等。此外，对于已经完成扎萨克旗和佐领编设的蒙古王公，清朝并非以“诏”的形式而是以“旨”的形式宣布了皇太子被废黜的旨意。由此可见，当时的清朝存在着多层次的中外意识。

此外，康熙帝已于康熙四十七年九月四日将随行北巡的宗室王公、大臣、侍卫、文武官员召集至行宫，向其等宣布了废黜皇太子的旨意①，而这份九月二十四日的旨意则是康熙帝为了明确表达必须也向已经完成扎萨克旗、佐领编设的蒙古王公传达废黜太子消息的意志的产物。由于围绕清朝的内陆亚局势尚处于动荡之中，为了使包括以噶尔丹战争为契机归顺的喀尔喀部在内的蒙古诸势力与清朝联结在一起，将皇太子的不轨行径予以宣布并将其废黜，同时将这一决意向蒙古诸势力通报是有必要的。

值得一提的是，在废黜皇太子旨意的原文中，有关于在康熙帝难以决断对皇太子的处理方式时，康熙帝遵照皇太后的指示做出决断的记录。这里所说的皇太后是出身于科尔沁左翼中旗的孝惠章皇太后（1641—1717）。由于康熙帝的生母孝康章皇太后（1640—1663）早逝，其代之将康熙帝抚养长大。康熙帝即便是在为与噶尔丹决战而身处阵前时，亦通过留驻京师的皇太子屡屡问询皇太后的起居情况，而孝惠章皇太后也常常询问康熙帝平安与否。本史料及《清圣祖仁皇帝实录》等史料中虽没有具体的记录，但或可以想象，在皇太子的问题上，皇太后与康熙帝有着同样的烦恼。此外，在向蒙古王公通报废黜皇太子的旨意时，其内容是基于孝惠章皇太后的懿旨做成的。孝惠章皇太后家世显赫，出身于科尔沁左翼中旗的王公之家，在旨意中遵奉其懿旨或可以理解成是出于希望更好得到各蒙古王公的理解而做的考量。

在《清内阁蒙古堂档》17册，第492—522页中，关于康熙四十八年皇太子复立的旨意有如下记载：

奉天承运，皇帝谕旨。朕惟思建立储嗣，承奉祖宗祭祀，与国之根本攸关。若能信托于大良，敛身于实信，更新己德，谨勉学业，勤奋修行，行为懋著于宫廷，言论信服于臣庶，则可占有神器，行使盛典。皇太子胤礽，久居东宫，夙享名望，只顾克尽孝诚，笃守恭敬矣。不意忽染疯癫之疾，朕深念此与祖宗遗留之洪业及万邦生民所系甚重，不得已而将其废黜。嗣后，渐次体勘，朕觉当国家有此大事之时，生来奸恶之徒，

① 《清圣祖仁皇帝实录》卷234，康熙四十七年九月丁丑（四日）条。

籍此庇护各自朋党，惹起事端，日后必生纷乱。遂穷究根源，审其实情，乃确得病源，悉由镇魇所致。亟加除治，尽涤前疴。累月以来，朕因诸事愤郁，心神耗损，胤礽朝夕侍朕左右，忧形于色，药饵必亲，寝膳必视，惟誠惟谨，历久不渝。良德益昭，堪主神器，此诚仰赖上天垂庥，列祖笃祜，以默相我国家于有永者也。兹特昭告天地、宗庙、社稷，载稽典礼，于康熙四十八年三月初十日，授以册宝，復立为皇太子，正位东宫，以合四海之人心，茂衍万年之洪业，肇成庆典，宜沛洪恩。兹将应行之事书于之后。

〇一件，五岳、四渎、長白山等祭地，遣官祭祀，据原典章施行之。

〇一件，历代帝王之陵寝，先师孔子陵墓，遣官祭祀，据典礼施行之。

〇一件，历代帝王之陵寝，如有荒废，该管总督、巡抚等分别奏闻，修复之。

〇一件，民之生计与大臣、官员之诚实清廉所系。鼓舞清廉，犹如令民生活。嗣后，部院、总督、巡抚常举该管官员之真正清廉者奏闻，朕当试用之，实则亦重用荐举者。此中切勿荐举不甚诚实及不甚贤明之辈。

〇一件，如今天下太平，各省兵丁并无努力之处。唯西宁、肃州总兵下营之兵马，为从西土策妄阿拉布坦等处收集情报，以及派遣大臣、章京、笔帖式、领催等因，经常利用。朕之官兵，俱念朕平素之恩养，报答无怨，然朕心甚悯。关于此件，该管总督、巡抚与提督、总兵等会同，将恩赐兵丁或备选他物与困苦兵丁之事，从速奏闻。

〇一件，沿海官兵，定期搜捕盗贼于大洋，官兵屡遭苦难。出动之船，官兵之数，出动之次数，捕获盗贼或被害等实情，每次明白奏之。此中当恩赐或区别之事，朕将酌情下旨。

〇一件，总督、巡抚等统治地方之官，必悉知地方利弊。若熟知所有结算钱粮、节省开支、与兵民利益等事宜，着实上奏。果若施行且卓有成效者，着即拣拔任用之。

〇一件，因罹灾而免蠲赋役之地之牧民官员，如若不予遵行，反而恣意榨取，轻恕富民，却未令贫者获得恩赐，事发则断不赦免。

〇一件，天下驿站人员辛苦。所有乘驿官员人等，若有折磨驿站人员者，该管总督、巡抚立刻参奏。如果隐蔽，一并治罪。

〇一件，兵民中如有七十岁以上者，免一丁担养，杂役全部免除。如有八十岁以上者，赐予里子一匹，棉花一斤，米一石，肉十斤。如有九十岁以上者，赐予双份。若有达成百岁者，明确上奏，赐予建立牌坊之资。

〇一件，关于孝子、贤孙、义夫、节妇，该管地之官员，审明实情，奏请旌表。

〇一件，各地若有德高行善，然隐遁山林者，该省总督、巡抚审明实情上奏，酌情任用之。

〇一件，所有官吏兵民之叛逃者、子孙弑杀其祖父母及父母者、与族女通奸者、妻妾弑杀其夫者、奴婢弑杀其主者、弑杀非死罪之家之三口者、食用幼童或切割妇乳食用者、有谋划杀人或故意杀人者，施用妖术或投毒杀人者、教唆強盗者等十恶不赦死刑外，营造宫陵不坚、侵吞钱粮账目、营造战船武器不堪使用、浪费钱粮等行伍之罪，贪官污吏侵吞财物之罪，监守自盗之罪，诈取公库银两或钱粮漕粮亏欠之罪，侵吞漕粮、劳累驿站人员、诬告奸细光棍反叛者、放火者、通奸而杀人者、及涉人参之罪，俱不予赦免。此外死罪俱减一等。此中打架殴人致死者，照例查抄银四十两，给予亡者之家。

康熙四十八年三月十一日以前所有业已告发或未曾告发、业已审断或未曾审断之罪，俱行赦免。

〇一件，各地盗贼，或因饥寒窘迫，或因贪官逼迫所致者，实属可怜。若其赎悔前恶，至诚来归，则赦免其罪。

〇一件，河道、漕粮之事关系重大。所有涉及河道、漕粮之罪、不予赦免。

〇一件，所有因反叛、殺人及强盗之罪，而核对口供，监禁使之等候审理者，恐有无辜死于囚中者，该管部院及直省总督、巡抚审理核实，与口供核对，若有证据不足及应怜悯之事、犹豫之事，着即奏请，予以释放。

呜呼！巧遇春阳之候，协和之气溢满宫廷，如海水渗透，神奇之恩遍于天下。宣布中外，咸使觉悟。

康熙四十八年三月十一日

康熙四十八年三月二十一日，为理藩院之宣谕蒙古诸扎萨克诏书翻译事，送来钤印诏书。侍读学士诺木齐岱、主事博寿等受之，即会同唐古特学司业阿尔必特祜译之，同月二十五日，将满文一通、译成之蒙古文一通交付礼部主事和顺。

本史料是为宣布复立皇太子的决定，于康熙四十八年三月十一日下达的旨意。康熙帝首先于三月九日以有司摄事之礼，向天地、宗庙、社稷宣读了复立皇太子的祭文，翌日，授予胤礽皇太子册宝，并于十一日向天下宣布了皇太子复立的旨意①。在《清圣祖仁皇帝实录》卷二百三十七，康熙四十八年三月壬午（十一日）条中记载了除去十六条恩养条目的开头部分。正如后段有关文件处理的说明记录的那样，送交蒙古王公的文书并非是十一日直接送达的，而是内阁侍读学士诺木齐岱等于三月二十一日从理藩院受取了满文的诏书后，先将其译为蒙古文，之后再于二十五日将满蒙文诏书各一封送交礼部，而这才是最终送达蒙古王公处的诏书。废黜皇太子的诏书从向旗人官僚、汉人官僚宣布到向蒙古王公宣布，经历了二十天的时间。与此相同，这封宣布皇太子复立的诏书要送达蒙古王公处亦至少需要十四日的时间。由此可见，康熙帝再度明确决意向蒙古王公宣布皇太子复位的消息。

目前，在内蒙古大学蒙古学学院藏有一份宣谕蒙古王公的蒙古文诏书原件。这是2005年春由蒙古国的一位旅行者带来的。该诏书上方长350公分，下方长355公分，左侧高99公分，右侧高97公分，呈长方形，在染黄纸上以木版印刷而成。其由四张纸拼接而成，三个接缝处及末尾的日期部分均钤有汉文书为“皇帝之宝”、满文书为han i boobai的御印。其内容与《清内阁蒙古堂档》所记的蒙古文完全一致②。由此看来，诏书的文稿在康熙四十八年三月二十五日交付礼部后，以木版进行了印刷，印刷后的成品最终被送抵蒙古王公处。以木版印刷意味着这封皇太子复位诏书被印刷成了多份，之后被送抵诸处。康熙帝将废黜皇太子的诏书如上述方式进行处理，源于围绕清朝的内陆亚

---

① 《清圣祖仁皇帝实录》卷237，康熙四十八年三月庚辰（九日）条、辛巳（十日）条、同壬午（十一日）条。

② 齐木德道尔吉：《关于康熙四十八年蒙古文复立皇太子诏》*Quaestiones Mongolorum Disputatae* VIII，2012年，第119—147页。将《清内阁蒙古堂档》译为汉文时，参照了齐木德道尔吉：《关于康熙四十八年蒙古文复立皇太子诏》以及《清圣祖仁皇帝实录》卷237，康熙四十八年三月壬午（十一日）条。

局势尚处于动荡之中，其希望将包含喀尔喀在内的蒙古王公与清朝皇家联结在一起。而将复立皇太子的事实和情由向蒙古王公宣布，同时施以恩养，则是出于有必要谋求蒙古王公信赖的考量。恩养条目的内容很多是儒家价值观影响下的产物，以汉人社会为对象作成。由于这封复立皇太子的诏书是宣谕旗人官僚、汉人官僚诏书的翻译稿，故而并非针对蒙古王公而特别作成。

前述之皇太子废位诏书虽亦无法确认原件，但或可推测，其同样是在交付礼部后进行了木版印刷，最后送达各蒙古王公处的。

三、档案史料中未被保留的交涉内容

时间向前追溯，在《清内阁蒙古堂档》第 17 册，第 275 页中，没有文件的本文，只有文件处理的注释的内容有如下记载：

康熙四十二年十二月二十六日，乾清门侍卫拉锡带来班禅密奏之藏文信件一封，章嘉胡土克图、墨尔根绰尔济、扎萨克大喇嘛彭素克格隆、唐古特学司业阿尔必特祜、阿必达、主事和顺、博寿等会同译之。汇总誊清之满文译稿、蒙文译稿、藏文原件后，拉锡将其带走。拉锡告知此事于档案中不予记录等语。翻译之稿本亦被抽出作废。

也就是说，康熙四十二年十二月二十六日，负责涉藏事务的康熙帝的亲信拉锡，命令居于京城的有名望的藏传佛教僧人章嘉胡土克图、墨尔根绰尔济、扎萨克大喇嘛彭素克格隆等会同唐古特学司业阿尔必特祜、阿必达、主事和顺、博寿等翻译五世班禅额尔德尼以藏文写成的密奏。此外，完成后的满蒙文译稿及藏文原件被拉锡回收带走，同时，其告知在内阁做成的录副（《清内阁蒙古堂档》）中此事不予记载，译文的副本亦被抽出作废。从西藏送达的藏文文件通常是由在内阁司职翻译的阿尔必特祜、阿必达等负责翻译的，如果是特别重要的文件，则需深得康熙帝信任的居于京城的藏传佛教僧人章嘉胡土克图、墨尔根绰尔济、扎萨克大喇嘛彭素克格隆等共同参与，谨慎地作成译文。由此可见，在命其等翻译之时，拉锡认识到了这份文件的重要性，而确认过译稿后，其更为深刻地意识到文件内容的重要性和隐匿性，故而其认为此事几名当事人知晓即可，记录则不予保存。

五世班禅额尔德尼的这封密奏送达前后，西藏局势正处于动荡多变的时期。一方面，得知父亲达赖汗死讯的拉藏汗，为了继承父亲的地位，于康熙四十一年二月由青海向拉萨进发。此后，其于康熙四十二年四月至六月间，得到了“成吉思王”（jing gir rgyal po）的尊称，继承了父亲达赖汗的地位。值此拉藏汗谋求即位之际，担任摄政的桑结嘉措由于隐匿五世达赖喇嘛死讯之事暴露，备受康熙帝和蒙古王公的猜疑。因深感遭到孤立，桑结嘉措将拉藏汗视为自己的后援，十分重视与其之间的关系，积极推动其承继汗位①。前述之拉藏汗杀害桑结嘉措的时间据此时仅过去两年，而两年之前的这一时段，两者的关系却是如此亲密。此外，在前述之商南多尔济康熙四十四年八月九日的

① 岩田啓介：《ラサン＝ハン即位前後の青海ホシュート部——清朝とジューン＝ガル部の狭間で》，《社会文化史学》第 52 号，2009 年，第 58—60 页。

奏折引用拉藏汗的报告时有“第巴（桑结嘉措）行破坏佛教政治之事，诳吾（拉藏汗）至此，使吾代父（达赖汗）即汗位。”的记述，而这也验证了这一时期桑结嘉措拥立拉藏汗的事实。

另一方面，康熙四十一年，六世达赖喇嘛将五世班禅额尔德尼授予的沙弥戒奉还，放弃了僧侣的修行。对此十分愤慨的桑结嘉措趁六世达赖喇嘛夜里同玩伴溜出布达拉宫，于街上骚动之机，派人斩杀了六世达赖喇嘛宠爱的男童。商南多尔济通过康熙四十二年七月二十八日的奏折将此消息传递给了康熙帝①。此外，值此六世达赖喇嘛与桑结嘉措不和之际，拉藏汗选择支持六世达赖喇嘛。其应六世达赖喇嘛之请求，将斩杀男童的犯人杀害。为此，拉藏汗也成了桑结嘉措憎恨的对象，而其也将这一情况报告给了清朝的使者②。根据岩田启介的分析，即位后不久，为了确立自身在西藏的权力同时谋求康熙帝的支持，拉藏汗日渐与桑结嘉措走向对立，两者关系的紧张程度亦日益加剧③。

处在这样的情势之下，由于是与拉藏汗、桑结嘉措、六世达赖喇嘛等相对疏远的五世班禅额尔德尼送来的密奏，拉锡便对其做了不保留记录的处理。当然，其内容与当时的拉藏汗、桑结嘉措、六世达赖喇嘛等人相关。此外，五世班禅额尔德尼或并非是自发向清朝报告的，而是应清朝的要求才这样做的。

与此同时，由于准噶尔部策妄阿拉布坦（1663—1727）的存在，康熙帝与拉藏汗及桑结嘉措的关系被进一步复杂化。策妄阿拉布坦于康熙四十年七月送抵康熙帝处的奏书，内容如下：

若第巴尚存，则如众人所知，其终将对佛教政治施以不好之影响。然若因一人之恶而擅动兵戈，则涉地甚广，众生忧劳。故而或以捕送第巴，其余悉如从前等因委青海之台吉等为宜。若疑（青海之台吉等）是否不从为之，吾将亲为助力。若如此，免使众生罹难，（第巴）亦可捕获④。

策妄阿拉布坦认为桑结嘉措是诸恶之源，桑结嘉措不除则问题无法得到解决。此外，其提出若捕拿桑结嘉措时，青海和硕特部之力量不足，自己愿亲自率军支援。对策妄阿拉布坦而言，桑结嘉措隐瞒五世达赖喇嘛死讯，操纵噶尔丹，使准噶尔部陷入混乱，是不可宽恕的。

对康熙帝而言，应该警惕桑结嘉措的同时，也绝不能给策妄阿拉布坦出兵西藏的口实，为此，于此时拉拢拉藏汗是十分有必要的。

在如此紧迫的情势之下，康熙帝与策妄阿拉布坦一直保持互通书信。在《清内阁蒙古堂档》第17册，第267—274页中，刊载了康熙四十二年十月拟定的送交策妄阿拉布坦的敕书。其中多半内容为盛赞策妄阿拉布坦表达恭顺之意，送还伊拉古克三呼图克图等行为，因其一直遵循康熙帝意志行事，应对其施以恩赐之类等无关痛痒之语。值得注

---

① 楠木賢道：《康熙帝の側近，シャンナン＝ドルジの奏摺》，《歴史人類》第34号，第80—81页。

② 楠木賢道：《清朝档案史料からみたサンゲ・ギャムツォ殺害》，第172—173页。

③ 岩田啓介：《ラサン＝ハン即位前後の青海ホシュート部——清朝とジューン＝ガル部の狭間で》，2009年，第60—63页。

④《清内阁蒙古堂档》第16册，第450—451页，以及岩田啓介：《ラサン＝ハン即位前後の青海ホシュート部——清朝とジューン＝ガル部の狭間で》，2009年，第60页。

意的是，在末尾部分记有“有向我之使者克什图、员外郎保柱传达之口谕（anggai wasimbure hese），特此下达”。也就是说，重要的事项不记录在信件之内。由于使者是口头传达，故而是通过注意听取进行传达的。

策妄阿拉布坦对侍卫克什图、员外郎保柱等带去的书信的回信于康熙四十三年九月送抵康熙帝处。信件内容刊载在了《清内阁蒙古堂档》第17册，第327—330页上。在陈述了对赏赐的简单谢词后，还记载了“为上奏诸事，遣达尔汉俄木布，口头上奏情由（turgun be anggai wesimbumbi）”等内容。策妄阿拉布坦也在回信中记述了重要事项由持书信前往之使者口头传达之语。

综上所述，有关西藏事务的交涉记录，由于其隐匿性而从录副中被抽出作废。相关事务从交涉开始就不保留记录，同时采用由遣派之使者口头传达的方式转达重要事项。这样的交涉情况或许可以说无论在哪个时代，哪个国家都是相同的，但是由于在上述的这一时期保留了大量的档案资料，因而，在研究这一时期清朝同内陆亚诸势力关系时必须特别注意这一现象。在丰富的档案史料中，未加记录的重要事项也是存在的。

四、结　语

本论文在利用档案资料分析清朝如何推动其同蒙古王公以及西藏的关系时，指出了以下必须注意的三点内容：

第一，通过派驻西藏的使者，驻扎于西宁的商南多尔济，与西藏往来频繁的商人和藏传佛教僧人等多条途径，康熙帝获得了有关西藏的情报，并对其批判的进行摄取。现在的研究者亦必须综合把握康熙帝利用多条途径获得的情报，从而尽可能复原当时西藏真实的情势。

第二，康熙帝在面对内陆亚诸势力时，带有这一时期固有的多重的中外意识。必须理解这一结构，并对史料进行具体分析。绝不可简单溯及乾隆末年完成的清朝的结构或是现代中国的结构，类推当时的中外意识，亦不可以此为据对史料进行解读。

第三，清朝同内陆亚诸势力交涉的内容并非全部被记录在档案史料中。由于其重要性和隐匿性，而将记录废弃的交涉内容以及因从开始就以口头方式交涉而没有保留相应记录的交涉内容是存在的。我等历史研究者在留意哪些内容被记录下来的同时，亦必须留意哪些内容没有被记录下来。

特别是第三点尤为重要。我等历史研究者有对从实况证据和事后情势来分析，实际发生过，但在档案史料中未保留交涉的内容进行推测的权利，同时也负有进行推测的义务。只有这样做，我们才能更接近历史的真相。此外，在进行推测时，注意前述之第一点和第二点也是十分重要的，这样一来便可得到可靠性更高的推测结果。

从“获胜”到“败北”：乌兰布通之战史料研析

杨　珍（中国社会科学院历史研究所）

康熙二十九年（1690）夏，厄鲁特蒙古准噶尔汗噶尔丹以追索喀尔喀部土谢图汗、哲卜尊丹巴呼图克图为名，率兵深入漠南蒙古乌珠穆沁，肆行劫掠。清廷决定出兵迎击。八日初一日（1690年9月3日），清军与准噶尔军在乌兰布通（今内蒙古克什克腾旗西南之大红山）交战。战斗异常激烈，持续了三四个时辰。

乌兰布通之战是清朝康乾盛世（1684—1795）前期发生的首次重大战役，也是清朝入关后，与准噶尔蒙古在漠南蒙古境内展开的唯一一次决战。这次战役在清廷与准噶尔部的关系中占有重要位置，并由此拉开清朝统一边疆进程的序幕。

一、研究进展和存在的问题

乌兰布通之战受到治史者的高度重视。① 经过几代学者的不懈探索，目前，关于乌兰布通之战发生的背景及其原因、清军的战前部署、战役进行情况、此役对交战双方具有的重要影响和意义、某些史料记载的失实之处等方面，研究逐步深入，论析愈益细致。

新史料的发掘和利用，是近年来乌兰布通之战研究中的亮点之一。

例如，日本“唐船风说书”（《华夷变态》），是日方对当时中国船员和商人口述的笔录，其中有六十篇言及乌兰布通之战。已有学者对此予以发掘考察，为乌兰布通之战研究提供了新的史料和新的视角。②

又如，法国传教士李明（L. Le Comte）的书信集《中国近世报道》已出版中译本，内有关于乌兰布通之战的一些内容，已有学者在研究中加以利用。③

继续发掘新史料，依然是推进乌兰布通之战研究的一个迫切需求。

关于乌兰布通之战研究中存在的一些分歧和问题，这里仅举其一。

对于清军在乌兰布通之战中是否获胜，学界尚有不同认识。一种看法，认为清军虽然取胜，但未取得预期效果，自身也损失惨重；④ 另一种看法，认为双方互有胜负，清军的损失甚至比噶尔丹军还要大些，算不得一个大胜仗。⑤ 后一种看法，近年来得到一

---

① 仅就笔者所见，近三十年来讨论乌兰布通之战的论文，较早一篇如袁森坡：《乌兰布通之战考察》，载《历史研究》1983年第4期；较晚一篇如华立：《从日本的“唐船风说书”看康熙二十九年的乌兰布通之战》，载《中国边疆史地研究》2010年第3期。

② 参见前引华立文。

③ 唐博：《乌兰布通之战考释——关于〈中国近世报道〉的讨论》，载《兰州学刊》2008年第9期。

④ 参见前引袁森坡文；孟昭信：《康熙大帝全传》，吉林文史出版社，1987年，第225页；王思治主编：《清朝全史》第5册《康熙朝上》，紫禁城出版社，2003年，第359—360页；等等。

⑤ 张羽新：《乌兰布通之战的胜败问题》，载《历史研究》1986年第5期。

些学者的赞同。①

本文试在借鉴已有研究成果基础上，通过排比、研析相关史料，考察清人对此役胜负之看法及其相关情况。关于乌兰布通之战的其他问题，拟另文析述。

二、亲历与听闻：以时间先后为序

1. 乌兰布通之战结束数日内的有关记述

（1）据《平定朔漠方略》（一作《圣祖仁皇帝亲征平定朔漠方略》）卷8，康熙二十九年八月辛酉（初三日）条：

大将军裕亲王福全等疏报，击败噶尔丹于乌兰布通。裕亲王等奏言：“七月二十九日，臣等闻厄鲁特屯于乌兰布通，即整列队伍。八月初一日黎明前进，日中见敌。设鹿角枪炮，列兵徐进。未时，临敌，发枪炮击之。至山下，见厄鲁特于林内隔河高岸相拒，横卧骆驼，以为障蔽。自未时交战，至掌灯时，左翼由山腰卷入，大败之，斩杀甚多。右翼进击，为河崖淖泥所阻，回至原处而立。本欲尽灭余贼，但昏夜地险，收兵徐退。其噶尔丹死于乱兵与否，俟后查明另奏外，事关大败贼众，谨以奏闻。”得旨：“览王等所奏，统领大军，进剿厄鲁特，至乌兰布通，大败贼众，斩杀甚多。王等调度有方，官兵奋勇可嘉，在事有关人员，著议叙具奏。”

案：抚远大将军福全等人的这一奏报，曾为时人称为“捷书”。它是目前所见清朝官方关于乌兰布通之战最早、最详细的记述。此件奏报必是以满文书写，原件大约已无存。作为史料，它首先出现在康熙四十七年修讫的《平定朔漠方略》中。雍正九年（1731）修讫的《清圣祖实录》予以收录，略有删减。②

康熙二十九年，福全38岁。他是康熙帝的胞兄，禀性平和，处世低调，与人无争。虽然荣膺清军统帅，可是，在19岁的副帅、皇长子允禔以及众多参赞军务的年长重臣面前，福全尚乏令人悦服的资历、才力和威望。康熙帝笃重亲情，同时也是一位察察之君，而清朝皇权正处于逐步集中与强化的进程中。无论从哪个角度看，福全并无可能谎报军情，以败称胜。退一步讲，倘若如此，他在返师后所受处罚，不会仅仅是被罢革议政、罚俸三年、撤去三个佐领。③

一般情况下，凡奏报战况，清军出征将领按职衔排序，共同署名。此件奏报人既为“福全等”，可能是福全及其副帅允禔共同署名，或两人偕众参赞军务大臣共同署名。奏报所言，应是八月初一日战役刚刚结束之际，清军最高领导层形成的共识。

不过，收入官修史籍《平定朔漠方略》的这件奏报，不是原始档案，因而尚非第一手史料。奏报全文不及二百字，似过于简略，奏报中的词句，看来经过《平定朔漠方略》修纂者的削减润色。奏报被放在康熙二十九年八月辛酉（初三日）条，这一时间显然晚于实际奏报之期。当时，康熙帝正在由塞外返京途中，八月初一日驻跸三岔口。

① 黑龙：《乌兰布通之战再考》，载《中央民族大学学报》2006年第4期；前引华立文。

② 据《清圣祖实录》卷148，康熙二十九年八月辛酉条，“抚远大将军和硕裕亲王福全等疏报：‘……其噶尔丹死于乱兵与否，俟后查明另奏。’得旨嘉奖，下部议叙。”

③ 《清圣祖实录》卷149，康熙二十九年十一月己酉。

奏报送抵康熙帝处的时间，应在八月初三日之前（见下文）。[①]

尽管如此，这件奏报被收入《亲征平定朔漠方略》时，其主要内容似未被删改，因而所述战役经过，同下文述及的《内大臣马思哈出师塞北纪程》可印证。

奏报中没有提及参赞军务大臣之一、国舅佟国纲在此次战役中阵亡，因为若在“捷书”内写入此事，乃犯大忌。福全等必在同时另发一折，专予详述。

（2）据《康熙起居注册》二十九年八月初二日庚申条：“抚远大将军裕亲王兵，于八月初一日击厄鲁特噶尔丹博朔克图，即大败之。先以捷书奏闻，闻者莫不欢忭。此皆由皇上神谟豫定，次第遣发大兵，一应机宜，悉赖皇上躬亲指示之所致也”。[②]

案：此时，康熙帝及其行在人员虽已得知国舅佟国纲阵亡，尚不知“噶尔丹死于乱兵与否”，更未料到其后噶尔丹得以率余部脱身。如果知悉“未获全剿”，起居注官不会在此称颂“悉赖皇上躬亲指示之所致”。看来，国舅佟国纲阵亡一事，对于清廷判断此役之胜负并未产生大的影响。[③]

（3）当时供职清廷的法籍传教士张诚（Joannes Franciscus Gerbillon），在1690年9月3日（康熙二十九年八月初一日）的日记中透露：是日，他偕安多、白晋两神甫由京城启程，赴塞外迎接正在返京途中的康熙帝，中途遇到由行在返归的皇太子允礽，遂与皇太子同行返京。[④]

9月4日（康熙二十九年八月初二日）日记云：

京师公告，由皇长兄率领的王师征讨厄鲁特已获胜利。大将军奏报皇上说，9月1日（案，七月二十八日）得报敌军进攻，他立即于第二天（案，七月二十九日）破晓拔营，率军迎敌。晌午望见敌军，我方立即整队严阵向前推进。下午2点钟，两军相向对峙。敌军于山脚下溪流附近布阵，用骆驼围成壁垒，据守以待我军。大战以大炮火枪互轰开始，继而两军士卒肉搏。厄鲁特人遭到重大损失后仓皇退却，利用沼泽地势拔队急遁。大将军说，厄鲁特国王是否业已阵亡，尚未得知，其他战果亦尚待详查，他先行简略驰报，以使皇上陛下早日获悉这一可喜捷音。[⑤]

案：张诚所记乌兰布通之战的日期为七月二十九日，比实际情况提前一天，有误。

---

① 《平定朔漠方略》中，关于乌兰布通之战及相关情况的记载还有不少令人生疑处（《清圣祖实录》略同）。例如，康熙二十九年八月己未（初一）日，无载；庚申（初二）日云：“内大臣索额图奏报员外郎阿尔必特祜归自噶尔丹……厄鲁特现在乌澜衮地方……又闻其祭旗诵经，距我军仅四十里”。案，这是八月初一日双方交战前的军情，康熙帝不可能在八月初二日方闻知。又如，辛酉（初三）日，先是记有福全等关于八月初一日战况的奏报，继而又记福全等疏言，内称初四日济隆胡图克图“果率其弟子七十余人”来军营会谈；壬戌（初四）日、癸亥（初五）日、甲子（初六）日均无载，而此三日恰为决定清军下一步行动的重要时期，福全必有奏报。这些不合逻辑的情况似表明，修纂者记述康熙二十九年八月己未至甲子（初一至初六）日的奏报、谕旨以及议政大臣的会议时，做了手脚，或不予记载，或改动奏报日期，或将部分奏报及谕旨等内容及加以删节、合并。参见《平定朔漠方略》卷8，《四库全书》第354册，上海古籍出版社，第573—577页。

② 台湾故宫博物院：《清代起居注册·康熙朝》第1册，台湾联经出版社，2009年，第405、第406页。

③ ［日］宫胁淳子著，晓克译：《最后的游牧帝国——准噶尔部的兴亡》指出：“对于乌兰布通之战，通常都说噶尔丹战败了，但是由于清军的副将军（案，佟国纲）战死，不能认为清军获得了巨大胜利。其实，就这次战斗而言，是难说胜败的。”这种认识有一定代表性。参见该书第16、第17页及164页注释3，内蒙古人民出版社，2005年。

④ ［法］张诚：《张诚日记》，陈霞飞译，陈泽宪校，商务印书馆，1973年，第83页。

⑤ ［法］张诚：《张诚日记》，陈霞飞译，陈泽宪校，第83页。

所记战役经过，同《平定朔漠方略》中福全等人奏报的战况大体一致。这应是张诚亲眼所见“京师公告”的内容，而“京师公告”当以福全八月初一日奏报的“捷书”为蓝本。

（4）时任都察院左副都御使、经筵讲官的王士禛在《居易录》中云：庚午（康熙二十九年）“八月初八日，车驾还京师……先是大将军裕亲王以诸道兵破厄鲁特于乌兰布通，初一日捷书闻行在，次日至京师，宣捷午门。”①

案：如果福全等于八月初一日晚收兵后第一时间奏报，康熙帝接到的时间，可能是八月初二日凌晨。是日，众臣齐集午门前聆听“捷书”，王士禛应在其列。

此外，《内大臣马思哈出师塞北纪程》一文，对乌兰布通战役也有较详尽的记述。内称：我兵奋勇先登，无不踊跃递进，炮火齐发，自未至戌，声震天地，驼毙于火，颓且仆，阵断为二。我师乘势进击，无不以一当十。贼惊溃不支，遂破贼垒，大败之，噶尔丹乘夜遁去，我师乃还营。②

案：作者是乌兰布通之战的亲历者之一。此文撰写于“旋师之暇”，具体时间未详，我们暂且置之于“乌兰布通之战结束数日内”。

上述史料显示，八月初一日乌兰布通之战结束翌日，康熙帝得到福全等人奏报：大败敌军，噶尔丹生死未明。康熙帝对这一战果予以肯定，遂令宣捷并布告京师。

2. 乌兰布通之战结束数月内的有关记述和传闻

（1）1691年1月2日（康熙二十九年十二月初四），张诚在日记中写道：

圣驾在他祖母陵墓附近的山中行围……皇上离开北京前，决定开始查勘上年9月指挥大军与厄鲁特人作战的两位皇上兄弟（案，除去福全外，另一位是康熙帝的胞弟、和硕恭亲王常宁）和统兵将领。因为鞑靼习俗，将军出征不获成功，例须受劾。虽然皇上所遣大军征战得利，并使厄鲁特国王逃窜，但是，举国上下对此都不满意。因为厄鲁特国王既未经俘获，而且他的军队又未被彻底击溃，这些战果都是不难取得的。因为两军实力悬殊，皇上的军队多于敌人至少四五倍。③

案：二十九年十二月初四日，康熙帝以祖母孝庄文皇后去世三周年，离京前往暂安奉殿致祭。张诚在此日日记中所言，是目前所见，时人对乌兰布通之战清军获胜的看法有所变化的最早记载。时距双方交战已逾三个月。在此期间相继发生的以下情况，对于出现这一变化起有直接或间接的作用：

其一，八月初二日，清军发现噶尔丹并未伤亡，而且“据险坚拒”，致使清军“进剿”受阻。

其二，康熙帝得到捷报，即令福全“一举永清，勿留余孽”。可是，八月初四日福全听信噶尔丹的使者、大喇嘛济隆的游说，传令各路清军停止进击。康熙帝闻报大怒，促令从速进军，但已无济于事。噶尔丹率余部远遁。

其三，八月下旬，部分出征清军先行返京。福全等奉命率数百骑驻守原地，探取噶

---

① 王士禛：《居易录》卷8，《王士禛全集》5，齐鲁书社，2007年，第3825页。

② 张宸：《平圃遗稿》卷14，《四库未收书辑刊》第5辑，第29册，北京出版社，2000年，第767页；魏源：《圣武记》卷3，上册，中华书局，1984年，第123—127页。

③ ［法］张诚著，陈霞飞译，陈泽宪校：《张诚日记》，第88页。案，日记此处将1691年误为“1690年”。

尔丹出边实信。康熙帝以此方式，表示出对福全等人大为不满。十一月二十二日，福全及参赞诸王大臣率兵还京。康熙帝循太宗旧例，不令进城，于朝阳门外等候取供。经议政大臣等取证、议奏，康熙帝定夺，福全等受到不同程度的惩处。① 此即“治乌兰布通交战诸王大臣罪”。②

张诚日记称清军“征战得利”，“不获成功”，实则分别是指八月初一日的战役和其后的“进剿”。

（2）“唐船风说书”，记载了康熙三十年正月至七月，从中国沿海不同港口出发，渡海赴日本长崎贸易的中国商船（唐船）船员和商人，关于乌兰布通之战的各种说法。关于双方的胜负，唐船总的看法是：清军落败，或至少未能分出胜负。③ 这类信息不会出于邸报，可能主要来自民间的口耳相传。如果联系到促使张诚对清军胜负的看法发生变化的上述情况，就会感到，唐船的各种说法虽然未必准确，也是事出有因。它从一个方面，反映出中国东南沿海社会的舆论动向，其背后，或许隐含着满汉民族之间的深层隔膜、当地汉人对于乌兰布通之战传闻的兴趣以及幸灾乐祸的情绪。乌兰布通之战在各地百姓中的影响和受到的关注，可能均在清廷预料之外。

3. 乌兰布通之战结束数年内的记述

（1）大约在康熙三十一年，来华法国传教士李明写给“红衣主教德斯泰大人”的信中说：

几年前，皇上发动的与鞑靼王的战事更好地说明了我所说的绝对皇权。势单力薄的鞑靼王竟然胆敢掠夺帝国的几个土邦，皇帝便派遣自己的一个兄弟统率雄师进行征讨。鞑靼军瞄准战机，及时出击，以少胜多地打败了王者之师，官兵全面败北，溃不成军。④

案：李明与传教士洪若（一作洪若翰）、张诚、白晋等人同时来华，康熙二十七年（1688）初抵京。不久，李明被派往山西，复往陕西，管理一座教友村。大约两年后，伴随洪若同往广州。后因经费困难返国，1692 年（康熙三十一年）抵法。李明在华期间，于康熙二十七年（1688）阳历四月底在山西降州观察日蚀；又于二十九年十月十日（1690 年 11 月 10 日）于广州观察水星凌日的景象。⑤

康熙二十九年八月乌兰布通之战发生时，李明可能是在广州（或广州附近地方）。上述信中所言，大约综合了从京城传教士的信件内得到的信息（如清军出师经过）以及在当地听到的传闻（如战役胜负情况），故后一方面，与“唐船风说书”关于此战的某些说法有相似之处。

（2）传教士白晋（Joachim Bouvet）于 1693 年（康熙三十二年）奉康熙帝之命返国。他在 1697 年（康熙三十六年）写给法王路易十四的秘密报告云：

“在反击厄鲁特汗的一次战役中（译者注：这里是指康熙二十九年讨伐准噶尔部首

① 《清圣祖实录》卷 149，康熙二十九年十一月己酉。

② 《平定朔漠方略》卷 8，《四库全书》第 354 册，第 588 页。

③ 参见前引华立文。

④ ［法］李明著，郭强、龙云、李伟译：《中国近世报道（1687—1692）》，大象出版社，2004 年，第 220 页。

⑤ 方豪：《中国天主教史人物传》中册，中华书局，1988 年，第 288、289 页。

领噶尔丹的战争)，皇帝知道他的军队所以蒙受重大损失而未能将敌军彻底击溃，是因为厄鲁特人仗着良好排枪的强大火力，迫使皇帝的骑兵退出战线。”①

案：康熙二十七年初白晋偕其他传教士抵京后，与张诚二人同为康熙帝所留用。乌兰布通之战发生时，白晋仍在宫中。可惜未见当时他对此役有关情况的记载。上述所云，与前引康熙二十九年十二月初四日张诚日记中表述的看法大体一致，即噶尔丹军未被“彻底击溃”。②

（3）张诚曾在回忆录中再次述及乌兰布通之战：

这个王（案，指噶尔丹）所占的地形极为有利，他虽然缺少像帝国军队那样配备优良的大炮，军队的人数也少，但他仍不顾双方力量悬殊，迎接对方挑战。开始时他的前锋受敌方的炮击损失甚重，这迫使他改变战斗部署。由于他布防在大沼泽背面，皇帝的军队不能包围他。他非常勇敢地进行防御，直到夜幕降临，各方才都收兵回营。炮队总管皇舅，在这次战斗即将结束下令撤回大炮时，被一个滑膛枪子弹打死。③

这段文字后面，作者又述及1696（康熙三十五年）、1697年（康熙三十六）康熙帝亲征噶尔丹。看来，此篇回忆录的写作时间，最早也在三十六年五月康熙帝结束第三次亲征噶尔丹之后。此时，张诚仍供职于清廷。较之前两次对乌兰布通之战的记述，其立场似更加中允，虽然强调准噶尔军的勇敢和顽强，但对双方胜负的基本看法，与1691年1月2日（康熙二十九年十二月初四）日记所云并无根据性改变：准军处于“防御”地位，清军不能包围对方，予以围迁。

4. 距乌兰布通之战相隔数代后的有关记述

例如：成书于乾隆间，蒋良祺撰《东华录》（卷十五）；成书于道光年间，祁韵士撰《藩部要略》（卷九《厄鲁特要略一》）、魏源撰《圣武记》（卷三《康熙亲征准噶尔记》）；成书于咸丰年间，张穆撰《蒙古游牧记》（卷三《翁牛特》）、何秋涛撰《朔方略乘》（卷四《准噶尔荡平述略》）；成书于光绪年间，王先谦撰《东华录》（康熙四六）、王之春撰《清朝柔远记》（卷二）；等等。

案：这些私家著作中对乌兰布通之战的记述，主要依据《亲征平定朔漠方略》、《清圣祖实录》以及《内大臣马思哈出师塞北纪程》的有关内容，虽然详略不同，一致认为清军大败噶尔丹。

① ［法］白晋著，马绪祥译：《康熙帝传》，载《清史资料》第1辑，中华书局，1980年，第237页。

② ［苏］伊·亚·兹拉特金著，马曼丽译：《准噶尔汗国史》（1635——1758）根据福全等对战况的奏报，认为“清军虽拥有大量优势兵力和强大的炮兵，仍不能彻底击溃既没有炮兵，而且在数量上比敌人少两、三倍的卫拉特军队。在力量对比极其不利的条件下，卫拉特军队在这次战斗中表现出刚毅顽强的精神和具有组织反抗的能力。”同时，作者也指出，“噶尔丹在乌兰布通遭到失败，这迫使他作出一系列重大让步”；“噶尔丹第一次进军东方以惨败告终”。参见该书第280—283页，商务印书馆，1980年。

③ ［法］张诚，陈增辉译，许崇信校：《对大鞑靼的历史考察概述》，载杜文凯编：《清代西人见闻录》，中国人民大学出版社，1985年，第110页。案，张诚于康熙1707年（康熙四十六年）卒于京城。这篇回忆录也有可能写于乌兰布通之战发生十余年后。

三、康熙帝对乌兰布通之战清军胜负之评议

自康熙二十九年十一月福全等返师，至六十一年十一月康熙帝病逝，计31年。据官修史籍记载，在此期间，康熙帝曾多次对大臣们谈到乌兰布通之战，并言及胜负问题。其要者如次。

二十九年十一月。就议处福全等领兵将帅一事，谕称："噶尔丹于乌兰布通为我军击败遁走，而领兵诸王大臣不复追杀，反信济隆胡土克图议好之诳词，遣人语内大臣苏尔达等，令盛京、乌喇诸路兵勿与之战。是以噶尔丹奔窜，过盛京、乌喇、科尔沁军营，竟不邀击，纵之使去。"① 时距乌兰布通之战结束仅三月余。

三十二年十二月。谕大学士伊桑阿等："前于厄鲁特部落噶尔丹之事，官兵未能尽数剿灭，以成大功，朕意每怀不惬"。②

三十六年五月。礼部以"平定噶尔丹武功告成"，请行告祭及上徽号之礼。谕旨内称："噶尔丹以喀尔喀为口实、遂侵我喀伦地方……乘势直抵乌兰布通，去京不过七百里。是役也，王及大臣与在朝知兵者鲜不预焉，朕因违和而旋。虽左翼之兵得胜，而右翼竟未能克敌，遂至大臣以及兵丁人等阵亡被伤者甚多。噶尔丹亦自知不能有济，奔回，其时遭罹诸疫，归还科布托者不过数千人。势虽大亏，朕已知其必整兵前来复仇矣。"③

四十九年八月。谕大学士等："前于乌兰布通击败噶尔丹，人言彼时天晚，未获全剿"④。

六十一年九月。谕议政大臣等："前噶尔丹攻破喀尔喀，侵扰我内地扎萨克至乌兰布通。朕亲统大兵征讨，噶尔丹败走。"⑤ 时距康熙帝病逝仅月余。

看来，在对乌兰布通之战的情况有全面了解后，康熙帝对双方胜负的基本看法是：清军击败噶尔丹而"未获全剿"。这一认识历三十多年，基本未变。他认为，"右翼竟未能克敌"，是清军受到较大伤亡的一个重要原因，而二十九年八月初一日福全等对战况的奏报内，对此已言及。

此外，参与乌兰布通之战的部分清军将领的传记内，也有关于战况的一些记载，因较少谈及对此役胜负的总体看法，本文暂略。

目前，尚未见到厄鲁特方面关于乌兰布通战役的记述。这对我们更为全面地了解战况、更准确地判断双方之胜负，是一个不可逾越的障碍。

---

① 《平定朔漠方略》卷8，《四库全书》第354册，第588—589页。

② 台湾故宫博物院：《清代起居注册·康熙朝》第四册，第2229—2230页。案，《清圣祖实录》卷161，三十二年十二月戊子条所记略有不同，内称："官兵不能悉体朕意、即行剿灭、致失机会、罔奏肤功"。

③ 台湾故宫博物院：《清代起居注册·康熙朝》第十册，第5753—5754页。另参见《清圣祖实录》卷183，康熙三十六年五月癸卯。案，噶尔丹军的伤亡情况未详。似不能以噶尔丹等在归途中遭罹瘟疫，人员大减，反证噶尔丹军在此次战役中未受大的伤亡。

④ 《清圣祖实录》卷243，康熙四十九年八月庚辰。

⑤ 《清圣祖实录》卷299，康熙六十一年九月乙酉。案，所谓"朕亲统大兵征讨"，与史实有出入，孟昭信《康熙亲征噶尔丹的时间问题》（《清史研究通讯》1988年第3期）对此已有阐释。

四、余　论

上文将清人对乌兰布通之战的若干记述（讲述），以其记述时间距离此战发生之远近为序，分为四组（数日内、数月内、数年内、数代后），进行析述；将康熙帝对此战的若干评说，也按时间先后列出。我们发现，有以下几点值得注意。

其一，上述记述、评议的对象或范围有所不同，这直接影响记述者、评议者的看法。

例如，乌兰布通之战的清军指挥者福全等、清军参战人员暨《内大臣马思哈出师塞北纪行》的作者，均称大败噶尔丹。两人之所指，是康熙二十九年八月初一日战役本身。二十九年十一月以后，康熙帝对此战所做若干评议，则是将八月初一日战况与福全下令停止进击、噶尔丹的远遁等相关情况视为一个整体而言。二十九年十二月及其以后张诚、白晋的有关记述，也与康熙帝一样，将此役与此役其后发生的有关情况并观，在此基础上谈论清军之得失。

由此看来，评断乌兰布通战役之胜负，或许可以有狭义（仅指康熙二十九年八月初一日清军与噶尔丹军交战）与广义（包括八月初一日交战，战后噶尔丹远遁，十一月福全等返师受罚）之分。当然，两者实为一体。

其二，时人对清军胜负的看法之所以发生变化，清军伤亡较重固然是一因素，但更重要的原因，在于战役结束后，噶尔丹成功地诱使清军主帅福全下令止击，他得以率余部脱身，福全等人在返归之际受到勘问和议处。

其三，本文引用的史料中，明确指出清军战败的议论，主要出自两处。一处是康熙三十年正月至七月的“唐船风说书”，另一处是康熙三十一年传教士李明给红衣主教德斯泰的信。这些讲述者或记述者，当时均在中国南方某地（个别人例外），所得信息，大部分是从社会上辗转听闻。

其四，康熙二十九年十一月以后，康熙帝本人以及此战发生时供职清廷的传教士对此役的有关看法，始终没有大的改变。

其五，我们在审视上述史料时，首先要明确记述者与战役双方之间的利益关系以及由此而决定的基本立场。其次，需要考虑记述者是否是乌兰布通之役的亲历者，如果是，他是指挥者还是参与者，他对战况的了解是全面的，还是局部的，当他记述时，战况是否完全明朗，他的记述时间距战役发生时间之远近；如果不是此战亲历者，战役发生时，他的所在地距战役发生地之远近，他是何时听闻，是从战役亲历者口中听闻，还是从非亲历者口中听闻，他是否在战役结束后，同战役亲历者有过直接的、广泛的接触，他获取有关信息的时间以及记述的时间，距此役发生时间之远近等等。这些因素，都有可能影响文本内容的真实性和客观性。①

---

① 程歗：《口述史三题——怎样采集和解读》一文指出：“我们至少可以用三个要素来判断口述史料的真实性：（一）什么人在回忆，他是事件的经历者还是转述者；（二）他们在什么年代、什么场合回忆；（三）他们同所叙事件是什么关系。”参见定宜庄、汪润主编：《口述史读本》，北京大学出版社，2001年，第218页。

其六，无论亲历者或听闻者，时人对于乌兰布通之战所作记述的真实性和客观性都是相对的。即使是亲历者，可能会因身在其中，或在战况尚未完全明晰的情况下急促奏报（如福全等），或仅局限于战役之局布（如《内大臣马思哈出师塞北纪程》的作者），有关认识抑或难以全面、准确、精当。康熙帝是乌兰布通之战的决策者，并非亲历者。但是，他通过各种渠道，向不同层次的清军出征人员问询了解，全面掌握有关情况后，对战役胜负问题所作评议，可能尚属比较客观。传教士张诚和白晋的有关记述，与康熙帝的认识并无大的抵牾，这恐怕不能视为在做迎合之态。两人当时身在朝廷，能够接触到清军参战人员，直接了解有关信息，这一点对于能否得出比较符合实际的看法，是至关重要的。

乌兰布通之战清军胜负问题记述异同的背后，或许还有更为丰富、有待发掘的内容。

和通泊之役与大清国的边务危机

——以军机处满文档案为中心的考察

张　建（中国社会科学院近代史研究所）

前　言

雍正九年六月二十四日（公元1731年7月27日），距京师2900公里的科布多（kobdo）大营内，镶蓝旗蒙古都统衮泰（guntai）、河北镇总兵胡杰、镶白旗汉军都统石礼哈（Šiliha）、原山西巡抚伊都立（iduli）正经历人生中最紧张的不眠夜。大将军傅尔丹（furdan）于六月九日出击准噶尔牧地，一直未有确讯。二十一日，有逃兵报告，大军在和通泊陷入重围。正惊惶间，二十四日黄昏，索伦逃兵纷至沓来，声称傅尔丹已自尽，清军损失惨重。数万准噶尔军沿科布多河两岸开来，旦夕且至。此语不啻晴空霹雳。时隔280年，笔者在中国第一历史档案馆徐读奏折，仍能依稀感到当夜荧荧烛光下大员们的震怖与恐慌。

这场战役，主战场位于阿尔泰山脉中的和通泊（hotong noor，全称和通呼尔哈淖尔hotong hūrga noor），通称和通泊之战，是八旗军自万历二十一年（1593）与蒙古交兵以来，首次真正意义上的败仗。美国中亚史学家斯塔尔（S. F. Starr）甚至认为此役是19世纪前清军最大败绩[①]，对清史、中亚史影响深远。准噶尔军乘势深入喀尔喀，导致极大动荡，不仅令雍正帝克期扫荡准噶尔汗国的美梦破产，还迫使清朝在喀尔喀采取战略收缩，几乎葬送康熙帝苦心经营三十余年之局，堪称严重的边务危机。相关论著虽层出不穷[②]，但囿于时代和语文的局限，大部分研究都立足于汉文文献，而汉文奏折、谕旨所涉军务以西路为主。[③] 至于《世宗宪皇帝实录》、《平定准噶尔方略》等官修史书虽收录不少北路战事的材料，但多经御用史官本着扬胜讳败的原则删削增减，已非一手文献。其后嘉庆年间撰成的《啸亭杂录》与道光朝刊行的《圣武记》等私家著述，不仅

---

① Stephen. F. Starr, *Xinjiang: China's Muslim borderland*, Armonk: M. E. Sharpe, Inc, 2004, p. 52.

② 如左书谓：《雍正朝平准战争中的几个问题》，载《青海民族学院学报》1987年第2期，第76—81、第75页；宫胁淳子：《最后の游牧帝国：ジューンガル部の兴亡》，東京：講談社，1995年，第217—218页；戴逸、张世明：《18世纪的中国与世界·军事卷》，沈阳：辽海出版社，1999年，第255—259页；冯尔康：《雍正传》，上海：三联书店，1999年，第409页；Peter C. Perdue, *China Marches West: The Qing Conquest of Central Eurasia*. Cambridge MA, Belknap Press of Harvard University Press, 2005, pp. 253—254. 王称：《雍正朝的准噶尔政策研究》，北京：中国社会科学院研究生院硕士学位论文，2008年，第32—34页；张建：《和通泊之战新研——以黑龙江兵丁为中心》，《清史研究》2010年第1期，第115—119页，等。

③ 乾隆十九年五月二十一日谕：从前用兵之时，西路将军、兵丁俱系汉人。是以军前一切事宜，均用汉字折奏。参庆桂等修：《大清高宗纯皇帝实录》卷465，乾隆十九年五月己亥，北京：中华书局，1986年，第1027页。

未校正官书之谬，反而留下许多道听途说甚至是杜撰的记录，流毒甚广。

雍正八年（1730）十二月，清朝设军机处（coohai nashūn i baita be kadalara ba）办理西北军务。该处官员将臣工所奏奉朱批之折誊抄副本，即“录副奏折”，同未奉朱批原折按月捆为一包，称“月折包”，还将“录副奏折”按奉旨时间抄录簿册，即“月折档”。这些档案便成为纂修《实录》、《方略》等官书的底本，至今仍保存于中国第一历史档案馆。① 清制，满洲臣僚办理满、蒙、藏事务，需用清字缮写奏折。满文月折档分“寻常档”（an i jergi baita）与“军务档”（coohai nashūn i baita），雍正九年边务危机的档案，基本保存在“军务档”中。本文在前人研究基础上，运用“军务档”和“录副奏折”，结合其他档案史料，考订官书、私家著述之诖误，对这场边务危机作全景式的研判。

一、山雨欲来风满楼：和通泊战前清准双方之态势

16世纪末，大明辽东边外的女真（jušen）部落兴起，万历四十四年（1616），建立金国（一称爱新国 aisin gurun）。彼时蒙古分为漠南、漠北、漠西三部，为实现统一蒙古，逐鹿中原之志，金汗努尔哈赤、皇太极父子首先致力于控制漠南蒙古。在金国军事压力下，末代蒙古大汗林丹汗被迫西迁，于天聪八年（1634）走死甘肃大草滩。天聪十年（1636），在获得大元玉玺和玛哈噶喇佛的背景下，漠南诸部在盛京共戴皇太极为彻辰汗（secen qayan），“金国”旋改为“大清国”（daicing gurun），“女真”亦更名“满洲”（manju）。②

为抵御满洲的征服浪潮，喀尔喀（漠北）三部于崇德五年（1640）与宿敌卫拉特（漠西）和解，组建喀尔喀—卫拉特联盟。而清朝于顺治元年（1644）大举入关，急欲扫荡南明政权，可挹注于北边的军事资源有限。顺治三年（1646），清朝与喀尔喀就苏尼特额驸腾机思叛逃等事兵戎相见。清军虽重挫喀尔喀军，但无意扩大为征服战争。③在五世达赖、哲布尊丹巴等黄教领袖的调停下，顺治十四年（1657），喀尔喀三部与清朝和解。之后，喀尔喀贵族内讧在17世纪70—80年代愈演愈烈。土谢图汗察珲多尔济（chakhun dorji）与统一卫拉特，建立准噶尔汗国的噶尔丹博硕克图（g' aldan bošoktu）因黄教派别之争势同冰炭。康熙二十七年（1688），噶尔丹怀着重建成吉思汗“五色四夷之国”（tabun öngge dörben qari yeke ulus）的梦想东进，摧毁土谢图汗的军队，土谢

① 赵志强：《清代中央决策机制研究》，北京：科学出版社，2007年，第272—302页；吴元丰：《清代军机处满文月折包及其史料价值》，载《满语研究》2007年第1期，第56—67页。

② 刘小萌：《满族从部落到国家的发展》，北京：中国社会科学出版社，2007年，第119—163页；乌云毕力格、成崇德、张永江：《蒙古民族通史》卷4，呼和浩特：内蒙古人民出版社，2002年，第1—38页；承志：《ダイチン・グルンとその時代—帝国の形成と八旗社会》，名古屋：名古屋大学出版会，2009年，第58—62页。

③ 齐木德道尔吉：《1640年以后的清朝与喀尔喀的关系》，《内蒙古大学学报》（哲社版）1998年第4期，第12—20页；乌云毕力格：《清太宗与喀尔喀右翼札萨克图汗素班第的文书往来—兼谈喀尔喀—卫拉特联盟的形成》，《十七世纪蒙古史论考》，呼和浩特：内蒙古人民出版社，2009年，第275—301页；达力扎布：《清太宗和清世祖对漠北喀尔喀部的招抚》，《历史研究》2011年第2期，第50—62页。

图汗与哲布尊丹巴南下归清。①

此时清朝已于康熙二十年（1681）和二十二年（1683）次第底定三藩和台湾，国势方张。康熙帝遂借此天赐良机招纳喀尔喀部众，在康熙二十九年（1690）的乌兰布通（ulan butung）之战迫使噶尔丹博硕克图北撤。喀尔喀三部遂于次年多伦会盟时归清。嗣后，康熙三次亲征漠北，在昭莫多（joo modo）大破卫拉特军。康熙三十六年（1697），噶尔丹博硕克图去世。清太宗“全收北边喀尔喀”之夙愿终得告慰。昔日三部蒙古中，惟有准噶尔汗国处于珲台吉策旺喇布坦（ts'ewang rabtan）治下，拒不附清。②

康熙五十四年（1715），准噶尔袭扰清朝边镇哈密。康熙帝决意大张挞伐，清军云集喀尔喀，在察罕叟尔（cagan seol）、扎克拜达里克（jak baidarik）筑城，设北路大营于科布多、乌兰固木（ulan gūm），将喀尔喀作为规取准噶尔的桥头堡。康熙五十九年（1720），北路清军成功进袭准噶尔本土。但因康熙帝驾崩，雍正二年（1724）清准谈和，大营遂撤，仅在察罕叟尔、扎克拜达里克留兵戍守。③

雍正四年（1726）策旺喇布坦去世，准噶尔贵族为争夺珲台吉之位爆发内斗，长子噶尔丹策零（g'aldan cering）即位，次子罗卜藏舒努（lobdz'ang šunu）逃亡土尔扈特。雍正帝认为准噶尔政局不稳，乃于次年六月密筹进取方略。④ 雍正七年（1729），任命岳锺琪为宁远大将军，傅尔丹为靖边大将军，分统西、北两路大军出师。期望一举荡平准噶尔，铸就一统蒙古的伟业。⑤

北路军出师后，在察罕叟尔设大营，为保证来年袭击成功，兼以越冬需要，伪装成每三年一更番的戍守兵，照例在扎布堪（jabkan）、特斯（tes）放卡，未重建科布多、乌兰固木之营。雍正八年春，傅尔丹折奏进军计划，拟分兵四路，每路设兵2000，经布拉罕（bulagan）、布鲁尔（burul）、库列图（kuriyetu）、奇兰（kiran）道穿越阿尔泰山，直抵准噶尔本土。⑥

然而雍正七年六月，三名蒙古人逃往准噶尔，报告清军出师之讯。带商队往肃州贸

① 札奇斯钦：《蒙古与西藏历史关系之研究》，台北：正中书局，1978年，第609—758页；金成修：《明清之际藏传佛教在蒙古地区的传播》，北京：社会科学文献出版社，2006年，第137—174页；马大正、成崇德：《卫拉特蒙古史纲》，乌鲁木齐：新疆人民出版社，2006年，第93—100页。

② 王思治：《康熙对乌兰布通之战的检讨与多伦会盟》，《清史研究通讯》1989年第3期，第7—15页；齐木德道尔吉：《康熙之路—纪康熙皇帝首次亲征噶尔丹》，《蒙古史研究》第6辑，第179—199页；宮脇淳子：《大清帝国とジューンガル帝国》，冈田英弘编：《清朝とは何か》，東京：藤原書店，2009年，第95—103页；若松寛：《ツェワン・アラブタンの登場》，《史林》，48.6（京都：1964），第50—80页。

③ 王锺翰：《胤祯西征纪实》，《王锺翰清史论文集》第2册，北京：中华书局，2004年，第1118—1133页；李毓澍：《外蒙政教制度考》，台北：中央研究院近代史研究所，1978年，第8—9页；张建：《康熙五十九年乌兰呼济尔之战浅探》，《清史论丛》2012年号，第74—84页。

④ 中国第一历史档案馆编：《雍正朝汉文朱批奏折汇编》第10册，南京：江苏古籍出版社，1989年，陕西总督岳锺琪奏陈治理谆噶尔管见七条折，雍正五年六月十九日奏，第31—37页。

⑤ 冯尔康：《雍正传》，第407页。

⑥ 中国第一历史档案馆编译：《雍正朝满文朱批奏折全译》下册，合肥：黄山书社，1998年，靖边大将军傅尔丹奏报密查四路统领大臣之调遣折，雍正八年四月二十四日奏，第1970—1971页。“奇兰”在满文奏折中多写作“奇林”（kirin）。

易的准噶尔使者特磊（telei）目睹西路军出边。[1] 雍正帝决定暂停进兵，纵回来使，并于八年秋召回两路大帅再商方略。使者归后，噶尔丹策零立即决定出兵：

muse deelhešeci ojorakū. hūdun cooha tucibufi. aniya biyade tesei morin be neneme durime gaifi. jai ini niyalma be horici ya ombi seme boljoci.

我等不可迟缓，火速出兵。在正月先劫取他们的马匹，再围困他们的人，料为容易。[2]

小策零敦多卜（ajige ceringdundob）奉命率五千兵袭击巴尔库尔，穆瑚立（muhūli）宰桑领千兵偷袭青海。雍正八年十二月，准噶尔军劫掠西路科舍图（kešetu）牧场，兵锋直抵哈密城外的塔尔纳沁（tal nacin）。清军阵亡汉蒙官兵 3243 人，折损牲畜高达 122557 头。青海哈吉尔（hajir）卡伦被攻陷，牧于德布特尔（debter）马畜尽失，札萨克策零纳木扎尔（cering namjar）以下百余人被俘。[3] 雍正被迫调兵驰援巴尔库尔，并增兵青海，严守噶斯（gas）口岸。

科舍图一战，准噶尔的盗马战术给雍正留下深刻印象，积极筹划新方略以因应。雍正八年十二月二十日，颁布上谕，令两路清军采筑城进逼之策：

meni gūninde. wargi jugūn i bar kul. amargi jugūn i karun i tulergide emte hoton be cirgefi. amba cooha be tebufi. erin akū dasihire cooha be tucibufi. terei geren be gidaname gelebume burgišabuci. hūlha urunakū ceni nukte be gocifi. goro bederefi somimbi. muse jai udu tanggū ba dosifi. geli emu hoton cirgere. ere songkoi emu aniya oho manggi. geli udu tanggū ba dosifi. jai emu hoton cirgere. boro tala de ibeme dosika manggi. juwe jugūn i cooha ishunde dara be bodome. meni meni emte hoton be cirgefi. musei amba cooha be guribufi tebure. neneme cirgehe hoton de. acara be tuwame hafan cooha be unggifi. ibedeme guribume tebure. meni meni hoton cirgehe bade usin suksalame taribufi coohai kunesun de niyecetere. bisirele temen. morin. ihan. honin be. baita akū de. ba be sonjome adulabume. baita bici. yooni bargiyafi hoton de dosimbume ohode. hūlhai feniyen umai baharakū bime. musei cooha emgeri tucifi. terei nukte ulha be dasihime gaici ombi. tere anggala hūlha ainaha seme gelhun akū musei coohai tehe hoton be duleme jiderakū be dahame. terei hūsun ulhiyen i hafirahūn ofi. terei geren urunakū fakcashūn ombi…… musei cooha šuwe feye be efuleme dosici. ilan duin aniya be dulenderakū. fudaraka hūlha ainaha seme abkai fafun ci guweme muterakū.

朕思：于西路巴尔库尔，北路卡伦之外各筑一城，驻扎大兵，不时派讨伐之兵袭击，惊乱其众，贼必撤彼游牧，远退藏匿。我军再进数百里，更筑一城。照此一年后，复进数百里，再筑一城。进博罗塔拉后，两路兵彼此计议应援，各筑一城，移我大兵驻

① 《雍正朝满文朱批奏折全译》下册，宁远大将军岳锺琪奏报噶尔丹策零派使缘由折，雍正七年十月初五日奏，第 1859—1861 页。

② 中国第一历史档案馆藏：军机处满文月折档，副都统格默尔等奏，雍正九年正月初四日。

③ 军机处满文月折档，郎中鄂保等奏，雍正九年正月初四日；副都统格默尔等奏，雍正九年正月初七日；雍正九年正月十三日；《雍正朝汉文朱批奏折汇编》第 19 册，护理宁远大将军纪成斌奏报查明损失官兵牲畜枪炮粮石数目折，雍正九年二月十三日奏，第 1010 页。《平定准噶尔方略》与《清世宗实录》声称进攻巴尔库尔准噶尔兵有 2 万，不提损失数字，对青海遭袭亦无片语。

扎。其前所筑之城，再量拨官兵前往，递相移驻。各于筑城处垦种以充军粮。将全数驼马、牛羊，无事时，择地牧放；若有事，全数收拢入城。贼队既无所获，我兵一出，可袭取其行装、牲畜。况贼怎敢越我兵驻扎之城而来，其力渐窘，其众必离……我兵进剿，直捣其巢。不出三、四年，贼必不能逃过天纲矣。①

雍正的筑城进逼之策，实源于乃父的方略。康熙五十六年（1717），议政大臣借哲布尊丹巴之名致策旺喇布坦信称：盛传今冬，皇子将率京城精锐之兵来阿尔泰、科布多。来年越阿尔泰，在鄂隆武、布拉罕、额尔齐斯屯田筑城，不与尔战，步步推进，取回远古汉人之扬巴尔哈孙、博罗塔拉、额伦哈毕尔罕等处驻扎（ere tuweri. ging hecen i siliha sain cooha be han i juse gaifi. altai. kobdo de jifi. ishun aniya altai be dabafi. ūrunggu. bulagan. ercis de usin tarime. hoton hecen arafi. sini baru afarakū emudubei ibedeme. da julgei nikan i yang balgasun. boro tala. eren habirgan i jergi babe bederembume gaifi tembi seme mujakū algišame gisurembi）。② 大概是康熙帝最初的构想。康熙六十年（1721），理藩院知照俄使伊兹梅洛夫（Л. Измайлов），拟在额尔齐斯（ercis）河上筑城。③ 后因停战未果。

据此方略，两路清军要在三年内分别兴筑三座大城，会师于准噶尔腹地博罗塔拉。大城为土筑砖包，设瓮城、角楼、城壕，附近形胜之地及交通在线还点缀着数座小城和数十座炮台，犄角相应，工程浩大。以北路在额尔齐斯河筑第二城的计划为例，除动员15000名余丁（fulu haha）、绿旗兵承担劳役外，为防备准噶尔“施鼠窃狗偷之计，分派彼众，四面纷纷而来，阻我城工”（singgeri indahūn i gese hūlhara arga be baitalame. ini geren be dendefi. duin ici siran siran i jifi. musei hoton weilere baita be sihelebumbi.），④ 再投入20000满、蒙骑兵，以资捍御。竣工后，驻兵达26000名，配备子母炮300门、威远炮60门、鸟枪5000支，充当讨伐矛头。⑤

准噶尔军曾于1716年的亚梅什湖（Ямышево）战役围困俄军要塞，迫其撤退。但俄军仅有3000—4000人，据守的“要塞”只是尚未完工的木城。档案记载，俄军在长达一年的战斗中死133人，被俘419人，损失远低于此前学者估计。⑥ 准噶尔军虽两倍于敌，却因没有重炮而无力攻陷配备火器的小城。尽管噶尔丹策零任用被俘的前瑞典炮兵士官列纳特（J. G. Renat）等人创建了一小支欧式炮兵，但从九年的鲁谷庆之战和十

① 中国第一历史档案馆藏：军机处满文上谕档，雍正八年腊月二十二日谕。

② 中国第一历史档案馆藏：宫中档康熙朝满文朱批奏折，508-4-92，8-155-6，致策旺喇布坦书稿。原稿无年月，据上下文判断，似是康熙五十六年。

③ 卡缅斯基（Н. Б. Каменский）编，中国人民大学俄语教研室译：《俄中两国外交文献汇编1619—1792》，北京：商务印书馆，1982年，第118、第140页。

④ 军机处满文月折档，靖边大将军傅尔丹等奏，雍正九年三月十九日。

⑤ 军机处满文月折档，靖边大将军傅尔丹等奏，雍正九年三月十九日。

⑥ Н. И. Веселовский, *Посольство к зюнгарскому Хунтайджи Цэван Рабтану капитана от артиллерии Ивана Унковского и путевой журнал его на 1722 - 1724.* Записки Императорского Русского географического общества по отделению этнографии том. 10, выпуск 2. С. Петербург, 1887, стр. 230 - 232.

年的额尔德尼召（erdeni joo）之战来看，表现乏善可陈。① 若清军一以贯之推行筑城进逼的战略，对准噶尔的威胁不言而喻。

由于西路新遭挫衄，为推进筑城进逼方略，雍正帝更倚重北路。当时北路大营有兵约20300，以京旗、八旗驻防为主。雍正九年初，又陆续增兵，计至秋季，可有兵40800余。傅尔丹于四月二十五日率兵赴科布多河西的阿穆呼郎托辉（amuhūlang tohoi）筑第一城，预备来年出兵额尔齐斯。② 待准噶尔主力防范北路时，西路军趁势出击，筑城于乌鲁木齐，使之首尾不能相顾。③

时至四月，雍正帝却一改初衷，命北路必于七月内将城筑竣，之后不待各路援兵齐集，即选精兵袭击额尔齐斯。④ 究其原因，是皇帝不信准噶尔欲袭北路之讯，认定仍会进攻西路，故"分贼力于一方，指示进剿空虚一方"（hūlha hūsun be emu ergide dendebufi. emu ergi untuhun be amcame dasinihara babe jorime tacibuhangge）。⑤ 根据安排，清军挑选精兵6000，由内大臣马尔萨（marsa）带领，八月初四起程，经库列图路直趋额尔齐斯。前锋统领定寿（dingšeo）率兵6000驻伊科斯淖尔（ikes noor），照应通往巴尔库尔的阿济（aji）路。傅尔丹坐镇科布多督理城工。⑥

科布多城于五月兴工，方筑一月，傅尔丹便于六月九日领兵10000名，自奇兰路掩袭准噶尔，遂有和通泊之战。此举殊背先前指示，乾隆六年（1741）纂成的《世宗宪皇帝实录》载六月傅尔丹奏进两折，其一为六月三日擒获准噶尔人塔苏尔海丹巴之供，称准噶尔集兵奇兰，正宜掩袭：

臣等于五月初六日，至科布多筑城地方。随据乌苏图舒鲁克卡伦驻防之侍卫巴尔善等拏获准噶尔贼夷塔苏尔海丹巴一名，供称：噶尔丹策零派兵三万，令大策零敦多卜、小策零敦多卜及大策零敦多卜之子多尔济丹巴三人统领，陆续起程，至阿尔泰山奇林地方会合，来犯北路。今小策零敦多卜已至察罕哈达地方，大策零敦多卜与伊子多尔济丹巴尚未到齐。见在之兵，止有二万余名……臣思贼人尚未全至，乘其不备，正宜速迎掩杀。臣等拣选京城、各省兵一万名，轻装由科布多河西路，于六月初九日起程。⑦

另一折为清军出师后，于六月十六日擒获准噶尔人巴尔喀等口供，称小策零敦多卜麾下仅一千兵：

---

① 兹拉特金（Илья Я. Златкин）著，马曼丽译：《准噶尔汗国史（1635—1758）》，北京：商务印书馆，1980年，第323—328、第343—365页；戴逸、张世明：《18世纪的中国与世界》（军事卷），第255页；中国第一历史档案馆藏：军机处满文录副奏折，03－1141－6，025－1942，靖边大将军・顺承亲王锡保等奏，雍正十年八月十三日奏。

② 军机处满文月折档，靖边大将军傅尔丹等奏，雍正九年三月十九日；雍正九年五月十日。

③ 中国第一历史档案馆藏：军机处汉文录副奏折，03－9977－014，715－0074，宁远大将军岳锺琪奏为复奏巴尔库尔筑城并请多贮一年之粮事，雍正九年二月初二日奏。

④ 军机处满文月折档，靖边大将军傅尔丹等奏，雍正九年五月二十日。

⑤ 军机处满文月折档，靖边大将军傅尔丹等奏，雍正九年五月二十日。当时自准噶尔脱回西路士兵蓝生芝称准噶尔备兵欲攻北路，但雍正帝并不相信，参金启孮：《自准部逃回被俘马兵蓝生芝口供一档案、〈实录〉、〈东华录〉关系管窥》，《内蒙古大学学报》（哲社版）1996年第3期，第37—42页。

⑥ 军机处满文月折档，靖边大将军傅尔丹等奏，雍正九年三月十九日；雍正九年五月二十日。

⑦ 张廷玉等修：《大清世宗宪皇帝实录》卷107，雍正九年六月丙午，北京：中华书局，1985年，第415—416页。

臣等于初九日分队起程之后……在扎克赛河地方擒获准噶尔贼夷巴尔喀等十二名，据供：小策零敦多卜牧场在察罕哈达地方，离臣等军营止三日程途，仅有兵一千，尚未立营防守……臣等乘夜进兵，袭击察罕哈达贼夷。①

乾隆三十五年（1770）纂成的《平定准噶尔方略》所载亦大同小异。② 可见傅尔丹是根据准噶尔俘虏口供，决定出兵。不过，有史料称，清军是中了准噶尔诱敌深入之计。此说首见于雍正九年七月初七日上谕：

六月间，准噶尔侵犯北路。大将军等领兵前往迎敌，被其诳诱，误堕术中，全军失利。③

乾隆四年（1739）纂成之《八旗通志》称和通泊之战"贼兵设伏山谷，枪炮猝发"，沿袭深入遇伏之说。④ 嘉庆朝文网渐弛，昭梿基于旗人流传的口述，力持傅尔丹中计进兵之说：

噶逆遣将伪降，言其国携贰，与哈萨克迭战经年，马驼羸弱，可袭灭也。傅公欲进师……⑤

该叙述过于简略，是为攻讦傅尔丹勇而寡谋张本，文学色彩浓重。道光间魏源作《圣武记》虽亦持此说，但显然参酌了官书，言之凿凿：

（准噶尔）先遣谍佯为我获，诡言厄鲁特大队未至，其前锋千余，驼马二万在博克托岭，距我军三日程。傅尔丹勇而寡谋，遽信之。⑥

对照《实录》可见，所谓"诡言"除"驼马二万在博克托岭"外，皆不出巴尔喀口供。"傅尔丹勇而寡谋"则是因袭昭梿的结论。因魏氏在史学史上地位崇高，民国开馆纂修《清史稿》时便引以为据，将塔苏尔海丹巴、巴尔喀概视为谍。⑦ 三人成虎，往往被研究者奉为圭臬。有鉴于此，很有必要利用一手文献辨其真伪。据满文月折档内准噶尔俘虏口供，塔苏尔海丹巴（tasurhai damba）称准噶尔集兵奇兰之语，与《实录》大体相符：

meni taiji g'aldan cering ere aniya aniya biyade jun gar i geren de selgiyehengge. ilantumen cooha tucibufi. ……sunja biyai ice de kirin de cooha acaki……ajige ceringdundob gaifi tehe cooha. da ilan tumen seme selgiyehe gojime. umai yongkiyame isinjihakū. te bici lobzang cering ni harangga emu minggan ninggun tanggū cooha. ne tookafi isinjihakū. ereci tulgiyen. geli emu udu tanggū. minggan isime isinjihakūngge bi. ne bisire cooha. damu juwe tumen funcembi.

本年正月，我台吉噶尔丹策零传令准噶尔之众，出三万兵……约于五月初，合兵于

① 《清世宗实录》卷 107，雍正九年六月丁未，第 415—416 页。

② 傅恒等修：《平定准噶尔方略（前编）》，《文渊阁四库全书》史部 115，卷 23，台北：商务印书馆，1984 年，第 348 页。

③ 《雍正朝汉文朱批奏折汇编》第 21 册，云南总督鄂尔泰奏覆接奉进京筹划西北用兵事宜上谕并陈防剿机宜等事折，雍正九年九月初二日奏，第 138 页。

④ 鄂尔泰等修，李洵、赵德贵点校：《八旗通志（初集）》卷 145，长春：东北师范大学出版社，1985 年，第 3768 页。

⑤ 昭梿：《啸亭杂录》卷 3，台北：文海出版社，1967 年，第 197 页。

⑥ 魏源：《圣武记》卷 3，北京：中华书局，1984 年，第 143 页。

⑦ 赵尔巽等修：《清史稿》列传 84，北京：中华书局，1977 年，第 839 页。

奇兰之地……小策零敦多卜统率驻扎之兵，原号称三万，但未全至。现罗卜藏策零属下一千六百兵耽延未至外，又有千兵未到。现有兵仅二万余……。①

巴尔喀（barka）等供称准噶尔兵多半已到之语，为《实录》删却未载：

neajige ceringdundob i jakade bisire cooha damu minggan isime bi. meni cooha umai kūwaran jafafi seremšeme tehe ba akū. gemu son son i ongko šeri be dahame tehebi. ……ilan tumen cooha be selgiyehe. yongkiyame isinjire unde. ne siran siran i jimbi. isinjiha yargiyan ton be sarkū. amba muru bodoci. amba dulin isinjihabi.

……今小策零敦多卜身边之兵仅千，我兵并未立营驻扎，俱随水草分驻……号称备兵三万，尚未全至。今陆续而来，已到实数不知。大概估计，多半已至……②

对上述口供，应结合奏折和卫拉特蒙古制度来理解。据塔苏尔海丹巴称，小策零敦多卜自巴尔库尔撤回后，携小妾住于阿尔泰之察罕哈达（cagan hada），而巴尔喀所属台吉是小策零敦多卜幼子，为其打牲时被捉。由是观之，小策零敦多卜及其亲属的鄂托克（otok）可能位于阿尔泰附近。而每鄂托克出兵一千，亦与奏折相符。③“今小策零敦多卜身边之兵仅千”原句为 ne ajige ceringdundob i jakade bisire cooha damu minggan isime bi，其中 jakade 可译为“身边的”。因而小策零敦多卜的千兵实为已之鄂托克的私兵，故与别部兵区别叙述。两份口供均声称准噶尔兵大半已至，塔、巴二人若系间谍，何能言此？

九年十月，投奔清朝的土尔扈特人巴图称：

再，今年大策凌敦多布带领准噶尔的兵二万名，往你们阿尔泰一路去了，说是乘你们大兵未过阿尔泰山梁之前，先来赶你们马匹。若得便，就近侵犯喀尔喀的游牧地方去。续又闻得人说，我们准噶尔一个打牲的人，被你们大兵拿住了。④

大策凌敦多卜率兵赴阿尔泰山，与小策零敦多卜合兵，预备劫取北路大营军马，乘隙侵掠喀尔喀牧地。打牲被捉者，即巴尔喀。可见准噶尔集兵阿尔泰，打算沿用科舍图之战之故伎，劫夺军马，掠夺科布多附近的喀尔喀牧场，原无邀击清军的打算。

至于“驼马二万在博克托岭”之语，出自《实录》载九年七月二十三日傅尔丹奏折，然而笔者遍查满、汉文档案，并未发现原折。观其内容，似将北路臣僚当月所进数折拼凑增删而成。该句即源自败回科布多的前锋章京金柱（ginju）供词，原文为“我等随大将军于六月十八日到博克托山岭，说有贼人骆驼”。⑤

雍正七月初七日上谕，是接衮泰奏全军失陷折后颁发的，而衮泰所据乃是索伦逃兵捏造之语。雍正信以为真，结合前述两折，得出“中计遇伏”的结论。后接傅尔丹报平安折，便改口称：从前北路逃军所报，竟属子虚。不过兵马失机，有损伤之处，大将

① 军机处满文月折档，靖边大将军傅尔丹等奏，雍正九年六月十八日。

② 军机处满文月折档，靖边大将军傅尔丹等奏，雍正九年六月二十八日。

③ 田山茂著，潘世宪译：《清代蒙古社会制度》，北京：商务印书馆，1987年，第22—63页。

④ 《雍正朝汉文朱批奏折汇编》第21册，宁远大将军岳锺琪等奏报讯明投顺之准噶尔蒙古巴图等二人供情并解肃州看守折，雍正九年十一月初七日奏，第439—440页。

⑤ 《雍正朝汉文朱批奏折汇编》第20册，宁远大将军岳锺琪奏报领军进击乌鲁木齐缘由折，雍正九年七月十二日奏，第896—897页。清文原折请参军机处满文月折档，都统衮泰等奏，雍正九年七月初八日。

军等原无恙也。[1] 将“中计遇伏”改为“失机”，可谓自我否定。

不过，七月初七日上谕与官书内被篡改的奏折，为清代史家提供了想象空间。塔苏尔海丹巴、巴尔喀本为普通的哈喇昆（chara koon），被俘后都受到拷问，口供亦相仿，本无行间之可能。昭梿之书广采“故家遗族之传说”，其时去和通泊之战已近百年，又未援档案、官书考证，舛误难免。而魏源并不通晓清文档案，《圣武记》的相关记载是将二手文献杂糅一处，再将昭梿的观点添枝加叶而成。若无月折档这一手文献作依据，此谬说不知还要流传多久！

傅尔丹明知准噶尔兵数倍于己，却违背指示贸然出击，似属轻率。实际上，他是想趁准噶尔兵尚未齐集时，以雷霆万钧之势突入，歼其一部，挽回科舍图之败后的被动局面。[2] 而在捕获巴尔喀后得知小策零敦多卜“每日询问知晓阿尔泰诸山岭者，候噶尔丹策零之讯。至后即行”（altai yaya dabagan be sara urse de inenggidari fonjime bi. g’aldan cering ni mejige be aliyambi. isinjiha manggi. uthai yabumbi.），[3] 这时进兵，已有袭击准噶尔和保护科布多城的双重意义，更坚定其进兵之念。此外，傅尔丹曾于康熙五十九年率兵越阿尔泰山，蹂躏准噶尔腹地，劫掠人畜。由此形成的军事信念（military doctrine）是他坚持出兵的内在动因。[4]

随傅尔丹出征的将佐，有副将军，辅国公巴赛（basai）、副将军，兵部尚书查弼纳（cabina）、参赞大臣，内大臣马尔萨等赫赫重臣。他如定寿、副都统塔尔岱（tardai）皆是曾随傅尔丹征伐准噶尔的宿将。挑选的万名官兵，包括京旗、右卫、盛京、乌喇驻防的精锐和精选黑龙江驻防、布特哈（butha）打牲人丁练成的鸟枪骑兵2000名，堪称八旗武力的菁华。[5] 其目的起初是截杀在图鲁图淖尔（tulutu）游牧的准噶尔牧群，捉获巴尔喀后，改为打击察罕哈达之东的准噶尔军，拔取沿途卡伦。出兵前，傅尔丹安排都统衮泰、总兵胡杰率满洲兵1300、绿旗兵6000守卫并抢筑科布多城；以名将费扬古（fiyanggū）之子，参赞大臣陈泰（centai）、副都统阿三（asan）领满兵2000扼守科布多河东，防备自库列图路来敌，接应将至之察哈尔兵，并命顺承郡王锡保（siboo）赴特斯阅视地形。[6]

二、五千貂锦丧胡尘：和通泊之战的彻底检证

清军西进的序列，是以向导领前锋60人先行，塔尔岱统兵400名尾随，定寿带1600兵续行，是为第一队。马尔萨率兵2000在其后，作第二队。大营随后行走。[7] 十

---

① 《雍正朝汉文朱批奏折汇编》第21册，云南总督鄂尔泰奏覆接奉进京筹划西北用兵事宜上谕并陈防剿机宜等事折，雍正九年九月初二日，第140页。

② 军机处满文月折档，靖边大将军傅尔丹等奏，雍正九年六月十八日。

③ 军机处满文月折档，靖边大将军傅尔丹等奏，雍正九年六月二十八日。

④ 张建：《康熙五十九年乌兰呼济尔之战浅探》，《清史论丛》2012年号，第74—84页。

⑤ 张建：《和通泊之战新研——以黑龙江兵丁为中心》，载《清史研究》2010年第1期，第115—119页。

⑥ 军机处满文月折档，靖边大将军傅尔丹等奏，雍正九年六月十八日；顺承郡王锡保等奏，雍正九年七月初八日。

⑦ 军机处满文月折档，靖边大将军傅尔丹等奏，雍正九年六月二十八日。

六日擒获巴尔喀等人后，次日，清军俘获厄鲁特宰桑郎素（langsu）。十八日，至博克托（bokto）岭下，与游牧图尔巴图淖尔（tulbatu noor）的准噶尔兵交战。因准噶尔兵正分散游牧，清军占据优势。①

二十一日，清军向和通泊撤退，定寿、参赞大臣，副都统苏图（sutu）、觉罗海兰（gioro hailan）、副都统常禄（canglu）在东，塔尔岱、副都统马尔齐（marci）在西殿后。傅尔丹位于大营之尾，照看殿后军。撤回原因，傅尔丹称准噶尔兵占据大山，并不下战，于是合议诱敌邀击。而据察哈尔精奇尼哈番散济卓布（sanjijob）口述，是“因此地无水草，大将军传令移至有水草处”（ba na ehe ongko akū seme amba jiyanggiyūn i selgiyehe bade. ongko bisire bade guriki）。② 当夜狂风骤起，大雨滂沱。

交战四日后，准噶尔军已从各游牧地集结，在清军移营时发起进攻，趁雨雹大作时将定寿部分割包围，击溃位居其前方的1000黑龙江兵，副都统西弥赖（similai）自尽。塔尔岱、马尔齐驰援。双方均投入炮兵和大批配备火绳枪（matchlock）的骑兵，战况极其惨烈，清军炮领催宝柱（booju）回忆：

hūlha gaitai alin holo ci tucifi. meni juwe minggan funcere cooha be meitefi afarade. meni cooha de tuwai okto. muhaliyan. sirdan gemu wajire jakade. jiyanggiyūn dingšeo i gisun. hūlha umesi labdu. teisu teisu bireme tuci sehede. meni geren i alarangge. be cihanggai jiyanggiyūn be dahame. tucime muteci tuciki. tucime muterakū oci. sasa jobolon bealiki seme. uhei hūsun i hūlhai baru fumereme afarade. hūlha bireme dosifi. mini ici ergi suksaha de miyoocan i feye ilan ba. hashū ergi bethe de miyoocan i feye emu ba. šenggin de sirdan i feye emu ba. uheri sunja feye bahafi farame tuheke.

贼兵猝然冲出山谷，将我二千余兵截断攻打。因我等火药、铅弹、箭矢俱尽，将军定寿说：贼甚众，各自冲出，等语。我等称：我们情愿追随将军，能出则出，若不能出，共同赴难！等语。全力与贼混战。贼冲入，我右腿受枪伤三处，左脚受枪伤一处，额头受箭伤一处，共得五伤昏倒。③

投诚人巴图称：

此后，我们三四处卡伦都被你们的兵攻取了，内中有逃回去的人，给了信息。策凌敦多布等传集了他的兵，与你们大兵打了几次仗，都被杀败了。嗣后小策凌敦多布说：我们准噶尔的人就如此白死了么！小策凌敦多布随舍命带领百余人，身先冲入你们队内。我们准噶尔大队的兵马随着也就冲入打仗，将你们驼只、马匹、驮子等物得了许多。④

小策零敦多卜奋勇冲突清阵，准噶尔军受此鼓舞，全军冲入。清军骤然陷入血战，易给参战官兵造成中伏的错觉。因准噶尔兵力雄厚，清军救援未果，马尔齐战死。二十二日，定寿部全军覆没，高阶将佐除觉罗海兰冲出外全体阵亡，准噶尔遂专力于大营。

---

① 军机处满文月折档，顺承郡王锡保等奏，雍正九年七月初八日。

② 军机处满文月折档，都统衮泰等奏，雍正九年七月初十日；靖边大将军傅尔丹奏，雍正九年七月十三日。

③ 军机处满文录副奏折，03－1540－024，039－0488，署宁远大将军查郎阿等奏，雍正十三年五月初二日奏。

④ 《雍正朝汉文朱批奏折汇编》第21册，宁远大将军岳锺琪等奏报讯明投顺之准噶尔蒙古巴图等二人供情并解肃州看守折，雍正九年十一月初七日奏，第442页。

当时和通泊处清军分立三营，京旗与右卫、盛京、乌喇驻防为一营，察哈尔、归化城土默特、喀喇沁、土默特为一营，以索伦兵为主的黑龙江兵单立一营。二十二日凌晨，黑龙江领催李色（lise）、披甲奔德尔图（bengdeltu）作“挑动索伦混乱之语”（solon sebe facuhūrabume deribume gisurehengge），一营俱溃，仅余协领布尔沙（burša）、领催博赉（bolai）等九人。① 此举迅速引发多米诺效应（domino effects），次日，在准噶尔军冲击下，察哈尔、土默特、喀喇沁兵相继奔溃，归化城土默特副都统衮布（gumbu）、营总里查布（licab）率兵逃逸，后投降准噶尔，尽告清军虚实。② 清军败局已定。

然而，《啸亭杂录》载，是科尔沁兵先溃，导致清军失利：

贼遂犯大营，傅命蒙古兵御之。定制，科尔沁王公树红纛，土默特旌树白纛，以为志。转战间，科尔沁王某偃旗首遁，土默特公沙津达赖奋身入贼垒，白旌耀然。众知蒙古兵败，曰：“白纛兵入贼队矣!”诸军遂大溃……③

昭梿所记科尔沁兵溃事确有所本，但非和通泊之战，而是次年的乌孙珠勒（usun-jul）之战。“科尔沁王某”指科尔沁郡王罗布藏拉锡（lobdz’angrasi），他于九年二月奉旨，带兵动身。和通泊之战时，方至塔米尔（tamir）地方，并未参战。北路军营此前亦无科尔沁兵。④ 另据沙津达赖（? ajindalai）称，索伦兵溃时遗弃红纛一面，为准噶尔所得，土默特管旗章京索诺木（sonom）将纛夺回。可能是红纛故事的本原。⑤ 昭梿之说错误昭然，魏源撰《圣武记》时亦不援官书校正，全篇引用，反将索伦兵溃这一致败关键湮没。⑥

二十五日，傅尔丹率大营八旗兵4000名列方营（fang ing）步行突围。昭梿称清军在和通泊用车营，致道路壅塞，多有损失。⑦ 雍正五年密谋出兵时，确曾采岳锺琪之策，设车骑营，挑选直、鲁、晋、豫四省绿旗兵9000名演习车战，配属北路，称为车兵（sejen i cooha）。雍正八年，裁汰3000名。九年年初，傅尔丹因“此车无用，携带远行亦甚笨重”（ere sejen be baiburakū. gaifi goromime yabure de inu umesi laju），未携车出卡，6000车兵也被留在科布多筑城。⑧ 列方营撤退，是为守护包括火炮、粮饷、牲畜在内的行装（nukte）。

彼时局势对准噶尔极其有利，兵力对比约达7:1，清军苦斗数日，极其疲惫。然而准噶尔军仍无法一鼓而胜，只得冒着遭遇清朝援军的风险尾随追击，连日鏖战，鳌拜之

① 军机处满文月折档，都统衮泰等奏，雍正九年七月十二日；中国第一历史档案馆藏：军机处满文议覆档，大学士鄂尔泰等奏请升补军前效力之员折，雍正十三年三月初五日奏。

② 军机处满文月折档，靖边大将军傅尔丹等奏，雍正九年七月二十二日。

③ 昭梿：《啸亭杂录》卷3，第200页。

④ 军机处满文月折档，顺承郡王锡保等奏，雍正九年八月二十三日。之前派出的科尔沁兵多驻守青海，参军机处满文月折档，副都统格默尔等奏，雍正九年正月十三日。

⑤ 军机处满文月折档，都统衮泰等奏，雍正九年七月十二日。

⑥ 魏源：《圣武记》卷3，第143页。

⑦ 昭梿：《啸亭杂录》卷3，第192页。

⑧ 冯尔康：《雍正传》，第404—405页；《雍正朝满文朱批奏折全译》下册，副都统苏图奏报抵达察罕叟尔军营查看情形折，雍正八年四月二十二日奏，第1969页；军机处满文月折档，靖边大将军傅尔丹奏，雍正九年三月十九日。

后，参赞大臣·公达福（dafu）断后战死。[①] 二十八日，清军抵哈尔哈纳（harhana）河，弹药、箭矢俱尽，被迫丢弃行装，吸引准噶尔兵掠取，寻机突围。此举令清军付出惨重代价，笔者在满文档案中查到18名和通泊之战被俘后逃回的官兵口供，10人在哈尔哈纳因“阵形紊乱”（faidan facuhūrafi）至于被俘，多负伤数处，可见战斗酷烈。（参表一）溃围而出的官兵登上对面山岭，分两队撤退。傅尔丹一队于七月初一抵达科布多，另一队由副将军巴赛、查弼纳统率，在准噶尔兵追击下全队覆没。[②]

表一　哈尔哈纳被俘脱出官兵简况表[③]

姓名	旗分	职位	负伤简况	被何人所擒
石头（šiteo）	京旗·镶白旗满洲	长枪护军	箭伤一、鸟枪伤一	散济（sanji）
仓儿（ts' angl）	右卫驻防·正黄旗	前锋罗刹（loca）跟役	未受伤	察罕巴图鲁（cagan baturu）
卓特巴（jotba）	京旗·镶黄旗蒙古	前锋	矛伤三、箭伤三、刀伤二	宰桑达林（dalin）属下德木齐达西敦多卜（dasidundob）
莫克讷（mokene）	伯都讷驻防·镶红旗满洲	马甲	刺伤三	卫征和硕齐（weijeng hošooci）属下绥罗尔图（suiroltu）
张文彬（jang wen bin）	右卫驻防·镶蓝旗汉军	马甲	刺伤一、刀伤一	巴朗（barang）
七十三（cišisan）	京旗·镶白旗蒙古	护军巴沙寨（bašajai）跟役	刺伤一	岳罗齐（yoroci）
赫伦泰（heluntai）	右卫驻防·正红旗满洲	马甲	箭伤一、鸟枪伤一、刺伤一	宰桑噶布宗（gabzung）属下阿育扎布（ayujab）
佟柱（tungju）	京旗·正白旗	炮甲	矛伤一、刀伤一	不详
奇彻布（kicebu）	京旗·正蓝旗满洲	长枪马甲	负伤两处	巴雅尔（bayar）
赛明阿（saimingga）	京旗·正红旗满洲	前锋校	负伤两处	不详

据统计，清军阵亡，被俘官兵6923名，另有303名于溃逃时死亡或被俘，合计损失官兵7226名（参表二），战损率超过70%，侥幸脱出的2000余官兵亦多带伤。损失官兵中，京旗、右卫驻防占78.5%。表一载脱出官兵10人，9人为京旗、右卫驻防兵。若非他们殊死苦斗，清军恐无法避免全军覆没的厄运，正如乾隆帝所云“京师、右卫之

① 《清内府八旗列传档案稿》卷2，北京：全国图书馆文献缩微复制中心，2001年，第20—21页。

② 军机处满文月折档，靖边大将军傅尔丹等奏，雍正九年七月十三日；军机处满文录副奏折，03－1104－006，024－0789，靖边大将军傅尔丹奏，雍正九年八月二十四日奏。

③ 军机处满文录副奏折，03－1104－006，024－0789，靖边大将军傅尔丹奏，雍正九年八月二十四日奏；03－1152－2，026－078，靖边大将军·顺承亲王锡保等奏，雍正十一年四月十六日奏；03－1152－7，026－89，靖边大将军·顺承亲王锡保等奏，雍正十一年五月初四日奏；03－1152－10，026－946，靖边大将军·顺承亲王锡保等奏，雍正十一年五月廿二日奏；03－1152－14，026－103，靖边大将军·顺承亲王锡保等奏，雍正十一年七月十七日奏；03－1152－17，026－109，靖边大将军·顺承亲王锡保等奏，雍正十一年七月九日奏；03－1152－19，026－107，靖边大将军·顺承亲王锡保等奏，雍正十一年八月二十日奏；03－1150－016，026－0629，定边大将军·平郡王福彭等奏，雍正十一年十一月初九日奏；03－1167－11，027－0151，定边大将军·平郡王福彭等奏，雍正十二年三月初六日奏。

旧满洲兵奋勇冲击，虽年少者亦皆死战不退，是以尽忠者甚众”。[①] 指挥官层面，出师时，傅尔丹以下，副都统衔以上大臣共计 18 名，除傅尔丹、内阁学士兼副都统上行走德禄（delu）、副都统承保（cengboo）逃回，衮布投降，副都统塔尔岱在哈尔哈纳河“身负七创”，夺马溃围而出外，[②] 全部战殁（参表三）。此役创下八旗军在统一蒙古战争中最大败绩，最高伤亡等多项纪录。在 19 世纪前的八旗战史上，也只有顺治九年（1652），定南大将军·敬谨亲王尼堪（nikan）战死的衡州之战可比。[③]

表二　和通泊之战清军官兵损失表[④]

地区	数量
京旗	4583
奉天	579
吉林	462
黑龙江	84
右卫	1093
苏图随带	54
察哈尔	97
归化城土默特	199
喀喇沁土默特	51
喀喇沁	17
绿旗	7

① 军机处汉文录副奏折，03－0370－026，025－0750，川陕总督查郎阿奏报征西诸路官兵效力阵亡人数请加恩恤事，乾隆元年八月二十日奏。右卫驻防始于康熙三十二年（1693），此后虽变动不断，但驻防八旗军皆自京旗分拨而来，纪律性与荣誉感均强，请参定宜庄：《清代八旗驻防研究》，沈阳：辽宁民族出版社，2003 年，第 40—41 页。

② 方观承：《从军杂记》，吴丰培等编《丝绸之路资料汇钞·清代部分》，北京：全国图书馆文献缩微复制中心，1996 年，第 80 页。方氏于雍正十一年至十三年赴北路军营效力，该书记其见闻，价值远高于后出汉文文献。

③ 顾诚：《南明史》，北京：中国青年出版社，1997 年，第 376—377 页。

④ 军机处满文月折档，靖边大将军·顺承亲王锡保奏，雍正十年四月二十五日。折内将“喀喇沁土默特”（karacin tumet）与“喀喇沁”（karacin）分别开列。当时统计，清军损失 7184 名，但将各项数字相加，实际损失 7226 名。另，刘小萌师在上世纪 80 年代便据该折指出八旗军的损失数，但未引起重视，请参《库图勒考》，《满族的社会与生活》，北京：北京图书馆出版社，1998 年，第 187—199 页。

表三 和通泊之战清军阵殁大员表①

名讳	位阶	备注
巴赛	副将军・辅国公	郑献亲王济尔哈朗之后
查弼纳	副将军・兵部尚书	
定寿	前锋统领	中鸟枪伤，自刎
马尔萨	参赞大臣・内大臣	开国五大臣费英东之后
苏图	参赞大臣・宁夏驻防左翼副都统	议政大臣・正红旗满洲都统苏丹之子
觉罗海兰	参赞大臣・镶白旗护军统领	
达福	散秩大臣・超武公	鳌拜之孙
戴豪	正白旗满洲副都统	一等侍卫・副都统海青之子
舒楞额	吏部右侍郎・正红旗满洲副都统	失踪
马尔齐	归化城副都统	
西弥赖	副都统	各种文献均称其为"副都统衔"，似是以侍卫身份在副都统上行走。自尽
常禄	镶白旗满洲副都统	
永国	盛京礼部侍郎兼内阁学士	

考虑致败原因，傅尔丹指挥失当是一重要因素。清军在兵力劣势下冒险进击，对统帅的指挥艺术是极大的考验，而他显然不够优秀。从表二可知，黑龙江营溃围最早，损失轻微。傅尔丹若于黑龙江兵溃后孤注一掷，以牺牲后卫为代价突围，不至损失如此之重。他为何选择扎营坐守，研究者皆语焉不详。笔者初以为傅尔丹意在固守待援，但档案记载，准噶尔遣使谈和，稽延时日，是造成清军株守营盘的主要原因：

orin juwe de. hūlhai kūwaran ci jafabuha solon i bošokū be takūrafi alanjihangge. hūlhaijaisang sei gisun. muse juwe ergi aiseme geren i ergen be jobobume afambi. suwende jafabuha meni langsu be amasi mende bu. meni jafaha suweni niyalma. ambasai giran be bume. ishunde hūwaliyaki seme takūrahabi. ede amba jiyanggiyūn ineku ere bošokū be takūrafi hūlha sede unenggi langsu be gaiki seci ja. damu ambakan jaisang be elhe takūrafi gisureki. te uthai jio seme unggihede. ineku inenggi de umai jihekū. orin ilan de. emu ūlet. solon i bošokū. geli jafabuha tumet lamajab i sasa jifi alaha gisun. meni jaisang te uthai jimbi. mendejafabuha lamajab be suwende buki sehe manggi. sirame labdu cooha jifi.

二十二日，自敌营派出被俘之索伦领催来告贼之宰桑等语：我们两边为何舍命交战？尔将所俘之郎素送回，我们将俘虏尔方之人、大臣尸骸送回，彼此讲和，等因派

① 军机处满文录副奏折，03-1104-006，024-0789，靖边大将军傅尔丹奏，雍正九年八月二十四日奏；《雍正朝满文朱批奏折全译》下册，护军统领永福奏报轻信人言谎奏额林沁军绩折，雍正十一年三月二十五日奏，第2191—2192页；《清世宗实录》卷112，雍正九年十一月乙酉，第501页；卷126，雍正十年十二月乙卯，第651页；《清国史》大臣画一传档正编卷99，北京：中华书局，1993年，第181—186页；《八旗通志（初集）》卷75，第1431页；卷84，第1820页；纪昀等修，李洵、赵德贵等点校：《钦定八旗通志》卷218，长春：吉林文史出版社，2002年，第3968—3969、第3972—3974、第3980页。

遣。本日，大将军派此领催往告贼等：尔等欲得郎素颇易，只要大宰桑立即遣使讲和，现在立即来，等因遣往。本日，未（派人）前来。二十三日，厄鲁特一名、索伦领催并被俘之土默特喇嘛扎布一同来告：我之宰桑现在就来。被我们拿获之喇嘛扎布还给你们，这样说了之后，接着大批（敌）兵开来。①

准噶尔遣使议和，是出于清理战场，休整兵马的目的。傅尔丹应允谈和，许是因为连日苦战，黑龙江兵又弃营而走，需要时间整顿营伍。二十三日，准噶尔军重开攻势，清军再难脱身。傅尔丹闻知准噶尔军来攻，称“既讲和，何来这么多兵”（hūwaliyame gisurere de aiseme utala cooha jimkini），未料到战局重开如此迅速，错过最佳突围时机。②从被围后诸多当断不断之举看，他在心理上没有做好在不利态势下作战的准备。

后方清军未出兵接应，也是酿成惨败的关键因素。六月二十一日后，溃兵陆续逃回科布多，衮泰等急调各处兵来援，但清军倾力出击，后方既缺精兵，亦乏干员。除驻库布克尔（kubker）都统查克旦（jakdan）外，无人响应。③ 陈泰借口“我兵者，乃讨伐行走之兵也，不可去尔筑城处”（meni cooha serengge. dailame yabure cooha. suweni hoton weilere bade geneci ojorakū serede），裹胁新到1000察哈尔兵逃往扎布堪。④ 这3000骑兵是科布多附近最强的野战力量，却怯战东窜，不仅令科布多门户洞开，救援之议顿成画饼，还在承担各项劳役的喀尔喀人中引发极大动荡：

heo centai se. geli cooha be gaifi. dosi jabkan i baru genere jakade. bele juwere alban i jaka juwere kalkasa tuwara ba akū ašafi. karun giyamun tere kalkasa ci aname. meni meni afaha babe waliyafi. morin be dalifi ukakangge umesi labdu. karun. giyamun lakcara de isibuhabi. tuttu bime. cagan seol ci. bele. maikan. tuwai okto juwere. jai honin be dailafi jidere kalkasa. ceni benjire alban i jaka be jugūn i unduri maktafi. temen be dailame gaifi ukakangge inu bi.

因侯陈泰等又带兵向内扎布堪去，运米，运官物之喀尔喀众无照看而动摇，驻卡伦、驿站处之喀尔喀众推诿，各自丢弃差事，驱赶马匹逃逸者甚众，致卡伦、驿站曾经中断。且自察罕叟尔运米、账房、火药并赶羊前来之喀尔喀众，将运送官物沿途抛弃，赶带骆驼逃逸者亦有。⑤

一团混乱中，唯有顺承郡王锡保尚属清醒。甫接警讯，立即从布呼图淖尔（buhūtu noor）折向察罕叟尔。当时察罕叟尔是北路最大的军运中心，仅军粮便贮有208620石，却只有兵2710名。他将东撤之宁夏驻防兵截留守城，调各处添发北路官兵来察罕叟尔驻守。同时咨行喀尔喀各札萨克，令向内游牧。⑥ 部署甚合雍正帝心意，在上谕中称其

---

① 军机处满文月折档，都统衮泰等奏，雍正九年七月初十日。

② 军机处满文月折档，都统衮泰等奏，雍正九年七月初十日。

③ 《雍正朝满文朱批奏折全译》下册，都统查克旦奏报调遣各路军往援大将军傅尔丹折，第2050—2051页。

④ 军机处满文月折档，靖边大将军傅尔丹等奏，雍正九年七月二十二日。

⑤ 军机处满文月折档，靖边大将军傅尔丹等奏，雍正九年七月二十二日。

⑥ 军机处满文月折档，顺承郡王锡保等奏，雍正九年七月初十日；雍正九年八月初八日。

为“顺承王”（dashūn wang）。八月，果将其晋封亲王。[①] 衮泰被擢升为内大臣，补授荆州将军。查克旦亦升为内大臣。陈泰则被批为“不知羞耻，玷辱父祖，该杀”，褫职囚禁。[②]

对噶尔丹策零而言，用兵北路是他一生中最大的军事冒险。此前，准噶尔军屡为满洲兵所败，怀有极深的畏惧感，噶尔丹策零也不例外。八年秋，他告诫部下“断毋越阿尔泰山，毋相战。若彼来近，但勤缉哨探。降大风雪时，将其马畜奋力赶回。”（altai alin be ainaha seme ume dabara. ume bakcilame afara. aika hanci jici. damu jada be kiceme jafa. amba nimanggi edun be wasimbu. ceni morin ulha be dalire be kice）[③] 当时准噶尔最多可动员6万—7万男丁，其中准噶尔人不满2万，[④] 却要同时防备哈萨克、土尔扈特、俄国和清朝。为取得兵力优势，噶尔丹策零不惜从防御死敌哈萨克的西部鄂托克抽调兵力，集中3万人马，接近总兵数的50%！表一载俘获满洲兵的准噶尔人中，达林是鄂托克沙毕纳尔（？ abinar）的宰桑，游牧地在七河流域（Семиречье）的阿里玛图（alimatu）。岳罗齐及其宰桑霍济玛尔（hojimal）都是被策旺喇布坦迁往额米尔（emil）流域的布鲁特人，隶属扎哈沁（jahacin），负责对哈萨克的防务。[⑤] 准噶尔损失兵数，尚不清楚。但大、小策零敦多卜仅在额尔齐斯休整月余便挺进喀尔喀，损失应不太重。噶尔丹策零的冒险取得极大成功。

和通泊之败，不仅令清军拱手交出北路战场的主动权，也使雍正帝苦心经营的筑城进逼之策顿成空中楼阁。七月十三日，雍正帝任命图海之后，大学士马尔赛（marsai）为抚远大将军，赴图拉（tula）防守。[⑥] 清朝亟须在喀尔喀纵深构筑新防线，应对准噶尔的袭击。

三、战后准噶尔的侵扰

傅尔丹败回后，加紧修筑科布多城，于七月底落成。此处清军虽遭大败，仍有兵15900余，并从察罕叟尔调新来三地兵（ilan ba i cooha）、内札萨克兵增援，堪称重

---

① 军机处满文月折档，都统衮泰等奏，雍正九年七月初十日；《雍正朝满文朱批奏折全译》下册，靖边大将军锡保奏请万安折，雍正九年八月初四日奏，2053页。但锡保在九年八月初的头衔仅是“管振武将军印务多罗顺承郡王”（horon be badarambure jiyanggiyūn i doron i baita be kadalame icihiyara doroi dashūn giyūn wang），并非靖边大将军，此处翻译有误。

② 《清世宗实录》卷109，雍正九年八月庚戌，第453—454页；《雍正朝满文朱批奏折全译》下册，靖边大将军傅尔丹奏请万安折，雍正九年八月初二日奏，第2052页。陈泰竟因父、祖之功逃过诛戮，乾隆二年（1737）获释，参中国第一历史档案馆编：《乾隆朝上谕档》第1册，北京：档案出版社，1991年，乾隆二年四月十七日谕，第176—177页。

③ 军机处满文月折档，靖边大将军傅尔丹等奏，雍正九年六月二十七日。

④ 军机处满文月折档，靖边大将军傅尔丹等奏，雍正九年六月二十七日。

⑤ 军机处满文录副奏折，03-1152-10，026-0946，靖边大将军·顺承亲王锡保等奏，雍正十一年五月廿二日奏，03-1152-19，026-107，靖边大将军·顺承亲王锡保等奏，雍正十一年八月二十日奏。

⑥ 中国第一历史档案馆编：《雍正朝汉文谕旨》第4册，桂林：广西师范大学出版社，1999年，雍正九年七月十三日谕，第67页。

镇。① 但新承丧败，士气不振，且后方空虚，如扎克拜达里克惟戍守兵2000余，由原任巡抚西琳（sirin）管理。准噶尔兵若乘胜越过科布多袭击喀尔喀，清朝将面临无兵可用的窘境。因而雍正欲放弃已成鸡肋的科布多，将军队集中于察罕叟尔、扎克拜达里克至归化城一线，分设将佐统兵，守护纵深，保障通往内地的台站。② 然而，傅尔丹并不愿撤兵，加之此前为进攻准噶尔，在科布多积贮大批物资，仅银、米两项便各达88万两和23000石，难以遽行运回。③ 直到八月底，傅尔丹才开始就地掩埋筑城工具，做撤退准备，而准噶尔兵已越阿尔泰东来。④

重创清军后，噶尔丹策零决定仿效噶尔丹博硕克图，派大、小策零敦多卜领兵深入喀尔喀：

manju coohai. morin ulha be durifi. kalkai nukte be kerlun de isitala tabcilame genefi. gegen hūtuktu be solifi. hanggai bade tuweri hetukini. aika cooha labdu. suwe muterakū oci. suwe acara be tuwame yabu

（尔等）驱赶满洲兵之马畜，直抵克鲁伦，劫掠喀尔喀游牧，延请格根呼图克图来杭爱越冬。倘兵多，尔等若不能敌，合议而行。⑤

此格根呼图克图指第二世哲布尊丹巴洛布藏丹必栋密（Lobsang tanbi tungmi），是喀尔喀的宗教领袖。由于蒙藏人民普信黄教，自噶尔丹时代起，准噶尔便十分重视利用黄教的号召力，达成重建蒙古帝国的理想。故噶尔丹策零命大、小策零敦多卜"延请"之举，实与噶尔丹追击哲布尊丹巴，策旺喇布坦袭击西藏等举措一脉相承。⑥

雍正九年八月十一日，大、小策零敦多卜、大策零敦多卜子多尔济丹巴（dorgi damba）率准噶尔军26000名，自夸额尔齐斯（kūwa ercis）启程，会于和通泊之东。多尔济丹巴、宰桑海伦（hailun）领兵6000，劫掠科布多附近牧场。大、小策零敦多卜率主力军，于八月二十九日渡科布多河。傅尔丹虽手握重兵，但大败之后，不敢出击野战。城外各处卡伦、驿站与未收入城牧群尽遭劫掠，损失官兵119名、马畜5163头。因所获不多，以辉特台吉诺尔布（norbu）诺颜、海伦领3000兵断后，大队人马越西尔噶（sirga）戈壁，在济尔噶朗图（jirgalangtu）分兵。海伦、宰桑乌尔哲依（ūljei）、台吉锡喇思（siras）侵掠西南喀喇爱尔罕（kara airgan）牧场，大、小策零敦多卜驻于苏克阿尔达乎（suke aldahū），以小策零敦多卜子曼济（manji）领兵往杭爱劫掠，声言抢

① 军机处满文月折档，靖边大将军傅尔丹等奏，雍正九年八月初八日；军机处满文录副奏折，03-1115-009，024-1823，靖边大将军傅尔丹等奏，雍正九年八月初二日奏。"三地兵"即盛京、吉林、黑龙江兵。

② 李毓澍：《外蒙政教制度考》，第8-9页；金峰：《清代外蒙古北路驿站》，《内蒙古大学学报》（哲社版）1979年第2期，第77—102页。

③ 军机处满文录副奏折，03-1122-002，024-1012，靖边大将军傅尔丹等奏，雍正九年九月初六日奏。

④ 军机处满文月折档，顺承亲王锡保等奏，雍正九年九月十八日。

⑤ 军机处满文录副奏折，03-1106-7，024-99，顺承亲王锡保奏，雍正九年十月初一日奏。

⑥ 札奇斯钦：《蒙古与西藏历史关系之研究》，第633-641页。格根呼图克图即哲布尊丹巴一世，已于雍正元年（1723）圆寂于北京。另，俄国档案中亦将哲布尊丹巴一世称为格根呼图克图（хутухты Кегеня），参Сост. Г. И. Слесарчук: *Русско- могольские Отношения, 1685-1691 : Сборник Документов*. Москва: Издателъская Фирма, Восточная Литература, РАН, 2000, стр. 356.

掠额尔德尼召。[1] 察罕叟尔、扎克拜达里克两城因兵力单薄，遵照上谕守城。九月二十二日，扎克拜达里克城南土默特旗噶里特（garit）牧场遭劫，损失马畜8600余头，城兵不敢追击。喀尔喀贝勒策登扎布（cedenjab）旗下半个佐领被掠，折损马驼1295匹。[2]

如前所述，清军在和通泊的惨败引发喀尔喀人骚动。准噶尔侵掠喀尔喀，清军又不敢接战。一些早年附清，游牧于喀尔喀的卫拉特贵族和僧侣如辉特公巴济（baji）、土尔扈特喇嘛墨尔根绰尔济（mergen corji）率先投靠准噶尔。巴济本为台吉罗卜藏之子，于康熙二十八年（1689）投清，曾积极参与讨伐策旺喇布坦的战争，招降辉特台吉扎尔布（jarbu）等。[3] 雍正四年，将游牧于喀尔喀推河流域的卫拉特人分编6个札萨克，他是其中之一（参表四）。准噶尔军东进时，他派人联络，率众投靠。[4] 墨尔根绰尔济在雍正五年率门徒从准噶尔来喀尔喀，按草原习惯，喇嘛可凭借特殊身份往来敌对势力间，但清朝强制将其编设佐领，限定游牧，引发其不满，遂投顺准噶尔。[5] 他们劫取喀尔喀公通摩克（tongmok）旗下一佐领人为准噶尔军带路，复“掠公通摩克一半之人”（g' ong tongmok i niyalma be emu dulin tabcilafi），通摩克损失人口近千，被迫逃入戈壁。[6]

表四　雍正四年编设游牧喀尔喀卫拉特札萨克表[7]

姓名	族属	爵秩	备注
策凌旺布（cering wangbu）	准噶尔	多罗额驸。康熙四十二年（1703），袭多罗郡王。	阿喇布坦长子，雍正四年，任札萨克盟长。
色布腾旺布（sebten wangbu）	准噶尔	多罗额驸。雍正元年，封多罗贝勒。七年，袭郡王、盟长，兄弟札萨克合二为一。	阿喇布坦次子。
茂海（moohai）	准噶尔	雍正元年，封固山贝子。	阿喇布坦侄子。
多尔济色布腾（dorji sebten）	准噶尔	雍正元年，封固山贝子。	丹济喇子。
巴济（baji）	辉特	康熙朝袭辅国公。	罗卜藏台吉子。
阿宝（aboo）	和硕特	康熙四十三年（1704）授和硕额驸，四十八年（1709）袭多罗贝勒，雍正元年封多罗郡王。	和罗理第三子。

---

① 军机处满文月折档，顺承亲王锡保等奏，雍正九年九月十八日；抚远大将军马尔赛奏，雍正九年十月初一日；靖边大将军·顺承亲王锡保等奏，雍正十年四月二十五日；军机处满文录副奏折，03-1106-6，024-38，顺承亲王锡保等奏，雍正九年九月二十九日奏；03-1106-7，024-99，顺承亲王锡保奏，雍正九年十月初一日奏。

② 军机处满文月折档，抚远大将军马尔赛奏，雍正九年十月初四日；军机处满文录副奏折，03-1120-9，024-226，喀尔喀副将军策旺扎布奏，雍正九年十一月十四日奏。

③ 《钦定外藩蒙古回部王公功绩表传》卷77，《文渊阁四库全书》史部212，台北：商务印书馆，1984年，第693页；宫中档康熙朝满文朱批奏折，508-8-56-1，理藩院进巴济致辉特台吉扎尔布等信件，无朝年。

④ 军机处满文录副奏折，03-1140-7，024-1389，顺承亲王锡保等奏，雍正九年十月初九日奏。

⑤ 《雍正朝满文朱批奏折全译》下册，喀尔喀副将军策凌奏报安置默尔根绰尔济之徒弟折，雍正五年十二月二十五日，第1552—1553页。

⑥ 军机处满文录副奏折，03-1120-9，024-226，喀尔喀副将军策旺扎布奏，雍正九年十一月十四日奏；1394-4，035-0262，定西将军永常奏，乾隆二十年五月初六日奏。

⑦ 《钦定外藩蒙古回部王公功绩表传》卷77，第691—693页；第699—700页。

噶尔丹博硕克图去世后，麾下显贵丹济喇（danjila）、阿喇布坦（arabtan）先后于康熙三十六（1697）、四十一年（1702）投清。雍正四年分编札萨克，彼等子侄占据4席，地位煊赫，成为噶尔丹策零的招抚目标。准噶尔使者携噶尔丹策零亲笔信往会，策动这些显贵回归准噶尔汗国。纵使不成，也可离间他们同清廷的关系。在准噶尔大军压境下，此举引发大规模反叛，色布腾旺布折奏：

te hūlhai mejige be donjifi. beise moohai. cering sei emgi gisurefi. enduringge ejen i baru nuktere de. moohai. cering juwe meni gūsai gūsa be kadalara janggin bandi. nirui janggin soton sei jergi sunja tanggū funcere urse be šusihiyefi. g' aldan cering be baime ubašame genehe. mini beye. emu udu jaisang. tanggū funcere urse.

今闻贼讯，欲同贝子茂海、策凌等商议，向圣主迁移时，茂海、策凌二人挑动我旗都统班第、佐领索屯等属下五百余人，寻噶尔丹策零叛去。（惟余）我身、数宰桑并百余人。①

茂海早在康熙四十二年便欲投奔策旺喇布坦，为康熙帝制止。② 他以卫拉特显贵，膺贝子之高爵，却裹挟两个札萨克叛投准噶尔，更加剧局势的混乱。策凌是其胞弟，雍正七年，策凌旺布去世，他的札萨克由色布腾旺布代管，在策凌煽动下，“策凌旺布之五宰桑俱叛”（cering wangbu i sunja jaisang gemu ubašafi）。卫拉特札萨克六去其四!③

色布腾旺布身系额驸，忠于清室，无意反叛，地位较低的多尔济色布腾态度则颇可玩味，属众伙同茂海等劫掠台站。从西琳拿获其属下阿尔赛（arsai）等人口供来看，似出自多尔济色布腾的授意：

erebiyai ice jakūn de. jun gar ba i emu niyalma. gebu be sarkū. orin se funcehe. sebten i boode jifi. baitakū urse be bašame tucibufi. kejine tanggūt gisun gisurefi genehe. genehe amala uthai dehi juweci giyamun i urse de nambufi jafafi gamaha. geli dehi juweci giyamun. dehi ilanci giyamun be tabcilahangge gemu sebten beile i fejergi urse.

本月初八，准噶尔处一人，不知名字，二十余岁，来色布腾之帐，将闲杂人等撵出，用唐古特语交谈后离去。去后，即被四十二台之众撞见，拿住带去。再，劫掠四十二、四十三台者俱系色布腾贝勒属下。④

则多尔济色布腾属下劫掠台站，既可能是多尔济色布腾担心密谈泄露，纵容之举；也可能是群起反叛，他无力钤束部众的结果。归化城到察罕叟尔的驿站是北路用兵的生命线，但在准噶尔军、叛逃卫拉特人劫掠下，从二十二台向北，直到察罕叟尔的台站失陷几尽。坐台官员、家眷、牲畜被掳走，运米民人多遭戕杀。二十二台到十六台为防袭击，将家眷、牲畜向南避入戈壁，每台仅留男丁20名、马40匹传讯。刚到十九台的马尔赛被迫折返归化城。⑤ 一时间，北路陷入自康熙三十五年（1696）设驿以来最为险恶之局。为防备准噶尔窜犯，马尔赛行文漠南乌喇特、茂明安、四子、苏尼特、阿霸垓等

① 军机处满文录副奏折，03-1110-5，024-1380，郡王色布腾旺布奏，雍正九年九月二十五日奏。

② 宫中档康熙朝满文朱批奏折，理藩院右侍郎伊道奏，康熙四十二年七月初九日。

③ 军机处满文录副奏折，03-1110-6，024-138，抚远大将军马尔赛奏，雍正九年十月初三日奏。

④ 军机处满文录副奏折，03-1125-7，024-261，抚远大将军马尔赛奏，雍正九年九月二十二日奏。

⑤ 军机处满文月折档，抚远大将军马尔赛奏，雍正九年十月初四日；雍正九年十月初六日。

旗、札萨克与察哈尔总管，令备兵境上防御。因担忧准噶尔偷袭西藏，挟制活佛故事重演，驻四川泰宁的七世达赖竟被迫内迁![1]

清朝之所以如此被动，在于和通泊战后精兵的缺乏。更深层的原因，源于对喀尔喀武装的不信任。尽管喀尔喀贵族在与噶尔丹博硕克图的战斗中表现拙劣，且新附未久，康熙帝讨伐策旺喇布坦时，仍倚重喀尔喀军队。康熙五十九年袭击准噶尔，喀尔喀贵族如贝勒博贝（boobei）、额驸策凌（cering）均被委以先锋重任。[2] 雍正帝虽以土谢图汗丹津多尔济（danjin dorji）、策凌、札萨克图汗策旺扎布（ts' ewangjab）任喀尔喀三副将军，却均不预核心机密，满化最深的策凌也不例外。傅尔丹出卡筑城时，以麾下4000喀尔喀兵丁负担台站、运米等杂役，轻蔑之心可见。[3]

趁清军兵威扫地之际，噶尔丹策零试图分化喀尔喀贵族，争取最有权势的几位王公支持。在出兵之前，他令大策零敦多卜选数名在和通泊之战中俘虏的喀尔喀人，委托他们给所属喀尔喀王公带去信函和礼物。收信者包括丹津多尔济、策凌、喇嘛扎布（lamajab）、纳木扎尔（namjal）等。信中称“尔者，乃成吉思汗之裔也，断无为人属之理”（suwe serengge. cinggis han i enen. umai niyalmai hartungga waka），希望赢得喀尔喀上层的支持，颠覆清朝在喀尔喀的统治，但喀尔喀王公用血和剑作为回答。准噶尔军陆续在鄂尔海西拉乌苏勒（orhai sira usul）、苏克阿尔达呼（suke aldahu）、鄂登楚勒（odencul）遭到喀尔喀军的反击。[4]

九月二十二日的鄂登楚勒之役是结束北路乱象的关键一战。策凌、丹津多尔济投入主力，将驻苏克阿尔达呼准噶尔军诱至鄂登楚勒邀击。布鲁特人多尔济（dorji）称：“我方之人阵亡甚众，得伤者亦多”（meni niyalma labdu gaibuha. feye bahangge inu labdu）。[5] 喀喇巴图鲁（kara baturu）宰桑阵殁，锡喇巴图鲁（sira baturu）宰桑负重伤，不久死去。准噶尔军被迫移营台锡里（tai siri）山以避锋芒。屡经战阵的大策零敦多卜亦萌生退意：

te tuwaci. musei morin ulhai yali turha bime. bata i hūsun geren. nimecuke. cananggi afara de. musei asu uksin be fondolome gabtaha. tu be inu lasha gabtafi. musei sira baturu jaisang ni jergi sain hahasi labdu gaibuha. feye bahangge inu labdu. te ubade temen banjinarakū. taka amasi marifi altai i cala tuweri hetume.

目今，我马畜膘瘦，且敌之力众可惧。前日交战，我们的锁子甲被射透，纛亦被射断，锡喇巴图鲁宰桑等甚多好男儿阵亡，伤者亦多。今此地骆驼不生，暂且撤至阿尔泰西边过冬。[6]

---

① 军机处满文月折档，抚远大将军马尔赛奏，雍正九年十月初七日；《雍正朝满文朱批奏折全译》下册，四川总督黄廷桂等奏报迁移达赖喇嘛情形折，雍正九年九月十五日，第2060—2061页。

② 张建：《康熙五十九年乌兰呼济尔之战浅探》，《清史论丛》2012年号，第74—84页。

③ 军机处满文月折档，靖边大将军傅尔丹等奏，雍正九年三月十九日。

④ 军机处满文录副奏折，03-1106-7，024-99，顺承亲王锡保等奏，雍正九年十月初一日奏。军机处满文月折档，抚远大将军马尔赛奏，雍正九年十月初七日。《雍正朝满文朱批奏折全译》下册，喀尔喀副将军策凌奏报策凌敦多卜等致书及献礼物折，雍正九年十一月二十五日奏，第2080—2081页。

⑤ 军机处满文录副奏折，03-1106-6，024-38，顺承亲王锡保等奏，雍正九年九月二十九日奏。

⑥ 军机处满文录副奏折，03-1106-7，024-99，顺承亲王锡保等奏，雍正九年十月初一日奏。

喀尔喀各部除积极抵抗外，还遵锡保之命，将马畜内徙游牧，准噶尔所得有限，于九月底渐次撤退，未抵克鲁伦河而回，北路的危机终赖其力缓解。事后锡保奏称："此次喀尔喀众感戴主子厚恩，行走甚奋勉"（ere mudan kalka sa ejen i ujen kesi be hukešeme ambula faššame yabuha），得到雍正帝大力褒奖。[①] 丹津多尔济、策凌之事权从此仅次于大将军，诸部兵亦一跃而成清朝讨伐准噶尔的核心力量。

准噶尔兵虽然退去，和通泊惨败的阴霾却远未消散。雍正九年十月，清军放弃科布多城，撤往察罕叟尔。这次战略撤退，标志着清军在喀尔喀前所未有的转入守势。察罕叟尔、扎克拜达里克从军运中心变为屯聚重兵的桥头堡。以后者为例，到雍正十年三月，已拥有八旗兵 5200、家选兵 2000、内札萨克兵 1500、连犯人在内的绿旗兵（niowanggiyan tu i cooha weilengge urse be dabume）万余，合计达 18700 余人的大军，由绥远将军马尔赛统辖。[②] 自喀尔喀向内，清朝在呼伦贝尔、乌尔会（urhūi）河、察哈尔集中索伦、巴尔虎、内札萨克蒙古兵，训练新军，补充和通泊之战丧失的精锐。[③] 直隶、山西的绿旗官员奉命修缮自明亡后便未大规模修葺过的长城各紧要隘口，并添设兵马防汛。[④] 即便有以上举措，雍正帝仍面临巨大压力，甚至打算照晋商苏大茂（su da moo）带来噶尔丹策零信件，与之秘密议和，有"准噶尔之噶尔丹策零倘照商人苏大茂带来之信，遣使乞和，事便完结"（jun gar i g'aldan cering. aika hūdai niyalma su da moo i gajiha bithei songkoi elcin takūrafi. hūwaliyame acara be baici. baita wajiha）之语。[⑤] 和通泊之战给清朝造成的巨大震荡亦可见一斑了。

结 语

以往对和通泊清军败北原因的阐释，存在"调度乖方"、"轻进中伏"、"八旗衰弱不堪战"三种观点。按现代战略学理论评估，大体分属战区战略（theater strategy）、战役法（operational art）、战术（tactics）等不同层面，似均嫌偏狭。此外，受文本阅读能力所限，以上观点正确与否，值得质疑。所谓"调度乖方"指雍正帝指挥操切无定举。诚然，他误以准噶尔集兵西路，自我否定持重缓图的战略预案，期望用短线突击扭转局面，对傅尔丹出击有一定引导性，但袭击之举并非奉命行事，而是前线统帅先斩后奏的决断。说雍正帝"调度乖方"导致战败，言过其实。"轻进中伏"说则过分强调傅尔丹的责任，从满文档案来看，他固有"轻进"之嫌，但也存在合理因素，"中伏"则属无

---

① 军机处满文录副奏折，03－1106－7，024－99，顺承亲王锡保等奏，雍正九年十月初一日奏；《雍正朝满文朱批奏折全译》下册，喀尔喀副将军策凌奏谢封爵赏银折，雍正九年十一月十八日奏，第 2075—2076 页。

② 军机处满文月折档，参赞大臣纳昌阿奏，雍正十年四月初一日。马尔赛于雍正九年十一月降为绥远将军，参《清世宗实录》卷 112，雍正九年十一月乙丑，第 490—491 页。

③ 军机处满文录副奏折，03－1138－007，025－1552，靖边大将军·顺承亲王锡保奏，雍正十年二月二十三日奏。柳泽明，《清代黑龙江における八旗制の展开と民族の再编》，《歴史学研究》698 卷第 6 号（東京：1997），第 10—21 页。

④ 《雍正朝汉文谕旨》第 4 册，雍正九年十月二十二日谕，第 87 页。

⑤ 军机处满文录副奏折，03－1138－007，025－1552，靖边大将军·顺承亲王锡保奏，雍正十年二月二十三日奏。

稽。若单纯将失利诿过于傅尔丹，那么这种因人偾事的解释范式，与古代史家又有何异？

至于“八旗衰弱不堪战”之说，肇始于民国初期，部分研究者依据汉文文献，认为八旗军在康熙时即腐败堕落，不堪战斗。然而这一清教徒式的结论既缺乏历史纵深的观感，亦无充分的文献基础，并未得到满学、蒙古学界广泛认同。笔者认为，八旗武力在入关后确实经历了长期的衰退（retrogression）过程，但在雍正朝并未沦为衰弱（debility）的军队，否则无法诠释二十余年后，同一支军队横扫天山南北，威震中亚的原因。作为种族的、世业的军制，八旗官兵，尤其是“旧满洲”军人有较强的内聚力和荣誉感，并非以募兵制为基础的绿旗可比。和通泊之战，八旗军以寡敌众，在海拔2000—3000米的山地连续苦战，保护主帅突出重围，大批高阶军官面对绝境，尽忠全节，实在不是衰弱腐朽之师的表现。

笔者曾指出，清军在康熙五十九年横跨被准噶尔人视为天然屏障的阿尔泰山，成功打击准噶尔本部。自此之后，越阿尔泰山击敌侧翼便成为北路清军的基本信条。[①] 根据战略文化理论，成功的军事经验会累积成军事信念，并成为日后战略的基本预设。雍正帝便承认袭击准噶尔是“遵圣祖父皇先年奇谋，派出攻击之兵”（šengdzu han i nenehe aniyai ferguwecuke bodohon be danlame. dasihire cooha be tucibufi），[②] 可见军事信念对战役法的影响。

然而兵无常势，一旦形成军事信念的环境改变，又不及时调整，执着盲从，便可能诱发军事灾难。[③] 康熙朝的成功，得益于清军主力进藏和西路军对吐鲁番等地的袭击，北路军亦兵分两路，互为声援，使准噶尔备多力分。不过时移世异，科舍图之战后，西路马畜损耗过大，已无法及时呼应。准噶尔又在阿尔泰山集结大批军队，威胁科布多。雍正帝和傅尔丹却固执于昔年的成功，先后作出北路单独出击的决断，致覆军折将。故而和通泊之战的失利，根本是清朝墨守过时的军事信念而导致。

和通泊之战对内陆亚洲史影响深远。战后清军实力削弱，准噶尔军得以侵入喀尔喀，附清卫拉特贵族多有投诚及观望者，喀尔喀贵族则忠心事清。事后，清廷对喀尔喀武力日渐倚重，额尔德尼召之役、三音诺颜部独立为大札萨克以及定边左副将军开府等重大事件，皆可从雍正九年的危机觅得发端。噶尔丹策零亦因此役获胜，不仅巩固了统治，还看到重建蒙古帝国的曙光。转年，准噶尔军复大举东进，在乌孙珠勒击溃清军，虽然兵败额尔德尼召，仍得维持战略均势，并于雍乾之交达成停战协议。休战后，准噶尔军迭次击破哈萨克，长期保有突厥斯坦东部，准噶尔汗国亦得延祚二十余载。与之相关的18世纪满、蒙古、藏、俄文档案和中亚当地文献数目甚巨，存在极大的研究空间。

和通泊的失利，阻碍了清朝向内陆亚洲前进的脚步。若清军在和通泊之战获胜，大军乘势西进，导致准噶尔政权分崩离析，在雍正朝便完成统一蒙古的使命，好大喜功的乾隆帝也许会继续向内陆亚洲开拓。伴随疆域扩展和族群交流，清朝有可能类似奥斯曼

① 张建，《康熙五十九年乌兰呼济尔之战浅探》，《清史论丛》2012年号，第74—84页。

② 军机处满文上谕档，雍正八年腊月二十二日谕。

③ Eliot Cohen and John Gooch, *Military Misfortunes: The Anatomy of Failure in War*, New York: the Free Press, 1990, pp. 133 - 163.

(Ottoman)、莫卧儿(Mughal)等突厥—蒙兀帝国,带有更多的内亚痕迹,进而影响帝国统治体系。而清朝与俄国,以及帖木儿之后最伟大的中亚征服者纳迪尔沙赫(Nādir Shāh)的碰撞,甚至会左右世界的进程。由此看来,雍正九年夏天发生在阿尔泰山角落的这场战役,改变了历史。

清代察哈尔蒙古西迁新疆及其意义

吴元丰（中国第一历史档案馆）

清乾隆年间，清廷由察哈尔蒙古八旗内抽调一部分官兵，从张家口外的漠南地区携眷移驻新疆伊犁，组建了察哈尔营，与惠远城满洲、惠宁城满洲、锡伯、索伦、厄鲁特等营共同组成了清代伊犁驻防八旗军队。从此，这部分察哈尔蒙古及其后裔扎根我国西北边陲的博罗塔拉地方，繁衍生息，世代为保卫和建设边疆发挥了积极作用，做出了不可磨灭的历史贡献。

一、察哈尔西迁新疆的历史背景

伊犁地处我国的西北边陲，战略地位十分重要，是通往中亚地区的交通要道，同时地理条件优越，水源充足，土地肥沃，草场丰美，宜耕宜牧。清初，在伊犁地区游牧的卫拉特蒙古四部之一的准噶尔部控制天山南北，与清廷抗衡。后经康熙、雍正、乾隆三朝的不懈努力，于乾隆二十四年（1759），清朝最终统一了新疆天山南北地区。然而，经过长年的战争，当时伊犁地区的人口锐减，土地荒芜，生产废弃，防务空虚。在这种严峻的形势下，为了巩固统一局面，加强西北边疆防务，清朝决定派兵驻守伊犁地区。于是，从当时出征的八旗和绿营官兵内，抽调派驻"伊犁马兵一千五百名、绿营兵二千名，"① 其中马兵负责驻防，绿营兵则负责屯田和筑城。这些派驻伊犁的官兵，并不携带家眷，非属永久性驻兵，按规定每三年换班一次，届时从内地各省抽调派驻，这样既耗费时间，又糜费钱粮，决非长久之计。

首批派驻伊犁的官兵，按规定期限至乾隆二十七年（1760）就要进行换防，因此从乾隆二十六年（1759）开始着手筹办换防事宜，并决定重新调整全新疆地区的驻防布局。除适当调整叶尔羌、喀什噶尔、英吉沙尔、阿克苏、库车、哈喇沙尔、乌鲁木齐等地驻防兵力外，考虑到"伊犁系初始驻兵之地，所有驻守地方、巡查边界及承应官差等事务均需马兵，应较其他地方多设兵丁，以壮声势。故此，除伊犁现有马兵一千五百名外，再增加马兵一千名，共设二千五百名马兵。"② 这样，不仅需要更换旧班1500名马兵，而且还需要增派1000名马兵。为了解决新增兵源，时任军机大臣傅恒奏称："倘由察哈尔八旗单身贫困余丁内，拣选年富力强、情愿携眷迁移之人，食钱粮者准食原钱粮，无钱粮者赏食粮钱，令其迁往伊犁、乌鲁木齐永久驻防，则嗣后既无换班之烦，且无钱粮者得食钱粮，于其生计亦有裨益。请饬交八旗总管等，从察哈尔兼管新旧厄鲁特及察哈尔八旗单身贫困余丁内，拣选年富力强、情愿携眷迁移者一千名，分别迁往伊

① 军机处满文议复档860—1。

② 军机处满文议复档860—1。

犁、乌鲁木齐永久驻防。”[①] 乾隆帝采纳了傅恒的建议，从张家口外察哈尔八旗内拣选年富力强者1000余名，携眷移驻伊犁。他们是首批携眷迁往伊犁永久性驻防的八旗官兵。这些察哈尔官兵的携眷移驻，只是解决了部分伊犁驻防官兵的非永久性驻防问题，仍有大部分官兵从内地各省抽调派遣，定期换防。

乾隆二十七年（1762）十月，为了进一步加强新疆军政管理职能，创设伊犁将军，驻伊犁惠远城，总统新疆天山南北军政事务，从而伊犁不仅成为西北边陲的军事重镇，而且成为“新疆都会”。[②] 随着伊犁军事和政治地位的提高，原有的驻防兵力也显不足，仍需要进一步补充。为了解决伊犁地区所需驻防八旗兵力问题，从当年十二月开始，清廷对全国驻防八旗开始调整，抽调一部分满洲八旗官兵携眷移驻新疆伊犁，同时也将有些地区驻防汉军旗官兵裁撤，并入绿营缺额，其空出之八旗兵缺，拨给索伦、察哈尔人等，而后携眷移驻新疆伊犁。为此，乾隆帝特颁谕旨曰：“先前派满洲兵驻防凉州、庄浪地方，尚在平定准噶尔之前，因彼处为西陲要冲，故从西安满洲、蒙古、汉军兵内，抽调马步兵四、五千名，设置将军、副都统及协领、佐领等员管带，分驻凉州、庄浪二处。今准噶尔、回子诸地均已平定，巴里坤以西皆为内地，不可仍以凉州、庄浪为边徼，而该处并无行围习艺之所，以致兵丁怠惰偷安，俱归无用。何必以众多满洲兵闲驻无用之地。现在伊犁建设城堡，开垦屯田，设置将军总统管理，与其三年一次遣派换防兵更番戍守，不如将凉州、庄浪兵丁就近携眷移驻伊犁为好。至京口、杭州等处，亦不必多驻兵丁。先前曾有汉军人等皆准出旗充作绿营兵，裁其所出之缺，此份额拨给索伦、察哈尔人等，拣选其丁，派往伊犁驻防，于地方有利，且伊等得以操演技艺，可为国家之劲旅。著军机大臣等，将凉州、庄浪、满洲兵丁作何携眷移驻伊犁，京口、杭州等地汉军人等作何调补绿营兵，其缺拣选索伦、察哈尔丁派往伊犁之处，详密定议具奏。”[③] 乾隆二十八年（1763）正月初六日，军机大臣傅恒遵旨议奏：“查得，现驻凉州、庄浪满洲、蒙古兵并无用处，久闲安逸，必致庸懦，应遵圣训将伊等皆携眷移驻伊犁，以杭州、京口汉军调补绿营兵，其份额拣选索伦、察哈尔兵丁移驻伊犁，便省新疆换防之烦，伊等亦可操演技艺，实属大有裨益之事。臣等酌情议得，现往伊犁已派八百户察哈尔兵，若再派四、五千名满洲、蒙古、索伦、察哈尔驻防，则无需换防兵丁，即可防守地方。是故，将凉州、庄浪三千二百名满洲、蒙古兵，应遵旨尽数携眷迁往伊犁永久驻防……京口驻防汉军三千三百余名，虽系水师营缺，不可裁撤，然今太平无事，无需众兵驻守，而去岁皇上南巡时，检阅其操演，技艺甚劣，徒有虚名，并无实效。江南现有驻防满洲、蒙古兵近六千名，数额极多，若从中拣选熟谙水师营事宜者千余名驻守京口，将京口汉军兵缺概行裁汰。其缺给与索伦、察哈尔兵丁，派驻伊犁，则于海疆、新疆地方均得劲旅，而索伦、察哈尔等获食钱粮，于其生计亦大有裨益。请饬令该将军、总督等，将酌选江宁兵丁驻守京口、京口汉军作何拨归绿营之处，惟从速定议，空出其缺，一面奏闻，一面即行办理。其缺额理应选取索伦、察哈尔丁，故饬令黑龙江

---

① 军机处满文议复档860—1。

② 《清高宗实录》卷673，第1页。

③ 军机处满文议复档860—1。

将军、察哈尔都统等，从索伦、察哈尔丁内，选其情愿携眷迁往伊犁者，索伦一千名、察哈尔一千名，均作为披甲，照先前移驻察哈尔、厄鲁特之例，将内地应得钱粮及出差应得盐菜银均支给，连同凉州、庄浪三千二百名满洲、蒙古兵，共计兵丁五千二百名，俱携眷移驻伊犁。"① 通过这次调整全国驻防八旗，腾出一部分八旗披甲缺额，拨给察哈尔、索伦余丁，而后作为披甲携眷移驻伊犁。

察哈尔系蒙古之一部，驻牧于张家口外的漠南地方，康熙十四年（1675），将其原先所设的扎萨克旗改为总管旗，编设八旗，分左右两翼，每翼各为四旗，设都统、副都统、总管、佐领等员管理，平常承应牧放官牧厂牲畜等差使外，遇有战事还奉调出征，但未曾永久性派驻其他地方。察哈尔八旗制度有别于内外蒙古盟旗制度，无论是所设官员的名称、补放和职权，还是兵丁的待遇和差使，都有所不同，反而与正统的满洲、蒙古、汉军八旗具有一定相似之处。所以，当新疆伊犁地区亟须八旗驻防兵时，在缺乏正统八旗兵源的前提下，清廷自然会挑选察哈尔八旗兵。另外，在准噶尔部控制天山南北时期"投诚"清朝的一部分厄鲁特人，分别安置在察哈尔游牧地方，归察哈尔八旗兼管。当统一天山南北后需要派驻兵丁时，清廷想到了这一部分厄鲁特人，天山北部的伊犁和乌鲁木齐地方是他们的故土，比较适宜移驻，也合乎情理。

二、察哈尔蒙古西迁新疆的经过

察哈尔蒙古官兵前后分两批携眷移驻新疆伊犁地区，其中第一批，从察哈尔八旗内挑取察哈尔兵丁800名、厄鲁特兵丁200名，共1000名，均携带家眷。由官办拨给每户整装银10两，每兵赏银20两，每口马1匹，每户驼1峰、账房1顶、锅1口，每账房折给银4两，每锅折给银2两。② 此外，留住本地的察哈尔八旗官兵共捐助驼1000峰、马4000余匹，均分给拟迁兵丁。③ 乾隆二十七（1762）三月二十日，所有抽调的官兵在察哈尔游牧的达兰图鲁地方集合，按旗编队，"每二旗编为一队，共分四队，头队由总管齐勒克特依率领于三月二十六日起程，每日起程一队，第四队由总管那旺率领于二十九日起程。"④ 经过苏尼特、四子王旗、推河、乌鲁木齐、玛纳斯、库尔喀喇乌苏、精河等地，于乾隆二十八年（1763）四月十五日，到达伊犁赛里木湖附近的托和木图地方。这1000名兵丁起程移驻新疆时，就已决定其中200名兵丁分驻乌鲁木齐，其余800名兵丁迁驻伊犁。故途经乌鲁木齐时，就有200名兵丁及其家眷留驻当地，而800名兵丁及其家眷迁到伊犁。不久，伊犁将军明瑞亲自前往查看其人口、装备和牲畜情况，进行妥善安置，按预先奏准的方案，将800名兵丁编为6牛录，其中4牛录各为领催、披甲133名，2牛录各为领催、披甲134名。每牛录各设佐领1员、骁骑校1员，分管各该牛录事务，并设翼长1员，统管所有各牛录事务。⑤

① 军机处满文议复档860—1。
② 军机处满文议复档860—2。
③ 军机处满文录副奏折1936—25。
④ 军机处满文录副奏折1936—25。
⑤ 军机处满文录副奏折1964—3。

第二批移驻的兵丁，从察哈尔八旗内挑取察哈尔兵丁966名、厄鲁特兵丁34名，共1000名。[①] 依照第一批移驻兵丁之例，按其户口数目，由官办拨给整装银、赏银、马匹、骆驼、账房及铁锅等项外，留住本地的察哈尔八旗官兵又共捐助驼200峰、马1000匹，均分给拟迁兵丁。[②] 由于乘便解送由达里冈爱牧厂调往伊犁的40000只羊，从这一批1000名兵丁内选出500名，不携带家眷，先集合到济尔噶朗图塔拉地方，分成4队，于乾隆二十八（1763）四月初九日，由总管达克塔纳率领起程。[③] 经锡林郭勒、推河、扎布噶河、齐齐克泊等地，选择水草之地，缓缓行进，于乾隆二十九年（1764）六月十一日，抵达伊犁赛里木湖地方。其余的500名兵丁及所选1000名兵丁的家眷，在察哈尔游牧济尔噶朗图塔拉地方集合后，每二旗合编一队，共分四队，由总管成果率领，于乾隆二十八年（1763）四月二十五日始陆续起程。[④] 他们经四子王旗、乌拉特旗、喀尔喀王丹津多尔济旗、巴里坤、乌鲁木齐、玛纳斯、库尔喀喇乌苏、精河等地，比先期起程乘便解送羊只的500名兵丁，早到两个多月时间，即乾隆二十九年（1764）四月初，抵达伊犁赛里木湖附近的托和木图地方。[⑤]

当第二批察哈尔兵丁抵达后，与第一批迁来的察哈尔兵丁合并在一起，集中安置在伊犁赛里木湖周边和博罗塔拉河流域。同时，将这两批共1800名察哈尔、厄鲁特兵丁合编为2个昂吉（即蒙语，意为分支，系准噶尔台吉下组织名称之一；后来此两昂吉改称左右两翼），每昂吉各900名兵，分设6个牛录，每牛录各有领催4名、披甲146名。每昂吉各设总管1员、副总管1员、委笔帖式1员，每牛录各设佐领1员、骁骑校1员，并给总管各颁发关防1枚、佐领各颁发图记1枚，分别管理各该事务。[⑥] 另外，特设领队大臣1员，负责办理察哈尔两昂吉事务，故称之为察哈尔领队大臣。此领队大臣不驻察哈尔两昂吉驻牧之地，而与伊犁将军一起驻在惠远城，其办事机构称为领队大臣档房，设委笔帖式1员，专理文书事务。此两昂吉的察哈尔、厄鲁特官兵，统称为察哈尔营，归伊犁将军管辖，属清代伊犁驻防八旗的6个营之一，其余5营是惠远城满洲营、惠宁城满洲营、锡伯营、索伦营和厄鲁特营。

乾隆三十二年（1767），由于察哈尔两昂吉“生齿日繁，一切差使等项烦冗，如仍旧责成六牛录官员管理，实属不足。”[⑦] 遂经伊犁将军阿桂奏准，在领队大臣、总管、副总管的编制和兵丁数额保持不变的前提下，将原有“左右两翼察哈尔兵一千八百名、拨归安置之厄鲁特（指陆续从布鲁特、哈萨克回归安置者——引者注）闲散二百名，分编两翼，每翼各为兵九百名、厄鲁特闲散一百名。除原有佐领各六员、骁骑校六员外，再增设佐领各二员、骁骑校各二员。除原有领催外，从披甲内挑选领催十六名，每牛录各为领催四员、披甲一百一十二三名、厄鲁特闲散一十二三名。将其左翼原有六牛

① 军机处满文录副奏折2006—4。
② 军机处满文录副奏折2006—4。
③ 军机处满文录副奏折2021—38。
④ 军机处满文录副奏折2023—31、2040—15。
⑤ 军机处满文录副奏折2082—56、2083—6。
⑥ 军机处满文议复档867—1。
⑦ 军机处满文录副奏折2232—043。

录、新增二牛录作为左翼四旗，右翼原有六牛录、新增二牛录作为右翼四旗。”① 同时，按照此次整编后的建制重新筹制颁发了总管关防、佐领图记和八旗旗纛。至此，察哈尔营的基本建制最终确立。

第一批迁来途次留驻乌鲁木齐的200名兵丁，其中150名仍留驻乌鲁木齐，编为1牛录，设佐领、骁骑校各1员和领催4员管带，归乌鲁木齐办事大臣（后改为都统）管辖；50名迁往库尔喀喇乌苏（今乌苏），与当地由哈萨克来归17名厄鲁特合并，编设半个牛录，设骁骑校1员、领催2员管带，② 归库尔喀喇乌苏领队大臣统领管辖。至乾隆三十年（1765）初，因塔尔巴哈台（今塔城）地区防务及牧放官厂牲畜的需要，分驻乌鲁木齐和库尔喀喇乌苏的200名察哈尔兵丁都携眷迁到塔尔巴哈台地区，裁撤原库尔喀喇乌苏的半个牛录编制，合编为1个察哈尔牛录，设置佐领、骁骑校各1员和领催4员管带。③ 此察哈尔1牛录与其他厄鲁特6牛录、哈萨克1牛录共同构成了一个相对独立的八旗管理体系，察哈尔1牛录、厄鲁特6牛录，每牛录各设佐领1员、骁骑校1员、领催4员，分别管理各该牛录事务。另设厄鲁特总管1员、副总管1员，总统管理厄鲁特及哈萨克7牛录事务。特设管理游牧领队大臣1员，隶属塔尔巴哈台参赞大臣，专管所有察哈尔、厄鲁特、哈萨克牛录事务。

除以上两批2000名察哈尔等兵丁携眷移驻新疆外，还有一批全部由妇女组成的察哈尔人队伍西迁到新疆。乾隆二十七年（1762）初，因伊犁驻防之需求，将当地居留厄鲁特人编设牛录，组建厄鲁特营，而后将从哈萨克等游牧来投厄鲁特人陆续拨入该营安置。但是，由于诸多方面原因，致使厄鲁特妇女减少，出现了不少单身兵丁。为了解决这些兵丁的单身问题，乾隆二十九年（1764）五月，乾隆帝特颁谕旨，令将察哈尔八旗内“情愿出卖及自愿前往之寡妇、女子”，“乘便陆续解送伊犁，嫁给厄鲁特单身男丁。”④ 遂于当年六月中旬，当察哈尔八旗官兵陆续送来“愿卖包衣寡妇、女子及自愿前去之旗下寡妇、女子”后，都统巴尔品等“会同挑取勘嫁厄鲁特者，其中十五岁以上包衣女子一百七十四名、四十岁以下包衣寡妇八十四名，自愿前去之旗下女子八十名、寡妇八十二名”，“除旗下寡妇、女子不支给身价银外，所有买去包衣女子每人身价银定为十两、寡妇每人身价银定为八两，”分别支付给其各自之主人。而后，“将每四十二人编为一队，共编十队，委派护送之员十二人，第一队于本月二十七日业已起程，其余各队每隔一日起程一队。”⑤ 这420名妇女，通过阿尔泰路军台和驿站转送，于当年十二月十三日抵达伊犁时，除在途中先后病故42名外，实际到达者378人，经伊犁将军明瑞查看，“其中勘嫁厄鲁特者三百四十七名，年老残疾者三十一名。”考虑到“若将年老残疾者亦嫁厄鲁特，则厄鲁特等向来惧怕传染疾病，且亦无力供养多余人口”；“若将此三十一名妇女分别察哈尔昂吉内较为殷实之户赡养，则尚可替户主等看

① 军机处满文议复档882—1。
② 军机处满文录副奏折1999—1。
③ 军机处满文录副奏折2110—28。
④ 军机处满文录副奏折2089—17。
⑤ 军机处满文录副奏折2091—21。

管家户，且伊等本同为一族，理合赡养。”[①] 所以，除将此31名年老残疾妇女交给察哈尔昂吉赡养外，其余347名年轻健康妇女，分别交给厄鲁特和察哈尔领队大臣等，按各该营内单身厄鲁特来投编入旗佐时间之先后，尽先嫁给为妻。

三、察哈尔蒙古西迁新疆的意义

察哈尔蒙古在特定的历史背景下，肩负着特定的历史使命，奉命长途跋涉西迁，具有深远的意义。

（一）有助于加强西北边疆的防务和安全

伊犁驻防八旗设置的根本目的是加强本地区乃至整个新疆的防务力量，从着手设立驻防八旗之日起，就考虑了整个驻防布局的合理性，特别是各营的驻扎地点。伊犁的驻防八旗兵，由惠远城满营、惠宁城满营、锡伯营、索伦营、察哈尔营、厄鲁特营这6个营组成，其中惠远城满营、惠宁城满营被视为核心力量，在伊犁河北岸修筑惠远城和惠宁城驻防，两城东西相距70里地。伊犁将军驻惠远城，此城是当时新疆的第一重镇和首府。其余4个营，以惠远城和惠宁城为中心，“东北则有察哈尔，西北则有索伦，西南则有锡伯，自西南至东南则有厄鲁特，四营环处，各有分地”。[②] 这4个营中，除锡伯营筑城而驻外，索伦营、察哈尔营、厄鲁特营都游牧驻防，但均有规定的地界，不准擅自逾越。在各营驻地范围内的边境沿线、交通要道和关口要隘，均安设卡伦，分归各该营管理，委派官兵驻守。察哈尔营驻守乌兰布喇、达尔达木图、扎克鄂博、哈布塔海、乌柯克、沁达兰、索达巴罕、冲库克、库库托木、干珠空布拉克安达拉、绰伦古尔、音德尔图、喀喇乌珠尔、柯尔齐图哈玛尔、木齐、沙喇布鲁克、察奇尔图哫盖、雅玛图、鄂托克赛哩安达拉、硕博图等21座卡伦，每年共派遣362名官兵驻守，每卡官兵5—35名不等。[③] 卡伦之设，对外为防范侵扰，对内则查禁偷盗、稽查逃犯、看护屯所和牧场。

巡查布鲁特和哈萨克游牧地界。布鲁特游牧在伊犁西南，哈萨克游牧在伊犁西北和东北，此两处游牧地界均未派兵常年驻守，而由伊犁定期派兵巡查。这种巡查，属例行公事，其目的是防范偷盗，查禁擅自越界放牧或开垦种田，向哈萨克征收租马。布鲁特游牧地界每两年巡查一次，而哈萨克游牧地界每年巡查一次。每次巡查时，由伊犁将军选派领队大臣1员，率领各营官兵300名，其中就有一定数量的察哈尔营官兵。每次出行，往返约需一至两个月。

赴塔尔巴哈台和喀什噶尔换防。塔尔巴哈台地处新疆天山北部，西南与伊犁接壤，是通达阿尔泰、科布多等地的要冲，具有重要的战略地位，由伊犁各营内派遣1300名兵换防，其中“满洲兵五百五十名、锡伯兵一百五十名、索伦兵一百名、察哈尔兵二百名、厄鲁特兵三百名。”[④] 他们除驻守塔尔巴哈台城外，还分驻塔尔巴哈台界内的29座

---

① 军机处满文录副奏折2122—26。

② 《钦定新疆识略》11卷，第1页。

③ 《钦定新疆识略》11卷，第13页。

④ 军机处满文录副奏折2230—41。

卡伦。在这塔尔巴哈台换防兵中，满洲、锡伯2营兵每两年换班一次，而索伦、察哈尔、厄鲁特3营兵则每年换班一次。喀什噶尔是新疆天山南部重镇，是中西交通要道，地理位置十分重要，也由伊犁各营内派遣官兵换防，“其中两城满洲兵内派出五百名、锡伯、索伦、察哈尔兵内派出一百名”。[①] 他们除驻守喀什噶尔城外，还分驻喀什噶尔地界内的18座卡伦。

（二）有助于促进西北边疆的畜牧业和农业生产

自伊犁察哈尔营组建之初始，按兵丁“每户各给二十五只、总管翼长各给一百五十只、佐领各给七十五只、骁骑校各给五十只计”，[②] 拨给羊只牧放孳生。至乾隆三十一年（1766），察哈尔营牧放的孳生羊共计54287只，其中左翼牧放28278只，右翼牧放26000只，并以此为定额。孳生羊每年一均齐，每本羊10只取孳3只，统共为16287只，交给官署调拨食用外，其余归各自留用。此外，还交给牛马牧放孳生。乾隆二十九年（1764）交给牧放的孳生牛1125只，其中左翼牧放575只，右翼牧放550只。孳生牛每四年一均齐，每本牛10只取孳8只，其中公牛拨入备用牧场牧放，以备调拨使用，而乳牛拨入本营孳生牛内牧放，按限取孳，故孳生牛并无常数，而是逐年增加。至乾隆五十八年（1793），孳生牛的数目，由原来的1125只增加到4164只，每四年收取孳生牛犊3331只，其余归各自留用。乾隆二十八年（1763）交给左翼牧放的孳生马273匹，乾隆二十九年（1764）交给右翼牧放的孳生马229匹，共计508匹。孳生马每三年一均齐，每本马3匹取孳1匹，其中儿马拨入备用牧场牧放，以备调拨使用，而骒马拨入本营孳生马内牧放，按限取孳。加之，每年向哈萨克贸易获得的骒马也拨入孳生马厂内牧放。所以，孳生马亦无常数，而是逐年增加，至乾隆五十八年（1793），孳生马的数目，由原来的508匹增加到11502匹，每三年收取孳生马驹3832匹，其余归各自留用。另外，在塔尔巴哈台的察哈尔官兵也牧放一定数量的孳生马、牛和羊，并按限缴纳孳生牲畜。

察哈尔营官兵“除照例支给饷银外，所有口粮俱系自耕自食。”[③] 所以，察哈尔营官兵自移驻之年始就开垦种田，自行解决口粮。察哈尔原本以游牧为生，不谙农耕。在开垦种田之初，除官办拨给所需小麦、青稞、大麦、黍子等四项籽种外，还“酌派回子，携带农具，教种帮耕。”[④] 其种田的组织形式并非各家各户自行耕作，而是由各牛录统一摊派兵丁，每年额定种田兵丁160名，同耕同作，收获的粮石，除留来年的籽种外，均按人口分发食用。乾隆四十一年（1776）十月，经署理伊犁将军索诺木策凌奏准，“由两翼通融增派八十名兵丁，共为二百四十名兵，加种些许地亩。”[⑤] 从此，以此为定额，每年委派240名兵丁种田。种田的地方均在博罗塔拉河南北两岸一带，“河北之田，多引山泉，河南之田，引用河水灌溉。”[⑥] 在塔尔巴哈台的察哈尔官兵也自耕自

① 军机处满文月折档192—1。
② 军机处满文月折档137—1。
③ 《钦定新疆识略》8卷，第23页。
④ 军机处满文录副奏折2114—10。
⑤ 军机处满文录副奏折2712—35。
⑥ 《钦定新疆识略》6卷，第23页。

食。每年派兵到多伦图附近地方开垦种田，播种黍子、小麦、青稞籽种 240 石，其收获粮石，除留来年种田所需籽种 240 石外，也均按人口分发食用。[①]

（三）有助于维护西北边疆的统一和完整

察哈尔营官兵除承担平常的坐卡巡边、换防城池、开垦种田及牧放牲畜等差务外，当发生外敌入侵、内部动乱等突发事件时，若需要调兵，则奉调出兵，与其他各营兵丁一起，共同抵御入侵和平息动乱，发挥其应有的作用。

道光六年（1826），逃亡在浩罕的大和卓布拉呢敦之次孙张格尔，在英国支持下，率兵进犯天山南部，占据了喀什噶尔、叶尔羌、英吉沙尔及和田 4 城，进攻阿克苏等城。当时，就有一部分察哈尔营官兵奉调出征，参与了平定张格尔之乱的战争。据察哈尔营官员履历记载：察哈尔营镶红旗车凌佐领下委官德沁扎布，“喀什噶尔出征一次，于浑巴什河、洋阿巴特等处，共打仗七次。”[②] 又察哈尔营镶蓝旗旺楚克佐领下军功蓝翎委官德勒格勒图，“喀什噶尔出征一次，打仗八次，因竭尽效力，经举荐，赏戴军功蓝翎。”[③] 此类记载，在同一时期的察哈尔营官员履历单内屡见不鲜。从中可以看出，奉调出征的察哈尔兵丁，不仅参加了著名的浑巴什河、洋阿巴特等战役，而且英勇善战，著有功绩，为平定“张格尔之乱”做出了一定的贡献。

道光十年（1826），逃亡在浩罕的大和卓布拉呢敦之长孙玉素普，在浩罕伯克的唆使下，又率兵入侵天山南部，大肆抢掠，围攻喀什噶尔、英吉沙尔、叶尔羌等城。在此危难之际，伊犁将军抽调“惠远城、巴燕岱（即惠宁城——引者注）二城满营及锡伯、索伦、察哈尔、额鲁特四营共官三十员、兵二千名，”[④] 前往天山南部，会同乌鲁木齐援兵及当地换防兵，奋勇作战，相继解喀什噶尔、英吉沙尔、叶尔羌三城之围，打退了来犯之敌。

道光二十七年（1847）和咸丰七年（1857），同样在浩罕的支持下，以玉素普之子倭里罕为首的和卓后裔，先后两次率兵进犯天山南部，枪杀掠夺，制造动乱。察哈尔营官兵仍奉命出征，奋力参战，击败来犯之兵，平息动乱，维护了社会稳定。在这两次出征过程中，不少察哈尔官兵因骁勇善战，荣立军功，受到嘉奖。据察哈尔营官员履历记载：察哈尔营镶红旗鄂奇尔佐领下委官苏穆雅，“道光二十七年喀什噶尔出征一次，打仗三次，因杀贼奋勉效力，经军营参赞大臣奕山保奏，奉旨：著将苏穆雅尽先升用骁骑校。钦此。”[⑤] 察哈尔营镶黄旗萨音嘉图佐领下四品顶戴骁骑校翁古，“咸丰十年喀什噶尔出征一次，打仗八次，杀贼十名，因奋勉效力，经参赞大臣法福礼保奏，奉旨：翁古遇应升之缺，著尽先升用，即换顶戴。钦此。”[⑥] 甚至有些兵丁先后两次都应征参战，作战极为勇敢，屡次因功受奖。如：察哈尔营正黄旗鄂勒哲依巴彦佐领下军功蓝翎披甲额尔赫，“道光二十七年喀什噶尔出征一次，打仗三次，杀贼五名，拿获活口二名，因

① 军机处满文录副奏折 2207—32。
② 军机处满文录副奏折 4058—14。
③ 军机处满文录副奏折 4145—27。
④ 军机处汉文录副奏折“民族类·维吾尔族项”第 1269 卷。
⑤ 军机处满文录副奏折 4343—13。
⑥ 军机处满文录副奏折 4447—7。

奋勉效力，经军营参赞大臣奕山保奏，赏戴军功蓝翎。咸丰十年喀什噶尔出征一次，打仗五次，杀贼十名，因奋勉效力，经参赞大臣法福礼保奏，奉旨：额尔赫著尽先升用骁骑校。钦此。”①

同治四年（1865），在英国的指使下，浩罕军事头目阿古柏率兵入侵天山南部，继而占领整个天山南部和天山北部部分地区，建立所谓“哲得沙尔”政权，自称“毕条勒特汗。”与此同时，沙皇俄国乘机出兵占领伊犁，进行殖民统治。至光绪二年（1866），左宗棠督军出征，打响收复新疆失地的战斗。察哈尔营军民积极响应，在领队大臣喀尔莽阿率领下，开挖长达50余里的哈尔博户水渠，屯种军粮，支援前线部队。同时，还派遣兵丁到前线战斗。其中不少察哈尔官兵，因奋勉出力，受到嘉奖，晋升官职。如：察哈尔营镶黄旗头佐领下骁骑校车伯克，“前在乌里雅苏台、塔尔巴哈台军营当差，光绪二年克服玛纳斯南北二城，打仗二次，杀贼三名，前任署理将军金顺咨部，赏六品顶戴。”② 又察哈尔营正黄旗头佐领下花翎尽先即补佐领巴雅尔莽奈，“前在库尔喀喇乌苏军营当差，光绪二年克服玛纳斯南城、六年屯种军粮、八年克服伊犁各案，均奋勉效力，前任署理将军金顺保奏，尽先即补佐领，并赏戴花翎。”③

（四）有助于维系西北边疆的人力资源

清朝统一天山南北之初，由于连年战争，伊犁地区人口锐减，农牧业生产几乎废弃。察哈尔2000名兵丁的携眷移驻，不仅加强了当地的防务力量，而且一定程度上补充了当地的人口，有利于恢复和发展西北边疆的农牧业生产。特别是集中迁移400余名察哈尔妇女嫁给单身兵丁的举措，在有清一代新疆移民史上极其罕见，对这部分妇女而言，既要忍受背井离乡和骨肉分离的痛苦，还要克服千辛万苦迁到完全陌生的西北边陲嫁为人妇，确实是一件非人道之举。然而，从当时国家角度来讲，乃是一种需要，为了解决西北边疆单身驻兵的婚姻问题，不得不采取如此非常之措施，否则军心无法稳定。在具体办理过程中，无论是“旗下包衣寡妇、女子”，还是“旗下女子、寡妇”，都坚持“自愿”的原则下，或“买取”，或选取，并通过军台和驿站妥加照料解送，尽量减少其困苦。这些妇女的迁入，既有利于解决当地单身驻兵的婚姻问题，同时也有助于维系当地的人力资源。

---

① 军机处满文录副奏折4448—30。

② 军机处满文录副奏折4569—65。

③ 军机处满文录副奏折4585—46。

清乾隆时期对嘉绒藏区的治理

彭陟焱（西藏民族学院）

嘉绒藏区西连西藏，东通内地，南接云贵，北邻甘青，是控制西藏，捍卫四川的关键地带。元、明时期将这一地区推行土司制度，利用土司和当地的宗教上层实现对该地区的统治。清初，统治重点在消除复明势力，稳定全国局势上，对嘉绒藏区的治理相对松弛，直到雍正、乾隆年间，才真正把治理嘉绒藏区提到了议事日程上。

从顺治帝到乾隆帝，对于嘉绒藏区的治理政策大约可以分为几个阶段：顺治入主北京对嘉绒藏区的管理沿袭了明朝时期的土司制度，但此时的管理尚处于放任状态。自康熙，经雍正至乾隆时期，将统治视线转向了嘉绒藏区，更多的是以授予土司职衔的方式体现其恩典思想。以乾隆时期大小金川战争为界限，战争前，乾隆帝对嘉绒藏区的治理还是以笼络为主，由于大小金川土司作乱，乾隆帝前后花费三十年的时间，主要以战争的方式，对该地区进行治理，这不仅是清朝军威的体现，更是乾隆帝治理思想由恩宠转向威严的表现。

一、恩重于威

嘉绒藏区西连西藏，东通内地，南接云贵，北邻甘青，是控制西藏，捍卫四川的关键地带。元、明时期将这一地区推行土司制度，利用土司和当地的宗教上层实现对该地区的统治。清初，统治重点在消除复明势力，稳定全国局势上，对嘉绒藏区的治理相对松弛，直到雍正、乾隆年间，才真正把治理嘉绒藏区提到了议事日程上。

清朝统治者早已形成的“边疆一日不靖，内地一日不安”思维模式。这是我国向统一的多民族国家的方向发展的必然趋势，也是自秦汉以来历代封建王朝制定边疆政策的指导思想。其次，清朝本身是由崛起于东北一隅的满族贵族建立起来的封建王朝。他们曾亲身经受过明王朝的民族压迫政策和明朝覆灭的历程。因而，清醒地认识到，要统治好全国众多的少数民族，必须制定相应的政策，分别对待，才能使其统治地位巩固，国家安宁。因此，清朝统治者除了制定统治汉族的政策外，还制定出行之有效的边疆政策。他们的边疆政策中，比较明确而且几乎贯彻清朝始终的，就是“恩威并施”、“因俗而治”。

在努尔哈赤统一女真各部的过程中，就采用恩威并行，顺者以德服人，逆者兴兵征剿的方针，为以后清朝边疆政策提供了经验。皇太极继承了努尔哈赤恩威并用的方针，在处理和漠南蒙古的关系中，更偏重于以恩、以德服人，他用“慑之以兵，怀之以德”的办法，使漠南蒙古族全部归附，为清朝入关，夺取中原政权创造了有利条件。顺治帝入关后，面对国内此起彼伏的反清势力，更加重视边疆地区的稳定，他对北方的蒙古族、西南的藏族都采取剿抚并用，偏重于抚的方针，进一步抚绥蒙古族，迎请西藏五世达赖喇嘛进京，对边疆的稳定起到了明显的作用。康熙、雍正的边疆政策仍然体现了恩威并施，偏之以恩的方针。他们以“怀德为上”的方针统治边疆少数民族。乾隆、嘉庆、道光时期，仍然以恩威并施为主，但是，侧重点转向了以威为主。乾隆朝对嘉绒藏区的治理充分体现了这一统治思想。

清朝建立后，沿用明朝旧制，继续在嘉绒地区实行土司制度，分封指挥司、宣慰司、宣抚司、长官司、安抚司、巡检司以及千户、百户等，对其进行更进一步的设治和经营。顺治三年（1646），清军进驻四川后，设置四川省，但其主要精力还是放在消灭复明势力上，对少数民族地区管理相对松弛。康熙五年（1666），赞拉部首领嘉勒巴归附，清廷颁给其康字四十七号金川寺演化禅师印信，世领其众。康熙十九年（1679），杂谷安抚司土舍板第儿吉归诚，仍授安抚司。雍正元年（1723）授予莎罗奔为大金川安抚司职衔。雍正七年（1729），升雅州为府，下设董卜韩胡宣慰司、明正、长河西、鱼通、宁远宣慰司、沈边长官司、冷边长官司、革布什咱安抚司、巴底宣慰司、巴旺宣慰司、霍耳章谷安抚司、霍耳孔撒安抚司、下瞻对安抚司、里塘宣抚司、巴塘宣抚司、鄂克什安抚司、绰斯甲布宣抚司、瓦寺安抚司、等等。清朝将这些部落、村社的头目动员起来，让他们充当大大小小的土司，听从清朝中央的驱使，这不能不说是清朝统治对嘉绒藏区基层管理的深入，同时，将势力强大的土司集团分割，化整为零，以减少地方割据势力的膨胀对中央王朝产生的威胁，利于边疆的安定和统治。

乾隆年间，嘉绒藏族地区已经被分割成了上百个大大小小的土司政权。各土司之间为了争夺土地、人口、牲畜等财产，经常发生纠纷，甚至械斗，使这一地区长期处于动乱不安的局面。其次，在川边藏区，当时的“夹坝”①、“盗贼”盛行，威胁到康藏大道的畅通。因为嘉绒藏区所处的重要地位，乾隆帝对该地区一直比较重视，他的恩威并用的统治思想在这里得到了具体体现。

在他执政的初期，与大、小金川接壤的杂谷、瓦寺、沃日、木坪、明正、革布什咱、巴底、巴旺、绰斯甲布等土司为了争夺土地和人口等财产，常常发生纠纷，甚至械斗、仇杀事件。乾隆二年（1737），大金川土司色勒奔霸占革布什咱土司的辖地，双方即纠众格斗。乾隆四年（1739）七月，杂谷、梭磨、沃日等土司三次攻劫小金川；同时，大金川也三次发兵攻打革布什咱。为此，川陕总督鄂弥达上奏称：“土司性嗜报复，若不慑以兵威，愈无忌惮”，要求“勒兵化诲”。乾隆帝批道：“相机料理。总之待此等人，不可不使之畏天朝兵威，亦不可但以兵威压服，而不修德化也。”② 这反映了乾隆帝并没有将维护地方稳定和安宁的职责单纯的寄托在“兵威”之上，而是要以德服人，要施与恩惠，让嘉绒民众真心臣服，希望以“修德”化之。其实，乾隆帝在治理嘉绒藏区的时候，更注意嘉绒各土司实力的均衡，以致“彼此箝制，边境颇宁”，因此“不可任其争竞，亦不必强其和协也。”同时因为“沿边多生番，留之可资捍卫。且从前川省有进剿之役，调取土兵，莫不如数遣发，著有微劳，又宜留之，以供调遣。”③ 这应

① 即抢劫者。他们平时以打猎为生，遇有行旅则行抢劫，当地人称之为“夹坝”。

② 《清高宗实录》卷101，乾隆四年九月癸酉条，北京：中华书局影印本，1985年。

③ 《清高宗实录》卷105，乾隆四年十一月壬申条。

该说是乾隆帝对待嘉绒藏区态度缓和的真正原因。所以，在乾隆六年（1741），特谕“免金川土司例贡折价……今闻得彼地年来积雪严寒，牛羊受冻，多有伤损，番夷困苦，纳贡艰难。著将乾隆五年、六年应纳折价银两豁免，以示轸恤。”① 同时因为“治藏必先治川，使四川各土司相安无事，则川藏大道才能畅通无阻”②。在这种思想的指导下，地方官员对嘉绒藏区的土司采取了缓和的态度，使这一地区基本趋于稳定。

可见，乾隆初期，对待嘉绒藏族仍然遵循恩威并施，偏重于以恩、以德服人的方针。

然而，乾隆帝的这一措施在嘉绒地区并没有实施多长的时间，就被大、小金川土司兼并邻封的活动破坏了。大、小金川近接成都，远连卫藏，是内地联系西藏、青海、甘肃等藏族地区的桥梁和咽喉。在各土司的兼并活动中，大、小金川土司势力逐渐壮大。他们常常打着清廷的名号，恃强凌弱，长期蚕食邻封，不安驻牧，使边境不得安宁。一方面，他们打破了川西北嘉绒地区各土司的均势，另一方面威胁到内地的安全，为了“永靖边圉”，乾隆帝决定兴师进剿，乃有大、小金川之役。这是乾隆帝对嘉绒藏区治理方针发生根本性改变的重要标志，大小金川之役也成为乾隆帝对嘉绒藏区统治政策从重于恩向重于威转变的分水岭。

二、威重于恩

乾隆十一年（1746），大金川土司色勒奔细以联姻之计，囚禁小金川土司泽旺，夺其印信。十二年（1747），又攻打其西南部的革布什咱及其南部的明正土司。四川巡抚纪山一面奏闻请旨，一面派兵弹压，却遭到大金川土司的伏击而宣告失败。川陕总督庆复奏请用“以番治番”之法，暗令小金川、革布什咱、巴旺等与大金川相邻的土司发兵协助，对大金川进行围攻，屡试无效。乾隆帝决计惩创大金川，遂调云贵总督张广泗补授川陕总督，谕令“以治苗之法治蛮”，务令“铲除根株，永靖边圉”。张广泗调集三万余众，从西、南两路，兵分十路进攻弹丸之地的大金川。第一次金川之役开战。自乾隆十二年（1747）三月至十四年（1749）正月，历时近三年，清政府先后调集东三省、京、川、陕、甘、云、贵、两湖等省兵力，共计八万余众，耗银二千余万两，最后以岳钟琪率十三轻骑深入土司官寨，接受金川土司色勒奔细的顶礼叩拜而和平解决，金川初定。

第一次金川之役并没有彻底惩创大金川，经过几十年的积极经营，大金川土司的势力更甚当年。在清朝地方官员的促成下，大金川与绰斯甲和小金川两土司联为姻亲，使大金川土司更加不安驻牧，到处寻衅，侵扰邻近土司。在嘉绒地区所维系的各土司相安共处的局面被彻底打破，嘉绒藏区出现了大金川土司独占鳌头的局势。

乾隆三十六年（1771）六月，大金川土司索诺木袭杀革布什咱土司，占领革布什

---

① 《清高宗实录》卷136，乾隆六年二月己酉条。

② （清）方略馆纂：《平定金川方略》，吴丰培作《平定金川方略序》，西藏社会科学院西藏学汉文文献编辑室编辑，1991年。

咱。小金川土司僧格桑也乘机进攻鄂克什、明正两土司，清政府派兵往护鄂克什，僧格桑遂与清兵开战。第二次金川战争爆发。清政府以更大规模的力量对大、小金川进行攻伐，先后调集十四省十八路土司，满汉屯土官兵一十二万九千五百余人作战，共动用帑银六千一百六十万两。[①] 直到乾隆四十一年（1776），清政府攻下大金川土司的最后一个堡垒——勒乌围而结束了此次战役。

平定大、小金川的战争是乾隆帝“十全武功”中历时最长、糜费最巨、损失最为惨重的一次征战，其规模之大，耗资之巨，战斗之激烈，在清朝历史上都是十分罕见的。而对手不过是偏居四川西北一隅，兵力不过一万五千名的两个土司。这是乾隆帝以战争这种极端手段治理嘉绒藏区的集中表现。乾隆帝花费如此巨大的代价平定大、小金川，其目的在于决心对该地区进行改土归流，加强对该地区的统治。

三、恩威兼治

平定两金川后，乾隆帝的首要任务是稳定嘉绒藏区及川边的局势，因此即刻在大、小金川实行改土归流，并在包括两金川在内的整个嘉绒藏区推行一系列新的统治措施，以确保这一地区的长期稳定。

乾隆帝于四十一年（1776）谕令特设成都将军，驻扎雅州，统兵镇守，节制绿营。并于两金川之地，安设营汛，移驻提镇，以资控驭。乾隆帝毫不讳言设置成都将军的目的，就是监视和弹压当地大小官员，威慑地方：“自应令成都将军兼辖文武……凡番地大小事务，俱一禀将军，一禀总督，酌商妥办。所有该处文武各员升迁调补及应参、应讯并大计举劾各事宜，皆以将军为政，会同总督题参，庶属员有所顾忌，不敢妄行，而番地机宜，亦归画一。”[②] 同时，明确规定，将军、副都统分帅成都二千名八旗兵，分驻雅州、成都，以联络声势，控制全川；规定了将军的巡查制度以及换防成都的办法；明确了将军节制四川绿营，扩大了将军的军事指挥权，以加强其统治权威。至此，成都将军成为清代的一个重要职官，一直延续至清亡。成都将军对于稳定两金川及嘉绒藏区的局势，护卫川藏大道的畅通，保卫甘、青、藏等地区的安全均起到了重要的作用。

其次，清政府在两金川地区设镇安屯，进行改土归流。乾隆四十一年（1776），清廷在小金川设美诺厅，在大金川设勒乌围厅。四十三年（1778），将勒乌围厅改为阿尔古厅。四十四年（1779），裁阿尔古厅，并入美诺，改美诺厅为懋功厅，辖屯务五员（懋功、抚边、章谷、崇化、绥靖），直隶四川省，派驻同知掌管屯务。至此，大、小金川的地理名词不复存在了。清政府还在两金川地区设置章谷、底木达、大板昭、勒乌围、美诺、噶拉依、马尔邦等七个粮务，分驻经管，支放官兵粮饷。同时，建立屯官制度。规定大、小金川的屯官为世袭额设，委任归顺的藏族头人担任。土屯官员的承袭规则大体上与土司制相同，即土守备死，其子承继，无子者兄弟女儿继承，女子可招赘其

---

① （清）郑棲山纂，张羽新校注：《平定两金川军需例案》总略，西藏社会科学院西藏学汉文文献编辑室编辑，1991 年。

② 《清高宗实录》卷1004，乾隆四十一年三月辛巳条。

他屯官的后代继位。但是每次承袭必须经过清政府的认可。土屯制事实上变成了世袭的土弁制。每个土屯内部，按照绿营兵制和土司制组成政权机构。清政府每年发给土屯官兵一次饷银，以资衣食。所有各屯弁兵饷银，按照绿营汉兵之例于每岁夏冬二季，由懋功营及维州协知会文员监议。对于受调遣出征有功的屯官，则格外加俸。

在土屯制的基础上，清政府还在两金川地区实行军屯、“番屯”、练屯和民屯。乾隆帝认为：“金川地方既设镇安营，止宜令兵丁屯种驻守。”① 于是在两金川地区驻兵六千，授田耕屯。规定大金川驻兵归勒乌围所设总兵管理；小金川驻兵归美诺所设总兵管辖，令其携眷来居，“使各有室家可恋，自皆安居乐业，力耕作以期赡给”。② 并在两金川地区委派同知佐杂等文员分驻管理屯种、收粮等事务，三年一换。官兵则分建碉寨以供居住。初至，给盐菜、口粮，俟垦种已成后停止。乾隆四十三年（1778）九月，因“番夷倾心向化，弹压无事多兵”，成都将军特成额等奏请将屯防的绿营兵六千名，根据其地势之险易，田土之广狭，抽减二千名，留四千名，以二千名屯田，二千名差防。并于原派差防屯练五百名内，拨出二百名，给地耕种，俟其生计就绪后，也按照屯户办理。乾隆帝同意了这一裁减方案。四十四年（1779），又将两金川的屯防兵额裁减至三千名。在小金川分设美诺营和底木达营。在大金川分设阿尔古营、噶拉依营和茹寨营，属阿尔古游击管领，与小金川二营一并归美诺总兵统辖。同时，裁撤镇将备弁，将泰宁、叙马二营游击裁改，泰宁营改设都司，以建昌镇属永定营都司改补，即将泰宁营守备改为永定营守备。叙马营也改设都司，以维州协右营都司改补，即将叙马营守备改为维州协右营守备。这样，使屯防兵额减到三千名，镇将备弁达到五十二员。“而屯田各食其力，口粮自可停支。牛具、籽种亦无庸官为经理。其例给米折一项，照阜和协兵之例支给。即将各兵盐菜及将弁等盐粮停止。”另外，分别在美诺、底木达、章谷、阿尔古、噶拉依酌留五员，管理各屯粮务，归美诺同知管理。大板昭、马尔邦粮员与阿尔古知州一并裁撤。③ 到四十四年（1779），两金川地区由原来的七个粮务厅并留为五个，存兵也由原来的六千名裁为三千名，镇将备弁裁至四十四员。

另外，清政府在大、小金川的河西、河东、底木达、八角碉、僧格宗、汉牛等地设置了六个番屯。乾隆帝认为，大、小金川投降的番众“俱娴于耕作。两金川又有可耕之地，莫若用此等降番就所在垦耕安业”。④ 随即命令将暂时交给各土司收管的“降番”调回，与后来的“降番”一起分归各番屯管理，就地屯种。清政府按照每二人日支口粮一升的标准，暂时借给番屯民众数月的口粮，待秋收后，“察看收获情形，再将所借口粮，酌量定限，按季归欵。”⑤

在以上屯田的基础上，“倘再有余地，当于杂谷脑五寨屯兵内移驻，视地方之宽窄，

① 《清高宗实录》卷1002，乾隆四十一年二月乙卯条。

② 《清高宗实录》卷1019，乾隆四十一年十月乙丑条。

③ 《平定两金川方略》卷136，乾隆四十四年十一月壬午。

④ 《平定两金川方略》卷134，乾隆四十一年四月壬寅。

⑤ 《平定两金川方略》卷134，乾隆四十年四月壬寅。

以定居人之多寡，照例一体迁徙。”① “并于维州、保县来营贸易番人内招垦，其家眷照例给赀迁徙，兵缺出，即于番人内募补，并一体酌给牛具、籽种”②，是为练屯。后经派调，每寨“情愿前往土弁屯练三十户，共计土弁屯练一百五十户。男户（妇）大小三百六十三名口”，分别安插在大板昭、丹札寨、卡卡角、沈角沟和卡尔金等地。使其“间处于降番左右相近之处，于钳制之道更为妥协。”③ 同时详细规定了该户口赴屯过程中的各种待遇。按例，“口内以百里为一站，口外二小站并为一大站。每户大口给盘费银一钱二分，小口六分。无论大小口，每名给夫一名，每名每站给夫价银五分。到屯后，每户拨给地三十亩，借给牛一支，赏给农具一副。未收获以前，每日每大口借给口粮米八合三勺，小口折半借给。其有力能工作自瞻无需借给者，听从其便。至籽种一项，新疆土地瘠薄，无需三石，应酌量节减。每户赏给小麦二石。所需口粮、籽种，于附近各屯仓动支。农具由官办给。其借给牛支口粮，采买维艰……每支折给银十两二钱，令其自行采买……每户给房二间，请照善后事宜建造防兵碉寨之例，即于屯练内挑出工役，采取木植，搬运石块，酌借口粮，雇匠建造碉寨拨给。”④

最后，招募内地百姓，设立民屯。由于“两金川均系重山叠岭，田地本非广阔，但设兵既属无多，而应行移驻降番亦为有限。倘有余地，当于维州、保县一带来营贸易人等，招募开垦，其家眷亦照例一体给费迁徙，并酌给牛具、籽种，俾得及时树艺。”⑤

清政府在两金川地区实行屯垦的授田原则，基本上是“官占平、民占坡、蛮家只占山窝窝”。即参加屯田的官兵占据了两金川地区肥沃而狭小的河谷平原地带，即河坝地；从内地招募来的民众占据了半坡地带，即半山坡地；而将高山贫瘠的地方，即高山地交给了留驻当地屯田的人民。清政府通过在两金川地区实行各种类型的屯田，使改土归屯制度在两金川地区得到完善，而且初见成效。据乾隆五十三年（1788），调任四川总督保宁奏报：“金川屯务，经前任将军、参赞等，丈出地十一万七千六百六十亩，节年屯员，广为招徕，穑事日兴，荒土尽开辟，除原丈地已垦外，多垦地一万八千九百七十五亩，仍照例每户给三十亩，并限六年升科。查各屯官役、喇嘛等人，及岁修桥梁等项，需粮九百余石，俟升科后，统计新旧地亩，并汉牛一屯，每年共应征粮一千二十一石零。各项供支自可有盈无绌。”⑥ 可见，经过十余年的经营，清政府通过成都将军管理下的金川屯务已颇著成效，基本上可以满足当地驻军及其他各项的需要。

清政府在杂谷、两金川地区建立土屯制，目的是使官兵营制互相联络，监视和钳制嘉绒各土司。将大、小金川横隔于众土司之中，使屯兵与当地民众错杂而居，实际上是将清政府对嘉绒藏区的制约、限制政策寓于编管屯耕之中，这对于加强嘉绒藏区的统治尤为重要。另外，嘉绒地区各土司的各种权力被大大地削弱，使嘉绒地区失去了能与清

---

① 《金川案》（亨）9，《迁移屯户至金川之各项规定》，第69页，中国科学院民族研究所，四川少数民族社会历史调查组复制，1963年。

② 《清高宗实录》卷1004，乾隆四十一年三月丙戌条。

③ 《金川案》（亨）9，《迁移屯户至金川之各项规定》，第69页。

④ 《金川案》（亨）9，《迁移屯户至金川之各项规定》，第69页。

⑤ 《金川案》（利）16，《户部议复新疆牛马农具事宜》，第139页。

⑥ 《清高宗实录》卷1297，乾隆五十三年正月己丑条。

政府对抗的力量。战后的两金川及嘉绒地区的局势很快稳定下来，并在较长时期内没有再发生大规模的变乱。相反，清政府利用嘉绒地区的练兵、屯兵、土兵的力量四处征战，使之成为清王朝的一支劲旅，对维护清朝的统治起了巨大的作用。金川之役后，有不少藏族兵民或陆续投附官军，或被官军俘获，留在军中效劳，使藏族将士进入清军的人数日益增加。嘉绒各土司的屯练武装也正式归入清朝中央政权的直接调遣之下，他们拉开了藏族将士在清军中活动的序幕。乾隆四十六年（1781），金川“屯练、降番、土兵”被派往甘肃省，参加进剿回民起义，“甚属勇往出力”。[①] 乾隆五十三年（1788），“四川屯练降番派往台湾剿捕贼匪（林爽文起义）甚为出力……而僓拉、促浸两处土弁……带领降番随同官兵征剿，均属奋勇，所有僓拉促浸额设土守备六员、土千总九员、土把总十六员、土外委四十六员，俱著照屯练土弁之例，分别赏给钱粮，以示奖励。”[②] 同年，成都将军率满、汉官兵和两金川屯练，共三千余名，入藏抗击廓尔喀侵略军侵略者。可见，嘉绒藏区的屯练土兵被清政府视为保卫边疆安全的重要武装力量，为维护国家的统一和安全起着积极的作用。嘉绒藏区也由清廷之患，变为安定并效力于清朝中央的地区，这不能不说是清政府对该地区统治加强和积极经营的胜利。

乾隆帝对嘉绒藏区恩威并施的另一个重要措施是严惩金川土司、头人；遣散、分化两金川民众。金川战争结束后，清政府将大金川土司索诺木兄弟、大、小头人及其家属共二百五十余人，分批押解进京。凌迟处死大金川土司及头人等十二人。处斩土司同谋等十九人。此外，“番犯”及家属等，年满十八者，即正法，未成年者，则永远监禁，共十六名，“发往伊犁给厄鲁特为奴者五十二名，索伦兵丁为奴者四十五名，三姓为奴者三十四名，赏功臣之家为奴者五十八名。”[③]

对于各路投出的大、小头人，难于分辨出所犯罪行的轻重，况且为数过多，又系投降乞命，不忍诛杀，令“押至京城，再行酌量分别安插。”[④] 乾隆四十一年（1776），将被解送到北京的大、小金川藏族一百八十九人编设为一个佐领，归入内务府正白旗，加上唱番曲、跳锅庄的二十八人以及第一次金川之役后留京修筑碉房的十一人，该佐领共管辖金川藏族二百二十八人。由管理健锐营大臣指定地方，把他们的住房建在香山附近，健锐营公项支给费用，令其自行建造碉楼，这样在香山形成了一个金川藏族村。

对于两金川投降的百姓，乾隆帝认为：“各寨降番，聚处易于生变，必须分散各处，使其势孤力弱，始不能复行滋事。但须就其地之远近，人之多寡，以为分拨。又须各就土司户口多寡，分别赏给。[⑤]”因此，将其分别赏赐、安插在嘉绒藏区的绰斯甲布、革布什咱、梭磨、卓克基、从噶克、党坝、明正、木坪、巴底、巴旺、鄂克什、瓦寺等十二土司及杂谷屯练等地方，派专人分散管理。

在严惩、遣散两金川人等的同时，乾隆对嘉绒各土司则采取怀柔、笼络政策。金川之役后，乾隆帝特建立嘉绒各土司轮流入觐制度。规定嘉绒各土司等与蒙古土尔扈特王

① 《清高宗实录》卷1132，乾隆四十六年闰五月甲寅条。
② 《清高宗实录》卷1305，乾隆五十三年五月丁丑条。
③ 《清高宗实录》卷1008，乾隆四十一年五月壬申条。
④ 《清高宗实录》卷1000，乾隆四十一年正月丁丑条。
⑤ 《平定两金川方略》卷84，乾隆三十八年十二月甲辰。

公、扎萨克、回疆大小伯克等一样，定期进京朝觐，以示怀柔笼络。四十年（1775），乾隆帝谕示："酌带土司数人来朝，令其瞻仰天朝礼法，承受恩典，将来即照新疆年班之例轮流入觐。除巴旺、梭磨现系土妇，不便轮班外，此次著先带绰斯甲布土司雍中旺尔结、布拉克底土司阿多、沃克什土司雅满泰随同来京，事毕再令回巢。伊等共相传播，久之必以入觐受恩为荣，亦如准部之永承恩泽矣。"① 规定"边外各土司令仿照回部伯克之例，轮流入觐，以理藩院为之典属……木坪、瓦寺、明正、沃克什各土司率皆倾心向化，恳请入觐，应同绰斯甲布土司，均令将军阿桂于凯旋时先行来京，共与盛典。其余各土司仍令酌量远近，定以期限，轮流朝觐。"② 十二月二十一日，乾隆皇帝御驾瀛台，明正土司甲尔参得沁、木坪土司甲尔参纳木卡、瓦寺土司策棱雍中、孔撒土司策丹纳木扎勒、绰窝土司朋楚克喇布坦、里塘土司丹津衮布、巴塘土司衮布嘉木沁等川西土司及土舍、头人二十九人及南疆回城伯克、哈萨克使臣跪迎瞻观，是为川西土司首次入京朝觐。同时，乾隆帝加恩各土司赏戴二品红顶，令其子孙承袭后一体戴用，以示优奖。③ 定期朝觐使嘉绒诸土司一方面目睹中国的幅员广阔，人民富足，另一方面更加强了各土司与清朝廷之间的联系，使清王朝与嘉绒各土司的君臣关系趋于密切，更是乾隆帝对嘉绒藏区恩威兼治统治思想的体现。嘉绒藏区各土司轮班进京朝觐遂成为制度，直至清末。

同时，清政府对在金川之役中恭顺、效力的土司大加赏赐，提高他们的职位。两金川平定后，阿桂对"各路十二土司并土舍、头人等出力勤劳者七十余名，其历年出力之屯、土各弁并已赏顶戴之降番头目等四十余名，分别酌赏银两。"④ 在清政府为参加金川之役的功臣画像中，"令将土司头人，抡其劳绩，著录图形。"⑤ 因梭磨土司特别出力，由安抚司升为宣慰司，巴旺、巴底也因从征金川有功，清政府以巴底安抚司印信归巴旺掌管，再加赏巴底土司宣慰司之职。⑥

结合政治、经济上的改革，乾隆帝在意识形态上也采取强制性措施，在两金川地区消灭苯教，推崇佛教。

金川之役前，嘉绒地区是苯教势力占据着统治地位。位于金川河流域的雍忠寺是康区和嘉绒地区最大的苯教根本寺，也是苯教势力的中心，不仅控制着嘉绒十八土司地区，而且在整个藏族地区也具有很大的影响。嘉绒地区的大土司都崇奉苯教，使苯教势力与地方势力紧密结合，形成了暴力统治和神权奴役相结合的土司政权。在抵抗清军的战争中，两金川的苯教势力起到了极大的作用，常有苯教喇嘛帮助两金川土司抵御清军。一方面，苯教寺院派兵直接参与战斗，在第二次金川之役中，雍忠寺曾派出三千僧兵与清军作战。在金川土司走投无路时，当地僧人受金川土司派遣，偷越潜赴西藏，欲

① 《清高宗实录》卷989，乾隆四十年八月癸卯条。
② 《清高宗实录》卷994，乾隆四十一年闰十月辛亥条。
③ 《清高宗实录》卷1023，乾隆四十一年十二月戊午条。
④ 《清高宗实录》卷1004，乾隆四十一年三月乙亥条。
⑤ 《平定两金川方略》卷134，乾隆四十一年四月壬寅。
⑥ 巴底土司早已分裂为巴底、巴旺两个土司，直到乾隆三十八年十二月才由清政府正式承认为两个土司。

帮金川土司求取达赖喇嘛等援助。① 另一方面，苯教徒利用法术帮助金川土司诅咒清兵。“索诺木曾令在噶尔丹寺率领徒弟诵绰沃经，诅咒大兵。”② “小金川有聂陇喇嘛能祈雷雨，并有红帽喇嘛，僧格桑令其念经，求打胜仗。”③ 战争结束后，清廷将两金川地区的所有喇嘛、班第④等押解到京城，并无存留。那些罪大恶极的大喇嘛，即被严惩示众，其余的或充为奴，或分发到宁波、承德、京城等各大寺院为役。“班第喇嘛发往江宁喇嘛寺安插役使者十五名”⑤，大金川喇嘛十一名解往热河，分给喇嘛寺役使；小金川喇嘛十七名留在京城各喇嘛寺役使。并令各该管官员严加管束。⑥ 这样，在金川战争结束后，两金川地区的苯教僧人几乎绝迹，取而代之的是以藏传佛教格鲁派为主的僧众。

其次，乾隆帝颁布满、汉、藏三种文字，明令禁止奔布尔教（即苯教），令番众皈依黄教。谕称：“崇尚佛法，信奉喇嘛，原属番人旧俗，但果秉承黄教，诵习经典，皈依西藏达赖喇嘛、班禅喇嘛，修持行善，为众生祈福，自无不可。若奔布尔喇嘛传习咒语，暗地诅人，本属邪术，为上天所不容。” “尔众土司当从此悔悟，永为鉴戒。”⑦ 对于两金川地区一些存留的寺庙，也作为了屯兵的住房。乾隆帝认为：“该处喇嘛党恶妄行，所有寺庙皆非净土。今贼巢既已扫荡，其废寺亦不宜复存”⑧，“所有该处喇嘛寺俱令兵丁等分驻，最为省便。且各喇嘛寺经官兵攻打，残破已多，就其所存者作为兵房，无须添盖。”⑨ 乾隆帝欲利用时间的流逝和屯田的措施对两金川地区人民的影响，来达到逐渐淡化，甚至抹灭苯教在嘉绒藏族人民心目中的地位的目的。但是，宗教作为一种意识形态，有其自身产生、发展、消亡的规律，外部作用是很难使其突然消失的。果然，时隔不久，乾隆帝就意识到了宗教所蕴藏的力量是难以用强制性手段征服的。于是，下旨：“两金川喇嘛均系邪教，不便仍留其地。但番人习奉佛教，该处独无喇嘛，似非从俗从宜之道，应于噶拉依、美诺两处酌建庙宇，即于京城喇嘛内派往住持。所有应派人数著理藩院议奏。”⑩ 令总督文绶等分别在大、小金川的噶拉依和美诺地方修建寺庙。在原来雍忠寺的地方建广法寺，以振兴黄教。⑪ 广法寺于乾隆四十三年（1778）七月十三日（庚子）开光。规定广法寺的一切开支由朝廷库部拨给，其堪布为二品顶戴，朝廷按例支给银米，管理嘉绒地区的朝贡、朝圣等事务，直接由北京雍和宫派出，直到清末才改由清政府指令从西藏三大寺（哲蚌、色拉、甘丹），每年轮流派出堪布到广法寺主持。准其在嘉绒地区招喇嘛一百名，俱由朝廷按例支给银米。

---

① 《清高宗实录》卷 989，乾隆四十年八月己亥条。
② 《清高宗实录》卷 1005，乾隆四十一年三月己丑条。
③ 中国第一历史档案馆藏《金川档》（1851 号），乾隆三十七年八月十六日上谕。
④ 指寺院里刚出家的、最小的僧人，相当于沙弥。
⑤ 《清高宗实录》卷 1008，乾隆四十一年五月壬申条。
⑥ 《平定两金川方略》卷 135，乾隆四十一年四月己巳。
⑦ 《平定两金川方略》卷 133，乾隆四十一年三月庚辰。
⑧ 《金川案》（亨）37，《金川地方不招喇嘛》，第 93 页。
⑨ 《清高宗实录》卷 1004，乾隆四十一年三月庚辰条。
⑩ 《清高宗实录》卷 1017，乾隆四十一年九月戊戌条。
⑪ 《金川案》（利）45，《特派堪布桑寨鄂特咱尔赴寺》，第 167 页。

同时，乾隆帝特诏谕四川各土司，要以大、小金川土司为诫，抛弃苯教，尊奉佛法，行善积德，不仅可以使各土司安享太平，而且使其子孙永世接受国家恩惠。绰斯甲、巴底、巴旺等土司纷纷请求兴建佛寺，改奉黄教。清政府对格鲁派的大力扶植，使其在嘉绒地区逐渐发展兴盛起来，并确立其在嘉绒地区的一统地位，直至今日，格鲁派在嘉绒地区仍然占据着主导地位。

可见，乾隆帝在平定两金川后，对嘉绒藏区在政治、经济、文化等各方面的治理仍然采取恩威并施的政策，一方面设立成都将军以震慑地方，对发动叛乱的土司上层严惩不贷，另一方面对跟随清军从征的嘉绒其他土司，则按照功绩的大小，分别赏赐，恩宠有加。使嘉绒各土司在感受皇朝恩典的同时，更为强大的国威所慑服，从而使他们怀德慑威，倾心向化，安边奉法。这种治理政策是随着对以两金川土司为代表的嘉绒各土司的认识的逐步加深而发生变化的，由最初的以德服人、恩重于威，到以金川战争为标志的以威为主的统治方式，在对两金川土司进行改土归流过程中，充分体现了其因地制宜，恩威并重的统治思想。这种思想直接影响其后历代皇帝对嘉绒藏区的统治，直至清末。

清代霍博克赛里土尔扈特蒙古赴藏熬茶活动初探

郭美兰（中国第一历史档案馆）

清代霍博克赛里即今新疆和布克赛尔蒙古自治县，位于新疆北部，清乾隆三十六年（1771）土尔扈特蒙古东归后，亲王策伯克多尔济的部众被安置于此，其后人至今繁衍生息在这片土地上。在清代档案文献中，称这部分土尔扈特蒙古为“霍博克赛里土尔扈特”或“塔尔巴哈台土尔扈特”。我们知道，土尔扈特蒙古与其他蒙古族一样，信奉藏传佛教，在所进行的各种佛事活动中，熬茶是一项极其重要的环节和内容。熬茶作为在藏传佛教寺庙发放布施的一种宗教仪式，在清代通常是由熬茶者向众喇嘛发放金银等物品，众喇嘛则为之讼经祈福。根据目前掌握的档案文献史料，东归之后的霍博克赛里土尔扈特蒙古，到嘉庆末年为止，所参与的有规模、有组织的赴藏熬茶活动共有七次，其中顺利入藏熬茶的有四次，搁浅或半道折回的有三次，本文谨对其七次赴藏熬茶活动试作探析。

一、土尔扈特蒙古东归前的赴藏熬茶活动

清代土尔扈特蒙古赴藏熬茶并非始自东归之后，其最早的赴藏熬茶活动当溯至清入关不久。有学者根据国外史料考证，顺治三年（1646），土尔扈特首领书库尔岱青亲自返回西藏拜见五世达赖喇嘛和四世班禅额尔德尼，被五世达赖喇嘛封为土尔扈特部落的“汗”。顺治十五年（1658）书库尔岱青再次赴藏礼佛，拜见五世达赖喇嘛和四世班禅额尔德尼，以取得藏传佛教对土尔扈特部落的支持。书库尔岱青赴藏熬茶这一历史，据《清高宗实录》载《御制土尔扈特部纪略》记述：“和鄂尔勒克因率其子书库尔岱青等至俄罗斯之额济勒地，其时阿玉奇尚在襁褓，因留巴图鲁浑台吉处，后书库尔岱青往西藏而回，遂向浑台吉索阿玉奇归俄罗斯。巴图鲁浑台吉为阿玉奇之外祖，以时代计之适相当。”这段史料形成的背景是，土尔扈特人众回归之当年，其首领渥巴锡一行前往热河的避暑山庄觐见乾隆帝，九月初八日行至伊锦霍洛口行营遇见正在此处狩猎的乾隆帝，此后一路随围观猎，直至避暑山庄。在渥巴锡一行前去觐见乾隆帝的途中，清廷所派护送大臣详细询问其部落史、家族史，发现以前对土尔扈特部落的了解不仅不全面，甚至有错误，因此在《御制土尔扈特部纪略》记述其世系之详。也就是说，《御制土尔扈特部纪略》之记述还是有其可信之处，因为这段史料是在渥巴锡等人亲自讲述的基础上形成的。这段史料印证了外文史料中所述书库尔岱青赴藏熬茶确有其事，也证明了阿玉奇少年时代是在准噶尔部度过的。正因为这些渊源关系，在阿玉奇执政期间，虽然有准噶尔部策妄阿喇布坦的阻挠，阿玉奇还是频繁派人到西藏礼佛熬茶，次数竟达八次之多。其后的执政者顶住俄罗斯要求土尔扈特部落皈依东正教的压力，仍于赴藏熬茶之事

积极努力，派使到西藏熬茶。策凌敦多克执政后，所派熬茶使经清廷允许并派员护送下，于雍正九年（1731）到四川泰宁拜见在此暂住的七世达赖喇嘛，请封策凌敦多克以名号，如愿以偿。次年土尔扈特熬茶使抵藏熬茶，归途又在西宁停留熬茶。土尔扈特此次熬茶，是清代档案中可以查到的最早的过程较为详细的一次，顺治、康熙年间的土尔扈特赴藏熬茶，偶见有零星档案。

身处异域的土尔扈特的赴藏熬茶活动，会因种种因素而搁浅，乾隆四年（1739）九月初八日，就土尔扈特赴藏熬茶并派幼童10人前往学习经典之请，乾隆帝谕理藩院："从前土尔扈特汗曾奏请往西藏煎茶行走，今土尔扈特虽为鄂罗斯（即俄罗斯——引者注）属下，犹然敬奉佛教，远道前来呈请恳令伊等往藏内煎茶等语，若竟不许其前往，不但有碍于中国与鄂罗斯定界以来和好之道，而其情亦属可悯。但土尔扈特系鄂罗斯所属，异国之人欲令十数幼童往藏内居住习经，且鄂罗斯之人其教本异，从前并未往藏内行走。此二节，则断不可行，若鄂罗斯哈屯汗止令土尔扈特遣人往藏煎茶，彼处之萨纳特衙门亦必有咨文呈请理藩院，则土尔扈特虽系鄂罗斯属下，朕因和好之故，亦必允其所请矣。现今鄂罗斯萨纳特衙门，虽给与土尔扈特使臣路引文凭，并未咨行理藩院，俟行文到日，另议具奏。"① 从中不难看出，土尔扈特赴藏熬茶，向已有之，但这次问题出在俄罗斯管辖下的土尔扈特请准10名幼童住在西藏习经，且其使团中有俄罗斯人，俄罗斯教本不同，清廷不可能允许俄罗斯人随团入藏。如果从当时的历史大环境分析，此时的清廷正在与西北的准噶尔蒙古谈判划界，噶尔丹策零以五世班禅额尔德尼圆寂需作佛事并为噶尔丹策零之父已故策妄阿喇布坦熬茶为由，奏请乾隆帝准许遣使入藏，乾隆帝已经答应了准噶尔蒙古可派300人进藏，并且为此筹办的事项极为繁多，单从精力、经济上考虑清廷也不可能让两支熬茶使团同时进藏，况且准噶尔蒙古与土尔扈特蒙古间原本存在矛盾，因此从安全上考虑，清廷也不想有节外生枝的事，故而土尔扈特赴藏熬茶的请求，其后俄罗斯萨纳特衙门虽曾咨文理藩院，仍被拒绝。

随着清廷统一天山南北，同样在乾隆年间土尔扈特提出的入藏熬茶请求，即获得了允准。乾隆二十一年（1756）五月十一日，乾隆帝对军机大臣等讲："据土尔扈特敦多布达什奏请差人赴藏一折，著寄知麒麟保，查照从前谕旨，如止系土尔扈特遣人前来，一面奏闻，一面带领来京，沿途准与蒙古人等交易。倘仍带俄罗斯同往，须谕以俄罗斯不应赴藏，即行停止，并谕令土谢图汗延丕勒多尔济遵照办理。"② 从乾隆帝这道谕旨来看，清廷除仍然坚持不准俄罗斯人随团入藏外，对土尔扈特熬茶使的政策则相当宽松，不仅准其进京，还允许沿途与蒙古人交易。当年九月，土尔扈特熬茶使吹扎布一行到达时，乾隆帝正在木兰秋狝，乾隆帝先在行幄召见吹扎布等，而后带至避暑山庄多次宴赏，其间吹扎布等请求入藏熬茶，乾隆帝派乾清门侍卫傅景护送到藏，不巧的是正在筹办熬茶间，七世达赖喇嘛圆寂，乾隆帝遂令吹扎布一行先往后藏，于次年返回前藏熬茶，至四月事毕离藏返回。

---

① 《清高宗实录》卷100，乾隆四年九月壬子条。

② 《清高宗实录》卷512，乾隆二十一年五月戊寅条。

二、霍博克赛里土尔扈特蒙古的赴藏熬茶活动

正是有上述渊源关系，当乾隆帝听闻土尔扈特蒙古回归，即降谕旨：“观策伯克多尔济所派格隆讷木库巴勒珠尔，格隆乃喇嘛也，彼等尚异于俄罗斯。俄罗斯并不尊奉黄教，故不准厄鲁特等自由推行黄教。按我大国之例，凡来归各部人众，断不令改其原教，彼等若请赴西藏熬茶，亦不阻止其愿望。今西藏皆为我域，达赖喇嘛、班禅额尔德尼均住于彼。若论黄教，再无比其更为尊贵者。”① 就是说，乾隆帝很清楚土尔扈特之所以来归，其中很重要的一个原因是其教与俄罗斯不同，来归之后必然要提出赴藏熬茶，因此尽管土尔扈特来归之初各项安置和接济事宜极为繁杂，但还是在第一时间谕令筹办安排土尔扈特进藏熬茶之事宜。

霍博克赛里土尔扈特蒙古的赴藏熬茶活动，第一次成行是在乾隆三十七年(1772)。这年，土尔扈特汗渥巴锡向伊犁将军舒赫德表达了打算派喇嘛等赴藏拜谒达赖喇嘛的心愿，舒赫德立即上奏，获得乾隆帝允准，并确定了行进路线、经费支出、前往人数。土尔扈特熬茶人等先由各自之游牧地分别启行，于当年十月底到哈密汇合，然后一起进京，再在理藩院所派官员的陪同下由北京经陕西、四川进藏，返程则经宝鸡等地回到哈密，再由哈密分别返回各自之游牧地。其经费经舒赫德奏请官为办理，奉旨允准，故“由游牧至哈密自备资斧而行，由哈密去往京城时，官为办理，渥巴锡所遣之人，皆四人合给官车一辆，其所食口粮，按照回子伯克随从人员之例拨给遣往京城，交付理藩院核定办理遣往西藏。”② 此次土尔扈特各部起先派了35人，但沿途及于京城出痘亡故者9人、因病留京城者一人，共有10人不能成行，只有“其余二十五人，连同已故雅兰丕勒、罗布桑扎勒散之沙弥格敦等六人在内，共三十一人，派理藩院章京一员、笔帖式一名，率领催二名伴送至藏。”③ 理藩院笔帖式富克精额带此31人到藏后，在藏及返回途中又病故2人，因而实际返至哈密的只有29人，29人中24人为土尔扈特各部原派之人，其详细情况可见于哈密办事大臣明起所报之名单：“土尔扈特汗渥巴锡所派之人五名，扎木巴格隆、扎木巴赞布、罗布藏济木巴、章喀齐巴、萨木坦；贝子恭坦所派之人一名，沙喇毕格隆；公拜济瑚所派之人一名，劳藏吹喇克；台吉博罗哈什哈所派之人一名，巴勒珠尔格隆；亲王策伯克多尔济所派之人一名，阿拉西；台吉奇哩布所派之人一名，翠鲁克格隆；台吉阿克萨哈勒所派之人一名，昭齐格隆；贝勒默们图所派之人二名，西喇布格粗勒、噶绷；贝子奇布腾所派之人五名，沙喇布、策木布勒、莫罗木、曲鲁木、夏喇布；台吉舍楞德勒格所派之人四名，斋桑卓特巴、吹喇克、卓特巴、达布克依；贝勒恭格所派之人二名，噶绷依西、诺尔布扎木苏。”④ 此次土尔扈特各部原派35人中，据明起所报名单，返至哈密的策伯克多尔济之属下有3人，即所列

---

① 中国第一历史档案馆（以下简称一史馆）藏军机处录副奏折，乾隆三十六年八月初三日钦差大臣色布腾巴勒珠尔奏折。

② 一史馆藏军机处录副奏折，乾隆三十九年三月十三日哈密办事大臣明起奏折。

③ 一史馆藏军机处录副奏折，乾隆三十九年三月十三日哈密办事大臣明起奏折。

④ 一史馆藏军机处录副奏折，乾隆三十九年三月十三日哈密办事大臣明起奏折。

亲王策伯克多尔济所派之阿拉西和策伯克多尔济之弟奇哩布所派之翠鲁克格隆、阿克萨哈勒所派之昭齐格隆，而实际上霍博克赛里土尔扈特蒙古原曾派有五人，其中二人因出痘亡故。此次土尔扈特熬茶，所有行程历时一年有余，于乾隆三十九年（1774）三月初五日抵达哈密后分别返回各自之游牧地。

此后的二十年间，土尔扈特蒙古便未再派人赴藏，直至乾隆五十六年（1791）伊犁将军保宁到霍博克赛里土尔扈特亲王车凌乌巴什游牧时，车凌乌巴什等当面恳请准许派人赴藏熬茶，此后又再多次呈请，故经保宁具奏允准其请，但次年派出的熬茶人等因廓尔喀入侵西藏而中途返回。不久西藏战事结束，乾隆帝即以“武功已竣，西藏业已永久无事，相应将此交付保宁等，彼等若情愿前去熬茶，此间选人，彼等何时前往，即随其便遣往。”[①] 乾隆五十八年（1793）初，“土尔扈特汗霍绍齐、亲王车凌乌巴什、郡王车凌德勒克、贝勒默们图，和硕特贝勒特恩特克等所派之人及堪布喇嘛等所遣喇嘛等”，[②] 在伊犁将军保宁所派满洲佐领奈尔图等照料下，于四月二十日前后由哈密起程，西宁办事大臣特克慎派通事往迎，于六月二十六日护送至西宁，随后在西宁采办行粮，并在附近寺庙熬茶月余，七月底由西宁办事大臣特克慎派通事、蒙古兵护送，于九月初通过青海西界多伦巴图鲁，十月抵达西藏，拜谒八世达赖喇嘛、七世班禅额尔德尼进献礼物，在各寺庙熬茶布施。在藏五个月之后，熬茶人等由驻藏大臣拨给骑驮之牲畜及盘费，并派兵偕同奈尔图及其所带满洲兵四名护送，于三月二十二日由藏启程前往多伦巴图鲁。西宁办事大臣接到驻藏大臣咨文告知，即“派通事等迎至多伦巴图鲁一同照料，于七月十九日抵达西宁，地方官员等拨给奈尔图等以盘费、牲畜”[③] 后，七月二十九日仍由西宁办事大臣派主事二名、蒙古兵二十名护送，于八月二十一日出青海地界，经哈密返回各自之游牧。随后土尔扈特汗霍绍齐、亲王车凌乌巴什等共同呈文伊犁将军保宁称：“我等所遣人员抵藏，为祈祷大圣皇帝之座万万年永长，叩谒达赖喇嘛、班禅额尔德尼布施，于大昭各寺皆念经。我等之人均蒙达赖喇嘛、班禅额尔德尼摩顶。熬茶之事善终，现皆安抵游牧，且又得以由藏请至佛尊者，皆系大圣皇帝之恩也。嗣后我等所有人众皆更愿逸乐安生，感激大圣皇帝之恩。”[④] 此后，霍博克赛里土尔扈特亲王车凌乌巴什专程派人至塔尔巴哈台参赞大臣伍弥乌逊处，请求进献由藏请至之奔巴瓶，呈文称：“去年由我等游牧派往西藏之官员、喇嘛等，于达赖喇嘛、班禅额尔德尼处，为大圣皇帝万年奠安念经修成阿济苏，供于银奔巴，又请至甘珠尔经佛龛，现皆安然返回游牧。嗣后于车凌乌巴什、阿咱拉、恭格车凌等游牧均为大圣皇帝之万寿永讽甘珠尔经祈祷外，赍往由藏请至阿济苏奔巴一只敬谨进献，请参赞大臣处代为转呈大圣皇帝。”[⑤] 伍弥乌逊见亲王车凌乌巴什真诚感激，遂答应代为进呈，乾隆帝收到奔巴瓶，赏亲王车凌乌巴什“哈达一方、俐玛佛一尊、缎二匹”。[⑥]

① 一史馆藏军机处录副奏折，乾隆五十七年十月十五日伊犁将军保宁奏折。
② 一史馆藏军机处录副奏折，乾隆五十八年十月初八日西宁办事大臣特克慎奏折。
③ 一史馆藏军机处录副奏折，乾隆五十九年九月三十日西宁办事大臣特克慎奏折。
④ 一史馆藏军机处录副奏折，乾隆五十九年十一月十一日伊犁将军保宁奏折。
⑤ 一史馆藏军机处录副奏折，乾隆五十九年十二月初三日塔尔巴哈台参赞大臣伍弥乌逊奏折。
⑥ 一史馆藏军机处录副奏折，乾隆六十年闰二月二十日塔尔巴哈台参赞大臣伍弥乌逊奏折。

第三次赴藏熬茶则是在十余年之后，嘉庆十年（1805），土尔扈特汗霍绍齐请求次年派人赴藏熬茶，亲王车凌乌巴什面见将军松筠询问相关事宜，并请亲自带人前往。九月初二日，伊犁将军松筠奏称：“自乾隆五十九年（1794）土尔扈特等赴藏熬茶以来，现已有十年。是故，适才土尔扈特汗霍绍齐报请明年派遣五十人，且今亲王车凌乌巴什报请明年派遣四十人。其余土尔扈特王、贝勒亦派人熬茶，相应俟彼等报齐后，奴才再照例代为请旨具奏，遣往办理，”① 到年底时，各地拟派人数为：“哈喇沙尔、塔尔巴哈台、库尔喀喇乌苏三处土尔扈特、和硕特汗、王、公、扎萨克台吉等共派熬茶僧俗一百四十八人，加之伊犁堪布喇嘛、厄鲁特等派二十六人，”② 准备来年开春启行。亲王车凌乌巴什听到准许其亲自赴藏熬茶的消息，立即赶到伊犁面见伊犁将军松筠谢恩，并提出要带其妻一同前往，但这一要求以“赴藏道路迴远，路途间或有瘴气，不宜妇人行走。尔率尔之次子前往，即带往二十五人，若哈屯前往，带往之人更多，盘费等皆靡费。管束游牧人众者亦重要，哈屯不去，则两相皆有益”等由被伊犁将军松筠拒绝，车凌乌巴什表示悦服，未再坚持。嘉庆十一年（1806）四月，“车凌乌巴什及塔尔巴哈台、哈喇沙尔、库尔喀喇乌苏等游牧、伊犁厄鲁特营、堪布等所派僧俗共一百七十八人，”③ 在伊犁将军松筠选派之锡伯总管图伯特照料下自哈密启程，于十月初十日抵达西藏。驻藏大臣玉宁等“交付济咙呼图克图、噶伦等，整备房屋供其住宿，照例由达赖喇嘛商上拨给口食米、盘费”。④ 在藏熬茶期间，亲王车凌乌巴什呈请由藏延请喇嘛一名携往其游牧念经，经驻藏大臣玉宁转奏，奉乾隆帝谕旨：“土尔扈特如同杜尔伯特等尊崇黄教，著施恩饬交玉宁等，由在藏精通经咒堪布喇嘛内挑选一名，准土尔扈特亲王车凌乌巴什延往，于其游牧修善事。”⑤ 因此次年亲王车凌乌巴什等由藏启程时，驻藏大臣玉宁等令所选堪布扎木巴克依鲁布随往，并“另行办理路票颁给堪布扎木巴克依鲁布及随行喇嘛共十五人，各游牧土尔扈特等及伊犁堪布所派厄鲁特等，均交原率领而来之总管图伯特照料，”⑥ 于三月初七日由藏启程。熬茶期间，“土尔扈特等给达赖喇嘛商上进献金四两三钱、银七万一千九百二十八两，给班禅额尔德尼进献金一百二十一两、银三万二千五十三两，于前后藏共进献金一百二十五两三钱、银十万三千九百八十一两。”⑦ 此次熬茶，亲王车凌乌巴什往返一年有余，返回之后，又专程到伊犁见伊犁将军松筠表示感谢，并请来年到热河避暑山庄朝觐。

霍博克赛里土尔扈特蒙古最后一次即第四次赴藏熬茶是在嘉庆末年。嘉庆二十四年（1819），经伊犁将军晋昌奏准，土尔扈特汗策登多尔济之母哈屯喇什皮勒、霍博克赛里土尔扈特公阿咱拉等人准备次年进藏熬茶，但到嘉庆二十五年（1820）春启程前，土尔扈特汗策登多尔济之母哈屯喇什皮勒因腰腿肿痛、霍博克赛里土尔扈特公阿咱拉因

① 一史馆藏军机处录副奏折，嘉庆十年九月初二日伊犁将军松筠奏折。

② 一史馆藏军机处录副奏折，嘉庆十年十二月二十一日伊犁将军松筠奏折。

③ 一史馆藏军机处录副奏折，嘉庆十一年十一月十五日驻藏大臣玉宁奏折。

④ 一史馆藏军机处录副奏折，嘉庆十一年十一月十五日驻藏大臣玉宁奏折。

⑤ 一史馆藏军机处录副奏折，嘉庆二十一年闰六月二十日伊犁将军长龄奏折。

⑥ 一史馆藏军机处录副奏折，嘉庆十二年三月十五日驻藏大臣玉宁奏折。

⑦ 一史馆藏军机处录副奏折，嘉庆十二年三月十五日驻藏大臣玉宁奏折。

旧病复发而未能成行，熬茶一行遂由“土尔扈特亲王恩克济尔噶勒之母哈屯达巴及塔尔巴哈台、哈喇沙尔、库尔喀喇乌苏、精河地方游牧土尔扈特、和硕特，伊犁、塔尔巴哈台察哈尔、厄鲁特部所派僧俗人等”[①] 组成，“由伊犁将军处所派佐领岳克庆阿、骁骑校德奔泰护送，于本年十一月二十八日抵藏。其中除自西宁来藏途中病故之土尔扈特、厄鲁特等部八人外，现有二百八十三人抵藏。”[②] 土尔扈特亲王恩克济尔噶勒之母哈屯达巴及土尔扈特、和硕特各部所派之人，外加伊犁、塔尔巴哈台察哈尔、厄鲁特所派僧俗人等，在藏逗留将近五个月，期间前往前后藏各寺庙熬茶布施，最后留下 36 人在藏习经，其余 247 人，于道光元年（1821）四月二十日，仍由原护送佐领岳克庆阿、骁骑校德奔泰率带由藏启程。此次熬茶，共于前后藏各寺庙布施“金四十二两、银七万三千零八十两”。[③] 哈屯达巴返回霍博克赛里后，派其子亲王恩克济尔到塔尔巴哈台城见参赞大臣百顺，请求称：“去年恩克济尔噶勒我之母达巴赴藏，于班禅额尔德尼处为大圣皇帝之万年康安念经修成阿济苏，供奉于银奔巴，又请至甘硃尔经佛龛，现皆已安然返回游牧。嗣后，于恩克济尔噶勒我等游牧均为大圣皇帝之万寿，永唪甘珠尔经祈祷外，敬献由藏请至阿济苏奔巴一只，故此赍至，请参赞大臣代为进献大圣皇帝。”[④] 百顺遂按乾隆五十九年（1794）亲王车凌乌巴什进献由藏请至之奔巴瓶之例，代为由驿递送京城。道光帝收到奔巴瓶，回赏哈达、佛尊、缎匹。

三、霍博克赛里土尔扈特蒙古曾经搁浅的赴藏熬茶活动

回归后的霍博克赛里土尔扈特蒙古的赴藏熬茶活动，也有几次因种种原因而搁浅或中途折回。军机处满文档案反映，乾隆五十年（1785），霍博克赛里土尔扈特盟长阿克萨哈勒呈文称：“先前派人赴藏时，我等游牧人众贫困，未能进献物品、多派人前往。今蒙大圣皇帝恩福，各项牲畜孳生繁多，我等游牧有近二百人情愿自备资斧赴藏，进献伯勒克于达赖喇嘛叩谒，为已故策伯克多尔济、奇哩布等念经、众人祈福。趁此之便，带往幼童数名习经，俟过数年，仍行接回游牧外，仍求达赖喇嘛，带回在藏之良医。若蒙准行，则此间牧养骑驮之马驼至膘壮，申年再报明请颁路票前往。”[⑤] 对于呈文中提出的派人赴藏熬茶祈福、带去幼童学习经咒、由藏带回医生三点请求，塔尔巴哈台参赞大臣惠龄以所派熬茶人数过多，塔尔巴哈台有现成达喇嘛，可派幼童去学习，霍博克赛里附近其他游牧有医生，需要就医可以去请为由加以拒绝，乾隆帝也赞同惠龄的做法，于当年七月初三日专降上谕：“惠龄等如此办理者尚是，即便内外扎萨克等有派人赴藏熬茶之事，亦不逾一百人遣往而已，并无遣往二百余人之例，且土尔扈特等来归已有多年，已与朕之旧部毫无区别，理应知此。即便延请医生、令幼童习经之事，伊犁等地有现成良医及达喇嘛，尽可就近延请医生、教幼童习经，尚可免去繁琐多人远行。此等之

---

① 一史馆藏军机处录副奏折，嘉庆二十五年十月二十日伊犁将军庆祥奏折。
② 一史馆藏军机处录副奏折，嘉庆二十五年十月二十日伊犁将军庆祥奏折。
③ 一史馆藏军机处录副奏折，道光元年四月二十一日驻藏大臣文干奏折。
④ 一史馆藏军机处录副奏折，道光元年十一月二十五日塔尔巴哈台参赞大臣百顺奏折。
⑤ 一史馆藏军机处录副奏折，乾隆五十年六月初七日塔尔巴哈台参赞大臣惠龄奏折。

事，历经将军伊勒图驳回，彼等理应遵照将军所定条例而行。著惠龄等将此复行明白开示阿克萨哈勒。彼等既称申年方行赴藏，相应事尚早，此间惠龄等唯遵旨留心办理。”①此处所说“申年”应指“戊申”年，即乾隆五十三年（1788）。此后不久，阿克萨哈勒到塔尔巴哈台见惠龄，经惠龄当面晓以谕旨，阿克萨哈勒请求准派39人前去熬茶，其他两点则遵例而行。派39人入藏熬茶之事，此后未再见提及，估计期间阿克萨哈勒病重，到乾隆五十三年（1788）四月塔尔巴哈台参赞大臣永保前去霍博克赛里视察时，“观阿克萨哈勒之情形，人极明白，唯说话时舌软无力，偶或言语不清，虽似粘痰之症，然于脚无妨，仍能活动。其游牧除阿克萨哈勒外，仅有车凌乌巴什、恭格车凌两名扎萨克，皆年轻未曾经历事，办理游牧事务，倘阿克萨哈勒在前指导办理，明白事之轻重，且其人众亦皆心服。车凌乌巴什即其亲生之子，亦无不听其言之处，今其病情，并非完全迷糊不明事，相应尚暂不必易人，仍令办理扎萨克之事务，似于事有益。故奴才将此情晓谕于阿克萨克勒，据阿克萨哈勒言称，我亦虑此等情由，唯我现患有病，仍一味承领皇上所赏俸禄留恋盟长印，委实于心不安，极为惶恐，始方如此冒然考虑，今参赞大臣既如此交付，相应我但尽心竭力勤勉。”② 也许因为盟长阿克萨哈勒患病，亲王车凌乌巴什年幼，“申年”熬茶之事就未再提及。

乾隆五十七年（1792），土尔扈特汗策林纳木扎勒、土尔扈特亲王车凌乌巴什等请求派人赴藏熬茶，经伊犁将军保宁具奏获准。土尔扈特所派熬茶人等自三月十五日开始从各自之游牧地启行前往哈密，于四月十四日由哈密启程东行，但土尔扈特人众在前往哈密的途中，乾隆帝已经有道谕旨：“保宁奏土尔扈特汗策林纳木扎勒等派人赴藏熬茶一事，蒙古汗、王等派人前去叩谒达赖喇嘛、班禅额尔德尼熬茶者，系尊崇黄教之蒙古等旧例，虽属可行，然今正值藏地征剿灭廓尔喀贼用兵之际。彼等赴藏，沿途需有官兵照料，且抵藏后亦需关照彼等。彼等请求派人之初，保宁理应暂加制止，俟大功告竣，再行遣往。保宁缘何未虑及此耶。现藏地正在用兵之处，保宁岂有不知乎。著寄信教训保宁，仍寄信奎舒，将截留彼等明白晓谕，俟功成再准赴藏，”③ 哈密办事大臣接奉此道谕旨时，土尔扈特熬茶人等业已行至哈密所属岗大营子地方，经陕甘总督勒保札饬靖逆营游击派员转谕，于十八日返回哈密，之后陆续返回各自之游牧，亲王车凌乌巴什所派赴藏熬茶人等于六月抵达其霍博克赛里。

道光二十三年（1843）十二月，因哈喇沙尔、塔尔巴哈台、库尔喀喇乌苏等处办事大臣咨称各自所辖之护理土尔扈特盟长印福晋喇什皮勒呈请明年率领其孙汗那木扎勒珠尔默特策林及其妻德勒克济特赴藏熬茶，亲王恩克济尔噶勒、郡王那木扎勒车登、精河土尔扈特贝勒巴图纳逊之妻德木伯乐勒等皆请亲往，以及公、贝勒、扎萨克、台吉等亦派属下人等随同喇什皮勒前去熬茶，伊犁将军布彦图遂就此事奏称：“将其随行人员、各游牧派往熬茶及学习经咒之喇嘛数目，由奴才处概行酌减，连同伊犁察哈尔、厄鲁特营僧俗在内，共为二百余人，俟明春返青令其起程时，仍照先前办理之例派委明事通晓

---

① 一史馆藏军机处录副奏折，乾隆五十年八月初六日塔尔巴哈台参赞大臣惠龄奏折。

② 一史馆藏军机处录副奏折，乾隆五十三年四月二十一日塔尔巴哈台参赞大臣永保奏折。

③ 一史馆藏军机处录副奏折，乾隆五十七年三月二十七日军机大臣和珅致伊犁将军保宁寄信上谕。

蒙语之员二人照料起程，先行咨行各该地方大臣等，令彼等于明年四月内均抵达哈密，交付伊犁所派诸员护送。谨将此预先具奏，命下之日，奴才照例咨文路经各处大臣、驻藏大臣等。”① 此事虽经奉旨允准，但次年临近启程，塔尔巴哈台参赞大臣湍多布咨文伊犁将军布彦泰称：“霍博克赛里游牧土尔扈特亲王恩克济尔噶勒双腿虽皆肿痛，不便骑马，然尚堪办事，唯不能赴藏，亦不派遣随从人员。”② 布彦泰认为“土尔扈特亲王恩克济尔噶勒请于本年赴藏熬茶者，亦系其虔笃之诚意。今其双腿肿痛不能骑马者实，相应奴才等照依其呈文，免土尔扈特亲王恩克济尔噶勒赴藏，在游牧治病调养，将拉特那巴咱尔署理盟长印、扎萨克印仍移交恩克济尔噶勒办事，其随往人员亦加制止。”③ 霍博克赛里土尔扈特蒙古此次赴藏熬茶因此而搁浅。

四、清廷关于土尔扈特蒙古赴藏熬茶活动的相关规定

纵观清代霍博克赛里土尔扈特蒙古的赴藏熬茶活动，无论成行或搁浅，每次都与其他土尔扈特各部共同进行的，未曾独立进行，因此所有关于赴藏熬茶活动的相关规定都是针对土尔扈特各部而言的。

关于费用。回归后的土尔扈特蒙古第一次赴藏熬茶，是在其回归不久，因此清廷考虑土尔扈特部众财力有限，除由各个游牧地到哈密是自费外，从哈密到京城，再从京城到西藏的费用均由官出，即按“先前护送厄鲁特、回子等之例，四人合给车一辆、每天每人各给行粮一斤。”④ 这应算是一次特例，因为乾隆帝当时有旨：“派人赴藏熬茶、叩谒达赖喇嘛者，均系为其私事。是故，凡有蒙古等派人赴藏，无需官为办理，均经具报自备资斧前往。唯渥巴锡等人，乃甫来归附之人，在在均未服习，且称此为初次派人赴藏，相应着即照舒赫德等所奏，官为办理遣往，嗣后不准照此办理。倘官为办理遣往，彼等不知足，必致每年派人遣往，则即非事也。”⑤ 正因为如此，到乾隆五十六年（1791）土尔扈特汗策凌纳木扎勒提出来年派人赴藏熬茶时，请求借支两年的俸银，并分作两年扣完。乾隆帝因此降旨：“策凌纳木扎勒等于明年自备资斧差人赴藏熬茶，即照保宁所请借支俸银二年，但所借之俸若作二年扣完，于伊等生计未免稍形拮据，著施恩作为四年减半坐扣完结。”⑥ 此后借两年俸银分四年扣完遂成惯例，未曾改变。

关于期限。回归后的土尔扈特于乾隆三十七年（1773）底第一次派人赴藏熬茶，由于先去京城再去西藏，程途遥远，因此直至乾隆三十九年（1775）春方返抵哈密，前后跨了三年。此后都是路经青海直接去西藏，因此一般都第一年春离开游牧地，于次年返回游牧地，未再见有跨三年的。至于每次赴藏熬茶的相隔时间，开始并无规定，根据土尔扈特的请求予以办理。乾隆五十七年（1792）令土尔扈特熬茶人等中途返回时，

① 一史馆藏军机处录副奏折，道光二十三年十二月二十四日伊犁将军布彦泰奏折。
② 一史馆藏军机处录副奏折，道光二十四年六月二十七日伊犁将军布彦泰奏折。
③ 一史馆藏军机处录副奏折，道光二十四年六月二十七日伊犁将军布彦泰奏折。
④ 一史馆藏军机处录副奏折，乾隆三十九年三月十三日哈密办事大臣明起奏折。
⑤ 一史馆藏军机处录副奏折，乾隆四十八年十月二十七日塔尔巴哈台参赞大臣惠龄奏折。
⑥ 《清高宗实录》卷1391，乾隆五十六年十一月庚寅条。

乾隆帝谕令伊犁将军保宁制定章程，准十年或逾十年派一次。接而保宁奏称："查得，土尔扈特、和硕特等自三十七年派人赴藏熬茶，已有二十余年，故今始行派人。虽未派人照管，唯土尔扈特等性极尊崇黄教，且此数年仰承圣主豢养之恩已极宽裕，其游牧之力迥异于前，故此次携往之布施银即有十万两余，嗣后诚难不派人赴藏熬茶。倘不定一章程，任其前往，亦有未便，相应奴才拟定，嗣后土尔扈特等若呈请派人赴藏熬茶，已逾十年，则准遣往；若在十年内，则驳回不准；"① 奉旨照准。此后的土尔扈特入藏熬茶，其相隔时间均在十年以上。

关于人数。入藏熬茶，作为土尔扈特回归后一个常态化的活动，入藏人数开始时并无定数，后来才有基本的规定。第一次赴藏熬茶派了 35 人，后来霍博克赛里土尔扈特盟长阿克萨哈勒请求于乾隆五十三年（1788）派人赴藏时，以第一次去时财力所限未能多派人去为遗憾，要求派往 200 人，被塔尔巴哈台参赞大臣惠龄驳回。乾隆帝很是赞赏惠龄的做法，降旨："惠龄等如此办理者尚是，即便内外扎萨克等有派人赴藏熬茶之事，亦不逾一百人遣往而已，并无遣往二百余人之例，且土尔扈特等来归已有多年，已与朕之旧部毫无区别，理应知此。"② 阿克萨哈勒闻听这道谕旨，将人数减至 39 人。到乾隆五十七年（1792），虽曾规定："其遣往人数，各游牧统共不得超过百人；其留藏习经者，由台吉之子弟、众喇嘛内，挑其聪慧英俊者，不得超过二十人遣往。"③ 但观其后所派人数，除乾隆五十八年（1793）人数不详外，嘉庆十一年（1806）为 178 人，嘉庆二十五年（1820）为 291 人，均超过了此数，可见有关人数的限定并不是绝对的。

关于路线。土尔扈特熬茶者的入藏路线，只有第一次是特殊，即在哈密集齐后先到京城，再由京城进藏，其余都是被派往熬茶的人根据路途的远近先由各自的游牧地出发，统一在哈密集合，然后从哈密启程入青海界，再由青海入藏，返回亦如之。

关于护送。遇有土尔扈特派人入藏熬茶，管理土尔扈特各个游牧的清朝官员都会派官兵护送至哈密，伊犁将军则派官兵到哈密接管，由此全程护送，进入青海界，西宁办事大臣派官兵护送至西藏界，再由驻藏办事大臣所派官兵迎送，甚至第一次赴藏熬茶时由于到京城后再进藏，还曾由理藩院增派主事、笔帖式、领催等伴送到藏，程途提供有绝对的安全。

结　语

总之，对笃信藏传佛教的霍博克赛里土尔扈特蒙古而言，赴藏熬茶，是其宗教信仰使然，也是其宗教活动的一种重要仪式，从其首领到部众都十分重视，企望能够实现，以满足精神层面的一定需求。清廷十分了解和尊重他们的信仰和愿望，每当他们提出赴藏熬茶的要求后，若无特殊情况都要仔细筹划，精心安排，故而土尔扈特蒙古在回归后得以四次顺利进藏，实现了拜见达赖喇嘛、班禅额尔德尼的愿望，获得了精神的慰藉。

① 一史馆藏军机处录副奏折，乾隆五十七年闰四月十八日伊犁将军保宁奏折。

② 一史馆藏军机处录副奏折，乾隆五十年八月初六日塔尔巴哈台参赞大臣惠龄奏折。

③ 一史馆藏军机处录副奏折，乾隆五十七年闰四月十八日伊犁将军保宁奏折。

另外，从管理者的角度来讲，清廷也十分重视土尔扈特蒙古赴藏熬茶一事，逐渐建立了比较规范和系统的制度，从而保证了土尔扈特蒙古赴藏熬茶活动长期有效地进行。同时，从统治的角度来讲，清廷高度重视和精心安排土尔扈特蒙古赴藏熬茶活动，无疑受到土尔扈特蒙古部众及西藏宗教人士的认同和信服，从而有助于妥善处理民族和宗教关系。

《清朝前期理藩院满蒙文题本》中蒙古朝觐探究

贾　宁（美国中部学院）

2010年中国人民大学国学院西域历史语言研究所、中国第一历史档案馆共同编辑、内蒙古人民出版社出版的《清朝前期理藩院满蒙文题本》（后以《题本》特指），提供了清代朝觐制度和满蒙关系研究至关重要之第一手资料，弥补了《清实录》、《清会典》、《理藩院则例》等汉籍官方文献无载或载而不详之内容，拓展了对蒙古社会诸阶层在清季政治体系中的直观视角，反映了清代朝觐制度从起始、发展到规范和管理的诸类重要细节。《题本》皆由理藩院尚书领写，又是对理藩院执掌功能的宝贵记录。

整体而言，朝觐为清朝廷联系北方各游牧民族的重要制度和政治行为。就满蒙关系而言，朝觐更深有一层太宗皇太极“我满洲与尔蒙古原系一国”① 和顺治帝“朕世世为天子，尔等亦世世为王”② 之民族情感，故清代朝觐制度中专有满族皇帝年三十在保和殿宴请蒙古王公一项。自皇太极开始，蒙古上层前来满洲朝廷不断，年节前来更是满蒙纽带中至关重要的一环。以词汇观之，满文 aniya doroi hengkileme③ 的汉文直译是“年礼叩拜”。《题本》顺治十七年十月初三的汉文目录将其意译为“朝贺新年”，其后之目录或取“朝觐”、或取“入觐”而书之。译语殊而事件同，诸译皆指由清朝制度所规定，理藩院全权规划所安排的受朝廷敕封之蒙古上层，在每年最大新年节庆时，分年班前来面见满族皇帝，领封赏，促相知。

《题本》卷1，书于顺治十二年（1655）十月初十日的第84条题本“理藩院尚书沙济达喇等题报顺治十三年年班入觐外藩蒙古各部王公贝子花名本”（后以“第一花名本”特指）是此套《题本》史料中反映朝觐制度第一条，入觐名单包括当时内扎萨克23旗之王公上层。书于顺治十二年十月二十九日的第92条题本“理藩院尚书沙济达喇等题遵旨议定赏赐年班来京朝觐外藩蒙古王公等员条例”（后以“条例题本”特指），是顺治朝力图规范朝觐制度的关键文献。但当时朝觐制度的不规则现象，仍明显地表现于顺治十七年（1660）十月初三之第148条题本“监管理藩院事务礼部左侍郎席达礼等题议因遇事外藩蒙古王贝勒等本年毋庸前来朝贺”（后以“毋庸来朝本”特指）。顺治朝理藩院朝觐题本虽仅有这三件，件件皆对清季朝觐制度的综合研究留下重要历史信息，研究价值甚高，后有专论。

《题本》卷1第150—279条收录康熙朝元年到四十一年题本共129件，无一件关系朝觐。加之自康熙四十二年至整个雍正朝题本空缺，康、雍两朝朝觐之管理与实施在此

① 吴燕绍：《清代蒙藏回部典汇》卷1“天聪五年八月壬子”，中华书局，2005年，第478页，引《开国方略》卷14。

② 赵尔巽：《清史稿》卷518，列传305，藩部一，中华书局，1998年，第14323页。

③ 中国人民大学国学院西域历史语言研究所、中国第一历史挡案馆：《清朝前期理藩院满蒙文题本》卷1，第92条，7行，内蒙古人民出版社，2010年，第241页。

《题本》集录中无直接记载，但其间接信息仍可寻见于乾隆题本之中，后有引述。起自乾隆元年正月终至乾隆六十年十二月的乾隆朝题本，占据《题本》22卷半的浩大篇幅，详尽地载录着清代朝觐制度完备时期的全貌。以这些乾隆朝满文题本与乾隆朝汉文《实录》、《会典》和诸版《理藩院则例》等文献对比分析，特别是与三件顺治题本进行比较，有助于梳理自清朝入关到乾隆盛世朝觐制度形成过程的重要线索。对此，本文重点探讨如下几点。

一、清初朝觐制度和蒙古王公制度

中国历史上的朝觐制度在满族建立清朝时早已是源远流长，张双智先生2010年出版的《清代朝觐制度研究》（学苑出版社）已有详考，故不赘述。清朝延续并根据疆域的扩展调整着这个从西周就开始了的传统制度，调整的重要方面就是陆续把内属的边疆民族纳入朝觐规制，作为朝廷与地方政治关系的确定是边疆管理的一项内容。[①] 清代的朝觐制度最早开始于内扎萨克蒙古，其规制的演变和确立，对于整个清朝各边疆地区朝觐制度的建立意义重大。朝觐制度的功能是通过在朝廷举行的礼仪式政治过程来规范参加朝觐者与当朝皇帝的隶属关系，在清立朝初年是内扎萨克蒙古领导阶层与满族皇帝的关系，故朝觐和蒙古王公制度是一个体制的两个侧面，对朝觐参加者的封赏纪录自然而然反映着蒙古王公制度的面貌。就此，《题本》朝觐诸条对探讨蒙古王公制形成的历史轨迹贡献斐然。

汉文版乾隆朝内府抄本《理藩院则例》记，“顺治五年定，蒙古王、贝勒、贝子、公、都统等，准于年节来朝。”“六年题准，蒙古朝觐之期，每年定于十二月十五日以后，二十五日以前到齐。”[②] 然而顺治十二年之满文“条例题本”把清朝施行朝觐的时间溯源到皇太极时代，更重要的是对皇太极时期蒙古王公们的清晰地纪录。此题本记曰：

taizong hūwangdi i fonde fesihun irdemunggei ningguci anniya, aniya doroi jihe, korcin i tusiyetu cin wang, joriktu cin wang, darhan baturu jiyūn wang, ere ilan de suje uyute. menggun i hūntahan taili emte, yarga i sukū juwete, shempi duite, elhan jijiri juwete, uheri ilata uyun. barin i manjusiri mujang, ongniyot i darhan daicing, ere ilan de suje jakūta mengun i hūntahan taili emte, hailun ilata, shempi juwete, mocin duite. uheri juwete uyun. Karcin i lamasihi, donggor, jambala, sereng, urat i ūgen, jasaktu jiyūn wang ni jui hairai [,] barin i sereng, dūrbert [durbet] i garma, karacin i sereng, tumet i shamba darhan, ese de suje juwete, menggun i hūntaha taili emte, hailun juwete. mocin duite, uheri emte uyun, shangnahabi.

太宗皇帝崇德六年，来年礼之科尔沁土谢图亲王，卓里克图亲王，达尔汗巴特鲁郡

① Chia Ning, “The Li – fan Yuan and the Inner Asian Rituals in the Early Qing (1644 – 1795).” *Late Imperial China*, 14: 1 (June 1993): 60 – 92.

② 中国社会科学院中国边疆史地研究中心主编：《清代理藩院资料辑录》第一部分，乾隆朝内府抄本《理藩院则例》，全国图书馆文献缩微中心，1988年，第62页。

王，对此三人赏绸缎各九，银酒杯碟各一，豹皮各二，绿斜皮各四，花席各二，共三九。巴林的满珠思里，穆章，翁牛特的达尔罕，对此三人赏绸缎各八，银酒杯碟各一，水赖各三，绿斜皮各二，青布各四，共二九。科尔沁的拉玛嗣席，段果尔，扎木巴拉，策楞，乌拉特的渥奔，扎萨克图郡王的孩子海来，巴林的策楞，杜尔伯特的噶尔玛，喀喇沁的策楞，土默特的沙慕巴达尔罕，对此等赏绸缎各二，银酒杯碟各一，水赖各二，毛青各四，共一九。(《题本》卷1，141页上，1—12行)

这段记载说明，早在1641年，皇太极朝的年礼恩赏制度已成模式，且蒙古王公的等级制度和年礼的恩赏制度互为吻合。但此题本只记有亲王、郡王两等最高名号，对其他身份非凡的蒙古上层则以部名人名录的，无封爵以对。这种记录方式反映了蒙古王公制初创、未完备的现状，也说明当时部名人名、而非满朝廷所封之爵位在相当部分蒙古与皇太极和满族朝廷关系中占重要地位。

此“条例题本”继续记载了顺治朝初年另一时间段的年礼和恩赏规制。

ijishūn dasan i ilaci aniya, aniya doroi jihe wang, beile, beise, gung se, taiji sa de shangnara jalin. boigon i jurgan i emgi acafi, mergen wang de alafi, cin wang se de suje sunjata uyun. jiyūn wang se de suje duite uyun. beile se de suje ilata uyun. beise se de suje juwete uyun. gung se de suje emte uyun. taijisa de suje nadata shangname toktobuhabi. erei amala, aniya doroi jifi sangnaha [shangnaha] ba akū be dahame erei jalin hese be baime gingguleme wesimbuhe …

为顺治三年前来年礼之王，贝勒，贝子，公等，台吉等赏赐事。户部同［理藩院］会，告睿王，［前］定制对亲王等赏绸缎五九，对郡王等赏绸缎四九，对贝勒等赏绸缎三九，对贝子等赏绸缎二九，对公等赏绸缎一九，对台吉等赏绸缎各七。为嗣后［对］来年礼［之蒙古］是否尊从［上述］赏制［事］敬奏乞旨……(《题本》卷1，141页上13—18行，141页下，1—3行)

这段对1645年的年礼封赏规制的记载方式，首先展示了多尔衮摄政时期对皇太极施行的年礼恩赏制度继承其模式，但升格其绸缎赏量的变化，同时又揭示等级爵位与赏物赏数的吻合较皇太极时期严格，例如，1641亲王和郡王同封一类规格的现象，已被此两等爵级分两等赏量的规制所取代。更明显地是蒙古王公的爵位等级名号齐全，亲王、郡王、贝勒、贝子、公、台吉等排列有序，表现出蒙古王公制度较1641年已大大完善，朝觐的参加者皆以所受封爵得到地位的认可，其地位反映在赏物和赏量当中。且朝廷不再以部名、人名而只以封爵来标志蒙古上层与满族皇帝的关系，这在满蒙关系当中是很重要的变化。

这条题本又记载九年以后，即顺治十二年十二月朝廷再次讨论应否遵循多尔衮摄政时期的封赏规制。对理藩院之请旨奏，顺治帝下谕曰：

neneme toktobuha be ume tuwara, boigon i jurgan i emgi acafi dasame gifurefi wesimbu

勿庸厘照前制，［理藩院］同户部会议、修正、奏闻(《题本》卷一，141页下，4—6行)

尊此谕旨，理藩院、户部建议修改对前来年礼之蒙古王公恩赏制度如下：

cin wang de suje ninggun uyun, uju jergi foloho enggemu tohoho uju jergi morin emke, susai yan i menggun i dongmo emke, cara emke, cai sunja saksu. jiyūn wang de, suje sunja uyun. Jai jergi foloho enggemu tohoho jai jergi morin emke, susai yan i menggun i dongmo emke, cai duin saksu. beile de suje duin uyun [,] ilaci jergi foloho enggemu tohoho ilaci jergi morin emke. dehi yan i menggun i dongmo emke, cai ilan saksu. beise de suje ilan uyun, uju jergi cilehe enggemu tohoho ilaci jergi morin emke, gūsin yan i menggun i cara emke, cai juwe saksu. gurun be delire gung de, suje juwe uyun, jai jergi cilehe enggemu tohoho ilaci

请对亲王赏绸缎六九，[配] 头等雕镂马鞍之头等马各一，五十两银茶筒各一，酒海各一，茶叶五篓。对郡王赏绸缎五九，[配] 二等雕镂马鞍之二等马各一，五十两银茶筒各一，酒海各一，茶叶四篓。对贝勒赏绸缎四九 [,] [配] 三等雕镂马鞍之三等马各一，四十两银茶筒各一，茶叶三篓。对贝子赏绸缎三九，[配] 头等漆马鞍之三等马各一，三十两银酒海各一，茶叶二篓。对镇国公赏绸缎二九，二等漆马鞍之三等（《题本》卷一，141 页下，7—18 行）

jergi morin emk, gūsin yan i menggun i cara emke, cai juwe saksu. gurun de aisilara gung de, suje emu uyun, emu sunja. ilaci jergi cilehe enggemu tohoho ilaci jergi morin emke, gūsin yan i menggun i cara emke, cai juwe saksu [.] uju jergi, jai jergi taiji de suje emu uyun, ilaci jergi cilehe enggemu tohoho, ilaci jergi morin emke, cai emu saksu. ilaci jergi, duici jergi taiji de, suje nadan, ilaci jergi cilehe enggemu tohoho ilaci jergi morin emke. cai emu saksu, shangnaki

等马各一，五十两银酒海各一，茶叶两篓。对辅国公赏绸缎一九，一五。[配] 三等漆马鞍之三等马各一，三十两银酒海各一，茶叶二篓。对头等、二等台吉赏绸缎一九，三等漆马鞍，三等马各一，茶叶一篓。三等、对四等台吉赏绸缎七，[配] 三等漆马鞍之三等马各一，茶叶一篓。(《题本》卷 1，142 页上，1—9 行)

顺治帝对此下谕：

ereci amasi yaya hengkileme jihe monggoi wang, beile se de ere toktobuha songkoi shangna

嗣后对所有前来叩拜之蒙古王、贝勒等依此定制封赏（《题本》卷 1，142 页下，5—6 行）

此修改后的赏物赏数比 1645 年规制再度升格，并对蒙古王公各等级的纪录更详一层。以前的“公”级爵位在此奏中被分记为镇国公和辅国公，“台吉”进而细分四等有别。此后终有清一代的亲王、郡王、贝勒、贝子、镇国公、辅国公、一至四等台吉的完整蒙古王公制度，均在顺治十二年的年礼封赏记录中得到体现。

对于清季蒙古王公制度，汉籍理藩院史料不乏记载。乾隆朝内府抄本《理藩院则例》记：对蒙古“封爵有五等，”曰亲王、郡王、贝勒、贝子、镇国公、辅国公①，但此载不提供等级制度建立的时间，有标注时间的汉籍文献年代上亦是概而不详。例如雍正朝《大清会典》中的理藩院资料记：“初，外藩四十九旗，或以功，或以亲，或以举国输服，封亲王、郡王、贝勒、贝子、镇国公、辅国公，秩皆照内王等。台吉、塔布囊

① 乾隆朝内府抄本《理藩院则例》，第 8 页。

等，俱加以品级。"[①] 这则记录中笼统的"初"字，只留给史学家时间上的估计，对具体年限探究却无从下手。然而满文"条例题本"提供的1641年、1645年和1654年三阶段朝觐赏赐级别和爵位顺序的详录，明晰地排列出蒙古王公制演进的大致三步伐，加之顺治十二年十月初十日的"第一花名本"明确记载了请求来年参加朝觐的内扎萨克之两亲王、十三郡王、三贝勒、七贝子，七公之姓名，使当时满族朝廷建立的蒙古爵位系统和封爵人员一目了然。

二、蒙古王公制度中的台吉

《题本》中记载清朝蒙古贵族体系之中的台吉部分值得关注。在满族兴起并对与之联盟的蒙古各部封爵之前，一般有成吉思汗黄金家族血统的首领称台吉，居蒙古社会上层。顺治"第一花名本"和"毋庸来朝本"记载蒙古朝觐王公等级时均未提到台吉，"条例题本"中虽然在对太宗皇帝崇德六年的封赏回查中也对台吉悄然无记，但对顺治三年的回查中明确地把台吉排列在公爵之后，并把头等、二等台吉列为一个封赏等级，三等、四等台吉次之。[②] 翻阅乾隆朝朝觐题本，顺治三年排序的"蒙古王贝勒贝子公台吉"已是严格固定化的王公体系，台吉次次列入年班，皇帝封赏回回有份儿。确立于顺治初年的蒙古王公制清历代皇帝承而继之，直至清末。顺治和乾隆时期此蒙古王公制度中一个不同的细节是乾隆朝的满、汉文记载又都加入了原蒙古社会中同成吉思汗后裔结婚者之塔布囊，排在台吉之后。

清朝统一蒙古后的台吉之众既是蒙古传统贵族，又步入清代封爵之阶层，在漫漫近三百年的清季如何世世延续、代代再生？对这个问题的解答也是对清代塔布囊明号持有者延续再生的解释。

考汉文版乾隆朝内府抄本《理藩院则例》，"顺治十八年题准，台吉、塔布囊顶带坐褥，照在内官阶给与。一等者同一品官，二等者同二品官，三等者同三品官，四等者同四品官。身故后，准其子孙暨亲兄弟世袭罔替。"[③] 除旧有台吉延代世袭外，清朝册封的新蒙古王公的后代涌入台吉阶层，其中不乏通过满蒙通婚的满族血统后代。"康熙元年题准，公主之子，亲王之子弟，授为一品［台吉］。郡王之子，郡王、贝勒之子弟，授为二品。县主、郡君之子，贝子、公之子弟，授为三品。台吉、塔布囊等子弟，概为四品。均俟十八岁给与品级。"[④] 又有"乾隆十七年御：定例，内蒙古亲王之子弟，年以及岁者，授为一等台吉，郡王、贝勒之子弟，授为二等台吉，贝子、公之子弟，授为三等台吉。其袭爵之子，并无区别。今特加恩，将袭爵之子，与余子示以区别。亲王之长子，诸赏给公品级，郡王、贝勒之长子，授为一等台吉，贝子、公之长子，授为二等台吉，将来各承袭父爵。余子，俟年已及岁，仍授应得品级。如长子不称袭爵，欲于

① 《清代理藩院资料辑录》，雍正朝《大清会典》中的理藩院资料，第1页。

② 《题本》卷1，第141页上，最后行；第142页上5—7行。

③ 乾隆朝内府抄本《理藩院则例》，第11页。

④ 乾隆朝内府抄本《理藩院则例》，第12页；康熙朝《大清会典》中的理藩院资料，第3页，个别用词不同于乾隆朝内府抄本，但无内容上之不同。

余子内择其优者，以备将来袭爵，著报理藩院，将朕加恩增赏之爵移授，永著为例。钦此。”① 这部分台吉来自清代策封蒙古王公之上层家庭，由世袭爵位而得封号。

由此观之，清代蒙古台吉阶层由清朝敕封的亲王、郡王、贝勒、贝子、公等上层成员后代与在满族兴起前旧有的蒙古世袭台吉成员之后代组合而成，是满族所创之王公新体系和蒙古原有传统贵族体系的结合。在这个结合过程中，皇太极时期和顺治初期的蒙古台吉很大程度上还是清朝建立前原有蒙古的贵族阶层的直系后代，之后新王公的血亲成员不断因子嗣袭爵进入台吉群体，居于台吉群体的上层。在此袭封的框架下，乾隆朝又在包括蒙古群体最广阔的疆域中，最终将清朝边疆官制体系内的蒙古上层延续和再生的机制固定化了，其囊括了原本世袭台吉，血亲新袭台吉，和由清代册封或认可的最高蒙古王公之世袭后代这三大群体。其中血亲新袭台吉内蒙古数部早而多，外蒙古也有相当数量，其他蒙古群体也皆有之。随着时间的推移，台吉称号持有人不断以至最终全部都来自于逐代王公贵族子弟世袭父爵（或兼有弟袭兄爵）者。和这一贵族体系内各爵级一样，台吉被朝廷纳入清朝官职体系，形成中央官职与地方官职联结并向地方官职伸延。② 朝觐制度对此贵族群体的要求和制约之一，是以年班入觐的方式认可和确立他们在民族地方的地位，同时使他们以朝廷规定的等级秩序直接联系满族皇帝和中央官员，朝廷、理藩院则通过这个等级秩序来管理蒙古。满文题本的纪录，把清代蒙古王公台吉制形成的时间、环节、内容和来龙去脉大大充实，弥补了汉籍史料的不详细节，对清代蒙古边疆管理的探讨意义重大。

三、顺治到乾隆时期的朝觐年班

对于年礼朝觐制度本身的确立过程，顺治十七年之“毋庸来朝本”记录

tulergi goloi wang beile se be aniya doroi hengkileme jidere de juwe idu banjibufi …

外藩王、贝勒等年节前来朝贺，令编为两班 …（《题本》卷一，241 页下，7—8 行）

汉文版乾隆朝内府抄本《理藩院则例》所记“顺治八年题准，各蒙古分为两班，循环来朝”③ 与满文题本在两年班上互为吻合。但此年取消年班，对朝觐规制在顺治八年定制后实施是否严格提出疑问。这则内容超简的“毋庸来朝本”以 baita tucike aniya “出事之年”（241 页，倒数第 2 行）和 ciyanliyang hafirahūn “钱粮匮乏”（242 页第 1 行）为由，经理藩院议而上奏，顺治帝朱批“依议办理”而裁定取消此年朝觐年班。中国人民大学国学院宋瞳已使用此题本著文“清初蒙古年班制度略论，”对顺治时期蒙古年班制度做出正确结论：“终顺治一朝，朝集都需要理藩院具体商定，远未形成固定

---

① 乾隆朝内府抄本《理藩院则例》，第 13 页。

② Chia Ning，“Lifanyuan and the Management of Ethnic Diversity in Early Qing（1636—1795）”，*Max Planck Institut für ethnologische Forschung*，Working Paper 139，June，2012. http：//www. eth. mpg. de/cms/de/publications/working_papers/wp0139. html.

③ 乾隆朝内府抄本《理藩院则例》，第 62 页。

制度，”同时年班的编制也在“制度尝试初期。”[①] 除证明顺治朝对已整体隶属二十余载（1635 为准）之内扎萨克蒙古各旗王公朝觐规制创立而未尽行的事实外，使用满文题本的意义是再次提醒我们，若没有满文记载的存在，仅据汉文资料对清代朝觐制度起始下结论，准确性会偏差许多。

关于对内扎萨克年班由两班制到三班制转变的考证，汉文版乾隆朝内府抄本《理藩院则例》对康熙朝的记载说明两班制延续于整个康熙朝：“五十九年题准，年例朝觐，蒙古二十四部落，定例分为两班……令其按期朝集。”[②] 变化开始于雍正朝。乾隆朝内府抄本《理藩院则例》对雍正朝记曰：“雍正四年奉上谕：向来四十九旗王、台吉等分为两班来京……［现将］其循年来京者，分为三班，二年一朝，俾得休息。”[③]《清世宗宪皇帝实录》五年三月又记：“理藩院遵旨议覆，朝正外藩四十八旗王台吉等，嗣后应分为三班，每隔二年来朝一次，从之。”[④] 这两条记载都反映了雍正初年力求改两班为三班的事实。然而，根据乾隆朝内府抄本《理藩院则例》，“乾隆五年奏准，擢于近谕及乾清门行走之内扎萨克王、贝勒以下，台吉、塔布囊以上，分为两班，令其万寿年节，轮班来朝。”[⑤] 乾隆十年再奏准“嗣后除闲散用王公、额驸、台吉等照常两班来朝外，其盟长扎萨克不必入于两班。”[⑥] 这些记载显示，乾隆前十年内扎萨克两年班制仍在实施。到“十四年奏准，闲散行走之额驸等，分为三班，一年一班，轮流来朝”，[⑦] 三班的实施才在汉籍史料中得以明确。

回查满文乾隆朝题本，最早记载内扎萨克年班次数的题本是乾隆九年（1744）八月十八日“监管理藩院事务兵部尚书班第等提报来年进京朝觐内扎萨克喀尔喀青海额鲁特王贝勒等员花名册”，其记曰：

toktobuha gooli de, dorgi jasak i wang, beile, beise, gung, jasak i taiji, tabunang be, ilan idu banjibufi jibumbi.

按例，使内扎萨克王，贝勒，贝子，公，扎萨克台吉，塔布囊，编为三班前来。（《题本》卷 3，452 页下 12—5 行）

下一个朝觐花名册的题本写于乾隆十八年（1753）八月二十二日，记录亦如之：

dorgi jasak sabe ilan idu, kalka, huhu noor, ūlet, turgūt i jasak sabe duin inu banjibufi, aniyai doroi hengkileme jibumbi.

使内扎萨克王等编三班，喀尔喀、青海、额鲁特、土尔扈特扎萨克等编四班前来年礼叩拜。（《题本》卷 5，1 页下 14—17 行）

两满文题本证实在乾隆九年三班朝觐制已经得到施行，到十八年应当是相当巩固。对满汉两种文本的资料对比、考证可以推出如下概要：雍正早期提出的内扎萨克三班制

---

① 见《光明日报》2012 年 3 月 1 日。
② 乾隆朝内府抄本《理藩院则例》，第 63 页。
③ 乾隆朝内府抄本《理藩院则例》，第 63 页。
④ 《清世宗宪皇帝实录》卷 54，中华书局，1985 年，第 821—822 页。
⑤ 乾隆朝内府抄本《理藩院则例》，第 64 页。
⑥ 乾隆朝内府抄本《理藩院则例》，第 65 页。
⑦ 乾隆朝内府抄本《理藩院则例》，第 65 页。

经历了直至乾隆初年的过渡阶段，在乾隆九到十四年间成为定制。

满文乾隆六十年的题本可以说是对大清在最阔疆域确定后朝觐年班制度的最高总结：

toktobuha kooli de, dorgi jasak wang, beile, beise, gung, jasak taiji, tabunang be ilan idu, kalkai wang, beile, beise, gung, jasak taiji, kalkai idude dosimbuha fe turgūt, ūlet,

定制，令内扎萨克王、贝勒、贝子、公、扎萨克台吉，塔布囊编为三班，喀尔喀王、贝勒、贝子、公、扎萨克台吉，喀尔喀班内回归之旧土尔扈特，额鲁特（《题本》卷23，302页上，11—15行）

wang, beile, beise, gung, taiji be ninggun idu, kūke [huhu] noor, durbed be duin idu banjibufi jibumbi.

王、贝勒、贝子、公、台吉编为六班，青海杜尔伯特编为四班前来。（《题本》卷23，302页下，1—3行）

直到光绪四年排印的《理藩部则例》所记，此三班、六班，和四班的朝觐年班模式都未改变。[①] 对这一系列朝觐和年班史料线索的整理说明，满文题本对年班成制首尾的结论非常关键，顺治朝对内扎萨克朝觐的规划既是草创未稳时期，又是建制关键时期。顺治朝的内扎萨克两班制在康熙年间继续实施，雍正朝正式提出三班制，两、三班之间的调节持续到乾隆初年，乾隆九到十四年确立为三班制，其模式在制度规定上延续到清末。

四、乾隆朝的朝觐制度

在《题本》史料中，卷二第五十条书于乾隆六年元月二十八日之“管理理藩院事务怡亲王弘晓等题请赏赐年班朝觐蒙古王贝勒贝子公台吉等员本，”开始了乾隆朝基本固定化的朝觐年班记录。下列“《清朝前期理藩院满蒙文题本》朝觐题本一览表”展示，有终乾隆六十年，朝觐年班至少实施四十二年。题本缺漏的现象虽然存在，但三类朝觐题本“名单本、”“赏赐本、”和“银两呈览本”中，只要有一件存在，就可以证明那一年应该有年班前来朝觐。所缺十八年的朝觐题本记录，可能性包括朝廷由于重大国悼或其他事件决定取消年班，也很可能是题本缺失。前面在讨论顺治“勿庸来朝本”时指出此题本反映了当时朝觐制度的不规则现象，但从乾隆朝的总体题本记录观察，朝觐的缺失已经不是制度实施不周而造成，朝觐制度的确立已是无可非议，在无异常情况下蒙古王公年节进京朝觐确为乾隆朝定制。

乾隆朝由理藩院全面负责的朝觐总体管理模式也可在“一览表”中寻匿。乾隆朝朝觐花名本由理藩院尚书向朝廷呈进年班人员名单，旗、部名称，受封爵位，一般在农历八月或有时在九月时向皇帝题报，件件得到皇上的御笔朱批才去实施。特殊情况下，六月或甚至四月题报名单就上呈到皇帝手中，这只发生在乾隆五十六年六月二十二日题年班进京土尔扈特杜尔伯特青海人员和乾隆五十七年四月十八日题年班进京青海伊犁额鲁特，无它例可循。银两呈览本一般书于年终十二月，在朝觐年班在规定的十二月二十

① 《钦定理藩部则例》，天津古籍出版社，1998年，第242—243页。

五日到达之前七到十天左右，由理藩院尚书请示赏赐规格和银两花销。赏赐本一般上报于元月中期，在朝觐程序完成后结算朝廷接待蒙古年班的银两花销。此两类题本时有时缺，时间上也偶有例外，但不影响对乾隆朝觐制度的全貌考察。

《清朝前期理藩院满蒙文题本》朝觐题本一览表

表 1－1　1979－2011 年 CNKI 中国知网在线数据库汉语四大名称频率分析列表

朝觐人员名单本	题请赏赐本	用过银两呈览本 （正月为本年，十二月为上年）
乾隆九年八月十八日 乾隆十八年八二月二十二日 乾隆二十一年九二月十二日 乾隆二十七年八月十六日 乾隆三十二年八月二十一日 乾隆三十三年八月二十六日 乾隆三十五年九月初一日 乾隆三十八年八月十九日 乾隆三十九年八月二十日 乾隆四十五年八月二十日 乾隆五十一年八月二十五日 乾隆五十六年六月二十二日 （年班进京土尔扈特杜尔伯特青海） 乾隆五十六年九月初五日 （内扎萨克喀尔喀青海） 乾隆五十七年四月十八日 （青海伊犁额鲁特） 乾隆五十七年九月初五日 （内扎萨克喀尔喀） 乾隆五十八年九月初三 乾隆五十九年四月二十三 乾隆六十年初六日	乾隆六年元月二十八日 乾隆十九年正月二十二日 乾隆二十二年正月二十三日 乾隆二十四年正月二十二日 乾隆二十五年正月二十四日 乾隆二十六年正月二十四日 乾隆三十年正月二十五日 乾隆三十二年正月二十四日 乾隆三十三年正月二十四日 乾隆三十四年正月二十七日 乾隆三十七年正月二十五日 乾隆四十年正月二十五日 乾隆四十五年正月二十四日 乾隆四十六年正月二十四日 乾隆四十九年正月二十七日 乾隆五十一年八月二十五日 乾隆五十七年二月十日	乾隆九年十二月十五日 乾隆十二年十二月十六日 乾隆十四年十二月十八日 乾隆十八年八二月二十二日 乾隆二十一年十二月十五日 乾隆二十三年十二月十五日 乾隆二十四年十二月初十六日 乾隆二十五年十二月十七日 乾隆二十六年十二月十八日 乾隆二十七年十二月十六日 乾隆二十八年十月二十六日 乾隆三十一年十二月十七日 乾隆三十二年十二月十九日 乾隆三十三年十二月十九日 乾隆三十四年十二月十八日 乾隆三十五年正月二十四日 乾隆三十五年十二月十六日 乾隆三十七年十二月初十日 乾隆三十九年十二月十八日 乾隆四十年十二月十八日 乾隆四十三年十二月十七日 乾隆四十四年十二月十六日 乾隆四十五年十二月二十七日 乾隆四十六年十二月十八日 乾隆五十六年正月二十九日 乾隆五十七年十二月十六日 乾隆五十八年二月初七日
缺载年份：乾隆七，八，十，十一，十三，十五，十六，十七，二十，二十九，三十六，四十一，四十二，四十七，四十八，五十二，五十三，五十四，五十五年，共十九年。		

从书写模式上看，有终乾隆六十年内朝觐题本书写方式雷同，官务用语规范，格式统一，内容一致，反映出朝觐年班制度高度成熟，管理有秩，是制度化的中央与地方政治关系稳定的体现。

蒙古王公朝觐队伍在乾隆最终空前统一疆域前后有多少人？封赏制度在乾清盛世又是什么样的状况，和顺治朝如何相比呢？据汉文《高宗纯皇帝实录》载，乾隆帝谕理藩院，“皇考御极三年释服后，于初次庆贺元旦来京之蒙古王、贝勒、贝子、公和台吉等，及使臣等，俱加恩赏”。其保和殿筵宴隆重，来京蒙古王公，上至亲王、额驸、塔布囊，逐层下至四等台吉、辅国公，人数高达219人，来自科尔沁等内蒙古各部、喀尔喀，鄂尔多斯、吐鲁番几大群体。① 这个超大的朝觐群体无论在人数上还是封赏规格上都是乾隆朝的特例。满文题本提供了此朝通常情况下的朝觐状况，对参觐人数和封赏方式和赏赐级别交织记录。

首先，乾隆满文题本展示了朝觐的封赏制度中从实物封赏到银两封赏的转变。“条例题本”中，皇太极和顺治期间的朝觐封赏皆以实物，但康熙末年已固定为银两封赏。《题本》卷2第50号题本纪录乾隆六年朝觐和封赏时，包括了理藩院在此年对朝廷做的封赏建议，其中对康熙五十五年的封赏规制回查如下。

elhe taifin i susai sunjaci aniya dergi hese be gingguleme dahafi, amban meni jurgan i jerge jurgan acafi gisurefi, ere shangnara jergi jaka be, gemu menggun saligufi, cin wang de duin tanggū gūsin nadan yan, jiyūn wang de ilan tanggū juwan nadan yan, beile de juwe tanggū gūsin jakūn yan, beise de emu tanggū susai yan, gung de emu tanggū juwan nadan yan, jasak I taiji, tabunang de nadaju ninggun yan uyu jergi, jai jergi taiji, tabunang de

康熙五十五年［1716］，敬尊圣谕，臣我等部院［理藩院］同它部院会、议，此［次］赏赐爵级的物品，皆以银折算，请对亲王赏四百三十七两，郡王三百一十七两，贝勒二百三十八两，贝子一百五十两，公一百一十七两，扎萨克台吉利、塔布囊七十六两，一等、二等台吉、塔布囊（《题本》卷二，385页上，5—17行）

ninju ilan yan, ilaci jergi, duici jergi taiji, tabunang de susai ilan yan, jai korcin I jasaktu jiyūn wang de nadanju ilan yan nonggime shangnaki seme wesimbufi gooli toktobuhabi.

六十三两，三等、四等台吉、塔布囊五十三两，再［,］对科尔沁之扎萨克图郡王加赏七十三两，请定制奏闻。（《题本》卷2，385页上，1—6行）

按此题本所记，如各级王公只来一人，朝廷提供的银赏达1504两，再加上对科尔沁之扎萨克图郡王加赏的73两，为1577两。但就前面已讨论过的满文题本来看，自皇太极时代朝觐各级王公就不止一人，顺治朝又已扩大，随着清朝步入盛世，康熙末年的蒙古朝觐群体人数应该持续增加，到乾隆时期达到最盛。这是估价和理解清朝前期各阶段对蒙古朝觐赏银总量的基础。在此背景下，乾隆六年的满文题本提供了人数和赏数的确切数据。那一年前来朝觐之蒙古王公上至亲王、郡王、贝勒、贝子，下至四等台吉塔布囊共88人，来自内蒙众旗、外蒙喀尔喀、青海和鄂尔多斯各部。对王公各爵级的封赏仍然毫无改变地按照上述康熙五十五年的银两数量，包括对科尔沁之扎萨克图郡王加

① 《高宗纯皇帝实录》卷1，中华书局，1985年，第958—962页。

赏的73两，其赏银总数达9697两。

uheri jakūnju jakūn niyalma de shangnaci acara uyun jiinggan ninggun tanggū ujunju nadan yan menggun be, harangga jurgan ci gaifi sangname bufi ……

对总数八十八人应赐给的九千六百九十七两银赏自有关部院拨给，发赏……（《题本》卷2，第五十号，386页，14—17行，对各级王公赏银数详见385页上至386页下）

故乾隆朝满文题本的记录，首先确切地证实康熙晚年蒙古朝觐赏赐制度已完成以银代物的规制，此规制在乾隆早期仍在严格地实施。《高宗纯皇帝实录》卷1记载乾隆在对雍正帝祭日过后初次召集满蒙共同大贺元旦时，指令理藩院“照雍正四年皇考特恩赏给之”①。如此推论，雍正朝朝觐中的封赏制度亦必然以康熙五十五年为范例。

再就参加朝觐人员数字讨论，把乾隆六年之88人与乾隆五十八和六十年将近60人之数（见下面两朝觐年班人员对照表）联系，间接说明蒙古朝觐年班人数在正常情况下在55—88人。但加上回部、和金川土司首领被纳入朝觐年班，② 并通常被排列在蒙古的朝觐队伍一边面见皇帝，乾隆最大领土统一时朝觐的人员总数不应该少于乾隆六年，百人之众的估计或不为过。这和顺治“条例题本”中所记皇太极六年十六名和顺治十二年32名来年礼之蒙古王公之数目形成了有实际数字的对比。

五、乾隆嘉庆之交的蒙古朝觐制度

满汉文献各自对乾隆嘉庆之交的朝蒙古朝觐制度的记录，不仅起到对清朝前期朝觐制度的总结，更可以从文献对比中考察两种文献各自的特点。下列两表就此而成。其一，《题本》乾隆五十八年九月初三“管理理藩院事务大学士和珅等提报来年年班入京朝觐内扎萨克喀尔喀蒙古王公贝勒等花名本”③ 之厘定朝觐蒙古名单，与《高宗纯皇帝实录》乾隆五十八年十二月年三十“上御保和殿，赐朝正外藩筵宴”④ 实到朝觐蒙古名单的对比。其二，《题本》乾隆六十年九月初六日“管理理藩院事务大学士和珅等题报来年年班入京朝觐内扎萨克喀尔喀青海杜尔伯特土尔扈特王公等花名本”，⑤ 与《高宗纯皇帝实录》乾隆六十年十二月年三十“上御保和殿赐朝正外藩筵宴”⑥ 实到朝觐蒙古名单对比。年三十的盛大筵宴，招待的是下一年的朝觐年班成员，所以两表反映的是乾隆五十九年年班和嘉庆元年年班的朝觐王公。文献的对比研究揭示，《题本》不提供朝觐实际到达者，《实录》不记录理藩院年班规划前来者，两相恰好互补。它们在清晰地展示乾、嘉之交的蒙古朝觐规模的同时，也揭示朝觐规划与实施之间值得关注的异同。

满文题本对规划朝觐年班人员的记录以爵位为纲，按亲王、郡王、贝勒、贝子、公、台吉之等级排列顺序，部名随等级而录。汉文《实录》记载以蒙古各部名为纲，

① 《高宗纯皇帝实录》卷1，第958页。
② 对金川土司纳入朝觐的记载，见《高宗纯皇帝实录》卷1，第109—110、第124页。
③ 《题本》卷22，第188—191页。
④ 《高宗纯皇帝实录》卷1453，第266—267页。
⑤ 《题本》卷23，第302—305页。
⑥ 《高宗纯皇帝实录》卷1493，第984—985页。

部名下按爵位等级排录人名，偶有同部名先后记录两次。两种文献中蒙古各部排名顺序不一，部数和朝觐人员数额也均有差异。两对照表均显示，汉籍史料中朝觐实到人数总是多于满文题本中事先提报人数。

《题本》乾隆五十八年九月初三花名本与《实录》五十九年正月朝觐年班人员对照表

《题本》厘定朝觐名单中蒙古各部纪录	《实录》实际朝觐名单中蒙古各部纪录
Korcin 科尔沁 1） hoshoi joriktu cin wang　gunggerabtan * 2） jasak doroi jasaktu giyūn wang rasidonrob * 3） doroi beile gumujab * 4） jasak gurun de aisilara gung mahabala 5） guru de aisilara gung nokunara 6） guru de aisilara gung nasunbatu	左翼科尔沁 和硕亲王恭格喇布坦 多罗郡王喇什端罗布 多罗贝勒古穆扎布 辅国公诺观达喇纳逊巴图 公品级一等台吉林沁多尔济 和硕额驸雅喇木丕勒
Barin 巴林 jasak cin wang ni jergi doroi giyūn wang batu * gūsai beise dorjirabtan *	2. 巴林 亲王品级多罗郡王巴图 固山贝子德勒克，多尔济喇布坦 公品级一等台吉索特纳木多尔济 一等台吉赛尚阿 四等台吉布彦济尔噶
Atha 阿特哈 jasak doroi giyūn wang hoshoi efu decin gūsai beise doroi efu sangjijal	3. 奈曼 多罗郡王拉旺喇布坦 一等台吉巴勒楚克
4. Sunit 苏尼特 jasak doroi during giyūn wang ceranggumbu * doroi beile gungsangjal *	4. 敖汉 多罗郡王德沁 二等台吉巴勒珠尔喇布坦
5. Hoocit 浩齐特 jasak doroi giyūn wang minjurdorji *	5. 土默特 多罗贝勒索诺木巴勒珠尔 固山贝子朋素克琳沁
6. Ungniyot 翁牛特 jasak doroi derhan beile jikjijab *	6. 翁牛特 多罗贝勒济克济扎布
7. Ujumucin 乌珠穆沁 jasak doroi erdeni beile wangcuk * gurun de aisilara gung mahaburaniya *	7. 阿巴哈那尔 多罗贝勒玛哈巴拉
8. Ordos 鄂尔多斯 jasak doroi beile dongrobsereng * gurun de aisilara gung danjidorji	8. 乌珠穆沁 多罗贝勒旺楚克
9. Abahanar 阿巴哈那尔 jasak doroi beile mahabala *	9. 喀喇沁 辅国公玛哈巴拉，永库尔忠、温笃尔瑚 公品级丹巴多尔济 和硕额驸索诺木巴勒丹，扎密扬多布丹
10. Kukunoor 库库諾尔（青海） jasak doroi beile jimet isi * jasak uju jergi taiji norburincin	10. 阿巴噶（该） 扎萨克一等台吉巴勒丹色楞

续表

《题本》厘定朝觐名单中蒙古各部纪录	《实录》实际朝觐名单中蒙古各部纪录
11. Tumet 土默特 jasak gūsai beise Pungsukrincin *	11. 右翼喀尔喀 和硕亲王固伦额驸拉旺多尔济 多罗贝勒德埒克朋楚克 固山贝子逊都布多尔济，敦多布多尔济 辅国公沙克都尔扎布 公品级扎萨克一等台吉贡桑班巴尔，罗布藏呢玛 扎萨克一等台吉德木楚克，旺济勒三丕勒
12. Abagai 阿巴该（噶） gūsai darhanbeise pungcuk * jasak uju jergy taiji baldanseren *	12. 阿拉善 和硕亲王多罗额驸旺沁班巴尔 镇国公多尔济色布腾
13. Alashan 阿拉善 gurun be dalire gung dorjisebtan * uju jergi taiji noidob	13. 喀喇沁 亲王品级多罗郡王满珠巴咱尔
14. Karacin 喀喇沁 gurun de aisilara gung undurhu *	14. 浩齐特 多罗郡王敏珠尔多尔济
15. 乌喇特 jasak gurun de aisilara gung dorjipilam *	15. 土尔扈特 多罗郡王策伯克扎布
16. Huhuhoton I　tumet 归化城土默特 gurun de aisilara gung sonomwangjal *	16. 回部 郡王品级多罗贝勒哈第尔 辅国公喀沙和卓，伊巴喇伊木
17. Gorloz 郭尔罗斯 jasak uju jergy taiji araran	17. 鄂尔多斯 多罗贝勒栋啰布色棱
18. Kuju noor i Turgūt 青海土尔扈特 jasak uju jergi taiji Gungge	18. 苏尼特 多罗郡王车凌衮布 多罗贝勒恭桑扎勒
19. Durbet 杜尔伯特 jasak uju jergi taiji purpudarja *	19. 青海 多罗贝勒济克默特伊什
20. Turgūt 土尔扈特 uju jergi taiji deldesi	20. 阿巴噶 固山贝子朋楚克
	21. 绰罗斯 固山贝子福尔纳
	22. 乌珠穆沁 辅国公玛哈布尔尼雅
	23. 乌喇特 辅国公多尔济帕拉穆
	24. 归化城土默特 辅国公索诺木旺扎勒
	25.　察哈尔和硕特 辅国公达什喇布坦
	26. 杜尔伯特 扎萨克一等台吉普尔普达尔扎
	27. 察哈尔额鲁特 扎萨克一等台吉达什沙木丕勒 四等台吉扪图斯，纳旺楚勒提木，达什达尔扎
蒙古各部总数：20	蒙古各部总数 22（喀喇沁，阿巴噶和乌珠穆沁列入两次）加回部

续表

《题本》厘定朝觐名单中蒙古各部纪录	《实录》实际朝觐名单中蒙古各部纪录
蒙古朝觐人员数目：34	蒙古朝觐人员数目：58
不记《实录》奈曼，敖汉，右翼喀尔喀，回部，绰罗斯，察哈尔和硕特，察哈尔额鲁特	不记《题本》Atha 阿特哈，Gorloz 郭尔罗斯，Kuju noor i Turgūt 青海土尔扈特
《题本》、《实录》爵位姓名相符人数 22，以＊标出	

《题本》乾隆六十年九月初六日花名本与《实录》嘉庆元年正月朝觐年班人员对照表

《题本》厘定朝觐名单中蒙古各部纪录	《实录》实际朝觐名单中蒙古各部纪录
1. Alashan 阿拉善 jasak hoshoi cin wang doroi efu wangcinbambar ＊ gurun de dalire gung urdunasun	1. 左翼科尔沁 和硕亲王拉旺 多罗郡王喇什端罗布，喇什噶勒当，罗布藏嘉木三 多罗贝勒三音察衮 固山贝子锡弟 镇国公萨木丕勒扎木素 辅国公色当噶玛勒 公品级一等台吉琳沁多尔济 一等台吉敏珠尔多尔济 多罗额驸索诺木雅喇木丕勒
2. Korcin 科尔沁 jasak doroi bingtu giyūn wang labsangjansan ＊ dori beile saincagūn ＊ gūsaibeise sidi ＊ jasak gurun be dalire gung sampiljamsu ＊ gurun de dalire gung sedanggemal ＊	2. 巴林 亲王品级多罗郡王巴图 辅国公色赛尚阿 公品级一等台吉索特纳木多尔济 一等台吉固山额驸丹津
3. Naman 奈曼 jasak doroi darhan giyūn wang lawangrabtan ＊	3. 喀喇沁 亲王品级多罗郡王满珠巴咱尔 辅国公辅国公玛哈巴拉，拉扎布，永库尔忠 公品级固山额驸丹巴多尔济 和硕额驸索诺木巴勒丹，衮楚克扎木素 扎萨克一等塔布囊喇特纳吉尔第 多罗额驸垂巴勒瓦尔
4. Aohan 敖汉 doroi giyūn wang cimetruwa ＊	4. 奈曼 多罗郡王拉旺喇布坦 一等台吉巴勒楚克
5. Abagai Doroi joriktu giyūn wang ratnasiui gurun de aisilara gung lawangdorji ＊	5. 敖汉 多罗郡王德沁，齐默特噜瓦 固山贝子德危多尔济 镇国公纳木勒多尔济 公品级二等台吉济克济扎布 多罗额驸伊拉瑚 二等台吉巴勒珠尔喇布坦 固山额驸巴颜巴图尔
6. Kuge（Kuku）noor Jasak doroi giyūn wang ganggar ＊ Gung nijergi jasak uju jergi taiji dasicembal Jasak uju jergi taiji ceringdorji ＊ Jasak uju jergi taiji shakdur ＊ Jasak uju jergi taiji gucuk Jasak uju jergi taiji ceder ＊ i jergi gūsin ilan niyalma	6. 土默特 多罗贝勒额外侍郎索诺木巴勒珠尔 固山贝子朋素克琳沁

续表

《题本》厘定朝觐名单中蒙古各部纪录	《实录》实际朝觐名单中蒙古各部纪录
7. Tumet Jasak doroi darhan beile sonnombeljur *	7. 扎赉特 多罗贝勒玛什巴图
8. AruKorcin Jasak dori beile ardasidi *	8. 阿噜科尔沁 多罗贝勒阿尔达什第
9. Kalka Jasak dori beile cebdennamjal * dori beile gumbudorji * gūsaibeise baljundorji * gurun be dalire gung danjindorji *	9. 翁牛特 固山贝子图扪巴颜，阿巴哈纳尔，衮布旺扎勒
10. Jarut 扎鲁特 Jasak dori beile gelsang	10. 克什克腾 扎萨克一等台吉旺楚克喇布坦
11. Ordos Jasak gūsai beise rasidarji Jasak gūsai beise yungrungdorji	11. 右翼科尔沁 和硕亲王旺扎勒多尔济
12. Ongniyot gūsaibeise tumenbayan *	12. 喀尔喀 和硕亲王固伦额驸拉旺多尔济 多罗贝勒车不登纳木扎勒，衮布多尔济 固山贝子巴尔準多尔济，索诺木旺扎勒多尔济，贡楚克扎布 镇国公丹津多尔济 辅国公吹素咙
13. Turgūt jasak gūsai beise sharakokan	13. 阿拉善 和硕亲王多罗额驸旺沁班巴尔
14. Urat 乌拉特 jasak gurun be dalire gung batu ocir	14. 浩齐特 多罗郡王敏珠尔多尔济
15. Atha gurun be dalire gung gūsai efu namjaldorji	15. 阿巴噶 多罗郡王喇特纳什第 辅国公拉旺多尔济
16. Sunit 苏尼特 gurun de aisilara gung erincin *	16. 青海 多罗郡王旺刚噶尔 固山贝子车尔登多尔济 扎萨克一等台吉车凌多尔济，楞衮多尔济，沙克都尔，车德尔
17. Kesikten 克什克腾 jasak uju jergi taiji wangcukrabtan *	17. 翁牛特 多罗贝勒济克济扎布
18. Karacin 喀喇沁 jasak uju jergi tabunang gūsai efu ratnagirdi	18. 扎鲁特 多罗贝勒噶勒桑
	19. 土尔扈特 多罗贝勒旺扎勒车凌
	20. 鄂尔多斯 固山贝子喇什达尔济，永龙多尔济
	21. 苏尼特 辅国公额琳臣
	22. 附察哈尔旗额鲁特 辅国公巴勒济 二等台吉敏珠勒多尔济，巴达尔瑚 四等台吉达什纳木 扎勒

续表

《题本》厘定朝觐名单中蒙古各部纪录	《实录》实际朝觐名单中蒙古各部纪录
	23. 回部 郡王品级多罗贝勒哈第尔 哈密回部郡王品级多罗贝勒额尔德锡尔 阿克苏三品阿奇木伯克 贝子品级辅国公迈黙特阿布都拉 吐鲁番二等台吉丕尔敦
蒙古各部总数：18	蒙古各部总数：22 加回部
蒙古朝觐人员数目：33	蒙古朝觐人员数目：55 人加回部 5 人
不记《实录》巴林，回部，喀尔喀，浩齐特，附察哈尔旗额鲁特	不记《题本》
《题本》《实录》爵位姓名相符人数 ：22，以 * 标出	

《实录》人员表中不少高爵朝觐王公《题本》提报中不列，例如在第一对照表中土默特蒙古，《题本》（见 11）只列入 jasak gūsai beise Pungsukrincin，而《实录》（见 5）实到者为多罗贝勒索诺木巴勒珠尔和固山贝子朋素克琳沁。在第二对照表中《题本》（见 7）只列入 Jasak doroi darhan beile sonnombeljur，而《实录》（见 6）实到者为多罗贝勒额外侍郎索诺木巴勒珠尔和固山贝子朋素克琳沁。

再如，在第一对照表中阿拉善蒙古，《题本》（见 13）只列入 gurun be dalire gung dorjisebtan 和 uju jergi taiji noidob，而《实录》（见 12）却记录了和硕亲王多罗额驸旺沁班巴尔和镇国公多尔济色布腾。在第二对照表中《题本》（见 1）列入 jasak hoshoi cin wang doroi efu wangcinbambar 和 gurun de dalire gung urdunasun，而《实录》（见 13）只列入和硕亲王多罗额驸旺沁班巴尔。

对于喀喇沁，在第一对照表中《题本》（见 14）只列入 gurun de aisilara gung undurhu 一人，但《实录》列入亲王品级多罗郡王满珠巴咱尔（见 13），和辅国公玛哈巴拉，永库尔忠、温笃尔瑚，公品级丹巴多尔济，还有和硕额驸索诺木巴勒丹，扎密扬多布丹（见 9）数人之多。在第二对照表中《题本》（见 18）只列入 jasak uju jergi tabunang gūsai efu ratnagirdi，而《实录》（见 3）却记录了亲王品级多罗郡王满珠巴咱尔，辅国公玛哈巴拉，永库尔忠、温笃尔瑚，公品级固山丹巴多尔济，和硕额驸索诺木巴勒丹，衮楚克扎木素，扎萨克一等塔布囊喇特纳吉尔第和多罗额驸垂巴勒瓦尔众人。

再者，每表蒙古部数记载都是《实录》高于《题本》，人员数目更差别到《题本》提报三十四，《实录》实到五十八，或《题本》提报十八，《实录》实到五十五。

虽然《题本》、《实录》两种史料本身并未提供解释朝觐人数差别的详情和经过，但它们给研究者提供了理解朝觐管理过程的实际线索和对满、汉两种史料记录在朝觐专题上差距的实情观察。加之每件花名本都点名记录何人何爵因未出痘而不编入年班，何人何爵在年班之内但因军务不能前来，说明理藩院于此类公务管理详尽不殆，对蒙古各旗、各部人员从上到下心中有数，边疆管理制度从中央到地方条理清楚，是乾隆年间治理疆域有序的反映。

六、结　论

满文题本所反映的清朝蒙古朝觐、年班、封爵和赏赐等各个方面，对朝觐制度形成阶段和具体进程的研究充实了史料上的确凿证据，给满、汉史料互补、恢复朝觐制度历史全貌提供了第一手史料，推动着满蒙关系研究的深入。在朝觐成为清季对北方民族管理之重要组成部分的总体结论中，这些题本证明，朝觐起始于清太宗皇太极，其制度形成演进于顺治，康熙、雍正朝，至乾隆朝定型。顺治、乾隆两朝朝觐制度的明显区别是顺治朝的制度雏形化和乾隆朝的制度规范化。但从年班规划、来班人员身份、封赏级别和赏赐规格诸方面看，乾隆朝制度各类细节皆根基于顺治模式，所改变的主要是随大清疆域的扩展，蒙古朝觐人数、群体的增多和对年班、赏赐的调整。由此结论，顺治朝还不规范、还未稳定的朝觐和年班制度，实是整个清代朝觐制度的基石，并且开始了清季蒙古朝觐和年班一直归理藩院最高首领直辖执掌的定例。理藩院对朝觐的管理在乾隆朝发展完备，实施稳定，发挥着下联边疆地方，上达朝廷的功能，是直接贡献于清代发展多民族国家的重要机构。

论清季中国西北回民事件的宗教民族因素

陈旺城（台湾佛光大学）

一、绪　言

中国西北，“一般指今陕西、甘肃、宁夏、青海、新疆五省。古代这一地区属雍州、梁州、西域的一部分。其中属雍州的地区，即今陕西关中、陕北、甘肃、宁夏部分及青海等地”①。也就是民国时期，依政治、经济考量设立的“西北行营所辖之范围”②，清代属陕甘总督及伊犁将军掌管的关陇河湟及天山南北路的中国西北疆域。就整个大西北而言，幅员辽阔，民族复杂，文化多元且地处边陲，人文、地理位置特殊且险要。所以清朝在统一全国后，陕甘总督例兼甘肃巡抚定制，并往往冠以兵部尚书衔，品级较一般正二品的其他总督稍高一些，为从一品。同时慎选人才，以为封疆大使，例设将军、大臣、统领重兵，以资镇抚，可见清政府对西北之倚重。然清高宗晚年，“内坏于和珅，外坏于福康安”。③ 以致官吏贪污，朝政败坏，仁宗继立，以“中主之才颇事粉饰而命运已衰，盖已不可收拾矣”④，至道光二十年（1840）鸦片战争，咸同之世，江河日下，西北作为清政府塞防窗口，民族文化宗教复杂，地理环境生态脆弱，民族关系渐呈紧张。尤其当外力染指下，用以限制有碍统治的宗教、民族等消极因素的各种措施，也日益失去它的制约作用，进而使其统治政策发生严重紊乱和失调。因此，吾人认为清季中国西北之所以会导致此一不稳后果，察考其情势，主要有如下原因：

二、西北纷乱的普遍因素

清之中衰，固有其封建社会矛盾发展之必然结果，但乾隆后期，拓地日广，人口遽增，汉人移入边区，民族隔阂，且地方官吏偏袒汉人，因此造成“叛乱”发生的潜在因素，所以《剑桥中国史·晚清篇》即指陈由于“种族和语文的不同引起紧张的社区意识，在不稳定的边区，因盗匪和社区间之冲突而促成的高军事化”⑤ 原因，种下边区不稳的种子，只要一有风吹草动或外力的介入、刺激，战乱一触即发，此可由 18 世纪

---

① 杨东晨：《论西北地区民族的迁徙及贡献》，《西北史地》第三期，兰州，兰州大学，1992 年，第 1 页。

② 卢凤阁：《左文襄公征西史略》（台北，文海出版社，1972 年），第 15 页，又西北界说尚有指国都之西北及依交通地理划分范围。而宁夏正式设省在 1829 年 1 月 1 日，青海设省在 1828 年 9 月 5 日议定，详见吴万善：《论近代西北的省区建置和行政区划的形成》，《西北民院学院》第 4 期，兰州，西北民院，1993 年，第 86 页；以及林恩显：《中国边政》，台北，华泰书局，1989 年，第 115 页。

③ 萧一山：《清代通史》第二册，台北，商务印书馆，1985 年，第 231 页。

④ 萧一山：《清代通史》第二册，台北，商务印书馆，1985 年，第 27 页。

⑤ ［美］费正清著，张玉法译：《剑桥中国史·晚清篇》上册，台北，南天书局，1987 年，第 157 页。

早期，人口持续流入的地区，也是“叛乱”最早发生的地区，足资证明。而西北地区，社会发展本较迟滞，民族关系也较脆弱，且正当清代中国国势衰败的时刻，其“封建统治更加严厉，经济上显得闭塞而贫困，民族压迫残酷，因而人民群众的反抗也就更加激烈一些”①，尤其处在西北边疆前沿的新疆，原来与中原王朝的关系，时断时续，历史背景与人文环境较陕、甘、宁、青特殊，又与葱岭西诸伊斯兰民族有宗教信仰的连带与族属的认同，身为异教徒的满汉人之介入，时有冲突已是在所难免，况于清政府统治势力衰微的时刻，其纷乱形势当然更加严峻。

三、宗教问题的处理失当

由于历史及地理原因，西北是中国穆斯林比较集中的地区，因此，伊斯兰教成为清政府在西北治理上的主要宗教问题核心与政策对象。

清朝入关之初，有鉴于满族以少数统治多数，抗清争斗不断的严峻、现实，“特别重视宗教信仰和传统的意识形态的现实价值，以尊重其他民族，特别是周边少数民族的宗教信仰和传统习俗”②，所以在其“修其教而不易其俗，齐其政而不易其宜”③ 的宗教民族总体方针下对伊斯兰教采取较为宽容的政策，直至顺治五年（1648）米喇印·丁国栋事件后，才开始对穆斯林有了戒心。加上清政府因受限于对儒家正统主义的认知，其套落于社会与宗教上时，有以伦理为主导的正统思想下，任何偏离此一伦理范畴的思想或道德规则均被视为异端而必须加以扑灭的思维，因此根本上，伊斯兰教是与儒家正统思想或藏传佛教有别，所以在清政府统治者的心目中，仍不免被要求顺从或有条件的限制，甚至不时透露着“原一无可取”④ 且“率皆鄙薄之徒”⑤ 的褊狭看法，迨至乾隆年间，西北新旧教争，原有教派对新兴教派视为异端邪教，导致赴官互控，如乾隆二十二年（1747）最早的“格底目（Gedimu）”⑥ 马应焕视马来迟所立教派为新教所引起的纠纷，开启西北伊斯兰“新旧教”⑦ 之争的滥觞，至乾隆二十六年（1761）马明心所创的哲赫忍耶“新教”兴起，又与马来迟虎夫耶的花寺门宦起了冲突，乾隆四十六年（1781）苏四十三事件，清高宗以“此次起衅之中，即因新旧二教互相争教而起，以新教即系邪教，若仍留此名目，恐根株未尽，将来又潜生萌孽，仍致养痈贻患，非永远安辑之计，着阿桂、李侍尧务须熟筹之计，将新教使之不留余迹，以期永不滋事”。⑧ 清政府对此教争的裁决始终无法摆脱异端、邪教观念的阴影，而且兴兵之际，“用旧教而

---

① 吴万善、张玉峰：《西北近代史略》，兰州，甘肃人民出版社，1991 年，第 5 页。

② 马明达、白文固：《试论清朝前期的伊斯兰教政策》，《西北民族文丛》，兰州，西北民院，1983 年，第 116 页。

③ 祁韵士：《皇朝藩部要略》，北京，全国图书文献缩微复制中心，1993 年，第 1 页。

④ 台北故宫博物院：《宫中档雍正朝奏折》第三辑，第 177 页。

⑤ 金吉堂：《中国回教史研究》，台北，珪庭出版社，1971 年，第 174 页。

⑥ “格底目”一词从阿拉伯人 gadim 而来，意为老的、旧的、传统的。

⑦ 清西北伊斯兰教新旧教之称是相对，并非永定的，当另一新兴教派出现则原称新教，即变成旧教，如马明心倡立“新教”后，原被称“新教”的马来迟教派即变成“旧教”。

⑧ 台北故宫博物院：《剿捕逆番档》上册，乾隆四十六年五月十八日寄信上论，第 326 页。

除新教”是一种权宜之计，既然以正统与异端，是相对旧新而言，认定新教如同白莲教等邪教，要剿除净尽，所以当乾隆四十九年（1784）田五事件相继发生后，清高宗甚至误以为洋人与回人同属一教，“西洋与回人同属一教，恐其得有逆回滋事之信，故遣人赴陕甘通信息，亦未可定”①，并谕大学士阿桂，寄信福康安、毕沅等，“务须不动声色，留心防范”②，以“一有萌孽即首告指拿”③，并且当时虽扶旧抑新，但对旧教也非信任，“看来旧教回人亦不可因其现在跟随打仗深信不疑”④，故至乾隆中后期，西北新旧教争，一转为新教为主的抗清事件，使清政府的伊斯兰教政策重心由宽容尊重转变为对新教严禁，对旧密察的“以回制回”策略，甚至进行分化瓦解，及采残酷镇压手段。清朝国势由盛而衰的转捩时刻，清政府在陕甘的宗教政策正随着其统治势力的式微及内外矛盾交错下，加又地方吏治败坏，一味偏袒旧教的失当处置结果，终使西北穆斯林再次转为一致反清的“圣战”⑤。

在新疆，嘉道二朝以后清政府的统治体制正陷入紊乱，经济活动秩序也失调情况下，其宗教问题的处理也走进了死胡同。向有“人种博览会”之称的新疆，尽管民族复杂，但维吾尔族人口占70%，而且伊斯兰教一元化，并有黑白山教派之争。清政府统治之初，原本也没有什么明确的宗教政策，并曾一度以黑山派声名狼藉而欲以白山派为回疆代理人，后因大小和卓之变，转而倾向扶黑抑白，但“对整个伊斯兰教的认知，采取疏远的态度，只一味利用、分化，头痛医头，脚痛医脚而无长远的因应妥善措施。”⑥ 大小和卓事件后，漏网之鱼的大和卓之子萨木萨克（Samsaq）和部分白山派人士，败逃至浩罕等葱岭域外，常思图再举，而黑山派受清政府的扶持，俨然已成清政府统治南疆的基本力量，《伊米德史》说：“若北京以绿茶赏赐，黑山派就是以为这是无上的荣幸。”⑦ 而清政府在各城所用的伯克官职，“均系黑帽回子”。在清政府看来，“表彰黑帽之功”的目的，就是“隐以分白帽之势，使若辈自生猜疑，互有钤制”⑧，而且“对黑白山派，在这时已经不是单独作战了，而是作为清政府一方和白山派展开了斗争。”⑨ 由于和卓家族长期黑、白两大派之争斗不已，“已使南疆地区长期陷于政治动乱

① 中国第一历史档案馆编：《乾隆朝上谕档》第十二册，北京，档案出版社，1991年，乾隆四十九年八月二十日论旨，第254页。

② 中国第一历史档案馆编：《乾隆朝上谕档》第十二册，北京，档案出版社，1991年，乾隆四十九年十二月十七日寄信上谕，第415页。

③ 台北故宫博物院：《军机处档》月折包第2705号，132包，030804号，乾隆四十六年闰五月初六日，论旨。

④ 台北故宫博物院：《剿捕逆番档》下册，乾隆四十六年闰五月初一日，论旨，第2页。

⑤ 圣战，即吉哈德（جهاد—djihad）源于阿拉伯文动词جاهد—djahada，为奋斗、尽力之意，其宗教含意，有为传播伊斯兰信仰而奋斗的意义。在伊斯兰教义中圣战是一种义务，且是真主指引到达天堂最直接之路。参见M. Khaddur，War and peace in the law of Islam（The Johns Hopkins：1955），PP. 56～57；以及萧宪：《伊斯兰教吉哈德理论在当代的发展和演变》，《世界宗教研究》第二期，北京，中国社会科学出版社，1988年，第32页。

⑥ 拙著《那彦成与回疆》，台北，中国边政协会，1997年，第148页。

⑦ 毛拉移萨．赛依拉木：《伊米德史》序言，北京，民族出版社，1986年，第63页。

⑧ 《那文毅公奏议》卷七十八，道光八年十月初五日奏，第42页。

⑨ 陈慧生：《论清代白山派和黑山派的斗争及其影响》，《清代中国伊斯兰教论文集》，银川，宁夏人民出版社，第269页。

和经济凋敝的状态”。[①]，再加上清政府“扶黑抑白”的宗教政策没有随时间、环境的变迁而有所重新调整，更加深了南疆地区宗教派系对立程度与隔阂，甚至达到双方不相往来的地步，也促使了外逃中亚的白山派和卓后裔趁清政府在此宗教政策失误，利用人民高涨的不满情绪与外力勾结，挑起一连串的入卡侵扰行动，形成了一个日后严重的边患根源。

四、民族统治政策的僵化

所谓“民族政策是指解决民族矛盾和各种民族问题的政治对策的总和”[②]。我国历史长河发展到清代，已基本奠定了当代中国民族“大分居、小聚居”的分布格局，且形成一般少数民族大多居处边疆的特征，所以清王朝有鉴于中国历来“边患”不断，民族冲突所导致国家分裂的事实，“很早就把处理民族、宗教问题摆在重要的位置上，他们十分注意两手政策的交替使用，一方面以军事大实力为后盾，从未放弃过血腥的民族高压手段；另一方面，也比较注意抑制满族贵族的独尊思想和统治集团内大汉族主义的浸透和蔓延。”[③] 因此，相关筹边、民放与宗教三政策，可谓常相互联系，且等同看待。尤其乾隆时面对西北是伊斯兰教徒主要聚居特征上，清政府在处理民族问题的“恩威相济”及“德足绥怀，威足临制”[④] 普遍方针下，对穆斯林民族政策是有其具体目标和特殊性的。如针对当时民族地区，“因俗而治”以达“齐其政”的要求，同时在“从俗从宜，各安其习和民族立法原则”[⑤] 下，才有《回疆则例》等的编订，并资其以产生对穆斯林诸民族，“齐其政而不易其俗”的具体政策出现。然而到了乾隆中后期，陕甘新旧教争白热化之后，清政府对穆斯林民族政策重心显然发生变化，徒以“回制回”之分化外，“立法严禁新教”[⑥] 甚至有专款歧视穆斯林之规定[⑦]并加强管制穆斯林民族管制措施。其间虽曾提出，“不分满回，但分良莠”[⑧] 之做法，但似乎只企图维持汉人与穆斯林两个不同族群之间的均衡力量，以利其统治而已[⑨]。清代陕西有“民七回三”之说，嘉道以还，陕甘穆斯林所受清地方官吏民族压迫、歧视及种种不平等待遇，更加严厉，据马长寿历史调查记录说：“于华州、大荔县我们发现有‘杀一汉人，十回抵命，

---

① 潘向明，《略论清政府在南疆地区的宗教政策》，《西北史地》第二期（兰州，兰州大学，1988 年），第 93 页。

② 周星：《民族政治学》，北京，中国社会科学出版社，1993 年，第 290 页。

③ 马明达、白文固，前揭文，第 116 页。

④ 《清高宗实录》卷 291。

⑤ 余振贵：《中国历代政权与伊斯兰教》，银川，宁夏人民出版社，1996 年，第 159 页。

⑥ 中国第一历史档案馆编：《乾隆朝上论榜》第十册，北京，档案出版社，1991 年，第 794 页。

⑦ 清律于军流徒不准减刑条款内，有“回民结伙行窃罪应军徙者”及“回民结伙行凶执椅器械罪应拟军者”等专对回民而设，详见鲍书艺参定，祝庆棋编：《刑案汇览》卷首，台北，成文出版社，1968 年，第 25、第 39—40 页。而有关清政府对穆斯林的各项法律规定，详见，王树槐，《咸同云南回民事变》，台北，“中央研究院”，1970 年，第 47—50 页及甘肃省图书馆藏，长龄的《题奏判牍》手抄本。

⑧ 奕新等：《钦定平定陕甘新疆回匪方略》卷 14，台北，成文出版社，1968 年，第 14 页。

⑨ Chu. Tme Mosiem Rebellion in Northwest China 1862—1878：A sstudy of Government Minority ploicy (The Haung：mouton & Co. , 1966), p. 4.

杀十回民，一汉抵命’的判词，在渭南、大荔二县发现讼棍有：‘羊蹄一抛，连根带梢’的状词；在蓝田等县发现有‘汉人从前衙进去，后衙里出来’的行贿；在渭南县孝义镇东面发现强迫回民承认作贼的碑文”①，且在关中，“向来地方官偏袒汉民，凡争讼斗殴，无论曲直，皆压抑回民。”② 咸丰年间，西宁花寺门宦与穆夫提门宦教争，清政府一再指示地方官利用汉、藏民团攻打花寺门宦。十年（1860）清军遭花寺门宦首领马文义反抗，乐斌镇压失败，于是花寺门宦及撒拉族等穆斯林，更展开激烈的抗清行动，致使“西北回民起义发生时，西宁回民军成为甘肃回民起义的一支重要的力量。”③似此，陕甘穆斯林在清政府护汉抑回，扶旧教抑新教的民族统治重心变化，政策失调，伤害了穆民自尊心及民族感情，在“积不能平”的情况外，使西北社会矛盾日益加深，民族关系更加紧张，所以造成大规模变作，有一触即发之势。

新疆的主体民族是维吾尔族，因此，清代回疆的民族宗教问题乃是新疆民族问题主要核心所在。清政府于统一天山南北路之初，对回疆社会长期存在的黑白教争，“原无分于种类”之差别，只要求政治上的忠诚而已，所以对其民族统治上，其间虽经乾隆二十四年（1759），三十年（1765）二次立法，以贯彻其因俗设官、从俗而治的伯克制度之政教分权等民族宗教管理政策，也成为日后嘉道重修《回疆则例》的基础。然而清廷国势边防，自高宗后期，因“准回平而北无汉世匈奴之患，金川定而西无唐代吐蕃之扰”④ 的志得意满，从而使得它由蓬勃向上思想转变到“持盈保泰”的失落消极心态，历仁宗以“敬天法祖”之僵化而未随时空调整的筹边政策，其民族宗教，抑白扶黑使之“互为钤制”政策已极明显，且一味怀柔守成结果终导致宣宗时张格尔、玉素甫事件后的“妥协退让”统治基调。

虽然此后，清政府在新疆的民族政策与关系也曾因此而出现一度的调整与缓和，但因内忧外患的持续恶化，造成体制紊乱，积重难返的结果，至咸同后，清政府原本所实施于回疆的诸多民族治理措施，也就伴随政府腐败，统治势力之衰退而大多失去其制约作用，尤其所长期实施的民族隔离政策：军事上，不以回众为兵，只求本营中子弟挑补，造成数代同居一城，营中兵员具血统上父子兄弟关系，加深了领导统御的困难；交往上，“恐民回交涉生事”，只在“满城回城”间设立所谓买卖街市场，严格管制商民出入及通婚，“稽察内地汉回出关充当阿浑，擅娶回妇。慎选回子阿浑，严禁兵丁私入回庄游荡及防兵汉民霸占回子园地，稽察内地汉民私赴回疆”⑤，并限制人民入垦，监管商贸及其他文化交流，其影响所及，却成了阻碍回疆人民成为中国人的权利，孤立回疆社会疏离内地情感，并养成其狭隘的地方民族主义观念的种种流弊，都显示其民族统治政策之不当，致更加深民族关系的裂痕。

---

① 马长寿：《同治年间陕西回民起义历史调查纪录序言——兼论陕西回民运动的性质》，文载中国社科院民族所、中央民族学院所回族史组编：《回族史论集（1949—1979）》，第447—449页。

② 张集馨：《临潼纪事》，《回民起义》三，上海，神州国光社，1953年，第17页。

③ 吴万善、张玉峰：《西北近代史略》，第51—52页。

④ 王先谦：《虚受堂文集》卷2，引自高翔：《康、雍、乾三帝统治思想研究》，北京，中国人民大学，1995年，第360页。

⑤ 崑冈等撰：《大清会典理藩院事例》卷993“理藩院回部禁令”，北京，全国图书馆文献缩微复制中心，1991年，第19页。

五、结　语

中国自古以来就是一个统一的多民族国家，境内各民族基于长期共同生活的历史发展结果，所形成少数民族大杂居，小聚居，并大多较生活于边疆地区的特殊分布形态，且由于宗教、文化之差异，因此民族统治相伴宗教问题与筹边政策紧密联系在一起。尤其西北地区至清季时，社会经济较落后，民族关系也较紧张。受边区纷乱普遍影响外，伊斯兰宗教问题的处理失当，陕甘宁青新旧教争演变成穆斯林对清廷之抗争影响所及，新疆扶黑抑白的宗教问题处理失当，加上民族政策，在统治势力衰颓下的僵化流弊，更加深民族关系的裂痕，导致清末西北回民事件频仍，甚至动摇清朝国本，所幸当时左宗棠力主西征，刘锦棠翼辅敌前，陕甘得实时平复，新疆免于割据，此一宝贵历史经验，希望以为日后中国西北边疆治理的参考。同时也为台湾解除戒严后多元开放社会，提供一个民族、宗教问题的思考空间。历史虽然在研究过去，但仍与现实息息相关，清季中国西北回民事变的宗教民族因素研究在世局瞬变下，或已时过境迁，但新的变量，则亦在逐渐萌生之中，历史殷鉴不远，珍惜其教训，才能使我们的一切论述，更有学术价值，并富时代意义。

清代蒙藏地区民族立法异同研究

许安平（丽江师范高等专科学校）

以史为鉴可以知兴替，正像王锺翰先生所指出的那样："满族作为继蒙元之后入主中土的第二个少数民族，它的统治者十分注意吸收借鉴历代封建王朝统治众多少数民族的经验教训，制定自己的民族宗教政策。同古代相比，昔严尤曾有'周得中策，汉得下策，秦无策焉'之论；平心论之，清代的民族宗教政策不但超周、秦、汉三代，甚且连煊赫一时、地跨欧亚二洲的大元帝国亦瞠乎其后。"① 清朝统治者在认真汲取前人经验教训的基础上，积极开拓进取，勇于创新，将边疆民族地区管理纳入了法制化的轨道。清政府为了加强对民族地区的管理，有效实施民族政策，制定了众多的民族法律法规，在管理全国民族事务的过程中，通过制定和实施比较完备的民族法，实现了运用法律手段有效调整清代民族关系，使其处于相对稳定的状态，这在一贯实行人治模式的中国封建社会是非常罕见与难能可贵的。清代民族立法实际上是《大清律》的延伸与补充。在清代民族立法中，蒙藏地区的民族立法具有典型性与代表性，同时上述两地区的民族立法又存在明显的差异性，我们通过对清代蒙藏地区民族立法异同进行比较研究，从中总结出成功的经验，对当今的民族事务管理与法制化建设具都有非常重要的现实意义。

一、清代关于蒙古地区的民族立法状况

"清朝定鼎中原之后，清朝的统治疆域进一步扩大，其所管辖的民族数目进一步增加，清朝政府过去所面临的局部地区民族关系问题就逐步演变成为全国的民族关系问题。"② 因此，如何协调好全国的民族关系是事关清廷统治能否不断巩固的关键问题。

清代关于蒙古地区的民族立法时间最长，成果也最多，可以说清代的民族立法就是以关于蒙古地区的民族立法为发端与主体的。清代对蒙古地区的立法自努尔哈赤、皇太极统治时期就开始了初创过程，康雍乾时期经历了大发展时期，至乾隆末年和嘉庆年间基本稳定和定型。清朝对蒙古地区立法经历了从不完善到逐步完善至最终制度化和规范化的发展过程。清朝对蒙古地区立法的代表作是《蒙古律书》、《蒙古律例》、《理藩院则例》、《喀尔喀律令》（三旗大法典）等。

清代对蒙古地区立法的内容主要包括以下几个方面。

一是用法律形式确立蒙古地区的行政建制和行政区划。清政府通过法律手段把盟旗制确立为蒙古地区的行政建制体制，并且详细规定了各盟旗的行政区域范围。在漠南蒙古设立6盟49旗，在漠西蒙古、青海地区设立150旗。旗不仅是清朝国家行政体制中

---

① 王锺翰：《王锺翰学术论著自选集》，中央民族大学出版社1999年版，第225页。

② 余梓东：《论清代民族关系格局的形成与发展》，载《中央民族大学学报》2007年第6期。

蒙古地区的行政单位，而且是军事单位。清政府“把蒙古各部落全部纳入了盟旗组织之内，各扎萨克旗互不相统，受到重重限制，始终被束缚在各自的土地上，使蒙古永远不能形成统一的共同体，而成为清王朝的一个驯服工具，为其奋勉效力，生死与共，对巩固和加强有清一代300年的统一江山、长治久安，为以前任何一朝所无。”①

二是用法律手段确认了清廷与蒙古诸部贵族的政治结盟关系。由于满族人口数量的限制，满蒙联盟一直是维护清朝统治权的重要基础，而在当时的蒙古诸部社会发展阶段，其首领在民众间有着广泛而深远的社会影响。为了不断巩固满蒙联盟，用法律形式确认与蒙古诸部贵族的盟友关系成为必要。清朝统治者通过频繁的优抚、册封、联姻、赏赐等方式，对蒙古地区的上层人士进行笼络和控制，并使之法制化。顺治八年（1651），“定厄鲁特、喀尔喀贡使赏例。”② 同年三月，“定外藩蒙古袭职例。”③ 顺治九年（1652），“定外藩蒙古婚娶礼制。”④ 顺治十年（1653），“定外藩蒙古亲王以下、公以上随从、服色之制。”⑤

三是用法律手段确立蒙古地区的司法制度和宗教制度。崇德元年（1636），皇太极下令设置了管理蒙古诸部事务的专门机构——蒙古衙门，并派员前往漠南蒙古察哈尔、喀尔喀、科尔沁诸部进行管理。后来蒙古衙门更名为理藩院，在其给皇帝的奏折中，将其职权详细表述为“臣院为蒙古、回疆事务总汇之所，所有内、外扎萨克蒙古各旗，以及回部各城之体制、典礼、法守、刑名，并呼图克图喇嘛事宜，咸归职掌”。⑥ 理藩院之下专设理刑清吏司，具体“承办内扎萨克六盟、外扎萨克、盛京、吉林、黑龙江、察哈尔、归化城等处蒙古命盗案件，兼覈辑逃，限期咨行各处，缉拿内外寺庙喇嘛并太仆寺牧丁逃逸等事。”⑦ 在司法制度方面，清朝的民族法规定在司法管辖与审判方面，蒙古地区司法权实行地方管辖与中央控制相结合的方式。少数民族地区相关首领具有对发生在辖区内案件的司法审判管辖权，同时又通过中央派遣的官员对重大案件进行初审或再审、复审，以进行相关的司法监督。但是，死刑复核权、司法终审权，特别是涉及统治权的重大犯罪案件，统归中央管辖。理藩院是统管内外蒙古、青海、回疆等地区事务的中央部门，也是这些地区的司法上诉审级，但必须会同刑部等三法司进行相关司法会审，死罪监候还要纳入秋审司法程序。这样，蒙古地区的终审权特别是死刑的终审权就统归到中央。在管理宗教事务管理方面，由于藏传佛教在蒙古诸部具有广泛而深刻的社会影响，并且已经成为其生活和风俗习惯的一部分，清朝统治者因族制宜、因时制宜、因俗制宜、因地制宜，用法律手段来管理蒙古地区的宗教事务。其法律规定包括两个方面，一方面是对宗教人士的优待，包括封号、赏赐和待遇等各个方面；另一方面是对宗教权的控制，如喇嘛的出行、升迁和活动等各个方面。

---

① 王锺翰：《清心集》，新世界出版社2002年版，第176页。

② 《清世祖实录》卷54，顺治八年二月丁丑条。

③ 《清世祖实录》卷55，顺治八年三月壬辰条。

④ 《清世祖实录》卷67，顺治九年八月己丑条。

⑤ 《清世祖实录》卷71，顺治八年正月己卯条。

⑥ （清）松森等修，西藏社会科学院西藏学汉文文献编辑室编：《钦定理藩部则例》，全国图书馆文献缩微复制中心刊印1992年版，第22页。

⑦ 同上，第98页。

清朝对蒙古地区的立法内容最为丰富，体系最为健全，效果也最为明显，是清代民族立法的基础和典范，并且一定程度“保留了蒙古民族习惯法中‘以罚代刑’及‘入誓’等审判方式。”①，同时引入了中原地区的相关刑罚，作为其民族立法的补充。

二、清代关于西藏地区的民族法

清廷对西藏实行法制管理很早，但正式对西藏制定相关民族法规，则是从清雍正朝开始的。其间有很多法令是以皇帝的诏令的形式出现的。正规性的民族法规主要有以下几个，《酌定西藏善后章程》、《藏内善后章程二十九条》、《设站定界事宜》、《酌议藏中各事宜》、《酌拟裁禁商上积弊章程》、《西藏通制》等。其中《西藏通制》是清政府颁布的关于西藏地区的基本法，其核心是确定清政府对西藏的主权。通过一系列的民族立法，西藏地区的管理逐步向规范化方向转变。其间经历了驻藏大臣的设立、葛厦地方政府的设立、摄政制度的设立、金瓶掣签制度的设立等一系列行政和宗教管理方面的规定和转变。随着通过立法形式确定的各种制度，西藏最终建立了政教合一的行政管理体制，中央政府对西藏的控制也逐渐加强，西藏成为清朝不可分割的一部分。

驻藏大臣制度初设于雍正六年（1728），清朝在命令世俗贵族总理西藏事务的同时，在西藏正式设立驻藏大臣衙门，命令副都统马喇和侍读学士僧格，代表清朝政府，监督西藏事务管理，这是清朝在西藏直接派遣常驻官员之始。但当时对驻藏大臣的权限并没有做清晰的规定。在实际操作中，由于驻藏大臣自身的原因和藏族贵族的原因，驻藏大臣在西藏的事务管理中所发挥的作用极其有限。直到西藏建立葛厦地方政府，建立政教合一的管理体制以后，驻藏大臣才在西藏事务管理中开始发挥至关重要的作用。乾隆帝谕示福康安等人“将来撤兵后，必当妥立章程，以斯永远遵循”②，“趁此将藏中积习翦除，一切事权归驻藏大臣管理，俾经久无弊，永靖边隅，方为妥善”，③ 因此制定了《藏内善后章程二十九条》。直至清末，驻藏办事大臣代表中央政府对西藏地方政权进行监督，行使国家主权，成为定制。

西藏的社会管理体制经历了若干次的变化，噶厦地方政府的建立象征西藏政教合一制的最终确立。在和硕特蒙古统治西藏期间，清朝政府对西藏是间接统治。在此期间，五世达赖、四世班禅和固始汗联合建立了噶丹颇章地方政权并得到了清廷的认可。在达赖喇嘛和固始汗之下，设第巴一职，其职权是总揽西藏政务，受命于和硕特汗王和达赖喇嘛。第巴在和硕特汗王和达赖喇嘛的共同管辖之下，管理西藏的日常政教事务。康熙五十八年（1720），清政府驱准保藏后，并没有恢复原来的管理体制，而是建立了噶伦联合掌政的体制。至此，噶丹颇章地方政权由和硕特汗王和达赖喇嘛管辖之下的第巴掌政时期，进入世俗贵族掌政的时期。后来由于贵族之间的争权夺利发生了卫藏战争，清廷派兵平定后，设置了驻藏大臣，进一步完善了管理体制。珠尔墨特那木扎勒管理西藏

---

① 杨强、关志国：《论清代蒙古族“因俗而治”的立法原则及其意义》，载《青海民族学院学报》2008 年第 3 期。

② 牙含章：《达赖喇嘛传》，人民出版社 1984 年版，第 61—62 页

③ 《清高宗实录》卷 1417，乾隆五十七年十一月壬子条。

事务后由于其势力的膨胀，妄图谋杀达赖喇嘛，驱赶驻藏大臣，图谋分裂祖国。清朝政府在平定珠尔墨特那木扎勒叛乱后，废除了在西藏封授郡王的制度，正式建立噶厦，即西藏地方政府，在达赖喇嘛与驻藏大臣的统领下，负责处理西藏日常政教事务。《酌定西藏善后章程十三条》废除了郡王制，实行三俗一僧四噶伦制。地方的一般事务，由众噶伦秉公会商妥善办理，重要事务，"务须遵旨请示达赖喇嘛并驻藏大臣酌定办理。"①噶伦的任免，由驻藏大臣会同达赖喇嘛奏请朝廷补放。从此西藏的政教合一制的管理体制正式通过立法加以确立。

金瓶掣签制度设立于乾隆年间。乾隆帝认为"盖举大事者，必有其时与其会，而更在乎公与明，时会至而无公与明以断之，不能也；有公明之断而非其时与会，亦望洋而不能成。兹之降廓尔喀，定呼毕勒罕，适逢时会，不动声色以成之。去转生一族之私，合内外蒙古之愿，当耄近归政之年，复成此事，辑藏安边，定国家清平之基于永久，予幸在兹，予敬益在兹矣。"② 乾隆五十七年（1792）首先颁发金瓶到西藏，翌年在《藏内善后章程二十九条》中正式确立此制度。在拉萨大昭寺及北京雍和宫各置一金瓶，凡藏蒙大活佛如达赖、班禅、章嘉、哲布尊丹巴等转世时，即将所寻到的数名"灵童"的姓名，用满、汉、藏等文字写在牙签上，置于瓶中，分别由驻藏大臣或清廷选派的高级官员主持宗教仪式，当众掣签确定。通过金瓶掣签制度的设立避免了黄教领导权被少数人所垄断，进而成为实力强大的割据势力。金瓶掣签制度的法制化也体现了清朝中央政府对西藏宗教事务的有效管理，将宗教势力掌握在清朝统治者手中。

三、蒙藏地区民族立法的共同性

（一）因俗立法

清朝作为中国历史上最后一个统一的多民族封建制国家，其统治下的疆域幅员辽阔，仅次于蒙古族所建立的元朝。当时的各民族的经济、政治、文化发展水平参差不齐。同时，各民族的风俗习惯、文化传统、宗教信仰、区位地缘也千差万别，各有特色。在如此复杂多样的社会情况中，不可能像内地立法一样强求一致，整齐划一。"清朝政府在处理民族事务方面的基本政策可以概括为：'区别对待'，'因俗而治'。特别是在政治统治政策、行政管理政策、民族宗教政策等方面。"③ 清朝统治者对这种立法基础的差异性非常了解，并采取了因俗立法的策略，形成了风格迥异的民族立法特色。

由于长期保持和中原地区不同的社会生产和生活方式，民族地区的社会正义、公正观念和内地有着某些差别，清代的民族立法实践则体现了因俗立法的特征。雍正帝曾明确指出，对边疆统治要"从俗从宜"，"各安其习"；④ 乾隆帝也一再强调"令照旧安居，不易服色，不授官爵，不责贡赋，惟遣使来请朕安即加恩赏赉。"⑤ 在西藏实行政教合

① 《清代藏事辑要》，西藏人民出版社 1983 年版，第 179 页。.

② 《高宗纯皇帝御制喇嘛说》，《卫藏通志》卷首，西藏人民出版社 1982 年版，第 150 页。.

③ 余梓东：《清代民族政策研究》，辽宁民族出版社 2003 年版，第 269 页。

④ 《清世宗实录》卷 80，雍正七年四月辛巳条。

⑤ 《清高宗实录》卷 555，乾隆二十三年正月丙辰条。

一制度。从雍正朝开始设立驻藏大臣并形成定制，凡涉及国家主权和地方性的重大事务，如西藏与邻国的关系、军队驻防、大活佛转世等，均由驻藏大臣处理并上报朝廷决定。《理藩院则例》卷四十五明确规定："凡案犯斩绞、发遣以及应罚牲畜等罪，如临时未经破案，事后或经官访出，或被人告发到案，案情确凿而本犯恃无赃证踪迹，坚不承认，事涉疑似者，令其入誓。如肯入誓，仍令该管佐领等加具保结，令本犯入誓完结。"① 把"具结设誓"作为判决中的重要依据，使司法审判中保留了部分少数民族习惯法的色彩。

（二）礼法并用、德主刑辅

在清政府的民族政策体系中，"清代民族总政策，概括说来就是＝恩威并用，剿抚并施。"② 在民族政策法制化过程中，恩威并施体现为礼法并用、德主刑辅。清朝统治者对边疆立法的指导思想，基本上是继承儒家所一贯倡导的"德主刑辅"、"礼法并用"的法律思想。其基本要点就是以礼义教化作为治理边疆的基本方法，而以刑事惩罚作为治理边疆的一种辅助手段。先用礼义教化使少数民族首领服从清朝的封建统治，然后再对个别违法犯罪者予以惩处。其对各民族绥服手段丰富多样，包括联姻、结盟、赏赐、封爵、封官、赦免等。如清朝历代统治者在治理蒙藏地区的实践中，频繁地通过优抚、册封、联姻、封爵、赏赐等方式，不断增进与蒙藏地区上层人士的感情。在西藏地区，清政府在历代达赖喇嘛、班禅活佛认定后都及时进行册封，表明中央政府对其的承认。在其坐床时派员前往西藏主持典礼，赏赐礼品。每当达赖及班禅派使者赴京朝贡返回西藏时，都赏赐大量的礼物以示优抚。乾隆帝认为："中国抚驭远人，全在恩威并用，令其感而知畏，方为良法。"③ 在采用绥服策略的同时，对蒙藏地区事务进行严格的法律控制，即使是蒙区最重要的生产资料牧地和藏区最重要的精神生活藏传佛教也敢于坚决进行法制化管理。一旦出现外敌入侵或内部动乱，就通过法律制裁甚至军事打击的方式坚决进行反击或镇压，从不手软。

（三）立法形式多样

清代的民族立法形成了完善的机制，在清代的民族法体系中包含了众多的法律形式。常见的清代民族法形式有律、例、令、章程、事宜、禁约等。这些法律形式中有些属于中国封建社会传统法律形式律、令、科、比、格、式、例中的类型，如律、例和令，但有些法律形式为清代所创立，如章程、事宜、禁约。律一般是以刑法为主的综合性法律文件。清代民族法中的章程如《酌定西藏善后章程》，虽然和现在的章程不能相提并论，但从清代的几部章程来看，一般是用比较简约的形式对某些地区的社会管理所做的规定，具有综合性法律的特征。清代民族法中的事宜如《青海善后事宜十三条》，一般是对某个特定地区的若干管理事项的集中规定。清代民族法中的禁约如《禁约青海十二事》，一般是若干禁止性法律规范和命令性法律规范的集合体。清代多样化的民族立法 不但是中国历史上仅有的，对当今的民族立法而言，也具有重要的历史借鉴意义。

---

① 清 松森等修 西藏社会科学院西藏学汉文文献编辑室编辑，《钦定理藩部则例》，全国图书馆文献缩微复制中心刊印，1992 年版，第 421 页。

② 余梓东：《论清朝的民族政策》，载《满族研究》2005 年第 3 期。

③ 《清高宗实录》卷 1116，乾隆四十五年十月壬子条。

（四）法律的及时废、改、立

在清代的民族政策中，因时制宜是一个重要的原则。清代民族政策法制化过程中，将这一原则法制化则为法律的及时废、改、立。清政府非常重视民族政策的法制化，为了有章可循，往往会把一个时期民族事务管理的具体措施和策略以民族法的形式加以规定，当民族事务或者民族问题发生改变时，其具体措施和策略也需要及时调整，民族法的及时废、改、立就成为必要。清代的蒙藏地区民族立法不但频繁，如前所述具有众多部的民族法，而且民族法的修订也相当频繁。如作为蒙古地区基本法的《蒙古律书》和《蒙古律例》就曾多次修订。崇德八年（1643）清太宗颁布《蒙古律书》，顺康两朝连续多次对其进行修订。乾隆六年（1741）《蒙古律例》颁行后，仅乾隆一朝就增订四次，嘉庆时期又修订了两次。根据清政府的立法原则，《理藩院则例》成书后五年一小修，十年一大修。《理藩院则例》成为制定后，仅道光、光绪两朝就四次修纂，到光绪十七年（1891 年）《理藩院则例》中注明“续纂”、“修并”、“增纂”、“修改”的部分占全部条例的 2/3 以上。[①]

（五）用立法实现对民族地区的分而治之

清朝统治者面对中国历史上的传统难题——北方游牧民族和农耕民族之间的矛盾给出了最有效的解决方式之一，即分其势而众建之。这一民族政策的重要原则在法律上通过一系列的具体规定将其付与实施。清朝统治者通过“少其地而众建之，既以彰赏罚之典，又使力少不能为乱，庶可宁辑边陲”[②] 的方式制定和实施了一系列的民族法规来对部分少数民族分而治之。例如，在行政区划上把本来统一的民族聚居地分而划之，减少少数民族聚集崛起的机会。行政建制上，把民族地区分拆成众多的互不统属的行政单位，使这些行政单位之间形成制约和竞争，以防止民族地方势力发展和壮大，呈尾大不掉之势。清政府民族法把蒙古族诸部陆续划分为 186 个旗，大大减少了蒙古诸部重新聚集崛起的机会。在新疆则把行政区划分为各伯克统领下的狭小地块，以防聚而生变。即使藏传佛教，也是被清朝分为四大部分：达赖喇嘛主前藏，班禅主后藏，哲布尊丹巴主喀尔喀蒙古，章嘉呼图克图主内蒙古。他们既有崇高的地位，又各有领地，互不统属，形成各主一方教务的格局，以便于清廷居中控制。清朝民族法的分而治之原则对清朝边疆的长期稳定，政令畅通发挥了关键性的作用，是清代民族法制的最大亮点，解决了困扰中华民族数千年的难题。

（六）重视宗教立法

长期以来，中国的民族问题和宗教问题一直密不可分。宗教问题的解决对民族问题的解决至关重要。在清代，清政府从稳定边疆的政治目标出发，把对宗教的利用和管理作为民族政策的重要内容之一。在清代的民族法中，对宗教法制化管理的重视是重要特点之一，主要体现在以下几个方面：一是把宗教作为不同民族之间互相沟通接近的途径，把宗教作为维系多民族国家统一的特殊手段。藏传佛教在西藏、青海、蒙古、新疆等地区的藏族和蒙古族民众中影响巨大。正是认识到崇奉藏传佛教不仅可以绥服西藏，

---

① 徐晓光：《中国少数民族法制史》，贵州民族出版社 2002 年版，第 271 页。

② 《清高宗实录》卷 295，乾隆十二年七月甲寅条。

而且可以加强蒙古诸部对清朝的向心力，清政府便大力扶植藏传佛教，以求达到西藏及相关少数民族地区长治久安的社会控制目标。与元代的尊崇佛教的不同之处在于，清朝并没有把藏传佛教推至至高无上的地位，而是对藏传佛教进行了法制化管理。《钦定西藏章程》第29条用金瓶掣签的办法规定了藏传佛教中转世灵童的认定程序。通过金瓶掣签，清政府有效加强了对藏传佛教的控制和利用，使藏传佛教的最高统治权集中于皇帝的手中。

四、蒙藏地区民族立法的差异性

（一）蒙藏地区民族法在清朝民族法体系中地位不同

虽然清朝统治者对蒙藏地区都实行了法制化管理，但两个地区的法制化管理及其成果——地区民族法在清代的政治法律体系中明显具有不同的地位。清初，由于蒙古诸部虽然已经分裂，但其分布非常广泛并且实力强大，所以成为满族统治者梦寐以求的可以利用的重要战略力量，满蒙联盟成为满族统治者的基本国策。在此思想指导下，清朝统治者对蒙区可谓苦心经营，法制化管理就是其重要的经营手段。可以说清朝的民族法体系就是以蒙区法律为核心和基础的。而藏区对于满族统治者来说，其重要性要弱一些，所以只有在其鼎盛时期才基本形成了藏区民族法，实现了法制化管理。在其统治初期，清朝统治者因诸多条件限制无力顾及。

（二）蒙藏地区民族法的调整重点不同

清代的蒙藏地区社会的主要矛盾有着明显的不同，与此相适应清政府在蒙区和藏区的法律调整重点存在明显的区分。当时蒙区威胁清朝统治的重点在于蒙区贵族的兼并联合，所以清代蒙区民族法的调整重点放在了如何实现不同封建势力之间的制衡和不脱离中央政府的控制；而当时藏区关键问题在于宗教势力和世俗力量的独大而脱离中央政府的控制，所以藏区民族法的调整重点着眼于调整宗教和世俗之间的力量以形成相互制衡，达到清政府居中控制的目的。

（三）蒙藏地区的民族法对社会生活的控制力不同

由于地理区位和社会发展程度的不同，尽管清朝在两地区都进行了法制化管理，但两地区的民族法对当地社会生活的控制力有着明显的区别。清朝政府在蒙区形成了比较完善的民族法，实现了社会生活的基本法制化管理，社会生活的各个方面在地方民族立法或者在中央民族立法中基本都能找到完备系统的调整手段，实现了对蒙区社会生活的全方位管理。而在藏区的法制化管理中，民族法的控制力有限，仅仅限于清政府对宗教与世俗力量的制衡和对宗教活动的法制化控制与管理，而对社会生活中的很多现实问题并未实现系统的法制化管理。

（四）清代蒙藏地区的法制化管理对该地区后世的影响明显不同

客观差距形成了清代蒙藏地区民族法和法制化管理成熟程度的明显差别。经由数百年的发展，两个地区的内地化程度和对国家的向心力形成了鲜明的对比。通过清朝统治者对蒙区的苦心经营和法制化管理，蒙区不但做到了在清朝鼎盛时期对清政府的绝对忠诚，即使在清朝末年风雨飘摇之时，蒙区仍然是清政府抵御外侮可以倚仗的战略后方。

反观藏区，在清政府的统治在走向衰落之时，中央对其控制力就显得极其有限了。

五、清代蒙藏地区法制化管理对当今的启示

历史是宝贵的财富，“历史的魅力就在于它能够给人们提供丰富的请示和借鉴，使人们在得到启示和借鉴的过程中变得明智起来。”①

（一）民族地区法制化治理模式的多样化

清政府从民族问题的实际出发，依据不同民族地区民情、区情，不同时期政情、国情以及不同民族地区对中央政府的态度，采取多样化的管理方式，形成了灵活多样的法制化治理模式，不仅蒙藏区之间的民族法明显不同，而且仅仅在蒙区就实行了多种法律管理模式，如漠南、漠北、青海、新疆模式等，并且形成了风格迥异的地区民族法。这种根据不同地区的社会特点使民族立法具体化和个性化的做法值得我们认真借鉴。

（二）把握时机，适时推进政策的法制化

清朝统治者高明之处在于当民族地区出现问题时，不只是穷于应付，而是在解决问题以后，以危机解决为契机不断提高民族地区的法制化管理水平。在蒙藏地区法制化管理实践中做到了不断探索与创新，及时总结经验教训，及时变革施治的方式，从而使蒙藏地区的法制化管理模式不断得以提升与完善，维护了民族地区的社会长期稳定与发展。

（三）善于利用法律调整民族地区的重点矛盾

在清政府对蒙区和藏区的统治艺术中，值得借鉴的是其对民族地区重点矛盾的掌控。在对蒙区和藏区基本情况透彻理解的基础上，清朝统治者善于从维护大局出发，从重大关键问题入手，能够针对不同民族地区的重点矛盾，有的放矢地运用法律手段进行调整，这种大局观和整体观颇具历史借鉴价值。

（四）坚持依法施治理念，建立健全民族地区的法制

清政府设立了民族事务管理的专门机构——理藩院，制定了完备的民族法体系。清朝统治者通过民族政策法制化，对广袤的边疆民族地区进行了行之有效的法制化管理，实现了民族地区社会秩序的正常化。通过长期有效的管理，增强了边疆各民族对清政府的内聚力和中华民族的凝聚力。与历朝历代相比较，清政府对蒙藏地区的管理取得了较为突出的成效，明显提高了内地与边疆的一体化程度，巩固和发展了统一多民族国家，原因虽然是多方面的，但通过法律的手段进行有效治理，可以说是清朝统治者极为高明之处。

---

① 余梓东：《论清朝的民族政策》，载《满族研究》2005 年第 3 期。

清朝军机处档案方本：上谕档与有关的方本档案史料

白彬菊[①]（美国耶鲁大学）

雍正年间（1723—1735），内廷各部被雍正帝分而治之；而在接下来的乾隆年间，它们结合成统一的、名为军机处（1738—1911）[②] 的办事机构，并留下了一系列值得注意的秘密档案记录。[③] 在早些年，这些档案多数是用满文写作，但后来汉文写作的档案逐渐增多。[④] 这样的档案记录在明朝（1368—1643）似乎没有先例，直至清顺治帝（1644—1661）及康熙帝（1662—1722）期间都鲜有所闻。

本文描述的是现已知最大的这些新档案的汉文类部分——用汉文书写的“方本档册”[⑤]，尤其是（军机处的）方本上谕档（及其辅助材料），之后简称为“上谕档”（在英文版中用“SYD”表示）。在运用这些汉文方本档册的近200年间（1735—1912），共

---

① 鸣谢：我为收到大会组织者的邀请而深感荣幸，并乐于为此次纪念王锺翰先生的会议尽绵薄之力。我在王锺翰先生来耶鲁大学访问时有幸与他结识，后又有缘与他在北京重逢。这里还要感谢许多其他为我写作此文提供帮助的人，如有遗漏，我深表歉意。首先要感谢已故的“中央研究院”近代史所的赵中孚先生，以及我在1970年代在台北故宫博物院阅读清朝档案时遇见的庄吉发研究员。已故的中国人民大学档案系韦庆远教授、第一历史档案馆的鞠德源研究员、哈佛大学历史系的孔飞力教授对触发我对清朝中央政府及其档案的研究兴趣方面亦有帮助。我尤其感谢韦庆远教授于1981年为我安排了两天访问单士魁、单士元两位研究员的宝贵机会。鞠德源研究员、欧立德教授（Professor Mark C. Elliott）和严守智教授为我阐明了许多清朝文件的内容含义。耶鲁大学东亚图书馆的唐李女士为我编写参考书目提供了帮助。魏白蒂博士抽空阅读了早期的文稿。感谢耶鲁大学历史系的胡文先生将这篇论文翻译成中文。感谢梅隆基金会（Mellon Foundation）提供的经济支持。最后，请原谅我在此文中对该题材探究的粗浅，这可能是因为原文是用英语写成，目的是为了向一些只能用英语的读者作介绍，恐无以对中文学者有所裨益。

② 许多学者将军机处的设立日期划为雍正年间。我认同雍正年间确有证据显示存在后来军机处所司职能，但在雍正治下，这些职能分由内廷各部作为几个独立的机构来行使，这一安排使得雍正帝作为一代专制君主能够手握绝对统治权。直到乾隆二年末的十一月二十七（公元1738年1月16日），这些机构才被整合成军机处。参见我本人所著《君主与大臣，清中期军机处研究，1723—1820》（伯克利：加州大学出版社，1991初印）1993年平装版的第17至168页。中国人民大学清史研究所的董建中教授正在将此书译成中文，将于2014年出版。鉴于中文翻译尚未完成，这里提到的页码均出自英文版。后文提到的英文版均称作《君主与大臣》（此文英文版中用“MM”表示）。上谕档资料表明，军机处及办理军机大臣直到乾隆二年十一月二十七（公元1738年1月16日）才依旨建立。我用了近八个月时间查阅了乾隆一年、二年的所有接旨人的内容，没有发现有“军机处”一称。实际上，军机处于乾隆三年一月十九（1738年3月9日）获旨得名，而这件事在《实录》中未有记载。参见《乾隆朝上谕档十八卷》（北京：档案出版社，1991），第一卷，第1—247页，或通篇第1—774条。

③ 单士元，《清代档案释名发凡》，文献论丛，论述2，第149页。

④ 遗憾的是，在我早期对中国第一历史档案馆的访问中，多数满文记录还未被整理出来或无法查阅。1985年，我得以研读一些雍正晚期的档案。

⑤ 这些方本档册并非标准的正方形，通常为12又5/8英寸（32厘米）乘11又3/8英寸（29厘米）。每本档册的尺寸不尽相同。

写有 3264 卷上谕档，包括原本及诸多抄本，跨越了雍正朝晚期到清帝国终结的历史时期。[①] 在乾隆朝（1736 年起）早期，这些上谕档接近每季度编成一册，每年会新增三到四册。清朝终结前夕，军机处经常每月整理出一至二卷，因所经手档案的多少而异。

我当附带简略介绍一下其他一些和军机处方本档册有关的档案记录。如果我们将方本档册与另一系列军机处档案本——军机处的主要进出汉文文件的登记册“随手登记档”[②] 放在一起，这些档案可以作为用来研究几乎所有军机处所有现存汉语文字记录的活动的主要文献[③]；甚至更进一步，与录副奏折包（主要内容为省级官员的陈述）串联在一起，构成了清朝中期和晚期重要的档案留存资料，可以用来进行中国之前任何朝代、甚至在清顺治（1644—1661）和康熙（1662—1722）年间史料都不能满足的对于中央和地方政府活动的详细档案研究[④]。

另一个将汉文上谕档用作研究的好处是，作为对如今研究和对清朝当时参考都非常重要的资料，上谕档现在有多种形式和版本可以查阅。最早的版本自然是归档的卷宗，其中既有原版，也有清朝时期的抄本，现有大量存于中国第一历史档案馆，并有少数存于台北“故宫博物院”[⑤]。从 80 年代开始，一史馆发行了上谕档的其他版本。首先出版的是一套微缩胶卷。[⑥] 此后，在 90 年代，出版了 134 卷精装版上谕档，从乾隆元年至宣

---

① 《清军机处档案目录（汉文）》，北平：故宫博物院文献馆，1927，总目，第 1 页。这数千册 1927 年编目的上谕档分藏于北京和台北故宫博物院，其中 2504 册藏于北京。见《中国第一历史档案馆馆藏军机处上谕档：全文数字化项目总结报告》，北京：未出版的论文，（？）2009 年，24 页打字稿，第 1 页。感谢王光越先生给了我一份该论文的抄件。读者需要注意的是，一件文档在清朝时录入军机处文件目录，甚或录入 1927 年的目录，并不一定代表文档现今依然留存。这些档案经历了太多各种可能的天灾人祸，尚能存有如此数量，已属侥幸。

② 最早的汉文随手登记档可溯至乾隆七年（1742）；全套清朝随手登记党在第一历史档案馆有缩影胶片可阅。寻到认为是乾隆一至四年（1736—1739）的随手登记档的学者须要注意第一卷封面上所刻文字：“民国二十年故宫博物院文献馆补编”。此次补编基于幸存的军机处录副奏折包，并无完整性可言。随手登记档通常不罗列满文文件，我也未能发现其他相似的保存完好的文件记录档，无论是满文还是其他语言。有关随手登记档，可见我的论文《国力故宫博物院档案中的清朝文件：文件记录档：“随手登记档”》（原文为英文“Ch’ing Documents in the National Palace Museum Archives: Document Registers: The Sui - shou teng - chi”），故宫通讯英文双月刊 10.4（1975 年 9、10 月）。

③ 其他文献主要包括军机处的详细目录，是军机处文件抄写工作的产物。

④ 见庄吉发，《清代上谕档的史料价值》；故宫季刊 12.3（1978 年夏）：51。该文尤具价值之处在于收录了许多上谕档内容的例子。

⑤ 中国第一历史档案馆拥有整套上谕档及标题相关的文件（由于上谕档抄本众多，所以还有其他文件）。台北故宫博物院的上谕档目录见《国力故宫博物院清代文献档案总目》，台北：故宫博物院，1982，第 499—520 页；该目录包括一些没有归为军机处方本档册的上谕档的称法（比如“长本”）——毕竟清廷几乎所有部门都有题为“上谕”的存档。还有一些确为军机处上谕档的档案使用其他名称，比如“现月档”和“寻常档”（清朝时，“寻常”在军机处指的是日常工作，区别于专门陈述“紧要”事务，通常为军事行动记录的方本档案）。

⑥ 一史馆发行了所有汉文上谕档的微缩胶卷，自乾隆元年至宣统三年（1736—1911），全套共近 400 张。该套胶片有一套索引：《上谕档微缩胶卷目录》（北京：第一历史档案馆，1980），这个目录的摘要可以在秦国经的《明清档案学》（北京，学苑出版社，2005，第 836—837 页）找到。必须指出的是，这些胶卷尚有不足：有时上谕档的卷宗或其中部分在胶卷上错序，需要到胶卷上的其他位置或前后的胶卷上才能找到。此外，这些胶卷在多数美式微缩胶片阅读机上都是逆序的，所以阅读前必须先进行倒卷，才能从后往前查看，否则就需要用能够逆向放映的阅读机。

统三年（1736—1911）[①]。最近一次在2010年是，第一历史档案馆推出了一套新的可搜索的电子版，[②] 可以令人欣慰地取代翻阅数千页来查找所需内容的历史。[③] 该项目进程极其艰难，但是对研究者而言实在是巨大福音。

清上谕档（包括其他方本档册）的其他重要特点有：由楷体而非草体书写，故外国研究者易于看懂；文字排列整齐，虽然上谕档纸张上并没有划对齐线。版面的整洁主要归功于画了对齐线的衬纸——我偶尔会在上谕档双面书写的薄页之间发现一张这样的衬纸。[④] 这种衬纸对抄写者而言可以起到如同在其他档案和印刷记录中可见的印上的对齐线一样的效果。

最后，汉文上谕档被认为是用于记录的文件，有人校对、更正：抄写者和校对者的名字经常可见于卷末，逐行辅助用的校对条有时还露出留在页间，改动的部分在原件上直接可见。[⑤]（并不是所有卷册都有这些特征。有些卷册从未经过这般彻底的编辑。）

一、18世纪早中期中央政府档案的变化

根据我们对于留存的数目庞大的清朝档案的经验，我们推断先朝的档案的规模也一样庞大，因此，军机处在档案上的创新只是在原来伟大的传统上新添了一些形式和名称。然而，中国历代的档案并不见得一向这么多，也不一定记录了这么丰富的文字信息。明朝的税收记录尽管卷数众多，并因出乎寻常地储藏在南京湖中的岛上以防火患和失窃而极为出名[⑥]，但税收的数据通常并不给我们带来政策发展、军事行动、水资源分配、人事安排等信息。除此之外，关于明朝其他档案的说法表明，在明朝的某些时间节点上，档案记录存在严重不足。政府需要征税的时候，就必须作准确的税收记录，但是

---

① 一史馆编纂的汉文精装卷包括：《乾隆朝上谕档》18卷（北京：档案出版社，1991）；《家清道光量超上谕档》55卷（桂林：广西师范大学出版社，2000）；《咸丰同治两朝上谕档》24卷（桂林：广西师范大学出版社，1998）；以及《光绪宣统两朝上谕档》37卷（桂林：广西师范大学出版社，1996）。其中有年代较早的几卷有附录，上有每月月末补充的文件编号，显然是因为有些文件是完成排字以后才加入的。

② 尽管清朝所有汉文上谕档都已电子化，但是内容并未发布到互联网，而是必须在一史馆阅览室的电脑上，或可能还有北京其他地方的特定学术机构才能浏览。关于数字化过程的报告，参看《中国第一历史档案馆馆藏军机处上谕档：全文数字化项目总结报告》；北京：未发表的论文，2009；24页打印稿。另见我的《研究笔记：北京中国第一历史档案馆新的数字化档案项目》（英文原题：Research Note：The Newly Digitized Archives Program at China's Number One Historical Archives, Beijing），帝制晚期中国（原名"清史问题"，英文名"Late Imperial China"）32.1（2011年6月）。

③ 后文中关于上谕档的脚注只提供文件的时间。由于上谕档有诸多版本和抄件，就这篇论文而言，各上谕档可能的几个查阅出处在脚注中恕不标明，而且所查文件可能有以下多个出处（罕有仅一个出处，多为下列两个或以上出处）：北京一史馆档案卷宗、台北故宫博物院、一史馆微缩胶卷、一史馆精装印刷本、以及一史馆电子版。

④ 参见（北）无标题记录档3—2257（九），未标页，及（北）清查各档记载簿，未标页。脚注中（北）代表北京一史馆的材料，（台）代表台北故宫博物院的材料。

⑤ 原件的校对更正条可能露出页面边缘以上，更正写在下方文字的右侧。总地来说，在印刷出版的版本中看不到附在书页边缘以上的更正条。

⑥ 见《后湖志》，赵惟贤、万文彩等著；共七册，扬州：江苏广陵古旧刻印社，1987；据晚明版本重印。另见韦庆远，《明代黄册制度》，北京：中华书局，1961，及张文贤，《中国明朝黄册档案》，图书馆与文化记录：探索知识记录收藏的历史（Libraries & The Cultural Record：Exploring the History of Collections of Recorded Knowledge），43.2（2008）：148—175。

这种对精确性和完整性的注重在明朝某些其他档案保存里并不存在。

早在15世纪时，明朝彻底取消了可以记录决策时在场人员以及其他许多信息的“起居注”。16世纪时，首辅张居正向皇帝请愿，委婉地表达了对于当时官方历史记录不力的不满。张居正刚完成了前两朝皇帝的实录，这是一个难度极大的挑战，因为当时几乎没有找得到的原始记录来源。[①] 在描述自己在没有充足文档资料的情况下编制历史的困境时，张居正抱怨地写道：“即有见闻，无凭增入。”[②] 这样造成的结果是，张居正试图改善能为晚明宫廷史官所用的史料。他一方面力主恢复起居注的传统。事实上，这个传统在几乎整朝的历史中都是被遗弃的，直到王朝晚期的万历帝（1573—1619）初年才得以恢复。[③] 另一方面，他提出一种新的安排，使数目繁多的六部奏折中的一部分能在外朝的档案中查阅到。这些材料叫做“史书”，是一系列外朝的史料合辑，这个传统被延续到清朝。但是张居正的努力限于外朝的文件，并没有预计到清朝内廷的档案在18世纪数量的猛增。另外，在明朝的最后几年里，档案的储存条件恶化，造成的后果是清朝早期的史官在履行他们编写明朝正史的职责时面临极大困难。[④] 显然，明朝关于外朝档案的举措难以证明明朝内廷有像雍正中期的档案记录、储存规模激增现象的先例。

在清朝早期，情况也并不乐观。在乾隆朝的档案文书中，有诸多谕旨要求查找康熙朝的文件，但是这些搜索经常由于人为疏忽导致遗失或者那个时期危害所有档案文件的灾祸（发霉、虫咬、洪涝，以及最常见的贮藏室的灯招致的火灾）而以失败告终。[⑤] 乾隆四十年（1775）的一份搜索报告反映了一个重大档案损失的例子，该报告揭露了康熙治下六十年（1662—1722）令人错愕的档案保存状况：户部银库的账上数目在康熙朝一半以上的时间内都是遗缺的。显然，康熙朝外朝档案的保存工作有着令人发指的疏忽，而相比来说，雍正年间和乾隆朝前半段的数据都有表格记载，是完整无缺的。[⑥]

结果，与明朝和清前期依赖外朝记录人员和逐渐流失的外朝档记不同，在雍正时期（1723—1725）开始了重大的改革。康熙帝曾每隔一日在北京故宫乾清门允许庞大的外朝官员听政，以次召集个人和小团体来商议各类问题。[⑦] 但是在18世纪，大批人员听政

---

① 《张居正集》，武汉：荆楚书社，1987，第163—164页。这件批评明朝用于编写史书的材料来源稀少的著名奏折在Wolfgang Franke的《明朝可考证的记录，1368—1644》中有概括。此文收于William G. Beasley和Edwin G. Pulleyblank编辑的《中国和日本历史》（纽约：牛津大学出版社，1971）第63—65页。Franke将该奏折的日期确定为万历三年二月廿七（1575年4月7日），见第63页。

② 《张居正集》，第164页。

③ 据Franke的《明朝可考证的记录》第62页，明朝早在1421年或可能更早的时候就禁止了记录起居注的做法。据单士元《清代档案史料丛编》（北京：中华书局，1979）中第四卷第259页的《清起居注》一文，除了一些零星的例外以外，清以前的所有都已不存在。先前起居注的摘抄和引用在后期史书冲有时会以引语的形式保存下来。

④ 关于这些史学家的部分责难，见司徒琳《苏氏兄弟与康熙时期对学者的半官方的资助》，《哈佛亚洲研究期刊》42.1（1982年6月），第240—243页。

⑤ 上谕档经常报告档案流失的情况。比如见道光四年二月初四（1824年3月4号）上谕档。

⑥ 乾隆四十年正月廿日（1775年2月19日）上谕档。

⑦ 向这样的御前听众在起居注中由记录官记录，这些官员获准站在能听到多数听众的交谈内容的地方。然而，最终写出的起居注取决于记录官的记忆：只有在听政结束、皇帝离开之后才可以写下笔记。

的做法逐渐被弃用，取而代之的是皇帝与少数几个朝臣骨干的谈话，以及增多的书面信息传达。朝臣与皇帝的书面往来增加，只有官位最高的朝臣能被邀请参加与皇帝面对面的政策讨论。确实，雍正减弱了正式的御们听政的地位，[①] 而他的父亲康熙帝就是通过这个方式听取政务，并在百官的簇拥下作出决定。不同的是，雍正宣布他的听政对象只由挑选出来的几个人组成，旁人不得在场——“不许三尺之童”。[②]

另一个造成更加依赖于精心维护的细致的书面记录，以取代御们听政时的交流的原因是，雍正帝和乾隆帝都喜欢问一些在场听政的官员凭记忆都回答不出的问题。这些问题的解答需要写有完整信息的书面文件。皇帝经常在文件上看到一个名字就问起这个人的家世，心里可能还认为对这些对大庆有功之臣的后代也会忠心耿耿，有时还会要求找出上溯至清兵入关时期的功臣的资料。皇上的有些问题需要诉诸外朝机构才能解答，而那里的档案并不一直受到负责的打理；另外一些问题需要查阅内廷保管的新的种类的文件。乾隆帝特别以对他面前的文件中的细枝末节刨根问底而出名。乾隆中期就有这样的例子，当时乾隆帝对一个革职流放的官员居然获任副都统之位表示不满。但是到了这个时候，军机大臣们都已经准备好了如何应对这种情况：在这个故事里，他们查找了一些保存细致的文件，引用了数条先恢复该人官职，后又将其提拔的上谕，来作为对皇帝的答复。[③] 另一次，在乾隆五十一年（1786 年），军机处奉朱批谕旨调查了一起省级大员间的贿赂案。这次军机处的答复中引用了早至六十年前的雍正四年（1726）年的文件。[④] 这些文件是如何查得我们不得而知，因为在早期还没有像上文提到的随手登记档这样的记录资料。上谕档是新的改善记录方式的手段之一。传统的外朝起居注在古时就有，关于它的介绍很多，而与此不同的是，上谕档在中国帝制历史的晚期才发展起来，而且少有描述。[⑤]

二、其他方本档册

以上我主要集中介绍了汉文上谕档，但是还存在满文的上谕档和其他种类的方本档册。事实上，除了两个例外，多数满文上谕档比汉文的年代要早，在早期编成了很多卷。[⑥] 方本档册制度可能早在康熙时期就已建立，但鉴于我无法研读在军机处档案目录

① 关于康熙早朝听众的描述和对话摘录，见庄吉发《御们听政：满语对话选粹》。台北，文史哲出版社，1999。

② 《雍正实录》28/9a－b，雍正三年正月廿六（1723 年 3 月 10 日）上谕。

③ 乾隆三十二年四月廿八（1767 年 5 月 25 日）后发现的未标日期的上谕档。

④ 乾隆五十一年六月初七（1786 年 7 月 2 日）上谕档。

⑤ 关于台北故宫博物院的清朝上谕档的描述，见庄吉发《清代上谕档的史料价值》。故宫季刊 12·3，第 151—176 页（1978 年春）。其中有 12 牒上谕档和 1 页的英文摘要。秦国经的《明清档案学》（北京，学苑出版社，2005）第 836 页也有简要介绍。

⑥ 其一是一本日期为雍正元年正月至三月（1723 年 2 月至 4 月）的上谕档。我认为，该档代表了很久之后的一次很快被放弃的尝试，试图通过将可查到的文件抄录成上谕档形式的档册来创建早期的上谕档系列。另一个则是一本题为“上谕档”的档册，不过不同于一般上谕档的是，该档册记录的时段为雍正元年至雍正八年（1723—1730），而且专门用来记录雍正用来追悼怡亲王胤祥的上谕。怡亲王是雍正帝最亲近的兄弟，在之前将近十年的时间里衷心辅佐雍正，当时刚与雍正八年去世。

中的康熙时期（1662—1722）的两本满文档册："俄罗斯档"和"俄罗斯来文档"，[①]我不能肯定这些早期的档册确实是正方形的。由于它们很可能是在外朝写成，它们本来确实可能并非方形，而是因为其内容的秘密性而在之后被从外朝调出，再合并入军机处的文件中的。

在之后的雍正朝，军机处的前身各部编制出了数目庞大的满文方本新档。有一份清单记录了75本出自雍正最后6年这样的方本档册。这些出自雍正朝的早期的满文档册上的题目是诸如"某某档"、"军务上谕档"、"军务奏折档"、"军务议覆档"、"寻常上谕档"，以及"行文档"等。[②]

除了沿用一些雍正时期的标题外，乾隆和之后的皇帝当政时保存了许多满文档案，比如"上谕档"、"明发档"、"寄信档"、"议覆档"、"金川上谕档"、"金川议覆档"、"夷使档"、"密记档"、"俄罗斯档"、"奏片档"、"行围挡"等。[③]

与上面所列雍正时期满文档册名录不同，雍正时期的汉文档册种类稀少，只有两类总计十卷：议覆档[④]和上谕档。乾隆朝时间较长，各种目录间有所不同，但是可以确定的说法是，乾隆朝新创了一些汉文方本档册的名目。

许多乾隆朝的新名目用于"专案档"，每套档案都是用于记录一场军事战役。[⑤]这其中最早的是《边备夷情档》，有乾隆元年正月至五月、十一年正月至十七年七月、十八年三月至十九年五月三卷（合计1736年至1753年）。[⑥]其中第一卷标有"壹"字样，这很可能表示该档案在雍正朝并无满文先例。然而，这种档案的类型——一套记录某场特定军事行动细节的档案卷宗——肯定之前以满文的形式存在过，而且这种可能被组织成清朝新形式的军事行动方略的基础文本。

（一）军事行动的历史与方本档册

军事行动的历史在康熙朝被编写成册，其中最早的是完成于1686年的《平定三逆方略》。另一本关于之后一系列事件的《平定罗刹方略》很可能也是大约同一时间写成。我听闻该书有一份满文最后稿存档，鉴于该书主要涉及在黑龙江与俄罗斯边境地区的贸易和其他问题，这也不令人意外。[⑦]为今后会用来彰显王朝功绩的军事行动历史的

① （北）《（军机处）清查各档记载簿》（未标页）。

② 这75本档册日期为雍正八年（1730）及以后，和作为军机处前身的若干委员会在怡亲王死后设立的时间几乎相同。见（北）《满军机处档案总目正副本并月折［#2259（四）］》。在这些目录中满文档册的标题被翻译书写成汉文。目录中一个早期的例外是自雍正二年三月（1724）设立的"夷使档"。如果试着把这些标了名称的卷宗和雍正时繁多的内廷委员会联系配对，会很有意思。

③ 乾隆二十四年（1759）满文议覆档被中止，其内容并入上谕档或其他专门档案。出处同上。

④ 我所查看的三种汉文版本都是方本，记录了该朝最后三年的事件。其中的内容则不止是议覆奏折。

⑤ 关于"专案"，见张德泽《军机处及其档案》，文献论丛，北平，1936，第71—72页。

⑥ 见《清军机处档案目录》第10页，其中列有四卷，而非三卷档案。三卷存于台北故宫博物院，那另一卷呢？我在一史馆找到了涵盖乾隆六年至十年（1741—1745）的第四卷，上有一今时的标签，将其归为议覆档。但是卷中内容和其他议覆档并不相似，却与《目录》所列全四卷中缺失的部分正好吻合，内容日期为乾隆六年正月十八至乾隆十年十一月十一（1741年3月5日至1745年12月3日）。除此之外，与方本议覆档不同的是，这其中还包含了许多其他形式的档件，全都是关于北疆战事的记录。可能原先清时的标签在某个时候掉了下来，然后由于卷中议覆奏折之多，该卷被重新命名。这样的情况在档案中很容易发生，即使是军机处 档案这样善加管理的档案也不例外。

⑦ 这份最终稿为硃色兰写本，页面上有漂亮的朱红色的对齐线来辅助抄写者。

写作准备一套齐全的档案基础的复杂系统可能也是满洲人先创立的，因为康熙早期的一些军事行动历史读来仿佛原始资料不足，这可能导致雍正和乾隆时期进行了改革。

最终，乾隆朝的《十全》（十项重大战役）带来了一套汉文方本档册材料，这也用来给军事历史提供基础资料。我们已经提到的汉文《边备夷情档》就很可能被收编成《平定准噶尔方略》中的一部分。

在前段提到的军事行动之后，还有发生于乾隆十二至十四年以及三十六至四十一年（1747—1749和1771—1776）的两次大小金川战役，但是这两次战役只有一本战争史《平定两金川方略》介绍。第一次战役历史的档案备份是由满文写成，上文称作“金川上谕档”①，其中有少数汉语上谕，包含在乾隆十四年（1749）的上谕档中；第二次战役也有满汉双语的档案材料：满文的材料题为《金川上谕档》和《金川议覆档》②，其中有十六本汉文专案方本档册《金川档》。③ 比较这两套档案，反映了在清政府的中心的语言使用逐渐发生着变化。

将档案记录输入到官方战役历史的相似模式在乾隆朝余下的时间及其之后一直持续下来。例如，被称作《剿捕档》和《剿捕教匪档》④ 的记录白莲教起义的方本档案卷宗后来用作正式战役史《剿平三省邪匪方略》的材料基础。但并不只是这么简单而已。《剿捕折片档》⑤ 作为一部半成品，被从十三大卷档案中编写出来，其中充斥着战斗的细节以及被认为适合印刷发表的官方最终故事版本。这份半成品档案仅列有奏折和附片，其中带有简短的摘要或描述，主要是集中在官兵剿匪的过程，而少有提到诸如军中疫病、晋升以及政府对战争的拨款等相关内容。卷中每个条目都画圈标示，可能表示决定将其纳入战争史料。第一历史档案馆的一位工作人员告诉我，在收集完这么多记录战争的文档之后，所搜得的文档资料平均只有大约百分之三十最终会被写进战争历史里。

（二）军机处的档案抄录、编目工作

档案的抄写复制并非清朝首创，但可以说，清朝在这项做法中添加了一些新的举措。汉文奏折的抄写工作是雍正时期开始的：现存最早的证据是一些雍正八年（1730）年末的汉文录副奏折。⑥ 满文奏折抄写大约开始与同一时间，第一袋奏折抄件日期为雍正八年腊月至九年六月（1731年1月至7月），在雍正朝共有36袋满文的抄件。此外，在可能时乾隆末期所编的总目中，报告雍正时期遗失了8袋该抄件，损失了总数的18%。⑦

---

① （北）《满军机处档案总目正副本并月折［#2259（四）］》，未标页。

② 出处同上。

③ （北）《汉军机各档各月折总目［#2259（四）］》，未标页。

④ 《清军机处档案目录》，第16、第19页。

⑤ 出处同上，第16页。台北故宫博物院所存6卷可佐证。感谢苏纳坎教授让我注意到这些。同一出处第32页列有七卷咸丰元年至七年（1851—57）的《剿捕随手登记档》，虽然我没有亲见，但可能也是其到同样作用，即用随手登记档来记下可选来编写正式战役历史的文档。

⑥ （北）《汉军机档案总册》#2558（一）。和其他地方一样，军机处的档案中包括其前身各委员会的文件。我在一史馆中见到的录副奏折有最早至雍正八年五月初七（1730年6月21日）的，但鉴于这些是关于雍正最亲近的兄弟怡亲王胤祥（1686—1730）之死的，而且依次粘贴在奏折样式的纸张上，我怀疑这些并非真正的录副抄件；见（北）录副存件：内政，礼义，#2。

⑦ （北）满军机处档案总目正副本并月折。

档册的抄写工作是后来开始的。解释将满文和汉文档册制做成抄件的必要性的现存最早奏折是由军机大臣阿桂等在乾隆四十三年（1778）上奏的。虽然该奏折中提到有两次早前的抄录，分别在乾隆二十五年和乾隆三十五年（1760和1770），我并没有找到这两年的抄写记录。[①] 需要抄写的理由包括"浩繁…… 翻阅…… 节年随带行走……"奏折请求将关于两次最近军事行动—两金川和土尔扈特战役—的方本档册抄写复制。阿桂还写道，一开始，抄录工作每十年进行一次。[②]（之后，抄写的次数愈加频繁，需要抄写的档案数量也不断增多。）最早被抄写复制的书可能是雍正十一至十三年（1733—1735）的议覆档，但是并不清楚其在乾隆期间被拷贝的具体时间；我们仅知道它们是抄本（凭抄写者在书背后的标记）。抄写的工作还包括制作军机处档案的目录（藏于"方略馆"）。

三、上谕档的内容

需要注意的重要一点是，与许多档案一样，上谕档中的内容并非原创，也不全是根据许多文件的最早版本制作的抄件。尤其是皇帝的谕旨，可能是先草拟初稿，然后经过了多次修改重拟。上谕档则一般只包括文件的最终版本。

由于这些上谕档和其他方本档册一样包含了许多皇帝谕旨以外的内容，"上谕档"这个名字对于这些档册来说是有误导性的。事实是，常见的军机处上谕档包含了比皇帝谕旨多得多的内容。由于皇帝谕旨很可能在别的地方也被记载，方本档册存在的重要价值在于其中的许多其他种类文件，尤其是军机大臣的奏片，以及军机处编制的清单。有些带有图样的奏折内附件，比如地图、绘画和图表，并没有抄录到上谕档或其他方本档册中；甚至是和军事行动有关的地图也没有复制。[③] 相反，文字（而非绘制）的奏折内附件——比如招供和其他证言——则经常出现在上谕档中，这无疑是因为它们更易于拷贝。

（一）上谕档和其他方本档册中的皇帝谕旨

许多上谕档中的谕旨被称作"上谕"，这是一个常用的、含义宽泛的名称。其他类别的谕旨包括简短、非正式的"奉旨"，以及秘密的"宫廷信件"形式，称作"寄信"、"廷寄"和"字寄"等[④]，汉文版最早出现于雍正朝（雍正帝曾将这种简称为"字"）。[⑤] 许多廷寄有关军事行动，是投送到指定收信人的。其他的则可以更广地传阅。[⑥] 军机大

---

① 注意雍正十三年十月廿五（1735年12月8日）上谕档，其中提到抄写"档案"，但没有表明所抄"档案"为奏折或档册。

② 乾隆四十三年五月十六（1778年6月10日）上谕档。关于抄写，亦可见张德泽《军机处及其档案》第62—63页，《文献论丛》，论述二，1936；《文献合集》重印本；台北：台联国风出版社，1967。相关部分标题为："档案之分析"。

③ 这些多数必须在军机处录副存件中查找。

④ 当电报在光绪朝（1875—1908）开始使用后，这些谕旨被收藏在叫做"电报档"的方本档册中。

⑤ （台）宫中档，雍正000592，日期不全，但很可能为雍正五年腊月初十（1728年），雍正帝在其中用朱批写道："此系朕命怡亲王写与卿之字"。

⑥ 早期可能存在许多满文的廷寄。我还未能研究这种可能性。

臣们还编制了散播更广的“内阁奉上谕”，其中有些在上谕档中出现。[①] 偶尔可以找到一条称作“硃谕”的谕旨，是由皇帝亲笔写成的。

然而，利用这些术语来描述谕旨并不可靠。我找到过一条道光朝晚期的谕旨，在《实录》中被称作“谕内阁”，在上谕档被称为“内阁奉上谕”，在上谕档的另一页则又被简称为“硃谕”，其中最后一项代表是皇帝亲笔写成，所以想必可以看作是皇帝自己的意思。但给抄写者的留言则要求“另录谕旨，毋庸写硃谕”[②]。因此，该谕旨在上谕档中留有两个版本，其中被流传的版本意在保证皇帝在这篇上谕中的作用得到保密。

（二）有关决策和草拟谕旨的内容

上谕档最不同寻常的特点之一是有关谕旨准备阶段的材料，其中许多谕旨的原件难以在其他档案中找到（尤其是如今第一历史档案馆原件的收藏已不对外开放），这点对研究多有帮助。这些材料通常是由军机处准备，并上呈皇上来辅助决策和谕旨的拟订。其中包括军机大臣提交给皇上的奏片，许多奏片带有附着详细解释的文件草案。这些记录中还有官员和犯人的审讯证言，但是叛军的招供更多地出现在方本战役记录档中。

如果皇帝用朱批添加了他的修改意见的话（称作“过硃”），谕旨起草的过程可以相当复杂。方本档册中的谕旨看起来是发送给收件人的版本，如果皇帝用朱笔做过改动和增补，这些朱批常常会放在上谕档线的右边，并在上边的空白处标注“硃”字。这样一来，尽管谕旨文件系统的设计通常不是为了标明而是为了隐藏决策人的身份，但是经常能在上谕档（而不是《实录》）中发现皇上在谕旨中起到的作用。

皇帝可以在谕旨的草稿中添加任何他想加上的内容，无论是画圈（从列表上选择项目或人名）、在草稿的某些语句旁画线（来表示皇上的赞同或强调），或在线外用朱笔添加的批示，这些批示有时写在草稿中被朱笔画去的语句旁。通常，方本档册中皇上的评论出现的地方，会在那一行顶上的空白处标上“硃”字。[③]

一个很好的例子是嘉庆帝在表达对两个近臣的糟糕表现表达自己意见时留下的一系列评论。当然，最初的草稿是和皇上讨论过的，他想必提出了一些意见，而这些话之后出现在了谕旨的第一稿中。以下引用的朱批中我用下画线标明了嘉庆帝在第二稿中添加的内容：“谕内阁：昨日英和于已刻忽呈递密封。朕亲手拆看。”[④]

随后，在谕旨的后文中，皇上添加了另一句评论：“实属瞻徇”。[⑤]

---

① 虽然这种谕旨的类型可能让人以为它是在内阁写成，但是鉴于军机处档册中有这些谕旨的抄件，说明军机处负责了谕旨的起草工作。

② 道光三十年腊月十五（1851 年 1 月 16 日）；《咸丰实录》1：291（j. 23/33b - 34a）。有一个没有解决的问题是：如果要将皇帝具体的参与细节保密，为什么标了“硃谕”和没有标“硃谕”的版本都被保留在上谕档里。可能的解释是，当时军机大臣们还不太了解新皇上的脾气，预备某个时候他们可能需要向皇上证明，该谕旨确为皇帝亲笔写成，而非受了大范围讨论后的影响。

③ 这使得抄写者的修改和皇上的注释可以区分开来。

④ 嘉庆十年六月廿九（1805 年 7 月 25 日）上谕档；《嘉庆实录》四：2084 - 85（j. 145/32a - 34a）。我没有写上的是，嘉庆帝还用朱笔标了一个“密”字。该段抄自《实录》，并添加了《实录》上的标点，但是上谕档上没有皇上注的标点。在军机处随手登记档上，这种皇上在（谕旨内的）行间写的注释称作“旁”。又见《枢垣记略》，梁章钜编。两册共 28 卷。台北：《文海》，1967 年重印；原版为 1823 年，恭亲王修订后于 1875 年重印，1：39 - 42（j. 15a - 16b）中可见另一抄件（部分），该件也没有标明朱批。

⑤ 出处同上。

最后，在结尾部分，嘉庆帝显然对第一稿甚为不满，于是用自己的版本写下了当时的情况："刘权之寻事退出军机。此言实属狂妄胆大。从前和珅虽恶阿桂，尚不敢公然出此言。今英和后生新进，习学办事之人，竟敢出此悖理之言。若不及早惩治，可能将来出大案矣。"①

这篇长篇抨击表现了皇帝心中所想，以及他对和谐的朝廷人员关系的迫切需求。这也表明了上谕档和其他方本档册相较于《实录》等其他文档的意义。《实录》倾向于将所有内容都表现成是皇帝发布的，而不专门标明皇上在后来几版修改中所起到的具体作用。另一个能找到这些添加修改的地方只有原文件本身，但前提是能找到原文件。

（三）上谕档和其他方本档册中的奏折

各省提交的正式奏折的全文一般不抄录如方本档册（如今这些奏折可以在出版的奏折集中找到复制件）。但是自从军机处于乾隆二十四年（1759）左右取消了议覆档后，这些通常由京官写成的奏折被加入了上谕档或其他特定相关的方本档册。从外朝文书制度收录的题本则更少。行省的奏折经常被写成摘要放在回复它们的谕旨开头，有时摘要会大规模地出现。

1. 上谕档中的奏片

上谕档中一部分最有意思的类似奏折的内容，也是奏折中的一部分，是军机大臣写通常用于提出请求或向皇上说明情况（索性这也向如今的研究人员说明了情况）而写的奏片。这些奏片并非正式奏折，而更像是简短、非正式的笔记。如今这些奏片的原件通常无法在奏折的存件中再找到，也不大可能在刊登在《实录》中，所以方本档册是主要的可以读到这些奏片的地方。②

军机大臣奏片中最大的几种之一是军机大臣向皇帝解释他们是如何写成皇帝的指令的。比如说，奏片上可以解释一道谕旨的起草和翻译的过程，如下所示："臣等拟写通谕八旗兵丁谕旨一道进呈恭候发下再行繙译清文进呈后书写清汉字发抄谨奏。"③ 这种短信无疑是让嘉庆帝放心，说军机大臣不敢（像不久之前被查办的和珅一样）矫诏僭越。

其他军机处奏片是为了请皇上下旨而写。在嘉庆朝早期，春末的暴雨和大水侵袭紫禁城，在这种非常情况下，军机大臣们上奏请求皇上降旨应对危机，令御船处在"宫门外备小船木筏"来搭载进出皇宫的人。为了从长远角度解决这个问题，又将事情转交给奉宸苑④处理。方本档册中包含了许多这种类型的奏请。

有一部分奏片是有关现在看来并不引起太大研究兴趣的仪式或典礼，但是这些仪式在当时引起了重大的担忧。军机处偶尔需要查一些资料，然后上呈奏片解释册封皇后的

① 出处同上。

② 军机处的随手登记档在"奏片"部分有这些奏片的摘要。

③ 嘉庆五年四月廿六（1800 年 5 月 19 日）寻常档（上谕档的一种）。上述引言文字中省略了奏片中的几处抬写，比如，有一处把"谕旨"两字抬头两格书写，来表示"皇帝下谕旨"之意，而并非直接写出"皇帝"二字。

④ 嘉庆六年六月初三（1801 年 7 月 13 日）上谕档。

仪式规范，[①] 或是发布该朝《实录》的恰当典礼形式。[②]

2. 方本档册中的清单

上谕档中列有数种清单[③]，其中许多对各种研究可能有用。[④] 一种非常常见的清单是关于人员任命的，附在“空名谕旨”的旁边。皇帝会在名单上他选中的人（通常是名单上的第一位）的名字上画圈，还可能把谕旨中的空格填上，这样接旨的大臣就有幸能在谕旨上见到皇上亲自用朱笔写上的自己的名字。像这样的名单表明皇帝在数种任命上有很强的决定权，但同样显然的是，很多情况下皇帝只是对军机处提交的名单上的第一位表示同意，而军机处很可能可以利用这种惯例来达成对自己有利的情况。

另一种几乎每年年末都会出现的清单是军机处纸张使用量的统计。这些清单记录了军机处所用的不同种类的纸张的收取、使用和剩余数目。这种月度或年末的表格数量很多。

有一种清单是记录属国前来朝觐时所纳贡礼的，通常伴有清政府回礼的清单。有些艺术史学家得以利用大清礼品清单进行研究。另一些清单列出了被安排接受皇帝赐与的装帧精美的新印殿本作为礼物的官员。有些人认为这些恩典是当时极其荣耀、如今却缺乏实际价值的事情，比如有一套19世纪早期的名单，上面记录了70岁上下的已经或可能被赏紫禁城骑马的高官的名录。[⑤]

另一种清单（或者在有些时候是其他沟通方式）提供关于全体人口的健康信息，回复皇帝对全国最长寿的人的年龄的问询，并分发皇上对他们高寿的奖赏。另一种则是列出了一套新发行的书籍的奖励对象。这样的名单透露出哪些人在朝廷是受宠的。重要的是，嘉庆朝初期（乾隆帝还作为太上皇掌权的时候）的名单将阿桂放在和珅之前，这无疑是因为阿桂在内阁中地位居前。[⑥] 还有一种名单委派代表全国各官府部门的官员来主持特定的仪式。[⑦]

最后，几道关于任命的谕旨以及相关的军机大臣提名的交皇上圣裁的可能人选名单，可以在光绪二年（1876）正月上旬找到例子。[⑧]

结　语

在清王朝早期，当康熙帝和雍正帝领导修编内廷档案时，满人和满文显然在内廷中

① 嘉庆五年四月十五（1800年5月8日）寻常档。

② 光绪三年四月十九（1877年5月31日）上谕档。

③ 我非常反对用英文“clear list”来翻译“清单”的做法，而这种做法相当常见。据我所知，中文中并没有一个词专门表示“模糊的名单（英文“unclear list”）”的意思。

④ 见庄吉发，《清代上谕档的史料价值》，第56—58页，其中有几个清单的例子。

⑤ 嘉庆十二年十月十八（1807年11月7日）上谕档。

⑥ 嘉庆元年正月十二（1796年2月20日）的上谕档向皇帝建议分发80套《四库全书》，请求皇帝批准：名单由王爷、王孙为首，军机大臣和其他大臣随后；另一份相似的日期相同的名单建议分发《十三经》；当要分发满文书籍时，这样的名单上人数会少一些。

⑦ 嘉庆元年正月十九（1796年2月27日）上谕档。

⑧ 光绪二年正月初八（1876年2月2日）上谕档中的两份奏片及内附名单。

占统治地位，朝廷上说、读、写满文的人相比于汉人官员很可能条件更好、并且在语言方面游刃有余，尽管汉人官员可能通过了满文考试，但仍无法完全熟练掌握满文。结果是，尽管雍正帝试图削弱一些高级满族王爷王孙在政治上的地位，以免他们动摇其皇位，但是他并没有通过转向拉拢汉人官员的方法解决问题（满文学得好的张廷玉可能是个例外）。雍正帝主要用中等地位的满人中提拔的“新人”填充内庭，由于这些人缺乏皇族渊源，皇帝可以指望他们感恩戴德、肝脑涂地。[①] 这样造成的结果是，像我前面所说，在相当长一段时间内，内廷档案主要以满文存录，而没有汉文版本。这意味着我们熟知的满汉共治在语言上可能并不彻底。更重要的是，这显示出满人有很强的发明创造能力，而这个品质还没有被广泛认可过。

我之前提到，可供满人沿袭模仿的明朝档案非常少。除了没有说明具体情况的税收记录外，唯一可能的先例是外朝存件，主要是保存在内阁的（而六部的档案在义和团运动中大部分被毁，结果许多六部档案再也没有可供研究的存件）。我查阅过一些内阁档案的目录，虽然其中列有许多档册，但是这些档册的类型和内容并不清楚。[②]

这个话题的丰富程度不是一篇会议论文可以完全涵盖的。我集中讨论了开头的阶段：主要是雍正和乾隆两朝所发生的变化。甚至还有更多方本档册是19世纪新增的。[③] 如果我的这篇关于新的早期档册的简短介绍向我们提到满人的发明创造能力，那这个话题肯定还值得更深的探究。

（胡文　译）

---

① 见《君主与大臣》，第30页，及附录D第289—290页。关于雍正所用“新人”的概念，见Kent C. Smith，《清朝政策及中国西南的发展：鄂尔泰总督治下的各个方面，1726—1731》（Ch’ing Policy and the Development of Southwest China：Aspects of Ortai’s Governor－genearlship，1726－1731），第15页及其后几页。纽黑文：耶鲁大学博士生毕业论文，1970年。

② 外朝的档册有目录记载。如见《内阁大库档册》，1910年首印，1994年重印；《内阁大库书档旧目》及《内阁大库书档旧目补》；及《大库史料目录》，台北，台联国风出版社，1971年重印。可惜的是，这些只是目录名册，并没有关于所列文档内容属性的介绍。

③ 见《清军机处档案目录》，1927，清后期各朝通篇。

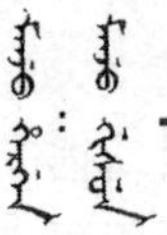——满洲语文在清朝历史舞台上所扮演的角色

庄吉发（台北故宫博物院）

一、前　言

满洲文字的创制，是清朝文化的重要特色。满洲文，清朝称为清文，满洲语称为国语。民初清史馆曾经纂修《国语志稿》，共100册，第一册卷首有奎善撰《满文源流》一文，略谓：

> 满洲初无文字，太祖己亥年二月，始命巴克什（师也）额尔德尼·噶盖，以蒙古字改制国文，二人以难辞。上曰，无难也，以蒙古字合我国语音，即可因文见义焉，遂定国书，颁行传布。其字直读与汉文无异，但自左而右，适与汉文相反。案文字所以代结绳，无论何国文字，其纠结屈曲，无不含有结绳遗意。然体制不一，则又以地势而殊。欧洲多水，故英法诸国文字横行，如风浪，如水汶。满洲故里多山林，故文字矗立高耸，如古树，如孤峰。盖制造文字，本乎人心，人心之灵，实根于天地自然之理，非偶然也。其字分真行二种，其字母共十二头，每头约百余字，然以第一头为主要，余则形异音差，读之亦简单易学。其拼音有用二字者，有用四、五字者，极合音籁之自然，最为正确，不在四声赅备也，至其意蕴闳深，包孕富有，不唯汉文所到之处，满文无不能到，即汉文所不能到之处，满文亦能曲传而代达之，宜乎皇王制作行之数百年而流传未艾也。又考自入关定鼎以来，执政臣工或有未晓，历朝俱优容之，未尝施以强迫。至乾隆朝虽有新科庶常均令入馆学习国文之举，因年长舌强，诵读稍差，行之未久，而议未寝，亦美犹有憾者尔。兹编纂清史伊始，窃以清书为一朝创制国粹，未便阙而不录，谨首述源流大略，次述字母，次分类翻译，庶使后世征文者有所考焉。①

满文的创制，有其文化、地理背景，的确不是偶然的。满文义蕴闳深，汉文所到之处，满文无不能到，都具有“文以载道”的能力。满文的创制，其主要的目的是为了文移往来和记注政事的需要。满洲入关以后，满洲语文一跃而成为清朝政府的清文国语，对外代表国家，“大清国国书”，满文读如“amba daicing gurun i gurun i bithe”，满汉兼书。满文对内比汉文的地位更为特殊，在清朝的历史舞台上扮演了重要的角色，纂修清史，不修国语志，不能凸显清朝文化的特色。从满文谕旨的颁降，有助于了解皇帝指授方略及君臣互动的过程。奏折是君臣在传统体制外的一种单线通讯工具，从满文奏折的采行，有助于了解满文的政治功能。

---

① 奎善撰《满文源流》，《国语志稿》（台北，清史馆档，未刊），卷1，第1页。

天命神授，制诰之宝，有德者得之，无信不立，职官印信，可昭信守，满文印信在政治舞台上扮演了重要的角色。以佛治心，以儒治世，从儒家典籍与佛经大量译成满文，可以反映清朝的文化政策。康熙皇帝一方面提倡崇儒重道，一方面积极接受西学，西洋传教士以满语进讲西学，编写满文讲义，满洲语文在中西文化交流舞台上扮演了特殊的角色。职贡有图，反映多民族中华一体的历史趋势，职贡图画卷图说，满汉兼书，灵禽瑞兽的命名，满汉并列，对艺术史的研究，提供了重要的参考价值。盛清诸帝重视清文国语，其忧患意识的强烈，具有时代意义。

二、圣旨纶音——满文谕旨与君臣互动

有清一代的谕旨，性质不一，据《钦定大清会典》记载："凡特降旨者为谕，因所奏请而降者为旨，其或因所奏请而即以宣示中外者亦为谕。其式，谕曰内阁奉上谕，旨曰奉旨，各载其所奉之年月日。"非因臣工奏请而由皇帝特降者称为上谕，除汉文上谕外，还有满文上谕。康熙皇帝御驾亲征噶尔丹期间所颁发的满文上谕，件数颇多，满文谕旨在政治舞台上扮演了重要的角色。据《起居注册》记载，康熙皇帝于康熙三十五年（1696）二月三十日统大兵发京师征讨噶尔丹。康熙三十六年（1697）五月十六日，康熙皇帝凯旋，由德胜门诣堂子行礼毕，进午门回宫。以下举康熙皇帝颁降皇太子胤礽谕旨数件，说明满文谕旨的史料价值。

（1）罗马拼音

hese, hūwang taidz de wasimbuha, ice nadan de, g'aldan i jakade takūraha aisilakū hafan bosihi, dahame jihe gelei guying dural i jui ubasi, danjila i takūraha cahandai be amasi takūraha bihe, te geli jihebi, ese isinjiha. jai gelei guyeng dural manji, g'aldan i takūraha lamacab, danjila i takūraha lobdzang se kemuni isinjire unde esede fonjiha gisun, g'aldan i wasimbuhe bithe be doolafi majige aliyaha bihe, juwan i erde manji, lobdzang isinjiha. bonio erinde arabtan, danjin wangbu i jakade takūraha bithesi heise, dzewangjab wang ni faidan i da manitu se karun de isinjifi boolame wasimbuhe baita, amba jiyanggūn be fiyanggū i boolaha baita gemu isinjiha. juwan i yamji, gelei guyeng dural, lamacab se isinjiha, esede fonjiha gisun be suwaliyame arafi unggihe. g'aldan i muru be tuwaci, danjila de eherekengge yargiyan, te arabtan, danjin wangbu geli mini hese be dahafi musei ici ohobi. niyalma i gūnin fakcashūn, omihon de amcabuhangge yargiyan, te ehe aral baru nukterengge nimaha bisire jalin, ainahai dahame genere niyalma bini. te dahame jidere niyalma lakcarakū ohobi, mejige emdubei bahambi. bi baita be toktobufi yabumbi, ainaha seme weihukelerakū, inu ekšere ba akū. te jeku ciyanliyang be icihiyame wajiha, cooha be inu tucibume wajiha, ere jergi mejige be aliyame inenggi be toktobure unde, jeku ciyanliyang orho liyoo dahalara jeku, temen losa morin kunesun gemu ambula funcehe, umai hafan cooha irgen be jobobure ba akū. arame ubade isinjirengge, mini takūraha gabsihiyan i hiya kisamu se, emu ūlet eigen sargan be jafafi isinjiha, kisamu sei alarangge, be hesei joriha songkoi ilan biyai juwan uyun de, ning hiya ci jurafi, anagan i ilan biyai ice de gūrban saihan i bade isinafi, ere ūlet be bahafi amasi jihe sembi, ūlet i niyalma jamsu i jabun be encu bithe de araha ci tulgiyen, sakini seme wasimbuha, manju ambasa de tuwabu①.

(2) 满文汉译

谕皇太子，初七日，遣往噶尔丹处员外郎博什希、来降格垒沽英杜喇尔之子吴巴什、丹济拉所遣察罕岱曾遣令复往，今又到来，伊等已抵达。又格垒沽英杜喇尔、曼济、噶尔丹所遣喇嘛察布、丹济拉所遣罗卜臧等尚未到来。抄录询问伊等言语及噶尔丹奏章，稍留等候。初十日清晨，曼济、罗卜臧到来。申刻，遣往阿喇布坦、丹津旺布处之笔帖式黑色、泽妄扎布王长史马尼图等至卡伦后奏报之事、大将军伯费扬古奏报之事俱到。初十日晚，格垒沽英杜喇尔、喇嘛察布等到来。将询问伊等之词一并缮写咨送。观看噶尔丹情状，与丹济拉交恶是实。今阿喇布坦、丹津旺布又遵朕旨，归附于我。人心已离，迫于饥饿是实。今向额赫阿喇尔迁移者，因为有鱼，岂有随往之人？今来降者络绎不绝，屡得信息。朕谋定行事，断不轻视，亦不着急。今粮饷已办完，发兵亦毕，等候诸此信息，未定日期，粮饷草料，随粮、驼骡马干粮，俱余剩甚多，并不苦累官兵百姓。写到此处，朕所遣前锋侍卫奇萨木等，擒一厄鲁特夫妇解到，奇萨木等告称，臣等按照谕旨指授于三月十九日自宁夏启程，闰三月初一日抵达古尔班赛罕地方，拏获此厄鲁特而返回等语。除厄鲁特人扎木素口供另行缮书外，谕尔知之，着示满洲诸臣。

清军征讨准噶尔，康熙皇帝御驾亲征，皇太子胤礽（inceng）以满文缮折请安，附陈京中动静。康熙皇帝亦缮写满文谕旨，将军事活动告知皇太子胤礽。前引满文谕旨于康熙三十六年（1697）三月初四日到京。据降人格垒沽英杜喇尔、笔帖式黑色、大将军费扬古等称，噶尔丹与丹济拉交恶，准噶尔已迫于饥饿，厄鲁特投出者，络绎不绝。康熙皇帝令皇太子胤礽将满文谕旨示诸满洲大臣。同年四月三十日，康熙皇帝经过湖滩河朔后，将诸事缮写满文谕旨寄回京中。可将满文谕旨影印于下，并转写罗马拼音，译出汉文。

---

① 《宫中档康熙朝奏折》，第八辑（台北，台北故宫博物院，1977年6月），第705页。

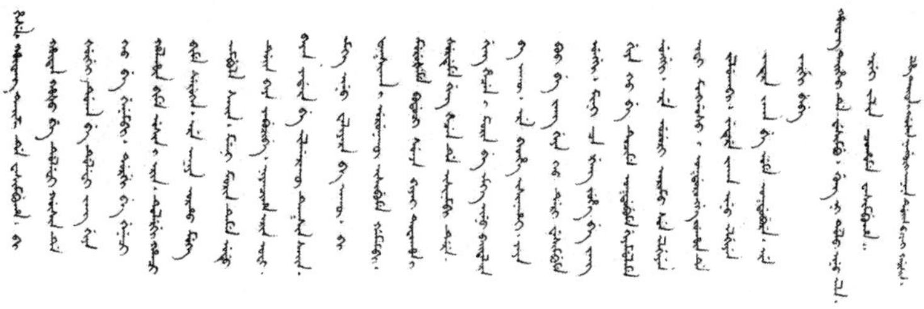

（1）罗马拼音

hese, hūwang taidz de wasimbuha, bi hūtan hošo be dulefi gūsin de šurgei duka be dulefi jang giya keo be genembi, dorgi be geneci halhūn bime usin i erin, tulergi hanci bime seruken, ere aniya orho muke ambula sain, meni morin temen udu duin biya yabucibe, niyanciha erin ofi, bayan yadara be ilgarakū teksin sain, emke inu waliyara ba akū, bi faksikan i urunakū isibume gamambi, murušeme bodoci sunja biyai tofohon i šurdeme ging hecen de isinambi dere, ging hecen i morin be emke inu baitalara ba akū, ere bithe isinahai, yaya boo be jang giya keo deri wesimbume unggi, mini ca g'ang juhe be jang giya keo be tucime okdobume giyamulame unggi, ere ucuri oromo sun elgiyen ofi monggoso i okdorongge juhūn de jalukabi. jetere jaka inu elgiyen jetere jaka be ume okdobure, ere jergi babe hūwang taiheo de wesimbu, gung ni dolo inu ala, erei jalin cohome wasimbuha. elhe taifin i gūsin ningguci aniya duin biyai gūsin. ①

（2）满文汉译

谕皇太子，朕过湖滩河朔后，于三十日过杀虎口，经张家口而往。若经内地而往，则暑热而又值农时，边外近而且凉爽。今年水草甚佳，我之马驼虽行走四个月，但因值草青之时，不论贫富，皆齐全完好，一无遗弃，朕多方区画，必令全部送到。大略估计五月十五日左右可到京城，京城之马，一无所用。此文到后，凡有京报俱从张家口遣奏，朕所用茶汤冰水，出张家口来迎，从驿站遣发。此时乳酥充足，蒙古来迎者，充塞于途，食物亦多，不必赍食物来迎，可将此等事奏陈皇太后，宫内亦告知，为此特谕。康熙三十六年四月三十日。

由前引谕旨可知康熙皇帝亲征朔漠行军路线，因内地炎热，又值农时，边外较近，而且凉爽，所以由边外行走。康熙皇帝过湖滩河朔后，经杀虎口、张家口前进。沿途水草丰美，马驼完好无缺。军中食物充足，蒙古迎驾者，充塞于途。皇太子胤礽奉到谕旨后，遵旨奏闻皇太后，并告知宫中阿哥等人。借助于满文谕旨，在军前的康熙皇帝和宫中互动，极为密切。

① 《宫中档康熙朝奏折》，第九辑（台北，台北故宫博物院，1977年6月），第69页。

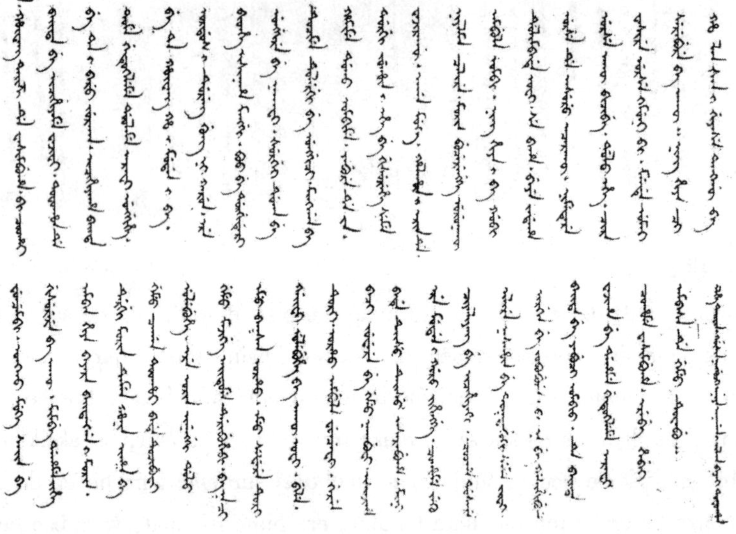

（1）罗马拼音

hese, hūwang taidz de wasimbuha, bi coohai baita be icihiyame wajifi, tofohon de be ta i baru juraka, icihiyaha baita tome getukeleme doolame arafi unggihe, be ta hūwang ho i mudan i ba, ordos i dureng gung ni karun, ere bithe isinaha manggi, boo be dorgideri unggire be nakafi, šurgei duka be tucime tulergi be unggici, minggan ba hamime doko ombime, yabure de ja, dorgi juhūn i ehe be gisurehe seme wajirakū, aga muke, halhūn i erin de, niyalma calire, morin bucerengge urunakū ambula ombi, ning hiya i ba gobi dulimbade ofi, se baha, beye jadaha urse de asuru acarakū, nimetere urse akū bicibe, dolo ehe, cira wasire urse kemuni bi, mende umai serebure ba akū. ning hiya ci ho lan šan i giyase tanggū ba funcembi, ongko muke sain be gisurere ba akū, mimbe dahame jihe amban hiya bayara baitangga i morin, dergi morin temen honin ihan be gemu cagan toohoi bade tucibufi ulebuhe, ere orin inenggi dolo gemu majige aitume deribuhebi, ba na ci emu baksan orho, emu sefere turi gaifi ulebuhe ba akū ofi, bele, turi, orho ambula funcefi, geren baci juwere be gemu nakabufi, isinjiha bade teisu teisu asarabuha. mini ere mudan i goro jihengge, cohome jeku ciyanliyang be icihiyaki, cooha dosire ilire nashūn be toktobuki seme jifi, irgen be jobobure, ba na be gasihibuha baita be yabuci ombio? te baita wajiha be dahame getukeleme arafi cohome wasimbuha, erebe hebei ambasa de gemu tuwabu. elhe taifin i gūsin ningguci aniya anagan i ilan biyai tofohon.

（2）满文汉译

谕皇太子，朕料理军务毕，十五日，启程往白塔，所办每事，俱已明白抄发。白塔是黄河弯曲处，鄂尔多斯杜棱公卡伦，此谕到后，文报勿由内地遣发，若出杀虎口，由边外遣发，则将近千里可抄近路径直而易行。内地之路，恶不可言。雨水暑热之时，人酷热难耐，马毙必多。宁夏地处戈壁中央，年高体弱者，甚不相宜，虽无病者，却常有肚腹不好，形容削减者，朕等则无所觉。宁夏距贺兰山边塞百里有余。水草美不可言，随朕前来大臣、侍卫、护军。拜唐阿之马、御用马、驼、羊、牛，俱放出至察罕托海地方喂养。此二十日内，俱略有起色，因未取地方一束草一勺豆喂养，故米、豆、草大有剩余，各处俱停其运解，着于所到之处各自收贮。朕此番远来，特为料理粮饷，定夺师旅进止之机而来，岂可行扰累地方之事？今因事已毕，故缮明特谕，着以此遍示议政大臣。康熙三十六年闰三月十五日。

据《起居注册》记载，康熙三十六年（1697）闰三月十四日，康熙皇帝驻跸宁夏，闰三月十五日，车驾启行，往白塔进发。闰三月二十五日，康熙皇帝驻跸黄河西岸沙枣树。闰三月二十六日，康熙皇帝驻跸黄河西岸白塔。据前引满文谕旨可知，宁夏地处瀚海即戈壁沙漠中央，距贺兰山边塞百里有余。汉文“河套”，满文读如“hūwang ho i mudan i ba”，意即“黄河弯曲处”，是鄂尔多斯杜棱公卡伦。“卡伦”，满文读如“karun”，意即“哨所”，或“汛地”。满文谕旨与《起居注册》的记载，详略不同，可以互相补充。

三、明目达聪——满文奏折的政治功能

康熙年间开始采行的奏折，是朝廷体制外的一种通信工具，亦即皇帝和相关文武大臣之间所建立的单线书面联系。康熙皇帝屡谕各省将军、总督、巡抚、提督、总兵官将本省或邻封之事，俱应于请安折子，附陈密折。内阁部院大臣亦当与诸省大臣一体于请安折子各将应奏之事，一并陈奏，或部院大小诸事，或旗下事务，凡有应奏闻者，应条陈者，各罄所见，开列陈奏，所言是，则择而用之；所言非，则手书训谕。凡有陈奏，俱无泄漏，一概奏折，不迟时刻，康熙皇帝亲手批谕发还①。臣工具折时，或汉字，或满字，因人而异。康熙皇帝亲征朔漠期间，满文奏折扮演了重要的文书角色。皇太子胤礽（in ceng）固然于满文请安折内附陈应奏之事，抚远大将军费扬古等亦缮写满文奏折陈奏准噶尔军情，影印满文原折一件于下，并转写罗马拼音，译出汉文。

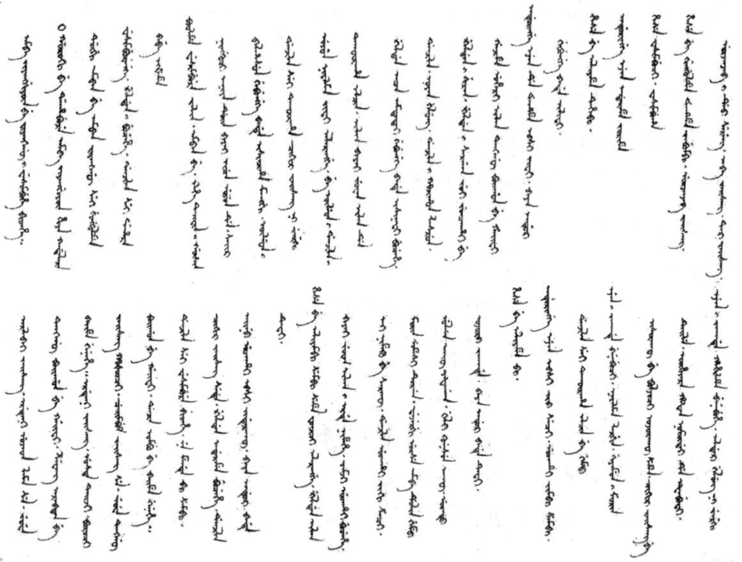

① 《清代起居注册·康熙朝》（台北，台北故宫博物院，2009 年 9 月），第二册，第 11208 页。

（1）罗马拼音

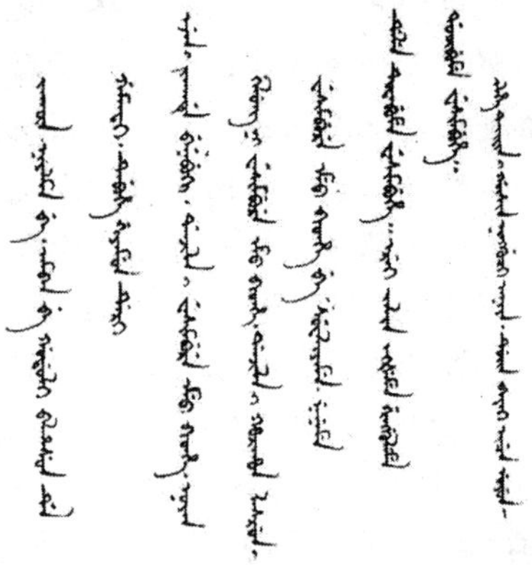

amba jiyanggiyūn be fiyanggū i wesimbuhe bithe. goroki be dahabure amba jiyanggiyūn hiya kadalara dorgi amban be amban fiyanggū sei gingguleme wesimburengge, g´aldan i bucehe, danjila sei dahara babe ekšeme boolame wesimbure jilin, amban be, elhe taifin i gūsin ningguci aniya duin biyai ice uyun de, sair balhasun gebungge bade isinjiha manggi, ūlet i danjila sei takūraha cikir jaisang ni jergi uyun niyalma jifi alarangge, be ūlet i danjila i takūraha elcin, ilan biyai juwan ilan de gáldan aca amtatai gebungge bade isinafi bucehe, danjila, noyan gelung, danjila i hojihon lasrun, gáldan i giran, gáldan i sargan jui juncahai be gajime uheri ilan tanggū boigon be gaifi enduringge ejen de dahame ebsi jifi, baya endur gebungge bade ilifi, hese be aliyame tehebi, enduringge ejen adarame jorime hese wasimbuci, wasimbuha hese be gingguleme dahame yabumbi, urjanjab jaisang, urjanjab i deo sereng, aba jaisang, tar jaisang, aralbai jaisang, erdeni ujat lama se, juwe tanggū boigon be gaifi, dzewang arabtan be baime genehe. erdeni jaisang, usta taiji, boroci jaisang hošooci, cerimbum jaisang se, juwe tanggū boigon be gaifi, danjin ombu be baime genehe. danjila sei wesimbure bithe, ne mende bi sembi, cikir jaisang sede, g´aldan adarame bucehe, danjila ainu uthai ebsi jiderakū, baya endur bade tefi, hese be aliyambi sembi seme fonjici alarangge, gáldan ilan biyai juwan ilan i erde nimehe, yamji uthai bucehe, ai nimeku be sarkū, danjila uthai jiki seci, morin umesi turga, fejergi urse amba dulin gemu ulga akū yafagan, geli kunesun akū, uttu ojoro jakade, baya endur bade tefi, hese be aliyame bi, enduringge ejen ebsi jio seci, uthai jimbi sembi, danjila sei takūraha elcin be gemu ejen i jakade benebuci, niyalma largin, giyamun i morin isirakū be boljoci ojorakū seme, cikir jaisang be teile, icihiyara hafan nomcidai de afabufi, ejen i jakade hahilame benebuhe, aldar gelung ni jergi jakūn niyalma be, amban be godoli balhasun de gamafi, tebuhe giyamun deri ejen i jakade benebuki, danjila i wesimbure emu bithe, noyan gelung ni wesimbure emu bithe, danjila i hojihon lasrun i wesimbure emu bithe be suwaliyame neneme dele tuwabume wesimbuhe. erei jalin ekšeme gingguleme donjibume wesimbuhe. elhe taifin i gūsin ningguci aniya duin biyai ice uyun.①

（2）满文汉译

大将军伯费扬古奏章

抚远大将军领侍卫内大臣伯费扬古等谨奏，为火急奏报噶尔丹之死，丹济拉等来降事。康熙三十六年四月初九日，臣等来至赛尔巴尔哈孙地方时，有厄鲁特丹济拉等所遣齐奇尔寨桑等九人前来告称：我等系厄鲁特丹济拉所遣之使者，三月十三日，噶尔丹至名叫阿察阿穆塔台地方时死亡。丹济拉、诺颜格隆、丹济拉之婿拉思纶携噶尔丹尸骸及噶尔丹之女锺察海，共三百户来投圣主，驻于名叫巴雅恩都尔地方候旨，听从圣主如何

① 《宫中档康熙朝奏折》，第九辑，第35页。康熙三十六年四月初九日，费扬古奏折。

降旨指示，即钦遵所领谕旨而行。吴尔占扎布寨桑、吴尔占扎布之弟色棱、阿巴寨桑、塔尔寨桑、阿尔喇拜寨桑、额尔德尼吴扎特喇嘛等带领二百户往投策妄阿喇布坦；额尔德尼寨桑、吴思塔台吉、博罗齐寨桑和硕齐、车凌布木寨桑等带领二百户往投丹津鄂木布。丹济拉等之奏章，现今在我等之处云云。问齐奇尔寨桑等：噶尔丹如何死亡？丹济拉何以不即前来而留驻巴雅恩都尔地方候旨？据告称：噶尔丹于三月十三日晨得病，至晚即死，不知何病？丹济拉欲即前来，因马甚瘦，属众大半皆无牲口而徒步，复无行粮，故暂驻巴雅都尔地方候旨，圣主若许其前来，即遵旨前来等语。若将丹济拉等所遣使者俱解送圣主处，则恐因人混杂，驿马不敷，故仅将齐奇尔寨桑交由朗中诺木齐代作速解送皇上跟前，阿尔达尔格隆等八人，则由臣等携往郭多里巴尔哈孙地方，由驻防驿站解送皇上跟前。丹济拉奏章一件，诺颜格隆奏章一件，丹济拉之婿拉思纶奏章一件，俱一并先行奏呈御览，为此火急敬谨奏闻。康熙三十六年四月初九日。

抚远大将军费扬古满文奏折向康熙皇帝提供了最迅速、最精确的军情。《清圣祖仁皇帝实录》摘译费扬古满文奏折的内容，其内容如下：

抚远大将军伯费扬古疏报，康熙三十六年四月初九日，臣等至萨奇尔巴尔哈孙地方，厄鲁特丹济拉等，遣齐奇尔寨桑等九人来告曰：闰三月十三日，噶尔丹至阿察阿穆塔台地方，饮药自尽。丹济拉、诺颜格隆、丹济拉之婿拉思纶，携噶尔丹尸骸，及噶尔丹之女锺齐海，共率三百户来归。丹济拉因马疲瘠，又无粮糗，是以住于巴雅恩都尔地方候旨，其吴尔占扎卜、色棱、阿巴、塔尔、阿喇尔拜、额尔德尼吴尔扎忒喇嘛等带二百户投策妄阿喇布坦而去。额尔德尼寨桑、吴思塔台吉、博罗齐寨桑、和硕齐车林奔寨桑等带二百户投丹津鄂木布而去，除将齐奇尔寨桑等九人驰送行在外，臣等于十三日统领大军前往丹济拉所住巴雅恩都尔地方，即押丹济拉等前来。如其心怀反覆，即行剿灭。[①]

抚远大将军费扬古满文奏折指出噶尔丹于康熙三十六年（1697）三月十三日晨罹病，当晚病故。《清圣祖仁皇帝实录》为配合康熙皇帝御驾亲征行程，并神化皇帝，而将噶尔丹病故改书“饮药自尽”，并将噶尔丹死亡日期改系于是年闰三月十三日，都与满文原奏不符。

臣工具折时，各报各的，彼此不能相商，或具汉字折，或具满字折，以广见闻。康熙四十七年（1708）闰三月初七日，杭州织造孙文成缮写满字折奏闻遵旨接送佛船，可将满文原折影印于下，转写罗马拼音，译出汉文于后。

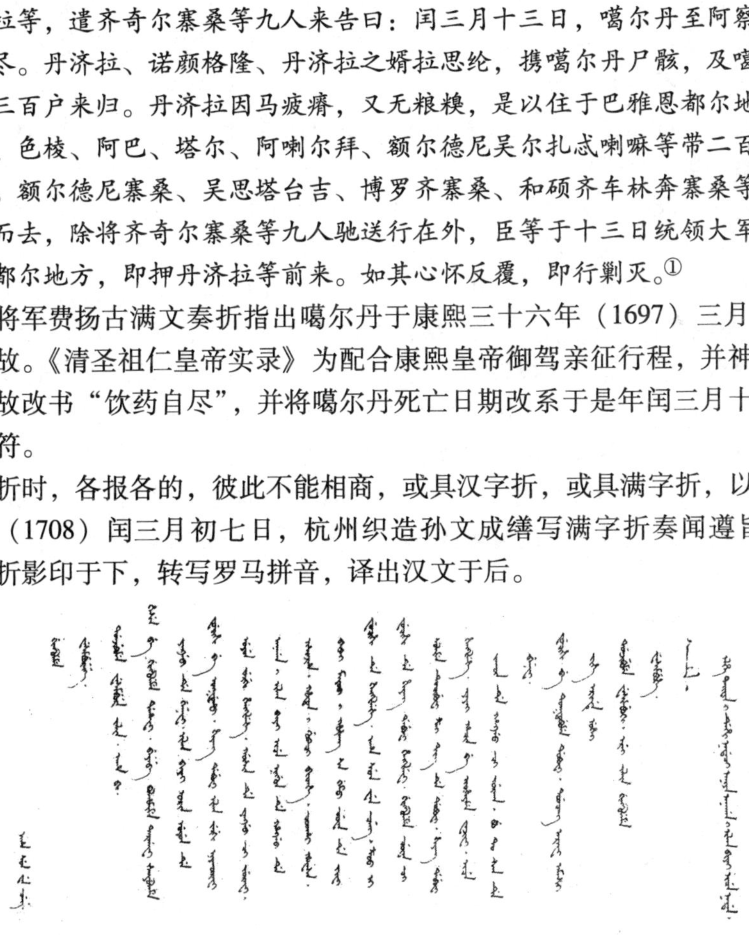

① 《清圣祖皇帝实录》，卷183，第7页。康熙三十六年四月甲子，记事。

（1）罗马拼音

aha sun wenceng gingguleme wesimburengge, donjibume wasimbure jalin, aha bi, hese be gingguleme dahafi, beyebe bolhomime targafi šanyulame, yangjeo de genefi, ilan biyai orin uyun de fucihi be okdoho, hiyang dabufi ilan jergi niyakūrafi uyun jergi hengkilehe, gūsin de yangjeo ci jurafi, anagan i ilan biyai ice ninggun de hangjeo de isinjiha, hoton i gubci bithe, coolai hafasa, babai miyoo i hošang sa gemu cuwan de jifi fucihi de hengkilehe, aha sun wen ceng, ts'oo i fucihi de hiyang dabufi hengkilefi, gingguleme cuwan ci solime tucibufi ts'ai ting de dobofi, hiyang dabufi hengkilehe, yayai hacin be icihiyame wajifi, ice jakūn de hangjieo ci juraka, pu to šan de benefi, fucihi be toktobume dobofi, doocang arafi amasi jihe erinde uhei donjibume wesimbuki, erei jalin gingguleme wasimbuha. [fulgiyan pilehe] saha. elhe taifin i dehi nadaci aniya anagan i ilan biyai ice nadan.

（2）满文汉译

奴才孙文成谨奏，为奏闻事。奴才钦遵谕旨沐浴斋戒，前往扬州，于三月二十九日迎佛，焚香三跪九叩。三十日，自扬州启程，于闰三月初六日到达杭州。阖城文武官员、各处寺庙和尚皆来船中拜佛，奴才孙文成、曹宜焚香拜佛后，恭请出船，供奉于彩亭，焚香叩头，诸事办竣后，于初八日自杭州启程，送往普陀山，将佛安置供奉做道场后返回时，一并奏闻，为此谨奏。[朱批] 知道了。康熙四十七年闰三月初七日。

奏折制度是皇帝和相关文武大臣之间所建立的单线书面联系。杭州织造孙文成缮写满文奏折和康熙皇帝直接秘密沟通，因此，满文奏折就是清朝体制外的一种通讯工具。苏州织造李煦缮写汉字折奏报迎送佛船日期。原折略谓，“二月十八日，曹宜奉佛自张家湾开船，于三月二十八日到扬州，一路平安无事。管理杭州织造臣孙文成于二十九日清晨到扬迎佛，臣煦与曹寅、孙文成商议，乃著曹宜跟随孙文成前去普陀安置佛毕，具折回奏。”杭州织造孙文成到达扬州迎接佛船的日期是在康熙四十七年（1708）三月二十九日，苏州织造李煦奏折所报日期，彼此脗合。引文中曹宜是江宁织造曹寅之弟。据曹寅奏报，孙文成与曹宜于同年闰三月十四日将佛船送到南海普陀山安置①。

杭州织造孙文成缮写满文奏折向康熙皇帝奏闻地方事宜，康熙皇帝亦以满文颁降谕旨。康熙四十八年（1709）六月十二日，因普陀山寺庙僧侣生计艰难，故谕令孙文成查明具奏。可将康熙皇帝亲书谕旨影印于下，并转写罗马拼音，译出汉文。

（1）罗马拼音

hese hangjeo i suje jodoro be kadalara sun wen ceng de wasimbuha, jakan pu to šan i juwe dalaha ho šang jihede, ceni sy i banjire be fonjihai, ere juwe aniya mederi de jeku tuciburakū, fafulahangge cira ojoro jakade, jeku komso ofi ho šang se samsime ekiyekebi sembi, ere sy miyoo serengge, cohotoi hese wasimbufi weilebuhengge gūwa bade duibuleci ojorakū, ne ere juwe ho šang, amasi genehebi, urunakū hang jeo de darimbi, si esei emgi acafi, emu aniya jetere jeku udu baibure ba be kimcime gisureme toktobufi wesimbu, damu erei kanagan de jalingga irgen, geli jeku udafi gūwa golo de tuweleme uncanaci, je giyang i jeku i hūda mangga ojirhū

① 《宫中档康熙朝奏折》，第九辑，第101页。康熙四十七年闰三月初七日，孙文成奏折。

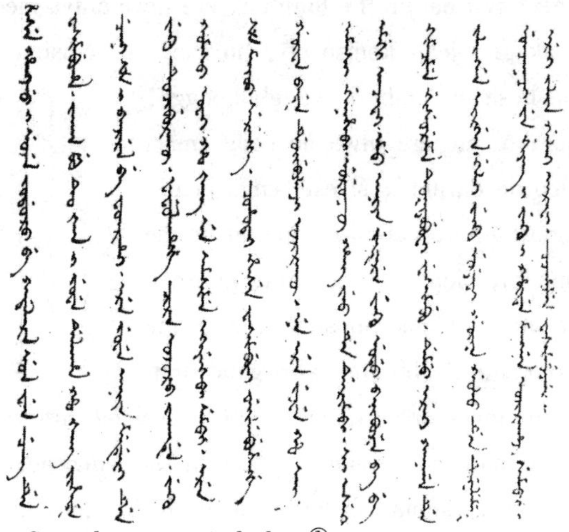

sembi, erei jalin galai arafi, cohome wasimbuha.①

（2）满文汉译：

谕管理杭州织造孙文成，适才普陀山二住持和尚来时，询问伊等寺内生计。据云：此二年不令米粮出海，因禁令严厉，米粮短少，故和尚离散减少等语。此寺庙系奉特旨修建者，非他处可比。今此二和尚已经返回，必路过杭州，着尔会同伊等将一年食粮需多少之处，详察定议后具奏。唯恐奸民借故又购买米粮运往他省贩卖，以致浙江粮价昂贵。为此亲手书写，特谕。

普陀山寺庙，因奉敕修建，由于官方严禁米粮出海，以致寺中僧侣因乏食而离散。康熙皇帝谕令杭州织造孙文成查明寺中僧侣每年所需粮食缮折启奏。同年七月初六日，孙文成奉到谕旨，随即遵旨查明，缮写满文折覆奏。为了便于说明，先将满文折影印于下，并转写罗马拼音，译出汉文。

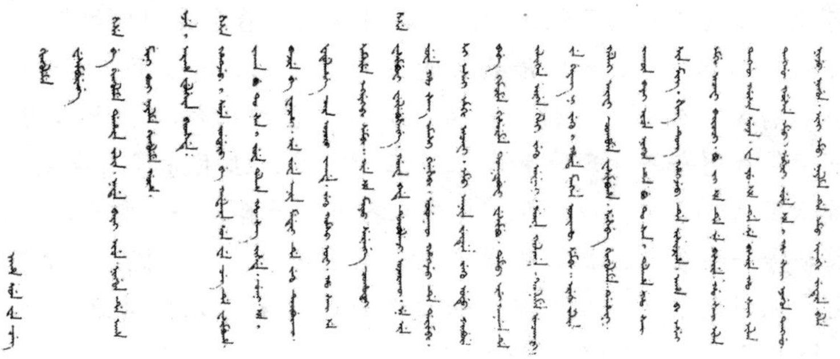

（1）罗马拼音

aha sun wenceng gingguleme wesimburengge, hese be gingguleme dahara jalin, nadan biyai ice ninggun de aha mini booi niyalma gingguleme gajiha, ejen i araha fulgiyan bithede, hese hangjeo i suje jodoro be kadalara sun wen ceng de wasimbuha, jakan pu to šan i juwe

① 《宫中档康熙朝奏折》，第九辑，第140页。康熙四十八年六月十二日，谕旨。

dalaha ho šang jihede, ceni sy i banjire be fonjihai, ere juwe aniya mederi de jeku tuciburakū, fafulahangge cira ojoro jakade, jeku komso ofi, ho šang se samsime ekiyekebi sembi. ere sy miyoo serengge cohotoi hese wasimbufi weilebuhengge, gūwa bade duibuleci ojorakū, ne ere juwe ho šang amasi genehebi, urunkū hangjeo de darimbi, si esei emgi acafi, emu aniya jettere jeku udu baibure babe kimcime gisureme toktobufi wesimbu, damu erei kanagan de jalingga irgen geli jeku udafi, gūwa golode tuweleme uncanaci, je giyang ni jeku i hūda mangga ojorahū sembi. erei jalin galai arafi cohome wasimbuha, sehebe gingguleme dahafi, jakūn biyai ice ninggun de pu to šan i dalaha ho šang sin ming. hing tung hangjeo de isinjiha, aha bi esei emgi acafi baicaci, pu ji sy de ne bisire ho šang ilan tanggū gūsin sunja, fa yu sy de ne bisire ho šang ilan tanggū gūsin emu, uheri juwe sy i ho šang ninggun tanggū ninju ninggun, erei emu niyalma de emu inenggi jetere bele emte moro i bodome, emu aniya bele juwe minggan ilan tanggū uyunju nadan hule ninggun hiyase baibumbi. uttu be dahame esei emu aniya jetere bele be, ceni baha bahai bele i ton be siyūn fu de bithe alibufi, siyūn fu hafan tucibufi baicabufi temhetu bithe bufi, mederi de tucibukini, ere ton ci fulu bele be mederi de tuciburakū obuki, uttu ohode jalingga irgen i bele kanagan de bahafi tucirakū ombi. erei jalin gingguleme wesimbuhe. hese be baimbi. [fulgiyan pilehe] saha. elhe taifin i dehi jakūci aniya jakūn biyai orin juwe. ①

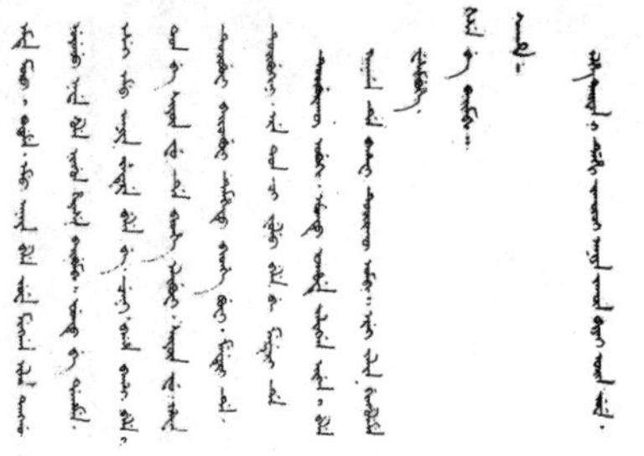

（2）满文汉译

奴才孙文成谨奏，为钦遵谕旨事。七月初六日，奴才家人恭谨赍回皇上所缮朱书：谕管理杭州织造孙文成，适才普陀山二住持和尚来时，询问伊等寺内生计。据云：此二年不令米粮出海，因禁令严厉，米粮短少，故和尚离散减少等语。此寺庙系奉特旨修建者，非他处可比。今此二和尚已经返回，必路过杭州，着尔会同伊等将一年食粮需多少之处，详察定议后具奏。唯恐奸民借故又购买米粮运往他省贩卖，以致浙江粮价昂贵。为此亲手书写，特谕。钦此，钦遵。八月初六日，普陀山住持和尚心明、性统来到杭州，奴才会同伊等查得普济寺现有和尚三百三十五名，法雨寺现有和尚三百三十一名，二寺和尚共计六百六十六名，以一人一日食米各一升计算，一年需米二千三百九十七石六斗，为此将伊等一年食米，就其所得米数，呈文巡抚后，巡抚派员查明，给与照票，准令出海。超出此数之米，不准出海。如此则奸民之米可无从借故出海，为此谨奏请旨。[朱批] 知道了。康熙四十八年八月二十二日。

孙文成奏折抄录康熙皇帝亲书谕旨，保存史料。对照孙文成所录谕旨，文意相合。孙文成遵旨会同普陀山住持和尚查明一年所需食米。统计普济寺、法雨寺二寺和尚共666名，一年所需米食，计23907石6斗，反映南海普陀山宗教活动的盛况。

清朝朱批奏折，除汉字折、满字折外，还有满汉合璧折，就是满汉兼书的奏折，汉字部分在右，由右而左；满字部分在左，由左而右。台北故宫博物院现藏宫中档内颇多

① 《宫中档康熙朝奏折》，第九辑，第145页。康熙四十八年八月二十二日，孙文成奏折。

满汉合璧折，最早的满汉合璧折是始于康熙五十七年（1718）八月初四日户部尚书兼管钱法事务赵申乔等《奏明购买马匹数目并用过银两》一折是满汉合璧折，由赵申乔与左侍郎傅尔笏纳、右侍郎王景曾满汉大臣会衔具奏，原折满文末幅奉康熙皇帝朱批“saha”，意即“知道了”。雍正皇帝即位后，满汉合璧折更是常见的文书，譬如康熙六十一年（1722）十二月十七日，刑部尚书托赖等具奏《为郎中额森自缢案请旨》一折，是满汉合璧折，为了便于说明，可将原折满文影印于下，并转写罗马拼音，照录汉文于后。

（1）罗马拼音

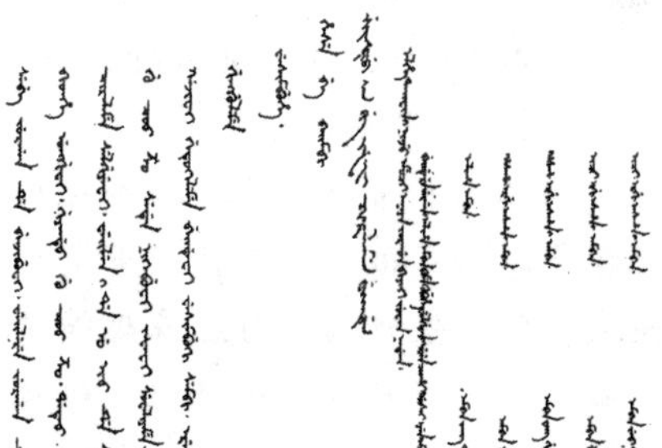

beidere jurgan i aliha amban bime, kubuhe fulgiyan i ujen coohai gūsai ejen kamciha toolai sei ginggulme wesimburengge, hese be baire jalin, gulu šanggiyan i manju gūsai nacin nirui bošokū huiceng ni boolanjihangge, ceni nirui hafan i jurgan i icihiyara hafan esen be, ši hiya i hoton weilere de tucibuhe bihe, ere aniya omšon biyai juwan nadan de, ši hiya hoton i wargi dukai tule jang halangga niyalmai diyan de fasime bucehebi seme boolanjiha be, amban meni jurgan ci uthai mi yūn hiyan de pai bithe yabubufi, ši hiya i fujiyang ni emgi esen i giran feye be kimcime tuwafi, esen i fasime bucehe turgun be, esen i beye hanci dahalame bihe booi niyalma diyan i ejen de getukeleme baicame fonjifi hūdun jurgan de boolanjikini seme yabubuha bihe, sirame mi yūn hiyan i jyhiyan siowei tiyan pei sei alibume benjihe bithede, jurgan i bithe be dahame, buya hafan bi uthai udzo be gaifi, ši hiya i fujiyang ni emgi diyan neihe niyalma, falgai da, esen i beye hanci dahalame bihe booi niyalmai sasa esen i giran feye be tuwaci, monggon de uše i toron bi, juwe ujan acanahakūbi, fasime bucehengge yargiyan, esen i hefeli ci emu afaha manju bithe tucibuhebi, esen i booi niyalma suwanju sede fonjici, meni ejen weilen i menggun edelehe turgunde hafirabufi fasime bucehe inu sembi, uttu ofi, esen i hefeliyehe manju bithe be suwaliyame jurgan de alibume benehe seme jurgan de benjihebi, esen i hefeliyehe bithe be tuwaci, esen mimbe yang jeo furdan i cifun takūran de genehe turgunde, dooli bihe boo yo i emgi ši hiya ba i hoton be weilere de tucibufi weilen i giyandu, weilere jurgan i icihiyara hafan gu coo dzo, dorgi baita be uheri kadalara yamun i aisilakū hafan dateo derencume haršame boo yo be weilen i bade isiburakū, damu mimbe hoton be weilebure de, mini boo boigon be gemu uncafi, damu juwe minggan emu tanggū uyunju juwe yan duin jiha menggun bahafi, giyandu de ulame ambasa de alafi encu niyalma be tucibureo seme baire de, giyandu se, ulin gaire de gūnin de acabuhakū ofi, weilen i da u io de de tacibufi, ere gese šahūrun erinde mini etuku be sufi, juwe inenggi juwe dobori etuburakū bime, geli emu minggan sunja tanggū yan sere lingdz bithe be gaiki seme bilagan bilaha, gūnihakū weilen i da, giyandu, mini booi niyalma boro be huthufi nimanggi bade umbufi, geli mimbe dahalara duin aha be gemu tantame ukambuhabi, esen bi ai weile baha seme ere gese girubure de isibumbi, ere jergi turgun be wesimbureo sehebi, baicaci, esen ne tušan i icihiyara hafan bime, fasime bucehe be tuwaci, turgun akū seci ojorakū, erebe mi yūn hiyan de bithe yabubufi, bucehe esen i booi niyalma, diyan i ejen jang doo hūwang sebe jurgan de benjibufi, weilere jurgan de bithe unggifi, giyandu gu coodzo, dateo sebe ciralame selgiyefi, weilen i da u io de sebe gu coo dzo sede nikebufi jafafi suwaliyame jurgan de gajifi getukeleme beidefi wesimbuki sembi, erei jalin ginggulеme wesimbuhe, hese be baimbi. [fulgiyan fi: giyandu sa be jafafi ciralame beide.] elhe taifin i ninju emuci aniya jorgon biyai juwan nadan. beidere jurgan i aliha amban bime kubuhe fulgiyan i ujen coohai gūsai ejen kamciha amban toolai, aliha amban amban jang ting šu, hashū ergi ashan i amban amban asinai, hashū ergi ashan i amban amban wang ging dzeng, ici ergi ashan i amban amban liosiyang, ici ergi ashan i amban amban jeo doo sin.

（2）满文汉译

刑部尚书兼镶红旗汉军都统臣托赖等谨奏，为请旨事，据正白旗满洲都统那亲佐领下拨什库惠成报称：本佐领下吏部郎中额森，派出修理城垣，于本年十一月十七日在石匣城西门外张姓店内自缢身死等情，经臣部即牌行密云县，会同石匣副将，将额森身尸详验，并查明额森缢死情由，讯取额森亲随家人店主确供，作速报部去后，续据密云县知县薛天培申称，遵部文，卑职即带领仵作会同石匣副将，眼同店主、地方、额森亲随家人，验看额森身尸，脖项有带痕一道，八字不交，委系自缢身死。从额森怀中翻出满字呈子一纸，讯之额森家人拴住等供，我们主子因缺少工银，情极吊死是实等语，据此将额森怀中满字呈子一并申送前来，详看额森怀中呈词，内开森因收过扬州关税，同道员鲍钥派修石匣城垣工程监督，工部郎中顾朝佐，内务府员外郎大头狗庇不令鲍钥工程地方去，只叫我修理城垣，我将家产俱行变卖，只得银二千一百九十二两四钱，恳求监督转回大人另派别人，因监督等索银不遂，唆令工头吴有德，如此寒天，将我脱去衣服，两日两夜，不令我穿，又勒限要一千五百两银子的领子，不意工头同监督将我家人博罗捆缚，埋在雪里，又将跟随我去的四个家人，俱行打逃，森得何罪？受此凌辱，将此等情由恳乞具奏等情。查额森系现任郎中，自缢身死，看此不无情故，应行文密云县，将已死额森家人，店主张道黄等送部，行文工部，严传监督顾朝佐、大头等将工头吴有德等着落顾朝佐等拿获一并赴部审明具奏，为此谨奏请旨。［朱批：着拿监督严审。］康熙六十一年十二月十七日，刑部尚书兼镶红旗汉军都统托赖，尚书臣张廷枢，左侍郎臣阿锡鼐，左侍郎臣王景曾，右侍郎臣六相，右侍郎臣周道新。

满汉合璧折的内容，既以满汉文字互相对译，因此，从满文部分的叙述，有助于了解汉文的词义。原折“汉军”，满文读如“ujen cooha”，汉字作“乌真超哈”，意即重兵，盖因使用红夷炮等重武器而得名。顺治十七年（1660），定乌真超哈汉名为汉军。原折“都统”，满文读如“gūsai ejen”，汉字作“固山额真”，顺治十七年（1660），定固山额真汉名为都统。雍正元年（1723），改满文为“gūsai amban”，汉名仍称都统。原折“拨什库”，满文读如“bošokū”，意即领催。原折“眼同店主、地方、额森亲随家人，验看额森身尸。”句中“地方”，满文读如“falgai da”，意即地方上的族长、甲长、里长、地保。原折“八字不交”，满文读如“juwe ujan acanahakūbi”，意即绳索两端或两头未会合。右侍郎六相，《清史稿》作“刘相”，是刑部满右侍郎。

四、天命神授——满文印信在政治舞台上所扮演的角色

清朝印信，分为玺、印、关防、钤记、戳记等。古代印玺通称，以金或玉为之。秦时用玉雕刻，习称玉玺，为皇帝所用。唐朝武后，曾改玺印为宝。清朝玉玺，满文读如“boobai”，是宝贝的音译，因此，御玺又称御宝。中央和地方各级常设机构或官员多用印，方形，又称印章，始于秦。由于各机关和官员的地位、品级不同，因而所用印章的质料、文体和大小也各不相同。关防也是印信的一种，始于明初。明太祖因部臣及布政使用预印空白纸作弊，事发后，经议定用半印勘合行移关防，因关防本为半印，所以是长方形，文字也是全印之半。其后勘合制度废除，而称临时性质特别官员的印信为关防，仍用长方形，文字完全。添设之官，不给印，祇给关防。清朝制度，关防，一般为临时性机构及办理财经、工程事务的机构所使用。明朝制度，凡按洪武定制所设官吏，都用方印，其未入流各官则用条记，清朝称钤记，凡文职佐杂及不兼管兵马钱粮武职官员，用木钤记，由布政使发官匠刻给。各府、州、县等钤记，亦如佐杂例，由官匠镌刻正字发给。清朝印信文字，或满字，或汉字，或满汉兼书，成为清朝印信的重要特色。仅就各种文书上所见印模剪贴影印于下。

清朝满汉印文简表

图次	印文	罗马拼音 汉字	图次	印文	罗马拼音 汉字
1	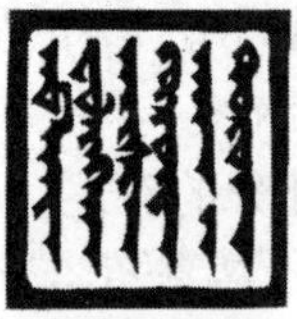	abkai fulingga aisin gurun han i doron 天命金国汗之印	2		aisin gurun i han i doron 金国汗之印
3		han i boo bai 皇帝之宝	4		han i boobai 皇帝之宝
5		han iboobai 皇帝之宝	6		abka i jui boobai 天子之宝
7		abkai hesei aliha daicing gurun i boobai 大清受命之宝	8		han i abka de jafara boobai 皇帝奉天之宝
9		daicing gurun i siraha abkai jui boobai 大清嗣天子宝	10		hese i tacibure boobai 敕命之宝
11		hafan i jurgan i doron 吏部之印	12		boigoni jurgan i doron 户部之印
13		dorolon i jurgan i doron 礼部之印	14		cooha i jurgan i doron 兵部之印
15		beidere jurgan i doron 刑部之印	16		weilere jurgan i doron 工部之印

续表

图次	印文	罗马拼音 汉字	图次	印文	罗马拼音 汉字
17		uheri be baicara yamun i doron 都察院之印	18		mederi be tuwakiyara jiyanggiyūn i doron 镇海将军印
19		yūn nan i tidu dzung bing guwan i doron 云南提督总兵官印	20		fugiyan i mukei coobai tidu i doron 福建水师提督印
21		goroki be elhe obure jiyanggiyūn i doron 绥远将军印	22		tidu bime jyli moltosi dukai dzung bing gu-wan i doron 提督直隶古北口总兵官印
23		cung ming ni tidu dzung bing guwan i doron 提督崇明总兵官印	24		wargi be necihiyehe cin wang ni boobai 平西亲王之宝
25		julergi be necihiyere wang ni doron 平南王印	26		mederi be tuwakiyara jiyanggiyūn i doron 镇海将军印
27		fung tiyan fu i doron 奉天府印	28		fugiyan i tai wan i babe serešeme tuwakiyara dzung bing guwan i doron 镇守福建台湾总兵官印
29		tai nan fu i doron 台南府印	30		tai be fu i doron 台北府印
31		tai wan fu i doron 台湾府印	32		jang hūwa hiyan i doron 彰化县印

续表

图次	印文	罗马拼音	图次	印文	罗马拼音
		汉字			汉字
33		fugiyan gloloi hoton coohai baifi amala uheri icihiyara kūwaran i kadalan	34		coohai gurun i wang ni doron
		福建省会善后总局关防			朝鲜国王之印
35		an nan gurun i wang ni doron	36		lio cio gurun i wang ni doron
		安南国王之印			琉球国王之印

资料来源：《明清档案》（台北，“中央研究院”）；《清史图典》（北京，紫禁城出版社，2002年）；《清代文书档案图鉴》（香港，三联书店，2004年10月）。

朝鲜《光海君日记》记载：“备边司因传教启曰，胡书中印迹，令解篆人申汝櫂及蒙学通事翻解，则篆样番字，俱是后金天命皇帝七箇字，故奏文中，亦具此意矣。今承圣教，更为商量，则不必如是翻解泛然，已不可解见之意，删改宜当，传曰，允。”① 光海君十一年（1619），相当明神宗万历四十七年，清太祖天命四年。据朝鲜蒙学通事称，书中印文是“后金天命皇帝”6个字。“中央研究院”历史语言研究所典藏内阁大库清太祖旧档中存有老满文印模。图1. 印文篆体满文，读如“abkai fulingga aisin gurun han i doron”，意即“天命金国汗之印”，金国，或称大金，不是后金。图2. 印文篆体满文，读如“aisin gurun i han i doron”，意即“金国汗之印”，清朝入关前，贴在信牌背面的纸张，钤有“金国汗之印”印文。沈阳故宫博物院藏有钤印“金国汗之印”准备贴在信牌背面的老满文印文纸张，汉字译作“金国汗之宝”②。图3. 印文篆体满文，满文读如“han i boo bai”，汉字作“皇帝之宝”，为清太宗皇太极在位期间所制作。图4. 印文为篆体满文，满文读如“han i boobai”，汉字作“皇帝之宝”，清世祖顺治年间诏令等下行文书，多钤用此宝。图5. 印文为篆体满文，满文读如“han i boobai”，汉字作“皇帝之宝”，诏书、国书多钤用此宝。图6. 印文为篆体满文，满文读如“abka i jui boobai”，汉字作“天子之宝”。雍正十一年（1733），清军征讨准噶尔期间，雍正皇帝告天祭文，钤用“天子之宝”。祭文、满汉兼书，为便于说明，将满文影印于下，并转写罗马拼音，照录汉文。

① 《光海君日记》（韩国汉城，国史编纂委员会，1971年1月），鼎足山本，卷139，第15页。光海君十一年四月壬申，据备边司启。

② 《清史图典》（北京，紫禁城出版社，2002年1月），第一册，太祖、太宗朝，第138页。

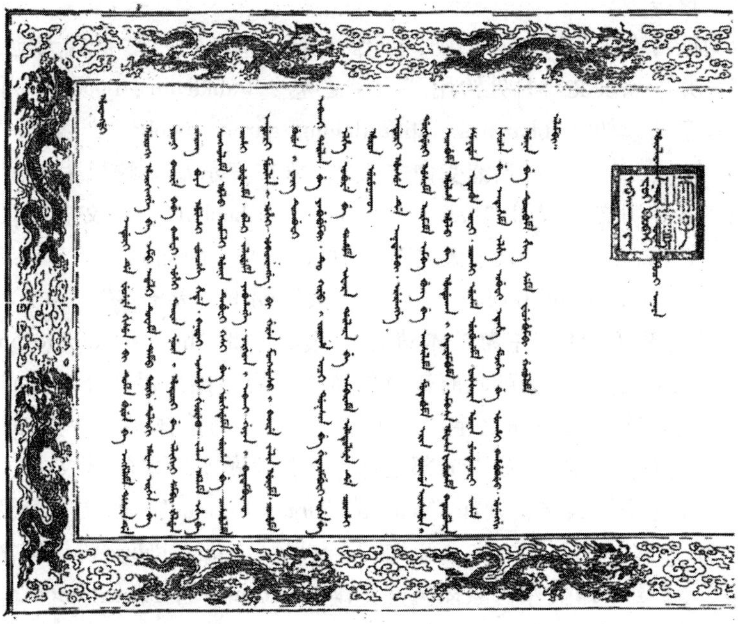

（1）罗马拼音

hūwangdi enduri de wecere gisun, bi tumen gurun be enggeleme dasara de goroki hancikingge be emu adali tuwame, damu dorgi tulergi hafan irgen be yooni banjire babe bahafi, uhei taifin necin i hūturi be alikini sembi, g'aldan cering buya hūlhai funcehe hede, banitai oshon gejureku, jalan halame ehe be songkolome, holo koimali gūnin tebufi kesi be urgedeme jurgan be cashūlame cihai fudarame balai jalidame yabuhangge, yargiyan i abkai giyan i baktamburakū enduri mujilen i uhei ubiyarangge, bi geren monggoso i banjire jalin gūnime, cohome gurun i wang tucibufi abkai dailan be yabubumbi, tu kiru i joriha ici doksin be geterembufi irgen be elhe obure be dahame afara dailara be ambarame iletulere de coohai horon urunakū enduri hūsun de akdahabi, ererengge dorgideri gosime karmame amba gung be aisilame mutebume erin forgon ijishūn i acabume hūlha holo be hūdukan i geterembume, ambasa hafasa fafuršame baturulara sukdun etuhun ofi, coohai urse urgunjeme faššara gūnin yendenufi jase jecen be enteheme elhe obufi etehe mejige be uthai bahabubureo, unenggi gūnin be tucibume hing seme wecebumbi, gingguleme alambi.

hūwaliyasun tob i juwan emuci aniya.

（2）满文汉译

皇帝致祭于□□□之神曰，朕临御万邦，遐迩一体，惟期中外臣民咸遂生养，共享升平之福。乃噶尔丹策凌小蠢遗孽，世济凶顽，残虐性成，心存诡谲，背恩负义，肆逆逞奸，实天理所不容谅，神心所共愤，朕为众蒙古生灵计，特命亲藩用昭天讨，旌旗所指，除暴即以安良挞伐孔彰军威，必资神力，伏冀默弘庇佑，懋赞肤功，时序调和，氛尘迅扫，士马励奋扬之气，师旅腾豫顺之欢，贻边境以永绥，俾凯歌之立奏，虔申诚悃，肃展明禋，谨告。①

雍正皇帝为征讨准噶尔噶尔丹策凌，于雍正十一年（1733）祭告天地，以资神力。祭文满汉兼书，并于满汉文年月处钤用“天子之宝”（abka jui i boobai）。图7. 印文左为加圈点满文本字，读如“abkai hesei aliha daicing gurun i boobai”，意即“大清朝受天命之宝”。印文右为篆体汉文“大清受命之宝”，意在宣示清朝政权为天命所授。图8. 印文左为加圈点篆体满文，读如“han i abka de jafara boobai”，印文右为篆体汉文“皇帝奉天之宝”，旨在宣示皇帝奉献于天之意。图9. 印文左为加圈点满文本字，满文读如“daicing gurun i siraha abkai jui boobai”，意即“大清朝承袭天子宝”，印文右为篆体汉文“大清嗣天子宝”。图10. 印文左为篆体满文，满文读如“hese i tacibure boobai”；印文右为篆体汉文“敕命之宝”。清朝政府敕封外藩、覃恩封赠六品以下官员的文书，称为敕命，清朝诏令谕旨钤用“敕命之宝”。图11. 印文左为篆体满文，读如“hafan i jurgan i doron”，印文右为篆体汉文“吏部之印”。部院题本、揭帖等文书，例应钤用印信。图12. 印文左为篆体满文，读如“boigon i jurgan i doron”，印文右为篆体汉文“户部之印”。图13. 印文左为篆体满文，读如“dorolon i jurgan i doron”，印文右为篆体汉文“礼部之印”。图14. 印文左为篆体满文，读如“cooha i jurgan i doron”，印文右为篆体汉文“兵部之印”。图15. 印文左为篆体满文，读如“beidere jurgan i doron”，印文右为篆体汉文“刑部之印”。图16. 印文左为篆体满文，读如“weilere jurgan i doron”，印文右为篆体汉文“工部之印”。图17. 印文左为加圈点满文本字，读如“uheri be baicara yamun i doron”，印文右为篆体汉文“都察院之印”。

清朝中央政府为强化对地方的治理，设置各级职官，颁给官印，以昭信守。赋予他们一定范围的权力，使他们在朝廷的指令下，推行政策，并进行管理。乾隆十四年（1749）六月初六日，《清高宗纯皇帝实录》记载，是日因铸经略等清篆印信颁降谕旨云：

近用新定清文篆书，铸造各衙门印信，所司检阅库中所藏，经略、大将军、将军诸印，凡百余颗，皆前此因事颁给，经用缴还，未经销毁者。会典复有命将出师，请旨将库中印信颁给之文，遂致滥觞。朕思虎符鹊纽，用之军旅，所以昭信，无取繁多，库中所藏，其中振扬威武，建立肤功者，具载历朝实录，班班可考，今择其克捷奏凯，底定迅速者，经略印一，大将军、将军印各七，分匣收贮，稽其事迹始末，刻诸文笥，足以传示奕禩，即仍其清汉旧文，而配以今制清文篆书，如数重造，遇有应用，具奏请旨颁给，一并藏之皇史宬，其余悉交该部销毁，自后若遇请自皇史宬而用者，蒇事仍归之皇史宬，若偶因一事，特行颁给印信者，事完交部销毁，将此载入会典。②

皇史宬所贮经略、大将军、将军印信，分匣收贮，乾隆十四年（1749），按照满汉旧文，配以新制清文篆书，如数重造，俱藏于皇史宬。乾隆二十七年（1762）十一月二十二日，军机大臣具奏，内阁所藏宝谱一卷，奉旨照满汉合璧修造，皇史宬、盛京，亦令照式办理。盛京藏贮十宝，其玺、谱序文，只有汉文，应兼用清文，始可修造。军

① 第一历史档案馆编著，《清代文书档案图鉴》（香港，三联书店，2004年10月），第80—81页。

② 《清高宗纯皇帝实录》，卷342，第7页。乾隆十四年六月壬午，谕旨。

机大臣奏请内务府官员，携带纸张前往盛京，会同盛京将军，监看用宝。奉旨，盛京所藏宝谱及将军印谱，均令查取送京①。新修宝谱及将军印谱修造完成后，遵旨解送盛京，安放凤凰楼。

清军平定天山南北两路后，军机大臣奉旨用满汉篆文及回字，铸给新疆驻扎大臣关防，其中伊犁、乌鲁木齐、叶尔羌、喀什噶尔、阿克苏等处先行铸造颁给。参赞大臣舒赫德后来又奏请颁给辟展、哈喇沙尔、库车、乌什、和阗、英吉沙尔六处印记。经军机大臣议准用满汉篆文及回文铸给印记六颗。乾隆二十九年（1764）八月三十日，谕令将驻札雅尔城办事参赞大臣印信，使用伊犁参赞大臣字样，照伊犁印信，以满洲、托忒、回字三体铸给。

图18、图26. 印文左为加圈点满文本字，读如“mederi be tuwakiyara jiyanggiyūn i doron”，印文右为篆体汉文“镇海将军印”。图19. 印文左为加圈点满文本字，读如“yūn nan i tidu dzung bing guwan i doron”，印文右为篆体汉文“云南提督总兵官印”。图20. 印文左为加圈点满文本字，读如“fugiyan i mukei coobai tidu i doron”，印文右为篆体汉文“福建水师提督印”。图21. 印文左为加圈点满文本字，读如“goroki be elhe obure jiyanggiyūn i doron”，印文右为篆体汉文“绥远将军印”。图22. 印文左为加圈点满文本字，读如“tidu bime jyli moltosi dukai dzung bing guwan i doron”，印文右为篆体汉文“提督直隶古北口总兵官印”。图23. 印文左为加圈点满文本字，读如“cung ming ni tidu dzung bing guwan i doron”，印文右为篆体汉文“提督崇明总兵官印”。图24. 印文左为加圈点满文本字，读如“wargi be necihiyehe cin wang ni boobai”，印文右为篆体汉文“平西亲王之宝”。图25. 印文左为加圈点满文本字，读如“julergi be necihiyere wang ni doron”，印文右为篆体汉文“平南王印”。图27. 印文左为加圈点满文本字，读如“fung tiyan fu i doron”，印文右为篆体汉文“奉天府印”。图28. 印文左为篆体满文，读如“fugiyan i tai wan i babe serešeme tuwakiyara dzung bing guwan i doron”，印文右为篆体汉文“镇守福建台湾总兵官印”。图29. 印文左为篆体满文，读如“tai nan fu i doron”，印文右为篆体汉文“台南府印”。图30. 印文左为篆体满文，读如“tai be fu i doron”，印文右为篆体汉文“台北府印”。图31. 印文左为篆体满文，读如“tai wan fu i doron”，印文右为篆体汉文“台湾府印”。图32. 印文左为篆体满文，读如“jang hūwa hiyan i doron”，印文右为篆体汉文“彰化县印”。图33. 印文左为加圈点满文本字，读如“fugiyan gloloi hoton coohai baifi amala uheri icihiyara kūwaran i kadalan”，印文右为篆体汉文“福建省会善后总局关防”。

朝鲜、安南、琉球等属国印信，也是满汉合璧。图34. 印文左为加圈点满文本字，读如“coohiyan gurun i wang ni doron”，印文右为篆体汉文“朝鲜国王之印”。图35. 印文左为加圈点满文本字，读如“an nan gurun i wang ni doron”，印文右为篆体汉文“安南国王之印”。图36. 印文左为加圈点满文本字，读如“lio cio gurun i wang ni doron”，印文右为篆体汉文“琉球国王之印”。由表中所打印文中的满文，或为不加圈点老满文，或为加圈点满文本字，或为篆体满文，满汉文意虽然相近，但因各印信镌有满文，

① 《清高宗纯皇帝实录》，卷675，第7页。乾隆二十七年十一月庚辰。据军机大臣奏。

而凸显清朝印信的特色，同时也说明满文在清朝政治舞台上扮演了重要的角色。

五、儒释并重——满文与儒释经典的翻译

从顺治年间（1644—1661）开始，对古籍的翻译，使满文的使用范围更加广泛，证明满文与汉字同样具有“文以载道”的功能。譬如顺治十一年（1654），清世祖敕译满文本《诗经》二十卷。康熙年间（1662—1722），奉敕译成满文的《清文日讲易经解义》，十八卷；《清文日讲书经解义》，十三卷；《清文日讲四书解义》，二十六卷；《清文大学衍义》，四十三卷。雍正年间（1723—1735），奉敕译成满文的《孝经》，一卷。乾隆年间（1736—1795），奉敕译成满文的儒家经典，卷帙更多，譬如：《御制翻译周易》，四卷；《御制翻译书经集传》，六卷；《御制翻译诗经》，八卷；《御制翻译礼记》，三十卷；《御制翻译春秋》，六十四卷；《御制翻译孝经》，一卷；《翻译五经》，五十八卷；《翻译四书》，二十九卷；《御制翻译四书》，六卷等，此外，如《翻译潘氏总论》、《翻译黄石公素书》等古籍，更是不胜枚举。

康熙皇帝于孜孜求治之余，更留心儒家经典。康熙皇帝御门听政既毕，即于弘德殿由儒臣进讲《易经》、《书经》、《四书》等经典，通过《起居注册》记载日讲官进讲儒家经典的内容，有助于了解康熙皇帝提倡崇儒重道的文化政策。康熙皇帝认为天德王道之全，脩己治人之要，具在《四书》，故命儒臣撰为讲义，阐发义理，同诸经进讲，满汉兼书，以裨益政治，将《四书讲章》刊刻流通，以垂永久。日讲起居注官喇沙里等遵旨将按日进讲年终汇呈的《四书讲章》加以润饰，校锓成帙，于康熙十六年（1677）十二月十八日装潢进呈，汉满文本各二十六卷，满文本题为《清文日讲四书讲义》，喇沙里等总裁官，满文翻译官为翰林院待诏敦代等十五人，满文誊录官为翰林院笔帖式雅奇等十七人。对照满文本《起居注册》与《清文日讲四书讲义》后，可知两者所译《四书》的满文，无论在句型语法或词汇等方面，都很相似。

乾隆皇帝即位后，更加重视满文，他谕令朝廷祭文，必须翻译满文。各部院奏事，满汉兼书具奏。大学士鄂尔泰等奉命将四子之书重加厘定。《御制翻译四书》就是按照康熙年间刊布的《清文日讲四书讲义》重加厘定的。乾隆皇帝认为翻译满文必须顺满文会意，方可令人易晓。若舍满文语气，因循汉文翻译，则必失却满文本义。将满文本《起居注册》、《清文日讲四书讲义》与《御制翻译四书》互相比较，探讨其异同，有助于了解《四书》满文译本的特色。

乾隆年间改译《四书》时厘正的部分，主要是将康熙年间的汉字读音直译，改为意译，并且改变满文的语法句型结构。《四书》中所载古代官职名称，康熙年间，多按汉字音译，乾隆年间，多按文义意译，例如《论语·八佾》“于语鲁大师曰”，康熙朝满文本《起居注册》译作“lu i tai ši de kumun be alame henduhe.”句中“tai ši”，乾隆年间《御制翻译四书》改译为“kumun be aliha hafan”，意即“典乐之官”；“仪封人请见”，康熙朝满文本《起居注册》译作“i fung ǯin acaki.”句中“fung ṡın”，《御制翻译书》改译为“jasei hafan”，意即“守边之官员”。《论语·述而》“陈司败问昭公知礼乎？”满文本《起居注册》译作“cen i sy bai fonjiha，joo gung dorolon de sambio？”句中

"sy bai"，《御制翻译四书》改译为"beiden be aliha amban"，意即"司寇"，职司刑罚的大臣。姑且不论乾隆皇帝是否避讳使用"夷狄"字样，但就满文而言，"夷狄"音译，并无意义。满文本《起居注册》、《清文日讲四书解义》中的"夷狄"，满文读如"i di"，《御制翻译四书》改译为"tulergi aiman"，意即"外藩"。

乾隆年间改译《四书》时，所使用的词汇，较切近于《四书》原文的含意。因此，《御制翻译四书》的满文，其文义及意旨，与康熙年间的译文，颇有浅深异同之别。例如《论语·里仁》"不仁者，不可以久处约。"满文本《起居注册》译作"gosin akū niyalma joboro de goidame bici ojorokū."“约”，康熙年间译作"joboro"，意即艰苦，《御制翻译四书》改译为"yadahūn"，意即"贫穷"。"joboro"，强调的是"贫苦"的"苦"，而"yadahūn"强调的是"贫苦"的"贫"。"不患无位"，满文本《起居注册》译作"soorin akū be ume joboro."句中"soorin"，意即"帝王的宝位"。《御制翻译四书》改译为"tušan"，意即"职位"。大致而言，乾隆年间改译《四书》时，所选定的满文词汇，更加恰当。由于乾隆年间厘定《四书》译本，参考寻译，更加助长考据学的发展。

乾隆年间刊印的《御制翻译四书》，在句型语法上颇多不同于康熙年间的译文，为便于说明，举数例于下。

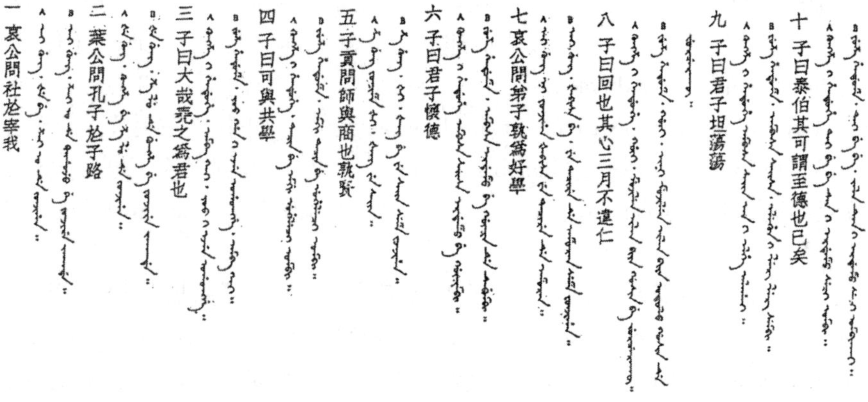

表中"A"，表示康熙朝满文本《起居注册》译文，"B"。表示乾隆年间刊行《御制翻译四书》译文。表一：《论语·八佾》"哀公问社于宰我"，满文本《起居注册》译作"ai gung, še be, dzai o de fonjiha."，《御制翻译四书》改译为"ai gung dzai o de boihoju be forjire jakade."句中"社"，康熙年间按汉字音译作，"še"，乾隆年间改译为"boihoju"，意即"土地神主"。"? e"、"boihoju"是直接受词，"dzai o"是间接受词，乾隆年间改译《四书》时将直接受词与间接受词的位置互相对调。表二：《论语·述而》"叶公问孔子于子路。"满文本《起居注册》译作"? e gung, kungdz be dz lu de fonjiha."，《御制翻译四书》改译为"? e gung, dz lu de kungdz be fonjire jakade."，句中直接受词和间接受词的位置互相对换。康熙年间翻译《四书》的满文句型是按照汉文句型的结构而翻译，即于主词后紧接直接受词，然后为间接受词。

表三:《论语·泰伯》“子曰,大哉尧之为君也。”满文本《起居注册》译作“kungdz i henduhe, amba kai, yoo i ejen ohongge.”,《御制翻译四书》改译为“fudz hendume, yoo han i ejen ohongge, amba kai.”,康熙年间的译文,与汉文句型的结构相近。乾隆年间将“amba kai”,改置于句尾。表四:《论语·子罕》“子曰,可与共学。”满文本《起居注册》译作“kungdz i henduhe, tacin be emgi uheleci ombi.”,《御制翻译四书》改译为“fudz hendume, emgi tacin be uheleci ombi.”,句中“tacin be emgi”,改译为“emgi tacin be”。表五:《论语·先进》“子贡问师与商也孰贤。”满文本《起居注册》译作“dz gung fonjime ši, šang we sain.”译文句型结构和汉文相近。《御制翻译四书》改译为“dz gung, ši šang be we sain seme fonjiha.”,句中于直接受词后置语助词“be”(也),并改变句型结构。

表六:《论语·里仁》“子曰,君子怀德。”满文本《起居注册》译作“kungdz i henduhe ambasa saisa erdemu be gūnimbi.”,《御制翻译四书》改译为“fudz hendume, ambasa saisa erdemu be gūnin de tebumbi.”,句中“gūnimbi”,意即“想念”,或“怀念”,乾隆年间改译为“gūnin de tebumbi”,意即“留意”。表七:《论语·雍也》“哀公问弟子孰为好学?”满文本《起居注册》译作“ai gung ni fonjiha šabisa we tacire de amuran.”,《御制翻译四书》改译为“ai gung, šabisa be, we tacire de amuran seme fonjiha.”,句中“šabisa”为直接受词,乾隆年间改译时置助词“be”(把),作“šabisa be”。表八:“子曰回也,其心三月不违仁。”满文本《起居注册》译作“kungdz i henduhe, hūi, mujilen ilan biya gosin be jurcerakū”,《御制翻译四书》改译为“fudz hendume, hūi mujilen ilan biya otolo gosin de jurcerakū”,句中“三月”,康熙年间译作“ilan biya”,乾隆年间改译为“ilan biya otolo”,意即“直到三个月的时候”;“不违仁”,康熙年间译作“gosin be jurcerakū”,乾隆年间改译为“gosin de jurcerakū”,改助词“be”为“de”。

表九:《论语·述而》“子曰,君子坦荡荡。”满文本《起居注册》译作“kungdz i henduhe, ambasa saisa an i elhe alhai.”,《御制翻译四书》改译为“fudz hendume, ambasa saisa, elehun i ler ler sembi.”改译后的满文已无汉文语气,也不拘泥成语。表十:《论语·泰伯》“子曰,泰伯其可谓至德也已矣。”满文本《起居注册》译作“kungdz i henduhe, tai be be ten i erdemu seci ombi.”,《御制翻译四书》改译为“fudz hendume, tai be be, yala ten i erdemu seci ombikai.”,乾隆年间改译时,增加副词“yala”(果真),以修饰“至德”,将“可谓至德也已矣”,改译成“yala ten i erdemu seci ombikai.”使满文语气轻重能充分的表现出来。乾隆年间《四书》满文篇名,多见于满文本《清高宗实录》、满文本《起居注册》、《御制翻译四书》为便于说明,举例列表如下:

乾隆年间《四书》满文译本对照表

书名	汉文	高宗实录	起居注册	御制翻译四书
《中庸》	凡为天下国家有九经所以行之者一也	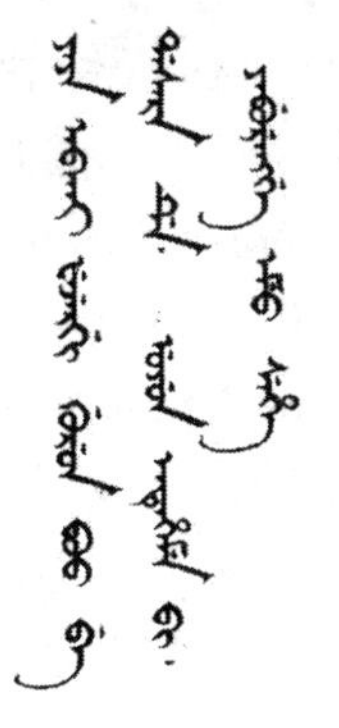	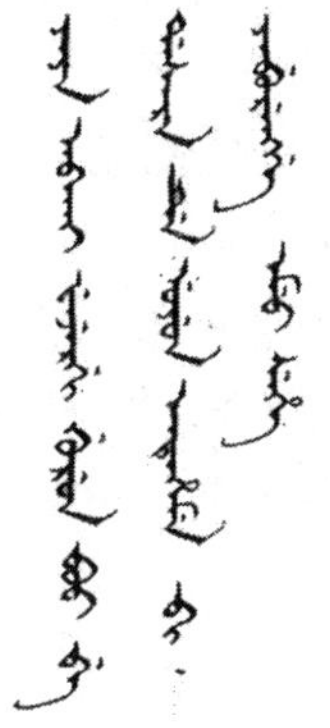	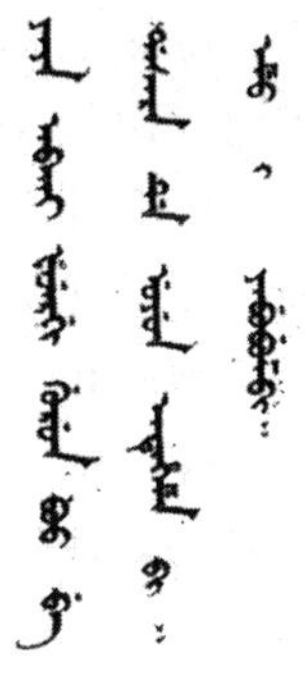
《论语》	子路问政子曰先之劳之请益曰无倦	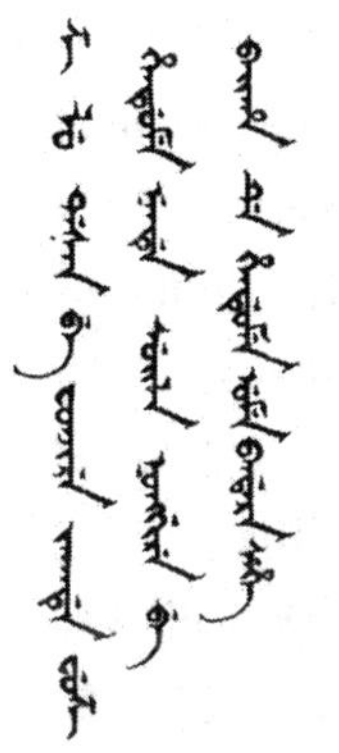	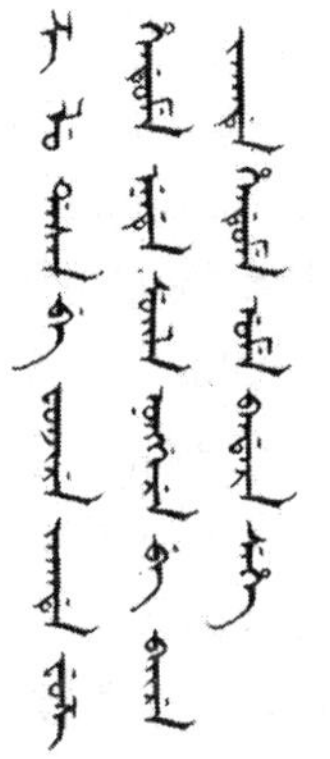	
《中庸》	致中和天地位焉万物育焉	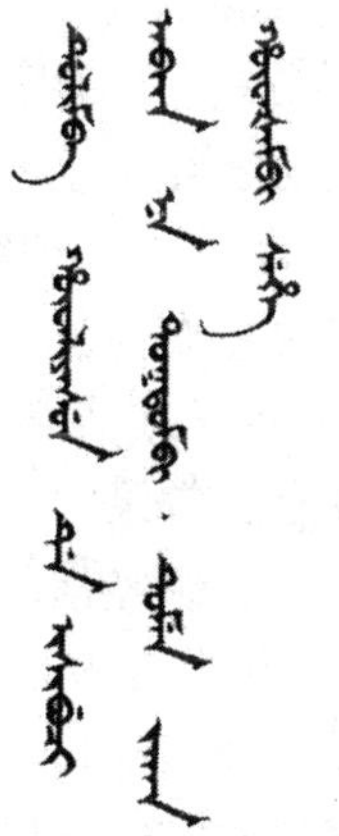	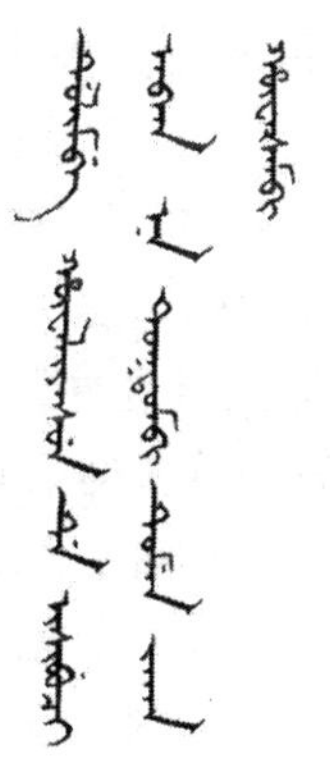	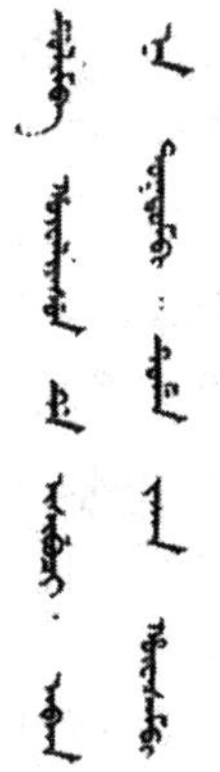

资料来源：《清高宗纯皇帝实录》满文本；乾隆朝《起居注册》满文本；《御制翻译四书》。

乾隆六年（1741）二月十二日，举行仲春经筵，乾隆皇帝御文华殿，直讲官三泰等进讲《中庸》“凡为天下国家有九经，所以行之者一也。”《清高宗纯皇帝实录》满文本译作“yaya abkai fejergi gurun boo be dasara de，uyun enteheme bi，yaburengge emu sehe.”同日《起居注册》满文本亦载“yaya abkai fejergi gurun boo be dasara de uyun enteheme bi，yaburengge emu sehe.”译文与实录相同。乾隆二十年（1755）刊行

的《御制翻译四书》所载满文云："yaya abkai fejergi gurun boo be dasara de uyun enteheme bi. emu i yabubumbi."句中"行之者一也"，满文本实录、《起居注册》俱译作"yaburengge emu"，《御制翻译四书》译为"emu i yabubumbi."，意即"以一使行之"。乾隆十年（1745）三月十二日，补行仲春经筵，直讲官班第等进讲《论语》"子路问政，子曰，先之劳之，请益，曰，无倦。"《清高宗实录》满文本译作"dz lu dasan be fonjire jakade fudz hendume nende suila nonggire be baiha de hendume ume bandara sehe."，《起居注册》满文本译作"dz lu dasan be fonjire jakade fudz hendume nende suila nonggire be baire jakade hendume ume bandara sehe."，句中"请益"，《起居注册》满文本译作"nonggire be baira jakade"，实录满文本改译为"nonggire be baiha de"。《御制翻译四书》译作"dz lu dasan be fonjire jakade fudz hendume nende suila nonggire be baiha de hendume ume bandara."，句中"请益"，满文读如"nonggire be baiha de"，译文与实录满文本相合。乾隆十一年（1746）二月十七日，举行仲春经筵，直讲官阿克敦等进讲《中庸》"致中和天地位焉，万物育焉。"《清高宗实录》满文本译作"dulimba hūwaliyasun de isibuci abka na toktombi, tumen jaka hūwašambi sehe."，《起居注册》满文本译作"dulimba hūwaliyasun de isibuci abka na toktombi, tumen jaka hūwašambi."，《御制翻译四书》译作"dulimba hūwaliyasun de isibuci, abka na toktombi, tumen jaka hūwašambi."由此可知乾隆年间《四书》满文译本的满文译文，无论在句型、词汇等方面多经规范，因此，《清高宗实录》满文本、《起居注册》满文本、《御制翻译四书》的满文译文，大致相近。

佛教经历二千余年的传布，久已成为世界性的宗教，佛教经典就是亚洲各民族共同的精神宝藏。《大藏经》是佛教一切经典的总集，清朝官方翻译《大藏经》，主要是中国境内各族文字的互译，包括藏文《甘珠尔经》、蒙文《甘珠尔经》等。乾隆三十七年（1772），当乾隆皇帝六十二岁时，他深慨于印度佛经一译而为藏文，再译而为汉文，三译而为蒙文，独阙满文，于是命设清字经馆于西华门内，由章嘉国师综其事，达天莲筏僧协助，将汉文《大藏经》翻译成满文，至乾隆五十五年（1790），历时十九年，翻译告成，以朱色刷印成帙，题为《清文全藏经》，以寓大藏之全的意思。首函除载乾隆皇帝《御制清文翻译全藏经序》外，亦详载清字经馆译刻等员职衔，包括总裁、副总裁、提调官、纂修官、收掌官、翻译官、誊录官、校对官、阅经总裁、阅经副总裁、办理经咒喇嘛、校对经咒喇嘛、总校僧人、讲经僧人等，多达九十六员，可以说是清朝规模颇大的译经事业。《清文全藏经》，共一百零八函，计六百九十九部，二千四百六十六卷，其纸质、夹装、写刻、刷印和装帧，都很精美，译文语气，清晰明确。由于佛经译成满文，而多了一种保存佛教思想的文字。除满文经页外，《清文全藏经》各函上下各有经盖板片，内侧各绘诸佛菩萨护法彩色图像。藏文《甘珠尔经》的经板顶块反面两侧也各绘佛像一尊。底块经板则有彩绘佛像五尊。在诸佛菩萨图像左下侧，标明满文名称，为了便于说明，列表举例如下：

大藏经诸佛图像满文名称对照表

图次	图像	满文 罗马拼音 汉字	图次	图像	满文 罗马拼音 汉字
一		sigemuni 释迦摩尼佛	二		abida 无量寿佛
三		maidari 弥勒佛	四		g'asib 迦叶佛
五		maidari 弥勒菩萨	六		manjusiri 文殊师利
七		manjusiri 文殊师利	八		cagan manjusiri 白文殊师利

资料来源：台北故宫博物院典藏《清文全藏经》、《龙藏经》。

表中所列图像，取材于台北“故宫博物院”典藏《龙藏经》、《清文翻译全藏经》。其中图一“释迦摩尼佛”，《清文翻译全藏经》，满文读如“? igiyamuni”，藏文《龙藏经》图像满文读如“sigemoni”。无量寿佛，满文读如“abita”，意即“阿弥陀佛”，藏文《龙藏经》读如“abida”。“弥勒”，满文读如“maidari”。图三为“弥勒佛”，图五为“弥勒菩萨”。“迦叶”，满文读如“g'asib”，图四为“迦叶佛”，此外有“迦叶菩萨”。“摩诃迦叶”，满文读如“maha g'asib”。“文殊师利”，满文读如“manjusiri”，图六为藏文《龙藏经》文殊师利菩萨像，图七为《清文翻译全藏经》文殊师利菩萨像。“察罕”，满文读如“cagan”，源自蒙古语，意即白色的。图八“cagan manjusiri”，意即“白文殊师利”。从表中所举图像，可以说明满文在绘制佛经图像中与藏文、蒙文同时并列，占有同样的重要地位。

有清一代，佛教经典译成满文者，卷帙浩繁，在译经过程中，增加了许多新词汇，说明满洲语文同样具有“文以载道”的能力。为了便于说明，可节录《清文翻译全藏经》中《佛说四十二章经》一段影印于下，转写罗马拼音，并对照汉文本，照录内容，然后将引文佛学术语列表对照。

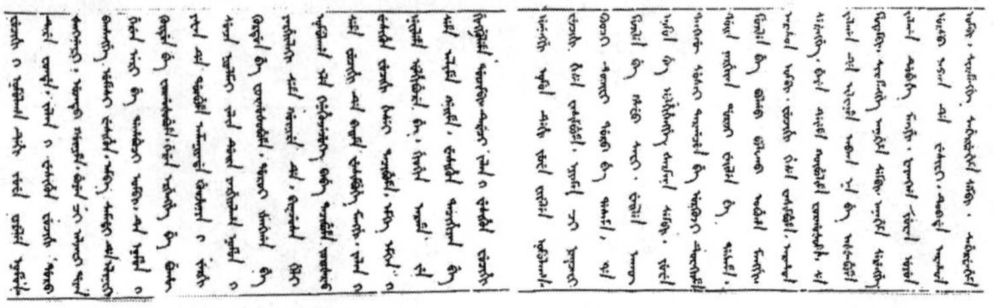

（1）罗马拼音

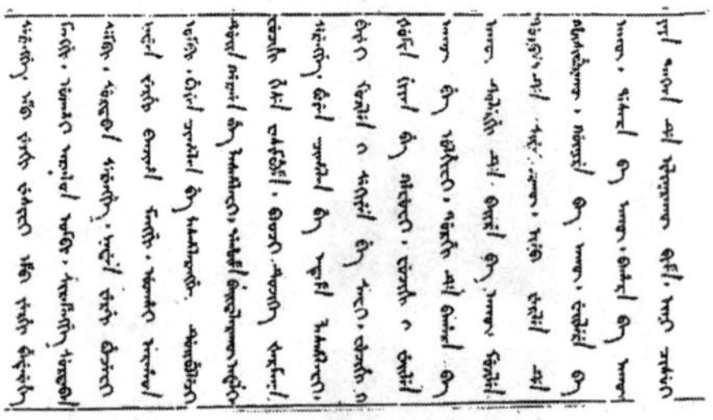

fucihi i nomulaha dehi juwe fiyelen nomun. tere fonde, jalan i wesihun fucihi doro šanggafi, uttu gūnime, buyen ci aljafi diyan bahangge umesi wesihun, amba samadi de ilinafi, geren ari be dahabuci ombi, te nomun i kurdun be forgošobume, geren ergengge be buhū yafan de doobume adzaniyada g´oojynaya i jergi sunja niyalmai jalin duin yargiyalaha nomun i kurdun be forgošobume, doroi šanggan be yargiyalaki seme gūnire de, bikcusa geli nomulaha ele kenehunjecuke babe tacibume jorišarao seme fucihi de baime wesimbuhe manggi, jalan i wesihun fucihi hesei tacibume, emke emken i neileme ulhibure be, giogin arame je seme alime gaime, wesihun tacihiyan be gingguleme donjimbi, tereci jalan i wesihun hcihi unenggi nomun dehi juwe fiyelen nomulaha, fucihi hese wasimbume, niyaman ci fakcafi booci tucifi doro be dasame, da mujilen be hafu safi, weilen akū nomun be ulhihengge šarmana sembi, juwe tanggū susai targacun be urkuji tuwakiyame, duin yargiyan doroi weilen be dasame, mujilen be bolgo boloko obuha manggi, arhat ombi, fucihi hese wasimbume, arhat serengge, beye deyeme kubulime forgošome se jalgan de iliname abka na be aššabume mutembi, siramengge anag´am sembi, anag´am serengge jagan dubehe manggi, fayangga juwan uyun ursu abka de wesifi, tubade arhat ombi, siramengge sag´sardag´am sembi, sag´ardag´am serengge, emu jergi wesifi emu jergi bederehe manggi, uthai arhat ombi, siramengge surtaban sembi, surtaban serengge, nadan jergi bucefi nadan jergi banjiha manggi, uthai arhat ombi, buyen cihalan be lashalarangge duibuleci duin gargan be lashalafi, dahūme baitalarakū adali. fucihi hese wasimbume, booci tucike šarmana serengge, buyen cihalan be eteme lashalafi, beyei mujilen i sekiyen be safi, fucihi i šumin giyan be hafufi, fucihi i weilen akū be ulhifi, dorgi de bahara ba akū tulergi de baire ba akū, mujilen doro de sidereburakū, inu weilen de hūsiburakū, gūnire ba akū, weilere ba akū, dasara ba akū, bahara ba akū, yaya tangkan de ilinarakū bime, ini cisui（以下略）。

（2）满文汉译

佛说四十二章经。尔时世尊既成道已，作是思惟，离欲寂静是最为胜，住大禅定，降诸魔道，今转法轮度众生于鹿野苑中，为憍陈如等五人，转四谛法轮而证道果，时复有比丘所说诸疑，陈佛进止，世尊教诏，一一开悟，合掌敬诺而顺尊勅，尔时世尊为说真经四十二章。佛言，辞亲出家为道，识心达本，解无为法，名曰沙门，常行二百五十戒，为四真道，行进志清净，成阿罗汉。佛言，陈罗汉者，能飞行变化，住寿命，动天地。次为阿那含，阿那含者，寿终魂灵，上十九天，于彼得阿罗汉，次为斯陀含，斯陀含者，一上一还，即得阿罗汉。次为须陀洹，须陀洹者，七死七生，便得阿罗汉。爱欲断者，譬如四支断，不复用之。佛言，出家沙门者，断欲去爱，识自心源，达佛深理，悟佛无为，内无所得，外无所求，心不系道，亦不结业，无念无修无证，不历诸位，而自。（以下略）

《清文翻译全藏经》佛学术语满汉对照表

汉字	满字	罗马拼音	梵文罗马拼音	汉字	满字	罗马拼音	梵文罗马拼音
寂静		diyan		禅定		samadi	samādhi
法轮	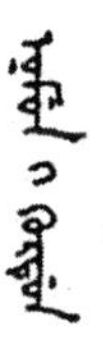	nomun i kurdun	dhamacakra	比丘		bikcu	bhiksu
				沙门		šarmana	Šramana
阿罗汉		arhat	arhat	阿那含		anag'am	anāgāmin
斯陀含		sag'ardag'am	sakrdāgāmin	须陀洹		surtaban	srota – āpanna

资料来源：台北故宫博物院藏《清文翻译全藏经》。

简表中仅就《佛说四十二章经》一段举例列表，汉字“殿”，满文音译读如“diyan”，佛学术语中“diyan”，意即“寂静”，不是“殿”的音译。表中“禅定”，满文读如“samadi”，梵语读如“samādhi”，满文读音相近，汉字又译作“三昧”。汉字“轮”，满文读如“kurdun”，“法轮”，满文读如“nomun i kurdun”，意即“经轮”。“法轮”，梵语读如“dharmacakra”，满文“nomun i kurdun”，不是按“dharmacakra”音译。表中“比丘”，满文读如“bikcu”，梵语读如“bhikṢu”，满文读音与梵语相近。“沙门”，梵语读如“šramana”，满文读如“šarmana”，读音相近。“阿罗汉”，梵语读如“arhat”，满文读如“arhat”，读音相近。“阿那含”，梵语读如“anāgāmin”，满文读如“anag'am”，读音相近。“斯陀含”，梵语读如“sakrdāgāmin”，满文读如“sag'ardag'am”，读音相近。“须陀洹”，梵语读如“srota – āpanna”，满文读如“surtaban”，读音相近。乾隆年间翻译佛经时，一方面创造了许多新词汇，另一方面使原来通行的满文词汇扩大其含义，充分表达佛经教义的原本理蕴。

佛经满文译本，因以白话语体文对译，浅显易解。《佛说四十二章经》记载“佛问诸沙门，人命在几间?”句中“人命在几间”，满文读如“niyalmai ergen taksirengge udu erin”，意即“人命在几间”，乃指无常而言。宋真宗注本首五难中，有“判命不死难”等句，句中“判命”，文句费解。《佛说四十二章经》满文读如“ergen be šelembime yargiyan i bucerengge mangga.”，意即“舍命而真死难”，文义清晰。由于《清文翻译全藏经》等佛经的大量翻译，对满文的研究，提供了丰富的语文资料，同时也说明佛经满文译本保存佛教思想所扮演的重要角色。

六、中体西用——满洲语文与中西文化交流

康熙皇帝提倡崇儒重道，勤读儒家经典，但他同时也重视西学。相对于西洋传教士等学汉语而言，学习满语，则较容易得多。入京供职的西洋传教士，大都精通满洲语文，能说满语，也能写满文。满洲语文在中西文化交流舞台上扮演了十分重要的角色，从满洲语文的视角考察中西文化的交流过程，可以扩大研究视野。

张诚（Joan. Franciscus Gerbillon，1654—1707），法兰西耶稣会士。据《张诚日记》记载，康熙二十八年十二月初八日（1690. 01. 17），这天很早，康熙皇帝就召张诚等人进宫，张诚在宫里停留两个多小时，解释几何学上的问题。张诚和康熙皇帝交谈时经常用满语。张诚说满语有动词变化、语尾变化以及连贯语句时所用的连接词等，而汉语缺乏这些，满语因此胜过汉语。康熙皇帝听见这话似乎很欣赏，他转向周围的人们说："这对了，这种缺陷使汉语比满语难学。"同年十二月十一日，康熙皇帝再驾临养心殿，与张诚等人在一起三小时左右。这一天，康熙皇帝对张诚等人表示了极大的关怀，亲密程度超过前几天。康熙皇帝对于张诚在短促时间内学习满语获得进益，觉得诧异。

康熙二十九年（1690）正月二十七日，康熙皇帝令张诚等于第二天早晨把已写成满文讲稿和用满文解释的一些欧几里得定律带进宫去。正月二十八日，张诚、白晋（Joachin Bouvet，1656—1730）、徐日升（Thomas Pereira，1645—1708）等同到养心殿，康熙皇帝阅读了他们用满文写出的欧几里得第一条定律，令张诚等人用满语解释给他听。康熙皇帝学习过几何学后，还令张诚等人用满文撰写哲学讲义①。张诚等人奉命轮班至养心殿等处，以满语讲授量法、测算、天文、格致等西学，并将讲授内容，翻译满文成册。康熙皇帝派出精通满文二员，襄助缮稿，并派善写二员誊写。白晋著《康熙大帝传》也指出，我们四个住在北京的耶稣会传教士，蒙皇帝隆恩，我们得以为他进讲西洋科学，有的人用汉语讲，有的人用满语讲。由于满语远比汉语要清楚明白、易于理解，康熙皇帝决定由白晋、张诚两人用满语进讲西洋科学。还有两位精通满汉两种语言的内廷官员被指派来协助他们准备进讲的文稿，另有书吏们将文稿誊写清楚。为方便康熙皇帝的学习，白晋、张诚将欧几里得的定律用满语翻译出来写成文稿。康熙皇帝充分掌握几何学原理之后，又希望学习应用几何学，他谕令传教士们用满文编写一本囊括全部理论的应用几何学问题集。白晋、张诚完成了理论与应用几何学的全部进讲工作，出于对这两份讲稿的重视，康熙皇帝谕令把它们由满文译成了汉文，编成书稿，并亲自执笔撰写卷首序文，在皇城内用满汉两种文字印刷成书。康熙皇帝在研究几何学以后，又

① 陈霞飞译，《张诚日记》（北京：商务印书馆，1973年11月），第97页。

希望研究哲学，为此，他谕令白晋、张诚两人用满文编写进讲哲学的讲稿①。

西洋传教士固然以满语进讲西学，同时也将天主教的祈祷词译出满文。巴多明神父（Fr. Dominique Parennin，1665—1741）致耶稣会神父信中指出，由于基督教徒中的福晋（fujin）们和其他的夫人很少认得汉字，她们请求神父将祈祷词译成满文，巴多明神父奉命担任这项工作。当巴多明神父将祈祷词的精华译出满文后，就派人送给若望亲王和保禄亲王审阅，修改语言上可能有的疏漏谬误②。西洋传教士用满语进讲西学，也将天主教的祈祷词译成满文，在中西文化交流过程中，满洲语文确实扮演了重要的角色。康熙皇帝重视西洋解剖学，他清楚知道，倘若不在中医知识中添加解剖学，则中医知识是不完善的。因此，巴多明神父奉命把一部解剖学著作和一部医学大全译成满文。

桑德史（John B. dec M. Saunders）、李瑞爽（Francis R. Lee）合著《康熙朱批脏腑图考释》的内容，就是人体解剖图，计九十图，仅将下列八图满汉名称列出简表。

人体解剖图满汉名称对照表

图次	人体图像	满字名称	罗马拼音	汉字词义
一			julergi beye i gulhun nirugan	正面人体全图
二	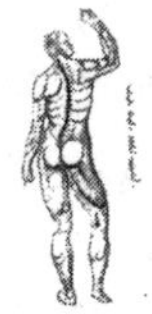	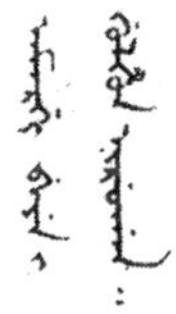	amargi beye i gulhun nirugan	背面人体全图
三		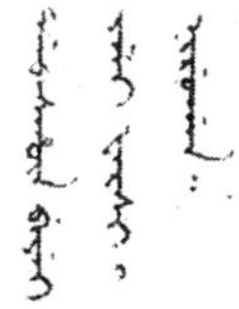	dalbashūn beye yali farsi i nirugan	侧面人体肌肉图
四			faksalame gaiha julergi beye i yali farsi i nirugan	剖解正面人体肌肉图
五		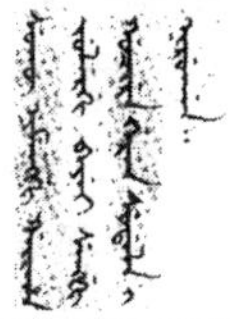	sukū nimenggi gaiha julergi beyei senggi gocire geren sudala i nirugan	剖解皮脂层正面人体血管图

① 《正教奉褒》，《中国天主教史籍汇编》（台北：辅仁大学出版社，2003年7月），第547页。白晋等著，徐光启、陆洋译《老老外眼中的康熙大帝》（北京，人民日报出版社，2008年9月），第29页。

② 《巴多明神父致本会某神父的信》，见杜赫德编、郑德弟译《耶稣会士中国书简集——中国回忆录》（郑州，大象出版社，2001年1月），第三卷，第18页。

续表

图次	人体图像	满字名称	罗马拼音	汉字词义
六		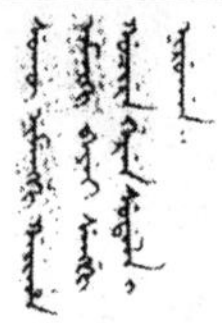	sukū nimenggi gaiha amargi beyei senggi gocire geren sudala i nirugan	剖解皮脂层背面人体血管图
七	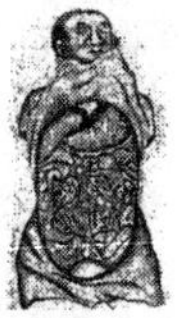	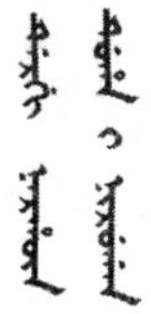	dergi narhūn duha i nirugan	十二指肠图
八		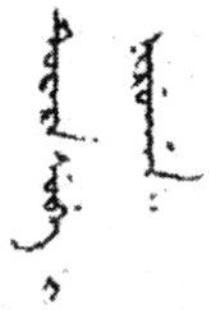	tuwara sube i nirugan	视神经图

资料来源：桑德史（John B. dec M. Saunders）、李瑞爽（Francis R. Lee）合著，The Manchu Anatomy and its historicalorgin，Li Ming Cultural enterprise Co. Taipei，1981《康熙朱批脏腑图考释》

表中所列人体图像包括：正面人体全图、背面人体全图、侧面人体肌肉图、剖解正面体肌肉图、剖解皮脂层正面人体血管图、剖解皮脂层背面人体血管图、十二指肠图、视神经图等。原书还包括：血脉循环系统图、脑室图、头盖骨图、鼻骨图、胰脏图、脾脏图、肝脏图、胃部图、肾脏图、心脏图、胆囊图、膀胱图、气管图等等。在人体解剖图中含有许多解剖学相关词汇，譬如表中十二指肠，满文读如“dergi narhūn duha”，意即“上部小肠”。小肠上部，紧接于幽门，弯若蹄铁，长约十二指横径，故名十二指肠。汉字“筋”，满文读如“sube”，表中“视神经”，满文读如“tuwara sube”。人体五脏六腑解剖图原书中有颇多词汇可补满文辞书的不足。汉字“颈两侧”，满文读如“dargiya”，原书作“外颈”。“脖项”，满文读如“meifen”，意即“内颈”。“骷髅”，满文读如“hoto giranggi”，原书作“头盖骨”。“大肠”原书读如“kerken duha”，不见于满文辞书。“迷走神经”，满文读如“jakūci jurui sube”，意即“第八对神经”。汉字“肌肉”，原书满文读如“yali farsi”，意即“肉块”。汉字“神经”，原书满文读如“sube sirge”，意即“筋丝”。“子宫”，原书满文读如“jusei oron”，意即“孩子们的衣胞”，以上解剖学中的词汇，俱可增补满文辞书的疏漏。

白晋、张诚合撰满文《西洋药书》，共三册。据《北京地区满文图书总目》著录为康熙年间内府精写本。全书详列三十六种药品名称，并以满文逐一说明用药方法及其功效，包括：清除恶毒、强胃补心、跌打砍刺疗伤、排除腹虫、治疗神经痛、强心补气、治疗肚肠绞痛、医治伤寒症、治疗疟疾、保血补心、解除瘟疫、治疗胸肺、水痘解毒、肝脾壅塞、被火烫伤、治疗焦躁症、治疗咳嗽胸痛、治疗抽筋、治疗咳血、泻血、血尿、治疗肾结石、膀胱结石等西洋药品，因全书以满文撰写，所以在西学输入的过程中，满文实扮演了极为重要的角色。

七、职贡有图——满文与艺术史的研究

台北“故宫博物院”典藏《职贡图》画卷，共四卷，合计三〇一图，其绘制及增补，都是以地相次的。除第一卷整欠、景海头目各一人外，其余各图，俱男女各一人，男左女右，都是宣纸设色彩绘。画卷绘制者，传为谢遂，其绘制时间，上限在乾隆十五年（1750）的下半年，下限为乾隆五十五年（1790）。画卷的内容，主要包括画像、图说及清高宗题识，其图说满、汉兼书。画卷是一套瑰丽的民俗画史，除第一卷七十图为东西洋通商各国及朝贡属国外藩图像外，其余三卷共二三一图，都是我国近边省分各兄弟民族的缩影。画卷第二卷内含台湾原住民图像十三种，是根据福建省所进图样绘制的，其上限在乾隆十七年（1752）。为便于说明台湾原住民的分布及其艺术价值，先将各社名称列表如下：

《职贡图》画卷台湾原住民图像

图次	图像	满文名称	罗马拼音	汉文名称
1		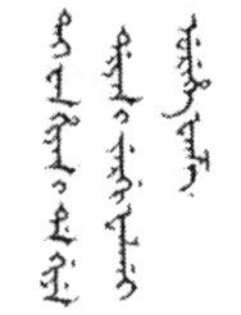	tai wan hiyan i da giye diyan i jergi falgai urehe fandz	台湾县大杰巅等社熟番
2		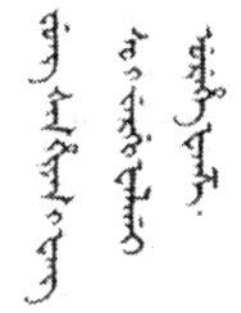	fung šan hiyan i fang so i jergi falgai urehe fandz	凤山县放綀等社熟番
3		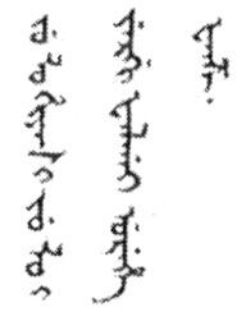	ju lo hiyan i ju lo i jergi falgai urehe fandz	诸罗县诸罗等社熟番
4		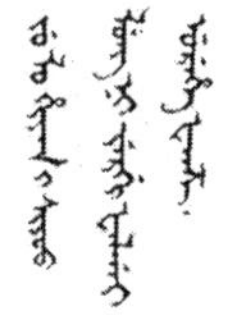	ju lo hiyan i siyoo lung ni jergi falgai urehe fandz	诸罗县萧垄等社熟番
5		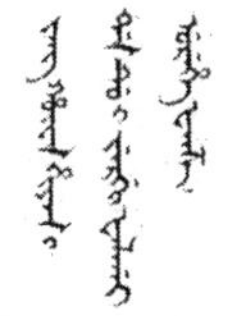	jang hūwa hiyan i da du i jergi falgai urehe fandz	彰化县大肚等社熟番

续表

图次	图像	满文名称	罗马拼音	汉文名称
6		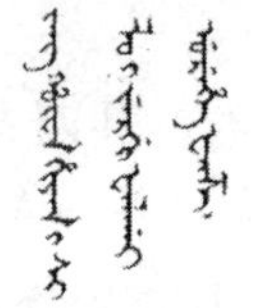	jang hūwa hiyan si lo ijergi falgai urehe fandz	彰化县西螺等社熟番
7		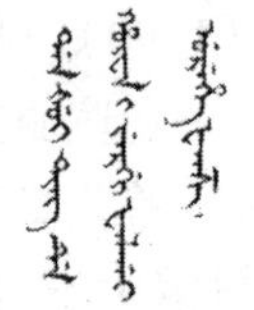	dan šui ting de hūwa ijergi falgai urehe fandz	淡水厅德化等社熟番
8		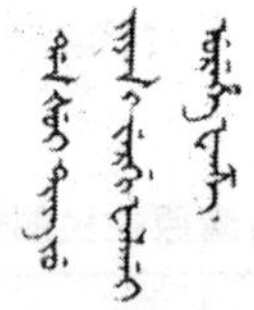	dan šui ting ju jiyan i jergifalgai urehe fandz	淡水厅竹堑等社熟番
9		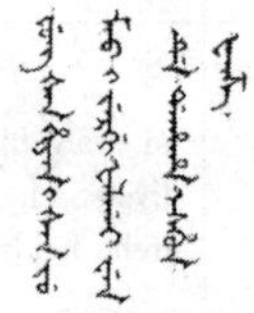	fung šan hiyan i šanju mao i jergi falgai wen de dahaha eshun fandz	凤山县山猪毛等社归化生番
10		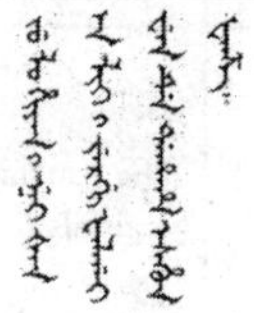	ju lo hiyan i nei šan a lii i jergi falgai wen de dahaha eshun fandz	诸罗县内山阿里等社归化生番
11		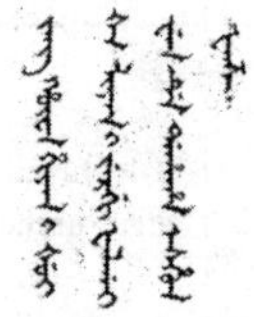	jang hūwa hiyan i šui ša liyan i jergi falgai wen de dahaha eshun fandz	彰化县水沙连等社归化生番
12		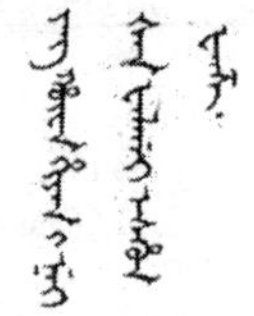	jang hūwa hiyan i nei šan falgai eshun fandz	彰化县内山生番
13		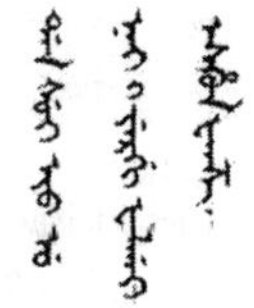	dan šui io u nai ijergi falgai eshun fandz	淡水右武乃等社生番

资料来源：台北故宫博物院典藏《职贡图》画卷。《故宫台湾史料概述》，台北故宫博物院，1995 年 10 月。

表中所列各社原住民图像，包括台湾县大杰巅、凤山县放𫄨、诸罗县诸罗、萧垅、彰化县大肚、西螺、淡水厅德化、竹堑等平埔族，凤山县山猪毛、诸罗县阿里山、彰化县水沙连等社归化原住民，彰化县内山、淡水右武乃等社生界原住民。台湾各社原住民喜欢装饰艺术，充分表现了少数民族的审美情趣，刺绣织锦，色彩艳丽。其中彰化县水沙连等三十六社妇女挂圆石珠于项，自织布为衣，善织罽，染五色狗毛杂树皮离如锦。句中“善织罽”，满文读如“keibisu jodoro mangga”，意即“善织绒毯”。彰化县内山生界原住民妇女亦能织树皮为罽。台湾县大杰巅等社原住民男剪发，束以红帛，衣用布二幅联如半臂，垂尺许于肩肘，腰围花布，寒衣曰缦披，其长覆足，妇衣亦然，俱以铜铁环束两腕，或叠至数十，嚼米为酒，恒携黄藜以佐食。句中“半臂”，满文读如“guwalasun”，意即“坎肩”，又作“女坎肩挂子”。“缦披”，满文读如“nereku”，意即“斗篷”。“黄藜”，满文读如“? eolehe”，当即“凤梨”，也叫“波罗”。原住民也注意到人体装饰，例如，诸罗县诸罗等社平埔族男子喜欢穿耳，纳竹圈于其中，渐易大者，久之将垂及肩时，乃实以圆木，或嵌螺钱。句中“螺钱”，满文读如“tahūra jiha”，意即“蛤蚌钱”。画卷中多处描绘台湾原住民能歌善舞的才艺，凤山县放綀（?）等社平埔族的婚娶叫做牵手，女子及笄，构屋独居，男童以口琴挑逗，喜则相就。诸罗县南方有萧垅、加溜湾、麻豆、哆咯啯等社平埔族，男子以竹片束腰，能截竹为萧，长二、三尺，以鼻吹之，称为吹鼻萧。句中“以鼻吹之”，满文读如“oforo i fulgiyeme”，满汉文意，彼此吻合，《皇清职贡图》讹为以口吹之。

蒋廷锡，字扬孙，江南常熟人，以举人供奉内廷。康熙四十二年（1703），赐进士，改庶吉士，累迁至内阁学士。蒋廷锡工诗善画，供奉内廷二十余年。《石渠宝笈》初编御书房著录蒋廷锡画鸟谱十二册，每册凡三十幅。余省、张为邦都供奉画院，余省且曾受业于蒋廷锡，画风工丽。乾隆十五年（1750），余省、张为邦奉命将御书房所贮蒋廷锡画鸟谱十二册，另行摹绘一份，并命傅恒、刘统勋、兆惠、阿里衮、刘纶、舒赫德、阿桂、于敏中等以满文翻译图说，满汉兼书，左图右说。乾隆二十六年（1761），前后历时十年，摹绘翻译竣事，装潢进呈御览。台北“故宫博物院”藏者，就是其中前四册。为便于说明，仅就鸟谱中满汉名称举例列表于下。

鸟谱满汉名称对照表

图次	汉字	图像	满字	罗马拼音	汉文词义
一	长离		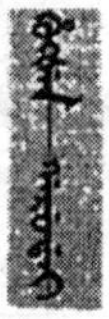	hukšen garudai	年久之凤
二	蓝			lamurcan	蓝鹤

续表

图次	汉字	图像	满字	罗马拼音	汉文词义
三	石青			fulaburu gasha	红青色的鸟
四	白哥			cakūlu kiongguhe	白色头项鹦鸽
五	鹳鸽			? anyan ku-wecike	白鸽
六	佀凤逑			kidun cecike	相思雀
七	槐串		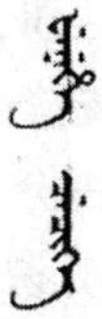	fenehe cecike	火草雀
八	金铃		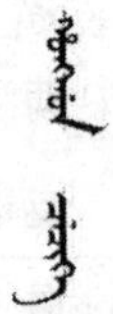	honggon cecike	铃雀
九	偷仓			jeleme cecike	偷仓鸟
十	阿兰			wenderhen	阿兰

资料来源：台北故宫博物院典藏《鸟谱》。

前列简表中所标名称，对照满文后，有助于了解汉文的词义。表中图一“长离”，满文读如“hukšen garudai”，意即“年久之凤”，或“老的凤”。鸟谱引《禽经》所载五凤，其中“丹穴”，满文读如“fulgiyan garudai”，意即“红色凤”；“羽翔”，满文读如“lamun garudai”，意即“蓝色凤”；“化翼”，满文读如“šanyan garudai”，意即“白色凤”；“阴翥”，满文读如“ yacin garudai”，意即“黑色凤”； “土符”，满文读如“suwayan garudai”，意即“黄色凤”。鸟谱图说，因满汉兼书，查阅满文，有助于了解汉文的词义。

表中图二“蓝”，满文读如“lamurcan”，意即“蓝鹤”，汉文的“蓝色的”，满文读如“lamun”，“lamurcan”，就是由“lamun”衍生的新词汇。汉文“淡红色的”，满文读如“fulahūn”；“红色的”，满文读如“fulahūri”；“红青色的”，满文读如“fulahuru”，表中图三“石青”，满文读如“fulaburu gasha”，意即“红青色的鸟”。汉文“白脖子的”、“白颈项的”，满文读如“cakū”，表中图四“白哥”，满文读如“cakūlu kiongguhe”，意即“白色头项鹦鸽”。

陆玑《诗疏》云：“鹳似鹞，青黄色，燕颔，勾喙。”表中图五“鹳鸽”，满文读如“šanyan kuwecike”，意即“白鸽”。鸟谱“鹳鸽”满汉图说谓“通身俱白”（beyei gubci gemu šanyan），是鹳鸽满文译名的由来。汉文“想念”、“思念”，满文读如“kidumbi”。表中图六“侣凤逑”，满文读如“kidun cecike”，意即“相思雀”。鸟谱“侣凤逑”图说记载“雌雄相爱，故一名相思鸟”（amila emile ishunde hajilame ofi，tuttu emu gebu kidun cecike sembi.）这是侣凤逑满文译名的由来。表中图七“槐串”，满文读如“fenehe cecike”，意即“火草雀”。汉文“槐串”，因此鸟常于槐树依止，性喜槐树浓荫可以藏身而得名，满文“火草雀”，则因其常于火草穿梭觅食而得名。表中图八“金铃”，满文读如“honggon cecike”，意即“铃雀”。汉文“金铃”，是因此鸟黄嘴、土色眉、黄颔、黄腹、浅黄足，声短如铃而得名，满文“honggon cecike”，则因其声短如铃而得名。表中图九“偷仓”，满文读如“jeleme cecike”，意即“偷仓雀”。此鸟因东方辨色即鸣，人未起时即入仓廪盗食谷米而得名。汉文“吃、食”，满文读如“jembi”，“偷仓”（jeleme），即因“jembi”，衍生的词汇。表中图十“阿兰”，或谓阿兰为鹓的合音，一名阿滥，同音异词，满文读如“wenderhen”，又作“wendeden”。汉字“化冻、化开、向化”，满文读如“wembi”，“wenderhen”或“wendeden”，都是由“wembi”衍生出来的满文词汇，就鸟谱满文而言，一方面有助于了解汉文名称的词义；一方面也因翻译满文而衍生了更多新词汇。

满洲、蒙古草原社会的命名，沿袭了他们的传统习俗，他们喜欢以动物的名称为子女命名，乾隆皇帝喜欢以各种勇猛或名贵的瑞兽为自己的宠物命名。供职于造办处如意馆的西洋画家郎世宁（Giuseppe Castiglione）擅长绘画花卉鸟兽。其中十骏犬是奉乾隆皇帝旨意绘画的作品，乾隆十二年（1747）十月二十三日，如意馆记载太监胡世杰传旨：“著郎世宁画十俊大狗十张，钦此。”句中“俊”，通骏。乾隆十三年（1748）三月二十八日，胡世杰交宣纸二十张传旨著郎世宁将十骏马并十骏大狗俱收下用宣纸画册页二册，树石著周昆画，花卉著余省画。台北“故宫博物院”出版《郎世宁作品专辑》中的十骏犬图，除了标明汉字名称外，还标出满文、蒙文的名字，为了便于说明，仅将满、汉名称列表如下。

郎世宁画十骏犬满汉名称对照表

图次	汉字	图像	满字	罗马拼音 汉文词义
一	霜花鹞		ᠰᡳᠯᠮᡝᡨᡠ	silmetu 燕隼 鹞子
二	睒星狼		ᠨᡳᠣᡥᡝᡨᡠ	niohetu 狼
三	金翅猃		ᠶᠣᠯᠣᡨᡠ	yolotu 狗头雕 狗鹫 藏狗
四	苍水虬		ᡧᠣᠯᠣᠮᡨᡠ	šolomtu 虬
五	墨玉螭		ᠮᡠᡥᡡᠯᡠ	muhūlu 螭
六	茹黄豹		ᠶᠠᡵᡤᠠᡨᡠ	yargatu 豹
七	雪爪卢		ᠰᡝᠪᡝᡵᡨᡠ	sebertu 银蹄毛色
八	蓦空鹊		ᠰᠠᡴᠰᠠᡥᠠᡨᡠ	saksahatu 喜鹊

续表

图次	汉字	图像	满字	罗马拼音 汉文词义
九	斑锦彪		ᠵᡠᠩᡤᡳᠨᡨᡠ	junggintu 锦
十	苍猊		ᡴᠠᡵᠠ ᠠᡵᠰᠠᠯᠠᠨ	kara arsalan 黑狮子

资料来源：《郎世宁作品专辑》，台北故宫博物院，1983 年 8 月。

由前列简表名称，可知乾隆皇帝喜欢以象征吉祥、勇猛的灵禽瑞兽为自己的爱犬命名，包括鹞、鹊、雕、狼、猃、虬、螭、豹、狮子等，草原文化的气息十分浓厚。对照满、汉名称，可知其词义颇有出入。表中图一“霜花鹞”，满文读如“silmetu”。满文“silmen”，意即燕隼、或鹞子，“tu”，或作“有”解，或作“人”、“物”解。将“silmen”脱落“n”，结合“tu”，就是“silmetu”的衍生词汇。汉文或因骏犬色白，而作“霜花鹞”。表中图二“睒星狼”，满文读如“niohetu”，意即“狼”，“niohetu”是由“niohe”衍生的词汇，汉文作“睒星狼”。表中图三“金翅猃”，满文读如“yolotu”。满文“yolo”，意即“狗头雕”，或作“嘴尾粗、唇垂耳大的藏狗”，“yolotu”是由“yolo”衍生的词汇，汉文作“金翅猃”。表中图四“苍水虬”，满文读如“šolomtu”，又作“šolontu”，汉文作“虬”，是头上有两角的小龙，“苍水”为汉文所加。表中图五“墨玉螭”，满文读如“muhūltu”，满文“muhūltu”，意即“螭”，是无角的龙。“muhūltu”是由“muhūlu”衍生的词汇，汉文名称是因骏犬全身黑如墨玉，而作“墨玉螭”。表中图六“茹黄豹”，满文读如“yargatu”。满文“yarga”，又读如“yarha”，意即“豹”，“yargatu”是由“yarga”衍生的词汇，汉文作“茹黄豹”。表中图七“雪爪卢”，满文读如“sebertu”，满文“seber”，又读如“seberi”，意即“银蹄毛色”。“卢”，亦作“獹”，是一种田犬。“sebertu”是由“seberi”衍生的词汇，骏犬因四爪银白色而作“雪爪卢”。表中图八“蓦空鹊”，满文读如“saksahatu”。满文“saksaha”，意即“喜鹊”，“saksahatu”是由“saksaha”衍生的词汇，汉文作“蓦空鹊”。表中图九“斑锦彪”，满文读如“junggintu”，满文“junggin”，意即“各色锦缎”，

表示此犬如斑锦。汉字“彪”，满文读如“targan”，表中满汉文名称颇有出入。表中图十“苍猊”，满文读如“kara arsalan”，意即“黑狮子”。乾隆皇帝以勇猛的百兽之王为自己的名犬命名，图文相合。

八、毋忘旧习——清初诸帝的忧患意识

有清一代，满文碑刻，不计其数，颇具文化意义，譬如永陵、福陵、昭陵等处初立

下马木牌，乾隆四十八年（1783）九月，谕令改用石牌，镌刻满、汉、蒙古、西藏、维吾尔五体字，其目的即在宣示“国家一统同文”之盛。乾隆五十一年（1786）三月，乾隆皇帝因巡幸五台，至灵鹫峰文殊寺，御制七言律诗一首：“开塔曾闻演法华，梵经宣教率章嘉。台称以五崇标顶，乘列维三普度车。萦缪抒诚陟云栈，霏微示喜舞天花。曼殊师利寿无量，宝号贞符我国家。①”翻出满洲、蒙古、西藏字，发交山西巡抚伊桑河，仿照热河石幢式样，于文殊寺内建立四方石幢一座，镌泐四体字，将满洲字刻于碑之东面，汉字刻于南面，蒙古字刻于北面，西藏字刻于西面。可将御制满文七言律诗影印于下，并转写罗马拼音。

（1）罗马拼音

subargan neifi fa hūwa nomun be fisembure be donjiha, fucihi nomun be jafafi tacihiyan be badarambume janggiya kūtuktu be dahaha, karan sunjaci jergi sehengge, hada de colgoroko be iletulehe, jergi ilan hacin obuhangge, bireme doore sejen adališaha, mudalime yabume unenggi be tucibume den bade tafara de, sor seme nimarame urgunjere be tuwabume abkai ilha kiyalmaha, manjusiri i jalafun mohon akū, ferguwecuke colo yala musei gurun boode acanaha.

汉字“塔”，新满文读如“subarhan”，此作“subargan”异。满文“fisembumbi”，意即“传述”，或述说。“开塔曾闻演法华”，意即“开塔曾闻传述法华经”。“梵经”，满文读如“fucihi nomun”，意即“佛经”，“梵经宣教率章嘉”，意即“捧佛经弘教随从章嘉活佛”。“台称以五崇标顶”，意即“台称第五层顶上显崇”。“乘列维三普度车”，意即“等级为三种与普度之车相似”。“萦缪抒诚陟云栈”，意即“绕行抒诚登至高处时”。“霏微示喜舞天花”，意即“纷纷下雪示喜飘天花”。“曼殊师利寿无量”，意即“文殊师利之寿无量”。“宝号贞符我国家”，意即“妙号果符我国家”。对照满文，较易了解诗句含意。

从清初以来，历朝皇帝深恐满洲子弟清语生疏，告诫再三。乾隆五十年（1785）四月初一日，乾隆皇帝颁降谕旨云：

朕恭阅开国方略，昔太宗文皇帝时，恐我满洲骑射清语。日久生疏。曾经特降谕旨，是以朕临御以来，诰诫再三，务令各勤旧业。今看八旗文武大臣官员子弟射，甚属平常，清语除履历外，再问竟不能答，皆由伊父兄等不知训迪子弟，以致本业渐荒。因思各旗教场箭亭石碑，均刻太宗文皇帝圣旨，诸臣岂未经瞻仰乎？自此次朕谕之后，八旗大臣官员务严饬子弟学习娴熟，倘引见时，技艺平常，朕必将伊父兄一并治罪，将此旨通行晓谕八旗及各省都统官员等知之。②

清太宗文皇帝恐满洲清语骑射，日久生疏，曾经特降谕旨，后来刻在八旗教场箭亭石碑，可惜八旗子弟并不重视。

① 《高宗纯皇帝实录》，卷1250，第20页。乾隆五十一年三月戊午，谕旨。

② 《高宗纯皇帝实录》，卷1228，第2页。乾隆五十年四月庚辰，谕旨。

天聪八年（1634）四月初六日，清太宗皇太极颁降谕旨云："朕闻国家承天创业，各有制度，不相沿袭，未有弃其国语，反习他国之语者。事不忘初，是以能垂之久远，永世勿替也。蒙古诸贝子，自弃蒙古之语名号，俱学喇嘛，卒致国运衰微。今我国官名，俱因汉文，从其旧号。夫知其善而不能从，与知其非而不能省，俱未为得也。朕缵承基业，岂可改我国之制而听从他国？嗣后我国官名及城邑名，俱当易以满语，毋得仍袭汉语旧名，俱照我国新定者称之。若不遵新定之名，仍称汉字旧名者，是不奉国法恣行悖乱者也，察出决不轻恕。"① 蒙古贝子自弃蒙古语名号，卒致国运衰微，殷鉴不远，满洲不可弃满语，官名及城邑名称，俱当易以满语。

顺治十一年（1654）六月初九日，清世祖顺治皇帝谕宗人府，略谓："朕思习汉书，入汉俗，渐忘我满洲旧制，前准宗人府、礼部所请，设立宗学，令宗室子弟读书其内，因派员教习满书，其愿习汉书者，各听其便。今思既习满书，即可将翻译各样汉书观玩，著永停其习汉字诸书，专习满书，尔衙门传示。"② 清初设立宗学，宗室子弟，或学习满书，或学习汉书，各听其便。顺治皇帝深恐宗室子弟多习汉书，入汉俗，故谕令永停其习汉字诸书。

雍正皇帝重视满洲本习，他指出，在京满洲人等与盛京、乌拉等处的满洲不同，文武二艺，俱为不得不学之事，如果二者兼优之人，朝廷必加重用。雍正二年（1724）七月二十二日，办理船厂事务给事中赵殿最奏请于船厂地方建设文庙，设立学校，令满汉子弟读书考试。雍正皇帝指出，"我满洲人等因居汉地，不得已与本习日以相远，惟赖乌喇宁古塔等处兵丁不改易满洲本习身，今若崇尚文艺，则子弟之稍颖悟者，俱专意于读书，不留心于武备矣。即使果能力学，亦岂能及江南汉人？何必舍己之长技，而强习所不能耶？"③ 雍正皇帝深恐乌拉、宁古塔等处满洲子弟因崇尚文艺，以致文艺与武略二者俱无成就。

雍正六年（1728）正月二十九日，《世宗宪皇帝圣训》记载满汉文谕旨，为了便于说明，先将满文谕旨影印后转写罗马拼音，照录汉文谕旨于下。

（1）罗马拼音

hūwaliyasun tob i ningguci aniya, suwayan bonio, aniya biyai šanggiyan muduri inenggi, idui hiyasa, juce i bayara sade dergi hese wasimbuhangge, manjusai fe kooli, manju gisun taci-ra be umesi oyonggo obuhabi, te tuwaci, gaiha hiyasa, bayara sa jingkini tacici acara manju gisun be waliyafi kicerakū, elemangga ishunde nikarame yobodome toome efimbi, ere umesi giyan waka, manju serengge, gemu taidzu, taidzung, šidzu, šengdzu han ama i werihe niyal-ma, nenehe fon i fe ambasa, urui asihata urse be hūwasabure be baita obufi, kemuni manju i da dord be taci, hūsutuleme fede kice seme ton akū tacibumbihe, te coohai urse idui bade tefi ishunde yobodome toome efirengge, umesi sain tacin waka, ereci amasi, giyan i teisu teisu hūsutuleme kiceme, ehe tacin be waliyafi, manji gisun gisureme, beri tatašame, jafunure jergi

① 《大清太宗文皇帝圣训》，卷3，第8页。见《钦定四库全书》（台北，台湾商务印书馆），第411册，第67页。

② 《大清世祖章皇帝实录》，卷84，第5页。顺治十一年六月丁卯，谕旨。

③ 《大清世宗宪皇帝实录》（台北，华联出版社，1964年9月），卷22，第21页。雍正二年七月甲子，谕旨。

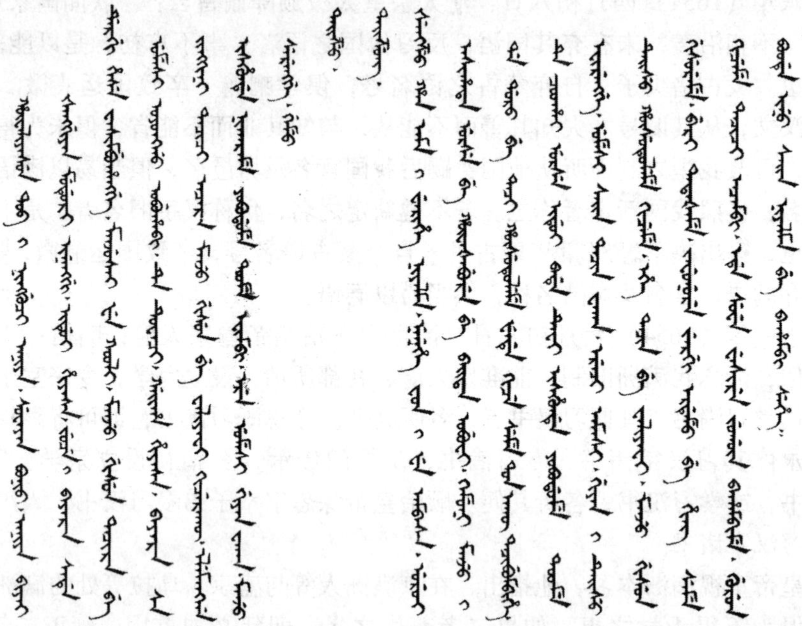

erdemu be hing seme kiceme tacici acambi, ede suwe wesire jugūn bahambime, gurun boode inu sain niyalma be bahambi sehe.

（2）满文汉译

雍正六年戊申正月庚辰，上谕值班侍卫及守卫护军等满洲旧制，最重学习清语。近见挑选之侍卫、护军等弃其应习之清语，反以汉语互相戏谑，甚属不合，且满洲人等俱系太祖、太宗、世祖、圣祖皇考之所留遗者，当日耆旧大臣务以造就后进为心，每将学习满洲本务，努力上进之语，时时教导。今兵丁直班之处，彼此戏谑，殊非善习。嗣后各宜勉励屏除习气，以清语、拉弓及相搏等技，专心习学，此尔等进身之阶，国家亦收得人之效矣。①

对照满汉文谕旨，“守卫护军”，句中“守卫”，满文读如“juce”，意即兵丁支更处所，习称堆子。“juce i bayara”，意即值班护军。“清语”，满文读如“manju gisun”，意即满语。满洲旧制，以学习满语为最重要，努力学习满语，既可获得晋升之途，而且国家亦收得人之效。侍卫、护军放弃满语，不肯努力学习满洲本务，反以汉语互相戏谑，确实不合满洲旧制。

雍正七年（1729）闰七月二十五日，《上谕八旗》记载：“朕前曾降谕旨，著八旗汉军学清话，今再限半年，如不能以清话奏履历者，遇升转之处，不准列名，将此传谕八旗汉军，特谕。”② 雍正九年（1731）二月初十日，吏部带领月官引见，奉上谕，王光含等依拟用，掣得山东邹平县的艾深是旗人，奏对履历，不会满语。艾深年少，而履历数语，尚不能陈奏，甚属怠惰，奉旨扣除，必俟习熟满语时，再行铨选。③

① 《世宗宪皇帝圣训》，卷21，第13页。雍正六年正月庚辰，谕旨。

② 《上谕八旗》（台北，台北故宫博物院，乾隆六年，武英殿刊本），雍正七年，第31页。

③ 《上谕八旗》（台北，台北故宫博物院，乾隆六年，武英殿刊本），雍正九年，第1页。

因八旗兵丁尚未整齐，雍正九年（1731）二月二十二日，雍正皇帝谕令管理旗务大臣传旨与八旗都统等于骁骑营兵内择其年少无疾，骑射不堪，不能满洲、蒙古言语之人，满洲、蒙古每旗合派一百名，共八百名；八旗汉军合派二百名，合计共一千名，在西厂子、圣化寺等处设立一营，令其学习一切技艺。营内一概不许汉语，惟习清语或蒙古语。其教习趋走超距及清语等事，于索伦、新满洲、乌拉齐内挑选好者，分为三、四班，令其教习[①]。谕旨中“无疾”，满文读如“jadahan akū”，意即无残疾、无宿疾、无痼疾。谕旨中“一概不许汉语，惟习清语或蒙古语”，满文读如“fuhali ume nikarabure，eici manju gisun，monggo gisun gisurekini”，意即“全然，不许说汉语，惟令说满语，或说蒙古语。”由谕旨内容可知雍正年间，八旗兵丁中不能说满语者，人数众多。

盛清诸帝重视满洲本务，宗室、章京、侍卫更应各加奋勉，及时学习，倘若技艺生疏，不谙清语，必遭斥革。乾隆六年（1741）三月初四日，内阁奉上谕云：“满洲素习，原以演习弓马骑射为要，而清语尤为本务，断不可废。从前皇祖圣祖仁皇帝尝阅宗室、章京、侍卫等射箭，遇有技艺生疏，不谙清语者，即行斥革，原欲示以惩创教育有成也。近见满洲子弟渐骯安逸，废弃本务。宗室、章京、侍卫等不以骑射为事，亦不学习清语，公所俱说汉话。夫以历来相传之本业，不知崇尚，因循日久，益难整顿。朕拟于几暇阅看，但念若不先期晓谕，骤加查阅，则获谴者必多，著交宗人府领侍卫内大臣等，饬令宗室、章京、侍卫等各加奋勉，及时学习，朕于本年冬间或明年春间查阅，其优等者，格外施恩，倘仍不学习，以致射箭平常，不识清语者，定从重治罪。”[②] 由引文内容可知乾隆初年满洲子弟废弃本务的情形，宗室、章京、侍卫等不以骑射为事，不学习满语，在公所俱说汉话。乾隆皇帝深恐满洲子弟不知崇尚骑射满语，因循日久，益难整顿。

乾隆七年（1742）十二月二十一日，内阁奉上谕：“我朝崇尚本务，原以弓马清文为重，而宗室谊属天潢，尤为切近，向来宗室子弟俱讲究清文，精熟骑射，诚恐学习汉文，不免流于汉人浮靡之习。”[③] 清朝皇帝重视弓马清文，宗室子弟俱应讲究清文国语，精熟武略骑射，深恐学习汉文而流于汉人浮靡之习，就是一种忧患意识。

清军征讨准噶尔期间，所有军机事件，俱用满文奏折。乾隆十九年（1754）五月二十一日，军机大臣奉上谕云：“从前用兵之时，西路将军兵丁，俱系汉人，是以军前一切事宜，均用汉字折奏。现在办理准噶尔之事，永常等俱系满洲大臣，且派出之兵，亦系满洲、蒙古，较前迥异，即如绿营兵丁，亦不甚多，军前事件，如仍以汉字缮奏，于情理反不能尽，亦且见讥于蒙古人等，可寄信永常，此次办理，如系粮饷等事，仍用汉字外，所有关系军机事件，俱用清字具奏。”[④] 寄信上谕中指出，用兵期间，满洲大臣、满洲、蒙古兵丁，奉派办理准噶尔事宜，除粮饷等事，仍用汉字奏折外，所有军纪事件，俱用满文奏折。

乾隆四十七年（1782），总兵永海到任后，将操演兵丁，查阅营伍之处，缮写汉字

---

① 《世宗宪皇帝圣训》，卷21，第18页。雍正九年二月乙卯，谕旨。

② 《大清高宗纯皇帝圣训》（台北，台北故宫博物院，嘉庆间武英殿刊本），卷30，第10页。

③ 《大清高宗纯皇帝圣训》（台北，台北故宫博物院，嘉庆间武英殿刊本），卷56，第3页。

④ 《大清高宗纯皇帝实录》，卷465，第4页。乾隆十九年五月己亥，寄信上谕。

折具奏。是年二月初十日，乾隆皇帝颁降谕旨指出，"永海身系旗人，竟用汉字奏折，此非办理地方民情料估事件，碍难缮写清字。其查阅营伍，何须多语，竟不能以清字具奏乎？从前总兵等因系旗人。以汉折具奏，屡降旨申饬，并交部查议矣，永海岂无见闻。永海到任，即用汉字折具奏，深染绿营习气，著严行申饬外，并交部查议。"① 旗人补授总兵官，例应以满字折具奏，永海身为旗人，补授总兵官后，竟用汉字奏折，故奉旨严行申饬，并交部查议。

盛京地区，所办八旗事件，例应用满字奏折，其民间事件，则应满汉字兼书，不可单用汉字奏折。新疆所办事件，或用满字折，或用满汉兼书，与盛京地区相似，乾隆五十一年（1786）三月初一日，乾隆皇帝颁降谕旨称：

据惠龄奏称，病故官兵，多领钱粮米石，照例请宽免等语。新疆所办事件，应用清字折奏，此事清语无多，岂惠龄不能清语耶？即有关涉地方事件，如清字折奏有不明晰，亦应如盛京用清汉字兼写具奏，惠龄著饬行。至伊犁、乌噜木齐二处，多系民间事件，亦应清汉字兼写具奏，不可单用汉字奏折，将此通行伊犁将军、乌噜木齐都统、新疆驻扎大臣等一体遵办。②

新疆锡伯营驻守，蒙古等所办事件，例应缮写满字折具奏，倘若所办为地方民间事件，亦应满汉字兼书具奏，都是重视满文的要求。

乾隆五十八年（1793）四月，盛京将军琳宁等将部议奏准饬查奉天府属捕鱼船只，一体酌定章程，缮写汉字折具奏。同年四月十七日，乾隆皇帝颁降谕旨指出，"盛京应奏事件，理宜缮写清字，即遇有清字繁多，难以显明之处，亦应以清汉字兼写，曾经屡降谕旨。今琳宁奏折，仅用汉字，而所奏报盛京并无蝗蝻萌生一折，亦用汉字，殊属错谬。即如酌定捕鱼船只章程一案，若因部咨系用汉字，语句繁多，则于奏报蝗蝻一折，语句无多，亦不能清字具奏耶？嗣后各部院，凡遇咨行东三省事件，俱著清汉兼写，琳宁等著申饬。"③ 盛京应奏事件，例应缮写清字折，缮写汉字折，必遭申饬。

乾隆五十九年（1794）九月，驻防将军永庆因协领扎明阿患病休致，将扎明阿履历造具清汉册，咨送兵部。乾隆皇帝指出，履历册内字数无多，即书写清字咨部，自无不识之理。因各省驻防满洲渐染汉习，正当整顿之时，履历册为无关紧要档册，若兼书汉字，日久尤易染成汉人习气④。因此，谕令各省将军大臣等嗣后履历册等事件，只造清字册，不必兼书汉字。

乾隆皇帝召见八旗人员时，多使用满语。乾隆十八年（1753）正月二十六日，颁降谕旨指出，"盛京引见笔帖式人员，国语甚属生疏，皆由监视大臣徇情挑取，嗣后考试翻译笔帖式时，著将盛京各大臣名衔开列请旨，候朕酌派，以专考试之责。如带领引见时，仍有不娴国语者，惟派出考试之人是问。"⑤ 乾隆皇帝在谕旨中指出盛京带领引笔帖式人员，不娴满语，荒弃旧业。

① 《大清高宗纯皇帝实录》，卷1150，第13页。乾隆四十七年二月丁丑，谕旨。
② 《大清高宗纯皇帝实录》，卷1250，第1页。乾隆五十一年三月乙巳，谕旨。
③ 《大清高宗纯皇帝实录》，卷1427，第11页。乾隆五十八年四月己卯，谕旨。
④ 《大清高宗纯皇帝实录》，卷10461，第21页。乾隆五十九年九月戊申，谕旨。
⑤ 《大清高宗纯皇帝实录》，卷431，第16页。乾隆五十八年正月壬午，谕旨。

乾隆十八年（1753）三月十六日，乾隆皇帝颁降谕旨指出，八旗世职官员，往往安于逸乐，遂致国语骑射，日见生疏。满洲世职官员因祖父得官，而于国语骑射，不能自勉，黜革另袭，亦属自然。为眷念旧勋，教育旗人，乾隆皇帝降旨择其可教之人，带领引见，或补用侍卫，或在护军营当差，令其加意学习国语骑射。

乾隆二十三年（1758）二月十六日，军机大臣遵旨寄信圣京将军清保，其要点云："满洲原以学习清语，专精骑射为要，近多借读书为名，转荒正业，所关甚重，著寄信清保，令其晓谕盛京人等，嗣后务念满洲根本，勤习清语骑射，断不可务虚名而舍正业。晓谕之后，复蹈故辙，朕必从重治罪，断不姑容。"① 清语骑射是满洲根本，必须勤习专精，不可借读书为名，而荒正业。

乾隆皇帝认为王爵至贵，必须能说清语，仪表可观，方为无忝厥祖，而克称厥位。乾隆二十七年（1762）闰五月，因承袭信郡王德昭王爵将其诸子带领引见，俱不能清语，拉弓平常，无王爵贝勒子嗣体度，信郡王德昭诸子内竟有年逾四十而不能说请语，不能拉弓者。乾隆皇帝认为"此皆信郡王德昭在日唯图安逸，躭于曲蘖，并不教训子弟所致。"② 因此，德昭诸子岂可令其承袭王爵耶？

乾隆三十年（1765）四月，因正白旗蒙古带领盛京辽阳保放骁骑校官保引见，所奏履历不成清语，是年四月二十四日，乾隆皇帝颁降谕旨云："盛京系满洲故地，彼处官兵俱应清语熟练，官保不能清语，是全失满洲旧习，不以清语为重，而该将军等平时又不严加教导所致耳，著交舍图肯等令彼处官兵上紧习学清语，务期精熟，嗣后来京引见人员内，若仍有似此不能清语者，惟舍图肯是问。"③ 盛京虽是满洲故地，八旗人员不能满语者，恐不在少数。

乾隆三十一年（1766）五月间，乾隆皇帝见十五阿哥永琰（1760—1820）所执扇头有题画诗句，文理字画，尚觉可观。询知出十一阿哥永瑆（1752—1823）之手，落款作"兄镜泉"三字。乾隆皇帝颇不以为然，书生习气，以别号为美称，并非皇子所宜。同年五月十三日，内阁奉上谕，略谓，"我国家世敦淳朴之风所重在乎习国书，学骑射，凡我子孙自当恪守前型，崇尚本务，以冀垂贻悠久。至于饰号美观，何裨实济，岂可效书愚陋习，流于虚谩而不加察乎？设使不知省改，相习成风，其流弊必至令羽林侍卫等官咸以脱剑学书为风雅，相率而入于无用，甚且改易衣冠，变更旧俗，所关于国运人心，良非浅鲜，不可不知儆惕。"④ 国书就是满文书或满文，国语骑射就是满洲本务，盛清诸帝深恐变更旧俗，影响国运人心，不可不知儆惕。

乾隆四十年（1775）四月初七日，内阁奉上谕云："去年九月，朕召见宗室公宁僧额不能清语。朕于寻常宗室尚教以清语骑射，况王公子弟乎？因降旨命宗人府查明伊等力能延师者，令其在家学习；无力者令其入宗学学习。嗣后著管理宗人府王公每季考试一次，每年四、十两月，由宗人府奏请简派阿哥、王大臣等将骑射清语一并考试一次，如有不能清语者，在学则将管理宗人府王公教习治罪；在家则将其父兄治罪，将此通谕

① 《大清高宗纯皇帝实录》，卷557，第2页。乾隆二十三年二月壬申，寄信上谕。

② 《大清高宗纯皇帝圣训》（台北，台北故宫博物院，嘉庆间武英殿刊本），卷56，第18页。

③ 《大清高宗纯皇帝实录》，卷735，第7页。乾隆三十年四月己巳，谕旨。

④ 《大清高宗纯皇帝圣训》（台北，台北故宫博物院，嘉庆间武英殿刊本），卷31，第18页。

阿哥、王公、宗室等使知朕欲宗室不失满洲旧俗，各宜用心习学，务使清语骑射精熟，断勿任其生疏。”① 乾隆皇帝重视满洲旧习，对宗室王公子弟的学习清语，更是耳提面命，要求严格。由于宗室王公子弟缺乏忧患意识，以致宗室公宁僧额等人于乾隆皇帝召见时不会满语。

乾隆四十年（1775）十月，因恒亲王弘晊之子永皓承袭郡王谢恩时，经乾隆皇帝询问，竟不能奏对清语。又赏赐公爵弘升之子永泽，亦不晓清语。是月初七日，内阁奉上谕，略谓永皓、永泽二人，俱系近派宗支，其父皆熟谙清语，为何其子竟至奏对茫然？“将此通谕近派王公等嗣后各宜加意习学，勤教子弟。如导训无人，东三省精于清语者颇多，许伊等即奏请随侍。再近派王公初未设有族长，以致伊等漫无管教至此。嗣后各支皆放族长一人，令其督催该族子弟习学清语，如仍有玩不学习者，除将伊父兄等治罪外，并族长一体治罪。”② 乾隆皇帝指出，东三省精于清语者颇多，近派王公可奏请随侍教诲子弟。近派各支皆放族长一人，令其督催各族子弟习学清语。

盛京是清朝的发祥地，旗员的满洲语文能力，更受重视。乾隆四十八年（1783）九月十四日，乾隆皇帝颁降谕旨称：

盛京五部侍郎，俱著申饬。今日由吏部带领引见五部司员笔帖式等，清语俱甚平常。盛京系发祥之地，此处部院衙门官员等，岂惟应熟习清语，即平日说堂论事，亦当互相清语，身为旗员，岂可不能清语乎？如武职官员，清语生疏，朕必于将军是问，文职俱系侍郎所属，又皆办事之人，不能清语，实为弃本，此皆由五部侍郎不能勤习清语，以至属员任意汉语之所致也。除此次宽免不究外。嗣后如有来京引见官员内，清语平常者，朕惟于该部侍郎是问，并通行饬令盛京将军、副都统、侍郎等文武官员俱宜勤学清语，勿失满洲旧习。③

清语是满洲的旧习，旗员清语生疏，就是弃本。

乾隆五十年（1785）三月二十六日，乾隆皇帝颁降谕旨指出，向来满洲世仆，以侍卫、拜唐阿为近御差使，视为最荣，于挑选侍卫、拜唐阿时，则甚欣愿。其后在京文武大臣及外任大臣官员子弟，多有在馆行走，否则捐纳，冀图文职，以致挑取侍卫、拜唐阿时，不能得人。在任日久，并不学清语骑射技艺，而废弃满洲旧俗。是以降旨命军机大臣等详细查办，各开名单呈览，其年已及岁，经朕指出者，即著带领引见④。

乾隆五十七年（1792）八月，乾隆皇帝召见贝勒绵律，绵律不会清语，不能背诵四书。是年八月十八日，军机大臣上谕指出，贝勒绵律是永灿之子，就是乾隆皇帝的侄孙，宗室子弟不会清语，不成体统⑤。

① 《大清高宗纯皇帝圣训》（台北，台北故宫博物院，嘉庆间武英殿刊本），卷57，第9页。

② 《大清高宗纯皇帝圣训》（台北，台北故宫博物院，嘉庆间武英殿刊本），卷57，第11页。

③ 《大清高宗纯皇帝实录》，卷1188，第12页。乾隆四十八年九月壬寅，谕旨。

④ 《大清高宗纯皇帝实录》，卷1227，第18页。乾隆五十年三月乙亥，谕旨。

⑤ 《大清高宗纯皇帝圣训》（台北，台北故宫博物院，嘉庆间武英殿刊本），卷57，第26页。

九、结 语

文化是一系列的规范，多民族反映的是文化的多元性，各民族的文化，有它的民族性、地域性和相互影响性。① 文化也是学得的，我国各民族在历史上曾经不断吸收、融合了各民族的文化。探讨满洲文化的发展，不能忽视外部文化对满洲的影响，同时也不能忽视对外部文化因素的选择与改造。在满汉文化的同化过程中，满洲吸收了泛汉文化的许多因素，但它是经过选择和改造而成为适合满洲社会需要的规范与准则，同化不是汉化。女真文的创制，不能忽视女真对汉文化因素的选择与改造。满文的创制，不能忽视满洲对蒙古文化因素的选择和改造。《清史稿·论》指出，“国必有所与立，文字其一也。因蒙古字而制国书，额尔德尼、噶盖创之，达海成之。尼堪等皆兼通蒙、汉文字，出当专对。造邦之始，抚绥之用广矣。”② 满文的创制，对满洲民族共同体的形成，产生了重要的作用。民初清史馆纂修《国语志稿》，凸显了清朝文化的特色。有清一代，满洲语文在清朝历史舞台上确实扮演了重要的角色。清太祖努尔哈齐创制满文的主要目的，就是为文移往来及记注政事的需要。台北故宫博物院典藏的《满文原党》就是满洲入关前以蒙古文、无圈点老满文、加圈点新满文记录政事的重要档册。清朝势力进入关内后，满洲语文一跃而成为清文国语，诏书谕旨，题本奏折，或以满文缮写，或满汉兼书。官书典籍如实录、本纪、起居注册等，除汉文本外，还有满文本。儒家经典如五经、四书等都有满文译本。《清文全藏经》的翻译，多了一种文字保存佛教的教义。《职贡图》、《鸟谱》等满汉兼书图说，对艺术史研究，提供了重要的史料。满洲语文在中西文化交流史上也扮演了重要角色，西洋传教士以满语进讲西学，编写满文讲义，还有满文本人体解剖图，也有以满文撰写的西洋药书。现存故宫俄文档中也含有满文译本文书。掌握满文史料，对清朝历史的研究，可以扩大视野。

清太宗皇太极曾命儒臣将金世宗本纪译出满文，以便阅读。据《满文原档》记载，崇德元年（1636）十一月十三日，皇太极御凤楼，召集诸王、贝勒、固山额真、都察院官员等，命弘文院笔帖式等念诵金世宗本纪。皇太极指出，“览此本纪，太祖阿骨打、太宗吴乞买，所行皆合旧法。至熙宗和喇汗、完颜亮汗时，尽废之，躭于酒色，盘乐无度，效汉人之法。世宗乌录汗继位后，唯恐子孙习染汉俗，预为禁约，屡谕勿忘祖宗旧俗，服女直之服，习女直之言，时时练习骑射。至于哀宗之世，法度废隳，国遂灭亡。”③ 皇太极以金朝的兴亡为殷鉴。金世宗垂训勿忘旧俗，应习女真语言，练习骑射。可惜后世诸汗，习染汉俗，尽弃旧俗，国遂灭亡。

萧一山著《清代通史》一书，从种族偏见的角度论述清朝皇帝维持满洲旧俗的用意。原书指出，“清廷对付汉人之政策，既叠变其态度：如顺治时则感化，康熙时则怀柔，雍正时则调和，而乾隆又一意以压制为事（中略）。惟乾隆所取之政策，何以独异

① 刘文锁，《汉文化与古代新疆》，《西北民族研究》，1997 年，第 2 期（兰州，西北民族研究），第 155 页。
② 《清史稿校注》，第十册（台北，国史馆，1988 年 8 月），列传十五，第 8011 页。
③ 《满文原档》（台北故宫博物院，2006 年 1 月），第十册，第 647 页。

于三朝？盖百余年来，根基已固，虽加强力，不虞土崩瓦解之势耳。种族之见，虽圣贤亦有所不免，何况清人以异族入主？即使不虑国运之转移，亦当知同化之渐，剥牀及肤。故金世宗禁习汉俗，戒部族勿忘祖制；当太宗未入关时，即倣（仿）效世宗，以饬谕诸臣。盖塞外之强，以骑射为能事，若忘其根本，渐臻懈弛，狼烟一起，武备不足以摧抑，未有不底于败亡者也。康雍沿崇德政策之旧，对于满洲旧俗，竭力保守；惟汉族同化之力甚强，在太宗时，已有不能遏止满人不为汉化之趋势，况以少数入主多数，环境之中，诸多感染，虽以法令之防闲，亦常沾濡于不自觉也。乾隆之时，满人久经升平，骄逸自安，弓马之技，即多废弛，而清语清文，转致遗忘”。[①] 不忘满洲旧俗，重视清语清文，是民族语文的抢救，从种族偏见分析满洲旧习的维持，有待商榷。

康熙十一年（1672）十二月十六日，《起居注册》记载太皇太后的一段话说：“予虽在宫壶，太宗行政亦略知之，彼时开创，甚重骑射。方今天下太平，四方宁谧，然安不忘危，闲暇时仍宜训练武备。”[②]“安不忘危”，就是居安思危的忧患意识。康熙十二年（1673）四月十二日，《起居注册》记载康熙皇帝对侍臣所说的一段话：“此时满洲，朕不虑其不知满语，但恐后生子弟渐习汉语，竟忘满语，亦未可知。且满汉文义，照字翻译，可通用者甚多。今之翻译者，尚知辞意，酌而用之，后生子弟，未必知此，不特差失大意，抑且言语欠当，关系不小。”[③]“后生子弟渐习汉语，竟忘满语”，就是一种忧患意识。

乾隆年间（1736—1795），满洲子弟多忘满语。乾隆七年（1742）八月二十二日，乾隆皇帝降谕云：“满洲人等，凡遇行走齐集处，俱宜清语，行在处清语，尤属紧要。前经降旨训谕，近日在南苑，侍卫官员兵丁，俱说汉话，殊属非是。侍卫官员，乃兵丁之标准，而伊等转说汉话，兵丁等何以效法。嗣后凡遇行走齐集处，大臣侍卫官员，以及兵丁，俱著清语，将此通行晓谕知之。”[④] 满洲侍卫、官员、兵丁等在南苑或行走齐集处，不说满语，转说汉话，竟忘满语。乾隆十一年（1746）十月初十日，乾隆皇帝在所颁谕旨中指出，黑龙江地区是专习清语满洲办事地方，黑龙江将军傅森竟不知谷叶生虫的清语，傅森在奏折内将谷叶生虫清语，两处误写[⑤]。乾隆十二年（1747）七月初六日，谕军机大臣等，盛京补放佐领之新满洲人等带领引见，清语俱属平常。乾隆皇帝在谕旨中指出，“盛京系我满洲根本之地，人人俱能清语，今本处人员，竟致生疏如此，皆该管大臣官员等，平日未能留心教训所致，将军达勒当阿著传旨申饬”。[⑥] 黑龙江、盛京等处，都是满洲根本之地，清语是母语，乾隆年间，当地满洲人，其清语平常生疏如此，确实是一种隐忧。

乾隆皇帝为维持满洲旧习，“常躬率八旗臣仆行围较猎，时时以学习国语，熟练骑射，操演技勇”。乾隆十七年（1752）三月二十日，乾隆皇帝谕令与紫禁箭亭、御园引

---

① 萧一山，《清代通史》（台北，台湾商务印书馆，1967 年 7 月），卷中，第 21 页。

② 《清代起居注册·康熙朝》（北京，中华书局，2009 年 9 月），第一册，页 B000486。

③ 《清代起居注册·康熙朝》，第二册，页 B000657。

④ 《大清高宗纯皇帝实录》，卷 173，第 15 页。乾隆七年八月戊申，谕旨。

⑤ 《大清高宗纯皇帝实录》，卷 276，第 15 页。乾隆十一年十月壬申，谕旨。

⑥ 《大清高宗纯皇帝实录》，卷 294，第 10 页。乾隆十二年七月甲午，谕旨。

见楼、侍卫教场、八旗教场等地竖立“训守冠服骑射碑”，将清太宗训谕满洲衣服语言悉遵旧制的内容，各立碑刊刻，“俾我后世子孙臣庶，咸知满洲旧制，敬谨遵循，学习骑射，娴熟国语，敦崇淳朴，屏去浮华，毋或稍有怠惰。”[①] 但是，由于满洲后世子孙缺乏居安思危的忧患意识，清初诸帝抢救满洲语文的努力，虽然效果不彰，但是具有时代意义。

① 《大清高宗纯皇帝实录》，卷411，第8页。乾隆十七年三月辛巳，谕旨。

《钦定拣放佐领则例》研究

细谷良夫（日本东北学院大学）　赵令志（中央民族大学）

收藏于中国国家图书馆满文抄本《hesei toktobuha jakūn gūsai niru sindara jalin ubu bahabuha kooli hacin》，分上、下二册，其页面为47cm×33.2cm，每页15行，计85页，为孤本①。在该图书馆检索卡片上，将其翻译为《钦定拣放佐领则例》，虽略去“jakūn gūsai”（八旗），但佐领乃八旗之基层组织，将“jakūn gūsai”略去不译，更显出汉文形简而意达之特点，如此将“jakūn gūsai niru”略去“jakūn gūsai”，仅译作“佐领”的形式，在清代满汉文翻译中通行。另此处之“ubu bahabuha”，汉译为“份额、得分、得份儿”，区分世袭佐领承袭者之得分，即为拣放佐领，故将其汉译作《钦定拣放佐领则例》，并无不妥。另在《清高宗实录》内有“谕：纂定《八旗佐领世职则例》，著和亲王一同办理”② 之语，知当时曾将其亦称作“钦定八旗佐领世职则例”、或“佐领世职则例”，然从其内容来看，此《则例》并未涉及精奇尼哈番、骑都尉、云骑尉等世职承袭事宜，而仅为世袭佐领承袭之条例，此“世职”或“世职官员”系指承袭世袭佐领之世职或世袭佐领官员，即便其中有赏赐世职之成分，此时对佐领赐予“骑都尉”世职，已成定例，似不必复作规章，因而翻译时略去“世职”更为准确，且与满文含义相同。

抄本内钤“镶白旗汉军都统之印”计60余处，或两页骑缝钤印，或单页钤印，上册内钤印页数颇多，有一页即钤印三四处者。据此可以推断，该抄本曾藏于镶白旗汉军都统衙门，或曾在一个时期内作为该旗拣放佐领之依据，颇为重要，故而处处钤印，珍重保管。该《钦定拣放佐领则例》（以下略称为《佐领则例》）既为镶白旗汉军都统衙门所抄藏，并据此拣选该旗能够承袭佐领人员确定拟正、拟陪、列名事宜，按例其他各旗亦应与该旗一样，抄藏此《则例》，以作为在勋旧、世管佐领出缺时，拣选正陪引见，补放佐领时之依据。③

如王锺翰先生所言：“有清一代行政，大约例之一字，足以概括无余”，④ 道出清代行政一切皆依例而行之特点。清朝之宫廷、部署，均拟定则例以为办事章程，大抵各衙署皆有则例，且要定期重修，其间隔或五年、或十年、或二十年不等，修订本取代旧本

---

① 2000年，细谷自国家图书馆将该抄本复制，此次仅利用此复制本。因复制本中的钤印处有遮盖文字的地方，故有许多“模糊不清”之处。恰逢国家图书馆装修，不能核对原文，甚为遗憾，只能留待他日比对修订。

② 《清高宗实录》卷108，乾隆五年正月辛亥条。

③ 《佐领则例》内有值月之正红旗给镶黄旗满洲之咨文，其中：“乾隆八年十二月初一日奏入，奉旨：依议。钦此。钦遵抄出，为此移咨”之语，可以窥得其他旗分亦曾抄录此《则例》，时间约为乾隆八年底。

④ 王锺翰：《清代则例及其与政法关系之研究》，见《清史补考》，辽宁大学出版社2004年版，第27页。

通行，但旧本仍需收储，[1] 故目前所遗清代则例，在在皆是。其名目虽有则例、事例、条例、章程等，种类不一，而实质相同。其中有关八旗及与满洲人相关的则例，除《大清会典》及其《则例》、《事例》外，尚有：《钦定八旗则例》、《钦定宫中现行则例》、《钦定总管内务府堂现行则例》、《钦定宗人府则例》等，不下20余种，此类则例均为委派官员专修，纂竣进呈钦定后，以满、汉文刊刻通行，此乃编纂则例之常例。

而此《佐领则例》之形成过程，却与上述《则例》不同。根据《佐领则例》之内容可知，该《则例》并非由指定人员纂修，而是在乾隆三至六年，指派慎郡王允禧、领侍卫内大臣讷亲及和亲王弘昼等，依据钦差办理佐领根源之王大臣及八旗大臣所审定的佐领根源和各旗上报的佐领家谱，详细拟定拣选勋旧佐领、世管佐领时，对承袭佐领者如何给分，进而选定拟正、拟陪、列名人员引见补放之细则。该抄本即是汇总此间办理该项事务的相关上谕、奏折、咨文的专册，上册为所拟补放勋旧佐领之给分则例，下册为补放世管佐领之给分则例。因奏折均奉旨“依议”，故冠以“hesei toktobuha”，即“钦定”，而该专册则成为钦定的补放八旗佐领的则例。这种汇编朱批奏折而形成的《佐领则例》，使我们得知了清代个别则例形成的另外途径，而这种汇编式的则例，此前并未引起学界注意。

关于清代补放佐领的规则，在《钦定八旗则例》、雍正《大清会典》、乾隆《大清会典》及《则例》、嘉庆、光绪《大清会典》、《事例》及《钦定八旗通志》内，均有专条，但与该《佐领则例》相比，内容提纲挈领，过于简略，不宜于执行。而补放勋旧、优异世管、世管佐领，涉及八旗内部从属关系、继承关系、奖励军功、敦睦族亲等问题，需要有非常详细的规定，因而可以断定，该《佐领则例》以及乾隆三十年在该《佐领则例》基础上精简而成的《六条例》，才是清代补放勋旧、优异世管、世管佐领时所依据的章程。

因该《佐领条例》是清朝制定的较为系统的补放勋旧、优异世管及世管佐领之完备典制，对研究八旗制度颇有价值，故兹将其翻译并对相关内容进行探讨，以供同仁研究，并冀抛砖引玉。

一、汉文译文

《钦定补放佐领则例》上册

乾隆四年具奏，勋旧佐领共计一百三十七，因其中载入总折之原立佐领人之子孙甚众，故遇佐领出缺，除每支各选一名补放之勋旧佐领、由其亲子孙承袭之勋旧佐领、钦命给分及奏准给分之勋旧佐领之例外，共六条：

一、原曾给分之勋旧佐领得分例。

一、以兄弟共同带来之人编立之勋旧佐领得分例。

---

① 《清高宗实录》卷159，乾隆七年正月己丑条载：“谕大学士等：六部纂修则例，次第进呈，朕皆逐一详览。其中或有更正，或有删除，俱照新定之书遵行。夫旧例有未协之处，理应变通者，自应酌量删改。但从前旧本，各衙门仍当存贮，以备稽查。且数年之后，或又有更易之例，亦可将旧例参订，此亦爱礼存羊之意也。可将此传谕各衙门知之”，遂为各衙署存贮旧本《则例》之定例。

一、原立佐领人之子孙情愿让分之勋旧佐领得分例。

一、原立佐领人绝嗣，由亲兄弟叔伯之子孙管理之勋旧佐领得分例。

一、遵旨予异姓养子之勋旧佐领得分例。

一、两姓轮管之勋旧佐领得分例。

乾隆四年经奏准，由远族子孙管理之勋旧佐领得分例。

一、乾隆四年经具准，因勋旧佐领根源不明，复交办理佐领根源之王大臣、八旗王大臣等定议之事一件。

多罗慎郡王臣［允禧］等谨奏，为钦遵上谕议奏事。乾隆三年十一月初十日奉上谕：从前补放八旗佐领世职官员时，并无家谱，均由管旗大臣等拣选奏放。嗣恐管旗大臣等办理抑或偏私，虽添家谱，而或有将不应挑补之人挑选，将应挑之人反为裁减，且于佐领根源亦多不明晰。八旗佐领根源，若不详查酌定，日后必致争讼不息，因屡降谕旨，交王大臣等详细查办。今览八旗议定进呈家谱，其勋旧佐领，系功臣等带来诸申，或因奋勉赏给诸申编为佐领。故唯将始立佐领人员之子孙挑选，无论曾否管过佐领，概予有分，其始立佐领人员之亲兄弟，虽曾管过佐领，而其子孙亦作为无分。

至世管佐领，有因携至同属一处之人而编为佐领令其管理者，或初编佐领时即令管理佐领，后积有数辈，遂作为世管佐领者，亦有分编佐领时优异者。今有唯将始管佐领人员之子孙拟正，其余接管佐领人员之子孙，视其佐领之根源、分别支派之远近、计其管过次数之多寡拟正者，亦有定为拟陪、拟备者。

又有将原立佐领人之子孙，念其祖先，虽系无分别支之人，然均系同祖之后，为敦睦族亲，请准例入得分之内；或因该支原有佐领，请将其佐领让与其他无佐领之支人众；或请将数个佐领每支各占一个彼此额分而获准者。再，补放佐领袭职时，将出缺人之子孙拟正、原立世职佐领人员长房子孙分别拟陪。如出缺人无嗣，有将原立佐领长房子嗣拟正带领引见者，亦有将次房辈长之人因与原立世职人之支派较近拟正、长房之子孙拟陪带领引见者。

再，所绘家谱，只将有分人员绘入、无分人员裁减，或不论有分无分，概行绘入家谱，将其事故注写于旁，所办均未详细。

又，阅八旗所进家谱，有由原立佐领内，分出一二佐领者，亦有分出数个佐领者。其奏放所分出佐领时，有于原佐领上贴黄签者，亦有于分出佐领上贴黄签者，八旗所办，并未划一。今既清查佐领根源，永垂定例，若不详细查明，定为划一章程，将来复生争端，且管旗大臣等亦难遵行办理。所有佐领根源，除令原派出之王大臣详细议奏外，著派多罗慎郡王，公讷亲，都统都赖，副都统永兴、李元亮，将王大臣所议奏之佐领，详加斟酌，分别定为应拟正、拟陪、拟备之分，其应入家谱与不应入家谱，贴签何以分别明白等处，详为划一办理，此次查办，将八旗世袭官员袭职家谱，亦著一并详查定拟具奏。钦此。钦遵。

臣等窃思，圣上办理八旗事务，皆已妥帖，且无微不至。今因八旗官员所办拣放世袭佐领事宜未能划一，给分不同，故特命臣等详查，妥协定办，以期永垂为例者，乃圣上顾念昔日效力疆场有功人等，恐其子孙内或有不肖之徒借端图谋世职佐领，因争讼而伤和睦，以致办理旗务有所偏私之至意。

臣等钦遵上谕，咨文八旗清查，现有出缺世职佐领承袭事件六十六件。臣等逐项详查，除将理应给分之处划一定议之九件另行缮折，每件各绘一份家谱，将原立官员缘由、相继承袭缘由，一一开列名下给分之处划一定议，恭呈御览外，查得，八旗世职官员佐领根源名目繁多，且情由不一，若不详查，实难即时详拟，相应由该旗陆续查明咨送，从容查明，视其情形定拟，再行具奏。俟有旨下，将臣等今议具奏之处，饬交八旗作为定例遵行外，各旗仍照例一体贴签呈览可也。为此谨奏。请旨。等因，于乾隆三年十二月十二日交奏事郎中张文彬等转奏。是日奉旨：著依议。钦此。钦遵在案。

臣等查得：八旗陆续查送原立佐领人员亲子孙管理之勋旧佐领共一百一十四；因令原立佐领人员亲兄弟之子孙、亲叔之子孙管理佐领，情愿让分之勋旧佐领十；因原立佐领人员绝嗣，由亲兄弟、亲叔伯、亲叔祖之子孙管理之勋旧佐领九；将兄弟共同带来之人编为佐领，令伊等子孙管理之勋旧佐领三；两姓轮管勋旧佐领一，共计勋旧佐领一百三十七。其中镶黄旗满洲哲勒金、德信、爱必达、苏珠、（原文模糊）、赫珠、赫绷额、伊兴阿、明海等所管勋旧佐领九，该旗以原立佐领人员子孙众多，奏请佐领缺出则每支各拣选一人，不分正陪列名补放佐领办理。舅伊通阿所管之勋旧佐领，系遵旨由公灵珠之子孙世袭罔替者。此十佐领，前由该旗奏准为例办理，相应毋庸另议。其余一百二十七勋旧佐领之根由，既交办理佐领根源王大臣、八旗王大臣等定议具奏，相应将佐领根源即照原办成例办理外，核查前为拣放佐领所议给分之家谱，原立佐领人员亲子孙虽曾照例一体给分，然未按其子孙分支之多寡、现管佐领与否分别正陪列名，故所给分有不均。

查补放勋旧佐领之例载，原立佐领人员子孙有分，亲兄弟虽管过佐领，亦属无分。倘若不计家谱内人员之多寡及其支派分别定分，则日后难免伊等图得佐领，争分诉讼。臣等酌情依理议得：原立佐领人员之子孙管理佐领者内，其长房管理佐领出缺，则将出缺之人子孙拟正，拣选其余房之子孙拟陪、列名。出缺之人或无嗣，或因罪革职，补放佐领时其子孙不宜入挑，则仍于出缺之长房内视其人可一体拣选拟正。次房之子孙管理佐领出缺，则拣选出缺人员子孙拟正，长房子孙一体拣选拟陪，拣选其余房之子孙列名。出缺之人或无嗣，或因罪革职，补放佐领时其子孙不宜入挑，则于该支虽有亲兄弟叔伯之子孙，亦不得拟正，仍于长房子孙内一体拣选拟正。若长房内现有管理佐领之人，则免挑选，而由未管佐领支派之子孙内拣选拟正，出缺支派、其余支派，则逐房拣选拟陪、列名。倘二三佐领均由同一支派管理出缺，该支现管理佐领且又以出缺人员之子孙拟正，则分有不均，相应由无佐领支派之子孙内择其优者拟正，其余各支、出缺支派之子孙内拣选拟陪、列名。其仅由原立佐领人员之子孙管理之镶黄旗满洲永贵等勋旧佐领（原文模糊），钦命给分之正红旗满洲四十九等勋旧佐领七，将遵旨办理。其奏准得分之镶黄旗满洲雅尔赛等勋旧佐领二十九，仍照原奏之例给分拣放佐领。伊等既系原立佐领人员之子孙，并无别故，相应准照臣等现议之例办理外，尚有原立佐领人员之子孙情愿不计管过佐领与否，让分给原立佐领人员之兄弟叔伯子孙者。查补放勋旧佐领之例载，原立佐领人员之子孙有分，亲兄弟虽管过佐领亦无分。若照伊等所呈让分，与例不符；若不准让分，则现管佐领人员内，世代屡次管过佐领，今竟作无分，则不符顾念伊等先祖系衍自一人之子孙，令管佐领和睦共处之本意，且办理佐领根源王大臣、八旗王大臣等亦不损其敦睦照准让分之处，议拟具奏。

臣等酌情依理议得：查补放官员之例载，世职官员有子孙者仍令承袭外，若无亲子孙，则令其亲祖父及亲叔伯兄弟之子孙承袭，等语。原立佐领人员之亲兄弟、亲叔伯之子孙内有管理佐领者，拟照伊等所呈给分；其未管佐领者，无分且又未管佐领，虽原立佐领之人子孙情愿推让，亦不准给分。如系将兄弟共同带来之人编为两姓轮管之勋旧佐领，其带人来之人员子孙既皆有分，相应该支管理佐领缺出，则拣选出缺人之子孙拟正，由另支内拣选拟陪，其余一体拣选列名。

原立佐领人之子孙绝嗣，收养远近族支派之人为子嗣，有管理佐领者，亦有未管佐领者，若不将伊等是否有分之处定议，日后难保不无争讼之事。养子虽非亲子，但绝嗣之人自幼将其过继为子，年月既久，且又继承绝嗣人之香火，即同亲子，理应给分，相应视伊等之养父应得之分给分；若系收养异姓之人为子嗣者，则不给分。

原立佐领之人绝嗣，因未过继宗支之人为子嗣，现由亲兄弟叔伯之子孙管理佐领。查官员承袭之例载，除世职官员有亲子孙者仍准承袭外，其无亲子孙者，由其亲祖父与亲叔伯兄弟之子孙内承袭。等语。今管理佐领之人，皆系原立佐领人员之亲兄弟叔伯子孙，与应给分之例相符，相应如若出缺，则不计绝嗣人亲兄弟之子孙管过佐领与否，一体给分。因无亲兄弟，以亲叔伯之子孙管理之佐领，则于其亲叔伯之子孙内，无论管过佐领与否，一体给分。其亲叔伯祖之子孙内，虽有管过佐领者，例应无分，仍不予以承袭之分。管理佐领绝嗣人之亲兄弟叔伯子孙内，其于一支内出缺时，据臣等议得，请按亲子孙管理佐领之例办理。若系两支派所出者，则将出缺人之子孙拟正，另一支之子孙拣选拟陪，其余支派一体拣选列名。

又，家谱中有不计有分无分一体写入者。臣等窃思，补放佐领之家谱，理应写入有分之人，若将无分之人概行写入，伊等既无分，阅之亦繁，相应俟后补放佐领时，唯将有分者写入家谱，无分者则删，若无分者内有管过佐领之人，则注以管过佐领次数。

以上勋旧佐领三十，经臣等逐项详尽查看，将据理给分之处定议之六项，另行缮折，逐项绘以家谱，一并恭呈御览。俟有旨下，交付八旗大臣等为例遵行。

又查得，八旗咨送世管佐领六百七十余，世职一千六百余项。此外，八旗仍有尚未咨送承袭佐领官员者，相应容臣等俟其陆续咨送，一同核对查明，核其缘由定拟具奏。

为此谨奏。请旨。

等因，于乾隆四年十二月十四日交奏事郎中张文彬等转奏，乾隆五年正月初六日奉旨：著依议。钦此。

多罗慎郡王臣允禧

太子太保、议政大臣、领侍卫内大臣、尚书、果毅公臣讷亲

都统臣都赖

御前行走、都统臣永兴

副都统臣李元亮

一、正白旗满洲阿达冲、亨泰、达海、保玉、佟柱、鄂岱、全保等所管勋旧佐领。查此佐领根源，原系将达冲阿等之始祖胡拉虎章京由雅尔虎屯带至诸申及属民，编为三个佐领，由长子达尔汗虾之子珲塔、准塔，扈拉祜章京次子瑚什塔等各管一佐领，陆续

滋生为七个佐领。昔忒奇出缺补放佐领时，因原携人前来之扈拉祜章京之子孙呈文互争额分，该旗曾议奏称，查得，扈拉祜章京之长子达尔汗虾一家即占二分，若再将其两子阿尔塞、布尔塞等归入其九弟所管一佐领分额内，则分有不均，相应请将兼属瑚什塔等支之达尔汗虾长子阿尔塞、次子布尔塞等之子孙，归入其始祖达尔汗虾所分四佐领中，不必归入瑚什塔等所分之三缺佐领内。等因具奏，奉旨：伊等始祖百年前之立意，我等何必毁之。伊等承袭一应官职，知觅长房拣放，若将伊等归入达尔汗虾一支则为长房，希图侥幸。著尔等将鄂岱等之先祖阿尔塞、布尔塞有无格外效力之处查奏。钦此。钦遵。查得，阿尔塞、布尔塞等并无格外效力之处，相应将达尔汗虾一支四个佐领、扈拉祜等一支三个佐领，拟仍照原先办理之例，各按其分办理。等因具奏。奉旨：知道了。钦此。钦遵在案。

臣等议得：达尔汗虾一支所有四个佐领、扈拉祜等一支所有三个佐领，既由该旗奏准给分，各计其分拣放，相应毋庸议外，唯达尔汗虾之长子阿尔塞、次子布尔塞等之子孙，已归入瑚什塔一支。阿尔塞、布尔塞等系原立佐领扈拉祜章京之长孙，若将阿尔塞、布尔塞等之子孙仍为长房给分，则既奉旨若将伊等归入达尔汗虾一支则为长房，希图侥幸。等因。相应不便归为长房。嗣后瑚什塔一支佐领缺出，拣选出缺人员子孙拟正、现未管理佐领人员之子孙拟陪，其余皆一体拣选列名。其两三佐领皆由一支管理者缺出，若以现于该支内管理佐领又出缺人员之子孙拟正，既属不均，相应拟于无佐领支派之子孙内择其优者拟正，由其余支派及出缺支派之子孙内拣选拟陪、列名。

是故，绘制阿达冲、亨泰、达海、保玉、佟柱、鄂岱、全保等家谱，一并恭呈御览。

（译者按：扈拉祜——达尔汉……阿达冲、亨泰、达海、保玉、佟柱、鄂岱、全保等系谱，略。可参考《钦定八旗通志》卷6《旗分志六・八旗佐领六》正白旗满洲第三参领之第二、第三、第四、第五、第六、第七、第八佐领。下同）

一、正蓝旗满洲阿玉玺、当爱等所管勋旧佐领。查此佐领根源，原系以阿玉玺、当爱等之始祖布当、叔祖希尔虎克、阿金、色楞、恩伊勒兄弟五人共同携至人众编设之佐领。轮放佐领时，办理佐领根源王大臣、八旗王大臣等，于原立佐领人员之子孙，虽曾照例一体给分，然未按现在管理佐领与否分晰定议。臣等议得：阿玉玺、当爱两佐领，现悉由一支管理。该佐领出缺，若仍拣选现于该支管理佐领且又出缺人之子孙拟正，则定分不均，理应于无佐领支派之子孙内拣选妥善之人拟正，则属不均，相应拟于无佐领一支之子孙内择其优者拟正，拣选出缺人之子孙拟陪，其余则一体拣选列名。

是故，除绘制阿玉玺、当爱等家谱一并恭呈御览外，拟将类似之正红旗满洲齐琳所管佐领，亦照此例办理。

（莽阿泰——布当……阿玉玺、当爱之系谱，略。可参考《钦定八旗通志》卷14《旗分志十四・八旗佐领十四》正蓝旗满洲第二参领之第十三、第十四佐领）

一、正黄旗满洲俄勒登额、善宁、海冲阿、布占、色克图、定奈、舒泰等所管勋旧佐领。查此佐领根源，原系以俄勒登额等之始祖杨古力屡战奋勇，赐予人丁另立，将所属满洲编为二个佐领、一个半分佐领，令伊管理。今滋生为七个佐领，以杨古力亲子孙承管三佐领，杨古力亲叔登瑚善、亲弟楞额里、那木岱之子孙承管四佐领。登瑚善、楞额里、那木岱等之子孙内，有管佐领者，亦有未管佐领者。原立佐领杨古力之子孙呈请情愿不计曾否管过佐领，让分与杨古力亲弟楞额里、那木岱、亲叔登瑚善之子孙。故臣等酌情依理议得：查官员承袭之例载，除世职官员有亲生子孙者仍令承袭外，若无亲生子孙，以亲祖父与亲叔伯之子孙承袭，等语。原立佐领人之亲兄弟、亲叔之子孙内，其管过佐领者，拟照其所请给分；若系未曾管过佐领者，则无分，相应原立佐领之人子孙虽愿让分，亦不准让分。

今额勒登额、善宁、海冲阿等所管佐领，仅由原立佐领杨古力之子孙管理，其杨古力亲弟楞额里、那木岱、亲叔父登瑚善之子孙既未管过该佐领，相应仅给杨古力之子孙以分。查得，杨古力有二子，额勒登额、善宁、海冲阿等佐领出缺，则拣选出缺之人子孙拟正，由另一支内拣选拟陪，其余一体拣选列名。杨古力亲叔登瑚善、亲弟楞额里、那木岱等之子孙布占、色克图、定奈 、舒泰等现管佐领，原立佐领之人子孙既情愿让分，相应俟佐领缺出，即拣选出缺人员之子孙拟正，由杨古力二子之子孙内拣选拟陪、该管过佐领人之子孙及杨古力之子孙内一体拣选列名。伊等让分之佐领，若系由杨古力之子孙管理，其出缺后，仍于出缺人之子孙内拣选拟正，由该管过佐领人之子孙内拣选拟陪。再由杨古力子孙及该管过佐领人之子孙一体拣选列名，其未管过佐领者不准给分。

是故，除绘制额勒登额等七佐领之家谱一并恭呈御览外，拟将类似之正黄旗蒙古灵善、增保，正蓝旗满洲伊苏特佐领，均照此例办理。

（费扬古——登瑚善——杨古力……俄勒登额、善宁、海冲阿、布占、色克图、定奈、舒泰等之系谱，略。可参考《钦定八旗通志》卷4《旗分志四·八旗佐领四》正黄旗满洲第二参领之第四、第五、第六、第七、第八佐领等）

一、镶红旗满洲武尔图纳思图、佛保、阿忠阿、纳松阿等所管勋旧佐领。查此佐领根源，原系武尔图纳思图叔祖必拉喜自喀喇沁地方携属民来投，初编佐领，令伊管理。嗣因原立佐领人必拉喜绝嗣，由其亲兄噶尔马色楞之孙承管佐领。补放佐领时，办理佐领根源王大臣、八旗王大臣等虽因原立佐领人绝嗣，照例一体给其亲兄之孙以分，然未分晰定议拟正、拟陪、列名之处。臣等议得：查官员承袭之例载，世职官员有亲子孙者，仍令承袭外，若无亲子孙，由其亲祖父与亲叔伯兄弟之子孙承袭。等语。现管佐领之人，均系原立佐领人必拉喜之亲兄之孙，与应给分之例相符，相应由绝嗣之人亲兄之孙内，不论曾否管过佐领，皆一体给分。其长房所管佐领出缺，拣选出缺人之子孙拟正，由次房子孙内拣选拟陪，其余人员一体拣选列名。其次房所管佐领出缺，拣选出缺人之子孙拟正，由长房子孙内一体拣选拟陪，其余一体拣选列名。若四个佐领均由一支管理，出缺之后，倘拣选现于该支承管佐领且又出缺人之子孙拟正，则定分不均，宜于无佐领支派内拣选拟正，拣选出缺人之子孙拟陪，其余人员一体拣选列名。其中毕礼克之养子鄂齐礼者系异姓，并非族人，鄂齐礼之子孙现虽管理佐领，理宜不应有分，然于康熙三十年六月，为补毕礼克之缺，圣祖仁皇帝有旨：现列名官员等系毕礼克所属，此收养之子亦系毕礼克所属，既收养视同亲子，即为亲子矣。著以毕礼克养子鄂齐礼拟正、骑都尉札什拟陪。钦此。既曾奉旨，相应毕礼克之养子鄂齐礼之子孙，亦可一体给分。

是故，绘制镶红旗蒙古武尔图纳思图、佛保、阿忠阿、纳松阿等之家谱，一并恭呈御览。查得，该佐领系因原立佐领人必拉喜无嗣，方由其亲兄之孙管理佐领。因原立佐领人未曾立嗣，难保香火不致断绝。拟交付嗣后管理佐领之人，承继原立佐领人之香火，永续勿绝。

（布占——必拉喜……武尔图纳思图、佛保、阿忠阿、纳松阿等系谱，略。可参考《钦定八旗通志》卷20《旗分志二十·八旗佐领二十》镶红旗蒙古第一参领之第六、第七、第八、第九佐领。另，该文首将旗分写作“镶红旗满洲”，误）

一、正蓝旗满洲觉罗永禄、伊利布等所管勋旧佐领。查此佐领根源，原系以觉罗诺木珲所属之人编为勋旧佐领。因诺木珲无嗣，由其亲伯父之孙觉罗永禄、伊礼布等承管佐领。补放佐领时，虽经办理佐领根源王大臣、八旗王大臣等虽因原立佐领人绝嗣，照例一体给其亲兄弟、亲伯之子孙以分，然未分晰定议拟正、拟陪、列名之处。臣等议得：查官员承袭之例载，世职官员有亲子孙者，仍令子孙承袭外，若无亲子孙，由其亲祖父与叔伯兄弟之子孙承袭，等语。现管佐领之人，均系原立佐领人之亲兄弟叔伯之子孙，与应给分之例相符，相应系由绝嗣之人亲兄弟之子孙管理佐领，即于亲兄弟之子孙内，不论曾否管过佐领，均一体给分。若无亲兄弟，以亲叔伯之子孙管理佐领者，亦于其亲叔伯之子孙内，不论曾否管过佐领，均一体给分。若系因无亲兄弟而令亲叔伯之子孙管理之佐领，由其亲叔伯之子孙内，不论曾否管过佐领，亦一体给分。亲叔伯祖之子孙内虽曾管过佐领，例应无分，相应不给分。现管佐领绝嗣人之亲兄弟叔伯之子孙，若仅有一支，由该支内长房管理佐领出缺，则拣选出缺人之子孙拟正，次房之子孙一体拣选拟陪，其余各房子孙一体拣选列名。出缺人或无嗣、或因罪革职，补放佐领时，其子孙不宜入挑，仍于出缺之长房内视其人可一体拣选拟正，拣选次房之子孙拟陪、其余各房子孙列名。若次房之子孙管理佐领出缺，拣选出缺人之子孙拟正，由长房子孙内一体拣选拟陪，拣选其余房之子孙列名。出缺人或无嗣，或因罪革职，补放佐领时，其子孙不宜入挑，则该支虽有亲兄弟叔伯之子孙，亦不得拟正，仍于长房子孙内一体拣选拟正。若长房内现有管理佐领之人，则不予挑选，而由未管佐领支派之子孙内拣选拟正，其出缺支派及其余支派，逐房拣选拟陪、列名。倘二个佐领均由一支管理出缺，仍以该支现管佐领且又出缺人之子孙拟正，则定分不均，理应于无佐领支派之子孙内择其优者拟正，由其余各支及出缺支派子孙内拣选拟陪、列名。若系两支管理佐领出缺，则拣选出缺人之子孙拟正，拣选另一支拟陪，其余一体拣选列名。

是故，除绘制正蓝旗满洲觉罗永禄、伊礼布等之家谱，一并恭呈御览外，拟将类似之镶黄旗满洲车尔特、正白旗汉军沈多、镶红旗满洲富乐和等佐领，均照此例办理。查看其中富乐和所管勋旧佐领家谱，绰和诺系原立佐领，因绝嗣由其兄翁伊尼、弟噶尔达等之子孙管理。照例若系绝嗣佐领，由亲兄弟内不论曾否管过佐领，皆一体给分。哈哈纳虽系原立佐领绰和诺之亲兄，然其子孙并未管过该佐领，哈哈纳系另立佐领，由其子孙管理，相应富乐和佐领补放时，不应给分。查得，此等佐领，因原立佐领人绝嗣，方由其亲兄弟叔伯等之子孙管理，因未曾给原立佐领之人立嗣，难保香火不致断绝。拟交付嗣后管理佐领之人，承继原立佐领人之香火，永续勿绝。

（达尔固齐——诺木珲——莽佳……永禄、伊礼布等谱系，略。可参考《钦定八旗

通志》卷14《旗分志十四·八旗佐领十四》正蓝旗满洲第三参领之第五佐领、第十六佐领）

一件、正红旗汉军郑安康所管二姓互管之原佐领。查此佐领根源，原系郑克塽、刘国轩由台湾投诚时，将各人所带之人丁编为两个佐领各自管理。其刘国轩之佐领，初编时系伊长子刘德任管理，并无别支。其郑克塽之佐领，初编时系伊亲弟郑克坚管理。后郑克塽因家道贫寒，二个佐领不足养赡，又恳恩添设一个佐领，令伊亲弟郑克塙管理。后因郑姓两个佐领下人丁不足，于雍正二年将两个佐领并为一个佐领。后又因人丁不足，于雍正六年改为半个佐领。后将郑克塽之子郑安康补放管理。其刘国轩之一个佐领，伊孙刘显管理时，亦因人丁不足改为半个佐领。刘显缘事革职，因无应袭之人，于雍正十年遵旨将刘姓半个佐领归于郑安康所管之半个佐领，并为郑、刘二姓互管之一个原管佐领，现系郑安康管理。经办理佐领根源王大臣、八旗王大臣等将原带人丁之子孙与管过佐领人之子孙给与均分在案。今臣等议得：该佐领缺出时，于出缺人之子孙内拣选拟正，其彼一姓之子孙拣选拟陪，其余两姓之人一体拣选列名。再，郑克塽尚有亲弟二支，俱曾管过佐领。查补放原管佐领之例，立佐领人之子孙有分，如亲兄弟之家虽经管过佐领，亦属无分。今郑克塽之亲弟郑克坚、郑克塙等子孙，俱虽经管过佐领，按照定例应属无分。查，臣等现议原管佐领，有情愿让分者，将管过佐领之家议准让分。查，郑克坚、郑克塙俱曾管过佐领，虽无让分字样，但据郑克塽之子郑安康原报内称，伊叔郑克坚系原管理初次编设佐领之人，郑克塙系原管理二次编设佐领之人，伊等子孙亦应有分。等因。画押在案。亦应准其一体有分。其未管过佐领郑克塽之弟郑克均、郑克坺、郑克裔、郑克折之子孙应属无分。

谨将郑、刘二姓家谱缮写，一并恭呈御览。

（该件为汉文。郑、刘两姓系谱，略。可参考《钦定八旗通志》卷25《旗分志二十五·八旗佐领二十五》正红旗汉军第五参领之第一佐领）

多罗慎郡王臣［允禧］等谨奏，为钦遵上谕议奏事。

据正蓝汉军旗来文内称，本旗具奏，为请旨事。臣等旗佐领领佟钫所出之缺，臣等正拟查办补放间，兹有原立佐领佟养性之二世孙原头等子爵佟镕等控称，因我等之先祖西乌里额驸佟养性有一千零二十八名男丁，故初设佐领时，曾设七个勋旧佐领之处，已由旗务处屡次查明部档，缮折奏准为勋旧佐领。记录在案。今办理佐领根源王大臣等复定为勋旧佐领具奏，奉旨：著依议。钦此。钦遵。亦记录在案。唯初设佐领时，因我等之先祖内人少，或由族人管理，或亦有令佐领之人管理者。昔每次出缺，均由族内拣补，因本族无人，始将伊等族人列名补放，故致佟钫之先祖及其子孙得以相继数次管理。今佟钫缺出，伊等不但不令我等之族众补缺，尚称其伯曾祖图占系西乌里额驸佟养性过继之养子，该佐领为分给图占者，图占绝嗣后，仍作为其家之分补放。等语。唯图占虽为西乌里额驸佟养性过继之养子，然早已绝嗣，该佐领理应归还原立佐领人之嫡嗣。再，若佟钫诚系图占之子孙，我等亦无可争议，而佟钫乃佟义林之子孙，缘何有分耶。而况议定勋旧佐领折内缮有：勋旧佐领之补放，不可与世管佐领相比，依例原立佐领人之子孙有分，别支之子孙虽承管佐领亦无分。等因。记录在案。佟钫虽系相继数次管理佐领，然实非图占之子孙，若将伊等列名补放，而原立佐领人之嫡嗣无分，则实与原奏之折不符。等因具呈。据原佐领佟钫之弟佟镧等呈称，该佐领昔曾累作世管佐领具报。雍正七年，时为子爵之齐福等将佟镧之兄佟钫请至其家中商量，欲将该佐领报作勋旧佐领，以敷其家七佐领之数。因佟镧之兄未允，伊等遂议定，图占乃佟养性之养子，将该佐领即作分给图占之佐领。因图占绝嗣，其亲弟佟义林袭管佐领，相应或皆由尔等一支承管，与世管佐领无异。等因。故查佐领源流时，齐福出具甘结，报称该佐领系分给图占之佐领。等因记录在案。若诚系其先祖所设佐领，则该佐领缘何无佟养性之男丁耶。等语。臣等当即查阅先前办理佐领根源时所奏之折，记有佟钫所管佐领，系属西乌里额驸佟养性因有一千零二十八名男丁编设为七佐领，因佟钫之伯曾祖图占系佟养性之过继养子，彼时既分此一佐领管理。图占中炮殁后，令该佐领之刘岳阔管理，亡故之后，令图占之子惠福、佟国彦管理，亡故之后，因绝嗣，令图占之族弟佟祥年管过一次，因无嗣，又令图占亲弟佟义林之子孙管理，自此至佟钫，父子共管过三代。佟养性之子孙原先并未列名，且据原立佐领人 佟养性之二世孙齐福呈称，该佐领既系分给过继养子图占之佐领，相应仍将伊等照依前例绘制家谱另行具报。等语。经臣等旗务处议定佟钫之祖佟义林一支有分具奏，交付办理佐领根源王大臣、八旗大臣等复议为勋旧佐领。等因记录在案。又将被告佟镧等呈称之齐福等与其兄佟钫商量将该佐领改作勋旧佐领具报之处，询据齐福等，皆称系子虚乌有，且又无干证，相应不便即以佟镧之一面之词为凭。又据呈称，该佐领并无佟养性之男丁。经查，佟养性之七佐领已屡经奏明因佟养性有一千零二十八名男丁而编为勋旧佐领。等因记录在案。相应所称该佐领并无佟养性之男丁之言，更属捏造。

臣等看得，补放勋旧佐领，不可与世管佐领相比，依例原立佐领人之子孙有分，别支子孙虽管过佐领亦无分。皆令伊等画押，以免日后争讼，八旗已均照此办理。佟钫所管佐领，系属西乌里额驸佟养性因有一千零二十八名男丁编设之佐领，佟义林一支并非原立佐领人佟养性之嫡嗣，倘拟该佐领往昔分给其亲兄图占管理后，佟义林之子孙又曾管理三代，原设佐领人佟养性之子孙并未列名，仍前给佟义林之子孙以分，亦应取具佟养性子孙之押结作为凭证。不料臣等旗之前任都统降级调用之朱正等，但据佟养性二世孙齐福等之押结，即定佟义林一支有分，遗漏佟镕、佟镓等未令画押，以致佟镕等如今讼称该佐领系其始祖佟养性之佐领，嫡裔皆有分，佟义林并非嫡嗣，且亦非过继养子之子孙，相应皆无分。等因诉讼者，乃因先前所办甚属疏懈，理应参奏，将贻忽公务臣等旗前任都统降级调用之朱正等交部察议外，其该佐领如何给分之处，拟交付钦差办理佐领得分之王大臣等定议后，臣等再拣选带领引见补放。

臣等未敢擅便，为此谨奏。请旨。

等因，于乾隆四年十月二十八日具奏。是日奉旨：著依议，钦此。钦遵。咨送前来。

臣等查得：该佐领原系以西乌里额驸佟养性之一千零二十八名男丁所编七个勋旧佐领中之一个分给佟养性过继之养子图占管理之佐领。图占绝嗣后，由图占亲弟佟义林之子孙管理佐领，传至佟钫共曾管理三代。查补放勋旧佐领之例载，原立佐领人之子孙有分，亲兄弟虽曾管理佐领亦无分。佟钫之祖佟义林并非原携至人佟养性之嫡嗣，且亦非养子图占之亲子孙，未便给分，相应于佟钫之缺补放佐领时，不给佟义林之子孙以分外，佟钫现既出缺，宜于原携至人编设佐领人佟养性之子孙内拣放。

为此谨奏。请旨。

等因，于乾隆四年十二月十四日交奏事郎中张文彬等转奏，是日奉旨：著补放佐领时，由佟义林之子孙内亦选一二人一并引见，给其备分。其余依议。钦此。

多罗慎郡王臣允禧

太子太保、议政大臣、领侍卫内大臣、尚书、果毅公臣讷亲

都统臣都赖

御前行走、都统臣永兴

副都统臣李元亮

多罗慎郡王臣［允禧］等谨奏，为请旨事。

臣等查镶黄旗汉军咨送清泰所管佐领，原系专降谕旨赏给温宪公主一个佐领，由佐领下佟祥伟管理，继由额驸松阿颜之亲叔清元管理，今由松阿颜之亲叔清泰管理。补放佐领时，该旗曾奏称，该佐领系赏给公主之佐领，额驸松阿颜系佟国维亲孙，佟国维之子孙均可有分。等因办理具奏。时和硕庄亲王允禄等唯将带来之人及诸申定拟具奏，并未定议佐领根源。查看其家谱，额驸松阿颜名下写有立佐领字样。查得，清泰所管佐领内，有公主随嫁之十丁外，余皆系以松阿颜曾祖图赖管理佐领人众合编者，该佐领之起源，或以松阿颜为根源，或以图赖为根源之处，并未定议。

查镶白旗满洲咨送福禄、富宁、图敏等所管勋旧佐领，原系以孟古慎果霍、罗屯、莽格图带至五百人编为佐领，由孟古慎果霍之子喀尔喀玛管理。孟古慎果霍、罗屯、莽格图等之子孙相继管过佐领，现为三个佐领。补放佐领时，该旗曾具奏，福禄、富宁、图敏等所管佐领，其原带至人之孟古慎果霍、罗屯、莽格图等子孙均可有分。等因办理具奏。时办理佐领根源王大臣、八旗王大臣等曾议，补放佐领给分之处，拟令咨送钦派之王大臣等查办。等因奏准，交臣等议拟。

经臣等详查，雍正九年内阁将勋旧佐领、世管佐领核定议奏称，镶白旗满洲咨送档册内开，据佐领石相等呈称，我等曾祖孟古慎果霍、罗屯、莽格图等自讷殷地方携子弟及屯丁五百人来投后，初编为佐领，由我等曾祖喀尔喀玛管理，后经相继管理滋生为三个佐领，现由石相、塞尔德、勒尔肯管理。雍正五年补放兑奇之佐领时，奉上谕：兑奇所管佐领，原系额塞赫等由勋旧佐领分出佐领，后由博吉管理一次者，特缘该佐领之人绰吉等钻营所致。虽不将该佐领划给额塞赫之子孙，亦应划给杜什希、赫尔根等则已，令博吉管理何干。著免除博吉管理之处，兑奇之缺补放塞尔德为佐领，作为勋旧佐领。钦此。钦遵。记录在案。额善等既经查系钦命为勋旧佐领，议奏作勋旧佐领，相应毋庸另议外，佐领福禄等虽呈称该佐领系其始祖孟古慎果霍、罗屯、莽格图等自讷音窝集地方辟路征战，携子弟、屯丁五百人来投后编设佐领令其管理，然览该佐领人等之所呈，皆系孟古慎果霍携至之人，并未合并罗屯、莽格图具呈。查办佐领根源时，该佐领或以孟古慎果霍、罗屯、莽格图三人为根源，或以其中一人为根源之处，亦未分晰定议。臣等定议补放此等佐领分额时，皆照本源办理。但此四佐领之根源，并曾查明定议，故其给分之处，未便立即办理，相应臣等拟将清泰、福禄、福宁、图敏等所管勋旧佐领，复交办理佐领根源王大臣、八旗王大臣等定拟佐领根源奏准咨行前来时，臣等再将给分之

处另行定议具奏。

为此谨奏。请旨。

等因，于乾隆四年十二月十四日交付奏事郎中张文彬等转奏，是日奉旨：著依议。钦此。

多罗慎郡王臣允禧

太子太保、议政大臣、领侍卫内大臣、尚书、果毅公臣讷亲

都统臣都赖

御前侍卫、都统臣永兴

副都统臣李元亮

值月正红旗咨行镶黄旗满洲。票签处抄出，尚书、果毅公讷亲奏称，查镶红旗满洲天津都统福昌之轮管佐领之缺，以其子福勒赫拟正带领引见，奉旨饬令臣将轮管佐领如何按支均匀给分之处议奏一事，前经办理八旗官员佐领额分事务之王大臣等议奏称，互管佐领各支既皆有分，相应此一支管理佐领出缺，即拣选出缺人之子孙拟正，由另一支内拣选拟陪，其余一体挑选列名。若两佐领皆由一支管理，出缺之后，该支现已管理佐领且又得拟正，则分有不均，相应拟拣选无佐领支派拟正。等因奏定。自定此例以来，王大臣等处陆续查奏之京城八旗互管勋旧佐领一个、世管佐领十七个，察哈尔等地方勋旧佐领一个、世管佐领五个，共互管佐领二十四个。此类佐领如若出缺，向皆依照此议之例办理。臣取此等佐领之家谱一一详阅，有两姓人等互管一个佐领者，有三四姓人等互管一个佐领者，又有两个佐领由两姓人等各管一个佐领者，亦有两姓互管佐领现皆由一姓人等管理者，又有互管佐领外各自另立勋旧佐领、世管佐领，每姓皆有分者。倘若仍照前议之例给出缺人之子孙以拟正之分，以致渐为管理之一边所占，似实属不均。

今遵旨议得：嗣后两姓互管一佐领者，出缺之后，由出缺一方拣选拟陪、另一方拣选拟正、两方一体拣选列名。三四姓互管一佐领者，除亦由出缺一方拣选拟陪外，由余姓人等内，视其人可拣选拟正，其余列名。俟再出缺，仍照此办理。再，两姓互管之二佐领，其皆由一姓之人管理者，凡遇一佐领出缺，由无佐领一方拣选拟正、出缺一方拣选拟陪。遇两姓各管一个佐领者出缺，仍以出缺一方拟正、另一方拟陪、两边一体拣选列名。另一方出缺，亦照此例办理。如此则每支均得有分，且不致佐领为一方独占。再，于互管佐领有分人等，有各家另立之勋旧佐领、世管佐领者，虽各有佐领，然彼此无分，相应其互管佐领出缺，仍照现议之例以出缺一方拟陪、另一方拟正。由该旗将另有佐领之处，于家谱出具缘由粘签，恭候钦放。俟有旨下，拟交付八旗各处，将现有互管佐领悉照此办理。

等因，于乾隆八年十二月初一日奏入。奉旨：著依议。钦此。钦遵抄出，为此咨行。

《钦定拣放佐领则例》下册

乾隆六年所奏优异世管佐领三十六，共五条：

一、原立佐领人之子孙、亲兄弟叔伯之子孙管理之优异世管佐领得分例

一、原立佐领人之子孙、亲兄弟之子孙管理之赏赐世管佐领得分例

一、亲子孙管理之优异世管佐领得分例

一、原立佐领人绝嗣，由其亲兄弟之子孙管理之优异世管佐领得分例

一、原立佐领人绝嗣，由其亲兄弟叔伯之子孙管理之优异世管佐领得分例

和硕和亲王臣［弘昼］等谨奏，为钦遵上谕议奏事。乾隆三年十一月初十日奉上谕：从前补放八旗佐领世职官员时，并无家谱，均由管旗大臣等拣选奏放。嗣恐管旗大臣等办理抑或偏私，虽添家谱，而或有将不应挑补之人挑选，将应挑之人反为裁减，且于佐领根源亦多不明晰。八旗佐领根源，若不详查酌定，日后必致争讼不息，因屡降谕旨，交王大臣等详细查办。今览八旗议定进呈家谱，其勋旧佐领，系功臣等带来诸申，或因奋勉赏给诸申编为佐领。故唯将始立佐领人员之子孙挑选，无论曾否管过佐领，概予有分，其始立佐领人员之亲兄弟，虽曾管过佐领，而其子孙亦作为无分。

至世管佐领，有因携至同属一处之人而编为佐领令其管理者，或初编佐领时即令管理佐领，后积有数辈，遂作为世管佐领者，亦有分编佐领时优异者。今有唯将始管佐领人员之子孙拟正，其余接管佐领人员之子孙，视其佐领之根源、分别支派之远近、计其管过次数之多寡拟正者，亦有定为拟陪、拟备者。

又有将原立佐领人之子孙，念其祖先，虽系无分别支之人，然均系同祖之后，为敦睦族亲，请准例入得分之内；或因该支原有佐领，请将其佐领让与其他无佐领之支人众；或请将数个佐领每支各占一个彼此拆分而获准者。再，补放佐领袭职时，将出缺人之子孙拟正、原立世职佐领人员长房子孙分别拟陪。如出缺人无嗣，有将原立佐领长房子嗣拟正带领引见者，亦有将次房辈长之人因与原立世职人之支派较近拟正、长房之子孙拟陪带领引见者。

再，所绘家谱，只将有分人员绘入、无分人员裁减，或不论有分无分，概行绘入家谱，将其事故注写于旁，所办均未详细。

又，阅八旗所进家谱，有由原立佐领内分出一二佐领者，亦有分出数个佐领者。其奏放所分出佐领时，由于原佐领上贴黄签者，亦有于分出佐领上贴黄签者，八旗所办，并未划一。今既清查佐领根源，永垂定例，若不详细查明，定为划一章程，将来复生争端，且管旗大臣等亦难遵行办理。所有佐领根源，除令原派出之王大臣详细议奏外，著派多罗慎郡王，公讷亲，都统都赖，副都统永兴、李元亮，将王大臣所议奏之佐领，详加斟酌，分别定为应拟正、拟陪、拟备之分，其应入家谱与不应入家谱，贴签何以分别明白等处，详为划一办理，此次查办，将八旗世袭官员袭职家谱，亦著一并详查定拟具奏。钦此。

乾隆五年三月初九日奉上谕：将定拟八旗承袭佐领分例之事宜，著和亲王亦一同办理。钦此。钦遵。臣等窃思，圣上办理八旗事务，皆已妥帖，且无微不至。今因八旗官员所办拣放世袭佐领事宜未能划一，给分不同，故特命臣等详查，妥协定办，以期永垂为例者，乃圣上顾念昔日效力疆场有功人等，恐其子孙内或有不肖之徒借端图谋世职佐领，因争讼而伤和睦，以致办理旗务有所偏私之至意。

臣等查得，八旗陆续查送之世管佐领内，赏赐优异世管佐领之世管佐领三十六。查补放勋旧佐领之例载，原立佐领人员子孙有分，亲兄弟虽管过佐领亦属无分。然据补放世管佐领之例载，管过佐领人员子孙有分，未管过佐领亲兄弟子孙亦无分。若将此等优

异佐领照补放勋旧佐领之例办理，则优异佐领之人并不曾带至诸申，且无隶役等项，倘照补放世管佐领之例办理，则原立佐领人卓有功绩方为优异，不可与平常世管佐领相比，相应臣等酌情依理分晰议定给分者：此等优异世管佐领、赏赐世管佐领内，原立佐领人亲兄弟叔伯之子孙现管佐领缺出，则将原立佐领人之子孙拟正，拣选出缺人之子孙拟陪，由其余原立佐领人之子孙及该管过佐领亲兄弟叔伯之子孙内一体拣选列名。原立佐领人之子孙所管佐领缺出，则将出缺人之子孙拟正，由曾管过该佐领之亲兄弟叔伯之子孙内一体拣选拟陪、其余原立佐领人之子孙及管过该佐领之亲兄弟叔伯之子孙一体拣选列名。

给此分时，无论何佐领管理，仅管理之佐领有分，未管之佐领不予有分。此等优异佐领内，若系原立佐领时即为优异者，则优异者始给分。倘系父祖管理佐领至子孙始为优异者，仍计原管过佐领人给分，原立佐领人之亲兄弟叔伯之子孙交替管过之正蓝旗满洲荣山等二十个赏赐优异世管佐领，均照臣等现今议奏之例办理。其余十六个优异世管佐领内，镶白旗满洲扎哈里等十一个佐领，皆系由原立佐领人亲子孙管理之佐领，并无宜再查办之项，相应不议外，镶红旗满洲苏木拜等五个佐领，虽为优异佐领，唯原立佐领人绝嗣，现佐领皆由其亲兄弟之子孙、亲叔祖之子孙管理。

查得，前为补放世管佐领，臣等逐项定议分例具奏，交付八旗大臣等援为定例办理，相应此等佐领出缺，即令遵照臣等议奏之例办理。尚于补放佐领之家谱照先前奏准之例写入有分之人，将无分之人概行删减。

是故，臣等援例将给分之处定议五项，另行缮折，逐项绘具家谱，一并恭呈御览。拟俟旨下，交付八旗大臣等为例遵照办理。

为此谨奏。请旨。

等因，于乾隆六年七月二十日交付奏事御前三等侍卫五十七等转奏，是月二十三日奉旨：著依议。钦此。

和硕和亲王臣弘昼

多罗慎郡王臣允禧

太子太保、议政大臣、领侍卫内大臣、尚书、果毅公臣讷亲

御前侍卫、都统臣永兴

副都统臣李元亮

一、查正蓝旗满洲都依齐、荣山、五十九等优异世管佐领，昔都依齐等之始祖阿三来投太祖皇帝后，初设佐领令阿三管理，相继管理至今滋生为三个佐领，原立佐领阿三之三世孙都依齐管理一佐领，阿三亲弟扎尔海之三世孙五十九管理一佐领，阿三亲弟噶赖之四世孙荣山管理一佐领。雍正九年，内阁曾奏称，阿三佐领虽有优异之处，然其携阿勒塔西穆奇地方七屯满洲来投之处，并不见于实录、无圈点档册，且又无携至诸申等之处，相应为世管佐领。等因具奏。为补放佐领，办理佐领根源王大臣、八旗王大臣等会议奏复称，荣山、图纳、五十九等所管佐领，乃系阿三所立优异世管佐领，相应荣山所管原佐领，图纳、五十九等所管滋生佐领出缺，则阿三之子孙皆有分。再，阿三之原佐领，阿三亲弟噶赖、阿三次弟阿达海之孙章格、莽嘉、方格、方格之子范岱、范岱之子丰申、噶赖之四世孙现任佐领荣山，均系管理阿三所管原佐领，相应原佐领出缺，则

将原立佐领阿三之孙及管过佐领之噶赖、章格、莽嘉、方格、范岱、丰申、荣山等之子孙一并拣放，滋生佐领不予有分。其再次滋生之佐领，阿三之三弟扎尔海二世孙浩善、浩善之子现任佐领五十九，系管理再次滋生之佐领，相应再次滋生佐领出缺，将原立佐领阿三之子孙及管过佐领之浩善、五十九等之子孙一并拣放，原佐领初次滋生佐领不予有分。再，其无嗣者不议外，未曾管过佐领人之子孙不予有分。等因议奏。

臣等查补放勋旧佐领之例载，原立佐领人员子孙有分，亲兄弟虽管过佐领亦属无分。补放世管佐领之例载，管过佐领人员子孙有分，未管过佐领亲兄弟子孙亦无分。若将此等优异佐领照补放勋旧佐领之例办理，则优异佐领之人并不曾带至诸申，且无隶役等项，倘照补放世管佐领之例办理，则原立佐领人卓有功绩方为优异，不可与平常世管佐领相比，相应臣等酌情依理分晰议定给分者：都依齐所管初次滋生佐领，仅由原立佐领阿三之子孙管过，其亲兄弟之子孙向未管过，相应遵照原立佐领人员子孙有分之例办理外，其无原立佐领之阿三之亲弟扎尔海之三世孙五十九所管再次滋生佐领出缺，以原立佐领阿三之子孙拟正，将出缺人之子孙拣选拟陪，并将原立佐领人之子孙及此管理佐领人之子孙一体拣选列名。若原立佐领阿三之亲弟噶赖之四世孙荣山所管原佐领出缺，则以原立佐领阿三之子孙拟正，此管理佐领之噶赖系原立佐领阿三之亲弟，而阿三之亲弟阿达海之孙内，管过佐领之章格、莽嘉、方格等，亦系原立佐领阿三之亲弟之孙，伊等皆宜一体给分，相应由此等管过佐领人之子孙内一体拣选，将一支拟陪，一支列名。是故，除绘制堆依齐、荣山、五十九等之家谱一并恭呈御览外，将类似之镶黄旗满洲之乌什保、庆德、和兴，正白旗满洲之纳哈泰、粘泰、希拉哈，正红旗满洲之察德、恩特赫、兴泰、舒荣阿、富森布，镶白旗满洲之布彦泰、富成额，正蓝旗满洲之六十、程明等所管佐领，亦照此办理。

（阿尔他锡——阿三……堆齐、五十九、荣山系之家谱，略。可参考《钦定八旗通志》卷15《旗分志十五·八旗佐领十五》之正蓝旗满洲第五参领第四、第六、第七佐领）

一、查镶黄满洲旗喀都里、三泰等所管世管佐领，昔曾奉旨：著查旗内无主之佐领赏予奶公满都里管理。等因。遂由满都里管理。相继滋生，至今已为二佐领，由原立佐领满都里之子及满都里之亲兄桑古之子彼此交替管理，今原立佐领满都里之子喀都里管理滋生佐领，满都里之亲兄桑古之子三泰管理原佐领。为补放佐领，该旗奏称，该佐领系世祖皇帝敕查旗内无主佐领赏与奶公满都里管理之佐领，故满都里之子孙皆有分。噶都珲、拉笃珲虽曾管理佐领，然辈分过远，该佐领不可与平常世管佐领相比，噶都珲、拉笃珲之子孙等拟不予给分。佐领三泰等之子孙本不应有分，唯萨都礼出缺补放佐领时，奉旨：携至族人者何如，赫硕色近也，著令赫硕色管理。钦此。钦遵。令赫硕色管理。今计佐领三泰在内，已令其兄弟管理四次，相应由佐领三泰及曾管理佐领之三泰之兄囊武、南希、赫硕色等之子孙内，拣选贤良者一名备选，人若次劣，不必拣选。倘令伊等管理佐领后出缺，则其子仍可备选，永无拟正之分。等因办理具奏。亦曾会同办理佐领根源王大臣、八旗王大臣等议覆称，该旗办理三泰等佐领者既宜，拟照准所奏。等语。臣等前为补放世管佐领，曾议奏给分事宜称，原立佐领人有亲子孙而由亲兄弟叔伯之子孙管理之佐领内，若系原本仅由原立佐领人之子孙管理，未曾令其亲兄弟之子孙管理之佐领，则唯独原立佐领人之子孙有分。相应除照臣等而今议奏之亲子孙管理之世管佐领补放之例办理外，其原立佐领人有亲子孙，而令原立佐领人兄弟叔伯之子孙管理者，则一同给分，以出缺之支派拟正，由原立佐领人之子孙、该管理佐领人之子孙内一体拣选拟陪、列名。原立佐领人之子孙管理佐领出缺，或无嗣，或因罪革职，补放佐领时其子孙不宜入列，则原立佐领人尚有其他子孙，相应仍由该支内一体拣选拟正。倘原立佐领人亲兄弟叔伯之子孙内管理佐领出缺，或无嗣，或因罪革职，补放佐领时其子孙不宜入列，伊等并非原立佐领人之子孙，相应于该支虽系有人，亦不可拟正，止可拟陪，而由原立佐领人之子孙内一体拣选拟正、其余原立佐领人之子孙及该管过该佐领人之子孙内一体拣选拟陪、列名。等因奏准，现为例办理。

臣等虽议拟世管佐领内原立佐领人之亲兄弟叔伯之子孙内管理佐领者一同给分，然该佐领系赏给奶公满都里之佐领，不可与平常世管佐领相比。臣等现议奏补放优异佐领时其原立佐领人亲兄弟之子孙内有管理佐领者，止准拟陪，以原立佐领人之子孙拟正。该佐领乃赏赐之佐领，相应拟照臣等所议补放优异佐领之例给分。喀都里所管滋生佐领，仅由原立佐领满都里之子孙管理，其亲兄之子孙未曾管过一次，相应依照原立佐领人之子孙给分之例办理外，三泰所承袭之原佐领若出缺，则由原立佐领满都里之子孙内拣选拟正、满都里亲兄桑古之子内及管过该佐领之囊武、南希、三泰等子孙内拣选拟陪，由原立佐领人之子孙及管过该佐领人之子孙内一体拣选列名。若由满都里之子孙管理佐领出缺，亦照此办理。

再，满都里之亲伯父特伊顺之子噶都珲、拉笃珲，亲兄桑古之子赫硕色，虽有初次管理滋生佐领之处，惟其所管佐领现已为公中佐领，相应拟不给分。

是故，绘制三泰、喀都里等之家谱，一并恭呈御览。

（博尔坤——特伊格——满都里……喀都里、三泰系之族谱，略。见参考《钦定八旗通志》卷2《旗分志二・八旗佐领二》之镶黄旗满洲第二参领第十三、第十四佐领。另《旗分志》内将 kaduri 译作“嘎住”，此处按满文音译为“喀都里”。）

一、查镶白旗满洲查哈里、查郎阿等所袭优异世管佐领，原系查哈里等之始祖常柱来投太祖皇帝后初编佐领令常柱管辖，出缺后令其子查木布管理，相继管理，至今滋生为两个佐领。原立佐领常柱之三世孙查哈里管理原立佐领、查郎阿管理滋生佐领。雍正九年，内阁奏称，查木布虽暂有半个优异，然因常柱携至二百户之处，并不见于实录、无圈点档册，且又无携至诸申隶属等情，相应为世管佐领。等因具奏。为补放佐领，该旗办理奏称，据佐领查哈里等呈称，补放我等所管世管佐领之佐领时，以常柱之子孙得分，其余宗族无分。等语。臣等复行详查，均与例相符，故令其族人于各自名下画押。等因办理具奏。遂会同办理佐领根源王大臣、八旗王大臣等议覆称，其补放佐领时给分之处，拟移送钦差王大臣等查办。等因奏准。交付臣等酌议。

臣等前曾为补放勋旧佐领、世管佐领给分事奏称，原立佐领人员之子孙管理佐领者内，其长房管理佐领出缺，则将出缺之人子孙拟正，拣选其余房之子孙拟陪、列名。出缺之人或无嗣，或因罪革职，补放佐领时其子孙不宜入挑，则仍于出缺之长房内视其人可一体拣选拟正。次房之子孙管理佐领出缺，则拣选出缺人员子孙拟正，长房子孙一体拣选拟陪，拣选其余房之子孙列名。出缺之人或无嗣，或因罪革职，补放佐领时其子孙不宜人挑，则于该支虽有亲兄弟叔伯之子孙，亦不得拟正，仍于长房子孙内一体拣选拟正。若长房内现有管理佐领之人，则免挑选，而由未管佐领支派之子孙内拣选拟正，出缺支派、其余支派，则逐房拣选拟陪、列名。倘二三佐领均由同一支派管理出缺，该支现管理佐领且又以出缺人员之子孙拟正，则分有不均，相应由无佐领支派之子孙内择其优者拟正，其余各支、出缺支派之子孙内拣选拟陪、列名。等因奏准。现为定例办理。勋旧佐领、世管佐领、优异世管佐领之根源虽有不同，然令管理佐领之原因相同，相应将由原立佐领人亲子孙管理之优异世管佐领，均拟依照臣等先前议奏之以其亲子孙管理之勋旧佐领、世管佐领补放之例办理。

是故，除绘具查哈里、查郎阿等之家谱一并恭呈御览外，拟将类似之镶白旗满洲立柱、刘世宝，镶红旗满洲奇科塔哈、车尔苏，正蓝旗满洲奥金、乌什哈齐、齐通阿、额尔登额、奥岱等所管佐领，亦照此办理。

（常柱——查木布……查哈里、查郎阿系谱，略。可参考《钦定八旗通志》卷10《旗分志十·八旗佐领十》之镶白旗满洲第第二参领第八、第九佐领）

一、查镶红旗满洲钦拜、岳成额等所管优异世管佐领，起先钦拜等之伯曾祖劳萨原为内佐领，因有战功授硕翁科罗巴图鲁称号，分拨百丁编立佐领令劳萨统管。相继管理，至今滋生为两个佐领。最初管理佐领之劳萨无嗣，今该佐领由其亲弟罗璧之二世孙苏木拜、三世孙岳成额等管理。雍正九年，内阁奏称，虽有分出百丁给劳萨之处，然于实录、无圈点档册并无携至诸申隶属等情，相应为世管佐领。等因具奏。为补放佐领，该旗奏称，据佐领钦拜、岳成额及署理佐领事务四品官固宁阿等呈称，补放佐领时，本族内硕翁科罗巴图鲁之子孙皆有分，商古、沙尔图、齐齐拉哈、郑克 、墨尔根、巴尔孙、南都等之子孙无分，其中巴尔孙之三世孙顾布查，虽曾管过一任另立之佐领，然因无子嗣亦五分。等语。臣等查得，补放世管佐领时，管过佐领人之子孙有分，未曾管过佐领虽系亲兄弟之子孙亦无分。该佐领原系钦拜之伯曾祖硕翁科罗巴图鲁劳萨所立佐领，因劳萨无嗣，令其亲弟罗璧管理。补放佐领时，罗璧之子孙有分之处已令画押外，佐领钦拜等虽以塔齐纳一支之孙系劳萨、罗璧之亲兄之孙，称补放佐领时亦有分。等因一并具呈，然钦拜等所管佐领系世管佐领，塔齐纳一支向未管过佐领，相应仍作无分，令其画押，钦拜等所称补放佐领时唐纳一支有分之处毋庸议。其中巴尔孙之三世孙顾布查虽曾管过一任另立之佐领，然无子嗣，相应毋庸照佐领钦拜等所呈议。再，劳萨宗族之商古、沙尔图、齐齐拉哈、郑克 、墨尔根、巴尔孙、南图等之子孙，因未曾管理佐领，皆拟作无分，已令画押。等因办理具奏。会同办理佐领根源之王大臣、八旗王大臣等复议具奏称，其补放佐领时给分之处，拟移送钦差王大臣等查办。等因奏准。交付臣等酌议。臣等前曾为补放勋旧佐领、世管佐领给分事奏称，原立佐领人无嗣，其佐领现有由其亲兄弟叔伯之子孙管理者，亦虽有亲兄弟，然由亲叔伯之子孙、亲叔伯祖、叔伯曾祖之子孙不能叙入家谱远支人之子孙管理者。尚有因亲兄弟叔伯并无子孙，由远近宗族之子孙管理者。此等佐领系世管佐领，非勋旧佐领可比。查补放世管佐领之例载，管理佐领人员之子孙有分，未管理佐领之亲兄弟之子孙无分。管理佐领之人既皆有分，相应臣等酌其情理，视其支派之远近，将应得之分，分晰拟议定分者：此等无嗣之佐领出缺，其绝嗣人亲兄弟之子孙，无论曾否管过佐领，皆一同给分。若无亲兄弟之子孙，则亲叔伯之子孙，无论曾否管过佐领，亦一同给分。倘亲兄弟叔伯之子孙皆无，则视其辈近照此给分。若仅由一支管理之佐领出缺，则照以亲子孙管理佐领之例办理。若系两三支管理，则拣选出缺人之子孙拟正，其余支派之人一体拣选拟陪、列名。等因具奏，现为例办理。

该佐领虽为优异佐领，然原立佐领之硕翁科罗巴图鲁劳萨无嗣，故由劳萨亲兄塔齐纳、亲弟罗璧之子孙内，无论曾否管过佐领，皆应一同给分，相应按臣等先前议奏之因原立佐领人无嗣，以亲兄弟之子孙管理佐领之补放世管佐领之例办理。岳成额所管滋生佐领，虽由劳萨亲伯祖巴尔孙之三世孙顾巴查管过一次，然因无嗣，相应毋庸议外，若钦拜、岳成额等所管佐领出缺，以其支现管一佐领且又出缺人之子孙拟正，则分有不均，相应由劳萨亲兄塔齐纳之子孙内拣选拟正，拣选出缺人之子孙拟陪，再由塔齐纳、罗璧二支内拣选概行列名。若两佐领系由两支管理，出缺之后，以出缺人之子孙拟正，拣选另支之子孙拟陪，再由两支之子孙内拣选概行列名。是故，绘具岳成额、苏木拜等之家谱一并恭呈御览。

（常鼐——劳萨、罗璧……钦拜、岳成额之系谱，略。可参考《钦定八旗通志》卷12《旗分志十二·八旗佐领十二》之镶红旗满洲第三参领之第十六佐领、第十七佐领。另，该抄本有三处将“kimbai”即“钦拜”，写作“sumbai”。）

一、查镶黄旗满洲释迦保、哈岱、清海等所管优异世管佐领，原系释迦保等之亲伯祖龚衮来投太祖皇帝后，编设半个佐领令龚衮管理，令为优异。相继管理，至今滋生为三个佐领。原立佐领龚衮无嗣，其佐领现由亲弟讷尔特依之孙释迦保、亲叔祖尼玛禅之二世孙哈岱、清海等管理。雍正九年，内阁奏称，龚衮虽曾管理半个优异佐领，然尼玛禅、赫东额携至五十五名满洲之处，不见于实录、无圈点档册，且又无携至诸申隶属等情，相应为世管佐领。等因具奏。为补放佐领，该旗奏称，据佐领释迦保、清海、哈岱及署理佐领事务之索拜等呈称，我等所管世管佐领，补放佐领时，本族内管过佐领人之子孙有分，未曾管过佐领人之子孙无分。等因具呈。唯该佐领原系给龚衮之优异佐领，前每遇补放佐领，均照该族所呈自赫东额、尼玛禅之子孙内拣选补放。据官员承袭之例载，若勉职之人无嗣，令其亲兄弟等之子承袭。龚衮既无嗣，相应宜将龚衮之优异佐领，令龚衮之弟讷尔特依、拉都浑之子孙管理，然先前补放佐领时，均照该族所呈由赫东额、尼玛禅之子孙内拣选至今，未便即变。嗣后补放佐领时，或仅令龚衮之弟讷尔特依、拉都浑之子孙管理，或令管过该佐领人之子孙承袭，或仍照该族先前所呈之例，令赫东额、尼玛禅之子孙管理之处，拟交付八旗大臣等核查议定后遵照办理。等因办理具奏。亦曾会同办理佐领根源王大臣、八旗王大臣等议覆称，释迦保、哈岱、清海等所管佐领，原系佐领释迦保亲伯祖龚衮管理之优异世管佐领，该佐领所滋生者，令族人之子清海、哈岱管理。龚衮虽无嗣，亦应照袭职之例计其远近，以龚衮之亲弟讷尔特依、拉都浑之子孙管理。然自龚衮之后，即补放赫东额、尼玛禅之子孙为佐领，相应未便无分，且佐领释迦保诚系龚衮亲弟讷尔特依之孙，理应计其远近办理，相应嗣后释迦保所管佐领如若出缺，仅令讷尔特依、拉都浑之子孙管理。尼玛禅之孙清海、哈岱等所管佐领，系由原佐领滋生者，相应清海、哈岱等缺出，则给赫东额、尼玛禅等两支子孙以分。等因议奏。

臣等前曾为补放勋旧佐领、世管佐领给分事奏称，原立佐领人无嗣，其佐领现有由其亲兄弟叔伯之子孙管理者，亦有虽有亲兄弟，将佐领由亲叔伯之子孙、亲叔伯祖、叔伯曾祖之子孙、不能叙入家谱远支人等子孙管理者。此等佐领系世管佐领，非勋旧佐领可比。查补放世管佐领之例载，管理佐领人员之子孙有分，未管理佐领之亲兄弟之子孙无分。管理佐领之人既皆有分，相应臣等酌其情理，计其支派之远近，分晰拟议定分者：此等无嗣之佐领出缺，其绝嗣人亲兄弟之子孙，无论曾否管过佐领，皆一同给分。若无亲兄弟之子孙，则亲叔伯之子孙，无论曾否管过佐领，亦一同给分。倘亲兄弟叔伯之子孙皆无，则视其辈近照此给分。若仅由一支管理之佐领出缺，则照以亲子孙管理佐领之例办理。若系二三支，则拣选出缺人之子孙拟正，其余支派之人一体拣选拟陪、列名。无嗣原立佐领人有亲兄弟之子孙，而由亲叔伯之子孙内承管者，则一同给分。其亲叔伯祖、叔伯曾祖之子孙内管理佐领者，予以拟陪之分。若系高祖以上不能叙入家谱之远支人管理者，则予列名之分，虽曾管过佐领，亦永不给拟正之分。等因具奏。现为例办理。

释迦保、清海、哈岱等所管佐领乃优异佐领，理应按优异佐领之例，以原立佐领人子孙拟正，至管过佐领亲兄弟、亲叔祖之子孙，理宜视其辈分远近，分别拟陪、列名，然原立优异佐领有功绩人已绝嗣，现管佐领人等均系原立优异佐领人之亲弟、亲叔祖之子孙，理应给分，相应释迦保所管原佐领如若出缺，则拣选出缺人之子孙拟正，由优异佐领龚衮之亲叔祖尼玛禅之子孙内管过佐领之温都礼、谭都、达赖之子孙内一体拣选拟陪，拣选编立滋生佐领人亲弟之子孙及该管过佐领人之子孙列名。若哈岱、清海所管初编、再编之滋生佐领出缺，则由原立佐领人之两位亲弟内，拣选无佐领支系之子孙拟正，由管过此两次滋生编立佐领人之亲叔祖尼玛禅之孙常官保之子孙内一体拣选拟陪其余编立佐领人之亲弟之子孙及管过该佐领人之子孙内拣选列名。是故，绘具释迦保、哈岱、清海等之家谱一并恭呈御览。

（赫东额、尼玛禅——龚衮……释迦保、哈岱、清海系谱，略。可参考《钦定八旗通志》卷2《旗分志二·八旗佐领二》之镶黄旗满洲第二参领之第三、第四、第五佐领）

二、补放佐领规则

自顺治十七年，谕令将 nirui janggin 汉译为佐领后，[①] 佐领即有 niru 和 nirui janggin 两个含义。或以为两者指代难以判别，实乃不明清代满汉翻译规律所致。清代文书中所见“佐领××”或“××佐领”，其指代显而易见，绝无混乱和指代不清之处，因而，在清代文书中利用自如，并无混乱。

关于佐领之分类，在五朝《大清会典》及其《则例》、《事例》中分别得很清楚。

① 《清世祖实录》卷133，顺治十七年三月甲戌条载：“谕兵部：以后固山额真满字仍称固山额真，汉字称为都统。梅勒章京满字仍称梅勒章京，汉字称为副都统。甲喇章京满字仍称甲喇章京，汉字称为参领。牛录章京满字仍称牛录章京，汉字称为佐领。昂邦章京满字仍称昂邦章京，汉字称为总管。尔部即传谕遵行。”

但因名目繁多，总有凌乱之感。其实，从补放佐领的角度来看，只分作两类，一类为世袭佐领（jalan sirara niru），雍正年间称为“世佐领”和“袭佐领”，以后分别称为勋旧佐领（fujuri niru）、优异世管佐领（enculebuhe jalan halame bošoho niru）、世管佐领（jalan halame bošoho niru）三等；另一类为公中佐领（siden niru）。至于轮管、互管、滋生、包衣佐领等称，则指佐领来源，其皆或归于世职佐领，或归于公中佐领之中①。世职佐领之形成皆有根源，其或为太祖、太宗时以率所部来归，编为佐领者，或战阵有功，赏赐人口编为佐领者，或以某人曾宣力国家，人材服众，俾管佐领者，故称之为有根由佐领，此类佐领之承袭基本由家族继承。公中佐领称之为无根由佐领，其形成和管理不以家族为单位，故此类佐领承袭与家族无关。

佐领作为八旗社会的基层组织，八旗集行政、经济、军事于一体的特点，都具体体现于各佐领之中，故管理佐领之官员，至关重要，如雍正皇帝所谕：“八旗人员，乃国家根本，所关甚重，养育教诲，不可少懈。佐领者乃统辖一佐领之人，俾佐领下人等不失生计，不染恶俗，养之教之，使趋于善，莫要于佐领。”② 因而清朝非常重视补放佐领之事，无论是世职佐领还是公中佐领，其缺出，皆由各旗根据佐领根源和拣选则例等斟酌选定正陪，带领引见，最后由皇帝指定。

关于八旗内佐领之承袭情况，细谷以往已作过一些个案研究，③ 以点带面，可以反映八旗佐领承袭的具体事宜。兹仅就公中佐领、世职佐领之拣放制度沿革，略述己见，以期探讨《佐领则例》之形成及其价值。

公中佐领因基本没有家族继承关系，故而补放公中佐领的条件，是“特以其能理佐领之事，能教佐领下人”，④ 即具有管理佐领事务和教诲佐领下人之能力者，皆可预选。此条件非常宽泛，且对能力之审定，主观判断性较强，所以，自顺治至雍正初年，一直沿用：“八旗满洲、蒙古、汉军公中佐领员缺，以公、侯、伯、大学士、尚书、都统以下，护军校、骁骑校以上官，拟定正陪，具题补授。”⑤ 即由该旗从未兼任佐领之职的一至六品官员内，选择合适人选，拟定正陪，奏请补放即可。

佐领乃正四品职官，以同品级以上官员兼任，似未可厚非，但以低于此品级者担任，于职官品级制度不符，有逾越之嫌，故雍正四年降旨：“公中佐领员缺，与原管、世管佐领不同，护军校、骁骑校乃六品微员，选补佐领，未免逾越。嗣后以该旗大员引见补授。”⑥ 其实，停止拣选护军校、骁骑校补放公中佐领，只是在形式上进一步规范选官制度而已，在实际中并无任何影响，乃因自一品至六品八旗所属官员中拣选正陪，根本没有选到护军校和骁骑校等低级官员，而基本被一、二品大员独占，如雍正所言：

---

① 本文旨在作拣放佐领之文献研究，故不对各类佐领根源及其分类作深入探讨。此问题可参考承志《大清国及其时代》第7章《八旗社会之根干——牛录分类与佐领之承袭》，名古屋大学出版社，2009年2月。

② 《清世宗实录》卷60，雍正五年八月庚戌条；雍正《大清会典》卷111《兵部一·铨选》。

③ 详见细谷良夫《八旗通志初集〈旗分志〉编纂及其背景——雍正朝佐领改革之一端》、《关于盛京镶蓝旗新满洲之〈世管佐領執照〉》、《关于盛京镶蓝旗新满洲〈世管佐領執照〉——以世管佐領之承襲为中心》、《清朝中期再编之八旗汉军》、《雍正朝汉军旗属牛录的均齐化》等论文。

④ 《清世宗实录》卷60，雍正五年八月庚戌条；雍正《大清会典》卷111《兵部一·铨选》。

⑤ 《钦定大清会典则例》卷175《八旗都统》。

⑥ 《钦定大清会典则例》卷175《八旗都统》。

“各旗补授（公中）佐领，例俱开列大臣带领引见”，[①] 官官相护，各旗拣选位高权重的大臣兼任佐领不足为奇。

但由于“大臣管理事件甚多，无暇复办佐领事务”，故“嗣后著仍将章京等拣选补授，于事有益。如章京等内不得其人，再将大臣等带领引见”，[②] 此后，才改变了由一、二品大员独占公中佐领之局面，其“公中佐领员缺，以本旗不兼任佐领之三品以下、五品以上文武官员及世爵，遴选四五人引见补授”，[③] 改由本旗三至五品内补授。

这种仅以本旗三至五品官员兼任佐领的办法，实施近10年时间，乾隆帝复谕令修改。乾隆十五年四月降旨：“从前遇有公中佐领缺出，将大臣等一并带领引见。雍正年间奉皇考谕旨，大臣等交派事件繁多，无暇详细办理佐领事务，不若仍简放章京等员，于事有益。若不得其人，再带领大臣引见。因此，凡遇公中佐领缺出，并不带领大臣，只拣选官员引见补放。此等办理，殊未喻降旨之意。从前以大臣无暇办理佐领事务者，特指任事繁多之大臣言之耳，并未云所有大臣等俱不可兼管佐领。况佐领职司管教，若令事简大臣兼管，实为有益。如以身任大臣，遂当诿谢，彼等旧世管佐领何以兼辖乎？嗣后八旗遇公中佐领缺出，将各旗任事简少及无管辖部务之大臣等拣选引见。若此外又有缺出，不得其人，再拣选官员等引见”。[④] 其或因停拣所有一、二品官员，有失公允，或因大臣管理公中佐领，在管理本佐事务，教化本族子弟方面更有优势，因而回复拣选大臣补放佐领制度，但要求拣选事简之大臣兼任。

大臣之事务繁简，亦难判定，故按此例拣选，又恢复大臣独占公中佐领之局面，未能达到乾隆皇帝欲以事简大臣兼任公中佐领之本意，故于四十八年再次降旨修定，谕令：“例载八旗公中佐领员缺。文职大臣虽尚书亦得拣补。但尚书职任较繁，无暇兼理，反于佐领事务无益。著交八旗，嗣后除世管佐领，仍照例办理外，至公中佐领，尚书停其拣派，只将侍郎以下拣选带领引见补授。”[⑤] 此后，均按此例实行，补放公中佐领条例为：“公中佐领缺出，侍郎、副都统，凡二品大臣皆与选。如无应选之大臣，于本旗不兼佐领之三品以下、五品以上文武官、闲散、世职、印房章京、骁骑校拣选四五人引见；如为一姓承管之佐领后改为公中者，本姓之子孙亦与选；宗室佐领缺出，于本旗四品以上宗室官员内选定正陪引见补放，如不得人，则于五品官内拣选。”[⑥] 此条例一直被沿用。

补放公中佐领的过程，因无需核实家谱等，所以手续简单，一般20日之内，即完成拣选引见补放事宜。[⑦] 故其补放手续、所需时间，均较补放世袭佐领简便、快捷。

---

① 《清世宗实录》卷138，雍正十一年十二月庚申条，《钦定大清会典则例》卷175《八旗都统》。

② 《清世宗实录》卷138，雍正十一年十二月庚申条，《钦定大清会典则例》卷175《八旗都统》。

③ 《钦定大清会典则例》卷175《八旗都统》。

④ 《清高宗实录》卷363，乾隆十五年四月丁酉条；《钦定大清会典则例》卷175《八旗都统》。

⑤ 《清高宗实录》卷1178，乾隆四十八年四月庚午条。

⑥ 嘉庆《钦定大清会典》卷68《八旗都统》。

⑦ 《清世宗实录》卷79，雍正七年三月丙午条载：“正黄旗汉军都统金以坦折奏：向来原管世管之佐领，一遇缺出，或有不能定拟之处，须候查明家谱补授。若公中佐领，有训练办事之责，未便久悬，且选补又不拘世系，请嗣后不必照原管世管之例，致延时日。限二十日内，缮折交送当月处，汇奏引见。从之。”以后限20日内完成拣选补放公中佐领，成为定例。

从上述所引史料可以发现，清代补放佐领，无论是公中佐领，还是世袭佐领基本以官员兼任，其中以公中佐领之兼任问题更突出。因佐领系兼任，这些兼任佐领，或因事务繁多，或因迁出本佐领居住地，导致管理各佐领事务，教化佐领下人的任务，实际落到了佐领内其他管理人员身上，即骁骑校、领催成为佐领内之实际掌权者，因而，清代之笔记小说中渲染领催权利之记载，并非子虚乌有。这是一个在八旗制度研究中尚未被重视的问题，但其却是对八旗管理、旗人社会等影响较大的问题，值得深入探讨。

世袭佐领之补放，因有家族继承关系等问题，较比公中佐领要复杂。但在顺治及康熙初年，因不断扩充滋生佐领，加之佐领子孙数不多，故拣放世袭佐领，条件宽泛，一直沿用顺治初年所定："八旗满洲、蒙古、汉军世袭佐领员缺，其子孙无论有官、无官及年岁未满，均得拟正陪，具题补授"。[①] 各旗仅将各世袭佐领之子孙具题，引见补授即可。要之在于明晰原立佐领子孙情况，并分清各类佐领，否则将受责罚。[②]

然至雍正年间，入关已历数代，各佐领下子孙繁衍，已逾当初数倍，无缺旗员，亦日益增多，故各世袭佐领内，原立佐领之后裔争讼承袭之事，屡奏不绝。为免于争讼，力保原立佐领人之嫡系子孙能够补缺，依据家谱甚为重要。无论被拟正、拟陪人员，即使被列名者，亦必须以家谱为依据。家谱内所有资格承袭之子孙，皆需列名具题，雍正初年规定："嗣后八旗世袭佐领，家谱内著将原立佐领人之子孙，按其名数，尽行开入。如一谱不能尽书，即缮两谱具奏。""若有应列名而不列名者，于家谱本名之下，注明情由。"[③] 乃为于族内区别远近，公平补授，以免佐领世家内为此争讼不息，影响和睦。而做到公平承袭，最为妥善的方法就是确保世袭佐领的私属和继承特点，以原立佐领之子孙继承，不使别姓或远族之人占为已有，故雍正七年、十二年分别降谕："凡原管佐领，虽经异姓管理数次，遇员缺，仍应于原立佐领人之子孙内遴选补授。如本族一时不得人，再于该旗应升人内选补。俟原管佐领人之子孙长成，仍行归还。如此方为允协。永著为例"，"八旗拟补世袭佐领，将出缺人之子孙拣选拟正。若无子孙，于亲兄弟内拣选拟正，近族内拣选一人拟陪，仍于有分宗支内，每支拣选一人，通行引见简补。"[④] 进一步规定了勋旧佐领、优异世管佐领中，原立佐领子孙方为合理的继承者，其他旁系子孙，唯有原立佐领绝嗣，方可得分拟补。

虽然确立必须以嫡系子孙承袭制度，但因延续数辈，故嫡系子孙较多，且有被旁系或别姓承管多次者，故争竞嫡系子孙、彼此不服等事仍争讼不息。乾隆元年谕令总理事务王大臣等详审佐领根由，并商议杜绝争讼之策，王大臣等遵旨议定："八旗原管佐领、世管佐领，其原得佐领缘由，并佐领下人原系何处人编入该佐领，均核明造册，自佐领下至兵丁闲散，均开列姓氏，于本名下画押，该旗汇总具奏。将画押档册抄录三本，一本存本旗公署、一本存兵部、一本兵部钤印交该佐领收贮，以备稽考。如日后再有争告之人，即核对原册，将争告之人送部治罪。佐领袭替时，将新袭之人姓名增注于册。本

---

① 《钦定大清会典则例》卷175《八旗都统》。

② 《清圣祖实录》卷284，康熙五十八年丁亥条记载："兵部题正白旗满洲都统和礼将世袭佐领指称旧管佐领，甚属不合，应将和礼革职、枷责。得旨：和礼著革职，免其枷责。"即为典型事例。

③ 《钦定大清会典则例》卷175《八旗都统》。

④ 《钦定大清会典则例》卷175《八旗都统》。

旗族长亦别造一册贮存，其族长更换时，仍行交代。”① 系在审核佐领根由和依据家谱的基础上，又创制造册画押之策，以杜绝佐领承袭过程中之争讼。

至乾隆三年，各旗将佐领根由、佐领家谱及所造画押之册，陆续整理完毕，上报汇总给办理佐领根由之王大臣等，该王大臣等将所议定之佐领根由具报。乾隆降旨另派慎郡王允禧、大学士讷亲等，专司审定办理佐领根源王大臣等定拟之佐领根由，并审核家谱和画押册，分门别类，拟定补放勋旧佐领等拟正、拟陪、列名给分事宜。五年，又谕和亲王弘昼专领此事。经过3年多时间，允禧、弘昼等方陆续核查完毕，并对各类有争议之佐领，分别拟定出给分之例。最终，将此期间之朱批奏折汇总成册，即为该满文本《佐领则例》。

《佐领则例》分别勋旧、优异世管、世管佐领之不同情况，共拟定12条拣选引见补放者之拟正、拟陪、列名的得分例，其中勋旧佐领有7条，分别为：

一、原给分之勋旧佐领得分例。

一、以兄弟共同带来之人编立之勋旧佐领得分例。

一、原立佐领人之子孙情愿让分之勋旧佐领得分例。

一、原立佐领人绝嗣，以亲兄弟叔伯之子孙管理之勋旧佐领得分例。

一、遵旨予异姓养子之勋旧佐领得分例。

一、两姓轮管之勋旧佐领得分例。

一、远族子孙管理勋旧佐领之得分例。

涉及优异世管佐领者4条，分别为：

一、原立佐领人之子孙、兄弟叔伯之子孙承袭优异世管佐领得分例。

一、亲生子孙承袭优异世管佐领得分例。

一、原立佐领人绝嗣，其佐领由亲兄弟之子孙承袭优异世管佐领得分例。

一、原立佐领人绝嗣，其佐领由亲兄弟叔伯之子孙承袭优异世管佐领得分例。

另有世管佐领者1条，即“原立佐领人之子孙、兄弟之子孙承袭所赐世管佐领得分例”。

各旗依据《佐领则例》办理承袭佐领事务后，因有条例可依，故比较顺利，争讼之事亦得以遏制。乾隆皇帝在引见佐领承袭者时，亦主要依据《佐领则例》，最后确定世袭佐领，如其所言：“八旗世袭官员佐领，皆因伊先世著有勤劳，施恩赏给。非别项官职，必视其能否胜任，方可补授者可比。是以朕即位以来，于承袭世职官员及世管佐领时，但看其袭职根源，支派远近，并不论其才具，乃朕恩眷旧勋之意。此等世袭官员，由立官之长房承袭者，原毋庸议，但遇立官之人子孙众多，内有承袭三四次、承袭一二次者，若不论别支承袭次数，概以现在出缺之子承袭，未免偏枯。故遇出缺时，朕必详为酌定，或承袭人员以升授外任出缺，则令别支承袭；或承袭之家已有出仕之人，出缺时，则将有分无官之人承袭。此皆朕悉心调剂，使八旗世仆均被恩惠之至意”。② 从中可以窥见乾隆皇帝倚重此《佐领则例》，拣放世袭佐领之状况。

① 《钦定大清会典则例》卷175《八旗都统》。

② 《清高宗实录》卷317，乾隆十三年六月壬午条。

在乾隆皇帝补放世袭佐领过程中，其非常重视公平合理，敦睦族亲，遏制争讼，保持八旗敦厚淳朴之风气等事宜。若有无故争讼者，即使理应承袭者，亦不补授，① 由此可以看出乾隆帝汇编此《佐领则例》之初衷。

而各旗大臣在依据《佐领则例》办理拣选拟正、拟陪人员时，固执《佐领则例》之条文，拘泥遵行，不敢变通，故处理过程中，亦出现一些不合情理之事。是以乾隆十九年上谕八旗："世管佐领沈铎出缺，据正白旗汉军都统奏将沈铎之子沈定文拟正，从未承袭之长房子嗣沈召文拟陪，所办甚属拘泥。凡世管佐领缺出，虽例将出缺之子拟正，亦应论其袭次多寡，不得专以出缺之子拟正，而反将从前承袭数次之子孙，不行奏拟。即拟陪之人，虽论房分挑选，亦当酌其有无承袭次数，与人之贤否。今查阅沈铎家谱，沈铎系袭沈惠之缺。沈铎出缺，将伊子沈定文拟正尚可。至沈召文虽属长房，乃从未承袭之支派，何得即以拟陪，而反将曾袭佐领沈熊兆之子沉志恒不行列入，于情理殊为未协。著交该都统再行酌拟具奏。此后拣选世袭官员佐领，于定例相符者，自应照例办理。其不合例者，务按情理声明具奏，毋得拘于成例"。② 其中正白旗汉军所拟定之正陪人员，均属严格按照《佐领则例》之规定办理的，但出现了合例不合理的现象，乾隆皇帝从中发现各旗拘泥此《佐领则例》条文，办理佐领承袭事务出现的问题，故谕令各旗不必完全拘泥条文，可以通融奏请办理。但各旗既有成例可据，都统等自不会为一佐领，开变通之先。若变通中符合圣意尚可，否则为此受申斥，乃得不偿失，因而没有改变各旗仍固执《佐领则例》办理之局面。

在固执《佐领则例》拟定正陪人员过程中，各旗遇到的困难，是《佐领则例》条文繁多，难以对号办理等问题。因而，该《佐领则例》被实施20余年后，乾隆三十年四月降旨对《佐领则例》进行重新修订：

从前八旗办理承袭佐领世职等事，并不画一，是以专派王大臣等按其原由，办定承袭之分。但原定时条目太繁，八旗拘泥遵行，又致紊乱。因复将珠林等所袭佐领重行更定。办理旗务，宜从简易，即如获重罪者之子孙，不应列名；在任病故者之子孙，仍应列名，例有明文。而按其家谱，论其远近，办给拟正、拟陪之序，亦殊不难。凡事宜揆之于理，岂可谓例属一定，不复详度情理乎？著交军机大臣会同八旗大臣等，将从前所定八旗承袭佐领世职条例，再行查明，删去繁文，务期简易，定议具奏。于承袭佐领世职人员带领引见时，朕再酌量办理。③

军机大臣、八旗大臣遵旨重新审订《佐领则例》，将《佐领则例》中重复、繁琐之文字进行删节，合并类似之条目，主要目的在于"删去繁文，务期简易"，以使八旗遵行中，不致因"条目太繁"而"又致紊乱"，拟定出简捷而利于操作的文本，于乾隆三

① 《清高宗实录》卷317，乾隆十三年六月壬午条记载："昨据正红旗满洲奏袭原任佐领和德所遗员缺，朕详阅其谱系有永泰，亦在应袭之列。朕因永泰家仅承袭三次，故此次欲令其承袭，业将绿头签交该大臣等。乃永泰竟详陈履历首告，此风断不可长，已将永泰斥革，仍令出缺之子和音布承袭。八旗世仆，理当安分以俟，何得任意首告。此等恶习，殊属不堪，大失满洲纯谨之风。著八旗都统等将朕通融办理，欲使均沾恩惠之意，通行晓谕各旗人等知之"。即是执行《佐领则例》后，处理争讼者之典型案例。

② 《清高宗实录》卷478，乾隆十九年十二月甲寅条

③ 《清高宗实录》卷735，乾隆三十年四月庚午条。

十年十一月三十日具奏，该折内容为：

正红旗满洲都统·简亲王丰讷亨等议奏承袭佐领各条例。

一、原立佐领长支子孙承袭缺出，应拣选出缺人子孙拟正，别支子孙曾经承袭者拟陪，其余各支，毋论曾经承袭与否，每支拣选一人列名。若别支承袭缺出，应令出缺人子孙拟正，长支子孙有曾经承袭者，拣选拟陪，其余毋论曾经承袭与否，一同拣选列名。如长支未经承袭，即选曾承袭之子孙拟陪，长支及未承袭之别支子孙，一同拣选列名。别支子孙，若俱未承袭，应选长支子孙拟陪，其余列名。若长支子孙承袭缺出，或绝嗣、或缘事革退，其子孙不应承袭者，仍于长支子孙内拣选拟正。别支出缺人或绝嗣、或缘事革退，其子孙不应承袭者，应由长支内曾经承袭者拣选拟正。若未经承袭，或现有承袭佐领者，俱不与选，令别支曾经承袭之子孙拟正。若俱未承袭，仍选出缺本支子孙拟正，现有承袭佐领者，亦无庸与选，即选无佐领支内子孙拟正，出缺支内拣选拟陪列名。其余承袭世职，均应照此办理。至原官子孙袭职后，复以劳绩得官，承袭原官，应止令拟陪。

一、优异世管佐领系著有劳绩，与寻常世管佐领有间。除止经原立佐领子孙承袭者，仍照旧例办理外，其原佐领兄弟承袭缺出，应令原立佐领之子孙拟正，出缺人子孙拟陪，其余列名。再如正白旗满洲那翰太、那林、明书，三佐领，初立佐领时原非优异，至伊弟承袭后，始定为优异佐领。此等缺出，若止令出缺人子孙拟正，则原立佐领子孙转不得袭，应仍令原立佐领子孙拟正，出缺人子孙拟陪。

一、原立佐领有子孙，而其缺为伊兄弟叔伯祖之子孙及远族承袭者，与勋旧世管等佐领有间。其缺出，应令出缺人子孙拟正，选原立佐领子孙拟陪，其余列名。若出缺人或绝嗣、或缘事革退，其子孙不应承袭者，佐领既非伊祖父所立，即别有子孙，应止令拟陪，选原立佐领子孙拟正。若原立佐领子孙承袭缺出，令伊子孙拟正，袭佐领之胞兄弟叔伯子孙拟陪，其余列名。若有二三佐领俱系原立佐领子孙承袭，即令出缺人子孙拟正，若现有承袭佐领，即选无佐领支内子孙拟正，曾经承袭之胞兄弟叔伯子孙拟陪，其余列名。若有二三佐领俱系原立佐领胞兄弟叔伯之子孙承袭缺出，应令原立佐领子孙拟正，出缺人子孙拟陪，其余列名。原立佐领有子孙，而缺为远族子孙承袭者，应拣选原立佐领子孙及曾经承袭之胞兄弟叔伯子孙拟正、拟陪，其余列名。此等佐领，若止存一支，仍照本人子孙承袭例办理。

一、原立佐领绝嗣，应令伊胞兄弟子孙拟正。如无胞兄弟子孙，亲叔伯子孙拟正。如胞兄弟叔伯子孙止有一支，照本人子孙承袭例办理。或有二三支，应将出缺人子孙拟正，曾经承袭之子孙拟陪，其余列名。原立佐领之兄弟叔伯有子孙，而缺系叔伯祖子孙承袭者出缺时，仍选原立佐领兄弟叔伯子孙拟正，曾袭佐领之子孙拟陪、列名。若原立佐领兄弟叔伯之子孙未经承袭，仍令列名。若原立佐领绝嗣，其兄弟叔伯之子孙亦绝嗣，向系叔伯祖子孙承袭者，应令出缺人子孙拟正，由无佐领支派内拣选拟陪，其余列名。若二三佐领俱系一支承袭缺出。选无佐领支子孙拟正、拟陪，出缺本支及别支、远支子孙列名。若原立佐领绝嗣，别支承袭惟存一支者，应令承袭之人为原立佐领承祀，永久勿替。

一、兄弟一同率属来归编设佐领，子孙俱有承袭之分。若有二三支者，应将出缺人子孙拟正，无佐领支子孙拟陪，有佐领支子孙列名。若佐领俱系一人子孙承袭缺出时，应选无佐领支子孙拟正、拟陪，现袭佐领之支列名。若二三四支仅一佐领，应令出缺人子孙拟正，余支子孙拟陪、列名。若出缺人无嗣，仍于本支内拣选拟正。若缘事革退，其子孙不应承袭者，本支虽有子孙，止令拟陪，由无佐领别支内拣选拟正，原立佐领胞兄弟叔伯子孙曾有承袭者拟陪，其余列名。又有原系二半佐领归并一佐领，因人丁生息分为二佐领者，亦应照率属来归佐领例办理。原袭半佐领如无嗣，胞兄弟子孙无论曾经承袭与否，均应照此例。

一、一族之人原附远族人佐领下，后因本支人及百数，编设佐领，缺出时，应令出缺人子孙拟正，同族子孙拟陪、列名。

至盛京、吉林、黑龙江、察哈尔等世职佐领，并请照新例办理。从之。①

该奏折所拟定的补放佐领条例，即所谓《六条例》②，该《条例》取代《佐领则例》，成为乾隆三十年以后补放勋旧、优异世管、世管佐领之章程。从“十二条”压缩为“六条”，给人的印象是《六条例》相比《佐领则例》，肯定有很多变化，但若仔细对比两者内容，可以发现《六条例》各条内容，在《佐领则例》内都有，而《佐领则例》内有少部分文字内容，略被删节，但主要内容均得以保留，《六条例》属于《佐领则例》在文字上之删节精简本，并非重修本。因而，从两者的内容方面看，在乾隆三十年之后，实际上仍沿用《佐领则例》中所规定的内容，办理补放佐领事宜。另外在文本方面，《佐领则例》也并没有被废止，按清代保存旧本《则例》之规定，该满文《钦定拣放佐领则例》是作为《六条例》之备用查核文本，得以保存和利用的。

另外，围绕补放世袭佐领及公中佐领问题，清代制订了许多册籍，如《佐领根源家谱册》、《佐领缘由册》、《佐领家谱》、《佐领世袭谱档》等。目前，这些册籍主要收藏于中国第一历史档案馆、国家图书馆、台北故宫博物院、日本东洋文库等处，是研究佐领承袭问题及八旗制度演变的重要资料。这些册籍有的是雍正年间为继承世袭佐领而编制的，但多数是乾隆初年钦派王大臣查核各世袭佐领根由和为制订《佐领则例》而编制的，因而，这些册籍更是研究《佐领则例》的重要辅助资料。限于篇幅，本文仅对《佐领则例》之文本及其形成问题进行初步探讨，而将各类册籍与《佐领则例》和《六条例》进行对比研究，则留待来日进行。

---

① 《清高宗实录》卷749，乾隆三十年十一月庚子条。该条例当时汉文称作“世管佐领世职官员袭职条例”，而后来之满文本仅称为“ninggun hacin kooli”即“六项条例”。该条例内容被编入嘉庆《大清会典事例》卷851《八旗都统》内，其中文字经过精简、提炼，但与此奏折内容相同。

② 石桥崇雄在《关于六条例——清朝八旗制度研究之一环》（《清朝与东亚——神田信夫先生古稀記念论集》第85—96页）中，对满文本《六条例》作过简单介绍，其来源系“乾隆三十年十一月三十日，八旗王大臣、军机大臣遵旨议奏八旗佐领则例，所拟定之六条例”，即上述奏折议定内容，其中条目为：“一、原立佐领人员之亲子孙承袭例（嫡派条）；一、优异世管佐领承袭例（优异条）；一、亲生子孙、兄弟伯叔子孙累世互管佐领承袭例（互管条）；一、绝嗣佐领世职官员承袭例（绝嗣条）；一、兄弟携人来归所编佐领承袭例（同编条）；一、同族之人所编佐领承袭例（族袭条）。另绵贯哲郎《〈六条例〉之成立——乾隆朝八旗政策之一个侧面》（载《社会文化史学》第45号，2003年）一文，对《六条例》进行了详细探讨，可资参考。

《满文原档》比较研究

——以天聪六年爱新国大军征略库库和屯及其周边地区史实为中心

齐木德道尔吉（内蒙古大学）

《清太宗实录》[①] 卷十一至卷十二，较为详细地记述了爱新国汗皇太极从天聪六年四月一日至七月二十四日间亲征察哈尔林丹汗，占领库库和屯，大掠明边的史实。其中，五月二十三日至六月十一日期间的记载与爱新国大军占领库库和屯，经略其周边地区，并从明朝杀虎口强取逃亡蒙古人口以及察哈尔市赏有关。本文利用《满文原档》[②] 中的相关记载，与《清太宗实录》的相应记载加以比较，以进一步厘清关于爱新国占领库库和屯以及经略其周边地区之史实，进而探究《满文原档》与《清太宗实录》之间的史源关系。

关于爱新国大军征伐察哈尔，占领库库和屯，大略明边的史实，在《满文原档》第八册中有两处内容不尽相同的记载。第一处在该册"地字档"，第137—185页间。为两黄旗所记四月档、两蓝旗所记五月档和两白旗所记六月档，用有圈点满文逐日详细记载了事情的经过。无修饰，少更改，间有 ume，ara 等批注，是为真正的《原档》。第二处在该册"满附二"[③] 第421—437页间。"满附二"，是蒙事档，载于第295—445页间，共150页。第295—338页，诸旗按月日记录了天聪六年间的所附蒙古诸贝勒叩头觐见、接受礼品、赏赐物品、送客、宴赉等事宜。第339—445页，属于残档，记录了天聪六年元月至六月二十二日期间的史实，修改删涂之处甚多，疑是对以前记载的重新整理与修订。在最后的445页，署有作者的名字与所写年份：Jantungga araha，sahaliyan bonio aniya，"章通阿写就，壬申年"。在四月档开篇，有对征伐察哈尔，大略明边的总体概括。据此，可以认定这部分档册由书房巴克什章通阿于天聪六年七月二十四日至十二月三十日间，即爱新国大军完成对察哈尔和明边的军事行动以后根据先前诸旗值月档册，整理编撰而成。

---

① 《清太宗实录》是《清三朝实录》之一，顺治六年（1649）开馆修纂，顺治十二年（1655）修成，为六十五卷。康熙十二年（1673）特开史局，重新修订，于康熙二十一年（1682）成书，卷数未变，学界称作"康熙本"。雍正十二年（1734）再次重修，乾隆四年（1739）终于成为定本，卷数还是六十五卷。"康熙本"国内已无所藏，而日本内阁文库则藏有《清三朝实录》的"康熙本"抄本。国内中华书局影印《清实录》中的前三朝实录，就是乾隆朝定本。

② 《满文原档》，台湾故宫博物院授权，冯明珠主编，沉香亭企业社2005年出版。《满文原档》共10册，将清初所遗40册满文原档重新摄制微片后再转档印制，更完整、真实、清晰地再现了原档风貌，与台湾故宫博物院1969年影印出版之《旧满洲档》不尽相同，其满文字体更大，原档涂改之处，一定程度上可以辨认，这在《旧满洲档》里是无法做到的。

③ 《满文原档》第八册由"成字"、"地字"和"满附二"等档册组成。其中"满附二"是《满文原档》中的第三十七册，原无编号，台湾故宫博物院将此编号为"满附第二册"，简称"满附二"。

将此两处不同的记载与《满文老档》① 和《清太宗实录》比较，可以获得原始档案如何成为《清太宗实录》之史源的清晰过程以及爱新国军队占领库库和屯，大略其周边地区的准确而翔实的史实。

一、大军启程与枯橐会议

爱新国大军征伐察哈尔的军事行动开始于天聪六年四月一日（1632 年 5 月 19 日）。在《满文原档》第八册，“满附二”，第 389—390 页，有一段被圈删的记载，是对爱新国大军征伐察哈尔史实的总结。该段文字对于解读爱新国大军征伐察哈尔史实，具有重要的意义。以下用罗马字母转写并汉译如下②：

（1）◎Sure han - i ningšci aniya juwari uju biya - i ice inenggi：（2）Aisin - i amba cooha：

聪睿汗之　第六　年　夏　首月之　初　日　　爱新之 大　军

Cahar - be dailame genere - de：Cahar han（3）donjifi tehe ba nuktehe susu ba waliyafi Ker

察哈尔把 征伐　去往 时　察哈尔汗　听闻后 居住地 游牧 故地［1］丢弃后 克勒

Ajargan：（4）Kerulen - I　gebungge　bade burulame genehe：Aisin - i cooha dehi（5）inenggi

阿济尔汉　克鲁伦之［2］称呼之 地于 逃遁　去了　爱新之 军　四十　日

amcaci amcahakš：karun - i cooha Kara Mangnai：Itu（6）gebungge bade isinaha bihe：

追赶　不及［3］前哨之 军　喀喇莽鼐　益图［4］称呼之　地于　抵达有来

tereci Aisin - i cooha amasi（7）bedereme：Cahar - i Kuku Hoton：Bayan Sumu - de tehe usin（8）

由是　爱新之 军　回　　返　　察哈尔之库库和屯 巴彦苏木［5］于 居住之农田

weilere irgen：ulin sindaha hecen fu - be gemu gaifi：（9）Nikan - i baru dosime genere - de：

务作之 百姓 财货 放置之城 府把［6］俱拿取后 汉人之 方向 进入 去往时

Daitung：Hiowan fu bai hafan（10）cooha gemu golofi：okdome ihan honin jetere jaka benjime

大同　　宣府　地方之官员 军队　俱　恐惧　迎接　牛　羊　食　物　送来

（11）Cahar han - de bure šang - ni suje ulin bufi：jai Hiowan fui（12）dutan suminggšan doro acambi

察哈尔汗 于 给 赏之 缎匹财货 缴出 又 宣府之　　都堂　总兵官　　政治 合宜

---

① 日本满文老档研究会译注《满文老档》V，太宗 2，东洋文库，昭和三十六年。

② 对满文原档作拉丁文字转写；双圈◎表示记事段落开始之符号；专有名词第一音节之首字母大写；括号（　）中之阿拉伯数为原档行数；冒号：表示原档中的双点。格助词以 - 号接续在名词之后。

semeaisin menggšn suje gecuheri（13）bume abka－de gashšha：hšda hšdašaha：tereci booi baru

谓 金 银 绸缎 蟒缎 给予 天于 宣誓了 买卖 交易了 由此 家 往

（14）bedereme jidere－de：cooha－i niyalma Nikan－de dosimbi seme（15）bele ambula gaihakš ofi

返归 来时 军之 人 汉人于 进入 谓 米 大量 未获 因为

dembei suilaha：duin biya（16）yabufi boode isinjiha：

极度 疲惫了 四月 行进后 家于 回来了

汉译

聪睿汗六年夏首月初一日，爱新之大军往征察哈尔，察哈尔汗闻之，遗弃所居之游牧故地，逃往克勒阿济尔汉、克鲁伦之地。爱新军队追击四十天不及，前哨军队追至喀喇莽鼐、益图之地。此后，爱新军队回师，尽收居住于察哈尔库库和屯、巴彦苏木之种田之民和贮放财货之城府之地。往略明地时，大同、宣府之官府、军队俱恐，迎之以牛羊和食物，并将给察哈尔汗之赏物绸缎财货献出。又宣府之都堂、总兵官献出金银绸缎，向天宣誓议和，进行贸易。此后，回师途中军人入明境而未得足够粮食，极度疲惫。进军四月而返归。

注解

［1］tehe ba nuktehe susu ba，“所居地游牧故地”。察哈尔林丹汗于1627年秋冬之际西迁，中途击溃喀喇沁万户，占据了西土默特之库库和屯。此后，察哈尔部众游牧在兴安岭以西，围绕达里诺尔、上都古城、胡喇户地方直到土默特平原等宣大边外广大地区。关于林丹汗西迁以后察哈尔部的活动情况，乌云毕力格撰文“明朝兵部档案中有关林丹汗与察哈尔的史料”，做了详尽的考证。①

［2］Ker Ajargan，Kerulen，“克勒阿济尔汉、克鲁伦”，蒙古地名。Ker Ajargan，意为“公马之原”，不详其所在。Kerulun，显然是蒙古国境内之克鲁伦河。发源于蒙古国的肯特山东麓，在中游进入中国呼伦贝尔境内，东流注入呼伦湖。全长1264公里，在我国境内206公里。爱新国军队征伐察哈尔，越过兴安岭便派出前锋哨探寻找察哈尔部众。察哈尔部众早已获得爱新国大军前来征伐的消息，消失得无影无踪。前锋将领劳萨等率领哨探直到喀喇莽鼐、益图地方，也未曾看到察哈尔踪迹。这里所说的察哈尔部众逃往克勒阿济尔汉、克鲁伦等地，也是不确的信息。

［3］Aisin－i cooha dehi inenggi amcaci amcahak？“爱新军四十天追而未及”，指四月一日大军启程至五月十一日，劳萨等追赶察哈尔未及返回与大军会合这一时段。

［4］Kara Mangnai，Itu，“喀喇莽鼐、益图”，蒙古地名。据《满文原档》“地字档”记载，五月初九日报告，前遣之劳萨等行至喀喇莽鼐遇到察哈尔哨兵四人，追至益图地方，斩其一人，见前有敌兵近百人围困前遣刘哈，于是劳萨率七人大噪冲入，敌遂败走。初十日，劳萨等报，无法追及察哈尔。十一日，劳萨等与皇太极会合于K’uto枯橐地方。根据皇太极驻跸之地推算，K’uto枯橐地方当在今锡林郭勒盟阿巴噶旗与东苏

① 详见乌云毕力格：《十七世纪蒙古史论考》，内蒙古人民出版社，2009年。

尼特旗接壤地带。劳萨等距离大军也就是一天的距离，喀喇莽鼐、益图也不会离这里很远。据谭其骧主编《中国历史地图集》（清时期）第57—58页，内蒙古六盟、套西二旗、察哈尔图，喀喇莽乃哈必尔汉位于达里冈爱牧场境内，东经112°—114°，北纬44°—46°之间。

［5］Kuku Hoton：Bayan Sumu，“库库和屯，巴彦苏木”，即归化城和张家口的蒙古语地名。这里将此二城视为察哈尔所属，还因为住有种田之民，又称“板升”。Bayan Sumu，又作 Bayan Sübe，Bayan Sum－e。①

［6］usin weilere irgen，ulin sindaha hecen fu“种田之民，贮财之城府”，指宣府大同边外形成的定居村落，通常由汉民和蒙古农民种田为活。因不同于传统的居住方式，被称作 Monggoi baising“蒙古板升”。

分析与评论：

这段记载不见于“地字档”，也不见于《满文老档》，更不见于《清太宗实录》。在“满附二”的四月记事伊始，便用这种归纳法记述已经完成的爱新国大军征伐察哈尔的军事行动，完全是编纂历史的写法。由此可以确定，“满附二”所记是根据先前形成的档册，经过重新修订而成的“史料长编”。

该段记载由以下内容组成：（1）爱新国大军征伐察哈尔启程时间；（2）察哈尔获悉消息，远遁他处；（3）爱新国军队追击四十日不及；（4）转而袭击占领库库和屯，大掠板升；（5）强迫明朝大同宣化官兵，提供军需物资，归还察哈尔市赏；（6）与明廷宣府官员达成和议，举行贸易；（7）大军回师，所获无多，极度疲惫；（8）此次战役行动历时四月。

《满文原档》“地字档”和“满附二”所记录的天聪六年四月至七月间爱新国大军征伐察哈尔的过程，完全证实了以上的内容。以下循着该段的内容，利用《满文原档》中的记载，对大军起行，追击察哈尔不及，转而经略库库和屯周围地区的史实，做一番解读与考证。

首先，对大军启程征伐察哈尔之四月一日的记载，试作如下比较。②

（一）《满文原档》第八册，地字档，第137页与《满文老档》V，“太宗”2，729页对照；A表示“地字档”，B表示《满文老档》。

A：（1）［juwe suwayan duin biya］［1］duin biyai ice inenggi cahara－be dailame amba cooha

B：◎duin biyai ice inenggi，cahar be dailame amba cooha

aššara－de：hecen tuwakiyame Abatai taiji：（2）Dudu taiji：Yangguri sumingguwan：(Yeldeng)

aššara de，hecen tuwakiyame abatai taiji，dudu taiji，yangguri sung bing guan，

① 详见李保文编辑整理：《十七世纪蒙古文文书档案（1600—1650）》第24页，27页。

② 括号（）中的文字为原档中被删或被涂之内容；方括号［］中的文字为改写或增加的内容。

［Ilden］ fujan ［2］：fuma sumingguwan Tung yang sing ［3］ ese – de hecen（3）tuwaki-yara geren

ilden fujiang,　　fuma dzung bing guan tung yang sing,　　ese de hecen　tuwaki-yara geren

cooha – be afabufi werihe：meihe erin – de han beise tangse – de hengkilefi geren（4）cooha – be gaifi

cooha be afabufi werihe, meihe erinde, han, beise tangse de hengkilefi, geren　cooha be gaifi

wargi duka ［4］ – be tucifi Buha bira – de deduhe：

wargi duka　　be tucifi buha bira de deduhe.

汉译

［两黄，四月］四月初一日，大军出动往征察哈尔，留阿巴泰台吉、杜度台吉、杨古利总兵官、伊尔登副将、驸马总兵官佟养性等交付众军守城。巳时，汗、诸贝勒诣堂子叩头毕，率大军出西门，至蒲河驻营。

（二）《满文原档》第八册，“满附二”，389—391 页。与蒙古文《清太宗实录》① 卷十二比较；A 表示“满附二”；B 表示《清太宗实录》：

A：（1）◎sure han – i ninggšci aniya juwari uju biya – i ice inenggi：（2）（aisin – i）［manjui gurun

B：　　◎jun – uterigün sar – a – yin sin – e – yin nigen – e, sir – a luu edür,

sure han］ ［5］ amba cooha ［gaifi］：Cahar – be dailame genere – de：［hanciki – be hairandara（3）duka – be

qaγan, yeke cerig – üd – iyen abun, caqar – i daiyilar – a odqui – dur oir – a dakin – i qayiralaqu qaγalγ – a – bar

tucifi（4）tangse – de hengkilefi amba cooha wasihšn juraka］（5）◎（duin biyai ice inenggi han amba

γarcu, tangse – yin sitügen – dür mšrgüged, yeke cerig baraγun jüg morilabai.

cooha – be gaifi（6）Cahar – be dailame juraka）：hecen tuwakiyame Abatai（taiji）［6］：（7）Dudu（taiji）

Qota sakiγul – un　Abatai,　　　　Dudu

［juwe beile］ ［7］：sumingguwan Yanggšri efu ［8］：［Kšbuhe šanggiyan tuu – i gšsai

① Daicing ulus – un maγad qauli, qoyaduγar emkitgel, taizung gegegen uqaγ – a tu huwangdi – yin maγad qauli, nige, šbür mongγol – un soyol – un keblel – ün qoriy – a, Hailar, 1988 on.

ejen] Ilden：(8)

qoyar noyan kiged Zung bing guwan Yangguri efu kübegetü caγan－u qosiγun－u ejen fujiyang Ilden

Nikan coohai ejen sumingguwan Tung yang sing：(ese－de geren) [se－be] (5) (cooha－be afabufi)

qaγucin kitad cerig－ün ejen, zung bing guwan, Tung yang sing efu ten－i

werihe：

saγulγabai：

汉译

聪睿汗六年夏初月初一日，(爱新) [满洲国聪睿汗] [率] 大军征伐察哈尔启程时，[出抚近门，谒堂子叩头毕，大军西向开拔。] (四月初一日汗率大军启程往征察哈尔。) 为守城将阿巴泰 (台吉)，杜度 (台吉) [两贝勒]，总兵官杨古利额驸，[镶白旗固山额真] 伊尔登，汉军额真总兵官佟养性 (与彼众多) [等] (军队交付) 留下。

(三) 汉文《清太宗实录》① 卷十二：

夏四月，戊辰朔。上率大军往征察哈尔，出抚近门。[谒/诣] 堂子毕，大军西发。命 [贝勒阿巴泰、杜度/阿巴泰、杜度两贝勒] 及总兵官 [额驸杨古利/杨古里额驸]、镶白旗固山额真副将伊尔登、管旧汉兵总兵官 [额驸佟养性/佟养性额驸] 等留守。

注解

[1] [juwe suwayan duin biya]，在四月档上方框中分两行注明，意为“两黄，四月”，说明该月档由两黄旗负责整理或记录。其字体与下边所记档案字体一致。

[2] (Yeldeng) [Ilden] fujan，伊尔登副将（？—1663），额亦都第十子。太祖时，累进三等副将。太宗时，佐镶白旗。天聪四年，以功进一等副将，任镶白旗固山额真。在“满附二”作 Kšbuhe šanggiyan tuu－i gšsai ejen“镶白旗之和硕额真”，《满文老档》作 ilden fujiang，蒙古文《清太宗实录》作 kübegetü caγan－u qosiγun－u ejen fujiyang Ilden,，与汉文镶白旗固山额真副将伊尔登一致。

[3] fuma sumingguwan Tung yang sing 驸马总兵官佟养性（？—1632），明末开原人，原居开原佟佳，后自开原徙抚顺，归附爱新国，隶汉军正兰旗。努尔哈赤以宗女赐为妻，授三等副将。天命六年（1621），从军克沈阳、拔辽阳，叙功晋二等总兵官。天聪五年（1631）授昂邦章京，总理汉人军民事务。监铸红衣炮四十具，为爱新国火炮之始。“满附二”作 Nikan coohai ejen sumingguwan Tung yang sing“汉军额真总兵官佟养性”，较之“地字档”，衍 Nikan coohai ejen“汉军额真”，佚 fuma“驸马”一词。值得注意的是这里并没有将汉语“驸马”译成满语 efu。《满文老档》作 fuma dzung bing

① 《清太宗实录》中的记载引自齐木德道尔吉、巴根那编《清朝太祖太宗世祖朝实录蒙古史史料抄——乾隆本康熙本比较》。异文处理用 […/…]，斜杠前宋体字为乾隆本，斜杠后楷体字为康熙本。( ) 中楷体字为乾隆本无而康熙本有之记载；宋体字下加——者为乾隆本有而康熙本无之记载。

guan tung yang sing，与《原档》一致；然而在蒙古文《清太宗实录》中进一步改为 qaγucin kitad cerig－ün ejen，zung bing guwan，Tung yang sing efu，管旧汉兵总兵官额驸佟养性。

［4］wargi duka“西门”，与《满文老档》所记相同。而“满附二”增写作 hanciki－be hairandara duka“抚近门”，《清太宗实录》亦作 oir－a dakin－i qayiralaqu qaγalγ－a，“抚近门”。此记载产生了如下歧义：《原档》记载汗与诸贝勒先谒堂子叩头毕，率大军出西门，至蒲河驻跸。而经过修改的“满附二”则汗先出抚近门，然后谒堂子，最后才率军西向。按盛京之“抚近门”，亦称“大东门”，在城东正中，谒堂子时出抚近门，说明天聪年间堂子建在盛京东门外。堂子作为清朝皇室祭神场所，本应建于城中离皇宫较近的地方才对。疑在修订原档时，附会抚近门的政治含义，临时增写而形成如上错误。

［5］（aisin－i）［manjui gurun sure han］amba cooha［gaifi］，是对“满附二”原始记录中作 aisin－i amba cooha“爱新之大军”的删改。将 aisin－i 删除，改作 manjui gurun－i sure han“满洲国之聪睿汗”，并在句末增 gaifi“率”，形成新的句子。1616 年，建洲女真首领努尔哈赤建国，称 Aisin gurun，意为“金国”。12—13 世纪时，女真人曾经建立强大的国家，一度入主中原，国号“按版安春国论”（amban alcun gurun），意为“大金国”（1115—1234）。努尔哈赤取国号为“Aisin gurun”，具有立志恢复先人霸业的寓意。为了区分历史上的两个“金国”，一般称努尔哈赤所建为“爱新国”（1616—1635），也有称“后金”的。根据《满文原档》记载，直到天聪六年一直称 Aisin gurun。而从天聪六年开始，对 aisin gurun 或 aisin－i han 统一修改为 manjui gurun 或 manjui huwangdi。此种修改涂删之痕迹，在影印的《满文原档》里可以清楚地加以辨认。此处是《满文原档》对 aisin 一词的最早更改。

［6］Abatai（taiji），阿巴泰台吉（1589—1646），清太祖努尔哈赤第七子。此处将他的台吉称号删掉，改为“贝勒”。《满文老档》称其为 taiji，蒙古文《清太宗实录》作 noyan，汉文作“贝勒”。清初沿用蒙古制度之痕迹很明显。

［7］Dudu（taiji），杜度台吉（1597—1642）努尔哈赤长子褚英第一子。此处亦将“台吉”改为“贝勒”。

［8］sumingguwan Yanggšri efu，总兵官杨古利额驸（1572—1637），舒穆禄氏，隶满洲正黄旗。太祖妻以女，号为“额驸”。以攻克沈阳功，太祖命位亚八贝勒，统左翼兵，受一等总兵官。《原档》中佚 efu“额驸”。

分析与评论：

以上五种史料呈现出对天聪六年四月初一日爱新国大军出征察哈尔史实的不同记载。出征日期、往征察哈尔，阿巴泰、杜度、杨古利、伊尔登、佟养性留守，汗谒堂子叩头后出发等内容，五种史料记录一致。惟“地字档”中汗、诸贝勒巳时谒堂子叩头，率大军出西门，至蒲河驻营的记载，与《满文老档》所记一致外，其余三种记载与之有明显的不同。不同之处，首先是留守官员的称呼不同。Taiji“台吉”改为 beile“贝勒”；fuma“驸马”与 efu“额驸”混用；aisin“爱新”改作 manju“满洲”；出西门，改作“出抚近门”，删除出征第一天驻跸之所“蒲河”。综观以上记载，《满文老档》是对《满文原档》“地字档”的移逯，“满附二”的记载则与蒙汉文《清太宗实录》高度一致，是其史料来源。

五月十一日，前锋劳萨等追察哈尔未及而还，在枯橐地方与大军会。皇太极召集臣僚，议下一步行动计划，最后决定向明边进发。由此征伐察哈尔之军事行动发生了根本转变，成为一场大规模的对库库和屯地区和明朝宣大地区的掳掠和杀戮行为。

“地字档”166 页载：

（1）◎juwan－de juleri genehe Loosa songko akš Cahara burlame genehebi seme niyalma
十日 于 前 行之 劳萨［1］踪迹 无 察哈尔 逃 走了 谓 人
takšrafi mejige alanjiha：（2）tere inenggi Bulungtuci bederefi K’otu－de deduhe：◎［juwan
派遣 信息 报告了 那 日 布龙图从 回返 枯 橐于 住宿了 ［十
nemude juleri genehe Loosa K’otu－de acanjika：tere inenggi K’otu－de indehe：］tere inenggi
一日［2］于前行之 劳萨 枯橐于 会合了 那 日 枯橐 于 驻跸了］那 日
han－ijakade Amba（3）Beile：Manggšltai beile：geren beise acafi Jakšn gšsai ambasa：Monggoi
汗之 旁 大 贝勒［3］莽古尔泰 贝勒［4］众贝子会聚 八 旗之 大臣们 蒙古之
ambasa（4）Nikan－i ambasa－be gemu isabufi han hendume muse Cahara－be jorime jihe：（5）Cahara
大臣们 汉军之 大臣们 皆 汇集后 汗 说 我等 察哈尔把 朝着来了 察哈尔
alihakš burlafi amcahakš：muse te coohai yadaha šadaha morin－be yarume（6）boo－de bederefi
不支 逃跑 不能及 我等 现在军之 疲 困 之 马把 引行 家于 回返后
dasafi dosici saion：［Monggoi baisin－de genefi Nikan－i jase dosici saion：］ere juwe babe geren
整备后进发好耶［5］［蒙古之板升［6］于往汉人之 边口 进入 好耶］此 二 事宜 众
ambasa suwe jabšara babe（7）hebdefi jabu seme henduhe：tede geren ambasa hebdefi jabume
大臣 你们 便宜 事宜把 商议后 回复 谓 说了 于是 众 大臣 商议后 回复
emgeri hanci jihe dahame baisin－de（8）genefi Nikan－de dosifi umesi amba weile－be mutebume
也已 近处 来了 依据 板升于 去后 汉人于 进入 甚 大 事业把 成就着
yabuci sain kai seme jabuha：（9）tereci Nikan－i baru dosime toktoho：

行之好 哉 谓 回复了 由此 汉之 向 进发 决定了

汉译

(五月)十日，前行之劳萨派人来报，察哈尔踪迹全无，已经远遁。是日，从布龙图回返，于枯橐地方住宿。［十一日，与前行之劳萨在枯橐会合，是日于枯橐驻跸。］是日，汗侧大贝勒、莽古尔泰贝勒等众贝勒，八旗大臣、蒙古大臣、汉军大臣等皆汇集后，汗谕曰，我等奔察哈尔来，察哈尔不支，逃遁不能及。我等现将疲惫之军马徐徐引回，再图进发乎，［抑或往取蒙古板升后进入明边乎］。此二事宜，如何为便，诸臣议后奏报。于是群臣集议奏云，已至近处，先往板升，复入明地，以图大事为宜。于是议定往征明地。

注解

［1］Loosa劳萨（？—1640），瓜尔佳氏，隶满洲镶红旗。骁勇善战，为前锋军将领，号“噶剌依章京”。此次征察哈尔，做前锋哨探，深入察哈尔领地，远至喀喇莽鼐、益图地方而还。

［2］juwan nemu，十一，满语数词。满语emu为基数词“一”，在《满文原档》里写做AMO，AAMO，NAMO。仔细观察，凡是在以－n结尾的复合数词中写NAMO或AAMO，应当读作nemu。这个有趣的语音现象，可能是－n结尾词juwan的舌尖齿音－n，产生倒同化，使得emu之元音e－前插入n－辅音，形成nemu的读音。这一现象说明清初的满文正字法尚未最终形成，还处在文字初期的记音阶段。

［3］Amba beile，即大贝勒代善。代善（1583—1648），努尔哈赤次子。天命元年封和硕贝勒，排四大贝勒之首，被称为大贝勒。

［4］Manggšltai beile，莽古尔泰贝勒（1587—1632），清太祖努尔哈赤第五子，四大贝勒之一，排位第三。

［5］saion，与saiyšn同。疑问词“好吗?”

［6］Monggoi baisin“蒙古之板升”，即定居之蒙古村庄。这里指俺答汗时期所建库库和屯及其周边农业定居区域。蒙古语baisin～baising，词义为“土屋”，“土房”。一说源于升板筑墙所盖土屋；又说为汉语“百姓”之音转。

分析与评论：

从四月一日至五月十日，大军启程征伐察哈尔刚好过去四十天。爱新国军寻找察哈尔主力未果，面临两种抉择：带着疲惫的兵马原途而归，还是掳掠蒙古板升，进而入侵明边。在当时的情况下，选择占领库库和屯及周边地区，进而入侵明边当然是最佳选择。正如众大臣所议，既然来到蒙古板升和明边近处，通过掳掠此地，既可以扩大战果，还可以获得补给，一举两得。是日，派人给留守沈阳的阿巴泰等贝勒通告道：amasi bederefi Monggoi baising－de dosifi boo－be tuwa sindafi Nikan－i jase－de dosimbi“回帅进入蒙古板升，焚毁其房屋，再进入明境。”《清太宗实录》作“旋师取察哈尔部民，直入明境”，将Monggoi baising译作“察哈尔部民”，同时将boo－be tuwa sindafi“焚毁其房屋”一句删除。《满文老档》的该段记载与此完全相同。

“满附二”第416—417页记载与“地字档”有少许不同。下面与蒙古文《清太宗实录》加以对照。A为“满附二”；B为蒙古文《清太宗实录》。

A：（1）◎juwan－de：juleri genehe Loosa niyalma takšrafi alanjime：Caharai（2）karun －be emgeri

B：ulaγaγcin qonin edür uruγsi oduγsan Loosa kšmün ilegejü ayiladqar un Caqar－un qaraγul－i inu

十日于 前 行之 劳萨 人 派遣 报告 察哈尔之 哨探把 一次

sabufi bošohoci jai sabuhakš：amba cooha－i songko（3）inu fe：burlafi inenggi goidaha-bi：muse

nigen üy－e üjejü kšgegsen－ece qoyin－a，ese üjegdebei，yeke cerig－ün boro mor inü bui，dutaγaju

看见后追赶尽管 再 不见了 大 军之 踪迹 亦 陈旧 逃遁 日子 久了 我们

amcaha seme ainahai（4）amcabure seme alanjiha manggi：han tere inenggi Bolongtu－ci（5）

edürudajuqui，bida nekebesü－ber yaγunai güicegdekü ajuγu kemen ayiladqaγsan－dur，qaγan tere

欲追及 谓 怎么 使追及 谓 报告 后 汗 那 日 布龙图从

bederefi：K'otu［gebungge ba］－de（deduhe）［ing iliha］（6）◎juwan nemu－de：juleri genehe

edür，Bolongtu－aca egejü，Kštü neretü γajar－a yeke cerig küriy－e baγubai：◎sira becin edür，

回返 枯糵 ［谓之地方］于（住宿了）［立营了］ 十 一日 于 前 行之

Loosa acanjiha：（tere inenggi K'otu－de（7）indehe：）han－i jakade Amba Beile：Manggšltai beile：

Loosa tan yeke cerig－tür neyiler－e irebei：◎tere edür，Yeke Noyan Daišan，Mangγultai noyan

劳萨 来会了（那 日 枯糵 于 驻跸了。）汗之侧旁 大贝勒 莽古尔泰 贝勒

geren（8）beise acafi：（Jusen）［Manju］：Monggo：Nikan－i ambasa－be gemu isabufi（9）han

kiged，olan noyad Manjü，Mongγol，Kitad sayid－i cšm cuγlaγulju，qaγan jarliγ baγulγar un，

众 贝子 聚首（诸申）［满洲］［1］蒙古 汉人之 大臣们把 俱 使聚会 汗

hendume muse Cahara－be jorime jihe：Cahara alihakš burlafi（10）amcahakš：muse te coohai

bida Caqar－i joriγlaju irelüge，Caqar ülü küliyen dutaγaγsan－dur ese güicegdebei，bida edüge

谕曰 我等察哈尔把朝着 来了察哈尔 不支 逃遁 追之不及 我等现在军之

yadaha šadaha morin - be yarume bederefi (11) dasame dosici saion: Monggoi baising - de genefi:

cerig - ün ecigsen cilegsen aγtad - i ildüjü qariγad dakiju ceriglebesü sayin buyu uu, Mongγol - un

疲惫 困顿 马把 引行 回返后 整备着 进发好耶 蒙古之 板升 于 往

Nikan - i (12) jase dosici sainon: ere juwe babe geren ambasa suwe jabšara babe (13) hebdefi (jabu)

baising - dur oduγad, Kitad - un kerem - i orubasu sayin buyu uu, ene qoyar yabudal - i alin inu

汉人之 边境进入 好耶 这 二 事宜把众 大臣 你们便宜 事宜把 商议(回复)

[wesimbu] semehenduhe: tede geren ambasa hebdefi jabume emgeri hanci (14) jihe dahame

onoqui - yi olan said jšbsiyeldüjü ayiladq - a kemebe, tegün - dür olan sayid jšbsiyeldüjü ayildqar un,

[奏报] [2] 谓 说了 于是 众 大臣 商议后 回复 业已 近处 来了 依据

baising - de genefi Nikan - de dosici umesi amba weile - be (15) mutebume yabuci sain kai seme

nigente oyiratuju iregsen - ece baising - dur oduγad, Kitad - tur orubasu yerü yeke kereg - i bštügejü

板升于 去后 汉人于 进入 甚 大 事业把 成就着 行之 好哉 谓

jabuha: tereci [geli] Nikan - i baru dosime (16) toktoho:

yabubasu sain bolai kemen ayiladqaba: tendece basa Kitad - un jüg oroqu - yi toγtaba:

回复了 由此 [又] 汉人之 方向 进入 议定了

汉译

十日，前行之劳萨遣人报知，遇察哈尔哨兵一次，欲追及之，然不见其影。观其大队踪迹，也已陈旧，我兵追之无及也。是日，汗自布龙图旋师，至枯槖地方驻营。十一日，前行之劳萨等还，与大军会。(是日，在枯槖驻营。) 汗召集大贝勒、莽古尔泰贝勒及诸贝勒、(诸申) [满洲]、蒙古、汉军大臣等谕曰，我等为察哈尔至此，察哈尔不支而遁，追之无及。今徐引疲惫兵马旋师，以俟再举乎，抑或先往蒙古板升，复入明境乎，二者孰是，尔诸臣定议回复。于是群臣集议回复云，已至近地，据此可先往板升，复入明地，以图大事，诚为上策。于是复定议征明。

注解

[1] (Jusen) [Manju] ("诸申") [满洲]，初稿作 Jusen，后涂改为 Manju。"地字档"此处作 Jakšn gšsai ambasa "八旗大臣"。Jusen 为建州女真之自称，蒙古语称作 Jürcin ~ Jürcid，据此记载，直到天聪六年 (1632)，建州女真仍然自称为 Jusen。这样的改动，从侧面说明一个事实，即对满文原档的修订是在崇德年间进行的。

[2] (jabu) [wesimbu] ("回复") [上奏]，都是命令式。Jabumbi，具有一般意义

的“回复”，“回答”等义。然而 wesimbumbi 则有大臣或平民向皇上启奏，提交奏章的词义。这类代表皇权的 wasimbumbi “降旨”“命令”和 wesimbumbi “启奏”“上奏章”，在清初的满文文献中根本看不到。在这段记载里将 jabu 涂改为 wesimbu（用无圈点满文书写为 wasimbo），说明同样一个事实，即崇德改元、建立大清国后，受到汉文化尤其宫廷文化的影响，启用了宫廷敬语。

分析与评论：

“满附二”与“地字档”之不同，首先在劳萨派人报告的内容要比“地字档”所载要具体和丰富。再则“地字档”所记 jakšn gšsai ambasa “八旗大臣们”，这里却作 Jesen “诸申”，后又涂改为 Manju “满洲”。

蒙古文《清太宗实录》的记载，除了日期的记载采用了干支纪年和大贝勒后加了代善之名外，其余文字完全与“满附二”相对应。

汉文《清太宗实录》与蒙古文《清太宗实录》完全一致。由此可以得出如下结论：经过修订的“满附二”档册，成为《清太宗实录》的史源。蒙古文《清太宗实录》与“满附二”所载满文完全对应，说明是从满文实录翻译过来的。

二、占领库库和屯

枯橐会议后的第二天，爱新国大军便调转方向，开往西南方向。经过十一天的行军，于二十三日，抵达木鲁哈喇克沁地方。二十五日，分兵两翼，左翼由阿济格贝勒为帅，率吴讷格巴克什、科尔沁土谢图额驸奥巴及巴林、扎鲁特、喀喇沁、土默特、阿鲁蒙古等诸部兵一万，往掠大同宣府边外一带察哈尔部民。右翼由济尔哈朗贝勒、岳托、德格类、萨哈廉、墨尔根戴青贝勒多尔衮、额尔克楚虎尔贝勒多铎、豪格贝勒等率兵二万，往掠库库和屯、黄河一带部民。又命车尔格、察哈喇率兵五百，往黄河掠船。作为前队命图鲁什、劳萨在大军前捉生，皇太极与大贝勒代善、莽古尔泰贝勒统大军继进。

《满文原档》第八册，地字档，第 170—172 页，两兰旗所记五月档有如下记载：

Sunjia biya juwe lamun

五月， 两兰

（1）◎orin ilan－de Murui Karagcin－de deduhe：◎orin duin－de ineku Murui Karagcin－de indehe：

二十三日于 木鲁哈喇克沁于 驻营了 二十四日于 仍 木鲁哈喇克沁于 驻跸了

（2）◎orin sunja－de jebele ergi galai Jirgalang beile：Yoto beile：Sahaliyan（taiji）[beile]：

二十五日于右边［1］翼之济尔哈郎贝勒［2］岳托贝勒［3］萨哈廉（台吉）［贝勒］［4］

dashšwan － iergi （3） Degelei beile：Mergen Daicing：Erke Cuhur：Hooge beile. Coohai tarhšn

左之边［5］德格类贝勒［6］墨尔根代青［7］额尔克楚虎尔［8］豪格贝勒［9］军之肥壮

morin－besonjofi meni meni（4）galai teisu gšsai fakcafi mongoi baising－be gaime genehe：Han

马匹 把 挑选　各各　　翼之相称 旗以 分离　蒙古之　板升把 往取　去了　汗

Amba beile：Manggšltai beile（5）turga yadaha morin－i cooha－be gaifi amala genehe：

大贝勒　莽古尔泰贝勒　　瘦　羸弱　马匹之 军队把 携　后边　去了

汉译

［五月，两兰］

二十三日，于木鲁哈喇克沁驻营。二十四日，仍于木鲁哈喇克沁驻营。二十五日，右翼济尔哈郎贝勒、岳托贝勒、萨哈廉台吉，左翼德格类贝勒、墨勒根代青、额尔克楚虎尔、豪格贝勒各自选取军中肥壮之马，分别往取蒙古板升。汗与大贝勒、莽古尔泰贝勒，携瘦弱马匹之军队后面继进。

再看该册“满附二”，第421—428页之记载：

（1）◎［amba cooha］orin ilan－de Murui karagcin（－de isinafi juwe indefi：）［gebungge bade isinaha

［大军］　二十三日于木鲁哈喇克沁（于抵达后 二 驻扎）［称谓之 地方于 抵达

manggi］（2）（orin sunja－de.）cooha faksalafi（unggime）：hashš ergi（3）cooha－de Ajige（taiji）

之后］　（二十五日于）军队　分开（派遣）　左　方　　军于　阿济格（台吉）

［beile］－beuhereme tuwara ejen obofi Unege（4）baksi：Koricin－i Tusiy－e－tu（han）［efu］：Barin：

［贝勒］［10］把总看守主人使成为武讷各巴克什［11］科尔沁土谢图（汗）［额驸］［12］巴林

Jarud：Karacin：Tumed（5）Arui emu tumen cooha－be bufi Daitung：Hiowan fui teisu（6）tehe

扎鲁特 喀喇沁土默特　阿鲁之一万 军队［13］把 给予大同　宣府之　相应住之

Caharai baising－be gaisu seme unggihe：ici ergi（7）galai cooha－de Jirgalang beile：Yoto beile：

察哈尔之板升把　取之 谓　派遣了　右 方　　翼之　军于 济尔哈郎 贝勒 岳托贝勒

Degelei beile：（8）Sahaliyan beile：Mergen daicing beile：Erke cuhur beile：Hooge（9）beile－de juwe

德格类贝勒　　萨哈廉　贝勒　墨尔根代青 贝勒　额尔克楚虎尔贝勒 豪格　贝勒于 二

tumen cooha－be gamame Kuku hoton（－i tuleri）［－ci Katun－i bira－de isitala］（10）baising－be gaisu

万　军队把　　携带　库库和屯（之外边）［从喀屯之河［14］于直到］板升把

拿取着

semeunggihe: Cergei Cahara - de sunja tanggš (11) cooha adabufi (Huwang hoo) [Katun - i] birai

谓 派遣了 车尔格 [15] 察哈喇 [16] 于五 百 军队 附带着 (黄河) [喀屯之] 河之

cuwan - be jafa seme juleri obuha: (12) Turusi Loosa - be Helen jafa seme amba coohai juleri

船把 拿取着谓 前 作为了 图鲁什 [17] 劳 舌头 拿取着谓 大 军之 前

sindaha: (13) Han Amba beile: Mangguldai beile (yadaka morin - i) geren cooha - be (14) gaifi

放置了 汗 大贝勒 莽古尔泰贝勒 (羸马之) 众 军把 携带着

amala elhei juraka:

后边 徐 起行了

汉译

[大军] 于二十三日抵达 [谓之] 木鲁哈喇克沁的 [地方后] (抵达后住宿两天，于二十五日)，分兵 (派遣)，左翼军令阿济格 (台吉) [贝勒] 任总管，交付武讷各巴克什、科尔沁之土谢图 (汗) [额駙]、巴林、扎鲁特、喀喇沁、土默特、阿鲁之一万军队，往取居住在大同宣化府相应地方之察哈尔之板升。右翼之军令济尔哈郎贝勒、岳托贝勒、德格类贝勒、萨哈廉贝勒、墨尔根代青贝勒、额尔克楚虎尔贝勒、豪格贝勒率兵二万，往取库库和屯 (之外边) 直到黄河之板升。前遣车尔格、察哈喇携兵五百，往取 (黄河) [喀屯河] 之船。大军前安置图鲁什、劳萨，捉舌头。汗与大贝勒、莽古尔泰贝勒携带 (瘦弱马匹) 及军队在后面徐行。

比较汉文《清太宗实录》卷十一：

庚申，大 [军/兵] 次木鲁哈喇克沁地方。分兵两翼，左翼命 [贝勒阿济格/阿济格贝勒] 为帅，率 [巴克什吴讷格/吴内格榜式]、科尔沁土谢图额驸奥巴及巴林、[扎/札] 鲁特、喀喇沁、土默特、阿 [禄/鲁] 等部落兵 (一) 万人，往 [掠/略] 大同宣府边外一带察哈尔部民。右翼命 [贝勒济尔哈朗、岳托、德格类、萨哈廉、墨尔根戴青贝勒多尔衮、额尔克楚虎尔贝多铎、贝勒豪格/济尔哈朗贝勒、岳托贝勒、德格类贝勒、萨哈廉贝勒、墨勒根代青贝勒多尔衮、额尔格楚虎尔贝勒多铎、豪格贝勒] 等率兵二万人，往掠归化城黄河一带部民。又命车尔格、察哈喇率兵五百人，往黄河 [取备船艘/掠船]。为前队命 [图/土] 鲁什、劳萨 [先往/在大军前] 捉生，上 [与/谕] 大贝勒代善、[贝勒莽古尔泰/莽古尔泰贝勒] 统大 [军/兵] 继进。

注解

[1] jebele，原义为“撒袋”，是装弓之袋。这里表示右翼，说明当时的女真兵将撒袋负于右侧。在“满附二”相应部分，则用 ici ergi 表示“右翼”。

[2] Jirgalang beile 济尔哈郎贝勒 (1599 - 1655)，舒尔哈齐第六子，努尔哈赤之侄。初封和硕贝勒，崇德元年受封为和硕郑亲王。

[3] Yoto beile 岳托贝勒（1599—1639），代善第一子。初授台吉。天命十一年封贝勒。初设六部，掌兵部事。

[4] Sahaliyan（taiji）[beile] 萨哈廉（台吉）[贝勒]（？—1636）代善第三子，岳托之弟。初授台吉，天命十一年封贝勒。初设六部，掌礼部事。崇德元年卒，追封和硕颖亲王。

[5] dashšwan，该词原义为“箭筒”。这里表示左翼，正好说明女真兵士是将箭筒挂在左侧的。“满附二”的相应部分则作 hashš ergi“左翼”。

[6] Degelei beile 德格类贝勒（1592—1635），努尔哈赤第十子。初授台吉，天聪三年晋封和硕贝勒。初设六部，掌户部事。

[7] Mergen Daicing 墨勒根代青，即多尔衮（1612—1650），努尔哈赤第十四子。天聪二年二月，征蒙古察哈尔多罗特部，以功赐“墨勒根代青”称号。

[8] Erke Cuhur 额尔克楚虎尔，即多铎（1614—1649），努尔哈赤第十五子，多尔衮之弟。初封贝勒。天聪二年，从太宗伐多罗特部有功，赐号额尔克楚呼尔。

[7] Hooge beile 豪格贝勒（1609—1648），清太宗皇太极长子。初封贝勒，天聪六年七月，晋和硕贝勒。

[9] Ajige（taiji）beile 阿济格（台吉）贝勒（1605—1651），努尔哈赤第十二子。初授台吉，天命十一年以军功授贝勒。

[10] Unege baksi 武讷各巴克什（？—1635），蒙古博尔济吉特氏，隶蒙古正白旗。世居叶赫。努尔哈赤创业，以七十二人来归。有勇略，通蒙汉文，赐号“巴克什”。太宗即位，武讷各总管蒙古军。后设蒙古左右二营，与鄂本兑同为蒙古军固山额真。

[11] Koricin - i Tusiy - e - tu（han）[efu] 科尔沁土谢图（汗）[额駙]，即蒙古科尔沁右翼首领奥巴（？—1632），博尔济吉特氏。天命九年，努尔哈赤遣库尔缠等赴科尔沁与之会盟，遂与察哈尔绝。十年，察哈尔林丹汗纠合喀尔喀部攻掠科尔沁，围困格勒珠尔根城。努尔哈赤命皇太极率精骑五千赴援，围解。十一年，率科尔沁等部众台吉赴沈阳朝觐，获丰厚赏赐。努尔哈赤以养孙女肫哲公主妻之，授和硕额附，赐土谢图汗号。天聪二年，征察哈尔，因违命径归。三年，赴阙请罪。六年，再征察哈尔，随大军略宣大地区。此时他的“汗”号还存在，只是以后的修订中将“汗”号删除，代之以efu“额驸”。

[12] Barin Jarud：Karacin：Tumed（5）Arui emu tumen cooha 扎鲁特喀喇沁土默特阿鲁之一万军队，指参加这次征伐察哈尔的蒙古诸部军队，即武讷各的蒙古军、土谢图额駙之科尔沁军队、巴林、扎鲁特、喀喇沁、土默特以及蒙古阿鲁部之阿鲁科尔沁、翁牛特、四子部、乌喇忒等部军队共一万名。

[13] Katun - i bira 喀屯之河，蒙古语之满语音译。黄河，蒙元时期蒙古人称作 Qar - a mšren 哈剌木连。[①] 蒙古语 Qatun γool，来源于西夏王后古儿别勒只哈屯投河自尽的传说。[②] 黄河的蒙古语名称 Katun - i bira ~ Qatun γool 在天聪六年（1632）满文档案中出

① 《元史》卷一百，志第四十八，兵三，马政。

② 有关内容详见乌兰《蒙古源流研究》，译文和注释第四卷，辽宁民族出版社，2001 年。

现，是迄今为止在历史文献中的最早记载。

［14］Cergei 车尔格，亦作彻尔格，额亦都第七子。钮祜禄氏，隶满洲镶黄旗。太宗即位，设八大臣，车尔格领镶白旗。初设六部，授刑部承政，寻迁兵部承政。

［15］Cahara 察哈喇，常书子，郭络罗氏。太祖时为牛录额真，改隶镶白旗。太宗时，佐正红旗。

［16］Turusi 图鲁什，伊尔根觉罗氏，世居叶赫。初隶满洲镶黄旗，为牛录额真。征明伐察哈尔，先驱侦敌，功劳卓著。

分析与评论：

该段记载的两种不同版本说明了一个共同的史实，即爱新国大军到达木鲁哈喇克沁地方后，于二十五日，根据枯橐会议的决定分兵两路，往取察哈尔板升及库库和屯周边地区。左翼大军主要由蒙古诸部一万军队组成，往略宣化大同方向的察哈尔所属板升及人口。右翼则为满洲八旗及汉军主力，兵力达二万，往略库库和屯及周边地区。兵力部署明显以库库和屯方向为重点，而且不让蒙古军队直接参与占领库库和屯的军事行动。

“地字档”的记载简略，对左右翼军队首领的记载与“满附二”所记截然不同。对左翼大军，“地字档”的记载是：“左翼德格类贝勒、墨勒根代青、额尔格楚虎尔、豪格贝勒”；“满附二”则作：“左翼军令阿济格（台吉）［贝勒］任总管，交付武讷各巴克什、科尔沁之土谢图（汗）［额駙］、巴林、扎鲁特、喀喇沁、土默特、阿鲁之一万军队，往取居住在大同宣化府相应地方之察哈尔之板升。”对右翼军队，“地字档”作：“右翼济尔哈郎贝勒、岳托贝勒、萨哈廉台吉，”而“满附二”却作：“右翼之军令济尔哈郎贝勒、岳托贝勒、德格类贝勒、萨哈廉贝勒、墨尔根代青贝勒、额尔克楚虎尔贝勒、豪格贝勒率兵二万，往取库库和屯（之外边）直到黄河之板升。”同一天之“地字档”根本没有阿济格率领左翼蒙古大军的记录。然而“地字档”十八日的记载，解答了这一问题。

（1）◎juwan jakšn - de dashšwan - i ergi galai muse - i monggoi（2）cooha：Korcin - i Tusiyetu efu - i cooha：Arui Dalai Cuhur cooha：Duin Juse - i cooha：（3）Barin - i cooha：Qaracin - i cooha - be Ajige taiji ini tofohon nirui bayara - i cooha - be gaifi（4）Hiowan fui teisu dosime genehe：“十八日，阿济格台吉与其十五牛录之护军率左翼我蒙古军、科尔沁土谢图额驸之军、阿鲁之达赉楚虎尔军、四子部军、巴林之军、喀喇沁军开往宣府方向。”

这一记载刚好说明，大军之左翼在阿济格的率领下，十五个属于阿济格牛录的护军以及武讷各麾下之蒙古军和科尔沁、阿鲁部、喀尔喀、喀喇沁诸部蒙古军提前八天已经离开主力开往宣府方向。二十五日记载中的所谓左右二翼，是皇太极亲自率领的右路大军，在往库库和屯突击前再行分配的两路大军，与“满附二”的这段记载产生了歧异。在“满附二”中，将这段史实挪到二十五日加以综合，形成了最终的记载。“满附二”的天聪六年档，并未注明为两旗值月档，而且与《清太宗实录》记载高度一致，说明是经过整理改写的档册，是为编纂《实录》准备的史料长编。

由此，爱新国大军对库库和屯及其周边地区的大规模掳掠正式开始。

《满文原档》第八册，地字档，第170—172页载：

（1）◎orin ninggun – de Bodok – de deduhe：tere inenggi Cergei Cahara emu nirui juwete uksin – be

二十六日于 波多克［1］于 驻营了 那 日 车尔格 察哈喇 一牛录以各二 甲把

gaifi katun – i（2）bira – i weihu jafame genehe：tere inenggi juleri genehe beise：Torosi Loosa – be

携 喀屯之 河之 船 往拿获 去了 那 日 前面 行走之 贝子图鲁什 劳萨把

helenjafame unggifi（3）Jakai gašan – i emu monggo – be bahafi beisei emgi genehe ninggun takšrsi

舌头 往抓 派遣 札喀［2］之村庄之一 蒙古把 获得 贝子之 一同行走之 六位差人

benjihe：tere baha mongoda（4）mejige fonjici cahara ergici musei cooha jihe seme mejige alanjifi

送来了 那 获 蒙古从 消息 问之 察哈尔 那边 我们 军队 来之谓 消息 闻知

ulin ulga – be katun – i birade（5）juwehe：bisire komso：juwehe ambula：baising – de boo toome

财货 牲畜把 喀屯之 河于 运输了 存着 无多 已运走 为多 板升于 户 每

niyalma bi seme alaha：juleri genehe cooha（6）tere dobori dulefi：orin nadan – de baising – be sujufi

人 有 谓 告诉了 前面 行走之 军队 那 夜 度过 二十七日于 板升把 驰骋

gaiha：Han tere inenggi Gegen han – i（7）Kuhu Hoton – de deduhe：niyalma ulga – be meni meni

占取了 汗 那 日 格根 汗［3］之库呼 和屯［4］于 驻跸了 人 牲畜把 各自

dosika gašan gašan – i bargiyaha：

进入之 各村庄以 收取了

汉译

二十六日，于波多克驻跸。是日，车尔格、察哈喇每牛录各选二名披甲，前往黄河获取船只。是日，前行之诸贝勒派遣图鲁什、劳萨捉拿舌头，从札喀村捉得一名蒙古人，与诸贝勒一同行走之六位差人将其送来。审问该蒙古，称察哈尔那边闻知我军前来之消息，将财货牲畜运往黄河，留存者绝少，运走者为多，板升里每户家中都有人。前锋军彻夜行进，于二十七日驰占了板升。是日，汗于格根汗之库库和屯驻跸。按各自所进之村庄，将其人畜掳掠之。

注解

［1］地名 Bodok ~ Buduγ 波多克，是皇太极占领库库和屯之前一天所住之地。据“满附二”的记载，波多克是进入库库和屯之隘口。《蒙古游牧记》卷五“四子部落”：“旗西南二百里有密柳坡，蒙古名博多克布尔哈苏。”按四子部旗扎萨克驻乌兰额尔吉坡，西南二百里隘口，就是今呼和浩特东北大青山山口喀喇沁口之北口。

［2］Jaka，蒙古语作 Jaq – a，“边”“外”之义。这里可能指一个地处边缘之村庄。

［3］Gegen han，蒙古语“光明汗”，指蒙古土默特部首领阿拉坦汗。“满附二”第

433 页，在格根汗庙黏贴布告一条记载之上方注明：gegen han monggo gurun – i han：cahar dailafi gegen han – be efulehebi“格根汗系蒙古国汗，察哈尔将格根汗征破之”。

［4］此处用有圈点新满文记写为 Kuhu hoton，也许当时蒙古人称呼归化城的实际发音正是如此。

关于以上史实，《满文原档》第八册，满附二，第 422—423 页载：

（1）juleri genehe cooha Bodok gebungge（15）haifirahšn kamni angga – be dosifi orin ninggšn – i

前 行之 军队 波托克 称谓之 狭小 隘 口把 进入二十六日之

dobori（16）dulifi jai inenggi juwe ergi galai cooha sasa dosika：（17）tere dobori dulirede juleri

夜 连续 第二 日 二 方 翼之 军队 一起 进入了 那 夜 连续于 前

sindaha Turusi：Loosa emu monggo（18） – be jafafi han – de benjihe：medege fonjici Cahar han

遣之 图鲁什劳萨 一 蒙古 把 抓着 汗于 送来了 信息 问之 察哈尔汗

（Aisin）［manju – i］（19）cooha baising – de dosimbi seme donjifi baising – ni ulin ulga – be（20）（Huwang

（爱新）［满洲之］军队 板升于 进入 谓 闻知后 板升之财物牲畜把 （黄河）

Hoo）［ Katun – i］ bira – be dome juwehe：bisire komso：juwehe ambula：（21）yadara niyalma tehe

［1］［喀屯之］河把 渡过 运输了 在者 少 运走之 为多 贫穷之 人 居住之

uthai bi：tere inenggi han morin erinde（22）Kuku Hoton – de［isinafi］ing iliha：tereci（Aisin – i）

即 有 那 日 汗 午 时于［2］ 库库 和屯 于 抵达 营 立了由此（爱新之）

［Manjui］ cooha emu inenggi（23）andande nadan tanggš babe feksifi（hwang Hoo）［wasihšn

［满洲之］军队 一 日 顷刻间 七 百 里把 驰骋（黄河） ［往西

Katun – i］ bira：Munahan – i（24）alin – de isitala：wesihšn Hiowan fu – de isitala：Kuku Hoton – ci

喀屯之］河［3］木纳汗［4］之山于 直达 往东 宣 府于 抵达 库库和屯从

（25）julesi nikan – i jase – de isitala tehe irgen – be gemu gaiha：（26）haha – be waha：hehe juse – be

往南 汉人之边境于 直达居住之百姓把 俱 拿取了 男子把 杀了 女人孩子把

olji araha：dahahangge – be boigon（27） araha：（hoton hecen – be efulehe：boo yamun – be tuwa

俘虏做了 降附者把 户口 登录了（城池把 破坏了 房舍把 火

sindaha：)(28)(jeku－be mamgiyaha：)

放了 粮食把 踩躏了。）[5]

汉译

前行兵进入博多克隘口，二十六日连夜驰入，次日两翼军队一并进入。是夜连夜进入时，前遣图鲁什、劳萨生擒蒙古一人送至汗处。讯之云，察哈尔汗闻（爱新）[满洲] 兵入板升，已将板升之财货、牲畜运渡黄河，留存者少，运去者多，也有遗留之贫民。

是日午时，汗至库库和屯立营。由此，（爱新之）[满洲之] 兵一日之间急驰七百里，西至（黄河）[喀屯之] 河、木纳汗之山，东至宣府。自库库和屯往南及至汉人边境，所居百姓悉俘之，杀其男子，俘其妇孺，将降附者编入户口。（毁其城池，焚其房舍，蹂躏其粮糗。）

注解

[1]“满附二”初稿直译汉语名“黄河”为 Huwang hoo，后修改为蒙古名 Hatun－i bira。

[2] 皇太极进入库库和屯的时间，在这里准确记录为午时，即天聪六年五月二十七日（1632年7月14日）中午时分（11：00—13：00）。

[3] 黄河在库库和屯西南方湖滩河朔处，即今托克托县渡口，南折流入山西境。由此西渡黄河，便可进入鄂尔多斯境。

[4] 这里首次提到 Munahan－i alin 木纳汉山。历代被称为木赖山、木剌山、牟那山、模賴山、木纳山、母纳山，蒙古名 Muna qan。qan 与 aγula 同义，惟岿巍雄壮者称之为 qan。今称 Muni aγula，属于阴山山脉中段，在黄河以北包头以西直至西山嘴，汉人简称“乌拉山”。①

[5] hoton hecen－be efulehe：boo yamun－be tuwa sindaha：jeku－be mamgiyaha，“将其城池摧毁毁了，将其房舍焚烧了，将其粮糗糟蹋了”。初稿中的此段话，在后来的修订中被涂抹掉了。但是在涂抹后的墨迹中尚能辨认出以上文字。最后一个字 mamgiyaha 无法完全辨认，只能隐约看出－giyaha 三个音节。据该档433页一段后补之记录：baba－de dosika manjui amba cooha gašan gašan－i boo－be gemu tuwa sindafi jeku－be mamgiyafi “各处冲入之满洲大军，将各村庄之房屋焚烧，粮糗糟蹋后”，其词义刚好与之相合，可以复原为 mamgiyaha。

分析与评论：

这是爱新国右翼大军在皇太极的率领下，突入库库和屯以及周边地区的最初记录。比较“满附二”与“地字档”的记录，有如下不同：首先派遣车尔格、察哈喇，每牛录抽取两名甲士往黄河边取船一事，“地字档”记为二十六日，“满附二”却作二十五日；图鲁什等人所捉蒙古人，“地字档”中有被捉地点“札喀村”，“满附二”则未提；

① 关于木纳汉山，详见朱风、贾敬颜译注：《汉译蒙古黄金史纲》，第25页注②，内蒙古人民出版社，1985年。

"地字档"无波多克地方为隘口的记载，更无左右二翼大军一并突入之记载："地字档"将归化城记写为 Gegen han - i Kuku hoton，"格根汗之库库和屯"，"满附二"则无 Gegen han - i"格根汗之"这一关键词。二十七日一天的记载，"满附二"之内容较之"地字档"为多。

这些史实，基本完整地被《清太祖实录》所收录，但也有一些出入。《清太宗实录》卷十一作："癸亥，前遣兵乘夜入博多克隘口。甲子，两翼兵齐入隘口，（当乘夜驰入时，）前遣［图/土］鲁什、劳萨生擒蒙古一人送［至/之］，讯［知/之］（云，）察哈尔汗闻［我/满洲］兵入境，尽［携/运］部民、牲畜、财物渡黄河以遁，（现在者少，运去者多）所遗止穷民耳。是日午［刻/时］，上至归化城［驻/立］营，大［军/兵］一日之内约驰七百里，西至黄河木纳汉山，东至宣府。自归化城南及明［国/朝］边境，所在居民逃匿者悉［俘/掠］之，（杀其男子，俘其妇女，）归附者编为户口。"

可以看出，"满附二"的记载，除了被删除的"毁其城池，焚其房舍，糟蹋其粮糗"，全部录入《实录》中。然而，乾隆本《清太宗实录》经过修改和删除，其内容发生了较大的变化。图鲁什等人捉拿蒙古人的事情，在《实录》中成为"甲子"日发生的事情。甲子为二十七日，次日大军已经占领库库和屯。再则，《实录》将"满洲兵"改为"我兵"，删除了"杀其男子，俘其妇女"一句，篡改历史之笔法，昭然若揭。

二十七日至六月十二日，爱新国大军基本完成了库库和屯周边地区的经略。《满文原档》的"地字档"和"满附二"较为详细地记录了整个过程。以下分几段加以叙述。

《满文原档》，地字档，171 页载：

（1）◎orin jakšn - de jebele ergi galai kubuhe lamun：kubuhe fulgiyan：Minggan beile：Obondui ere

二十八日， 右翼 镶蓝 镶红 明安 贝勒［1］ 鄂本兑［2］此

duin（2）gšsai juwete takšrsi - be takšraha gisun bira ergi - de unggihe hšsun komso ojirahš：jušen

四 旗之 每二 差人把 派遣之 言语 河 方向于 派遣之 力量 少 不能 诸申［3］

（3）juwe gšsa monggoi juwe gšsa duin gšsai yebken morin - be sonjofi casi cooha nonggime（4）

二旗 蒙古之 二旗 四旗之 骏 马把 选择后 往那 兵 增加

unggi：bira - de olji ambula amcabuci gaici ojoro gese oci gaisu：ojirakšci genehe（5）amban - i ciha

差遣 河于 俘获 大 追逐后 取则 能 似 者 取之 若不能 去之 大臣之 任凭

oso：jaibeisei tabcilafi baha olji - be baha bade olji teisuleme ojirakš（6）turha morin - i coohai

为之再诸贝勒 掠夺 所得 俘获把 所得之处俘获 相合 不能 瘦弱 马匹之 军之

niyalma - be werifi casi gurun - i dube bisire teile genefi gaisu：（7）amasi jidere - de boo jeku－be

人把　　留下　往 国之　端末 有之 仅　去后 取之　　回返时　　房屋 粮糗把

umesi tuwa sindame jio：dashšwan－i ergi duin gšsa－de emu gšsai（8）juwete takšrsi－be takšraha

确实　火　纵　　来　左翼　　　四旗于　　一　旗之　各二　差人把　派遣之

gisun gurun－i dube bisire teile genefi gaisu：amasi jidere（9）－de boo jeku－be umesi tuwa sindame

言语　国之 端末所有 仅 去后　取之　回返时　　　　房屋粮糗把 确实 火　纵

jio：（10）han kuhu hoton－de tefi alimbi seme takurafi unggihe：tere inenggi kuhu hoton－i geren

来　　汗　库库和屯于 驻跸 等候 谓　差遣了　　　　是日　　　库库和屯之众

lama（11）šmbu han－de acanjiha：duin honin wafi cai omibufi unggihe：（12）◎ orin uyun－de

喇嘛　温布［4］汗于　会见了　四　羊　宰杀 茶 饮后　送之　　　二十九日于

birai ergide genehe coohai mejige alanjiha：neneme bira doome wajihabi：muse－i jidere（13）－be

河之 方向　去之　军之 信息 报达了　先前　河　渡　　完了　我们　来把

sarakš：niyalma ulga uheri ilan tanggš isime dooha－be ucarafi baha seme alanjiha：（14）tere

不知　人　畜　总　三　百　达到 渡过把　遇着　俘获了谓　报告了　是

inenggi han－de hoton－i Emci lama juwe tanggš susai yan menggun：emu suje：alha（15）doko

日　　汗于　城之　医生 喇嘛 二百　　五十 两　银子　　一个缎　闪缎　里子

tanngš：Aramji lama juwe suje：Corji lama tanggš boose cai：Normoi lama emu suje：（16）gšsin

百　　Aramji［5］喇嘛 二 缎　绰尔济喇嘛 百　　包　茶 Normoi 喇嘛 一缎　三十

boose cai benjihe：◎ gšsin－de Kuku Hoton－de indehe：

包　茶　送来了　　三十日于 库库和屯于 休憩了

汉译

二十八日，镶蓝、镶红、明安贝勒、鄂本兑四旗每旗遣二名差人传谕曰，黄河一带所遣兵力不能小，可从诸申二旗和蒙古二旗中选出精骑，往之增兵。黄河方向俘获若多，可携则携之，不能尽携，则凭诸大臣之力为之。再则，诸贝勒之掠夺所获，在所获之地酌留羸马之兵守之，往其国之尽处尽取其所有。当回师时纵火焚毁其房屋粮食。左翼四旗每旗派二名差使传谕曰，突往其国之纵深，尽掠其所有，回返时纵火焚毁其房屋粮食。汗将驻跸库库和屯以待。是日，库库和屯之众喇嘛，温布拜见汗。宰四羊，赐茶，送之。二十九日，遣往黄河一带之军奏报，先前蒙古已悉数渡河，却不知我军到达，有人畜总计三百渡河而归，被我们俘获。是日，城里医生喇嘛送汗银子二百五十两，缎一，闪缎里子一百；阿兰济喇嘛献缎二；绰尔济喇嘛茶一百包；诺尔麦喇嘛缎一，茶三十包。三十日，汗驻跸于库库和屯。

《满文原档》第八册，满附二，第423—424页载：

（1）◎orin jakšn – de han（beise – de takšraha gisun） [coohai beise – de joo bithe wasimbume]：yebken

二十八日于 汗（诸贝勒于 差遣之言语）［军队之诸贝勒于诏书 下达］骏壮

morin – i（2） cooha – be simnefi [hatun – i] birai ergide genehe cooha – de hšsun nonggime unggi：（3） olji

马之 军把 选取后［喀屯之］河之 方向于去之 军队于 力量 增加 派遣 俘获

ambula amcabufi gaici ojoro gese oci gaisu：（4） ojorakšci genehe amban – i ciha oso：beise suweni

大 追逐后 取 能 似 若 取之 若不能 去之 大臣之任凭为之 诸贝勒你等

tabcilafi baha（5） olji – de：turha morin – i cooha – be teisuleme werifi：casi（6） gurun – i dube – de isitala

掠夺后 所得 俘获于 瘦弱马匹之 兵把 相应 留守 往 国之 尽端于抵达

genefi gaisu：amasi jidere – de boo（7） jeku – be gemu tuwa sinda：（ han ） [bi] Kuku Hoton – de

去后 取之 回 返时 房屋 粮食把 俱 火 放之 （汗）［朕］库库和屯于

aliyambi：（8） ◎Kuku Hoton – i geren lama sa han – de acanjiha：sarilafi unggihe：（9） ◎ orin uyun – de

等待之 库库和屯之 众 喇嘛等 汗于 会见了 设宴后 遣之 二十九日于

[Hatun – i] bira – i ergide genehe coohai medege alanjiha（10） neneme bira dome wajiha bi：musei

［喀屯之］河之 方向于去之 军之 消息 报达了 先是 河 渡 尽了有 我们

cooha dosika – be sarkš niyalma（11） amasi dooha – be minggan isime olji baha：

军 进入把 不知 人 回返 渡把 千 及 俘获得了

汉译

二十八日，汗（致诸贝勒之语）谕领兵诸贝勒曰，选精骑派往黄河一带以增兵力，若驱逐所获者多，可取则取之，不能尽取则任诸臣为之。尔诸贝勒所俘获者，酌留羸马之兵守之，仍深入其地大掠，俟旋师时，可纵焚其庐舍粮糗，（汗）朕驻归化城以待。

归化城诸喇嘛朝见汗，汗赐宴遣之。

二十九日，往略黄河方向之军奏报，先前蒙古悉数渡河，不知我军突入，复渡河而归，被俘获达千人。

注解

［1］Minggan beile 明安贝勒，蒙古博尔济吉特氏，为蒙古察哈尔旧部兀鲁特部首领。天命二年会见努尔哈赤，七年携三千余户归附爱新国，授三等总兵官，别立兀鲁特蒙古一旗。

［2］Obondui 鄂本兑，曼靖氏，蒙古人。入明为守备。天命六年归附爱新国，隶蒙古正黄旗。伐明，败蒙古多罗特部有功，进一等参将，擢右翼蒙古固山额真。

［3］jušen 诸申，及女真之别音。直到天聪六年五月，自称诸申，在此并未做修改。右翼由镶蓝、镶红诸申二旗，明安乌鲁特、鄂本兑蒙古二旗组成。此信息仅在“地字档”中有记录。

［4］šmbu 温布，人名。geren lama“众喇嘛”之后另起一行，而只写一个人名 šmbu，然后隔了两字空格才写 han－de acanjiha“拜见了汗”。geren lama 之后如果加写人名，不应该只写一个人，至少应当在 šmbu 之后加上 gese“等”才能与与前置 geren lama“众喇嘛”相呼应。这中不大合乎语言和语法的现象，可能在说明这次拜见皇太极的人中，除了众喇嘛之外还有一位重要人物，那就是土默特首领——俺达汗后裔、博硕克图汗子——俄木布洪台吉。

［5］Aramji，疑为“兰占巴”的变音。“兰占巴”藏传佛教高僧学位。

分析与评论：

皇太极所率右翼大军又分为左右两翼，分进库库和屯周边地区以及黄河沿岸一带。从“地字档”可以看出，右翼是由女真镶蓝、镶红和蒙古明安、鄂本兑等四旗组成，其任务是往黄河沿岸一带进行掳掠。左翼四旗的组成不甚清楚，其任务是往纵深突入，直达明朝边界。皇太极命令，尽可能地掳掠，杀其男子，俘其妇孺，烧其房屋粮食。

在原始“地字档”记录中还有库库和屯众喇嘛及鄂木布朝见皇太极，皇太极宰羊四只，茶饭招待后送走，以及众喇嘛向皇太极敬献银两、缎匹和茶叶等内容。“地字档”的记录与《满文老档》完全一致，然而上述内容在“满附二”和《实录》中被简化或删除。

三、威慑杀虎口

进入六月，爱新国大军在库库和屯以南的明朝边境地区活动，向明朝杀虎堡官员索要逃避战乱遁入杀虎堡城内的蒙古人口以及明廷向察哈尔汗提供的市赏物资。

《满文原档》“地字档”第173—175页，两白旗所记六月档载：

Juwe šanggiyan－i ejehe ninggun biya：

两　白 之　记录之 六月

（1）◎Dayaci tabunang：Korcin－i Ukšan：Manjusiri－be gamame Nikan jasei šurgei dukai teisu－i

达雅齐塔布囊［1］科尔沁之乌克善满珠希礼［2］把 携汉 边境之杀虎口［3］相应之

baising－de tabcin（2）genefi tere bai monggo burlafi nikan－i jasei šurgei hoton－de dosikabi seme

板升 于 掳掠 去之后 当 地之蒙古 逃遁后 汉之 边境之 杀虎城［4］于 进入了谓

alanjiha manggi：ice inenggi（3）han－i ninju bayara－be tu－i ejen Yanšan iogi gaifi：Cahara han－i

报告 后 初一日 汗之 六十 护军把 纛之额真 扬善 游击［5］携之 察哈尔汗之

Guluku gebungge tungse－de bithe jafabufi（4）Ukšan：Manjusiri：Dayaci tabunang－ni jakade genefi

古鲁库 称呼之 通事于 文书 令携之 乌克善 满珠希礼 达雅齐塔布囊之 近旁前往

dakabu seme unggihe：tede unggihe bithei gisun：（5）⊙⊙ Aisin gurun－i han－i bithe：Saho fui

令降附 谓 派遣了 那里 所致 文书之言语 爱新 国之 汗［6］之文书 杀虎府［7］

hafase－de unggihe：bi amasi Cahar－be dailame cooha genefi emu biya（6）juwan nemu ci inenggi

官员于 致了 朕 往后察哈尔把 征伐 兵 行后 一 月 十一 来 日

amcafi karun－be bahafi fonjici dobori inenggi akš burlaha seme alara jakade ini（7）akdaha

追赶后 哨兵把 捉后 询之 夜 日 无 逃遁了 谓 告诉 因为 他的 依靠之

baising－be gaiki seme amasi jifi Huhu hoton－be gaifi huwang hoo birai dalin－de genehe cooha－be

板升 把 取之 谓 回 来后 库库和屯［8］把 取后 黄 河 河之 岸于 去之军队把

（8）aliyame tehebi：mini gaiha eden niyalma ulga ulin－be suwe halbufi bi sere：mini eden－be

等候 驻扎了 朕 取 剩余 人 牲畜财货把 你等 容留 有 谓 朕 所余把

mindeyooni bu：（9）ere baising gurun dade gegen han ningge bihe：cahara gaici caharangge oho：

我于 尽数 给之 这 板升 国 原来 格根汗 所属 有来 察哈尔 取后 察哈尔属 成了

bigaici miningge oho：（10）miningge－be suwe gaici acarakš kai：meni jasei tulergi weile－de suwe

朕 取后 我属　成了　　属我之 把　你们 若取 不宜矣　我们的边境外边 事情于 你们

daci acarakš：ere sini（11）han－i sara weile waka：suweni jasei jakai hafasai alika weile kai：suwe

向来 不宜　此 你等　汗之所知 事情 非　你们的边境之事情官员之承受之事也 你们

geli Lioodung－ni hafasa waka：（12）Lioodung－ni hafasa meni jasei tulergi Yehei weile－de dafi

又　辽东之　　官员　非　　辽东之　官员　我们 边境 外面 叶赫之事件于援助后

joboko kai：ere－be burakuci Lioodung－ni（13）hafasa－ci ai encu：terei anggala mini ere jihede muse

受罪了矣　此把　不给若 辽东之　　　　官员从 何 异　此　其　我　此 来时 我们

juwe gurun－i doro acara jalinde jecen－i hafasa（14）－de teisu teisu gisureki sembi：tere bithe

两　国之　道理 合宜［9］缘故　边界之官员　　于 各自地　令说　谓之 那个 书信

gamame genehe：

携着　去了

汉译

两白旗所记六月档

携达雅齐塔布囊，科尔沁之乌克善、满珠希礼往略明朝边境杀虎口方向之板升后，所居之蒙古逃入明朝边境之杀虎城。此报到达后，初一日派遣蠹额真扬善游击率汗之护军六十名，令察哈尔汗之通事古鲁库赍书前往乌克善、满珠希礼、达雅齐塔布囊处，令其降附。致其书曰：爱新国汗之书信。致杀虎府之官人们。朕回军征伐察哈尔，追赶一月零十一天，获其哨卒问之，谓之日夜奔逃远遁。所以欲往取其所依靠之板升而回师占领库库和屯后，在此等待往取黄河沿岸之大军。我所取剩余人口牲畜财货被你们所容留。我所赢得，应悉数还我。此等板升国原属格根汗，察哈尔获取之，就属察哈尔，我取之，即为我所有矣。属于我的，你等取之，不宜也。我边外之事，尔等本不该干预，此事非尔等汗所知，是尔等边境之官员所为。尔等非辽东之官员，辽东之官员因援助我边外叶赫之事而受罪耳。若不还此，何异于辽东官员耶。况且我此次前来，以我两国修好之缘由，遍谕尔边境之众官员。将此信携之前往。

注解

［1］Dayaci tabunang 达雅齐塔布囊，蒙古兀良罕氏。归附爱新国后受皇太极重用，常与阿什达尔汉派往归附之蒙古部颁布法令，指划牧地。最初设蒙古衙门，阿什达尔汉任首任承政，达雅齐塔布囊与尼堪辅佐。

［2］Korcin－i Ukšan 科尔沁之乌克善，博尔济吉特氏，蒙古科尔沁部左翼首领宰桑长子，崇德元年封卓礼克图亲王。孝庄文皇后布木布泰的长兄。Manjusiri 满珠希礼，宰

桑幼子，乌克善三弟，天聪二年赐号达尔汉巴图鲁。

［3］šurkei duka ~ šurkei qaɣalɣ－a，明长城“杀胡口～杀虎口”之蒙古称呼。《清太宗实录》误作“沙河堡”。

［4］šurkei hoton 杀虎城，指明长城杀虎口内城。

［5］tu－i ejen Yanšan iogi，纛额真扬善游击。Iogi 为汉语“游击”之古音。扬善，瓜尔佳氏，费英东弟音达户齐之子，事太祖，由镶黄旗改隶镶白旗。太宗即位，旗设调遣大臣二，扬善佐镶黄旗，寻授巴牙喇纛章京。

［6］Aisin gurun－i han“爱新国之汗”，真正女真语称呼。《清太宗实录》则改为“满洲国之皇帝”。

［7］Saho fu，就是“杀虎府”的汉音转写，前段蒙古语 Šurkei hoton 可以证明。在皇太极致明杀虎堡官员的信中首次用此汉语称呼。Saho，显然是汉语“杀虎”或“杀胡”之山西方言之发音。山西方言 sh，s 不分，sh 读作 s。再则，当时的满文尚不能分辨 0 和 û 元音，将后列低元音 û 音用闪语字母 WAW，即－O 符号来记写。也正是这个原因，在《实录》编写时未能将－hû 音辨清，只读为 ho“河”，致使《清太宗实录》中将“杀虎堡”误作“沙河堡”。

［8］Huhu hoton，另作 Kuku hoton。说明当时对归化城的蒙古语称呼已经与现代读音“呼和浩屯”接近了。

［9］doro acambi，满语对“议和”的特殊表达。实际词义为“政体相合”。

下面再看“满附二”424—427 页之记载：

（1）§ ninggšn biyai ice－de：tabcin genehe（genehe）Korcin－i Ukšan：（2）Manjusiri：Dayaci

六　月之初一于 掳掠 去往之　科尔沁之乌克善　满珠希礼 达雅齐

tabunang niyalma takšrafi alanjime：Nikan－i jasai（3）Saho pui dukai teisu bihe baising－ni monggo

塔布囊　人　派遣　报告来　汉人之 边境之 杀虎堡〔1〕之口之 相应有之板升之 蒙古

burlafi（4）Saho pui hoton－de dosika bi seme alanjiha manggi：（5）han－i bayarai coohai tuu－i ejen

逃遁后　杀虎堡之城于　进入了有谓　报告　后　汗之 护军之 军之 纛之额真

Yangšan－desiliha cooha ninju adabufi（6）Cahar－i baising－de baha Gulugu gebungge tungse－de

扬善于　挑选之 军　六十 交与后　察哈尔之板升于　所获 古鲁库 称呼之 通事于

bithe（7）jafabufi Ukšan se－i jakade genefi（dahabu）［Nikan－i baru gisureme gaisu］seme unggihe：（8）

书信　令赍　乌克善等之近旁 前往（令降之）［汉之方向言语取之］谓　派遣了

(unggihe)[tere] bithe(-i gisun)[-de henduhengge]:(Aisin)[Manju] gurun-i han-i bithe: Sahu pui

(所致)[那] 书 (之语) [于言语曰] (爱新) [满洲] 国之汗之书 杀虎堡之

(9) hafasa-de unggihe: bi [amasi] Cahar-be dailame cooha genefi emu (10) biya juwan nemuci

官员于 致与 我 [往后] 察哈尔把征伐 军队 行进后 一 月 十 一第

inenggi amcafi karun-be bahafi fonjici (11) dobori inenggi akš burlaha seme alara jakade: ini

日 追赶 哨探把 获取后问之 夜 日 无 逃遁了谓 报说 缘由 他的

akdaha (12) baising-be gaiki seme amasi jifi Kuku Hoton-be gaifi (13) huwang Hoo birai

依靠之 板升把 取之 谓 回 返后 库库和屯把 占领后 黄 河 河之

dalin-degenehe cooha-be aliyame tehebi: (14) mini gaiha eden niyalma ulga ulin-be suwe halbufi

岸边于 去往之 军队把 等待 驻扎了 我之 所取 残剩 人 畜 财货把 你们 容留

bi sere: (15) minieden-be minde yooni buu: ere baising gurun dade [monggoi] gegen (16) han

有 谓 我之所剩把 与我 悉数 给予此 板升 国度 原本 [蒙古之] 格根 汗

ningge bihe: Cahar gaici (caharangge) [caharningge] oho: bi gaici (17) miningge oho:

所属 有来 察哈尔取之 (察哈尔所属) [察哈尔所属] 成了我取之 属于我了

miningge-be suwe gaici acarakš kai: (18) meni jasai tulergi [weile-de] suwe daci acarakš: (19)

我所属把 你们 取之 不适宜矣 我之边境 外 [事情于] 你们 原本不适宜

eresini han-i weile waka: suweni jasai jakai (20) hafasai aliha weile kai: (21) suwe geli

此罪你等之汗之事情非 你们之边境之事务之 官员 所为 之事也 你们 亦

Liodung-ni hafasa waka: Liodung-ni hafasa meni jasei tulergi (22) Yehei weile-de dafi joboko kai:

辽东之 官员 非 辽东之 官员 我之 边境 外面 叶赫之 事务于支援后 遭罪矣

ere-beburakuci Liodung-ni hafasa-ci (23) ai encu: terei anggala mini ere jihede muse juwe gurun-i

此把 不还与若 辽东之 官员从 何 异 况且 我之 此来时 我们 两 国之

doro (24) acara jalinde jecen-i hafasa-de teisu teisu gisureki sembi:

政体　　相宜 缘故　边境之官员于　分别　　宣谕之 谓之

汉译

六月初一日，前往掳掠之科尔沁之吴克善、满朱习礼、达雅齐塔布囊遣人奏报，明界杀虎堡口一带所居板升之蒙古皆逃入杀虎堡城内。于是遣汗之护军纛额真杨善率挑选之兵六十人，偕从察哈尔板升所俘获之通事古鲁库赍书往吴克善等处，令向明人索取之。书之言语，满洲国汗致书杀虎堡官员，我北征察哈尔，穷追四十一日，擒其哨卒讯之，云已不分夜日遁去。所以，我欲收其所依靠之板升，回兵占领库库和屯，在此居住，以待我进略黄河岸边之军队。我所未收尽之人畜、财物，闻尔等容留。此系我未收尽者，当悉数还我。且此部民原系蒙古格根汗之人，察哈尔取之，则为察哈尔所有，我取之，即为我所有。以我所有而尔等取之，不可也。且我边外之事，尔等不得干预，此事谅非汝主所知，乃尔等边臣所为也。尔等又非辽东官员，援助我边外叶赫之事，自遭罪患。尔如不还，与辽东官员何异耶。况我此来，原欲两国修好，故遍谕尔等守边各官也。

注解

[1] Saho pui，汉音“杀虎堡”缀以所属格助词 - i，接续 dukai“门之”，就是“杀虎堡之口”，也就是当时女真人对名杀虎口之称呼。下边接着有 Saho pui hoton“杀虎堡之城”，指杀虎口之内的杀虎堡城。此称呼与前一记载相比较，可证“杀虎府”就是“杀虎堡城”。

分析与评论：

“地字档”的记载忠实地记录了皇太极占领库库和屯后指挥大军威胁逼迫明杀虎堡官员交出逃入口内的蒙古板升人口以及察哈尔市赏的一系列行为。通过这个记录，可以更正几个重要史事错误。

首先，通过“地字档”的记录，可以获得科尔沁左翼的军队在爱新国军的带领下，前往库库和屯迤南明边掳掠的准确信息。在枯橐会议后，爱新国军队分左右两翼，左翼由阿济格为帅，率吴讷格巴克什、科尔沁右翼土谢图额驸奥巴及巴林、扎鲁特、喀喇沁、土默特、阿鲁蒙古等部落兵一万，往掠大同宣府边外一带察哈尔部民。右翼由济尔哈朗贝勒、岳托、德格类、萨哈廉、墨尔根戴青贝勒多尔衮、额尔克楚虎尔贝多铎、豪格贝勒等率兵二万，往掠库库和屯、黄河一带部民。右翼在突入库库和屯之前又兵分两路，左翼由德格类、墨勒根代青、额尔格楚虎尔、豪格率领，纵深突入，直达明朝边界；右翼由济尔哈郎、岳托、萨哈廉率领，皇太极殿后，前往库库和屯和黄河沿岸地区。通过这段记载可以知悉，科尔沁左翼之兵在乌克善、满珠希礼率领下，加入右翼济尔哈郎等率领的右翼军之行列之后，再次被分入左翼德格类等率领的军队，往略明边杀虎堡一带。从所有蒙古军队参加此次军事行动所承担的任务来看，主要是突入宣大边境一带掳掠或被派往杀虎堡一带执行掳掠任务。真正对蒙古土默特部板升蒙古人和汉人的掳掠与屠杀，主要是由女真和汉军八旗兵来完成的。

再则，可以更正《清太宗实录》中关于“沙河堡”地名的错误。“地字档”中首次用“杀虎口”之蒙古语称呼 Šurgei，并用满文 duka，以代替蒙古语 qaγalγ - a“门、口”，准确写出“杀虎口 ~ 杀胡口”之重要地名。在皇太极致杀虎堡官员的信中却未用蒙古语地名，而用汉语 Saho fu“杀虎府”，“满附二”中写为 Saho pu，应为当时汉语“杀虎堡”之音译。由于转型时期的满文不能分辨圆唇元音 o、u、û，更有可能山西方言并不能分辨 sh 和 s 的区别，满文音写作 sa－，最终在《清太宗实录》中误读为 Šaho pu“沙河堡”。据《史督抚奏议》之“疏创立五堡以严边防事”所载：“又红寺旧堡，在镇城正北，当诸边适中之处……西二十五里，有护堡村……又西五十里沙河旧堡，设在沙河北岸，然而坐陷淤泥之间，今移其所于河南好女村立堡……前项应设五堡，展筑者一、创修者四。红寺改名弘赐堡，南车房改名镇远堡，水尽头改名镇川堡，护村改名镇虏堡，沙河堡改名镇河堡。”史督抚即明臣史道（1485－1553），于嘉靖十五年（1536）巡抚大同，创建五堡。据此奏疏，可知明旧沙河堡地处大同西北约70多里处的沙河北岸，而且早在嘉靖十五年左右已经移筑沙河南岸，并改称“镇河堡”。由此可知，在明末不可能有此建置。况且爱新国大军经略大同宣府边外的是另外一支由阿济格率领的吴讷格巴克什、科尔沁土谢图额驸奥巴及巴林、扎鲁特、喀喇沁、土默特、阿鲁蒙古等部落兵。

《满文老档》移逯了“地字档”，所以与原始记录高度一致。“满附二”是经过修订的记录，与《清太宗实录》基本相合，进一步证明是其史源。

初二日，皇太极制定了俘虏分配办法，明确提出 kiyangkiyan haha oci dayabu，gamaci ojorakš sakdasa，buya juse oci bošofi unggi，ume wara“强悍男子即刻正法；老幼不能携带者，逐而勿杀”。初四日，杀虎堡方向传来了新的信息。

“地字档”175 页载：

（1）◎ ice duin－de yangšan－i takuraha niyalma isinjiha：terei alarangge monggoso nikan－i

初四日于 扬善之 派遣之 人 到来了 他之 报告 众蒙古 汉人之

hoton－de dosihangge gemu（2）dahaha：esei ulga ulin－be gaji sere jakade nikan－i fujan jasei

城于 进入者 悉数 降附了 彼等牲畜财货把 取来谓 缘由 汉人之副将 边境之

ninggude tefi musei ambasai baru hendume（3）ulin ulga ai jaka－be gemu bure：be ese－be ainu

上面 坐着 我等之官员 向 言说 财货牲畜 何物把 俱 给与 我等 将此何故

hairambi seme hendufi casi gemu ganabuha seme alanjiha：

怜惜哉 谓 言语后 接着 皆 令取了 谓 来报告了

汉译

初四日，扬善遣人来报曰，逃入明人城中之众蒙古皆已降附。由于要求取其牲畜、财货，汉副将坐城头向我官员说道，财货牲畜所有物品全部归还，我等何故怜惜等语。此后悉数归还。

值得注意的是“地字档”的这段记录中并没有所归附之蒙古人和牲畜的数目。从五月二十七日至六月初七日，皇太极住在库库和屯，指挥了左右两翼大军的掳掠行动。

初五日，汉臣宁完我、范文程、马国柱向皇太极奏上下一步军事行动的建议。期间还帖贴布告，禁止破坏格根汗城庙宇。在“地字档”和“满附二”中还记录了大军在各地之虏获数目以及杀人数目。

初八日，皇太极离开库库和屯，前往明边。

“地字档”第183－185页载：

（1）◎ ice jakun－de gegen han－i hoton－ci gšsin bai dubede julergi alin－de deduhe：

初八于　格根汗之 和屯从　三十 里之尽头于 南山于　　驻跸

（2）◎juwan－de Huhus bira－de deduhe：tere inenggi Nikan－de dosiha monggo－be dahabume

初十日于虎湖斯 河于　驻跸　是日　　　汉人于　进入之 蒙古把　令降附

genehe Yangšan：Dayaci tabunang：（3）Ui jaisang：Korcin－i Ukšan nakcu：Manjusiri isinjiha：

去之　扬善　　达雅齐塔布囊　　卫宰桑　　科尔沁之乌克善舅　满珠希礼 来到了

ujulefi dahaha ejen Non Temur：K’andi hiya baksi：（4）Secen biceci ilan niyalma gaifi dahaha：

为首　降附之 主　　嫩 特木尔 坎第 虾　巴克什　色陈 必撤齐 三　人　携后 降附之

hahai ton emu tanggš ninju：hehe jusei ton emu tanggš susai jakšn：temen：morin：（5）loosa eihen：

男子之数 一　百　六十　女　子 数　一 百　　五十 八　驼　　马　　　骡驴

ihan sunja tanggš：Cahara han－i honin：dahaha boigon－i honin uheri uyun tanggš dehi：ere

牛　五　百　　察哈尔汗之 羊　　降附之 户之　　羊　共　九　百　四十 此

boigon－i emgi（6）Cahara han－de bure eden šang－ni ulin－be Sahu－i hafan tucibufi buhe ulin uheri

户之　一起　　察哈尔汗于 给之 残余 赏之 财货把 杀虎之 官员 使出之 给与之财货总

tonsuje ilan minggan jakšn tanggš（7）juwan nemu：mocin samsu juwe minggan ninggun tangg？

数　缎 三　　千　　八　百　　　十　一　　毛青　翠兰布 二　千　　六百

nadanju duin：ere－be sunja ubu sindafi Korcin－i Ukšan nakcu：（8）Manjusiri－de emu ubu buhe：jai

七十　　四　此把　五　份　设置后科尔沁之乌克善舅　　　满珠希礼于 一 份 给了 再

duin ubu－be jakšn gšsa dendefi sidende asaraha：（9）◎ juwan nemu－de Buridu gebungge bade

四 份 把 八 旗 分与 之间 保管了 十 一 于布里渡 称呼之 地方于

deduhe: tere inenggi Dayaci tabunang: Ui Jaisang: muse - de dahaha Non Temur: (10) juwe tunse - de

驻跸了 是 日 达雅齐 塔布囊 卫宰桑 我们于 降附之嫩 特木尔 二 通事于

bithe jafabufi: Gulu suwayan: Gulu fulgiyan: Gulu šanggiyan susaita bayara: Kubuhe suwayan - i

书信 使持 正 黄 正 红 正 白 各五十护军 镶 黄之

gšsin (11) bayara: ede tu - i ejen Sudala: Kaju: Tulai: Konggo - be esei emgi Nikan - i Sahu fu - i

三十 护军 于是纛额真 苏达喇 喀珠 图赖 孔果把 此等 一起 汉之 杀虎府之

hafasa - de takšrafi unggihe:

官员 于 派 遣了

汉译

初八日，驻跸距格根汗城三十里之南山。初十日，驻跸于虎湖斯河。是日往取入明之蒙古的扬善、达雅齐塔布囊、卫宰桑、科尔沁之乌克善舅舅、满珠希礼抵达。为首降附之主嫩特木尔、坎第虾巴克什、色陈必撤齐三人所携归附之男子一百六十人，女人与孩子一百五十八人，驼、马、骡、驴、牛五百头，察哈尔汗之羊、归附户之羊总计九百四十只。与此等户口一起杀虎之官员将赏给察哈尔汗之剩余财货，一并送出归我。其总数为缎三千八百十一匹，毛青、翠兰布 二千六百七十四匹。将此分为五份，给科尔沁之乌克善舅舅、满珠希礼一份，将另四份分与八旗予以保管。十一日，驻跸于布里渡地方。是日，令达雅齐塔布囊、卫宰桑、归附之嫩特木尔以及二位通事，赍书与正黄、正红、正白各旗每旗五十名护军，镶黄旗三十名护军并纛额真苏达喇、喀珠、图赖、孔果一道前往杀虎府之官员。

“地字档”所载这段史实与“满附二”433－434页所载有一定的差异，却可互为补充。

(1) ◎ (iceninggšn - de ba bai cooha) [baba - de dosika manjui amba cooha gašan gašan - i boo - be

(初 六 于 处处之 军) [处处于 进入之满洲之大 军 村 村之 房把

gemu tuwa sindafi jeku - be mamgiyafi] meni meni baha ulin ulga - be gajime (2) han - i jakade

俱 火 纵 粮食 靡费后] [1] 各自 所取财货牲畜把 携着 汗之近旁

acanjiha: aisin menggšn: suje gecuheri - be jakšn (3) boo dendeme gaiha: emu boo juwanta ihan:

会见了 金 银 缎 蟒缎把 八 家 分着 取了 一 家 各十牛

tanggšta honin deji (4) gaiha: coohai bucehe morin - i jalinde morin ihan - be buhe: (5)

（Ma）

各百 羊 最优 取之 军队之 死亡之 马之原因 马 牛把 给与了 （麻）

suminggwan （－i）［Ma Deng Yun－i］jergi ice hafasa：Zu Ko Fa－i jergi Daling Hoo－i（6）hafasa－be

总兵官（之） ［麻登云之］等 新 官员 祖 可 法之 等 大凌河之 官员把

tere cooha－de iogi－ci wesihun gemu gamaha bihe：（7）hafan－i jergi bodome niyalma ihan honin

那 军于 游击从 以上 俱 从之 有 官员之 等级 算着 人 牛 羊

ambula buhe：（8）jai udu tumen honin－be coohai niyalma－be wafi jefu seme buhe：（9）［ tere

多 给了 又 几 万 羊 把 军 人把 宰杀 吃 谓 给了 ［此

mudan－de niyalma ulga uheri olji juwan tumen funceme baha：emutumen（10）emu minggan ilan

番于 人 畜 总计 俘获 十 万 余 得了 一 万 一 千 三

tanggš jakšnju niyalma－be waha：］

百 八十 人把 杀了］［2］

（1）◎ice jakšn－de：（Aisin－i）［Manjui amba］cooha Huhu Hoton－ci julesi Nikan－i baru（2）dosime

初八于 （爱新之）［满洲之大］军 库库和屯从 往南 汉之 方向 进入

juraka：juwan－de Huhus［gebungge］bira－de isinaha：［manggi］（tere inenggi）（3）Yangšan：Ukšan

启程 十日于 虎湖斯［称呼之］河于 抵达了［之后］（是日） 扬善 乌克善

nakcu isinjifi：［gisun wesimbume］Saho－i hafan（Aisin－i）（Manjui）han－i（4）bithe cooha

舅 来到 ［奏言］ 杀虎之 官员（爱新之）（满洲之）汗之信 军队

isinara jakade golofi dosiha monggo：Cahara（5）han－de bure šang－ni ulin－be tucibufi buhe：buhe

到来 之缘由 惊恐 进入之 蒙古 察哈尔 汗于 给之赏之 财货把 拿出 给了 给之

（6）haha hehe ilan tanggš orin：ulga emu minggan duin（7）tanggš dehi：šang－ni ulin suje mocin

男 女 三 百 二十 牲畜 一 千 四 百 四十 赏之 财货缎 毛青

boso ninggšn minggan（8）duin tanggš uyunju［gajiha seme wesimbuhe：］

布 六 千 四 百 九十［ 取来了谓 奏了］

汉译

（初六日，各处之军）［各处进入之满洲大军，焚毁各处村堡之房舍，糟蹋其粮米］，各携所俘人畜财物，来到汗前。金银缎帛，八家均分，又每家分上等牛十头、羊百只。军中有马毙者，偿之之以马牛。时新附总兵官麻登云等以及大凌河祖可法等官、自游击以上皆从征，各按品级，以人口、牛羊厚赏之。又羊数万，尽犒军士，令宰而食之。［此番所获人畜共计十万余。斩一万一千三百八十人。］

初八日，（爱新之）［满洲之大］军出发，往略库库和屯迤南之明界。十日，抵达虎湖斯河。（是日）扬善、吴克善舅舅到达奏言，杀虎之官员因（爱新之）［满洲］汗之信及大军到来，大惊，将逃入之蒙古以及所赏察哈尔汗之财货送出归我。男妇共三百二十人，牲畜一千四百四十头，所赏财货绸缎毛青布六千四百九十匹，俱携之还。

注释

［1］mamgiyafi，奢费。汉文《清太宗实录》卷十一六月辛未条作“弃、蹂躏”；蒙古文《清太宗实录》中作 daγusqaju，义为“终结着”，“尽费着”。

［2］这段记载是删掉初七日阿济格台吉处派人报告的记载后补上的。“地字档”未载，《清太宗实录》的康熙本中仅有前半部分“是役所获人畜共计十万余。”后半部分斩杀 11380 人的记录却被删掉了。在乾隆定本中干脆将这段记载全部删除。

分析与评论：

以上几段记载，对爱新国大军向明界杀虎堡所采取的威慑行动作了较为细致的描写，同时对库库和屯地区所俘获人口牲畜数目也作了统计。最可贵的是将官方史书中删除的屠杀 11380 人的残暴行为如实地记录在案。《清太宗实录》中将杀虎堡误记为“沙河堡”，如果没有满文档案，很难将其予以纠正。至此，爱新国军队在库库和屯地区的军事行动结束，下一阶段的军事行动沿着明界一直往东进行，直到张家口为止。

小　结

以上采用文献比较与史料考证方法，对《满文原档》天聪六年爱新国大军征伐察哈尔，经略库库和屯周边地区的两则记载，结合《满文老档》和《清太宗实录》的相应记载作了一番比较研究。由于当时的满文尚在转型阶段，有些语音还不能分辨清楚，所以在罗马字转写过程中，为了尽量保持当时的字形，对个别词语作了字形转写，即 Transliteration。

本文分三大段对《满文原档》的记载加以解读。第一段为爱新国大军启程并征伐察哈尔的过程；第二段为枯橐会议后爱新国大军占领库库和屯及周边地区的过程；第三段则是爱新国大军南向威慑明边，向杀虎口官员索要蒙古人口和察哈尔市赏等内容。文中对原档作了罗马字转写、汉语直译和汉译，在此基础上还对档案文本作了注解和分析解读。

通过以上的解读和比较研究，对《清太宗实录》的史源有了明晰的认识：《满文原档》中用千字文顺序记录的档册是原始记载。崇德年间为了编纂《实录》，开始对原始记载加以改编，形成“满附二”式的史料长编。《清太宗实录》就是基于此史料长编修纂而成。太宗朝时期的《满文老档》则是《原档》的誊写，是用规范的有圈点满文抄写的本子。蒙古文《清太宗实录》译自汉文《清太宗实录》。在解读过程中可以清楚地看到清朝官修史籍如何删改历史的手法。至于满文实录与汉文实录间的关系，不在此篇文章讨论之列。

通过解读与比较，也澄清了不少史实。其中最重要的几点在于：爱新国大军启程的准确时间与过程；枯橐会议及兵力分配情况；占领库库和屯的细节；皇太极对左翼科尔沁乌克善的亲近与对右翼科尔沁奥巴的疏远；对库库和屯地区板升的抢掠与屠戮；对库库和屯以南明边的威慑和要挟等。通过对满蒙语的比勘，指出《清太宗实录》中的“沙河堡”为“杀虎堡”的误读。同时还发现了明末清初对黄河、杀虎堡和阴山等地名的蒙古语称呼，以及库库和屯的另一种蒙古语称呼 gegen han－i hoton，这些也是具有一定价值的发现。

研究土司制度应重视对清代档案的利用

李世愉（中国社会科学院历史研究所）

近年来，对于土司制度、土司文化的研究已引起各方面的关注，有渐成热点之趋势。诸多学者、文化工作者、文物工作者，乃至地方政府官员都表现出极大的研究热情，并且取得了丰硕成果。但在以往的研究中，对于档案的利用，特别是清代档案的利用还不普遍，这势必会影响对土司制度的总体把握，以及相关研究的深入。造成这种状况的原因，既有对档案史料不够重视的因素，也有对档案的使用存在着诸多不便的困难。因此，清代档案并没有在土司制度的研究中发挥应有的作用，这不能不引起我们的注意。为了把土司制度、土司文化的研究推向深入，充分利用清代档案史料是不可或缺的。

一、清代档案的史料价值

有关清代档案的收集、保存、分类整理的情况，已有专门的论著作了介绍，本文不再重复。

中国第一历史档案馆（以下简称“一史馆”）以及台北故宫博物院、“中央研究院”保存了大量的清代档案。包括了清朝政府在政治、经济、文化、民族、对外关系各方面的制度、政策，以及实施这些制度、政策的状况；同时还包括了清代的天文气象、农业收成、自然灾害的情况，以及上至宫廷，下及民间的生活状态。总之，各方面资料极其浩瀚。在这些史料中也包括了大量的有关土司制度的史料，内容十分丰富。首先，这些史料包括了土司制度所涉及的各个方面的内容，如土司的职衔与品级，土司的承袭制度与分袭制度，土司的贡赋与土兵征调，土司朝觐制度，土司的奖惩与抚恤，流土并治与分别流土考成，对革除土司的处理，以及对土司的种种限制（如划定疆界、严禁土司擅自越境、严禁土司私自延幕、严禁土司置买田产，以及对土司应试、报捐之限制等等）。此外，对土司制度实施过程中的一系列问题，如土司职衔的升降，土司之间的仇杀，土司内部的争袭，土司与土民的矛盾，对不法土司的征伐，各地区的改土归流，土司制度的调整、修订等，也有着充分的反映。同时，对土司地区的社会生活，如各地物产、收成、自然灾害、赈灾措施、土地买卖等，都有较为详细的记载。在晚清外交档案中，还涉及英国租借土司地方，以及土司边界调查等内容。总之，在清代的档案中包括了大量的丰富的土司制度史料。

下面，具体论述清代档案的史料价值。

1. 为土司制度研究提供了第一手资料

著名清史专家郑天挺先生曾在《清史研究和档案》一文中说过：“历史档案在史料中不容忽视，应该把它放在研究历史的最高地位，就是说离开了历史档案无法研究历史。”又说：“历史档案是原始资料的原始资料，应该占最高地位。”① 郑先生曾是大内档案第一批整理者，他对档案史料价值的评论，无疑有着自己的心得，也是非常精辟的。

我们通常会把一些史书视为第一手史料，如清代的历朝实录、清三通、清会典及会典事例、各种方略（如涉及土司制度的《平定金川方略》、《平定两金川方略》）等等。但是，这些史书也有其资料来源，那就是官方文书，也就是我们所说的档案。以清实录为例，其中记载涉及土司制度的奏折、上谕，都是根据原始档案整理的。比如，雍正年间制定的分别流土考成制度，在《清世宗实录》中记载，是根据鄂尔泰的建议议定：“盗由苗寨，专责土司；盗起内地，责在文员；盗自外来，责在武职。”② 显然，这是源自云贵总督鄂尔泰雍正四（1726）年八月初六日的奏折，③ 后经内阁等衙门议复，成为定制。同时规定：“嗣后除命盗案件照例处分外，如有故纵苗倮扰害土民者，该督抚即将该土司奏请革职，另行承袭。至有养盗殃民者，题参严拿治罪。倘能严行约束，擒拿盗贼，奏明加级，以示鼓励。”④ 这些记载都是以档案为基础的。再如，清实录中有大量关于土司承袭的记载，在台北“中央研究院”所藏清代内阁大库档案中看到，乾隆二年（1737）十月十一日兵部回复实录馆的文书：“准实录馆移称：本馆恭纂《世宗宪皇帝实录》，凡各边徼土司承袭土官世职等事例应载入等因。应行文湖广、甘肃等省各该督抚，自康熙六十一年起至雍正十三年止，将承袭土官姓名、年月日期造册送部，以便汇送，先行咨贵馆。”⑤ 又有吏部验封司乾隆二年十月初一日移会实录馆的文书：“今将雍正十一年三月十一日以后起，至十三年止，各省土司承袭文职土官姓名、年月日期造具清册一本，移送查照。”⑥ 显然，《清世宗实录》（其他各朝实录应类似）中关于土司承袭的记载正是靠各地督抚上报的档案资料。光绪《大清会典事例》卷586—588，三卷所记《土司授职》，更是依据一份份档案汇集而成。因此，可以说，最原始的资料是档案，无疑应把它放在史料的最高位置。

档案文件是自然形成的，其后在实录、会典事例中出现的记载，则是对档案剪裁改编、润色加工的结果。官文书（如官员奏折、官府之间的往来文书）是处理政务的实践及其结果，大多是真实情况的反映。它不同于追记的著述，也不同于据之编写的史书。一般来说，它不仅材料最原始，而且可信程度高。尽管地方官经常弄虚作假，上报材料不实（这个问题下面要谈），但历代政府还是要求各级官员奏报的情况要真实，并对奏报不实者予以处罚。总体而言，档案文书的准确性比其他史料要高。这也是强调一定要利用档案史料的根本原因。

清代档案数量之多，价值之高也是其他史料无法取代的。据了解，台北故宫博物院

---

① 郑天挺：《清史研究和档案》，载《历史档案》1981年第1期。

② 《清世宗实录》卷51，雍正四年十二月戊寅条。

③ 此奏折原件现收藏在台北故宫博物院，列入宫中档奏折，文献编号：402006195。《朱批谕旨》亦收录。原件朱批为：“兵部、刑部、都察院各议具奏。”

④ 《清世宗实录》卷51，雍正四年十二月戊寅条。

⑤ 此档案登录号：236695-001。按：武职土司承袭事隶兵部武选司。

⑥ 此档案登录号：175481-001。按：文职土司承袭事隶吏部验封司。

所藏清代档案中，仅雍正朝改土归流期间的档案即有511件。这些档案对研究雍正朝的改土归流，无论是背景和动机，还是改流过程及善后措施，都是不可或缺的第一手资料，不能视而不见。

2. 是研究清代土司制度必不可少的资料

随着土司制度、土司文化研究的逐步深入，新史料的发掘和利用就显得尤为重要。就清代土司制度而言，不论是研究制度的制定和调整，还是探讨制度的实施及影响，离开档案资料都会造成史料上的重大缺失。最近有学者建议，组织各地专家，共同完成一部《中国土司制度通史》。这里且不论元明部分，即以清代而言，要完成一部全面、系统阐述土司制度及其实施状况的《清代土司制度史》，不利用档案，甚至是不充分利用档案，都不可能成为上乘之作。

目前对土司制度、土司文化的研究取得了丰硕成果，但不容否认的是，相关研究还不够深入。且不说土司与中央政权的关系，土司地区的国家认同，土司与土司的关系，土司与土民的关系，土司地区的社会结构，土司地区的教育、科举，需要深入探讨，即使是土司制度本身研究尚有许多空白，如新设土司的程序，土司袭职的手续，印信、号纸的颁发与收缴，护印的相关规定，流土并治的推行及特点，土司地区的赋税征收，革除土司的安插处理等，都需要进一步深入研究。出现上述研究中的薄弱环节，除研究者的关注点未及于此，更重要的是缺少充分的史料。而清代档案中保存了大量反映土司制度的史料，不能不引起学术界的重视。前不久，台湾中央研究院的赖惠敏女士为我提供了该院所藏内阁大库档案中涉及土司制度的档案目录及摘由。其中有大量关于土司承袭的内容，从各个方面反映了土司承袭的手续，如土司家族向地方长官呈报应袭人姓名、年龄，上交宗图册，并附有邻里甘结，地方政府核对应袭人姓名无误，年龄达到应袭之年（15岁），且无过犯，为“土舍、头人、番众、邻村俱各悦服”，方由地方长官（多为督抚）奏报朝廷，说明对应袭人的审核情况，经批准后，方可承袭，并换给号纸。如应袭之人尚未到应袭之年，则奏请由土司族人协理。在办理承袭手续过程中，也有宗图册内所记姓名与上报应袭人姓名不符的情况。如康熙五十二年九月三十日，两广总督赵弘灿奏报，广西太平府思陵州土知州韦世芳病故，以胞弟韦世华承袭，而宗图册内所记与上报姓名不符，实属“土司读习循俗，未辨真伪，字虽有别而音同，未有参错”，仍准承袭。[①] 可见，大量关于土司承袭的档案对研究土司承袭制度是非常重要、必不可少的史料。

清代档案中，保存的大量有关土司制度细节的史料，在档案之外是很难发现的。如果对这些资料视而不见，那么一定在史料来源上存在先天不足。一些论著，特别是涉及清代土司制度的，史料收集虽然下了很大工夫，但就是缺少档案资料，往往使研究不能深入，留下很大的遗憾。多年前，我曾写过《清代土司制度论考》[②] 一书，该书第三章专述清代土司制度，其中只少量引用了一些一史馆所藏档案资料，而对台湾所藏档案毫无涉及，现在看来，当时对于档案史料的收集显然是不够的。

---

① 台北中央研究院藏内阁大库档案，登录号：098706－001。

② 中国社会科学出版社，1998年。

3. 充分利用档案资料，会对土司制度某些方面的研究有所突破

在清史研究中，有些问题不靠档案资料很难解决，如宫廷史、皇族史；还有些问题不靠档案资料很难突破，如经济史等。同样，对于土司制度的研究，有一些问题，不靠档案资料，只凭政书及其他文献是很难突破的。比如对土司的奖惩制度，虽然会典等史书中多有记载，但在实行过程中，到底是怎样一种情况，不利用档案恐怕很难说清楚。在清代的档案中，有大量关于对土司的奖励、惩罚、加封、恩赏、旌表等内容。从这些活生生的事例中，可以分析出其中的原因，奖惩制度执行情况及影响，奖惩制度的某些变化，这对于准确把握清政府对土司的控制是极为重要的。

雍正朝大规模改土归流后，对于革除土司的安插及日后的处理，会典及实录的记载比较简略，只是讲了定制。如乾隆十年定："嗣后各省迁徙土司身故之后，家口应否回籍处，着行文原籍督抚，酌量夷情奏闻，请旨定夺，永着为例。"[①] 但是对于革除土司的安插（主要指安插外省者）到底是一种什么情况，为什么会有乾隆十年的定制，以及其后的各种变化，如果不依靠档案，是很难说清楚的。因为革除土司大多安插在外省，这在实录和地方志中只是提到安插于某省，至于安插以后的情况记载很少。我在《清代土司制度论考》中讲述对革除土司的安插问题时，也只引了安徽巡抚徐本在雍正十年的一份奏折，[②] 及一史馆藏朱批奏折中雍正十三年十二月初十日黄廷桂等奏折，比较简略地谈了一些情况，如当地政府拨给官地等。去年在台北故宫博物院见到那里收藏的清代档案，仅宫中档奏折中就有许多关于革除土司安插的资料，至少对我个人以往的研究是有突破的。以前根据实录、地方志等资料，我说过："雍正朝安插土司的地方，主要有江苏、安徽、江西、浙江、河南、盛京、陕西、广东。"[③] 据档案所载，还有安插于黑龙江者。[④] 至于安插过程及安插后的情况，档案中还反映了如下内容：一是关于革除土司的具体安插情况，如雍正时黄廷桂所奏黄螂土司国保安插成都之折片，[⑤] 乾隆十五年七月二十日陕甘总督尹继善、甘肃巡抚鄂昌"将暴敛之土司杨汝松安置岷州"之奏折[⑥]等。一是给予安插土司的待遇，如乾隆十八年十月初四日户部移会稽察房，有关"广西巡抚李锡泰奏报安插土司动用耗羡银两一折"[⑦]，乾隆十九年八月二十九日江苏巡抚庄有恭"奏报安插已故土司安于蕃之妻动用耗羡银折"[⑧]。一是不许土司家口返回原籍，如乾隆十四年四月初三日云南巡抚图尔炳阿"奏明已故土司刀光焕家口不便令其回籍缘由折"[⑨]，乾隆十八年八月初六日云南巡抚爱必达"奏报已故土司家口未便准

① 《清高宗实录》卷239，乾隆十年四月己未条。

② 此奏折现藏台北故宫博物院，列入宫中档奏折，文献编号：402009687。《朱批谕旨》亦收入。

③ 《清代土司制度论考》，中国社会科学出版社，1998年版，第76页。

④ 台北故宫博物院藏清代档案，宫中档奏折，文献编号：402010304，雍正十二年二月二十九日尹继善奏及朱批。

⑤ 台北故宫博物院藏清代档案，宫中档奏折，文献编号：402019814。

⑥ 台北故宫博物院藏清代档案，军机处档折件，文献编号：006080。

⑦ 台北中央研究院藏内阁大库档案，登录号：075687—001075687—001。

⑧ 台北故宫博物院藏清代档案，军机处档折件，文献编号：403007521。

⑨ 台北故宫博物院藏清代档案，军机处档折件，文献编号：004253。

令回籍缘由折”[①]，乾隆十九年三月二十六日湖南巡抚胡宝瑔“奏报土司向国栋虽身故，家口仍不应回籍缘由折”[②]，乾隆五十三年四月十七日，大学士管吏部事和珅“题覆迁徙安庆安插之贵州土司家属龙世俊私行回籍，疏纵之怀宁县知县张继昺等员革职，失察之各上司安庆府知府沈元振等照例降级调用”[③]。一是相关上谕，如雍正十一年六月十七日“着云贵广西督抚悉心办理安插土司”之上谕。[④] 一是革除土司子弟准予安插地应试问题，如乾隆七年五月十三日江西巡抚陈宏谋“揭报滇黔等省改土归流安插江省之土司子弟，请准与本籍童生一体应试”[⑤]。以上仅是列举了档案中涉及革除土司安插制度史料的一小部分，已足以对原有的研究有所突破。

以往对土司朝觐制度的研究几乎是空白，只有少数论著中有些简单情况的介绍，造成这一状况的原因，便是史料的缺乏。清代的档案中有大量关于土司朝觐的记载，无疑为这一专题研究提供了极大的便利条件。朝觐，文献中亦作“入觐”，顺治时定有土司三年入觐之例。[⑥] 实际上，各省土司是按地区轮流朝觐，故又将于定期朝觐之土司称为“年班土司”。如道光十八年（1838）十一月兵部移会稽察房之文件称：“署理四川总督苏廷玉等奏，本年轮应西、南两路头班土司入觐。”[⑦] 此外，档案中还显示，除年班土司入觐外，尚有因进贡而朝觐者，更有为皇帝祝寿而朝觐者，如乾隆四十四年三月初二日特成额等“奏为遵旨分别带领各土司年班番众进京恭祝皇上万寿事”[⑧]。仅就我们看到的档案资料，已涉及朝觐制度的诸多方面。首先，土司朝觐制度，自清初定制后，一直推行至清末，相关档案包括了乾隆、嘉庆、道光、咸丰、同治、光绪、宣统各朝。至宣统元年（1909），仍有四件档案记载土司朝觐事。档案的责任者，涉及地方督抚、绿营长官（如提督）、驻防将军，以及在京的礼部、兵部、户部、刑部、理藩院等衙门，其中以兵部档案为多。涉及内容，包括各地年班土司起程日期、人数，[⑨] 行走路线，抵

---

① 台北故宫博物院藏清代档案，宫中档奏折，文献编号：403004453。

② 台北故宫博物院藏清代档案，宫中档奏折，文献编号：403006099。

③ 台北中央研究院藏内阁大库档案，登录号：032303—001032303—001。

④ 台北中央研究院藏内阁大库档案，登录号：032284—001032284—001。

⑤ 台北中央研究院藏内阁大库档案，登录号：012314—001。

⑥ 《清世祖实录》卷126，顺治十六年五月壬午条。

⑦ 台北中央研究院藏内阁大库档案，登录号：133638—001。

⑧ 台北故宫博物院藏清代档案，军机处档折件，文献编号：023027。

⑨ 如台北故宫博物院藏清代档案，军机处档折件，文献编号：027159，乾隆四十五年五月初九日文绶等“奏为入觐土司起程日期及起数、名数，并伴送起程日期事”；文献编号：043182，乾隆五十五年五月二十二日署四川总督孙士毅等“奏报土司赴京祝贺八旬万寿人名数目并分起起程日期”（附奏片二件）。

达各地的情况,[①] 沿途供给,[②] 中途病故者之处理,[③] 以及派专人（如总兵）护送,[④] 入京或赴热河朝觐（显然皇帝时驻热河），土司入宴，朝廷赏赐,[⑤] 照料朝觐土司回籍,[⑥] 等等，可谓内容丰富。此外，还可以看到，虽然土司朝觐是个艰苦的过程，但由于组织妥当，安排周到，使许多土司得以“进京瞻仰天颜”，因此，“极为欣悦，情愿前往”[⑦]。总之，利用档案，肯定会对清代土司朝觐制度的研究有重大突破。近些年，有学者专门研究土司地区的国家认同问题，这是非常有意义的研究课题。但是，如果脱离土司朝觐制度谈土司地区的国家认同，肯定是缺少了极为重要的制度层面的内容，研究也难以深入。

4. 利用档案资料可以纠正以往研究中的某些观点和认识

以往对清史的研究，由于缺乏对档案史料的使用，因此在某些问题上做出的结论是片面的。如清代“文字狱”严重，长期以来，人们把它看做是满汉矛盾问题，然而深入研究文字狱档案，不难发现，它出现的原因和性质并不那么单纯，阶级矛盾，统治集团内部政治斗争都是它产生的原因。同样，对土司制度的研究，在某些问题上由于没有利用档案史料，因此结论也未必全面和公允。例如对清代改土归流，特别是雍正朝改土归流的评价，一些学者的观点往往是针锋相对的，要么充分肯定，要么基本否定。在清代的档案中有大量关于改土归流的资料，都是一个个具体的土司改流案例，涉及改土归流的原因、过程、善后措施等各个方面。通过这些个案的研究，可知，改土归流的情况是多种多样的，每个土司的改流过程、手段也是不尽相同的，有必然的，也有偶然的。但总体而言，改土归流是土司制度发展过程中必然会出现的一个发展阶段，而雍正朝的改土归流则是清代土司制度发生根本性变化的重要转折点。清代的朱批奏折大部分收藏于台北故宫博物院。前面谈到，该院收藏的朱批奏折中有关雍正朝改土归流期间的档案即有 511 件，其中很多史料涉及善后措施，仅鄂尔泰一人的奏折即超过 300 件。这些档

---

① 如台北故宫博物院藏清代档案，军机处档折件，文献编号：027403，乾隆四十五年六月十一日明亮“奏明土司均抵西安”；027538，乾隆四十五年六月十五日护理陕西巡抚印务尚安“奏报川省土司、土舍、头人等经过陕西，俱各宁静缘由”。

② 如台北中央研究院藏内阁大库档案，登录号：237054—001，乾隆四十八年二月二十日，兵部移会稽察房，“山西巡抚农起奏，乾隆四十六年分永济等州县供应川省入觐土司人等赴京沿途驼载行李马匹廪给口粮用过银两，请准予乾隆四十六年耗羡银项内动支开销”。

③ 如台北故宫博物院藏清代档案，军机处档折件，文献编号：027841，乾隆四十五年八月二十三日提督四川总兵官明亮“呈军机处，四川入觐土司人等随带跟役由热河回川途中在途病故名数”。

④ 如台北故宫博物院藏清代档案，军机处档折件，文献编号：057505，道光六年十月二十五日四川总督戴三锡“奏报委员护送年班土司赴京朝觐起程日期。”

⑤ 如台北中央研究院藏内阁大库档案，登录号：235818—001，户部“拟赏入宴土司土舍等清单”（时间不详）。

⑥ 如台北故宫博物院藏清代档案，军机处档折件，文献编号：071255，道光十六年四月二十八日成都将军宝兴等“奏报年班土司朝觐旋川，遣回本寨住牧由”。

⑦ 台北中央研究院藏内阁大库档案，登录号：291950—001，乾隆五十三年七月初一日刑部档案。

案所反映的内容，不仅对雍正朝改土归流的善后工作会做出新的全面评价，① 而且会对鄂尔泰这位主持改流的重要人物有一个更为客观的评价。

在雍正朝改土归流的过程中，还有一项重要内容，即所谓开辟“苗疆”。过去有学者认为，这是借改流之机，向少数民族大开杀戒。这种观点失之偏颇。在清代的档案中同样保存有大量关于“新辟苗疆”的史料，只要认真阅读这些史料，不难发现，开辟“苗疆”是清政府改流规划中的重要组成部分，也是改流总目标所决定的，有利于西南地区的开发。雍正朝“新辟苗疆”的重点区域就是今天的贵州黔东南自治州，而这里经济、文化的快速发展，与当年开辟“苗疆”的作用是分不开的。所以希望能有学者对这一问题进行深入的专题研究。

土司制度始终处在不断变化之中，特别是雍正朝的改土归流，使清代土司制度发生了根本性变化。尽管清中期以后土司的数量仍然很大，但由土司控制的地区已大大缩小，土司势力膨胀的趋势已从根本上得到控制。有些土司宗谱尽管一代代记载了土司承袭的情况，但实际上，改流后重新保留的土司只是一种安抚之策。如四川的石砫宣慰司于乾隆二十六年改土归流，设石砫厅，由流官同知管理，鉴于“土司旧制相沿已久，若骤行裁撤，竟设流官，诚恐或有未便”，故将原土司马氏“改设土通判，不许干预民事”，虽然也颁给号纸，但将“该土司原领印信收缴”②。此外，还有一些档案谈及驾驭土司，控制土司，安抚土司，以及对土司的封典。可以看出，雍正朝改土归流以后所保留的土司已完全不同于改流之前，这也是诸多档案资料给我们的提示。

此外，清代档案中有大量关于雨水、收成，以及自然灾害、蠲免赈灾的记载，同样也涉及土司地区。这些档案资料对于学界重新认识土司地区的经济发展，清政府的经济政策是至关重要的。

二、利用档案应注意的几个问题

档案资料的史料价值高，这是毋庸置疑的，但是如何能利用好档案，则有几个必须要注意的问题。

1. 要认识到档案资料的局限性

研究者需要利用的档案，也就是清代各级政府、官员留下的公文，当把它当作史料使用时，应该认识到它的局限性。第一，公文是处理政务过程中形成的，这就决定了它叙述事情既有详细具体的一面，同时也有零散、琐碎的一面。也就是说，它反映的事务很具体，但缺乏概括性。第二，清代档案保存虽多，却不是每一件事都是完整反映的，

① 雍正朝改土归流的善后措施，除力求边疆地区的稳定外，尚有对边疆地区的开发。以下仅以台北故宫博物院所藏朱批奏折中的鄂尔泰奏折，试举数例：文献编号：402005990，雍正七年九月十九日，“奏请开黔省鼓铸事折”；402006144，雍正八年正月十三日，“奏报黔省钱文可以通行折”；402005998，雍正七年十一月初七日，“奏报调济黔省铅觔折”；402005999，雍正七年十一月初七日，“奏报七年分盐铜课息事折”；402006052，雍正九年五月二十六日，“奏陈愚见，以分发进士派教各府知府学习事”；402006086，雍正七年二月二十四日，“奏明疏濬滇省水利事”；402006140，雍正八年正月十三日，“奏报兴修云南水利并改河道折”；402006156，雍正八年五月二十六日，“奏开濬滇南海子屯大河以利民生事”。

② 台北中央研究院藏内阁大库档案，乾隆三十二年二月十六日四川总督阿尔泰题。

一些档案资料，往往是有头无尾，或有尾无头，因此不能反映事件的全貌。第三，清代的档案资料反映的问题包罗万象，但并非应有尽有。清代的公文有严格的规定，比如奏折，什么人可以使用，什么问题必须反映，都是有规定的。而办理公文的部门或官员又都从各自的认知出发，不可能根据今天研究的需要来提供资料。因此，指望档案提供一切历史资料，解决研究的所有问题是不可能的。同样，对土司制度、土司文化研究的所有问题都寄托于档案资料也是不实际的。

由于档案资料在反映事件上的不完整，因此只能从中看到事物的一个方面。比如清代档案有许多涉及土司制度的制定、调整方面的内容，它可以使人们了解某一制度确立、变化的原因，但往往不能提供结论和处理结果。特别是官员的奏折，往往提出许多建议，但是否被采纳，采纳后又有什么新的规定，往往不得而知。要想了解结果，还必须靠其他史料。即使如前面谈到的，清代档案中有丰富的关于土司朝觐的档案，但那毕竟是对土司朝觐制度执行过程的阐述，对执行效果的阐述，至于定制的内容及具体细节，则要靠其他史料去阐述，如实录、政书等。此外，鉴于档案资料的零散及琐碎，试图通过档案资料来了解、把握土司制度的整体情况是相当困难的，甚至可以说是几乎不可能的。可以肯定地说，一个对土司制度一无所知的人，是不可能通过档案资料来讲清楚土司制度的。这就需要学者们在利用档案之前，对需要研究的问题（如承袭制度、奖惩制度、改土归流等），先通过其他史书（如清实录、清三通、清会典等）以及相关论著，有一定的了解，掌握必要的基本知识，这样再看档案，利用的效果会大大提高。还有一些档案资料提供了重要的信息，但无下文，这就需要配合其他史料来研究。如前述鄂尔泰在雍正四年八月初六日的折内提出了分别流土考成的建议，通过《清世宗实录》，便可知道它的结果。只有配合其他史书，才能看到档案资料的史料价值。

2. 档案资料的真实性需要鉴别

强调档案史料的重要性，并非对档案资料所反映出的任何问题都可以不加考证、鉴别，可以轻信。档案作为第一手资料固然可信度很高，但它同任何事物一样，都不是绝对的。历代官员汇报情况都有弄虚作假的问题，这是官场通病，当然清代也不例外。最为突出的表现就是报喜不报忧，如讳盗、匿灾等。当然不能以地方官员奏报的治安情况，说明封建社会秩序的稳定，而在灾害年份，也不能因地方官奏报该地区灾情不大，百姓安居而轻信。清代的雍正、乾隆二帝，多次提醒地方官员要如实奏报地方情况，恰恰说明了奏报不实的情况还是比较普遍的。因此，对档案资料同其他任何史料一样，都是需要考证、鉴别的。

研究土司制度，也会遇到这样的问题，比如雍正朝改土归流过程中，一些官员奏报的情况就不尽相同，究竟如何采用，就需要对这些资料进行比较、鉴别、分析，并对照其他史料，做出实事求是的评价。如果只凭档案的记载就轻易下结论，恐怕会失之偏颇，甚至会出现错误。此外，档案中也有许多资料涉及土司地区的收成、土司地区的治安等，也需要与其他史料相互印证。总之，只要对档案资料进行认真考证、鉴别，去伪存真，那么，档案的史料价值就会充分体现出来。

3. 充分利用现有成果及工具书

档案都是集中保管的，一般说来是需要到档案馆去查阅的，因此对它的利用远不如其他史书那么方便。针对国家社科基金重大招标项目《中国土司制度史料编纂整理与研究》，申报专家大都将档案整理列入其中，目的是为读者提供方便。目前而言，对于清代档案的利用还是有其捷径的，那就是要充分利用现有成果和工具书。

中国第一历史档案馆和台北故宫博物院经过长期努力，已经整理出版了许多档案资料，大多是专题性的。尽管没有专门针对土司制度的资料汇编，但也有成果是可以利用的。比如一史馆编辑出版的康熙、雍正、光绪三朝朱批奏折，及雍正至宣统朝的上谕档；台北故宫博物院整理出版的宫中档康熙、雍正、乾隆三朝奏折。其中有许多涉及土司制度的史料，完全可以利用。另外，上述两处已做数字化处理的档案，也为使用者提供了极大方便。

另外，要了解清代档案，特别是涉及土司制度档案的情况，有几部著作可以当作工具书来使用。一是中国第一历史档案馆编著的《中国第一历史档案馆馆藏档案概述》[①]，该书介绍了一史馆藏档案的内容和分类，其中的军事类、民族类，都有关于土司制度的档案资料。二是中国社会科学院中国边疆史地研究中心与中国人民大学清史研究所、中国第一历史档案馆合作编写的大型工具书《清代边疆满文档案目录》[②]，从军机处满文月折包18万件档案中收录了12万多条目，并汉译了目录，其中有云南、广西、西藏的条目约8000余件档案，这里包括了许多研究土司制度不可或缺的重要资料。三是台北故宫博物院1982年编辑出版的《国立故宫博物院清代文献档案总目》，其中将所藏汉文档案分官书、史馆档、军机处档、杂档和奏折五大类著录。这些工具书对于了解、收集有关土司制度的档案资料提供了便利。此外，台湾学者庄吉发所著《故宫档案述要》[③]一书，介绍了台北故宫博物院所藏宫中档、军机处月折包、军机处档册的种类，及其史料价值，也是可以参考的。

本文主要论述了清代档案对研究土司制度的重要作用及需要注意的问题，旨在引起研究者的关注，在整理、利用清代档案方面更进一步，从而把土司制度的研究推向深入。

① 档案出版社，1985年。

② 广西师范大学出版社，1999年。

③ 台北故宫博物院，1983年印行。

从《清史稿·乾隆本纪》巡幸盘山的记载看其史料价值

常建华（南开大学）

笔者因整理《乾隆帝起居注》、《清高宗实录》中的巡幸盘山[①]史料[②]，阅读了赵尔巽等撰《清史稿·乾隆本纪》[③]，并将上述三书中巡幸盘山的记载进行比较，对《清史稿·乾隆本纪》的历史编纂学产生了一些看法，于是写出以就教于同行。

乾隆皇帝一生巡幸盘山32次，其中乾隆朝31次，嘉庆朝1次。《清史稿·乾隆本纪》记载乾隆上盘山15次，下面是《清史稿·乾隆本纪》的各次记载：

1.（七年九月）"丁卯，上诣东陵。庚午，上谒昭西陵、孝陵、孝东陵、景陵。免江苏山阳等二十一州县本年被水漕赋。壬申，上幸盘山。赈恤江苏、安徽灾银二百九十万两、米谷二百二十万石各有奇。命再拨邻省银一百万两备明春接济。乙亥，上幸丫髻山。戊寅，上回跸。"（中华书局点校本第三册第372页，以下页数同出此书）

2.（九年十月[④]）"乙卯，上奉皇太后幸汤山。江南、河南、山东蝗。癸亥，上幸盘山。丁卯，上奉皇太后还宫。"（第381页）

3.（十二年二月）"壬申，上谒昭西陵、孝陵、孝东陵、景陵。纪山奏大金川土司侵革布什咱土司，诱夺小金川土司泽旺印信。谕饬修守御，毋轻举动。甲戌，上幸盘山。庚辰，赈山东兰山饥。壬午，除河南孟县冲坍卫地额赋。癸未，上还京师。"（第392页）

4.（十三年闰七月）"己巳，上幸盘山，以新柱署湖广总督。召安宁来京，以尹继善兼理江苏巡抚。宁古塔将军索拜迁古北口提督，以永兴代之。辛未，以讷亲奏金川进剿持两议，谕斥之，并申饬傅尔丹、岳锺琪、班第等。壬申，上驻跸盘山。癸酉，调准泰为山西巡抚，阿里衮为山东巡抚，鄂昌为江苏巡抚，舒辂为广西巡抚。塞楞额以违制薙发，逮下狱。丁丑，赈云南昆阳等州县水灾。戊寅，召阿里衮来京，以唐绥祖护山东巡抚。己卯，免江苏元和等十县本年雹灾额赋。庚辰，上还宫。"（第399—340页）

5.（十七年二月）"甲寅，上诣东陵。丙辰，布鲁克巴之额尔德尼第巴贡方物。丁巳，上谒昭西陵、孝陵、孝东陵、景陵。戊午，上驻跸盘山。己未，赈山西山阴、虞乡被灾贫民。辛酉，修房山县金太祖、世宗陵。三月戊辰，以浙东灾重，谕雅尔哈善加

---

① 巡幸盘山可以有两种理解：一是广义的指皇帝离京到盘山再回京的全过程；二是狭义的专指驻跸盘山期间。

② 参见常建华辑：《〈乾隆帝起居注〉巡幸盘山史料》，天津古籍出版社2011年4月出版。按，该书《前言》曾以《走出皇宫的乾隆帝——关于〈乾隆帝起居注〉巡幸盘山史料》为题，发表于故宫博物院、国家清史编纂委员会编《故宫博物院八十华诞暨国际清史学术研讨会论文集》，紫禁城出版社2006年11月出版，第634—643页。

③ 赵尔巽等撰：《清史稿·乾隆本纪》，第2册，第3册，中华书局，1977年点校本，第343—565页。

④ 赵尔巽等撰：《清史稿·乾隆本纪》脱"十月"，故此条系于九月后。

赈，毋令流移。庚午，上还宫。”（第415—416页）

6.（十八年九月）“庚午，以皇太后至盘山，命舒赫德为领侍卫内大臣管理内务府大臣随往。江苏铜山河决。壬申，命舒赫德协办江南河工，以阿里衮署领侍卫内大臣，随扈盘山。以尹继善为江南河道总督，鄂容安为两江总督，调永常为陕甘总督，开泰为湖广总督，黄廷桂为四川总督，以定常为贵州巡抚，胡宝瑔为山西巡抚，范时绶为江西巡抚，杨锡绂为湖南巡抚。召班第来京，以策楞为两广总督。癸酉，上奉皇太后驻避暑山庄。”①（第419页）

7.（三十五年）“二月乙丑，上奉皇太后谒东陵。庚午，上奉皇太后回銮，驻盘山。壬申，以缅酋猛駮贡表不至，谕彰宝备之，并严禁通市。三月三月己卯，上奉皇太后还京师。”（第483页）

8.（三十七年二月）“甲戌，上幸盘山。丙戌，上回銮，幸圆明园。”（第490页）

9.（三十九年二月）“丁未，上诣东陵，并巡幸盘山。庚戌，谒昭西陵、孝陵、孝东陵、景陵，至孝贤皇后陵奠酒。临故大学士公傅恆茔赐奠。辛亥，上驻跸盘山。”（第497页）

10.（四十年）“三月辛亥，上幸盘山。甲寅，上驻跸盘山。”（第499页）

11.（四十七年）“三月庚子，上幸盘山。壬寅，上驻跸盘山。癸丑，调雅德为福建巡抚，以尚安为广东巡抚。甲寅，上还京师。”（第521页）

12.（五十年）“三月壬子，上幸盘山。甲寅，上诣明长陵奠酒。丁巳，上驻跸盘山。辛酉，截河南、山东漕粮三十万石，赈河南卫辉旱灾。甲子，免江苏安东、阜宁逋赋。丙寅，上还京师。”（第530—531页）

13.（五十四年）“三月丁卯，上幸盘山。”（第544页）

14.（五十六年三月）“戊寅，上幸盘山。”（第550页）

15.（五十八年）“三月丁酉，上幸盘山。庚子，上驻跸盘山。甲辰，礼部尚书常青卒，以德明代之。戊申，谕于雍和宫设金奔巴瓶，饬理藩院堂官、掌印札萨克喇嘛等，公同掣蒙古所出之呼毕勒罕。丁未，上回跸。”（第555页）

下面我们谈谈对《清史稿·乾隆本纪》有关巡幸盘山记载的看法：

第一，记载的巡幸次数不准确。《清史稿·乾隆本纪》的记载巡幸盘山只有15次②，约占乾隆皇帝巡幸盘山总次数的一半。

第二，所选巡幸盘山的记载基本上无规则。阅读《清史稿·乾隆本纪》巡幸盘山的记载，感到并没有什么规律可循。在乾隆一朝，巡幸盘山始于四年，终于五十八年，《清史稿·乾隆本纪》记载了五十八年巡幸盘山而无四年这一次，可谓记载有终无始。如果按照不同的时间段选取记载的话，乾隆二十年代六次上盘山则一次也没有记载。如果依照是否在巡幸盘山处理了重大国家事务来选取记载，也不太突出。如《清史稿·乾

① 按：此次出巡主要是到避暑山庄，回銮时于十月驻跸盘山5日。

② 《清史稿·乾隆本纪》缺载的记载分别是四年、十二年、十四年、十五年、十七年（十月）、十九年、二十年、二十一年、二十三年、二十五年、二十八年、二十九年、三十一年（二月）、三十一年（九月）、三十四年、五十二年。另外，乾隆帝在太上皇期间的嘉庆二年去过1次盘山，驻跸7天，《清史稿》乾隆本纪、嘉庆本纪都没有记载。

隆本纪》记载了七年因灾大规模赈济江苏、安徽，十三年巡幸盘山期间处理湖广总督塞楞额违制薙发事，五十八年记载了处理西藏事务“谕于雍和宫设金奔巴瓶，饬理籓院堂官、掌印札萨克喇嘛等，公同掣蒙古所出之呼毕勒罕。”所载重要事情，是应当的。但是所选载的其他巡幸盘山期间任免官员、蠲免钱粮等事并无特殊之处，未必重要，同样记载这些内容的其他年份则不选取。如果是举例说明，读者并不一定知道编纂者这样的用心。而很多次记载只是说“上幸盘山”，并未记载巡幸期间其他事情，显然不是因为重要性而记载的。笔者猜测《清史稿·乾隆本纪》的记载有可能因为某一时间段如不记载巡幸盘山而无事可记，造成空白，可是对照清实录发现《清史稿·乾隆本纪》的编纂者也不存在这样的思路。其他如是否以专门巡幸盘山而非路过①、是否与皇太后一起上盘山②、是否属于去避暑山庄回銮③，都不属于编纂者确立的标准。所以说就巡幸盘山这一事情来说，《清史稿·乾隆本纪》的编纂者没有制定历史编纂的原则，是比较随意处理的。

第三，记载巡幸盘山的内容不完整。乾隆巡幸盘山多是谒陵路过，《清高宗实录》记载巡幸盘山，从离开京城到回京，有始有终。虽然《清史稿·乾隆本纪》的处理类似者有之，但有些记载，如五十四年、五十六年的记载只有简单的“上幸盘山”四个字，不仅没有记载归期，连出发的日期也没有。事实上，乾隆帝这两次巡幸都在盘山驻跸七天。《清史稿·乾隆本纪》的记载会给人造成皇帝到盘山当天往返的错误印象。

总之，《清史稿·乾隆本纪》关于巡幸盘山的记载，基本上是编纂者随意处理的结果。如果说《清史稿》有所强调的话，只是在乾隆后期的记载较有连续性，有些巡幸记载与比较重要的事情相关联。即使如此，《清史稿·乾隆本纪》的记载既不能反映乾隆帝巡幸盘山的全貌，也不能得到比较准确的概要，不符合历史编纂学的要求，史料价值不高。如果我们要了解乾隆皇帝巡幸盘山的历史，应该以《乾隆帝起居注》与《清高宗实录》④ 为主要资料。

---

① 乾隆朝皇帝专门巡幸盘山11次，《清史稿·乾隆本纪》记载了九年、十三年、三十七年、三十九年、四十年、四十七年、五十四年、五十六年、五十八年9次，缺载二十三年、三十四年2次。

② 乾隆帝于皇太后一起上盘山共计8次，《清史稿·乾隆本纪》记载了九年、十八年、三十五年3次，缺载四年、十四年、十五年、二十九年、三十一年5次。

③ 从避暑山庄回銮驻跸盘山共计4次，《清史稿·乾隆本纪》记载了十八年1次，缺载十四年、二十九年、三十一年3次。此外，乾隆二十一年乾隆帝告祭阙里，取道谒陵，也驻跸盘山，《清史稿·乾隆本纪》没有记载。

④ 白新良教授辑有《〈清高宗实录〉巡幸盘山史料》，天津古籍出版社，2011年4月出版。按，该书《前言》曾以《乾隆帝巡幸盘山、天津述论》为题，发表于《历史档案》2007年第4期，第62—72页。另外，白金先生辑有《乾隆帝巡幸盘山御制诗》，天津古籍出版社，2011年4月出版，亦可参考。

再论“三韩山斗碑”有关问题

姜相顺　姜　阳（沈阳故宫博物院）

北京大学商鸿奎先生百年诞辰，应中国社会科学院历史所陈祖武先生之邀，时去韩国参加世界巨石文化第九次学术讨论会和东国大学校比较文化国际会议，将我多年研究朝鲜王朝三学士心得体会集为一篇《三韩山斗汇论》（中国社会科学院历史研究所清史研究室编《清史论丛》2007 年号，中国广播电视出版社 2006 年 12 月版），纪念商先生的高风亮节。如今授课教导解惑多所奖掖之恩师，著名中国民族史、清史、满学大家，中央民族大学历史文化学院终身教授王锺翰先生百年诞辰，谨将我与女儿（韩国京畿道大学史科博士生）在韩国会后合著篇奉上。是在韩国的科学考察和实际工作的结果，对朝鲜王朝三学士崇高精神气节的研究有新收获“新材料新认识”，或可稍慰先师在天之灵。先辈的精神气节学术业绩，如泰山北斗，永远敬慕学习继承发扬，以此文纪念有深情厚谊焉，壬辰抬头敬献。

参加韩国东国大学校比较文化国际会议（2006 年 6 月 9 日，庆祝该大学成立百年）回来，将该校所藏《重刊三学士传》一书（三学士遗迹保存会刊行本影印本）和《三学士遗迹保存会会员录》（影印件）咏读一过，有关章节多次翻检，从历史学的角度对有关问题以新材料作进一步探究，以为金泰俊教授之邀请回报也。

1. 关于《三学士遗迹保存会会员录》所载人数名单，十分宝贵，兹载如下：

“发起人 8 人：金九经 林汉龙、朴准秉、吴斗焕、尹相弼、池锡模、洪思翎、黄润德；

赞助会员 42 人：高丙瓒、高元勋、权宁世、田中武雄、郑善伯、郑世胤、李锡九、李应圭、李锺奭、闵大植、朴荣喆、朴泳孝、朴寅喜、福岛二一、宋灿道、杨在河、吴萁焕、吴鼎铉、吴弼永、吴学根、吴翰泳、尹喜丙、张逵源、池田清、崔昌铉、韩膺寿、洪大升、洪琫裕、洪圣裕、洪淳文、洪承浩、洪思明、洪思先、洪思安、洪思容、洪思容、洪思宪、洪思勋、洪宗厚、洪赞厚、洪喆厚、黄龙瑞、崔允周；

特别会员 54 人：姜大亿、孔圣学、金龙铉、金炳泰、金锡源、金成俊、金淳贞、金润晶、金锺植、金昌奎、金汉奎、权振国、田中德太郎、东莱日新女学校、赵荣汉、赵锺五、刘升烈、李龙濬、李命洙、李范益、李升锺、李应俊、李昌善、李恒九、李惠彻、闵达镐、闵泳天、朴经锡、朴承薰、朴昌善、白俊英、徐廷根、安教焕、杨东赫、呉建泳、吴竞善、吴顺熙、尹商源、尹最亨、张承浩、张裕根、吴润焕、张宪植、崔龙洙、崔圣道、洪冕厚、洪思荣、洪思喆、洪思赫、洪正求、洪正裕、洪台裕、黄继奉、黄永周；

普通会员 236 人：康承国、康学圣、姜馨秀、具然学、金九铉、金大羽、金贞化、金东麟、金洛瑞、金鸣汝、金秉徽、金炳璇、金锡增、金相呙、金商燮、金世克、金成賨、金舜睦、金承龙、金信根、金思演、金阳根、金叶、金英哉、金英焕、金禹铉、金用国、金用根、金完镇、金在福、金济说、金正直、金政焕、金锺哲、金锺哲、金镇赞、金昌吉、金昌镐、金泰玉、金恒鎭、金浩相、金兴植、权五镕、权泰翊、权泰源、南宇铉、任竞淳、田文镐、田丙宅、田成实、田鹤贤、丁奎星、郑基铉、郑龙泽、郑丙朝、郑锡济、郑时铉、郑荣悳、郑在龙、郑喆永、郑夏永、郑炫、渡边业志、独孤禧、赵宽锡、赵南骏、赵锡九、赵锺春、赵昶元、赵昌濬、罗光俊、梁在昶、刘鳳和、刘益烈、刘昌化、柳基荚、柳东根、柳青、李甲、李康赫、李庆世、李敬植、李大勳、李祯鳳、李来鹤、李利植、李文承、李炳烈、李植焕、李英洛、李宇锺、李应文、李应甫、李源升、李载钦、李种实、李周荣、李俊焕、李鎭石、李学范、林承赞、林承鹤、林丰镐、安锺勋、安泓、严得龙、严世英、吴庚熙、吴德泳、吴贞子、呉东焕、吴地焕、吴明焕、吴序焕、吴受焕、吴锺泳、吴骏植、吴台焕、吴夏泳、吴学根、禹在命、俞光濬、俞镇昊、尹气淳、尹文荣、尹容灿、尹瑀铉、尹雄模、尹日燮、尹夏炳、尹衡远、元景九、元悳常、明义大、朴基灿、朴龙角、朴麟旭、朴炳镛、朴凤汉、朴世彬、朴胜彬、朴胜薰、朴锺浩、朴椿焕、潘基春、方奎焕、徐廷暾、孙基玉、孙亿万、宋文洙、宋敏会、宋荣起、宋元一、宋之宪、申基焕、申在烈、申载熙、沈相光、张锡周、张寿庆、张润植、张义焕、张弘植、曹祯焕、崔贵镕、崔吉泳、崔炳吉、崔秉模、崔凤奎、崔永植、崔翼相、崔俊德、崔翰宇、崔恒植、崔弘植、韩秉洙、韩凤洙、韩相五、韩锡年、韩锡命、韩昶洙、咸锡弘、许檎、许燮、洪庆裕、洪龟善、洪竟厚、洪琦、洪宽厚、洪南善、洪琰、洪大呙、洪贞裕、洪秉善、洪璇裕、洪性裕、洪性裕、洪性裕、洪寿德、洪寿福、洪思吉、洪思穆、洪思云、洪思翊、洪思翊、洪思澈、洪思学、洪思薰、洪养厚、洪堰、洪墉、洪应、洪仁厚、洪一济、洪琓厚、洪垣、洪元杓、洪锺国、洪俊善、洪埈玉、洪增、洪晋厚、洪昌裕、洪壎、黄公三、黄正杰、黄昌海、黄完秀、黄元宪。”

过去有人说人数为360人，不对了。按所列人名相加为340人。审读之下，又不对了：其中发起人八人；赞助会员四十二人，列了43人之名，中洪思荣名重复一次；特别会员54人，中有东莱日新女学校，所以只有53人之名；普通会员236人，其中金锺哲重复一次，洪性裕重复二次，洪思翊重复一次，实际为232人；洪思翊为发起人有重复计数，所以会员总数应以334人为确。

2. 会员核心倾向

原来，没有看到《三学士遗迹保存会会员录》，仅据发起人中的金九经、吴斗焕作点简单分析，以为没有制假之可能。现经金泰俊教授之弟子对发起人、赞助会员、特别会员、普通会员的政治背景进行检查分析，使笔者进行了一些思考。

《三学士遗迹保存会会员名录》这个珍贵文献，是金九经、吴斗焕、黄润德等八人发起的“遗迹保存会刊行”的，同时重新刊行了朝鲜王朝宋时烈所著《三学士传》并加金九经注。得韩国东国大学校比较文化国际会议顾问金泰俊教授之助，笔者得以全面掌握。又得其弟子发言所作如下分析，大致为：“在发起人八人中只有两人问题不大，即金九经和黄润德。其中吴斗焕、洪思翊、尹相弼均在日伪政府任官职，林汉龙、朴準秉、池锡模均为亲日的民会和青年会组织头领。在赞助会员和特别会员中又有日本人池田清为警务局长，田中武雄在满蒙朝鲜人调查委员会同池田清、福岛二一、田中德太郎，对付抗日和搞朝鲜独立运动的人，他们渗入“三学士遗迹保存会”核心是不争的事实。他们企图控制“三学士遗迹保存会”按照日本军国主义侵略者的意思办事是可以理会的。日本控制的朝鲜总督府的机关报一度大肆宣扬三学士的气节，给以很高的评价，当然是别有用心的。他们企图挑动朝鲜人与满、蒙、汉族的民族关系也是很显然的。”

但是，具有极大讽刺意味的是，同日本军国主义者的愿望正好适得其反，三学士的精神气节的核心和内容与他们冰碳不同炉，对日本军国主义的侵掳给以沉重打击。笔者据《三学士遗迹保存会会员名录》进行全面分析研究统计：金九经及其金姓有 47 人，吴斗焕及吴姓有 23 人，洪思翊及其洪姓 68 人，尹相弼及尹姓 12 人，朴準秉及朴姓 18 人，林汉龙及林姓仅 5 人，池锡模之池姓仅 1 人，而会员中朝鲜大姓李姓 34 人，郑姓 13 人，崔姓 15 人，说明“三学士遗迹保存会”是朝鲜人的家族乃至民族组织，其绝大多数人构成了该会的基础，成为决定该会性质的重要因素之一。

发起人中，起主导作用的是吴斗焕，属三学士之一吴达济家的后人，他到吴达济等死事的沈阳缅怀先烈自在情理之中。三学士的精神，当时就有人进行攻击，说他们捞取名声，受到正义人士的反驳，国王也因其精神实践的一致给以肯定。今天，当然仍有人贬为愚忠，重复历史上有人说过的八头蛮牛也拉不回来的说法。历史上说其蛮者，已经永远被钉在历史的耻辱柱上。说吴斗焕在日本殖民主义统治下任职，是事实，因此说其是亲日派似缺乏具体分析。在日本殖民主义统治下任职是被迫的，是为了生存，与三学士所信仰的“事大保国之道”是一致的，爱国的思想，民族的思想，是不会动摇的，所谓“国可灭而史不可灭”就是这个意思。吴斗焕委托金九经查询史事，金不仅因吴斗焕是“官”而“敬诺之”，而主要是感于三学士的精神气节，他还表白了新罗王室的身份，大段追记了先祖对三学士的赞扬追念，这就是民族精神和气节，是任何人也难以否定的。此二人有意造假，即应阴谋策划，何为如实写在“重刊三学士传序”中？起主导作用的人，是受三学士精神气节感召而为之，是心底里爱国爱民族才为之的。另一个核心人物黄润德，他是“三韩山斗”碑额的发现者。那么是不是“制假”者呢，到目前为止，没有确实的根据说他“制假”。《重刊三学士传》［影印本］有当时对原三韩山斗碑额的照片和拓片，可见其实。说他们“制假”，是因为有人在中国和朝鲜史料中没有找到记载立碑之事。笔者也曾广搜博览，随时随处为之，结果也是没找到，但我们却不赞同他们的“制假”之说。精神气节是人类的宝贵财富，这方面说不过去。同时，认真研究有关历史文献，可以看到如下事实；黄润德发现的“三韩山斗”碑额，金九经个人认为“清廷所立三学士碑额无疑”。恰恰在这个“无疑”之点上害得许多人包括他自己百般查找不得。结论是他这个看法不对，虽然其明确写在“重刊三学士传序”中了。细心比较一下，就会发现在“重修三学士碑记”中，他们的看法已经发生了变化，即认为三学士立碑之事“载在清人轶史”。结果是在“清人轶史”中，起码到现在为止也没有找到，当然当时也没有找到，找到了就会明确写出来。因此，他们并不想骗人，直接写出了“相传”。相传者，口耳之会也，这个变化是很大的。他们这么做，是诚实的，是做过一些搜寻的表现，不然一开始就说相传好了。如果一开始不信碑额为真，如何引出如许波折，沿至今天呢？“轶史”即不是官方的、朝廷的，那就是民间的。“相传”也就是这个意思，那他们又何必制假呢？

有人说，他们制假是为了振奋一下民族精神，说沈阳“十间房”的朝鲜人受到中国人的欺负。何其怪也，谁在欺负人？中国人也在日本侵略者的铁蹄之下，中朝人民的共同境遇是振奋民族精神反对日本侵略才对。三学士的民族精神气节是核心，有人说日本人、亲日派在三学士遗迹保存会中利用此事搞什么日、满、蒙、朝鲜人等五族亲善，好像也是南辕北辙。鼓动朝鲜人反对满族，能在当时达到反对中国的目的，而不是指向日本人自己策划操纵的满洲国吗？如果日本特务确有这个目的，也是很难奏效的，因为三学士的民族精神气节是核心，是否可以解释吴斗焕很快被调离沈阳的原因。民会、青年会的头领虽也曾一度参与发起，当也没有起到日本帝国所想起到的作用，因而纷纷离开沈阳。三学士碑重新树立沈阳，并没有为日本帝国作过什么贡献，而恰恰证明朝鲜“国可灭而史不可灭”的执著追求。

会员的倾向决定于发起人中的主导作用，其实主要是决定于“普通会员”，他们才是会员倾向的基础。几个日本坏人，民会、青年会的头领想在“三学士遗迹保存会”中浑水摸鱼，怎么能达到其罪恶目的。何况，当时日本人也是有好人的呢。

3. 比较文化研究的发现

丁奎福、金泰俊等先生们创立的“比较文化国际会议”韩国本部，是从文学研究角度切入的，实际上他们的研究早已突破了文学研究的领域，进入历史人物事态等的研究。自古文史不分家。其实，历史研究也一直重视比较研究。即以三学士碑是否制假而言，比较一下就会发现；被认为制假的人，当时并不知有“三韩山斗”碑之事。这一点金九经先生在“重刊三学士传序”中并不讳言：

“壬申春，余自北京来沈，留吴领事斗焕官舍十余日。时领事以其先代忠烈公遗稿二册示余曰；此学士公遗稿也，沈阳为公与洪、尹二学士殉节地，吾居此，欲寻其遗迹，而久不可得。君其为我搜缉文献，考事迹及殉节处，庶为后日立碑阐扬之资乎。余敬诺之。”

这一段记录说明，领事吴斗焕、金九经都不知道有“三韩山斗”碑额之事，而且如实表明吴斗焕有“后日立碑阐扬之”的打算。这有什么不对吗，纪念阐扬自己家先烈的民族精神气节是堂堂正正的，既不仅是为名声，也更不是为日本帝国服务。因为三学士精神气节的核心和内涵，都不是为了私利，是为朝鲜的国家和民族服务的，是来自中国的儒家文化，与日本帝国的侵略精神尖锐对立不兼容。日本人可以从形式上利用朝鲜三学士与当初尚为中国地方民族割据政权的清［后金］的敌对，但不能深入，一深入就会发现三学士的精神气节的核心和内涵都对日本帝国很不利，表面的“亲善”是暂可迷惑人的，但联想和深思就会有对日本侵略的巨大反作用。

话说回来，如果吴斗焕有制假的打算，而且金九经也是同伙，他们会这样光明正大吗？

4. 三韩山斗碑额的初步探究

在拜读金泰俊等先生的大作《和朝鲜的知识人一起走文明的燕行路》［韩文，蓝色历史出版社，2005 年版］中，书上的 355 页有碑额的照片和拓片。

照片和拓片上均盖有朱印。印文不清，辨认之下，为汉篆字印。拓片上方盖印，右上第一字为“国”字，中上第一字为‘图’字，余则不清。照片下方盖印，左下一字似为“藏”字，余则未能辨认。原以为，此两图章可帮助推出碑额年代。但细思之，“国”、“图”、“藏”的说法不是古代印章，应是后人收藏所盖的。因此，印纹的年代当不会早于黄润德先生等发现三韩山斗碑额的时间。此朱印大体为有百年历史的韩国首尔东国大学图书馆所盖。金九经黄润德等所刊行的《重刊三学士传》已经著录了原三韩山斗碑额的照片和拓片，记述了“新造碑身及龟趺，仍用旧额，而重立之”的经过。这种真实的记录，是笔者访问韩国东国大学校参加于2006年6月9日举行的“比较文化国际会议”的一个意外收获。应当衷心感谢金泰俊、金晓民父子的诚挚相待。

5. 皇太极对朝鲜三学士有表态

东国大学校比较文化国际会议的时间紧凑，新的史料也使笔者未及思考。虽然如此，研究是会深入的。笔者想，无论是金九经，还是黄润德，都希望在三学士问题上清朝最高统治者应有一个正确态度，即从儒家立场出发对忠义之士的肯定。看来，清统治者如皇太极虽然对张春等忠义之士十分敬重而且史有明载，唯对朝鲜三学士的表现一直未能释怀，如在宋时烈著《三学士传》和《清太宗实录》中所看到的：皇太极称帝是个敏感的问题，而正是在这个问题上，前有罗德宪，后有洪翼汉，都是当面对其不屈斥责的。所谓打人不打脸，搞得皇太极很难堪，其羞愤之下很难贯彻所习不久的儒家思想。

但是，皇太极事后是有一个态度的，据宋时烈先生在《三学士传》中说：

“今上戊申，尝御熙政堂，问臣事于筵臣。闵鼎重具本末以对。许积以为喜事钓名之人。鼎重曰；其时敌人，敢雠天朝，始建伪号，则彼三臣者，安得不痛斥乎？上曰；事系天朝大义，当如是。况终能杀身践言，不可谓钓名也！大哉，此真圣人之言也！上又曰；其时洪太始谓：三臣如何？建祠以祀则何如？郑太和：恐烦听闻也。鼎重曰：若建自士林，则不可禁也。上然之。”[宋时烈；《三学士传·吴传》28—29页，《重刊三学士传》72—73页]。

这一段话中，“今上”即显宗。此段话说皇太极［此文中的洪太始］曾向那时为人质的王子后为朝鲜的国王征求过意见问“三臣的表现怎么样，建立祠庙祭祀怎么样?”这是迄今为止所发现的清太宗皇太极对朝鲜三学士死后的正面表态。这是一个重大的新发现，见于朝鲜王朝名臣宋时烈之作品。

当时身为人质的王子如何敢表态？此事皇太极也就没有付诸实施。不但清朝以后没有建祠祭祀，而且朝鲜王朝也顾忌清朝怪罪没有马上进行朝廷的祭祀。以上引文证实了这种情况，而且明确点出祭祀三学士如果来自士大夫的民间祭祀则是不可禁止的，得到朝鲜国王的认可。

可见，即使在朝鲜，官方顾虑到清朝，当时也没有为之建祠祭祀。在清的留都沈阳，当也是出于这种情况，是朝鲜遗民建的，肯定比朝鲜的条件规格要差。

在“重建三学士碑记”中，以黄润德的自述看，他之所以能“得一碑额”归功于“乡人故老”。他比金九经询问仔细，找到了小西边门外的“义地”侧，“旧有小寺”既“相传”的“朝鲜三节士庙”。他虽然其前也说庙建于清朝，但如实指出为“小寺”，而且是在北市场保灵寺近所。义地是古代的公共墓地，保灵寺是寄放无地安葬的棺木之所。“三节士庙”这个小寺就建在公共墓地的暂停棺木的保灵寺门前是合乎当时情况的，即它是来自民间的追念。众所周知，由于三学士英勇不屈顶撞皇太极、斥骂清朝官员，其尸骨的收领也被拒绝，所以小寺当然是对节士的追念，或者就是出自居住沈阳的朝鲜族人在这儿建立了“三韩山斗”碑。它是民间的行动，民间的义举，因此不见官方的记载，而在民间流传。从碑额的照片和拓片看，其规格在封建社会的等级并不高，虽是五爪龙碑只有四眼，刻工粗糙，不像官方的作品。如此说来，它本来就是民间的产物，1935 年的“重修三学士碑记”也是民间的产物，根本不存在“制假”的问题。人民是伟大的，不过小民总是对政府寄予厚望，高看几眼，所以疑为官方遗物也是可以理解的。他们不是恶意的，不是欺骗，只是希望自己的心愿得到政府的支持，这在有政府的社会里不是很自然的吗?

6. 大的历史背景

以上较多的用了比较的方法来分析研究一些情况，对问题的认识深化了。现在，笔者以为从大的方方面面来分析研究 1935 年前后的时代背景就会看得更清晰。那个时代是个弱肉强食的年代，是帝国主义、军国主义肆虐人类社会的虎狼横行的世道。整个世界在第一次世界大战以后，列强产生分化，一些列强变弱了，一些国家变成新的强国如德国和日本。在东亚，中国清朝虽然垮台了，实际上陷入了军阀割据的年代，人民遭受苦难，贫弱不堪，任人宰割，朝鲜在清末一度获得独立，但很快就被军国主义的日本控制，最后干脆被日本灭国。中国东北在 1931 年 9 月 18 日以后，实际上成为日本军国主义横行霸道的殖民地，中国东北人民和朝鲜人民都成了日本军国主义的奴隶，主权丧失之痛是一样的。应该指出，日本军国主义是一个凶恶的强盗，从历史上看就一直崇尚暴力，以武士道为代表，表现得十分突出；同时日本军国主义又善于伪善欺骗，搞什么“大东亚共荣”，搞什么日、满、蒙、朝鲜亲善，是骗不了人的。因此有人说，在沈阳搞“重修三学士碑”是为了提高沈阳西塔十间房一带被中国人欺负的朝鲜人的自信心，近于胡说八道。据笔者所知，沈阳一带的汉、满、朝鲜族之间一直没有什么大的矛盾，至于民族风习差异彼此都能包容。如果不是日本军国主义的侵略，中国人和朝鲜人不会处于被奴役的地位，不会痛苦不堪。因此，日本军国主义在朝鲜三学士问题上捣鬼，是不会得到什么便宜的。朝鲜在明、清更替之际受到皇太极二次武力侵犯，三学士就是因为忠于“事大保国”的方针尊崇明朝皇帝和朝鲜国王，不认可皇太极称帝的行为，对武力侵犯主张坚决抵抗，在国家民族危机的关键时刻慷慨赴死的。日本军国主义如果认为，朝鲜三学士是死于皇太极之手，而以后清朝统治了中国，因此朝鲜三学士就是死于中国之手。这种形式推理是完全站不住脚的。因为朝鲜三学士正是因忠于中国的明朝皇帝，不承认皇太极的“二天子”行径，甚至面对死亡的威胁与皇太极进行了面对面的斥骂抗争才英勇献身的。所以，朝鲜三学士是不屈服于武力侵犯，维护“天朝”中国明朝才死于当时仅为中国少数民族地方割据政权的首领皇太极之手，洪翼汉就是当面斥骂皇太极为“天朝反贼”使其“大怒”而被处死的。有人认为，日本人和朝鲜人中的亲日派利用朝鲜三学士问题来反对中国才不惜阴谋制假“三韩山斗”碑的。但是，朝鲜三学士是维护“天朝”中国、为反抗危害中国和朝鲜的武力侵犯才英勇牺牲的，愚蠢的日本军国主义是利用不了的。恰恰是日本军国主义武力侵犯了中国和朝鲜，朝鲜侨民在中国沈阳缅怀追念英烈三学士的精神气节，客观上只能是针对日本军国主义的，所起的深远作用也是反对日本军国主义武力侵犯的。这是很明显的事实。笔者奇怪，这样明显的事实，为何有人看不到，反说日本军国主义派遣日本人和朝鲜人中的亲日派策划造假“三韩山斗”碑额来反对中国呢。重修三学士碑的行动和影响作用，是日本军国主义者始料不及的。如果其确有策划和期望的话，那么从朝鲜三学士碑重修的八个发起人纷纷调离沈阳，只有文人学者金九经“仍留此间”为重刊三学士传而“幸观厥成”，似也应看出些蛛丝马迹。主持朝鲜三学士纪念事宜的政治成分大大降低，其民间活动的色彩更加浓烈。随着《重刊三学士传》的传播，朝鲜三学士的民族精神气节不但激励了更多的朝鲜人，而且越来越多的中国人也受到影响，他们面对强敌日本军国主义，不怕牺牲，前赴后继。抗击日本军国主义的中朝优秀儿女进行了艰苦卓绝的斗争，最终取得了战胜日本法西斯的伟大胜利。

这样一个大的历史背景下，朝鲜三学士的精神气节所起的积极作用，显然是占有相当重要的地位，也是朝鲜人民对抗日战争的重要贡献。因此，重修三学士碑和重刊三学士传是堂堂正正的民间行动，人民群众远远走在政府的前面，任何人的曲解和污蔑都是无济于实的。

7. 正史与轶史问题。

这个问题是个历史学界讨论很久远的问题。不同的历史时代有不同的实际情况，从中国的历史看，有官方的历史记载，与民间比较称为正史，当时朝代留下实录和档案，一般情况下比较准确，但也存在着讳饰失实的问题；与正史相对称的野史、轶史是民间或个人的历史记载，或亲历或见闻，其实应该与正史一体看待，但由于过去的事或记录者胡编滥造，或口耳相传辗转失实，有传统之见认为不可靠、不可信。笔者认为，正史未必全可靠，轶史未必全不可靠，都是相对的，都要具体分析，才能得到正确的意见。这正是历史研究去伪存真的任务。

从“重修三学士碑记”面世以来，人们从《清太宗实录》、《朝鲜王朝实录》等正史中找到了朝鲜三学士的可靠史料，对“重修三学士碑记”的积极影响和作用作了正面肯定的评价。关于三韩山斗碑额，由于正史无载，轶史也无记；“重修三学士碑记”本文也包含着两种说法，其一认为“清朝亦以褒奖贞义之意，立祠于沈阳城西门外”；其二，“以年历久远，祠、碑俱废”，“询于乡人故老，知小西边门外义地侧，旧有小寺，相传为朝鲜三节士庙”。“重修三学士碑记”本身就是第二种情况的产物，属于民间轶史。由于传统的偏见，总以为政府和正史绝对权威可信，故认为“三韩山斗”碑额是“清廷所立”并留传下来。

由于史学学者从正史找不到有关记载，从清人轶史也未发现记录，对“三韩山斗碑”的来源产生了疑问，这是可以理解的；但接着对“重修三学士碑记”及“重刊三学士传”的动机，也产生了疑问，作出与朝鲜三学士的精神气节相背离的猜测分析和评价，使笔者不能不认真思考对待。尽量多地占有详尽的第一手资料，实事求是地从中得出正确的结论，是目前的一个重要任务。要完成这个任务，既要重视正史的价值，也不能轻视轶史和口碑。从“三韩山斗碑”的研究状况看，它不应是清朝廷的产物，而应是民间的纪念。因此无所谓“制假”的必要。有人说“制假”有好的动机，有人说“造假”有恶意，都是不对的。

1935 年前后，在中国沈阳西塔、北市场一带，出现“重修三学士碑”的行动和记载，建有“三节士庙”［据辽宁社会科学院历史所研究员沈阳城市史专家张志强调查访问证实］，出现《重刊三学士传》的历史研究成果，出现“三学士遗迹保存会”这样朝鲜民众的团体，对恢复朝鲜民族的自尊心、自信心，对朝鲜民族的凝聚和国家的恢复都有正面的积极的作用，对日本军国主义及其狂妄毒辣的野心都是沉重打击！“乡人故老”、“寺主”的身份，从沈阳西塔、北市场一带来看，有朝鲜人，有回族，也有汉族，他们对三学士的精神气节持肯定赞颂的正义态度，充分反映中朝两国人民的团结和友谊，在“重修三学士碑记”中留下了光辉灿烂的篇章。

清代多文种合璧文献二三例

江　桥（中国社会科学院民族学与人类学研究所）

作为阿尔泰语系满—通古斯语族中的重要成员，满语文具有丰富的学术内涵。它以清代“国语”“国文”之显赫地位，成浩如烟海之历史文献，又作为文化的载体而传向海外。本文仅就三例清代多文种合璧文献略陈一二。

一、《御制满珠蒙古汉字三合切音清文鉴》

清政府在《御制清文鉴》（1708）、《御制满蒙合璧文鉴》（1717）、《御制满蒙文鉴》（1743）、《御制增订清文鉴》（1771）之后，又钦定《御制满珠蒙古汉字三合切音清文鉴》，满文名《han i araha manju monggo nikan hergen ilan hacin i mudan acaha buleku bithe》，凡32卷。据《四库全书》文渊阁本题要为“乾隆四十四年御定”（1779），序言时间为乾隆四十五年正月。

该书收词条13800余，包括词和词组，以及同一词语在不同类目中多次出现的情况。比较而言，收词数量有限。① 然而该文献之体例，“每国语一句，必兼列蒙古语一句，汉语一句，以明其义。又以蒙古字、汉字各对国语之音，以定其声。汉字之音不具，则三合以取之，蒙古之音不具，则分各种读法、写法、收法以取之，经纬贯穿，至精密而至明显，循文伏读，无不一览了然。”② 其注音方法之精准，为其他同类文献所无法比拟③。

这部语言法典，满、蒙、汉三体音、义、形相互对照，以满文为主，识得三种文字中任意一种，便可读出另外两种，如该书凡例所云：“每满洲语一句，必兼以蒙古语、汉语，俾阅者因一得三；每满洲语一句，对音以蒙古字、汉字，俾读者因彼既可识此，蒙古语、汉语亦然。”且满、蒙文的汉字注音有音素、音节两套，两相参照，准确无误。又有满、蒙两套拼音文字为汉字标音，准确地反映了当时的汉字读音。这样，就为我们今天的研究提供了满、蒙、汉三种文字的重要数据。而这一数据，又为我们建立18世纪中国官方语言环境提供了可能。

清代以汉字为满文注音文献按注音方法大致可分为两类：一是以音素为基本单位标注汉字，标音汉字以反切方法拼读成音；另一种是以音节为单位标注汉字，可通过标注

---

① 比较今人编写的满文词典，如胡增益主编：《新满汉大词典》，新疆：新疆人民出版社，1994年，收词条35000。

② 《御制满珠蒙古汉字三合切音清文鉴》，乾隆四十五年殿刻本，提要，《钦定四库全书》经部十，小学类二。

③ 《御制增订清文鉴》，乾隆三十六年殿刻本，已有汉字注音，但非以注音为主，且无蒙文互鉴。

的汉字直接读出满文的读音。清代应用广泛的教科书类文献《清文启蒙》（雍正八年，1730）、《清汉对音字式》（乾隆三十七年，1772）等均采用的是后者。从特点上说，前者能够准确地描述出书面语言的每一个字母，并通过严格对应的拼读方法准确地读出该音（Transliteration）；而后者可以直接通过标音汉字读出满文（Transkription）。《御制满珠、蒙古、汉字三合切音清文鉴》中同时含有这两种汉字注音，避免了因“满洲语、蒙古语之音韵汉字多不能缔对”而使汉字注音不够精准之弊，于“句旁兼写三合切音字，俾读者得韵之正”。①

如：

abka　［阿补喀阿］　“阿布喀”（卷一，3，上）

alin　［阿礼伊因］　“阿麟”（卷一，3，下）

不仅如此，两种标音的互补还为我们提供了认识满文读写差异的可能。如：满文ang，eng，ing下连写ga，ge，gi，go等字，会产生音变，汉字注音既有文读“噶阿、歌额、基伊、锅鄂”，也有变音后的读音“阿、额、伊、鄂”字。又如：jurgan，miyamigan等中的gan字，汉字注音有文读“噶阿恩”，亦有实际读法的对音，标为“汗”字。

同理，该文鉴对于清中期蒙文、汉文的读音也作出了准确的标示。以满文元音汉文读音为例，可制成满文元音读音之汉字对照表②：

满文转写 汉字注音 语音环境	a	e	i	o	u	ū
独立	［阿］	［额］	［伊］	［鄂］	［乌］	［谔］
在复合音中	［阿］	［额］	［伊］	［鄂］	［乌］	［乌］
a后			［衣］			
e后			［衣］	［欧］		
i后				［优］		
o后			［衣］	［傲］		
u后			［衣］			

通过分析，见有如下规则：

1. 除第六元音外，元音单独和与辅音相拼成复合音节时的注音用字相同。这在一定程度上反映了其注音的精度，以今天的知识来判断，这种精度应该是适合在应用领域区分满文元音音位的。而第六元音的特殊注法恰好反映了它在音位上的特殊性，也就是说，在单独使用和与辅音相拼时的发音有较为明显的区别。

2. 第三元音可以放在第一、二、四、五元音后组成双元音，在双元音中，该元音的读音受到前一元音影响，汉字对音显现为不同的用字，即“伊”（单元音时用）和

① 据《御制满珠蒙古汉字三合切音清文鉴》凡例。

② 据江桥：《满文元音之汉字注音》，载《满语研究》2005年第1期。

“衣”（双元音时用）。说明标注者对双元音中语音之间的相互影响有所关注。

3. 第四元音在组成双元音时，对音汉字各不相同，分别是：[欧]、[优]、[傲]，它们在读音上的共同点是：本身既有 [o] 音素，同时也显现双元音中的另一音：[ə]、[i]、[o]。即便如此，代表双元音中另一音的汉字仍然要出现，表现出本标注法按音素注音的原则。

4. 第六元音单独和与辅音相拼成复合音节时的用字不同，分别是 [谔] 和 [乌]。两者发音完全不同，但前者与第四元音的注音汉字 [鄂] 属同音，后者则与第五元音用了相同的注音汉字 [乌]。这一方面反映出此元音在不同的语音环境中发不同的音，同时也显现出，满文的一些特殊发音部位用汉字是无法表现的。

在词汇方面，满、蒙、汉三文词义的对照，对词汇学研究弥足珍贵。仅举一例：

28 星宿名①

		满	蒙②	汉
东方	1	gimda	dzetra	giyo 角
	2	k’amduri	sowadi	k’ang 亢
	3	dilbihe	šušak	di 氐
	4	falmahūn	anurat	fang 房
	5	sindubi	dzesta	sin 心
	6	weisha	mul	wei 尾
	7	girha	burwasat	gi 箕
北方	1	demtu	udirasat	deo 斗
	2	niohan	abidzi	nio 牛
	3	nirehe	sirawan	nioi 女
	4	hinggeri	danista	hioi 虚
	5	weibin	sadabis	wei 危
	6	? ilgiyan	burwabadirabat	ši 室
	7	bikita	udirabadirabat	bi 壁
西方	1	kuinihe	riwadi	kui 奎
	2	ludahūn	ašuwani	leo 娄
	3	welh’ūme	barani	wei 胃
	4	moko	girtik	mao 昴③
	5	bingha	ruwehini	bi 毕
	6	semnio	marg’asar	dzui 觜
	7	šebnio	ardir	šen 参

① 二十八星宿的名称据《御制满珠蒙古汉字三合切音清文鉴》卷1，第11—14页。《御制清文鉴》，康熙四十七年殿刻本，其中尚无此28词。

② 蒙文依满文注音转写。

③ 原文汉字写成“昴”。

续表

		满	蒙	汉
南方	1	jingsitun	burnawašu	jing 井
	2	guini	bus	gui 鬼
	3	lirha	aslis	lio 柳
	4	simori	mek	sing 星
	5	jabhu	burwapalguni	jang 张
	6	imhe	udirapalguni	i 翼
	7	jeten	hasta	jen 轸

通过比较可以看出，满文均以汉字音为第一个音节，蒙文则与满、汉文无关，与印度文相关，这是这一时期满文造字的价值取向。诸如此类，可将许多方面的词语进行比较，找到渊源，丰富中国阿尔泰学的研究。

二、满文—谚文（한글）文献

相比较而言，朝鲜半岛的满文文献种类虽然不多，内容却很特别，既有最早使用新满文书写的三田渡《大清皇帝功德碑》碑文，又有选词精当的《汉清文鉴》；既有转译自女真文的《八岁儿》、《小儿论》，又有《同文类解》、清语《老乞大》，对比研读，价值不菲。只是由于涉及的文字符号稍显复杂，识别上有一定难度，使其价值的发挥受到了限制。

满文—谚文（한글）文献形成的背景

李氏朝鲜（明洪武二十五年至清光绪二十三年，1392—1897）之初承高丽制设司译院（1393—1894），专司外交事务并培养外交、翻译官员。初设汉语、蒙古语厅，太宗二年（1414）补设倭语（日本语），世宗八年（1426）补设女真语厅。这四种外国语的学习和翻译统称“译学”，个别称汉学、蒙学、倭学、女真学。司译院和译学制度确立于世宗时期。编制、翻译官的科举考试、翻译官的学习以及作为科举考试用的译学书等，大致均确定于世宗时代。之后被收录在世宗朝编纂的《经国大典》中。从《世宗实录》开始，正式出现《老乞大》、《朴通事》等译学书籍的名称。至与后金—清发生关系，为适应需要，改女真语部分为清语，将部分女真文文献译成清文，如：《小儿论》、《八岁儿》、《三译总解》等。①

除去译自女真文的教本外，清学厅还将传统汉文教本译成清文，《清语老乞大》就是其中之一。

司译院内改女真学厅为清学厅后，为了教学和翻译的需要，还编辑了清文教材与词典，如《同文类解》、《语录解》、《汉清文鉴》等。这类文献基本上是以清朝本土编辑

① 参考成百仁、高东浩：《韩国的满语研究概况》，载《满语研究》，1999 年第 1 期。宋基中：《朝鲜时代的女真学与清学》，载《满语研究》，2004 年第 2 期。

的同类书籍为蓝本的。

有关司译院清学书及其研究情况，成百仁先生在他的“现存司译院清学书와 그研究”一文中作了综合介绍。①

满文—谚文（한글）文献的特征

不同文字代码转换是这部分文献最突出的特征。主要涉及满、谚、汉三种文字。以《汉清文鉴》“时令部 / 时令类”中第一、三、四字为例：

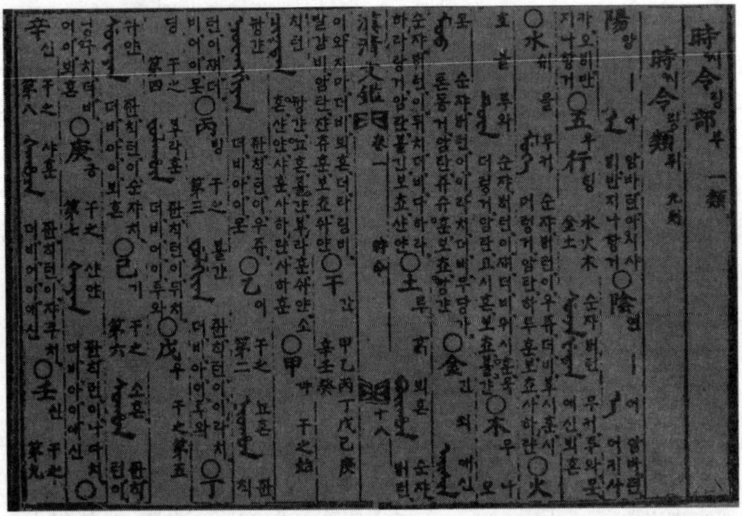

A. 汉字：阳；注音：양；义：——（无）；满文：a；注音：아；释义：암바，텬，……；

B. 汉字：五行；注音：우힝；义：水火木金土；满文：sunja feten；注音：순쟈 벙턴；释义：무커，투와，……；

C. 汉字：水；注音：슈ㅣ；义：믈；满文：muke；注音：무커；释义：순쟈 벙턴 이 우쥬……；

各栏目的内容：

• 汉字。所谓《汉清文鉴》，汉字在前，清字在后，顾名思义也。这无论在清代、还是在当前都是非常稀有的；

• 注音。以한글注汉字音，对两种语言的语音研究都非常有意义；

• 义。此栏在第一条中使用了省略号、三中用了汉字、四中用的是한글，写法又与今天的韩文有细微的差别（믈 --- 물），仔细分析，当属朝鲜文义；

• 满文。此栏是《汉清文鉴》的清字，应该是按照前述几种作为蓝本的清文字典确定的。在这里的意义，主要是交换了清字和汉字的位置关系；

• 清字的한글注音。对两种语言的语音研究很有意义；

• 释义。此栏是用한글拼写满文释义；

---

① 成百仁：《만주어와 알타이어학 연구》（Studies on Manchu and Altaic Linguistics）태학사韩国，汉城大学，1999年。

由上述分析可以看出，此词典的内容在所涉及的三种文字符号的使用上是有交叉的。这种交叉体现了文化上的一种关系。

朝鲜半岛的满文文献主要来自于司译院，而司译院的主要职责又是翻译和培养外交人员，由此带来这部分满文文献的另一个明显特征，是工具书、教材占据绝大部分。其中可分为：

1. 辞典类：包括《汉清文鉴》、《同文类解》、《语录解》等。

2. 自女真学书转译的清学教科书：如《八岁儿》、《小儿论》、《新翻老乞大》、《三译总解》等。

这些文献所包含的文字符号的来源及其对比，对所涉及的三种文字的研究都非常有意义。以《八岁儿》为例：

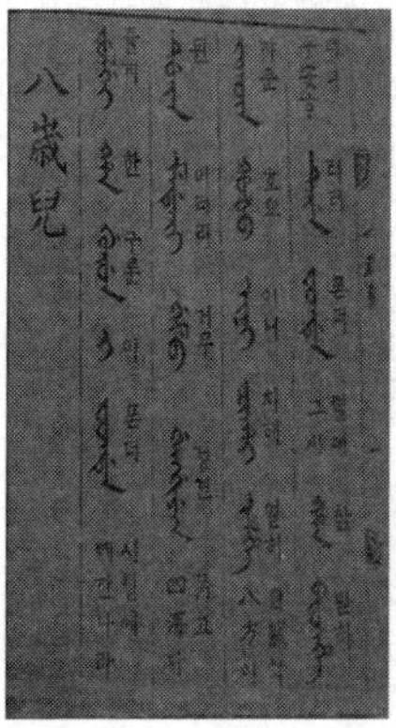

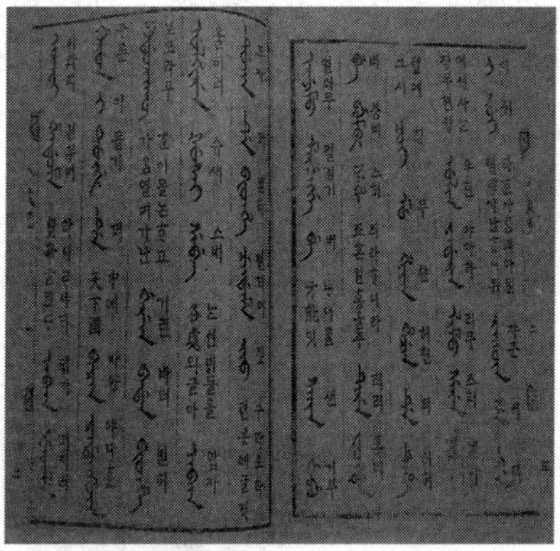

1. 注音方面：

A. 以谚文（한글）逐字注音。

B. 对谚文无相应音位或有差别者，作出相应处理。仅以上面“样页”中出现的情况举例如下：

a. 遇不送气唇音以送气者代替之。

b－p，例：P1 bithe， P2 bayan

f－p，例：P1 fonde

b. 以舌尖前代替舌尖后

zh－z，例：P1 jakun， julgei

ch－c，例：P2 cendeme

sh－s，例：P1 hošo

c. 元音 a，e 遇舌尖音加 i 介音

a－ya，例：P1 jakuun，

e－ye，例：P2 cendeme

2. 内容方面：

《八岁儿》的内容，类同于很多汉文典籍。在此仅选译朝鲜朝司译院满文教材中部分内容如下：

八岁儿：古时帝国，四海皆清，八方自宁。彼时，帝书曰：天下邦内，贫富不分，各处文书通晓，于天门测试，授德才佳名。时××县城住有一财贫者名××，其子八岁，……行数日，至××城，择伍千生员，八岁儿中，立于后。皇帝见状问之曰：后面站立之小儿，你乃何人？八岁儿近前奏曰：小人乃应昔日皇上圣旨测试而来。圣上闻过大笑曰：小子你年龄虽小，为何如此善于应答？八岁儿近前奏曰：小人因以皇上所问之事，故从善而答。皇上思之，叹言非人也。遂问之：天有首乎？八岁儿答曰：天有首也。皇上又问：何以见得？八岁儿答称：日升东方，落于西下，故知有首。皇上再问：天有耳乎？八岁儿答曰：天下鹤鸟之鸣声高，上天乐闻。若无耳，何以闻之？皇上又问：天有口乎？八岁儿答曰……

再如：《语录解》。在满语教学中，掌握虚词的作用非常重要。如《清文虚字指南编》，是旧时学习满文文法的良好教材。其中最为常用、也是理解满文句子最为关键者，要数“be”、“de”“i”。《语录解》抓住了这个要点，在简短的篇幅中将这三个虚字与韩文对照讲解，这对于学习满文的人来说，确可起到画龙点睛的作用。动词词尾变化也是满语中相当重要而活跃的部分，《语录解》中是这样处理的：

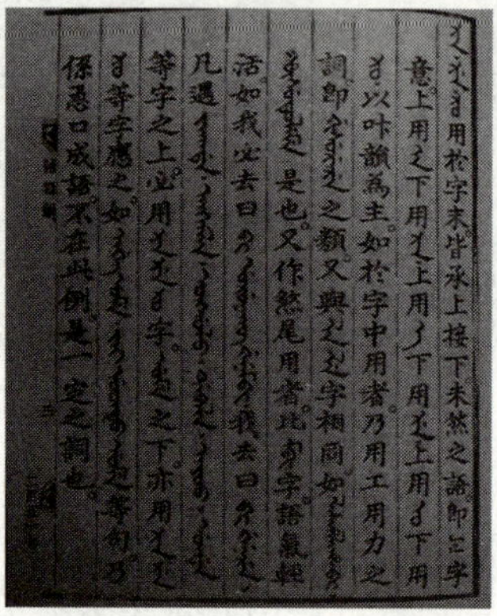

总之，《语录解》虽然仅有古本书 14 页的篇幅，其所蕴含的语法内容是非常重要的。

三、碑刻举例

明清之际，社会动荡不安，多股政治势力交互作用，最终以北部边陲满族入关定鼎中原而告一段落。在传统史学看来，这是一种非常态的无序运动过程，于是将原因归结于其他政治势力的衰败导致对全局掌控上的失误。而对于这一现象中所蕴含着的人类智慧与行为的协调动作的能力，尚缺乏深入的研究。这一点，有可能是影响人类社会今后发展的一个很重要的因素。

满文作为清代“国书”，早在其“龙兴”之初便已创制，至定鼎中原，中间经过改革，日臻完善。它的内容为我们提供了研究和思考该人群在精神思想方面活动轨迹的条件。以辽沈地区为例：该地区是明清之际政局变化的发源之地，在这段历史进程中的地位重要，作为满文和满族的发祥之地，存有丰富的文献资源，理应被列为研究的首要之点。同时，该地区也是历史上锡伯、朝鲜等其他北方民族曾经活动过的范围，对综合认识和理解许多文化现象也会有所助益。该地区存有最早的满文文献，以石刻文献为例，在已发现的早期满文碑刻中，有两大特点极为鲜明：一是文体丰富，以满汉合璧者居多，间有满蒙汉三体合璧、满蒙汉藏四体合璧、满拉丁合璧；二是种类繁多，从墓碑、诰封碑、谕祭碑、题名碑、谕旨碑、告示碑，到塔碑、寺碑、陵碑、堂碑。这恰好反映出满族社会初发之际多样性的文化背景，不仅是民族古文字、文献的研究的基础，也为其他相关学科的研究提供了丰富的资源，具有多方面的学术价值。这部分珍贵文献，由于种种原因，还没有得到有效的利用。

莲花净土实胜寺碑。崇德三年（1638）孟秋立，位于沈阳市和平区黄寺路实胜寺内。实胜寺为清入关前盛京最大的喇嘛寺院，是皇太极为纪念征服察哈尔蒙古而建造的。崇德元年（1636）七月敕建，崇德三年（1638）孟秋七月告成，全称莲华净土实胜寺，后世通称实胜寺、皇寺、黄寺。此寺因奉蒙古大汉忽必烈之摩诃迦罗金像而成为清朝当时政治—宗教上居最重要位置的藏传佛教大寺。寺中四天王殿到大殿之间的院中，左右面南对称地各立一碑，东边的石碑正面镌满洲碑文，背面镌汉文碑文；西面的石碑，正面镌蒙古碑文，背面刻西藏碑文（汉文碑文称其为“西域文”）。四体而一意，志建寺缘起。拓片 240/ 95cm，北京大学图书馆存。碑文入《清太宗实录》。[①]

满、汉碑文：

šuilgai soorin i yargiyan etehe fucihi soorinde ilibuha wehei bei de araha bithe gisun

莲华净土实胜寺碑记

šumin holo ilgarakū yaya de gemu urambi.

夫幽谷无私 有至斯响

amba jung kumdu bime，necihede urunakū guwembi.

洪钟虚受 无来不应

gubci de teisuleke. an kooli untuhun de iliha.

而况于法身圆对 规矩冥立

emumudan be deribuhede sunja hacin i kumun i mudan ini cisui aššara fucihi be ai hendure.

一音称物 宫商潜运

tuttu sigemoni fucihi mag’ ada gurun i sudadani han de banjiha.

故如来利见迦维 讬生王室

sunja sejen i wehiyeku i eyere lifaha be tucibume.

凭五衍之轼 拯溺逝川

jakūn tob duka beneifi geren efujehe be wekiyeme tuttu buttui fa udu somishūn

开八正之门 大庇交丧

bicibe acinggiyaha de uthai hafunambi.

① 有关此碑之情况，参见嵇穆（Martin Gimm）：《蒙古摩诃迦罗崇拜与清朝的起始——1638 年〈实胜寺碑记〉》，载《清史论集——庆贺王锺翰教授九十华诞》，北京，紫禁城出版社，2003 年 5 月。

于是玄关幽键 感而遂通

dagoro eyen golmin waidaha seme wajirakū.

遥源浚波 酌而不竭

tuttu fa tacibukū dergi julergi de selgiyefi

既而方广东被 教肄南移

jeo zuwang lu zuwang fucihi be sabure adali dobori juktehebi.

周鲁二庄 亲昭夜景之鉴

han mingdi jin mingdi hangemu nirugan nirume yangselahabi.

汉晋两明 并勒丹青之饰

tereci ebsi. ging ni bithe babade selgiyehe. fucihi enduri soorin unduri sabuha.

自兹以文件处 列刹相望

terei jihengge inu goro kai.

其来盖亦远矣

daiyuwan gurun i sidzu hūbilai sure han i fonde

至大元世祖时

pakspa lama minggan yan aisin be gur mahag' ala hungkerefi u tai san alin de juktehe.

有喇嘛怕斯八用千金铸护法麻哈哈喇奉祀于五台山

amala sashike bade gamafi juktehe. jai sarba hūtuktu lama soolifi

后请移于沙漠 又有喇嘛夏儿把忽秃兔

daiyuwan gurun i enen cahar lingdan han i gurun de gajifi juktehe.

复移于大元裔插汉儿灵丹汗国 祀之

daicing gurun i gosin onco hūwaliyasun enduringge han

我宽温仁圣皇帝

cahar gurun be dailame efulefi gurun irgen gemu dahame jidere de

征破其国 人民咸归

mergen lama mahag' ala be gajime dahame jidere be

时有喇嘛默儿根 随载而来

enduringge han donjifi lama se be dorolome okdombufi

上闻之 乃命众喇嘛往迎以礼接

mukden hecen i wargi de ilibufi

至盛京西郊

mahag' ala bifi amba fucihi akū oci ojorakū.

因曰 有护法 不可无大圣

amba fucihi bifi mahag' ala akū oci inu ojorakū seme

犹之乎有大圣 不可无护法也

uthai jurgan de hese wasimbufi

乃命该部

bai sain betuwafi mukden hecen i wargi ilan bai dubede fucihi soorin ilibume ara seme.

卜地建寺 于城西三里许得之

sunja giyan i amba yamun arafi wargi hošoi ilan amba fucihi soorin be ilibuha.

遂构大殿五楹 塑西方三大圣

hashū iciergi de juwe šabi.

左右列阿难 迦叶

molon tojin šaribudari batme sambao a ayosi jakūn bodisung

无量寿 莲华生 八大菩萨

juwan ninggun agui situgen be faidaha.

十六罗汉

fucihi ninggui pun de duin dandira fucihi hecen be niruhabi.

天棚绘四怛的喇佛城

usnihai subargan bodi kūtuk subargan fucihi juleri juktere tanggū yen aisin i tana sindame araha mandal.

又有宝塔二座供佛的曼拿啰 用黄金百两嵌东珠

juwe tanggū yan aisin i araha bumbi. sambur alin. nadan boobai jakūn jukteku.

内有须弥山七宝八物 又有金壶一把 用黄金二百两

juktere moro ilan nadan. aisin menggun i eiten juktere hacin be yongkiyafi

金锺廿一 银器俱全

dergi wargi de ilata giyan i yamun arafi

东西廊各三楹

dergi yamun de sigemuni fucihi emu tanggū jakūn jergi forgošome banjiha be niruha suduri

东藏如来一百八龛脱生画像

yaya ging – ni bithe sindaha：

并诸品经卷

wargi yamun de mahag' ala be juktehe.

西供麻哈哈喇

juleri ilan giyan i yamun abka i duin wang ni beye araha.

前天王殿三楹

juleri ilan giyan i duka，jai lama se，hūwašasai tere boo，buda i boo，

外山门三楹 至于僧寮 禅室 厨舍

jungtungken i jergi kumun i jaka be yooni dagilaha.

锺鼓音乐之类 悉为之备

Wesihun erdemunggei sucungga fulgiyan singgeri aniya bolori uju i biya de weileme deribufi.

营于崇德元年丙子岁孟秋

Wesihun erdemunggei ilaci suwayan tasha aniya šanggaha.

至崇德三年戌寅告成

fushuhe šu ilga i soorin i yargiyan etehe fucihi soorin sehe.

名曰莲华净土实胜寺

yamun boo ambanbime geli saikan. araha arbun beye eldengge bime fengšengge.

殿宇弘丽 塑像巍峨

giyan giyan i golmin fiseku i boo de fucihi enduri be tebufi enteheme jukterengge

层轩延袤 永奉神居

damu halhūn šahūrun aga hiya acabufi emu ere i hūturi tusa be baire teile waka.

岂惟寒暑 调雨旸若 受一时之福利

jalan ele gūidaci gung ele algime. beye neneme jalafun oci gebu nememe wesihun ofi.

盖世弥积而功宣 身逾远而名劭

sain bejalan jalan de isitala mohon akū tuwabumbi.

行将垂示于无穷矣

daicing gurun i Wesihun erdemungge ilaci suwayan tasha aniya bolori ujui biya i sain inenggi ilibuha.

大清崇德三年岁次戊寅孟秋吉日

gurun i suduri yamun i aliha bithei da garin manju bithe acabuha.

国史院大学士刚林撰

kooli selgiyere yamun i aliha bithei da hife monggorome ubaliyambuha

弘文院大学士希福译蒙古文

ashan i bithei da lo sio jin nikarame ubaliyambuha.

学士罗绣锦译汉

domsang gusi tubet gisun i ubaliyambuha.

古式道木藏译西域文

fucihi beye be arara nirure fucihi bodisung se be faidame ilibume uhereme jorime tacibuha biliktu langsu.

指使塑画毕力兔朗苏

uhereme bošome weilebuhengge jongni

总管督昭耐

fucihi bodisung beye be araha faksi nikan lama

塑匠尼康喇嘛

moofoloho faksi mooting

雕刻木匠毛团

sakaha waselaha faksi sui guwe bo

泥水匠崔果保

nirugan acabume niruha faksi baising

画匠板盛

yamunilibuha araha faksi tiyan yang kiyan

成墨木匠田养干

wehe foloho faksi lio ceng

石匠刘成

bithesi hede araha

笔帖式赫德书

此碑文以满文为主，由国史院大学士刚林撰，另外三种文字的译者见碑文末。

šuilgai soorin i yargiyan etehe fucihi soorinde ilibuha wehei bei de araha bithe gisun（莲华净土实胜寺碑记）。此句满文原文直译为："在莲花宝座的实胜佛宝座处建立的石碑上写的文（语）"，其中满、汉词语间有些问题值得注意。诸如：满文"šu ilha－莲花"一词的来源；满文"soorin"的含义；"šu ilgai soorin i yargiyan etehe fucihi soorin"中的"i"的作用等等。

清稿本《新疆四道志》研究

李德龙（中央民族大学）

光绪十年九月三十日（1884年11月7日），清政府发布上谕，正式宣告新疆建省。刘锦棠为首任“甘肃新疆巡抚”，加兵部尚书衔，魏光焘为“甘肃新疆布政使”，次年，刘、魏抵达迪化（今乌鲁木齐），开府办事。至此，地处西北边陲、国土面积最大的新疆，结束了自乾隆二十七年（1762）设立伊犁等处将军以来长达近百年的军督统治体系，改变了“治军之官多、治民之官少”的局面，中央政府的政令从此可以通过新疆的道、府、州、县层层下达，从体制上根治了”政令不通“的弊端。便利了各民族之间的沟通与融合，促进了新疆社会的发展，使新疆“数年以来，荒芜渐辟，户口日增”。①

新疆建省，具有里程碑意义。新疆建省后不久形成的稿本文献《新疆四道志》具有较高的文献价值。然而，由于该书是一部手写稿本，自它成书以后至今，从未有过刊刻，因此，流传不广，研究极为有限，很多专门收集地方志状况的学者也未能见到此书，以至于权威性的《中国方志大辞典》、《中国地方志辞典》均为提及此书。唯一可以见到的研究成果就是新疆昌吉回族自治州党史地方志办公室戴良佐1993年发表的介绍这部书的文章《新疆建省后的第一部志书〈新疆四道志〉》。② 很多与本书相关问题的研究还基本上属于空白。有鉴于此，本文试对这部稿本志书进行剖析介绍，对与其相关的一些问题作点研究探讨，对其文献价值做一简单论述。

一、《新疆四道志》的存世状况

地方志文献的编纂，以清代最为兴盛，光是新疆地区方志就达有近百种之多，③《新疆四道志》即为其中之一。现存的数十部新疆志书，绝大多数曾公开刻印发行，而《新疆四道志》是一部以墨笔誊抄稿本形式存世的手写本志书。

---

① 《刘襄勤公奏稿附传略》卷10，国家图书馆藏民国刻本。全国图书馆文献缩微复制中心编《中国文献珍本丛书》之《刘襄勤公奏稿附传略》卷10。

② 《中国边疆史地研究》1993年第3期，第99—101页。

③ 《中国地方志联合目录》共有新疆方志110种，其中有唐代一种，民国时期的方志13种，其余绝大多数为清代方志，但其中含有内容相同的抄本和抽印本和某些通志中的专志单行本，也含同一种方志的不同刻印本。北京籍古轩图书数字技术有限公司发行的《中国数字方志库》收集中国旧方志一万余种，其中，新疆方志65种。在这65种之中，有些方志只是不同的版本，或者是重刻某《通志》中的某一部分，如该数据库《新疆国界图志》、《新疆建置志》、《新疆礼俗志》等，就是宣统年间（1909—1911）王树楠所编《新疆图志》中几个相应例目的内容。另外，还有些重要的新疆方志没有被该数据库所收录，如48卷的（乾隆）《钦定皇舆西域图志》、12卷的《伊犁总统事略》等。

稿本《新疆四道志》原书线装为4册，按照新疆建省时设立的镇迪道、阿克苏道、伊塔道、喀什噶尔道四道的顺序，每道各为一册。20世纪80年代，全国古籍地方志联合调查时，只在中央民族学院（今中央民族大学）发现有此书的原本。同时知道台湾藏有此书的抄本。此次调查形成的中国科学院北京天文台主编的《中国地方志联合目录》（下称《联合目录》），于1985年由北京中华书局出版，《联合目录》对于此书的记载是：

（光绪）《新疆四道志》，（清）佚名纂，抄本。民院、台湾。传抄中央民族学院抄本：党校、民宫、甘肃、新疆科学。注：书封面题《新疆四道图说》，四道：镇迪道、阿克苏道、伊塔道、喀什噶尔道。①

这段记载的意思是：清朝光绪年间成书的《新疆四道志》作者佚名，誊抄原本分别收藏于民院（即中央民族学院）和台湾。中央党校、北京民族文化宫、甘肃省图书馆、新疆科学院收藏有从中央民族学院传抄的复制本。并特别注明书的封面文字和四道的名称。可惜的是《联合目录》并未著名该书原本的卷数、册数等版本信息。

根据笔者调查，目前，中国大陆只有中央民族大学图书馆收藏有一套该书的线装原本。台湾可能藏有另一种抄本。大陆收藏《新疆四道志》复制本的单位，除以上所列之外，尚有新疆自治区图书馆、新疆大学图书馆等，但这些复制本全部都是出自中央民族大学图书馆所藏原本，复制的方式并非手工传抄，而是借助复印机复制的复印本。需要特别指出的是，由于最早从中央民族大学图书馆复制该书的单位，将复制本装订成了5册，于是，后面的复制者在未见到原书的情况下，以讹传讹，仍然装订成5册，于是，很多人便误以为该书的原本就是5册。②

另外，《联合目录》中注记的“书封面题《新疆四道图说》”是错误的。中央民族大学图书馆所藏原书的封面正中书名就是5个醒目的楷体大字：“新疆四道志”，并非是“新疆四道图说”。倒是在书名的左侧列出四卷名称时，分别为：“一、镇迪道属图说；二、阿克苏道图属说；三、伊塔道属图说；四、喀什噶尔道属图说”。③ 四卷的题目分别是“某某道属图说”，而不是“某某道图说”。实际上，从全书的内容来看，确实是新疆四道所属县、所属厅的图说，而没有每一个“道”的总图说，如“镇迪道属图说目录”，一开始就是“迪化县图说”，接着是“昌吉县图说、阜康县图说”等等。因此，该书的原名应是《新疆四道志》，而不是《联合目录》注记中的“《新疆四道图说》”，原书的封面上也没有所谓的《新疆四道图说》。其各卷内容为四道下属县、厅的图说。这个问题应当予以澄清。

中央民族大学图书馆所藏线装稿本《新疆四道志》，每页版框为24.5厘米×15.9

---

① 《中国地方志联合目录》，中华书局，1985年，第204页。

② 1983年8月新疆大学图书馆编辑的内部刊物《新疆大学图书馆藏古籍书目》第一辑《明清善本、新疆资料书目》第67页著录为：“新疆四道志四种，中央民族学院复印本，五册”。戴良佐《新疆建省后的第一部志书〈新疆四道志〉》开头即云：“佚名《新疆四道志》是手抄稿本，四卷五册”，（见《中国边疆史地研究》1993年第3期），这些关于《新疆四道志》册数的记载均误。

③ 中央民族大学图书馆古籍部藏抄稿本《新疆四道志》，参见李德龙主编：《中国边疆民族地区抄稿本方志丛刊》，《新疆四道志》，中央民族大学出版社，2010年4月第一版。

厘米，每页抄录正文9行，一般为每行24字，间有每行25或26字及双行小字自注。宣纸无边栏届格，全部为墨笔楷书誊抄，字迹工整，全书只有两三处抄写者误誊贴改痕迹。仔细翻阅原书，便以发现，在书的不同部位钤有多枚朱色很浅的原藏书者的篆刻印章，笔者鉴定其印文为“海丰吴氏藏书”，表明了该书原藏于海丰吴氏之家。海丰，即清代的山东海丰县，今为山东无棣。海丰吴氏，就是在清代从顺治到光绪十朝列科名、九世累遗典籍的著名官宦、文人望族、家藏万乘的吴家，著名的金石学家吴式芬及其次子吴重熹为海丰吴氏的代表人物，吴重熹编纂的《吴氏诗存》、《吴氏文存》、《吴氏世德录》、《吴氏试艺》素有“小四库全书”之称。海丰吴氏不仅藏书颇丰，而且收藏善本、抄本颇多。因此，稿本《新疆四道志》曾藏海丰吴氏之家，自然顺理成章。随着世事的更迭，20世纪50年代中央民族学院建立后不久，抄稿本《新疆四道志》便入藏到了该校图书馆之中。

与中央民族大学藏本不同的抄本《新疆四道志》，还有台湾藏本，早在1968年中国大陆正在风风火火地进行“无产阶级文化大革命”的时候，台湾成文出版社就将其作为《中国地方志丛书》[①] 之一影印出版了，可惜当时大陆学者难以见到。20世纪90年代以后，大陆各地陆续从台湾购进了该套地方志丛书。笔者将此台湾本《新疆四道志》与中央民族大学藏本相比较，发现二者内容完全相同，但属于不同的抄本。如前所述，中央民族大学藏本抄写工整，极少修改之处，而台湾本则抄写较差，全书共有三种字体，显然不是出自一人之手。影印者台湾成文出版社介绍说，此本影印于清朝光绪年间抄本，但并未介绍原抄本藏于台湾何处，影印本上亦无任何收藏印章。

二、《新疆四道志》成书时间考

稿本《新疆四道志》没有序跋，没有明确的成书时间。但是，根据该书的记事和相关资料，可以对其成书时间做出如下考察及判断。

首先，该书很明确是记新疆“四道”之志，而“四道”之名最早出现在光绪十二年（1886），也就是新疆建省之后的第三年，由于新疆在建省之前采取军督制统治，最高的统治者为伊犁将军，因此，刚建省时（光绪十年，1884），伊犁、塔城等地区仍由伊犁将军统治，该地区还未设立道级行政统治机构，当时只设有镇迪、阿克苏、喀什噶尔三道。到了光绪十二年八月，首任新疆巡抚刘锦棠奏请增设伊塔道，获得清廷批准，于是新疆四道正式形成，可见，《新疆四道志》的成书时间一定是在光绪十二年以后，如果考虑到光绪十二年八月才批准增设伊塔道，当年不会马上就编纂出《新疆四道志》，那么，可以说该书成书的最早时间不会早于光绪十三年。

再进一步考察，《新疆四道志》中有“光绪十六年，查抚辕案，由金将军于十年五月奏添格登山卡伦一处”[②] 的记载，因此，《新疆四道志》成书时间的上限应在光绪十

---

① 《中国地方志丛书》之《西北地方方志》部分载有影印的《新疆四道志》，该丛书于1968年3月台湾成文出版社出版发行。

② 《新疆四道志》卷3《伊塔道属图说》之《绥定县图说》卡伦条。

六七年。

《新疆四道志》成书时间的上限确定了，它的下限又是哪一年呢？笔者认为，应在光绪二十四年之前，其根据有二：第一，宣统（1908—1911）年间编纂的《新疆图志》载："光绪二十四年，巡抚饶应祺复奏，设新平县"，① 然而，通篇读罢《新疆四道志》，也找不到这个光绪二十四年设立的新平县的名称，说明《新疆四道志》编纂时还没有这个新设县，也就是说，《新疆四道志》编纂于光绪二十四年之前。第二，据《新疆图志》卷一《建置志》可知，光绪二十四年增设的新平县，隶属于阿克苏道焉耆府。在《新疆图志》"焉耆府条"载："焉耆府，故噶喇沙尔回城，……光绪八年置噶喇沙尔直隶厅，二十四年升为府"。② 在《新疆四道志》卷三《阿克苏道属图说》中，仍然列有"噶喇沙尔厅图说"一目，并没有称"焉耆府"，这也同样说明，《新疆四道志》成书于"噶喇沙尔厅"升为府级机构并改称"焉耆府"的光绪二十四年之前。

从以上考证得到的结论是，《新疆四道志》一定是在光绪十六、七年至光绪二十四年这 7 年之间编纂而成的。

三、关于《新疆四道志》的作者

如前所述，《中国地方志联合目录》著录《新疆四道志》作者为"（清）佚名纂"，台湾及大陆学者也都认为该书作者佚名，不知具体为何人所作。这本是趋于一致的看法，然而，在中央民族大学图书馆所藏原书的封页内，遗有一散页八行书宣纸，上有墨书文字数行，明确记载了该书的作者为王树楠。其文如下：

《新疆四道志》为名家王树楠先生编。内关新疆甚详，惜无刻本，得之甚难。按：《中国地方志书综录》亦未见。

王树楠先生所著书目列下：

《新疆图志》、《新疆山脉志》、《新疆国界志》

《陶庐丛刊》③：《新疆山脉图》、《新疆国界图》。

询藏书单位图书馆古籍部馆员，称此散页注记笔体似是曾经在该馆古籍部工作多年、且整理边疆民族地区古籍文献颇有建树的吴丰培先生所写，并倾向于《新疆四道志》的作者应确定为王树楠，并有意在对此书重新著录时将"佚名纂"改为王树楠纂。对此，笔者认为，如果确定王树楠为稿本《新疆四道志》的编纂者，仅据此书夹带的散页注记，根据是远远不够充分的。必须要有更为可靠的依据才可下此定论。于是，笔者考察了与此相关的一些资料，得出的结论是：《新疆四道志》并非王树楠所作。

那么，为什么看到《新疆四道志》的吴丰培先生或其他人会认为该书的作者是王树楠呢？王树楠是否真正编纂过《新疆四道志》呢？这需要做些具体考察。

王树楠（1851—1936），字晋卿，号陶庐老人、绵山老牧。河北新城人，光绪丙戌

---

① 袁大化修，王树楠、王学曾纂：《新疆图志》卷 1《建置志一》，民国十二年（1923）刊本。

② 袁大化修，王树楠、王学曾纂：《新疆图志》卷 1《建置志一》，民国十二年（1923）刊本。

③ 应为《陶庐丛刻》，注记者随意将"刻"为"刊"。

(1886)进士，晚清到民国时期的大儒，有人赞誉王树枏说“北方之学者，南皮（张之洞）以外，亦未能或之先也。”① 王树枏的确具备编纂《新疆四道志》的学术水准。另外，王树枏曾在新疆从政多年，先为新疆候补道，光绪三十二年（1906）署新疆布政使，至三十三年罢官离开新疆。在新期间，王树枏创办纂修《新疆图志》局，亲自主持修成了116卷的《新疆图志》。辛亥革命之后，王树枏曾任清史馆总纂、国史馆协修、编纂处总纂，参与编修《清史稿》14年（1914—1927）之久，“未尝一日辍，可谓始终其事”。② 先师王锺翰曾著文说，修撰《清史稿》“参与者先后百余人，而以柯劭忞、王树枏、吴廷燮、夏孙桐、金兆蕃等出力最多”。③ 可以说王树枏充分具备编纂《新疆四道志》的能力和条件，因此，才会有人猜测，《新疆四道志》的作者很可能就是王树枏。

然而，可能不等于现实，王树枏的确具备编纂《新疆四道志》的一切可能，但是，在所有关于王树枏的学术资料中，均找不到任何有关王树枏编纂《新疆四道志》的证据。王树枏一生活了86岁，著述共有53种，680余卷，④ 真可称得上是文史兼通、著作等身。在王树枏的全部著作中，有关新疆史志的著书总共有10种，全部是在设立了新疆省通志局之后写下的，最权威的记载是王树枏的自订年谱《陶庐老人随年录》，其中写道：

《新疆图志》开局以来，余自撰成《国界志》八卷、《山脉志》六卷、《兵事志》二卷、《访古录》二卷、《新疆小正》二卷、《礼俗志》一卷、《道路志》四卷、《土壤表》一卷。其《建置志》则余仿汉地志创撰一卷，而属同年宋子顿伯鲁照式续成之。《实业志》则余创撰《森林》、《渔业》二门，属门人钟镛笙叔续成，又经余意义改定润色，始成定本。⑤

由此可以看出，作为《新疆图志》总纂兼总办局务⑥的前新疆布政使王树枏，曾经为了编纂新疆省通志，亲自编纂了《新疆山脉志》、《新疆兵事志》、《新疆访古录》、《新疆小正》、《新疆礼俗志》、《新疆国界志》、《新疆道路志》、《新疆土壤表》即《新疆土壤志》等8种。另外还创编了《建置志》、《实业志》等部分卷次。王树枏编纂的这10种新疆志，除了《新疆小正》之外，其余全部编入了《新疆图志》各卷之中，多数曾在民国年间单行刻印。值得注意的是，在所有单行或合刻新疆志书中，均未见王树枏编纂《新疆四道志》的影子。笔者仔细比对《新疆四道志》和王树枏编纂的《新疆图志》两书，不但《新疆图志》中见不到与《新疆四道志》相似的体例，更见不到与《新疆四道志》相同的内容。设想，如果《新疆四道志》是王树枏在光绪年间所编纂，那么他在宣统时期编纂《新疆图志》时，势必会从前书中吸取部分体例或内容，然而，

---

① 叶昌炽《王树枏大令记》，吴相湘主编《缘都庐日记》卷10，台北1964年影印版，第348页。

② 王会庵《清史馆遗闻》，载《古都艺海撷英》，燕山出版社，1996年第一版，第490页。

③ 《中国历史大辞典》之《史学史卷》，王锺翰撰《清史稿》辞条。上海辞书出版社，1983年12月版，第434页。

④ 国家图书馆藏陈垣先生遗书：谢道弘：《陶庐全书书目考》，民国二十五年（1936）铅印本。

⑤ 《近代史料笔记丛刊》之《陶庐老人随年录》卷下，中华书局，2007年6月第一版，第73页。

⑥ 宣统三年（1909）刻本《新疆图志》首卷《新疆图志》纂校诸家。

两者却没有一点相合之处。如《镇迪道》之《迪化县》条，在《新疆四道志》中，先载迪化县的疆域、八至、东西距离、经度纬度、然后是所辖64处村庄，接着是山川、卡伦、驿站、厂务、城郭。详于地理位置、道路里程。而《新疆图志》中与此相近的《建置志》，在讲到迪化县时，却十分简单，记载的只是设置的时间（光绪十二年置）和户口（户七千三百四十二，口三万八千九百九十四）。[①] 由此推断，稿本《新疆四道志》并非王树楠的作品。

上面提及的王树楠自己撰述年谱《陶庐老人随年录》,[②] 是王树楠一生为官、为学的总结，这本自撰年谱中，将王树楠一生中所有的53种著述皆有所记录，包括王树楠文集《陶庐丛刻》光绪、宣统、民国年间的刻本中收录的和未收录的作品，但没有《新疆四道志》一书，因此，可以说，中央民族大学图书馆所藏《新疆四道志》原书中所夹散页注记认为“此书为名家王树楠先生编”没有证据。另外，虽然这个注记多半为吴丰培先生所做的推论，但是，在吴先生做编审的《中国地方志联合目录》中，仍然将稿本《新疆四道志》著录为作者“佚名”，这说明，吴丰培先生也没有正式确定《新疆四道志》的作者是王树楠。

四、《新疆四道志》的特点

《新疆四道志》的内容涉及了晚清光绪朝整个新疆省的范围，算得上是一部全省性的通志。但是，相较于《新疆图志》等其他新疆省志，则显得过于简略。综合其特点，大致可以归纳为以下几点：

第一，文字简约，例目不全。作为新疆全省性的方志，显然应该将某一时期新疆全省的自然地理、设置沿革、政治制度、食货赋税、兵刑律令、艺文学校、人口兴衰、受灾救民、官宦名人、风物名胜等等都有所标记。按照这样的省志标准，《新疆四道志》则欠缺的例目甚多。纵观全书，首先是各道所属机构不全，只有四道所属县、厅的内容，而无所属府志的记载。该书实际上只是一部“新疆四道所属县、厅志”。其次，《新疆四道志》之四道及所有属县、属厅的开篇，均无综述其道、县、厅的沿革与来龙去脉的小序，偶有提及，也是只言片语，极为简略。再从例目来看，《新疆四道志》所载的每个县、厅，只有疆域、山川、卡伦、驿站、厂务、城郭等6个基本例目，个别的县、厅设有军台、部落或界牌、古迹等条目。只有伊塔道塔尔巴哈厅图说中，单独设立了“贸易圈”一目。正因为《新疆四道志》例目不整、机构不全，致使该书文字十分简约，全书正文只有八万余字。

第二，注重方位，详载里程。《新疆四道志》凡是讲到任何一个可以标出地理方位的县、厅、村庄、卡伦、山、水、厂矿、驿站、界牌等内容时，都会对其地理位置和所距里程进行详细的标明。各县、厅的疆域不仅要标出四至八到，而且一定记载八个方向与外界的连界之处、连界处距县城或厅治的里程、县城的东西、南北距离以及纬度和经

① 宣统三年（1909）刻本《新疆图志》卷1《建置》一。

② 《近代史料笔记丛刊》，中华书局，2007年6月第一版。

度等。至于各县厅所辖的村庄更是不厌其烦地一一记载其在县城何方、距县城或厅治多远。不但县、厅、村庄如此，厂矿、驿站、山川等也是一样。在驿站条目里，往往先记该地区的中心驿站“底驿”在何处，然后是每个驿站距底驿的距离。对于河流流向和里程的记载则更加详明。现举《阿克苏道》之乌什厅所属“毕底尔河”的记载为例：

毕底尔河，在城西二十里。其源出胡什齐布鲁特部落廓厦尔特山。南流六十里有铁列克塔什水，自西南入之。折而东流八十里，至其希勒孔盖河，有柯卡的水，自西北入之。又流六十里，有而衣勒克水，自西南入之。又流一十五里有巴拉银水，自北入之。又流三百四十里，有戈什玉簪河，自西北入之。又流五十里有伊古拉引水，合别叠得意水自北入之。又流四十余里，有沙图水，自北入之。又流一十里，分一枝河，东流入温宿境，与托什罕河汇其正枝水，折而东北流二十里余。河分两道，其正水东流五十里，经乌什城北，又东流一百一十里，至布汉庄，南入温宿州境，其枝河北流五十里又分二枝，一枝循城北各庄东流一百二十里余，至洋海地方，仍与大河合流；一枝循城北各卡伦东流一百二十里至苦屈庄，与枝水合流。”①

一条普通的河流，竟然能够记载的如此详尽，根据这条记载完全可以很清晰地勾勒出毕底尔河蜿蜒曲折的流向、各段的里程和分支与汇流。详载里程是《新疆四道志》无处不在的特点之一。

第三，近时取材，实地考证。虽然《新疆四道志》纪事较为简约，但经常会发现其有最为新近的资料被运用，同时作者还会结合文献档案或调查所得，加以适当的考证。现举《伊塔道属图说·绥定县》卡伦条的记载为证：

哈尔素胡尔卡，在城西北二百四十里。

（自注）光绪十六年，查抚辕案，由金将军于十五年五月奏添格登山卡伦一处、沙图阿满卡伦一处，以后三十处卡伦，系光绪九年七月初三日奉旨准奏添设。

伊犁沿边旧卡，于光绪八年中俄分界，剩半已归俄属。光绪九年，界务完竣，随即沿边从新妥设卡伦三十二处。旋于新疆设省，在博罗塔拉境新卡一十二处，划归精河厅管理。绥定沿边新卡二十处，自那林哈勒噶尔卡至格登山卡，凡九处，系额鲁营设，阿里干谷卡，系锡伯营、额鲁特两营合设。自塔奇勒哈卡至头湖卡，凡四处，系锡伯营设，自河源卡至哈尔素胡尔卡，凡六处，系索伦营设。②

这里使用了最新的光绪十六年的资料，来说明卡伦设置的时间和所属，来龙去脉交代得十分清楚，可以看出作者对于最新的资料掌握的比较到位。关于《新疆四道志》自注部分的考证性论述，还可以举出上引毕底尔河正文下面的一段作者按语：

按：《新疆识略》：“阿克苏河出喀克善山，是为毕底尔河”。今询之，皆部落佥称，由廓厦尔特山奇哈尔自西往东，至喀喇赛一带，山冈接连，袤延数百里，统名之曰喀克善，具称廓厦尔特，则自发源之初也。③

从这段考证可以看出，《新疆四道志》的作者曾经亲自进行了山川名称的实地调

① 《新疆四道志》卷2《阿克苏道图属说》之《乌什厅图说》山川条。

② 《新疆四道志》卷3《伊塔道属图说》之《绥定县》卡伦条。

③ 《新疆四道志》卷2《阿克苏道图属说》之《乌什厅图说》山川条。

查，并曾为了弄清河源出自何山，特地走访过当地的少数民族居民。

五、《新疆四道志》的缺陷与文献价值

从以上分析得出的《新疆四道志》的特点，不难找到这部稿本文献的自身缺陷。最为明显的不足是缺乏完整性，存史资料不够丰富。具体的不足之处尚有整部志书不见人物、罕见制度、遗漏艺文、没有民生等等。

任何一件事物，都没有绝对的好和绝对的坏。一部志书的优劣，也应当在比较中得出结论。之所以说《新疆四道志》存在缺陷，是因为它确实过于简略，以至于许多重要的内容都没有记载，就连早在它之前成书的多部新疆志书中已经具备的例目，《新疆四道志》都没有列出。比如，在制度方面，乾隆时期成书的《钦定皇舆西域图志》在疆域、山川等例目之外，设立了官制、兵防、屯政、贡赋、钱法、学校、封爵、音乐、服物等志①，比较完整地保存了当时新疆的各种制度和屯田、赋税、教育等状况。在嘉庆时期松筠编纂的《伊犁总统事略》② 中，也有官制兵额、城池衙署、坛庙祠宇、职官题名、粮饷、茶布、兵屯、旗屯、回屯、水利以及钱法、船工、木税、图籍、教学、世职、孝节等志目，较好地保存了伊犁将军统治时期新疆政治、经济、军事、文化等各方面的丰富资料。除此之外，道光时期成书的《钦定新疆识略》③ 也有类似的志目，记载着道光初期新疆的各种事物，为全面了解当时的新疆，提供了大量资料。这些都是在光绪之前就已经可供参考的新疆通志性志书，按理说成书于光绪时期的《新疆四道志》应该很好地继承以前志书的体例，更丰富地续写光绪时期的新疆状况，可惜的是《新疆四道志》没有做到。在这一点上，比《新疆四道志》成书稍晚一些的《新疆图志》④ 克服了《新疆四道志》的缺陷，所立志目十分全面，专志多达 29 种，具体包括建置志、国界志、天章志、番部志、职官志、实业志、赋税志、食货志、祀典志、学校志、民政志、礼俗志、军制志、物候志、交涉志、山脉志、土壤志、水道志、沟渠志、道路志、古迹志、金石志、艺文志、奏议志、名宦志、武功志、忠节志、人物志、兵事志等。在《新疆图志》中，同样的水利资料，被细分为天然的河流（水道）和人工的水渠（沟渠）两类加以记载，同样是人物志，却有不同的文武名人和忠节名人之分。尤其是对于经济、和军事方面的记载，分别在食货、赋税、实业、民政、甚至土壤等各专志中加以充分叙述，资料丰富而全面。相比之下，《新疆四道志》则缺漏太多，食货、人物、官制、赋税等重要志目根本未具，新疆建省后的许多基本资料没有着落于书中。

为何《新疆四道志》竟如此简略，以至于大量的新疆时事挂一漏万？笔者认为，其重要原因之一就是，《钦定皇舆图志》、《伊犁总统事略》、《钦定新疆识略》，以及（宣统）《新疆图志》都是尊清朝皇帝之旨令、在清政府的组织之下，集中人力物力，

---

① 见钟兴麟等《西域图志校注》总目部分，新疆人民出版社，2002 年 9 月第一版。

② 《伊犁总统事略总目》中央民族大学图书馆藏清嘉庆十四年（1809）刻本，另一刻本《西陲总统事略》总目同。

③ 清汪廷珍等纂：《钦定新疆识略》12 卷，道光元年（1821）武英殿修书处勘校本。

④ 袁大化修，王树楠、王学曾纂：《新疆图志》116 卷，清宣统三年（1911）成书，民国刻本。

广搜新疆文献档案，经过多年修撰而成的，优越的修书条件，保证了官修志书的丰富性。而《新疆四道志》为私人修书，不仅没有大量的文献档案可供查阅，也不可能具备修纂的人、财、物等优势，因此，该书只能就修撰者所知，将新疆省四道分别叙述而已，直到最后也只能以不成熟的“稿本”形式遗存至今。既然是稿本，其文献价值当然远比不上官修的任何一部新疆全省通志，今人似乎不可对其求全责备。

在客观地分析了稿本《新疆四道志》的缺陷之后，我们仍然可以从该书种找到它独具特色的资料价值。这些价值主要表现在如下几个方面：

第一，对新疆四道所属城镇、村落、山川、驿站、卡伦、厂矿，给出了准确、细致的定位。通览《新疆四道志》很容易发现，该书中记载的每一个城镇、村落、山川、驿站、卡伦、厂矿，都有该地点在何城何方（东、西、南、北），距该城镇或距前一个卡伦、驿站多少里程，这就如同为新疆全省编织了一张多层面的地理分布网络。现举《伊塔道塔尔巴哈台厅图说》之《卡伦》和《军台》的记载为例：

查塔城旧设卡伦，除塔尔巴哈台山北至鄂尔济斯河，沿宰桑淖尔一带所安之卡二十余座，已划分界限之外：

巴克图卡在城西四十里；

玛尼图卡在城西九十里；

沙拉布拉克卡，在城南一百六十里；

察罕托海卡，在城南一百八十里；

额勒图卡，在城南二百二十五里；

巴尔图克卡，在城南二百五十八里；

莫乡巴尔鲁克卡，在城南二百八十五里。

以上七卡伦，经光绪九年分界为中俄两国设立牌博之处。

军台

由底台南行至库车卡拉乌苏路。

干吉罕莫多台，距底台七十六里；

色德尔莫多台，距干吉罕莫多台五十里；

因尔图台，距色德尔莫多台四十里；

沙尔霍罗斯台，距因尔图台七十六里；

托罗布拉克台，距沙尔霍罗斯台六十二里；

……

由色莫尔色多台东北行，至哈巴河路：

色莫尔色多台，驻行营；

布尔噶苏台，距色莫尔色多台四卜里；

……

由塔城行营东南行，经土尔扈特至科布多路：

噶吉尔墩台，距行营六十里；

陆兰图根台，距噶吉尔墩台八十里；

……

以上十四台于安设南路军台后裁撤。

由塔城西南行，经巴尔鲁克山从老风口至伊犁捷径路：乌兰可董台，距老风口一百里；科别台，距乌兰可董台六十里；乌宗布拉可台，距科别台六十里；和佳恺台，距乌宗布拉可台六十里；乌兰达布逊台，距和佳恺台五十里，（由此西行入罗塔拉）

以上五台，于光绪十二年春裁撤。

像以上这样的记载形式，在《新疆四道志》中被广泛地运用于记载卡伦、军台、村庄、驿站和厂务（厂矿）、界牌等方面。今人完全可以根据这样的记载，勾画出各个村镇、各种军事设施、各条驿站路线和各处厂矿的网络地图，为研究清代光绪年间新疆建省后的居民分布、军事设防、交通道路、山河走向、矿业开发等提供可贵的资料。

第二，记载了数量空前的新疆村庄。作为一部新疆全省性的志书，往往在具体的村落记载上会较为简单、概括。有些省志甚至没有对于基层村庄的详细记载。而《新疆四道志》在这方面弥补了他书的欠缺。据初步统计，《新疆四道志》所记载的新疆省村庄多达738个，可贵的是，作者还粗略地区分了这些村庄居民的民族成分，汉民居住的一般只称为“村庄”，而维吾尔族等少数民族居住的则称为“回庄”或“大回庄”、“小回庄”。从《新疆四道志》所记村庄情况来看，汉民的村庄多分布在镇迪道，共有285个，阿克苏道和喀什噶尔道分布的多为大小回庄，总共有453个。不仅如此，这些村庄的记载，还透露了一些新疆移民的信息，如绥来县所属村庄有“凉州户庄”、“苍浪户庄”、“兰州湾庄”、“宁夏工庄”，镇西厅所属村庄有“东敦煌庄”、“西敦煌庄”、“武威户庄”、“玉门庄”等等，这些村庄，以甘肃、宁夏等省境内地名命名，体现了村庄内多为来自外地移民的信息。是研究近代西北移民史的重要资料。再值得一提的是，对于某些村庄，《新疆四道志》的作者还进行了考察，指出了正确的结论。如在英吉沙尔厅所辖村庄条记载：

所辖大渠庄五处：

别什干渠庄，在城东六十里；

夏纳思渠庄，在城东南一百里；

铁比斯渠庄，在城南三十里；

沙牙利克渠庄，在城南二十里；

帕纳气渠庄，在城西八十里。

按：《新疆识略》原载：所属回庄九：曰英吉沙尔，即本城；曰特比斯庄，即今之铁比思渠；曰帕拉期，即今之帕纳气渠；约查玛里克庄，即今之帕纳气所属甲马铁列克庄；曰阿拉普庄，即今之别什渠所属阿拉堡庄；曰牙普关庄，即今别什干所属雅卜泉庄；曰色尔察木伦庄，即今夏纳思所属察木伦庄；曰赛里克庄，即今沙牙利克渠庄；曰阿普达尔帕完，即今沙牙利克所属陶渠鲁克庄。以上庄名，或因繙译不精，字多讹错，或本大庄，今为小村落，与旧日图说截然不同，然掌故犹存，应恪遵成宪，详细补注。①

如果没有这样的说明，今人很难理清不同载籍对新疆省英吉沙厅所属村庄数量和名

① 《新疆四道志》卷4《喀什噶尔道属图说》之《英吉沙尔厅图说》。

称的记载，势必造成混乱。

第三，对于古城现状的记载，保留了许多珍贵资料。新疆古城、遗迹很多，随着时间的流逝，会有人为的破坏或自然的损毁，如果不同时期的方志，分别记录当时的情况，就显得尤为可贵。在这方面，《新疆四道志》具有值得称道的价值。如该书对奇台县古城和木垒城的记载：

古城　按《西域释地》：古城，唐北庭都护府所领之地。其时金满、轮台、蒲类、海西四县，皆隶北庭都护。此为何时所遗之城，不可考，衹以古城名之，至京师八千一百余里。又按《西域图志》云：古城，在奇台县治西北九十里，南北二城。乾隆四十年驻防大臣索诺穆策凌于其地，得唐时残碑石二方，有"金满县令"等字，知古城为唐金满地也。又按：唐金满县应即汉车师后部金满城也。汉时有车师前部，北通后部金满城之路，当在今阜康东境之济木萨，阜康东境与奇台西境。按：古城与济木萨地本相属，当为唐金满县东境。碑石原建处不必定在县城也。据此则今奇台之西境、阜康之东境均当在金满故地无疑。又按《新疆识略》曰：孚远城为古城领队大臣所驻，距巩宁城四百六十里，乾隆四十年建。今查，该城于同治四年逆回攻陷后碎于长平之瓦，仅存基址。同治十年，景大臣进兵于旧城之东北五里许，立小营垒一。自是商民辐凑，旋修为一城，现为巡检所治。城长方形，高一丈四尺，周六百七十六丈，垛口九百二十有二，炮台六座，门二。又光绪十年于旧城之东北隅巡检，治城之西南隅新修一城，号新满城，城方形，高一丈八尺，周八百三丈，垛口七百一十有七，炮台八座，门四。

木垒城　按：《新疆识略》曰：木垒城为守备所驻，距巩宁城六百一十里，乾隆三十六年建。自经兵燹，仅存基址，现归镇标防戎。①

在这里，不仅使我们清楚地看到了奇台古城的来龙去脉，也看到了光绪时期古城的状况，看到了木垒古城的残存遗迹。像这样的有关光绪时期城郭现状的记载，还有许多，诸如对迪化城的记载：

……光绪十二年，新疆设省，以迪化城为省会，将旧满、汉两城贯通一气，增加城垣垛齿，各就地势修筑，不成方圆。周二千七十四丈五尺，高二丈二尺，雉垛一千三百四十七，炮台十九座。城楼、月城、并旧楼共十五座。门七：曰大南门、小南门、曰大西门、小西门、曰大北门、曰大东门、曰小东门。②

真实而细致地标明了新疆建省之后省会迪化即今乌鲁木齐城的式样与格局。

第四，《新疆四道志》的多处记载是经过作者实地勘查所得，因而使得该书的资料真实而可靠。在书中引用以前的资料之后，常常此出现"兹查"如何如何的文字，如讲到迪化县的山川时，作者依次引用了《新疆识略》关于达坂城的记载之后说：

兹查，迪化城南往吐鲁番路，惟达坂岭可通车，达坂与达巴音相近，其即当日之齐克达巴罕无疑……③

又如在讲到迪化城北境大戈壁时，作者引用了《蒙古游牧补注》的资料加以注解，

① 《新疆四道志》卷1《镇迪道属图说》之《奇台县图说》城郭·古城条。
② 《新疆四道志》卷1《镇迪道属图说》之《迪化县图说》城郭条。
③ 《新疆四道志》卷1《镇迪道属图说》之《迪化县图说》山川条。

然后又载：

> 兹查：戈壁以北即乌隆古河，布伦托海，与土尔扈特接壤，往往破垒废渠，见于道旁。相传为唐朝古迹，时代云遥，故难尽信，然经游处，参稽唐宋诸书，其形势颇相合。①

这些作者经过实际勘查的记载，为今人提供了可贵的研究资料，大大增加了该书的历史文献学价值。

除了以上所举事例之外，《新疆四道志》所保存的有关光绪时期新疆省开矿建厂、修筑卡伦、完善驿站、设立界牌等方面的资料，对于研究近代新疆省的政治、军事和交通也有重要的参考价值。

① 《新疆四道志》卷1《镇迪道属图说》之《迪化县图说》山川条。

《厄鲁特准噶尔王统世系等略说——信仰之车》译注

扎　洛（中国社会科学院民族学与人类学研究所）
敖　见（民族翻译局）

前　言

自元代开始，蒙古族与藏族之间的联系日益紧密，一方面蒙古族在政治经济方面对西藏施加了重要影响，另一方面，藏传佛教传入蒙古草原，对蒙古族社会产生了深刻影响，成为蒙古族传统文化的重要组成部分。正因为这样，在蒙古文文献和藏文文献中保留了大量有关彼此交往的历史记载，成为研究两个民族的重要史料。森钦·罗桑丹增班觉所著《厄鲁特准噶尔王统世系等略说——信仰之车》（o-rod jun-gar gyi rgyal-rabs sogs mdor-bsdus su bkod-pa dad-pa'i shing-rta）就是其中之一。该著主要介绍了扎什伦布寺及历辈森钦活佛与厄鲁特蒙古之间的联系，特别是历辈森钦活佛在准噶尔部落传播藏传佛教的事迹。

森钦活佛是西藏江孜县仲孜寺（全称仲孜曲德塔尔巴林/'brong-rtse chos-sde thar-pa-gling）的寺主活佛，历代森钦活佛都以学识广博著称。本著中简要介绍了第一世森钦·格勒热杰（seng-chen dge-legs rab-rgyas）、第二世森钦·洛桑班觉（seng-chen blo-bzang dpal-'byor）、第三世森钦·洛桑丹增班觉（blo-bzang bstan-'dzin dpal-'byor）的生平。第四世森钦·洛桑贝丹曲培（blo-sangs dpal-ldan chos-'phel），曾经担任第九世班禅的上师。他因接待、帮助印度情报人员达斯（Sarat Chandra Das）在卫藏地区秘密游历、搜集情报，被西藏噶厦政府治罪，于1886年在工布江达抛入河中溺死。[①] 第五世森钦·多布栋策楞（thub-bstan tshe-ring）1891年转生于新疆和静县蒙古土尔扈特王府，当地人简称“多活佛”。早年入拉萨甘丹寺学习，后从事军政事务。1932年5月，新疆省政府主席金树人因其不遵调遣平息哈密加尼牙孜之乱，诱其至乌鲁木齐后处决。[②] 第六世森钦·罗桑坚赞（blo-bzang rgyal-msthan）1936年转生于西藏仁布县，先后在仲孜寺、扎什伦布寺学习佛法。1965年后任西藏自治区人大副主任等职。1998年去世。[③]

---

① 房建昌：《清代蒙藏生钦呼图克图考》，载《清史研究》1993年第3期。

② 有关第五世森钦活佛的生卒年学术界存在争议。相关史实可参见党金、额·巴德玛拉：《五世森勒活佛传记》（民族出版社，1997年）、玛德丽娃：《1932年新疆省政府枪杀五世森钦活佛之事件》（载查乔旦德尔主编《卫拉特蒙古历史文化研究》，民族出版社，2007年）、周学军：《五世生钦活佛多布栋策楞车敏身世考释与订误》（载《西域研究》2009年第1期）、周学军：《再论五世生钦活佛多布栋策楞车敏的身世和历史地位》（载《西部蒙古论坛》，2011年第4期）等。

③ 房建昌：《达斯·罗克希尔与生钦活佛和仲孜寺》，载萨拉特·钱德拉·达斯著，陈观胜、李培茱译：《拉萨及西藏中部旅行记》（Journey to Lhasa and Central Tibet）附文，中国藏学出版社，2004年版。

从各种文献来看，西藏与厄鲁特准噶尔部的关系十分紧密，往来频繁，这种关系对清朝前期西北地区的局势稳定具有关键性影响。森钦·罗桑丹增班觉受准噶尔使者阿旺图丹（ngag - dbang - thub - bstan）之劝请而做此文。总体来看，该文内容较为简单，篇幅也有限，但较之其他文献，仍具有一定的史料价值，其中的一些信息未见于其他史料，对于研究蒙藏民族关系史及西蒙古的历史都有一定的价值，因此，我们借纪念王锺翰先生诞辰百年之机，译注刊布，以表不忘王锺翰先生重视史料挖掘教诲之志。藏文文本（拉萨版，共7叶）收入了森钦·罗桑丹增班觉的文集（共1函）。我们得西藏社会科学院次旺仁钦先生帮助获得最初的文本，但该文本也是个复制品，多处字迹模糊不清，后来又得西藏自治区档案馆才让加博士之帮助，获得了更好的文本，在此向次旺仁钦、才让加两位先生深表谢忱。

一、原文（拉丁转写）

O rod jun gar gyi rgyal rabs sogs mdor bsdus su bkod pa dad pa'i shing rta zhi bya ba bzhugs

kunomq – swastigzigs rnam'drin gzhan las thugs rji'u phul/

ches lhag zas gtzang sras dang 'jam dpal dbyangs/

ngur smrig skyu 'phrul 'jam mgon tsong kha ba/

yab sras brgyud bar bcas rnams phyag gi yul/

zhis shing pa brjod pa'i chig gis sngun bsus ti/ de yang o rod jun gar gyi yul du rgyal ba tsong kha ba chen po'i ring lugs dar ba'i lu rgyus cung zad brjod na/ de yang sog yul byengs la dge ldan pa'i ring lugs dar ba'i 'go ni/ thu med kyi al than han gyi dus su/ rgyal dbang gsum pa thams cad mkhyen pa bsod nams rgya mtsho sog yul du gdan drangs/ sog po rnams kyis rang gi lha mchod pa'i phyir du srog gcod byed pa sogs mi dge ba'i lam srol rnams rgyun bcad/ mthu stobs dang rdzu 'phrul sna tshogs pa'i sgo nas rgyal po 'bangs bcas dad pa'i sal bkod ste zhaw ser gyi ring lugs dri ma med pa'i srol btsugs shing/ rgyal ba'i dbang bo de nyid sog yul rang du mya ngan las 'das ba'i mdzad pa bstan pa'i rjed su/ slar yang mchog gi sprul ba'i sku rgyal dbang bzhi ba yon tan rgya mtsho yul gru de nyid du sku bstams pa la bsten/ mchon yon rnams 'brel ba je zab tu gyur te bstan pa dar bal sman yon med pa dang/ sog po thams cad dge ldan ba'i sbyin bdag tu gyur ba'i 'go tshugs ba yin lags/ de dag la nang gses kyi dbye ba mang du yod pa'i nang nas thor gor kyi yul du/ byang sems sbyor lam bar grags pa sgo mang slob dpon don grub rgya mtsho byon nas bstan pa'i srol btsugs na'ang/ o ro su'i mnga' 'og tu song bas ha cang 'phel rgyas ma byung bar brten/ dus phyis khong rnams o ro su'i 'og nas thon te 'jam dbyangs gong ma'i mnga' zhabs su chud/ dpon khag rnams phyogs tha dad du bgos nas 'khod cing bstan pa rin po che gus mchod lhur len par byed/ o rod dam/ o'i lod la mtsho bzhir yod pa las/ rgyal srid hor shod kyi 'dzin bzhin pa min kyang/ tsho ro su'i rigs las son pa/ so(po?) shog thu han shes pa stobs 'byor rgyas pa'i ho shod che chen han gyi rgyal srid phrogs te/ o rod kyi rgyal khams thams cad yongs la dbang bsgyur/ mdo sngags kyi graw tshang mang du btsugs/ de’i rjes su er de ni jo rig thu hung tha’i ji tshe dbang rab brtan zhes pa bsod nams kyi dpung shugs lha dbang brgya byin la’gran par nus shing/ mi srun pa’i dgra sde’i gyul ngo ’joms pa la raw ma na’i khengs pa ’phrog pa’i brtul shugs can des rgyal bstan spyi dang khyar par rgyal ba tsong kha pa’i ring lugs tri ma med pa la yid ches gyi dad pa rnyed nas dbus gtsang chos kyi shing du gtso cher rgyal dbang yab sres la dngos ’bul bsam gyis mi khyab pa dang/ bkra shis lhun po ser ’bras dge gsum sogs chos sde chen po rnams la mang ’gyed kyi bsnyen bkur gya nom pa rgyun mi chad du bstar zhing/ khyar par pan chen thams cad mkhyen pa blo bzang yi shes dpal bzang po bla ma’i gtso bor bzung nas lugs gnyis kyi bya ba gang jir lung bstan sogs blang dor gyi gnad mtha’ dag zhu zheng/ skabs sheg khong rang gi yul grur dge ldan pa’i ring lugs ’dzin pa’i sgon sde rnam par dag pa zhig ’dzugs par bzhed de/ pan chen thams cad mkhyen par bla ma khyar par du ’phags pa shig gnang dgon zhes gsol ba btab bar brten/ de skabs seng chen rdo rji ’dzin pa dge legs rab rgyas dpal bzang po gsang sngags rgyud pa graw tshang gi khri nas zur bshugs mdzad de/ sgrub sde byang chen du thugs dam la gzhol ba’i skabs shig skyabs mgon thams cad mkhyen pa nas jun gar rgyal bo ’i bla mchod du ’byon dgos pa’i bka’ stsal phebs par brten bla ma’i bka’ sgrub pa legs tshogs kyi rtsa bar sgongs te lam gyi ngal dub dang tsha grang sogs khyad du bsad nas o rod jun gar gyi yul du phebs de/ zhaw ser gyi bstan pa ches cher gsal bar mdzad cing bla ma ’di bkra shis lhun po nas jun gar du phebs pa’i dang po yin lags/ ’di’i rnam thar mdor bsdus tsam brjod na/ ’di nyid yul gyi dge bcu tshang ba nyang stod ’brong rtser sku ’khrungs shing bzhon nu nas rab tu byung ste bkra shis lhun por byon/ bka’ pot chen po lnga la gsan spyod phul du phyin pa mdzad de/ dka’ chen gyi mtshan btags bzhes/ dpal ’khor ches sder byon nas rab’byams kyi mtshan btags kyang bzhes te gnas der mkhas pa’i grags pas khub par mdzad/ slar yang bkra shis lhun por sngags graw la bshugs re cho ga phyag lam dbyangs rol gar thigs gsang bde ’jigs gsum gyi bskyed rdzogs rnams la myams bzhes phul phyin mdzed de/ lung rtogs kyi yon tan du ma’i gter du gyur pa na skyabs mgon thams cad mkhyen pa nas rgyud graw’i khri la phebs dgos pa’i bka’ shog byung bar brten/ gsang sngags rgyud pa graw tshang gi khri thog bdun par zhabs sor bkod de rgyud graw dge ’dun rnams la gtso bor ’grel pa bzhi sbrags dang bskyed rdzogs kyi ’chad spel sogs khor mo yug tu stsal zhing/ de nas dben pa la thugs dgyes stabs byang chen du zur bzhugs mdzed nas re shig song ba na gong tu smos ba bzhin jun gar du ’byon dgos pa’i bka’ shog phebs pa bzhin/ yul gru der byon nas lo gsum gyi ring bzhugs te gtso cher rgyal po chen po hung tha’i jir dbang lung man ngag rgya chen po stsal te shes rgyud la thar pa dang thams cad mkhyen pa’i sa bon grung po bskrun par mdzed/ yul de’i ’dus sde rnams la’ang rje bdag nyid chen po’i lam rim che chung sogs dang/ gsang bde ’jigs gsum sogs rgyud sde chen po bzhi’i dkyil ’khor du ma’i smin byed gyi dbang dang grol byed rim gnyis kyi khrid sogs ’dod chos kyi char phab cing/ gzhan yang rgyud graw’i phyag len bskang gso dbyangs rol gar thig sogs gsar du btshugs te bka’ drin bla na med pa stsal/ skabs shig yul gru der dmag gi ’jigs pa chen po zhig nye ’dabs su ’byor ba na/ rgyal po ’khor bcas shin tu skrag ste bla ma nyid la dmag bzlogs pa’i thabs zhus pa na/ lcags mkhar gtor chen nus ldan drag por bsgrubs te 'phangs pa'i tshe/ pha rol po'i dmag gi mthong snang la jun gar gyi yul nas dmag dpung mi bzad pa/ gnam sa gang ba thon pa'i mthong snang byung ba'i skad cig myid la mtha' dmag phyir log cing/ rgyal po 'bangs bcas dmag gi 'jigs pa las bskyabs/ de dag la sogs pa jun gar gyi yul du 'gro don rlabs po che mdzad te slar yang bkra shis lhun por phebs/ jun gar gyi yul nas dngos 'bul rgya cher byung ba cung zad kyang chud ma zos pa ban chen thams cad mkhyen pa chen por dngos 'bul rgya chen po dang/ dge 'dun rnams la yang bsnyen bkur phun sum tshogs pa mdzed/ khyar par gsang sngags rgyud pa graw tshang du rji btsun thams cad mkhyen pa blo bzang ye shes dpal bzang po'i sku brnyan dngul dkar srang brgya dang lnga bcu las grub pa nang zhugs phul phyin gyis gtams pa gser zangs las grub pa'i pad sdong khyi dang bcas pa 'du khang gi ka ba'i ngos su bzhugs shing/ rgyud graw'i gtsugs lag khang gi steng du gserzangs kyi gnydzi ra 'phang thogs so do lhag tsam yod pa bkod legs gsar du bskrun pa sogs dngos po'i 'jog pa cher mdzed/ de nas yang yul du bya bral bde ldan zhes pa'i sgrub gnas btab ste dge tshul slong brgyad la 'tsho ba nar mar sbyor zhing rje nyid kyang sgrub pa la rtse gtsig tu bzhugs/ dgong lo bdun cu pa la gzugs sku'i bkod pa yang gnas der bsdus/ rje 'di ni yi dam gyi lha zhal gzigs shing/ thun mong dang thun mong ma yin pa'i ting nge 'dzin brtan po la dbang 'byor zhing sdom pa gsom gyi bcas mtshams las skad cig kyang mi 'da' bar lam gtso bo gsum gyis thugs rgyud rab tu gtams pa/ sde brgyad dregs pa can rnams kyang gsum 'phrin thos pa tsam gyis bka' dang dam las mi 'da' bar bag yod du gna par byed nus pa sogs mkhas shing grub pa brnyes pa'i rnal 'byor gyi dbang phyug chen po zhing ste/ gsum rtsom gyi rim pa yang gsang bde 'jigs gsum gyi bskyed rdzogs/ bsnyen yig/ lam rim sogs bu sti che tshad du longs pa mchis shing/ gsung las skyis pa'i slob ma'ang 'jam dbyangs gong ma chen po'i dbu blar byon pa rdo rje 'chang dus 'khor ba blo bzang rig grol sogs ches mang ba byung/ slar yang dam pa de nyid bstan 'gro'i dpal du byon pa/ seng chen blo bzang dpal 'byor ni/ sku gong ma'i 'khrungs yul nyang stod 'brong rtser 'khrungs/ gzhon nu nas bkra shis lhun por byon ste/ rje btsun blo bzang yi shes las rab tu byung/ mdo sngags kyi gzhung la gsan sbyong mthar phyin pa mdzed de/ dam pa gong ma'i thugs bskid bzhin pan chen thams cad mkhyin pa chen po rje btsun blo bzang yi shes dpal bzang po dgung lo brgyad pa zhes pa'i skabs sngags pa graw tshang gi khri phebs dgos pa'i bka' lung gnang ba bzhin khri thogs bco lnga bar zhabs sor bkod/ de yang dam pa gong ma'i phyag len bzhin gtso cher 'dus ba'i dgrel pa'i bzhi sbrags 'chad spel gyis mtshon dbang rjes gnas lung khrid man ngag sogs zab rgyas chos kyi 'khor lo rgya cher bskor zhing/ khyar par skyabs mgon dbang ldan ye shes dpal bzang por chos 'khor bskor bar gsol ba 'debs pa'i sbyin bdag gi mthil mdzad de 'phrin las kyi sgo brgya 'byad ba 'i sman yon bla na med par gyur cing dgong lo so gtsig nas 'dun cu'i bar rgyud graw'i khri la star chags su bzhugs te gzugs sku'i bkod pa yang khri thog rang du bsdus/ dam pa 'di nyid khrir bzhugs skabs su and jun gar gyi rgyal po hung tha'i ji'i sras dga' ldan tshe dbang pas rgyal ba yab sras la mi sna ched du mngags te zhabs brtan dngos 'bul skabs/ rje 'dir yang zhu'phrin dang dngos 'bul rgya cher bstar zhing phan tshun thugs yid gtshig 'dres kyi 'brel ba rje zab tu gyur/ de nas gyi na ba bdag lta bu ni/ dam pa gong ma gnyis kyi 'khrungs yul nyang stod 'brong rtse rang du skyes zhing/ gong ma de rnams kyi spangs rtogs kyi yon tan thob pa'i sku skyi'i re ba med kyang las 'brel gyi dbang gis bla gzugs 'dzin pa zhig 'ong bar dgongs te/ rgyal dbang thams cad mkhyen pa blo bzang 'jam dpal rgya mtsho dang/ skyabs mgon bstan pa'i bdag po rje btsun phyogs las rnam rgyal dpal bzang po/ lha chen tshang pa chen po bcas kyi lung gis skabs dbye ste seng chen blo bzang dpal 'byor gyi sku skyer ngos bzung/ lo bdun pa la bkra shes lhun por chos skor zhugs te pan chen thams cad mkhyen pa chen por gtsug phud nas ming blo bzang bstan 'dzin dpal 'byor du stsal/ thos bsam gling zhal snga nas don gyi slad du mtshan nas smos tem khan chen chos 'phal don grub las tshigs snga ma dge tshal gyi sdom pa blangs shing/ mkhan po de'i spyan sngar bsdus sbyor gyi rtsis bzhag kyang zhus/ gzhan yang rdo rje 'dzin pa sngags chen blo bzang tshe brtan gyi drung nas dpal rdo rje 'jigs byed lha bcu gsum ma'i dkyil 'khor du dbang bzhi thog mar nos/ tshad ma rnam 'gral gtso bor gyur pa'i gzhung legs chen po lnga la dge ba'i bshes gnyen bsten te rang blos gang nus sbyong khul byas shing/ lo bcu dgu'i thog dka' chen gyi mang btags blangs/ rang lo nyir gnyis thog sngags grawr zhugs te cho ga phyag len bskang gso dbyangs rol gar thigs sogs legs par sbyangs shing/ bskyed rdzogs kyi gzhung rnams la'ang thos bsam gyi brtson pa bsked te bag chags ci thebs byas/ lo nyer gsom thogs sangs rgyas snang ba mtha' yas ngur smrig gar gyis rnam par rol pa don gyi sald du mtshan nas smos tem khan chen bstan pa'i mnga' bdag rje btsun dpal ldan bstan pa'i nyi ma phyogs las rnam rgyal dpal bzang po'i zhal snga nas kyis mkhan po/ khyab bdag 'khor lo'i mgon po bka' drin gsum ldan yongs 'dzin rdo rje 'chang rje btsun blo bzang bstan 'dzin dpal bzang pos las slob mdzed te/ dad pa'i dge 'dun grangs tshang ba'i dbus su bsnyen par rdzogs pa dge slong gi dngos po thob/ skyabs mdon mshog nas bsnyen rdzogs kyi sdom pa stsal ba'i thog ma rang bdag nyid la byung bas skal ba shin tu bzang ba byung/ snga phyir skyabs mgon mchog gi zhabs drung nas byang chub bde lam myur lam sogs lam khri du ma dang/ gsang bde 'jigs gsum rdo rje 'phreng ba sogs dkyil 'khor chen po du ma'i dbang/ sgrub thabs brgya rgya ma rin 'byung sogs rjes gnang gi rigs du ma bcas zab rgyas man ngag bum pa gang byo ba tshul du dgyes bzhin stsal bzhan yang skyabs mgon mchog gi yongs 'dzin dam pa 'brong rtse blo bzang tshul khrims dpal bzang po'i zhabs drung nas dbang lung man ngag du ma dang/ khyar par skyabs mgon mchog gi yongs 'dzin gtso bor gyur pa rdo rje 'chang rje btsun blo bzang bstan 'jin dpal bzang po'i zhabs drung nas dpal dus kyi 'khor lo'i dkyil 'khor che dbo'i dbang/ 'phreng ba kri ya sbrags ma'i dkyil 'khor chen po zhe lnga'i dbang/ mi tra brgya rtsa sogs spyi dka' dang zur dka'i dbang rin 'byung brgya rgya ma sogs spyi zur gyi rjes gnang/ skyes rabs so bzhi sogs dang lam rim sogs rje'i gsong kha shes/ dga' ldan khrid chen brgyad sogs zab rgyas chos char du ma skyabs mgon chen mor 'bul ba dang lhan cig tu thob pa'i bka' drin dang skal bzang 'gan zla bral bar gyur/ de nas rang lo nyer dgu ba'i thog skyabs mgon bstan pa'i bdag po'i bka' lung spyi bos nos te gsang sngags rgyud pa graw tshang gi khri thog nyer gcig pa'i thog tu 'khod/ skyabs mgon mchog gi bka' bzhin mdo rgyud kun gyi rtse mor son pa dpal gsang ba'i 'dus pa'i 'grel pa bzhi sbrags kyi 'chad spel dang bskyed rdzogs kyi 'dzin chos sogs kun slong rnam dag gi sgo nas rgyud mar 'chad khul byas shing/ byang phyogs khal kha'i yul gru nas byon pa'i mkhan chen no min han sogs du ma la 'phreng ba kri ya sbrgs pa'i dkyil 'khor zhe lnga'i dbang/ rje rin po che'i gsong 'bum gyi lung/ lcags mkhar dang 'khrul 'khor gyi kgrid sogs rgya cher phul zhing/ gzhan yang gzhis na gnas pa dang phyogs 'dus kyi don gnyer can rnams la rab byung bsnyen rdzogs dbang rjes gnang lung khrid man ngag sogs rgya cher spel khul byas shing/ da lta khri thog tu slebs nas lo ngo bcu song ba'i skabs su mchis shing/ skabs 'dir thor god jun gar gyi yul gru nas bla dpon gyi mi sna ched du mngags te dbus gtsang gi gtso cher skyabs mgon chen po dang dge 'dun gyi sde rnams la bsnyen bkur rgya cher zhu ba dang chabs cig kho bo la yang/ dam pa gong ma rnams nas bzung yon mchod kyi 'brel ba dang dad pa dam tsheg gtsang ba'i rtan 'brel gyis mi sna rnams ngos 'phrad du byon nas yi li jun gar gyi dpon po rnams kyi mtshan thor 'khod pa 'i skyabs 'jig dgos tshul dngul bre chen rta mig gzugs kyi rten dang bcas pa dang/ sger khag so so nas dngos bo gya nom pa bstar byung ba bzhin bla ma mchog gsum rgyal ba'i spyan sngar dpon po rnams kyi sku tshe sku bsod chab srid mnga' thang rgyas pa dang/ tshe rabs kun tu bla ma mchog gsum kyes 'bral med rjes su 'dzin pa/ khyar par skyabs mgon thams cad mkhyen pa byang phyogs shambhala'i yul du rigs ldan drag por sku'i bkod bston ba'i 'khor mye thog mar rjes su 'drin pa'i smon 'dun gang zab btab/ de dag ni seng chen sku snga phyi'i rnam thar mdor bsdus tsam yin lags/ gzhan yang rgyal po chen po hung tha'i ji'i skabs bkra shes lhun po nas glo sbugs pa sngags chen dpal 'byor rgya mtsho dang/ 'bres spungs nas wa shul bstan pa rab rgyas sogs mkhas pa mang po spyan drangs 'dug kyang rnam thar gyi yi ge zhib gsal ma mthong/ rgyal po chen po 'di dang gong gi bla ma rnams bka' bgros te khyim pa rnams bsnyen gnas la bkod/ dge tshul slong rnams bslab bya gnam rtse ldeng ma gnyis 'dzin du btsug nas 'dul khrims gtsang ma btsugs/ mtshan nyid kyi bshad graw ma tshugs kyang lam rim che chung gi 'chad nyan gtso bor byas/ sge tshul slong rnams la 'bangs khyim tshang gsum re/ rnga mong drug re/ rta nor bzhi bcu re/ lug nyis brgya re bdag rkyen mdzad pa sogs bstan pa la bsnyen bkur bod kyi rgyal po mnga' bdag khri ral dang mtshungs pa mdzad/ te'i rjes su de nyid kyi sras dga' ldan tshe ring dbang pos bkra shes lhun po nas grags pa don ldan gyi mkhas ba chen po thos bsam gling dpon slob dpal ldan yi shes dang/ 'bras spungs nas 'dul ba 'dren pa sgo mang dpon slob blo bzang phun tshogs/ legs chen dge 'dun grags pa/ se ra byes pa dpon slob sogs chos kyi spyan ldam mang po spyan drangs te mtshan nyid kyi 'chad nyan btsugs/ gtsug lag khang dang sku gsum thugs rtan mang du bzhengs/ sge bshes gsar du byon pa'i rigs la bdag rkyan dang gzengs bstod rgya cher mdzad pa'i rgyal po 'di nyid kyi skabs su'ang jun gar gyi yul du bstan pa'i srol rnam bar dag pa 'phel rgyas che ba byung 'dug/ gong gi bla ma de rnams kyi rnam thar gsal ba ma mthong zhing/ thos bsam gling dpon slob dpal ldan yi shes nas jun gar du rje btsun tsong kha pa'i gsung 'bum cha tshang/ rgyal tshab mkhas grub 'dul 'dzin bcas sras kyi thu bo rnam gsum gyi gsong 'bum cha tshang bcas mthing shog bzang po'i ngos su gser btsom gar 'drongs su bris pa gsar bzhengs mdzad te slar bkra shis lhan por phebs bstun thos bsam gling gi gzims chung du sbyor 'bul mdzad pa ta lta'ang nyams med du bzhugs/ de'i rjes su rgyal po na rim byon te yab mes gong ma'i lam bzang po nyams med du skyong bar mdzad 'dug kyang lo rgyus khungs ma ma mthong bas ji bzhin brjod par ma spobs shing/ ta lta'i dus su'ang yi li jun gar gyi dpon po rnams gmams bskos 'jam pa'i dbyangs gong ma bdag po chen po nas cho lo dang phogs bdag rkyen gzengs bstod ched med pas skyong zhing/ dge 'dun rnams la'ang sngon gyi bla ma gong ma rnams kyis btsugs pa'i mdo sngags kyi'chad nyan rnams kyang ma nyams par bzhugs pa bcas dus kyi mthar yang mtha' 'khor chos kyi snang bas mdzis par byas pa 'di lta bu ni rje rgyal ba gnyis pa'i mdzes rgyan du che bges lags so/

'dir smras pa/

rgya chen bsodnams sbar mo'i shugs 'chang zhing/
dbang thang lus stobs cher rgyas gdong lnga ba/
nor'dzin skyong mkhas jun gar rgyal rigs dang/
yul der bstan pa dar tshul mdo tsam glebs/
gtam'di der gnas 'gro rnams sgra 'dzin du/
thos pa'i mod la bzang po'i bag chags rnams/
legs sad zhaw ser bstan dang bstan'dzin la/
mi phyed dad pas yid rab'phrog par shog/
ljongs de'i rgyal po'i sku tshe chab srid 'phel/
dge'dun sde rnams bshad sgrub chos spyod rgyas/
mnga' 'bangs skyi rgu dar rgyas dge bcus 'tsho/
kun kyang bde legs snang bas khyab gyur cig/

ces o rod jun gar gyi yul du zhaw ser gyi bstan pa la sri zhu che bar mdzed pa'i rgyal po dang de bla rabs rnam thar mdor bsdus tsam dgos zhes Ae la tsha dge slong nga dbang thob bstan nas bsgul ma byung ba ltar gsang sngags rgyud pa graw tshang gi khri thog ba seng chen sprul sku blo bzang bstan 'dzin dpal 'byor kyis sbyar ba dge zhing bkra shis par gyur cig/

二、译注

俺嗉哆！

向悲悯之心远胜其他遍知佛尊的净饭王之子、向身着袈裟之文殊化身至尊宗喀巴师徒及其传承上师顶礼。

以此善言为前引，略说厄鲁特①准噶尔地方弘扬至尊宗喀巴大师教法之历史。蒙古大地弘扬噶丹派（格鲁派）始于土默特（thu - mad）部之阿勒坦汗（a - la - than - han）之时，他延请第三世达赖喇嘛索南嘉措（bsod - nams rgya - mtsho）到蒙古地方，蒙古人祭天杀生之不善习俗自此废止。示显威力及神变，使王及臣民心生信仰，树立清净之格鲁派教规。达赖喇嘛在蒙古地方圆寂后，又在该地转生为第四世达赖喇嘛云丹嘉措（yon - tan rgya - mtsho），使供施关系更为亲密，佛法弘传之缘更善，全体蒙古人成为格鲁派之施主自此肇始。

---

① 松巴堪布益喜班觉《如意宝树史》中作“O - lu - rod”。

蒙古内部又有众多分支，其中土尔扈特（thor－god）地方，虽有胜解行者之称的郭芒札仓（dgo－mang graw－tshang）① 上师顿珠嘉措（don－grub rgya－mtsho）前往彼处，建立教法之规，然而，由于迁往俄罗斯（o－ro－su）管辖之地，（佛法）未能得大弘传。后来，他们脱离俄罗斯回归，成为大皇帝臣民，各依首领，安居乐业，崇奉佛法。厄鲁特（o－rod）或称为卫拉特（o'i－lod），又分为四部，王政由和硕特（ho－shod）部执掌，但是，绰罗斯（tsho－ro'u－su）家族之博硕图汗（so〔po 之讹?〕－shog thu－han）日渐强盛，夺取和硕特车臣汗（che－chen－han）之权力，统治整个厄鲁特部，立众多显密经院。此后，威严福德堪比帝释天、征服恶敌犹如罗摩的额尔德尼卓里克图珲台吉策旺阿拉布坦（er－te－ni jo－rig－thu hung－th'i－ji tshe－dbang rab－brtan）内心信仰佛法，特别是清净宗喀巴大师之教法。对卫藏地方主要是对达赖喇嘛师徒敬献不可思议的供养，在扎什伦布寺及色拉寺、哲蚌寺、甘丹寺等大寺院恭敬布施、熬茶，从未中断，其中尤以班禅罗桑益希（blo－bzang yi－shis）为主供喇嘛，请求为政教两道诸事之取舍开示明了。某时，思量应在自己管辖区内建一清净格鲁派寺院，故向遍知班禅大师祈请派一位殊胜喇嘛。彼时，持金刚森钦·格勒热杰（seng－chen dge－legs rab－rgyas）刚卸任（扎什伦布寺）密宗学院赤巴，在强钦（byang－chen）寺②静修。怙主班禅大师降旨让他去任准噶尔王之上师，他认为满足上师言教乃积累福德之根本，于是，历经路途艰辛寒暑，到达厄鲁特准噶尔地方，使黄帽派的教法发扬广大，此师乃扎什伦布寺派往准噶尔的第一位喇嘛。

此师之简传为：出生于具足十善之相的娘堆（nyang－stod）仲孜（'brong－rtse）③地方，自幼剃度在扎什伦布寺出家为僧，对五部大论闻修深广，获得“噶钦（dka'－chen）”④ 称号。到白居寺（dpal－'khor chos－sde）⑤ 获得然绛巴（rab－'byams－pa）格西，以善巧闻名当地。复又入札什伦布寺密宗院，对各种仪轨、程序、音律、器乐、法舞、坛城量度等极为纯熟，对密集金刚、胜乐金刚、怖畏金刚之生圆次第修行圆满，教证之功德圆足。因之，班禅大师降旨命其任密宗院赤巴，成为第七任密宗院赤巴。为密宗院僧伽广传《四派合注》及生圆次第之解说。对在寺和来寺之信徒授比丘戒及众多的密法灌顶、讲授、传承、要诀、随许等，对佛法、众生有大功德。任赤巴 6 年，因喜欢清净，卸任赤巴之职后前往强钦寺。一段时间后，如上文所述，得到需赴准噶尔之

---

① 指拉萨哲蚌寺郭芒扎仓。

② 据第悉·桑结嘉措《黄琉璃》（dga'－ldan chos－'byung Vaidšrya ser－po）记载，该寺由那塘寺第六任堪布桑结贡巴（sangs－rgyas bsgom－pa）创建。根敦珠巴曾长期在该寺修行，后归第四世班禅罗桑却吉坚赞管辖。详情见第悉·桑结嘉措《黄琉璃》，中国藏学出版社 1989 年藏文版，第 261—262 页。

③ 今属江孜县西南的重孜乡，旧译为重子、仲则、钟子等。有著名的仲孜曲德塔尔巴林寺（简称仲孜寺），《黄琉璃》记载该寺为克珠杰格勒巴桑的亲传弟子仲孜拉色巴仁钦嘉措（'brong－rtse lha－sras－pa rin－chen rgya－mtsho）所建。寺院分上、下两个扎仓。后成为扎什伦布寺之属寺。历代森钦活佛是该寺寺主。17 世纪下半期时，该寺有僧人 142 名。该寺与仲孜家族关系密切，而前三世森钦活佛均出自该地。详情见第悉·桑结嘉措：《黄琉璃》，中国藏学出版社 1989 年藏文版，第 244 页。

④ 扎什伦布寺特有的学位，学通“五部大论”者得此殊荣，相当于其他格鲁派寺院之拉仁巴（lha－rims－pa）格西学位。

⑤ 位于江孜县城内，原称贝廓曲德（dpal－'khor chos－sde）寺，由江孜法王热丹贡桑帕巴和克珠杰格勒巴桑共同创建。

命。在该地3年，主要为汗王珲台吉传授灌顶、传承、要诀等，在其心识之田播下解脱、遍识之聪慧种子。为僧众如愿传授宗喀巴大师之广、略《菩提道次第论》，以及密集金刚、胜乐金刚、怖畏金刚等四大续部之诸种坛城之成熟灌顶，讲解生圆二次第之解脱之道。此外，还重新建立了密宗院之程序、酬补仪轨、音律、器乐、法舞、坛城量度等，恩惠无量。一时，当地发生兵乱，王臣等惊恐万状，向喇嘛询问退敌之法，于是制造并抛掷威猛伏魔铁堡食子，对方军队看到准噶尔地方勇猛之师遍满大地虚空的景象，立即退兵，为汗王和属民解除战争恐惧。如是在准噶尔地方广行利众之事后返回札什伦布寺。

（他对）准噶尔所贡献之大供养无丝毫浪费，其中部分为遍识班禅大师做大供养，并为僧众呈献丰盛供养。特别是用白银150两为密宗院塑制遍识班禅洛桑益希[①]之像，殊胜装藏，莲柄、基座为赤铜，在大经堂中依柱而置；为密宗院经堂顶置高大的赤铜屋脊宝瓶等形好崭新的供品。又，在该地建恰哲德丹（bya－bral bde－ldan）修行处，并供养8位沙弥、比丘之生活，自己也专心修持。70岁时在那里圆寂。此师亲见本尊佛之面，于共与不共之禅定获得自在，于三律仪无刹那之违越，一心专注于圣道三要，八部凶煞闻听其命，使之安分守己，无有违背者，此等能力善巧，实为得大成就之圣人。于著述有密集、胜乐、怖畏金刚之生圆次第、酬补祷文，以及菩提道次第等方面的巨著鸿篇。于教授弟子方面，有圣文殊皇帝之根本上师、时轮密院的持金刚洛桑仁卓（blo－bzang rig－grol）等众多弟子。

此后，为佛法及众生之利益，此师又转生为森钦·洛桑班觉（seng－chen blo－bzang dpal－'byor），[②] 在前世诞生之地娘堆仲孜地方出生。自幼到扎什伦布寺依圣（班禅）洛桑益希剃度，圆满闻修显密经典。因前世之祈愿之力，遍知一切班禅洛桑贝丹益希（blo－bzang dpal－ldan yi－shis）[③] 8岁时降法旨需其任密宗学院赤巴，于是成为第15任赤巴。依前世之规，主要讲授密集金刚注疏四派合注，并灌顶、随许、传承、教授、要诀等，推转深广法轮。特别是作为主要施主，祈请班禅贝丹益希大转法轮，于利生事业产生大助益。自31岁至70岁，不间断地任密宗院赤巴，卒于任上。此师任赤巴时，准噶尔王珲太吉（hung－tha'i－ji）之子噶尔丹策零（dga'－ldan tshe－ring dbang－po）派出使者向达赖喇嘛师徒祝寿并献供养，同时也向此师呈送书信并大供养。彼此心投意合，关系愈加亲密。

复次鄙人，出生于前两世出生之地娘堆仲孜地方，本无成为继承前辈断证功德化身之期望，但是缘分使然，知道将持喇嘛之形，得遍识达赖喇嘛洛桑降白嘉措（blo－bzang 'jam－dpal rgya－mtsho）、[④] 怙主却列南杰（phyogs－las rnam－rgyal）及大梵天等授记，认定为森钦·洛桑班觉之转世。7岁入札什伦布法门，在班禅大师跟前剃度，并赐名洛桑丹增班觉（blo－bzang bstan－'dzin dpal－'byor）。于闻思学院讳名大堪布曲佩顿珠（chos－'phel don－grub）座前受前期沙弥戒，又依止此堪布请受摄类学。又于持

① 即第五世班禅喇嘛。

② 即第二世森钦活佛。

③ 即第六世班禅喇嘛。

④ 即第八世达赖喇嘛。

金刚大密宗师洛桑次丹（blo - bzang tshe - brtan）座前初次受十三尊大威德金刚坛城之四灌顶，依止善知识并勤奋学习以《释量论》为主的五部大论，19 岁时获得“噶钦（dka' - chen）”学位，22 岁入密宗院，圆满学习仪轨程序、酬补仪轨、音律、器乐、法舞、坛城量度等，努力闻思生圆次第之理论，使之隐染于心识之上。23 岁时以无量光佛之化身、堪钦法主至尊洛桑贝丹丹贝尼玛却列南杰贝桑布（blo - bzang dpal - ldan bstan - ba'i nyi - ma phyogs - las rnam - rgal dpal - bzang - po）为堪布，遍主大曼荼罗怙主至尊洛桑丹增贝桑布（blo - bzang bstan - 'dzin dpal - bzang - po）为业轨范师，在具数之信教僧伽之中圆满得受近圆比丘戒。法主班禅大师为别人授受比丘戒，本人是第一个，幸运至极。先后在法主足下听闻《菩提道次第坦道（bde - lam）》、《菩提道次第捷径（myur - lam）》等众有关菩提道次第之讲稿，密集、胜乐、怖威金刚灌顶、《金刚宝串》等诸大坛城之灌顶、《百种秘密修习法》（sgrub - thabs brgya - rgya - ma rin - 'byung）等随许诸法、深广教法，如宝瓶倾泻般高兴地赐教。此外，在班禅大师的经师仲孜哇洛桑楚臣贝桑布（blo - bzang tshul - khrims bpal - bzang - po）足下请得诸多灌顶、教授、要诀等，特别是根本上师持金刚至尊洛桑丹增贝桑布（blo - bzang bstan - 'dzin）在为班禅大师献授教法时，本人也一同仰获时轮金刚大坛城之灌顶，《金刚宝串及事读合并》之四十五大坛城灌顶。米扎百种仪轨（Mi - tra brgya - rtsa）等总咒与分咒之灌顶。《百种秘密修习法》（Rin - 'byung brgya - rgya - ma）总咒与分咒之随许，《佛本生三十四品》等以及《菩提道次第》等宗喀巴大师之部分作品，格鲁派八大导引（dga' - ldan khrid - chen brgyad）等诸多深广教法，恩惠无比，幸运之极。于 29 岁时，受班禅大师任命，出任密宗院第 21 任赤巴。依班禅大师之指示，使作为显密教法之顶的密集金刚四派合注讲授、生圆次第之讲解等，清净心性，相续未断。为从北方喀尔喀（khal - kha）部来的堪钦诺门罕等众人献授《金刚宝串及事读合并》'phring - ba kri - ya sbrags - ma 四十五大坛城之灌顶，宗喀巴大师全集之传承，伏魔铁堡、神变之轮（'khrul - 'khor）等导引。另外还为本地和外地有所祈求者满足了诸如剃度、授比丘戒、灌顶、随许、传承、教授、要诀等要求。

现已在任十年之时，此时，土尔扈特准噶尔地方的首领（bla - dpon）所派特使到达卫藏，主要为班禅及诸大寺院做大供养，同时，他们还因为与本人的诸前世有供施关系，真诚信仰，及良好情谊等因缘，故而亲临鄙处时，如前辈之规，提供了伊犁（yi - li）准噶尔汗王族子（dbon）之名单，要求为他们祈福保佑，并贡献大马蹄银等。各部供献了丰硕的供养。鄙人于上师、三宝、佛尊之前，祈愿王族人等寿数绵长、福德增盛、政通人和，代辈获得上师及三宝不离摄受。特别是怙主班禅大师发愿将来在香巴拉境转生为勇武轮王时，让他们成为首要的随从。[①]

此乃森钦活佛世系先后之简史。

复次，在大汗珲太吉（hung－tha'i－ji）时，邀请扎什伦布寺之密宗大师罗普巴班觉嘉措（glo－sbug－pa dpal－'byor rgya－mtsho）、哲蚌寺之瓦须丹巴热杰（wa－shul bstan－ba rab－rgyas）等众多善巧之师，但未见记载明晰的传记。此汗王与上述诸喇嘛商议，居家之人（即俗人）应守近住戒（bsnyen－gnas），沙弥比丘应守《比丘之学处·朗孜顿玛篇》和《沙弥之学处·朗孜顿玛篇》（bslab－bya gnam－rtse ldeng－ma gnyis）树立清净戒规。虽未建立性相学院（显宗学院），但是菩提道次第广、略论仍做为教授的主要内容。每位沙弥、比丘各分得三户属民，骆驼6峰，牛马40，绵羊200只作为增上之缘（奖励）。如此恭敬佛法，犹如藏王赤热巴巾。[②] 此后珲太吉之子噶尔丹策零（dga'－ldan tshe－ring dbang－bo）邀请扎什伦布名副其实的大善巧师性相学院本洛贝丹益喜（dpal－ldan yi－shes）、哲蚌寺郭芒扎仓本洛持律师罗桑彭措（blo－bzang phun－tshogs）、勒钦根顿扎巴（legs－chen dge－'dun grags－ba）、色拉寺杰扎仓本洛等众多具足法眼之大师，立性相教授之规，建众多庙宇及身语意三所依。因对新授格西学位者给予资助和奖励，所以此汗王时，准噶尔地方佛法得清净弘传。虽未见上述诸师之传记，但闻思学院本洛贝丹益喜在准噶尔地方将宗喀巴大师之文集、嘉曹杰、克珠杰及杜增扎巴坚赞（'dul－'dzin grags－pa rgyal－mtshan）等三大弟子之文集，在上等蓝黑色纸张上用纯金汁写成，后来请回扎什伦布供于闻思学院小卧室之中，至今保存完好。此后，历代王护持先辈传承的善规，但未见详细记载，不敢妄言。

现今伊犁准噶尔之诸王得奉天承运文殊大皇帝之敕封，得俸禄等无量嘉奖之护持，对僧伽一如前辈喇嘛所立之规，对显密教法，勤奋精进，在此末劫浊世，使佛法在边鄙蛮荒之地普照，此乃第二佛陀（即宗喀巴大师）教法之荣耀。

诗曰：

深广福德之爪凶猛，

权势威武之躯强壮。

善治大地之雄狮准噶尔王族世系，

---

① 有关第三世森钦洛桑丹增班觉生平的补充：第三世森钦活佛系藏历第十三饶迥木龙年（1784）诞生于年堆仲孜萨普贝（gser－phu－spel）地方，父亲名次仁多杰（tshe－ring rdo－rje），母亲名多杰卓玛（rdo－rje sgrol－ma），幼时，被第八世达赖喇嘛绛白嘉措和第七世班禅丹白尼玛认定为第二世森钦洛桑班觉之转世。因前世活佛与厄鲁特蒙古关系密切，许多前来西藏朝佛熬茶的蒙古族信徒都前往拜谒。其弟子有蒙古堪钦诺门罕·洛桑策旺等多人。第三世森钦留下文集一函，有仪轨、种种修法、闻法录、上师瑜伽法、规章制约等计三十二篇，辑为一函，第四饶迥火蛇年（1857）刊刻于拉萨。有关他的卒年有不同的意见。《藏文古籍目录》认为从其文集著述止于班禅·丹白尼玛圆寂后（第十四饶迥水牛年，即1853），正式编订（第十四饶迥火蛇年，即1857）前推算，其卒年当为第十四饶迥火龙年（1856）。而《东噶藏学大辞典》则认为他卒于第十四饶水鼠年（1853）。见中国藏学出版社2002年版，第2053页。

② 松巴堪布·益喜班觉《如意宝树史》载，噶尔丹策凌执政时，“除原来的三僧院外，新建闻思院、密院，其中在三院中建立法相的讲闻。给每一僧院五百小僧（其等依止藏巴贝丹益西出家，由贝丹益西、格敦彭措、果格敦扎巴等依次担任寺院的主持），并献集会帐篷，时时发放布施，经常供茶和米饭。并给每位僧人布施两只帐篷、三户属民、二匹乘骑、二峰骆驼、六匹牝马、一百只羊及袈裟、细氆氇、彩靴等物，让僧人遵守戒律。”见蒲文成、才让译本，甘肃民族出版社1994年版，第788页。

佛法弘传彼地之源流已略述于上。

愿彼地众生得闻此史，
立使诸种烦恼得清净。
于黄帽教法及持法者，
生起坚定信仰不退转。

愿汗王寿长国政昌盛，
僧伽讲修法行得增益。
百姓安乐生活得十善，
祥瑞福德之光照四方。

因使者（e－la－tshe）① 比丘阿旺图丹（ngag－dbang thub－bstan）之祈请，此厄鲁特准噶尔地方事奉黄帽教法之王、上师之世系简史由密宗院在任赤巴森钦活佛罗桑丹增班觉（blo－bzang bstan－'dzin dpal－'byor）撰。

愿得吉祥！

① e－la－tshe 乃蒙古语 elči（“使者”）之音译。此词之翻译得乌兰研究员帮助，特此致谢。

日本天理图书馆所藏手绘蒙古游牧图及其价值

乌云毕力格（中国人民大学）

清朝康熙朝绘制的《皇舆全览图》和乾隆时期绘制的《内府舆图》，是利用当时较为先进的投影测绘技术绘制的比较精密的地图，范围都已覆盖了蒙古地方，但是这些舆图比例尺小，标出的地名要素少，故而无法表现蒙古各旗的游牧所在范围及其详细情况。蒙古自己绘制的各旗游牧图，虽然由于测绘技术等问题的关系，其精确度不够高，更不能与今日科学测绘的地图相提并论，但其所包含的历史信息内容非常丰富，具有很高的文化学、历史地理学价值。它是研究蒙古文化史、科学发展史的宝贵资料，也是研究清代、民国时期蒙古历史地理及其相关文献的重要的参考资料。

一、《蒙古游牧图》的形成及其收藏

清代蒙古游牧图的出现，与清朝在外藩蒙古的“盟旗制度”密切相关。清朝逐步征服、统一蒙古各部之后，蒙古原有的鄂托克、爱马克等众多贵族领属集团，绝大部分被整编为由扎萨克世袭统治的旗，蒙古语称之为“和硕”（qošiγu）。其中，漠南即内蒙古地区的称为“内扎萨克蒙古”，漠北、漠西等其他地区的称为“外扎萨克蒙古”，统称为“外藩蒙古”。每个旗的所辖地域，也按照山川地理走向基本固定下来，被称为某某扎萨克旗的“游牧”。若干扎萨克旗组成盟，形成会盟制度，并且以固定的会盟地点命名。这种扎萨克旗制，也称为“盟旗制度”。外藩蒙古的扎萨克旗，在地域和人口上占据了蒙古民族的绝大部分，所以盟旗制度即成为清代蒙古的最基本的政治统治和社会制度。扎萨克旗与内属、八旗蒙古及内地省县制度的最大区别是，拥有封建领主性“君国子民”之权，对本旗的山林、土地、矿产资源有传统所有权，并且不承担国家赋税，不由朝廷委派各级职官。

旗是清代蒙古最基本的社会组织单位。一个旗的建立，须具备三个条件，即编成苏木（“苏木”蒙古语作 sumu，满语称“牛录” niru，原则上 150 户蒙古牧户编为 1 苏木）的旗民、钦定的游牧地和世袭统治的扎萨克。因此，一旦设立一个旗，其扎萨克人名、苏木数和丁数、游牧地四至八达必须在理藩院登记备案。最初，旗游牧地的范围还只是以江河山川为界，彼此之间未必有精确的界线，所以，当初的游牧地记载可能是类似后来的 nutuγ – un šese（或叫 nutuγ – un šgülel，旗游牧地解说册，简称“册子”）的文字表述，尚无地图。在现有的清初理藩院题本、内三院档册和《清实录》中都没有发现，理藩院勒令蒙古各旗绘制其游牧地图上交的记载。但是，到了清朝中期的乾嘉时期，各旗有了旗地图，以现存地图为证。

在日本学者二木博史公布和探讨的外蒙古“游牧地解说册”中，有些记载非常耐人寻味。它虽然是较晚的记载，但似乎可以说明清代蒙古手绘地图绘制的过程，因为这些制度虽说经历了形成完善的过程，然而其主要做法毕竟是一贯的。其中，光绪十六年(1890)，喀尔喀车臣汗部扎萨克多罗郡王多尔济帕拉木就造送本旗游牧图及册子事给该部盟长的一份报告十分珍贵。该报告写道："呈文。所报事宜：今年九月贵盟长处下令，将详查本旗游牧地大小地名、江河支流与河套、各方向之里数及边境之地，造地图与册子各一幅，于本年十月十日报送，以备汇总上报，等因。同属一爱玛之贝子拉旺××、公扎姆萨朗扎布、多尔济优勒济勒都克、扎萨克额林沁多尔济等旗将其与乌珠穆沁右翼扎萨克亲王（旗）、呼伦贝尔所属新巴尔虎各旗接壤之有名称之地之鄂博、木牌，自本旗南第一鄂博诺木汗波罗开始（详查），将其间各地，以三百六十 alda 为一里地，以三十六 alda 为一忽必，不到一忽必之地，以尺为量，将该旗全部游牧地之横竖长度、山之高矮、常年流水及断流河之源头、流域、支流、河套、广阔草原、戈壁之形状、通道、路牌、敕赐名号之大寺庙、本旗公署等分别记载其名，将游牧地全境以每二寸方格为五十里计算，又将游牧地之南、西、北、东四方及边界四周之方向，与历书轮二十四方向相配合而绘一图、书一册子，按照原命令，派专人携带，并令其使用驿站，奉送贵盟长处。此等事宜，特此呈报。（光绪）十六年冬十月初九日。"① 从中可以看出以下几个要点：1，各旗的游牧图是根据盟长的要求绘制的，而盟长则是为了上报给理藩院。因此，根本上讲，旗游牧图的绘制是应理藩院之要求；2，各旗须将本旗游牧地的四至八达（"游牧地之横竖长度"）、与其他旗的接壤处、本旗山河及草地与戈壁等地貌、道路、寺庙、扎萨克公署驻地等一一标出。这是绘制旗游牧图的基本要求；3，按一定的绘制方法绘图。在这里，第三点的绘图方法一项，每个历史时期前后有所不同，各地也有所差异②，但前二者，应该是各地、各旗、各个阶段都基本遵循的。最近，学者们出版了研究波兰学者、探险家科特威茨的一本书，其中公布了科特威茨收藏的几幅蒙古地图。其中，绘制于嘉庆十年（1805）的一幅图是土谢图汗部各旗图。图左上方写有 sayišiyaltu irügeltü – yin arbaduγar on ayimaγ – un qosiγud – un nutuγ – un tobšiltu – a yeke jiruγ. jangjun amban küriyen – ü sayid tan – a ergügsen jiruγ – un eke（"［土谢图汗］部各旗游牧综合大图"）字样，其表述与前文提及的 1890 年多尔济帕拉木册子一致。不仅如此，1805 年的图上看得十分明显，该图是原来各旗图的合成，而且描绘的就是各旗游牧地上的扎萨克驻地、寺庙、江河、山川、道路、驿站、边境鄂博以及与其接壤的其他

---

① Landscapes Reflected in Old Mongolian Maps, Edited by FUTAKI Hiroshi & KAMIMURA Akira, the 21st Century Centre of Excellence Programme "the Centre for Documentation & Area – Transcultural Studies", Tokyo University of Foreign Studies, 2005, pp. 99 – 102

② 关于各地不同时期的绘制方法等问题，请参考上村明前引文。详见 Kamimura Akira: A Preliminary Analysis of Old Mongolian Manuscropt Maps: Towards an Understanding of the Mongols`Perception of the Landscape, in: Landscapes Reflected in Old Mongolian Maps, Edited by FUTAKI Hiroshi & KAMIMURA Akira, the 21st Century Centre of Excellence Programme "the Centre for Documentation & Area – Transcultural Studies", Tokyo University of Foreign Studies, 2005, pp. 16 – 19

旗的信息等。[①] 从天理图书馆藏蒙古地图看，这个做法一直延续到清末民初。

蒙古手绘地图最早在什么时候出现，目前还不能确定。《大清一统志》的地理记载是根据《内府舆图》而来，而《大清会典》的地理记载却是依据了蒙古手绘游牧图。考察清代五部《会典》，成书于嘉庆二十三年（1818）的《大清会典》详细记载了外藩蒙古各旗牧地四至八到和各旗接界，而康熙、雍正、乾隆三朝《大清会典》则无此记载。目前所看到的蒙古手绘地图的内容与嘉庆朝《大清会典》记载基本一致。据那顺达来统计，嘉庆朝《大清会典》所记载地名与蒙古游牧图上的地名对应率达到95%以上。而且，嘉庆朝《大清会典》直接接受了蒙古早期游牧图上表现的与经纬相差45°的蒙古区位方向。“可以说《蒙古游牧图》是嘉庆《大清会典》牧地记载最直接的资料来源，从某种意义上讲，嘉庆朝《大清会典》牧地记载就是《蒙古游牧图》四至八达的图说。”[②] 这说明，蒙古手绘地图的主要部分应该是在乾隆朝《大清会典》告成的1764年之后。根据乾隆朝《大清会典》的记载，乾隆皇帝下令为各旗“各视其山河之名而表以图，以定其游牧，无山河则树之鄂博。各游牧交界之所，无山河为志者，或平原，或沙碛，皆迭石为之鄂博，封禁牧厂，各于界场掘立封堆。禁其越境者，游牧分定地界。”[③] 然而，这一工作的结果却没有体现在乾隆《大清会典》中，足见大批蒙古游牧地图的出现确实在1764年后。此外，还有一个重要的事实是：目前可以得见的最早的蒙古游牧图都是乾隆年间的。比如，蒙古国现存的有确切年代的最早的游牧图是“车臣汗部卓农王旗山水图”（今藏于蒙古国立中央档案馆），即清代喀尔喀车臣汗部中后旗图。该图绘制于乾隆五十六年（1791），尺寸大小为78 cm ×68. 5 cm。图中表现了河流、山峦和湖泊等及其名称。河流在流经山间或落差大的地方时，把它绘成波纹，而平地上的河流和湖泊则没有波纹，有些山上画有树木或石头，有的则是秃山，尽量表现了山峦的植被和特征。由此可知，“游牧图”最初名为“山水图”，其画法类似粗略的山水画，是一种地理要素示意图。此后逐渐发展成为所谓的 qošiγun - u nutuγ - un jiruγ（旗游牧图）。[④] 最近在阿拉善发现的清代阿拉善蒙古地图，最早的也是乾隆年间的。

上村明对现存蒙古国340幅地图进行研究后得出结论，现存地图的绝大多数是在光绪十六年（1890）和三十三年（1907）绘制的。这与清朝对蒙政策的变化和随之而来的所谓的“新政”有关。清朝从对蒙古地方的封禁、保护政策转变为开发、利用，1890年清政府公布绘制地图细则——“钦定画图格式附图说式”，令各旗重绘新图。为了开发资源，1907年清朝开始在蒙古地区的农、林、牧、矿、渔、盐各业及铁路、军事、学校、贸易等各行进行研究，并下令重绘地图。因此，有些地图还特意标出了蒙古

---

① Jerzy Tulisow, Osamu Inoue, Agata Bareja - Starzynska, Ewa Dziurzynska: *In the Heart of Mongolia - 100th Anniversary of W. Kotwicz's Expedition to Mongolia in* 1912, *Studies and Selected Source Materials*, Polsh Academy of Arts and Sciences, Cracow, 2012.

② 那顺达来：《喀尔喀历史地理研究——以〈蒙古游牧记〉与〈蒙汉游牧图〉比堪为基础》，中国人民大学博士学位论文，2009年，北京，第53页。

③ 《钦定大清会典》（乾隆朝）卷六四。《续修四库全书》史部、正史类。

④ 那顺达来：《喀尔喀历史地理研究——以〈蒙古游牧记〉与〈蒙汉游牧图〉比堪为基础》，中国人民大学博士学位论文，2009年，北京，第50页。

自然资源的分布。1913 年外蒙古博格达汗政权也照此下令绘制了新地图。① 这应该是清末以来蒙古地区游牧图数量剧增的主要原因。

清代和民国时期所绘制的蒙古游牧图有不少流传至今，但因其分藏世界各地，一时难以得出今存地图的准确统计数字。据我所知，这些游牧图主要集中保存在蒙古国、德国、日本和中国。蒙古国和中国所藏游牧图是当时当地蒙古各旗扎萨克衙门或者清朝及民国政府有关部门庋藏而流传至今的，而德国和日本所藏蒙古游牧图则是从中国和蒙古国外流形成的。

蒙古国家图书馆和蒙古国立中央档案馆所藏蒙古游牧图的情况目前并不十分清楚，但毫无疑问，那里所藏的蒙古地图书目非常可观。根据 1937 年编写的《国立图书馆亚洲部所藏蒙文部写本和刻本统计》一书，该图书馆藏有 1850 年至 20 世纪初年的 335 幅地图，内容涉及蒙古国境内的蒙古盟旗。② 据上村明的研究报告，蒙古国立中央档案馆登录的地图有 115 幅，而蒙古国立大学专有名词学中心则有 260 幅。③ 据那顺达来在 2006 年蒙古国的实地调查，在蒙古国立中央档案馆现存地图 117 幅，除了十几幅卡伦、驿传、争议地区的分界图外，其余的都为各旗游牧图，绘制年代主要集中在道光二十三（1843）年至二十七年（1847）、同治三年（1864）至五年（1866）、光绪十六年（1890）、光绪三十三年（1907）、宣统元年（1909）。④ 2008 年，蒙古国学者拉布坦（E. Ravdan）出版了《蒙古地名学》，书中列出了清代各旗地图和 1910 年地图目录。蒙古国所藏蒙古历史地图数量庞大，希望早日整理出版，提供给学界利用。

中国的蒙古游牧图所藏情况的调查目前几乎处于无人问津的状态。据悉，在故宫博物院、国家图书馆、内蒙古社会科学图书馆、赤峰档案馆、阿拉善左旗档案馆等地都有数量不等的收藏。

在德国，蒙古游牧图最早收藏在马堡州立图书馆，共有 182 幅图，是瓦尔特·海西希（Walther Heissig）和赫尔曼·康斯坦（Herrmann Consten）二人在中国收集到的。后来，这些地图被移交到柏林国家图书馆。1961 年，海西希主编的《蒙古文手抄本、木刻版和地图》一书中，克劳斯·萨迦斯特（Klaus Sagaster）曾经对该 182 幅地图进行了详尽的描述。1966 年，M·哈勒图德（Magadbürin Haltod）以《蒙古手绘地图之蒙古地名》（第一部）为书名，刊布了该 182 幅地图的地名，W·海西希撰写绪论，并附 26 幅地图（其中 2 幅为彩色）。1978 年，海西希又以《蒙古手绘地图之蒙古地名》（第二部）为书名，公布了德国藏 182 幅蒙古游牧图中的 118 幅（其余 64 幅为重复内容，故未收）。1981 年，拉西敦多克（Raidondog）等出版了《蒙古手绘地图之蒙古地名》（第

---

① Kamimura Akira: A Preliminary Analysis of Old Mongolian Manuscropt Maps: Towards an Understanding of the Mongols` Perception of the Landscape, in: Landscapes Reflected in Old Mongolian Maps, Edited by FUTAKI Hiroshi & KAMIMURA Akira, the 21st Century Centre of Excellence Programme "the Centre for Documentation & Area - Transcultural Studies", Tokyo University of Foreign Studies, 2005, pp. 14 - 15

② Magadburin Haltod: *Mongolische Ortsnamen aus mongolischen Manuscript - Karten*, Teil I, Mit einen Einleitung von Walther Heissig, Franz Steiner Verlag GMBH Wiesbaden, 1966, S, VIII.

③ Kamimura Akira, Ibid, p. 1

④ 那顺达来：《喀尔喀历史地理研究——以〈蒙古游牧记〉与〈蒙汉游牧图〉比堪为基础》，中国人民大学博士学位论文，2009 年，北京，第 50 页。

三部），是前两卷地名的索引。海西希公布的地图的年代都在19世纪末到20世纪初。近年，柏林国家图书馆已将这些地图公布在互联网上。1999年，衮特·克鲁瑟（Günter Külser）出版了《十九世纪晚期二十世纪初期的蒙古聚居区手绘旧地图的史料价值》一书，批判了海西希等人的整理工作的思路和方法，从地图学和历史地理学角度重新探讨了德藏182幅图。①

此外，还有部分《蒙古游牧图》流传到日本。一部分藏在东京外国语大学，共有16幅。这些地图内容涉及现在蒙古国境内的地方，地图绘制年代在清朝同治三年（1864）至蒙古人民共和国时期的1936年。显然，这批地图是从蒙古国流入日本的。2005年，东京外国语大学教授二木博史同上村明合作出版了题为Landscapes Reflected in Old Mongolian Maps的书。该书公布了这些地图照片的同时，发表了研究篇和地图所载内容的索引，并附了信息数字化的电子光盘。同时，该书还探讨了外蒙古29份游牧地解说册，发表了研究导论和册子中蒙古文的拉丁转写。② 此外，还有一部分蒙古游牧图现存日本天理图书馆，就是本书要讨论和公布的内容。

二、天理图书馆所藏45幅蒙古手绘地图

（一）前人相关成果

1955年，日本天理图书馆出版了《天理图书馆丛书》第十九辑《中文地志目录》。该目录是天理图书馆藏汉文地志文献和舆图资料总目，其实文种并不止于汉文，其中第一次公布了该图书馆所藏蒙古游牧图的目录。在“舆图之属”目下“蒙古图”中，记载了共24幅图，而在“产业图”目下又记载了20幅图。这虽然是一个简单的目录，但通过它，学界了解了天理收藏地图的概貌。前文提及的海西希1961年主编的《蒙古文手抄本、木刻版和地图》一书，根据该《中文地志目录》，做成了天理图书馆所藏地图目录附于书后，于是天理珍藏蒙古地图的信息被介绍到了西方学术界。

但是，半个世纪以来，天理图书馆所藏蒙古游牧图一直没有得到研究。直到2008年，等等力政彦出版了研究该收藏中现在俄罗斯联邦图瓦共和国相关的一幅地图——“唐努乌梁海舆地游牧详细总图”的成果，书名为The Detailed Map of the Nomadic Grazing Patterns of Total Area of the Tangnu - Uriyangkhai。关于此书的得失，二木博史指出，等等力氏尽量再现地图中所有信息的努力和从图瓦语角度考察地名等工作值得肯定，但是他不吸收前人研究成果，对图中的蒙古语词汇进行抄写和基里尔文转写，而不做符合国际蒙古学

① Günter Klüser: *Zum Quellenwert von handgezeichneten Altkarten mongolischer Siedlungsgebiete des spšten 19. Und frühen 20. Jahrhunderts - insbosondere im Hiblick auf deren historisch - geographische Bearbeitung*, Verlag Dr. Kovac, 1999, Hamburg.

② Landscapes Reflected in Old Mongolian Maps, Edited by FUTAKI Hiroshi & KAMIMURA Akira, the 21st Century Centre of Excellence Programme “the Centre for Documentation & Area - Transcultural Studies”, Tokyo University of Foreign Studies, 2005, pp. 8, 1 - 216

惯例的拉丁转写，对地图绘制年代考证也有误。[①] 对天理所藏地图进行全面、认真的调查和介绍的是二木博史。据他本人的记载，他早在1984年就到天理图书馆阅览这些地图，并复制了其中的大部分。2009年，二木博史发表了题为《关于天理图书馆所藏蒙古地图集》的论文，在简短回顾国际学界围绕天理图书馆藏蒙古地图所做的工作后，逐一描述了该图书馆所藏45幅地图的题目、语种、绘制年代等，并将其同柏林国家图书馆藏蒙古地图相比较，确认天理藏品的半数以上不与柏林所藏蒙古地图重复的事实，更加肯定了天理收藏的价值。本文还根据蒙古游牧图的特点，将其分成三大类，即用蒙古语记写并加盖官印的正式图（X类）、在X类图上加帖纸条的图（Y类）和主要用汉语记写、个别必要的地方并用蒙古语的图（Z类）。二木氏还指出，汉语图是译自蒙古语的，蒙古语图的信息远比汉语图丰富。该文最后分析了清末民初蒙古地图大多数成为汉语地图的原因。他认为，清朝末年推行“新政”以后，清朝对蒙古地区的统治从间接转变为直接统治，出于官僚们业务管理的便利等需要，汉语地图多了起来。汉语地图的增多与以汉族为中心的“国民国家”的形成（民国）有密切关系。[②]

关于天理所藏地图何时东渡、怎样东渡问题，天理图书馆没有记载。对此，二木博史做了如下推测：“从图书馆自身的记录来看，其来历似乎不明。到底是个人还是某特定的机关收集的，或者是整合了几个地图集，都无法判断。但是，总体考察该蒙古地图集，就很容易发现其几个特点。第一，内蒙古地图除了一幅外其他都是日俄战争后日本特别关心的内蒙古东部的卓索图和昭乌达二盟。第二，外蒙古喀尔喀地图大部分是汗、盟长、副将军等具有影响力的贵族的领地之图。第三，内蒙古锡林郭勒盟阿巴哈纳尔右翼旗、喀尔喀车臣汗部中右旗（伊尔登公旗）以及唐努乌梁海、阿尔泰乌梁海等国境地域的地图。从这些方面考虑，与其说该地图集是偶然的收集，还不如说是为推行日本政治政策服务而有意收集的。也就是说，这显示了蒙古地区地图的收集工作是在时代的要求下进行的。”[③] 二木博史的观察非常敏锐和到位，笔者很赞同这一观点。在天理所藏地图集中有一幅题名为“内蒙各盟部落图”的图，该图标题与内容不符，实为民国初年内蒙古西部通漠北喀尔喀蒙古的交通图；另外还有一副察哈尔省公文传递驿站图，绘制时间大致是1935年（详后），正是伪“满洲国”时期（1932.3—1945.8）。如果天理的地图集是一次性带到日本的话，在二木博史的考察基础上我们还可以进一步推测，这些图应该是在伪满初期带到日本的，从收集者的明显的兴趣和倾向性可以看出，其目的就是为日后的侵华战争和计划中的对苏战争（未实施）服务的。

① 二木博史：《关于天理图书馆所藏蒙古地图集》，今西淳子、Ulziibaatar Demberel、Husel Borjigin 编：《探索东北亚新秩序——“档案、历史、文学、媒体所见全球化中的世界秩序：以东北亚社会为中心”国际会议论文集》，日本，2009年3月，第27—43页。

② 二木博史：《关于天理图书馆所藏蒙古地图集》，今西淳子、Ulziibaatar Demberel、Husel Borjigin 编：《探索东北亚新秩序——“档案、历史、文学、媒体所见全球化中的世界秩序：以东北亚社会为中心”国际会议论文集》，日本，2009年3月，第27—43页。

③ 二木博史：《关于天理图书馆所藏蒙古地图集》，今西淳子、Ulziibaatar Demberel、Husel Borjigin 编：《探索东北亚新秩序——“档案、历史、文学、媒体所见全球化中的世界秩序：以东北亚社会为中心”国际会议论文集》，日本，2009年3月，第41页。

（二）几幅地图的说明

海西希提到了天理图书馆的44幅地图，他是根据天理图书馆编《中文地志目录》说的。二木博史提到了该图书馆的45幅地图，但他所研究、介绍的还只是44幅。实际上，天理所藏蒙古地图共计45幅，这些图可分为四部分：第一部分是内外蒙古混合图，1幅；第二部分为内扎萨克蒙古各旗图，包括卓索图盟5幅、昭乌达盟11幅、锡林郭勒盟1幅以及民国察哈尔省北部公文传递路线图1幅，共计18幅；第三部分是外扎萨克喀尔喀蒙古各旗地图，包括土谢图汗部图5幅、赛因诺颜部图8幅、车臣汗部图2幅、扎萨克图汗部图7幅，共计22幅；第四部分是唐努乌梁海与额鲁特相关的4幅。

因为二木博史对天理所藏地图概貌已做了概述，本文不准备逐一介绍该45副图，而只探讨其中有必要说明的几幅图。

第一幅：

《中文地志目录》的原标题为《内蒙各盟旗部落全图》，天理图书馆号码为：292. 2. 3387，钢笔绘制，汉文。二木博史对此图未做考述，记载为“未调查”。

根据该图上的“察哈尔特别区域”字样可以判断，该图应在1914—1928年间绘制。察哈尔特别区域①是中华民国三年（1914年）北洋政府建立的地方行政建制，下辖锡林郭勒盟10旗、察哈尔左右翼8旗及境内各牧厂和兴和道。察哈尔特别区域地方行政长官为军政合一的察哈尔都统，都统署驻张北县。1928年南京国民政府撤销察哈尔特别区域，改置察哈尔省。

该图题名为“内蒙各盟部落图”，不准确。这幅图实际上是内蒙古察哈尔特别区域、乌兰察布盟以及外蒙古车臣汗部和土谢图汗部混合图。地图的右面为察哈尔特别区域，从下往上分别标出察哈尔特别区域、锡林郭勒盟，并记载了察哈尔左右翼、苏尼特左右翼、阿巴嘎和阿巴哈纳尔左翼2旗、阿巴嘎和阿巴哈纳尔右2旗以及乌兰察布盟及其四子部落旗。图中部和右上部位置上绘制了外蒙古土谢图汗、车臣汗二部各旗。绘制该图的目的显然不是标出所绘各盟旗的游牧地，而是要描绘从察哈尔特别区域到外蒙古的三条通道，通道沿线的各地画得非常密集而清楚。从内外蒙各地分布的地理位置可以判断，该图的上方是东方，而左边是北方。

第二幅：《中文地志目录》的原标题为《外蒙古车臣汗部落图》，天理图书馆藏书号吗为292. 2. 3595，汉文。

《中文地志目录》称该图为《外蒙古车臣汗部落图》，误。二木博史根据目录，将其列入车臣汗部图，但似乎未能对号入座，故记载“未调查”。实际上，该图为中华民国时期察哈尔省北部公文传递路线图，因其右上方标记了外蒙古车臣汗部位置，故《中文地志目录》的编者误以为车臣汗部图。

要确定该图的绘制年代应该注意以下几点：首先，本土覆盖范围是察哈尔省②北部。1928年，国民党南京政府在原察哈尔特别行政区的基础上建察哈尔省。该省下辖

① 关于察哈尔特别区域及其下辖范围，请参考周清澍主编：《内蒙古历史地理》，内蒙古大学出版社，1994年，第269页。

② 关于察哈尔省及其下辖旗县设立年代等，请参考周清澍主编：《内蒙古历史地理》，内蒙古大学出版社，1994年，第269—272页。

察哈尔八旗和商都牧群、牛羊群、太仆寺左翼牧群、太仆寺右翼牧群、锡林郭勒盟10旗，以及原直隶省口北道所辖宣化、怀来等10县。省会所在地在张家口。该图记载了察哈尔八旗、四牧群和锡林郭勒盟各旗等察哈尔省北部牧区外，还标记了从各牧群分析尔建成的商都县（1918年建立）、宝昌县（1925年建立）、康保县（1925年建立）、集宁县（1922年建立）和多伦县（1913年建立、1928年隶察哈尔省）。其次，1936年2月，日伪将察哈尔省改为察哈尔盟，在张北成立盟公署，并将宝昌和沽源二县合并为宝源县，将各牧群均改为旗。但本图不见沽源，而见宝昌，各牧群仍称牧群而不称旗，可见绘制时间当在1936年前。最后，本图右上角见"江省孛（索之误写——乌）岳尔吉山"、"东省（南省之误）之哲里木盟"字样。"江省"应为伪满"龙江省"的简称，该省建于1934年12月1日，索岳尔吉山（又作索岳尔济山）即在其辖境内；而哲里木盟时归伪满兴安南省，这里作东省有误。（或许是"东部省份"之意?）据此，该图的绘制年代应在1934年12月至1936年2月之间，大致是1935年所绘。

第三幅：

《中文地志目录》原标题为"额鲁特旗图"，天理图书馆藏书号为292.2.3403，彩绘图，汉蒙文对译。

该图实为喀尔喀蒙古赛因诺颜部各旗总图。《中文地志目录》误拟其标题为"额鲁特旗图"，不知原因何在。二木博史把这幅图推测为《中文地志目录》所载"喀尔喀车臣汗部落图"（292.2.3395），亦误。

第四幅：

还有一幅图，《中文地志目录》未收。该图原标题为"qalq – a – yin seĉen qan ayimaγ – un šidar – tur yabuqu ulus – tur tusalaγĉi güng – ün jerge jasaγ terigün tayiji ĉeringγombu – yin qošiγun – u nutuγ – un jiruγ 车盟辅国公衔扎萨克头等台吉车凌棍布旗"，蒙汉对译，彩绘，宣统二年（1910）三月十九日绘制。

该图是喀尔喀蒙古车臣汗部车凌棍布旗图，原图为蒙古文，在纸条上将原文译成汉文，并贴在原蒙古文上。图右上方盖有本旗扎萨克印。因为这一幅图未被记载，《中文地志目录》里的天理所藏蒙古图就成了44幅。

（三）45幅地图的特点和价值

天理图书馆所藏地图的特点和主要价值可以归纳为如下几点：

首先，在该45幅地图中25幅是天理所独有的，这些图与德国柏林图书馆收藏蒙古地图不重复，显示了它独一无二的珍贵价值。这是天理所藏蒙古地图的最大特点和最大价值所在。对此，日本学者二木博史已有所评论，在此不再赘述。

其次，天理所藏地图的大部分不是加盖扎萨克印章的正式图，而是它的副本，副本保留了原图满文、蒙古文的同时，对其予以汉译。汉译工作显然是分两步完成的，先有初译，后又有修订和补充。第二步完成的内容往往用红、粉、橘黄等颜色的彩笔书写，偶尔也有用铅笔书写者。这些图的共同点在于，都是为汉译准备的。但无论是初译，还是补译（或者是审定），其翻译问题都很多，可以用错误百出来概括。举两个例子：先以内蒙古《昭乌达盟喀尔喀旗图》为例，举几个例子：örgün olom 是"宽渡口"之意，汉译者写成了"鄂尔古勒鄂洛木"，混淆了 – n 和 – l 辅音；üneg –（ünege –）tü – yin aγula 意为"有狐狸的山"，汉译文误作"乌囊图山"，失去了原蒙古语里的词义；qujirtu－yin ayil 意为"盐碱地村落"，汉文误作"怀尔图村"，意思变成为"有两个的村落"；moγaitu－yin ayil 意为"有蛇地方的村落"，汉文作"茂柰图村"，无任何意思；quwa ajirγ－a－u ayil 意为"浅黄色种马村落"，汉译作"华爱尔噶村"，竟成了"浅黄色马奶子村落"了；aduγuĉin quwa 意为"牧马人的山丘"，汉文作"阿托诺钦华"，完全错误；dardang－un tal－a 意为"广阔的旷野"，汉译文作"达济唐旷野"，"达济唐"是 dardang（达尔当）的误读，等等，不一而足；再看看漠北喀尔喀《图示业图汗部落副将军亲王旗游牧图》：bšgereljid γool － un urda eteged qadatu kütül － ün aman － u doburĉuγ toloγai deger－e nigen oboγ－a，意为"博格勒勒济特河南岸哈达图库图勒山口小山丘上的一座鄂博"，该图的汉译为："布格哷勒卓特河乌哩达额德格特哈达图库都伦阿玛托博绰克托罗海德格喇呢根鄂博"，不知所云；ĉamĉuγnamjil － yin γutaγar kšbegün tusalaγĉi damdingjab－yin bomba kegüür 意为："察木楚克那木扎尔之三子协理［台吉］达木丁扎布之灵塔"，原图汉译为"王察木绰噶木津库达噶尔固伯滚图萨拉克齐特木得克济布布木巴奇固尔"，这简直不是汉译，而是错误连篇的音写！相比之下，ĉinggisi ĉakiγur toloγai（青吉斯察奇古尔托罗盖）作"青吉思车格固尔托罗盖"、kškeĉegel nuur（库克车格尔海子）作"库格车根海"等等，已不算是很严重的问题了。

这个特点说明了以下几个方面的问题：（1）地图汉译者可能主要是清末理藩院（理藩部）及民国蒙藏委员会的不很熟悉蒙古语言文字的笔贴式们。这些人不管出身什么民族，他们的蒙古语言文字水平极其有限，经常误读地图上的蒙古文。其犯错的主要原因有三个方面：一是因为不能准确把握蒙古文多音字母的正确读音，比如经常混淆－d 和－t、－q 和－k，－a 和－n 等；二是因为不了解蒙古文严格的元音和谐律，比如上文提到的"乌囊图"，如译者熟悉蒙古语，即便误读，也不至于读成阴阳交错的词（该词的较规范的音写应该是"乌讷格图"）；三是因为缺少起码的蒙古历史地理知识，比如内蒙古的老哈河、漠北的扎布罕河等有名的河流之名，不应该在误读误写的范围内。应该指出，天理图书馆所藏蒙古地图的汉译文没有太大的价值。（2）在《大清一统志》、《大清会典》和张穆《蒙古游牧记》等清代汉文官私历史地理记载中，普遍存在着蒙古地名汉译错误。因此，要研究蒙古地名，或者想要正确了解蒙古历史地名，仅靠汉文地志资料是很危险的。

再次，天理图书馆所藏蒙古地图的一个重要价值就在于，它给我们留下了内外蒙古地方的数以千计的蒙古语地名的原始资料。诚然，这些地图的绘制年代较晚，均在19—20 世纪，但没有理由因此质疑其所载蒙古地名的权威性。众所周知，在史料学上，地名属于"遗留性史料"的"抽象遗留史料"，它是在民间千百年来一直以口传形式保存下来的独具价值的可信资料。根据天理所藏地图（当然还包括德藏、蒙古藏和中国藏其他诸多蒙古语地图）资料，研究者们可以做以下几项工作：首先，完全可以用来准确复原汉籍中的蒙古地名；其次，完全可以用来纠正汉籍中误译的蒙古地名；最次，完全可以用来恢复已经被改成其他民族语言文字的蒙古历史地名；最后，完全可以用来考察《大清一统志》、《大清会典》、《蒙古游牧记》的地名和相关各旗四至八达记载的准确性。这是蒙古地图资料的珍贵价值之一。

第四，蒙古地图记载了大量的寺庙和矿产、企业等文化与经济信息，所以它是了解蒙古文化史和经济史的一个重要史料。清代，藏传佛教寺院遍布蒙古地方，其较大、较有影响者皆由朝廷赐予名称和匾额，而这些寺院则在地图上均得到反映。19 世纪末 20 世纪初的蒙古地图显示，很多大寺院直到那时都保存的完好，而且被应用。近年，人们试图统计和记载内蒙古地区的寺庙，出版了诸如 Jirim – ün süm – e keyid《哲里木寺庙》、Juu uda – yin süm – e keyid（《昭乌达寺庙》）等书。其中，有些寺庙的名称不很确切，也有所遗漏。但蒙古地图的寺庙信息可以给我们提供十分可靠、确凿的证据。企业、矿山等的记载也不少，如用满文音写的土默特等地区的 šooguwe，就是汉语的“烧锅”，即指酿酒企业之谓，尔其他矿藏等则直接标出来。

第五，在内扎萨克蒙古旗游牧图中，卓索图盟和昭乌达盟的一些旗份的游牧图大量用满文，汉语地名则几乎都用满文书写，甚至一个地名满蒙文参半，这一点与其他旗大有不同。这说明，卓、昭二盟的喀喇沁、土默特、巴林等旗的蒙古人很好地掌握好了满汉语，为了准确记写地名，借用了以写音准确为特色的满语。这也是东部内蒙古地图的一个明显特征。

江上波夫博士旧藏《清代乾隆期科布多疆域图》[①]

小沼孝博（日本东北学院大学）

已故东京大学名誉教授江上波夫（Egami Namio）博士（1906—2002）的旧藏品中，有一幅长177厘米、宽139厘米的大地图。这是一张描绘以科布多（现蒙古国西部）为中心，东起乌里雅苏台西至塔尔巴哈台，南临天山山脉北接阿尔坦诺尔北岸广袤区域的彩色地图，现藏于东京大学综合研究博物馆，名为《清代乾隆期科布多疆域图》（标本号码UMUT. EG04.9，以下简称《疆域图》）。[②] 本文将重点介绍这张《疆域图》的特点。

江上博士获得《疆域图》的缘由至今不明。据其子江上绥（Egami Yasushi）先生讲述，《疆域图》一直保管于江上家，江上波夫博士生前时常打开此图阅览，但是对获得此图的时期及原由并未留下只字片语，而且地图上也未见有关原收藏者和收藏场所等的文字、印章。据江上绥先生推测，可能是二战前在北平（现北京）获得的。二战前，江上博士作为东亚考古学会北平留学生曾在中国滞留过一段时间，并于1931年（昭和6年）6月至9月作为该学会蒙古调查班的一员前往内蒙古调查。在中国期间，江上博士集中精力搜集资料和文物，《疆域图》大概也正是在那个时候获得的。[③]

一、17—18世纪的科布多地区

《疆域图》所描绘的地带，历史上曾是卫拉特（或称为厄鲁特）诸部的居住区域。17世纪，其中的准噶尔部逐渐兴起，建立起游牧国家，扩大了势力范围。但是18世纪中叶，随着清朝的准噶尔的征服，该区域也就成了清朝最西北的疆域。

清朝史料中，科布多一词最早出现在康熙年间的对噶尔丹战争之后。当初，该地区只是清军的临时性宿营地。康熙五十七年（1718），议政王大臣命靖边将军傅尔丹在科布多筑城、屯田。后于康熙五十八年（1719），康熙帝下达了同样的谕旨。[④] 不过，当时的建筑规模只够屯田兵居住，而真正的城塞建设还是进入雍正年间才开始的。雍正皇

---

① 本文系由作者已发表过的日语论文《江上波夫氏旧藏の清代乾隆期のホフドを中心とする一地図について》（刊载《内陸アジア史研究》第20号，第93—106页，2005年）摘要翻译而成，本文之翻译承蒙韩振东先生协助，特此致谢。。

② 此名由地图整理者命名，地图本身未写有标题。

③ 不过，此次的调查记录——东亚考古学会蒙古调查班编：《蒙古高原横断记》（东京：东京朝日新闻社，1937年；中文版江上波夫等著，赵令志译：《蒙古高原行纪》，内蒙古人民出版社，2008年）中，并未记载获得该地图的相关信息。

④ 赵云田：《清代蒙古政教制度》，中华书局，1989年，第118页。

帝非常重视针对准噶尔的战略要冲——科布多、阿勒泰地区，向该地时常派遣调查队。① 雍正八年（1730），清朝在科布多河岸建造城塞，驻留了约1.6名士兵。② 但是同年6月被准噶尔军打败后，清军随即放弃该地，向后撤至乌里雅苏台。③ 其后，两者之间达成议和，着手划定边界，科布多一带也就成了双方的缓冲区。

18世纪中叶，已平定准噶尔的清朝，于乾隆二十六年（1761）决定从乌里雅苏台向科布多派驻一名参赞大臣。④ 据嘉庆元年（1796）被任命为科布多参赞大臣的富俊所编撰的《科布多政务总册》记载，科布多城建成于乾隆三十二年（1767），城墙长约2华里，设有东、西、南三个城门。兹据该史料中的记载，排列科布多参赞大臣管辖下的诸集团，所示如下：

科布多参赞大臣管辖下的诸集团

杜尔伯左翼十二旗（含辉特一旗）	乾隆十八年投诚
杜尔伯右翼四旗（含辉特一旗）	同上
（新）图尔扈特二旗	乾隆三十七年投诚
（新）霍硕特一旗	同上，嘉庆元年从新土尔扈特独立
阿勒台乌梁海左翼四旗	乾隆二十年投诚
阿勒台乌梁海右翼三旗	同上
扎哈沁一旗	乾隆十九年投诚，乾隆四十六年隶属科布多
额鲁特一旗	康熙四十年投诚，乾隆二十九年隶属科布多
明阿特一旗	康熙五十年投诚，乾隆三十一年隶属科布多
阿勒坦诺尔乌梁海二旗	乾隆二十九年投诚

二、《疆域图》的基本情况

清代，盛行编纂御制、官撰的地图。在描绘科布多和新疆北部的诸多地图中，颇具代表性的以收入《乾隆内府舆图》⑤ 为首，另有《钦定大清会典图》（嘉庆朝）、《钦定大清一统志》（嘉庆重修本）、《钦定新疆识略》（道光元年刊）等中的地图。虽然上述地图均用满文、汉文标注地名，⑥ 但清末至民国时期制作的蒙古诸部的地图亦使用了蒙

① Б. П. Гуревич, *Международные отношения в центральной Азии в первой XVI – полвине XIX в*, с. 120 – 121, Москва: Издательство "Наука" Главная редакция восточной литературы, 1979.

② 《平定准噶尔方略》前编卷25，雍正九年八月丙午（16日）条。

③ 《平定准噶尔方略》前编卷24，雍正九年七月甲申（22日）条；卷26，雍正九年九月丙寅（6日）条。

④ 《高宗实录》卷646，乾隆二六年十月己巳（4日）条。

⑤ 本文中与《疆域图》对比使用的东洋文库（日本东京）所藏《乾隆内府舆图》（又称《乾隆十三排图》），是北京故宫博物院对乾隆四十年（1775）铜制印本《皇舆全图》的1932年重印版。

⑥ 《乾隆内府舆图》的一种版本，即馆藏于中国第一历史档案馆的铜制直格版本中，长城以外的地名是用满文记载的。详见孙喆：《康雍乾时期舆图绘制与疆域形成研究》，中国人民大学出版社，2003年，第62页。

古文。[①] 除此之外记录该区域的地图，还有策妄阿拉布坦和噶尔丹策零时代滞留在伊犁的瑞典人雷纳特（J. G. Renat）所带走的，用托忒文字标注地名的雷纳特 1 号图和 2 号图[②]，特别是 2 号图内容与《疆域图》多有重叠。下面，比较对照上述地图，对《疆域图》基本情况进行探讨。

（一）文字

《疆域图》中收录了许多文字信息，且所有文字均为汉语，没有满语或蒙古语。其中，写在地图左右两边中间位置的“西”、“东”二字和写在左边上下位置的“北”、“南”二字最为醒目。除这四个字写得很黑、润筆较大以外，其他图中文字均用红笔描绘。

有关地名的描述文字，有像“河”、“淖尔”（蒙语“湖”的意思）、“山”、“达巴罕”（蒙语“岭“的意思）、“山口”、“戈壁”等字样，部分河川中也有“水源”或“河源”等字样。此图的信息量比《乾隆内府舆图》还要丰富。有关对清朝所建“城”、“台”、“卡伦”的描述内容与《乾隆内府舆图》基本相同。“城”字用双重方形标注，例如“科布多城”、“乌里雅苏台城”、“塔尔巴哈台城”、“乌鲁木齐城”、“喀喇沙尔城”、“辟展城”、“巴里坤城”、“哈密城”等八城，伊犁地区诸城除外。“台”和“卡伦”是用小圆圈表示的，并且用各种各样的黑色点线连接着。此外《疆域图》对向西、向北延伸的卡外地域的山水系的名称，也有比较详细的记录，最外边缘部写有“哈萨克边界”、“鄂罗斯边界”字样。

（二）绘图

图中河川和湖水用绿色、山峰用蓝色淡淡描绘。它的画法比起《乾隆内府舆图》，与《钦定大清会典图》、《钦定大清一统志》、《钦定新疆识略》等图更为接近，与雷纳特 2 号图也有共同性。特别是山峰部分，抛开与实际形状相同与否，比其他地图更具有画面感、写实性。此外，峡谷中描绘“水源”、“河源”的部分也不少。

此《疆域图》中描绘的地区虽属干燥（草原、沙漠）地带，但有关河川、湖水的信息却也记录的非常详细。根据海野一隆先生所述，抛开河川作为交通手段在地区发展中的作用大小，水系作为坐标轴表示所有场所都是有效的，在绘制地图过程中发挥着骨骼功能[③]。事实上，在《疆域图》绘制过程中也非常注重水系的分布。

《疆域图》中分别画有 11 条红色纵线和 14 条红色横线。虽然，纵横交错的红线划分开一个整体，尽管多少存在一些误差，但还是构成了边长约为 12cm 的正方形。这些红线乍一看上去像经纬度线，但其实都是在《疆域图》绘制最后阶段画上去的，和实际经纬度线完全不同。由此可以判断，这些红线也只是为了便于目测距离而添加的辅助成分。《疆域图》并未像《乾隆内府舆图》那样使用了西方的测量法，而是完全依靠清

① W. Heissig, *Mongolische Ortsnamen*, *Teil II*, *Mongolische Manuskriptkarten in Faksimilia*, Wiesbaden: Franz Steiner, 1978. 与《疆域图》中描述的范围重叠的是 Tafel 3 至 Tafel 11 的九张地图。

② 现收藏于瑞典乌普萨拉大学图书馆。关于雷纳特 1 号、2 号图的详细研究请参见：J. F. Baddeley, *Russia*, *Mongolia*, *China*, Vol. 1, pp. clxxi – ccxvi, London: Macmillan, 1919; N. Poppe, “Renat's Kalmuck Maps,” *Imago Mundi: Jahrbuch der alten Kartographie*, XII, pp. 157 – 159, 1955.

③ 海野一隆：《东洋地理学史（大陆编）》，大阪：清文堂，2004 年，第 133 页。

朝传统方法绘制而成。

三、《疆域图》所记录的游牧集团

《疆域图》所示内容中，意义最深的当属描绘该区域内游牧集团的分布情况。地图上标注的几乎都是像“阿尔台淖尔乌哩洋海”（2 处）、“阿尔台乌哩洋海”（4 处）、“唐努乌哩洋海”（3 处）、“都尔伯特”（2 处）、“扎哈沁”（2 处）、“喀尔喀”（2 处）等部族名称，但其中也记载了有关王公们的名字及其夏营地、冬营地的位置。

位于塔尔巴哈台城东的“策伯克多尔游牧”，是指旧土尔扈特北路三旗的盟长策伯克多尔济的游牧地。策伯克多尔济是土尔扈特汗渥巴锡的亲族，被清廷册封亲王爵位，安置于和布克塞尔。乾隆四十三年（1778）病逝。①

位于“奎屯”西南方的“班巴尔游牧”，是指旧土尔扈特东路二旗盟长巴木巴尔的游牧地。和策伯克多尔济一样，作为一名土尔扈特部首领，归顺清朝后，巴木巴尔被册封为郡王，并于乾隆三十七年（1772）清政府将库尔喀喇乌苏附近的土地赐给了他。乾隆三十九年（1774）去世。②

“霍硕特夏季游牧”位于“小朱尔图斯河”流域，“霍硕特冬季牧牧”（应该是“游牧”的笔误）位于喀喇沁尔城西侧，这是指同土尔扈特一同东归的霍硕特中路四旗。不过，地图中并没有记载几乎位于相同区域的、以渥巴锡为盟长的旧土尔扈特南路四旗游牧地。他们的子孙至今仍居住在巴音布鲁克草原上，只是近年定居化现象不断在加剧。可以说，《疆域图》为探寻一年周期性游牧形态的历史变迁提供了重要的信息。

除此之外，更应该值得关注的是，标注在“寨桑淖尔”东北岸的“奢楞冬季游牧”和位于科布多城北的“奢楞夏季游牧”。这里所指的“奢楞”也是原准噶尔首领之一，曾陪同阿睦尔撒纳向西逃亡至俄罗斯。随后，舍楞跟随土尔扈特部东归一同归顺了清朝。乾隆皇帝赦免了他的罪行，还册封其为郡王，改称其部众为新土尔扈特二旗。

我们通常认为，新土尔扈特二旗游牧地应该位于流经阿勒泰山脉东南的布尔干河流域，这种说法在《钦定外藩蒙古回部王公表传》等清朝典籍及 1870 年在科布多做过调查的俄罗斯学者波塔宁（Г. Н. Потанин）的报告③中都曾明确过。但是，按照《疆域图》所示，舍楞的夏营地和冬营地应该位于阿勒泰山脉以北。

虽然解决这个矛盾会很困难，但笔者仍想试着推论一下。在《军机处满文月折档》乾隆三十七年四月十一日的伊犁将军伊勒特等的奏折中，记载着这样一段话：“投诚之舍楞，被安置在阿尔泰那边乌拉台地方，与杜尔伯特同居之”。④ 这里所指的“乌拉台地方”的具体方位不明，但杜尔伯特的游牧地位于从流经科布多城北的科布多河至乌布

---

① 《高宗实录》卷 1069，乾隆四三年十月丙戌（30 日）条。

② 《钦定外藩蒙古回部王公表传》卷 104。

③ 波塔宁著，东亚研究所译：《西北蒙古志》第二卷《 民俗习惯编》，东京：龙文书局，1945 年，第 109—110 页。原著是 Г. Н. Потанин, *Очерки северо- западной Монголии*, выпуск II, Санктпетербург, 1945.

④ 中国社会科学院民族研究所民族史研究室、中国第一历史档案馆满文部：《满文土尔扈特档案译编》，民族出版社，1988 年，第 204 页。

萨诺尔的地带，距离布尔干河甚远。而且《疆域图》中将舍楞的夏营地描绘在杜尔伯特游牧地毗邻的地方。

当然，只根据这些证据还尚不能解释上述矛盾。但是可以认为，与其他地方相比，当时的清朝对科布多地区的游牧集团的统治非常宽松。清朝对归顺的蒙古各游牧集团指定游牧地，限制其自由迁徙，而且在内蒙古和喀尔喀地区还划定了游牧地边界。可在相对较晚才归顺于统治下的科布多地区，还无法明确清朝曾实施划分过游牧地边界的迹象①。据此可以推测，虽然在科布多地区指定过游牧地，并且各方势力也基本都遵守了它，但很有可能并没有存在绝对的强制性。也许大多数新土尔扈特二旗部民都居住在布尔干河流域，但也不排除舍楞及其族人离开此地而比较自由游牧的可能性。②

四、绘制年代之推测

为推测制作《疆域图》的年代，我们可以从图中所示的清朝统治体系变迁的线索入手。

第一，根据图中存在乾隆三十六年（1771）归顺清朝的土尔扈特部、霍硕特部的事实可以判定，《疆域图》的制作年代应该是他们的游牧地被指定以后，即乾隆三十七年之后。

第二，应该注意卡伦的管辖权。在清朝北侧疆界，有一条从黑龙江延伸至伊犁的卡伦线，分别由各地将军、大臣分管。从乌里雅苏台城向北延伸的驿站路与北侧的津吉里克卡伦相连，而《疆域图》中描绘的东侧卡伦，即是这条津吉里克卡伦。津吉里克以西23座卡伦的管辖权，是乾隆四十三年（1778）以后才由定边左副将军转至科布多参赞大臣的。③ 而在《疆域图》上，关于津吉里克以西23座卡伦的管辖权却另注有“乌里雅苏台所属”字样。也就是说《疆域图》是在转换卡伦的管辖权，即乾隆四十三年以前完成的。

第三，分两处标注的“扎哈沁”字样。扎哈沁是指乾隆十九年归顺清朝的卫拉特系集团，清朝于乾隆二十一年将哲热格、沙喇胡鲁苏地区授予其游牧。④《疆域图》中连接科布多城和乌里雅苏台城的驿站南侧标注的“扎哈沁”字样，应该就是指这个集团。其后乾隆四十二年清朝对扎哈沁旗进行再编，虽然其旗民仍继续留在了哲热格、沙喇胡鲁苏地区，但是牛录被整合后一并移入科布多参赞大臣管辖之下。同时，把由世袭总管一职的玛木特家族及其族人组成的牛录从旗中剥离，使其移居到扎萨克图汗部的车木楚克扎旗内。⑤ 在《疆域图》中我们可以看到，在东西方向流经扎萨克图汗部中部的

---

① 即使在喀尔喀四部，到了乾隆四十六年（1781）才划定盟界的，而确定各盟内旗界的作业也是从那之后开始的。详见冈洋树：《ハルハ・モンゴルにおける清朝の盟旗制支配の成立過程—牧地の問題を中心として—》，刊载《史学杂志》，第97编第2号，第23—27页。

② 虽然关于土尔扈特部的游牧形态尚未定论，但杜尔伯特部是以每户或以2～4户组团进行游牧，并没有形成大的集团。详见 Б. Я. Владимирцов，*Работы по истории и этнографии монгольских народов*，с. 76，Москва：Восточная литература. 2002.

③ 《科布多政务总册》，事宜条。

④ 详见小沼孝博：《清代乾隆朝におけるザハチンの動向—清朝による蒙古諸部支配の一側面—》，刊载《史境》，第48号，2004年，第80—83页。

⑤ 同上，第86—90页。这个时期从扎哈沁旗分离出去的玛木特家族也是于乾隆四十六年移入科布多参赞大臣管辖之下，编为独立于扎哈沁旗的一个牛录。参见《科布多政务总册》之外藩条。

扎布噶河支流“布彦图河”南侧也有“扎哈沁”字样，这应该就是在指玛木特家集团。也就是说，《疆域图》反映了乾隆四十二年再编扎哈沁旗时发生的变化。

综上所述，可以断定《疆域图》的完成年代，应该是在乾隆四十二年至四十三年之间。但是，考虑到地图中标注着于乾隆三十九年去世的土尔扈特东路盟长巴木巴尔名字的事实，我们可以理解为此图是从乾隆三十年代后半段开始随时记写，最终是在乾隆四十二年至四十三年完成的，如此推测，更为妥当。

《清代乾隆期科布多疆域图》

东京大学综合研究博物馆所藏（表本号码 UMUT. EG04. 9）

五、结　语

以上是笔者对江上波夫先生旧藏《疆域图》的简略介绍和若干分析。认为是乾隆四十二至四十三年完成的《疆域图》，并不能确定在其制作过程中使用过西方的测量技术，但它所含有的信息量却超过了《乾隆内府舆图》，对研究18世纪后半期的科布多、阿勒泰地区的历史地理具有很高的价值。特别应该注意的是它描绘了生存于该地区的各游牧集团的分布状况。包括统辖土尔扈特二旗的舍楞的夏营地、冬营地并未标注在通常所说的布尔干河流域，而是在其他地区。这些作为判断清朝宽松统治科布多地区的证据，很有意义。

清朝通过平定准噶尔，将蒙古游牧民的大半隶属其下。美国清史学家濮德培（P. C. Perdue）先生在分析清朝制作地图的意义时曾指出："地图并不仅控制土地，也控制人"①。描绘以科布多城为中心的清朝所建的城市、驿站、卡伦等设施及其管理下的游牧集团游牧地的《疆域图》，也是清朝为了统治科布多地区的土地与人而制作、使用的。这样的地图的存在，也可以视作游牧民族纵横于内陆亚洲大草原时代的终结的一个证据。

① P. C. Perdue, "Boundaries, Maps, and Movement: Chinese, Russian, and Mongolian Empires in Early Modern Central Eurasia," *The International History Review*, 10 (2): 265, 1998.

从《满文老档》的相关记事看满洲文化中的蒙古—突厥因素

钟 焓（中央民族大学）

一、《满文老档》天聪六年记事下所见的实有其人的察合台重臣

1992年在台北举行的第35届国际阿尔泰学会（PIAC）年会上，冈田英弘提交了一篇题目为《早期满洲文化中的蒙古文学传统》的论文，并于次年将其刊载于正式出版的此次会议论文集内。稍后他又发表了同一论文的日文本。① 作者在文中重点考察了《满文老档》天聪六年（1632）二月一则记事中的皇太极训话所引典故的史源出处。皇太极在训话中讲述了当初大蒙古国之时，成吉思汗次子察合台尝借自己亲以刀锯砍削柽柳作鞭之机，公开流露出自谓才能不逊其父的倨傲心态。结果他的这番言行受到了其大臣俄齐尔塞臣的即时劝谏，后者转以适值国初草创，大小事务皆为先帝亲立为由讽劝察合台切不可自视聪明以致轻忽先人功绩。清太宗则引此典故提醒其近旁侍臣宜当将此奉为诚心进谏的臣工楷模。冈田氏从1925年由汪睿昌开设于北京的蒙文书社出版的专门辑录成吉思汗父子及其亲属乃至属下贤臣口头敕训的《成吉思汗传》（*Ĉinggis Qaɣan Ĉadig*）中找到了与上述内容完全一致的蒙古故事，并结合其他材料论证入关以前满洲上层所受的显著蒙古文化影响。他的这一发现颇富指示价值，从微观个案的层面丰富了学界对于满洲于肇兴之初吸收蒙古文化的认识。略显遗憾的是，冈田氏大作对于前人的以往研究成果似搜罗关注不够，忽视了德国蒙古学家海西希（W. Heissig）早在70年代中后期就已发表的与此主题密切相关的一篇专题论文，因此影响了其研究的拓展深化。后者的有关专论即以《察合台的敕训及其史实性》为题，详尽搜集了17世纪以后的晚期蒙古文献中所出现的察合台的所谓口头敕训（Bilig），其中即包括了上述《成吉思汗传》中的贤臣规劝察合台的逸闻。海西希还进而援引《史集》、《世界征服者史》等波斯文史籍论证这位在《成吉思汗传》中名作俄齐尔塞臣（Waĉir Seĉen）的近臣即是《史集》中所述极受察合台信任器重，并成为其身边最重要的辅弼的维即儿韦齐（Wesir

---

① 分别参见 H. Okada，“The Mongolian Literary Tradition in Early Manchu Culture”，in. Chen Chieh - hsien（陈捷先）ed. *Proceedings of the* 35*th* *Permanent International Altaistic Conference*，*September* 12—17，*1992*，*Taipei*，南港：台湾大学—联合日报文化基金会1993年，pp377—386；冈田英弘：《清初の满洲文化におけるモンゴル的要素》，收入《松村润先生古稀记念 清代史论丛》，东京：汲古书院，1994年，第19—33页。该文今收入冈田英弘：《モンゴル帝国から大清帝国へ》，东京：藤原书店，2010年，第441—451、第519—523页。

Vazir)。① 虽然这位大臣的名字实际上来自梵语 vajra（“金刚杵、钻石”）的突厥化形式，② 但根据《史集》的记载，他却本为契丹人也即中原北方的汉人，最初只是身份卑微的奴仆和牧人，以后因为其出众的记录和复述蒙古初期征战历史的能力而在一次偶然的机会中被察合台赏擢提拔，并受赐 Wesir 一名。由此他遂凭借其干练的行政才能和能言善辩而愈受恩宠，其地位也逐渐超越了察合台的其他大臣，渐渐在汗国内部的事务决定上享有极大的发言权。此人还曾因在一次公开的记诵敕训的比试中胜过了窝阔台大汗最为倚重的大臣镇海而被波斯史家津津乐道。可惜维即儿却缘于在察合台生前处理政务时开罪大众而未克善终，最后于其主去世后不久竟被政敌诬以鸩害君王的罪名而被处死。③ 因此，出现在《成吉思汗传》中直言规劝察合台的俄齐尔塞臣确系真实人物，他完全不同于这类文献中出场的其他大蒙古国的将相人物，多带有明显的虚构色彩，往往是为了顺应特定的藏传佛教历史观才塑造出来的，甚至其中像楚蔑尔干这样看似与历史上的耶律楚材有稍许关联的人物亦复如此。④ 而他的这段事迹又辗转流入到深受蒙古文化影响的以皇太极为核心的满洲统治集团上层，从而反映在《满文老档》这样的入关以前的重要史料中。

二、《满文老档》崇德元年下的双犬救主故事与《汗成吉思》等蒙古民间文学中的相关主题

在对冈田氏论文作了补充论述以后，下文将要指出除了这段俄齐尔塞臣谏主的逸闻之外，当时由皇太极娓娓道出的还有另外一则同样渊源于蒙古故事的典故。《清太宗实录》崇德元年（1636）九月辛未条：

上遣都察院承政阿什达尔汉、大学士范文程、刚林、学士詹霸、胡球等谕凯旋多罗

---

① W. Heissig，" Die ĉagadai – ‘Bilig’ und ihre Historizitšt"，in. W. Heissig ed. *Tractata Altaica Denis Sinor Sexagenarito Optime de Rebus Altaicis Merito Dedicata*，Wiesbaden，1976，pp282—284.

② 关于该词以突厥—回鹘语为中介，借入到更多北方民族语言中的过程可以表述于下：梵语 vajra〉吐火罗语 wājrš/waĉīr ~ 粟特语 βz'yr/βcr ~ 突厥—回鹘语 vsir/vžir/vzir/vĉira > 书面蒙古语 vĉir ~ 喀尔喀方言 oĉir > 满语 waĉir. 参见 G. Kara，" Late Medieval Turkic Elements in Mongolian"，in. L. Bazin ed. *De Dunhuang a Istambul : Hommage à James Russell Hamilton*，Turnhout：Brepoles，2001，p117；M. Shōgaito（庄垣内正弘），" Uighur influence on Indian words in Mongolian Buddhist texts"，in. S. Bretfeld ed. *Indien und Zentralasien : Sprach – und Kulturkontakt*，Wiesbaden，2003，p131. 包括 vajra 一词在内的多数根源于梵语的印度佛教文化词汇均经历了复杂的中继过程才被导入满语，而非一步到位地直接引进。后一说参见庄吉发：《〈清文全藏经〉与满文研究》，收入蔡美彪主编：《庆祝王锺翰先生八十寿辰学术论文集》，沈阳：辽宁大学出版社，1993 年，第 225—228 页。

③ 海西希前揭文曾指出罗布藏丹津《大黄金史》中说俄齐尔塞臣毒害察合台的记载即源于此。参见［波斯］拉施特主编，余大钧等译：《史集》第二卷，北京：商务印书馆，1985 年，第 184—187 页；［英］波义耳译，周良霄译注：《成吉思汗的继承者：〈史集〉第二卷》，天津：天津古籍出版社，第 1992 年，第 188—190 页。大概由于此人名称的突厥化特征，导致更早的波斯史家误以为其系突厥人，参见［波斯］志费尼著，何高济译：《世界征服者史》，呼和浩特：内蒙古人民出版社，1981 年，第 321—322 页。书中将他的名字记作 Hujir，此系 všir/vzir 的词首字母增加喉音成分的形式，反映了中古时期一部分突厥方言的语言特征，但这种惯以喉音开首的情况现在仅在极个别突厥语方言中有显著保留。参见 G. Doerfer，" Turkic Languages of Iran"，in. L. Joharson ed. *The Turkic Languages*，London and New York：Routldge，1998，p281.

④ 亦邻真：《藏传佛教和蒙古史学》，收入《亦邻真蒙古学文集》，呼和浩特：内蒙古人民出版社，2001 年，第 764—765 页。

武英郡王阿济格、固山额真篇古、拜尹图、阿山、叶臣、图尔格、达尔哈、叶克书、谭泰等曰："朕闻我军后队方至旧辽阳河沃黑渡口，尔等已抵家二日矣。尔等当速往迎之，朕畀尔以心肺重任者，为爱养此兵耳。朕一人之心思能偏及乎。君享康宁，臣居尊显，俱兵民是赖。即尔等功名，亦借士卒之力，乃不思效力死战之士，而先自还家，漠不相顾，于心奚忍耶？稗史有云：一人遇厉鬼欲执而食之，与之相搏。其人有二犬，力护其主，啮鬼仆，主始得脱而还。犬以斗困，不能随行。主谓犬曰：'我至家携食来迎尔。'及见妻子，饱食忘其犬之救己而不之迎也。二犬饥甚，遂去之山中，化为豺狼。此事原属荒诞，然昔人寓言及此，不过为忘人劳者发也。今尔大臣等俱先抵家而死战之士卒尚在长途劳苦，与稗史所云何以异哉？"①

本文下面的内容即将重点围绕皇太级讲述的双犬救助主人的故事展开。唯在分析相关内容之前，需要对这段故事的史源出处略作梳理。按《太宗实录》曾先后修过数次，最初于顺治六年（1649）启动编撰工作，但到次年末适逢摄政王多尔衮的暴卒，不久即引发顺治对多尔衮生前行径的政治清算，这样连累到原先担任编修总裁官的本属睿亲王一系的刚林、祁充格均因连坐而被处刑，由此中辍了第一次兴修《太宗实录》的工作。直到顺治九年正月，编撰工作在任命了新总裁官以后才得以恢复，最终于顺治十二年（1655）二月完成了分别用满、汉、蒙三种语文缮写的实录正文，这也系《太宗实录》的初纂本。然由于其汉文本暴露出不少缺陷，故顺治随即任命转由郑亲王济尔哈朗负责重修，但后者于当年五月的去世却导致该项工作重又陷入停顿状态。需要指出的是，初纂本在编修时是满文部分首先完工，而它们又是以满文原档资料作为依据，然在此过程中对原始资料进行了筛选，这体现在部分保存至今的原档资料中尚留有标示取舍的满文词迹。② 目前在北京的第一历史档案馆中仍保留了满文初纂《太宗实录》的部分卷次，经与同一内容的汉文部分加以对比，可知《实录》汉文部分并不能完全看作系从满文相应内容的逐词直译，而是略有表述差异。③ 而《太宗实录》的重修本晚至康熙十二年（1673）八月才由图海主持监修，直到康熙二十一年（1682）九月方才修毕。其抄本还曾流入邻国并部分存留至今。④ 不过现在学界通常采用的中华书局出版的《太宗实录》还是在这之后再度重修的时代更晚的雍乾本，故该段见于其中的双犬救主故事理应存在更早的史料来源。事实上乾隆年间重抄的盛京崇谟阁本《满文老档》崇德元年记事中即有逾此更为详细的记载。有关内容的满文转写与翻译如下：

gūsin de，enduringge han uheri be baicara jurgan i aliha amban asidarhan，narhūn bithei yamun i aliha bithei da fan wen ceng，ashan i da jamba，gurun i suduri yamun i aliha bithei da garin，kooli selgiyere yamun i ashan i bithei da hūkio sebe takūrame，cooha genehe doroi

---

① 《清实录》第二册《太宗实录》，北京：中华书局，1985 年，第 395 页。

② 松村润：《顺治初纂清太宗实录》，收入氏著：《明清史论考》，东京：山川出版社，第 342—352 页。该文原作于 1973 年。

③ 石桥崇雄：《顺治初纂〈大清太宗文皇帝实录〉の满文本につぃて》，收入《松村润先生古稀记念 清代史论丛》，第 127—137 页。

④ 松村润：《康熙重修清太宗实录》，《明清史论考》，第 355—370 页。松村氏此文原刊于 1989 年，其前半部分重复了相关旧作的论据，但特别指出了中华书局刊印《清实录》时所附的"影印说明"等关于实录初纂过程的叙述有不确之处。

baturu giyūn wang, gūsai ejete fiyanggū, baintu, asan, yecen, turgei, darhan, yekšu, tantai sei jergi geren ambasai baru hendume, bi donjici musei coohai niyalmai dube fe liyoo yang ni birai wehe dogon de isitala bi sere, ambasa suwe isinjifi juwe inenggi oho, suwe hūdun okdome ganaci acambihe kai, ambasa suwembe teisu teisu bade afabufi wesihun tukiyefi gosime ujirengge, cooha irgen i jalin de kai, mini emu beyei mujilen aibide isinara, han elhe amban wesihun ningge, gemu cooha irgen de akdahabi kai, suwe gung gebu bahaci, inu coohai niyalmai sain de kai, suwe buceme afaha coohai niyalmai be gūnirakū neneme boode isinjifi tesebe herserakūngge, julge buya julen i kooli de emu niyalma be ekcin jolo hutu jafafi jeki seme jafunure de, tere niyalmai Kasara Basara sere juwe yendahūn ejen de dafi, jolo hutu i emgi jafunuhai, jolo hutu be saime wafi, ejen i ergen be tucibufi boode bedereme jidere de, juwe yendahūn jafunuha ambula ofi, šadafi boode isinjirakū oho manggi, ejen bi juleri genefi jetere jaka gajime okdoro seme hendufi, boode jifi juse sargan be acara ebitele jetere jakade, joboho be gūnirakū, yendahūn be okdoro be onggohobi, juwe yendahūn ejen okdonjirakū muse buceme jafunufi ejin be tucibuhe, ejen muse be onggofi okdonjirakū oci, muse ejen i jakade ainu genembi seme uthai alin de derifi jarhū niohe oho sembi, tere tutu geli doro bio, ainci baili be sarkū joboho be onggoho be henduhebi kai, terei adali ambasa, suwe neneme boode isinjifi suweni jalin de buceme afaha coohai niyalma be onggofi okdomburakū, tere jugūn de joboro isinjirakū suilara oci, yendahūn be okdohakū niyalma ci ai encu seme henduhe manggi (后略)

(九月)三十日,圣汗遣都察院阿什达尔汗、秘书院大学士范文程、学士詹霸、国史院大学士刚林、弘文院学士胡球等,谕出征多罗武英郡王、旗主费扬古、拜音图、阿山、叶臣、图尔格依、达尔汗、叶克舒、谭泰等诸大臣曰:“吾闻我军后队方至旧辽阳河沃黑渡江,尔等已抵家二日矣,尔等当速往迎之。汝等皆被委以重任,加以爱养者,皆为兵民耳。吾一人之心思,焉能遍及兵民乎?君享康宁,臣居显贵皆惟兵民是赖。汝等欲得功名亦借士卒之力。汝等不思死战之士,而先自归家,于彼等则漠不肯顾。昔野史中有故事一则:厉鬼尝欲捕食一人,人遂与之格斗,此时其二犬名唤喀萨尔、巴萨尔者皆助主与厉鬼相斗并咬毙之,主终得救遂安然返家。时二犬因与厉鬼斗困,不能随行。主谓犬曰:‘吾先归家,携食来迎尔等’。遂抵家见其妻,惟顾一己饱食而不思犬之劳苦,故忘却前迎双犬返家。后者久不见其主来迎,曰:‘我等拼死相斗就主脱难,主竟忘而不迎,我等何故再返其家。’遂隐去山中,化为豺狼。此不外恐为不知报恩忘劳者发也。汝等大臣正同其人,身先返家而不迎为尔死战之士卒,致彼等道中备尝辛苦。此与不迎回二犬之主人何异哉?”①

同样的内容也见于最近出版的抄写时间略早于崇谟阁本的内阁本《满文老档》。②

① 满文老档研究会译注:《满文老档》第七册《太宗四》,东京:东洋文库,1963年,第1296—1298页;参见中国第一历史档案馆、中国社会科学院历史研究所译注:《满文老档》下册,北京:中华书局,1990年,第1605—1606页。

② 中国历史第一档案馆:内阁本《满文老档》,第15册,沈阳:辽宁民族出版社,2010年,第7833—7840页。

它们显然比前引经过文字润色删减的《太宗实录》的同一记述更为详尽，也当更接近于当时所发生史实的原貌。其与《太宗实录》最大的不同点在于皇太极口中明确道出了救助主人的两条家犬的名称为喀萨尔（Kasara）与巴萨尔（Basara），并称其共同将威胁主人生命安危的厉鬼咬毙。而双犬的名字在《实录》中则被完全隐去了，关于其护主的功绩表现也只是被简单地记作“啮鬼仆”，不若《老档》中交代的那样细致具体。如果单纯从记叙的详略程度上比较二者，《太宗实录》的这段文字貌似删减出自《老档》的同一记事。然而《老档》实际上抄正于18世纪后半期的乾隆时期，故从时间上看并非《太宗实录》相关部分的内容依据。两者的叙述相近只能证明它们均应袭自一种时代更早的共同史源。此即当初《老档》缮写时引以为据的满文原始稿本《旧满洲档》。后者于20世纪30年代始被发现于北京故宫的内阁大库中，时存三十七册，记事从明万历三十五年（1607）直到清崇德元年（1636），用老满文书写在明廷早先发送给女真人的敕书背面或者高丽纸上，且纸面多有涂改污损痕迹。这批《老档》稿本以后于20世纪40年代末被悉数运往台湾，直到1969年才得以首次全部影印出版。① 其中有关皇太极借双犬救主的传说训示臣僚的部分见于其中以千字文顺序编号的“宇字档”中，有关叙述也完全与《老档》的记述一致。②

皇太极在讲述中自称该故事来自于过去的“野史”，其满文原语以合成词的形式作buya julen，首词意为形容词“小的”，第二词是名词“历史、讲述”之意，两者联称则相当于汉语中的“小说”一词。③ 不过当时距离满文创制的时间较短，满族社会尚未形成悠久的本族书面文献的阅读传统，故这个对其上层来说耳熟能详的典故更可能是源自在其民间长久流传的口承文学叙事。那么这个双犬咬杀厉鬼以救主脱难的故事究竟是满族人自出机杼的文学创造还是来源于其他民族的民俗文化呢？下面本文拟列举分析有关的蒙古口承传说以说明其与《老档》故事之间的渊源联系。

在鲍培翻译为德语的原先由蒙古国学者仁钦（B. Rintchen）搜集的蒙古喀尔喀人史诗专集中有一部名为《汗成吉思》（Xān Tšišgis = Qan ĉinggis）的口头叙事长诗。该史诗是在南杭爱省 Khudzirtu 之地的一位民间艺人在1889年以后向两位高龄艺人学会演唱的。据推断史诗内容应当早在19世纪上半期就已在当地被流行传唱。④ 主要内容是说一位名叫汗成吉思的汗王之女为了逃避恶魔蟒古斯的威胁而不得不背井离乡，期间在逃难路上备遭坎坷与艰辛，后与远方的另一王子成婚怀孕却又由于蟒古思的诡计陷害而被迫再次出亡，直到一路追来的魔怪被杀死之后，她才安全脱险。故事以女主人公与其丈夫消除了误会，最终实现了家人重新团圆并让其子返回故乡接替年迈父亲掌管国土的美满

① 神田信夫：《〈满文老档〉から〈旧满洲档〉へ》，收入氏著：《满学五十年》，东京：刀水书房，第36—45页；参见三田村泰助：《满文太祖老档考》，收入羽田博士还历记念会编：《羽田博士颂寿记念 东洋史论丛》，京都：东洋史研究会，第847—848页。

② 《满文原档》第10册，台北“故宫”博物院，2006年，第464—467页。此即《旧满洲档》原文的第二次影印出版。《原档》仅在个别词语的书写正字法上与《老档》存在差异，尚未影响到文义的不同。

③ E. Hauer, *Handwšrterbuch der Mandschusprache*, Wiesbaden 1952, SS130, 552.

④ W. Heissig, *Geschichte der Mongolischen Literatur* Band Ⅰ, Wiesbaden. 1972, S351.

结局收场。①

在该篇史诗中蟒古斯的出现及其活动构成了贯穿整篇故事发展演进的重要线索。汗成吉思原本是一位拥有众多畜群和民众的尊贵汗王的掌上明珠，而她的真实名字长期以来却仅有汗王夫妇与一位亲信女仆才知道。当她日渐长大后，汗王欲为膝下爱女择配良婿，就召开了盛大集会，宣布招婿的唯一条件即是准确猜中她的名字。结果心怀叵测的蟒古斯假扮成背负包袱的游方僧通过威胁前往河边汲水的亲信女仆而获知了这一秘密，幸而细心的公主及时察觉出游方僧的举止蹊跷，并借助占卜手段发现了其原为蟒古思所假扮。她于是开始盘算如何逃出蟒古斯的掌控却又苦于无法在汗王的庞大畜群中挑选到一匹中意合用的坐骑，最后只得依靠上香祈祷的方式以求偿愿。随即她果然套中了一匹刚分娩产下的神奇马驹。它虽然体小色黑，但却蹄大宛如酒碗，而且立即说出了公主的心思，并主动向她指点脱身的策略。遵照指示的汗成吉思遂在临别前向双亲特地索要了梳子、磨刀石的碎块和锉刀碎片，然后骑上马开始逃跑。在逃亡的路上，蟒古斯一直尾追不舍，每当其即将撵上时，公主就依照坐骑的指示，边念咒语边将上述东西陆续抛出，其中第一次扔出的梳子化作了黑压压的杭爱大山林，随后扔出的磨刀石又形成了无人能够攀越的红色山崖，如此数度延缓了蟒古斯的追击。而当它又一次快要追及时，马驹却猛然腾空跃起，再飞速落下用马蹄踢碎了魔怪的大腿。暂时脱险的公主骑着骏马最后疾驰到了一个位于故乡西北方向 99 天路程的地方，并寄居在那里的一位孤苦无依的老妇人家里。

定居下来的公主从此女扮男装并凭借其高超的武艺射猎维生，结果使自己和老妇人过上了富裕的生活。时间一长，她射技超群的捕猎本领传遍了这一地区，渐渐引起了统治该地的汗王父子的注意。最后汗成吉思在骏马的指点下，通过参加比试技艺的竞赛活动表露出她的性别，然后嫁给了对其倾慕不已的汗王之子，开始过着幸福美满的家庭生活。婚后的第二年，汗王父子一同出猎，临行前特地向其时已经怀孕待产的汗成吉思借用其原先的坐骑。而这时马驹已经本能地做梦预感到了将要发生的不测，并在事前做好应对的准备后才离开了女主人。月余以后，公主果然产下了一个金胸银臀的漂亮男婴。大臣们决定派人携带记述了这一喜报的信件前往通知汗王父子。然而信使却在途中遇见了原先那个化装成游方僧的蟒古斯，结果被它用魔法迷倒酣睡不起，蟒古斯趁机调换了书信，伪称汗成吉思生下的是一只黑色的狼崽。当信使将伪造的假信带给汗王父子时，后者将信将疑，待写好书信后打发其急速返回。而送信人在返程途中却又被蟒古斯迷倒久睡，并再次被调换了信件，致使当其返回以后，不明底细的大臣只得按照假信的吩咐，将公主母子关进三层铁楼中。多亏预感灵验的骏马及时赶回，从铁楼中救走了母子俩，并向北方疾驰最后抵达深不见底的红色大洋岸边。此时骏马自知大限将至，遂在临终前嘱托汗成吉思在其死后将其四肢朝天而立，并将马鞍和笼头放进其腹腔正中，然后母子二人再枕着它们过夜。这样次日醒来后就会出现一座高及天宇的宫殿。汗成吉思痛哭告别了骏马并按此要求行事。结果一切果然如它所预示的发生了。

① N. Poppe, *Mongolische Epen* Ⅰ: *šbersetzung der Sammlung B. Rintchen. Folklore Mongol*, Wiesbaden, 1975, SS29 –68.

汗成吉思在宫中度过了两三晚后发现那个蟒古斯又出现在附近。它靠跟踪马的足迹一路来到了宫殿的下面，并拿出利剑来使劲砍伐檀木宫殿。眼看藏身楼顶的公主就要处于岌岌可危的境地，已逝骏马的灵魂先后化成了红狐、白狐和猫，假装主动协助魔怪砍倒宫殿，但当它疲倦入睡后，却顺势将利剑投入旁边的大海中，以此大大延缓了蟒古斯的砍伐进度。而汗成吉思则嘱托两只乌鸦火速飞往她在南方的故乡，以将自己陷入险境的消息告知那里的两头猛犬，它们最初是公主从小就开始收养的两只幼狼，分别取名叫阿萨尔（Asar）和巴萨尔（Basar），现在则负责看管汗王的畜群和民众。乌鸦不负其重托，果然将信息带给了双犬后再匆匆飞返。没过几天，阿萨尔和巴萨尔也随后赶到。蟒古斯见势不妙，赶紧潜入红海逃命。两条猛犬紧追不舍，也随之跳进海里。起初魔怪找到了先前被扔入海中的利剑，用它砍伤了巴萨尔的右前腿，但渐渐地猛犬占了上风，最终阿萨尔将蟒古斯咬作两截，然后上岸向它们的女主人报喜。汗成吉思则给巴萨尔疗伤使之痊愈。两犬在离开之前告诉公主其双亲业已年迈老衰，敦劝她将来让自己亲生的孩子回到老家以继承汗王权力。

故事的最后部分是说公主后来与恰好也来到此地的汗王父子邂逅相认，夫妻两人终于尽释前嫌，重又幸福美满地生活在一起。以后几年汗成吉思又陆续生下两子，并听从爱犬当初的劝告，打发自己渐渐长大的长子返回故乡并接替他年迈的外祖父掌握权力。最后她的次子也开始掌管祖父的产业并治理其臣民。

这首名为《汗成吉思》的喀尔喀长诗从主题上来说属于蟒古斯型神话和英雄传奇的混合，故事中的主人公乔装身份、武艺高强、在竞赛比试中脱颖而出并赢得婚姻以及在关键时刻总能得到神异骏马的佑护等一系列情节均符合蒙古民间文学中英雄故事中的一般模式。同时又因为蟒古斯在其中扮演着重要的推动情节发展的角色，所以有关的魔幻元素不时见于史诗中，有的甚至是共通性的常见民间故事母题。最明显的即公主在骏马的授意下接连抛出其早先准备好的神奇物品以成功延缓魔怪追击的情节。其直接对应汤普森（St. Thompson）《民间文学母题索引》中的D672“设障逃亡”魔术母题。它在欧亚大陆流传极广，含有该母题的叙事情节可以用欧洲民间故事《蓝胡子》作为代表，故事中的主人公也是乘骑一匹有魔力的马逃避魔鬼的追击。这匹神奇的马原本是一个被魔鬼用巫术困住的王子，他事先向主人公建议准备好三件貌似平常的奇物：石头、梳子和燧石。结果当后者骑马出逃而面临魔鬼追赶时，它们相继发挥了神异的设障妙用：石头被扔出以后变成了拔地而起的高山，随后甩出的梳子化作森林，燧石则燃起大火，终于促使主人公摆脱了危险。以后他也是在坐骑的帮助下克服重重困难和考验，直至成为国王的爱婿。该故事文本不仅常见于西欧各国，而且向东也分布在东欧、近东、高加索一带，甚至直到南西伯利亚等广阔地域内。[①] 故从分布空间的连续性上观察，《汗成吉思》的类似情节体现了蒙古史诗对于一个欧亚大陆共通性故事母题的吸收和改造。其中该母题所出现的以梳子变化成阻碍妖怪追击的障碍物的情节尤为明确地彰显了故事的魔幻色彩。因为自史前时代直到历史时期，人们相信头发具有魔力的信仰意识促使梳子也

① 斯蒂·汤普森著，郑海等译：《世界民间故事分类学》，上海：上海文艺出版社，1991 年，第 73—75、第 582 页。

被看做是同样带有超自然力量的神奇象征物，这种观念导致它常常或者单独或和其他象征性事物一起被用于各种神秘的象征性场景下。例如，梳子可以作为不起实际梳妆功用的护身符专供佩带于身上；它的形象还被绘于装盛骨灰的瓮坛外表以体现冥间崇拜的色彩，并作为象征符号见于墓碑和石刻等纪念性遗迹上。此外，人们还认为它具有赶走病魔的功能，并与像水这样的宇宙基本元素紧密相关。① 而上述故事中的有助于女主人安然脱身的梳子显然是护身符功能的具体展现。另一魔幻主题则反映在马临死前对汗成吉思的吩咐嘱托。乌瑞夫人专门对该细节进行过分析，她征引了通古斯传说中的类似例证，揭示其含有主人以动物献祭神灵并希求得到其灵魂佑护的寓意。如同《汗成吉思》中的骏马死后仍然化作不同的动物来救护其主人一样，埃文人的故事中也有类似的献祭动物在其肉体死亡后灵魂依然长久存在，并以幻化成动物的方式来帮助其女主人。同样在奥罗奇民间传说里，女主人的坐骑也是自愿奉献出自己的生命以充当献祭动物的角色，这一举动使她得到了幸福的家园。②

最后赶来解救汗成吉思并彻底除掉了魔怪的阿萨尔和巴萨尔，显然不是一般的普通家犬。史诗在描述它们赶来救助女主人的情景时，形容其“状如两团红云，扬起的尘土厚者及天，薄者触地”。类似的描述也出现在此前骏马飞奔以及双犬在完成任务后踏上归途的场合中。③ 它实际上是从内亚民俗文化中颇富特色的所谓“一……及天、一……触地”表述结构中演化而来，该叙述结构屡用于描绘那些不同寻常的超自然神奇动物和灵怪出现的场景中，有时符合这类描述特征的对象因其夸张恐怖的巨大体形而具有极度的危害性，故时常在故事里作为英雄的敌人而出现。例如那些见于神话传说中的一角接天，一角触地的巨兽和上唇及天、下唇挨地的吞噬人兽的怪物等。④ 而“扬起的尘土厚者及天，薄者触地”暗示出双犬属于不同寻常的非凡生灵，这和其巨硕超常的外表体态是全然吻合的。故事的最后称公主的长子返归故土时，首先就遇见了它们，前来问候小主人的双犬竟然“大如须弥山”。⑤ 长诗中还出现了与双犬有关的白色奇效疗药的母题，一次是说为报信而飞回故乡的乌鸦抵达目的地后因为途中过于劳顿，以致身上的羽毛大多脱落，而双犬在其伤口处涂上一种白狐般颜色的奇药，使其羽毛重新生长出来，并且比以前更为漂亮。后来当巴萨尔的腿被蟒古斯砍伤以后，公主抹上两种药物，其色泽分

---

① H. van den Broom, “Zur symbolischen Bedeutung des Kammes in der Vorgeschichte”, in. E. Pohl etc eds. *Archšologisches Zellwerk: Beitršge zur Kulturgeschichte in Europa und Asien: Festschrift für Helmut Roth zum 60. Geburtstag*, Rahden/Westif: M. Leidorf, 2001, SS181－196.

② K. Uray－Kĉhalmi, ” Opferwillige Tiere in der Epik von Tungusen und Mongolen”, in. Anett C. Oelschlšgel etc ed. s *“Roter Altai, gib dein Echo” Festschrift für Erika Taube zum 64. Geburtstag*, Leipziger Univ. Verlag, 2005, SS527－528.

③ N. Poppe, *Mongolische Epen* Ⅰ; *šbersetzung der Sammlung B Rintchen. Folklore Mongol*, S60, 62, 48.

④ 较早撰写专文考察这一问题的学者是司律思，参见 H. Serruys, “A Mythological Animal in Central Asia”, *Central Asiatic Journal*26/1982, pp119－121. 乌瑞夫人以为其反映的是地神的特征，参见 K. Uray－Kĉhalmi, “Die Herren der Erde”, in. W. Heissig ed. *Fragen der Mongolischen Heldendichtung*; *Teil*5. Wiesbaden: Harrassowitz, 1992, S84. 司氏将文献中的此类用例上推到《金史 · 谢里忽传》，其实相关的例据早已见于敦煌藏文文献内。参见［英］托马斯著，李有义、王青山译：《东北藏古代民间文学》，成都：四川民族出版社，1986 年，第 90 页；王尧、陈践：《敦煌吐蕃文献选》，成都：四川民族出版社，1985 年，第 124 页。

⑤ N. Poppe, *Mongolische Epen* Ⅰ: *šbersetzung der Sammlung B. Rintchen. Folklore Mongol*, S66.

别白若雪貂和绵羊。结果过了一天一夜后，爱犬的伤口也得到了愈合。[①] 海西希曾发表专文讨论这类屡屡见于蒙古民间传说中的具有奇特疗效的药物，其颜色均如白色的动物，不仅足以治疗动物（多系主人的坐骑）和人身上的各类外伤，有时和长生水合用还会产生使人起死回生的神奇功用。与它相对，蒙古民俗中则将那种使人意识不清，甚至忘却过去的食物和药品描述为黑色。他由此认为在蒙古史诗中，白、黑两色药物的不同效用清晰地反映出人们的观念中对于颜色的象征意义和咒术魔力的认知。[②] 故白色奇药母题在诗中的出现进一步渲染了阿萨尔和巴萨尔这两条猛犬的神异不凡。

应予补充的是，《汗成吉思》在新疆的西蒙古人中也有流传，只是情节上发生了若干变异。[③] 公主的两条猎狗的名字被称作哈斯尔和巴斯尔。它们的名字均见于由蓝司铁（G. J. Ramstedt）编撰的西蒙古语辞书，作为一齐出现的猎犬之名，分别拼写作 Xasr（＝Qasar）和 Wasr（＝Basar）。[④] 其在该故事中出现得较早，即在汗成吉思出逃之初就已跟随，但并未与蟒古斯的死产生关联，因为在故事里蟒古斯的结局是中计淹死。双犬的作用只是体现在当汗成吉思第二次逃难时，它们跳进了水中将她产下的孪生男婴打捞上岸。因此在《汗成吉思》的这一文本中双犬所起的作用明显要小得多。值得思考的是，为何北蒙古人和西蒙古人会用“成吉思”这一特殊罕见的词语来作为女主人公的名字呢？

“成吉思”（ĉinggis）一词的词源曾引起学界长期争论。早先学界的意见倾向于支持由蓝司铁和伯希和先后提出的其源于突厥语 Tengiz ~ “海洋”。[⑤] 但 20 世纪 60 年代以后，突厥学家德福（G. Doerfer）援引保留了较多古突厥语成分的雅库特语中对该词的释义“坚强的，残酷的”，倾向于这一词义可能才是正解。[⑥] 亦邻真则引用蒙古民间祭火祷词为据，并佐以拉失德《史集》的解说，认为其原为“坚固”之义。[⑦] 类似的观点也见于额尔登泰等编撰的《〈蒙古秘史〉词汇选译》。[⑧] 不过，后一种训释“成吉思”为“坚强”之类词义的观点直到 1989 年才由罗依果最终坐实。他引用了突厥学家巴赞（L. Bazin）对图瓦地区的一通卢尼文古突厥语铭刻的解读成果，铭文中的内容确切证明

---

① N. Poppe, *Mongolische Epen* Ⅰ: *šbersetzung der Sammlung B. Rintchen. Folklore Mongol*, S59, 61.

② W. Heissig, “Die Heilung mit der” Weiβen” Arznei in der mongolischen Heldendichtung”, in. *Heilen und Schenken*, *Festschrift für Günther Klinge zum* 70. *Geburtstag*, Wiesbaden, 1980, SS30－35.

③ 乔伦夫搜集整理:《汗卿格司》，收入《新疆民间文学》第十二集，乌鲁木齐：新疆人民出版社，1989 年，第 18—28 页。

④ G. J. Ramstedt, *Kalmükisches Wšrterbuch*, Helsinki, 1935, S171.

⑤ G. J. Ramstedt, “Mogholica. Beitršge zur Kenntnis der Moghol－Sprache in Afghanistan”, *Journal de la Sociétè Finno－ougrienne*, 23/4, 1905, S25; P. Pelliot, *Notes on Marco Polo*, Ⅰ, Paris, 1959, pp297－302.

⑥ G. Doerfer, *Türkische und Mongolische Elemente im Neupersischen*, Ⅰ, Wiesbaden, 1963, SS312－315. 德福还指出在成吉思汗去世后，这一名称即成为了禁忌，故其本义不为人知。但从汗成吉思一名的流行来看，该推断并不正确。

⑦ 亦邻真:《至正二十二年蒙古文追封西宁王忻都碑》，收入《亦邻真蒙古学文集》，第 692 页。

⑧ 额尔登泰等:《〈蒙古秘史〉词汇选译》，呼和浩特：内蒙古人民出版社，1980 年，第 315 页。

了“成吉思”的上述词义。① 这也显示该词其实源出古突厥语，故人们才能在雅库特语和土耳其语中的一种方言中发现近似的义项。此后的研究者进一步指出元世祖时为太祖所上的谥号“圣武”即源于时人对“成吉思”原义的理解，因为从“坚强”之义可毫不费解地引申出“威武、雄武”之类的颂称，这非常符合对铁木真以武力统一草原的征战大业的概括。② 这一新的研究有助于澄清极个别仍持传统观点的学人对于罗依果考释结论的怀疑。③ 由此联系到《汗成吉思》中的女主人公虽为美貌公主，但却娴于扮作男妆，并且武艺尤其出众，在射猎和比武竞赛上无人能出其右，故特地选取“成吉思”作为其名并不难于索解。

不过还需要考虑的是，既然在故事中公主始终和蟒古斯处于尖锐对立的冲突双方，那么以常理推之，她的名称也总该和此有些关联才是。对此或许还要联系“成吉思”一名在蒙古民俗中的特定寓意才能解释。过去学者多以为铁木真（temüjin）本身即意为“铁匠”（temürĉin），但后经塞诺（D. Sinor）指出，在蒙古语中不大可能发生 - rĉ > - j 的音变现象，因此上述观点赖以成立的语言学证据十分薄弱。他随后又检讨了《鲁布鲁克行记》和亚美尼亚历史学家海顿《东方史》中的两段关于成吉思名称释义的记载，认为它们表明当时的蒙古人其实更倾向于将“成吉思”这一称谓与“铁匠”联系起来。④ 西夏语的资料也证实了当时面临蒙古威胁进犯的党项人同样将成吉思汗称作“铁匠—雷声”。⑤ 党项人的这一叫法还让人联想起《鲁布鲁克行记》中关于蒙古人称呼成吉思为铁之声的传闻。⑥ “成吉思”与铁匠的关联当追溯到其作为突厥语借词在蒙古语中常被用于形容生铁的坚硬无比。譬如反映了古老传统的蒙古民间祭火文中，即称当初火之生时，“ĉinggis 铁为其父”。⑦ 同时铁匠这一职业在北亚社会中又具有特殊的地位和影响，该群体对超自然本领的掌握堪与萨满相比，他们经常要与邪怪打交道，既不时遭受其威胁，又能够起到驱除它们的作用。⑧ 事实上，鄂尔多斯蒙古人即将成吉思汗塑造为带领着猎人与猎犬，前往镇压祛除狐妖的法师形象。⑨ 这和汗成吉思最终倚靠手下两条猎犬的帮助，消除了蟒古斯的威胁颇为相似。故以汗成吉思作为消除魔怪的主人公的名称或与这种文化背景密切相关。

---

① I. de Rachewiltz, “The Title ĉinggis Qan/Qaγan Re - examined”, in. W. Heissig ed. *Gedanke und Wirkung*, *Festschrift zum* 90 *Geburtstag von Niklous Poppe*, Wiesbaden, 1989, pp282 - 288. 此前曾在50年代后期有报导称在蒙古发现了用卢尼文字书写在卵石上的“成吉思可汗”铭记，但这一文物的真实性大有问题，疑为伪造。参见 S. G. Kljaštornyj, “Zur Frage nach der Authentizitšt der alttürkischen Inschrift mit dem Namen ĉinggiz - Hāns”, in. S. G. Kljaštornyj, *Die Geschichte Zentralasiens und die Denkmšler in Runenschrift*, Berlin: Schletzer, 2007, SS267 - 269.

② 蔡美彪：《成吉思及撑黎孤涂释义》，收入氏著：《辽金元史考索》，北京：中华书局，2012 年，第 255—258 页。该文原刊于 2007 年。

③ Ch. Beckwith, *Empires of The Silk Road: A History of Central Eurasia from the Bronze Age to the Present*, Princeton Univ. Press, 2009, p415.

④ D. Sinor, “Random Remarks on Metallurgical Themes in Pre - Modern Inner Asia”, in I. Hauenschild ed. *Scripta Ottomanica et Res Altaicae*, *Festschrift für Barbara Kellner - Heinkele zu ihrem* 60. *Geburtstag*, Wiesbaden, 2002, pp307 - 308.

⑤ K. B. Kepping, “The etymology of Chinggis Khan's name in Tangut”, *Studia Oreintalia*85/1999, pp233 - 243.

⑥ [美] 柔克义译注，何高济译：《鲁布鲁克东行记》，北京：中华书局，1985 年，第 309 页。

⑦ 额尔登泰等：《〈蒙古秘史〉词汇选译》，第 315 页。

⑧ M. Eliade, *Shamanism*, Arkana, 1989, pp470 - 472.

⑨ A. Mostaert, *Traduction des Textes Oraux Ordos*, Peiping: The Catholic Univ. 1947, pp184 - 187.

还需补充的是，双犬护助女主人祛除魔怪的故事在蒙古人那里尚不止《汗成吉思》一例。喀尔喀人中还流传另一个和《汗成吉思》非常相近的以索宁其其格（Sonin ĉeĉeg）为主人公的故事。女主人为了逃避觊觎追逐她的蟒古斯，被迫爬上了一棵高树。魔怪则试图砍倒它，这时出现了一只狐狸，假装要来帮助蟒古斯砍伐大树，等到后者入睡以后，它却粘住了其眼睛，并杀死其坐骑。最终女主人的两条猛犬喀萨尔（Khasar）和巴萨尔（Basar）共同赶来相救，结果撕裂了蟒古斯的躯体。①

此外，匈牙利蒙古学家罗纳塔斯曾在蒙古国 Dariganga 人那里也搜集到一个类似的民间传说。内容是说过去曾有一个比男子还要强壮的女孩。她拥有一匹强壮的马和两条黄色的阿萨尔犬，以后又在母亲临终前从她那里得到了具有魔法的物品。一次她在外出时遇见了蟒古斯，被迫爬上了檀香树。这时两条阿萨尔犬及时出现，吓得蟒古斯躲进洞穴。双犬也径直尾追入其巢穴，最终杀死了魔怪。②

最后，内蒙古鄂尔多斯说唱艺人绰鲁布（ĉoγrub）（1912—1989）讲述的史诗《老年夫妇乞求后裔》（*šre γuyu γusan emegen ebügen qoyar* ）在故事结构和情节上与《汗成吉思》也非常相似。故事开始源于老年夫妇为没有子女而苦恼不已，为此他们向一位隐士布施银钱，然后得到了一位女儿。以后的情节发展大致与喀尔喀长诗《汗成吉思》保持了一致，最后也是鹊鸟飞返故乡求援于哈萨尔与巴萨尔，它们前来杀死了匿入海中的蟒古斯，不久女主人也与自己的丈夫重新相认团聚。两者仅在个别细节上存现差异，例如女主人公在初次摆脱蟒古斯的追击后，不是靠狩猎而是以抄书作为生计，而在她与汗王之子成婚后生下的后代中，不但有金胸银臂的儿子，还有一女儿。此外她的骏马在临终前对女主人的嘱托也与《汗成吉思》大不相同，它请求将其头颅置于树上以庇护其主人。这使得女主人及其子女日后能够通过暂时容身树颠以逃避魔怪的追击。③

综上所述，《满文老档》中的双犬喀萨尔和巴萨尔救助主人咬死厉鬼的故事和蒙古故事中名称基本相同的两犬杀死蟒古斯以拯救女主人十分相似，可以说属于同一类型。其中有的细节如《汗成吉思》中的双犬本为狼种和《老档》的双犬后来因主人怠慢入山蜕变为豺狼也很相仿，只是物种蜕变的顺序正好相反而已。至于蒙古故事中的犬名阿萨尔和喀萨尔/哈萨尔存在的细微差异，本文第四节将要对此词详尽论述。表面上看《老档》记事的时代已经早到了清军入关以前的17世纪前期，而蒙古民间故事的搜集时间仅可上溯到19世纪，故两者的时间早晚不证自明。然而如果全面考察两犬在民间故事中的流行情况并结合对犬名进行词源学分析的话，则不难发现它们之间真正的源流演变关系。

---

① N. Poppe, "Zum Motiv der dankbaren Tiere in der mongolischen Volksdichtung", in. K. Sagaster ed. *Documenta barbarorum : Festschrift für Walther Heissig zum 70. Geburtstag* , Wiesbaden, 1983, S268.

② A. Rĉna – Tas, " Dariganga Folklore Texts", *Acta Orientalia Academiae Scientiarum Hungaricae* 10/2, 1960. 作为犬名的阿萨尔一词也见于同一作者所搜集的蒙古 Dariganga 方言词汇集，参见 A. Rĉna – Tas, "A Dariganga Vocabulary", *Acta Orientalia Academiae Scientiarum Hungaricae* 13/1, 1960, p150.

③ W. Heissig, *Motive und Analysen mongolischer Mšrchen*, Wiesbaden: Harrassowitz, 2003, SS91 – 103. 原作的蒙文本于20世纪80年代后期正式出版于国内，海西希书中的分析章节内未提到它与《汗成吉思》的情节平行性。

三、作为对偶词语出现在蒙古民间文学中的双犬

较早于1836年将长篇史诗《格斯尔》蒙古语文本刊布给学界的俄国院士史密德（I. J. Schmidt）在三年以后出版的该史诗德语译文中，第一次转写记录了哈斯尔（Qasar）和巴斯尔（Basar）这两条犬的名称。① 根据这部《格斯尔》原文的题跋，其完成于康熙五十五年（1716）。② 由此可见双犬名称实际上在蒙古民间流行的时间也是非常早的。而在概述其在蒙古民间文学中的出现以前，拟先来回顾其在蒙古神话中的角色。

在蒙古人中非常流行的猎户座三星形成神话中，其基本的原型是猎人追狩三头马鹿，当他向其发出三箭并命中目标时，被射中的马鹿却腾空跃起，化作了天上猎户座的星宿。不过在该基本原型之外，各地也出现了一些细节要素各有不同的变体。其中的一个布里雅特蒙古人的神话文本还进一步说明了紧邻猎户座旁边的星宿的来历，它们分别是狩猎者本人，他所发射的箭矢，跟随猎人的两条猎犬阿萨尔（Asar）和巴萨尔（Basar）等。③ 这一神话被认为反映了蒙古人还作为狩猎民阶段存在着的狩猎崇拜，故与狩猎行为密切关联的双犬形象也被添入其中自不足为奇。而关于它们的起源，内蒙古的一则民间神话故事称凤凰（Garuda）产下两个铁蛋，从中孵化出哈萨尔（Qasar）和巴萨尔（Basar）两只狗。此外它们还以Hasār和Basār的形式见于达斡尔语的萨满祭词中，被视为两只天狗。④ 上述凤凰生犬神话属于北方少数民族常见的“雕窠生犬”型主题，特别是其中对双犬生于铁蛋的描述更加明确地反映了萨满教的观念，而与萨满在入圣仪式经过金属淬火加热的过程具有可比性。⑤ 以下拟大致按有关资料的搜集时间概述蒙古民间文学资料中所见的双犬形象。

匈牙利学者G. Bálint于19世纪70年代初期在俄属卡尔梅克人地域旅行调查时曾搜集到大量西蒙古人的民间传说。其中一个称年老富人曾向神灵祈求后代，然随后降生的孩子两度死于非命。第三次出生的孩子原本也要遭遇这种不幸的宿命结局，却因为结识阎王（Erlg khan = Erlig qan）的琴师而得到其指点以逢凶化吉。其后当阎王手下的女妖及其女儿前往孩子家中藏身于衣服与食物中以毒害他时，后者完全依从琴师的建议，先用营帐的毡片生火，再将女妖寄身的物品扔进火中，当它们化身蝇虫试图逃逸时，再由

---

① W. Heissig, *Geschichte der Mongolischen Literatur* Band Ⅰ, S402, 441. 参见B. Dugarov, “The First Information about the Buryat - Mongolian Epic in the West”, in. D. B. Honey etc eds. *Altaic Affinities: Proceedings of the* 40th *Meetings of the PIAC*, Bloomington: Indiana Univ., 2001, p285.

② ［法］石泰安著，耿昇译：《西藏史诗与说唱艺人的研究》，拉萨：西藏人民出版社，1993年，第96 - 97页。

③ Á. Birtalan, “Die Mythologie der mongolischen Volksreligion”, in. E. Schmalzriedt/ H. W. Haussig eds. *Gǒtter und Mythen in Zentral Asien und Nordeurasien* (*Zweiter Teil*), Stuttgart, 2004, S990.

④ 额尔登泰等：《〈蒙古秘史〉词汇选译》，第173页。

⑤ 钟焓：《雕窠生犬考》，中央民族大学历史系主办：《民族史研究》第八辑，北京：中央民族大学出版社，2008年，第132—152页。

双犬哈萨尔（*Khasr*）和巴萨尔（*Basr*）予以对付。最后女妖均丧身火中。[①]

芬兰语言学家蓝司铁在上世纪初期曾长时间在当时的外蒙古从事民间文学资料的调查和搜集工作，其获取的口承材料在1973—1974年被整理为两卷本正式出版，并附有整理者的译文。其中卷一的第十三个故事标题作《黑眼大王策旺》，故事中作为世界西北一方统治者的主人公拥有两只叫做阿萨尔和巴萨尔的猎犬，他在一次带着猎犬出猎的活动中恰与前来征服他的乌拉岱蔑尔根（Ulādaē Merge？）遭遇，后者当面宣称，他来此地的目的即是杀死这里的君主，统治其臣民，还要将包括他的猎犬在内的牲畜都据为己有。[②] 由此可见阿萨尔和巴萨尔确系身配君主高贵身份的名犬。同卷的第二十个故事标题作《日光王与dzšgīš黑英雄》，故事也是述说统治世界东北部的dzšgīš黑英雄前来与世界西南部的统治者日光王决斗，并扬言要娶其姐为妻。最初日光王被黑英雄射中，并被他顺势扔下了山。幸亏他的骏马找来了作为女救星的天女姐妹使其复苏并重返故乡，并使其此前已经逃走的两条猎犬阿萨尔和巴萨尔变为打火金和火石，再去找他的敌人较量。[③] 同书卷二的第三十八个故事《乞丐男孩与宝石》中阿萨尔和巴萨尔则作为汗王看护营帐内门的猛犬而存在。[④] 同卷的第三十九个故事《野猪蔑尔干Otot？ i》述说平时从不外出的主人公一次在其妻的央求下，终于携带弓箭骑马外出打猎，并将家中的两条猎犬哈萨尔（Xasar）和巴萨尔（Basar）也捆在马的鞍具上一同出发。然而他却不慎在一次追击逃跑狐狸的狩猎行动中被后者所蒙骗，以致不仅没有获得猎物，连栓在狐狸洞口处的马和双犬也丢失了。这使他羞于回家面对妻子的责怪。不过后来他却因为偶然的机遇帮助王后找回了无意中丢失的戒指，而从汗王那里得到了包括哈萨尔和巴萨尔猎犬在内的大量财物，并得以返乡。[⑤]

上述两犬也以稍微变化后的形式出现在上世纪前期由比利时神甫田清波搜集整理的《鄂尔多斯民间故事集》中，但其名称分别作阿尔萨（Ardša）/噶尔萨（Gardša）和巴尔萨（Bardša），显然它们即阿萨尔/哈萨尔和巴萨尔词中音节与末尾音节彼此倒置的结果。故事讲述者作此处理或只是为了不愿和人们熟知的这两个犬名重复。在该故事集的首个故事《人中之龙温德》中，称温德（？ ndei）为了实现其以马祭来报谢天神的愿望，特地带着双犬阿尔萨和巴尔萨以及双禽孔雀和鹦鹉，将本属于自己的七万匹马聚集

---

① Á. Birtalan, *Kalmyk Folklore and Folk Culture in the Mid - 19th Century: Philological Studies on the basis of G. Bálint of Szentkatolna' s Kalmyk Texts*, Budapest, 2011, pp108 - 111. 关于搜集者G. Bálint在西蒙古人中的学术考察活动，参见Louis J. Nagy, "G. Bálint' s Journey to the Mongols and his Unedited Kalmuck Texts", *Acta Orientalia Academiae Scientiarum Hungaricae* 9/1959, pp311 - 327.

② H. Halén, *Nordmongolische Volksdichtung Gesammelt von G. J. Ramstedt*, *Band* Ⅰ, Helsinki 1973, S182, 184. 故事的喀尔喀蒙古语标题作Tsewüš Xara Nüdeš xü，整理者将其直译为"黑眼儿子策旺"，按蒙元旧制中被称作可兀惕（kš' ud）的显贵人士表面上就文义而言，仅是蒙古语"儿子"一词的复数，实际上则对应黄金家族男性直系后裔的特定范围，因此在汉文文献中被笼统译作"大王"、"诸王"。参见小泽重男：《〈元朝秘史〉蒙古语文法讲义—附〈元朝秘史〉蒙古语辞典—》，东京：风间书房，1993年，第465页。喀尔喀故事中的主人公既然贵为一方之君主，那么他名称中的xü也当是早期类似政治含义在后世的传承遗留，不宜简单地按照字面文意生硬译作"儿子"。

③ H. Halén, *Nordmongolische Volksdichtung Gesammelt von G. J. Ramstedt*, *Band* Ⅰ, SS274 - 275.

④ H. Halén, *Nordmongolische Volksdichtung Gesammelt von G. J. Ramstedt*, *Band* Ⅱ, Helsinki 1974, S68.

⑤ H. Halén, *Nordmongolische Volksdichtung Gesammelt von G. J. Ramstedt*, *Band* Ⅱ, SS72 - 73.

并带来。① 又同一故事集中第二十一个故事《善偷者珠门》内，以善偷闻名的珠门（Tšulmun）曾与君王达成协议，他必须完成潜入王宫偷取国王戒指的高难度测试，届时国王会将其女儿许配与他；但若不能完成通过这一考验则会被处死。而在国王精心策划的数道警戒措施中，王宫外面的大门即由噶尔萨和巴尔萨这对可怕的大犬看守。结果珠门一一避开了这些警卫措施，最终实现了国王提出的苛刻要求。其中他采取事先宰杀羊只再以其肉引开双犬的办法成功地潜进了大门。②

此外在鲍培于20世纪30年代刊布的喀尔喀英雄史诗《好汉亦邻真蔑尔干》中，主人公为了获取一匹拥有奇异触角的快马，而前往出产它的哈喇忽剌汗（Khara Khula Khan = qara qula qan）的领地。而在与哈喇忽剌汗作个人决斗之前，英雄首先射下了后者所特有的一头黑色金鹰，并连带杀死了同样属于后者的两只能够将敌人撕成碎块的獒犬哈萨尔（Khasar）和巴萨尔（Basar）。③ 时代更早的俄国学者波塔宁在19世纪80年代出版的外蒙古西北部考察报告中也记述了有上述双犬出现的民间故事。在一个以和博克（khovugu ~ khobugu）为主人公的故事中，当述及其平常骑着灰色马在阿尔泰、杭爱等大山间狩猎时，伴随他的还有双犬阿斯尔（Aisyr）和巴斯尔（Bassyr）以及双鹰太根（Taigan）和爱根（Aigan）。④ 同书中的另一故事中述说东方居住着亦邻赛音汗（Irin - tsain Qan），当他高坐于帐幕中时，其旁侧即有双犬阿斯尔和巴斯尔随侍。⑤

上述犬名在20世纪70年代以来出版于德国的《蒙古史诗》系列中仍不时可见。例如在鲍培翻译的在1960年于蒙古国后杭爱省（Aimak Arkhangai）搜集到的长诗《黑色情侣》（*Khairt Khar*）内，主人公也是不仅有双犬阿萨尔和巴萨尔，同时还有两只猎鹰

---

① A. Mostaert, *Traduction des Textes Oraux Ordos*, p1.

② A. Mostaert, *Traduction des Textes Oraux Ordos*, p141 - 142. 关于该故事和西亚类似题材的联系参看艾伯华对田氏此书的书评，收入 W. Eberhard, *China und seine westlichen Nachbarn*: *Beitrsge zur mittelalterlichen und neueren Geschichte Zentralasiens* , Darmstadt. 1978, S301.

③ N. Poppe, *The Heroic Epic of the Khalkha Mongols* (trans. by J. Kruger etc), Bloomington: The Mongolia Society, 1979, p60. 该书的原著俄文版在1937年出版。哈喇忽剌 ~ qara qula（γ）一词在蒙古语词典中常被注释为虎豹类凶猛动物，根据司律思的查证，明代文献《卢龙塞略》中还用它对译汉语的'彪'字。该词在突厥语中被用来指代一种绰号为"黑耳朵"（qara qulaq）的山猫类动物。伯希和怀疑蒙古语的哈喇忽剌即为源于突厥语的外来借词。参见 H. Serruys, *Kumiss Ceremonies and Horse Races*: *Three Mongolian Texts*, Wiesbaden: Harrassowitz, 1974, pp48 - 49n107; ［法］伯希和著，冯承钧译：《郑和下西洋考》，北京：中华书局，2003年，第142—143页；伯希和著，耿昇译：《卡尔梅克史评注》，北京：中华书局，1994年，第100 - 101页。另外在大多数突厥 - 蒙古语中，狮子一词作 arslan，但19世纪的阿尔泰突厥人却用该词的变体 karagula 来指代这种原产自西亚的异兽。参见 G. N. Potanin 著，东亚研究所译：《西北蒙古志》第二卷《民俗 惯习编》，东京：大空社，2008年，第288页。1980年法国学者 B. Chichlo 撰文搜集了远较前人更为充分的调查资料，揭示出哈喇忽剌在北亚民俗中常常作为具有威胁性的可怕怪物的通称，其在外形上可以对应多种生物，而它的词源可以最终追溯到一个有着特殊含义的词根 kVl 上，由它派生出的一系列类似 qara qula 的专名在北亚的许多语言中都有出现，不仅涵盖了所谓乌拉尔 - 阿尔泰语系下的各种语言，甚至还见于费雅喀语、楚科奇语、尤卡吉尔语等各种难以归类的"古亚细亚语"中。这些专名在含义上多与水生 - 土生的动物生灵有关，少数则用来表示飞禽，惜词根的原始含义已难以确知。作者最后认为，其衍生词汇显然与远古时代北亚居民对于自然界的主宰神灵的崇敬有关，并一直保留在晚近时期的某些英雄史诗中。参见 B. Chichlo, "A Propos d' un personnage de la mythologie altašenne", *Journal of Turkish Studies* 4/1980, pp1 - 7.

④ G. N. Potanin 著，东亚研究所译：《西北蒙古志》第二卷《民俗 惯习编》，第421页。

⑤ G. N. Potanin 著，东亚研究所译：《西北蒙古志》第二卷《民俗 惯习编》，第430页。

太根和顶子（Dendzen〈汉语‘顶子’）共同为其效劳。① 而在1966年于巴彦洪果尔省（Aimak Bayankhongor）搜集到的史诗《勇士不鲁克惕》（*Bürged Bātar*）中，跟随主人公的双犬则是喀萨尔（Khasar）和巴萨尔。② 而在海西希翻译的由丹麦学者格伦贝赫（K. Gronbech）于1938年于内蒙古察哈尔地区搜集的长诗《火雹可汗》（*γal mšndšr qa γan*）中，该可汗属下的双犬名称歧变成噶苏尔（Gasur）和阔瑟尔（Kšser），它们具有能够探测出敌人进犯方向的本领，一度曾被前来抢妻的统治北方的十二头黑牙巨人当作战利品所虏掠，直到史诗的最后才被其主人重新夺回。③ 类似的情节也见于在内、外蒙都很流行的史诗《十万珍宝》（*Bum erdeni*）中。④ 又鲍培翻译的原搜集于1904年的乌兰巴托的喀尔喀史诗《扎鲁岱蔑尔干》（*Dzalūdai Mergen*）里，主人公的双犬名作阿萨尔和巴萨尔，也是一度被前来入侵家园的多头蟒古斯所获得。⑤ 而在仁钦道尔吉于甘肃肃北县西蒙古人中搜集到的史诗《库德尔阿尔泰》（*Küder altai*）中，年幼的主人公青格力作为汗王之子全副武装骑马前往位于西北方的目的地，途中先后遇到了两只鹰隼和哈萨尔—巴萨尔两只猛犬的攻击，但都化险为夷。⑥ 此外根据海西希的综合调查，巴林旗的说唱艺人演唱的《格斯尔》中，格斯尔拥有的两犬分别作阿萨尔（Asar）和胡瑟尔（Xüser）；喀尔喀史诗《安宁之钢汗》（Engke bolod qan）中，双犬被称作长音的形式阿萨尔（Assar）和巴萨尔（Bassar）；青海西蒙古人的史诗《汗青格力台吉》中，两犬的名字各是哈赤尔（Xaĉir）和巴赤尔（Baĉir）。⑦ 而在额济纳黑河一带的土尔扈特人所流传的英雄被其姐姐和蟒古斯共同陷害而死以后又倚靠其妹妹才终于复生的《阿拉蔑尔根》（*Aral mergen*）中，当英雄暂时死亡以后，其骏马得以逃逸而双犬哈萨尔（Qasar）和巴萨尔（Basar）却被蟒古斯杀死。⑧

此二犬还时常以艺术的形象出现在史诗中对于装饰性用品或豪华帐幕的文学性描述中。海西希在一篇论文中曾专门搜集了这类材料。例如在符拉基米尔佐夫搜集到的一个由西蒙古杜尔伯特演唱者讲述的蔑尔根史诗中，演唱内容中特地刻画了一个木雕装饰的图案形象：门上方刻着金翅鸟，两边门扇则刻有双犬哈萨尔（Hasr = Qasar）和巴萨尔（Wasr = Basar），门脊上饰有鹦鹉，顶杆和壁栏以及支柱都装饰了动物打斗的场面。而在新疆巴音郭楞蒙古族自治州的卫拉特艺人演唱的史诗《太阳汗》（*Naran qan*）的一个版本中，双犬的形象也出现在对帐幕的形象描绘中：出烟孔的上方雕刻着猛禽刺穿蟒蛇的形象，而门扇上部则分刻着双犬哈萨尔和巴萨尔。另外蒙古国西北部的卫拉特民间艺

---

① N. Poppe, *Mongolische Epen* Ⅳ, Wiesbaden: Harrassowitz, 1975, S160.

② N. Poppe, *Mongolische Epen* Ⅳ, Wiesbaden: Harrassowitz, S233.

③ W. Heissig, *Mongolische Epen* Ⅷ, Wiesbaden: Harrassowitz, 1979, SS45 – 77.

④ W. Heissig, *Geschichte der Mongolischen Literatur* Band Ⅰ, S405; "Bemerkungen zu mongolischen Epen aus dem Bargha – Gebiet", *Zentralasiatische Studien* 15/1981, S111.

⑤ N. Poppe, "Das mongolische Heldenepos Dzalūdai Mergen", *Zentralasiatische Studien* 12/1978, S37, 82 – 83.

⑥ W. Heissig, "Bemerkungen zu mongolischen Epen aus dem Bargha – Gebiet", S102, 110.

⑦ W. Heissig, *Erzšhlstoffe Rezenter Mongolischer Heldendichtung, Teil* Ⅰ, Wiesbaden: Harrassowitz, 1988, SS248 – 249. 也参见中国社会科学院少数民族文学研究所编：《民族文学译丛》第二集，北京：1984年，第110页。

⑧ W. Heissig, *Motive und Analysen mongolischer Mšrchen*, SS39 – 42.

人的演唱史诗中同样是将哈萨尔和巴萨尔作为营帐门扇的上方的典型装饰艺术形象。① 此外在阿尔泰山地区流行的有关赞歌中，其对佛王住地的叙述中又将哈萨尔和巴萨尔作为门扇的装饰形象。而蒙古国学者在1967年于该国西北部搜集到的在杜尔伯特人中间传唱的《阿尔泰叙事诗》（*Altai haran*）内对佛王居处的入口装饰的描述也是如此。②

从上文归纳的情况看，双犬多是处于主人公一方的帮手型动物。类似的情况还见于符拉基米尔佐夫记录的卫拉特蒙古人传说《汗青格力》中，主人公出猎时总是带着名叫"哈萨克"（Xasak）的猎鹰和哈萨尔（Xasr）、巴萨尔（Wasr）双犬。它们都能绕着阿尔泰山风一般地驰骋13圈。可是在一次追击狐狸的狩猎行动中，猎鹰和双犬都失利而归，这实际上向英雄预示了不祥的兆头。③ 不过在少数场合下，它们也能作为英雄的对手而存在。这方面的例证不妨再举两例。在内蒙古流传的英雄史诗《仁钦·梅尔庚》中，主人公需要完成的任务也是征服远方的哈日霍拉可汗（Khara Khula Khaqan），同样是在两人决斗之前，仁钦·梅尔庚（实际上与亦邻真蔑尔干同名）首先射落了其对手的巨鹏，并用钢枪结果了其凶犬阿斯尔和巴斯尔的性命。④ 西蒙古人的长篇史诗《江格尔》（*šang γar* ）中，雄狮洪果尔受命前去镇压北方三魔王，途中他的宝驹提醒他要注意魔王的两犬哈斯尔和巴斯尔的威胁。果然当他进入魔国边境后，这两只有着尖锐獠牙的獒犬继魔王的两头巨鹏之后，也一起向英雄发起攻击，而洪果尔则用其黑鞭将它们的头颅一一击碎。⑤ 最后需要补充的是，在蒙古民间文学中，蟒古斯的生命和灵魂常常寄托在各种动物身上，其中就包括狮、虎、羊、狍子等各类走兽和以阿萨尔—巴萨尔（As-sar－ Bassar）为名的双犬。⑥

综上所述，与《满文老档》有关记事中名称相似的双犬组合在蒙古口头民间文学中分布得十分广泛，具有发音押韵的对偶式命名规律。它们一般都以两条忠实于主人的善于捕猎的凶猛猎犬面目出现。其可以概括为蒙古英雄故事中的一种固定程式。⑦ 如果再考虑到这种口承传统的古老性，那么似宜认为满族入关以前所流行的双犬救主故事正是继承了蒙古民间文化的成果，虽然这类故事往往并不直接见于时代较早的蒙古文献记载中。

---

① W. Heissig, "Der 'literarische' Tierstil", in P. Snoy ed. *Ethnologie und Geschichte: festschrift für Karl Jettmar*, Wiesbaden: Franz Steiner Verlag, 1983, SS237－238.

② 藤井麻湖：《传承の丧失と构造分析の行方——モンゴル英雄叙事诗の隐された主人公》，东京：日本ェディタースクール出版部，2001年，第317、第345页。这种以狰狞恶犬形象作为门扇装饰的作法也许受到了汉地门神辟邪功用的影响与启发。

③ š. Birtalan, "A survey of the fox in Mongolian folklore and folk belief", in. H. Walravens ed. *Der Fuchs in Kultur, Religion und Folklore Zentral－ und Ostasiens*, *Teil* Ⅰ. Wiesbaden: Harrassowitz, 2001, pp39－41.

④ 霍尔查译：《勇士谷诺干》，呼和浩特：内蒙古人民出版社，1980年，第282—284页。

⑤ 霍尔查译：《江格尔》，乌鲁木齐：新疆人民出版社，1988年，第129、第135—136页。

⑥ L. Lĉrincz, "Die Mangus－Schilderung in der Mongolischen Volksliteratur", in. L. Ligete ed. *Mongolian Studies*, Budapest, 1970, SS337－338.

⑦ P. Aalto, "Form und Inhalt", in. W. Heissig ed. *Fragen der Mongolischen Heldendichtung*; *Teil*5, S11.

四、有关双犬名称的词源学辨析

有关上述双犬名称词源的考察，从19世纪下半期开始就引起了学界的关注。波塔宁在注释里指出犬名阿斯尔（Aisyr = Asar）和巴斯尔（Bassyr = Basar）从词尾看更应视作鹰的名称方为妥善，因词尾sar在蒙古语中常用来表示鹰；与此相反，而鹰名太根（Taigan）和爱根（Aigan）则更像是犬的名称，因太根在当地的阿尔泰语言中即犬之意。① 鲍培则认为巴萨尔（Basar）一词或许来自伊拉克境内的波斯湾港口城市巴士拉（Basra），不过他对阿萨尔的词义未作置评。② 也有的学者怀疑阿萨尔（Asar）一词是突厥—蒙古语‘狮子’（Arslan）的变体，而巴萨尔则是突厥—蒙古语‘老虎’（Bars）的变体。③ 蓝司铁的西蒙古语辞书中除了载录前述Xasr（ = Qasar）和Wasr（ = Basar）的形式外，还收入了Asr（ = Asser）和Basr（ = Basser）的犬名组合，并注明这后一种形式常见于传说中。④ 田清波的《鄂尔多斯方言词典》也相继收有Asar、Basar、Gasar（ = Qasar）这三种犬名形式。⑤ 下面拟先分析Asar ~ Qasar的语源及含义。

作为狗名的哈萨尔在蒙古文献中首先出现在13世纪的《蒙古秘史》中，其汉字音写形式为合撒儿。书中的第78节叙述了当铁木真和拙赤合撒儿杀死了他们的异母兄弟别克帖儿回到家里以后，遭到其母亲严词训斥的情景。残害手足的铁木真兄弟被她比拟成“咬啮自己胞衣的合撒儿狗”，其原文音写及明初四夷馆译者的旁译、总译分别如下：⑥

音写：中合儿必速班　中合札中忽　中合撒儿　那中孩　篾图

旁译：胞衣自的行　咬的　狗名　狗　般

总译：如吃胞衣的狗般

上述音写形式所对应的蒙古语原文转写为：qarbisu - ban qajaqu qasar noqai metü。⑦ 看来合撒儿一词作为犬名早已见于蒙古语中，这一用法以后遂流传至今，故蒙古人至今仍习惯用它来为自己的家犬取名。⑧ 那么，该词是否为蒙古语的本身词汇呢？其原义究竟是如何与犬名发生联系的？对此需要就学界的相关研究情况略加回顾与讨论。

伯希和早已指出该词实际上等同于7—10世纪在伏尔加河流域建立了汗国政权的突厥可萨部的名称Khazar，也相当于唐代回鹘内九姓中的氏族名称‘葛萨’所对应的突厥语形式 * Qazar/Qasar，但在考察该词词源问题上其观点却几度变化。而在他之前，对可萨名称的词源学分析业已成为突厥学家们高度关注的议题。贡伯茨（Z. Gombocz）和

---

① G. N. Potanin 著，东亚研究所译：《西北蒙古志》第二卷《民俗 惯习编》，第427页注108。

② N. Poppe，“Das mongolische Heldenepos Dzalūdai Mergen”，S86.

③ 原山煌：《モンゴル游牧民世界に於けるィヌ观念につぃて——『元朝秘史』の事例を中心に——》，收入畑中幸子等编：《东北ァジァの历史と社会》，名古屋大学出版会，1991年，第298页注25。

④ G. J. Ramstedt, *Kalmükisches Wšrterbuch*, SS35 - 36.

⑤ A. Mostaert, *Dictionnaire ordos* Ⅰ, Peking, 1941, pp32, 57, 296.

⑥ 额尔登泰等：《〈蒙古秘史〉校勘本》，呼和浩特：内蒙古人民出版社，1980年，第93、第937页。

⑦ 小泽重男：《元朝秘史全释》（中），东京：风间书房，1985年，第82页。

⑧ 小泽重男：《元朝秘史全释》（中），东京：风间书房，1985年，第86页。

聂梅特（Gy. Németh）先后提出 khazar〈突厥语动词 qaz－（“流浪，跋涉”）的观点，它在相当程度上曾被戈登（P. B. Golden）所继承。① 还有的学者以《突厥语大词典》中的释义为据，释动词 qaz－为“马踩踏地面”之义，并将像哈萨克（Qazaq）之类的表示“自由不羁的人”之类的名称看作其派生出来的名词。② 以后的学者在接受这一观点的前提下，进一步将 Qazar 解说为该动词的过去分词形式，具有“暴烈无节制的民族”之义。③ 上述学者的共识在于均认为所谓 Qasar 形式不过是 Qazar 一词的咝音化后起形式，理由是古突厥语中尚未发现动词词根 qas－曾明确存在过。

伯希和的有关论点最初体现在从 20 世纪 20 年代初期就开始撰写的《卡尔梅克史评注》，该书虽然直到他去世后多年才于 1960 年正式出版，但是其中的多数考证性注释只是反映了其早期的研究成果。在一条关于合撒儿的注释中，伯氏初次表述了他对于该问题的学术见解。他在注释中倾向于将该词的词源追溯到梵语‘狮子’～Kesarin 上，进而将其与蒙古民间传说中接受自藏族史诗中的英雄人物格斯尔汗～Geser Khan 相勘同，甚至最后还把它与罗马君王的称号恺撒联系起来。④ 伯希和的这一认识实际上是建立在受到了当时通行的《史集》不确译文误导的基础上，他所引用的有失本意的译文将合撒儿的含义径直诠释为狮子，其实《史集》的原文只是说合撒儿一词是猛兽的意思。⑤ 时代更晚的《突厥世系》则说它指代那些虎、狼、豹之类的凶残猛兽或只吃生肉的食肉动物。⑥ 值得注意的是，正如该书的作者所自评的那样，由于他本人同时深通突厥语与波斯语，因此其对《史集》中那些突厥—蒙古语专名词汇的含义理解远较该书的波斯人原撰者更为精准，故他的这一释义应当更准确地把握了合撒儿一词在突厥语中的用法。⑦ 大概也正是这一原因，学者在编撰相应的察合台语辞典时即完全以《突厥世袭》的解释作为合撒儿词条的标准释义。⑧

等到 40 年代初，伯氏和着手对《圣武亲征录》的先前由其弟子韩百诗完成的法文译文进行赅密注解时，他的观点发生了明显的转变。由于这时他早已洞悉了先前所据译文的不确并参考了《突厥世系》的相关内容，故在有关注释中既不同意将该词的词源与梵语中的狮子一词相联系，也明确纠正了过去《史集》译文中的理解欠妥之处。他进而认为作为犬名的合撒儿一词本来源于国名 Khazar，后者也即唐代文献中的可萨

---

① P. B. Golden, *Khazar Studies Ⅰ*, Budapest, 1980, pp123－133; ” Khazar Studies: Achievements and Perspectives”, in. P. B. Golden ed. *The World of the Khazars*, Leiden: Brill, 2007, pp15－16.

② A. Von Gabain, “Kasakentum: Eine Soziologisch－philologische Studie”, *Acta Orientalia Academiae Scientiarum Hungaricae* 11/1－3, 1960.

③ ［法］哈密顿著，耿昇译：《九姓乌古斯和十姓回鹘考》（续），《敦煌学辑刊》，1984 年 1 期。该文的法文原文于 1962 年发表。也参见哈密顿著，耿昇等译：《五代回鹘史料》，乌鲁木齐：新疆人民出版社，1982 年，第 5 页注 6。

④ 伯希和著，耿昇译：《卡尔梅克史评注》，第 93—94 页注 6。

⑤ ［波斯］拉施特主编，余大钧等译：《史集》第一卷第二分册，北京：商务印书馆 1983 年，第 65 页。

⑥ 阿布尔·哈齐·把阿秃儿汗著，罗贤佑译：《突厥世系》，北京：中华书局，2005 年，第 67—68 页。

⑦ 阿布尔·哈齐·把阿秃儿汗著，罗贤佑译：《突厥世系》，第 33—34 页。

⑧ M. Pavet de Courteille ed. *Dictionaire Turc－Oriental*, Paris 1870, p419.

(Khazar)，以后又被蒙古人进一步用于人名。① 这种说法实际上暗示了蒙古的这种猛犬原产于可萨之地。该观点最终在他去世前夕才基本完成的《金帐汗国史评注》附录中得到了清晰而完整的阐述，而且他还断定突厥的可萨部和回鹘的内九姓葛萨直接相关。伯希和继而根据汉字“葛萨”的中古读音 * Ka sat，并结合有关的叙利亚文史料以及回鹘文文献中所见的相应人名最后将可萨/葛萨的原型构拟成 * Qasar，而以词中音 - z - 代替 - s - 的常见于各种文献中的 Khazar 的拼读法看作后起的音变形式。故他所拟定的语音演变次序恰好与此前介绍的那些突厥学家的论点截然相反。② 大约与撰著上作同时，他还在另一篇详细讨论突厥—蒙古语中起首字母 q - 转化为零声母规律及过程的论文中，也表达出相似见解，并特别引用了蒙古语中 Qasar〉 Asar 的人名—犬名用例，认为它发生在相对较晚的近代。③

伯氏的弟子柯立夫在反映 13 世纪蒙古入侵的亚美尼亚史料《引弓民族史》中注意到其中列举的一位蒙古诺颜的名字 Asar Nuin (= Asar Noyan)，对老师观点非常熟悉的柯氏很自然地把该专名与合撒儿 ~ Qasar 相勘合，并沿用伯氏所创的零声母发生理论，以 Qasar〉 * Hasar〉 Asar 加以解释，不过对于该现象的出现时间，则以《引弓民族史》的时代为据，确认其发生的显然比伯氏推测的要早。作为对其观点的补充，他还引用了田清波致他的学术通信，后者注意到在《至元译语》中，蒙古语细狗一词的汉字译写形式是阿撒立 (= Asari)。这也清楚地反映了开首字母已演化为零声母的情况。④ 其他学者对于伯希和将合撒儿与可萨相联系的观点则反映不一，德福倾向于认可此说，但认为因缺少中间环节而难于确证。⑤ 也有的学者虽然承认蒙古语中的合撒儿 ~ Qasar 起源于古突厥语中的 qasar 这一部落名，但却否认它们与可萨 ~ Khazar 存在关联。⑥

实际上法国突厥学家巴赞在 1982 年特地就上述问题，发表了专文《论可萨人起源

---

① P. Pelliot et L. Hambis, trad. et anno. *Campagnes de Gengis Khan*: *Cheng - Wou Ts' in - Tcheng lou*, Leiden: Brill, 1951, pp174 - 175.

② P. Pelliot, *Notes sur l' histoire de la Horde d' Or*, Paris, 1949, pp207 - 210.

③ P. Pelliot, "Les formes avec et sans q - (k -) initial en turc et en mongol", *T 'oung Pao* 37/1943 - 1944, p99n1.

④ F. W. Cleaves, "Names and Terms in*History of the Archers* ", *Harvard Journal of the Asian Studies*12/1949, pp407 - 409. 参见 R. P. Blake and R. N. Frye trans. "History of the Nation of the Archers", *Harvard Journal of the Asian Studies* 12/1949, p303. 波义勒则怀疑该词只是其他亚美尼亚史料中提到的 Israr Nuin (= Yasa' ur Noyan) 的讹写，参见 J. A. Boyle, "Kirakos of Ganjak on the Mongols", *Central Asiatic Journal* 8/1963, p211n95; " Some Additional Notes on the Mongolian Names in the History of the Nation of the Arches ", in. L. Ligeti ed. *Researches in Altaic Languages*: *Papers read at the 14th Meeting of the PIAC held in Szeged*, *August* 22 - 28, 1971, Budapest 1975, pp34 - 35. 田清波当时得到的原收入类书《事林广记》中的《至元译语》仅是没有标识出原始叶数的复制本，学界以后对这部分内容的转写与注释参见 G. Kara, "*Zhiyuan yiyu.* Index alphabétique des mots mongols", *Acta Orientalia Academiae Scientiarum Hungaricae* 44, 1990, pp279 - 344. 但卡拉将阿撒立复原为 γasar，似不能反映出它的实际读音（p295）。相关原文的刊布参见［宋］陈元靓编，元人增补：《事林广记》，收入［日］长泽规矩也编《和刻本类书集成》第一辑，上海古籍出版社，1990 年，第 367 页。

⑤ G. Doerfer, *Türkische und Mongolische Elemente im Neupersischen*, *Band* Ⅰ, Wiesbaden: Franz Steiner Verlag, 1963, S406.

⑥ V. Rybatzki, *Die Personnamen und Titel der Mittelmongolischen Dokumente*: *Eine lexikalische Untersuchung*, Helsinki, 2006, SS528 - 529.

的新假说》，继续搜集论据将伯氏的观点予以推进。作者将考察的对象集中在8世纪中期前后位于蒙古高原上的几通回鹘时代的古突厥语碑铭，针对其中出现的作为专名的 $q^a s^a r$（=Kasar）的用法作了分析，指出其在当时具有山名的含义。他进而将该地名的出现与回鹘的内九姓葛萨部的活动相联系，认为蒙古高原 Tez 河上游东岸是该部的原居地，此外该部的部分民众早在6世纪时期就离开蒙古草原向西方迁徙，随后在伏尔加河流域与当地的匈人后裔共同组建了可萨汗国（音变规律系 Kasar〉Xasar〉Xazar)。他还采取了比较语言学的方法从保留在土耳其语中的有关动词 kasmak（含其衍生词 kasip、kavurmak）结合回鹘语中的 kasšnčšg ~ "可怕的" 推定出词根 * qas - 的义项，而 kasar/qasar 则是该词根的分词形式，表示"可怕的、蹂躏者"等义。它如果用作部族名称，则指代狂野的战士，在突厥语碑铭中还指代陡峭的山岭，以后又在更晚的蒙古时代借指凶猛的犬名，并作为人名而流行。① 虽然另一位突厥学家克里雅斯托尔内不像巴赞那样将回鹘碑铭中的 $q^a s^a r$ 解读成地名，而是仅考释为部称，但他同样认为可萨人源自从5世纪开始自蒙古高原向西迁徙的狄历（Ogur）诸部之一，同时那些未迁徙的保持这一名称的部民仍然留屯在原居地并一直生活到回鹘时代。②

对于上述伯希和—巴赞的周详论证，事实上仍有需要加以补充之处。首先，Qasar 一词的零声母化其实发生得远比伯氏乃至柯立夫预计得要早。9世纪中期段成式《酉阳杂俎·境异》作："阿萨部，多猎虫鹿，剖其肉，重叠之，以石压沥汁。税波斯、拂林等国米及草子，酿于肉汁之中，经数日，即变成酒，饮之可醉"。从地理方位上看，文中的阿萨显即东罗马、波斯北邻的可萨汗国。③ 当时唐朝和可萨在疆界上并不毗邻，彼此的了解交往均需通过横亘其间的其他突厥系草原部落才能进行。故阿萨的读音反映出在不晚于9世纪中叶时，某些突厥方言中已经出现了起首辅音 q/k - 向零声母演化的事实。④ 然而具体到可萨一词，更多的突厥方言中仍然稳定地保持着 q/k - 开首的原有发音习惯，因而上述两种形式实际上共存不悖。可以推定正是缘于这种音变的不完全性，最终导致作为突厥语借词的 Qasar 在借入到中古蒙古语之后也一样呈现出合撒儿 ~ Qasar 和阿撒立 ~ Asari（〈Asar〈Qasar）这样并行的形式，以后均长期留存在近代蒙古语及其有关方言中，因此本文前面列举的那些见于民间传说中的犬名时而是哈萨尔，时而却是

---

① L. Bazin, "Pour une nouvelle hypothese sur l' origine des khazars", in. L. Bazin, *Les Turcs*: *Des Mots*, *Des Hommes* Budapest, 1994, pp193 - 203. 应予指出的是，该词在中古突厥语中已经作为人名使用，这既见于前引伯希和著作的称引（*Notes sur l' histoire de la Horde d' Or*, p208n1)，也见于1974年焉耆新出的吐火罗语讲唱剧本的题记中，即焉耆语 kāĉĉar〈回鹘语 qasar，参见季羡林《吐火罗文A（焉耆文）〈弥勒会见记剧本〉新博本76YQ1.1（两页一张）译释》，《中亚学刊》第4辑，北京大学出版社，1995年，第1—4页。

② S. G. Klyashtorny, "The Asian Aspect of the Early Khazar History", in. Elena V. Boikova ed. *Florilegia Altaistica*: *Studies in Honour of Denis Sinor on the Occasion of his 90th Birthday*, Wiesbaden: Harrassowitz, 2006, pp61 - 67.

③ 龚方震：《中亚古国可萨史迹钩沉》，《学术集林》卷六，上海远东出版社，1995年，第254—255页。

④ 这种开首音的零声母化更早可能出现于7—8世纪时，例如早期的鲜卑语中表示骑兵的"曷剌真" ~ * gat-flat - tsien 一词清楚地表现出该词词干是以 h/q/γ - 之类的辅音开首，意思为'马'，但到8世纪时，鄂尔浑突厥语中的'马'已经完全发音为零声母形式的 at（P. A. Boodberg, "The Language of the T' o - Pa Wei", *Harvard Journal of Asiatic Studies* 6/1936, pp172 - 173; L. Bazin, "Recherches sur les parlers T' o - Pa", *T' oung - Pao* 39/1950, pp311 - 312)。如果拓跋鲜卑语确属蒙古语族成员，那么按照德福推定的，内中那些以 h - 开首的词语应系突厥语借词。参见 G. Doerfer, *Mongolo - Tungusica*, Wiesbaden: Harrassowitz, 1985, SS162 - 163.

阿萨尔。这一点不像其他的此类词语，一旦开始了向零声母演化的过程，原先的起首复音 q/k－就逐渐被彻底取代，以至在近代语言中很少留下这种陈迹。

其次，伯氏所持的蒙古语中的合撒儿猛犬因原产于可萨之地而得名的看法曾受过学者的怀疑。这种质疑确有合理性。不仅文献资料上普遍缺乏可萨之地盛产猛犬的记载，而且可萨汗国在 10 世纪后即从历史上消失湮没，此时距离蒙古汗国兴起前后至少还有两个多世纪，在没有充分佐证的情况下，难于直接推测可萨之名以原产于其地的一种猎犬为载体跨越时空隔阂最后东传到蒙古人那里。而钦察语文献中仅出现过一次的用作犬类复数的 qasarlar 更适宜看做是蒙古语中此类含义的回传，因金帐汗国立国于钦察草原的文化背景促使原为突厥语的钦察语吸收了大量蒙古语借词。[①] 至于合撒儿一词在当时突厥语中的主要用法，应还是以阿布尔哈齐的凶残猛兽说更为流行。不过考虑到突厥语各方言支系的复杂性，不宜如巴赞那样排除该词早已在某些方言中发展出猛犬的释义并辗转影响了蒙古语。（详见节末）

最后，巴赞对古突厥语＊qas－词根及其衍生词含义的探讨也对我们认识与其相关的突厥—蒙古语词汇颇有助益。哈萨克语中有一个读作 qasqa 的词语，常用含义有以下三项：强壮的、英雄般的、可怕的；额头有白点的马；秃头的。[②] 其第二种意思能够在喀什噶里《突厥语大词典》中的 qašγa 词条的释义中发现（头上有白斑的马、羊、骆驼等）。[③] 第三种意思也可在 14 世纪初问世的钦察语词汇集《库曼语汇编》中的 qašγa 词条中找到。[④] 唯独第一种含义始终让人难于理解，实在无法把它和另外两种义项联系起来。现在如果将其看作同属于巴赞论文中讨论过的词根 qas－的派生形式，则疑问就容易澄清了。正因为它是派生形式，因此自然也像其原出词根那样拥有“强壮的、可怕的”之义，这显示出在早期突厥语中 qasqa 和 qašγa 本属于词源不同的两个词，故两者有着截然不同的含义，只是到了后来，由于读音的接近和相混，才使人产生它们本是同一词语的印象。qasqa/qašqa 的“强壮的、可怕的”之义使它适合作为特定头衔的称谓，也常用于特定人群的名称。奥斯曼土耳其语中的 qašqa 即意为“一个勇敢的先锋”。[⑤] 该词在察合台语中除了有“前部呈白色的动物”词义外，还具有“列于头排的勇士”之意。[⑥] 16 世纪的中亚吉尔吉斯人中的统治者中没有汗这种头衔，只有被称作 qašqa 的伯克。[⑦] 另外明清时候的蒙古人中也有这种头衔，它还曾被施加于执行外交任务的使臣身

---

① P. B. Golden, “The Dogs of the medieval Qšpčaqs”, in. *Varia Eurasiatica: Festschrift für Prof. András Róna－Tas*, Szeged, 1991, pp52－53. 作者推测词根 qas－可能属于拟声词。关于钦察语大量吸收蒙古语词汇的论述参见 š. Csáki, *Middle Mongolian Loan Words in Volga Kipchak Languages*, Wiesbaden: Harrassowitz, 2006.

② W. Radloff, *Versuch Wšrterbuches der Türk－Dialecte*, Ⅱ/1, St. Pétersbourg 1899, S352.

③ R. Dankoff/J. Kelly trans. Mahmūd al－Kāšγarī's *Compendium of the Turkic Dialects (Diwān Lu γāt at－Turk)*, Ⅰ Harvard Univ. 1982, p322.

④ G. Doerfer, *Türkische und Mongolische Elemente im Neupersischen, Band* Ⅲ, Wiesbaden: Franz Steiner Verlag, 1967, S478. 对于该含义的词源学分析参见 P. Pelliot, *Notes sur l'histoire de la Horde d'Or*, pp221－222.

⑤ G. Clauson, *An Etymological Dictionary of Pre－Thirteenth－Century Turkish*, Oxford, 1972, p672.

⑥ M. Pavet de Courteille ed. *Dictionaire Turc－Oriental*, p406.

⑦ 切罗伊夫：《吉尔吉斯人》，收入联合国教科文组织编，蓝琪译：《中亚文明史》第五卷，北京：中国对外翻译出版公司，2006 年，第 76 页。

上。① 而南西伯利亚的操突厥语的绍尔人（Shors）的民间传说中提到过一种神话般的长着牛蹄的民族 Xašxa（=qašqa）人，② 这大概是因其外表恐怖骇人而选取该词“可怕的”这一义项作为其名称。③ 相比之下，雅库特人和哈卡斯人中均有的 Kaska 部名应反映了“强壮的”这一积极含义。④

在讨论了蒙古犬名哈萨尔的来源以后，再来考察另一犬名巴萨尔的词源。该词被伯希和判断为来自突厥语动词 bas-的现在持续式，表示“挤、压”等动作。⑤ 他还注意到，在拉德洛夫搜集的土库曼突厥语词汇中，巴萨尔（басар=Basar）正是一种犬的名称。⑥ 与该词连用的动词组合 basa berti 曾于古突厥文碑铭中出现过，诠释者将它解释为压制之类的含义。⑦ 该词根 bas-以后又被陆续借入到蒙古语和满语中，含义分别转化为‘轻视’和‘嘲笑’等。⑧ 不过2003年出版的《阿尔泰语系词源辞典》(*EDAL*）却构拟了一个所谓的阿尔泰原始共同语词根：* pasi，以表示挤压之意。辞书作者注明其构拟依据主要基于原始突厥语的 * bas-和原始通古斯语的 * pasu-，并参照了原始日语—朝鲜语的相关词根。⑨ 若它能成立，bas-即不能看作由突厥语进入蒙古语和满语的借词，相应的其派生词 basar 也是如此。不过细致检查有关论据可知，该词源辞典所列出的此项构拟其实是建立在对有关词义的主观臆测基础上的，并不值得加以采信。

《辞典》中列举的赖以证明原形形式 * pasu-成立的有关通古斯语词汇完全摘自前苏联学者编著的《满—通古斯语比较词典》中的 hACY（=hasu）词条下所对应的通古斯语言各方言中的词语：埃文基语中的 hasu-、涅吉达尔语中的 xas-、乌尔察语中的 pasala-、那乃语中的 pasoala-等。⑩ 这些动词的含义多表示“揉、抓、揪、撕、握”等与手有关的动作，没有任何一项释义标出了“挤、压”（давить）的义项。故该词典的编者也未将其同突厥语中表示这一含义的词根 bas-相联系。而《辞典》却全凭主观地构拟出一个具有“挤、压”（давить）含义的虚拟词根 * pasu-。实际上，这类毫不考虑客观差异，动辄轻率地将词义引申扩大以建立彼此间的语义联系作为构拟共同词根依据的做法在整部《辞典》中俯拾皆是，这也是此书在学术上饱受批评者攻击诟病的

---

① G. Kara，" Late Medieval Turkic Elements in Mongolian"，p105.

② C. Schšnig，“Sübsibirisch – türkische Entsprechungen von Všlker – und Stammesnamen aus der Geheime Geschichte der Mongolen”，in. M. Erdal ed. *Exploring the Eastern Frontiers of Turkic*，Wiesbaden：Harrassowitz，2006，S221.

③ 早在8世纪的杜环《经行记》中即记叙了食人肉的“牛蹄突厥人”的传闻。中世纪以后的突厥人在称述极其偏远的化外之民时即以牛蹄狗头人为喻。参见阿布尔·哈齐·把阿秃儿汗著，罗贤佑译：《突厥世系》，第269页。

④ 11 V. J. Butanaev，“Linguistic reflections of Xakas ethnohistory”，in. Edward J. Vajda ed. *Languages and Prehistory of Central Siberia*，Amsterdam，2004，p224.

⑤ P. Pelliot，*Notes sur l' histoire de la Horde d' Or*，p208n2.

⑥ W. Radloff，*Versuch Wšrterbuches der Türk – Dialecte*，Ⅳ/2，St. Pétersbourg 1911，S1528. 伯氏原著未标出页码。

⑦ G. Clauson，*An Etynological Dictionary of Pre – Thirteenth – Century Turkish*，p371.

⑧ G. Doerfer，*Türkische und Mongolische Elemente im Neupersischen*，*Band* Ⅱ，Wiesbaden：Franz Steiner Verlag，1965，SS245 – 246.

⑨ S. Starostin etc eds. *Etymological Dictionary of the Altaic Languages*，Vol2，Leiden：Brill，2003，pp1079 – 1080.

⑩ B. ИЦинциус et al.，*Сравнительный Словарь Тунгусо- маньчжурских Языков*，Том Ⅲ，Ленинград. 1975，C318.《阿尔泰语系词源辞典》将该词条的出处误记作卷二第318页。

原因之一。[①] 因此在解释词根 bas－的来源问题上，宜维持传统的突厥语说更为稳妥。尚可补充的是，在中世纪的钦察语中，动词词根 bas－除了‘挤压’之意外，还有“跨步、突袭攻击”的义项，该词根加上－ar 即 bassar 表示动词不定式，而该词的各种衍生用法多与以脚踩踏、跨步等动作相关。[②] 由该动词派生出的职官术语即相当于蒙古官名达鲁花赤的突厥语对应形式巴思哈～Basqaq。这当然与《突厥语方言辞典》中所收录的 bas－具有的“统治、战胜”等衍生性词义分不开。[③]

根据匈牙利已故突厥学家 L. Rásonyi（1899—1984）辑录的突厥语人名汇编，Basar 确系突厥语中常见的人名之一，除了单独出现外，还常常与其他词语结合连用，如 Basar－aba、Al－Basar、At－Basar、Boq－Basar、Il－Basar、Iz－Basar、Yaw－Basar、Yol－Basar、Keldi－Boq－Basar、Kiy－Basar、Quyan－Basar、May－Basar、Tay－Basar、Ul－Basar 等。[④] 类似地，黑城遗址所出元代站赤登记簿中所出现的“孛罗贴木儿大王位下使臣大宗正府使臣八合赤巴撒儿等三人”中的作为八合赤（“王府师傅”）～baqši 的巴撒儿也即突厥语 Basar 的音译。[⑤] 此外，该词作为蒙古或突厥系色目人名在元代汉文文献中尚有八撒儿、别撒里、伯撒里、八撒等多种对应译名。[⑥] 据此可见，它作为突厥－蒙古人名在中古时期出现程度之频繁。

综上所论哈萨尔和巴萨尔二词均是地道的突厥语词语，分别派生自相应的突厥语基本动词词根，先是被借入到中古蒙古语中，以后又以蒙古民间故事为媒介作为专用犬名进入到满语中。故本节首段所引述的那些解释从语言学上看均无法成立。在此还需要分析的问题是，当它们进入到蒙古语之前，是否已经出现了在突厥语中将二者成对使用以作为犬称的用法？对于该点疑问，目前并无明确的早期文献记载可以解答，仅能根据一些民俗学资料结合语言特征作出稍许蠡测。

应予重视的是，在拉德洛夫于 19 世纪中期搜集到的南西伯利亚的突厥人萨盖部（Sagay）的民间文学中也出现了上述二犬的踪迹。按萨盖人是分布在西萨彦岭地区的五个突厥人部族之一，另外四部分别是 Beltir 人、Kachin/Kach（俄支）人、Koibal 人、Kšzšl 人，萨盖人一直到 20 世纪早期都还保留着旧有的萨满教传统。[⑦] 以萨盖人等为主

---

① A. Vovin, “The End of the Altaic Controversy: In Memory of Gerhard Doerfer”, *Centra Asiatic Journal* 49/1, 2005, pp81－83.

② š. Berta, *Deverbale Wortbildung im Mittelkiptischakisch Türkischen*, Wiesbaden: Harrassowitz, 1996, SS69－70, 239. 相关的解释也参见 В. М. Наделяев et al. *Дренетюркский Словарь*, Ленинград. 1969, C85.

③ I. Vásáry, “The Origin of The Institutions of Basqaqs”, *Acta Orientalia Academiae Scientiarum Hungaricae* 32, 1978, pp201－206; W. Radloff, *Versuch Wšrterbuches der Türk－Dialecte*, Ⅳ/2, S1524.

④ L. Rásonyi/I. Baski, *Onomasticon Turcicum*, Vol. Ⅰ, Bloomington: Indiana Univ. 2007, p123. 上述与 basar 联用的名词有不少是尊贵的头衔名称，参见 L. Rásonyi, “The Psychology and Categories of Name Giving among the Turkish Peoples”, in. Gy. Káldy－Nagy ed. *Hungaro－Turcica: Studies in Honour of J. Németh*, Budapest. 1976, p212.

⑤ 对有关文书的考释，参见陈高华：《黑城元代站赤登记簿初探》，载《中国社会科学院研究生院学报》，2002 年第 4 期。

⑥ 王德毅等编：《元人传记资料索引》第四册，北京：中华书局，1987 年，第 2266—2267 页；其中结尾字‘里’的发音或反映出－r〉－ri 的音变。也参见 F. W. Cleaves, ” Uighuric Mourning Regulations”, *Journal of Turkish Studies* 1/1977, pp85－86.

⑦ V. Diószegi, “How to become a Shaman among the Sagais”, *Acta Orientalia Academiae Scientiarum Hungaricae* 15, 1962, p87.

体的这些萨彦突厥人在30世纪20年代被苏联官方重新识别为哈卡斯共和国的同名民族。一般认为，萨彦突厥人的语言情况反映了自中世纪以来，操突厥语人群向北方山地扩展并持续同化当地使用非突厥语的土著居民（萨莫耶德人、古亚细亚人等）的历史进程。① 萨盖人的民间文学作品《Sunu Mōttyr》中提到主人公 Solban（共同突厥语 Sol "左" +后缀 - mAn?）蔑尔根为了追获一匹幼马，专程来到冥间主神 Erlik 汗那里，从彼处借走了原属于后者的两头平时被铁链牢牢锁住的黑色猛犬：喀萨尔（Kasar）和巴萨尔（Pasar = Basar），结果它们确实不负所望，成功地追上了目标。② 冥间主神 Erlik 汗早在中古时期的黠戛斯人留下的叶尼塞突厥卢尼文铭记中就已出现，其时即已承担着地下世界之主的角色。它在古突厥人的信仰中大体和他们崇拜的天神腾格里及地神（直译为水—土之神）拥有相并列的地位。③ 以后这一专司阴间事物的主神又被蒙古人所接受，并渐渐在佛教化的蒙古人那里与源自印度宗教的死神阎摩合为一体。④ 糅合了佛教与其他信仰传统的蒙古民间宗教常将其形象描绘为带有强烈负面性的凶邪之神，这在蒙古民俗中的所谓"叫魂"类文献中有非常具体生动的体现。⑤ 不过在蒙古民俗文化中，似不常见以上双犬随侍在 Erlik 汗左右的描述，故欲断言萨盖人故事中出现的这一细节是源自蒙古民俗文化的影响颇显牵强。

令人感到意外的是，在达斡尔人中间流传的《尼山萨满》（Nišansaman）的一种该民族独有的文本中，却出现了类似的细节，即诗歌在描绘冥间主神的驻地特征时，特地指出了两条分别叫作 Qasaγar、Basaγar 的狗躺卧在其主人 Erlik 汗的宫门前。⑥ 而在《尼山萨满》的满文文本和赫哲语文本中，狗的作用均只是作为尼山萨满前往阴间赎回所搭救者灵魂时而奉献给 Erlik 汗的交换物，在满文文本中它是一条和欲拯救的小主人同岁的犬，与其一起被送往阴间的还有其他动物和财物；赫哲语文本中也是一黄一黑的双犬连同各类动物和物品。⑦ 对比之下，可见看守冥神宫门的双犬确为达斡尔文本《尼山萨满》的独有之处，而它们的名称恰好又与哈萨尔—巴萨尔双犬相对应，因此在上述方面均与萨盖人故事中的 Erlik 汗的双犬一致。这一点当然不宜用巧合或雷同来解释。

不过单从地理上观察，达斡尔人的居住地位于从兴安岭山脉到嫩江—黑龙江流域一带，可以说是分布地域最靠东的蒙古语族的成员，故与地处萨彦山脉的萨盖突厥人住地

---

① K. H. Menges, "The South - Siberian Turkic Languages. Ⅰ", *Central Asiatic Journal*1/1955, pp107 - 136; "The South - Siberian Turkic Languages. Ⅱ", *Central Asiatic Journal*2/1956, pp161 - 175.

② W. Radloff, *Proben der Volkslitteratur Türkischen Stšmme Süd - Sibiriens*, Ⅱ. *Teil. Die Abakan - dialecte*, *Der Kysyl - dialect und Der Tscholym - dialect*, St. Petersburg, 1868, SS400 - 403.

③ S. G. Klyashtornyj, " Political Background of the Old Turkic Religion", in. Anett C. Oelschlšgel etc eds. ' ' *Roter Altai, gib dein Echo!" Festschrift für Erika Taube zum 64. Geburtstag*, p261.

④ š. Birtalan, "Die Mythologie der mongolischen Volksreligion", SS981 982.

⑤ A. Sárkšzi - A. G. Sazyin, *Calling the Soul of the Dead*: *Texts of Mongol Folk - Religion in the St. Petersburg Institute of Oriental Studies*, Brepols. 2004, pp80, 85, 95, 120 - 129, 137.

⑥ W. Heissig, " Zu einer daghurischen Schamanen - Reise in das Toten - Reich ", in. W. Gantke etc eds. *Religionsbegegnung und Kulturaustausch in Asien*: *Studien zum Gedenken an Hans - Joachim Klimkeit*, Wiesbaden: Harrassowitz, 2002, SS82 - 83.

⑦ W. Heissig, " Zu zwei evenkisch - daghurischen Varianten des mandschu Erzšhlstoffes '*Nišanššaman - I bithe*' ", *Central Asiatic Journal* 41/2, 1997, S215.

显得相距遥远，难于让人直观地洞察出二地之间曾有过密切的联系与交往。以前也确实有学者指出达斡尔族的祖先是元代的水达达人，他们的语言源自原蒙古语，此后并未像古蒙古语那样经历了显著的突厥化进程，而是在词汇方面相继受到女真语—满语等通古斯语言的影响。[①] 这种观点可谓学界一种颇具代表性的看法。然而对此传统认识尚有重新审视的余地。仅就上述达斡尔双犬名称所特有的 -γar 来看，它显然不是蒙古语的原生性后缀，而应该归结为古突厥语常见的紧跟在动词词根之后的形式 -gAr，以表示使役含义。[②] 德福业已指出，从蒙古语族各成员的演化特征上看，达斡尔语介于契丹语和元代蒙古语（即《蒙古秘史》所记录的蒙古语）之间，属于契丹语的直系后裔。[③]据此如果达斡尔语和突厥语在历史上确曾有过交流的话，那么这种交往发生的时间必定远早于近代。此后的研究者具体分析了现存于达斡尔语中的若干古突厥语借词，认为前者的承载者不仅在早期同使用钦察语—乌古斯语的突厥人有过交流，甚至还可能在更早的5—6世纪时从形态上非常古老的楚瓦什突厥语中借入过词汇。[④] 从这种交往背景所发生的历史时期上推测，达斡尔民俗中所见的具有 -γar 后缀的犬名也应是在该语言尚处于早期演化阶段时即从邻近的古突厥语中贷入，其在时间上甚至早于中古蒙古语所借入的以 -ar 形式结尾的对应犬名。换言之，早在古突厥语中就已经出现了从动词词根 * qas-/bas- 中衍生出的一对犬名，再先后各自以 -γar 和 -ar 的形式借入到达斡尔语和中古蒙古语内。至于晚期达斡尔语萨满祭词中的第二音节带有长元音特征的 Hasār 和 basār 则明显符合 -γ- 弱化后的音变形式。要之萨盖人民间故事中的这对犬名和土库曼语中将巴萨尔释为狗名的义项均系作为犬称的古突厥语专名在后代的持久遗留。

还有一个与此连带的问题需要思考，即萨盖人故事和达斡尔族《尼山萨满》中所见的双犬系冥神下属的身份又有何来源呢？笔者认为，这并非内陆亚洲民族自身即有的文化因素，而是取自其西方邻居印欧人的相应观念。简言之，早在原始印欧人的阶段就形成了地狱看门狗的认知，以后在东部的印度—伊朗人和西部的希腊—罗马人的神话体系中，又都出现了作为冥王下属的两条地狱犬的形象。这也是这些印欧人信仰的地狱观念中的典型特征之一。[⑤] 它在此后的历史时期中曾以佛教东传为媒介进入到当时的汉传佛教中，表现在敦煌出土的《十王经》所配的图卷上即绘出了看守冥间的犬的形象。[⑥] 此外，与希腊神话中的英雄赫拉克勒斯从冥间取来原属冥王的可怕巨犬刻耳柏罗斯（Kerberos）相似的主题也屡见于蒙古的英雄传奇故事中，两者的相似同样不是偶然。[⑦]

---

① 亦邻真：《畏吾体蒙古文和古蒙古语语音》，收入《亦邻真蒙古学文集》，第537—538页。

② M. Erdal, *Old Turkic Word Formation: A Functional Approach to the Lexicon*, Vol. Ⅱ, Wiesbaden: Harrassowitz, 1991, pp743-748; N. Poppe, *Grammar of Written Mongolan*, Wiesbaden: Harrassowitz, 1954, p46.

③ G. Doerfer, "The older Mongolian layer in Ancient Turkic", *Türk Dilleri Araštšrmalar?* 3/1993, pp79-86.

④ M. M. Tatár, "Regional Aspects of the Turkic Influence on Mongolian", in. M. Juntunen ed. *Return to the Silk Routes: Current Scandinavian Research on Central Asia*, London - New York: Kegan Paul International, pp99-108.

⑤ ［美］布鲁斯·林肯著，晏可佳译：《死亡、战争与献祭》，上海人民出版社，2002年，第146—163页。

⑥ 对此的分析参见冈本三郎：《敦煌发见十王经图卷に见えたる狱门の犬につぃて》，收入《东洋学研究：出石诚彦先生追悼》第一辑，东京：藤井书店，1943年，第99—114页。

⑦ L. Lšrincz, " Bewšhrungsproben als Motive in der mongolischen Folklore", in. W. Heissig ed. *Fragen der mongolischen Heldendichtung*. Ⅰ, Wiesbaden: Harrassowitz, 1981, SS44-45.

由此可见，这一源出于西方世界的地狱犬观念在后来传播扩散之广。

本文最后提出的问题是，与前面讨论的双犬作为英雄降魔帮手的主题是否也见于内陆亚洲的其他地方？或者说，这种主题是否在内陆亚洲的范围内具有广泛分布性呢？下面仅就笔者管见所及略做论述。巴尔蒂斯坦地区流行的格萨尔故事中，主人公阿布·东布（Abu Dongbu）带着两条狗加入到正在围攻魔怪 Stripo Daroga 所盘踞的城堡的其兄弟们的行列中。当天晚上，他将双犬捆在树下，就与兄弟们一起就寝去了。魔怪趁机溜出城堡想一举吃掉这些围城者。它的这一企图因双犬及时发觉而未能得逞，后者虽然没能即时唤醒沉睡正酣的主人，却成功地拔掉了捆缚其身体的大树，从而迫使魔怪隐匿逃入穴龛中。次日早晨，阿布·东布通过寻找其留下的足迹才来到了被双犬困住的魔怪所在的藏身之所。随后，他向喇嘛僧人请示之后，遵照后者的建议，除掉了向他求饶的魔怪。[①] 值得注意的是，双犬的名字分别为 Stiregan 和 Ziregan，也是后缀完全一致因而自然押韵的专名。同样在拉达克流传的某些格萨尔史诗口承版本中，跟随格萨尔消灭魔怪的也是两只后缀相同的猎犬 Tankaro 和 Tunkaro。[②] 此前阿勒托在论及蒙古传说中的双犬名称时，已经附带指出北欧神话史诗（Všluspa）中所见的双犬名字也呈末尾音节完全押韵的形式。[③] 因此，后缀相同而名字自然押韵的双犬协助主人公消除魔怪的情节在内陆亚洲的分布并不仅限于蒙古—满族民间故事，可能反映了一个古老的共通性主题在广袤地区的长期存留。

结 语

有关满洲崛起之际在政治文化与社会生活诸多层面上所受的蒙古影响，久已为学界所认识并详加讨论。[④] 唯前人的考察多集中在史实考辩方面，本文所论则由钩沉比较民间文化资料入手，从微观角度展示蒙古文化影响满族之具体情形，并进一步上溯至突厥，以揭示在北亚世界中，相关口承民俗文化的传承与播扬先由突厥传至蒙古，最后再到满族的整个链式过程。

---

① R. Sšhnen, "On the Stak Version of the Kesar Epic in Baltistan (An annotated summary of the first chapter)", *Zentralasiatische Studien*15/1981, pp492 –494, 501n23.

② S. Herrmann, *Kesar – Versionen aus Ladakh*, Wiesbaden: Harrassowitz, 1991, S39, 333.

③ P. Aalto, "Form und Inhalt", in. W. Heissig ed. *Fragen der Mongolischen Heldendichtung*; *Teil5*, S11n17.

④ 国内学者的代表性论述参看蔡美彪：《大清建国前的国号、族名和纪年》，载《历史研究》1987 年 3 期；奇文瑛：《满蒙文化渊源关系浅析》，载《清史研究》1992 年 4 期；刘小萌：《满族肇兴时期所受蒙古文化的影响》，载《社会科学战线》1994 年 6 期等。

李满住与大金

河内良弘（日本京都大学）

一

一个民族在对抗外敌或应对外界时所形成一种集团，其即使以自我意志被命名，但对于那些不具有国际性影响力的少数集团来说，却几乎从未被外界注意，有时还会被忽视。对于明代的女真族而言，尽管相互间的同族意识高涨，而且在人们对集团归属意识特别强化的一个时期内，虽已出现将自身集团命名为“大金”的这一迹象，但至今仍极少引起人们的注意。

在《李朝实录》中存在几处提及“大金”的记载。其中一类是将1115年建立至1234年灭亡的，即所谓的“金王朝”称为“大金”的记载。因这一意义的“大金”在历史上确曾存在，故在此引证并无异议。不过，在记载中还存在一类另有所指的“大金”。首先指代并提及“金王朝”的史料，在以下引用的《燕山君日记》九年九月辛巳条中之记载，即为其一：

成俊李克均启：（中略）野人性愚直，不如我国人奸诈。如欲侍朝者，许授杂职。如童清礼者，则当授卫将等职。兀良哈乃野人中平民，斡（斡）朵里乃大金支裔也。清礼之父童所老家茂，尝有功于先王朝。

和田清先生已经对此记载作出介绍①。而此处所说的“大金”，毫无疑问指的是在1115年建立的金王国。斡朵里系斡朵里的误写，虽然其可能就是构成建州左卫的部族，但文中所述“斡朵里乃大金支裔”，或许正是当时对建州左卫之领导者即金王国王统血脉传人的一种代称。可能是金王国灭亡后遗留下来的某些女真人，被想象曾以国王后裔为中心形成政治集团，并从元代起就一直进行着某些统一行动，因此之前有关斡朵里即大金后裔的记载，也就成为可以为凭的有力证据。

然而，在以下引用几份史料中出现的“大金”，则与前述“大金”在含义上稍有差别。

第一，出现在《燕山君日记》二年十一月朔甲辰条有以下记载：

三卫敬差官童清礼等诣承政院启：臣等赍奉往谕三卫教旨，（中略）十月初一日，越亏知岾、抵宿朴古伊地。（中略）初五日，达罕与臣偕往金山赤下所居里酋长王夫里介家。（中略）翌日，山赤下则逃匿不现。其父率野人六名而来，此即与山赤下同犯渭原者也。达罕语右人等曰，汝等于朝鲜有何世仇而作贼也，而其历陈于使臣前。贼人等

---

① 和田清：《东亚史研究：满洲篇》，东洋文库1955年，第377页。

良久不答。已而山赤下父曰，大金时，火剌温兀狄哈尝作贼于大国，大国误以谓吾祖上所为而致杀，此一仇也；庚辰年，节度使杨汀召致我七寸叔浪甫乙看而杀之，此二仇也。以此山赤下尝含愤，偶因出猎作贼耳。臣语曰，大金之后，累经年代。其时之事已邈矣，其勿更言。

此处所说的童清礼是童所老家茂之子，童所老加茂是于虚里之子，于虚里是童猛哥帖木儿的异母弟。童清礼正如《李朝成宗实录》四年九月壬寅中“向化童清礼，援其兄清周例，请赴武科，命许赴”所记载的那样，是一位已经归化（李氏朝鲜）的女真人。虽然归化时间不明，但应该不会是在成宗四年之前太久的一个时期内。朝鲜在此时派出三卫敬查官之目的，是因为当时在边境偶然发生下述侵入事件，为了处理相关的善后事宜。而童清礼获授该职之原因，则主要与其出身与经历有关。该事件及其原委如下：

燕山君二年（明弘治九年，1496）六月，一位称作金山赤下的女真人率众侵入朝鲜平安道之渭原地方，朝鲜为了向其宣传国王之谕旨，同时侦查山川形势，决定向建州地方派出使节。受任的童清礼遂于燕山君二年九月末从满浦镇渡江，十月一日经过亏知岾，十月三日与建州卫之李达罕会面，在举行传达谕旨仪式并探察之后，于十月五日与达罕一同前往金山赤下居处的王夫里介家中，向王夫里介提出捉拿金山赤下之要求。至十月六日，虽然金山赤下仍未出现，但其父却带来了六名女真人，这六人均曾与金山赤下一起侵入过渭原地方。当达罕向他们责问道：“尔等与朝鲜有何世仇而‘作贼’耶?可向使臣当面历陈!”几人久为作答。稍后，金山赤下之父回答道：“大金时，火剌温兀狄哈曾对大国（朝鲜）做贼，大国误以为是我祖上所为而杀之，此乃一仇。庚辰年，节度使杨汀将我们的七寸叔浪甫乙看召往杀之，此乃二仇。金山赤下因此常含悲愤，但也不过偶尔因外出行猎才作贼罢了。”童清礼对此回道：“大金之后，累日经年。彼时之事已远，无须再言。”

在以上金山赤下之父与李达罕、童清礼之对话中，两次出现“大金”一词。第一处为“大金时，火剌温兀狄哈曾对大国（朝鲜）做贼，大国误以为是我祖上所为”一句中。此处所述是指发生在李朝世宗十四年（明宣德七年，1432）忽剌温兀狄哈（海西女真）四百余骑侵入朝鲜北境闾延地方掳掠人畜的事件，而误以为此事为建州卫李满住所为的朝鲜，于世宗十五年（明宣德八年，1433）四月向建州卫出兵一万五千人征讨，许多女真人因此被杀害，李满住本人身受九处创伤，其妻亦被杀害。金山赤下之父将这一时期称为“大金之时”。此外，他不说“我祖”，而是使用了“祖上”这一尊称。如果将他在此所说的“祖上”并非指代自己的祖先乃至祖父之意，而是对集团首领的一种尊称加以理解，那么在此场合下所指当为李满住。即金山赤下之父等人确曾将李满住时代称为“大金之时”。而闻听此言的童清礼也在随后回道：“大金之后，累日经年。彼时之事已远”。据此可知，在两人之间对于“大金”这一时代的存在进行的交谈，是作为各自明确之事在相互会意的基础上展开的。而且，两人一位在朝鲜、一位在建州女真，平时也是在相距很远的地方各自生活，因此这种会意就不会是仅仅存在于两人之间，也不会是在这时出于某种目的才急忙提出的，极有可能是在当时的女真人中已广为传述之事，因此才会在不经意地交谈中轻易使用。而对于“大金之后，累日经年。彼时之事已远。无须再言”之句所指，可以理解为双层含义：

（一）表明了童清礼对所谓的“大金时代”已经终结之个人主张。

（二）或者，是“大金”这一称谓当时虽然还存在于女真人中间，只是考虑到此事被外人获知后将产生的影响，童清礼才制止了金山赤下之父的话。

而无论实际是上述那种情形，均可看出童清礼亦将李满住时代称为“大金之时”。

第二，出现在《燕山君日记》三年十月乙亥条中，该记载如下：

三卫宣谕官童清礼复命启：（中略）臣曰，大人（李达罕）之言是矣，然亦不可信。我欲一言，大人无乃见恶乎，自今祸福专在大人。今虽我军卒颇多，而其道途险夷皆历知之。国家若欲击之，其势甚易。大金乃我远祖，其强莫盛。欲征兀狄哈，竟不得言。近年兀狄哈，犯东北鄙，我成宗大王，兴大军以征，焚荡室庐，使不得安居。兀狄哈四散，为奴虏于诸种野人，大人曾闻否。（中略）达罕呼左右曰，汝等体念此言。此地道路固易于兀狄哈，若有作耗，其来伐之诚易矣。兀狄哈大金所不能制，今高丽能破之。况我辈乎。

上引史料，是在之前引用的燕山君二年十月的史料中所记述的童清礼被首次派往建州女真之一年以后，即燕山君三年（明弘治十年，1497）八月，作为宣慰官被再次派往建州女真时所写见闻录中的部分内容。而童清礼被再次派往建州卫的原因，一是由于去年的使节一行只将礼物赐予建州卫首领，但未赐给左右卫的首领；二是朝鲜为了完成在前次调查时对于通往左右卫道路状况的遗漏勘察。此举也被认为是朝鲜军队为日后出兵建州卫做准备。童清礼于燕山君三年八月二十五日从满浦镇出发，渡过鸭绿江后，依次途经满车路—理山飞罗—三岐—虧地—阵高介—婆猪江，于九月三日到达建州卫都督达罕的居所，接受达罕的出迎。上引史料，即是在达罕于此前一日举行并已持续至九月四日的招待宴会上，在宰杀牛只的酒席宴间所记童清礼与达罕之间的对话。童清礼首先说道：“大人今日蒙恩赐荣，幸已至极。自今，要约束属下勿要作乱。”达罕继而又说：“大的贼党自此永绝，但难保少量盗窃之事发生”，“自今，如有作乱之人，朝鲜不必发动大军，仅遣裨将来命我辈搜捕，即自当尽力缉捕以送官军。国家可在蒲州江边（婆猪江）行刑，并让我等野人共见，行窃之人即可永绝。”童清礼回言：“大人所言虽是，但仍不可信。我欲一言，大人勿要见怪。自今祸福全在大人，现今虽我军兵颇多，众人尽知途险夷情。国家若欲征伐，形势转变极易。大金是我远祖，曾何等强盛，据说欲征兀狄哈竟不成。近年兀狄哈侵犯东北边，我成宗大王兴大军往征，焚荡室庐，令其不得安居。兀狄哈四散，被各处野人虏掠为奴。此事大人可曾听闻。”（中略）达罕遂呼唤左右说到：“你等体念此言，此地道路原比兀狄哈易行，如若作乱，其（朝鲜）来攻极易。兀狄哈乃大金亦不能制服之地，而今高丽可破之。何况于我辈？”

这一次，“大金”又在两处出现。第一处出现在童清礼所说“大金乃我远祖。其强莫盛，欲征兀狄哈，竟不得言”一句中。“大金”是国名，而“远祖”则是与人有关的用语，这样说话不合常理，可能是在语言中有所省略，本意也许是“大金之主乃我远祖”吧。虽对这个“大金”指的是金王朝的大金还是在称呼这一时期的大金这一点上不明，但因其后又有“欲征兀狄哈”的语句接续，而在这一语境下绝不可能是金王朝征讨兀狄哈，因此就可以认定此处所说的“大金”指的就是这一时期的大金。据此分析，既符合“大金，乃我远祖”这一条件，又对兀狄哈持敌对态度者，则非李满住莫属。因童清礼之父所老加茂所生一女，即童清礼的一个姊妹嫁与李满住之子李豆里（达罕之父），李满住因此排童清礼父辈，属近支亲族，只因三十年前已经亡故，童清礼故而称他为远祖。第二处出现在达罕所说的“兀狄哈为大金亦不能制服之地，而今高丽可破之。何况于我辈?”一句中。此处所述，乃系前述“近年兀狄哈，犯东北鄙，我成宗大王，兴大军以征，焚荡室庐，使不得安居”，即朝鲜于成宗二十二年（明弘治四年，1491）出兵远征东京城一事。该年正月十二日夜，以兀狄哈包围永安北道造山堡一事为发端，朝鲜各道军兵2万人于同年十月袭击了东京城的尼麻车兀狄哈村落。尼麻车兀狄哈原称嫌真兀狄哈，与建州女真为夙敌而构衅不断，建州左卫的童猛哥帖木儿也被兀狄哈所杀，建州女真始终未能战胜兀狄哈。而此处所说不曾击败兀狄哈的大金，应该就是李满住、童猛哥帖木儿时代建州女真的集团名称。

第三，出现在《李朝成宗实录》二十四年二月己亥条中，记载如下：

三卫野人致书云，大王建州卫，左卫，右卫甫阿吐都督，罗下都督，吐老都督，三卫三都督，阿车下达罕都督，大皇帝向望。其后朱哈人作贼。三都督不知。建州卫胡罗卫都督子作贼。送右卫左卫甫何卫、罗下、吐老三都督，叔伯、叔弟巨奴吐王童若沙、于马赤，送王时里，汝巨车，甫何吐童子，达罕子，其应巨奴郎时罗何，于马赤等三都督，送吾马下地在罗何都督父雍车都督，皇帝皇帝时时温恭勤。金皇帝知道。皇帝皇帝时时知道。雍朱众巨陈他里非巨罗云吐盘知巨所罗哈等三卫人送前，罗下都督满浦地若沙等名人，在送七人死外大都。今满浦地在大都。金皇帝知道。罗下都督子罗温车书写。

致此书信的作者，是罗下（剌哈、罗哈）都督之子罗温车，也写作罗吾将、罗吾章。根据《燕山君日记》三年十月乙亥条中的记载，此人在燕山君三年（明弘治十年，1497）时23岁，身长八尺许，是一位器宇轩昂的美男子。由此可知，他在成宗二十四年（明弘治六年，1493）时还是一位19岁的青年。而此文应称为女真式汉文，尽管文意难以准确把握，但正如尹弼商所说：“今此书契之辞，虽未细知，大概不过欲归顺送人报而已”的那样，可知它被认为是一篇结好朝鲜而通告对方已将人送还的文书。而此文应该引起注意之处，则在于文中出现的“大王”、“金皇帝”这类表述。

这封文书虽难理解，但若从已知之处进行解读，在文中可见“大王建州卫、左卫、右卫之甫阿吐都督、罗下都督、吐老都督，三卫三都督”，此三位人物，即：

建州右卫甫阿吐 都督

建州右卫罗下　都督

建州左卫吐老　都督

以上三人在女真人中均存在被称为“大王”的可能性。虽然不明该称所对应的女真语词汇，但若从后来的满语来看，其地位应该与所谓的“amba beile”（大贝勒）相当吧。随后所记“阿车下，达罕都督，大皇帝向望”。“阿车下”词意不明，而“达罕都督，大皇帝”也许应读作“达罕都督大皇帝”。据此可知，达罕在女真人中极有可能曾使用过与大皇帝词义相对应的女真语称呼之事。据清濑义三郎则府①称，在明代女真语中，皇帝读作“haganni”、国王读作“gurunni wan”。

而随后出现的若沙、于马赤、王时里、汝巨车、其应巨奴、郎时罗何等人，其各自的事迹历史记载不详。文中所说的罗下都督之父雍车都督有可能是建州右卫的凡察。之后又有“罗何都督父雍车都督，皇帝皇帝，时时温恭勤。金皇帝知道，皇帝皇帝，时时知道”一句出现，最后记述为“今满浦地在大都。金皇帝知道，罗下都督子罗温车书写”。虽然此处所说的金皇帝并非“金王朝”意义上的“金”，但也反映出女真人对这一时代曾使用过的一种称谓吧。而对于文中所说的皇帝，如按照之前的解读，就是在指建州卫的李满住。

承上所述，在燕山君二年（明弘治九年，1496）、三年（明弘治十年，1497）史料中所称的“大金之时”、“大金乃我远祖”，在说大金似乎已不存在的同时，却又在距此三年以前的成宗二十四年（明弘治六年，1493）的史料中又出现达罕被称作金皇帝的记述，这已自相矛盾，并让人联想到两点：

（一）罗温车在将这封文书视为对朝鲜正式外交文书一事上具有强烈的意识，为了建立威仪，才对外使用了当时实际仅在同族中所用的“金”这一集团名称和“金皇帝”这一集团首领称号。

（二）或者，罗温车是特意为了给这封文书增添作为正式外交公文的威仪，才使用了在李满住时代尚存但此时已不使用的“金”这一集团名称和“金皇帝”这一集团首领称号的。

虽然无法判断上述哪种情况属实，但却均可看出“金”这一用语，直至成宗年间，仍用于表示其自身集团的名称，或者是虽然也在现实中出现，但只作为一种亲密的集团名称仅在其内部被记忆并保存着，在不经意间有时还被使用。

李满住时代对于女真人而言是一个多灾多难的时代。李满住与他率领的建州卫于明永乐二十二年（1424）移居婆猪江的瓮村，在明宣德八年（1433）发生了闾延事件，虽然建州卫之后将64名朝鲜人送归，却反而因此受到猜疑，并于宣德八年（1433）、明正统二年（1437）先后两度受到朝鲜出兵讨伐，又在明成化三年（1449）受到明朝、朝鲜两国的进攻，李满住与其子李古纳哈均被杀。当时李满住的建州卫处在明朝与朝鲜的夹缝之中，在北部还受到蒙古、兀狄哈的威胁，在各方势力中基本处在一种被周围孤立的状态。而建州女真所仰赖的明朝也对其采取不予保护的放置态度，甚至反而结连朝鲜对其出兵。处在这样一种周边危局中的建州卫，出于自身考虑被迫采取一种独自的判断以调整与周围诸国间的外交关系。然而，李满住时代尚且不是女真人生存所处的一个国际性不安定的大环境时期。为了在这个时代生存下去，建州女真及其周边的女真人，集结于李满住麾下，体现出前所未有的凝聚力并形成了稳固的政治集团。在被不断要求强化对集团的归属感与诚实性的同时，伴随着民族情感的高扬，人们将自然成为统治核心的首领称为“han”、将国号高呼为“aisin gurun”的这一现象，不正是由此产生的么？而“han”的汉语译文即皇帝，“大金”不就这样出现了么？但在李满住时代，即

---

① 清濑义三郎则府：A Study of the Jurchen Language and Script. 法律文化社，1977年，第112页。

使是已经接受明朝册封的少数民族举称国号也是极其危险的，因此这一称号才会被迫停止对外公开使用的吧。根据罗温车的致书，达罕时代似乎也在使用“金皇帝”之类的用语。罗温车在不经意间对外国使用了这一称谓，朝鲜方面也万难想到自称金国的会是建州女真。而朝鲜无视此事，对双方而言，倒不如说都是一件幸事。

二

在明代一个时期内的女真人，曾将自身集团称为“大金”。然而这一称谓随后是怎样被继承或者中断的，下面即就此问题进行考证。

众所周知，清太祖努尔哈齐也称国号为“金”。但他是将其这一国号置于“金王朝”与自己创建的新国家国号——“金国”这两层含义中加以使用的。首先表示“金王朝”之意的用例，在《满文老档》太祖纪中可见：

天命四年三月（太祖 9—19）：

julge meni aisin dai ding han de solho joo wei jung gebungge amban, dehi funceme hecen be gaifi ubašame jihe be.（昔，我金大定帝时，高丽之臣赵位宠率四十余城来投。）

天命五年四月（太祖 15—25）：

aisin gurun i aguda han, dailiyoo be dailame wacihiyafi.（金汗阿骨打攻灭大辽。）

天命六年三月（太祖 19—28）：

julge suweni nikan i joo hoidzung, joo kindzung, juwe han inu meni aisin han de jafabufi.（昔，汝汉人之赵徽宗、赵钦宗，二帝亦为我金汗所俘。）

等记载。而在《满洲实录》汉文卷四，天命三年四月十四日条中，也见如下记载：

是晚帝将先朝金史讲与恩格德尔额驸、萨哈连额驸乃曰（以下略）。

而此记载也证明了努尔哈齐曾阅读《金史》，并多怀见解。

而对于努尔哈齐所称作为本国国号的“金”，今西春秋先生已经指出：“在老档中首见金国这一称号，应该是在天命六年三月二十一日条中出现的 amaga aisin gurun i han（后金国汗）的这一记载。”①

此外，对于更早的汉文史料，稻叶岩吉也已做出介绍②，即如下引用的《光海君日记》（太白山本）甲寅（六年，明万历四十二年，1614）六月二十五日丙午中所记：

建州夷酋佟奴尔哈赤，本名东鞑，我国讹称其国为老可赤，此本酋名，非国名。酋本姓佟。其后或称金。以女真种故也。或称崔者，以其母吞崔卵而生酋故也。今者国号僭称金。中原人通谓之建州。

而稻叶氏对此记载认为：“虽然这条记载被收录在日记的甲寅条中，但如果对文中‘今者国号僭称金’一句进行分析，就可知日记是在万历四十四年以后追记写成的。”这是因为稻叶氏想到努尔哈齐是在天命元年（明万历四十四年，1616）之后才称国号

---

① 今西春秋：《读孟森氏〈清太祖告天七大恨之真本研究〉以及鸳渊、户田合著《关于清太祖的七宗恼恨》（论努尔哈齐七大恨）》，《东洋史研究》第 1 卷第 4 号，第 323—348 页。

② 神田信夫：《满洲（Manju）国号考》，《山本博士还历纪念东洋史论丛》，第 155—166 页。稻叶岩吉：《光海君时代的满鲜关系》，大阪屋号书店，1933 年，第 69 页。

为金的，因此才做出此记载是在万历四十四年以后追记写成的这一推断性结论。虽然其中并非不存疑点，但也尚未见到能够支持追记说的有力证据。

而明确记载金国称号年代的汉文史料，为如下所示的《光海君日记》（太白山本）己未（十一年，万历四十七年，1619）四月十九日壬申中的记载：

传曰，奏文中，后金汗宝以后金皇帝陈奏，未知何如，令备边司详察以奏回。启曰，胡书中印迹，令解篆人申汝櫂及蒙学通事翻解，则篆样番字，俱是后金天命皇帝七个字。故奏文中亦具此意矣。

上述之事应该是从朝鲜传到明朝的，在《皇明从信录》卷四十，己未，万历四十七年五月二十九日条中可见如下记载：

朝鲜方咨报，奴酋移书声吓，僭号后金国汗，建元天命，指中国为南朝，黄衣称朕，意甚恣。

而在《三朝辽事实录》卷一同年同月条中，也可见：

朝鲜咨报，奴酋僭号后金国，建元天命，指中国为南朝，黄衣称朕，词甚侮嫚。

对于此后出现的有关“金国”、“后金国”的满文及汉文资料，现按年代顺序列述如下：

1. 《大明神宗实录》万历四十八年六月戊申条载：经略熊廷弼奏，奴贼招降榜文一纸内称后金国汗，自称曰朕，皆僭号也。（中略）时奴贼擅发榜文，诱招辽人。内伪称名曰朕，僭国号曰金。且以宋靖康事，悖逆肆语。经按以闻。

2. 《大明神宗实录》万历四十八年六月丁巳条载：敕谕朝鲜，勉图剿贼。初杨镐奏报，奴贼通和高丽，本王李晖闻报上疏陈自曰（中略）伊以后金为号。而边臣书中却谓建州云者，本其受命于天朝之部名也。伊以汗自称而边臣书中却谓马法云者，待之以番头也。

3. 《满文老档》天命六年三月二十一日（太祖 19—33），amaga aisin gurun i han, solho han de bithe unggirengge.（后金国汗致书朝鲜国王。）

4. 《光海君日记》辛酉（十三年，明天启元年）九月初十日戊申条记：（中略）此不过欲书建州卫马法，则恐见怪，欲书后金国汗，则以为辱。故以游辞玩。

5. 《光海君日记》壬戌（十四年，明天启二年）八月二十八日辛卯条记：右相赵挺曰，前日贼书有曰后金国可汗，今若没其国号于始面，则虏之嗔怒，必倍于前。臣之愚意，始面书建州卫后金国可汗无妨。

6. 《满文老档》天命八年正月（太祖 43—2），ere dain be dade aisin han deribuhekū, nikan han deribuhe.（此战非起自金汗，而起自汉人皇帝。）

以上所列内容，系努尔哈齐时代的“后金国”或“金国”国号，并非直接继承自李满住时代“金国”国号的证据。据此来看，对于李满住时代有关金国的记忆，抑或以为已经从努尔哈齐时代人们的记忆中消失，但实际恐非如此。

在努尔哈齐时代的女真人中，对于自身即所谓“金王国”后裔的这种记忆无疑仍被保存着。尽管未见史料记载，但在李满住时代就将自身集团称为金国的这种传承，无疑已与李满住之名一起作为一种民族自尊被植入人们的记忆之中。而似如伏流般被保存下来的这种传承，在人们跟随努尔哈齐这位领导者后，便激起民族情感之高扬，并在向形态化政治集团发展的过程中，作为一国之名而得以升华。

努尔哈齐也将本国称为“manju gurun”。最早记载努尔哈齐对新国家国号使用“manju”的满文史料，神田信夫先生已作介绍，是在《旧满洲档》荒字档万历四十一年九月中出现的“女真满洲国之苏勒·昆都仑·汗”这一记载。此外，神田先生还对《满文老档》万历四十三年十二月条中攻灭叶赫·固伦记载中出现的“满洲之兵”、“满洲国”之类的文字，以及该记载是在《旧档》荒字档的基础上在昃字档中补记写成一事进行了提示，并指出在《满文老档》天命四年七月二十五日条中的努尔哈齐之言，是引自蒙古的斋赛所说：“吾若不征满洲，天可鉴之”一事。

也有认为“manju gurun”之名是源于努尔哈齐信仰佛教的观点①。但又为何非得是信仰文殊菩萨不可呢？是因为信仰文殊菩萨能够鼓舞生活在萨满教世界中人们的意志吗？当时的人们对于文殊菩萨的信仰已经激发出那样的热情了吗？今西春秋先生的观点，是乾隆帝最先提出“满洲”原作“满珠”，是由曼珠师利的曼珠而来。

笔者认为，对于有关李满住与金国的传承，直至努尔哈齐时代仍然在建州女真人中持续着。明万历四十一年（1613），努尔哈齐统一建州女真，在随后与叶赫对决之时，基于其内心某种被理想化的李满住传承，并为激发人们决死的勇气与振奋之情，才使用了“manju gurun”这一称号的。

（史可非　译）

① 神田信夫：《满洲（Manju）国号考》，《山本博士还历纪念东洋史论丛》，第155—166页。今西春秋：《MANJU国考》，《塚本博士颂寿纪念佛教史学论集》，第63—78页。关于《旧满洲档》，参照：松村润：《〈满文老档〉·〈旧满洲档〉对照表》，《游牧社会史探求》别册，1978年。

论“中国”观的扩大与发展

罗贤佑（中国社会科学院民族学与人类学研究所）

著名民族史学家翁独健先生曾经指出：“关于历史上的中国，首先是国名问题。中国一词，从《诗经》上就可以找到，不过古代‘中国’之称只是地域的、文化的概念，或者是一种褒称。从夏、商、周一直到明、清，都有自己的国号。辛亥革命后成立了中华民国，提出‘五族共和’，‘中国’才成为具有近代国家意义的正式名称。1949 年，中华人民共和国成立，国家性质发生了根本的变化。在我国历史上第一次实现了民族平等，实行了民族区域自治，各族人民真正成了国家的主人。从国名来讲，今天的中国不是专指哪一族的，而是各族人民共同的。”① 著名历史学家范文澜先生曾说：“中国这一名称，早在西周初年，已经用以称呼华夏族所居住的地区。从历史记载来看，秦以前，华夏族称它的祖国为中国，秦以后，中国扩大为国境内各族所共称的祖国。”② 两位学术前辈对“中国”名称的历史演变，做了高度的概括和科学的阐释。在此基础上，本文拟根据具体史实，对传统意义上的“中国”观的发展变化过程做进一步的论述，以求加深对这一学术问题的理解和探究。

一

在我国历史上，“中国”一词和今天对中国的理解不尽相同，其内涵有一个变化发展的过程。

“中国”的名称出现于西周初期③。大约在西周建立之初的武王、成王时代，开始出现“中国”一词，确证见于 1963 年在陕西宝鸡贾村出土的何尊。此尊上的铭文称：“唯王初迁宅于成周，复禀武王礼，福自天。在四月丙戌，王诰宗小子京室曰：‘……惟武王既克大邑商，则廷告于天曰，余其宅兹中国，自之辟民……”④《尚书·梓材》也有成王追述“皇天既付中国民，越厥疆土，于先王肆”的记载，即指皇天将“中国”

① 《在中国民族关系史研究学术座谈会闭幕会上的讲话》，载《中国民族关系史研究》，中国社会科学出版社，1984 年，第 23 页。

② 《范文澜历史论文集》，中国社会科学出版社，1979 年，第 71 页。

③ 参阅于省吾：《释中国》，载于《中华书局七十周年纪念——中华学术论集》，中华书局，1981 年。

④ 唐兰：《何尊铭文解释》、马承源：《何尊铭文初释》、张政烺：《何尊铭文解释补遗》。均载《文物》1976 年第 1 期。

的土地和人民付与周武王治理。《尚书》记载可与上述何尊铭文互相印证。[①] 这里所说的"中国"，显然是指以洛阳（雒邑）为中心的那片地区，此即夏代的中心区域。

目前学者大多认为：夏、商、周不是三个民族，而是在形成中的华夏民族雏形的三支主要来源。到了西周时期，这三个部分已经过长期融合成为同一个民族共同体的雏形，并且以"夏"为族称。夏发达最早，又居于商、周两支的中间，所以其活动的中心区域就被周人称为"中国"，"夏"与"中国"二词意义也等同起来。《说文解字》称："夏，中国之人也"。这是颇得"中国"名称起源阶段族称含义真谛的。商代虽然没有出现"中国"的名称，却已出现了以"中商"、"大邑商"居于中，称"土中"（即"中土"之意），四方诸侯称东、西、南、北"土"的制度与地理划分。当时商王朝将全国地域（包括属国）划分为"五方"，即中商、北土、南土、东土、西土。甲骨文卜辞中就有"己巳，王卜贞……东土受年；南土受年；西土受年；北土受年"[②] 的记载，卜问全国年岁是否丰盛。中商又称商、大邑商或天邑商。甲骨文卜辞中多见"中商"和"大邑商"的记载[③]。《周书·多士》亦云："肆予取求于天邑商。"王国维说：殷商之人"如以地名为国号，继以有为天下之号；其后，虽不常厥居，而王都所在，仍称大邑商，迄于失天下而不考。"[④] 因此，中商就是殷墟，是商王朝活动的中心地带。以此为核心，逐渐展开"五方"之疆土。《诗经·商颂》云："宅殷土茫茫"，"邦几千里，维民有止，肇域彼四海"。可见商王朝的五方之土相当辽阔，大致据有今河南、山东、河北、辽宁、山西、陕西、安徽以及湖北、浙江和四川的一部分，可能还有江西、河南和内蒙古的某些地方。这片广阔疆土的中心地域是中商或大邑商，见于文献记载的周边各族有羌、鬼方、昆夷、荤粥、东夷等。

周灭商人之前，以丰镐为中心的周人区域为"区夏"即"夏区"；克殷之后，以雒邑（今洛阳）居天下之中，称之为"中国"或"土中"，是指夏代中心地区；又以商代中心地区为"东夏"。于是，当时的中国包括以丰镐、雒邑为中心的黄河中下游一带，即后世称之为"中原"的地区[⑤]。至于周的疆域观念，则不限于封域之内，还包括"王会"各族地区。《左传·昭公九年》记载周景王使詹桓析对晋国国君说的一段话颇具代表性："及武王克商，蒲姑、商、奄，吾东土也；巴、濮、楚、邓，吾南土也；肃慎、燕亳，吾北土也。"可见，周朝的疆域观念，是包括南北各族在内的。《汉书·地理志》谓："昔周公营雒邑，以为在于土中，诸侯藩屏四方，故立京师。"西周时，"京师"与"中国"二词互用，意义等同。《诗经·大雅·民劳》云："惠此中国，以绥四方"；又云："惠此京师，以绥四国"。以"中国"与"京师"对应"四方"与"四国"。郑玄

① 在我国有关先秦时代的几部主要史书中，都有"中国"之称。这些"中国"称谓所反映的时代，有的是尧（《孟子·藤文公》）；有的是商《尚书·梓材》，《诗·大雅·荡》；有的是西周（《诗·大雅·民劳》，《周礼·大司寇》，《礼记·礼运》）；有的是春秋（《春秋左传》、《春秋公羊传》，《春秋谷梁传》，《尔雅·释地》）；有的是战国（《孟子·梁惠王》）。

② 郭沫若：《殷契粹编》第907片。日本东京文求堂石印本，1937年。

③ 见罗振玉：《殷墟书契前编》二、三、八、十三，国学丛刊石印本，1911年。

④ 《观堂集林》卷12，《说自契至汤八迁》。

⑤ 参阅顾颉刚、王树民：《"夏"和"中国"——祖国古代的称号》，载《中国历史地理论丛》第一辑，陕西人民出版社，1981年。

《笺》云：“中国，京师也。”在这里，“国”与“邑”、“都”是同义词，均指城而言，“中国”即天子所居之城，称为京师，以与四方诸侯对举。这与商代以“中商”（或“大邑商”）与“四土”（或各“方”）相对而称的含义相同。

“中国”名称的最初含义之一是指京师，直到清朝，此义一直沿用。西周时，“中国”是天子所居都城“京师”的同义词；在春秋、战国时期，各诸侯国同样以其国都称“中国”。如《国语·吴语》记载，越国在分析吴王夫差必败时说：“吴之边鄙远者，罢而未至，吴王将耻不战，必不须至之会也，而以中国之师与我战。”韦昭《注》云：“中国，国都。”《孟子·公孙丑下》记齐宣王说：“我欲于中国而授孟子室，养弟子以万钟。”这是准备在齐国都城中为孟子提供教学场所与供养。可见，春秋、战国的诸侯国同样以其王所居都城为“中国”，以与边鄙相对称。

虽然周朝初年已出现了“中国”一词，但在当时“中国”并不是一个国家概念，它既是天子所居“京师”的同义词，也包括了在中原地带建立的若干封国；它的领域也不是我国当时的整个领域，而只是这一领域的一部分。所以，与“国家”、“中国”等概念同时使用的还有“天下”之称。例如：“古者包牺氏之王天下也”①；“帝尧……光宅天下”②；“舜有臣五人，而天下治”③；“四罪而天下咸服”④；“武王……壹戎衣而有天下。”⑤ 对“天下”一词用的最为频繁的是孟子，例如他说：“汤一征，自葛始，天下信之”⑥；“三代之得天下也，以仁；其失天下也，以不仁。国之所以废兴存亡者亦然。天子不仁不保四海，诸侯不仁不保社稷。”他又说：“人有恒言，皆曰：天下国家。天下之本在国，国家之本在家，家之本在身”⑦；“不仁而得国者，有之矣；不仁而得天下者，未之有也。”⑧ 可见，“天下”与“国家”、“中国”的概念和含义是不同的。与“天下”一样，“四海”之称在先秦时代也已普遍使用了。⑨ 当时“四海”的含义与“天下”的含义基本相同，所以孟子在谈到“失天下”和“不保四海”时，具有同样的意义。

至于“天下”和“四海”的范围，在先秦时代人们的心目中，应包括当时的“九州”之域和“中国、夷、蛮、戎、狄”之“五方之民”。换言之：华夏居中称为中国（九州），东、西、南、北四周分别是夷、戎、蛮、狄，这样的“五方之民”构成“四海”之内的统一“天下”。

史书记载，禹在治服水患后，“开九州，通九道，陂九泽，度九山”⑩，把全国划分

① 《周易·系词》。
② 《尚书·尧典》。
③ 《论语·泰伯》。
④ 《尚书·舜典》。
⑤ 《礼记·中庸》。
⑥ 《孟子·梁惠王》。
⑦ 《孟子·离娄》。
⑧ 《孟子·尽心》。
⑨ 在《尚书》、《诗经》、《礼记》、《孝经》、《春秋谷梁传》、《尔雅》、《孟子》等书中，都有“四海”之称。
⑩ 《史记》卷2，《夏本纪》。

为冀、兖、青、徐、扬、荆、豫、梁、雍九州①。按《尚书·禹贡》的说法，大禹治水成功以后，根据黄河、长江中下游流域的土壤类型、山川物产等制定了“九州贡法”。从《禹贡九州图》② 来看，所谓“九州”主要分布在黄河中下游流域到长江中下游流域地区，与新石器时代的农耕文化圈大体吻合，反映了先秦时期华夏族已形成了共同地域和共同经济生活的观念。禹划九州，不仅是华夏民族开始形成的标志，也是华夏民族共同地域的一个重要表现，所以“九州”后来又成为“中国”的一个代名词，屡见于史乘③。

根据古典文献的记载判断，“四海”、“天下”的概念范围，更要大于“九州”。《尔雅·释地》称：“九夷、八狄、七戎、六蛮，谓之四海。”可见“四海”、“天下”应包括华夏和蛮夷戎狄在内，是一个很大的民族地理概念。在华夏族形成和发展的过程中，逐步产生和形成了与自身相对应的“四夷”或“四裔”的观念④。最初，这种观念是指居住于华夏族四方不同于华夏的民族群体，后来又发展为东夷、南蛮、北狄、西戎的“四夷”观念。这样就构成了先秦时期的五大民族集团，即夏或华夏（有时又等同地称为“中国”）、东夷、南蛮、北狄、西戎。当时的人们已有了区分不同民族集团的标准，如《礼记·王制》云：“凡居民材，必因天地寒暖燥湿、广谷大川异，民生其间者异俗……中国夷狄五方之民，皆有性也，不可推移。东方曰夷，被发文身，有不火食者矣。南方曰蛮，雕题交趾，有不火食者矣。西方曰戎，被发衣皮，有不粒食者矣。北方曰狄，衣羽毛穴居，有不粒食者矣。中国夷蛮戎狄，皆有安居、和味、宜服、利用、备器。五方之民，言语不通，嗜欲不同，达其志，通其欲，东方曰寄，南方曰象，西方曰狄缇，北方曰译。”⑤ 这里的“中国”是地域和民族概念，指中原地区和居住在这里的华夏族群，该族群与周边的蛮、夷、戎、狄各族群的区别主要是从地理环境、经济生活、语言、文化及习俗等方面来界定的。由以上记载情况来看，中国古代传统的地理观念是以“中国”和“蛮夷戎狄”五方之民共为“天下”，同居“四海”之内，是中国“天子”所能驾御的华夷统一的地理范围。⑥

春秋列国正是按照上述民族标准来区分民族特点和认识自我的。学术界普遍认为，历史发展到春秋时期，汉族的前身——华夏族业已形成为稳定的民族共同体。上文已叙，夏族名称的产生是由于夏朝的建立，华夏的“华”则表现着夏族服饰文化的特点。其意义，《尔雅·释诂》云：“夏，大也”⑦《尚书·武成》注云：“冕服采章曰华，大国曰夏”；《尚书·正义》：“冕服采章对被发左衽，则为有光华也；《释诂》云：‘夏，

---

① 此为《尚书·禹贡》记载。其他文献的记载略有出入，《周礼·职方》有幽、并，无徐、梁；《尔雅·释地》有幽、营，无青、梁。

② 见《辞海》上册，第144页。

③ 例如司马光就说：“周、秦、汉、晋、隋、唐，皆尝混一九州，传祚于后……故全用天子之制以临之。”（《资治通鉴·魏纪》卷69，文帝黄初二年）这里所称“九州”，与“中国”同义。

④ 如《诗经·小雅·六月序》中“四夷交侵，中国微矣”之句，就反映出把“中国”（中原华夏族）作为与四方“蛮夷”相对的概念。

⑤ 《礼记正义》卷12《十三经注疏》上册。

⑥ 参阅童书业：《夷蛮戎狄与东南西北》，载《中国古代地理考证论文集》，中华书局，1962年。

⑦ 《尔雅注疏》卷1《十三经注疏》下册，中华书局，1986年。

大也’，故大国曰夏，谓中国也。”① 东汉时许慎在其《说文解字》中说：“华，荣也；夏，中国之人也。”② 这些释文，虽出自后人之手，但对最初形成的华夏族还是符合实际的。对于春秋战国时期的华夏族来说，他们不仅自认为处于“天下之中”，故称为“中国”，而且人口众多，物产丰饶，经济文化发展较高，自认为是礼仪之邦，是“四夷”所仰慕歆羡之地；而对于蛮、夷、戎、狄四方民族，不仅认为他们处于“中国”之外的偏远蛮荒之地，而且认为他们不知礼义，粗陋无文，性如“豺狼”，明显反映出华夏族的优越感和对“四夷”的蔑视。春秋初期，以管仲为代表的“诸夏”人士提出“尊王攘夷”的口号，视华夏之外的民族为异类，所谓“戎狄豺狼，不可厌也；诸夏亲昵，不可弃也”③；“夫戎狄……若禽兽焉。”④ 他们认为对戎狄只能采取武力镇压手段，即所谓“德以柔中国，刑以威四夷”。⑤ 这种带有强烈民族仇视的思想，对后世影响极为深远，成为以后流传长久的“蔑视夷狄论”的滥觞。华夏族人往往以知书达理而自傲，贱视他族为不知“礼义”的“野人”。例如《史记·秦本纪》载：“秦穆公言于戎王使者由余曰：‘中国以诗书礼乐法度为政……戎狄无此，何以为治?’”《史记·赵世家》记载：赵武灵王欲胡服骑射以强国，其叔父公子成劝谏说：“中国者，盖聪明睿智之所居也，万物财用之所聚也，圣贤之所教也，仁义之所施也，诗书礼乐之所用也，异敏技艺之所试也，远方之所观赴也，蛮夷之所义行也。今王释此而服远方之服，变古之教，易古之道，逆人之心，畔学者，离中国，臣愿大王图之。”类似记载很多，兹不赘举。这些史料记载明显地反映出，在当时中原人士的头脑中，华夏尊而四夷贱的观念是何等根深蒂固!

正是基于这种认识，当时“中国”（即华夏）之称，也是反映了一种文化类型和政治地位。如《孟子·梁惠王》云：“莅中国而抚四夷也”；《礼记·中庸》云：“（政教）洋溢乎中国，施及蛮貊。”这类记载都是以居高临下的眼光看待“中国”与“四夷”、“蛮貊”的关系。又如，春秋以至战国初期，“中国”主要是指宗周及以“诗书礼乐法度为政”的“山东诸侯齐、魏之大国”⑥。以此标准，吴、越、楚、秦等国，虽然曾经称霸于诸侯各国，但在一定时期内，仍未能称为中国，被排斥在“诸夏”之外，如司马迁在叙述这段历史时所说：“秦、楚 、吴、越，夷狄也，为强伯（霸）。”⑦ 楚国熊渠时自立为王，宣称：“我蛮夷也，不与中国之号谥”。⑧ 从楚武王开始，楚国日益强盛，逐渐向中原发展，“北接中国”⑨，但他仍自称：“我蛮夷也”⑩，还是被划在“中国”之

---

① 《尚书正义》卷11《十三经注疏》上册。

② 许慎：《说文解字》。

③ 《左传》闵公元年。

④ 《国语·周语中》。

⑤ 《左传》僖公二十五年。

⑥ 详见《史记·秦本纪》、《史记·张仪列传》。故《容斋随笔》卷5《周世中国地》称：“其中国独晋、卫、齐、鲁、宋、郑、陈、许而已。”

⑦ 《史记》卷27《天官书·太史公曰》。

⑧ 《史记》卷40《楚世家》。

⑨ 《左传》文公十六年。

⑩ 《史记》卷40《楚世家》。

外。吴国亦如此。公元前705年，“寿梦立而吴始益大，称王。”[①]《吴越春秋》云：“凡从太伯至寿梦之世，与中国时通朝会，而国斯霸焉。”可见吴国一直被看做在“中国”之外。秦在西方，在早期同样被“诸夏”视为“西戎”，终春秋之世，“不与中国之诸侯会盟，夷翟（狄）遇之”。[②]

在儒家代表人物孔子的思想中，“中国”与“夷狄 ”尊卑贵贱的观念十分强烈，“夷夏之防”的限域极为严格。如《左传》记述：鲁定公十年（公元前500年），齐与鲁和，两国君会于夹谷。齐谋以东莱夷人劫持鲁侯，孔子相鲁，责备齐侯说：“两君合好，而以裔夷之俘以兵乱之……裔不谋夏，夷不乱华。”使齐侯自认失“礼”而止。孔子修《春秋》，声称“微言大义”，明“华夷之辨”，故董仲舒《春秋繁露·竹林篇》说：“《春秋》之常辞也，不与彝狄而与中国为礼。”《春秋公羊传》记述鲁昭公二十三年（公元前519年）七月，“戊辰，吴败顿、胡、沈、蔡、陈、许之师于鸡父”，并评论为何这样记载：“不与夷狄之主中国也。然则曷为不使中国主之？中国亦新夷狄也。”吴王室乃吴太伯的后裔，虽是周之同姓，因其称王，且如越人断发文身，所以被称为“夷狄”；蔡、陈、许等国虽是“中国”，也因其所行“非礼”，故称之为“新夷狄”。可见，“礼”是区别华、夷的最高准则。“中国”在这里，既是地域名，又是一种文化的名称。《春秋》笔法，总是华夏与“四夷”有别，尊“中国”而轻“戎狄”。例如：《春秋》隐公七年，“冬，天王使凡伯来聘，戎伐凡伯于楚丘，以归”。“天王”即周天子，凡伯为周大夫，出使鲁国，途中为戎人所执。“其言伐之何？执之也。执之则言伐之何？大之也。曷为大之？不与夷狄执中国也。”[③]《春秋》庄公十年，“秋九月，荆败蔡师于莘，以蔡侯献舞归。”荆即楚国，当时尚被诸夏视为“蛮夷”或“夷狄”；蔡国为诸夏之一，被视为“中国”；“归”，即为俘获。“曷为不言其获？不与夷狄之获中国也。”[④]《春秋》僖公二十一年，“秋，宋公楚子陈侯蔡侯许男曹伯会于霍，执宋公以伐宋。”“楚子”即楚王，当时被中原诸夏看作夷狄，宋公为“中国（华夏）”之一。“孰执之？楚子执之。曷为不言楚子执之？不与夷狄之执中国也。”[⑤]《春秋》成公十二年，“秋，晋人败狄于交刚。”“中国与夷狄不言战，皆曰败之”；“不使夷狄敌中国也”。[⑥]《春秋》哀公十三年，“公会晋侯及吴子于黄池。”“公”指鲁哀公，“晋侯”指晋国国君，均为“中国（华夏）”；“吴子”即吴王夫差，被视为南方之蛮夷。“吴何以称子？吴主会也。吴主会则为先曷言晋侯？不与夷狄之主中国也。”[⑦] 以上所引，充分说明所谓“《春秋》大义”即“内诸夏而外夷狄”[⑧]。“中国（华夏）”为尊，夷狄为卑的观念。孔子这种“中国（华夏）”为尊，夷狄为卑的观念，不仅是当时“诸夏”统治阶层民族观的集中体现，而且随着《春秋》一书的经典化，更加深了这种贵中国贱夷狄观念的

---

① 《史记》卷31《吴太伯世家》。
② 《史记》卷5《秦本纪》。
③ 《春秋公羊传》隐公七年。
④ 《春秋公羊传》庄公十年。
⑤ 《春秋公羊传》僖公二十一年。
⑥ 《春秋公梁传》成公十二年。
⑦ 《春秋公羊传》哀公十三年。
⑧ 《春秋公羊传》成公十五年。

影响与流布，在"中国"与"夷狄"之间必然划上了一条鲜明的民族界线，如"非我族类，其心必异"；[①] 乃至"鬼神非其类，不歆其祀"[②] 等。于是，"华"、"夷"之间横起了一条不可逾越的鸿沟，即"华夷大防"。

春秋战国是一个列国纷争、局势动荡的时期，也是一个文化交汇、民族融合的时期。自西戎攻灭西周后，迫使平王东迁，从而形成了"戎逼诸夏"的形势，四夷尤其是"戎狄"在中原地区与"诸夏"混杂交错，"当春秋时，间在中国"[③]。到周懿王时，东周已经走向衰微，"戎狄交侵，暴虐中国"[④]，"中国不振旅，蛮夷入伐"[⑤]，边疆各族纷纷内迁，甚至在周室"王畿"周围地区，都逐渐形成了"诸夏"与"夷狄"交错分布的态势。宋人洪迈在其《容斋随笔》中，将这种情势说得十分清楚："成周之世，中国之地最狭。以今地理考之，吴、越、楚、蜀皆为蛮。淮南为群舒，秦为戎，河北真定、中山之境，乃鲜虞、肥、鼓国，河东之境，有赤狄、甲氏、留吁、铎辰、潞国，洛阳为王城，而有扬拒、泉皋、蛮、氐、陆浑、伊洛之戎，京东有莱某牟、介、吕，皆夷也。杞都、雍丘今汴之属邑，皆用夷礼。其中国者，独晋、卫、齐、鲁、宋、郑、陈、许而已，通不过数十州，盖于天下特五分之一耳。"[⑥] 可见，春秋之时，华夏族所据有的地盘即所谓"中国"之境仅占有当时全国的五分之一，其余五分之四均是各个民族的地方。直到战国初期的周定王八年（公元前461年），秦灭大荔，赵灭北戎，韩、魏灭伊、洛、阴戎后，"自是中国无戎寇，唯余义渠种焉"[⑦]。被诸夏强国所灭的戎狄，全部融合进了华夏民族之中。至于从前被视为"戎夷"的秦、楚两国，至战国时已然跻身于"七雄"之中，并称"诸夏"，同列"中国"。经过春秋战国时期的民族大融合，华夏民族在文化形态的共同性方面又提高到一个新的层面，"中国"一词的含义又有了新的发展。

二

公元前221年，秦始皇灭亡六国，建立秦朝，结束了长达五百年的列国纷争局面。在实现统一之后，废除分封制，将郡县制推广到全国，最初设置了三十六郡，以后随着疆域的扩大，更增至四十二郡，使郡县制确立为中国的地方行政制度，这既有利于新建立的中央集权的封建国家之巩固，也有利于华夏民族共同地域的统一和稳定。于是"东至海暨朝鲜，西至临洮、羌中，南至北向户，北据河为塞，并阴山至辽东"，[⑧] 成了华夏民族的稳定的共同地域。以今天的地理情况来看，秦朝已拥有了东滨大海，西至陇山、川西高原和云贵高原，北至黄河河套、阴山山脉和辽东，南达今越南东北部和广东

---

① 《左传》成公四年。
② 《左传》僖公三十一年。
③ 《后汉书》卷87《西羌传》。
④ 《汉书》卷94上《匈奴传》。
⑤ 《春秋左传正义》卷26，《十三经注疏》下册。
⑥ 《容斋随笔》卷5。
⑦ 《后汉书》卷87《西羌传》。
⑧ 《史记》卷6《秦始皇本纪》。

大部的辽阔疆域，基本上实现了春秋、战国时期列国关于“九州一统”的政治梦想，成了华夏民族稳定的共同地域。此时“中国”的范围比之从前，无疑扩大了许多，已初步形成为统一国家地域的概念。① 此时的“四夷”则指郡县以外的边疆民族地区，“四夷”仍是与“中国”相对应的名词。

秦始皇统一六国，特别是统一了长江流域的楚国及其控制下的吴、越地区，从而将中原“诸夏”从局限于黄河流域争斗的困境中解脱出来，有效地打开了向长江流域发展的广阔空间，为中国封建社会第一个鼎盛时期——两汉王朝的出现以及在这四百多年间华夏进一步发展成统一而强大的汉民族共同体奠定了物质基础。

两汉时期的疆域较秦时又有所扩大，汉朝是一个名副其实的民族众多、地域辽阔的封建大帝国。《汉书·韦贤传》云：“及汉兴，冒顿始强，破东胡，擒月支，并其土地，地广兵强，为中国害。南越尉佗总百粤，自称帝。故中国虽平，犹有四夷之患，且无宁岁。一方有患，三面救之，是天下皆动而被其害也。孝文皇帝厚以货赂，与结和亲，犹侵暴无已。甚者，兴师十余万众，近屯京师及四边，岁发屯备虏，其为患久矣，非一世之渐也。诸侯郡守连匈奴及百粤以为逆者非一人也。匈奴所杀郡守都尉，掠取人民，不可胜数。孝武皇帝愍中国疲劳无安宁之时，乃遣大将军、骠骑、伏波、楼船之属，南灭百粤，起七郡；北攘匈奴，降昆邪十万之众，置五属国，起朔方，以夺以肥饶之地；东伐朝鲜，起玄菟、乐浪，以断匈奴之左臂；西伐大宛，并三十六国，结乌孙，起敦煌、酒泉、张掖，以隔若羌，裂匈奴之右肩。单于孤特，远遁于幕北。四陲无事，斥地远境，起十余郡。功业既定，乃封丞相为富民侯，以大安天下，富实百姓，其规模可见。又招集天下贤俊，与协心同谋，兴制度，改正朔，易服色，立天地之祠，建封禅，殊官号，存周后，定诸侯之制，永无逆争之心，至今累世赖之。单于守藩，百蛮服从，万世之基也，中兴之功未有高焉者也。”以上这番言论虽然不无溢美之词，但它以凝练的语言对西汉王朝的开疆拓土的功业作了高度概括，所叙述的历史事件并不言过其实。② 在大力开拓的基础上，汉朝将全国分为十三部，分别设置刺史，下统一百零三个郡，一千三百四十一个县，进行管理。③ 随着秦汉大一统封建专制国家的建立和发展，人们对中原内地（中国）与边疆、华夏（中国）与少数民族（蛮夷）的关系的看法有了较大的变化。桓宽在《盐铁论·诛秦》中说：“中国与边境，犹支体与腹心也。夫肌肤寒于外，腹肠疾于内，内外之相劳，非相为助也。唇亡则齿寒，支体伤而心憯怛，故无手足则支体废，无边境则国内危。”这显然是将“中国”（指内地及华夏族）与“边境”（指边疆地区及当地民族）视为一个整体，将边疆少数民族都看做是统一治下的“臣民”，政教所及，正朔所加。又如王充《论衡·宣汉篇》说，汉代不仅郡国统一，且胡、越臣服，“古之戎狄，今为中国”。在国家制度方面，也比之前进了一步。《礼记·曲礼》云：“君天下为天子”。汉代学者郑玄《注》云：“天下，谓外及四海也。今汉于

---

① 《史记》卷27《天官书·太史公曰》云“其后，秦遂以兵灭六王，并中国，外攘四夷”即是此意。

② 西汉文人扬雄曾写有一首《长杨赋》，对汉武帝的开创之功做了淋漓尽致的描绘，其中有云：“其后熏鬻作虐，东夷横畔，羌戎睚眦，闽越相乱，遐萌为之不安，中国蒙被其难。于是圣武勃怒，爰整其旅，乃命票、卫，汾纭沸渭，云合电发……使海内澹然，永亡边城之灾，金革之患”（见《汉书》卷87下《扬雄传下》）。

③ 《汉书》卷28上《地理志上》。

蛮夷称天子，于王侯称皇帝。”反映了统一多民族国家处于发端时期已确定了内地与边疆统一的国家元首称号，其内涵既有区别又相统一。

然而，受传统“蔑视夷狄论”的影响，在两汉时代，华夏（汉族）族仍将自己看做是一个有别于异民族的族体，奉黄帝为祖先，以“炎黄子孙”自诩。他们把“中国”与“夷狄”的界限划分得十分清楚，在这方面同先秦时的华夏族有过之而不及。如扬雄《方言》中说：“裔，彝狄之总名。”郭璞注云：“边地为裔，亦四裔通以为号也。”[①]班固说：“《春秋》内诸夏而外夷狄，夷狄之人……被发左衽……饮食不同，言语不通，群居北陲寒露之地，逐草随畜，射猎为生”[②]他甚至视夷狄为“人面兽心”[③]。侯应曾向汉元帝议论：“中国有礼仪之教，刑罚之诛”，[④]用来说明华夏与戎、夷、蛮、狄的区别。宋意在其奏疏中云：“夫戎狄之隔远中国，幽处北极，界以沙漠，简贱礼义，无有上下，强者为雄，弱者屈服……豺狼贪婪，必为边患……”[⑤]汉武帝时的儒学大师董仲舒更是将汉尊夷贱的观念大加发挥：“《春秋》慎辞，谨于名伦等物者也。是故小夷言伐而不得言战，大夷言战而不得言获，中国言获而不得言执，各有辞也。有小夷避大夷而不得言战，大夷避中国而不得言获，中国避天子而不得言执，名伦弗予，嫌与相臣之辞也。是故大小不逾等，贵贱如其伦，义之正也。”[⑥]这里的“中国”，指的即当时的主体民族——华夏族（汉族）。按照这种观点，诸侯不能与天子平等，大夷小夷不能与华夏族（中国）平等，甚至小夷与大夷之间也不可以平等。这样便将各民族分成了大小不同的各个等级，在民族关系用语中自然也表现出等级次序了。随着董仲舒“罢黜百家，独尊儒术”的正统思想定于一尊，它的这种大民族主义也占据了主导地位。

在这种观念支配下，当时的史学家和政治家，在谈到“中国”的时候，总是指华夏（汉族）建立的中原王朝辖区，也就是只承认秦、汉国家政权的辖区为中国，而将匈奴、南越等族建立的国家排斥在中国之外。汉代人在使用词汇时，“中国”与“夷狄”往往作为对立意义，泾渭分明，如汉宣帝时，郑吉上疏所说：“中国与夷狄有羁縻不绝之义”；[⑦]汉武帝时，曾召集廷臣议论与匈奴的和战问题。主战的大臣王恢同主和的大臣韩安国进行了一番辩论：韩安国说：“且三代之盛，夷狄不与正朔服色，非威不能制，强弗能服也，以为远方绝地不牧之民，不足烦中国也。且匈奴，轻疾悍亟之兵也，至如飙风，去如收电，畜牧为业，弧弓射猎，逐兽随草，居处无常，难得而制。今使边郡久废耕织，以支胡之常事，其势不相权也。”对此王恢反驳说：“昔秦缪公都雍，地方三千里，知时宜之变，攻取西戎，辟地千里，并国十四，陇西、北地是也……今以中国之盛，万倍之资，遣百分之一以攻匈奴，譬犹强弩射且溃之痈也，必不留行矣。”[⑧]其实，辩论的双方在“中国”、“夷狄”乃势不两立的总观点上，是一致的，并无分歧。

---

① 《方言笺疏》卷12。
② 《汉书》卷94下《匈奴传下赞》。
③ 《汉书》卷94下《匈奴传下赞》。
④ 《汉书》卷94下《匈奴传下》。
⑤ 《后汉书》卷41《宋意传》。
⑥ 《春秋繁露·精华》。
⑦ 《汉书》卷70《陈汤传》。
⑧ 《汉书》卷52《韩安国传》。

对于南方的“蛮夷之邦”闽越，同样如此。当汉武帝决定“遣两将军诛闽越”时，淮南王上书谏阻发兵，其理由之一是：“越，方外之地，劗发文身之民，不可以冠带之国法度理也。自三代之盛，胡越不与受正朔，非强弗能服，威弗能制也，以为不居之地，不牧之民，不足以烦中国也……自汉初以来七十二年，吴越人相攻击不可胜数，然天子未尝举兵而入其地也。”①

少数民族首领也往往自认为不属于“中国”，例如两汉时，南方的东越（又称瓯越）抵挡不住闽越的攻击，只得向汉朝“请举国徙中国，乃悉举众来处江淮间”。② 南越王尉佗也自称“蛮夷大长”。③ 他曾对汉朝使臣陆贾说：“吾不起中国，故王此。使我居中国，何渠不若汉?”④ 在汉王朝与周边少数民族政权的交往中，“中国”一词成为汉朝政权及辖区的代称，为华夏（汉族）与少数民族政权所共认。例如司马迁说：“自三代以来，匈奴常为中国患害。”⑤《史记》中记载：匈奴冒顿单于在致汉朝吕后书信中说：“孤偾之君，生于沮泽之中，长于平野牛马之域，数至边境，，愿游中国”⑥；“中国之虞与荆蛮句吴兄弟也。”⑦“汉既通使大夏，而西极远蛮，引领内乡，欲观中国。”⑧ 班固记载：汉宣帝时，萧望之主张对匈奴实行羁縻之策，说：“外夷稽首称藩，中国让而不臣，此则羁縻之义，谦亨之福也。”⑨ 晁错在其所上“安边之策”中说得更为剀切：“臣又闻大小异形，强弱异势，险易异备。夫卑身以事强，小国之形也；合小以攻大，敌国之形也；以蛮夷攻蛮夷，中国之形也。今匈奴地形技艺与中国异。上下上阪，出入溪间，中国之马弗与也；险道倾仄，且驰且射，中国之骑弗与也；风雨疲劳，饥渴不困，中国之人弗与也。此匈奴之长技也……以此观之，匈奴之长技三，中国之长技五。陛下又兴数十万之众，以诛数万之匈奴，众寡之计，以一击十之术也。”⑩ 以上汉代文献记载中的“中国”，都是作为与匈奴等“夷狄”相对应的用词，这反映了当时中原王朝人士的普遍认识。

直到魏、晋时期，中原人士仍把周边少数民族排斥于“中国”之外。建安十九年(214)，毋丘兴将去安定郡任太守，曹操对他说：“羌、胡欲与中国通，因欲以自利；不从便为失异类意，从之则无益事。”⑪ 曹操此言，颇具代表性。不仅如此，中原人士对周边民族仍怀有强烈的民族歧视、蔑视的情绪，例如魏国大臣邓艾就曾宣讲：“戎狄兽心，不以义亲，疆则侵暴，弱则内附。”⑫ 西晋初年，全国统一，周边各族纷纷“慕化”内徙，又形成了一个民族大迁徙的高潮。是时，奉行“内中国而外夷狄”、“严夷

① 《汉书》卷64上《严助传》。

② 《史记》卷114《东越列传》。

③ 《汉书》卷95《南粤传》。

④ 《汉书》卷43《陆贾传》。

⑤ 《史记》卷130《太史公自序》。

⑥ 《史记》卷110《匈奴列传》。

⑦ 《史记》卷31《吴太伯世家》。

⑧ 《史记》卷123《大宛列传》。

⑨ 《汉书》卷78《萧望之传》。

⑩ 《汉书》卷49《晁错传》。

⑪ 《三国志》卷1《魏书·武帝纪》。

⑫ 《三国志》卷28《魏书·邓艾传》。

夏之大防”信条的郭钦、江统之流，接连上疏，强烈要求朝廷“徙戎”于“中国”之外。他们声称“夷狄兽心”，以为“戎狄强犷，历古为患……裔不乱华……峻四夷出入之防，明先王荒服之制，万世之长策也。”① 或云：“夫夷蛮戎狄，谓之四夷，九服之制，地在要荒。《春秋》之义，内诸夏而外夷狄”；“非我族类，其心必异”，因此主张强徙内迁的戎（氐、羌等）、狄（匈奴、鲜卑等）回原居地，从而“释我华夏织介之忧”；“惠此中国，以绥四方，德施永世，于计为长”。② 傅玄也说：“胡夷兽心，不与华同，鲜卑最甚。邓艾……使鲜卑数万散居人间，此必为害之势也。”③ 他也主张将“胡夷”迁于边外。但事与愿违，随之而来的是所谓“五胡乱华”和十六国局面的出现。由于胡汉杂居共处，“汉人”开始稳定地成为中国主体民族的专称。④ 汉族在少数民族政权治下沦为被统治民族，丧失了以往的地位。即使这样，由于传统观念的根深蒂固，魏晋南北朝尽管是一个分裂时期，汉人的“中国”、“夷狄”之间界限仍很分明，可以说是水火不容。如《后汉书》著者范晔认为：“四夷之暴，其执互强矣……其陵跨中国，结患生人者，靡世而宁焉。”⑤《魏书》著者魏收认为“周之猃狁，汉之匈奴，其作害中国固已久矣。”⑥ 又说：“夷狄不恭，作害中国。帝王之世，未曾无也。”⑦ 类似话语还有很多，兹不赘举。其实不仅汉人，某些出身于“戎狄”的帝王也有同样的观念，如前秦国主苻坚主张对夷狄应“以羁縻之道，服而赦之，示以中国之威，导以王化之法”。其口气与那些主张华夷之辨的汉人毫无二致。

但历史的发展总是不以人的主观意志而转移。尽管儒家传统的“华夷之辨”观念时时有所表现，但毕竟抵挡不住民族大融合的历史潮流。目前学者普遍认为：魏晋南北朝至隋唐时期是中国历史上第二次从分裂走向统一、从混乱走向秩序、从多民族的矛盾斗争和交流互动走向融合并孕育中华民族雏形的时代。中华民族的本质是汉族与进入黄河、长江流域的少数民族相融合的产物。胡、汉融合的现实不仅使隋、唐王朝顺利地完成和巩固了国家的政治统一，也使从北朝到隋、唐的统治者及广大民众逐渐改变了传统的民族观念，开始给这个由胡汉融合而成的新族体冠以“中华”之名，从此，“中国”的同义词（或近义词）又增加了“中华”这个新的词汇。

“中华”一词，最早出现于魏晋时期的天文学领域，是取“中国”和“华夏”的首字复合而成，用来指称中原地区上方的星宿⑧。进入人文历史领域后，则主要指中原地区。作为地域名称，“中华”与“中国”相同。

魏晋南北朝时期的史乘中，已时常出现“中华”一词。如《晋书·刘乔传》记载，刘弘给惠帝所上表文中有“今边陲无备豫之储，中华有杼轴之困”一句，以“中华”对“边陲”，是指内地郡县而言。《晋书·陈郧传》记载陈郧于东晋初上书王导，说：

---

① 《晋书》卷97《北狄匈奴传》引郭钦语。

② 《晋书》卷56《江统传》。

③ 《晋书》卷47《傅玄传》。

④ 参阅贾敬颜：《“汉人”考》，载《中央民族学院学报》1987年第5期。

⑤ 《后汉书》卷90《乌桓鲜卑列传·论曰》。

⑥ 《魏书》卷103《高车传附越勒倍泥传》。

⑦ 《魏书》卷95《略阳氐吕光传附篡从弟隆传》。

⑧ 参阅王树民：《中华名号溯源》，载《中国历史地理论丛》第二辑。

“中华所以倾弊，四海所以土崩者，正所以取材失所。”《晋书·桓温传》记载桓温上疏称：“自强胡凌暴，中华荡覆，狼狈失据，权幸扬越。”《三国志·蜀志·诸葛亮传》后裴松之评论说：“若使（亮）游步中华，骋其龙文……”等等。这些载文里的“中华”主要体现的是地理含义，均指中原地区。后来，“中华”一词又被引申为原居中原的汉族或汉族传统文化。如《资治通鉴》记载：晋孝武帝太元二年（382），前秦苻坚执意讨伐东晋，苻融劝阻说：“国家本戎狄，正朔会不与人；江东虽微弱仅存，然中华正统，天意必不绝之。”[①] 这里的“中华”乃民族的称谓，是指南迁的晋人，即传统的汉人。《资治通鉴》又记载：晋安帝义熙五年（409）当东晋刘裕统军北伐时，南燕桂林王慕容镇对汉人韩淖说：“……今年国灭，吾必死之。卿中华之士，复为文身矣。”[②] 南燕的鲜卑贵族认定中原汉人才是“中华”，东晋反而被称为吴越“断发文身”之族，所以此处“中华”当指中原传统文化而言。随着时代的发展，越到后来，“中华”作为文化与民族称谓的意义愈重。隋、唐统治集团作为民族融合的群体，就更顺理成章地接受并认同了“中华”的民族与文化的观念。唐太宗在总结其民族政策成功经验时曾说：“自古皆贵中华，贱夷狄，朕独爱之如一，故其种落皆依朕如父母。”[③] 在这里他将“中华”与“夷狄”对举，无疑是取其民族的概念。[④] 南宋贯冶子作《唐律释文》一书，他在解释《唐律疏议》卷三《名例》关于“中华”的含义时说：“中华者，中国也。亲被王教，自属中国，衣冠威仪，习俗孝悌，居身礼义，故谓中华。非同夷狄之俗，被发左衽，雕体文身之俗也。”强调的也是“中华”一词的民族、文化方面的含义。

作为政治地理名称，在统一时期，“中国”包括所有由朝廷管辖的地方，对周边各民族地区总称为“边裔”或“四夷”；分裂时期，则仍沿袭“两京”（长安、洛阳）所在的中原地区称“中国”的传统，凡是建都于黄河中下游流域的王朝辖区，得称为“中国”。“五胡”十六国时期，北方少数民族入主中原，仍以据有“两京”自居“中国皇帝”，而贬斥东晋为“吴人”或“司马家儿”；北魏同样以建都于“中土”，指称南朝为“南伪”或“岛夷”。这些都是沿用自西周以来以“京师”为“中国”的含义。

应该指出的是，南北朝时期的北朝少数民族统治者，开始以“中国”或“中华”自居，甚至得到南朝士庶的首肯与景慕。如北魏鲜卑强调自身是“黄帝少子昌意之后”，又居中土，继承和发扬中国传统文化，遂以中华正统自居。北魏太武帝拓跋焘《灭佛诏》，倡言佛是“胡神”，佛法非九州所固有，所以要宣布为非法，加以禁绝。到6世纪中叶北魏孝文帝汉化改革之后，进入中原的鲜卑等北方少数民族的经济生活、语言、文化及习俗都发生了深刻的变化。随着胡、汉融合程度的加深，像苻融那样自认夷狄的观念已是明日黄花，此时鲜卑人思想为之一变，鲜卑统治者明确显示其居于中华正统的政治、文化地位。《魏书·韩显宗传》记载，韩显宗上书给孝文帝，称：“自南伪相承，窃有淮北，欲擅中华正统。”说明此时的北魏认为自身乃传统文化的继承者，且

---

① 《资治通鉴》卷104，晋孝武帝太元二年。

② 《资治通鉴》卷115，晋安帝义熙五年。

③ 《资治通鉴》卷198，贞观二十一年。

④ 以后这种用法非常普遍，如唐杜佑《通典·边防典序》说：“缅惟古之中华，多类今之夷狄，有居处巢穴焉。”此类例证，史书中俯拾皆是。

在法统上，以其立都洛阳，居于“中国”核心地区，自然是“中华”，反斥南朝为“南伪”。值得注意的是，南朝人士对于北魏文化上的发展兴盛颇为心悦诚服。此有一事可证：萧梁名将陈庆之，于北魏末年曾护送降梁的魏北海王元颢回北方称帝，一度攻入洛阳。在其失败之后仍回梁朝，对北方“文物之盛”称道不已。史载：“北海寻伏诛，其庆之还奔萧衍，衍用其为司州刺史。钦重北人，特异于常。朱异怪复问之，曰：‘自晋宋以来，号洛阳为荒土，此中谓长江以北尽是夷狄。昨至洛阳，始知衣冠士族并在中原，礼仪之盛，人物殷阜，目所不识，口不能传。所谓帝京翼翼，四方之则，如登泰山者卑倍嵝，涉江海者小湘沅，北人安可不重！’庆之因此羽仪服式悉如魏法，江表士庶竞相模楷，褒衣博带，被及棱陵。”① 南朝君臣向来以汉族正统自居，鄙视北朝和鲜卑族，称之为“索虏”。陈庆之此次造访洛阳，亲睹了洛阳的繁荣景象，使他由衷地改变了成见，并为北魏经济文化的繁盛赞叹不已。这说明，内迁的鲜卑等北方少数民族的封建化速度之迅速和成就显著超出了南朝汉族高官的想象，已经毫不逊色于汉族统治下的南朝了。

在隋、唐时代，“中华”也常被称为“汉”。如《旧唐书·温彦博传》记载，朝臣议论安置突厥降众的办法，多主张“因其归命，分其种落，俘之河南，散属州县，各使种田，变其风俗，百万胡虏，可得化而为汉。则中国有加户之利，而塞北常空矣。云云”。但这里所说的汉，也就是唐太宗所说的“中华”，已不同于魏晋以前的“汉”，因为它又融入了魏晋以来的“五胡”等少数民族成分。隋、唐时期，汉族（中华）的人口之所以在短短的一个半世纪（589—755），迅速从三千多万增加到五千多万，不仅仅是原有汉族人口的自然增长，也与在隋文帝、唐太宗等隋唐统治者宽容的民族政策推动下，众多国内少数民族甚至域外族裔加入进来有着极大的关系。

在隋、唐时期，尽管“中华”的内涵更丰富了，“中国”的范围更扩大了，而“四夷”仍指内地郡县以外的民族及其地区，仍是与“中国”相对应的名词。这种用法，在隋、唐时期历史文献中比比皆是。例如：贞观三年（629），唐太宗对诸臣说：“朕今治安中国，而四夷自服”②；贞观十三年（639），唐太宗对众侍臣说：“中国百姓，实天下之根干；四夷之人，乃同枝叶。扰其根干以厚枝叶，而求久安，未之有也。”③ 贞观十七年（643），唐太宗又说：“今中国强，戎狄弱，以我徒兵一千，可击胡骑数万。”④ 唐高宗时，大臣骆弘义奏言：“安中国以信，驭夷狄以权，理有变通也”；⑤ 魏元忠奏言：“出师之要，全资马力。臣请开畜马之禁，使百姓皆得畜马；若官军大举，委州县长吏以官钱增价市之，则皆为官有。彼胡虏恃马力以为强，若听人间市而畜之，乃是损彼之强为中国之利也。”⑥ 武则天时，右补阙卢辅认为“以蛮夷攻蛮夷”是“中国之长

① 《洛阳伽蓝记》卷2。
② 《资治通鉴》卷193，贞观三年十二月。
③ 《贞观政要》卷9《议安边第三十六》。
④ 《资治通鉴》卷197，贞观十七年六月。
⑤ 《新唐书》卷215下《突厥传下》。
⑥ 《资治通鉴》卷202，仪凤三年九月。

算”；[①] 麟台正字陈子昂也提出“使夷狄相攻，中国之福”的建议，他认为“天子以四海为家”，并非真心“爱夷狄而鄙中国”，只是做出“示无外”的姿态而已。同时他又主张，朝廷应当“修文德，去刑罚，劝农桑，以息疲民”，这样蛮夷就会“知中国有圣王，必累译而至矣”。[②] 此外，还有杜佑所说“中国遂宁，外夷亦静”；[③] 李大亮所说“化中国以信，驭夷狄以权”；[④] 陆贽所说“中夏有盛衰，夷狄有强弱，事机有利害，措置有安危”[⑤] 等，皆是以“中国”（或“中夏”）对应“夷狄”（或“蛮夷”、“戎狄”），界限非常分明。当时周边少数民族政权同样视唐朝为“中国”，而自身并不在“中国”之内。例如：南诏清平官郑回曾对南诏王异牟寻说：“中国有礼仪，少求责，非若吐蕃琳刻无极也。今弃之复归唐，无远戍劳，利莫大此。”[⑥] 南诏是7世纪至9世纪在我国西南地区以洱海和滇池为中心由彝族先民（文献中称“乌蛮别种”）为统治民族建立的政权，在其心目中“中国”即“唐朝”，颇具代表性。

不仅民族界限分明，唐朝儒家士大夫对“夷狄”的蔑视甚至仇视心理仍很强烈，如唐朝初年的史学家们，在撰述《晋书》（房玄龄等撰）、《周书》（令狐德棻等撰）及《北史》、《南史》（李延寿撰）等史书时，贵“中国”贱“夷狄”的思想体现得十分鲜明，莫不在其中贬斥夷狄为“人面兽心”，表示深恶痛绝。突厥默啜可汗于圣历元年（698）主动给武则天上表，表示愿意将自己女儿出嫁朝廷，建立和亲关系。但囿于自古还没有天子“求娶夷狄女以配合中国王”[⑦] 的先例，武则天予以拒绝。至唐中叶时依然如此，史载唐德宗还是雍王时，曾率领药子昂等人到陕州黄河北会见回纥登里可汗。登里可汗逼迫雍王在帐前向他“舞蹈”（即拜跪），药子昂拒绝说：“元帅即唐太子也，太子即储君也，岂有中国储君向外国可汗前舞蹈?”[⑧] 以上事例，都说明唐代君臣士人以“中国”自居、蔑视“夷狄”的思想倾向是多么明显而强烈！

尽管传统观念仍然顽固存在，但隋、唐的统一局面毕竟是在民族大融合基础上实现的，隋、唐统治集团作为民族融合的群体[⑨]，顺理成章地接受并认同了“中华一体”的观念，实行开明、务实的民族政策，使民族关系进一步得到发展。儒家虽然讲究“华夷之辨”或“华夷之别”，但其标准不在血统而在经济、文化，在经济文化进步的基础

① 《旧唐书》卷194上《突厥传上》。

② 《新唐书》卷107《陈子昂传》。

③ 《旧唐书》卷147《杜佑传》。

④ 《旧唐书》卷62《李大亮传》。

⑤ 《旧唐书》卷139《陆贽传》。

⑥ 《新唐书》卷222上《南蛮传上·南诏传上》。

⑦ 《旧唐书》卷91《张柬之传》。

⑧ 《旧唐书》卷195《回纥传》。

⑨ 隋、唐皇室不仅都出自关陇集团，也与宇文鲜卑、拓跋鲜卑有着密切的婚姻、血缘关系，深受鲜卑的影响。例如隋炀帝杨广和唐高祖李渊都是汉族与鲜卑族的混血儿；唐太宗的皇后长孙氏也是汉化了的鲜卑人。除了皇室之外，隋、唐两代的朝、野上下，汉化了的鲜卑达官显宦、文人学士以及能工巧匠更是不胜枚举，位置宰相者即二十多人，如唐初名相长孙无忌就是其中之一。故而元人胡三省在为《资治通鉴》作注时说：“自隋以后，名称扬于时者，代北之子孙十居六七矣，氏族之辨，果何益哉！”即是说，代北胡人的子孙已经与汉族融为一体，许多人作出了名垂千古的业绩，再去计较胡、汉之别，已没有意义。

上，承认夷、夏之间的变通，主张“用夏变夷”，反对“以夷变夏”。① 这反映出儒家的民族观既有其封闭、保守的一面，也有其开放、积极的一面。唐昭宗时期，程宴著《内夷檄》②。在此文中，他对夷夏之辨和以夏变夷的思想进一步深化，提出了“四夷之华”和“中国之夷”的新概念。在中国古代历史上，四夷的首领和民众因仰慕“中华之仁义忠信”而纷纷来到中原内地。在程宴看来，“夷”和“华”并不是绝对的，也不能完全按照他们出身的民族来划分。少数民族虽然“身出异域”，但因他们“能驰心于华”，所以，并不能认为他们就是“夷”。另一方面，中国的臣民如果“倔强王化”，背离和丢弃了仁义忠信，他们虽然“出身于华”，但因他们“反窜心于夷”，也并不能认为他们就是“华”。程宴进一步指出，中国臣民“窜心于夷”，并非国家之窜心，而是他们自己“窜心于恶”。程宴由此认为，我们不能只根据其具有“华”的名称而称其为“华”或者只根据其具有“夷”的名称而称其为“夷”。在程宴看来，“华其名有夷其心者，夷其名有华其心者，是知弃仁义忠信于中国者，即为中国之夷矣，不待四夷之侵我也”。从中原王朝的角度来看，有些“中国”臣民虽然其民族本来是“华”，但是，如果“悖命中国，专倨不王，弃彼仁义忠信，则不可与人伦齿”，他们就是“中国之夷”。相反，“四夷内向，乐我仁义忠信，愿为人伦齿者”，他们就是“四夷之华”。据此，程宴提醒人们，“夷其名尚不为夷矣，华其名反不如夷其名者也。”总之，程宴判断“华”、“夷”的标准在于能否坚持“中华之仁义忠信”，并不在于血统和名称。如果中原王朝的臣民丢弃仁义忠信，就是“中国之夷”；如果少数民族坚持仁义忠信，就是“四夷之华”。由此可见，程宴不仅提出了“四夷之华”和“中国之夷”的新概念，而且进一步发展了传统的“以夏变夷”思想，彰显了唐代一种积极、开放的时代精神。

在积极、开放的时代精神作用下，隋、唐统治者能够以比较开明、平等的态度处理民族关系，制定并实施了比较成功的民族政策，从而推动了民族融合的继承，促进了中古时期中华民族历史向前发展，开创了举世瞩目的盛唐文明。

隋文帝杨坚时期，对周边少数民族尤其是新兴的突厥族采取了文德与武功并用，侧重以德抚之的政策，致使突厥、谟褐、吐谷浑等少数民族纷纷归顺甚至内迁，有不少人成了隋朝的编户齐民。被称誉为“千古一帝”的唐太宗李世民，在这方面更有建树。在处理民族关系上，唐太宗一直实行不过分歧视各少数民族的政策。上文提及，他曾说：“自古皆贵中华，贱夷狄，朕独爱之如一，故其种落皆依朕如父母。”③ 抛开这句话妄自尊大的虚夸部分，它还是反映了当时的真实状况的，说明唐太宗具有在当时来说相当进步的民族观。

唐太宗进步的民族观还表现在：他把“抚九夷以仁”当作“君之体也”，④ 宣称：

---

① “用夏变夷”语出《孟子·滕文公上》，在东汉何休的《春秋公羊传解诂》中有较详尽的阐述，其含义有三：一是以先进的华夏文化去影响周边少数民族；二是华夏和夷狄的划分以“礼制”文化为标准；三是华、夷在一定条件下可以互相转化。如果华夏脱离了“礼”，则会变成“新夷狄”，这是退化的表现；如果夷狄学会了“礼”，也能变为华夏，这是进步的表现。

② 见《唐文粹》卷49；《全唐文》卷821。

③ 《资治通鉴》卷198。

④ 《帝范》卷1《君体》。

"我今为天下主，无问中国及四夷，皆养活之；不安者，我必令安；不乐者，我必令乐。"这种将"中国"与"四夷"一视同仁的思想，是值得肯定的。唐太宗同时将其比较开明的民族观贯彻到处理具体事件当中。史载贞观四年（630），东突厥灭亡后有十余万户降唐，唐太宗集群臣商议如何安置为宜。中书令温彦博主张徙之于河南（即黄河河套南），遭到以秘书监魏徵为首的一班大臣（如颜师古、杜楚客、李百药等）的反对。魏徵反对的理由是："彼（按指突厥）鸟兽野心，非我族类，弱则伙，疆则叛，其天性也。且秦、汉以锐师猛将取河南地为郡县者，以不欲使近中国也。陛下何以河南居之？"温彦博反驳说；"圣人之道无不通，故曰'有教无类'。彼创残之余，以穷归我，我援护之，收处内地，将教以礼法，职以耕农，又选酋良人宿卫，何患之恤？且光武置南单于，卒无叛亡。"唐太宗从"化胡为汉"的政治目的出发，最终依从了温彦博的意见，迁徙十余万突厥降众于河南。[①] 并将很大一部分突厥人迁到都城长安，因而突厥"入居京师者近万家"[②]。同时，唐太宗尽力笼络突厥贵族，"酋豪首领至者皆拜将军，布列朝廷，五品以上百余人，殆与朝士相半"。[③] 唐太宗在《赐薛延陀玺书》中，阐明了他同意温彦博建议的缘由："突厥颉利可汗未破已前，自恃强盛，抄掠中国，百姓被其杀者，不可胜纪。我发兵击破之，诸部落悉归化……所有部落，爱之如子，与我百姓不异……是以所降部落等并置河南，任其放牧。今户口羊马，日向滋多。"[④] 可见，唐太宗所以从温彦博之策，迁徙突厥降众于河南，是从其对中华、夷狄"爱之如一"的前提出发，向传统的"夷不乱华"思想挑战。作为一位封建社会的帝王，这的确是难能可贵的。因而，有的学者评价说："作为封建皇帝，唐太宗不可能没有阶级局限性和历史局限性……但他是大汉族主义色彩最淡漠的皇帝，而它的民族平等思想则为别的皇帝所望尘莫及。"[⑤] 应该说这是一个比较客观、公允的评价。

正是由于唐太宗等唐朝开国皇帝的文治武功，大力开拓，先后"北服突厥颉利，西平高昌"，才使一个"东西九千五百十里，南北万六千九百十八里"[⑥] 的统一多民族的大唐帝国屹立在世界的东方。中华民族发展史也掀开了新的篇章。

三

宋辽夏金时期，中国民族关系的发展进入了一个新的历史时期。随着这一时期民族融合程度的加深，特别是少数民族入主中原，同汉族政权形成鼎足而立之势，传统意义上的"中国"观念无论是在内涵还是外延上都发生了巨大的变化，各少数民族在实现汉化与封建化的同时，也逐渐实现了对中华一体思想观念的认同。

五代时期的中原政权及以汉族为主的赵宋王朝，始终以正统自居，仍然视自身为

---

① 《新唐书》卷215上《突厥传上》。
② 《通典》卷197《边防十三·突厥上》。
③ 《通典》卷197《边防十三·突厥上》。
④ 《全唐文》卷10。
⑤ 胡如雷：《李世民传》，中华书局，1984年，第254页。
⑥ 《通典》卷172《州郡典二·序目下》。

“中国”，契丹等族为“夷狄”。例如宋人魏泰说：“元昊未叛时，先以兵破回鹘、击吐蕃，修筑边阵……世人每见夷狄自相攻讨，以为中国之和，不知其绝后顾之患，然后悉力犯我，此兵者所宜察也。”① 再如宋人张舜民说：“西域诸蕃处中国，以至夏、契丹交驰，罔不在邻郭，今青唐是也。”② 这里的“中国”都是指中原内地即北宋王朝而言。在与辽国的外事交往中，他们都是自称“中国”，而称辽国为“北朝”，起初辽人对此也无异议。例如后晋少帝即位，辽太宗以其擅自即皇位而派使者谴责，后晋大臣景延广对契丹回图使乔荣说：“先帝（按指石敬瑭）为北朝所立，故称臣奉表。今上（按指少帝）乃中国所立……为邻称孙足矣，无称臣之理。”③ 宋朝建立后，在其同辽朝的外事往来中，也是如此。例如天圣五年（1027），宋龙图阁待制孔道辅使契丹，对辽圣宗说：“中国与北朝通好，以礼文相接。”④ 宋在国内对辽则使用颇有侮辱性的称呼，称之为“虏”、“番”等。宋抟、薛映、宋绶等使辽后，所写汇报性奏章题名即“上虏中事”、“上虏中境界”、“上虏中风俗”等。

宋朝儒学兴盛，以汉族为中心的“严华夷之辨”、“内诸夏而外夷狄”等政治观念仍牢固地盘踞在宋朝士大夫头脑之中，并在新形势下得到进一步的发挥。宋代的“中国”观也具有自身的历史特点。北宋人石介对“中国”一词的概念进行了总结性界定：“天处乎上，地处乎下。居天地之中者曰中国，居天地之偏者曰四夷。四夷外也，中国内也……夫中国者君臣所自立也，礼乐所自作也，衣冠所自出也，冠婚祭祀所自用也，榱麻丧泣所自制也，果瓜菜茹所自有也……非二十八舍、九州分野之内，非君臣、父子、夫妇、兄弟、宾客、朋友之位皆外裔也。”⑤ 石介主要是从地理、民族、文化、生产方式四个方面概括了当时的“中国”观：地理上，中国是指以“九州”为主的传统意义上的汉族聚居之地，大体上就是指长城以南的黄河流域和长江、珠江流域，即所谓“天地之中”，并不包括少数民族居住的地区；“中国之人”主要是知“礼乐”、服“衣冠”、从事农业生产的汉族，少数民族也不在其中。石介的“中国”观虽然带有明显的大汉族主义色彩，但是他的这一认识，还是基本符合当时汉族与少数民族对“中国”一词的理解的。

在早先时候，少数民族往往也是依照历史的惯性，视中原内地的汉族为“中国”，自身为“蛮夷”。例如契丹即如此。契丹建国前后，诸事草创，东征西伐，并且忙于备典章，建制度，国家形态尚处于初级阶段，自然难以“中国”自居。辽在占有幽、蓟地区之后，述律太后和辽太宗仍无意在那里称帝，尚无要居中国之正的观念。辽太宗于会同十年（947）率军入汴梁（今开封），改晋为大辽国。太宗着“中国冠服”，受百官参拜，他对左右侍臣说：“汉家仪物，其威如此。我得与此殿坐，岂非真天子邪?”⑥ 这虽然反映了辽太宗对汉族文化的景仰，但此时他及其母后并没有称帝中原的信心和意

① 《东轩笔录》卷15。
② 《画墁录》卷1。
③ 《资治通鉴》卷282。
④ 《续资治通鉴长编》卷105。
⑤ 《徂徕石先生文集》卷10。
⑥ 《新五代史》卷72《四夷附录一》。

愿，此举实乃逢场作戏。述律太后曾对太宗说“使汉人为胡主，可乎?”太宗回答：“不可。”太后说：“然则汝何故欲为汉主?”又说：“汝虽得汉地，不能居也”。[①] 由于生活习俗和环境差异太大，其实太宗本人也不愿在中原久居，他对旁人说：“我在上国，以打围食肉为乐，自及汉地，每每不快，我若得归本土，死亦无恨。”[②] 最终还是引军北还，死于归途。从述律太后和太宗的言行，大体反映出辽朝初年契丹统治者尚无要做包括中原在内的一统天下君主的意识。

在早期交往中，辽称五代时的中原王朝及后来的宋朝为一般为“中国”（或“南朝”）。《辽史·张砺传》记载：会同初，翰林承旨兼吏部尚书张砺从太宗伐晋，占据汴梁。张砺奏称：“今大辽始得中国，宜以中国人治之，不可专用国人及左右近习。”此时辽人是将“大辽”（本土）与“中国”、“国人”（契丹人）与“中国人”（汉人）并列的。《资治通鉴》卷二八五关于这段话记载稍异：“今大辽已得天下，中国将相宜用中国人为之，不宜用此人及左右近习。”这里的“天下”包括了原来的“大辽”及新得之“中国”。统和二十六年（1008），北宋将祭泰山，乃命人至境上告谕此事，契丹回报说：“中国自行大礼，何烦告谕?”[③] 辽圣宗还说：“五百年来，中国之英主，远则唐太宗，次则后唐明宗，近则宋太祖、太宗也。”[④] 太平二年（1022），辽圣宗听说宋真宗去世，集众臣举哀，对皇后萧氏说：“汝可致书大宋皇帝太后，使汝名传中国。”[⑤] 后晋少帝时，契丹诸部频年出征，辽国君臣“稍厌兵革”，太宗母述律太后对其臣僚说：“南朝汉儿争得一向卧耶！自古及今，惟闻汉来和蕃，不闻蕃去和汉。”[⑥] 以上资料足见此时辽在其内部还未以中国自居，也不避讳“夷”、“蕃”等称呼。

这一时期，在辽与五代中原历朝与北宋的交往中，也从未以“中国”自居。重熙十三年（1044），辽兴宗将伐西夏，遣使赴宋朝相告，“其书曰‘元昊负中国当诛’，故遣林牙耶律祥等问罪”。[⑦] 这里的“中国”，即指宋朝。《宋史·余靖传》记载：“元昊既归款，朝廷欲加册封，而契丹以兵临西境，遣使言：‘为中国讨贼，请止毋和。’”[⑧]

说得是同一件事，此处“中国”仍指宋朝。

总之，在兴宗朝之前，辽无论是在其内部还在与宋的交往中，从未以“中国”自居，他们心目中的“中国”，只有宋朝当之。然而，辽朝经过近二百年的发展，到其后期文物典章粲然大备，辽人从君主到臣下都开始对自己的正统地位确定不疑。

辽人明确以“中国”自谓，见于大安末年[⑨]太子洗马刘辉的上书，其中言：“西边诸番为患，士卒远戍，中国之民疲于飞挽，非长久之计。”[⑩] 这时辽人已经以“中国”

---

① 《资治通鉴》卷284。

② 《旧五代史》卷137《契丹传》。

③ 《续资治通鉴长编》卷69。

④ 《契丹国志》卷7《圣宗天辅皇帝》。

⑤ 《太平治迹统类》卷4《真宗经制契丹》。

⑥ 《旧五代史》卷137《外国列传》。

⑦ 《续资治通鉴长编》卷151。

⑧ 《宋史》卷320《余靖传》。

⑨ “大安”是辽道宗的年号，其最后一年为1094年，已属辽朝后期了。

⑩ 阎凤梧编：《全辽金文》山西古籍出版社，2002年，第431页。

自居，而将周边其他民族称为“诸番”。这与以前称五代中原王朝和宋朝为“中国”，自称“夷”、“蕃”已是明显不同了。“诸夏”、“区夏”与“中国”意义相同。辽人自称“诸夏”、“区夏”等，也大致出现在兴宗、道宗两朝以至更晚一些。例如，《萧义墓志铭》（天庆二年，1112）云：“我道宗大孝文皇帝嗣守丕图，奄有诸夏”；[①] 保大二年（1122），辽天祚帝被女真军所逼而播迁，逃亡于夹山，奚王回离保等拥立耶律淳为帝，建立北辽。耶律淳在即位诏中云：“自我烈祖肇创造之功，至于太宗，恢廓清之业，故得奄有区夏。”[②] 从以上史料记载可见，辽人自称“中国”、“诸夏”、“区夏”等，一般来说是在兴宗、道宗朝以后的事。

从以上辽人称谓的变化，可以大体反映出辽朝正统观念的形成与演变过程。至辽圣宗时，辽朝经过数十年的发展，国势臻于鼎盛。特别是澶渊之盟的缔结，实现南北和好，加强了辽宋之间各方面的联系往来，汉族文化在辽朝得到更为广泛的传播，加速了契丹汉化和封建化进程。汉族传统文化中的正统观念逐渐受到辽朝统治者的重视。到兴宗、道宗两朝，出现了明显的淡化华夷之辨的趋势。清宁三年（1057），辽道宗以《君臣同志华夷同风诗》进呈皇太后，皇后萧观音应制和诗。[③] 道宗尝听汉人为他讲《论语》，当读到“夷狄之有君，不如诸夏之亡也”句时，侍讲者很快地往下读，不敢讲解。道宗说：“上世獯鬻、猃狁荡无礼法，故谓之夷，吾修文物，彬彬不异中华，何嫌之有?”让此人无须顾虑，继续讲下去。[④] 道宗是将“礼法”、“文物”亦即文明视为区分华夷标志的，认为契丹文明已同中华无异，因此不必讳夷。这与“华夷同风”是一致的。耶律楚材曾赋诗云：“辽家遵汉制，孔教祖宣尼”，[⑤] 正反映了辽代以中原传统“礼乐”文化为正统的历史事实。

然而生活在辽朝的汉族士人却对本朝被其他人称为“夷”而耿耿于怀。例如寿昌二年（1096），曾在大安末年在奏章中明确称辽为“中国”的刘辉，上书说：“宋欧阳修编《五代史》，附我朝于四夷，妄加贬訾。且宋人赖我朝宽大，许通和好，得尽兄弟之礼。今反令臣下妄意作史，恬不经意。臣请以赵氏初起事迹详附国史。”道宗听后“嘉其言”。[⑥] 正是在刘辉这样的汉族士人影响之下，辽朝皇帝正统观念渐强，以中国正统自居成为自然之事。大康七年（1081）辽道宗制《圣宗仁德皇后哀册》云：“后德中助，帝功大成。唐媛兴妫，涂山翼夏。狨赞殷昌，螈禅周化。秦汉已还，隋唐而下。我国迭隆，其贤相亚。”[⑦] 哀册旨在赞美自上古经汉唐至辽朝的“后德”，从中可以看出，这里已全然是以中国王朝统绪合法继承者自命的口气了。

辽朝末年，契丹政权处于风雨飘摇之中，岌岌可危，辽朝统治者更加以正统自居，企图以此作为维护其统治的依据。乾统八年（1108），天祚帝遣萧良赐高丽国王册云：

---

① 《全辽文》卷9，中华书局，1982年。

② 《全辽文》卷9。

③ 王鼎：《焚椒录》。

④ 洪皓：《松漠纪闻》卷上。

⑤ 《湛然居士文集》卷12《怀古一百韵寄张敏之》。

⑥ 《辽史》卷14《刘辉传》。

⑦ 《全辽文》卷2。

"朕以王者底绥四海，利建于侯封。诸侯各守一邦，会归于王统。"① 天祚帝甚至在降金表中还声称："伏念臣祖宗开先，顺天人而建业，子孙传嗣，赖功德以守成。奄有大辽，权持正统。"②

以上情形，说明辽朝末年，契丹族统治者以中国正统自居已成为当时意识形态的一个重要部分，这从一个侧面反映了中华传统文化在北部中国得到了深入而广泛的传播。辽朝正统观念在其形成与发展过程中，摈弃了那些不利于维护本朝统治的以汉族为中心的严华夷之辨、内诸夏而外夷狄的观念，自称"中国"（或"诸夏"、"区夏"），说明传统的"中国"观在契丹等族人中，得到进一步的扩大和发展。

金代历时近120年，幅员极为广袤，北起外兴安岭，南到淮河，西起今甘肃，东至大海，面积约当同时期南宋的两倍。由于占据了"天下之中"的中原地区，迫使汉族政权偏安于东南一隅，金朝统治者在处理与周边民族政权之间的关系时，更是常常以"中国"自居。如海陵王时，徒单太后就曾以"兴兵涉江、淮伐宋，疲弊中国"③ 为由劝阻海陵王南征。金哀宗在对比金、蒙古、南宋三方军事实力时说："北兵（按指蒙古军）所以盛取全胜者，恃北方之马力，就中国之技巧耳，我实难与之敌。至于宋人……朕得甲士三千，纵横江、淮间有余力矣。"④ 在外交方面，金宣宗时，有"日本国太宰府民七十二人，因籴遇风，飘至中国"⑤ 的记载。以上史料中的"中国"皆是金人的自称。与辽朝相比，金朝统治者自为整个中国正统的观念更为明显和强烈。这是女真族高度汉化的反映。

金代士人刘祁说："（女真）好变夷狄风俗，行中国礼乐如魏孝文。"⑥ 随着金朝疆土的迅速扩展，女真与汉人杂居共处，在汉族文明的影响下，女真汉化成为一种社会时尚和思潮。大约从金熙宗完颜亶（1135—1149年在位）起，在女真上层统治集团中率先出现汉化趋势。史书记载，熙宗"尽失女真之故态"，⑦ 而那些守旧的女真大臣则讥笑他"宛然一汉家少年子也"。⑧ 以上事实反映出熙宗在汉族士人和汉文化熏陶下，道德观念和生活习惯在很大程度上已经汉化了。海陵王完颜亮（1149—1161年在位）对汉文化的仰慕及其汉化程度，比熙宗有过之而无不及。史载，他自幼便"嗜习经史"，"见江南衣冠文物朝仪位著而慕之"。⑨ 他有较高的汉文学修养，所作诗词颇具特色。

海陵王时，金朝统治者已不满足于同南宋、高丽、西夏共有天下的格局，而要一统天下。"居天下之正"，"合天下于一"的观念愈来愈强烈，而且对以往重华夏轻夷狄的传统观念予以批判和否定。例如，海陵王对儒家经典《论语》中贵诸夏轻夷狄的观点极为不满，他说："朕每读鲁论，至于'夷狄之有君，不如诸夏之亡也。'朕窃恶之。

① 《高丽史》卷12《睿宗世家一》。
② 《大金吊伐录》卷4。
③ 《金史》卷63《后妃传上》。
④ 《金史》卷119《完颜娄室传》。
⑤ 《金史》卷15《宣宗本纪中》。
⑥ 《归潜志》卷12《辨亡》。
⑦ 《系年要录》卷117，绍兴七年十一月条。
⑧ 《三朝北盟会编》炎兴下帙66《金虏节要》。
⑨ 《大金国志》卷13《海陵炀王上》。

岂非渠以南北之区分，同类之比周，而贵彼贱我也。”[①] 海陵王主张华夷平等，反对贵华夏轻夷狄的观点，虽然与他的政治雄心相联系，是与其统一江南的战略目标为目的，但不能否认，他对儒家传统观念的否定和批判还是符合历史发展大势的。以后金朝诸帝无不如此。从世宗朝开始，金朝君臣干脆自居“中国”而将“夷狄”的帽子扣到南宋、高丽等向其称臣纳贡的政权头上。到章宗、宣宗时代，金朝继续以“华夷之辨”来解释民族关系，掀起了德运之议，自居正统，而把南宋贬于“闰”位。[②]

“合天下于一”的思想，在金朝君臣中也明显地确立起来。海陵王曾与臣下论《汉书》，臣子说：“本朝疆土虽大，而天下有四主，南有宋，东有高丽，西有夏，若能一之，乃有大耳。”海陵王说：“朕举兵灭宋，远不过二三年，然后讨平高丽、夏国。一统之后，论功迁秩，分赏将士……”[③] 海陵王还多次说过：“自古帝王混一天下，然后可以为正统。”[④]“天下一家，然后可以为正统。”[⑤]《正隆事迹记》亦载，海陵王迁都汴京是为了“加兵江左，使海内一统。”[⑥] 据宋人《中兴御侮录》记载，海陵王迁汴前曾说：“吾为中原天子足矣”，并有“咨尔万方，当怀一统”之语。该书作者评论说，海陵王“盖耻为夷狄，欲绍中国之正统耳”。金世宗也是一位通晓汉文化的金朝皇帝，唐太宗等中国历代“贤君”对他影响很深。他提倡孝悌忠信等儒家伦理道德，认为女真旧风与儒家理论是一致的，他说：“女直旧风最为纯直，虽不知书，然其祭天地，敬亲戚，尊耆老，接宾客，信朋友，礼意款曲，皆出自然，其善与古书所载无异。”[⑦] 金世宗即位后改元“大定”，与海陵王的初衷不谋而合，他还说：“我国家绌辽、宋主，据天下之正。”以为金王朝平辽克宋，占据了天下中心地带，理应称正统。金廷不仅在理论上重新解释正统，而且还制定了若干相应的礼仪制度。世宗大定四年（1164）初定祭五岳四渎礼和章宗泰和四年（1204）诏令合祭前代十七帝王便是其中两例。这两项礼仪的制定，进一步说明金朝统治者是把自己看成为中原历代王朝的合法继承者。

经过金朝治下的不少汉族学者的阐释，金朝的正统观更具有了理论意义。其中最著名者是赵秉文，他顺应时势发展变化，继承了儒家思想中关于华夏、夷狄都是可变的这一进步主张，为金朝正统理论建设贡献尤多。他在《蜀汉正名论》中说：“春秋诸侯用夷礼，则夷之；夷而进于中国，则中国之。”[⑧] 认为中国与夷狄的关系并非一成不变，而是不断发展的。这一论断，在当时来说确实十分精辟。这种为北方少数民族统一中国张目的理论学说，为后世少数民族统治者建立统一多民族国家起了思想先行作用。

总之，在宋辽夏金时期，各个相互对峙的民族政权都各有其朝代国号，而又都以“中国”为其通称。少数民族自称“中国之人”，少数民族统治者以“中国之主”自居，在今天看来不足为奇，但在12世纪的中国则具有重大的历史意义：首先，辽金王朝的

① 《三朝北盟会编》炎兴下帙142《正隆事迹记》。
② 参阅齐春风：《论金朝华夷观的演化》，载《社会科学辑刊》2002年第6期。
③ 《金史》卷129《张仲轲传》。
④ 《金史》卷84《温敦思忠传》。
⑤ 《金史》卷129《李通传》。
⑥ 《三朝北盟会编》炎兴下帙142。
⑦ 《金史》卷7《世宗纪中》。
⑧ 《闲闲老人滏水文集》卷14。

统治区域均极为辽阔，辽金王朝的统治者自称“中国”，则是将传统意义上的“中国”扩大到辽金统治下的东北和西北地区，使“中国”一词的含义不再局限于长城以南。其次，辽金王朝以“中国”自居则使“中国之民”不再仅仅代指汉族，也包括了在辽金王朝统治之下的契丹、女真、党项、蒙古等诸多民族，应视为近现代“中国人”一词的发端。再次，“中国”一词不再是区分少数民族与汉族的民族标记，而成为少数民族与汉族共有的政治符号，成为统一多民族国家的代名词。

兴起于漠北的蒙古游牧民族，经过长期的征服战争，相继灭亡了西夏、金、吐蕃、大理和南宋等分立政权，结束了中国长期分裂的局面，建立了一个新的封建王朝——元朝，在“北迄阴山，西极流沙，东尽辽左，南越海表”① 的辽阔领域，形成了一个空前规模的、统一的、多民族的大帝国。“元代是民族重新组合的大时代，其深度和广度超过隋唐”。“中国历史的民族组合，到了元代，可以说是基本稳定下来了，其后虽有满族的入关，变动并不太大。”② 在民族的重新组合中，各民族的关系更为密不可分，从而使“天下一家”、“中外一体”的多民族统一思想得到不断增强。

由于元朝是一个以少数民族统治者为首的政权，如何对待元朝的统治和民族关系的变化，元初汉族士人是经历过一番曲折的思想转变过程的，尤其是江南那些南宋遗民更具有浓厚的故国思绪，时时寻机表露他们的民族不满情绪。例如胡三省在其《通鉴音注》中，便通过论说史事申斥元朝横暴统治，表达故国情思。这种民族不满情绪，在金履祥的《通鉴前编》中也有所流露。还有一批江南学者通过研讨朱熹的《通鉴纲目》，倡导朱熹的“正统”理论和“夷夏之辨”思想，意在为南宋争正统，以此方式表露对异族统治的不满。

同江南士大夫新近亡国的“切肤之痛”相比，北方汉儒因长期生活于少数民族政权统治地区，使他们能够以比较务实的态度看待民族关系问题；另外，金亡40余年，他们目睹蒙元统一大业的进程，又受到元世祖忽必烈等蒙古统治者好儒尊礼的影响，思想已有了较大转变。郝经就是其中的具有代表性人物。由于他所生活的北方地区，从辽朝算起已有近300年不是汉族封建王朝的统治区；从金朝算起也有100余年时间不是汉族皇帝当家了，长期生活的社会背景提供给郝经等一批汉儒客观认识民族关系的现实基础，对于辽金历史的认识，特别是对金朝历史的总结，也使他们较容易突破“夷夏之辨”的观念，从而提出如郝经所说：“今日能用士而能行中国之道，则中国之主”③ 这样不带民族偏见的政治原则和民族关系思想。“行中国之道则中国之主”的关键在于冲破了狭隘民族观“严夷夏大防”的藩篱，解决了中国之主不一定非得是汉族的问题。郝经认为，天意民心所向，唯德唯善，能够主宰中国之土的人是什么种族并不重要，关键是要看他们是否行“中国之道”。他的“中国之道”自然是指儒家之道，在他看来，儒家的道德纲纪和典章文物乃是天下元气和命脉只所在。辽金之亡、南宋的衰败自然是没有修完纲常礼义、光大典章文物，那么，“中国既而亡矣，岂必中国之人善治哉？圣

---

① 《元史》卷58《地理志·序》。

② 《中国通史》第1卷《导论》，上海人民出版社，1989年，第15页。

③ 《陵川集》卷37《与宋两淮制置使书》。

人有云，夷而进于中国，则中国之，苟有善者，与之可也，从之可也”[①]。此话说得再清楚不过了，只要能行德治善政，则不一定非是“中国之人”，就是所谓“夷狄”，民亦可与之从之，这是郝经反复强调的。至于“圣人”所云，则表明了其理论基础来自于《春秋公羊传》的“用夏变夷”思想，是早有古训而非凭空捏造的。

郝经“夷而进于中国则中国之”的思想，反映了当时北方多数汉族知识分子的意识观念。如果说，“行中国之道则为中国之主”的思想是从理论上论证了蒙元统治的合法性；那么，“行汉法”的主张，则是为蒙古统治者提出了一系列具体的政治措施。徐世隆向忽必烈进言说：“陛下帝中国，当行中国事”，[②] 建议仿效中原传统典章制度，励行文治。其他如许衡、姚枢等汉儒都提出过非常具体的行“汉法”的建议措施。

元朝统治者接受传统的正统思想影响而形成政治上的正统观念应该说始于元世祖忽必烈。忽必烈是蒙元历史上一位“度量宏广，知人善任，信用儒术，用能以夏变夷，立经陈纪”的帝王，他确立了规模宏远的“一代之制”。[③] 他即位伊始，便采用中原皇朝的年号纪年，建元“中统”。建元中统，在大蒙古国历史上是一个立新的事情。在忽必烈之前的蒙古诸汗都没有采用年号纪年。忽必烈即位后使用年号纪年，其意义正如其《中统建元诏》所宣称“稽列圣之洪规，讲前代之定制”。表明此后的蒙古政权将沿着中国传统封建社会前代的“洪规”、“定制”而发展。建元是一个开始，这个开始含义既有“建元表岁，示人君万世之传；纪时书王，见天下一家之义”；又有“法《春秋》之正始，体大《易》之乾元”之意。由此可知，元世祖忽必烈是要继承此前历代传统的制度文化，遵循治道而行事，是要“施仁发政，期与物以更新”。[④] 也就是说，忽必烈是以一个“中国之主”的姿态出现于历史舞台。

至元八年（1271）正式建国号“大元”，进一步表明忽必烈建立一个符合中国传统制度和理念的大一统皇朝的政治追求。其《建国号诏》中云：“诞膺景命，奄四海以宅尊；必有美名，绍百王而纪统。肇从隆古，匪独我家……我太祖圣武皇帝，握乾符而起朔土，以神武而膺帝图，四震天声，大恢土宇，舆图之广，历古所无……可建国号曰大元，盖取《易经》乾元之义……”[⑤]“奄四海以宅尊”，“绍百王而纪统”，这是一个宏大的封建王朝最高统治者的政治宣言。在这个宣言里，他把所建立的政权纳入中国历代政权之列，同时，他也将所建政权视为“舆图之广，历古所无”的独特而伟大的皇朝。忽必烈取国号为“大元”，正以此示其独特而伟大。对此，《帝号》解释说：“自古有国家者，未若我朝之盛大者，或以所起之地，或因所受之封，为不足法也，故谓之元也。元也者，大也，大不足以尽之，而谓之元者，大之至也。”[⑥] 忽必烈君臣在国号的含义上大做文章，究其实质，不惟扬威溢美，也是向世人声明元朝统治的合法性，是中国皇统的当然继承者。

---

① 《陵川集》卷32《立政议》。
② 《元史》卷《徐世隆传》。
③ 《元史》卷17《世祖本纪十四》。
④ 《元史》卷4《世祖本纪一》。
⑤ 《元史》卷7《世祖本纪四》。
⑥ 苏天爵编:《元文类》卷9《帝号》。

由于元朝的大统一已成为不争的事实，包括汉族在内的元朝治下各族臣民大多对元朝正统地位予以承认。蒙古族大臣伯颜在统军灭宋后拜表称贺中云："国家之业大一统，海岳必明主之归；帝王之兵出万全，蛮夷敢天威之抗。始干戈之爰及，迄文轨之会同。区宇一清，普天均庆……恭维皇帝陛下，道光五叶，统接千龄。"① 汉族士人王理说："皇元起朔方，绍帝运，接天统，资始于天，不因于人，遂大作明命，训咸宇内。"② 到了元朝中期，多数江南士人也都承认元的正统地位，如杨维祯说："吁！不以天数之正，华统之大，属之我元，承乎有宋，如宋之承唐，唐之承隋承晋承汉也，而妄分闰代之承，欲以荒夷非统之统属之我元，吾又不知今之君子待今日为何时，待今圣人为何君也哉?"③ 应该说，元朝带给人们正统观念的变化，比辽、金更为深广。

元朝作为一个规模空前的大一统皇朝，有许多重要的文化建树，《大一统志》的纂修和《辽史》、《金史》、《宋史》之制作，都是元代文化建设中的大事，从中也可反映出元人"中国"观的扩大和历史观的进步。

由秘书监纂修的《大一统志》（后人称之为《元大一统志》或《大元大一统志》）是一部全国地理总志。从文献记载看，它的纂修显示了一个规模空前宏大的皇朝的宏伟气魄。《秘书监志》对这部书的撰述宗旨和编纂过程有以下记述："至元乙酉，欲实著作之职，乃命大集万方图志而一之，以表皇元疆理无外之大，诏大臣近侍提其纲，聘鸿生硕士立局置属庀其事，凡九年而成书。续得云南、辽阳等书，又纂修九年而始就。今秘府所藏《大一统志》是也。"④ 可见，彰显元朝立国规模，"以表皇元疆理无外之大"，是《大一统志》的编纂目的。该书完成后，元代著名文人许有壬为书作序，其中说："臣闻《春秋》所以大一统者，六合同风，九州共贯也。然三代而下，统之一者可考焉。汉拓地虽远，而攻取有正谲，叛服有通塞，况师异道，人异论，百家殊方，指意不同，无以持一统，议者病之。唐腹心之地为异域而不能一者，动数十年。若夫宋之画于白沟，金之局于中土，又无以议为也。我元四极之远，载籍之所未闻，振古之所未属者，莫不涣其群而混于一。则是古之一统，皆名浮于实，而我则实协于名矣。"他认为，《大一统志》的意旨深远，"非以资口耳博洽也，垂之万世，知祖宗创业之艰难；播之臣庶，知生长一统之世，邦有道穀，各尽其职，于变时雍，各尽其力，上下相维，以持一统。我国家无疆之休，岂特万世而已哉！统天而与天悠久矣。"⑤ 这里，许有壬阐发了《大一统志序》的编纂意义，也分析了这部书的政治寓意。其中虽然有为元朝歌功颂德的成分，但他的论述多是有史实根据的。他把传统的大一统观念与历史及现实结合起来，根据元朝的功业之实，作了新的解释。可见，元朝统一多民族国家的历史发展，极大地开阔了元人的视野，在他们心目中，不仅"中国"，就连"天下"、"四海"都被囊括在幅员广阔的元朝疆域之内。

元朝后期史学的最大成就是修成《辽史》、《金史》、《宋史》三部纪传体正史。三

---

① 《元史》卷127《伯颜传》。

② 苏天爵辑撰：《元朝名臣事略》卷首"王序"。

③ 《清江贝先生文集》卷2《铁崖先生传》。

④ 王士点、商企翁：《秘书监志》卷4《纂修》。

⑤ 《至正集》卷35《大一统志序》。

史编修的一个重要史学思想是“各与正统”的原则，这一原则表达了平等对待各民族历史的进步史观，也反映了元代后期“中国”观念的发展与扩大，承认辽、金、宋时期各民族的历史皆是中国正史的一部分。主持三史编修的右丞相脱脱，是顺帝时一位较有作为的蒙古族政治家。他针对具体修史工作中究竟是以宋统辽金还是“以金统宋”①的问题，提出了三史各为正统的正确主张。史载：“先是诸儒论三国正统，久不决，至是脱脱独断曰：‘三国各与正统，各系其年号。’议者遂息。”② 脱脱关于三史“各与正统”、“各系年号”的决定，不仅平息了长期以来的无休止的三史正统之争，解决了三史体例的根本问题；而且确立了平等对待辽、金、宋三国历史，平等对待不同民族政权历史地位的基本原则，这不仅在中国古代史学史上具有重要的历史意义，而且也是元代民族史观不断发展进步的重要体现。

三史“各为正统”的原则既已确定，在各族史学家的共同努力下，在较为完备的史料基础上，仅用了两年多的时间，便完成了三部史学巨著。三史各具特色，“《辽史》简洁，《金史》规范，《宋史》丰满……生动地反映出这一时期我国史学之民族内容的空前丰富”③ 尤其是辽、金二史所体现的“天下一家”、“同为中国”的思想，反映了由辽金至元中华民族认同上的发展趋势意义是十分重大的，不仅在当时发挥了作用，对后世也有积极的影响。

四

1368年，朱元璋在应天（今南京市）称帝，创建大明王朝，从蒙古贵族手中夺取了全国最高统治权。朱元璋以刘基、宋濂、李善长、陶安等一批南方的汉儒做谋士，得以取代元朝，完成帝王之业。一开始，朱元璋等就以华夷之防作为号召反元的思想武器，宣扬明朝代元的合理性、正当性，将大汉族主义的民族歧视思想发挥到极致，借此争取广大汉族特别是士大夫阶层的支持。

有明一代“中国”观、“天下”观、民族观及边地观的思想皆渊源于明太祖和明成祖，其二人的观点形成明王朝治理国家的“祖宗之法”，沿袭二百余年不变，是制定民族政策和处理民族关系的根本指导思想。

明太祖朱元璋的《谕中原檄》将其民族观、中国观表达得淋漓尽致，在古代可算是典型代表了，其中云：“自古帝王临御天下，中国居内以制夷，夷狄居外以奉中国，未闻以夷狄治天下也。自宋祚倾移，元以北狄入主中国，四海内外，罔不臣服，此岂人力，实乃天授。然达志之士，尚有冠履倒置之叹……于是人心离叛，天下起兵……当此之时，天运循环，中原气盛，亿兆之中，当降生圣人，驱逐胡虏，恢复中华，立纲陈纪，救济斯民……归我者永安于中华，背我者自窜于塞外。”④ 文中以“中国”对“夷狄”；以“中华”对“胡虏”，界限非常分明。这里的“中国”、“中华”，无疑指的皆

① 梁寅：《石门集》卷8《宋》。
② 权衡：《庚申外史》卷上。
③ 瞿林东：《辽金宋三史略论》，载《中国史学散论》，湖南教育出版社，1992年。
④ 《皇明诏令》卷1《谕中原檄》。

是中原内地的汉族。

作为一个以汉族为主的封建王朝，明朝统治者对少数民族满怀鄙夷而贱视之，常以“禽兽”、“犬羊”、“豺狼”、“丑虏”、“小丑”等类词汇加于其身，这在明代文献中举不胜举。如朱元璋就曾公开宣称：“夷狄，禽兽也，故孔子贱之”①。明成祖朱棣也常称少数民族为“鼠辈”、“丑虏”，② 顽固地认为少数民族“非我族类，其心必异”。明朝统治者在心理上总认为少数民族“奸诈”、“人面兽心”③，对于少数民族入主中原，成为“中国”的最高统治者，他们是极力反对，极端仇视的，认为这样会给“中国”造成祸乱，他们为此而感到“可耻”，在心理上无法接受这一现实。朱元璋曾说：“夷狄之祸中国，由来久矣。历观前代受其罢弊，遭受困辱，深有可耻。”④ 明人普遍认为：可以称为大一统的汉、唐盛世，都是汉族人的伟业，“夷狄乱华，自古未能一统”。⑤ 明中期思想家王廷相则认为少数民族入主中原，即使统一中国，形成大一统局面，也是“逆”是“变”，根本不能与汉族统一中国相提并论。他说：“统一华夷者，谓之大一统，然有正有变焉。居中国而统及四夷，顺也，正也，三代、汉、唐、本朝是也。入中国而统及四夷，逆也，非变乎？元是也。”⑥ 明朝统治者根据“内中国而外夷狄”的理论，认为少数民族只能“以小事大”，⑦ 接受汉族的统治，而没有入主中原、统治汉族的权利。因此在北伐的檄文中，朱元璋才如此宣称：“自古帝王临御天下，中国居内以御夷狄，夷狄居外以奉中国。”将此看作千古不易的信条。以“内中国外夷狄”的观念为基点，明太祖朱元璋制定了一系列民族政策，作为“祖制”的一部分，得到了明朝后世统治者的遵循借鉴。

明太祖朱元璋根据儒家的治国理念，完全以“中国”之主自居，将少数民族统统排斥于“中国”之外⑧，构建了以中原王朝为“轴心”的华夷秩序。在对外关系上，则以“富有四海”天朝大国自居，将周边国家皆视为中国的“藩属之邦”。朱元璋登基伊始，就陆续派遣使臣以玺书诏告高丽、占城、安南、日本、爪哇、渤泥、琉球等国，令其奉表来朝，称臣纳贡。洪武四年（1371），朱元璋驾临奉天门对省、府、台诸臣说：“海外蛮夷之国，有为患于中国者，不可不讨；不为中国患者，不可辄自兴兵。古人有言：地广非久安之计，民劳乃易乱之源。如隋炀帝妄兴师旅，征讨琉球，杀害夷人焚其宫室，俘虏男女数千人。得其地不足以供给，得其民不足以使令，徒慕虚名，自弊中土，载诸史册，为后世讥。朕以诸蛮夷小国，阻山越海，僻在一隅，彼不为中国患者，

---

① 《明太祖文集》卷15《解夷狄有君章说》。

② 见《明太宗实录》卷128、卷264。

③ 《明太祖实录》卷41。

④ 《明太祖实录》卷190。

⑤ 王世懋：《窥天外乘》。

⑥ 王廷相：《慎言》卷9《保溥篇》。

⑦ 《明太祖实录》卷140。

⑧ 例如洪武十五年（1382）朱元璋遣军进攻云南时，就明确地说：“云南自汉以来服属中国，惟宋不然，胡元则未有中国已下云南。”（《明太祖实录》卷143）可见他将“云南”、“胡元”等少数民族皆排斥于“中国”之外。

不可不谨备之耳。卿等当记所言，知朕此意。”① 日后，这道谕旨就成为明政府处理中外关系的准则。

明成祖朱棣对外思想更为明确，就是令万邦来朝，确立明朝“居中夏而治四方”的核心地位。如同他对礼部臣属所言：“帝王居中，抚驭万国，当如天地之大，无不覆载。远人来归者，悉抚绥之，俾各遂所欲。近西洋回回哈只等在暹罗间。朝使至即随来朝。远夷知尊中国亦可嘉也。”② 正是要使“今四方夷狄，皆归中心”，进一步确立明王朝“一统独尊”的政治地位，并“耀兵异域，示中国富强”③，明成祖才派遣郑和七下西洋，“涉沧溟十余万里”，历经30余国，在东南亚、南亚、西亚及东非产生了巨大的影响，并将明代中外交往推向了全盛时代。

明朝初年，无论是对“四方蛮夷”还是“海外藩国”，明廷都频繁地派出使者，持玺书昭告明朝推翻“胡元”，继承正朔，乃是真正的“中国之主”。如洪武二年二月赐占城国王阿答阿者玺书称：“曩者我国中为胡人窃据百年，遂使夷狄布满四方，废我中国之彝伦，朕是以起兵讨之，垂二十年，芟夷既平，朕主中国。”赐爪哇国王玺书也说：“中国正统，胡人窃据百有余年，纲常既隳，冠履倒置。朕是以起兵讨之，垂二十年，海内悉定。”赐日本国王玺书同样说：“向者我中国，自赵宋失驭，北夷入而据之，播胡俗以腥膻中土，华风不竞，凡百有心，孰不兴愤……朕本中国之旧家，耻前王之辱，兴师振旅，扫荡胡番，宵衣旰食，垂二十年。”④ 五月，遣使诏谕吐蕃曰：“昔我帝王之治中国，以至德要道，民用和睦，推及四夷，莫不安靖。向者胡人窃据华夏，百有余年，冠履倒置，凡百有心，孰不兴愤。比岁以来，胡君失政，四方云扰，群雄纷争，生灵涂炭。朕乃命将率师，悉平海内，臣民拥戴，为天下主。”⑤ 由此可见，明朝在取代元朝之后，尤其强调华夷之辨，“复汉官之威仪”，对蒙元统治进行“拨乱反正”，重续百年元朝统治以前的唐宋礼仪和制度规范，以此表明大明王朝的正统性与合法性。

自“地理大发现”之后，世界各国的联系更加紧密，中国同西方世界也有了较多的交往。自晚明至清初，当时正是西方各国形成统一民族国家的时期，有一批耶稣教会士从欧洲渡洋而来，与明、清朝廷及士大夫阶层相接触，记载此类事时，中国文献往往自称“中国”，称西方各国为“泰西”、“西国”或称其具体国名。中外自此概念越来越分明。西方耶稣教会士来到中国以后，也对中国的历史、地理、民族、文化等各方面进行了初步的研究，撰述了不少作品向西方报道，在书中称他们所在的国度为“中国”或“中华帝国”（简称也就是“中国”）。例如晚明时著名耶稣教会士利玛窦于万历二十八年十二月二十四日（1601年1月28日）给明神宗上书，自称“大西洋陪臣”，来到中国以后，“颇知中国古先圣之学”，又发现西方历算“并与中国古法吻合”。⑥ 万历三十八年（1610）利玛窦在北京逝世，王应麟所撰《利子碑记》称：“万历庚辰（按即万

① 《明太祖实录》卷68。
② 《明太宗实录》卷24。
③ 《明史》卷304《郑和传》。
④ 《明太祖实录》卷37。
⑤ 《明太祖实录》卷41。
⑥ 《增订徐文定公集》附《利子奏疏》。

历八年，1580）有泰西儒士利玛窦，号西泰，友辈数人，航海九万里，观光中国。”又说利氏所传数学、天文学等知识“翼我中华，岂云小补。”① 明朝士大夫中，徐光启同利玛窦交往最为密切，在他的著作中关于中西的概念更为鲜明，如其《简平仪说序》论及天文、历算之学，说：“郭守敬推为精妙，然于革之义庶几焉。而能言其所为者，则断自西泰子之入中国始”。② 与徐光启同时代的李之藻也说：“西贤入中国三十余年，于吾中国人利名婚宦事，一尘不染。”③ 至清代后期，何秋涛、洪钧、曹廷杰等人关于中外关系及中国边疆史地的著作，涉及中国及俄国及其他各国的地方，更加明确地从中国与中国以外各国的主权和疆界上严格区分出来，在他们的著作中都称自己的祖国为中国，尽管当时朝廷自有国号，但与外国相对的主权与疆域实体是中国。

由此可见，从晚明到晚清，中国这个国家的朝廷发生了从明朝到清朝的变迁，但是无论中外对这个国家是“中国”的概念是非常清楚的。西方关于中国的著作，最早大约是葡萄牙人门多萨的《中华帝国史》（1585），以后不少著名的耶稣教会士兼学者都对中国有过各种报道和撰述，如1753年法国人杜赫德出版了《中华帝国及中国所属鞑靼地区的地理、历史、编年纪、政治和博物》（简称《中华帝国全志》）以及俄国神甫比丘林的《中华帝国通志》都对中国的疆域及中国境内各民族状况作了轮廓式的叙述。这表明西方各国的早期历史文献对中国这个有许多民族的统一而广大的国家已经有了大致的了解。

清朝是满族（满洲）统治者建立的中国历史上最后一个封建王朝。满族（满洲）在入关之前，其社会机制已具有多元性。那时的清朝已统一了北方辽阔的边疆地区，一如清太宗皇太极复明朝崇祯皇帝书函中所说：“予嗣位以来，蒙天眷佑，自东北海滨（按即鄂霍次克海），迄西北海滨（按即贝加尔湖），其间使犬、使鹿之邦，产黑狐、产黑貂之地，不事耕种、渔猎为生之俗厄鲁特部落，以至斡难河源，远迩诸国，在在臣服。”④ 此后的建树，便是清世祖对摄政王多尔衮所作评价中概述的：“平定中原，统一天下”。⑤ 清圣祖康熙帝雄才大略，将完成统一大业作为终生奋斗的目标，正如他对台湾的诏谕中说：“帝王抚驭寰区，仁覆无外。即海隅日出之邦，无不欲其咸登衽席，共乐升平。”⑥ 基于这种信念，康熙帝对地理格外留心，“遣使臣至昆仑、西番诸处，凡大江、黄河、黑水、金沙、澜沧诸水发源之地，皆目击详求，载入舆图。”⑦ 中国历代封建帝王如清朝康熙皇帝这样留心地理的，亘古无二。清世宗雍正帝继承和发展了其父的遗规，宣布：“凡臣服之邦，皆隶版籍。”⑧ 在西南地区厉行改土归流的，就是这位清世宗雍正皇帝。他还说：“夫中国之一统于秦，塞外之一统于元，而极盛于我朝。”⑨ 自诩

---

① 《增订徐文定公集》附王应麟《利子碑记》。

② 《增订徐文定公集》卷1。

③ 《增订徐文定公集》卷6，李之藻文稿附《刻圣水纪言序》。

④ 《清太宗实录》卷61。

⑤ 蒋良骐:《东华录》卷6。

⑥ 蒋良骐:《东华录》卷12。

⑦ 蒋良骐:《东华录》卷24。

⑧ 蒋良骐:《东华录》卷29。

⑨ 蒋良骐:《东华录》卷30。

清朝统一规模更胜于秦、元等王朝。到清高宗乾隆帝在位时，全国的统一达到了封建时代的顶峰。清代前期，中国的疆域东起库页岛、台湾，西迄巴尔喀什湖、帕米尔，西南沿喜马拉雅山脉直到云南的高黎贡山和恩梅开江，都在清朝的有效管辖之下。清朝的遗老在修史时称清朝的统一“超越汉唐”①，这个评价并不过分。应该说，正是以满族为主的清王朝最终完成了中国疆域奠定的历史使命。

清王朝对全国的直接统治范围虽然空前扩大了，但并没有超出汉唐以来传统的内地与边疆。康熙皇帝在祭祖时赋诗歌颂清朝的国祚与疆域，说：“卜世周垂历，开基汉启疆。”② 表示清朝所统一的正是汉朝奠定的中国传统疆域。

自清朝初年开始，清廷就将“中国”的概念运用于同西方国家的外交事务中。在当地各少数民族的支持下，清政府赢得了雅克萨自卫反击战的胜利，沉重打击了沙俄侵略者的嚣张气焰，迫使沙俄政府同清政府签订了《中俄尼布楚条约》。这个条约到1858年和1860年签订《中俄瑷珲条约》为止，保持了160多年，维护了中国的领土完整和主权。

康熙二十八年（1689）签订的《中俄尼布楚条约》是中国与外国确立边界的第一个条约。订约的一方是清朝，但使用的国名是中国。比如谈判的首席代表索额图的全衔是“中国大圣皇帝钦差分界大臣议政大臣领侍卫内大臣”，就是说他是中国皇帝的钦差，行使中国的主权。《尼布楚条约》的满文本和拉丁文本，都是中国钦差提供的合法文本，经中俄双方验证完全一致。其中关于划界的内容如下：一、将由北流入黑龙江之绰尔纳，将乌鲁木河附近之格尔必齐河为界，沿此河源之石大兴安岭至海：凡岭阳流入黑龙江之河溪尽属中国；其岭阴河溪尽属俄罗斯。惟乌第河以南，兴安岭以北中间所有地方河溪暂行存放。俟各归国察明后，或遣使，或行文，再行定议。一、将流入黑龙江之额尔古纳为界：南岸属中国，北岸属俄。其南岸墨里勒克河口现有俄罗斯庐舍，着徙于北岸。

而关于两国订约后对订约前的逃亡者免予索还的条文规定：一、除以前一切旧事不议外，中国现有之俄罗斯人及俄罗斯国现有之中国之人免其互相索还，着即留存。③ 以上条文显然说明清朝政府是以“中国”当作国家的名称，以此同“俄罗斯”的国名对称。

清朝初年，民族矛盾激化，汉族反抗满族统治的活动此起彼伏。当时著名的思想家顾炎武、王夫之、黄宗羲等早年都参加过抗清斗争，后来专心著述，宣扬传统的“华夷之辨”、“华夷之防”的儒家理论，以唤起广大汉族的“故国之思”和对满族统治的仇恨。汉族的这种“亡国”情绪和“仇满”心理，一直延续到清代中后期。太平天国的《奉天讨胡檄》说：“夫中国有中国之形象，拖一长尾于后，是使中国之人，变为禽兽也。中国有中国之衣冠，今满洲另置顶戴，胡衣猴冠，坏先代之服冕，是使中国之人忘其根本也。”④ 宣称“中国”同“满洲”势不两立，形同水火，更是将“华夷之防”的

① 《清史稿》卷518《藩部传·序》。

② 《康熙御制文》一集卷36。

③ 此条约满文汉译本见西清《黑龙江外记》卷1。

④ 杨秀清：《奉天讨胡檄》，见《中国近代史资料选编》，三联书店，1954年，第118页。

思想发挥到极致。

有清一代，在汉族知识分子思想中，尽管传统的“华夷之防”观念未能完全泯灭，但在统一的多民族国家的发展过程中，“中华一体”的观念逐渐明确而牢固。例如，清代学者段玉裁撰《说文解字注》，他在注解“夏，中国之人也”一句时说：“以别于北方狄，东方貉，南方蛮闽，西方羌，西南焦侥，东方夷也。”段氏强调了民族差别，依据先秦华夷对举的古义进行解释。另一位清代学者王绍兰在其《说文段注订补》中对这一条“段注”提出批评，他说：“案，京师为首，诸侯为手，四裔为足，所以为中国之人也。”王氏着重从统一的多民族中国以确立的现实出发，阐明“中国人”应包括中国各民族在内，中国各民族是一个整体。段、王两位清代学者对“中国”一词的不同解释，反映了当时的中国思想界由“华夷之辨”、“华夷之防”到“中华一体”的辩证发展过程，以及在统一的多民族中国确立后人们观念上对“中国”一词含义认识的深化与词义的规范化，不啻是从“华夷之防”到“中华一体”发展过程的一个总结。

至19、20世纪之交，“中国人”与“中华民族”逐渐含义相同，皆包括中华大地上所有民族在内。辛亥革命前后，著名革命家章太炎在《中华民国解》中解释说：“中国云者，以中外分地域之远近也；中华云者，以华夷别文化之高下也。”[①] 这种解释仍未脱离古代传统观念的窠臼。1922年，梁启超撰《历史上中国民族之研究》，他一方面说“中华民族”通常指汉族，同时又指出：“中华民族”包括中国各民族认同的一体特征。他说：“凡遇一他族而立刻有‘我中国人’之一观念浮于其脑际者，此人即中华民族一员也。”[②] 所指的就是中国境内所有的民族。比之章氏之论，无疑梁启超的阐释更加科学。同时，这可能是首次将“中华”与“民族”连在一起用的先例，反映了在近现代民族国家林立的国家背景下，中华民族自我意识的觉醒，“中国”观念由此也进一步得到发展与扩大。

由于1840年以后中国与外国接触越来越多，而且日益加深了殖民地半殖民地的程度，中华民族与帝国主义的矛盾成为中国近代社会的主要矛盾，因而国号与主权疆域实体完全一致就成为必要之事。中国的旧民主主义革命和新民主主义革命都已取消以往封建朝廷那样一家一姓的朝代国号。孙中山领导的辛亥革命创建了中华民国；中国共产党领导中国人民推翻三座大山，创建了中华人民共和国。两次革命以后缔造的国家都冠以中国的名称，是近代中国历史发展的必然性所使，不是偶然性的历史现象。

通观中国历史，从夏、商、周、秦、汉到后来的隋、唐、宋、辽、金、元、明、清，历代王朝都有自己的国号，但没有一个王朝把“中国”作为自己的国号。“中国”一词，在古代文献中的含义不止一端。历史上的“中国”一词主要是地域或文化类型及政治地位的区分，而不是整个历史疆域和政治管辖范围的概念，也不是国家政权的正式名称。从古以来，“中国” 词有一个扩大和发展的过程。大体上说，从宋辽夏金时期开始，传统意义上的“中国”观有了新的发展，并逐步成为统一多民族国家的代称。“中国”作为我国统一国家政权的名称，作为代表我国包括边疆地区各少数民族在内的

① 《章太炎文录初编·别录》。

② 梁启超：《中国历史上民族之研究》，载《饮冰室文集》专辑，第11册。

名称，乃近代之事，是孙中山先生领导的具有资产阶级民主革命性质的辛亥革命，推翻封建王朝，开创共和体制，建立中华民国之后。这里的“中华”包括了我国境内的少数民族，但那时只提汉、满、蒙、回、藏“五族共和”。后来以蒋介石为首的国民党南京政府，否认中国多民族的存在，将汉族之外的少数民族均称之为宗族。只有在中国共产党领导的新民主主义革命取得胜利之后，“中华民族”一词才发展为包括我国古代民族和现代境内56个兄弟民族的总称；“中国”一词才成为真正体现十几亿人民意志的中华人民共和国的简称，成为反映中国历史实际的一个科学概念。

大昭寺门楼顶上之经幢铭文考察[①]

王湘云（美国加州理工学院）

按：2006年青藏铁路通车，翌年夏我们比较容易就踏上了西藏的土地。拉萨虽以壮丽宏伟、令人神往的布达拉宫为其标志，然而据陈庆英老师告知，虔诚的藏传佛教信徒们到拉萨的第一站即朝圣拜佛的真正目的地乃大昭寺（Lha – ldan gtsug – lag – khang）。大昭寺建于7世纪中叶文成公主进藏时期，远久于达赖喇嘛的布达拉宫殿；它不但在地理位置上处于拉萨的中心，也是西藏乃至整个内亚地区藏传佛教信仰者们心目中的庙宇圣地所在。因此我们也选择大昭寺作为抵达拉萨后的首访之所。

大昭寺的建筑在下面看虽不是那么高耸起眼，但其中的文物宝藏却是宝中之宝、历经沧桑、名副其实；近年来旅游事业发展，有关大昭寺的介绍，包括画册等，也已不少，此不赘述。当我们登上前殿屋顶，立即眼前一亮，远处的布达拉宫形成一幅独具西藏特色的美妙画卷；平视过去，方正宽阔的庭院对面那栋白墙红檐金顶的主殿顶上二层俨然呈现又一座脱离尘埃、肃穆宁静的庙宇；而转过身来，这边竖立于门楼顶上的祥麟法轮两侧、形状略粗于其他吉祥点缀物的一对鎏金胜利幢[②]尤其引起我们的兴趣。据陈老师讲，经幢上面的铭文好像至今尚未有人做过文章。当时我们就拍下几张照片，但过后却放下了。如今又是四年过去，因纪念家父王锺翰先生诞辰百年论文集收到约稿函，让我不由想起大昭寺上的那对胜利幢，再次请教陈老师，并商量好一同对此做一探讨。

胜利幢上的铭文为藏文，主体部分还算清晰，但也有个别文字很难辨认，特别是靠近底部的两三行或由于日晒雨淋等自然侵蚀，锈迹斑斑，或被为稳固基础的绛红泥浆涂料所遮掩，字迹几乎全无，由此失去了让人最想看到的有可能标明了的署名、年代等确切信息。在此我们暂就能够读出的主体部分进行识读、翻译和注释，然后整理出相关史实并结合历史背景谈谈我们的看法。

一、铭文转写、译文及注解：

＊藏文转写所用罗马字母：

kakha ga nga ca cha ja nya

tatha da na pa pha ba ma

tsa tsha dza wazha za ‘a ya

① 这篇文章中写作过程中自始至终都得到了陈庆英老师的帮助和指导，特别是铭文的译注部分，若没有陈老师出力，这篇文章是做不出的。在此深表谢意。

② 胜利幢，或称经幢，佛教八瑞相之七，藏文作 ’gyal mtshan；梵文 dhvaja。印度和汉地的经幢是刻有陀罗尼经咒的，一般不竖立在建筑物顶上。西藏的佛殿建筑多为平顶，所以在屋顶竖立，一般不刻经咒而刻吉祥物。

大昭寺入口

ra la sha saha a

* * 转写中的数字为经幢铭文原来行数.

北侧[①]经幢铭文:

1/Omswasti. . Rlabs chen bya dka' i tshogs gnyis yongs

祈愿吉祥！具足了伟大苦行的二资粮[②]，

2/rdzogs shing. . Bdud bzhi' i dpung tshogs mtha' dag gtan bcom te. . Mi mjeg

彻底粉碎全部的四魔[③]军队，

3/zhing gi ' gro ba ' dren pa' i dpal. . Rnam ' dren shaky' a mu nis rtag tu skyongs. . Rgyal

成为娑婆世界[④]众生的引导，请导师释迦牟尼常时护佑。

4/kungshegs shul sher phyin ' dul mngon sogs. . gang la gtad dang dam bca' i khur bsnams pa. . Mi pham

诸佛践履的遗迹和般若[⑤]、戒律、对法[⑥]等，向接受这些而承担誓愿的重任，成为

① 吐蕃赞普松赞干布娶唐文成公主和尼泊尔 Bhrikuti 公主，二位公主均笃信佛教，文成公主建拉萨小昭寺朝东，而尼泊尔公主所建的大昭寺的主要入口则面西。

② 资粮，本来是指人类生存必须的粮食和用具，佛教用来比喻功德善根，二资粮，是指福德资粮和智慧资粮。

③ 四魔：烦恼魔、阴魔、死魔、自在天魔。

④ 娑婆，梵文 Saha，意译“堪忍”，故娑婆世界又作堪忍世界，指释迦牟尼进行教化的世界，实即现实世界。

⑤ 般若，梵文 Prajna 的音译，意为“智”、“慧”等；全称般若波罗蜜，谓通过智慧到达涅磐之彼岸。

⑥ 对法，对法藏，论藏，诠说增上慧学。

不坏妙吉祥[①]严饰的，

5/ ‘jamdpal rgyan mchog rgya pod kyi. . Thub dgongs gsal mdzad ma lus gtsug gis mchod. . Tub bstan lung dang rtogs

印度西藏的显明佛意的大德们顶礼！

6/pa'ibdag nyid can. . Bshad sgrub tshul bzhin ‘dzin spel mthu ldan pa'i. . Skyes po'i tshogs kyi bzhed dgu yongs ‘grub te. .

具有佛法教证功德的自性[②]，以及如法讲论和修行的法力，完成众生的各种心愿，

7/skyes dgu'i phan bde'i dga'i ston spel phyir dang. Rgyal bstan byang nas byang du dar ro zhes. . Gang gi lung bstan me tog

为了增益众生的利乐盛宴，在这“佛法由北地再向北传”[③]，授记[④]的花朵抛落下来之地，

8/bdor ba'i yul. . Phyag na padma'i ‘dul zhing gangs ljongs kyi. . Lha ldan sprul ba'i pho brang brgyan slad du. . Rgyal mtshan che legs ‘khor lo ri

① 妙吉祥，指文殊菩萨；“不坏”，密教修行概念，指获得金刚不坏之身。不坏妙吉祥，在这里是指文殊菩萨。

② 自性，佛学典籍中常用的一个重要概念。虚空法界是自性变现的，诸佛如来是自性变现的，离开自性无一法可得。

③ “佛法由北地再向北转”，藏文古籍中提到的一种佛教预言，称佛教发展到大乘佛教的阶段，将从印度传播到北方的雪山之地，然后再向北方传播。西藏在佛教发祥地印度之北，蒙古又在西藏之北，所以这一预言经常用来指佛教从西藏向蒙古传播的过程。

④ 授记，即预言。

为了装饰（位于）莲花手菩萨[①]教化之地雪域的，拉萨幻化宫殿[②]，应该新建宏大而美观的经幢以及法轮祥兽，

9/dags bcas…... Gsar du sgrub ched lcang skya ta ko shri.. ngos dang dgon mang mkhan sprul dang bcas te.. Dar han chin wang rnam rgyal tshe ring la.. Bskul

章嘉大国师本人和许多寺院的堪布活佛一起，向达尔汗亲王南杰次仁[③]提出劝请，

10/mazhus par dang de'i dad gtong gi.. Rab dkar ku muda yar tshes ga bur 'dzin.. Phan tsgun 'gran pa bzhin du rab 'phel te.. Rgyal mtshan zung dang 'khor lo

加以（亲王）本人的信仰如洁白的睡莲花，和上弦月像彼此竞赛一样增长，精心地建造了一对大经幢和法轮祥兽等，

11/ridwags bcas …... Legs bskrun lha ldan gtsug lag khang bzang rtser.. Phul pa'i rnam dkar dge tshogs ji mchis pa.. Sras bcas rgyal ba'i bzhed dgu dang 'grogs

奉献到拉萨大昭寺精舍的屋顶，因含这一奉献善举的各种善良事业，（亲王）和王子与佛陀的各种心意相伴，

12/ te…... rgyal bstan yun ring gnas pa'i rgyud gyur cig.. Mkhyen dang brtse ba'i bdag nyid mchod yon gyi.. Chab srid mnga' thang rdzogs ldan dus bzhin 'phel.. Dbu

祈愿成为佛陀教法长久住世的因缘，具有慈悲智慧的施主福田大德，政务权势如同圆劫时代[④]一样增盛，

13/rmog btsan cing rtag brtan dos.. 'Gro kun lugs gnyis khrims kyis legs skyong shog.. Sa skyong mchog gi sku tshe mdzad 'phrin dang.. 'khor 'bangs mnga'……

武力雄强而且长久坚固，以二规[⑤]及法度护持众生。

14/……thugs bzhed kun kyang dpag bsam shing bzhin 'bad rtsol med par lhun gyis 'grub par shog.. Las 'dir 'brel thogs rnams …...

一切心愿犹如如意宝树，不需耗力苦争而自然成就。与此事相关的众人受殊胜吉祥[⑥]护持，

15/ …..mchog bshes kyis bzung. （rdzu 'purul ji bzhin sa lam myur 'god de sku gsum shar ba'i go 'phang mchog grub shog）

犹如神通一样很快进入获得悉地[⑦]的道路，成就示现三身[⑧]的果位。

南侧经幢铭文：

---

① 莲花手菩萨，即观世音菩萨。

② 拉萨幻化宫殿，指拉萨大昭寺。

③ 南杰次仁，即那木济勒色楞。

④ 圆劫，圆满时。

⑤ 二规，指世间和出世间的规律。

⑥ 殊胜，佛教术语，事之超绝而世所稀有者称为殊胜。极乐净土姻缘殊胜，因阿弥陀佛发愿普度众生，凡有一念之善者皆可往生净土。

⑦ 悉地，梵文 siddhi，意译作成就、妙成就，梵汉并举而称成就悉地、悉地成就，即修法时所求之愿，如意现前，故曰成就。于密教，意指依诵持真言等，以身、口、意三密相应而成就世间、出世间种种妙果。

⑧ 佛具有的三种身：报身、应身、法身。亦称三佛，指佛身：法身、受用身、化身。示现三身，即成佛。

1/Rnam ‘dren stong gis spangs pa’i skal chad rnams. . Lnga

千位导师对于错失了善缘的，

2/phrag rtsub ‘gyur glal ba’i srin mo’i gar. . Lhag par nyam thag ngal gso’i dbug

在五浊①中如疲乏的魔女舞蹈，悲苦不堪的众生，给予使其休息缓口气的救护，

3/dbyungs mgon. . Pad dkar ltar bsngags sh’akyamunis skyong. . Mthon mthing zur

这样的救星被释迦牟尼称为白色莲花②。

4/phud dor ba’i ‘jam dpal dbyangs. . Rnam gsum ngur smrig zol bsgyur tsong kha pa. . Yab sra

抛却了蓝色发髻的文殊菩萨，就是身着三法衣③的宗喀巴大师④，

5/brgyud pa yi dam bka’ sdod bcas. Dge legs bye ba’i char chen ded ‘dir stsal. . ‘Jig rten gsum mgon yi shis

其师徒以及本尊护法⑤等，请你们降下千万善规的法雨。

6/sgyu ma ‘i gar. . Rten dang brten par ‘phrul pa’i ngo mtshar gzugs. . ‘Prul snang gtsug lag khang zhes sa gsum gyi. . Lhar bcas

具有所依能依的幻化的奇异身相（佛像），被称为幻现神殿的大昭寺，是三界俱生福德的宝藏，

7/bsod nams kun gyi snying por thob. . ‘Dir ni mchod cing bkur pa’i cha shas ky-

---

① 五浊，末法时代之五种恶劣的生存状态：劫浊、见浊、烦恼浊、众生浊、命浊。

② 白色莲花，指观世音菩萨。

③ 三法衣，佛教出家人的服装。俗称僧衣。法衣意即符合佛法之衣，包括制衣和听衣。制衣传为释迦牟尼所规定，由受过具足戒的比丘和比丘尼穿用；听衣传为佛陀听许弟子穿用的一切服装。按佛教戒律只用若青（铜锈色）、若黑（淤泥色）、若木兰（赤中带黑色）等“三如法色”。从色取名，叫作袈裟。

④ 宗喀巴大师，格鲁派（即所谓黄教）祖师。

⑤ 本尊，密宗术语，密宗修行者以它为禅修对象。密宗相信，本尊会保护修行者，成为修行护法神。

ang. . Bsod nams nam mpha' i pha mthar yongs ' khyud sprin. .

在这里做一些供养和礼敬，其福德也像布满天际的祥云（广大）。

8/Srid zhi' i dge legs bye ba ' gugs pa' i dpyid. . Spyi sgos phan bde' i dpal du tob pa' i slad. . Dbang phyogs bstan ' gro' i rtsa lag ta ko shri. . Lcang

为了招徕有寂世界的千万善业，也为了得到总体的或局部的利乐吉祥，掌管教法和众生根本和枝叶事务的大国师，

9/skya mchag sprul dgon lung mphan sprul zung. . Lhag bsam mgrin par snyan pa ko ki las. . Bskul bas skyong dar han chin wang zhes. . Mgon med zas sbyin gnyis pa' i dad gtong

章嘉活佛和郭隆寺（佑宁寺）的堪布活佛一起，以热忱和悦耳妙语劝请，达尔汗亲王被称为护方王，亦"给孤独尊者第二"①，出于自己的信仰，

10/…… gyis ' dzin ni. . Pyogs las rnam rgyal mtshan ma' i dpal ' dzin bzhin. . Bskrun pa' i bsod nams ji snyid thob pa' i dges. . Blo bzang ring lugs mchogs gi rgyal mtshan

建造了殊胜各方的执掌福德的象征（经幢），由建造经幢所生的一切功德，使洛桑（扎巴）教法②的殊胜经幢永远在顶上竖立，

11/…… gtsug tu rtag bsgrengs pas. . Dmag dang log pa' i smra ngan kun las. . Rnam par rgyal ba' i dge mtshan ' bar gyur cig. . ' Phags mchog gangs ri' i mgon gcig pad

使得在兵灾、邪说等恶业之中，有战胜它们的善业增盛

12/…… srid par …… mchog gi sgral. ' Khul bral yid bzhin dbang gi nor bu ni. . Thub bstan rgyal mtshan tog tu myur thob shog. . Bstan ' dzin kun gyi sku tshe mdzad ' phrin ky-ang. . Mchog

………真实无误的如意珍宝，在这佛法宝幢的顶上迅速获得，所有执掌教法的人寿命和事业，殊胜……. .

13/…… gli dam……. . Mtha' bzhi' i degs ldan…… …….

[底部两行字迹被遮盖，无法辨认，暂付阙如]

二、章嘉活佛、达尔汉亲王及年代问题

铭文除去对佛陀释迦牟尼和宗喀巴大师的誉美颂词以及施主本人虔诚的信仰表达，还提供给我们一条重要信息，即这一对经幢和竖立于其中的法轮祥兽是章嘉大国师和佑宁等寺庙一些高僧劝请达尔汉亲王制作供奉的。历史上的章嘉活佛转世传承，而达尔汉亲王世代相继，且二者的起讫年代亦相差不远。那么，这里所说的章嘉大国师指的是第几世章嘉活佛，而达尔汉亲王又何许人也？

史上有七位章嘉活佛。一世章嘉活佛出在青海郭隆寺（后又命名为佑宁寺），曾赴拉萨学佛受戒讲经。他的转世活佛阿旺洛桑却丹（1642—1714）于1686年随达赖喇嘛

① 给孤独尊者，是为释迦牟尼修建祇园精舍的大施主；达尔汉亲王做此供奉，即又一位给孤独尊者，可称作"给孤独尊者第二"。

② 洛桑扎巴，宗喀巴大师本人的名字；故洛桑教法指格鲁派教法。

的代表甘丹赤巴罗追嘉措去喀尔喀调解争端，返回途经北京，受到康熙帝信任，留京供职；并得到皇四子胤禛（后雍正帝）的尊重，常与之商磋佛经义理。三世章嘉活佛若必多吉（1717—1786）因罗布藏丹津事件的发生，8 岁时即遵旨人京，受到雍正、特别是乾隆帝的喜爱和器重，18 岁封大国师，长期居住汉地。清朝官方记载以及他本人传记中都有他二次赴藏的记录：一次是雍正末年（1735）同皇十七子允礼赴泰宁护送七世达赖喇嘛返藏；一次是乾隆年间赴拉萨参与确定七世达赖喇嘛的转世灵童。[①] 随后不久喀尔喀亲王车布登扎布赴藏看视八世达赖喇嘛坐床[②]，但记录中没有达尔汗亲王的痕迹。另外，第十世和第十一世达赖喇嘛的坐床仪式发生在道光年间（分别为 1822 年和 1842 年），道光帝也曾两次命章嘉活佛益西丹巴坚赞（1787—1846 年）前往；时任成都副都统的苏冲阿和什蒙额也都分别赴藏看视坐床[③]，而非蒙古亲王。

铭文中的章嘉大国师究竟指的是哪位呢？三世章嘉若活佛必多吉地位尊，事迹多，是满蒙藏关系中的一个关键人物，让人很自然先考虑他的可能性；而自第二世起，历辈章嘉活佛在青海、内蒙古广大地区信奉藏传佛教的民众当中传法灌顶，威信都很高，所以也都不能排除在外。然而有关他们的记载中似乎只字未提大昭寺经幢之事。看来比较走捷径的探索大概是应能否先确定文中的达尔汉亲王是哪个时代的人。这位达尔汉亲王的名字在铭文写作 rNam rgyal tshe ring，通常汉译为南杰次仁。

清朝蒙古王公封为亲王的人数并不是很多，据嘉庆朝《大清会典》，内札萨克亲王 4 人（科尔沁，有札萨克和硕土谢图亲王 1 人，札萨克和硕达尔汉亲王 1 人，闲散和硕卓哩克图亲王 1 人。乌珠穆沁，有札萨克和硕车臣亲王 1 人）；外札萨克除了汗以外，有亲王 7 人。[④] 这 11 位亲王当中仅有一位称作达尔汉亲王，属科尔沁左翼中旗。我们知道，科尔沁蒙古游牧喜峰口外，与肇兴的满洲接壤，天命九年（1624）其首领奥巴率部先于其他蒙古部落归附清朝，并与清王室联姻，因此当清朝于崇德元年（1636）封爵时，科尔沁部所封王公冠诸旗之首。[⑤] 几百年来达尔汉王族对清朝忠心耿耿，尤其是在击败清朝劲敌准噶尔蒙古的征战中一再立下战功，而且又数次与清王室联姻，最终达尔汉亲王的称号得以传袭至民国时期。查看达尔汉亲王的世系表[⑥]，其中第十二代、亦即末代达尔汉亲王名为那木济勒色楞（Namjil sereng），表中仅此人名可以与南杰次仁（rNam rgyal tshe ring）相对应。他出生于 1879 年，去世于 1951 年，是清末民国时期的

---

① 土观洛桑却吉尼玛著，陈庆英、马连龙译：《章嘉国师若必多吉传》，北京：民族出版社，1988 年，第 100—114、232—269 页。

② 《八世达赖喇嘛档案》1668 条，乾隆二十七年正月；清朝《高宗实录》卷 652，乾隆二十七年（1762）正月初三。

③ 牙含章：《班禅额尔德尼传》，拉萨：西藏人民出版社，1987 年，第 160、第 163 页。

④ “嘉庆朝《大清会典》中的理藩院资料”，收入中国社会科学院中国边疆史地研究中心编：《清代理藩院资料辑录》，1988 年，第 18、第 56 页。亲王 7 人为：喀尔喀土谢图汗部，有札萨克和硕亲王 1 人。喀尔喀三音诺颜部，有三音诺颜札萨克和硕亲王 1 人，[（疑原文缺）喀尔喀札萨克图汗部，有] 札萨克和硕亲王 1 人。喀尔喀车臣汗部，有札萨克亲王 1 人。阿拉善，有札萨克和硕亲王 1 人。杜尔伯特右翼，有札萨克和硕亲王 1 人。旧土尔扈特北路，有札萨克和硕布延图亲王 1 人。

⑤ 乾隆内务府抄本《理藩院则例》，收入中国社会科学院中国边疆史地研究中心编：《清代理藩院资料辑录》，1988 年，第 8 页。

⑥ 参赵尔巽：《清史稿藩部世表》；高文德、蔡志纯：《蒙古世系》，中国社会科学出版社，1979 年。

人，与七世章嘉活佛罗桑班殿丹毕蓉梅（1890—1957）是同时期的人。人名对上了，我们意识到原来大昭寺门楼顶上的法轮和经幢竖立的年代比我们最初预料的要晚许多，已经超越了清朝的历史。

大昭寺入口处门楼上增添的祥麟法轮及其两侧的胜利幢，至少在游人的眼中，使得大昭寺更加光彩威严；而年代又非久远，人们似乎不应如此快就忘却，记载似乎也不至于遗失。可是为什么不见于书面文字，也几乎没有听人谈论过此事呢？从英国人所拍的一张1937年1月的拉萨老照片上我们看到了大昭寺门楼顶上的祥麟法轮和胜利幢①，所以现在宜把关注点放在1937年之前的活动中。

查“七世章嘉大师年谱”，他于1890年在青海出生，3岁时被确认是章嘉呼图克图呼毕勒罕，7岁正式出家，坐床典礼由清朝驻西宁大臣主持，9岁赴京。1900年八国联军入侵，他到五台山避乱，不久赴太原见到于此避难的光绪帝和慈禧太后，并为后者指向。1903年冬赴京任喇嘛印务处副印，1905年春在北京接任喇嘛印务处掌印。从1901年至1906年，曾不止一次赴内蒙古乌兰察布、锡林郭勒二盟及外蒙古车臣汗部等地巡化，1906年住青海朝藏、佑宁二寺。1907年当十三世达赖喇嘛由外蒙古至青海塔尔寺时，七世章嘉大师被迎至塔尔寺举行法会。1908年他由青海赴北京经洛阳谒见达赖喇嘛，晤谈后达赖喇嘛返西藏，他至北京。此后他曾驻五台山潜修密法，又数次到多伦、昭乌达、乌兰察布、锡林郭勒各旗为信徒们灌顶传法。1911年经大同游览云冈后赴乌盟巡礼，冬住锡盟贝子庙。时逢武昌起义爆发，外蒙宣告独立。各盟旗王公请昭示，章嘉大师谓应随民国，五族共和，佛教前途光明。1912年，在贝子庙主持法会，参加礼拜者十余万人。国民政府二次派员迎请。袁世凯大总统于章嘉大师封号“灌顶普善广慈”加列“宏济光明”以尊崇之。1913—1918年章嘉大师往返于多伦、青海、北平等地。1919年赴南京、上海、杭州瞻礼各地寺庙，并赴普陀山，与印光法师相晤。1920年蒙藏院收集雍和宫等喇嘛庙古物不依法处理，章嘉大师因持异议而受到倾轧，返回五台。1921年住北平。1922年巡礼沈阳。1923赴锡、乌二盟，冬返北平。1924年遍历东北各地各旗宣扬教义，参加法会顶礼者达15万—20万人。时奉直战起，至战争终了才返北平。1925年迎班禅喇嘛来北平。1926年驻锡五台。1927年赴锡盟各旗。1928年返五台，并派代表常驻南京，设章嘉大师驻京办事处。1929年接国民政府电请赴藏调处达赖、班禅纠纷，因赴锡盟德王府见班禅喇嘛商谈，但因中原战起，章嘉大师赴藏未果而返回五台。1930年任蒙藏委员会委员，驻锡五台。1931年冬到北平。1932年赴洛阳参加国难会议，任命为蒙旗宣化使。冬赴南京，与班禅喇嘛一同受到党政各机关热烈欢迎。谒见蒋介石之后旋返五台。1933年达赖喇嘛圆寂，章嘉大师建立法场追荐。1934年赴伊克昭盟，因当时日本特务在锡盟活动，章嘉大师折返五台。虽然此后日本特务与汉奸时来五台威胁利诱，但章嘉大师拒绝日本军阀的礼物及天皇所赠勋章。1936年由太原转赴南京。为蒋介石祝寿。赴九华山巡礼后返五台。1937年任国民政府委员，夏住五台。七七事变起。由五台经太原、汉口、重庆，驻锡成都。冬巡礼峨嵋普贤菩萨道场。1938年在成都举行班禅喇嘛追悼法会。1939年受聘为蒙藏教理院院长。抗日战争

① The Frederick Spencer Chapman Collection（The Pitt Rivers Museum, England）. #1998. 131. 374.

国难期间章嘉大师与国民政府站在一起，受邀主持护国息灾法会修法，并在川西大旱时设坛祈雨，夏季则赴呼和浩特避暑。抗战胜利后他一方面继续弘扬佛教，另一方面受到国民政府的表彰，并任国民政府委员、中国佛教会理事长、总统资政等职；民国时期他的大国师称号上曾一再加字以示尊崇。1949 年赴台湾，1957 年病逝台北。①

七世章嘉活佛年谱显示他自年幼起便活跃于政教两界，也很少在一个地方长住，除北京、沈阳、洛阳、南京、上海、杭州、成都等城市以外，他的足迹遍布青海、内蒙古、五台山、九华山、普陀山、峨眉山等地；他曾经见过慈禧太后和光绪皇帝，还与蒋介石、林森、戴季陶等政要来往；虽然因内地战争没能去成卫藏，但与达赖喇嘛、班禅喇嘛分别见面、商谈过，并于 1933 年和 1938 年分别为达赖喇嘛和班禅喇嘛的圆寂举行了追悼法会。在年谱中可以看到章嘉大师与蒙古王公以及喇嘛教信徒们经常接触，但是却没有专门提到达尔汉亲王和拉萨大昭寺法轮及经幢之事。

下面再来了解一下达尔汉亲王那木济勒色楞的生平。他汉名叫包乐康。光绪十年（1884）父亲棍布旺济勒被暗杀，他六七岁便承袭王爵，到北京宫廷读书。1898 年满 18 岁时正式行使旗札萨克权力。1903 年任哲里木盟盟务帮办，1904 年任御前行走，1909 年任哲盟盟长。1912 年袁世凯大总统发布蒙古王公待遇九条，蒙古王公制度原封不动得以保留。民国初他与张作霖结为盟兄弟，而后其长子林沁色鲁布（汉名包晓峰）娶张作霖次女为妻，二人又成为儿女亲家。1925 年那木济勒色楞的原配去世，经张作霖撮合，与原满族官员朱恩古（姓朱尔吉特）之女朱博儒结婚，封福晋。朱博儒给予他很大影响，由此也导致了科尔沁左翼中旗草原过大规模的开垦。1931 年“九·一八事变”后他迁居北平。据说他情绪低沉，每天除了上趟街买菜，便在家中手拿念珠闭目养神。在此期间，南京政府委任他为行政院顾问、国难委员会委员等职，但不必实际做事。北平沦陷后，他借口患肺结核而拒绝为日伪政权做事，决不回东北当哲盟盟长。抗战胜利后获蒋介石授予他二等“景星勋章”，但他始终不再出任就职。1948 年冬赴台北，1949 年移居香港九龙，1951 年因脑溢血辞世。②

从现有查到的有关达尔汉亲王那木济勒色楞的资料来看，他同七世章嘉活佛相似，幼年时入京；在日本侵华时期坚决不肯与日伪政权合作。而他与张作霖、张学良关系密切，主要住地是在北京和东北。还有就是他对国民政府的态度和表现比章嘉活佛消极，但即使在前景最黯淡时他仍念佛信佛。对于我们来说遗憾的是，在达尔汉亲王那木济勒色楞的生平介绍中既没有记录他跟章嘉活佛的接触，也没有提到他去拉萨，更不用说有关大昭寺门楼顶上的法轮和经幢的叙述了。但是从他家乡的一块石碑我们知道，1927 年 5 月至 1928 年 4 月他同本旗另一位亲王温都尔亲王阳仓扎布一道邀请九世班禅喇嘛到他们那里的慧丰、衍寿、寿安等寺庙讲经传法③，足以证明他对佛教的信仰和热忱。

① 《护国净觉辅教大师章嘉呼图克图史迹册》（蒋中正题）（章嘉大师圆寂委员会，1957 年）；拉科益西多杰编译：《藏传佛教高僧传略》，西宁：青海人民出版社，2007 年。

② 参考百度百科网，据说信息由每蒙古大学图书馆提供，Jaoso 设计程序，蒙 ICP 备 05003092 号。

③ 科尔沁左翼中旗文物局藏有一块纪念班禅喇嘛来此传法的石碑，是慧丰寺和衍寿寺执事会所立。碑高 120 厘米，款 80 厘米，厚 20 厘米，双面刻有碑文，分别为蒙文化汉文楷书，同为阴刻，主要记叙九世班禅喇嘛在哲里木盟（今通辽市）的佛事活动。

那么再来查查西藏方面记载中有无线索。虽然在十三世达赖喇嘛的传记中没有写整修大昭寺大门装饰的事，但是我们终于在《十三世达赖喇嘛（1876—1933 年）的年谱》中找到这样一条有关达尔汉亲王的记载：1930 年 1 月达赖喇嘛“应蒙古达尔汗亲王属下大喇嘛丹白宁波等人之请，前往（大昭寺）主持传召大法会。而后，分别接见蒙古达尔汗亲王及其属下大喇嘛丹白宁波、米仁觉嘎德，接见国民政府蒙藏委员会与西藏谈判专使谭云山。”① 如此看来，蒙古科尔沁达尔汗亲王确实是在 1929 年底抵达拉萨并于 1930 年初受到十三世达赖喇嘛的接见。他给大昭寺献经幢和法轮应该是他在拉萨时做出的决定，大概此前章嘉活佛和佑宁寺的僧众亦曾建议他捐资为大昭寺大门屋顶新建祥麟法轮和经幢。但是，就在他进藏那段时间，他的儿女亲家张作霖在皇姑屯被日本人炸死，1930 年科尔沁发生嘎达梅林反对放垦蒙古草原的起义，而嘎达梅林原是达尔汗亲王的部下，那么他应当是在捐资建造经幢后就匆忙返回东北，同张学良镇压嘎达梅林。更糟糕的是接踵而来的 1931 年的“九一八事变”，他应当是随张学良逃到北平，事实上他是移居到了北平。时局突变使得他不可能再次进藏，因此建造法轮和经幢的事情必然进展缓慢。1933 年 10 月十三世达赖喇嘛圆寂。估计经幢和法轮的制作、完成并安立到大昭寺门楼顶上是此后的事。

我们推断这是在拉萨的蒙古僧人们经办的，经幢上的铭文应该也是这些僧人们撰写的，因为铭文的语气总的来说比较低调简单，铭文中没有提到达赖喇嘛和班禅喇嘛，②藏文的其他资料也未见记载。很有可能法轮和经幢的建造从 1929 年底 1930 年初决定之后又经过了几年的时间，在十三世达赖喇嘛圆寂以前还没有最后完工，所以十三世达赖喇嘛的传记中没有提到此事。而且在十三世达赖喇嘛的治丧期间，拉萨没有举行大的仪式，所以安装的具体时间没有明确的记载，人们的印象也比较淡漠。

不过从上文提到的那张老照片看，法轮和经幢一定是在 1937 年 1 月以前建造好竖立上去的，因此可以判断这发生在 1934 年到 1937 年之间。本来是蒙古和西藏近代关系的一件轰轰烈烈的大事然而却草草收场，在人们的记忆中模糊不清。所幸的是铭文上清楚地留下了达尔汉亲王那木济勒色楞的名字和章嘉大国师的名号，使我们还能够通过铭文了解此事的大概。

三、几点看法

通过对拉萨大昭寺经幢的考察想到几个问题可以作为补充说明，虽然这几个问题之间好像没什么联系。在此写下来以求指正。

首先，大家都知道，20 世纪上半叶的中国处于巨变时代，共和体制取代了千年帝制，但军阀混战，内忧外患，国难当头，常常是风云突变。西藏也远非世外桃源，不但是英俄帝国觊觎争夺的对象，而且达赖和班禅两个集团之间也在发生摩擦和纠纷。1904

① 西藏政协编《西藏文史资料》第 11 辑（原文据十三世达赖喇嘛的藏文传记），转引自丹珠昂奔主编：《历辈达赖喇嘛与班禅额尔德尼年谱》，北京：中央民族大学出版社，1998 年，第 413 页。

② 当时九世班禅喇嘛逃到内地。而之前达赖喇嘛与班禅喇嘛又发生纠纷，国民政府亦曾电请七世章嘉活佛调解。

年英军入侵，达赖喇嘛经嘉峪关逃到外蒙古库仑等地，1909 年秋才回到那曲。此时赵尔丰正在西康大力推行改土归流，甚而川军入藏。1910 年达赖喇嘛刚回拉萨不久，藏历正月在大昭寺举行默朗木大会，川军到拉萨，达赖喇嘛又逃亡到印度。而班禅喇嘛 1905 年受英国挑拨，被迫赴印度一年。1924 年又因与达赖喇嘛冲突而逃亡内地，直至 1937 年在青海结古寺圆寂。1920—1930 年代在康藏之间、藏青之间也不止一次发生战事。1932 年青海马家军在玉树境内大败藏军，1933 年 6 月青海和西藏双方才签订了停战和约。[①] 在局势如此动荡的年代，人们的注意力自然会集中到频仍的军事和政治事件上了。其实，在这段时间也有一些现代技术等传入西藏，好像也没太引起人们注意。如 1908 年铅铸藏文字母印刷机器的引用[②]，1912 年邮票和银行钞票首次发行，1913 年在大昭寺旁边建医院[③]，还有电灯、电信、电话、汽车也是在 20 世纪初期介绍进入西藏的。回到经幢问题上，可以理解这在当时很快会被别的紧急重大事件遮盖过去了。

其次，从铭文我们看到章嘉活佛在蒙古王公心目中的威望。在藏传佛教里喇嘛总是受到顶礼，似乎比其他宗教的神职人员还要受尊崇。在这里我们看到，即使到了 20 世纪 30 年代，章嘉活佛仍旧是“掌管教法和众生根本和枝叶事务的大国师”，他所说的话在青海和内蒙古地区仍然非常起作用。七世章嘉活佛在达赖班禅之间的矛盾中采取不偏不倚的立场、对双方都尊重的态度。经幢铭文没有提达赖喇嘛和班禅喇嘛，却不忘肯定章嘉大国师对于建造法轮和经幢的建议。此外，达尔汉亲王的奉献也是值得一书的。早在 16 世纪末期，他的祖先科尔沁蒙古的王公及其部众就接触到并很尊崇前去蒙古和东北地区传法的内齐托音喇嘛。[④] 据今统计到的位于哲盟的喇嘛庙有 140 多座，其中著名的有 9 座。上文提到的慧丰寺（俗称玛拉沁庙）位于科尔沁左翼中旗玛拉沁苏木白音温都尔嘎查，始建于清顺治五年（1649），是清太宗皇太极的女儿嫁到达尔罕旗后以旗扎萨克名义兴建的。鼎盛时期曾有喇嘛 700 余人。寿安寺（又称汤格哩克庙）位于科尔沁左翼中旗花吐古拉苏木北约四公里处，始建于 1663—1665 年间，建庙初为一座三层楼九九八十一间的大经殿。以后历代达尔汉王与该庙喇嘛共同集资，添修了大佛殿、转经殿等，更为气派。鼎盛时期有喇嘛五百余人。[⑤] 因此可以看出，达尔汉王族长期是藏传佛教的忠实信徒，他们的供养是非常慷慨的，也是世代一贯的。

第三点想谈的有关大昭寺的建筑与装饰。我们知道，大昭寺自 7 世纪中叶始建以来，进行过不少次的翻修与扩建。考古学家和建筑学家关于这方面的历史也是做过研究的。如宿白教授的《藏传佛教寺院考古》通过对拉萨大昭寺第二阶段建筑遗存的剖析，发现了 11 世纪中国内地斗拱的典型样式，认为当时的雪域高原有可能有内地工匠活动，这些内容任何文字史书都没有记录。又如欧洲学者亚力山德（Andre Alexander）近年来

① 牙含章编著：《达赖喇嘛传》，人民出版社，1984，第 183—86、第 207—11、第 226—35、第 262 67、第 271—74、第 281—302 页。

② 驻藏大臣联豫光绪三十四年八月奏（见《驻藏大臣考》），转引自牙含章：《达赖喇嘛传》，第 222 页。

③ Dowman, Keith. （1988）. *The Power – Places of Central Tibet: The Pilgrim's Guide*, p. 49. Routledge & Kegan Paul Ltd. , London.

④ 成崇德、申晓亭译注：《内齐托音一世传》，第 126—140 页；乌力吉图译：《内齐托音二世传》，收入中国社会科学院中国边疆史地研究中心编：《清代蒙古高僧传译辑》，1990 年，第 192 页。

⑤ “科尔沁宗教文化—喇嘛教”（作者不详）香港宝莲禅寺版权。

对大昭寺做过详细的实地考察，他在一篇关于大昭寺建筑及其历史的文章中说，大昭寺在七世达赖喇嘛时期就到了现在的规模，一直持续到1959年的事件和2002年Nga khang被拆除以前没有什么大变动。[①] 他指的是基本建筑结构，特别是主殿。至于细节，可以发现于其他的记载。英国人柏尔（Sir Charles Bell）在1921年6月的一篇日记中写到，当日下午五点半参观大昭寺时看到大约有30名工匠正在重新绘出Nang khor（“回廊”）上表现佛陀前世的壁画，他听说一共雇用了约100名僧俗工匠，也见到一些妇女和小孩子在擦旧画清墙壁。这项工程有一位总负责（Chi kyap），另外每一名老师傅带着六七名年轻师傅。据说旧壁画还是五世达赖喇嘛时期的。[②] 这表明虽然局势不稳，庙宇的重新装饰仍在有序地进行；同时工匠的技艺水平一定也是很高的。几张20年代的老照片显示，大昭寺的外表略显古朴，似乎不如色拉寺辉煌。然而大昭寺在信徒们心目中的地位，正如铭文所描述，永远“具有所依能依的幻化的奇异身相（佛像），被称为幻现神殿”，是“三界俱生福德的宝藏”。由章嘉活佛和一些高僧的劝请，达尔汉亲王的捐资，建造竖立起的“殊胜各方的执掌福德的象征”—经幢和法轮，可以说为大昭寺的门面更增添了一点光彩，既做出供养，表明礼敬，愿效仿大施主给孤独尊者，使其“福德像布满天际的祥云”，也将章嘉活佛和达尔汉亲王的名字留在了拉萨大昭寺的建筑装饰上。

---

① 文章标题是 The Jokhang—is the world's oldest timber frame building in Tibet?

② 查理斯柏尔日记（1921年6月14日，Diary Vol. XI，p. 5）。

宋代西北吐蕃与宋朝的关系

陈庆英　白丽娜（中国藏学研究中心）

一、西北吐蕃对宋朝的依附

公元846年，吐蕃王朝的赞普热巴巾遇弑身亡，接着发生王子争位的内乱，吐蕃王朝迅速解体。在吐蕃经营上百年的河西陇右地区，又经历了边将贵族混战和部落纷争和唐朝夺回故地的冲击。这样，吐蕃王朝在西藏本土及其他统治辖区内建立的各种统治机构便被彻底摧毁。因此，到9世纪晚期至10世纪初，吐蕃社会即普遍出现了“种族分散，大者数千家，小者百十家，无复统一”极端分散的局面①。10—11世纪之交，吐蕃社会发生了深刻变化，出现了一些僧俗首领割据的地方实力集团。在经历了近200年的分裂之后，吐蕃由社会分裂逐步走向局部统一。

这一时期，居住在今甘青地区的吐蕃部落便先后建立起在藏族历史上有一定影响的地方政权，主要是以凉州为中心的“六谷蕃部联盟”政权和以青唐为中心的“唃厮啰”政权，并因其所处战略地位和自身武力的关系，必然和邻近党项、回鹘、宋、辽等政权发生密切和频繁的交往。其中，西北吐蕃出于自身政治、经济及军事等方面实际利益需要的考虑，与宋朝的联系密切和贯彻始终。

唐末五代以来，西北地区的民族关系发生巨大变化，回鹘分裂、吐蕃衰弱、党项兴起、契丹西迁，各民族间发生了较大的交往及融合②。至宋初，这一地区更是各民族激烈角逐之地，民族关系纵横交错，并形成了五方势力③、一个核心④、一个焦点⑤、一根主线⑥，具有鲜明地域性、民族性的西北民族关系新格局⑦。宋初西北民族关系中的重大事件是党项西夏的兴起，与武力雄强的西夏比邻而居的吐蕃部落始终是西夏攻略的对象，而此时的西北吐蕃刚从“族种分散”、“无复统一”的状况中有所恢复，故不可能作为一支独立的力量与宋、辽、西夏等势力集团并驾齐驱。为了抵制党项西夏的不断侵扰，并在多方势力争夺的夹缝中求得生存，西北吐蕃便决定对占据核心地位的宋朝采取

---

① 《宋史》卷492《吐蕃传》（没有页数）。

② 参阅杨建新、马曼丽：《西北民族关系史》，民族出版社，1990年9月，第271—272页。

③ “五方势力”指北宋时期参与西北地区争夺的五个政权实体，即两宋王朝、契丹辽朝、党项西夏、河陇吐蕃、甘州回鹘。

④ “一个核心”指在参预西北地区争夺的六方势力中，宋王朝以其相对雄厚的政治、经济、军事实力而成为核心力量。

⑤ “一个焦点”指党项的崛起、建国及其不断地向外扩张，对其它势力造成严重威胁，从而激化了它们之间的矛盾，由此成为争夺西北地区斗争中矛盾的焦点。

⑥ “一根主线”即指西北民族关系发展中的宋夏矛盾。

⑦ 参阅刘建丽：《宋代西北吐蕃研究》，甘肃文化出版社，1998年4月，第192—196页。

友好联合的态度，因此，对于归属宋朝，西北吐蕃表现出较强的积极性和主动性，但究其根本却在于经济、政治、军事上对于宋王朝的依附以及文化心理上对于中原王朝的认同。

首先，以单一畜牧经济为主的西北吐蕃若要满足其对诸如茶叶、丝织品等生活必需品以及奢侈品的大量需求，或欲实现其“过剩”畜牧产品的大量外销，维持其经济的正常发展必须与宋朝保持密切的经济联系，而与宋朝悬殊的实力差距也决定了部落聚合的西北吐蕃不可能通过对宋朝地域的大规模掠夺获取生活必需品，也不可能以平等的地位与宋朝建立理想的商业关系，故只能借助于政治依附。因此，西北吐蕃在经济上对宋朝强烈的依赖性便成为其政治上依附宋朝的最根本因素①。

其次，同为游牧民族的党项族在势力增强之后，为争夺水草牧场不断向西扩张。而吐蕃此时正居住在党项西面的河西凉州以及河湟地区，此处为丝路要道，适宜农牧，从而成为党项扩张的主要目标。为求自保，这一地区的吐蕃也只能依附于实力较强并与党项亦有利害冲突的宋朝。因此，保持与宋朝的政治、军事联系，对于西北吐蕃自身的生存、发展意义重大②。

再次，由于中原政权从来都是作为东方文明的中心而为周边民族所瞩目。而河陇与中原地区自古便交往密切，尤其是在汉唐王朝的重点经略下，这一地区的人民便逐渐形成了对于中原王朝的向心力。因此，在自唐末五代至宋的这一历史时期内，河陇吐蕃势力对中原地区的汉文化有一种潜在的认同感，希望能通过与中原王朝长期密切的交往而在不断的民族纷争中加强自身权威，并维系自身的存在与发展，这便是河陇吐蕃政治上依附宋朝的文化心理因素③。

这种依附性可由西北吐蕃对宋朝贡状况中窥见一斑。

《宋史》载：“（宋太祖）乾德四年（966），知西凉府折逋葛支上言：‘有回鹘二百人，汉僧六十余人自朔方路来，为部落劫略，僧云欲往天竺取经，并送达甘州讫”④，宋廷“诏书褒答之”⑤，由此始开宋蕃之间的交往关系。此后，西北吐蕃便开始频繁向宋朝贡。

太祖乾德五年（967）、开宝四年（971），六谷蕃部吐蕃曾两度派遣首领到宋朝贡献名马。

---

① 关于西北吐蕃的经济发展及其对于宋王朝经济依附的问题可参阅《藏族简史》，西藏人民出版社，1985年12月，第124—125页；刘建丽：《宋代西北吐蕃研究》，甘肃文化出版社1998年4月，第228—232页；祝启源：《唃厮啰——宋代藏族政权》，青海人民出版社1998年8月，第207—237页。丹曲、谢建华：《甘肃藏族史》，民族出版社，2003年6月，第132—139页；洲塔、乔高才让：《甘肃藏族通史》，青海人民出版社，2004年12月，第215—218页。

② 关于党项崛起对于宋蕃联合促进作用的问题可参阅陆庆夫：《党项的崛起与对河西的争夺》，《敦煌研究》1998年第3期；刘建丽：《略论西北吐蕃与北宋的关系》，载《兰州大学学报》（社会科学版）2002年第30卷第6期；崔红芬：《略述西夏对河西的占领及相关问题》，载《大连民族学院学报》2005年7月第7卷第4期。

③ 关于西北吐蕃对于中原宋王朝文化心理依附的问题可参阅刘建丽：《宋代西北吐蕃研究》，甘肃文化出版社，1998年4月，第234—236页；何耀华：《西北吐蕃诸部与五代、宋朝的历史关系》，载《云南社会科学》1999年第6期。

④ 《宋史》卷492《吐蕃传》。

⑤ 《宋史》卷492《吐蕃传》。

太祖开宝六年（973），六谷蕃部首领令步奏官僧吝毡声、逋胜拉蠲二人求通道于泾川向宋进贡，以缩短路程。

太宗端拱二年（989），清远军裕勒榜族首领多拉来贡①。

太宗淳化二年（991），权知西凉州、左厢押蕃落副使折逋阿喻丹派人向宋进贡。

太宗淳化五年（994），折逋喻龙波向宋贡马。折平族大首领、护远州军铸督廷巴率六谷诸族首领向宋贡马千余匹（泾州吐蕃）。

真宗咸平元年（998），河西军左厢副使、归德将军折逋游龙钵（喻龙波）亲领凉州地区吐蕃大小首领到宋京师朝贡，献马二千匹。

真宗咸平六年（1003），潘罗支派属官吴福圣腊向宋进贡。

真宗大中祥符八年（1015），唃厮啰、李立遵、温逋奇、木罗丹等大首领联合遣使向宋贡马，估其值约钱七百六十万。

真宗天禧元年（1017），唃厮啰向宋朝贡马。

真宗天禧三年（1019），唃厮啰、李立遵派僧景遵至宋入贡。

真宗天圣元年（1023），宋允许李立遵、唃厮啰"岁一入贡"②。

仁宗天圣九年（1031），温逋奇派外甥携书信及鞍马、乳香等物，到秦州"告称唃厮啰乞通和"。后温逋奇、唃厮啰又派人入贡谢恩。

仁宗庆历二年（1042），唃厮啰贡马、乳香、钢砂、银枪、铁甲、铜印、银装、交椅③。

仁宗庆历六年（1046），西蕃瞎毡、磨毡角遣使贡方物④。

仁宗嘉祐元年（1056），正月，西蕃磨毡角首领来贡方物⑤。

仁宗嘉祐二年（1057），西蕃首领瞎毡遣人来贡方物⑥。

神宗熙宁十年（1077）十月，董毡派人到宋朝"进贡谢罪"。十二月，董毡向宋进贡珍珠、乳香、象牙、玉石、马匹等。

神宗元丰二年（1079），董毡派景青宜党令支等向宋贡方物及马四百六十三匹。

神宗元丰三年（1080），董毡遣使入贡。

哲宗元祐三年（1088），阿里骨遣使携真金、生金、犀角等珍贵贡品，上表宋朝谢罪。宋廷下令熙河息兵，停止招纳其属下蕃众，并许其"般次"往来，遣使进京上贡。八月，阿里骨又遣使入贡。

以上列举出的只是西北吐蕃向宋朝贡情况中的一部分，而史籍中诸如此类的记载还有很多。实际上，从宋太宗淳化二年（991）到至道二年（996）间，六谷蕃部联盟每隔一二年便向北宋朝贡一次。斯铎都继任六谷蕃部联盟大首领后，自真宗景德元年（1004）至仁宗天圣六年（1028）间，每年都派大小首领若干向宋进贡。而唃厮啰政权

① 《长编》卷45，咸平二年九月癸卯。

② 《长编本末》卷26。

③ 《宋会要·蕃夷》七之二六。

④ 《宋史》卷11《仁宗纪》。

⑤ 《宋会要·蕃夷》七之二九；《长编》卷182《仁宗嘉祐元年春正月壬午》；《宋史》卷12《仁宗纪》。

⑥ 《长编》卷185《仁宗嘉祐二年二月己未条》；《宋史》云："是岁，西蕃瞎毡并诸族……来贡"

对于北宋王朝的进贡则更加频繁。自真宗天圣元年（1023）起，李立遵、唃厮啰等首领便得到每年向北宋王朝进贡的许可。据不完全统计，从唃厮啰本人第一次（1015）向宋朝贡至政权崩溃（1104）的九十年间。唃厮啰政权及其属下的河湟吐蕃大首领向宋朝进贡便达四十五次之多。其所贡物品以马匹为主兼及牦牛、骆驼、狮子、犏牛、乳香、象牙、玛瑙、犀角、铁甲、铜印、银装交椅等物品。而贡品的数量也是相当可观的。如真宗咸平元年（998），六谷蕃部首领折逋游龙钵（喻龙波）一次便献马二千匹。此外，由于“朝贡”实际上是一种带有经济色彩的政治活动，故在朝贡过程中，西北吐蕃除了向宋王朝进献大量物品之外，往往还要上报近况或请求封赏。如：真宗咸平元年（998），河西军左厢副使、归德将军折逋游龙钵（喻龙波）在进京朝贡时便向真宗陈述了当时凉州的形势[①]；真宗咸平六年（1003），潘罗支派属官吴福圣腊向宋进贡，并要求改动现任官职。宋其为朔方节度，仍兼灵州西面都巡检使；真宗景德元年（1004），潘罗支因大败李继迁事向宋邀功，并请求与宋合兵讨伐党项；哲宗元祐元年（1086），阿里骨向宋朝进“董毡文字”，报告董毡死讯等有关事宜。如此频繁的朝贡活动，如此数量庞大而种类繁多的朝贡物品，以及随时通报重大事件，请求朝廷封赏认可，要求联兵共抗党项的举措，均足以说明西北吐蕃对于宋王朝的重视和信任，也足以表明其在发展与宋朝关系当中所持有的积极主动态度。

二、宋蕃关系发展分期

在两宋时期的西北民族关系中，宋王朝以其相对雄厚的政治、经济、军事实力而成为核心力量；党项西夏则因其崛起、建国以及不断的对外扩张，严重威胁着其他势力的生存发展，激化着相互之间的矛盾，从而成为争夺西北地区斗争中矛盾的焦点；而宋夏矛盾便是西北民族关系发展中的一根主线，影响和制约着其他关系的发展走向。同样的，在宋蕃关系中，虽然西北吐蕃对于宋王朝怀有强烈的归属感，对于发展与宋王朝的关系也持有积极和主动的态度，但由于受到宋夏关系的影响，宋蕃关系的发展却并非一帆风顺。对于宋王朝而言，它一直都在根据国内外形势的变化制定着相应的御边政策并不断调整其与西北吐蕃之间的关系。概括说来，这一时期的宋蕃关系可大致划分为三个阶段：

（一）羁縻抚绥期（960—997）[②]

这一阶段大致包括宋太祖、太宗时期。

---

① “河西军即古凉州。东至故原州千五百里，南至雪山、吐谷浑、兰州界三百五十里，西至甘州同城界六百里，北至部落三百里。周回平川二千里。旧领姑臧、神鸟、蕃禾、昌松、嘉麟五县，户二万五千六百九十三，口十二万八千一百九十二（“三”，《宋史·吐蕃传》）。今但有汉民三百户。城周回五十里（“十五里”，《宋史·吐蕃传》），如凤形，相传李轨旧治也。”见李焘：《续资治通鉴长编》108卷本，第39卷，真宗皇帝纪一，咸平元年十一月丙辰朔记事。

② 参阅姚兆余：《论北宋对西北少数民族的政策》，载《甘肃社会科学》1995年第3期；赵学东：《论凉州六谷部的兴起及其与北宋的关系》，载《西北民族学院学报（哲社版）》1998年第1期；汪天顺：《北宋前中期的西北边疆经略》，载《甘肃理论学刊》2004年11月第6期；刘建丽：《宋代西北吐蕃研究》，甘肃文化出版社，1998年，第213—216页。

北宋建国伊始（960），在太祖赵匡胤的御边政策中，“对付北方契丹，收复燕云十六州边防要地”被置于首位，而对于中原门户西北边疆地区的治理，却由于所处形势的不同而采取了相异的策略措施。宋初，分布于西北广大地区的吐蕃、回鹘、党项等民族，大都族种分散，居于山川峡谷间①。当时，这些不相统属的少数民族部落尚未形成一股强大的足以与北宋王朝相抗衡的军事联盟，从而未对宋西北边防军事构成威胁。此外，北宋国内经济的普遍发展特别是农业经济的发展，也要求有一个安定的社会环境。故基于国家总体利益考虑，宋太祖便提出“丰财练兵保境”② 治理西北边地的基本思想，即将消弭边境民族冲突，发展农业生产作为最终目标。本着这一指导思想，结合实际情况，宋太祖对于西北地区的治理主要采取了两种基本方式：第一，因其酋豪，许之世袭，即借助当地土豪的势力与威望，实现因俗而治，实际上是在少数民族地区推行自治管理。第二，选任有能力的官员，赋予军事、政治、经济等大权，令其长期驻守。

太祖乾德四年（966），知西凉府折逋葛支向宋廷报告护送往天竺取经之回鹘、汉族僧人过境事，并受到宋廷的诏书褒答，始开宋蕃关系之端倪。之后，六谷蕃部联盟又多次向宋朝贡。宋太祖对于西北吐蕃的示好行为也采取了积极态度加以回应。虽然史籍记载中有对宋太祖“不勤远略”的评价，但这并不代表他轻视西北，而是“休兵息民，无为而治”道家思想的体现，其态度亦是积极向上的。正是这种“不勤远略”的选择使得“终太祖世无西北之忧”。

如果说太祖朝是宋蕃建立政治、经济关系的初始阶段，那么太宗朝则是双方关系的发展时期。这一时期，双方交往逐渐增多。如“淳化二年（991），权知西凉州左厢押蕃落副使折逋阿喻丹来贡。先是殿直丁惟清往凉州市马，惟清至而境大丰稔，因为其所留。……又吐蕃卖马，为党项所略，表诉其事，因请留惟清至来年同入朝”③；“（淳化）四年（993），阿喻丹死，以其弟喻龙波为保顺郎将代其任。以阿喻丹死，奏乞真命也”④；“（淳化）五年（994），折平族大首领，护远州军铸督巴率六谷诸族马千匹来贡……是年春，知西凉府左厢押蕃落副使折逋喻龙波，振武军都罗族大首领并来贡马”⑤；“至道元年（995），凉州吐蕃当尊以良马来贡，引对慰抚，加赐当尊虎皮一张，欢呼至谢。二年（996）四月，折平族首领握散上言：‘部落为李继迁所侵，愿会兵灵州以备击……’七月，西凉府押蕃落副使折逋喻龙波上言：‘蕃族频为继迁侵略，乃与吐蕃都部署没暇拽于会六谷蕃部来朝，且献名马。上厚赐之。是岁，凉州复来请帅诏以丁惟清知州事……”⑥ 这一阶段，宋在处理双方关系时基本沿袭了太祖朝制定的方针措施。但与太祖不同，太宗皇帝的民族观较为落后，在他眼中的西北少数民族只不过是有待教化的“洪荒之人”，“吐蕃衣服异制，言语不通，朕常以禽兽畜之”⑦。此外，受秦

① 参阅《宋史》卷490《党项传》、卷492《吐蕃传》；《长编》卷35。

② 张方平：《乐全集》卷18《对诏策》。

③ 《宋史》卷492《吐蕃传》。

④ 《宋会要辑稿·西凉府》。

⑤ 《宋史》卷492《吐蕃传》。

⑥ 《宋史》卷492《吐蕃传》。

⑦ 《宋史》卷492《吐蕃传》。

汉以来“非我族类，其心必异”古训的影响，太宗皇帝认为“戎心反覆，盖其常尔”，不可信任。因此，在其执政期间明显加大了对于西北地区的军事征战色彩，从而引起沿边少数民族，特别是熟户的叛服无常。

这时，宋夏关系也出现了新的变化。太平兴国七年（982），太宗轻易接受了党项李继捧所献夏（今陕西横山县西）、银（今陕西横山县东）、绥（今陕西绥德县）、宥（今陕西靖边县西）等四州八县之地，导致其族弟李继迁率数十人奔走地斤泽（今内蒙古鄂尔多斯市、巴彦淖尔市境内），以恢复故土相号召，于八年（983）公开反宋，并与契丹结为甥舅之好，被契丹封为西平王，对宋形成犄角包抄之势，成为西北祸患的开端。但此时宋朝对来自党项的威胁并未予以充分重视，对李继迁的不断骚扰，断言不过“只是怀念祖父旧地，别无他心”①，认为“党项号为小蕃，非是劲敌，诚如鸡肋”②。嗣后，太宗虽对李继迁用兵并企图消灭其于沙漠之中，但终无良好效果，相反，李继迁却玩弄两手政策，势力急遽壮大。

（二）笼络联合期（998—1067）③

这一阶段大致包括宋真宗、仁宗、英宗时期。

这一时期，宋边境局势发生巨大变化。辽朝方面，宋真宗景德元年（1004），辽大举南征，兵临澶州城下，双方订立“澶渊之盟”，正式形成辽宋南北对峙的局面，结束了双方长期的战争状况。然而，随着宋朝北方边境的安定，宋辽矛盾的减轻，党项对于宋朝的威胁却在逐渐增强。太宗咸平元年（998），在重获夏、银、绥、宥、静等州拓跋氏昔日故土后，党项李继迁进一步扩张势力，由原先横山地区南推至绥、延（今陕西延安市）、保安军（今陕西府谷县）一线，向东猛攻麟（陕西神木县北）、府（今陕西府谷县），向西则将矛头指向灵州（今宁夏灵武县）。当时，灵州乃是宋、回鹘、党项、吐蕃各方势力争夺的焦点，若继迁得之，将得地做大，实力增强，而若宋弃之，则失去边防屏障并军马供给之地。故宋朝不得不重新认识党项的实力及其对自身安全的威胁。自此，宋朝边境的防御重点便逐渐转向西北，开始积极寻找遏制党项势力南下的途径，同时也逐渐认识到地处宋朝与党项之间吐蕃部族的重要战略地位，便开始对河陇地区的吐蕃部族加以笼络，希望他们能够为宋朝守护西北边防。

真宗咸平元年（998），宋封河西军左厢副使、归德将军折逋游龙钵（即喻龙波）为“安远大将军”。咸平四年（1001），李继迁围攻灵州，潘罗支派兵助宋。宋因之封其为“凉州防御使兼灵州西面都巡检使”，并折逋游龙波为宥州刺史，褚下箕等三人为怀化将军。咸平五年（1002），李继迁率兵攻占灵州，改名西平府，直接威胁宋朝边境，同时为消除来自西部的隐患，曾派人至凉州招诱潘罗支归附，但遭到潘罗支的拒

---

① 《宋史》卷265《张齐贤传》。

② 《宋史》卷264《宋琪传》。

③ 杜建录：《潘罗支与河西吐蕃》，《宁夏大学学报》（社会科学版）1991年第1期；赵学东：《论凉州六谷部的兴起及其与北宋的关系》，《西北民族学院学报》（哲社版）1998年第1期；汪天顺：《北宋前中期的西北边疆经略》，《甘肃理论学刊》2004年11月第6期；刘建丽：《宋代西北吐蕃研究》，甘肃文化出版社，1998年4月，第216—221页；祝启源：《凉州吐蕃与潘罗支政权略述》，载《祝启源藏学研究文集》，中国藏学出版社，2002年12月，第127—139页；孙寿岭：《西凉府与西夏》，《河西学院学报》，2005年第21卷第3期。

绝。潘罗支杀其来使，并将此事上报宋廷。灵州失陷后，宋朝受到极大震动，见此情形便认为西部“可以牵制迁贼者，止一西凉而已”①，于是“诏褒谕之，听自处置”②。咸平六年（1003），应潘罗支改动官职之请，宋授其为朔方军节度，仍兼灵州西面都巡检使，并派遣使臣“赍国信及铠甲赐之”，同时还封其属下吴福至腊为安远将军，次首领兀佐等七人为怀化将军。

但此时的宋朝，并没有真正认识到党项的实力，同时，对吐蕃依然心存疑虑。其实，早在太宗至道二年（996），凉州吐蕃折平族首领握散便上言宋朝称：部落屡为党项所侵，愿会兵灵州以备讨击。是年七月，折逋游龙钵又上言宋朝诉蕃部频为继迁侵扰。而潘罗支在接任六谷蕃部大首领之初，同样也认识到正在崛起的李继迁将成为凉州吐蕃最大的敌人，并多次向宋要求会兵围歼李继迁。得知李继迁欲攻打灵州后，潘罗支便立即上书宋廷表示“愿戮力讨继迁”，但真宗却认为：“朕看盟会图，颇记载吐蕃多反覆狼子野心之事”③，而在讨论派兵援助灵州时，又遭到管理吐蕃事务的官员宋沆的反对，致使会兵行动落空，宋蕃友好关系也蒙上阴影，而李继迁却趁机占领了“扼西陲要害”的灵州，从而形成“西取秦之群蕃，北掠回鹘之健马，长驱南牧”④之势。咸平六年（1003），潘罗支又派咩逋族蕃官成逋驰骑至镇戎军，请求与宋会兵讨伐继迁。但宋臣怀疑成逋有诈，将其押送部署司盘查，成逋害怕，在途中策马逃跑，不慎坠崖身亡。真宗知道后，“诏劾镇戎军官吏”，并令渭州厚葬之。不久，潘罗支再次派出属官吴福至腊向宋进贡，并上表称：“感朝廷恩倍，愤继迁倔疆，已集骑兵六万，乞会王师收复灵州”⑤。但宋廷却“以西凉去渭州限河路远，不可予约师期”为由拒绝与之合兵收复失地，真宗还曾明确向潘罗支表示：“继迁常在地斤（今内蒙鄂托克旗）三山之东，每来寇边，及官军出，则已遁去，使六谷部族近塞捍御，与官兵合势，亦国家之利。”⑥ 由于宋朝的迁延不决。同年十一月，李继迁率部攻陷西凉府，知州丁惟清也死于非命。潘罗支不得以伪降，后集中部族击杀继迁，凉州方失而复得。真宗景德元年（1004），潘罗支又遣其兄邦逋支入朝，再次向宋陈述了打败党项军的详细经过，并表示要率六谷部落诸众和回鹘精兵直抵贺兰山讨除继迁“余孽”，希望宋能发大兵援助。对于潘罗支再三恳切的出兵讨贼之请，宋真宗大为感动，表示“潘罗支累乞会师，朝廷迁延未许，今若沮之，则其心离矣”⑦。于是便向潘罗支交代了会兵讨伐夏仁的部署，并让泾原部署陈兴等人策应。但此次行动，却因是年六月潘罗支的遇害而告失败⑧。同年十月，真宗下诏颂扬潘罗支功勋：“将帅守方，忠贤尽瘁，属其阻谢，必有追荣，故

---

① 《长编》卷51，张齐贤语。

② 《宋史》卷492《吐蕃传》。

③ 《宋会要辑稿·西凉府》。

④ 《续资治通鉴长编》卷50，咸平四年十二月乙卯记事。

⑤ 《宋史》卷492《吐蕃传》。

⑥ 《宋史》卷492《吐蕃传》。

⑦ 《续资治通鉴长编》卷56。

⑧ 祝启源先生认为宋朝此时依然没有响应潘罗支合兵攻打党项的请求，“故以继迁新丧‘未经殡葬’、‘地理稍远，日月未定’为理由，婉转地拒绝了潘罗支的请求”。详见祝启源：《北宋时期吐蕃与甘州回鹘关系简述》，载《祝启源藏学研究文集》，中国藏学出版社，2002年12月，第145页。

西凉六谷都大首领朔方节度使、灵州管内观察处置营田押蕃落等使，灵州西面缘边都大巡检使潘罗支，生于西陲，蔚有异禀，率其种族，捍我边防，效鞮译以贡珍，裂蕃垣而胙土，颇极恩徽，遽此沦之，实增悯悼，宜加异数，用奖忠魂，可追封武威郡王”①。

潘罗支死后，其弟厮铎督继任六谷蕃部大首领，并很快得到宋朝的认可。真宗在册封他的诏书中说：“（厮铎督）为吾信臣，可金紫光禄大夫，检校太筵，灵州刺史、朔方节度使、灵州管内观察处置营田押蕃落等使，兼灵州西面缘边都大巡检使、西凉府六谷大首领，封西平郡开国侯……”② 厮铎督时期，六谷蕃部与北宋的友好关系又得到进一步发展。为了抵御党项大规模的逼近和侵扰，极力发展与宋朝的友好关系，力求宋朝能够提供援助。从景德元年（1004）厮铎督继位至天圣六年（1028）党项占领西凉府的这二十多年间，六谷蕃部每年都要派出大小首领向宋进贡或请封。而宋朝也十分重视他们之间的关系，希望厮铎督能够效法潘罗支，在西线继续牵制党项。因此对于六谷蕃部的贡使都以理款待，给予优厚封赐，甚至不惜违背“弓矢兵器不入外夷”的惯例，特令渭州给赐六谷蕃部弓矢等兵器。正是双方间的相互援助，牵制了党项的寇掠，使得北宋的西北边界在十一世纪的前二十年间较为安定。

李继迁死后，其子德明继位，并于真宗景德二年（1005），遵照继迁遗嘱遣使向宋纳贡修好，进表称臣。景德三年（1006）十月，宋夏合约正式成立，宋册封德明为“定难军节度使”、“西平王”，给俸一如内地，并“录德明誓表，令渭州遣人赍至西凉府，晓谕诸蕃，转告瓜沙首领”③，“以赵德明归款，谕河西诸蕃各守疆界”④。德明虽在表面上答应宋朝提出的“毋得攻劫西路进贡蕃部纵有竞争，并取朝廷和断”的议和条件。实际上却从未放弃过对于河西地区的觊觎，他利用与宋媾和息兵的有利条件，集中力量对付西部边境上的西凉吐蕃和甘州回鹘。对此，宋朝亦有察觉。景德四年（1007），宋遣使持诏至河西提醒六谷蕃部及回鹘首领堤防党项人的袭击，并告诫六谷蕃部“约回鹘为援，以备德明”。⑤ 德明果然于次年，即真宗大中祥符元年（1008）派军主万子率众欲取西凉进而图取甘州回鹘。由于六谷蕃部与甘州回鹘早有防备并事先有约，党项大败而去。大中祥符四年（1011）九月，德明派苏守信率蕃骑袭击凉州大族样丹，厮铎督集诸部抵抗，大败守信兵。虽然，在与党项军作战过程中，西凉吐蕃曾一度占据优势，但这也只是其中一段小小的插曲，并不能改变局势的发展。由于党项军事力量的日益强大，以及对西凉吐蕃各部实施的军事打击下的分化瓦解和蚕食政策，使得各部落首领之间矛盾日深，力量互相抵消，部落间政治、军事联盟逐渐解体。至大中祥符八年（1015），党项将领苏守信再次领兵攻陷西凉府，厮铎督率部投奔唃厮啰，六谷蕃部联盟名存实亡。仁宗天圣六年（1028），德明子元昊在攻下甘州回鹘后乘胜拔西凉

① 《宋大诏令集》卷240《政事》。
② 《宋大诏令集》卷240《政事》。
③ 《长编》卷64，景德三年十月庚午条。
④ 《宋史》卷7《真宗本纪》。
⑤ 《宋会要辑稿》方域二一《西凉府》。

府，“六谷蕃部”政权彻底宣告解体[①]。正是由于宋朝对于党项实力和威胁程度估计不足，置六谷蕃部一次又一次合兵攻讨的请求于不顾，错失良机，导致了“六谷蕃部”政权的解体[②]。自此，党项实力增长之势不可抵挡，西北地区局势及民族关系也随之发生巨大变化。

[③]正当凉州六谷蕃部联盟形成发展之时，活跃在今湟水流域和甘南藏族自治州境内吐蕃人的势力也在不断崛起中，主要有河州耸昌厮均、宗哥李立遵以及邈川温逋奇等。真宗大中祥符元年（1008），耸昌厮均将吐蕃王朝赞普后裔唃厮啰安置在移公城，并欲于河州立文法，此乃唃厮啰政权的开端。是年，李立遵、温逋奇联手将唃厮啰劫至廓州（今青海化隆县境），并将其作为旗帜招徕部落族众。之后不久，李立遵尊唃厮啰为赞普，自立为相，并将王城迁至宗哥。由于唃厮啰年纪尚幼，李立遵总揽内外事务，他十分注意发展与睦邻的友好关系，对于东方大国宋朝更是积极争取。

但这时的唃厮啰政权还处于初建阶段，实力薄弱。因此，宋朝只了解实力强大的凉州六谷蕃部并与之来往密切，所以最初并未十分重视发展与唃厮啰政权间的关系。真宗大中祥符七年（1014），五月，唃厮啰率帐下归附秦州，并求封赐。宋朝视其势力衰微，仅封他为“掌管检州邑捕诘盗贼之事”的“殿直充巡检使”一小官职，薪俸也十分低微。是年十二月，李立遵、唃厮啰、温逋奇等首领又以“与赵德明抗敌”为名向宋廷请求“朝廷爵命”，封官给俸。大中祥符八年（1015），二月，唃厮啰、李立遵、温逋奇、木罗丹等大首领又联合派遣使者向宋贡马。对于唃厮啰政权大首领这一系列的请封朝贡活动，宋真宗也只是下诏“赐唃厮啰等锦袍、金带、供帐什物、茶药有差，凡中金七千两，他物称是”[④]。同年九月，李立遵、唃厮啰派人到北宋，号称已聚众数十万，“请讨平夏以自效”。但宋朝对其心存疑戒，不仅没有应其请，反而命“周文质监泾原军，曹玮知秦州兼两路沿边安抚使以备之”[⑤]。宋朝的这种极端不信任的做法严重伤害了李唃二人的自尊心和积极性，也使双方关系蒙上了一层阴影。

大中祥符九年（1016）三月，李立遵令居住在秦州唃厮啰的舅舅赏样丹与熟户郭厮敦在离王族“立文法”谋叛。但被宋秦州守将曹玮察之，并对郭厮敦晓以道理、动以情义，最终借其手斩首赏样丹，未费一兵一卒瓦解了李立遵的这次军事行动。事后，曹玮便上奏朝廷假借郭厮敦献地之名“授厮敦顺州刺史”[⑥]，并给以厚赏。策动叛乱不成的李立遵并未就此罢休，之后竟又屡次上言曹玮请求宋廷封其“赞普”之号，妄图借助宋朝权威，取代唃厮啰的地位。然而，宋廷也只是以封西凉府厮铎督例“授立遵保

① 崔红芬先生认为党项攻取凉州是在明道元年（1032）的九月，见《略论西夏对河西的占领及相关问题》，《大连民族学院学报》2005年7月第7卷第4期。

② 仁宗景祐三年（1036），在占据凉州基础之上，元昊又攻取了瓜、沙、肃三州（有关党项军攻取瓜、沙、肃三州具体时间的问题，参见崔红芬文。），最终完成了对于整个河西地区的占领，从而缓解了用兵中原来自西部边界的压力。

③ 关于这一时期唃厮啰与宋朝的关系可参见：祝启源：《唃厮啰——宋代藏族政权》，青海人民出版社，1998年8月，第33页。

④ 《宋史》卷492《吐蕃传》。

⑤ 《宋史》卷492《吐蕃传》。

⑥ 《长编》卷82，大中祥符七年五月巳酉。

顺军节度使，赐袭衣、金带、器币、鞍马、铠甲等”①。但宋廷此举却招来李唃二人的不满。一方面，李立遵求宋朝封给“赞普”号不成，心存怨恨。另一方面，李立遵所受封号的等级实际上已经超过唃厮啰“殿直、充巡检使”一职，对于宋朝这种本末倒置的册封，唃厮啰感到自尊受到严重伤害。于是二人便决定联合进攻宋边境之秦渭地区。大中祥符九年（1016）九月，李立遵联合马波腊鱼角蝉等族部大首领，率马衔山（今甘肃榆中县境）、兰州、龛谷（今甘肃榆中县境）、毡毛山（今青海乐都县境）洮河、河州等地部族，约三万余人，攻打秦渭一带城寨，与秦州守将曹玮战于三都谷（今甘肃甘谷县境），却以失败告终。之后，李立遵势力并未立即撤出秦渭地区，直至真宗天禧元年（1017），屡次受挫的李立遵才收集残部返回湟水流域。是年九月，唃厮啰向宋朝贡马“乞和断”。至此，为争夺秦渭地区而断断续续进行了将近一年的唃宋战争方以唃厮啰政权的失败而宣告结束。

“三都谷之役”令宗哥联盟元气大伤，唃厮啰、李立遵的威望也急剧下降，“于是河、洮、兰三州，安江、妙敦、邈川党通等羌皆破散宗哥所立文法，纳质内属”②。宗哥文法的破散，宣告了宗哥联盟的瓦解③。不少部族脱离李立遵的控制，成为宋朝的熟户。在这种情况下，唃厮啰、李立遵只能谋求与宋和解。真宗天禧元年（1017）九月，唃厮啰向宋贡马。天禧三年（1019）二月，派僧人景遵等十人赴宋入贡。天禧五年（1021），李立遵、唃厮啰派人前往和谈。乾兴元年（1022），唃厮啰、李立遵派蕃部灼蒙遭遇、失卑陵等携带书信及马一匹到泾原部署司求内附④。

虽然起初，宋朝并未意识到唃厮啰政权的重要性。然而，在李立遵苦心经营之下，唃厮啰政权逐渐统一了以宗哥为中心的吐蕃诸部，其实力也得到迅速增强。甚至连之前曾经号令过宗哥的西凉六谷蕃部，现在也受制于它，奉其命向宋朝进贡或对党项作战，如真宗大中祥符八年（1015）二月，唃厮啰政权属部首领刘王叔派帐下青波来告，“近遣西凉府厮铎督部兵十万掩杀北界部落，胜捷，续遣人献首级”⑤。这样，宋朝便开始逐渐对它有所关注。真宗大中祥符八年（1015）冬，宋朝便派出侍卫杨承吉等人出使宗哥，明为“安抚”，实为沟通关系、刺探虚实。另外，大中祥符九年（1016）九月至真宗天禧元年（1017）九月间的“三都谷之役”，虽以宋的胜利而告结束，但依然在宋廷内部引起很大波动，进而不得不重新考虑对待唃厮啰政权的态度及策略。所以，当李立遵、唃厮啰等首领向宋进贡并乞和断时，宋便“诏释其罪，仍给马值”，并于仁宗天圣元年（1023），允许李立遵、唃厮啰“岁一人贡”⑥。

大约仁宗天圣元年（1023）或二年（1024），唃厮啰与李立遵决裂转而投奔邈川温逋奇，并一如既往地同宋朝发展关系。仁宗天圣九年（1031）十二月，温逋奇派外甥

① 《宋史》卷492《吐蕃传》。

② 《隆平集》卷9。

③ 虽然回到宗哥城后，李立遵、唃厮啰经过一段时间的休养生息，于1020年复立文法，以图东山再起，但由于李唃矛盾的激化，其衰势已无可挽回。

④ 《长编》卷99，乾兴元年十一月甲戌。

⑤ 《宋会要辑稿》蕃夷六之一。

⑥ 《长编纪事本末》卷26。

携书信、鞍马、乳香等物至秦州官邸“告称唃厮啰乞通和”。宋则以礼相待，并宣赐唃厮啰、温逋奇对衣、金束带、银器、衣着[1]。后温、唃二人又遣使向宋入贡谢恩马。而此时，西北地区局势却发生了较大变化。先是，仁宗天圣六年（1028），党项攻取甘凉二州，“六谷蕃部联盟”彻底解体。仁宗天圣八年（1030），瓜州（今甘肃安西境）回鹘可汗贤顺率部投降党项，自此，瓜、沙（今甘肃敦煌）、甘、凉具为党项所有。仁宗天圣九年（1031）党项德明死，其子元昊继位，一改其父向宋称臣归顺的政策，公开与宋对抗。党项的背叛，以及牵制党项军南下的有力盟友凉州吐蕃“六谷蕃部联盟”的解体，令宋朝对其西北边防忧心忡忡。于是，就将希望都寄托在新兴的河湟吐蕃部落联盟唃厮啰政权身上。于是，仁宗明道元年（1032）八月，宋便“以邈川大首领嘉勒斯赉为宁远大将军、爱州团练使，雅仁结首领温布且为归化将军”，并每月给唃厮啰支大彩十匹，角茶一十五斤，散茶五十斤，温逋奇支大彩十匹，角茶五斤，散茶五十斤作为俸禄。

仁宗明道元年（1032），唃厮啰杀温逋奇，并迁居青唐，开始走一条独立自主的发展道路。通过一系列改革措施的实施，青唐政权的实力逐渐强大起来，唃厮啰大首领的地位也逐渐得到了河湟吐蕃诸部的认可。随着青唐政权实力的增长以及在抵制党项军南下过程中所起到的越来越重要的作用，宋朝对于唃厮啰政权的态度、政策也在不断发生着变化。仁宗景祐二年（1035），唃厮啰击退党项进攻取得“宗哥之役”的胜利，表明此时的唃氏政权已对党项构成一定威胁。在整个河西地区已被党项控制的形势下，在西部地区能为宋效力的只有唃厮啰了。于是，宋授予其为“保顺军节度观察留后”，月支大彩三十匹，角茶三十斤，散茶一百斤，并由秦州就近赐给；仁宗宝元元年（1038），元昊称帝改元，建立西夏，欲与宋分庭抗礼，宋室大震。为联络唃厮啰配合在环、庆、泾、渭诸州对西夏的军事活动，于是年十月，加封唃厮啰为“保顺军节度使”，岁给丝绸千匹，角茶千斤，散茶一千五百斤。之后，又于仁宗宝元二年（1039）六月，派左侍禁鲁经携诏书及两万匹丝绸的厚礼，出使唃厮啰，“使背击元昊，以披其势”。唃厮啰奉诏率军攻打西凉府，遇夏人有备，仅“捕杀游逻数十人亟还”[2]。由于在自1039年6月开始的宋夏之战中，宋军失利，故宝元三年（1040）又派屯田员外郎刘涣携厚礼出使唃厮啰驻地，希望能促其出兵助宋。唃厮啰向刘涣上“西州地图”表示要誓死捍边，并积极配合了宋的军事活动。故仁宗康定二年（1041），宋加封唃厮啰为“保顺河西军节度使”。英宗治平元年（1064年）十月，宋又厚赐唃厮啰及其属下首领、家属等。

唃厮啰迁都青唐后，由于党项西夏的侵扰压力不断加强，为共同抗敌，宋唃关系发展密切，除不断升级对于唃厮啰及其属下大小首领的封赏级别外，还十分注意了解唃厮啰政权内部的有关情况。例如它对于唃厮啰家庭内部的纠纷[3]便了如指掌，并十分关注，曾经多次下诏书安抚要他们在讨伐西夏的大前提下，互相照应。最后，政权在唃厮啰晚年重新统一，与宋朝的调节撮合不无关系。

---

① 《乐全集》卷22。

② 《宋史》卷492《吐蕃传》。

③ 刘建丽：《宋代西北吐蕃研究》，甘肃文化出版社，1998年4月，第187—189页；唃厮啰家庭内部纷争的有关问题可参见祝启源：《唃厮啰——宋代藏族政权》，青海人民出版社，1998年8月，第73页。

英宗治平元年（1065），唃厮啰死，其少子董毡继位。他执政后，基本执行了唃厮啰时制定的外交政策，继续与宋朝发展着友好往来的关系。如治平四年（1067）二月，宋廷“诏西蕃邈川首领保顺军节度使检校司空董毡除检校太保”。十二月，董毡入贡宋室。宋朝回赐董毡年赏赐大彩一百匹，角茶二百斤，散茶三百斤；其妻赐银器五十两，衣着百匹。

真宗、仁宗及英宗时期，由于党项势力的急剧膨胀对河陇吐蕃及宋朝都造成了巨大威胁，为联合起来共同抗敌，双方使者来往不断，故这一时期的宋蕃关系最为密切。

（三）武力征服期（1068—1127）

这一阶段始自神宗朝终至北宋灭亡，大约经历了神宗、哲宗、徽宗三朝。

宋蕃关系始终随着宋夏关系的变化而变化。太宗、太祖时期，党项集团实力较弱，尚未对宋朝的西北边境形成威胁。此外，国家初建，百废待兴，北方又有强大的契丹集团虎视眈眈，故这一时期，宋朝对于西北吐蕃进行了羁縻统治，主要是通过对于当地吐蕃部族首领的封官加爵，令其自治，而在个别地区，诸如秦渭等州地才兼以派遣能吏加以抚绥，故这一时期是宋蕃关系建立及初步发展时期。真宗、仁宗、英宗时期，党项集团在继迁、德明、元昊等首领统治下，正处于发展兴盛阶段，对外不断扩张。先是，收复了昔日的五州故土。之后，又占领了河西走廊。并企图占据河湟地区，最终实现对于宋朝的包围。在党项集团的不断侵扰下“凉州六谷蕃部联盟”解体，河湟吐蕃与宋朝深感危机重重，只能通过联合才可求得生存。另外，这一时期，宋辽已经订立“澶渊之盟”，正式形成了宋辽南北对峙的局面，从而结束了双方长期的战争状况，实现了宋北方边境的安定，宋辽矛盾得到缓解。而宋国内政治、经济局势逐步恢复和好转。因此，此时的宋朝便可以将精力投之于此，将其御边的重点由北方转向西北。故这一时期，宋蕃关系最为密切。政治上贡使往来频繁。经济上物资互通有无。军事上双方密切配合。如果说第一个阶段，西北吐蕃更加积极主动，那么这一阶段，宋朝则表现出更加积极主动地态度。至神宗、哲宗及徽宗时期。党项集团则处于衰落时期。夏主谅祚年幼即位，母后族人没藏讹庞控制朝政，内乱已在肘腋之间。谅祚死后，幼子秉常新立，母后梁氏摄政，独揽大权，穷兵黩武，经济困乏，人民愤懑。西夏已失去昔日元昊时期军事鼎盛之势，不再有大举攻宋的实力，故不得不收缩战线，被动防守。

此时，北宋社会积贫积弱的现象日益严重，各种危机一触即发。因此，统治集团中的一部分有识之士便改革呼声，并进行了一些初步尝试。早在仁宗嘉祐三年（1058）春，王安石便写出《上仁宗皇帝言事书》指出宋朝内部潜伏的各种矛盾与危机，并提出了一些具体的改革方案，但当时没有得到仁宗皇帝及其执政大臣的重视。至熙宁元年（1068），神宗赵顼即位，他十分赞赏王安石在《上仁宗皇帝言事书》中的观点言论，即位后便立即起用王安石任参知政事，支持他在政治、经济、军事等方面进行变法，以求“革新时弊、富国强兵”。恰逢此时，王韶上《平戎策》，就如何降服西夏及经营西北边事诸问题，提出一些具体的实施意见，主张“欲取西夏，当先复河、湟”。甚合神宗及王安石等变法派人士之意。因此，经略河湟，兼制西夏，收复汉唐旧境，开拓西北边疆便成为王安石等革新派的一项重要战略目标。此外，在经过了近百年的对夏战争后，宋朝在西北的防卫体系已渐趋完固，“鄜延路兵屯六万八千，环庆路五万，泾原路七万，秦凤路二万七千，以牵制其势也”①，其对夏之西北沿边防御渐显局部优势②。

另外，由于唃厮啰家庭内部不合——长子瞎毡据河州。磨毡角与其母李氏居宗哥卑耶城，各自抚有部族，“分据土地，各立文法”，并与温逋奇子邈川首领温郢成俞龙解仇，与夏通和——导致势力一分为三，“分牵制事，力不得齐一”，实力大削，对于西夏的牵制也随之减弱。至仁宗庆历（1044），宋夏订立“庆历和议”，西夏对宋边境压力减轻之后，宋便放松了对于河陇吐蕃的笼络联合。于是，吐蕃便开始进犯宋边境并向西夏示好。仁宗嘉祐二年（1057），“瞎药、木征、唃厮啰连衡更出，岁为边患”③。木征、瞎药“谋立文法”，“阴与夏人通款”。董毡则“取契丹女为妻，合从夏戎”④。宋廷对此忧心忡忡。⑤

在这种可能出现夏蕃联合东进的形势下，宋便将其前朝对河陇吐蕃的“笼络联合”的政策改变为重点经营秦渭，进而攻取熙河，也就是在西夏和吐蕃二者之中，选择力量较弱的吐蕃作为首先攻击的目标，欲先并吐蕃再全力对付西夏，实现宋朝君臣的以攻为守兼制西夏策略。同时，神宗君臣还希望通过对比较弱势的吐蕃的军事胜利来建立威望，为推行新政立威。于是，便有了神宗熙宁五年（1072）至六年（1073）的“熙河之役”。是役，宋“收复熙州、洮、岷，叠、宕等州，幅员二千余里，斩获不顺蕃部万九千余人，招抚小大蕃族三十余万帐”⑥。神宗元丰四年（1081），宋军又相继夺取兰、会二州，使边境线越过马衔山推至黄河边，远抵天都山，从而扩大了开拓熙河的成果，并将熙河路扩展为熙河兰会路，开拓了宋朝由内地通往西部地区的另一通道。

哲宗亲政时，唃厮啰政权正处于瞎征统治时期，分崩离析，危在旦夕。而西夏则是崇宗乾顺年幼登基，梁氏一家二后，操纵国柄，对宋连年用兵，无力西顾青唐。面对此种形势，哲宗决心绍述先帝神宗业绩，推行新政，于是，改变元祐（1086—1094）年间防御退守的政策，准备向西夏发动进攻。哲宗元符二年（1099）七月，王愍为统军，王赡为副统军，率兵进取湟水流域，并攻占了邈川和宗哥城。瞎征统治河湟地区的历史也由此宣告结束。但由于遭到河湟吐蕃的强烈反抗，宋军处境艰难，不得不分期撤兵，哲宗建中靖国元年（1101）三月，最后一批宋军撤出湟州。

徽宗即位后，也决心效法“熙宁之治”，起用主张变法的蔡京为相，并将视线再次转向河湟地区。徽宗崇宁二年（1103）六月，王厚率军陆续攻占湟州、鄯州、廓州，控制了今青海东南部黄河以北地区，宋收复河湟地区的目标已基本实现。河湟之役（1103—1105）“开拓疆境幅员三千余里”，“前后六战斩获一万余人”⑦，并改鄯州为西宁。青唐吐蕃政权也因此宣告结束。

唃厮啰政权崩溃后，小陇拶和聂农族大首领多罗巴被迫率众走投夏国，并在夏国帮

① 《宋会要辑稿》第175册《兵》八之二一。

② 参阅刘建丽：《宋代西北吐蕃研究》，甘肃文化出版社，1998年4月，第221页。

③ 刘敞《公是集》卷51《行状》。

④ 《乐全集》卷22《秦州奉唃厮啰事》。

⑤ 参阅刘建丽：《宋代西北吐蕃研究》，甘肃文化出版社，1998年4月，第224页。

⑥ 《长编》卷247，熙宁六年十月辛巳。

⑦ 《长编纪事本末》卷140。

助下准备“复国”。由于河湟地区吐蕃民众的激烈反抗，驻守这里的宋军处境艰难，朝中曾一度掀起撤兵之议。为进一步控制河湟，宋徽宗曾于大观二年（1108）下诏童贯，继续征讨熙河地区不愿降附宋廷的诸部首领。至徽宗政和五年（1115），宋军大败夏人于古骨龙城，并改城名为“震武军”，“唃厮啰之地悉为郡县”①。

钦宗靖康二年（1127），在经营河湟二十余年之后，北宋为金朝所灭，其在这一地区的统治也告结束。灭亡前夕，北宋急于应付金人打击，无暇西顾，靖康二年（1127），仓促派陕西经制使钱盖经抚河湟，并找到具有唃厮啰血统的益麻党征（陇拶之弟）加以封立，命其为“措置湟鄯事”职，并赐姓名为赵怀恩，特封为陇右郡王②，也成为南宋王朝在河湟地区的第一任吐蕃官员。

金灭北宋后，势力逐渐西向。宋高宗建炎四年（1130），金主派皇子右副元帅宗辅去今陕西、甘肃、青海一带经略③。次年，巩、洮、河、乐、西宁、兰、廓、积石等州先后降金，宋之泾原、熙河两路亦为金人所征服④。在金人的打击下，陇右郡王赵怀恩“弃离部族田宅，驱携老小前来川中”，并于高宗绍兴四年（1134）到达阆州（今四川阆中），举家投附南宋。宋高宗诏“宣抚司依条勘给，不得纽折，务要优恤，无令失所”。绍兴六年（1136），又命赵怀恩为“指挥都总领河南诸兵”，以示勿忘收复故土。后赵怀恩又举家迁到四川成都府居住，其用资由四川安抚制置使司每月支供给钱一百贯。绍兴七年（1137）川陕宣抚使奏吴磷招诱到逃避山谷的西蕃部落有28部之多，由其首领董谷（赵继忠）率领归附南宋⑤。南宋授赵继忠官职，由修武郎进武翼郎兼阁门宣赞舍人，其余首领各补官职。

由于南宋初年亦无暇西顾河湟，仅在熙州、洮州一带有些势力，所以十分注意招抚当地尚未降金的吐蕃诸部的首领，许以官爵，让其有朝一日以应朝命，报效朝廷，但终有南宋一代，收效甚微。举家定居成都府后的赵怀恩，虽曾一度为南宋朝廷器重，但已是孤家寡人，没有力量返回故土。绍兴二十三年（1153），赵怀恩由熙河观察使“改授鼎州观察使，添差成都府兵马钤辖”，不参与实际事务。绍兴二十七年（1157），赵怀恩充成都府路兵马钤辖，也是一任有名无实的闲官。乾道六年（1170），赵怀恩的妻子向官府诉苦，自陈家贫，夫死未葬。朝廷遂下诏成都府安抚司拨赐钱二千贯抚恤其家。可知，赵怀恩大概在这一年故去⑥。

---

① 《皇宋十朝纲要》卷17，政和六年七月壬辰记事。

② 益麻党征受南宋朝廷封赐事，《宋会要辑稿》蕃夷六载：光尧皇帝建炎元年六月二十七日，诏钱盖依旧为陕西经制使。先是，盖在靖康间尝建议河、湟、鄯之地于朝廷无毫发利，而岁费不赀，为中兴患，不若求青唐之后而立之，使抚有其旧部以为藩臣。有益麻党征者，故王之子，素为国人信服，傥封立之，必得其力。至是朝廷用其策，遣盖为使，赏告赐益麻党征措置湟鄯事，因调兵五路军马赴行在，故有是命。《皇宋十朝纲要》21卷，建炎元年六月戊子记事谓：“复立青唐之后益麻党征为其国主，赐姓名曰赵怀恩”。

③ 《金史》卷3《太宗本纪》，天会八年七月辛亥记事。

④ 《金史》卷3《太宗本纪》，天会九年正月癸丑记事。

⑤ 《宋史·夏国传下》谓赵继忠为“三十八族首领”。

⑥ 《宋会要辑稿》兵17；《宋史》卷28，《高宗五》；《方舟集》卷16；《赵郡王墓志铭》。

三、宋对于西北吐蕃的经略

西北吐蕃自始至终都是以附属国的身份与宋朝往来，所以，在其交往过程中，双方除了政治上的朝贡往来，经济上的互市贸易，军事上的相互照应之外，还存在宋朝对西北吐蕃的经制问题。宋朝对于西北吐蕃的经制大体可概括为“恩威并施，刑赏并举”，但在具体施政过程中，则可作划分为：

（一）政治军事方面

1. 羁縻笼络，赐爵封赏

吐蕃部族素来“尊大姓”，“重故主”，并以部落为社会的基本组织形式，故宋朝对向宋示好或投诚归附的吐蕃部族首领通常都要“啖之以官爵”①，以赢得他们的信任，完成整个部落成员的归顺向化。所以，对吐蕃部族首领赐爵封赏便成为宋王朝在治理西北吐蕃过程中的一项长期坚持并各处采用的重要措施。

太祖、太宗朝因国家新建，无力将大部分精力投入到西北吐蕃地区，便将此作为制胜法宝，对前来归附的吐蕃首领大加封赏，以达到在归附宋朝前提下的西北吐蕃民族自治。真宗、仁宗、英宗朝，党项实力剧增，对于宋西北边境造成极大威胁，为使西北吐蕃在宋夏战争中助其一臂之力，更是不断扩大封赏的范围，提高封赏的级别。这一时期，除了前来归附或被征服的吐蕃部族首领外，立有战功的吐蕃首领、暂时不肯征服的吐蕃首领甚至一些小部落的首领以及一些大首领的属下部将或家属也都被封以官爵，以示羁縻。如真宗大中祥符九年（1016），曹玮为三阳、定西、伏羌、静戎、冶坊、三门、床穰等七寨熟户蕃部首领有功的一百四十六人，乞赐告身，宋诏令“二人授都军主，四十一人授军主，五十七人授指挥使，余悉补蕃官”②，并允许蕃官世袭；青唐政权董毡时期的大将鬼章，在屡次打败宋军后，于神宗熙宁十年（1077）授予“廓州刺史”③ 一职；真宗景德元年（1004），“陇山外至王家、狸家、延家三族归顺，诏授其首领官”④（渭州吐蕃）；神宗熙宁元年（1068）二月，宋以董毡父卒起复故，封其母为安康郡太君，其子都军主蔺逋叱（又作欺丁磨彪苏南蔺逋叱）为锦州刺史；而从唃厮啰所受封赏的变化中便可看出级别的提高。真宗大中祥符七年（1014），被封为“殿直充巡检使”，薪俸甚微。真宗明道元年（1032），被封为“邈川大首领”、“宁远大将军”、“爰州团练使”，每月支大彩十匹，角茶一十五斤，散茶五十斤；真宗景祐二年（1035），被封为“保顺军节度观察留后”，月支大彩三十匹，角茶三十斤，散茶一百斤；真宗宝元元年（1038），被封为“保顺军节度使”，岁给丝绸千匹，角茶千斤，散茶一千五百斤；康定元年（1040），宋加封其为“保顺河西等军节度使”。除此以外，唃厮啰的头衔还有洮州凉州管内观察处置押蕃落等使、特进检校太尉使持节洮州凉州诸军事、洮州凉州刺史兼御史大夫上柱国武威郡开国公，并最终达到食邑九千户，实封二

---

① 《长编》卷49，咸平四年十月丁未。

② 《长编》卷88，大中祥符九年十一月丁未条。

③ 《宋会要辑稿》蕃夷六之一三。

④ 《长编》卷56，景德元年十月癸卯。

千四百户的俸禄标准。尔后，宋朝历代皇帝对其继承者之封赏也皆遵循此例。

在宋官爵封赏引诱下，西北众蕃部归向于宋，并乐为之用，成为赵宋王朝抗击西夏，卫护边疆安全的劲旅。

2. 武力征服、刑诛纳质

虽然，宋朝统治者出于抗击党项西夏的需要，对西北吐蕃加以羁縻笼络，但在其意识观念中却一直认为蕃戎本无仁义，凡畏强凌弱，“非刑诛不足以制其骄”。所以，在资以德泽的同时，还要兼以威刑惩罚。

对于那些用恩赏、威慑不足以使其归附的蕃部，宋便采取武力征服的方式。如仁宗开宝元年（968），宋将董遵诲驻守通远军，他先用威德令酋长悦服，“后数月，复入寇，遵诲率兵深入，击走之，俘斩甚众，获羊马数万，夷落以定”①。神宗熙宁年间的熙河之役“斩获不顺蕃部万九千余人，招抚小大蕃族三十余万帐”②。徽宗崇宁年间的河湟之役“前后六战斩获一万余人”③，“招降到首领二千七百余人，户口七十余万”④。这些战役无不是伴随着血与火的洗礼。

宋朝认为“诸蕃有钞劫为恶、尝经和断者，恐异时复叛，故收其子弟为质，乃为禁锢终身者”⑤。因此，宋便在西北沿边诸府、州、军、监设立纳质院，对这里被征服的西北吐蕃诸部实施“纳质”管理。太祖乾德二年（964）六月，刘熙古权知秦州，“州接戎境，多被寇害。熙古至，谕以朝廷恩信，取其酋豪子弟为质，戎人不敢犯法”⑥。宋夏矛盾升级后，为了使更多的西北蕃部归顺，宋甚至动用武力强迫其纳质内附。真宗咸平六年（1003）八月，原、渭等“州界戎人未附者八部二十五族，今悉诣吏纳质”⑦。真宗大中祥符元年（1010），“永宁寨陇波、他厮麻二族召纳质不从命，率兵击之，斩首二百级”⑧。在北宋威胁利诱下，沿边众多蕃部如“原、渭蕃部三十二族纳质来归”⑨，真宗天禧二年（1018），“缘边诸寨蕃部纳质者七百五十六帐”⑩。

“纳质”政策本身即带有民族歧视色彩，加之宋在执行过程中的有失得体，如秦州有质院，质诸羌百余人，自少至老，扃系之，非死不出，因此严重伤害了广大蕃部百姓的民族感情故遭到激烈反抗。后来，宋迫于压力曾一度下令废止，但终北宋朝也未完全禁止。但却在此过程中将“释放质子”巧妙地转化为一种怀柔的手段。如真宗咸平四年（1001），马知节知秦州后，悉放还在质的秦州“质羌酋支属二十辈”⑪，蕃部因而“感其惠，讫受代，无犯塞者”⑫。

---

① 《长编》卷9，开宝元年七月乙未。
② 《长编》卷247，熙宁六年十月辛巳。
③ 《长编纪事本末》卷140。
④ 《长编纪事本末》卷140；《长编拾补》卷23，崇宁三年四月庚午。
⑤ 《宋史》卷495《吐蕃传》。
⑥ 《长编》卷5，乾德二年六月乙卯。
⑦ 《长编》卷55，咸平六年八月辛未。
⑧ 《宋史》卷492《吐蕃传》。
⑨ 《宋史》卷492《吐蕃传》。
⑩ 《长编》卷91，天僖二年闰四月庚子。
⑪ 《长编》卷49，咸平四年十月癸卯。
⑫ 《长编》卷49，咸平四年十月癸卯。

3. 选派官员，抚定经营

虽然，宋朝对于西北吐蕃的治理主要是对当地吐蕃首领封官赐爵而令其自领部族民众。但仍然在一定地区比如北宋前中期的秦渭地区，神宗熙宁之后的熙河及河湟地区也兼以直接派遣官员前往治理。由于这些地区重要的战略地位，宋朝对于前往该处官员的选派问题上十分审慎。这些官员大多精明强干，并在治理西北吐蕃地区的过程中形成了一套颇有成效的治理方案和措施。其中最具代表性的便是真宗朝的曹玮。

曹玮，宋初武将曹彬次子。太宗太平兴国七年（982），党项李继迁公开叛宋，宋西北边境局势紧张，年仅十九岁的曹玮在其父推荐下，临危受命知渭州（今甘肃平凉），自此其一生便与西北边防紧密相连。真宗景德元年（1004），曹玮调知西北要地镇戎军（今宁夏固原）。他依据西北边防的实际情况，逐步推行以改善民族关系为主的治边原则，取得了十分不错的成绩。曹玮通过招抚的办法，吸引各部族内附宋廷，即"谕以朝廷恩信，抚养无所问"，并在此基础之上兼以武力征讨。这便令蕃部各族倾心向宋，时有归附。如真宗景德三年（1006），"妙娥、延家、熟嵬等族率三千余帐、万七千余人及牛马数万款塞内附"，这对于李氏政权是一个不小的打击。然而，由于种种原因，边将不敢轻言接纳。曹玮深知"德明野心，今不折其羽翼而长养之，其飞必矣"，便果断应援，"即日领骑七出石门，薄天都山，凡再宿，悉徙其族帐以还"①。从而有效地阻止了德明势力对于周边蕃部的兼并。真宗大中祥符八年（1015），秦州边事紧张，曹玮"知秦州兼缘边都巡检使、泾原仪渭州镇戎军缘边安抚使"②。在其任上，曾两次成功挫败吐蕃部族的"文法"活动，给新兴的唃厮啰政权以沉重的打击，并使秦州形势迅速向着有利于北宋的方向发展。其中，三都谷战役的胜利安定了秦州边防，屏蔽了秦陇及关中的安全，在很大程度上争取了唃厮啰向北宋的靠拢，该战也成为宋、蕃关系走向友好的开始。

此外，曹玮对于西部地方军队和少数民族兵种的重视与建设，对于西北御边设施的增筑和兴修，也作出了巨大贡献。

真宗景德二年（1005）五月，曹玮上言于边地招募弓箭手垦田，宋廷应允，自此弓箭手制度正式创立，并逐渐走向正规化。弓箭手战时为兵，闲时为农，战斗力极强，又不用政府供给粮草，逐渐成为一支保卫西北边防，抗击党项寇掠的生力军。

与弓箭手的创制同，西北蕃兵兵种的开创工作也赖于曹玮的积极倡导。"蕃兵者具籍塞下内属诸部落，团结以为藩篱之兵也"，是一种边疆地区的少数民族兵种。虽然其最终形成于仁宗朝范仲淹治理边防前后。但曹玮对于蕃兵的整治与管理，初步发挥了他们的边防作用，大大推动了蕃兵兵种的正规化，为以后留下了可资借鉴的宝贵经验。他封赐部族首领以实现自治、利用汉法管理蕃兵并裁汰老弱，突出其民族特色。弓箭手及蕃兵制度的创制及发展极大地增强了宋抵抗党项等进攻的力量，为保卫宋之西北边防发挥了巨大作用。

在古代，堡寨壕堑是守御边防的硬件设施。西北边防作为宋夏战争的前沿阵地，这

---

① 《长编》，景德三年五月己巳。

② 《长编》，大中祥符八年九月甲寅。

里的堡寨壕堑无论是在北宋军事防御和进攻中，还是对保障沿边及内地人民的生产生活安定，都发挥着长期而有效的作用。而曹玮在镇戎军及秦州一带修筑了大量堡寨壕堑，政绩斐然。

总之，曹玮恩威并用的民族策略，创建弓箭手制度，奠定蕃兵兵种，开凿城寨壕堑的诸多措施，保障了宋初西北边防的基本稳定，阻止了党项势力向东推进，为进一步治理西北边防打下了一定基础。而其成功的关键就在于军事军费上一定程度的自给。由于其措施的切实可行，在之后的日子里，得到了不同程度的继承及发扬光大。

正是由于宋朝有像曹玮一样的能吏，其西北边境才能确保稳定并不断推进。而这也正能说明，宋朝统治者治理西北吐蕃地区中这一措施的得体。

4. 招募弓箭手

为解决西北战场上与党项西夏作战过程中出现的正规军队孱弱不堪一击和粮草供给不足的问题，宋在西北吐蕃地区广泛招募弓箭手。

弓箭手是北宋“民兵制”组织形式之一。其称谓较早出现于后周时期，太祖时期史料记载中也有所提及，但这时还留有一定程度“府兵制”的痕迹。至真宗景德二年（1005）五月，宋廷应允知西北镇戎军曹玮所言募边人为弓箭手之情，真正意义上的弓箭手制度才得以正式创立。

宋西北地区的弓箭手一般由当地具备一定条件的汉蕃民众充任，他们不隶国家军籍，不领饷糈，也不脱离生产。应募弓箭手后，由国家授予一份“身份地”[①]，其土地数额较为稳定，并依据汉蕃弓箭手的不同而不等，汉弓箭手每人二顷，出战马一匹者加五十亩；蕃弓箭手减半。他们一般不纳租税。

弓箭手的职责有二。职责一，“上番”（又被称为“应役”），即要自备鞍马器械，到边地巡防。他们被分为若干番部，有战事时全部上阵作战，反之则轮番值班。上番时，其组织形式大体仿照正规军队编制[②]。职责二，务农，即使用官府提供的牛具、农器，耕种国家分给的“身份地”。务农时，则一般以家庭为单位自行耕垦。

宋朝对弓箭手实施严格管理。弓箭手的手臂或耳朵要被刺字，并不能随便逃走。对于弓箭手逃亡及继承问题，宋朝也备有专文[③]。宋朝规定弓箭手及其家人可免服官役。此外，对弓箭手田段地亩要专门置籍管理。

宋朝规定：弓箭手在州、军一级隶巡检管；路一级有时归经略司管，有时归提举弓箭手司与经略司联合治理，有时归提举弓箭手、营田、蕃部司管。

弓箭手制度自在镇戎军实行之后，迅速于西北边区的其他地方推广开来，“鄜、延、环、庆、泾、原并河东州军亦各募置”[④]，并收到良好效果，其发展逐渐受到重视，弓箭手数量日益增加，战斗力极大增强。至仁宗天圣六年（1028），镇戎军弓箭手凡五十

---

① 其土地来源有三：没收的土地；大量汉置土地；以钱物易买的蕃田。

② 详文参阅崔永红：《北宋河湟地区招刺弓箭手垦田戍守的措施及意义》，载《青海社会科学》1993年第3期。

③ 详文参阅崔永红：《北宋河湟地区招刺弓箭手垦田戍守的措施及意义》，载《青海社会科学》1993年第3期。

④ 《长编》，景德二年五月。

四指挥，共有七千九百余人。弓箭手制度呈现良好的发展态势。至神宗熙河开边时，达到高潮。熙宁六年（1073），宋攻占熙河六州地，为解决军饷，便开始在秦渭以西至洮岷间，广泛招募弓箭手屯田。但这项工作在哲宗元符年间，宋军进占河湟地区后却遇到挫折。哲宗元符二年（1099），宋将王赡曾劝诱当地吐蕃首领，令其号召部众应募弓箭手，但响应甚微。徽宗崇宁二年（1103），宋军再次进入河湟。为解决军需供给问题，宋当地官员再次招手招募弓箭手屯田事宜，但进展依然不大。徽宗政和五年（1115）二月，徽宗又亲下诏书敦促招募弓箭手之事。这种情况大约持续了十年左右的时间，直到河湟地区整治局面稳定，宋掌握了大量灌溉便利的国有土地后才有所好转。

宋在西北吐蕃地区实行“弓箭手制度”的重大意义有三：首先，宋朝对于弓箭手的选拔较为严格，绍圣二年（1095）正月十六日“兵部言：投弓箭手者，经所属官陈状，召有家业二人委保，不是奸细、化外、两地供输、蕃部、河东义军及已系弓箭手人，年十七至四十，堪披带，射七斗弓者。诸阙有两人以上投刺者，拣武艺高强人充……从之”①。所以，弓箭手一般都身强力壮，战斗力较强。此外，宋朝政府对其给予了优待条件，提供土地令其耕种，并免除赋税官役，因此，保卫边地领土不被侵犯与其切身利益息息相关，故极大调动了他们作战及劳动的积极性，从而成为抵制党项西夏南侵的一支生力军。徽宗政和二年（1112），徽宗便在诏书中说道：“（汉蕃弓箭手）守边捍御，藉为军锋，素号骁勇”②。其次，由于弓箭手亦兵亦农，战时打仗，闲时务农，没有脱离生产，自给自足，所以，不用领取饷糈。因此，解决了历代王朝戍边的军饷补给的难题。同时，他们所耕之地大多为闲田荒地，因此，对于西北吐蕃地区经济的发展起到了良好了促进作用。

5. 屯田实边

屯田，指封建国家组织劳动力垦种荒地、边远土地或其他属于国家所有的土地，以满足军队给养为主要目的的农业生产组织形式。这一措施在历朝治理边疆地区的措施中早已有之。宋朝亦不例外，为解决与党项西夏争战时的粮草问题，便在西北吐蕃地区也执行了屯田实边的政策。

北宋在西北吐蕃地区的屯田大致可分为两个时期：即太宗朝至英宗朝，为屯田的兴起阶段。这一时期，屯田主要沿西夏左厢沿边地及横山内外分布，与党项西夏毗邻。

另外一个时期，即神宗至北宋灭亡，是屯田的兴盛时期。熙宁五年（1072）开始的“熙河之役”，用将近两年的时间收复六州地，之后设置熙河路，将其纳入宋之行政管辖下。至哲宗、徽宗朝，继续对吐蕃用兵，不断开疆拓边，将边界扩展到今天青海东部的鄯州、湟州、廓州以及积石军等地区，为巩固新收复的土地，宋便开始在这一地区招募蕃汉弓箭手屯田。因此，这一时期，屯田主要集中在黄河上游及渭水、洮水、岷水、湟水等流域。值得注意的是，在中后期的屯田活动中，官庄的出现。神宗熙宁十年（1077），宋官员霍翔建议在熙州城下拨一百一十顷七十余亩出租课地，设立官庄。官庄是宋代官田的一种，所有权归国家，耕种土地的官户除了要直接向国家缴纳地租和赋

① 《宋会要辑稿》兵四之十六。

② 《宋会要辑稿》兵四之十八。

税外，还要承担各种徭役。此乃地区设立官庄的首创。

宋朝在西北吐蕃地区进行屯田时，获得土地的主要途径是开垦荒地，利用闲田，但同时也通过吐蕃献地、没收田地、以钱易物、牧地改良等途径获取。其屯田的劳动力则主要是招募的弓箭手①，另外还有投顺的蕃部、选派的知农厢军以及配发的罪犯。

宋朝在西北吐蕃地区实施的屯田实边政策，在一定程度上起到了缓解边地粮食紧张，戍军粮饷不继的作用，但在熙、河、湟、廓等地的屯田却由于战争纷扰，吐蕃人民的反抗而以失败告终。

6. 重视蕃兵作用

在抗击党项军南侵的过程中，宋朝还十分重视蕃兵的作用。“蕃兵者具籍塞下内属诸部落，团结以为藩篱之兵也”，由宋夏边境依附于宋德羌、吐蕃等族的壮勇组成，是一种边疆少数民族军种，遍布于宋夏演变的陕西、河东以及熙丰开边之后的河州、湟州、兰州和岷州地区。它的建立与完善经历了一个漫长的过程，始肇端于太宗朝，正式组建于真宗朝，而英宗、神宗朝便形成了完备的制度体系，并以正规军的面貌活跃在北方边境上。

宋朝对于蕃兵的管理过程，其实是汉法在蕃兵管理中的推行过程，目的便是以夏变夷，增强其战斗力，为抵御西夏出力。蕃兵的编制分为基本编制和战时编制两种。前者有甲、队、团、都、指挥（营）、军、厢等单位。后者则包括小队、中队、大队等单位；蕃兵职官制度的建立和完善则在仁宗时期。“国朝置蕃官，必于沿边控扼之地，赐以土地，使自营处”②。元昊叛宋，攻陷金明寨，蕃部损失极大，于是王尧臣建言“泾原路熟户万四千七十余帐之首领各有职名”③，此乃其职官制度建立的标志；对于蕃兵及其职官的迁资，宋朝也作了详细规定；蕃兵的最高管理机构是枢密院和兵部；蕃兵是不养之兵，他们有自己的田业，允许父子相承及典买住佃。但不收徭役。但其首领会领取少量的俸钱，另外在战时也会收到一些特支钱、酱菜钱和彩帛。宋朝还对蕃兵进行犒赏和抚恤；宋朝对于蕃兵的招募有一个由严到松的过程。仁宗康定元年（1040）以前比较严格，要“拘定等杖”，由此“失人甚多”，后来“但以其人才壮勇，堪任披带者充，今后更不立等杖”④。同时，宋朝也十分重视蕃兵的拣选，每年各季的第一个月，都要进行教阅，连续两季不中者就要被裁汰。对出战的蕃兵还要量等分级。蕃兵招刺拣选制度的实行，从根本上保证了蕃兵数量的稳定和能征善战的战斗素质。此外，根据蕃兵作战主要依靠战马的特点，宋还制定了严格的马政制度，以确保战时马匹的供应。

作为宋朝的一支正规的地方军和边防军，蕃兵起到了重要作用。首先，蕃兵熟悉当地情况，战斗力很强，对于西夏的进攻给予了有力的抵抗。真宗咸平六年（1003）八月，蕃部校明义大败继迁于窟野河，使之不敢窥麟、丰州。其次，北方沿边少数民族队

---

① 崔永红先生认为，北宋在西北吐蕃地区招募弓箭手进行的垦田活动只是与传统意义上的历朝屯田相似，或只能被称作是特殊形式的屯田。详文参阅崔永红：《北宋河湟地区招刺弓箭手垦田戍守的措施及意义》，载《青海社会科学》1993 年第 3 期。

② 《续资治通鉴长编》卷 384，元祐元年八月乙亥。

③ 《续资治通鉴长编》卷 132，庆历元年五月乙亥。

④ 《续资治通鉴长编》卷 126，康定元年三月癸未。

宋朝时附时叛，极不稳定，斗争不断，影响到了北宋沿边地区人民生产和生活的安定，蕃兵作为沿边地区的地方部队，起到了靖边保民的作用。神宗熙宁八年（1075）九月乙卯，洮东安抚司包顺等破鬼章兵于多移谷。最后，蕃兵还与厢军、民兵等一起在延边筑城建堡，构筑防御体系。

7. 置屯列堡，为战守计

在冷兵器的古代，堡寨壕堑是守御边防的硬件设施，而在作为宋夏战争的前沿阵地的西北边防，宋朝也非常重视堡寨壕堑的修建。自宋太宗起，宋夏边界便构建起以城关堡寨为主干的防御体系。但自德明称臣后，宋边备废弛，导致仁宗年间宋夏战争的三次惨败，沿边“熟户屡经杀掠，亡失大半”①。之后由于韩琦、范仲淹等对于沿边的经营，边地的堡寨才得以修复并重新发生功效。这时的堡寨大都修建在秦渭一带。至北宋后期，即神宗朝之后，宋朝对西夏转入战略反攻，北筑横山，西开河湟，逐渐占有了熙河及河湟地区，同时也展开了大规模的兴筑浪潮，而此时宋朝的堡寨则主要修建在熙河及河湟地区。这样，在北宋一百多年的历史中，在西北沿边一带构筑了近五百个城关堡寨。其分布以陕西五路最多，而陕西五路又以鄜延路的延州，秦风路的秦州和泾原路的镇戎军最多。

而这些堡寨大多从其军事经济功能考虑，修建在山势险峻、并有河流经过之处，但也有建在当地吐蕃部族贡献的土地之上的。堡寨的规模一般以中小型为主，多以保护耕种和交通道路为目的。而那些较大规模的堡寨则除此功能之外，一般还被用来存储粮食物资。这些堡寨无论大小，其内部都有比较完备的防御工事，都是一个独立的防御单元，能够进行单独作战。同时，城寨之间又相互支援、遥相呼应构成完整的防御体系。

这些修建在西北吐蕃部族地区的堡寨有着十分重要的作用：是抗御党项西夏的军事据点，是蕃民屯种与聚集之地，是蕃汉互市的场所。

（二）经济方面

经济方面，宋朝对西北吐蕃的经制措施大致包括：

其一，对北宋封授的大小蕃官，一律发给俸禄。天圣二年（1025），诏赐李立遵俸钱，每月给衣着五十匹，茶五十斤。

其二，对诸蕃的“入贡”，北宋“结其欢心，啖以厚利”②，除厚偿其值外，还给予优厚的回赐，而且回赐品大多是吐蕃最需要的丝帛、茶叶等。咸平五年（1002），潘罗支贡马，宋朝除厚给马价外，“别赐彩百段，茶百斤”③。

其三，北宋动辄便对西北吐蕃给以优厚的赏赐与援助。真宗宝元二年（1001），为表彰唃厮啰护卫西陲之功，赐袭衣、金带、绢二万多匹。神宗熙宁七年（1074）夏秋，洮西一带发生旱灾，“羌户殍死者众”，北宋立即采取赈饥措施，“官为糜粥赈其饥急”。熙宁八年（1075）“二月至五月，给米千五百石”④。此外，北宋为增强诸蕃抗夏的武备力量，还打破了“弓矢兵器不入外夷”的传统政策，破例给以武器资助。真宗景德二

① 《温国文正公集》卷38《横山疏》。

② 《长编》卷51，咸平五年三月癸亥。

③ 《宋史》卷492《吐蕃传》。

④ 《长编》卷259，熙宁八年正月乙未条；《宋会要辑稿》第52册瑞异二之二。

年（1005），三年（1006），二次给凉州吐蕃以弓矢铠甲，以示恩意。哲宗元祐八年（1093），再次打破铜禁条例，特赐阿里骨熟铜千斤。

其四，设场置务。西北吐蕃与北宋王朝的经济之间存在互补性。受到高寒气候的制约，西北吐蕃对于茶、丝绸等生活必需品的需求得不到满足，只能仰仗通过和宋朝的交换。而西北地区所盛产的马匹正是宋在与党项西夏作战过程中亟须的。所以，在宋朝对于西北吐蕃经制措施中设场置务便成为一项重要的内容。宋前期的秦州以及熙河开边之后的熙州便是西北地区蕃汉交易的中心。宋朝对于贸易场址的选择尤为重视，蕃汉间的贸易不宜单方面在蕃界或在内地进行。此外，对于私市贸易的处罚也相当严厉。

宋朝此举对于蕃汉间物资的互通有无，对于蕃部严密的控制大有裨益。

其五，擅山泽、专障管。随着宋朝政府对于西北吐蕃地区的占领，尤其是在神宗熙宁开边之后，为了保障驻守部队的粮饷，宋朝除了在秦、渭以西至洮、岷两州间广招弓箭手营田外，还将这一地区的山泽、障管之利收归政府，对原有的盐井、酒坊、矿业一方面采取购买政策，继续经营，另一方面，则进行了新矿业的开采。

（三）文化方面：

文化方面，宋朝对于西北吐蕃的经制措施包括：

赐汉姓　宋以西北吐蕃在文化心理上对中原地区繁荣发达的汉文化之向心力为依据，赐汉姓以示荣宠。为“酬功德，别忠勤”，对蕃部首领内属归诚者或与西夏战斗中立有战功的，不唯给以金帛爵命，还赐以汉姓。熙宁四年（1071），洮岷豪酋俞龙珂率众十二万内附，北宋“宠以阶勋”，赐姓名包顺[①]，授为西头供奉官。熙宁七年（1074），河州吐蕃首领木征举洮、河二州来降，宋赐姓名赵思忠，拜荣州团练使，其弟董谷赐名继忠，补六宅副使。所赐名字本身反映出了宋王朝强烈地希冀这些蕃部首领效忠于自己的一种心态。由于得到宋王朝的赐姓是一种很高的荣誉，以致出现了众多蕃官无故私改汉姓而宋屡禁不止的现象，这从另一个角度反映这些蕃官对这种荣宠的希求之甚。

设蕃学　北宋用血与火的方式开拓熙河后，为了从心理上彻底消弭蕃部的反抗，除了用佛教羁縻外，还实行了以“中国法教驭之”[②] 的政策，即用中国传统的儒家经典“诗书礼乐”进行教化，使之渐习汉法，渐变习俗，“非久逐成汉人”[③]。熙宁六年（1073）十二月，宋政府在熙州西罗城“已置蕃学，晓谕蕃官子弟入学”[④]。次年九月，在岷州“许建州学”，并赐“国子监书”，“已立解额”[⑤]。同时，在河州也“置蕃学，教蕃酋子弟”，并且“增解进士二人为五人额”[⑥]。

崇佛教宋抓住吐蕃人“最重佛法”的文化心理，“以佛事怀柔之”[⑦]。其一，广建寺

① 《长编》卷233，熙宁五年五月庚辰，“西羌裕啰格勒既归朝，至閤门引见，谓押伴使曰：平生闻包中丞朝廷忠臣，某既归汉，乞姓包，神宗遂如其请，名顺，其后熙河极磬忠力。”

② 《陇右金石录》卷3《广仁禅院碑》。

③ 《长编》卷233，熙宁五年五月辛卯。

④ 《长编》卷248，熙宁六年十二月壬午。

⑤ 《长编》卷256，熙宁七年九月戊戌。

⑥ 《长编纪事本末》卷85。

⑦ 《陇右金石录》卷3《广仁禅院碑》。

院。凡吐蕃为修建佛寺提出要求，宋朝一律满足，特别是占领熙河地区后，短短数年间，“大威德禅院”、“广德禅院”等一座座宝刹拔地而起，既满足了吐蕃人崇佛之心，又实现了宋统治者欲借“塔庙尊严”消除吐蕃“叛逆”之风的目的。其二，重用僧侣。宋根据吐蕃“信重喇嘛”的心理，通过招诱笼络僧侣，羁縻蕃部，并通过蕃僧了解蕃部情况。乾兴元年（1022年），唃厮啰、李立遵遣蕃部嘉木磋沙卜哩到泾原路部署司求内附，宋持有戒心，于是“已遣蕃僧一人及先附得谋者摩垒，与来使同入宗哥”[①] 刺探虚实，以预为边备。此外，对于那些有功于宋廷的僧侣，便皆加以赏赐，并赐予紫衣师号[②]，企图借这种名誉地位的象征达到笼络怀柔蕃僧的目的，并间接实施了对其部族成员的招诱。如大中祥符四年（1011年）七月，西凉府六谷部首领斯多。特遣锡喇卜萨木丹来贡，宋朝赐方袍。天禧三年（1019），宋王朝赐永宁寨僧策凌班珠尔、伊朗颇斡二人紫衣。元符二年（1099），熙河奏“乞降空名宣札各一百五十，紫衣师号牒一百，以待新羌”[③]。

以上述及的宋对西北吐蕃“以夷制夷”为核心内容的经制，是一个有机联系的内在整体，它的实施在北宋与辽、西夏，尤其是在与西夏的争斗中，起到了非常重要的作用。它使西北吐蕃地区成为宋朝的物资基地，使西北吐蕃成为抗击西夏的劲旅，从而有效地牵制住了西夏的东侵南犯。同时，密切了西北吐蕃与宋朝王的政治经济联系，维护和促进了宋王朝边疆的安定和西北吐蕃地区经济的发展。

---

① 《长编》卷99，乾兴元年十一月甲戌。

② “紫衣帅号”，最初是为了表彰僧侣的功德，并藉以对皇帝或执政太后祈福，它是佛门的奖赏，是对释迦弟子虔诚事佛的肯定，后来逐渐为统治者所利用成为一种为政治、军事目的服务的笼络、赏赐之手段。

③ 《长编》卷516，元符二年闰九月庚辰。

对元代南方民间信息传播的几点认识

刘元珠（美国麻州卫斯理学院）

“天高皇帝远”或者“山高皇帝远”原本是元朝末年煽动老百姓造反的口号。原句接着还有“民少相公多，一日三遍打，不反待如何！”才算完整。① 如今就留下“天/山高皇帝远”，并且变成一句在日常生活当中随时派得上用场的俗话。比方说，闹情绪的时候，往往就是它冲口而出。把它输进互联网，顷刻间就出现大量五花八门的现代资讯。从揭竿起义到舒气减压，进而利用它上网标奇立异，这句再简单不过的话让我们见识到一个看似普通的信息在民间持续散播的魅力。由此可知，有流传价值的民间信息通过一代又一代的传播与诠释，其间除了传播方式出现变化以外，信息本身也会随时代推移而以不同的面貌呈现。像这样，先靠口传，然后经过书写的阶段，最后利用高端科技继续传送的例子，在元代还有很多。元代的民间信息传播是近年逐渐引起关注的研究课题。比方说，继宋之后，元代的民间信息是如何传播的呢？这是近年来研究新闻通史的学者专家所关注的问题，也由此产生元代的“小本”是否就是宋代“小报”的疑问。

新闻通史研究元代“小本”所使用的材料，目前仅有《元史》卷一百五，《刑法志·禁令》里面提到的小本。原文作：“诸但降诏旨条画，民间辄刻小本卖于市者，禁之。”其他元代的律令，如《元典章》、《至正条格》都没有别的“小本”出现。刻印朝廷新颁的诏旨条画当作新闻牟利，目前只有这么一条禁令，实无法进一步确定它发生的时间与背景。这类非法泄露国家政令的作法既能引起官方注意，其行销的范围与对象应该不仅限于一时一地。此外，小本的命名也可能与刊印的纸张式样有关，节省成本以应付市场大量的需求。刻印小本既以营利为目的，那么书商一般还会印什么内容来吸引读者购买呢？朝廷是否只取缔不合法的小本而不查禁其他的小本？这些问题都有待研究。目前新闻史专业对元代部分的研究日益扩大，同时也已出了成果。② 另外，元史学界近年也开始从官方信息传播展开研究。③ 笔者受到启发，故此打算在南方民间信息传播的范围内，从“小本”入手找资料，并且举一些实例来说明民间信息传播的某些现象。

之所以挑选南方为研究对象，这是因为生活在蒙元统治下的南方老百姓，比起在大

---

① 《元代农民战争史料汇编》中编，第二分册，北京：中华书局，1985 年，第 581 页。引《闲中今古录摘钞》。“台、温、处之民树旗村落曰：‘天高皇帝远，民少相公多；一日三遍打，不反待如何！’由是谋叛各起。黄岩方国珍因而肇乱，江、淮红巾遍四方矣。”

② 近年见知的论文，例如，齐峰、王醒：《元代山西地区的信息传播与出版活动》，载《出版发行研究》2005 年第 1 期；王剑虹：《元代新闻信息传播初探》，中央民族大学硕士学位论文，新闻学专业，完成日期：2006 年。两者都能上网查阅。秦洋：《元代官报传播研究》，载《陕西社会科学论丛》2011 年第 2 期，第 63—64 页。

③ 元史学者对小本的问题还未见发表意见。研究官方的信息如何传达的专文，如邱树森、默书民：《元代官府公文传输的几个问题》，载《河北学刊》2004 年第 2 期，第 176—179 页。另外，专门研究“粉壁”在官方信息传播上的功用，见申万里：《元代的粉壁及其社会职能》，《中国史研究》2008 年第 1 期，第 99—110 页。

蒙古国时期饱受战火蹂躏的北方同胞幸运多了；不过四代人的光景，就回去当明朝的百姓，恢复汉人衣冠。因此南方的生活方式与信息传播虽然一再受到改朝换代的冲击，还不至于陷入绝境，一切都得从头开始。换言之，民间的信息传播到了元代，开始的时候难免会有所顾忌，但即使原有的民间小报之类的传播工具不见了，信息传递的渠道是不会因朝代更替而在民间消失的。问题是避开官府稽查的传播工具除了口耳相传以外还靠什么呢？南方民间的信息传播介于宋、明之间，再加上在元朝统治的几十年间又不断有新的信息引起公众注意，因此元代这个环节更不可忽视。以往在研究通史的某些学者专家心目中，元朝史通常被视为无关紧要，不影响大局。从宋末到明、清只需要交代一两句就能跨越过去了。然而目前情况不同了，元代的课题逐渐引起一般人文学者的关注，本文的写作就是受到新闻通史研究的启发。

一、元“小本”举例

忽必烈即位以后在北方用汉人，行汉法的事实对亡宋的知识分子来说，多少起了些安抚的作用。加上战争过后，就比照北方既有的儒户制度在南方各地设立儒籍，而甄选的条件较诸北方宽松。[①] 因此，不出数年，知识分子从国破家亡的困境解脱出来以后，有人选择隐居，甚至继续采取敌对的态度，对蒙元进行口诛笔伐；但同时也有人追随北方汉人之后到朝廷去谋取官职。虽说元祚未及百年，但在南方至少也有三、四代读书人成为儒户，总数超过十万户。[②] 以社会地位而言，固然今非昔比，但这些儒户子弟未曾遭到文字狱的迫害也是事实。仁宗恢复科举以后的五十余年间，虽然考试规模有限，但从此也算有了正当的入仕途径，不必都由吏职出身，为不屑从事吏职的儒士提供了出路。至于社会上存在有儒生背景的吏员公余之暇从事相关的文化活动，更比比皆是。

南方的士人经过三十年的休养生息之后，正赶上恢复科举，这理应是一件振奋人心的大事。但实际上，考试制度本身存在各种条件的限制，对整个社会风气的影响极其有限。由于其他复杂的原因，一般知识分子醉心于正统学术以外的追求，以至杂剧和散曲由北向南传播发展得更加蓬勃，杭州随即成为南方戏曲的中心，各种题材的杂剧从此在民间大量演出，造就了戏曲在元代的突出地位，同时也成为社会上传播信息的重要方式。[③] 信息可以靠戏剧演出传播，下面将会提到的《赵氏孤儿》这出戏就是一个例证。与此同时，像笔记这样的传播形式仍然一如既往地受到作者和读者双方的青睐。写作笔记非但未因改朝换代而有所顾忌，其内容更增添了异域风土人情的色彩，较之宋代并不逊色。在元代信息传播这个题目上，由于目前缺乏名为“小本”的文物以供研究，我们不妨先查阅一下元代的笔记，看看有些看似信手抄录，甚至是茶余饭后的小道消息，

---

① 萧启庆：《元代的儒戶：儒士地位演进史上的一章》，收入《内北国而外中国：蒙元史研究》上册，北京：中华书局，2007 年，第 387 页。“江南的儒籍最初设立于至元十四年（1277），并未经过类似汉地的考试，仅根据坊里正等人的攒报，凡是旧宋的“登科、发解、真材、碩学、名卿、士大夫”皆可入籍。”

② 同上，第 338 页，“儒戶的数目”。

③ 有关的研究，可参考罗斯宁：《元杂剧在元代的口头传播》，载《上海戏剧学院学报》2005 年第 6 期，第 89—97 页。

是否能找出一些传播的线索。

以数量和质量来说，今人对元人笔记的评价不如宋代。不过，近年热衷研究陶宗仪(1312—1403 之后)① 和《南村辍耕录》的情况相当特别，出版有关陶宗仪家世和著述的书籍和论文达十余种，对于深入研究陶宗仪《南村辍耕录》的写作背景提供了很多材料。另外，本文参考了《历代笔记小说集成》中的《解醒语》、《日闻录》等篇笔记，以及《丛书集成初编》里的《闲居录》、《山居新话》、《遂昌山人杂录》、《农田余话》、《东南纪闻》、《至正直记》以及《研北杂志》等书。这些笔记本属民间信息传播的载体，通过比对以后，有时能看出某些信息的散播路线，但都不见“小本”的踪影。陶宗仪的《辍耕录》和孔齐（克齐）的《至正直记》② 虽也未曾提到“小本”，但从所转载的一场科举弊案却能看出一些类似“小本”印行的线索。

这宗丑闻发生在至正四年（1344）举行的江浙行省乡试；陶宗仪参加了这次考试。③ 这个弊案写入笔记的时候当然早已不是算新闻了，但从两人的笔记可以发现，他们根据的材料都来自坊刻。换句话说，科场的新闻曾用纸张印刷来散播；而且更值得注意的是他们转录的时候都还添入了其他的资料。在《辍耕录》卷二十八，陶以《非程文》为题记录了这次乡试的丑闻。首先他介绍说：“各行省乡试，则有人取发解进士姓名，一如登科记，锓梓印行，以图少利。至正四年甲申，江浙揭晓后乃有四六长篇，题曰《非程文语》，与抄白省牓同时版行。不知何人所造，而路府州县盛传之。”接着他就抄录了这个无名氏所揭发的黑幕，包括涉案人物的姓名和职衔，全长八百三十个字。

同样的一则消息在孔齐的笔记被名为《乙酉取士》，至于用乙酉而非甲申，这应是撰者着眼于该科廷试在乙酉年举行的缘故。这则笔记并非原文照抄，经过删录以后却补充了《非程文语》和《非程文》都没有列出的姓名。这条内容看似简略但提供了另类情报的笔记全文如下：“乙酉科取士不公，士人揭文以谤之云。设科取士深感圣朝之恩，倚公行私，无奈吏胥之弊。岂期江浙之大省，叵耐禹畴之小刘云云。其间亦言开元王弥叟嘱托之过者不一。虽是不得第者之言，亦因取士不公之诮也。后云一样五千本印行。”

笔记中的王弥叟和五千本无疑是《非程文语》以外的人士所添。王弥叟在《非程文语》仅以开元真人现身。另外，陶宗仪对这位王道士也并不陌生，却未加注。④ 把上述两种笔记的资料放在一起，不难看出《非程文语》是一份经过整理的调查报告，所谓撰者为无名氏显然是一种躲避刑责的办法。因为根据试场的规定，落选的士子提出非法诉讼是要判罪的，更何况揭发考试的黑幕呢。显然当时官方并没有对这个报导采取任何行动，否则一定会连带出现在笔记里面。这个材料印了五千本，与乡试的进士题名录同时发行，销售的范围遍及府、州、县等地，而且书商有行销五千份的把握。这些条件

---

① 此处生、卒年采取晏选军《南村文儒—陶宗仪传》一书的考证。杭州：浙江人民出版社，2007 年。

② 孔齐和陶宗仪同辈，生卒年不详。有关考证孔克齐为孔子五十五世孙的研究，见尤德艳：《静斋至正直记》，载《中国典籍与文化》2003 年第 3 期，第 47—50 页。

③ 见陈文林：《陶宗仪生年和早年求学新考》，《安庆师范学院学报》（社会科学版）2010 年第 4 期，第 39—42 页。引用《元钱伯全札》证明陶曾在甲申年（1344）和丁亥年（1347）两度应乡试失利。

④ 《辍耕录》卷 9，王眉叟条，表扬道士王眉叟的善举。“王眉叟寿衍（1273—1353），号溪月，杭州人，出家为道士。（中略）管领郡之开元宫。”

加起来，《非程文语》可算是一种以“小本”形式印刷出售的新闻报纸。

继至正四年科场案之后，在《非程文》的下半段，陶宗仪又抄录了另一件江浙乡试的舞弊案。陶始谓：“至二十二年（1362）壬寅，复有作弹文云：”接着照录原件，最后仅以原文“呜呼！天之将丧斯文，实系兴衰之运。士欲至用于国，岂期贡举之私。此非一口之诬谋，实乃众情之公论。用书既往，以警将来。”作结。此处陶宗仪完全未作任何评介。这个消息《至正直记》不收，像甲申年（1344）那样留下发行数量就再也见不着了。可见信息保存是有选择性的，在笔记方面完全由作者决定取舍。陶宗仪本人曾经在甲申年（1344）和丁亥年（1347）两度乡试失利，对于科场弊案有切身之痛，自然非揭发不可。这些公开流传的材料，很可惜陶宗仪没提印了多少本或如何购买的细节，但“版行”和“盛传”在他看来并不稀奇。

通过上述笔记的载录，我们可以推断民间传播的科场新闻是坊刻本，但不清楚是否可通称为“小本”。然而“小本”一说却在另一个场合，用于戏曲刊物时再度出现了。明代曹安的《谰言长语》在评点元代词曲的时候曾提到：“予家有《阳春白雪》小本，元人如刘时中、关汉卿诸公之作尤多。”① 可见经过将近一百年，在民间尚存以“小本”为名的元刻本。小本是否在民间被用来泛指一般以营利为主的通俗刊物，抑或是书商打造出来的商品书籍分类，这个问题还有待研究。但从目前有限的资料来看，上自非法泄露的朝廷诏书，下至通俗的剧本都被称之为小本；至于坊刻类似小道消息的科场弊案很有可能也被称为小本。除了利用小本传播以外，从陶宗仪顺便留下的记录，也可以看到另外一个书商无所不印的例子。见《辍耕录》卷二十六〈武当山降笔〉载：“至元十三年，江南初内附。民间盛传武当山真武降笔书长短句曰：《西江月》者。锓刻于梓，黄纸模印，贴壁间。”由此可见，在危亡之际，民间对传闻的兴趣不减，而且商家借以牟利。西江月全长四十八个字，其中有“依旧中华福地，古月一阵还家”之句，坊间以黄纸刻印看来是供作符箓之用。像这样的信息除了靠口传，还能刻印出售，可见在民间仍存在一套鲜为人知的传播机制。

二、与“盗发宋陵”有关的信息传播

元代发生在南方，并且引起普遍关注的事件首推释教总统杨琏真加带头发掘南宋陵寝，并以陵骨杂入牛、马残骸置于名曰“镇南”的白塔下面。在陈高华先生《略论杨琏真加和杨暗普父子》和《再论元代河西僧人杨琏真加》这两篇论文对于事件的本末已经交代清楚了。通过阅读，我们对当时情况的了解，特别是官方的立场，甚至超过元末个别人士单方面的记载。因此盗掘的经过在此就不重复了，倒是由此产生和信息传播相关的课题值得介绍。这个事件的消息从口传，到有文献记载，直到数百年后的今天在网页上继续流传。对信息内容在传播的时候所作的增删或渲染也都与时俱进，处处显示民间信息与事实之间出现的人为误差。就事件本身而言，当时发生在南宋刚灭，人心惶

① 有关的研究，参考杨栋：《试论杨朝英的散曲学观》，见于《求是学刊》2002年第2期，第81—85页。

惶，不克自保之际，因此事发当时民间仅出现敢怒不敢言的情况。① 另外，由于收埋宋帝遗骨是个人秘密策划的行动，当事人分别暗中进行，事成之后也未敢张扬，以口传为主，辅以知情者留下的诗词来传播，经过三十年才开始为义士作传。当时除了唐珏和林景曦两位义士以外，流传下来但鲜为人知的还有名为玉带生者。其义行也是在数十年后由一首《玉带生歌并序》披露出来的。摘录原作："宋革，丞相殉国死。讣闻，生与翱哭于西台之下，复悯宋诸陵暴露，私相盖覆，识以冬青木而去。"有关三位义士的行动，后人所记繁简各异，然而以冬青为埋骨所在的标志则完全一致。②

对发陵事件在元代记载最详细的是《南村辍耕录》里面"发宋陵寝"这条笔记。但它本身存在一些缺点，而且当陶宗仪写这条笔记的时候，距发宋陵已长达五、六十年。③ 不过，这则笔记毕竟保存了陶宗仪那一代人对发陵事件的认识，也为了解元代南方社会的心态提供一面镜子。陶列举了三种资料来源，从时间上看，周密（1232—1298）《癸辛杂识》所载"杨髡发陵"最接近事件发生的时候。至于郑元祐（1292—1364）所书《林义士事迹》和王国器抄录的《唐义士传》都属于时过境迁的追忆。加上陶宗仪所收其他未注出处的材料和议论，该条笔记全长三千五百字左右；和同一个时期其他人相对简略的记载比较，我们不难看出，民间信息经过众人之手以后呈现的面貌不尽相同。④

陶宗仪将王国器手抄罗有开原著《唐玉潜传（识唐玉潜事）》编排在前头。其后附上两个跋文，其中第二篇注明詹厚斋（载道）题于皇庆二年（1313）。⑤ 其次是郑元祐的《林义士事迹》，⑥ 记载宋太学生林景曦收埋陵骨的义行。被陶编在末后的反而是离掘陵事件发生时间最近的《癸辛杂识》中《杨髡发陵》一条，而且也被用为论述整个盗墓事件的一个导言性质的材料。陶所编撰的《发宋陵寝》是这样开场的："吴兴王筠庵先生国器示余所藏唐义士传。读之，不觉令人泣下。谨录之"⑦ 什么让陶宗仪感动得落泪呢？如果只看标题，可能会产生先入为主的错误想法，以为是宋陵遭盗掘引起的，其实不然。对于原作者罗有开（云溪、灵卿）的生平，陶宗仪没有多作介绍，只有一句话，"此云溪罗先生有开所撰也，先生德兴人"（隶属江浙行省）。而罗自己在传中提到他是在辛亥年（1311）根据友人端叟倪君口述写成唐义士传的。倪端叟何许人也，

① 这两篇论文分别载入《元史研究论稿》，北京：中华书局，1991 年，第 385—400 页；《元朝史事新证》，兰州：兰州大学出版社，2010 年，第 143—160 页。

② 见于刘文源编：《文天祥研究资料集》，第432 页，（元）张宪：《玉带生歌并序》，摘自《宋遗民录》卷2，北京：中国社会科学出版社，1991 年。

③ 以史料而言，《万历会稽县志》提供多种与发陵有关的材料。见上海书店《天一阁明代方志选刊续编》册28，其中人物传、祠祀之属、古迹等卷。卷 14 并且记载为唐、林二义士修建双义祠的经过。

④ 续修四库全书，孙道易《东园客谈》记唐玉潜事迹，来自华亭，夏颐的记述，并未提到唐事后有善报，对埋骨的经过以平铺 直述的方式叙述。但最后有一句重要的话；"此事予〔夏颐〕闻之先师唐温如。温如乃玉潜之子，故其事详，谨用书之。"这是目前见到最直接和唐氏义行相关的记载。

⑤ 在网路上有人透露其家收藏得有《唐义士传》附皇庆二年的精抄本。看来流传的抄本有的只录一篇跋文。

⑥ 此处引用《遂昌山人杂录》，载中华书局《丛书集成初编》（未出部分）册 139。

⑦ 王国器（1284—），字德琏，号云庵（筠庵），湖州人，蒙父，赵孟頫婿。工诗词，至正二十六年（1366）犹存。见王德毅等编《元人传记资料索引》，第 1 册，台北：新文丰出版公司，1979 年，第 195 页。陶宗仪人赘费家，费雄是赵孟頫另一个女婿，因而陶与王有姻亲关系。

没有任何介绍；可是罗文指出唐珏到了辛亥年（1311）的时候还健在。按其冒险收骨那年是32岁，作传的时候唐已经65岁了。

陶照录罗有开的《唐义士传》虽有保存的功劳，但和张孟兼（1338—1377）《白石山房逸稿》另有所本的《唐珏传》比起来，陶笔记所载显得过于冗长，而且有些关键之处不如后者交代得明白。① 例如，《唐珏传》具体指出找来帮忙捡遗骨的是谁。“珏独怀痛忿，乃货家具行资得白金若干。为酒食，阴召诸恶少享于家。众皆惊骇，前请曰：平日且不敢见，今召我饮又过礼，不审欲何为，虽死不避。”而陶宗仪笔记的罗有开一文则作“邀里中少年若干辈，狎坐轰饮。酒且酣，少年起请曰，君儒者，若是，将何为焉?”相比之下，后者更能勾画出被唐珏挑中的市井之徒一副好勇斗狠的形象。

令陶宗仪泣下的《唐义士传》除了收拾安葬遗骨的义举以外，另外还有唐本人因此得好报的故事也让陶宗仪大为感动。不过，唐珏在收埋遗骨之后的奇遇，《唐珏传》又比陶宗仪的笔记简约扼要。传曰：“亡何汴人袁俊为越治中，招珏为子师。间问曰：吾闻越有唐姓瘗宋诸陵骨，岂君耶。坐有指珏者，俊大奇之，举手加额曰：先生义士豫让不及也，窃闻高义之日久矣，不意得与先生处。因讯珏以故甚贫，俊亟为买田宅业之。”除此以外，两传都有唐珏梦见善有善报，预知自己将得田产和妻儿的情节。不同的是陶所记比《白石山房逸稿》长一倍以上，加入更多虚构的内容；至于前者说唐得到三个出色的儿子、田三顷，后者没提儿子的人数，只说得田二顷，这些都能反映从口传到书写的痕迹。

此外，在陶所录罗有开的唐义士传中有一处议论，既是作者的感叹，同时也如实反映了社会的舆论。原作：“吾［罗自称］谓赵氏昔者家已破，程婴、公孙杵臼强育其真孤。今者国已亡，唐君玉潜匮藏其真骨。两雄力当，无能优劣。”宋遗民当中，包括文天祥在内，多人引用过这个典故以自况。② 另外，元初大都人纪君祥所编的《赵氏孤儿》一剧，扮演的就是这个从春秋时代流传下来，成为义士典范的故事。③ 罗有开和陶宗仪等人在著录义士事迹的时候不忘把史册上的义士和当代出现的义士结合在一起，这种传承的书写方式，也是民间信息传播的一个特点。不论在元代的戏台上或笔记里，民间对忠义的高度赞扬始终如一。

有关义士林景曦收埋遗骨的部分，陶基本照抄郑元祐的笔记。《遂昌山人杂录》作，宋太学生东嘉林景曦，字霁山，而陶宗仪则改为太学生林德阳，字景曦，号霁山，如此不同而已。至于诗词的部分，笔记比杂录所记完备一些。由此可以看出郑元祐原先记不起来的诗文，可能与口传有关系。到了陶宗仪的时代，林景曦的诗词出现了抄本，可借以补充杂录之不足。至此，陶就唐、林两位义士的行动稍加比较，并提出到底谁先寻到陵骨的疑问，但因证据不足，最后也只好草草了之。不过，从这里可以看出，到了陶宗仪的年代，陵骨的下场远不如义行的传扬来得重要。

陶宗仪这则笔记最突出的部分在于利用了周密《癸辛杂识》“杨髡发陵”。这条长

---

① 《白石》。

② 此处参考范希衡：《〈赵氏孤儿〉与〈中国孤儿〉》，上海：上海古籍出版社，2010年，第14—28页。《中国孤儿》乃法国作家伏尔泰（1694—1778）受到赵氏孤儿的故事有所感动启发而写的剧本。

③ 见徐沁君：《新校元刊杂剧三十种》上册，北京：中华书局，1980年，第308—326页。

约三百字的材料经过陶宗仪编撰扩充以后，竟比原文长三倍之多。其间有很多细节是原文找不到的，但周密最重要的开场白却被删节了。周密原文是：“杨髡发陵之事，人皆知之，而莫能知其详。余偶录得当时其徒互告状一纸，庶可知其首尾，云：至元二十二年八月内，有绍兴路会稽县泰宁寺僧宗允、宗恺，盗砍陵木，与守陵人争诉。（中略）其下本路文书，只言争寺地界，并不曾说开发坟墓，因此江南掘坟大起，而天下无不发之墓矣。其宗恺与总统分赃不平，已受杖而死。有宗允者，见为寺主，多蓄宝货，豪霸一方。”对于杨琏真加等僧徒的罪行，陶是如此推论的。“盖尝论之。至元丙子（1276），天兵下江南。至乙酉（1285）将十载。版图必已定，法制必已明，安得有此事？然戊寅（1278）距丙子（1276）不三年。窃恐此时庶事草创，而妖髡得以肆其恶与。妖髡就戮，群凶接踵陨于非命。天之所以祸淫者亦严矣。”显然当时陶宗仪根本不知道杨琏真加因忽必烈的庇护，并未被处死。由此看来，陶宗仪和其他辈分相同的人一样，经过蒙元数十年的统治，对朝廷不具敌意，认为一切的恶行必然是妖僧擅自胡作非为。

如果把周、陶两篇加以比较，不难发现陶宗仪有意忽略周密的原文是由僧徒互告状纸抄录来的。然而当时陶所掌握的资料明显超过周密所见到的状纸，所以也有可能是反映陶所采取的编辑角度。例如“杨髡发陵”只有一处提到有个守陵人与寺僧争讼，而陶宗仪不但查到守陵中官的姓名，而且添加各墓盗掘的细节，连钦、徽二帝陵中并无遗骸也全盘托出。即便如此，100 年后，到了明朝中叶还有人写跋文责备他记载不够翔实。[①] 其实，陶本人早已在笔记里表示，“惜余生晚，不及识宋季以来老儒先生，以就正其是非。姑以待熟两朝典故之人问焉。”

其他元代的笔记提到掘宋宗室陵墓的计有《解酲语》未着撰人或谓作者为李材，列举各陵盗掘的珍宝；上述郑元祐《遂昌山人杂录》还另有一条材料提到河西僧冯某与杨琏真加有旧，因此受召出河陇来江南，并得杨馈赠故宋富贵家十座坟。冯氏父子在发掘了六座以后，得到大量金宝。由于父子分别在梦里得到警告而决定停止盗挖，于是性命得以保全。其余僧徒在杨琏真加败后，五十年间无一存者。郑最后说：“冯之父居杭西湖北山，与余对邻；而其子则居明庆寺之东。”由此可见，周密所说“因此江南掘坟大起，而天下无不发之墓矣。”并非虚言。吾衍《闲居录》也说“至元间，释氏豪横，杨总统发掘陵墓，夺取宫观。”

总之，到元朝末年，陶宗仪那一辈的南方人并未把掘陵这笔账算在忽必烈的头上。然而对于当时居住在杭州附近的南宋世家，他们不闻不问的态度却受到了《唐义士传》作者的抨击。原文是这样写的：“抑吾不能无慨，异时会稽近畿，世家林立，虽蓬莱清浅，陵岸变迁，岂无一二慷慨仅存者，卓哉斯举，乃出闾里一寒士，何欤？岂非所养非所用，而民彝物则。独具于势卑位下者之资禀与。”但到《农田余话》问世的时候，叙述重点明显转换成带有针对性的指控。“至元间，得南国有总统者，发掘先宋江南陵寝。其间金宝不可胜数，取梓宫中尸体，置于故宫殿基上，建石塔压之，以压胜江南人。凡

---

① 见《南村辍耕录》后，彭玮于成化己丑年（1469）所作的跋文，此文乃针对陶宗仪这条笔记所发的议论与批评。其内容表现对蒙元的仇视心理，曰：“呜呼！数百年羶腥之祸，至我朝而荡涤殆尽。”

宗庙神主，人民版籍，皆置于下。高一十三丈。后有雷火自天而下，破塔，烟火焚经，三日方止。或云，是天历戊辰秋也。未详。其塔，至张士诚据浙右时，其弟士信毁之。”不再表扬义行，行文里透出仇恨的情绪。像这样带有敌意的民间信息传播，历经明、清两代，直至今日。

如果我们认为南方人对蒙古朝廷认识不深，故此经过两代人以后就对发陵不再产生仇恨的心理，那么不妨看看紧接着宋朝灭亡之后，在北方生活了十年的宫廷琴师汪元量是怎样看待这个事件的。至元十九年（1282）在大都白云观，为宋度宗愍忌举行斋醮之后，元量填《玉楼春》词一阕。首句作“咸淳十载聪明帝，不见宋家陵寝废。”末句为“小儒百拜酹霞觞，寡妇孤儿流血泪。”可见掘陵在当时诚如周密所言，已是众所周知，但没有谁检举告发。至元二十五年（1288）年元量获准南归，次年回到杭州，旧地重游。《旧内曲水池》一诗其中写道：“当日行乐虽然秘，此日遗踪自可悲。回首支郎新栋宇，浮图千尺白差差。”毁宋宫殿造佛寺和建白塔这些情况看在元量眼里只有叹息。更有过者，元量回归，友人聂守真以诗相赠，其中有“沈香亭北莺乱啼，金殿又成诸佛刹。东南王气一旦终，乾坤四海今会同。兴亡人力自有数，不由人力由天公。”这种听天由命的态度固然和激烈派遗民的言论大相径庭，然而也能反映出投降元廷的南宋宗室在民间已经失去了影响力。①

三、结　语

翻阅元代的笔记，我们可以清楚看见南方的信息始终以各种方式继续传播。而内中最具代表性，且令朝野为之震动的是文天祥被囚元廷，乃至舍生取义这一连串遭遇所带出的信息。例如上面提到的汪元量曾数度到监狱探望文天祥，因此在他的诗集里透露不少有关的信息。此外，存在于宋、元人文集当中，纪念与褒扬文天祥的诗文更是不胜枚举，但这一切在文天祥本人留下来的记载面前都显得无足轻重。试想当日在兵荒马乱，四处走避的情况下，以及囚禁期间，如果没有外力协助，文天祥的诗与文如何传送得出去？这个问题的答案可以在《宋少保右丞相兼枢密使信国公文山先生纪年录》中找到。辛巳年（1281）“公在缧绁中，放意文墨，北人争传之。”又有，壬午年（1282）“公因系久，翰墨满燕市。时与吏士讲前史忠义传，无不倾听感动。”可见文天祥在狱中，其诗文已在北方传播。至于文集正式印行的时间，按照元贞二年（1296）及大德元年（1297）道体堂刊刻《文山先生文集》前、后集的序言看来，书商在当时纷纷刊印文天祥留下的诗文。为此，开设在天祥老家刊印其文集的道体堂颇有微词。在《文山先生文集序》中提到：“先生平日著述，有《文山随笔》凡数十大册。（中略）今百方搜访，仅仅有此。因自宝祐乙卯（1255）后，至咸淳甲戌（1274）止，随门类略，谱其先后，以成此编。（中略）又如《年谱》、《集杜》、《指南录》，则甲戌已后之笔，不在此编。其曰《吟啸》者，乃书肆自为之名，于义无取，其实则《指南》别集尔。”道体堂又在次年《后集》出版的序言说：“《文山先生文集》既绣诸梓矣，然散佚尚多，其为人所

① 胡才甫校注：《汪元量集校注》，杭州：浙江古籍出版社，1999年，第280—281页。

什袭者，间复出焉。今随所得，编类如前，为后集。更当访求，陆续入集云。”从文天祥的例子来看，由于他从容就义的态度赢得朝野上下一致的赞扬，加上身后留下大量的诗文继续在民间流传，结果是无需提倡，整个社会以文天祥当做典范。① 在元代，舍生取义的信息在民间普遍起着潜移默化的作用，因此易代之际出现了一批选择退隐，甚至殉节的各族人士。历史学者如果忽略了元代民间曾受节义思想的长期熏陶，不免会对元末遗民当中出现不愿投降，宁以身殉的汉族人士表示费解，但从元代民间信息传播的情况来看，当可从中找到一些解释的理由与根据。②

① 笔者曾写过一篇文章讨论文天祥在元朝的特殊地位与影响，《Wen Tianxiang 文天祥（1236—1283）：in Opponents' Eyes》收入《ALTAICA BUDAPESTINENSIA MMII, Proceedings of the 45th Permanent International Altaistic Conference（PIAC）, Budapest, Hungary, June 23－28, 2002》, pp. 192—198.

② 相关的研究情况可参阅展龙：《元明之际士大夫研究综述》，载《中国史研究动态》2010年第4期，第9—17页。

《大兴国寺记》的作者梁相其人

刘迎胜（南京大学）

中外研究马可波罗《游记》与元代聂思脱里教的学者，多在其著述提到马可波罗在扬州时的友人，镇江路的副达鲁花赤马薛里吉思（Mar Särgis）。有关此人最集中的史料是《大兴国寺记》，其全文已佚，但其详义保留在《至顺镇江志》中。根据此志文，我们知道，马薛里吉思是薛迷思贤人，也里可温教徒。在镇江期间，曾利用职权在当地修建了六所教堂，另外还在杭州建了一所。《大兴国寺记》的作者是时任镇江路儒学教授的梁相。关于此人的来历，笔者见闻范围内，尚未见有论著提及，故以平时扒梳史料为据，草成此文，以求教方家。

一、就任镇江儒学教授的时间

《至顺镇江志》记梁相为儒学教授。同书卷十七“教授”条收有镇江教授韩祺所作《题名记》，曰：

至顺三年（1332）四月教授韩祺作题名记，曰：学校设官有教焉，所以尊经而明圣人之道有养焉，所以育才而为国家之用，岂徒历资格求仕进云尔哉！京口学官题名，始宋庆元至德祐。国朝混一区宇近六十年而阙焉不载。祺[①]叨领学事三载，考文献而得其详，乃以姓名、岁月寿诸石，以俟夫后之来者，有曰：某也食焉而怠其事，某也忠焉而尽厥职，庶有劝于观感之间云。

涂幼度字移愚，龙兴人，咸淳甲戌至，至元十四年改除。盛际字舜咨，杭州人，至元十四年至。林桂发字德馨，杭州人，将仕郎，至元十五年至。荀籍淮安人，至元二十三年至。昌士气字养浩，宁国人，宋进士，至元二十六年至。徐硕字德甫，嘉兴人，至元二十九年至。黄一龙永嘉人，元贞元年至。梁相字必大，杭州人，大德二年十二月至。顾岩寿字子静，镇江人，大德五年十二月至。[②]

据此记载，梁相的字为必大，杭州人。其至镇江就任儒学教授的时间为大德二年十二月至。而其继任者顾岩寿接任的时间为大德五年十二月。查大德二年十二月始于1299年1月4日，终于同年2月2日。大德五年十二月始于1302年1月4日，终于同年1月29日。所以说梁相在镇江任儒学教授学三年的时间为1299年初至1302年初。《大兴国寺记》亦应写于此间。

---

① 即韩祺。

② 《至顺镇江志》，卷十七。

二、参与月泉吟社活动
——宋遗民的立场

宋亡后，原来的官僚体制瓦解，许多士人失去官职。其中不少人因无官职而变得清闲。在这种情况下，浙江地区有宋遗民组织起诗社，其中著名者为“月泉吟社”，其发起者为吴渭。黄溍《月泉吟社序》① 对此记曰：

浦江吴渭，字清翁，号潜斋。宋时尝为义乌令，元初退食于吴溪，延致乡遗老方韶父②

① 有关吴渭发起的月泉吟社，可查得以下几则史料：[明] 高儒（藏并撰）《百川书志》：“《月泉吟社》一卷，故宋浦阳盟诗，潜斋吴渭清翁着集立社，开科誓盟拔萃，往复编章，共成胜集也。”——卷十九，集，观古堂书目丛刊本。[明] 徐树丕撰《识小录》：“月泉吟社丧乱之后，朋友之欢断绝几十年矣。乙未（1295）春日，同社李灌溪、姚文初倡为假年聚。聚者避此日社事之滥也。假年者，取学易之意。自非五十者不得人，于是聚三十年文章。坛坫之友，仅得二十余人。每聚拟四题。八月一题，为月泉吟社乃无。初丙戌（1286）、丁亥（1287）间，隐逸诸君各赋田园杂兴五、七言诗也。其主者为吴溪吴渭，号潜溪，字清翁，在宋曾为义乌令，因鼎革退食于家。而方韶父、谢翱羽、吴思齐俱自远来，为之评较，赏揭社中。一时来投诗者三千七百人，选中二百七十人，而刻诗者仅六十人。其六十人各赏缣墨笔有差，有四六启送，并谢启真，一时嘉话，今人不逮古人，自不必言，而一段好事风流，亦不复见矣。”——卷之三，民国涵芬楼秘籍影稿本。[明] 李诩撰《戒庵老人漫笔》：“胜国季年，东南士人有力之家最重诗社，聘有诗名者为主试，如科举之法。今行世者如月泉吟社集，其一也。初吴公渭以故宋义乌知县，解组家食，延致乡遗老方公凤、谢公翱、吴公思齐主于家，开社命题，鉴别高下，榜示褒赏，诚一时之胜举哉。今撮其集中大略，以便稽考云。月泉吟社，浦阳盟诗，潜斋吴渭清翁。本社预于小春月望命题，至正月望日收卷。月终结局，请诸处吟社，用好纸楷书，以便誊副，而免于差舛，明书州里姓号，以便供赏而不致浮湛，切望如期差人来（问）[向?] 浦江县西地名前吴吴知县渭对面交卷，守回标照应俟。评校毕，三月三日揭晓，赏随诗册分送……月泉吴渭拜手书时元之前至元二十四年也。”——卷六，明万历三十四年李铨前书楼刻藏说小萃十集本，[清] 唐翰题，李葆恂、吴重熹跋。

② 方韶父为宋元之际著名文士，与当时许多文人有唱和。[明] 徐象梅《两浙名贤录》中有其小传《容洲文学方韶父凤》：“方凤，字韶父浦江人，有异材，遍交海内知名士。以族子任试国子监，举礼部，不中第。后以特恩授客州文学。未几宋亡，凤遂绝意仕，进益肆为汗漫游。北出金陵、京口，南过东瓯海上，悼天堑之不守，顾翠华以无从顾盼徘徊，老泪如霰。凤善诗，通毛郑二家言，晚遂一发于咏歌，音调凄切，不胜黍离之悲。临没嘱其子樗曰：‘吾死可题其旌曰容州，示不忘宋也。’宋末文弊，凤颇厌之。尝谓学看曰：文章必真实中正，方能不朽，否则当与东华尘土俱尽。所著诗三千余篇，曰《存雅堂稿》，行于世。”——卷四十三，风节，明天启元年徐氏光碧堂刻本，南京图书馆。

宋濂《浦阳人物记》所记稍详：“方凤一名景山字韶父……凤有异材，常出游杭都，尽交海内知名士。将作监丞方洪奇其文，以族子任试国子监举，上礼部，不中。第主合门舍人王斌家，教其二子大小登斌。与丞相陈宜中为亲舅弟，凤因得见宜中，三以口告，宜中虽不能听，将奏补为初品官。既而宜中走海南，事遂寝。后以特恩授容州文学，未几宋亡，凤自是无仕志，益肆为汗漫游。北出金陵京口，南过东瓯海上，类皆悼天堑不守，翠华无从顾盼徘，老泪如霰。一日复游杭，有人自海上来，见凤伏地泣，起相抱持。凤问故，则曰予大登也，自从陈丞相乞师南海，不得还，遂为暹国臣。暹盖古者文单盘越属国，泛大海至泉南始达岸。今为其奉使上国，重过丞相故府，无一人一马可识，不意复得见先生也。言讫泣下，凤亦泣，因欲俱，行人劝止之。凤善诗，通毛、郑二家言，晚遂一发于咏歌，音调凄凉，深于古今之感，临没犹（属）[嘱] 其子樗题其旌曰容州，示不忘也。宋季文弊，凤颇厌之，尝谓学者曰：文章必真实中正，方可传，他则腐烂漫漶，当与东华尘土俱尽已，而言果验。性不喜佛老，读唐傅奕壮其为人自摭奕后闢异教者数十事，以拟高识篇，题之曰正人心书，尚未完。他所著诗三千余篇，曰《存雅堂稿》。樗字寿父，亦精于诗，无愧於凤云。”——卷下，清知不足斋丛书本。

与闽谢皋羽、[①] 吴思齐[②]主于家，始作月泉吟社，四方吟士从之。三子者乃为其评较揭赏云。又送诗赏小札序。月泉社吴清翁盟诗预于丙戌（1286，至元二十三年）小春望日，以春日田园杂兴为题，至丁亥（1287，至元二十四年）正月望日收卷月终结局，收二千七百三十五卷。选中二百八十名，三月三日揭榜，第一名公服罗一缣七丈，笔五贴，墨五笏。第二名公服罗一缣六丈，笔四贴，墨四笏。第三名公服罗一缣五丈，笔三贴，墨三笏。第四名止第十名。春衫罗一缣，笔二贴，墨二笏。第十一名止二十名，各深衣布一缣，笔一贴，墨一笏。第二十一名止三十名，各深衣布一缣，笔一贴。第三十一名止五十名，各笔一贴，墨一笏，吟笺二沓。[③]

这里说得是，原宋义乌县令吴渭延请乡人方韶夫与福建人谢皋羽、吴思齐至其家，建立了月泉吟社，征集亡宋士人的诗作，举行赛诗活动，诗作要求以春日田园杂兴为主题。宋遗民闻讯后，纷纷贡献诗作。在短短一年不到的时间内，诗社共收到诗作二千七百余卷。吴谓邀请方韶父、谢皋羽、吴思齐三人，花费一个半月的时间来评判诗作质量的高低。他们三人从收到的作品中选出二百八十人评为优秀，可见竞争是非常激烈的。

在中奖者名单中，我们发现梁相先托名高宇参加赛诗，被评选为第三名。其入选的诗作为：

膏雨初晴布谷啼，村村景物正熙熙。谁知农圃无穷乐，自与莺花有旧期。

彭泽归来惟种柳，石湖老去最能诗。桃红李白新秧绿，问着东风总不知。[④]

担任评判的方韶父、谢皋羽、吴思齐三人评曰“前联妙于纽合，后联引陶范，不为事缚，句法更高。末借言杂兴的是老手。”[⑤] 按照诗社发起人吴渭的约定，第三名获得的奖品为“公服罗一缣五丈，笔三贴，墨三笏。”值得注意的是，梁相在递交了自己的作品之后，并未坐等评判，而是再次化名魏子又提交了一次诗作，曰：

---

① 徐熥《高贤传》：“谢翱，字皋羽，福安人，咸淳初试进士，不第。作《宋祖铙歌曲》，上太常乐工习之，至今传其词。尝参文信国军事。及宋亡，信国被执死，挟酒登钓台设信国主，再拜伏酹，恸者三，以竹如意击石，作楚歌招之。然其志汗漫超越，独嗜佳山水，如雁山、鼎湖、蛟门、候潮、沃洲、天姥、野霞、碧鸡、四明、金华，所至即造游，昼夜吟诗詩不休。口迦唐风，精炼奇警，不作宋人陈言。文尤峭劲有法。当其执笔时，瞑目遐思身俱，天地俱忘，曰：‘用志不分。鬼神将避之。’故思益苦，而句益工。尝与邓牧、方凤为、方外友，扁会所曰‘汐社’，期晚而信也。东南人士重诗社，每一有力者为主，聘诗人为考官，略如科举之法。浦江潜斋吴渭月泉吟社，实翱为考官，以春日田园杂兴为题，首取杭清吟社。罗公福乃闽三山人，其诗名见重于时，如此年四十七卒，无子，葬白云村许剑之地，以诗文稿殉。杨太史用修称其诗如长吉复生，真实录也。后人并严羽目，为严谢两先生云。”——［宋］谢翱撰：《晞发集》卷十，明万历四十六年郭鸣琳刻本，上海图书馆。

董应举《祭谢皋羽文》：“万历甲寅秋八月初五日，乡晚生董某以赴吏部稽勋司郎中之任，便道严滩拜严先生祠下。问于土人，得吾乡皋羽谢先生葬处，敬飞棹上谒。呜呼！先生故宋长溪一布衣也，痛胡元沦覆宗国，勉应丞相，辟为佐军谋。丞相败而宋亡矣，先生哭至死。某读先生集，以为夷齐三千载下，惟先生一人耳。先生葬处名白云源与钓台对峙。严先生善钓，先生善哭，其节义亦相敌。严先生遭光武，汉至复完，故可以钓。先生遭宋季，社稷已屋麦秀之，悲怆于心目，故不得不哭。哭悲而钓乐，亦其时然也。先生为宗国死，为故人死，死则死耳，骨则千载犹存。丞相柴市，先生云源，忠魂义魄贯日月而凌宇宙矣。”——［宋］谢翱撰：《晞发集》卷十，明万历四十六年郭鸣琳刻本，上海图书馆。

② 宋濂说：“思齐则陈亮外曾孙”——《浦阳人物记》卷下，清知不足斋从书本。

③ ［清］厉鹗撰：《宋诗纪事》卷八十一，四库本。

④ ［宋］吴渭撰：《月泉吟社》，四库本。

⑤ ［宋］吴渭撰：《月泉吟社》，四库本。

麦畴连草色，蔬径带芜痕。布谷叫残雨，杏花开半村。

吾生老农圃，世事付儿孙。但遇芳菲景，高歌酒满尊。①

上述三位文人对此诗的评语是：“前四句咏题，后乃述意。末二句亦不离春兴，格韵甚高，五言中未易多得。”此次提交的诗作也被评为优秀，因而排名第13。按上述诗社发起人的约定，名次在第十一名至第二十名之彰者，可获“深衣布一缣，笔一贴，墨一笏”。由此可知梁相有相当高的文才。

梁相化名向诗社提供诗作之事，曾引起过后人的怀疑。清人全祖望在其《跋月泉吟社后》中提到：“其间有可疑者：第三名高宇为杭州西塾梁相，字必大。而十三名魏子大，亦武林九友会梁必大。”② 如果说参加月泉吟社活动时梁相还与那些拒不仕元的亡宋士人一起持抵制元朝的立场的话，那么就任镇江路镇江儒学教授则表明他已经放弃这一立场。那么，梁相为何要放弃拒元的立场呢?

三、在江西庐山的踪迹
——镇江儒学教授之前的任职经历

有迹象表明，后来梁必大离开浙江，前往江西。在此期间，他曾与宋遗民徐瑞③曾一起出游芝山寺，并登临五峰亭。芝山寺位于今江西省波阳县城西部北廓之芝山主峰，建于唐代龙朔年（661—663），以饶州刺史在此采集灵芝草而得名，今为庐山诸景之一。五峰，即今之庐山五老峰。徐瑞记道：“壬辰④社日，芳

---

① ［宋］吴渭撰：《月泉吟社》，四库本。

② ［清］全祖望撰：《鲒埼亭集外编》卷三十四，清嘉庆十六年刻本，［清］臧镛批点，缪荃孙录，［清］严元照校并记，上海图书馆。

③ ［元］徐瑞：《巢漫稿》一：“公讳瑞，字山玉，松巢其号也……公生于宋宝祐甲寅（1254?）十二月。咸淳间（1265—1274）曾如杭应举，不第。遂以科举之习，功名之念，夺人清思，不复认以为真。曾作《自省诗》。今以家传所载考之，盖伤宋之亡于帝昺也。迨元延祐丁已（1317）以公经明行修，推为本邑书院山长。未几，归隐于家，巢居松下，花晨月夕，随所赋逐年笔记之。时来郡城，则与三五诗友觥筹交错于东湖、芝山之间，更相唱和，亦无虚日。所著则《松巢漫稿》，卒年七十一。”——见［清］史简编：《鄱阳五家集》卷六，四库本。［元］吴存：《乐庵遗稿》收有《祭徐松巢》，见《鄱阳五家集》卷五。

④ 1292年，即至元二十八年。此时间与以下所引［元］徐瑞松《巢漫稿》中“故友汤景文别六年”恰相对应。

洲①领客梁必大、汤景文、② 吴德昭、③ 吴仲退、④ 李思宣、⑤ 周南翁⑥游芝山寺，登五峯

① 即黎廷瑞。[宋] 马廷鸾《题芳洲诗集》："芳洲黎君，先朝名进士也。既屈于时，益昌其诗。古诗近陈子昻感遇，絶句可杂半山诗。"——《碧梧玩芳集》，卷二十四，民国豫章丛书本。[清] 史简编《鄱阳五家集》记："公讳廷瑞，字祥仲，生而颖拔，日诵数千言，即了大义。少长闻乐平谨斋吴公中守、准轩吴公中行，以双峯饶子之学讲道于龙湖，公蹑屩从之，深契旨要，由是为文，一宿于理。咸淳庚午（1270）……刑部侍郎方公逢辰，殿中侍御史曾公渊子，见公所为文，贯穿出人，沈虀典据，意必老于场屋者，及谒谢使之年，曰：某甲生二十又二年矣，皆叹息久之。绍陵亲，赐同进士出身，授廸功郎，肇庆府司法参军，需次未上。癸酉（1273）丁外艰，家贫资束脯以给葬，服平将调，玉改鼎移，幽居十稔，以文墨自娱，种梅艺菊，雅意丘壑。而北方士大夫之来南者，闻公名莫不愿见。既见，欢如平生。竹庵奥屯公希鲁，疎斋卢公挚，竹居姚公炖廉问之，日以歌诗乐府相唱答。竹庵巡行郡属，必与公同行，所至击强锄奸，如雷霆风雨，咸谓神明，公盖有力焉。至元丙戌（1286），按察副使五善王公懋至番，会郡博士久疾不任职，诸生以请。王公檄公摄教事。公始出，受事宾礼，耆英激扬，后进佩衿，俎豆彬彬，有承平风。时有以学校羡利言于朝者，上命有司程出内吏，率刻急析及秋毫，列郡文学至破产以偿不给，公独从容酬应，不辱色辞。多士困于役，公每至公府，力争之，不申其说不止。自丙戍（1286）至庚寅（1290），凡五载，改创采芹宫、爱莲亭，葺尊经阁不一事。尝种竹阁下，纪之以诗。比代去绿色猗猗光照几席。公于是有遗爱矣。异时右辖五峯燕公公楠，知公最深，以公姓名剡上。公语其人曰：阿婆老矣，吾菽水温清，惟日不足，而暇从人间事乎，卒不报。始治第于先庐之南，虚中堂以奉春晖。晚取居易俟命之义，更号俟庵。弹琴着书，高歌永啸，洞视今古，意气浩然。自赋闲居三乐，曰读书，曰会友，曰游山。其言淡而不厌，净而不污，趣尚远矣。太夫人终，公哀瘠殊甚，饘粥未食，焦劳旦暮。逮葬，须发顿白。公生平倜傥豪逸，雅慕李太白、杜牧之为人。所友皆四方名胜士，居家常致千里外客。客至，不问家有无，必延欵，弥日谈笑竟夕。有急赴之，必为尽力。无德色或负之，亦终身不复言。为文必黜百家，崇孔氏。以韩子为宗，尤酷嗜欧阳子。不用奇字生语，而幽然之光，苍然之色，绝出笔墨畦径外。诗尤神解，自成一家，驰骋唐宋以还，深入陶谢之室，气韵雄浑，趣味深永，盖不独专美一时矣。至大元年戊申（1308）夏，公卒。余干养吾李先生谨思，以书语吴仲退曰：悲哉！辛未（1271）以后，出语天拔，不烦口削，而自合有如斯人者乎！胡文友愕有诗曰：鄱阳四月十一日，优钵昙花枯一株。二公之叹，盖皆为斯文叹也。"——卷一，宋黎廷瑞《芳洲集》一。

② [元] 李存：《逢原汤先生哀辞》记："先生讳深，字造道，一字景文，姓汤氏，世为番易安仁人。宋尚书文清公汉，其从兄也。入国朝，故家多零替，先生独力学，支拄倾压，书无所不读，尤长于诗歌。不务为葩华弄玩，倨怪隅角，往往肆而严，槁而腴，人读之多淡口不好也。唯同郡黎君仲祥，首称赏之，以为必传。尝一游京师，历燕赵齐鲁之墟，然卒无相知者，遂教授乡里，未尝一漫迹城市。虽贫，气度恒恢如也。姻友过，从必百计具酒食，与尽欢乃已。见童子，亦渠渠谨至。人有不善，心屏之如秽污。晚乃甚好方士者术，为符呪。人有患难，若已有之。至大元年（1308）九月，得肺气病，存往候先生喜整巾衣杖而出，抱桉谓存曰：'闻子好古文，吾志之心久矣。今病不可以论，幸而好，当与子细熟之，越七日竟卒。"——《俟庵集》卷二十三，李存：《俟庵集》，明永乐三年李光刻本。[元] 徐瑞松《巢漫稿》："故友汤景文别六年，乃十月廿一寻我松下。临别见赠，次韵奉答。丁酉（1297）。汤名琛，东涧公从弟。占气频翘首，青牛忽度关。相看双眼碧，剧论寸心丹。时俗容迟钝，交情见往还。盟言天为听，万一莫辞难。景文与瑞有读书山间，寻真方外之约。"见 [清] 史简编：《鄱陽五家集》卷七，四库本。其中"别六年"语与前引徐瑞松"壬辰（1292）社日"众人共游五老峰可相映证。

③ 此人待考。

④ 危素《吴仲退先生墓表》："先生讳存仲退其字也……生于宝祐五年（1253）二月。少力学，有卓识，以童子试有司。乡先生吴公中行、李公谨思，皆折行辈交，儁声四驰。国初部使者姚公炖、卢公、奥屯公希鲁行郡至番，□勉之出仕，而先生不答。延祐初设科取士，邑大夫三造请试，先生固辞。已而县牒上府，无先生名。太守□公桓怪之，曰：'无吴先生名，何耶？'知事刘衎往见，谕太守意，强起先生，卒以尚书中选，年五十有九矣。试礼部不利，诸公贵人，交章荐用，先生以即日去国。寻以□授饶州路儒学正，贶任不及代而归，啸歌月湾溪上。自□月湾渔者，调宁国路儒学教授，年六十九矣。先生以老不欲往，请者狎至，乃往。宪使李公元成，公往一见，喜得师，尊礼极至。未几，告引年，不许，乃大尽。吴某致仕于门，去之。明年，授将仕左郎，饶州路番易县主簿致仕。又七年，江西行省乡试，聘为主文。至元五年（1339?）九月某日终于家，春秋八十有五，葬以至正五年（1345?）有二月。"——《危学士全集》卷十二，志铭，清乾隆二十三年刻本。

⑤ 元人戴表元为李思宣写过墓志，其中曰："君讳洙，字思宣。李氏饶浮梁人……当至元甲午（三十一年，1294），以荐上江浙中书行署，板授饶学正。又四年，考满诣吏部格，当注州教授垂仕矣。明年死燕逆旅中，大德己亥（1299）秋七月五日也，年止三十五。"—— 戴表元：《李思宣墓誌銘》，《剡源集》卷十七，墓表墓碣，四部丛刊景明本。

⑥ 周南翁，元代著名文人。

亭，瑞在其间。羽士洪和、叟方君用载酒来会。以‘云飞江外去，花落入城来’分韵赋诗，瑞得江字。”①

按其所记，梁必大在江西也参加了一个诗社，并有固定的“社日”，即活动日。此次游庐山便是梁必大在该社“社日”中，与诗社诸友共同组织的一次郊游。参加此次郊游的各位文人在五老峰亭各按所分得的韵作诗。梁相在此次社日的诗作已经不存，而我们可知的是徐瑞分得的江字韵，作诗如下：

昔我落城市，日厌尘满腔。携书归故山，三年师老庞。

兴来复此游，名胜萃一邦。东风三日雨，孤吟倚篷窗。

晴天澹新碧，扶藜度危矼。同袍二三子，声应不待撞。

坐看庐山云，大醑倾酒缸。欲去复裴徊，返照明春江。②

黎廷瑞也提到了一次与梁必大一起出游芝山五峰亭，他所记录的同游者中，有名徐山玉者，即前述之徐瑞，其余五人汤景文、吴昭德、吴仲退、李思宣、周南翁均出现在前述徐瑞的诗序中，同游者完全相同，可见两人所记的是同一次社日出游。其所记如下：

春社同梁必大、汤景文、徐山玉、吴昭德、吴仲退、李思宣、周南翁饮芝山五峯亭。二羽士来会，以范文正公“云飞过江去，花落大城东”分韵得云字。③

由此可知，梁必大参加的诗社名曰“春社”，在诸人分韵时，黎廷瑞分得“云”字韵，他所作诗为：

戊雨敷雉甲，午晴沉幽薰。时迈足永慨，景舒聊暂忻。

联屐得英彦，携壶出尘氛。亦有丹丘客，共眺青山云。

芝空石磊磊，华落川沄沄。代远吊残柘，畊劳念遗枌。

吾生竟何如，兹饮又及曛。萍流岂易合，星聚还当分。

深忧怆范老，长谣啥庐君。邂逅有千载，宁无感斯文。④

值得注意的是黎廷瑞还有一首诗，题为《送梁必大归杭省亲》。“省亲“说明梁必大在江西系因出任“文学椽”之职，其文曰：

楚水送梁子也。梁子为楚文学椽，⑤将归觐亲，其友念别，故作是诗以送之。

悠悠楚水，霭霭吴云。孰作之合，胡然而分。

岂无良朋，我独子忻。于穆令德，有粲其文。

吴云霭霭，楚水悠悠。眷念庭闱，道阻且修。

为贫而仕，匪食孰求。曷不偕来，以解尔忧。

瞻彼日月，有望有□。慨彼中年，别友实难。

---

① ［元］徐瑞松：《巢漫稿》三，兹据［清］史简编：《鄱阳五家集》卷八，四库本。

② 同上注。

③ ［宋］黎廷瑞：《芳洲集》，兹据［清］史简编：《鄱阳五家集》卷二，四库本。

④ ［清］史简编：《鄱阳五家集》卷二，四库本。

⑤ 汉代郡国置文学椽，唐于郡置经学博士，此处指元儒学教授。

有芹于池，有芝于山。式遄其归，勿远其还。[①]

其中“为贫而仕，匪食孰求”一句透露出宋亡后梁必大身陷窘境，不得已而为稻粱谋，选择仕元。联系到曾两次化名向月吟诗社投寄诗稿参加赛诗，我们推测他有可能不仅仅是为文人雅兴，而是为社主所设丰厚奖品所吸引。根据黎廷瑞的诗《梁必大归自燕山有诗问讯以诗答之》，梁相在江西任职期间，或任职之后，还曾赴大都，其诗云：

折柳空惊岁月徂，寄梅欲忆雪霜余。君看天上烟花绕，我伴山中木石俱。

婚媾骎骎难辨老，友朋往往不如初。极思一见论心事，城府年来迹渐疏。[②]

从他“我伴山中木石俱”的诗句看，黎廷瑞一直未仕元，但他却对已经仕元，且有机会赴燕京“看天上烟花绕”的梁相保持着友谊，“极思一见论心事”。

从时间上判断，在江西任儒学教授一职当在他赴镇江就职之前，因此，镇江路儒学教授并非梁相出任的第一个元职。

四、在镇江任职期间的活动与思想

大德二年至五年梁相在任期间，曾有一次友人同游金山与焦山，并有诗歌唱和。梁相所作之《金焦行》，据笔者见闻所及，业已不存，但其他友人的和诗有几首传世。如张道元的《金焦行次梁必大韵》：

二山砥柱江流中，下有水府之幽宫。巨灵设此天险重，怒涛欲起两伏龙。

山光对面山淡浓，朝暮云起相过从。钟声两样飘江风，撞惊大梦醒尘胸。

海门茫茫直其东，江山第一丽且雄。六朝形胜留遗踪，天荒地老代不同。

登临此地阅几翁，公独硬语盘高穹。

长江滔滔去不已，千古名山占萧寺。白发印公心水止，嗟予劳生竟何似。

人门平地风波起，谁能钓舟烟波里。千年间限铁台址，不如流芳向文字。

州县之职徒劳耳，丈夫封侯待时至。以道事人直如矢，岂但□歌化州里。

人兮山兮有如此，我愿学者梁夫子。[③]

从“州县之职徒劳耳，丈夫封侯待时至”可了解到，梁相与其友人都认为镇江儒学教授这类“州县之职”不过是“徒劳”而已，他们在同游中甚至还言及政治报负，希望有“封侯”之日。参加此次出游的友人中还有费震，他所作的和诗《次梁必大金焦行》为：

太仓一米梁魏中，梵王坐处如天宫。砗磲玛瑙珊瑚重，口法更有诸天龙。

醍醐浮香甘露浓，我欲问讯当何从。惟有一席西津风，快哉八九云梦胸。

海门直指扶桑东，金鳌两角争豪雄。蒜山房客送墨踪，妙高千偈佛印同。

衲衣玉带知何在，至今诗句撑苍穹。

---

① ［清］史简编：《鄱阳五家集》卷一，四库本。

② ［清］史简编：《鄱阳五家集》卷二，四库本。

③ ［清］厉鹗撰：《宋诗纪事》卷六十，四库本。此诗录自《金山志略》。

江山如画人往已，云霾浪打寺复寺。华阳真逸曾至止，鹤铭笔法兰亭似。
老纶败壁扶不起，沙户祈蚕修竹里。处士蜗牛空旧址，留得名山作焦字。
年来俗事怕到耳，神尻气舆随所至。从渠乌兔走如矢，白云之乡吾故里。
桑榆斥鷃安识此，大鹏逍遥问庄子。[①]

此诗中“桑榆斥鷃安识此，大鹏逍遥问庄子”一名，表明梁相虽然任职不过儒学教授，但却不满足于此，仍暗怀报负。还有一位文人金遁初，其诗作《金山行次梁必大韵》说明他也参加此次出游。其诗云：

江吞淮楚通吴中，深有万丈天吴宫。珠楼贝阙知几重，鱼首人面赤如龙。
紫云赫奕青霞浓，天地下降百神从。蛟鲸无端怒生风，敕移三山填其胸。
日缠月纬分西东，戴鳌方知口强雄。马尘辙迹绝游踪，仙境真与蓬莱同。
千涛万浪插两峰，屹然对拱摩层穹。

金山蜿蜒势未已，焦山萦回藏古寺。大觉仙所庐圣止，人间尽图那得似。
镜铜摩青鸟飞起，浮屠倒影澄波里。六朝陵阙存故址，百战功名数行字。
相去清风片口［帆］[②] 耳，此身未游心已至。君诗到手破的矢，我诗刻画惭下里。
三分之句岂辨此，举杯一酾问苏子。[③]

清代陈衍在《元诗纪事》中提到“梁相，相字必大，杭州人，大德末官绍兴路儒学教授。”[④] 可见他结束在镇江的任事后，到了绍兴。

《送梁必大知事之婺州》

一见何仓卒，相闻已岁年。东州文献后，南国俊髦先。
士诧苏湖教，郡须岑范贤。赞谋倘余暇，为访牧羊仙。[⑤]

---

① ［清］厉鹗撰：《宋诗纪事》卷六十，四库本。此诗录自《金山志略》。

② 据［清］厉鹗撰：《宋诗纪事》卷六十所录诗文补，四库本

③ ［明］张莱撰：《京口三山志》卷六，明正德七年刻本，南京图书馆。《宋诗记事》从《金山志》中抄录此诗的文本与此略有变化：江春淮水通吴中，深有万丈天吴宫。珠楼贝阙知几重，鱼身人面赤如龙。紫云赫奕青霞浓，天帝下降百神从。鲛鲸无端怒生风，敕移三山（卦）填其胸。日躔月纬分西东，戴鳌方知口强雄。马尘辙迹绝游踪，仙境直与蓬莱同。千涛万浪插两峰，屹然对拱摩层穹。金山蜿蜒势未已，焦山萦回藏古寺。大觉仙圣所庐止，人间画图那得似。镜铜摩青鸟飞起，浮图倒影澄波里。六朝陵阙存故址，百战功名数行字。相去清风半帆耳，此身未游心已至。君诗到手破的矢，我诗刻画惭下里。三分之句岂办此，举杯一酹问苏子。

④ ［清］陈衍辑：《元诗纪事》卷五，清光绪铅印本，浙江图书馆。

⑤ 《吴文正公集》卷九十三，四库本。

蒙元时期的欧洲旅行家与“塞里丝误解”的新定式

华　涛（南京大学历史系）

蒙元时期被认为是东西交通发达的年代，东去西来的使臣、商旅、军士、文人的数量大大超过以往，对东西方的相互了解也达到空前的程度。但是非常有趣的是古代希腊罗马时代欧洲观念中的“塞里丝误解”，在经过阿拉伯波斯文化繁荣时期的冲击甚至洗涤之后，居然在蒙元时期得到新的推动力，直到17世纪利玛窦来到中国时，他在给罗马教廷的报告中仍然将这一问题作为重要的内容加以叙述。那么，为什么东西交通发达的蒙元会在欧洲的东方知识问题上留下负面的影响呢？

一、阿拉伯波斯知识对“塞里丝误解”的冲击

“塞里丝”是一个古老的地理名词。古代欧洲地理学家在他们的著作中，如托勒密在他的《地理学》和他的地图中，谈到东亚的北部有一个国家叫“塞里丝”，在“塞里丝”的南面是“秦”（或者叫“秦尼”）。这种将完整的东亚大陆一分为二的观念可以被称之为“塞里丝误解”。这一关于东亚的观念持续了很长时期。5世纪以后，随着罗马帝国的终结和西方世界的衰落，东西方之间的交通和认识不仅毫无进展，而且还有很大的倒退。公元7世纪阿拉伯人兴起，欧洲与东方的交通被阻断，西方世界只能借助于阿拉伯人来认识远东地区。阿拉伯人继承了希腊人的地理知识，并且与东方有着直接的交往。

阿拉伯人自己的地理学①大约开始于8世纪中叶建立的阿巴斯王朝。当时阿拉伯人经过伍麦耶王朝时期的扩展和征服，领土已经囊括了西到大西洋，东到印度和中国的广大范围。他们在征服、扩展和统治的过程中，有机会接触到希腊、埃及、伊朗、印度等地古老的文明，接触到各地区的科学技术。在阿巴斯王朝哈里发曼苏尔在位期间（753—775年），特别是他在巴格达建立自己的都城之后，阿拉伯人在政府的鼓励下，开始积极翻译各国古代的著述，希腊、埃及、伊朗和印度等地的天文、地理、哲学等科学知识，都一步一步引进了阿拉伯世界。到哈里发马蒙在位时（813—833年），阿拉伯人文化科学达到了最繁盛时期。当时托勒密的著作可能通过中世纪叙利亚文本的中介，已经被翻译成了阿拉伯文，从而对阿拉伯地理学的发展起来推动作用。著名的天文地理学家花剌子密（al-Khwarazmi，847年去世）就曾经仿照托勒密的《地理学》，编纂了

---

① 关于阿拉伯—伊斯兰地理学的详细情况，参阅 The History of Cartography，vol. Two，book one：Cartography in the Traditional Islamic and South Asian Societies. Ed. By J. B. Harley and David Woodward. The University of Chicago Press，Chicago and London，1992。还可以参考张广达为宋岘翻译的《道里邦国志》（伊本·胡尔达兹比赫）所做的《前言》，中华书局，1991年。

《大地之图》一书①，其中对各地点都标注了经纬度，有些经过他的研究，还纠正了托勒密的资料②。再比如著名的阿拉伯地理学家伊本·胡尔达兹贝在自己的著作《道里与诸国志》（al – Masalik wa – l – Mamalik）就说自己参考过托勒密的著作。在外来知识的推动下，加上自己原本的需要，比如每天礼拜确定朝向的需要，帝国内各地税收和邮递的需要，阿拉伯人的地理学发展很快，并且很快形成了自己的特色，自己的地理学派别：伊拉克学派和巴里黑学派。

自从穆罕默德创立伊斯兰教，阿拉伯人就与中国发生了关系。据中国某些史籍的记载，早在穆罕默德在世时，就曾经派使节来到中国，今天中国福建泉州还有与这个传说有关的遗迹。汉文史籍还记载了阿拉伯（大食）与中国的正式交往：“（永徽）二年八月乙丑，大食国始遣使朝献。”③

汉文和阿拉伯文史籍还记载了双方来往的道路。汉文史籍有《新唐书·地理志》等的记载，而阿拉伯文的史籍就更多了。双方旅行家的直接访问，更使得中国和阿拉伯之间的相互认识，比起古典时代的欧洲人，要详细得多。

然而尽管阿拉伯人对中国的认识还很初步，尽管翻译成阿拉伯文的托勒密地理著作影响了阿拉伯人，但在在阿拉伯人的眼里，亚洲东部只有一个称之为“sin”的中国。10 世纪著名的阿拉伯地理学家伊斯塔赫里在自己的书中，描述了东方的形势④：

黠戛斯，他们在托古兹古思、基马克、大洋和葛逻禄之地之间。

托古兹古思，他们在吐蕃、葛逻禄之地、黠戛斯和中国之间。

中国，他们在大洋、托古兹古思和吐蕃之间。

……

吐蕃，它境邻中国之地、印度、葛逻禄之地、托古兹古思和波斯海。它的某些部分在印度王国内，部分在中国内。他们有一位住在它本地的君王。据说其先世源自 al – Tubba，只有真主知道。

根据这样的描述，我们可以绘制出一幅东亚政治形势图。这个图表明，在阿拉伯人的记载中，中国是一个统一的整体。在阿拉伯人的头脑中和描述中，没有欧洲古典时代的“塞里丝误解”。

阿拉伯人也发展了自己的地图，巴里黑学派的世界地图大多是圆形的。有些学者认为这是受到欧洲中世纪圆形地图的影响。

伊本·豪卡勒圆形地图（10 世纪）⑤

然而不论这种地图与欧洲 T – O 型地图有没有关系，阿拉伯人在绘制圆形地图的同时，还按照圆形地图的框架绘制出示意性的地区分图。在圆形地图中，尽管中国的形象

① al – Khwarazmi, Das Kitab Surat al – Ard. herausgegeben von Hans v. Mzik, Leipzig 1926.

② The History of Cartography, vol. Two, book one: Cartography in the Traditional Islamic and South Asian Societies. Ed. By J. B. Harley and David Woodward. The University of Chicago Press, Chicago and London, 1992, pp. 95 – 107.

③ 《旧唐书·高宗本纪》。

④ 伊斯塔赫里：《诸国之路》（BGA，卷 1），第 9—10 页。伊本·豪卡勒《各地形胜》（BGA，卷 2），第 12 节，基本相同。

⑤ 伊本·豪卡勒：《各地形胜》（BGA，卷 2），第 8—9 页。

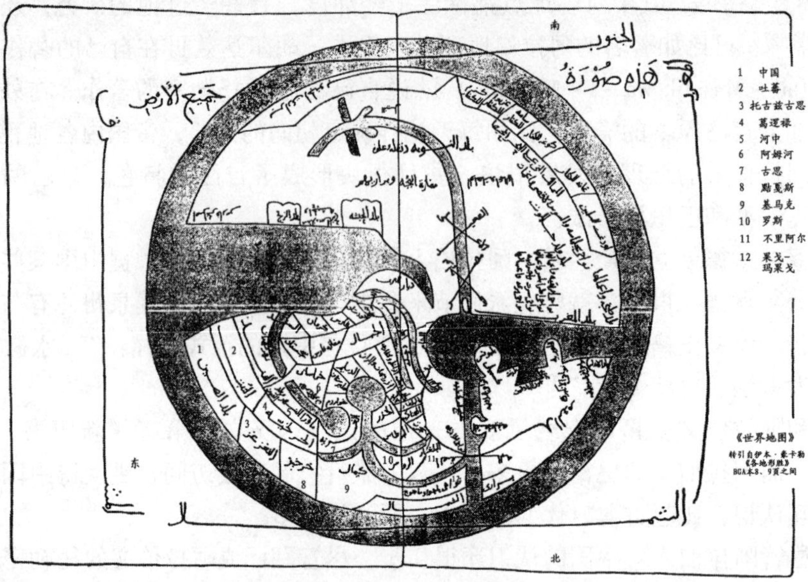

صورة الأرض التى توجدق الصفحتين ٣ب و٤ظ من الأصل،

与现实相差甚远，但中国就是中国，在东亚大陆只有一个中国。

阿拉伯人比较现实的地图是伊德里希（al - Idrisi）于 1154 年绘制的世界图。伊德里希出生在北非摩洛哥的休达，很年轻的时候就开始了广泛的旅行，到过法国、英国、西班牙甚至小亚细亚。1138 年，西西里的基督教君主罗杰（King Roger of Sicily）邀请伊德里希前往他的宫廷居住，然后请他绘制一幅世界地图，并撰写一份说明。伊德里希 1154 年完成的著作和地图，不仅表现出阿拉伯人前所未有的对亚洲的了解①，而且成为伊斯兰地理学甚至整个伊斯兰科学上一个重要成就。在伊德里希的著作和地图中，中国仍然是一个统一的国度。

总之，伊斯兰时期的地理学和地图制作，虽然受到古典时代地理学说的影响，但并没有感染上“塞里丝误解”，甚至他们的作品还对“塞里丝误解”提出了某种挑战。不过当欧洲再次兴起地理研究的热潮时，欧洲文艺复兴时期的学者关心的是如何复兴古典时代的知识，包括“塞里丝误解”的知识。

伊德里希地图（12 世纪，南上北下）②

二、蒙元时期“塞里丝误解”的重新出现

13 世纪初蒙古人在东方兴起，统一了蒙古草原以后，先后攻灭西夏、金朝、大理和南宋，并挥师西征，横扫欧亚大陆。蒙古的战争给东西方各国带来了灾难，同时也为东西方的接触提供了新的机会。

成吉思汗西征花剌子模和中亚河中地区，对西方的影响几乎没有。但他派出去追击

① Encyclopaedia Britannica.

② 伊德里希的地图见李约瑟：《中国科学技术史》第五卷《地学》，科学出版社，1976 年，第 182—183 页。

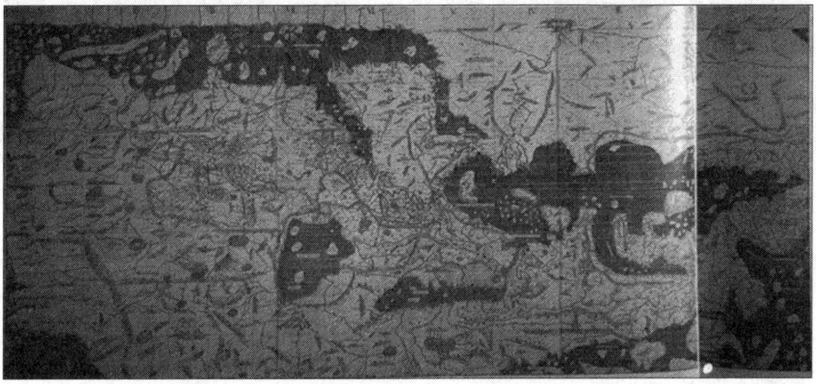

花剌子模沙摩柯末的哲别和速不台，在抄掠了波斯各地后，于1220年秋进阿哲儿拜占境，在阿哲儿拜占阿塔卑月即伯献金请和后，北至宽田吉思海西岸的木干草原驻冬。1221年初又入掠谷儿只。1222年春，蒙古军队再攻谷儿只和失儿湾，夺取打耳班后，越太和岭，进入阿速和钦察，并相继打败南俄草原的这两大势力。1223年蒙古军队与斡罗思军队大战阿里吉河，取胜后长驱直入斡罗思南部。后又沿黑海北岸进入克里米亚半岛①。但是当时欧洲各国正忙于内部争斗，对斡罗思的巨大损失没有重视。1235年蒙古人开始“长子西征”，各支宗室均以长子统帅出征军，万户以下各级那颜也派遣长子随从出征。1241年征服斡罗思各国后，又侵入了孛烈儿（波兰）、马札儿（匈牙利）等地，不仅击败各国军队，而且所到之地，烧杀焚掠。当年七月，一支蒙古军队进至维也纳附近，再攻陷格兰城（Gran，一名斯特里戈尼亚）。欧洲震惊。

成吉思汗的兴起和西征，早就通过亚洲的聂思脱里教士传到了叙利亚。在哲别、速不台的蒙古军队在亚洲西部横扫之时，大约在1220年，叙利亚和匈牙利的教士们就分别向罗马教廷做了报告。虽然他们报告了蒙古人的破坏，但他们关于蒙古人中也有基督教徒的报道，加上中世纪欧洲流传的生活在东方的约翰长老的传说，也引起了欧洲的幻想，幻想与蒙古人联合，收复被穆斯林占据的耶路撒冷圣地。教皇霍诺里厄斯三世在1221年6月20日的一封信中明确表达了这种希望②。所以当时蒙古人在南俄伏尔加河一带的活动，并没有引起西欧人多大的注意。

另外据柔克义研究，早在1238年，法国和英国国王曾经接到过伊思马因人请求帮助抵御蒙古人的信。这可能是首次向西欧传递有关蒙古人的可靠信息③，当然也是在长期中断了与东方的联系之后，西欧第一次得到东方的信息。马太·巴黎《历史编年纪》中的一段文字反映了当时西欧人得到的“有关蒙古人及其国土的一切初期情报”④。虽然这段关于1240年的记载，对蒙古军队的烧杀焚掠的描写相当形象，但它关于蒙古地理情况的报道，则充满了神话色彩：

---

① 本书中关于蒙古人战争的描述，均引自韩儒林主编、陈得芝等著：《元朝史》，人民出版社，1986年，第二章第三节《蒙古西征》。

② 信收在 S. Runciman, A History of the Crusades (Cambridge, 1954), III, 264. 转引自 Lach, vol. I., Book 1, p. 31.

③ 柔克义语，《鲁布鲁克》，第187页。

④ 柔克义语，《鲁布鲁克》，第187页。

据认为这些该死的鞑靼人是抛弃摩西律法，崇奉金牛的十个部族人，马其顿的亚历山大最初极力要用沥青覆盖的石头把他们关闭在里海的崎岖山里。当他发现这件工作超过人力范围的时候，他祈求以色列的上帝的力量，于是山顶都合拢，形成一个无法接近，不可通行的地方。约瑟谈这个地方说："上帝为信徒所作的，和为异教徒所作的，会是一样多吗?"因此，看来上帝不想让他们出来，不过据圣史所载，到世界末日时他们将出来对人类施展大屠杀。然而，现在从那儿出来的鞑靼人是否就是他们，这是有疑问的，因为他们不是用希伯莱语言，没有法律，也不受法律约束。对此的回答是，且不管这些，可信的是，他们是那些被封锁的人，而且有材料提到他们……另一方面，据说鞑靼人得名于他们早期抵达的、流经山里的一条河流，该河叫塔塔儿；同样，大马士革的河流叫做法法儿。[①]

这种关于蒙古人的报道，实际上是我们在中世纪欧洲和亚洲波斯阿拉伯人关于游牧民族的记载中，能够读到的关于亚历山大大帝的传说。关于亚历山大大帝的传说，最初起源于希腊，在中世纪被翻译成许多语言，并从11世纪开始不断成为法国浪漫诗歌的主题，并由此传向英国、德国和西班牙等地。在11至15世纪，关于亚历山大大帝的传说成为欧洲文学中的一个永恒的主题，并在15世纪达到高峰[②]。实际上，这种传说的发展和流行，与13世纪欧洲遭受蒙古人入侵的巨大伤害有关，而就我们的研究来说，当欧洲人第一次听说东方兴起一支强大的游牧力量时，将它与亚历山大大帝传说联系起来也很正常。当时的西欧人，对东方的亚洲，不论南北，都不清楚，只能到传说中去寻找答案。

1241年，与德意志罗马帝国皇帝长期争斗的教皇格利哥里九世去世，1243年英诺森四世被选为教皇[③]。英诺森四世开始利用自己的影响和手段，号召组织军队抗击蒙古入侵。1245年英诺森四世和里昂宗教大会决定向蒙古人派遣使节，劝说蒙古人停止侵犯基督教世界。这个决定的目的虽然十分可笑，但它导致了十三世纪东西方的直接接触，也为欧洲人提供了直接认识东方的机会。会后首先向蒙古人派出的教士是普兰诺·卡尔平尼（Jean de Plan Carpin[④]）。随同他的波兰人班涅狄克脱充当翻译。他第二年到达和林，受到大汗贵由的接见，1247年秋返抵里昂。

我们现在能够读到卡尔平尼出使回来后写给教廷的报告《蒙古史》[⑤]。一般都认为他出使的使命是探察蒙古人的情况，所以他的报告"重点介绍了蒙古人的战争、征服的地区、武器装备、如何对付蒙古人的入侵及其风俗习惯等等"[⑥]。我们还可以读到随卡尔平尼出使的波兰人班涅狄克脱关于这次出使的叙述[⑦]。另外，上个世纪六十年代发现

① 《鲁布鲁克》，第189页。

② Lach, vol. I., Book 1, p. 28.

③ 此前后教皇的名单如下：霍诺里厄斯三世（Honorius Ⅲ）1216—1227 格利哥里九世（Gregory Ⅸ）1227—1241 英诺森四世（Innocent Ⅳ）1241—1254 年。

④ 这个名字又译为柏朗嘉宾。

⑤ 柏朗嘉宾：《柏朗嘉宾蒙古行纪》（贝凯、韩百诗译注，耿升汉译），中华书局，1985年。

⑥ 《柏朗嘉宾》，第6页。

⑦ 《柏朗嘉宾》，第160—165页。

的《The Vinland Map and the Tartar Relation》中，有一个关于这次出使的新的记载①。

卡尔平尼的书中详细描述了鞑靼地区和周围的状况：

鞑靼地区位于东方一隅，我们认为那里正是东方偏北的地方。契丹人（Kitai）以及肃良合人（Solangi）地区均位于其东部，南部是萨拉森人（Sarrasians）栖身地，在西部和南部之间是畏吾人（Huiur）疆域，西部是乃蛮人（Naiman）的省份，该地区的北部由海洋所环抱。②

鞑靼人地区的部分地带是高山峻岭，山峦起伏，其余地带则是坦荡的平原，但几乎到处都遍布含砂量很大的砾石地。在该地区的某些地带覆盖有很稀疏的森林，其他地方则没有任何树木。③

这里的水量和河流为数甚少，大江大河更为罕见。④

卡尔平尼对蒙古帝国的描写是：

在东方地区有一个国家，我们上文已经讲过，它叫做蒙古（Mongal)。该地区过去有四个民族栖身：其一为也可蒙古（Yekamongal)，也就是大蒙古人；其二是速蒙古(Sumongol)，也就是水蒙古人，他们自称为鞑靼人，此名起源于流经其域的鞑靼河(Tartar)；另一个民族叫作蔑儿乞（Merkit)；第四部为蔑克里（Mecrit)。所有这些民族都有同一种体貌和语言，虽然他们的地方和首领则是有区别的。⑤

卡尔平尼在这里提到了“鞑靼”的狭义所指，也提到了“鞑靼”一称的起源。在另外一处，卡尔平尼还详细开列了鞑靼人征服地区的名字，还列出了曾经抵抗过鞑靼人和至今尚未被他们征服地区的名称，其中包括“契丹人的一部分”。⑥ 他提到的蒙古的城市有哈剌和林（Caracorom）和失剌斡耳朵（Syra Ordo)。此外，卡尔平尼在书中也提示了一条通往东方的道路：从里昂起程，经过中欧、东欧，沿着黑海、里海以北的草原地区到达蒙古高原的大城市哈喇和林。在他的记载中还值得注意的是他把自己听闻的“蒙古人”这一名称，和西方常用的“鞑靼人”对应起来。

卡尔平尼的书是欧洲人根据亲身见闻所写的第一部关于东方的报道，“这本书标志着中世纪（欧洲）关于亚洲的作品的某种转折，因为它主要是卡尔平尼和他的同伴的旅行记和他们所见所闻和所猜测的真实描述。除了伊希多尔⑦之外，他不引用任何早期作家的记载，也没有在自己的叙述中包括许多关于亚洲的神话传说。”⑧ 他的报告应该在当时的欧洲有相当影响。1252 年去世前，他曾给一些人阅读了自己的书稿，并曾与

---

① The Vinland Map and the Tartar Relation, by R. A. Skelton, Thomas E. Marston, and George D. Painter for the Yale University Library with a Foreward by Alexander O. Vietor. Yale University Press, New Haven and London, 1965. 关于该图的真伪的讨论自该卷文书被报道以来一直没有停止。

② 《柏朗嘉宾》，第 25 页。

③ 《柏朗嘉宾》，第 25 页。

④ 《柏朗嘉宾》，第 26 页。

⑤ 《柏朗嘉宾》，第 45 页。

⑥ 《柏朗嘉宾》，第 73 页。

⑦ St. Isidore of Seville（约 560—636)，西班牙学者和教士。其百科全书式的著作《Etymologiae》对中世纪欧洲人了解古典时代的知识，有重要意义。

⑧ Lach, , vol. I. , Book 1, p. 32；杨晓春，1999 年，第 13 页。

许多对他的记载表示怀疑或者希望进一步了解细节的人谈论过。柔克义认为，“有种种理由推测威廉教友（指鲁布鲁克——本文作者）在巴黎遇到那两位返回的旅行家，听他们口述他们危险的旅行故事”①。后来，他的书被樊尚收在他的百科全书《Speculum majus》② 的第四部《史鉴》（Speculum Historiale）中。罗杰·培根在他的《大著作》中也提到卡尔平尼③。

值得注意的是卡尔平尼在书的《前言》中所做的四点声明：

……

3. 所以，对于我们很谨慎地为了你们自身的利益而记录下的这一切，你们应该深信不疑。更何况，所有这些事物有的是我们亲眼目睹，因为我们在他们之中和与他们一起旅行了一年又四个月的光阴，其间我们一直置身于他们之中；有的是由我们从他们之中那些作为俘虏的基督徒中所获悉，我们认为这些人是值得信赖的。事实上，我们受教皇之命要仔细地研究所有事物和观察一切；我们一丝不苟地执行了这一命令。本人与波兰的班努瓦教友共同执行这一圣命，他也是同一教会之成员，也是与我们同甘苦共患难的旅伴和译员。

4. 但是，如果为了通报读者，我们记载下了在你们地区前所未见的某些事物，祈望不要以此而称我们为江湖骗子，因为我们告诉您们的事物全是我们亲眼目睹，或者是由那些我们认为可信之士所证实了的情况。当然，如果因为好心不得好报，反遭人咒骂，那未免有些过分无情了！

卡尔平尼的声明，正好说明，在与东方长期隔绝之后，即便是真实的东西，也很可能得不到人们的认可，也会被人们认为是和当时流行的各种传说一样的东西。用自己的亲身经历取代传统知识和当时流行的传说的愿望，只能是一厢情愿。同时我们也看到，卡尔平尼本身接受的有关亚洲的教育是欧洲的传统知识和流行传说，他即便身在东方，听取身在东方的西方俘虏的介绍，他也不可能全面正确地认识东方，所以他的记录，只能供当时的欧洲人在传统认识的框架内增添新内容，而不可能，至少在那个时代不可能，对欧洲的“塞里丝误解”的消除起到根本性的作用。实际上从20世纪60年代“发现”的 Vinland 地图和《鞑靼关系》看，卡尔平尼的记录只是提供了更多的混乱。

卡尔平尼回来不久，由欧洲派出的使者还有以审温（Simon）为首的另一个使团去见驻在波斯的蒙古统帅（英诺森四世派出），以教士安德烈为首的出使蒙古汗廷的使团（1248 年法国国王圣路易派出），和 1253 年教士鲁布鲁克奉命出使蒙古。鲁布鲁克的出使最为重要。

鲁布鲁克后来自己讲是奉法王的秘密使命出使蒙古的，但他当时是以一个传教士的非官方身份东行的。他于 1253 年 5 月 7 日从康斯坦丁堡出发，首先到钦察草原去见黑海之北的撒里答。撒里答是当时术赤封地的君长拔都的长子，镇戍术赤封地西境。欧洲

① 《鲁布鲁克》，第 195 页。

② Vincent of Beauvais（c. 1190 – c. 1264）：法国教士，大部分由他完成的《Speculum majus》是一部概述当代知识的百科全书。

③ The Opus Majus of Roger Bacon, A translation by Robert Belle Burke. University of Pennsylvania Press, Philadelphia, 1928（reprint by Thoemmes Press, 2000）, p. 386.

人当时传说撒里答是基督徒。撒里答见了鲁布鲁克之后，将他送往萨莱见拔都（成吉思汗的儿子术赤的儿子），而拔都再将他送往蒙古的和林去见了大汗蒙哥。鲁布鲁克一行于1253年底到达和林以南的蒙古冬营地（汪吉河），受到蒙哥的接见。1254年4月，鲁布鲁克随蒙哥返回和林，在蒙古人的都城住了两个月。6月末，蒙哥交给他一封致法国国王的信，命他回国传达。1255年8月15日鲁布鲁克返抵西亚的的黎玻里，当地的主教不允许他赶往法国去见法王圣路易，而让他将旅行经历写下来，另派人转交法王。我们现在能够读到的鲁布鲁克的《东行纪》由此而来。

鲁布鲁克的出使身份奇特，《东行纪》对蒙古地区的风土人情和他本人的种种活动，都有细腻具体的描写，所以被怀疑他东行的使命是窥探蒙古人的动向①。

鲁布鲁克是这样描写蒙古和东方的：

从我见到蒙哥汗的地方到契丹（Catay），南和东之间是二十天路程，而到蒙古人的老家，成吉思斡耳朵所在的斡难怯绿连（Onankerule），正东行有十天旅程。②

他也提及蒙古地区周围的民族。

对于本研究特别重要的是鲁布鲁克在书中提到了古代的塞里丝，他写到：

还有大契丹，我认为其民族就是古代的塞里丝。他们生产最好的丝绸（该民族把它称为丝），而他们是从他们的一座城市得到塞里丝之名的。③

鲁布鲁克根据自己的亲身经历，将欧洲古代的“塞里丝”勘同于契丹，这在欧洲认识远东特别是中国的历史上有很重要的意义。回到法国后不久，罗杰·培根遇见了鲁布鲁克，详细询问了他的旅途经历和发现，并且将其中的几乎每个地理细节都加载了自己的名著《大著作》④。罗杰·培根《大著作》记载⑤：“Beyond there is Great Cathay, which is called Seres by the philosophers. It is in the extreme east, to the north with respect to India, divided from it by an arm of the sea and by mountains. Here excellent Seric garments are made in great quantities and are exported to other lands.”这记载后来也被不少人提到。⑥

但是鲁布鲁克观点的影响不能被夸大。首先，和卡尔平尼一样，他的时代是充满古代知识和神话传说的时代，他的亲身经历也必然被融入大知识之中，真正消除“塞里丝误解”的时代还没有到来。其次，他并没有明确地放弃古代知识中的东亚分为南北两大块的说法。特别是他在书中第一次提到的“蛮子人”。他说：

“契丹临海。威廉工匠对我说，他亲眼看见叫做高丽和蛮子人的使臣。他们住在海

---

① 见《鲁布鲁克》的译者何高济的前言，《鲁布鲁克》，第184页。

② 《鲁布鲁克》，第279页。

③ 《鲁布鲁克》，第254页。我这里对中译本的译文稍做修改，将“丝人”改译为“塞里丝”。The Journey of William of Rubruck to the Eastern Parts of the World, 1253 - 1255 as narrated by himself, with two accounts of the Earlier Journey of John of Pian de Carpine, trans. from Latin and edited with an Introduction Notice by William Woodville Rockhill, London, MDCCC, pp. 155. Yule (Vol. ii) 指出他是西方学者中第一个将塞里丝与契丹勘同的。汉译，第254页。本段引自《鲁布鲁克》，第254页。

④ 人们很快就忘记了鲁布鲁克，他的著作和他的知识直到16世纪才又被重新发掘出。参阅 Encyclopaedia Britannica (1998 edition): Willem van Ruysbroeck。

⑤ The Opus Majus of Roger Bacon, A translation by Robert Belle Burke. University of Pennsylvania Press, Philadelphia, 1928 (reprint by Thoemmes Press, 2000), p. 387.

⑥ Lach, vol. I., book 1, p. 34.

岛上，四周的海水在冬天要结冰，所以鞑靼人能够进攻他们。他们每年向（鞑靼人）奉献三十二千土绵艾索特，以祈求和平。一土绵的数位是一万。”

鲁布鲁克笔下的契丹当然是中国，他关于契丹的描写在一些方面甚至比马可波罗还要多，还要仔细。比如他谈到中国人使用的纸币、写字用的毛笔和汉字以及藏文、西夏文、回鹘文的形制等①，都非常形象，真实。那么他的“蛮子人”指的是什么地方的人呢？他没有进一步说明。这个“蛮子人”要到马可波罗的笔下才会变得具体起来。但是从后代马可波罗和鄂多力克关于蛮子的报告对欧洲人的东方知识的影响看，鲁布鲁克大概为13世纪的新的“塞里丝误解”埋下了伏笔。

三、欧洲“塞里丝误解”的新定式

为13和14世纪欧洲新的“塞里丝误解”奠定坚实基础的，是比卡尔平尼和鲁布鲁克更了解中国的马可波罗。

马可波罗的父亲和叔父尼哥罗和马菲奥兄弟是威尼斯商人，1260年从君士坦丁堡前往黑海沿岸一带经商，后来到钦察汗国首府萨莱、居住一年后，又东行至不花剌，居住三年，后随旭烈兀的使者到达元朝上都。当时从欧洲前来中国元朝的商人不少。王恽《中堂事记》记载元中统二年（1261年）五月，有“发郎国遣人来献卉服诸物”，到达上都。据来使说，“其国在回纥极西檄，常昼不夜……妇人颇妍美，男子例碧眼黄发。”使者从本国至上都走了三年多，“途经二海，其一逾月方度，其一亦须一月，其船舶之大，可载五十百人”。忽必烈“喜其远来，回赐金帛甚渥”。王恽当时正在上都，任职于中书省，他的记载是十分可信的。虽然欧洲史籍中找不到有关这次使者的记载，但它说明当时欧洲人远来中国的，为数不少。

忽必烈见了尼哥罗兄弟，询问了欧洲的情况，并派他们出使罗马教廷。1271年尼哥罗携其子马可波罗回元朝复命，1275年到达上都。马可波罗在中国生活了17年。正如王恽所记载，忽必烈对远来的欧洲商人很感兴趣。据说他对年轻的马可波罗喜欢有加，又据说忽必烈对他很信任，他曾经奉使云南和江南各地，并出任扬州的地方官员三年。此后又奉命出使过占城、印度等国。他自己说，当他从印度回来时，适逢伊利汗阿鲁浑因为妃子卜鲁罕去世，遣使来中国请求大汗选赐与卜鲁罕同族女子为妃，忽必烈遂以卜鲁罕族女阔阔真赐之，并同意马可波罗等一同护送阔阔真。忽必烈还命马可波罗回欧洲转送他给罗马教皇和英法等国国王的信。1291年马可波罗随护送伊利汗妃的使者由海道回国。马可波罗完成护送使命后，于1295年回到威尼斯。1296年他参加威尼斯与热那亚的战争，被热那亚人俘虏。他在监狱中将自己旅行东方的见闻详细讲述，由皮萨人（Pisa）鲁思梯切诺（Rusticiano）记录整理成书，这就是我们今天读到的《马可波罗游记》。虽然始终有人认为马可波罗的中国之行是虚假的，但早在1942年杨志玖先

① 《鲁布鲁克》，第280页：“契丹通行的钱是一种棉纸，长宽为一巴掌，上面印有几行字，像蒙哥印玺上的一样。他们（即契丹人）使用毛刷写字，像画师用毛刷绘画。他们把几个字母写成一个字形，构成一个完整的词。土番人的写法和我们的相同，字体也颇像我们的。唐兀人的文字像阿拉伯人的一样是从右往左写，但那是由下朝上排列。畏兀儿人的文字，如前所说，是从上往下。罗斯人通用的钱币是松鼠皮和白毛皮。”

生在元代史料《经世大典·站赤》中和其他史料（如波斯文史料）中发现的有关记载，足以证明马可波罗的其人其事。①

马可波罗在中国生活的经历为欧洲提供了关于中国地理状况的新信息，他在中国奉使各地，留下其往西南和往东南的行程，同时在描述自己的行程之中，向人们报告了大量中国地名②。马可波罗所述的交通路线与元朝的驿路大抵相同。马可波罗在叙述完自己在扬州的活动之后，还插叙了南京省（Namghin，今开封）和襄阳府（Saianfu）的情况。

马可波罗在书中将大汗统治之地分成三个部分：鞑靼、契丹（Catai）省③、蛮子（Mangi）省④（有时也称蛮子国），契丹省和蛮子省的分界即是金、宋的分界。

马可波罗比他之前的任何西方人都更加了解中国，《马可波罗游记》中关于中国的记载也比它以前的任何西方著作都丰富得多。马可波罗和其他蒙元时代东来的西方人一样，亲自认识了中国，他们记录下的文字，极大地丰富了欧洲关于东方的知识。但是就欧洲人认识东方而言，马可波罗的报告却带来了相反的结果。马可波罗的报告中的契丹，早已有人报告过，而且鲁布鲁克已经将它勘同于古代的塞里丝。但是鲁布鲁克笔下没有什么内容的蛮子，到马可波罗的笔下则变得相当具体。其实蒙元时期的中国是一个完整的国家，尽管蒙古的“四种人”划分，带有鲜明的地域特点，其中的第四等人“南人”是指中国南方被蒙古人征服比较晚的地区的居民，但是蒙古人在行政区划方面，并没有南北之分。现在马可波罗将中国南方明确称之为“蛮子”，无形中为古代的“塞里丝误解”提供了新的土壤。古代的“塞里丝”早已经变成了蒙元时代的“契丹”，古代的“秦”，现在也被马可波罗变成了“蛮子”。一个新的“塞里丝误解”的模式由此产生。同时，由于马可波罗将蒙古大汗统治之地分为三部分：鞑靼、契丹和蛮子，不

---

① 这一段文字基本上引自韩儒林主编、陈得芝等著：《元朝史》（下），第439页。

② 详见陈得芝：《马可波罗在中国的旅程及年代》，《元史及北方民族史研究集刊》第十期，1986年（附有地图）。另外可参考杨志玖给《马可波罗游记》作的“序言”，外语教学与研究出版社，1998年。往西南的行程大致为：汗八里（Cambaluc，今北京）—涿州（Giogiu，今河北涿州）—太原府（taianfu）—平阳府（Pianfu，今山西临汾）—绛州（Caiciu，今山西新绛）—河中府（Cacionfu，今山西永济西蒲州）—京兆府（Quengianfu，今陕西西安）—Cuncun地区（伯希和以为此名可复原为Cancion，即“汉中”，但不是指汉水上游的汉中，而是指凤翔府地，但此说有些勉强）—蛮子国，边境首府之城阿黑八里（Acbalec Mangi，利州，即广元）—成都府（Sindufu）—土番（Tebet）—建都（Caindu，今四川西昌）—不鲁思河（Brius，今金沙江）—押赤（Yaci，今云南昆明）—哈剌章（Caragian，今大理）—金齿（Zardandan）的都会永昌（Uncian，今保山）；回程经押赤—秃老蛮地（Toloman）—叙州（Cuigiu，可能本作Suigiu，今四川宜宾）—成都，然后复走原路。往东南的行程大致为：汗八里—涿州—河间府（Cacanfu）—长芦（Cianglu，今沧州）—陵州（Ciangli，伯希和认为应作Cianglin，将陵，今德州）—东平府（Tundinfu，应为tunpinfu，今东平）—新州码头（Singiu matu，今济宁）—Lingiu（另有作Cingui和Zingui的版本，或可订正为Ciugiu，徐州）—邳州（Pigiu）—宿迁（Ciugiu）—黄河（Caramoran）—“蛮子（Mangi）之境”的淮安州（Coigangiu）—宝应（Paughin）—高邮（Cauyu）—泰州（Tigiu）—通州（Cingiu，应为Tingiu）—扬州（Yangiu）—真州（Singiu，今仪征）—瓜州（Caigiu）—镇江府（Chingianfu）—常州（Ciangiu）—苏州（Sugin）—Vugiu（？〈Vugian，吴江）—Vughin—长安（Ciangan）—行在（Quinsai，杭州）—信州（Cingin，今上饶）—建宁府（Quenlinfu，今建瓯）—福州（Fugiu）—刺桐（Caiton，泉州）。引自杨晓春，1999年，第17—18页。

③ Marco Polo, The Discription of the World, trans. By Moule, A. C., & P. Pelliot, London, 1938, vol. I, p. 353.

④ Marco Polo, The Discription of the World, trans. By Moule, A. C., & P. Pelliot, London, 1938, vol. I, pp. 304, 309, 353.

仅传统的一分为二的地理框架没有消失，而且现在又加上了鞑靼。杨晓春甚至认为[①]由此出现了一分为三的“塞里丝误解”，而且“马可波罗的‘鞑靼—契丹—蛮子’的认识成果后来在西方的影响很大，尤其当15世纪后半叶托勒密学说重新为西方人所知并一度流行，使得Seres—Sinai的认识又出现后，两种认识在存在两个中国这一点上的相同更是加深了马可波罗的影响，也使托勒密的旧学说又有了新知识的支持，表现在地图中则是将中国划分成两个或三个区域，标注鞑靼、契丹、蛮子这些名称，直到16世纪末的地图中尚有标注Mongol—Cathaio—China者，在地区划分格局上是与马可波罗相同的。”

蒙古元朝时代，东来的西方人还有不少，如1254—1255年出使蒙古蒙哥汗廷的小亚美尼亚国王海屯、1289年从罗马出发东来大都的教士蒙特戈维诺、1313年到达大都的热拉德等教士、1316年出发东来的教士鄂多立克、1342年抵达上都的教皇特使马黎诺里等。

鄂多立克大约于1314年开始到东方游历传道，先在亚美尼亚、波斯各地过了7年，1321年或1322年由忽里模子乘船到达印度西海岸之塔纳（Tana，元代译作靼拿），再到俱兰，乘船到马八儿，由此渡洋东来，经苏门答腊、爪哇、占城等地，到达广州，再从广州到泉州，北行经福州、杭州、金陵、扬州、临清等地，到达大都。在大都居住3年，然后由陆路西行，经东胜、甘肃等地，再取道波斯北境（原木剌夷国）回到故乡。1330年口述旅行经历和见闻，由教友威廉笔录下。[②]

鄂多立克在《东游录》中，完全将中国分为两大地区：北方的契丹和南方的蛮子。他一方面讲，“这个帝国被其君主划分为十二个部分；每部分叫做一个省（Singo）。这12部分中，蛮子那部分构成一个省，下属两千大城。”但另一方面，他将长江以南都称之为“上印度的著名蛮子省”，因而范围广大，城市众多，与北方不同：

那么你须知者，在我东航大洋海若干天后，我来到吾人称之为上印度的著名蛮子省。至于该印度，我极力向基督徒、撒剌逊人、偶像教徒和所有大汗的官员询问，他们都告诉我，好像一致地说，蛮子省有两千大城。

……我到此邦的第一个城市叫辛迦兰（—广州[③]），它是一个比威尼斯大三倍的城市。它距海有一日程，坐落在一条河上，河水来自海，伸延至陆地十二程。此城的全体居民，连同所有蛮子和上印度的百姓，均信仰偶像。

……从那里出发，我来到杭州城，这个名字义为‘天堂之城’。它是全世界最大的城市，[确实大到我简直不敢谈它，若不是我在威尼斯遇见很多曾到过那里的人]……这是蛮子国王从前居住的皇城。

而北方，在临清，他提到叫做“哈剌沐涟”的河，并说“此河流经契丹中部，当它决堤时给该邦带来极人祸害”；“离开那里，我向东经过若干城市和若干村镇，最后我到达那座高贵的城市汗八里，著名契丹省内的一座古城。鞑靼人攻占了该城，然后在

① 杨晓春，1999年，第18页。

② 陈得芝：《中国通史·元时期》（上），上海人民出版社，1997年，第81页。

③ 参见《鄂多立克》，第64页注。

半里之遥另建一城，他们称之为大都。”

这样，被鲁布鲁克简单提到、被马可波罗认真指明的“蛮子”，到鄂多立克的笔下，不仅变得非常具体，有血有肉，而且与古典知识发生了关系，“蛮子”与“上印度”联系在了一起。如果仅仅局限在这几位亲自访问过中国的欧洲人的记载上，问题似乎并不复杂。即便是鄂多立克的“蛮子”，我们也可以相当清楚地看出，他谈论的往往与被蒙古人灭掉的南宋有关。但是，不论是卡尔平尼和鲁布鲁克，还是马可波罗和鄂多立克，都是那个时代著名的人物，他们的著作都对欧洲认识远东，都产生过或大或小的影响。比较而言，马可波罗的著作在那个时代的影响最为大，鄂多立克著作的影响次之。当欧洲人，不论是学者还是普通人，还不具备直接认识远东的条件时，亲身经历者的报告往往回具有决定性的影响力。他们的报告澄清了一些古典时代的模糊和错误的知识，比如关于丝绸的生产，不再有任何模糊的认识；东方的一些生活习俗，也清楚地展现在欧洲人面前；传说中的长老约翰，不再可能存在于中国；亚历山大大帝传说中提到的游牧民，不再与蒙古人联系在一起；Gog 和 Magog 也被放置到东北亚更远的地方。但是这些旅行家都将中国一分为二。所以古典时代的“塞里丝误解”在东西交通相当兴盛的蒙古时代，得到了新的传播动力。到欧洲大航海开始，对地图的需求迅速增加，地图的制作也空前繁荣时，古典“塞里丝误解”的“塞里丝—秦”定式和 13 世纪“契丹—蛮子”新定式，都会出现在地图上。

蒙古时代出现的“塞里丝误解”新定式，不久就得到了大普及。这主要表现在一部题为《约翰·曼德维尔游记》（Travels of Sir John Mandeville）上。虽然现代学者不能确定该著作的作者，但现在大家比较接受作者是曼德维尔本人的说法，并且同意英格兰大概是他完成作品的地方的说法①。作者声称书中谈论的都是自己亲自到过的地方，但他几乎不可能在西欧以外有多少亲自游历的经历。研究者认为，游记作者手边应该拥有樊尚的《大鉴》，并由此取材于普林尼、伊希多等人的著作、亚历山大大帝传说、古代寓言集等，特别是蒙古时代亲自游历过东方的卡尔平尼、鲁布鲁克、海屯、鄂多立克和蒙特戈维诺等人的报告。非常不幸的是，远东在这位完全抄袭了鄂多立克报告的作者笔下，完全表现为“契丹—蛮子”这种新“塞里丝误解”定式。这部半真半假的游记当时非常流行，几乎被翻译为所有欧洲语言，现存手稿有 300 多种版本，而马可波罗的游记只有 119 种。这种影响将新“塞里丝误解”普及给了欧洲大众。

新“塞里丝误解”定式在 14 世纪最著名的《卡塔兰地图集》中也表现了出来。《卡塔兰地图集》的作者马约卡人②克雷斯克斯（Abraham Cresques，1387 年去世）是非常著名的地图学家，为阿拉贡君主服务。当时法国国王查理五世通过阿拉贡君主，委托克雷斯克斯为自己做了这一幅地图。克雷斯克斯在自己儿子的帮助下完成了这部著名的地图集，时间大概在 1375 年③。地图集由 6 大片组成，在关于东方的图幅中我们看到了蒙古时代留下来的“塞里丝误解”定式：北方为“契丹”（Catayo），南方为“蛮子”

① 参阅 Lach，vol. I.，Book 1，p. 77，特别是注 73。

② Majorca，地中海西部 Balearic 群岛中一岛屿。1229 年为阿拉贡占据，1349 年前后成为西班牙一部分。

③ 学者们根据《地图集》的天体日历表中两次提到的 1375 年，认为该图大概作于 1375 年。

(Mangi)。现在我们读到的《卡塔兰地图集》印刷品不清楚，但玉尔在他的名著中画出了一个示意图，让我们可以比较详细地了解到图的内容。不过玉尔的示意图中并没有表出“蛮子”。这恐怕是这位大家没有从“塞里丝误解”的角度思考问题。

卡塔兰地图（远东部分原图①和示意图②）

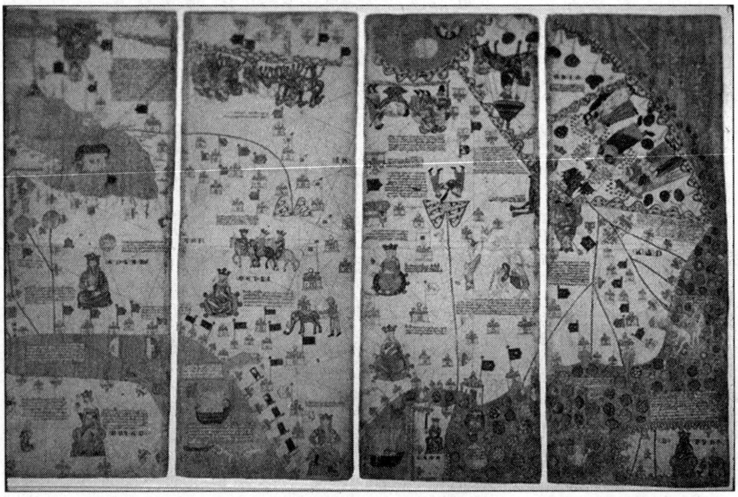

① Http：//www. henry - davis. com/MAPS/Lmwebpages/235E. html.

② Yule, Henry (tran. And ed.), Cathay and the Way Thither, Vol. II, London 1928.

玉树囊谦土司历史考述

陈　楠（中央民族大学）

玉树地区位于青藏高原中部，三江之源，为唐蕃古道通衢。据考古材料证明，早在远古时期，海拔4000米以上的玉树西部的可可西里及托托河沿岸就已经有人类生息活动，大约距今4千年前，玉树地区就有远古人类定居生存。据史书记载，公元前4世纪时，河湟地区的六支古羌族部落因惧怕秦国向西迁至青海西南部即今玉树地区。这部分羌人与当地土著人融合，形成部落群体，过着游牧生活，史称唐牦羌。至南北朝时期，生活在河源一带和藏北羌塘的诸部落，经过长期兼并战争，建立起统一的苏毗政权（亦称孙波，《隋书》称为女国），在天通河下游地方还出现过一个较小的多弥政权。公元7世纪初，松赞干布统一青藏高原，苏毗和多弥都被吐蕃兼并。

一、囊谦土司历史由来

“玉树”是藏文音译，意为“遗址”。“据传玉树族的第一代头人堪布那钦建立部落的地区是格萨尔王妃珠姆的诞生地。故而为部落名”。[①] 在清朝时期，玉树土司不过是囊谦千户属下的一个百户部落，由于其驻牧之地处于青海通往西藏的必经之路，为往来的朝廷官员所熟知，久而久之，官场上只知道玉树，却忽略了囊谦才是这一地区众多部族的头领和总称的事实，及至后来竟以“玉树”之称替换囊谦，而囊谦则成为一个局部的名称。然而，时至今日玉树藏族群众仍旧保持一个习惯说法：“顿居尼希扎那，搞本囊谦杰波”（gdung rgyud nyi shu rtsa lnga/ mgo dpon nang chen rgyal po），意为：族系二十五，头领囊谦王。

囊谦土司王的历史沿革可以上溯至公元12世纪中叶。“囊谦”是藏文“囊论谦波”的缩略音译，意为“内大相”，是吐蕃时期的职官名称。据《囊谦王世系谱》记载：珠氏家族的后裔直哇阿路携其家眷及部分属民由今四川甘孜藏族自治州康定折多山一带迁入玉树南部，据说其祖先吉乎．祜隆荣布曾担任过内地某王朝的内大臣，为纪念祖先的荣耀，遂以“囊谦”作为部落名称，此后逐步扩大势力范围。[②]

囊谦土司王最早与中央朝廷建立关系始于南宋时期。宋孝宗淳熙二年（1175），囊谦头领直哇阿路与康区拔绒噶举（藏传佛教噶举派四大支系之一）的名僧勒巴尕布携手合作，为谋求自身发展，决定归附南宋政府，遂前往黎州（今四川汉源），请求黎州官员颁发管理领地文书及允许在囊谦境内修建佛教寺院。[③] 黎州官员当即颁发文册：承

---

① 《玉树藏族自治州概况》，民族出版社，2008年，第1页。

② 陈庆英主编：《中国藏族部落》，中国藏学出版社，1990年，第5页。

③ 南宋时置成都府路，下辖黎州等十一州，黎州设汉源郡，用于军事目的，领羁縻府州五十四。参见《宋史》卷89《地理五》。

认直哇阿路为囊囊部落的土官；准许在其辖境修建佛教寺院一座并由勒巴尕布主持教务；承认登拉滩、达金滩、劳达秀、杰爱虎、羌柯马、当卡佳等6个部落和1万户百姓为囊谦的领地和属民。这是中央王朝在玉树地区施政的开端，从此囊谦部落与中央王朝正式确立了领属关系。囊谦部落的势力范围：横跨杂楚、鄂穆两河之间，东界苏尔莽，南接昌都、类乌齐及巴屑等地，西与苏鲁克、中坝格吉为界，北与拉休相连，面积之大，为玉树地区众部落之首位。①

同时，第一世囊谦土司王与勒巴尕布在今香达镇西面兴建了根蚌寺，这是整个玉树地区最早的寺院，也是藏传佛教拔绒噶举教派规模最大的寺院。② 拔绒噶举（vbav rom bkav brgyud）属噶举派四大支系之一，其创始者达玛旺秋（dar ma dbang phyug）为塔波拉结弟子，约于12世纪时在后藏拉堆绛（la stod byang）地方兴建拔绒寺，以密教大印修法及显教大印境界教授门徒，形成拔绒噶举教派。其教派首领即拔绒寺堪布职位在达玛旺秋家族内世代传承，后因族内纷争，数数易人，遂至教派逐渐式微。而在卫藏地方鲜有传承的拔绒噶举却在遥远的玉树寺方得以延续，其中奥秘不得而知。笔者猜想，达玛旺秋出生于前藏彭域（vphan yul）地方，或许其家族势力向北发展，通过那曲、唐古拉山抵达玉树地区也未可知。待考。及至后来，从宗教信仰方面，在囊谦王统辖区内，出现多种教派并蓄局面。

二、元、明时期囊谦土司概况

元世祖忽必烈于至元初年（1264）在中央政府内设置一个专门机构——释教总制院（1288年改为宣政院），掌管全国佛教和藏族地区的军政事务，下设三个宣慰使司都元帅府管理广大藏族地区。在西南，今四川西部岷江、大渡河、雅砻江流域及迤西，包括大部分今甘孜藏族自治州及玉树地区均隶属于吐蕃等路宣慰使司都元帅府管辖。藏传佛教萨迦派第五辈祖师八思巴以国师（后被尊为帝师）身份兼领总制院事务。1265年，八思巴返藏途经玉树时，第二世囊谦土司王阿由路哇不失时机地与八思巴建立联系。当时正值根蚌寺住持位空缺，八思巴亲自选任勒巴尕布的再传弟子日美多杰为根蚌寺住持，此举大大提升了根蚌寺在玉树藏部落中的地位和影响。八思巴到西藏后，代表元朝中央委任乌思藏13万户时，囊谦土司王阿由路哇急速派其弟入藏晋见八思巴，请求给囊谦王颁发领地执照。八思巴以国师领总制院身份加封囊谦王阿由路哇，承认囊谦所属6部落为囊谦的领地和属民。八思巴在颁给囊谦王的文册中称："根据宋代皇帝颁赐之文册中所列囊谦辖区，一一予以承认。囊谦部落所属六部落、一寺院、四千户僧众、六千户俗民，继续由囊谦王管理。唯囊谦根蚌寺周围，只准僧侣居住，不准世俗滞留，以维护佛寺之尊严，佛门之清静。违者由囊谦根蚌寺住持和囊谦部落头人严加办理。上述内容，仰照囊谦部落，拉（拉多宗部落）、卡（卡饶部落）、瓦（瓦饶部落）寺院、僧

① 赵心愚、秦和平编：《清季民国康区藏族文献辑要》，四川民族出版社，2003年，第732页。

② 此寺于17世纪被毁。公元1637年康区白利土司出兵攻占囊谦等地，焚毁根蚌寺，杀僧人300人。

众、俗民一体周知。"① 由此诏文可知，元朝政府不仅划定了囊谦部落的领地范围，同时还从政教两方面对囊谦各部落实行了有效的治理和管辖。

1368 年，明朝建立。明朝在全国的行政统治方面，内地与边疆推行不同的体制。在内地，废除元代行省制，设置了两京及十三承宣布政使司，以传统的州县体制进行管理；而在边疆少数民族地区，主要是通过军民统摄的都指挥使司（行都指挥使司）下属的卫所进行管理。而明代的广大藏区，正是被纳入了边疆管理体制之内。有明一代，对西藏地方的行政管理，在设置行都武卫以确保明朝整个边疆管理体制相统一的前提下，又与其他边疆民族地区有所不同，保有西藏地方特色。明代乌思藏行都指挥使司所管辖区域地区主要是指今西藏自治区的前藏（拉萨地区）和后藏（日喀则地区）及其周边地区。而朵甘行都指挥使司的管辖范围则包括今甘肃、青海藏区和四川西部阿坝、甘孜、西藏东部昌都一带，即包括传统地理概念上的"安多"和"康"两部分藏区。②

与建置行政机构同时并举的是，明朝又采取了"广行招谕"、"多封众建"的治藏政策。

打破了元代萨迦派及其地方政权独享监管其他地方政教势力集团的特权，代之以各个地方政教势力共尊朝廷、各自为政、竞相发展的政治格局。明朝因地制宜对藏区实行多元化、多层次的管理模式，对噶举派、萨迦派及格鲁派宗教领袖先后封授"大宝法王"、"大乘法王"及"大慈法王"名号；对掌握一片地区的政教权力而相互之间又互不统属的地方首领封给"阐化王"、"阐教王"、"辅教王"等"教王"的名号，授予他们在明朝中央政府监督管理下统治属下僧俗民众的行政权力。此外又有"西天佛子大国师"、"灌顶国师"、"国师"、"禅师"等等名号不胜枚举，举凡藏区大大小小的政教首领、部落头人都得到了相应的封号。

囊谦土司得到明朝廷的册封是通过噶玛噶举黑帽系五世活佛得银协巴实现的。噶玛噶举是藏传佛教历史上最早确立活佛转世制度的教派，元末明初之际，噶玛噶举在甘、青及四川藏区影响远远超过其他教派，在乌思藏地方政教实力集团中也具举足轻重的实力，明永乐五年封授得银协巴为"大宝法王"，大宝法王由京返藏，永乐皇帝委托他代为封赏藏区各地政教头人。囊谦部落与大宝法王同属噶举派，而且囊谦距离噶玛巴教派中心所在地类乌齐很近，不过四五马站的距离，大宝法王一行进京朝觐往返均经过囊谦部落。正是由于这种方便，第四代囊谦土司王申根日巴为了请得明朝廷的册封，派其弟根蚌寺住持吉乎·桑州坚措专程去见大宝法王得银协巴，请赐印册。得银协巴赐封吉乎·桑州坚措为"功德自在宣抚国师"。囊谦部落非常重视这一封号，而经由黑帽系活佛授此封号也成为传统，其后又有三位根蚌寺住持获此封号：即第八代囊谦王秋君杰波的兄长秋巴扎巴、第十三代囊谦王更尕杰波的弟弟索南巴德、第十五代囊谦王洛周杰波弟弟尕玛拉德。从明代囊谦王及根蚌寺住持传承情况可知，囊谦部落政教体制的基本格局：由兄弟二人分别承担世俗土司王及宗教首领即根蚌寺住持，而根蚌寺住持则可申请

① 陈庆英主编：《中国藏族部落》，中国藏学出版社，1990 年，第 6 页。

② 朵甘："朵"为藏文音译，或译"多"，即指"安多"，指今甘、青藏区（包括四川阿坝藏区）；"甘"亦为藏文音译，或译"甘思"，即"喀木"，指今四川甘孜和西藏昌都一带（包括云南迪庆藏区及青海玉树藏区）。

承袭由黑帽系活佛转封的“功德自在宣抚国师”封号。

三、清雍正时期封授囊谦千户

明末清初，西藏的政治形势处于混乱的割据局面，藏传佛教各派系与地方势力集团相结合，争夺权势，互相倾轧，纷争不已。其中最主要的两支势力是第悉藏巴（汉译又作藏巴汗，藏文意为：后藏上部之王）和新兴的藏传佛教格鲁派。格鲁派领袖第四辈班禅罗桑却吉坚赞和第五辈达赖阿旺罗桑嘉措也于1634年（后金天聪八年）派专使向厄鲁特蒙古和硕特部首领顾实汗①求援。顾实汗原驻牧于天山北路，后扩张到天山南路。应格鲁派领袖之邀，于1637年（清崇德二年）偕准噶尔部首领巴图尔浑台吉等人化装成商人来到拉萨，会见了四辈班禅和五辈达赖喇嘛。同年，顾实汗和巴图尔浑台吉即自新疆发兵，灭却图汗，占领青海。

清朝定鼎之初，全国局势尚不稳定，既无力量马上取代蒙古和硕特部在西藏及川、青藏区已经取得的实际管辖权，同时也就无法实现对西藏的进行直接的行政管理。因而采取适当的措施，册封蒙古汗王，以忠于清王室的蒙古汗王对西藏进行间接治理，是清朝最初制定的基本治藏政策。

这一时期，也是囊谦部落的多事之秋。第十五代囊谦王第十五代囊谦王洛周杰波亡故后，其弟尕玛拉德以根蚌寺住持及“功德自在宣抚国师”身份摄理王政。此时四川白利土司势力侵入囊谦，迫害佛教僧侣，焚毁囊谦根蚌寺。尕玛拉德遂往青海和硕特蒙古处求援，顾实汗于公元1639年进兵康区，擒杀白利土司顿悦多吉。顾实汗为了奖赏尕玛拉德立下的汗马功劳，给他颁发了一份新文册，承认其统治地位。自此，囊谦部转归和硕特蒙古管辖。五世达赖和顾实汗曾给他颁发锦缎文册，并封赐“米旺仁钦南杰”（意为“尊胜人主”）称号。

康熙末年雍正初年清朝平定罗布藏丹津时用兵川、青藏区，据史料记载：雍正元年十月，“抚远大将军年羹尧摺奏：‘青海罗卜藏丹津等聚集各台吉，肆行边外，臣已札令叉木多总兵官周英率兵截其往藏之路。但罗卜藏丹津急即遁至穆鲁乌苏等处，亦未可定……”②

按此处“叉木多”又作“察木多”，即“昌都”之旧译。罗卜藏丹津“遁至穆鲁乌苏等处”之“穆鲁乌苏”正是玉树藏区长江源地区。长江是我国的第一条大河，它的正源名沱沱河，藏语名玛尔曲，长358公里。1976年8月国家组织的江源考察队探明，沱沱河发源于青藏边界上玉树一侧的格拉丹冬雪山群的姜根迪如雪峰西南侧的冰川，源流几乎沿着东经91°线向正北流动，至北纬34°20′，成直角向东流去。至东经93°前，有南源当曲由西南方向来汇，正源汇南源后，藏语称治曲，汉译牦牛河。据当地藏族传说，长江发源地的两股源流，像从牦牛的两个鼻孔流水一样（蒙古语称穆鲁乌

---

① 顾实汗（1582—1655），又译固始汗，本名图鲁拜琥。因其曾调解过卫拉特四部蒙古与喀尔喀蒙古之间的争端，而受到喀尔喀部领袖人物和青海著名的黄教活佛东科尔呼图克图共同赠予的“大国师”的称号，“顾实”（或“固始”）即“国师”二字的音转。

② 《清世宗实录》卷12，雍正元年十月丁卯条。

苏，意为江水)。然后流至北纬 34°40′、东经 95°前，有北源楚玛尔河来汇，始称通天河。

正是由于追剿罗卜藏丹津余部，清军才进一步深入以往并未到达过的玉树二十五族地区。而罗卜藏丹津叛乱也暴露出了清廷对青海等藏区统治的薄弱环节，因而在平叛之后，如就如何强化对青海藏区的管控，消除内乱因素，维护西北地区的安定统一，清廷出台了一系列的治理措施，诸如《清海善后事宜十三条》及《禁约青海十二事》等。但玉树二十五族地区有其地理及社会历史的特殊性，在治理措施上亦需区别对待。

清雍正二年（1724），清廷平定罗卜藏丹津之乱，巴彦南称等 79 族直属清廷统辖，随即强令撤销藏兵，勘定地界。云南提督郝玉麟奉命在察木多（今昌都）招抚囊谦部时，将玉树地区的 35 个部落集合在一起，委任第十八代囊谦王多杰才旺为各部落的总头人。1725 年 5 月 13 日，朝廷特命钦差授予多杰才旺千户号纸，号纸中明示："此定界后，各照所分疆界，管守百姓，与大皇帝按年恪上马贡，毋得有缺!"并划定囊谦千户的四至辖界，"周围均归二十五族居住，由千户妥为管理，毋得此越彼界，有干重办，切切此示"。[①] 自此，囊谦土司王又有了千户名分。

据《卫藏通志》和《西宁府新志》记载，当时由囊廉千户直属或领属的部落共计 40 族：

1. 驻牧东提地方的阿力克族，属民 910 户，百户 2 名，百长 9 名，辖区在巴颜喀拉山以东北黄河沿一带广大地区。

2. 驻牧扎吾地方的雍希叶部族，属民 112 户，百户 1 名，百长 2 名，辖区在巴颜喀拉山以西一带。

3. 驻牧蒙古尔津地方的蒙古尔津族，属民 389 户，百户 1 名，百长 4 名，辖区在清水河一带。

4. 驻牧蒲肚克地方的尼雅木措，即年错族，属民 288 户，百户 1 名，百长 4 名，辖区在巴颜喀拉山以西今曲麻莱县、治多县大部，直抵可可西里。

5. 驻牧鲁尔扎地方的固察族，属民 175 户，百户 1 名，百长 1 名，辖区在通天河流域，今称多县境内。

6. 驻牧匣乌地方的称多族，属民 375 户，百户 1 名，百长 4 名，辖区在通天河东岸嘎哇陇巴今称文沟一带。

7. 驻牧通富有河边拉布沟的拉布族，属民 246 户，由拉布寺住持喇嘛管理。

8. 驻牧阿拉尼克地方的隆布族，属民 213 户，百户 1 名，百长 3 名，辖区在通天河东岸，今称多县西部。

9. 驻牧隆布滩的上隆布族，属民 88 户，百长 1 名。隆布（《概况》52 页）滩即今玉树县境内的隆宝滩。

10. 驻牧札克贡地方的多伦尼托克安图族，属民 122 户，百户 1 名，百长 1 名。

11. 列玉族，属民 46 户，百长 1 名。

12. 阿萨族，属民 39 户，百长 1 名。

---

① 陈庆英主编：《中国藏族部落》，中国藏学出版社，1990 年，第 17 页。

13. 阿永族，属民78户，百长1名。

14. 叶吉族，属民44户，百长1名。

15. 拉则族，属民33户，百长1名。

16. 典巴族，属民46户，百长1名。以上七族即安冲措屯辖区在今玉树县安冲地区。

17. 驻牧叶曲上游地方今玉树县境内的班左族，属民13户，百长1名。

18. 驻牧剌勒逊地方今玉树县境内的哈尔受族，属民30户，百长1名。

19. 驻牧达尔熊地方今玉树县境内的下阿拉克硕族即上拉秀族，属民80户，百长3名。

20. 驻牧接聚地方今玉树县境内的下阿拉克族即下拉秀族，即布庆族，属民307户，百户1名，百长2名。

21. 驻牧扎尔即今玉树县巴塘地方的上扎武族，即布庆族，属民652户，百户1名，百长2名。

按：此处似有误，下拉秀族即布庆族，上扎武族也是布庆族，亦或拉秀与扎武两族分拆了布庆一族也未可知，待考。

22. 驻牧伦多布岭东地方即今玉树县境内结古地区的扎武族，属民309户，百户1名，百长3名。

23. 驻牧今玉树县境内下巴塘地方的下扎武即拉达族，属民147户，百户1名，百长2名。

24. 驻牧今囊谦县境内子曲河下游的苏莽族，属民350户，百户1名，百长3名。

25. 驻牧下拉秀和苏莽二族之间的吹灵多拉族，属民30户，百长1名。

26. 驻牧奇克地方即今囊谦境内的巴彦南称族。

27. 南称桑巴尔族。

28. 南称隆冬族。

29. 南达卓达尔隆坝族。

以上4族，有千户1员，百户3名，百长20名，属民2020户。

30. 驻牧角木丹木多地方，今囊谦县境内的洞巴族，属民180户，百户1名，百长2名。

31. 驻牧桑木冲地方即今杂多县境内的苏鲁克族，属民110户，百户1名，百长2名。

32. 驻牧吉多地方即今杂多县境内的下隆坝族即下中坝族，属民149户，百户1名，百长1名。

33. 驻牧吉绒地方即今杂多县境内的上隆坝族即上中坝族，属民154户，百户1名，百长2名。

34. 驻牧登坡地方的登坡格尔吉族即上格尔吉族。

35. 下格尔吉族。

36. 中格尔吉族。

以上上中下格尔吉3族，在今杂多县境内，属民813户，百户3员，百长6名。

37. 驻牧可可乌苏地方即今治多县境内的优秀族，属民 504 户，百户 1 名，百长 11 名。

38. 驻牧胡尔托罗海地方即今玉树县境内的噶尔布族，属民 21 户，百长 1 名。

39. 驻牧乌哈那哈地方在年措和优秀二族之间的白利族，属民 55 户，百长 1 名。

40. 驻今囊谦弱部杂曲河边的觉拉族，属民 50 户，由学扩寺管理。①

玉树 40 族几经沧桑，至清咸丰、同治年间，有玉树 25 族之称。自雍正二年（1724）开始直至民国初年，共有八代囊谦王袭封千户之职。玉树地区的千百户制度一直保留至 1958 年才被废除，据 1958 年调查资料，囊谦千户直辖百户部落 7 个，领属百户部落 36 个，共有百户部落 42 个，百长部落 132 个。②

综前所述，自 12 世纪中叶至 19 世纪中叶，玉树囊谦土司王共传承 25 代，历南宋、元、明、清四朝代及民国时期，历时 800 年。在此期间，囊谦土司王一直与中央朝廷保持隶属关系，同时与西藏地方、四川康区及甘青地方保持政治、经济及宗教文化交往关系。

---

① 《玉树藏族自治州概况》，民族出版社，2008 年，第 53—55 页。

② 《青海省藏族蒙古族社会历史调查》，民族出版社，2009 年 7 月，第 109 页。

焦养直生平事迹考略

尚衍斌（中央民族大学）

焦养直（1238—1310）是元朝前期著名文臣，历仕世祖、成宗、武宗三朝，先后为世祖和成宗讲解历史，研读《资治通鉴》。然而此人的家世及生平仕履，学界关注甚少，本文利用《元史》、碑刻等相关材料对焦养直其人及其行实略事考述。

一、家　世

焦养直，字无咎，自号彝斋，《元史》有传。据虞集撰《焦文靖公神道碑》（以下简称《神道碑》）和《焦文靖公彝斋存稿序》（以下简称《存稿序》）记载，其先河南尉氏人。祖父名敬祖，父讳端，金进士，后避兵郓城，移徙博之堂邑（今山东聊城市西北）。因此，《元史·焦养直传》记其为“东昌堂邑人”。[①]“东昌”，即“东昌路”的省称，“元初隶东平路，至元四年，析为博州路总管府。十三年，改东昌路。仍置总管府”。[②] 下辖聊城、堂邑、博平、茌平、莘县、丘县六县。至于其祖、父在金代的活动情况，史无明文，难以详考。虞集对其父焦端迁居东昌堂邑后的具体记述十分有限，只是简略地记载说：“开门受徒，静重无竞，治家不求丰，州里谓之君子。”[③] 据此而知，焦养直出生在一个普通读书人的家庭。

二、行　实

关于焦养直的出生时间，文献缺乏明确记载，所幸依据其他材料似可推知一二。《神道碑》称：“至大三年，年七十三，薨于里第之正寝。”由此上推，他应出生于南宋嘉熙二年（1238）。基于焦端的进士身份，想必他自幼就受到良好的家庭教育。据《存稿序》，他“三岁能画地象楼观。父异之，教以书，辄成诵不忘。十岁，日记千言，经史皆手录，昼夜不倦，善属文……又善写竹木，得文与可、王子端之法”。[④] 尽管上述文字难免有些夸张的成分，倒也说明焦养直从小就是一个酷爱念书、且求知欲很强的少年，以至于“母夫人忧其过勤，夜不与膏火”。[⑤] 至元八年（1271），忽必烈建立元朝，

---

① 《元史》卷164《焦养直传》，北京：中华书局，1976年，第3859页。

② 《元史》卷58《地理志一》，北京：中华书局，1976年，第1366页。

③ （元）虞集：《焦文靖公神道碑》，《道园类稿》卷41，《虞集全集》（下），天津：天津古籍出版社，2007年，第1074页。

④ （元）虞集：《焦文靖公彝斋存稿序》，《道园类稿》卷18，《虞集全集》（上），天津：天津古籍出版社，2007年，第495页。

⑤ （元）虞集：《焦文靖公神道碑》，《道园类稿》卷41，《虞集全集》（下），第1074页。

念儒道坠绝，欲以重塑。至元十三年（1276），“遣使料民，列儒家于别籍，试其艺而中者复之”。[①] 焦养直以经义、词赋两科中选，跻身免差儒户的行列。至元二十二年（1285），除将仕郎、真定路（今河北）儒学教授。同年，因董文忠举荐得以觐见元世祖忽必烈，即除承务郎、典瑞少监。[②] 据《元史·百官志》，符宝局前身称典瑞院，掌宝玺、金银符牌。下设典瑞监（正三品，至元二十年，降为正四品；二十九年，复正三品）。[③] 焦养直受命为忽必烈掌管宝玺、金银符牌之事，除却他自身良好的素养外，应与董文忠的大力举荐不无关联。虞集记载道：“上见其服俭素洁齐，曰：‘观其外，可以知其中矣’。时董忠穆公文忠在禁近，最密切。方上将符玺于尚方，遂以公佐之，内廷之要任也。日夕帷幄出入，动履不失尺寸。嘉谋善告，深静密勿，外廷有不得而知者。简在帝心，未尝一日去左右，上有巡幸、征讨，则必从焉。虽军事机谋，亦无间也，而公未尝楔一言于外，是以终世祖之世奉职而不迁”。[④] 仔细推敲这段引文，我们似能感受到君、臣之间那种特有的默契及和谐。当然，忽必烈也时常同焦养直探讨一些日常生活方面的话题。“上尝从容问公曰：‘贫贱之人多子孙，富贵之人乏胤嗣，何也?’对曰：‘造物者有乘除也’。上叹曰：‘福薄耳’”。[⑤] 至元二十四年（1287），爆发了东道诸王联军叛元的事件，这就是所谓的“乃颜之乱”。叛军的活动，东线从水达达居地直指辽河流域，西面一度到达克鲁伦、土拉二河。其时，元朝与西北诸王海都、笃哇的战争正在金山（今阿尔泰山）一线处于胶着的状态。因此，忽必烈决定以玉昔帖木尔率蒙古军、李庭领汉军亲征乃颜。焦养直随忽必烈从征，“常侍武帐，以功受上赏”。[⑥] 至元二十八年（1291），赐宅一区于京师。“入侍帷幄，陈说古先帝王政治，帝听之，每忘倦。尝语及汉高帝起自侧微，诵所旧闻，养直从容论辩，帝即开纳，由是不薄高帝”。[⑦] 如此看来，焦养直在忽必烈身边一直扮演着“经筵官”的角色，为提升元世祖的汉文化素养多所贡献。二十九年（1292），擢升为奉议大夫（正五品）。元贞元年（1295），元成宗铁穆耳入继大统，是年十月，迁奉政大夫（正五品）。大德元年（1297），焦公“从幸柳林，命讲前史于幄殿，随事讽谏，上亲饮以御爵而重赐之”。[⑧] 虞集在此并未言明焦养直给元成宗具体讲解的是哪一部史书。这一细节，《元史》的记

---

① （元）虞集：《焦文靖公神道碑》，《道园类稿》卷41，《虞集全集》（下），第1075页。

② 《元史·焦养直传》记载说：“至元十八年，世祖改符宝郎为典瑞监，思得一儒者居之。近臣有以养直荐者，帝即命召见，缚对称旨，以真定路儒学教授超拜典瑞少监。”（第3859页）有学者据此断定，焦养直于至元十八年（1281）以真定路儒学教授擢为典瑞少监。（参见《中国历史大辞典》辽夏金元卷，第475页）这种观点值得商讨。元世祖忽必烈改“符宝郎”为“典瑞监”的时间的确在至元十八年，《元史》卷11《世祖本纪八》亦明确记载说：“十八年春正月丙辰，改符宝局为典瑞监，收天下诸司职印。”（《元史》，第229页。）然而，这绝不意味着焦养直于是年担任“典瑞少监”一职。本文前引碑刻资料显示，至元二十二年，他才出任此职。这说明《元史·焦养直传》的编修者，在行文中省略了一些重要的时间或细节。

③ 《元史》卷88《百官志四》，北京：中华书局，1976年，第2218页。

④ （元）虞集：《焦文靖公彝斋存稿序》，《道园类稿》卷18，《虞集全集》（上），天津：天津古籍出版社，2007年，第494页。

⑤ （元）虞集：《焦文靖公神道碑》，《道园类稿》卷41，《虞集全集》（下），天津：天津古籍出版社，2007年，第1075页。

⑥ （元）虞集：《焦文靖公彝斋存稿序》，《道园类稿》卷18，《虞集全集》（上），第495页。

⑦ 《元史》卷164《焦养直传》，北京：中华书局，1976年，第3859页。

⑧ （元）虞集：《焦文靖公彝斋存稿序》，《道园类稿》卷18，《虞集全集》（上），第495页。

载似乎要详细许多："大德元年，成宗幸柳林，命养直进讲资治通鉴，因陈规谏之言，诏赐酒及钞万七千五百贯"。[①] 据此我们有理由确信，焦养直是一位深谙史事掌故的念书人，不然他怎么会成为世祖和成宗两任皇帝的讲史官？在成宗朝，他依然备受重用。大德二年（1298），升中顺大夫（正四品）；三年（1299），拜嘉议大夫、集贤学士（正二品）；七年（1303），敕太子及诸皇子于宫中受公学，辅导得老臣体。八年（1304），奉诏祀南海；九年（1305），加正议大夫（正三品）升典瑞太监，仍在集贤；上分集贤书画、宝砚赐诸学士，焦公得砚一，书画十五种；十一年（1307），特授中奉大夫、太子左谕德。元武宗海山荣登大宝后，改元至大。此时的焦养直已年逾古稀，尚未致仕。至大元年（1308），拜集贤大学士、正奉大夫，仍为宫僚。尽管焦公年事已高，"武、仁二朝，尊礼旧学，朝有大议，必以谘之"。[②] 至大三年（1310），焦养直卒于故里，时年73岁。

纵观焦养直的一生，若将其与其他元代著名文人相比，他似乎没有显赫的名声，更谈不上有什么大的事功。但作为一名普通儒士凭借自身的才学和董文忠的荐举跻身内廷，为元初三位皇帝及其宗亲、皇子讲学论道，其作用和意义不可小视。或许正因为有不少类似焦养直这样的汉地传统知识分子以其才学影响着蒙古上层统治者，才最终加速了草原文明向农耕文明过渡的节奏和社会急遽变革的进程。那么，通过焦养直这个具体人物，我们能觉悟到汉族知识分子身上具有哪些最值得称道的品行和操守？

首先，对父母克尽孝养。少年时代的焦养直好学上进，勤奋刻苦。"母夫人忧其过勤，夕不与烛，尝篝火隐处以继晷"。[③] 虞集的寥寥数语，把母亲对儿子的疼爱以及养直坚韧不拔的求学精神刻画得淋漓尽致，读来令人心生敬意。充任内廷后，焦养直念念不忘家中老母。至元二十四年（1287），他侍奉忽必烈征讨乃颜，因功受到奖赏。"师还，请归养母，不许"。[④] 翌年，"命有司以安舆奉其母来京师就养焉"。[⑤] 母夫人之丧，留殡京师。大德七年（1303），方得旨返回堂邑葬母。以上材料足以表明焦养直是一个人情味十足的孝子，这种孝意无疑源于母亲对儿子深深的眷爱，是人世间母子真情的自然流露，弥足珍贵。

其次，清廉自立。焦养直身为元初三朝帝王的近侍，尚能廉洁自守，十分难得。《神道碑》记载说："初，至元定都京师，近臣皆赐第城中，以便朝请，遂为永业。公第在皇城西，将作所建也。及告老，籍而还之朝"。此处所言朝廷赐焦公居第于京师之事，发生在至元二十八年（1291），且有虞集的《存稿序》佐证，可资信从。至大二年（1309），年逾七旬的焦养直致仕后返故里堂邑定居。临行前，"公还所赐地于官而归。所过官府，父老吏士迎拜，拥路尽敬"。[⑥] 作为一名朝廷老臣，在离开京师之前，主动将圣上赐与的宅第归还官府，而不是将其留与子孙后代享用，即便在当时恐怕并不多

① 《元史》卷164《焦养直传》，北京：中华书局，1976年，第3859页。
② （元）虞集：《焦文靖公彝斋存稿序》，《道园类稿》卷18，《虞集全集》（上），第496页。
③ （元）虞集：《焦文靖公彝斋存稿序》，《道园类稿》卷18，《虞集全集》（上），第495页。
④ （元）虞集：《焦文靖公彝斋存稿序》，《道园类稿》卷18，《虞集全集》（上），第495页。
⑤ （元）虞集：《焦文靖公神道碑》，《道园类稿》卷41，《虞集全集》（下），第1075页。
⑥ （元）虞集：《焦文靖公彝斋存稿序》，《道园类稿》卷18，《虞集全集》（上），第496页。

见，因而虞集对此特别予以记述，意在提醒后人效仿。元代盛行厚赐，这一点在焦养直身上亦得以集中展现。《神道碑》记曰："在少监时，赐玉带一、象笏一、楮币万七千五百缗，羊、牛二；升中顺，赐金带一，象笏一；升嘉议，赐犀带一；其归也，赐楮币万五千缗"。综上，元廷除赐与焦公金带、玉带、犀带、象笏、牛羊等珍贵物品外，另有楮币约合三万二千五百缗。然则，"虽俸赐之厚，别无调度"。以至于公"薨之日，家无余资。尝与门生、弟子曰：'予起家诸生，承乏盛世，进身显荣，门衰祚薄，谁引而援之？亦惟苦学自致而已'"。① 如此看来，焦养直虽身仕内朝，生活并不富足，故有"公素清贫"之评价。

再次，勤勉为学，著述甚丰。焦养直自幼刻苦读书，学业精进。大德年间（1297—1307），老臣、宗亲、皇子多拜其门下受学，被时人尊称为"焦先生"。虞集置评其行文风格时指出："公之为文，有优游宽厚之风，无忧患愤怨之思。笃实以见其德，不以矜扬为华，平易以尽其情，不以险绝为异。激昂清风，陶冶和气，蔼然仁义之言，所以成一时之盛者也"。② 焦氏生前撰写诗文较多，过世20余年未及辑录整理，从外孙司允德仰慕其才学，汇集散佚之作，略加诠次，名之《彝斋存稿》。由于年岁久远，此文稿过早失传，引为憾事。

复次，谨慎为人，小心处事。作为一名汉人儒士，要想在元代内廷赢得蒙古皇帝的信任和重用实非易事，它需要过人的应变能力，这一点在焦养直身上就得以充分体现。《神道碑》记载了一件非常有意思的事，现将其转引如下：

> 公多饮酒，不致大醉。或问公曰："何以能然也？"公曰："吾日饮上前，丞相、御史前后左右，尝恐失体得罪，不敢少肆，久而性成。虽与亲朋为一日之乐，亦不敢忘之耳。"则其战战兢兢以终其身者久，从可知矣。③

陪皇帝、丞相等重要人物饮酒，久而久之酒量见长，似无可厚非。但焦养直并非生性好酒，不过是怕"恐失体得罪"皇帝、丞相罢了，不得已而为之。上引文字将一位身处元朝内廷，却战战兢兢终其一生的汉人儒士的卑微性格特点刻画得入木三分，令人回味长久。

三、交　游

焦养直学业有成，除自身出众的天资和超人的努力外，与其父兄的影响不无关联。尤其值得一提的是，他曾师从金朝词赋进士李冶问学。李冶（1192—1279），字仁卿，自号敬斋，真定栾城（今河北）人，因战乱流落忻、崞间（今山西忻县、原平一带）。虽遭遇流离颠沛，亦手不释卷，口不绝诵，深造自得。元世祖至元二年（1265），召拜翰林学士。至元十六年（1279），卒于宅第，时年88岁，有《敬斋文集》、《泛说》等多种文集行世。焦养直师从李冶问学的具体时间，史无明文，难得其详。《神道碑》仅

---

① （元）虞集：《焦文靖公神道碑》，《道园类稿》卷41，《虞集全集》（下），第1076页。

② （元）虞集：《焦文靖公彝斋存稿序》，《道园类稿》卷18，《虞集全集》（上），第495页。

③ （元）虞集：《焦文靖公神道碑》，《道园类稿》卷41，《虞集全集》（下），第1075页。

称："敬斋李先生，接前代之老臣，为一时之师表，亲及其门，尤诣阃奥"。[①] 而《存稿序》亦言："其从敬斋先生游，授之以六经、子、史之言，道德性命之说。质之以所未喻，问之以所未闻，泛应随答，如百川之海，则其所从得者可见矣。"[②] 由此不难看出，李治对焦养直的学业影响甚大。

此外据虞集记载，东平汉人世侯严实（1182—1240）似与焦养直过从甚密。《神道碑》谓："东平严侯，延先生于府，往来从之，至于数十年，问学不绝，其所以异于人者，非偶然也"。[③] 但这段引文中的"东平严侯"是指严实？还是严实后人？值得深究。据《元史·严实传》和《东平行台严公神道碑》，严实，字武叔，金泰安长清人。兴定二年（1218），权长清令。后降宋，为济南治中。元太祖十五年（1220），率所部三十万户降蒙古。次年，攻占东平。二十年（1225），与蒙古军联合攻取彰德、濮州、东平、益都。在东平为汉人世侯十五年，掌一方军政。严实于"庚子四月己亥，薨于私第之正寝，春秋五十有九"。[④] 庚子年，即元太宗十二年（1240）。由此上推，严实应生于金世宗大定二十二年（1182）。据前考，焦养直生于南宋嘉熙二年（1238）。两相比较，严实年长焦养直57岁，而且前者在焦氏出生一年后，便撒手人寰，两人何以"往来从之，至于数十年"？尽管严实"幼警悟，略知读书"。晚年"间亦延致儒士，道古今成败"。[⑤] 但是，无论如何他还不至于将一、二岁的幼童焦养直延至府第问学。况且，年近六旬的严实"病风痹久"，恐怕难有精力过问文化活动了。因此我们有理由断论：虞集笔下延焦公于府第问学的"东平严侯"，绝非大名鼎鼎的东平汉人世侯"严实"，而是另有所指。那么，这个人是谁呢？我们已经注意到，严实共有7个儿子，他们依次是：严忠贞、严忠济、严忠嗣、严忠范、严忠杰、严忠裕、严忠祐。在上述七子中，长子严忠贞，金紫光禄大夫，他曾作为质子被严实送往蒙古汗廷，"实遣子忠贞入质，命晋亨与俱"。[⑥] 并先其父而卒。三子严忠嗣，于乙卯（1255）年，充任东平路管军万户，后于至元十年（1273）而卒。[⑦] 翻检其他传世文献及碑刻资料，我们没有发现有关严忠嗣崇尚文化，延揽儒士问学的记载。因此可以断定他们两人也不可能成为虞集笔下的"东平严侯"。笔者认为只有一个人有可能成为虞集笔下的"东平严侯"，他就是严实的第二个儿子严忠济。理由如下：

（一）元好问撰《东平行台严公神道碑》称："次忠济，袭公职。"[⑧] 对此，《元史·严忠济传》亦记述说："忠济，一名忠翰，字紫芝，实之第二子也。仪观雄伟，善骑射……袭东平路行军万户、管民长官，开府布，一法其父。养老尊贤，治为诸道第

---

① （元）虞集：《焦文靖公神道碑》，《道园类稿》卷41，《虞集全集》（下），第1075页。

② （元）虞集：《焦文靖公彝斋存稿序》，《道园类稿》卷18，《虞集全集》（上），第495页。

③ （元）虞集：《焦文靖公神道碑》，《道园类稿》卷41，《虞集全集》（下），第1075页。

④ （金）元好问：《东平行台严公神道碑》，《遗山先生文集》卷26，《元好问全集》（上），太原：山西古籍出版社，2004年，第549页。

⑤ （金）元好问：《东平行台严公神道碑》，《遗山先生文集》卷26，《元好问全集》（上），第549页。

⑥ 《元史》卷152《张晋亨传》，北京：中华书局，1976年，第3589页。

⑦ 《元史》卷148《严忠济传》，北京：中华书局，1976年，第3508页。

⑧ （金）元好问：《东平行台严公神道碑》，《遗山先生文集》卷26，《元好问全集》（上），第550页。

一。"[1] 既然严忠济顺理成章地承袭了父职，虞集将其称作"东平严侯"自然是符合情理的。

（二）在严忠济治理东平期间，重视和发展儒学及文教事业，并延揽名儒教育后代，这一美誉亦被后人记录史册："东平庙学故隘陋，改卜高爽地于城东，教养诸生，后多显者。幕僚如宋子贞、刘肃、李昶、徐世隆，俱为名臣"。[2] 上引碑刻资料表明严忠济是一位喜好与汉人儒士结交的地方官，孔子的后裔孔元措甚至将女儿嫁给严实之子严忠济，双方结成儿女亲家。翻检相关文献，宋子贞（1185—1266）、刘肃（1188—1263）、李昶（1203—1289）和徐世隆（1206—1285）四人均有在金朝灭亡后归附东平严实家族从事文化、教育活动的经历。但是有一个现象非常值得我们关注，以上四人的年龄都比焦养直大，即便四人中年纪最小的徐世隆也年长焦养直32岁，完全是两代人。宋、刘、李、徐四人均为严实激赏应没有问题，而焦养直的年岁则不符合为严实推重的条件，前文对此已有所说明，此不具赘。据《元史·严忠济传》，因其"领兵略地淮、汉，偏裨部曲，戮力用命。定宗、宪宗即位之始，皆加褒宠"。[3] 元定宗是贵由的庙号，即位于公元1246年。而元宪宗则是蒙哥的庙号，即位于公元1251年。假设严忠济接受定宗"褒宠"时的年龄为18岁，他应当生于公元1228年左右。再者说，严实（1182—1240）无论如何不应在46岁左右才获得第二个儿子。如果以上考证能够成立，虞集笔下的"东平严公"应是严忠济，而非严实。严忠济十分喜爱散曲，也写过散曲，但只有两首保存下来。[4] 伶人聂檀香"姿色妩媚，歌韵清圆，东平严侯甚爱之"。[5] 可见这个聂姓伶人是个非常出色的歌唱演员，"东平严侯"即指喜欢声色的严忠济。

（三）严实死于庚子年（1240）。其时，焦养直才是两岁多的蒙童。严实死时，"遗命以子忠济嗣"，但只有在"大臣""奏其克嗣，制可"以后，才能正式接任严实的职务。[6] 其子严忠济"佩虎符，袭东平路行军万户、管民长官，开府布政，一法其父"。[7] 忽必烈中统二年（1261），严忠济被免职，由其弟严忠范代之。在这二十多年间，严忠济先后追随忽必烈出征鄂州（今湖北武昌），又发精兵一1.5万人赴开平，与阿里不哥展开斗争。因此，虞集笔下的"东平严侯"，应指严实的第二个儿子严忠济。

那么，举荐焦养直入仕内廷的是董文用还是董文忠？这个问题，元代名公虞集有如下记载：

董忠穆公文忠，亲任不异于国人，出纳惟允，有古大臣之风。及公召对，一见如旧，遂为之同僚。密勿精微，非言语所可及者，则又于公书忠穆之墓可见也。[8]

而《存稿序》关涉董公的纪事仅有三则，现征引如下：

---

① 《元史》卷148《严忠济传》，北京：中华书局，1976年，第3507页。

② 《元史》卷148《严忠济传》，北京：中华书局，1976年，第3508页。

③ 《元史》卷148《严忠济传》，北京：中华书局，1976年，第3507页。

④ 隋树森编：《全元散曲》上册，北京：中华书局，1981年，第70—71页。

⑤ （元）贾庭芝：《青楼集笺注》，孙崇涛、徐宏图笺注本，北京：中国戏剧出版社，1990年，第116页。

⑥ 陈高华：《大蒙古国时期的东平严氏》，载氏著：《元史研究新论》，上海：上海社会科学院出版社，2005年，第313页。

⑦ 《元史》卷148《严忠济传》，北京：中华书局，1976年，第3507页。

⑧ （元）虞集：《焦文靖公神道碑》，《道园类稿》卷41，《虞集全集》（下），第1075页。

其一，“迨至元中，天下既定，军旅既息，法度已备。一时黎献，布在中外，人文宣畅，近古莫及也。于是，文学之士彬彬而起。时则有若焦文靖公，自郡文学入见内廷……时董忠穆公文忠在禁近，最亲密。方上将符玺于尚方，遂以公佐之，内廷之要任也”。①

其二，“其仕于内朝，实与忠穆公偕。而董公之殁，公序其事，皆同寅之真实”。②

其三，“（至元）二十三年，以董公言得见世祖皇帝，即除承务郎、典瑞少监”。③

仔细审读以上材料，我们会产生一些疑惑。据姚燧《董文忠神道碑》和《元史·董文忠传》，董文忠（1231—1281）字彦诚，董俊第八子，元真定藁城（今属河北）人，于至元十八年冬十月二十五日卒，谥号忠贞。④ 既然他已经于至元十八年（1281）离世，焦养直如何于至元二十三年（1286）“以董公言”得见世祖皇帝？如此看来，虞集的记载是有问题的。再者说，“忠穆公”并非董文忠的谥号，此乃文忠的三哥董文用的谥号。⑤ 笔者认为，尽管虞集误将董文用的谥号冠于其八弟的头上，但真正举荐焦养直入仕内廷者仍是董文忠，而非董文用，理由如下：

首先，从董氏兄弟两人的经历和仕宦情况来看，董文忠更具备举荐焦养直的条件。据《元史·董文忠传》和《董文忠神道碑》，壬子年（1252），二十二岁的董文忠入侍世祖潜邸。癸丑年（1253），从征南诏。中统元年（1260），忽必烈即位，置符宝局，以文忠为符宝郎。或许是身为近侍的原因，他与忽必烈有君臣之谊，关系非同一般。以至于“元臣故老奉朝请者，上所存问，及有欲言，皆有公传达，权幸不敢谗危之”。⑥ 姚燧的另一段文字似更能表达忽必烈与董文忠的交往情况，现移录如下：

从始至终，实三十年。征伐搜田，无地不从。凡乘舆、衣服、革带、药饵、大小、无虑数百十橐，靡不司之。中夜有需，不须烛索，可立至前。风雨寒暑，饥渴骏奔，心无怠萌，口绝勚语，属属乎？惟以执事不恪获谴为惧，故能滋久，眷宠弥深。上中岁多足疾。一日，枢密院奏军务，上卧画可。公在御榻，伏枕而跽，比终奏，日已移晷，屏气肃肃，曾不流盼。他日，院臣言：‘始吾以公居中而逸，乌知其劳如是？在他人不可一日强志勉力为者，何可几及！何可几及！’公曰：‘君所见特是时，吾固日鸡一鸣而跽，烛入而出。’后或长直，四十日不至家，夜杂妃嫔侯侍，休寝榻下。上呼之，方惫，熟寐不应，命妃蹴兴之，妃不敢前，上詈曰：‘董八诚爱之专，敬慎之至，事朕逾父，汝以妾母，蹴之何嫌，而为是拘拘？’其感乎圣心，得是见与，有举一世亿万维人所未

① （元）虞集：《焦文靖公彝斋存稿序》，《道园类稿》卷18，《虞集全集》（上），第494页。

② （元）虞集：《焦文靖公彝斋存稿序》，《道园类稿》卷18，《虞集全集》（上），第495页。

③ （元）虞集：《焦文靖公彝斋存稿序》，《道园类稿》卷18，《虞集全集》（上），第495页。

④ 关于董文忠的谥号，《元史》、姚燧《董文忠神道碑》、元明善《董氏家传》均记作“忠贞”。而吴澄《文忠墓表》、虞集《文柄行状》、苏天爵《董志良神道碑》、《元朝名臣事略》及《析津志辑佚·名宦传》皆作“正献”。出现这种情况，并不奇怪。或先谥“忠贞”，后易作“正献”，故出现记载互异的现象。

⑤ （元）熊梦祥著、北京图书馆善本组辑：《析津志辑佚·名宦》，北京：北京古籍出版社，1983年，第191页。

⑥ （元）姚燧：《董文忠神道碑》，《牧庵集》卷15，《姚燧集》，查洪德点校本，北京：人民文学出版社，2011年，第233页。

能者。[①]

以上征引资料显示，虽然忽必烈与董文忠是君臣关系，但因朝夕相处，其亲近胜似皇亲国戚。以至于忽必烈本人也不禁发出“事朕逾父”的感慨。或基于这种非常特殊的关系，董文忠的举荐才极具价值。忽必烈才会“将符玺于尚方，遂以公佐之”。无独有偶，文忠的三哥文用也是元初的重臣。尽管忽必烈在潜邸时，也曾“命文用主文书，讲说帐中”，但他与元世祖的亲近程度远不及八弟董文忠。况且，从其生平仕履来看，自建元中统以后，他没有在世祖身边供职的经历，[②] 所以不具备推举焦养直入侍内廷的机缘。

其次，虞集的《神道碑》和《存稿序》多处提及“董忠穆公文忠”、“忠穆公”的字眼。显然，将董文用的谥号冠于董文忠的头上是错误的，但作者紧接着指出董忠穆公非文用，而是文忠。此外，焦养直“仕于内朝，实于忠穆公偕。而董公之殁，公序其事，皆同寅之真实。”[③] 实际上，忠穆公董文用与焦养直并没有在同一职能部门任职的经历。相反，枢密董正献公（即董文忠——笔者注）与焦养直两人都担任过“典瑞监卿”一职，故有“同寅”之说。

再次，焦养直出任“典瑞监卿”的时间也值得进一步探讨。《神道碑》记载说：“及公召对，一见如旧，遂为之同僚”。[④] 然则何时召对，史无明文。而《存稿序》则称：“（至元）二十二年，举茂才异等，除将仕郎、真定路儒学教授。二十三年，以董公言得见世祖皇帝，即除承务郎、典瑞少监”。[⑤] 由此而知，至元二十三年（1286），焦养直才担任“典瑞少监”一职。另据《元史》和《析津志辑佚》，董文忠卒于至元十八年，年五十二。[⑥] 若然，已成古人的董文忠如何向忽必烈进言并推举焦公入仕内廷？毫无疑问，虞集的上述记载是不正确的。《元史》的编纂者已经注意到这个问题，并未采纳虞集的说法。而是将焦养直出任“典瑞监卿”的时间界定在至元十八年，[⑦]《析津志辑佚》亦如是说，不无道理。《元史》卷八十八《百官志四》有曰：“至元十八年，改典瑞监，秩正三品”。依制，典瑞监下置监卿二员。是年，文忠公和养直公共同担任此职。不幸的是，董公于至元十八年冬十月二十五日卒，焦养直因同寅而“序其事”自然符合情理。

那么，虞集的记载为何频频出错？究其原因，笔者认为主要有以下两点：

（一）至大三年（1310），焦养直去世。是年，虞集三十五岁。在距离焦养直过世

① （元）姚燧：《董文忠神道碑》，《牧庵集》卷15，《姚燧集》，查洪德点校本，北京：人民文学出版社，2011年，第232—233页。

② 《析津志辑佚》记载说：董文用“初事潜邸。中统初，大名宣抚司奏为左右郎中，历兵部及西夏行省郎中。至元七年，除山东道劝农使，改工部侍郎，出为卫辉总管。十九年召为兵部尚书，明年除礼部尚书，迁翰林集贤学士知秘书监。二十二年拜江西行省参知政事。二十五年拜御史中丞，明年除大司农，又明年除翰林学士承旨。大德元年归老于家，薨，年七十四。（第191页）

③ （元）虞集：《焦文靖公彝斋存稿序》，《道园类稿》卷18，《虞集全集》（上），第495页。

④ （元）虞集：《焦文靖公神道碑》，《道园类稿》卷41，《虞集全集》（下），第1075页。

⑤ （元）虞集：《焦文靖公彝斋存稿序》，《道园类稿》卷18，《虞集全集》（上），第495页。

⑥ （元）熊梦祥著，北京图书馆善本组辑：《析津志辑佚·名宦》，北京：北京古籍出版社，1983年，第192页。

⑦ 《元史》卷164《焦养直传》，北京：中华书局，1976年，第3859页。

三十五年后（即公元1345年左右）的时段，其外孙允德方持状请虞集代为撰述神道碑铭。据虞集本人讲，他与焦公在集贤院仅有一面之缘，说明他对其了解并不多。况且，随着岁月的流逝，焦氏的门生、故旧及其侍奉者亦相继离去，想必允德为虞集提供的原始材料并非准确，所以导致《神道碑》的记载多处出错。

（二）至于董文忠的谥号，时人有“正献”和“忠贞”两称。除文忠外，其兄忠献公董文炳、忠穆公董文用皆是名宦。因严实子嗣较多，虞集误将文用的谥号冠于文忠头上，虽不无遗憾，但情有可原，不足称奇。

论明代辽东的女真人

奇文瑛（中央民族大学）

明代女真史研究缘起对清前期历史的探讨。为探讨清朝兴起的问题，清史研究的内容向前推到明代。由于后金的兴起与明代辽东边外建州、海西等羁縻卫所女真关系最密切，与之相关的研究目前也最为深入。但是从后金前推明代女真的研究方法，却忽略了对杂居明朝境内的女真，尤其是对辽东女真人的关注。从明代文献看，杂居辽东的女真与边外女真部落实际有着千丝万缕的联系。就其中明朝吸引女真内迁的政策，就密切了内外女真的关系；有明内迁的众多女真潜移默化地影响辽东社会，最终也影响着时局的转换。本文从辽东都司女真的分布、明朝女真政策下的内外关系，以及武职女真地方化三方面，考察在军事体系内外的女真，及其影响和作用。

一、明初辽东卫所的女真人

女真人进入辽东早在辽代前期。为控制东北女真的需要，辽朝曾将其强宗大户内迁到辽阳以南及至辽东半岛一带居住，称之为合苏款（曷苏馆）女真，即熟女真，纳入辽籍直接管辖。元朝辽东半岛南部有哈思罕万户和千户所，哈思罕就是合苏款的音转，其地居民与辽代熟女真或多或少都有关系。金朝女真崛起直到元朝，富庶的辽东地区始终是女真人和东北各族向往移居的地方。故而历经辽、金、元朝，随着各族人口的增多，辽东“人多侨居”，“俗各异好”①，呈现出文化多元，民族杂糅的突出特点。到明代，《辽东志》记载当地杂居之势是“华人十七，高丽、土著、归附女直野人十三”。②这个说法笼统含混，首先，洪武年间有大量故元降附官兵编入辽东卫所，其中女真人不少，但既不算“土著”，又不属“归附女直野人”③。如果被视为“华人”，那辽东七成的华人中，还包括相当数量的故元归附中的女真等非汉民族；其次，女真杂居偏在辽河以东，俗谓河东。河东辽阳—开原一带的女真、高丽人口，远远高出“十三”的比例。

明代辽东为军政合一的都司卫所体制，当地人口皆在卫所管辖之下。辽东都司下辖二十五卫二州，构成有“华夷杂糅”的当地人口，北上的中原军队，谪戍流犯，以及永乐之后自愿内迁的边外女真首领和属众。因此辽东诸卫无论多少都有高丽、女真和蒙古族官兵，而聚集最多的则为辽阳至开原一带的河东地区，其中以辽阳的东宁等卫、开原的三万和辽海卫，以及铁岭卫为最多。

东宁卫与辽东都司同城，在今辽阳老城北。洪武十三年（1380 年）初设，先以故

---

① 《辽东志》卷 1《风俗》，引自《图册》，辽海丛书本，第 363 页。

② 《辽东志》卷 1《风俗》，辽海丛书本，第 363 页。

③ 归附女直野人是指永乐之后才内迁，被安置在安乐自在州和东宁卫优养的的女真首领和百姓。

元归附人编为南京、海洋、草河、东宁、女直五千户所。所谓南京、海洋所是因故元南京万户府（今延吉市）和所属海洋站（今朝鲜吉州）来归的女真、高丽人组成；东宁、草河所是以故元和罗城万户府（故元合兰府城，今朝鲜咸镜南道之咸兴）和鸭绿江以东归降人组成；还有女真单独一所。这五个所都由非汉百姓构成。洪武十九年卫所调整，原五所合并为四，又添设一个汉军所，以打破以女真、高丽单独编卫的情况。尽管如此，东宁卫中非汉民族仍占到五分之四的比例。正因高丽、女真人集中最多，永乐以后也就成了内迁女真首领自愿选择的定居之处①，并以安插建州女真人为主。努尔哈赤曾谓“辽东地方之东宁卫国人本为我属”②，道出的正是此卫女真人居多的形势。

三万卫在开原（今开原市北老城镇），洪武二十一年设，领八千户所。据《三万卫选簿》不完全统计，此卫官员除“年远故事”（指因亡故、调离、绝嗣等因已不在卫的官员）或史事不清者外，凡有197名，其中女真族官员113名（在卫带俸安乐州寄籍女真达官81名，军籍女真32名），蒙古族5名，汉族79名。女真和蒙古族武官的比例占到总数的60%。由此也可推及到兵卒，以及卫所户口比例大致也应如此。开原扼守松花江和黑龙江女真往来中原朝贡贸易通道，成祖时为了有效控制边外女真，推行积极招徕女真首领内迁优养的政策。为昭示优养的吸引力，女真来者就便安插开原城，专设安乐、自在州管辖③。《三万卫选簿》中的带俸寄籍女真就属此类。所以三万卫除有军籍女真外，还有人数可观的寄籍带俸女真达官。

开原城有两卫，三万卫外还有辽海卫。辽海卫是带管自在州内迁女真的卫所，由于没有选簿可以参照，缺乏女真人的具体数据。但据正统年间开原“来归夷人四百余户”④ 看，既使两州人户平均，一户有一人为食俸达官计，辽海卫也有至少200名带俸寄籍女真达官，这还不算军籍女真。到万历后期，开原已“半是达官苗裔”，⑤ 历经二百年的生息繁衍，开原城的寄籍女真人户不仅不减，而且规模可观。

明前期女真安插，一般控制在开原（三万卫、辽海卫）和辽阳（东宁卫）两城内，正统前后女真内迁遽增，安插遂遍布河东诸卫。

正统之后，由于瓦剌军队的东征，“辽东被杀掠尤盛”，避乱求生的女真人纷纷南下辽东，辽阳安插“动以千数”。⑥ 由于避难女真来者益多，加之边外形势恶化，依旧集中开原或有“难以钤制”之虞⑦，安插点遂向辽阳以南移动。先是辽阳诸卫，之后遍及海、盖、金、复各卫所，甚至南京等地。⑧ 辽河以东，北起开原南抵辽东半岛都有女

① 永乐六年，明朝于开原城内设立安乐自在两州，以安置管领自愿内迁的女真人，也有愿居辽阳城东宁卫的，即以东宁卫带管。

② 《满文老档·太祖》第20册，天命六年四月初一条。

③ 《明太宗实录》卷79，永乐六年五月甲寅条。

④ 《明英宗实录》卷220，景泰三年九月庚戌条。

⑤ ［明］熊廷弼：《按辽疏稿》卷2，“请免商税疏”，明刻本。又按：开原“达官”专指永乐之后内迁的安乐、自在女真移民。

⑥ ［明］严从简：《殊域周咨录》卷24，中华书局，2009年第3版。

⑦ 《明英宗实录》卷220，景泰三年九月庚戌条。

⑧ 参见拙文《论明后期辽东安乐、自在州的变化——兼及辽东行政问题》，载《中国边疆史地研究》2012年第3期。

真人寄籍居住。自在州也随之南迁辽阳，负责管辖辽阳以南寄籍卫所女真，与安乐州呈南北分治局面。明中期以后，朝廷放弃积极招徕政策，女真移民逐渐减少，但内迁仍持续存在，朝廷也依旧接纳抚绥安插，女真入迁遂依然不减。

诚如上述，辽东都司的女真分布，以辽河以东（河东）卫所为主，开原、辽阳两城聚集最多。永乐之后政策招徕的女真内迁非常突出，但这只是辽东杂居女真的一部分。辽东地区的女真总括有三：

一是永乐之后自愿迁来的；二是洪武归附故元官兵中之女真；三是辽东土著中的女真。第一种前已述之，第二种前述也有涉及。虽史料记载有限，但根据明朝在北方建卫先以故元军户为基础来看，辽东诸卫中故元官兵所占比例不会小于内迁女真。即如铁岭卫，洪武二十一年元将拔金完哥率部来归，为“抚安其众”故于奉集县（今沈阳东南奉集堡）设卫，“二十六年移至嚚（银）州（即铁岭市）。东宁卫的基础是故元南京万户府（今延吉市）、合兰府（今朝鲜咸镜南道之咸兴）以及辽阳归降女真、高丽等族官兵。三万卫洪武二十一年设立，以开原附明女真以及纳哈出降附人为基础建成。与永乐之后内迁女真的区别，洪武归降的这批女真属于军户，也谓军籍女真，是明代专服军役的人户。

故元归降人中的女真人，以三万卫为例考察。著名的裴牙失帖木儿，曾是前元秃哈千户所达鲁花赤，洪武十四年帅众来附，① 十七年垛集充小旗。② 明代“垛集”，是以当地人户抽丁（三丁或五丁抽一）的佥军之法。曾任奴儿干都指挥同知的佟答剌哈，也是垛集入卫当兵的。永乐元年因诏谕功始由军卒升为小旗。③ 在《三万卫选簿》中佟氏、裴氏还有“土人”“土官”的称谓，可能原就是土著人户。侯史家奴辽阳人，洪武十一年归降。十四年辽阳高丽女直来归官民每五丁以一丁编为军，立东宁南京海洋草河女直五千户所，侯授命草河所副千户。④ 五丁抽一就是垛集佥军，侯史家奴也在佥军之列，因屡出诏谕立功授职副千户。此外就是洪武二十年随纳哈出归降安插本卫的，从选簿看有指挥佥事高嵩、副千户佟朝臣、指挥佥事马良、指挥佥事王勤的先祖。

土著除了垛集外，还有一种就是辽金元以来世代生活于辽东的女真各族。由于自辽金元以来历经数百年，生活于辽东的女真各族，无论是融合，还是融而未合的虽外在不易识别，但明初的辽东社会仍是“边鄙瓯脱之俗，华夷杂糅之民，迫近胡俗易动难安”⑤，具有浓郁的华夷杂糅文化特点。

无论土著，还是故元归附中的女真人，在明朝都属于军籍人户，在明廷眼中他们就是王朝的军人，无须族属区别。故而辽东所谓“华人十七”，实际还应包括久居辽东的军籍和土著女真各族人口。

有明，辽东在土著女真的基础上，随着洪武故元蒙古、女真官兵的加入，永乐之后

① 《辽东志》卷5《官师》，《辽海丛书》，辽沈书社，1984年影印，第429页上。

② 《三万卫选簿》“指挥使裴承祖”，《中国明代档案总汇》第55册，第139—140页。

③ 《三万卫选簿》“指挥使佟国臣”，《中国明代档案总汇》第55册，第138—139页。

④ 《明太祖实录》卷178，洪武十九年五月癸亥条；《三万卫选簿》“指挥佥事侯镇”，《中国明代档案总汇》第55册，第194页。

⑤ 《全辽志·叙》，《辽海丛书》，第496页上。

自愿内迁女真人的络绎到来，杂居程度日趋深化。

二、两州女真达官的内外关系

在多民族杂糅的状态下，辽东内外女真究竟有着怎样的关系？清史研究者一直在探索①，但碍于史料的局限，一些问题仍存在进一步探讨的空间。以下从政治机制入手考察女真内外关系。

辽东内外女真关系中，最值得关注的是永乐仁宣期间自愿内迁的寄籍女真群体。所谓“寄籍”，即指非明朝军户而寄住于卫所中带俸的女真。寄籍的出现本身就是明朝抚绥边外女真的政治产物，它承载的是明成祖抚绥东（北）、西（北）两翼，集中打击北部蒙古的东部战略实施。自洪武二十一年明军进入东北，在斡朵里和铁岭设置失败撤军后，再未涉足辽东以外地区。永乐初北元分裂，为了削弱蒙古，隔绝女真与蒙古的联合，永乐元年遣使四出，招徕女真，开始全力经营东北，“海西女真、建州女真、野人女真诸酋长悉境来附”。② 截止永乐七年的数年间，明朝依女真部落设立羁縻卫所174（正统184），并在此基础上设立了统管东北羁縻卫所的奴儿干都司，确立了明朝对东北的统治。与此同时女真部落首领也纷至沓来自愿入居内地，原因是歆慕中原的富庶。不过分析自愿内迁女真人的情况，原因并非如此简单。

据不完全统计，明实录永乐至宣德朝女真自愿内迁有58条记载，涉及羁縻卫所52个，内迁人名姓、职衔清楚者78人③。据此作表先考察内迁女真人职务：

内迁女真人职务表（表一）

时间	卫职	所职	百户职	镇抚、头目、舍人
永乐六年——二十二年	18人	16人		4人
洪熙元年	1人	1人		
宣德元年——九年	23人	3人	7人	5人
统计	42人	20人	7人	9人

1. 卫职：包括指挥使、指挥同知、指挥佥事；所职：包括千户、副千户；百户职：包括百户、试百户；镇抚一职，分有卫镇抚和所镇抚两种职级不同，因史料未作说明，遂都不作细分。

2. 头目是内迁一般女真，为给食粮饷赡养家小所授之职，卫所职官系列并无此职；舍人是等待袭职的卫所官子嗣。

① 主要代表有：［日］河内良弘：《明代女真史研究》，同棚舍出版社，1992年8月版；［日］江嶋寿雄：《明代清初の女直史研究》，江嶋先生米寿纪念著作集出版委员会编，中国书店，1999年5月版；朱诚如：《明代辽东女真人与汉人杂居状况的历史考察》，刊于《辽宁师大学报》1984年第1期；鞠德源：《从〈三万卫选簿〉看明朝政府对奴儿干地区的经营》，刊于《文物集刊》第2期，1980年9月。

② ［明］严从简：《殊域周咨录》卷24《女直》，中华书局，2009年第3版。

③ 有些史料记载内迁并非一二人，但因未记姓名无法列入表中统计。

表中数据清楚的显示，自愿内迁女真人以卫职和所职最多，占总数的79%。尽管这些官职都属羁縻卫所性质，但不难判断内迁女真以部落中、上层首领为绝大多数。自愿内迁者以首领为主的现象，固然有个人意愿，但也离不开朝廷优养政策的引导。明朝对内迁女真的吸引政策，首先，赐予安居生活必备物资条件，给予俸禄。以其羁縻卫所官职对等明朝武官俸禄领取全俸①。这一措施是提供生活之资，且使子孙世袭其职无后顾之忧。其次，安置时使“部落自相统属”②，保持首领与部属的统领关系。再有，无赋税差役③，“任其耕猎”④。对随首领内迁的女真百姓，为确保生活所需也提供“食半俸”的待遇，即升贤良头目（头目）月支米二石⑤，但这个待遇只及其身。按《明会典》的规定：“凡来降夷人，有职事者与原旧职事，子孙准袭；无职事者量与做头目，子孙袭替之日收军”。⑥ 朝廷对一般女真百姓的政策，只管第一代，第二代即收充军伍，作为朝廷的军籍人户。由此可见，所谓优养政策实际是向女真首领倾斜的。这也正是永乐、仁、宣时期的内迁女真始终被称为“达官”的原因。

明朝积极吸引女真首领内迁意图何在？通过内迁人的卫所分布也能看出端倪。内迁女真涉及52个羁縻卫所，其分布呈现一路二区的特点⑦：即集中分布在指松花江下游连接黑龙江下游的两岸地区，且以松花江汇入乌苏里江进入黑龙江水路交汇处和黑龙江下游奴儿干地区的卫所最多。松花江黑龙江一线，是横贯女真地区的水路交通命脉，永乐招抚女真，奴儿干都司两年一轮的官兵轮换，以及朝廷“赍赐抚慰附近诸种野人”⑧ 等例行公事，都依赖这条水路。

二区则指长白山地区南麓、西麓和松花江中游呼兰河流域，涉及卫所次之。这两区分别是海西与建州女真的核心地区。由于金、元两朝的开拓建设，明时已是辽东边外最发展的地方。长白山南麓建州毛怜女真，“喜耕种善缉纺，饮食衣服颇有华风”；呼兰河、松花江流域的海西女真“亦务耕种，妇女喜金银，依山做寨”。⑨ 永乐元年首先朝贡明朝，引领女真附明建卫的，就是来自这两地的著名首领，海西首领西阳哈和建州首领阿哈出，二人在元朝就是管领当地的一方官员。明成祖经营边外，也是依靠这两人在当地的影响，7年间迅速建成百余羁縻卫所174（正统184），并在此基础上设立管领整个女真地区的机构——奴儿干都司。

---

① ［明］马文升：《抚安东夷记》，《清入关前史料选辑》第一辑，中国人民大学出版社，1984年版，第2页。

② 《明太宗实录》卷78，永乐六年四月乙酉条。

③ 据《辽东志》和《全辽志》的记载，安乐、自在州无赋税；因系归附之人，初亦无固定兵额（《全辽志》，第570页下）。

④ ［明］严从简：《殊域周咨录》卷24《女直》；档案“某某都司经历司卫安乐州辨明诬枉‘达官’等事呈文”中所记：“自洪武永乐年间，［］［］千百户等官，全俸优养，设立两州抚恤，许令任意牧猎，不许骚扰”。也与“夷俗抚住”吻合。（《明代辽东档案汇编》下册，第859页）

⑤ ［明］田汝成：《辽纪》，《辽海丛书》，第2569页。

⑥ 万历《明会典》卷186《兵部一·夷人袭替》。

⑦ 按：明朝着重招纳首领的地区，与王锺翰先生早年所撰《明代女真人的分布》中心区不谋而合。参见《王锺翰清史论集》第一册，中华书局，2004年版。

⑧ 《敕修奴儿干永宁寺碑记》，《满洲金石志》卷6，《明清石刻文献全编》第二册，北京图书馆出版社，2003年影印本，第861页下。

⑨ ［明］郑晓：《吾学编》卷67《四夷考》上，《北京图书馆古籍珍本丛刊》第12册。

内迁女真首领皆来自上述重要地区，他们不仅来源地非同一般，涉及的卫所在正统边外184个卫所总数中占据28%的比重，也就是说，四分之一强的羁縻卫所都有首领移居辽东。不难想象明朝是想通过招徕具有影响的女真首领内迁，达到制约边外卫所的目的。固然女真首领内迁有向往中原富庶生活的内在动力，但明朝优养政策的导向，才是中上层女真奔竞而来的主要原因。诚如明人所言："其来之不绝者，中国诱之也，诱之不衰，则来之愈广。"[①]"自愿"内迁只是表面现象。

如何发挥这些人的作用，明朝颇为用心，如将这些首领全部安置在开原。开原"居全辽上游"，"嗓吭"辽东，女真入贡皆由此入，似乎也是为便于沟通考虑。将内迁人安置在边关惟女真才有。明朝称是为对外昭示朝廷的优养政策，但这是政治上的用语，其内涵远比说的复杂。如内迁后的女真单独管理，虽然由安乐、自在州管辖，但不属民户，也不属军户，俗谓之寄籍，亦即寄住、侨居之意。前已述之。他们集中寄住在开原城，"以夷俗抚住"，自相统属；又"许令任意牧猎，不许骚扰"[②]，还无赋役之义务。将这些政策联系起来看，尽力保持他们原有的身份，维系与羁縻卫所的关系，才是真正的目的。永乐年间明廷一再申令女真达官出边勿禁，"安乐、自在等州女直野人鞑靼，欲出境交易"[③]，"省亲"[④]不在禁严之例，暗示朝廷不妨碍女真首领出边的自由。有学者已经注意到这一现象，提出两州是各羁縻"卫所和部落设在开原或辽阳的驻在机构"的想法，[⑤]也有从经济着眼，认为内迁首领都是商人[⑥]，利用寄住身份牟利于内外交易。两者的观察角度尽管不同，但内外女真之间保持着某种联系则是他们的共识。

女真内外联系可以从两方面来看，一是羁縻卫所官职可以内外承袭。卫所选簿中就有安乐州达官去世，子侄从边外来开原袭职的例子。最典型莫过于武忠一例。武忠本是洪武入卫的锦衣卫女真百户。正统十年（1445年），叔父玄城卫（今黑龙江省富锦县）指挥佥事乃当哈卒后无嗣，遂准武忠"代叔父乃当哈为海西指挥佥事，改注锦衣卫带俸"[⑦]，身份由军籍转换为优养达官。《锦衣卫选簿》中武忠入卫始祖从叔父乃当哈始，[⑧]而非自己的军户父祖。军籍女真都可以承袭羁縻卫所官职，更何况两州寄住的女真达官。又如，李撒满答失里，建州卫指挥使阿哈出之孙，毛怜卫都督同知莽哥不花之子。其父宣德元年功升中军都督同知仍令掌管毛怜等卫事[⑨]，朝廷迁其妻小移京师居住"以系其心"[⑩]。四年莽哥不花故，子撒满答失里袭职掌毛怜卫事。这是典型的首领进入中原仍管卫事，而子嗣却在边外的例子。撒满答失里袭职后，曾奏请依母"居京自效"

① ［明］余继登：《典故纪闻》卷11，第189页。

② 《明代辽东档案汇编》下册，第859页。

③ 《明太宗实录》卷204，永乐十六年九月戊申条。

④ 《明太宗实录》卷78，永乐六年四月乙酉条。

⑤ 鞠德源：《从〈三万卫选簿〉看明朝政府对奴儿干地区的经营》，《文物集刊》1980年第2期。

⑥ ［日］江嶋寿雄：《明代清初の女直史研究》，江嶋先生米寿纪念著作集出版委员会编，中国书店，1999年5月版，第18页。

⑦ 《明宪宗实录》卷85，成化六年十一月丙戌条。

⑧ 《锦衣卫选簿》"指挥使武良相"，第49册，第491—492页。

⑨ 《明宣宗实录》卷21，宣德元年九月丁巳条。

⑩ 《明宣宗实录》卷27，宣德二年四月己巳条：掌毛怜卫事都督同知莽哥不花家属留京师者奏请给俸。

未能获准。朝廷考虑他“世居塞外部属相安，仍令抚绥其众以捍边圉”[①]，希望能像他父亲那样掌管好毛怜卫。只是时过境迁，正统之后建州地区局势动荡，撒满答失里的作用有限，最后还是同意了他的内迁要求[②]。边外卫所首领授职世袭，是朝廷羁縻女真的政治措施，上述叔侄、父子世职传承虽然是京师女真的例子，但世职承袭空间流动的这个特点，揭示内、外女真间存在着的密切关系。

二是内迁女真的朝贡待遇。朝贡本是境外政权和部落承认明朝宗主地位的一种政治仪式，但因朝贡中会有丰厚的财物回赐，因此也成了最具经济诱惑力的政治行为。永乐、宣德时期，安乐、自在州的女真虽然已经定居开原，但为厚结其心，每年的朝贡待遇不变，甚至更为优越。明制因各部落和政权的政治态度、地域远近，分别有一年、二年或五年一贡的规定，朝贡人员也有限定，真正能入京得到丰厚赏赐的人并不多。而“东宁卫及安乐、自在二州寄住达官人等”却不受限制，“累年进贡不限时月”，且“多带家人贪图赏赐”。[③] 需要注意的是，女真朝贡方物除马以外，海青、貂皮等兽皮、飞鹰皆非辽东所产，内迁首领“多带家人贪图赏赐”的目的也不仅是用于个人消费，他们用所得沿途交换生活和生产资料，最终流向边外。这个流程，大致是从边外获得朝贡方物，利用朝贡获取巨额财物，再将之转换为女真地区所需物品，与边外女真交换。永乐时有规定：“非奉朝廷文书而私出境者处以重刑……若安乐、自在等州女直野人鞑靼欲出境交易不在此例”。[④] 这也正是日本学者认为内迁女真是商人的原因所在。内迁首领的往来贸易，既是经济牟利的行为，同时也是政治联络的基础，所以，明朝不惜在政策上给予方便。为此，永乐构建的羁縻女真卫所秩序，在没遭到破坏之前，朝廷通过内迁首领对外卫发挥着牵制、安抚的重要作用。

准确说招徕女真首领优养，是永乐所定“内外相维”，加强女真地区统治战略的一部分。正统之前，这一战略发挥了有效的作用。土木之役后内外形势遽变，瓦剌军队横扫东西草原，战火深入女真地区，永乐精心构建的羁縻卫所统治格局遭到破坏。“海西野人女直之有名者，率死于也先之乱。朝廷所赐玺书今谓也先所取，其子孙以无祖父授官玺书，不复承袭，岁遣使入贡，第名曰舍人，以后在道不得乘驿传，赐宴不得预上席，赏赍视昔有薄，皆忿怨思乱。”[⑤] 一句话，朝廷依赖的羁縻卫所首领多死于战火，侥幸未亡的避难辽东，羁縻卫所已名存实亡。此后，女真诸部重新组合，遂已不在明朝掌控之中。女真卫所被破坏，“以系其心”的两州作用无的放矢，内迁女真达官的优越条件也渐不如前。

景泰之后，为加强防御边禁严密，为防“边情泄露”女真达官出边也遭到限制[⑥]。尽管如此，由于内迁人寄居开原、辽阳，地处女真朝贡之途，每当朝贡驿站房间不足，

① 《明英宗实录》卷30，正统二年五月壬寅条。
② 《明英宗实录》卷127，正统十年三月癸未条。
③ 《明英宗实录》卷78，正统六年二月戊寅条。
④ 《明太宗实录》卷207，永乐十六年九月戊申条。
⑤ ［明］严从简：《殊域周咨录》卷24《女真》。
⑥ 《明孝宗实录》卷187，弘治十五年五月癸酉条。

也令入贡女真"于城中军民家憩宿"[①]，以解燃眉之急，久之"各边贡夷往往与民杂居"[②]。可见限制达官并不能禁绝内外女真的交往，但性质已经不同，明前期由朝廷掌控的内外女真政治关系，中期以后逐渐变成隐匿的民间往来。

三、卫所、营兵、家丁中的女真人官兵

辽东除两州安插的内迁女真达官外，还有人数众多的军籍女真，以及因各种原因先后被编入镇军的内迁女真百姓，人众远超前者。这部分女真官兵，受明朝军政律令的制约，对外虽说没有两州达官那样的作用，但明末辽东战局中多有他们的影响。

服军役的女真来源复杂，以户籍可区别为二：一是属于明朝军户的女真人；一是内迁寄籍的女真人，因募兵先后编入镇军者。辽东寄籍女真本不在军役户籍内，明中期以后内外形势遽变，成化、弘治年间辽东卫所军兵因逃故占役，"比之国初三亡其二"[③]，两州达官余丁遂也在招募之列。弘治十四年（1501 年）为补辽阳守备不足，官方于达官等户内抽丁，募得余丁五千[④]，充实军伍。达官费祥私募也得千人，所募虽称是"亡命及四方流冗"[⑤]，但作为女真达官他所能招募的对象首先应是寄籍的女真百姓。正德以来，"镇守抚总衙门拥导出人，名曰随征"者，也多为达官子孙。[⑥] 自有募兵，先后内迁的寄籍女真名正言顺的被编入军伍。明朝后期，辽东卫所军衰败不堪御敌，真正维持局面的是地方武将和豪门豢养的家丁。所谓家丁，实际是武将亲领的军队，他包括亲属舍余、义子义孙、所领和役占的卫所官兵，以及招募所得。[⑦] 女真、鞑靼善骑射，"骁悍猛骜每出有功"[⑧]，颇为地方豪强和武将看好，明末避乱就食进入辽东的女真百姓大多被招纳为家丁。据隆万之际巡抚张学颜的奏报："查得……投降真夷精壮者多在镇城投充家丁"。在张学颜的奏请下，为家丁在"总兵衙门东隅易空地一处"建房居之；又于寺前官地，建受降所以处真夷之稍弱有家口者；于城外关厢之内易空园一所，建房二百余间，以处新来之稍未信者，选立队长编成次序，责于总管领操练"以备不时之用。[⑨] 随着卫所制的腐败，几乎每个统兵将领都有一批自己的家丁[⑩]。李成梁的李家军也不例外，当年努尔哈赤投在李成梁帐下，可能就属这类家丁性质。

万历后期，辽东形势危急，而各省援兵却翘首不至。是时"辽左降夷日众"，"弓马原其本分，一为练配即是选锋"，是既能战，又"无安家行粮之费"。[⑪] 招纳投附女真、

---

① 《明宪宗实录》卷 17，成化元年五月乙卯条。
② 《明神宗实录》卷 429，万历三十五年正月乙酉条。
③ ［明］田汝成：《辽纪》，《辽海丛书》，第 2574 页下。
④ 《明孝宗实录》卷 177，弘治十四年闰七月壬辰条。
⑤ ［明］田汝成：《辽纪》《辽海丛书》，第 2576 页下。
⑥ ［明］田汝成：《辽纪》《辽海丛书》，第 2576 页下。
⑦ 参见李洵：《祖大寿与祖家军》，氏著《下学集》，中国社会科学出版社，1995 年版，第 403 页。
⑧ ［明］刘效祖：《四镇三关志》卷 7，四库禁毁书丛刊本。
⑨ ［明］刘效祖：《四镇三关志》卷 7，四库禁毁书丛刊本。
⑩ 李洵《祖大寿与祖家军》，氏著《下学集》，中国社会科学出版社，1995 年版，第 403 页。
⑪ ［明］王在晋：《三朝辽事实录》卷 3，天启元年二月，续修四库全书本。

鞑靼，就成了解决辽东军兵严重不足的有效办法。总督袁应泰令总兵贺世贤、尤得功、李秉诚、侯世禄、朱万良、姜弼，各收壮夷丁一千名，[①] 补充军伍。而各守将为增益自己的势力，实际招纳远不止此数，“总兵贺世贤受之多至三千人”[②]。明末，随着华夷杂居日剧，女真、鞑靼在河东人口中的比重也越来越大。“辽人侵染胡俗”[③]，与女真、鞑靼人口积聚益多有直接关系。

有明200余年，女真首领和百姓络绎不绝迁入辽东，人口大幅增加和源源不断进入军队，不仅直接影响到辽东非汉民族人口比例的上升，更潜移默化地影响社会文化的趋向。在明清战争中，这些被编入营兵的女真官兵和家丁，既是统兵将领战胜的利器，也是他们手中政治抉择的筹码。

属于辽东军户的女真官兵，由于军籍身份，对他们朝廷并无特殊政策。依丘浚之言：这些人“生长中华世有爵禄，结为姻娅相与连比，皆为华夏之人，久已忘其为夷矣。一旦无故分辨之，彼诚不自安”。[④] 故明前期对洪武入卫的女真、蒙古官兵，除户籍和世袭底簿保留初来归附和族属内容外，其他文献很难见到类似信息。所以辽东军籍女真究竟有多少，由于明代档案留存极少，现已无从知晓。但据明初故元军户和降附官兵是辽东卫所设立的基础判断，女真、蒙古族军户，应比永乐以后迁来的寄籍人口要多。洪武编入卫所的女真官兵，冒锋镝于九死一生，很多都累立战功跻身到武官行列。《三万卫选簿》中明确记载军籍女真就有30多位。其中活跃于辽东的开原裴氏，即裴牙失帖木儿的后代，著名者有二辈裴俊，从洪武到天顺战功卓勋，直晋升到都指挥使；成化年有三辈裴显，为东路副总兵分镇开原；有七辈裴承祖，先后任过铁岭和抚顺备御，有八辈裴邦瀚，为辽东都司掌印都指挥同知，凡传袭十辈，[⑤] 为开原一大家族。开原还有佟氏，佟答剌哈后代，后嗣著名者为三辈佟昱，先后任守开原参将、标下左营游击，佟氏凡传九辈，家道不衰。[⑥] 正德间叆阳守备刘澄也是女真人，入卫始祖刘哈失洪武来归，“因差往哈剌温等地面诏谕”钦升副千户，后嗣袭职凡十辈。刘澄为第七辈，第五辈刘震、第六辈刘钦分别为都指挥同知和都指挥佥事，也是开原大户人家。[⑦] 嘉靖间先后为前屯游击、清河守备的王世禄也是开原女直大户。始祖王原保洪武入卫，王世禄为第八辈，也传袭十辈不衰。[⑧] 需要注意的是，明末活跃的辽东将领还有编入营军的两州达官。嘉靖间懿路备御佟贤，就是安乐州女真达官，其父佟宣曾任把总指挥[⑨]。正德年

---

① ［明］王在晋：《三朝辽事实录》卷3，天启元年二月，续修四库全书本。

② 《明熹宗实录》卷6，天启元年二月壬戌条。

③ ［明］方孔炤：《全边略记》卷10《辽东略》，《明代蒙古汉籍史料汇编》第三辑，第400页。

④ ［明］丘浚：《大学衍义补》卷143《驭夷狄》。

⑤ ［明］刘效祖：《四镇三关志》卷8《职官考》、《全辽志》卷3《职官》，第586页、《三万卫选簿》“指挥使裴承祖”，第55册，第139—140页。

⑥ 《全辽志》卷3《职官》，第584页下、［明］刘效祖：《四镇三关志》卷8《职官考》、《三万卫选簿》“指挥使佟国臣”，第55册，138—139页。

⑦ 《辽东志》卷5《官师》，第420页。《三万卫选簿》“指挥同知刘国威”，第55册，第154—155页。

⑧ ［明］刘效祖：《四镇三关志》卷8《职官考》、《三万卫选簿》“指挥佥事王世禄”，第55册，第185页。

⑨ ［明］刘效祖：《四镇三关志》卷8《职官考》、《明武宗实录》卷117，正德九年冬十月丁未条。《三万卫选簿》第55册，第174页：佟宣本自在州达官，因“守备不设参问充军终身”故，佟贤袭职令于三万卫带俸差操，故《四镇三关志》注为“安乐州人”。

间曾分守锦义、开原参将中有都指挥同知高云，此人是自在州达官。[①] 明中期女真达官因羁縻卫所的破坏，优养待遇逐渐削减殆尽。后世由于人口增加的压力，除嫡支还能承袭世职俸禄外，庶子旁支迫于生计，或耕田为民，或应募为兵，或贸迁为贾，融入了辽东社会。尤其嘉靖军制改革，募兵成为补充兵员的主要来源，曾寄籍优养的女真后代也应募编伍，他们身负朝命，领兵戍守一方，在军役上与军籍女真几无差异。

军籍女真与孑身一人或携妻带子避难内迁的寄籍女真相比，最大的特点是久居辽东卫地。有明二百余年，子孙世袭武职，婚姻连比，大多都成了地方大户。据达官婚姻社会关系考察，最初三代联姻一般是本民族之间，不越出卫所门当户对的家庭，三代之后才有打破卫所和民族的局限，与门当户对的汉族文官家庭或其他职业的大户人家联姻。[②] 透过婚姻关系也可以判断军籍女真大户，以及两州女真达官婚姻社会关系的复杂性。以往的研究关注到佟鹤年、佟卜年家族对辽东局势的影响，其中反映出世家大族的作用，不只是凭借军兵多寡，还有家族和姻亲的呼应，而家族的社会关系又如上述的复杂。所以，明天启年间以佟养真之叛而株连亲属[③]时，所触动的不是简单的个体家庭或佟氏一族，而是瓜蔓枝连的社会关系。定居辽东200余年的军籍女真官员，除第一代外，后嗣子孙皆出生中原，虽然从现存的墓志铭看，他们对祖先的非汉民族身份仍有记忆，但世受儒家思想熏陶，又身负朝命地位优崇，应该说对明朝的认同就是对家族利益的维护。但事实却相反。

讨论到此，我们发现明代辽东女真问题，揭示的已不是民族关系，而是辽东社会问题。明朝对女真有不同鞑靼的一贯政策，“要在随方拊辑，处置得宜”[④]。为此女真人口不断向毗邻的辽东（准确说是河东）地区流动，有明女真人在辽东的大量集聚，不仅强化了“华夷”杂居的程度，还推动多元文化杂糅，带有一些不同中原文化的特点；他们久居辽东，因姻亲连比，融入了“辽人”社会。可以说这就是明代“辽人”的内涵所在，既多元又是利益攸关体。明末抚顺、开原连连失陷，不知所措的朝廷将失败的责任归咎到带有异化特点的辽人，于是“辽人不可信”，“辽人不可用”，成了朝廷争论不休的话题，甚至党争的利剑，使处于战火煎熬中的辽人将领无所依归。明廷对“辽人”的戒备，最终成就了后金。

---

① ［明］刘效祖：《四镇三关志》卷8《职官考》。

② 参见拙文《碑铭所见明代达官婚姻关系》，《中国史研究》2011年第3期。

③ 《明史》卷241《王纪传》。

④ ［明］严从简：《殊域周咨录》卷24《女直》，中华书局，2009年版。

明与女真曹子谷之战考

孟凡云（中南民族大学）

万历十年（1582），明朝东北守军与海西女真北关[①]部落（首领逞家奴、仰家奴）、建州女真首领王杲余部（王杲已于万历三年被杀，现首领为王杲之子阿台、阿海）联合力量之间爆发一次大战，女真大败。因双方作战地点为曹子谷，史称曹子谷之战。

曹子谷之战，有很多细节需要查明。首先是战役起因，《明史》和《清史稿》都记载是阿台为给父亲报仇，但两书所记略有差异。前者谈阿台联合海西女真中的北关逞家奴、仰家奴势力共同进攻海西女真南关[②]虎儿罕（哈达部，前首领为王台）所属部落，并数次进犯明朝边境的孤山和汎河等地，明朝方面反击，出现大战。“初，王杲死，其子阿台走依王台长子虎儿罕。以王台献其父，尝欲报之。王台死，虎儿罕势衰，阿台遂附北关合攻虎儿罕。又数犯孤山、汎河。成梁出塞，遇于曹子谷，斩首一千有奇，获马五百”。[③] 后者则说阿台勾结海西女真叶赫部杨吉砮（即仰家奴）联合进攻南关虎儿罕赤（即虎儿罕），明朝边吏去制止阿台，阿台拒绝听令，明朝方面出兵抵抗，遇于曹子谷，战役爆发。“王台卒，阿台思报怨，因诱叶赫杨吉砮等侵虎儿罕赤。总督吴兑遣守备霍九皋谕阿台，不听。李成梁率师御之曹子谷、大梨树佃，大破之，斩一千五百六十三级”。[④] 在战役起因问题上，需要弄清，第一，阿台是否与仰家奴等联合进犯虎儿罕？第二，假定阿台等真的进犯虎儿罕，明廷有无权利干涉？此外，还需弄清的问题是，阿台等是否因对明边发动进攻而惹火烧身？曹子谷之战的过程如何进行的？故此，曹子谷战役中有诸多语焉不详的内容需要考证，事关重大，本文考证其详，将相关史实辨明，是非清晰。

一

阿台是否与仰家奴等联合进犯虎儿罕？

虎儿罕是海西女真哈达部首领之一，在其父王台时期，所部控制范围很广，“是时万（即王台）所领地，东则辉发、乌喇，南则建州，北则叶赫，延袤千里，保塞甚盛”，[⑤] 且此部首领属于女真中的亲明力量，是明廷极力扶植的对象。但王台及虎儿罕

---

① 扈伦女真四部之一叶赫部，因与明朝贡市地点在“镇北关，地近北，故明谓之北关”。《清史稿》卷223《杨吉砮传》，中华书局，1977年，第9135页。

② 扈伦女真哈达部，因与明朝贡市地点“在广顺关，地近南，故谓之南关”。《清史稿》卷223《万传》（万即王台），第9129页。

③ （清）张廷玉：《明史》卷238《李成梁传》，中华书局，1974年，第6187页。

④ 《清史稿》卷222《王杲列传》，第9126页。

⑤ 《清史稿》卷223《万传》（万即王台），第9131页。

本人对海西女真的统治颇不得人心，“万暴而黩货，以事赴诉，视赂有无为曲直。部下皆效之，使于诸部，骄恣无所忌，求贿鹰、犬、鸡、豚惟所欲。使还，意为毁誉，万辄信之。以是诸部皆贰……万子扈尔干（即明人所说的虎儿罕）尤暴，所部或去从杨吉砮”。[①]

阿台所在的建州女真部落与哈达部有杀父之仇。万历三年，南关首领、哈达部王台向明廷捕献了建州女真诸部首领之一王杲，王杲所持敕书都落到了王台手中，王杲之子阿台、阿海自然要向王台报仇复国。“（阿）台与（阿）海怨王台（即万）尝缚其父……于是诱逞（家奴）、仰（家奴）二奴窥汉东北塞，因图危台子虎儿罕。”[②]

海西女真北关首领、叶赫部的清佳砮、杨佳砮也与哈达部有杀父之仇。两人的父亲祝孔革（《清史稿》作诸孔格）被南关首领王台之叔父杀害，“褚孔格阻兵，数反覆，为哈达部长旺济外兰所杀，明赐敕书及所属诸寨，皆为所夺”，[③]“夺其贡敕七百道，及所部十三寨”。[④] 这些敕书和寨子后来都落在王台手中。祝孔革之子清佳砮、杨佳砮自然也希望向王台报仇复国，并已经取得了一定的胜利。[⑤] 但，他们还在努力，希望夺回更多的敕书即寨子。

所以，阿台和清佳砮、杨佳砮都有对哈达部作战报仇的充分理由。万历十年七月，王台死，[⑥] 王杲余部阿台和祝孔革余部等纷纷准备向王台之子虎儿罕等清算旧债。但明边吏却出面进行干涉，要求他们放弃杀父之仇，灭国之恨，听从虎儿罕的约束，“不得欺侮王台诸子，然后许入贡市如故约”，[⑦] 结果自然遭到拒绝。扶植如此力量，明廷采取的立场根本谈不上公正合理，自然难以服人。叶赫部因为距离哈达部较近，与哈达部有着千丝万缕的联系，想置身事外而不可得。王台一死，哈达部马上发生了严重内讧，其长子虎儿罕与外生子康古六（《清史稿》称康古鲁）因财产发生纠纷，康古六投附北关叶赫部。“万卒，康古鲁与扈尔干争父业。扈尔干怒曰：‘汝，我父外妇子也，宁得争父业乎？不避我，我且杀汝！’康古鲁因亡抵清佳砮，清佳砮妻以女。”[⑧] 康古六此举，真是正中叶赫部下怀。但，阿台等还只是“图”，并未见实际行动。

因此，万历十年，阿台尚未与叶赫部清佳砮、杨佳砮联合对哈达部采取行动，却引发明廷兵戎相见。

---

① 《清史稿》卷223《万传》，第9131页。

② 《万历武功录》卷11《阿台、阿海传》，中华书局，1962年，第1045页。

③ 《清史稿》卷223《杨吉砮传》，第9135页。

④ 《清史稿》卷223《万传》（万即王台），第9130页。“杨吉砮构乌喇与扈尔干（即虎儿罕、虎儿罕赤）为仇，遂收故所部诸寨为旺济外兰所侵者，取其八寨，惟把太等五寨尚属万”。

⑤ 《清史稿》卷223《杨吉砮传》，中华书局，1977年，第9135页：“会万老，势衰，杨吉砮……以隙复故地季勒诸寨。万子扈尔干所属白虎赤等先后叛归杨吉砮，杨吉砮势日盛，万遂以忧愤死”。

⑥ 《清史稿》卷223《万传》，中华书局，1977年，第9131页。

⑦ （明）瞿九思：《万历武功录》卷11《逞家奴、仰家奴传》，中华书局，1962年，第1015页。

⑧ 《清史稿》卷223《扈尔干传》，中华书局，1977年，第9131页。

二

即便阿台等确实与叶赫部清佳砮、杨佳砮联合进犯虎儿罕，明廷有无权利干涉？我们必须先了解明朝与女真各部关系的发展及其实质，为明真之间是非曲直的关系确定一个标准。

有明一代，明朝处理与女真各部关系的目的或是为了打击、抑制故元蒙古势力，或为维护与李朝关系，或为维持自身天朝上国地位，而很少从明真关系的单一角度考虑问题，更不会站在女真角度考虑女真利益。

明初，为了巩固、发展明政权，包围蒙古故元势力，切断其与李朝之间的政治、经济联系，明朝希望女真成为其抵挡蒙古势力侵略的屏障。自明太祖、明成祖起，明朝对女真各部极尽拉拢招徕之能事，奉行军事征服、和平招抚的两手政策，相继建立辽东都司、奴儿干都司起，女真各部就已经处于明朝统一主权的管辖之下。其中，永乐七年（1409）设立奴儿干都司，以内地官员担任要职，即流官制。此后明朝继续加强对当地少数民族招抚，在黑龙江、乌苏里江流域设置卫所，实行土官制，通过当地各族首领人物建立起了对东北边疆地区及当地各族的有效统治。这是奴儿干都司的基层组织。宣德时，明朝废止了奴儿干都司，完全依靠卫所土官对女真各部进行控制。不论是奴儿干都司的流官，还是卫所制的土官，明真之间都是中央与地方的关系，其具体内容诸如定敕贡、开马市贸易、设驿道交通等，都是双边的，即双方各有职责和义务。这是明朝为加强对女真管理，将女真纳入其抵抗蒙古、李朝力量的防守战线而给予女真的物质优惠，从而体现了明朝的政治满足感、军事上的安全感，女真则在表达了政治顺从，参加了防守协定后，也加强了与内地的政治、经济、文化联系，增强了自身实力。这种各有权力和义务的双边关系才是明真关系的基础。

明中期以后，尤其是正统以后到嘉靖中期的100年间，随着蒙古内部瓦剌、鞑靼力量此消彼长并对女真攻战的影响，明朝在内外多重压力下对北部边疆包括对女真控制能力的削弱，以及女真内部各卫所势力的变化等等，明真关系也发生重大变化，其内容日渐复杂。一方面是女真卫所首领要求明廷尽天朝上国义务，保护女真势力不受蒙古内部瓦剌、鞑靼和兀良哈三卫力量的侵犯，并大力发展明真之间联系和交往，争取更多时间和各大空间壮大自身力量。他们的朝贡人数大量增加，朝贡次数越来越频繁，时间越来越长；对马市的时间、地点等也希望拉长、扩大。另一方面，随着明朝实力下降，蒙古、女真和李朝势力增长，明方无力抵抗蒙古势力，甚时连自身安全都难以保证，更无法保护女真力量。不仅如此，明朝还力求减少以至避免交往，以减轻压力或消除潜在威胁。因此，对女真入贡的人数、次数和时间等限制越来越严。两者之间背道而驰的矛盾要求造成了双方履行朝贡关系时的态度、行动都发生变化，从而矛盾、冲突时有发生，这集中反映在对朝贡通行证——敕贡文书的态度上。明朝一方极力控制敕贡文书的数量，力图确保其真实可靠；女真一方则为了争夺敕贡文书而用尽手段。

由于多种因素作用，还在正统初期，敕贡文书的承袭就出现了混乱（双边关系长时间发展、民族内外关系复杂以及女真首领家庭内部变化等情况都是造成敕贡文书混乱的原因)。正统二年(1437)十月“行在兵部奏,兀良哈及鞑靼、女真人等来朝贡者,进马或三五匹,动辄三四十人,有回至中途复来者,多有不逞之徒,诡冒其间,引诱为非,俱无公文照验,道经城镇关隘,总兵、镇巡等官略不谁何,一概纵放,所过凌辱驿传,骚扰军民,需索剽夺,其害非一,乞禁止之”。[①] 嘉靖初期,“夷人敕书多不系本名,或伊祖父,或借买他人,或损坏洗改,每费审译”。[②] 此后,进贡敕书集中于女真内部大酋手中,海西女真南北关之间的纷争更直接围绕敕书进行。“故事,两关皆海西遗种,国初收为属夷,给敕书凡九百九十九道,南关凡六百九十九道,北关凡三百道,每一道验马一匹入贡。中间两关互有强弱,故敕书亦因之以多寡异耳。初,逞、仰兵力强盛,以故北关敕书独多,后王台盛,复大半归南关,而北关才得四之一耳。及台与虎儿罕赤死,延及歹商,势益衰落,而卜寨、那林孛罗强,先已得八十道,竟欲以百二为请。于是制置使欲均平,南关凡五百道,北关凡四百九十九道。”[③] 敕书混乱造成各卫所首领职位承袭困境,并进一步发展为对明朝政策不满,“以无授官玺书可征,不复承袭,虽岁遣使入贡,第名曰舍人。以是在道不得乘传置,锡宴不得予上席,赏赉视昔又薄,皆忿怨思乱”。[④] 所以,正统以后明真之间矛盾不断激化,冲突时有发生,甚至是引发局部战争。

嘉靖中期以后,随着蒙古左翼各部势力南下及其对兀良哈三卫、女真势力的渗透,辽东关系更加复杂和扑朔迷离。蒙古左翼各部南下后,屡次要求与明朝通贡互市,却一直遭到拒绝,因而双方大战时发。迫不得已,蒙古只好一边求贡,一边通过三卫、女真与明朝原有的贡市关系获取自己利益。这就使得通贡敕书的紧俏混乱形势更加严重,矛盾冲突频繁发生。三卫、女真各部势力,或迫于蒙古压力,或出于自身考虑,在与明朝进行和平交往以及发生军事战争中,或主动、或被动地与蒙古势力联合,在“土木之变”、“庚戌之变”发生后的这些变化更增加了明朝方面的屈辱感和恐惧感。明真之间上下级从属关系在按惯性发展同时,双边义务尤其是明朝方面义务被有意无意地忽视以至遗忘,应尽职责变成了日趋衰落的明朝不堪承受的负累,明真关系中女真方面有限的勤王、卫边作用与明朝承载的朝贡回赐、关市负担和处理冲突的人力、物力、影响等义务相比,已经日渐成为鸡肋。但,双方关系永远都是双刃剑,在得到权力同时必须要履行义务。在明初拉拢女真防范蒙古的时候,明廷就应该明白天下没有免费午餐这一道理。

因此,不论是明真之间的双方互利,还是矛盾冲突,甚至是局部战争,双边关系都是明朝处于上国得到政治优越地位、女真从属明朝得到经济实惠的合作关系。这是有明一代明真关系的实质,是我们今天衡量明真之间所有事件是非曲直的一个基本标准。说到底,建州女真、海西女真各部都是明朝的地方政权,是明朝通过卫所土官制实行半军事化统治的对象。明廷的“以夷制夷”政策,是承认各部首领,通过首领控制各部势

① (明)《明英宗实录》卷35,正统二年十月癸未条,台湾中央研究院校勘本,1962年。

② (明)《明世宗实录》卷12,嘉靖元年三月乙卯条,台湾中央研究院校勘本,1962年。

③ (明)瞿九思:《万历武功录》卷11《歹商传》,中华书局,1962年,第1011页。

④ (明)马文升:《抚安东夷记》,薄音湖、王雄点校:《明代蒙古汉籍史料汇编》第一辑,内蒙古大学出版社,2006年,第125页。

力。而不是明廷直接插手女真内部事务，在女真中再扶立一个或几个代理人，由代理人代其行使职权，控制其他部，率众忠于明朝，为明朝守卫边疆。这样的做法对明朝从短期利益和长期利益上讲，都是百害而无一利的。各部与明朝的关系也一直是朝贡关系，因为女真对明朝经济上的依赖性，一般情况下，各部也不会对明朝轻言战事。

基于此种关系基础，明廷扶植哈达部，压制其他各部对哈达部让步，本身就是错误的。王台的强大对明廷危害只能更大。而王台势力扩大，侵犯了王杲部和叶赫部之后，明廷还在扶植哈达部更是错上加错。所以，即便阿台与叶赫部清佳砮、杨佳砮联合对哈达部虎儿罕作战，明廷对策更应该是进行调解，压制哈达部对叶赫部、建州女真部落让步，使得女真各部势力均衡发展。而不是扶植哈达部，压制叶赫部和建州女真。

万历十年，李成梁对建州女真王杲之子阿台、阿海的曹子谷之战，明廷目的何在？"总督侍郎顾养谦亦谓：'岱善（哈达部虎儿罕之子）弱而多疑，即歼诸酋立之，不能有其众。不如释康古鲁，使和岱善，则万（王台）子孙皆全。岱善内倚中国，外结建州，阴折北关谋，实制东陲胜策也。'夏四月，遂释康古鲁而谕之曰：'中国立岱善，以万故。囚汝，以助北关侵岱善也。汝亦万子，不忍杀。今释汝，和诸酋，修父业。岱善安危，汝则任之。'康古鲁听命，因令岱善以叔父事康古鲁，以祖母事温姐，刑牲盟。且进布寨（叶赫部清佳砮之子）、纳林布禄（叶赫部杨佳砮之子）使者诫谕之。为均两部，敕孟格布禄（王台次子）出岱善妻子五人，及所部种人三百二十三、妇稚五百四十三、马牛羊数百，归岱善。"①备兵使王缄"乃移台御史顾养谦，大略以为，歹商（即上文岱善）不立则无海西，无海西则二奴（叶赫部清佳砮、杨佳砮，明人称之为二奴）之子北结西虏，南连建州，而开原危，河以东且西急土蛮、三卫，东急东夷，腹背受敌，而左右狼顾……则胜败安危益不可测"。②"制置使使使者戒二奴，不得欺侮王台诸子，然后许入贡市如故约"。③所以，此次战役（包括这一时期其他战役）是明朝为了实现扶植"忠顺"明廷之海西女真南关势力，以南关统治、控制其他女真各部，令女真完全顺从的目标，采取了直接插手女真内部，对南关以外的北关、建州女真各部势力（也同样忠顺于明朝）直接出兵，大肆剿杀行动而引起的战争。在这错误对策指导下的行动更是大错特错。

可惜的是，时过境迁，明廷没有人懂得这些，也忘记当初拉拢女真各部的初衷了。甚至有些人为了自己功业，而有意为之。

三

阿台既然尚未联合叶赫部清佳砮、杨佳砮对虎儿罕作战，那么他们是否因对明边发动进攻而惹火烧身？

《明史》说他们"数犯孤山、汛河"，事情是否属实？实际上，当时仅仅在边界地

① 《清史稿》卷223《万传》，中华书局，1977年，第9133页。

② （明）瞿九思：《万历武功录》卷11《歹商传》，中华书局，1962年，第1008页。

③ （明）瞿九思：《万历武功录》卷11《逞家奴、仰家奴传》，中华书局，1962年，第1015页。

区发生了四次小冲突，“从孤山堡矮岭冲入，卤三人，射死汉马一匹。已，从汎河白家冲古岭台入，卤二人。已，从抚安堡入，卤四人。已，从大虎头入，射死苍头军徐得母倪一人，夺汉马一匹”。[①] 总计有汉人九人被掳，明兵一人被杀。

孤山堡在今天本溪东南，[②] 距离阿台部所驻扎的古勒寨直线距离为二百四十多公里，距离王兀堂部的直线距离八十公里，比王杲部更近一些。万历初，明廷辽东拓地时涉及孤山堡，拓地直接影响的女真部落就是王兀堂部。“大将军李成梁奏，记长岭、张其哈剌佃子东邻兀堂，北旁王杲，乃诸夷必争之地。今兀堂不欲争，王杲又不能争，莫若乘是时移孤山张其哈剌佃子”。[③] 所以，这次冲突更应该是王兀堂余部所为。汎河在今天铁岭西南，[④] 距离明朝辽东都司的西部边界更近，阿台部不可能进入明境，纵深内部进行活动，这应该与阿台部没有关系。抚安堡在今天铁岭东偏南，[⑤] 属于阿台部辖地，这应该是阿台部所为。大虎头不知详细地址，我们暂且也算在阿台的头上。那么，把抚安堡和大虎头两次冲突都算在阿台账上，不过是汉人四人被掳，明兵一人被杀而已。这些都是小冲突，平时交往中经常发生的（一旦贡市关系中断，冲突规模比这都要大些）。这样的冲突怎么可能是阿台对明边发动的进攻呢？在阿台与叶赫部没有联合行动的前提下，又怎么招致李成梁出兵“追逐”呢？

没有“数犯”，而被捏造成“数犯”，其目的何在？不言而喻。

四

对曹子谷之战过程，诸史记载却都不着笔墨，一带而过。曹子谷战役到底是如何进行的？

曹子谷之战的叙功时间，《明实录》系于万历十年十一月丁巳条，“岭南辽左大捷，文武群臣称贺……建州逆杲遗子阿台勾连北虏，抢掠孤山，阴图大逞，总督吴兑檄镇巡提兵袭击”。[⑥] 具体作战时间并未提及，推测肯定在此之前的七、八月。其他大部分史籍也都没有详明。按照当时明蒙战役的惯例，从战役发生到御史覆勘、宣捷、叙功，一般时间为三月左右。如万历十年三月，李成梁战胜蒙古速把亥，到六月宣捷，随后叙功。曹子谷战役，十一月宣捷、叙功，但查《明神宗实录》万历十年三月到十一月，没有作战记载，只是在宣捷时提到了李成梁出边作战及其结果。战事真的发生过么？

曹子谷，具体是今日何地？“曹子谷寨，在卫（辽海卫）东南塞外”。[⑦] 明辽东辽海卫设在今开原市老城北郊偏东的地方，曹子谷寨应在开原市东南、清河水库以东百里区

① （明）瞿九思：《万历武功录》卷11《阿台、阿海传》，中华书局，1962年，第1045页。
② 谭其骧：《中国历史地图集》第七册，中国地图出版社，1982年，第52—53页。
③ （明）瞿九思：《万历武功录》卷11《王兀堂传》，中华书局，1962年，第1028页。
④ 谭其骧：《中国历史地图集》第七册，中国地图出版社，1982年，第52—53页。
⑤ 谭其骧：《中国历史地图集》第七册，中国地图出版社，1982年，第52—53页。
⑥ 《明神宗实录》万历十年十一月丁巳条。
⑦ 顾祖禹：《读史方舆纪要》，中华书局，2005年，第1745页。

域内。[①]

曹子谷战役中参战的明将？《明实录》说，是总督吴兑“檄文”给李成梁的，李成梁出兵的。但《明史·吴兑传》对此战根本没有提及。其他史书均没有提及参战将领。歼敌如此之多的战役，只提主将，没有其他参与人员的名字（叙功人员很多，但叙功人员不等于参战人员）。这也不正常。

关于曹子谷之战俘斩女真人数的歧异。《明史》、《明通鉴》和《建州私志》都说是一千有奇。“成梁出塞，遇于曹子谷，斩首一千有奇，获马五百”。[②]“二奴因数掠孤山、铁岭，成梁勒兵出寨，大破之于曹子峪，得一千三十九级”。[③]《清史稿》和《万历武功录》说载相同，却是另外一个数字，李成梁“提兵追逐至曹子谷大梨树佃，诸虏骑接战，击破之，斩首捕虏凡一千五百六十三级”。[④]《明实录》说的又是一个数字，“建州逆杲遗子阿台勾连北虏，抢掠孤山，阴图大逞，总督吴兑檄镇巡提兵袭击，俘斩一千八十余人，歼明王十六，获达马几五百”。[⑤] 此次战役的歼敌数如此混乱似乎也是一个提醒，因为没有发生，也就没有定数。

关于曹子谷之战的种种细节，如此似是而非，没有准确数字。原因到底是什么？笔者不敢轻易断言此战为捏造、为虚构。但疑窦难消，期待以后能够解决。

综上，不论从明真关系角度，还是女真内部关系角度，曹子谷战役都是不该发生的。明廷在辽东实行间接的、半军事化统治，但却时时越俎代庖，处处横加干涉女真内政，插手女真矛盾纷争的不当做法，不仅大违当初招抚女真的原意，还破坏了明蒙“隆庆议和”后的息兵安民局面，造成辽东战火纷飞，牵制明廷大量兵力，浪费大量人力物力，兵民不得安息。正是这种做法，导致了明真矛盾迅速激化。多行不义必自毙，其结果，女真的抗明是必然的结果。不是努尔哈赤起兵，也会有其他人起兵抗明的。

---

① 国家长城资源调查组2007年认定，广顺关在水库南岸的淹没区内。曹子谷既在辽海卫的东边塞外，就应该在广顺关以东的地方，又不会出边太远。

② （清）张廷玉：《明史》卷238《李成梁传》，第6187页。

③ 《中国野史集成》第39册，巴蜀书社，1993年，第190页。

④ （明）瞿九思：《万历武功录》卷11《阿台、阿海传》，中华书局，1962年，第1045页。

⑤ 《明神宗实录》，万历十年十一月丁巳条。

重新审视清代与世界史的关系

陈支平（厦门大学）

一

谈论清代的历史地位，大概没有人会否认清代与世界史的紧密关联。然而，以往人们在研究清代历史地位及其与世界史关系的时候，往往忽视了两个问题：一是就清代论清代，把清代与世界史的关系仅局限在清代之内，而未能从更长远的历史时空中去考察中国与世界史整体格局的变化；二是近现代的学者，大多以“反满革命”的思维来论述清朝的历史功过，特别是对于清代后期中国的丧权辱国，归咎于清朝政府的闭关锁国、自大腐朽等一系列的无能执政之上。

其实，对于19世纪西方列强的入侵以及清朝政府的丧权辱国，当时的大部分士大夫和知识分子的认识是十分清醒的，即此为“千年未有之变局”。清朝作为传统中国的一个王朝，在政治体制、文化意识等各个领域，与宋、明等之前的王朝，基本上是一脉相承的。西方列强的入侵，毫无疑问也是中国历代王朝所未曾经历过的。在这种“千年未有之变局”面前，所有承袭传统体制与意识的王朝统治者们，大概都将一时举手无措吧？因此，我们如果要比较公正客观地评价清代的历史地位，就必须尽可能地淡化近现代以来人们所形成的“反满革命”的单线思维方式。同时，也有必要进一步探寻世界历史的演变历程以及清代在这一历程中所处的一个怎样的历史地位。

在讨论清代与世界史的关系之前，我们有必要简单回顾一下传统中国对于所谓世界的基本认识。从上古三代以来，中国人对于所谓世界的概念是相当模糊、界限不清的，“普天之下、率土之滨”是延续了数千年的定式说法。再由于中华民族拥有一块无与伦比的肥沃土地，风调雨顺，足于养育万民，因此“以农立国”的基本国策，直至20世纪之前从未改变过。在这种以农业为根本的文化思维的支配下，中国人对于所谓世界的态度，呈现出两个基本的特征。一是不存在对外扩张特别是向外殖民的战略概念；二是“以自我为中心”的国家意识一旦受到外力的冲击，将本能地产生吸收外来因素来补强自身，从而尽快地适应新的世界的变迁。这种充满包容性和适他性的文化传统，大概就是傅衣凌先生所阐述的中国传统社会的“弹性”性格吧。

二

突破清代王朝的时间界限，我们有理由认为，人类历史上真正所谓的“世界史”的概念，应该是形成于15—19世纪。在西方世界与东方世界发生较大规模的碰撞交流之前，西方世界充其量也只是较大范围的“区域史”。同样的，东方世界的活动范围大多建立在农业社会的基础上，其“区域史”的特征就更加明显了。然而，如果我们把中国的古代历史放到世界历史的发展进程中去考察，我们就不难发现，明代历史是中国历史从“区域史”迈进“世界史”的关键时期。换句话说，明代历史揭开了中国历史与世界历史相互交融的新篇章。我们要探寻清代社会与世界史的联系，就必须追溯到更早的十五世纪的明代社会。

15 世纪开始，西方的殖民主义者逐渐东来。到了 16 世纪初叶，西方葡萄牙人、西班牙人相继东航，他们各以满剌加、吕宋为根据地，逐渐伸张势力于中国的沿海。这些欧洲人的东来，刺激了东南沿海地主商人的海上贸易活动。于是嘉靖、万历时期，民间私人海上贸易活动，冲破封建政府的重重阻碍，取代朝贡贸易而迅速兴起。中国沿海海商的足迹几乎遍及东南亚各国。

15—17 世纪，固然是西方殖民主义者向世界各地扩展的时期，从而也逐渐推进了“世界史”的涵盖空间。但是其实在东方的明代社会以及明末清初时期，中国的商人们以积极进取应对的姿态，同样也把自己的活动范围向海外延伸进展。这种双向碰撞交融的历史进程，无疑在另一个源头促进了“世界史”大概念的形成与发展。因此可以说，15—17 世纪的中国明代社会，同样是推进“世界史”格局形成的一个重要组成部分。

历史进入 18 世纪，即清代的康熙中后期，从 15—16 世纪开始的“东西方碰撞与交融”，却突然沉静了下来。研究中国历史的学者们，对于这一世界历史的变化及其对于中国社会的影响，也基本上是不闻不问，视为无关紧要。事实上，这一“东西方碰撞与交融”的突然沉静，才是影响清代在世界史上的地位的重要契机。

在“世界史”整体格局基本形成的情况下，东方世界与西方世界的任何一方发生重要的变故，都将对相对的一方产生直接或间接的影响。只不过是这种影响很可能是以隐形的形式在今后较长的时间里才显示出来而已。康熙中后期之后即 18 世纪的整整一个多世纪里，世界史上的“东西方碰撞与交融”突然沉静了下来，是源于西方欧洲列强各国力量的重新组合与分化。16—17 世纪西方殖民主义者的东来，主要是以葡萄牙、西班牙两个国家为主体的。特别是在 17 世纪前中期，东西方的海上权益几乎为西班牙人所垄断。17 世纪后期，英国人和法国人奋起直追，并很快后来居上，打败并取代西班牙人成为东西方海上的霸王。然而在巨大的海洋利益面前，英、法两国互不相容，争夺殖民地霸权的斗争迅速展开。1689 年，开始了几乎拖延一个世纪、直到 1763 年英国大获全胜为止的接连四次的英法战争。

17—18 世纪英法两国争夺海外殖民地霸权的斗争，主要是在北美洲、非洲及亚洲的印度进行的。因此，在此期间，他们都无暇顾及远东的中国。1763 年英法两国的“七年战争”结束后，虽然海上霸权为英国人所控制，英国殖民者有了更广阔的拓展实力的前景。但是紧接着，法国爆发了资产阶级革命，再次对于欧洲的势力格局产生了严重的冲击。特别是 18 世纪末 19 世纪初拿破仑执政的出现，在欧洲引起了强烈的恐慌，欧洲再次卷入到长达十余年的战争之中。

显然，17 世纪后期直至 19 世纪初期长达百余年的西方欧洲政治格局的变乱和争夺北美洲、非洲、亚洲印度的战争，是造成东方清王朝康熙中后期之后即 18 世纪的整整一个多世纪里，中国与西方“东西方碰撞与交融”突然沉静了下来的真正原因。

从表面上看，17 世纪后期直至 19 世纪初期长达百余年得时间里，西方殖民主义者无暇顾及包括中国在内的远东世界，为清王朝的发展提供了一个比较安定的社会环境。但是在 15—16 世纪“世界史整体格局”已经形成的大背景下，这样的安定环境并不能给清王朝带来真正的发展机遇，相反的它更隔阂了中国与外部世界的了解与联系，甚至于隔阂了中国与西方的碰撞与对抗。

中国传统文化与西方中世纪后期以来文明变迁的一个重大区别，是中国的传统文化中较少包含对外扩张并且把自己的文化意识强加于他人的性质，而西方以天主教、基督教为宗教核心的中世纪及近代文明，有着较为强烈的对外扩张和对外殖民的性质。随着 15—16 世纪“世界史整体格局”的形成，西方殖民主义者向世界各地包括向中国的扩张与殖民，是一种必然的历史趋势，只不过是有着时间先后的差异而已。居于这样的一种历史趋势，传统中国应对的最好方式，不是暂时的沉寂于安宁，而是需要不断的“东西方碰撞与交融”。在碰撞与交融之间逐渐适应世界历史的前进。但是遗憾的是，由于西方欧洲在清朝康熙中后期之后至 19 世纪处的整整一个多世纪里无暇顾及远东区域，从而使得中国与西方的“东西方碰撞与交融”突然沉静了下来，这无疑使清王朝的中国失去了调整自身、适应世界历史变迁的持续性的机遇。因此到了 19 世纪三四十年代，当西方列强完成了自身的资产阶级革命和势力范围调整之后，再次来到远东区域，传统的中国就不能不举手无措，暂时地走向丧权辱国的困境。

近现代人们在论述清王朝在这期间的“闭关锁国”时，往往举出乾隆皇帝接见英国使节的一段对话。其实，对于乾隆皇帝这种话语的理解，我们同样不能仅仅局限在乾隆皇帝一个人身上，他的这种话语，实际上体现了传统中国至少是宋明以来绝大多数统治者乃至一般士大夫、知识分子对于自身与世界的认知。从传统中国的发展历史与文化变迁的自身轨迹上得出这样的认知，应该是十分正常合理的。传统中国地大物博，只要政治清平、风调雨顺，不失是一个国泰民安的国度，自然没有必要远涉重洋，与人争胜于千里之外。这种现实与心态，即使是在西方欧洲的法国，也在一定程度上存在过。西方历史学家在检讨 18 世纪英法两国争夺欧洲及海上霸权而最终法国失败的原因时，就注意到了这一点。美国历史学家斯塔夫里阿诺斯在《全球通史》中写道：“英国胜利的另一原因，移居殖民地的英国人较法国人多得多……重要因素是，法国土壤较英国土壤肥沃，法国的农民群众深深地依恋自己的土地，他们能够得到足够的收入，无须求助于移居外国。但是在英国……这些被逐出家园的人们提供了从英国移居殖民地的群众基础。”① 可见，历史发展及其转折的因素是极其复杂多样的。我们用一种固定不变的思维模式来评论乾隆皇帝及清王朝的世界观，显然是比较片面的。

有着五千年文明发展史的传统中国，人们对于自己的历史与文化充满着相当的自信是理所当然的，其文化的惯性思维同样也是理所当的。而当 15—19 世纪“世界历史整体格局”开始形成的转折关头，传统中国无疑需要一定的外部刺激，这也就是 16 世纪以来“东西方碰撞与交融”对于传统中国的重要性，反之，17 世纪后期至 19 世纪初“东西方碰撞与交融”的突然沉寂给中国所造成的严重后果。显然，我们把近代中国的

① 斯塔夫里阿诺斯著，吴象婴、梁赤民翻译：《全球通史》，上海社会科学出版社，1992 年，第 176 页。

丧权辱国完全归咎于清朝的所谓“闭关锁国”和“腐朽无能”，这也是十分不公正的。因为清王朝的这种政治思维与文化思维，是中国历史文化传承的必然产物，而不是任何一个朝代或一个人所能突发奇想的。

三

传统中国的政治与文化虽然缺乏对外扩张并且把自己的文化意识形态强加于他人的本质，但是这并不意味着中国的文化意识形态是一成不变的。恰恰相反，中国传统文化的另一个重要的本质，是它具有很强的包容性和适他性，以及吸收外来文化来增强自身的性格。自16—17世纪葡萄牙、西班牙殖民主义者东来的时候，不仅仅是东南沿海的商民们较快地应对了这种变化，即使是相当一部分的士大夫、知识分子们，也逐渐加入到东西方文化的交流之中。伴随着世界地理大发现和新航路的开通，西方思想文化及科学技术，也日渐向外传播。以欧洲耶稣会士为代表的西方知识文化阶层，与中国的传统知识分子和士大夫同样发生了碰撞与交融。

明代中后期欧洲耶稣会士的东来和中国传统知识分子及士大夫的积极回应，其可贵之处就在于当时的中国社会，是以一种包容开放的心态来与西方的思想文化科技展开交流的。这种包容开放的接纳心态，即使是比较于中国的盛唐时期，也是有过之而无不及。譬如耶稣会士艾儒略在天启年间来到福建的时候，当地集结了几乎所有当时著名的士大夫与学者，与之展开了积极的对话讨论，从而成为明末福建的一宗文化盛事。类似的情景，在中国的古代历史上，屈指难数，难能可贵。

明末清初传统中国对于“东西方碰撞与交融”的应对，其惯性还一直延续到清王朝的康熙年间。即使是康熙皇帝本人，也对西方的文明及其先进的科学技术产生了浓厚的兴趣，并且在促进东西方文化的交流方面发挥了相当的作用。我们不难设想，假如在18世纪西方的殖民主义者们持续16世纪以来的故态，一如既往地在远东区域滋扰妄图控制东方的海上权益进而侵占中国，中国的统治者与社会民众没有理由不奋起直追、革新图强。从这个角度来思考，17世纪末至19世纪初西方殖民主义者无暇顾及远东而停滞了原有的“东西方碰撞与交融”，对于传统中国来讲，是失去了一个适应新的“世界史整体格局”从而从容迈进世界历史的难得机遇。

虽然如此，当19世纪三四十年代西方殖民主义者卷土重来用大炮军舰打开中国大门，清王朝被迫与侵略者签订了一系列不平等条约之后，中国社会的各阶层人士，从来就没有停止过思考和探索自身的改良变革以及遏制西方列强侵略的应对之道。近现代中国百年的艰辛历程，也正是中国各阶层人民不懈自省、自强和奋斗革命的历程。中国近现代的一百年，对于苦难深重的中国人来讲，当然是漫长的岁月。但是把它放在历史的长河中来观察，它又是短暂的。近现代中国百年历史，既是苦难深重的历史，也是积极探索、求新求变的历史，更是传统中国成功蜕变与升华的历史。当我们今天回首这段历史的时候，有必要从传统中国的文化传承及其演变的长期趋势中去认识它、评价它，而不应该继续坚持着“激进革命”的思维来观察思考清代的这段历史及其与世界历史的关系，不应该把从鸦片战争以来社会各阶层包括士大夫知识分子乃至上层统治者的种种改良变革的努力，一笔抹杀得一无是处。虽然各个社会阶层的改革改良之道不尽相同，甚至差异很大，但是从文化传承的角度来思考，他们之间的联系及其延续性，是不能完全否认的。只有这样，才能更加客观全面地还原清代的本来面目和历史地位。我想，这大概也是我们今天重新撰写清史时所应当秉持的学术立场之一吧。

史学现代化研究的新探索

——《晚清电报与社会变迁》序

徐　凯　（北京大学）

改革开放三十余年，中国史学迅速发展，取得了显著成就。在百花盛开的史学园囿之中，中国社会近代化（或称现代化）的探索可谓奇葩一支，令人瞩目。尤其是北京大学罗荣渠教授的《现代化新论——世界与中国的现代化进程》、《现代化新论续编——东亚与中国的现代化进程》，堪称我国史学现代化理论和实践研究的奠基之作，也是正在走向世界的现代化研究中国学派的代表性力著，引起中外学人的广泛关注。宋人司马光编纂《资治通鉴》的宗旨是“鉴前世之兴衰，考当今之得失”①。这是自古以来历史学的显著社会功能。史学新领域的研究从理论与实践层面上，总结以往中国和世界近代化发展的艰难历程，为当今中国如火如荼开展的四个现代化建设提供弥足珍贵的经验，其现实意义之大是不言而喻的。

何谓中国社会的近代化？其始于何时，表现如何？中外学界看法不一。按照经典作家的社会发展理论划分，人类社会经历五个发展阶段，即原始社会、奴隶社会、封建社会、资本主义社会、社会主义社会，最终到达共产主义社会。从世界范围看，17 世纪中期，英国率先进行资产阶级革命，进入资本主义社会。之后，该国又完成产业革命，并引起欧洲各国的连锁反应。资产阶级革命同时又促进了科学技术的迅速发展，一批自然科学家伽利略、哥白尼、牛顿等在科技研究上大展才华。而此时在广袤的中国大地上，明朝、大顺农民军、清王朝三股政治势力正在金戈铁马地逐鹿中原，传统优势的中国科学技术也随之落伍了。尽管中外各国的近代化的时间、程度各异，但其实质是资本主义化。这是人类社会必然要经历的一个漫长历史发展阶段。

毛泽东在《中国革命与中国共产党》一文中指出：“中国封建社会内的商品经济的发展，已经孕育着资本主义的萌芽，如果没有外国资本主义的影响，中国也将缓慢地发展到资本主义。外国资本主义的入侵，促进了这种发展。”② 新中国成立后，循着毛泽东的前一句话，学界掀起了“资本主义萌芽”的大讨论。关于中国何时产生资本主义萌芽问题，有的学者主张“战国说”，或“唐宋说”，而多数学者认为，在 16 世纪中叶，即嘉靖、万历时期。地点在长江三角洲的南京、苏州、杭州一带，出现在纺织行业之中，表现方式则为“机户出资，机工出力”。“罔籍田业”的农民依靠“趁织为活”，“日取分金，为饔飧计”。其“萌芽”的程度是微弱的，也就是说，资本主义的雇佣生产方式还无法撼动根深蒂固的封建租佃关系。本次大讨论持续了十几年，先后出版了三

---

① 〔宋〕司马光：《〈资治通鉴〉进书表》，《资治通鉴》附录，中华书局，1987 年版，第 9608 页。

② 毛泽东：《中国革命与中国共产党》，《毛泽东选集》（合订一卷本），人民出版社，1968 年版，第 589 页。

本论文集，[①] 当时被誉之为中国史学“五朵金花”之一。足见学界对此重视的程度。

20世纪80年代初，我国改革开放伊始，西方史学理论和方法也随之传入。学人以“社会转型”，或以史学近代化、现代化的探究，取代了“资本主义萌芽”的讨论，成为中国学界关注的热点课题。从近代化的视角讨论明清时期社会的变迁，突破了以前单纯围绕“萌芽”论证明清社会变化的简单模式，使人们从一个更宽阔的视野，去认识传统社会的结构，解释影响社会发展的诸因素，阐述对社会形态的认识。这种研究方式的转变，起到了解放思想、促进学术发展的作用。[②]

19世纪中期，西方列强蜂拥而入，中国出现了“数千年来未有之变局”。外国列强在中国设立船舶修造厂，原料加工厂，经营交通运输，修筑铁路，开设银行，开办煤气、电力和自来水公司等公用事业。在“师夷之长技以制夷”、富国强兵的思想指导下，清朝兴办洋务，创办民族企业，训练新军，建立新式学堂等，引进把西方先进的科技与管理方式，培养各类人才，有力地推动了中国近代化的进程。正是毛泽东的后半句话所言，外国资本主义的入侵，促进了这种发展。十年余前，西方学界兴起了“后殖民主义理论”，其强调西方文明对于殖民地和半殖民地区域的知识体系的重建，以及这种知识体系对于该国历史研究的影响，值得我们重视与参考。

十余年来，史学界关于中国近代化问题从理论到实践开展了多方面的探索，成果颇丰，已蔚然成风气。夏维奇博士的大作国家社会科学基金项目成果——《晚清电报与社会变迁——以有线电报建设为考察中心》，即将付梓，为晚清社会近代化研究增光添彩，这是一件值得祝贺的事。

电报的发明是西方近代科学技术的重要成果之一，它同铁路、航运等先进技术一样，极大地促进了人类社会文明的跨越式进步。《晚清电报与社会变迁》一书将电报业的兴建，置于第二次鸦片战争后，“自强求富”洋务运动兴起，以及封建社会向近代社会转型等宏大的历史背景之下，加以深入细致的考察，比较全面地论述了电报的东延，中外、新旧势力的较量；电报的创建，厘清了中国架设首条电报线的时间，及电报业的发展；电报的运作，官商分办、合办与部办，及相关制度和技术；电报的中外沟通，中外接线交涉，电报收费，及中国同国际电报会议与相关组织；电报与晚清社会，电报对政治、中外战争、社会经济，及文化教育等的深刻影响，并将电报建设同当时的政治事件和相关人物结合在一起，作动态的史学考察，从而揭示了晚清近代化的艰难历程。可知该书选题既具有较高的理论和学术价值，又赋有很大的现实意义。

晚清电报业的开设对社会各个领域，乃至人们的思想观念，皆引发了深刻的变化，而影响更大的则是清朝政治变革。西方的邮政电讯传入中国，逐步地取代了官方的驿递制度。光绪三十一年（1905年），清廷开办无线电报。次年十二月，设立电报总局，隶属邮传部。以往国家上下行文书均由驿站传递，现多改为电报发出，形成了“谕旨”电寄和地方电奏制度，这不仅提高了朝野办事效率，也加速了朝政革新。台北故宫博物

---

① 1957年，中国人民大学中国历史教研室编辑《中国资本主义萌芽问题讨论集》，收入33篇论文；1960年，南京大学历史学系中国古代史又编《中国资本主义萌芽问题讨论集续编》，辑入20篇论文；1980年，南京大学历史学系明清史教研室再编《明清资本主义萌芽研究论文集》，编入25篇论文。

② 参阅高翔《论清前期中国社会的近代化趋势》，《中国社会科学》，2000年第4期。

也。‘众里寻他千百度，蓦然回首，那人正在灯火阑珊处。’（南宋辛弃疾《青玉案》）此第三境也。此等语皆非大词人不能道。”简而言之，似在治学的漫漫路上，须高瞻远瞩，困知勉行，方能顿悟有成。特录国学大师之语，当置座右，愿与维奇博士共勉。

古代官箴书与官德研究

岑大利（中央党校）

在中国传统政治体制中，官员担负着治理国家的重要职责，也行使着很大的权力。他们道德修养的好坏，直接关系到国家的兴衰和政权的稳定。所以历代统治者都十分重视对官员道德的培养和教育，规定了具体的道德标准和行为准则；许多政治家和思想家也将自己的亲身体会和从政经验加以总结，于是就形成了一套适应传统政治需要的为官之德的理论和方法。这套理论和方法比较集中地反映在历代的官箴书中，研究这套理论和方法，可以帮助我们探讨古往今来的执政规律，借鉴历史上解决官德问题的理论和方法，用它来观察和分析现实中所出现的“官德不修”的问题，加强对官员的道德教育。

一、官箴书的源流及其发展

古代官箴书是专门为做官者所写的书，原系百官对君主所进的箴言，据《左传·襄公四年》记载，周武王时，太史辛甲“命百官，官箴王阙”。西晋杜预注：“使百官各为箴辞戒王过。”秦汉以后演变成对百官的劝诫，即做官的箴言。这类官箴书源远流长，最早可以追溯到西周的《虞人之箴》，湖北《云梦睡虎地秦墓竹简》中的《为吏之道》，也是讲的为吏应遵守的一些道德原则。西汉时杨雄著《十二箴》，对各地的地方官提出了格言式的告诫。正式用《官箴》一名写书的是东汉学者崔寔，他以政论文的形式编写了一部《官箴》，因年代久远，后人从散佚中辑出了10篇，流传了下来。此外，还有不少学者和官员编写了一些官箴书。可以说，汉代开编写官箴书风气的先河。唐朝武则天认为百官应有一部指导自己言行的戒规，于是就组织人编写了《臣轨》一书，并将此书指定为贡举之士必学的材料之一。宋元时，官箴书有了一定的发展，吕本中、真德秀、张养浩等人，不仅是当时的名臣而且是循良之吏的典范。他们对官德都非常重视，并结合自己做官的经验教训，写了一些官箴书，在内容要求上都较过去有很大的提高。明清时代，官箴书进一步发展成熟，而且数量俱增，据不完全统计，这一时期的官箴书大约有400多种，内容较前代相比，不但集历代从政经验之大成，而且面向基层政府的官员，更具有针对性和实用性。

二、官箴书的种类及其官德内容

官箴书的作者有皇帝、大僚（包括宰相、御史、督抚等），也有许多曾担任过州县官、具有基层从政经验的退休官员，还有辅佐过正印官很多年的幕友，等等。由于作者的经历不同，因而他们所撰写或编辑的官箴书的体裁和内容也随之不同，粗略分类，有以下几种：公牍选编类，从政指南类、州县官入门类、传记汇编类、书吏指南类、幕学书类、戒石铭等[①]。这几类官箴书中都有许多官德的内容，有的是针对中央官的，有的是针对州县官的，有的是针对幕友的，有的是针对书吏的，有的是针对各级官员的。由于各级官员、幕友、书吏所担任的职责不同，因而书中所涉及的官德问题也有所不同，但是这几类书有一个共同的特点，就是把官德与从政技巧联系在一起，在论述良好的官德时也教授了适当的技巧，从而避免了简单空洞的说教，使得良好道德的实现不但具有可操作性，而且有了更大的保证，这也是官箴书得以传承下来的一个重要因素。下面就按上述官箴书的种类，介绍一下有关官德的内容。

（一）“公牍选编”中的官德内容。包括官方信件、告示、训令、移文、檄、报告等，内容十分广泛，从国家大事到地方风俗，从小民生计到社会生活，凡与各级官员职责相关的各个方面，都会谈到，有些是有用的，有些是无用的。公牍的作者大多数是高官显贵和文人学者，由于他们的地位重要，所担负的责任重大，而且与他们交往的人也多是显赫人物，所以在他们的书信中就常常涉及许多重大的历史问题，其中有关官德的论述也占了相当的分量。如明人吕坤的《实政录》、清人黄六鸿的《福惠全书》、清人觉罗乌尔通何的《居官日省录》、清人刚毅的《牧令须知》、清人徐寿兹的《学治识端》、陈宏谋的《培远堂偶存稿》、李渔的《资治新书》、樊增祥的《樊山公牍》等都属于这一类，还有一些公牍保存在其他种类的官箴书中，如宋人李元弼的《作邑自箴》等。这些公牍汇编的作者之所以将他们经手或撰写的从政文件选编成书，一是为了使它们能广为传布和保存下来，二是为了给其他官员提供指导或范例，以便他们在以后处理公务时能学习和参考，这一点从作者在序言中把公牍比作“圭臬”或“宝鉴”就可看出。下面就以晚明官员吕坤所编的《实政录》为例。

《实政录》是一部影响很大，且被广泛引用的官箴书。作者吕坤，字叔简，号新吾，河南宁凌人。历任襄垣、大同知县，山东参政、陕西按察使、陕西布政使、山西巡抚、刑部侍郎等职。在职期间，他多有建树，清廉公正，为小人所不容，后致仕居家，以著书立说为已任。《实政录》辑录了吕坤在地方和中央任职期间颁布的一些告谕和约令，分明职、民务、乡甲约、风宪约、狱政五部分，其中有关官德的内容主要集中在《明职》中，另外，在其他各卷中也多有涉及。吕坤认为，为政之要，首在明职，因而在“明职”中历述各级官吏的职责，并对各级官吏在履行职责时应具有的官德提出了具体的要求。如在“知州知县之职”中，他提出，州县官应当好父母官，多做对百姓有益的事情，“某事久废当举，我为举之。某事及时当修，我为修之。民情所好，如已之欲，我为聚之。民情所恶，如已之仇，我为去之。使四境之内，无一事不得其宜，无一民不得其所。”在“知府之职”中，他提出，知府应做到八个字：“廉爱严明，公诚勤慎”，才称得上是好官。在“盐运司之职”中，他提出，盐运使的职责是制定出“上不病国，下不病民，中不病商，”的法规，纠正那些“于商未尝不惠，于国未尝不急，而于民似不暇及矣”的法规。在“布政司之职”中，他提到，布政使的职责是在一省之内“凡关系军民利病，地方安危，风教盛衰，政治得失”的大事，都由他负责，所

① 本文对官箴书的分类参考了［法］魏丕信著，李伯重译：《明清时期的官箴书与中国行政文化》，《清史研究1999年第1期。

以他应督促郡邑百司，尽地利，戒侈靡，课桑麻，通商贩，引水利，驱游民，禁异端，均地粮，定征收，严起解，罪包揽，善催科，停滥抑，惩衙蠹，清苛税，定斗秤，访把持，兴礼教，定社学，重乡约，崇节孝，严保甲，简词讼，修祀典，严乡饮，收鳏寡等。这些内容都是紧贴民生，关系地方安危的大事，其执行的好坏也能反映出各级官吏和布政使的官德的优劣。在“督抚之职”中，他谈到，大官应该“我洁己而后责人之廉，我爱民而后责人之薄，我秉公而后责人之私，我勤政而后责人之慢。”也就是要求督抚身体力行，率先垂范，才能督责百司庶僚真正做到。在“教官之职”中，他提出：教官的职责是“联其长少，正其心术，端其趋向，约其放纵，抑其骄蹇，策其惰慢，教以立身行己之法，迪以济世安民之要。使居乡则为端人正士，出仕则为良吏忠臣。”总之，各级官吏所任职责是与他的官德紧密相联的，因为只有端正了官德，才能正确地履行职责，反之，只有在履行职责中，才能不断地实践和完善官德。

（二）“从政指南书”中的官德内容。这类书主要针对的是中央和地方的各级官员，内容涉及的范围广，数量多，是官箴书的重要组成部分。其中比较著名的有武则天的《臣轨》，吕本中的《官箴》，张养浩的《风宪忠告》、《庙堂忠告》，薛瑄的《从政录》，陈宏谋的《学仕遗规》《从政遗规》，《在官法戒录》，汪天锡的《官箴集要》，吕坤的《呻吟语》、刚毅的《居官镜》、乌尔通阿的《居官日省录》，可以说，这类书将如何做官的方方面面都论及到，为各级官员解答了各种各样的问题，既有理论指导，也有实际操作方法，是治理国家的丰富知识宝库。至于官德的内容更是占有重要的地位，几乎每部书都在首篇或前几卷就有专门论述，这也反映出中国官场文化强调“德治”的特色。概而言之，这类官箴书的官德内容有以下几个特点：其一，对官员提出基本的官德要求，无论是中央官还是地方官。如宋代吕本中的《官箴》在开篇首先提出了做官的主要原则，“当官之法，唯有三事：曰清，曰慎，曰勤。”将古代官德浓缩成三个字，便于记忆和实行。清代康熙皇帝由此得到启示，特书“清、慎、勤”三个字，“刻石赐内外诸臣”，名臣王士祯曾得到这一赏赐。[①] 宋代李元弼《作邑自箴》说：“谦、和、廉、谨、勤，然不出此五字。推而广之，则达矣。或者曰：公事如家事，官物如己物，岂有不集不惜者耶！”[②] 类似这样的官德论述，在此类书中占有相当的比重，并被摆在首位加以叙述。其二，对不同官职、不同岗位的官员分别提出官德要求。刚毅的《居官镜》认为，大吏“必须毁誉不动于中，喜怒不形于色，具有保罗所属之襟怀，与夫统驭群僚之器重。”“以诚敬格天，忠爱图治，公正率属、威惠驭下，视国事如家事，合众心为一心。”道府官“必须中正和平，推诚布公。”牧令应当与百姓“休戚相关，以目前之赤子，犹如膝下之子孙，民之所好者好之，民之所恶者恶之。”将帅必须“良由爱兵如己子，保民若婴儿，受命之日不问家，交战之时不顾身。”这就是各级官员各有自己的职能，因而其官德的原则也是各有侧重的。清代金庸斋的《居官必览》对刑狱、赋税分别提出不同的官德要求，关于刑狱官：“听讼以简省为功，而不可屈抑有冤以为简；用刑以宽仁为德，而不可滥释有罪以为宽”。关于赋税官，对百姓要有“宽仁抚爱之

---

① （清）王士祯：《古夫于亭杂录》卷1。

② （宋）李元弼：《作邑自箴》卷1。

情”，要使催征有章法可依，“上不误公，下不病民。”其三，对官员如何按官德的要求去做提出了具体建议。陈宏谋的《从政遗规》最为典型。书中辑宋明以来名臣硕儒有关临民治事的嘉言懿行，以及时势之利弊，编为两卷，主要有《吕东莱官箴》、《何西畴常言》、《王文公告谕》、《许鲁斋语录》、《吕新吾明职》等，内容从做人做官的原则到居官当遵循的细则，一一列出，如为官者要过的人际关、财富关、升迁关、名誉关、子孙关等等，都是居官从政要面临的实际问题，因而不仅在当时，就是在今天仍然有着很大的借鉴意义。元代张养浩的《庙堂忠告》也有这方面的建议：“惟君子为能见微知著，思患而预防之，于饮宴则防流连，于田猎则防荒纵，于营缮则防愈制，于货财则防损民，于爵赏则防僭及，于刑法则防滥杀，于君子则防疏远，于小人则防玩狎，于听览则防容奸，于征伐则防默武。”① 这些建议和提醒是非常务实和宝贵的，它恰恰是官员经常遇到却容易忽略的地方，也是保持官德必须警惕的地方。其四，树立和表彰了官员中的道德典范。这类官箴书常常汇集了各朝各代模范官员的事迹，表彰他们的高尚品德。如《居官日省录》的事迹栏，选录了许多官员自律或律人的事迹，如宗泽的危难关头慷慨赴任、史可法的死而不屈、范仲淹的不徇私情、徐有功的直言敢谏等等。曾在直隶做过县令的凌钟伦在1925年出版了一部《吏治模范》，汇集了从周代到明代大约150位模范官员的事迹。凌氏希望它有助于在动荡的军阀时代结束后重建一种比较文明的统治模式。

（三）“州县入门书”中的官德内容。这类官箴书最早可追溯到宋元时代。宋代有陈襄撰写的《州县提纲》、胡太初的《昼帘绪论》，元代有张养浩撰写的《牧民忠告》。这三部书是经典之作，在许多丛书中被一再重印。到了明清时期，这类官箴书逐渐多了起来，其中最有名的是张养浩的《牧民忠告》、汪辉祖的《佐治药言》（虽为幕学书，但其内容也涉及到州县官应注意的许多问题）、陈襄的《州县提纲》、袁守定的《图民录》、田文镜写的《钦颁州县事宜》和《州县当务》、潘杓粲的《未信录》、黄六鸿的《福惠全书》、郑端的《政学录》、徐栋的《牧令书》、杨昱的《牧鉴》、方大湜的《平平言》、徐文弼的《新编吏治悬镜》等。雍正时世宗皇帝曾谕令担任过州县正印官的封疆大吏李卫、田文镜各撰一篇《州县须知》，钦定合刊，颁行天下，因而该书的影响很大，但由于它过于简约，所以雍正以后又有许多县政管理的书陆续出版，较之更为详细、更具有操作性。而此类书的作者大多担任过州县官，对地方治理的复杂性和艰巨性非常了解，所以提出的官德标准和各种应对措施也比较切合实际，既考虑到州县官职责的要求，又照顾到州县官执行中的困难，将可能遇到的问题和应对的方法一一传授，从而为官员坚守良好的道德提供了帮助。概而言之，这类县政管理书中有关官德的内容和特点有以下几点：其一，这类书大多是为初入仕者写的，旨在帮助这些没有经验的新任州县官尽快地适应当地的环境，以履行好治理民众的职责，所以其内容针对性很强，像张养浩的《牧民忠告》、黄六鸿的《福惠全书》、郑端的《政学录》等书都记述了新任州县官从受职到上任的注意事项，到任后与各界交往的一般原则及常用公文程序，离任前的准备工作，以及与新任官的交接工作和离任时的注意事项等，各书所述详略不一，

① （清）张养浩：《庙堂忠告·远虑第四》。

院藏《电寄档》，即宣统元年至三年（1909—1911 年），军机处以电报发出的“寄信上谕”，记载了晚清重大事变。其中 300 余件较详细地记录了武昌起义事，例如，清廷电谕湖广总督吴瀓如何采取措施，坚决镇压革命党人。辛亥义举告成，吴瀓出逃，亦电告朝廷，长江流域形势十分危急，请求朝廷立即制定对策。清廷多次电谕各省，顾全大局，严加防范等。[①] 在中外战争中，电报的应用也促使清朝从传统战争向近代战争转变。电报对晚清社会的诸多影响，书中也加以论述，新见迭出，给人以启迪。

史学研究要创新，就应当将新资料与新问题较为完美的结合，二者缺一不可。陈寅恪先生强调：“一时代之学术，必有其新材料与新问题。取用此材料，以研求问题，则为此时代学术之新潮流。治学之士，得预此潮流者，谓之预流（借用佛教初果之名）；其未得预者，谓之未入流。此古今学术之通义，非彼闭门造车之徒，所能同喻者。”[②] 维奇博士可谓是“预流”者，《晚清电报与社会变迁》一书突出特点之一，就是征引新资料宏富，为梳理史事、考镜源流、创新立论提供了丰厚的史料基础。他查阅了文字浩繁的清代原始档案（包括英国、美国、日本等外文档案）、官修典籍、方志、文集、笔记、日记、近代资料丛刊、报刊等 200 余种类，参考学人论著近百种，尤其是分藏北京的清代朱批奏折（交通运输类等）、军机处录副（洋务运动邮电项等）、邮电部全宗等档案，以及《清代军机处电报档汇编》（影印全 40 册），披沙淘金，苦心孤诣，研求电报新题，用功甚勤。在学风浮躁的当下，维奇博士“宏约深美”的治学精神实为可讼。

我和维奇博士交往多年，关系较为密切。他在北京大学历史学系攻读博士学位期间，参加了我主持的《杰出历史人物与澳门》项目。维奇博士负责编纂《盛世危言——郑观应》。此间课题组成员一起飞赴澳门，考察圣保禄学院（三巴牌坊）、东望洋山灯塔、西望洋山小圣母堂、西洋坟场等历史遗迹，徜徉在中西文化交流的时空走廊；又在澳门档案馆、图书馆，查阅中外资料，拜访当地贤达，切磋学术，获益匪浅。他敏而好学，积学储宝，思路清晰，文笔典雅，给我留下深刻的印象。

维奇博士毕业之后，回到淮南师范学院执教，尔后，又进入复旦大学博士后流动站，继续研究深造。我们仍经常邮件往来，交流学术心得。2011 年夏季，维奇将大作《晚清电报与社会变迁》抛寄给我，嘱为之序。忽忆明末清初学者顾炎武“人之患在好为人序”之警语，但我还是欣然应允，为其作序文，其原因有二，一是我们多年的学术情谊，对他治学能力、水平多有了解。二为我多年参与北京大学、中国第一历史档案馆合作整理清代外务部 11 万件档案，陆续出版了《清代外务部中外关系档案史料丛编》（中奥卷、中西卷、中葡卷、中英卷），对晚清“近代化”的问题略知一二，借机谈了上述对中国近代化研究的一些浅显的认识，以求教于学人。

王国维先生在《人间词话》中指出：“古今成大事业者，大学问者，必有此三种之境界。‘昨夜西风凋碧树，独上高楼，望断天涯路。’（北宋晏殊《蝶恋花》）此第一境也。‘衣带渐宽终不悔，为伊消得人憔悴。’（北宋柳永《蝶恋花·凤栖梧》）此第二境

① 参阅〔台湾〕冯明珠《〈涓滴成洪流——清宫民国革命史料汇编〉编辑经纬与档案介绍》，《明清论丛》第十一辑，故宫出版社，2011 年。

② 陈寅恪：《敦煌劫余录序》，台北《中央研究院历史语言研究所专刊》，1991 年。

有的具体细致，有的比较简略，既有重复之处，也有独到之点，大都将官场的处事套路交代得十分清楚，非常适合初入仕者学习和操作。其二，这类书主要讲州县官要当好父母官，就要实行养民、教民和治民的有效措施，即积蓄仓谷、收养孤老、发展生产、兴修水利、救济灾荒、兴办学校、禁约风俗、管理文案、审理司法案件等等。如《福惠全书》中有礼制、文教、劝农、救荒、邮政、庶政各卷，《牧民忠告》中有听讼、宣化、慎狱、救荒各卷，《州县提纲》中有审理诉讼、监狱管理、催科钱谷各卷，《钦颁州县事宜》中有催科、弭盗、待绅士、借粜仓谷、听断、堂事、免行户、劝农桑各卷，《昼帘绪论》有临民篇、事上篇、僚采篇、御吏篇、听讼篇、治狱篇、催科篇、理财篇、差役篇、赈恤篇、用刑篇、期限篇、势利篇等。这些书所讲内容虽有重复之处，但却各有侧重，互为补充，从而比较全面、周到地论述了州县官在采取这些措施时应注意的官德问题和解决办法。其三，这类书特别提到州县官对胥吏的防范和幕客应具备的品质。如黄六鸿在《福惠全书》中谈到，衙门中的胥吏和衙役供职的目的就是为了谋利，几乎是人人想作弊，事事可作弊。作为州县官，为了防弊就必须精明，精明的前提是要明白办事程序。所以书中对所有事务的办事程序都交代得十分清楚，并且告诫州县官，只要稍不按程序办事，胥役就有机可乘。在交待每个程序时，他还把可能被用之作弊的环节都指点得非常清楚，并交代了防弊措施。汪辉祖在《佐治药言》中谈到，要做一名合格的幕僚应具备尽心、虚心、品行端正、自食其力、公正无私、廉洁节俭的品质，还应明习法律，理解法律条文的精髓等等。其四，这类书对州县官应具备的官德标准讲的非常具体实用，将道理寓于各项职能的实施中加以劝诫，如《牧民忠告》在“拜命”篇中讲到，州县官在接到任职的命令之后，要在心理上先做好准备，要“省己”，“克性之偏”，“戒贪”等。在“慎狱”篇中讲到，州县官对犯人要有“存恕”之心，要“哀矜”、“自责”。又如《州县提纲》中有“洁己”、“平心”、“专勤”、“奉职循理”各篇，都是结合实际讲道理，设身处地为州县官着想，提出的官德要求合乎情理，容易为地方官所理解和接受，而不是简单地、空洞地讲大道理。其五，这类书对州县官在上下级和社会各阶层打交道时应遵循的道德原则也作了详细的交待。如何事上？蔡世远《送黄张二令》说，州县官“事上贵恭不贵屈。”① 何士祁《事上》说，州县官对上级应“以敬慎将事，而不存虚假之心；以本色相孚，而不涉取巧之迹”。② 叶慎《作吏要言》说“事上贵诚敬，言貌亦不可苟，然至辩论公事，如自己见到十分，正当委婉力陈，未可将顺。”③ 以上都是说对上级要恭敬谨慎，以诚实的本色相待，而不可屈尊、虚假，言貌苟和，否则“终必为所鄙薄，慎毋蹈之。”如何事下？陈道《官戒示长兄》说，州县官“对僚属宜宽平和易，使人相信而不疑，”切不可“作威作福欲以生人敬畏”。④ 王凤生《僚属》说，对下要“随时体恤，量力相助，使其有以自赡而后可安于其职。”⑤ 以上所讲是上级对下级态度要宽和，平易近人，还有在生活上关心体恤和帮助。但有时

① （清）徐栋:《牧令书》卷2，蔡世远《送黄张二令》。
② （清）徐栋:《牧令书》卷5，何士祁《事上》。
③ （清）徐栋:《牧令书》卷5，叶慎《作吏要言》。
④ （清）徐栋:《牧令书》卷23，陈道《官戒示长兄》。
⑤ （清）徐栋:《牧令书》卷6，王凤生《僚属》。

候，上下级之间因某种原因产生矛盾，如果双方不能忍耐，就会让小人钻了空子，造成相互之间的不信任。所以，双方相处的最佳办法就是忍耐，决不能因一时不忍而失去彼此的信任，“必有忍乃其有济。”① 如何对待同僚？余自强《治谱》说，与各州县的同僚相处有六种形式：一是言语有礼貌；二是不可有无心之言；三是过失相规，使其能受；四是以诚心直道待之；五是彼此相敬；六是不可分党。这六点都是州县官必须注意的，也是与同僚搞好关系的伦理行为基础。② 如何对待辖区内的缙绅士夫？《居官必览》说，“接待缙绅士夫，谦和而庄令，君子乐尽悃诚，小人弗敢于谒。”“缙绅硕德，每事必咨，或髦士耆民，行高道隆者，特加隆礼，常以就正得失，虚怀求益。”③ 就是对待缙绅士夫要虚怀请教，特加隆礼，这样即可求得他们的帮助，又可端正社会风气。如何对待平民百姓？《居官必览》说，州县官应经常“巡历乡村，与山农野叟，欢然讲论，察访舆情，不烦人迎接，不累人一啜一杯，务期民志常通，欲恶与共。”④ 蔡世远《送黄张二令》说，州县官应“驭民以诚不以术”，“亲民之官其要有三：曰息讼、薄赋、兴教而已。”做好这三件事，百姓自然就安定了。⑤

（四）“幕学书”中的官德内容。据法国人魏丕信的研究，清代出版了大量幕学书，但其中不少仅以手抄本幸存至今，原因是“幕友知识只是具有高度专业化和高度复杂的性质”。幕学书的显著特征是“其调子非常实际，非常强调规章的复杂，而且几乎没有道德方面的说教”。⑥ 魏丕信这里所说的“没有道德方面的说教”指的是“钱谷”“刑名”之类的书，没有多少道德方面的内容，因而在此不多赘叙。但这并不是说，幕学书就完全没有官德的内容，最有名的幕学书是汪辉祖的《佐治药言》、《续佐治药言》和张庭骧的《入幕须知》，其中就有大量篇幅谈到作一个合格的幕友应当具备的品德。他们认为，幕友对地方官员所起的作用是十分重要的，他们所提供的谋略和技术直接影响到地方官的政绩，他们的道德品行与地方官也是互相影响的，所以《幕学举要》中说：“盖幕与官相表里，有能治之官，尤赖有知治之幕，而后可措施无失，相与有成也。”笔者认为，从事幕僚与做官既有相同之处，又有相异之别，所以幕学书与其他官箴书相比，在官德要求方面有以下几个特点：一是幕学书重点讲幕僚在辅佐州县官时应具备的品德和技巧。如汪辉祖认为，当幕僚的根本是要尽心，而要尽心，必须尽言，而要尽言就必须遵循合则留，不合则去的原则。幕僚自身还应该立品，就是要树立信义，使主人相信你的人品，才能采纳你的建议；立心要正，就是处理公务要公私分明，顾全大义而不计较个人得失；自处宜洁，就是自守廉洁，因为“守之不慎，心乃以偏”；俭以养廉，就是要保持“寒士本色”，崇尚节俭，才能自主行事，不会被“情牵势绊”。万维翰认为，幕僚论断事件，“大要在识时务，再看主人之地位与性情，设身处地投之所向，无不如意。”二是幕学书主要讲幕僚在处理法律问题时应具备的品德和技巧。汪辉祖认

① （清）汪辉祖：《学治臆说》。
② （明）余自强：《治谱》卷9。
③ （清）金庸斋：《居官必览》卷上。
④ （清）金庸斋：《居官必览》卷上。
⑤ （清）徐栋：《牧令书》卷2。蔡世远《送黄张二令》。
⑥ ［法］魏丕信著，李伯重译：《明清时期的官箴书与中国行政文化》，《清史研究》1999年第1期。

为，幕僚在审理诉讼案件时，应本着省事、速结、息讼、公正仁慈、谨慎、勤勉的原则，"为犯事者，设身置想，并为其父母骨肉，通盘筹划"，切忌"心浮气躁，及拘泥成见"。三是幕学书主要讲幕僚在处理与主人的关系时应注意的问题。汪辉祖认为，幕僚辅佐官员，首先是不失信，不能攀援依附权贵；在与主人讨论公事时，不能以私心迁就主人；不要过分接受主人的恩惠，要自尊自爱。他还特别强调，幕僚做的好坏，关键在于最初慎重选择好的主人。这些对幕僚的告诫，都是他自己经历的总结，是很有参考价值的。

（五）"戒石铭及各种戒铭"中的官德内容，如门铭、盘铭、盂铭、几铭、杖铭、墓志铭等。所谓戒石铭，就是刻在碑石上的铭文，铭文的内容往往是官德方面的警戒文字，如"公生明，偏生暗"，"清、慎、廉"等，其中最有名的是北宋太宗颁布的《戒石铭》："尔俸尔禄，民膏民脂。下民易虐，上天难欺。"这十六个字源于五代后蜀王孟昶颁行天下的《令箴》一文，原文有二十四句九十六个字，宋太宗择取其中的十六个字颁于郡县，令刻石于公署之南，谓之"戒石铭"。到南宋高宗赵构时，鉴于各郡县虽然设有戒石铭，但很多地方官并不认真遵守，只是视为具文，高宗便亲自临摹了黄庭坚所书的这十六个字，赐予地方官，并强调"要刻之庭石，置诸座右"，以为晨夕之戒。同时为了检查督促地方官切实执行《戒石铭》，高宗还派遣台谏官到各路去巡视，"平反刑狱，观风问俗，宣布德意"，凡地方官执行不力，应付差事，将《戒石铭》"徒挂墙壁，而实惠弗及于民者，"皆令改正，否则按律治罪。后来流传于世的戒石铭，大都是按照宋高宗的这一诏令建立起来的，可以说《戒石铭》的内容、形制和地位是在两宋时期确定的。现湖南道县、广西梧州还保存着南宋的《戒石铭》碑，可以作为实物之证。元朝各州县沿用了前代的先例，普遍在重修州县公署时，也修复了损坏的《戒石铭》碑。明代的《戒石铭》又有了一些变化，就是明朝人直称《戒石铭》为戒石，将戒石这个载体与戒石上的铭文区别开来，更为恰当；将戒石建在甬道上；筑亭覆盖，以保护戒石及其铭文，避免它遭到风吹雨淋、日晒霜蚀的破坏；将名题与正文分别书写，戒石碑两面刻字，阳面刻"戒石"二字，阴面刻"尔俸尔禄，民膏民脂。下民易虐，上天难欺"十六个字。走进衙署的路上，可以正面看到"戒石"二字，而在衙署的正厅大堂里，一眼所见的正好是铭文。许多铭文用的仍然是宋太宗的十六个字和黄庭坚的字体。到了清代，《戒石铭》的流传更广，保存到现在的相关记载也更多，但由于清代的各种官箴越来越多，还有一些同样受重视的官箴出现，所以《戒石铭》便和这些官箴同时使用，不再像以前那样，处于近乎独尊的地位。如保定直隶总督衙署的戒石坊上阳面刻有"公生明"，阴面刻有"御制戒石铭：尔俸尔禄，民膏民脂。下民易虐，上天难欺"。有的县在戒石坊的北楣上书"天下为公"，南楣上书"清慎勤"。还有的县将清代皇帝的圣谕刻在戒石坊上的。另外，由于戒石亭立于甬道中央，不便于出行，所以有的州县衙署就改亭为楹或坊。如江西上饶县令郭永静在顺治初年，"撤戒石亭，树两楹于甬道。"而河北保定直隶总督衙署至今仍保留着"戒石坊"。总之，宋朝出现的《戒石铭》在流传过程中，发生过一些变化，但"尔俸尔禄，民膏民脂。下民易虐，上天难欺"这十六个字仍然被保留了下来，这就说明历代统治者在这一观点上是达成了共识的。

戒石铭的作用，主要是为了维护封建王朝的统治。北宋和南宋初年，太宗和高宗两次颁布《戒石铭》，都是在政权更替不久实施的，因此具有特殊的意义。五代战乱之后，遭受灾难的百姓亟待抚慰和救济，把希望寄托在地方守令的身上，所以颁行《戒石铭》就是告诫他们要将皇帝的大训化为甘露，施惠于民。言外之意就是，只有救民于汤火之中，才能巩固新建的政权。其次就是弘扬“民为邦本”的治国思想。“尔俸尔禄，民膏民脂”就是告诫官员，你们的俸禄来自民众，是“民”养活了“官”。“下民易虐，上天难欺”讲的是，下民容易虐待，而上天难以欺侮。这是在警告贪官，欺压百姓必将遭到“天谴”。其实，下民也是不甘于被虐待的，历代的民变，都是由于统治者虐民太甚，民不堪忍受才奋起反抗，所以统治者要想政权稳定，就绝不可虐民，《戒石铭》正是要官员明白这个道理。再次就是使官员日见而知戒，务求为良吏。州县地方官是直接与民众打交道的，他们对待民众态度的好坏直接关系到朝廷的安危。所以，宋太宗、宋高宗两次颁行《戒石铭》，并令刻石置于州县衙署之内，就是要让郡守县令天天看见《戒石铭》，以时时提醒他们，不忘戒惧。从实际效果来看，《戒石铭》颁布后，确实起到了一些积极作用。如南宋状元王十朋，曾历任饶、夔、湖、泉等州的守令，他每到一处，就重刻戒石，并召集各县县令，宣讲铭文，以警戒自己和同僚。明朝陕西闻喜县知县申田，“布衣蔬食，俭约自甘，”胥吏有送礼送钱的，他就指着《戒石铭》加以拒绝，当地有民谣称赞他是“匹马清风”。但是，《戒石铭》的作用毕竟是有限的，因为它只是教育和提醒官员要爱民、不要虐民，而这些对贪官来说，并没有多大的约束作用，许多贪官尽管每天看见《戒石铭》，却熟视无睹，照样贪赃残民，正如宋人袁文《瓮牖闲评》记载：有人在《戒石铭》的每句铭文下面各加一句讽刺说：“尔俸尔禄，只是不足；民膏民脂，转吃转肥。下民易虐，来的便著；上天难欺，他又怎知?”“转吃转肥”就是越吃越肥，“来的便著”就是遇民便虐。这不仅说明《戒石铭》对贪官来说毫无作用，而且也反映了民众对《戒石铭》作用的否定和无奈。

其他戒铭，如门铭，宋代吕夷简曾说：“古有盘、盂、几、杖，规戒存焉；今为门铭，窃类于此。”古代有盘铭、盂铭、几铭、杖铭，吕夷简仿效之，在门上刻铭文以自警，其内容是“忠以事君，孝以养亲。宽以容众，谨以修身。清以轨俗，诚以教民。谦以处事，乐以安贫。勤以积学，静以澄神。敏以给用，直以全真。约以奉己，广以施人。重以临下，恭以待宾。贯以以道，总之以仁。”[①] 从这些铭文可以看出，吕夷简集前代官德于大成，以简洁易记的四字体，作为自己的座右铭，刻在门上，时刻提醒自己不要忘记，其修身可谓用心至极。再看崔子玉的《座右铭》：“毋道人之短，毋说己之长。施人慎勿念，受施慎勿忘。世誉不足慕，惟仁为纪纲。隐心而后动，谤议庸何伤?毋使名过实，守愚圣所臧。在涅贵不缁，暖暖内含光。柔弱生之徒，老氏戒刚强。行行鄙夫志，悠悠故难量。慎言节饮食，知足胜不祥。行之苟有恒，久久自芬芳。”[②] 这短短的十句话，道出了他所遵循的道德准则以及为人处世的方法和准则。

① （宋）吕夷简：《门铭》，吕祖谦《宋文鉴》卷73。

② （明）高濂：《遵生八笺》卷2。

三、官箴书中反映的官德问题

官箴书中反映的官德问题很多，一般用告诫、警戒或直述的方式提醒官员注意，通常使用“×戒”“ ×失”“ ×忌”“ ×邪”“ ×蔽”的字眼来表述。如《为吏之道》说：“吏有五失：一曰夸以泄，二曰贵以大，三曰擅裚割，四曰犯上弗智害，五曰贱士而贵货贝。”意思是为官有五失，即奢侈过度、骄傲自大、专断独行、冒犯上司、轻视士人。《君鉴录》“警戒”条说，统治者要“戒好声色、戒好词章、戒好权术、戒好财货、戒好营缮、戒好田猎。”刘向《说苑》中有人臣“六邪”说，即安官贪禄的具臣，偷合苟容的谀臣、巧言令色的奸臣、妒忌离间的谗臣、专权擅势的贼臣、朋党比周的亡国之臣。吕坤《新吾吕先生实政录》中批评十种为官者，即“喜事之吏”、“木痹之吏”、“昏庸之吏”、“耗蠹之吏”、“怠慢之吏”、“柔邪之吏”、“狡伪之吏”、“谄谀之吏”、“酷暴之吏”、“贪鄙之吏”。陈宏谋《从政遗规》有为官“六忌”，即多事、迁怒于人、待人骄傲、对人有成见、急于功名、嗔人有炎凉。李庚乾《佐杂谱》卷上有“士大夫有三患：处己患在自是，临下患在自恃，事上患在自市。”李塨《富平赠言》中有“七戒”，即戒高兴、戒骄奢、戒缓慢、戒矜张、戒近小人、戒小术、戒奇异，等等。这些说法反映的既有官德问题，也有行为问题，都是官员容易犯的毛病，所以官箴书的作者提出来，供为官者参考和警戒。

当前，中国社会道德建设，尤其是官员的道德建设出现了很多问题。一些政府官员脱离群众，以权谋私、执法不公、权钱交易、贪污腐败，严重地败坏了党和政府的形象，污染了社会空气，成为建设和谐社会的障碍。所以我们应该加强官员的道德建设，从我国古代官德建设中吸取其精华，摈弃其糟粕。有的学者曾形象地比喻对官箴书的学习是：“反躬自省者读之，可以知运命；心系天下者读之，可以成大事；淡然自处者读之，可以明清浊；游戏人间者读之，可以正进退。”① 这种认识比过去一味地把中国官场文化斥之为封建文化而加以排斥的做法要客观深刻得多，可以说，在古代官箴书中，既有为官者明哲保身、唯上为是、圆滑狡诈的权术经验，又有牧民者为民请愿、洁身自律、严格执法的人生体会，同时也有对官场入木三分的观察和见彻见悟的分析，以及所提出的诸多有助于救时补弊的建议和措施。因此，用科学而严谨的态度来对待历代官箴书中的合理成分，并用它来观察、分析现时的行政管理活动，不无裨益。

① 转引自周少元、韩秀桃：《中国古代县治与官箴思想——以〈钦颁州县事宜〉为例》。

历代文臣得谥“文正”者考

邸永君（中国社会科学院民族学与人类学研究所）

谥，又称谥号，乃帝王、大臣等身后，朝廷依其生前事迹予以之称号。《史记正义·谥法解》云：“谥者，行之迹；号者，功之表。古者有大功，则赐之善号以为称也。”①

初，谥一般用单字，亦有二字者。如周威烈王之“威烈”，魏安厘王之“安厘”，蜀汉昭烈帝之“昭烈”，南朝梁简文帝之“简文”，北魏道武帝之“道武”等谥号，皆取二字。个别亦有三字者。如卫武公谥“睿圣武”公；孔文子谥“贞惠文”子；曹魏曹芳谥为“劭陵厉”公；曹髦谥为“高贵乡”公等。谥号字数多寡，与褒或贬并无直接关系。

臣下之谥，先由礼官拟上，朝廷审定。如唐韩愈谥文，明王守仁谥文成等。而私谥之法，始于东汉。陈寔死，海内赴吊者三万余人，谥为“文范先生”；陶渊明死后，颜延年作诔，谥为“靖节征士”。道士、僧人可有谥，南朝陶弘景死，谥“贞白先生”，乃道谥之始。北魏太祖时，僧人法果死，赐号赵胡灵公。乃僧谥之始。

唐制，三品以上官死，得请谥。后世因之。定谥要考核其生平表现。如唐萧瑀死，太常谥之曰“肃”，太宗因肖瑀多忌，改谥为“贞褊”。② 可见唐代于谥相当严肃。

就文臣而言，谥号之最崇者往往历代不同。唐代时似以文贞为最，得此谥者皆为当朝名臣。如魏征、宋璟、张说、牛僧孺、阎立本等。的确，文乃谥中美字。据《谥法解》，经纬天地曰文；道德博闻曰文；学勤好问曰文；兹惠爱民曰文；愍民惠礼曰文；赐民爵位曰文。而贞亦属美字。清白守节曰贞；不隐无屈曰贞。③ 文贞二字，其义至美也。

宋时，为避仁宗赵祯讳，不仅将本朝最崇谥号改为文正，且将前朝本谥为文贞者亦更之为“文正”。如张说，《旧唐书》、《新唐书》之《张说传》皆记载其“谥曰文贞”，④ 但《宋史·沈伦传》却有云：“按《谥法》：道德博闻曰‘文’，忠信接礼曰‘文’，宽不慢、廉不刿曰‘文’，坚强不暴曰‘文’，敏而好学、不耻下问曰‘文’，德美才秀曰‘文’，修治班制曰‘文’。昔张说之谥文正，杨绾之谥文简，人不谓然。”⑤ 若不纠原书，极可能惑乱后人也。“正”字的确亦属美字。据《谥法解》，内外宾服曰正。其义不逊于“贞”也。自此始，以谥文正最为至美。最早得此谥者乃李昉。

李昉，字明远，宋代著名学者。后汉干祐进士。入宋，太宗时任参知政事、平章

---

① （唐）张守节：《史记正义》，《谥法解》，中华书局，1959年，第18页。

② 《旧唐书》，《萧瑀传》，中华书局，1975年，第2404页。

③ 同上书，第19页、第20页。

④ 《旧唐书》，第3057页；《新唐书》，第4409页，中华书局，1976年。

⑤ 《宋史》，中华书局，1976年，第9115页。

事。曾编撰巨著《太平御览》、《太平广记》和《文苑英华》，参与修纂《旧五代史》，太宗至道二年（996）卒，赠司徒，谥文正。① 李昉乃历史上最早获“文正”之谥者。

王旦，字子明，太平兴国五年，进士及第。官拜工部尚书、同中书门下平章事、集贤殿大学士，监修《两朝国史》，久居相位，薨，帝临其丧。恸，废朝三日，赠太师、尚书令、魏国公，谥文正。②

王曾，字孝先，以乡贡试礼部，廷对皆第一。官至宰相。卒，谥文正。

张知白，字用晦，进士出身。官至宰相。卒，礼官谢绛议谥文节，御史王嘉言言：“知白守道徇公，当官不挠，可谓正矣，请谥文正。”王曾曰：“文节美谥矣。”遂不改。③

范仲淹，字希文，进士出身，北宋政治家、军事家、文学家，官至参知政事。久任地方，经略西北。皇佑四年（1052）卒，赠兵部尚书，谥文正；④

司马光，字君实，进士出身。北宋史学家、政治家、文学家，官至宰相，当政八月即逝，追封温国公，谥文正；绍圣初，夺赠谥，仆所立碑。靖康元年，还赠谥。⑤

蔡沈。沈字仲默，号九峰。宋处士，无科举功名。少从朱熹游。传熹《书》和其父元定《洪范》之学。理宗绍定三年卒，年六十四。谥文正。⑥

郑居中，字达夫，进士出身。官至知枢密院，卒，赠太师，谥文正。⑦

陈康伯，字长卿，上舍丙科出身。官至宰相。干道元年卒，赠太师，初谥文恭，庆元初，改谥文正。⑧ 另有夏竦，出身贤良方正，博学多才。卒，初赐谥文正。司马光云：“此谥之至美者，竦何人，可以当之?”⑨ 刘敞言：“世谓竦奸邪，而谥为正，不可。”，改谥文庄。⑩ 而与文正失之交臂。

从以上情况分析，宋代，“文正”之谥已不易得，除位尊功高等因素外，还有几个因素，一是多为进士出身，二是德行人品亦出类拔萃者也。夏竦以“世谓竦奸邪”而未能获此谥，便足以表明品行与口碑之重要。而蔡沈无功名而得谥文正，表明宋代重学术、操守而不拘泥于功名出身。

金朝乃女真族入主华夏所建立的中原王朝。谥法亦依汉制。有二人得之。

虞仲文，字质夫，武州宁远人也，七岁能诗，使岁能文，日记千言。进士出身，曾仕辽，为丞相。归金，授枢密使平章政事，封秦国公。卒，年五十五。谥文正。⑪

张行简，字敬甫。金世宗大正已亥科状元。礼部尚书子。官至礼部尚书、翰林学士

---

① 《宋史》，《李昉传》，第9138页。
② 《宋史》，《王旦传》，第9552页。
③ 《宋史》，《张知白传》，第10188页。
④ 《宋史》，《范仲淹传》，第10275页。
⑤ 《宋史》，《司马光传》，第10757—10770页。
⑥ 《元史》，《祭祀志六》，第1921页。
⑦ 《宋史》，《郑居中传》，第11104页。
⑧ 《宋史》，《陈康伯传》，第11811页。
⑨ 《宋史》，《司马光传》，第10758页。
⑩ 《宋史》，《夏竦传》，第9576页。
⑪ 《金史》，《虞仲文传》，中华书局，1976年，第1724—1725页。

承旨（首席翰林官）。贞祐三年薨于任。追赠银青光禄大夫，谥文正。①

从以上二位获谥文正者情况看，皆科举正途出身，但以行简传附于其父传之后而非单列一传，可见元代修《金史》时，对得文正之谥者尚未予以足够重视。

元代为蒙古人所建立，谥法仍依成制而行。先后共有八人得谥文正，具体情况如下：

耶律楚材，字晋卿，号湛然居士，出身契丹贵族，蒙古名吾图撒合里（意为长髯人）。金时，其父为相，依例宰相子试省掾，楚才得第一。入元，事太祖、太宗三十余年，官至中书令。卒后追封广宁王，谥号文正；②

许衡，元怀孟河内人，字仲平，号鲁斋。少聪颖，有大志。饱学多才，善教士。官至集贤殿大学士，国子祭酒。卒，世祖加赠司徒，荣禄大夫，谥文正；③

耶律有尚，字伯强，辽东丹王十世孙。受业于许衡，官至昭文馆大学士，国子祭酒。卒，谥文正。④

窦默，字自声，元初名医、名臣、名儒，著名理学家、教育家。早年名杰，字汉卿。自幼好学。元兵伐金，一度被浮，家破母亡，于是南渡黄河，遇名医李浩，得其铜人针法，针术遂精。与许衡等游，学术淹通，名于当时。中统元年授翰林侍讲学士，至元十七年加昭文馆大学士。同年卒，追赠太师，封魏国公，谥文正。后人习称窦太师。⑤

刘秉忠，字仲晦，初名侃，因从释氏，又名子聪，拜官后始更今名。世仕辽，为官族。世祖在潜邸，闻其博学多才艺，邀与俱行。既入见，应对称旨，屡承顾问。秉忠于书无所不读，尤邃于《易》及邵氏《经世书》，至于天文、地理、律历、三式六壬遁甲之属，无不精通。论天下事如指诸掌。世祖大爱之，海云南还，秉忠遂留籓邸。中统元年，世祖即位，问以治天下之大经、养民之良法，秉忠采祖宗旧典，参以古制之宜于今者，条列以闻。于是下诏建元纪岁，立中书省、宣抚司。朝廷旧臣、山林遗逸之士，咸见录用，文物灿然一新。八年，奏建国号曰大元，而以中都为大都。他如颁章服，举朝仪，给俸禄，定官制，皆自秉忠发之，为一代成宪。卒，赠太傅，封赵国公，谥文贞。成宗时，赠太师，谥文正。⑥

何玮，上柱国何伯祥子。至大元年，迁太子詹事，兼卫率使。三年，改河南行尚书省平章政事，卒。赠太傅、开府仪同三司、上柱国，追封梁国公，谥文正。⑦

吴澄，字幼清，学者称草庐先生。晚字伯清，学者称草庐先生，应乡试中选，翌年春省试下第，乃归家讲学著书。大德末年除江西儒学副提举；至大年间授国子监丞，升司业；至治末年超拜翰林学士；泰定初年任经筵讲官。敕修《英宗实录》；与当世经学

① 《金史》，《张暐传附张行简传》，第2333页。

② 《元史》，《耶律楚材传》，中华书局，1976年，第3464页。

③ 《元史》，《许衡传》，第3729页。

④ 《元史》，《耶律有尚传》，第4065页。

⑤ 《元史》，《窦默传》，第3733页。

⑥ 《元史》，《刘秉忠传》，第3687—3694页。

⑦ 《元史》，《何伯祥传附何玮传》，第3546页。

大师许衡齐名，并称为“北许南吴”，。元统元年卒，谥文正。[①]

王寿，字仁卿，幼颖敏嗜学，长以通国字，为中书掾。既而用朝臣荐，入侍裕宗，眷遇特异。官至御史中丞，集贤大学士。卒，赠银青荣禄大夫、平章政事、上柱国、蓟国公，谥文正。[②]

从以上得谥者出身考察，且因科举考试实行时废，致使当朝大儒与科举出身无必然联系，得谥者出身参差不齐，亦在情理之中。从业绩考察，并非皆饱学之士，权贵如何玮辈置身其中，说明元代谥法并非严格，而文正之谥亦非最为郑重者也。

至明代，文正之谥变得十分严格，得此谥者皆声望德行最为卓越者，而更重气节。但由于元代科举时行时废，所以明初入仕者并非清一色科举出身，而进士入翰林之制亦初创，难以严格。有明一代，共有五人得此谥，具体情况如下：

方孝孺，字希直，一字希古，自幼聪慧，读书过目不忘，六岁作诗，人奇其才。少年学问，多得之于庭训。及长，承学于宋濂。时宋濂门下，学子如云，如胡翰、苏伯衡诸生，悉为学界名流。孝孺一登门，则相形见绌，皆自愧不如。宋濂亦器重孝孺，曾以“百鸟中之孤凤”作比。洪武十五年，朝廷命举荐贤士，东阁大学士吴沉等起荐孝孺。应征至京，太祖喜其举止端庄、学问深厚，有期待日后辅佐子孙之意，厚礼而遣还乡。此后十年，孝孺居家，着有《周易考次》《宋史要言》等篇。至洪武二十五年，朝廷荐孝孺，聘为世子师。洪武三十一年太祖崩，惠帝即位，遵太祖遗诏，召孝孺入京，任翰林侍讲。次年升翰林学士，值文渊阁。惠帝尊以师礼，日侍左右以为顾问。帝读书每有疑处，即召孝孺讲解。后恩遇日重，凡国家大事，常命孝孺就屇前批答。纂修《太祖实录》及《类要》等史书，孝孺担任总裁。后又晋升为文学博士，奉命与董伦、高逊志等人主持京考，试取天下贡士。建文三年，燕王朱棣反。当时朝廷征讨檄文，均出孝孺之手。并为朝廷多方策划，欲阻燕兵南下。无奈局势苍黄，难以逆转。翌年，燕兵入京师，宫中大火，惠帝不知所终。孝孺日夜恸哭于殿陛。镇抚将军伍云执孝孺献成祖。朱棣命之草即位诏。孝孺披麻戴孝上殿，痛骂朱棣，拒不草诏。朱棣无奈，灭其十族。死者达八百七十三人，入狱和充军流放者数千。为朱明建文帝之忠臣。以“明王道、致太平”为己任，工文章，名书室曰正学。[③] 福王时，追谥文正。

李东阳，字宾之，号西涯，少颖异，四岁能作径尺书。景帝召试之，甚喜，抱置膝上。天顺八年，年十八，成进士，官至太子少保、礼部尚书兼文渊阁大学士。立朝五十年，清节不渝。即罢政居家，请诗文书篆者填塞户限。卒。赠太师，谥文正。[④]

谢迁，字子乔，成化十一年乙未科状元。授修撰。仪观至伟，秉节直亮。明孝宗时，以少詹事入内阁，参预机务，加任太子太保、兵部尚书兼东阁大学士，天下皆称之为贤相。武宗嗣位，加少傅，后以年老而辞归。卒，谥文正。[⑤]

倪元璐，字玉汝，号鸿宝。天启二年进士，选庶吉士，散馆授编修。历官户、礼部

---

① 《元史》，《吴澄传》，第4014页。

② 《元史》，《王寿传》，第4104页。

③ 《明史》，《方孝孺传》，中华书局，1974年，第4020页。

④ 《明史》，《李东阳传》，第4824—4825页。

⑤ 《明史》，《谢迁传》，第4819页。

尚书。李自成陷京城，自缢殉国。赠少保、吏部尚书，谥文正，清代时亦追谥文正。[①]刘理顺，字复礼，杞县人。万历中举于乡。十赴会试，至崇祯七年始中式。及廷对，帝亲擢第一，中状元，授修撰。帝还宫喜曰："朕今日得一耆硕矣。"益勤学，非其人不与交。官至右谕德。李自成陷京城，妻万、妾李先死。理顺大书曰："成仁取义，孔、孟所传。文信践之，吾何不然！"书毕投缳，年六十三。仆四人皆从死。后赠詹事，谥文正。清朝赐谥文烈。[②]

清代，得谥文正者共八人，声望地位皆鲜有其匹。因科举制度已完全步入正轨，如期举行，所以此八人出身整齐划一，皆具有进士、翰林背景。

汤斌，字孔伯，河南睢州人。顺治九年，成进士，选庶吉士，授国史院检讨。出为潼关道副使。康熙十七年，诏举博学鸿儒，尚书魏象枢、副都御史金鋐以斌荐，试一等，授翰林院侍讲，与修明史。二十年，充日讲起居注官、浙江乡试正考官，转侍读。二十一年，命为明史总裁官，迁左庶子。二十三年，擢内阁学士。二十五年，康熙帝为太子择辅导臣，廷臣有举斌者。诏曰："自古帝王谕教太子，必简和平谨恪之臣，统率宫僚，专资辅翼。汤斌在讲筵时，素行谨慎，朕所稔知。及简任巡抚，洁已率属，实心任事。允宜拔擢，以风有位。"授礼部尚书，管詹事府事。改工部尚书。卒，年六十一。其教人，以为必先明义利之界，谨诚伪之关，为真经学、真道学；否则讲论、践履析为二事，世道何赖。斌笃守程、朱，亦不薄王守仁。身体力行，不尚讲论，所诣深粹。着有洛学编、潜庵语录。雍正中，入贤良祠。乾隆元年，谥文正。道光三年，从祀孔子庙。[③]

刘统勋，字延清，山东诸城人。雍正二年进士，选庶吉士，授编修。先后直南书房、上书房，四迁至詹事。乾隆元年，擢内阁学士。二年，授刑部侍郎，六年，擢左都御史。十一年，署漕运总督。还京。十三年，迁工部尚书，兼翰林院掌院学士，改刑部尚书。十七年，命军机处行走。十九年，加太子太傅。五月，命协办陕甘总督，赐孔雀翎。二十一年六月，授刑部尚书。二十二年，加太子太保。二十三年，调吏部尚书。二十四年，命协办大学士。二十六年，拜东阁大学士，兼管礼部、兵部。二十八年，充上书房总师傅，兼管刑部，教习庶吉士。三十八卒。是日夜漏尽，入朝，至东华门外，舆微侧，启帷则已瞑。乾隆帝闻，遣尚书福隆安赍药驰视，已无及。赠太傅，祀贤良祠，谥文正。上临其丧，见其俭素，为之恸。回跸至干清门，流涕谓诸臣曰："朕失一股肱！"既而曰："如统勋乃不愧真宰相。"[④] 可见其所受倚重与尊宠。

朱珪，字石君，号南厓，直隶大兴人。少年登第，年十八，考中乾隆十三年戊辰科进士，选庶吉士，散馆授编修。曾授仁宗学，官至体仁阁大学士。卒，嘉庆帝亲往府上吊唁，因朱家大门低矮，御车不得入，嘉庆帝乃徒步而至灵前，哭之甚哀，诏拨帑银二千五百两治丧，赠太傅，入祀贤良祠，予谥文正；可谓极尽死后哀荣也。

曹振镛，字俪笙，安徽歙县人。乾隆四十六年进士，选庶吉士，授编修。大考三

---

① 《明史》，《倪元璐传》，第6835—6841页。

② 《明史》，《刘理顺传》，第6859—6860页。

③ 《清史稿》，《汤斌传》，中华书局，1976年，第9929—9934页。

④ 《清史稿》，《刘统勋传》，第10463—10466页。

等，特擢侍讲。累迁侍读学士。嘉庆三年，大考二等，迁少詹事。历内阁学士，工部、吏部侍郎。十一年，擢工部尚书。高宗实录成，加太子少保。调户部，兼翰林院掌院学士。十八年，调吏部尚书、协办大学士。寻拜体仁阁大学士，管理工部，晋太子太保。二十五年，仁宗崩，枢臣撰遗诏，称高宗诞生于避暑山庄，编修刘凤诰知其误，告振镛，振镛召对陈之，宣宗怒，谴罢枢臣。寻命振镛为军机大臣。宣宗治尚恭俭，振镛小心谨慎，一守文法，最被倚任。

道光元年，晋太子太傅、武英殿大学士。三年，万寿节，幸万寿山玉澜堂，赐宴十五老臣，振镛年齿居末，特命与宴绘像。四年，充上书房总师傅。六年，入直南书房。七年，回疆平，晋太子太师。八年，张格尔就擒，晋太傅，赐紫缰，图形紫光阁，列功臣中。振镛具疏固辞，诏凡军机大臣别绘一图，以遂让功之心，而彰辅弼之效。御制赞曰：“亲政之始，先进正人。密勿之地，心腹之臣。问学渊博，献替精醇。克勤克慎，首掌丝纶。”亲书以赐之。十一年，以万寿庆典赐双眼花翎。十五年，卒，年八十有一。自缮遗疏，附摺至十于事。上震悼，诏曰：“大学士曹振镛，人品端方。自授军机大臣以来，靖恭正直，历久不渝。凡所陈奏，务得大体。前大学士刘统勋、硃珪，于乾隆、嘉庆中蒙皇祖、皇考鉴其品节，赐谥文正。”“曹振镛实心任事，外貌讷然，而献替不避嫌怨，朕深倚赖而人不知。揆诸谥法，足以当‘正’字而无愧。其予谥文正。”入祀贤良祠。

振镛历事三朝，凡为学政者三，典乡会试者各四。衡文唯遵功令，不取淹博才华之士。殿廷御试，必预校阅，严于疵累忌讳，遂成风气。凡纂修会典、两朝实录、河工方略、明鉴、皇朝文颖、全唐文，皆为总裁。驾谒诸陵及秋狝木兰，每命留京办事。临雍视学，命充直讲。恩眷之隆，时无与比。①

杜受田，字芝农，山东滨州人。道光三年进士，会试第一，殿试二甲第一，选庶吉士，授编修。大考擢中允，迁洗马，督山西学政。十五年，特召还京，直上书房，授文宗读。四迁内阁学士，命专心授读，毋庸到阁批本。十八年，擢工部侍郎，调户部。二十四年，连擢左都御史、工部尚书，寻充上书房总师傅。文宗自六岁入学，受田朝夕纳诲，必以正道，历十余年，至宣宗晚年，以文宗长且贤，欲付大业，犹未决。会校猎南苑，诸皇子皆从，恭亲王奕䜣获禽最多，文宗未发一矢，问之，对曰：“时方春，鸟兽孳育，不忍伤生以干天和。”宣宗大悦，曰：“此真帝者之言！”立储遂密定，受田辅导之力也。三十年，文宗即位，加太子太傅，兼署吏部尚书，调刑部尚书、协办大学士。受田虽未入枢廷，国家大政及进退大臣，上必谘而后行。广西军事亟，受田数陈方略，荐林则徐、周天爵，先后起用。提督向荣老于军事，以同列不和被谤，力陈舆论，数保全之。咸丰元年，调管礼部。二年，因河决丰北久未塞，山东、江北被灾重，命偕福州将军怡良往治赈务。疏言：“灾广民众，赈恤不可缓，尤在得人。”荐山东布政使刘源灏、江宁布政使祁宿藻，皆持正有为，责成专任；请截留江、广漕米六十万石分给两省；诏并允行。受田自侍文宗学，未尝离左右，当陛辞，不觉感恋流涕。在途触暑染疫，力疾治事，与源灏、宿藻等覈定施赈章程，疏陈而不言病，至清江浦遽卒。遗疏念

① 《清史稿》，《曹振镛传》，第11405—11406页。

贼氛未靖，河患未平，尤以敬天法祖、勤政爱民、崇节俭、慎好恶、平赏罚为言。文宗震悼，赠太师、大学士，入祀贤良祠，赐金五千两治丧，遣近臣慰视其父堮，擢其子检讨翰为庶子，孙三人并赐举人。复特诏曰："杜受田品端学粹，正色立朝，皇考深加倚重，特简为朕师傅。忆在书斋，凡所陈说，悉本唐、虞、三代圣圣相传之旨，实能发明蕴奥，体用兼赅。朕即位后，周谘时政利弊，民生疾苦，尽心献替，启沃良多！援嘉庆朝大学士硃珪故事，特谥文正。"谓其公忠正直，足当"正"字而无愧。柩至京，上亲奠，抚棺哭甚哀，晋其父堮礼部尚书衔。明年，上临雍讲学，复诏褒受田曩日讲贯之功，即家赐祭一坛。及柩归，命恭亲王奠送，遣官到籍致祭，饰终之典，一时无与比。①

曾国藩，初名子城，字涤生，湖南湘乡人。考中道光十八年（1838）三甲进士。散馆授检讨。道光二十三年（1843）转侍读，累迁内阁学士、礼部侍郎，署兵部。时太常寺卿唐鉴讲学京师，国藩与倭仁、吴廷栋、何桂珍严事之，治义理之学。以镇压太平军起家。授武英殿大学士，调直隶总督。曾国藩为政务持大体，规全势。其策西事，议先清陇寇而后出关；筹滇、黔，议以蜀、湘二省为根本。皆初立一议，后数年卒如其说。自西人入中国，交涉事日繁。金陵未下，俄、美、英、法皆请以兵助，国藩婉拒之。及廷议购机轮，置船械，则赞其成，复建议选学童习艺欧洲。每定约章，辄诏问可许不可许。国藩为人威重，美须髯，目三角有棱。每对客，注视移时不语，见者竦然，退则记其优劣，无或爽者。天性好文，治之终身不厌，有家法而不囿于一师。其论学兼综汉、宋，以谓先王治世之道，经纬万端，一贯之以礼。惜秦蕙田五礼通考缺食货，乃辑补盐课、海运、钱法、河堤为六卷；又慨古礼残缺无军礼，军礼要自专篇，如戚敬元所纪者。论者谓国藩所定营制、营规，其于军礼庶几近之。晚年颇以清静化民，俸入悉以养士。老儒宿学，群归依之。尤知人，善任使，所成就荐拔者，不可胜数。时举先世耕读之训，教诫其家。遇将卒僚吏若子弟然，故虽严惮之，而乐为之用。居江南久，功德最盛。晚年颇以清静化民，俸入悉以养士。老儒宿学，群归依之。尤知人，善任使，所成就荐拔者，不可胜数。一见辄品目其材，悉当委以重任。同治十三年卒于位，年六十二。百姓巷哭，绘像祀之。事闻，震悼，辍朝三日。赠太傅，谥文正，祀京师昭忠、贤良祠，各省建立专祠。②

李鸿藻，字兰孙，直隶高阳人。咸丰二年进士，选庶吉士，授编修。典山西乡试，督河南学政。十年，文宗择儒臣为皇子师，大学士彭蕴章以鸿藻应。召来京，明年，特诏授大阿哥读。穆宗登极，皇太后懿旨命直弘德殿。同治元年，擢侍讲。累迁内阁学士。署户部左侍郎。四年，命直军机。五年，授礼部右侍郎。遭母忧，皇太后懿旨，援雍正、乾隆年大臣孙嘉淦等故事，命鸿藻开缺守孝，百日后仍授读，兼参机务。并谕："移孝作忠，勿以守礼固辞。"鸿藻恳终制，不允。倭仁等亦代为陈请，仍命恭亲王传谕慰勉。鸿藻连疏称疾，遂得赐告，卒终制始出。十年，擢都察院左都御史，加太子少保。时有修葺圆明园之旨，朝臣同起力争。鸿藻亦言："粤、捻初平，回氛方炽，宜培

① 《清史稿》，《杜受田传》，第11673—11674页。

② 《清史稿》，《曾国藩传》，第11907—11918页。

养元气，以固根本。不应虚縻帑糈，为此不急之务。”乃止。十三年，文宗有疾，命代批答章奏；旋崩，自劾辅导无状，罢弘德殿行走。光绪二年，命兼总理各国事务衙门。寻以兵部尚书协办大学士，调吏部。时崇厚与俄擅定伊犁约，鸿藻坚持不可，争于廷。卒治崇厚罪，议改约。及法越启衅，言路愈奋发，劾罢枢臣。鸿藻谪迁内阁学士。后复累迁礼部尚书。二十年，日韩事棘，命鸿藻商办军务，再授军机大臣。与翁同龢皆主战，并争和约，卒不能阻。旋以礼部尚书协办大学士，调吏部。充乡试、会试、殿试等阅卷大臣。二十三年，以病乞假，疾笃，赏给药饵，命御医往视。卒，年七十有八。遗疏入，上震悼，予谥文正，赠太子太傅。鸿藻性至孝，为学守程硃，务实践，持躬俭约。傅穆宗十余年，尽心启沃。一日，穆宗学书，故为戏笔。鸿藻立前捧上手曰：“皇上心不静，请少息。”穆宗改容谢之。其在枢府，独守正持大体。御史王鹏运谏止修颐和园，几获重谴，鸿藻力解之，得免。德宗间日一往颐和园侍起居，时留驻跸。言官有言其不便者，太后大怒，欲黜之，鸿藻谓如此必失天下臣民之望，乃止。所荐引多端士。朝列有清望者，率倚以为重，然亦不免被劫持云。①

孙家鼐，字燮臣，安徽寿州人。咸丰九年一甲一名进士，授修撰。历侍读，入直上书房。光绪四年，命在毓庆宫行走，与尚书翁同龢授穆宗读。累迁内阁学士，擢工部侍郎。江西学政陈宝琛疏请以先儒黄宗羲、顾炎武从祀文庙，议者多以为未可，家鼐与潘祖廕、翁同龢、孙诒经等再请，始议准。十六年，授都察院左都御史、工部尚书，兼顺天府尹。二十年，中日事起，朝议主战，家鼐力言衅不可启。二十四年，以吏部尚书协办大学士。命为管学大臣。时方议变法，废科举，兴学校，设报编书，皆特交核复，家鼐一裁以正。尝疏谓：“国家广集卿士以资议政，听言固不厌求详，然执两用中，精择审处，尤赖圣知。”其所建议，类能持大体。及议废立，家鼐独持不可。旋以病乞罢。二十六年，乘舆西狩，召赴行在，起礼部尚书。还京，拜体仁阁大学士。历转东阁、文渊阁，晋武英殿。充学务大臣，裁度规章，折衷中外，严定宗旨，一以敦行实学为主，学风为之一靖。议改官制，命与庆亲王奕劻、军机大臣瞿鸿禨总司核定。御史赵启霖劾奕劻及其子贝子载振受贿纳优，命醇亲王载沣与家鼐往按，启霖坐污蔑亲贵褫职，而载振寻亦乞罢兼官。资政院立，命贝子溥伦及家鼐为总裁，一持正议不阿。时诏诸臣轮班进讲，家鼐撰尚书四子书讲义以进。三十四年二月，以乡举重逢，赏太子太傅。历蒙赐“寿”，颁赏御书及诸珍品，赐紫缰，紫禁城内坐二人暖轮，恩遇优渥。宣统元年，再疏乞病，温诏慰留。寻卒，年八十有二，赠太傅，谥文正。家鼐简约敛退，生平无疾言遽色。虽贵，与诸生钧礼。闭门斋居，杂宾远迹，推避权势若怯。尝督湖北学政，典山西试，再典顺天试，总裁会试，屡充阅卷大臣，独无所私。拔一卷厕二甲，同列意不可，即屏退之，其让不喜竞类此。器量尤广，庚子，外人请惩祸首戮大臣，编修刘廷琛谓失国体，责宰辅不能争，家鼐揖而引过。其后诏举御史。家鼐独保廷琛，谓曩以大义见责，知忠鲠必不负国，世皆称之。②

---

① 《清史稿》，《李鸿藻传》，第 11366—11368 页。

② 《清史稿》，《孙家鼐传》，第 11439—11440 页。

清代最重翰林。据朱克敬《翰林仪品记》，清代臣子无翰林出身者，例不谥“文”。[①] 惟左宗棠以举人出身，有收复新疆之功特恩予谥文襄。而上述膺“文正”之谥者，皆正途翰林（一甲进士和庶吉士留馆者）出身，足以说明清代翰林之清望也。另，按清制，大臣谥号乃由礼部先拟数个，由皇帝选择，只有“文正”不可拟上，而“奉特旨遵行”，即由皇帝亲自定夺[②]。其特殊性可见一斑。从清代谥文正之八人来看，一般来说必须满足两个条件，一是政治地位突兀，二是与皇帝关系密切。而其他方面诸如口碑、学问等因素作用已明显削弱。若在其他朝代，刘统勋，曾国藩得文正一号应无异议，而汤斌便有些折扣，朱珪、杜受田、李鸿藻、孙家鼐曾为帝师，而曹振镛乏善可陈，得文正之谥颇有些牵强。

综上所述，由宋至清，共有32位朝臣得文正之谥。而各朝代重视程度和评判标准又有所不同。宋代重科举，金代重声望，元代重学术，明代最重气节，清代得此谥者则最重出身和地位，且皇帝个人意志之因素最为彰显。专制集权之脉络，当清晰可辨也。

① （清）朱克敬：《暝庵二识》卷2。

② （清）吴振棫：《养吉斋丛录》卷12，第174页。

生命尊严与医疗观念四题

冯尔康（南开大学）

医疗观念有其自身发展变化的逻辑，同时受着社会文化观念的制约和影响，会随着后者的变化而演变。就中人的尊严、生命尊严观念的发展、丰富，极大地促进医疗观念和制度的更新。限于知识的不足，本文不能对生命尊严与医疗观念这样一个大题目作出全面深入的分析，只是将思考到的四个方面进行提纲式的交代，以就教于同好。

一、生命尊严的内涵在历史上是变化发展与丰富的

对于生命尊严观念，我们不妨从《红楼梦》金钏之死说起。丫头金钏只因和贾宝玉说了句玩笑话，就被王夫人打了一巴掌并从身边撵出去，视为不能“见人”的耻辱，投井自戕，王夫人内心有所不安，说金钏有“气性”。薛宝钗劝慰王夫人说，金钏“纵然有这样大气，也不过是个糊涂人，也不为可惜。”（第30回、第32回）反映出两种人对待生命尊严的态度：社会上层的主流观念与社会下层的非主流观念。社会身份卑贱的丫头金钏，有“气性”，为维护自身尊严而自杀，为维权的抗争，可见卑贱者也有生命尊严观念，只是是非主流的，不被主流观念认可的。薛宝钗认为金钏之死是糊涂人行为，在她的意识里只有社会上层的人士才有生命尊严，下等人是没有尊严可言的，是不配有人格尊严的。她所抱持的是主流观念的生命尊严观。金钏之死，令人思考历史上人们生命尊严观念的社会课题。

生命尊严的内涵在历史上是变化发展的，不断丰富的。司马迁说人的生命“或重于泰山”，“或轻于鸿毛”，文天祥表示“人生自古谁无死，留取丹心照汗青”，范仲淹倡言“先天下之忧而忧，后天下之乐而乐”，俗语则云“好死不如歹活”，均反映古人人生价值、生命价值的取向。依据传统的说法，比较有理想的是做人上人，是做对社会、天下有贡献的人，而不以活命为目标，其实大多数人的生命观是活着就好，像金钏那样有“气性”的人——持有并维护生命尊严的人是少数。同时我们也知道传统社会是等级社会，作为奴婢的金钏要维护的是奴婢应有的尊严，而不是近现代的人人平等的尊严。近世西人达尔文主义倡言生物界物竞天择，适者生存，从社会角度看这是忽视弱者的生命正当权利；匈牙利诗人裴多菲云：“生命诚可贵，爱情价更高，若为自由故，两者皆可抛。”（这是一种译文）将追求自由，视为生命的最高价值，为世人普遍认可，为中国人所传诵，尤其是在20世纪上半叶。当今，在全球化的时代，人类对于生命尊严应该说已经有了共识，这就是生命尊严的普遍内涵是：从社会方面讲：人人有工作权、移徙权、言论通讯结社集会自由权与信仰自由权、选举权与被选举权、疾病医疗权；人人应受社会尊重、他人尊重，就是犯人同样应有人权，被监督劳动也应有报酬。从个人方面讲：遵守社会公德；自尊自爱与尊重他人；诚实；守法；自我支配行为，乃

至身体；体魄健全、精神健康。

二、无条件的治病救人是医疗机构的基本准则——体现生命尊严

医疗事业，号称救死扶伤，真正实现这种崇高目标，是相当长的历史过程，现代社会也远未做到。因为它的实现需要充足的条件，就是要视求医者的政治和经济状况，也即视其政治经济能量而给予治疗。传统社会里，贵人、富人生病可能得到医治，贫困者、卑贱者难于获得医疗。中国历史上的名医，许多是为皇帝、贵胄医病而出名。《魏书》卷91《术艺传》论及北魏一代名医，“周澹、李修、徐謇、王显、崔彧方药特妙，各一时之美也”。他们为皇帝治愈疾病而得到荣宠。周澹为魏太宗治好头眩病；李修给魏孝文帝、文明太后治病多有效验；王显诊断文昭皇太后的病是怀孕，果然生下魏世宗，并有效地治疗他的疾病；崔彧针灸治好中山王王孙。[①] 皆足以表明医生的服务对象主要是贵人。社会下层的贫贱者处于缺医少药的境地，所幸者有一批医生，富有同情心，为穷人治病，东汉和帝时郭玉为人治病，“虽贫贱厮养，必尽其心力”[②]。清代乾隆间安徽人章光裕“以药济世，未尝受谢。常备药材，以待贫乏”[③]。“贫贱厮养”，是贫民穷人和贱民奴隶，这些人没有钱财求医，身份卑贱，难得有医生把他们看作人而给予疾病治疗。我国传统医疗有诸多特点，一些医生医德高尚，为贫窭者施医施药，即为其一。但这种义行是个人行为，缺少金钱和和地位低下的人与医疗保障仍然无缘。传统社会后期一些地方出现施药局，有的行会成立“同仁会”，为会员施药，设立义冢。此类组织，试图在局部范围内帮助穷人治病，有社会保障的某种作用，但力量微弱，施惠涉及人群极其有限，远远没有形成社会保障事业。到了近现代，治病的政治和金钱条件依然起重要的乃至主导的作用，如“文革”时期，政治挂帅，对所谓有政治问题的人，对所谓阶级敌人，不予治疗，任其死亡。在一切向钱看的时代，病人不能预交高额费用，不予收留治疗。皆背离生命至上观念。

医疗机构、医院、医生无条件的治病救人，无条件的善待病人，是生命至上，是尊重生命观念的体现。有此观念，不论病人是什么样的人——有无政治背景，是什么肤色的人，有无金钱，一概不问，先治疗，其他再说，这是尊重生命，也是尊重人权，即使罪犯也予人道主义治疗，何况穷人，岂可摒弃！无条件的治病救人，实在是实现人的尊严所必需，需要有相应的医疗制度来保障它的实现。

三、人类需要杜绝金钱至上的过度检查和过度治疗

过度医疗指过度检查和过度医治，在一些国家存在这种社会病，我们面临这样的社

① 《魏书》卷91《术艺传》，中华书局，1974年，第6册第1965页。
② 《后汉书》卷28《下方术列传》，中华书局，1965年，第10册第2735页。
③ 民国《怀宁县志·道医传》。

会问题，病人因此怕看病，怕输液，怕挨宰。传统社会缺医少药，人们贫困，有病不能求医，挨着、扛着，甚至等死，现代社会富裕了，医生盛行小病大治，如近日发生的洛阳副主任医师孔祥勇之女在京，因手指根划破，以为只需几十元，最多一二百元即可医治，岂知“各种检查之后医生也无非是消毒包扎，还开了四种止痛消炎药，却花费近三千元”①。这是地级市的医生跟不上“形势”，对京都的同行那样肆无忌惮地掠夺病人钱财表示惊讶和不满。无病定期体检，普遍体检，能够早日发现疾病，预防医治，有积极的意义，然而体检的诸多项目，伤害身体，制造疾病。过度医疗产生原因：一是生物医学和医疗专业拼命追求利润和金钱；二是对预防医学的误解和医学人文精神的缺失或异化；三是对高科技的盲目崇拜。② 如果医生和医疗机构为追逐金钱而“治病”，视为人类的灾难：伤天害理的行为；浪费地球有限资源的犯罪。不是治病，而是添病，是人类自取灭亡。需要警惕过度医疗的弊病，制止、根绝它的泛滥！

四、活得尊严与安乐死——安乐死是人类社会发展的必然选择

生命尊严包含着活得尊严：所有的行为，包括美容、举止、着装、走路、运动（乃至运动服装）、站相、坐相，皆注意尊严的形象；活着就要健康，因健康而有尊严。2012年6月1日新加坡“联合早报”网报道：新加坡一位女心脏病患者不叫救护车送医，怕邻人见她生病上救护车的狼狈样。真是维护自身形象与尊严的典型事例。据她所求医的医院负责人讲，急救病人35%是叫救护车，65%不是，大多数人注意仪表形象，不叫救护车。人在病中，同样关注自身的形象，维护尊严，不愿以病中丑陋容颜见人（死后，为告别仪式而整容，是别人代做，不同于自身能够维护的尊严）。健康不仅是不生病，还有健美，由生命观而产生的对健康的观念与做法。

安乐死，是维护生命尊严的必要制度。本来人到老年改变了容颜、体态，失去童年笑脸、青春美丽，变得老丑，思维也迟钝，以至痴呆了，维护昔日尊严已大打折扣；与老年的到来相伴随的是孤独寂寞。因此，老年绝症患者的安乐死，是实现病人活得尊严与减少痛苦的最好办法，是最好的临终关怀，同时减少家属护理痛苦，减少社会资源的浪费。安乐死的观念，是发展中的生命观，必将为越来越多的人所认同，必将为越来越多的国家、地区所认可而成为社会制度。实现安乐死，是最终的实现生命尊严。当然，实行安乐死，应有相应的措施来保障，不令发生弊病，不令谋财害命现象的发生。

（2012年7月10日草，11月6日修改）

① 孔祥勇：《从医多年，老马失蹄》，载《南方周末》，2012年6月21日。
② 张田勘：《过度医疗之忧》，载《南方周末》，2012年6月21日。

清代满洲文化发展阶段论

李治亭（吉林省社会科学院）

一、引　言

在中华民族文化发展史上，清代满洲文化无疑占有独特地位。其独特就在于，它以一个人数少、文化总体落后的民族创建一代王朝，其享国之久，作为之大，除汉族，没有一个少数民族可以与之相提并论。满洲对中国历史的影响之深远，以至深刻地改变了中国的历史面貌，为当代中国全面奠基，其贡献之卓著，与历史上任何一代强大的汉族王朝相比，也毫不逊色，并在诸多方面都已达到无可企及的时代之巅！

毫无疑问，满洲民族的伟力源于它的文化。文化不仅是满洲的民族精神的源泉，也是它以文化治国的动力。清朝伴随满洲文化之兴而兴，又伴随着满洲文化的衰落而走向消亡。不仅如此，满洲文化为明末以来的中国儒文化注入了新的活力，极大地丰富了它的内容。与之密切相关的汉文化也竞相发展，挣脱明末汉文化的桎梏，重新被推上了大发展的道路。

研究满洲文化具有巨大的学术与现实的借鉴与启示的意义。我们以文化的视野，深入研究满洲文化的历程，来透视清朝兴衰至亡的历史武器。满洲文化的历史命运揭示了一个真理：文化对于一个民族或国家实为命运所系，换言之，文化的盛衰决定民族与国家的前途！满洲文化提供的这一至为珍贵的文化启示，足资当代改革、建设文化的必要参考。

满洲文化如此重要，却长期受到忽视。迄今，清朝逊国百年间，前70余年，几乎无人问津，直至改革开放后，近二三十年有关满洲文化的研究达于极盛，可谓盛况空前！论著成千累万，而成立的专门研究机构将满洲文化的研究常态化、持久化。

现在提出的问题是：满洲文化的内涵是什么？满洲文化与本民族，与清之盛衰有何关系？满洲文化的价值何在？如此等等。虽说有关研究满洲（族）文化的论著不少，并未从理论的深层次予以解读，不过是罗列一些文化现象，或因袭，或重复，远未揭示满洲文化的本质。

满洲文化从其发生、发展，到兴盛转衰，是一个漫长的历史过程。迄今，尚无一部专论满洲文化的论著把这个过程讲清楚，特别是清定鼎北京后，260多年中，除了涌现几位满洲诗人、作家，却没有从整体上阐述满洲文化的形态，实际是否定了满洲文化的存在。还有一种说法是：满洲不是一个新的民族共同体，与其本来为女真族没有区别。否定了满洲，亦否定满洲文化的存在。近年来，引进欧美所谓“新清史”，也否认满洲，认为直到晚清民初才形成民族共同体，云云，也就没有满洲民族文化。

坦率地说，这一类的说法种种，实属谬理，无须一驳。因为满洲及其文化是不易的历史事实，对于我们来说，这只是个历史常识。一个最根本的问题是，应当怎样科学地阐述和评价有清一代的满洲文化。比如前已指出，满洲文化作为一个民族的文化，如同世间一切事物，都是一个长短不一的过程，在其各自的过程中，必然形成各个不同的发展阶段。那么，满洲文化从清入关前，又历经清代，在近300年间，究竟形成几个不同的发展阶段？各个阶段的文化内涵是什么？迄今尚无专文讨论，也就难见满洲文化的全貌。

本文针对满学界之现状，尝试分阶段阐述满文化，勾勒有清一代满洲文化发展与演变的全过程。故名曰“满洲文化发展阶段论”。

若论当代研究满洲历史与文化最力、学术成就最大者，当首推已故王锺翰先生，不愧称为当代满学泰斗！今年恰逢先生诞辰百年，忆及往昔，我深得先生教诲，权作此文，以资纪念。

二、满洲文化的形成与内涵

这似乎已被论证过的老问题。其实不然。历来研究满族史、满族文化，几乎没有把满洲文化的形成当作一个文化阶段展开研究，谈文化又把满洲与满族混为一谈，用满族文化取代满洲文化。更极端者，撰写一部“满族通史”，竟然无视满洲（族）文化，连“满洲”两个字也不曾出现！在阐述清入关前的文化时，竟以“女真人的思想与文化”来取代满洲文化。至入关后200多年，却无一点满文化的踪影，通篇是汉文化![①] 阐述满族史，却取消了满族（洲）文化，不过罗列一些文化现象，更没有对其阶段性文化内涵给予科学地界定。

显然，本文提出这个问题展开论证，并非多余。

那么，应如何界定满洲文化的发展阶段呢？首先应当明确满洲文化的起止时间。一般来说，一个民族的文化总是与本民族的形成相伴而生。满洲是于17世纪二三十年代在东北地区形成的一个新的民族共同体。具体说，以明万历十一年（1583）努尔哈赤起兵复仇为开端，即开始了满洲形成的历史进程。与此同时，满洲文化也同步处于形成的过程中。以万历二十七年（1599）创制本族通用的老满文、四十二年（1615）创建八旗满洲两件大事为标志，可以判定：满洲这个新的民族共同体初步形成。迟至皇太极时，到天聪九年（1635），正式宣布废“诸申”之称，改称“满洲”，标志满洲民族正式“诞生”。至此，满洲文化亦宣告形成。

自满洲文化的形成，迄至宣统三年（1911）清帝退位，清朝的统治就此终结，贯穿于有清一代的满洲文化亦告结束。但满洲民族还存在，它的自身文化却不会消失。一个重大的变化是，进入民国特别是进入新中国以后，满洲不再称满洲，而改称满族，其民族文化也与清代满洲文化划清了界线。

自满洲文化之形成，直至清亡，历时300余年，其间跨越不同时代，而文化也应时而改变，自然就形成若干不同的文化发展阶段。而每个阶段各有相互联系又相互区别的

---

① 详见李燕光等主编：《满族通史》，辽宁民族出版社，2003年修订版。

文化内容。这几个阶段的文化留待后面讨论。

现在，让我们重新回到满洲文化的形成阶段。

如上文已指出，清朝之勃兴，满洲之形成，都在史称“清入关前”这一时期完成的。满洲文化如影随形，与满洲民族共同体同步形成。何以证明满洲也形成了本民族的文化呢？这就需要展示它的文化内容，不难做出判断。

这一时期，正是满洲文化的形成与确立的时期，已经显示出与其他民族文化相区别的鲜明特色。究竟特在何处？或者说，此时期满洲文化的基本内涵是什么？许多满学论著并未给出明确答案，只是罗列诸多文化现象，却没有自觉地做出文化界定。

概括入关前满洲文化的基本内涵，就是国语（满语）、骑射、服饰。我们可以把它们称为满洲文化“三宝”，是满洲安身立命之本。这并非是我们今人的硬性归纳，恰恰相反，正是清太宗时的国策规定。太宗对此不止一次地反复阐述，一再强调，此“三宝”关乎民族存亡，国之盛衰。

下面，就来引述清太宗的话，看看他是怎么说的：

天聪七年（1633）正月，首次向满洲人等发出必须坚持骑射的指令，称：骑射“此系我国长技，何不努力学习耶！”他规定：各旗以牛录为单位，各率所属长幼必于每年春、夏、秋三季时时习射。各有关部臣要亲自到现场察看，如有不能射者，必治牛录额真之罪①。

八年四月，太宗再次发出指令：历代“各有制度，不相沿袭，未有弃其国语反习他国之语者。事不忘初，是以能垂之久远，永世弗替也。”他以蒙古为例，指出：蒙古诸臣民自弃蒙古语，名号都学喇嘛，导致国运衰落而亡②。所以，他强调，国语——满语关系后金国运的成败，必须坚持！接着，下令将后金官职名称、城邑之名，统统改为满语之称。如，将沈阳改为“莫克敦”，汉译为盛京。原使用明朝的总兵、副将、参将、游击、备御等官名，分别改为满语，即昂邦章京、梅勒章京、甲喇章京、牛录章京等。他明确规定：今后“毋得仍袭汉语旧名，俱照我国新定者称之。若不遵新定之名，仍称汉字旧名者，是不奉国法，恣行悖礼者也。察出决不轻恕！”③ 第二年，他又改族名，不许再自称“诸申”，要改称“满洲”④。至此，满洲作为新的民族共同体——满洲正式形成。与此同时，满洲文化亦告形成。

太宗对满洲文化的阐述并没有结束，崇德元年（1636）十一月，刚改国号大清，他本人即皇帝位不久，便针对眼前满洲文化中存在的问题，召集诸王贝勒、满汉大臣共同学习《金史》中的世宗本纪。读后，他发表自己的见解：

“（金世宗）唯恐子孙仍效法汉俗，预为禁约。屡以无忘祖宗为训，衣服、语言，悉遵旧制，时时练习骑射，以备武功。虽重训如此，后世之君，渐至懈怠，忘其骑射，至于哀宗，社稷倾危，国遂灭亡。”

太宗前以蒙古亡国为教训；这里，他又举出金国亡国的教训，就在于废骑射，忘记

---

① 《东华录》天聪七年正月。

② 《东华录》天聪八年四月。

③ 《清太宗实录》卷18。

④ 《清太宗实录》卷25。

本族之语言，国必亡！接着，他便说到现实面临的问题：

“先时，儒臣巴克什达海、库尔缠屡劝朕改满洲衣冠，效汉人服饰制度，朕不从，辄以为朕不纳谏。朕设为比喻……若废骑射，（效汉人）宽衣大袖，待他人割肉而后食，与尚左手之人，何以异耶？”

他为何反复强调骑射、国语、服饰都不可废、不可变呢？他说出个人的内心忧虑：唯恐重蹈金朝的覆辙，“恐日后子孙忘旧制，废骑射，以效汉俗，故常切此虑耳。”①

太宗迅速采取行动——颁布法令：凡后金官民包括男女服饰，“俱照满洲式样，男人不许穿大领大袖，戴绒帽，务要束腰；女人不许梳头、缠脚。僧道照旧衣帽，其道士妇女，亦不许梳头、缠脚。该牛录章京稽察，若有违背者，本身及该管牛录、拨什库俱有罪。”② 无疑，此令主要是针对汉族及其他少数民族而发的。

此后，如崇德三年（1638）、六年，太宗不断发布政令，做出种种规定，要求满洲人必说满语，与汉人交往、审拟案件可以说汉语；满洲王公大臣必须亲自督率下属及宗族子弟演习骑射，如不执弓习射，闲游街市者，一定逮捕追究刑事；一再重申不准仿效他国（主要指明朝）衣冠、束发、裹足③。

在不到10年的时间，太宗把满洲的服饰、发式推广到全东北地区；满语虽系满洲人的文字语言，却将东北各地的地名满语化，深深打上满洲文化的印记。同时，按照满洲八旗的规制，将辖境内的汉族、蒙古族也组织起来，分别扩建成汉军八旗、蒙古八旗。至于骑射，原系满洲人的长技，亦不分民族，举凡“旗人”都需掌握这一技能，娴熟运用。这实际也把骑射推广到东北地区。于是，满洲文化覆盖了整个东北地区（只有靠近山海关的四城尚在明朝治下），满洲文化也成为东北地区占统治地位的文化。

前已指出，国语、骑射、服饰构成满洲文化的鲜明特色。当然，满洲文化不止这三个方面，例如，民俗方方面面，还有信仰、祭祀、宗教等，都是满洲文化的组成部分。但是，上列三个方面的文化，恰恰是太宗继承先辈的文化传统，加以提炼、概括、总结出来的，我们不妨把它们称为满洲文化的“核心文化”，换言之，也是满洲人的标志性文化。众所周知，不同民族有不同的语言文字与服饰，头饰与发式也各不相同，这些都是区分不同民族的鲜明特征。如前引儒臣达海等人的意见，改易满洲服装为汉装，至少在外观形式上满洲人不复存在了。因此，遭到太宗坚决反对。

语言文字、服饰属于文化，自无疑问，骑射同样是文化。骑马、射箭，本是技能，但它的本质是一种尚武精神，要敢战，敢于胜利，这就需要富于牺牲的精神。这就是说，娴熟的骑射技能与敢战的尚武精神相结合，才能无往而不胜！太宗尤其重视骑射，反复强调：此系“我国长技”，“我国所恃，全在射艺。”

清人关前，满洲文化的形成，对其文化内涵的界定，并大力助推到全东北地区，应归功于清太宗皇太极，是他对满洲文化的一个巨大贡献。迄今为止，凡论皇太极，没有一本书，也没有一篇论文提出这个问题，没有给出应有的论证与评价。不仅如此，太宗

---

① 以上见《清太宗实录》卷32。

② 《清太宗实录稿本》第7页。辽宁大学铅印本。

③ 详见《东华录》崇德三年七月；崇德六年二月。

提出的骑射、国语、服饰，不只是他在世时实行的国策，至清入关后其后世子孙也奉为国策，世代坚守，与八旗制相表里，维系清朝长治久安，其意义不容低估。

需要进一步指出，所说国语、骑射、服饰，本是满洲人继承其先世以来的文化传统。这是满洲文化的主体，除此，还有汉、蒙民族文化部分地进入满洲文化，成为它的一部分。如，强制其子弟必须读书，官方举行科举考试等，原是汉族的文化习俗，也被吸收为满洲文化。皇太极时，颁布法令：严禁子娶其父之妾，弟娶其嫂。无疑是接受汉文化，才彻底革除满洲的陋习陋规。至于受蒙文化之影响，利用蒙古字母创制满文，即是一例。在满洲人的社会生活中，到处都可以看到蒙文化的影响与印记。前已提到宗教对满洲文化的影响，岂止是影响！实际上，满洲人已跳出本民族萨满的低层次崇拜，转向供拜佛、道，乃至藏传佛教，其中以礼佛为最盛。这就是说，佛、道等宗教已溶入满洲文化，在社会生活中，从最高统治者，到平民百姓无不打上佛教的印记！受文字局限，不宜一一举例。

据此，可以认为：满洲先世的传统习俗，汉、蒙族部分文化与佛道等宗教文化，即构成满洲文化，换句话说，它们是满洲文化的三个组成部分，也可以说成是满洲文化的三个来源。这里，只提结论，详证当另写专文。坦率地说，这是对满洲文化的最新的判断，正确与否，当由学术实践来检验。

三、满洲文化向全国发展与繁荣

以1644年四月清军入关为开端，伴随八旗的脚步，满洲文化也随清军入关。八旗劲旅走到哪里，也就把满洲文化带到哪里。清朝统一全国之时，也正是满洲文化发展到全国之日。换言之，把原在东北地区生成的满洲文化发展到全国去！这应该是满洲文化入关后一个划时代的发展。

写到这里，不能不指出：迄至当代，举凡清朝断代史、满族史、满族文化史、清帝传记，以及各种专论满族文化的文章，一写到清入关后，直至清亡，几乎不见满洲文化的内容。似乎说，作为一个统治民族的文化业已消失，不复存在了，代之以汉文化淹没了一切。当然也就不存在满洲文化发展的第二阶段。在雍乾特别是嘉道以后，更无满洲文化可言。如果说，满洲还有一点文化，也仅有几个文化名流，如书法、绘画、诗词方面的名人而已。

清定鼎北京后，果真没有满洲文化了吗？事实正好相反。

一个最基本的事实是，清定鼎北京不久，就发布薙发易服的政令，从北京到地方，从中原到江南，从内地到边疆，少数民族例外，凡汉人一律薙发易服。如前叙，清朝已把薙发易服奉为国策，变易汉人服装与发式，这意味着要改变千百年来汉族的文化传统，接受满洲文化的规则，而与满洲人无别，统以“旗人”相称。清朝这样做，有利于国家内部的统一，目的是巩固其统治。不管汉族是否愿意接受，清朝就通过行政命令，将满洲文化推向全国。清朝大获成功，在短短的几年内，全国汉人皆薙发易服。在清以前，也曾有多个少数民族，如元、如辽、如金、如北魏，或一统天下，或建半壁江山，都没有做到变易广大汉人的服饰与发式，清朝却做到了！这不能不是满洲文化发展的一个奇迹。

满洲文化发展的又一个表现，就是在中央机构内设置某些为满洲人自创的机构，表明满洲文化已进入国家的政治生活。如，议政王大臣会议，专门管理边疆少数民族事务的理藩院等，原创于入关前，入关后，继续保留，在国家行政管理中，发挥了重要作用。还有，另设内务府，以管理皇帝本人与家属的生活及皇室事务。特别是“理藩一职，历古未有专官”，“为有清创制”[①]，这些创制，实为满洲文化的智慧所创造！

满洲人作为统治民族，必然大量进入国家政权机关，主要在中央各部衙门，满汉平分秋色，共治国政。如，六部（吏、户、工、刑、兵、礼）各设满汉尚书，而在一些机构或部门，也只许满洲人来承担，汉官无缘。从官职设置，到满汉并用，给中央国家官制打上了满洲文化的烙印。

除此，在官制、封爵，以及其他名称，多用满语代替汉语之称。这已为人们所熟知，不赘述。不言而喻，满洲人入主中原，其旗人逐渐分布全国各地，不能不把文化的方方面面也带到中原，开始融入汉人生活的各个领域。

事实表明，清入关初，即顺康之际，正是满洲文化发展与扩张时期。

康熙二十二年以后，迄至乾隆末，约计百余年间，史称“康乾盛世”，满洲文化也与汉文化并驱争先，呈现出繁荣昌盛的景象。

康乾盛世文化之极盛，已为学界所共识。满洲文化状况如何？迄今，几无人给予明确论述。概括地说，一方面，满洲文化已置于汉文化的汪洋大海之中，极力保持其文化的独立品格；另一方面，大量吸收汉文化，不断地提升满洲文化的品质。这两个方面基本上构成了盛世时期满洲文化的时代特征。

清朝进入盛世，不论汉文化怎样强势，满洲文化并未被弱化，相反，仍然受到高度关注，以皇帝为首，时刻推重满洲文化，其文化的核心即国语、骑射，视同生命。从康熙、雍正，到乾隆，皆效法太宗，三令五申、谆谆告诫，不惜动用法纪，专门惩处等手段，必不废国语、骑射！圣祖指出：“文武要务并行，讲肆骑射，不敢少废……但满洲若废此业，即成汉人，此岂为国家计久远者哉！……入汉习，即背祖父明训，朕誓不为此！”[②] 康熙三十二年（1693），圣祖说：“骑射乃我国家振兴要务”。显然，圣祖把能否坚持国语、骑射关系国家兴亡，也关系满洲民族的生死存亡。

世宗继其后，同样坚定地奉行先辈遗训，时时向满洲发出警告。雍正二年（1724），他说：“我满洲人等，因久居汉地，不得已与本习（指骑射）日以相远，唯赖乌喇、宁古塔等处兵丁，不改易满洲本习。”他鼓励读书，但不能“俱专意于读书，不留心于武备矣！”[③] 从世宗的话中，已知满洲入主中原后，渐习汉俗，重文轻武，力图扭转这一倾向。

至乾隆时，高宗更是不遗余力，不停地解说，并做出具体规定，必使国语、骑射世代传下去。乾隆十一年，高宗发现满大臣奏折是用汉字书写的，立即斥责：“殊属非

---

① 《清史稿》卷115，“职官制理藩院”。

② 《康熙起居注》（第2册），康熙二十六年六月初七日，中华书局，1984年。

③ 《八旗通志》初集卷66，67。

是"！命以后奏事，必用“清字”书写。[①] 为使满洲人不忘民族文化传统，于十七年(1752）在八旗教场立一碑，名曰“训守冠服骑射碑”，高宗撰文，告以不废冠服、国语、骑射事。其中写道：“俾我后世子孙臣庶，咸知满洲旧制，敬谨遵循，学习骑射，娴熟国语，敦崇淳朴，屏去浮华，毋或稍有怠惰。”[②]

高宗不是说说而已，而是注重实践。如，他接见满大臣时用清语，有的不熟练，他即给予处分。满洲的黄旗人虔礼宝犹因清语不熟，将他从上三旗降到汉军旗[③]。

类似的话，三帝都说了很多，以上只援引一、二句，表达他们对国语、骑射的严重关切，反映他们对满洲文化的顽强坚持。

集中反映国语、骑射的文化实践活动之一，就是皇帝外出巡视与行围。皇帝出京城，到外地巡视，古已有之，源自三皇五帝时代，称“巡狩”，视察民情，检查地方吏治，有利于国家的治理。后世的秦始皇四出“巡幸”为最著名。他的目的不过是炫耀他至高无上的权威，以震慑反秦势力。始皇之后，历代皇帝外出巡视者，已寥寥无几了。如，明统治近300年，几无一帝外出，甚至连祖陵也不罕曾有亲临其地拜谒！

唯清朝，始自圣祖，频频外巡。为简省文字，不便逐次展开叙述。总起来说，圣祖终其一生，东巡盛京、吉林3次，“巡幸”五台山4次、巡幸江南六次。其子世宗即位前，曾去过盛京祭祖。即位后，鉴于政情主要是内部矛盾复杂，不曾外出。至乾隆时，高宗承继圣祖的做法，先后四次东巡盛京与吉林，六次南巡，又屡次至蒙古地为北巡。嘉庆，道光两帝巡视过盛京。终因局势不稳，经济状况恶化，不再举行巡视的活动。这类活动持续了100余年。

皇帝外出巡视，总要率八旗兵丁万余人，少则也有数千人。所行仪式，既有汉式传统，更有满洲范式，说“国语”（满语)，练骑射。因此，可以说，皇帝的每次外出，都是满洲的文化展示，也是满洲文化的重大实践。不言而喻，对满洲文化也起到了宣传作用。参与活动的八旗将卒无不经受实际的训练。我们不妨将这些活动称为“满洲文化节”，可能更真实反映其活动的实质。

如果说，皇帝外出“巡幸”可称为“满洲文化节”；那么，皇帝率八旗大部队行围，简直就是一场战争的大演练！众所周知，自康熙初，先在东北地区大量设围场，如吉林围场、伯都讷围场、西围场、南山围场、阿勒楚喀围场等；在北京郊区设南苑围场等。最著名的围场，就是周长千余里的木兰围场。试问：设如此之多的围场何用？圣祖说得很明白：“一年两次行猎，专为讲武，与行兵无异。”[④] 康熙朝侍读学士高士奇说：“我朝行围讲武，使其熟习弓马，谙练队伍，每猎则以随驾军密布四周……”[⑤] 简言之，就是训练八旗满洲将卒“习劳讲武”，质言之，保持满洲的民族精神。像这样的畋猎习武的活动，每年举行两次，每次参加的八旗将士都在万人以上；有时甚至更多！这些将士来自全国各地八旗驻防兵，轮流参加接受训练。不只是满洲八旗，还大量吸收蒙古各

① 《清高宗实录》卷258，乾隆十一年二月丁酉。

② 《清高宗实录》卷411，乾隆十七年三月辛巳。

③ 《清高宗实录》卷1282，乾隆五十二年六月庚子。

④ 《清圣祖实录》卷106，康熙二十一年十一月戊辰。

⑤ 高士奇：《扈从东巡日录》，载《小方壶斋舆地丛抄》第二帙。

旗将士一体参与。开始只有内蒙古49旗王公贵族，其后又有外蒙喀尔喀各部、青海蒙古都参与围猎练武的活动，乾隆时，西北的厄鲁特蒙古准噶尔、和硕特、杜尔伯特诸部，以至南疆之维吾尔伯克、哈萨克、布鲁特（柯尔克孜）等部之王公扈从行围，各分班轮流行围[①]。清朝指令蒙古各部参与满洲人的行围活动，其目的如清代学者魏源所说："本朝抚绥蒙古之典，以木兰秋狩为最盛。"又说："凡内外各扎萨克悉率左右分班扈猎，星罗影从，霆驱雨合……寓绥远于训武。"[②] 这是说，通过行围"训武"，以怀柔蒙古，密切双方关系。满洲邀集蒙古人参与行围，可以认为，满洲已把本民族的骑射文化，进一步说，即尚武精神都扩大到了蒙古族，这也是满洲文化的一个显著发展，显示其繁荣的盛况。

从上述，可知木兰行围，以及在东巡、北巡、西巡中举行的围猎活动，绝非是为猎取野味，或为娱乐而设。清朝视此活动关系国家命运、民族存亡，不可等闲对待。如高宗一再阐明，嘱其子孙：骑射、清语为"我朝根本"，是"我朝先正遗风，自当永远遵循，守而弗替。"[③] 其后继者仁宗，于嘉庆十六年（1811）在围场南之伊逊河立一石碑，亲撰碑文《木兰记》，特别指出："木兰秋狝，为亿万斯年世世子孙所当遵守、毋忽之常经。"木兰行围，对于清朝、对于满洲之极端重要，无以复加！

行围的目的是习武，实践满洲的尚武精神，用以提升八旗军队的素质，是在新时期、新时代坚持骑射的一个好形式、好办法。这不仅是承袭也是发展了满洲的古老的民族文化传统。这次活动，始终由皇帝亲自统领。圣祖终其一生，共组织并参加了40余次围猎；高宗几达50次！可以确信：康乾时代确实是满洲骑射繁荣的时代。

这一历史时期，由皇帝统率，常年而不间断地举行大规模地行围骑射活动，很快便产生了重大而积极的社会效果。还在顺、康之际，国内大规模战争已基本结束，八旗子弟及将卒滋长安逸享乐的情绪，惧怕流血战斗，怠惰、怯懦的恶习在军中漫延。从圣祖即位初期就开始发起并组织大规模行围活动。不论路途多么艰险，也不论天气多么恶劣，或风沙飞扬，或雨雪交加，常常忍饥渴，驰逐在平原旷野、山岭峡谷间。经此艰苦的训练，八旗一改往日懒散，好逸恶劳之习气，重振昔日之雄风，一投入战斗，就所向披靡，无往而不胜！这在为国家的统一和维护国家主权的一系列战斗中，满洲的尚武精神就得到了最充分的发挥。

康熙二十四年——二十五年两度发起雅克萨保卫战，在酷寒的极北之绝域，八旗劲旅与拥有先进武器的沙俄侵略军展开殊死战斗，硬是凭借敢战敢胜的精神，彻底打败了敌人，保住国家领土不被侵夺。

康熙二十九年——三十六年，八旗将士与强悍的西北分裂势力噶尔丹的叛乱展开了8年之久的战争。噶尔丹所部皆善骑射、耐奔走，在广阔的草原驰逐，八旗将卒与之作战，其艰难可想而知，在追逐中，喝不到水，吃不饱饭是常事。终于克服种种困难，取得了最后的胜利。

---

① 参见袁森坡：《康雍乾经营与开发北疆》，215—225. 中国社会科学出版社，1991年。

② 《圣武记》卷3，"国朝绥服蒙古论一"。

③ 《清高宗实录》卷411，乾隆十七年辛巳。

继噶尔丹之后，又相继有策妄阿拉布坦、罗卜藏丹津、噶尔丹策零、达瓦齐、阿睦尔撒纳、霍集占兄弟等继续为乱西北，今内蒙、青海，主要是新疆的广大地区，兵连祸结、战火纷飞。八旗将士不畏艰险，浴血奋战，付出重大牺牲，至最后保住新疆，已战斗了近70多年①！

在西藏地区，为保卫西藏不被内外敌人夺占，八旗将士与准噶尔分裂势力、国外敌廓尔喀（尼泊尔）展开殊死战斗。自康熙五十七年（1718）五月命将士出征，至五十九年九月结束，满洲八旗军击溃准噶尔分裂势力，胜利收复西藏。这一场战事，再次表现出满洲八旗尚武的英雄主义精神。西藏距内地遥远，险山恶水，气候恶劣，到处是险阻！在无近代交通工具和装备的古代，欲到达西藏，真比登天还难！但圣祖不畏艰险，毅然把他的14子允禵派出，命为“抚远大将军”，从京师满洲八旗劲旅中，抽调6000余人出征。他们在大都市生活已久，没有顾恋，勇敢地走向战场！从全国调集20多万人马，兵分三路，其中一路从青海进藏，要经过“瘴疠”地区，人若吸入瘴气，不一、二日即死。致使八旗士卒“尸填道路，莫可胜计。”② 从川滇交界处进藏，沿途要翻越“万仞”高山，皆为坚冰厚雪所覆盖，须用绳子捆缚人马，然后逐一坠下，其中伤者、死者累累。史载：一支云南八旗将士300人，于瓦沙一柱峰下过夜，遭遇暴风雪，连同所有战马都被活活冻死，人成冰人，马成冰马③。八旗将士以重大的代价，终将反叛的准噶尔人驱逐出西藏，维护了国家领土的完整与统一。

从康熙前期北击罗刹（沙俄），接着，对西北叛乱的噶尔丹势力展开战斗，中经雍正，至乾隆二十四年，先后与噶尔丹之后的噶尔丹策零、达瓦齐、阿睦尔撒纳、罗卜藏丹津、策妄阿拉布坦等准噶尔部分裂势力，在广阔的西北草原、沙漠间，进行浴血奋战，历经70年的军事较量，才恢复新疆与国家的统一。八旗将士所作出的生命牺牲，克服难以想象的艰难险阻，不禁令今人也为之感泣！

八旗将士的尚武精神，在西南战场同样得到了充分地发扬。从雍正，到乾隆中期，在西南地区实行“改土归流”，因遭到部分土司的激烈反抗，遂接连爆发大规模的战争，八旗将士所作的流血牺牲，也令人震撼④。

康乾盛世时期，社会保持长期稳定，经济繁荣，人们的精神面貌，焕然一新。八旗将士的尚武精神就是这一时期满洲文化繁荣的集中体现。不言而喻，满洲的尚武精神也给18世纪中国人文精神打上满洲文化的一个鲜明的印记。

康乾盛世的满洲文化，并非只限于以上所列举的几个方面。还有一个重要方面，即满洲人的文化创造，具体说，就是文学艺术的创作，与汉人并驾齐驱，各领风骚。概略地说，满洲人的诗词、小说、散文、笔记、戏剧、书法、绘画、说唱（今称之为“说部”）等等，无不精通，在某些方面取得了超越汉人的成就。以诗词为例，从康熙、雍正、乾隆三帝，到军政大臣、八旗中大小官吏、直到士人、妇女，几乎无人不诗！值得注意的是，在八旗中形成一个诗歌创作群体，我们把他们称为“八旗诗人”。以《熙朝

① 有关这些战争的详情，可参见拙著《清康乾盛世》有关章节，江苏教育出版社，2005年。

② 焦应旗：《藏程纪略》，转引自《康雍乾经营与开发北疆》第144页。

③ 魏源：《圣武记》卷5，“西藏后记”。

④ 有关这部分内容，可参见拙著《清康乾盛世》。

雅颂集》为例，收入八旗诗人达500余人。特别是皇帝皆能诗能文，又以乾隆一生创作诗之多，达五万余首，直逼全唐诗，不仅为清代之最，也为中国历史之第一！尽人皆知，词之作，首推纳兰性德，已进入中国古代诗歌的名人行列！曹雪芹的《红楼梦》，堪称文学的千古绝唱！他所取得的成就，为历朝历代无一人可以与之匹敌！他既是满洲的，也是中华民族文化的优秀代表。《儿女英雄传》虽不可与《红楼梦》等量齐观，却也别具一格，是满洲文人描写满洲旗人社会生活的杰作。

若细说满洲人的文学艺术创作，实非本文所能包容，况且已有的论著已写清其种种文化现象，这里不需赘言，只是点到为止。

满洲人能够取得如此辉煌的成就，无疑是向汉文化学习的结晶。回顾清入关前，满洲文化与已有3000年积累的汉文化相比，差距尚属遥远，他们惟善骑射，完全不懂文学艺术的创作。可是，仅仅过了百年上下，他们的文化水平迅速提升，全民族的文化素养已与汉族无别，甚至在某些方面已超越了汉族。乾隆时著名诗人袁枚给予高度评价："近日满洲风雅，远胜汉人，虽司军旅，无不能诗。"① 满洲人本以武事为业，以骑射为能，而今，无人不能诗！这说明满洲民族已发生质的变化，决非昔日可比！还在康熙二十六年，圣祖就说过："汉人学问，胜满洲百倍，朕未尝不知。"② 这时，距入关时间，不过40余年，满洲文化刚有所变化，却远未达到光辉的顶点。到乾隆时，上引袁枚的话，则证明满洲人的文学艺术主要是在诗词创作方面，已"远胜汉人"，前后对比，恰好证明满洲人进步之快，其文化已呈现繁荣的盛况。

满洲教育大发展，是满洲文化繁荣的又一重要标志。教育之重要，实关一个国家或民族的盛衰；社会文明发展的程度，亦有赖教育发展的水平。清朝满洲统治者深明办教育之理。早在入关前，满洲人尚武轻文，既无学校，也不读书。努尔哈赤10几个儿子，只有"红歹是（皇太极）仅识字"③。到皇太极即位后，才开始意识到教育必不可少。天聪四年（1630），后金将领阿敏等分守永平四城，不作抵抗，就率部逃跑，把城丢给了明军。接着，五年，皇太极以重兵围困大凌河城（今辽宁锦县）长达4个月，明兵至死不降！这两件事给皇太极的思想以极大的震动，他才明白明将忠君是读书明理所致，他的兄弟与部属轻易放弃已得之疆土而逃跑，全无忠君报国之念。于是，他发出指令：诸王贝勒大臣之子侄，凡年龄在8岁以上、15岁以下，必须接受教育，读书以明理④。这大概是清办教育之始。

入关后，满洲人尤为重视教育。世祖时，"定鼎中夏，首隆学校。"康熙时，办教育，倡读书，必使"户习诗书，家敦礼乐"⑤。雍正力主"图治之务，急于学校。"⑥ 至乾隆，大力发展教育，不遗余力。有关在全国办学，略而不论，这里只就满洲人的教育作一概述，用以反映满洲文化的盛况。

---

① 袁枚：《随园诗话》卷7"补遗"，人民文学出版社，1960年版。
② 《康熙起居注》第2册，康熙二十六年六月初七日，中华书局，1984年。
③ （朝鲜）李明寏：《建州闻见录》，辽大历史系印本。
④ 《东华录》，天聪五年闰十一月，参见《清太宗实录》卷10。
⑤ 《清世宗实录》卷3。
⑥ 嘉庆七年修：《临桂县志》卷14，"学校·下"。

前已指出，清入关前，尚未正式设学校。自顺治元年（1644）始，首设八旗官学，规定每旗设学一所，建学舍以备官学生之用。康熙二十四年（1685），专为内务府八旗子弟设景山官学，有家贫无钱读书者，亦允许入学①。雍正七年（1729），在西华门内咸安宫设官学，名“咸安宫官学”，与景山官学同属内务府。又设圆明园学，专供圆明园护军营两黄旗、两白旗子弟入学。乾隆时，设“八旗世职幼官学”，是为八旗中未成年承袭世职的子弟设的专门学校；设“健锐营学”，是为健锐营八旗子弟开设的学校。

为教育皇族子弟设专门学校，称“宗学”，始设于顺治十年：凡未封爵的宗室子弟，年龄在10岁以上，皆命其入学，专门学习满语。雍正二年，在左、右翼官房各设满学、汉学各一所，命王公、将军与闲散宗室子弟入学，年龄放宽，18岁以下，皆可入学读书。

宗学是指皇室直系子弟之学。但其他支脉的子弟即努尔哈赤的叔伯兄弟之后裔子弟尚未设学。雍正时，专设“觉罗学”，这些支脉子弟年龄8岁至18岁都可入学②。

盛京为清之陪都，“系发祥重地”，按康熙帝指令，给予特殊照顾，与京师一体设学，称“盛京官学”，包括左、右翼设宗学、觉罗学各二所③。顺便说明，在此之前，顺治间，为使盛京地区八旗子弟受到教育，设专门学校，称“辽学”，暂设在永平。

以上，是为满洲教育之大略。从八旗子弟到皇族贵胄子弟，各进入专门学校，学习科目主要是满文满语，以及汉人典籍，还有与汉人不同的，就是骑射，也在必修的科目之内。满洲统治者为满洲子弟设学的目的非常明确，就是培养本民族人才，以适应统治汉人，巩固其统治地位的需要。满洲人口比之汉人，本来就很稀少，且世传骑射之术，不通文墨。进关后，面对辽阔的疆土，满洲却无官可派，以至府州县官员只能被汉人所占有。乾隆帝回顾当时实况，曾说：“从前满洲之未用府县者，人数不多，仅足敷京员之用。”④ 当时，满洲人中能任职者甚少，只勉强够用于中央，至于地方府县官，就没有满洲人可用了。不仅如此。当初，“从龙入关”的满洲人整体文化素质难与有千百年文化积累的汉人相匹配。满洲统治者——大清皇帝及其统治集团已意识到问题的严重性，如不在文化上与汉人同步，就难以在中原长久立足。于是，自入关、定鼎北京后，即刻为满洲人办学。其后继者无不加倍重视办学办教育，最大限度地动员并招收满洲子弟入校就读，待完成规定的学业，允许他们参加科举考试，为他们开辟了入仕的途径，满洲子弟与汉人不同，还要加试骑射，遂成文武兼备的人才。正如所期望，满洲人才纷纷涌现出来，一批批走入仕途，担当各级行政长官，打破原先皆由汉官任职的垄断形势，形成满汉共治国政的局面。

毫无疑问，为满洲人办学的一个直接结果，不只是为朝廷提供人才，同样重要的是，满洲民族的文化素质全面提升，由原来只善骑射而不通文化的民族，迅速上升为一个善文能武的民族。至雍乾之际，满洲的民族素质，可以说，已得到脱胎换骨的改造，

① （光绪）《大清会典事例》卷393，“礼部·学校·景山官学”。

② 《清文献通考》卷63，“学校一”。

③ 《清圣祖实录》卷150，康熙三十年三月乙未年。以上有关八旗与皇族设学，可参见李世愉：《清代科举制度考辨》（续）第279—282页，万卷出版公司，2012年9月，沈阳。

④ 《清高宗实录》卷177，乾隆七年十月壬子。

成为面目全新的新满洲，确与入关前的旧满洲划清了界限。这应是满洲发展史上一个划时代的大变化。

满洲统治者大力发展本民族教育，引起满洲民族素质的全面提升，与汉人水平同等，正是满洲文化繁荣的又一重大标志。

一个少数民族的文化变化如此之大，这在中国历史上任何一个少数民族都无法与之比拟！如北魏、辽、金、元等王朝，皆为少数民族所创建，无论它们如何强调文化，远未达到清代满洲的水平。如上列举，清代满洲人创办的学校之多，专门学之齐备，受教育之广泛，所学科目之齐全，都具有首创与开创的划时代的意义。特别强调的是，像满洲全面学习汉文化，深入吸收汉文化，取得的效果改变其民族自身的素质，也是其他少数民族无法相比的！以往论著对此认识不足，只见汉文化的大发展，却不见满洲文化的存在，更不见其繁荣，就难以做出正确地评价。

康雍乾盛世的满洲文化的繁荣却是不争的事实。它的内容丰富多彩，受文字之限，只能暂写到此为止。

四、满洲文化的衰落与清亡

清代满洲文化衰落的问题，长期以来，未见有学者展开专门研究，发表专文给予系统论述。近年，始有个别学者提出满洲文化“危机”的论点。其“危机”的原因，一在“内部”即“八旗生计”问题，二为“外部”原因：辛亥革命则“从外部进一步加深了这种危机”。这只是说其“危机”的原因，却未予阐明“危机”的具体表现，也未曾论及“危机”所带来的结果是什么。需要说明的是，上引观点尚未公开发表，是在学术讨论会上提出来的。不论怎么说，有关满洲文化衰落的问题（论者称“危机”）已引起少数学者的关注，提出一些说法，值得参考。

坦率地说，我并不赞同上引的观点。所谓“危机”与“衰落”两者并非等同，惟“衰落”更准确地反映特定历史阶段满洲文化实际状态。那么，满洲文化是从何时开始衰落的？其“衰落”具体又表现在那些方面？

从哲学的理论上来说，物极必反，久盛必衰。事实也是如此。清朝在经历了100余年盛世后，不可避免地转入衰落。满洲文化从其形成、发展到繁荣，由此也走向衰落。两者衰落大体同步。清朝由盛而衰，约当始于乾嘉之际，具体说，以嘉庆元年（1796）爆发川楚陕白莲教大起义为标志，宣告盛世的结束，即是满文化衰落的开始。从深层次考察，恰恰是满文化的衰落才是盛世终结的内因之一。

满洲文化最先暴露出衰落的迹象，就是满语与满文，已呈现被汉语汉文取代之势。比之盛世之衰稍早，约当雍乾之际，实已开始衰落。对一个民族来说，莫重于语言文字，是区分不同民族的重要标识。如语言文字已消亡，那么，这个民族便不复存在。语言文字无疑是民族文化的核心内容之一，当其语言文字呈现消亡之势，其文化也就开始衰落了。

由满语、满文之衰而引发满洲文化的衰落，满洲正经历这一文化变革的历史进程。

清朝定鼎北京后，引发一场满洲人大迁徙运动，称之为“从龙入关”。先散居京畿各乡县，随着清朝统一全国，满洲八旗将士携家属驻防各地。满洲人迁离故地，进入汉人地区，大都不通汉文汉语，故满洲文化还保持着发展的势头。同时，自上而下，鼓励满洲学习汉语，实行满汉文兼用。为便于满汉沟通，克服语言文字障碍，特准于中央各部院、各省将军衙门设“通事”一职，专司满汉语言文字翻译，到康熙初，清人关不到30年，满洲人学习汉文汉语大有成效。康熙十年（1671），圣祖谕令兵部称：“各部院及各省将军衙门通事、原因满官不晓汉语，欲令传达而设。今各满洲官员既谙汉语，嗣后内而部院、外而各省将军衙门通事，悉罢之。”①

取消“通事”，算不上大事，但意义不小，正反映满文满语的新变化，说明满文满语已不再是满洲的专用，而汉语汉文已成为他们兼用的语言文字。但是，满汉语言文字并用的时期并未延续或保持多久。因为人口很少、而生活在千百万甚至上亿人口的汉族人之间的满洲人很快适应新生活，尤其与汉人日益扩大并频繁交往，满洲人努力学习汉语，已成满洲人的一种时尚。使用满语的范围与机会日趋缩小。有世宗的话为证：“满洲旧制最重学清语，近见新挑之侍卫护军等弃其应习之清语，反以汉语相戏谑。”② 这是说，到雍正时，清朝入关已90年左右，语言环境发生了很大变化，许多新一代满洲人已弃满语，转学汉语。

这一趋向，入乾隆时期更为严重，满文满语已现衰微，而汉文汉语成为他们日常必用的交流工具。

乾隆七年八月，高宗专就满语问题发出指令：“满洲人等，凡遇行走齐集处，俱宜清语，行在处清语尤属紧要。前经降旨训谕，近日在南苑，侍卫官员、兵丁俱说汉话，殊属非是……嗣后，凡遇行走齐集处。大臣、侍卫官员，以及兵丁，俱著清语，将此通行晓谕知之。”③

高宗针对满洲大臣奏折使用汉字，于十一年二月发出上谕，斥为“殊属非是”，指令此后“奏事俱著缮写清字（即满文）奏折”。④

尽管三令五申，仍不见任何效果。实际情况是，满洲人对本民族语言文字日渐生疏。仅举一例：乾隆五十二年（1787）六月，满洲正黄旗人、山西按察使虔礼宝入觐，高宗用“清语”发问，他却“未能娴习”，没能说明白。高宗很生气，即命将其降为汉军正黄旗。⑤

到乾隆后期，在满洲人的生活中，已用汉语取代了满语，只有在官方文件，或官场中，尚使用满语与满文，同时也兼用汉语。甚至到嘉庆时，一些官员竟主张满洲子弟十五、六岁前应专读汉人的经书。仁宗痛斥：“尤属纰缪！本朝家法，以国语骑射为重。从前定鼎之初，满洲人才并未娴习汉文，不能汉语，而建功立绩，勋业昭然……是今日满洲风气，实不如从前之务勤本业。”他强调：“朕方谆谆以国语骑射为满洲根本，屡

① 《清圣祖实录》卷35，康熙十年正月丁丑。
② 《清世宗实录》卷35。
③ 《清高宗实录》卷173，乾隆七年八月戊申。
④ 《清高宗实录》卷258，乾隆十一年二月丁酉。
⑤ 《清高宗实录》卷1282，乾隆五十二年六月庚子。

经训饬，尚恐未能尽副朕望。”①

满洲人离开世代生息的家园，进入汉人聚居地，其生活生产方式都发生了根本性变化，他们散居全国各地，经二、三代，四、五代，对其祖先的生活方式完全不通，不可避免地废弃本民族的语言与文字。如同进入中原的女真人的大金国，契丹人的辽朝等，仅经百余年后，他们本民族的女真文，契丹字终已消亡，转入汉语之中。因此，满语满文之消亡在所难免，难逃同样的命运。

这里，特别提到东北地区本是满洲的故乡，就语言文字而言，可称为“满语区”。在中原及各地，当满语日趋衰弱之时，所谓“满语区”是否也发生变化？事实正是这样：此地也未逃脱同样的命运。一个重要原因是，关内如山东、河南、河北、山西等地汉人，为生存计，不断涌入东北谋生。从康熙初开始，一批批汉人流寓关外落户。在吉林地区，随着“流民渐多”，改变了语言环境，致使原住民即满洲人“渐习汉语”。② 黑龙江地区，以满洲人、索伦（鄂温克）、鄂伦春、达斡尔、蒙古等少数民族地区，汉人少于吉林，故其语言文字的变化显得稍迟于吉林与盛京地区。变化最快最大的地区，就是盛京。这里从来就是汉人主要生息地，形成汉语的绝对优势。当努尔哈赤占领辽东地区，满洲人迁入，遂成满汉语并行之局面。在满洲人入关后，汉人则自中原大量移入关外，逐渐影响满洲人也习用汉语。至乾隆末，连官方奏折也用汉文，虽经高宗屡次训斥，仍以使用汉字为便。

满文满语之衰落，已成不可逆转之势。道光、同治间，使用汉文、说汉语，已属普遍现象。据《呼兰府志》记载：光绪中，东北地区语言文字“俱从汉俗”，满洲人中，能通晓满文者不过百分之一，而能说满语者不过千分之一二③。

这就是清代满文满语的历史变迁之大略。历时200余年，满文满语终于走到了历史的尽头，不可复兴。当一个民族的语言文字即将消亡之时，其文化之衰落同样不可避免。

满语满文之衰落，实为满洲文化衰落的一个重要表现。同样重要的是，满洲人的文化精神也开始失落。文化精神是一个民族历经千百年凝练而成的灵魂，或称为全民族的精神家园。当其文化精神衰落，必然导致一个民族素质的整体下降，如无机遇复兴，就不可避免地走向衰落至消亡。满洲作为一个统治民族正经历着这一过程。

满洲人的文化精神，前文已予论证，即尚武精神，集中表现在骑射。此种精神，就是崇尚武功，建功立业，为国家为民族，敢战、敢进取、敢牺牲。入关前，视国语骑射为国家命脉、民族生命之本。就是靠这种文化精神，打败了农民政权、扫荡南明势力，统一了全国。在维护国家疆域的完全统一与完整的伟大斗争中，满洲的文化精神大发扬，达到了时代的极限。但如同满语满文一样，在经历了康乾盛世后，在满洲人的生活中，已显出衰落的迹象。

首先，满洲人的尚武精神的失落，大约始于嘉庆时期。“畋猎习武”本是满洲人的

① 《清仁宗实录》卷81，嘉庆六年三月癸卯。

② 《吉林外纪》卷3。转引自李燕光主编《满族通史》，535页，2003年，辽宁民族出版社。

③ 转引自李燕光等主编：《满族通史》536页。

一个文化传统。从太祖、太宗起，特别是到康熙时，已把这种传统活动变成常态化，每当东巡、北巡时，这一习武活动便是巡狩的内容之一。圣祖说过：他对于骑射“不敢少废”，强调：“满洲若废此业，即成汉人，此岂为国家计久远者哉！”① “畋猎习武”在坚持了130多年后，到嘉庆时，开始减少，他只东巡过两次，无论规模及其活动，已不能与前辈相比。满洲八旗战斗力的下降，在同白莲教起义军的战斗中暴露无遗。嘉庆元年（1796）川楚陕白莲教大起义，八旗已失昔日的尚武精神，战斗力明显下降。连仁宗（嘉庆）也哀叹：“今日满洲兵丁，不但远逊当年，且不及绿营，以致人皆不愿带领。”正如奉命征白莲教的勒保也证实：满洲兵“俱技艺平常，不耐劳苦。”② 战争拖拖拉拉，打了八九年，直到嘉庆九年（1804）八月，才以白莲教的完全失败而告终。如八旗还保留尚武的文化精神，这场战争绝不会拖延如此之久。

“畋猎习武”的活动，自道光后逐渐废止。咸丰皇帝是去避暑山庄的最后一个皇帝，于是，满洲的习武活动便完全停止下来，其尚武精神随之而衰落。当西方列强纷纷发动侵华战争，八旗军几乎逢战必败！如，攻灭太平天国，不是满洲八旗，而是曾国藩兄弟统率的汉人私人武装！

满洲八旗唯一职能就是军事活动，不事农桑、不经商、不作共，一句话，完全脱离生产实践活动。他们的生计，靠国家发放的兵饷和旗地地租为生。随着人口的增加，战事减少，无用武之地，他们便游手好闲，过着悠闲的生活。即使生计困难，也不改制度规定给他们养成的陋习。处于这种生活状态，哪里还有尚武精神！

且不说吏治的腐败，军队中同样腐败不堪。在嘉道之际，英国的鸦片已流入中国，在满汉八旗及绿营军队中普遍吸食鸦片，“兵之食烟者十之八”③。满洲八旗中的腐败，还有赌博之风盛行。前已说明，东北又称“关东”，本为满洲的故地，向称民风淳厚而朴实。但嘉庆时，“关东赌博之弊滋甚，凡城市屯庄，无不开场聚赌，其中牛车店、囤积店纵赌更大。”除黑龙江“地处极边”，尚无聚赌之事，盛京（今辽宁）、吉林赌风亦炽。”这种情况，在各省自督抚以下，直至州县，无处不聚赌，甚至“官为之倡，民受其诱。”京师之“内城旗人多受此累”。为禁赌，数日间，查抄赌局16处④。

类似的事例，俯拾皆是。受文字之限，不便举更多事例。因为嘉道之际已转入衰落，无论政治、吏治、社会风气等，全面腐化、衰落，其社会弊病种种，不一而足，是可以想见的。

满洲文化的衰落是贯穿于清之衰亡的全部过程中。当文化真的趋于衰落时，一个突出的表征是，作为一个民族已失前进方向，没有了追求，亦失去进取之心，当然，再也没有前期的那种对文化的创新。随之而来的后果是，民族风向趋于颓废，再也振作不起来了。在这种萎靡不振的文化环境中，也难以出现一代强有力的人物。在清前期创业中，确已涌现出努尔哈赤、皇太极、康熙、雍正及乾隆那样雄才大略的杰出人物。而到

① 《康熙起居注》第2册，康熙二十六年六月初七日，中华书局，1989年。

② 《清仁宗实录》卷49，嘉庆四年六月甲辰。

③ 《清史稿》卷135，“兵制六·水师”。

④ 录副奏折：韩鼎晋《奏为严禁民人旗人赌博以厚风俗事》，嘉庆十六年五月二十八日。档号03—1602—039.

衰落时，自嘉庆以下，共6帝，没有一帝可以与其前辈相匹配！皇帝平平庸庸，满洲权贵们也多属无能之辈，没有一个称得上是能臣！到这时，满洲文化不能培育能人，而政治环境污秽，不利人才生长，只能出庸人、庸才，治国无方，处事无策，腹无智谋。如隆裕太后与摄政王载沣等，其才庸劣，愚昧无知，恰好是满洲文化最后衰败的象征！其结果，他们乖乖把国家政权让给了民国！所以，辛亥革命不战而胜，兵不血刃，大功告成。从根本上说，清朝之亡，实在亡于本民族文化之衰落。

在结束本文之时，不妨再重引本文前曾引过皇太极的一段话，大意是：弃本族的语言，而仿效他国，其国没有长久的。如蒙古自弃蒙古语，名号都学喇嘛，终至国运衰微。如金朝，后世子孙们“忘其骑射，至于哀宗，社稷倾危，国遂灭亡。”

皇太极又说过：历代给的教训是，“未有弃其国语反习他国之语者。事不忘初，是以能垂之久远，永世弗替也。”

皇太极不幸言中。正如他预料：200多年后，当满洲放弃满语、放弃骑射、其命运如同蒙元、金朝，必然亡国！这又证明一个真理：文化兴必兴其国，文化失落乃至腐败，国必亡！

由此观之。本文论证的这一问题就获得了重大的学术价值，于实践足资深思熟虑以鉴之。

满汉文化交相辉映的艺术经典

——从京剧《四郎探母》说起

关嘉禄（辽宁省社会科学院）

京剧是中华民族优秀传统文化的代表之一，被誉为国粹，其特有的表演体系和民族气派在世界戏剧文化中熠熠生辉。京剧形成于清代道咸年间，是中国戏曲递嬗相承变化发展的产物，它不是哪一个民族的专利，而是中华各民族长期交往、彼此学习借鉴、共同创造的艺术结晶。

京剧艺术的变革发展，因素很多，其中有一点不容忽视，即得益于满族文化的影响和渗透。满族风俗、礼仪、语言、服饰等文化特征在京剧中多有表现，为京剧艺术注入了新鲜血液，丰富了京剧的文化内涵和艺术表现力，这在一定意义上彰显了中华各民族文化相互交融、共求发展的必然趋势。京剧《四郎探母》堪称这方面的典范，是满汉文化交融一体、经久不衰的艺术佳作。

一、《四郎探母》的思想内容及时代特征

京剧《四郎探母》是一出流传久远、脍炙人口的经典剧目。该剧一名《四盘山》，又名《北天门》①。剧情是：辽宋对峙，杨四郎即杨继业之四子杨延辉在金沙滩大战中，被辽俘获，为生存之计，改名木易，与铁镜公主成婚。夫妻恩爱，生下儿子阿哥。历经十五年后，杨四郎闻知六郎挂帅，老母佘太君押运粮草随营前来。杨四郎思母心切，怎奈两军对垒，难以过关拜见娘亲，心情万般忧郁。铁镜公主再三追问，杨四郎道出隐情。为圆夫君思母之梦，深明大义的铁镜公主借阿哥之由盗取令箭。杨四郎持令箭过关后被正在巡营的杨六郎之子杨宗保拿获。主帅杨六郎延昭经盘问确认四哥返宋，惊喜万分，亲自下位松绑，带四哥拜见阔别多年的老母佘太君及八姐九妹等亲人。母子相见，悲喜交集，诉说往事，泪珠滚滚，情不自禁。当夜匆匆见母一面，回令时被萧太后问斩，铁镜公主求情，二国舅从中斡旋，萧太后因疼爱外孙阿哥，当堂赦免了木易驸马，全剧以喜剧形式结局。

该剧充满了人情味，“仅仅一日一夜的时间，把夫妻、母女、婆媳、兄弟、母子、叔侄、兄妹、郎舅等之间的关系，特别是老祖母对下代的关切，老外婆对外孙的溺爱，都描写得细腻入微，真实无比”②。剧中杨四郎见母“哭堂”一场，把母子亲情，渲染

---

① 引自北京文化艺术音像出版社1988年8月录制京剧系列之一《四郎探母》。

② 张古愚：《说说〈四郎探母〉》，载于翁思再主编：《京剧丛谈百年录》，河北教育出版社，1999年，第284页。

得淋漓尽致，感人肺腑，催人泪下，使剧情达到了高潮。全剧在思想内容上以情贯串始终，贴近生活，打动人心，讴歌了人性中的真、善、美，标榜了仁孝之道，还赋予了人们厌恶战争、追求和平、民族和睦、阖家团聚的理想追求。经过艺人集体创作，该剧在艺术上匠心独具，紧凑连贯的剧情，行当角色的整齐配置，鲜活的人物形象，优美动听的唱腔念白，细腻感人的舞台表演，富有民族特色的礼仪和服饰等，各种艺术元素调配得当，整合一体，产生了强烈的艺术感染力，受到广大观众的喜爱。

然而，就是这样一部艺术佳作，在“以阶级斗争为纲”肆虐风行的 20 世纪五六十年代直至“文化大革命”，却横遭批判，有人说：“《四郎探母》表面上似乎是‘不谈国事，只谈人情’，但是，这块遮羞布，却掩盖不住它实际上是使卑鄙的背叛行为得到了美化。”① 杨四郎被打成叛徒，“那位丧夫亡子久经风霜的佘太君，也失去了她的英雄气概，完全沉溺在母子之情里”②。总之这出戏被定为大毒草，长期遭到禁演。直到 20 世纪 70 年代末，在冲破禁锢、思想解放的新时代，这出戏才被解禁，得以公演。事实胜于雄辩。《四郎探母》所表现的辽宋之战，是中华民族内部之争，杨四郎并不是投敌变节分子。无限上纲上线，用“反动的思想倾向”来定《四郎探母》的罪名，是那个乱扣政治帽子，阉割历史，强奸民意极端时代的产物，不能归咎于哪个人的什么“权威”之说。《四郎探母》带有它产生时期的时代烙印，对其思想内容，应以历史的眼光加以具体分析。

《四郎探母》反映的是辽宋战争中发生的故事，描绘了汉族和契丹族的民族关系。形成于清代道光年间（有人说嘉庆朝就有这出戏了，详见下文）的京剧《四郎探母》，受到清朝上层统治阶级乃至下层平民百姓的推崇和喜爱，自有其社会因素在起作用。清朝在“康乾盛世”时期经济繁荣，社会稳定。但在嘉道之后，渐趋颓败之势。嘉庆十八年（1813）发生的震惊朝野的天理教起义，道光初年在新疆爆发的张格尔叛乱，道光二十年（1840）英国侵略者发动的鸦片战争，乱象丛生，内忧外患，动摇了清朝的统治根基。面对日益加剧的社会矛盾，清朝统治者亟须一个稳定和平的政治环境，借以巩固既得的封建统治秩序。产生于那个年代的京剧《四郎探母》所蕴涵的“仁孝”、“和为贵”等人文理念，不管其主观创作动机如何，在客观上恰恰迎合了清朝统治者的政治需要，也满足了世人期冀安定和谐生活的意愿。在京剧《四郎探母》“坐宫”一场中，杨四郎演唱的一大段西皮慢板：“杨延辉坐宫院自思自叹，想起了当年事好不惨然。我好比笼中鸟有翅难展。我好比虎离山受了孤单……我有心过营去见母一面，怎奈我身在番远隔在天边。眼睁睁高堂母难得见”，唱腔中字里行间流露出他厌恶战争、渴望母子团圆的情绪。“哭堂”一折中，佘太君为了感恩铁镜公主而下拜，唱道：“眼望番邦深深拜，贤德的媳妇不能来”③，也隐含着佘太君企望民族和睦的心声。仅举以上二例，

---

① 李希凡：《〈四郎探母〉的由来及其思想倾向》，原载 1963 年 6 月 9 日《人民日报》，《中国戏剧》1963 年第 6 期也刊登。

② 李希凡：《〈四郎探母〉的由来及其思想倾向》，原载 1963 年 6 月 9 日《人民日报》，《中国戏剧》1963 年第 6 期也刊登。

③ 李希凡：《〈四郎探母〉的由来及其思想倾向》，原载 1963 年 6 月 9 日《人民日报》，《中国戏剧》1963 年第 6 期也刊登。

足以说明京剧《四郎探母》呈现的思想倾向，与其所处的时代息息相关。

二、《四郎探母》与京剧的形成相伴生

据专家考证，“京剧的形成，应当是道光二十年（1840）左右的事”，又说“在清道光二十年以后至同治年间（即约1840—1860），京剧这一崭新的剧种脱颖而出”①。屈指算来，京剧的形成至今已有170余年的历史。又据专家探讨，“据前引《都门纪略》的记载，《四郎探母》早在道光年间就已流行。这一点应该是肯定的。”② 这样算来，京剧《四郎探母》的产生至今大概也有170年左右了。这难道是历史的巧合吗？京剧的形成与《四郎探母》有何关联？对此，应作进一步深入研究。

清朝是中国封建社会最后一个王朝。“康乾盛世”的出现，社会经济文化的空前发展，各族人民之间的密切交往，满族统治者善于学习并吸收汉族先进文化的良好风尚，为中国戏曲的发展创造了极为有利的条件。可以说，清代是中国历史上戏曲繁荣发展的时期。“《中国京剧史》一书认为，京剧形成于1840年至1860年，即道光二十年至咸丰末年之间，这一结论是符合历史实际的。回顾清代戏曲在北京的发展历程，从康熙朝盛行于京城的昆曲、弋阳腔，到乾隆朝红火一时的京腔和秦腔，及至乾隆末年至嘉庆初年四大徽班进京，道光年间汉戏北上，徽汉合流，变化发展，量的积累到质的飞跃，京剧的形成经历了一个较长的发展过程。”③

京剧形成的时代背景，既不能忽略清代戏曲递嬗相承变化发展的事实，又必须看到鸦片战争以后，帝国主义列强侵略扩张，瓜分中国，使中国社会逐渐沦为半封建、半殖民地，中国人民英勇奋起，进行反帝反封建斗争的客观实际。在剧烈的社会动荡中，清朝逐渐走向衰落。当时的北京，具有特殊的政治地位。作为清朝的国都，封建统治依然牢固，近代资本主义工商业的兴起，刺激了商品经济的发展，北京的城市经济呈现繁荣，社会秩序相对稳定，文化生活颇为活跃，“这就为戏曲的蓬勃发展提供了适应的气候和土壤。正是在这样的条件下，北京的剧坛百花竞艳，而京剧这朵奇葩崛起于花丛之中。”④

在京剧形成过程中涌现的诸多剧目中，《四郎探母》最具有代表性。“京剧《四郎探母》系由《八郎探母》改编而成。《八郎探母》也曾是一部十分流行的杨家将戏。它原是连台本戏《雁门关》的一部分，后成为流行的单本戏。”⑤ 著名戏曲评论家、剧作家齐如山先生对京剧《四郎探母》的由来作了认真深入的研究，他在《京剧的变迁》一书中写道：“《杨家将》一戏，自《昭代萧韶》之外，先有的《雁门关》。同时张二奎（号英子）由《雁门关》里头摘出一段，另编了一出《探母回令》。《雁门关》中探母的是八郎，此是四郎；《雁门关》中四郎的夫人是碧莲公主。至于铁镜公主乃是韩昌

① 《中国京剧史》上卷，中国戏剧出版社，1999年，第76页。

② 海震：《杨家将探母故事的形成及演变》，载《戏曲研究》2010年第2期。

③ 关嘉禄：《梨园春光——地方戏曲与京剧》，辽宁人民出版社，1997年，第57—58页。

④ 马少波等主编：《中国京剧史》上卷，中国戏剧出版社，1990年，第26页。

⑤ 海震：《杨家将探母故事的形成及演变》，载《戏曲研究》2010年第2期。

的夫人，此乃将铁镜公主移作四郎的夫人。听人说因当时四喜班《雁门关》叫座，所以张二奎在别班也来排演此戏，又恐人说偷演，于是另起炉灶，编了一出《探母》，故意把铁镜公主与碧莲公主弄错，以免别人说闲话等语。旧时传说如此，不知果确否？早年北京各角，都说是《探母》一戏，因他想着赶紧排出，所以词白太粗，其实穿插场子也算很好。”① 这里，齐如山先生并未肯定京剧《四郎探母》的编者就是张二奎，只是介绍了一种旧时传说。对此，戏曲家景孤血先生则持肯定态度，他说：“如后来流行的《探母回令》，就是双奎班主张二奎（字子英）所编，主要是为抵抗四喜班的八本《雁门关》，而把八郎变成四郎，碧莲公主变成铁镜公主。”② 张二奎的生涯历经嘉庆、道光、咸丰三朝，“他先搭和春班，初演即成名。后自立“双奎班”。至道光二十五年（1845），为四喜班的头牌老生和领班人。他与余三胜、程长庚齐名，并列为老生三杰，并在程长庚之前一度兼任‘精忠庙’庙首”③。比张二奎年长12岁的余三胜（余派创始人余叔岩之祖父）也以擅演《四郎探母》而享名菊坛。“余三胜出生湖北汉调班，原为汉调著名末角演员。进京后搭徽班演唱，以嗓音醇厚、声调优美而蜚声京师舞台。道光中期以后，与程长庚、张二奎齐名，有‘老生三杰’、‘三鼎甲’之称。”④ 京剧专家海震先生也指出：“据道光二十五年（1845）《都门纪略》的记载，当时京城擅演《四郎探母》的演员多达17人，与其（指张二奎）同样知名的老生余三胜也以《四郎探母》见长。”⑤ 还有一种传说：“余三胜进宫唱《四郎探母》，嘉庆皇帝口封为‘戏状元’，还有喜报送到罗田（余之老家）。”⑥ 这样看来，京剧《四郎探母》在道光朝即已流行，当无疑义，而在嘉庆朝余三胜演《四郎探母》，这一传说的真实性也不是没有可能。

京剧艺术，博大精深，综合性很强。京剧形成的显著标志就是它融汇了十分丰富的声腔和唱白字音的北京化。《四郎探母》与京剧的形成相伴生，从时空角度考证，既是巧合，也是必然。从思想性和艺术性考量，《四郎探母》就是京剧形成那个时代的产物。“老生三杰”中的余三胜和张二奎既是《四郎探母》的主演，又是京剧形成进程中的领军人物，他们为京剧的形成和发展做出了卓越的贡献。

三、满汉文化交融在《四郎探母》中的体现

有清一代的历史，就是一部中华各民族相互学习、相互吸纳、彼此借鉴、共求进取的发展史。多元一体的格局，不仅体现在政治上，在民族文化上也呈现出五彩缤纷的繁荣景象。

京剧《四郎探母》所传递的文化信息，给予人们最深刻的印象就是满汉文化的交

---

① 《齐如山全集》第二集，台北联经出版事业公司，1977年，第869页。

② 景孤血：《由四大徽班时代开始到解放前的京剧编演新戏概况》，《京剧谈往录》，北京出版社，1985年，第532页。

③ 《中国京剧史》上卷，中国戏剧出版社，1999年，第398页。

④ 《中国京剧史》上卷，中国戏剧出版社，1999年，第387页。

⑤ 海震：《杨家将探母故事的形成及演变》，载《戏曲研究》2010年第2期。

⑥ 《中国京剧史》上卷，中国戏剧出版社，1999年，第388页。

相辉映。本来这出戏反映的时代背景是宋辽之战，但戏中契丹族人铁镜公主、萧太后及国舅等人的气质、礼仪、服饰、语言等却呈现出鲜明的满族文化特色，而且还被人们所认可和接受，我想个中原因，一是与《四郎探母》产生的时代息息相关，二是京剧高度程式化使然。像京剧《王宝钏》中的代战公主、《珠帘寨》中的二皇娘、《苏武牧羊》中的胡阿云等，从服饰上都是满族妇女打扮，这就从一个侧面凸现了京剧的文化特征和时代特色。

京剧《四郎探母》中满汉文化交融紧密，其表现也是多方面的。

儒家思想历来为封建统治者所崇拜，作为治国安邦的精神支柱。早在清军入关前，满族在成长发展过程中，就积极吸纳汉族文化。“康乾盛世”乃至其后，儒家思想业已蔚然成风，深入人心。儒家思想中的“仁孝”、“重礼”、“和为贵”等理念，贯穿在京剧《四郎探母》全剧之中。世人常说，满族“礼儿”多，其实这是满族善于学习汉族文化的一种良好传统和风尚。用礼加强人的道德修养、节正民风，“从孔子开始的圣哲先贤，也无不倡导追求着一种以‘礼’治天下的社会和谐之美”①。京剧《四郎探母》中，无论是汉族“礼儿”还是满族“礼儿”，都使人受到道德规范的启迪。“坐宫”一场，铁镜公主出场唱西皮摇板：“芍药开牡丹放花红一片，艳阳天春光好百鸟声喧。我本当与驸马同去游玩，怎奈他终日里愁锁眉间。”然后走至台前转身见驸马，右手持手绢，抬至鬓角旁，微微点头，躬身施礼，这是满族贵妇日常生活中常用之礼。当杨四郎道出隐情之后，铁镜公主唱道：“听他言吓得我浑身是汗，十五载到今日才吐露真言。原来是杨家将把名姓改换，他思家乡想骨肉不能团圆。我这里走向前再把礼见。”又是一个满族贵妇礼，杨四郎则以汉族礼还礼。夫妻间的施礼还礼，自然和谐，情真意切。第二场“盗令”和第十一场“回令”中，铁镜公主拜见母后萧太后，行的是“蹲安礼”，这是满族女子对长辈的请安礼。尤其是铁镜公主向母后求情，右边、左边、中间的三个“蹲安礼”，既符合剧情，也产生了强烈的艺术效果。第八场“见娘”中，杨四郎唱西皮散板：“老娘亲请上受儿拜”，然后在锣鼓点“慢长锤”中掸靴、理髯、弹放马蹄袖（箭袖），向前三步，双腿跪拜，甩发后又后退三步，左脚前移半步呈半蹲状，左手扶在左膝上，右手下垂，向老母行“打千儿”礼（俗称“单腿跪”、“扛肩膀头”），接唱西皮二六：“千拜万拜也折不过儿的罪来”。这一套礼仪，既包含汉族礼，也包含满族礼，交相运用，挥洒自如，烘托出浓重的母子亲情。而杨四郎拜见六弟延昭和八姐九妹，行的则是汉族的“拱手礼”。第十场“别家”中，杨四郎向亲人一一道别，八姐九妹搀扶四哥左右，杨六郎托起四哥左足，象征手足之情，这是典型的汉族礼，生动感人的造型和惜别悲伤的唱腔浑然交融，使观众不禁动情。第十一场“回令”中，杨四郎向萧太后跪拜求情，行的则是满族的“打千儿”礼，这也十分符合剧中的人物身份和特定情节。以上满汉礼仪的生动展示，蕴涵着深刻的道德理念，也给观众带来了难以忘怀的审美愉悦。

满族服饰的艺术展现，是京剧《四郎探母》中一道亮丽的风景线。铁镜公主在剧中共出场四次，每次出场着装打扮虽稍有不同，但基本上都是满族贵妇的装饰。“两把

① 邹爱莲：《清宫礼仪档案略论》，载《清代皇宫礼俗》，辽宁民族出版社，2008年，第14页。

头”是满族妇女最典型的发式。铁镜公主的发式就是由“两把头”发展而来的“大拉翅”，又称“大京祥”、“大翻车”、“达拉翅”。[①] 这种发式清末流行于北京，正面饰以花朵，如牡丹花、芍药花等，侧面悬挂“流苏”（线穗）。无论站或坐都要直着脖子，又精神又漂亮。铁镜公主所穿的旗袍，面料精致，款式新颖，色彩鲜艳。这种旗袍上下一体，线条流畅，显得亭亭玉立。她所穿的鞋为旗鞋，高底木制，有“马蹄底”，也有“花盆底”，鞋面用彩色绸缎制作，上饰五彩刺绣。因满族妇女不尚裹脚，多为天足，通常穿着宽大高底的旗鞋，走起路来，扬着个脸儿，振着个胸脯儿，挺着个腰板儿，一副婀娜多姿、轻盈娴雅的神态。[②] 铁镜公主的华美服饰，加之优雅清朗的气质和细腻灵动的表演，鲜明地塑造了人物的个性美。剧中萧太后的“两把头”，庄严华贵的旗袍，活脱脱一个至高无上的母后形象，这与慈禧太后在宫中的打扮极为相似，难怪慈禧太后这么喜欢这出戏。在剧中，除了二位国舅和侍女的服饰是满族打扮之外，杨四郎、杨六郎、杨宗保、佘太君以及八姐九妹等都是汉族服饰，只是杨四郎见娘时所穿箭衣箭袖带有满族服饰特点，这也符合他的身份。以上所述剧中人物的服饰差异，体现着不同民族的服饰文化特色，这是在其他京剧剧目中所鲜见的。

在京剧《四郎探母》中，还有一个鲜明的特色就是铁镜公主、萧太后、二位国舅还有侍女的念白都是“京白”，而杨四郎、佘太君、杨六郎、杨宗保等人物的念白都是“韵白”。“京白”源于清朝中后期的北京话，是满族定居北京以后和汉族长期交往所形成的一种语言。这种语言通俗易懂，活泼明快，给人一种亲切感。“韵白”则是京剧形成过程中吸纳“湖广音”和“中州韵”，结合北京语音的特点而规定的带有韵脚的念白。“韵白”念来跌宕起伏，节奏鲜明，富于乐感。[③] “京白”、“韵白”的交相运用，为这出戏增色生辉。在声腔上，京剧《四郎探母》的所有声腔用的全是“西皮”，“西皮”中的导板、原板、慢板、二六、快板、流水板、散板、摇板等在不同场合、不同人物上恰当使用，增强了该剧的艺术魅力。此外，在韵脚即“十三辙”的运用上也有独到之处。“坐宫”中的西皮唱腔使用的是“言前辙”，“见娘”中使用的是“怀来辙”。这种韵脚的运用，继承了千百年来中华传统文化在语言学和文字学方面的成果，颇具诗词意蕴。再有一点值得注意，就是满语在剧中的巧妙运用。“坐宫”一场，当铁镜公主猜唱几个“莫不是”仍然猜不着驸马爷腹内机关的情况下，对驸马爷说：“咱们先溜达溜达”，这里“溜达”一词就是满语。又如驸马爷向铁镜公主表白身世，唱道：“未开言不由人泪流满面”，这时铁镜公主抱着的孩子撒尿了，驸马爷说道：“本宫与你讲话，怎么在阿哥身上打搅啊！”这里所说的“阿哥”也是满语，“阿哥”（age）是皇家贵族男孩的泛称。“回令”一场，铁镜公主在念白中称萧太后为“额娘”，“额娘”是满语eme、eniye（母亲之意）中的e，即“额”与汉语“娘”组合一起的称谓，在舞台上，产生了妙笔生花的艺术效果。满语的使用，使这出戏民族色彩更加浓郁。

---

① 徐海燕编著：《满族服饰》，沈阳出版社，2004年，第57页。

② 徐海燕编著：《满族服饰》，沈阳出版社，2004年，第44—45页。

③ 关嘉禄：《梨园春光——地方戏曲与京剧》，辽宁人民出版社，1997年，第61页。

结 语

通过对京剧《四郎探母》中满汉文化交融的论述，可以这样说，满汉文化交融是时代的产物，是历史发展的必然。从民族文化相互交融、相互促进的视角探讨京剧《四郎探母》，不仅有益于学术争鸣，而且具有重要的社会意义。京剧艺术属于人民，属于中华民族。为人民群众所喜闻乐见的京剧剧目具有不可替代的审美价值，是有生命力的，这一点已为历史证明。

藉海扬帆

——清代满族文学汉文书写之肇端

关纪新（中国社会科学院民族文学研究所）

满洲民族作为中国境内的少数民族，由诞生之初起始，始终需要直接面对的，便是比自身在能量上要强大、丰厚甚至威严许多倍的汉族文化。对比于中原汉族，中国自古以来的小民族可谓多矣。但是像满族这样自打一出世，便须全方位地思考和处理与汉族文化关系的民族，却并不多见。惟其如此，满族的文化史及文学史在文化人类学方面所提供的、罕见的标本价值，才需要学界引发重视。

从这一特别的角度放眼，我们也许能够读出，一部满族书面文学的流变史，就是满族书写者们一向以来，在文学道路上如何学习和汲取对方，与如何寻找和守望自我的历史步态。所以做出这般的理解与概括，皆因满族以及满族文学从问世伊始，就跟汉民族的距离，贴近到了耳鬓厮磨的程度。出于同样的关系，在研究满族文学的时候，也就有必要随时提示自己：切莫大而化之地搬用寻常情况下去看待其他少数民族文学的眼光和方式。依据人们的习惯思维，一个民族的书面文学，就该是这个民族的作者以本民族的文字写下的作品。可是，凡事总会有常态与非常态的差异。任何事物，溢出于常态轨道而以这样那样的非常态面目显现，既在哲理上可以理解，现实中也不难看到。

翻开中华史册，文化相对滞后的少数民族靠弓马征讨天下，进而入主中原腹地者，原不罕见，满族在其中，仅是个最晚的到来者。满洲入主中原的时刻，挟有自己的文化传统，其野性而粗粝的精神特征是十分彰显的。携带这样民族文化闯进关内的满洲族，全部人口仅只几十万人，无法与已有近万万之众的汉族相提并论，就他们的文化发展水准来看，亦比中原滞后许多。

他们觉察到了蒙元留下的深刻印鉴。才不愿像蒙元那样成为短命朝代，想尽办法在这个东方大帝国的政治中心扎根。也为如何才能既获得巨大的政治权益又保全自己的民族根基，而冥思苦想寝食不安。他们意识到，以武力夺得的政权是无法仅凭武力去维持的；为了实行对中国广大地区掌控，必须向汉民族的文化看齐，获得精神统治者的地位。

自顺治初年起，他们以儒学为基础，设立学校，实行科举，使满族上层子弟能够及时而丰沛地接受中原文化，成为其拥有者。这是清初满洲上层掀起踊跃学习汉族文化热潮的基本动因。以顺、康、雍、乾几代清朝早期帝王为代表的执政者，出于维护政权的迫切诉求，不遗余力地向汉族传统尤其是儒家思想靠拢。他们懂得这种学习对于新兴的清政权而言是性命攸关的，因而学习的态度与毅力也是足堪慨叹的。

福临是一位好学而明智的年轻君主，1651 年，他开始执掌朝政时，很难看懂向他呈递的奏折。由此他深感对汉文的无知。他以极大的决心和毅力攻读汉文，因而在短短几年内已经能够用汉文读、写，评定考卷，批阅公文。他对中国小说、戏剧和禅宗佛教文学的兴趣也不断增长，大约在1659年或1660年的时候，他成段地引用1656年刊行的金人瑞评点的《西厢记》……他对小说评论家金人瑞的评语是“才高而见僻”，足以显示他对汉文的理解力相当高深。一个日理万机的人能有如此成就是很不寻常的。[①]

还有康熙皇帝玄烨，少年时代彻夜攻读先秦文献，即便累得咳血，也在所不惜。

他们的攻读终于奏效，经过努力，清代主宰者登上了“无限风光”的儒学传统思想顶峰，完成了自我文化形象的调整与重塑。中原封建旧族中的绝大多数，也开始心悦诚服地为他们原本并不喜欢的这个异民族政权效力。

满洲主宰们政治上的踌躇满志，掩盖着的，是他们在文化上的岌岌然如履薄冰。古今中外任何民族都不愿意主动轻易地舍弃自身传之久远的传统。当顺、康、雍、乾等满洲领袖人物向汉族文化思想的高峰攀登的时刻，他们的心理肯定是极矛盾的。一方面，如若不把汉人传统的文化尤其是治国思想的精髓学到手，既得的政治利益可能付之东流；他们又不希望满洲同胞也都效法其后，与他们一样去学习和汲取别民族文化，那么做，显然会危及自我民族文化的存在、承袭和延伸。鉴于这般矛盾的思虑，清朝历代全力进取汉文化的君主们，从始至终三令五申，强调对于本民族传统的固守，强调长期持有“国语骑射”等满族习尚，对本民族继续存在的根本意义。然而，跨进中原不再回头的历史性抉择本身，就意味着坠入汉族文化汪洋大海的开端。博大精深、美轮美奂的汉族文明，对这个经济文化欠发达民族的成员们来说，不只是一种“挡也挡不住的诱惑”。

有清一代，“国语骑射”等等满民族的非物质和物质的文化，显见着一层层地脱落。时至清末，入关前的满族文化在汉族文化的步步诱导下，业已出现了大幅度的转型。

幸好，满人并未一任汉族文化洪涛的彻底“灭顶”，较高的智商和举世公认的创造性帮了一些忙，使他们在某些情况下向强大的汉族文化表达了自己的别样选择，他们的某些独特的价值取舍没有被历史所湮灭，在日后中华文化的构建中还发挥了独特的作用。

满洲人学习汉文化并不是从文学入手的。儒家学说、治国韬略、恩威并施统治社会的精神话语，才是统治者“急用先学”的东西。可是，文学在汉族文化庞大的混合形态当中，毕竟是最叫人痴迷生瘾的一部分，就像顺治皇帝在攻读汉文及其典籍之余，汉文的文学修养也同步被抬升起来一样，最先跨入汉文写作领域的满洲人，多不是一上手就想要成个什么文学家。

鄂貌图（1614—1661）在满族文学史册上，是开风气之先的重要人物。他出生于满洲叶赫部内章佳氏家族，是皇太极时期满洲科目解元，累官至中和殿学士兼礼部左侍郎。此人文武全才，善于骑射，也酷爱读书，在满文创制之初就能精通满文，同时也好中原儒术，能够兼通满、汉文义。他是满族最早的文学翻译家之一，在清朝进关之初所

① ［美］A. W. 恒慕义主编，中国人民大学清史研究所《清代名人传略》翻译组翻译：《清代名人传略》，青海人民出版社，1995年，第573页。

刊刻的满文译作当中，就有他译自汉文的文学典籍《诗经》。而他的诗集《北海集》，更被认定是满人最早用汉文创作的作品集。

清初中原诗界领袖王士祯，关注到异族诗人鄂貌图的出现，曾给予很高的尊重与评价，推崇为“满洲文学之开，实自公始”。当然，客观地说，王士祯的这一评价是有点儿偏差的。因为所谓满洲文学，就应当是该民族的民间口头文学、母语书面文学和汉文书面文学这样几个类型创作的总和，那么，前两种类型作品的发端，既然确实早于他们的汉文书面文学，再认定“满洲文学之开”，是从鄂貌图这里起始，就不准确了。这只是作为中原文化人不可避免的视角闪失，折射出来的是历史上身处不同民族文化站位者的感官误差。

鄂貌图尽管不是满洲民族文学史上的第一人，却毫无争议地，是满族历史上的第一位汉文的书面文学作者。对汉文诗人鄂貌图出现的意义，不可低估，除去理当看到他个人的文学创作成就而外，尤其应从满族文学日后的长驱发展，来理解他在文学史上的预示性质。

有清一代，国内文人的汉文诗集大约总计7000种。而近年来的发掘研究证实，其中仅只满族诗人们创作的汉文作品集，就有600种以上。① 这个在清代的汉文诗坛上几近十分之一的作品创作量，足可证实在这一历史过程中，满族文人汉文写作队伍之大与作品之多。假使我们再认识一下满族杰出作家由清代至现代用汉文创作的文学达到了何等出类拔萃的境界，便会更加明了，清初汉文诗人鄂貌图的出现，在满族文学史册乃至于中华多民族的文学史册上，有着什么样的提示作用。

像清初许多满族士人一样，鄂貌图一生也是在昂扬、紧张、充实的社会气氛下度过的。身为赞襄军政的要臣，他跟随八旗劲旅南征北战，屡建功勋，地位突出。《清诗纪事初编》载：鄂貌图曾“随豫亲王定陕洛，下江南、两浙。多罗贝勒征闽，单骑说郑芝龙降之。郑亲王征川湖，安亲王征喀尔喀，郑世子征闽降黄梧，多罗信郡王取云贵，凡清初用兵，靡役不从，隐然为监军焉”②。

翻开鄂貌图的诗作《北海集》，难以想象，它竟然是出自这位半生奔波于戎马生涯的满人笔端；在鄂貌图之前，满洲所有的文臣武将，全都没有尝试过触摸汉文文学的写作。

《北海集》里面的作品，均为典型的汉文格律诗，这些诗，基本上都是作者身负军政要务走行南北各地时候的触景咏怀之作。

树色苍苍滇海秋，归心每望凤凰楼。二毛镜里惊衰鬓，万里天边看敝裘。片片火萤摇客眼，轻轻沙燕过南州。飘蓬风露疲鞍马，回首盘江东北流。

——《秋思》

天涯自昔感分襟，楚水吴山滞好音。江上频年征客泪，樽中几度故人心。楼头好月凭谁对，囊中新诗只自吟。幸有塞鸿从北至，殷勤慰我别愁深。

——《寄友》

---

① 这一数字是根据《八旗艺文编目》等记录统算得来的。另，《熙朝雅颂集》收入清初至清中期旗族诗人诗作近万首，作者凡550人；《八旗文经》亦收入旗族文人之文章650篇，作者也有550人。

② 转引自［清］铁保辑，赵志辉等点校补：《熙朝雅颂集》，辽宁大学出版社，1992年。

他的诗，工稳流畅，颇得中原传统诗歌流脉技法之要义。按说，阿尔泰语系民族的语言习惯，与汉民族的语言习惯原本大相径庭，二者从语音到句法，再到韵文体创作的词汇结构方式，格格不入。对于乍学汉语文的外民族成员来讲，学写汉语格律诗，比登天还难，它的韵脚、平仄、对仗规则不一而足，把寻常的汉族平民都毫不客气地拒之门外，像鄂貌图这样刚从纯粹异民族语言环境里来的人，在短时间便把汉文格律诗写得有模有样，总有点儿像是个文化上的“奇迹”。

要打造这种“奇迹”，势必得从一招一式的模仿开始。鄂貌图的格律诗虽然写得不坏，却依稀可辨，留下了较多的临摹痕迹。

何处通京国，回帆下岳州。日应从楚出，水合向吴流。城郭兼天净，鱼龙动地浮。因思少陵句，渺渺使人愁。

——《泊岳州》

来登百尺楼，举目见梁州。山峻环滇海，云低压瘴流。一生长作客，万里共悲秋。不有杯中酒，难解六诏愁。

——《九日滇府南楼》

唐代杜甫曾吟有名诗《登岳阳楼》：“昔闻洞庭水，今上岳阳楼。吴楚东南坼，乾坤日夜浮。亲朋无一字，老病有孤舟。戎马关山北，凭轩涕泗流。”鄂貌图以上两诗，一写于湘，一作于滇，都是临摹杜诗的“红模子”，不单沿用《登岳阳楼》原韵，连抒发的情怀也亦步亦趋，只是鄂作二诗在平仄的调节安排上用了“五律”体不同样式，这很像是初入门在艺术探索上的一种实习。杜甫的《登岳阳楼》，堪称千古名篇，与杜甫原诗相比，鄂貌图这两首诗，不论意绪或者怀抱，都是远处下风的。这也颇为自然，方才入门的学生，与高山仰止的大师，是不好相比的。

把鄂貌图称作“学生”，是对初涉汉文写作领域的整个满洲民族的喻指。发蒙阶段的学生，顶好的成绩就是要模仿得像先生。鄂貌图的临摹“红模子”，首先要学会汉族传统诗歌的写法，包括汉语音韵、格律、对仗、起承转合……也还要学习汉文诗歌创作的思维规范与思想表达。千百年间汉文诗作已形成情感意境的书写路数，就拿行旅者的抒怀诗来说，常见的，就是要尽力描摹出亲友间的离愁别绪与一己的孤单落寞。鄂貌图半生羁身军旅，写起抒怀诗，也在心理上落入了窠臼。清初的满洲将士们，为开疆拓土建功立业精神所激励，其情感的主旋律均体现为高度的激昂亢奋，他们也有离别亲友的伤心，却从未把这种离愁别绪作为精神生活的主要成分。读者却在鄂貌图诗集中读到了相当多的离别和思念。带有艺术气质的人格总会比他人更加易感；不过，鄂貌图作品中间的离愁别绪，恐怕是有其刻意仿制汉文诗作思想内容之嫌疑。鄂氏自年轻出仕，文经武纬从未辞劳，连历史上有名的“说郑芝龙降”事件，都是他“单骑”深入敌营完成的，可见其精神面貌一斑；他48岁英年病逝军中，引得“上震悼，遣官谕祭”①，证明文武全才竭力报国的他在当时满洲人中的重要位置与典范形象。假如真像他的诗集所反映的，此公俨然是个时常缠绵于思亲望友情绪的诗人，倒是无法想象的了。由此看到，少数民族诗人刚刚学习汉族文化时的被动姿态，他们一时难以树立从思想到艺术的独到

① 徐元文：《特授光禄大夫内秘书院学士兼礼部左侍郎加一级鄂公传》，见鄂貌图《北海集》附录。

风格，在临摹汉文作品形式的当口儿，把对方的传统思维意蕴也未加选择地学了去。整出整入的学习倾向是有弊病的，但发生在“满洲文学之开”的时刻，便又无可厚非。也许是鄂貌图的诗歌较多地体现了对中原文学传统价值的“无条件”遵奉，当时的汉族诗坛才那么“无条件”地赞赏和接受了他：施闰章的《〈北海集〉序》认为，“公喜经术，手不释卷。诗斐然温厚，一泽于正雅。”把个初登汉文诗坛的满洲鄂貌图，从思想到艺术，完全视为“自己人”。温柔敦厚，既是汉族一向标定的诗学传统，中原的诗歌批评家们，也肯定是在希望与想象着，从鄂貌图开始的满洲诗人，都将在这条“正道”上行进。

跨民族的文学影响是多样的。鄂貌图学写汉诗，在艺术技法上迅速达到了几近乱真，这是刻苦努力取得的成绩；但是，在精神类型和艺术风格上，做学生的倘若走不出“范本民族”的原有格式，便不能算作是本民族文化意义上的成功。

可喜的是，鄂貌图并不是很缺文化悟性的满洲人，从他的少量作品里，还是发现了他的异民族气质。一首《黄河》诗写道：

极目黄河日影开，高风拍岸急流催。谁将万折长驱水，渡马东南作赋来？

立足黄河岸畔，放眼满洲人前所未见的内地壮丽山川，他襟怀激荡，豪情四溢，用纵横张扬的笔触，勾勒出“万折长驱”的大河气象，比拟新兴民族与新兴时代的崛起。这样的诗是远非诗人其他循规蹈矩的作品所能并论的。此外像《过石屏州》[①] 等创作，也透露了身处清初八旗行伍的诗人，在军事、政治节节胜利时候由衷的喜悦之情。他与汉族士大夫阶层一些人“哀国哀己”的时作，区别是那么明显。

民族精神因子和民族情感因子在文学创作中具体而微妙的展现，跟特定历史场面下不同民族身份写作者其不同心理反馈，常常是贴近或者一致的。检读此民族与彼民族的文学特质，是要注意到这一点的。

鄂貌图在满族的汉文书写史上，并不是一位十分杰出的作家。今天，身为后人的我们已经知道，该民族的文学夜空，已有诸多耀眼星座连缀起来的灿灿河汉在。不过，17世纪的上半期，鄂貌图凭借着自己的优异禀赋，捷足先登于汉文文坛，却分明是对随后乃至后世的本民族文学和文化发展，有其筚路蓝缕、垂范引路的先锋意义。

满族的书面文学满打满算，也只有大约四个世纪的历史。可是，富有内在张力的流变，却每每振荡与充斥其间。满人用汉文写作，从民族文学的常规说来，似乎不如他们选用母语创作更有价值，甚至容易被人看作这只是少数民族在被动无奈场景之下，对大民族文化的一种随波附丽。此种看法有无道理，或许有待其持有者在全面了解满族文学总貌之后再来商议。

清代从始到终，满族艰辛地维持了自己在文坛上双语创作的态势，所谓艰辛，是指的其双语创作中间母语创作一翼。他们日见蓬勃的汉文书写，比愈益萎缩的母语书写，要醒目得多。不管是从积极意义还是从消极意义上讲，满族一旦开启运用汉文写作书面文学这只“魔瓶”，便势所必然地要走上文化与文学大幅度转轨的方向，这一方向所昭

① 其诗如下：“旌节过南诏，云烟满眼开。林中看雨过，波上觉春来。令肃雄风远，山青瑞霭廻。军声先到处，早靖碧云台。”

示的，恰是一条漫长修远的“不归”之程。倘若单从汉族旧有的文化观念出发，便会轻易地把满人的汉文创作统统扫进“汉化”的箩筐，以为它那特别的民族文化价值到此已告了结；而倘若单凭满族的文化站位去思想问题，率先跨进汉文写作这道门槛的鄂貌图，则因其舍母语写作而改操他民族文字写作，便非但不是“功臣”，反倒像是一个“罪人”。

历史现象的价值判定，并不那么直截了当。当代学人业已超越了历代先人的褊狭文化思维，用更加科学的民族文化观来指导文学考察。是耶非耶鄂貌图，这个看似简单的问题，有必要，也有可能，从历史上多民族交流互动的大文化背景下，重新找寻答案。

在满族文学的历史演进中，鄂貌图是个醒目的转折点。重视到鄂貌图个人的坐标性质，却不是说离开了他，满族文学整体发展就会是另一番气候。满族既然横下一条心倾巢进了关，就必得学会在中原文化汪洋大海当中振臂遨游，转而运用汉文写作，不过是迟迟早早的事。只比鄂貌图稍晚了不多时日，满族当中以汉文书写作品的第一个创作梯队，便及时跟进上来。

其中需要着重注意的是高塞。高塞（1637—1670），是清开国时期的宗室①显贵，皇太极第六子，顺治皇帝的庶兄。此人在风起云涌的时代，是爱新觉罗家族中的特例。打从努尔哈赤起兵，到多尔衮拥戴幼主福临进北京建清皇朝一统江山，满洲民族尤其是爱新觉罗们，绝大多数人都极度兴奋地成长在英雄主义的炽烈氛围。孔武尚勋、建功立业的迫切诉求，是他们的人生全部。而唯有高塞，是个不为时势所动且置身局外的人。他常年索居于辽东医巫闾山间，过着喜禅慕道、诗书琴曲的闲在日子。高塞当时应精通满语满文，但没有留下母语作品，汉文创作却有《恭寿堂诗集》。

高塞的汉文诗，题材面比较窄，基本上是反映个人于山中闲居的现实见闻及精神生活，其中也有不少兴致盎然游冶名山秀水的作品。

终朝成兀坐，何处可招寻？极目辽天阔，幽怀秋水深。浮云窥往事，皎月对闲心。兴到一尊酒，沈酣据玉琴。

——《秋怀》

平生爱丘壑，历胜恣登眺。医闾夙所期，兹焉惬怀抱。鸟道薄层云，盘纡陵树杪。系马憩中林，拂石坐荒草。野衲候柴荆，朱颜发皎皎。问渠何来时，云在此山老。修岭逸惊麏，斜阳急归鸟。古洞驾长虹，细泉屡回绕。亭亭阶下松，百尺参青昊。托根护斯地，籽落无人扫。逶迤度几峰，下瞰群山小。旷然豁心目，顿觉离纷扰。再上白云关，万象咸可了。石门破苍蔼，返景堕空杳。烟霞情所钟，登陟险亦好。大海面岩岫，波光动林表。自古递相传，其中有蓬岛。安期与羡门，往事终绵邈。滉漾失端倪，气色变昏晓。岂识天地心，物理费探讨。冷然此游豫，何用心悄悄。

——《登医巫闾山观音阁》

高塞远离凡尘纷扰，全身心融入山水云林，先前可能会有造成这一个人行为的社会原因，但从作品来看，主要还是缘于他的个性。亲近大自然，向往着自身生命如“百尺参青昊”般的松柏托根于山川大地，是跟满洲民族自然崇拜观念相通相系着的。不论有

① 宗室，即皇族。清代制度规定，只有显祖塔克世（努尔哈赤之父）的直系子孙，始得称为“宗室”。

什么原因教他与军事政治狂潮彼此隔膜，高塞毕竟不再属于尘世。在《立秋》诗题下面，他吟道：“萧萧夜雨暑初收，清浅银河淡欲流。怀抱不堪闻落叶，相思何处是南楼？边尘朔气催征雁，塞草西风劲紫骝。回首云山忘岁月，一声蝉噪已清秋。”这是能读到的他唯一波及战争的诗，诗人一意坚持的，仍然是“回首云山忘岁月”的心绪指向。

王士祯对高塞的看法是：“性淡泊，如枯禅老衲。好读书，善弹琴，精曲理。常见仿云林小幅，笔墨淡远，摆脱畦径，虽士大夫无以逾也。”足见其心灵倚傍及艺术修养之端倪。

他很有一些高僧宿道的知交，与他们赠答唱和，其中有的人出家前后有所谓政事涉嫌，他也并不在乎。他不想作政治人物，心里就不会存有相应的芥蒂。朋友韩宗騋，本是前明礼部尚书的儿子，削发为僧后，法名剩人，因有反清倾向被流放关外，高塞和剩人和尚结成诗友，后者圆寂，高塞还写诗悼念他：“一叶流东土，花飞辽左山。同尘多自得，玩世去人间。古塔烟霞在，禅关水月闲。空悲留偈处，今日共跻攀。”（《悼剩和尚》）

对照鄂貌图等汉文诗歌的首批写手，高塞的诗从内容到风格，更显恬淡洁净。他是最早写汉文作品的满人之一，是颇得唐代“诗佛”王维余韵的少数民族诗客。没有“皇兄”的身份，高塞不可能那么早便得到良好的中原文化习养；没有跳出“圈儿”外的人生抉择，他的诗作也不可能在那个时候就走出一条满人诗歌创作的特定轨迹。

鄂貌图的创作调式，与高塞有区别。如果把鄂貌图的创作，认作是满人写汉诗源头的一道主流，那么高塞创作，则可说是它的一道支流。主流、支流的汇通，恰是满族书面文学刚启用汉文书写时分的本来图景。

既然把鄂貌图那端比作主流，就让我们再来看看主流发端过程的另外几位作者情况。图尔宸、禅岱、顾八代、费扬古，都是顺治朝略晚于鄂貌图和高塞开始写汉文诗歌的满人。顺康时期，图尔宸作过工部侍郎，禅岱当过吏部侍郎，顾八代是个立有军功的礼部尚书，费扬古则是在大败噶尔丹战争中勋绩卓著的抚远大将军。下面各选他们的一首诗作：

野色初开宿雾清，晚清天气嫩凉生。半陂新水鹭鸶立，一架落红鶗鴂鸣。霁后烟痕连树碧，雨后虹影接霞明。蒋生三径无人到，怊怅行吟句未成。

——图尔宸：《晚步》

衡阳南头少塞鸿，故园只有梦魂通。三秋旧病千山里，一路新诗百感中。瘦马总肥云梦草，破帆还受洞庭风。归家可耐亲朋老，白发文章未送穷。

——禅岱：《大军次衡阳西山，是夕余先之武昌》

弱冠读经史，胡为事远征。挥戈追定国，从帅靖滇城。崇荫非投笔，髫年未请缨。妖氛围上将，参赞委书生。一自单车去，相将万里行。机宜因合算，攻伐偶然成。以此堪归隐，谁知更作卿。余年叨禄养，报国寸衷萦。

——顾八代：《述旧》

秋日出都门，言寻西山道。试登最高峰，放眼观浩浩。天风飘塞鸿，荒原衰白草。日暮起层阴，落叶随风扫。烟云荡长空，野水枯行潦。蓟邱古战场，杀气飞霜早。草昧窃英雄，妄意窥大宝。千秋几斗争，士卒涂肝脑。白骨幽黄沙，扑面伤怀抱。依杖独徘徊，漫忆渭滨老。百世树奇功，长往终难保。何似赤松游，飘然归绝峤。

——费扬古：《杂诗（四首选一）》

以上四人都与鄂貌图近似，是明清之际“积极入世型”的满族官吏将领。几位写的诗，功力虽有参差，欲以中原传统诗歌形式来表述的思想，却跟鄂貌图近似。作为置身军旅的满人，他们无不豪气充满胸臆，以功名事业为人生鹄的；可是作为汉文诗歌的作者，又跟鄂貌图一样，总得顾及中原的文体及文化传统的约制，得让作品带有些个“中和”色彩。即便分明是奋不顾身的征人战将，却还是要在创作上添加几笔“愁”呀“归”呀的文辞，似乎不这么着，就不像是在写汉文诗歌，也得不到中原诗坛的认可。他们作为汉族“先生”的首批满族艺徒，希望自己写作“中规中矩”，获得“先生”们的满意和夸奖，是情理之事。殊不知，这在无形中却又束缚了这批异民族作者真性情的崭露。

从鄂貌图到高塞，再到图尔宸、禅岱、顾八代、费扬古……清朝开国不久，满族就及时地从一个母语写作民族，转变为在文坛上两面出击的双语写作民族。而且，一旦汉文写作这扇门被訇然推开，满族人的汉文写作就仿佛领受了八面来风的激励，迅速超过了母语写作的规模和趋势。

中国历史上下几千年，不知出现过多少过往民族，他们之间更不知上演过多少文化之间交互折冲、彼此融通的故事。任何民族的文化，其显项标志，要数该民族由其源头带来的特有语言。而凡是出现两个民族之间的文化交往，语言又总是首当其冲，是最先要做出反应与变化的部分。在两个文化势能不相匹配的民族当中，近距离交流的结果，总是体现在文化弱势民族的语言被迫向文化强势民族的语言靠拢。注定出现语言变异的这一方，由浅入深，由局部而全面，会出现所操语言由此及彼的演化。接触、学会直到熟用对方民族语言，以至于最后完全搁置和舍弃本民族的原有语言，不可能是一蹴而就的事。在民族语言之舟从此岸向彼岸摆渡的渐变过程，产生语言变异的民族，或长或短的，都会出现一个“双语”过程。

双语创作在一个民族文化发展的经历当中，是个值得珍视值得夸耀的阶段。用两种不同语言思索、用两种不同文字书写的文化人，想问题、看世界以及反映与描绘客观事物，都比单操一种语言的人们要得天独厚得多。所操这两种语言文字其各自归属的民族在文化上面的相互差异越大，“双语”人的思维空间也就越宽阔，思考问题也就越是富有内在张力；而落实到文学创作上面，“双语”作者想象场域和表现场域，毋庸置疑，也会比仅只掌握一种语言文字的作者，更具优势及超越性。

梳理现存的清代满族作家资料，我们尚难找到较多作家同时兼用满、汉双语写作不同作品的例证。不过，仅从迟至清代中晚期仍有不少满人精通满语满文现象来推断，也可得知，入关后一个很长时期，满族都是“双语”民族。尽管满族作家大多数笔底展示的是汉语汉文作品，生活中的他们却并没有完全乖离和遗弃母语。这里有个证据，来自于晚清著名作家文康长篇小说《儿女英雄传》。该书的第四十回，有安老爷与儿子的一番对话，这样写道：

……安老爷此时见了他，不是前番那等闭着眼睛的神气了，便先问了问他这番调动的详细。公子一一回明。提到见面的话，因是旨意交代得严密，便用满洲话说。安老爷

“色勃如也”地听完了，和他说道：“额扐基孙霍窝扐博布乌杭哦乌摩什鄂雍窝，孤伦寡依扎喀得恶斋斋得恶图业木布栖鄂珠窝喇库。”公子也满脸敬慎的答应了一声“依是奴。”①

安公子回父亲话，“因是旨意交代得严密，便用满洲话说”，而安老爷说的那句话，同样是讲的满洲话，作者此处是照顾文字书写的方便，用了汉字记音，恢复成满语表达，便是：“eregisun holbobuhangge umesi oyonggo，gurun guwai jakade jai jai de tuyembuci ojoraku”，其意为“此话关系重大，千万不可以泄露给外人”。其后公子说的“依是奴”，也还是由满语演变来的，意思为“是”。这说明，清代晚期的满族作家即便如文康这样在汉文书写方面达到极高造诣者，操起母语来，依旧是探囊取物得心应手。

有清一代在满族文苑，这样一个“双语”民族的这样一批“双语”作家，在艺术上、文化上和感触客观事物上，都享有着潜在的、为世人不易发觉的优势。假如要讨论满族书面文学缘何能在清代迅猛崛起异军凸现，笔者以为，这当然应当算是一个起码的原因。

祸兮福所倚，福兮祸所伏。一个人口寡少的民族身处汪洋般的大民族间，又是绝难将自己的“双语”状态“进行到底”的。哪怕是身踞显要社会位置的清代满族，亦不例外。至清代末年，八旗子弟们的母语能力眼见着普遍下降，连能得到优等传统教育的皇室成员——像帝、后等人——在政治场合与日常生活中，也不大运用满语了。满族作为“双语”民族的历史已依稀看到了尽头。而随后，一场辛亥鼎革，又人为地加速了这一“双语”民族全盘告别母语时限的来临。②

无论是在中国还是在世界范围，数也数不清的不同民族，一开始就用他民族语言而没有自我母语的，少之又少。母语，不单是一个民族特有的文化标志，也是维系一个民族完整文化传统的最有力的纽带。民族原初文化的核心密码，以及其最为宝贵温馨的族裔记忆，都储存于民族的母语深处。当历史老人出于这样那样的原因，去无情褫夺一个民族所葆有和运用母语的天然权利的时候，免不了会激起这个民族发自内心的剧烈反拨。然而历史的决断是铁的决断，容不下温情与留恋。古往今来，丢失母语的民族不知凡几。而这众多丢失母语的民族无可奈何的下一步，往往就是要面临着丢失自我。所以，当然可以说，没有哪个民族是在欢天喜地的情绪下主动放弃母语的。③

母语的丧失，对任何有着特定历史传统的民族来说，都是一场永久的、根本的、伤

---

① 文康：《儿女英雄传》，西湖书社，1981年，第836页。

② 民国期间，满族和满语都不见容于世间，本来尚能说写满语满文的一些满族人，也为了生计等基本的生存考虑，在许多场合远离母语，生怕外界认出自己的这一民族特征。满语在内地都市满人们当中最终的消亡，应当说是20世纪前半叶的事情。中华人民共和国建立之后，满语小范围的日常运用，只在黑龙江流域、嫩江流域的少量村屯，还顽强地存在着。而今，又是半个多世纪过去了，在21世纪之初的当下，这些村屯里面的满语愈发地岌岌可危，却仍未最终成为绝响。

③ 也许会有人专门检出中国历史上北魏孝文帝明令禁止本民族即鲜卑人讲说母语的例子来加以反诘。其实这在历史上，只是一个不具普遍意义的孤例。人们可以看到，孝文帝确曾一意孤行地利用权力推行“汉化”，也应当注意到，当时的鲜卑人中间实有许多的抵制派存在。对众多的抵制派，今天假如还像以往那样简单地称其为民族“守旧势力”，也许是不很确当的。人类历史上相当多的现象，仅凭“进步”还是“守旧”的标准，是难以完全解释清楚的。民族文化上的问题尤其如此。

筋动骨和不可治愈的痛。假如我们还能够本着一种更为科学的态度，不把这一丕变，直截了当地误认为是一个民族在文化上面的“灭顶之灾”的话。

由清代到当代，满族书面文学的道路跌宕起伏，时而是充盈自豪地推进，时而又要曲折前行、变通发展。具体到语言应用的层面上来观察，该民族的作家们先是享有和凭借着“双语”的文化优势，使本民族的创作态势赢得了高拔的起步与健美的展开；而日后，该民族的作家们则要在丧失母语的条件下，悉心地维护、发扬“双语”时期所开拓的优良传统，在民族的“后母语时代”，继续营造出不容世间小视的新价值。

当然，鄂貌图、高塞以及图尔宸、禅岱等等最早闯进汉文创作领域的作家，是没法儿估算到身后两三百年本民族文学发展轨迹的。他们已经完成了自己的任务。

清代宫廷“图塞尔根桌”略考

吴美凤（台湾文化大学）

前　言

乾隆十一年（1746）六月十二日，清代内务府造办处《各作成作活计清档》（以下简称《活计档》）的“木作”有一则记载：

司库白世秀来说，太监胡世杰传旨，着做楠木图塞尔根桌子一张。钦此。

于本月十四日司库白世秀为做楠木图塞尔根桌子一张讨用楠木缮写摺片一件持进，交太监胡世杰转，奉旨，准用，向三合要。钦此。

于二十八日司库白世秀将做得楠木图塞尔根桌一张持进，交太监胡世杰呈进讫。①

“图塞尔根”为满语“tusergen”之音译，“图塞尔根桌”，顾名思义，是桌类器用，据《满汉大辞典》“tusergen”是（筵席上放盅碟的）“高桌”②，也就是筵宴时专事陈放酒具杯壶之高桌。那么，这个颇具满族特色的桌类用器何时开始使用？与一般的桌器有何不同？有特定或固定的形制或尺寸吗？其功能仅用于筵宴吗？一定以楠木成造吗？“图塞尔根桌”对来自关外的满人有何意义？

开始于雍正年间的《活计档》，系内务府相关太监记录宫内各项器用如何由皇帝传旨成作、对形制、尺寸、用料的要求与完作后呈进御览之流水过程。据其所载，“图塞尔根桌”在雍正年间成造不少，乾隆即位后的前十余年间亦不遑多让，父子两人在其成造过程中亦多所指示，但到了上引乾隆十一年六月十二日的成造之后，几乎就不再有任何记载，③“图塞尔根桌”仿佛人间蒸发般，令人困惑与不解。此中的转折是否有任何意涵？本文尝试就目前所见之档案、文献与图片资料，相互交叉比对，探讨上述诸多围绕“图塞尔根桌”的谜团，或可提供清代宫廷家具文化，乃至满人入主中原后的汉化演变之参考。

一、雍乾时期的“图塞尔根桌”

根据北京中国第一历史档案馆等所编的《清宫内府造办处档案总汇》，雍正乾隆二朝出现的“图塞尔根桌”如下表列。由于各作太监的耳听口传，出现不少“涂塞尔根”、“涂色尔根”、“途塞尔根”、“图思尔根”或“图塞勒根”等音近字异的现象。

---

① 中国第一历史档案馆等编，《清宫内府造办处档案总汇》，第14册，木作，北京，人民出版社，2005年，第524—525页。

② 安双成主编，《满汉大辞典》，辽宁民族出版社，1993年，tusergen条，第629页。

③ 以《清宫内府造办处档案总汇》乾隆朝的木作、油漆作的记载为主。

雍正、乾隆年间有关图塞尔根桌成做记录表

序号	时间	内容	尺寸	数量	资料来源	备注
1	雍正4年8月16日	郎中海望持出杉木罩油图塞尔根桌一张，“着照此款式，面用紫檀木，其边与下身俱用杉木做红漆金龙膳桌二张，酒膳桌二张”		1	第2册木作页140。	
2	雍正5年1月15日	“散秩大臣传旨，筵宴上用的图塞尔根桌子两头太长些，抬桌子的人难以行走，着养心殿造办处另做一张，比旧桌做短些…做得花梨木图塞尔根桌一张”	长3尺6寸 宽2尺4寸3分 高1尺8寸 水线8分	1	第2册木作页580。	
3	雍正5年6月24日	“郎中海望奉旨，着做长5尺4寸、宽3尺3寸、高1尺4寸8分紫檀木包镶床一张，随床做图塞尔根桌一张…”		1	第2册木作页590。	
4	雍正5年7月18日	“着照养心殿东暖阁做过的一封书图塞尔根桌样再做一张，万字房用”		1	第2册木作页594。	
5	雍正5年9月2日	“着照万字房用的楠木图塞尔根桌样再做一张，安在莲花馆”		1	第2册木作页602。	
6	雍正6年5月22日	“着照五月初九日呈进的紫檀木边楠木心涂塞尔根桌收窄一寸五分，长高照前一样，再做一张。钦此。于本月二十九日做得长三尺三寸、宽一尺九寸、高一尺四寸八分糊布里紫檀木边楠木心涂塞尔根桌一张…”	长3尺3寸 宽1尺9寸 高1尺4寸8分	1	第3册木作页186。	
7	雍正6年6月1日	“照五月二十九日呈进过的紫檀木边楠木心涂塞尔根桌再收窄一寸五分做一张。”	长3尺3寸 宽1尺7寸5分 高1尺4寸8分	1	第3册木作页189。	
8	雍正7年3月8日	“配合西峰秀色床…做得楠木涂塞尔根桌二张。”		2	第3册木作页710。	
9	雍正8年4月18日	“万字房对响玻璃窗户外廊处，着做途塞尔根桌一张，后面安接楠木小床一张，长四尺六寸、宽三尺二寸六分、高一尺五寸，合涂塞尔根桌一般高…”	高1尺5寸	1	第4册木作页451。	
10	雍正10年9月11日	“宫殿监副侍李英传做楠木涂塞尔根桌一张…”	长3尺2寸 宽2尺2寸 高1尺7寸	1	第5册木作页377。	
11	雍正12年11月4日	“首领太监萨木哈持来洋漆亭二座，说宫殿监副侍李英传旨，洋漆亭每座着配楠木图塞尔根桌一张…”		2	第6册油漆作页549。	
12	雍正13年3月18日	“宫殿监副侍李英传旨，恩佑寺、寿皇殿着做黄填漆铜镀金包角图塞尔根桌二张；再佛城做红漆铜镀金包角图塞尔根桌一张…”		3	第6册油漆作页740。	
13	雍正13年4月11日	“宫殿监副侍李英传旨，仙香院供的彩漆寿字矮桌下配做楠木涂塞尔根桌一张…”	（可能比一般的高度还矮些）	1	第6册木作页682－683。	
14	雍正13年5月1日	“宫殿监副侍李英传旨，着做楠木涂塞尔根桌一张…”		1	第6册木作页686。	

续表

序号	时间	内容	尺寸	数量	资料来源	备注
15	乾隆元年 2月25日	“太监毛团传旨，着做楠木涂塞尔根桌一张…”		1	第7册 木作 页67。	
16	乾隆元年 3月5日	“太监毛团传旨，着做楠木涂塞尔根桌一张…”		1	第7册 木作 页68。	
17	乾隆2年 1月24日	“太监胡世杰传旨，着做楠木涂塞尔根桌一张…”		1	第7册 木作 页649。	
18	乾隆2年 2月6日	“太监毛团传旨，养心殿后殿西稍间另行装修…将南窗上塌板用楠木包镶做一张矮些楠木图塞尔根桌，安在窗户台内…”		1	第7册 木作 页650。	
19	乾隆2年 7月17日	“太监胡世杰传旨，西暖阁正宝座着做楠木图塞勒根桌一张…”		1	第7册 木作 页658。	
20	乾隆2年 9月2日	“太监毛团传旨，着做楠木涂塞尔根桌一张…”		1	第7册 木作 页664。	
21	乾隆2年 12月2日	“太监胡世杰传旨，弘德殿着做楠木涂塞尔根桌一张…”		1	第7册 木作 页670－671。	
22	乾隆3年 2月3日	“太监胡世杰交楠木高腿桌二张，传旨，着改照先过做楠木图塞尔根尺寸样式做…司库刘山久将改做得图塞尔根楠木高桌二张持进…”		2	第8册 木作 页75。	
23	乾隆10年 7月21日	“太监胡世杰传旨，保合太和着做楠木图思尔根桌子一张…”		1	第13册 木作 页299。	
24	乾隆11年 6月12日	“太监胡世杰传旨，着做楠木图思尔根桌子一张…”			第14册 木作 页524－525。	

根据以上表列，分别从用材及外表处理，尺寸与形制（款式）等方面进行探讨：

（一）“图塞尔根桌”的用材及外表处理

由雍正四年八月十六日的制（序号1）可知“紫坛木面红漆彩金龙膳桌二张，酒膳桌二张”是依“杉木罩油图塞尔根桌”为样板成造。杉木是一种软木，罩油有保固作用，不是上漆。此则可知雍正四（1726）年之前宫内就有以“图塞尔根”为名的桌器存在，同时有膳桌及酒桌是依其样成造。

雍正五年正月十五日（序号2）所成造的是“花梨木图塞尔根桌”。六月二十四日（序号3）随“紫檀木包镶床”所做的图塞尔根桌，有可能亦为紫檀木包镶。而雍正六年五月二十二日（序号6）及六月初一日（序号7）所造用材皆为“紫檀木边楠木心”。雍正五年九月二日（序号5）所做为楠木，系依同年稍前七月十八日（序号4）成造，故知稍前所做之用材亦为楠木。以上三种花梨木、紫檀木和柟木都属硬木。根据所载，雍正五年以后所造大多以楠木为主，除了雍正十三年三月十八日（序号2）成造了黄填漆、红漆各二张的漆作，这四张上漆的“图塞尔根桌”，除了外表黄填漆、红漆外，桌面四角俱包镶铜镀金饰片。其用材可能亦如雍正四年八月十六日（序号1）作为样张的杉木类软木，但也许就是将硬木如紫檀木、花梨木或楠木等上漆，如雍正十二年十一月初四日（序号11）“洋漆亭每座着配楠木图塞尔根桌一张”，此成造记录归于“油漆作”，并非一般原木不漆所归的“木作”，故合理的怀疑其完作后是上漆的，而硬木上漆也是雍正朝家具的特色之一。① 上述（序号6）所做的“紫檀木边楠木心涂塞尔根”系照之前呈进的成造，亦符合雍正时期家具常见“多木并做”的另一特色。② 乾隆二年二月初六日（序号18）养心殿西稍间的装修所成造的“楠木包镶矮图塞尔根桌一张”，“包镶”可能指楠木与其他木料合并的“多木并做”，也可能是四角包镶金属饰件。洋漆亭每座着配楠木图塞尔根桌一张

据表列所示，雍正时期所成造的“图塞尔根桌”至少18张，若含旧有的就在20张以上。用材有硬木、也有软木，也有漆作。经过前期一段“多木并做”后，中后期的用材逐渐定于楠木，至少有8张，比率近五成。乾隆继位后的十一年间至少成造了10张，除上述的“包镶”较为特殊外，其余清一色俱为楠木，乾隆对楠木似情有独钟。

（二）“图塞尔根桌”的尺寸

雍正五年正月十五日（序号2）散秩大臣佛伦传旨之前的旧桌较长，以致抬桌的人难以行走，改短后的尺寸是“长三尺六寸，宽二尺四寸三分，高一尺八寸”，换算成现代公制约为长115厘米、宽78厘米、高58厘米。③ 尔后所造之长度愈来愈短，从三尺三寸到三尺二寸（106厘米到102厘米）。至于宽度，雍正六年五月二十二日（序号6）将宽度收窄了一寸五分后尺寸为一尺九寸（61厘米），可见原宽度为二尺五分（66厘米）。六月一日（序号7）再度收窄一寸五分为一尺七寸五分（56厘米），但雍正十年（序号10）的宽度又放为二尺二寸（70厘米）。

造办处接旨后要向相关单位领料或进行采买的程序，根据《活计档》中的一张买办库票“黄字三十号”的记录：“木作为二月二十此日奉旨着做图塞尔根桌一张，用楠木”④：“木作为二月二十五日奉旨着做图塞尔根桌一张，用楠木长三尺六寸、宽三寸、厚一寸六分，二块。长一尺二寸、宽三寸、厚一寸六分，二块……长一尺五寸、见方二寸，四根。”⑤ 其日期正是上述表列序号15。三个尺寸中，第一组的尺寸为桌面大边用料，可知此桌的长度为三尺六寸（115厘米），第二组为桌面抹头（小边）用料，即宽度一尺二寸（38厘米）。比起雍正年间的尺寸，长度似乎又加长了，但宽度却愈形收

---

① 吴美凤撰，《盛清家具形制研究》，北京，紫禁城出版社，2007年，第231—235页。

② 吴美凤撰，《盛清家具形制研究》，北京，紫禁城出版社，2007年，第231—235页。

③ 按中国传统木构建筑称大木作，家具为建筑的“肚肠”，称小木作，此尺寸依清代营造尺一尺为32厘米计算，参见河南省计量局主编，《中国古代度量衡论文集》，郑州，中州古籍出版社，页153。

④ 买办库票“黄字三十号”，中国第一历史档案馆等编，《清宫内府造办处档案总汇》，第7册，买办库票，北京，人民出版社，2005年，第285页。见图1。

⑤ 中国第一历史档案馆等编，《清宫内府造办处档案总汇》，第7册，买办库票，北京，人民出版 社，2005年，第285页。同册页339另可见请买的杂项用料，如鱼鳔四两等。

窄，与长度约成1:3的比例，成为窄而长的“条桌”。[①] 可见雍正乾隆二朝的“图塞尔根桌”，其长宽并无定制，最长至少有115厘米，长短最大差约13厘米以上，宽度最短的为38厘米，最大差距有40厘米之多。

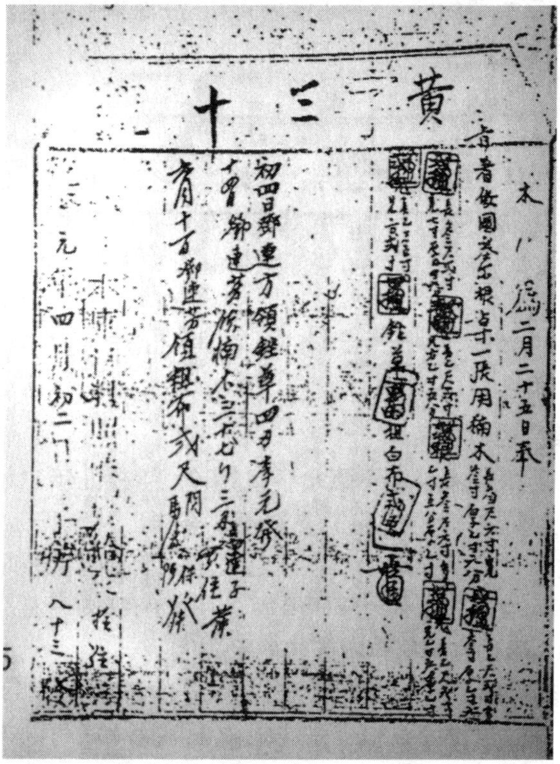

图1　买办库票“黄字三十号”

（三）“图塞尔根桌”一定是高桌吗?

至于高度，检视乾隆三年二月三日（序号22）所记“太监胡世杰交楠木高腿桌二张，传旨，着改照先过做楠木图塞尔根尺寸样式做……司库刘山久将改做得图塞尔根楠木高桌二张持进”，其原来的“楠木高腿桌二张”改做后仍称“图塞尔根楠木高桌二张”，可知高度即使有所修整，仍在一般所认定的“高桌”范围，于此，“图塞尔根桌”确是高桌。不过，乾隆二年二月初六日（序号18）养心殿西稍间的装修所成造的“楠木包镶矮图塞尔根桌一张”，既然特别强调“矮”字，可见其高度一定比平日所用要矮些，应与上述的高桌有所区格。

不论是“图塞尔根楠木高桌”或“矮图塞尔根桌”，皆无具体尺寸。上述表列乾隆元年二月二十五日（序号2）买办库票所记，最后一组尺寸即为腿足用料，其完作后的高度约一尺五寸，换算成现代的公制相当于48厘米。雍正年间的尺寸换算后分别有58厘米、47厘米、48厘米、54厘米等（序号依次为2、6、7、9、10），故知高度最大相

① 桌案类家具若长度为宽度两倍以上，一般称条桌或条案。王世襄编著，《明式家具研究》，文字卷，台北，南天书局，1989年，第186页。

差10厘米左右。雍正十三年四月十一日（序号13）传旨“仙香院供的彩漆矮桌下配楠木涂塞尔根桌一张”，依其所记，一般配桌通常都略矮些，所配的“涂塞尔根桌”应不可能比所供的“彩漆矮桌”高。目前北京故宫博物院所藏的矮形桌类的炕桌，高度约在30—41厘米间，高形桌器约在82—88厘米间[①]，故而雍干两朝成造过的“图塞尔根桌”，其高度较倾向于矮形桌器，是以《满汉大辞典》中解释“tusergen”为“筵席上放盅碟的高桌”似不尽然。

此外，从雍正十三年三月十八日（序号12）为恩佑寺、寿皇殿所做的漆作“图塞尔根桌”来看，礼佛或祭祀的场所也使用；而乾隆二年二月六日（序号18）所作是安在寝宫窗台下；弘德殿（序号21）则是清代皇帝传膳、办理政务或读书的地方[②]，也非举行筵宴之处，如此看来，雍乾两朝的“图塞尔根桌”并不一定在筵宴时才使用。

二、入关前的“图塞尔根桌”

（一）《满洲实录》中的配图

现存史料中的《满洲实录》系崇德元年（1636，崇祯九年）始修，康熙二十一年（1682）重修，以满、汉、蒙三种文字简要叙述“癸未二月至天命末”，即清太祖努尔哈齐于万历十一年（1583，癸未）二月以“遗甲十三副”起兵反明，一直到天命十一年（1626，天启七年）崩逝之三十余年间要事，并附有82幅配图，与历代官修实录之体例不同，算是较为特殊的官修努尔哈齐“实录”。[③]

据《满洲旧档》，天聪九年（1635）八月初八日的记载：“那天，聪睿汗用先英明汗实际经历的书文，命两个画匠张俭、张应魁画出，这项托付的事完成了；因为画得好，便赏了张俭两个人，一条牛，给张应魁两个人。”[④] 不同版本的译文如《汉译〈满文旧档〉》：“那天，委派给张俭、张应魁二画匠给先英明汗的实录画得很好，淑勒汗赏给张俭一对人、一头牛，赏给张应魁一对人。”[⑤] 仅用字稍有出入，但大意相同。故知两名画匠是依努尔哈齐“实际经历的书文”（或“实录”）画出配图。乾隆曾在乾隆四十六（1781）年下旨，各派四名官员将该书的清（满）、汉、蒙古字重缮，门应兆“恭绘”。[⑥] 重缮本的《满洲实录》在汉文部分经过推敲润饰，以大清为正统，但满文部分对明朝仍用敬语，写为“daiming gurun”（大明国），与明朝官员交涉的用语也显得牵卑，对努尔哈齐或他的父亲觉昌安、祖父塔克世等，一概直呼其名“nurhaci”、“giocaangga”、“taksi”等，并未避讳；重缮本的配图，据《国朝宫史续编》的进一步解释，门应兆等人是据原图“依式重绘”[⑦]，故知此《满洲实录》的满文部份与八十二幅配图，

① 参看胡德生著，《明清宫廷家具》，北京，紫禁城出版社，2008年，第128—216页。
② 万依主编，《故宫辞典》，上海，文汇出版社，1996年，第24页。
③ 陈捷先著，《满清之晨——探看皇朝兴起前后》，台北，三民书局，2012年，第121—133页。
④ 汉文翻译参见陈捷先著，《满清之晨——探看皇朝兴起前后》，台北，三民书局，2012年，第115—116页。
⑤ 《汉译〈满文旧档〉》，沈阳，辽宁大学历史系，1979年，第104—105页。
⑥ 《大清高宗纯皇帝实录》，卷1075，台北，华联出版社，1964年，第25页。
⑦ 庆桂等编，《国朝宫史续编》，卷九十七，书籍二十三，北京，北京古籍出版社，1994年，第956页。

比起入关后诸多的官修史书，在还原历史的角度上来看，其重要性与价值性自不待言，所具备的真实性与准确性也相当高。

（二）入关前“图塞尔根桌”的有实无名

“图塞尔根桌”既是“筵席上放盅碟的”桌器，则《满洲实录》配图中，充满欢庆的“太祖建元即位”① 及“太祖大宴群臣”② 正有符合的场景。前图描绘努尔哈齐削平各部、建立八旗制度与五大臣等，受尊号为“列国沾恩英明皇帝，建元天命”时所举行的庆典盛况③，众人对着高居御座的努尔哈齐俯身跪拜。后图可见在努尔哈齐的御座前及丹陛下两侧排开，诸王将帅均恭谨的席坐于矮桌后。两图的共同点除两侧铜钹、大鼓、唢呐等乐器演奏助兴外，会场中间都可见两人合抬一张上置台盏卮盅的桌子，明显可见两人仍未松手，桌子仍悬空着，同时皆有一人侧头观望，看似刚刚进入会场，正等待进一步指示，或兀自揣测何时及何处该将桌子落定，在整个端凝肃穆的场合中显得相当醒目。

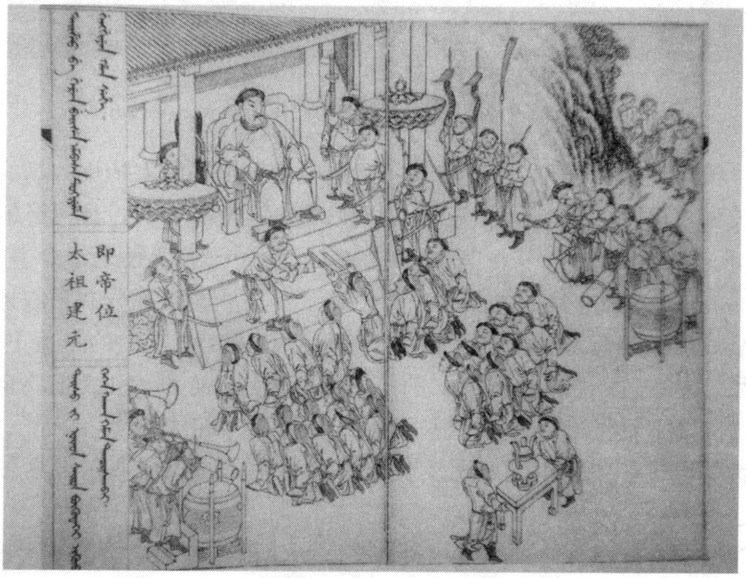

图 2 “太祖建元即位”

比对“太祖大宴群臣”的文字部分是：“七月初三日，帝升殿，因得辽东大宴群臣，总兵以下、备御以上，分左右序坐席间，以金卮行酒，各亲赐之”④ 可知画匠如实贴切的写出了这一场景，两人所抬之桌上置放的台盏卮盅正是太祖用来行酒，并亲赐各列席群臣将帅所用。但不管满、汉文字，都未出现对此桌的特别称名，事实上是连两人抬桌的举动都未见诸文字。换言之，此时的“图塞尔根桌”是有其实而无其名。

“太祖建元即位”的时间为建元天命的万历四十四年（1616），初得辽东是在天命

① 《满洲实录》，台北，华联出版社，1964 年，第 180 页。见图 2。
② 《满洲实录》，台北，华联出版社，1964 年，第 330 页。见图 3。
③ 陈捷先著，《满清之晨——探看皇朝兴起前后》，台北，三民书局，2012 年，第 121—133 页。
④ 《满洲实录》，台北，华联出版社，1964 年，第 330—331 页。

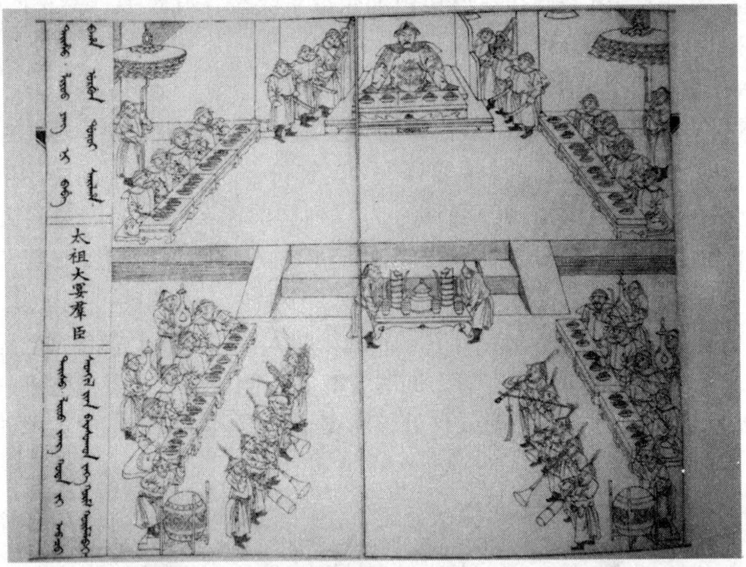

图3　“太祖大宴群臣”

六年（1621，天启元年）。但《满洲实录》配图中最早出现两人抬桌入场的画面是“额亦都招九路长见太祖”①，时在万历三十八年（庚戌，1610）十一月，努尔哈齐“命额亦都领兵一千，往窝集部……将其路长康古礼克……等尽服之，令其举家赴满洲……”② 即额亦都率东海窝集的九路长来归的场景。虽然文字部分并未叙述努尔哈齐如何招待或设宴欢迎诸路长，但附图所见是努尔哈齐高坐在丹陛上的伞盖下，前设高桌，上置碗碟食品，左右各一扈从。丹陛之前是单脚下跪的额亦都，正侧身指向一旁跪拜的九名路长。丹陛之下可见一矮桌，上陈卮盅，前后两人似正将此桌抬入场，与桌旁随行共三人，似皆等候进一步指示。此图反映出，有实无名的“图塞尔根桌”至迟在万历三十八年即已使用。

从配图观察，在此事件之前所发生过许多收抚诸部或诸部来贡的重大事件，早期如万历十五年（1587），努尔哈齐起兵后四年，就有“三部长率众归降”③，万历二十七年的“王格张格来贡”④，甚至额亦都招九路长来归前五年（1605），蒙古达尔汉贝勒之子恩格德尔引喀尔喀部等前来，尊努尔哈齐为“昆都仑汗”的“恩格德尔来上尊号”场景⑤，都出现努尔哈齐高坐于伞盖之下，来归或来贡的诸部长跪拜于丹陛之下，其画面

① 《满洲实录》，台北，华联出版社，1964年，第139—140页。见图4。

② 《满洲实录》，台北，华联出版社，1964年，第139—141页。

③ “三部长率众归降”中的三部长为苏完部部长、栋鄂部部长、雅尔古部长，《满洲实录》，台北，华联出版社，1964年，第70—71页。见图5。

④ “王格张格来贡”指东海窝集内瑚尔哈路二路长王格、张格率百人来贡土产，有黑、白、红三色狐皮，黑、白二色貂皮等。《满洲实录》，台北，华联出版社，1964年，第107—108页。见图6。

⑤ “恩格德尔来上尊号”为蒙古喀尔喀部巴约特部达尔汉贝勒之子恩格德尔引蒙古喀尔喀部五贝勒来谒，尊努尔哈齐为“崑都仑汗”（汉语恭敬之意），从此蒙古朝贡不绝。《满洲实录》，台北，华联出版社，1964年，第122—124页。见图7。

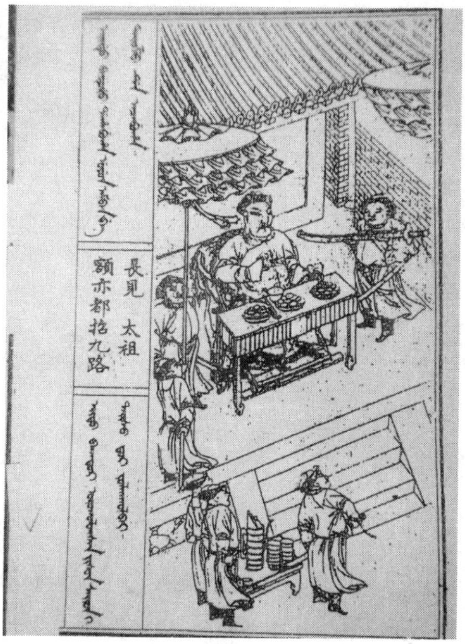

图4 “额亦都招九路长见太祖”

的架构、人物的编排、取景的角度、位置等，都与“额亦都招九路长见太祖”一样，但都未有任何捧桌入场的描绘。故此推测，以两人抬桌进场，上置卮杯等器，再据此行酒赐下的仪式或制度在万历三十八年以前仍未建立，专为置放行酒用器的“图塞尔根桌”尚未成形，“tusergen”一字可能也还未创制。

图5 “三部长率众归降”

图 6 “王格张格来贡”

图 7 “恩格德尔来上尊号”

（三）“tusergen”一字何时出现

那么，“tusergen”一字何时出现？从史料上搜寻，皇太极继位后改年号为天聪。天聪六年（1632）的正月二十一日，岳托贝勒与驸马总兵佟养性结姻的场景，《满文老档》的汉文翻译为：“是宴也，汗、大贝勒及诸贝勒俱往，佟驸马率新旧汉官坐于左侧，诸贝勒、台吉进宴时，皆立，引觞酌众官。岳托贝勒以娶媳礼，赠亲家佟驸马金鞍辔良马一……”①，值得注意的是，翻阅其相关的原文是“han，amba beile，gerenbeise，ambasa gemu genefi，tung fuma nikan I ice fe hafasa be gaife hashš ergide tehe，beise，taijisa ceni degilafi gajiha dere tukiyere de gemu ilicafi geren hafasa de tukiyehe，…”②，也就是在“诸贝勒、台吉（进宴时）”（beise，taijisa）与下句“皆立”（gemu ilicafi）之间还有一段“ceni dagilafi gajiha dere tukiyere de”（彼等备妥所抬举之桌前来），然后才是“引觞酌众官。…”。诸贝勒、台吉等之“引觞”是在桌子被抬进场后。所引之“觞”显系与此桌有密切的连带关系，此桌显然就是雍干时期所称的“图塞尔根桌”。

此外，天聪九年（1635）四月二十五日，和硕额尔克楚虎尔贝勒宰杀了数匹牛马羊等，准备五十张桌子设大宴招待皇太极：

那时汗坐在设在黄布凉棚的御座上，请诸福晋们坐在汗后面的别的布凉棚中，请新旧的众大臣们坐在两侧的布凉棚中，额尔克楚虎尔贝勒用茶碗，跪着敬汗。饮后，在捧桌时，阿尔格、楚虎尔贝勒各捧桌的一端。阿济格、额尔克楚虎尔贝勒率古尔布什额驸在远处跪下，委托恩格德尔向汗敬酒。汗饮，二贝勒起后，汗叫阿济格，令坐在汗自己坐的御座下的左边……③

此段“在捧桌时，阿尔格、楚虎尔贝勒各捧桌的一端。”之原文是：“kan de dere tukiyere de，agige taiji，cohür beile derei emte ujan be jafafi tukiyehe”，更仔细的说是，捧桌向汗（皇太极）时，由身为臣僚的主人 cohür（楚虎尔贝勒）亲自捧桌的另一端，以示对汗的诚敬与尊崇。“捧桌”系向汗敬酒的前置动作，桌上必置妥卮杯等行酒用具。

上引二例中有关“桌”的用字，原文皆为“dere”。④ 根据档案，建州女真诸部，包括努尔哈齐一族在内，在十六世纪中期为明朝边陲州卫、物资非常匮乏的年代，连桌器都是向明朝的辽东马市交易或“告讨”而来，⑤ 一直到努尔哈齐自立为汗的天命四年（1619，万历四十七年）五月，宴请八贝勒及朝鲜来的使者时才“赐矮桌以坐”⑥，此“矮桌”的满文为“fangkala dere”。故知最晚在天聪九年的时候，置放卮杯等行酒用具的“桌”和筵宴进食用膳的“桌”一样，满文都是“dere”，并没有特定或专用的名称，“tusergen”之名仍未出现。

三、入关后的“图塞尔根桌”与“反坫”

前述表列“图塞尔根桌”的《活计档》出自内务府造办处。虽然康熙三十年（1692）即“以慈宁宫之茶饭房一百五十有一楹为造办处”，也设有油木作、灯裁处、

---

① 中国第一历史档案馆等译注，《满文老档》，天聪六年正月，北京，中华书局，1990 年，第 1224—1225 页。

② 满文老档研究会译注，《满文老档》，V，太宗 2，日本，东京，财团法人东洋文库发行，昭和 36 年，第 676—677 页。

③ 《汉译〈满文旧档〉》，沈阳，辽宁大学历史系，1979 年，第 52—53 页。

④ 满文“dere”也有“脸、面、脸皮、体面、情面、面子”等之意，安双成主编，《满汉大辞典》，辽宁民族出版社，1993 年，dere 条，第 684 页。

⑤ 吴美凤撰，《盛清家具形制研究》，北京，紫禁城出版社，2007 年，第 17—19 页。

⑥ 满文老档研究会译注，《满文老档》，I，太祖 1，日本，东京，财团法人东洋文库发行，昭和 30 年，第 145 页。

金玉作、匣裱作等，但一方面所能承作的项目似尚未完备，也没有像雍正朝的档案般详尽集中，康熙朝是否有"图塞尔根桌"的成造尚待追索，甫入关的顺治朝资料更为匮乏，以致目前最完整的成造资料还是前述表列所记。

清代史料浩瀚，庞杂茫然，若从清末回溯，晚清《清稗类钞》对于朝廷筵宴之陈设有一段："大朝筵宴，内务府设朱漆反坫于丹陛之中，坫方可八尺，上陈碧玉洗一……玉勺二……玉壶一……碧玉盏八……"① 说明这些壶、洗、盏、勺等器均在大朝筵宴时，陈放于"反坫"上，这"反坫"设于丹陛之中。观察嘉庆皇帝（1796－1820在位）在谒陵后移驾盛京举行筵宴时的仪式中也有类似的陈述：

皇上御崇政殿筵宴，随驾王以下及盛京文武大臣官员皆穿蟒袍补服，先集，预设中和韶乐于崇政殿檐前，阶下设清乐于东，旁设丹陛乐。于大清门之东西两旁皆北向预设宴桌于宝座前正中，稍远张黄幔于丹墀，正中陈金器于反坫桌上……"②

换言之，"金器"就是《清稗类钞》中的"洗壶盏勺"，盛京崇政殿上除了御用的宴桌外，还有一个专用于陈放这些金器的"反坫桌"。

再往上追溯，成书于乾隆晚期，最初由张廷玉（1672—1755）等奉敕所撰的《皇朝文献通考》记载入清后至乾隆年间的典章制度，慈宁宫元旦、皇太后万寿节及诸庆典，礼部要奏请钦命"进爵命妇"："届日……武备院张黄幕于慈宁门外，阶下正中内管领设反坫于幕下，尊爵金卮壶勺具，尚膳女官、内管领妻入殿布席……"仪式开始时由皇后率众妃叩头、进茶女官向皇太后奉茶。接着筵宴开始：

司爵女官自黄幕内奉壶爵金卮以次进……进爵命妇入殿北面跪，皇后率皇贵妃以下皆跪，女官举壶实酒于爵，由中门入西面授进爵命妇……进爵命妇奉爵……恭进皇太后酒……女官入跪受虚爵，洒以金卮酌酒，承懿旨赐进绝命妇酒……命妇受卮行一叩礼……③

此外，《公主下嫁仪》中"初定会燕"的过程也出现"反坫"："是日，光禄司官备筵宴、武备院官张黄幔于中和殿，北阶下内务府陈金器反坫，礼部、理藩院、尚书、侍郎、内务府总管、光禄卿同视布席，设御宴于保和殿宝座前……"④ 由此似表示，入清之后至晚清，筵宴时用于陈放台壶卮爵等"金器"桌子称为"反坫"或"反坫桌"。

但是，《清史稿》记顺治元年的"大宴仪"道："顺治元年，定鼎燕京，设筵宴、设宝座皇极门中，帝升座，赐百官坐，赐茶、进酒，俱一跪一叩。宴毕谢恩如初礼……"⑤ 就是在入关那年的筵宴，皇帝、百官坐定后，先赐茶，再进酒，百官都一跪一叩。到了雍正四年（1726）定"元旦宴仪"："设御筵宝座前……丹陛上张黄幔，陈金器其下，卤簿后张青幔，设诸席……帝御太和殿，升座，中和韶乐作"，在乐音中，皇

---

① 清 徐珂编撰，《清稗类钞》，朝贡类，北京，中华书局，1996年，第399页。

② 金毓黻撰，《辽海丛书》，《嘉庆东巡纪事》，卷3，台北，艺文印书馆，1971年。

③ 清 张廷玉等奉敕撰，《钦定皇朝文献通考》，卷129，收入《景印文渊阁四库全书》，第632—638页，台北，台湾商务印书馆，1983—1986年。

④ 清 张廷玉等奉敕撰，《钦定皇朝文献通考》，卷135，收入《景印文渊阁四库全书》，第632—638页，台北，台湾商务印书馆，1983—1986年。

⑤ 赵尔巽等撰，《清史稿》，志六十三，礼七，北京，中华书局，1998年，第2627页。

帝赐茶给王大臣及文武官员，百官经过前后三叩后，乐音停止。进一步接道：

展席羃，掌仪司官分执壶、爵、金卮。大乐作，群臣起，掌仪司官举壶实酒于爵，进爵大臣趋跪，则皆跪。掌仪司官授大臣爵，大臣升自中陛，至御前跪进酒，兴，自右陛降，复位，群臣皆叩。大臣兴，复自右陛升，跪受爵，复位，跪。掌仪司官受虚爵退，举卮实酒，承旨赐进爵大臣酒。王以下起立，掌仪司官立授卮，大臣跪受爵。一叩，饮毕，俟受爵者退，复一叩，兴，就坐位，群臣皆坐。乐止。帝进馔……①

上述烦琐的仪式中，掌仪司官所执的“壶、爵、金卮”，也就是进爵大臣跪进皇帝、皇帝赐进爵大臣的爵（杯）和卮（盛酒器）等金器，是陈列在丹陛上所张黄幔之下，虽未写明黄幕下用于陈放之具为何，但从前引诸多史料中相互对照可知，就是“筵席上放盅碟”的“图塞尔根桌”。雍正一朝至少成造了18张的“图塞尔根桌”，但此称名目前所见仅止于《活计档》，皆不见于典制或文书上，相较于入关前的有实无名，入关后至雍正朝的筵宴，则是有其实而不名，连“桌”字都省略了，颇令人不解。内务府为皇帝的内廷机构之一，《活计档》中常见雍正将内务府视为“家内”，如内务府各作若办事不称旨意，雍正会质问内务府大臣“在家内所为何事”，此“图塞尔根桌”之名称是否仅是满人的“家内”用语，不足为外人道也？无论如何，“反坫”或“反坫桌”之出现以及其背后的可能缘由似值得一探究竟。

检视最早出现“反坫”之名的文献是乾隆的《御制律吕正义》后编，于皇帝三大节（元旦、万寿、冬至）的筵宴是：“太和殿筵宴乐仪，元旦巳刻……设丹陛大乐于太和门，内俱北向社御果案于宝座前，稍远设黄幕于丹陛上，陈反坫于殿内……”，于进茶仪式后，“黄幕下，掌仪司捧台、盏、壶、卮由丹陛进……”其后进爵大臣与群臣的跪叩等皆同于雍正年间。《律吕正义》保存了明清时期的乐律、律制、乐谱、乐曲、曲谱、乐器制造或舞谱等资料，尤其宫廷节庆仪典所用，分上、下、续、后四编，前三编成书于康熙五十二（1713）年，后编一百二十卷，成书于乾隆十一年（1746）。② 如此看来，筵宴时陈金器的桌子，至迟在乾隆十一年改称“反坫”或“反坫桌”，而此推测也许正是乾隆十一年六月以后，“图塞尔根桌”之名不再出现于《活计档》中的原因。

“图塞尔根桌”之名不再出现于《活计档》中，并非反映宫廷筵宴不再需要它，也不表示此桌器已然消失，或许从形制的讨论可略窥其端倪。

四、“图塞尔根桌”的形制

《活计档》中可反映形制的是雍正五年为莲花馆所造的“一封书式图塞尔根桌样”（序号5），此“一封书式”系依万字房所用成造，万字房的又根据养心殿东暖阁的成造（序号4），是以雍正五年就至少有三张“一封书式”的“图塞尔根桌”。“一封书”即

① 赵尔巽等撰，《清史稿》，志六十三，礼七，北京，中华书局，1998年，第2627页。

② 清允禄等奉敕纂，《御制律吕正义后编》，收入《景印文渊阁四库全书》，第215—218页，台北，台湾商务印书馆，1983—1986年。

"外形有如一套线装书"①，与"自上而下四面皆平直"的"四面平"② 接近。如北京故宫博物院所藏的清初"填漆云龙纹长桌"③ 或清中期的"花梨木雕回纹长桌"④。

图8 清初 填漆云龙纹长桌

图9 清中期 花梨木雕回纹长桌

乾隆年间几次大宴也都如文献所载的，在宝座前正中不远的黄幔下"正中陈金器于

① 王世襄编著，《明式家具研究》，文字卷，台北，南天书局，1989年，第189页。

② "四面平"指"家具自上而下四面皆平直"，参见王世襄编著，《明式家具研究》，文字卷，台北，南天书局，1989年，第185页。

③ 清初 填漆云龙纹长桌，长160.5厘米，宽84.5厘米，高85.5厘米，北京故宫博物院藏。胡《宫廷家具》，第152页。见图8。

④ 清中期 花梨木雕回纹长桌，长144.5厘米，宽64厘米，高84.5厘米，北京故宫博物院藏。胡《宫廷家具》，第156页。见图9。

反坫桌上”，如乾隆二十年（1755）所画的“万树园赐宴图”[①]，此黄幔下的“反坫桌”形制为束腰、云纹壶门牙条及三弯腿足，现藏北京故宫博物院的一张清初“填漆戗金双龙戏珠纹供桌”[②]与之相当接近。五年后（1760）宫廷画家姚文瀚所绘的“紫光阁赐宴图”[③]，其黄幔下的“反坫桌”则高束腰间施鱼门洞的绦环板，鼓出的云纹牙条接直腿如意足。另外，乾隆皇帝恭祝皇太后圣寿时，令宫廷画家所画的“胪欢荟景图册”其中一景“慈宁燕喜图”[④]，黄幔下的“反坫桌”是束腰、三弯腿足下加设一圈托泥，其制有如清中期的一张“紫檀雕西番莲纹供桌”[⑤]。

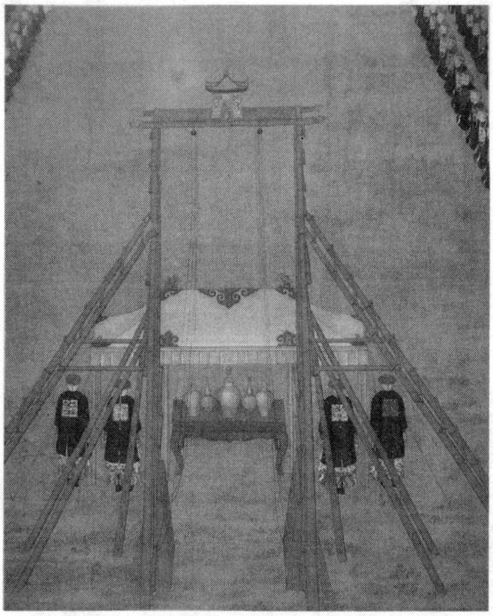

图 10 乾隆时期 万树园赐宴图（局部）

回顾入关前《满洲实录》三张配图，若仔细观察所抬之桌的形制—“额亦都招九路长见太祖”[⑥]为束腰、平牙条、及膝略弯的如意足；“太祖建元即帝位”[⑦]是束腰及直腿如意足；“太祖大宴群臣”[⑧]中两人所捧之桌高不及膝，壶门牙条、云纹卷足，也是

① 乾隆时期万树园赐宴图（局部），绢本，设色，纵 221.2 厘米，横 419.6 厘米，北京故宫博物院藏。论文第 315 页。见图 10。

② 清初填漆戗金双龙戏珠纹供桌，长 135 厘米，宽 101 厘米，高 86 厘米，北京故宫博物院藏。见图 11。

③ 乾隆时期紫光阁赐宴图（局部），绢本，设色，纵 45.8 厘米，横 486.5 厘米，北京故宫博物院藏。论文第 315 页。见图 12。

④ 乾隆时期胪欢荟景图册 · 慈宁燕喜图（局部），绢本，设色，每开纵 97.5 厘米，横 161.2 厘米，北京故宫博物院藏。论文第 316 页。见图 13。

⑤ 清中期紫檀雕西番莲纹供桌，长 191.5 厘米，宽 69 厘米，高 89 厘米，北京故宫博物院藏。胡《宫廷家具》，第 178 页。见图 14。

⑥ “额亦都招九路长见太祖”（局部），《满洲实录》，台北，华联出版社，1964 年，第 139—140 页。见图 15。

⑦ “太祖建元即位”（局部），《满洲实录》，台北，华联出版社，1964 年，第 180 页。见图 16。

⑧ “太祖大宴群臣”（局部），《满洲实录》，台北，华联出版社，1964 年，第 330 页。见图 17。

图 11 清初 填漆戗金双龙戏珠纹供桌

图 12 乾隆时期 紫光阁赐宴图（局部）

束腰。知其共同点为束腰，带牙条、高不及膝或略高于膝。北京故宫博物院现藏形制略同的桌器，依其序有清初的“黄花梨透雕螭纹方桌”[1]、清初的“黄花梨金包角炕桌”[2]或清初的一张“黑漆描金云龙纹双层面宴桌”[3]，黑漆地绘金龙纹，形制为高束腰、壶门牙条、彭牙三弯腿。名为“宴桌”，是因为上层桌面可掀开，下一层开出十五个圆形

① 清初黄花梨透雕螭纹方桌，长宽 82.5 厘米，高 81.5 厘米，北京故宫博物院藏。见图 18。

② 清初黄花梨金包角炕桌，长 159 厘米，宽 89 厘米，高 40.5 厘米，北京故宫博物院藏。见图 19。

③ 清初黑漆描金云龙纹双层面宴桌，长 118.5 厘米，宽 84.2 厘米，高 32 厘米，北京故宫博物院藏。胡《宫廷家具》，第 183 页。见图 20。

图 13　乾隆时期　胪欢荟景图册·慈宁燕喜图（局部）

图 14　清中期 紫檀雕西番莲纹供桌

透孔，或为置放杯器所用。①

图 15　“额亦都招九路长见太祖”（局部）

事实上，以上入关前或入关后的桌器几乎已在大部分的桌类家具之中，而如此繁复

① 清初黑漆描金云龙纹双层面宴（下层桌面）桌，长 118.5 厘米，宽 84.2 厘米，高 32 厘米，北京故宫博物院藏。见图 21。

图16 “太祖建元即位”（局部）

图17 “太祖大宴群臣”（局部）

图18 清初 黄花梨透雕螭纹方桌

多样的形制，反映的是，作为筵宴中陈放金器的桌子，不管称名为“图塞尔根桌”或“反坫桌”，俱无特定或固定的形制。如此看来，乾隆十一年以后所成造的任何桌器，都可用来当筵宴时陈放金器所用，也因此就不用特意指名成造“图塞尔根桌”。如此推测“图塞尔根桌”称名的消失，应属合理，但是否正确，还有待更多资料的出现以便有更深入的探讨。

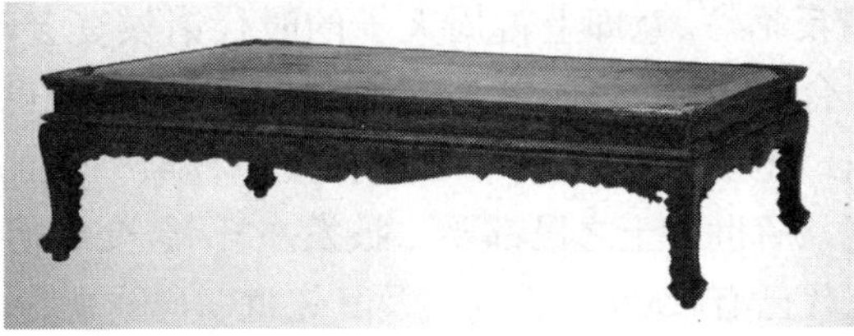

图 19　清初　黄花梨金包角炕桌

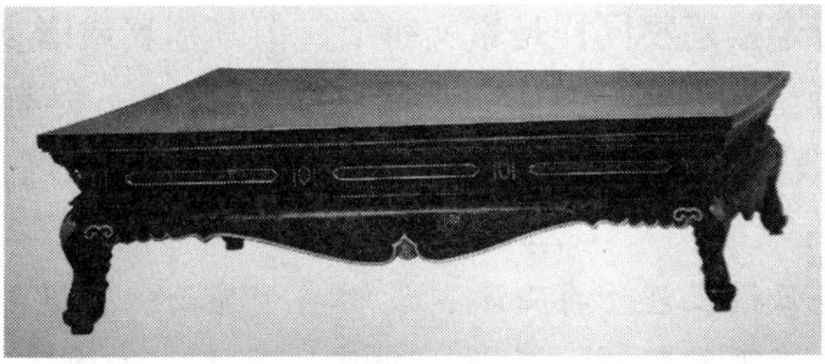

图 20　清初　黑漆描金云龙纹双层面宴桌

图 21　清初　黑漆描金云龙纹双层面宴（下层桌面）桌

五、“反坫”、“反坫桌”是否“礼失求诸野”

至于“反坫”是什么，据《辞海》的解释是“反爵之坫也……若两君相享，则设尊两楹间，坫在其南，坫以土为之”、“主君献宝，宾筵前受爵饮毕，反此虚爵于坫上”[①]，也就是人臣奉酒爵（酒杯）于主君，主君饮毕将虚爵（空酒杯）置于南边两柱间一个方可八尺的土台上。另一本《中文辞源》则解为：“反爵之坫。坫即放置酒杯的土台，在两楹之间。互相敬酒后，把空爵反置在坫上”，该条释文并进一步说明“反坫”“为周代诸侯宴会之礼”[②]，并引《论语》的《八佾》说：“邦君为两君之好，有反

① 《辞海》，又部，台北，中华书局，1970 年，第 806 页。

② 《中文辞源》，又部，台中，蓝灯文化出版，1983 年，第 449 页。

坫；管氏（管仲）亦有反坫。”意即上古周天子的时代诸侯宴会时，在互相敬酒之后，将空杯倒扣在专设的土台上，“反坫”之设是宴会的礼节。管仲也有“反坫”之设，孔子赞扬周公的制礼作乐，还说，“微管仲，吾其披发左衽矣”说的就是如果没有管仲保留中土正统的礼乐制度，后世中土之民都要“披发左衽”，变成胡人了。

有清一代距上古三代已有2500年，满人及其先世一向被视为“披发左衽”的胡族，如今胡人入主的朝廷在大筵宴时将周天子时代诸侯宴会“反坫”之礼置于庙堂之上，令人错愕。虽然清人立国的典章制度大都“清承明绪”的因袭明代之旧，但即使代元而有天下的明朝，皇帝亲赐筵宴同样是繁文缛节，但其筵宴或诸宴之仪典，均着重于文武百官依品秩赐坐或侍坐的位置，或容止务必恭肃、行止不得有紊朝仪、不许搀越喧哗、须穿履鞋方许上殿等，违者还“听纠仪御史及鸿胪寺指名纠参”①。至于封国的“大宴礼仪”是这样的：

洪武十八年定，其日设王座于存心殿，设酒亭于座西……设细乐于殿内，大乐于殿外，典仪启，请升座，王服常服出，乐作，升座，乐止……进筵，乐作，有花则进花，进讫乐止，色长跪启一奏喜千春之曲，次唱乐作，进第一爵酒，赞，各官跪，色长跪唱，进酒饮讫，乐止……②

同样的进酒仪式要重复到第七爵酒才结束。常宴则进五爵，正旦、圣节及生日等设宴才用花，如此连设不设花都在制定之列，仪典不可不谓巨细靡遗，而在如此烦琐的制度中，饮酒之礼仪“设酒亭于座西”，未见“反坫”之设。

因此“反坫”之名显然是入清之后才有，更进一步说，是乾隆初期才“创制”。但也许也不“创制”——乾隆的祖父康熙，曾在日讲官进讲完毕后说：“卿等每日起早进讲，皆天德王道修齐治平之理，朕孜孜问学，无非欲讲明义理，以资治道”，康熙谥号之为“圣祖”，显示的是康熙治国以崇儒重道为基本核心，以上接二帝三王的正统思想为己任，诸凡俱以尧舜之道为法，提倡程朱理学，推展孔孟之道，目的也是以资治道。③ 康熙又振兴文教，并以满文翻译儒家经书，重用汉人为官或以有识之士纂修书籍。乾隆皇帝尊崇祖父康熙，一切行事都效法康熙，万事皆以“皇祖之心为心”，继位十年后，正值政治安定，物阜民丰，社会繁盛之际，在延续皇祖的文化政策之余，觉得康熙以来所推崇的程朱理学成效显著，但此时已流于偏颇，而当时的汉学派则以谨严扎实的态度治学，“辨核一事，至检数书相证”，富有考证精神，于是从乾隆十年开始，科举考试专以经史考据为试题，④ 这也是清代考据学兴起的原因之一。⑤

---

① 明 俞汝楫辑，《礼部志稿》，卷二十一，宴礼，诸宴通例，台北，台湾商务印书馆。

② 明 俞汝楫辑，《礼部志稿》，卷十六，王国礼，筵宴，台北，台湾商务印书馆。

③ 庄吉发撰，《他山之石——朝鲜君臣对话中的大清盛世皇帝》，见《清史论集》（二十一），台北，文史哲出版社，2011年，第149—150页。

④ 陈捷先撰，《略论乾隆朝的文化政策》，见《乾隆皇帝的文化大业》，台北故宫博物院，2002年，第217—218页。

⑤ “社会经济、康干盛世与统治者的支持说”为清代考据学兴起原因之一，其他如“清廷的专制高压与反满说”、“理学反动、八股反动与经世致用说”、“自然科学发展的冲击”、“承袭宋明考证学之成绩”等，参见丁旭飞撰，《清代考据学兴起的原因与背景研究的时代意义》，台北中央图书馆台湾分馆馆刊，2004年9月，第109—120页。

清代考据学以经学为主，汉儒经注为宗，主张通过古字、古音，以明古训，尤其注重音韵、文字、训诂之学，并扩及诸子古籍的校勘、辑失与辨伪，留意金石、地理、天文、历法、数学与典章制度的考据，在学术史上有其重要的贡献与一定的地位。是否在此考据学兴起的时代氛围下，满文的“tusergen”经过严谨的文字训诂与辨证，被考证出为上古周代的“反坫”？成书于乾隆时期的《五体清文鉴》，分别有满、蒙、回、藏与汉文，对满文“tusergen”的解释，汉文部份也只有“反坫”二个字而已。[①]

事实上，根据史料，满人的先世是肃慎，或叫稷慎，汉代称挹娄，南北朝叫勿吉，隋唐时期称为靺鞨，其存在是“史不绝书”的，周武王克殷后，肃慎曾进贡“楛矢石砮”（箭支箭头）。根据《逸周书》，周天子大会诸侯时，“西面者正北方稷慎”，也就是说，躬逢其盛的诸侯中也包括了满人的先世。《竹书纪年》还说舜在位时，肃慎曾遣使以自制的弓和箭为贺。[②] 既然满人的先世曾是周天子的“座上宾”，周天子筵宴时的“反坫”之礼在诸侯间奉行，与会的肃慎也如法炮制，在部落间依制行礼，尔后中土的帝国历经千年的朝代更迭和起落，古礼早已荡然无存，处于边陲之地的满人却仍代代相传，奉行不渝。果若如此，肃慎之后的满人，二千多年后入主中土时，峰回路转的将“反坫”之名带回筵宴上，对自诩上下五千年的正统文化来讲，是满人的汉化进程，还是“礼失求诸野”？

小　结

图塞尔根（tusergen）桌是清代满人特有的桌器之一，入关前清太祖、清太宗或贝勒等在筵宴时用以陈放尊爵壶卮等酒具，但有其实而无其名。根据内务府造办处的档案，入关后雍正一朝和乾隆前期成造了不少图塞尔根桌，除宫廷筵宴外，也用于寝房、书房、礼佛或祭祀之所。从文献上可知，“图塞尔根桌”为高桌，但实际尺寸却偏向矮桌，或介于两者之间。用材有紫檀木、黄花梨、楠木等硬木，也有杉木等软木，外表处理有漆作也有原木未漆。形制多为束腰，也有四面平的做法，也因此就囊括了大部分桌器形制，故知“图塞尔根桌”并无固定或特定形制。

乾隆中前期以后，宫廷筵宴上出现“反坫”或“反坫桌”陈放金器酒具，而乾隆十一年六月以后，“图塞尔根桌”在档案上就很少看到，推测系乾隆继位不久，考据学兴起，以“反坫”或“反坫桌”取代“图塞尔根桌”之称名。“反坫”为上古周代诸侯筵宴时用以置虚爵（空杯）之土坫，此中名称的转变是满人汉化的表现，抑或中土传统文化的“礼失求诸野”，应值得作更深入的探讨。

---

① 田村实造编纂，《五体清文鉴》，日本，京都大学文学部，1966 年，tusergen 条，第 137 页。

② 傅朗云等著，《东北民族史略》，吉林人民出版社，1983 年，第 13—19 页。王孝廉著，《中国神话世界》，台北，洪叶文化，2005 年，第 11—14 页。

肃慎—女真族系形成发展的民族学研究

赵阿平（黑龙江大学）

前　言

肃慎—女真族系的历史发展与文化变迁，受到重视已久，尤其近代以来更引起了学界的关注。肃慎—女真族系主要包括肃慎、挹娄、勿吉—靺鞨、女真、满族和赫哲、鄂伦春以及俄罗斯境内的乌尔奇、奥罗克、涅吉达尔、久切尔等族。肃慎之称很早即见诸史籍，《竹书记年》载其是“虞夏之东北大国也”。

肃慎—女真族系历史悠久，文化丰富，对中国历史的发展与中华民族的形成和巩固曾发挥了重要作用，对东北亚地区历史文化的发展与进步也产生重大影响。其一，肃慎是中国东北白山黑水地区见于文献记载最古的族称，其于历史发展变迁中族称、地域情况复杂，存有诸多疑问。其二，肃慎族系在不同历史时期的文献中有不同称谓：先秦称肃慎；两汉魏晋称挹娄；南北朝称勿吉；隋唐称靺鞨；辽金元明统称女真；清代又有满洲、赫哲、鄂伦春等专称。其三，肃慎族系中，靺鞨最早建立王朝，称为“海东盛国”；女真建金朝，成为中国北部的王朝，清朝统一全中国。在中华诸族系中，肃慎—挹娄—勿吉—靺鞨—女真—满洲是影响深远、贡献很大的一个族系。因此，对这个历史悠久、变化复杂、贡献诸多的族系进行系统研究具有重要的民族学、历史学理论价值与现实意义。

肃慎—女真族系研究具有重要的民族学人类学价值，一方面体现在该族系至今仍保存着人类早期文明的诸多形态和特性，同时也体现在该族群关系的神秘性和扩散性，体现在他们历史来源的复杂性和悠久性，以及他们文化习俗的丰富性与相通性。另一方面，该族系中的靺鞨、女真、满洲在历史发展中曾多次崛起，从渤海国、大金国的建立到一统天下的清王朝，其继承了历史封建王朝的大量遗产，但又带有不同于前代的许多民族文化特征。尤其是满洲的文治武功，崛起与蹉跎，辉煌与失败，在中国历史和人类文明史上留下了鲜明的印迹。“满族在巩固祖国统一和加强民族团结中所起的重大作用，是谁也不能否认和低估的。”① 肃慎—女真族系的民族精神及其独具特色的历史发展，为人类文明进程提供了极有价值的宝贵经验与教训。

肃慎—女真族系的民族学研究涉及多方面，诸如肃慎—女真族系诸族历史发展轨迹的特点；相关诸族社会文化变迁的模式及其民族源流；相关诸族的民族精神与民族意识；赫哲等跨界民族的国家意识和民族意识；肃慎、挹娄、勿吉、靺鞨、女真、满洲等族的形成与演进方式及内部组织结构的特点；肃慎—女真族系中部分族群成为跨界民族

---

① 王锺翰：《清朝满族社会的变迁及其史料》，《清史余考》，沈阳：辽宁大学出版社，2001年，第1页。

后，其传统社会文化与主流社会之间的矛盾等。本文主要从肃慎—女真族系研究对于中华民族多元一体构成、民族社会结构和社会性质、民族多元文化及交互影响、民族传统文化与现代化、民族学跨学科综合研究等问题研究的价值意义进行探讨，以求方家赐教交流，推进肃慎—女真族系研究的深化与拓展。

一、肃慎—女真族系与中华民族多元一体构成研究

中国是一个具有多元文化的统一多民族国家，各民族共同创造了中国的历史与文化，形成了中华民族整体。民族构成上的多元一体格局，“在中国疆域里具有民族认同的十一亿人民。它所包括的五十多个民族单位是多元，中华民族是一体。”① 这是长期以来各民族共同生活在一个国度里，彼此经过接触、影响、联结和融合，同时也有分裂和消亡，形成一个你中有我，我中有你而又各具个性的多元统一体。在中国历史上无论哪个民族的统治者入主中原，建立王朝，都自认为国之正统，南北朝五胡建国、蒙元、清朝建国等皆如此，且扩大发展。尤其是近百余年来，在反抗外国侵略斗争中，各族人民生死与共、相依奋战，巩固和发扬了中华民族的凝聚力和认同意识。这种民族构成和民族关系，长期久存，因而民族之间保持什么样的关系是至关重要的。历代王朝的民族政策，直接影响着民族关系，民族关系的处理，直接关系到国运的兴衰。

肃慎—女真族系是中华民族的一个重要分支，具有与整个中华民族历史一样悠久的历史，而且从未中断、绵延至今。其历史发展进程可以代表着中华民族历史发展的缩影，并事实上为中华民族多元一体理念的形成提供了佐证。

隋唐时期，肃慎—女真族系由一个部落分散的渔猎民族发展为隋唐时期声名显赫的“海东盛国”，并对中国东北地区的开发以及当时东北亚地区的进步发展发挥了重要的作用。辽宋时期，女真人崛起，建立金朝、灭辽宋，统治了大半个中国，促进了民族的融合，推动了历史的发展。明清之际，满族入关君临天下，平定了叛乱，抵御了外来侵略，开创了康乾盛世的局面并奠定了统一的多民族国家的辽阔疆域。肃慎—女真族系诸族开创了中国历史的重要篇章，是中国历史不可或缺的内容。故对其进行深入研究必将深化中华民族多元一体构成的内涵研究，为推进中华民族学研究做出有益贡献。

肃慎—女真族系各族大多位居于东北边疆地区，人口相对较少，发展较为滞后，对其各族历史发展演进轨迹的深入研究，不但有利于对中华民族多元一体理论体系的正确认识及增强中华各族团结具有重要的现实意义，而且其研究成果必将有助于深入了解边疆肃慎—女真族系现存诸族的发展状况及所存在问题，能够对党和政府制定富国兴边政策和民族地区社会和谐发展提供咨询和依据。

肃慎—女真族系各族各个时期在中国历史发展中具有重要地位与作用，如对东北边疆地区的开发，与中原文化的互动，在维护国家统一与制止民族分裂中的能动作用，促进中华民族的队伍的发展和壮大等方面都有诸多体现。当前中国的民族关系已经发生了根本性的变化，形成了平等、团结、互助和共同进步、发展、繁荣的关系。然而在前进

---

① 费孝通:《中华民族多元一体格局》，北京：中央民族学院出版社，1989年，第1页。

过程中不断出现的诸多问题需要妥善解决，诸如资源开发与民族参与问题、发展生产与保护生态平衡问题、普及教育与专业人才培养问题等等。这些问题都与民族关系特别是汉族与少数民族之间的关系分不开。中华民族多元一体构成研究，需要深化对各民族关系特别是汉族与少数民族关系的历史规律性探索，从而妥善解决民族关系问题，推进民族共同发展繁荣。

二、肃慎—女真族系与民族社会结构和社会性质研究

民族社会结构和社会性质的研究，是中国民族学研究的重要课题，在社会改革和现代化建设中尤为重要。中国各民族的社会发展不平衡，呈现出多结构状态，许多旧的社会制度不利于社会进步，要改革社会必须首先认识各民族的社会结构和社会性质。所以这一课题也是从中国民族的社会实际中提出来的。在进行这项研究时，需要对各个民族的社会经济结构进行横的剖析或与其他民族比较研究，同时结合必要的历史探索。从而在说明某一民族于某一时期社会经济结构的具体状况、作用和特点的基础上，探讨分析形成这些特点及其具体途径的根源。

中华人民共和国建立时，中国各民族的社会经济发展极不平衡，包括从原始公社制到资本主义成分同时存在，甚至一个民族内部也呈现出多结构状态。1956 年秋，全国人民代表大会民族委员会组织各大专院校和科研机构对全国少数民族社会历史进行调查，着重研究少数民族的社会经济结构。调查结果表明，各地区民族在发展上各有特点。概括说来，可以分为以下几种类型：有些民族地区在不同程度上保存着生产资料公有、共同劳动、平均分配的原始公社制残余，如鄂温克、鄂伦春、独龙、怒、傈僳、景颇、佤、布朗、基诺以及海南岛部分黎族地区；有些民族地区还保留着奴隶制度，奴隶主和奴隶是社会的两个主要阶级，但又通过森严的等级关系表现出来，如四川和云南大小凉山地区的彝族地区；有些民族地区还保持着封建农奴制度，如藏族、傣族以及其他一些民族地区；有些民族地区封建地主经济已经占了统治地位，有的还不同程度地发展了资本主义成分，如回、壮、维吾尔、苗、布依、朝鲜、满、白等 30 多个民族以及蒙古、彝、黎等大多数少数民族地区。上述的各种旧制度对各民族的社会进步是有阻碍的，而且在发展过程中反映出的问题也有所不同。探讨分析各民族的社会结构与社会性质，对社会改革和现代化建设，无疑是很重要的。

肃慎—女真族系各族的社会组织有多种形态，其中一些组织和制度具有人类初级组织和制度的典型特点，如满族的社会组织“莫昆”、鄂伦春族和鄂温克族的社会组织“乌力楞”。史禄国在《满族的社会组织》一书中研究了满族的社会组织“莫昆”，这是一种父系血缘组织，相当于汉族的家族—宗族组织。[①] 在《北方通古斯的社会组织》一书中重点研究了鄂温克和鄂伦春族的氏族组织。[②] 在这两部民族人类学的经典著作中，史氏还分析了与氏族—宗族组织和制度关系十分密切的通古斯民族亲属称谓制度。

① 史禄国：《满族的社会组织》，北京：商务印书馆，1997 年。

② 史禄国：《北方通古斯的社会组织》，呼和浩特：内蒙古人民出版社，1985 年。

肃慎—女真族系各族的生产力和生产关系研究也具有典型意义，在历史发展各个时期其社会经济结构的具体状况、作用和特点有所不同，通过对其进行横的剖析或与其他民族比较研究，同时进行历史探索，可为中国民族学关于民族社会结构和社会性质的整体研究提供个体客观例证。

三、肃慎—女真族系与民族多元文化及交互影响研究

中华民族是东亚的这些族群以华夏思想理念为共识的一个融合过程，也是其在各个历史时期融合的结果。每个族群都不是被同化，而是对推进、丰富甚至更新华夏思想理念作出程度不同的积极贡献的民族成员。各民族在不断共同创造的过程中，形成多元一体的中华文化。因为这种创造是不断进行的，是不断相互影响融合的，是新陈代谢动态的，是一种永远具有活力的人类生命体，而使中华民族成为一个悠久而不衰老的民族。

多种生态环境和多元文化的交互作用影响，前者反映出各民族所处生存空间的特点，后者则是人们的活动与前者互相影响的产物。中国地域辽阔，地理生态环境多种多样。人们生活于不同的生态环境，在与地理生态环境相适应及改造过程中，创造出各具特色的文化。生态环境与民族文化的相互关系，对民族的发展、繁荣，具有长期的作用和影响。

当今世界科学技术迅猛发展，文明进步快速向前推进，人与人、民族与民族、国家与国家之间的往来、接触、交流、合作日益频繁，由此使相互间的关系越来越密切，越来越友好。这些对于人类和平美好的未来，对于全球一体化的进程产生着巨大影响，发挥着强大的推动力。同时，在这样多元一体化历史发展的总趋势面前，一个民族或一个国家的特色文化及深层内涵显得更加珍贵，更有价值。尤其是至今仍较完好保存着人类早期社会诸多古老文明和特殊形态结构的民族，今天充分显示出其特有的价值与作用。人们在当今社会难能解释的许多科学命题，会从某些民族的发展足迹中得到启示与答案。正是这个缘故，肃慎—女真族系各族研究在民族学研究中显示出重要的价值和意义。

肃慎—女真族系各族世代生活在东北地区，不但对东北边疆地区的早期开发建设做出了重大贡献，而且从先秦时开始即不断加强同中原地区的密切交往与联系，并逐渐进入中原与各族融合，构建了多元一体的中华民族，确定了中国辽阔的版图，东北地区作为肃慎—女真族系各族的世代生息繁衍地成为中国统一多民族国家疆域的重要组成部分。故在前人研究的基础上，运用科学的方法和翔实的史料，客观公正、全面系统地揭示肃慎—女真族系诸民族的历史发展与分布地域的变迁，对构建中国民族学科体系将会大有裨益，并可匡正国内外相关研究中的某些谬误。

肃慎—女真族系的各个发展部分在语言和文化上保持着相当大的同一性和相似性，其根源是他们具有同源关系，但各族群在文化上的交往、相互借鉴和融合也不可忽视。肃慎—女真族系各族群从历史和传统来看都是游动性民族，这种游动性不仅指他们一年四季为追逐猎物和牧放牲畜有规律的迁移，也包括由于某种原因某个族群或其中某个更小的集团从一个地方经过长途跋涉迁徙到另一个地方，与另一个族群发生接触，甚或加

入到这个族群中。而后一种游动是造成肃慎—女真族系各族不断分化的根本原因，同时也是保持肃慎—女真族系各组成部分在文化上的一致性的重要原因之一。肃慎—女真族系各阶段族群在文化上的同一性和相似性主要体现在几个方面：1. 语言上具有相通性；2. 以渔猎为主要的生计方式或渔猎在其生计方式中占有重要地位；3. 民居内部格局的一致性；4. 氏族——家族组织和制度；5. 萨满教信仰；6. 说唱文学等。

四、肃慎—女真族系与民族传统文化现代化研究

民族的发展演进是在传统基础上进行的，是对传统文化的不断扬弃和创造性重组。保存民族文化传统与民族文化发展不是矛盾的，民族文化发展不可能脱离自身文化传统。文化传统与传统文化是两个不同的概念，文化传统指民族文化发展中所继承的大量的传统内容；而传统文化则是指属于过去的那种文化样式。民族文化的发展演进是指民族文化传统如何适应社会发展的需要，即对文化的选择和创新要求。一是对传统文化的选择，二是对现代文化的吸收。如将二者关系处理好，就能从根本上保证一个民族文化的顺利发展。

国家或民族如果在发展经济过程中，忽视研究生态规律，不保护生态环境，违背生态规律行事，就将破坏生态平衡，破坏正常的传统生产活动和生活方式，不利于相应民族地区的发展和繁荣。当然民族的生产和生活方式是随着社会发展而相应改变调整的，生态环境也在不断改进。既然一个民族的传统文化与其居住地区的生态环境密切相关，这就决定了民族学者在研究一个民族的经济文化传统的同时，必须结合研究其生存空间的生态环境。而生存空间和民族传统文化之间的联系和协调，并非短期所形成，而是需要一个历史过程，因此进行时空结合的研究是必要的。特别是在今天，既要加速实现民族地区的现代化，又要发扬民族的优良文化传统，为现代化建设服务，并摒弃不利的文化因素，对多种生态环境和多元传统文化的时空或纵横相结合的研究，显然是必要的。

肃慎—女真族系诸族具有十分丰富的民族传统文化，包括多种类型。如生计方式，包括采集、捕鱼、狩猎、捕猎渔兽、游牧（包括牧放驯鹿）、农耕等。这些生计方式不但内容丰富，而且几乎囊括了人类所能创造的一切生计类型。如果将其按照人类生计方式出现的先后顺序予以排列，即是一部活的人类生计方式发展史。另外这些生计方式普通表现出早期人类社会的一些特点，是人类历史的“活化石”。正是由于以上这些特点，通古斯民族的生计方式引起一代又一代民族学人类学工作者的关注，成为民族学人类学研究的重要课题。

肃慎—女真族系各族丰富多彩的物质文化直接建立于丰富的生计方式基础，同生计方式一样，肃慎—女真族系各族的物质文化也具有人类童年时期的特点，并且多以天然的原材料为其物质外壳，与自然有着十分密切的关系。

萨满教是存在于肃慎—女真族系各族普遍而深厚的宗教信仰。其中满族的萨满教受外来宗教影响较大，而其他各族的萨满教则保持了作为原始宗教的典型特征。萨满教研究涉及民族学、人类学、宗教学、语言文学等领域，萨满教研究在肃慎—女真族系各族整体研究中具有重要的代表意义。

有关肃慎—女真族系各族文化变迁研究是民族学研究的又一重要课题，以往的研究比较薄弱，有待加强。肃慎—女真族系各族经历了全面和深刻的社会—文化变迁，目前这一变迁过程还没有结束。肃慎—女真族系各族群具备了进行文化变迁研究的特殊价值，通过科学深入的探讨研究可为民族学人类学文化变迁理论做出特殊而突出的贡献，

如何处理好现代化与少数民族文化的问题，需要对各民族的具体发展进行普遍性与个性的客观分析研究，把握好相应关系。如物质生产与文化活动的关系；继承传统和适应现代的关系；加强保护和发展创新的关系；保持个性与顺应共性的关系等。文化的多元性源于各民族文化的个性。保护民族文化的一个重要方面是保持这个民族文化的特性。但个性又是相对的。一个民族应勇于学习、吸收其他民族的优秀文化成果，通过学习其他民族的长处，发展自己独特的民族文化；通过发展自己独特的民族文化，为人类文明注入新鲜血液。

五、肃慎—女真族系与民族学跨学科综合研究

民族学作为一门边缘性交叉学科，研究深入发展需要民族学与相关学科合作，需要多学科知识和方法的相互渗透与补充。根据当代科学研究发展的趋势，各学科之间交叉研究的问题越来越多，关系也日益密切，甚至许多问题必须由有关学科的专家合作研究。民族学对各民族的社会经济结构、政治制度、社会生活、家庭婚姻、风俗习惯、宗教信仰、语言文字、文学艺术、道德规范、思想意识等等，都要全面加以探讨。这样，民族学同社会科学的许多学科以及自然科学的一些学科，如地理学、生态学、体质人类学、考古学、历史学、语言学、社会学、经济学、心理学、宗教学、艺术文学等，都发生交叉或边缘关系。各学科间通力协作，共同研究，不仅可以解决彼此间交叉的问题，而且对本学科的发展也将起新的促进作用。

肃慎—女真族系的民族学跨学科综合研究是将肃慎—女真族系各族置于中华民族整体和东北亚区域的大框架中，运用历史发展和唯物辩证的观点对其从远古至近代的历史变迁和时空范围进行全面系统的考查，并通过历史学、考古学、民族学、人类学、语言学、民俗学等多学科交叉渗透的方法和手段对相关各族部的社会状况进行纵向的历史剖析与横向的对比研究。同时还需对各民族关系进行研究及加强国际间的学术交流与合作。

肃慎—女真族系研究将加速抢救发掘、研究利用肃慎—女真族系诸族语言、文化珍贵遗产，深入开展肃慎—女真族系诸族资源、环境、人口、经济、社会可持续发展研究，将理论研究与应用研究相结合，探索民族文化形成、演变、发展的历史与规律，为推进阿尔泰学、民族学、人类学研究发挥重要作用。目前满族、赫哲族、鄂伦春族语言及传统文化已处于濒危状态，大量珍贵的满文档案史料亟待开发利用。在国际经济全球化新的发展趋势下，抢救肃慎—女真族系诸族语言文化遗产与历史、现实综合研究显得更加紧迫，通过对肃慎—女真族系各族的形成发展进行系统综合研究，发掘其文化精神中的精髓，研究其经验与教训，可对研究多元一体的中华民族历史文化、促进中国现代社会经济文化的快速发展、调整民族政策以及外交政策、促进人类文明进程、相互协

调、和谐发展发挥重要的实效作用。

民族学作为综合性学科，涉及多个学科门类，各学科的发展与创新都将会对民族学的深化研究提供支持。尤其是重视对现代化技术手段的应用，将改变过去落后的研究手段，提高研究效率。在理论创新与研究转变过程中更应注意国际化与本土化相结合的问题。“只有充分的中国化，才能有真正的国际化”，“只有充分的国际化，才能有效地促进中国化”。[①]

① 宋蜀华，满都尔图主编：《中国民族学五十年》，北京：人民出版社，2004 年。

象牙雕刻之历史探源

姚 安（中国文物交流中心）

近年来，象牙雕刻艺术品越来越受人们的关注，象牙材质以其细腻、温润打动人心，象牙雕刻艺术品更是以其巧夺天工受到收藏界追捧。象牙雕刻艺术在中国有着悠久的历史，但是象牙艺术品的背后往往伴随着杀戮，1989 年联合国《濒危野生动植物种国际贸易公约》（CITES）在世界范围内全面禁止象牙贸易。中国也于 1990 年开始停止从非洲直接进口象牙，1991 年全面禁止了象牙或其制品的国际贸易。此后，中国一律不批准任何商业性进口象牙的活动。中国传统的牙雕行业因此陷入低迷。直到 2002 年召开的《濒危野生动植物种国际贸易公约》缔约国大会决定，允许个别国家有条件地开展象牙的国际贸易。中国才于 2004 年开始施行象牙原料定点加工、象牙制品定点销售的严格管理措施。2008 年，日内瓦举办的国际濒危野生动植物种国际贸易公约组织常委会上，中国争取到从非洲采购象牙原料的机会，中国古老的牙雕传统工艺方得有源之水，行业危机得以暂缓。在象牙制品在禁止声中，随着原材料的稀缺，象牙制品的不断升值，带动了收藏市场，象牙艺术品成为拍卖会上的焦点。2011 年年底，中国拍卖行业协会发文紧急通知，犀角、虎骨和象牙属于国家禁止贸易，不得拍卖。如今，象牙制品只能在国家批准的正规渠道进行合法交易，经常可看到公益广告，“没有买卖，就没有杀害”，呼唤人类重视生态，珍惜物种。

在诸多雕刻工艺中，象牙雕刻独具风华。象牙质地细腻、温润如玉，雕成器物后，将天然与人工斧凿之美相结合，更显华贵端庄、美轮美奂，充满艺术魅力，自古以来备受人们青睐。象牙雕刻是工艺美术史中不可缺少的组成部分，它历史悠久、技法多样、题材广泛、造型丰富，同时承载着深厚的文化内涵。它凭借其独特魅力，成为世界雕刻史上的一朵奇葩。

一、基本特性

（一）基本特性

象牙（英文名称：ivory），作为雕刻材质的象牙一般是指象的上门牙，长 2—3 米，呈弧形弯曲的角状，其中约一半是中空的。

象牙属于有机质，成分大体上与组成大多数动物牙的硬骨质物相同，主要是饱和钙质盐和蛋白质等，两者的比例大致为 65:35。其内充满大量纤细管，从牙髓空腔处向外辐射，但是结构致密，细孔被一种油质或蜡质溶液所充填，使得象牙具有温润的光泽和比较柔软的硬度，非常有利于加工。“象牙牙髓所自然释放的油质或蜡质溶液，使其打磨后，表面并不完全平而是近平似的油质光泽，因此，由细小颗粒的表面所形成的，当暴露在紫外线或阴极射线中，将发射可见的紫色—蓝色荧光，纵使酸也不会引起褪色，有相当的韧度，但加热则会引起收缩。其平均折射率为1.535。”①

象牙呈奶白色，有相当韧性，无解理，断口呈裂片状、参差状，硬度2.5，比重1.70—1.98。象牙的横截面多呈圆形、近圆形，直径随品种、生长期和部位而异。同一根象牙从牙尖到牙根横截面直径逐渐变大。象牙最大的特征是在横截面可以看到的具“Retzius”（莱兹）纹，即由两组呈十字交叉状纹理线以大于115度或小于65度角相交组成的菱形图案。“这种纹理线，在纵断面上为直线，在横断面上为曲线。此外，在放大25—50倍下，可见到波状管道，在横断面上看与纹理线相切。”②

除此以外，象牙的横截面还具有分层结构，且分界线较清楚，一般从外到内分为四层：

Ⅰ层为致密状或同心圆状层。

Ⅱ层为粗“Retzius”线层，纹理线夹角较大，可至124度左右，纹理线间距较宽，约为1—2.5mm。

Ⅲ层为细“Retzius”线层，纹理线夹角较Ⅱ层小，平均在120度左右，纹理线间距很窄，约为0.1—0.5mm。

Ⅳ层为致密状或空腔状。

象牙的纵切面分为三层：最外面是牙釉质层，中间是牙质主体，最里面是牙根。

象牙前端实心是牙材中最好的部分。象牙以纹路和色泽为鉴别特征，颜色较白，质地致密坚韧、纹理线细密、质量大或完整的牙料为优等品。

（二）产地

象牙有非洲象牙和亚洲象牙之分。象牙主要产于非洲，非洲的象牙质地细腻，质量较佳，非洲象牙一般较长，其牙质相对较硬，为奶白色，最优质的主要产自喀麦隆，其次为坦桑尼亚、刚果等地。一般而言，亚洲象牙一般较短小，质地较软，易于雕刻，能耐温度变化，而不容易开裂，但颜色容易变黄，以斯里兰卡和泰国产的为佳。“出南蕃、西蕃及广西，交阯、云南皆有，南蕃者长大，广西、安南者短小。新锯开，以粉红色者最佳。”③

象牙自古以来就是一种贵重的装饰材料，但是其结果会促进捕象业的发展，使大象濒于灭绝。为了保护这种珍奇动物，维护地球的生态系统，今天已有许多国家禁止进行象牙贸易。

二、中国象牙雕刻艺术

先民们利用狩猎获得的兽骨、兽牙等材质制作物品，用做装饰或与原始宗教信仰、礼制有关的器物。骨、牙、角均为动物躯体最坚实部分，以其制成的器具，自然美观耐

---

① 陈芳妹：《西北冈墓地艺术史研究的新线索——管窥殷商王室工艺》，《多维视域》，科学出版社，2009年，第49页。

② 陈芳妹：《西北冈墓地艺术史研究的新线索——管窥殷商王室工艺》，《多维视域》，科学出版社，2009年，第49页。

③ （明）王佐：《新增格古要论》，浙江人民美术出版社，2011年，第209页。

用，而又易于加工成器，装饰性强，故普遍应用于日常生活中。[①]

在西方，“ivory”一词所包含的内容比较宽泛，包括有：walrus（海象）、Narwhal（独角鲸）、rhinoceros horn（犀牛角）、stag - horn（鹿角）等骨角类。[②] 中国的象牙雕刻与其他兽牙雕刻通称为牙雕，人们习惯将它与竹雕、木雕及角雕联系在一起，看作同一门类，称为竹木牙角。象牙雕刻工艺的历史源远流长、延续不断——它发端于史前，历经了先秦至宋元的发展，达到了明清的鼎盛，继而流传至今。象牙制品也由最早的生活器具，演变成具有政治、宗教功能的礼器，进而发展为象征身份、彰显富贵的珍玩。

考古发现表明，早在原始社会时期人们就懂得将兽牙雕刻成器。旧石器时代，北京周口店的山顶洞人就以兽牙作为装饰品陪葬，标志着人们审美意识和原始艺术的萌生。到了新石器时代，兽牙制成的器具就与石器、陶器、木器等共同使用，象牙也因其质地优异而从多种兽牙中脱颖而出。在距今7000年左右的浙江余姚河姆渡新石器文化遗址中，共出土牙器25件，成为目前所知最早的象牙雕刻品。其中有象牙雕双鸟朝阳纹碟形器、象牙雕鸟型匕首以及象牙雕花小盅，皆饰以阴纹，线条流畅娴熟，构图和谐精致，且运用了掏膛、浅刻、磨光等工艺。它们既是实用器物，又是不折不扣的精美工艺品。河姆渡遗址时期的社会分工已经突破先前的自然分工状况，应该还有一批较为熟练的手工业生产者，专门从事制造石器、骨器、木器、象牙雕刻和陶器等生产活动，以适应当时社会需要。[③]

在距今4500年至6400年的山东宁阳大汶口新石器时代文化遗址中，出土了象牙镂雕筒、象牙梳以及牙珠、牙管等象牙制品。这些象牙制品大多出自墓葬，象牙雕筒都放在死者的腰部，象牙琮则放在肩部。[④] 山东宁阳大汶口M26和M10，山东茌平尚庄M23等大汶口文化遗址中，则各出土一件象牙梳。[⑤] 象牙梳有16枚细密的梳齿，背厚齿薄，以阴刻、镂雕、钻圆孔等技法制成。浙江嘉兴吴家浜M5发现一件象牙梳子，属于吴家浜文化晚期遗存，年代大约在距今6000年左右，这是长江下游地区已知最古老的梳子。[⑥] 大汶口、吴家浜遗址的牙雕与河姆渡的牙雕相比，不再是单纯的实用器具，而是出现了牙珠、牙管等装饰用品，在工艺上也有所进步。这是由于冶金技术的进步促进手工业的发展，从而使象牙雕刻手法更为多样。

综合各处遗址出土的象牙雕刻品可以发现，新石器时代的人们已经懂得使用阴刻、镂雕甚至圆雕等种种技法来表达他们的审美意念，作品形式大胆，极富创造力，充分表现了原始社会先民对牙雕艺术的独到理解。

二里头遗址Ⅳ区、Ⅸ区先后发现象牙器，均为象牙簪。[⑦] 商代的象牙器技术是承袭前人技艺，经历了较大的发展，成为当时重要的工艺制品，并与青铜器、玉石器三者在

---

① 朱家溍：《故宫退食录》，紫禁城出版社，2009年，第71页。

② 参见《牛津艺术与艺术家词典》ivory词条，上海外语教育出版社，2001年，第259页。

③ 浙江省考古研究所：《河姆渡——新石期时代遗址考古发掘报告》，文物出版社，2003年。

④ 田自秉：《中国工艺美术史》，东方出版中心，2006年，第31页。

⑤ 山东省文物管理处等：《大汶口——新石器时代墓葬发掘报告》，文物出版社，1974年；山东省文物研究所：《茌平尚庄新石器时代遗址》，《考古学报》1985年4期。

⑥ 浙江省文物考古研究所：《浙江嘉兴吴家浜遗址发掘简报》，《文物》2005年3期。

⑦ 中国社会科学院考古所编著：《中国考古学·夏商卷》，中国社会科学出版社，2003年，第122页。

艺术风格上相互影响和渗透。商代已形成制骨作坊。骨器（包括牙角器）的制造通常有选材、切割、刮削、钻孔、雕刻、打磨等工序。象牙制品的原材料主要是象、猪、獐等类动物的长牙，象牙是最主要的。一般都是实用形器，有尊、盂、筒、杯、梳、笄、柄形器、圆柱形器、圆锥形器、圆泡，以及各种形制的饰片或镶嵌片。[①] 青铜因可制造成大型器物，故而成为祭祀和饮宴用器；象牙器因受天然材料体积的限制，故而成为小型的装饰品和日用物品。《韩非子·说林上》中就有"昔者纣为象箸"[②] 的记载，《史记·宋微子世家》也载有"纣始为象箸"[③]。

在考古发掘中，象牙器一般都出在像郑州、安阳这样的王都所在地的国王、贵族墓中。所需象牙一般是狩猎捕获和令诸侯、方国及贵族向王室纳贡。[④] 在殷墟，曾先后发现过两象坑，一座埋一头象和一个象奴；另一座内埋一头幼象和一只猪。应为人工饲养。[⑤] 据甲骨文中记载，商代有殷王狩猎象的记载，这得益于当时黄河流域和长江流域均有大量象群繁衍。商王畿内有象群，在商的方国境内，特别是南方的方国，也都有象。[⑥] 殷商时期甲骨文所载："获象"，"获……象二"，"获……象一雉六"，"象七"。[⑦]《帝王世纪》中也载有："禹葬会稽祠下，有群象耕田。"[⑧]

在殷墟，象牙制品大多出土于大墓和中型墓中，多为实用之器，应是墓主人生前使用之物。器形有鸮尊、盂形器、杯、方形器、梳、笄、筒、鸟形钮等，以及各种形状的残片、镶嵌片。[⑨] 1976 年，从河南殷墟妇好墓中出土文物 1928 件，其中牙骨制品有 567 件之多。这些牙骨雕刻品中，艺术品、装饰品占 90% 以上。最具代表性的是三件象牙杯，杯身皆用象牙根段制成，根段中空，因料造形，巧具匠心。[⑩] 其中两件为夔鋬杯，形如青铜觚，外壁刻有精致的饕餮纹、夔龙纹和鸟纹，纹饰的口、眼、眉、鼻均镶有绿松石，可能为一对；另一件为筒形带流虎鋬杯，在它的表面雕有瑰丽繁缛的花纹，主纹浮于地纹（雷纹）之上，自上而下的相应部位，分别有鸟、夔、饕餮等形象以及三角形纹，几乎没有空白处。安鋬处修治平整，并有上下对称的小圆孔各一，鋬榫即由此插入。杯鋬上端雕成饕餮的形状，下端则为一立体的虎，形象生动。杯身高 42 厘米、直径 10.6—11.2 厘米。[⑪] 这三件象牙杯，器形硕大，结合了多种工艺，整体给人以稳健、典雅、华贵之美，可与同期的青铜器相媲美，代表了当时高超的象牙雕刻技艺。

据对殷墟墓葬的分期，知道象牙器在殷墟第二、第三、第四期大墓和中型墓中都有不同数量的出土，可见象牙制品从殷代早期至晚期，一直沿用未衰。[⑫] 与此同时中国其

---

① 中国社会科学院考古所编著：《中国考古学·夏商卷》，中国社会科学出版社，2003 年，第 417—418 页。
② （战国）韩非：《韩非子》，上海古籍出版社，1989 年。
③ （西汉）司马迁：《史记》，中华书局，1982 年。
④ 杨升南、马季凡：《商代经济与科技》，中国社会科学出版社，2010 年，第 442—443 页。
⑤ 中国社会科学院考古所编著：《殷墟的发现与研究》，科学出版社，2001 年，第 398 页。
⑥ 杨升南、马季凡：《商代经济与科技》，中国社会科学出版社，2010 年，第 443 页。
⑦ 罗振玉编：《殷墟书契前编》，民国元年（1912 年）罗振玉珂罗版印本。
⑧ （晋）皇普谧编撰：《帝王世纪》，中华书局，1985 年。
⑨ 中国社会科学院考古所编著：《殷墟的发现与研究》，科学出版社，2001 年，第 395 页。
⑩ 杨升南、马季凡：《商代经济与科技》，中国社会科学出版社，2010 年，第 441 页。
⑪ 中国社会科学院考古所编著：《殷墟的发现与研究》，科学出版社，2001 年，第 396 页。
⑫ 中国社会科学院考古所编著：《殷墟的发现与研究》，科学出版社，2001 年，第 398 页。

他地区象牙出土最多的是四川广汉三星堆一、二号祭祀坑。其中一号坑出土象牙十三株，均经火烧过，部分象牙臼齿经鉴定属亚洲象。① 二号坑出土象牙六十余株。② 而且在附近、时代晚些的金沙遗址都发现了大批整根的象牙，说明在西南等地生活着大量的象群。

周代，象牙成为各诸侯国向周天子进奉的主要贡品之一。《诗经》中就有“淮夷”进贡“元龟象齿”的记载。③《战国策》中也有各诸侯国间互献象牙的记载：“孟尝君出巡国，至楚，献象牙。”④ 随着象牙贡品的增多，象牙雕刻也从牙骨雕中脱离出来，成为独立的手工业部门。周代手工业被称为“八材”——珠、象、玉、石、木、金、革、羽，“象”即指象牙器，可见象牙雕刻工艺在周代手工业中已经占有相当重要的地位了。西周时期，牙器多为生活用具和装饰品，有匕、锥、杖首等，纹饰基本与青铜器上的纹饰接近，常以兽面纹或是夔龙纹、鸟纹为主体装饰，以云雷纹为地纹。牙器数量虽然较少，但因其制作往往集多种工艺于一身，融实用与观赏于一体，本身成为艺术珍品。⑤ 除了供天子和诸侯贵族享用外，象牙器也应用于一些地方祭祀活动中。《周礼·秋官》中记载：“壶涿氏掌除水虫，以炮土之鼓殴之，以焚石投之。若欲杀其神，则以牡橭午贯象齿而沉之，则其神死，渊为陵。”⑥ 此时象牙被赋予了镇压邪怪、祛除水患的祭祀功能。2001年在成都市金沙遗址出土了100余只象牙和大量象牙制品，有由整根象牙切割而成的短节象牙柱，以及象牙段、象牙片、象牙珠等。正所谓“象有齿以焚其身”⑦，由于对象牙制品的大量需求，大象遭到大规模捕杀，导致了生存危机。到了周代后期，甚至出现“人希见生象也，而得死象之骨，按其图以想其生也”⑧ 的状况。

纵观周代象牙雕刻的发展，亦如青铜器的发展一样，由商末的华丽繁密演变为简朴厚重、凝练结实。上世纪九十年代，在河南三门峡虢国墓出土了一支象牙鞘铜剑，其剑鞘用整块象牙雕琢而成，外表饰以蟠螭纹，整体挺拔彪悍、质朴无华，显示了西周象牙雕刻工艺的极高水准。蟠螭纹在春秋战国的青铜器上广为应用，象牙雕模仿青铜器的纹饰，继承了商代的表现风格，成为是周代象牙雕刻品的特点之一。

在近5000年中的最初2000年，即从仰韶文化到安阳殷墟，大部分时间的年平均温度高于现在2℃左右。⑨ 可以说仰韶和殷墟时代是中国的温和气候时代，当时西安和安阳地区有十分丰富的亚热带植物种类和动物种类。⑩ 这样的气候条件，十分适合象的生存栖息。西周中叶以后，气候变寒，加上人们的开发活动，造成中原地区生态植被的严

① 四川省文物管理委员会、四川省文物考古研究所、四川省广汉县文化局：《广汉三星堆遗址一号祭祀坑发掘简报》，《文物》1988年5期。

② 四川省文物管理委员会、四川省文物考古研究所、广汉市文化局、广汉市文管所：《广汉三星堆遗址二号祭祀坑发掘简报》，《文物》1989年5期。

③ 周振甫译注：《诗经译注》，中华书局，2002年。

④ （西汉）刘向集注：《战国策》，上海古籍出版社，1985年。

⑤ 中国社会科学院考古所编著：《中国考古学·两周卷》，中国社会科学出版社，2004年，第191页。

⑥ （唐）贾公彦撰：《周礼注疏》，上海古籍出版社，2010年。

⑦ 李宗侗注译：《春秋左传今注今译》，台湾商务印书馆，1982年。

⑧ （战国）韩非：《韩非子·解老》，上海古籍出版社，1989年。

⑨ 竺可桢：《天道与人文》，北京出版社，2005年，第69页。

⑩ 竺可桢：《天道与人文》，北京出版社，2005年，第77页。

重恶化，才迫使象逐渐向南方迁移。[①]

春秋战国时期，周王室衰微，象牙工艺也走向衰落，目前根据考古发掘的材料，仅在河南、山东等地区有少量出土。时至秦汉，我国黄河、淮河流域大象数量锐减，象牙原料匮乏。象牙雕刻艺术由商周的初步发展转而走向了汉代的低迷。象牙的获取也由“就地取材”转为“外出觅材”，且一直持续至明清。此时期粤地与南洋进行交易的货物中“多犀、象”[②]。“番禺亦其一都也，珠玑、犀、玳瑁、果、布之凑。”[③] 广州西汉南越王墓西耳室出土大象牙一捆，共五支。最大的象牙长126厘米，整堆象牙宽57厘米、长123.5厘米。[④] 根据研究，出土的五枚象牙接近非洲的雄性象牙。[⑤] 同墓出土的其他象牙器多为饰物、镶嵌片等。可见，为弥补本土原料的不足，汉代象牙雕刻的原料已来自南洋、非洲等多处地方。汉武帝时代的满城中山靖王刘胜、妃墓窦绾中也出土了象牙器，其中窦绾墓中出土的象牙勺和象牙碗均光素圆润，壁厚仅0.15厘米，可见其工艺的高超。物以稀为贵，此时象牙制品除了在王室墓葬中出土外，多出现在高级官员和富人的墓葬中，并且有些象牙饰品的造型模仿玉器的形状。如江西南昌西郊西汉墓出土的牙璧、瑗、环、舞人等。[⑥] “犀象之器不为玩好”[⑦]，象牙器逐渐成为了身份和等级的象征。汉代对王公、百官佩戴印绶的质地有着明确的等级规定：“诸侯王、公、列侯以白玉，中二千石以下及四百石皆以黑犀，二百石以至私学弟子皆以象牙。”[⑧] 佛教自东汉传入中国，随着中外僧侣往来，象牙雕刻品亦时有交流。[⑨]

汉代象牙雕刻品从艺术表现手法上可分为四类：一是表面磨光、不加纹饰的光素雕刻品，如象牙勺、象牙碗等；二是有阴文浅刻和浅浮雕的制品，此种象牙器纹饰简单、线条纤弱，多饰有菱纹边；三是仿玉雕风格，多饰有源自玉雕蒲谷纹的圈点纹；四是高浮雕、透雕制品，此类象牙器造型生动、镂刻精细、存世较少，如鸡心佩和螭形佩等。

东汉以后随着帝国的衰落，以及其后百余年的战乱，象牙制品鲜有出土和传世。隋代结束了纷争局势，建立了统一王朝，但不久就被李氏推翻，建立了强大的唐帝国，此时期是我国古代社会高度繁荣和发展的时期。唐太宗李世民被尊为“天可汗”，享受邻国异邦的朝贡。唐朝在广州设立市舶使，大力发展海上贸易。随着朝贡体系和对外贸易的发达，象牙从世界各地进口而来，象牙雕刻的原料便十分充足，牙雕艺术开始复苏。唐代牙雕制品盛行，多用于三个方面：第一是在官僚体系中的应用。唐代按照“周礼”对舆车的等级进行了严格规定，装饰象牙的车辂称为“象辂”，是天子的“五辂”之

---

① 宋镇豪：《夏商社会生活史》，中国社会科学出版社，1996年，第208页。

② （东汉）班固：《汉书》，中华书局，1962年。

③ （汉）司马迁：《史记·货殖列传》卷129，中华书局，1982年。

④ 广州市文物管理委员会、中国社会科学院考古所、广东省博物馆：《西汉南越王墓》，文物出版社，1991年，第138页。

⑤ 麦英豪、王文建：《岭南之光——南越王墓考古大发现》，浙江文艺出版社，2002年，第75—78页。

⑥ 江西省博物馆：《南昌东郊西汉墓》，《考古学报》1976年2期。

⑦ （汉）司马迁：《史记·李斯列传》卷87，中华书局，1982年。

⑧ （南朝）范晔：《后汉书·志第三十·舆服下》，中华书局，1982年。

⑨ 杨伯达：《中国古代象牙犀角雕刻简述》，《中国分类美术全集》，第四卷，文物出版社，2009年，第8页。

一，等级极高。对于王公贵族，“亲王及武职一品，象饰辂”[①]，只有显贵才能乘坐的以象牙装饰的车辂。官员朝见皇帝时需手持笏板，其等级也做了详细规定：“唐制五品以上用象，上圆下方”，象牙笏成为高品级官员才能持有的物品。此外，官员上朝时还需着朝服，其中用以束发用的簪导也是由象牙制成。第二是作为文人的文具以抒雅兴。大书法家欧阳询之子欧阳通，就喜用象牙笔管：“以象牙犀角为笔管，狸毛为心，复以秋兔毛，非是不书。”[②] 第三是作为宗教用品。唐代佛教发达，法器、佛造像等器物流传众多，敦煌的榆林窟中就珍藏过一尊贵重的象牙菩萨像。该像用一块 80 厘米高的象牙分作两片雕成，其内刻有 54 个佛传图，共雕车马 12 驾，人物 279 个，形态各异，栩栩如生；两片合在一起则成一尊骑象的普贤菩萨，雕工精美，令人叹为观止。唐代还出现了染色、傅彩的牙雕工艺品，将象牙雕刻成器，磨光后染色，再在其上镂刻图案，有的又在镂刻图案上施以彩绘。这一技法对后世的象牙雕刻产生深远的影响。虽然唐代牙雕艺术繁盛，但传世的牙雕器却凤毛麟角。在偃师杏园唐墓中仅出土一件象牙尺，全长 29.5 厘米，扁长形，器表面棱角圆润光滑，应为实用器。全尺用界格分成八格，每寸格内刻出纤细花鸟等装饰图案。[③] 从日本正仓院收藏的相当于唐代的象牙尺、棋子等文物来看，可窥见唐时象牙技艺的部分风貌。唐代创造了拨镂的工艺，镂牙，以象牙染蓝碧红等色，于此拨镂花纹，此亦未见闻于后世，只有牙尺、碁子等，可见其技巧。[④] 从正仓院的藏品来看，其工序是：一、成型，磨光；二、染色，颜色有红、绿、绀等色；三、画样，将图依样画在染牙上，再以尖锐的工具按图案设计草图刻画。这种工艺盛行于唐并传播至国外。[⑤]

宋代较之唐代，海外贸易更为发达，社会经济异常繁荣。自开宝四年（971 年）起，宋朝陆续在广州、杭州、明州、泉州、密州等处设立市舶司，据史料记载，曾一次性从外国进口象牙 7795 斤。[⑥] 加之接受东南亚诸国的进贡，使得宋朝象牙原料充裕，为象牙雕刻的发展创造了良好的条件。这一时期内，雕刻制品繁多，雕刻技法层出不穷，可以说这时的象牙雕刻艺术已日臻成熟。为了满足统治阶层对象牙制品日益高涨的需求，朝廷设立了“牙作”，隶属于文思院，成为了首个官方象牙制作机构，汇集全国各地的牙雕高手，为宫廷制作牙雕器物。在官方牙作发展的同时，民间的象牙作坊和市场也愈发繁荣。据史料记载，北宋的汴京和南宋的临安是象牙雕刻最为兴盛的地方。当时的临安有众多作坊和集市，称为“三百四十行”，其中的“象牙玳瑁市”、“染红牙梳”、“接象牙梳”[⑦] 等就与象牙雕刻艺术有关。在制作技法上，宋代除了沿袭唐代风格外，还出现了镂刻的象牙套球，称为“鬼球”。套球由内至外逐层镂雕而成，层层相套又相通，各层可自由转动，构思巧妙，技法令人称奇。

---

① （五代）刘昫：《旧唐书》卷 45，中华书局，1975 年。

② （唐）张鷟：《朝野佥载》，三秦出版社，2004 年。

③ 中国社会科学院考古所编著：《偃师杏园唐墓》，科学出版社，2001 年，第 80—81 页。

④ 大村西崖，《中国美术史》，商务印书馆，1930 年，第 122 页。

⑤ 杨伯达：《中国古代象牙犀角雕刻简述》，《中国分类美术全集》，第四卷，文物出版社，2009 年，第 11 页。

⑥ （元）脱脱：《宋史·食货志》，中华书局，1985 年。

⑦ （宋）西湖老人：《西湖老人繁胜录三种》，文海出版社有限公司，1987 年。

辽、金、元时期的象牙都依靠南方的贸易或是进贡，并且用于朝廷典章器物，如象辂、笏板、配饰等，极少能见到此时期的作品。民间更是因缺少象牙原料而制品寥寥。

明代建立后，通过前期郑和下西洋而开启的与东南亚、非洲各国的朝贡贸易，以及中后期商品经济的发展和资本主义萌芽的兴起，为象牙雕刻艺术的发展奠定了坚实的物质基础——象牙原料从各国源源流入，不论官僚士大夫还是市民阶层都纷纷追求奢侈、豪华与风雅的生活。象在明代备受朝廷重视，设立训象所，有专人驯养，“以供朝会陈列、驾辇、驮宝之事。”① 这都极大地刺激了传统工艺技术性和艺术性的提高，象牙雕刻艺术也大为发展，并出现了新的风尚。

明代的牙雕艺术可分为前后两个阶段。从洪武到弘治为前期，象牙雕刻在宋元的基础上有所发展，但较为缓慢。这一时期的象牙原料，有的来自国内的广西、云南，有的来自交趾、安南以及西亚和非洲地区。此时的象牙器多为宫廷用品，由御用监造办。据载，御用监掌管皇帝“御前所用……紫檀、象牙、乌木、螺甸诸玩器”②。永乐皇帝就曾将御制的象牙棋盘赐给大臣以示褒奖。

自正德至崇祯为后期，象牙雕刻艺术推陈出新，得到了长足的发展。这一时期，东南沿江、沿海城市的商业和手工业均十分发达，南京、苏州、扬州、杭州、福州、歙州、漳州、广州等地的雕刻工艺与镶嵌工艺空前兴盛，象牙雕刻艺术走出宫廷，以这些城市为基地迅速发展起来。

明代后期的象牙多被制成小型器物，当作几案上与文房四宝一起陈设的清供、珍玩。当时的文人雅士们也参与象牙雕刻的设计，创作出了很多具有文人气质、立意清新的作品，在社会上产生了很大的影响。如嘉定三朱（朱松邻、朱小松、朱三松）、濮仲谦、李耀、方古林等，他们在雕刻象牙的同时，也对竹、木、金、石的雕刻艺术颇有心得，他们将各种雕刻技术相互借鉴、锐意创新，把当时的象牙雕刻艺术推向高潮，形成了一派新的风尚。

值得一提的是，当时福建一带的象牙雕刻艺术别具一格。由于地处繁华的港口，象牙原料的进口和象牙制品的出口多经过此地，加之当地竹、木、金、石雕刻水平极高，因而象牙雕刻艺术也凭借得天独厚的条件而发展繁荣。福建一带的牙雕制品以人物、神佛类著称，此处的象牙雕刻的独特面貌，虽然名噪一时，但是并不为文人所垂青，“闽中牙刻人物工致纤巧，奈无置放处，不入清赏”③。

清代，随着社会的不断发展，人们的文化意识、审美情趣逐渐增强，加之宫廷和官府对象牙制品需求的增加等因素，使这一时期的象牙雕刻出现了空前的繁荣和发展。涌现出大批的能工巧匠，许多格调高雅、精美绝伦的牙角雕作品问世，可以说清代是象牙雕刻工艺的鼎盛时代。清代前期，牙雕工艺继承明代传统，在此基础之上，生产技术和艺术创造方面都有所发展；清代中期以后，牙雕制品在愈发精致的同时走向了烦琐堆饰。

---

① （清）张廷玉：《明史》，卷76，中华书局，1974年。

② （清）张廷玉：《明史》，卷74，中华书局，1974年。

③ （明）高濂：《遵生八笺》，巴蜀书社，1988年。

清代的象牙雕刻分为宫廷造办和民间手工艺两类。宫廷制作者精工细作，人物、花鸟纹饰多仿效绘画笔意，着色、填彩均遵循固定章法；民间制品虽有时不及宫廷的精细，但由于制作者不受章法的束缚和限制，往往能造就别样意趣。清宫造办处的牙匠从康熙、雍正时期的多用苏州匠人，乾隆时期启用陈祖章等广匠，并委以制作“月曼清游”册的重任，还被核准留下“小臣”名款。① 对民间制作的象牙器而言，又形成了江南与广东两大艺术流派。江南的南京、苏州等城市，凭借其明代以来的传统技艺继续发展；广东因占有全国唯一的外贸口岸而具备其他地区所无法企及的优势，因而借势长足发展；明末牙雕技艺一度繁荣的福州、漳州，则因失去了港口的地位而丧失优势，牙雕发展渐趋停顿。

象牙雕刻工艺发展到清代，继续秉承明代的传统，向着“小品雕刻”的趋势发展，大件牙雕已颇为罕见。清代牙雕以文玩和装饰品为主，文房用具此时已成为象牙工艺的主要部分，笔筒、笔架、砚台、墨盒、镇尺等都较为常见。这些小件象牙器多以花鸟图形、吉祥图案和文人故事为装饰，具有浓厚的文士气息。象牙雕刻品也成为文人士大夫的案头把玩之物。

这一时期，实用象牙器已经不是象牙雕刻艺术的主要部分，但仍有生产，主要供宫廷和少数贵族享用。品种多为箸、扇子、鼻烟盒、帽架、鞋拔等小件物品。清代象牙多产自西南，云贵总督尝进献内廷，但数量甚少。广州象牙大多来自东南亚，广州象牙雕刻与牙丝编织工艺凭借进口象牙的方便条件而得到发展。广州象牙工艺最有特色的是牙丝编缀，先将硕大坚硬的象牙劈成篾子，再编缀成席、扇等。② 雍正时期广州进贡的象牙席，长两米有余，由薄如竹篾、宽不足0.3厘米的扁平象牙条编成。这件珍品性如竹席，但更加光洁平滑，柔软性极强。这件象牙席制作工艺之烦琐，技艺之精湛，令人叫绝。制作这种象牙制品，耗费了大量的人力物力，正如雍正所言：“开奢靡之端矣。”③ 雍正、乾隆两朝皇帝都降旨严禁编缀象牙席。并且广州牙雕受到欧洲牙雕制品工艺的影响，在象牙圆型器的加工上用旋床、旋痕明显。广州牙雕运用阴线、阳线、隐起、平凸、起凸、镂空等雕刻技法，雕工细腻，多用茜色，色彩艳丽，所制成的雕刻品如工笔画风，但掩盖了象牙本身的材质之美。

清代象牙雕刻品的工艺水平十分高超，技法极为完美，产生了大量精品象牙器。但同时也趋向于繁复，精细之余略带琐碎，这是清代牙雕工艺的整体态势，发展到近代尤为突出。

嘉庆、道光、咸丰三朝内廷造办处还有广匠效力，象牙雕刻品质量还如从前，但是到了同治、光绪、宣统三朝，由于连年战乱、民生凋敝，苏州、扬州等地的象牙作坊均遭破坏，工匠们四散而去，仅广州地区还能维持，内廷的象牙制品也由广州用于贸易的商品牙雕进贡，而无“恭造样式”。象牙雕刻工艺日益衰落。但这一时期的象牙雕刻在制作工艺上也有了新的发展，浅刻艺术被拓展到象牙雕刻中，创造出在象牙牌上微刻、

---

① 见《月曼清游》册款识：“小臣 陈祖章 顾彭年 常存 萧汉振 陈观泉 恭制。”

② 杨伯达：《中国古代艺术文化论丛》，紫禁城出版社，2002年，第347—348页。

③ 《清实录》卷142，中华书局，1985年。

缩临名人书画的全新技艺。江都人于啸轩以其高超的微刻技艺和深厚的艺术造诣闻名于世。他的代表作为《前后赤壁赋》，画面左上方不足方寸的空间内竟刻有千余字，另观者叹为观止。比他稍晚的雕刻家吴南愚亦能在米粒大小的牙面上雕刻百余字，且其兼攻人物、山水，象牙雕刻技法全面。他创作的《红楼梦十二金钗》和《桃花源记》两件牙雕作品，书画水平高超，刀法清晰精练。在万国巴拿马赛会上的获奖，使其声名鹊起。象牙微刻也成为民国时期象牙雕刻艺术的代表。

新中国成立后，牙雕工艺得以逐渐恢复和继续发展，出现了一段繁荣和创新期。虽然20世纪六七十年代的各种运动充斥中国，但由于当时我国象牙雕刻业的主要任务是出口创汇，国家极力保证这一任务顺利完成，牙雕行业并未受到过分的冲击。随着改革开放的进行，20世纪80年代成为我国现代牙雕行业最兴盛的时期。不过，此时牙雕作品虽然数量众多、充斥市场，但整体工艺水平较为粗糙，缺乏传统意蕴。之后，随着人们逐渐意识到生态环境对人类自身的重要意义，了解到象牙贸易对生态平衡造成的破坏，人们开始着手关心生态、保护大象。与此同时，世界动物保护组织也出台了一系列相关的规定和限制，象牙贸易被逐步禁止。在国际“禁牙令”的大背景之下，我国牙雕原料奇缺，致使牙雕行业日益萎缩，众多从事象牙雕刻的工厂进行了政策性倒闭或转行，象牙雕刻工艺止步不前，牙雕技艺面临失传的危险。直到2008年7月，在日内瓦举办的《国际濒危野生动植物种国际贸易公约》常委会上，我国经过努力争取，从非洲一次性采购了大批象牙原料，这才使我国的象牙雕刻艺术得以继续保存和发展。

结　语

象牙雕刻艺术源远流长，文中论及的象牙雕刻艺术则是雕刻艺术史中重要的组成部分。中国的象牙雕刻艺术，发端于新石器时代，后经先秦至明清的历代发展而不曾间断，终于在清代中期达到了辉煌的境地：牙雕界人才辈出，牙雕名作不断涌现，牙雕技法日臻完善，牙雕流派层出不穷，牙雕题材空前广泛。

纵观各时期象牙雕刻品的功能，先秦时期主要作为祭祀活动的礼器，秦汉至唐宋时期则主要作为划分等级的舆服配饰，元明清时则模糊了等级概念，成为民间赏玩之物。但它作为生活用具和宫廷贡品的功能又贯穿了整个历史。

遍览全国牙雕工艺的流派：有精美秀雅的江南牙雕、玲珑机巧的广东牙雕、典雅考究的北京牙雕、雍容富丽的宫廷牙雕，各个流派争奇斗艳。

细数象牙雕刻的工艺技法，圆雕、浮雕、镂雕、微雕，以及象牙编织和镶嵌茜色。牙雕工艺不断传承、技法不断成熟和发展。

丰富多彩的中国象牙雕刻艺术，既是中国工艺美术的瑰宝，又是世界艺术中的一颗璀璨明珠。对中国象牙雕刻进行学习与研究，既可以对这份宝贵的非物质文化遗产加深了解，又可以通过它来管窥中国历代的社会文化生活。

试论天坛祭天文化中的和谐思想

张晶晶（北京市天坛公园管理处）

和谐是中国传统哲学思想体系的一个重要范畴，是中国传统文化的基本精神。贵和尚中，是中国文化的基本精神。早在西周末年，周幽王的太史伯阳父（即史伯）在议论周朝的重大政治问题时，提出了中国思想史上著名的“和实生物”的理论，《国语·郑语》中曰：“夫和实生物，同则不继。以他平他谓之和。故能丰长而万物归之；若以同裨同，尽乃弃矣”。《论语·学而》曰“礼之用，和为贵”，① 礼的效用，以达到和谐的社会关系为贵；先王之道，不管是大还是小，不管是用来治理国家的政策还是处理人际关系的礼仪，都能最终达到和谐社会的最高目的。和谐文化在中华五千年的文明历史进程中，对于维护社会稳定，增强民族凝聚力，起到了不可或缺的重要作用。

中国的祭天文化源远流长，自其出现之时，就融入了人们对和谐的渴望与追求。天坛是中国封建社会礼制建筑的杰出代表，是迄今保存最为完整的古代皇家祭天建筑群，它在祭天思想、建筑形式、艺术表现、哲学内涵等许多方面都被视作中国祭天文化的代表作，其所蕴含的和谐思想，在许多方面都反映了中国封建礼制社会发展的特点，对于明清封建统治集权政治的巩固稳定也起到了推动作用。

一、和谐之源——古人的祭天思想

祭祀现象在原始社会后期就已出现，原始人借祭祀仪式这种形式来表达对自然的崇敬，并凝聚部落成员。但是随着私有制的出现，国家的建立，人类对祭祀活动赋予了更多的价值要求，祭祀活动的功能也不断得到增强。

就中国古代的祭祀和祭祀仪式而言，最初是为了表达对天地、诸神的崇敬，感念祖先追怀自己的出处，“报本返始，不忘其初”是举行祭祀活动的目的之一。《史记·礼书》引《荀子·礼论》曰：“天地者，生之本也……故礼，上事天，下事地。”② 《礼记》中我们可以看到很多与法天地、法四时、合阴阳、顺五行等类似的论述，如“故圣人作则，必以天地为本，以阴阳为端，以四时为柄，以日星为纪，月以为量，鬼神以为徒，五行以为质，礼义以为器，人情以为田，四灵以为畜。”③ 事实上，古代先民对天地滋养万物的功德，充满了敬意，认为上天是万物的本源，祖先父母则是自己的出处。“郊之祭，大报天而主日，配以月”。④ 郊祭的目的正是意在报答“天”这个万物之大本，使人与天和谐融洽共存。祭天之礼被视作沟通人神，传达人们美好祈盼的有效途

---

① 《四书五经·论语》，黄山书社，2005 年，第 1 页。

② 《荀子·礼论》，《诸子集成》第二册，中华书局，2006 年，第 233 页。

③ 《礼记》卷 22《礼运》，广陵书社，2007 年，第 45 页。

④ 《礼记》卷 47《祭义》，广陵书社，2007 年，第 91 页。

径之一。祭天行为从诞生之日起便被赋予了促进和谐的社会功能。

在中国文化中，“天”指有意志的神，为世界的主宰，也指整个自然界。在中国的话语系统中，“天”同“天道”、“天行”、“天常”、“天命”、“天理”、“天意”等众多概念联系在一起，几乎渗透在整个文化系统乃至日常生活的所有方面。

中国古代祭天思想的核心价值体现即为天人合一，天人相互协调，人与自然和谐相处，这是传统文化中“天人合一”观的重要内涵。用肯定自然的方式来肯定人类自身，使人与自然达到有机的统一，从而实现人与自然的和谐。春秋战国时期“百家”都有自己的“天人合一”说，其中最重要的是道家以“道”为中心的“天人合一”说和儒家以“人”为中心的“天人合一”说。老子提出了“道”的观念，主张“人法地，地法天，天法道，道法自然”。种种主张无不反映出人们追求和谐的本质和诉求。

钱穆先生认为：“中国文化过去最伟大的贡献，在于对天人关系的研究。中国人喜欢把天与人配合着讲。我曾说天人合一论，是中国文化对人类最大的贡献。”①

西周时期建立起较为完善的礼制体系，祭祀被纳入到西周礼制体系中并作为一项重要的国家制度。按礼的分类（“五礼说”：即吉、嘉、宾、军、凶）来看，祭祀属于五礼之首的吉礼。“吉礼，主要指祭祀之礼”，吉礼的内容也主要是有关祭祀的种种规范，如祭祀的种类、对象、庙制、祭品、舞乐等。《左传·成公十三年》记载：“国之大事，在祀与戎”，《礼记·祭统》载：“治人之道，莫急于礼。礼有五经，莫重于祭”，当时人们对祭祀的重视程度可略见一斑。祭天也成为国家祭祀的最重要礼仪。《礼记·王制》中记载：“天子祭天地，诸侯祭社稷，大夫祭五祀。”祭天成为天子所独揽的特权。

皇帝称“天子”，天的性质攸关皇帝的性格，故备受关切。基于西周以来的天子信念，天子当“法天”、“象天”，如《礼记·月令》所示，天子居于象征天的“明堂”中，依时序节气改变其在明堂中的居所，以“象天”。此外其服饰、饮食与其他器用也依照节气的性质而改变，而天子的主要工作是修农事与行祭祀。祭祀也是为了使天子能“象天”，如《礼记·郊特牲》曰：“天垂象，圣人则之，郊所以明天道也。”天所垂之天象表现为各种圣数，具体为阴阳、五行与诸节气等，天子即依据这些“天象”，以行祭祀之礼。宇宙万物都禀赋气，诸神是气所集结而成的精华。天子祭祀的目的，不在于祈福或除秽，而在于促进天地间诸气的和谐运作。

在西周礼制体系中，祭祀制度作为封建国家的一项重要制度，不再只是宗教信仰仪式活动的简单规则，它深刻体现了统治者的意志，成为统治者维护宗法人伦秩序的有力手段。《国语·楚语下》中，昭王问观射父：“祀不可以已乎”，对曰：“祀，所以昭孝息民，抚国家，定百姓也，不可以已。”又《国语·鲁语》载：“夫祀，国之大节也，而节，政之所成也。故慎制祀以为国典。”《礼记·中庸》有言：“郊社之礼，所以事上帝也。宗庙之礼，所以祀乎其先也。明乎郊社之礼、褅尝之义，治国其如示诸掌乎！”这些都是对祭祀政治功能的深刻认识。西周祭祀制度对于祭祀活动的程式、步骤乃至各阶层祭品的数目、用牲用乐的等级规模都有详细具体的规定，对于违反祭祀制度的行为也会给与削地、贬爵、刑罚等处罚。祭祀思想不断发展，对后世产生了深刻的影响。

① 钱穆：《天人合一论——中国文化对人类未来可有的贡献》，载《中国文化》1991年1期。

古代祭祀具有重要的维护社会秩序的政治功能和敦睦伦常教化、促进社会和谐的伦理、教育功能，也是协调人与自然、人与社会、人与人之间关系的一种方式。明清时期天坛作为举行祭天、祈谷大典的郊坛，继承了历代祭祀思想的精粹，并有所发展，在维护和稳定封建统治秩序、伦理纲常、构建人与自然关系的和谐等方面起到了应有的作用。

明太祖朱元璋起于民间，议定礼乐制度成为其重要开国措施之一。早于建国前的吴元年（1367）在儒臣建议下，即仿汉制，遣官于南京钟山之阳和钟山之阴分建圜丘与方丘，以备于冬至祀昊天上帝与夏至祀皇土地祇。洪武元年（1368）正月，太祖在举行南郊祭天礼后正式即位，积极进行了一系列制礼行动，以求郊祀礼的完备。洪武元年到三年，与郊祀相关的诸多工程在南京四郊如火如荼地进行。

朱元璋对于祭天的重视，充分证明了这一礼制在确立封建正统地位中的重要作用，也正如世界遗产委员会对天坛的评价中所描述的："天坛……无论在整体布局还是单一建筑上，都反映出天地之间的关系，而这一关系在中国古代宇宙观中占据着核心位置。同时，这些建筑还体现出帝王将相在这一关系中所起的独特作用。"而此后约150年左右，到了明世宗嘉靖皇帝时期兴起的大礼仪之争中，天坛祭天建筑成为这场政治纷争中的主要角色，被朝廷政客拿来作为权势斗争的工具，终而也是在这场纷争中，天坛祭天建筑完成了它的格局初建，有了我们今日祈谷坛、圜丘坛两坛分立的布局。天坛在封建秩序稳定、社会局面和谐方面起到了不容忽视的作用。到了清朝，入关后的顺治帝在当年就在南郊举行了圜丘祭天大典，以此来昭示清朝统治是奉天承运！祭天在政治和谐层面上的意义已是昭然若揭。

二、和谐之祭——天坛主要祭祀种类

中国古代的祭祀，名目繁多，据《礼记》所记载，祭祀对象从天地四方、日月星辰、山林川泽到各种神明、各代祖先、贤能不胜枚举。按祭祀活动举行的时间来划分，祭祀可分为杓、禘、尝、烝，《礼记·祭统》："凡祭有四时：春祭曰礿，夏祭曰禘，秋祭曰尝，冬祭曰烝。"就是以这种方法来区分四时的祭祀名目。因时因类进行祭祀，顺物时、和节令，以达万物和谐顺畅。

明清时期，天坛的功能经历了一系列的调整和变化，但主要功用始终是每年举行祭天、祈谷和雩祀求雨。天坛作为郊坛祭祀建筑，在这里所举行的每一个祭典，都具有特殊的性质和意义，或遵循古制、或遵循时例。

关于祭天，古人以"日冬至则一阴下藏，一阳上舒"，冬至日为"一阳资始"，西周时期定"冬日至，祭天于地上之圜丘"，《礼记·郊特牲》中亦记载："郊之祭也，迎长日之至也，大报天而主日也"，[①] 因而历朝历代均择取冬至日举行祭天大典。自古郊祀祭天选择在都城之南郊，祭天又称郊天之祭，东汉郑玄说："祭上帝于南郊曰郊"。《易经》说卦：乾为天，为圜。故而，祭天之坛称圜丘，以圜丘祭天取其形像天圆之

① 《礼记》卷26《郊特牲》，广陵书社，2007年，第50页。

意。历代都遵循在冬至日在都城南郊举行祭天大典。明洪武元年（1368）二月，李善长奉敕撰“郊祀仪”：“王者事天明，事地察，故冬至报天，夏至报地，所以顺阴阳之义也，祭天于南郊之圜丘，祭地于北郊之方泽，所以顺阴阳之位也”。[①] 朱元璋即建圜丘于钟山之阳，定冬至日祀昊天上帝于圜丘。嘉靖九年（1530），嘉靖皇帝恢复天地分祭之制，“尊皇祖旧制，祭于坛，以二至日行事。”[②] 分别建造圜丘祭天，方泽祭地，朝日坛祭日，夕月坛祭月。圜丘建成后，嘉靖皇帝谕礼部：“南郊之东坛名天坛；北郊之坛名地坛……诸载会要，勿得混称。”[③] 清顺治三年（1646）另礼部修祭天礼典，定郊祀之制。每年冬至日于南郊圜丘行祭天大典。

祈谷之礼始自西周，周时有“以正月祭天以祈谷。”《礼记·月令》说：“孟春之月，天子乃以元日祈谷于上帝。”祈谷礼也在都城南郊举行。祈谷礼在周代很受重视，到了汉代，开始合祭天地，之后单独的祈谷礼长久不兴。直至南北时期，梁武帝于天监四年（505 年）春正月辛亥日，亲赴南郊举行祈谷礼，且在位期间十五次至南郊祭天祈谷，才重开后世帝王行祈谷礼之端。

明初无祈谷之祭。至嘉靖十年（1531 年），明世宗方于孟春上辛日在大祀殿祈谷。大祀殿在明太祖洪武年间首建于南京，用于合祭天地。明成祖迁都北京，又于永乐十八年（1420 年），在北京南郊仿南京规制新建了一座大祀殿，并在其后一百多年作为合祭天地的场所。明世宗登基，认为合祭天地于大祀殿不合古制，决定另在大祀殿南筑圜丘，在北郊建方泽，实行分祭天地。故自嘉靖十年始，大祀殿专用于行祈谷礼。

嘉靖十九年（1540），大祀殿改建动工，此时称“祈享殿”，意为祈谷与大享之殿。因次年四月太庙毁于雷火，祈享殿之建暂时停工。二十一年（1542）重新鼎建，世宗敕谕礼部：“南郊旧殿原为大祀所，昨岁已令有司撤之，朕自作制象，立为殿，恭荐名曰泰享，用昭寅上帝之意。”[④] 看来，当时嘉靖皇帝准备以“泰享殿”名之。二十二年（1543），礼部尚书费寀请嘉靖帝定殿门名，门曰大享，殿曰皇乾。嘉靖二十四年（1545 年），依古明堂规制改建完成后，更名大享殿。但祈谷与明堂大享不同，前者为许愿祈求，行于岁首正月，后者为还愿酬谢，行于秋收之际。因此，祈谷之所称作“大享”，未免名实不符。清乾隆十六年（1751）因礼部奏称：“祈谷坛旧书大享殿字，门名亦同，谨按大享之名，《礼经》皆指季秋报祀而言，与孟春祈谷有异，请别定尊名以昭盛典。”[⑤] 乾隆皇帝遂改大享殿为祈年殿，门为祈年门，以合祈谷之义。

雩祀是中国古代祈求降雨的祭祀典礼，《礼记·月令》记载：“仲夏之月，大雩帝，用盛乐。”汉代郑玄称：“雩，吁嗟求雨之祭也。”东汉时，雩祀被列为国家祀典，并为以后的许多朝代所沿袭。每年农历四月，皇帝都要亲自或派遣官员举行求雨典礼。

明朝初年，遇有水、旱灾害，为祈求风调雨顺，朝廷便举行雩祀，《明史》记载

---

① 《明史》卷 48，中华书局，1995 年，第 1245 页。

② 《明史》卷 48，中华书局，1995 年，第 1249 页。

③ 《明世宗实录》卷 159，线装书局，2005 年，第 639 页。

④ 《明史》卷 48，中华书局，1987 年，第 1261—1262 页。

⑤ 《清高宗实录》卷 394，中华书局，1986 年，第 168 页。

说："龙见而雩，盖巳月万物始盛，待雨而大，故祭天为百谷祈膏雨也。"① 明嘉靖时在圜丘坛外泰元门东侧建雩坛，行雩祀礼。清初沿袭明朝祭祀制度，天旱时也举行雩祀。如顺治十四年（1657 年），顺治皇帝亲率百官祈雨于天坛圜丘。雩祭之典分为两种："常雩"和"大雩"。常雩，每年孟夏（阴历四月）占卜吉日定期举行。常雩后仍不降雨，改在天神坛、地祇坛、太岁坛举行，大雩礼，在三坛祈雨仍不果后举行，皇帝亲祀圜丘。整个清代只举行过两次，分别于乾隆二十四年和道光十二年。乾隆皇帝非常重视雩祀，在位期间曾先后 38 次到天坛举行雩祀礼。

"人法地，地法天，天法道，道法自然"，天坛的各类祭祀活动体现了古人对宇宙间自然法则的认知，人与自然的相互依存、和谐共生。

三、和谐之美——天坛的选址布局、建筑形制及色彩

《汉书·郊祀志》记载："帝王之事莫大乎承天之序，承天之序莫重于郊祀，故圣王尽心极虑以建其制。祭天于南郊，就阳之义也"。历代帝王对于郊坛建筑的营造均倾注了极大的精力和热情。

《周礼》："营国，左祖右社，明堂在国之阳。"自有都城以来，凡祭天，都选在都城的南方，以取周礼国之阳之意。自东晋元帝司马睿建都建康立南郊于巳地后，丘郊之坛开始立于都城的东南方。以后历代多选东南方立坛。到明永乐年间建北京天坛时，选择在正阳门与崇文门之间为坛位，也是定位于北京城的东南方向。坛位于正南移位东南，天坛的择址营建也遵循周礼，同时也符合先天八卦论之说。《周易·说卦》曰："天地定位，山泽通气，雷风相薄，水火不相射，八卦相错。""乾，阳物也，坤，阴物也。"《周易·说卦》曰："乾为天为君为父……坤为地为母"，古人提出先天八卦论，认为先天八卦方位是天地日月的本来方位。为了将天坛、地坛、日坛、月坛与先天八卦方位对应起来，就按照先天八卦方位将天坛建在北京古内城的南方，将地坛建在北方，将日坛建在东方，将月坛建在西方。而四坛中间就是皇帝的都城，天、地、日、月坛所代表的卦位，与古都北京内城构成了先天八卦城。

天坛建筑造型的象征手法主要体现了"天圆地方"的设计思想，早在周代时古人就认为"天圆如张盖，地方如棋局"，对天空形状的理解是中央隆起而四周下垂的穹隆状，天坛的祭祀建筑风格完全融入了古人对天体的原始理解。祈年殿三层檐的圆形攒尖顶逐层向上收缩，叠落起来形成穹隆，皇穹宇的单檐攒尖顶造型也呈穹隆状，符合古人对天体形状的认识。圜丘、皇穹宇、祈年殿及三层台面等都采用圆形，又各具特色，坐落在三层圆形台基之上的祈年殿，三重檐攒尖顶层层收缩，有直入云霄之感，营造出一种人间与天庭交流的空间效果。皇穹宇虽为单檐攒尖顶，其造型表现形式与祈年殿一致，也突出了天体的特点。圜丘三层洁白的圆形台面营造出了独特的人与天交流的非凡意境，其坛势平缓宽敞，体现了追求"圜丘祀天，宜即高敞，以展对越之敬"的思想。

天坛的整个坛域由内外两道坛墙组成，明永乐时期天坛初建时称天地坛，用于天地

① 《明史》卷 48，中华书局，1995 年，第 1257 页。

合祀，两重坛墙均被修成南方北圆的形式，象征天圆地方，这种坛墙形式为其他建筑所没有，因此被称为“天地墙”，蕴含着丰富的天地和谐的寓意。

中国古代建筑色彩的使用有严格的等级制度。人们在建筑上用色彩来表示其政治文化的象征意义，包含有浓厚的伦理等级的意味。

古人认为天为苍色，《广雅》：“苍，青也。”《素问》中有注：“谓薄青色。”周时的礼制出现“苍璧礼天”之说，《周礼·春官·大宗伯》中记载：“礼神者必象其类，璧圆象天。疏：苍元皆是天色，故用苍也。”以苍璧的“圆”和“苍色”与“天”相像而采用其作为礼天的祭器，也说明了古人对天的认识。

天坛建筑多采用蓝绿两色来突出其祭天特征，尤其是最大限度的采用象征天色的蓝色，就充分体现了古人的这种观念。天坛祈年殿及其东西配殿、祈年门、皇乾殿、皇穹宇及其东西配殿等均为蓝色琉璃瓦顶，表现了天的圣洁与崇高。除了主体建筑用蓝色外，天坛其他附属建筑多采用绿色琉璃瓦顶，如神厨、神库、宰牲亭等，其中较为典型的是斋宫的无梁殿和寝宫，斋宫是举行祭祀大典前皇帝斋戒的场所，其建筑色彩却一改帝王专用的黄色而采用绿色，一方面表明皇帝在面对天时也要谦卑有礼，不能有丝毫僭越，另一方面也符合天坛神圣静穆的祭坛氛围。绿色代表了自然与生机，天坛绿地面积达总面积的91%，古树3500多株，绿色的建筑色彩与大面积的古柏和绿地交相融合，葱郁的绿使人感到生机盎然。这是祭天建筑与自然意境的和谐统一，也反映了古人追求天人合一的思想。

四、和谐雅乐——天坛中和韶乐

中国古代乐舞是一种复杂的文化现象，它随着人类的生产实践而产生，“和”作为中国传统文化的核心精神始终贯穿其中。原始社会的乐舞包含了人们想要积极理解、认识、改造自然的内在要求，人们运用自己的想象和原始宗教等特殊的思维方式，在与自然的斗争中获得了一种精神上的满足。而这种精神的满足与原始乐舞相融合，实现了人们内在与外在的身心平衡及其精神上的和谐。

关于“和”字，早在甲骨文中就已出现。在上古汉语系统中，“和”字有两种左右组合造型。一种是从龠禾声的“龢”字，即在甲骨文中所见的写法。“龠，乐之竹管，三孔以和众声也”。“龢”的本义是指从三孔（或六孔、七孔）定音编管内吹奏出来的标准乐曲，以便调和各种音响，“和，调也。”另一种是从口禾声的“和”或“咊”字，最早见于金文。其本义是指音声相应和谐，旋律合韵。“和，相应也。”郭沫若先生认为“和”系一种古乐器的象形字，其本义为乐器，引申为和声，与古“乐”字的演化相类似。《国语》曰：“声应相保曰和”，意为各种不同的声音互相协调呼应称为“和”，这一说法就包含着乐与和的关系，也蕴含着“和谐”的意韵。

“中和韶乐”是一种融礼、乐、歌、舞为一体的祭祀乐，是明清两朝举行祭祀、朝会及宴飨活动时所使用的音乐，“中和韶乐”和以律吕，文以五声，八音迭奏，玉振金声，在清代大祀、中祀、群祀的祭祀活动中，除了群祀乐演奏“庆神欢”外，其他坛庙祭祀均使用“中和韶乐”。

中和韶乐源自西周时期的“雅乐”。古人信奉“治民莫善于礼，移风易俗莫善于乐”，西周初年，为了巩固社会秩序，强化统治力度，强调乐舞的教化作用，周公旦“制礼作乐”，制定了一整套法定礼乐（舞）制度，被称为宫廷雅乐，主要用于宗庙祭祀。这些音乐在情感上受礼仪制约，形式上符合西周时有关音律的法度，音调上较为平和庄肃，完全符合儒家的道德修养原则以及追求中和之美的思想，因此雅乐亦被尊为“华夏正声”，深受儒家推崇。

雅乐除了具有祭祀或典礼音乐的形式之外，最重要的是具有汉族正统王朝合法性继承的政治宣示意味，向来为历代帝王所重视，每当改朝换代时，后起者必以得先朝雅乐为正事。

在周代，“乐”指乐舞，属于“礼”的一部分，且与“礼”制度联袂构成了中国古代封建社会的正统思想体系构架。周人认为，礼用以分辨贵贱等级，使人明理；而乐是追求人们相互间的协调中和，使其融洽，正所谓“礼严肃形于外，乐和顺存于内”。而“雅乐”也反映了中国古代社会以一种礼仪性的乐舞形式来实施治国策略，通过乐舞制度来维护统治秩序的作用。礼乐制度的建立，人们通过乐舞礼仪来规定着君臣、父子、兄弟、夫妻之间的上下尊卑和亲疏关系，正所谓“礼乐皆和谓之乐”。所以礼乐制度被作为一种社会秩序来遵守，促成了社会秩序的稳定与和谐。这种“乐主和”的乐舞思想后来被儒家的主要代表人继承并发扬光大。

到了汉代，实施了“独尊儒术”，礼乐制度便在儒家的倡导下，形成了一个完整的思想体系。此后，礼乐制度也就联同宗法制度，成为中国君主专制下中央集权统治体系的有利的统治手段。

雅乐发展至明朝时称为“中和韶乐”，它基本保留了西周雅乐的本质和特点。

“中和”一词被视为儒家道德修养的准则，是致万物和谐的标准。正如《礼记·中庸》所讲：“喜怒哀乐之未发谓之中，发而皆中节谓之和；中也者，天下之大本也，和也者，天下之达道也。致中和，天地位焉，万物育焉。”“韶乐”是指舜帝时的古乐，被孔子誉为至美至善的音乐，也是指雅乐。《论语·八佾》：“子谓《韶》：尽美矣，又尽善也。”孔子在欣赏雅乐时，常能产生深刻的审美体验，引起共鸣。《论语·述而》中曰：“子在齐闻韶，三月不知肉味，曰：不图为乐之至于斯也。”讲的是，孔子在齐国听到演奏韶乐时，受到很大震撼，以至于三月不知肉味，惊叹音乐的感染力如此强烈。以“中和韶乐”来名雅乐，恰恰体现了儒家对雅乐的认识和尊崇。

鼎承西周雅乐的特点，中和韶乐的内涵非常丰富，它不仅是指一种古代宫廷音乐，而且还是礼仪制度和音乐制度的综合体，达到了“礼”与“乐”的水乳交融境界。

中和韶乐中的“乐”主要具备以下特点：采用宫、徵、商、羽、角的五声音阶；一字一音，保存和延续了先秦雅乐的特征；八音具备，以金、石、丝、竹、土、木、匏、革八种材料制成的乐器进行演奏；有乐必有歌；钟声磬韵，体现“金声玉振”的特点。

明清中和韶乐中的“舞”沿袭西周古制，分为文、武舞。凡佾舞武用干戚，文用羽籥。干戚曰武功之舞，羽籥曰文德之舞，祭祀初献以武舞，亚献终献以文舞。”

中和韶乐被描述为金声玉振，所谓“金声玉振”即古代乐论所说的“声乐之象”，亦为金石之乐，“金声”指编钟，“玉振”即指编磬。《孟子·万章下》中记载：“孔子之谓集大成。集大成也者，金声而玉振之也。金声也者，始条理也，玉振之也者，终条理也。”明太祖朱元璋在《明太祖宝训》中所言：“古者作乐以和民声，格神人，而与天地同其和。”“至中和，天地位焉，万物育焉”，在“乐与政通”的礼乐社会中，不断升奏于庙堂之上的中和韶乐，也昭示了封建统治秩序的和谐有序和根基的牢固稳定。而和谐之最初所指，恰在音、声律之领域，所以，“中和韶乐”无疑是祭祀文化中“和谐”思想最生动、最具体的体现之一。

结　语

“天垂象，圣人则之，郊所以明天道也。”① 古人顺从阴阳之义，祭祀天地，先圣、先王、先祖，以求天地阴阳和顺，上下和顺，人人和谐，天下太平。《礼记·祭统》曰：“夫祭有十伦焉：见事鬼神之道焉，见君臣之义焉，见父子之伦焉，见贵贱之等焉，见亲疏之杀焉，见爵赏之施焉，见夫妇之别焉，见政事之均焉，见长幼之序焉，见上下之际焉，此之谓十伦。”祭祀曾经被人们赋予了多么美好的希望，它在人类的社会生活中也曾起到重要的作用，并在一定程度上推动了社会的发展。天坛作为中国古代祭天文化的实物载体，是研究古人祭祀思想的珍贵精神财富和文化遗产，我们在理解其和谐内涵的同时，更要重视挖掘其在今日社会中应该发挥的作用，使其积极的思想和价值能对后人产生裨益。

① 《礼记》卷26《郊特牲》，广陵书社，2007年，第51页。

赫赫清史大家 巍然一代宗师

——重读王锺翰《学述》与《清史论集》兼论其学术成就与思想

王俊义（中国社会科学出版社）

王锺翰（1913—2007），乃享誉海内外的著名历史学家，尤在清史、满族史领域的成就和贡献昭卓，无愧是大师巨擘。为缅怀他的学术贡献和高尚人格，中央民族大学历史文化学院和有关方面，将举办“纪念王锺翰先生百年诞辰暨清史满族史国际学术研讨会”。我作为一个晚辈后学，在锺翰先生生前虽无缘列其门墙，但因忝清史行当有年，与之也时有过从，或在相关的学术研讨会上，目睹风采，聆听高论；或蒙其亲赐大著，拜读受益；间或也有书信往还，惠予教泽。因而至今先生那慈祥和蔼幽默睿智的音容笑貌还常在脑际浮现。然而深感愧疚的是，自己学识浅薄，研究领域狭窄，除对清代学术文化有一知半解外，而对清代的政治典章、社会经济、满族源流及民族宗教等方面，都少有涉猎，而锺翰老恰在如许诸多领域建树卓越，致使自己对其在学术上的贡献成就和影响，未能有足够的认识。由此，进而思考，今天我们举办王先生百年诞辰的纪念活动，根本目的无疑在于学习和发扬他的学术成就、学术思想和治学方法，使其开创的学术事业代代传承，以推动清史、满族史的学科建设，振兴学术、繁荣文化。有鉴于此，在纪念王老百年诞辰之际，我带着补课的心情，重读了《王锺翰学述》与《王锺翰清史论集》，并以读书笔记的形式写下一点读后的感受。

一、《王锺翰学述》与《王锺翰清史论集》

再读《王锺翰学述》（以下简《学述》）与《王锺翰清史论集》（简称《论集》），深感这是今人学习和研究锺翰先生的学术经历、学术成就、学术思想和治学主张的必读之书。

《学述》一书，是由王先生口述，并由得其真传的王门诸高足整理而成的一本学术传记性的图书，作为“当代人文社会科学名家学述”之一种，由浙江人民出版社于1999年出版。全书约18万言，除“叙言”、“附录”外，共分六章。前五章记述其全国新中国成立前的求学、治学经历，依次是：“少年时代”、“燕园问学”、“一代学风”、“沦陷时期”、“光复解放”；第六章是全书的重点所在，分别记述了其终生治学专攻几个研究方向，及其在这些领域的学术著作、学术观点；包括：“关于清史研究”、“关于满族史研究”、“关于满族的社会经济形态”、“关于清代各民族与宗教政策”、“关于清代史籍的标点和校勘”。书后附有王先生的“著述目录”及对其进行研究评论的“研究评介资料”。

王先生在《学述》的“叙言”中谓：“学术只是表述一个学人的家世、治学、求师、学术钻研、别辟蹊境、成一家言与师承渊源之全部记录。与自传有别，凡与学术无关之事，均不可入录。”惟其如此，该书内容紧紧围绕学术主题，重点突出，简明扼要。加之，王先生一向风趣幽默，书中内容虽主要是谈与学术相关之事，但读起来却妙趣横生，引人入胜，使人在亲切自然的阅读中潜移默化的受到启迪。

我们从《学述》前五章有关王老的家世、经历中得知，他出生在一个处于穷乡僻壤的普通的农民之家，经济甚是困顿，少年时代靠邻里帮助，十岁时才入私塾，刻苦攻读了四书、五经与古文诗词，奠定了扎实的国学根底。又是在乡贤的垂爱与周济下，才得以走出山村，到长沙市入读基督教会办的雅礼中学，学到新式教育下中英文各种基础知识。1934 年凭借个人的资质考入燕京大学，但上学经费无着落，幸得校方的奖学基金赞助与老师的支援，才凑集到入读燕京大学的路费、学费与生活费。这样一位家境贫寒勤奋好学的青年，到了与清华、北大齐名的燕京大学，真乃如鱼得水。我们从《学述》的“燕园问学”与“一代学风”中，可以看到，他在燕大如何得到邓之诚、洪业、顾颉刚、张孟劬等一代国学大师的循循善诱，悉心调教；由此走上清史研究之路。还从孟森、萧一山等清史学前辈的讲演和著述中汲取营养，勇于超越。到在抗战时期，北平沦陷，邓之诚、洪业等师长，因抗日爱国拒绝日寇威胁利诱而被捕入狱后，其家人生活无着落，王先生又放弃在燕大的教职，到天津的一家公司任职，日夜奔走于京、津之间，以工资收入供养老师的家庭生活支出。这种尊师爱国的高尚情怀，实令人感动钦敬。在燕大南迁成都后，王先生又照料一代国学大师陈寅恪先生的起居而生活在大师左右，因能随时接受其教诲，指导其撰写论文。通过这些记述，我们不仅看到了王先生在艰难困苦的环境中如何勤奋好学，尊师重道；又可看到上述邓之诚、洪业、陈寅恪等各位大师传道、授业、解惑的学术风范，而源远流长的中国学术正是如此薪火相传，代代承续的。

《学述》的第六章，作为全书的重点，条理清晰地梳理了锺翰先生在学术研究中的几个专攻方向——“清史”、“满族史”、“民族史”、“史籍整理”等，具体扼要地叙述了其主要学术代表著作产生的过程、基本观点、治学方法、学术演变及其在学术发展中的作用和影响。我们从中可以看到王先生在半个多世纪的学术生涯中，如何将清史、满族史、民族史与清代史籍整理、融会贯通、集于一身的治学的特点，这也是他在清史研究领域成为独树一帜，无可取代的大师地位的根本原因。

《王锺翰清史论集》分装为四大册，于 2004 年由中华书局出版。王先生在是书“叙言”中在阐述自己的学术路径的同时，也介绍了全书的基本情况“将几十年来已发表的和未发表的长篇短什，将近二百篇，三百余万字，汇为一集，略加区分，列为五目：一为清前期；二为康乾时期；三为清晚期；四为其他；五为附录。五目中以康乾时期的论文为大宗；清前期次之，清晚期又次之，附录则略附自述之什而已。”从其自述中，可知《论集》除王先生统改的《满族简史》、主编的《中国民族史》外，其论述性的长短论文，自述文字，应该说基本上都收到了《论集》之中，大致上可以反映锺翰先生一生的学术成就、学术思想与学术特点及治学方法。这既是王先生留下的宝贵精神遗产，也是后人学习和研究其宝贵学术遗产的基本学术史料。

综上所述，可知《学述》与《论集》是打开王锺翰先生学术宝库的钥匙。将其执于手中，就可进入学习和研究先生学的术之门，因而不可不读。

二、将清史研究与满族史、民族史及清代史籍整理融会贯通并集于一身

锺翰先生自1934年夏，考入北平燕京大学历史系本科，而后又攻读硕士研究生，受业于邓之诚、洪业诸位大师，并于1937年发表《纪晓岚手书简明目录》，及至1939年发表《清三通之研究》，（后改名《清三通纂修考》），步入清史研究领域，直至2007年辞世，在长达六七十年的学术生涯中，孜孜不倦地从事清史研究，献身学术事业，取得辉煌成就，赫然成为清史大家。人们不仅要问，他是如何成为大家的？其主要成就与治学特点何在？我们在学习、研读了他的著作，再掩卷沉思，便可得出答案：他将清史研究与满族史、民族史及清代史籍的整理融会贯通并集于一身，从而取得卓绝成就，成为不可取代的清史大家。

我们不妨就这几个方面，再扼要论列。

其一，在清史研究方面：继前述其在完成本科和硕士研究生等论文之后，于20世纪40年代末至50年代初，他又相继发表了《清世宗夺嫡考实》与《胤祯西征纪实》，[①]这两篇大作，向当时的清史大师孟森的《清世宗入承大统考实》发起挑战，提出截然不同的观点，论文以丰富翔实的史料和严谨缜密的考证及条理分明的表述，得出雍正之继位，确乃谋逆篡位的结论，并认为康熙晚年属意继承其皇位的乃十四子胤祯。两篇论文问世，即刻受到学术界的高度肯定和赞扬，远在大洋彼岸的洪业先生曾欣喜致信称：“读《清世宗夺嫡考实》为之拍案叫好”，学界名宿叶公绰先生也称：“近王君锺翰所撰《清世宗夺嫡考实》，多所研寻，且博考群书……雍正夺位之迹无论如何不可掩盖”。这两篇论文，不仅将雍正继位问题的研究提升到新的水平，而且也奠定了正适风华正茂之年的锺翰先生在清史学界的地位。新中国成立后，王先生认真学习历史唯物主义，在原有扎实的实证方法的基础上，又陆续撰写了《满族努尔哈齐时代的社会经济形态》与《皇太极时代满族向封建制过渡》。[②] 这两篇鸿文，运用了大量中外历史文献，特别是《满文老档》，通过对满族的社会经济，生产力生活水平及阶级结构等方面的分析，阐明满族在努尔哈赤时代进入辽沈地区后，已进入奴隶社会，到皇太极时期已向封建社会过渡。文章对满族社会性质及其发展演变进程的论述，无论是史料运用，还是理论分析，都大大推动了对清前期历史的研究。同时，也是锺翰先生在学术思想上从实证主义向历史唯物主义转变具有突破性的代表作，正如他自己所说：这些文章“受新时代之潜移默化，烦琐考据少了，理论性话语多了，应该说是我的一点进步。”[③] 1957年，先生将此前已刊和未刊的论文结集为《清史杂考》由人民出版社出版。此书“打破了清史

① 此二文见《王锺翰清史论集》，中华书局，2004年，第1064—1133页。

② 此二文见《王锺翰清史论集》，中华书局，2004年，第72—110、226—285页。

③ 王锺翰著《王锺翰学述·叙言》，浙江人民出版社，1999年版，第1—2页。

研究长期沉寂的状况，无疑代表了当时清史研究的最高水平”。[①]

然而，他对清史的研究，远未到此止步。进入改革开放的新时期以来，他对清史研究更加深入，又有不少新的进展和开拓，即以雍正继位问题的研究为例，他根据新发现的档案资料——《康熙遗诏》、《王抚远大将军档》，又撰写了《清圣祖遗诏考辨》、《胤祯与抚远大将军王奏档》[②] 等文，进一步论证了其四十年前观点，且有新的补充和发展，在学术界引起很大反响。当前清史学界在雍正继位问题上越来越多的学者接受了他的观点，说明他老而弥坚，在学术研究中仍不断创新。继1957年出版的《清史杂考》之后，直到2007年他辞世之前，又陆续出版了《清史新考》、《清史续考》、《清史余考》和《清史补考》。他的五部《清史考》论集，视野广阔，涵盖了清史、满族史的各个方面，为清史研究树立了一座巍峨的丰碑，标志了他在清史研究领域名副其实的大师地位。特别是他对清史满族史诸多史实的考证方面取得的突出成就，实乃孟森之后一人。

其二，对满族史的研究：1952年，正当锺翰先生的清史研究势头旺盛之际，却在全国高校院系调整过程中，被调入中央民族学院转入对满族史的研究。表面上看，中断了自己刚刚崛起的清史研究，不免是令人惋惜，其实则不然。作为断代史的清史与作为民族史分支的满族史虽然各有不同之处，实际上二者有着不可分割的联系，如能融会贯通，可有互为补充，相得益彰之成效。王先生逐渐领悟到，由于清朝是由满族建立的一个全国性政权，“对满族史的理解，应该是研究清史的基础和前提”。如果没有对满族的形成、发展以及其独特的社会性质和文化的深入研究，“就难以把握清朝统治的特性，难以探究有清一代的政治、经济、社会生活的底蕴。”[③] 然而，当其转入满族史研究时，学术界满族史的研究，除孟森先生的一些成果外，几乎是一片空白。面对这样的现实，他知难而进，系统的搜集资料，研究满族社会经济形态，相继写出前已提到的《满族在努尔哈齐时代的社会经济形态》、《皇太极时代向封建制的过渡》。此后，他又参加了有关方面组织的对满族社会历史的调查及《满族简史》的编写，该书作为《中国少数民族简史丛书》之第一种，由中华书局于1979年出版。

围绕满族史研究，王先生还陆续撰写了《关于满族形成的几个问题》、《满族先世的发祥地》、《国语骑射与满族的发展》、《内务府世家考》及《满族在中华文化发展过程中的贡献》等重要论文。对于满族的族源和发祥地问题、满族的形成问题以及八旗内的民族关系、满族在清代的发展等问题，进行了深入的、开创性的探索和研究。

锺翰先生还牢记陈寅恪大师说过的话：“至于清代史事，则满文名字之考证，殊与推求事实有关，治史者不得而不究”的论述，又谨遵陈师在其赴美留学的教导：“哈佛语言学不错，多学点语言，或许还有用处”。先后学过拉丁文、日文、德文以及满文、蒙古文。他在研究满族史过程中，利用自己的满文优势，通过对满文的诠释，解决了一些满族史和清史中的疑难问题。如其所写《释汗依阿玛》一文，“依据了大量国内外官

---

① 李鸿彬《文章成一家 桃李满天下——介绍我国著名清史与满学专家王锺翰先生》，收入《庆祝王锺翰先生八十寿辰学术论文集》，辽宁大学出版社，1993年，第641页。

② 此二文见《王锺翰清史论集》第二册，1169—1210页。

③ 《王锺翰学述·关于满族史研究》，第140页。

私文书和档案资料，尤其主要满文史料和满族历史传统习俗，肯定了两个问题：一是多尔衮生前确被加封过皇父摄政王；二是孝庄皇太后确实下嫁过多尔衮”。[①] 另如其所写的《释马法》一文，探讨了满语马法的译法，以及顺治是否称呼德国传教士汤若望为“爷爷”，即得出结论：顺治称汤若望为“马法”，并非是人伦上的“爷爷”、“祖父”之意，而是年龄层次上的“老翁”、“长老”即口语中的“老爷子”、“老爷爷”之意。

由上可见，锺翰先生在满族史研究方面确卓有卓越贡献，正如有的学者所评论的，他的研究“使满族史作为一门独立学科，似有开创之功”。[②]

其三，对中国民族史的研究：中华民族自古以来就是多民族所组成，各个民族之间彼此联系，互相交融，满族只是多民族大家庭中的一个成员，满族史也只是中华民族史的一个分支，因而对满族和和满族史的研究不能孤立和故步自封。因此，锺翰先生在从事满族史研究的同时，也将研究视野扩展到对其他民族，如对清代蒙古、达斡尔、锡伯及西南民族问题的研究，并撰写了不少论著。其中《达呼尔人出于索伦部考》，以确凿的史实，论证了达翰尔人的直接来源是索伦部，纠正了包括日本学者在内的国内外学界在达翰尔族族源问题上的各种错误认识；他撰写的《清初八旗蒙古考》，考证清代八旗内满洲八旗、蒙古八旗，以汉军八旗之间的相互关系，特别是八旗蒙古的建立和编制的研究，弥补了学术界此前对此未做过专门研究之不足。在蒙古史研究方面，他还撰有《蒙古世系谱作者及其它》、《试论理藩院与蒙古》等，都推动了蒙古史有关问题的研究；他所撰写的《沈阳太平寺锡伯碑文浅释》，对沈阳太平寺旧址上发现的、用锡伯文撰写的一座锡伯家庙碑，将之与满语相对照，进行了诠释，依据碑文提供的史料，证明了锡伯族的发祥地及其内迁的过程，纠正了过往学者对锡伯人原居地的不确论说，弥补了史文之阙。此文，不久被译成德文，又与意大利威尔斯大学一位满文讲座教授所撰《锡伯史稿》同编为《锡伯族史专号》，公开出版。[③] 他的《雍正西南改土归流始末》长文详细论述了雍正年间清政府在云南、贵州、广西三省的少数民族（包括苗、瑶、黎、侗等）地区推行改土归流的过程及评介，此文用丰富的史料，翔实论述了雍正推行改土归流政策的始末及其历史作用，推动深化了改土归流问题的研究，成为这方面的奠基之作。

锺翰先生在对清代满族史及其他少数民族问题研究的基础上，又于1992年撰写了《论清代民族宗教政策》[④] 一文，在我国最高的人文社会科学刊物《中国社会科学》上刊出，此文在其对清朝某一地区或某一民族的政策分别具体论述的基础上，对整个清代的民族宗教政策进行了宏观的、概括性的论述。尔后，此文又被译成英文，刊于英文版的《中国社会科学》在国际上产生了重大影响。这篇宏文的发表，进一步证明以考史精详的锺翰先生不仅仅是长于实证，而且在理论性的阐发与综合的、宏观的论述方面，也多有建树，也说明其学术思想、学术观点在不断的发展与升华。

锺翰先生在中国民族史研究方面的贡献，还体现在其主编的《中国民族史》一书

① 《王锺翰学述·满文诠释及其它》，第164页、168页。

② 朱诚如：《清史论集——庆祝王锺翰先生九十华诞·序言》，紫禁城出版社，2003年，第2页。

③ 《王锺翰学述》，第206页。

④ 此文见《王锺翰清史论集》，第822—845页。

中。这部著作是基于各个少数民族大都编写有本民族的《简史》和简志，理应在此基础上，编写一部包括55个少数民族在内的，较为全面的、系统的、公正的民族史，由此组织了包括国家民委、中国社会科学院、民族研究所、中央民族学院等单位多位专家在内的，并由锺翰先生任主编的编写组。编者追求的目标是"把《中国民族史》写成一部以中国有史以来的以少数民族为主，联系华夏（汉）民族的产生、形成、发展的综合性历史，力求找出各个民族的盈虚消长和兴衰治乱的特点和规律，并加以总结和概括，把这种符合中国各民族历史本身的规律及体系贯穿于本书之中。"作为国家哲学社会科学"七五"规划的重点课题之一，经过编者数年努力，并由王先生最后统一定稿，于1994年由中国社会科学出版社出版。此书问世后，迅即获得学术界好评，被公认为是在目前已有的研究成果基础上，达到了一个新的水平，并先后获得第九届国家图书奖、北京市第四届哲学社会科学优秀著作一等奖，以及吴玉章奖和第六届文史社会科学优秀著作一等奖。[①] 锺翰先生作为全书的主编，对该书的贡献当然功不可没。

学术研究事业是一件极其艰苦的创造性劳动，一个学者能在某一领域取得卓越成就很不容易，如能涉及诸多领域则难，而能在诸多领域都取得卓越成就则更难。而锺翰先生不仅在清史领域，而且在满族史、民族史等诸多领域都做出了卓越的成就，更是难乎其难矣！

其四，对清代史籍的点校与整理：对清代史籍的标点校勘与整理，是王先生学术经历中的一个亮点，也是他研究与推动清史研究又一重大贡献。

众所周知，锺翰先生作为一个正直的知识分子，1957年在反右风暴中被错划成"右派"。从此之后，直到1978年，在长达20多年的时光中，竟被剥夺了发表论著的权利。如同一颗耀眼的新星突然坠落，这对他本人乃至清史学界都是一个不小的遗憾和损失。然而，厄运的降临，并没有摧折他的坚毅的学术志向，而是以迂回的方式转向对清代史籍的搜集与整理。1957年，他利用到沈阳参加少数民族问题的历史调查之机，将《朝鲜李朝实录》通读了一遍，并从中辑录出20万字的《朝鲜李朝实录中的女真史料选集》。搜集的史料中不少是孟森、吴晗两位前辈相关史书中未有的史料，为研究明代女真史和清朝开国史可资参考。鉴于其学术资料价值，终于在1979年由辽宁大学历史系作为《清初史料丛刊》十四种之一，予以出版。此间，他还用罗马拼音辑录了沈阳文溯阁所藏《满文老档》，为编写《满族简史》搜集补充了大量史料。

锺翰先生对清代史籍的整理更重要的贡献还在于参加点校《清史稿》和独立点校《清史列传》。其参加《清史稿》的点校，是基于毛主席和周总理曾先后指示中华书局要点校《二十四史》与《清史稿》。为此，他于1971年被借调到中华书局。起初共同参加《清史稿》点校工作的还有罗尔纲、刘大年、孙毓棠、启功等名家，他们相互分工，分别点校其中的《本纪》、《志》、《列传》。王先生则和刘大年、孙毓棠负责《列传》部分，然而不久，刘大年因参加郭沫若《中国史稿》近代史部分的编写，孙毓棠又被调到《志》部分，使得《列传》的点样工作，仅剩下王先生一人。其任务之艰巨、工作量之繁重，可想而知。对此，正如王先生所云："自己虽专攻清史，以前在哈佛也

① 《王锺翰学述》，第226页。

学过满文，但对清史中的人名、地名、官名还常常是云里雾里”。他还就此具体举例说：“《清史稿·列传》三一五·属国三·暹罗》，其中提到暹罗国王的名字为：暹罗国王臣森列伯腊照左右拍腊马呼陆坤司由提呀菩埃……”一个名字竟长达 19 字，这样的暹罗文汉字译音的含义为何？怎样标点，实在难乎其难。为解决这样的难题，他还专门跑到北大东语系请教，也未能得其解。而在点校工作中常常碰到的绊脚石、拦路虎还有很多，为解决这样的疑难不得不遍查文献典籍，到处咨询请教。如此，克服重重困难，至 1975 年点校工作终告完成，遂交印厂排印。这时，领导上又要求一年内要将全书出齐。然而，曾先后参加点校工作的学者都已陆续回原单位。能看校样的只有王先生和书局的两位编辑。全书七八百万字，每天至少要看 200 来页，看了整整一年才完成。他曾自谦地说：“《清史稿》问世后，被人揭露的错标失误虽不算太多，但为数也不少。其责任首先在我，因为最后看校样主要由我承担，可以说全书从第一页到最末一页，我都起码看过三四遍以上……总之，《清史稿》存在的错误，我应该负大部分责任。”①

我们从王先生的自责中，倒可以了解到他在《清史稿》点校工作中的工作状况。当时的王先生已经年近七旬，担负如此繁重的工作，定然是疲惫不堪，心力交瘁，但他不但不夸自己的功劳和苦劳，强调的却是对书中存在的差错，自己要“负大部责任”，这是何等的高风亮节。

1976 年，《清史稿》的点校工作完成后，锺翰先生出于对清史的执著追求和责任心的驱使，又欣然接受了中华书局方面的要求，再接再厉以一己之力，承担了对清朝的另一部多卷本大书《清史列传》的点校工作，不得不又历经多个寒暑，每天风里来、雨里去，从自己所在的中关村住处，挤公交车往来于中华书局和第一历史档案馆，查核档案与各种清代传书文献，对全书收录的近 3000 篇传记，一一厘清了传稿来源，再标点和校勘文字，核查谬误，最后写了富有研究参考价值的《〈清史列传〉点校序言》冠于书前，还写了长达近 10 万字的“校勘记”附于卷末，至 1987 年这部 400 多万言的巨著由中华书局出版。我想，大凡是研究历史特别是研究清史的学者，没有人不读《清史稿》与《清史列传》者。饮水思源，我们不能不肃然起敬的想到其点校者锺翰先生为此呕心沥血而作出的贡献。这项工作可谓嘉惠士林，功德无量。

以上从我个人读王先生的《学述》与《清史论集》后，对其学术研究领域所作的简要评介中，自然令人想到，在当今学术界，置身于清史、满族史、民族史研究及从事史籍整理的学者很多，各个领域中也不乏突出成就者，但能将这几个领域融会贯通，集于一身，且都做出卓越成就者，则凤毛麟角独有王锺翰先生，惟其如此，才造就了其成为名至实归的赫赫清史大家、巍然一代宗师的崇高地位。

三、道德品节与立身行事皆堪为人师楷模

锺翰先生之所以受人敬仰，不仅仅是学识渊博，学术造诣精深，还在于他的道德品节与立身行事，都堪为人师楷模。其在这方面更是有许多动人的事迹，备受称赞。

① 《王锺翰学述》，第 230 页。

首先，他作为一代学人，其学术研究总是与民族的命运、国家的前途紧密联系在一起。他之所以选择清史作为自己终生的研究志向，就胸怀着经世传统和忧患意识。1934年当他考入燕京大学历史系时，正值1931年“9·18事变”之后，其业师邓之诚先生在讲授中国通史课时，以高昂的爱国经世情怀，大声疾呼：“今后诚如救亡，莫如读史。诚如读史，莫如注重史实”；[①] 他的另一位老师洪业先生于1935年“12·9运动”后的一天，端坐在课堂讲桌上，长时间一言不发，只是默默地拼命吸烟斗，突然挺身站起，拍着讲桌说：“现在日本人侵略我们，国家已危在旦夕了，我们打不过人家，怎么办？有本领的，可以拿起枪杆子和日本人干……读书人也应有自己的本领，那就是我们要用笔杆子和日本人一争高下，日本人狂得很，他们说，世界汉学中心从来就不在中国，先是在英国，后来在法国，现在是在日本，他们说我们中国人没有能力，我们一定要争口气，把汉学中心抢回我们北京来”。[②] 二位老师的教诲，在他胸中点燃了学史是为了救亡爱国的烈火。特别是当他看到日本侵略者为了给其侵略寻找根据，建立满洲国，并妄图将之从中国分裂出去，而不惜代价地搜集史料，翻译满洲档案，下大力研究满族史，且自诩日本是汉学研究中心时，就下决心要研究清史和满族史，一定要把汉学中心抢回来。邓、洪二师在支持其这一志向的同时，还谆谆教导他：“仅有决心是无济于事的，日本人搞学问确有一套，目前的研究水平，占有资料都比我们强，欲超过日本人，还不是一朝一夕之功，不能急于求成，还是先打好学问功底。”[③] 可见，他研究志向的确定，一开始就把学术研究与民族的命运和国家的前途紧密联系在一起，以高尚的民族情操与强烈的爱国主义精神为动力。

也正是在远大的志向和强烈的民族精神支撑下，锺翰先生从走上清史研究之路起，就以甘坐冷板凳的坚强毅力，基于历史学学科的特点，为打好学问功底，勤奋踏实，孜孜不懈，认真读书，大量掌握基本史料。正如他在《自述》中所说：清史的最基本史料是《清实录》，这部卷帙浩瀚的史书，其线装本共1222册，他用了三年时间通读过一遍，乾隆之前的几朝《实录》都不止一次的反复阅读。它如《明实录》、《李朝实录》也都通读过。至于清朝的各种官书、档案、谱牒、文集、方志等，几乎是手披目验，以竭泽而渔的精神，尽可能大量阅读。再加他精通各种语言，除汉语外，他还懂满语、蒙古语，且懂日语、英语、德语。因能直接阅读满文老档等少数民族史料和各种外文资料。能用各种语言文字，互相印证，触类旁通。他不管研究什么问题，都从掌握第一手资料入手，决不空发议论，并将这样的学风贯彻终生。惟其如此，才使其论著，都以史料丰富，考证精详而著称。在当今学术界浮躁之风盛行的状况下，王先生这样的治学精神和优良学风，尤值得作为楷模而效法传承。

尊师、敬师是中华民族的传统美德，甚至将之列为人伦道德的标志，而王先生在尊师、敬师方面的优秀品德，在学术界更是传为美谈。他几十年如一日，每忆及其从私塾、小学、中学到大学时期的老师，都念念不忘的谢恩、感恩，而且将这种感谢的情

---

① 《王锺翰学述》，第22页。

② 《王锺翰学述》，第38—39页。

③ 《王锺翰学述》，第40页。

怀，体现到自己的立身行事之中，如前已提到的抗日战争时期，日本侵略者在太平洋战争之后，将魔爪伸到燕京大学，为迫使燕大师生就范，曾逮捕并判刑洪业、邓之诚等著名教授，致使老师们的家庭生计陷入困顿，为了解决老师们家庭困难，他竟然放弃了燕京大学的助教职务，而自愿到天津一家公司就职，将每月的工资收入留下自己的生活费外，都拿出来供养邓之诚先生一家老小的生计。还想方设法，周济解决其他老师家困难。对此，锺翰先生曾自喟："一年半来未能好好读书了。刚刚起步的清史研究也无继续进行，我内心不无遗憾，但想到这期间二位老师在危难之中，自己奔走经营，对老师虽无大助，也算尽了一点心力，于道德无愧，于人格无损，是可以引为自慰的。"抗日战争后期，他在迁至成都燕京大学时，由于国学大师陈寅恪先生眼睛失明，由他负责陈先生一家的生活起居，他也悉心照料。在张孟劬、邓之诚、洪业等先生谢世后，他一一为这些老师写传记，整理他们的书稿，为之出版文集，以传承先师的学术，并谨遵老师的遗嘱，办理各种事宜，如办理洪业先生的图书捐赠，在北大和民族大学设立洪先生的奖学金等。直到他自己至耄耋之年，每提及老师们对自己的教诲之恩时，仍总是老泪横流。2001 年，王先生已年近九旬，当其应邀出国访问讲学途经美国时，还专程到洪业先生的墓前奠祭，仍以老迈之躯朴倒在地行跪拜大礼。如此待师如父之深情，实感人泪催。

锺翰先生作为一名终身教授，几十年如一日为国家和民族培养的学生，可谓成千上万，桃李满天下，自不待言。他对学生传道、授业、解惑，都循循善诱，诲人不倦。对研究生的培养提携，尤其认真负责，在确定每位研究生的论文选题和研究方向时，都依据其自身的条件和优长而因材施教，如根据刘小萌和姚念慈的专长，分别确定他们的选题为："满族部落与国家形态"、"八旗制政体"；定宜庄与赵令志本身是满族，给他们确定的选题分别为："八旗驻防"、"旗地研究"；扎力达布是蒙古族人，为之确定了"漠南蒙古"的选题……如此等等。而今，这些当年的研究生，已大都是清史研究各领域的名家，成为国之栋梁，在学术研究领域形成王门重镇。①

锺翰先生不仅在尊师爱生方面是楷模，他对清史领域的同行、朋友，不管长幼，都彬彬有礼，以诚相待，从不以大师自居和长者自尊。即以我自己为例，我较王先生年龄相差 25 岁，当然是他的后生晚辈，但每有交往，都是以礼相待，丝毫没有架子，蒙其馈赠大著，落款都是"锺翰敬赠"，有时新春佳节，给其呈寄书信贺卡，他一定回赠。因为我曾供职于中国社会科学出版社，其主编的《中国民族史》在该社出版，曾荣获国家图书奖、人文社会科学优秀著作奖和吴玉章奖等各种奖项，某次申报奖项时，还曾十分谦虚地写信嘱我写"推荐意见"。

先生虽然为学术界尊称为清史研究的权威和大师，他却坚辞不受，总是认真而谦逊的说："不是，不是，我就是一个明清历史的研究人员，算不上权威"。他不仅提携自己的学生和其他单位的青年研究工作者，为他们的著作撰写推荐意见和序言。甚至，对于一些素不相识的清史爱好者来信求教与登门拜访，都热情接待，耐心回答问题，或回信寄送书籍资料，几乎是每求必应，每信必复。万一不及回应，就嘱其学生代为办理。

① 参见郧永君《见贤思齐应未迟》，《光明日报》2011 年 8 月 1 日。

王先生终其一生，德高望重，名满天下，却始终没有改变其作为一个平民教授的书生本色。什么时候见到他，都是衣着朴素，粗衣布履，和蔼慈祥，笑容可掬。还经常不分老少，幽默诙谐地说点笑话，他这样一位大学者与一个北京普通百姓家的老头几乎没有两样。

由上可见，我们称赞王先生的道德品节与立身行事皆为人师楷模，绝非虚谀之词。

总之，在王锺翰先生诞辰百年之际，我们纪念这位赫赫清史大家，巍然一代宗师，重要的目的是学习和发扬光大他的学术成就、学术思想与高风亮节。

The Search for the ManchuKanjur: Its 'Discovery', Study, and Reissue

(满文《甘珠尔》之发现、研究与再版)

中见立夫（日本国立亚非语言文化研究所）

Introduction

The compilation of the ManchuKanjur was initiated at the command of the Qianlong (乾隆) Emperor of the Qing dynasty in Qianlong 38 (1773) at the same time as the *Siku quanshu* (四库全书, The Emperor's Four Treasuries) was being compiled, and it was published in Qianlong 55 (1790). Tibetan and Mongolian versions of the Tripitaka (Kanjur and Tanjur) have been published on numerous occasions over the years, but the Manchu Kanjur was published on only this one occasion, and only twelve sets were printed. It is made up of 699 texts in 2, 535 fascicles divided into 108 cases or volumes, which are in pothi format, with each leaf measuring 24. 5 cm × 73 cm, and are printed in red ink. ①The Qianlong Emperor ruled as an incarnation of the bodhisattva Mañjušrī over those of his subjects who were followers of Tibetan Buddhism, either in Tibet and Mongolia or among his banner men (*qiren* 旗人). If the compilation of the *Siku quanshu* is seen as a major cultural project carried out by the Qianlong Emperor in his capacity as the emperor of Greater Qing, then the publication of the Manchu Kanjur could be regarded as his greatest cultural undertaking in his capacity as a Manchu, a follower of Tibetan Buddhism, and a patron of Buddhism.

The Tripitaka was compiled in numerous languages as Buddhism spread to various regions throughoutAsia, and the study of the compilation and publication of the Tripitaka in different languages and regions forms an important part of Oriental studies and Buddhist studies around the world. The Cambodian version Tripitaka of the Pāli canon of Theravāda Buddhism is comparatively new, but it was lost during the upheavals that have plagued Cambodia since the 1970s, with only a single copy being preserved at my Research Institute for Languages and Cultures of Asia and Africa in the world. After peace was restored to Cambodia, a photo facsimile edition of this single copy was produced and presented to the people of Cambodia. The Tripitaka

① Luo Wenhua 罗文华, "Manwen 'Dacangjing' bianzuan shilüe 满文《大藏经》编纂史略", Zhongguo Lishih Wenwu 中国历史文物, 2005 No. 3, pp. 72 – 81. ; Zhang Hongwei 章宏伟, "Qingwen fanyi quancangjing shuming, xiushu jigou fanyi kanke shijian kao《清文翻译全藏经》书名、修书机构、翻译刊刻时间考", Shiliu – shijiu Shiji Zhongguo Chuban Yanjiu 十六—十九世纪中国出版研究 (Shanghai: Shanghai Renmin Chubanshe, 2011), pp. 426 – 453.

has great significance for Buddhists and also for research in Asian studies.

Many studies of the Tibetan and Mongolian Tripitaka have been published byTibetologists and Mongolists around the world, and in comparison the Manchu Kanjur has failed to attract the attention of scholars of Manchu studies, Qing history, and Buddhism. One reason for this is that the Manchu Kanjur is of comparatively recent origin and was not considered to be very important as material for the study of the Manchu language. But above all it was a rare work, with only twelve sets having been printed, and it was virtually impossible to gain access to it. However in 2003 the Manchu Kanjur was republished in its original format through the efforts of the Palace Museum（故宫博物院）in Beijing. More in 2004, a volume of 451 leaves held by the Wellcome Library for the History of Medicine in London has been brought out on CD – ROM with detailed explanatory comments by Dr. Hartmut Walravens. It is to be hoped that with the appearance of these reproductions, the Manchu Kanjur will arouse the interest of researchers in the fields of Manchu studies, Qing culture, and Buddhist studies. In contrast to these developments in the twenty – first century, Japanese researchers have been giving their attention to the Manchu Kanjur since the start of the twentieth century. For what reasons and where did they seek out the Manchu Kanjur? In this article, I wish to describe the course taken by the search for and study of the Manchu Kanjur and also the Tibetan and Mongol Tripitaka in Japan.

I Reasons for Japanese Interest in the Tripitaka

Buddhism has a long history inJapan, having been first introduced in the sixth century. As Buddhism spread in Japan and captured the hearts and minds of the Japanese, efforts were made to bring copies of the Chinese canon to Japan from mainland China and the Korean peninsula, and the Japanese themselves also brought out several editions of the Tripitaka. During the Tokugawa（德川）period, Buddhism received the generous patronage of the Shogunate（将军家）, chiefly because of a wariness of Christianity. Buddhism also had a good relationship with Japan's indigenous religion of Shintō（神道）, and it was common to find Shintō shrines in the grounds of Buddhist temples. But once the Shogunate was overthrown in the Meiji Restoration（明治维新）and the new Meiji government was established in the middle of the nineteenth century, supporters of Shintō initiated a movement to denounce Buddhism with a view to repudiating the coexistence of Shintō and Buddhism and making Shintō Japan's "national religion." Buddhist circles in Japan found themselves in a crisis, faced with attacks from Shinto on the one hand and a rapid influx of Western civilization on the other. Japanese Buddhism came under pressure to break free from its old shell and turn into a modern religion, and there arose a reform movement within Buddhism. This movement took the form of both a reorganization of Buddhist religious orders and also a deepening of the study of Buddhism, that is, the establishment of Buddhist studies as a body of scholarship suited to a modern religion.

InWestern Europe at the time, that is, in the second half of the nineteenth century, Indo

– European comparative linguistics and Indology were enjoying a period of tremendous popularity because of an interest in the question of the origins of European peoples and their languages, and these two disciplines had become the main fields of research in European Oriental studies. "The basic Sanskrit texts had been published, reliable dictionaries were being compiled, and both established and up – and – coming scholars were vying with each other to publish the findings of their research, as a result of which academic circles in England, Germany, and France were displaying a remarkable degree of energy. "① Naturally, Buddhist circles in Japan too took notice of these fruits of the study of Indology in Europe, and several young monks were sent to Europe to study. By this means the findings of European Indology were introduced to Japan and developed into the study of "Indian philosophy and Buddhology" (*Indo tetsugaku Bukkyō – gaku* 印度哲学・佛教学). The people who played the most important role in these developments were Nanjō Bun'yū (南条文雄), who in 1885 started the first course in Sanskrit at the Imperial University in Tokyo, Japan's only university at the time, and Takakusu Junjirō (高楠顺次郎), who in 1901 became a full – time lecturer in Sanskrit, and both of these scholars had studied at Oxford University in England. In order to establish in Japan the discipline of Indology that they had studied in Europe, that is, the philological method of studying Buddhist scriptures, they were seeking texts to serve as a foundation for this type of research. There would have been many texts on which they could have focused, but they attached the greatest importance to the canonical collections of Buddhist scriptures and turned their attention to collecting versions of the Tripitaka preserved in different languages. Takakusu is known as the founder of the "modern" study of Indian philosophy and Buddhism in Japan, and although his research activities in Europe and Japan were many and varied, his most important achievement was the compilation and publication of the Taishō Tripitaka (*Taishō shinshū daizōkyō* 大正新修大藏经).

Japanese scholars of Indian philosophy and Buddhism in the Meiji era (all of whom were monks) shared the perception that during the transmission of Buddhism from India, where it had its origins, to distant Japan over a long period of time various extraneous elements had found their way into Buddhism, which had as a result turned into something different from the original Buddhism. Therefore, in order to consider the original form of Buddhism it was essential to study the oldest available Buddhist texts, and there was a growing interest in Sanskrit sūtras and Tibetan scriptures, the latter of which were believed to faithfully preserve the doctrines of early Buddhism. At the time, the study of Sanskrit sūtras was advancing in Western Europe, and Japanese were eager to study the findings of this research. In addition, Japanese monks such as Kawaguchi Ekai (河口慧海) and others attempted to enter Tibet, which was at the time closed to foreigners, and bring Tibetan scriptures back to Japan. The result of these efforts

① Tokyō Teikoku Daigaku Gakujutsu Taikan 东京帝国大学学术大观 (Tokyo: Tokyō Teikoku Daigaku, 1942), p. 357.

by Japanese Buddhist scholars was the compilation of a new Buddhist canon based on the critical editing of the texts of Buddhist scriptures, and this bore fruit in the Taishō Tripitaka. Looking back, Takakusu remarked in connection with the compilation of the Taishō Tripitaka that "the research activities and various investigations conducted until now were all preliminary preparations for the compilation of this Tripitaka," and as one of these "preliminary preparations" he also touched on the fact that "we lodged a request with the Imperial Court and deposited the three Buddhist canons in Manchu, Tibetan, and Mongolian at [Tokyo Imperial] University."①

Ⅱ The Boxer Uprising and the Tibetan Tripitaka

In 1900 the Boxer Uprising broke out inChina, and once Japan too had decided to send troops, the Ministry of Foreign Affairs sent out requests for Chinese interpreters, since at the time it was no easy matter to find interpreters for Chinese in Japan. Higashi Hon'ganji（东本愿寺）, the head temple of the Ōtani branch of the Jōdo Shin sect（净土真宗大谷派）, responded to this request by sending Teramoto Enga（寺本婉雅）, who became an interpreter attached to the 5th Division in Beijing. ②In the previous year Teramoto had made an unsuccessful attempt to enter Tibet, and even while he was in Beijing "thoughts of going to Tibet were ever present in my mind, and I was naturally waiting for an opportunity, as well as not neglecting my usual Tibetan studies."③ The driving force behind Teramoto's interest in Tibet was the perception, mentioned earlier, that the Chinese Buddhist scriptures that had been transmitted to Japan had undergone changes in the course of their transmission and in the course of having been translated into Chinese, often more than once, and could not be said to convey accurately the original form of Buddhism, and in this respect the scriptures of Tibetan Buddhism, deriving from the current of late Indian Mahāyāna Buddhism, were considered to merit attention. It was for this reason that Teramoto wanted to go to Tibet for the purpose of studying Tibetan Buddhism and collecting Buddhist scriptures. These perceptions and this deep interest in Tibet were shared by all the young monks who were making plans to visit Tibet around this time, including Nōmi Hiroshi（能海宽）, Kawaguchi Ekai, Aoki Bunkyō（青木文教）, and Tada Tōkan（多田等観）.④

On 17 September 1901, Teramoto visited the temples Huangsi（黄寺） and Zifuyuan

① Musashino Joshi Daigaku Bukkyō Kenkyūjo 武蔵野女子大学佛教研究所 ed., Secchō Takakusu Junjirō no Kenkyū 雪顶・高楠顺次郎の研究（Tokyo: Daitō shuppan－sha, 1979）, p. 82.

② Nanjō Bun'yū 南条文雄, Kaikyū－roku 怀旧录（Tokyo: Heibon－sha, 1979）, p. 272.

③ Teramoto Enga 寺本婉雅, "Dai－nikai Zō Mō ryokō－ki" 第二回蒙蔵旅日记 in Teramoto's Zō Mō Ryokō－k 蒙蔵旅日记（Tokyo: Fuyō shobō, 1974）, p. 272.

④ Yamaguchi Zuihō 山口瑞凤, Chibetto（Jō）チベット（上）（Tokyo: Tokyō Daigaku shuppan－kai, 1987）, pp. 61－108.

(资福院) outside Beijing's Anding Gate (安定门). Both of these temples had been ravaged by the Boxers, but it was not just the Boxers, but also troops of the eight - country alliance occupying Beijing who had pillaged and destroyed the temples. The scene observed by Teramoto was one in which "scriptures in writing that was neither European nor Chinese," that is, Tibetan Buddhist texts, "had been scattered and abandoned in the temple grounds and trampled underfoot without anyone dreaming that they were precious scriptures, and no one at all was taking any notice of them." "Having witnessed this sorrowful scene," and "unable to turn a blind eye to it," Teramoto "negotiated with the head lama of the temple and was able to purchase" the scriptures. ①Thus did Teramoto describe the circumstances and his frame of mind when acquiring these Tibetan Buddhist scriptures.

On hearing the report fromTeramoto, Nanjō Bun'yū, Teramoto's former teacher, arrived in Beijing. He came as a member of a group that had been sent by Higashi Hon'ganji to provide support for the Japanese troops and civilians in Beijing. According to Nanjō, "Teramoto led us to Huangsi and made efforts to take receipt of the Tibetan canon held by the temple by asking His Excellency Divisional Commander Yamaguchi Moto'omi (山口素臣) for assistance. His Excellency readily grasped his intentions, and saying that it would end up getting in the way if it remained here, had it all sent by post for us."②

In this manner, a group of texts from the Tibetan canon were acquired inBeijing and sent to Japan as a result of the Boxer Uprising. Some of the texts that were in especially good condition were presented by the army division stationed in Beijing to the Ministry of the Imperial Household (宫内省). Consisting of "8 types, 151 works, and 350 volumes," they all belonged to the Kanjur and are said to have been made up of three groups of texts: (i) manuscripts written in gold script on indigo - blue paper [绀纸金泥写本], (ii) block - prints in red ink on white paper [白纸红字版本], and (iii) block - prints in black ink on white paper [白纸黒字版本]. ③According to Teramoto, they were "purchased by me from Huangsi," and the block - prints were from a reprint of the Tibetan canon produced in Wanli (万历) 33 (1605) during the Ming, while the manuscripts included some dating from Zhengde (正德) 3 (1508) of the Ming; they made up "293 cases," but "there were duplicates of similar sūtras, and many texts were missing."④ In content, they were thus inferior to the other group of texts to be described below. Having been presented to the Ministry of the Imperial Household, these texts were through the efforts of Tanaka Kōken (田中光顕), Minister of the Imperial Household, promptly placed in the safekeeping of Tokyo Imperial University, but almost all of them were later lost in the Great Kantō Earthquake of 1923.

---

① Teramoto Enga, "Chibetto issai - kyō sō - mokuroku jo 西蔵一切経総目录序", Teramoto's Zō Mō Ryokō - ki, p. 299.

② Nanjō Bun'yū, op. cit., pp. 272 - 275.

③ Teikoku Tōyō Gakkai Kaihō 帝国东洋学会会报 No. 2 (August 1902), p. 5.

④ Teramoto Enga, "Chibetto issai - kyō sō - mokuroku jo", p. 300.

The second group of texts from the Tibetan canon acquired by the Japanese inBeijing at the time of the Boxer Uprising came from Zifuyuan, and according to some accounts it was only this group of texts that was discovered by Teramoto. In addition to 1, 016 works of the Kanjur in 106 cases and 5, 001 works of the Tanjur in 252 cases printed in Kangxi 26 - 27 (1687 - 88), this corpus also included many other texts, including the complete works of Tsong - kha - pa and Changkya (lCang - skya) I. Today these are held by Ōtani University (大谷大学) in Kyoto, and they provided the master copy for the *Photographic Reprint of the Tibetan Tripitaka* (*Pekin - ban Chibetto Daizō - kyō* 北京版西藏大藏経) that was published in Japan in 1958. It was in this fashion that the internationally famous collection of Tibetan works at Ōtani University was formed.

Ⅲ The Manchu Canon and Mongolian Canon in Mukden (Shenyang 沈阳)

The search for the Buddhist canon by Japanese scholars of Indian philosophy and Buddhism still continued. In 1902Naitō Konan (Torajirō) [内藤湖南 (虎次郎)], a renowned scholar of Chinese history in prewar Japan, visited mainland China to inspect "the actual state of Russia' s control of Manchuria." Prior to his departure, he had received a request from Takakusu Junjirō: "According to what I have previously heard from European scholars, there is in Mukden [a copy of] the Manchu Kanjur translated during the Qing dynasty, and so if the opportunity arises during your travels, I would very much like you to check its whereabouts."① The reason that Takakusu made this request of Naitō was that Naitō had previously written an article about the Manchu Kanjur after reading the *Xiaoting zalu* (嘯亭雜録),② and this had led to some contact between the two men. Since the Tibetan canon had already been brought to Japan in the previous year, it can be readily imagined that Takakusu would have taken an interest also in the Manchu and Mongolian canons. At the time, Naitō "did not have enough knowledge to recognize the difference between Manchu and Mongolian languages," but at any rate he ascertained the existence of Manchu and Mongolian scriptures at the temples Huangsi (黄寺) and Taipingsi (太平寺) in Mukden and, after his return to Japan, reported his findings to Takukusu and Ueda Kazutoshi (上田万年), dean of the Faculty of Literature at Tokyo Imperial University.

Eventually relations betweenJapan and Russia deteriorated on account of the situation on the Korean peninsula and in northeastern China. The outbreak of war between the two countries became inevitable, and because it was likely that Mukden would fall within the theatre of war,

① Naitō Konan 内藤湖南, "Shōshitsu seru Man Mō - bun zōkyō 焼失せる蒙満文蔵経", Geibun 芸文 Vol. 15 No. 3 (March 1924) in Naitō Konan Zenshū 内藤湖南全集 Vol. 7 (Tokyo: Chikuma shobō, 1970), p. 427.

② Naitō Konan, "Itten - dan 一点談", Osaka Asahi Shinbun 大阪朝日新聞 October 29, 1900, in Naitō Konan Zenshū Vol. 12 (1970), pp. 13 - 14.

it appears that Takakusu suggested to Tanaka Kōken, Minister of the Imperial Household, that "possession" be taken of the Manchu and Mongolian canons in Mukden. But several days before the declaration of war Takakusu found himself setting out for Europe in attendance on Suematsu Kenchō (末松謙澄), who was going to London to garner support for Japan in its war with Russia and raise foreign loans. Takakusu writes of his departure: "Because I was anxious about the matter of the Buddhist canon in Mukden, I more than once appealed to Imperial Household Minister Tanaka, saying that Japan really ought to acquire it, and I also verbally asked Marquis Itō Hirobumi (伊藤博文), who had come to the departing ship to see me off, to do his best."① The relationship between Takakusu and Suematsu went back to 1898, the year after Takakusu's return from his period of study in Europe, and he had served for a short time as private secretary to Suematsu, then Minister of Communications, while lecturing at Tokyo Imperial University. Suematsu had studied in England at about the same time as Nanjō and was on close terms with him. Also having an interest in scholarship, he was no mere bureaucrat-turned-politician, and later, in 1907, he was elected to a member of the Japan Academy. As can be seen in the case of Takakusu, Suematsu, and also Naitō Konan, at this time there was still no clear-cut occupational differentiation between scholars, bureaucrats, politicians, journalists, and so on as is seen today, and one needs to pay attention to personal relationships in such circumstances. Takakusu, who had studied abroad for a considerable length of time and was well-known to Suematsu as a former staff member, would have been a truly dependable private secretary for him on this important mission to Europe.②It may also be noted that Tanaka Kōken, Minister of the Imperial Household, was well-known as a collector of cultural artifacts and antiquarian books.

Against the background of the discussions between Takakusu and Tanaka, Naitō, who was at this time a newspaperman for the *Osaka Asahi Newspaper* (大阪朝日新聞), arrived in Mukden on 29 July 1905, having been commissioned by the Ministry of Foreign Affairs to conduct "investigations into the administration and other matters in areas occupied by the Japanese army in Manchuria."③ Although Naitō was a journalist at this time, he was gradually focusing his interests on the study of Qing history, especially the study of Northeast Asian history, including the early the Qing dynasty and the Mongols. It was for this reason that he had on 30 March of the same year pointed out in the *Osaka Asahi Newspaper* that "the occupation of Mukden by Japan means that Japan will control the centre of government in the three provinces of the north-

① Takatani Toshiyuki 鷹谷俊之, Takakusu Junjirō Sensei Den 高楠順次郎先生伝 (Tokyo: Musashino Joshi Gakuin, 1957), pp. 13-14.

② cf. Matsumura Masayoshi 松村正義, Pōtsumasu heno Michi: Kōka-ron to Yorropa no Suematsu Kenchō ポーツマスへの道、黄禍論とヨーロッパの末松謙澄 (Tokyo: Hara shobō, 1987).

③ Nakami Tatsuo 中見立夫, "Nihon no Tōyō-shigaku reimei-ki ni okeru shiryōheno tankyū 日本の東洋史学黎明期における史料への探求", Kanda Nobuo Sensei Koki Kinen Ronbun-shū 神田信夫先生古稀记念论文集 (Tokyo: Yamakiawa shuppan-sha, 1992), pp. 105-108.

east China, but at the same time Japanese scholars should pay careful attention to the fact that this will lead to the opening up of a treasure trove for Oriental scholarship. " In addition to the *Siku quanshu* housed in Wensu Pavilion（文溯閣）in Mukden, he also touched on the value of the Tibetan, Mongolian, and Manchu canons and called for their preservation under the Japanese occupation.

Outside the west gate ofMukden there is a large lamasery called Huangsi, which was erected on imperial command, and I have seen with my own eyes that Buddhist scriptures in Tibetan, Mongolian, and Manchu are held there. Previously, at the time of the Boxer Uprising, the Tibetan canon came to Japan, but there are still no copies of the Mongolian and Manchu canons. The Manchu canon in particular is an extremely valuable work, having been translated at the time of the Qianlong emperor by the renowned monk Changkya Khutukhtu with reference to the Chinese and Tibetan canons.

Because of this interest of his, Naitō made plans for a trip to Mukden for the purpose of a "survey of books. " Prior to his departure, and with an introduction from Wada Man' kichi（和田萬吉）, the chief librarian at Tokyo Imperial University, he perused the Tibetan canon held by the University library and also copied out the catalogue. As regards events after his arrival in Mukden, Naitō later wrote as follows:

With regard to the Buddhist canon atHuangsi, General Fukushima Yasumasa（福島安正）himself accompanied me on 30 July, introducing me to Erbuzhamushu（爾布札木束, nor bu rgya mtsho）, the superintendent of Huangsi（黄寺掌印达喇嘛, *tama γ- a bari γ̂ci da blam - a /tham ́dzin da bla ma*）, and provided me with every convenience for my survey. It appears that Count Tanaka Kōken, Minister of the Imperial Household, had on the advice of Dr. Takakusu commissioned the General Headquarters to bring back the Mongolian and Manchu canons, and General Fukushima, taking advantage of the fact that I was the first to have arrived in Mukden for the purpose of scientific investigations, had me conduct this survey. ①

What is worth noting here is thatFukushima, one of the top - ranking officers of the Japanese troops stationed in Mukden, took action on the day immediately after Naitō' s arrival. Naitō spent ten days at the General Headquarters' lodgings investigating the Manchu, Mongolian, and Tibetan Buddhist scriptures held at Huangsi, Taipingsi（太平寺）, Changningsi（长宁寺）, and elsewhere and submitted a report to Fukushima entitled "Introductory Notes on the Manchu and Mongolian Buddhist Scriptures in Mukden/ Hōten Man - Mō - bun zōkyō kaidai（奉天満蒙文藏经解題）. "②

The Buddhist texts whichNaitō, according to these "Introductory Notes," personally inspected on this occasion are listed below. The temples in Mukden were subsequently to fall

① Naitō Konan, "Shōshitsu seru Man Mō - bun zōkyō", p. 429.

② Naitō Konan, "Hōten Man Mō Ban Kan - bun zōkyō 奉天満蒙番漢文蔵経解題" in Naitō Konan Zenshū Vol. 12 (1970), pp. 43 - 47.

steadily into decay, and during the confusion of the "Great Cultural Revolution" in particular they were completely destroyed. Today, Naitō's "Introductory Notes" are a valuable record of the Buddhist texts held by temples in Mukden in the late Qing:

Huangsi (黄寺)

1) Mongolian canon in gold script 金字蒙古文大藏经 (manuscripts wrapped in silk cloth and tied together between wooden boards): 1 set of more than 100 cases

2) Qing - period quadrilingual *Dazang quanzhou* in Chinese, Mongolian, and Tibetan 清漢蒙藏文四体合璧大藏全呪 (printed edition): 5 copies

3) Mongolian canon 蒙古文大藏经 (printed in red ink, with no silk wrapping cloth and only some wooden boards): 1 set of more than 100 cases

4) Tibetan canon 西藏文大藏经 (printed in red ink, wrapped in silk cloth, with wooden boards): 1 set of more than 100 cases

5) Tibetan translation of *Śūra □gama - sūtra* 西藏文首楞厳経: 2 copies

Taipingsi (太平寺)

Mongolian canon 蒙古文大藏经 (printed in red ink, with full set of silk wrapping cloths and wooden boards): 108 cases

Changningsi (长宁寺)

Tibetan canon 西藏文大藏经 (printed in red ink): 107 cases

Falunsi (*Beita*) (北塔法轮寺)

1) Manchu canon 满洲文大藏经 (printed in red ink): incomplete set

2) Complete Ming - period Beizang edition of Chinese canon 明北藏全部 (printed during reign of Kangxi of the Qing)

Wanshousi (萬寿寺)

Complete Qing - period Longzang edition of Chinese canon 清龍藏全部 (printed during reign of Yongzheng 雍正)

As for Takakusu's hoped - for acquisition of these Buddhist texts,

Following a series of negotiations between the Ministry of the Imperial Household and Field Marshal Yamagata Aritomo (山県有朋) of the Army Headquarters about acquiring the Mongolian and Manchu canons, it became clear that taking possession of them in a manner akin to pillage was absolutely prohibited on the battlefront. Moreover, since the need to collect the Buddhist canon had already been reported to the Emperor by the Minister of the Imperial Household, there was an imperial grant of 20, 000 *ryō* from the Meiji Emperor, and so it became possible to bring these works, without parallel in the world, to Japan. ①

The texts that were brought toJapan on this occasion were the Mongolian canon in gold script from Huangsi and the remaining volumes of the incomplete Manchu canon (Kanjur) from Falunsi (Beita) . The Mongolian canon was not complete either, with some volumes having

① Naitō Konan, "Shōshitsu seru Man Mō - bun zōkyō", p. 429.

been lost in the upheavals of the Boxer Uprising. After Naitō and others had completed their investigations, Nakajima Hitakichi 中岛比多吉, an interpreter attached to the Military Government Office in Mukden, went to Huangsi, where he was told that "people had borrowed the [Mongolian] canon in gold script on the orders of General Fukushima, but they will probably not return it." However, "when the General Headquarters of the army in Manchuria withdrew, Lieutenant General Fukushima sent the interpreter Nakajima Hitakichi to Huangsi, and handing over 5,000*yen* sent from the Ministry of the Imperial Household to the superintendent Dalama Erbuzhamushu, he purchased [the Mongolian canon]."① As for the Manchu canon, it had been printed in red ink during the reign of the Qianlong emperor, but a great many volumes had gone missing in the confusion of the Russo – Japanese War. Takakusu had originally been desirous of acquiring the Manchu canon, but when Naitō visited Mukden in 1902 he had mistaken the Mongolian canon in gold script at Huangsi for the Manchu canon because of his lack of language skills. On this later visit he was able to confirm that it was the Mongolian canon, and the all – important Manchu canon had been appropriated by the Military Government Office prior to Naitō's arrival. However, "they did not realize at the Military Government Office either that it was a rare work, and if someone happened to come to view it, they would give him one or two folios as a souvenir." The Mongolian canon in gold script was sent to Tokyo first and deposited at Tokyo Imperial University, while the Manchu canon was sent to the General Staff Office when the Military Government Office in Mukden was closed in 1906 and was then transferred to Tokyo Imperial University.

Ⅳ The Destruction of the ManchuKanjur in Japan by Fire and Prewar Research on the Manchu Kanjur

In this manner, during the period from the Boxer Uprising to the Russo – Japanese War, a copy of the Tibetan canon was brought toJapan from Beijing and copies of the Manchu and Mongolian canons were brought from Mukden with funds provided by the Meiji Emperor and with the assistance of the Japanese army at the suggestion of Takakusu Junjirō. In the case of the Manchu Kanjur, it was an incomplete set and many volumes were missing. Naitō Konan, who had been involved in the acquisition of the Manchu and Mongolian canons in Mukden, eventually quit his job as a newspaperman and became a scholar, taking up the position of professor of the "Oriental history (Tōyō – shi (东洋史) in the Japanese)" at Kyoto Imperial University. In the study of Qing history, Naito is known for having "discovered" the old Manchu archives, which he named *Manwen laodang* (满文老档), and he was also the first scholar to discover the Manchu Kanjur and write an article about it.

How, then, were the Buddhist texts that had been collected in this manner utilized? In

① Naitō Konan, "Hōten Man Mō Ban Kan – bun zōkyō", pp. 46 – 47.

1910Naitō wrote as follows:

Fortunately, although they derive from the Tibetan canon, there are preserved in Japan an almost complete set of the Mongolian canon and also part of the Manchu canon. The expense and trouble involved in bringing these to Japan were by no means trivial. But is it not most regrettable for academia that unfortunately one does not hear of their having been studied by Buddhists since having been brought here?①

But notwithstanding this advertence to their existence byNaitō, there is no evidence of the Mongolian and Manchu canons held at Tokyo Imperial University having actually been utilized later either for the purposes of research.

On 1 September 1923 the Great Kantō Earthquake occurred, and as a result the Tibetan canon fromBeijing and the Mongolian and Manchu canons from Mukden held at Tokyo Imperial University were almost completely destroyed. In the case of the Mongolian and Manchu canons, "portions of them were in the department office and were fortunately saved, but they do no more than serve as specimens."②

The Mongol Canon at theTokyo Imperial University

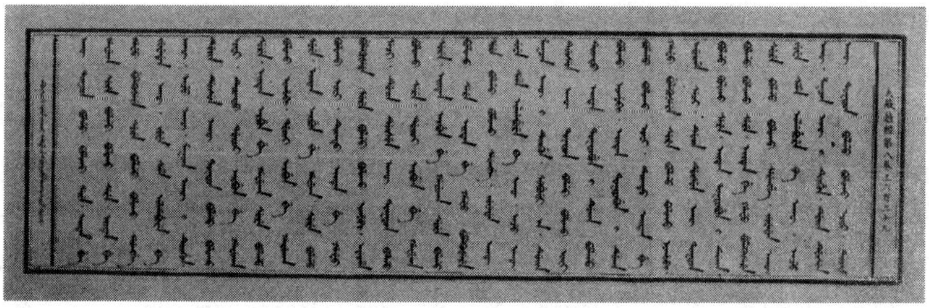

The Manchu Canon at theTokyo Imperial University

As we have already seen, Naitō had been closely involved with the Buddhist canons in Mukden, and on hearing of their loss in the earthquake he wrote an essay entitled "The Mongolian and Manchu Canons Destroyed by Fire" as a "lasting memento," even though he felt that

① Naitō Konan, "Bukkyō-to no kenkyū wo matsu beki shiryō 仏教徒の研究を待つべき資料", Shin Bukkyō 新仏教 Vol. 11, No. 7 (July 1910) in Naitō Konan Zenshū Vol. 6 (1972), p. 24.

② Takatani Toshiyuki, op. cit., p. 41.

"now that things have come to this, it is like reckoning the age of a dead child." It is through this essay that we are able to learn about the Buddhist canons in Mukden and the circumstances in which they were collected, matters that have now been almost completely forgotten even by Japanese.

In actual fact, about the only researchers to have written anything about the ManchuKanjur up until World War II were Naitō Konan and Ishihama Juntarō（石浜純太郎）in Japan and Paul Pelliot and Walther Fuchs in Europe, and their writings on the subject were all very brief. There were few people with an interest in Manchu texts and fewer still who paid any attention to the Manchu Kanjur, and researchers who had actually seen the Manchu Kanjur were extremely rare. Among these people, we need to pay particular attention to the German Manchu scholar Walther Fuchs, who took an interest in the Manchu Kanjur in the course of preparing bibliographical notes on Manchu materials, and at the time of an article published in 1930 - 31①he had ascertained the existence of four sets of the Manchu Kanjur:

（A）Potala Temple, Chengde 承德布达拉庙（108 cases）

（B）Shuxiangsi, Chengde 承德殊像寺（108 cases）

（C）Yinghuadian, Old Palace, Beijing 北京故宫英华殿（107 cases）

（D）Falunsi（Beita）, Mukden 奉天北塔法轮寺（158 leaves）

The Japanese re - encountered the ManchuKanjur after the establishment of the puppet state of Manchukuo（伪满洲国）by Japan in Northeast China. In addition to the three provinces of Northeast China, Manchukuo also included Rehe Province（热河省）, where Chengde, with its summer palace and Buddhist temples, was located. Shortly after its occupation by the Japanese army, Mizuno Baigyō（水野梅晓）, a Japanese Buddhist monk who was also closely involved in the Foreign Ministry's Cultural Department toward China（*Tai - Shi bunka jigyō - bu* 对中文化事業部）, went to Chengde to investigate the state of its cultural artifacts. ②Mizuno did not know of Fuchs's article, but he set out "with the hope that a search of the eight major temples in Chengde might bring to light a copy of the Manchu canon." Mizuno, who was later put in charge of the Manchukuo government's project to reprint the *Da Qing Shilu*（大清实录）(Veritable Records of the Qing Dynasty), was well - versed in the culture of the Qing dynasty and also knew about the Manchu Kanjur from Mukden that had been destroyed by fire in Tokyo. The state of the Tibetan, Manchu, and Mongolian canons in the temples of Chengde was clarified by Mizuno and Tada Tōkan, a monk and lecturer at the Tōhoku Imperial University in Japan who had in his youth gone to Tibet to study and had brought back many Tibetan Buddhist texts to Japan. With regard to the Manchu Kanjur, they ascertained that there

① Fuchs, Walter, "Zum mandjurischen Kandjur" Asia Major 6（1930）, SS. 388 - 402.；"Zwei neue Exemplare des mandjurischen Kanjur" Orientalistische Literaturzeitung 33（1930）, SS. 970 - 972.；"Nachtrang zum Artikel《Zum mandjurischen Kandjur》" Asia Major 7（1931）, SS. 484 - 485.

② Mizuno Baigyō 水野梅暁, "Nekka ni genyū seru bunka - teki shiryō 熱河に現有せる文化的資料", Mashū Bunka wo Kataru 満洲文化を語る（Tokyo: Shina jihō - sha, 1935）, pp. 140 - 142.

was a set of 108 cases at Shuxiangsi, although the first and last leaves were missing.

Through the efforts of Mizuno and others, the Summer Palace inRehe (Jehol) (热河避暑山荘) was turned into a museum and the Buddhist scriptures in neighbouring temples were also preserved. They were transferred to the Rehe Government Office, where a catalogue was compiled, and they were then stored in a room of the Yunshan Shengdi Tower (雲山勝地), with some of them being put on display in the Rehe Treasury Museum (*Nekka Hōmotsu - kan* 热河宝物館). The present whereabouts of the Manchu Kanjur formerly held at Shuxiangsi are, however, unknown. According to an information board in Chengde, it was "plundered by Japanese militarists," but in the case of Chengde there is no evidence or grounds to suppose that it was "plundered" by Japanese, and it was under the direction of specialists like Mizuno that the cultural artifacts there came to be carefully protected for the first time. But what is surprising is that in his book Mizuno writes, "It is said that from the outset there were only three sets of the Manchu canon in the world." According to Mizuno, one set had been destroyed by fire in Japan, one set was in "a library in Paris," and thinking that the other set "was somewhere in Manchuria," he had searched for it in Chengde, but it is not clear on the basis of what information he wrote this. Although there is no Manchu Kanjur in "a library in Paris," the notice board at Shuxiangsi today states on the basis of Mizuno's account that there is a Manchu Kanjur in "a library in Paris."

V Concluding Remarks: The Publication of the ManchuKanjur by the Palace Museum in Beijing

Among the twelve sets of the ManchuKanjur that were originally printed, the set that had been held by Huangsi in Mukden was brought to Japan, but many volumes were missing, and it was destroyed by fire in 1923. The set at Shuxiangsi in Chengde was also incomplete and went missing after World War II, while the set at the Potala Temple in Chengde, mentioned by Fuchs, appears to have been no longer there when Mizuno carried out his investigations. The one set whose whereabouts are known is the set in the Palace Museum in Beijing, but after the Civil War in China part of it was transferred to Taiwan, and today 76 cases are held by the Palace Museum in Beijing and 32 cases by the National Palace Museum in Taipei. After World War II, and especially since the end of the "Great Cultural Revolution", the study of Qing history and Manchu studies have been flourishing in mainland China, but no research was conducted on the Manchu Kanjur, and it was in fact Professor Zhuang Jifa (庄吉发) of the National Palace Museum in Taipei who first paid any attention to it. ①In Japan, the only person to have writ-

① Zhuang Jifa 庄吉发, "Gugong bowuyuan diancang 'Dacangjing' Manwen yiben yanjiu 故宫博物院典藏〈大藏经〉满文译本研究", Qingshih Lunji 清史论集 Vol. 3 (Taibei: Wenshizhe chubanshe, 1998).

ten about the Manchu Kanjur in the postwar period is myself. ①It has also become clear that the Wellcome Library for the History of Medicine in London and the Russian National Library in Saint Petersburg②each have one volume of the Manchu Kanjur.

In 2003 the Palace Museum in Beijing reprinted thirty sets of the ManchuKanjur, using the woodblocks held by the museum, and those sections for which the woodblocks no longer survived were reproduced from a printed copy held by the Potala Palace in Lhasa (西藏布达拉宫), Tibet. Initially the Palace Museum in Beijing had hoped to use the printed copy held by the National Palace Museum in Taipei for those sections for which it did not have the woodblocks, but the negotiations fell through. The set in the Potala Palace in Lhasa is also incomplete, but the Palace Museum in Beijing was able to use it to produce a complete version of the Manchu Kanjur. In addition, the volume held by the Wellcome Library, consisting of 451 leaves, has been published on CD-ROM, and Dr. Hartmut Walravens has added detailed explanatory comments on the Manchu Kanjur as a whole. ③With the appearance of the Manchu Kanjur reprinted in Beijing, we have for the first time been able to gain an overall grasp of the Manchu Kanjur in its entirety.

---

① Nakami Tatsuo, "Nihon ni atta Chibetto-go, Manshū-go, Mongoru-go Daizōkyō wo Megutte 日本にあったチベット語・満洲語・モンゴル語大蔵経をめぐって", Nihon Shozai Shindai Tōan no Shosō 日本所在清代档案の諸相 (Tokyo: Tōyō Bunko, 1993), pp. 105-118.

② T. A. Pang, Man' jurskie pis' mennye pamyatniki po istorii i kul' ture imperii Tsin XVII - XVIII vv. (St. Petersburg: Peterburgskoe Vostokovedenie, 2006), p. 84.

③ Herausgegeben von Hartmunt Walravens, Das Londoner Fragment des Mandjurische Kandjur: Mit freundlicher Genehmigung der Wellcome Library, London (Erlangen: Harald Fischer Verlag, 2004).

王锺翰先生学术简谱

赵令志（中央民族大学）

1913 年

农历四月二十七日出生于湖南东安县北应乡伍家桥。父显镰，号子秉。母唐氏，名桂香。行九。谱序属“忠”字辈，名忠汉。

1922 年 10 岁

随长兄忠瀛，号陆仙习字。

1923 年 11 岁

考入当地小学，不及两年辍学。由族曾祖国才开蒙，授《论语》等。

1925 年 13 岁

入席沅三家私塾，从唐子玉师习《诗经》、《春秋左氏传》等。先生得以附读东安望族席家私塾。后来先生进入长沙雅礼中学，亦得席家提携。先生早年求学之途，与席家关系甚大。先生于此毕生不忘。

1926 年 14 岁

转入本乡夏氏宗祠私塾，师从拔贡夏凤喈习《易经》等。

1927 年 15 岁

入应滨学社，师从席梦禅先生读四书五经。梦禅先生接受新思想，将其家私塾改为学社，应滨二字，即取意东安应水之滨。期间，梦禅五子鲁思回乡，代讲《说文解字》。

是年，席沅三之子席式乾为先生改名为锺翰。

1928 年 16 岁

入长沙雅礼中学初中。该校为教会学校，故先生苦攻英语。

得识长沙名儒徐桢立先生。

两年后以第一名初中毕业，免试升入该校高中。

1931 年 19 岁

入高中，入选学生会任学习股股长，负责宣传讲演，主办《雅礼年报》，深得校方好评。

1934 年 22 岁

考入燕京大学历史系，雅礼中学特为先生资助学费。

入校后师从洪业煨莲、邓之诚文如、顾颉刚等学习中国古代史，并史学研究法及多门外国史。

1935 年 23 岁

“一二·九”学生爱国运动爆发。燕大学生多有被捕者，邓之诚设防营救，先生为之奔走甚力。

获得燕京大学首届司徒雷登奖学金 200 元，该奖每年仅授一人，先生为首位获得者。

1936 年 24 岁

洪煨莲、邓之诚邀请孟森先生于洪宅座谈清史，先生陪列，得晤孟森先生。

就教于张尔田先生学习骈体文。

1937 年 25 岁

撰成《辨纪晓岚手书简明目录》一文，此为先生第一次正式发表学术论文，刊于 4 月 23 日《大公报·史地周刊》第 133 期。

“卢沟桥事变”爆发，日本侵略军占领北平。燕大人心惶恐，部分师生逃离北京。洪先生于课上甚为激愤，同时希望学生保持克制，勉力发奋攻读，将汉学中心从日本夺回中国。先生立志专攻清史自此始。

是年，日本学者鸟居龙藏来燕大就职，历史系拟指定先生为其助手，先生拒之。

1938 年 26 岁

撰写《谈军机处》一文，此文系由邓之诚先生演讲记录整理而成，刊于《史学年报》1938 年，后收入《清史杂考》。

父逝，撰《祭父文》。

撰写毕业论文《清三通之研究》，指导教师为邓之诚先生。

入燕京大学研究院历史学部攻读硕士研究生。

1939 年 27 岁

《清律纂修奏疏序》，刊于《燕京大学图书馆报》第 120 期，收入《清史补考》。

《清三通之研究》，刊于《史学年报》1939 年，后改称《清三通纂修考》，收入《清史杂考》。

《遁堪文录序》，刊于《史学年报》1939 年。

《张孟劬先生遁堪书题》，刊于《史学年报》，收入《清史补考》。

《清史稿纂修之经过》，刊于《史学年报》，收入朱师辙之《清史述闻》。

《读张孟劬先生史微记》，刊于《燕京大学图书馆报》第 128 期。

1940 年 28 岁

撰成硕士学位论文《清代则例及其与政法关系之研究》，获历史学硕士学位。时日美关系紧张，燕大有朝夕不保之忧。故邓氏命先生提前答辩，论文实为未定稿。

留燕京大学任历史系助教，讲授中国通史、清代政法史两门课程。

《与人书五首》，当年以单行本发行。

1941 年 29 岁

太平洋战争爆发，日本侵略者欲接管燕大，遭校长司徒雷登及众多教师严词拒绝，燕大由是关闭。洪煨莲、邓之诚等多名师生入狱。

1942 年 30 岁

谋生于天津。为邓、洪两家稍作小补，不惜做地摊贩卖，汲汲奔波于京津之间。先生雇主宋斐卿先生为天津企业界翘楚，早年毕业于燕大。其为人高义，感于先生之举，慷慨解囊。毅然承担邓、洪及青年教师翁独健、高名凯等七八家生活费用，直至诸人出狱。

成都燕京大学复校。

1943 年 31 岁

婉谢宋先生挽留，辗转南下至成都。受聘成都燕大历史系讲师兼系秘书，讲授《中国通史》、《中国史学史》，兼任学生生活辅导员。

时陈寅恪先生任教于成都燕大。先生受校方指派，任陈寅恪先生助手，并照顾陈先生起居。

次年，获哈佛燕京学社奖学金。

1945 年 33 岁

《三国志裴注考证》，刊于《中国文化研究汇刊》，收入《清史补考》。此文受陈寅恪先生影响而作。

抗战胜利，北平燕京大学筹备复校。

准备赴美留学，特谒见陈寅恪先生。陈以多学语言为嘱，开始学习德语。

1946 年 34 岁

夏，回乡省亲。

8 月，赴美国哈佛大学留学。为购买船票，于南京谒见美国大使司徒雷登。

选修拉丁文、日文、蒙古文等课程及费正清《远东史》等课程。

1948 年 36 岁

The Authorship ofthe Yu – hsien – k´u（游仙窟著者考）。Harvard Journal of Asiatic Studies（哈佛亚洲学志）No. 1 – 2. June 1948。考定是书作者为张簇，因与某外籍教师争持而作也。

因博士论文选题与指导教师争执不下，提前回国。任教燕京大学历史系，兼任哈佛燕京学社引得编纂处代理副主任。参与编纂《荀子引得》、《后汉书引得》等。

1949 年 37 岁

任哈佛燕京学社副主任、历史系副教授，开设清史、明史两课。

发表《清世宗夺嫡考实》一文，载于《燕京学报》第 48 期，后收入《清史杂考》。此文为先生失意之后发愤而作，学术界为之瞩目。

与涂荫松师母结婚，于天津举办婚礼，主婚人即宋先生也，婚后暂居邓之诚家。

1950 年 38 岁

《胤祯西征纪实》，实为《夺嫡考》续篇，以成完璧。发表于《燕京学报》第 49 期，收入《清史杂考》。

1951 年 39 岁

《北京访书记》，收录于《庆祝周叔弢先生六旬论文集》，后改名《北京厂寺访书记》，收入《清史新考》。

1952 年 40 岁

是年，教育部进行高校院系调整，燕大并入北大。先生调入中央民族学院研究部，任教授。

从北大蔚秀园搬至中关园 167 号。文革间搬至中关园 30 号。

1955 年 43 岁

于中央民族学院讲授中国通史，甚受好评。

编撰《满族简史》明清部分，辽金元部分为贾敬颜先生承担。

授邓之诚先生之托，校订《中华二千年史》明清部分。

撰写《关于满清名称的意见》，交民委参考。

参与筹备成立历史系工作。

与吴丰培先生等商议，为中央民族学院图书馆购买满文书籍①。

学女真文。

1956 年 44 岁

中央民族学院历史系成立，任历史系教授，中国史教研室主任。10 月，晋升三级，为四级教授。

发表《明代女真人之分布》一文，刊于《中国民族问题研究集刊》第 5 期，后收入《清史论文选集》第 1 期和《清史新考》。邓之诚先生读文，许以‘饱满’二字。

---

① 这批满文书籍为日本学者今西春秋之书。

7月，中央民族学院举行首次科学讨论会，邀请院外学者参加。先生提交《满族在努尔哈齐时代的社会经济形态》一文，颇受重视与好评。发表时改名《满族在努尔哈齐时期的社会性质》，刊于《中国民族问题研究集刊》第6期，后收入《清史论文选集》第1期和《清史杂考》。

11月，撰就《达呼尔人出于索伦部考》一文，收入《清史杂考》。

12月底，《皇太极时代满族向封建制的过渡》一文脱稿，约45000字，为先生所作论文中之最长者。收入《清史杂考》。

奉党组织之命，劝洪煨莲回国。洪先生从美国寄来论文《元朝秘史考证》十份，分送诸师友。

被选为中央民族学院工会主席。

参加科学院考古工作会议，民族学院另有费孝通、林耀华、杨成志先生参加。

参加文化部古旧书业会议。

参加人民大学科学讨论会，讨论中国近代史之分期问题。

1957年45岁

1月，参加民进党北京分会第一次会员代表大会。先生上年加入民进，至此以高票当选分会委员会委员。

撰写《清初八旗蒙古考》一文，收入《清史杂考》。

寒假，返乡省母。

5月，应北京民进之约，撰写《为什么鸣不起来?》一文。频频参加各民主党派联席会。

6月底，《北京日报》长篇报导“中央民族学院教师批判吴文藻、王锺翰的荒谬言论”

8月，与费孝通、潘光旦、闻宥、吴文藻教授被中央民族学院宣布为“右派”，工资待遇从教授四级降至六级，并免去校工会主席和历史系中国史教研室主任职务。

《清史杂考》由人民出版社1957年9月出版。此为先生论文初次结集出版。收论文十篇，凡22万字。因教授级划为“右派”者，须报请北京市委审查批准，《杂考》得以于此前出版，实属侥幸。

作《永乐大典编纂述略》。

1958年46岁

下放到北京四季青公社第一生产大队参加田间劳动半年。

1959年47岁

从下放地调回，参加国家民委组织解答各省市自治区提出的各少数民族历史、信仰、宗教、习俗等问题的工作。

9月，调入辽宁省少数民族社会历史调查组，参加编纂《满族简史》工作。自此在沈阳工作3年。虽身负“右派”罪名，仍苦学不稍怠。开始从《朝鲜李朝实录》中辑录有关明代女真史料。

1961 年 49 岁

为邓之诚先生撰《五石先生墓碑文》，刻石。

1962 年 50 岁

结束沈阳工作，回到中央民族学院。讲授中国通史之宋元明清段。

1963 年 51 岁

《清史杂考》由中华书局再版。

编写中国通史通用教材《中国通史概要》。

1964 年 52 岁

为民语系满文班开设清史课。在历史系开清代制度讲座一年。

1965 年 53 岁

赴广西三江苗族侗族自治县参加“四清运动”。

1966 年 54 岁

“文化大革命”开始后，由广西押回中央民族学院，与许多党员干部和教员一起接受批斗。次年，以“牛鬼蛇神”关入“牛棚”半年有余。

1969 年 57 岁

参加《中国历史地图集》东北卷绘制及释文工作。

1971 年 59 岁

调中华书局，参加二十四史点校，分在《清史稿》一组。

1976 年 64 岁

在中华书局审核《清史稿》校样。

受书局之请，开始点校《清史列传》。

1977 年 65 岁

《清史稿》标点本全书 48 册，由中华书局于是年 12 月出版。先生为主要点校者之一，躬执其役至此凡七年矣。

1978 年 66 岁

调回中央民族学院，任历史系副主任，兼本院学术委员会委员。

10 月，“右派”平反。恢复政治名誉和工资待遇，先生结束不许发表论著的历史。

1979 年 67 岁

《满族简史》一书由中华书局于是年 8 月出版。先生任最后通纂。

《朝鲜李朝实录中之女真史料选编》凡 20 余万言，由辽宁大学历史系列入《清初史料丛刊》第七种于是年排印出版。是书多有吴晗《朝鲜李朝实录中的中国史料》一书所未收者。

《清代旗地性质初探》，刊于《文史》第 6 期，收入《清史新考》。

《战国秦汉辽东辽西两郡县考》（与陈连开合撰），《社会科学辑刊》第 4 期。

开始为本科生开设“史学方法”课程。

兼任中国社会科学院民族研究所研究员。

赴昆明参加中国民族研究学会会议，任理事。

参加北京史学会，任常务理事。

1980 年 68 岁

撰《雍正西南改土归流始末》一文。刊于《文史》第 10 辑，后收入《清史新考》。此文酝酿于 1956 年，时隔十五年方重新写成。

撰《沈阳锡伯族家庙碑文浅释》一文。刊于《清史论丛》第 2 期，后改名《沈阳太平寺锡伯碑文浅释》，收入《清史新考》。先生于 1959 年在锡伯家庙发现此碑，经过多年不懈考证，终成此文。

《对清前期历史必须作综合比较研究》，刊于《清史研究集》第 1 期。

被聘为北京市高教局评委历史组副组长。

参加南开大学主办的“明清史国际学术讨论会”。

1981 年 69 岁

《关于满族形成中的几个问题》，刊于《社会科学战线》第 5 期，收入《清史新考》。

《藤花会逸事》，刊于《学林漫录》第 2 期。

《洪煨莲先生传略》（与翁独健合著），刊于《文献》第 10 期

与翁独健合编《洪业论学集》并撰序。该书收集洪师论文 37 篇，凡 58 万字，中华书局 3 月出版。

参加北京史研究会，任理事。

1982 年 70 岁

《国语骑射与满族的发展》，刊于北京《故宫博物院院刊》第 2 期，收入《清史新考》。

《清国使馆与清史列传》，刊于《社会科学辑刊》第 3 辑，收入《清史新考》。

《对编纂清史的一点意见》，刊于《中央民族学院学报》第 3 期，后收入《郑成功

研究论文选续集》。

《什么是清初四大疑案》，刊于《文史知识》第1期。

主持《清会要》编纂项目。该项目因诸多原因未能蒇事。

获中美著名学者文化交流项目资助赴访美国，访问了哈佛、普林斯顿、耶鲁、印第安纳等学府。洪业先生于上年去世，先生前往墓前祭奠。

招收第一届满族史、清史专业硕士研究生定宜庄、刘小萌。毕业后，定宜庄仍在本校历史系任教，刘小萌进入中国社会科学院近代史研究所工作。

1983年71岁

《邓文如传略》（与邓珂合著），刊于《中国当代社会科学家》第4期。

《自传》，刊于《中国当代社会科学家》第5期。

《清史研究中的几个问题》，载《清史研究通讯》第1期。

《康熙平生大事略》，载《北京日报》9月17日第3版。

《满族之今昔》，刊于《文史知识》第3期。

《洪煨莲先生与引得编纂处》，载《学林漫录》第8期，收入《清史余考》。

《清初四大奇案究竟是怎么回事》，刊于《文史知识》第一期。

《读道咸以来朝野杂记》，载《北京史苑》。

迁居中央民族学院家属院34单元。

1984年72岁

《试论理藩院与蒙古》，刊于《清史研究集》第3期，收入《清史新考》。

The Qing History Bureau andColletions of Qing Biographies，Ch'ing－shi－wen－ti（清史问题）Vol. 5，No. 2. December1984

参加“国家民委学术委员会第三次会议”，与国家民委领导商筹编纂《中国民族史》。

参加“纪念袁崇焕诞辰四百周年学术讨论会”。

7至8月带研究生及青年教师赴东北考察，访问沈阳、新宾、吉林、乌拉街、延吉、宁安、阿城、黑河、瑷珲、齐齐哈尔等地。

1985年73岁

《邓之诚传》（与邓嗣禹、周一良合著），《中国史学家评传》第3册。

《洪煨莲传》（与翁独健、刘子健合著），《中国史学家评传》第3册。

《陈梦雷与李光地绝交书》，刊于《中华文史论丛》第5期，收入《清史新考》。

《论袁崇焕与皇太极》，《社会科学战线》第1期，后收入《袁崇焕研究论文集》和《清史新考》。

Erkl arung der Sibe－Steinchrift im Tempel des Hochsten Friedens zu Shen－yang，Trans by Prof. Giovanni Stary（Geschichte der Sibe－Mandschuren，pp. 54－72）Otto Harrassowitz，wiesbaden

《从满族的命名谈起》，刊于《满族研究》创刊号。

完成《清史列传》点校。

承担“国家哲学社会科学七·五规划重点课题”《中国民族史》，任主编。

9月20日，加入中国共产党。

1986年74岁

《清实录与清史研究》，刊于《书品》第4期，收入《清史续考》。

《满族简史》由中华书局5月再版。

《清史稿》标点本48册由中华书局8月再版。

《书道咸以来朝野杂记后》，刊于《史学集刊》第1期，收入《清史新考》。

《悼独健同志》，刊于《民族研究通讯》。

开始主编《中国民族史》。

先生被教育部批准为第二批博士生导师，招收专业为满族史、清史。

参加中国第一历史档案馆建馆60周年学术研讨会。

1987年75岁

《满文老档中计丁授田商榷》，刊于《民族史论丛》第1期，收入《清史续考》。

《释马法》，刊于《中国民族史研究》创刊号，收入《清史新考》。

《释汗依阿玛》，刊于《满族研究》第2期，收入《清史新考》。

《清圣祖遗诏考辨》，刊于《社会科学辑刊》第2期，后收入《清史国际学术讨论会论文集》和《清史新考》。

《清实录与清史研究》，刊于《文史知识》第3期，收入《清史续考》。

《清代官制简述》五篇，连载于《文史知识》1987—1988年，第1—3期，后收入《中国古代官制讲座》和《清史续考》。

《东北考察记》，刊于《历史地理》第5期，收入《清史续考》。

A Brief Summary of Manchu Studies in the People's Republic China，Journal of Asian History，(亚洲史杂志) 27，1：68－77

《清鉴易知录》（校订），北京古籍出版社1987年8月出版。

《清史列传》（校注），中华书局1987年11月出版。

《雍乾两朝镶红旗档序》，辽宁人民出版社2月出版。

《清鉴易知录校刊叙言》，北京古籍出版社8月出版。

《盛京皇宫序》，紫禁城出版社8月出版。

《初学清史必读书目》，刊于《文史哲》第3期。

《谈学》，刊于《开拓》创刊号。

《陈二厂先生杂忆》，收录《陈宧研究资料专集》。

招收满族史、清史专业博士研究生，开设“清史史料学”、“清史专题”、“满族史专题”等课程。定宜庄为先生第一位博士研究生，1990年以论文《清代八旗驻防制度研究》获博士学位。

至2007年为止，先生在中央民族大学所培养的本科生，无法统计，在培养研究生方面，共招收培养硕士2名，为定宜庄、刘小萌；国内外博士26名，分别为定宜庄、姚念慈、达力扎布、赵令志、祁美琴、杨海英、邸永君、柏华、陈小强、江桥、余梓东、张晶晶、李德龙、姚安、彭陟焱、成积春、李霞、韦泽、刘丽君、邱雪静、郑岩及香港的权纯姬、台湾陈旺城和韩国的金在善、严爱景、文亨镇。指导博士后2名，为申友良、徐永志。与其他院校共同培养和委托培养的国内外硕士、博士多名，如朱诚如、岑大利及日本的柳泽明、美国的徐彤等。此外，还有众多的“私淑弟子”。

1988年76岁

《康雍乾三朝满汉京旗房地契约四种》，刊于《北方民族》创刊号，后收入《清代区域社会经济研究》和《清史续考》。

《试析康熙之农本思想》，刊于《四平民族研究》第1期，收入《满族研究文集》和《清史续考》。

《蒙古世系谱作者及其他》，刊于《蒙古史研究》第3期，收入《清史续考》。

《清代官制》，载《文史知识》第1—3期，后以《清代官制简述》收入《清史续考》。

《满族史研究集》（主编），中国社会科学出版社11月出版。

《中国历史地图集释文汇编·东北卷》（合著），中央民族大学出版社9月出版。

《简明满汉辞典序》，河南大学出版社3月出版，收入《清史补考》。

《骈字类编索引前言》，中国书店出版社12月出版。

1989年77岁

赴广州参加中山大学历史系举办的纪念陈寅恪先生百年诞辰学术讨论会，提供《柳如是与钱谦益降清问题》一文。收于《纪念陈寅恪先生诞辰百年国际学术论文集》，后收入《清史续考》。

《我和清史列传》，刊于《书品》第1期，收入《清史续考》。

《陈寅恪先生杂忆》，收录《纪念陈寅恪先生国际学术讨论会文集》。

《和珅秘传序》，吉林文史出版社1月出版。

《世界民族风俗及其传统文化序》，民族出版社7月出版。

赴意大利进行文化交流，在威尼斯大学等作学术演讲。

1990年78岁

《清史新考》，辽宁大学出版社7月出版。共收先生1979年以来发表的论文15篇，凡25万字。

《天聪谕奏校注》，刊于《历史档案》第3期，收入《清史续考》。

《年羹尧西征问题》，刊于《青海社会科学》第3期，收入《清史续考》。

《内务府世家考》，收录《郑天挺纪念文集》，后收入《清史续考》。

《满族先世的发祥地问题》，刊于《历史地理》第9期，收入《清史续考》。

《关于红楼梦的时代历史背景》，收录《纪念顾颉刚学术论文集》，后收入《清史续考》。

《清代八旗中的满汉民族成分问题》连载于《民族研究》3—4期，收入《中华民族研究新探索》和《清史续考》。

《满族大辞典序》，发表于《人民日报》海外版4月8日第2版。辽宁大学出版社6月出版，收入《清史续考》。

《清代政区沿革综表序》，地图出版社6月出版。

《喜读郑天挺主编的〈清史〉》，发表于《光明日报》5月23日第3版《史学》。

《满族发展史初编序》，天津古籍出版社11月出版。

《中国宫廷知识辞典序》，中国国际广播出版社11月出版。

《全面开展乾嘉历史的研究》，刊于《吉林师范学院学报》第2期。

应日本文部省之约，赴日进行文化交流两个月。

赴香港访学。

1991年79岁

《清代各部署则例经眼录》，收录《邓之诚学术纪念论文集》，后收入《清史续考》。

《满族贝子称王考》，收录《中央民族学院建校四十周年学术论文集》，后收入《清史续考》。

Notes on Han i Ama, Trans. by Prof. Nicola di Cosmo, Aetas Manjurica, Tomus2, OttoHarrassowitz, Wiesbaden

The Question of the Place where the Manchu Ancestors Originated, Central AsiaticJournnal Vol. 35, No. 3 -4

《评介韦庆远、刘守诒等编的清代的旗地》，刊于《清史研究》第3期。

是年7月，中央民族学院举行先生执教50周年庆祝会。

1992年

《清代民族宗教政策》，刊于《中国社会科学》第1期，收入《清史续考》。

《清会典的官制史资料价值》，刊于《书品》第2期，收入《清史续考》。

《清帝东巡评介》，刊于《中国史研究》第3期。

《读史与爱国主义教育》，刊于《史学理论研究》第1期。

《谈中国边疆学与民族史的研究》，刊于《中国边疆史地研究》第2期。

《成都燕大杂忆》，收录《成都燕京大学复校五十周年纪念集》。

《神田信夫教授古稀华诞寿辞》，先生特为手书之。

为定宜庄《清代八旗驻防制度研究》一书作序。该书为先生指导下撰写的博士论文，8月由天津古籍出版社出版。定宜庄现任中国社会科学院历史研究所研究员、博士生导师。

《清太祖大妃纳喇氏》（中英文），收入《中国妇女传记辞典》（清代卷）香港浸礼学院。

《清太宗孝庄文皇后济吉特氏》（中英文），同上。

赴台湾参加“海峡两岸清史档案学术研讨会”。先后访问“中央研究院”历史语言研究所、近代史研究所、中山人文社会科学研究所、台湾大学政治大学、台湾师范大学，以及台北故宫博物院、“国史馆”、“中央图书馆”、淡江大学、成功大学、东海大学、中兴大学、宜兰县文化馆等文化学术部门，进行学术讲演或学术座谈活动。

1993 年 81 岁

《魏源与圣武记》，刊于《社会科学战线》第 1 期，收入《清史续考》。

《胤祯与抚远大将军王奏稿》，刊于《历史研究》第 2 期，收入《清史续考》。

《清史续考》，台湾华世出版社。共收录论文 21 篇，凡 30 万字。

《毛大将军海上情形跋》，刊于台湾《淡江史学》第五期，收入《清史余考》。

《清朝前期的党争问题》，刊于台湾《历史月刊》第七十期，收入《清史余考》。

《跋前清诰封广东省花市营都司章敏赫之母李氏为太恭人墓碑文》，日本《满族史研究通讯》12 月号。

《有关教授民族史研究答记者问》，收录《治学与成才之道》，北京民族出版社 5 月出版。

《孔飞力教授新著〈叫魂者〉的评介》，刊于《清史研究》第 4 期，后收入《清史余考》。

《谈入关前满族社会分期》，收录《沈阳故宫文集》。

《清代满洲土地制度研究序》，吉林文史出版社 7 月出版。

《明清史事论集刊序》，南京出版社 11 月出版。

《多尔衮评传序》，东北师范大学出版社 12 月出版。

《满汉大辞典序》，辽宁民族出版社 12 月出版。

《追悼先师劳启祥校长》，刊于《雅礼简报》4 月 25 日纪念专刊。

《自述》，刊于《北大人》创刊号

庆贺王锺翰先生诞辰八十周年学术研讨会在中央民族大学举行。出版《庆祝王锺翰先生八十寿辰学术论文集》（辽宁大学出版社），收集海内外学者学术论文凡 59 篇。

筹建中央民族大学满学研究所，任所长。

1994 年 82 岁

《中国民族史》由中国社会科学出版社 12 月出版。

《胤祯与抚远大将军王奏稿》，收录《满学研究》第 2 辑。

《康熙与理学》，刊于《历史研究》第 3 期，收入《清史余考》。

《五石斋日记选钞》，收录《学术集林》卷二，收入《清史余考》。

《东北古代民族古代地理丛考序》，中国社会科学出版社 2 月出版。

《清代六部成语词典序》，天津人民出版社 2 月出版。

《辽金简史序》，福建人民出版社 9 月出版。

《中华民族研究初探序》，知识出版社 11 月出版。

《东北旗地研究序》，吉林文史出版社，12 月出版。

赴沈阳参加第七届国际清史研讨会。

1995 年 83 岁

《李光地生平研究中的问题》，刊于《燕京学报》新一期，收入《清史余考》。

《歪乃小考》，收录《满学朝鲜学论集》，收入《清史补考》。

《左景伊新著〈左宗棠传〉读后》，刊于《中国文化》第 11 期，收入《清史余考》。

《满学朝鲜学论集》（主编），中国城市出版社 7 月出版。

为北京大学袁良义教授撰写《清一条鞭法序》，北京大学出版社 7 月出版。

《清代三姓副都统衙门满汉文档案译编序》，辽宁古籍出版社 7 月出版，收入《清史补考》。

《中国民族大观序》，中国大百科出版社 3 月出版。

《清代内务府刻书目录题解序》，北京紫禁城出版社 9 月出版。

《无极甄氏族谱简编序》，北京中国档案出版社 9 月出版。

为刘小萌《满族的部落与国家》一书作序。该书为蔡美彪先生指导下撰写的博士论文，吉林文史出版社 11 月出版。刘小萌现任中国社会科学院近代史研究所研究员、博士生导师。

《中国民族史》获第九届国家图书奖。

参加海峡两岸中国少数民族研究与教学研讨会。

1996 年 84 岁

《清代满族社会的变迁及其史料》，刊于《中国文化》第 13 期，收入《清史余考》。

《黄河上游地区历史与人物评》，刊于《西北史地季刊》第 2 期。

《满族在中华文化发展过程中的贡献》，收录《炎黄文化研究与中华民族》，后收入《清史余考》。

《释阿其那与塞思黑》，收录《海峡两岸中国少数民族研究与教学研讨论文集》，后收入《清史余考》。

《谈清入关前满族的社会分期问题》，《沈阳故宫博物院院刊——沈阳故宫博物院建院七十周年专辑》第 1 期。

《洪承畴的历史功过问题》，收录《洪承畴研究》，后收入《清史余考》。

《承前启后新义不穷——何炳棣著〈中国历代土地数字考实〉读后》，刊于《中国史研究》第 3 期。

《乔治忠著〈清朝官方史学研究〉评介》，《燕京学报》新二期，收入《清史补考》。

《我为什么专攻清史和满族史》，刊于《文史知识》第 12 期，收入《清史余考》。

《清宫斗争内幕序和前言》（合著），刊于《满族研究》第 2 期。

《满族历史与文化》（主编），中央民族大学出版社 8 月出版。

《洪业传序》（与侯仁之合撰），北京大学出版社 1 月出版。

《说读书认字》，刊于中央民族大学《研究生学报》第 1 期。

《清宫斗争内幕序》，辽宁古籍出版社 6 月出版。

为门人姚念慈撰写《满族八旗制国家初探序》。该书为博士论文，是年 9 月由北京燕山出版社出版。

《追忆麻园岭二三事》，收录《雅礼中学九十周年纪念册》。

《中国民族史》获北京市第四届哲学社会科学优秀成果特等奖。

参加中国人民大学《台湾历史纲要》研讨会。

赴石狮参加洪承畴学术研讨会。

1997 年 85 岁

《清史新考》，辽宁大学出版社 9 月再版。

《满文档案与清史研究》，收录《庆祝邓广铭教授九十华诞学术论文集》，后收入《清史余考》。

《洪业先生小传》、《杨联升先生小传》，收录刘梦溪主编《中国现代学术经典·洪业杨联升卷》，河北教育出版社 6 月出版。

《记半通主人藏半部史通》，刊于《燕京学报》新三期，收入《清史余考》。

《陈宝琛与末代皇帝》，收录《陈宝琛与中国近代社会》，收入《清史余考》。

《清代皇帝一家人丛书序》，辽宁大学出版社 7 月出版。

《四库禁毁书丛刊》（主编）（出版至第 2 期 30 册），北京出版社 11 月出版。

《中国民族史》获吴玉章史学奖、第六届文史社会科学优秀著作一等奖。

1998 年 86 岁

为门人达力扎布《明代漠南蒙古研究》一书作序。该书为博士论文，2000 年被评为全国第二届百篇优秀博士论文，内蒙古文化出版社 1 月出版。达力扎布现为中央民族大学历史文化学院教授、博士生导师。

《清史研究与民族古籍》，巴蜀书社 3 月出版。

为门人祁美琴《清代内务府》一书作序。该书为博士论文，中国人民大学出版社 6 月出版。祁美琴现为中国人民大学清史研究所教授、博士生导师。

《中国北方民族及其政权研究序》，中央民族大学出版社 8 月出版。

《再释阿其那与塞思黑与满族传统文化》，收录《沈阳故宫博物院院刊》，后收入《清史余考》。

《我和清史满族史研究》，刊于《文史知识》，收入《清史余考》。

赴武夷山参加第八届清史国际研讨会。

《庆祝王锺翰教授八十五暨韦庆远教授七十华诞学术论文合集》，黄山书社出版。

9 月 28 日，师母病逝。

1999 年 87 岁

《王锺翰学述》一书由浙江人民出版社 1 月出版。此为先生初次进行生平学术总结，全书凡20万字。

《三释阿其那与塞思黑》，刊于《历史档案》第二期，收入《清史余考》。

《陈梦雷与古今图书集成及助编者》，刊于《燕京学报》新八期，收入《清史余考》。

《康熙敕谕抚远大将军王胤祯档》，刊于《国学研究》，收入《清史余考》。

《施琅的历史功过问题》，收录《郑成功研究论文选续集》，收入《清史余考》。

《王锺翰学术论著自选集》一书5月出版。为中央民族大学出版社编辑《中央民族大学学术文库》之一，该书共收论文21篇。其中民族史研究11篇，清史研究10篇，凡40万言，皆先生亲手选定。

《四库禁毁与清代思想文化普及运动》，收入《四库禁毁书研究》，后收入《清史补考》。

《孟森先生与邓、洪二师》，刊于《文史知识》，收入《清史余考》。

为定宜庄《满族的妇女生活与婚姻制度研究》一书作序。北京大学出版社11月出版。

参加第二届国际满学研讨会。

参加南开大学国际明清史研讨会。

2000年88岁

《中国民族史研究五十年》，刊于《明清论丛》，收入《清史余考》。

《满学研究中的几个问题》，刊于《国学研究》，收入《清史余考》。

编辑《孟森与〈明清史论著集刊〉正续编》并撰写前言。为戴逸主编的《二十世纪中国史学名著》之一，《前言》收入《清史余考》。

6—8月，赴美国探亲，访问哈佛燕京学社等。

2001年89岁

《清史余考》，辽宁大学出版社2月出版。收录论文等29篇，凡32万字。

为门人赵令志《清前期八旗土地制度研究》一书作序。该书由博士论文修订而成，是年4月由民族出版社出版。赵令志现为中央民族大学历史文化学院教授、博士生导师。

《乾隆八旗旗务总抄规例校注》，刊于《燕京学报》新十期，收入《清史补考》。

《中国民族文字与书法宝典序》，中国大百科出版社3月出版。

《清雍正朝〈浙江通志〉标点本序》，中华书局12月出版。

2002年90岁

为门人邸永君《清代翰林院制度》一书作序。该书为博士论文，社会科学文献出版社1月出版。邸永君现任中国社会科学院人类学与民族学研究所研究员。

《满文档案与民族史研究》，刊于《社会科学战线》第三期，收入《清史补考》。

自传《清心集》，为门人邸永君记录整理，新世界出版社8月出版。

《大清王朝序》，中央民族大学出版社 10 月出版。

《清史稿说略》，收录《经史说略·二十五史说略》，收入《清史补考》。

参加第十届清史国际研讨会、第七届清宫史研讨会。

参加新中国史学的成就与未来研讨会。

2003 年 91 岁

《王锺翰清史论集叙言》，《燕京学报》新十二期，收入《清史补考》。

为门人佘梓东《清代民族政策研究》一书作序。该书为博士论文修订而成，辽宁民族出版社 8 月出版。佘梓东现为中央民族大学教授、博士生导师。

中央民族大学举办庆贺王锺翰先生诞辰九十周年学术研讨会在京郊举行。《学术论文集》共收海内外学者论文凡 60 余篇，北京紫禁城出版社出版。

2004 年 92 岁

《清史补考》一书由辽宁大学出版社 3 月出版。收录论文等 21 篇，凡 23 万字。

《王锺翰清史论集》，中华书局 11 月出版。系先生论著全集，凡 205 万字。

《中国民族史概要》（主编），山西教育出版社 5 月出版。

为门人杨海英《洪承畴与明清易代研究》一书作序。该书由北京商务印书馆 2006 年出版。杨海英现为中国社会科学院历史研究所研究员。

《顾延龙年谱序》，上海古籍出版社 10 月出版。

将部分藏书捐赠给中央民族大学图书馆。

2005 年 93 岁

为门人邸永君《清代满蒙翰林群体研究》一书作序。该书由黑龙江人民出版社 7 月出版。

《汉满大辞典序》，辽宁民族出版社 2007 年 10 月出版。

《满学论稿序》，辽宁民族出版社 2 月出版。

2006 年 94 岁

《清史满族史讲义稿》，鹭江出版社 5 月出版。此书为“名师讲义丛书”之一。

《满学语言与历史文化序》，民族出版社 11 月出版。

为门人李德龙《黔南苗蛮图说研究》一书作序。该书以博士论文修订而成，由中央民族大学出版社 2008 年 12 出版。李德龙现任中央民族大学教授、博士生导师，图书馆馆长。

为《三藩史略》一书作序。中国社会科学出版社 2008 年 1 月出版。

2007 年 95 岁

参加翁独健先生百年诞辰纪念会。

12 月 12 日，病逝于北京西苑医院。